Alexander Proelß
Völkerrecht
De Gruyter Studium

Völkerrecht

Herausgegeben von
Alexander Proelß

Bearbeitet von
Michael Bothe
Jörn Axel Kämmerer
Marcel Kau
Charlotte Kreuter-Kirchhof
Philip Kunig
Alexander Proelß
Stefanie Schmahl
Meinhard Schröder
Robert Uerpmann-Wittzack

9., neu bearbeitete Auflage

DE GRUYTER

Prof. Dr. *Alexander Proelß*, Universität Hamburg.

Zitiervorschlag: z. B.: *Schmahl* in Proelß (Hrsg.) Völkerrecht, 9. Aufl, Rn 15

ISBN 978-3-11-077086-5
e-ISBN (PDF) 978-3-11-077096-4
e-ISBN (EPUB) 978-3-11-077103-9

Library of Congress Control Number: 2023941772

Bibliografische Information der Deutschen Nationalbibliothek
Die Deutsche Nationalbibliothek verzeichnet diese Publikation in der Deutschen Nationalbibliografie;
detaillierte bibliografische Daten sind im Internet über http://dnb.dnb.de abrufbar.

© 2024 Walter de Gruyter GmbH, Berlin/Boston
Einbandabbildung: Labsas/iStock Unreleased/gettyimages
Datenkonvertierung/Satz: jürgen ullrich typosatz, Nördlingen
Druck und Bindearbeiten: CPI books GmbH, Leck

www.degruyter.com

Vorwort zur 9. Auflage

Die Erarbeitung der Neuauflage verlief parallel zur „Zeitenwende", die Bundeskanzler Scholz am 27. Februar 2022 im Lichte des Beginns des russischen Angriffskriegs drei Tage zuvor verkündete. In der Tat bedeutet die russische Aggression nicht nur für Europa eine Zäsur. Die Missachtung von zentralen Normen der globalen Völkerrechtsordnung, zumal in einem kaum mehr für möglich gehaltenen Ausmaß, erschüttert die Grundlagen des internationalen Systems und stellt nicht nur die Kernfunktion des Völkerrechts – die Sicherung des Friedens –, sondern jahrzehntealte Rechtssätze in Frage. Auch wenn sich Völkerrechtspraxis und -wissenschaft noch lange mit seinen Folgen beschäftigen werden, hat der russische Angriffskrieg gleichwohl nichts an der Bedeutung des Völkerrechts geändert. Im Gegenteil: Mehr denn je erweisen sich die Beschäftigung mit dem Völkerrecht und das Eintreten für seine Einhaltung und Fortentwicklung als Notwendigkeit. Dem wollen die Autorinnen und Autoren des Lehrbuchs mit der Neuauflage Rechnung tragen.

Im Hinblick auf das Team der Autorinnen und Autoren erweist sich der Rückzug von Wolfgang Graf Vitzthum als Einschnitt. Ihm verdankt das Lehrbuch, das erstmals 1997 erschien, seine Existenz. Wolfgang Graf Vitzthum hat das Lehrbuch initiiert, konzipiert, inhaltlich geprägt und herausgegeben, Letzteres seit der 6. Auflage (2013) gemeinsam mit Alexander Proelß, der mit der Neuauflage die Alleinherausgeberschaft übernommen hat. Als Autor war Graf Vitzthum sowohl für den ersten als auch (bis zur 5. Auflage) den fünften Abschnitt zuständig. Die Autorinnen und Autoren sind ihm für seinen unermüdlichen Einsatz bei der Entstehung und Fortführung des Werks herzlich dankbar. Sie eint das Bewusstsein, dass das Lehrbuch ohne ihn nicht hätte entstehen und in großer Regelmäßigkeit neu erscheinen können. Neu in den Kreis der Autorinnen und Autoren aufgenommen wurde Jörn Axel Kämmerer, der nunmehr den ersten Lehrbuchabschnitt zu Begriff, Geschichte und Rechtsquellen des Völkerrechts verantwortet.

Gegenüber der Vorauflage wurden sämtliche Abschnitte aktualisiert und, wo erforderlich, grundlegend überarbeitet. Im Lichte der Dynamik der Völkerrechtsentwicklung waren in nahezu sämtlichen Bereichen neue Entwicklungen zu berücksichtigen. Konzeption, Aufbau und Ziele des Werkes bleiben jedoch unverändert: Zugeschnitten auf die Bedürfnisse der Studierenden, der Wissenschaft und der Praxis wird das Völkerrecht in seiner gesamten Regelungsbreite und -tiefe in einem einzigen, auf das Wesentliche konzentrierten Band dargestellt, eingeordnet und bewertet.

Alle Lehrbuchabschnitte befinden sich auf dem Stand Mai 2023; zu diesem Zeitpunkt waren auch sämtliche in Bezug genommenen Internetseiten verfügbar. Wie bei den Vorauflagen sind den Abschnitten Register der in ihnen ausgewerteten völkerrechtlichen Verträge und Entscheidungen sowie der wichtigsten der thematisch einschlägigen Veröffentlichungen vorangestellt. Soweit dort in eckigen Klammern ein Kurztitel eingeführt wird, wird dieser in den Fußnoten des jeweiligen Lehrbuchabschnitts ohne Querverweise verwendet. Bei Verträgen und Entscheidungen werden die genauen Fundstellen nur in den Registern zu Beginn der Lehrbuchabschnitte angegeben. Quer-

https://doi.org/10.1515/9783110770964-202

verweise zwischen den einzelnen Lehrbuchabschnitten werden dadurch hervorgehoben, dass die Namen der jeweiligen Autorinnen und Autoren nicht nur kursiv gesetzt, sondern zusätzlich unterstrichen sind (zB _Schmahl_, 4. Abschn Rn 45 ff).

Kritische Anregungen, zu richten an den Herausgeber oder an die einzelnen Autorinnen und Autoren, sind jederzeit willkommen.

Frankfurt/M. • Konstanz • Düsseldorf • Berlin • Hamburg • Würzburg • Trier • Regensburg

Im Juni 2023

Michael Bothe • Jörn Axel Kämmerer • Marcel Kau • Charlotte Kreuter-Kirchhof • Philip Kunig • Alexander Proelß • Stefanie Schmahl • Meinhard Schröder • Robert Uerpmann-Wittzack

Vorwort zur 1. Auflage

Diese systematische Gesamtdarstellung des Völkerrechts wendet sich in erster Linie an Studierende und Referendare. Ihnen wollen die Autoren ein Hilfsmittel für Studium und Prüfung geben, das mehr ist als eine Einführung oder ein Kurzlehrbuch. In intensiver Auseinandersetzung mit Literatur, Rechtsprechung und Staatenpraxis soll das Werk zur wissenschaftlichen Durchdringung des Völkerrechts in seiner ganzen thematischen Breite und historischen Tiefe beitragen. Zugleich soll das Interesse der Nachbardisziplinen wie der Praxis an den dogmatischen Grundlagen, inneren Zusammenhängen und effektiven Wirkungen dieses Rechtsgebietes befriedigt werden.

Sieben gleichwertige Abschnitte decken die komplizierte, umfangreiche und sich in rascher Bewegung befindende Materie ab: die Geschichte und Geschichtlichkeit des Völkerrechts, seine Begriffe und seine Quellen; das Verhältnis dieses Rechtsgebietes zum nationalen Recht; die Staaten und die Einzelnen sowie die Internationalen und die Supranationalen Organisationen als die wichtigsten Subjekte des Völkerrechts; die internationale Ordnung des Raumes, des Umweltschutzes und der Wirtschaft; die mannigfaltigen Fragen der Verantwortlichkeit, des Völkerstrafrechts, der Streitbeilegung und der Sanktionen; schließlich die Friedenssicherung und das Recht bewaffneter Konflikte. Die Bezüge zum Staats- und Verwaltungsrecht, zum Europa- und Wirtschaftsrecht und zu den angrenzenden sozialwissenschaftlichen Fachgebieten sind den Autoren und dem Herausgeber, die das Völkerrecht seit Jahren an Hochschulen des In- und Auslandes lehren, ein besonderes Anliegen.

Ein weiterer Akzent des Lehrbuchs liegt auf der zuverlässigen, leicht verständlichen Verarbeitung der tiefgreifenden Änderungen des internationalen Systems und seines Rechts seit 1989/90. Die weltpolitischen Umwälzungen haben – vielleicht – einen neuen Abschnitt der Völkerrechtsgeschichte eingeleitet. Mögen seine Konturen und Konsequenzen auch noch undeutlich sein – ein Epochenwandel lädt die Völkerrechtswissenschaft zum Bilanzieren und Systematisieren ein. Das Lehrbuch soll dabei auch die Leistungsfähigkeit dieses in seiner praktischen Bedeutung nach wie vor unterschätzten Rechtsgebietes dokumentieren. Noch immer steht die Pflege des Völkerrechts in Deutschland, allen Globalisierungstrends und Europäisierungsschüben und aller europa- und weltpolitischen Verantwortung zum Trotz, hinter der in vielen Nachbarländern und in Übersee zurück.

Das Buch ist ein Gemeinschaftswerk. Den Autoren war von Anbeginn an klar, daß eine Gesamtdarstellung durch mehrere Bearbeiter wegen der Heterogenität und Fülle des Stoffs Risiken birgt. Im Verlauf der Entstehung des Werkes trat diese Überzeugung freilich gegenüber dem Eindruck in den Hintergrund, daß ein Mehrautorenbuch beim Durchdringen und Darstellen des Völkerrechts erhebliche Vorteile aufweist. Die Spezialisierung der Autoren auf ihre jeweiligen Teilthemen hat, denken wir, ein vertieftes Bearbeiten des Stoffes gefördert. Auf der anderen Seite hat der Diskurs der Autoren untereinander, wie ihn etwa die Querverweise dokumentieren, bei allen Unterschieden in Stil und Standpunkt, so steht zu hoffen, eine gleichmäßige, die Einheit des Völkerrechts als

https://doi.org/10.1515/9783110770964-203

Rechtsordnung betonende Darstellung ermöglicht. Der Übersichtlichkeit und Integration dienen auch die dem Werk vorangestellte Gesamtgliederung, die das Grundgefüge der Einzelbeiträge wiedergibt, sowie das ausführliche Sachverzeichnis.

Herrn Wiss. Ass. Dr. *Jörn Axel Kämmerer* ist für die Unterstützung der herausgeberischen Arbeiten zu danken.

Für Anregungen und Kritik sind Autoren und Herausgeber dankbar.

Frankfurt/M. • Bonn • Konstanz • Potsdam • Berlin • Trier • Tübingen

Im August 1997

Michael Bothe • Kay Hailbronner • Eckart Klein • Philip Kunig • Meinhard Schröder • Wolfgang Graf Vitzthum

Autoren- und Inhaltsübersicht

Inhaltsverzeichnis

Abkürzungsverzeichnis

a	auch
A/	Assembly (Document)
aA	anderer Ansicht
abgedr	abgedruckt
ABISFA	United Nation Interim Security Force for Abyei
abl	ablehnend
ABl/ABl EG/ABl EU	Amtsblatt/Amtsblatt der Europäischen Gemeinschaften/Amtsblatt der Europäischen Union
ABNJ	Areas Beyond National Jurisdiction
Abs	Absatz
Abschn	Abschnitt
abw	abweichend(e)
ACABQ	United Nations Advisory Committee on Administrative and Budgetary Questions
ACC	Administrative Committee on Coordination
ACT	Accountability, Coherence and Transparency Group
ACTA	Anti-Counterfeiting Trade Agreement
ADIM	Annales de Droit International Médical
ADM	Annuaire de Droit Maritime
aE	am Ende
AEC	African Economic Community
AEMR	Allgemeine Erklärung der Menschenrechte
Änd	Ändung
aF	alte Fassung
AfCFTA	African Continental Free Trade Area
AFDI	Annuaire Français de Droit International
AFF	Afrikanische Friedensfazilität
Afr J Int'l & Comp L	African Journal of International and Comparative Law
AfrMRK	Afrikanische Charta der Menschenrechte und der Rechte der Völker
AHRLJ	African Human Rights Law Journal
AIDI	Annuaire de l'Institut de Droit International
AIIB	Asiatische Infrastruktur-Investitionsbank
Air Force LR	Air Force Law Review
AJIA	Australian Journal of International Affairs
AJIL	American Journal of International Law
AJP	American Journal of Phililogy
AKP-Staaten	afrikanische, karibische und pazifische Staaten
ALJ	American Law Journal
Alberta LR	Alberta Law Review
allg	allgemein(e/n/r)
AllgErklMR	Allgemeine Erklärung der Menschenrechte
allgM	allgemeine Meinung
aM	anderer Meinung
AMRK	Amerikanische Menschenrechtskonvention
AMUILR	American University International Law Review
Anh	Anhang
Anm	Anmerkung(en)
AnnIDI	Annuaire de l'Institut de Droit International

https://doi.org/10.1515/9783110770964-206

Annuaire AAA	Annuaire de l'Association des Auditeurs et Anciens Auditeurs de l'Académie de Droit International
AnwBl	Anwaltsblatt
AöR	Archiv des öffentlichen Rechts
APJOLP	Asia-Pacific Journal of Ocean Law and Policy
App	Appendix
APS	Allgemeines Präferenzsystem
APZ	Aus Politik und Zeitgeschichte
ArbuR	Arbeit und Recht (Zeitschrift)
ArchVR/AVR	Archiv des Völkerrechts
ARES	Annual Review of Ecology and Systematics
arg(e)	argumentum (e contrario)
ARIA	American Review of International Arbitration
Arizona JICL	Arizona Journal of International and Comparative Law
ARSP	Archiv für Rechts- und Sozialphilosophie
Art	Artikel
ASEAN	Association of South-East Asian Nations
ASICL	Annual Survey of International & Comparative Law
ASIL (Proc)	American Society of International Law (Proceedings)
AStG	Außensteuergesetz
AU	Afrikanische Union
Aufl	Auflage(n)
AUILR	American University International Law Review
AULR	American University Law Review
ausf	ausführlich
Ausg	Ausgabe
AuslG	Ausländergesetz
Austrian JPIL/ AustrJIL	Austrian Journal of Public International Law
Austr Rev Int'l Europ Law	Austrian Review of International and European Law
Aus YBIL	Australian Year Book of International Law
AUV(s)	Autonomous Underwater Vehicle(s)
AV	Antarktisvertrag
AVR/ArchVR	Archiv des Völkerrechts
AWG	Außenwirtschaftsgesetz
AWR Bull	Vierteljahresschrift für Flüchtlingsfragen
AWZ	ausschließliche Wirtschaftszone (vgl EEZ)
AYBIL	Australian Year Book of International Law
AYHRHL	Asian Yearbook of Human Rights and Humanitarian Law
AYIL	African Yearbook of International Law
Az	Aktenzeichen
BAnz	Bundesanzeiger
Baltic YIL	Baltic Yearbook of International Law
BayGVBl	Gesetz- und Verordnungsblatt für den Freistaat Bayern
BayObLG	Bayerisches Oberstes Landesgericht
BayVBl	Bayerische Verwaltungsblätter
BB	Der Betriebs-Berater (Zeitschrift)

BBNJ	Biodiversity Beyond National Jurisdiction
BCICLR	Boston College International and Comparative Law Review
Bd/Bde	Band/Bände
BdiP	Blätter für deutsche und internationale Politik
Bearb	Bearbeiter
Bek	Bekanntmachung
ber	berichtigt
BerDGIR	Berichte der Deutschen Gesellschaft für Internationales Recht
BerDGVR	Berichte der Deutschen Gesellschaft für Völkerrecht
bes	besondere/n/r/s
betr	betreffend
BFHE	Entscheidungen des Bundesfinanzhofs
BGB	Bürgerliches Gesetzbuch
BGBl	Bundesgesetzblatt
BGE	Entscheidungen des schweizerischen Bundesgerichts
BGH (Z/St)	Bundesgerichtshof (Entscheidungen in Zivilsachen/Strafsachen)
BGSG	Gesetz über den Bundesgrenzschutz
BIICL	British Institute of International and Comparative Law
Bio	Billion(en)
BISD	Basic Instruments and Selected Documents
BIT	Bilateral Investment Treaty
BJIL	Berkeley Journal of International Law
BNUB	Bureau des Nations Unies au Burundi
BR(D)	Bundesrepublik (Deutschland)
BR-Drs	Bundesratsdrucksache(n)
BRIL	Belgian Review of International Law
Brooklyn JIL	Brooklyn Journal of International Law
BSG(E)	Bundessozialgericht (Entscheidungen)
Bsp	Beispiel(e)
BSP	Bruttosozialprodukt
bspw	beispielsweise
BT StenBer	Stenographische Berichte des Bundestages
BT-Drs	Bundestagsdrucksache(n)
BUILJ	Boston University International Law Journal
Bull BReg	Bulletin des Presse- und Informationsamtes der Bundesregierung
Bull EG	Bulletin der Europäischen Gemeinschaften
BVerfG(E)	Bundesverfassungsgericht (Entscheidungen)
BVerfGG	Bundesverfassungsgerichtsgesetz
BVerfGK	Kammerentscheidungen des Bundesverfassungsgerichts
BVerwG(E)	Bundesverwaltungsgericht (Entscheidungen)
B-VG	Bundes-Verfassungsgesetz (Österreich)
BVS	Bundesanstalt für vereinigungsbedingte Sonderaufgaben
BYIL	British Yearbook of International Law
bzgl	bezüglich
bzw	beziehungsweise
C	Court (Urteil des Europäischen Gerichtshofs)/Celsius
ca	circa
Cal LR	California Law Review

CAMLR-Konvention	Konvention zur Erhaltung der lebenden Meeresschätze der Antarktis
Cardozo JICL	Cardozo Journal of International and Comparative Law
Cardozo LR	Cardozo Law Review
CCAMLR	Commission for the Conservation of Antarctic Marine Living Resources
CCAS	Convention for the Conservation of Antarctic Seals
CCLR	Carbon and Climate Law Review
CCS	Carbon Capture and Storage
CD	Conference on Disarmament
CDR	Carbon Dioxide Removal
CEB	United Nations Chief Executives Board for Coordination
CEDAW	Übereinkommen zur Beseitigung jeder Form der Diskriminierung der Frau
CEE	Communauté Economique Européenne
CERN	Organisation européenne pour la recherche nucléaire
CESCR	Committee on Economic, Social and Cultural Rights
CETA	Comprehensive Economic and Trade Agreement
CETS	Council of Europe Treaty Series
chap	chapitre, chapter
Chicago-Kent LR	Chicago-Kent Law Review
chin	chinesische/er/n
Chinese JIL	Chinese Journal of International Law
Chinese YHR	Chinese Yearbook of Human Rights
CILSA	Comparative and International Law Journal of Southern Africa
Cir	Circuit
CISG	Übereinkommen der Vereinten Nationen über Verträge über den internationalen Warenkauf
CITES	Convention on International Trade in Endangered Species of Wild Flora and Fauna
CJIELP	Colorado Journal of International Environmental Law and Policy
CJIL	Chicago Journal of International Law
CLP	Current Legal Problems (Zeitschrift)
CMLR	Common Market Law Reports
CMLRev	Common Market Law Review
CoCoSL	Cologne Commentary on Space Law
Colum JEL	Columbia Journal of European Law
Colum J Transnat'l L	Columbia Journal of Transnational Law
Colum LR	Columbia Law Review
COMECON	Council for Mutual Economic Assistance (vgl RGW)
Connecticut JIL	Connecticut Journal of International Law
CONV(Doc)	Convent (Document)
COP	Conference of the Parties
COPAX	Council for Peace and Security in Central Africa
COPUOS	Committee on the Peaceful Uses of Outer Space
Cornell Int'l LJ	Cornell International Law Journal
CPC	United Nations Committee for Programme and Coordination
CPTPP	Comprehensive and Progressive Argeement for Trans-Pacific Partnership
CRAMRA	Convention on the Regulation of Antarctic Mineral Resource Activities
C˘SFR	C˘eská a Slovenská Federatívna Republika
C˘SSR	C˘eskoslovenská Socialistická Republika
CTC	Counter-Terrorism-Committee
CTS	Consolidated Treaty Series

CWILJ	California Western International Law Journal
CWRJIL	Case Western Reserve Journal of International Law
CYIL	Canadian Yearbook of International Law
CYILA	Chinese Yearbook of International Law and Affairs
DAC	Development Assistance Committee
DARIO	Draft Articles on Responsibility of International Organisations
DDR	Deutsche Demokratische Republik
déc	décision
ders/dies	derselbe/dieselbe
DGVR	Deutsche Gesellschaft für Völkerrecht
dh	das heißt
Diss	Dissertation
DJCIL	Duke Journal of Comparative & International Law
DJT	Deutscher Juristen Tag
doc/Doc (Dok)	document (Dokument)
DocIHL	Documents on International Humanitarian Law
DÖV	Die öffentliche Verwaltung (Zeitschrift)
DokHVR	Dokumente zum humanitären Völkerrecht
DRiZ	Deutsche Richterzeitung
Drs	Drucksache
DSB	Dispute Settlement Body
DSD	(United States) Department of State Dispatch
dt	deutsch(e/er)
DtZ	Deutsch-deutsche Rechts-Zeitschrift
DÜ	Dubliner Übereinkommen
Duke LJ	Duke Law Journal
DVBl	Deutsches Verwaltungsblatt
DVP	Deutsche Verwaltungspraxis
E	Entscheidung(en)
EA	Europa-Archiv
EAC	East African Community (Ostafrikanische Gemeinschaft)
EADS	European Aeronautic Defence and Space Company
EAG(V)	(Vertrag zur Gründung der) Europäische(n) Atomgemeinschaft (Euratom-Vertrag)
ebd	ebenda
ECCAS	Economic Community of Central African States
ECHR	Reports of Judgments and Decisions of the European Court of Human Rights
ECLAC	UN Economic Commission for Latin America and the Caribbean
ECOSOC	Economic and Social Council (vgl WSR)
ECOWAS	Economic Community of West African States
ECU	European Currency Unit
EFF	Europäische Friedensfazilität
EEA	Einheitliche Europäische Akte
EEC	European Economic Community
EEZ	Exclusive Economic Zone (ausschließliche Wirtschaftszone)
EFAR	European Foreign Affairs Review
EFTA	European Free Trade Association
EG(V)	(Vertrag zur Gründung der) Europäische(n) Gemeinschaft(en)
EGBGB	Einführungsgesetz zum Bürgerlichen Gesetzbuch

EGKS(V)	(Vertrag zur Gründung der) Europäische(n) Gemeinschaft für Kohle und Stahl
EGMR	Europäischer Gerichtshof für Menschenrechte
EHRLR	European Human Rights Law Review
EHRR	European Human Rights Reports
Einl	Einleitung
EJIL	European Journal of International Law/Journal européen de droit international
EJLR	European Journal of Law Reform
EJM	Europäisches Journal für Minderheitenfragen
EJML	European Journal of Migration and Law
ELJ	European Law Journal
ELR	European Law Review
Emory ILR	Emory International Law Review
Empf	Empfehlung
EMRK	Europäische Menschenrechtskonvention
engl	englisch
ENMOD	Convention on the Prohibition of Military or Any Other Hostile Use of Environmental Modification Techniques
EnzEuR	Enzyklopädie Europarecht
EP	Europäisches Parlament
EPIL	Encyclopedia of Public International Law (Hrsg Bernhardt)
EPL	Environmental Policy and Law (Zeitschrift)
EPZ	Europäische Politische Zusammenarbeit
Erg-Lfg	Ergänzungslieferung
ESA	European Space Agency
ESALQ	European State Aid Law Quarterly
ESC	Europäische Sozialcharta
ESCWA	United Nations Economic and Social Commission for Western Asia
EStG	Einkommensteuergesetz
ESuT	Europäische Sicherheit und Technik (Zeitschrift)
et al	et alii (und andere)
etc	et cetera (usw)
ETS	European Treaty Series (seit 2004: Council of Europe Treaty Series (vgl CETS))
EU(V)	(Vertrag über die) Europäische Union (Amsterdamer Vertrag)
EuG	Gericht erster Instanz der Europäischen Gemeinschaften
EuGH(E)	Europäischer Gerichtshof (Entscheidungen)
EuGRZ	Europäische Grundrechte-Zeitschrift
EuGVÜ	Europäisches Gerichtsstands- und Vollstreckungsübereinkommen
EuKMR	Europäische Kommission für Menschenrechte
EuR	Europa-Recht (Zeitschrift)
EuStAngÜbk	Europäisches Staatsangehörigkeitsübereinkommen
EuZA	Europäische Zeitschrift für Arbeitsrecht
EuZW	Europäische Zeitschrift für Wirtschaftsrecht
EV	Einigungsvertrag
EWG(V)	(Vertrag zur Gründung der) Europäische(n) Wirtschaftsgemeinschaft (jetzt EG)
EWR	Europäischer Wirtschaftsraum
EWS	Europäisches Währungssystem/Europäisches Wirtschafts- und Steuerrecht (Zeitschrift)
EYIEL	European Yearbook of International Economic Law
EYMI	European Yearbook of Minority Issues
EzAR-NF	Entscheidungssammlung zum Zuwanderungs- Asyl- und Freizügigkeitsrecht (Neue Folge)

f/ff	folgende/fortfolgende
F.Supp.	Federal Reporter Supplement (Entscheidungssammlung)
F2d	Federal Reporter, second series (Entscheidungssammlung)
FaF	Fish and Fisheries (Zeitschrift)
FamRZ	Zeitschrift für das gesamte Familienrecht
FAO	Food and Agriculture Organization of the United Nations
FAZ	Frankfurter Allgemeine Zeitung
FCKW	Fluorchlorkohlenwasserstoffe
FCommLJ	Federal Communications Law Journal
FG	Festgabe
FGG	Gesetz über die Freiwillige Gerichtsbarkeit
Fig	Figure
FILJ	Fordham International Law Journal
Fn	Fußnote(n)
Fordham ELR	Fordham Environmental Law Review
Fordham LR	Fordham Law Review
ForPol	Foreign Policy (Zeitschrift)
FR	Frankfurter Rundschau
franz	französisch/e/er/es
FS	Festschrift
FSA	Fish Stocks Agreement
FSB	Finanzstabilitätsrat
FSIA	Foreign Sovereign Immunities Act
FusV	Fusionsvertrag (Vertrag zur Einsetzung eines gemeinsamen Rates und einer gemeinsamen Kommission der Europäischen Gemeinschaften)
FW	Die Friedenswarte (Zeitschrift)
FYIL	Finnish Yearbook of International Law
g	Gramm
G	Gesetz
GA (Res)	General Assembly (Resolution)
GAIRS	Generally Accepted International Rules and Standards
GAOR	Official Records of the General Assembly
GASP	Gemeinsame Außen- und Sicherheitspolitik (der EU-Staaten)
GATS	General Agreement on Trade in Services
GATT	General Agreement on Tariffs and Trade (Allgemeines Zoll- und Handelsabkommen)
GBl	Gesetzblatt
geänd	geändert
Gen	Genesis (Bibel)
Geo ILJ	Georgetown Immigration Law Journal
Geo LJ	Georgetown Law Journal
Georgetown JIL	Georgetown Journal of International Law
Georgia JICL	Georgia Journal of International and Comparative Law
Ges	Gesetz
GeschO (BT)	Geschäftsordnung (des Deutschen Bundestages)
GESVP	Gemeinsame Europäische Sicherheits- und Verteidigungspolitik
GFK	Genfer Flüchtlingskonvention
GFP	Gemeinsame Fischereipolitik
GG	Grundgesetz für die Bundesrepublik Deutschland

ggf	gegebenenfalls
GJIA	Georgetown Journal of International Affairs
GJIL	Georgetown Journal of International Law
GK	Genfer Konvention
GLJ	German Law Journal
GMBl	Gemeinsames Ministerialblatt
GoJIL	Göttingen Journal of International Law
GoltdA	Goltdammers Archiv für Strafrecht
GPS	Global Positioning System
GRC	Grundrechte-Charta der EU
GRUR Int	Gewerblicher Rechtsschutz und Urheberrecht, Internationaler Teil (Zeitschrift)
GS	Gedächtnisschrift
GS	Generalsekretär (der Vereinten Nationen)
GSO	Geosynchronous Orbit (Geostationärer Orbit)
GSVP	Gemeinsame Sicherheits- und Verteidigungspolitik
GTE	von der Groeben/Thiersing/Ehlermann (Hrsg), Kommentar zum EU-/EG-Vertrag
GUS	Gemeinschaft Unabhängiger Staaten
GV	Generalversammlung (der Vereinten Nationen)
GVBl	Gesetz- und Verordnungsblatt
GVG	Gerichtsverfassungsgesetz
GWB	Gesetz gegen Wettbewerbsbeschränkungen
GWILR	George Washington International Law Review
GWUGSLR	George Washington University Global Studies Law Review
GYIL	German Yearbook of International Law (vor 1977: JIR)
Halbs	Halbsatz
Harvard HRJ	Harvard Human Rights Journal
Harvard ILJ	Harvard International Law Journal
Harvard IR	Harvard International Review
Harvard LR	Harvard Law Review
Hastings ICLR	Hastings International and Comparative Law Review
HCJ	High Court of Justice
HdbStR	Handbuch des Staatsrechts (hrsgg v Isensee/Kirchhof)
HFKW	teilfluorierte Kohlenwasserstoffe
HHRJ	Harvard Human Rights Journal
HJLP	Hitotsubashi Journal of Law and Politics
hL	herrschende Lehre
Hl	Heilige(n/r)
HLKO	Haager Landkriegsordnung (Abkommen, betreffend die Gesetze und Gebräuche des Landkriegs
hM	herrschende Meinung
Hofstra LRev	Hofstra Law Review
Houston JIL	Houston Journal of International Law
HPCR	Harvard Program on Humanitarian Policy and Conflict Research
HRJ	Human Rights Journal
HRLJ	Human Rights Law Journal
HRLR	Human Rights Law Review
HRQ	Human Rights Quarterly
HRR	Human Rights Review

Hrsg/hrsg (v)	Herausgeber/herausgegeben (von)
HV-I	Humanitäres Völkerrecht-Informationsschriften
HYBIL	Hague Year Book of International Law
IAEA/IAEO	International Atomic Energy Agency/Internationale Atomenergie-Organisation
IAEO	s IAEA
IAGMR	Interamerikanischer Gerichtshof für Menschenrechte
IATA	International Air Transport Association
IBRD	International Bank for Reconstruction and Development (Weltbank)
ICAO	International Civil Aviation Organisation
ICC	International Criminal Court
ICESCR	International Covenant on Economic, Social and Cultural Rights
ICJ	International Court of Justice (vgl IGH)
ICJ Rep	International Court of Justice, Reports of Judgements, Advisory Opinions and Orders
ICLQ	The International and Comparative Law Quarterly
ICLR	International Community Law Review
ICO	International Coffee Organisation
ICRC	International Committee of the Red Cross (vgl IKRK)
ICRW	International Convention for the Regulation of Whaling
ICSID	International Centre for the Settlement of Investment Disputes
ICSID R-FILJ	International Centre for Settlement of Investment Disputes Review – Foreign Investment Law Journal
ICTY	International Criminal Tribunal for the former Yugoslavia
IDA	International Development Association
idF/idNF	in der Fassung/in der Neufassung
IDI	Institut de droit international
idR	in der Regel
idS	in diesem (dem) Sinne
iE	im Ergebnis
ieS	im engeren (eigentlichen) Sinn
IFAD	International Fund for Agricultural Development
IFAR	International Foundation for Art Research
IFC	International Finance Corporation
IFOR	Implementation Force
IGH	Internationaler Gerichtshof (vgl ICJ)
IHLS	International Humanitarian Legal Studies
iHv	in Höhe von
IIHLY	International Institute of Humanitarian Law Yearbook
IJCL	International Journal of Constitutional Law
IJCP	International Journal of Cultural Property
IJHR	International Journal of Human Rights
IJIL	Indian Journal of International Law
IJMGR	International Journal on Minority and Group Rights
IJRL	International Journal of Refugee Law
IKRK	Internationales Komitee vom Roten Kreuz
ILA	International Law Association
ILC	International Law Commission
ILM	International Legal Materials
ILO	International Labour Organization

ILQ	International Law Quarterly
ILR	International Law Reports
ILS	International Law Studies
ILSA JICL	ILSA Journal of International and Comparative Law
IMB	Internationale Meeresbodenbehörde
IMCO	International Maritime Consultative Organization (jetzt IMO)
IMF	International Monetary Fund (vgl IWF)
IMO	International Maritime Organization (vgl IMCO)
IMT	International Military Tribunal
Ind Q	Indian Quarterly (Zeitschrift)
Indiana JGLS	Indiana Journal of Global Legal Studies
INF	Intermediate Nuclear Forces
InfAuslR	Informationsbrief Ausländerrecht
insbes	insbesondere
int	international
Int Affairs	International Affairs
Int Affairs Bull	International Affairs Bulletin
IntCommLR	International Community Law Review
IntHRLRe	International Human Rights Law Review
Int'l L FORUM	International Law Forum
Int Peacekeeping	International Peacekeeping (Zeitschrift)
Int Pol	Internationale Politik (Zeitschrift)
Int Rel	International Relations
Int Rev Penal L	International Review of Penal Law
Int Spectator	International Spectator
INTELSAT	International Telecommunications Satellite Organization
INTERFET	International Force in East Timor
I O	International Organization (Zeitschrift)
I.O.	Internationale Organisation(en)
IOLR	International Organizations Law Review
Iowa LR	Iowa Law Review
IPbürgR (IPBPR)	Internationaler Pakt über bürgerliche und politische Rechte
IPCC	Intergovernmental Panel on Climate Change
IPR	Internationales Privatrecht
IPrax	Praxis des Internationalen Privat- und Verfahrensrechts
IPResp	Die deutsche Rechtsprechung auf dem Gebiet des Internationalen Privatrechts
IPwirtR (IPWSKR)	Internationaler Pakt über wirtschaftliche, soziale und kulturelle Rechte
IRD	Internationales Recht und Diplomatie (Zeitschrift)
IRK	Internationales Rotes Kreuz
IRO	International Refugee Organization
IRRC	International Review of the Red Cross
IS	Islamischer Staat
iS(e)	im Sinne (einer/eines)
Is LR	Israel Law Review
ISGH	Internationaler Seegerichtshof (vgl ITLOS)
ISIA	Irish Studies in International Affairs
IsLR	Israel Law Review
ISO	International Sugar Organisation
ISS	International Space Station

IStGH	Internationaler Strafgerichtshof
iStR	internationales Steuerrecht (Zeitschrift)
iSv	im Sinne von
IsYHR	Israel Yearbook on Human Rights
ITO	International Trade Organization
ITLOS	International Tribunal for the Law of the Sea
ITLOS Rep	International Tribunal for the Law of the Sea, Reports of Judgements and Orders
ITTA	International Tropical Timber Agreement
ITTO	International Tropical Timber Organisation
ITU	International Telecommunication Union
ItYIL	Italian Yearbook of International Law
IUOTO	International Union of Official Travel Organisations
iVm	in Verbindung mit
IVR	Internationales Verwaltungsrecht
IWF	Internationaler Währungsfonds (vgl IMF)
iwS	im weiteren Sinne
IYHR	Israel Yearbook on Human Rights
IYIL	Irish Yearbook of International Law
iZm	im Zusammenhang mit
IZVR	Internationales Zivilverfahrensrecht
J Int'l Inst	Journal of the International Institute
J Int Arbitrat	Journal of International Arbitration
J Strat Stud	Journal of Strategic Studies
JAL	Journal of African Law
JAR	Jahrbuch für Afrikanisches Recht
JCPOA	Joint Comprehensive Plan of Action
JCSL	Journal of Conflict and Security Law
JDI	Journal du Droit International
JEEPL	Journal for European Environmental & Planning Law
JEL	Journal of Eurasian Law
JENRL	Journal of Energy & Natural Resources Law
Jg	Jahrgang
Jh	Jahrhundert(e/en/s)
JHIL	Journal of the History of International Law
JICJ	Journal of International Criminal Justice
JIDS	Journal of International Dispute Settlement
JIEL	Journal of International Environmental Law/Journal of International Economic Law
JIHLS	Journal of International Humanitarian Legal Studies
JIPT	Journal of International Political Theory
JIR	Jahrbuch für Internationales Recht (jetzt GYIL)
JIU	Joint Inspection Unit
jM	juris – Die Monatszeitschrift
JMR	Jahrbuch für Migrationsrecht
JöR (NF)	Jahrbuch des öffentlichen Rechts der Gegenwart (Neue Folge)
JR	Juristische Rundschau (Zeitschrift)
JSL	Journal of Space Law
JUFIL	Journal on the Use of Force and International Law
Jura/JURA	Jura – Juristische Ausbildung (Zeitschrift)

JurFak	Juristische Fakultät
JuS	Juristische Schulung (Zeitschrift)
JV	Japanische Verfassung
JWIT	Journal of World Investment and Trade
JWT	Journal of World Trade
JWTL	Journal of World Trade Law
JZ	Juristenzeitung
Kap	Kapitel
kgl	königliche(n)
KGRE	Kongress der Gemeinden und Regionen Europas
KFOR	NATO-led International Force Responsible for Establishing a Security Presence in Kosovo
KJ	Kritische Justiz
KlimR	Klima und Recht
km	Kilometer
Kön	Buch der Könige (Bibel)
Komm	Kommentar
KPdSU	Kommunistische Partei der Sowjetunion
krit	kritisch
KritV	Kritische Vierteljahresschrift für Gesetzgebung und Rechtswissenschaft
KrWaffG	Gesetz über die Kontrolle von Kriegswaffen
KSE	Konventionelle Streitkräfte in Europa
KSZE	Konferenz über Sicherheit und Zusammenarbeit in Europa (vgl OSZE)
Kutafin ULR	Kutafin University Law Review
KVAE	Konferenz über Vertrauens- und Sicherheitsbildende Maßnahmen und Abrüstung in Europa
L&P	Law and Practice of International Courts and Tribunals (Zeitschrift) Law & Contemp
Probs	Law and Contemporary Problems (Zeitschrift)
lfd	laufend
Lfg	Lieferung
LFGB	Lebensmittel-, Bedarfsgegenstände- und Futtermittelbuch
LG	Landgericht
LGBl	Landesgesetzblatt
LIEC	Legal Issues of Economic Integration
LIT	Law, Technology and Innovation (Zeitschrift)
lit	littera (Buchstabe)
liv	livre
Liverpool LR	Liverpool Law Review
LJ	Law Journal
LJIL	Leiden Journal of International Law
LJR	Law & Justice Review
LNTS	League of Nations Treaty Series
LoN Doc	League of Nations, Document
Loseblattslg	Loseblattsammlung
LR	Law Review (Zeitschriften)
LSUJELR	Louisiana State University Journal of Energy Law and Resources

m	Meter
MAI	Multilateral Agreement on Investment
Maine LR	Maine Law Review
MARPOL	International Convention on the Provention of Pollution from Ships
max	maximal
MD(A)	Missile Defence (Agency)
MDGs	Millenium Development Goals
MDR	Monatsschrift für deutsches Recht
MEA(s)	Multilateral Environmental Agreement(s)
Melb JIL	Melbourne Journal of International Law
Mich LR	Michigan Law Review
Michigan JIL	Michigan Journal of International Law
Mich SLR	Michigan State Law Review
Middle East J	Middle East Journal
MIGA	Multilateral Investment Guarantee Agency (Multilaterale Investitions-Garantie-Agentur)
Minnesota LRev	Minnesota Law Review
Minnesota JIL	Minnesota Journal of International Law
MINUGUA	United Nations Verification Mission in Guatemala
MINUSCA	United Nation Multidimensional Integrated Stabilization Mission in the CAR
MINUSMA	United Nations Multidimensional Integrated Stabilization Mission in Mali
MINUSTAH	United Nations Stabilization Mission in Haiti
MITTLR	Michigan Telecommunications & Technology Law Review
Mio	Million(en)
MJECL	Maastricht Journal of European and Comparative Law
MJGT	Minnesota Journal of Global Trade
MK	Ministerkomitee
mN	mit Nachweisen
Mod LR	The Modern Law Review
MONUSCO	UN Stabilization Mission in the DRC
MPEiPro	Max Planck Encyclopedia of International Procedural Law (Hrsg Ruiz Fabri)
MPEPIL	Max Planck Encyclopedia of Public International Law (Hrsg Wolfrum bzw – seit 2021 – Peters)
MPYUNL	Max Planck Yearbook of United Nations Law
Mrd	Milliarde(n)
MRM	Menschenrechtsmagazin
ms	noch unveröffentlichtes Manuskript
MV	Mondvertrag
MV	Mustervertrag
mwN	mit weiteren Nachweisen
mWv	mit Wirkung vom
MZV	Marktzugangsverordnung
n Chr	nach Christi Geburt
Nachw	Nachweis(e)
NAFTA	North American Free Trade Association
NASA	National Aeronautics and Space Administration
NATO	North Atlantic Treaty Organization
NCJILCR	North Carolina Journal of International Law and Commerce Regulations

ND	Nachdruck, Neudruck
NDC	National Determined Contribution
NdsVBl	Niedersächsische Verwaltungsblätter
NePAD	Neue Partnerschaft für Afrikas Entwicklung
NETs	Negative Emission Technologies
New England ICLA	New England International and Comparative Law Annual
NF	Neue Folge
nF	neue Fassung
NGO	Non Governmental Organization (vgl NRO)
NILR	Netherlands International Law Review
NJ	Neue Justiz (Zeitschrift)
NJW	Neue Juristische Wochenschrift
NLJ	Namibia Law Journal
NLMR	Newsletter Menschenrechte
NN	Normalnull
No/no	number/numéro
NordJIL	Nordic Journal of International Law
NordÖR	Zeitschrift für öffentliches Recht in Norddeutschland
NordTIR	Nordisk Tidsskrift for International Ret
North Carolina J Int'l L	North Carolina Journal of International Law
NPT	Nuclear Non-Proliferation Treaty (Nichtverbreitungsvertrag, „Atomwaffen-sperrvertrag")
NQHR	Netherlands Quarterly of Human Rights
Nr	Nummer(n)
NRdT	Nouveau Recueil de Traités
NRG	Nouveau Recueil Général de Traités
NRJ	Natural Resources Journal
NRO	Nichtregierungsorganisation (vgl NGO)
NStZ	Neue Zeitschrift für Strafrecht
NTIR	Netherlands Tijdschrift voor Internationaal Recht
NuR	Natur und Recht (Zeitschrift)
NV-Vertrag	Vertrag über die Nichtverbreitung von Kernwaffen
NVwZ	Neue Zeitschrift für Verwaltungsrecht
NY Times	New York Times
NYURev LSC	New York University Review of Law and Social Change
NYIL	Netherlands Yearbook of International Law
NYJILP	New York Journal of International Law and Politics
NYUEnvLJ	New York University Environmental Law Journal
NZIR	Niemeyers Zeitschrift für Internationales Recht
NZWehrr	Neue Zeitschrift für Wehrrecht
NZZ	Neue Zürcher Zeitung
o	oben
o ä	oder ähnliches
OAKPS	Organisation der afrikanischen, karibischen und pazifischen Staaten
OAS	Organization of American States
OAU	Organization of African Unity
ÖBGBl	Bundesgesetzblatt für die Republik Österreich

OCMA	Ocean and Coastal Management (Zeitschrift)
ODA	Official Development Aid
ODIL	Ocean Development and International Law (Zeitschrift)
OECD	Organization for Economic Cooperation and Development (Nachfolgeorganisation der OEEC)
OEEC	Organization for European Economic Cooperation (jetzt OECD)
ÖHVR	Österreichisches Handbuch des Völkerrechts
ÖJZ	Österreichische Juristenzeitung
OIML	International Organization of Legal Metrology
OIOS	Office of Internal Oversight Services
OLG	Oberlandesgericht
ONUC	United Nations Operation in the Congo
OPCW	Organization for the Prohibition of Chemical Weapons
OPEC	Organization of Petroleum Exporting Countries
OR	Official Records
ORIL	Oregon Review of International Law
OSCE Yearbook	Yearbook of the Organization for Security and Cooperation in Europe
OstEurR	Osteuropa Recht (Zeitschrift)
OSZE	Organisation für Sicherheit und Zusammenarbeit in Europa (vgl KSZE)
OSZE–Jb	OSZE–Jahrbuch
OVG(E)	Oberverwaltungsgericht (Entscheidungen)
ÖZöRV	Österreichische Zeitschrift für öffentliches Recht und Völkerrecht
Pace ILR	Pace International Law Review
Palestine YBIL	Palestine Year Book of International Law
para(s)	paragraph(s) (Absatz/Absätze)
parl	parlamentarische
PCIJ	Permanent Court of International Justice (vgl StIGH)
Penn State JLIA	Penn State Journal of Law and International Affairs
PflSchG	Pflanzenschutzgesetz
Phil Trans R Soc	Philosophical Transactions of the Royal Society (Zeitschrift)
PJZ(S)	Polizeiliche und justitielle Zusammenarbeit (in Strafsachen)
PLO	Palestine Liberation Organisation
PostG	Gesetz über das Postwesen
PPBS	Planning-Programming-Budgeting-System
ppm	parts per million (Einheit)
PRIF	Peace Research Institute Frankfurt
Pros	Prosecutor
Prot	Protokoll
QIL	Questions of International Law (Zeitschrift)
RabelsZ	Rabels Zeitschrift für ausländisches und internationales Privatrecht
RBDI	Revue Belge de Droit International
RBÜ	Revidierte Berner Übereinkunft
RCEP	Regional Comprehensive Economic Partnership
RdC	Recueil des Cours de l'Académie de Droit International
rd	rund
RDI	Revue de Droit International, des Sciences Diplomatiques, Politiques et Sociales

RDILC	Revue de Droit International et de Législation Comparée
RDIMDG	Revue de Droit International Militaire et Droit de la Guerre
RdJB	Recht der Jugend und des Bildungswesens
RECIEL	Review of European Community and International Environmental Law
REDI	Revista Española de Derecho Internacional
Rep	Report(s)
Res	Resolution(en)
Rev Egypt	Revue Egyptienne de Droit International
Rev Int Studies	Review of International Studies
RevICR	Revue Internationale de la Croix Rouge
RFDC	Revue Française de Droit Constitutionnel
RFMO	Regional Fisheries Management Organization
RGBl	Reichsgesetzblatt
RGDIP	Revue Générale de Droit International Public
RGSt	Entscheidungen des Reichsgerichts in Strafsachen
RGW	Rat für gegenseitige Wirtschaftshilfe (vgl COMECON)
RGZ	Entscheidungen des Reichsgerichts in Zivilsachen
RHDI	Revue Hellénique de Droit International
RIAA	Report of International Arbitral Awards
RIDA	Revue internationale de droit africain
RIDP	Revue Internationale de Droit Penal
RivDI	Rivista di Diritto Internazionale
RivDirProc	Rivista di Diritto Processuale
RIW/AWD	Recht der internationalen Wirtschaft, Außenwirtschaftsdienst des Betriebs-Beraters (vgl BB)
RL	Richtlinie
RMC	Revue du Marché Commun
Rn	Randnummer
ROW	Recht in Ost und West (Zeitschrift)
Rs/Verb Rsen	Rechtssache/Verbundene Rechtssachen
Rspr	Rechtsprechung
RSIStGH	Römisches Statut des Internationalen Strafgerichtshofes
RTDH	Revue trimestrielle des droits de l'homme
RtP	Responsibility to Protect
RuP	Recht und Politik (Zeitschrift)
russ	russische(n/r/s)
s	siehe
S/	Security Council (Document)
SAARC	South Asian Association for Regional Cooperation (Südasiatische Vereinigung für regionale Zusammenarbeit)
SALT	Strategic-Arms Limitation Talks
San Diego ILJ	San Diego International Law Journal
Sart	Sartorius (I: Verfassungs- und Verwaltungsgesetze; II: Internationale Verträge, Europarecht)
SAGE	Simulation & Gaming (Zeitschrift)
SAYIL	South African Yearbook of International Law
SchlHA	Schleswig-Holsteinische Anzeigen (Zeitschrift)
SchwBGer	Schweizerisches Bundesgericht

Schw Zentrabl für Staats- und Verwaltungsrecht	Schweizerisches Zentralblatt für Staats- und Verwaltungsrecht
SDGs	Sustainable Development Goals
SDI	Strategic Defence Initiative
SDÜ	Schengener Durchführungsübereinkommen
sec	section (Paragraph)
SeeAnlV	Seeanlagenverordnung
SELJ	Stanford Environmental Law Journal
sep op	separate opinion
ser/sér	series/série
Sess	Session
SFDI	Société française pour le droit international
SFOR	Stabilization Force
SFRJ	Sozialistische Föderative Republik Jugoslawien
SHIRBRIG	Multi-National Stand-by High Readiness Brigade for United Nations Operations
SIPRI	Stockholm International Peace Research Institute
SJILC	Syracuse Journal of International Law and Commerce
SJIR	Schweizerisches Jahrbuch für Internationales Recht
SJZ	Süddeutsche Juristenzeitung
Slg	Sammlung
sm	Seemeile(n) (1 sm = 1,852 km)
s o	siehe oben
S.O.	Supranationale Organisation(en)
sog	so genannt(er/es)
SORT	Strategic Offensive Reduction Treaty
Southwestern JLTA	Southwestern Journal of Law and Trade in the Americas
Sp	Spalte(n)
spec	special
SR	Sicherheitsrat (der Vereinten Nationen)
SRM	Solar Radiation Management
SRÜ	Seerechtsübereinkommen (der Vereinten Nationen)
st	ständig(e)
StAG	Staatsangehörigkeitsgesetz
Stanford JIL	Stanford Journal of International Law
StAR-VwV	Allgemeine Verwaltungsvorschrift zum Staatsangehörigkeitsrecht
START	Strategic-Arms Reduction Treaty
StAZ	Das Standesamt (Zeitschrift)
Stellenbosch LR	Stellenbosch LR
StGB	Strafgesetzbuch
Stichw	Stichwort
StIGH	Ständiger Internationaler Gerichtshof
StISchH	Ständiger Internationaler Schiedshof
StPO	Strafprozessordnung
str	strittig, streitig
STLR	Suffolk Transnational Law Review
stRspr	ständige Rechtsprechung
StWiss u StPr	Staatswissenschaft und Staatspraxis (Zeitschrift)
s u	siehe unten

Suff ULR	Suffolk University Law Review
Suppl	Supplement (Ergänzungsband)
SYBIL	Singapore Year Book of International Law
SYIL	Spanish Yearbook of International Law
SWP-Aktuell	Schriftenreihe der Stiftung Wissenschaft und Politik
SZIER	Schweizerische Zeitschrift für internationales und europäisches Recht
T–	Tribunal (Urteil des Europäischen Gerichts)
TAC	total allowable catch
TDM	Transnational Dispute Management
TECLF	Tulane European and Civil Law Forum
Temple ICLJ	Temple International and Comparative Law Journal
Texas ILJ	Texas International Law Journal
TICLJ	Temple International and Comparative Law Journal
TISA	Trade in Services Agreement
TJICL	Tulane Journal of International and Comparative Law
TLCP	Transnational Law & Contemporary Problems
TPP	Trans-Pacific Partnership
TR	Treuhandrat (der Vereinten Nationen)
TRIMS	Agreement on Trade-Related Investment Measures
TRIPS	Agreement on Trade-Related Aspects of Intellectual Property Rights
TTIP	Transatlantic Trade and Investment Partnership
Tulsa J Comp & Int'l L	Tulsa Journal of Comparative and International Law
TV	Türkische Verfassung
u	unten
u a	unter anderem/und andere
u Ä	und Ähnliches
UAbs	Unterabsatz
UBA	Umweltbundesamt
UCLA JILFA	UCLA Journal of International Law and Foreign Affairs
UdSSR	Union der Sozialistischen Sowjetrepubliken
Übers	Übersetzung
UEMOA	Union Économique et Monétaire Ouest Africaine (Westafrikanische Wirtschafts- und Währungsunion)
UFIL	Journal on the Use of Force and International Law
UK	United Kingdom
UKuR	Ukraine-Krieg und Recht (Zeitschrift)
UN	United Nations (Vereinte Nationen)
UN Doc	Dokumente der Vereinten Nationen
UN GA	United Nations General Assembly
UNAIDS	Joint United Nations Programme on HIV/AIDS
UNAMID	African Union/United Nations Hybrid Operation in Darfur
UNAT	United Nations Administrative Tribunal
UNAVEM	United Nations Angola Verification Mission
UNCED	United Nations Conference on Environment and Development (1992)
UN-Charta	Satzung der Vereinten Nationen
UNCIO	United Nations Conference on International Organizations
UNCITRAL	United Nations Commission on International Trade Law
UNCLOS	United Nations Conference on the Law of the Sea (1973–82)

UNCOPUOS	United Nations Committee on the Peaceful Uses of Outer Space
UNCTAD	United Nations Conference on Trade and Development
UNDP	United Nations Development Programme
UNEA	United Nations Environment Assembly
UN/ECE	United Nations Economic Commission for Europe
UNEF	United Nations Emergency Force
UNEP	United Nations Environment Programme
UNESCO	United Nations Educational, Scientific and Cultural Organization
UNFCCC	United Nations Framework Convention on Climate Change
UNFICYP	United Nations Peace-keeping Force in Cyprus
UNFSA	United Nations Fish Stocks Agreement
UNHCR	United Nations High Commissioner for Refugees
UNHSP	United Nations Human Settlement Programme
UNICEF	United Nations International Children's Emergency Fund
UNIDIR	United Nations Institute for Disarmament Research
UNIDO	United Nations Industrial Development Organization
UNIDROIT	Internationales Institut für die Vereinheitlichung des Privatrechts
UNISFA	United Nations Interim Security Force for Abyei
UNITAF	United Task Force
UNITAR	United Nations Institute for Training and Research
UNMIBH	United Nations Mission in Bosnia and Herzegovina
UNMIL	United Nations Mission in Liberia
UNMISET	United Nations Mission of Support in East Timor
UNMISS	United Nations Mission in the Republic of South Sudan
UNO	United Nations Organization
UNOCI	United Nations Operation in Côte d'Ivoire
UNOSOM	United Nations Operation in Somalia
UNPREDEP	United Nations Preventive Deployment Force
UNRWA	United Nations Relief and Works Agency for Palestine Refugees in the Near East
UNSIMIC	United Nations Settlement Implementation Mission in Cyprus
UNSMIS	United Nations Supervision Mission in Syria
UNSSC	United Nations System Staff College
unstr	unstrittig, unstreitig
UNSWLJ	University of New South Wales Law Journal
UNTAC	United Nations Transitional Authority in Cambodia
UNTS	United Nations Treaty Series
UNU	United Nations University
UNWTO	World Tourism Organization
UNYB	Yearbook of the United Nations
UPennJIEL	University of Pennsylvania Journal of International Economic Law
UPennJIL	University of Pennsylvania Journal of International Law
UPU	Universal Postal Union (Weltpostverein)
US	Entscheidungen des United States Supreme Court
USA	United States of America
USMCA	United States – Mexico – Canada Agreement
Utah LRev	Utah Law Review
UTR	Jahrbuch des Umwelt- und Technikrechts
uU	unter Umständen
u v a	und viele (vieles) andere

v	von/vom/versus
Vanderbilt J Transnat'l L	Vanderbilt Journal of Transnational Law
VBlBW	Verwaltungsblätter Baden-Württemberg
VBS	Völkerbundsatzung
v Chr	vor Christi Geburt
Verb (Rs)	Verbundene (Rechtssachen)
Verf	Verfahren, Verfasser
VerfBlog	Verfassungsblog (https://verfassungsblog.de/blog/)
Verh	Verhandlung
VersR	Versicherungsrecht (Zeitschrift)
VerV	Verwaltungsvorschrift
VG	Verwaltungsgericht
VGH	Verwaltungsgerichtshof
vgl	vergleiche
Victoria ULRev	Victoria University of Wellington Law Review
Villanova LR	Villanova Law Review
VJIL	Virginia Journal of International Law
Vjschr f SozR	Vierteljahresschrift fürSozialrecht
VN	Vereinte Nationen (Zeitschrift)
VO	Verordnung
VOJICL	Vienna Online Journal on International Constitutional Law
Vol	Volume
VRÜ	Verfassung und Recht in Übersee (Zeitschrift)
VULR	Valparaiso University Law Review
VVDStRL	Veröffentlichungen der Vereinigung der Deutschen Staatsrechtslehrer
VwVfG	Verwaltungsverfahrensgesetz
WBGU	Wissenschaftlicher Beirat der Bundesregierung Globale Umweltveränderungen
WCED	World Commission on Environment and Development
WCS	World Conservation Strategy
West Virginia LR	West Virginia Law Review
WEU	Western European Union (Westeuropäische Union)
WFC	World Food Council (Welternährungsrat)
WFP	World Food Programme (Welternährungsprogramm)
WHO	World Health Organization
WIPO	World Intellectual Property Organization
Wisconsin ILJ	Wisconsin International Law Journal
WKSV	Wiener Übereinkommen über die Staatennachfolge in Bezug auf Verträge
WLR	Weekly Law Reports
WMO	World Meteorological Organization
wN	weitere Nachweise
WPA	Wirtschaftspartnerschaftsabkommen
WRLAE	Wroclaw Review of Law, Administration & Economics
WRV	Weltraumvertrag
WRV	Weimarer Reichsverfassung
WSR	Wirtschafts- und Sozialrat (der Vereinten Nationen)
WSSD	World Summit for Sustainable Development
WTO	World Trade Organization

WTR	World Trade Revie
WUB	Kommentierende Entscheidungssammlung zum Wirtschafts- und Bankrecht
WÜD	Wiener Übereinkommen über diplomatische Beziehungen
WÜK	Wiener Übereinkommen über konsularische Beziehungen
WVK	Wiener Vertragsrechtskonvention (Wiener Übereinkommen über das Recht der Verträge)
WVKIO	Wiener Konvention (Übereinkommen) über das Recht der Verträge zwischen Staaten und internationalen Organisationen oder zwischen internationalen
WWF	World Wildlife Fund
WWU	Wirtschafts- und Währungsunion
www	World Wide Web
Yale JIL	Yale Journal of International Law
Yale LJ	Yale Law Journal
Yb	Yearbook
YIHL	Yearbook of International Humanitarian Law
YBILC	Yearbook of the International Law Commission
YBWA	Yearbook of World Affairs
YEL	Yearbook of European Law
YIEL	Yearbook of International Environmental Law
YIHL	Yearbook of International Humanitarian Law
YIO	Yearbook of International Organizations
YPL	Yearbook of Polar Law
ZaöRV	Zeitschrift für ausländisches öffentliches Recht und Völkerrecht
ZAR	Zeitschrift für Ausländerrecht und Ausländerpolitik
zB	zum Beispiel
ZBJI	Zusammenarbeit (der EU-Staaten) in den Bereichen Justiz und Inneres
ZEuS	Zeitschrift für europarechtliche Studien
ZfM	Zeitschrift für Menschenrechte
ZfP	Zeitschrift für Politik
ZfSE	Zeitschrift für Staats- und Europawissenschaften
ZfV	Zeitschrift für Verwaltung
ZG	Zeitschrift für Gesetzgebung
ZGR	Zeitschrift für Unternehmens- und Gesellschaftsrecht
ZIB	Zeitschrift für Internationale Beziehungen
Ziff	Ziffer
ZIS	Zeitschrift für Internationale Strafrechtsdogmatik
ZLR	Zeitschrift für Luftrecht (jetzt ZLW)
ZLW	Zeitschrift für Luft- und Weltraumrecht (früher ZLR)
ZöR	Zeitschrift für öffentliches Recht
ZP	Zusatzprotokoll
ZParl	Zeitschrift für Parlamentsfragen
ZPO	Zivilprozessordnung
ZRP	Zeitschrift für Rechtspolitik
ZRph	Zeitschrift für Rechtsphilosophie
ZSchwR	Zeitschrift für schweizerisches Recht
ZStW	Zeitschrift für die gesamte Strafrechtswissenschaft
zT	zum Teil

ZUR	Zeitschrift für Umweltrecht
zust	zustimmend
zutr	zutreffend
ZVglRWiss	Zeitschrift für vergleichende Rechtswissenschaft
ZVR	Zeitschrift für Völkerrecht
ZZP	Zeitschrift für Zivilprozess

Erster Abschnitt

Jörn Axel Kämmerer

Begriff, Geschichte und Rechtsquellen des Völkerrechts

Gliederungsübersicht

https://doi.org/10.1515/9783110770964-001

Literatur

von Arnauld, Andreas, Völkerrecht, 5. Aufl 2023

Bianchi, Andrea, International Law Theories: An Inquiry into Different Ways of Thinking, 2016
[Bianchi, International Law Theories]

Bungenberg, Marc/Hobe, Stephan (Hrsg), Permanent Sovereignty over Natural Resources, 2015

Crawford, James, Principles of Public International Law, 9. Aufl 2019 [Crawford, Principles]

Dahm, Georg/Delbrück, Jost/Wolfrum, Rüdiger, Völkerrecht, Bd I/1, 2. Aufl 1989; Bd I/2 und Bd I/3, 2. Aufl
2002

Diggelmann, Oliver, Völkerrecht: Geschichte und Grundlagen mit Seitenblicken auf die Schweiz, 2018

Doehring, Karl, Völkerrecht, 2. Aufl 2004

Dörr, Oliver/Schmalenbach, Kirsten (Hrsg), Vienna Convention on the Law of Treaties, 2. Aufl 2018
[VCLT Commentary]

Fassbender, Bardo/Peters, Anne (Hrsg), Oxford Handbook of the History of International Law, 2012
[Oxford Handbook of the History of International Law]

Fastenrath, Ulrich, Lücken im Völkerrecht. Zu Rechtscharakter, Quellen, Systemzusammenhang,
Methodenlehre und Funktionen des Völkerrechts, 1991 [Fastenrath, Lücken]

Friedmann, Wolfgang, The Changing Structure of International Law, 1964 [Friedmann, Changing Structure]

Grewe, Wilhelm (Hrsg), Fontes Historiae Iuris Gentium, Bd I, 1995; Bd II, 1988; Bd III/1, 1992; Bd III/2, 1992
[Fontes]

ders, Epochen der Völkerrechtsgeschichte, 2. Aufl 1988 [Grewe, Epochen]

Herdegen, Matthias, Völkerrecht, 22. Aufl 2023

ders, Internationales Wirtschaftsrecht, 13. Aufl. 2023

Hobe, Stefan, Einführung in das Völkerrecht, 11. Aufl 2020 [Hobe, Völkerrecht]

Epping, Volker/ Heintschel von Heinegg, Wolff (Hrsg), Knut Ipsen, Völkerrecht, 7. Aufl 2018 [Bearbeiter,
in Ipsen, Völkerrecht]

Kämmerer

Klabbers, Jan, An Introduction to International Organizations Law, 3. Aufl 2015 [*Klabbers,* International Organizations Law]

Kleinschmidt, Harald, Geschichte des Völkerrechts in Krieg und Frieden, 2013

Kolb, Robert, Theory of International Law, 2019 [*Kolb,* Theory]

Koskenniemi, Martti, The Gentle Civilizer of Nations – The Rise and Fall of International Law, 2002 [*Koskenniemi,* Gentle Civilizer]

ders, To the Uttermost Parts of the Earth – Legal Imagination and International Power, 1300–1870, 2021

Krajewski, Markus, Völkerrecht, 3. Aufl 2023 [*Krajewski,* Völkerrecht]

Nowrot, Karsten, Nun sag, wie hast du's mit den Global Players, Friedenswarte 79 (2004) 119

ders, Normative Ordnungsstruktur und private Wirkungsmacht, 2006 [*Nowrot,* Ordnungsstruktur]

Orford, Anne/Hoffmann, Florian (Hrsg), Oxford Handbook of the Theory of International Law, 2016 [Oxford Handbook of the Theory of International Law]

Peters, Anne/Petrig, Anna, Völkerrecht Allgemeiner Teil, 5. Aufl 2020 [*Peters/Petrig,* Völkerrecht]

Preiser, Wolfgang, Macht und Ohnmacht in der Völkerrechtsgeschichte, 1978 [*Preiser,* Macht]

Ruffert, Matthias/Walter, Christian, Institutionalisiertes Völkerrecht, 2. Aufl 2015 [*Ruffert/Walter,* Institutionalisiertes Völkerrecht]

Sands, Philippe/Klein, Pierre, Bowett's Law of International Institutions, 6. Aufl 2009 [*Sands/Klein,* International Institutions]

Schrijver, Nico J., Sovereignty over Natural Resources, 1997

Shaw, Malcolm N., International Law, 9. Aufl. 2021

Seidl-Hohenveldern, Ignaz (Hrsg), Lexikon des Rechts. Völkerrecht, 3. Aufl 2001 [Lexikon Völkerrecht]

Simma, Bruno/Khan, Daniel-Erasmus/Nolte, Georg/Paulus, Andreas (Hrsg), The Charter of the United Nations, 2 Bde, 3. Aufl 2012 [Charter UN]

Stein, Torsten/von Buttlar, Christian/Kotzur, Markus, Völkerrecht, 14. Aufl 2017

Strupp, Karl/Schlochauer, Hans-Jürgen (Hrsg), Wörterbuch des Völkerrechts, 4 Bde, 1960–1962

Thirlway, Hugh, The Sources of International Law, 2. Aufl 2019 [*Thirlway,* Sources]

Tomuschat, Christian, Stichwort „Völkerrecht", in: Roman Herzog u a (Hrsg), Evangelisches Staatslexikon, 3. Aufl 1987, Bd II, Sp 3875–3890 [*Tomuschat,* „Völkerrecht"]

ders, International Law: Ensuring the Survival of Mankind on the Eve of a New Century, RdC 281 (1999) 9ff [*Tomuschat,* International Law]

Verdross, Alfred/Simma, Bruno, Universelles Völkerrecht, 3. Aufl 1984; Nachdruck 2010 [*Verdross/Simma*]

Villiger, Mark E., Commentary on the 1969 Vienna Convention on the Law of Treaties, 2009 [*Villiger,* VCLT]

Wolfrum, Rüdiger (Hrsg), Max Planck Encyclopedia of Public International Law, 10 Bde, 2012 [MPEPIL]

Ziegler, Andreas R., Einführung in das Völkerrecht, 4. Aufl 2020

Ziegler, Karl-Heinz, Völkerrechtsgeschichte, 2. Aufl 2007 [*Ziegler,* Völkerrechtsgeschichte]

Zimmermann, Andreas/Tams, Christian J. (Hrsg), The Statute of the International Court of Justice, 3. Aufl 2019 [ICJ Statute Commentary]

Verträge

Genfer Konvention betreffend die Linderung des Loses der im Felddienst verwundeten Militärpersonen v 22.8.1864 (Schindler/Toman [Hrsg], The Laws of Armed Conflicts, 4. Aufl 2004, 365) ▬▬ 79

I. Haager Abkommen v 18.10.1907 zur friedlichen Erledigung internationaler Streitfälle (Fontes III/1, 558 bzw RGBl 1910, 5) ▬▬ 79

Friedensvertrag mit dem Deutschen Reich v 28.6.1919 (Fontes III/2, 683) [Versailler Vertrag] ▬▬ 29, 80

Satzung des Völkerbundes v 28.6.1919 (RGBl 1919, 717) ▬▬ 35, 38, 80f, 109

Vertrag über die Ächtung des Krieges v 27.8.1928 (RGBl 1929 II, 97) [Briand-Kellogg-Pakt] ▬▬ 35, 80

Charta der Vereinten Nationen v 26.6.1945 (BGBl 1973 II, 431), zuletzt geänd durch Bek v 28.8.1980 (BGBl 1980 II, 1252) [UN-Charta] ▬▬ 3, 13, 25ff, 49f, 82, 94, 96, 109, 116, 118, 134, 143

Kämmerer

Judikatur

Ständiger Internationaler Gerichtshof

Internationaler Gerichtshof

Kämmerer

Kämmerer

Vorbemerkung

1   Das Völkerrecht ist ein Rechtsgebiet mit einigen Besonderheiten (s u Rn 2 sowie Rn 46 ff)
und Konturen, die nicht leicht zu bestimmen sind. Dass es überhaupt *Recht*[1] darstellt,
ist – vor allem angesichts schwacher Durchsetzungsmechanismen – nicht immer völlig
unbestritten gewesen. Mit der Rechtseigenschaft des Völkerrechts verbunden sind die
Fragen nach seinem *Geltungsgrund* (s u Rn 40 ff), *seinen Akteuren* (s u Rn 84 ff), *seinen
Rechtsquellen* (s u Rn 91 ff) *und seinem Geltungsbereich,* aber auch nach seiner Einheit
(die es als abgrenzbares Rechtsgebiet in Erscheinung treten lässt) und nach seiner *Relevanz.* Zur Beantwortung dieser Grundfragen müssen auch die *Geschichte* des Völkerrechts (s u Rn 57 ff) und die Rolle der Völkerrechts*wissenschaft* in die Betrachtung einbezogen werden.

I. Begriff und Geltung des Völkerrechts

1. Begriff des Völkerrechts
a) Ansatzpunkte und Probleme der Begriffsbestimmung

2   Eine allgemein verbindliche Definition des Völkerrechts gibt es nicht, nicht einmal eine
allgemein anerkannte. Angesichts der immer größeren Vielfalt der Rechtsquellen, Wirkungseinheiten und Regelungsgegenstände des Völkerrechts verwundert dies auch
nicht. Wesen, Bildung und Normenbestand werden in besonderem Maße durch politische Ereignisse und Machtkonstellationen determiniert[2] und können sich mit diesen
wandeln.

3   In der UN-Charta, die oft als „Verfassung der Völkerrechtsgemeinschaft" bezeichnet
wird,[3] ist von „Völkerrecht" nur an drei Stellen (in der Präambel, in Art 1 Nr 1 sowie

---

1 In Abrede gestellt etwa von *Austin,* Lectures on Jurisprudence, or the Philosophy of Positive Law, Bd I,
5. Aufl (hrsg v Campbell) 1885, 183; in neuerer Zeit auch *Bolton,* Is There Really Law in International Affairs?, TLCP 10 (2000) 1 ff. Vgl aber *Zemanek,* The Legal Foundation of the International System, RdC 266
(1997-IV) 9 (37 f); *Steiger,* Völkerrecht, in Brunner/Conze/Koselleck (Hrsg), Geschichtliche Grundbegriffe,
Bd 7, 1992, 97 ff; *Wiegandt,* Internationale Rechtsordnung oder Machtordnung?, ZaöRV 71 (2011) 31 ff.
2 In jüngerer Zeit etwa *Goldsmith/Togawa Mercer,* International Law and Institutions in the Trump Era,
GYIL 61 (2018) 11 ff; bzgl der Lage nach 1989/90 Neuhold/Simma (Hrsg), Neues europäisches Völkerrecht
nach dem Ende des Ost-West-Konfliktes?, 1996. Umfassend zum Verhältnis zwischen Völkerrecht und Politik Sandholtz/Whytock (Hrsg), Research Handbook on the Politics of International Law, 2017.
3 *Verdross,* Völkerrecht, 5. Aufl 1964, 136; *ders,* Die Quellen des universellen Völkerrechts, 1973, 20 f, 35;
ders/Simma, Völkerrecht, §§ 91, 374; *Frowein,* Reactions by Not Directly Affected States to Breaches of Public International Law, RdC 248 (1994-IV) 345 (357); *Simma,* From Bilateralism to Community Interest in International Law, RdC 250 (1994-VI) 217 (258 ff); *Fassbender,* The United Nations Charter as Constitution of
the International Community, 2009; s auch *Herdegen,* Völkerrecht, 22. Aufl 2023, § 1 Rn 19 („Verfassung'
der Völkergemeinschaft"). Der Begriff selbst wurde von *Verdross* bereits lange vor Inkrafttreten der UN-
Charta geprägt: *ders,* Zur Konstruktion des Völkerrechts, Zeitschrift für Völkerrecht 8 (1914) 329 ff; *ders,*
Die Verfassung der Völkerrechtsgemeinschaft, 1926.

Kämmerer

Art 13 Nr 1 lit a) die Rede. Das Grundgesetz setzt die Existenz des Völkerrechts, ohne es zu definieren, in Art 25, Art 59 Abs 1 Satz 1 und Art 100 Abs 2 voraus, die allerdings nur für Deutschland verbindlich sind. Um zu bestimmen, was Völkerrecht ist, kann an den Rechtssubjekten, die es formen und an ihm teilhaben, an seinen Rechtsquellen und auch an seinen Gegenständen angesetzt werden. Aus *subjektbezogener* Warte ist Völkerrecht die Summe der Rechtsnormen, die die hoheitlichen Rechtsbeziehungen zwischen Völkerrechtssubjekten bestimmen. Aus der *Rechtsquellen*perspektive ist Völkerrecht die Gesamtheit aller Rechtsnormen, die unmittelbar aus den Rechtsquellen des Völkerrechts hervorgehen und ihren Ursprung mithin regelmäßig nicht in einer einzelstaatlichen Rechtsquelle, sondern im Konsens unter mehreren Völkerrechtssubjekten haben. Blickt man auf die *Gegenstände*, stellt sich Völkerrecht als die Gesamtheit der Rechtsnormen dar, die grenzüberschreitende öffentlich-rechtliche Interaktionen von Völkerrechtssubjekten regeln, ohne deren (inner-)staatlichem Recht anzugehören. Im Folgenden soll daher kurz auf jedes dieser drei Elemente eingegangen werden.

aa) Die Rechtssubjekte. Das Völkerrecht regelt, etwa aus Sicht von *Charles Rousseau*,[4] **4** die Beziehungen zwischen den Völkerrechtssubjekten (s u Rn 84 ff). Völkerrecht ist traditionell – und auch heute noch in erster Linie – die Rechtsordnung der *zwischenstaatlichen* Beziehungen. Der im dt Sprachraum nach wie vor übliche Begriff „Völkerrecht" bringt dies nicht zum Ausdruck und wirkt im Sprachvergleich archaisch. Die ihm in anderen Sprachen entsprechenden Termini *(law of nations, droit des gens, derecho de gentes, diritto delle genti)* sind längst nicht mehr in Gebrauch und durch Bezeichnungen wie *public international law, droit international public, derecho internacional público, diritto internazionale pubblico* abgelöst worden. Das Völkerrecht ist also eine Bezeichnung für das *internationale öffentliche Recht* – und hat als solches am zentralen Wesensmerkmal des öffentlichen Rechts, seinem genuinen Staatsbezug, teil.

Genese und Geschichte des Völkerrechts sind intrinsisch verbunden mit dem Kon- **5** zept des Staats als eines mit (Völker-)Rechtspersönlichkeit ausgestatteten Herrschaftsgebildes, das nur durch das Völkerrecht selbst gebunden, also souverän, ist und kraft dieser Souveränität an der Bildung von Völkerrecht teilhat. Insbes das durch die großen europäischen Friedenskonferenzen vom Westfälischen Frieden 1648 bis zum Wiener bzw Berliner Kongress 1815 bzw 1878 geformte „klassische" Völkerrecht war eine nahezu ausschließlich zwischen den Staaten vereinbarte und nur zwischen ihnen geltende Rechtsordnung.[5] Nur wenige nichtstaatliche Akteure, wie der Heilige Stuhl[6] und der Souveräne

---

4 Droit international public, 10. Aufl 1984, 93 ff.

5 *Grewe*, Epochen, 323 ff, 499 ff. Das Völkerrecht müsse auf den *Nationen* als den wirklich lebendigen Einheiten aufbauen, hatte demgegenüber zB *Mancini*, Diritto internazionale, 1873, 5 ff gefordert (erstmals 1851).

6 Bereits vor dem Verlust des Kirchenstaates (30.9.1870) war der Heilige Stuhl – trotz des Fehlens zB eines „Staatsvolkes" – als (originäres) Völkerrechtssubjekt anerkannt. Er hat wichtige völkerrechtliche

Malteser Ritterorden,[7] später auch das Internationale Komitee vom Roten Kreuz (IKRK),[8] haben als Akteure in dieser zwischenstaatlichen Ordnung Platz gefunden.

6   Das Spektrum der Völkerrechtssubjekte hat sich mittlerweile über die Staaten hinaus erheblich erweitert, es kennt auch keinen Numerus Clausus und befindet sich im stetigen Wandel. Zu den Völkerrechtssubjekten zählen auch Internationale Organisationen (I.O.),[9] Aufständische, Kriegführende und stabilisierte De-facto-Regime,[10] seit dem 20. Jh jedenfalls in Menschenrechtsbelangen auch Individuen.[11] Auch Gruppen von Individuen wie Minderheiten und Indigene gehören zumindest in einigen Belangen dazu,[12] multinationale Unternehmen[13] und nichtstaatliche Internationale Organisationen (sog *Non-Governmental Organisations* bzw NGOs)[14] sind Völkerrechtssubjekten zumindest angenähert. Selbst Vorschläge, die Menschheit als solche als Völkerrechtssubjekt zu begreifen, sind im Schrifttum unterbreitet worden, haben sich aber bislang nicht durchsetzen können.[15]

Institute (u a Gesandtschaftswesen, Schiedsgerichtsbarkeit) mit ausgebildet und den Globalen Pakt für Flüchtlinge wie den UN-Migrationspakt (2018) mit ausgehandelt.

7 Vgl *Fischer/Köck*, Völkerrecht, 6. Aufl 2004, 198 ff, 239 ff; *Epping*, in Ipsen, Völkerrecht, § 11 Rn 1 ff, 10; *Karski*, The International Legal Status of the Sovereign Military Hospitaller Order of St. John of Jerusalem of Rhodes and of Malta, IntCommLR 14 (2002) 19 ff.

8 Vgl *Epping*, in Ipsen, Völkerrecht, § 11 Rn 6 ff.

9 Hierzu eingehend *Schmahl*, 4. Abschn Rn 93 ff.

10 De-facto-Regime erfüllen staatsähnliche Aufgaben. Dritten gegenüber können sie Achtung ihres territorialen Bestands und ihrer Herrschaft beanspruchen, haben sich aber auch ihrerseits u a an das Gewalt- und das Interventionsverbot zu halten. Zur Völkerrechtsubjektivität Aufständischer, Kriegführender und stabilisierter De-facto-Regime vgl *Epping*, in Ipsen, Völkerrecht, § 11 Rn 11 ff.

11 Darüber hinausgehend *Peters*, Jenseits der Menschenrechte, 2014. Bzgl der *partiellen* Völkerrechtsfähigkeit der Individuen ist zu differenzieren. Rechte und Pflichten werden ihnen durch Völkerrechtsverträge insoweit zugeordnet, als sie auf der *völker*rechtlichen Ebene etwa gegenüber einem Staat oder einer I.O. auftreten. Nicht als Völkerrechtssubjekte agieren sie dagegen, wenn sie auf Grund eines in *inner*staatliches Recht transformierten Völkerrechtssatzes ihren Staat zB vor einem innerstaatlichen Gericht verklagen.

12 Vgl *Hobe*, Völkerrecht, 133 ff; *Heintze*, in Ipsen, Völkerrecht, § 10. Zum Status dieser Gruppen im Völkerrecht s auch *Wolfrum*, The Protection of Indigenous Peoples in International Law, ZaöRV 59 (1999) 369 ff; *Weiß*, Der Schutz von Minderheiten als Aufgabe des Völkerrechts, in Matz-Lück (Hrsg), Der Status von Gruppen im Völkerrecht, 2016, 49 ff; *Langenfeld*, Minderheitenschutz, in Merten/Papier (Hrsg), Handbuch der Grundrechte, Bd VI/2, 2009, 599 ff.

13 Bzgl der str Völker*rechts*qualität der „multinationalen Korporationen" bzw „transnationaler Unternehmen" *Fischer*, Multinationale Unternehmen, in Lexikon Völkerrecht, 219 ff. Zur Herleitung *Stapelbroek*, Trade, Chartered Companies, and Mercantile Associations, in Oxford Handbook of the History of International Law, 338 ff.

14 *Thürer*, The Emergence of Non-Governmental Organizations and Transnational Enterprises in International Law and the Changing Role of the State, in Hofmann (Hrsg), Non-State Actors as New Subjects of International Law, 1999, 37 (41 ff). Hierzu näher u Rn 87.

15 Etwa von *Cançado Trindade*, International Law for Humankind, 3. Aufl 2020, 275 ff. Bereits im Weltraumvertrag v 1967 findet sich in Art I ein Bezug auf die Menschheit (iSv „Sache der Menschheit"). Sie ist jedoch hier wie im SRÜ v 1982 (vgl Art 136: „gemeinsame[s] Erbe der Menschheit") kein Völkerrechtssub-

Die eigentlichen „Herren der Völkerrechtsordnung" bleiben ungeachtet dessen die 7
souveränen Staaten. Denn allein sie sind *„geborene Völkerrechtssubjekte"*, die ihre Legitimation als Völkerrechtsbildner aus sich selbst beziehen, aus nichts weiter als ihrer
Eigenschaft als souveräner – das heißt: „völkerrechtsunmittelbarer" – Staat. Selbst den
Vereinten Nationen (UN) fehlt es an dieser Eigenschaft; vielmehr sind sie als durch
Vertrag geschaffene I.O. ein lediglich *„gekorenes Völkerrechtssubjekt"*, dessen Existenz
und Rechtspersönlichkeit von den an ihm beteiligten souveränen Staaten abhängig ist.
Eine global anerkannte *über*staatliche Hoheitsgewalt gibt es nicht. Die Völkerrechtsordnung hat insofern, anders als das staatliche öffentliche Recht, ein primär *koordinations-*
und zunehmend *kooperationsrechtliches,*[16] nicht aber subordinationsrechtliches Gepräge.

Völker sind, auch wenn der Begriff des Völkerrechts Gegenteiliges vermuten lässt, 8
und obwohl die im 20. und 21. Jh wichtigsten I.O. – der Völkerbund[17] und die UN – den
Volksbegriff im Namen tragen,[18] keine originären Völkerrechtssubjekte. Ihre Völkerrechtssubjektivität (Völkerrechtspersönlichkeit) ist auf wenige Belange beschränkt (partiell), allen voran das Selbstbestimmungsrecht der Völker (u Rn 38).[19]

bb) Die Rechtsquellen. So wenig das Völkerrecht allein nach den Rechtssubjekten de- 9
finiert werden kann, so wenig reichen seine Rechtsquellen zur Begriffsbestimmung aus,

---

jekt. Ebenso wenig ist dies die (Vision einer) Menschheitsgemeinschaft, auch nicht als Verkörperung der
Summe der Individuen. Vgl weitergehend *Paulus,* Die internationale Gemeinschaft im Völkerrecht, 2001,
142ff, 148ff, 174ff; *Payandeh,* Internationales Gemeinschaftsrecht, 2010, 443ff („Die internationale Gemeinschaft als Legitimation vermittelndes Rechtssubjekt") – eine str „Ableitung" von „Rechtssätzen" aus
generellen Völkerrechtsprinzipien.
16 Die Charakterisierung des klassischen Völkerrechts als Koexistenzrecht, das sich zu einem Kooperationsvölkerrecht wandelt, geht zurück auf *Friedmann,* Changing Structur, 60ff.
17 Den Ausdruck „Völkerbund" *(Société des Nations)* verwendete erstmals de Vattel, Le droit des gens ou
principes de la loi naturelle, 1758 (dt Übers): „aus dem gesetzlosen Zustande der Wilden hinaus zu gehen,
und in einen Völkerbund zu treten; wo jeder, auch der kleinste, Staat seine Sicherheit und Rechte [...]
allein von diesem großen Völkerbunde [...], von einer vereinigten Macht [...] erwarten könnte". 1774 folgte *Kant,* Idee zu einer allgemeinen Geschichte in weltbürgerlicher Absicht (in *ders,* Schriften zur Anthropologie etc, 1964, 31 [41ff]). In „Zum ewigen Frieden", 1795 (ebd 193ff) postulierte *Kant:* „Das Völkerrecht
soll auf einer Föderation freier Staaten gegründet sein", auf einem „Völkerbund". Bei Gründung des Völkerbundes (1919) wurde dann, zurückgehend auf die 14 Punkte des US-amerikanischen Präsidenten *Wilson,* dieser Begriff bewusst gewählt. Er deckte u a die Kolonien mit ab.
18 Vgl die Präambel der UN-Charta: *„We the peoples of the United Nations [...] have resolved to combine
our efforts* [...]. *Accordingly, our respective Governments [...] have agreed to the present Charter [...]".*
Eine Grundlage bildete die am 1.1.1942 von 26 Staaten abgegebene *Joint Declaration by United Nations,* die
die Basis der von den USA (auf der Grundlage der Atlantik-Charta v 14.8.1941) zustande gebrachten
Kriegsallianz bildete.
19 Das Selbstbestimmungsrecht ist ein kollektives Recht der Völker, vgl Art 1 der beiden UN-Menschenrechtspakte v 1966; näher *Heintze,* in Ipsen, Völkerrecht, § 10. Umfassend zum Selbstbestimmungsrecht
Tomuschat (Hrsg), Modern Law of Self-Determination, 1993 sowie Gornig/Horn/Murswiek (Hrsg), Das
Selbstbestimmungsrecht der Völker – eine Problemschau, 2013.

denn beide, Rechtssubjekte und Rechtsquellen, bedingen einander.[20] Völkerrecht ist *eine Ordnung, die von ihren eigenen Subjekten gesetzt wird*.[21] Seine Subjekte, insbes die Staaten, sind seine Schöpfer und Geschöpfe, Verkünder und Vollstrecker, Berechtigte und Verpflichtete. Wer Völkerrechtssubjekt ist, muss aus einer Rechtsquelle geschöpft werden; aber um diese Rechtsquelle zu schaffen (und sie als eine Quelle des Völkerrechts zu bestimmen), bedarf es wiederum der Völkerrechtssubjekte. Art 38 Abs 1 IGH-Statut listet die Quellen des (nach dem Wortlaut zwischen den Streitparteien, aber darüber hinaus unabhängig von Rechtsstreitigkeiten auf die zwischenstaatlichen Beziehungen anwendbaren) Völkerrechts auf: „Internationale Übereinkünfte" (Art 38 Abs 1 lit a IGH-Statut) sind Absprachen zwischen Völkerrechtssubjekten zur verbindlichen Regelung ihrer hoheitlichen Beziehungen, also zur Begründung wechselseitiger hoheitlicher Rechte und Pflichten.[22] Das „internationale Gewohnheitsrecht als Ausdruck einer allgemeinen, als Recht anerkannten Übung" (Art 38 Abs 1 lit b IGH-Statut) ist eine weitere zentrale Rechtsquelle. Die „von den Kulturvölkern anerkannten allgemeinen Rechtsgrundsätze" (Art 38 Abs 1 lit c IGH-Statut) runden den Kreis der primären Rechtsquellen ab. „Hilfsmittel zur Feststellung von Rechtsnormen" sind richterliche Entscheidungen sowie die weltweit führenden Völkerrechtslehren (Art 38 Abs 1 lit d IGH-Statut). Die Frage nach dem Ursprung dieser Rechtsquellen und nach dem Verhältnis der „Schöpfungen" des Völkerrechts zu seinen „Schöpfern" aber beantwortet Art 38 IGH-Statut nicht.

10 **cc) Die Gegenstände.** Wovon das Völkerrecht handelt, bestimmen seine Urheber unter Rückgriff auf die Völkerrechtsquellen. So ist Völkerrecht für *Paul Guggenheim* der „Inbegriff jener Rechtsnormen, welche die zwischenstaatlichen Beziehungen regeln".[23] Ein *ausschließlich* auf die Gegenstände des Völkerrechts abstellende Definition wäre indes selbstreferenziell. Ein Spezifikum des Völkerrechts bliebe ausgeblendet: dass es *Völkerrechtssubjekte* sind, deren (hoheits-)rechtliche Beziehungen es ordnet. Dies schlägt nicht nur auf die Rechtsquellen, sondern auch auf die Gegenstände des Völkerrechts durch. Zu ihnen zählen die Zuordnung und Nutzung des Raumes, der Schutz von Menschen, Umwelt, Klima und Ressourcen sowie das Geflecht der grenzüberschreitenden wirtschaftlichen und kulturellen Beziehungen. Die Lehren von den Sanktionen und der Streitbeilegung sind Gegenstände des Völkerrechts, ebenso Fragen der Staatenverantwortlichkeit und der Rechtsdurchsetzung, einschließlich des Völkerstrafrechts, des Ge-

---

20 Zum verschränkten Verhältnis von Quellen und Subjekten *Kolb*, Theory, 185f. Näher zu den Rechtsquellen u Rn 91ff.

21 Nachweise bei *Verdross*, Völkerrecht, 5. Aufl 1964, 2, im Kern den rechtsquellen- mit dem subjektbetonenden Ansatz verschränkend.

22 Vgl *Krajewski*, Völkerrecht, § 4 Rn 22.

23 Lehrbuch des Völkerrechts, Bd I, 1948, 1. Ähnlich *Schweisfurth*, Völkerrecht, Definition, in Lexikon Völkerrecht, 514 (516), wonach es beim Völkerrecht um „die Gesamtheit der nicht im Landesrecht der Staaten aufgestellten von diesen als Recht anerkannten Regeln" geht, die das Verhalten der Völkerrechtssubjekte „in ihren internationalen Beziehungen bestimmen sollen".

Kämmerer

walt- und Interventionsverbots sowie des Kriegs- und des Neutralitätsrechts. Diese – vielfach existenziellen – Gegenstände, von denen die Abschnitte 2–8 unseres Lehrbuches handeln, kennzeichnen das Völkerrecht als eine stark politisch geprägte Rechtsordnung.[24]

Seinem Anspruch und seiner Entwicklung nach ist das Völkerrecht nicht nur ein **11** formaler Rahmen für an Eigeninteressen ausgerichtete Interaktionen, sondern dient dem Ausgleich divergierender (staatlicher) Interessen.[25] Im Idealfall ist es gerecht und friedensfördernd, zB beim Verbot der Sklaverei, der Piraterie, der Folter, des Angriffskriegs, des Raubbaus an Naturvorkommen, bei der Verwirklichung der Menschenrechte und, ganz allgemein, durch Förderung von Solidarität und Stabilität. Insofern dient das Völkerrecht nicht einfach der juristischen Verbrämung politischer Machtstrukturen, sondern ist im Gegenteil eine *immer stärker wertorientierte Ordnung*. Freilich unterliegt es wie andere Rechtsordnungen dem Wertewandel und ist auch gegen Ideologisierung[26] nicht immun. Und stärker als andere Ordnungen ist das Völkerrecht durch Heterogenität von Wertvorstellungen, Kulturen und Religionen bestimmt. Die in Art 1 und 2 UN-Charta verankerten Ziele und Grundsätze bilden so etwas wie den kleinsten gemeinsamen Nenner des Völkerrechts als Werteordnung.

Dass Völkerrecht die Beziehungen zwischen Völkerrechtssubjekten und insbes **12** „zwischenstaatliche" (oder besser: überstaatliche) Beziehungen regelt, legt den Gegenschluss nahe, dass rein innerstaatliche Angelegenheiten nicht davon erfasst sein können. Was in den grundsätzlich unantastbaren einzelstaatlichen Vorbehaltsbereich *(domaine réservé/domestic jurisdiction)*[27] fällt, kann allerdings nur anhand völkerrechtlicher Regeln ermittelt werden. Jenseits dieses (kleinen) domaine réservé lassen sich Völkerrecht und innerstaatliches Recht kaum anhand ihrer Gegenstände unterscheiden; ganz im Ge-

---

24 Nach *Lauterpacht* sind alle internationalen Streitigkeiten zu einem gewissen Grad (auch) politisch, was ihre Justiziabilität jedoch nicht per se ausschließt, vgl *ders*, The Function of Law in the International Community, 1933, 153 ff; s auch *ders*, The Development of International Law by the International Court, 2. Aufl 1958.

25 Nach *Huber*, Die soziologischen Grundlagen des Völkerrechts, 1928 (Erstdruck 1910), 10 verkörpert das Völkerrecht „den rechtlichen Niederschlag dauernder Kollektivinteressen der Staaten", also deren *gemeinsamen* Vorteil. Zur „ethischen Basis" dieser Ordnung *Kadelbach*, Ethik des Völkerrechts unter den Bedingungen der Globalisierung, ZaöRV 64 (2004) 1 (15 ff). Sie ist auf „gemeinschaftliche Werte und Interessen" ausgerichtet: *Payandeh*, Internationales Gemeinschaftsrecht, 2010, 61 ff; *Cremer*, Völkerrecht – alles nur Rhetorik?, ZaöRV 67 (2007) 695 ff. Skeptisch *Goldsmith/Posner*, The Limits of International Law, 2005; *Koskenniemi*, Gentle Civilizer 413 ff; *ders*, From Apology to Utopia – The Structure of International Legal Argument, 2005 (Neuausgabe); *Fassbender*, Denkschulen im Völkerrecht, BerDGVR 45 (2012) 1 ff.

26 Aus Sicht marxistischer Ideologiekritik etwa ist das Völkerrecht insofern ideologisch, als es der Errichtung und Aufrechterhaltung von Herrschaftsbeziehungen dient, indem es diese legitimiert und verschleiert und dadurch stabilisiert; hierzu im Überblick *Knox*, Marxist Approaches to International Law, in Oxford Handbook of the Theory of International Law, 306 (319 ff).

27 Hierzu *Athen*, Der Tatbestand des völkerrechtlichen Interventionsverbots, 2017, 165 ff; im Überblick *Ziegler*, Domaine Réservé, MPEPIL. Näher zum Interventionsverbot, das – in Bezug auf die UN – in Art 2 Nr 7 UN-Charta niedergelegt ist, u Rn 34.

genteil ist Völkerrecht vielfach darauf gerichtet und darauf angewiesen, in innerstaatliches Recht umgesetzt bzw innerstaatlich aktiviert zu werden. Aus Sicht der monistischen Lehre sind Völkerrecht und staatliches Recht sogar gemeinsame Bestandteile einer einzigen Rechtsordnung. Indes respektiert auch der Monismus die staatliche Souveränität insoweit, als das Völkerrecht nicht ohne einen Rechtsanwendungsbefehl in der staatlichen Ordnung Wirkung zu entfalten vermag.[28] Die dualistische Lehre betrachtet Völkerrecht und staatliches Recht hingegen als differente Rechtsordnungen. Aus ihrer Sicht muss Völkerrecht in innerstaatliches Recht umgesetzt (transformiert) werden.[29]

13   Ursprünglich regelte das Völkerrecht vornehmlich die Koexistenz und die Abgrenzung der Hoheitsbereiche von Staaten (wie Gebiets- und Grenzfragen, zwischenstaatlichen Verkehr, Fremden- und Kriegsrecht, Abrüstung). Seit der zweiten Hälfte des 19. Jh sind zahlreiche neue Regelungsgegenstände hinzugekommen. Das Völkerrecht hat sich derweil immer mehr zu einer Ordnung der *Kooperation* entwickelt.[30] Zu seinen „gemeinschaftlichen" Anliegen gehören zB die internationalen Wirtschafts-, Finanz- und Sozialbeziehungen, die Rüstungskontrolle, die Entwicklungshilfe, der Natur- und Kulturgüterschutz einschließlich der „global commons" wie Klima oder Ozonschicht. Es erschließt eine Vielzahl neuer Sachgebiete von universeller Bedeutung (wie Atomenergie, Waffensysteme, Bevölkerungswachstum, Satelliteneinsatz, Cyberwar, Nachhaltigkeit, gute Verwaltung sowie Terror- und Korruptionsbekämpfung). Diese treten neben teils traditionelle Querschnittsthemen wie Entwicklungshilfe, Menschenrechte,[31] Welthandel, Seuchenbekämpfung und Rüstungskontrolle. Des Weiteren regelt das Völkerrecht den Status, den Schutz und die Nutzung von mithilfe moderner Transport- und Kommunikationstechniken mittlerweile erschließbaren Räumen jenseits staatlicher Hoheitssphären (Polargebiete, Weltraum, Hohe See, Tiefseeboden). Sachbereiche, die dem Zugriff des Völkerrechts schlechthin entzogen und damit „völkerrechtsatypisch" sind, gibt es kaum noch.

14 **dd) Definition des Völkerrechts aus der Kombination der drei Merkmale.** Es hat sich gezeigt, dass keine der drei Anknüpfungen – Subjekt, Normen, Gegenstände – für

---

28 *Kelsen*, Die Einheit von Völkerrecht und staatlichem Recht, ZaöRV 19 (1958) 234 (239). Ein Beispiel ist die sog Supremacy Clause in Art VI, Clause 2 der US-Verfassung, welche das Völkerrecht zu einem Bestandteil des innerstaatlichen Rechts erklärt („all Treaties made, or which shall be made, [...] shall be the supreme Law of the Land").
29 Sog Transformationstheorie, nach aA (Vollzugslehre) ist lediglich ein innerstaatlicher Vollzugsbefehl erforderlich, vgl *Amrhein-Hofmann*, Monismus und Dualismus in den Völkerrechtslehren, 2003, 300 ff; *Will*, Völkerrecht und nationales Recht, Jura 2015, 1164 (1167). Für den Dualismus grundlegend *Triepel*, Völkerrecht und Landesrecht, 1899. Zum Ganzen s <u>Kunig/Uerpmann-Wittzack</u>, 2. Abschn Rn 28 ff.
30 Grundlegend *Friedmann*, Changing Structure, 60 ff. Die Ausweitung verdeutlicht bereits die gegenüber dem Völkerbund angereicherte Liste der „Ziele und Grundsätze" der UNO, etwa das in Art 1 Nr 3 UN-Charta genannte Ziel umfassender Zusammenarbeit.
31 Dazu gehört auch das str Konzept von „Menschenrechten der *Dritten* Generation" (Rechte auf Entwicklung, Umweltschutz, Frieden, Demokratie, Wasser etc). Vgl *Tomuschat*, Human Rights, 2003, 24 ff.

Kämmerer

sich genommen das Wesen des Völkerrechts zu erfassen mag. Vielmehr stehen die Elemente zueinander in einem Verhältnis wechselseitiger Bedingtheit. Daher sollte die Definition des Völkerrechts auch aus ihrer Verbindung gewonnen werden. IdS ist Völkerrecht die *Summe der Rechtsnormen, welche die Beziehungen zwischen Völkerrechtssubjekten regeln, ohne ausschließlich deren inneren Rechtsordnungen anzugehören.*[32] Die knappere und schlagwortartige Formel vom Völkerrecht als der „Rechtsordnung des internationalen Systems"[33] widerspricht dem nicht, bleibt aber im Erkenntniswert hinter der hier präsentierten Kombinationsformel zurück, da auch das „internationale System" schon in Ermangelung eines allgemeinen begrifflichen Vorverständnisses in Komponenten aufgegliedert werden muss, die den hier präsentierten entsprechen.

b) Verhältnis zu anderen Rechtsgebieten

aa) Internationales Privat- und Zivilverfahrensrecht, Strafrecht, Verwaltungs- und Steuerrecht sowie Wirtschaftsrecht. Der im dt Sprachgebrauch übliche Begriff „Völkerrecht" macht, obwohl veraltet wirkend, die Abgrenzung zu anderen „internationalen" Rechtsmaterien einfacher als etwa im Englischen oder Französischen, er kann aber auch den Blick auf Überschneidungsbereiche und Gemeinsamkeiten der folgenden Rechtsbereiche verstellen.   15

Das *Internationale Privatrecht (private international law/droit international privé – IPR)* ist im Kern *staatliches* Recht[34] und regelt, welche Rechtsordnung auf einen privatrechtlich geprägten Sachverhalt mit einer Verbindung zum Recht eines ausländischen Staats anzuwenden ist (vgl für Deutschland Art 3 EGBGB). Das IPR, über das jeder Staat verfügt, ist Kollisionsrecht: Es bestimmt bei (potenziell) kollidierenden Regelungszugriffen mehrerer Staaten *(conflict of laws/conflit de lois)*, wessen Recht (iE aller Verweisungen also: wessen Sachrecht) Anwendung finden soll. Dafür kann es, je nach Konstellation – und wenn nicht zwingende und grundlegende eigene Rechtswerte *(ordre public)* entgegenstehen[35] –, auf ausländisches Recht verweisen oder inländisches Sachrecht für maßgeblich erklären. Das ausländische IPR kann eine Verweisung annehmen (dann findet das Sachrecht dieses Staats Anwendung), zurückverweisen oder weiterverweisen. Das IPR der EU-Staaten ist durch Sekundärrechtsakte der EU in erheblichem Umfang   16

---

32 Beispielhaft: *Neuhold,* ÖHVR I, Rn 6.

33 *Dahm/Delbrück/Wolfrum,* Völkerrecht I/1, 1f, 20f.

34 Zum IPR als staatlichem Kollisionsrecht vgl IStGH, 1929, Ser A, No 20 *[Serbische Anleihen].* Das *deutsche* IPR findet sich im EGBGB v 18.8.1896, das idF der Bek v 21.9.1994 (BGBl 1994 I, 2494) gilt (Art 3–49 EGBGB; Art 38–49 eingeführt durch Ges v 21.5.1999), Als staatliches Recht sind die Vorschriften des dt IPR an den Grundrechten zu messen, vgl BVerfGE 31, 58 (78ff) *[Spanier]; Ohler,* Grundrechte und Internationales Privatrecht, in Merten/Papier (Fn 12) 650f („Vorrang der Grundrechte"), 658ff *(ordre public).*

35 Jeder Staat behält sich die Anwendung des eigenen Rechts vor, wenn das sonst anzuwendende ausländische Recht die inländischen Sitten und Rechtsgrundsätze (den *ordre public*) gröblich verletzen würde, vgl Art 6 EGBGB.

vereinheitlicht worden.[36] Beachtliche Teile des IPR wurzeln jedoch auch im Völkerrecht (vgl Art 3 Nr 2 EGBGB), insbes im Bereich des Familienrechts.[37] Darüber hinaus ist in manchen Bereichen durch völkerrechtlichen Vertrag ein Einheitssachrecht geschaffen worden, das im Falle seiner Inbezugnahme den Rekurs auf das IPR unnötig machen soll.[38]

17   Für das *Internationale Zivilverfahrensrecht (IZVR)* gilt Ähnliches: Es handelt sich um *nationales Kollisionsrecht,* das allerdings in deutlich stärkerem Maße als das IPR durch EU-Recht, aber auch durch völkerrechtliche Übereinkünfte (von denen viele durch den Europarat angestoßen worden sind) vereinheitlicht ist.[39] Das IZVR erfasst u a die internationale gerichtliche Zuständigkeit, den Rechtshilfeverkehr, die Zustellung sowie Regeln für die Beweiserhebung.[40]

18   Das *Internationale Strafrecht (international criminal law/droit pénal international)* regelt die Frage, welches Staates Strafrecht auf einen Sachverhalt anwendbar ist, der im Hinblick auf die Nationalität von Täter oder Opfer oder bzgl des Tatorts einen internationalen Einschlag aufweist. Das dt Strafrechtsanwendungsrecht findet sich in §§ 3–7 und 9 StGB.[41] In gleicher Weise ist das *Internationale Strafverfahrensrecht* Teil des einzelstaatlichen Rechts. Das internationale Strafrecht darf nicht mit dem *Völkerstrafrecht* verwechselt werden, das den Strafanspruch der Staatengemeinschaft gegen Einzelne wegen internationaler Verbrechen regelt.[42] Da die Bestrafung nicht primär Aufgabe internationaler Strafgerichtshöfe, sondern zunächst der Einzelstaaten ist (vgl Art 17

---

36 Vgl etwa die – nicht abschließende – Aufzählung vorrangig anzuwendender EU-Regelungen in Art 3 Nr 1 EGBGB.

37 ZB das Haager Übereinkommen über die Zuständigkeit der Behörden und das anzuwendende Recht auf dem Gebiet des Schutzes von Minderjährigen vom 5.10.1961; s auch die Übersicht über kollisionsrechtliche völkervertragliche Übereinkommen bei *Schulze/Fervers,* in BeckOGK (Stand: 1.12.2020), Art 3 EGBGB Rn 79.1ff. Zu Einzelfragen des Verhältnisses von Völkerrecht und IPR Leible/Ruffert (Hrsg), Völkerrecht und IPR, 2006.

38 Ein Bsp ist das als dt Kaufrecht geltende UN-Übereinkommen über Verträge über den internationalen Warenkauf v 1980 (geläufig die engl Abkürzung CISG). Die Geltung dieses Einheitskaufrechts ist im Wesentlichen auf den Fall beschränkt, dass Käufer und Verkäufer jeweils in einem anderen Vertragsstaat sitzen (Art 1 Abs 1 lit a CISG).

39 *Schack,* Internationales Zivilverfahrensrecht, 8. Aufl 2021, Rn 2, 35ff; *Mankowski,* Über den Standort des Internationalen Zivilprozessrechts, RabelsZ 82 (2018) 576 (608ff). Zur Vereinheitlichung des IZVR durch den Europarat s *Hess,* Europäisches Zivilprozessrecht, 2. Aufl 2020, 266ff.

40 *Schack* (Fn 39) Rn 10.

41 Anknüpfungspunkt ist das Territorialitätsprinzip, nach dem ein Staat seiner Staatsgewalt alle Handlungen unterwerfen darf, die auf dem eigenen Staatsgebiet begangen werden, auch dann, wenn der Täter Ausländer ist. Dieses Prinzip wird ergänzt durch das Personalitätsprinzip (Staatsangehörigkeit des Täters oder Opfers), durch das Flaggenprinzip, bei international geschützten Rechtsgütern durch das Weltrechtsprinzip und den Grundsatz der stellvertretenden Strafrechtspflege. Vgl *Isensee,* Grenzen, 2018, 85ff.

42 S *Ambos,* Internationales Strafrecht, 5. Aufl 2018, § 1 Rn 2ff (zum internationalen Strafrecht iSv Strafanwendungsrecht) sowie § 5 Rn 1ff (zum Völkerstrafrecht).

Kämmerer

IStGH-Statut), haben auch diese – wie Deutschland im Völkerstrafgesetzbuch (VStGB) – entsprechende materiell-strafrechtliche Regelungen erlassen.[43]

Das *Internationale Verwaltungsrecht (IVR)* regelt die Anwendbarkeit staatlichen 19 Verwaltungsrechts auf über die Grenzen des Staats hinausreichende Sachverhalte.[44] Es handelt sich ebenfalls um Kollisionsrecht.[45] Zum IVR gehört das *Internationale Steuerrecht*.[46] Es regelt Steuerfälle mit Auslandsberührung (etwa §§ 49 f EstG und AstG), beantwortet also zB die Frage, ob ausländische Sachverhalte deutscher Steuerhoheit unterliegen. Zu seinen wichtigsten Instrumenten zählen Doppelbesteuerungsabkommen, bei denen es sich um bilaterale völkerrechtliche Verträge handelt.[47]

Anders als die vorgenannten Rechtsbereiche ist das *Internationale Wirtschaftsrecht* 20 keine einheitliche Materie, sondern setzt sich aus staatlichen und unionsrechtlichen Regelungen (des öffentlichen wie privaten Rechts) über den grenzüberschreitenden Wirtschaftsverkehr, aber auch völkerrechtlichen Normen zusammen.[48]

Nicht eindeutig bestimmt ist das Verhältnis zwischen Völkerrecht und *transnationalem Recht,* vor allem deshalb, weil dieses als Rechtskategorie str ist und seine Konturen unklar geblieben sind. „Transnationales Recht" wird meist als Oberbegriff für alle Arten von Rechtsbeziehungen mit grenzüberschreiten Bezügen verstanden, umschließt bei diesem Verständnis also sowohl das Völkerrecht als auch das IPR.[49] Auch rechtliche Vereinbarungen, die dem Völkerrecht inhaltlich angenähert sind, ihm mangels Völkerrechtssubjektivität eines der Akteure aber nicht zugerechnet werden können – zB die Vereinbarung zwischen einem Sitzstaat und einem ausländischen Investor, deren Rechtsgrundlagen zudem in der staatlichen Ordnung zu finden sind –, sind idS transnationales Recht. Da die darunter subsumierten Bereiche sehr divers sind, kann „transnationales Recht" bei diesem Verständnis allenfalls als phänomenologische Kategorie einen Erkenntniswert haben, als Rechtskategorie dagegen kaum.

---

43 Dazu *Schröder*, 7. Absch Rn 38 ff.

44 Vgl *Vogel*, Internationales Verwaltungsrecht, in Lexikon Völkerrecht, 209 f. Als eigenständige Materie ist das IVR bisher nur rudimentär ausgebildet.

45 Eine Harmonisierung des IVR versuchen sowohl Rechtsakte der EU als auch internationale Abkommen.

46 Zu dem nicht immer einheitlich verwendeten Begriff des „internationalen Steuerrechts" siehe *Schaumburg*, Begriff des Internationalen Steuerrechts, in ders (Hrsg), Internationales Steuerrecht, 4. Aufl 2017, 1 ff.

47 Neben völkerrechtlichen Normen sind hier auch Rechtsakte der EU zu beachten, die eine Harmonisierung der mitgliedstaatlichen Vorschriften anstreben; vgl *Schaumburg*, Rechtsquellen des Internationalen Steuerrechts, in ders (Fn 46) 17 ff.

48 Vgl die Lehrbücher von Tietje/Nowrot (Hrsg), Internationales Wirtschaftsrecht, 3. Aufl 2021; *Herdegen*, Internationales Wirtschaftsrecht, 13. Aufl 2023; *Krajewski*, Wirtschaftsvölkerrecht, 5. Aufl 2021.

49 Vgl etwa *Jessup*, Transnational Law, 1956, 2, der darunter versteht: „[...] all law which regulates actions or events that transcend national frontiers. Both public and private international law are included, as are other rules which do not wholly fit into such standard categories." Allg auch *Krajewski*, Völkerrecht, § 1 Rn 37.

22 **bb) Recht der Internationalen Organisationen und der Europäischen Union.** Das Völkerrecht schließt das Recht der *Internationalen Organisationen (I.O.)* als sog gekorener (alias: sekundärer oder abgeleiteter) Völkerrechtssubjekte ein, die ihre hoheitsrechtlichen Befugnisse von der Souveränität der an ihnen beteiligten Mitgliedstaaten ableiten. Insoweit ist zu differenzieren zwischen dem Gründungsvertrag der Organisation – dem sog *Primärrecht* – und den Rechtsakten, die die auf diesem Gründungsvertrag beruhende Organisation selbst schafft und die als *Sekundärrecht* bezeichnet werden.[50] Auch das Sekundärrecht ist, als Rechtshandlung eines durch Völkerrechtsakt geschaffenen und ermächtigten Völkerrechtssubjekts, Völkerrecht. Es schließt internes Organisationsrecht, etwa Verfahrens-, Haushalts- und Personalregeln, ein. Ebenfalls um Völkerrecht handelt es sich bei mit der I.O. geschlossenen Verträge über hoheitliche Gegenstände. Dazu gehören neben Verträgen über allgemeine internationale Fragen, an denen I.O. neben Staaten als Vertragsparteien beteiligt sind, auch die zwischen der I.O. und ihrem Sitzstaat abgeschlossenen sog *Sitzstaatenabkommen*. Auch vertragliche Vereinbarungen zwischen I.O. – wie die nach Art 57, 63 UN-Charta zwischen dem Wirtschafts- und Sozialrat der Vereinten Nationen und Fachorganisationen vereinbarten sog *Beziehungsabkommen*, die Letztere zu UN-Sonderorganisationen machen – sind Verträge des Völkerrechts.[51]

23   Das *Recht der Europäischen Union*, auch Europarecht ieS genannt,[52] entspricht dem für I.O. dargestellten Muster, hat sich von seinen völkerrechtlichen Wurzeln jedoch entfernt und zu einer *eigenständigen Rechtsordnung* entwickelt. Der Europäische Gerichtshof (EuGH) betont die Eigenständigkeit des Europarechts bereits seit den 1960er Jahren. Konstatierte der Gerichtshof zunächst, dass der EWG-Gründungsvertrag eine „neue Rechtsordnung des Völkerrechts" geschaffen habe,[53] hielt er wenig später fest, dass der EWG-Vertrag zum „Unterschied von gewöhnlichen internationalen Verträgen [...] eine eigene Rechtsordnung geschaffen"[54] habe. Zur Verdeutlichung der Eigenständigkeit des Europarechts wird die EU (wie vordem die EWG/EG) oft in eine eigene organisationsrechtliche Kategorie gefasst: *supranationale Gemeinschaft*.[55] Auch bei der EU ist zwi-

---

50 *Aston*, Sekundärgesetzgebung internationaler Organisationen zwischen mitgliedstaatlicher Souveränität und Gemeinschaftsdisziplin, 2005, 32 ff.

51 Die Kompetenz einer I.O. zum Abschluss völkerrechtlicher Verträge muss sich entweder ausdrücklich oder implizit aus dem Gründungsvertrag ergeben, s auch Art 6 der noch nicht in Kraft getretenen WVKIO; hierzu *Ruffert/Walter*, Institutionalisiertes Völkerrecht, Rn 163 ff.

52 *Haratsch/Koenig/Pechstein*, Europarecht, 12. Aufl 2020, Rn 1 f.

53 EuGH, Rs 26/62, Slg 1963, 1, 25 *[van Gend & Loos]*.

54 EuGH, Rs 6/64, Slg 1964, 1253, 1269 *[Costa/ENEL]*. Der EuGH hat die unionsweit einheitliche Auslegung und Anwendung des Europarechts sicherzustellen; die Staatlichkeit der Mitgliedstaaten hebt sie nicht auf; vgl auch Art 4 Abs 2 EUV.

55 *Ipsen*, Über Supranationalität, in *ders*, Europäisches Gemeinschaftsrecht in Einzelstudien, 1984, 97 ff; krit *Lecheler*, „Supranationalität" der Europäischen Gemeinschaften – Rechtliche Beschreibung oder unverbindliche Leerformel, JuS 1974, 7 ff. Aktueller Überblick zum Begriff der Supranationalität auf die EU in ihrer heutigen Form bei *Streinz*, Europarecht, 12. Aufl 2023, Rn 135 ff.

Kämmerer

schen Primärrecht (den Gründungsverträgen einschließlich der GRC) und Sekundärrecht (allen Rechtsakten iSd Art 288 AEUV) zu unterscheiden. Zwar konstituiert sich das Unionsprimärrecht auch heute aus völkerrechtlichen Verträgen[56] – worauf auch deutet, dass seine Änderung mit Rücksicht auf die Souveränität der Mitgliedstaaten grundsätzlich Einstimmigkeit und Ratifikation durch alle Mitglieder erfordert (vgl Art 48, 49 EUV).[57] Seine Anwendung und Auslegung unterliegen jedoch nur noch in äußerst begrenztem Maße völkerrechtlichen Maßstäben.[58] Die Besonderheiten des EU-Rechts liegen vor allem im Anwendungsvorrang vor nationalem Recht, in der unmittelbaren Geltung primär- und auch sekundärrechtlicher Bestimmungen, in Mehrheitsbeschlüssen (idR qualifizierte Mehrheit) für den überwiegenden Teil des sekundären Rechts und einer verbindlichen Streitbeilegung (durch den EuGH).[59] Die Anwendbarkeit völkerrechtlicher Regeln über die Begründung von Pflichten, die Auslegung von Verträgen, Kündigungen oder Gegenmaßnahmen wegen Vertragsverletzung, um nur Bsp zu nennen, ist im Innenverhältnis zwischen der EU und den Mitgliedstaaten sowie unter den Mitgliedstaaten grundsätzlich ausgeschlossen.[60] Insbes das Sekundärrecht der Union hat mit traditionellem Völkerrecht kaum etwas gemein: Verordnungen, Richtlinien und Beschlüsse (Art 288 Abs 2–4 AEUV) sind Formen von Rechtsakten, die, wenn sie im Zusammenwirken des Europäischen Parlaments und des (Minister-)Rats erlassen werden, als Gesetzgebungsakte bezeichnet werden (Art 289 Abs 1 AEUV). Funktional und materiell kommt der aus EU-Vertrag, AEU-Vertrag und GR-Charta bestehende Normenkomplex einer „Verfassung der Union" nahe,[61] ohne dass diese bis jetzt in Eigenstaatlichkeit erwachsen ist.

Die supranationalen Besonderheiten der Union wirken nur im Binnenverhältnis zu den Mitgliedstaaten. Aus der Sicht von Drittstaaten bleibt die EU eine I.O.[62] Allerdings ist sie in den Gründungsverträgen in erheblich weiterem Umfang zur Teilnahme am völkerrechtlichen Rechtsverkehr befugt als andere Organisationen, was insbes mit ihrer ausschließlichen Zuständigkeit im Bereich der internationalen Handelsbeziehungen (Art 3 Abs 1 lit e AEUV) zusammenhängt. Nachdem der EuGH zunächst auf *implied powers* (eine dem Völkerrecht entstammende Rechtsfigur, wonach Befugnisse, die im 24

---

56 Vgl *Bieber/Epiney/Haag/Kotzur*, Die Europäische Union, 14. Aufl 2021, § 6 Rn 2.

57 S aber das vereinfachte Änderungsverfahren nach Art 48 Abs 7 EUV (Brückenklausel), durch das in bestimmten Fällen von dem Erfordernis der Ratifikation durch alle Mitgliedstaaten abgewichen werden kann; vgl *Haratsch/Koenig/Pechstein*, Europarecht, 12. Aufl 2020, Rn 97f.

58 *Oppermann/Classen/Nettesheim*, Europarecht, 9. Aufl 2021, § 9 Rn 165, 168. S aber die insoweit dogmatisch nicht überzeugende Entscheidung des EuGH, Rs C-621/18, ECLI:EU:C:2018:999 *[Wightman u a]*, vgl *Kämmerer*, Das „Wightman"-Urteil des EuGH: Ein Freifahrschein für den Exit vom Brexit, NVwZ 2019, 129 (130f).

59 Vgl zusammenfassend *Streinz* (Fn 55) Rn 136ff.

60 Vgl *Haratsch/Koenig/Pechstein* (Fn 57) Rn 460ff; *Oppermann/Classen/Nettesheim* (Fn 58) § 9 Rn 152.

61 EUV und AEUV treten an die Stelle eines gescheiterten Vorgängervertrags, der dementsprechend den Namen „Vertrag über eine Verfassung für Europa" trug.

62 *Streinz* (Fn 55) Rn 1257; weitergehend *Oppermann/Classen/Nettesheim* (Fn 58) § 38 Rn 10.

Kämmerer

Gründungsvertrag einer I. O. nicht ausdrücklich erwähnt, aber zur Wahrnehmung ihrer geschriebenen Zuständigkeiten notwendig sind, als – implizit – mitübertragen gelten)[63] rekurriert hat, um die Außenrechtskompetenzen der EG zu stärken,[64] sind die diesbezüglichen Rechte der EU nunmehr insbes durch Art 216 AEUV anerkannt. Die Mitgliedstaaten haben insoweit Vertragsschlussbefugnisse eingebüßt (vgl Art 3 Abs 1 lit e AEUV).[65]

2. Grundregeln des Völkerrechts
a) Vorbemerkung: Eine Verfassung der Völkerrechtsgemeinschaft?

25 Das Völkerrecht kann gewiss nicht in allen seinen Belangen und Verästelungen mit einem von *Verdross* schon in der ersten Hälfte des 20. Jh geprägten Schlagwort[66] als „Verfassung der Völkerrechtsgemeinschaft" aufgefasst werden. Bestimmte Elemente und Ausprägungen der Völkerrechtsordnung könnten jedoch dieses Prädikat rechtfertigen. Ob und inwieweit das Völkerrecht idS eine *„Konstitutionalisierung"* erfahren hat, ist Gegenstand einer mittlerweile wieder etwas abgeflauten völkerrechtswissenschaftlichen Debatte.[67] Die Antwort hängt von den jeweiligen (induktiven) Erwartungen an die formellen und materiellen Voraussetzungen einer „Verfassung" und an die Übertragbarkeit des Verfassungsbegriffs (als Inbegriff innerer Souveränität eines Staats) auf überstaatliche Kontexte ab und kann daher keinen Anspruch auf Allgemeingültigkeit erheben. Ob das Völkerrecht selbst – oder jedenfalls seine axiomatischen Grundregeln – als Verfassung begriffen werden soll(en) oder nur die auch äußerlich verfassungsartige UN-Charta in ihrer Eigenschaft als Organisationsstatut der Völkerrechtsgemeinschaft, ist ebenfalls eine offene Frage in der Diskussion um die „Konstitutionalisierung" des Völkerrechts.[68]

26 Welchen Bereichen oder Teilen des Völkerrechts „Verfassungscharakter" attestiert werden kann, ist str. Ähnlichkeit mit Verfassungsrecht weist bspw das *ius cogens* (zwingendes Völkergewohnheitsrecht) insofern auf, als es im Rang über völkerrechtlichen

---

63 Vgl nur IGH im *Bernadotte*-Fall, ICJ Rep 1949, 174 (179 f).

64 EuGH, Rs 22/70, Slg 1971, 263 *[AETR]*.

65 Vgl *Oppermann/Classen/Nettesheim* (Fn 58) § 38 Rn 12.

66 S die Nachw in Fn 3.

67 Für einen Überblick über die unterschiedlichen Ansätze in der Konstitutionalisierungsdebatte s *Mattheis,* Die Konstitutionalisierung des Völkerrechts aus systemtheoretischer Sichtweise, 2018, 177 ff. Umfassend *Kleinlein,* Konstitutionalisierung im Völkerrecht, 2012. Zu den einschlägigen optimistischen Denkschulen *Schellhaas,* Die „internationale Gemeinschaft" im 21. Jahrhundert, in Tomuschat (Hrsg), Weltordnungsmodelle für das 21. Jahrhundert, 2009, 25 ff; *Fassbender,* UN Security Council Reform and the Right of Veto, 1998, 89 ff („The UN Charter as a Constitution").

68 Für die UN-Charta als Verfassung insbes *Verdross/Simma,* Völkerrecht, VII f, §§ 91, 374; vgl auch die Nachw in Fn 3. Dagegen plädiert etwa *Paulus,* The International Legal System as a Constitution, in Dunoff/Trachtman (Hrsg), Ruling the World?, 2009, 69 (87 ff) für einen mehr materiellen als nur formellen Verfassungsbegriff.

Verträgen steht (Art 53, 64 WVK) und ihm damit der verfassungsrechtstypische Vorrang innewohnt (u Rn 94, 120, 137f).[69] Zu einem Verfassungsdokument fügen sich die verstreuten Regelungen des *ius cogens* allerdings nicht, sie bilden Verfassungsrecht nur im materiellen Sinne; zudem ist die Zugehörigkeit zu dieser Kategorie bei vielen Rechtssätzen keineswegs unbestritten. Die Gleichsetzung der UN-Charta mit der „Verfassung der Völkerrechtsgemeinschaft" liegt insofern nahe, als sie in Dokumenteinheit Ziele und Grundsätze der internationalen Beziehungen festschreibt sowie universale Geltung und Partizipation beansprucht und in der Rechtswirklichkeit auch erlangt hat. Was der Charta zu einem veritablen Verfassungsdokument jedoch fehlt, ist der Geltungsvorrang. Formal hat sie als völkerrechtlicher Vertrag keinen höheren Rang als andere Verträge. Allerdings fordert die Charta im Konfliktfall gemäß Art 103 (Anwendungs-)Vorrang vor anderen Verträgen (u Rn 94). Zudem erkannte der IGH den durch die Charta konstituierten UN im Lichte ihres umfassenden Regelungs- und Gestaltungsanspruchs und der erstrebten (und mittlerweile auch erreichten) universellen Partizipation schon früh eine „objektive Völkerrechtspersönlichkeit" zu.[70] Am ehesten erfüllen die in der Charta niedergelegten Begriffen „Grundregeln", „Grundsätze" oder „Grundprinzipien des Völkerrechts", die für die internationalen Beziehungen prägend und essenziell sind und damit als Kern des Völkerrechts als Rechtsordnung verstanden werden können,[71] die Anforderungen an eine „Verfassung" – im formellen Sinne, weil sie in Art 2 UN-Charta aufgelistet sind, und als *ius cogens*[72] auch im materiellen Sinne. Die in Art 1 UN-Charta aufgeführten Ziele der UN, welche auf die Verwirklichung einer friedlichen, kooperativen, gerechten und menschenrechtsbezogenen Weltordnung gerichtet sind, überwölben und reflektieren diese Grundsätze, wenn auch im wesentlichen im Rahmen einer allgemeinen Formulierung.[73] Ergänzend hinzu treten Dokumente wie die *UN-Prinzipiendeklaration 2625 (XXV) (Friendly Relations Declaration)* der UN-Generalversammlung (UN GA), die zwar kein formal verbindliches Dokument ist, aber Gewohnheitsrecht widerspiegelt.[74]

---

69 *Orakhelashvili*, Peremptory Norms as an Aspect of Constitutionalisation in the International Legal System, in Frishman/Muller (Hrsg), The Dynamics of Constitutionalism in the Age of Globalisation, 153ff. Krit Überblick *Proelß*, Die internationale Gemeinschaft im Völkerrecht, in J. Badura (Hrsg), Mondialisierungen, 2006, 233ff. Frühzeitig skeptisch *Schwarzenberger*, International *Jus Cogens?*, Texas LR 43 (1965) 476ff. Die Möglichkeit der *persistent objection* besteht gegenüber *ius cogens* nicht.
70 IGH in *Bernadotte*, ICJ Rep 1949, 174 (184f).
71 Vgl *Verdross/Simma*, Völkerrecht, 92ff.
72 *Paulus* (Fn 68) 88ff. Allg zum *ius cogens Kadelbach*, Zwingendes Völkerrecht, 1992.
73 Zu den Zielen und Grundsätzen der UN-Charta in Art 1 und 2 sowie in der Präambel *Cot*, United Nations Charter, MPEPIL, Rn 21ff.
74 Str; nach aA stellt sie eine authentische Interpretation der UN-Charta durch die Generalversammlung dar. Hierzu *Keller*, Friendly Relations Declaration (1970), MPEPIL, Rn 30 mwN.

b) Die einzelnen Grundregeln

27 Unabhängig davon, wie man zur Frage nach dem Verfassungscharakter des Völkerrechts oder der UN-Charta stehen mag, sind die sechs im Folgenden behandelten Grundaussagen für diese Rechtsordnung bestimmend.

28 **aa) Souveräne Gleichheit der Staaten (vgl Art 2 Nr 1 UN-Charta).** Ein Leitprinzip der Völkerrechtsordnung ist das in der Liste der UN-Grundsätze an *erster* Stelle genannte Prinzip der *souveränen Gleichheit aller Mitglieder* (Art 2 Nr 1 UN-Charta). Souveränität und Gleichheit wirken wie kommunizierende Röhren, sie bedingen einander. Souveränität bedeutet „Zuhöchstsein", nur dem Völkerrecht unterworfen zu sein, also Völkerrechtsunmittelbarkeit zu besitzen.[75] Staatlichkeit ist eine notwendige, aber noch keine hinreichende Voraussetzung für Souveränität; diese kommt zB Gliedstaaten eines bundesstaatlichen Gebildes (wie den Ländern der Bundesrepublik Deutschland) nicht zu.[76] Da ein souveräner Staat nur dem Völkerrecht unterworfen ist – und über diese Unterwerfung im Prinzip souverän entscheidet –, können ihm keine Vorgaben von anderen Staaten oder Institutionen „von oben" oktroyiert werden. Dies betrifft zunächst äußere Souveränität, also die prinzipielle Freiheit, sich international zu binden und zu betätigen. Aus ihr leiten sich u a das Verbot des Vertrags zulasten Dritter (der insoweit *res inter alios acta* ist) und Einstimmigkeitserfordernisse bei zentralen völkerrechtlichen Entscheidungen ab, die diesen Staat betreffen. Auch internationaler Gerichtsbarkeit sind Staaten nicht automatisch, sondern erst nach Unterwerfung bzw Zustimmung unterworfen.[77] Innere Souveränität bezeichnet die Prärogative eines Staats, seine inneren Angelegenheiten allein zu regeln. Dementsprechend untersagt das Völkerrecht die Einmischung in Angelegenheiten eines anderen Staats *(Interventionsverbot)*[78] und schützt den Staat und seine Organe vor dem Zugriff der Justiz anderer Staaten durch *Immunität*.[79] Dass dabei *par in parem non habet imperium* gilt, also Gleiche untereinander ins-

---

75 *Seidl-Hohenveldern*, Souveränität, in Lexikon Völkerrecht, 377 (378); *Verdirame*, Sovereignty, in d'Aspremont/Singh (Hrsg), Concepts for International Law, 2019, 827 (832 ff).
76 Sie sind aus völkerrechtlicher Sicht auch dann nicht souverän, wenn die Verfassung sie – wie Art 3 der schweizerischen Bundesverfassung die Kantone – so bezeichnet, vgl *Schweizer*, in Ehrenzeller/Schindler/Schweizer/Vallender (Hrsg), Die Schweizerische Bundesverfassung – St. Galler Kommentar, 3. Aufl 2014, Art 3 Rn 7. Dies schließt jedoch nicht aus, dass auch Gliedstaaten im Rahmen der bundesstaatlichen Verfassung ausnahmsweise im Völkerrechtsverkehr tätig werden, hierzu *Schöbener/Knauff*, Allgemeine Staatslehre, § 3 Rn 59.
77 Anders im EMRK-Kontext: Der Beitritt zur EMRK ist verkoppelt mit der Unterwerfung unter die Gerichtsbarkeit des EGMR.
78 Hierzu sogleich unter Rn 34 sowie *Kau*, 3. Abschn Rn 94, 249.
79 Diese verletzt ein Staat, wenn er Klagen und Vollstreckungsmaßnahmen gegen einen anderen Staat bzgl dessen *hoheitlichem* Handeln in seinem Staatsgebiet zulässt, vgl IGH, *Staatenimmunität*, ICJ Rep 2012, 99; so bereits EGMR, *Al-Adsani*, Application No 35763/97. Zustimmend *Talmon*, Ius Cogens after Germany v. Italy, LJIL 25 (2012) 979 ff; krit *Kloth/Brunner*, Staatenimmunität im Zivilprozess bei gravierenden Menschenrechtsverletzungen, AVR 50 (2012) 218 (241). Näher *Kau*, 3. Abschn Rn 101 ff.

bes nicht zu Gericht sitzen dürfen, ist Ausdruck der Souveränität als Gleichheitssatz; denn andernfalls würde sich einer der Staaten dem anderen (in souveränitätsfremder Weise) überordnen.

Souveränität heißt also stets souveräne *Gleichheit*.[80] Diese Gleichheit ist eine rein for- **29** male: Staaten haben gleiche Rechte, genießen etwa auf Hoher See gleiche Forschungs- oder Fischereifreiheit. Ein Anspruch auf Gleichstellung in wirtschaftlichen oder sozialen Belangen kann aus der gleichen Souveränität grundsätzlich nicht abgeleitet werden. Überdies zeigt das Völkerrecht *hierarchische* Ansätze, insbes wo es um die Erhaltung des Weltfriedens und der internationalen Sicherheit geht. Hier stehen dem UN-Sicherheitsrat (SR) nach Kap VII UN-Charta besondere Befugnisse zu. Seinen fünf ständigen Mitgliedern sind mit Dauermitgliedschaft (Art 23 Nr 1 Satz 2) und Vetorecht (Art 27 Nr 3) wichtige Vorrechte eingeräumt. Im Widerspruch zum Prinzip souveräner Gleichheit stehen sie nur deswegen nicht, weil sie vom souveränen Willen eines jeden Mitgliedstaats getragen sind, den er mit seinem Beitritt zur UN bekundete. Gemäß dem StIGH im *Wimbledon*-Fall im Jahr 1923[81] ist der Abschluss von Verträgen, welche die Handlungsfreiheit eines Staats beschränken (und möglicherweise ungleiche Rechte begründen),[82] gerade Ausdruck seiner souveränen Entscheidungsmacht.[83] Dies ist allerdings eine höchst theoretisch-dogmatische Begründung. So dürfte der Verzicht auf die UN-Mitgliedschaft für einen Staat, der das ungleiche Konzept des UN-Sicherheitsrats nicht akzeptiert und sich dessen Zugriff entziehen will, keine realistische Option darstellen.[84]

---

80 Zum „Prinzip der souveränen Gleichheit der Staaten" *Graf zu Dohna,* Die Grundprinzipien des Völkerrechts über die freundschaftlichen Beziehungen und die Zusammenarbeit zwischen den Staaten, 1973, 158 ff; *Fassbender,* Die souveräne Gleichheit der Staaten – ein angefochtenes Grundprinzip des Völkerrechts, APZ 43 (2004) 7 ff. Zum „Anspruch" auf Gleichheit iSv Gleichstellung *Anand,* Sovereign Equality of States in International Law, RdC 197 (1986-II) 1 (126 ff) einerseits und *Ladreit de Lacharrière,* L'influence de l'inégalité de développement des Etats sur le droit international, RdC 139 (1973-II) 227 (253 ff) andererseits.
81 StIGH, *Wimbledon,* Ser A, No 1, 6 (25): Die durch den Versailler Friedensvertrag 1919 geschaffene Ordnung (mit einem bzgl des Kieler Kanals errichteten, in sich abgeschlossenen Vertragsregime) genieße Vorrang vor dem allgemeinen Völkerrecht. Die dt These, ein Staat könne nicht durch Vertrag der Mittel beraubt werden, seine Position als *gleiches* Mitglied der Völkerrechtsgemeinschaft wahrzunehmen, blieb erfolglos.
82 Zu Differenzierungen im Atomwaffenbereich *Graf Vitzthum,* Weltnuklearordnung und Staatengleichheit, FS Grewe, 1981, 609 ff; zur Rolle im Recht der I.O. *Boutros-Ghali,* Le principe d'égalité des Etats et des organisations internationales, RdC 100 (1960-II) 1 ff; zu quantitativen Differenzierungen *Castrén,* La position des grands et petits Etats dans la communauté internationale et particulièrement dans les organisations internationales, FS Schätzel, 1960, 25 ff. Zum Prinzip gemeinsamer, aber unterschiedlicher Verantwortlichkeiten *Kreuter-Kirchhof,* Neue Kooperationsformen im Umweltvölkerrecht, 2005, 515 ff.
83 Vgl Art 6 WVK: „Jeder Staat besitzt die Fähigkeit, Verträge zu schließen."
84 Die bisher einzige „Austrittserklärung" (1965) wurde von Indonesien de facto wieder zurückgenommen, indem es die Wiederaufnahme der Zusammenarbeit mit der UN erklärte, welche die ursprüngliche Erklärung in der Folge nicht als Austritt wertete, *Ruffert/Walter,* Institutionalisiertes Völkerrecht, Rn 279; näher *Schwelb,* Withdrawal from the United Nations: An Indonesian Intermezzo, AJIL 61 (1967) 661 ff.

30   Souveränität lässt sich nicht nur in innere und äußere gliedern, sondern auch –
nach der Grundlage ihres Zugriffs – in Personal- und Territorialhoheit. Dies ergibt sich
aus der Eigenschaft von Staaten als Gebietskörperschaften, die sich aus Staatsvolk,
Staatsgebiet und Staatsgewalt konstituieren. Diese sog *Jellinek*'sche Trias oder Drei-Elemente-Lehre[85] hat heute gewohnheitsrechtliche Geltung.[86] Sie spiegelt sich in Art 1 der
Montevideo-Konvention v 1933 wider, die ihnen ein viertes (Souveränitäts-)Element
(„capacity to enter into relations with other states") zur Seite stellt, das jedoch auch lediglich als äußere Dimension der Staatsgewalt angesehen werden und dem daher keine
eigenständig staatskonstitutive Bedeutung beigemessen werden kann.[87] Da Staatsvolk
und Staatsgebiet den Staat ausmachen, kann dessen Staatsgewalt in Ausübung der Souveränität die Rechtsverhältnisse der Staatsangehörigen (aus denen sich das Staatsvolk ja
konstituiert) ebenso regeln (Personalhoheit) wie alles, was sich auf seinem Gebiet ab-
spielt (Territorialhoheit).[88]

31   Souveränität wirkt nicht *absolut,* sondern wird stets *relativiert* durch die souveränen Rechte anderer Staaten. Das zeigt sich nicht nur im Nachbarrecht,[89] sondern aber
auch überall dort, wo die Personalhoheit eines Staats auf die Personal- und/oder Territorialhoheit eines anderen stößt, wie zB im Fremden- oder Diplomatenrecht. Darüber hinaus ist die Souveränität im Völkerrecht heute durch verschiedene Regeln *eingeschränkt,* an welche sich die Staaten vertrags- oder gewohnheitsrechtlich binden: etwa
durch die gegenüber allen Staaten zu erfüllende Verpflichtung, die Menschenrechte –
gerade auch diejenigen der eigenen Bevölkerung – zu beachten,[90] Immunitätsbeschrän-
kungen (so können vor dem IStGH auch Staatsoberhäupter verfolgt werden),[91] Mehrheitsentscheidungen bei Vertragsänderungen sowie Beschlüssen von I.O. und nicht zuletzt Maßnahmen, die der UN-Sicherheitsrat gegen Staaten in Wahrnehmung seiner
aus Kap VII UN-Charta fließenden Befugnisse ergreift. Ihm haben sich die Staaten kraft
souveräner Entscheidung unterworfen. Umgekehrt gilt: Existiert kein beschränkender

---

85 *Jellinek,* Allgemeine Staatslehre, 3. Aufl 1914, 394 ff.
86 So auch *Stein/von Buttlar/Kotzur,* Völkerrecht, Rn 250; *Ziegler,* Einführung in das Völkerrecht, Rn 409.
Bsp aus der Staatenpraxis bei *Epping,* in Ipsen, Völkerrecht, § 7 Rn 2.
87 *von Arnauld,* Völkerrecht, Rn 73, 90.
88 *Epping,* in Ipsen, Völkerrecht, § 7 Rn 59, 78 f.
89 Etwa beim Verbot erheblicher grenzüberschreitender Umweltbeeinträchtigungen, das nicht primär
im Schutz der Umwelt wurzelt, sondern im durch die Souveränität der Nachbarstaaten vermittelten
Schutz der territorialen Integrität, vgl *Trail Smelter Arbitration,* RIAA III, 1905, 1965: „no State has the
right to use or permit the use of its territory in such a manner as to cause injury [...] in or to the territory
of another [...], when the case is of serious consequences [...]." Hierzu *Proelß,* 5. Abschn, Rn 100 ff.
90 Als zwingendes Völkerrecht *(ius cogens)* gelten jedenfalls die elementaren Menschenrechtsgewährleistungen *erga omnes.* Ihre souveränitätseinschränkende Wirkung zeigt sich etwa in den Diskussionen
um die Zulässigkeit humanitärer Interventionen und die sog *responsibility to protect,* hierzu *von Arnauld,*
Völkerrecht, Rn 1139 ff; s auch *Tomuschat/Stein/Caflisch,* Eingriff in die inneren Angelegenheiten fremder
Staaten zum Zwecke des Menschenrechtsschutzes, 2002.
91 Vgl Art 27 Abs 2 IStGH-Statut. Allg zur Immunität von Staaten und Staatsorganen *Epping,* in Ipsen, Völkerrecht, § 7 Rn 264 ff; *Peters/Petrig,* Völkerrecht, 448 ff; *von Arnauld,* Völkerrecht, Rn 325 ff.

Rechtssatz im Völkerrecht (oder will ein Staat sich nicht an ihn binden), ist der Staat in seinem Handeln frei. Leitentscheidung für die der Souveränität entspringende Staatenfreiheit ist bis heute das Lotus-Urteil des StIGH aus dem Jahr 1927, wonach *„keine Vermutung für eine Einschränkung der Unabhängigkeit der Staaten* [besteht].“[92] Nach der *Lotus*-Doktrin bedürfen die Staaten keiner völkerrechtlichen Ermächtigung für ihr Handeln und ist ihnen alles erlaubt, was nicht durch Völkerrechtssatz – konstitutiv – verboten ist. Ob eine umfassende Handlungsfreiheit der Staaten im Völkerrecht tatsächlich existiert, ist jedoch zweifelhaft. So hält „Lotus“ keine befriedigende Antwort für die Lösung von Konflikten bereit, die sich aus der Wahrnehmung jeweils dem Grunde nach bestehender souveräner Rechte ergeben.[93] Das *Lotus*-Urteil wird man heutzutage allenfalls so lesen können, dass als Folge der staatlichen Souveränität „Völkerrecht nur insoweit besteht, als die Staaten Rechtssätze aufgestellt haben“, und nicht, dass Souveränität eine positive Erlaubnis zu beliebigem Verhalten begründet.[94] Die starke Akzentuierung des Staatswillens[95] im Urteil des StIGH will zu einer durch gegenseitige Abhängigkeiten gekennzeichneten, kooperativ angelegten internationalen Gemeinschaft nicht mehr passen.[96] Die fortschreitende Kodifikation des Völkerrechts und die Anerkennung des zwingenden Charakters wichtiger Gewohnheitsrechtssätze[97] haben den Wirkbereich der *Lotus*-Regel zudem erheblich relativiert. Die Souveränität ist souverän gebunden. *Freiheit* genießen die in ihrer Souveränität Gleichen (nur und in immer stärkerem Maße) gerade *im Rahmen des Völkerrechts*.[98]

Staaten können ihre Souveränität aufgeben (zB durch Beitritt zu einem anderen 32 Staat, der bereits die Existenz des beitretenden Staates beseitigt – wie 1990 die DDR –, oder bei einem Zusammenschluss, in dessen Folge sie – wie Tanganjika und Sansibar nach Gründung der Vereinigten Republik Tansania – nur noch als Gliedstaaten fortexistieren). Sie können auch nur auf einzelne Rechte oder ihre Ausübung verzichten, die aus

---

92 StIGH, *Lotus*, PCIJ, Ser A, No 10; s auch *Cassese*, States, in Oxford Handbook of the History of International Law, 49 (60 ff).

93 ZB wenn ein Staat beansprucht, die Rechtsverhältnisse seiner Staatsangehörigen im Ausland kraft des Personalitätsprinzips regeln zu wollen, und der Aufenthaltsstaat dies kraft seiner Territorialhoheit beansprucht. Solche Fälle können uU mithilfe des Interventionsverbots bewältigt werden; dies zeigt aber, dass das prinzipiell Erlaubte immer völkerrechtliche Grenzen hat, die sich aus der Souveränität anderer Staaten ergeben. In „Reinform“ gibt es die „Lotus-Lehre“ also nicht. Im Überblick zu den Einwänden gegen „Lotus“ *Kolb*, Theory, 224 ff.

94 *Fastenrath*, Lücken, 246.

95 Der Staat wurde als Träger eines *unbeschränkten* Willens gesehen. Die Bändigung des souveränen Staates erschien als *das* Problem des Völkerrechts. Vgl demgegenüber *Talmon*, Die Grenzen der Völkerrechtsrezeption in Deutschland, in ders (Hrsg), Über Grenzen, 2012, 75 ff.

96 *Fastenrath*, Lücken, 246 mwN. S aber noch das *Nuclear Weapons*-Gutachten des IGH v 1996 (§ 52), wonach sich die Rechtswidrigkeit einer bestimmten Waffenart nur aus dem Vorhandensein einer einschlägigen Verbotsnorm ergebe, also nicht aus dem Fehlen einer Ermächtigung.

97 Zum *ius cogens* s u Rn 137 f.

98 Vgl *Mosler*, Völkerrecht als Rechtsordnung, ZaöRV 36 (1976) 6 (13). Bereits für *Bruns* (Völkerrecht als Rechtsordnung, ZaöRV 1 [1929] 1 ff) war nicht alles erlaubt, was nicht ausdrücklich verboten war.

der Souveränität fließen; auch dieses Recht zur Disposition ist in der Souveränität angelegt. So folgt aus der Souveränität eines Staats zwar die Pflicht eines anderen, die Immunität zu beachten, die dieser jedenfalls für Akte *hoheitlicher* Natur *(acta iure imperii)* genießt. Dieser kann jedoch jederzeit seinen Verzicht auf die Immunität erklären.[99] Dass souveräne Gleichheit die politischen Machtverhältnisse im Übrigen nicht immer spiegelt und Staaten in ihrem politischen Handeln nicht immer frei sind, ist ein Gemeinplatz.

33 **bb) Friedliche Beilegung von Streitigkeiten (Art 1 Nr 1, Art 2 Nr 3 sowie Art 33 Nr 1 UN-Charta).** Staaten sind verpflichtet, ihre *Streitigkeiten friedlich zu regeln.* Diese Grundregel des Völkerrechts, auch in der Prinzipiendeklaration v 1970 enthalten,[100] wird durch zahlreiche Verträge konkretisiert.[101] Es findet seine besondere Ausprägung in einer weiteren Grundregel, dem Gewaltverbot gem Art 2 Nr 4 UN-Charta (dazu sogleich Rn 35ff). Formen, in denen Streitigkeiten friedlich beigelegt werden können, listet Art 33 UN-Charta (nicht abschließend) auf. Eine generelle Pflicht, Streitfälle einem unparteiischen Dritten zu unterbreiten, existiert nicht. Art 14 UN-Charta weist der Generalversammlung ein Recht zu, Empfehlungen zur Beilegung von Streitigkeiten zu unterbreiten.

34 **cc) Interventionsverbot.** Das Interventionsverbot steht in der logischen Konsequenz staatlicher Souveränität. Art 2 Nr 7 UN-Charta erklärt zwar nur die Bindung der UN an das Interventionsverbot; für Staaten folgt es aus dem Prinzip der souveränen Gleichheit (Art 2 Nr 1) und gilt zudem kraft Gewohnheitsrechts.[102] Es verbietet einem Staat, sich in die inneren Angelegenheiten eines anderen Staates (den *domaine réservé*) mit Zwangsmitteln einzumischen. Verbotene Intervention erfordert weit weniger als verbotene Gewalt, wiewohl mit dem Gewaltverbot (dazu sogleich Rn 35ff) regelmäßig auch das Interventionsverbot verletzt ist.[103] Die Unterscheidung zwischen erlaubter Einflussnahme und verbotener Intervention ist mitunter schwierig[104] – auch im Lichte gemeinsamer Belange der Völkerrechtsgemeinschaft und *Erga omnes*-Verpflichtungen (die ein Staat jedem anderen Staat schuldet). Zu dieser Kategorie gehören u a die Regeln des zwingen-

---

99 Hierzu *Paech,* Staatenimmunität und Kriegsverbrechen, AVR 47 (2009) 36 (53ff).

100 Näheres bei *Neuhold,* Internationale Konflikte, 1977, 45ff.

101 Etwa das Europäische Übereinkommen zur friedlichen Beilegung von Streitigkeiten v 1957. Wichtig bereits das I. Haager Abkommen v 18.10.1907 zur friedlichen Erledigung internationaler Streitfälle, Fontes III/1, 558. Auch nach Kap VI der UN-Charta sind die Mitgliedstaaten zur friedlichen Streitbeilegung verpflichtet, nach Treu und Glauben (Art 2 Nr 2 UN-Charta).

102 IGH in *Nicaragua, Merits,* ICJ Rep 1986, 14, § 202.

103 Vgl IGH in *Nicaragua, Merits,* ICJ Rep 1986, 14, §§ 205, 209 und *Kongo/Uganda,* ICJ Rep 2005, 168, § 164; differenzierend *Athen,* Der Tatbestand des völkerrechtlichen Interventionsverbots, 2017, 137ff.

104 Die in der UN-Deklaration v 1970 verwandte Formulierung, die „alle [...] Formen der Einmischung" verbietet, hilft aufgrund ihrer Weite kaum bei der Konkretisierung des Interventionsverbotes, vgl *Athen* (Fn 103) 74.

Kämmerer

den Völkergewohnheitsrechts *(ius cogens)*, deren Bestandteil die elementaren Menschenrechte sind.[105] Wenn ein Staat ihre Beachtung also allen anderen Staaten schuldet, kann keiner von ihnen geltend machen, seine innere Politik gehe sie nichts an.[106] Überdies verletzt nicht jede Form der Einmischung bereits das Interventionsverbot. Von Intervention kann nur bei einer gewisse Zwangswirkung *(methods of coercion)* gesprochen werden: Der andere Staat darf nicht fremdem Willen untergeordnet werden.[107] Allerdings bringt die Subsumtion unter diesen weit gespannten Obersatz selten eindeutige Ergebnisse, insbes die Frage, inwieweit Maßnahmen mit ökonomischer Zwangswirkung das Interventionsverbot verletzen können, ist str.[108] Maßnahmen, die das Interventionsverbot verletzen, sind u a Spionage,[109] die Beeinflussung von Wahlen durch Hackerangriffe,[110] die Unterstützung von Aufständischen durch Waffenlieferungen,[111] die Anerkennung einer Sezession, ohne dass ein Recht zur Sezession besteht oder noch bevor ein Neustaat entstanden ist,[112] aber auch übergriffige steuer- oder strafrechtliche Regelungen, die einen anderen Staat an der Ausübung seiner eigenen Personal- oder Territorialhoheit faktisch hindern.[113]

dd) Gewaltverbot (Art 2 Nr 4 UN-Charta). Das *Verbot* einer „gegen die territoriale Un- 35 versehrtheit oder die politische Unabhängigkeit eines Staates" gerichteten *Gewaltanwendung*, Art 2 Nr 4 UN-Charta, ist ein weiteres Grundprinzip der heutigen Völkerrechtsordnung und ein Herzstück der UN-Charta. Die Völkerbundsatzung enthielt in Art 10 und Art 12 Abs 1 mit dem Begriff des „unerlaubten Krieges" bereits ein beschränktes Kriegsverbot. Im *Briand-Kellogg-Pakt* v 27.8.1928[114] verzichteten die Vertragsparteien dann auf den Krieg als Mittel der Politik überhaupt. Er ächtete, ohne allerdings die Strukturschwächen des mit dem Völkerbund eingerichteten Systems der kollektiven Sicherheit zu beheben, „den *Krieg* als Mittel für die Lösung internationaler Streitfälle"

---

105 Hierzu s u Rn 137 f.
106 *Athen* (Fn 103) 214.
107 IGH in *Nicaragua, Merits*, ICJ Rep 1986, 14, § 205.
108 *Stein/von Buttlar/Kotzur*, Völkerrecht, Rn 649 ff; *von Arnauld*, Völkerrecht, Rn 378; jeweils mwN.
109 So zB *Ewer/Thienel*, Völker-, unions- und verfassungsrechtliche Aspekte des NSA-Datenskandals, NJW 2014, 30 (31 f); aA *Schmahl*, Effektiver Rechtsschutz gegen Überwachungsmaßnahmen ausländischer Geheimdienste, JZ 2014, 220 (221 f); ebenso – mangels Zwangscharakter – *Aust*, Spionage im Zeitalter von Big Data, AVR 52 (2014) 375 (381); unter Verweis auf die fehlende Staatenpraxis *Buchan*, Cyber Espionage and International Law, 2019, 61 ff.
110 *Wheatley*, Foreign Interference in Elections under the Non-Intervention Principle, DJCIL 31 (2020) 161 ff.
111 IGH in *Nicaragua, Merits*, ICJ Rep 1986, 14, § 242.
112 *Oeter*, Selbstbestimmungsrecht im Wandel, ZaöRV 52 (1992) 741 (766 ff); *Luchterhandt*, Der Anschluss der Krim an Russland aus völkerrechtlicher Sicht, AVR 52 (2014) 137 (169 ff).
113 Zum Interventionsverbot als Grenze der Strafrechtsausübung *Ambos* (Fn 42) § 2 Rn 2 ff.
114 Vgl *Grewe*, Epochen, 729; Fontes III/2, 959 ff; *Hathaway/Shapiro*, The Internationalists, 2017. Die Beurteilung der Schlüsselfrage, *wann* der Pakt verletzt ist, blieb weiterhin dem einzelnen Staat überlassen, vgl *Roscher*, Der Briand-Kellogg-Pakt von 1928, 2004, 280.

(Art I). Eroberung fremden Staatsgebiets bildet spätestens seither keinen Gebietserwerbstitel mehr (Annexionsverbot).[115] Die 1932 von den USA verkündete und sich in der Folgezeit gewohnheitsrechtlich verfestigende (Hoover-)Stimson-Doktrin verbietet sogar dritten Staaten jede Anerkennung eines Gebietserwerbs durch Annexion.[116] Art 2 Nr 4 UN-Charta erweitert das vom Briand-Kellogg-Pakt begründete Verbot: Nun ist grundsätzlich jede Androhung oder Anwendung militärischer Gewalt in den *zwischenstaatlichen* Beziehungen untersagt. Internationale Konflikte dürfen grundsätzlich – Selbstverteidigung ausgenommen, vgl Art 51 UN-Charta – nur noch mit Mitteln unterhalb der Gewaltschwelle gelöst werden.

36   Wann Handlungen Ausübung von „Gewalt" sind, ist nicht unumstritten. Einigkeit besteht jedenfalls darin, dass die Gewaltschwelle bei physischem Zwang unter Einsatz militärischer Mittel erreicht ist.[117] Ein bewaffneter Angriff *(armed attack/aggression armée)* ist nicht erforderlich; liegt er aber vor, geht damit erstens immer die Ausübung verbotener Gewalt einher. Zweitens dispensiert Art 51 UN-Charta dann den angegriffenen Staat (vorübergehend) vom Gewaltverbot: Die Abwehr eines gegenwärtigen bewaffneten Angriffs im Wege individueller oder auch kollektiver Selbstverteidigung bleibt ihm bis zum Eintreten des SR gestattet.[118] Auch bei diesem unilateralen „Notanker" ist allerdings der *Grundsatz der Verhältnismäßigkeit* zu beachten.[119] Durch Gewalt erzwungene Verträge sind nichtig, Art 52 WVK. Ob auch nichtmilitärische Maßnahmen verbotene Gewalt darstellen können, ist str. Bei der Formulierung des Art 2 Nr 4 UN-Charta im Frühjahr 1945 wurde die Forderung abgelehnt, den Begriff der Gewalt auch auf nichtmilitärische Maßnahmen auszudehnen.[120] Ein Verbot der Anwendung politischen und wirtschaftlichen Drucks ist zwar in der Präambel der UN-Prinzipiendeklaration v 1970 enthalten,[121] die als solche aber noch kein verbindliches neues Recht schafft.[122] Es erscheint jedoch möglich, im Auslegungswege Handlungen wie zB Cyberattacken in den

---

115 *Epping*, in Ipsen, Völkerrecht, § 7 Rn 28 ff. Eingehend zum Ganzen *Bothe*, 8. Abschn Rn 9 ff, 26.

116 *Grant*, Doctrines (Monroe, Hallstein, Brezhnev, Stimson), MPEPIL, Rn 8 ff.

117 Vgl nur *Randelzhofer/Dörr,* in Charter UN Art 2 Nr 4 Rn 16. Die Präambel der UN-Charta nimmt ausdrücklich auf *„Waffen*gewalt" *(armed force)* Bezug; lediglich diese wird von Art 44 UN-Charta erfasst. UN-Charta wie allgemeines Völkerrecht verbieten unter dem Aspekt des *Gewalt*verbots demnach nur die *militärische* Gewalt.

118 Eine Aktion nach Kap VII UN-Charta bildet die zweite UN-Charta-Ausnahme vom Gewaltverbot. Diese Kollektivierung der Gewalt setzt ein positives Votum (Mandat) des SR voraus, was selten zustande kommt.

119 Das Proportionalitätsprinzip spielt etwa im Recht der Gegenmaßnahmen eine wichtige Rolle.

120 UNCIO VI, 334 f.

121 UN GA Res. 2625 (XXV) Erwägungsgrund 9: „Recalling the duty of States to refrain in their international relations from military, political, economic or any other form of coercion aimed against the political independence [...] of any State [...]".

122 Vgl *Graf zu Dohna* (Fn 80) 241 ff. Die Deklaration kann zur Auslegung des Gewaltverbots herangezogen werden.

Kämmerer

Gewaltbegriff einzuschließen, wenn sie hinsichtlich der Taktik und der schädigenden Wirkungen einem militärischen Waffeneinsatz entsprechen.[123]

Art 2 Nr 4 UN-Charta verbietet Gewalt nur in den zwischenstaatlichen Beziehungen, 37 nicht aber schlechthin als Mittel des Völkerrechts. Denn Gewalt – oder besser gesagt: die Ermächtigung, Gewalt anzuwenden – wird bei den UN und speziell beim SR monopolisiert,[124] der unter den Voraussetzungen des Art 42 UN-Charta auch militärische Sanktionen gegen einzelne Staaten beschließen kann. Allerdings wird der UN-Sicherheitsrat dysfunktional, wenn eines seiner ständigen Mitglieder selbst das völkerrechtliche Verbot der Gewaltausübung und des bewaffneten Angriffs missachtet – wie Russland beim Überfall auf die Ukraine am 24.2.2022 – und sodann mit seinem Vetorecht in eigener Sache ein mögliches Einschreiten des Sicherheitsrats unterbindet.[125]

ee) Selbstbestimmungsrecht der Völker (vgl Art 1 Nr 2 UN-Charta). Das Selbst- 38 bestimmungsrecht der Völker[126] ist unter den Leitprinzipien des Völkerrechts das jüngste; der Völkerbundsatzung war es noch unbekannt. Es wurde zum Fanal für die Dekolonisierung der 1950er und 1960er Jahre, auch wenn dies mit der Verankerung des Zieles in der UN-Charta nicht intendiert war: Zahlreiche Gründungsmitglieder und zwei der ständigen Mitglieder des SR verfügten noch über umfängliche koloniale Besitztümer und waren nicht ohne weiteres bereit, sie aufzugeben. Auch Bedeutung und Tragweite des Selbstbestimmungsrechts als rechtlich verbindlicher Grundsatz wurden maßgeblich durch die Dekolonisierungsphase geprägt. Das Recht entfaltet aber keineswegs nur in der Dekolonisierung seine Wirkung, sondern generell überall dort, wo mehrere Völker (oder Teile davon) in einem staatlichen Herrschaftsraum leben.[127] Bedeutung entfaltet es heute nicht zuletzt für indigene Völker.[128] Ursprünglich in Art 1 Nr 2 UN-Charta lediglich als ein Ziel der Weltorganisation aufgeführt,[129] wird die Selbstbestimmung in den übereinstimmenden Art 1 der beiden UN-Menschenrechtspakte v 1966 rudimentär legaldefiniert: als ein „allen Völkern" zustehendes Recht. „Kraft dieses Rechts entscheiden sie frei über ihren politischen Status und gestalten in Freiheit ihre wirtschaftliche, soziale

---

123 Vgl Schmitt (Hrsg), Tallinn Manual 2.0 on the International Law Applicable to Cyber Operations, 2. Aufl 2017, Regel 69, Anm 9. Überblicke bei *Krajewski*, Völkerrecht, § 9 Rn 131ff; *von Arnauld*, Völkerrecht, Rn 1048 mwN.
124 *Schöbener*, Die humanitäre Intervention im Konstitutionalisierungsprozess der Völkerrechtsordnung, KJ 33 (2000) 557 (569): „Gewaltermächtigungsmonopol".
125 Vgl die gescheiterte Resolution S/2022/155 des Sicherheitsrates v 25.2.2022, die die russische Aggression gegenüber der Ukraine verurteilt hätte.
126 Einführend *Hilpold*, Das Selbstbestimmungsrecht der Völker, JuS 2013, 1081ff; umfassend *Heintze*, in Ipsen, Völkerrecht, § 10.
127 *Heintze*, in Ipsen, Völkerrecht, § 10 Rn 3f.
128 *Kuppe*, Indigene Völker und Selbstbestimmungsrecht, in Gornig/Horn/Murswiek (Hrsg), Das Selbstbestimmungsrecht der Völker – eine Problemschau, 2013, 121ff.
129 UN-Charta wie UN-Deklaration v 1970 klären weder die Frage nach dem Träger des Rechts – dem „Volk" – noch die nach dem bei der Verwirklichung des Rechts zu beobachtenden Verfahren.

und kulturelle Entwicklung." Das Selbstbestimmungsrecht verleiht Völkern einen Anspruch gegenüber Staaten, denen sie rechtsunterworfen sind, auf autonome Regelung ihrer eigenen Belange – und verpflichtet die Staaten, ihnen diese Autonomie (in kultureller und auch politischer Hinsicht) zu gewähren.[130] Es findet seine Grenze grundsätzlich im Grundsatz der territorialen Integrität von Staaten und vermittelt, jedenfalls außerhalb des Dekolonisierungskontextes,[131] grundsätzlich kein Recht von Völkern auf Loslösung aus einem bestehenden Staatsverband, also auf Sezession.[132] Dies gilt nur dann nicht, wenn die Sezession der einzige noch gangbare Weg zur Verwirklichung der Selbstbestimmung ist – als Ultima Ratio eines über lange Zeit schwerwiegend unterdrückten und dadurch existenziell bedrohten Volkes *(remedial secession)*.[133] Der konturenarme Volksbegriff erschwert den Umgang mit dem Selbstbestimmungsrecht.

39 **ff) Kooperation (Art 1 Nr 3, Art 11, 13, 55, 56 UN-Charta).** Das Prinzip der *Zusammenarbeit der Staaten* ist geprägt vom Gedanken internationaler Solidarität und spielt bspw im Wirtschafts- und Umweltvölkerrecht[134] eine Rolle, wo Hilfe für unterindustrialisierte oder geographisch benachteiligte Staaten geleistet wird. Aus dem Kooperationsprinzip allein lassen sich noch keine *konkreten* Hilfspflichten ableiten. Unabhängig von ihren politischen Systemen sind die Staaten zur Zusammenarbeit verpflichtet – zur Erhaltung des Weltfriedens, Achtung der Menschenrechte und Erfüllung von Pflichten unter der UN-Charta.[135] Das internationale System ist eine „als Rechtsgemeinschaft konstituierte Pluralität von Staaten, denen aus der Rechtsbindung gegenseitige Hilfs- und Unterstützungspflichten erwachsen".[136]

---

130 Diese kann sich – je nach Lage – als eine regionale Autonomie, als kulturelle Selbstverwaltung, als politisches Minderheitenrecht oder als Einrichtung eines Schutzgebiets (Reservat) präsentieren; zu verschiedenen Arten der Autonomie *Heintze*, in Ipsen, Völkerrecht, § 10 Rn 112ff.

131 *Thürer/Burri*, Secession, MPEPIL, Rn 26f.

132 Vgl *Tomuschat*, „Völkerrecht", Sp 3885; zur Staatenpraxis außerhalb des Dekolonisierungskontexts seit 1945 *Crawford*, The Creation of States in International Law, 2. Aufl 2006, 388ff.

133 *Thürer*, Das Selbstbestimmungsrecht der Völker und die Anerkennung neuer Staaten, in Neuhold/Simma (Fn 2) 43 (50); vgl auch Canada Supreme Court in *Reference re Secession of Quebec*, [1998] 2 SCR 217; aA *Hilpold*, Die Sezession – zum Versuch der Verrechtlichung eines faktischen Phänomens, ZÖR 63 (2008) 117ff.

134 *Tietje*, The Duty to Cooperate in International Economic Law and Related Areas, in Delbrück (Hrsg), International Law of Cooperation and State Sovereignty, 2002, 45ff.

135 Das von der UN-Charta erstrebte Friedenssystem bedeutet mehr als die Abwesenheit von Gewalt. Ohne internationale Zusammenarbeit ist es nicht zu verwirklichen.

136 *Tomuschat*, „Völkerrecht", Sp 3886: ein Mechanismus der Mehrheitsentscheidung existiert freilich nicht, „so dass es nicht zu einer zwangsweisen Umverteilung kommen kann".

Kämmerer

3. Geltung und Wirkung des Völkerrechts

Wie bereits zu Eingang dieses Lehrbuchabschnitts angedeutet, ist der Rechtscharakter **40** des Völkerrechts immer wieder in Zweifel gezogen worden (dazu sogleich unter a). Auch wenn Zweifel an der Rechtsgeltung des Völkerrechts zerstreut werden können, dürfen die – allesamt in der Natur des Völkerrechts als einer von souveränen Staaten abhängigen Ordnung gründenden – Besonderheiten nicht unerwähnt bleiben (b), insbes die Relativität völkerrechtlicher Rechte und Pflichten und ein schwach ausgeprägter und vor allem dezentraler Durchsetzungsmechanismus. Auch über die Einheit der Völkerrechtsordnung ist wiederholt debattiert worden (c).

a) Rechtsgeltung und Geltungsgrundlagen des Völkerrechts

Die Frage, ob Völkerrecht überhaupt eine Ordnung des Rechts darstellt (und nicht nur **41** internationale Politik und Machtverhältnisse rechtsscheinbar verbrämt), ist immer wieder aufgebracht worden – und ebenso die nach seinem Geltungsgrund. Davon zu unterscheiden ist die Frage, hinter *welchen* Handlungsinstrumenten und Verhaltenserwartungen in internationalen Beziehungen eine rechtliche Bindungsüberzeugung steht. Unbestritten ist, dass nicht jedwede Handlung in den internationalen Beziehungen von Rechtsbindungswillen durchdrungen ist und es Handlungen gibt, die nicht von rechtlichen, sondern nur politischen Erwartungen getragen sind (wie Courtoisie, Gentlemen's Agreements etc). Sie sollen an späterer Stelle im Zusammenhang mit – und in Abgrenzung zu – den Rechtsquellen des Völkerrechts behandelt werden (s u Rn 145 ff).

Die Rechtsgeltung des Völkerrechts wird in der Völkerrechtsliteratur[137] heute ganz **42** weit überwiegend bejaht, auch wenn sich die Begründungen dieser Rechtsverbindlichkeit unterscheiden. Die Geltungsbegründung des Völkerrechts hat sich zudem im Laufe der Epochen gewandelt. Vor dem Westfälischen Frieden begründeten frühe Theoretiker der Scholastik *(Thomas von Aquin)* bzw der Spätscholastik *(Francisco de Vitoria, Francisco Suárez)* die Völkerrechtsgeltung *naturrechtlich* mit dem göttlichen Gebot. Insbes mit *Hugo Grotius* verschob sich der Fokus von einer theologischen Begründung hin zu einer Begründung des Völkerrechts aus der (natürlichen) Vernunft. Für ihn war die Sorge für die Gemeinschaft, welche mit der menschlichen Vernunft übereinstimmt, eine Quelle des (Natur-)Rechts.[138] Die Gemeinsamkeit dieser naturrechtlich orientierten Ansichten liegt darin, dass sie den Geltungsgrund in einem – der menschlichen Disposition entzogenen – außerrechtlichen Axiom, etwa in einer Offenbarung Gottes oder der natürlichen Vernunft, verorten. Auch in jüngerer Zeit wurde die Existenz von Normen, die sich aus außerpositiven Grundsätzen und Tatsachen ableiten lassen und die einen verbindlichen Charakter haben, proklamiert und damit an Naturrechtslehren angeknüpft. Bsp sind *Alfred*

---

137 Im Überblick mwN etwa *Fastenrath,* Lücken, 48 ff; *Mosler,* Völkerrecht als Rechtsordnung, ZaöRV, 6 ff. Umfassend Orford/Hoffmann (Hrsg), The Oxford Handbook of the Theory of International Law, 2016; *Bianchi,* International Law Theories, 2016.
138 Vgl *Straumann,* Hugo Grotius und die Antike, 2007, 127 ff.

Verdross' kosmopolitisches „Statisches und dynamisches Naturrecht" (1971)[139] und *Hans Welzels* „Naturrecht und materiale Gerechtigkeit".[140] In der Moderne dominieren hingegen *rechtspositivistische* Begründungen der Geltung und Normativität des Völkerrechts, die auf eine Trennung von Recht und Moral abzielen und auf eine Grundlegung des Rechts in einem vorgegebenen Wesen (Gott, Natur, Vernunft) verzichten. Hierbei lassen sich voluntaristische und normativistische Ansätze unterscheiden. Für die Voluntaristen ist der souveräne Staatswillen Geltungsgrund des Völkerrechts. Die voluntaristischen Theorien[141] gliedern sich in drei Stränge: Für die positivistische unbeschränkte Selbstbindungslehre *(Georg Jellinek, Carl Bergbohm* und *Julius Hatschek)* wird Völkerrecht erst durch staatliche Anerkennung verbindlich.[142] Die kooperationsfreundlichere Kontraktlehre *(Heinrich Triepel)* vermeidet, dass auch die *Fort*geltung von vereinbarten Normen im Belieben des einzelnen Staats steht, indem sie einen „überlegenen" Gemeinwillen der beteiligten Staaten annimmt, aus dem der einzelne Staat sich nicht einseitig lösen kann.[143] Den dritten Strang bilden die *common consent-* und Sozialvertragslehren, die – über *Triepels* Gemeinwillen hinaus – einen allgemeinen Konsens der Staatengemeinschaft über das völkerrechtliche System konstruieren.[144] Die *normativistischen* Deutungen des Völkerrechts *(Hans Kelsen, Dionisio Anzilotti, Paul Guggenheim, H.L.A. Hart)*[145] vermeiden Bezugnahmen auf den Staatswillen, indem sie auf einen der Rechtsordnung immanenten Geltungsgrund abstellen, der von *Kelsen* als „Grundnorm" bezeichnet wird, und aus dem sich alle weiteren Normen ableiten sollen – etwa der Grundsatz *pacta sunt servanda*. Da-

---

139 Grundlegend für die sog Wiener Schule: *Verdross,* Die Einheit des rechtlichen Weltbildes auf der Grundlage der Völkerrechtsverfassung, 1923; *Kelsen,* Das Problem der Souveränität, 1928; *Merkl,* Prolegomena einer Theorie des rechtlichen Stufenbaus, FS Kelsen, 1931, 252 ff.

140 Nach *Welzels* „Prolegomena zu einer Rechtsphilosophie" (so der Untertitel seines Ganges durch die 2000-jährige Geschichte des Naturrechtsdenkens), 1951, 52 ist das Naturrecht, so zitiert er den Scholastiker *Fernando Vásquez,* „gut, weil es Gott uns eingeprägt hat." Erst in der Neuzeit trete „an die Stelle des geoffenbarten göttlichen Willens der Staatswille." Nicht in ewigen Wahrheiten, sondern in den Entscheidungen der Staatsgewalt liege für *Hobbes* der Maßstab für Recht: „Auctoritas, non veritas facit legem" (ebd 117).

141 Aus dem menschlichen Willen *allein* lässt sich ein normatives Sollen ebenso wenig ableiten wie aus sonstigen Tatsachen. Zu den Geltungslehren *Ipsen,* in ders, Völkerrecht, § 1 Rn 18 ff, die Bedeutung des Konsensprinzips betonend (Rn 43 ff).

142 S etwa *Jellinek,* Die rechtliche Natur der Staatsverträge: ein Beitrag zur juristischen Construction des Völkerrechts, 1880.

143 *Triepel,* Völkerrecht und Landesrecht, 1899 arbeitete sie nach Anfängen bei *Bergbohm* und *Binding* aus (seine kategorische Trennung von Völkerrecht und innerstaatlichem Recht – als zwei sich niemals schneidende Kreise – hat jenes als eigenständige Rechtsordnung gestärkt). Freilich kann auch jener Bindungswille seine Rechts*verbindlichkeit* nur kraft einer Rechtsnorm erlangen.

144 So etwa *Oppenheim,* International Law: A Treatise, Bd I: Peace, 2. Aufl 1912, 15 ff.

145 Grundlegend *Kelsen,* Reine Rechtslehre, 1934, 129 ff; *ders,* Principles of International Law, 1952, 417 f; *Anzilotti,* Lehrbuch des Völkerrechts, Bd 1, 1929, 32 ff; *Hart,* The Concept of Law, 3. Aufl 2012. Vgl ferner *von Bernstorff,* Der Glaube an das universelle Recht, 2001; *Walter,* Hans Kelsens Rechtslehre, 1999. Letztlich lässt *Kelsen* den Staat in seiner Rechtsordnung aufgehen (Normativismus).

Kämmerer

rüber hinaus finden sich anthropologische, soziologische und funktionale Rechtsbegründungen. In *Georges Scelle*s soziologischem Völkerrechtsdenken etwa stehen das Individuum und die sozialen Bedürfnisse, denen das Völkerrecht dient, im Mittelpunkt.[146] Eine soziologische Erklärung sucht auch die Systemtheorie, aus deren Perspektive das Völkerrecht ein von anderen sozialen Systemen wie der Politik losgelöstes „autopoietisches", also selbstreferenzielles, System darstellt, das mit einem binären Code (legal/illegal) kommuniziert. Das Recht wird insofern als kommunikativer Prozess begriffen.[147]

In der Völkerrechtsliteratur aller Jh begegnet man jedoch immer wieder auch „Leugnern des Völkerrechts" (etwa *Hobbes, Spinoza, Hegel, Austin*). So wurde früh die Rechtsqualität des Völkerrechts etwa aufgrund fehlender Durchsetzungsmechanismen infrage gestellt.[148] Auch die im 20. Jh durch *Morgenthau* geprägte realistische Theorie der internationalen Beziehungen spricht dem Völkerrecht jegliche steuernde Kraft in den internationalen Beziehungen ab, da diese ausschließlich machtpolitischen Rationalitäten *(power politics)* unterlägen.[149] Ähnlich, wenn auch verhaltener, argumentiert die New Haven School: Sie betont die Verknüpfung von Recht und Politik *(policy-oriented approach)* und sieht im Völkerrecht lediglich einen Aspekt politischer Entscheidungsfindung.[150] **43**

Sowenig über den Grund der Völkerrechtsgeltung Einigkeit besteht, sowenig lässt sich **44** unter den Bedingungen des frühen 21. Jh die *Nicht*geltung des Völkerrechts noch schlüssig begründen.[151] Die These, nur durch eine berufene hoheitliche Stelle vollstreckbare Sollenssätze seien als Recht verbindlich, lässt sich schon für die innerstaatliche Ordnung nicht

---

146 *Scelle*, Précis de droit des gens, Bd 1, 1932; s auch *Wüst*, Das völkerrechtliche Werk von Georges Scelle im Frankreich der Zwischenkriegszeit, 2007, 121ff; *Diggelmann*, Georges Scelle (1878-1961), in Oxford Handbook of the History of International Law, 1162ff. Zum Völkerrecht als einer „dem soziologischen Unterbau angepassten und als Sollensordnung zugleich von ihm unabhängigen Ordnung" *Preiser*, Die Epochen der antiken Völkerrechtsgeschichte, JZ 1956, 737.
147 *Teubner*, 'Global Bukowina': Legal Pluralism in the World Society, in ders (Hrsg), Global Law Without a State, 1997, 3 (14); s auch *Oeter*, International Law and General Systems Theory, GYIL 44 (2001) 72ff; *Mattheis*, Die Konstitutionalisierung des Völkerrechts aus systemtheoretischer Sichtweise, 2018. Die Systemtheorie geht maßgeblich auf *Niklas Luhmann* zurück; grundlegend *Luhmann*, Soziale Systeme. Grundriß einer allgemeinen Theorie, 1984.
148 *Austin*, Lectures on Jurisprudence, or the Philosophy of Positive Law, Bd I, 5. Aufl (hrsg v Campbell) 1885, 183, 225f. Die Analyse von *Austin* trifft die generelle Sanktionsschwäche des Völkerrechts; unzutreffend ist freilich seine Folgerung (ebd, Bd II, 1911, 1123): „Positive International Morality (commonly called International Law) is a branch of the science of positive morality". Durchsetzungsschwächen gibt es auch in anderen Rechtsgebieten, die dadurch nicht den Charakter von „Recht" verlieren. Zur Durchsetzungsschwäche des Völkerrechts sogleich Rn 49ff.
149 *Morgenthau*, Politics Among Nations: The Struggle for Power and Peace, 1948; daran anknüpfend *Goldsmith/Posner* (Fn 25). S auch der Rechtsrealist *Schwarzenberger*, Civitas Maxima?, YBWA 29 (1975) 337ff; zu ihm *Steinle*, Völkerrecht und Machtpolitik, 2002.
150 Etwa McDougal u a (Hrsg), Studies in World Public Order, 1960; zur New Haven School s auch *Bianchi*, International Law Theories, 91ff; *Saberi*, Yale's Policy Science and International Law, in Oxford Handbook of the Theory of International Law, 427ff.
151 Vgl *Fastenrath*, Lücken, 81: Letztlich könne kein Rechtsbegriff die Rechtsqualität des Völkerrechts in Frage stellen. Aber auch Positivismus wie Naturrecht beruhen letztlich auf unbeweisbaren Axiomen. Spä-

überzeugend untermauern (nicht die Vollziehbarkeit macht *pacta*, Verträge also, *servanda*, sondern der sich in korrespondierenden Willenserklärungen manifestierende Rechtsbindungswille);[152] auf das wesensmäßig dezentral organisierte Völkerrecht würde eine solche *petitio principii* noch viel weniger passen. Dass das Völkerrecht *Rechts*qualität und reale Relevanz besitzt, kann im 20. und 21. Jh, in welchen gerade der völkerrechtliche Vertrag (zumal der multilaterale) zum dominanten Gestaltungsmittel dieser Ordnung geworden ist, nicht mehr ernsthaft bestritten werden. Jedes Völkerrechtssubjekt untermauert und rechtfertigt sein Handeln nicht politisch, sondern mit völkerrechtlichen Argumenten oder strebt jedenfalls danach. Dass Völkerrecht Macht konstituiert, legitimiert und limitiert, steht seiner Geltung als Recht nicht entgegen, ganz im Gegenteil. Zudem ist das Völkerrecht heute keineswegs bloß eine juristische Fassade für politische Machtentfaltung, sondern eine immer stärker *wert*bestimmte Ordnung.[153] So listet die UN-Prinzipiendeklaration v 24.10.1970,[154] ähnlich der Präambel der UN-Charta, als Funktionen und Werte auf: „Erhaltung und Stärkung des Weltfriedens auf der Grundlage von Freiheit, Gleichheit, Gerechtigkeit und Achtung der grundlegenden Menschenrechte."

45   Nicht völkerrechtsleugnend, aber doch völkerrechtskritisch zeigen sich Stimmen, die in der Tradition der *Critical Legal Studies* stehen. Hier ist insbes *Koskenniemi*s dekonstruktivistischer Ansatz zu nennen, wonach die Objektivität des Völkerrechts eine Illusion sei und dem Völkerrecht mit seinem Changieren zwischen Utopie und Erklärungsmustern für die Staatenpraxis eine gewisse Unbestimmtheit innewohne (sog *indeterminacy thesis*).[155] Zu diesem Befund gelangen auch zahlreiche weitere sog *New Approaches to International Law*.[156] An einem anderen Punkt setzt die Kritik der *Third World Approaches to International Law (TWAIL)* an. Die Vertreter dieser Lehren stellen die Rechtsverbindlichkeit des Völkerrechts als solche nicht infrage, wenden sich jedoch gegen die europäisch-nordamerikanische Prägung der Völkerrechtsordnung, die den Interessen der später als Mitglieder der Staatengemeinschaft akzeptierten Staaten des globalen Südens – viele von ihnen ehemalige Kolonien – nicht hinreichend gerecht werde, zumal sie von der Prägung der Grundlagen dieser Ordnung ausgeschlossen waren.[157] TWAIL hinterfragt vor diesem Hintergrund – mit Unterschieden im Einzel-

---

testens seit dem Positivismus des 19. Jhs ist das Naturrecht *keine* Rechtsquelle mehr, mögen seine Wertungen auch weiter Bildung und Weiterentwicklung völkerrechtlicher Normen beeinflussen.

152 So auch *von Arnauld*, Völkerrecht, Rn 11, mit Verweis auf *leges imperfectae* wie zB §§ 656, 762 BGB.

153 Vgl *Berber*, Lehrbuch des Völkerrechts, Bd I, 2. Aufl 1975, 33; *Verdross*, Die Wertgrundlagen des Völkerrechts, AVR 4 (1953) 128ff. (Später stellte sich *Verdross* auf die Seite der universalistischen Tradition von *Suarez, Vitoria, Grotius* und *Wolff* und sah die Völkerrechtsgemeinschaft in einer Ethik verankert, die allen Zivilisationen gemeinsam sei. Heute sind die wesentlichen Elemente des Naturrechts in das positive Völkerrecht integriert.)

154 Erläuterung in *Graf zu Dohna* (Fn 80) mit Text (267ff).

155 *Koskenniemi* (Fn 25 [Apology to Utopia]) 62; *ders*, The Politics of International Law, EJIL 1 (1990) 4ff.

156 Vgl *Bianchi*, International Law Theories, 150ff.

157 *Anghie*, Imperialism, Sovereignty and the Making of International Law, 2005.

Kämmerer

nen[158] – das „westfälische" Narrativ des Völkerrechts, aber auch dessen Ordnungseinheit, indem spezifische Rechtsgrundlagen für die Staaten der Dritten Welt proklamiert werden.[159] Mit Kritik am Universalitätsanspruch des Völkerrechts[160] stellen manche TWAIL-Schulen die Einheit des Völkerrechts infrage bzw präsentieren sich zumindest als Fürsprecher einer weitgehenden Fragmentierung (hierzu u Rn 55).

b) Charakteristika der Völkerrechtsordnung

Auch wenn sich am Rechtscharakter des Völkerrechts nicht (mehr) ernsthaft zweifeln lässt, verfügt es doch über Systemeigenheiten, die nach der jeweils eingenommenen Perspektive als Spezifika oder (von Völkerrechtskritikern) auch als Defizite begriffen werden können und die im Souveränitätsprinzip als Angelpunkt der Völkerrechtsordnung wurzeln: Der Organisationsgrad des Völkerrechts ist niedrig (aa); ein zentrales Rechtsetzungsorgan existiert ebenso wenig wie ein zentrales Rechtsdurchsetzungsorgan (bb und cc). 46

aa) Niedriger Organisationsgrad. Der Organisationsgrad des Völkerrechts ist wenig ausgeprägt. Wenn von „Völkerrechtsgemeinschaft" die Rede ist, ist damit nur die Gesamtheit der Subjekte mit „Willen zum Völkerrecht"[161] gemeint.[162] Einen rechtlich übergeordneten und rechtsfähigen Verband, dem die Staaten eingegliedert sind, gibt es nicht.[163] Mangels einer höheren rechtserzeugenden Autorität disponieren die Staaten selbst über ihre Rechtsbindung sowie ihre sachliche und personelle Reichweite. Sie sind „im wesentlichen darauf angewiesen, ihre gegenseitigen Beziehungen im Wege der Selbstregulierung, vor allem durch Vertragsschluss, zu gestalten".[164] Daher ist auch nicht verwunderlich, dass auch das materielle, innere System des Völkerrechts weniger 47

---

158 Auch wenn die TWAIL-Vertreter durch bestimmte geteilte Anliegen und analytische Perspektiven verbunden sind, lassen sie sich nur schwer als eine homogene Gruppe begreifen, vgl *Eslava/Pahuja*, Beyond the (Post)Colonial: TWAIL and the Everyday Life of International Law, VRÜ 45 (2012) 195; *Bianchi*, International Law Theories, 205 ff. S auch die Unterteilung der Bewegung in TWAIL I und TWAIL II bei *Anghie/Chimni*, Third World Approaches to International Law and Individual Responsiblity in Internal Conflicts, Chinese JIL 2 (2003) 78 (79 ff) sowie jüngst *Anghie*, Rethinking International Law: A TWAIL Retrospective, EJIL 34 (2023) 7 ff.
159 Etwa im Rahmen der Forderung nach einer Neuen Weltwirtschaftsordnung *(New International Economic Order)*, vgl *Bedjaoui*, Towards a New International Economic Order, 1979.
160 *Mutua*, What is TWAIL?, ASIL Proc 94 (2000), 31 (37 f); für eine offene Universalität („open universality") plädierend *Pahuja*, Decolonising International Law, 2011, 260.
161 *Huber*, Über die Geltung des Völkerrechts, SJIR 8 (1951) 55 (82).
162 Vgl *Verdross/Simma*, Völkerrecht, § 21: Der normativen Idee einer Völkerrechtsgemeinschaft sei eine soziologische Betrachtungsweise zur Seite zu stellen.
163 *Mosler*, Völkerrecht als Rechtsordnung, ZaöRV 36 (1976) 6 (16).
164 *Tomuschat*, „Völkerrecht", Sp 3875.

konsistent und ausgeprägt ist als staatliche Rechtsordnungen.[165] Vor allem wichtige und kontroverse Gegenstände sind oft nur formelkompromisshaft „geregelt".[166]

48 **bb) Relativität von völkerrechtlichen Rechten und Pflichten.** Ein Großteil der völkerrechtlichen Rechte und Pflichten wirkt nur relativ, weil jeder Staat selbst darüber disponiert, ob und gegenüber wem sie gelten. Eine Rechtspflicht entsteht nur im Verhältnis zu den Rechtssubjekten, denen gegenüber sie kraft souveräner Willensentscheidung übernommen wurde *(relativisme fondamental)*.[167] An völkerrechtliche Verträge ist ein Staat nur gebunden, wenn er ihnen als Partei beigetreten ist und solange er sie nicht gekündigt hat, und er braucht eine zwischen anderen Akteuren ausgehandelte Angelegenheit *(res inter alios acta)* gegen sich grundsätzlich nicht gelten zu lassen (sog *pacta-tertiis-Regel*; s u Rn 106). Im Völkergewohnheitsrecht tritt die Relativität der Völkerrechtspflichten nur abgeschwächt zutage. Ein Staat kann sich nur durch aktive Bekundung des entgegenstehenden Willens der Rechtsbindung entziehen *(persistent objector*; s u Rn 135), und das auch nur, wenn eine Norm keinen zwingenden Charakter *(ius cogens,* vgl Art 53, 64 WVK) aufweist.[168] In der Praxis hat die Rechtsfigur des *persistent objector* aber kaum Bedeutung erlangt. Auch die zunehmende Anerkennung von Verpflichtungen mit Wirkung *erga omnes,* die also jedem einzelnen souveränen Staat als Mitglied der Völkerrechtsgemeinschaft gleichermaßen geschuldet werden,[169] trägt zur Abschwächung des beschriebenen Relativismus bei.[170]

49 **cc) Durchsetzungsschwäche des Völkerrechts.** Die Souveränität steht, sieht man vom Sonderfall des UN-Sicherheitsrats ab, auch einem zentralen Rechtsdurchsetzungsmechanismus entgegen: Die Völkerrechtsordnung muss weitgehend darauf setzen, dass die Staaten als zentrale Rechtserzeuger die von ihnen begründeten Regeln auch selbst befolgen oder die Befolgung innerhalb der relativen Rechtsverhältnisse selbst erwirken. Der Staat ist nicht nur Rechtserzeuger und primär Rechtsunterworfener, sondern auch die traditionelle Durchsetzungsinstanz.[171] Das institutionell defizitäre Völkerrecht benötigt die *staatlichen* Rechtsordnungen mit ihren Organen – und den Kooperationswillen der Staaten – zu seiner Durchführung. Die Doppelfunktion, die den Staaten als Akteuren in der Völkerrechtsgemeinschaft (unter Einschluss ihrer Beteiligung an I.O.) und zugleich als Akteuren

---

165 *Fastenrath,* Lücken, 149.
166 Vgl *Neuhold/Simma,* Neues europäisches Völkerrecht?, in dies (Fn 2) 13 (19 ff).
167 *Reuter,* Droit international public, 5. Aufl 1976. U a aus diesem Relativismus folgt, dass es im Völkerrecht nur ausnahmsweise eine *erga omnes*-Wirkung gibt (vgl u Rn 138). Nach dem Konsensprinzip können Pflichten für Drittstaaten ohne deren Zustimmung nicht begründet werden (vgl Art 34 f WVK).
168 S u Rn 135.
169 IGH in *Barcelona Traction,* ICJ Rep 1970, 3, § 33.
170 Vgl *Kolb,* Theory, 330. Krit gegenüber dieser Entwicklung *Weil,* Towards Relative Normativity in International Law?, AJIL 77 (1983) 413 (422).
171 Vgl nur *Vöneky,* Die Durchsetzung des Völkerrechts, Jura 2007, 488 (489); zu neueren Durchsetzungsmechanismen *van Aaken,* Die vielen Wege zur Effektuierung des Völkerrechts, RW 2013, 227 ff.

Kämmerer

ihrer eigenen, inneren Ordnungen zufällt, bezeichnet *Georges Scelle* als *dédoublement fonctionnel*.[172] Sieht man von der besonderen Konstellation der Selbstverteidigung gegen gegenwärtige bewaffnete Angriffe (Art 51 UN-Charta) ab, stehen Staaten zur Abwehr von Völkerrechtsverstößen die Repressalie oder Gegenmaßnahme (der Bruch einer völkerrechtlichen Verpflichtung mit dem Ziel, die andere Seite wieder zur Beachtung der eigenen Pflichten zu bewegen)[173] oder die Retorsion – also der stets zulässige unfreundliche Akt – zu Gebote.[174] Zentralisierte Durchsetzungsinstanzen existieren nur, wo, und nur insoweit, als sich Staaten auf ihre Herstellung geeinigt haben, und sie können das Völkerrecht nur gegenüber jenen Staaten durchsetzen, die sich ihnen kraft souveräner Entscheidung unterworfen haben. Eine obligatorische internationale Gerichtsbarkeit existiert daher nicht. Der IGH ist nur insoweit zuständig, als alle Streitparteien die Unterwerfung unter seine Jurisdiktion erklärt haben (Art 36 IGH-Statut).[175] Auch ein allgemeiner internationaler Mechanismus zur Vollstreckung der Urteile besteht nicht.

Das einzige veritable Vollzugsorgan von universeller Bedeutung, über welches die **50** Völkerrechtsordnung verfügt, ist der UN-Sicherheitsrat, ausgestattet mit der Befugnis, bewaffnete Angriffe und Bedrohungen und Brüche des Friedens mit angemessenen Maßnahmen, bis hin zu militärischer Gewalt, zu beantworten (Art 25 und Kap VII der Charta). In diesem Zusammenhang wird auch von einem *Gewaltmonopol* des Sicherheitsrats (bezogen auf militärische Gewalt) gesprochen, von dem nur das Selbstverteidigungsrecht gemäß Art 51 UN-Charta ausgenommen ist.[176] Da solcher *Kollektiv*zwang aber die Zustimmung aller fünf ständigen Mitglieder des Sicherheitsrats erfordert (Art 27 Abs 3 UN-Charta), ihnen also jeweils ein Vetorecht an die Hand gibt,[177] ist dieser zentrale Durchsetzungsmechanismus häufig blockiert.[178] Der Völkerbund war daran gescheitert, dass er weder die Aggression Japans gegen China (1931) und diejenige Italiens

---

172 *Scelle* (Fn 146); dazu *Cassese*, Remarks on Scelle's Theory of „Role Splitting" *(Dédoublement fonctionnel)* in International Law, EJIL 1 (1990) 210 ff. S auch *Schweisfurth*, Völkerrecht, Definition, in Lexikon Völkerrecht, 514 (516): „Funktional sind Organe von Staaten daher gleichzeitig auch Organe der Völkerrechtsgemeinschaft."

173 Vgl Art 49 ff der Artikel zur Staatenverantwortlichkeit. Dazu <u>Schröder</u>, 7. Abschn Rn 116 ff.

174 Hierzu im Überblick *Vöneky* (Fn 171) 490 f mwN.

175 Kaum ein Drittel der UN-Mitglieder hat sich dem IGH uneingeschränkt unterworfen; vgl *Tomuschat*, in ICJ Statute Commentary, Art 36 Abs 2. Näher zum Ganzen <u>Schröder</u>, 7. Abschn Rn 90 ff.

176 Vgl nur *Herdegen*, Völkerrecht, § 34 Rn 4; *Schadtle*, Das völkerrechtliche Gewaltverbot und seine Ausnahmen, Jura 2009, 686 (690 f). Krit zum Begriff des „Gewalmonopols" *Schöbener*, Die humanitäre Intervention im Konstitutionalisierungsprozess der Völkerrechtsordnung, KJ 33 (2000) 557 (569 ff).

177 *Fassbender*, Veto, MPEPIL, Rn 9 ff.

178 *Schindlmayr*, Obstructing the Security Council: The Use of the Veto in the Twentieth Century, JHIL 3 (2001) 218 ff. „Verbotsrigorismus ohne Vollzugsautorität" *(Oppermann)* schwächt die normative Kraft des Völkerrechts und relativiert die Relevanz des SR, etwa im Verhältnis zu anderen globalen Foren, zB den G 7- und G 20-Treffen; diese und andere informelle Parallelstrukturen spiegeln die heutigen Machtverhältnisse besser wider. Die Sanktionsbefugnisse des SR bieten immerhin Ansätze zur (zentralisierten) Durchsetzung des Rechts, so dass mittlerweile verstärkt nach den *Bindungen* gefragt wird, die die UN dabei selbst zu beachten haben.

Kämmerer

gegen Äthiopien (1935/36) noch den dt Überfall auf Polen (1939) und damit den Ausbruch des Zweiten Weltkriegs verhindern konnte. Der UN-Sicherheitsrat vermochte sich nach Überwindung seiner Blockade durch den Kalten Krieg zumindest punktuell (zB Jugoslawien, Irak, Libyen, Haiti) auf Maßnahmen zu verständigen, er bleibt jedoch dysfunktional gegenüber Friedensbedrohungen durch eines seiner ständigen Mitglieder oder eines ihrer engen Verbündeten. Russlands 2022 begonnener Angriffskrieg gegen die Ukraine konnte daher nur durch die UN-Generalversammlung verurteilt werden,[179] die aber nicht über Durchsetzungsbefugnisse verfügt. Wird der Sicherheitsrat dem ihm eingeräumten Gewaltmonopol nicht gerecht, verlagert sich die Durchsetzung des Völkerrechts teilweise auf die Staaten und ihr – eigentlich als Interimsmaßnahme angelegtes – Selbstverteidigungsrecht zurück, teils bleiben Völkerrechtsverstöße auch ungesühnt. Neuartigen, noch konturenarmen Durchsetzungsansätzen wie der „humanitären Intervention"[180] gegen gravierende Menschenrechtsverstöße, die mit einer *responsibility to protect* (R2P)[181] begründet werden kann, fehlt es bislang an der völkergewohnheitsrechtlichen Verankerung, jedenfalls soweit damit mehr und anderes verbunden ist als Aktionen des Sicherheitsrats auf der Basis von Kapitel VII UN-Charta.[182]

51   Letztlich muss das Völkerrecht primär auf *freiwillige* Befolgung setzen, es lebt von der Gewohnheit der Regelbefolgung *(habit of obedience)*.[183] Zur Erklärung, warum Staaten das Völkerrecht befolgen, gibt es unterschiedliche theoretische Erklärungsansätze.[184] Aus einer Rational-Choice-Perspektive resultiert dies aus einer Kosten-Nutzen-Erwägung.[185] Der Rechtsgehorsam ist, so gesehen, Folge der Einsicht der Staaten, „dass langfristig betrachtet den Interessen aller am besten gedient ist, wenn die Regeln [...] eingehalten werden."[186] Das Völkerrecht ist damit nicht nur durch Wirklichkeits-

---

179 UN GA, Res A/RES/ES-11/1 der 11th Emergency Special Session v 1.3.2022. Es folgte allerdings am 7.4.2022 eine Sanktion mit Gestaltungswirkung: der Beschluss der Generalversammlung, Russland aus dem Menschenrechtsrat auszuschließen.

180 Vgl *Gray*, International Law and the Use of Force, 4. Aufl 2018, 40 ff; *Hilpold*, Humanitarian Intervention, EJIL 12 (2001) 437 ff; zur Geschichte der humanitären Intervention *Swatek-Evenstein*, A History of Humanitarian Intervention, 2020.

181 International Commission on Intervention and State Sovereignty (Hrsg), The Responsibility to Protect, 2001; s auch Report of the High-level Panel on Threats, Challenges and Change, UN Doc A/59/565, § 203; World Summit Outcome, UN Doc A/RES/60/1, § 138 f. Eingehend zu dem Konzept Hilpold (Hrsg), Responsibility to Protect (R2P): A New Paradigm of International Law?, 2015.

182 *Vashakmadze*, Responsibility to Protect, in Charter UN, 1201 (1222 ff).

183 Vgl die vielzitierte Feststellung von *Henkin*, How Nations Behave, 2. Aufl 1979, 47: „[...] almost all nations observe almost all principles of international law and almost all of their obligations almost all of the time".

184 Überblick über die wesentlichen theoretischen Strömungen bei *van Aaken* (Fn 171) 230 ff.

185 Etwa *Neuhold*, The Foreign-Policy „Cost-Benefit-Analysis" Revisited, GYIL 42 (1999) 84 ff.

186 *Tomuschat*, „Völkerrecht", Sp 3878; die Kosten wären – etwa im Bereich des internationalen Handels – für alle Staaten hoch, würden völkerrechtliche Normen allgemein missachtet. Zu weiteren Motiven internationaler Kooperation *Steinbach/van Aaken*, Ökonomische Analyse des Völker- und Europarechts, 2019, Rn 163 ff.

Kämmerer

nähe,[187] sondern auch vom Grundgedanken der Reziprozität geprägt: Die eigene Rechts-befolgung korrespondiert mit der Erwartung der Rechtsbefolgung durch die andere Sei-te. Durch korrespondierende Willenserklärungen erwächst diese Verhaltenserwartung in Recht oder Pflicht. Der Reziprozitätsgedanke prägt auch die Rechtsdurchsetzung: Wer Völkerrecht bricht, muss damit rechnen, dass auch ihm gegenüber die betreffende Regel nicht eingehalten werden wird, der Berechtigte also zu Gegenmaßnahmen (Repressa-lien) greift.[188] Unterhalb der Repressalienschwelle kann u a wirtschaftlicher Druck aus-geübt werden, aber auch – und in zunehmendem Maße – die öffentliche Meinung mobi-lisiert werden, etwa im Bereich des Menschenrechtsschutzes.[189] Häufig aber bleiben Völkerrechtsverstöße ganz ohne Sanktion.

c) Einheit und Fragmentierung der Völkerrechtsordnung

Nicht nur die Rechtsgeltung, auch die *Einheit* des Völkerrechts wird mitunter infrage ge-stellt. Es wird bestritten, dass das Völkerrecht in seinen Grundlagen überhaupt eine von sämtlichen Staaten angesichts historisch-kultureller und politischer Unterschiede in gleicher Weise mitgetragene Ordnung ist. Diese Frage ist zu unterscheiden von der Dis-kussion über die *Fragmentierung* der Völkerrechtsordnung, die auf das strukturelle und rechtsdogmatische Auseinanderdriften seiner materialen Regelungsbereiche Bezug nimmt (dazu u Rn 55).[190]   52

Mit dem Zusammenbruch des sozialistischen Staatensystems ist die Frage nach der Einheit des Völkerrechts nicht obsolet geworden.[191] In den 1920er Jahren wurde in der UdSSR die These aufgestellt, das einheitliche Völkerrecht sei zerfallen, ein gemeinsames Recht könne es nur noch vorübergehend geben.[192] Die sich um die Sowjetunion als Füh-rungsmacht gruppierenden sozialistischen Staaten proklamierten die Existenz eines ei-genständigen *„sozialistischen* Völkerrechts".[193] Es propagierte anstelle der universellen   53

---

187 *Krüger,* Staat, Wirtschaft, Völkergemeinschaft, 1970, 121 ff: Da das Völkerrecht aus eigener Kraft das bewirken muss, was für das Landesrecht der Staat bewirkt, muss im Völkerrecht die Distanz zwischen Norm und Wirklichkeit besonders klein gehalten werden.

188 Vgl *Simma,* Das Reziprozitätselement im Zustandekommen des Völkergewohnheitsrechts, 1970; *ders,* Das Reziprozitätselement im Zustandekommen völkerrechtlicher Verträge, 1972.

189 *Steinbach/van Aaken* (Fn 186) Rn 604 mwN.

190 Fragmentierung bezieht sich auf „difficulties arising from the diversification and expansion of inter-national law" (Titel des IX. Kap des ILC-Berichts der 54. Sitzung, UN Doc A/57/10, Suppl No 10), also auf den Doppelkomplex Normenkollisionen und -hierarchie; vgl UN Doc A/60/10, Suppl No 10, Report of the ILC of its Fifty-seventh Session, § 442. Dazu Zimmermann/Hoffmann (Hrsg), Unity and Diversity of International Law, 2006; *Thiele,* Fragmentierung des Völkerrechts als Herausforderung für die Staatengemeinschaft, AVR 46 (2008) 1 ff; *Koskenniemi,* Fragmentation of International Law (= Bibliographie), 2007.

191 Zu dieser „völkerrechtlichen Flurbereinigung" in Europa *Neuhold/Simma* (Fn 166) 13 ff.

192 So etwa *Korovin,* Das Völkerrecht der Übergangszeit, 1929.

193 *Schweisfurth,* Sozialistisches Völkerrecht?, 1979; *Mälksoo,* International Law Between Universality and Regional Fragmentation: The Historical Case of Russia, in Orakhelashvili (Hrsg), Research Handbook on the Theory and History of International Law, 2. Aufl 2020, 373 (388 ff); *Riepl,* Russian Contributions to

Einheit der Völkerrechtsordnung eine *Dreigliederung:* Das „bürgerliche Völkerrecht" soll-te zwischen den „Kräften der Reaktion", das „sozialistische Völkerrecht" zwischen den „fortschrittlichen" Staaten und das „allgemeindemokratische Völkerrecht" zwischen die-sen beiden „Lagern" gelten.[194] Unterschiede bestanden nicht nur beim *Menschenrechts-*verständnis (weil die sozialistische Lehre Interessengegensätze zwischen Staat und Ein-zelnen bestritt),[195] sondern auch bei Grundprinzipien des Völkerrechts[196] wie der Souveränität: Kehrte sich ein Staat von sozialistischen Prinzipien ab, berechtigte dies die anderen sozialistischen Staaten zur Intervention und Wiederherstellung der vereinbar-ten Ordnung.[197] Mit dem „sozialistischen Völkerrecht" (und der Notwendigkeit, diese Ord-nung zu bewahren) konnten auch militärische Interventionen gegen Staaten des sozialis-tischen „Lagers" begründet werden, deren innere Ordnung sich tatsächlich oder vermeintlich von dessen Ordnungsgrundsätzen entfernte, wie zB 1968 der Einmarsch von Truppen des Warschauer Pakts in der Tschechoslowakei.[198] In der Anmaßung eines Rechts Russlands, gegen die ehemals sowjetische Ukraine u a wegen missbilligter politi-scher Tendenzen militärisch vorgehen zu dürfen, wirken diese alten völkerrechtlichen Lehren, wenn auch sozialistischer Ideologie entkleidet, offenkundig nach.

54   An der Einheit des Völkerrechts rührt heute u a das *islamische* Rechts- und Staatsver-ständnis.[199] Ein genuin islamisches Völkerrechtsmodell, das in Bedeutung und Tragweite dem einstigen sozialistischen Völkerrecht vergleichbar wäre, hat sich zwar nicht heraus-gebildet. Doch steht die Frage im Raum, ob und inwieweit das islamische Staats- und Rechts-verständnis mit dem Grundsatz der Souveränität der Staaten und auch den universellen Menschenrechten in Einklang gebracht werden kann. Das klassische islamische Recht ist auf ein *Universal*gemeinwesen hin orientiert, dem im Laufe der Zeit alle Mitglieder der Menschheitsfamilie einzugliedern sind. Die Idee der *umma,* der politisch-religiösen Ein-heit aller Muslime (vgl auch Rn 68 ff),[200] läuft einer Ordnung aus souveränen und überdies

---

International Humanitarian Law, 2022, 85 ff. In den 1920er Jahren wurde in der UdSSR, etwa von *Korovin,* Das Völkerrecht der Übergangszeit, 1929, die These aufgestellt, das einheitliche Völkerrecht sei zerfallen, ein gemeinsames Recht könne es nur noch vorübergehend geben. Die Existenz eines eigenen „sozialisti-schen" Völkerrechts zwischen den „Staaten des sozialistischen Weltsystems" wurde auch 1968 (Ein-marsch von Truppen des Warschauer Pakts in der Tschechoslowakei) behauptet, etwa von *Tunkin,* Völ-kerrechtstheorie, 1972, 487 mwN.

194 Völkerrechtslehrbuch der Sowjetischen Akademie der Wissenschaften, 1960 (dt Übers), 1.

195 *Dean,* Beyond Helsinki: The Soviet View of Human Rights in International Law, VJIL 21 (1980) 55 (58 f).

196 Vgl o Rn 27 ff.

197 *Schweisfurth* (Fn 193) 454.

198 *Tunkin* (Fn 193) 487 mwN.

199 Literatur u a *Krüger,* Islamische Völkerrechtslehre, 1979; *Salem,* Islam und Völkerrecht, 1984; *Pohl,* Is-lam und Friedensvölkerrechtsordnung, 1988; *Mikunda Franco,* Das Menschenrechtsverständnis in den isla-mischen Staaten, JöR (NF) 44 (1996) 205 ff; *Fadel,* International Law, Regional Developments: Islam, MPEPIL V, 926 ff; *Roeder,* Traditional Islamic Approaches to International Law, ZaöRV 72 (2012) 521 ff; *Saeed,* Human Rights and Islam, 2018; de la Rasilla/Shahid (Hrsg), International Law and Islam: Historical Explorations, 2019.

200 Zur Autorität der umma *Krämer,* Gottes Staat als Republik, 1999, 99 ff, 116 ff.

gleichberechtigten Staaten dies- und jenseits der muslimischen Welt konzeptionell zuwider. Wenn überdies alles muslimische Recht, die *scharia,* ihren Ursprung in Allahs Willen (verkörpert im Koran und insbes in der authentischen Überlieferung und normativen Praxis des Propheten, der *sunna*) findet,[201] stellt auch dies das völkerrechtliche Axiom der Souveränität, die den Staatenwillen gelten lässt, infrage. Zwar scheint souveräne Staatlichkeit auch in islamischen Teilen der Welt mittlerweile verwurzelt – was durch ihre historische, kulturelle und oft auch ethnische Heterogenität ebenso befördert wird wie durch die Gliederung des Islam in verschiedene Strömungen (Sunna, Schia etc) –, sie erweist sich jedoch vielerorts als fragil und wird von islamistischen Extremisten bedroht. Der „Islamische Staat" (IS), dessen Terror staatliche Ordnungen in Vorderasien und Teilen Nord- und Westafrikas wiederholt an den Rand des Zusammenbruchs gebracht hat, versteht sich nicht als Staat im völkerrechtlichen Sinne, sondern sucht eine außervölkerrechtliche Theokratie (Kalifat)[202] zu verwirklichen, die *de iure* keinen Staat im völkerrechtlichen Sinne darstellen soll und kann.[203] Nicht zuletzt die Menschenrechte und das humanitäre Völkerrecht, welche die muslimischen Staaten zumindest formal binden,[204] werden von solchen Gruppierungen als „unislamisch" gebrandmarkt.[205] Solange der IS keine Infiltration bestehender staatlicher Strukturen anstrebt und die islamischen Staaten sich gegen ihn wehren, geht von solchen extremistisch-terroristischen Gruppen zwar keine unmittelbare Gefahr für die Einheit des Völkerrechts aus, wohl aber für seine Autorität und seine Wirkung. Doch gelingen Islamisten auch Infiltrationen bestehender staatlicher Strukturen, wie 2021 (erneut) den sog Taliban in Afghanistan. Inwieweit das islamistische Taliban-Regime bereit ist, sich in die Völkerrechtsordnung zu integrieren, ist nach wie vor unklar.

Eine andere Stoßrichtung hat die Debatte um eine *Fragmentierung* der Völker- 55 rechtsordnung.[206] Diese insbes in den 1990er und 2000er Jahren geführten Diskussion betrifft die Tendenz zur normativen, aber auch institutionellen Verselbständigung bestimmter Regelungsbereiche des Völkerrechts (Menschenrechtsschutz, humanitäres Völkerrecht, Völkerstrafrecht, Umwelt- und Wirtschaftsvölkerrecht etc). Hinzu kommt

---

201 *Salem* (Fn 199) 27 ff.
202 *Bokler-Völkel,* Der Islamische Staat, Jahrbuch Extremismus & Demokratie 32 (2020) 79 (84): „theokratische Ideokratie".
203 *Schmalenbach,* Die Rechtsnatur und Rechtsstellung des sogenannten „Islamischen Staates" im Völkerrecht, ZöR 74 (2019) 85 (89 ff). Dies schließt indes nicht die völkerrechtliche Verantwortlichkeit des IS-Kalifats als De-facto-Regime aus, vgl ebd, 97 ff.
204 Die UN-Menschenrechtspakte von 1966 haben mehr als 50 islamische Staaten ratifiziert. Diese Staaten wirken innerhalb der UNO als (informeller) „Islamischer Block" zusammen.
205 Vgl *Bokler-Völkel* (Fn 202) 96. Allg zum Islam und Menschenrechten *Krämer,* Islam, Menschenrechte und Demokratie: Anmerkungen zu einem schwierigen Verhältnis, in Janz/Risse (Hrsg), Menschenrechte – Globale Dimensionen eines universellen Anspruchs, 2007, 39 ff; *Bassiouni,* Menschenrechte zwischen Universalität und islamischer Legitimität, 2014.
206 Im Überblick *Cohen,* Fragmentation, in d'Aspremont/Singh (Fn 75) 315 ff; *Pauwelyn,* Fragmentation, MPEPIL.

eine Proliferation internationaler Gerichte[207] mit unterschiedlichen, sich teils über-
schneidenden Zuständigkeiten. Diese Entwicklung wird von Teilen des Schrifttums kritisiert, weil sich – angesichts fehlender normativ-institutioneller Hierarchien im Völkerrecht – zunehmend Normen- und Jurisdiktionskonflikte einstellen und Einheit und
Widerspruchsfreiheit der Völkerrechtsordnung beeinträchtigt werden könnten.[208]
Die von der ILC zu dem Thema eingesetzte Study Group legte unter dem Vorsitz von
Martti Koskenniemi 2006 einen Bericht zu „Fragmentation of International Law: Difficulties Arising from the Diversification and Expansion of International Law" und Perspektiven für ihre Eindämmung durch (bereitstehende) Kollisionsregeln vor.[209]
Die Beurteilung der als „Fragmentierung" beschriebenen Entwicklung fällt in der Lit
allerdings nicht durchweg negativ aus, zumal sie den Bedürfnissen mancher Rechtsgebiete (wie zB des Welthandelsrechts oder des regionalen Menschenrechtsschutzes) an
Bewahrung ihrer spezifischen Durchsetzungsmechanismen entgegenkommt.[210] Vertreter rechtspluralistischer Ansätze etwa sehen darin eine logische Folge sich ausdifferen-
zierender sozialer Realitäten.[211] Mittlerweile ist die Debatte um die Fragmentierung des
Völkerrechts wieder abgeebbt; dies gilt vor allem für damit verbundene „postmodern
anxieties"[212] gegenüber einer sich strukturell verändernden Völkerrechtsordnung.

d) Universelles und partikuläres Völkerrecht

56 Gemäß dem Grundsatz, dass im Lichte der Souveränität an Völkerrecht nur gebunden
ist, wer diese Bindung akzeptiert, kann Völkerrecht universellen (allgemeinen), regionalen, aber auch oligo- oder bilateralen (partikulären) Charakter haben. Im Mittelpunkt
der Darstellung in diesem Lehrbuch steht das *allgemeine (universelle)* Völkerrecht, also
das zwischen allen Völkerrechtssubjekten geltende Recht. Hierzu zählt insbes das *universelle* Völkergewohnheitsrecht. Daneben gibt es *partikuläres* Völkerrecht. Seine Sätze

---

207 Hierzu *Charney*, Is International Law Threatened by Multiple International Tribunals?, RdC 271
(1998) 101 ff.
208 Vgl etwa *Jennings*, The Role of the International Court of Justice, BYIL 68 (1997) 1 (59 ff) sowie die Reden der Präsidenten des IGH *Schwebel* am 26.10.1999 (UN Doc A/54/PV.39) und *Guillaume* am 26.10.2000
(UN Doc A/55/PV.41) und am 30.10.2001 (UN Doc A/56/PV.32) vor der UN GA. Zu dieser Diskussion s auch die
Beiträge zu dem Symposium „The Proliferation of International Tribunals: Piercing Together the Puzzle",
NYUJILP 31 (1999) 679 ff.
209 UN Doc A/CN.4/L.682 v 13.4.2006; die institutionelle Seite der Fragmentierung wurde hingegen bewusst ausgeklammert, vgl § 13 des Berichts.
210 S etwa *Charney*, The Impact on the International Legal System of the Growth of International Courts
and Tribunals, NYUJILP 31 (1999) 697 ff; *Simma*, Fragmentation in a Positive Light, Michigan JIL 25 (2004)
845 ff; *Higgins*, A Babel of Judicial Voices? Ruminations from the Bench, ICLQ 55 (2006) 791 ff; *Krajewski*,
Völkerrecht, § 3 Rn 18.
211 *Fischer-Lescano/Teubner*, Regime-Kollisionen: Zur Fragmentierung des globalen Rechts, 2006.
212 *Koskenniemi/Leino*, Fragmentation of International Law? Postmodern Anxieties, LJIL 15 (2002) 553 ff.

verpflichten nur einen Teil der Völkerrechtssubjekte. *Regionales* Völkerrecht ist partikuläres Völkerrecht; es trifft eine Regelung lediglich innerhalb eines bestimmten geographischen Bereichs (zB: [Europäische][213] Konvention zum Schutze der Menschenrechte und Grundfreiheiten [EMRK]).[214] Da ein völkerrechtlicher Vertrag für Dritte ohne deren Zustimmung weder Pflichten noch Rechte begründen kann (vgl Art 34 WVK), sind alle Normen völkerrechtlicher Verträge, soweit sie nicht wie die UN-Charta praktisch alle Staaten in ihre Geltung einschließen, *partikuläres* Völkerrecht.

II. Die Geschichte des Völkerrechts

1. Begriffsgeschichte

Das universelle Völkerrecht des 21. Jh ist in seiner Grundstruktur nur in sehr geringem 57
Maße ein Gemeinschaftswerk aller Völker und Weltregionen; tatsächlich hat es seine Prägung, inhaltlich wie begrifflich, in Europa erfahren und hat sich im 19. und 20. Jh zu einer Ordnung entwickelt, die im Imperialismus zunächst nur universellen Regelungsanspruch entfaltete und erst im Laufe des 20. Jh auch zu einer in partizipativer Hinsicht universellen Ordnung wurde.[215] Die Begriffsgeschichte des Völkerrechts ist Spiegel dieser Entwicklung – aber auch des europazentrischen Wesenskerns, der dem Völkerrecht bis heute innewohnt. Es handelt sich – bei aller Kritik, die man an dieser Genese und ihren Resultaten anbringen kann – um ein historisches Faktum, das kritisiert, aber nicht ignoriert oder ausgeblendet werden kann.[216] Dass gerade europäische Darstellungen der Völkerrechtsgeschichte die historische Realität von Ordnungen, die jenseits von Europa und damit außerhalb dieser Ordnungskontinuität des Völkerrechts bis ins 19. Jh hinein

---

213 Gemäß Präambel wurde sie abgeschlossen von „Regierungen *europäischer* Staaten, die vom gleichen Geiste beseelt [...] die ersten Schritte auf dem Wege zu einer kollektiven Garantie gewisser in der *Universellen* Erklärung [v 1948] verkündeter Rechte [...] zu unternehmen".

214 Sie gilt heute von den Azoren bis zur Beringstraße, von Island bis zum Kaspischen Meer für 800 Mio Menschen. Da geographisch nur partiell zu Europa gehörende Staaten wie Russland und die Türkei an die EMRK gebunden sind (seit 1998 bzw 1954), reicht der freilich nicht leicht durchsetzbare Schutz der EMRK weit über Europa hinaus.

215 Hierzu *Starski/Kämmerer*, Imperial Colonialism in the Genesis of International Law – Anomaly or Time of Transition?, JHIL 19 (2017) 50 ff.

216 Näher zu dieser Entwicklung *Grewe*, Epochen; *Steiger*, Völkerrecht, in Brunner/Conze/Koselleck (Hrsg), Geschichtliche Grundbegriffe, Bd 7, 1992, 97 (100 ff); *Ziegler*, Völkerrechtsgeschichte. Für diese Autoren ist das moderne Völkerrecht ein Resultat des in *Europa* geprägten neuzeitlichen Staaten- und Rechtssystems. Krit gegenüber diesem „Eurocentrism" etwa *Anand*, Development of Modern International Law and India, 2005, 64 ff; *Fassbender/Peters*, Introduction: Towards A Global History Of International Law, in Oxford Handbook of the History of International Law. Umfassend zu den historischen europäischen Diskursen, die die Begriffs- und Ideengeschichte des Völkerrechts sowie seine Expansion über Europa hinaus geprägt haben, *Koskenniemi*, To the Uttermost Parts of the Earth – Legal Imagination and International Power, 1300–1870, 2021.

prägend waren, vielfach gar nicht wahrnehmen,[217] steht auf einem anderen Blatt; aber auch ihre Verdrängung – samt ihren Fernwirkungen auf die heutige Zeit – gehört zur Völkerrechtsgeschichte.

58   Die Normen, die die Beziehungen des Römischen Reiches zu Nicht-Römern regelten, wurden im *ius gentium* zusammengefasst, welches nach heutigen Maßstäben auch Funktionen des IPR erfüllte.[218] Von diesem auch noch im Mittelalter gebräuchlichen Begriff führt der Bogen über das *ius inter gentes* des spanischen Zeitalters (1494–1648) und das ebenfalls noch ganz europäisch dominierte Zwischen*staaten*recht der sog französischen Epoche (1648–1815) zum heutigen Völkerrecht als *internationalem öffentlichen Recht*.[219] Von „Völkerrecht" (als Übersetzung des lateinischen *ius gentium*) sprach man zum ersten Mal im 16. Jh.[220] Als Staatenrecht – und eben nicht Recht der Völker – konnte sich das Völkerrecht erst auf der Grundlage der Vorstellung etablieren, dass Staat und Volk nicht das Gleiche waren, dass das Gemeinwesen mit einer vom Volk unterschiedlichen Rechtspersönlichkeit ausgestattet war.[221] Das antike *ius gentium* war in einer Zeit, da zwischen Staat und Gesellschaft kein Unterschied bestand (die Gesellschaft also „societas cum imperio" war), das allen Völkern und Menschen gemeinsame Recht.[222] Ein stärkerer Volksbezug klingt beim spanischen Spätscholastiker *Francisco de Vitoria* (1486–1546) an, der von *ius inter gentes* sprach.[223] Endgültig vollzogen war der Begriffswandel zum „Völkerrecht" im 18. Jh.,[224] nun aber bereits mit der impliziten Ersetzung der Völker durch den Staat bzw den souveränen Monarchen.

---

217 Diese Ordnungen in den Blick zu nehmen, ist das Anliegen des sog *global history approach*, vgl *Steiger*, Das Ius Publicum Europaeum und das Andere: a global history approach, in von Arnauld (Hrsg) Völkerrechtsgeschichte(n), 2017, 53 ff.

218 Dieses bildete den Gegensatz zum *ius civile*, dem römischen Recht für Römer. Das *ius gentium* war römisches Recht für Nichtrömer und damit zumal für den internationalen Handel. Nach Abstrahierung der nationalen Besonderheiten verblieb die Vorstellung eines gemein-menschlichen Rechts. Die Bezeichnung des Rechts, das für alle Menschen gilt, als *ius gentium* findet sich zuerst bei *Cicero*.

219 Vgl auch *Preiser*, Macht, 105 ff, 127 ff. Der Universalisierungsprozess begann 1856 mit der Aufnahme der Türkei in das Europäische Konzert. Zuvor waren mit China (1842) und Japan (1854) schon zwei andere nichtchristliche Staaten dem entstehenden Weltkomplex inkorporiert worden.

220 *Steiger* (Fn 217) 97.

221 *Cassese*, States: Rise and Decline of the Primary Subjects of the International Community, in Oxford Handbook of the History of International Law, 49 ff.

222 Hintergrund der Gemeinsamkeit: die *naturalis ratio*, die natürliche Vernunft.

223 Vgl *de Vitoria*, De Indis recenter inventis et de jure belli hispanorum in barbaros. Relectiones, 1539, dt 1952, 3. Teil, Nr 2: „Quod naturalis ratio inter omnes *gentes* constituit, vocatur ius gentium" (zur Ersetzung von „homines" durch „gentes" *Soder*, Die Idee der Völkergemeinschaft, 1955, 66 ff). Später legten vor allem der spanische Jesuit *Suarez* (1548–1617), der niederländische Humanist *Hugo Grotius* (1583–1645) sowie der Naturrechtler *Samuel Pufendorf* (1632–1694) Werke vor, mit denen das Völkerrecht ausgeformt wurde; wegweisend die Systematisierung, die *Grotius* in „De jure belli ac pacis libri tres" 1625 vornahm.

224 Vgl *Ipsen*, in ders, Völkerrecht, § 1 Rn 5: Völkerrecht ist eine „*Rechtsordnung* der die Völker als Organisationsform ihres politischen Seins erfassenden *Staaten*" (Hervorhebungen durch den Verf).

Kämmerer

Der spätestens seit dem Westfälischen Frieden (1648) aufkommende Terminus *ius* 59
publicum Europaeum, droit public de l'Europe, „europäisches öffentliches Recht",[225] bezeichnet vor allem den – ursprünglichen – regionalen Anwendungsbereich: Das Völkerrecht entstand als Ordnung Europas, nicht als Weltordnung, wiewohl sein Wirkbereich
schon infolge des sog Zeitalters der Entdeckungen nicht mehr auf den europäischen
Kontinent beschränkt war.[226] Die faktische Aufteilung der europaseitig noch „unent-
deckten" Teile der Welt unter Spanien und Portugal mit Billigung des Papstes (näher u
Rn 71), Startschuss für die koloniale Unterwerfung (nicht nur) Mittel- und Südamerikas,
kann aus den folgenden Gründen nur sehr eingeschränkt als völkerrechtlich begriffen
werden: Sie bedurfte der Autorisierung durch eine nichtstaatliche Macht mit transzen-
dentalem Bezug, auf Rechtsüberzeugungen einer Staatenordnung, deren moderne Ausformung allenfalls in nuce bestand, kam es nicht an. Im Lichte der politisch-globalen Ex-
pansionstendenzen, welche die gesamte Völkerrechtsgeschichte begleiteten, erscheint
dennoch eine Variation des genannten Begriffs treffender: Völkerrecht verstanden als
ius publicum Europaeorum, als „öffentliches Recht der Europäer", worunter die europäischen Mächte zu verstehen waren.[227] Gerade die lateinische Formel lässt allerdings offen, ob sie als Urheber oder auch als (exklusiv) Rechtsunterworfene gemeint waren.
Während sich das Völkerrecht vom Westfälischen Frieden bis zum frühen 19. Jh als Ordnung verstand, die von den Europäern für die Europäer geschaffen war, änderte sich
dies mit dem Imperialismus: Zwar verstanden sich die europäischen Mächte weiterhin
als exklusive Urheber des Völkerrechts, das nunmehr jedoch den Anspruch erhob, Angelegenheiten in allen Teilen der Welt zu regeln. Die stets als exklusiv angelegte europäische Völkerrechtsgemeinschaft (die europäische „Clubsatzung") wurde damit exklusiv
und exklusionistisch. Sie erhob Anspruch auf Regelungsmacht für Völker und Entitäten,
denen es die Teilhabe an der Völkerrechtsetzung versagte.[228]

Die christlich-europäische Prägung der Völkerrechtsgemeinschaft wandelte sich im 60
19. Jh unter dem Einfluss damaliger sozialanthropologischer Lehren rassisch-kultureller
Überlegenheit zur Inanspruchnahme eines universalen Regelungsmonopols der Europäer. An die Stelle der christlichen Prägung trat „Zivilisiertheit" als Unterscheidungs-
maßstab: Wer diesem Anspruch genügte, durfte an der Prägung des Völkerrechts mit-

---

225 Zur Verwendungsgeschichte dieser Bezeichnungen *von Bogdandy/Hinghofer-Szalkay,* Das etwas un-
heimliche Ius Publicum Europaeum, ZaöRV 73 (2013) 209 ff.
226 Zur Europazentriertheit *Truyol y Serra,* Die Entstehung der Weltstaatengesellschaft unserer Zeit,
1963, 74 f. Nach *Grewe,* Vom europäischen zum universellen Völkerrecht, ZaöRV 42 (1982) 449 (477) ist das
„europazentrische' Bild [...] nur der adäquate Ausdruck der Tatsache, dass Europa der ‚Ursprungskon-
tinent' *(Rivier)* des modernen Völkerrechts war und dass dieses seinen Charakter und seine Inhalte geprägt hat". Ähnlich *Onuma,* A Transcivilizational Perspective on International Law, 2010, 46 ff; *Becker Lor-
ca,* Mestizo International Law, 2014.
227 *Fisch,* Die Europäische Expansion und das Völkerrecht, 1984, 499.
228 Vgl *Fisch* (Fn 227) 322; *Kämmerer,* Colonialism, MPEPIL, Rn 11; *von Bernstorff,* Koloniale Herrschaft
durch Ambivalenz: Die deutsche Völkerrechtswissenschaft und die Kolonien, in Dann/Feichtner/von
Bernstorff (Hrsg), (Post)Koloniale Rechtswissenschaft, 2022, 271 ff.

Kämmerer

wirken, alle anderen waren dem Regelungsanspruch der Europäer unterworfen, da ihnen die Fähigkeit abgesprochen wurde, über souveräne Staaten am Völkerrechtsverkehr teilzuhaben.[229] Schon zuvor hatte sich die Überzeugung gebildet, dass „Entdeckung" (auch besiedelter Gebiete) durch Europäer ein Erwerbstitel sei.[230] Im 19. Jh war die Vorstellung verbreitet (auch wenn sie von der Völkerrechtslehre nicht aller Staaten und nicht einhellig geteilt wurde), dass der Siedlungsbereich „unzivilisierter" Völker als Niemandsland (*„res nullius", „terra nullius"*) durch europäische Mächte vereinnahmt werden könnte und diese dadurch territoriale Souveränität begründen könnten.[231] Aus Sicht einiger Völkerrechtler war hierzu grundsätzlich eine Vereinbarung mit Einheimischen erforderlich – die aus Sicht anderer (und auch mancher Staaten) lediglich als Scheingeschäft betrachtet wurde, aber die Inbesitznahme politisch zu erleichtern vermochte.[232] Das Selbstverständnis der Europäer (der Begriff ist seit Beginn des 19. Jh nicht rein geographisch zu verstehen, sondern umfasste zunächst die USA, mit dem Zusammenbruch des spanischen Weltreichs auch die – zunächst recht einflussarmen – Staaten Mittel- und Südamerikas) als „Zivilisierte" kommt bereits in der *Deklaration gegen den Negerhandel* v 1815 („nations civilisées") zum Ausdruck und wird dort – und in nachfolgenden *Vereinbarungen zur Unterbindung von Sklaverei*[233] und auch in der Generalakte der Berliner Kongokonferenz v 1885[234] – mit einem gewissen Schutzanspruch für die „Unzivilisierten" bemäntelt.[235] Auch das Mandatssystem des Völkerbunds war noch von dieser Unterscheidung geprägt, wenngleich sie nunmehr als (beschränkt) durchlässig angesehen wurde und „Völkerrechtsfähigkeit" durch „Zivilisierung" über das Mandatssystem (jedenfalls im Bereich der wenigen A- und B-Mandate) hergestellt werden konnte.[236] Ein spätes Relikt dieser Vorstellungen ist der aus der wortgleichen Vorgängerbestimmung im Statut des Ständigen Internationalen Gerichtshofs (StIGH) übernommene Begriff der „Kulturvölker" in Art 38 Abs 1 lit c IGH-Statut. In einer Ordnung souveräner Staaten, welche allen Völkern ohne Unterschied die Selbst-

---

229 *Koskenniemi*, Gentle Civilizer, 127 ff. Fremde als „Wilde" zu bezeichnen und auszugrenzen, war seit der Antike Tradition. Im Kolonialkontext „erlaubte" es, im Zeichen des Kreuzes oder des „Fortschritts" zu „bekehren" und zu „zivilisieren", idR also zu unterwerfen und auszubeuten. Vgl *Anghie* (Fn 157); *Pahuj* (Fn 160); *Craven*, Colonialism and Domination, in Oxford Handbook of the History of International Law, 862 ff; *Obregón Tarazona*, The Civilized and the Uncivilized, in ebd, 917 ff.

230 Vgl *Kohen/Hébié*, Territory, Discovery, MPEPIL, Rn 2 ff; *Grewe*, Epochen, 294 ff.

231 Dazu *Fisch* (Fn 227) 86 ff, 284 ff; *von Bernstorff* (Fn 228) 275 ff.

232 Dazu *Kämmerer*, Das Völkerrecht des Kolonialismus, VRÜ 39 (2006), 397 (407 f); *von Bernstorff* (Fn 228) 284 ff, jeweils mwN. Zum Wandel der Staatenpraxis bei der Kolonisierung indigenen Landes *Göcke*, Indigene Landrechte im internationalen Vergleich, 2016, 49 ff.

233 Etwa Art I der General-Akte der Brüsseler Antisklaverei-Konferenz v 1890, RGBl 1892, 605.

234 S Art 6 der Generalakte, RGBl 1885, 244.

235 *Egner*, Protektion und Souveränität, 2018, 21.

236 Näher *Matz*, Civilization and the Mandate System under the League of Nations, MPYUNL 9 (2005) 47 (60 ff, 72 ff).

Kämmerer

bestimmung garantiert, ist der Begriff zum Pleonasmus geworden: Alle Völker – bzw die sie vertretenden Staaten – sind Kulturvölker.[237]

Die Abkehr vom religiös und Hinwendung zu einem zivilisatorisch begründeten Par- 61 tizipationsmaßstab ist nicht nur Reflex gesellschaftlichen Wandels, sondern spiegelt auch das Bestreben der Europäer, die Völkerrechtsgemeinschaft um Entitäten zu erweitern, die einem anderen Kultur- und Religionskreis entstammen – wie zunächst das Osmanische Reich, später auch Japan und (mit Einschränkungen) China. Spuren außereuropäischen Rechtsdenkens und der außerhalb des europäischen Wirkungsbereichs einst bestehenden Ordnungen finden sich in der Völkerrechtsordnung selbst noch zwischen den Weltkriegen und bis zur Dekolonisierung der 1950er und 1960er Jahre kaum. Bis heute ist es eine im Kern europäisch geprägte Ordnung, in die genuin nichteuropäische Rechtsvorstellungen ihrer mehrheitlich nichteuropäischen Partizipanten nur begrenzt und vorwiegend regional begrenzt einfließen. Ein Bsp ist die Afrikanische Charta der Menschen- und Völkerrechte v 1981,[238] die pointiert den *Völkern* die Verfügung über die natürlichen Reichtümer sowie ein Recht auf Entwicklung zuspricht. Der zunehmende Stellenwert der gemeinsamen Interessen und der *global commons* im Völkerrecht unterstreicht zumindest, dass es heute trotz seiner Prägung kein Instrument zur Durchsetzung (geo-)politischer Interessen der europäischen Mächte mehr ist. Ungeachtet ihrer ungeteilten globalen Akzeptanz leidet die heute universelle Völkerrechtsordnung unter dem „Geburtsfehler" mangelnder universeller Genese: Der Zutritt zu dieser Ordnung war jeweils nur zu den Bedingungen möglich, die von den Europäern vorgeprägt waren. Dies schließt Rechtsbegriffe wie Staat, Souveränität oder Gewohnheitsrecht ein. Außereuropäische, parallel zu diesem Völkerrecht bestehende Ordnungen gingen zugrunde, ihr Erbe findet sich aus den genannten Gründen auch im universellen Völkerrecht des 21. Jh kaum.

Ungeachtet seines europäischen „genetischen Codes" ist das Völkerrecht heute 62 eine *universelle* Ordnung. Der imperiale Kolonialismus erstreckte lediglich seinen Geltungsbereich auf die gesamte Welt. Erst unter der Ägide der UN, im Zuge der umfassenden Dekolonisierung und gestützt auf das Selbstbestimmungsrecht der Völker wurde das Völkerrecht auch in partizipatorischer Hinsicht ein universelles. Zwischen 1945 und 2009 verdreifachte sich nicht nur die Zahl der souveränen Staaten (wozu auch der Zerfall des sozialistischen Blocks sowie Jugoslawiens um 1990 beitrug) und damit auch der Mitglieder der UN. Während es 1871 nur 44 und 1914 höchstens 60 unabhängige Staaten gab,[239] zu denen bis 1945 nur wenige hinzutraten, und die UN von 51 Staaten gegründet wurden,[240] beträgt ihre Zahl mittlerweile mindestens 195; von diesen sind

---

237 *Weiß*, Allgemeine Rechtgrundsätze des Völkerrechts, AVR 39 (2001) 394 (405 ff). Zur Geschichte und den Fortwirkungen des Zivilisationsstandards *Tzouvala*, Capitalism As Civilisation, 2020.

238 Vgl *Nowak*, Afrikanische Charta der Rechte der Menschen und Völker, EuGRZ 1986, 675 mit dt Übersetzung; *Umozurike*, The African Charter on Human and Peoples' Rights, 1997.

239 Der am 28.4.1919 gegründete Völkerbund erreichte nie eine universale Mitgliedschaft.

240 Von diesen lagen weniger als ein Drittel in Europa, nur vier Staaten in Afrika. Die Zahl der bestehenden souveränen Staaten lag deutlich höher; u a waren die sog Feindstaaten (Art 53, 107 UN-Charta) der

193 UN-Mitglieder.[241] Ebenfalls eine erhebliche Zunahme hat das Spektrum der Regelungsgegenstände erfahren, was auch an der wachsenden Zahl Internationaler Organisationen abgelesen werden kann.[242] Zudem partizipieren in immer weiterem Umfang auch nichtstaatliche Akteure am Völkerrechtsdiskurs oder sind zu Trägern völkerrechtlicher Rechte geworden (Individuen, NGOs).[243] Die UN-Charta bekennt sich in Art 71 zur Kooperation mit NGOs. „Weltgesellschaftliche" Entwicklungen wirken – über Medien, politische Parteien und transnationale Parteienbünde, private Verbände, Unternehmen, Terrornetzwerke – auf das Völkerrecht stärker denn je ein und in das Völkerrecht hinein.[244]

2. Entwicklung nach Epochen

63 Nachdem der Begriff des Völkerrechts nachgezeichnet worden ist, soll im Folgenden seine historische Entwicklung in den Blick genommen werden. Im deutschsprachigen Raum wird die Völkerrechtsgeschichte vielfach nach Epochen gegliedert, die bis zum 19. Jh nach der jeweils dominierenden europäischen Macht benannt werden (spanische, französische, englische Epoche). Ein Vorwurf, den sich diese Sicht auf das Völkerrecht gefallen lassen muss, ist ihre Europazentriertheit: Ordnungen, die parallel zum (europäischen) Völkerrecht und unabhängig von ihm in anderen Weltregionen entstanden und teils noch bis ins 19. Jh wirkmächtig waren, werden kaum zur Kenntnis genom-

---

Unterzeichner vorerst nicht zugelassen (darunter Italien, Japan und das ohnedies seinerzeit nicht handlungsfähige Deutschland, aber auch zB Finnland, Bulgarien und Rumänien zählen hierzu).

241 Die UNO hat damit das Ziel universaler Mitgliedschaft praktisch erreicht. Die einzigen Nichtmitglieder, deren Eigenschaft als souveräner Staat, heute jedenfalls, unstr ist, sind der Vatikan und das Kosovo. Str ist dies für Taiwan, die (von Marokko besetzte) Demokratische Arabische Republik Sahara, die Türkische Republik Nordzypern und Palästina. Seit der UN-Generalversammlungs-Resolution 67/19 v 29.11.2012 wird Palästina in den UN als Nichtmitglied*staat* mit Beobachterstatus behandelt. Palästina ist Mitglied zahlreicher multilateraler Verträge und ist 2011 auch in die UNESCO aufgenommen worden, was laut Verfassung der Organisation nur Staaten möglich ist. Seine Aufnahme in die UNO ist bislang nicht so sehr unmittelbar an Problemen der Subsumtion unter den Begriff des (souveränen) Staates als am Fehlen der Zustimmung aller fünf ständigen Mitglieder des UN-Sicherheitsrats gescheitert.

242 Die *Union of International Associations* gibt für 2020 die Zahl konventioneller I.O. („conventional intergovernmental organizations") mit 292 an, YIO 58 (2021/2022), Vol 5, 27. Im Jahr 1951 waren es nur 123 I.O., ebd, 43.

243 Der Staat ist längst nicht mehr ein „Haus mit nur *einer* Tür"; vgl *Graf Vitzthum,* Der Staat der Staatengemeinschaft, 2006. Die Ansprüche von Personen des Privatrechts werden zwar regelmäßig durch den Heimat- oder Sitzstaat geltend gemacht; soweit völkerrechtliche Normen auf das Individuum unmittelbar anwendbar sind, ist *dieses* jedoch Träger völkerrechtlicher Rechte und Pflichten, also partielles Völkerrechtssubjekt. Vgl zu diesem Bedeutungszuwachs der Menschenrechte *Buergenthal,* Human Rights, MPEPIL IV, 1021ff; Fassbender (Hrsg), Securing Human Rights?, 2011; *Haack,* Staatsangehörigkeit – Unionsbürgerschaft – Völkerrechtssubjektivität, in Isensee/Kirchhof (Hrsg), Handbuch des Staatsrechts, Bd X, 3. Aufl 2012, 33 (62ff); str weitergehend *Peters,* Beyond Human Rights, 2016, 408ff.

244 Hierzu etwa *Cullen/Morrow,* International Civil Society in International Law, Non-State Actors and International Law 1 (2001) 7ff; *Joyce,* Informed Publics, Media and International Law, 2020.

men.[245] Auch wenn – anders als beim *ius publicum Europaeum* – keine systemische Kontinuität zwischen ihnen und dem heutigen universellen Völkerrecht besteht, sind sie, wie auch ihre Verdrängung oder Absorption und deren Folgen, nichtsdestoweniger Teil der Völkerrechtsgeschichte. Das Agieren Chinas im 21. Jh bspw wird erst im Lichte des historischen übergemeinschaftlichen Herrschaftssystems verständlich.[246] Einer umfassenden Darstellung außereuropäischer Systeme steht allerdings schon die vielfach lückenhafte Quellenlage entgegen. Wegen der fehlenden Verschriftlichung von Sprachen (insbes in weiten Teilen Afrikas) existieren überdies oft keine zeitgenössischen Dokumente, welche die regionalen Rechtsvorstellungen ungefiltert durch die Verwendung anderer Sprachen und die mit ihrer Terminologie unweigerlich verbundenen Rechtsmodelle in Erscheinung treten lassen. Die nachfolgende Darstellung der Völkerrechtshistorie orientiert sich an Werken wie *Wilhelm G. Grewe*s „Epochen der Völkerrechtsgeschichte" (1988) und *Karl-Heinz Ziegler*s „Völkerrechtsgeschichte" (2007), wobei die „Epochen" weniger als eigentliches Narrativ denn als sein strukturierender Rahmen verstanden sein sollen, innerhalb dessen Perspektiven der jeweiligen Zeit auf Krieg und Frieden, Staatlichkeit, Souveränität etc behandelt werden. Sie sucht auch, wo immer es möglich ist, einen Blick auf außereuropäische Rechtsentwicklungen und die Begegnungen zwischen dem zunächst europäischen Völkerrecht und nichteuropäischen Mächten – also auch auf zwischengemeinschaftliche Rechtsentwicklungen – zu werfen.

a) Interkommunitäres Recht vom Altertum bis zum Entdeckungszeitalter

Ein „Recht" für die Beziehungen zwischen Wirkungseinheiten (bzw „Entitäten"), die 64 durch einen geographisch abgrenzbaren Wirkbereich und Hoheitsgewalt geprägt waren[247] – ein Recht zudem, das vom Gedanken prinzipieller Gleichordnung der Mächte und reziproker Handlungsmuster bestimmt war –, gab es bereits im Altertum. Seine Geltung wurde in *frühen Kulturen*, etwa in Indien, aber auch in Vorderasien, transzendental begründet. Neben nicht formalisierten Gewohnheiten waren *Verträge* die vorrangigen Rechtsquellen. Als womöglich ältestes Bsp gilt der zwischen den mesopotamischen Städten Lagasch und Umma im Jahre 3100 v Chr geschlossene Vertrag.[248]

---

245 Ausführungen hierzu aber zB bei *Kleinschmidt*, Geschichte des Völkerrechts in Krieg und Frieden, 2013, der allerdings ein sehr weites Ordnungsverständnis zugrunde legt. – „Staat" und „Souveränität" sind als Rechtsbegriffe unauflöslich mit dem europäischen Völkerrecht verbunden. Da mit ihnen ein bestimmter Bedeutungsgehalt assoziiert wird, sollten sie zur Beschreibung solcher außerhalb der europäischen Ordnung entstandener Rechtssysteme nach Möglichkeit vermieden werden.
246 *Chan*, China's Approaches to International Law since the Opium War, LJIL 27 (2014) 859 ff.
247 Diese Beziehungen entwickeln sich im Spannungsfeld zwischen dem Bedürfnis nach exklusiver räumlicher Herrschaft und der wirtschaftlichen Notwendigkeit, mit anderen Entitäten (Herrschaftsverbänden) in Kontakt zu treten; Manthe (Hrsg), Die Rechtskulturen der Antike, 2003.
248 Sog Geierstele des Eannatum. Vgl *Bederman*, International Law in Antiquity, 2001, 11 ff, 16 ff (zu Methodenfragen), 51 ff, 154 ff (zu Staatsverträgen); *Barta/Rollinger/Lang*, Staatsverträge, Völkerrecht und Di-

65   Der Begriff „Staat", der bereits im Zusammenhang mit antiken Rechtsentwicklungen Verwendung findet, etwa bei den griechischen „Stadtstaaten", ist lediglich
phänomenologisch zu verstehen, denn das neuzeitliche Völkerrecht als Grundlage des
heutigen Staatsbegriffs und der Souveränität existierte noch nicht. Aber viele Merkmale
moderner zwischenstaatlicher Beziehungen fanden sich bereits im antiken Griechenland: vertragliche (Verteidigungs-)Bündnisse,[249] ein Gesandtschaftsrecht (u a die
heutigen Konsuln ähnlichen „Proxenoi") und Schiedsgerichte zur Beilegung inter-
kommunitärer Streitigkeiten. Wirkung und Geltungsanspruch dieser Regeln blieben
aber innergriechisch; Kriege gegen „Barbaren" galten als gerecht. Diese regional-kul-
turelle Beschränkung ist dem frühen („westfälischen") Völkerrecht, das sich zunächst
als europäische Ordnung verstand, nicht unähnlich (s u Rn 74 ff). Vergleichbares gilt für
den Wandel des griechischen Rechts von einer primär göttlich oder kosmisch begründeten (zB bei *Homer, Anaximander, Heraklit*) zu einer *säkularen Ordnung,*[250] die sich auch
dem neuzeitlichen Völkerrecht attestieren lässt.

66   Vertragsschlüsse, Gesandtschafts- und Kriegsrecht waren auch Bestandteil der vom
Imperium Romanum geprägten Ordnung, nicht minder ihre transzendental-naturrecht-
liche Anknüpfungen. Von einer Staatenordnung im heutigen Sinne unterschied sich das
interkommunitäre Recht der römischen Zeit deutlich, auch weil es an einer klaren Grenze
zwischen Innen- und Außenbeziehungen fehlte. Auch sind aus der römischen Antike
wichtige Begriffe bis heute überkommen: der des Völkerrechts selbst, als Lehnübersetz-
zung des lateinischen *ius gentium,* oder der Grundsatz *pacta sunt servanda,* mit dem heute
Art 26 WVK wörtlich und rechtsverbindlich überschrieben ist. In der Rechtspraxis wurde
er eher opportunistisch gehandhabt: Das *ius gentium* war für Rom ein Instrument zur Verfolgung eigener Machtinteressen. War es stark genug, brach es mitunter seine Verträge.[251]
Auch darf man sich unter dem römischen *ius gentium* keine egalitäre Ordnung vorstellen.

---

plomatie im Alten Orient sowie in der griechisch-römischen Antike, 2010; *Preiser,* Die Epochen der antiken Völkerrechtsgeschichte, JZ 1956, 737 ff.
249 Hierzu und zum Folgenden *Preiser,* Macht, 115 ff; H. H. Schmitt (Bearb), Die Staatsverträge des Altertums, Bd III, 1969; *Klose,* Die völkerrechtliche Ordnung der hellenistischen Staatenwelt in der Zeit von 280
bis 168 v Chr, 1972. Bündnisverträge waren oft als hegemoniale συμμαχία (Symmachie, Kampfgemein-
schaft) gestaltet, vgl *Baltrusch,* Symmachie und Spondai, 1994. Zu den Rechtsquellen: *Bengtson,* Die Staatsverträge des Altertums, Bd II, 2. Aufl 1975; *Ténékidès,* Droit international et communautés fédérales dans
la Grèce des Cités, RdC 90 (1956-II) 469 ff; Baltrusch/Wendt (Hrsg), Ein Besitz für immer?, 2011.
250 Die Vorstellung vom Recht als einer nicht-säkularen Ordnung war noch bei *Platon* und den Stoikern
gegeben, einschließlich der Beschwörung von Göttern bei Verträgen (und der Rolle von Weissagungen).
251 *Grotkamp,* Völkerrecht im Prinzipat, 2009, 207 betont die „Selbstverständlichkeit von Recht als Beur-
teilungskategorie außenpolitischer Handlungen", etwa bei *Livius* und *Tacitus. Ziegler,* Die Beziehungen
zwischen Rom und dem Partherreich, 1964, 93 betont, Römer wie Parther hätten aus einem Gefühl *rechtlicher* Verpflichtung heraus Verträge meist eingehalten. Differenzierend *Nörr,* Aspekte des römischen
Völkerrechts, 1989, 103: „Sicherlich sind Heuchelei und Treubruch häufig anzutreffende Ingredienzien römischen Verhaltens […]. Trotzdem ist es der […] Anspruch der Römer, dass sie sich stärker als andere Völker an die *iura belli et pacis* hielten." Zu den Freundschafts- und Friedensverträgen *Ziegler,* Fata juris gentium, 2008, 93 ff, 119 ff.

Das römische Herrschaftsmodell lässt sich (dem chinesischen nicht unähnlich) mit konzentrischen Kreisen visualisieren, mit den *socii,* den Bundesgenossen, Rom am nächsten stehend, und sonstigen Verbündeten Roms weiter außerhalb. Jenseits seines Rechtskreises lebende „Barbaren" wurden, wie schon bei den Griechen, nicht als Rechtsgenossen Roms angesehen, das *ius gentium* galt für sie nicht.[252] Von der Hierarchie der Rechtssubjekte ist auch das Recht der Verträge durchdrungen: Unterschieden wurden Verträge zwischen gleichgestellten Partnern *(foedera aequum)* – wobei aus römischer Sicht streng genommen kein Vertragspartner ebenbürtig war – und ungleiche Verträge *(foedera iniquuum).*[253] Mit der Idee einer rechtssichernden *pax Romana*[254] inspirierte Rom spätere Epochen ebenso wie mit der hierzu scheinbar konträren Überzeugung, dass Krieg ein legales Mittel zur Bewältigung politischer Streitigkeiten sei. Das Konzept des *bellum iustum,* des gerechten Krieges,[255] beschäftigte nicht nur Augustinus, sondern auch Völkerrechtstheoretiker späterer Jh und wurde erst im 20. Jh endgültig aufgegeben.

Die Christianisierung Roms änderte an diesen Grundkoordinaten wenig. Grundzüge 67 einer pointiert *christlichen* Lehre der internationalen Beziehungen formten sich bei den Kirchenvätern aus. Ihre Lehren vermochten dank ihrer religiösen Grundlegung das Auseinanderbrechen des Römischen Reichs zu überdauern und inspirierten rund ein Jt später die Scholastiker und im Anschluss daran frühe Theoretiker des Entdeckungszeitalters wie *Vitoria* und *Suárez.* Dies gilt insbes für die auf römischen Rechtsvorstellungen aufbauende Lehre des im heutigen Algerien wirkenden *Augustinus* (354–430) vom *bellum iustum.* Ihm zufolge musste der Krieg der Wiederherstellung des Friedens dienen und einen gerechten Grund, nämlich den Ausgleich eines erlittenen Unrechts, haben; danach waren solche Methoden der Kriegsführung verboten, die einer schnellen Herbeiführung des Friedens im Wege standen.[256] In Ostrom (Byzanz, Konstantinopel) blieb Augustinus ohne Wirkung. Bis zur Eroberung durch die muslimischen Osmanen 1453 bildete die *byzantinisch-orthodoxe Christenheit* unter der Ägide des oströmischen Kaisers eine eigene, hierarchisch geprägte Rechtsgemeinschaft in römischer Tradition, deren Wirkbereich immer stärker schrumpfte.[257] Parallel dazu absorbierten die *Germanen* (und unter dem Einfluss von Byzanz auch die Slawen) nach und nach Teile der Rechtsideen Roms.

Im 7. Jh trat mit dem Islam ein weiteres, abermals transzendental begründetes 68 Rechtssystem auf den Plan. Dessen Ideal der *umma,* der islamischen Großgemeinschaft, ist der völkerrechtstypische Unterschied zwischen Innen- und Außenbeziehungen

---

[252] Hier lassen sich Parallelen zu jenen Völkerrechtstheorien ziehen, die im 16. Jh in Anknüpfung an antike Rechtsideen Völkerrecht nur den „Kulturstaaten" zuschrieben.

[253] *Ziegler,* Völkerrechtsgeschichte, 2. Aufl 2007, 39; *Preiser,* Macht, 35.

[254] Vgl *Ziegler,* Das Völkerrecht der römischen Republik, in Temporini (Hrsg), Aufstieg und Niedergang der Römischen Welt, Teil I, 2. Bd, 1972, 68 (108ff).

[255] *Kleinschmidt* (Fn 245) 35.

[256] Ebd, 41.

[257] Zur Vertragspolitik Konstantinopels *Schulz,* Die Entwicklung römischen Völkerrechts im vierten und fünften Jahrhundert n Chr, 1993, 15, 101ff, 110ff, 129f.

Kämmerer

fremd – allerdings nur im innerislamischen Bereich. Ähnlich wie zuvor unter den römischen und griechischen Ordnungen gab es Außenstehende, die von der Partizipation ausgeschlossen waren, mit dem Unterschied allerdings, dass darüber nicht ein (unterstellter) kultureller Entwicklungsstand, sondern das religiöse Bekenntnis der anderen entschied. Für die innerislamischen Beziehungen galten andere Regeln (darunter der Grundsatz der Vertragstreue, Sure 9, 4 – eine Entsprechung des römischrechtlichen „pacta sunt servanda") als gegenüber den Gemeinwesen der „Ungläubigen".[258] Zwar wurden auch mit ihnen vor allem in frühislamischer Zeit mitunter Verträge geschlossen, wie zB 678 der auf 30 Jahre geltende Friedensvertrag von Konstantinopel zwischen den Byzantischen Reichen und dem Kalifat der Umayyaden. Dies änderte sich mit dem Vordringen einer Doktrin, die zwischen dem „Haus" des Islam *(dār al-Islām)* und dem des Krieges *(dār al-Ḥarb),* dh dem außer-muslimischen Bereich, unterschied. Krieg war für islamische Herrscher dementsprechend das wichtigste Mittel zur Erweiterung ihrer Machtsphären,[259] doch wurden befristete „Sicherheitszusagen" gegenüber nichtislamischen Gemeinwesen, die dafür Tribut zu entrichten hatten, ebenfalls akzeptiert.[260] Auf dieser Grundlage entwickelte sich ein Gesandtschaftsrecht. Das *dār al-Islām* hatte, auch wenn dem Islam die Idee des Staates fremd war, durchaus Begrenzungen gebietsrechtlicher Art, kannte also ein räumliches „innen und außen". Wer in das „Haus des Islam" als nichtmuslimischer *Ḥarbī* gelangte, galt als rechtlos, im Gegensatz zu der nichtmuslimischen Bevölkerung unterworfener Gebiete, den *Dhimmis,* die einen – den Muslimen allerdings nicht gleichwertigen – Schutzstatus innehatten.[261] So wenig die *umma* je Wirklichkeit wurde, so wenig wurde an der strikten Trennung der beiden „Häuser" stets festgehalten. Auch die islamische Welt zerfiel allmählich in unabhängige politische Einheiten, deren Rechtsbeziehungen sich den zwischen muslimischen und nichtislamischen Gemeinwesen geltenden anglichen. Auch Letzteren gegenüber öffnete sich die islamische Ordnung, dauerhafte Rechtsbeziehungen wurden mit zunehmendem zeitlichen Abstand von den Kreuzzügen (11.–13. Jh) möglich. Dafür sorgte nicht zuletzt das Interesse am Handel, die Erkenntnis also, dass Koexistenz nicht nur möglich, sondern auch rentabel sein konnte. Verträge mit „Ungläubigen" wurden als „Kapitulationen" *(kapitülâsyon)* bezeichnet (weil sie in Kapitel unterteilt waren); das früheste Bsp bildet der Vertrag zwischen der Republik Genua und dem Osmanischen

---

258 Vgl *Kruse,* Islamische Völkerrechtslehre, 2. Aufl 1979, 5. Freilich standen den Muslimen Juden und Christen näher als arabische Heiden.

259 Vgl *Khaddouri,* War and Peace in the Law of Islam, 1955.

260 Ein Mittel war der (oft nur hypothetische) *vorläufige* Friedensvertrag, weshalb sich für derartige Gebiete der Ausdruck *Dar al-Sulh* (Haus des Friedens) einbürgerte. Zur Rechtspraxis auch *Kleinschmidt* (Fn 245) 69 ff, 95 ff.

261 *Cluse,* Kommunale Zugehörigkeiten und vielfältige Privilegien: Die Rechtsstellung Fremder im Hoch- und Spätmittelalter, in Coşkun/Raphael (Hrsg), Fremd und Rechtlos? Zugehörigkeitsrechte Fremder von der Antike bis zur Gegenwart, 2014, 153 (173); *Friedmann,* Minorities, in Bowering (Hrsg), The Princeton Encyclopedia of Islamic Political Thought, 2013, 340 (342).

Kämmerer

Reich v 1352.[262] Auch Friedensverträge wurden geschlossen, bspw der Vertrag von Konstantinopel zwischen dem Osmanischen und dem Polnisch-Litauischen Reich v 1678.[263] Ob das Osmanische Reich damit als Bestandteil der (europäischen) „Völkerrechtsgemeinschaft" anerkannt war, und wie andernfalls die Wirksamkeit von Verträgen begründet werden konnte, waren Fragen, die sich noch nicht stellten. Pragmatismus dominierte in den Beziehungen. Dies galt in ähnlicher Weise für Rechtsbeziehungen mit Gemeinwesen oder Potentaten in Afrika oder Zentralasien, wo europäische Mächte, insbes Portugal, mit ihnen vertragliche Bindungen eingingen.[264]

Unter den christlichen Herrschaften Europas bestand im Mittelalter und der frühen **69** Neuzeit eine feudale Ordnung, die noch nicht als System gleichrangiger und gleichberechtigter Staaten aufgefasst werden konnte. Im Fränkischen Reich und seinen Nachfolgereichen sowie auf den britischen Inseln war ein Lehns- oder Feudalwesen verbreitet: eine hierarchische, verschachtelte Ordnung zwischen Lehnsherrn und Lehnsmännern, die ihrerseits wiederum als Lehnsgeber auftreten konnten. Während Frankreich sich schon recht früh zu einer homogenen Herrschaft entwickelte, die Züge moderner, souveräner Staaten aufwies, war das *Heilige Römische Reich* mit dem erst seit dem 15. Jh gebräuchlichen Zusatz *Deutscher Nation* ein komplexes Gebilde, das, römische und germanische Traditionen amalgamierend, selbst am internationalen Rechtsverkehr nur selten teilhatte. Die theokratische Grundlegung dieses Gemeinwesens wird nicht nur durch seinen Namen unterstrichen, sondern auch dadurch, dass der Kaiser bis 1530 durch den Papst gekrönt wurde.[265] Selbst die Befugnis zur Kriegsführung und das Recht zum Bündnis- oder Friedensschluss waren nach mittelalterlicher Auffassung nicht an den höchsten Herrschaftsrang geknüpft.[266] Dies bestätigt, dass sich die damalige Ordnung an heutigen Vorstellungen von Souveränität iSv Völkerrechtsunmittelbarkeit nicht messen ließ. Teile der feudalen Ordnung überdauerten bis ins 17. Jh hinein, das Heilige Römische Reich Deutscher Nation bestand formal bis 1806, und im britischen Staatsverband finden sich punktuell bis heute feudale Elemente.

So wie das islamische Herrschaftssystem Nichtmuslime und ihre Gemeinwesen aus- **70** schloss, wirkte auch die feudale Herrschaftsordnung Mittel- und Westeuropas – allen

---

262 *Eldem*, Capitulations and Western Trade, in Faroqhi (Hrsg), The Cambridge History of Turkey, Bd 3, 281 (289).

263 Zum historischen Kontext *Abrahamowicz*, Polens Krieg mit dem Osmanischen Reiche 1683–1699, Acta Historica Academiae Scientiarium Hungaricae 33 (1987) 367 ff. Überblick zu den Friedensverträgen des Osmanischen Reichs bei *Ziegler*, The Peace Treaties of the Ottoman Empire with European Christian Powers, in Lesaffer (Hrsg), Peace Treaties and International Law in European History, 338 ff. Völkerrechtlich bedeuteten die Verträge mehr oder weniger Unterwerfungen der Nichtmuslime bzw temporäre Duldungszusagen seitens der Muslime. Auf einer anderen Ebene (der der „Gleichberechtigung") befanden sich möglicherweise die früheren, freilich schlecht dokumentierten, fränkisch-islamischen „Staatsverträge". Vgl *Kamatsu*, Die Türkei und das europäische Staatensystem im 16. Jahrhundert, FS Rabe, 1996, 121 (132 ff).

264 Dazu *Fisch* (Fn 227) 37 ff.

265 *Herbers/Neuhaus*, Das Heilige Römische Reich, 2010, 207, 215.

266 Vgl *Ziegler*, Völkerrechtsgeschichte, 100 f, schon unter dem Gesichtspunkt der „Souveränität".

religiösen Zerwürfnissen zum Trotz – *inter Christianos*. Zwar hatte der Versuch der Kirche, Verträge mit muslimischen Herrschern als „ruchlose Bündnisse" zu ächten und zu verhindern, keinen Erfolg. Solche Rechtsbeziehungen galten allerdings nicht als den „innerchristlichen" Beziehungen ebenbürtig. Im *Spätmittelalter* gewann allerdings die Idee einer (jedenfalls auch) *säkularen* Begründung der hoheitlichen Gewalt Raum. Die Lehre von der Staatsräson[267] konnte sich nun ausbreiten. Handelsinteressen beförderten die Entstehung von Städtebünden wie der Hanse, die im 13. und 14. Jh ihre Blütezeit erlebte.[268] Die Feudalherrschaft wandelte sich allmählich zur Territorialherrschaft.[269] Die Formen der Hoheitsausübung und die Hoheitsträger waren allerdings recht vielgestaltig. Neben Staatswesen, die Souveränitätsmerkmale aufwiesen, standen geistliche Herrschaften und Ritterorden wie der vor allem im baltischen Raum herrschende Deutsche Orden, auf Rhodos der Johanniterorden, der ab 1530 als Malteserorden auf Malta herrschte (und bis heute als Völkerrechtssubjekt gilt).

b) Transkontinentale Expansion europäischer Mächte („spanische Epoche")

71 Die Zeit von 1494 bis zum Ende des Dreißigjährigen Kriegs wird – nach der damals dominanten Macht – die „spanische Epoche" genannt,[270] könnte aber ebenso gut als „spanisch-portugiesische Epoche" bezeichnet werden. In ihr kristallisierten sich allmählich die rechtlichen Koordinaten der bis heute bestehenden Völkerrechtsordnung heraus.[271] In partizipativer Hinsicht blieb diese transkommunitäre Ordnung eine christlich-europäische, aber sie erhob erstmals einen Anspruch auch überseeischer Autorität. Die „Entdeckung" Amerikas machte nicht nur die Unterwerfung und Kolonisierung überseeischer Gebiete zu einem zentralen Befassungsgegenstand des sich entwickelnden europäischen Völkerrechts, sondern am Umgang der Kolonialherren mit der Bevölkerung der kolonisierten Gebiete entzündete sich auch ein intensiver rechtswissenschaftlicher Diskurs. Die noch zu „entdeckenden" Gebiete, aber auch die sie umgebenden Meere teilten Spanien und Portugal – mit Unterstützung der Kirchenführung – untereinander auf, zunächst auf Grundlage der beiden päpstlichen Bullen „Inter caetera" vom 3./4.5.1493, später in den Verträgen von Tordesillas (1494) und Saragossa (1529).[272] Die longitudinale Abgrenzung zwischen den Herrschaftsbereichen der beiden Mächte wurde nach Westen hin sukzessive in

---

267 Dieser Leitbegriff frühneuzeitlicher, noch an feudalen Strukturen orientierter Politik findet sich schon 1523 bei *Francesco Guicciardini*. In dieser Lehre manifestierte sich das Streben nach Rationalisierung der Politik. Im Interesse des *bonum commune* kann sich der Herrscher über Recht und Moral hinwegsetzen, vgl *Münkler*, Im Namen des Staates, 1987, 165 ff.

268 Zu ihr *Reibstein*, Das Völkerrecht der deutschen Hanse, ZaöRV 17 (1956/57) 38 ff.

269 Näher *Grewe*, Epochen, 33 ff.

270 Vgl *Grewe*, Epochen, 163 ff; *Preiser*, Macht, 56 ff.

271 *Preiser*, Die Völkerrechtsgeschichte, 1964, 61 f datiert die Anfänge des „*europäischen* Völkerrechts" bereits auf das späte Mittelalter.

272 Zum Ganzen *Grewe*, Epochen, 269 ff; zu Entsprechungen im folgenden Jh („Freundschafts- und Bündnislinien") ebd 181 ff.

Kämmerer

dem Maße angepasst, wie den Parteien der Größe des amerikanischen Kontinents gewahr wurden. Sie ersetzte die Sphärentrennung nach Breitengraden im Vertrag von Alcáçovas (1479). Ein Ordnungsmodell mit Wirkung für eine Völkerrechtsgemeinschaft kann in diesen Vereinbarungen der beiden führenden Seemächte nicht gesehen werden. Der darin zutage tretende Anspruch, auch die Weltmeere unter staatliche Hoheit zu bringen, konnte sich am Ende auch nicht durchsetzen. Doch vermochten Spanien und Portugal Weltreiche zu etablieren, die bis ins frühe 19. Jh Bestand hatten. Als deren jeweils „innere Angelegenheiten" lagen sie weitgehend außerhalb des Zugriffs des Völkerrechts, dessen Gegenstand der politische Ausgleich zwischen europäischen Mächten blieb.[273]

Die Kritik Gelehrter am Umgang mit den unterworfenen Völkern trennt noch nicht **72** scharf zwischen (natur-)rechtlicher und religiöser Argumentation. Dies gilt allerdings auch für die Kolonisierung als solche, die u a mit dem christlichen Missionierungsgebot begründet oder auch nur bemäntelt wurde. Dem von *Suárez* (1548–1617) unterstrichenen Gebot der „gegenseitigen Liebe, die sich auch auf die Fremden erstrecken soll",[274] entsprach die Vorstellung, zur Mission verpflichtet zu sein. Erst wenn alle Völker christlich geworden und christlichen Herrschern unterstellt seien, wäre der „Himmel einer weltumspannenden Gemeinschaft" *(Vitoria)* verwirklicht,[275] mit dem Völkerrecht als dem gemeinsamen Gesetz. Die Realität war profaner – und brutaler: Vielerorts verleitete Goldgier zu Gräueltaten an der eingesessenen Bevölkerung. Manche, darunter der Dominikaner *Bartolomé de las Casas*, übten daran ebenso Kritik wie an der Missionierung, die nicht erzwungen werden dürfe, sondern der Zustimmung der zu Missionierenden bedürfe;[276] die Vorstellung von einer religiösen, gar politischen Eigenständigkeit der „Naturvölker" setzte sich aber nicht durch.

Die bereits bei *Augustinus* (s o Rn 66f) vorfindliche Lehre vom „gerechten", später **73** „legalen" Krieg war im Mittelalter von den Scholastikern *(Thomas von Aquin)* ausgebaut worden und wurde in der spanischen Epoche von *Vitoria* und *Suárez* präzisiert. Grundelemente eines „gerechten Krieges" waren die Notwendigkeit einer staatlichen Autorität und eines gerechten Grundes *(iusta causa)*.[277] Die Fortentwicklung der Lehre insbes durch *Vitoria* bestand darin, dass er unter gewissen Voraussetzungen Kriege auch als für beide Seiten gerecht erklärte und damit ein dogmatisches Fundament für das spätere Kriegs- und Neutralitätsrecht legte.[278]

---

273 Vgl *Ziegler*, Völkerrechtsgeschichte, 121 ff sowie auch Kleinschmidt (Fn 245) 129 ff.
274 *Suárez*, De legibus ac de legislatore, 1612 (hrsgg v Scott, 1964), 19.
275 *Vitoria* (1483–1546) sah immerhin im bloßen Sich-Nicht-Bekehren-Lassen keinen Kriegsgrund. Zentral war für ihn die Vorstellung, der einzelne Staat sei nur ein Teil der ganzen Menschheit *(totius orbis)*.
276 Vgl *Stadtmüller*, Geschichte des Völkerrechts, Teil 1, 1951, 99 ff.
277 Vgl *Ziegler*, Völkerrechtsgeschichte, 59 ff, 83 f, 89, 127 f; *Grewe*, Epochen, 131 ff, 240 ff (277 ff zum Widerspruch zwischen [spanischer] Staatsräson und den Geboten der Menschlichkeit, die gerade den christlichen Herrscher binden).
278 *Grewe*, Epochen, 240 ff.

c) Die Souveränitätsordnung nach dem Dreißigjährigen Krieg ("französische Epoche")

74 Gern wird der Westfälische Friede als Geburtsstunde des modernen Völkerrechts bezeichnet und dieses dementsprechend mit dem Attribut „westfälisch" versehen. Dass diese Ordnung aber eine lange Vor- und Entwicklungsgeschichte hatte, sollten die vorstehenden Betrachtungen verdeutlicht haben; auch war seine Genese mit den Verträgen von Münster und Osnabrück (1648) nicht abgeschlossen. Allerdings erfuhr sie durch sie einen markanten Entwicklungsschub: Die Verträge markierten nicht nur die gestiegene Bedeutung vertraglicher Regelungen,[279] sondern besiegelten auch eine positivrechtliche, von kurialer Autorität emanzipierte Völkerrechts- und Friedensordnung mit horizontaler Machtverteilung.[280] Unter den rechtstheoretischen Wegbereitern dieses Systems sticht insbes *Hugo Grotius* hervor: In „De iure belli ac pacis" baute *Grotius* zwar auf Vorgängern (wie *Bartolus, Vitoria, Bodin*) auf, distanzierte sich aber von der politischen Theologie und neigte einem säkular begründeten Natur- oder Vernunftrecht zu.[281] Mit dem Westfälischen Frieden entstanden in Europa neue Staaten: die Vereinigten Niederlande, deren Eigenständigkeit nach ihrem Abfall von der Herrschaft der spanischen Habsburger 1648 anerkannt wurde,[282] außerdem – zunächst als Staatenbund – die Schweiz, deren Entwicklung zum Bundesstaat erst 1848 abgeschlossen war.[283] Frankreich löste Spanien als dominierende europäische Macht ab, weshalb die Zeit zwischen 1648 und ca 1815 auch als die „französische Epoche des Völkerrechts" bezeichnet wird.[284] Das Französische wurde zur Sprache der Diplomatie und blieb es bis ins 20. Jh hinein.[285] Mit dem Siegeszug des Konzepts der *Souveränität*, bereits im ausgehenden Mittelalter entstanden und zunächst auf Fürsten, nunmehr auch auf Gemeinwesen bezogen, war

---

279 Vgl die naturrechtlich fundierte Theorie der Verträge bei *Grotius*, De iure belli ac pacis libri tres. Drei Bücher vom Recht des Krieges und des Friedens, 1625, nebst einer Vorrede von Christian Thomasius zur ersten deutschen Ausgabe des Grotius vom Jahre 1707. Neuer dt Text mit Einleitung v *Schätzel*, 1950.

280 Vgl *Randelzhofer*, Völkerrechtliche Aspekte des Heiligen Römischen Reiches nach 1648, 1967, 61 f: Die Friedensbestimmungen beziehen sich nun auf „Rechtssubjekte, die [...] als Gebietskörperschaften mit unabhängiger Staatsgewalt, also als Völkerrechtssubjekte, anerkannt werden." Zu derartigen Friedensplänen (seit *Augustinus*, De civitate Dei, aus dem Jahr 398) *Schlochauer*, Die Idee des ewigen Friedens, 1953. Vgl auch Delbrück (Hrsg), Friedensdokumente aus fünf Jahrhunderten, 2 Teilbde, 1984.

281 Vgl *Ziegler*, Völkerrechtsgeschichte, 135 f.

282 Die Katholiken stritten für die Krone, die Protestanten für die „Souveränität" des Volkes. Zur Souveränität *Bodin*, Six livres de la république, 1576 (dt Übers 2 Bde, 1981, 1986): Nach innen wird der Monarch (auch gegenüber der Aristokratie), nach außen der Staat als höchste Autorität angesehen, freilich gebunden an das Naturrecht; zu diesem gehört auch das Völkerrecht. Naturrecht konnte, wie etwa *de Vattel* ([Fn 17] § 18) darlegte, durch vereinbartes Recht verdrängt werden.

283 *Diggelmann*, Völkerrecht: Geschichte und Grundlagen mit Seitenblicken auf die Schweiz, 2018, 34 f, 52 ff.

284 S nur *Grewe*, Epochen, 323 ff.

285 Hierzu *Grewe*, Epochen, 323 ff, 334 ff. *Reinhard*, Geschichte der Staatsgewalt, 1999, 370: Die Entwicklung der Diplomatie „verlief parallel zu derjenigen des modernen Staates."

Kämmerer

das Fundament der Staatenordnung des „klassischen" Völkerrechts gelegt. Ein weiterer anerkannter Grundsatz war derjenige der Neutralität.

Die sich so herausbildende Völkerrechtsordnung war gleichwohl noch weit von der [75] des 21. Jh entfernt, inhaltlich wie konzeptionell. Nicht nur blieb sie eine Ordnung, welche nur europäische (und christliche) Herrschaftsgebilde berechtigen und verpflichten konnte, eben ein *ius publicum Europaeum*. Auch wurde um ihre theoretische Grundlegung weiter gerungen. Wer, wie *Thomas Hobbes,* im „Krieg aller gegen alle" *(bellum omnium contra omnes)* den Naturzustand aller menschlichen Beziehungen sah, musste das Völkerrecht als Ergebnis freiwilliger – also souveräner – Selbstbindung der Staaten verstehen.[286] Andere Theoretiker, insbes *Samuel Pufendorf* (1632–1694), verliehen (in *Grotius* Tradition stehend) der naturrechtlichen Begründung des Völkerrechts neue Stärke.[287] Natur- *und* Völkerrecht lautete nun die überwiegend akzeptierte Formel: *ius naturale et gentium.* Die naturrechtliche Begründung der Völkerrechtsgeltung war bis weit ins 19. Jh akzeptiert.

Zum Hegemon wurde Frankreich ebenso wenig wie zuvor Spanien; die europäi- [76] schen Staaten tendierten vielmehr zu einem *Gleichgewicht der Mächte.* Politisch gleichrangig waren die Staaten indes nicht: Ab dem 18. Jh bildeten sich europäische Großmächte (zunächst Spanien, Frankreich, England, Österreich, später auch Preußen und Russland) heraus, zu denen sich im 19. Jh auch die USA gesellten, und welche über die wesentlichen Angelegenheiten von gemeinsamem Interesse bestimmten. Ihr übereinstimmender Wille wurde zur Hauptquelle des Völkerrechts; Kleinstaaten, wie sie vor allem in deutschsprachigen Raum zahlreich bestanden, waren zwar pro forma souverän, hatten jedoch an der Gestaltung der europäischen Ordnung wenig teil. Gestalt nahm diese Ordnung nicht zuletzt durch die Gegnerschaft zum Osmanischen Reich an, dessen Zugriff auf Mitteleuropa in einer vereinten Kraftanstrengung vor Wien 1683 vereitelt werden konnte. Das *ius publicum Europaeum* war eine Rechtsgemeinschaft; ihre Entwicklung zu einem echten Bündnis aber musste Vision bleiben, weil die Interessen der einzelnen Mächte zu heterogen waren. Das Interesse von Seemächten wie Großbritannien an der europäischen Ordnung schwand in dem Maße, wie der Welthandel und die Beherrschung des Globus an Bedeutung gewannen. Das Konzept des *mare liberum* – die von *Hugo Grotius* propagierte Freiheit der Weltmeere – hatte sich gegenüber dem (von *John Selden* vertretenen) *mare clausum*-Konzept durchgesetzt, aber seine Relevanz für Mitteleuropa blieb einstweilen gering. Kurz, dem Völkerrecht der ausgehenden französischen Epoche fehlte es aufgrund divergenter Interessen und Heterogenität der Staaten an identitätsstiftender, auch im materiellen Sinne einigender Wirkung. Die gemeinsamen christlichen Wurzeln konnten dies in einem weitgehend säkularisierten Staatensystem, das seine Gestalt zudem just in Religionskriegen gefunden hatte, nicht

---

286 *Ziegler,* Völkerrechtsgeschichte, 157.

287 Die neuzeitliche Natur- oder Vernunftsrechtslehre bemühte sich dann um rationale Herleitung. So behandelten *Hobbes* und *Pufendorf* etwa die Gleichheit der Staaten erstmals pointiert als *Rechts*frage. *Grotius* hatte die *Unabhängigkeit* der Völkerrechtswissenschaft begründet, vgl *Preiser,* Macht, 67.

mehr leisten.[288] An Ideen für eine bündisch geprägte Staatenordnung fehlte es jedoch nicht; sie finden sich bspw in den Schriften des *Abbé de Saint-Pierre* oder des *Herzogs von Sully* (mit Frankreich als Leitnation) und, noch imaginativer, in *Kants* Vorschlag für einen Friedensbund, der sich zu einer Art Weltstaat fortentwickelt (Zum ewigen Frieden, 1795). Aufklärerischer Geist prägte auch das Konzept der Menschen- und Bürgerrechte, das zunächst in feierliche Proklamationen (Amerikanische Unabhängigkeitserklärung v 1776, französische Deklaration der Menschen- und Bürgerrechte v 1789) und nach und nach in Verfassungsordnungen (zunächst vor allem die republikanischen) Eingang fand; bis auch das Völkerrecht sie rezipierte, sollten aber weitere rund anderthalb Jh vergehen.

d) Europäisches Konzert und Imperialismus („englische Epoche")

77   Der allmähliche Aufstieg Englands zur dominierenden Macht steht im Zeichen der Globalisierung der internationalen Angelegenheiten (trotz weiterhin weitgehend auf europäische Mächte beschränkter Partizipation an der Völkerrechtsordnung), des Welthandels und der Seeschifffahrt sowie der Entdeckungen. Eine neue Phase der überseeischen Kolonisierung hatte bereits im 17. und 18. Jh eingesetzt. Auch Frankreich nahm an ihr aktiv teil, verlor jedoch im Siebenjährigen Krieg einen Großteil seines Kolonialbesitzes in Nordamerika an Großbritannien; eine weiteren Machtverschiebung zugunsten der Briten bewirkte das Scheitern der napoleonischen Eroberungsfeldzüge.[289] Sie hatten keine Einigung Europas im *Saint-Pierre*'schen Sinne zum Ziel und erfolgten zudem unter Missachtung anerkannter völkerrechtlicher Regeln.[290] Dennoch verliehen sie dem Völkerrecht unverhofft Entwicklungsschübe. Erstens: Die Absorption Spaniens und Portugals durch die napoleonischen Kriege, ihre faktische Unterwerfung unter Frankreich und das resultierende Machtvakuum in den kolonialen Besitztümern führte zum Zusammenbruch weiter Teile der seit 400 Jahren bestehenden Kolonialreiche. Bis 1822 waren fast überall in Lateinamerika die spanischen Vizekönigreiche und die portugiesische Kolonie Brasilien durch unabhängige Staaten ersetzt.[291] Zumindest im geographischen Sinne war das Völkerrecht damit auch in partizipativer Hinsicht nicht mehr ausschließlich ein Recht der europäischen Staaten, wenngleich politisches Gewicht und

---

288 *Schilling*, Formung und Gestalt des internationalen Systems in der werdenden Neuzeit, in Krüger (Hrsg), Kontinuität und Wandel in der Staatenordnung der Neuzeit, 1991, 19 (25 f): „In einem Zeitalter, als die geistigen Grundlagen der Universitas Christiana zerbrachen [...], war eine solche Idee der Einheitlichkeit zutiefst anachronistisch und letztlich nicht mehr zu realisieren."
289 *Grewe*, Epochen, 328 ff.
290 Ebd, 485 f.
291 Für die britischen, französischen, niederländischen und dänischen Besitzungen galt dies nicht; einen Sonderfall bildet Haiti, wo (allerdings unter hohen wirtschaftlichen und menschlichen Opfern) ehemalige Sklaven einen unabhängigen Staat etablieren konnten; näher *Obregón*, Empire, Racial Capitalism and International Law: The Case of Manumitted Haiti and the Recognition Debt, LJIL 31 (2018) 597 ff. Spanien behielt – als einzige koloniale Besitzung in Amerika – bis 1898 noch die Insel Kuba.

Kämmerer

juristischer Beitrag der ehemaligen Kolonien Spaniens und Portugals (im Gegensatz zu dem der USA, die ab ca 1787 als souveräner Staat verstanden werden durften) lange bescheiden blieben. Im Kern war es nach wie vor ein – erweitertes – *ius publicum Europaeum*. Zweitens: Der Wiener Kongress des Jahres 1815 brachte nicht nur Frieden, sondern auch eine territoriale „Flurbereinigung" in Mitteleuropa mit sich. Die Handlungsfähigkeit der verbliebenen dt Staaten wurde gestärkt, an die Stelle des 1806 aufgelösten Heiligen Römischen Reiches trat 1815 ein Staatenbund: der Deutsche Bund, zu dem 1834 der Deutsche Zollverein hinzukam. Drittens bildete sich unter den souveränen Staaten Europas eine halbformelle Oligarchie heraus: das aus den fünf Hauptmächten England, Frankreich, Preußen, Österreich und Russland bestehende „Europäische Konzert".[292] Mit der expliziten Aufnahme des Osmanischen Reiches in das Konzert der europäischen Mächte nach dem Krimkrieg (1856)[293] wurde erstmals ein nichtchristlicher Staat als – noch dazu führendes – Völkerrechtssubjekt anerkannt – und damit eine Gegnerschaft, aus der sich lange Zeit das Selbstverständnis des europäischen Völkerrechts als Ordnung genährt hatte, zumindest in formaler Hinsicht beseitigt. Das Völkerrecht war fortan nicht nur kein Recht christlicher Nationen mehr, sondern es hatte sich von christlich-religiösen Geltungsgründen endgültig gelöst. Gleichwohl verlor das „Europäische Konzert" in der Folgezeit an Bedeutung und ging im Ersten Weltkrieg vollends zugrunde.

Im 19. Jh entwickelte das europäische Völkerrecht einen Universalitätsanspruch, dh **78** es nahm für sich in Anspruch, die einzige valide übergemeinschaftliche Ordnung darzustellen.[294] Damit verbunden war die Exklusion zahlreicher nichteuropäischer Entitäten, die als „nicht völkerrechtsfähig" galten und unterworfen werden konnten. Mitunter beriefen sich europäische Mächte dafür auf „Entdeckung" (als handelte es sich um unbesiedelte Gebiete), mitunter auf Eroberung (Annexion), vielfach waren Verträge (deren Geltung als Recht str blieb) Grundlage der Unterwerfung.[295] Es bildeten sich umfangreiche Kolonialreiche europäischer Staaten in Afrika, Süd- und Südostasien und Ozeanien aus. Die christliche Verwurzelung als Partizipationsberechtigung, die spätestens 1856 passé war, wurde durch ein neues Kriterium, den Zivilisationsstand, ersetzt.[296] Die meisten afrikanischen und viele asiatische Entitäten waren aus europäischer Sicht nicht oder nicht ausreichend „zivilisiert", um am Völkerrecht als Akteure teilzuhaben (woran auch eine Christianisierung nun nichts mehr ändern konnte), und wurden ihm vielmehr als bloße Objekte unterworfen. Lediglich einzelnen nichtchristlich-außereuropäischen Staaten – wie Japan, Siam, Persien und China – wurde im Laufe der Zeit ein für

---

292 Die großen, die Ordnung nun konstituierenden Verträge in Fontes III/1, 1992, 3 ff, 100 ff. Vgl *Scupin*, History of International Law: 1815 to World War I, MPEPIL IV, 843 ff, mit Vertragsregister; *Steiger*, Die Wiener Congressakte – Diskontinuität des Europäischen Völkerrechts 1789–1818, AVR 53 (2015) 167 ff.
293 Art 7 des Friedensvertrags von Paris v 1856, Fontes III/1, 1992, 19 ff.
294 *Kämmerer* (Fn 232) 402 ff.
295 *von Bernstorff* (Fn 228) 273 ff.
296 *Obregón*, The Civilized and the Uncivilized, in The Oxford Handbook of the History of International Law, 917 (919 ff).

die Teilhabe am Völkerrechtsverkehr ausreichender Zivilisationsstand zugebilligt. Im Zeitalter des Imperialismus wandelte sich das ursprünglich europäische Völkerrecht somit zu einer globalen, aber immer noch partizipativ beschränkten und damit diskriminierenden Ordnung. Regionale Ordnungssysteme, die sich parallel zum *ius publicum Europaeum* in anderen Weltgegenden entwickelt hatten, wurden ignoriert und durch die koloniale Landnahme ge- und schließlich zerstört.[297]

79 Technischer Fortschritt und Intensivierung des Handels befeuerten nicht nur die imperiale Landnahme, sondern auch die Entwicklung der völkerrechtlichen Ordnung, sowohl was Dichte und Gegenstände ihrer Regelungen als auch die Akteure betrifft. Es bildeten sich erste Formen von *I. O.* (zB Deutscher Zollverein v 1833/34,[298] Weltpostverein v 1874), die teils heute noch Bestand haben. Das Kriegsrecht verzeichnet die Ablösung der Traditionen des *bellum iustum* und des „freien Kriegsführungsrechts" *(ius ad bellum)*,[299] allerdings auch eine Humanisierung der Kriegsführung (etwa mittels der Genfer Konvention v 1864 über die Verbesserung des Loses der Verwundeten im Felde und schließlich mit der Haager Landkriegsordnung v 1907). Die erstarkende politische Öffentlichkeit, zunehmend international vernetzt, nahm Anteil am und mitunter auch Einfluss auf das Völkerrechtsgeschehen.[300] Die Völkerrechtswissenschaft wurde in den europäischen Staaten zu einer juristischen Disziplin.

e) Zwischenkriegszeit: Der (gescheiterte) Ansatz zu einer universellen Friedensordnung

80 Der Erste Weltkrieg führte zur Implosion der entstandenen Ordnung und veranlasste sogar zur Frage: „Haben wir noch ein Völkerrecht?".[301] Die Pariser Vorortfriedensverträge, insbes der von Versailles,[302] mögen kraft ihrer regelnden Wirkung eine positive

---

297 Für zahlreiche Nachweise zu völkerrechtsgeschichtlicher Literatur zu diesen Ordnungen s *Steiger* (Fn 217) 68 ff. Näher zu den Nachwirkungen des Kolonialismus für das Völkerrecht der Gegenwart *Kämmerer* (Fn 232) 414 ff; *Starski/Kämmerer* (Fn 215) 50 ff; s auch die Beiträge etwa von *Boysen, Kleinlein, Venzke/Günther* und *Goldmann* in Dann/Feichtner/von Bernstorff (Fn 228).

298 Fontes III/1, 512.

299 Vgl *Grewe*, Epochen, 623 ff mwN. Zur Epoche 1870–1960 *Koskenniemi*, Gentle Civilizer; *Röben*, Johann Caspar Bluntschli, Francis Lieber und das moderne Völkerrecht 1861–1881, 2003. Das 19. Jh war eine Ära pointierter Positivierung des Völkerrechts, auf Kosten seiner überpositiven Elemente.

300 S etwa der Einfluss von *Henry Dunants* „Erinnerungen an Solferino" (1862) auf die Entwicklung des Humanitären Völkerrechts (Gründung des IKRK, Genfer Konvention v 1864), dazu *Bugnion*, Birth of an Idea: The Founding of the International Committee of the Red Cross and of the International Red Cross and Red Crescent Movement: From Solferino to the Original Geneva Convention (1859–1864), IRRC 94 (2012) 1299 ff.

301 Die Schrift *Zitelmanns* v 1914 fragte: „Hat es überhaupt je ein Völkerrecht gegeben? ist das, was wir Völkerrecht nennen, ein wahres Recht? und sodann: gibt es *jetzt* noch ein Völkerrecht?"

302 Hierzu und zum Folgenden *Grewe*, Epochen, 677 ff, 685 ff; Dokumente in Fontes III/2, 683 ff; *Koskenniemi*, Gentle Civilizer, 210 ff; *ders*, History of International Law, World War I to World War II, MPEPIL IV, 925 (926): „an extraordinary active period of legal innovation".

Antwort nahelegen, sie boten den Verlierern des Weltkriegs aber weder die Chance zu echter Beteiligung noch der Völkerrechtsgemeinschaft (von der nunmehr gesprochen werden konnte) dauerhaft neue Orientierung. Die Satzung des *Völkerbundes,* der seit dem 10.1.1920 bestand, bildete jeweils den ersten Teil dieser Friedensverträge und war damit zumindest in formaler Hinsicht eine von den Siegerstaaten auferlegte Ordnung. Konzeptionell mutete aber zumindest der Völkerbund als universelle, institutionalisierte Friedensordnung und System kollektiver Sicherheit geradezu revolutionär an. Die friedliche Beilegung von Streitigkeiten war Aufgabe des Völkerbundsrats (in dem nur wenige Staaten, einige von ihnen permanent, vertreten waren) und des von diesem errichteten Ständigen Internationalen Gerichtshofs (StIGH). Kriegerische Handlungen eines Völkerbundsmitglieds lösten die Pflicht aller anderen Mitgliedstaaten zu Beistand des Angegriffenen und Sanktionshandlungen gegen den Angreifer aus (Art 16 der Satzung). Unter der Ägide des Völkerbunds wurden wichtige Grundpfeiler der modernen Völkerrechtsordnung gesetzt, wie das Verbot des Angriffskriegs und das Annexionsverbot.[303] Im Bereich des internationalen Handels und der Kooperation auf anderen Sachgebieten sind in der Zwischenkriegszeit hingegen nur geringe Fortschritte zu verzeichnen.

In partizipativer Hinsicht war allerdings auch der Völkerbund nicht universell; nur 81 vier afrikanische Staaten (aber in der zweiten Hälfte der 1920er Jahre sämtliche europäische außer der Sowjetunion) hatten an ihm teil. Dass die USA dem Völkerbund aus innenpolitischen Gründen fernblieben, schwächte seine Kraft. Autoritäre, auch totalitäre Bewegungen kamen in vielen Staaten an die Macht, Deutschland und Japan traten 1933 aus dem Völkerbund aus, die UdSSR wurde nach der (nach geltendem Völkerrecht bereits verbotenen und unwirksamen)[304] Annexion der baltischen Staaten 1939 ausgeschlossen. Bereits gegen die Besetzung der Mandschurei durch China (1931) und Italiens brutalen Eroberungskrieg gegen Abessinien/Äthiopien (1935–1937), beides Gewaltakte gegen Mitgliedstaaten des Völkerbunds, hatte der Völkerbund wenig ausrichten können. Unter diesen Schlägen und dem Zweiten Weltkrieg zerbrach die ohnehin fragile Zwischenkriegsordnung. Mit ihr ging auch der Völkerbund unter und wurde 1946 formell aufgelöst. Der Versuch, eine dauerhafte und wirksame internationale Friedensordnung zu schaffen, endete im Fiasko: Der Völkerbund konnte weder den Ausbruch des Zweiten Weltkriegs noch eine völkerrechtswidrige Kriegsführung (Neutralitätsverletzungen; Bombardements ziviler Ziele; Völkermord) und auch nicht den Holocaust verhindern.[305]

---

303 S die Kriegsächtung durch den Briand-Kellogg-Pakt v 1928 (RGBl 1929 II, 97), hierzu *Roscher,* Der Briand-Kellogg-Pakt von 1928, 2004. Zum Annexionsverbot s Art 10 der Völkerbundsatzung sowie die Bestätigung der *Stimson*-Doktrin durch die Völkerbundversammlung (Res v 11.3.1932, LNOJ 101 [1932] 87).

304 *Hofmann,* Annexation, MPEPIL, Rn 10 ff.

305 Dennoch hatte der Völkerbund wichtige Innovationen gebracht. Dass erstmals Staaten aus allen Teilen der Erde *in praxi* einen umfassenden Bund mit dem Ziel der Friedenssicherung gegründet hatten, war trotz dessen nachlassender Rechtswirksamkeit die entscheidende Neuheit.

f) Die Vollendung des universellen Völkerrechts und die Ära der Vereinten Nationen

82 Aus diesen Erfahrungen konnten die *Vereinten Nationen* Lehren ziehen.[306] Sie entstanden zwar, wie schon der Völkerbund nach dem Ersten Weltkrieg, aus einer Kriegskoalition.[307] Davon zeugen bis heute die (allerdings obsolet gewordenen) Feindstaatenklauseln der Art 53, 107 UN-Charta. Dass sich in den UN der Misserfolg des Völkerbunds nicht wiederholte, ist zum Teil auf die gestiegene Bereitschaft zur Mitwirkung (auch der USA) und Zusammenarbeit zwischen den Staaten zurückzuführen, zum Teil auf Verbesserungen im System: Im Zentrum steht die eigentliche Organisation der Vereinten Nationen (United Nations Organization – UNO, oft nur als „UN" abgekürzt). Mit dem UN-Sicherheitsrat verfügt sie über ein Organ, das anders als der Völkerbundsrat mit einer oft als „Gewaltmonopol" bezeichneten (s o Rn 50) Exekutivgewalt ausgestattet ist. Während der Völkerbundsrat in vielen Fällen nur einstimmig entscheiden konnte (Art 15 Völkerbund-Satzung), fasst der UN-Sicherheitsrat seine Beschlüsse mit (einfacher oder qualifizierter) Mehrheit (Art 27 UN-Charta) und ist trotz des Vetorechts seiner ständigen Mitglieder zumindest im Vergleich zu seinem Vorläuferorgan schlagkräftiger. Die UNO ist mit einer Vielzahl von Sonderorganisationen vernetzt, von denen manche bereits im 19. Jh gegründet worden waren, andere parallel zu den UN neu etabliert wurden (wie die Organisationen der Weltbankgruppe) und teils erst später geschaffen wurden. Erhebliches Gewicht wurde auf den Wiederaufbau, auch in ökonomischer Hinsicht, gelegt.[308] Eine weitere Neuerung ist das Selbstbestimmungsrecht der Völker, das in der Dekolonisierung seinen Durchbruch erlebte. Erst mit der Kongruenz von universeller Geltung und universeller Partizipation präsentiert sich das Völkerrecht als wahrhaft universelle, insoweit „enteuropäisierte" Ordnung. Ein weiteres Markenzeichen dieses universellen Völkerrechts ist die zunehmende Perzeption vieler Gegenstände (seien es staatsfreie Räume, die Ozonschicht, der Klimaschutz, die Bewahrung der Kulturgüter oder der Menschenrechtsschutz) als gemeinsame Belange der „Völkerrechtsgemeinschaft".

83 Auch nach dem Zweiten Weltkrieg hat das Völkerrecht und haben seine Institutionen nicht alle Erwartungen an friedensstiftende und -erhaltende Wirkungen erfüllt. Militärische Konflikte (wie den Korea- und Vietnamkrieg, den irakisch-iranischen Krieg, die Nahost-Kriege, den Ukraine-Konflikt, um Bsp zu nennen), Bürgerkriege (Libanon, Syrien, Sri Lanka, Kolumbien u a), auch Genozide wie in Ruanda konnte es nicht verhindern, allenfalls ihre Folgen abmildern. In der Zeit zwischen ca 1947 und 1990 bildeten antagonistische politische Blöcke (man sprach bis in die 1970er Jahre gar vom „Kalten

---

306 Die UN-Charta betraut nun den SR damit, den Aggressionsfall verbindlich für alle festzustellen und Gegenmaßnahmen einzuleiten.

307 Vgl „Erklärung der Vereinten Nationen" v 1.1.1942. Vgl auch Art 3 UN-Charta. Vgl insgesamt *Koskenniemi*, History of International Law, since World War II, MPEPIL IV, 902ff, zusammenfassend „fluidity of the moment" (922) konstatierend; *ders*, in Oxford Handbook of the History of International Law, 943 (970) zitiert als *summa* der Völkerrechtsgeschichte zustimmend: „it still remains the case that 'Europe rules as the silent referent of historical knowledge'".

308 Vgl etwa die offizielle Bezeichnung der Weltbank als Bank für Wiederaufbau und Entwicklung.

Krieg") Hindernisse für die Fortentwicklung des Völkerrechts und die Kooperation der Staaten in vielen Bereichen. Der Wegfall dieser Gegensätze 1989/90 (dem Deutschland die Wiedervereinigung verdankt) führte zunächst zur Entspannung, zur Erweiterung von Staatenbündnissen wie OSZE, Europarat, NATO und EU und auch zu einer aktiveren Rolle des während des Ost-West-Gegensatzes meist blockierten UN-Sicherheitsrats. Mit der zunehmenden politischen Entfremdung zwischen Russland und den NATO-Staaten sowie dem Aufstieg eines selbstbewussten, aber nur bedingt bündnisaffinen Chinas ist diese kooperative, durch aktivere Gestaltung geprägte Phase internationaler Beziehungen beendet. Die Akzeptanz des Völkerrechts als universelle Ordnung ist ungeachtet aller Herausforderungen und Brüche, die es derzeit erfährt (und weiter erfahren wird) nicht ernsthaft bedroht. Auch scheint souveräne Gleichheit der Staaten als ihr Fundament noch nicht an Bedeutung eingebüßt zu haben.

III. Die Subjekte des Völkerrechts vor dem Hintergrund seiner Rechtsquellenlehre

Mit den Völkerrechtssubjekten befassen sich ausführlich der dritte und der vierte Abschnitt dieses Lehrbuchs. Dennoch soll bereits an dieser Stelle ein knapper Überblick über die Kategorien von Völkerrechtssubjekten vermittelt werden, denn zum Verständnis der anschließend behandelten Völkerrechtsquellen ist wichtig zu wissen, wer ihr Urheber ist, und wer Adressat der jeweiligen Regeln sein kann. **84**

Wie bereits unterstrichen, sind die *souveränen Staaten* geborene und unbeschränkte Völkerrechtssubjekte. Aus dieser Eigenschaft fließt ihre Fähigkeit, Urheber völkerrechtlicher Regeln zu sein; sie bedürfen keiner Ermächtigung. Auch als Vertragspartner völkerrechtlicher Verträge treten fast ausschließlich Staaten in Erscheinung. Die WVK[309] findet nach dessen Art 1 auf Verträge zwischen Staaten Anwendung; allerdings haben Staaten auf vertragliche Vereinbarungen völkerrechtlichen Charakters kein Monopol, wie auch Art 3 WVK anerkennt. Ferner sind die Staaten der ausschließliche Urheber des Völkergewohnheitsrechts und seine primären Adressaten. Die (staatsbezogene) Beschreibung der Völkerrechtsquellen in Art 38 IGH-Statut unterstreicht die herausgehobene Stellung der Staaten, wenngleich zu berücksichtigen ist, dass sie ursprünglich auf die Tätigkeit des IGH, vor dem nur Staaten parteifähig sind, bezogen ist. **85**

Internationale Organisationen (I.O.) sind durch völkerrechtlichen Vertrag auf Dauer zur Verfolgung eines bestimmten völkerrechtlichen Zwecks angelegte, mit wenigstens einem handlungsfähigen Organ ausgestattete Entitäten, die selbst zur Teilnahme am Völkerrechtsverkehr berechtigt – also rechtsfähig – sind.[310] Es handelt sich nicht um einen **86**

---

309 Wiener Übereinkommen über das Recht der Verträge v 23.5.1969, BGBl 1985 II, 926.
310 Grundlegend IGH in *Bernadotte*, ICJ Rep 1949, 174 (178f); *von Arnauld*, Völkerrecht, Rn 116; *Epping*, in Ipsen, Völkerrecht, 233; ähnlich *Ruffert/Walter*, Institutionalisiertes Völkerrecht, Rn 9; ausf zu den Merkmalen *Sands/Klein*, International Institutions, 15f; aber auch *Klabbers*, International Organizations Law, 6ff.

abstrakten Rechtstypus – „die" I. O. gibt es nicht –, sondern nur um einen Sammelbegriff von Entitäten mit phänotypischen Gemeinsamkeiten, deren Völkerrechtsfähigkeit in Inhalt und Tragweite im Grundsatz nur für die sie konstituierenden Staaten beachtlich ist (partikuläre Völkerrechtssubjektivität).[311] Als gekorene Völkerrechtssubjekte sind I. O. nur insoweit zur Teilhabe am Völkerrechtsverkehr berechtigt, als sie dazu im Gründungsvertrag ermächtigt sind (Prinzip der begrenzten Einzelermächtigung, partielle Völkerrechtssubjektivität);[312] dies kann, muss aber nicht den Abschluss völkerrechtlicher Verträge durch die Organisation selbst einschließen.[313] Sieht das Statut hierzu nichts explizit vor, kann die Zuständigkeit zum Vertragsschluss der I. O. implizit zugewiesen sein, wenn sie für die Erfüllung ihrer Aufgaben unabdingbar ist *(implied powers)*;[314] dies ist eine Frage der Vertragsauslegung (vgl Art 31ff WVK). Mit dem Wiener Übereinkommen über das Recht der Verträge zwischen Staaten und internationalen Organisationen oder zwischen internationalen Organisationen (WVKIO)[315] wurde der Versuch unternommen, einen einheitlichen Rechtsrahmen zwar nicht für die I. O. selbst, aber doch für die mit und unter I. O. geschlossenen Verträge zu schaffen. Die Konvention hat mit 33 Vertragsstaaten (2023)[316] die für das Inkrafttreten erforderlichen 35 Ratifikationen durch Staaten auch 37 Jahre nach Verabschiedung des Vertragstexts noch nicht erreicht. Dies dürfte daran liegen, dass die WVKIO für wichtige Rechtsfragen keine oder nur wenig überzeugende Lösungen bereithält. So ist zB offen, wie sich die Bindung einer I. O. an die WVKIO auf Mitgliedstaaten der I. O. auswirkt, welche die Konvention nicht ratifiziert haben.[317]

87   Unter *Non-Governmental Organisations (NGOs)* können[318] autonom strukturierte und auf Dauer angelegte private Vereinigungen, die grenzüberschreitend zur Wahrnehmung ihrer Verbandsinteressen agieren, verstanden werden.[319] Es handelt sich um nicht von Staaten geschaffene I. O. Mit „government" ist hier nicht so sehr die Regierung

---

311 Vgl *Sands/Klein*, International Institutions, 15, 17f; hierzu und zum Verhältnis zu Drittstaaten siehe *Breuer*, Die Völkerrechtspersönlichkeit Internationaler Organisationen, AVR 49 (2011) 4 (9ff).

312 StIGH in *Danube*, Ser B, No 14, 6 (64); IGH im *WHO-Nuklearwaffen-Gutachten*, ICJ Rep 1996, 66, § 25.

313 *Sands/Klein*, International Institutions, 483; dazu auch *Ruffert/Walter*, Institutionalisiertes Völkerrecht, Rn 163ff.

314 *Ruffert/Walter*, Institutionalisiertes Völkerrecht, Rn 163; grundlegend IGH in *Bernadotte*, ICJ Rep 1949, 174 (179 f); im Allgemeinen zur Implied-Powers-Lehre *Ruffert/Walter*, Institutionalisiertes Völkerrecht, Rn 202ff; aber auch auch *Klabbers*, International Organizations Law, 56ff.

315 Wiener Konvention über das Recht der Verträge zwischen Staaten und internationalen Organisationen oder zwischen internationalen Organisationen v 21.3.1986 (BGBl 1990 II, 1414).

316 Hinzu kommen 12 I.O. als Vertragsparteien (Stand: 31.12.2022).

317 Vgl Art 74 Abs 3 WVKIO. S auch die die Kritik von *Bothe*, Die Wiener Konvention über das Recht der Verträge zwischen Staaten und internationalen Organisationen und zwischen internationalen Organisationen, NJW 1991, 2169 (2174).

318 Eine einheitliche Definition hat sich bislang nicht herausgebildet. Ein Überblick über die verschiedenen Definitionsansätze findet sich bei *Hempel*, Die Völkerrechtssubjektivität internationaler nicht-staatlicher Organisationen, 1999, 19ff.

319 Ähnlich *Hempel* (Fn 318) 28; *Peters/Petrig*, Völkerrecht, 297.

als vielmehr staatlich-hoheitliche Herrschaft gemeint, weswegen der für NGOs häufig verwendete Begriff „Nichtregierungsorganisationen" nicht treffend erscheint. NGOs besitzen grundsätzlich keine Völkerrechtssubjektivität (sofern ihnen nicht Menschenrechte Schutz vermitteln oder sie durch einen völkerrechtlichen Vertrag Beteiligungsrechte erhalten).[320] Gleichwohl geben viele NGOs Anstöße für die Entwicklung des Völkerrechts;[321] so geht zB das sog Madrider Umweltschutzprotokoll zum Antarktis-Vertrag (1991) maßgeblich auf die Initiative u a der International Union for Conservation of Nature (IUCN) zurück, das Südpolargebiet zu einem „Weltpark" zu erklären.[322] Zudem sehen die Gründungsverträge einiger I.O. (wie zB der UNESCO) vor, dass (bestimmte) NGOs aufgrund ihrer Expertise beigezogen werden. Auch Art 73 UN-Charta eröffnet dem Wirtschafts- und Sozialrat der UNO die Möglichkeit, „geeignete Abmachungen zwecks Konsultation" mit NGOs (und zudem I.O.) zu treffen.[323] In diesem begrenzten Rahmen mag man die NGOs dann auch als – partikuläre – Völkerrechtssubjekte verstehen.[324] Um völkerrechtliche Verträge ieS handelt es sich bei diesen „Abmachungen" aber nicht. Einen Sonderfall bildet das Internationale Komitee vom Roten Kreuz (IKRK), ein 1863 gegründeter Verein Schweizer Bürger. Die Genfer Rotkreuzabkommen v 1949 verleihen ihm wichtige Rechte und Pflichten. Insoweit ist das IKRK ein partielles Völkerrechtssubjekt.

Zwischen Staaten und *institutionellen Investoren* ausgehandelte Investitionsschutz- **88** verträge (sog State Contracts) sind ebenfalls nicht völkerrechtlicher Natur. Während andere Sprachen dies bereits terminologisch mit dem Rekurs auf die Begriffe *contract* bzw *contrat* verdeutlichen (wohingegen *treaty* bzw *traité* für völkerrechtliche Verträge stehen), hält die dt Sprache für beide nur einen Begriff bereit. Der Schutz von Investoren kann auch durch völkerrechtliche Verträge geregelt werden, die in diesem Fall (Bilateral) Investment Treaties (BITs) heißen.[325] State Contracts können völkerrechtlichen Verträgen jedoch durch sog Internationalisierungsklauseln, welche Regeln des Völkerrechts für entsprechend anwendbar erklären, stark assimiliert sein.[326] An der nicht-völkerrechtlichen Natur der Verträge ändern diese Klauseln (und auch die gelegentlich an-

---

320 Hierzu *Hempel* (Fn 318) 190 ff; *Hobe*, Der Rechtsstatus der Nichtregierungsorganisation nach gegenwärtigem Völkerrecht, AVR 37 (1999) 152 ff; *Epping*, in Ipsen, Völkerrecht, § 8 Rn 19.

321 Vgl insges *Hummer*, Internationale nichtstaatliche Organisationen im Zeitalter der Globalisierung, BerDGVR 39 (2000) 45 ff. Die Einflussmöglichkeiten von NGOs haben sich empirisch oft als begrenzt und in ihrer Wirkung als selektiv erwiesen, vgl *Dany*, Ambivalenzen der Partizipation, ZIB 19 (2012) 71 ff.

322 *Kämmerer*, Die Antarktis in der Raum- und Umweltschutzordnung des Völkerrechts, 1994, 45.

323 Zur Einbindung von NGOs in die Arbeit der UN *Stoecker*, NGOs und die UNO, 2000; *Martens*, NGOs and the United Nations, 2005.

324 *Hempel* (Fn 318); *Rossi*, Legal Status of Non-Governmental Organizations in International Law, 2010.

325 *Herdegen*, Internationales Wirtschaftsrecht, § 23 Rn 7 ff; *Peters/Petrig*, Völkerrecht, 306; eingehend *Dolzer/Stevens*, Bilateral Investment Treaties, 1995.

326 *Herdegen*, Internationales Wirtschaftsrecht, § 22 Rn 2 ff; *Reinisch*, in Tietje/Nowrot (Hrsg), Internationales Wirtschaftsrecht, § 9 Rn 26 f; *Peters/Petrig*, Völkerrecht, 306 f.

Kämmerer

zutreffende Apostrophierung der Verträge als „quasi-völkerrechtlich")[327] jedoch nichts, umso mehr, als üblicherweise nur ein einzelner Staat als Vertragspartner in Erscheinung tritt. Der Zugriff der Völkerrechtsordnung auf transnationale Unternehmen wird dadurch erschwert, dass sie nur formal der Personalhoheit eines oder mehrerer Staaten unterliegen, sich dieser aber politisch (und auch durch Sitzverlegung sowie geographische Diversifizierung ihrer Aktionszentren) leicht entziehen können. Nicht nur steht die Handlungsmacht dieser Unternehmen derjenigen vieler Staaten in nichts nach; Entwicklungsländer sehen sich durch die „Multinationalen" auch in ihrem souveränen Recht auf Ausbeutung der eigenen natürlichen Ressourcen beschränkt.[328] Im Schrifttum wurde vorgeschlagen, multi- bzw. transnationale Unternehmen vor dem Hintergrund solcher Erkenntnisse als Völkerrechtssubjekte zu betrachten,[329] auch um sie an Regeln des Völkerrechts besser binden zu können. Doch selbst Versuchen, multinationale Unternehmen durch „soft law" („Code of Conduct on Transnational Corporations") zu disziplinieren, war kein Erfolg beschieden.

89   *Individuen* und teils auch von ihnen begründete juristische Personen sind als Träger von Menschenrechten, aber auch als Adressaten völkerstrafrechtlicher Vorschriften Rechtssubjekte des Völkerrechts.[330] Viele internationale Verträge eröffnen Individuen zwar keine Klagemöglichkeit vor internationalen Gerichten – diese räumen nur regionale Menschenrechtsverträge, allen voran die EMRK, ein –, aber doch die Möglichkeit, Beschwerden vor jeweils zuständige Ausschüsse zu bringen. Mit Blick auf Einzelne ist zwischen der Rechtssubjektivität schlechthin, die ihnen von Geburt an zukommt, und ihrer Völkerrechtspersönlichkeit zu unterscheiden, die ihnen von Staaten (in Verträgen und kraft Gewohnheitsrechts) erst zuerkannt wird.[331] Einzelne sind gekorene Rechtssubjekte, aber keine geborenen Völkerrechtssubjekte.[332] Als Urheber völkerrechtlicher Normen treten Individuen nicht in Erscheinung.

---

327 Beispielhaft *Verdross*, Die Sicherung von ausländischen Privatrechten aus Abkommen zur wirtschaftlichen Entwicklung mit Schiedsklauseln, ZaöRV 18 (1957/58) 635 (639).

328 Vgl Res 1803 (XIII) der UN GA zur ständigen Souveränität über natürliche Ressourcen; zu diesem Themenkomplex *Schrijver*, Sovereignty over Natural Resources, 1997, aber auch Bungenberg/Hobe (Hrsg), Permanent Sovereignty over Natural Resources, 2015.

329 So etwa *Wildhaber*, Internationalrechtliche Probleme multinationaler Korporationen, BerDGVR 18 (1978) 7 (39), der ihnen die Übernahme von „Aufgaben von funktioneller Staatlichkeit" attestiert (vgl ebd, 391: Betonung ihres [str] „Sprungs [...] zur funktionell beschränkten Völkerrechtssubjektivität"). Vgl auch *Stoll*, Vereinbarungen zwischen Staat und ausländischem Investor, 1982, 42ff, 51ff; *Epping*, in Ipsen, Völkerrecht, § 11 Rn 19ff; einzelfallabhängig *Krajewski*, Wirtschaftsvölkerrecht, 18; *Schmalenbach*, Multinationale Unternehmen und Menschenrechte, AVR 39 (2001) 57 (64f); *Nowrot*, Friedenswarte 79 (2004) 119 (122ff), umfassend *ders*, Normative Ordnungsstruktur und private Wirkungsmacht, 2006, 523ff.

330 Vgl *Peters/Petrig*, Völkerrecht, 291ff; vgl *von Arnauld*, Völkerrecht, Rn 66ff; umfassend *Peters* (Fn 11).

331 Zu den einzelnen völkerrechtlichen Rechten und Pflichten des Individuums <u>*Kau*</u>, 3. Abschn Rn 245ff; monographisch *Peters* (Fn 11).

332 *Peters* sieht hingegen im Menschen das „primäre Völkerrechtssubjekt", siehe *dies* (Fn 11) 469.

Kämmerer

Sonstige Völkerrechtssubjekte[333] sind weder als Urheber noch als Adressat völker- 90
rechtlicher Regeln von großer Bedeutung. Befriedete De-facto-Regime können prinzipiell als Subjekt völkerrechtlicher Verträge in Erscheinung treten,[334] ebenso staatliche
Entitäten ohne volle (oder mit beschränkter) Souveränität (Grönland, Hongkong, Taiwan). Als atypisches Völkerrechtssubjekt (eine Kategorie, zu der – aus historischen
Gründen – auch der in der Völkerrechtspraxis nebensächliche Souveräne Malteser Ritterorden gezählt wird)[335] ist auch der Heilige Stuhl an völkerrechtlichen Verträgen beteiligt.[336]

IV. Die Rechtsquellen und Rechtserkenntnisquellen des Völkerrechts

1. Begriff und Rang

„Rechtsquelle" ist der Oberbegriff für die *Erscheinungsformen,* in denen Recht sich ma- 91
nifestiert, im Falle des Völkerrechts zB als Vertragsrecht oder Gewohnheitsrecht.[337]
Art 38 Abs 1 IGH-Statut listet die Rechtsquellen des Völkerrechts auf, die der Gerichtshof
bei seinen Entscheidungen anwendet. Die Vorschrift hat jedoch nicht nur verfahrensrechtliche Bedeutung, sondern bildet die maßgebliche Referenzgrundlage für die wichtigsten Völkerrechtsquellen. Für Art 38 Abs 1 StIGH-Statut als (fast wortidentische) Vor-
gängernorm war seinerzeit str, ob die Aufzählung außer für den Gerichtshof auch für
die Vertragsstaaten des Statuts verbindlich war.[338] Daran kann schon mit Blick auf die
Funktion des Art 38 IGH-Statut – Streitigkeiten zwischen Staaten über ihre völkerrechtlichen Rechte und Pflichten zu regeln – kein Zweifel mehr bestehen. Als Parteien des
IGH-Statuts als eines völkerrechtlichen Vertrags haben sich die Mitglieder der UN auch
selbst zum Rechtsquellenkatalog des Art 38 bekannt, auch wenn dieser nicht sie, sondern den IGH direkt anspricht. Überdies ist der Kanon der Völkerrechtsquellen, der in
Art 38 Abs 1 zum Ausdruck kommt, für alle Staaten, auch die nicht den Vereinten Nationen angehörenden, maßgeblich.[339] Die hier aufgeführten Völkerrechtsquellen sind

---

333 Zu ihnen *Kau*, 3. Abschn Rn 38 ff, aber auch bei *Peters/Petrig*, Völkerrecht, 287 ff.
334 Dazu *von Arnauld*, Völkerrecht, Rn 69; zur Rechtsstellung *Frowein*, Das de-facto-Regime im Völkerrecht, 1968, 34 ff.
335 *Karski* (Fn 7) 19.
336 *Peters/Petrig*, Völkerrecht, 287 f; *von Arnauld*, Völkerrecht, Rn 61.
337 Vgl *Verdross/Simma*, Völkerrecht, § 515, dort auch zum Unterschied zwischen den „formellen"
Rechtsquellen, den Rechtsentstehungsquellen, einerseits und den „materiellen" Rechtsquellen (zB soziale
Normen, juristische Überzeugungen) andererseits; letztere sind die *faits matériels,* die auf das Recht einwirken, auf seine Entstehung, seinen Inhalt.
338 *Zemanek*, The Legal Foundations of the International Legal System, RdC 266 (1997) 1 (131). Klarstel-
lend wurde daher bei der Konferenz von San Francisco auf einen Vorschlag Chiles hin in Art 38 IGH-Statut der Zusatz aufgenommen, dass es Aufgabe des Gerichtshofs sei, „nach dem Völkerrecht" zu entscheiden, vgl UNCIO XIII, 284.
339 S etwa *Thirlway*, Sources, 10.

–   internationale Übereinkünfte, also völkerrechtliche Verträge (lit a),
–   Völkergewohnheitsrecht (lit b) und
–   die allgemeinen Rechtsgrundsätze (lit c).

92   Von den Rechtsquellen zu unterscheiden sind die „Rechtserkenntnisquellen". Art 38 Abs 1 lit d IGH-Statut beschreibt sie als „Hilfsmittel zur Feststellung von Rechtsnormen", zu denen Gerichtsurteile und wissenschaftliche Lehrmeinungen zählen. Als Rechtsnormen *(„rules of law"/„règles de droit")* sind, wie aus lit d zu schließen ist, jedenfalls die Kategorien der lit a bis c aufzufassen. Das innerstaatliche Verständnis einer Rechtsnorm als abstrakt-genereller Regelung würde allerdings den Kategorien und insbes dem völkerrechtlichen Vertrag (der auch ein bilateraler sein kann) nicht gerecht. Insofern besteht kein markanter Unterschied zwischen diesen „Rechtsnormen" und anderen, in Art 38 Abs 1 IGH-Statut nicht aufgeführten Quellen des Völkerrechts;[340] denn als ein Numerus clausus der Völkerrechtsquellen darf Art 38 Abs 1 IGH-Statut nicht verstanden werden. Insbes einseitige Rechtsakte, die ebenfalls als Rechtsquellen verstanden werden dürfen, sind von ihm nicht erfasst.[341]

93   Art 38 Abs 1 IGH-Statut bezieht sich auf Streitigkeiten vor dem IGH, vor welchem nur Staaten parteifähig sind, und ist als Katalog der zentralen Völkerrechtsquellen insoweit zu restriktiv gefasst, als zumindest der völkerrechtliche Vertrag – die erste dort aufgeführte Völkerrechtsquelle – nicht nur mit oder unter Staaten vereinbart werden kann, sondern auch mit oder unter anderen Völkerrechtssubjekten, insbes I.O.

94   Eine *Normenhierarchie* existiert im Völkerrecht grundsätzlich nicht.[342] Insbes besteht keine kategoriale Hierarchie: Die einzelnen Typen von Völkerrechtsquellen sind gleichrangig. Die für den Rechtsquellenkanon vorgesehene Formulierung „Les régles à appliquer par le juge [...] sont les suivantes, dans l'ordre successif où elles s'imposent à son examen" / „The following rules are to be applied by the judge [...]; they will be considered by him in the undermentioned order"[343] hätte eine Hierarchie zwischen einzelnen Quellen begründet, wurde aber nicht in die endgültige Fassung von Art 38 StIGH-Statut aufgenommen.[344] Eine kategoriale Hierarchie zwischen den Völkerrechtsquellen lässt sich auch deshalb kaum etablieren, weil sich die Adressatenkreise einzelner Regeln selten decken. Zwischen den Parteien kann Vertragsrecht Gewohnheitsrecht konkreti-

---

340 Zu ihnen *Kratzsch,* Rechtsquellen des Völkerrechts außerhalb von Artikel 38 Absatz 1 IGH-Statut, 2000; *Thirlway,*Sources 24 ff.
341 Näheres dazu Rn 144.
342 Zur gegenwärtigen Diskussion: *Koskenniemi,* Hierarchy in International Law, EJIL 8 (1997) 566 ff; *Paulus,* Zur Zukunft der Völkerrechtswissenschaft in Deutschland, ZaöRV 67 (2007) 695 ff; *Zimmermann,* Durchsetzung des Völkerrechts zwischen Fragmentierung, Multilateralisierung und Individualisierung, FS Bothe 2008, 1077 ff.
343 Procès-Verbaux of the Proceedings of the Advisory Committee of Jurists, 13th Meeting, Annex 3, Proposition du Baron Decamps, 1920, 306.
344 *Pellet,* in ICJ Statute Commentary, Art 38 Rn 266 ff.

sieren und es damit auch relativieren, es kann auch davon abweichen und es damit ggf faktisch verdrängen. Ob das Gewohnheitsrecht neben dem Vertrag weiter Bestand hat, hängt von Inhalt und Dauer der vertraglichen Regelung und der Zahl der Vertragsparteien ab. Von der Gleichrangigkeit der Völkerrechtsnormen werden nur wenige Ausnahmen gemacht. Eine solche gilt insbes für die zwingenden Normen, die typischerweise solche des Völkergewohnheitsrechts sind (*ius cogens*, s u Rn 120, 137f). Sie stehen im Rang über allem anderen Völker(vertrags)recht. Eine weitere allgemeine Vorrangklausel findet sich in Art 103 UN-Charta, welcher den Vorrang der Charta vor anderen vertraglichen Übereinkünften der UN-Mitgliedstaaten anordnet.[345] Damit dürfte jedoch kein Geltungs-, sondern nur ein Anwendungsvorrang gemeint sein. Der Vorrang der UN-Charta durchbricht, wie Art 30 Abs 1 WVK deutlich macht, die allgemeinen Bestimmungen über die Vertragsbindung bei aufeinanderfolgenden Verträgen über denselben Gegenstand. Über seinen Wortlaut hinaus erstreckt sich Art 103 UN-Charta auch auf Völkergewohnheitsrecht, zumal die UN-Charta als völkerrechtlicher Vertrag im Verhältnis zum Völkergewohnheitsrecht spezielle Regelungen enthält. Im Übrigen bleibt es Parteien völkerrechtlicher Verträge stets unbenommen, durch Vorrangklauseln zugunsten eines der Verträge der Gefahr einander widersprechender Rechtspflichten zu begegnen (vgl Art 30 Abs 2 WVK). Die allgemeinen Regeln über den Vorrang der *lex posterior* und der *lex specialis* – der ein logischer, kein normenhierarchischer ist – finden im Übrigen zwar Anwendung, nicht nur, aber doch vorwiegend innerhalb der einzelnen Rechtsquellenkategorien. Sie erfahren aber völkerrechtsspezifische Modifikationen, wie die Bestimmungen der WVK über aufeinanderfolgende Verträge über denselben Gegenstand (Art 30 WVK) und diejenigen zur Änderung völkerrechtlicher Verträge (Art 40 WVK; dazu u Rn 118) zeigen. Regionales oder bilaterales Völkergewohnheitsrecht (u Rn 130) dürfte universellem Völkergewohnheitsrecht vorgehen.

2. Die Rechtsquellen des Völkerrechts im Einzelnen
a) Völkerrechtliche Verträge
aa) Begriff und Rechtsgrundlagen. An erster Stelle nennt Art 38 Abs 1 IGH-Statut die 95 internationalen Übereinkünfte *(conventions)*. Damit spiegelt die Norm die große praktische Bedeutung wider, die den völkerrechtlichen Verträgen, auch für die Dynamik des Völkerrechts, das sich durch Übereinkünfte schnell, präzise und transparent fortentwickeln lässt, zukommt. Ein völkerrechtlicher Vertrag besteht aus aufeinander bezogenen, sich deckenden Willenserklärungen zwischen mindestens zwei Völkerrechtssubjekten, gerichtet auf Begründung, Abänderung oder Aufhebung bestimmter völkerrechtlicher Beziehungen.[346] Für die Qualifikation als völkerrechtlicher Vertrag

---

345 *von Arnauld*, Völkerrecht, Rn 288, betrachtet dies als echte Normenhierarchie.
346 Die Unterscheidung zwischen Recht setzenden und rechtsgeschäftlichen Verträgen spielt keine Rolle mehr. Fast jeder Vertrag dürfte Elemente von beiden Typen aufweisen. Umfassende multilaterale Übereinkommen, zumal sektorale Weltordnungsverträge (zB das SRÜ), fungieren als „Gesetze" der internatio-

kommt es nicht auf die Bezeichnung (wie „Abkommen", „Pakt", „Protokoll") oder den Regelungsgegenstand, sondern auf den *Rechtsbindungswillen der Parteien* (vgl Art 2 Abs 1 lit b WVK), also auf die (intendierte) Verbindlichkeit der Absprache, an.[347] Völkerrechtliche Verträge können bi- oder multilateraler Art sein. Letztere nennt man „Konventionen" oder „Übereinkommen".

96   Für den Abschluss und den Umgang mit völkerrechtlichen Verträgen finden sich im Völkerrecht allgemeine Regeln, die ihrerseits in einem multilateralen Völkerrechtsvertrag, dem Wiener Übereinkommen (oder Wiener Konvention) *über das Recht der Verträge*, kurz „Wiener Vertragsrechtskonvention", v 23.5.1969 (WVK),[348] geregelt sind. Neben dieser nur für Staatenverträge geltenden Konvention existiert eine – noch nicht in Kraft getretene – Wiener Konvention über das Recht der Verträge zwischen Staaten und internationalen Organisationen oder zwischen internationalen Organisationen v 21.3.1986 (WVKIO).[349] In Kraft getreten ist hingegen (1996) das Wiener Übereinkommen über die Staatennachfolge in Verträge v 23.8.1978 (WÜSV),[350] allerdings haben es nur 23 Staaten ratifiziert (Stand 2023) – darunter weder die USA noch Russland und China, auch Deutschland nicht und nur sechs unter den anderen Mitgliedstaaten der EU. Insbes die WVK gibt in weiten Teilen Völkergewohnheitsrecht wieder bzw ihre Vorschriften sind zu Völkergewohnheitsrecht erstarkt. Ob dies der Fall ist, muss jedoch für jede einzelne Vorschrift separat ermittelt werden; kaum ein völkerrechtlicher Vertrag erwächst in seiner Gesamtheit in Völkergewohnheitsrecht. Dies ist insoweit bedeutsam, als die WVK erstens unmittelbar nur Anwendung finden kann, wenn alle Parteien eines Vertrags auch Vertragsparteien der WVK sind. Bei multilateralen Verträgen wird dies mit steigender Zahl von Parteien immer unwahrscheinlicher. So haben zB die USA und Frankreich die WVK bislang nicht ratifiziert. Zweitens darf sie auf Verträge nicht angewendet werden, die geschlossen worden waren, bevor die WVK für eine Partei in Kraft getreten ist (vgl Art 4 WVK). Daraus ergibt sich, dass die WVK für Verträge, die vor dem 27.1.1980 (dem Tag ihres Inkrafttretens) abgeschlossen wurden, überhaupt nicht anwendbar ist (also zB nicht auf die UN-Charta), und für Deutschland, das der Konvention erst mit Wirkung zum 20.8.1987 beitrat, für vor diesem Datum abgeschlossene Verträge ebenfalls nicht. Allerdings werden die Konsequenzen der temporal begrenzten Geltung der WVK

---

nalen Gemeinschaft. Zum besonderen Charakter der UN-Charta vgl *Köck*, UN-Satzung und allgemeines Völkerrecht, FS Zemanek, 1994, 69ff; zu Friedensverträgen *Lesaffer*, Peace Treaties and International Law in European History, 2008.

347 Vereinzelt wurde vertreten, dass sich unter die Kategorie des Vertrags auch ein Konsens fassen lasse, der mit dem Willen, seinem Inhalt Rechtsgeltung zu verschaffen, einhergeht; als „ursprüngliche Quelle des Völkerrechts" sollte ein derartiger formloser zwischenstaatlicher Konsens den internationalen Übereinkünften „überlagernd" zugeordnet sein; so *Verdross/Simma*, Völkerrecht, §§ 75, 519. Diese Lehrmeinung setzte sich nicht durch.

348 BGBl 1985 II, 926 (WVK).

349 Dazu o Rn 86.

350 ILM 17 (1978) 1488. Sein Inhalt ist zum größten Teil str, etwa wegen des dort stipulierten *tabula-rasa*-Prinzips (Art 16).

Kämmerer

dadurch gemildert, dass viele ihrer Regelungen, wie bereits gesagt, auch völkergewohnheitsrechtlich anerkannt waren oder heute sind. Dies deutet auch die WVK am Ende ihrer Präambel selbst an, wo es heißt, dass „die Sätze des Völkergewohnheitsrechts weiterhin für Fragen gelten, die in diesem Übereinkommen nicht geregelt sind".

Aus der Definition des Vertrags in Art 2 lit a WVK folgt, dass der sachliche Anwen-   97
dungsbereich der WVK zum einen auf in *Schriftform* geschlossene Vereinbarungen begrenzt ist. Art 3 Hs 1 WVK („noch auf nicht schriftliche internationale Übereinkünfte Anwendung findet") ist zu entnehmen, dass die WVK auf mündliche oder konkludente
Vereinbarungen lediglich nicht anwendbar ist, ihren Charakter als völkerrechtliche Verträge jedoch nicht negieren will. Zum anderen ist die WVK nur auf solche Verträge sachlich anwendbar, die zwischen *Staaten* geschlossen werden (Art 1, Art 2 Abs 1 lit a). Darunter fallen, wie Art 5 WVK klarstellt, auch die Gründungsverträge von I.O. (nicht
aber die Verträge *von* und *mit* I.O.). Wurde ein Vertrag also lediglich mündlich – ein
überaus seltener Fall – oder aber zwischen einem Staat und einem nichtstaatlichen Völkerrechtssubjekt abgeschlossen, kann es sich gleichwohl um einen völkerrechtlichen
Vertrag handeln; nur finden auf ihn die Regeln der WVK lediglich insoweit Anwendung,
als sie Völkergewohnheitsrecht widerspiegeln.

Die *Vertragsfähigkeit*, dh die Fähigkeit, völkerrechtliche Verträge abzuschließen, ist   98
Voraussetzung für einen wirksamen Vertragsschluss. Da die WVK nur auf Verträge zwischen Staaten Anwendung findet, erkennt Art 6 WVK jedem Staat Vertragsfähigkeit zu.
Was daraus folgt, wenn es einer Vertragspartei an *Staats*qualität fehlt, regelt die WVK
nicht; insofern gilt, wo vorhanden, Völkergewohnheitsrecht, wie auch die WVK-Präam-
bel unterstreicht. Die Möglichkeit, dass auch solche Verträge (zB Vereinbarungen, die
mit einem De-facto-Regime getroffen werden) Wirkung entfalten, und zwar als völkerrechtliche Verträge *(treaties)*, erkennt Art 3 lit a WVK durchaus an, nur eben nicht die
Anwendung der WVK auf sie.[351] Von der abstrakten Vertragsfähigkeit, also der *treaty-
making capacity*, ist die Frage zu unterscheiden, ob ein Staat zur Teilhabe an einem *bestimmten* Vertrag qualifiziert ist. „Geschlossene Verträge" stellen bestimmte und uU in-
disponible Kriterien für die Mitgliedschaft auf, wie zB Art 49 Abs 1 EUV, wonach nur europäische Staaten EU-Mitglieder werden dürfen. Da sich die Parteien kraft souveräner
Entscheidung über diese Begrenzung jederzeit einvernehmlich hinwegsetzen können,
ist allerdings kein Vertrag vollkommen „geschlossen". Eine inhärente Begrenzung der
Teilhabe an einem (multilateralen) Vertrag wird in der Regel dadurch hergestellt, dass
der Hinzutritt eines weiteren Staates wiederum einen (Beitritts-)Vertrag erfordert, der
in zahlreichen Fällen von allen Bestandsparteien ratifiziert werden muss (so auch nach
Art 49 EUV), er zumindest die Zustimmung der politischen Vertreter erfordert, und die
Bestandsparteien und jede einzelne unter ihnen es somit in der Hand haben, den Vertrag im Einzelfall jederzeit „zu schließen". Bei I.O., die nicht vom sachlichen Anwen-

---

351 *Schmalenbach*, in VCLT Commentary, Art 3 Rn 1, 3.

dungsbereich der WVK erfasst sind, bestimmt der Gründungsvertrag den Umfang ihrer Vertragsfähigkeit (Art 6 WVKIO).

99 **bb) Abschluss.** Für das *Verfahren des Vertragsschlusses* stellt die WVK komplexe und wenig übersichtliche Regeln auf, die überdies alternativ und in weitem Umfang dispositiv sind. Grundsätzlich ist zwischen der Festlegung des Vertragstextes, der Unterzeichnung des Vertrags, der bindenden Willenserklärung einer Vertragspartei (idR Ratifikation genannt) und dem Inkrafttreten des Vertrags zu unterscheiden, und zwar allgemein und für eine bestimmte Partei. Welche zum Vertragsschluss führende Handlungen vorgesehen sind, und welche Wirkung ihnen beigemessen wird, legen die Art 11 bis 14 WVK weitgehend in das Gestaltungsermessen der Parteien.

100 Ausgehandelt wird der Inhalt völkerrechtlicher Verträge vielfach auf diplomatischen Konferenzen. Diese können durch eine I.O. oder auf deren Veranlassung ausgerichtet werden, soweit der Vertragsinhalt zum Zuständigkeitsbereich der Organisation gehört (wie beim Europarat), aber auch, wenn der Vertrag auf Änderung der Rechtsgrundlagen der I.O. gerichtet ist (vgl Art 48 Abs 3 und 4 EUV; der Konferenz der Regierungsvertreter ist danach in der Regel zudem noch ein Änderungskonvent vorgeschaltet, an welchem auch die EU durch eigene Vertreter beteiligt ist). Der aus diesem idR diplomatischen Verhandlungsprozess (an dem Regierungen jedoch oft schon beteiligt sind) hervorgehende Vertragstext ist ein vorläufiger und wird durch *Paraphierung*, also Unterzeichnung mit Namenskürzel, bestätigt. Auch wenn sich am Text nichts mehr ändert, steht er erst auf einer zweiten Stufe – mit der *Unterzeichnung* oder *Signatur* (vgl Art 10 WVK) – verbindlich fest. Diese obliegt üblicherweise den Regierungen und wird in Deutschland durch ein Mitglied der Bundesregierung vorgenommen.[352] Nachverhandlungen sind auch anschließend nicht gänzlich ausgeschlossen – gerade bei multilateralen Verträgen verbleibt eine gewisse Flexibilität. Die Unterzeichnung ist idR (Ausnahmen sind möglich, Art 12 WVK) noch nicht diejenige Willenserklärung, welche die Bindung eines Staats an den Inhalt herbeiführt. Ohne Rechtswirkungen ist die Unterzeichnung allerdings auch nicht: Jeder Signatarstaat ist nach Treu und Glauben gehalten, den Vertragszweck nicht zu vereiteln (*Frustrationsverbot,* Art 18 WVK).[353] Wie aus lit a und b zu schließen ist, wirkt das Frustrationsverbot so lange, wie der Staat sich nicht klar erkennbar von seiner Unterschrift distanziert (sie also „zurücknimmt") oder sich das Inkrafttreten des Vertrags „ungebührlich" verzögert, was sein endgültiges Scheitern einschließt.

---

352 *Starski*, in Kämmerer/Kotzur (Hrsg), von Münch/Kunig, GG-Kommentar, 7. Aufl 2021, Bd 1, Art 59 Rn 31f.
353 Vgl BVerfGE 108, 129 (140) *[Auslieferungsabkommen]*; vgl. *Verdross/Simma*, Völkerrecht, § 705. Das Frustrationsverbot gilt nicht, wenn Paraphierung bzw Unterzeichnung nur Authentifizierungsfunktion (Art 10 lit b WVK) haben, vgl *Dörr*, in VCLT Commentary, Art 18 Rn 15. Vom Frustrationsverbot ist zudem das Instrument der vorläufigen (vertraglichen und rechtsverbindlichen) Anwendung völkerrechtlicher Verträge (Art 25 WVK) zu unterscheiden.

Kämmerer

In welcher Form die Willenserklärung abgegeben wird, welche die Vertragsbin- 101 dung endgültig herstellt, stellt die WVK den Parteien anheim (Art 11 WVK). Entscheidend ist *der zum Ausdruck gebrachte Wille der Parteien, einer bestimmten Handlung Bindungswirkung beizumessen.* Dies kann auch in anderen als den in der WVK erwähnten Modi erfolgen (zB in der Annahme von Vorschlägen eines Drittstaats durch Parteien in getrennten Schreiben). Dass die Unterzeichnung uno actu auch schon die Bindung herbeiführt (Art 12 WVK), ist unüblich. Austausch von Urkunden (Art 13 WVK) ist demgegenüber ein durchaus übliches Procedere, begründet allerdings selten für sich allein die Vertragsbindung („einfaches Verfahren"); zumeist bedarf es der *Ratifikation,* von der Art 14 WVK handelt. Unter Ratifikation (deren Wirkung die „Annahme" oder „Genehmigung" sowie der „Beitritt" gleichstehen soll) versteht Art 2 Abs 1 lit b WVK die für einen Staat durch dessen berufenen Vertreter, in aller Regel das Staatsoberhaupt, abgegebene Willenserklärung, mit der ein Staat seine Zustimmung bekundet, durch den Vertrag gebunden zu sein. Entgegen verbreitetem Sprachgebrauch ist Ratifikation *keine* Angelegenheit der Parlamente, doch haben diese in parlamentarischen Systemen dem Vertrag zuzustimmen, wie sich für Deutschland aus Art 59 Abs 2 GG ergibt.[354] Durch diese Zustimmung wird der Vertrag zum einen in innerstaatliches Recht überführt (oder, bei monistischer Deutung, innerstaatlich anwendbar), zum anderen wirkt das Zustimmungsgesetz verfassungsrechtlich als Ratifikationsermächtigung und -anordnung gegenüber dem Bundespräsidenten, dem als Staatsoberhaupt die Ratifikation gemäß Art 59 Abs 1 S 2 GG obliegt.[355] Zwischen der Ratifikation eines völkerrechtlichen Vertrags und dessen Inkrafttreten kann sich ein Staat grundsätzlich nicht mehr von ihm loslösen. Bei I.O. wird deren Bindung durch einen „Akt der förmlichen Bestätigung" herbeigeführt (Art 2 Abs 1 lit (b) (b bis) WVKIO).

Ist ein Vertrag bereits in Kraft, kann ein Staat ihm beitreten, wie sich aus Art 15 102 WVK ergibt. Die Definition des *Beitritts* ist identisch mit derjenigen der Ratifikation (Art 2 Abs 1 lit b WVK); er stellt also eine bindende Willenserklärung mit Wirkung für den Staat dar. Art 15 WVK betrachtet den Beitritt nur aus Sicht des hinzutretenden Staates. Eine solche Bindung durch einfache Erklärung und Hinterlegung einer Ratifikationsurkunde (mitunter nach vorheriger Einladung) ist bei vielen Verträgen, nicht zuletzt im Bereich der Menschenrechte, vorgesehen. Bei einigen I.O. ist ein Beitritt zu deren Statut hingegen keine einseitige Angelegenheit, sondern erfordert einen Beitrittsvertrag. Dies gilt insbes für die EU (Art 49 EUV). Wer die völkerrechtliche Willenserklärung (Ratifikation, Annahme, Genehmigung oder Beitritt) abgibt, ist durch die WVK nicht determiniert; es handelt sich um eine Frage des innerstaatlichen Rechts. Die *Vertretungsbefugnis* wird jedoch für den in Art 7 Abs 2 WVK genannten Personenkreis vermutet. Abgestuft nach dem jeweiligen staatlichen Amt, gelten insbes Staatsoberhäupter,

---

354 Zur parlamentarischen Beteiligung in ausgewählten Staaten s die Beiträge in Riesenfeld/Abbott (Hrsg), Parliamentary Participation in the Making and Operation of Treaties, 1994.
355 BVerfGE 1, 396 (410 f) *[Vertrags-Gesetze]; Starski* (Fn 352) Rn 42.

Regierungschefs und Außenminister als vertretungsberechtigt. Andere als die in Art 7 Abs 2 genannten Personen sind bei Vorlage einer *Vollmacht* (vgl Art 2 Abs 1 lit c WVK) oder nach Maßgabe zwischenstaatlicher Übung oder Verständigung (Art 7 Abs 1 WVK) vertretungsberechtigt. Mängel der Vertretungsbefugnis sind gemäß Art 8 WVK durch eine nachträgliche Bestätigung heilbar.

103 IdR erfolgt das *Inkrafttreten* des Vertrags zu dem Zeitpunkt, den die Parteien – meist im Vertrag selbst – bestimmen (Art 24 Abs 1 WVK). Üblicherweise wird für das Inkrafttreten ein Datum bestimmt und/oder (bei multilateralen Verträgen) eine Mindestzahl von Ratifikationen, die für das Inkrafttreten erforderlich ist.[356] Dies kann, wie das Bsp des SRÜ v 1982 zeigt (Inkrafttreten 1994), aber auch der WVK selbst (1969–1980), längere Zeit in Anspruch nehmen. Sinkt später die Zahl der Vertragsparteien, etwa durch Rücktritt vom Vertrag, unter die für das Inkrafttreten nötige Zahl, soll allein dies *nicht* zum Außerkrafttreten des Vertrags führen (Art 55 WVK; die Parteien können dies aber, wie zB in Art XV Genozid-Konvention, anders regeln). Fehlt es hingegen an einer solchen Bestimmung, tritt der Vertrag mit der Ratifikation (Art 24 Abs 2 WVK) in Kraft. Für Staaten, die einem Vertrag *nach* dessen Inkrafttreten beitreten, tritt dieser zum Zeitpunkt ihrer Zustimmung, durch den Vertrag gebunden zu sein, in Kraft (Art 24 Abs 3 WVK). Ist ein Vertrag in Kraft getreten, sind die Parteien „endgültig" gebunden. Es ist den Parteien nunmehr nicht nur grundsätzlich[357] versagt, sich vom Vertrag einseitig zu lösen, vielmehr haben sie ihre Vertragspflichten auch positiv zu erfüllen (Art 26 WVK; *pacta sunt servanda*). Ein in Kraft getretener Vertrag bindet die Parteien endgültig in dem Sinne, dass sie sich jetzt grundsätzlich nicht mehr auf innerstaatliches Recht berufen können, um die Nichterfüllung einer Vertragspflicht zu rechtfertigen (Art 27, 46 Abs 1 Hs 1 WVK). Hiervon sieht Art 46 Abs 1 Hs 2, Abs 2 WVK eine Ausnahme vor. Demnach ist die Berufung auf die Verletzung innerstaatlicher Rechtsvorschriften im Zusammenhang mit dem Vertragsschluss zulässig, soweit es sich um eine (für andere Staaten) offensichtliche Verletzung handelt, die kumulativ eine innerstaatliche Rechtsvorschrift von grundlegender Bedeutung betrifft – etwa die Nichtbeteiligung des Bundestags an einem Abrüstungsvertrag (entgegen Art 59 Abs 2 Satz 1 GG). Mit diesem Ansatz folgt die WVK zwar der „Irrelevanztheorie" (wonach innerstaatliche Rechtsverstöße für die völkerrechtliche Bindung bedeutungslos sind), die aber zur „Evidenztheorie" modifiziert wird: Zwischen der Rechtssicherheit auf der einen Seite und dem souveränen Recht, das innerstaatliche Verfahren auszugestalten, auf der anderen Seite wird – wie schon in Art 7 WVK – eine Balance hergestellt.[358]

104 Die WVK (Art 76 ff) sieht vor, dass Vertragsurkunden und Willenserklärungen bei einem Depositar (einem oder mehreren Staaten, einer I.O. oder deren leitendem Ver-

---

356 Vgl Art 84 WVK für diese Konvention selbst.
357 Ist ein Rücktritts- und Kündigungsrecht vorgesehen, ist eine Lösung vom Vertrag möglich.
358 *Peters/Petrig*, Völkerrecht, 170 f; die Evidenztheorie steht damit zwischen der „Irrelevanztheorie" und der „Relevanztheorie", s dazu *Verdross/Simma*, Völkerrecht, § 690. Zur – spärlichen – Staatenpraxis in dieser Frage *Fulda*, Demokratie und pacta sunt servanda, 2002, 106 ff.

waltungsbeamten [UN-Generalsekretär]) hinterlegt und von diesem *verwahrt* werden. Außerdem ist nach Art 102 UN-Charta (vgl Art 80 WVK) der Vertrag dem UN-Sekretariat zur *Registrierung* zu übermitteln. Dies soll Geheimverträge verhindern, die das Völkerrecht indes nicht verbietet. Die Missachtung des Registrierungsgebots führt nicht zur Unwirksamkeit des Vertrags, doch können sich die Parteien vor UN-Organen – etwa dem IGH – dann grundsätzlich nicht auf den Vertrag berufen (Art 102 Abs 2 UN-Charta). Die Veröffentlichung des Vertrags erfolgt grundsätzlich in der amtlichen UN-Sammlung (United Nations Treaty Series – UNTS).

cc) Bindungswirkung. Mit seinem Inkrafttreten entfaltet der Vertrag für die Parteien, die ihn ratifiziert haben, eine umfassende Bindungswirkung: *Pacta sunt servanda* (Art 26 WVK). Gleichwohl stellt sich die Frage nach der persönlichen, zeitlichen und räumlichen *Reichweite* dieser Bindung – und ob sie stets auf Vertragsparteien nach Ratifikation und Inkrafttreten begrenzt ist. Der Drei-Elemente-Lehre gemäß werden Staaten als Parteien grundsätzlich in ihrem gesamten Hoheitsgebiet erfasst (Art 29 WVK).[359] Ändert sich das Staatsgebiet, so verändert sich der räumliche Geltungsbereich des Vertrags in gleichem Umfang (*moving frontiers*-Grundsatz).[360] In zeitlicher Hinsicht wirkt ein Vertrag *ex nunc* (Art 28, 4 WVK), soweit die Parteien nichts anderes beschließen.[361] Eine auf dem Konsensprinzip fußende Möglichkeit, die persönliche Reichweite der Bindungswirkung zu begrenzen, sieht Art 17 Abs 1 WVK vor. Demnach kann eine Partei nur an einen Teil eines Vertrags gebunden sein, sofern der Vertrag dies vorsieht oder die anderen Vertragsparteien zustimmen. Zwischen einer solchen partiellen Vertragsbindung, wie IPR-Verträge sie vielfach ermöglichen, und dem „opting out", also der (ggf auch nachträglichen) Exklusion bestimmter Vertragskomponenten durch eine Partei, besteht in qualitativer Hinsicht kein grundlegender Unterschied.[362] Eine scharfe Trennlinie zwischen der partiellen Vertragsbindung und den in Art 19 ff WVK geregelten Vorbehalten (dazu Rn 108 ff) lässt sich dabei nicht ziehen.[363] Beide Mechanismen intendieren, eine Partei von der Geltung bestimmter Vertragsparteien auszunehmen, und in beiden Fällen bedarf es, sofern der Vertrag keine Bestimmungen enthält, grundsätzlich der Zustimmung der anderen Parteien.

Verträge entfalten ihre Geltung und Wirkung grundsätzlich nur *inter partes*. Die Souveränität verbietet den Vertragsstaaten, Rechtswirkungen ihres Vertrags auf Dritt-

359 Zu Art 29 WVK s *Karagiannis*, in Hollis (Hrsg), Oxford Guide to Treaties, 2. Aufl 2020, 309 ff.

360 *von der Decken*, in VCLT Commentary, Art 29 Rn 28 f; *Heintschel von Heinegg*, in Ipsen, Völkerrecht, § 15 Rn 4; *von Arnauld*, Völkerrecht, Rn 213; zurückhaltender („may") *Fitzmaurice*, in MPEPIL, Treaties, Rn 102.

361 Hierzu *Kotzur*, The Temporal Dimension: Non-retroactivity and its Discontents, in Tams/Tzanakopoulos/Zimmermann (Hrsg), Research Handbook on the Law of the Treaties, 2016, 153 ff.

362 Dazu *Heintschel von Heinegg*, in Ipsen, Völkerrecht, § 16 Rn 7; *Verdross/Simma*, Völkerrecht, § 629 Fn 14 *(contracting out)*.

363 *Villiger*, Commentary, Art 17 Rn 4.

Kämmerer

staaten zu erstrecken, und zwar anders als im innerstaatlichen Recht grundsätzlich auch dann, wenn sie für den Drittstaat günstig sind.[364] Der in Art 34 WVK paraphrasierte Grundsatz *pacta tertiis nec nocent nec prosunt* (Verträge belasten Dritte nicht und begünstigen sie auch nicht), im völkerrechtlichen Sprachgebrauch kurz als *pacta-tertiis*-Regel bezeichnet, ist Bestandteil des Völkergewohnheitsrechts.[365] Aus drittstaatlicher Sicht bleibt der Vertrag *res inter alios acta*, eine unter anderen ausgehandelte Angelegenheit, die ihn nicht bindet. Hiervon formulieren Art 35 und 36 WVK allerdings Ausnahmen: Wenn der Drittstaat die belastende Wirkung eines Vertrags schriftlich akzeptiert, mithin von seiner souveränen Entscheidungsmacht Gebrauch macht, wird er verpflichtet (Art 35 WVK). Für Verträge, die eine Begünstigung dritter Staaten intendieren, verlangt Art 36 Abs 1 Satz 1 zwar deren Zustimmung; sie wird aber vermutet, solange nicht das Gegenteil erkennbar ist und sofern der Vertrag nichts anderes vorsieht (Satz 2). Der Drittstaat muss praktisch also, wenn er nicht gebunden sein will, den begünstigenden Wirkungen des Vertrags aktiv widersprechen[366] – was die Rigidität der *pacta-tertiis*-Regel dann doch erheblich relativiert.[367] Überdies hält Art 38 WVK fest, dass die *inter partes*-Wirkung auf das Völkervertragsrecht beschränkt ist und eine mögliche Bindung des dritten Staates an Völkergewohnheitsrecht mit gleichem Norminhalt nicht hindert. Bedeutsam ist dies bei Streitigkeiten vor dem IGH: Hat eine Partei bestimmte Verträge von seiner Zuständigkeit ausgeschlossen, lässt dies korrespondierendes Völkergewohnheitsrecht grundsätzlich unberührt.[368]

107   Art 34 WVK wirkt sich auch auf I.O. aus, die durch einen völkerrechtlichen Vertrag souveräner Staaten „gekoren" werden. Infolgedessen ist kein Drittstaat verpflichtet, ihre Existenz anzuerkennen. Hat der Drittstaat jedoch diplomatische Verbindung mit der Organisation aufgenommen, kann er sich insbes im Haftungsfall nicht darauf berufen, sie existiere nicht und die Mitgliedstaaten müssten gesamtschuldnerisch haften. Dem steht, sofern Art 35 WVK nicht eingreift, das Rechtsprinzip des *estoppel* entgegen, wonach Staaten sich nicht in Widerspruch zu vorgängigen, auch einseitigen, Handlungen setzen dürfen (dazu Rn 141, 144). Für die UNO nahm der IGH im Bernadotte-Gutachten v 1949[369] an, dass sie kraft ihres Universalitätsanspruchs und ihrer Ziele über eine „objektive Völkerrechtspersönlichkeit" verfüge, die auch Nichtmitgliedstaaten gegen sich gelten lassen müssten (was konkret zur Folge hatte, dass die UNO gegen sie delikti-

---

364 Grundlegend das *Ostkarelien-Gutachten* des PCIJ, Ser B, No 5, 7 (27).

365 So schon *Waldock*, YBILC 1964-II, 5 (18); mit Rekurs auf die Judikatur auch *Proelss*, in VCLT Commentary, Art 34 Rn 4.

366 S *Proelss*, in VCLT Commentary, Art 36 Rn 31; s auch *D'Argent*, in Corten/Klein (Hrsg), Vienna Convention on the Law of Treaties, 2011, Art 36 Rn 21.

367 Inwieweit diese Ausnahmen gewohnheitsrechtliche Geltung haben, war schon in der ILC und ist auch heute noch str, hierzu *Proelss*, The Personal Dimension: Challenges to the Pacta Tertiis Rule, in Tams/Tzanakopoulos/Zimmermann (Fn 361) 222 (225); *Heintschel von Heinegg*, in Ipsen, Völkerrecht, § 15 Rn 23ff.

368 IGH in *Nicaragua, Merits*, §§ 56, 175.

369 ICJ Rep 1949, 174.

Kämmerer

sche Ansprüche geltend machen konnte). Diese juristisch recht kühne Auffassung ist heute allerdings praktisch gegenstandslos geworden, da es Drittstaaten in relevanter Zahl nicht mehr gibt.

Will ein Staat Partei eines multilateralen Vertrags werden, einzelne seiner Bestim- **108** mungen aber nicht akzeptieren, kann er diese nach Maßgabe von Art 17 WVK für sich ausschließen oder aber einen Vorbehalt gemäß Art 19 WVK formulieren. Gemäß Legaldefinition in Art 2 Abs 1 lit d WVK ist unter Vorbehalt die (*schriftlich* abzugebende, Art 23 Abs 1 WVK) *einseitige* Erklärung einer Vertragspartei zu verstehen, die bezweckt, die Rechtswirkung *einzelner* Vertragsbestimmungen in ihrer Anwendung auf sich auszuschließen oder zu ändern. Davon zu unterscheiden sind in der Praxis häufig vorkommende Erklärungen, die den Vertag lediglich auslegen *(Interpretationserklärungen)*, um vertragliche Pflichten zu präzisieren.[370] Interpretationserklärungen begrenzen die Vertragsbindung nicht, sondern sie deuten sie nur. Sie entfalten nur dann bindende Wirkung, wenn ein Vertrag dies (ausnahmsweise) bestimmt. Andernfalls müssen sie im Rahmen der Auslegung gemäß Art 31 Abs 2 WVK zwar nach Treu und Glauben berücksichtigt werden; ein Anspruch darauf, dass ein internationales Gericht ihnen folgt, besteht jedoch nicht. Für die Abgrenzung von Interpretationserklärungen und Vorbehalten kommt es, wie Art 2 Abs 1 lit d WVK deutlich macht, nicht auf die Bezeichnung, sondern darauf an, was aus Adressatensicht intendiert war.

Der *Vorbehalt* ist ein ambivalentes Rechtsinstrument. Einerseits kann er die Wi- **109** derstände einzelner Staaten gegenüber einer Beteiligung an einem völkerrechtlichen Vertrag und damit an dessen globaler Akzeptanz reduzieren, andererseits können Vorbehalte die Wirksamkeit seiner Vorschriften und damit die Vertragsziele beeinträchtigen und zur Rechtsunsicherheit beitragen. Um dem entgegenzuwirken, sind in die WVK detailreiche Regeln in Art 19–23 aufgenommen worden, die allerdings nicht vollumfänglich Gewohnheitsrecht reflektieren. Trotz des Detailreichtums dieser Regelungen äußert sich die WVK zu einer praktisch bedeutsamen Frage, den Rechtsfolgen unzulässiger Vorbehalte (dazu Rn 114), nicht. Um für alle Parteien gleiche und uneingeschränkte Rechtsbindungen herzustellen, wird in manchen Verträgen das Anbringen von Vorbehalten ganz untersagt (Art 19 lit a WVK)[371] oder, was Art 19 lit b WVK ebenfalls gestattet, einge-

---

370 Vgl auch die Definition der ILC im Guide to Practice on Reservations to Treaties, abgedruckt in YBILC 2011-II, 26; zur Abgrenzung s *Del Mar,* Integrity versus Flexibility in the Application of Treaties, in Tams/Tzanakopoulos/Zimmermann (Fn 361) 285 (287ff); näher *Kühner,* Vorbehalte zu multilateralen völkerrechtlichen Verträgen, 1980, 35ff; dort (41ff) auch zur Abgrenzung zu weiteren Erscheinungen wie Rechtsverwahrungen, Bedingungen, Protesten und Erklärungen politischen Charakters sowie (109ff) Darlegung der Differenzen zwischen Art 19ff WVK und dem (insoweit „unsicheren und diffusen") Völkergewohnheitsrecht. Bsp für „Vorbehalte und Erklärungen" in Bezug auf Art 27 IPBPR bei *Langenfeld* (Fn 12) 606.

371 Untersagungen finden sich zB in Art 1 Abs 1 Völkerbund-Satzung, während die UN-Charta keine Ausschlussbestimmungen enthält, oder in manchen Verträgen zum Schutz essenzieller Menschenrechte, zB Art 21 UN-Antifolterkonvention, Art 17 CEDAW-Fakultativprotokoll oder Art 120 IStGH-Statut, während die Genozid-Konvention keine Vorbehaltsklausel enthält.

schränkt. Dennoch findet sich der generelle Ausschluss von Vorbehalten eher selten. Vertragswerke wie das der EU, die Einstimmigkeit für die Aufnahme neuer Mitglieder erfordern (vgl 49 Abs 1 Satz 3 Halbsatz 2 EUV) und Sonderregelungen für einzelne Staaten in Zusatzprotokollen verankern, bedürfen seiner nicht. Manche Verträge verbieten Vorbehalte nur zu einzelnen Bestimmungen (wie Art 42 Abs 1 Genfer Flüchtlingskonvention) oder belassen es – eine in Menschenrechtsverträgen verbreitete Praxis – bei einer Generalklausel, wonach mit dem Ziel und Zweck des Vertrags unvereinbare Vorbehalte nicht zulässig sind. Damit ist für diese Verträge speziell festgelegt, was nach Art 19 lit c WVK auch in Ermangelung einer solchen Vertragsklausel gilt. Behielte sich – ein extremes Bsp – ein Staat beim Beitritt zur UN-Charta vor, sich Teile des Staatsgebiets eines anderen einzuverleiben, die jenem ersten Staat nach dessen Auffassung zustehen (sie also zu annektieren), dürfte er diesen mit der UN-Charta (Art 2 Nr 4) unvereinbaren Vorbehalt bei seinem Beitritt nicht anbringen. Vorbehalte zu Menschenrechten sind nicht generell unzulässig, wie sich schon daraus ergibt, dass viele der entsprechenden Verträge sie nicht pauschal, sondern nur im Umfang von Art 19 lit c WVK untersagen.[372] Ist aber ein Menschenrecht in zwingendes Völkerrecht *(ius cogens)* erstarkt, und ist es Staaten nach Art 53 WVK daher rechtlich unmöglich, sich durch vertragliche Regelung ihrer Geltung zu entziehen, darf es einem Staat auch nicht erlaubt sein, sich durch Vorbehalt einer die Geltung dieser Menschenrechte *bestätigenden* vertraglichen Regelung zu entziehen.[373] So dürften zB Vorbehalte gegen die Bestimmungen in Art 6–9 IPBPR schlechthin ausgeschlossen sein, obwohl die Konvention keine Vorbehaltsklausel enthält.[374]

110   Insgesamt ist Art 19 WVK trotz dieser Einschränkungen eine vorbehalts*freundliche* Regelung. Wie ein Vorbehalt wirkt, bestimmt sich danach, ob er der *Annahme* durch die anderen Vertragsparteien bedarf. Als Regelfall betrachtet Art 20 Abs 1 WVK, dass der Vorbehalt keiner Annahme durch andere Vertragsparteien bedarf und dann *ohne weiteres* seine Wirkung erzielt. In manchen Fällen wird der Vorbehalt jedoch erst nach Maßgabe seiner Annahme wirksam (Art 20 Abs 2, Art 23 Abs 1 WVK): wenn aus der begrenzten Zahl der Vertragsparteien sowie Ziel und Zweck des Vertrags hervorgeht, dass die Anwendung des Vertrags in seiner Gesamtheit eine wesentliche Geschäftsgrundlage

---

372 Str; für die Zulässigkeit jedenfalls von Vorbehalten zu untergeordneten Aspekten IGH in *Reservationen zur Genozid-Konvention*, ICJ Rep 1951, 15 (24) (mit abweichendem Votum des Richters *Álvarez* [53 ff]); aus der Lit *Pellet/Müller*, Reservations to Human Rights Treaties, FS Simma, 2011, 521 ff.

373 *von Arnauld*, Völkerrecht, Rn 225; weitergehend UN-Menschrechtsausschuss, CCPR General Comment No 24, CCPR/C/21/Rev.1/Add.6, Rn 8.

374 Zum Problem der Anwendung auf Menschenrechtsabkommen s auch *Bauer*, Vorbehalte zu Menschenrechtsverträgen, 1994; *Henkin u a*, Human Rights as General Norms and a State's Right to Opt Out, 1997; *Simma*, Reservations to Human Rights Treaties, FS Seidl-Hohenveldern, 1998, 659 ff; Ziemele (Hrsg), Reservations to Human Rights Treaties and the Vienna Convention Regime, 2004; *Fournier*, Reservations and the Effective Protection of Human Rights, GoJIL 2 (2010) 437 ff. Vgl im Übrigen den völkerrechtlich nicht verbindlichen "Guide to Practice on Reservations to Treaties, adopted by the International Law Commission", UN Doc A/66/10/Add 1 v 2011.

Kämmerer

für die Bindung als solche sein soll. Eine klare Handreichung ist dies nicht, denn auch bei multilateralen Verträgen, die eindeutige Vorgaben (des Menschenrechtsschutzes, der Abrüstung, der Emissionsreduktion oder der Konstruktion von Öltankern) statuieren, kann ein Bedürfnis bestehen, Abweichungen nicht ohne weiteres zu tolerieren. Indes ist ein Annahmeerfordernis bei solchen Verträgen nicht praktikabel. Bei welcher begrenzten Zahl der Verhandlungsstaaten die Annahme eines Vorbehalts geboten ist, und wie sich die spätere Erhöhung oder Schrumpfung ihrer Zahl auf die Wirkungen der Vorbehalte beitretender Staaten auswirkt, lässt sich Art 20 Abs 2 WVK nicht entnehmen.[375] Ist die Annahme des Vorbehalts erforderlich, kann sie auch konkludent erfolgen. Sie wird grundsätzlich vermutet (stillschweigende Annahme), wenn bis zum Ablauf von zwölf Monaten kein Einspruch gegen den Vorbehalt erhoben wird (Art 20 Abs 5 WVK).[376]

Das Erheben eines wirksamen Vorbehalts generiert *relative* vertragsbezogene **111** Rechtsverhältnisse:

- Zwischen Parteien, die keinen Vorbehalt erhoben haben, gilt der Vertrag vollumfänglich (Art 21 Abs 2 WVK).
- Zwischen der Partei, die einen Vorbehalt erklärt hat, und den Vertragsparteien, die den Vorbehalt angenommen oder keinen Einspruch eingelegt haben, gilt der Vertrag in dem durch den Vorbehalt bestimmten Ausmaß (vgl Art 20 Abs 4, Art 21 Abs 1 WVK).
- Zwischen der Partei, die den Vorbehalt erklärt hat, und Vertragsparteien, die *Einspruch* gegen ihn erhoben haben, wird der Vertrag zwar wirksam, die Bestimmungen, auf die sich der Vorbehalt bezieht, finden jedoch in dem im Vorbehalt vorgesehenen Ausmaß keine Anwendung (Art 21 Abs 3 WVK: Ausfluss der „erweiterten relativen Theorie")[377]. Damit unterscheiden sich die Wirkungen eines angenommenen nicht signifikant von denen eines abgelehnten Vorbehalts, da sich in beiden Fällen der den Vorbehalt erklärende Staat durchsetzt.[378] Dies soll nach Art 20 Abs 4 lit b WVK aber dann nicht gelten, wenn der den Einspruch erhebende Staat zum Ausdruck bringt, den Vertrag im Verhältnis zum Staat, der den Vorbehalt erhebt, überhaupt nicht gelten zu lassen. Ob und wie ein Vertrag, der nur im Verhältnis zwischen bestimmten Parteien überhaupt gilt, funktionieren kann, ist fraglich. Gewohnheitsrecht dürfte Art 20 Abs 4 lit b WVK, auch mangels ausreichender Rechtspraxis, nicht widerspiegeln.[379]

---

375 Vgl *Walter*, in VCLT Commentary, Art 20 Rn 27 ff.

376 Außerhalb der WVK-Regeln ist die Frage des Annahmeerfordernisses str, *Kühner* (Fn 370) 104 ff, 132 ff.

377 Hierzu *Heintschel von Heinegg*, in Ipsen, Völkerrecht, § 17 Rn 12 mwN.

378 *von Arnauld*, Völkerrecht, Rn 221.

379 Eingehend zur vielfach von der WVK abweichenden Staatenpraxis *Behnsen*, Das Vorbehaltsrecht völkerrechtlicher Verträge, 2007, 65 ff.

112 Insgesamt kommt in den Regeln für die Annahme von Vorbehalten das Souveränitätsprinzip zum Ausdruck. Sie begünstigen die Vorbehaltsstaaten – im Unterschied zum
„klassischen" System, welches, als Ausfluss der „absoluten Theorie", der Integrität der
vertraglichen Regelung Priorität einräumte.

113 Eine Besonderheit sieht Art 20 Abs 3 WVK für Vorbehalte zu Verträgen vor, welche
die Gründungsurkunde einer I.O. bilden: Mangels entgegenstehender Regelung soll der
Vorbehalt dann der Annahme durch das zuständige Organ der I.O. bedürfen. Diese Regelung kann zum einen nur Wirkung entfalten, wenn der Vertrag bereits in Kraft und
die I.O. damit wirksam etabliert ist, betrifft Gründungsmitglieder also nicht. Zum anderen ist eine der Norm entsprechende Rechtspraxis kaum nachweisbar; Völkergewohnheitsrecht dürfte auch insoweit nicht bestehen.[380]

114 Art 19–23 WVK befassen sich nur mit zulässigen Vorbehalten. Ob und inwieweit
auch *unzulässige Vorbehalte* Rechtswirkungen erzeugen können, beantworten die Vorschriften nicht. Die Frage ist keineswegs nur akademischer Natur, sondern stellte sich
zB im Zusammenhang mit dem – vom BVerfG verlangten – dt Vorbehalt zur Inanspruchnahme Deutschlands für Verbindlichkeiten des ESM.[381] Das Schweigen der WVK deutet
darauf hin, dass rechtswidrige Vorbehalte grundsätzlich unwirksam sind.[382] Es stellt
sich jedoch die Frage, ob der Vorbehalt ausnahmsweise Wirkung entfalten kann, wenn
alle anderen Vertragsparteien ihn annehmen, der Mangel also geheilt werden kann.
Dies ist zu bejahen: Indem die Mitgliedstaaten einen solchen Vorbehalt (mit oder ohne
Bewusstsein seiner Rechtswidrigkeit) annehmen, legalisieren sie ihn als „Herren der
Verträge". Die allseitige Annahme eines unzulässigen Vorbehalts wirkt insofern wie ein
Änderungsvertrag.[383] Liegt kein solcher Fall vor, bleibt der Vorbehalt mithin unwirksam, muss noch eine andere Frage beantwortet werden: die nach der Vertragsbindung
des den Vorbehalt erklärenden Staats. Ein Teil des Schrifttums stellt auf die – vom Vorbehalt abgesehen – wirksame Willenserklärung des Staats ab und bindet ihn vorbehalt-
los.[384] Nach anderer Ansicht kann der Staat nicht gebunden sein, da sich sein Vertrags-
bindungswillen vom unzulässigen Vorbehalt nicht trennen lässt.[385] Dieser Ansicht ist

---

380 *Swaine*, Treaty Reservations, in Hollis (Fn 359) 285 (304 mit Fn 110); *Walter*, in VCLT Commentary,
Art 20 Rn 36 ff; *Treviranus*, Vorbehalte zu mehrseitigen Verträgen – Wohltat oder Plage?, GYIL 25 (1982)
515 (524).
381 BVerfG in *ESM*, BVerfGE 132, 195 (Rn 149). Schlussendlich wurde die Forderung des BVerfG umgesetzt, indem einerseits die Vertragsparteien des ESM-Vertrags eine gemeinsame Auslegungserklärung abgaben und andererseits Deutschland zusätzlich eine einseitige Erklärung abgab, die sich auf die gemeinsame Erklärung bezog, vgl BGBl 2012 II, 1086.
382 So auch Ziff Nr 4.5.1 des Guide to Practice on Reservations to Treaties der ILC v 2011 (UN Doc A/66/10/
Add 1); aA *von Arnauld*, Völkerrecht, Rn 226.
383 *Heintschel von Heinegg*, in Ipsen, Völkerrecht, § 17 Rn 16.
384 *Hobe*, Völkerrecht, 157; *von Arnauld*, Völkerrecht, Rn 228. Ebenso der EGMR in *Belilos*, EuGRZ 1989, 21.
385 *Klabbers*, Accepting the Unacceptable? A New Nordic Approach to Reservations to Multilateral Treaties, NordJIL 69 (2000) 179 (188 f). Im Ergebnis ebenso IGH in *Reservationen zur Genozid-Konvention*, ICJ
Rep 1951, 15 (29).

Kämmerer

zu folgen; ein Ignorieren des unzulässigen Vorbehalts würde dem souveränen Willen des Staats nicht gerecht.

dd) Auslegung. Die *Auslegung* völkerrechtlicher Verträge richtet sich nach den in 115 Art 31–33 WVK verbürgten Auslegungsregeln, die auch völkergewohnheitsrechtlich gelten.[386] Die Schlüsselbestimmung des Art 31 Abs 1 WVK statuiert, dass „[e]in Vertrag nach Treu und Glauben in Übereinstimmung mit der gewöhnlichen, seinen Bestimmungen in ihrem Zusammenhang zukommenden Bedeutung und im Lichte seines Zieles und Zweckes auszulegen [ist]". Daraus folgt zum einen, dass es sich bei der grammatischen, systematischen und teleologischen Auslegung um die primären völkerrechtlichen Auslegungsmethoden handelt. Zum anderen gibt Art 31 Abs 1 WVK mit seiner Formulierung zu erkennen, dass der *objektive Auslegungsansatz* maßstäblich ist. Im Mittelpunkt der Auslegung steht damit der Wortlaut der Vertragsbestimmung und seine „gewöhnliche" Bedeutung *(ordinary meaning-rule).* Nicht maßstäblich ist hingegen, was die Parteien bei Abschluss des Vertrages subjektiv mit den verwendeten Formulierungen meinten (subjektiver Auslegungsansatz).[387] Die systematische Auslegung hat die Präambel und die Anlagen des Vertrags einzubeziehen (Art 31 Abs 2 WVK). Zudem ist jede sich auf den Vertrag beziehende Übereinkunft, die bei Vertragsabschluss zwischen allen Vertragsparteien geschlossen wurde (zB authentische Interpretationen), und jede Urkunde, die wenigstens von einer Partei bei Vertragsschluss abgefasst und von den anderen Vertragsparteien als konnexe Urkunde akzeptiert wurde, zu berücksichtigen (Art 31 Abs 2 lit a und b WVK). Einzubeziehen sind zudem jede spätere Übereinkunft zwischen den Vertragsparteien über die Auslegung des Vertrags, jede spätere Übung bei der Anwendung des Vertrags, aus der die Übereinstimmung der Vertragsparteien über seine Auslegung hervorgeht, sowie sonstige zwischen diesen Vertragsparteien anwendbare Völkerrechtssätze (Art 31 Abs 3 lit a–c WVK). Letztlich zielt dieses Schema darauf ab, den jeweils *aktuellen* Parteienkonsens zu erfassen. Die vorbereitenden Arbeiten zu einem Vertrag *(travaux préparatoires)* und die Umstände des Vertragsschlusses sind (nur) als „ergänzendes Auslegungsmittel" heranzuziehen, wenn die Auslegung nach Art 31 WVK entweder „die Bedeutung mehrdeutig oder dunkel lässt" oder „zu einem offensichtlich sinnwidrigen oder unvernünftigen Ergebnis führt" (Art 32 WVK), was allerdings nicht selten der Fall ist.[388] Die historische Auslegung ist damit grundsätzlich sekundär; den-

---

386 So ausdrücklich für alle drei Normen IGH in *Nicaragua/Kolumbien, Preliminary Objections,* ICJ Rep 2016, 100 (116); s auch *Guinea-Bissau/Senegal,* ICJ Rep 1991, 53 (70); *Aousou,* ICJ Rep 1994, 6 (21f); *Ölplattformen,* ICJ Rep 1996, 803 (812); *Kasikili/Sedudu,* ICJ Rep 1999, 1045 (1059); *LaGrand,* ICJ Rep 2001, 466 (501); *Avena,* ICJ Rep 2004, 12 (48); *Peru/Chile,* ICJ Rep 2014, 3 (28); *Jadhav,* ICJ Rep 2019, 418 (437); aus der Lit auch *Dörr,* in VCLT Commentary, Art 31 Rn 6f; *Sorel/Boré Eveno,* in Corten/Klein (Fn 366) Art 31 Rn 13; bereits früh *Köck,* Vertragsinterpretation und Vertragskonvention, 1976, 79 mit Fn 4.
387 *Verdross/Simma,* Völkerrecht, § 776; *Heintschel von Heinegg,* in Ipsen, Völkerrecht, 474; *Peters/Petrig,* Völkerrecht, Rn 20.
388 In diese Richtung auch *Dahm/Delbrück/Wolfrum,* Völkerrecht, Bd I/3, 643f.

noch hat sie, weil das Völkerrecht auf den tatsächlichen souveränen Willen der Staaten besondere Rücksicht nimmt, einen größeren Stellenwert als bei der Auslegung nationalen Rechts, die sich an den „objektivierten" Willen des Gesetzgebers anlehnt.

116 Die materiellen Auslegungskriterien (Wortlaut, Systematik, Telos – *effet utile*, ein in Art 33 Abs 4 WVK angedeutetes Kriterium) unterscheiden sich nicht wesentlich von denen des einzelstaatlichen Rechts (wobei der Grundsatz von Treu und Glauben sich nur auf die Anwendung der Kriterien bezieht). Anders als in den meisten staatlichen Ordnungen liegen völkerrechtliche Texte (vor allem bei multilateralen Übereinkommen) oft in verschiedenen *Sprachfassungen* vor. Auslegungserheblich sind nur die authentischen Sprachfassungen. Eine Sprachfassung ist *authentisch,* wenn dies im Vertrag festgelegt oder aus ihm ersichtlich ist. Sind mehrere Sprachfassungen für gleichermaßen authentisch erklärt (wie zB bei der UN-Charta, Art 111), sind sie grundsätzlich auch gleichermaßen auslegungsrelevant (Art 33 Abs 1 WVK),[389] wobei Art 33 Abs 3 WVK vermutet, „dass die Ausdrücke des Vertrags in jedem authentischen Text dieselbe Bedeutung haben". Weichen zwei gleichermaßen authentische Fassungen – was durchaus vorkommen kann – voneinander ab,[390] ist die Auslegung zu wählen, welche beide Fassungen unter Berücksichtigung des Vertragszwecks miteinander in Einklang bringt (Art 33 Abs 4 WVK), sofern nicht die Auslegung nach Art 31 oder 32 WVK Klarheit verschafft. Im Rahmen einer historischen Auslegung (Art 32 WVK) kann zB ermittelt werden, bei welchen authentischen Textfassungen es sich nur um Übersetzungen einer anderen authentischen Sprachfassung handelt – die dann als maßgeblich herausgezogen werden kann.[391] Die im BGBl (Teil 2) abgedruckten deutschsprachigen Fassungen sind meist für den dt Amtsgebrauch angefertigte Übersetzungen von nur in fremden Sprachen authentischen Texten.

117 Detailliertere *Auslegungsregeln* wurden in die WVK nicht aufgenommen, weil Zweifel daran verblieben, ob sie als *generelle* Regeln Bestand haben konnten.[392] Jedoch können auch bei dem von der WVK gewählten objektiven Interpretationsansatz weitere Regeln herangezogen werden, jedenfalls dann, wenn ein *dahingehender Wille* der Vertragsparteien vorliegt.[393] Es handelt sich um folgende Regeln:
– Unklare Formulierungen gehen zu Lasten desjenigen, der sie vorgeschlagen hat *(contra proferentem).*

---

389 Zum Problem *Hilf,* Die Auslegung mehrsprachlicher Verträge, 1973, 124 ff, 144 ff.

390 So weicht bspw die chinesische Sprachfassung von Art 2 Weltraumvertrag von den anderen Sprachfassungen insoweit ab, als sie die Aneignung „durch einen Staat" verbietet, wohingegen in der englischen, spanischen und französischen Fassung davon die Rede ist, dass die „nationale" Aneignung verboten sei. Diese Frage ist im Hinblick darauf, ob auch Private von Aneignungsverbot erfasst sind, relevant. Vgl *Lee,* Law and Regulation of Commercial Mining in Outer Space, 2012, 167.

391 Vgl etwa die Äußerung von *Verdross* in der ILC, YBILC 1966/I-2, 208; *Shelton,* Reconcilable Differences? The Interpretation of Mulitlingual Treaties, Hastings ICLR 20 (1997) 611 (635).

392 Vgl *Verdross/Simma,* Völkerrecht, § 781; zum Ganzen *Heintschel von Heinegg,* in Ipsen, Völkerrecht, § 12 Rn 16.

393 Zur Vertragsauslegung vertiefend *Dahm/Delbrück/Wolfrum,* Völkerrecht, Bd I/3, 633 ff.

Kämmerer

- Zu wählen ist die Auslegungsvariante, welche die Handlungsfreiheit des Schuldners am wenigsten beeinträchtigt *(interpretatio in favorem debitoris, in dubio mitius)*.[394]
- Analogieschlüsse finden im Allgemeinen nicht statt.[395]
- Die Auslegung ist völkerrechtskonform vorzunehmen, dh gemäß den jeweils anwendbaren Völkerrechtsregeln.[396]
- Gründungsverträge einer I.O. sind im Lichte des Organisationszwecks auszulegen; dies schließt eine erweiternde Auslegung idS ein, dass der I.O. über die vertraglich festgelegten Kompetenzen hinaus weitere zustehen, soweit ihre Wahrnehmung zum Erreichen des Vertragszwecks notwendig ist.[397]

ee) Änderung und Folgeverträge. Die WVK regelt die *Änderung* völkerrechtlicher Ver- 118 träge – sie erfolgt ebenfalls durch völkerrechtlichen Vertrag (Art 39 ff WVK)[398] – in ähnlicher Weise wie die Abfolge völkerrechtlicher Verträge über denselben Gegenstand. Beide unterscheiden sich darin, dass bei aufeinanderfolgenden Verträgen der zeitlich erste nicht immer und ohne weiteres abbedungen wird. Bei Identität der jeweiligen Vertragsparteien lässt Art 30 Abs 3 WVK den neuen Vertrag grundsätzlich vorgehen, sofern der ältere nicht beendet oder suspendiert wird.[399] Bei einer Vertragsänderung liegt diese Folge in der Natur der Sache. Wird der Vertrag in umfassender Weise geändert, spricht man von Revision. Auch Vertragsänderungen unterliegen der souveränen Entscheidung der Vertragsstaaten. Kein Vertragsstaat ist verpflichtet, Änderungen zuzustimmen (vgl Art 40 Abs 4 WVK).[400] Dies hat rechtliche Konsequenzen, wenn und solange nur einige Parteien den Änderungsvertrag ratifiziert haben, andere aber nicht. Art 40 Abs 4 verweist insoweit auf die Regeln, die nach Art 30 Abs 4 WVK für zeitlich aufeinanderfolgende Verträge über denselben Vertragsgegenstand im Falle der Parteiendivergenz grundsätzlich gelten.

---

394 Insbes *contra proferentem* und *in dubio mitius* sind bloße Vermutungen.

395 Str; einen Wandel erkennt *von Arnauld*, Völkerrecht, Rn 297. Grundlegend *Bleckmann*, Analogie im Völkerrecht, AVR 17 (1977/78) 161 ff; *Vöneky*, Analogy in International Law, MPEPIL; *Bordin*, Analogy, in d'Aspremont/Singh (Fn 75) 25 ff. Zum Rückgriff auf Analogien – nicht bei der Auslegung, aber bei der Weiterentwicklung des Völkerrechts – durch die ILC *Bordin*, The Analogy between States and International Organizations, 2019.

396 Vgl IGH in *Durchgangsrecht über indisches Gebiet, Jurisdiction*, ICJ Rep 1957, 125; auch für den Vertragsschluss gilt: *tempus regit actum*.

397 Vgl *Köck*, Die „implied powers" der Europäischen Gemeinschaften als Anwendungsfeld der „implied powers" internationaler Organisationen überhaupt, FS Seidl-Hohenveldern, 1988, 279 ff. Bzgl des Gründungsvertrags einer I.O. kann ebenfalls deren *Praxis* der Vertragsauslegung dienen; gleiches gilt von den Verfahrensordnungen. Das gilt zumal für die Auslegung der UN-Charta, die allen Verträgen vorgeht (Art 103 UN-Charta). Art 2 Nr 6 UN-Charta durchbricht zudem die *pacta tertiis*-Regel (str), vgl *Köck*, UN-Satzung und allgemeines Völkerrecht, FS Zemanek, 1994, 69 (84 ff).

398 Überblick bei *Heintschel von Heinegg*, in Ipsen, Völkerrecht, § 16; *Klabbers*, Treaties, Amendment and Revision, MPEPIL; *Aust*, Modern Treaty Law and Practice, 3. Aufl 2013, 232 ff.

399 Näher *Verdross/Simma*, Völkerrecht, § 786.

400 Verträge können ein bestimmtes Änderungsverfahren vorsehen, doch sind die Parteien an dieses nicht gebunden, wenn sie sich einstimmig anders entscheiden (*arg e* Art 54 WVK).

Dementsprechend gilt der geänderte (bzw neue) Vertrag nur zwischen Staaten, die ihn ratifiziert haben; zwischen Staaten, die ihn nicht ratifiziert haben, und im Verhältnis zu diesen bleibt es bei der Geltung des Vertrags in seiner früheren Fassung (bzw des ersten Vertrags). Durch Änderungs- und Folgeverträge können, ähnlich wie durch Vorbehalte, *relative* völkerrechtliche Vertragsverhältnisse entstehen. Bei aufeinanderfolgenden Verträgen kommt Art 30 Abs 3 WVK vor allem dann zur Anwendung, wenn ein bisheriger Vertrag durch einen neuen abgelöst werden soll (etwa die Genfer Seerechtsübereinkommen v 1958 durch das SRÜ v 1982 oder das GATT 1947 durch den WTO-Regelungskomplex, welcher das GATT im Wortlaut unverändert, aber als GATT 1947/1994 in einem völlig veränderten normativen Kontext enthält). Dieser Relativismus zwingt dazu, die Anwendbarkeit multilateraler Verträge in jeder bilateralen Rechtsbeziehung separat zu ermitteln. Vor allem bei Verträgen, die internationale Standards (bei Handel, Freizügigkeit, Menschenrechten oder Umweltschutz etc) setzen, wird die Relativität von Vertragsbeziehungen in Kauf genommen, um zu verhindern, dass Fortschritte bei völkerrechtlichen Standards mit der Aufgabe erreichter Mindestschutzniveaus erkauft werden. Vielfach aber sind sie unerwünscht, insbes bei Verträgen zur Änderung der Rechtsgrundlagen von I.O., die als „relativ wirkende juristische Personen" nicht funktionsfähig wären. Dem souveränen Willen der Vertragsparteien wird dann in der Weise Rechnung getragen, dass der Änderungsvertrag die Ratifikation sämtlicher bisheriger Vertragsstaaten erfordert (EU), oder dass solchen, die der Änderung nicht zustimmen wollen, ein Sonderkündigungsrecht eingeräumt wird. Zwingend erforderlich ist dies jedoch nicht. So binden zB Änderungen der UN-Charta auch Staaten, die mit ihnen nicht einverstanden sind, wenn sie mit Zweidrittelmehrheit von der Generalversammlung angenommen und von zwei Dritteln der Mitgliedstaaten ratifiziert worden sind (Art 108 UN-Charta). Dem Einwand, solche Vorgaben seien souveränitätswidrig, lässt sich entgegenhalten, dass jedes UN-Mitglied der Klausel beim Beitritt zur Organisation zugestimmt hat.

119 **ff) Vertrags- bzw Gültigkeitsmängel.** Völkerrechtliche Verträge können, wie innerstaatliche, *nichtig* oder zumindest *anfechtbar* sein; die WVK verwendet für beide Fallgruppen „Ungültigkeit" als Oberbegriff. Stärker als im innerstaatlichen Recht muss zwischen solchen Mängeln differenziert werden, die den Vertrag insgesamt unwirksam machen, und solchen, die lediglich die Vertragsbindung eines einzelnen Staates berühren.

120 Nach Art 53 WVK sind Verträge, die im Widerspruch zum *ius cogens*, also zu einer *zwingenden* Norm des allgemeinen Völkerrechts, stehen, ohne weiteres nichtig. Art 53 WVK rechnet eine Norm dem *ius cogens* zu, wenn sie „von der internationalen Staatengemeinschaft in ihrer Gesamtheit angenommen und anerkannt wird als eine Norm, von der nicht abgewichen werden darf". Welche Normen konkret dem *ius cogens* angehören ist bislang nicht abschließend geklärt,[401] jedenfalls sind ihm aber das Gewaltverbot, das

---

401 Vgl nur die Beiträge in Tladi (Hrsg), Peremptory Norms of General International Law (Jus Cogens), 2021, 471ff. Insbes sind nicht sämtliche *erga omnes*-Pflichten (Rn 138) zugleich Bestandteil des *ius cogens*,

Verbot des Völkermords, das Folter- und Sklavereiverbot und elementare Menschenrechtsgewährleistungen zuzurechnen.[402] *Ius cogens*-Normen sind typischerweise solche des Völkergewohnheitsrechts, ggf auch allgemeine Rechtsgrundsätze. Zwar ist die International Law Commission (ILC) der Auffassung, dass auch völkervertragliche Bestimmungen *ius cogens* sein können;[403] da sich aber nur Normen des allgemeinen Völkerrechts hierfür qualifizieren und die Staaten schon kraft *pacta sunt servanda* (Art 26 WVK) in der Pflicht stehen, dürfte die praktische Bedeutung zwingender Vertragsrechtsnormen gering sein, zumal inhaltsgleiches Gewohnheitsrecht in solchen Fällen stets bestehen wird. Im Fall *Obligation to Prosecute or Extradite (Belgien/Senegal)* hat der IGH mit dem Folterverbot erstmals eine völkerrechtliche Norm – in ihrer völkergewohnheitsrechtlichen Geltung – als solche des *ius cogens* qualifiziert.[404] In der Völkerrechtspraxis sind, soweit ersichtlich, Verträge mit solchen Mängeln bisher nicht bekannt geworden,[405] auch wenn einzelne Staaten gelegentlich die Nichtigkeit von Verträgen wegen Verstoßes gegen *ius cogens* behaupten.[406] Es sind vielmehr vor allem die von Art 53 WVK nicht erfassten einseitigen Handlungen von Staaten, deren Vereinbarkeit mit dem *ius cogens* in Zweifel steht.[407] Entsteht neues *ius cogens,* wird jeder zu einer solchen Norm im Widerspruch stehende Vertrag nichtig (Art 64 WVK). Macht eine Partei dies geltend, hat sie dies nach Treu und Glauben zu notifizieren. Einschlägige Streitigkeiten können dem IGH oder einem Schiedsgericht unterbreitet werden (Art 66 lit a WVK). Ist der Vertrag nach Art 53 WVK nichtig, verpflichtet Art 71 Abs 1 WVK zur Folgenbeseitigung. Bindung an *ius cogens*-Normen können Staaten nicht durch steten Widerspruch verhindern.[408]

Weitere Ungültigkeitsgründe finden sich in den Art 48–52 WVK: Die *Nichtigkeit* 121 eines Vertrags kann sich entweder daraus ergeben, dass die Zustimmung des Staatenvertreters durch Zwang herbeigeführt wurde (Art 51 WVK: die Zustimmung entfaltet

---

s *Kadelbach,* Jus Cogens, Obligations Erga Omnes and Other Rules – The Identification of Fundamental Norms, in Tomuschat/Thouvenin (Hrsg), Fundamental Rules of the International Legal Order, 2005, 21 (25).

402 ILC, Fragmentation of International Law, A/CN.4/L.682, Rn 374; ILC, Fourth Report on Peremptory Norms of General International Law (jus cogens) by Dire Tladi, Special Rapporteur, A/CN.4/727, Rn 60 ff mwN; *Orakhelashvili,* Peremptory Norms in International Law, 2006, 50 ff.

403 ILC, Draft Conclusions on Identification and Consequences of Peremptory Norms of General International Law (jus cogens), with Commentaries, A/77/10, Rn 44, Conclusion 5, mwN aus der Lit.

404 IGH in *Belgien/Senegal,* ICJ Rep 2012, 422 (457).

405 *Aust* (Fn 398) 279.

406 ILC, Third Report on Peremptory Norms of General International Law (jus cogens) by Dire Tladi, Special Rapporteur, A/CN.4/714, Rn 31.

407 Vgl *Rozakis,* The Concept of Jus Cogens in the Law of Treaties, 1976, 109, 144. Im Einzelnen bleiben viele Fragen ungelöst. So sollen zB Massenvertreibungen nach einer Mindermeinung ebenso wie zB Völkermord *ius cogens* verletzen. Aber selbst der unstr Kern des *ius cogens*-Prinzips, das Folterverbot, wurde im „Krieg gegen den Terror" vielfältig durchlöchert, vgl *Maguire,* Land and War, 2010, 213 f; *Oeter,* Erga omnes-Menschenrechte, in Merten/Papier (Fn 12) 517 ff.

408 *Dahm/Delbrück/Wolfrum,* Völkerrecht, Bd I/3, 62; zum persistent objector vgl u Rn 135.

dann keine Rechtswirkung) oder aus der Androhung oder Anwendung von Gewalt (Art 52 WVK). Lediglich *anfechtbar* sind Verträge – genau genommen: die Zustimmung eines Staats zum Vertrag – bei anderen Mängeln des Willens (Irrtum, Betrug, Bestechung, Art 48–50 WVK), bei *offenkundiger* Verletzung innerstaatlicher Zuständigkeitsvorschriften von grundlegender Bedeutung (Art 46 WVK) und bei notifizierten Ermächtigungsbeschränkungen (Art 47 WVK). Praktische Bedeutung kommt vor allem Art 51 und 52 WVK zu, die „ungleiche", mit Gewaltandrohung erzwungene Verträge verbieten. Wird die Gültigkeit eines Vertrages mit Recht angefochten, ist dieser ex tunc nichtig (Art 69 Abs 1 Satz 1 WVK). Bei bilateralen Verträgen entfaltet der Vertrag daher keine Rechtswirkung. Anders bei multilateralen Verträgen: Betrifft deren Mangel nur die Willenserklärung eines einzelnen Staates, ist die Nichtigkeitsfolge seiner Anfechtung auf seine Vertragsbeteiligung beschränkt; zwischen den anderen Parteien bleibt der Vertrag gültig (Art 69 Abs 4 WVK). Sind auf Grund des Vertrags bereits Erfüllungshandlungen vorgenommen worden, kann jede Vertragspartei unter dem Vorbehalt des Möglichen verlangen, dass die Lage wiederhergestellt wird, die bestanden hätte, wenn die Erfüllungshandlungen nicht vorgenommen worden wären (Art 69 Abs 2 lit a WVK).[409] Andere, in gutem Glauben vorgenommene Rechtshandlungen einer Partei, die vor der Geltendmachung der Ungültigkeit vorgenommen wurden (man wird hier ergänzen müssen: wenn die Handlungen für die Partei rechtlich vorteilhaft sind), werden nicht notwendigerweise ungültig (Art 69 Abs 2 lit b WVK), wohl aber Rechtshandlungen der Partei, welcher der durch Täuschung, Bestechung oder Zwang bewirkte Vertragsmangel zuzurechnen ist (Art 69 Abs 3 WVK). Diese Vorschrift transponiert den allgemeinen Rechtsgedanken von Treu und Glauben.[410] Man wird es – noch weitergehend – auch für treuwidrig erachten müssen, wenn eine solche Partei sich auf die Nichtigkeit eines Vertrags beruft, die sie selbst zu verantworten hat.[411]

122 **gg) Beendigung und Suspendierung.** Internationale Gerichte, vor allem der IGH, hatten sich mit Gründen für die Vertragsbeendigung wiederholt auseinanderzusetzen. Die Terminologie der WVK ist insoweit wenig präzise; so werden die Begriffe „Beendigung" *(termination),* „Rücktritt" *(withdrawal)* und „Kündigung" *(denunciation)* uneinheitlich verwendet.[412] Den Materialien zufolge ist mit „Kündigung" diejenige Aufhebung gemeint, zu der sich das Recht aus dem Vertrag ergibt, während „Beendigung" auf einen völkergewohnheitsrechtlichen Aufhebungsgrund zurückgehe.[413] Diese Unterscheidung wird bereits in Art 54 lit a WVK durchbrochen, der von Beendigung oder Rücktritt (aber nicht von Kündigung) „nach Maßgabe der Vertragsbestimmungen" spricht. Letztlich er-

---

409 Zum Anspruchsinhalt s *Wittich,* in VCLT Commentary, Art 69 Rn 25.
410 Ebd, Rn 30.
411 *Heintschel von Heinegg,* in Ipsen, Völkerrecht, § 18 Rn 8: „Verwirkung des Anfechtungs- oder Rücktrittsrechts nach Maßabe des ‚estoppel'.
412 Dazu *Giegerich,* in VCLT Commentary, Art 54 Rn 18.
413 Vgl *Heintschel von Heinegg,* in Ipsen, Völkerrecht, § 18 Rn 4 ff.

übrigt sich die Differenzierung, da die Aufhebungsinstrumente in ihren Rechtsfolgen weitestgehend übereinstimmen (Art 65, 70 WVK). In der Überschrift des 3. Abschn und in Art 70 WVK werden die erwähnten Rechtsinstrumente unter dem Begriff „Beendigung" zusammengefasst (und werden es hier auch, sofern die Norm keine Binnendifferenzierung gebietet). Während die Beendigung alle Parteien dauerhaft von der Verpflichtung befreit, den Vertrag zu erfüllen (Art 70 Abs 1 lit a, Abs 2 WVK), tritt diese Wirkung bei der *Suspendierung* des Vertrags *nur vorübergehend* ein (Art 72 Abs 1 WVK). Sie hat, auch weil die einstweilige Aussetzung vertraglicher Verpflichtungen auch über das Instrument der Gegenmaßnahme (Art 49ff ASR) bewirkt werden kann, nur begrenzte Bedeutung erlangt.[414]

(1) Ordentliche Beendigung (Rücktritt und Kündigung) und Suspendierung. Rücktritt und 123 *Kündigung* sind stets möglich nach Maßgabe der im Vertrag getroffenen Regelungen (Art 54 lit a WVK). Außerdem kann eine Beendigung *jederzeit durch Einvernehmen* zwischen allen Vertragsparteien erfolgen (Art 54 lit b WVK).[415] Entsprechendes gilt nach Art 57 WVK für die Suspendierung des Vertrags. Während Art 54 und 57 WVK Selbstverständliches regeln, ist die Deutung des Art 56 WVK – und die völkergewohnheitsrechtliche Geltung der hier für Kündigung und Rücktritt aufgestellten Regel – kontroverser.[416] Die (in den authentischen Sprachfassungen, Art 85 WVK) markanter als in der dt Übersetzung hervortretende Grundregel lautet, dass ein Vertrag, der keine Bestimmungen über Rücktritt oder Kündigung enthält, ihnen auch nicht unterliegt. Hiervon statuiert Art 56 WVK zwei bedeutsame Ausnahmen: Rücktritt und Kündigung sind zum einen möglich, wenn feststeht, dass die Vertragsparteien sie zuzulassen beabsichtigten (Art 56 Abs 1 lit a WVK) – was die Auslegung des Vertrags und insbes eine Heranziehung von Urkunden iSv Art 31 Abs 2 WVK erfordert. Des Weiteren kann sich ein Recht zu Rücktritt oder Kündigung aus der Natur eines Vertrags herleiten lassen (Art 56 Abs 1 lit b WVK). Man wird indes fragen müssen, wie der kategorische Ausschluss eines Kündigungsrechts mit der staatlichen Souveränität in Einklang zu bringen ist. Selbst für die EU, deren Verträge bis 2009 keine Kündigungsklausel enthielten, wurde vielfach (und auch seitens des BVerfG) argumentiert, dass ein Staat äußerstenfalls das Recht haben müsste, die Organisation in freier souveräner Entscheidung auch wieder zu verlassen.[417] Obwohl Art 56 Abs 1 lit b WVK die Nichtkündbarkeit eines Vertrags, der keine Rücktritts- oder Kündigungsbestimmung enthält, als Regelfall festlegt, wäre ein zu enges

---

414 Zum Verhältnis dieser beiden Regime im Hinblick auf die Suspendierung von Verträgen *Kolb*, The Law of Treaties, 2016, 221f.
415 Das Einvernehmen wird idR durch *actus contrarius* (Auflösungsvertrag) hergestellt.
416 Zu den Kontroversen bei der Erarbeitung des Art 56 WVK in der ILC, s *Villiger*, Commentary, Art 56 Rn 2; *Heintschel von Heinegg*, in Ipsen, Völkerrecht, § 18 Rn 69.
417 BVerfGE 89, 155 (190, 204) *[Maastricht]* und BVerfGE 123, 267 (350) *[Lissabon]*; aus der Lit zB *Dagtoglou*, Recht auf Rücktritt von den Römischen Verträgen?, FS Forsthoff, 1972, 77ff; Überblick zum Meinungsstand vor 2009 bei *Bruha/Nowak*, Recht auf Austritt aus der Europäischen Union?, AVR 42 (2004) 1ff.

Kämmerer

Verständnis der Ausnahme mit der Souveränität von Staaten nicht in Einklang zu bringen. Jedem Staat muss das Recht zustehen, sich von einem Vertrag irgendwann auch wieder zu lösen. Dass das in Art 56 Abs 1 lit b WVK festgelegte Regel-Ausnahme-Verhältnis in Völkergewohnheitsrecht erstarkt ist, wird man vor diesem Hintergrund zumindest mit einem Fragezeichen versehen müssen. Die Praxis deutet eher auf eine Umkehrung des Regelsatzes: Ein Vertrag, der Rücktritt und Kündigung nicht regelt, kann so beendigt werden, es sei denn, dass die Natur des Vertrags dem entgegensteht (was man zB für einen Zessionsvertrag oder einen Beitrittsvertrag wie den deutschen Einigungsvertrag von 1990 annehmen darf).[418]

124   Eine Suspendierung, also einseitige vorläufige Aussetzung vertraglicher Pflichten durch eine Partei, ist unter den Voraussetzungen des Art 56 WVK nicht vorgesehen. Eine ordentliche Suspendierung ist daher nur möglich, wenn der Vertrag dies vorsieht oder im Einvernehmen mit den anderen Vertragsparteien (Art 57 WVK). Für die einvernehmliche Suspendierung von Vertragspflichten zwischen einzelnen Vertragsparteien eines mehrseitigen Vertrags statuiert Art 58 WVK besondere Vorgaben, die jedoch praktisch bislang kaum bedeutsam geworden sind.[419]

125   *(2) Außerordentliche Beendigung und Suspendierung.* Von den erörterten regulären Beendigungsrechten zu unterscheiden ist, was man als außerordentliche oder anlassbezogene Beendigung (bzw Suspendierung) eines Vertrags bezeichnen könnte. Die WVK regelt die Beendigung oder Suspendierung infolge Vertragsverletzung (Art 60 WVK), die Beendigung (oder den Rücktritt) wegen nachträglicher Unmöglichkeit der Erfüllung des Vertrags (Art 61 WVK) und schließlich die Beendigung (oder den Rücktritt) wegen grundlegender Änderung der Umstände (Art 62 WVK).

126   Art 60 WVK enthält eine sehr differenzierte Regelung für den Fall einer *erheblichen* Vertragsverletzung *(material breach),* die nicht in allen Einzelheiten Gewohnheitsrecht widerspiegelt.[420] Als erhebliche Verletzung definiert Art 60 Abs 3 WVK die Verletzung einer für das Erreichen des Vertragsziels oder -zwecks *wesentlichen* Bestimmung. Art 60 WVK formt insofern die „negativen Gegenseitigkeitsaspekte"[421] des Prinzips *pacta sunt servanda* aus, wonach der Vertragsbruch einer Partei die andere von der Pflicht zur Vertragserfüllung entbindet.[422] Wird ein *zweiseitiger* Vertrag *erheblich verletzt,* bedeutet Beendigung durch die andere – also verletzte – Partei (Art 60 Abs 1 WVK) stets auch das Ende des Vertrags insgesamt. Etwas anders verhält es sich bei der erheblichen Verletzung eines *mehrseitigen* Vertrags, für die Art 60 Abs 2 WVK zwei Beendigungsfolgen zur Auswahl bietet: einvernehmliche Beendigung der anderen Vertragsparteien gegenüber dem vertragsbrüchigen Staat („Hinauskündigung"), Art 60 Abs 2 lit a, (i) WVK, und ein-

---

418 Für Zessions- und Grenzverträge allg *Kolb* (Fn 414) 219; *Villiger,* Commentary, Art 56 Rn 9.
419 *Lafranchi,* in Corten/Klein (Fn 366) Art 58 Rn 7.
420 *Villiger,* Commentary, Art 60 Rn 27.
421 *Verdross/Simma,* Völkerrecht, § 824.
422 Als Bsp kommen Rüstungskontroll- und Abrüstungsverträge in Frage.

Kämmerer

vernehmliche Beendigung zwischen allen Vertragsparteien (ohne Mitwirkung des vertragsbrüchigen Staats). Darüber hinaus ist unter den Voraussetzungen des Art 60 Abs 2 lit b, c WVK eine Suspendierung möglich: durch eine besonders betroffene Vertragspartei im Verhältnis zum Verletzerstaat und durch Vertragsparteien, deren Lage sich infolge der Vertragsverletzung grundlegend ändert, in Bezug auf sich selbst. Von der Beendigung oder Suspendierung bleiben Vertragsbestimmungen unberührt, die bei einer Verletzung des Vertrags anwendbar sind (etwa Schadenersatzbestimmungen oder Streitschlichtungsvereinbarungen), Art 60 Abs 4 WVK. Abs 5 verfügt, dass Art 60 Abs 1–3 WVK *auf Verträge „humanitärer Art" nicht anwendbar* sind. Damit soll der Menschenrechtsschutz effektiviert werden: Er soll nicht davon abhängen, ob eine Partei ihren vertraglichen Verpflichtungen nachkommt. Gegenüber dem vertragsbrüchigen Staat stehen den vertragstreuen Staaten die rechtlich anerkannten Gegenmaßnahmen[423] zur Verfügung.[424]

Unmöglichkeit der Vertragserfüllung gibt einer Partei, die sie nicht selbst herbeigeführt hat,[425] das Recht zur Beendigung oder zum Rücktritt (sowie, wenn sie nur vorübergehend ist, zur Suspendierung). Beendigung ist bei Art 61 WVK als eine solche des Vertrags insgesamt, Rücktritt als die Beendigung der Vertragsbeteiligung zu interpretieren.[426] Die Bestimmung, welche sich gleichermaßen auf die rechtliche wie tatsächliche Unmöglichkeit (Wegfall des Vertragsgegenstands) bezieht, ist eng auszulegen; so kann sie zB nicht zur Anwendung gelangen, wenn eine Partei aus finanziellen Gründen zur Vertragserfüllung nicht mehr in der Lage ist.[427] **127**

Art 62 WVK kodifiziert die *clausula rebus sic stantibus,* also die Lehre von der Geschäftsgrundlage, und stellt in den wesentlichen Zügen Gewohnheitsrecht dar.[428] Die negative Formulierung, wonach eine grundlegende Änderung der beim Vertragsschluss gegebenen Umstände grundsätzlich *nicht* die Beendigung oder den Rücktritt (oder die Suspendierung, Art 62 Abs 3 WVK) rechtfertigt, unterstreicht, dass Art 62 WVK eine eng auszulegende Ausnahme vom Grundsatz „pacta sunt servanda" statuiert.[429] Unter folgenden – engen – Voraussetzungen, die kumulativ vorliegen müssen, ist eine Vertragsbeendigung bzw ein Rücktritt möglich: Die Parteien dürfen die Änderung nicht vorausgesehen haben; die betroffenen Umstände müssen eine wesentliche Grundlage für die Zustimmung der Vertragsparteien gewesen sein (Art 62 Abs 1 lit a WVK); die Änderung muss grundlegend idS sein, dass sie das Ausmaß der aufgrund des Vertrags noch zu erfüllenden Verpflichtungen tiefgreifend umgestaltet (Art 62 Abs 2 lit b WVK); der Vertrag darf keine Grenze festlegen (Art 62 Abs 2 lit a WVK); und wie bei der Unmöglichkeit darf **128**

---

423 Sie müssen – natürlich – in angemessenem Verhältnis zum Schaden stehen.
424 Zur Abgrenzung vgl etwa *Yahi,* La violation d'un traité, RBDI 1993, 437 ff.
425 IGH in *Gabčíkovo-Nagymaros,* ICJ Rep 1997, 7 (§ 102).
426 *Villiger,* Commentary, Art 61 Rn 6.
427 IGH in *Gabčíkovo-Nagymaros,* ICJ Rep 1997, 7 (§ 102).
428 IGH in *Fisheries Jurisdiction (Vereinigtes Königreich/Island),* ICJ Rep 1973, 63 (§ 36).
429 IGH in *Gabčíkovo-Nagymaros,* ICJ Rep 1997, 7 (§ 104).

die Partei, die sich auf die clausula beruft, die Änderung der Umstände nicht selbst herbeigeführt haben (Art 62 Abs 2 lit b WVK).

b) Völkergewohnheitsrecht

129 Als weitere Rechtsquelle nennt Art 38 Abs 1 lit b IGH-Statut das Völkergewohnheitsrecht
(coutume/custom), das Ausdruck einer allgemeinen und als Recht anerkannten Übung
ist. Völkergewohnheitsrecht ist gleichsam „Urgestein der Völkerrechtsordnung".[430] Es
hat auch heute noch selbst dort eminente Bedeutung, wo ein Rechtsbereich der Kodifikation durch völkerrechtliche Verträge unterworfen ist. Erstens fällt dem Völkergewohnheitsrecht insoweit eine Ergänzungs- und Auffangfunktion im Verhältnis zum Vertragsrecht zu.[431] Es kann Staaten binden, die einen völkerrechtlichen Vertrag nicht
ratifiziert haben. Im Abschluss eines Vertrags kann die These von der völkergewohnheitsrechtlichen Geltung einer Regel insoweit sogar eine Bestätigung finden. Auch ein
Staat, der ihn ratifiziert hat, ist parallel dazu durch inhaltsgleiches Völkergewohnheitsrecht gebunden: Völkergewohnheitsrecht ist im Verhältnis zu Völkervertragsrecht nicht
subsidiär. Dieser Umstand hat prozessrechtliche Auswirkungen. Art 36 Abs 1 und 2 IGH-
Statut erlaubt den Staaten, frei zu bestimmen, über welche Rechtsquellen und welche
Vorschriften der IGH judizieren darf und über welche nicht.[432] Der IGH rekurriert vielfach auf Gewohnheitsrecht als Entscheidungsgrundlage, wo Staaten sich für bestimmte
Verträge nicht seiner Gerichtsbarkeit unterworfen haben.[433] Zweitens kann aus Völkervertragsrecht, wo es nicht kodifizierend wirkt, auch neues Gewohnheitsrecht wachsen.

130   Die Grundlagen der Entstehung und Identifikation von Völkergewohnheitsrecht
sind völkervertraglich nicht geregelt. In Form der *Draft Conclusions on Identification of
Customary Law*, welche die ILC entwickelte und nach ihrer Annahme 2018 der UN-Generalversammlung zuleitete,[434] liegen dafür immerhin Leitlinien vor, freilich nicht im
Rang einer Rechtsquelle, sondern nur einer Rechtserkenntnis- bzw „Hilfsquelle" iSv
Art 38 Abs 1 lit d IGH-Statut. Als ungeschriebenes Recht ist das Gewohnheitsrecht weniger differenziert und damit zugleich kompromissloser in seinem Geltungsanspruch als
der völkerrechtliche Vertrag; dem subtilen Spiel von Ausnahmen und Gegenausnahmen
ist es nur begrenzt zugänglich. Außer dem universellen Völkergewohnheitsrecht, auf

---

430 *Herdegen,* Völkerrecht, § 16 Rn 1.
431 Vgl *Dörr,* in Ipsen, Völkerrecht, § 19 Rn 1.
432 Vgl IGH in *Kasikili/Sedudu,* ICJ Rep 1999, 1045 (§ 18 f) und *Nicaragua, Jurisdiction,* ICJ Rep 1984, 392
(§§ 68 ff); *Epping,* in Ipsen, Völkerrecht, § 59 Rn 54.
433 IGH in *Nicaragua, Jurisdiction,* ICJ Rep 1984, 392 (§ 73) und *Nicaragua, Merits,* ICJ Rep 1986, 14
(§§ 174 ff); *Dörr,* in Ipsen, Völkerrecht, § 19 Rn 39; krit *Crawford,* Principles, 30 f. Diese Praxis des IGH läuft
dem Willen von Staaten, sich für bestimmte Rechtsfragen nicht dem IGH unterwerfen zu wollen, zuwider
und dürfte dazu beigetragen haben, dass sich die Zahl der Unterwerfungserklärungen nach Art 36 Abs 2
IGH-Statut zuletzt nicht mehr erhöht hat.
434 ILC, Draft Conclusions on the Identification of Customary International Law, with Commentaries,
YBILC 2018-II/2, 122.

Kämmerer

das die Formulierung des Art 38 Abs 1 lit b IGH-Statut abzielt, kann es auch regionales Völkergewohnheitsrecht geben; Bsp dafür finden sich allerdings kaum.[435]

aa) Entstehung aus Praxis und Rechtsüberzeugung. Das Wesen des Völkergewohn- 131
heitsrechts erschließt sich bereits aus dem Begriff: Gewohnheit und Rechtsüberzeugung können jeweils für sich noch kein Recht begründen, sondern es entsteht erst aus der Verbindung beider Elemente in deren Wechselbezug.[436] Art 38 Abs 1 lit b IGH-Statut nennt das Völkergewohnheitsrecht *(customary international law/droit international coutumier)* jedenfalls in den authentischen Sprachfassungen, von denen die dt Übersetzung insoweit etwas abweicht, nicht bei seinem heute üblichen Namen, sondern spricht von *international custom, as evidence of a general practice accepted as law* bzw *coutume internationale comme preuve d'une pratique générale acceptée comme étant le droit.* Damit Gewohnheitsrecht entsteht, bedarf es also *objektiv* einer (wiederholten, gefestigten oder regelmäßigen)[437] einheitlichen *Übung* (für die auf alle drei Staatsgewalten abzustellen ist und die nicht nur aus dem Verhalten der Staatsleitungsorgane, sondern ggf sogar untergeordneter Verwaltungsstellen ermittelt werden kann)[438] und *subjektiv* der *Überzeugung,* zu dieser Übung von Rechts wegen verpflichtet zu sein *(opinio iuris sive necessitatis).*[439] Beide Elemente, Übung und Rechtsüberzeugung, müssen strikt deckungsgleich sein.[440] Die Übung muss in den Worten des Art 38 Abs 1 lit b IGH-Statut „als Recht anerkannt" sein. Liegt nur eine Übung vor, aber keine korrespondierende Rechtsüberzeugung, handelt es sich idR um Courtoisie (Gepflogenheiten im diplomatischen Verkehr).[441]

---

435 Grundsätzlich ILC (Fn 434) Conclusion 16. Vgl zum diplomatischen Asyl in Lateinamerika IGH in *Asyl,* ICJ Rep 1950, 266 (277); vgl aber abw *Alvarez,* ICJ Rep 1950, 290 (293 ff); vgl zum Asyl in der lateinamerikanischen Rechtstradition IAGMR in *Pacheco Tineo,* Ser C, No 272, §§ 137 ff; *Behrens,* The Law of Diplomatic Asylum – A Contextual Approach, MichJIL 35 (2013/2014), 319 (330 ff).
436 ILC (Fn 434) Conclusion 2.
437 Vgl aber *Tunkin* (Fn 193) 144 f; IGH in *Durchgangsrecht über indisches Gebiet, Merits,* ICJ Rep 1960, 6 (40).
438 Der IGH hielt in *Nicaragua, Merits,* ICJ Rep 1986, 14 (§ 184) am Element der Praxis fest: „[...] the Court must satisfy itself that the existence of the rule [...] is confirmed by practice [...]". Damit sie eine Norm des Gewohnheitsrechts begründen kann, muss eine Praxis nicht absolut einheitlich sein. Es genügt, wenn das Verhalten im Allgemeinen der behaupteten Rechtsnorm entspricht (ebd, § 186). Zu den Voraussetzungen *Mendelson,* The Formation of Customary International Law, RdC 272 (1998) 155 ff; *Dörr,* in Ipsen, Völkerrecht, § 19 Rn 11. Das Bestehen einer solchen Norm wird u a durch Überprüfung einschlägiger Kodifikationsbemühungen sowie nationaler legislativer und judikativer Tätigkeiten identifiziert.
439 IGH in *Nordsee-Festlandsockel,* ICJ Rep 1969, 3 (§ 77); *Krajewski,* Völkerrecht, § 4 Rn 138 ff; *Jennings,* in Cheng (Hrsg), International Law, 1982, 3 ff kritisierte eine fehlende Bestimmtheit des Völkergewohnheitsrechts.
440 IGH in *Nicaragua, Merits,* ICJ Rep 1986, 14 (§§ 184, 202); vgl *Hobe,* Völkerrecht, 166.
441 ZB Erlass einer Ausnahmeregelung von Parkverboten zugunsten von Diplomatenfahrzeugen: BVerwGE 37, 116 *[Diplomatenfahrzeuge].*

132   Die allgemeine ständige *Übung* ist *konstitutive* Voraussetzung für das Bestehen von Gewohnheitsrecht.[442] Rechtsüberzeugung allein lässt Völkergewohnheitsrecht noch nicht entstehen. Das Element der *Übung* setzt eine *gewisse Dauerhaftigkeit* eines Verhaltens voraus, so dass jedenfalls die erstmalige Aufnahme einer neuen Aktivität nicht erfasst werden kann. Der IGH stellt zwar bzgl der Dauer der Übung fest: „the passage of only a short period of time is not necessarily, or of itself, a bar to the formation of a new rule of customary international law";[443] das temporale Element als solches wird damit aber nicht fallengelassen. „Instant customary law",[444] das bereits durch eine einmalige Handlung zur Entstehung gelangt, kann es nach diesem Maßstab – auch wenn Teile des Schrifttums dies anders sehen – nicht geben.[445] Insofern vermag jedenfalls eine Resolution der UN-Generalversammlung nicht *uno actu* Gewohnheitsrecht zu begründen. Andernfalls würde zum einen der Unterschied zwischen Gewohnheitsrecht und völkerrechtlichen Verträgen, deren Geltung keine Übung voraussetzt, eingeebnet und zum anderen ignoriert, dass solche Resolutionen nicht per se bindend sind (Art 10 UN-Charta). Teile des Schrifttums sowie die ILC machen hingegen geltend, dass die Äußerung von Rechtsüberzeugung und ein entsprechendes Abstimmungsverhalten der Staaten in Foren der UN bereits ein Element der Übung in sich trage („verbal practice"), diese mit der Manifestation der Rechtsüberzeugung also koinzidieren könne.[446] Auch wenn zugestanden werden muss, dass sich die Übung bei wichtigen Regeln (wie etwa Menschenrechten) vornehmlich aus Bekenntnissen der Staaten nährt und ihre Abschichtung von der Rechtsüberzeugung schwierig ist, ist Zurückhaltung geboten, damit die duale Grundlage des Völkergewohnheitsrechts nicht aufgegeben wird. Zu beachten ist, dass es in jedem Fall auf Übung und Rechtsüberzeugung der Staaten ankommt. Bei I.O. ist zwischen ihrer eigenen Übung und Rechtsüberzeugung, die als solche nicht zur Ausbildung von Völkergewohnheitsrecht beitragen,[447] und der Manifestation staatlicher Praxis und

---

442 Vgl *Scelle,* Règles générales du droit de la paix, RdC 46 (1933-IV) 327 (428) (mit etwas anderem Akzent); vgl auch *Wüst* (Fn 146) 198 ff; vgl zur Praxis der Feststellung von Völkergewohnheitsrecht durch den IGH *Talmon,* Determining Customary International Law: The ICJ's Methodology between Induction, Deduction and Assertion, EJIL 26 (2015) 417 ff.

443 IGH in *Nordsee-Festlandsockel,* ICJ Rep 1969, 3 (§ 74); ebenso ILC (Fn 434) Conclusion 8.

444 „Erfinder" dieser Rechtsfigur ist der Weltraumvölkerrechtler *Cheng,* siehe *Cheng,* United Nations Resolutions on Outer Space, IJIL 5 (1965) 23 ff; zur heutigen Rezeption des Entwurfes vgl *Mejia-Lemos,* Some Considerations Regarding "'Instant' International Customary Law", Fifty Years Later, IJIL 55 (2015) 85 ff.

445 So auch *Dörr,* in Ipsen, Völkerrecht, § 19 Rn 13; *Verdross/Simma,* Völkerrecht, § 571; *Peters/Petrig,* Völkerrecht, 125; aA *Cheng* (Fn 444) 35 ff; *Akehurst,* Custom as a Source of International Law, BYIL 47 (1974/75) 1 (13 f); generell zur zeitlichen Dimension des Gewohnheitsrechts *Pitrowicz,* The Time Factor in the Creation of Rules of Customary International Law, PolYIL 21 (1994) 69 ff.

446 ILC (Fn 434) Conclusion 12; UN Doc A/71/10 v 2016, Report of the International Law Commission on the Work of its 68th Session, 91; aus der Lit zB *Dörr,* in Ipsen, Völkerrecht, § 19 Rn 10; *Kemper/Hillgruber/Grabenwarter,* Völkerrecht, 3. Aufl 2021, § 14 Rn 95.

447 *Treves,* Customary International Law, MPEPIL, Rn 50; *Deplano,* Empirical and Theoretical Perspectives on International Law: How States Use the UN General Assembly to Create International Obligations, 2022; s aber UN Doc A/71/10 (Fn 446) 88, Conclusion 4 Abs 2: "in certain cases". Noch weitergehend *Oder-*

Überzeugungen in Organen der I.O. zu unterscheiden. Ihre Bindung an Völkergewohnheitsrecht wird jedoch grundsätzlich bejaht.

Die Anforderungen an die Einheitlichkeit und Allgemeinheit der Übung lassen sich 133 nicht einheitlich bestimmen.[448] Ins Gewicht fällt nicht nur, wie viele Staaten, sondern auch, welche Staaten (ob also auch demographisch, politisch und wirtschaftlich bedeutende)[449] sich in einer bestimmten Weise verhalten. Das Fehlen „wichtiger" oder besonders betroffener Staaten kann eine Praxis daran hindern, „allgemein" bzw „repräsentativ" oder „qualifiziert" zu sein. Dass bestimmte Staaten sich technologisch (zB Weltraumaktivitäten) oder aufgrund ihrer geographischen Lage (zB fehlender Meerzugang) bestimmter Praktiken enthalten, steht der allgemeinen Übung nicht per se entgegen. Für den IGH liegt eine „allgemeine Praxis" nur dann vor, wenn sie diejenigen Völkerrechtssubjekte einschließt, deren *Interessen besonders berührt* sind („specially affected States").[450] Über ihre Köpfe hinweg kann sich also kein Völkergewohnheitsrecht ausbilden. In Teilen des Schrifttums wird gegen den Maßstab der besonderen Betroffenheit eingewandt, dass sich die Staatengemeinschaft trotz Versuchen auf diesen Maßstab nicht geeinigt habe und er dem Grundsatz der souveränen Gleichheit zuwiderliefe.[451]

Der Beleg einer *Rechtsüberzeugung (opinio iuris)* ist oft nicht minder aufwändig als 134 derjenige der Übung. Sie lässt sich nur durch Äußerungen der Staaten und schriftliche Dokumente belegen. Inwieweit Resolutionen der UN-Generalversammlung Ausdruck von Rechtsüberzeugungen der Staaten sind, muss im Einzelfall bestimmt werden. Da Resolutionen nach Art 10 UN-Charta für sich genommen nur empfehlenden Charakter haben, also nicht rechtsverbindlich sind, ist bei ihrer Interpretation als Ausdruck von Rechtsüberzeugungen Zurückhaltung geboten – insbes wenn, wie regelmäßig, keine förmliche Abstimmung über die Resolution stattgefunden hat („Consensus-Verfahren").[452] Hat im Abstimmungsfall eine signifikante Zahl von Staaten (bzw wiederum signifikante Staaten) die Resolution abgelehnt, hemmt dies die Entstehung von Gewohn-

---

matt, The Development of Customary International Law by International Organizations, ICLQ 66 (2017) 491 ff sowie ILC (Fn 434) Conclusion 12 (3).

448 Zu den praktischen Anforderungen an die Einheitlichkeit vgl IGH in *Fisheries (Vereinigtes Königreich/Norwegen),* ICJ Rep 1951, 116 (131) und *GV-Nuklearwaffen-Gutachten,* ICJ Rep 1996, 226 (§ 73); s auch UN Doc A/71/10 (Fn 446) 94, Conclusion 8.

449 So auch *Hobe,* Einführung in das Völkerrecht, 166; krit mit Verweis auf die souveräne Gleichheit der Staaten *Thirlway,* Sources, 80 ff.

450 Vgl IGH in *Nordsee-Festlandsockel,* ICJ Rep 1969, 3 (§§ 73, 74); implizit hat der IGH dieses Prinzip auch in *Kontinentalsockel (Libyen/Malta),* ICJ Rep 1985, 13 (§ 34) und *Burkina Faso/Mali,* ICJ Rep 1986, 554 (§ 19 f) angewandt; dazu *Scharf,* Customary International Law in Times of Fundamental Change, 2013, 39. Die USA sehen zB als „specially affected" im humanitären Völkerrecht Staaten an, die eine ausgeprägte Geschichte der Beteiligung in internationalen Konflikten aufweisen, vgl IRRC 89 (2007) 443 (445 mit Fn 4).

451 *Thirlway,* Sources, 75.

452 *Hobe,* Völkerrecht, 167; *Herdegen,* Völkerrecht, § 20 Rn 2; etwas weitgehender IGH in *Nicaragua, Merits,* ICJ Rep 1986, 14, § 188; zum Consensus-Verfahren vgl *von Arnauld,* Völkerrecht, Rn 145.

heitsrecht aus der Resolution selbst.[453] Bedeutung haben Resolutionen der UN-Generalversammlung für das Völkergewohnheitsrecht insbes im Zusammenhang mit ihrer Aufgabe, die Entwicklung und Kodifikation des Völkerrechts zu begünstigen (Art 13 Abs 1 lit a UN-Charta) – eine Aufgabe, der sich vor allem die International Law Commission (ILC) als eines ihrer Nebenorgane widmet. Die ILC wurde 1947 auf der Grundlage von Art 13 Abs 1 lit a UN-Charta errichtet und setzt sich aus 34 Persönlichkeiten mit besonderer Expertise im Völkerrecht zusammen. Ihre Kodifikationsentwürfe pflegt die Generalversammlung durch Resolution anzunehmen. Nicht immer erwächst daraus ein bindender völkerrechtlicher Vertrag, doch dokumentieren viele der von solchen Resolutionen in Bezug genommenen Texte bestehendes (und zu kodifizierendes) Gewohnheitsrecht oder erwachsen durch spätere Bezugnahme selbst in Gewohnheitsrecht. Ein für Völkerrechtswissenschaft und -praxis gleichermaßen bedeutsames Bsp aus diesem Bereich sind die von der Generalversammlung 2001 angenommenen Artikel der ILC über Staatenverantwortlichkeit *(Responsibility of States for Internationally Wrongful Acts),*[454] die faktisch eine hybride Stellung zwischen Gewohnheitsrecht und Vertragsrecht angenommen haben.[455] Andere (im Consensus angenommene) Resolutionen der Generalversammlung, die nicht auf ILC-Entwürfe bezogen sind, aber als Ausdruck von oder Quelle für Gewohnheitsrecht Bedeutung haben, sind u a die Friendly Relations Declaration v 24.10.1970[456] oder die Aggressionsdefinition v 14.12.1974.[457]

135 **bb) Persistent Objectors.** An Gewohnheitsrecht kann ein Staat nach alledem auch ohne eigene Willensbekundung gebunden sein – ein fundamentaler Unterschied zum völkerrechtlichen Vertrag. Um die Bindung an Gewohnheitsrecht zu verhindern, muss der Staat ihr im Gegenteil klar und dauerhaft widersprechen, kurz: sich als *persistent objector* gerieren. Ein Staat, der mit Regelmäßigkeit seine Ablehnung der Geltung einer Regel als Gewohnheitsrecht zum Ausdruck bringt, kann zwar damit nicht ihre Entstehung, wohl aber die eigene Bindung an diese Regel verhindern.[458] Die praktische Bedeutung der Rechtsfigur ist gering, Konstellationen, in denen es eine Rolle spielte, vorwiegend von historischer Bedeutung.[459] Der IGH hat sie lediglich in zwei Entscheidungen ge-

---

453 IGH in *GV-Nuklearwaffen-Gutachten,* ICJ Rep 1996, 226 (§ 71).
454 GA Res 56/83 v 12.12.2001. Die Artikel werden als „ILC Draft", ARS oder ASR referenziert. Eingehend *Schröder*, 7. Abschn Rn 6 ff.
455 Vgl dazu die Bezugnahmen in IGH, *Gabčíkovo-Nagymaros,* ICJ Rep 1997, 7 (§ 50 f); BVerfGE 118, 124 (136 ff) *[Staatsnotstand].*
456 UN GV Res A/RES/2625 (XXV); für die Relevanz im Hinblick auf das Interventionsverbot IGH in *Nicaragua, Merits,* ICJ Rep 1986, 14 (§§ 202 ff).
457 UN GV Res A/RES/3314 (XXIX); für die Relevanz hinsichtlich der Konkretisierung des Selbstverteidigungsrechts IGH in *Nicaragua, Merits,* ICJ Rep 1986, 14 (§ 195).
458 ILC (Fn 434) Conclusion 15; BVerfGE 46, 342 (389) *[Botschaftskonten]; Crawford,* Principles, 26.
459 *Crawford,* Principles, 26 (Fn 46): Widerstand der USA und Japans gegen ein Küstenmeer von mehr als drei Seemeilen, Haltung der VR China zur Staatenimmunität. Weitere Bsp aus der Rspr (u a EGMR und IAGMR) und Staatenpraxis bei *Green,* The Persistent Objector Rule in International Law, 2016, 42 ff.

streift.[460] Die Anforderungen an eine „persistent objection" sind nicht klar umrissen.[461] Relevanz kommt ihr aber nicht zuletzt im Zusammenhang mit völkerrechtlichen Verträgen zu: Ein Staat, der einen Vertrag nicht ratifiziert hat, kann zwar dennoch gewohnheitsrechtlich an den Inhalt seiner Bestimmungen gebunden werden; bekräftigt er aber immer wieder seine Ablehnung des Vertrags, wird man dies auch als „persistent objection" mit Blick auf korrespondierendes Völkergewohnheitsrecht ansehen müssen.

cc) Verhältnis zwischen Vertrags- und Gewohnheitsrecht (insbes *ius cogens*). Vom 136 Gewohnheitsrecht werden wichtige Grundsätze wie die Staatenimmunität, weite Teile des humanitären Völkerrechts, die Freiheit der Schifffahrt, das Gewalt- oder das Interventionsverbot erfasst. Es ist *weniger dynamisch* als Vertragsrecht, weil seine Entstehung längere Zeit in Anspruch nimmt, und als ungeschriebenes Recht meist weniger differenziert als völkerrechtliche Verträge. Zwischen Vertragsrecht und Gewohnheitsrecht besteht nichtsdestoweniger eine enge Wechselbeziehung. So wie Verträge Gewohnheitsrecht kodifizieren – und damit zugleich bekräftigen – können, vermögen sie umgekehrt die Initialzündung für neues oder verändertes Gewohnheitsrecht zu geben. Eine Kodifikation führt nicht ohne Weiteres zur Ablösung des Gewohnheitsrechts, das einstweilen weitergilt, nicht nur im Verhältnis zu Nicht-Vertragsparteien, sondern auch zwischen den Parteien des Vertrags.[462] Nimmt der Vertrag jedoch Abweichungen vom Gewohnheitsrecht vor, so wird dieses im Verhältnis zwischen den Vertragsparteien abbedungen.[463] Der Vertrag hat nicht kraft seiner Rechtsnatur Vorrang, sondern als *lex posterior* und *lex specialis*. Solche Abweichungen können bei multilateralen Verträgen zur Folge haben, dass Übung und Rechtsüberzeugung für das bisherige Gewohnheitsrecht wegfallen und sich ggf irgendwann neues Gewohnheitsrecht auf der Grundlage des Vertrags herausbildet.[464] Da die Anwendbarkeit von Verträgen insbes in zeitlicher Hinsicht oft begrenzt ist, tritt das Gewohnheitsrecht häufig in die Lücken ihrer Anwendungsbereiche ein (besonders markant bei der WVK).

Nicht alles Gewohnheitsrecht ist dispositiv. Von zwingendem Gewohnheitsrecht, 137 dem *ius cogens*, können sich Staaten auch durch völkerrechtlichen Vertrag nicht lösen. Vertragsrecht, das zwingenden Regeln des Völkerrechts zuwiderläuft, hat keinen Bestand (Art 53, 64 WVK). *Ius cogens* ist vornehmlich und typischerweise Gewohnheits-

---

460 IGH in *Asyl*, ICJ Rep 1950, 266 (277f) und *Fisheries (Vereinigtes Königreich/Norwegen)*, ICJ Rep 1951, 116 (131).

461 Vgl als Ansatz zur Klarstellung UN Doc A/71/10 (Fn 446) 88 (Conclusion 15).

462 IGH in *Nicaragua, Jurisdiction*, ICJ Rep 1984, 392 (§ 73) und Nicaragua, Merits, ICJ Rep 1986, 14 (§§ 174ff); *Dörr*, in Ipsen, Völkerrecht, § 19 Rn 39, krit *Crawford*, Principles, 30f.

463 *Dörr*, in Ipsen, Völkerrecht, § 19 Rn 42f; *von Arnauld*, Völkerrecht, Rn 286; *Hobe*, Völkerrecht, 176f; vgl zur abweichenden Auslegung durch spätere Praxis Art 31 Abs 3 lit b WVK.

464 IGH in *Nordsee-Kontinentalsockel*, ICJ Rep 1969, 3 (§ 71); ILC (Fn 434) (Conclusion 11 [1] [c] mit Ziff 7 des Commentaries); *Herdegen*, Völkerrecht, § 16 Rn 20f; *Pellet/Müller*, in ICJ Statute Commentary, Art 38 Rn 218 mwN aus der Rspr.

Kämmerer

recht. Dieses umfasst zentrale Rechtssätze mit unbedingtem Geltungsanspruch, wie elementare Menschenrechte, Gewalt- und Annexionsverbot, die Verbote von Folter, Genozid und Sklaverei.[465] Verträge, die *ius cogens* missachten, sind nichtig (Art 53 WVK), Verträge werden nichtig, wenn neues *ius cogens* entsteht, mit dem sie in Widerstreit geraten (Art 64 WVK). Praktisch bedeutsam sind diese Regeln kaum. Ihnen wohnt zudem das Paradoxon inne, dass sie in einem völkerrechtlichen Vertrag – der WVK – normiert sind (und dass die aufgeführten Regeln jeweils oft auch erst durch völkerrechtliche Verträge überhaupt in die Welt gelangten). Ob es bereits vor der Normierung der WVK einen (gewohnheitsrechtlichen) Konsens über kategoriale Existenz und Rechtswirkungen zwingenden Völkerrechts gab, ist keineswegs unbestritten.[466]

138   *Ius cogens* verfügt nach heutiger Auffassung aber noch über eine weitere Eigenschaft, die für die Völkerrechtspraxis bedeutender ist als die in Art 53 und 64 WVK angelegte Vorrangwirkung: *Ius cogens*-Verpflichtungen werden als *erga omnes*-Pflichten betrachtet, die, wie es Art 42 lit b ASR ausdrückt, gegenüber „the international community as a whole" geschuldet werden.[467] Ihre Verletzung begründet eine völkerrechtliche Verantwortlichkeit des Verletzerstaats gegenüber jedem anderen Staat. Der *ius cogens*-Charakter ist eine hinreichende, aber keine notwendige Voraussetzung für die *erga omnes*-Wirkung einer Norm. Während Normen des zwingenden Völkerrechts stets *erga omnes* wirken, kann es Rechtspflichten mit Wirkung *erga omnes* auch außerhalb des *ius cogens* geben.[468] Nicht zu verwechseln sind Pflichten *erga omnes,* die naturgemäß Völkergewohnheitsrecht sind,[469] dabei mit Pflichten *erga omnes partes,* die innerhalb einer *vertragsrechtlichen* Ordnung für jede Partei gegenüber jeder anderen Partei bestehen.[470]

---

465 Vgl bereits Rn 120.

466 UN Doc A/CN.4/693, First Report on Peremptory Norms of General International Law (jus cogens) by Dire Tladi, Special Rapporteur, Rn 28 ff; *Crawford,* Principles, 581; *Hobe,* Völkerrecht, 173; *Heintschel von Heinegg,* in Ipsen, Völkerrecht, § 18 Rn 37 ff.

467 BVerfGE 18, 441 (449) *[Lastenausgleichsgesetz]; Peters/Petrig,* Völkerrecht, 137; *von Arnauld,* Völkerrecht, Rn 294; ausführlich *Orakhelashvili* (Fn 402) 245 ff; aA *Heintschel von Heinegg,* in Ipsen, Völkerrecht, § 18 Rn 58.

468 *Peters/Petrig,* Völkerrecht, 137; *von Arnauld,* Völkerrecht, Rn 294; *Orakhelashvili* (Fn 402) 269.

469 Davon zu unterscheiden sind Situationen, in denen ausnahmsweise eine allgemein geltende Ordnung durch zwischen einer begrenzten Anzahl von Parteien geschlossenen Vertrag geschaffen wird, etwa durch Verfügungsverträge (zB Gebietsabtretung), während dies bei institutionellen Verträgen (zB Gründung einer I.O.) str ist. Vgl *Klein,* Statusverträge im Völkerrecht, 1980, 15 f, 140 ff, 191 ff; *Heintschel von Heinegg,* in Ipsen, Völkerrecht, § 15 Rn 24 ff; *Proelß,* in VCLT Commentary, Art 34 Rn 31 ff.

470 IGH in *Belgien/Senegal,* ICJ Rep 2012, 422 (§§ 68 ff). Der konkrete Fall betraf die grundlegenden Pflichten der UN-Antifolterkonvention (Art 6 Abs 2, Art 7 Abs 1), die nach Auffassung des IGH *erga omnes partes*-Wirkung entfalten, sodass sich Belgien vor dem IGH auf sie berufen konnte. Diese Rechtspr hat der IGH neuerdings in *Gambia/Myanmar, Preliminary Objections,* §§ 106 ff bestätigt und konkretisiert; sehr aufschlussreich insoweit auch *Gambia*/Myanmar, Preliminary Objections, Declaration of Judge ad hoc Kreß (§§ 12 ff).

Kämmerer

dd) Änderung von Gewohnheitsrecht. Wie *Gewohnheitsrecht sich ändert*, gehört zu 139
den schwierigsten Fragen des Völkerrechts. Damit sich eine neue *consuetudo* herausbilden kann, muss die bisherige Übung oft infrage gestellt werden *(contestation)*,[471] was bei
genauer Betrachtung vielfach mit einer Verletzung des bestehenden Gewohnheitsrechts
einhergeht.[472] Man begegnet insofern dem Paradoxon, dass neues Völkerrecht auch aus
Rechtsbrüchen erwachsen kann. Vielfach liegt der Entstehung neuen Gewohnheitsrechts allerdings eine Änderung völkerrechtlicher Verträge zugrunde, deren Inhalt im
Laufe der Zeit in Gewohnheitsrecht erwächst. Die vertragliche Einigung auf eine vom
bestehenden Gewohnheitsrecht abweichende Regelung wirkt jedoch nur *inter partes*;
daneben bleibt die gewohnheitsrechtliche Bindung bestehen. Damit Vertragsinhalte zu
neuem Gewohnheitsrecht werden können, ist also auch in solchen Fällen eine Phase
der *contestation* (insbes bei den nicht an den Vertrag gebundenen Staaten) zu durchlaufen.

c) Allgemeine Rechtsgrundsätze

Die von den „Kulturvölkern" *(nations civilisées/civilized nations)* anerkannten allgemei- 140
nen Rechtsgrundsätze *(general principles of law)*,[473] Art 38 Abs 1 lit c IGH-Statut, dienen
vornehmlich als Legitimations- und Interpretationshilfe. Es handelt sich um Grundaussagen zur Rechtsgeltung, Rechtslogik und Rechtsanwendung, die nicht genuin völkerrechtlichen Bezug haben, sondern Rechtsordnungen bzw -systemen schlechthin und
überall innewohnen. Unbeachtlich ist, ob die Aussagen in den nationalen Rechtsordnungen in Verfassungen, Gesetzen, Verordnungen oder Gerichtsentscheidungen verankert
sind. Bei den allgemeinen Rechtsgrundsätzen handelt es sich um die durch (wertende)
Rechtsvergleichung zu ermittelnden materiellen, verfahrensrechtlichen oder rechts-
strukturellen Prinzipien, die übereinstimmend im *inner*staatlichen Recht der „Kulturvölker" anerkannt sind, also gelten *(recognized by civilized nations)*, und die zur Übertragung auf das Völkerrecht geeignet sind. Dazu müssen die Grundsätze in einer
Vielzahl nationaler Rechtsordnungen ermittelt, auf ihre Übereinstimmung überprüft
und sodann auf ihre Maßgeblichkeit als völkerrechtliche Leitlinien untersucht werden.[474] Beschränkt wird die Rechtsvergleichung meist auf die wichtigsten Rechtskreise.[475] Dem aus dem StIGH-Statut übernommenen Attribut *civilized* kommt heute keine

---

471 *Stein/von Buttlar/Kotzur*, Völkerrecht, Rn 141 ff; *Krajewski*, Völkerrecht, § 4 Rn 143.
472 *Dörr*, in Ipsen, Völkerrecht, § 19 Rn 26; *Peters/Petrig*, Völkerrecht, 127; *von Arnauld*, Völkerrecht,
Rn 263.
473 Vgl *Ress*, Rechtsgrundsätze, allgemeine, in Lexikon Völkerrecht, 322 ff.
474 ICTY in *Tadić*, Appeal, § 225; ICSID in *El Paso v Argentina*, § 622; *Crawford*, Principles, 32 f; beispielhaft
zur wertenden Rechtsvergleichung das Vorbringen Portugals in IGH, *Durchgangsrecht über indisches Gebiet*, Reply of the Government of the Portuguese Republic, Pleadings, Vol B, 397 (859 ff).
475 Näher *Bleckmann*, Die Aufgabe einer Methodenlehre des Völkerrechts, 1978, 26 ff; *Schachter*, International Law in Theory and Practice, 1991, 50 ff; *Pellet/Müller*, in ICJ Statute Commentary, Art 38, Rn 264 ff.

einschränkende Bedeutung mehr zu.[476] Im Hinblick auf die souveräne Gleichheit der Staaten zählen alle Staaten zu den *civilized nations* – auch „Schurkenstaaten". Dies gilt umso mehr, als schon die *recognition,* dh die Akzeptanz von Recht, Zivilisiertheit voraussetzt.[477]

141   Eine eindeutige Abgrenzung zwischen allgemeinen Rechtsgrundsätzen und Völkergewohnheitsrecht ist kaum zu leisten; zudem sind auch allgemeine Rechtsgrundsätze kodifiziert worden. Ein Bsp bildet Art 26 WVK *(pacta sunt servanda),* der einerseits einen – wie die lateinische Formulierung illustriert – bis in die Antike zurückreichenden Rechtsgrundsatz aufnimmt, aber in seinem spezifisch völkervertragsrechtlichen Bezug auch Völkergewohnheitsrecht kodifiziert bzw abbildet. Der IGH beurteilte im *Tempel v Préah-Vihéar*-Fall[478] die Frage, ob sich eine Seite auf Irrtum berufen kann, nach einem allgemeinen Rechtsgrundsatz („an established rule of law"). Nachdem Irrtumsregeln in Art 26, 48 WVK verankert worden sind, könnte diese Frage heute (auch) völkergewohnheitsrechtlich beantwortet werden. Häufig werden Grundsätze der Rechtslogik (Analogie, *lex posterior*-Regel usw) ebenfalls zu den allgemeinen Rechtsgrundsätzen gerechnet. Zu Letzteren gehören auch die unentbehrlichen Grundlagen für das Funktionieren eines jeden Rechtssystems, wie Treu und Glauben,[479] Verbot des Rechtsmissbrauchs,[480] Vertrauensschutz (an den auch das *estoppel*-Prinzip[481] anknüpft) oder Billigkeit *(equity).*[482] Mit zunehmender Kodifikation (wozu iwS auch die Aufnahme einiger der Grundsätze in die ASR zu rechnen ist)[483] und Absorption durch das Völkergewohnheitsrecht haben zwar nicht diese Rechtsprinzipien an Bedeutung verloren, aber doch die allgemeinen Rechtsgrundsätze als Quelle des Völkerrechts.

d) Völkerrechtsquellen jenseits von Art 38 IGH-Statut

142 Art 38 Abs 1 IGH-Statut enthält keine abschließende Aufzählung sämtlicher Völkerrechtsquellen. Bereits der Wortlaut und die systematische Stellung der Vorschrift stehen dem entgegen: Sie regelt, auf welche Quellen des Völkerrechts der IGH seine Entschei-

---

476 *Dörr,* in Ipsen, Völkerrecht, § 20 Rn 3; *Krajewski,* Völkerrecht, § 4 Rn 149.

477 So schon *de Lapradelle,* Procès-verbaux (Cour Permanente de Justice Internationale, Comité consultatif de juristes), 1920, 335.

478 IGH, ICJ Rep 1962, 6, 26.

479 Procès-Verbaux of the Advisory Committee of Jurists, 13th Meeting, Annex No 3, 1920, 335; WTO DSB, *Shrimp-Turtle,* § 158.

480 WTO DSB, *Shrimp-Turtle,* § 158; StIGH in *Chorzów, Jurisdiction,* Ser A, No 9, 31 und in *Free Zones,* Ser A, No 24, 12.

481 Vgl dazu Rn 107, 144.

482 IGH in *Burkina Faso/Mali,* ICJ Rep 1986, 567 (§ 27f) und *Diallo, Compensation,* ICJ Rep 2012, 324 (§ 24); *Thirlway,* Sources, 119 ff.

483 Bspw war die Pflicht zur Schadenswiedergutmachung ursprünglich ein allgemeiner Rechtsgrundsatz, vgl StIGH in *Chorzów, Merits,* Ser A, No 17, 29 und wird teils auch heute noch so betrachtet, vgl IGH in *Aktivitäten von Nicaragua,* Compensation, ICJ Rep 2018, 15 (§§ 29 ff).

dungen stützt. Seine Funktion – über Streitigkeiten zwischen souveränen Staaten zu entscheiden – kann der IGH nur sinnvoll erfüllen, wenn er am Zugriff auf *zusätzliche Rechtsquellen,*[484] die sich im Völkerrecht allgemein oder in einem seiner speziellen sachlichen Bereiche etabliert haben und künftig etablieren, nicht gehindert ist. Dies gilt umso mehr, als die sonstigen Rechtsquellen zumeist nicht unverbunden neben den in Art 38 Abs 1 IGH-Statut aufgeführten, sondern in engem Zusammenhang mit ihnen stehen. Die Nennung der traditionellen (und damit zugleich der überragend wichtigen) Quellen in Art 38 IGH-Statut zwingt vor diesem Hintergrund zunächst zur Überprüfung, ob nicht in Wahrheit eine vorgeblich „neue" Quelle doch auf eine jener überkommenen Quellen zurückzuführen ist.[485]

Nicht in Art 38 Abs 1 IGH-Statut aufgeführt ist insbes das Sekundärrecht von I.O. Es **143** ist für die Organisation selbst häufig bindend, wo es deren interne Angelegenheiten (den Haushaltsplan eingeschlossen) betrifft. Mit Blick auf Mitgliedstaaten haben Sekundärrechtsakte meist nur empfehlenden Charakter, was auch für Resolutionen der UN-Generalversammlung gilt – auch wenn sie durch Bezeichnungen wie „Deklaration" oder „Charta"[486] autoritativ erhöht werden. Mangels Zuständigkeit dieses Organs, das nach Art 11–14 UN-Charta grundsätzlich *nur Empfehlungen* abgeben kann, und mangels gewohnheitsrechtlicher Abänderung ist die Qualifizierung dieser Beschlüsse als Völkerrechtsquelle (als Quelle *sui generis,* aber auch als Bestandteil einer anderen Völkerrechtsquelle) abzulehnen.[487] Dass I.O. aber auch zum Erlass von Sekundärrechtsakten mit Rechtsverbindlichkeit für ihre Mitglieder ermächtigt werden können, belegt die EU, deren Sekundärrecht (Art 288 AEUV) sogar mit Anwendungsvorrang vor dem Recht der Mitgliedstaaten ausgestattet ist.[488] Zum rechtsverbindlichen Sekundärrecht zählen auch Resolutionen des UN-Sicherheitsrats auf der Grundlage von Kap VII UN-Charta (vgl Art 25 UN-Charta).[489] Eigentlich als Exekutivorgan angelegt, geriert sich der Sicherheitsrat unter Berufung auf Kap VII heute in manchen Bereichen faktisch als Weltgesetzgeber;[490] ein

---

484 Vgl *Fastenrath,* Lücken, 89; *Pelett/Müller,* in ICJ Statute Commentary, Art 38 Rn 76 ff.

485 *von Arnauld,* Völkerrecht, Rn 272 ff; *Shahabuddeen,* Precedent in the Wourld Court, 1996, 81; *Pelett/Müller,* in ICJ Statute Commentary, Art 38 Rn 75 ff; vgl auch *Virally,* The Sources of International Law, in Sørensen (Hrsg), Manual of Public International Law, 1968, 116 ff.

486 Von der Allgemeinen Erklärung der Menschenrechte (1948) – vgl *Moyn,* The Last Utopia: Human Rights in History, 2010 – über die *Declaration on the Granting of Independence to Colonial Countries and Peoples* (1960) und die *Friendly Relations Declaration* (1970) bis hin etwa zur *Charter of Economic Rights and Duties of States* (1974). Letzterer sind bezeichnenderweise „Vorbehalte" entgegengesetzt worden, ganz so, als handele es sich bei ihr um *hard law.*

487 Vgl *Verdross/Simma,* Völkerrecht, § 635; *Krajewski,* Völkerrecht, § 4 Rn 160. Die Mitgliedstaaten dürfen die Resolutionen freilich nicht als unbeachtlich abtun, sondern haben sie *bona fide* zu berücksichtigen. Vgl *GV-Nuklearwaffen-Gutachten,* ICJ Rep 1996, 226 (§§ 69 f).

488 EuGH, Rs 6/64, Slg 1964, 1253 *[Costa/ENEL].*

489 IGH in *Namibia,* ICJ Rep 1971, 16 (§ 116) und *Lockerbie, Provisional Measures,* ICJ Rep 1992, 3 (§ 39).

490 Vgl aber *Talmon,* The Security Council as World Legislature, AJIL 99 (2005) 175 ff; *Hobe,* Völkerrecht, 183; *Pellet/Müller,* in ICJ Statute Commentary, Art 38 Rn 101.

Bsp dafür bildet die Errichtung der Strafgerichtshöfe für das ehemalige Jugoslawien und Rwanda (ICTY bzw ICTR, heute als [International Residual] Mechanism of International Criminal Tribunals, [IR]MICT, verbunden) durch Resolutionen des Sicherheitsrats.[491]

144   *Einseitige Akte* (Deklaration, Notifikation, Anerkennung, Protest, Verzicht, Versprechen, Widerruf), häufig eingesetzte Instrumente im zwischenstaatlichen Verkehr, *können eigenständige Rechtsquellen* sein,[492] soweit sich hinter ihnen in Wahrheit nicht ohnehin ein Vertrag oder eine Norm des Gewohnheitsrechts verbirgt, oder soweit sie (wie Kündigung, Suspendierung, Anerkennung) nicht als bloßes Tatbestandsmerkmal einer völkerrechtlichen Norm auftreten.[493] Die Voraussetzungen für die normative Bindungswirkung einseitiger völkerrechtlicher Akte, wie sie etwa für Anerkennung, Protest und Verzicht allgemein anerkannt ist, sind nicht abschließend geklärt. Weitgehende Klarheit besteht aber darüber, dass durch sie ein *Vertrauenstatbestand,* etwa ein Versprechen, geschaffen werden kann, wobei pflichtenbegründende Erklärungen grundsätzlich eng auszulegen sind.[494] Diese Bindungswirkung kann mit dem *estoppel*-Prinzip begründet werden. Es besagt, dass ein Staat, der durch sein Handeln oder Äußerungen seiner Vertreter bei anderen Staaten gewisse Erwartungen geweckt oder ein bestimmtes Rechtsverständnis befördert hat, das für diese anderen Staaten rechtsvorteilhaft war oder gar zu Dispositionen geführt hat, sich an seiner Stellungnahme bzw seinem Handeln festhalten lassen muss und sich dazu nicht in Widerspruch setzen darf.[495] Das eine Selbstbindung begründende staatliche Verhalten kann auch „passiv" sein. Protestiert der Staat gegen ihn betreffende Handlungen anderer Stellen nicht oder nimmt Äußerungen ihrer Vertreter unwidersprochen hin, obwohl eine Antwort zu erwarten gewesen wäre, spricht man von *acquiescence.* Das Schweigen begründet dann eine Bindung an den Inhalt rechtserheblicher Äußerungen oder sonstiger Handlungen anderer Völkerrechtssubjekte.[496] Auch Treu und Glauben – als dessen spezielle Ausprägung

---

491 UN SC, S/RES/827 v 25.5.1993; UN SC, S/RES/955 v 8.11.1994.

492 Krit *Fiedler,* Zur Verbindlichkeit einseitiger Versprechen im Völkerrecht, GYIL 19 (1976) 35 ff; *Bos,* A Methodology of International Law, 1984, 88.

493 Vgl *Dupuy,* Droit international public, 4. Aufl 1998, 248 ff; *Dörr,* in Ipsen, Völkerrecht, § 20 Rn 1. Einseitige Erklärungen eines Staats sind im Hinblick auf ihren bindenden Charakter nach Wortlaut, Umständen und nachfolgenden Entwicklungen auszulegen (so StIGH in *Ostgrönland,* Ser A/B, No 53).

494 IGH in *Französische Nukleartests-Fälle,* ICJ Rep 1974, 253 (267) und 457 (472): „It is well recognized that declarations made by way of unilateral acts [...] may have the effect of creating legal obligations." Vgl auch *Französische Nukleartests/Urteilsüberprüfungs-Fall,* ICJ Rep 1995, 288 (305). Konkret ging es um ein öffentliches Versprechen Frankreichs im Zusammenhang mit seinen Atomwaffenversuchen im Südpazifik. Den amtlichen, mit offensichtlichem Rechtsbindungswillen abgegebenen Erklärungen entnahm der IGH die völker*rechtliche* Verpflichtung Frankreichs, keine weiteren Tests durchzuführen. Dazu *Müller,* Vertrauensschutz im Völkerrecht, 1971; *Suy,* Les actes juridiques unilatéraux en droit international public, 1962.

495 IGH in *Kamerun/Nigeria, Preliminary Objections,* Judgment, ICJ Rep 1998, 275 (§ 57) mwN; vgl *Cottier/ Müller,* Estoppel, MPEPIL, Rn 1; *Crawford,* Principles, 406 ff.

496 IGH in *Fisheries (Vereinigtes Königreich/Norwegen),* ICJ Rep 1951, 116 (139), in *Tempel von Preah Vihear,* ICJ Rep 1962, 6, 23 (27 ff) und in *Schiedsspruch des Königs von Spanien,* ICJ Rep 1960, 192 (209, 213); s

estoppel verstanden werden kann – oder gewohnheitsrechtliche Anerkennung werden mitunter als Gründe für die Bindungswirkung bestimmter einseitiger Rechtsakte angeführt.[497]

3. Akte ohne völkerrechtliche Verbindlichkeit

Die Abgrenzung der – verbindlichen – Völkerrechtsquellen von unverbindlichen Hand- 145 lungen in den internationalen Beziehungen ist in der Praxis nicht immer einfach. So kann in Zweifel stehen, ob eine Praxis auch durch eine Rechtsüberzeugung unterlegt ist. Unverbindliches kann in dem Maße, wie eine solche Rechtsüberzeugung entsteht, in Rechtsbindung erstarken. Nicht zweifelhaft ist lediglich, dass die folgenden Kategorien von Handlungen unverbindlich und daher für sich genommen keine Völkerrechtsquellen sind:

Bei den Regeln der *Courtoisie* (Völkersitte, *comity, comitas gentium*) ist der Mangel 146 an Rechtsbindung bereits in der Bezeichnung angelegt. Die Missachtung der Völkersitte ist idR nur ein „unfreundlicher Akt", keine *Rechts*verletzung; sie darf nicht mit Sanktionen beantwortet werden, sondern nur mit unfreundlichen Akten der Gegenseite. Ein Bsp für Courtoisie ist das gegenseitige Grüßen von Schiffen auf Hoher See. Allerdings unterscheidet sich das europäische vom amerikanischen Rechtsverständnis der *comity*, das sie vor allem mit Gegenseitigkeitserwartungen verbindet (zB in Auslieferungsfällen) und ihr damit zwar keine unmittelbare Rechtsbindung, aber doch rechtliche Aussagekraft zuerkennt.[498] Nicht zum Völkerrecht gehört auch die internationale *Moral*, etwa die moralische Verpflichtung zur Katastrophenhilfe.[499] Die Grenze zwischen internationaler Moral und Courtoisie einerseits und Völkerrecht andererseits ist nicht immer leicht zu ziehen und zudem veränderlich. Prinzipien der Völkersitte und der Moral können die Schwelle zur Normativität übersteigen, also zur *Rechts*pflicht werden. So ist ein großer Teil des Diplomatenrechts aus der Courtoisie entstanden. Kriterium für den qualitativen Sprung vom Nichtrecht zum Recht ist die Überzeugung der Völkerrechtsgemeinschaft, dass ein bestimmtes Verhalten *rechtlich* geboten ist.

Gleiches gilt von den *nicht rechtsverbindlichen zwischenstaatlichen Vereinbarungen*, 147 zB von der KSZE-Schlussakte v 1.8.1975. Obwohl sie grundlegende Prinzipien des künftigen gegenseitigen Verhaltens niederlegte, sollte es sich nicht um rechtliche Bindungen handeln; andernfalls hätte man sich nicht einigen können.[500] Gleichwohl vermögen der-

---

auch StIGH in *Lotus*, Ser A, No 10, 29; ILC (Fn 434) (Conclusion 10 [3] mit Nr 8 des Commentaries); *Dörr*, in Ipsen, Völkerrecht, § 19 Rn 18.

497 IGH in *Französische Nukleartests*, ICJ Rep 1974, 253 (§ 46); *Dörr*, in Ipsen, Völkerrecht, § 22 Rn 4 ff.

498 Vgl *Kämmerer*, Comity, MPEPIL, Rn 3 f; noch weitergehend im IPR, vgl *Dornis*, Comity, in Basedow et al (Hrsg), Encyclopedia of Private International Law, 2017, 383 ff.

499 Vgl *Neuhold*, Die Pflicht zur Zusammenarbeit zwischen den Staaten, FS Verdross, 1980, 575 ff.

500 Zum KSZE-Prozess, einschließlich der Pariser Charta für ein neues Europa v 21.11.1990, *Heintze*, in Ipsen, Völkerrecht, § 33 Rn 17 f.

artige Absprachen, die *legally non-binding* sind, faktisch ebenso verhaltenslenkende Kraft zu entfalten wie rechtliche *agreements*.

148 Keine *Rechts*quelle des Völkerrechts ist auch das vielgestaltige *soft law*. Recht ist Recht, wenn es von einem zur Rechtsetzung befugten Organ gesetzt wird. Entweder gilt es, oder es gilt nicht, ist also kein Recht.[501] Resolutionen mit nur empfehlendem Charakter (die keineswegs nur die Generalversammlung, sondern auch der Sicherheitsrat erlassen können) werden oft dem weiteren Bereich des „*soft law*" zugerechnet, ebenso wie bestimmte Standards, Pakte oder Codes of Conduct, denen für sich genommen keine Rechtsbindungswirkung zukommt.[502] Ähnliches gilt für völkerrechtliche *Standards*, etwa im Bereich der Menschenrechte, des Wirtschaftsvölkerrechts, im Arbeits-, Gesundheits- und Erziehungsbereich,[503] die keine Rechtsquellen sind, sofern sie rechtlich verbindliche Normen (Menschenrechte) mit unverbindlichen Sätzen appellativen Charakters (zB Resolutionen) verbinden. Haben wichtige Staaten die Zustimmung zu UN-Resolutionen versagt, bilden sie nicht einmal „soft law", sondern bleiben *nur politische Forderungen*. So war es etwa bei der kontrovers gebliebenen Charta über die wirtschaftlichen Rechte und Pflichten der Staaten v 12.12.1974.[504] Der Begriff „soft law" ist schillernd und scheint insofern einen inneren Widerspruch zu verkörpern, als, was nicht bindet, nicht Recht – „law" – sein kann. Er soll jedoch illustrieren, dass weiche, also unverbindliche, Vorgaben sich zu verbindlichen Regeln verhärten können: durch Kodifikation oder, wie gezeigt, durch Entwicklung entsprechenden Völkergewohnheitsrechts (s o Rn 136). Insofern kann „soft law" als Aussage über das geltende Recht, über Rechtsüberzeugungen oder über Tendenzen zur Weiterentwicklung des Rechts verstanden werden.[505] „Soft law" ist jedenfalls keine Handlungskategorie mit klaren Konturen, schon gar keine Völkerrechtsquelle, sondern nur ein Indiz für die Entstehung einer den Völkerrechtsquellen des Art 38 lit a–c IGH-Statut zuzuordnenden Regel bzw Hilfsmittel für ihre Erkenntnis.[506]

---

501 Hierzu und zum Folgenden *Thürer*, „Soft Law", ZSchwR 104 (1985) 429 (441ff); Shelton (Hrsg), Commitment and Compliance: The Role of Non-Binding Norms in the International Legal System, 2000; *Hillgenberg*, Soft Law im Völkerrecht, ZEuS 1 (1998) 81ff; *d'Aspremont*, Formalism and the Sources of International Law, 2011.

502 Vgl neben dem UN-Migrationspakt (2018) die nicht registrierbare (Art 102 UN-Charta) KSZE-Schlussakte v 1.8.1975 (nur „politically binding"), der Prototyp einer *nicht*-rechtlichen, politisch freilich höchst wichtigen Vereinbarung.

503 Vgl *Körner-Dammann*, Bedeutung und faktische Wirkung von ILO-Standards, 1991; *Vierheilig*, Die rechtliche Einordnung der von der Weltgesundheitsorganisation beschlossenen Regulations, 1984; *Schwarzenberger*, The Principles and Standards of International Law, RdC 117 (1966-I) 66ff.

504 Res 3281 (XXIX); vgl auch *Seidl-Hohenveldern*, International Economic Soft Law, RdC 163 (1979-II) 165ff.

505 Vgl *Thürer* (Fn 501) 429ff.

506 Vgl *Schachter*, International Law in Theory and Practice, 1991, 87ff, unter dem Gesichtspunkt „authentischer Interpretation"; *Schreuer*, Recommendations and the Traditional Sources of Law, GYIL 20 (1977) 10ff.

Kämmerer

4. Erkenntnisquellen: Richterliche Entscheidungen und Lehrmeinungen der Völkerrechtswissenschaft

Schon dem Wortlaut nach sind gemäß Art 38 Abs 1 lit d IGH-Statut, auch vorbehaltlich 149
Art 59 IGH-Statut (*inter partes*-Wirkung der IGH-Entscheidungen), richterliche Entscheidungen[507] sowie die Lehrmeinung der fähigsten Völkerrechtslehrer der verschiedenen
Nationen[508] nicht Rechts-, sondern bloße (Rechts-) *Erkenntnis*quellen, dh *Hilfsmittel* zur
Feststellung von Rechtsnormen.[509] Sie helfen, Völkergewohnheitsrecht – als eine für
rechtsverbindlich gehaltene Praxis – zu belegen und der Auslegung von Vertragsnor-
men Wege zu weisen.[510]

Richterliche Entscheidungen iSv Art 38 Abs 1 lit d IGH-Statut sind nicht nur Judikate 150
des IGH, IStGH oder ISGH – wobei keine rechtlich starre Bindung an Vorentscheidungen
(stare decisis) besteht –, sondern auch Urteile internationaler Schiedsgerichte und, ein
reiches Reservoir für die Rechtserkenntnis, völkerrechtsbezogene Entscheidungen nationaler Gerichte. Der StIGH *(Lotus)* hatte die Frage der Bedeutung nationaler Judikate
für Entwicklung und Nachweis von Völkergewohnheitsrecht noch ausdrücklich offengelassen. Als Völkerrechtler muss man sich davor hüten, der Rechtsprechung des *eigenen*
Staats oder des *eigenen* Rechtskulturkreises übermäßige Bedeutung beizumessen. Die
IGH-Rechtspr, in ihrem Umfang ohnehin eher schmal,[511] trägt kasuistischen Charakter,
umso mehr, als nur eine Minderheit der UN-Mitglieder die Gerichtsbarkeit des IGH als
obligatorisch anerkannt hat und viele völkerrechtliche Streitigkeiten von Bedeutung
nicht vor dem IGH ausgetragen werden. Mit der durch Art 96 Abs 1 UN-Charta der UN-
Generalversammlung oder dem UN-Sicherheitsrat eröffneten Möglichkeit, den Gerichtshof um ein Gutachten zu ersuchen, ist dem IGH in begrenztem Umfang auch eine Möglichkeit zur Teilhabe am abstrakten Völkerrechtsdiskurs eröffnet.

Der Rang der *wissenschaftlichen Lehre* als Hilfsquelle für das Völkerrecht erklärt 151
sich bereits aus der historischen Bedeutung der Völkerrechtstheoretiker für die Ausfor-

---

507 Rechtsschöpfung ist notwendiger Bestandteil jeglicher Rechtsprechung. Gerade im Völkerrecht –
partiell ein Fallrecht – bildet die Rechtsprechungsanalyse, einschließlich der Untersuchung der richterlichen Rechtserzeugung, eine Kernaufgabe. Mangels einer globalen Legislative beruht das Völkerrecht
stärker als andere Rechtsgebiete auf Präzedenzfällen. Zugleich leistet gerade die *internationale* Gerichtsbarkeit einen Beitrag zur Feststellung und Weiterentwicklung des Völkerrechts.
508 Autorität besitzt die Lehre ("the teaching of the most highly qualified publicists of the various nations") nur bei weitgehender Übereinstimmung unter den anerkanntesten Völkerrechtlern.
509 Entscheidungen nationaler Gerichte sind auch Ausdruck der Staatenpraxis. Sie können auf diesem
Weg also zur Bildung oder Weiterentwicklung von völkerrechtlichem Gewohnheitsrecht beitragen.
510 Das *Lotus*-Urteil des StIGH v 1927 etwa argumentiert mit dem, was „alle oder fast alle Schriftsteller
lehren" (PCIJ, Ser A, No 10, 98). Seit es Völkerrechtswissenschaft gibt, wird freilich auch versucht, sie zu
instrumentalisieren; Bsp etwa bei *Mälksoo*, Russian Approaches to International Law, 2015.
511 Zuständigkeitsbeschränkungen, Streitbeilegung auf diplomatischem Wege, Schiedsgerichtsbarkeit
etc sind Gründe für die „Fallarmut" des IGH. Zu *res iudicata-, ratio decidendi-* und Präzedenzfall-Aspek-
ten, die beim IGH eine besondere Rolle spielen, *Bos*, A Methodology of International Law, 1984, 185 ff,
193 ff, 213 ff.

Kämmerer

mung der heutigen Völkerrechtsordnung.[512] Nachgelassen hat die Bedeutung der Kollektivansichten internationaler Juristen*vereinigungen,* etwa bei der Ermittlung der *opinio iuris.* Hier sind vor allem das reputationsreiche Institut de droit international und die International Law Association, beide 1873 gegründet, zu nennen. Demgegenüber existieren Gremien wie die (1947 durch die Generalversammlung nach Art 13 Abs 1 lit a UN-Charta begründete) *International Law Commission,* welche mit qualifizierten Völkerrechtlerinnen und Völkerrechtlern zahlreicher Länder besetzt ist und das Völkerrecht nicht nur zu erkennen, sondern auch weiterzuentwickeln hilft.[513] Die Rolle der Wissenschaft lässt sich in die Grundfunktionen Völkerrechtstheorie, -dogmatik und -politik aufgliedern. Erstere befasst sich primär damit, Völkerrecht als Recht auszuweisen und seine normativen Funktionen – Konfliktlösung, Legitimitätsstiftung – zu ermitteln. *Rechtsdogmatik* ist die Lehre von der Rechtsgewinnung im Hinblick auf die Rechtsanwendung.[514] An der Schaffung neuer Normen bzw der Verbesserung bestehender – Aufgabe der *Rechtspolitik* – ist die Wissenschaft maßgeblich beteiligt: analysierend, informierend, systematisierend, aber auch kritisierend, dekonstruierend, delegitimierend. Wissenschaft trägt zur Klärung und mittelbaren Fortentwicklung des Völkerrechts bei, indem sie die Existenz von Rechtsnormen und Staatenpraxis feststellt, Interpretationstechniken entwickelt, Auslegungsinhalte umreißt, wiederkehrende Argumentationsstrukturen freilegt und Rechtsideen formuliert, beschreibt, hinterfragt und systematisiert.[515] Damit liefert die Wissenschaft nicht nur der Rechtspr, sondern auch den für die Außenbeziehungen zuständigen Organen der Völkerrechtssubjekte rechtsdogmatische Anstöße sowie Muster zum Argumentieren „mit Gründen", zumal die Wissenschaft selbst vielfältige Vorverständnisse, Methoden und Sichtweisen aufweist, die dann auf ganz unterschiedliche Weise die Rechtsentwicklung und -durchsetzung beeinflussen (können). Die *Rechtspr des IGH* zitiert selten einzelne Völkerrechtlerinnen oder Völkerrechtler und lässt insofern die Rolle der Wissenschaft schwächer erkennen, als sie tatsächlich ist. Allerdings rekrutiert sich das 15-köpfige Haager Richtergremium traditionellerweise (und so auch derzeit) u a aus Lehrern des Völkerrechts. Deren wissenschaftliche Auffassungen finden auch auf diesem Wege Eingang in die Arbeit des Gerichts.[516] Zudem zitiert der IGH häufig Rechtsauffassungen der ILC, die ebenfalls mit Völkerrechtswissenschaftlern besetzt ist.

---

[512] Zur Lehre *Kimminich,* Teaching International Law in an Interdisciplinary Context, AVR 24 (1986) 143 ff. Zur Wissenschaftsgeschichte *Koskenniemi,* Gentle Civilizer; zu „Denkschulen im Völkerrecht" und ihren sehr unterschiedlichen Völkerrechtsverständnissen *Fassbender,* Denkschulen im Völkerrecht, BerDGVR 45 (2012), 1 ff; *Mälksoo* (Fn 510).

[513] Vgl Art 1 Abs 1 ILC-Statut, UN GV, Resolution 174 (II), 21.11.1947, sowie Art 13 Abs 1 lit a UN-Charta.

[514] Vgl *Ginther,* Systemwandel und Theoriendynamik im Völkerrecht, FS Lipstein, 1980, 31 (47 f).

[515] Vgl *Verdross/Simma,* Völkerrecht, §§ 9 ff. Eine Frage ist, inwieweit die einzelnen Wissenschaftler bereit sind, die Völkerrechtspraxis ihres eigenen Landes oder Kulturkreises einer krit Bewertung zu unterwerfen.

[516] Hierzu und zum Folgenden *Dahm/Delbrück/Wolfrum,* Völkerrecht, Bd I/1, 78 f.

Kämmerer

Art 38 Abs 1 lit d IGH-Statut qualifiziert *„die Lehrmeinung der fähigsten Völkerrecht-* 152
ler der verschiedenen Nationen" konsequenterweise „als Hilfsmittel zur Feststellung von
Rechtsnormen".[517] Die *Rechtslehre* ist demnach eine sekundäre *Quelle für die Erkenntnis
des Völkerrechts*, etwa für die Feststellung des Bestehens einer Regel des Gewohnheitsrechts; sie hat dabei die Rechtspraxis mit zu berücksichtigen. Ausweis für die Bedeutung
dieser substanziellen Hilfstätigkeit ist das reiche und vielsprachige völkerrechtliche
Schrifttum aus Lehrbüchern, Kommentaren, Monographien, Zeitschriftenartikeln und
zunehmend auch Blogs. Die Amtssprachen internationaler Gerichte und wichtiger I.O.
sowie die authentischen Sprachfassungen völkerrechtlicher Verträge spiegeln sich auch
in der Völkerrechtswissenschaft, wo vor allem Englisch immer breiteren Raum als Pu-
blikationssprache einnimmt.

Die Autorität der Völkerrechtswissenschaft als *Nachweismittel für Existenz und In-* 153
halt völkerrechtlicher Regeln ist mit der Abkehr von einer naturrechtlichen Deutung
des Völkerrechts und zunehmender Kodifikation geschwunden. Waren in der frühen
Neuzeit die wissenschaftlichen Traktate und (Lehr-)Bücher großer Völkerrechtler wie
Grotius, Suárez, Gentili, Vitoria oder *Vattel* maßgebliche Kräfte hinter der Fest- und Fortschreibung des Völkerrechts,[518] so beschränkt sich die Wissenschaft im Zuge stärkerer
kodifikatorischer Ansätze und teilgebietsweiser Auffächerung des Völkerrechts weitgehend auf rechtsanalytische und -kritische Aufgaben; der Wissenschaftler droht zum
(Sachgebiets-)Spezialisten zu werden. Seinerzeit ging es in erster Linie darum, Völkerrecht zu „finden", also sich mit den Verfahren und Formen zu befassen, in denen Normen des positiven Rechts entstehen und sich manifestieren. Heute dagegen wird das
Völkerrecht von den Staaten kraft ihres souveränen Willens gemeinsam und durchweg
„sichtbar" und gut dokumentiert gesetzt. Die „Enteuropäisierung des Völkerrechts", seine Entwicklung zu einer *universalen* Ordnung, in der die verschiedensten Kulturen und
Religionen, Nationen und Weltregionen Platz finden, steht in einem Spannungsverhältnis zu seiner (im Kern) europäischen Genese. Die heutige Völkerrechtswissenschaft
strebt nach einem pluralistischen, integrativeren, diverseren Verständnis des Völkerrechts und seiner Geschichte.[519] Darin findet die Feststellung *Wolfgang Friedmanns*, „the
bolder advances [...] must remain the work of *individual* scholars",[520] dass gerade der
wissenschaftlich-intellektuelle, mitunter visionäre Wettstreit innerhalb der Völker-

---

517 Zur Praxis des IGH *Helmersen*, Finding 'the Most Highly Qualified Publicists': Lessons from the International Court of Justice, EJIL 30 (2019) 509 ff.
518 *De Vattel* (Fn 17) zB war bis ins 19. Jh eine autoritative Quelle. Diesen Rang erwarb dann *Martens*,
Précis de droit des gens moderne de l'Europe, Bd II, 1831. Zur anschließenden Ära, diverse Argumentati-
onslinien dekonstruierend, *Koskenniemi*, Gentle Civilizer.
519 Vgl Rn 55; außerdem Fassbender/Peters (Hrsg), Oxford Handbook of the History of International
Law, die eine „global history of international law" propagieren („Introduction" der Hrsg); ferner *Steiger*,
Universalität und Partikularität des Völkerrechts in geschichtlicher Perspektive, 2015, 31, 35 ff; zum
„turn to history" in der Völkerrechtswissenschaft *Orford*, International Law and the Politics of History,
2021. S auch *Roberts*, Is International Law International?, 2017.
520 *Friedmann*, Changing Structure, 149.

rechtswissenschaft zu einer dynamischen Völkerrechtsdogmatik beiträgt, seine Bestätigung. Insofern ist und bleibt das Völkerrecht – jedenfalls auch – ein Gelehrtenrecht.

Zweiter Abschnitt

Philip Kunig / Robert Uerpmann-Wittzack

Völkerrecht und staatliches Recht

Gliederungsübersicht

Literatur

von Arnauld, Andreas, Völkerrecht, 5. Aufl 2023 (§ 7)
Bleckmann, Albert, Grundgesetz und Völkerrecht, 1975
Calliess, Christian, Staatsrecht III, 4. Aufl 2022

https://doi.org/10.1515/9783110770964-002

Dahm, Georg/Delbrück, Jost/Wolfrum, Rüdiger, Völkerrecht, Bd I/1, 2. Aufl 1989 (2. Kap)

Doehring, Karl, Völkerrecht, 2. Aufl 2004 (§ 13)

Fastenrath, Ulrich, Kompetenzverteilung im Bereich der auswärtigen Gewalt, 1986

Geiger, Rudolf, Grundgesetz und Völkerrecht, 7. Aufl 2018

Geiger, Rudolf (Hrsg), Völkerrechtlicher Vertrag und staatliches Recht vor dem Hintergrund zunehmender Verdichtung der internationalen Beziehungen, 2000

Hailbronner, Kay/Wolfrum, Rüdiger/Wildhaber, Luzius/Öhlinger, Theo, Kontrolle der Auswärtigen Gewalt, VVDStRL 56 (1997)

Herrmann, Christoph/Michl, Walther, Examens-Repetitorium Europarecht, Staatsrecht III, 8. Aufl 2022

Hobe, Stefan, Einführung in das Völkerrecht, 11. Aufl 2020 (6. Kap)

Isensee, Josef/Kirchhof, Paul (Hrsg), Handbuch des Staatsrechts, Bd XI, 3. Aufl 2013 [HdbStR XI]

Rudolf, Walter, Völkerrecht und deutsches Recht, 1967

Sauer, Heiko, Staatsrecht III. Auswärtige Gewalt, Bezüge des Grundgesetzes zu Völker- und Europarecht, 7. Aufl 2022

Schorkopf, Frank, Staatsrecht der Internationalen Beziehungen, 2017

Schweitzer, Michael/Georg Dederer, Staatsrecht III. Staatsrecht, Völkerrecht, Europarecht, 12. Aufl 2020

Seidel, Gerd, Verhältnis von Völkerrecht und innerstaatlichem Recht, 1985

Verträge

Revidierte Rheinschifffahrtsakte v 17.10.1886 id NF v 11.3.1969 (BGBl 1969 II, 597), zuletzt geänd durch Zusatzprotokoll Nr 7 v 27.11.2002 (BGBl 2003 II, 1912) [Mannheimer Akte] —— 132

Charta der Vereinten Nationen v 26.6.1945 (BGBl 1973 II, 431), zuletzt geänd durch Bek v 28.8.1980 (BGBl 1980 II, 1252) [UN-Charta] —— 12, 58, 85, 89, 103, 134, 171

Statut des Internationalen Gerichtshofs v 26.6.1945 (BGBl 1973 II, 505) [IGH-Statut] —— 60, 61, 66, 139, 163

Satzung des Europarates v 5.5.1949 (BGBl 1950 II, 263), zuletzt geänd durch Bek v 18.1.2008 (BGBl 2008 II, 129) —— 23

Abmachung zwischen den Alliierten Hohen Kommissaren und dem Deutschen Bundeskanzler v 22.11.1949 (BVerfGE 1, 1) [Petersberger-Abkommen] —— 98

Deutsch-Französisches Wirtschaftsabkommen v 10.2.1950 (BAnz v 14.2.1950, Nr 31) —— 98

Konvention zum Schutze der Menschenrechte und Grundfreiheiten v 4.11.1950 (BGBl 1952 II, 685, 953), zuletzt geänd durch Prot Nr 15 v 24.6.2013 (BGBl 2014, 1034) [EMRK] —— 118, 186

Vertrag über die Gründung der Europäischen Gemeinschaft für Kohle und Stahl v 18.4.1951 (BGBl 1952 II, 447) idF v 7.2.1992 (BGBl 1992 II, 1053/1282), zuletzt geänd durch den Vertrag von Nizza v 26.2.2001 (BGBl 2001 II, 1667) [EGKS-Vertrag] —— 120

Vertrag zwischen dem Land Baden und dem Port Autonome de Strasbourg v 19.10.1951 (BVerfGE 2, 358) [Kehler Hafenabkommen] —— 98

Vertrag zur Gründung der Europäischen Gemeinschaft v 25.3.1957 (BGBl 1957 II, 766), nach In-Kraft-Treten des Vertrags von Lissabon v 13.12.2007 (BGBl 2008 II, 1038) nunmehr gültig als Vertrag über die Arbeitsweise der Europäischen Union (konsolidierte Fassung: ABl EU 2010, Nr C 83/47), zuletzt geänd durch Art 2 ÄndBeschl 2012/419/EU v 11.7.2012 (ABl EU 2012, Nr L 204/131) [AEUV] —— 120, 130, 173, 174

Übereinkommen über die Errichtung einer Sicherheitskontrolle auf dem Gebiet der Kernenergie v 20.12.1957 (BGBl 1959 II, 586) —— 132

Haager Übereinkommen über die Zustellung gerichtlicher und außergerichtlicher Schriftstücke im Ausland in Zivil- und Handelssachen v 15.11.1965 (BGBl 1977 II, 1452), zuletzt geänd durch Bek v 6.2.2008 (BGBl 2008 II, 166) —— 119

Übereinkommen zur Beseitigung jeder Form der Rassendiskriminierung v 7.3.1966 (BGBl 1969 II, 961) —— 184

Judikatur
Deutsche Gerichte

Kunig / Uerpmann-Wittzack

Gerichtshof der Europäischen Union

I. Einführung in die Grundlagen

Vorliegender Abschnitt hat die Frage zum Gegenstand, in welchem *Verhältnis* das *Völ-* 1
kerrecht zum staatlichen Recht, das heißt – wie auch gesagt wird – zu den nationalen
Rechtsordnungen steht. Gemeint sind damit die Rechtsordnungen, die die Staaten jeweils allein, also ohne ein Zusammenwirken mit anderen unabhängigen Staaten oder
anderen Völkerrechtssubjekten, in Geltung setzen. Einzelne Bestandteile einer nationalen Rechtsordnung können völkerrechtlich veranlasst oder sogar geboten sein; sie bleiben dennoch (mindestens auch) „nationales" Recht. Sie können sich auch auf Sachverhalte beziehen, die sich außerhalb des eigenen Staatsgebiets abspielen. Ein Teil solcher
Vorschriften, nämlich das sog Kollisionsrecht, wird mitunter zwar als „international"
bezeichnet (so das „Internationale Privatrecht"); dies darf aber über ihre Zugehörigkeit
zum nationalen Recht nicht hinwegtäuschen.[1] Dabei sind idS „international" – grob gesagt: wegen einer Bezüglichkeit auf Sachverhalte mit Auslandselement – längst nicht
mehr nur gewisse Vorschriften des Zivil- und Strafrechts, sondern (denkt man etwa an
das Umweltrecht)[2] auch ganze Teile des Verwaltungsrechts.[3] Grundrechte des Grundgesetzes, also verfassungsrechtliche Vorschriften, vermögen die rechtliche Beurteilung
internationaler Sachverhalte ebenfalls mitzubestimmen.[4] Auch wenn die Grundrechte
sich an vom Grundgesetz verfasste, also hiesige innerstaatliche Gewalt richten, heißt
dies nicht, dass ihnen Akte ausländischer Staatsgewalt unter allen Umständen gleichgül-

---

1 Hierzu und zur weiteren Abgrenzung *Kämmerer*, 1. Abschn Rn 15ff; anschaulich ferner *Neuhaus*, Der
Beitrag des Völkerrechts zum Internationalen Privatrecht, GYIL 21 (1978) 60ff.
2 Dazu beispielhaft aus der Rspr – betr die Beurteilung der Zulassung einer Anlage mit potentiell grenzüberschreitender Umweltauswirkung – OVG Saarlouis, NVwZ 1995, 97; vgl ferner *Brandt*, Grenzüberschreitender Nachbarschutz im deutschen Umweltrecht, DVBl 1995, 779ff. Zur völkerrechtlichen Einordnung *Kunig*, Nachbarrechtliche Staatenverpflichtungen bei Gefährdungen und Schädigungen der
Umwelt, BerDGVR 32 (1992) 9 (35ff); *Durner*, Internationales Umweltverwaltungsrecht, in Möllers/Voss-
kuhle/Walter (Hrsg) Internationales Verwaltungsrecht, 2007, 121ff, *Epiney*, Nachbarrechtliche Pflichten
im internationalen Wasserrecht und Implikationen von Drittstaaten, AVR 39 (2001) 1ff.
3 *Möllers*, Internationales Verwaltungsrecht, in ders/Vosskuhle/Walter (Hrsg), Internationales Verwaltungsrecht, 2007, 1ff; *Ohler*, Die Entwicklung eines Internationalen Verwaltungsrechts als Aufgabe der
Rechtswissenschaft, DVBl 2007, 1083 (1085ff).
4 Eine frühe theoretische Grundlegung dazu bei *Bernstein*, Ein Kollisionsrecht für die Verfassung, NJW
1965, 2273ff, dies mit dem die Nähe des dogmatischen Gedankens zum IPR bezeugenden Begriff vom „Ver-
fassungskollisionsrecht"; aus grundrechtsdogmatischer Sicht vgl *Menzel*, Internationales Öffentliches
Recht, 2011, 550ff; *Schröder*, Zur Wirkkraft der Grundrechte bei Sachverhalten mit grenzüberschreitenden Elementen, FS Schlochauer, 1981, 137ff; *Oppermann*, Transnationale Ausstrahlungen deutscher
Grundrechte?, FS Grewe, 1981, 521ff; ferner *Kunig/Kotzur*, in v. Münch/Kunig (hrsgg v Kotzur/Kämmerer),
Grundgesetz-Kommentar, Bd I, 7. Aufl 2021, Art 1 Rn 74ff; *Giegerich*, Grund- und Menschenrechte im glo-
balen Zeitalter: Neubewertung ihrer territorialen, personalen und internationalen Dimension in
Deutschland, Europa und den USA, EuGRZ 2004, 758ff; aus der Rspr nun grundlegend BVerfGE 154, 152,
Rn 88ff im Zusammenhang mit der BND-Ausland-Ausland-Fernmeldeüberwachung; dazu *Schmahl*,
Grundrechtsbindung der deutschen Staatsgewalt im Ausland, NJW 2020, 2221ff; ferner zum grenzüber-
schreitenden Klimaschutz BVerfGE 157, 30, Rn 175.

tig wären: Solche Akte können auch für die grundrechtliche Beurteilung eines inländischen Hoheitsakts bedeutsam sein. Die Auslieferung eines Straftäters, dem hierdurch die Todesstrafe droht, bietet dafür das vielleicht augenfälligste Beispiel.[5]

2   Für die Unterscheidung zwischen Völkerrecht und staatlichem Recht ist *maßgebend, wer den Rechtssatz erzeugt hat.* Staatliches Recht schafft der Staat *allein.* Völkerrecht – als wahrhaft „internationales" Recht – wird von Völkerrechtssubjekten erzeugt. Dies erfolgt herkömmlich und noch immer regelmäßig durch *zwischenstaatliche Interaktion,* also kooperativ, oder aber kraft einseitiger Entscheidung aufgrund einer Ermächtigung als Ergebnis vorausgehender Kooperation. Von den Völkerrechtssubjekten sind nur (einige) I.O. in der Lage, durch einen einseitigen Akt eine Norm des Völkerrechts hervorzubringen. Das einseitige Handeln von Staaten (oder anderen Völkerrechtssubjekten) ist zwar an Normen des Völkerrechts zu messen und kann auch zur Normentstehung und Normveränderung beitragen; für sich genommen lässt es aber eine Völkerrechtsnorm nicht zur Entstehung gelangen.[6]

3   Von staatlichem oder nationalem (oder inländischem, innerstaatlichem) Recht ist hier die Rede in Weiterverwendung üblicher Terminologie – auch wenn es nicht um die Rechtserzeugung durch „Nationen" geht. Nationen sind teils staatlich verfasst, sei es einzeln, sei es gemeinsam mit anderen, sei es verteilt auf mehrere Staaten. Sie sind dessen ungeachtet auch „als" Nationen Völkerrechtssubjekte, soweit ihnen das Recht der Selbstbestimmung zusteht, das auf die Bildung eigener Staatlichkeit zielen kann, aber auch innerhalb solcher Staatlichkeit iSe Minderheitenschutzes Wirkungen zeitigt. Nationen als solche setzen aber kein Recht. Umgekehrt dürfte von „nationalem" Recht auch in Bezug auf das Recht solcher Staaten gesprochen werden, bei denen zweifelhaft sein mag, ob sich in ihnen überhaupt eine Nation (oder „nur" ein Staatsvolk) konstituiert. Der Sache nach geht es also um einzelstaatlich gesetztes, eben „staatliches" Recht.

4   Ob eine Rechtsvorschrift dem Völkerrecht oder dem staatlichen Recht angehört, ist danach leicht zu bestimmen: Es kommt darauf an, wer die Norm in Geltung gesetzt hat. Vorschriften des Völkerrechts und des staatlichen Rechts können denselben Sachverhalt betreffen, sie können ihn gleichsinnig oder unterschiedlich erfassen, von den ohnehin je unterschiedlichen Rechtsfolgen abgesehen, die sie verlangen. Auch weil das Völkerrecht sich an die Staaten als Völkerrechtsubjekte richtet und ihr gesamtes Verhalten mindestens potentiell betrifft, sie also auch als Rechtserzeuger anspricht, *bedarf das Verhältnis des staatlichen Rechts zum Völkerrecht der Klärung.* Dieses Verhältnis ist ungleich schwieriger zu erkennen als die Abgrenzung der beiden Rechtsmassen. Von ihm hängt die Bedeutung des Völkerrechts als Rechtsordnung entscheidend ab. Das ist offensichtlich etwa für den völkerrechtlichen Menschenrechtsschutz, dessen Konsequenzen in der Sache sich nur „innerhalb" der Staaten zeigen können, gilt aber auch für Bereiche,

---

5 Dazu *Kunig/Kotzur*, in v. Münch/Kunig (Fn 4), Bd II, 7. Aufl 2021, Art 102 Rn 17 ff mwN; zur Menschenwürde als Grenze der Auslieferung BVerfGE 140, 317, Rn 110; s freilich auch BVerfGE 156, 182, Rn 35 ff zur Überlagerung durch Auslieferungshindernisse aus der Europäischen Grundrechtecharta.
6 *Kunig*, Sinn, Stand und Grenzen einer Rechtsgeschäftslehre für das Völkerrecht, FS Leenen, 2012, 131 ff.

Kunig / Uerpmann-Wittzack

die unmittelbar nur die Staaten in ihrem Verhältnis zueinander ansprechen, wie zB das Gesandtschaftsrecht (das etwa Regeln für das Handeln und den Rechtsschutz einzelner Amtsträger enthält, auf die das staatliche Recht reagieren muss). Gerade auch wegen der strukturellen Besonderheiten der Völkerrechtsordnung, der es an den Rechtssubjekten übergeordneten Durchsetzungsmechanismen weithin mangelt, muss sie sich als Rechtsordnung auch dadurch erweisen, dass die staatlichen Rechte ihr Bedeutung verschaffen.

Das führt zu einer *wechselseitigen Beeinflussung von Völkerrecht und staatlichem* 5 *Recht*. Sie hat nach dem derzeitigen Entwicklungsstand eine Vielzahl von Rechtsgebieten erreicht, wobei das Recht wirtschaftlicher Betätigung eine Vorreiterrolle eingenommen hat[7] und das auf völkerrechtlichen Grundlagen ruhende europäische Integrationswerk sogar zu einer (regional beschränkten) Internationalisierung („Europäisierung") der gesamten Rechtsordnungen der beteiligten Staaten geführt hat.[8] Je mehr das Völkerrecht, ausgehend von seinen Vorgaben zu innerstaatlich zu gewährleistenden Menschenrechten und in Fortführung dieses Ansatzes, sich dazu versteht, Vorgaben für das innerstaatliche Gefüge zu entwickeln – etwa: Anforderungen an Grade von Demokratie, weitere Verdichtung des internationalen Menschenrechtsschutzes –, gerät auch das Verfassungsrecht der Staaten in den Blickwinkel der internationalen Ordnung.[9]

Man mag sagen, dass das Völkerrecht und die staatlichen Rechtsordnungen einzel- 6 ne *Rechtskreise* bilden, und dass der völkerrechtliche und ein einzelstaatlicher solcher Kreise sich je „überschneiden". Mit solchen Bildern ist allerdings noch nicht viel gewonnen. Es ist offensichtlich, dass Völkerrecht und staatliches Recht einander nicht gleichgültig sind und nicht gleichgültig sein können. Eindeutig ist ebenfalls, dass staatliches Recht und Völkerrecht in Widerspruch zueinander geraten können. Der Staat ist als Völ-

---

7 *Petersmann*, Welthandelsrecht als Freiheits- und Verfassungsordnung, ZaöRV 65 (2005) 543ff. Zur Anpassung von Völkerrecht und Verwaltungsrecht *Biaggini*, Die Entwicklung eines Internationalen Verwaltungsrechts als Aufgabe der Rechtswissenschaft, VVDStRL 67 (2008) 413ff.

8 *Menzel* (Fn 4) 352ff; *Kadelbach/Kleinlein*, Überstaatliches Verfassungsrecht, AVR 44 (2006) 235ff.

9 Dazu allg *Kunig*, Das Völkerrecht als Recht der Weltbevölkerung, AVR 41 (2003) 327ff; *Bryde*, Konstitutionalisierung des Völkerrechts und Internationalisierung des Verfassungsrechts, Der Staat 42 (2003) 61ff; *Peters*, The Globalization of State Constitutions, in Nijman/Nollkaemper (Hrsg), New Perspectives on the Divide Between National and International Law, 2007, 251ff; *Dursun*, Konstitutionalisierung der Rechtsordnung, Annales de la Faculté de Droit d'Istanbul 43 (2011) 75ff; zur unionalen Perspektive *Uerpmann-Wittzack*, Völkerrechtliche Verfassungselemente, in von Bogdandy/Bast (Hrsg), Europäisches Verfassungsrecht, 2. Aufl 2009, 177ff; zur EMRK *ders*, Die Bedeutung der EMRK für den deutschen und den unionalen Grundrechtsschutz, Jura 2014, 916ff; *Keller/Kühne*, Zur Verfassungsgerichtsbarkeit des Europäischen Gerichtshofs für Menschenrechte, ZaöRV 76 (2016) 245ff. Bspw gab der BGH seine bisherige Rechtsprechung infolge eines Urteils des EGMR (s NJW 2015, 3631ff) auf, wonach eine rechtsstaatswidrige Tatprovokation durch Strafverfolgungsbehörden lediglich auf Strafzumessungsebene zu berücksichtigen sei; nunmehr begründet eine solche Einwirkung ein Verfahrenshindernis, BGH, NJW 2016, 91ff. Ferner erachtet der EGMR zT auch innerstaatliche Entscheidungen für menschenrechtswidrig, obwohl gegen diese gerichtete Verfassungsbeschwerden in Karlsruhe erfolglos blieben. S hierzu zB EGMR, EuGRZ 2010, 25ff – Sicherungsverwahrung.

kerrechtssubjekt an das Völkerrecht gebunden, so dass staatliche Rechtssetzung auf völkerrechtliche Grenzen stoßen kann. Umgekehrt interessiert sich auch das innerstaatliche Recht für den völkerrechtlichen Normbildungsprozess, soweit der betreffende Staat an ihm mitwirkt. Das staatliche Recht muss dann Zuständigkeiten ordnen (zB im Zusammenhang mit dem Abschluss von Verträgen). Faktisch und praktisch ist darüber hinaus auch eindeutig, dass das Völkerrecht einzelne Subjekte des innerstaatlichen Rechts regelmäßig nur über dessen Vermittlung und in dem von ihm gezogenen Rahmen erreichen kann.[10]

7   Es verbietet sich deshalb, das Verhältnis von Völkerrecht und staatlichem Recht zu betrachten, ohne dabei die jeweilige staatliche Rechtsordnung daraufhin zu befragen, wie *gerade sie* ihr Verhältnis zum Völkerrecht ordnet. Das schließt noch nicht die Möglichkeit aus, insoweit verallgemeinerbare Aussagen zu finden und – theoretisch – auch nicht, dass das Völkerrecht selbst nach einer bestimmten innerstaatlichen Ausgestaltung dieses Verhältnisses verlangt. Allerdings enthält das Vertragsvölkerrecht keine allgemeinen Aussagen zu der Frage, in welches prinzipielle Verhältnis sich eine innerstaatliche Rechtsmasse zu derjenigen des Völkerrechts zu stellen hat. Solche könnten sich mithin nur aus Völkergewohnheitsrecht, also aus der von Rechtsüberzeugung getragenen Staatenpraxis (zu der auch die Verfassungsgebung beiträgt) herausbilden; auch dieser Umstand legt es nahe, *einzelne Rechtsordnungen differenziert zu betrachten.*

8   Für das vorliegende Lehrbuch, das das universelle Völkerrecht zur Anschauung bringt, dabei aber vor allem den am deutschen Recht interessierten Lesern dienen möchte, hat dies zur Konsequenz, dass zum Verhältnis des Völkerrechts und des staatlichen Rechts auch ein – knapper – Überblick über die Rechtslage in einigen anderen Staaten gegeben wird, ehe im Einzelnen darzustellen ist, wie sich das Völkerrecht gerade zum deutschen Recht verhält (Rn 46 ff). Die letztere Schilderung gliedert sich dann nach den einzelnen Quellen des Völkerrechts und weiteren Akten internationalen Ursprungs, die für das deutsche Recht von Bedeutung sein können. Das so aus innerstaatlicher Perspektive in den Blick genommene Recht wird schließlich – bilanzierend – vor allem daraufhin untersucht, inwiefern es als Maßstab für das Handeln der drei innerstaatlichen Staatsgewalten dienen kann (Rn 175 ff). Diese Kapitel werden zunächst durch eine Schilderung des in der Völkerrechtswissenschaft zu dem Problem „Völkerrecht und staatliches Recht" geführten Theorienstreits vorbereitet. Sodann erfolgt die Klärung einiger für die Verhältnisbestimmung zentraler Begriffe und – im Vorgriff auf die Darstellung des völkerrechtlichen Unrechts (im 7. Abschnitt dieses Lehrbuchs) – eine kurze Vergewisserung über die völkerrechtlichen Rechtsfolgen innerstaatlich mangelhafter Umsetzung von Völkerrecht (Rn 28 ff). Am Beginn steht jedoch die Darlegung der verfassungsrechtlichen Weichenstellungen für den angestrebten Ort des deutschen Staats in Völkerrecht und auswärtiger Politik (Rn 9 ff). So ergibt sich der Rahmen für alles Folgende. Die Frage nach dem Verhält-

---

10 S aber auch *Peters*, Jenseits der Menschenrechte: Die Rechtsstellung des Individuums im Völkerrecht, 2014.

nis von Völkerrecht und staatlichem Recht ist nicht nur eine solche technischer Koordination; jedenfalls das Grundgesetz gibt auch materielle Antworten.

II. Verfassungsrechtliche Grundentscheidungen für die Stellung Deutschlands in der internationalen Ordnung

Im Völkerrecht stehen die Staaten zunächst souverän nebeneinander. Ihre Souveränität 9 im Inneren schirmt die nationale Rechtsordnung von anderen Rechtsordnungen einschließlich derer des Völkerrechts grundsätzlich ab. Die Staaten bestimmen daher im Ausgangspunkt selbst, ob, wieweit und in welcher Weise sie sich dem Völkerrecht öffnen. Das geschieht vornehmlich durch Normen, die systematisch dem *Staatsorganisationsrecht* zugehörig sind: Organisiert werden die Bedeutung außerstaatlicher Rechtssätze für das innerstaatliche Rechtsleben, ferner das Zusammenspiel innerstaatlicher Organe im Umgang mit den genannten Rechtssätzen, schließlich – darüber hinaus, denn die internationalen Beziehungen erschöpfen sich nicht in der Reaktion auf Völkerrecht und seinen Vollzug sowie die Mitwirkung bei seiner Entstehung und Wandlung – die Zuständigkeiten für die Wahrnehmung der Staatsaufgabe Außenpolitik.

Das Grundgesetz gibt aber noch mehr als den organisatorischen Rahmen zur Bewäl- 10 tigung der Probleme, welche sich daraus ergeben, dass Deutschland ein souveräner Staat unter vielen ist. Es *positioniert den deutschen Staat innerhalb der Völkerrechtsgemeinschaft* und *programmiert sein Verhalten nach außen.* Es beinhaltet ein Bekenntnis zum äußeren Frieden (Rn 12 ff), richtet die BR Deutschland – wie häufig gesagt wird – „offen" und „völkerrechtsfreundlich" ein (Rn 18 ff), und öffnet sich – darauf aufbauend und es speziell konkretisierend – für (europäische) Integration (Rn 21 ff). Wie die Versuche zur kategorialen Erfassung des Vorbehaltsbereichs gegenüber verbotener Einmischung oder Intervention im Grunde seit ihrem Beginn gezeigt haben, sind „innere" und „äußere" Angelegenheiten nicht trennscharf voneinander zu unterscheiden.[11] Daher haben diese „außenbezogenen" Programmierungen auch Konsequenzen für die Rechtslage „im Inneren".

Solche Positionierung ist historisch erklärbar. Verfassungsgebung gibt im Versuch 11 zur Zukunftsbewältigung auch Antworten auf durch die Vergangenheit bzw historische „Lagen" *(Herbert Krüger)* aufgegebene Fragen. Die das Völkerrecht gering achtende, durch Aggression und Völkermord die Zertrümmerung von Grundnormen der internationalen Rechtsgemeinschaft in Kauf nehmende Politik des Nationalsozialismus gab mit den Nürnberger und Tokioter Kriegsverbrecherprozessen Anlass für eine nach bisheriger Völkerrechtsentwicklung neuartige Gegenreaktion.[12] Es lag bei der Neuorga-

---

11 Dazu *Kunig*, Das Nichteinmischungsprinzip. Zur Praxis der Organisation der afrikanischen Einheit (OAU) und des afrikanischen Staatenverkehrs, 1981, 17 ff, 240 ff.

12 Dazu *Grewe*, Rückblick auf Nürnberg, FS Doehring, 1989, 229 ff; *K. Ipsen*, Das „Tokyo Trial" im Licht des seinerzeit geltenden Völkerrechts, FS Oehler, 1985, 505 ff.

nisation deutscher Staatlichkeit nahe, mit den Mitteln des Verfassungsrechts Vorkehrung zu versuchen (wobei nachfolgend allein auf das Verfassungsrecht des Gesamt-
staats – das Grundgesetz – eingegangen wird; auch Landesverfassungen, insbes die
ältesten, aber auch jüngere enthalten Aussagen zur Position in der Staatengemeinschaft).[13]

1. Das Bekenntnis zu Frieden und Menschenrechten

12 Der augenfälligste Ausdruck des zuvor Gesagten ist *Art 26 GG*. Sein *Abs 1 Satz 1* erklärt
die Vorbereitung der Führung eines Angriffskrieges für verfassungswidrig und darüber
hinaus noch alle Handlungen, die „geeignet sind und in der Absicht vorgenommen werden, das friedliche Zusammenleben der Völker zu stören".[14] Art 26 Abs 1 Satz 2 GG verlangt die Strafbarkeit solcher Handlungen. Innerstaatlich bildet Art 26 Abs 1 GG damit
eine völkerrechtliche Verbotsnorm, die zur zentralen Bestimmung des Systems der Vereinten Nationen geworden ist, in der Verfassung ab, noch weit ehe die BR Deutschland –
und seinerzeit auch die DDR – im Jahre 1973 als Mitglieder dieses Systems akzeptiert
worden waren: Art 2 Nr 4 UN-Charta verbietet die Führung von Angriffskriegen und
ihre Vorbereitung soweit, als sie sich als Drohung militärischer Gewalt realisiert.[15] Pöna-
lisiert wurden diesbezügliche Verstöße auf völkerrechtlicher Ebene erst mit der Aufnahme des Verbrechens der Aggression in das Römische Statut des Internationalen Strafgerichtshofs.[16] Innerstaatlich stellt nun § 13 VStGB das Verbrechen der Aggression und
§ 80a StGB das Aufstacheln dazu unter Strafe. Damit wird zugleich das Pönalisierungs-
gebot des Art 26 Abs 1 Satz 2 GG umgesetzt.[17] Art 26 Abs 1 GG erfasst auch andere Störun-
gen des friedlichen Zusammenlebens. Gerade das Gebot strafrechtlicher Sanktionierung
deutet dabei auf eine enge Interpretation. Das Regelbsp „Angriffskrieg" wird zum Leitbegriff; sonst noch erfasste Handlungen müssen ihm qualitativ vergleichbar sein.
Soweit etwa der *NATO-Einsatz des Jahres 1999* im ehemaligen Jugoslawien als mit dem
Völkerrecht vereinbar angesehen werden kann, stand er auch mit deutschem Verfassungsrecht in Einklang. Die mit ihm verbundene „Absicht" war jedenfalls auf die Abwendung ihrerseits zweifellos rechtswidriger Unterdrückung und Vertreibung der
Volksgruppe der Kosovo-Albaner gerichtet, nicht also auf die Störung des friedlichen Zusammenlebens der Völker, sondern auf die Beseitigung einer solchen Störung. Eine Beteiligung der Bundeswehr am *Irak-Krieg des Jahres 2003* in einer Weise, wie sie zB das

---

13 Vgl Art 2 Abs 1 der Verfassung des Landes Brandenburg zur „Zusammenarbeit mit anderen Völkern,
insbesondere mit den polnischen Nachbarn".
14 Zu hiervon auch erfassten Handlungen von Privatpersonen s BVerwG, DÖV 1983, 118 ff: Kein Verstoß
gegen Art 26 Abs 1 Satz 1 GG durch Verwendung von Spendenerlös zur Bekämpfung der Regierung Chiles.
15 Zum Inhalt des Gewaltverbots *Bothe*, 8. Abschn Rn 9 ff.
16 *Schröder*, 7. Abschn Rn 52.
17 *Aust*, in v. Münch/Kunig (Fn 4) Art 26 Rn 42.

Vereinigte Königreich, Spanien und Polen unternommen haben, würde sich angesichts von Art 26 Abs 1 GG als verfassungswidrig dargestellt haben.[18]

Auch *Art 26 Abs 2 GG* ist eine ungewöhnliche Vorkehrung. Von Verfassung wegen **13** wird hier eine sonst dem Verwaltungsrecht vorbehaltene Regelung getroffen, nämlich ein Genehmigungsvorbehalt für die Herstellung, die Beförderung und das Inverkehrbringen zur Kriegsführung bestimmter Waffen errichtet. Die Regelung des Näheren wird freilich einem Gesetz vorbehalten. Dieser Regelungsauftrag ist durch das *Kriegswaffenkontrollgesetz* erfüllt worden,[19] die Handhabung der Regelung allerdings durchweg von Zweifeln begleitet geblieben, was die grundsätzliche Orientierung[20] und die Effektivität der Durchsetzung betrifft. Art 26 Abs 2 GG zeigt übrigens an, dass Art 26 Abs 1 GG eine Lieferung von Kriegswaffen ins Ausland nicht per se als Handlung betrachtet, welche Störungsqualität für „friedliches Zusammenleben" aufweise: Das Grundgesetz zeigt sich (auch hier) nicht pazifistisch, sondern zu Differenzierung bereit. Es geht auch nicht so weit, die Waffenlieferung etwa nur an Opfer von Aggressionen – wie an die Ukraine im Jahr 2022 – zuzulassen.

Einen verfassungsrechtlichen Beitrag zur Friedenswahrung möchte bereits die *Prä-* **14** *ambel* leisten. Die Wendung der Präambel aF – „in einem vereinten Europa dem Frieden der Welt zu dienen", dies als „gleichberechtigtes Glied" – ist auch in der Neuformulierung v 1990 im Kontext der Einigung Deutschlands erhalten geblieben. Die internationalen Rahmenbedingungen freilich unterschieden sich 1949 und 1990 grundlegend, und sie unterliegen weiter dem Wandel. So war die Redeweise vom „gleichberechtigten Glied" zunächst auch Anspruch, Erheischung von Akzeptanz. Auch in der Bezugnahme auf das „vereinte Europa" drückten sich sowohl eine Weichenstellung wie auch eine Zielorientierung aus, ein zunächst in Art 24 GG, seit 1992 darüber hinausgehend in Art 23 GG nF weiter ausgeformter Integrationswille. „Dienen" *verpflichtet zu aktiver Teilnahme an Friedenspolitik.*[21] Jedenfalls diese Vorgabe macht es unausweichlich, den verfassungs-

---

18 Zur Unvereinbarkeit des militärischen Vorgehens gegen den Irak mit dem völkerrechtlichen Gewaltverbot s *Bothe,* Der Irakkrieg und das völkerrechtliche Gewaltverbot, AVR 41 (2003) 255 ff; *Dörr,* Staats- und völkerrechtliche Aspekte des Irak-Krieges 2003, Humanitäres Völkerrecht 2003, 181 ff. S auch die Entscheidung des BVerwG hinsichtlich eines Soldaten, der sich aus Gewissensgründen weigerte, einem Befehl nachzukommen, dessen Befolgung eine seiner Ansicht nach „rechtswidrige Beteiligung der Bundesrepublik Deutschland an dem rechtswidrigen Angriff gegen den Irak" hätte darstellen können (BVerwGE 127, 302 ff); dazu *Kotzur,* Gewissensfreiheit contra Gehorsamspflicht oder: der Irak-Krieg auf dem verwaltungsgerichtlichen Prüfstand, JZ 2006, 25 ff.
19 Dazu *Aust* (Fn 17) Rn 55; eingehend *Epping,* Grundgesetz und Kriegswaffenkontrolle, 1993.
20 Vgl dazu die „Politischen Grundsätze der Bundesregierung für den Export von Kriegswaffen und sonstigen Rüstungsgütern" v 19.1.2000 (<www.bafa.de>), welche sich an den Verhaltenskodex der EU für Waffenausfuhren v 8.6.1998 und die OSZE-Prinzipien zur Regelung des Transfers konventioneller Waffen v 25.11.1993 anlehnen, aber auf größere Restriktion zielen; wesentliches Kriterium für eine Genehmigung soll die Einschätzung der Menschenrechtslage sein.
21 *Starck,* in v. Mangoldt/Klein/Starck (Hrsg), Grundgesetz, Bd 1, 7. Aufl 2018, Präambel Rn 44; *Kunig/Kotzur* (Fn 4) Präambel Rn 27.

rechtlichen Friedensbegriff zu bestimmen, dies auch vor dem Hintergrund, dass das Gebot, als ein Mitglied der internationalen Gemeinschaft dem Frieden zu dienen, wie die
normativen Inhalte der Präambel insgesamt, sich als Rechtspflicht darstellt.[22] Diese
Pflicht ist gewiss von begrenzter Justiziabilität, doch sind dogmatisch der Rechtscharakter einer Norm, die Frage, wem die Konkretisierungskompetenz im Blick auf eine Norm
zugewiesen ist, und schließlich die damit in Zusammenhang stehende weitere Frage, ob
und ggf welchem Organ eine Kontrollkompetenz zusteht, voneinander zu trennen. Die
Präambel ist einerseits politisches Signal – nach innen wie außen –, enthält andererseits
und zugleich Handlungsanweisungen an Verfassungsorgane, und sie ist im Übrigen Leitlinie für die Auslegung anderer Verfassungsbestimmungen. Soweit es um Außenpolitik
geht, folgt die geringe Justiziabilität der Präambel aus dem für Akte Auswärtiger Gewalt
grundsätzlich eröffneten Handlungsspielraum der zur Aufgabenwahrnehmung primär
berufenen Regierung (s u Rn 80).

15   Sähe man den Friedensbegriff der Präambel allein im Zusammenhang mit Art 26
Abs 1 GG, so läge es nahe, unter „Frieden" allein die Abwesenheit von Krieg zu verstehen.[23] Doch ist aussagekräftiger ein weiteres und außerhalb der Präambel, nämlich in
Art 1 Abs 2 GG, formuliertes „Bekenntnis", dasjenige zu den Menschenrechten, welche
dort ausdrücklich „als Grundlage jeder menschlichen Gemeinschaft, des Friedens und
der Gerechtigkeit in der Welt" angesprochen sind. Der hier erkannte *Zusammenhang
zwischen Frieden* (als Zustand der Gewaltlosigkeit) *und Menschenrechten* (als zunächst den individuellen Freiheitsrechten, aber in Offenheit für die Fortentwicklung
des Menschenrechtsschutzes)[24] ist auch der Präambel zugrunde zu legen. Sie erweist
sich – gemeinsam mit Art 1 Abs 2 GG selbst – als eine Zielbestimmung, welche die BR
Deutschland zu zielbezogener Kooperation in der Völkerrechtsgemeinschaft verpflichtet.[25] Völkerrechtliche Ansprüche können (andere) Mitglieder der Völkerrechtsgemeinschaft daraus nicht herleiten. Den auf Friedenswahrung und Menschenrechtsschutz
zielenden Normen des allgemeinen Völkerrechts wird aber eine Stützung in dem Sinne
gegeben, als es für ihren Fortbestand und ihre Fortentwicklung der Rechtsüberzeugung der Rechtsunterworfenen normtheoretisch bedarf. So dokumentiert das Verfassungsrecht die diesbezügliche *opinio iuris* des Völkerrechtssubjekts BR Deutschland ein
für allemal.

16   Dass die Präambel einerseits von „Europa", andererseits von der „Welt" spricht, bedeutet keine Rangfolge, sondern nimmt Kenntnis von Naheliegendem. Sie beruht auch
auf der Einsicht, dass ausweislich geschichtlicher Erfahrung bis in die Mitte des 20. Jh

---

22 BVerfGE 5, 85, 127; 36, 1, 17; jeweils zur Präambel aF.
23 *Proelß*, in HdbStR XI, 3. Aufl 2013, § 227 Rn 12.
24 Näher *Kunig/Kotzur* (Fn 4) Art 1 Rn 64 ff; zust *Hodenberg*, Das Bekenntnis des deutschen Volkes zu den
Menschenrechten in Art 1 Abs 2 GG, 1997, 71 f; ähnlich bereits *Denninger*, in Wassermann (Hrsg), Kommentar zum Grundgesetz für die Bundesrepublik Deutschland, 2. Aufl 1989, Art 1 II, III Rn 11; ablehnend
Doehring, Die undifferenzierte Berufung auf Menschenrechte, FS Bernhardt, 1995, 355 (359).
25 Vgl *Stern*, Staatsrecht, Bd I, 2. Aufl 1984, 509.

die Konfliktvermeidung im konfliktträchtigen Europa eine Voraussetzung universellen Friedens war. Die außenpolitische Programmatik der Verfassung wäre überinterpretiert, wollte man hier etwa ein Friedensengagement in anderen Regionen – wie im Nahen Osten oder in Afrika – zurückgestuft sehen. In welchen Formen solches Engagement an welchem Ort entfaltet werden darf, entscheidet sich anhand anderer Bestimmungen (s u Rn 81 ff).

Schließlich gehört in diesen Zusammenhang auch, dass *Art 9 Abs 2 GG* (nicht nur 17 einen Kriminalvorbehalt und einen solchen zum Schutz der Verfassungssubstanz enthält, sondern auch) Vereinigungen, die sich „gegen den Gedanken der Völkerverständigung richten", für verfassungswidrig erklärt und damit die Vereinigungsfreiheit begrenzt. Entgegen dem Eindruck, den der Wortlaut der Vorschrift vermittelt, bedarf das Verbot im Einzelfall eines konstitutiven (behördlichen) Feststellungsaktes.[26]

2. Die „Offenheit" und die „Völkerrechtsfreundlichkeit"

Die bisher behandelten grundgesetzlichen Aussagen weisen einen inneren Zusammen- 18 hang auch zu *Art 25 GG* auf. Wenn und soweit dort, wie im Einzelnen zu zeigen sein wird (Rn 137 ff), allgemeines Völkergewohnheitsrecht zum Bestandteil innerstaatlichen Rechts mit Vorrang vor Gesetzesrecht erklärt wird, zeigt dies eine besondere Hinwendung zur internationalen Rechtsordnung. In Gesamtschau auf die Vorschriften zur außenpolitischen Grundorientierung, aber speziell auch im Blick auf Art 25 GG, wird deshalb von der „Offenheit" des Grundgesetzes gesprochen.[27] Eine derartige Kategorienbildung ist angemessen zunächst iSe charakterisierenden Befundes, im Blickwinkel also etwa der Allgemeinen Staatslehre oder der Rechtsvergleichung. Sie ist auch nützlich, um auf gleichsinnige oder verwandte Einzelaussagen der Verfassung zu verweisen und auf diese Weise deren systematische Interpretation anzuleiten.

Wie bei den weiteren, als Leitprinzipien des Grundgesetzes anzusprechenden (und 19 an Art 20 Abs 1 GG ablesbaren, in Art 28 Abs 1 GG angeführten) Prinzipien auf hoher Abstraktionsebene stellt sich auch hier noch die weitere Frage nach ihrer Tauglichkeit, eigenständig und in Loslösung von Einzelausprägungen als Rechtsnormen zur Beurteilung von Sachverhalten herangezogen zu werden.[28] Diese Frage ist für ein „Prinzip internationaler Offenheit" in dem Sinne zu beantworten, dass ihm zwar die Entscheidung für den Verzicht auf die Ausschließlichkeit einzelstaatlich-souveräner Rechtsmacht entnommen werden kann, es sich im Übrigen aber *allein in* thematisch einschlägigen *Einzelnormen entfaltet*. Dieser Befund lässt sich durchaus auch dahingehend beschreiben,

---

26 Vgl *Kunig,* Vereinsverbot, Parteiverbot, Jura 1995, 384 ff mwN.
27 Dazu mwN und im Bemühen um begriffliche Abgrenzungen *Tomuschat,* in HdbStR XI, 3. Aufl 2013, § 226 Rn 9 ff; grundlegend *Vogel,* Die Entscheidung des Grundgesetzes für eine internationale Zusammenarbeit, 1964; *Bleckmann,* Die Völkerrechtsfreundlichkeit der deutschen Rechtsordnung, DÖV 1979, 309 ff.
28 *Kunig,* Das Rechtsstaatsprinzip, 1986, 457 ff.

dass das Grundgesetz eine „völkerrechtsfreundliche Grundhaltung" einnehme.[29] Ein der Subsumtion im Einzelfall unmittelbar zugängliches Prinzip ist aber auch damit nicht gefunden. Es wäre zudem nicht angängig, im Blick auf die sich auf Öffnung einlassenden Aussagen des Grundgesetzes dessen organisationsrechtliche und grundrechtliche Vorgaben „abwägend" zu relativieren. Dass etwa deutsche Staatsorgane im Einzelfall Pflichten aus einem völkerrechtlichen Vertrag zu beachten haben, welcher die BR Deutschland bindet, mindert den Grundrechtsschutz nicht.[30]

20   Von „Völkerrechtsfreundlichkeit" sollte schließlich auch nicht gesprochen werden, soweit es um internationale Normen unterhalb der Schwelle rechtlicher Qualität geht. Denn die Nutzung gerade vom Völkerrecht belassener Spielräume im innerstaatlichen Recht ist dann nicht „völker*rechts*freundlich", wenn sie in einer Weise erfolgt, die international geäußerten oder in nicht rechtsverbindlichen Dokumenten manifestierten Wünschen nachfolgt. „Freundlichkeit" ist auch im Übrigen ein missverständlicher Begriff, wenn er auf das Recht bezogen ist; das Recht verlangt die Einhaltung seiner Gebote – oder es belässt Freiheit.[31] Dass von dieser Freiheit auch über das rechtlich Verlangte hinaus iS internationaler Offenheit Gebrauch gemacht werden kann, steht auf einem anderen Blatt: Dies ist nicht verfassungsrechtlich aufgegeben, sondern bemisst sich nach einfachem Recht (s u Rn 184).

3. Die Integrationsorientierung

21 Während das Grundgesetz die deutsche Rechtsordnung in Art 25 GG für einen Teil des völkerrechtlichen Normenbestands unmittelbar „öffnet", betreffen seine Aussagen zur europäischen Integration (Art 23, Art 24 Abs 1 GG) nicht nur schon existentes bzw künftig als „allgemeine Regeln des Völkerrechts" anzusprechendes Recht. Hier geht es nicht nur um Recht, sondern – wie bei den zuvor behandelten „Bekenntnissen" (s o Rn 12 ff) – auch um Politik, vor allem um die Übertragung von hoheitlichen Befugnissen auf außerhalb der hiesigen Staatlichkeit angesiedelte Gewalt, damit um die Substanz dieser Staatlichkeit und – in letzter Konsequenz – um ihren Fortbestand.

22   Bereits die Präambel – hier im Zusammenwirken mit den „alten" und den „neuen" Integrationshebeln in Art 23, 24 GG – impliziert eine *Rechtspflicht zum Bemühen um europäische Integration,* auch dies allerdings ohne Vorgabe, welche Schritte im Einzelnen

---

29 Vgl BVerfGE 31, 58, 75 ff; *Aust* (Fn 17) Art 24 Rn 10 mwN; *Lovric,* A Constitution Friendly to International Law: Germany and its *Völkerrechtsfreundlichkeit,* AYBIL 25 (2007) 75 ff; *Proelß,* Bundesverfassungsgericht und überstaatliche Gerichtsbarkeit, 2014, 43 ff; ebd 107 ff, 204 ff zu den sich daraus ergebenden Rechtsfolgen sowie nun grundlegend BVerfGE 141, 1, 26 ff *(Treaty Override).*
30 So aber offenbar *Waitz v. Eschen,* Grundgesetz und internationale Zusammenarbeit, BayVBl 1991, 321 (324); zum notwendigen Grundrechtsschutz bei der Übertragung von Hoheitsrechten auf zwischenstaatliche Einrichtungen zusammenfassend BVerfGE 149, 346 (Rn 31 ff).
31 Treffend *Doehring,* in HdbStR VII, 2. Aufl 1992, § 178, Rn 14: „Die jeweils völkerrechtsfreundlichste Verhaltensweise ist diejenige, die von den internationalen Rechtsregeln vorgeschrieben wird".

zu ergreifen sind – und auch insofern in einer gewissen Zieloffenheit. Das Ziel der europäischen Integration, wie sie das Grundgesetz will und ermöglicht, ist die Herstellung einer Freiheit und Gleichheit verpflichteten, innerlich befriedeten Ordnung in Europa, welche insbesondere auch den Fortbestand kultureller Vielfältigkeit sichert.

Dass gerade „*Europa*" zum Bezugspunkt genommen wird, will dem Umstand Rechnung tragen, dass gewisse Zwecke und Ordnungsprinzipien sich als für europäische Staaten „gemeinsames Erbe" ansprechen lassen (vgl auch Art 1 der Satzung des Europarats).[32] Dies trotz zwischenzeitlicher jahrzehntelangen Isolierung seines östlichen Teils unter einem vor allem den rechtsstaatlichen Gehalt diese Erbes herabstufenden System. Auch in den dortigen europäischen Staaten hat sich in den 1990er Jahren die Bereitschaft herausgebildet, an einer den bezeichneten Ordnungsvorstellungen verpflichteten gesamteuropäischen Integration mitzuwirken. Die europabezogenen Aussagen des Grundgesetzes sind auch dieser Entwicklung gegenüber offen, mag sie auch bei der Verfassungsgebung 1949 kaum absehbar gewesen sein. Dabei ist nicht zu verkennen, dass der Fixierung der Integration auf Europa, also unter Verwendung eines einerseits geographischen, andererseits historisch, auch ideengeschichtlich einsetzbaren Begriffs, ein Element der Willkür anhaftet. Einsichten über die politische Angemessenheit rechtlicher Ordnung sind nicht lozierbar bzw geographischen Räumen reserviert. Zudem sind kontinentale Abgrenzungen nicht trennscharf, wie Russland und die ihm westlich vorgelagerten Staaten, aber auch der über Europa im geographischen Sinne hinausreichende mediterrane Raum erweisen,[33] letzterer seit vielen Jahrhunderten. Als verfassungsrechtlicher Rechtsbegriff muss „Europäische Union" oder „vereintes Europa", wie Art 23 GG es nennt, auch deswegen *pragmatisch verstanden* werden. Die diesbezüglichen Verfassungsentscheidungen gehen in Übereinstimmung mit einem in zunächst einigen Staaten der Region seit sieben Jahrzehnten bemerkbaren Gestaltungswillen davon aus, dass die Erhaltung als bewahrenswert empfundener Strukturen unter sich wandelnden Bedingungen ein Integrationswerk untereinander prinzipiell homogener Einheiten voraussetze. Der Kreis der Kooperierenden muss dabei nicht ein für alle Mal festliegen.

Welche Form das Vereinte Europa annehmen kann und aus deutscher Sicht darf, sagt das Grundgesetz nicht ausdrücklich und hält sich auch insoweit entwicklungsoffen. Spricht es von „der" Union, meint es nicht – Namen sind Schall – notwendigerweise das in Maastricht begründete, in Amsterdam, Nizza und Lissabon umgeformte Gebilde, dies womöglich als Ende einer Entwicklung.[34] Eine Fülle unterschiedlicher Organisationsformen war und ist in Europa zu bemerken oder denkbar: klassische I.O. wie der Europa-

---

32 BGBl 1950, 263; letzte Änd in BGBl 2008 II, 129.

33 Historische Reflexionen von bleibender Aktualität bei *Schulze*, Wie weit reicht Europa?, StWiss und StPr 1998, 305 ff; zur Diskussion über einen Beitritt der Türkei zur EU *Yenal*, EU-Mitgliedschaft der Türkei. Thesen zur aktuellen Debatte, RuP 2005, 114 ff; *v. Hippel*, Beitritt der Türkei zur Europäischen Union?, RuP 2004, 13 ff; *Solmaz*, Die türkische Verfassung unter dem Einfluss des EU-Reformprozesses, Der Staat 54 (2015) 159 ff.

34 Vgl *Uerpmann-Wittzack*, in v. Münch/Kunig (Fn 4) Art 23 Rn 12 f.

rat; „zwischenstaatliche" Einrichtungen wie die EWG/EG, ein Völkerrechtssubjekt mit gegenüber ihren Mitgliedstaaten bisher ungekannt weit reichenden Rechten; ferner die EU als ein nichtstaatliches[35] Phänomen, über deren treffende Kategorisierung bis zum Inkrafttreten des Vertrags von Lissabon begrifflicher Streit geführt wurde, welcher Meinungsverschiedenheiten über geltendes Recht und rechtspolitischen Fortgang indizierte,[36] und in der mittlerweile die EG aufgegangen ist (vgl Art 1 EUV).

25   Auf „zwischenstaatliche Einrichtungen" kann der Bund nach Art 24 Abs 1 GG Hoheitsrechte übertragen, was man als Absage an die Herausbildung europäischer Staatlichkeit verstehen könnte. Denn es ist gerade nicht von der Übertragung solcher Rechte auf einen anderen Staat die Rede. Ähnlich klingt es in Art 23 Abs 1 Satz 2 GG, der sich für die „Verwirklichung eines vereinten Europa" (Abs 1 Satz 1) als Spezialvorschrift[37] darstellt. Dieses soll „demokratischen, rechtsstaatlichen, sozialen und föderativen Grundsätzen und dem Grundsatz der Subsidiarität"[38] verpflichtet sein. Darüber hinaus soll es „einen diesem Grundgesetz im wesentlichen vergleichbaren Grundrechtsschutz" gewährleisten – ein „Maßgabevorbehalt"[39] für das politische Gestaltungsermessen der innerstaatlichen Organe, der hinsichtlich der genannten Strukturprinzipien (anders als für den Grundrechtsschutz) nicht das spezielle Modell des Grundgesetzes zum Leitbild erhebt,[40] sondern sich entsprechend den oben in Rn 23 bezeichneten Ausgangspunkten auf einen gemeineuropäischen Erfahrungsschatz bezieht. Da dieser im Rahmen staatlicher Strukturen gewonnen und nun für zwischenstaatliche Gefüge fruchtbar gemacht werden soll, verbleiben vielfältige Unklarheiten, dies insbes im Blick auf das Demokratieprinzip.[41]

---

35 *Herdegen,* Die Belastbarkeit des Verfassungsgefüges auf dem Weg zur Europäischen Union, EuGRZ 1992, 590f; *Schwarze,* Das Staatsrecht in Europa, JZ 1993, 585 (588); *Kirchhof,* in HdbStR X, 3. Aufl. 2012, § 214 Rn 10ff.

36 Vgl nur *Ossenbühl,* Maastricht und das Grundgesetz – eine verfassungsrechtliche Wende, DVBl 1993, 629 (631): „supranationale Staatlichkeit"; *Di Fabio,* Der neue Art 23 des Grundgesetzes, Der Staat 32 (1993) 197: „Prästaatlichkeit"; *Murswiek,* Maastricht und der Pouvoir Constituant, Der Staat 32 (1993) 179: „sehr staatsähnlich"; *Schilling,* Die deutsche Verfassung und die europäische Einigung, AöR 116 (1991) 32 (52): „Quasi-Staat". Aktueller *Wagner,* Die Rechtsnatur der EU, ZEuS 2006, 287ff.

37 Zum Verhältnis beider Vorschriften zueinander *Sommermann,* Staatsziel „Europäische Union", DÖV 1994, 596ff; *Geiger,* Die Mitwirkung des deutschen Gesetzgebers an der Entwicklung der Europäischen Union, JZ 1996, 1093 (1094).

38 Zum Subsidiaritätsprinzip *Lecheler,* Subsidiarität – Strukturprinzip der Europäischen Union, 1993; *ders,* Einheitsbildung und Subsidiarität, in Nettesheim/Schiera (Hrsg), Der integrierte Staat, 1999, 95ff; *Estella di Noriega,* The EU Principle of Subsidiarity and its Critique, 2002.

39 *Breuer,* Die Sackgasse des neuen Europaartikels (Art 23 GG), NVwZ 1994, 421ff.

40 *Ossenbühl* (Fn 36) 633.

41 Vgl *Randelzhofer,* Zum behaupteten Demokratiedefizit der Europäischen Gemeinschaft, in Hommelhoff/Kirchhof (Hrsg), Der Staatenverbund der Europäischen Union, 1994, 39ff; vgl auch *Brosius-Gersdorf,* Die doppelte Legitimationsbasis der Europäischen Union, EuR 1999, 133ff; *Bryde,* Demokratisches Europa und Europäische Demokratie, FS Zuleeg, 2005, 131. – Eingehend *Kluth,* Die demokratische Legitimation der Europäischen Union, 1995; *Tiedtke,* Demokratie in der Europäischen Union, 2005. Zur Frage der Über-

„Hierzu", nämlich zur angesprochenen „Verwirklichung" (Abs 1 Satz 2), wird die   26
Übertragung von Hoheitsrechten ermöglicht. Auch das könnte Zweifel wecken, ob der
Endgestalt Europas dahingehend Grenzen gezogen sind, dass sie „zwischenstaatlich"
bleiben müsse. Wegen Art 23 Abs 1 Satz 3 GG verlagert sich das Problem auf Art 79 Abs 3
GG: Bedeutet die dortige Fixierung eines (verfassungs-)änderungsfesten Minimums
(vom Grundgesetz verstanden als sein Optimum), dass die BR Deutschland nicht in
einen europäischen Staat dergestalt aufgehen darf, dass sie hierdurch ihre eigene Staatlichkeit einbüßte? Besagt bereits der – insoweit änderungsfeste – Art 20 Abs 1 GG, der
die BR Deutschland einen „Bundesstaat" nennt, dass diese nicht Staat im Bundesstaat
sein darf? Das BVerfG, das die heutige Union jenseits der Dichotomie von Bundesstaat
und bloßem Staatenbund als „Staatenverbund" qualifiziert,[42] hat die Frage im Zuge der
Ratifizierung des Vertrages von Maastricht offen gelassen,[43] bei der Überprüfung des
Reformvertrages von Lissabon jedoch verneint und versucht, eine ganze Reihe integrati-
onsfester Bereiche zu benennen.[44] Gleichzeitig weist das Lissabon-Urteil den Weg einer
plebiszitären Verfassungsneuschöpfung über Art 146 GG, mit dem auch der Beitritt zu
einem europäischen Bundesstaat erreicht werden könnte.[45] Es erscheint merkwürdig,
wie das Gericht hier einerseits höchste Anforderungen aus der Verfassung ableitet und
gleichzeitig diese Verfassung insgesamt zur Disposition stellt. Die im Ergebnis auf ein
mit der Verfassungsbeschwerde einforderbares Individualrecht auf den Fortbestand gewisser mitgliedstaatlicher Entscheidungskompetenzen hinauslaufende Konstruktion[46]
ist geeignet, dem Gericht auch hinsichtlich kleinteiliger künftiger Integrationsschritte
die Möglichkeit des letzten Wortes zu geben.[47]

---

tragbarkeit im Rahmen staatlicher Strukturen gebildeter Begriffe allg *Wahl*, Erklären staatstheoretische
Leitbegriffe die Europäische Union?, JZ 2005, 916 ff.

42 BVerfGE 89, 155, 181, 184-186; bestätigend BVerfGE 123, 267, 348 (*Lissabon*); s zum Begriff auch *Kirchhof*
(Fn 35) Rn 9; krit oder ablehnend zu dieser Begriffsprägung etwa *Frowein*, Das Maastricht-Urteil und die
Grenzen der Verfassungsgerichtsbarkeit, ZaöRV 54 (1994) 6 f.

43 BVerfGE 89, 155, 188.

44 BVerfGE 123, 267, 347 f, 359-363; krit dazu *Uerpmann-Wittzack* (Fn 34) Rn 95 ff.

45 BVerfGE 123, 267, 331 f; dazu *Calliess*, Staatsrecht III, 3. Aufl 2020, § 6 Rn 68-72.

46 Dazu krit *Meessen*, Maastricht und Karlsruhe, NJW 1994, 549 (551): „kompetenzrechtliche Popularkla-
ge"; *Schönberger*, Erwiderung: Der introvertierte Rechtsstaat als Krönung der Demokratie?, JZ 2010,
1160 ff; s auch *Steinberger*, Anmerkungen zum Maastricht-Urteil des Bundesverfassungsgerichts, in Hom-
melhoff/Kirchhof (Fn 41) 25 (27); *Cremer*, Rügbarkeit demokratiewidriger Kompetenzverschiebungen im
Wege der Verfassungsbeschwerde?, NJ 1995, 5 ff.

47 S zu der Entscheidung krit etwa *Nettesheim*, Ein Individualrecht auf Staatlichkeit? Die Lissabon-Ent-
scheidung des BVerfG, NJW 2009, 2867 ff; *Ruffert*, An den Grenzen des Integrationsverfassungsrechts: Das
Urteil des Bundesverfassungsgerichts zum Vertrag von Lissabon, DVBl 2009, 1197 ff; *Schönberger*, Lisbon
in Karlsruhe: *Maastricht's* Epigones At Sea, GLJ 10 (2009) 1201 ff; *Halberstam/Möllers*, The German Constitutional Court Says „Ja zu Deutschland!", GLJ 10 (2009) 1241 ff; *Kottmann/Wohlfahrt*, Der gespaltene Wächter? Demokratie, Verfassungsidentität und Integrationsverantwortung im Lissabon-Urteil, ZaöRV 69
(2009) 443 ff; eher zust demgegenüber zB *Gärditz/Hillgruber*, Volkssouveränität und Demokratie ernst genommen – zum Lissabon-Urteil des BVerfG, JZ 2009, 872 ff. Zur Integrationsverantwortung des Bundes-

27   Davon unabhängig lässt sich feststellen: Zwar ermächtigen Art 23, 24 Abs 1 GG und die Präambel des Grundgesetzes Träger deutscher Staatsgewalt nicht dazu, durch Vertragsschluss die „Entstaatlichung" *(Paul Kirchhof)* der BR Deutschland herbeizuführen. Dennoch sind ihre Organe verfassungsrechtlich nicht gehindert, politisch am Fortgang eines Integrationsprozesses mitzuwirken, der eben dies zu realisieren sucht oder ihm Vorschub leistet. Art 79 Abs 3 GG ist – ungeachtet der Üblichkeit dieser Bezeichnung – nicht „Ewigkeitsgarantie", dem Recht ist die Fixierung von Zuständen für die Ewigkeit ohnehin versagt. Dass ein europäisches Volk, so es einst bemerkbar sein sollte, oder aber europäische Völker unter Einschluss aller Deutschen sich eine Verfassung geben, wollen wir nicht ausschließen, wichtiger: Das Grundgesetz stellt sich einer solchen Entwicklung nicht ein für allemal in den Weg. Die Frage bleibt politischer Entwicklung und Entscheidung überlassen. Hatte das Wiedervereinigungsgebot der früheren Präambel das Bemühen um die (Wieder-)Herstellung *einer* deutschen Staatlichkeit vorgegeben, so will das Bekenntnis zur Einigung Europas demgegenüber nicht in vergleichbarer Weise dessen *staatliche* Verfassung. Die BR Deutschland ist kein Provisorium (mehr). Das Grundgesetz schließt andererseits nicht aus, dass sie sich dereinst – dann im Rückblick – als eine der Vorstufen zu einem europäischen Staatswesen[48] darstellen würde. So sind auch sonst in der europäischen Geschichte kleinere staatliche Einheiten in größeren aufgegangen oder bestehen in solchen, wie heute die deutschen Länder, als Staaten im Bundesstaat fort. Der (mangels allseitiger Ratifikation politisch gescheiterte) Vertrag über eine Verfassung für Europa[49] stand im Übrigen noch nicht für eine solche Entwicklung. Einen Verfassungsstaat Europa hätte auch er nicht hervorgebracht. Ob er politisch jemals ernsthaft gewollt werden wird, wissen wir nicht. Tiefgreifende Dissense, wie sie bspw in der sog Flüchtlingskrise des Jahres 2015 offenbar geworden und durch den Schulterschluss gegen Russland im Ukrainekrieg 2022 allenfalls partiell überdeckt worden sind, sprechen dagegen.

---

tags im Zuge des Lissabon-Urteils s *Hölscheidt,* Die Verantwortung des Bundestags für die europäische Integration, DÖV 2012, 105ff; *Engels,* Die Integrationsverantwortung des Deutschen Bundestags, JuS 2012, 210ff. Zum Zustimmungs- und Mitwirkungserfordernis *Wollenschläger,* Völkerrechtliche Flankierung des EU-Integrationsprogramms als Herausforderung für den Europa-Artikel des Grundgesetzes (Art 23 GG) am Beispiel von ESM-Vertrag und Fiskalpakt, NVwZ 2012, 713ff. S auch BVerfGE 131, 152 *(ESM/Euro-Plus-Pakt).*

48 Dazu *Petersen,* Europäische Verfassung und europäische Integration – Ein Beitrag zum kontraktualistischen Argument in der Verfassungstheorie, ZaöRV 64 (2004) 429ff; *Kirchhof* (Fn 35) Rn 128ff.

49 ABl EU 2004, Nr C 310/1. Überblick über Entstehung und Inhalt des Verfassungsvertrags s *Streinz,* Europarecht, 11. Aufl 2019, Rn 56ff; s ferner *Mayer,* Wer soll Hüter der europäischen Verfassung sein?, AöR 129 (2004) 411ff; *Sack,* Die Staatswerdung Europas – Kaum eine Spur von Stern und Stunde, Der Staat 44 (2005) 67ff; *Geerlings,* Der Fortgang des europäischen Verfassungsprozesses, RuP 2006, 23ff.

III. Das Verhältnis des Völkerrechts zur staatlichen Rechtsordnung: Grundbegriffe und Grundpositionen

1. Der Theorienstreit

„Theorien", die in der Rechtswissenschaft vorgetragen werden, haben eine dienende 28 Funktion, sind nicht Selbstzweck. In einer Lehrdarstellung sollte von ihnen nur soweit die Rede sein, als sie zur Lösung praktischer Probleme beizutragen vermögen. Das können sie durch die Vermittlung von Einsichten, die für die Beurteilung von Einzelfragen hilfreich sind. Es kommt allerdings auch vor, dass die Komplexität von Rechtslagen ihrer Erfassung durch eine in sich geschlossene Theorie entgegensteht. Darauf deutet nicht selten hin, dass die Rechtspraxis sich solchen Streitigkeiten entzieht, weil deren Würdigung jedenfalls iE dahinstehen könne, und ebenso, dass die Literatur die Theoriengebäude durch „vermittelnde" Ansätze zu bereichern unternimmt. So liegen die Dinge hier.[50] Die „Theorien" zum Verhältnis von Völkerrecht und staatlichem Recht dürfen dennoch auch bei einer praktischen Orientierung nicht beiseitegelassen werden. Immerhin weisen sie in ihrer begrenzten Aussagekraft auf Probleme und bereiten deren Lösung damit jedenfalls vor.

Frühe grundsätzliche Aussagen zum Verhältnis von Völkerrecht und staatlichem 29 Recht wurden in England formuliert. Lord Chancellor *Talbot* sprach das Völkerrecht 1737 als „Teil" des Common Law an,[51] man mag sagen: als diesem „sogleich" und „natürlich" inkorporiert. Dieser Ausgangspunkt blieb lange prägend für den im Einzelnen aber eher pragmatischen Umgang mit dem Problem in England. „Theoretisch" hingegen wurde vor allem in der deutschen und romanischen Wissenschaft angesetzt. Sie bildete den auch heute noch prägenden *Antagonismus dualistischer und monistischer Lehren* heraus und nahm für sich in Anspruch, das Problem allgemein, also *nicht* nur in Bezug auf *eine* nationale Rechtsordnung zu erklären.

Die *dualistische* Auffassung geht davon aus, dass das Völkerrecht einerseits, die na- 30 tionalen Rechtsordnungen andererseits getrennt nebeneinander bestünden.[52] Die Konsequenz dieser Sicht ist, dass es eines Rechtsakts im innerstaatlichen Recht bedarf, um eine völkerrechtliche Norm in eine innerstaatliche zu verwandeln und sie auf diese

---

50 Dazu *Sperduti*, Dualism and Monism: A Confrontation to be Overcome, in Estudios de Derecho Internacional, Hom. al Miaja de la Muela, Bd I, 1979, 459 ff; ausführliche Darstellung des Theorienstreits etwa bei *Guggenheim*, Lehrbuch des Völkerrechts, Bd I, 1948, 19 ff; vgl auch *Shaw*, International Law, 9. Aufl 2021, 111 ff; Hinweise zu mittlerweile klassischen Stellen aus der dogmatischen Diskussion bei *Oppenheim/Lauterpacht*, International Law, Bd I, 8. Aufl 1955, Vor § 20. – Eingehende Darstellung bei *Rudolf*, Völkerrecht und deutsches Recht, 1967, 128 ff; *Amrhein-Hofmann*, Monismus und Dualismus in den Völkerrechtslehren, 2003.
51 Dazu mwN *Dahm/Delbrück/Wolfrum*, Völkerrecht, Bd I/1, 2. Aufl 1989, 107; ferner *Mann*, Völkerrecht im Prozess, SJZ 1950, 546, der von einem „den meisten Kulturstaaten bekannten Prinzip" sprach, wonach „das allgemeine Völkerrecht Teil des innerstaatlichen Rechts ist, ohne dass es einer Transformation bedarf" – eine auch zeitbedingte, vom Wunsch geprägte Bemerkung.
52 Grundlegend *Triepel*, Völkerrecht und Landesrecht, 1899.

Weise innerstaatlich in Geltung zu bringen. Diese innerstaatliche Anordnung zur Geltung von außerstaatlichem im innerstaatlichen Recht entscheidet auch über die Fälle des inhaltlichen Widerspruchs von Normen beider Sphären (Normenkollision): Sie gibt dem innerstaatlichen Recht den Vorrang, wenn es ihn in Anspruch nehmen will.

31   *Monistische* Auffassungen gehen demgegenüber von einer einheitlichen Gesamtrechtsordnung aus, die auf einem gemeinsamen Geltungsgrund beruhen soll. Das Völkerrecht und die staatlichen Rechtsordnungen erscheinen als Einzelelemente dieser Gesamtrechtsordnung,[53] eines gesonderten Befehls für die innerstaatliche Geltung von Völkerrecht bedarf es bei dieser Sichtweise nicht.

32   Für den Umgang mit *Normenkollisionen* stehen sich innerhalb der Lehre des Monismus zwei Spielarten gegenüber: Überwiegend wird vom sog Primat (Geltungsvorrang) des Völkerrechts im Rahmen der Gesamtrechtsordnung ausgegangen, teilweise aber auch vom Primat des innerstaatlichen Rechts. Für die letztgenannte Auffassung steht die Geltung des Völkerrechts also unter dem Vorbehalt entgegenstehenden innerstaatlichen Rechts.[54] Nimmt man den Primat des Völkerrechts ernst, so zeigen sich dem Völkerrecht widersprechende innerstaatliche Normativakte ohne weiteres als rechtswidrig. Nach beiden monistischen Auffassungen müssten völkerrechtliche Vorschriften ohne weiteres innerstaatlich anwendbar sein, wenn es an solchem Widerspruch fehlt. Für den Dualismus hingegen spielt Völkerrecht innerstaatlich nur eine Rolle, wenn und soweit das nationale Recht reagiert hat.

33   Die genannten dogmatischen Erklärungen des Verhältnisses von Völkerrecht und staatlichem Recht geraten in ihrer Rigidität in *Widerspruch zur Realität des Rechts*.[55] Zum einen verlangen die Staaten voneinander nicht ein Verhalten iSe dieser Theorien; sie verlangen voneinander die Einhaltung einzelner völkerrechtlicher Vorschriften. Sie gestatten nicht den Einwand, die jeweilige innerstaatliche Ordnung habe sich dualistisch eingerichtet oder gehe vom Monismus mit Primat staatlichen Rechts aus. Sie verlangen nicht den unbedingten Geltungsvorrang „des" Völkerrechts iSe Monismus mit Völkerrechtsprimat. Sie behaupten auch nicht, dass Völkerrecht staatliches Recht „bricht",[56] wie es – mit

---

53 Vgl *Kelsen,* Das Problem der Souveränität und die Theorie des Völkerrechts, 1920; *Verdross,* Die Einheit des Weltbildes auf Grundlage der Völkerrechtsverfassung, 1923; in jüngerer Zeit *Hwang,* Trägt die (begrenzte) Völkerrechtsfreundlichkeit als Verfassungsprinzip zum Ausgleich zwischen internationaler Zusammenarbeit und nationaler Souveränität bei?, AVR 55 (2017) 349, 370 ff sowie, mit Blick auf die EMRK, *Pfeffer,* Das Verhältnis von Völkerrecht und Landesrecht, 2009.

54 Gestützt auf das Demokratieprinzip wird ein solcher Vorrang in jüngster Zeit wieder diskutiert; dazu *Goldmann,* Völkerrechtliche Vereinbarungen und direkte Demokratie, ZaöRV 78 (2018) 281 ff.

55 Dazu *Rousseau,* Droit international public, Bd I, 1970, 44; auch *Crawford,* Brownlie's Principles of Public International Law, 9. Aufl 2019, 47; *Shearer,* Starke's International Law, 11. Aufl 1994, 77 f; *von Bogdandy,* Pluralism, Direct effect, and the Ultimate Say: On the Relationship Between International and Domestic Constitutional Law, IJCL 6 (2008) 397 (399 ff); *Petersen,* Determining the Domestic Effect of International Law through the Prism of Legitimacy, ZaöRV 72 (2012) 223 ff.

56 Was aber teilweise – monistisch – aus der „Natur" des Völkerrechts zu begründen versucht wurde, s etwa *Jacot-Guillarmod,* Fondements juridiques internationaux de la primauté du droit international dans

zahlreichen Zweifelsfragen verbunden – Art 31 GG für den Vorrang des Bundesrechts gegenüber dem Landesrecht vorsieht und wie es auch für den Vorrang des Gemeinschaftsrechts gegenüber mitgliedstaatlichem Recht früher vertreten worden ist.[57] Sie erkennen aber an, dass staatliches Recht nicht von der Erfüllung völkerrechtlicher Verpflichtungen dispensiert. Sie räumen auch ein, dass die Staaten über Spielräume bei der Schaffung einer solchen innerstaatlichen Rechtsstruktur verfügen, wie sie – im Einzelfall – für die Erfüllung einer völkerrechtlichen Verpflichtung vorausgesetzt sein kann. Jedenfalls schulden die Staaten einander ein Ergebnis, sind aber frei auf den Wegen dorthin.

Des Weiteren ist zu beachten, dass die einzelstaatlichen Rechtsordnungen seit jeher **34** und bis heute auf unterschiedliche Weise mit völkerrechtlichen Normenbefehlen umgehen. Sie öffnen sich in ihren Verfassungsordnungen unter Verwendung verschiedener Mechanismen explizit oder implizit völkerrechtlichen Vorgaben, nehmen auch unmittelbar durch Rechtsnormen unterhalb der Verfassung auf Völkerrecht Bezug. Sie unterscheiden dabei zumeist zwischen einzelnen Bereichen des Völkerrechts, etwa nach seinen Quellen,[58] seinem räumlichen Geltungsbereich,[59] aber auch – unausgesprochen – nach dem Inhalt von Normen.[60] Offensichtlich muss im vorliegenden Zusammenhang eine Rolle spielen, dass es auch völkerrechtliche Normen gibt, die ihrer Beschaffenheit und ihrem Sinn nach einzelne Individuen unmittelbar berechtigen, teilweise sogar verpflichten, andererseits solche, die sich („staatsgerichtet") nur für den Umgang der Staaten als solche interessieren.

Die Vielfalt der völkerrechtlichen Normarten und innerstaatlichen Reaktions- **35** mechanismen schließt es aus, von einem einheitlichen theoretischen Ansatz her das Verhältnis von Völkerrecht und innerstaatlichem Recht zu bestimmen. Der Dualismus leugnet nicht, dass das Unterbleiben der von einer Norm des Völkerrechts verlangten innerstaatlichen Reaktion Rechtsfolgen hat. Der Monismus akzeptiert, dass völkerrechtliche Vorgaben innerstaatlicher Umsetzung bedürfen können. Beide betrachten die Normenwelt lediglich aus unterschiedlichen Blickwinkeln, ohne dass sie allein hieraus für die Beurteilung *aller* sich stellenden Einzelfragen ein tragfähiges Fundament gewinnen könnten. Schon vorab sei deshalb hier festgestellt, dass sich jedenfalls die in diesem Abschnitt des Lehrbuchs im Vordergrund stehende Rechtslage in Deutschland sowohl aus dualistischem wie auch aus monistischem Blickwinkel erklären lässt.[61]

---

l'ordre juridique suisse, Zeitschrift des Bernischen Juristenvereins 120 (1984) 227 (233f): „La primauté comme corrélat de la nature du droit international".

57 Vgl *Grabitz*, Gemeinschaftsrecht bricht nationales Recht, 1966.

58 Vgl für die Bezugnahme auf bestimmte Verträge §§ 18, 19 GVG.

59 Vgl Art 25 GG: „allgemeine" Regeln, dazu u Rn 137ff.

60 Dazu u Rn 41f.

61 In der Lehre wird in Deutschland wohl überwiegend auf dem Boden des Dualismus argumentiert, s etwa *Berber*, Lehrbuch des Völkerrechts, Bd I, 2. Aufl 1975, 94ff; *Rudolf* (Fn 50) 141ff; für „gemäßigten" Monismus s beispielhaft *Verdross/Simma*, Universelles Völkerrecht, 3. Aufl 1984, §§ 73f; für gemäßigten Dualismus *Doehring*, Völkerrecht, 2. Aufl 2004, Rn 702f. – Die Rspr schwankt, jedenfalls terminologisch, s

36　　Im Ergebnis reduziert sich also die Bedeutung des Theorienstreits in der Tat erheblich. Um die vorletzte Jahrhundertwende konnte *Triepel*[62] noch von weitgehender faktischer Trennung zwischen dem völkerrechtlichen und dem innerstaatlichen Rechtsbereich ausgehen – und vor diesem Hintergrund seinerzeit dogmatisch schlüssig einem strengen Dualismus das Wort reden. Hingegen haben die Rechtnormen staatlichen oder internationalen Ursprungs heute einen derartigen Vernetzungsgrad bei gleichzeitiger Binnendifferenzierung iS je unterschiedlicher Reaktionen aufeinander erreicht, dass abstrakt-dogmatische Theorienbildung unergiebig erscheint. Die „Entscheidung" für eine der beiden Grundlehren legt nur noch Zeugnis ab von der jeweiligen rechtstheoretischen Prämisse: Sie steht für die Alternative der Vorstellung von einer umgreifenden Gesamtrechtsordnung einerseits, der Vorstellung – interdependenter – Teilrechtsordnungen andererseits. Wünscht man weitere Verrechtlichung, sieht die Staatenwelt auf dem Weg zum Weltstaat oder möchte dem durch Theorienbildung Vorschub leisten, mag die zweitgenannte Alternative rückständig erscheinen. Für die Vorstellung vom Monismus spricht ebenfalls die Umbildung des Nachkriegsvölkerrechts (auch) zur Menschenrechtsordnung, die aber bekanntlich noch erheblicher Verfeinerung bedarf.[63] Auch die Option für den Monismus kann dazu aber nur begrenzt Beiträge leisten – zumal, wie gesagt, bereits auf dem Boden des Dualismus erklärt werden kann, dass ein Staat, der Menschenrechte verletzt, sich völkerrechtswidrig verhält, was ggf durch ein internationales Gericht wie namentlich den EGMR und ihm verwandte Institutionen festgestellt werden kann.

2. Die Mechanismen

37　Durchaus verschiedene Mechanismen werden in den einzelnen Staaten verwendet, um völkerrechtliche Normen innerstaatlich zur Wirkung zu bringen. Im Wesentlichen lassen sich drei Grundansätze unterscheiden und begrifflich grob voneinander absetzen.[64] Die dabei zentralen Begriffe sind vorzustellen und den oben geschilderten Lehren zuzuordnen. Es handelt sich sämtlich um Mechanismen der *Umsetzung* in den innerstaatlichen Rechtsbereich. Auch die zur Einordnung und Unterscheidung von Umsetzungsmechanismen gebildeten „Theorien", die jeweils mitgeprägt sind durch die im vorigen Abschnitt umrissenen dualistischen und monistischen Konzepte, vermögen für sich genommen noch nicht über die Bedeutung eines völkerrechtlichen Normativaktes in den innerstaatlichen Räumen zu befinden.[65]

noch u Rn 116. – Bilanz des Theorienstreits für die Schweiz bei *Thürer,* Völkerrecht und Landesrecht. Thesen zu einer theoretischen Problemumschreibung, SZIER 1999, 217ff.

62　*Triepel* (Fn 52) 245.

63　Vgl aber zum neuerlichen Aufleben von Argumenten aus der Debatte über Monismus und Dualismus angesichts der Globalisierung des Rechts *Viellechner,* Verfassung als Chiffre, ZaöRV 75 (2015) 231 (234f).

64　Dazu *Dahm/Delbrück/Wolfrum* (Fn 51) 104ff mwN.

65　Zutr *Mann,* Zur Wirkung des Zustimmungsgesetzes nach Art 59 Abs 2 des Grundgesetzes, GYIL 18 (1975) 373; s auch *Wildhaber/Breitenmoser,* The Relationship Between Customary International Law and

Von *Transformation* (des Völkerrechts in das innerstaatliche Recht) wird gespro- 38
chen, um zu beschreiben, dass ein innerstaatlicher Normsetzungsakt eine völkerrechtliche Vorgabe aufnimmt und zum Bestandteil der staatlichen Rechtsordnung erklärt. Die
Transformationslehre gründet auf der dualistischen Sichtweise. Das Transformations-
ergebnis ist eine Norm des nationalen Rechts. Die den Ausgangspunkt bildende Völkerrechtsnorm behält ihren völkerrechtlichen Geltungsgrund und ihre völkerrechtliche
Wirkung. Ihr innerstaatliches Pendant wird davon unterschieden. Das müsste bedeuten,
dass für die innerstaatliche Norm das Geltungsschicksal der Völkerrechtsnorm unbeachtlich ist, also etwa das Transformationsgesetz zu einem völkerrechtlichen Vertrag
dessen Inhalte weiterhin in das nationale Recht transportiert, auch wenn dieser inzwischen außer Kraft getreten ist. Ebenso kann dies bedeuten, dass die innerstaatliche
Norm ggf schon innerstaatlich zur Anwendung des sachlichen Gehalts des Vertrages
verpflichtet, ehe dieser in Kraft getreten ist. Diese Konsequenzen werden jedenfalls in
Deutschland kaum gezogen (s u Rn 117). Problematisch ist auch, nimmt man das
Grundanliegen der Transformationslehre ernst, ob die Auslegung des innerstaatlichen
Transformationsakts den transformierten völkerrechtlichen Vertrag – etwa seine Entstehungsgeschichte, den Wortlaut seiner authentischen, von derjenigen des transformierenden Staats vielleicht verschiedenen Vertragssprache – berücksichtigen darf oder
muss. Eigentlich müsste dies verneint werden, wenn nicht eine – innerstaatliche – Aus-
legungsregel besteht, die es zulässt oder gebietet (s dazu u Rn 119).

Von *Inkorporation*, Adoption, Absorption oder Rezeption (des Völkerrechts) wird – 39
teils mit Unterschieden im Einzelnen[66] – gesprochen, um einen innerstaatlichen Anwendungsbefehl für völkerrechtliche Normen zu beschreiben. Er kann sich theoretisch
auf die gesamte Völkerrechtsordnung beziehen (wie es dem monistischen Modell entspräche), er mag auch das inkorporierte Völkerrecht einem Qualifikationsfilter unterwerfen, also die Inkorporation im Einzelfall vom Vorliegen einzelner Voraussetzungen
abhängig machen (und nähert sich so wiederum dualistischem Denken). Die Inkorporation mag ungeschriebenem Verfassungsrecht entnommen werden, sich in geschrie-
nem Verfassungsrecht aus einer Generalklausel ergeben oder aufgrund Verfassungsrechts durch Einzelakt bewirkt werden. Im Gegensatz zu transformiertem Recht hat
inkorporiertes Recht weiterhin Völkerrechtscharakter.

Weniger geprägt von einem entweder dualistischen oder monistischen Vorver- 40
ständnis ist die Lehre vom *Vollzug* (des Völkerrechts durch das staatliche Recht).[67] Auch
hier wird ein innerstaatlicher Anwendungsbefehl gefordert, seine Befolgung soll jedoch
nicht die Entstehung einer Norm nationalen Rechts zur Folge haben (wie bei der Trans-

---

Municipal Law in Western European Countries, ZaöRV 48 (1988) 163 (173): „In any case, to answer the
question whether a country follows the monistic or dualistic conception in one or another moderated
way, it will be necessary to examine pragmatically its actual constitutional position, its jurisprudence, as
well as its doctrine.“
66 Dazu *Rudolf* (Fn 50) 151 ff.
67 Vgl *Partsch*, Die Anwendung des Völkerrechts im innerstaatlichen Recht, BerDGVR 6 (1964) 13 ff.

Kunig / Uerpmann-Wittzack

formation). Er soll auch nicht unmittelbar die Geltung von Völkerrecht im innerstaatlichen Rechtsraum bewirken (wie bei der Inkorporation). Vielmehr gebiete der Anwendungsbefehl die Anwendung von Völkerrecht durch den innerstaatlichen Rechtsanwender.

3. Geltung und Anwendbarkeit

41 Die vorstehend benannten Theorien (Rn 28 ff) und vorgestellten Mechanismen (Rn 37 ff) betreffen die Frage der Geltung völkerrechtlicher Normen im innerstaatlichen Rechtsraum. Nicht jede Völkerrechtsnorm, mag sie sich in einer Vorschrift nationalen Rechts verwirklicht (transformiert) sehen oder als Völkerrechtsnorm inkorporiert sein, weist auch die innerstaatliche *Anwendbarkeit* auf, wie sie auch für den „Vollzug" des Völkerrechts vorausgesetzt ist. Anwendbarkeit wird nicht schon durch den die Geltung bewirkenden Vorgang herbeigeführt, sondern setzt ihn voraus.[68] Anwendbarkeit ist andererseits nicht notwendige Voraussetzung innerstaatlicher Geltung,[69] weil andernfalls die verfassungsunmittelbare Verpflichtung des Gesetzgebers auf das Völkerrecht nicht erklärt werden könnte. Für die innerstaatliche Anwendbarkeit ist der Norm*inhalt entscheidend*. Die Norm muss, wie man sagt, *self-executing*, also für ihre Anwendung sachlich und ihrer Struktur nach geeignet sein, insbes ein ausreichendes Maß an Bestimmtheit aufweisen (wie etwa die Vorschriften des 1. Abschn der EMRK).[70] Dabei ist oft auch innerhalb eines völkerrechtlichen Vertrags zu differenzieren. So fehlt es zB solchen Vertragsbestimmungen an Anwendbarkeit, die zwar Pflichten der Bürger zum Gegenstand haben, diese aber nicht konkret ausprägen, sondern erkennbar eine Konkretisierung etwa durch den innerstaatlichen Gesetzgeber noch voraussetzen.[71] Das schließt nicht aus, dass dasselbe Vertragswerk auch innerstaatlich ohne weiteres anwendbare Vorschriften beinhaltet.

42 Zu differenzieren ist entscheidend aus der Sicht der das Recht jeweils anwendenden staatlichen Gewalt. Ein innerstaatlich geltender Vertrag kann hinreichend bestimmt für den Vollzug durch die Verwaltung sein (etwa wenn sie ihn heranzieht, um ihr eröffnete Handlungsspielräume zu konkretisieren), ohne notwendigerweise auch geeignet für die richterliche Anwendung zu sein.[72] Über die Anwendbarkeit innerstaat-

---

68 Dazu *Bleckmann,* Begriff und Kriterien der innerstaatlichen Anwendbarkeit völkerrechtlicher Verträge, 1970, 59 ff; *Geiger,* Grundgesetz und Völkerrecht, 7. Aufl 2018, 159 f.

69 Vgl aus der Rspr etwa BVerwGE 88, 254, 257; BSGE 110, 194; aA zB *Rudolf* (Fn 50) 258 ff; *Partsch* (Fn 67) 20 ff.

70 Dazu allg BVerfGE 142, 234 Rn 12 ff; mit Blick auf den IPwirtR *Payandeh,* Die Internationalisierung der Rechtsordnung als Herausforderung für die Gesetzesbindung, Rechtswissenschaft 2013, 397 (404 ff); anschaulich auch die Bsp bei *von Arnauld,* Völkerrecht, 5. Aufl 2023, Rn 511, 513.

71 Ein Teil der deutschen Rechtslehre geht demgegenüber davon aus, dass solchen Vorschriften bereits die innerstaatliche Geltung fehle, weil sie von dem – hier gemäß Art 59 Abs 2 GG erfolgenden (vgl u Rn 115 ff) – Transformationsakt unberührt blieben; etwa *Rudolf* (Fn 50) 173 ff.

72 Für diese Differenzierung findet die in Fn 71 genannte Ansicht kaum eine Erklärung.

lich geltenden bzw transformierten Völkerrechts entscheidet die konkret in Rede stehende Norm des Völkerrechts also zunächst selbst. Erweist sie sich als anwendungswillig, ist in Deutschland am Maßstab des innerstaatlichen Rechts zu entscheiden, ob diesem Willen Rechnung getragen werden darf (s u Rn 175 ff, 183).

4. Völkerrechtliche Rechtsfolgen mangelnder Umsetzung

Von einer mangelnden Umsetzung von Völkerrecht in das staatliche Recht lässt sich nur 43 in Bezug auf solche völkerrechtlichen Vorschriften sprechen, die von der staatlichen Rechtsordnung eine Reaktion verlangen, ohne welche die betreffende völkerrechtliche Verpflichtung gegenüber anderen Völkerrechtssubjekten ganz oder teilweise unerfüllt bliebe. Aus dem Vorstehenden folgt, dass die *innerstaatlichen Rechtsfolgen* mangelnder Umsetzung nicht verallgemeinernd beschrieben werden können. So mag es sein, dass eine innerstaatliche Rechtsordnung ihren Rechtssubjekten die Berufung auch auf eine nicht adäquat umgesetzte Völkerrechtsnorm gestattet. Ebenso kann es aber sein, dass diese ohne Umsetzung überhaupt keine Bedeutung im innerstaatlichen Rechtsraum entfaltet. Theoretisch denkbar wäre auch, dass das Völkerrecht entgegenstehendes staatliches Recht „bricht" – so wie es für das Verhältnis von Bundesrecht und Landesrecht Art 31 GG anordnet. Es ist den einzelstaatlichen Verfassungsordnungen unbenommen, diesen Weg zu gehen,[73] doch verlangt ihn das Völkerrecht weder in der Breite noch bereichsspezifisch (und auch nicht für den Menschenrechtsschutz).[74]

Verallgemeinerbar sind nur die *völkerrechtlichen Folgen mangelnder Umsetzung.* 44 Die Unterschreitung einer völkerrechtlich gebotenen Umsetzung ist völkerrechtliches Unrecht. Sie löst damit die typischen Unrechtsfolgen aus.[75] Es besteht ein Primäranspruch auf Erfüllung der Umsetzungspflicht. Die Umsetzung kann, geht es um Verträge, grundsätzlich von den Vertragspartnern verlangt werden. Bei multilateralen Verträgen, insbesondere solchen zur Errichtung einer I.O., können auch durch den Vertrag geschaffene Organe befugt sein, die Befolgung des Vertrags zu verlangen. Denkbar ist dies etwa auch für vertragsgemäß entstandene verbindliche Entscheidungen oder Normen, die auf eine Umsetzung gerichtet sind und sie erfordern. Es bestehen auch (zunächst) objektive Verpflichtungen zu völkerrechtsgemäßer Einrichtung der innerstaatlichen Rechtsordnung, insbes aufgrund des Völkergewohnheitsrechts. So existiert etwa die Verpflichtung, (auch) mit Mitteln des Rechts zu verhindern, dass Personen oder Sachen auf fremdem Territorium durch auf dem eigenen Territorium bewirkte Umweltbelastungen schwerwiegend geschädigt werden.[76] Hier wird besonders deutlich, dass der Schutzzweck der Norm über die Aktivlegitimation befindet: Nicht jedes Völkerrechts-

---

73 Vgl für die Schweiz *Kälin*, Der Geltungsgrund des Grundsatzes „Völkerrecht bricht Landesrecht", FG Schweizerischer Juristentag, 1988, 45 ff.
74 S schon o Rn 7, 33.
75 Vgl *Schröder*, 7. Abschn Rn 4 ff.
76 Vgl *Proelß*, 5. Abschn Rn 115 ff.

subjekt, sondern nur ein solches, das die Gebietshoheit über einen insoweit gefährdeten Raum innehat, kann die Erfüllung der genannten völkerrechtlichen Verpflichtung verlangen.

45 Des Weiteren kann die mangelnde Umsetzung von Völkerrecht sekundäre, also Haftungs- bzw deliktische Ansprüche auslösen, also *Schadensersatzansprüche*, wenn einem anderen Völkerrechtssubjekt durch die mangelnde Umsetzung ein Schaden entstanden ist. Das setzt voraus, dass alle Voraussetzungen des jeweiligen Haftungstatbestands erfüllt sind.

IV. Völkerrecht und deutsches Recht

1. Zur Einführung: Das Verhältnis von Völkerrecht und staatlichem Recht nach den Rechtsordnungen einzelner Staaten

46 Der folgende Überblick hat den Sinn, das Verständnis der anschließend im Schwerpunkt darzustellenden Rechtslage nach deutschem Recht zu erleichtern und die deutschen Wege einordnen zu helfen. Schon aus diesem Grunde bleibt der Überblick im folgenden Text selektiv.[77]

---

77 Zu historischen Hintergründen vgl die Beiträge in Schneider/Simon (Hrsg), Verfassung und Völkerrecht in der Verfassungsgeschichte, Der Staat, Beiheft 23/2015. – Zu weiteren, im Text nicht angesprochenen Staaten: ÖSTERREICH: Reinisch (Hrsg), Österreichisches Handbuch des Völkerrechts, Bd I, 6. Aufl 2021, 133 ff; *Loebenstein,* Die allgemein anerkannten Regeln des Völkerrechts und das staatliche Verfassungsrecht, FS Kirchschläger, 1990, 143 ff; *Grabenwarter,* Die Verteilung völkerrechtsbezogener Zuständigkeiten nach der österreichischen Bundesverfassung, AustrJIL 48 (1995) 79 ff; *Balthasar,* „Pacta sunt servanda" – Zur innerstaatlichen Relevanz von durch Staatsverträge eingegangenen Verpflichtungen Österreichs, ZöR 50 (1996) 161 ff. SCHWEIZ: *Häfelin/Haller/Keller/Thurnherr,* Schweizerisches Bundesstaatsrecht, 10. Aufl 2020, § 63; *Thürer,* Verfassungsrecht und Völkerrecht, in ders/Aubert/Müller (Hrsg), Verfassungsrecht der Schweiz, 2001, § 11. NIEDERLANDE: *Fleuren,* The Application of Public International Law by Dutch Courts, NILR 57 (2010) 245 ff. BELGIEN: *Ergec,* La troisième phase de la réforme de l'Etat et les compétences internationales, Revue de droit de l'ULB 1990, 51 ff. MITTEL- und OSTEUROPA (im Überblick): Wyrozumska (Hrsg), Transnational Judicial Dialogue on International Law in Central and Eastern Europe, 2017. POLEN: *Banaszak/Milej,* Polnisches Staatsrecht, 2009, Rn 60 ff. ESTLAND: *Vallikivi,* Status of International Law in the Estonian Legal System under the 1992 Constitution, Juridica International VI (2001) 222 ff; *ders,* Domestic Applicability of Customary International Law in Estonia, Juridica International VII (2002) 28 ff. UKRAINE: *Vovk,* Die Offenheit der ukrainischen Verfassung für das Völkerrecht und die europäische Integration, 2013. SPANIEN: *Lopez Pina,* Die spanische Verfassung und das Völkerrecht, AVR 32 (1994) 178 ff; *Remiro Brotóns,* The Spanish Constitution and International Law, SYIL IX (2003) 27 ff. PORTUGAL: *Gomes Canotilho,* Offenheit vor dem Völkerrecht und Völkerrechtsfreundlichkeit des portugiesischen Rechts, AVR 34 (1996) 47 ff; *Miranda,* La constitution portugaise et la protection internationale des droits de l'homme, AVR 34 (1996) 72 ff. ISRAEL: *Lapidoth,* International Law within the Israel Legal System, IsLR 24 (1990) 451 ff; *Navot,* Constitutional Law of Israel, 2007, 31 ff.; *Walter/Monnheimer,* in: Walter/Medina/Scholz/Wabnitz (Hrsg), Einführung in das israelische Recht, 2019, § 17 Rn 3 ff. BRASILIEN: *Mesquita Ceia,* Die verfassungsrechtliche Kontrolle völkerrechtlicher Verträge, 2011. INDIEN: *Hedge,* Indian Courts and International Law, LJIL 23 (2010) 53 ff. MALAYSIA/SINGAPUR: *Lim,* Public International Law

Das Verhältnis, in das sich die nationalen Rechtsordnungen zur Völkerrechtsord- 47
nung setzen, wird üblicherweise – bezogen auf einzelne Staaten – entwicklungs-
geschichtlich geschildert. Demgegenüber soll hier zunächst eine rechtsvergleichende
Perspektive, bezogen auf die aktuelle Rechtslage, eingenommen werden. Ein solcher
Vergleich illustriert, wie unterschiedlich sich die Verfassungsordnungen zum Völkerrecht erklären und welche spezifischen Aussagen sie zu den klassischen *Quellen* des Völkerrechts (völkerrechtliche Verträge, Völkergewohnheitsrecht, allgemeine Rechtsgrundsätze)[78] treffen.[79] Dabei ist jeweils zu beachten, welchen *Rang* die betreffende staatliche
Ordnung völkerrechtlichen Vorschriften innerhalb der von ihr eingerichteten oder vorausgesetzten Normenhierarchie beimisst, für Bundesstaaten auch ihre Einordnung in
das föderale Gefüge. Soweit Völkerrecht als nationales Recht (oder in dessen Gewande)
auch Entscheidungsmaßstab innerstaatlicher Gerichte sein kann – auch dies unterliegt
der näheren Ausgestaltung im nationalen Recht –, stärkt dies im Übrigen grundsätzlich
das Völkerrecht und bedeutet ein potenzielles Gegengewicht angesichts der ja typischerweise schwachen Justiziabilität des Völkerrechts auf zwischenstaatlicher Ebene.[80]

Großbritannien[81] kennt keine geschriebene Verfassung. Sein (materielles) Verfas- 48
sungsrecht sieht vor, dass nationales Recht entweder Common Law oder Statute Law ist.
Im Ausgangspunkt wird das Völkerrecht als vom Common Law umschlossen (monistisch)

---

before the Singapore and Malaysian Courts, SYBIL 8 (2004) 243 ff. AUSTRALIEN: *Anton/Mathew/Morgan*,
International Law, 2005, 406 ff. NAMIBIA: *Tshosa*, The Status of International Law in Namibian National
Law: A Critical Appraisal of the Constitutional Strategy, NLJ 2 (2010) 3 ff. NIGERIA: *Okeke*, International
Law in the Nigerian Legal System, CWILJ 27 (1997) 311 ff. TANSANIA, KENIA, UGANDA: *Kabudi*, Human
Rights Jurisprudence in East Africa, 1995, 25 ff; *Oppong*, Re-Imagining International Law: An Examination
of Recent Trends in the Reception of International Law Into National Legal Systems in Africa, FILJ 30
(2006) 296 ff. Weitere rechtsvergleichende Darstellungen bei *Cassese*, Modern Constitutions and International Law, RdC 192 (1985-III) 331 ff; *Franck/Thiruvengadam*, International Law and Constitution-Making,
Chinese JIL 2 (2003) 467 ff; *Peters*, Supremacy Lost: International Law Meets Domestic Constitutional Law,
VOJICL 3 (2009) 170 ff; Shelton (Hrsg), International Law and Domestic Legal Systems, 2011; *Classen*, Nationales Verfassungsrecht in der Europäischen Union, 2013, § 12; Novaković (Hrsg), Basic Concepts of International Law, 2013; Bradley (Hrsg), The Oxford Handbook of Comparative Foreign Relations Law, 2019;
Kleinlein, in Kahl/Waldhoff/Walter (Hrsg), Bonner Kommentar zum Grundgesetz, Stand 2022, Art 59
Rn 1 ff, 20 ff. Vgl mit Blick auf das Unionsrecht und die EMRK die Beiträge in von Bogdandy/Cruz Villa-
lón/Huber (Hrsg), Handbuch Ius Publicum Europaeum, Bd II, 2008.
78 Von allgemeinen Rechtsgrundsätzen muss dabei allerdings gesondert nur die Rede sein, wenn eine
nationale Rechtsordnung auf diese Rechtsquellenkategorie spezifisch reagiert; regelhaft gilt für sie weithin gleiches wie für das Völkergewohnheitsrecht.
79 Eine Einbeziehung weiterer Normen und Entscheidungen internationalen Ursprungs (verbindliche
und unverbindliche Entscheidungen und Entschließungen zwischenstaatlicher Einrichtungen und I. O.),
wie sie für das deutsche Recht erfolgt (s u Rn 166 ff), muss hier unterbleiben.
80 Zu diesem Zusammenhang *Kunig*, Über Schwächen und Stärken des Völkerrechts, Annales de la Faculté de Droit d'Istanbul XLVI 63 (2014) 85 (95 ff); vgl auch *Weiß*, Die Rechtsquellen des Völkerrechts in der
Globalisierung, AVR 53 (2015) 220 (227 ff).
81 Überblick *Shearer* (Fn 55) 68 ff; *Crawford* (Fn 55) 58 ff; *Neff*, in Shelton (Hrsg), International Law and
Domestic Legal Systems, 2011, 620 ff.

Kunig / Uerpmann-Wittzack

verstanden, doch unter dem Vorbehalt, dass die einzelne Vorschrift inländischer Rechtsüberzeugung entspricht. Dafür verlangen die über den Bestand des Common Law wa-
chenden Gerichte einen Rezeptionsakt, dessen Existenz auch aus Stillschweigen abgeleitet wird. Dieser Mechanismus hat Bedeutung nur für das Völker*gewohnheitsrecht* (und
für allgemeine Rechtsgrundsätze) und auch hier nur im eingeschränkten Sinne: Jeglicher
Parlamentsakt geht nach dem britischen Verfassungsrecht dem in das Common Law inkorporierten Völkerrecht vor, denn im Fall der Normkollision weicht Common Law dem
Statute Law. Völkerrechtliche *Verträge* bedürfen der Transformation durch einen Akt
des Parlaments, wenn sie bisheriges Statute Law oder Common Law ändern oder die
Rechte Privater berühren. Diese Verträge werden zwar monarchisch ratifiziert, erlangen
hierdurch jedoch noch nicht die für ihre innerstaatliche Geltung vorausgesetzte Qualität.
Die *Rangbestimmung* macht bei diesem Bild geringe Schwierigkeiten. Völkerrecht gilt in-
nerstaatlich in Großbritannien in Gestalt inländischer Rechtsnormen. Handelt es sich um
Common Law, stehen sie unter dem Vorbehalt des Statute Law, also des Parlamentsrechts
(allerdings nicht des durch die Administration gesetzten Rechts). Ist Völkerrecht durch
Statute Law transformiert, teilt es den Rang des sonstigen Statute Law.[82]

49   Die Verfassung der *Vereinigten Staaten von Amerika*[83] äußert sich explizit nur zu
völkerrechtlichen *Verträgen*. Sie sieht die Beteiligung des Senats schon bei deren Abschluss vor, wenn es sich nicht um sog Executive Agreements handelt. Ein nachfolgen-
der Inkorporations- oder Transformationsakt wird nicht gefordert, ist aber möglich.
Verfassungsmäßig zustande gekommene Verträge sind Bestandteil amerikanischen
Rechts. Sie stehen Gesetzgebungsakten des Kongresses gleich (was die Verfassung nicht
ausdrücklich besagt, aber allgemein anerkannt ist). Das entspricht der Vorstellung, dass
die Gesetzgebung des Kongresses einerseits und die gemeinsam von dem Präsidenten
und dem Senat ausgeübte Vertragsschlussbefugnis andererseits gleichrangig nebeneinander bestehen. Folgerichtig ist, dass im Konfliktfall die Regel des Vorrangs der zeitlich später entstandenen Norm zur Anwendung gebracht wird. Die Verfassung der
Vereinigten Staaten regelt die Bedeutung des Völker*gewohnheitsrechts* für die amerikanische Rechtsordnung nicht, doch wird die Vorstellung von der Entbehrlichkeit eines
speziellen Inkorporations- oder Transformationsakts auch auf das Völkergewohnheitsrecht bezogen. Es ist damit ebenfalls ein Teil des amerikanischen Rechts auf Bundesebe-
ne. Ungeachtet der der Verfassung zu entnehmenden Bedeutungszuweisung für das Völ-

---

82 Zu den Besonderheiten des die EMRK transformierenden Human Rights Acts *Vick*, The Human Rights
Act and the British Constitution, Texas ILJ 37 (2002) 32 ff.
83 Vgl *Paust*, International Law as Law of the United States, 2. Aufl 2003; *Carter/Trimble/Weiner*, International Law, 2007, 159 ff; *Bradley*, International Law in the U. S. Legal System, 2013; zu der in einigen US-
Bundesstaaten zu beobachtenden Tendenz, Gerichten die Berücksichtigung von Völkerrecht zu untersagen, vgl *Fink/Gillich*, Der Einfluss des Völkerrechts auf die US-amerikanische Verfassung, JöR (NF) 61
(2013) 725 ff; rechtsvergleichend aus deutscher Sicht *Bungert*, Einwirkung und Rang von Völkerrecht im
innerstaatlichen Rechtsraum, DÖV 1995, 797 ff. Grundlegend aus der Rspr *Chae Chan Ping v United States*,
130 US 581 (1889).

kerrecht hat dieses selbst keinen Verfassungsrang, steht also unter dem Vorbehalt seiner Vereinbarkeit mit der amerikanischen Verfassung, geht aber – als Bundesrecht – dem gliedstaatlichen Recht vor. Insbesondere durch Transformationsgesetzgebung bzgl eines völkerrechtlichen Vertrages kann dies in den Vereinigten Staaten die gliedstaatliche Gesetzgebungsbefugnis einschränken, weil der Gesamtstaat über das fast unbegrenzte Recht verfügt, auf Feldern gliedstaatlicher Gesetzgebungskompetenz völkerrechtliche Verträge zu schließen.

Das *französische* Verfassungsrecht wird als in besonderem Maße „völkerrechts- 50 freundlich" bezeichnet.[84] Die Präambel der (geltenden) Verfassung (v 1958) bekennt sich zur Befolgung allgemeiner Regeln des Völkerrechts durch die Französische Republik (bewirkt durch eine Verweisung in dieser Präambel auf diejenige der Verfassung v 1946). Durch ein Menschenrechtsbekenntnis wird der Ideenstrom der Französischen Revolution fortgeführt, was konkret für das Verhältnis des Völkerrechts zum französischen Recht freilich noch nicht viel besagen muss. Immerhin wird dieser Vorschrift eine Inkorporation des Völker*gewohnheitsrechts* entnommen. Ordnungsgemäß zustande gekommenen und veröffentlichten völkerrechtlichen *Verträgen* räumt die Verfassung den Vorrang vor dem nationalen Gesetzesrecht[85] (nicht vor der Verfassung) ein. Sie gebietet allerdings die parlamentarische Zustimmung zu verschiedenen Verträgen von besonderer Bedeutung.[86] Die Verfassung stellt den Vorrang zudem unter den Vorbehalt der reziproken Vertragsanwendung – womit Zweifelsfragen verbunden sind.

Die *italienische* Verfassung v 1948 transformiert „allgemein anerkannte" Normen 51 des Völkerrechts, damit das Völker*gewohnheitsrecht* meinend, in die italienische Rechtsordnung. Sie gehen einfachem Gesetzesrecht vor, besonders nachdem der im Jahre 2001 geänderte Art 117 die ausdrückliche Schranke der „Achtung der aus der internationalen Rechtsordnung herkommenden Pflichten" eingefügt hat. Allerdings hat der italienische Verfassungsgerichtshof im Angesicht des IGH-Urteils zur Staatenimmunität Deutsch-

---

84 Dazu etwa Combacau/Sur, Droit international public, 13. Aufl 2019, 215ff; *Pfeiffer*, Zur Verfassungsmäßigkeit des Gemeinschaftsrechts in der aktuellen Rechtsprechung des französischen Conseil constitutionnel, ZaöRV 67 (2007) 469ff; zur weniger völkerrechtsfreundlichen Haltung in früherer Zeit *Decaux*, in Shelton (Fn 81) 207ff. – S auch zu ungeschriebenem Völkerrecht in seiner Bedeutung für das französische Verwaltungsrecht *Teboul*, Le droit international non écrit devant le juge administratif, RGDIP 95 (1991) 321ff.
85 Art 55 der Verfassung v 4.10.1958; dazu Conseil d'Etat, EuGRZ 1990, 99ff *(Nicolo)*; eingehend *Gundel*, Der Status des Völkerrechts in der französischen Rechtsordnung nach der neuen Rechtsprechung des Conseil d'Etat, AVR 37 (1999) 438ff; *Lignereux*, Das Verhältnis zwischen internationalem und nationalem Recht, NVwZ 2017, 1738ff. Die Kontrolle der nationalen Gesetze am Maßstab der völkerrechtlichen Verträge obliegt auch nach der Einführung des verfassungsrechtlichen Vorlageverfahrens (question prioritaire de constitutionnalité) den Fachgerichten; s Conseil constitutionnel, 22.7.2010, déc n°2010-4/17 QPC *(Alain C. et autre)*, Recueil 156 cons 11. Zu den Bedingungen, unter denen sich der Einzelne direkt auf ein völkerrechtliches Abkommen berufen kann, jüngst wieder Conseil d'Etat, Assemblée, 11.4.2012, n°322326, RFDA 2012, 547 *(GISTI et FAPIL)*.
86 *Le Boeuf*, La double nature de la ratification des traités, RFDC 107 (2016) 601, 618ff.

lands vor italienischen Gerichten den Vorrang grundlegender Verfassungsprinzipien betont.[87] Völkerrechtliche *Verträge* bedürfen einer innerstaatlichen Geltungsanordnung durch – regelmäßig – Legislative oder Exekutive. Das italienische Recht bietet unter den europäischen Staaten – nach der Erosion der sozialistischen Staatsmodelle – das markanteste Bsp der dualistischen Umsetzungskonzeption.[88]

52   In der *griechischen* Verfassungsentwicklung zeichnet sich die nach der Wiederherstellung der Demokratie zustande gekommene Verfassung von 1975 als besonders völkerrechtsfreundlich aus.[89] Nach Art 2 Abs 2 ist Griechenland bestrebt, unter Beachtung der allgemein anerkannten Regeln des Völkerrechts den Frieden, die Gerechtigkeit und die Entwicklung freundschaftlicher Beziehungen zwischen den Völkern und Staaten zu fördern. Die „allgemein anerkannten Regeln des Völkerrechts sowie die internationalen Verträge nach ihrer gesetzlichen Ratifizierung und ihrer in ihnen geregelten Inkraftsetzung" werden als „Bestandteil des innerstaatlichen griechischen Rechts" qualifiziert und gehen jeder entgegenstehenden Gesetzesbestimmung vor (Art 28 Abs 1).[90] Vor diesem Hintergrund geht die überwiegende Meinung im Schrifttum von einem monistischen Ansatz mit Blick auf das Völker*gewohnheitsrecht* aus. Obgleich kein Konsens hinsichtlich der Frage besteht, inwieweit die gesetzliche „Ratifizierung" völkerrechtlicher *Verträge* sie in die innerstaatliche Rechtsordnung transformiert, wird insoweit von einer gemäßigten Variante des dualistischen Modells ausgegangen.[91] Es wird ein Vorrang des Völkerrechts vor den einfachen Gesetzen angenommen, nicht jedoch vor der Verfassung.[92] Während das Postulat völkerrechtskonformer Auslegung der Verfassung zunehmend anerkannt wird, tendieren die griechischen Gerichte allerdings häufig dazu, völkerrechtliche Verträge für nicht unmittelbar anwendbar zu erklären.[93]

---

[87] Verfassungsgerichtshof, Urteil v 22.10.2014 – 238/2014; dazu *Boggero*, The Legal Implications of Sentenza No. 238/2014 by Italy's Constitutional Court for Italian Municipal Judges: Is Overcoming the "Triepelian Approach" Possible?, ZaöRV 76 (2016) 203ff; *Oellers-Frahm*, Das italienische Verfassungsgericht und das Völkerrecht, EuGRZ 2015, 8ff; *Raffeiner*, Jenseits der Staatenimmunität im deutsch-italienischen *Staatenimmunitäten*-Fall: Wege und Hürden nach dem Urteil der *Corte costituzionale*, ZaöRV 76 (2016) 451ff.
[88] Allg dazu *Cataldi*, in Shelton (Fn 81) 328ff; *Conforti/Iovane*, Diritto internazionale, 12. Aufl 2021, 347ff; *Treves*, Diritto internazionale, 2005, 646ff.
[89] Überblick bei *Fatouros*, International Law in the New Greek Constitution, AJIL 70 (1976) 492ff; *Yokaris*, in Shelton (Fn 81) 249ff.
[90] Für Ausländer gilt Völkerrecht unter dem Vorbehalt der Gegenseitigkeit, der allerdings nach hM auf menschenrechtliche Verträge und Abkommen keine Anwendung findet. Vgl etwa *Briolas*, L'application de la Convention Européenne des Droits de l'Homme dans l'ordre juridique des Etats contractants: Théorie et pratique helléniques, in Iliopoulos-Strangas (Hrsg), Grundrechtsschutz im europäischen Raum, 1993, 82 (94).
[91] *Kaboğlu/Koutnatzis*, The Reception Process in Greece and Turkey, in Keller/Stone/Sweet (Hrsg), A Europe of Rights, 2008, 451 (462).
[92] Statt vieler *Iliopoulos-Strangas*, Offene Staatlichkeit: Griechenland, in von Bogdandy/Cruz Villalón/Huber (Fn 77) § 16 Rn 48ff.
[93] Etwa im Bereich der sozialen Grundrechte. Dazu ausführlich *Iliopoulos-Strangas/Leventis*, Der Schutz der sozialen Grundrechte in der Rechtsordnung Griechenlands, in Iliopoulos-Strangas (Hrsg), Soziale

Die gegenwärtige *türkische* Verfassung lässt auf der Basis einer dualistischen 53 Grundgestimmtheit an mehreren Stellen Bezugnahmen auf das Völkerrecht erkennen (vgl das in Art 2 TV enthaltene Menschenrechtsbekenntnis, ferner Art 15,16, 92 TV), beschäftigt sich explizit und eingehend allerdings nur mit dem *Völkervertragsrecht*.[94] Gemäß Art 90 Abs 5 Satz 1 TV haben die verfahrensgemäß in Kraft gesetzten völkerrechtlichen Verträge Gesetzeskraft, stehen also grundsätzlich auf einer Stufe mit den einfachen Gesetzen. Allerdings wird auf Grund des nachfolgenden Satzes, demgemäß das Verfassungsgericht nicht mit der Behauptung der Verfassungswidrigkeit völkerrechtlicher Verträge befasst werden kann, über das Rangverhältnis von völkerrechtlichen Verträgen und einfachen Gesetzen diskutiert.[95] Die völkerrechtlichen Verträge stehen trotz der erwähnten Immunisierung auf einer Ebene mit den einfachen Gesetzen, so dass bei Normwidersprüchen die allgemeinen Prinzipien „lex posteriori derogat legi anteriori" und „lex specialis derogat legi generali" zum Tragen kommen.[96] Durch eine Verfassungsänderung im Jahre 2004 wurde die Diskussion über die Stellung der völkerrechtlichen Verträge hinsichtlich von Grundrechten und -freiheiten betreffender Verträge beendet. Gemäß dem um einen dritten Satz ergänzten Art 90 Abs 5 TV finden die Bestimmungen dieser Verträge vorrangig Anwendung, soweit diese mit nationalen Bestimmungen mit gleichem Regelungsgehalt nicht übereinstimmen. Laut der ständigen Rechtsprechung des türkischen Verfassungsgerichts müssen bei einem Konfliktfall die Gesetzesbestimmungen außer Betracht bleiben und die entsprechenden Bestimmungen insbes der EMRK und weiterer völkerrechtlichen Verträge angewendet werden.[97] Hinsichtlich des Völker*gewohnheitsrechts* und der *allgemeinen Rechtsgrundsätze* enthalten verschiedene Bestimmungen der TV Hinweise auf deren innerstaatliche Bedeutung.[98] Auch zieht das Verfassungsgericht die allgemeinen Rechtsgrundsätze bei der Verfassungsauslegung heran.[99]

Grundrechte in Europa nach Lissabon, 2010, 249 (268f). – S auch zur Umsetzung von EGMR-Entscheidungen *Micha*, Issues of Res Judicata with Reference to the Execution of Judgments of the European Court of Human Rights: The Case of Greece, in Novaković (Fn 77) 505ff.

94 S dazu *Aksar*, Uluslararası JHukuk I, 2017, 177.

95 S *Gönenç/Esen*, The Problem of the Application of Less Protective International Agreements in Domestic Legal Systems: Article 90 of the Turkish Constitution, EJLR 8 (2006) 485 (487ff) sowie *Başlar*, The Fifty Years of the Constitutional Court of Turkey (1962-2012), LJR 4 (2012) 13 (41); *Rumpf*, Einführung in das türkische Recht, 2004, 79; *ders*, Höchstrichterliche Anwendung von Menschenrechtsverträgen im türkischen Recht, EuGRZ 1995, 147f.

96 Vgl *Özbudun*, Democratization Reforms in Turkey 1993-2004, Turkish Studies 8 (2007) 179 (189); *Gönenç/Esen* (Fn 95); *Başlar* (Fn 95) 56.

97 Vgl AYM E. 2013/2187, R.G. Tarih-Sayı: 7.1.2014-28874, 57 (62); dazu *Göztepe*, Die Einführung der Verfassungsbeschwerde in der Türkei, JöR 63 (2015) 485 (522).

98 Art 15 Abs 1 TV (Grundrechtsbeschränkungen im Notstand nur bei Vereinbarkeit mit dem Völkerrecht); Art 16 TV (Grundrechtsbeschränkungen für Ausländer nur in völkerrechtlich zulässiger Weise); Art 92 Abs 1 (Ausrufung des Kriegsfalles nur in den nach dem Völkerrecht erlaubten Fällen). S ferner *Pazarcı*, Uluslararası Hukuk, 2021, 28.

99 AYM E. 2010/89, R.G. Tarih-Sayı: 5.4.2012-28225; AYM E. 2014/149, R.G. Tarih-Sayı: 1.1.2015-29223.

Kunig / Uerpmann-Wittzack

54   Die Verfassung von *Japan* sieht vor, das Völker*vertragsrecht* und die anerkannten Regeln des Völkerrechts (gemeint ist das Völker*gewohnheitsrecht*) „gewissenhaft zu befolgen" (Art 98 Abs 2 JV). Das Verfahren zur Bindung an Völkervertragsrecht wird im Einzelnen bestimmt (Art 7 Satz 1 und 8, Art 61, Art 73 Satz 3 JV),[100] das Verhältnis zwischen Verfassungsrecht und Völkerrecht hingegen nicht. In der Theorie wird über einen Vorrang des Völkerrechts in Anlehnung an deutschsprachige Diskussionen kontrovers diskutiert.[101] Überwiegend wird angenommen, die japanische Verfassung habe keinen Vorrang vor dem Völkerrecht.[102] In der gerichtlichen Praxis spielt der theoretische Streit selten eine Rolle. So vermied das Oberste Gericht beispielsweise im Sunagawa-Fall (1959), in welchem ein japanisch-amerikanischer Sicherheitsvertrag einschlägig war, die Prüfung der Verfassungsmäßigkeit dieses Vertrags, weil die Beurteilung allein Regierung und Parlament obliege.[103] Daher liege „ein solches Urteil [...] außerhalb der Prüfungskompetenz des ordentlichen Gerichts, solange ein solcher Vertrag nicht auf den ersten Blick offensichtlich verfassungswidrig und nichtig ist".[104]

55   Sich am *Marxismus-Leninismus* orientierende Staaten wie die seinerzeitige Sowjetunion und die DDR akzeptierten generelle Vollzugsbefehle für das Völkerrecht im innerstaatlichen Rechtsraum nicht. Das war wegen der vorausgesetzten Unterscheidbarkeit sozialistischen und nichtsozialistischen Rechts folgerichtig: Galt die innerstaatliche Ordnung als sozialistisch und war in dieser Reinheit zu bewahren, so war (und ist) das Völkerrecht mindestens auch von nichtsozialistischen Normen infiziert; innerstaatlichem Infekt kann dann nur der Filter einer Umsetzung durch Einzelakt oder aber eine qualifizierende Transformationsnorm vorbeugen.[105]

56   Die *russ* Verfassung aus dem Jahre 1993 gibt sich völkerrechtsfreundlich. Bereits die Präambel spricht von dem russischen Volk als einem Teil der Weltgemeinschaft. Art 15 Abs 4 Satz 1 dieser Verfassung erklärt das gesamte Völkerrecht zum Bestandteil der russ Rechtsordnung. Hinsichtlich der Stellung der völkerrechtlichen Normen in der Normenhierarchie differenziert Art 15 Abs 4 Satz 2 zwischen völkerrechtlichen Ver-

---

100 Dazu *Miyazawa*, Verfassungsrecht, 1986, 286.
101 S *Miyazawa* (Fn 100) 286 ff; *Takano*, Einführung in das Völkerrecht, Bd 1, 1979, 83 ff; zur einschlägigen Rechtsprechung vgl *Shin*, in Shelton (Fn 81) 360 (375 ff).
102 Typisch *Miyazawa* (Fn 100); *Takano* (Fn 101) 95 ff.
103 Eisenhardt u a (Hrsg), Japanische Entscheidungen zum Verfassungsrecht in deutscher Sprache, 1998, 500 ff.
104 *Miyazawa* (Fn 100) 288 sieht hierin eine Anerkennung des Vorrangs des Völkerrechts vor dem nationalen Recht.
105 Folgerichtig wurden Ausnahmen vom Transformationsdogma für „innerhalb" der sog sozialistischen Staatengemeinschaft entstandene Völkerrechtsnormen postuliert, vgl bei *de Fiumel*, Die Gültigkeit der völkerrechtlichen Normen in der nationalen Rechtsordnung, in Graefrath (Hrsg), Probleme des Völkerrechts, 1985, 79 mN. Zur verfassungsrechtlichen Neuorientierung nach dem politischen Umbruch *Vereshchetin*, New Constitutions and the Old Problem of the Relationship Between International Law and National Law, EJIL 7 (1996) 29 ff; *Schweisfurth/Alleweldt*, The Position of International Law in the Domestic Legal Orders of Central and Eastern European Countries, GYIL 40 (1997) 164 ff.

trägen und sonstigem Völkerrecht. Völkerrechtliche *Verträge,* die grundsätzlich der Ratifikation in Form eines Bundesgesetzes bedürfen, genießen im Konfliktfall einen verfassungsrechtlich gewährleisteten Anwendungsvorrang vor den innerstaatlichen einfachen Gesetzen. Hingegen bleibt den „allgemein anerkannten Prinzipien und Normen des Völkerrechts", also dem Völker*gewohnheitsrecht* und den allgemeinen Rechtsgrundsätzen, nach überwiegender Auffassung ein solcher Vorrang versagt. Umstritten erscheint der Rang der völkerrechtlichen Normen, die Menschenrechte statuieren. Nach Art 17 Abs 1 der russischen Verfassung werden Rechte und Freiheiten der Menschen und Bürger in Übereinstimmung mit den allgemein anerkannten Prinzipien und Normen des Völkerrechts sowie in Übereinstimmung mit der Verfassung anerkannt und garantiert. Die wohl überwiegende Auffassung sieht einen Vorrang entsprechender völkerrechtlicher Normen vor der Verfassung und versteht Art 17 Abs 1 als *lex specialis* im Verhältnis zu Art 15 Abs 4. Nach anderen handelt es sich lediglich um eine allgemeine politische Deklaration.[106] Allerdings gibt das Gesetz über den Verfassungsgerichtshof diesem seit 2015 die Befugnis, darüber zu entscheiden, ob völkerrechtliche Entscheidungen wie diejenigen des EGMR mit den Prinzipien der russischen Verfassung in Einklang stehen und deshalb vollzogen werden dürfen, was den Vorrang nationalen Rechts betont.[107]

Die *chinesische* Verfassung von 1982 regelt lediglich das innerstaatliche Zustim- 57 mungs- und Ratifizierungsverfahren völkerrechtlicher *Verträge,* trifft aber keine Aussage bezüglich der Bedeutung des Völkerrechts für das innerstaatliche Recht.[108] Das Verhältnis zwischen Völkerrecht und Landesrecht ist theoretisch umstritten[109] und wird als weder monistisch noch dualistisch beschrieben.[110] In der Praxis bestehen unterschiedliche Weisen der Umsetzung von Vertragsrecht, etwa durch hierauf bezogene inkorporierende Gesetzgebung[111] oder durch sog Verweisungsnormen, die die Anwen-

---

106 Dazu *Mälksoo,* Russian Approaches to International Law, 2015; *Nußberger/Safoklov,* in Wieser (Hrsg), Handbuch der russischen Verfassung, 2014, Art 15 Rn 20 ff; *Abashidze,* The Relationship between International Law and Municipal Law: Significance of Monism and Dualism Concepts, in Novaković (Fn 77) 23 ff; *Tikhomirov,* in Shelton (Fn 81) 517 ff. Vgl zu früheren Einschätzungen *Danilenko,* The New Russian Constitution and International Law, AJIL 88 (1994) 451 ff; *Beknazar,* Das neue Recht der völkerrechtlichen Verträge in Russland, ZaöRV 56 (1996) 406 ff; *Lukaschtuk,* Treaties in the Legal System of Russia, GYIL 40 (1997) 141 ff.
107 S *Padskocimaite,* Constitutional Courts and (Non)execution of Judgments of the European Court of Human Rights: A Comparison of Cases from Russia and Lithuania, ZaöRV 77 (2017) 651 (674 ff); zum Ausscheiden Russlands aus dem Europäischen Menschenrechtsschutzsystem infolge des Angriffs auf die Ukraine *Schmahl,* Der ungleichzeitige Ausschluss Russlands aus Europarat und EMRK, NVwZ 2022, 595 ff.
108 S *Ahl,* Die Anwendung völkerrechtlicher Verträge in China, 2009, 185 ff.
109 Im Fachschrifttum werden unmittelbare Geltung und Anwendbarkeit völkerrechtlicher Verträge sowohl vertreten (*Ahl* [Fn 108] 279; *Li/Guo,* in Shelton [Fn 81] 158 [169 f]) wie auch abgelehnt (*Clarke,* China's Legal System and the WTO: Prospects for Compliance, GWUSLR 97 [2003] 97 [102 f]).
110 *Li/Guo* (Fn 109) 170; *Xue/Jin,* International Treaties in the Chinese Legal System, Chinese JIL 8 (2009) 299 (305).
111 *Xue/Jin* (Fn 110) 306 ff.

dung von Verträgen in bestimmten Rechtsbereichen anordnen.[112] Neben dem relativ unbestrittenen Vorrang der chinesischen Verfassung gegenüber dem Völkervertragsrecht[113] ist ein genereller Vorrang des Völkerrechts vor anderem nationalen Recht im chinesischen Rechtssystem nicht gegeben. Allerdings wird im Fall eines Normenkonflikts die Aufrechterhaltung völkerrechtlicher Verpflichtungen, die China eingegangen ist, teilweise angesichts der genannten Verweisungsnormen,[114] teils auch im Blick auf Interpretationen des Obersten Volksgerichts[115] postuliert. Die Frage der Anwendbarkeit von Völker*gewohnheitsrecht* in China erscheint unklar, teilweise ist von seiner Anwendbarkeit die Rede, solange eine Materie nicht anderweitig geregelt sei.[116]

58   Die Verfassung *Taiwans*, Teil Chinas, aber außerhalb der auf dem Festland gewählten Rechtstradition stehend („Verfassung der Republik China von 1947"), spricht von der „Achtung völkerrechtlicher Verträge und der Charta der Vereinten Nationen" (Art 141), sagt aber nichts zur Aufnahme von Völker*vertragsrecht* in innerstaatliches Recht und dessen Rang in der Normenhierarchie, oder zum Völker*gewohnheitsrecht*. Durch das Höchste Gericht[117] wurde insoweit Klarheit geschaffen, als völkerrechtliche Verträge dann den Rang innerstaatlicher Gesetze erlangen, wenn das Parlament ihrem Abschluss zugestimmt hat und sie durch den Staatspräsidenten unterzeichnet worden sind. So wird der betroffene Vertrag automatisch zum Teil des innerstaatlichen Rechts, ein Umsetzungsakt in Gesetzesform ist nicht generell erforderlich.[118] In der Praxis werden auch völkerrechtliche Verträge, an denen Taiwan nicht beteiligt ist, sowie allgemeine Rechtsgrundsätze des Völkerrechts durch die Verfassungs- und die ordentliche Gerichtsbarkeit vereinzelt zur Entscheidungsbegründung herangezogen, was eine unmittelbare Anwendbarkeit auch des Völkergewohnheitsrechts nahelegen könnte.

58a   Als supranationale Organisation nimmt die *Europäische Union* in vielfacher Hinsicht wie ein Staat am völkerrechtlichen Verkehr teil. Prominente Bsp sind die Mitgliedschaft in der Welthandelsorganisation (WTO) und der durch Art 6 Abs 2 EUV vorgege-

---

112 Manche Autoren sehen in der durch solche Normen bewirkten Anwendbarkeit von Verträgen einen im Wesentlichen der Adoption statt der Transformation angenäherten Akt und bezeichnen sie als direkte Anwendbarkeit der Verträge, s *Xue/Jin* (Fn 110) 310.
113 *Ahl* (Fn 108) 288 ff.
114 Wie etwa in zivilrechtlichen Fällen durch den genannten § 142 der Allgemeinen Zivilrechtsgrundsätze sowie § 236 des Zivilprozessgesetzes. S *Li/Guo* (Fn 109) 175 ff.
115 Wie etwa in Fällen des geistigen Eigentums durch eine Interpretation des Obersten Volksgerichts v 24.12.1993; vgl *Xue/Jin* (Fn 110) 315. Nach Chinas WTO-Beitritt hat das Gericht auch eine Interpretation verkündet, die in Fällen des internationalen Handelsrechts eine völkervertragsrechtskonforme Auslegung verlangt; vgl. *Zou*, International Law in the Chinese Domestic Context, VULR 44 (2010) 935 (941 f).
116 *Zou* (Fn 115) 939; *Li/Guo* (Fn 109) 183 ff.
117 Auslegung Nr 329 v 24.12.1993.
118 S *Chang*, The Convergence of Constitutions and International Human Rights: Taiwan and South Korea in Comparison, NCJILCR 36 (2011) 600 f.

bene, noch nicht vollzogene[119] Beitritt zur EMRK. Das Verhältnis zwischen Unions- und Völkerrecht wurde zunächst als monistisch dargestellt.[120] Die Art und Weise, wie der EuGH im Kadi-Urteil die Autonomie des Unionsrechts gegenüber dem Völkerrecht betont hat, lässt jedoch einen dualistischen Ansatz erkennen.[121] Indem Art 216 Abs 2 AEUV die EU-Organe an die von der EU abgeschlossenen völkerrechtlichen Verträge bindet, weist er ihnen einen Rang zwischen dem EU-Primär- und dem Sekundärrecht zu.[122] Allerdings hat der EuGH die Bindung der Organe an völkervertragsrechtliche Regelungen zumindest im Welthandelsrecht dadurch relativiert, dass er den Regeln des WTO-Rechts mit problematischer Begründung pauschal die unmittelbare Anwendbarkeit (vgl Rn 41 f) abspricht,[123] was die Autonomie des Unionsrechts stärkt. Ist die EU einem völkerrechtlichen Vertrag beigetreten, bindet dieser gemäß Art 216 Abs 2 AEUV auch die Mitgliedstaaten. Als Teil des Unionsrechts wirkt er dann in Deutschland nicht mehr als völkerrechtlicher Vertrag gemäß Art 59 Abs 2 GG mit dem Rang eines einfachen Bundesgesetzes (u Rn 118), sondern nimmt am Anwendungsvorrang des Unionsrechts teil (u Rn 126 ff, 130).

Die nachfolgende Darstellung ist der aktuellen Rechtslage in *Deutschland* gewidmet, 59 erörtert also nicht die historische Entwicklung des Verhältnisses von Völkerrecht und deutschem Recht. Die Rechtsordnung des deutschen *Kaiserreichs* war einem strikten Dualismus verpflichtet gewesen. Völkerrechtliche Verträge bedurften der Transformation in Reichsrecht, Völkergewohnheitsrecht galt innerstaatlich nur, wenn und soweit ein Reichsgesetz seine Inhalte ausformte. Reichsgesetze hatten Vorrang vor Vertrags- oder Gewohnheitsrecht, was in der Rechtsprechung des Reichsgerichts mehrfach deutlich wurde.[124] Die *Weimarer Reichsverfassung* hingegen erklärte in Art 4 „die allgemein anerkannten Regeln des Völkerrechts" zu „Bestandteilen" des Reichsrechts. Sie meinte damit nur Regeln, die auch von Deutschland anerkannt waren. Die Nichtanerkennung einer Regel durch ein deutsches Gesetz, auch die Entziehung vorher verliehener Anerkennung, schlugen Art 4 WRV aus dem Felde.[125] Verträge bedurften der Transforma-

---

119 Vgl EuGH, Gutachten C-2/13 v 18.12.2014, ECLI:EU:C:2014:2454. Dazu *Wendel*, Der EMRK-Beitritt als Unionsrechtsverstoß, NJW 2015, 921 ff; *Thym*, Das EMRK-Gutachten des EuGH, EuZW 2015, 180 ff.

120 S *Pescatore*, Die Rechtsprechung des Europäischen Gerichtshofs zur innergemeinschaftlichen Wirkung völkerrechtlicher Abkommen, FS Mosler, 1983, 661 (680 ff).

121 EuGH, Slg 2008, I-6411, Rn 281 ff *(Kadi)*; dazu *Weiß*, Praktische Konsequenzen der Kadi-Rechtsprechung, EuR 2014, 231 (233); s auch *Sauer*, Europarechtliche Schranken internationaler Gerichte, JZ 2019, 925 ff.

122 St Rspr seit EuGH, Slg 1972, 1219, 1227 *(International Fruit Company)*; s auch *Schmahl/Neidinger*, Die EU als Partnerin völkerrechtlicher Verträge, JuS 2021, 24 (28); zur innerunionalen Wirkung von Völkergewohnheitsrecht und seiner eingeschränkten Bedeutung als Kontrollmaßstab *Schroeder*, in Lusa Bordin/Müller/Pascual-Vives (Hrsg), The European Union and Customary International Law, 2022, 177 ff.

123 Dazu *Hadjiyianni*, The CJEU as the Gatekeeper of International Law: The Cases of WTO Law and the Aarhus Convention, ICLQ 70 (2021) 895 (899 ff); *Uerpmann-Wittzack* (Fn 9) 187.

124 Vgl beispielhaft RGSt 4, 271, 274; RGZ 85, 374.

125 Dazu *Anschütz*, Die Verfassung des deutschen Reiches, 14. Aufl 1933, Art 4 Rn 4; *Fleischmann*, in Anschütz/Thoma (Hrsg), HdbStR I, 1930, 209 (220) sowie nun grundlegend *Schestag*, Weimar International: Zur Entstehung und Bedeutung von Artikel 4 WRV, JöR 70 (2022) 373 ff.

tion, die innerstaatliche Geltung umgesetzten Rechts konnte jederzeit wieder beseitigt werden. Die Verfassungen der DDR standen der Weimarer Konzeption insoweit nahe.[126]

60   Die *nachfolgende Darstellung* orientiert sich *an den verschiedenen Rechtsquellen*, wie sie sich – aus dem Blickwinkel des Völkerrechts – etwa in Art 38 IGH-Statut abgebildet finden und wie sie im 1. Abschnitt dieses Buches, ebenfalls jener Vorgabe folgend, systematisch entfaltet worden sind. Doch bedarf es in unserem Zusammenhang – aus der Perspektive nunmehr des deutschen Rechts – einer Erweiterung des Blickfelds. Hinzuzudenken ist, angesichts der praktischen Bedeutung und des aktuellen Entwicklungsstandes der internationalen Ordnung unabdingbar, das *durch die EU gesetzte Recht*. Seine Relevanz für den deutschen Rechtsraum hat zwar völkerrechtliche Grundlagen, kann aber in Kategorien der völkerrechtlichen Rechtsquellenlehre nicht (mehr) erklärt werden (s Rn 173f).

61   Entscheidungen internationaler Gerichte und Streit schlichtender Instanzen sind keine Rechts-, aber wichtige Rechtserkenntnisquellen. Sie begründen nicht nur völkerrechtliche Befolgungspflichten, soweit die Rechtskraft inter partes reicht (vgl Art 59 IGH-Statut). Vielmehr ist die *internationale Spruchpraxis* ausweislich Art 38 Abs 1 lit d IGH-Statut auch ein wichtiges Hilfsmittel für die Auslegung völkerrechtlicher Verträge und für die Feststellung von Regeln des Völkergewohnheitsrechts sowie allgemeinen Rechtsgrundsätzen. In diesem Rahmen sind sie auch von nationalen Instanzen zu berücksichtigen, ohne dass sich diese Berücksichtigungspflicht mit der klassischen Dichotomie rechtlicher Bindung oder Unverbindlichkeit angemessen erfassen ließe. Welche Autorität den Präjudizien eines internationalen Organs zukommt, hängt u a von der Stellung ab, die ihm die jeweiligen Vertragsstaaten eingeräumt haben.[127] So kommt Urteilen des EGMR (u Rn 186) auch innerstaatlich ein höheres Gewicht zu als den formal unverbindlichen Auffassungen, mit denen UN-Vertragsorgane wie der UN-Menschenrechtsausschuss oder der Ausschuss für die Rechte von Menschen mit Behinderungen[128] Individualbeschwerdeverfahren abschließen.[129]

---

126 Vgl im Einzelnen die auch wegen ihrer theoretischen Fundierung ergiebige Schrift von *Seidel*, Verhältnis von Völkerrecht und innerstaatlichem Recht, 1985; vgl ferner *Becker*, Die Umsetzung von Völkerrecht in innerstaatliches Recht, NJ 1985, 392ff; *de Fiumel* (Fn 105) 69ff; im Blick auch auf die Sowjetunion *Uibopuu*, International Law and Municipal Law in Soviet Doctrine and Practice, FS Verdross, 1980, 661ff.
127 Zum Ganzen *Payandeh*, Die Präjudizienwirkung der Entscheidungen des Europäischen Gerichtshofs für Menschenrechte, JöR nF 68 (2020) 1ff; *ders*, Rechtsauffassungen von Menschenrechtsausschüssen der Vereinten Nationen in der deutschen Rechtsordnung, NVwZ 2020, 125ff.
128 Dazu *Uerpmann-Wittzack*, The Law-Making Function of the UN Committee on the Rights of Persons with Disabilities, WRLAE 8 (2018) 36 ff.
129 S auch BVerfGE 142, 313, Rn 90.

2. Die völkerrechtlichen Verträge
a) Überblick zu den grundgesetzlichen Vorgaben

Völkerrechtliche Verträge sind Regelungsgegenstand des Grundgesetzes namentlich in **62** Art 59, Art 32, Art 24 und Art 23 GG. Diese Vorschriften verteilen und begründen Zuständigkeiten, regeln das Verfahren des Vertragsabschlusses und beinhalten auch programmatische Vorgaben. Für die innerstaatliche Bedeutung völkerrechtlicher Verträge, die nicht im Zuge der Beteiligung an Integrationsgemeinschaften abgeschlossen werden oder im übrigen Hoheitsrechte übertragen, ist Art 59 Abs 2 GG allein maßgeblich.

Der *Begriff des „völkerrechtlichen Vertrags"* ist als Verfassungsbegriff identisch mit **63** demjenigen des völkerrechtlichen Rechtsquellenbestands, also nicht etwa beschränkt auf denjenigen des Wiener Übereinkommens über das Recht der Verträge v 1969 (welches sich nur auf schriftlich fixierte Verträge bezieht).[130] Zwischenstaatliche Absprachen ohne Vertragscharakter interessieren Art 59 Abs 2 GG nicht.[131] Er entscheidet über die Voraussetzungen für die innerstaatliche Geltung völkerrechtlicher Verträge (nicht über ihre Anwendbarkeit) und über ihren Rang in der innerstaatlichen Rechtsordnung.

Art 59 GG und Art 32 GG haben formelle Inhalte, Art 23 und 24 GG treffen auch ma- **64** terielle Aussagen. Ob und inwieweit Art 24 Abs 1 GG (und spezieller Art 23 GG) über die Ermächtigung hinaus, Hoheitsrechte auf zwischenstaatliche Einrichtungen zu übertragen, den Bund auch anhält, (außen-)politische Voraussetzungen zu schaffen, unter denen der Sinn dieser Ermächtigung – ihre Inanspruchnahme zur Herausbildung supranationaler Strukturen – erfüllt werden kann, ist bereits angesprochen worden (o Rn 21 ff).

Art 24 Abs 2 GG scheint betreffend die Wahrung des Friedens in einem System kol- **65** lektiver Sicherheit zu einem Vertragsschluss – bestimmten Inhalts – zu verpflichten. Der Wortlaut seines 2. Teilsatzes deutet darauf, dass der Bund zur Beschränkung gewisser Hoheitsrechte verpflichtet sei, wenn die Entscheidung über die Einordnung in ein solches System einmal gefallen bzw diese Einordnung vollzogen worden ist.[132] Doch stünde eine solche Interpretation in Widerspruch zum Beitrittsermessen nach Teilsatz 1. Man wird von einer schlichten Deklaration ausgehen dürfen.

Lediglich *Art 24 Abs 3 GG* verpflichtet zu einem Vertragsschluss bestimmten In- **66** halts, nämlich zum Beitritt zu Vereinbarungen über eine (allgemeine, nicht lediglich regionale), alle Sachgebiete einschließende, obligatorische internationale Schiedsgerichtsbarkeit. Das hindert nicht den Beitritt zu Streitschlichtungssystemen, die die genannten Voraussetzungen nicht erfüllen. Bisher bestehen keine Vereinbarungen über eine internationale Schiedsgerichtsbarkeit, die die Anforderungen des Art 24 Abs 3 GG erfüllen. Auch der IGH bietet eine solche Gerichtsbarkeit nicht. Sie ist zwar „allgemein" und „umfassend", aber nicht „obligatorisch". Demzufolge war die BR Deutschland auch nicht ver-

---

130 Näher *Kämmerer*, 1. Abschn Rn 95 ff.
131 Dazu *Wengler*, „Nichtrechtliche" Staatenverträge in der Sicht des Völkerrechts und des Verfassungsrechts, JZ 1995, 21 ff.
132 *Streinz*, in Sachs (Hrsg), GG, 9. Aufl 2021, Art 24 Rn 51 mN zum Streitstand.

Kunig / Uerpmann-Wittzack

fassungsrechtlich verpflichtet, eine Unterwerfungserklärung nach Art 36 Abs 2 IGH-Statut abzugeben,[133] wie sie im Jahr 2008 erfolgt ist.[134]

b) Bund und Länder als Parteien völkerrechtlicher Verträge und als Mitwirkende beim Vertragsschluss

67 Staaten sind fähig, völkerrechtliche Verträge abzuschließen. Auch Gliedstaaten weisen die Elemente der Staatlichkeit auf – unabhängig davon, dass es ihnen an äußerer Souveränität gebricht. Die Verfassungsordnung jedes Bundesstaats bemisst die Handlungsfähigkeit der Gliedstaaten nach außen. Das Grundgesetz belässt den deutschen *Ländern* eine *partikulare Vertragsschlussfähigkeit*.[135] Es erklärt zwar die „Pflege der Beziehungen zu auswärtigen Staaten" (gemeint ist: zu allen anderen Völkerrechtssubjekten, also insbesondere auch zu I.O. oder auch völkerrechtsfähigen Gliedstaaten ausländischer Bundesstaaten)[136] zur „Sache des Bundes" (Art 32 Abs 1 GG; wobei vor dem Abschluss eines Vertrages, der die „besonderen Verhältnisse" eines Landes berührt, dieses rechtzeitig anzuhören ist, Art 32 Abs 2 GG). Das Grundgesetz ermöglicht aber den Ländern[137] den völkerrechtlichen Vertragsschluss in denjenigen Bereichen, für die ihnen die Gesetzgebungszuständigkeit überlassen bleibt (vgl Art 32 Abs 3 GG), also im Ausgangspunkt überall dort, wo das Grundgesetz dem Bund diese Zuständigkeit nicht zuweist, Art 70 GG.[138] Dabei geht es nicht (nur) um Verträge, welche unmittelbar die Gesetzgebung betreffen, also Verpflichtungen zum Erlass oder zur Änderung von Gesetzen beinhalten (vgl dazu Art 59 Abs 2 2. Alt GG und u Rn 99 ff), sondern um eine *Anknüpfung an Sachbereiche*. Demzufolge können die Länder Verträge mit anderen Völkerrechtssubjekten abschließen, wenn deren Gegenstand nicht der ausschließlichen Gesetzgebungsbefugnis des Bundes nach Art 73 GG, einer expliziten Kompetenzzuweisung an anderer Stelle des Grundgesetzes oder einer ungeschriebenen Zuweisung an den Bund unterliegt oder aber den Bereichen der konkurrierenden Gesetzgebungs-

---

133 Ebenso *Calliess,* in Dürig/Herzog/Scholz (Hrsg), Grundgesetz, Art 24 III Rn 38; *Wolfrum,* in HdbStR XI, 3. Aufl 2013, § 242 Rn 7.

134 Dazu *Schröder,* 7. Abschn Rn 92.

135 Hierzu ausführlich mit rechtsvergleichenden und historischen Bezügen *Fassbender,* Der offene Bundesstaat, 2007.

136 Vgl dazu BVerfGE 1, 351, 366; 2, 347, 374; *Mosler,* Die Auswärtige Gewalt im Verfassungssystem der Bundesrepublik Deutschland, FS Bilfinger, 1954, 261; *Calliess,* in HdbStR IV, 3. Aufl 2006, § 83 Rn 54; zur Ausklammerung des Heiligen Stuhls BVerfGE 6, 309, 362.

137 Nicht den Gemeinden; sie können öffentlich-rechtliche Verträge mit ausländischen Pendants schließen, wenn Rechtsvorschriften gleich welcher Quelle nicht entgegenstehen, s § 54 VwVfG und für den vorliegenden Zusammenhang *Beyerlin,* Rechtsprobleme der lokalen grenzüberschreitenden Zusammenarbeit, 1988 sowie grundlegend *Aust,* Das Recht der globalen Stadt, 2017, 70 ff.

138 Anders jedoch *Fassbender,* „Staatliche Befugnisse und Aufgaben" im Sinne von Art. 30 GG als innere und auswärtige Kompetenzen des Bundes und der Länder, DÖV 2011, 714 ff, der den Ländern eine auswärtige Kompetenz direkt aus Art 30 GG zusprechen will.

befugnis (Art 74 GG) zugehört und die Länder durch Art 72 Abs 1 GG nicht an der Gesetzgebung gehindert sind. Daran wird zugleich deutlich, dass das Grundgesetz die Vertragsschlussfähigkeit der Länder nicht ein für allemal festlegt, sondern, soweit es um den Bereich des Art 74 GG geht, in Abhängigkeit von der Aktivität des Bundes belässt. Nimmt man die Beschränktheit der von der Zuweisung des Bundes abhängigen Völkerrechtssubjektivität der Länder ernst, werden abgeschlossene Verträge der Länder völkerrechtlich ex nunc unwirksam, wenn der Bund deren Vertragsschlussfähigkeit durch seine Gesetzgebung beseitigt.[139] Anders verhält es sich, wenn man auch bei Verträgen der Länder den Bund, der den Vertragsschluss autorisiert hat, als Völkerrechtssubjekt verpflichtet sieht.[140]

Im Ergebnis bleiben den Ländern für den Vertragsschluss vor allem die Bereiche **68** der Kulturpolitik,[141] kommunale Angelegenheiten, Sport, Polizei. Die Vertragsschlusskompetenz der Länder steht – wie sich an der auf „Gesetzgebung" bezogenen Ausnahme zu Art 32 Abs 1 GG in dessen Abs 3 erweist – unter dem Vorbehalt, dass es sich nicht um (auf Vollzug durch Gesetzgebung angelegte) Verträge über ihre „politischen Beziehungen" (vgl Art 59 Abs 2 Satz 1 GG und dazu u Rn 95 ff) handelt. Ob der Bund in Bereichen, die ausschließlich der Gesetzgebung der Länder unterliegen, neben den Ländern über eine Vertragsschlusskompetenz verfügt, ist seit jeher umstritten und Gegenstand der sog Lindauer Absprache,[142] deren Rechtsnatur und Verfassungsmäßigkeit ebenfalls umstritten sind.[143] Soweit der Bund in Kulturabkommen mit auswärtigen Staaten Vereinbarungen trifft, die sich auf den Bereich der Länderzuständigkeit erstrecken, pflegt er „Rücksicht" zu nehmen durch Klauseln, die die völkerrechtliche Verpflichtung der BR Deutschland begrenzen auf dasjenige, was innerstaatlich kompetenziell erreichbar ist.[144] Die Länder ihrerseits gelten hinsichtlich der Ausführung solcher Verträge als durch den allgemeinen Grundsatz der „Bundestreue" in die Pflicht genommen.[145]

---

139 Dahingehend *Starski*, in v. Münch/Kunig (Fn 4) Art 32 Rn 69.

140 Dahingehend *Nettesheim*, in Dürig/Herzog/Scholz (Fn 133) Art 32 Rn 57; *Magiera*, Außenkompetenzen der deutschen Länder, in Lüder (Hrsg), Staat und Verwaltung, 1997, 97 (101).

141 Soweit sie nicht „auswärtige" Kulturpolitik ist, s dazu *Köstlin*, Die Kulturhoheit des Bundes, 1989, 62 ff.

142 Verständigung zwischen Bundesregierung und den Staatskanzleien der Länder über das Vertragsschließungsrecht des Bundes v 14.11.1957, ZaöRV 20 (1959/60) 116 ff.

143 Zum Ganzen eingehend *Starski* (Fn 139) Rn 85 mwN; s auch *Papier*, Abschluss völkerrechtlicher Verträge und Föderalismus – Lindauer Abkommen, DÖV 2003, 265 ff; *Bücker/Köster*, Die ständige Vertragskommission der Länder, JuS 2005, 976 ff. Zum Problem der Behandlung völkerrechtlicher Verträge im Bereich der EU s *Clostermeyer/Lehr*, Ländermitwirkung bei völkervertraglichem Handeln auf EU-Ebene, DÖV 1998, 148 ff; *Melin*, Die Rolle der Bundesländer im Europäischen Rechtsetzungsverfahren nach Lissabon, EuR 2011, 655 ff.

144 „Bemühensklauseln", s beispielhaft im mit Vietnam abgeschlossenem Abkommen über kulturelle Zusammenarbeit v 6.3.1991, BGBl 1991 II, 1050.

145 Vgl *Mosler*, Kulturabkommen des Bundesstaats, ZaöRV 16 (1955/56) 33 f. Soweit der Bund jedoch kompetenzwidrig in den Bereich der Länderzuständigkeit eingegriffen hat, kann auch das Zustimmungs-

69   Für jeden danach materiell zulässigen Vertragsschluss bedürfen die Länder der Zustimmung der Bundesregierung; erst diese Zustimmung bringt die völkerrechtliche Vertragsschlussfähigkeit hervor. Ein Rechtsanspruch auf Erteilung der Zustimmung mag
ihnen theoretisch unter dem Gesichtspunkt vom Prinzip der Bundesstaatlichkeit allgemein gebotener Verhaltenspflichten des Bundes erwachsen, wenn die Weigerung
gleichsam willkürlich wäre; praktische Bedeutung hat das nicht.

70   Dass (auch, s o Rn 67) Art 32 Abs 3 GG ausdrücklich nur von auswärtigen Staaten
spricht, ermächtigt die Länder nicht etwa, mit anderen Völkerrechtssubjekten über
außerhalb der Landesgesetzgebungsbefugnis angesiedelte Materien zu kontrahieren.
Eine etwaige Zustimmung der Bundesregierung zum Vertragsschluss der Länder über
Materien, die der Bundesgesetzgebung unterliegen, würde daran nichts ändern. Das Zustimmungserfordernis besteht insofern unabhängig von der Vertragsschlussbefugnis;
sie kann nicht durch eine Disposition der Bundesregierung hervorgebracht werden –
auf Kompetenzen kann nicht „verzichtet" werden.

71   Sind die Länder zum Vertragsschluss befugt und stimmt die Bundesregierung dem
zu, so richten sich die weiteren Verfahrens- sowie Sachanforderungen an die Gültigkeit
und Wirkung solcher Verträge für den Rechtsraum des jeweiligen Landes nach dessen
Verfassungsrecht. Ausdrückliche Regelungen zur Umsetzung von Völkervertragsrecht
finden sich dort allerdings nirgends.

72   Die Präponderanz des Bundes bei dem Abschluss völkerrechtlicher Verträge wird
verfahrensrechtlich abgefedert durch Art 32 Abs 2 GG. Danach ist vor dem Abschluss
eines völkerrechtlichen Vertrags (durch den Bund), der die besonderen Verhältnisse
eines Landes berührt, das Land „rechtzeitig zu hören". Die Vorschrift ist recht strikt. Sie
stellt auf den „Abschluss" des Vertrags ab und meint damit den zeitlich letzten Akt der
Bundesgewalt, der zum völkerrechtlichen Inkrafttreten des Vertrags vorausgesetzt ist,
regelmäßig also die Ratifikation als Erklärung gegenüber dem Vertragspartner, die innerstaatlichen Voraussetzungen des Vertragsschlusses seien erfüllt. Es kommt also
nicht etwa auf den (vorherigen) Erlass eines ggf gebotenen Zustimmungsgesetzes (s u
Rn 104 ff) an. Im bundesstaatlichen Kontext kann und wird regelmäßig eine frühe Gewähr der Anhörungschance geboten sein. Sie darf – das belegt die Wendung „rechtzeitig" – nicht zur bloßen Förmlichkeit entarten; das betroffene Land muss Gelegenheit erhalten, seine Interessen hinreichend substantiell zur Geltung zu bringen.

73   Die „besondere" Berührung kann, der Wortlaut des Art 32 Abs 2 GG lässt das etwas
offen, durchaus auch mehrere Bundesländer zugleich betreffen (Bsp: diejenigen der
nordostdeutschen Küstenregion). Keine besondere Berührung liegt aber vor, wenn alle
Bundesländer gleichermaßen betroffen sind; ihre Belange werden dann allein vom
Bundesrat wahrgenommen, wenn und soweit Art 59 Abs 2 GG dessen Beteiligung gebietet.

---

gesetz gemäß Art 59 Abs 2 Satz 1 GG nicht nachträglich diesen Fehler beseitigen, selbst wenn die Länder
nach der erwähnten Lindauer Absprache zugestimmt haben. Vgl dazu BVerwG, NVwZ 2011, 752.

Kunig / Uerpmann-Wittzack

Soweit ein Vertragsschluss eines Landes den Beitritt zu einer I.O. betrifft, ist zu un- 74
terscheiden – dies schon deshalb, weil der Begriff der I.O. unterschiedliche Strukturen
erfasst.[146] Die Übertragung von Hoheitsbefugnissen auf I.O. ist in Art 24 Abs 1 GG dem
Bund ermöglicht und den Ländern damit verschlossen, wobei ihnen aber Art 24 Abs 1a
GG seit 1992 eine Ausnahme für „grenznachbarschaftliche Einrichtungen" eröffnet. Dieser Begriff hat erkennbar einen regional-lokalen Bezug.[147] Völkerrechtlich wie innerstaatlich ist die Zustimmung der Bundesregierung Wirksamkeitsvoraussetzung.

Misst Art 32 GG die Vertragsschlusskompetenzen von Bund und Ländern in einer 75
Weise zu, die iE die Formulierung erlaubt, die Auswärtige Gewalt[148] liege im Schwerpunkt beim Bund (woran Art 24 Abs 1a GG Wesentliches nicht ändert), so versucht
Art 23 GG seit 1992 für den Fortgang der europäischen Integration, die nach außen hin
den Bund, nicht die Länder betrifft, dem inneren Zusammenspiel von Bund und Ländern einen neuen Rahmen zu geben. Hier geht es um die Willensbildung im Bund, nach
außen nicht allein und nicht im Schwerpunkt um Vertragsschlüsse (s aber Art 23 Abs 1
Satz 3: „Änderungen [der] vertraglichen Grundlagen und vergleichbare Regelungen"),
sondern um die deutsche „Mitwirkung" bei der Verwirklichung der Integration (s schon
o Rn 21 ff).[149] Der vielfach diagnostizierten Erosion der vom Grundgesetz vorgesehenen
Rolle der Länder in ihrem Verhältnis zum Bund sollte verfassungspolitisch dadurch begegnet werden, dass der *Bundesrat* in Art 23 Abs 2, 4 bis 6 GG[150] je nach der Intensität
einer Berührung von Länderinteressen stärkere Einwirkungschancen auf die Willensbildung des Bundes bei der Mitwirkung seiner Organe an der weiteren Integration erhielt. Der Verfassungsgesetzgeber hat dabei ein wenig übersichtliches, von unbestimm-
ten Begriffen geprägtes Regelwerk vorgelegt. Versucht man, Art 23 GG mit seinen weit
reichenden Mitwirkungsbefugnissen beim Wort zu nehmen, ergibt sich ein erhebliches
Konfliktpotenzial bis hin zur Gefahr, dass Deutschland eine flexible Verhandlungsfüh-
rung und das Schnüren von Kompromissen auf europäischer Ebene unmöglich gemacht
wird.[151]

---

146 S *Schmahl*, 4. Abschn Rn 12 ff.
147 Eingehend *Schwarze*, Die Übertragung von Hoheitsrechten auf grenznachbarschaftliche Einrichtungen im Sinne des Art 24 Abs 1a GG, FS Benda, 1995, 311 ff; *Grotefels*, Die Novellierung des Art 24 GG, DVBl
1994, 785 ff.
148 Zum Begriff s sogleich in Rn 76 Fn 153.
149 Zu diesem Aspekt ferner *Melin* (Fn 143) 655 ff.
150 Vgl auch den Regelungsauftrag in Abs 7 und das G über die Zusammenarbeit von Bund und Ländern
in Angelegenheiten der EU v 12.3.1993 (BGBl 1993 I, 313), zuletzt geänd durch G v 22.9.2009 (BGBl 2009 I,
3031) sowie das G über die Wahrnehmung der Integrationsverantwortung des Bundestages und des Bundesrates in Angelegenheiten der Europäischen Union v 22.9.2009 (BGBl 2009 I, 3022), mit welchen der Gesetzgeber auf die *Lissabon*-Entscheidung BVerfGE 123, 267 reagierte.
151 *Baier*, Bundesstaat und Europäische Integration, 2006, 114 ff; *Huber*, Der Beitrag der Föderalismusreform zur Europatauglichkeit des Grundgesetzes, ZG 21 (2006) 354 (359, 373); *Uerpmann-Wittzack* (Fn 34)
Rn 119; zur Kritik auch schon *Kunig*, Mitwirkung der Länder bei der europäischen Integration, FS C. Heymanns Verlag, 1995, 591 ff.

c) Repräsentation nach außen: Die Befugnisse des Bundespräsidenten

76 Diejenige Bestimmung des Grundgesetzes, die die Voraussetzungen für eine innerstaatliche Bedeutung völkerrechtlicher Verträge regelt und für das Maß dieser Bedeutung die
Weiche stellt, nämlich *Art 59 Abs 2 GG*, ist systematisch im Abschnitt über den Bundespräsidenten angesiedelt. Verständlich wird dies vor dem Hintergrund der Verfassungsgeschichte: Im monarchischen System war auch in Deutschland das Staatsoberhaupt der
„eigentliche"[152] Träger der Auswärtigen Gewalt,[153] was sich fortgeführt sah in der Weimarer Verfassung, deren Art 45 wiederum das Vorbild abgab für Art 59 GG. Dass die
Rolle des Bundespräsidenten unter dem Grundgesetz völlig anders umrissen ist als diejenige des Reichspräsidenten (was mit zu den gewichtigsten, bewusst gesetzten Unterschieden zwischen beiden Verfassungen gehört),[154] gilt auch für den vorliegenden Zusammenhang. Die Vorschrift räumt – zunächst – dem Bundespräsidenten die Befugnis
ein, den Bund völkerrechtlich zu „vertreten", in seinem Namen die Verträge des Bundes
mit auswärtigen Staaten abzuschließen, schließlich „die Gesandten" zu „beglaubigen"
und zu „empfangen" (Art 59 Abs 1 Sätze 1 bis 3 GG). Dem angeschlossen ist in Abs 2 das
Mitwirkungserfordernis betreffend die gesetzgebenden Körperschaften (des Bundes)
für gewisse Verträge, das man sich besser an anderer Stelle im Grundgesetz geregelt
denken möchte, denn es geht um das Verhältnis der Bundesregierung zu den gesetzgebenden Körperschaften. Dieses Mitwirkungserfordernis ist demzufolge hier gesondert zu behandeln (s u Rn 86 ff), ebenso die mit ihm notwendigerweise verbundenen
Rechtsfolgen (s u Rn 115 ff).

77   Völkerrechtliche Vertretungsbefugnis bedeutet die Zuständigkeit zur Abgabe und
Entgegennahme von staatlichen Erklärungen im Außenverhältnis, also gegenüber anderen Subjekten des Völkerrechts (erneut auch hier, wie bei Art 32 GG:[155] nicht nur gegenüber Staaten). Gemessen an der Begrifflichkeit des Zivilrechts ist der Terminus „Vertretung" missverständlich, sofern er an „Bevollmächtigung" zur Abgabe von Erklärungen
in fremdem Namen (vgl §§ 164 ff BGB) denken lässt. Der Bundespräsident handelt vielmehr als Organ des sich erklärenden und Erklärungen entgegennehmenden Bundes.
Die völkerrechtliche Vertretungsbefugnis des Bundespräsidenten umgreift alle unmittelbar rechtserheblichen Erklärungen (nicht also zB: Reden)[156] in den internationalen
Beziehungen, von denen aber Art 59 Abs 1 Satz 2, 3 GG nur einen Ausschnitt anspricht,

---

152 So *Grewe*, Auswärtige Gewalt, in HdbStR III, 2. Aufl 1996, § 77 Rn 40.

153 Zum Begriff *Calliess* (Fn 136) Rn 1 ff; krit zu der Begriffsprägung etwa *Tomuschat*, Der Verfassungsstaat im Geflecht der internationalen Beziehungen, VVDStRL 36 (1978) 23; *Pernice*, Aussprache und
Schlussworte zum ersten Beratungsgegenstand: Kontrolle der auswärtigen Gewalt, VVDStRL 56 (1996) 117:
„eigentlich überholt"; einführend *Kunig*, Auswärtige Gewalt, Jura 1993, 554 ff; umfassend die Berichte
zum ersten Beratungsgegenstand („Kontrolle der auswärtigen Gewalt") von *Hailbronner* und *Wolfrum*,
VVDStRL 56 (1996) 7 ff u 38 ff.

154 Dazu *Kunig*, Der Bundespräsident, Jura 1994, 217 ff.

155 Vgl o Rn 67, 70.

156 Dazu zB *Fastenrath*, Kompetenzverteilung im Bereich der Auswärtigen Gewalt, 1986, 202 ff.

nämlich Erklärungen im Zusammenhang mit dem Vertragsschluss und solche, welche diplomatisches Personal betreffen. Damit wird Art 59 Abs 1 Satz 1 GG nicht etwa eingeschränkt, vielmehr handelt es sich um eine beispielhafte Hervorhebung der wichtigsten Anwendungsfälle.[157]

Jede völkerrechtliche Vertretung der BR Deutschland muss auf den Bundesprä- 78 sidenten wenigstens rückführbar sein – was andererseits nicht bedeutet, dass er solche Erklärungen in Person abgeben müsste. Vielmehr besteht die *Befugnis zur Delegation*, die der Bundespräsident – verbreiteter Ansicht nach[158] – auch stillschweigend und (nicht unbedenklich) iSe Generalvollmacht vornehmen kann. So werden auch wichtige Verträge von Mitgliedern der Bundesregierung unterzeichnet; nur die Ratifikation nach parlamentarischer Zustimmung bleibt dem Bundespräsidenten persönlich vorbehalten. Die Staatspraxis ist etwas unübersichtlich; etwa die Aussprache der Anerkennung eines Staates[159] haben Bundespräsidenten selbst vorgenommen oder die Bundesregierung dazu für den Einzelfall ermächtigt. Es ist durchaus zweifelhaft, ob es der Konstruktion einer stillschweigenden Ermächtigung überhaupt bedarf, noch zweifelhafter, ob in diesem Zusammenhang die problematische Kategorie des Verfassungsgewohnheitsrechts bemüht werden sollte. Andererseits sind in der Praxis des auswärtigen Verkehrs eine Vielzahl von rechtserheblichen Erklärungen nach außen abzugeben, so dass es verständlich erscheint, Recht und Tatsachen durch derartige dogmatische Erklärungsversuche in Übereinstimmung bringen zu wollen.[160]

Eine Befugnis zur politischen (Mit-)Gestaltung von Außenpolitik gibt Art 59 Abs 1 79 GG dem – parlamentarisch nicht verantwortlichen – Bundespräsidenten nicht. Insofern beschneiden die allgemeinen Grundsätze (Art 65 Satz 1, 2, Art 58 Satz 1 GG – Erfordernis der *Gegenzeichnung*) staatsrechtlich seinen Handlungsspielraum erheblich. „Materielle auswärtige Gewalt" steht dem Bundespräsidenten nicht zu.[161] Er hat im Anwendungsfeld des Art 59 Abs 1 GG *kein politisches „Vetorecht"*,[162] ein Prüfungsrecht besitzt er im Übrigen nur insoweit, als er nicht verpflichtet ist, evidenten Verfassungs-[163] und Völkerrechtsverstößen die Hand zu reichen.[164]

---

157 Vgl nur *Seidel*, Der Bundespräsident als Träger der auswärtigen Gewalt, 1972, 63.
158 Vgl etwa BVerfGE 68, 1, 82.
159 Zur Anerkennung von Staaten vgl *Kau*, 3. Abschn Rn 193 ff.
160 Dazu auch *Kimminich*, Das Staatsoberhaupt im Völkerrecht, AVR 26 (1988) 153 ff, der im Übrigen (ebd 157) zu Recht darauf hinweist, dass Art 59 Abs 1 GG insoweit im Zusammenhang mit Art 7 Nr 2 a, Art 46 WVK zu sehen ist.
161 Vgl dazu *Calliess* (Fn 136) Rn 17.
162 *Kleinlein* (Fn 77) Rn 210; anders früher etwa *Mosler* (Fn 136) 281 f.
163 Dazu mwN zum Streitstand *Kunig* (Fn 154) 219 ff.
164 Weitergehend *Nettesheim*, in HdbStR III, 3. Aufl 2005, § 62 Rn 44 f; restriktiver *Calliess* (Fn 136) Rn 16 f.

d) Die Rolle der Bundesregierung

80 Das Grundgesetz umschreibt den Aufgabenbereich der Bundesregierung nicht, er kann (unvollständig) nur aus organisatorischen Vorschriften erschlossen werden. Obwohl die Bundesregierung in dem auswärtige Angelegenheiten betreffenden Organisationsrecht kaum erwähnt wird (abgesehen von Art 23 GG), scheint weitgehende Übereinstimmung zu bestehen, dass das *„Schwergewicht" der Auswärtigen Gewalt bei der Bundesregierung* liegt.[165] Uneinigkeit herrscht aber darüber, ob gleichsam eine nur im Einzelfall anhand positiven Verfassungsrechts widerlegbare Vermutung für die Ausschließlichkeit der in Art 65 GG angesprochenen Befugnisse von Bundeskanzler bzw Bundesregierung streite.[166]

81 Diese über einen längeren Zeitraum eher theoretisch diskutierte Frage[167] hat im Zusammenhang mit den politischen Auseinandersetzungen um *Auslandseinsätze der Bundeswehr*[168] ab 1993 an Aktualität gewonnen und war in diesem Zusammenhang Gegenstand des solche Einsätze im Rahmen von NATO-, WEU- und UN-Militäraktionen betreffenden Urteils des BVerfG v 12.7.1994.[169] Zu Recht hielt das Gericht daran fest, dass Akte der Auswärtigen Gewalt nach dem von Art 20 Abs 2 GG umrissenen Modell grundsätzlich dem Kompetenzbereich der Regierung zugeordnet sind, wenn und soweit nicht andere Vorschriften etwas anderes bestimmen, wie für „politische Verträge" in Art 59 Abs 2 Satz 1 GG geschehen. Andere völkerrechtliche Verträge und nichtvertragliche Akte der Außenpolitik (auch solche, die „politische" Beziehungen regeln) unterliegen allein der Kompetenz der Bundesregierung.[170] Art 59 Abs 2 Satz 1 GG beinhaltet auch *kein Vertragsformgebot*. Er bezieht sich allein auf neue vertragliche Regelungen bzw auf Ände-

---

165 So *Fastenrath* (Fn 156) 215 f, der im Übrigen von einer „Querschnittsfunktion" spricht; vgl auch *Menzel*, Die auswärtige Gewalt der Bundesrepublik in der Deutung des Bundesverfassungsgerichts, AöR 79 (1953/54) 349 f: „kombinierte" Gewalt; den seither eingetretenen „Trend zur Parlamentarisierung der auswärtigen Gewalt" zeichnet *Wolfrum* (Fn 153) 62 f nach.

166 So die Rspr seit BVerfGE 1, 372, 394; s ferner E 68, 1, 87; zu in den 1950er Jahren begonnenen Auseinandersetzungen in der Lehre darüber, ob dies dem grundgesetzlichen Demokratieprinzip entspreche, gibt *Calliess* (Fn 136) Rn 35 ff einen – krit – Überblick.

167 Für einen verfassungsvergleichenden Eindruck s die Beiträge in Chicago-Kent LR 67 (1991) 293 ff (Symposium on Parliamentary Participation in the Making and Operation of Treaties).

168 Vgl zur Bundespolizei die Regelung in § 8 BPolG, BGBl 1994 I, 2978, zuletzt geänd durch Art 4 des G v 20.6.2013, BGBl I, 1602. S ferner *Pudlas*, Der Schutz deutscher Staatsbürger im Ausland als verfassungsrechtliche Aufgabe der Streitkräfte im Rahmen der Personalverteidigung, Jura 2012, 426 ff.

169 BVerfGE 90, 286 ff; später: BVerfGE 100, 266 *(Kosovo-Einsätze);* BVerfGE 108, 34 *(AWACS – Irak-Krieg);* dazu *Krajewski*, Das „Parlamentsheer" als Kollateralschaden des Irak-Krieges, AVR 41 (2003) 419 ff; neben den verfassungsrechtlichen auch völkerrechtliche Aspekte beleuchtend *Dreist*, AWACS-Einsatz ohne Parlamentsbeschluss? Aktuelle Fragestellungen zur Zulässigkeit von Einsätzen bewaffneter Streitkräfte unter besonderer Berücksichtigung der NATO-AWACS-Einsätze in den USA 2001 und der Türkei 2003, ZaöRV 64 (2004) 1001 ff; BVerfGE 121, 135 *(AWACS – Türkei);* dazu *Sachs*, Auslandseinsätze der Bundeswehr und Parlamentsvorbehalt, JuS 2008, 829 ff; BVerfGE 124, 267 *(NATO – Kosovo).* Ferner *Fischbach*, Die verfassungsgerichtliche Kontrolle der Bundesregierung bei der Ausübung der Auswärtigen Gewalt, 2011.

170 Vgl BVerfGE 90, 286, 358.

rungen bestehender Verträge, dies auch in der Form konkludenter Änderung, soweit das Völkervertragsrecht dafür Raum gibt. Parlamentarische Zustimmungsbedürftigkeit kann sich nicht aus den das Verhältnis des Völkerrechts zum deutschen Recht allgemein betreffenden Vorschriften, wohl aber aus solchen ergeben, die hiervon unabhängig einen Parlamentsvorbehalt beinhalten, wie bei Grundrechten, im Haushaltsrecht, aber auch bei der Übertragung von Hoheitsrechten nach Art 24 Abs 1 GG. Im Übrigen stehen dem Parlament die allgemeinen Instrumente politischer Kontrolle zur Verfügung.[171] Über die Zustimmung zum Abschluss völkerrechtlicher Verträge hinausgehende besondere Informations- und Beteiligungsrechte sieht Art 23 Abs 2-7 GG nur bei „Angelegenheiten der Europäischen Union" vor; das lässt sich de lege lata nicht auf sonstige internationale Angelegenheiten übertragen,[172] mag es dadurch auch zu Friktionen zwischen den unterschiedlichen Bereichen kommen.[173]

Unpraktikabel und mit den Methoden der Verfassungsinterpretation nicht begründbar ist demgegenüber die Auffassung, auf „fließende" Übergänge zwischen der inhaltlichen Umbildung von Völkervertragsrecht durch Staatenpraxis, insbes auch das als „authentische" Auslegung bezeichnete Phänomen[174] einerseits, der förmlichen Vertragsänderung andererseits, müsse durch eine Erstreckung parlamentarischer Zustimmungsbedürftigkeit auch auf den erstgenannten Bereich reagiert werden.[175] Jenseits der förmlichen Vertragsänderung ist eine erneute parlamentarische Zustimmung nur erforderlich, wenn die Fortentwicklung des Vertrages das vom ursprünglichen Zustimmungsgesetz gedeckte vertragliche Integrationsprogramm verlässt.[176] **82**

Der Tatbestand des Art 59 Abs 2 GG erfasst im Übrigen auch die mit dem Beitritt zu Systemen kollektiver Sicherheit nach *Art 24 Abs 2 GG* verbundenen „Beschränkungen" von Hoheitsrechten (die von deren „Übertragung" nach Art 24 Abs 1, Art 23 GG, vgl schon o Rn 25ff sowie weiterhin u Rn 129, zu unterscheiden sind). Zu solchen Systemen gehören auch Bündnisse kollektiver Selbstverteidigung und also nicht nur Systeme zur Friedenswahrung unter den jeweiligen Mitgliedern, mithin trotz aller Unterschiede in Zielrichtung und Struktur etwa NATO und UNO gleichermaßen wie auch die Bündnisverpflichtung im Rahmen von Art 42 Abs 7 EUV als weiteres System kollektiver Sicher- **83**

---

171 *Kleinlein* (Fn 77) Rn 479ff.

172 *Schwarz,* Kontrolle der Regierung durch das Parlament im Rahmen internationaler Beziehungen durch verpflichtende parlamentarische Debatten?, NVwZ 2021, 860ff; s aber auch *Grzeszick,* Die demokratische Kooperationsverantwortung des Deutschen Bundestages für völkerrechtliche Bindungen, AVR 58 (2020) 123 (136ff).

173 *Ley,* Zwischen parlamentarischer Routine und exekutiven Kernbereichen: Die Kompetenzverteilung der auswärtigen Gewalt von Parlament und Regierung unter dem Grundgesetz, AöR 146 (2021) 299 (327ff).

174 Vgl zur Auslegung völkerrechtlicher Verträge *Kämmerer,* 1. Abschn Rn 115ff.

175 So vier Richter in BVerfGE 90, 286, 372ff, die aufgrund dieser Sichtweise das Verhalten der Bundesregierung im Bosnien-Konflikt für verfassungswidrig hielten. Hierzu ausf *Starski* (Fn 139) Art 59 Rn 47ff. Vgl auch *Baumbach,* Vertragswandel und demokratische Legitimation, 2008.

176 BVerfGE 152, 8, Rn 34ff; dazu *Grzeszick* (Fn 172) 149f; ausf *Henrich,* Vertragsgewohnheitsrecht und Parlamentsbeteiligung, 2020, 226ff.

heit.[177] Aus der Ermächtigung des Art 24 Abs 2 GG, die zugleich als Grundlage für die Übernahme der mit der Systemzugehörigkeit typischerweise verbundenen Aufgaben zu verstehen ist, ergibt sich auch die verfassungsrechtliche Zulässigkeit von Auslandseinsätzen der Bundeswehr in dem jeweils systembestimmten Rahmen.[178] Art 87a GG steht dem nicht entgegen,[179] während die verfassungsrechtliche Rechtfertigung von Auslandseinsätzen, die weder im Rahmen von Art 24 Abs 2 GG erfolgen noch unmittelbar der Landesverteidigung dienen, Schwierigkeiten bereitet.[180]

84   Das BVerfG sah darüber hinaus bereits 1994 auf der Grundlage einer Zusammenschau verschiedener, teils aufgehobener (Art 59a GG),[181] teils ersichtlich im vorliegenden Zusammenhang unergiebiger (Art 45b GG über die Bestellung eines Wehrbeauftragten) Vorschriften, Prinzipien und Postulate einen wehrverfassungsrechtlichen *Parlamentsvorbehalt* betreffend die Entscheidung über Auslandseinsätze im Einzelfall in Geltung.[182] Daraus folgerte es, grundsätzlich (Ausnahmen bei Gefahr im Verzug) sei bei jedem Einsatz bewaffneter Streitkräfte (einschließlich jeder Form von UN-Friedenstruppen)[183] die vorherige Zustimmung (nicht durch Gesetz, sondern durch sog schlichten Parlamentsbeschluss)[184] erforderlich (allerdings keine entsprechende Initiativbefugnis eingeräumt).[185] Genehmigungswirkung kommt der parlamentarischen Entscheidung jedoch nicht zu: Zwar hat die Bundesregierung, sofern sie qua Eilzuständigkeit zur alleinigen Entscheidung berechtigt ist, die nachträgliche Parlamentsbefassung frühestmöglich nachzuholen; ist der Einsatz aber, wie im Fall der Evakuierung deutscher Staatsangehöri-

---

177 Zu letzterem BVerfGE 152, 8, Rn 52.
178 Grundlegend BVerfGE 90, 286, 345 ff.
179 BVerfGE 90, 286, 355 ff.
180 Ausf *Aust*, in v. Münch/Kunig (Fn 4) Art 87a Rn 32 ff; *Fassbender*, in HdbStR XI, 3. Aufl 2013, § 244 Rn 60 ff. Der Bundeswehreinsatz in Syrien, mit dem Deutschland Frankreich nach den Anschlägen von Paris im Kampf gegen die Terrororganisation „Islamischer Staat" unterstützen will, ließe sich allenfalls mit einem weitverstandenen völkerrechtlichen Begriff der Selbstverteidigung rechtfertigen; dagegen *Kremser*, Der bewaffnete Einsatz der Bundeswehr gegen die Terrororganisation „Islamischer Staat" im Lichte des Staats-, Europa- und Völkerrechts, DVBl 2016, 881 ff; *Payandeh/Sauer*, Die Beteiligung der Bundeswehr am Antiterroreinsatz in Syrien, ZRP 2016, 34 ff; mit völkerrechtlichem Schwerpunkt *Finke*, Selbstverteidigungsrecht gegen nichtstaatliche Akteure, AVR 55 (2017) 1 ff. Der Bundeswehreinsatz im Nordirak zur Unterstützung irakischer Sicherheitskräfte im Kampf gegen den „Islamischen Staat", der völkerrechtlich von der Zustimmung des Irak gedeckt ist, lässt sich hingegen weder völker- noch verfassungsrechtlich als Selbstverteidigung einordnen; der unverbindliche und außerhalb von Kapitel VII UN-Charta ergangene Aufruf des UN-Sicherheitsrats S/PRST/2014/20, auf den sich die Bundesregierung beruft (vgl BT-Drs 18/3561, 4), dürfte nicht ausreichen, um den Einsatz auf Art 24 Abs 2 GG zu stützen. Allg auch *Ladiges*, Verfassungsrechtliche Grundlagen für den Einsatz der Streitkräfte, JuS 2015, 598 (602).
181 S die Fassung v 19.3.1956, BGBl I, 111, aufgehoben durch G v 24.6.1968, BGBl I, 709.
182 BVerfGE 90, 286, 381 ff.
183 *Schmahl*, 4. Abschn Rn 205.
184 Dazu v. *Münch/Mager*, Staatsrecht I, 9. Aufl 2021, 237.
185 Vgl auch BVerfGE 121, 135 ff; BVerfGE 124, 267 ff.; BVerfGE 140, 160, Rn 66 ff. S zum Ganzen ferner *Fischbach* (Fn 169).

ger aus Libyen, bereits beendet, so hat es mit der Pflicht zur (unverzüglichen und qualifizierten) Unterrichtung des Bundestags, der dadurch in die Lage versetzt wird, von seinen allgemeinen Kontrollinstrumenten gegenüber der Bundesregierung Gebrauch zu machen, sein Bewenden.[186]

Wie auch für die Maastricht- und Lissabon-Rechtsprechung[187] lässt sich erkennen, 85 dass das BVerfG hier – teilweise in Strapazierung der ihm durch das Prozessrecht gesetzlich überantworteten, dadurch aber auch begrenzten Entscheidungszuständigkeit – auf dogmatisch schwierigen Wegen nach einem Ausgleich zwischen außenpolitischen Erwartungen an die BR Deutschland im Zuschnitt nach der Wiedervereinigung und innenpolitischen Bestrebungen in Skepsis gegenüber (hier: militärischer) Integration gesucht hat. Man mag das für iE „ausnahmsweise gerechtfertigt"[188] halten. Doch überforderte das Gericht hier das Verfassungsrecht. Wurde in diesem Unterabschnitt eingangs die im Bereich der Auswärtigen Gewalt leitende Rolle der Bundesregierung gegenüber der Legislative betont, so ist dies auch für ihren verfassungsrechtlich gewollten Vorrang vor dem BVerfG zu unterstreichen.[189] Mit dem am 24.3.2005 in Kraft getretenen Gesetz über die parlamentarische Beteiligung bei der Entscheidung über den Einsatz bewaffneter Streitkräfte im Ausland (Parlamentsbeteiligungsgesetz)[190] hat der Gesetzgeber allerdings dem Hinweis des Gerichts, jenseits der in seinem Urteil dargelegten Mindestanforderungen und Grenzen des Parlamentsvorbehalts für den Einsatz bewaffneter Streitkräfte sei es Aufgabe des Gesetzgebers, Form und Ausmaß der parlamentarischen Mitwirkung näher auszugestalten,[191] entsprochen und für diese Rechtsprechung eine gesetzliche Grundlage geschaffen.[192] Deren Bedeutung relativiert sich allerdings insofern, als das BVerfG die genuin verfassungsrechtliche Qualität des Gebots parlamentarischer Beteiligung betont.[193]

e) Das Erfordernis der Mitwirkung von Bundestag und Bundesrat

Der Bundespräsident und die Bundesregierung können im – völkerrechtlichen – Außen- 86 verhältnis auch dann vertragliche Bindungen der BR Deutschland herbeiführen, wenn der Wille des Parlaments dem entgegensteht, und ungeachtet der Frage, ob innerstaatliches Recht, selbst Verfassungsrecht, der Einhaltung des Vertrags entgegensteht: Nach

---

186 BVerfGE 140, 160, 195 und 199ff mit Anm von *Sauer,* JZ 2016, 46ff.
187 Vgl o Rn 26.
188 So *Nolte,* Bundeswehreinsätze in kollektiven Sicherheitssystemen, ZaöRV 54 (1994) 652 (683f).
189 Vgl in diesem Zusammenhang – als Beispiel für (verfassungs-)gerichtliche Zurückhaltung – für die USA *Franck/Glennon,* Foreign Relations and National Security Law, 4. Aufl 2011.
190 BGBl 2005 I, 775f.
191 BVerfGE 90, 286, 381ff.
192 S dazu *Rau,* Auslandseinsatz der Bundeswehr: Was bringt das Parlamentsbeteiligungsgesetz?, AVR 44 (2006) 93ff; *Schröder,* Das neue Parlamentsbeteiligungsgesetz, NJW 2005, 1401ff; zu Hintergründen und Gesetzgebungsverfahren: *Burkiczak,* Ein Entsendegesetz für die Bundeswehr?, ZRP 2003, 82ff.
193 BVerfGE 140, 160, 190.

allgemeinem Völkerrecht kann innerstaatliches Recht dem Anspruch auf Erfüllung eines Vertrags oder aus einer Vertragsverletzung resultierender sekundärer Folgen nicht entgegengehalten werden (vgl Art 27 WVK). Verletzungen innerstaatlicher Zuständigkeitsregelungen berechtigen dazu nur bei „Offenkundigkeit" und auch nur dann, wenn es sich um eine Vorschrift von „grundlegender Bedeutung" handelt (vgl Art 46 WVK).[194]

87   Auch vor diesem Hintergrund ist *Art 59 Abs 2 GG* zu sehen. Er verlangt die Beteiligung von Verfassungsorganen, insbes und zunächst des Bundestags als Parlament, ggf des Bundesrats als des die Länderinteressen wahrnehmenden Bundesorgans. Aus verfassungsrechtlicher Sicht muss diese Beteiligung erfolgen, bevor der Vertrag vom Bundespräsidenten ratifiziert und damit völkerrechtlich verbindlich wird. Daher wird für Verträge, die dem Anwendungsbereich des Art 59 Abs 2 GG unterfallen, regelmäßig ein zweistufiges Verfahren vereinbart, bei dem die Unterzeichnung unter dem Vorbehalt späterer Ratifikation steht. Zwischen Unterzeichnung und Ratifikation kann dann das Parlament beteiligt werden. Ratifikation bedeutet dabei die nach außen hin abgegebene Erklärung, dass die innerstaatlichen Voraussetzungen an die Beteiligung erfüllt sind, um damit die Zustimmung zur Vertragsbindung zu bekunden. Diese Erklärung hat gemäß Art 59 Abs 1 Satz 1, 2 GG regelmäßig der Bundespräsident abzugeben. Nicht der Bundestag ratifiziert also, vielmehr schafft er die (ggf: eine) Voraussetzung für die Ratifikation. In der Staatspraxis wird dennoch – unscharf – nicht selten vom „Ratifikationsgesetz" gesprochen. Da viele Staaten, im Grunde alle, die sich infolge ihres Demokratieverständnisses oder auch aus föderalen Gründen hierzu veranlasst sehen, innerstaatliche Mitwirkungsrechte im Vertragsabschlussverfahren vorsehen, werden völkerrechtliche Verträge von Belang regelmäßig und unproblematisch unter das *Ratifikationserfordernis* gestellt. Auch das allgemeine Völkerrecht, wie es die *Wiener Vertragsrechtskonvention* niederlegt, trägt dem Rechnung (vgl Art 14 WVK).[195]

88   Art 59 Abs 2 GG spricht von „Verträgen" und bezieht sich damit, wie die systematische Zusammenschau mit Art 59 Abs 1 Satz 2 GG erweist, auf „Verträge mit auswärtigen Staaten", was aber heißt: solche mit anderen Völkerrechtssubjekten, wenn diese Verträge nicht ausnahmsweise privatrechtlich zu qualifizieren sind. Es befremdet etwas, die systematisch veranlasste Einschränkung auf Verträge mit „*auswärtigen Staaten*" – unter Dehnung des Wortlauts – auf „*alle Völkerrechtssubjekte*" erweitert zu sehen; dies ist indes teleologisch zwingend geboten. Zur Zeit der Verfassungsgebung kannte die Völkerrechtsordnung im Wesentlichen nur Staaten als ihre Berechtigten und Verpflichteten, mithin als vorstellbare Vertragsparteien. Die seither eingetretene Erweiterung des Kreises der Völkerrechtssubjekte (insbes auf I.O., jedoch auch etwa auf sog Befreiungsbewegungen) gebietet es aus innerstaatlicher Sicht zwingend, auch

---

194 Vgl *Kämmerer*, 1. Abschn Rn 103.
195 *Dahm/Delbrück/Wolfrum* (Fn 51) 123 sprechen in diesem Zusammenhang von einer „Rezeption" des Verfassungsrechts durch Völkerrecht.

Kunig / Uerpmann-Wittzack

den völkerrechtlichen Vertragsschluss mit solchen Subjekten dem Art 59 Abs 2 GG zu unterwerfen.[196]

Nur der Vertragsschluss bedarf der Beteiligung, damit nach dem eindeutigen Wort- **89** laut also nicht die eine rechtliche Verpflichtung herbeiführende einseitige Erklärung (wie zB ein völkerrechtliches Versprechen).[197] *Einseitige Erklärungen* können sich allerdings auf den Beitritt zu einem (multilateralen) Vertrag, insbes auch den Beitritt zu I.O. richten. Es muss dann kein (neuerlicher) Vertragsschluss der Mitglieder dieser Organisation mit dem aufzunehmenden Staat erfolgen, vielmehr kann eine Organisation die Aufnahme durch Beschluss vorsehen. Ein Bsp bietet Art 4 Abs 2 UN-Charta, wonach die Beschlüsse von Generalversammlung und Sicherheitsrat iVm dem Ansuchen um Mitgliedschaft die vertraglichen Bindungen unter den Mitgliedern, nicht nur solche im Verhältnis der Organisation zum neuen Mitglied, herbeiführen. Die Beitrittserklärung substituiert hier die völkerrechtliche Handlung „Ratifikation"; verfassungsrechtlich steht sie dem Vertragsschluss iSv Art 59 Abs 2 GG gleich.[198]

Die Erklärung von *Vorbehalten* zu einem Vertrag bedarf hingegen der Mitwirkung **90** nicht, ebenso wenig die *Kündigung* oder etwa die einseitige Übernahme besonderer Pflichten im Rahmen eines Vertragsverhältnisses (wie die Unterwerfung unter die Gerichtsbarkeit eines vertraglich errichteten streitentscheidenden Organs). Hier bewendet es bei der Zustimmung zum zugrunde liegenden Vertrag. Sieht ein in Kraft befindlicher Vertrag den Abschluss weiterer Verträge vor, so kommen sie hingegen für eine Mitwirkung der gesetzgebenden Körperschaften in Betracht. Insbes hinsichtlich der Vorbehalte und der Kündigung, die in ihren Auswirkungen der Neubegründung einer Rechtslage durch Vertragsschluss nahe kommen können, ist die fehlende Mitwirkungsbedürftigkeit rechtspolitisch kritisierbar,[199] dennoch angesichts des Wortlauts von Art 59 Abs 2 GG eindeutig nicht eingeführt. Hier wurden Linien der deutschen Verfassungstradition fortgeführt, die von der Rechtslage in einigen anderen Staaten durchaus abweichen.[200] Die darin liegende Eröffnung außenpolitischen Handlungsspielraums

---

196 Vgl schon o Rn 67 im Zusammenhang mit Art 32 Abs 1 GG.

197 S allerdings *Kleinlein* (Fn 77) Rn 301 ff, der insoweit einen Vorbehalt des Gesetzes im Rahmen der sog Wesentlichkeitstheorie annimmt.

198 Ebenso iE etwa *Bernhardt,* Bundesverfassungsgericht und völkerrechtliche Verträge, in Bundesverfassungsgericht und Grundgesetz, FG BVerfG, Bd II, 1976, 154 (163); ausdrücklich für analoge Anwendung des Art 59 Abs 2 GG *Zuleeg,* in Wassermann (Fn 24) Art 59 Rn 45.

199 Vgl dazu *Kokott,* Art 59 Abs 2 GG und einseitige völkerrechtliche Akte, FS Doehring, 1989, 512 ff; *Schweisfurth,* Vorbehalte und Erklärungen beim Abschluss völkerrechtlicher Verträge, in Geiger (Hrsg), Völkerrechtlicher Vertrag und staatliches Recht vor dem Hintergrund zunehmender Verdichtung der internationalen Beziehungen, 2000, 71 ff. Zur Abgrenzung bloßer „Vertragsentwicklung" s bereits o Rn 82.

200 S etwa IAGMR, Gutachten OC-26/20 v 9.11.2020, Rn 62 ff mwN; *Petrig,* Democratic Participation in International Lawmaking in Switzerland after the 'Age of Treaties', in Aust/Kleinlein (Hrsg), Encounters between Foreign Relations Law and International Law, 2021, 180 (190 ff).

für die Bundesregierung kann mit Mitteln der Verfassungsinterpretation nicht beseitigt werden.[201]

91 Wie der Abschluss, so bedarf die förmliche *Änderung* mitwirkungsbedürftiger Verträge ihrerseits der Mitwirkung.[202] Für mitwirkungsbedürftige vertragliche Änderungsbestimmungen ist das selbstverständlich, gilt jedoch grundsätzlich auch für Änderungen, die ihrem Inhalt nach nicht mitwirkungsbedürftig sind oder vertragliche Bestimmungen ändern, für die eine Mitwirkungsbedürftigkeit nicht anzunehmen war. Diese Konstellation lässt an die Rechtslage bei der Änderung von Bundesgesetzen denken, welche der Zustimmung des Bundesrates bedürfen.[203] Dort wird nach unterschiedlichen Kriterien differenziert, was vorliegend eine Parallele findet. So soll es darauf ankommen, ob die nicht ausdrücklich geänderten Bestimmungen eine „wesentlich andere Bedeutung und Tragweite" erhalten.[204] Derartige Formeln sind allerdings recht unscharf und im Einzelfall nur schwer in einer den Anforderungen der Rechtssicherheit genügenden Weise zu handhaben. Die Kontrollfunktion des Vertragsgesetzes kann am besten erfüllt werden, wenn die gesetzgebenden Körperschaften selbst die Möglichkeit der Entscheidung darüber erhalten, ob die beabsichtigte Änderung den Vertrag in einer Weise umformt, die eine frühere Billigung in Frage stellt. Andererseits ist zu bedenken (aber hinzunehmen), dass dann ein ursprünglich gebilligter Vertrag iE durchaus häufig (nämlich bei jeder noch so geringfügigen Änderung, die die Vertragsparteien für geboten halten) auf den parlamentarischen Prüfstand geraten kann. Das mag die Bundesregierung (bzw die Vertragspartner) dazu anhalten können, bei politisch umstrittenen Verträgen sich auch gegen unproblematische Änderungen zu sperren bzw aus „taktischen" Gründen auf das Zustimmungserfordernis zu verweisen.

92 Nicht alle völkerrechtlichen Verträge der Bundesrepublik mit Völkerrechtssubjekten bedürfen parlamentarischer Mitwirkung. Die *Einschränkung* ergibt sich aus Art 59 Abs 2 Satz 1 GG selbst: Nur Verträge, „welche die politischen Beziehungen des Bundes regeln oder sich auf Gegenstände der Bundesgesetzgebung beziehen", sind erfasst. Damit sind zwei Gruppen völkerrechtlicher Verträge besonders angesprochen. Die Abgrenzung dieser beiden Gruppen unterliegt den unterschiedlichen Sichtweisen im Ausgangspunkt, wie sie schon oben (Rn 76) betreffend das Grundverständnis von der Auswärtigen Gewalt angesprochen wurden. Die Unterwerfung völkerrechtlicher Verträ-

---

201 AA *Wolfrum* (Fn 153) 50; zT anders nun auch unter Rückgriff auf verschiedene Verfassungsprinzipien *Hettche,* Die Beteiligung der Legislative bei Vorbehalten zu und Kündigung von völkerrechtlichen Verträgen, 2018, insbes 271ff; für eine Parlamentarisierung der Kündigung auch *Kleinlein* (Fn 77) Rn 440ff; *Lange,* Art. 59 Abs. 2 S. 1 GG im Lichte von Brexit und IStGH-Austritt: Zur Parlamentarisierung der Kündigung völkerrechtlicher Verträge, AöR 142 (2017) 442ff; s zudem u Rn 109 zur Zustimmung unter dem Vorbehalt einer Vorbehaltserklärung sowie Rn 183 zu Erklärungen betreffend die unmittelbare Anwendbarkeit.
202 BVerfGE 90, 286, 361; *Rudolf* (Fn 50) 211; zur informellen Vertragsänderung o Rn 81f.
203 Dazu BVerfGE 37, 363, 382.
204 *Fastenrath* (Fn 156) 236f; einschränkend *Bleckmann,* Grundgesetz und Völkerrecht, 1975, 225.

ge unter eine parlamentarische Mitwirkung erschien nämlich der früher allgemeinen Meinung nach als die Ausnahme von einer Regel. Gemäß dem gern verwendeten, in seiner Allgemeinheit aber oft zu kurz greifenden Argument, „Ausnahmen" seien „eng" auszulegen, deutete dies auf eine eher restriktive Abgrenzung – was dann die parlamentarische Mitwirkung als den besondere Anforderungen an die Begründung stellenden Ausnahmefall erscheinen ließe. Den Hintergrund dieser Auffassung bildet ein Verständnis von der Auswärtigen Gewalt als zwar von anderen exekutiven Aufgaben unterscheidbare, aber dennoch primär von der exekutiven Gewalt wahrzunehmende Funktion des Staats: Gesetzgebung erschiene dann als genuine Aufgabe der ersten Gewalt, Verwaltung als solche der zweiten – und Außenpolitik im Ausgangspunkt als Verwaltungstätigkeit. Art 59 Abs 2 GG stellt sich dieser Sicht als „Durchbrechung" des Systems der geteilten und getrennten Gewalten[205] dar.

Zutreffend ist, dass die Vorstellung, ein Vorrang der Exekutive bei der Wahrneh- 93 mung Auswärtiger Gewalt sei geboten, sich aus dem Konstitutionalismus herleitet, aus Verfassungslagen also, die einen Monarchen an der Staatsspitze kannten, welcher prärogativ die Außenpolitik einschließlich der Gestaltung der auswärtigen Beziehungen durch das Instrument des völkerrechtlichen Vertrags bestimmte. Dass das Grundgesetz solche Linien nicht bruchlos fortführt, hat sich schon im Zusammenhang mit der Rolle des Bundespräsidenten bzw der Bundesregierung in auswärtigen Angelegenheiten gezeigt (s o Rn 76, 80). Betrachtet man es systematisch, so finden sich parlamentarische Mitwirkungen bei der Gestaltung des Auswärtigen nicht nur in Art 59 Abs 2 GG, sondern auch in Art 24 Abs 1 GG, ferner – seit Einführung der „Notstandsverfassung" – in Art 115a ff GG. Selbst wenn man angesichts dieses Gesamtbilds die rechtliche Gestaltung der Außenpolitik dem Bereich der „Staatsleitung" zuordnet, die sowohl der Regierung wie dem Parlament anvertraut ist, lässt sich aus dieser Erkenntnis noch nichts gewinnen für eine auf „Regelmäßigkeit" abstellende Interpretation der konkreten Vorschrift des Art 59 Abs 2 GG. Vielmehr muss bei dem Verständnis beider Umschreibungen, die die Vorschrift den der parlamentarischen Mitwirkung unterfallenden Vertragsgruppen gibt, dem Gedanken demokratischer Legitimation und parlamentarischer Kontrolle Rechnung getragen werden, *ohne* dass dabei die Regierung auf die Funktion einer Erfüllungsgehilfin des Parlaments reduziert werden darf.

Alle völkerrechtlichen Verträge der BR Deutschland *außerhalb* des Anwendungsfel- 94 des von Art 59 Abs 2 Satz 1 GG werden nach den Vorschriften über die Bundesverwaltung vereinbart und ausgeführt – dies ist die Aussage des missverständlich formulierten Art 59 Abs 2 Satz 2 GG. Er präsentiert – neben den „politischen" und den auf Gegenstände der Gesetzgebung bezogenen Verträgen – als dritte Kategorie die *Verwaltungsabkommen* und drängt damit den Schluss auf, es gebe noch eine weitere (vierte) Kategorie völkerrechtlicher Verträge. Dieses Ergebnis wäre aber sinnwidrig, weil es hinsichtlich

---

205 BVerfGE 1, 351, 369: „Art 59 II GG durchbricht das Gewaltenteilungssystem insofern, als hier die Legislative in den Bereich der Exekutive übergreift"; zust zitiert in BVerfGE 90, 286, 357.

solcher Verträge zu einer Umsetzungslücke führte.[206] Erfasst sind also alle Verträge, die nicht dem Art 59 Abs 2 Satz 1 GG unterfallen.

95   Die Kategorie des *Vertrags, der „die politischen Beziehungen" regelt,* findet keinen Vorläufer im deutschen Verfassungsrecht. Der Begriff hat auch auf völkerrechtlicher Ebene keine Entsprechung, die für sein Verständnis hilfreich sein könnte. Es reicht nicht aus, so hat das BVerfG schon früh ausgesprochen, dass sich ein Vertrag „mit öffentlichen Angelegenheiten, dem Gemeinwohl oder den Staatsgeschäften"[207] beschäftige. Der allgemeine Begriff des „Politischen" ist wenig trennscharf. Art 59 Abs 2 GG will gewiss nicht erreichen, dass praktisch jeder völkerrechtliche Vertrag der parlamentarischen Mitwirkung unterliegt; bei zu enger Begriffsbildung – man denke an die Wendung vom „hochpolitischen" Charakter bestimmter Akte[208] – droht andererseits eine unsachgemäße Ausblendung des Parlaments. Angesichts dessen kann eine subsumtionsfähige Definition des politischen Vertrags, die ein für allemal Gültigkeit beanspruchen könnte, kaum gefunden werden. Vielmehr bedarf es der Entscheidung im Einzelfall und unter Berücksichtigung aller Umstände. Maßgeblich sind dabei die *objektiven Interessen der BR Deutschland* (nicht ihrer Vertragspartner), denn das Erfordernis parlamentarischer Mitwirkung ist seinerseits im innerstaatlichen Interesse eingerichtet, dient nicht übernationalen Interessen – dies ungeachtet der Tatsache, dass sich das deutsche Verfassungsrecht allgemein auch auf solche Interessen ausrichtet (s o Rn 12 ff). Als derartige Interessen hat das BVerfG „die Existenz des Staates, seine territoriale Integrität, seine Unabhängigkeit, seine Stellung", auch „sein maßgebliches Gewicht" genannt[209] und – in vielleicht heute nicht recht zeitgerecht erscheinendem Vokabular – davon gesprochen, dass ein Vertrag „politischen" Charakter aufweise, wenn er darauf gerichtet sei, „die Machtstellung der Bundesrepublik Deutschland anderen Staaten gegenüber zu behaupten, zu befestigen oder zu erweitern".[210] Hieran wird immerhin deutlich, dass auch das Tatbestandsmerkmal „regeln" in Art 59 Abs 2 GG der Interpretation einen Hinweis bietet: Der Vertrag muss eine Gestaltung bezwecken, die die genannten Interessen unmittelbar betrifft, sie also nicht lediglich iSe Nebenfolge berührt oder berühren kann. Letzteres nämlich würde sich wiederum von wohl jedem mit einem anderen Völkerrechtssubjekt abgeschlossenen völkerrechtlichen Vertrag sagen lassen.

---

206 Vgl dazu *Härle,* Die völkerrechtlichen Verwaltungsabkommen der Bundesrepublik, JIR 12 (1965) 63 (95). Aktuell zur Problematik der Verwaltungsabkommen *Fastenrath,* Zur Abgrenzung des Gesetzgebungsvertrags vom Verwaltungsabkommen iSd Art 59 Abs 2 GG am Beispiel der UNESCO-Welterbekonvention, DÖV 2008, 697 ff.
207 BVerfGE 1, 372, 381.
208 Vgl BVerfGE 40, 141, 164 bezogen auf die sog Ostverträge v 1970 mit der Sowjetunion und mit Polen; krit dazu auch *von Arnauld,* Beteiligung des Deutschen Bundestages an gemischten völkerrechtlichen Abkommen, AöR 141 (2016) 268 (274 ff); *Kleinlein* (Fn 77) Rn 355 ff.
209 BVerfGE 1, 372, 380.
210 BVerfGE 1, 372, 380 f; etwas relativierend zitiert in BVerfGE 90, 286, 359.

Im Sinne einer Fallgruppenbildung wird traditionell gesagt, dass jedenfalls Frie- 96
densverträge, solche militärischen Charakters wie der Nordatlantikvertrag einschließlich der Protokolle zum Beitritt neuer NATO-Mitglieder und solche über (wesentliche)
Änderungen des Staatsgebiets gleichsam unbesehen politischen Charakters seien.[211]
Derartige Verträge hat die BR Deutschland nur wenige abgeschlossen. Auch Verträge
über die Bestätigung von Grenzen, über den Gewaltverzicht und über friedlich-koope-
rative Beziehungen, wie sie zunächst im Zuge der Ostpolitik der frühen 1970er Jahre,
später dann erneut und mit teils anderen Staaten nach der Herstellung der deutschen
Einheit zu Beginn der 1990er Jahre abgeschlossen wurden, sind gewiss „politischer" Natur. Sie haben die Rechtsverhältnisse zwischen Deutschland und den Vertragspartnern
im Grundsätzlichen gestaltet – ungeachtet des Umstandes, dass sie in größeren Teilen
auch rein deklaratorischen Inhalts waren; denn insbes die Pflicht, Gewalt nicht gegenüber anderen Staaten einzusetzen, ergibt sich schon aus allgemeinem Völkerrecht, gilt
vertraglich auch bei Mitgliedschaft in den Vereinten Nationen und unabhängig hiervon
kraft universellen Völkergewohnheitsrechts.[212]

Abkommen über die Lieferung von Waffen werden – vom allgemeinen Sprach- 97
gebrauch her paradox – regelmäßig keinen „politischen" Charakter tragen, weil es ihnen
an Relevanz für die Interessen der BR Deutschland mangelt. Allerdings haben Entwicklungen gezeigt, dass ein Auftreten des Staats als Waffenexporteur über die Berührung zunächst fremder Interessen unmittelbar zurückwirkt auf die eigene politische Stellung, sofern nämlich diese Waffen für den Einsatz gegenüber dritten Völkerrechtssubjekten (also
in zwischenstaatlichen Konflikten oder im Einsatz gegenüber einem de facto-Regime im
Bürgerkrieg) bestimmt sind. Erhebliche politische Bedeutung kommt entsprechenden
Verträgen so gesehen zu, es fehlt ihnen andererseits an dem Element einer Gestaltung
(„Regelung") der Beziehungen Deutschlands im internationalen Verkehr. Verpflichtet ein
Vertrag den Staat allerdings, die Geschäfte privater Waffenhersteller zu reglementieren,
wie es etwa beim Vertrag über den Waffenhandel v 2013 der Fall ist, löst der Bezug zur
Bundesgesetzgebung den Zustimmungsvorbehalt aus (u Rn 101f).

Das BVerfG hat bisher erst in drei Fällen einem völkerrechtlichen Vertrag die politi- 98
sche Natur abgesprochen, dies durchweg zu Beginn der 1950er Jahre.[213] Heute wirken
freilich viele wichtige Verträge so stark in den innerstaatlichen Rechtsraum hinein, dass
sie ohnehin aus diesem Grund parlamentarischer Mitwirkung bedürfen. Das gilt für
wirtschafts- und investitionsschutzrechtliche Verträge ebenso wie für solche des Men-
schen- und Minderheitenschutzes.

---

211 Vgl zB *Geck,* Die völkerrechtlichen Wirkungen verfassungswidriger Verträge, 1963, 122ff. – Zum
„Friedensschluss" s Art 115 l Abs 3 GG. – Als Beispiel für einen als „politisch" behandelten Grenzberichti-
gungsvertrag s etwa den deutsch-niederländischen Vertrag v 20.10.1992, BTDrs 13/1936, 7ff.
212 Vgl *Bothe,* 8. Abschn Rn 3ff.
213 BVerfGE 1, 351 *(Petersberger Abkommen);* BVerfGE 1, 372 *(deutsch-französisches Wirtschaftsabkommen);* BVerfGE 2, 347 *(Kehler Hafenabkommen).*

Kunig / Uerpmann-Wittzack

99   Als weitere Vertragsgruppe, für die eine Mitwirkung der gesetzgebenden Körperschaften erforderlich ist, benennt Art 59 Abs 2 GG nämlich solche *Verträge, die „sich auf
Gegenstände der Bundesgesetzgebung beziehen"*. Beide Gruppen können dabei Teilmen-
gen aufweisen, die sich beiden Kriterien für die Mitwirkungsbedürftigkeit gleichermaßen zurechnen lassen, wie es zB bei dem Maastricht-Vertrag offenkundig der Fall ist (für
den allerdings spezieller Art 23 Abs 1 Satz 3 GG einschlägig war). Für die 2. Alternative
des Art 59 Abs 2 Satz 1 GG ist die Reichweite des allgemeinen Parlamentsvorbehalts
maßgeblich.[214] Der Sinn dieser Regelung liegt darin, der Begründung völkerrechtlicher
Verpflichtungen gegenüber anderen Völkerrechtssubjekten die Kontrolle durch die gesetzgebenden Körperschaften vorzuschalten, wenn die Vertragserfüllung ein Tätigwerden dieser Körperschaften voraussetzt. Bundespräsident und Bundesregierung werden
also gehindert, rechtsverbindliche Verpflichtungen einzugehen, die sie aufgrund ihrer
organschaftlichen Stellung nicht von sich aus einlösen können. Den *Gegenbegriff* zur
„Bundesgesetzgebung" bildet demzufolge die *„Bundesverwaltung"*, nicht etwa die „Landesgesetzgebung".

100   Für Verträge, die sich auf Gegenstände der Landesgesetzgebung beziehen, verlangt
Art 59 Abs 2 GG die Mitwirkung der gesetzgebenden Körperschaften des Bundes nur,
wenn sich diese Verträge – zugleich – als „politische" Verträge darstellen. Die Zuständigkeit des Bundes für den Abschluss solcher Verträge setzt im Übrigen Art 32 Abs 3 GG voraus; Art 32 Abs 2 GG kann insoweit ein Anhörungsrecht einzelner Länder begründen.
Die Aufteilung der Zuständigkeiten nach Art 70 ff GG und weiteren Bestimmungen des
Grundgesetzes ist für die 2. Alternative des Art 59 Abs 2 GG ohne Interesse.

101   Das Musterbeispiel für Verträge, welche sich „auf die Gesetzgebung" beziehen, sind
solche, welche die BR Deutschland sektoral zu einer bestimmten Gesetzgebung verpflichten bzw als Vertragsziel eine faktische Lage oder eine Rechtslage anstreben, deren
Herbeiführung den Erlass von Gesetzen bzw Gesetzesänderungen voraussetzt. Das gilt
gleichermaßen für Verträge, die – Spielräume belassend – noch nicht hinreichend konkret für die innerstaatliche Anwendung sind (wie regelmäßig etwa solche mit Zielvorgaben für Umweltpolitik und -recht), also ohnehin einen konkretisierenden Gesetz-
gebungsakt verlangen, wie auch für solche Verträge, deren Normenmaterial – wie im
Bereich des Menschenrechtsschutzes – sich für die innerstaatliche Anwendung unmittelbar eignet.[215]

---

214 Ebenso *Geiger* (Fn 68) 123 f; Probleme völkerrechtlicher Verträge, welche eine Verfassungsänderung
erfordern, erörtert *Vogel*, Gesetzesvorbehalt, Parlamentsvorbehalt und völkerrechtliche Verträge, FS Lerche, 1993, 95 ff. Bsp dafür: Art 16 Abs 2 Satz 2 GG als Reaktion insbes auf das Statut zur Errichtung eines Internationalen Strafgerichtshofes.
215 Vgl zur Anwendung der UN-Kinderrechtskonvention im deutschen Recht zB OLG Karlsruhe, NJW-RR
2012, 705 ff; *Cremer*, Die UN-Kinderrechtskonvention: Geltung und Anwendbarkeit in Deutschland nach
der Rücknahme der Vorbehalte, 2011; *Schmahl*, Auswirkungen der UN-Kinderrechtskonvention auf die
deutsche Rechtsordnung, RdJB 2015, 125 ff; zur UN-Behindertenrechtskonvention *Uerpmann-Wittzack*,

Für das Mitwirkungserfordernis ist unerheblich, ob sich der Vertrag auf Pflichten **102** richtet, die bereits zum Zeitpunkt des Vertragsabschlusses durch eine entsprechende Gestaltung der innerstaatlichen Rechtslage „erfüllt" sind. Die Wendung des BVerfG, es komme darauf an, ob „im konkreten Fall ein Vollzugsakt" erforderlich sei,[216] ist insofern missverständlich. Zum einen mag im Einzelfall nicht sogleich sicher sein, dass das jeweils aktuelle Recht dem fraglichen Vertrage vollen Umfangs entspricht. Zum anderen verlangt die mit der völkerrechtlichen Festlegung verbundene Eingrenzung des Handlungsspielraums (für zukünftige Rechtsgestaltung) eine *Präventivkontrolle durch die gesetzgebenden Körperschaften*. Sie sähen sich sonst bei erwogener Änderungsgesetzgebung vor Grenzen gestellt, welche sie zwar mit innerstaatlicher Wirkung überwinden könnten, dies aber nur um den Preis völkerrechtswidrigen Verhaltens der BR Deutschland. Schließlich ist zu bedenken, dass die Entwicklung paralleler Normenbestände im Völkerrecht und im innerstaatlichen Recht durchaus unterschiedliche Wege gehen kann, etwa veranlasst durch – eventuell sogar iS authentischer Interpretation verbindliche – Normanwendung durch hierfür eingerichtete Organe. Ein Bsp bietet die Interpretation dem Wortlaut nach gleicher Individualrechte. Sie kann sich in der innerstaatlichen richterlichen Anwendung anderen Inhalts verfestigen als etwa im Rahmen eines von der universellen Völkerrechtsgemeinschaft installierten Organs. Auch dieses Kollisionspotential spricht für die Einschaltung der gesetzgebenden Körperschaften beim Vertragsschluss.[217]

Sofern Verträge dem Mitwirkungserfordernis unterfallen, verbietet Art 59 Abs 2 GG **103** ihren Abschluss im Geheimen. Unabhängig von Art 102 UN-Charta errichtet Art 59 Abs 2 Satz 1 GG ein verfassungsrechtliches *Verbot* für den Abschluss *von Geheimverträgen*, während Verwaltungsabkommen in der Staatspraxis vielfach nicht veröffentlicht werden.

f) Die Form des Bundesgesetzes

Das Erfordernis eines Vertragsgesetzes hat den Zweck, eine *parlamentarische Kontrolle* **104** *des Vertragsabschlusses* zu ermöglichen. Die Kontrolle des Parlaments bezieht sich auf die Bundesregierung, nicht auf den verfassungsrechtlich mit der völkerrechtlichen Vertretungsbefugnis ausgestatteten Bundespräsidenten (vgl o Rn 76ff), auch wenn ihn das Vertragsgesetz zum (endgültigen) Abschluss des Vertragsschlussverfahrens ermächtigt. Weist man die „Auswärtige Gewalt" (o Rn 76) der Exekutive zu, ließe sich sogar überlegen, ob die Initiative zum Erlass eines Zustimmungsgesetzes abweichend von Art 76 Abs 1 GG allein der Bundesregierung vorbehalten ist. Allerdings erscheint es in der parlamentarischen Demokratie selbstverständlich, dass das Parlament die Exekutive auf-

---

Völker- und verfassungsrechtliche Vorgaben für die Gleichstellung und Teilhabe von Menschen mit Behinderungen, in 50 Jahre Deutscher Sozialrechtsverband, 2016, 29 (63ff).

216 BVerfGE 1, 372, 388.

217 IE ebenso zB *Rudolf* (Fn 50) 218; *Fastenrath* (Fn 156) 222f.

fordern kann, einen völkerrechtlichen Vertrag zu ratifizieren.[218] Ob dies nach Erlass des Zustimmungsgesetzes tatsächlich geschieht, steht gemäß Art 59 Abs 1 Satz 1 iVm Art 58 GG weiterhin im politischen Ermessen der Bundesregierung.

105   Die parlamentarische Kontrolle dient zwei Zwecken. Soweit es um Verträge über Materien der Gesetzgebung geht, *wahrt* sie *das Gesetzgebungsmonopol des Parlaments*, ohne insoweit bei rein formaler Betrachtung zwingend gefordert zu sein. Denn würden die gesetzgebenden Körperschaften mit einem bereits völkerrechtlich in Kraft befindlichen Vertrag konfrontiert, so begrenzte das innerstaatlich nicht den Spielraum gesetzlicher Gestaltung. Bei abweichender Gesetzgebung müsste andererseits eine völkerrechtliche Rechtsfolgen auslösende Vertragsverletzung in Kauf genommen werden (vgl o Rn 44f), was jedenfalls faktisch das Gesetzgebungsmonopol erheblich beeinträchtigen würde. Verträge mit Inhalten, deren Regelungen eines innerstaatlichen Vollzugs durch Gesetzgebung nicht bedürfen oder ihm gar nicht zugänglich sind, unterliegen der *präventiven Regierungskontrolle*. In diesem Zusammenhang wird mitunter gesagt, dass die Regierung für die Gestaltung der auswärtigen Beziehungen (auch) durch Vertrag über einen erheblichen Ermessensspielraum verfüge. Die Verwendung dieser Rechtsfigur ist aber missverständlich. Die Vorstellung vom Ermessen impliziert einen Spielraum desjenigen, der das Ermessen betätigt; eine Ermessensentscheidung darf nicht durch eine andere „ersetzt" werden, sie erscheint nur bei Vorliegen besonderer Mängel als „fehlerhaft". Demgegenüber steht den gesetzgebenden Körperschaften der Umgang mit dem von der Bundesregierung präsentierten Vertragswerk frei. Sie können sich durchaus dafür entscheiden, Bewertungen in Abweichung von der Regierung vorzunehmen. Selbst wenn es ihnen – vielleicht – an Sachkunde und Erfahrungshintergründen fehlt, kann hiergegen verfassungsrechtlich nichts erinnert werden. Es liegt an der Regierung, durch überzeugende Erfüllung ihrer Darlegungslast die Zustimmung der gesetzgebenden Körperschaften herbeizuführen. Außenpolitisches „Ermessen" begrenzt nur die gerichtliche, nicht die parlamentarische Kontrolldichte.

106   Die dem Art 59 Abs 2 GG unterfallenden Verträge bedürfen „der Zustimmung oder der Mitwirkung der jeweils für die Bundesgesetzgebung zuständigen Körperschaften in der Form eines Bundesgesetzes". Die *Beteiligung* erfolgt also nach den Vorschriften über das Gesetzgebungsverfahren, Art 76ff GG. So erklären sich auch die Begriffe „Zustimmung" und „Mitwirkung". Diese Begriffswahl war nötig, weil im Gesetzgebungsverfahren die Zustimmung des Bundesrats nur teilweise (nach der Gesetzessystematik nur ausnahmsweise, in der Praxis seit der Föderalismusreform in weniger als 40 % der Fälle)[219] erforderlich ist, nämlich nicht bei den Einspruchsgesetzen. Auf sie bezieht sich der Terminus „Mitwirkung". Ohne die „Zustimmung" des Bundestags kann ein Gesetz ohnehin niemals zustande kommen.

---

218 Ein seltenes Bsp parlamentarischer Initiative zum Erlass eines Zustimmungsgesetzes findet sich in BT-Drs 12/556 im Hinblick auf das Fakultativprotokoll zum Pakt über bürgerliche und politische Rechte.
219 Vgl <http://www.bundesrat.de/SharedDocs/downloads/DE/statistik/gesamtstatistik.pdf?__blob=publicationFile&v=3>.

Die genannte Alternativität der Beteiligungsformen macht selbstverständlichen 107
Sinn für Verträge, die sich auf Gegenstände der Bundesgesetzgebung beziehen. Sie gilt
aber auch für Verträge, welche die politischen Beziehungen des Bundes regeln. Dafür
spricht der Wortlaut des Art 59 Abs 2 GG ebenso wie die Systematik des Grundgesetzes,
das die Zustimmung des Bundesrats stets nur erfordert, wenn es dies ausdrücklich verlangt.[220]

Das Beteiligungsrecht von Bundestag und Bundesrat bezieht sich jeweils auf einen 108
bereits fixierten Text in seiner Gesamtheit. Die innerstaatlichen Organe können ihn billigen oder verwerfen. Seine Änderung in einem bestimmten Sinne können sie nicht
durchsetzen. Abänderungsanträge zu einem ausgehandelten Vertragstext gehen insoweit ins Leere; sie sind nach § 82 Abs 2 GeschO BT sogar unzulässig. Bundestag und Bundesrat sind allerdings nicht gehindert, etwa die Nichtzustimmung zu einem Vertrag in
der je vorliegenden Form zu erklären und sodann im Beschlusswege auszusprechen,
mit welchem Inhalt der Vertrag ihre Zustimmung erhielte.[221] Insbes der Bundestag hat
dazu nicht selten für das Feld der Außenpolitik Anlass gesehen, übrigens auch zum Inhalt von ihm gebilligter Verträge Stellung genommen. Völkerrechtlich verbindlich ist
eine solche einseitige und zudem rein innerstaatliche Erklärung nicht.[222]

Zu einer differenzierten Willensbekundung gegenüber einem von der Bundesregie- 109
rung vorgelegten Aushandlungsergebnis sind Bundestag und Bundesrat allerdings in
der Lage, soweit es um die Erklärung von *Vorbehalten* zu völkerrechtlichen Verträgen
geht. Vorbehalte sind einseitige Willenserklärungen, mit denen ein Vertragspartner seine vertragliche Verpflichtung modifiziert, konkretisiert, regelmäßig reduziert.[223] Ob
hiervon Gebrauch gemacht wird, entscheiden die Vertragspartner also – und im Gegensatz zur Festlegung des Vertragsinhalts als solchem – nicht einvernehmlich. Sie können
allerdings einvernehmlich festlegen, ob und mit welchem Umfang und Inhalt Vorbehalte zu einem konkreten Vertrag erklärt werden dürfen. Unterlassen sie eine solche Festlegung, befinden Regeln des allgemeinen Völkerrechts (vgl die Kodifizierung in Art 19
WVK) über die – völkerrechtliche – Zulässigkeit von Vorbehalten. Vor diesem Bild kann
das Beteiligungsrecht nach Art 59 Abs 2 Satz 1 GG idS ausgeübt werden, dass einer Ratifikation unter der Bedingung zugestimmt werde, die BR Deutschland bringe einen bestimmten Vorbehalt an.[224] Unterlässt dies die Bundesregierung in der Folge und wird
der Vertrag ratifiziert, so steht dies seinem völkerrechtlichen Inkrafttreten nicht entgegen, wenn nicht der in Art 46 WVK niedergelegte allgemeine Grundsatz eine Ausnahme gebietet; innerstaatlich ist die Umsetzung dann aber unvollkommen. Nicht anders

---

220 S auch *Starski* (Fn 175) Rn 93.
221 Vgl eingehend *Grupp*, Die parlamentarische Kontrolle der auswärtigen Gewalt in Form von Entschließungen, 1975.
222 Vgl *Fastenrath* (Fn 156) 237 f.
223 Vgl *Kämmerer*, 1. Abschn Rn 108 ff.
224 Vgl *Le Boeuf* (Fn 86) 624 ff.

liegt es, wenn das Völkerrecht die Erklärung des Vorbehalts gar nicht zulässt, mag das bei der bedingten Zustimmung erkannt worden sein oder nicht.

110   Gesetze im materiellen Sinne sind auch Rechtsverordnungen, welche aufgrund parlamentsgesetzlicher, den Anforderungen des Art 80 GG genügender Weise von der Regierung oder einer von ihr hierzu im Wege der Subdelegation ermächtigten Stelle erlassen werden. Das wirft die Frage auf, ob die gesetzgebenden Körperschaften die Regierung (oder einen Minister) ermächtigen können, einen völkerrechtlichen Vertrag abzuschließen und durch Rechtsverordnung in Geltung zu bringen bzw zu vollziehen. Die Kontrollfunktion des Art 59 Abs 2 GG lässt eine derartige Verfahrensweise jedoch grundsätzlich nicht zu; sie verlangt die Kontrolle im Einzelfall, die Art 80 Abs 1 Satz 2 GG hier nicht hinreichend gewährleistet. Insofern liegt es anders als bei sonstiger Gesetzgebung. Die Beteiligung nach Art 59 Abs 2 GG hat nicht nur den Erlass eines Gesetzes zur Konsequenz, sondern ist bezogen auf einen Regierungsakt. Delegation würde die Kontrolle in die Hand des zu Kontrollierenden legen.[225] Freilich erscheint es statthaft, die Exekutive im Einzelfall zum vorläufigen Inkraftsetzen eines völkerrechtlichen Vertrags aufgrund Rechtsverordnung zu ermächtigen, wenn der Vertragsinhalt bereits weitgehend feststeht.[226]

111   Politisch können auch lediglich unterzeichnete oder paraphierte Vertragstexte, wie die Erfahrung lehrt, erheblichen faktischen Zustimmungsdruck auf die gesetzgebenden Körperschaften ausüben. Hiervor kann das Verfassungsrecht nicht schützen. Die Körperschaften müssen sich die Kraft nehmen, die Entscheidungen im Mitwirkungsverfahren auch in solchen Situationen sachgerecht zu treffen.

112   Völkerrechtliche Verträge, die nicht Art 59 Abs 2 Satz 1 GG unterfallen, sind gemäß Satz 2 der Bestimmung nach den Vorschriften über die *Bundesverwaltung* zu behandeln (vgl o Rn 94). Sie gelten im innerstaatlichen Recht ohne Vollzugsakt, sind dort anwendbar, wenn sie dafür geeignet sind, gewinnen diese Fähigkeit im Übrigen durch (Verwaltungs-)Vollzugsakt, sei es durch Rechtsverordnung, Verwaltungsvorschrift oder Einzelakt. Grundsätzlich gilt die Verwaltung zu entsprechendem Vertragsabschluss als durch den Bundespräsidenten generell ermächtigt.[227] Innerstaatlich bedarf es weiterer Kontrollen bzw der Schaffung von Geltungsvoraussetzungen nicht, wenn und soweit die Verwaltung den ihr zur eigenverantwortlichen Gestaltung überwiesenen Raum nicht

---

225 Vgl BVerfGE 1, 372, 395.

226 S Art 2 des Gesetzes über die Inkraftsetzung von Vereinbarungen betreffend den befristeten Aufenthalt von Streitkräften bestimmter Staaten (BGBl 1990 II, 1246), mit dem die Bundesregierung in der Eilsituation wenige Tage vor dem Beitritt der DDR ermächtigt wurde, im Zeitpunkt des Gesetzeserlasses noch nicht fertig ausgehandelte Abkommen über den Aufenthalt fremder Truppen vorläufig in Kraft zu setzen; ferner *Treviranus*, Inkraftsetzen völkerrechtlicher Vereinbarungen durch Rechtsverordnungen, NJW 1983, 1948f; zur „Vorwegnahme" einer Zustimmung durch ein ermächtigendes Gesetz *Geiger* (Fn 68) 122.

227 Dazu *Magis*, Die Mitwirkungsrechte des Bundespräsidenten im Bereich der auswärtigen Gewalt, 1978, 160ff; *Starski* (Fn 175) Rn 114; zu den völkerrechtlichen Voraussetzungen einer stillschweigenden Ermächtigung *Hoffmeister*, in Dörr/Schmalenbach (Hrsg), Vienna Convention on the Law of Treaties, 2. Aufl 2018, Art 7 Rn 16ff; vgl im Übrigen o Rn 78.

verlässt. Dass sie für die BR Deutschland Bindungen gegenüber fremden Exekutiven eingeht, berührt das innerstaatliche Recht für sich genommen noch nicht mit Außenwirkung.

Über die Qualifizierung entscheidet nicht die dem Vertrag gegebene Bezeichnung 113
oder gar die Einschätzung der vertragsschließenden Stelle. Das einer parlamentarischen Mitwirkung nicht zugeführte *Transitabkommen* zwischen der Bundesrepublik Deutschland und der Deutschen Demokratischen Republik v 17.12.1971 – von höchst „politischer" Natur trotz des für sich genommen technischen Regelungsgegenstandes – war daher innerstaatlich in der BR Deutschland in Wahrheit ohne Geltung; seiner völkerrechtlichen Verbindlichkeit stand das nicht entgegen.[228]

Verwaltungsabkommen (des Bundes) sind entweder Regierungsabkommen oder 114
solche einzelner Ressorts (soweit der Gegenstand iSd Art 65 Satz 2 GG in eine Ressortzuständigkeit fällt). Auch wenn ein derartiges Abkommen als Vertragspartei ein Staatsorgan aufführt, bleibt es dabei, dass der Staat Vertragspartner ist.

g) Der Rang und die Wirkung völkerrechtlicher Verträge im deutschen Recht

Vertragsgesetze nach Art 59 Abs 2 GG sind das Resultat eines Kontrollakts. Sie haben 115
eine Doppelfunktion. Zunächst ermächtigen sie den Bundespräsidenten – vorbehaltlich der Gegenzeichnung durch Mitglieder der Bundesregierung – zur Ratifikation des völkerrechtlichen Vertrags, ohne dass die Exekutive nun zur Ratifikation verpflichtet wäre. Damit sind Vertragsgesetze die Voraussetzung für die Auslösung der völkerrechtlichen Rechtsfolge des Inkrafttretens des Vertrags (vgl o Rn 87), welche dessen Bindungswirkung nach außen hervorbringt. Für Verträge über Materien der Bundesgesetzgebung haben sie zugleich die innerstaatliche normative Wirkung der Geltungsbegründung. Diese Geltung wird unmittelbar durch Art 59 Abs 2 GG veranlasst, nicht durch Art 77 ff GG. Freilich versagt die Geltungsbegründung im Bereich der ausschließlichen Gesetzgebungsbefugnisse der Länder:[229] Anderenfalls würde Art 59 Abs 2 Satz 1 GG die Rechtsetzungskompetenzen des Bundes zu Lasten der Länder erweitern, was weder in seinem Wortlaut noch in seiner systematischen Stellung angelegt ist. Zur dogmatischen Erklärung der Geltung konkurrieren unterschiedliche Lehren.

In den Theorienstreit zum Verhältnis des Völkerrechts zum innerstaatlichen Recht 116
wurde o (Rn 28 ff) allgemein eingeführt. Dieser Streit setzte sich auch unter dem Grundgesetz fort. Der von ihm vorgesehene Mechanismus für die Vertragsumsetzung folgt ersichtlich nicht einem monistischen Modell, sondern der dualistischen Vorstellung von

---

228 Dazu *Regehr,* Die völkerrechtliche Vertragspraxis in der BR Deutschland, 1974, 217.
229 Zutreffend BVerwG, BeckRS 2010, 47291, Rn 4; anders ohne Problembewusstsein BVerfGE 138, 296, 355 f (Kopftuchverbot); ausf und eine umfassende innerstaatliche Geltung von Menschenrechtsabkommen aus Art 1 Abs 2 ableitend *Breuer,* Die innerstaatliche Wirkung menschenrechtlicher Verträge im Bereich ausschließlicher Länderkompetenzen, Der Staat 61 (2022) 381 ff; zum Ganzen auch *Uerpmann-Wittzack* (Fn 215) 60 ff.

der Notwendigkeit eines innerstaatlichen Akts, welcher dem einzelnen Vertrag die innerstaatliche Geltung verschafft. Vielfach wird gemeint, dieser Akt – als Vertragsgesetz – erfolge transformatorisch,[230] verwandele also das Vertragswerk in eine innerstaatliche Rechtsquelle, besser: verschaffe ihm so eine zweite Natur, die neben der Eigenschaft als Völkerrechtsquelle besteht. Es wird aber auch gesagt, das Vertragsgesetz bewirke (man mag sagen: lediglich) den „Vollzug" des Vertrags,[231] verschaffe also der völkerrechtlichen Norm innerstaatliche Geltung, *ohne* dass „zugleich" eine innerstaatliche Rechtsquelle entsteht. Schon oben (Rn 41f) wurde begründet, warum jedenfalls die Eigenschaft unmittelbarer Anwendbarkeit eines Vertrags oder Vertragsteils für die Geltungsfrage nicht entscheidend ist. Beide Erklärungen der Art und Weise, wie Art 59 Abs 2 GG die innerstaatliche Geltung eines völkerrechtlichen Vertrages herbeiführt, sowohl die Transformationsthese wie die Vollzugslehre, sind mit dem Wortlaut der Vorschrift vereinbar. Es bedarf einer Besinnung auf sie nur, soweit sie für Einzelfragen unterschiedliche rechtliche Beurteilungen gebieten. Das ist teilweise der Fall.

117   Nach der Vollzugslehre beginnt die innerstaatliche Geltung des Vertragsinhalts mit dem Eintritt der völkerrechtlichen Wirksamkeit des Vertrags, denn diese Geltung ist unabhängig von der Rechtsnatur der in den innerstaatlichen Rechtsraum hinein geführten Norm. Die Transformationslehre müsste in das Transformationsgesetz streng genommen eine aufschiebende Bedingung des völkerrechtlichen Inkrafttretens und eine auflösende Bedingung des völkerrechtlichen Außerkrafttretens hinein interpretieren, um zu demselben, allein sachgerechten[232] Ergebnis zu gelangen.

118   Zu unterschiedlichen Sichtweisen führen die beiden Theorien jedenfalls potentiell, soweit es um den innerstaatlichen Rang der im Vertrag niedergelegten Normen geht. Nach der Transformationslehre ist eindeutig, dass der Rang des transformierten Rechts denjenigen des Transformators teilt. Demzufolge gelten für das Verhältnis zu anderen Normen auf gleicher oder anderen Ebenen der Normenhierarchie die allgemeinen Regeln der innerstaatlichen Rechtsquellenlehre, bei Verträgen insbes diejenige des Vorrangs der spezielleren vor der allgemeinen, der jüngeren vor der älteren Vorschrift.[233] Die Vollzugslehre muss demgegenüber – eine Norm des innerstaatlichen Rechts sieht sie ja nicht als entstanden an – das Verhältnis des durch das Vertragsgesetz (oder den anderweitigen Zustimmungsakt) für den innerstaatlichen Vollzug freigegebenen Völkerrechts gesondert bestimmen. Das eröffnet die Möglichkeit inhaltlicher Qualifizierung,

---

230 Vgl *Rudolf* (Fn 50) 205 ff; idS früher durchweg die Rspr, s BVerfGE 1, 396, 410; 29, 348, 360; BVerwGE 35, 262, 265; 87, 11 ff; BVerwG, BeckRS 2010, 47291, Rn 4; vom „Rechtsanwendungsbefehl" spricht – neutral gegenüber Theorienstreit – BVerfGE 90, 286, 364; außerdem BVerfGE 118, 244, 259; BVerfGE 128, 326, 367; vgl dazu auch *Geiger* (Fn 68) 157 ff; *Schmahl*, Das Verhältnis der deutsche Rechtsordnung zu Regeln des Völkerrechts, JuS 2013, 961 ff. Ohne begriffliche Festlegung ferner BVerwGE 134, 1, 46.
231 Vgl *Partsch* (Fn 67) 19 ff.
232 S schon RG, JW 1932, 582 f; anders *Burghart*, Wann treten unmittelbar anwendbare völkerrechtliche Vertragsregeln innerstaatlich in Kraft?, DÖV 1993, 1038 ff.
233 Zustimmend BVerfGE 141, 1, 21 *(Treaty Override)*.

Kunig / Uerpmann-Wittzack

könnte zB völkerrechtlich vereinbarten Menschenrechten höheren Rang beimessen als einfachem Gesetzesrecht oder selbst als Verfassungsrecht (dem dürfte systematisch freilich Art 79 Abs 3 GG zwingend entgegenstehen). Die inhaltliche Qualifizierung könnte auch die Kollisionsregeln modifizieren, etwa dem für das innerstaatliche Recht freigegebenen Vertrag im Falle seiner unmittelbaren Anwendbarkeit den Vorrang auch vor später erlassenem, widersprechenden Gesetzesrecht verschaffen – was es vermiede, in solchen Fällen einen völkerrechtswidrigen Normverstoß anzunehmen.[234] Da das Grundgesetz nichts dergleichen regelt, liegt es freilich auch unter der Vollzugslehre, die das Zustimmungsgesetz als Anwendungsbefehl versteht, nahe, dem völkerrechtlichen Vertrag innerstaatlich den Rang dieses einfachen Bundesgesetzes zuzuordnen. Unbenommen bliebe dem Gesetzgeber in jedem Fall, die Gültigkeit des Vertrags im innerstaatlichen Raum durch actus contrarius ausdrücklich aufzuheben.

Bei der Zuweisung eines Rangs ist demnach die Transformationslehre in ihrer Klarheit überlegen. Demgegenüber vermag die Vollzugslehre einfacher zu begründen, warum der völkerrechtliche Vertrag auch innerstaatliche von seiner völkerrechtlichen Geltung abhängig und nach völkerrechtlichen Grundsätzen auszulegen ist, wobei deutsche Instanzen insbes die Regeln der Art 31ff WVK[235] heranzuziehen haben.[236] Nach beiden Theorien unterliegen der inkorporierte Vertrag und seine innerstaatliche Anwendung zudem der verfassungsrechtlichen Kontrolle durch das BVerfG, wobei sich diese Kontrolle nach der Transformationslehre auf den transformierten Vertrag selbst bezieht, während sie nach der Vollzugslehre am innerstaatlichen und somit verfassungsgebundenen Anwendungsbefehl anknüpft.[237] **119**

h) Die europäischen Gründungsverträge im deutschen Recht

Europäisches Unionsrecht ist ein Recht völkerrechtlichen Ursprungs. Sowohl die ursprünglichen Gemeinschaftsverträge wie auch der die Gemeinschaften in eine Europäische Union (EU) umbildende sog Maastricht-Vertrag v 1992 und die diese fortentwickeln- **120**

---

234 Vgl zu Versuchen, immerhin den Vorrang der in der EMRK enthaltenen Menschenrechte vor einfachem Gesetzesrecht zu begründen, *Kleeberger,* Die Stellung der Rechte der Europäischen Menschenrechtskonvention in der Rechtsordnung der Bundesrepublik Deutschland, 1992; *Bleckmann,* Verfassungsrang der Europäischen Menschenrechtskonvention?, EuGRZ 1994, 149ff; dagegen BVerfGE 74, 358, 370; 138, 296, 355f *(Kopftuchverbot)*; zum Ganzen *Uerpmann,* Die Europäische Menschenrechtskonvention und die deutsche Rechtsprechung, 1993, 71ff; zur Berücksichtigung der EGMR-Rechtsprechung noch u Rn 186.
235 Vgl *Kämmerer,* 1. Abschn Rn 115ff.
236 Aus der Rechtsprechung etwa BVerwGE 88, 254ff; 110, 203ff; BSGE 66, 28f, BGHZ 134, 67, 70ff eine instruktive Analyse bietet *Rojahn,* Die Auslegung völkerrechtlicher Verträge in der Entscheidungspraxis des Bundesverwaltungsgerichts, in Geiger (Fn 199) 123ff; zu den diesbezüglichen Problemen der Transformationslehre schon o Rn 38 sowie *von Arnauld* (Fn 70) Rn 509.
237 Als Bsp s BVerfGE 91, 335, 338ff zum Übereinkommen über die Zustellung gerichtlicher und außergerichtlicher Schriftstücke im Ausland in Zivil- oder Handelssachen v 15.11.1965, BGBl 1977 II, 1452; s ferner zB BVerfGE 99, 145, 158.

den Verträge von Amsterdam v 1997, von Nizza v 2001 und von Lissabon v 2007 sind *völkerrechtliche Verträge,* nicht anders als der nach seinem Scheitern durch den Vertrag von Lissabon ersetzte Vertrag über eine Verfassung für Europa. Die Union schließt überdies ihrerseits im Rahmen ihrer Außenkompetenz (vgl Art 218 AEUV) Verträge mit anderen Völkerrechtssubjekten ab, oft als sog gemischte Abkommen unter Beteiligung auch der Mitgliedstaaten, was komplexe Fragen hinsichtlich der Wirkung und des Rangs solcher Verträge im Unionsrecht und im mitgliedstaatlichen Recht aufwirft (vgl u Rn 130). Das Unionsrecht besteht aus „primärem" Recht (gemeint: die Unionsverträge einschließlich der durch Art 6 Abs 1 EUV inkorporierten Europäischen Grundrechtecharta sowie ungeschriebenes Primärrecht, zu dem Unionsgewohnheitsrecht und allgemeine Rechtsgrundsätze gezählt werden) und „sekundärem" Recht (in verschiedenen Formen, insbes Verordnungen und Richtlinien). Es unterscheidet sich so grundlegend von allem bisher bekannten Völkerrecht, dass man das Unionsrecht durchaus als weitere Rechtsordnung neben Völkerrecht und staatlichem Recht ansehen kann. Die Unterschiede machen es notwendig, das Verhältnis von Unionsrecht und deutschem Recht gesondert zu betrachten. Das kann in einem Lehrbuch, das dem „Völkerrecht" gewidmet ist, nicht eingehend geschehen, sondern nur iSd Hinweises auf die bestehenden Unterschiede und unter Betonung verbliebener Gemeinsamkeiten.

121   Dabei ist auch zu bedenken, dass systematisch das frühere Gemeinschaftsrecht, seiner Genese entsprechend, zunächst von der Völkerrechtswissenschaft (mit-)betrachtet wurde, es sich schon bald aber zum eigenen „Rechtsgebiet" auswuchs. Seit es als heutiges Unionsrecht auch quantitativ nachhaltig die Rechtslage in nahezu allen herkömmlichen Bereichen des innerstaatlichen Rechts mitgestaltet, hat es sich zu einer *Querschnittsmaterie* entwickelt. Aus nationaler Perspektive lassen sich die einzelnen Fachgebiete des Unionsrechts systematisch (und also auch in Lehrdarstellungen) nur noch im Zusammenhang – „in Integration" – mit den jeweiligen Fachgebieten des nationalen Zivil-, Straf- und Verwaltungsrechts behandeln. Ähnliches gilt zunehmend für die spätestens seit „Recht auf Vergessen I"[238] und „Recht auf Vergessen II"[239] verschränkten Grundrechtsordnungen des Grundgesetzes und der Europäischen Grundrechtecharta[240] sowie für das Ineinandergreifen des deutschen und des unionalen Organisationsrechts.

122   Die Eigenartigkeit des Unionsrechts im Vergleich mit dem herkömmlichen Völkerrecht, aus dem es aber herrührt, hat naturgemäß Anlass zu verschiedenen Begriffsprägungen gegeben. So wurde das frühere Gemeinschaftsrecht alsbald als „supra"-nationales Recht bezeichnet, auch als „wesensmäßig nationalem Recht an[ge]näher[t]",[241] in Fortführung dieses Gedankens dann das Primärrecht als „Verfassungsrecht", das Sekundärrecht als „Gesetzesrecht". So anschaulich solche Vergleiche sind: wie auch aus der

---

238 BVerfGE 152, Rn 55 ff, 63 ff.
239 BVerfGE 152, 216, Rn 42 ff.
240 Bestätigend BVerfG, NJW 2021, 1211, Rn 35 ff.
241 Vgl *Oppermann,* Europarecht, 3. Aufl 2005, § 6 Rn 5.

begrifflichen Neuschöpfung vom „Staatenverbund"[242] lässt sich aus ihnen konkreter Aufschluss über die Rechtslage nicht gewinnen. Das zeigt sich auch daran, dass dem innerstaatlichen Recht entstammende Denkmuster oder Mechanismen – etwa zum Verhältnis des Bundes und der Länder im deutschen Verfassungsrecht – sich für eine Übertragung auf das nichtstaatliche Integrationsgebilde nicht ohne weiteres eignen.[243] Die Besonderheiten des Unionsrechts – angesichts seiner ihm von den Mitgliedstaaten beigegebenen und von den Organen der EU beförderten Integrationsdynamik: im je aktuellen Zustand – können nur aus sich heraus bestimmt werden. Es ist „autonome" Rechtsordnung[244] auch idS, dass es autonome Strukturen aufweist.

Aus dem hier eingenommenen völkerrechtlichen – und also diesbezüglich die Unterschiede markierenden – Blickwinkel ist zunächst festzuhalten, dass das Primärrecht und das Sekundärrecht unterschiedlicher Einordnung bedürfen, dies ungeachtet des Umstands, dass sie beide den Vorrang vor dem mitgliedstaatlich gesetzten Recht beanspruchen. Sekundärrecht ist abgeleitetes, von den Organen der Union gesetztes Recht, Primärrecht hingegen unmittelbar von den Mitgliedstaaten geschaffen, nämlich durch die Verträge kreiert bzw – das ungeschriebene Primärrecht – wegen dieser Vertragsschlüsse auf die Unionsebene gelangt. Aus diesem Grund wird hier auf das Sekundärrecht erst zurückgekommen, wenn die völkerrechtliche Bedeutung der Entscheidungen (herkömmlicher) I.O. für das deutsche Recht angesprochen worden sein wird (vgl u Rn 166 ff). Das Primärrecht gehört hingegen in den Zusammenhang des Vertragsrechts. **123**

Wie gesagt, sind die (früheren) Gemeinschaften und die heutige Union durch völkerrechtliche Verträge (und durch deren Änderung) begründet und fortentwickelt worden. Soweit solche Fortentwicklung durch Organe, insbes den EuGH, erfolgte,[245] geschah dies im Rahmen dieser Verträge, dies ungeachtet des Umstands, dass hier nicht allein Vertragsauslegung im hergebrachten, einem aufgrund Völkerrechts judizierenden internationalen Gericht eröffneten Sinne betrieben wurde. Die Ermächtigung dazu, seinerseits eigenständig die Integration voranzutreiben, hat der Gerichtshof den vertraglichen Grundlagen entnommen.[246] **124**

Hinsichtlich der innerstaatlichen Anforderungen an den Abschluss von Gemeinschafts- und Unionsverträgen sind Besonderheiten schon im Zusammenhang mit dem Prototyp des völkerrechtlichen Vertrags bezeichnet worden (vgl o Rn 74 f). Sie erklären sich im Blick auf die besonderen Konsequenzen solchen Vertragsschlusses für das innerstaatliche Recht. Abgesehen davon, dass sie die Grundlage für das Phänomen des Sekundärrechts schaffen (vgl u Rn 173 f), verändern die Verträge aber auch die Handlungsspielräume der Mitgliedstaaten in ihrem Verhältnis zueinander sowie zu anderen **125**

---

242 Vgl o Rn 26.
243 Vgl in diesem Zusammenhang *Grabitz* (Fn 57); s aber *Edenharter,* Grundrechtsschutz in föderalen Mehrebenensystemen, 2018, 63 ff zu Parallelen im Grundrechtsföderalismus.
244 Vgl EuGHE 1964, 1251, 1269.
245 Dazu etwa *Zuleeg,* Die Europäische Gemeinschaft als Rechtsgemeinschaft, NJW 1994, 545 ff.
246 Dies aus verfassungsrechtlicher Sicht billigend BVerfGE 126, 286, 305 f *(Honeywell).*

Völkerrechtssubjekten, und sie nehmen selbst eine besondere Rolle im innerstaatlichen Recht ein bzw verändern dieses.

126   Das Unionsrecht nimmt einen (nicht: „den") Vorrang vor mitgliedstaatlichem Recht in Anspruch. Das deutsche Recht nimmt ihn weitgehend hin.[247] Dabei konkurrieren Begründungen und auch unterschiedliche Vorstellungen über die Rechtsfolgen.[248] Problematisch ist hierbei, dass der Begriff des „Vorrangs" Vereinfachungen Vorschub leistet: Über einen Vorrang zu befinden, hat nur Sinn bei einander widersprechenden normativen Befehlen, im Fall der Normenkollision. Ob es überhaupt zu einer Kollision kommt, ist immer dann zweifelhaft, wenn allgemeine, prinziphafte Bestimmungen miteinander in (Anwendungs-)Konkurrenz treten. Wichtiger als die Frage „was gilt", kann dann die Frage werden „wer entscheidet".

127   Aus der völkerrechtlichen Entstehung der früheren Gemeinschaften und der Union folgt jedenfalls, dass der Anspruch des Unionsrechts auf seinen Vorrang in Widerspruch geraten kann zu dem, was innerstaatlich verfassungsrechtlich zulässig ist, also die Satisfaktionsfähigkeit des Verfassungsrechts gegenüber dem (insoweit) unionsrechtlich Geschuldeten überfordert. Andererseits kann das Unionsrecht nur fordern, nicht selbst bewirken, was es fordert; es richtet die Mitgliedstaaten nicht verfassungsrechtlich ein, kann daher insbes einen Geltungsvorrang (mit der Folge der Nichtigkeit widerspenstigen staatlichen Rechts) nicht herbeiführen. Aus Dogmen über angeblich eingeschränkte mitgliedstaatliche Souveränität oder eine „dingliche" Deutung der Hoheitsrechte betreffenden Übertragungsakts bei Gründung oder Beitritt kann derartiges nicht hergeleitet werden. Vielmehr handelt es sich um autonome Rechtsordnungen, deren Regelungsmechanismen ineinandergreifen müssen, damit die Integration gelingt.

128   Die Verwirklichung des unionsrechtlichen Vorranganspruchs ist im Übrigen – einem dualistischen Grundkonzept entsprechend – von vornherein nicht auf Geltungsvorrang gerichtet, sondern auf Anwendungsvorrang im Einzelfall – dies schon deshalb, weil der tragende Grund für den Vorrang, die Sicherstellung effektiver und umfassender Verwirklichung der Integrationsziele, die Nichtigkeit kollidierenden innerstaatlichen Rechts vernünftigerweise nicht umfassen kann, wenn es am Unionsbezug fehlt – was etwa bei der Maßstäblichkeit solchen Rechts im Verhältnis zu Drittstaaten der Fall sein kann. Um diesen Anwendungsvorrang zu erreichen, bedarf das Unionsrecht der Hilfe des innerstaatlichen Rechts. Unterlässt dieses die Hilfeleistung, so liegt hierin rechtswidriges Ungenügen im Blick auf die aus der Mitgliedschaft erwachsenen Verpflichtungen. Das deutsche Recht genügt der Verpflichtung (auch) für das Primärrecht noch nicht allein über die von Art 59 Abs 2 GG dem Zustimmungsgesetz (und den Änderungsgesetzen) verschaffte Qualität, weil sich hieraus kein Vorrang gegenüber dem Grundgesetz ergibt und das Zustimmungsgesetz sich insoweit – und ohnehin nur hin-

---

247 Dazu *Jarass/Beljin,* Die Bedeutung von Vorrang und Durchführung des EG-Rechts für die nationale Rechtsetzung und Rechtsanwendung, NVwZ 2004, 1 ff; zur Rechtslage in anderen Mitgliedstaaten *Oppermann/Classen/Nettesheim,* Europarecht, 9. Aufl 2021, § 10 Rn 26 ff.
248 Einführend *Streinz* (Fn 49) Rn 207 ff; s auch *Proelß* (Fn 29) 58 ff.

sichtlich der inhaltlich für eine Anwendung geeigneten Bestimmungen der Verträge – in die einfachgesetzliche Gesamtrechtsordnung eingeordnet findet (vgl o Rn 115ff).

Hinzu treten allerdings *Art 24 Abs 1, Art 23 GG*. Sie ermächtigen zur Übertragung 129 von Hoheitsrechten auf die bzw zur Mitwirkung in der Union. Jedenfalls die Schaffung des Art 23 GG lässt eine verfassungsrechtliche Ermächtigung erkennen, den Anwendungsvorrang des Unionsrechts in dem Umfang gegenüber der gesamten innerstaatlichen Rechtsordnung hinzunehmen, wie er aus den Verträgen im Zeitpunkt der – zuletzt nach Art 23 Abs 1 GG iVm Art 59 Abs 2 GG erfolgten – Zustimmung hervorgeht. Diese Zustimmung war verfassungsgemäß, wie auch das BVerfG befunden hat.[249] Sie kann nicht nachträglich verfassungswidrig werden, etwa für den Fall, dass das Unionsrecht ohne Vertragsänderung künftig eine Wendung nimmt, die aus deutscher Sicht den in Art 23 Abs 1 GG genannten Strukturprinzipien widerspricht. Davon zu unterscheiden ist die Möglichkeit, dass die Unionsorgane ihrerseits vertragswidrig handeln. Rechtsschutz dagegen eröffnet die Union selbst. Notfalls bleibt der Austritt.[250] Die vom BVerfG für sich reservierte Rolle eines Wächters über das mit Anwendungsvorrang ausgestaltete *künftige* Unionsrecht anhand des Grundgesetzes ist prekär, wie bereits argumentiert (o Rn 26). Auf sie wird noch einmal zurückzukommen sein, wenn es um das Zusammenspiel dieses Gerichts mit internationalen Gerichten bei der Gewährleistung des Individualrechtsschutzes geht (u Rn 186f).

Als Völkerrechtssubjekt ist die Union selbst Vertragspartnerin völkerrechtlicher 130 Verträge (o Rn 58a). Angesichts der besonderen Vernetzung von europäischer und mitgliedstaatlicher Rechtsordnung stellt sich die Frage nach Rang und Wirkung dieser Verträge im innerstaatlichen Rechtsraum, aber auch nach ihrem Verhältnis zu von einem Mitgliedstaat mit dritten Völkerrechtssubjekten geschlossenen Verträgen.[251] Soweit diese vor dem ursprünglichen gemeinschaftlichen Gründungsvertrag in Kraft getreten sind, bleiben sie im Außenverhältnis unberührt (vgl Art 26, Art 30 Abs 4 lit b WVK; s auch Art 351 Abs 1 AEUV). Unionsrechtlich besteht dann die Verpflichtung des Mitgliedstaats, eventuelle Unvereinbarkeiten des Vertrags mit dem Unionsrecht zu beheben (Art 351 Abs 2 AEUV). Schließt die Union völkerrechtliche Verträge mit Nichtmitgliedstaaten (Unionsabkommen), so sind diese auch für die Mitgliedstaaten verbindlich (Art 216 Abs 2 AEUV), was sich aber allein als eine unionsrechtliche Verbindlichkeit darstellt, nicht als eine solche gegenüber dem Drittstaat. Diesem erwächst also kein (weiterer) völkerrechtlicher Anspruch gegenüber dem Mitgliedstaat auf Einhaltung des mit der Union abgeschlossenen Vertrags. Als Bestandteil der Unionsrechtsordnung (Rn 58a)

---

249 Vgl BVerfGE 89, 155ff; 123, 267ff und die in Rn 26f gegebenen Hinweise.

250 Vgl BVerfGE 89, 155, 190, 205; der Austritt ist nunmehr in Art 50 EUV ausdrücklich geregelt, das Vereinigte Königreich hat diese Option mittlerweile gewählt; dazu *Michl,* Die formellen Voraussetzungen für den Austritt des Vereinigten Königreichs aus der Europäischen Union, NVwZ 2016, 1365ff; *Skouris,* Brexit: Rechtliche Vorgaben für den Austritt aus der EU, EuZW 2016, 806ff; *Thiele,* Der Austritt aus der EU – Hintergründe und rechtliche Rahmenbedingungen eines „Brexit", EuR 2016, 281ff.

251 *Thym,* Die völkerrechtlichen Verträge der Europäischen Union, ZaöRV 66 (2006) 863 (900ff).

nehmen solche Verträge am Anwendungsvorrang des Unionsrechts teil. Fragen stellen sich bei den sog gemischten Verträgen als solchen, welche neben der Union auch Mitgliedstaaten zu Vertragspartnern haben (diese also, anders als bei den Unionsabkommen, auch völkerrechtlich, nicht nur unionsrechtlich, binden).[252] Hier lässt sich unterschiedlich sehen, ob sich Art 216 Abs 2 AEUV auch auf solche Teile des Vertrags erstreckt, welche nach der unionsinternen Kompetenzverteilung der mitgliedstaatlichen Zuständigkeit unterliegen. Zutreffend dürfte es demgegenüber sein, die innerstaatliche Bedeutung solcher Vertragsteile allein nach innerstaatlichem (Verfassungs-)Recht, hier also nach Art 59 Abs 2 GG, zu bestimmen.

i) Die Übertragung von Hoheitsrechten im Übrigen

131 Es wurde schon deutlich gemacht, dass Art 24 Abs 1 GG, welcher die bundesgesetzliche Übertragung von Hoheitsrechten auf zwischenstaatliche Einrichtungen ermöglicht, einerseits allgemein Aufschluss über die Grundkonzeption des Grundgesetzes hinsichtlich der Stellung Deutschlands in der internationalen Ordnung vermittelt (o Rn 21ff), andererseits speziell der ursprünglichen deutschen Mitwirkung an der europäischen Integration die verfassungsrechtliche Grundlage gegeben hat. Im Zuge der Konstruktion der EU hat dies 1992 in Art 23 GG eine eigene Grundlage gefunden. Damit ist die praktische Bedeutung des Art 24 Abs 1 GG geringer geworden. Sie dauert aber fort für das deutsche Verhältnis zu anderen zwischenstaatlichen Einrichtungen.[253]

132 Der *Begriff der zwischenstaatlichen Einrichtung* bezieht sich auf I.O.,[254] darüber hinaus auf völkerrechtliche Organe,[255] wobei die BR Deutschland jeweils Mitglied sein muss. Die Gründung kann durch Staaten, aber auch durch I.O. erfolgt sein. Nicht möglich ist die Übertragung auf nichtstaatliche (non-governmental) I.O.[256] oder auf Staaten.

133 Für „Hoheitsrechte" ist im vorliegenden Zusammenhang kennzeichnend, dass sie den Übertragungsempfängern einen „Durchgriff in den staatlichen Herrschaftsbereich" ermöglichen, dies unmittelbar und also an die innerstaatlichen Rechtssubjekte bzw die

---

252 Vgl dazu EuGH, Slg 2000, I-11307, Rn 35, 37f *(Christian Dior)*; Slg 1998, I-3603, Rn 32 *(Hèrmes International)*. Umfassend *Wünschmann*, Geltung und gerichtliche Geltendmachung völkerrechtlicher Verträge im Europäischen Gemeinschaftsrecht, 2003, 80ff. Überblick bei *Oppermann/Classen/Nettesheim* (Fn 247) § 38 Rn 26f.

253 S etwa BVerfGE 149, 346, im Hinblick auf Europäische Schulen.

254 Zum Begriff *Schmahl*, 4. Abschn Rn 12ff.

255 Wie die Europäische Kernenergie-Agentur, die nach Art 3ff des Übereinkommens über die Errichtung einer Sicherheitskontrolle auf dem Gebiet der Kernenergie v 20.12.1957 (BGBl 1959 II, 586) zu Kontrollen gegenüber Unternehmen und Einrichtungen berechtigt ist, die spaltbares Material verwenden; die Zentralkommission für die Rheinschifffahrt aufgrund der revidierten Rheinschifffahrtsakte v 17.10.1869 (sog Mannheimer Akte), s jetzt BGBl 1969 II, 597.

256 Vgl *Müller-Terpitz*, Beteiligungs- und Handlungsmöglichkeiten nichtstaatlicher Organisationen im aktuellen Völker- und Gemeinschaftsrecht, AVR 43 (2005) 466ff.

dortigen rechtsanwendenden Organe gerichtet.[257] Solche Rechte können einzeln, nicht in ihrer Summe als „Staatsgewalt", übertragen werden. Der „Einrichtung" ist die Wahrnehmung von Hoheitsbefugnissen eröffnet, wenn zu einem entsprechenden völkerrechtlichen Vertrag innerstaatlich das Zustimmungsgesetz tritt.[258]

Derzeit sind iSd Art 24 Abs 1 GG Hoheitsrechte übertragen etwa auf Eurocontrol[259], **134** die Europäische Patentorganisation[260] sowie die Europäischen Schulen,[261] *nicht* aber auf die Vereinten Nationen, soweit es um deren Befugnisse nach Art 25, Art 41 UN-Charta geht;[262] iE streitig ist insoweit das Rechtsverhältnis zur NATO.[263]

3. Das Völkergewohnheitsrecht

Das Völkergewohnheitsrecht steht als Rechtsquelle gleichrangig neben dem Völkerver- **135** tragsrecht. Das deutsche Recht behandelt beide höchst unterschiedlich. Das Völkergewohnheitsrecht besteht aus ungeschriebenen Normen, die sich in den internationalen Beziehungen durch eine bestimmten Anforderungen genügende Interaktion der Völkerrechtssubjekte (die „Staatenpraxis") herausgebildet haben.[264] Das Grundgesetz erklärt das Völkergewohnheitsrecht, soweit es sich um „allgemeine Regeln des Völkerrechts" handelt, durch *Art 25 Satz 1 GG* zum „Bestandteil des Bundesrechts", wählt aber eine erkennbar andere Regelungstechnik als in Art 59 Abs 2 GG hinsichtlich der Verträge. Diese allgemeinen Regeln „gehen den Gesetzen vor", und sie „erzeugen Rechte und Pflichten unmittelbar für die Bewohner des Bundesgebietes" (Art 25 Satz 2 GG). Es ist dies nicht etwa eine Bezugnahme auf einen im Zeitpunkt der Verfassungsgebung vorhandenen Bestand an völkerrechtlichen Normen. Art 25 GG aktualisiert sich fortdauernd als ein Scharnier: Er verweist auf das je aktuelle Recht, so dass das Erlöschen, die Modifizierung bestehenden Rechts wie auch die Herausbildung neuer Normen zu berücksichtigen sind.[265]

Art 25 GG ist sowohl für die dualistischen wie für die monistischen Lehren[266] zum **136** Verhältnis von Völkerrecht und staatlichem Recht erklärbar, trifft also zwischen ihnen keine „Entscheidung"; dem Monismus erscheint er als deklaratorisch. Wie Art 59 Abs 2

---

257 S BVerfGE 37, 271, 280; *Mosler,* in HdbStR VII, 2. Aufl 1992 § 175 Rn 19 ff; s aber auch – möglicherweise erweiternd – BVerfGE 68, 1, 84; dazu *Bryde,* Sicherheitspolitik zwischen Regierung und Parlament, Jura 1986, 368 ff. Zu Grenzen der Übertragung von Hoheitsrechten BVerfGE 123, 267, 349 f *(Lissabon).*

258 Vgl nur *H. P. Ipsen,* Europäisches Gemeinschaftsrecht, 1972, 60.

259 Eingehend und mit Hinweisen auf zahlreiche Streitfragen dazu *Aust* (Fn 29) Rn 57 ff.

260 Dazu BGHZ 102, 118, 122.

261 Dazu BVerfGE 149, 346.

262 Dazu noch u Rn 169; zu den „supranationalen" Befugnissen der Meeresbodenbehörde *Proelß,* 5. Abschn Rn 74 ff.

263 Vgl BVerfGE 68, 1, 93 ff; 77, 170, 232.

264 Vgl BVerfGE 46, 342, 367; BVerfG, NJW 1995, 651 und näher *Kämmerer,* 1. Abschn Rn 129 ff.

265 Dazu BVerfGE 18, 441, 448; *Mosler,* Das Völkerrecht in der Praxis der deutschen Gerichte, 1957, 40.

266 Vgl o Rn 37 ff.

GG lässt sich auch Art 25 GG seinem Wortlaut nach iSd Transformationslehre deuten (die erfassten allgemeinen Regeln des Völkerrechts erscheinen dann innerstaatlich in Gestalt paralleler – ungeschriebener – Normen des nationalen Rechts), aber auch iS. Vollzugslehre (sie sind dann Normen des Völkerrechts mit innerstaatlicher Geltung).

a) Völkergewohnheitsrecht und „allgemeine Regeln des Völkerrechts"

137   Der Begriff „allgemeine Regeln des Völkerrechts" liegt etwas verschoben zu den Quellen des Völkerrechts. Sicherlich erfasst er völkerrechtliche Verträge als solche nicht. Bei zweiseitigen, aber auch bei der Mehrzahl der mehrseitigen Verträge versteht sich dies von selbst, weil sie die in ihnen enthaltenen Regeln nicht zu „allgemeinen" erheben können. Selbst ein Vertrag, dem alle oder die weit überwiegende Mehrzahl der Staaten sich angeschlossen haben, entfaltet im deutschen Recht seine Wirkung nicht über Art 25 GG, weil insoweit Art 59 Abs 2 GG eine Spezialregelung darstellt.[267] Zu beachten ist aber, dass das Völkervertragsrecht und das Völkergewohnheitsrecht in Überschneidungsverhältnissen und im Verhältnis gegenseitiger Beeinflussung stehen. Eine vertragliche Vorschrift, die eine geltende allgemeine Regel wiedergibt, entzieht Letztere nicht etwa dem Anwendungsbereich des Art 25 GG. Der materielle Inhalt des Vertrags ist (bereits) „Bestandteil des Bundesrechts", für seine Geltung bedarf es des Vertragsgesetzes nicht. Dessen Erlass erbringt der Norm einen weiteren Geltungsgrund, der Wirkung nach verschafft es ihr Gesetzesrang (vgl o Rn 110 ff), damit einen Rang „unterhalb" dessen, was Art 25 GG für allgemeine Regeln des Völkerrechts vorsieht. Wenn aus völkerrechtlicher Vertragsschlusspraxis Völkergewohnheitsrecht iS allgemeiner Regeln entsteht,[268] hat das innerstaatlich – soweit solchen Verträgen durch Vertragsgesetze Geltung verschafft worden ist – ebenfalls die Entstehung eines weiteren Geltungsgrunds zur Folge, hier aber mit qualitativer Aufwertung: Was zuvor mit Gesetzesrang galt, geht nun den Gesetzen vor.

138   Nicht selten vereinbaren die Staaten vertraglich, dass zwischen ihnen eine Norm des Völkergewohnheitsrechts nicht oder nur mit modifiziertem Inhalt zur Anwendung kommen soll.[269] Sie können damit an der gewohnheitsrechtlichen (Weiter-)Geltung der Norm nicht rühren, schieben sie nur beiseite für ein konkretes Rechtsverhältnis – was das Völkergewohnheitsrecht (mit der im grundsätzlichen und iE strittigen Ausnahme zwingenden Rechts; u Rn 157) durchaus erträgt. Nach Erlass des Vertragsgesetzes scheint dann Art 59 Abs 2 GG die Geltung und Anwendung des Vertrags zu gebieten, während Art 25 GG weiterhin (denn der Bestand des Gewohnheitsrechts hat sich nicht geändert) bestimmt, dass die betreffende Regel „den Gesetzen", also auch dem Vertragsgesetz, vorgeht – und also dem Vertrag die Anwendbarkeit genommen wäre. Dieses

---

267 Vgl dazu *Papadimitriu*, Die Stellung der allgemeinen Regeln des Völkerrechts im innerstaatlichen Recht, 1972, 79 ff.
268 Vgl *Kämmerer*, 1. Abschn Rn 131 ff.
269 Vgl dazu BVerfGE 18, 441, 448.

Kunig / Uerpmann-Wittzack

offenbar widersinnige Ergebnis kann durch das Nebeneinander von Art 25 GG und Art 59 Abs 2 GG nicht bezweckt sein. Nach der Vollzugslehre ergibt sich das zwanglos: Wird die Geltung von Völkergewohnheitsrecht völkerrechtlich durch einen Vertrag eingeschränkt, kann es insoweit auch innerstaatlich keine Geltung mehr beanspruchen.

Ist eine Norm materiell im Völkergewohnheitsrecht enthalten und zusätzlich als all- 139 gemeiner Rechtsgrundsatz iSv Art 38 Abs 1 c IGH-Statut in Geltung oder gar darüber hinaus noch völkervertraglich vereinbart – wie es für den Grundsatz gilt, dass Verträge nach Treu und Glauben auszulegen sind, vgl Art 31 Abs 1 WVK –, so steht auch das ihrer Einbeziehung in Art 25 GG nicht entgegen. Allgemeine Rechtsgrundsätze sind nach der hier befolgten Systematik, die von den völkerrechtlichen Quellen her die Reaktion des innerstaatlichen Rechts zeigen möchte, noch gesondert anzusprechen (vgl u Rn 163ff).

Nicht alles Völkergewohnheitsrecht ist nach Art 25 GG Bestandteil des Bundes- 140 rechts, sondern – lediglich – seine „allgemeinen Regeln". Die Interpretation dieser Einschränkung hat Schwierigkeiten bereitet. Nicht vertretbar ist die Auffassung, die Prädizierung „allgemein" sei auf den Inhalt einer in Betracht kommenden Norm zu beziehen. Angesprochen ist vielmehr die Gegenüberstellung des „allgemeinen" im Verhältnis zum partikularen Völkergewohnheitsrecht, also die Problematik des Kreises der einer Norm verpflichteten Völkerrechtssubjekte. Nicht alles Völkergewohnheitsrecht, wenn auch der weit überwiegende Teil seines Normenbestands, gilt für alle Staaten.

Wohl unstreitig ist heute, dass einzelne Staaten, insbes eine regional definierbare 141 Staatengruppe, für ihre Rechtsverhältnisse partikulares (regionales) Gewohnheitsrecht hervorbringen können.[270] Solches Recht hat nicht „territoriale" Geltung in dem Sinne, dass die territoriale Zugehörigkeit eines Staats zu einem Raum (etwa: zu einem Kontinent; gemeinsame Anrainerschaft an einem Meer) den Verpflichtungsgrund böte. Vielmehr kommt es auf die Beteiligung an entsprechender Staatenpraxis an – für die eine regionale Zusammengehörigkeit aber den Anlass oder Bezugspunkt geben kann. Mindestens theoretisch ist auch denkbar, dass sich die Gewohnheiten nur zweier Staaten, etwa bei der Nutzung eines beiderseitiger territorialer Souveränität teils unterliegenden Gewässers oder bei der Zugangsgewähr zu einem Gebiet, zu ungeschriebenem Recht verfestigen, ohne dass dem eine vergleichbare allgemeine Norm für entsprechende Interessengeflechte anderer Staaten korrespondierte.

Die Feststellung allgemeinen Völkergewohnheitsrechts bereitet Schwierigkeiten, 142 die auch für das Verständnis des Art 25 GG berücksichtigt werden müssen. Ihre Ursache ist zum einen, dass regelmäßig nicht alle Staaten an einer Gewohnheitsrecht bildenden Praxis beteiligt waren. Nicht alle Staaten haben Veranlassung zu entscheiden, ob sie einer Praxis folgen wollen oder nicht, dies iS tatsächlichen Handelns oder Unterlassens

---

270 Dazu *Schindler*, Regional International Law, EPIL IV (2000) 161ff. Man könnte versucht sein, auch das europäische Unionsgewohnheitsrecht als regionales Völkergewohnheitsrecht kategorial zu erfassen. Solches Recht ist jedoch primäres Unionsrecht. Seine Herausbildung hat völkerrechtliche Hintergründe; seine Qualität übersteigt indes diejenige des Völkerrechts. Seine innerstaatliche Bedeutung richtet sich daher nach den Regeln für das Verhältnis von Unionsrecht und mitgliedstaatlichem Recht, dazu o Rn 120ff.

Kunig / Uerpmann-Wittzack

oder entsprechender rechtserheblicher Argumentation: Nur eine Minderzahl von Staaten trieb Schifffahrt, als das gewohnheitsrechtliche Seevölkerrecht entstand, nicht alle Staaten treiben heute Weltraumfahrt oder bemühen sich um die Ausbeutung des Meeresgrunds. Einzelne Staaten haben sich überdies der Entstehung von anderen gewohnheitsrechtlichen Regeln beharrlich widersetzt. In einigen Bereichen stehen sich verschiedene Gruppen von Staaten mit fundamentalem Dissens gegenüber, wie lange Zeit zu Fragen des Ausmaßes der für eine Enteignung ausländischen Eigentums zu gewährenden Entschädigung. Die Beurteilung solcher Lagen führt zu Grundfragen der Entstehungs- und Geltungsgründe des Völkergewohnheitsrechts, wobei die Entstehung neuer Staaten im Zuge der Entkolonisierung vor allem in den 1960er Jahren das Problem des Eintritts in eine schon bestehende, von anderen Staaten gestaltete Völkerrechtsordnung besonders augenfällig machte;[271] für die Phase der Entstehung neuer Staaten in Europa und Asien zu Beginn der 1990er Jahre hat dies hingegen nicht in vergleichbarer Weise zu einer Infragestellung des Überkommenen geführt. Im Ausgangspunkt entscheidet – zutreffender Auffassung nach – jeder Staat (insofern der Lage beim Vertragsschluss vergleichbar) „frei" darüber, ob ihn eine Norm des Völkergewohnheitsrechts bindet. Für seine Bindung ist andererseits die – positive – Beteiligung bereits an der Normentstehung nicht vorausgesetzt. Sie kann durch Stillschweigen ebenso eintreten wie durch pauschale Akzeptanz eines vorgefundenen Normenbestands. Widersetzlichkeit muss rechtserheblich und gegebenenfalls beharrlich dokumentiert werden. Dass die Staaten gegen bestimmte Regeln des allgemeinen Völkerrechts verstoßen, lässt dabei noch nicht an der Geltung der betroffenen Regel zweifeln. Hinzukommen muss prinzipiell der subjektive Faktor. Wenn die Staaten „lediglich" bestreiten, einen Tatbestand verwirklicht zu haben oder auch – bei dem genannten Bsp freilich nicht denkbar – rechtfertigende Ausnahmebestimmungen ins Feld führen, dann kann dies gerade für eine normstützende Rechtsüberzeugung sprechen.

143   So „entscheidet" der Staat zwar über seine potentielle Bindung, doch trifft ihn die Obliegenheit, sein Fernbleiben von vorhandenem oder sich abzeichnendem Konsens außer Zweifel zu stellen. Das gilt grundsätzlich auch für den „neuen" Staat, wobei Bekenntnisse zu den Normen des Völkerrechts anlässlich der Erlangung der Unabhängigkeit, auch der Beitritt zu den Vereinten Nationen, schon darauf deuten können, dass die weit überwiegende Normenmasse des allgemeinen Völkerrechts als akzeptiert zu gelten hat. Solche Akzeptanz kann dann nicht nachträglich oder gar erst im Streit um den Einzelfall wieder beseitigt werden. Es kann also universales Völkergewohnheitsrecht geben, ebenso solches, das nur für einen Teil, also auch einen erheblichen, die Universalität „knapp" verfehlenden Teil der Völkerrechtsgemeinschaft verbindlich ist.

---

271 Dazu *Kunig* (Fn 9) 209 ff mwN; *Schweitzer,* Das Völkergewohnheitsrecht und seine Geltung für neu entstehende Staaten, 1969; *Bokor-Szegö,* New States and International Law, 1970; *Kunig,* Völkerrecht und Übersee, VRÜ 30 (1997) 465 (468 ff).

Kunig / Uerpmann-Wittzack

Für die Geltung als Bestandteil des Völkergewohnheitsrechts verlangt Art 25 Satz 1 **144** GG ersichtlich nicht die *Universalität,* lässt aber *Regionalität* oder gar *Bilateralität* nicht genügen.[272] Naheliegt ferner, dass als „allgemein" nur eine Regel zu erachten ist, auf die jedenfalls auch die BR Deutschland selbst verpflichtet ist. In Rechtsprechung und Lehre wird betont, dass die BR eine Norm jedenfalls nicht ausdrücklich im Völkerrechtsverkehr anerkannt haben müsse, ihre Behörden und Gerichte sie nicht angewandt haben müssen, ehe sie als *allgemein* über Art 25 GG in das Bundesrecht gelangt.[273] Das wird aus einem Vergleich mit Art 4 WRV, der von „allgemein anerkannten Regeln des Völkerrechts" gesprochen hatte, hergeleitet und durch die Entstehungsgeschichte gestützt.[274]

Die innerstaatliche Rechtsordnung rezipiert in dieser Sicht Völkergewohnheits- **145** recht, ohne vorauszusetzen, dass deutsche Organe zu seiner Geltung beigetragen haben. Diese Sichtweise war ursprünglich sicher auch getragen von dem die Ausgestaltung des Grundgesetzes in weiten Bereichen prägenden Bemühen, Deutschland nach der Phase der Unrechtsordnung erkennbar in die Rechtsgemeinschaft zurückzuführen, hier: durch eine im Vergleich zur Ersten Republik weitere Öffnung gegenüber dem internationalen Rechtsraum (vgl o Rn 10f). Art 25 GG wurde allerdings zu einer Zeit konzipiert, die für die Bindung an Völkergewohnheitsrecht überwiegend nicht den Konsens verlangte, sondern stärker von Repräsentationsvorstellungen geprägt war. Für die Verpflichtung eines Staats auf Völkergewohnheitsrecht wurde nicht nur seine individuelle Beteiligung an der die Norm hervorbringenden Staatenpraxis nicht vorausgesetzt; auch die Erforderlichkeit einer entsprechenden Konsensbekundung – und sei es iS qualifizierten Unterlassens – wurde allgemein verneint. Das wird auch heute noch weithin so gesehen und prägt konsequent dann auch den Umgang mit Art 25 GG.[275]

Zutreffend ist auch nach der hier vertretenen Auffassung, dass es der ausdrück- **146** lichen „Anerkennung" einer Norm durch die BR Deutschland oder gar vorgängiger innerstaatlicher Anwendung nicht bedarf, um die völkerrechtliche Verpflichtung auf die Einhaltung der Norm zu begründen. Andererseits muss feststehen, dass die Bundesrepublik die Verbindlichkeit einer neu entstehenden oder nur von einigen, vielen oder nahezu allen Staaten praktizierten Norm für sich selbst nicht in völkerrechtlich zulässiger Weise verhindert hat. Art 25 GG gebietet nicht, eine solche Norm innerstaatlich gleichwohl anzuwenden. IdS sind allgemeine Regeln des Völkerrechts nur solche, die

---

272 Vgl BVerfGE 75, 1, 26: „erforderliche weltweite Breite"; BVerfGE 118, 124, 134: „von der überwiegenden Mehrheit der Staaten anerkannt"; vgl ferner *Aust,* in v. Münch/Kunig (Fn 4) Art 25 Rn 28f; *Geck,* Das Bundesverfassungsgericht und die allgemeinen Regeln des Völkerrechts, FG BVerfG II, 1976, 126 (128); *Rudolf* (Fn 50) 240; *Pernice,* in Dreier (Hrsg) GG, Bd 2, 3. Aufl 2006, Art 25 Rn 20; *Streinz* (Fn 132), Art 25 Rn 26, die mit verschiedenen Gründen regionales Recht in Art 25 GG einbeziehen wollen.
273 Vgl zB BVerfGE 15, 24f; *Herdegen,* in Dürig/Herzog/Scholz (Fn 133) Art 25 Rn 34; *Papadimitriu* (Fn 265) 79ff.
274 Vgl den Bericht in JöR nF 1 (1951) 232ff sowie o Rn 59.
275 Vgl etwa *Dahm/Delbrück/Wolfrum* (Fn 51) 118; s auch *Dörr,* in Ipsen (Hrsg), Völkerrecht, 7. Aufl 2018, § 19 Rn 11.

auch die BR Deutschland im Völkerrechtsverhältnis verpflichten. Dass damit bestimmte Regeln des aktuellen Völkerrechts, von deren allgemeiner, zwischenstaatlicher Geltung ernsthaft die Rede sein kann, aus dem Anwendungsfeld des Art 25 GG ausgeschlossen wären, ist nicht ersichtlich. Wichtig ist dennoch, dass *Art 25 GG keinen Automatismus* bewirkt, wonach künftig entstehendes, aber von der Bundesrepublik nicht konsentiertes Recht, so sich eine über eine Region hinausreichende Mehrzahl der Staaten zu seiner Etablierung durch Staatenpraxis verstehen sollte, unbesehen in das innerstaatliche Recht – und dies mit Vorrang vor den Gesetzen – hineindrängen würde. Dieser „Vorbehalt" mag theoretisch bleiben, bewirkt auch nicht die Abschottung deutschen Rechts von der Völkerrechtsentwicklung; vielmehr zieht er die Konsequenz aus der Struktur des Völkergewohnheitsrechts und hält das Außen- und das Innenverhältnis in Übereinstimmung.

147   Partikulares Völkergewohnheitsrecht im eigentlichen Sinne, also regionales oder bilaterales Völkergewohnheitsrecht, wird von Art 25 Satz 1 GG von vornherein nicht erfasst. Die Vorschrift kann insofern auch nicht analog angewendet werden.[276] Auch der These vom ungeschriebenen verfassungsrechtlichen Normanwendungsbefehl, reichsgerichtlich in vorkonstitutioneller Zeit anerkannt und dann trotz des begrenzenden Art 4 WRV bzw Art 25 GG weiterhin und also auch unter dem Grundgesetz noch in Geltung gesehen,[277] kann nicht überzeugen. Art 25 GG regelt das Verhältnis des deutschen Rechts zum Völkergewohnheitsrecht abschließend. Sähen die Gesetzgeber Regelungsbedarf, um die innerstaatliche Rechtslage in Konformität zu nicht allgemeinem Gewohnheitsrecht zu bringen, wären sie am Erlass entsprechender Gesetze nicht gehindert; des vorgängigen Abschlusses entsprechender Verträge bedürfte es dafür nicht.

b) Der Rang und die Wirkung gewohnheitsrechtlich geltender allgemeiner Regeln des Völkerrechts im deutschen Recht

148 Art 25 GG legt in zwei Aussagen die Bedeutung der allgemeinen Regeln des Völkerrechts für das Bundesrecht fest. Sie sollen dessen „Bestandteil" sein (Satz 1), und ferner: „Sie gehen den Gesetzen vor und erzeugen Rechte und Pflichten unmittelbar für die Bewohner des Bundesgebietes" (Satz 2). Art 25 Satz 1 GG trifft die allgemeinere Aussage, er bewirkt die innerstaatliche Geltung des erfassten Völkerrechts. Die erste Teilaussage des Satz 2 bestimmt den (Vor-)*Rang „vor den Gesetzen"*, die zweite stellt klar, dass innerstaatliche Rechtssubjekte durch allgemeine Regeln des Völkerrechts berechtigt und verpflichtet sein können.

149   Der Begriff *„Bewohner des Bundesgebiets"* ist etwas ungenau. Er soll verdeutlichen, dass es auf das Band der Staatszugehörigkeit (vgl Art 116 GG) nicht ankommt, sondern auf die territoriale Reichweite des deutschen Rechts. Nicht entscheidend ist die Erfül-

---

276 Vgl dazu *Rudolf* (Fn 50) 276 f mN abweichender Stimmen.
277 Vgl *Rudolf* (Fn 50) 277 ff.

Kunig / Uerpmann-Wittzack

lung von Erfordernissen des Melderechts. „Bewohner" sind deshalb auch „Durchreisende" (und Asylsuchende), auch juristische Personen, soweit sie deutschem Recht unterworfen sind, also nicht nur natürliche Personen. Art 25 Satz 2 GG (wie im Übrigen auch Satz 1) entfaltet sich im Übrigen nicht nur für Sachverhalte, die sich auf dem deutschen Staatsgebiet ereignen; entscheidend ist, ob auf einen Sachverhalt überhaupt deutsches Recht Anwendung findet.[278]

Das Völkerrecht ist im Ausgangspunkt eine zwischenstaatliche Ordnung. Es enthält 150 demgemäß weit überwiegend Rechtssätze, die nur die herkömmlichen Völkerrechtssubjekte erfüllen und in Anspruch nehmen können, nämlich die Staaten, darüber hinaus teilweise die I.O., jedenfalls also Rechtspersonen, die entweder selbst völkerrechtlich die Zuständigkeit für ein Territorium innehaben oder die sich als körperschaftliche Zusammenfassung solcher Personen darstellen. Völkerrechtsnormen, die sich inhaltlich nicht an Einzelne (die „Bewohner des Bundesgebiets", Art 25 Satz 2 GG) richten, sondern „staatsgerichtet" sind (zB solche über die Vornahme hoheitlicher Akte im Ausland), vermögen keine Rechte und Pflichten für Einzelne zu erzeugen. Für solche Normen hat also nur Art 25 Satz 1 GG Bedeutung: Weil sie Bestandteil des Bundesrechts sind, müssen sie von den Organen eingehalten werden, die innerstaatlich für den betreffenden Sachbereich zuständig sind (etwa ein Gericht für die Beachtung der allgemeinen Regeln über die Immunität). Staatsgerichtetes allgemeines Völkerrecht kann aber auch als Vorfrage zu beachten sein und somit mittelbar Bedeutung für den Einzelnen gewinnen (etwa wenn für einen vermögensrechtlichen Anspruch bedeutsam ist, ob eine Enteignung in mit allgemeinem Völkerrecht vereinbarer Weise erfolgt ist). Insofern sind auch *staats*gerichtete Normen des Völkerrechts innerstaatlich berufbar, auch wenn sie *subjektive Rechte nicht* hervorzubringen vermögen.[279]

Lässt sich sagen, dass Art 25 Satz 2 2. Halbs GG für staatsgerichtete allgemeine Re- 151 geln des Völkerrechts keine Bedeutung hat, weil sie der von der verfassungsrechtlichen Normaussage vorgesehenen Rechtsfolge nicht zugänglich sind, so ist er für eine andere Gruppe der allgemeinen Regeln deshalb gegenstandslos (man mag auch sagen: deklaratorisch), weil diese bereits aufgrund der Geltungsanordnung in Art 25 Satz 1 GG den Einzelnen unmittelbar berechtigen bzw verpflichten. Es sind dies die Regeln des Völkerrechts, welche bereits auf *völker*rechtlicher Ebene das *Individuum* zum *Rechtsträger* erklären oder es als solches in die Pflicht nehmen. Hierher gehören einerseits die gewohnheitsrechtlich anerkannten allgemeinen Menschenrechte, was innerstaatlich angesichts des Ausbaus des Individualrechtsschutzes durch das Grundgesetz allerdings wenig Bedeutung hat. Auch ist zu beachten, dass die Verbürgung der vertraglichen Menschenrechtsschutzinstrumente, die für die BR Deutschland verbindlich sind, kraft Ver-

---

278 Worüber das „Kollisionsrecht" befindet, vgl begrifflich o Rn 1.
279 Vgl BVerfGE 46, 342, 363: „Der private Einzelne – wie der fremde Staat – kann sich im Hoheitsbereich der Bundesrepublik Deutschland im Rahmen des jeweiligen Verfahrensrechts auch auf (die) allgemeinen Regeln des Völkerrechts ebenso berufen wie auf sonstiges objektives Recht, wiewohl sie in diesem Rahmen auch ohne solche Berufung von Amts wegen zu beachten sind."

Kunig / Uerpmann-Wittzack

tragsgesetzes innerstaatlich gelten (wenn auch nur mit dem Rang eines einfachen Gesetzes, vgl o Rn 115ff), ebenso den Tatbeständen individuellen Unrechts, die das allgemeine Völkerrecht herausgebildet hat (zB Piraterieverbot, Verbot des Menschenhandels, vielleicht auch das Verbot der Flugzeugentführung) strafgesetzlich entsprochen ist. Für die letzteren Normen ist zu beachten, dass die spezifische Unrechtsfolge „Bestrafung" dabei völkerrechtlich nicht in einer Weise determiniert ist, die eine Bestrafung allein aufgrund der Verwirklichung des völkerrechtlich vorgegebenen, durch Art 25 Satz 1 GG innerstaatlich für gültig erklärten Tatbestands zuließe. Das Ausmaß des Strafens ist völkerrechtlich der Entscheidung des nationalen Gesetzgebers überlassen, wie es innerstaatlich auch Art 103 Abs 2 GG fordert.[280] Dass legislatives Unterlassen in diesen Bereichen völkerrechtswidrig sein kann, steht auf einem anderen Blatt. Das Völkerrecht allein gestattet nicht die innerstaatliche Bestrafung.

152 Bedeutung hat die „Erzeugungsregel" des Art 25 Satz 2 2. Halbs GG für staatsgerichtete Normen, die ihrem Inhalt nach für eine individuelle Inanspruchnahme geeignet sind, *ohne* dass sie bereits völkerrechtlich den Individuen eine Rechtsposition zuerkennen, etwa: das Recht, ein fremdes Küstenmeer „friedlich" oder „unschädlich" zu durchfahren. Es ist str, ob auch in Ansehung derartiger Rechte Art 25 Satz 2 2. Halbs GG im Blick auf Art 25 Satz 1 GG lediglich deklaratorische Bedeutung zukomme.[281] Bejaht man dies, dann entscheidet sich jedenfalls nicht nach Art 25 Satz 2 2. Halbs GG, ob einem Teil – nämlich den hierzu inhaltlich geeigneten Normen – der staatsgerichteten allgemeinen Regeln des Völkerrechts innerstaatlich die Bedeutung eines Individualrechts zukommt.[282]

153 Die Annahme, der 2. Halbs des Art 25 Satz 2 GG bringe auch im vorliegenden Zusammenhang lediglich eine Klarstellung zum Ausdruck, nähme dieser Normaussage allerdings jedes eigenständige Gewicht. Auch wenn das Grundgesetz durchaus einige bloße Deklarationen enthalten mag, so dürfte es die Norminterpretation bei einem derartigen Ergebnis nur bewenden lassen, wenn zwingende (insbes teleologische und systematische) Gründe jeder anderen, mit dem Wortlaut zu vereinbarenden Auslegung zuwiderliefen. Das ist hier nicht der Fall: Zutreffender Ansicht nach veranlasst Art 25 Satz 2 2. Halbs GG für alle die allgemeinen Regeln des Völkerrechts einen (in seiner Wirkung auf das deutsche Recht beschränkten) *Adressaten- und inhaltlichen Wechsel*, welche dies nach ihrer völkerrechtlichen Zweckbestimmung ertragen, ohne also sich völkerrechtlich schon selbst an den Einzelnen zu wenden; Art 25 Satz 1 GG verschafft ihnen objektive Geltung, erst Art 25 Satz 2 2. Halbs GG dann subjektive Wirkung.[283] Diese Sichtweise

---

280 Zum Einfluss des Völkerrechts auf das deutsche Strafrecht *Frau,* Völkerrechtlich determiniertes deutsches Strafrecht, Der Staat 53 (2014) 533ff; *Talmon,* Die Grenzen der Anwendung des Völkerrechts im deutschen Recht, JZ 2013, 12 (18).
281 So BVerfGE 15, 25, 33f; s auch BVerwGE 37, 116, 126; s auch *Hillgruber,* in HdbStR II, 3. Aufl 2004, § 32 Rn 119.
282 Konsequent – und die Frage ausdrücklich offenlassend – BVerfGE 46, 342, 362f.
283 IdS grundlegend *Doehring,* Die allgemeinen Regeln des völkerrechtlichen Fremdenrechts, 1963, 54ff; ebenso u mit ausf Nachw zum Streitstand *Aust* (Fn 272) Rn 34ff.

hat den Vorzug, den beiden Aussagen des Art 25 GG einen je eigenen Sinn zu geben. Sie kann wohl nicht noch zusätzlich durch das Argument gestützt werden, eine „völkerrechtsfreundliche" Auslegung des Rechts verdiene den Vorrang vor anderen Auslegungsergebnissen. Der Grad an Völkerrechtsfreundlichkeit, den das Grundgesetz erreicht, hängt von seinen Einzelaussagen im Zusammenspiel ab; er ist nicht allgemein vorgeordnet (o Rn 19 f).

Gefragt werden muss danach, welche Kriterien eine völkerrechtliche Norm zu erfüllen hat, um von Art 25 Satz 2 GG zum *subjektiven Recht* (oder zur Pflicht) des Einzelnen umgemünzt zu werden. Es könnte auf das Regelungsinteresse ankommen, also darauf, ob eine allgemeine Regel gerade auch den Interessen Einzelner zu dienen bestimmt sei. Eine derartige Feststellung ist schwierig: Staatsgerichtete, also nicht von vornherein auf die Rechtsstellung der Individuen zielende, Normen des Völkergewohnheitsrechts entstehen aus staatlicher Interaktion im Abgleich der jeweiligen Interessen. Sie haben keinen „Wortlaut" und kaum eine für die Ermittlung einer „Schutzrichtung" ergiebige Entstehungsgeschichte (um die Kriterien zu nennen, die im innerstaatlichen Recht für die Lösung vergleichbarer Problemstellungen herangezogen werden). Die abstrakte Eignung einer allgemeinen Regel muss daher prinzipiell ausreichen, um Art 25 Satz 2 2. Halbs GG einen Sinn zu bewahren, wenn nicht umgekehrt aus dem Völkerrecht selbst zu entnehmen ist, dass die in Rede stehende allgemeine Regel ausschließlich von Staaten in Anspruch genommen werden soll. In diesem letzteren Fall bewirkt – teleologisch zwingend – Art 25 Satz 2 GG die Umprägung nicht; sein Regelungsziel ist es, dem Völkerrecht Raum zu verschaffen, nicht – umgekehrt – seinen Intentionen widersprechende innerstaatliche Rechtslagen herbeizuführen. Das als Bsp verwendete Recht der Staaten, fremde Küstenmeere friedlich zu passieren, erscheint demzufolge im deutschen Recht als Recht des Einzelnen. Die Berechtigung zur Repressalie hingegen kann in der Sache zwar – etwa von einem Handelsunternehmen – durchaus effektiv von Einzelnen wahrgenommen werden, doch ist dies ein Recht, das die Staaten sich exklusiv „als Staaten" eingeräumt haben. Der Umstand, dass Spionage nach allgemeinem Völkerrecht als „erlaubt" gilt (was besagt: regelmäßig können an sie keine Unrechtsfolgen im zwischenstaatlichen Verhältnis geknüpft werden), bedeutet nicht, dass ein Spion sich auf einen entsprechenden (dem Völkerrecht entstammenden) Rechtfertigungsgrund berufen könnte.[284]

Geltung und Wirkung allgemeiner Regeln des Völkerrechts nach Art 25 Satz 1 GG bzw Art 25 Satz 2 2. Halbs GG besagen – das sei in Erinnerung gerufen (vgl o Rn 41 f) – noch nichts für die Anwendbarkeit im innerstaatlichen Rechtsraum. Über sie entscheiden Erfordernisse, die sich wesentlich nach der Rolle des in Betracht kommenden Rechtsanwenders im innerstaatlichen System der Gewalten bemessen. Trotz durch Art 25 GG herbeigeführter Wirkung und ggf innerstaatlicher Umformung einer Regel

154

155

---

284 Dazu BVerfGE 92, 277, 328 ff; *Doehring,* Zur Ratio der Spionenbestrafung – Völkerrecht und nationales Recht, ZRP 1995, 293 ff; *Aust,* Spionage im Zeitalter von Big Data, AVR 52 (2014) 375 ff.

zum Recht (oder zur Pflicht) eines Einzelnen kann es zu unmittelbarer Anwendung nicht kommen, wenn dem sonstiges Verfassungsrecht entgegensteht. Art 25 GG überspielt solches Recht nicht, sondern findet sich in seinen Zusammenhang eingebunden. Dabei ist wichtig, in welcher Weise sich Art 25 Satz 2 1. Halbs GG zur innerstaatlichen Normenhierarchie erklärt. Als Verfassungsrecht nimmt das GG für seinen Normenbestand den Vorrang vor allem sonstigen Recht ein, wie es in Art 20 Abs 3 GG zum Ausdruck kommt. An der Spitze der unterverfassungsrechtlichen Normenhierarchie stehen die Gesetze im förmlichen Sinne. Art 25 Satz 2 GG ordnet von ihm erfasstes Völkerrecht aber noch oberhalb der Gesetze ein. Sie erhalten damit freilich nicht selbst verfassungsrechtlichen Rang.

156   Dass allgemeine Regeln des Völkerrechts *rangmäßig „zwischen" dem Verfassungs- und dem Gesetzesrecht angesiedelt* sind, stellt allerdings der Wortlaut des Art 25 Satz 2 GG nicht vollkommen klar, denn mit „den Gesetzen" könnten alle Gesetze, also einschließlich des Grundgesetzes als Verfassungsgesetz gemeint sein. Es gibt jedoch keinen Anhaltspunkt dafür, dass das Grundgesetz sich selbst unter den Vorbehalt seiner Nichtkollision mit allgemeinem Völkerrecht stellen würde. Auch wenn eine solche Möglichkeit theoretisch erschiene (bisher ist nicht zu erkennen, dass einzelne Bestimmungen des Grundgesetzes im Widerspruch zum Völkerrecht stünden)[285] – die Völkerrechtsentwicklung ist nicht absehbar, vor allem aber die Normfeststellung bzgl des ungeschriebenen Völkerrechts mit Unsicherheiten befrachtet. Es kann nicht davon ausgegangen werden, dass das Grundgesetz seine eigene Abänderung einer solchen Entwicklung überantwortet, zumal es in Art 79 Abs 1 GG für Verfassungsänderungen auch Textänderungen im Grundgesetz selbst verlangt. Ob sich Art 25 GG selbst gänzlich oder in Teilen einer Änderung entzieht, also von Art 79 Abs 3 GG erfasst ist, ist eine andere (zu verneinende) Frage.

157   Innerhalb der allgemeinen Regeln des Völkerrechts kann in Bezug auf die Rangfrage nicht differenziert werden. Traditionell hatten alle Normen des Völkerrechts – auf völkerrechtlicher Ebene – gleichen Rang. Nach heute verbreiteter, etwa in Art 53 WVK auch kodifikatorisch zum Ausdruck gebrachter Auffassung kennt das Völkerrecht auch die Sonderkategorie des sog *zwingenden Rechts* (ius cogens).[286] Wenn solches Recht sich im Kollisionsfall anderem Völkerrecht gegenüber durchsetzt bzw die Entstehung kollidierenden Völkerrechts verhindert, so könnte dem auch innerstaatlich durch eine differenzierte Rangzuweisung Rechnung zu tragen sein. Das würde bedeuten, dass zwingenden Völkerrechtssätzen auch innerstaatlich Verfassungsrang einzuräumen wäre. Dagegen richten sich Bedenken, denn eine kategoriale und materielle Verfeinerung auf völkerrechtlicher Ebene allein vermag nicht unmittelbar eine innerstaatliche

---

285 Für die Präambel aF war dies freilich im Blick auf das in ihr enthaltene Verfassungsgebot, das Ziel der Wiedervereinigung Deutschlands nicht aus den Augen zu verlieren, früher teilweise behauptet worden, ebenso für Art 116 GG, soweit er auf Bürger der DDR erstreckt worden war.
286 Dazu *Kadelbach*, Zwingendes Völkerrecht, 1992; Tomuschat/Thouvenin (Hrsg), The Fundamental Rules of the International Order: Jus Cogens and Obligations Erga Omnes, 2005.

Kunig / Uerpmann-Wittzack

Entsprechung herbeizuführen. Art 25 Satz 2 GG pauschaliert. Nicht interpretatorisch, nur durch ausdrückliche Änderung könnte zwingenden Normen des Völkerrechts innerstaatlich verfassungsgleiche Kraft gegeben werden.

Der übergesetzliche Rang durch Art 25 Satz 2 GG erzeugter individueller Rechte **158** kann niemals unmittelbar – und also auch unabhängig von der gegebenenfalls „zwingenden" Natur der völkerrechtlichen Vorgabe – mit der Verfassungsbeschwerde geltend gemacht werden: Es handelt sich weder um „Grundrechte" noch um grundrechtsgleiche Rechte iSd Art 93 Abs 1 Nr 4a GG. Davon unabhängig bleibt die Möglichkeit, hinsichtlich grundrechtsbeschränkender Normen des innerstaatlichen Rechts ihre Vereinbarkeit mit dem von Art 25 GG in Bezug genommenen Völkerrecht zu überprüfen.[287]

c) Die Normverifikation durch das Bundesverfassungsgericht

Die Art und Weise, in der Art 25 GG die deutsche Rechtsordnung dem Völkergewohn- **159** heitsrecht „öffnet", ist als Ausdruck von „Vertrauen"[288] beschrieben worden. Dazu schafft Art 100 Abs 2 GG ein dem BVerfG Kontrolle ermöglichendes Gegengewicht, indem er die Entscheidung darüber, ob eine Regel des Völkerrechts Bestandteil des Bundesrechts ist und ob sie unmittelbar Rechte und Pflichten für den Einzelnen erzeugt, dem BVerfG überantwortet, dies für den Fall, dass die Frage „in einem Rechtsstreite zweifelhaft" ist. Damit entsteht ein Entscheidungsmonopol in Ansehung von Art 25 GG veranlasster „Zweifel" in einem fachgerichtlichen Prozess. Eine Nichtvorlage kann das grundrechtsgleiche Recht auf den gesetzlichen Richter verletzen, Art 101 Abs 1 Satz 2 GG, und demzufolge mit der Verfassungsbeschwerde gerügt werden. Das BVerfG prüft dann ggf im Verfahren nach §§ 90 ff BVerfGG, ob eine allgemeine Regel des Völkerrechts besteht, um zu klären, ob angesichts der Nichtvorlage die angegriffene Entscheidung auf einem Verstoß gegen Art 101 Abs 1 Satz 2 GG beruht.[289] Die Anforderungen an die Zulässigkeit der Vorlage ergeben sich aus Art 100 Abs 2 GG, §§ 83, 84 BVerfGG. Es geht hierbei nicht um eine Normenkontrolle, sondern um die Feststellung der Existenz und des Inhalts von Normen. „Rechtsstreit" iSd Art 100 Abs 2 GG ist jedes gerichtliche Verfahren.[290] Zu klären sind der Inhalt und der Bestand sowie die Allgemeinheit der Regel, was sich

---

287 Vgl etwa BVerfGE 23, 288, 300; 31, 145, 177; für den Fall grundrechtseinschränkender Urteile BVerfGE 112, 1: „Eine den Einzelnen belastende gerichtliche Entscheidung, die auf einer den allgemeinen Regeln des Völkerrechts widersprechenden Vorschrift des innerstaatlichen Rechts oder auch einer mit dem allgemeinen Völkerrecht unvereinbaren Auslegung und Anwendung einer Vorschrift innerstaatlichen Rechts beruht, kann gegen das durch Art 2 Abs 1 GG geschützte Recht der freien Entfaltung der Persönlichkeit verstoßen." Dazu *Schweisfurth*, Die verfassungsrechtlich eingetrübte Völkerrechtsfreundlichkeit des Grundgesetzes, NVwZ 2005, 1261 ff.
288 Vgl *Pestalozza*, Verfassungsprozessrecht, 3. Aufl 1991, § 14 Rn 1; vgl dazu ferner *Geck* (Fn 272) 142 ff; *Ruffert*, Der Entscheidungsmaßstab im Normenverifikationsverfahren nach Art 100 II GG, JZ 2001, 633 ff.
289 So die Konstellation in BVerfGE 109, 13; zu dieser Entscheidung *Dickersbach*, Auslieferung eines durch List aus seinem Heimatstaat Gelockten, StV 2004, 435.
290 Vgl BVerfGE 75, 1, 11.

regelmäßig nicht trennen lassen wird. Denkbar ist aber auch, dass zweifelhaft allein der Inhalt im Einzelnen ist.

160   „Zweifel" sind im vorliegenden Zusammenhang „objektive" Zweifel.[291] Nach der Rechtsprechung müssen es „ernsthafte" Zweifel in dem Sinne sein, dass „das Gericht abweichen würde von der Meinung eines Verfassungsorgans oder von den Entscheidungen ausländischer oder internationaler Gerichte oder von den Lehren anerkannter Autoren der Völkerrechtswissenschaft".[292] Es kommt danach nicht darauf an, dass das Gericht des Ausgangsverfahrens selbst Zweifel hegt, ob die in Rede stehende Norm von Art 25 GG erfasst wird, was sich zwanglos aus einem Vergleich des Art 100 Abs 2 GG mit Art 100 Abs 1 GG (konkrete Normenkontrolle) erschließt sowie dem Sinn des Normverifikationsverfahrens, eine einheitliche Rechtspraxis zu erreichen, entspricht. „Zweifelt" allerdings – umgekehrt – allein das Fachgericht, so hat es ebenfalls vorzulegen.[293]

161   Die Vorlage ist nur zulässig, wenn die Zweifel entscheidungserheblich sind, die Entscheidung des Fachgerichts also wirklich von der Klärung der Vorlagefrage abhängt. Diese Entscheidungserheblichkeit ist vom Fachgericht darzulegen (vgl § 84 BVerfGG iVm § 80 Abs 2 BVerfGG). Das BVerfG prüft in diesem Zusammenhang nach, ob die Entscheidungserheblichkeit nachvollziehbar dargetan ist.[294]

162   Der Entscheidungsinhalt ergibt sich aus § 83 Abs 1 BVerfGG. Die Entscheidung ist verbindlich und gesetzeskräftig und demzufolge im Bundesgesetzblatt zu veröffentlichen, § 31 Abs 1, Abs 2 Satz 1, 4 BVerfGG. Ein im Eilverfahren (§ 32 BVerfGG) gestellter Antrag, ein Fachgericht im Blick auf ein anhängiges Verfahren zur Vorlage zum Zweck der Normenverifikation „anzuhalten", ist unstatthaft.[295]

4. Allgemeine Rechtsgrundsätze

163 Die völkerrechtliche Rechtsquellenlehre kennt – neben dem Vertragsrecht und dem Völkergewohnheitsrecht – „allgemeine Rechtsgrundsätze". Diese unterfallen ebenfalls dem Begriff der „allgemeinen Regeln" iSd Art 25 GG (und des Art 100 Abs 2 GG), auch wenn sie der deutschen Rechtsordnung ohnehin immanent sein dürften.[296] Immerhin erhalten sie so einen erhöhten Rang (vgl o Rn 155ff). Art 38 Abs 1 lit c IGH-Statut bezeichnet sie als *„von den Kulturvölkern anerkannt"* – was eine zeitgebunden-unglückliche Differenzierung (nämlich zwischen Kulturvölkern und „anderen" Völkern), aber auch eine

---

291 Vgl BVerfGE 15, 25, 33.
292 So BVerfGE 23, 288, 319.
293 So auch *Pestalozza* (Fn 288) § 14 Rn 11.
294 Vgl etwa BVerfGE 16, 27, 32; 75, 1, 12ff; 100, 209ff. – Die Notwendigkeit einer Auslegung und Präzisierung der Vorlagefrage aus der Begründung des Vorlagebeschlusses heraus steht der Zulässigkeit des Vorlageverfahrens nicht entgegen; vgl BVerfGE 117, 141 *(Argentinische Staatsanleihen/Immunität)*.
295 Vgl BVerfG, DVBl 2003, 661 (662) *(Staatsnotstand Argentinien)*.
296 Vgl BVerfGE 96, 68, 86; s auch *Aust* (Fn 272) Rn 16; *Doehring* (Fn 61) Rn 739f; *Weiß*, Allgemeine Rechtsgrundsätze des Völkerrechts, AVR 39 (2001) 394ff.

dogmatisch missverständliche Wendung darstellt: „Anerkennung" kann hier nicht ein einseitiges völkerrechtliches Rechtsgeschäft iSd Abgabe einer Erklärung im Außenverhältnis meinen, sondern bezieht sich auf den Umstand, dass ein Rechtssatz in innerstaatlichen Rechtsordnungen nachweisbar ist. Regelmäßig wird die Feststellung eines allgemeinen Rechtsgrundsatzes – nimmt man das Erfordernis des Nachweises in den einzelstaatlichen Rechtsordnungen ernst – deshalb erheblichen Aufwand bedeuten, sofern der gesuchte Satz hinreichend konkret und subsumtionsfähig sein soll. Das muss hier auf sich beruhen.

Als allgemeine Rechtsgrundsätze kommen darüber hinaus auch solche in Betracht, **164** die der durch Verträge und Gewohnheitsrecht konstituierten Ordnung unausgesprochen zugrunde liegen. Es gibt einige solcher Rechtssätze.[297] Auch wenn ihnen oft zugleich durch entsprechende Staatenpraxis Geltung als Völkergewohnheitsrecht verschafft sein wird (was sie sogleich als „allgemeine Regeln" iSv Art 25 Satz 1 GG erscheinen ließe), mag ihre Identifizierung als allgemeiner Rechtsgrundsatz im Einzelfall sogar leichter sein als die Auswertung der Staatenpraxis.

Kaum noch der Erwähnung bedarf, dass allgemeine Rechtsgrundsätze des europäi- **165** schen (Integrations-)Rechts hierher nicht gehören. Da sie dem primären Unionsrecht zuzuordnen sind, richtet sich ihre innerstaatliche Bedeutung nach den oben (Rn 126 ff) beschriebenen Grundsätzen.

5. Recht Internationaler Organisationen

I.O. können mit der Fähigkeit ausgestattet sein, gegenüber ihren Mitgliedstaaten rechts- **166** verbindliche Entscheidungen zu treffen. Es kann dies die Regelung von Einzelfällen betreffen oder sich als „abstrakt-generelle" Normsetzung darstellen. Aus völkerrechtlicher Warte kann prinzipiell unterschieden werden zwischen I.O. des klassischen Typs (als Rechtspersönlichkeiten, denen die Fähigkeit zukommen kann, völkerrechtliche Verpflichtungen der Mitgliedstaaten zu begründen) und solchen Organisationen, die befugt sind, Rechtsakte zu erlassen, welche ohne Zutun der Mitgliedstaaten innerhalb von deren Rechtsräumen Wirkungen entfalten. Das deutsche Recht überweist beide dem Mechanismus des Art 59 Abs 2 GG, weil die Entstehung einer Verpflichtung der BR Deutschland gegenüber einer I.O. die vertraglich begründete Mitgliedschaft oder – bei Nichtmitgliedschaft – gleichfalls einen Vertragsschluss voraussetzt. Die zweitgenannten Einrichtungen sind hingegen – darüber hinaus – ein Thema von Art 23, Art 24 Abs 1 GG.

Für „klassische" I.O. ist die *Schaffung bindenden Rechts* nicht typisch. Ihre Organe **167** können allerdings gemäß der jeweiligen Satzung befugt sein, über die Veränderung von Vertragsinhalten zu beschließen.[298] Ein dermaßen veränderter Vertragsinhalt war dann nicht Gegenstand des für den Beitritt zu der Organisation erforderlichen Vertragsgeset-

---

297 Vgl *Kämmerer*, 1. Abschn Rn 140 f; näher *Weiß* (Fn 296) 394 ff.
298 Dazu *Grzeszick* (Fn 172) 141 ff.

zes: Dieses beinhaltet nicht etwa eine dynamische Verweisung auf den jeweiligen Vertrag mit je aktuellem Inhalt (vgl o Rn 91). Auch wenn die völkerrechtliche Beseitigung einer vertraglichen Verpflichtung ihr zugleich die durch Art 59 Abs 2 GG zunächst herbeigeführte innerstaatliche Geltung nimmt, bedarf daher die durch die Organisation nunmehr beschlossene Änderung erneut des Zustimmungsakts. Anders als bei der Änderung von völkerrechtlichen Verträgen im Allgemeinen handelt die Bundesregierung hier allerdings nicht verfassungswidrig, wenn sie vor einer solchen Zustimmung die Veränderung der völkerrechtlichen Rechtslage hinnimmt. Die Zuständigkeiten der gesetzgebenden Körperschaft sind durch die (ursprüngliche) Mitwirkung bei dem Vertrag, sofern er eine organschaftlich beschlossene Änderung ermöglicht, gewahrt; ihre (erneute) Mitwirkung ist nur relevant für die innerstaatliche Geltung der Änderung.

168   Sind Organe einer I.O. ermächtigt, durch Beschluss Satzungsbestimmungen zu konkretisieren, indem sie derartige *Konkretisierungen* einseitig aussprechen oder sie denjenigen Mitgliedstaaten auferlegen, die dem nicht widersprechen, bedarf es der neuerlichen Zustimmung bzw Mitwirkung der für die Gesetzgebung zuständigen Körperschaften nicht, sofern die Konkretisierung den Rahmen der ohnehin begründeten völkerrechtlichen Verpflichtung nicht verlässt (s o Rn 82). Derartige Vorgaben erlangen daher ohne weiteres innerstaatliche Geltung. Eignen sie sich für die unmittelbare Anwendbarkeit, sind die Rechtsanwender dazu verpflichtet, derartige Norminhalte im Rahmen des innerstaatlichen Rechts zur Anwendung zu bringen, soweit dieses sich nicht (etwa durch speziellere Vorschriften gleichen Rangs) hiergegen sperrt.

169   *Entscheidungen* einer I.O. sind einer innerstaatlichen Umsetzung oft bereits aus inhaltlichen Gründen von vornherein nicht zugänglich, können ihrer dann auch nicht bedürfen. Rechte und Pflichten Einzelner können sie außerhalb von Art 23 und 24 Abs 1 GG niemals unmittelbar begründen. Ist ihre Befolgung völkerrechtlich vorgegeben – wie vor allem denkbar für bindende (auch iS abstrakt-genereller Regelung erfolgende) Beschlüsse des Sicherheitsrats der Vereinten Nationen auf dem Gebiet der Friedenssicherung[299] –, so erfolgt die Umsetzung (etwa: Sicherstellung der Einhaltung eines Boykotts) im Rahmen der Anwendung vorhandener, ggf zu ändernder Gesetze. Ob diese die Umsetzung ermöglichen, ob sie etwa auch auf verfassungsrechtliche Grenzen stößt, ist unabhängig von der völkerrechtlichen Rechtslage zu entscheiden. Anders als bei sekundärer (durch Organe verbindlich vorgenommener) Normkonkretisierung durch Normsetzung finden die Entscheidungen der Organe einer I.O. – auch wenn sie ebenfalls auf Vertragsauslegung beruhen – *als solche keinen Eingang in das innerstaatliche Recht*. Sie kann lediglich Ursache für innerstaatliche Normsetzung sein; für die Auslegung so gesetzter Normen mag dann die international gesetzte Ursache Bedeutung gewinnen.

---

299 Vgl dazu – resolutionskonforme Auslegung des deutschen Außenwirtschaftsrechts – BayObLG, RIW 1998, 322ff; s ferner *Biehler,* Individuelle Sanktionen der Vereinten Nationen und Grundrechte, AVR 41 (2003) 1ff.

Die *Trennlinie zwischen Recht und Nichtrecht* verläuft auch im Völkerrecht de- 170 finitorisch scharf. Ein Reden vom „weichen Recht"[300] – so interessant diesbezüglich die Anlässe und Inhalte teilweise sind – ändert daran nichts. Skepsis gegenüber dem Begriff des „soft law" bedeutet nicht ein Leugnen oder Ablehnen des Phänomens, dass die Völkerrechtssubjekte die Existenz gewisser Normen offenbar unterstellen, auf deren Einhaltung regelmäßig dringen, ohne aber die Nichteinhaltung als Bruch des Völker*rechts* zu behandeln. Nicht zu verkennen ist auch, dass die Grenzen zwischen einem den Rechtscharakter einer Norm indizierenden Staatenverhalten und einem solchen, das auf die Annahme einer nichtrechtlichen Norm schließen lässt, manchmal flüssig sind. Zur Verflüssigung auch der dogmatischen Erfassung darf das kein Anlass sein.

Internationale Verhaltensnormen ohne Rechtscharakter können gleichsam um- 171 standslos aus tatsächlichem Verhalten entstehen, auf Zustimmung oder jedenfalls Beachtung findende Proklamationen einzelner Akteure zurückzuführen sein (wie es etwa für die sog Doktrinen – überwiegend – des 19. Jh typisch war)[301] oder aus dem internationalen Konferenzgeschehen hervorgehen. Zunehmend drücken sie sich in *„Empfehlungen" Internationaler Organisationen* (auch Konferenzen) aus. Gegenstand rechtlichen Interesses sind sie zunächst durchaus auch aus völkerrechtlicher Sicht, dies ungeachtet ihres unverbindlichen Charakters. Dabei ist an dieser Stelle nicht zu erörtern, unter welchen Voraussetzungen Empfehlungen in Rechtsverbindlichkeit erwachsen, insbes die Herausbildung von Völkergewohnheitsrecht inspirieren und stärken können; es ist dies eine Schlüsselfrage der Rechtsquellenlehre.[302]

Für das innerstaatliche Recht sind unverbindliche Empfehlungen normativen oder 172 einzelfallbezogenen Inhalts unter anderen Gesichtspunkten von Interesse. Das deutsche Verfassungsrecht nimmt von ihnen nicht ausdrücklich Kenntnis, das Gesetzesrecht nur höchst vereinzelt (vgl § 15 II LFGB). Von innerstaatlicher Geltung unverbindlicher Empfehlungen kann nicht die Rede sein. Eine *innerstaatliche Bedeutung* kann ihnen dennoch zukommen, dies hier – und anders als bei völkerrechtlichen Verträgen, Völkergewohnheitsrecht, allgemeinen Rechtsgrundsätzen und verbindlichen normativen Entscheidungen I.O. – aber nicht iSe innerstaatlichen Berücksichtigungsverpflichtung (wenn dies nicht, wie im genannten Bsp, ausdrücklich vorgesehen ist), sondern iSd Berücksichti-

---

300 Vgl dazu *Kämmerer*, 1. Abschn Rn 148; anschaulich *Hilgenberg*, Soft Law im Völkerrecht, ZEuS 1998, 81ff; zu sog Restatements, mit denen in den letzten Jahren namentlich die ILC das Völkerrecht geprägt hat, *Kriebaum*, Restatements, BerDGIR 47 (2016) 295ff; sie sind keine Rechtsquelle, können aber wertvolle Rechtserkenntnisquelle sein.

301 Vgl dazu etwa *Krakau*, Lateinamerikanische Doktrinen zur Realisierung staatlicher Unabhängigkeit und Integrität, VRÜ 8 (1975) 17ff.

302 Vgl dazu *Kämmerer*, 1. Abschn Rn 143; s ferner *Wehser*, Die Bindungswirkung der Empfehlungen der Vollversammlung der Vereinten Nationen, Thesaurus Acroasium 2 (1976) 69ff; *v. Grüningen*, Die Resolutionen der Generalversammlung der Vereinten Nationen und ihr Einfluss auf die Fortbildung des Völkerrechts, FS Bindschedler, 1980, 187ff.

gungsfähigkeit, also einer Eignung, der deutschen Staatsgewalt als Maßstab für Entscheidungen zu dienen (u Rn 184).[303]

173   Gänzlich anders liegen die Dinge bezüglich des *sekundären Unionsrechts*. Es wurde o Rn 120 ff geschildert, wie das Grundgesetz den Anwendungsvorrang des unionsrechtlichen Primärrechts hinnimmt und die innerstaatliche Rechtsordnung die Voraussetzungen dafür geschaffen hat. Hieraus ergibt sich auch die Weichenstellung für den Anwendungsvorrang des sekundären Unionrechts.[304] Diesen beanspruchen Verordnungen des Europäischen Parlaments und des Rates sowie der Kommission iSv Art 288 Abs 2 AEUV, welche entgegenstehendes deutsches Recht verdrängen und sich auch von später erlassenem solchen Recht nicht ihrerseits verdrängen lassen.[305]

174   Richtlinien des Parlaments, des Rates und der Kommission (Art 288 Abs 3 AEUV) sind an alle (oder einzelne) Mitgliedstaaten adressiert, diesen ist aber die Wahl der Form und der Mittel zur Erreichung des verbindlich vorgegebenen Regelungsziels überlassen. Die Rechtsprechung des EuGH hat allerdings Fälle *„unmittelbarer"* Richtlinienwirkung umrissen,[306] was iE zur Berechtigung, nicht aber der Inpflichtnahme einzelner Rechtssubjekte durch eine Richtlinie führen kann.[307] Ist die Richtlinie angemessen

---

303 Dazu *Kunig*, Deutsches Verwaltungshandeln und Empfehlungen internationaler Organisationen, FS Doehring, 1989, 529 ff; *Dieckert*, Die Bedeutung unverbindlicher Entschließungen internationaler Organisationen für das innerstaatliche Recht der Bundesrepublik Deutschland, Diss Hamburg, 1993; *Uerpmann-Wittzack*, Rechtsfortbildung durch Europaratsrecht, in FS E. Klein, 2013, 939 ff; vgl auch *Doehring* (Fn 61) Rn 744; *Schäfer*, Soft law im System des Völkerrechts, JuS 2020, 827 (831). Zum Einfluss transnationaler Behördennetzwerke auf das innerstaatliche Verwaltungsrecht *Ladeur*, Globales Verwaltungsrecht und seine Verknüpfung mit innerstaatlichem Recht, DÖV 2012, 369 ff.
304 Dazu BVerfGE 140, 317, Rn 38; zur daraus folgenden Konsequenz, dass in vollständig unionsrechtlich determinierten Rechtsbereichen deutsche Grundrechte durch Unionsgrundrechte verdrängt werden, BVerfGE 152, 216, Rn 44; zum Verhältnis des Unionsrechts zum nationalen Recht s *Haratsch/Koenig/Pechstein*, Europarecht, 12. Aufl 2020, Rn 202 ff.
305 Vgl nur *Oppermann/Classen/Nettesheim* (Fn 247) § 9 Rn 80; für Frankreich vgl Conseil d'Etat, DVBl 1991, 324 mit Anm *Streinz*, 325 ff.
306 S früh EuGH, Slg 1970, 1213 ff; später zB EuGH, Slg 1982, 53 ff; zur Frage einer „Horizontalwirkung" (Berechtigung eines Privaten bei gleichzeitiger Belastung/Verpflichtung eines anderen) s zunächst EuGH, Slg 1986, 732; später dann EuGH, Slg 1994, I-3325, 3355; s ferner etwa *Gundel*, Neue Grenzlinien für die Direktwirkung nicht umgesetzter EG-Richtlinien unter Privaten, EuZW 2001, 143 ff; *Steinbarth*, Unmittelbare Wirkung von EG-Richtlinien und richtlinienkonforme Auslegung des innerstaatlichen Rechts in der Rechtsprechung des EuGH, Jura 2005, 607 ff. Zum Ganzen Überblick bei *Oppermann/Classen/Nettesheim* (Fn 247) § 9 Rn 100 ff; *Streinz* (Fn 49) Rn 493 ff; s zudem *Säcker*, Die Einwirkungen europäischen Rechts auf das nationale Privatrecht – Methode und Prinzipien, FS Scholz, 2007, 150 ff. Insbes die „Überschneidungszone" (*Wahl*, Materiell-integrative Anforderungen an die Vorhabenzulassung – Anwendung und Umsetzung der IVU-Richtlinie, NVwZ 2000, 502 [508]) von begünstigenden und belastenden Richtlinienbestimmungen ist str.
307 Grundsätzlich akzeptiert durch BVerfGE 75, 223 ff; bestätigt in BVerfGE 126, 286 ff *(Honeywell)*; ablehnend noch BFHE 143, 383 ff; zum Rechtsschutz: *Heck*, Rechtsschutz gegen durch EG-Richtlinien determiniertes Gesetzesrecht, NVwZ 2008, 523 ff.

umgesetzt, entfaltet sie weiterhin sperrende Wirkung gegenüber dem Erlass entgegenstehenden deutschen Rechts. Dieser stellt sich als Vertragsverletzung dar.

V. Bilanz: Völkerrecht als Maßstab deutscher Staatsgewalt

Wurde bis hierher aus dem Blickwinkel völkerrechtlicher Normkategorien erwogen, in 175
welchem Verhältnis sich das Völkerrecht und das deutsche Recht zueinander befinden,
und dabei dargestellt, in welcher Weise völkerrechtliche Vorgaben (und auch unverbindliche Normen internationalen Ursprungs) sich in der staatlichen Normenordnung
Raum verschaffen, geht es nunmehr – bilanzierend – aus der Perspektive der dem Recht
unterworfenen Staatsgewalten um jenes Verhältnis.

1. Gesetzgebung

Die (Parlaments-)Gesetzgebung ist dem Verfassungsrecht unterworfen, ihre Gestal- 176
tungsfreiheit im Übrigen nicht eingeschränkt. Das Grundgesetz setzt für die innerstaatliche Geltung von Völkerrecht den ausdrücklichen Akt des Vertragsgesetzes voraus bzw
lässt über den Mechanismus des Art 25 GG Gewohnheitsrecht und allgemeine Rechtsgrundsätze einfließen, über Art 23, 24 Abs 1 GG iVm den einschlägigen Vertragsgesetzen
das Unionsrecht bzw weiteres Recht aufgrund übertragener Befugnis. Verfassungsrang
kommt dem so einfließenden Recht in keinem Fall zu, dem erfassten Völkergewohnheitsrecht (bzw allgemeinen Rechtsgrundsätzen) aber ein höherer Rang als Gesetzesrang und dem auf übertragener Befugnis beruhenden Recht ggf ein Anwendungsvorrang. Daraus ergibt sich: Ungeachtet des Völkerrechts und unberührt von ihm für den
Fall des Rechtsverstoßes vorgesehener Rechtsfolgen ist der (Bundes-)Gesetzgeber verfassungsrechtlich nicht gehindert, Bundesgesetze zu erlassen, die in Widerspruch zu
völkerrechtlichen Verträgen stehen (soweit diese nicht zugleich Völkergewohnheitsrecht wiedergeben).[308] Die Landesgesetzgeber vermögen dies nicht, soweit Vertragsrecht – wie regelmäßig – durch Bundesvertragsgesetz im Rahmen der Gesetzgebungs-

---

308 So die hM, vgl etwa *Nettesheim*, in Dürig/Herzog/Scholz (Fn 133) Art 59 Rn 181ff; dies bestätigend
BVerfGE 141, 1, Rn 50 sowie Rn 79 (zum nicht überzeugenden Rekurs auf allgemein-rechtsstaatliche Überlegungen in diesem Zusammenhang), s aber das Sondervotum *König*; BFHE 236, 304 sowie *Starski* (Fn 175)
Rn 104ff.; wohl differenzierend *Lehner*, Treaty Override im Anwendungsbereich des § 50d EStG, IStR
2012, 389 (402); *ders*, Keine Verfügung des Parlaments über seine Normsetzungsautorität, IStR 2014, 189ff.
Das BVerwG forderte den Gesetzgeber auf, dass er „für die Beamten außerhalb der genuin hoheitlichen
Verwaltung nach dem Grundsatz der praktischen Konkordanz einen Ausgleich der sich gegenseitig ausschließenden Rechtspositionen aus Art 33 Abs 5 GG und Art 11 EMRK herbeiführen" müsse, BVerwGE 149,
117ff. Hierzu kritisch: *Kees*, Bricht Völkerrecht Landesrecht?, Der Staat 54 (2015) 63ff; *Krumm*, Legislativer
Völkervertragsbruch im demokratischen Rechtsstaat, AöR 138 (2013) 364ff. Im Gegensatz zum BVerwG hat
BVerfGE 148, 296ff Art 11 EMRK mittlerweile so ausgelegt, dass kein Konflikt mit deutschem Recht eintritt;
dazu *Jacobs/Payandeh*, Das beamtenrechtliche Streikverbot: Konventionsrechtliche Immunisierung

kompetenzen des Bundes inkorporiert ist (o Rn 115); derartige Gesetze wären nichtig, Art 31 GG. Von allgemeinen Regeln des Völkerrechts abzuweichen, befugt das deutsche Recht die innerstaatlichen Gesetzgeber nicht. Art 25 Satz 2 1. Halbs GG selbst bewirkt dann die Verfassungswidrigkeit. Unionsrechtswidriges innerstaatliches Recht ist nicht nichtig, bleibt aber ggf außer Anwendung.

2. Regierung und Verwaltung

177 Die Regierung (im organisatorischen Sinne) bildet die Spitze der Verwaltung, ist im System der Gewaltenteilung von ihr nicht horizontal getrennt, sondern ihr vertikal vorgeordnet. Die Verwaltung vollzieht Gesetze und konkretisiert von Gesetzen belassene Handlungsspielräume nach den Vorgaben der Regierung. Für die Frage nach der Maßstäblichkeit des Völkerrechts bzgl des Handelns der Gewalten bedürfen Regierung und Verwaltung daher keiner Trennung. Zu unterscheiden ist aber das nach außen gerichtete Handeln – als Handeln insbes gegenüber einem anderen Staat – vom Verwaltungsvollzug im Innern. Eine gewisse Zwischenstellung kommt dabei dem Handeln der diplomatischen und konsularischen Vertretungen im Ausland zu. Es kann außenpolitisch gestaltenden, aber auch – hier liegt jedenfalls heute wohl der Schwerpunkt – rein administrativen Charakter tragen.

178   In diesem Zusammenhang ist daran zu erinnern, dass die Auswärtige Gewalt nicht eine „vierte" Gewalt darstellt, sondern die Zuständigkeiten meint, über die auswärtigen Angelegenheiten zu entscheiden. Sie wird von Exekutive *und* Legislative im Zusammenspiel wahrgenommen, wie es sich auch bei der Untersuchung des Verhältnisses von Vertragsvölkerrecht und deutschem Recht gezeigt hat (o Rn 76, 80 ff). Vorliegend geht es jedoch nicht um Normkreation, sondern um die Beachtlichkeit vorhandener Normen. IdS ist die Wahrnehmung, jedenfalls Anleitung, der Auswärtigen Gewalt durch die Regierung angesprochen. Regierungstätigkeit kann andererseits auch einen nach innen gerichteten „Verwaltungsvollzug" bedeuten – wenn etwa nach Außenwirtschaftsrecht oder Kriegswaffenkontrollrecht eine ministerielle Entscheidung für ein innerstaatliches Verwaltungsrechtsverhältnis ergeht.

179   Auch in auswärtigen Angelegenheiten handeln Regierung und Verwaltung verfassungs- und gesetzesgebunden. Von kompetenziellen Fragen abgesehen betrifft dies materiell-rechtlich auch die Grundrechtsordnung. Art 1 Abs 3 GG verpflichtet die Auswärtige Gewalt auf die Grundrechte. Diese können auch die Berücksichtigung von auf fremdem Staatsgebiet eintretenden Folgen des Handelns oder Unterlassens deutscher Staatsgewalt verlangen (vgl o Rn 1).

180   Das Völkerrecht ist adressiert an seine Subjekte, also auch an die BR Deutschland. Eine Beachtung durch einzelne Organe setzt es voraus, spricht diese aber nicht unmit-

---

durch verfassungsgerichtliche Petrifizierung, JZ 2019, 19 ff; ob der EGMR dieses Verständnis von Art 11 EMRK akzeptieren wird, bleibt abzuwarten.

telbar an. Deshalb muss das innerstaatliche Recht die Voraussetzungen dafür schaffen, dass die – hier: exekutiven – Organe zur Wahrnehmung der auswärtigen Beziehungen auf das Völkerrecht verpflichtet werden. Art 25 GG bewirkt dies pauschal für die allgemeinen Regeln des Völkerrechts. Art 59 Abs 2 GG sieht die Möglichkeit einer solchen Verpflichtung durch ein Vertragsgesetz vor. Auch aus innerstaatlicher Sicht handelt ein Organ daher rechtswidrig, wenn es so erfassten völkerrechtlichen Verpflichtungen zuwider handelt. Hält es indessen weiteres Völkerrecht (etwa: regionales Völkergewohnheitsrecht; nicht ratifizierte Verträge, deren vorläufige Anwendbarkeit ohne parlamentarische Zustimmung völkerrechtlich vereinbart ist)[309] nicht ein, so ist hiergegen aus innerstaatlicher Sicht rechtlich nichts zu erinnern. Das staatliche Recht hindert allerdings auch nicht, derartiges Völkerrecht zu beachten, solange sich nicht etwa deutsche Normen dem in den Weg stellen. Gleiches gilt für die Befolgung völkerrechtlich verbindlicher, aber innerstaatlich nicht umgesetzter oder unmittelbar wirkender bzw völkerrechtlich unverbindlicher Entscheidungen einer I.O. außerhalb des Integrationsrechts oder des von Art 24 Abs 1 GG erfassten Bereichs.

Die Frage der Anwendungsfähigkeit (vgl o Rn 41 f) einer völkerrechtlichen Norm ist, **181** was den auswärtigen Vollzug anlangt, ohne Brisanz. Sie kann Bedeutung nur im staatlichen Innenverhältnis haben, denn nur dort können die Rechtsbereiche des Völkerrechts einerseits, des staatlichen Rechts andererseits kollidierend aneinander stoßen. Fehlen der völkerrechtlichen Norm die Voraussetzungen der Anwendbarkeit, so fehlt es ihr zugleich an verhaltensdirigierender Kraft, was ggf dazu führt, dass ihre Nichtbeachtung Rechtsfolgen nicht auslösen kann.

Im nach innen gerichteten Vollzug, also bei Verwaltungshandeln, das auf die Be- **182** gründung rechtlicher oder auch nur tatsächlicher Folgen im innerstaatlichen Rechtsraum bzw auf dem eigenen Staatsgebiet gerichtet ist (sich aber nicht notwendigerweise an einen dort befindlichen Adressaten richten muss), gelten allgemeine Regeln des Völkerrechts nach Maßgabe des Art 25 GG mit Vorrang vor dem Gesetzesrecht bzw gilt Völkervertragsrecht mit Gesetzesrang. Hier stellt sich die *Frage der Anwendbarkeit* nachhaltig. Ist die Anwendbarkeit zu bejahen, besteht Anwendungspflicht. Diese Folge hat die deutsche Exekutive bspw bei der Konvention über die Rechte des Kindes über einen entsprechenden völkerrechtlichen Vorbehalt bei der Ratifikation zu vermeiden gesucht.[310] Damit hat sie ihre Kompetenz überschritten. Zwar steht es der Exekutive bei der Ratifikation verfassungsrechtlich grundsätzlich frei, einen Vorbehalt anzubringen (o Rn 90, 109). Die unmittelbare Anwendbarkeit ist aber keine Frage des völkerrechtlichen Geltungsumfangs, sondern eine der innerstaatlichen Umsetzung, die sich mangels Vorgaben im Vertrag letztlich allein nach nationalem Recht bestimmt (o Rn 7). Eine Erklärung, wonach Vertragsbestimmungen nicht unmittelbar anwendbar seien, schränkt also die völkerrechtliche Geltung nicht ein und ist nicht als Vorbehalt zu wer-

---

309 Vgl Art 25 WVK; dazu *Montag*, Völkerrechtliche Verträge mit vorläufigen Wirkungen, 1986.
310 BGBl 1992 II, 990; 2010 wurde die Erklärung zurückgenommen: BGBl 2011 II, 600.

ten.[311] Damit könnte der Bundesgesetzgeber die unmittelbare Anwendung durch eine Klausel im Zustimmungsgesetz ausschließen, nicht aber die Exekutive in einer völkerrechtlichen Erklärung.[312] Erweisen sich Vertragsbestimmungen freilich als nicht unmittelbar anwendbar, kommt eine Anwendung nicht in Betracht – was die Geltung (und den Rang) unberührt lässt und nicht etwa der innerstaatlichen Umsetzung eines Vertrags den Sinn nimmt, denn die Beachtung bleibt möglich (o Rn 180). Auch kann der Gesetzgeber derartige Normen konkretisieren und damit völkerrechtlich veranlasstes anwendbares Recht schaffen.

183   Über die Anwendbarkeit einer umgesetzten völkerrechtlichen Norm durch die Verwaltung ist in Betrachtung zunächst der Norm selbst zu befinden, also die Frage aufzuwerfen, ob sie die unmittelbare Anwendung erheischt. Ihrer Eignung dazu ziehen sodann die verfassungsrechtlichen Anforderungen an das Verwaltungshandeln, die sich insbes aus dem Grundsatz des Vorbehalts des Gesetzes ergeben, Grenzen. Dieser Grundsatz erstreckt sich allerdings nicht auf sämtliches Verwaltungshandeln, wobei die Unterscheidung zwischen der gewährenden (Leistungs-)Verwaltung und der Eingriffsverwaltung einen ersten Ordnungsgesichtspunkt bietet. Jede Belastung, die als Eingriff jedenfalls in die von Art 2 Abs 1 GG verbürgte – umfassend verstandene – allgemeine Handlungsfreiheit zu qualifizieren ist, bedarf eines ermächtigenden Rechtssatzes.[313] Für die Leistungsgewähr gilt dies nicht kategorisch, doch kann auch hier eine normative Ermächtigung gefordert sein. Die Bedeutung einer Verwaltungsentscheidung für die Grundrechtsausübung kann darüber hinaus Anforderungen an die formale Qualität der ermächtigenden Norm stellen (Parlamentsvorbehalt). Die Grundrechte befinden schließlich auch über die von einem derartigen Rechtssatz zu fordernde inhaltliche Bestimmtheit. Diese verfassungsrechtlichen Anforderungen filtern das in das deutsche Recht übernommene Völkerrecht. Da sie sämtlich auf Verfassungsrecht gründen, übernommenes Völkerrecht jedoch niemals den Verfassungsrang erreicht, kann an diesem Ergebnis nicht gezweifelt werden.

184   Für *unverbindliche Entscheidungen I. O.* stellt sich die Frage ihrer Anwendungstauglichkeit anders. Geht es bei der Anwendung transformierten Völkerrechts darum, ob Verfassungsrecht trotz innerstaatlicher Geltung des transformierten Rechts dessen Anwendbarkeit dennoch hindert, so stellt sich bei unverbindlichen Entscheidungen die Frage, ob trotz fehlender innerstaatlicher Geltung die Anwendung möglich ist. Das Fehlen eines Geltungsbefehls steht dem noch nicht entgegen. Zwar wendet die Verwaltung Recht an und nicht außerrechtliche Normen. Sie berücksichtigt bei der Rechtsanwendung aber auch Fakten. Die Empfehlung einer I. O. ist jedenfalls ein solches Faktum. Eine solche Empfehlung ist also grundsätzlich geeignet, eine Berücksichtigung zu finden, die

311 UN Doc A/66/10, ILC Guide to Practice on Reservations to Treaties, 26 ff, Leitlinie 1.5.2.
312 *Tomuschat,* Verwirrung über die Kinderrechts-Konvention der Vereinten Nationen, in FS Zacher, 1998, 1143 (1153 f); *Uerpmann,* Implementation of United Nations Human Rights Law by German Courts, GYIL 46 (2003) 87 (104 ff).
313 Vgl *Kunig/Kämmerer* (Fn 4) Art 2 Rn 18 ff, 43 ff.

sich iE durchaus als Normbefolgung darstellen kann – wenn und soweit entgegenstehendes Recht das nicht verbietet, wobei Recht jeglicher Qualität in Betracht kommt. Für eine solche Berücksichtigung öffnen sich daher vor allem die Bereiche gesetzesfreier Verwaltung, ferner die gesetzlich programmierte Verwaltung dort, wo unbestimmte Rechtsbegriffe zu konkretisieren oder Ermessensnormen in Anspruch zu nehmen sind.[314] Derartiges kommt auch in Betracht, wenn etwa ein völkerrechtlicher Vertrag noch nicht in Kraft getreten oder umgesetzt ist oder er lediglich Staatenverpflichtungen, nicht aber Individualrechte beinhaltet.[315]

3. Gerichte

Deutsche Gerichte, wie die vollziehende Gewalt an „Gesetz und Recht" gebunden (Art 20 Abs 3 GG), sind zur Anwendung von Völkerrecht berechtigt und verpflichtet, soweit dieses innerstaatlich gilt und anwendungsgeeignet ist (vgl o Rn 41f, 115ff, 150ff). Während der Inhalt von Vertragsvölkerrecht der eigenständigen Klärung der Fachgerichtsbarkeit überwiesen ist, muss die Feststellung der Geltung und Gerichtetheit allgemeiner Regeln des Völkerrechts bereits bei „Zweifeln" durch Vorlage an das BVerfG geklärt werden (vgl o Rn 159ff). Unmittelbare Anwendbarkeit kommt für Menschenrechte ebenso in Betracht wie für solches Völkerrecht, das nicht die Rechtsstellung des Einzelnen als solche betrifft, sondern allein im staatlichen Interesse gründet (wie im Diplomatenrecht) oder etwa den Status (zB die Staatsqualität) eines Völkerrechtssubjekts betrifft. Im Rahmen einer *völkerrechtskonformen Auslegung*[316] kann Völkerrecht auch dann zum Tragen kommen, wenn es nicht unmittelbar anwendbar ist. Soweit es um die gerichtliche Klärung völkerrechtlicher Fragen geht, kommen dabei – selbstverständlich – auch hier die Auslegungsregeln des Völkerrechts zur Anwendung. Internationale Normativakte unterhalb der Schwelle rechtlicher Verbindlichkeit kann ein Gericht nur in dem Rahmen berücksichtigen, der oben insoweit für die Verwaltung geschildert wurde (Rn 177ff).[317] **185**

Besondere Probleme wirft das Nebeneinander von innerstaatlicher, europäisch zwischenstaatlicher und supranationaler Rechtsprechung im Grund- und Menschenrechtsbereich auf, wo mit dem BVerfG, dem EGMR und dem EuGH drei Höchstgerichte auf der Grundlage jeweils eigener Grundrechtstexte (GG, EMRK, Grundrechtecharta) **186**

---

314 Näher *Kunig/Kämmerer* (Fn 313); *Reiling*, Die Anwendung des Grundsatzes der Völkerrechtsfreundlichkeit auf rechtsunverbindliche internationale Standards, ZaöRV 78 (2018) 311ff. – Bsp aus der Rspr: BVerfGE 116, 69, 90f; BGHZ 59, 82, 85ff.

315 Beispielhaft VG Frankfurt, NVwZ 1994, 1137f, wo dem Übereinkommen über die Rechte des Kindes v 20.11.1989 (BGBl 1992 II, 121) Gesichtspunkte für die Auslegung der §§ 30, 53 AuslG entnommen werden; VG Frankfurt, NJW 1993, 2067ff zu § 8 PostG im Blick auf das Übereinkommen v 7.3.1966 zur Beseitigung jeder Form von Rassendiskriminierung (BGBl 1969 II, 961).

316 S *Rossi*, Using International Law for Construing Domestic Law: A Study of Consistent Interpretation, AVR 58 (2020) 279ff.

317 Vgl beispielhaft erneut BGHZ 59, 82ff und dazu *Bleckmann*, Sittenwidrigkeit wegen Verstoßes gegen den ordre public international, ZaöRV 34 (1974) 112ff.

miteinander konkurrieren.[318] Mag die Rechtsprechung des EGMR auch nationale Gerichte innerhalb Deutschlands nicht förmlich binden,[319] so hat das BVerfG doch ihre maßstabgebende Wirkung für die deutsche Rechts- und insbesondere Grundrechtsauslegung anerkannt. Nach dem BVerfG dürfen sich deutsche Gerichte nicht unter Berufung auf eine Entscheidung des EGMR von der rechtsstaatlichen Kompetenzordnung und der Bindung an Gesetz und Recht (Art 20 Abs 3 GG) lösen. Zur Bindung an Gesetz und Recht gehöre allerdings auch die Berücksichtigung der Gewährleistungen der EMRK sowie der Entscheidungen des Gerichtshofs im Rahmen methodisch vertretbarer Gesetzesauslegung. Entscheidungen des EGMR seien danach „zu berücksichtigen, dh die [...] Gerichte müssen sich mit der Entscheidung erkennbar auseinandersetzen und gegebenenfalls nachvollziehbar begründen, warum sie der völkerrechtlichen Rechtsauffassung gleichwohl nicht folgen".[320] Während im Görgülü-Beschluss 2004 die Möglichkeit der Abweichungen für den Fall im Vordergrund stand, dass dies verfassungsrechtlich geboten erscheinen sollte,[321] betonte der Gerichthof im Falle der nachträglichen Sicherungsverwahrung 2011 das Ziel der Ergebniskonformität: Aussagen des EGMR zur EMRK müssen demnach nicht eins zu eins in die Auslegung deutscher Grundrechte übernommen werden, solange sich das gefundene Ergebnis als konventionskonform erweist.[322] Diese Rechtsprechung eröffnet dogmatische Spielräume bei der sachgerechten Einpassung der europäischen Rechtsprechung in die deutsche Rechtsordnung, ohne die Autorität des Straßburger Gerichtshofs in Frage zu stellen.[323] Im Urteil zur verfassungsrechtlichen Unvereinbarkeit eines Streikrechts mit den hergebrachten Grundsätzen des Berufsbeamtentums iSv Art 33 Abs 5 GG tritt der Vorbehalt gegenüber einer bedingungslosen Übernahme konventionsrechtlicher Anforderungen wieder stärker hervor,[324] ohne dass das BVerfG einen aktuellen Konflikt zwischen der streikrechtlichen Rechtsprechung des EGMR und dem deutschen Verfassungsrecht erkennen würde.[325]

---

318 Grundlegend dazu *Edenharter* (Fn 243) 676 ff; s auch *Masing*, Einheit und Vielfalt des Europäischen Grundrechtsschutzes, JZ 2015, 477 ff; *Voßkuhle*, Menschenrechtsschutz durch die Europäischen Verfassungsgerichte, RdA 2015, 336 ff.

319 Dazu schon *Uerpmann* (Fn 234) 173 ff.

320 BVerfGE 111, 307, 324; zum Ganzen *Proelß* (Fn 29) 107 ff. Für die Berücksichtigung von Entscheidungen des IGH BVerfG, NJW 2007, 499 ff *(Konsularrechtsübereinkommen);* s dazu *Payandeh*, Die verfassungsrechtliche Stärkung der internationalen Gerichtsbarkeit: Zur Bindung deutscher Gerichte an Entscheidungen des Internationalen Gerichtshofs, AVR 45 (2007) 244 ff; *Proelß*(Fn 29) 120 ff.

321 BVerfGE 111, 307, 329: „[...], wenn die Beachtung der Entscheidung des Gerichtshofs etwa wegen einer geänderten Tatsachenbasis gegen eindeutig entgegenstehendes Gesetzesrecht oder deutsche Verfassungsbestimmungen, namentlich gegen Grundrechte Dritter verstößt."

322 BVerfGE 128, 326, 370.

323 *Uerpmann-Wittzack*, Die Bedeutung der EMRK für den deutschen und den unionalen Grundrechtsschutz, Jura 2014, 916 (922 f).

324 BVerfGE 148, 296, Rn 133 f; dazu schon o Fn 308.

325 Ebd, Rn 163 ff.

Im Verhältnis zum EuGH hat sich das BVerfG zunächst in einer Reserverolle für den 187
Fall gesehen, dass das Gemeinschafts- bzw. nun Unionsrecht mit dem EuGH den einzelnen keinen Grundrechtsschutz bieten sollte, der dem deutschen materiell und prozessual
im Wesentlichen gleichwertig sei.[326] Während diese Reservefunktion grundsätzlich fortbesteht, tritt spätestens seit dem EuGH-Urteil in der Sache Åkerberg Fransson[327] die Möglichkeit in den Vordergrund, dass der unionale Grundrechtsschutz den deutschen Grundrechtsschutz überlagert oder sogar verdrängt.[328] Verfestigt sich die Föderalisierung des
Grundrechtsschutzes in der EU, könnte das BVerfG im Verhältnis zum EuGH langfristig in
eine ähnliche Nebenrolle gedrängt werden wie innerhalb Deutschlands die Landesver-
fassungsgerichte im Verhältnis zum BVerfG.[329] Wie weit fortgeschritten die Entwicklung
ist, zeigt der Sampling-Streit, in dem der EuGH das letzte Wort gehabt hat,[330] nachdem
sich das BVerfG zuvor auf der Grundlage von Art 14 GG eingeschaltet hatte.[331] „Recht auf
Vergessen II", mit dem das BVerfG für sich in Anspruch nimmt, Akte der deutschen
Staatsgewalt im vollständig unionsrechtlich determinierten Bereich unmittelbar an der
Grundrechtecharta zu messen,[332] wirkt insoweit wie ein Befreiungsschlag, mit dem das
deutsche Gericht seine Stimme im europäischen Grundrechtediskurs zu behaupten
sucht. Hier wird deutlich, wie wenig sich die Wirkung des Unionsrechts noch mit den traditionellen Kategorien des Verhältnisses von Völkerrecht und staatlichem Recht erfassen
lässt.

---

326 Zusammenfassend BVerfGE 89, 155, 175 und 188; 123, 267, 399 ff; *Uerpmann-Wittzack* (Fn 34) Rn 27 ff.
327 ECLI:EU:C:2013:105.
328 Dazu *Franzius*, Grundrechtsschutz in Europa, ZaöRV 75 (2015) 383 ff; *Kingreen*, Die Grundrechte des
Grundgesetzes im europäischen Grundrechtsföderalismus, JZ 2013, 801 ff; *ders*, Die Unionsgrundrechte,
Jura 2014, 295 (300 ff); *Mager*, Geltung der Charta der Grundrechte der Europäischen Union nach Maßgabe
des Vorrangprinzips, FS Müller Graff, 2015, 1358 ff.
329 Dazu – dies vergleichend – *Kunig*, Verfassungsrecht und einfaches Recht. Verfassungsgerichtsbarkeit und Fachgerichtsbarkeit, VVDStRL 61 (2002) 34 (56 ff); zum Verhältnis der Verfassungsgerichtsbarkei-
ten in Bund und Ländern zueinander vgl *Kunig*, Die rechtsprechende Gewalt in den Ländern und die
Grundrechte des Landesverfassungsrechts, NJW 1994, 687 ff; *Jaeger/Broß*, Die Beziehungen zwischen dem
Bundesverfassungsgericht und den übrigen einzelstaatlichen Rechtsprechungsorganen – einschließlich
der diesbezüglichen Interferenz des Handelns der europäischen Rechtsprechungsorgane, EuGRZ 2004,
1 ff.
330 EuGH, ECLI:EU:C:2019:624, auf Vorlage von BGH, GRUR 2017, 895; zur Vorlage *Rossa*, Kunstfreiheit
und Eigentumsschutz im Lichte des Europarechts, MMR 2017, 665 ff.
331 BVerfGE 142, 74.
332 BVerfGE 152, 216, Rn 50 ff.

Dritter Abschnitt

Marcel Kau

Der Staat und der Einzelne als Völkerrechtssubjekte

Gliederungsübersicht

https://doi.org/10.1515/9783110770964-003

Literatur

Ambos, Kai, Internationales Strafrecht, 5. Aufl 2018 [*Ambos,* Internationales Strafrecht]

American Law Institute (Hrsg), Restatement of the Law 4th: The Foreign Relations Law of the Unites
States, 2018 [ALI Restatement]

Arden, Mary, Human Rights and European Law. Building New Legal Orders, 2015

Bankas, Ernest K., The State Immunity Controversy in International Law: Private Suits against Sovereign
States in Domestic Courts, 2. Aufl 2022 [*Bankas,* State Immunity]

Behrens, Paul, Diplomatic Law in a New Millenium, 2017

Bismuth, Régis/Rusinova, Vera/Starzhenetskiy, Vladislav/Ulfstein, Geir (Hrsg), Sovereign Immunity under
Pressure, 2022 [Sovereign Immunity under Pressure]

Cassese, Antonio (Hrsg), Realizing Utopia – The Future of International Law, 2012

Crawford, James, The Creation of States in International Law, 2. Aufl 2006

Cruft, Rowan/Liao, S. Matthew/Renzo, Massimo (Hrsg), Philosophical Foundations of Human Rights, 2015
Doehring, Karl, Völkerrecht, 2. Aufl 2004

Fox, Hazel/Webb, Philippa, The Law of State Immunity, 3. Aufl 2013 [*Fox/Webb,* State Immunity]

Frowein, Jochen Abr./Hofmann, Rainer/Oeter, Stefan, Das Minderheitenrecht europäischer Staaten, Teil I,
1993; Teil II, 1994

Geimer, Reinhold, Vertragsbruch durch Hoheitsakt: „Once a trader, not always a trader?" – Immunitätsrechtlicher Manövrierspielraum für Schuldnerstaaten, IPRax 2017, 344ff

Goodwin-Gill, Guy, The Refugee in International Law, 3. Aufl 2007

Grzeszick, Bernd, Rechte des Einzelnen im Völkerrecht, AVR 43 (2005) 312ff

Hailbronner, Kay, Asylrecht und Völkerrecht, in Beitz, Wolfgang G./Wollenschläger, Michael (Hrsg),
Handbuch des Asylrechts, Bd I, 1980, 69ff [*Hailbronner,* Asylrecht]

ders, Der Schutz der Minderheiten im Völkerrecht, FS Schindler, 1989, 75ff [*Hailbronner,* Minderheiten]

Kau

ders, Refoulement-Verbote und Drittstaatenregelung (Art 33 GK und Art 3 EMRK), FS Bernhardt, 1995, 365 ff [*Hailbronner,* Refoulement]

ders (Hrsg), Die allgemeinen Regeln des völkerrechtlichen Fremdenrechts, Bilanz und Ausblick an der Jahrtausendwende, 2000 [*Hailbronner,* Fremdenrecht]

ders/Kau, Marcel/Gnatzy, Thomas/Weber, Ferdinand, Staatsangehörigkeitsrecht, 7. Aufl 2022 [*Hailbronner/Kau/Gnatzy/Weber*]

Hansen, Randall/Weil, Patrick (Hrsg), Towards a European Nationality – Citizenship, Immigration and Nationality Law in the European Union, 2001 [*Hansen/Weil,* European Nationality]

dies (Hrsg), Dual Nationality, Social Rights and Federal Citizenship, 2002 [*Hansen/Weil,* Dual Nationality]

Herdegen, Matthias, The Abuse of Diplomatic Privileges and Countermeasures not Covered by the Vienna Convention on Diplomatic Relations, ZaöRV 46 (1986) 734 ff

Hess, Burkhard, Abgrenzung der acta iure gestionis und acta iure imperii: Der BGH verfehlt die völkerrechtliche Dimension der Staatenimmunität, IPRax 2018, 351 ff

Hoffmann, Patrick, Völkerrechtliche Vorgaben für die Verleihung der Staatsangehörigkeit, 2022 [*Hoffmann,* Staatsangehörigkeit]

Hofmann, Rainer, Die Ausreisefreiheit nach Völkerrecht und staatlichem Recht, 1988

Institut de Droit International (Hrsg), La succession d'Etats en matière de biens et de dettes, Septième Commission, Rapporteur: *Georg Ress,* Résolution adoptée lors de la Session de Vancouver, Août 2001, AVR 40 (2002) 355 ff

Kau, Marcel, Ein Recht auf Migration? – Die Migrationskrise aus der Perspektive des Völkerrechts, in Arnd Uhle (Hrsg), Migration und Integration, 2017, 19 ff

ders, Das Staatsoberhaupt im Völkerrecht: Angestammte Vorrechte und Privilegierungen unter gewandelten Bedingungen, JöR (NF) 70 (2022) 15 ff [*Kau,* Staatsoberhaupt]

Kimminich, Otto, Der Aufenthalt von Ausländern in der Bundesrepublik Deutschland, 1980 [*Kimminich,* Aufenthalt]

Klein, Eckart, Überlegungen zum Schutz von Minderheiten und Volksgruppen im Rahmen der Europäischen Union, FS Bernhardt, 1995, 1211 ff

ders, Menschenrechte und ius cogens, FS Ress, 2005, 151 ff

Kokott, Juliane, Das interamerikanische System zum Schutz der Menschenrechte, 1986

Kugelmann, Dieter, Minderheitenschutz und Menschenrechtsschutz, AVR 39 (2001) 233 ff

Nußberger, Angelika, Menschenrechtsschutz im Ausländerrecht, NVwZ 2013, 1305 ff

Martin, David A./Hailbronner, Kay (Hrsg), Rights and Duties of Dual Nationals – Evolution and Prospects, 2003 [*Martin/Hailbronner,* Dual Nationals]

Morano-Foadi, Sonia/Vickers, Lucy (Hrsg), Fundamental Rights in the EU – A Matter of Two Courts, 2015

Nolte, Georg (Hrsg), Der Mensch und seine Rechte, 2004

Oeter, Stefan, Selbstbestimmungsrecht im Wandel, ZaöRV 52 (1992) 741 ff

O'Keefe, Roger/Tams, Christian (Hrsg), The United Nations Convention on Jurisdictional Immunities of States and their Property – A Commentary, 2013 [O'Keefe/Tams (Hrsg), Jurisdictional Immunities]

Paulus, Andreas/Dethloff, Nina/Giegerich, Thomas/Schwenzer, Ingeborg/Krieger, Heike/Ziegler, Andreas R./ Talmon, Stefan/Schack, Haimo, Internationales, nationales und privates Rechts: Hybridisierung der Rechtsordnung?, 2014

Payandeh, Mehrdad, Staatenimmunität und Menschenrechte, JZ 2012, 949 ff

Peters, Anne, Jenseits der Menschenrechte. Die Rechtsstellung des Individuums im Völkerrecht, 2014

Roberts, Ivor, Satow's Diplomatic Practice, 7. Aufl 2017 [Satow's Diplomatic Practice]

Ress, Georg, Supranationaler Menschenrechtsschutz und der Wandel der Staatlichkeit, ZaöRV 64 (2004) 621 ff

ders/Stein, Torsten (Hrsg), Der diplomatische Schutz im Völker- und Europarecht, 1996

Richter, Dagmar, Dynamik und Potential der Menschenrechte, GS Brugger, 2013, 693 ff

Rudolf, Walter, Der Staat als Völkerrechtssubjekt zwischen Globalisierung und Partikularismus, Staatsrecht und Politik, 2009, 407 ff

Ruys, Tom/Angelet, Nicolas/Ferro, Luca (Hrsg), Cambridge Handbook of Immunities and International Law, 2019 [Cambridge Handbook]

Sandrock, Otto, Schuldenschnitte in Argentinien und Griechenland, RIW 2016, 93 ff

Schweisfurth, Theodor, Ausgewählte Fragen der Staatensukzession im Kontext der Auflösung der UdSSR, AVR 32 (1994) 99 ff

Schweitzer, Michael/Weber, Albrecht, Handbuch der Völkerrechtspraxis der Bundesrepublik Deutschland, 2004

Simma, Bruno (Hrsg), Charta der Vereinten Nationen, Kommentar, 1991 [Charta VN]; engl Ausg 2012 (3. Aufl, hrsgg v Simma, Bruno/Khan, Daniel-Erasmus/Nolte, Georg/Paulus, Andreas)

Talmon, Stefan, Jus Cogens after Germany v Italy: Substantive and Procedural Rules Distinguished, LJIL 25 (2012) 979 ff

Thürer, Daniel, Grundrechtsschutz in Europa – Globale Perspektive, ZSchwR 124 (2005) 51 ff

Tomuschat, Christian, Jurisdictional Immunities of States and their Property, FS Seidl-Hohenveldern, 1988, 603 ff

ders (Hrsg), Modern Law of Self-Determination, 1993

Uerpmann-Wittzak, Robert, Immunität vor internationalen Strafgerichten, AVR 44 (2006) 33 ff

Wolf, Anne-Katrin, Aktivlegitimation im UN-Individualbeschwerdeverfahren, 2018 [*Wolf,* Aktivlegitimation]

Wolfrum, Rüdiger, Das Verbot der Diskriminierung gemäß den internationalen Menschenrechtsabkommen, FS Zuleeg, 2005, 385 ff

ders (Hrsg), Max Planck Encyclopedia of Public International Law, 10 Bde, 2012 [MPEPIL]

Wollenschläger, Ferdinand (Hrsg), Europäischer Freizügigkeitsraum – Unionsbürgerschaft und Migrationsrecht, Enzyklopädie Europarecht, Bd 10, 2021 [EnzEuR 10]

Zimmermann, Andreas, Staatennachfolge in völkerrechtlichen Verträgen; zugleich ein Beitrag zu den Möglichkeiten und Grenzen völkerrechtlicher Kodifikation, 2000 [*Zimmermann,* Staatennachfolge]

Verträge und Resolutionen

Haager Übereinkommen über gewisse Fragen der Kollision von Staatsangehörigkeitsgesetzen v 12.4.1930 (179 LNTS 89) —— 129

Montevideo Convention on Rights and Duties of States v 26.12.1933 (165 LNTS 19) —— 87

Allgemeine Erklärung der Menschenrechte v 10.12.1948 (GAOR, 3rd Sess, 1st Part [Doc A/810] 71) —— 253 ff

Satzung des Europarates v 5.5.1949 (87 UNTS 103; BGBl 1950, 263; 1953 II, 558; 1968 II, 1926) —— 268

I. Genfer Abkommen zur Verbesserung des Loses der Verwundeten und Kranken der Streitkräfte im Felde v 12.8.1949 (BGBl 1954 II, 783) —— 14

II. Genfer Abkommen zur Verbesserung des Loses der Verwundeten, Kranken und Schiffbrüchigen der Streitkräfte zur See v 12.8.1949 (BGBl 1954 II, 813) —— 14

III. Genfer Abkommen über die Behandlung der Kriegsgefangenen v 12.8.1949 (BGBl 1954 II, 838) —— 14

IV. Genfer Abkommen zum Schutz von Zivilpersonen in Kriegszeiten v 12.8.1949 (BGBl 1954 II, 917) [I–IV: Genfer Rotkreuzabkommen] —— 14

Konvention zum Schutze der Menschenrechte und Grundfreiheiten v 4.11.1950 (213 UNTS 221; BGBl 1952 II, 685, 953) [EMRK] —— 17, 19, 20, 130, 252, 254, 262, 270 ff, 291 ff, 306, 309 ff, 315 ff, 334 ff, 354, 363 ff, 367

Abkommen über die Rechtsstellung der Flüchtlinge v 28.7.1951 (BGBl 1953 II, 560) [Genfer Flüchtlingskonvention] und Protokoll über die Rechtsstellung der Flüchtlinge v 31.1.1967 (BGBl 1969 II, 1294) —— 18, 325 ff, 329, 343

Vertrag über die Beziehungen zwischen der DDR und der Union der Sozialistischen Sowjetrepubliken v 20.9.1955 (GBl DDR 1955 II, 918) —— 277

Europäisches Niederlassungsabkommen v 13.12.1955 (BGBl 1959 II, 998) —— 306

Kau

Rahmenübereinkommen zum Schutz nationaler Minderheiten v 10.11.1994 (EuGRZ 1995, 269) —— 37, 370ff

United Nations Convention on Jurisdictional Immunity of States and their Property v 17.1.2005 <https://treaties.un.org/doc/source/recenttexts/english_3_13.pdf> —— 106

Europäisches Übereinkommen über die Staatsangehörigkeit v 6.11.1997 (BGBl II 2004, 578) [EuStAngÜbk] —— 129, 134, 146

Judikatur
Ständiger Internationaler Gerichtshof

Nationality Decrees Issued in Tunis and Morocco (French Zone) on November 8th, 1921, Gutachten v 7.2.1923, PCIJ, Ser B, No 4, 7 *[Nationality Decrees]* —— 129f

Case of the S.S. "Wimbledon" (United Kingdom, France, Italiy & Japan v Germany), Urteil v 17.8.1923, PCIJ, Ser A, No 1, 15 *[Wimbledon Case]* —— 95

Mavrommatis Palestine Concessions (Greece v United Kingdom), Urteil v 30.8.1924, PCIJ, Ser A, No 2, 12 *[Mavrommatis-Konzessionen]* —— 105f

Lotus (France v Turkey), Urteil v 7.9.1927, PCIJ, Ser A, No 10 *[Lotus]* —— 4, 91

Panevezys-Saldutiskis Railway (Estonia v Lithuania), Urteil v 28.2.1939, PCIJ, Ser A/B, No 76 *[Panevezys-Saldutiskis Eisenbahn]* —— 150

Internationaler Gerichtshof

Reparations for Injuries Suffered in the Service of the United Nations, Gutachten v 11.4.1949, ICJ Rep 1949, 174 *[Bernadotte]* —— 9, 12, 153

Asylum (Columbia v Peru), Urteil v 20.11.1950, ICJ Rep 1950, 266 *[Asyl]* —— 84

Nottebohm (Liechtenstein v Guatemala), Urteil v 6.4.1955, ICJ Rep 1955, 4 *[Nottebohm]* —— 128ff, 139 152

North Sea Continental Shelf (Germany v Denmark; Germany v Netherlands), Urteil v 20.2.1969, ICJ Rep 1969, 3 *[Nordsee-Festlandsockel]* —— 90, 106

Barcelona Traction, Light and Power Co, Ltd (Second Phase) (Belgium v Spain), Urteil v 5.2.1970, ICJ Rep 1970, 3 *[Barcelona Traction]* —— 54, 149, 158f

Legal Consequences for States of the Continued Presence of South Africa in Namibia (South West Africa) Notwithstanding Security Council Resolution 276 (1970), Gutachten v 21.6.1971, ICJ Rep 1971, 16 *[Namibia]* —— 160

Western Sahara, Gutachten v 16.10.1975, ICJ Rep 1975, 12 *[Western Sahara]* —— 160

United States Diplomatic and Consular Staff in Tehran (USA v Iran), Urteil v 24.5.1980, ICJ Rep 1980, 2 *[Teheraner Geiseln]* —— 60, 63

Interpretation of the Agreement of 25 March 1951 between the WHO and Egypt, Gutachten v 20.12.1980, ICJ Rep 1980, 73 *[Übereinkommen WHO-Ägypten]* —— 12

Military and Paramilitary Activities in and against Nicaragua (Merits) (Nicaragua v USA), Urteil v 27.6.1986, ICJ Rep 1986, 14 *[Nicaragua (Merits)]* —— 106, 160

Elettronica Sicual S.p.A (USA v Italy), Urteil v 20.7.1989, ICJ Rep 1989, 15 *[ELSI]* —— 159

Application of the Convention on the Prevention and Punishment of the Crime of Genocide (Provisional Measures) (Bosnia and Herzegovina v Serbia and Montenegro), Verfügung v 8.4.1993, ICJ Rep 1993, 3 *[Völkermordkonvention I]* —— 200

East Timor (Portugal v Australia), Urteil v 30.6.1995, ICJ Rep 1995, 89 *[East Timor]* —— 160

LaGrand (Germany v USA), Urteil v 27.6.2001, ICJ Rep 2001, 466 *[LaGrand]* —— 16, 76

Arrest Warrant of 11 April 2000 (Congo v Belgium), Urteil v 14.2.2002, ICJ Rep 2002, 11 *[Arrest Warrant]* —— 51, 56

Armed Activities on the Territory of the Congo (Congo v Uganda), Urteil v 19.12.2005, ICJ Rep 2005, 168 *[Armed Activities]* —— 63

Kau

Internationale Schiedsgerichte

Europäischer Gerichtshof für Menschenrechte

Kau

Gerichtshof der Europäischen Gemeinschaften bzw Europäischen Union

Kau

I. Die Rechtsträger im Völkerrecht, ihre Organe und die Regeln des zwischenstaatlichen Verkehrs

1. Rechtsträger und Handelnde im Völkerrecht

Der Begriff „Völkerrecht" hat sich im dt Sprach- und Rechtsraum seit langem durch- 1
gesetzt und wird nicht allein aus Gründen der Traditionswahrung beibehalten. Ihm
stehen in anderen Rechtsordnungen die Begriffe *droit international public* oder *public
international law* gegenüber, die im Hinblick auf die Entwicklung der vergangenen Jahrzehnte sachgerechter erscheinen als der im dt Recht gebräuchliche Begriff. Dies liegt u a
daran, dass neben Völkern und Staaten zunehmend auch andere Akteure und Wirkungseinheiten wie Internationale Organisationen (I.O.), transnationale Wirtschaftsunternehmen, private Sicherheitsdienstleister, nationale Befreiungsbewegungen sowie
der einzelne Mensch als Individuum in den Blickpunkt völkerrechtlicher Fragestellungen gerückt sind. Allerdings reichen internationale Tätigkeiten allein idR nicht aus, um
den rechtlichen Status eines Völkerrechtssubjekts zu erreichen.

Völkerrechtssubjekt ist grundsätzlich nur, wer *Träger völkerrechtlicher Rechte und/* 2
oder Pflichten ist, und wessen *Verhalten unmittelbar durch das Völkerrecht geregelt
wird*.[1] Art und Umfang der Völkerrechtssubjektivität richten sich nach der Natur des
einzelnen Rechtsträgers und seiner Stellung in der Völkerrechtsordnung. So bestimmt
sich der Umfang völkerrechtlicher Rechte und Pflichten der I.O. nach der Aufgabenstellung und ihren Funktionen nach Maßgabe der Gründungsverträge.

Kennzeichnend für Völkerrechtssubjektivität sind bspw die Aufnahme diplomati- 3
scher Beziehungen, der Abschluss völkerrechtlicher Verträge oder die Möglichkeit, eigene Interessen durch Beschwerde oder Klage bei einem internationalen Ausschuss oder
Gerichtshof durchzusetzen.[2] Diese Möglichkeit haben Individuen – von wichtigen Ausnahmen wie dem Europäischen Gerichtshof für Menschenrechte (EGMR) abgesehen –
im Völkerrecht typischerweise nicht.

a) Entwicklung

Bis zum Beginn des 20. Jh wurde Völkerrecht im Wesentlichen als zwischenstaatliches 4
Recht verstanden, obgleich bereits damals in geringem Umfang nichtstaatliche Völkerrechtssubjekte wie der Heilige Stuhl existierten.[3] Mit Gründung des Völkerbundes (1919)
und der UNO (1945) mit ihren Spezialorganisationen (ILO, UNESCO, WHO, IMF u a) er-
langten die I.O. zunehmend völkerrechtliche Bedeutung.[4] Dennoch führte dies zunächst
nicht dazu, dass ihnen in der internationalen Rechtsprechung Völkerrechtssubjektivität

---

1 *Verdross/Simma*, Universelles Völkerrecht, 3. Aufl 1984, 22.
2 *Crawford*, Brownlie's Principles of Public International Law, 9. Aufl 2019, 105 ff; *Starke*, Introduction to International Law, 10. Aufl 1989, 58 mwN.
3 Zur Entwicklung des Völkerrechts *Kämmerer*, 1. Abschn Rn 88 ff.
4 *Schmahl*, 4. Abschn Rn 1 ff, 8 ff.

zuerkannt wurde. Noch 1927 stellte der Ständige Internationale Gerichtshof (StIGH) im *Lotus*-Fall fest, dass das Völkerrecht seiner Natur nach das *zwischen Staaten geltende Recht* sei.[5]

5   Im Völkerrecht setzte sich mit der Zeit dennoch eine funktionale Betrachtungsweise durch, welche zunehmend auch I.O., Individuen und Gruppen in unterschiedlichem Umfang einbezog. Aus dem Völkerrecht entwickelte sich das *Recht der internationalen Beziehungen*.[6] Richtungweisend für diese Entwicklung war die allmähliche Übertragung von Aufgaben auf I.O. und die bewusste und letztlich auch selbstgewählte Einschränkung staatlicher Souveränität durch die Menschenrechte. Damit war zugleich die Idee einer internationalen Ordnung geboren, die nicht mehr ausschließlich auf der Leistung der einzelnen Staaten beruhte, sondern ihren Geltungsgrund aus der Wohlfahrt der gesamten Menschheit und den unveräußerlichen Menschenrechten ableitete.[7]

6   Die *Erweiterung des Kreises der Völkerrechtssubjekte* im Verlauf des 20. Jh veränderte das überkommene Gefüge des Völkerrechts. Davon unberührt sind jedoch Staaten auch weiterhin die wichtigsten Akteure der Völkerrechtsordnung (vgl u Rn 87ff), und das Völkerrecht ist unverändert stark von einem zwischenstaatlichen Charakter geprägt.[8] Die Forderung, auch andere Wirkungseinheiten, insbes den Einzelnen (vgl u Rn 245ff), in größerem Umfang zu internationalen Beteiligten zu machen und sie so den Staaten allmählich gleichzustellen, verkennt, dass die Stabilität der Völkerrechtsordnung im Wesentlichen auf der staatlichen Souveränität beruht. Nicht zuletzt deswegen war den Versuchen, Minderheiten einen völkerrechtlichen Status einzuräumen, bisher kein Erfolg beschieden. Allerdings ist dabei auch zu berücksichtigen, dass die Staaten als Hauptakteure des Völkerrechts unverändert über die Einräumung von Völkerrechtssubjektivität wachen und grundsätzlich zurückhaltend sind, diese mit anderen internationalen Akteuren zu teilen.

b) Einteilung der Völkerrechtssubjekte

7   Nach Art und Umfang völkerrechtlicher Rechte und Pflichten unterscheidet man zwischen den unbeschränkten und den beschränkten oder partiellen Völkerrechtssubjekten.

8   *Unbeschränkte* Völkerrechtssubjektivität kommt lediglich den *Staaten* zu, weil nur sie Träger sämtlicher völkerrechtlicher Rechte und Pflichten sind. Sie werden auch als *originäre* oder geborene Völkerrechtssubjekte bezeichnet, da sie aufgrund ihrer Eigen-

---

5 PCIJ, Ser A, No 10, 18.

6 Vgl *Kämmerer*, 1. Abschn Rn 18f, 30f.

7 Vgl *Mosler*, Die Erweiterung des Kreises der Völkerrechtssubjekte, ZaöRV 22 (1962) 1ff; eingehend dazu *Graf Vitzthum*, Der Staat der Staatengemeinschaft, 2006.

8 Vgl *Rudolf*, Der Staat als Völkerrechtsubjekt zwischen Globalisierung und Partikularismus, Staatsrecht und Politik, 2009, 407ff; *Hillgruber*, Der Staat im Völkerrecht, ZRph 5 (2007) 9ff; *Reinhard*, Aufstieg und Niedergang des modernen Staates, ZfSE 5 (2007) 8ff.

schaft als politisch organisierter Personenverband unmittelbar an völkerrechtlichen Beziehungen beteiligt sein können und im Regelfall auch ohne Zwischenschritte rechtsfähig sind.[9]

Im Gegensatz hierzu stehen die *derivativen* oder *abgeleiteten* Völkerrechtssubjekte, deren Rechtssubjektivität typischerweise auf einer Ermächtigung durch die Staaten zumeist in Form eines Gründungsvertrags beruht. Diese Akteure werden auch als *partielle* oder *beschränkte* Völkerrechtssubjekte bezeichnet, da ihnen nur bestimmte Rechte und Pflichten zukommen.[10] Je nach Aufgabenbereich und Art der übertragenen Befugnisse unterscheidet sich die Rechtsstellung beschränkt völkerrechtsfähiger Rechtssubjekte. Dies wird deutlich, wenn man so unterschiedliche Akteure wie etwa die als kriegführende Partei anerkannten Aufständischen, die Gliedstaaten von Bundesstaaten oder den Weltpostverein betrachtet. | 9

Von der völkerrechtlichen Rechtspersönlichkeit ist die *rechtliche Handlungsfähigkeit* zu trennen, auch wenn beide Elemente idR zusammenfallen. So war etwa das Deutsche Reich nicht dadurch untergegangen, dass die Alliierten mit Erklärung v 5.6.1945 die oberste Regierungsgewalt übernahmen.[11] Der Umfang der Handlungsfähigkeit entspricht der Rechtsfähigkeit. Ein Handeln außerhalb dieser Grenzen *(ultra vires)* kann keine völkerrechtliche Bindung herbeiführen. | 10

Im Übrigen ist die Rechts- und Handlungsfähigkeit nach den Grundsätzen des Völkerrechts von der nach innerstaatlichem Recht zu trennen. So genießt die UNO nach Art 104 UN-Charta im Hoheitsgebiet jedes Mitgliedstaates die Rechts- und Geschäftsfähigkeit, die zur Wahrnehmung ihrer Aufgaben und Ziele erforderlich ist. In ähnlicher Weise sieht Art 335 AEUV vor, dass die EU „[...] in jedem Mitgliedstaat die weitestgehende Rechts- und Geschäftsfähigkeit [besitzt], die juristischen Personen nach dessen Rechtsvorschriften zuerkannt ist; sie kann insbes bewegliches und unbewegliches Vermögen erwerben und veräußern sowie vor Gericht stehen." | 11

---

9 *Epping*, in Ipsen, Völkerrecht, 7. Aufl 2018, § 5 Rn 1 ff: Staat als „Normalperson" des Völkerrechts.

10 Vgl zur beschränkten Völkerrechtssubjektivität der I.O., insbes der UNO, das IGH-Gutachten im *Bernadotte*-Fall, ICJ Rep 1949, 174, 180.

11 BVerfGE 36, 1; BVerfGE 40, 141; hierzu u a *Kaufmann*, Deutschlands Rechtslage unter der Besatzung, 1948, 9 ff; *Grewe*, Ein Besatzungsstatut für Deutschland, 1948, 47 ff, 74 ff; *Dürig*, Der deutsche Staat im Jahre 1945 und seither, VVDStRL 13 (1955) 28 ff; *Bernhardt*, Deutschland nach 30 Jahren Grundgesetz, VVDStRL 38 (1980) 7 ff; *Achterberg*, Deutschland nach 30 Jahren Grundgesetz, VVDStRL 38 (1980) 55 ff; *Böckenförde*, Die Teilung Deutschlands und die deutsche Staatsangehörigkeit, FS Schmitt, 1968, 423 ff; *Ress*, Die Rechtslage Deutschlands nach dem Grundlagenvertrag, 1978, 83 ff, insbes 87 ff; *Frowein*, Die Rechtslage Deutschlands und der Status Berlins, in Benda/Maihofer/Vogel (Hrsg), Handbuch des Verfassungsrechts, 1983, 29 (33 ff); *Blumenwitz*, Die staatsangehörigkeitsrechtlichen Folgen der Teilung Deutschlands, FS Firsching, 1985, 27 ff; *Gornig*, Der völkerrechtliche Status Deutschlands zwischen 1945 und 1990, 2007, 19 ff; *Kau/Schaefer*, Die deutsche Teilung und die Wiedervereinigung, in Cancik/Kley/Schulze-Fielitz/Waldhoff/Wiederin (Hrsg), Streitsache Staat 2022, 519 ff; aA *Kelsen*, The Legal Status of Germany According to the Declaration of Berlin, AJIL 39 (1945) 518 (520 ff); *Nawiasky*, Grundgedanken des Grundgesetzes, 1950, 3 ff; *Zuleeg*, Deutsche Nation im Spiegel des Rechts, DVBl 1983, 486 ff.

c) Internationale Organisationen

12 Den üblicherweise von Staaten gegründeten I.O.[12] kommt unter den beschränkten Völkerrechtssubjekten eine besondere Bedeutung zu. Ihre Völkerrechtssubjektivität wurde vom IGH im *Bernadotte*-Gutachten v 1949 schließlich anerkannt.[13] Eine I.O. liegt vor, wenn sich Staaten auf der Grundlage eines völkerrechtlichen Vertrages auf Dauer oder für eine bestimmte Zeit[14] zu einem gemeinsamen Zweck in der Form zusammenschließen, dass sie Organe selbständig mit der Wahrnehmung der vertraglich vereinbarten Aufgaben betrauen.[15] Das Tätigkeitsfeld kann sich wandeln und über das ursprünglich in den Gründungsverträgen festgelegte hinausgehen, wenn sich dies durch dynamische Auslegung von Sinn und Zweck des jeweiligen Vertrags ergibt *(effet utile)*. Damit einher geht eine Kompetenzerweiterung der zuständigen Organe *(implied powers)*. In der Regel haben I.O. drei Organe: eine Versammlung, ein Organ, das sich aus Delegierten der einzelnen Staaten zusammensetzt und mit Exekutivbefugnissen ausgestattet ist, sowie ein Sekretariat, das Verwaltungsaufgaben wahrnimmt (vgl u Rn 175ff).

13 Eine Sonderstellung unter den I.O. nimmt die UNO ein. Ihr Hauptaugenmerk ist auf die Aufrechterhaltung von internationaler Sicherheit und Frieden sowie den Schutz der Menschenrechte gerichtet. Zu diesem Zweck hat die UNO Abkommen in den verschiedensten Bereichen geschlossen, welche von *peace-keeping operations,* speziellen Konferenzen bis hin zu den Abkommen über die Sitze in Genf und New York reichen. Mit dem *Headquarters Agreement* zwischen der UNO und den USA v 26.6.1947[16] wurden der UNO Vorrechte und Immunitäten wie im Gesandtschaftswesen gewährt.

d) Der Einzelne

14 Neben den I.O. werden auch dem Einzelnen, insbes durch die *Menschenrechtskonventionen,* in zunehmendem Umfang Rechte eingeräumt. Eine Rechtsträgerschaft des Einzelnen wurde früher auf Grund der klassischen, durch die Objekttheorie geprägten Lehre abgelehnt.[17] Grundsätzlich sollte ihn der jeweilige Heimatstaat auf internationaler Ebene vertreten *(Mediatisierung)*. Die Einbindung des Einzelnen erfolgte zunächst in völkerrechtlichen Verträgen, die vorrangig die besonderen Situationen von Einzelnen im Blick hatten und deren Schutz dienen sollten, so etwa das III. Genfer Abkommen über die Behandlung von Kriegsgefangenen und das IV. Genfer Abkommen zum Schutze von

---

12 *Schmahl*, 4. Abschn Rn 32ff.
13 ICJ Rep 1949, 174, 178 *[Bernadotte]*. Vgl auch ICJ Rep 1980, 73, 89 *[Übereinkommen WHO-Ägypten]*. Vgl auch *Schmalenbach*, International Organizations, General Aspects, MPEPIL V, 1126ff; *Breuer*, Die Völkerrechtspersönlichkeit Internationaler Organisationen, AVR 49 (2011) 4ff.
14 Vgl Art 97 EGKSV.
15 Vgl *Epping*, in Ipsen (Fn 9) § 6 Rn 7ff.
16 11 UNTS 11.
17 Vgl *Mosler* (Fn 7) 30; *Grzeszick*, Rechte des Einzelnen im Völkerrecht, AVR 43 (2005) 312ff.

Kau

Zivilpersonen in Kriegszeiten v 1949. Hierbei wurden bestimmte Rechte für Einzelpersonen vorgesehen.

Die traditionelle völkerrechtliche *Mediatisierung des Einzelnen* findet sich ungeachtet jüngerer Entwicklungen gegenwärtig unverändert im Bereich des *diplomatischen Schutzes*.[18] Eine Verletzung der völkerrechtlichen Regeln des fremdenrechtlichen Mindeststandards durch den Gaststaat, in welchem sich der Ausländer aufhält, *berechtigt den Heimatstaat* im Wege des diplomatischen Schutzes zur Geltendmachung eigener (zwischenstaatlicher) Rechte *gegenüber dem Gaststaat.* Der zwischenstaatliche Charakter der sich hieraus ergebenden Rechte und Pflichten zeigt sich daran, dass ein Verzicht auf den diplomatischen Schutz durch den Fremden oder in den Bestimmungen des Gaststaats, wie er zB in den so genannten *Calvo*-Klauseln vorgesehen war, rechtlich nicht anerkannt wurde und daher als unbeachtlich angesehen wird. Im Kern beruhten diese erfolglosen Versuche der Einschränkung auf der unzutreffenden Vorstellung, dass Fremde ansonsten gegenüber inländischen Bürgern privilegiert würden. Tatsächlich richtet sich der diplomatische Schutz jedoch darauf, Fremden im Ausland ein völkerrechtliches Minimum an Schutz zu gewährleisten, über das der Aufenthaltsstaat nicht verfügen kann. Von unberechtigten Privilegierungen kann daher in diesem Zusammenhang weder früher noch gegenwärtig die Rede sein. Unabhängig davon ist der Heimatstaat berechtigt, zum Nachteil seines eigenen Staatsangehörigen ohne dessen Zustimmung auf diplomatische Schutzrechte zu verzichten.[19] **15**

Dem Schutz von Staatsangehörigen in einem Empfangsstaat sollen auch die Bestimmungen von Art 36 und 37 der *Wiener Konsularrechtskonvention* dienen. Hier sind namentlich Rechte enthalten, die den Kontakt der Konsularbeamten mit den eigenen Staatsangehörigen ermöglichen sollen; im Falle von Freiheitsentziehungen kann der Betroffene verlangen, dass die konsularische Vertretung seines Landes informiert wird. Dies wird ergänzt durch eine Pflicht des Empfangsstaats, den Betroffenen über seine Rechte aus der letztgenannten Verpflichtung zu unterrichten. Der Staat, dessen Staatsangehörigen die Verletzung eines solchen Rechts widerfahren ist, kann die Rechte gegen den verletzenden Staat geltend machen.[20] **16**

Die Natur des Schutzes des Einzelnen ändert sich allerdings, sobald es sich um seine eigenen völkerrechtlichen Rechte handelt, insbes um *Menschenrechte.* Dann ist *der Einzelne materiell Rechtsinhaber* und hat die Möglichkeit, seine Rechte selbständig in einem völkerrechtlichen Verfahren, wie zB der Individualbeschwerde nach der EMRK, geltend zu machen (vgl u Rn 270ff). Aber auch in den Fällen, in denen er keinen direkten Zugang zu internationalen Instanzen hat, geht die Entwicklung dahin, dass sein Heimatstaat in **17**

---

18 Zum diplomatischen Schutz *Dugard,* Diplomatic Protection, MPEPIL III, 114ff; *Doehring,* Völkerrecht, 2. Aufl 2004, Rn 868ff.
19 *Orrego Vicuña,* ILA, London Conference 2000, Interim Report on „The Changing Law of Nationality of Claims", Committee on Diplomatic Protection of Persons and Property, 30f.
20 Vgl das Urteil des IGH im *LaGrand*-Fall, ICJ Rep 2001, 466ff. S auch BVerfGK 9, 174 *[Konsularrechtsübereinkommen].*

zunehmendem Maße nicht mehr nur seine eigenen Rechte, sondern in Vertretung seiner Staatsangehörigen zu deren Gunsten Rechte geltend macht. Noch weitergehend wird heute von der *Nationality Rule*, wonach der Staat nur seine eigenen Staatsangehörigen zu schützen befugt ist, eine Ausnahme gemacht, wenn Rechte aus der Verletzung elementarer Menschenrechte, die *erga omnes* verpflichtend sind, geltend gemacht werden. Zudem sind mittlerweile auch zahlreiche subjektive Rechtspositionen von Individuen außerhalb des traditionellen Kanons der Menschenrechte festzustellen.[21]

18   Ein anderes Beispiel für die Weiterentwicklung der Rechtsstellung des Einzelnen findet sich im *Flüchtlingsrecht* (vgl u Rn 324 ff). Menschen, die ihren Heimatstaat verlassen hatten, standen einst weder unter dem Schutz ihres ursprünglichen Heimatstaats noch eines anderen Völkerrechtssubjekts. Sie besaßen auch keinen eigenen völkerrechtlichen Status. Zu ihrem Schutz wurde zunächst das Amt des Hochkommissars für Flüchtlinge eingerichtet. Zugleich wurde die Internationale Flüchtlingsorganisation (IRO) gegründet. Beide wurden 1951 durch den Hohen Flüchtlingskommissar der UNO (UNHCR) abgelöst. Die *Genfer Flüchtlingskonvention v 1951*, die zunächst räumlich auf Europa und zeitlich auf die Folgen des Zweiten Weltkriegs beschränkt war, gilt aufgrund des New Yorker Zusatzprotokolls v 31.1.1967 für alle Flüchtlinge in allen Vertragsstaaten.[22] Auch wenn den Flüchtlingen durch die Konvention gewisse Rechte gewährt werden, ergibt sich hieraus keine Anerkennung als Völkerrechtssubjekte.

19   Die *Europäische Menschenrechtskonvention* (EMRK) v 4.11.1950 erkennt auf regionaler Ebene eine partielle Völkerrechtssubjektivität des Einzelnen an, da es diesem erstmals in der Geschichte des Völkerrechts ermöglicht wurde, nach Art 34 EMRK eigene Rechte in einem völkerrechtlichen Verfahren gegen einen Vertragsstaat der EMRK bei der damaligen Menschenrechtskommission durchzusetzen. Die früher bestehende Zweiteilung zwischen Gerichtshof und Kommission ist durch das 11. Zusatzprotokoll zur EMRK zwischenzeitlich aufgehoben worden.[23] Seitdem ist ausschließlich der Europäische Gerichtshof für Menschenrechte (EGMR) nach Art 34 ff EMRK für Individualbeschwerden auf der Grundlage der EMRK zuständig.

20   Die nach dem Vorbild der EMRK erarbeitete *Amerikanische Menschenrechtskonvention* v 22.11.1969 sieht in Art 44 ebenfalls eine Individualbeschwerde vor und erweitert diese auf Personengruppen und private Organisationen, sofern ihre Heimatstaaten den Gerichtshof anerkannt haben.

21   Auf universaler Ebene bestehen deutlich geringere Durchsetzungsmöglichkeiten als auf der Ebene regionaler Menschenrechtskonventionen. In der Allgemeinen Erklärung der Menschenrechte der UN-Generalversammlung v 10.12.1948 ist kein Durchsetzungsmechanismus vorgesehen; der *Internationale Pakt über bürgerliche und politische Rech-*

---

21 Eingehend *Peters*, Jenseits der Menschenrechte, 2014, 153 ff, 257 ff, 307 ff und 343 ff.
22 *Kimminich*, Der Internationale Rechtsstatus des Flüchtlings, 285 ff; Zimmermann (Hrsg), The 1951 Convention Relating to the Status of Refugees and its 1967 Protocol, 2011.
23 Eingehend aus jüngster Zeit Karpenstein/Mayer (Hrsg), EMRK, 3. Aufl 2022; *Meyer-Ladewig/Nettesheim/von Raumer*, EMRK, 5. Aufl 2023.

te v 19.12.1966 sieht in einem Zusatzprotokoll eine Individualbeschwerde zum Menschenrechtsausschuss vor, sofern sich der Heimatstaat diesem Verfahren unterworfen hat. Der Ausschuss kann den betreffenden Staat zu einer Stellungnahme auffordern, jedoch kein bindendes Urteil erlassen. Ungeachtet dessen hat die im Anschluss an die Prüfung der von der Einzelperson und dem betroffenen Vertragsstaat unterbreiteten schriftlichen Angaben erarbeitete Stellungnahme eine erhebliche politische Bedeutung, indem sie einen Vertragsstaat, bei dem der Ausschuss eine Vertragsverletzung festgestellt hat, zwingt, sich international und ggf innerstaatlich zu rechtfertigen.

Völkerrechtliche *Pflichten des Einzelnen* sind bisher nur in bestimmten Fällen nach- 22 weisbar. Grundsätzlich werden bspw Handlungen, die auf Grund internationalen Rechts strafbar sind,[24] von *innerstaatlichen* Gerichten verfolgt. Der Grund für diese Zurückhaltung liegt darin, dass die staatliche Souveränität durch einen unmittelbaren Zugriff des Völkerrechts auf Handlungen staatlicher Amtsträger, um die es bei der internationalen Strafgerichtsbarkeit regelmäßig geht, durchbrochen würde. Eine völkerrechtliche Inpflichtnahme des Einzelnen erfolgte erstmalig durch die Schaffung des Interalliierten Militärgerichtshofs (des späteren Nürnberger Gerichtshofs) auf der Grundlage des Londoner Viermächteabkommens.[25] Im *Nürnberger Kriegsverbrecherprozess* wurden Verbrechen gegen die Menschlichkeit und Verbrechen gegen den Frieden, wie das Führen eines Angriffskriegs oder die Beteiligung an einem solchen, als völkerrechtliche Delikte von Einzelpersonen verfolgt. Während Verbrechen gegen die Menschlichkeit nach den innerstaatlichen Gesetzen bereits zuvor mit Strafe bedroht waren, stellte die Verfolgung wegen der Verbrechen gegen den Frieden eine Neuerung dar.[26] Versuche, die in den Nürnberger und Tokioter Prozessen[27] aufgestellten Grundsätze zu kodifizieren, scheiterten zunächst.

Erst nach dem Bürgerkrieg im ehemaligen Jugoslawien errichtete der Sicherheits- 23 rat auf der Grundlage von Kap VII der UN-Charta einen Gerichtshof,[28] dessen Aufgabe darin besteht, schwere Menschenrechtsverletzungen, die seit 1991 auf dem Gebiet des ehemaligen Jugoslawiens begangen wurden, zu verfolgen.[29] Ein weiteres internationa-

---

24 *Schröder*, 7. Abschn Rn 38 ff.
25 AJIL Suppl 39 (1945) 357; dazu *Jescheck*, Nuremberg Trials, EPIL III, 1997, 747 f.
26 Vgl das Urteil des IMT, AJIL 41 (1947) 172.
27 AJIL 39 (1945), Suppl, 264.
28 S/RES/808 (1993), VN 41 (1993) 71 ff.
29 Vgl zu den Kriegsverbrechen und dem IStGH *Meron*, War Crimes in Yugoslavia and the Development of International Law, AJIL 88 (1994) 78 ff; *Oellers-Frahm*, Das Statut des Internationalen Strafgerichtshofs zur Verfolgung von Kriegsverbrechern im ehemaligen Jugoslawien, ZaöRV 54 (1994) 416 ff; *Shraga/Zacklin*, The International Criminal Tribunal for the Former Yugoslavia, EJIL 5 (1994) 360 ff; *Thürer*, Vom Nürnberger Tribunal zum Jugoslawien-Tribunal und weiter zu einem Weltstrafgerichtshof?, SZIER 3 (1993) 491 ff; *Tomuschat*, Ein Internationaler Strafgerichtshof als Element einer Weltfriedensordnung, EA 1994, 61 ff. Zur Rechtsprechung des Jugolawien-Tribunals *Rakate*, The Characterisation of Conflicts in International Law, Stellenbosch LR 11 (2000) 277 ff. Zum Konflikt zwischen staatlicher Souveränität und internationaler Strafgerichtsbarkeit *Cryer*, International Criminal Law vs State Sovereignty, EJIL 16 (2005) 979;

les Tribunal wurde auf Grund einer Resolution des Sicherheitsrats für Ruanda errichtet.[30]

24   Das Jugoslawien- und das Ruanda-Tribunal waren internationale Strafgerichtshöfe mit begrenzter sachlicher und örtlicher Kompetenz und als solche nicht auf Dauer eingerichtet. Dennoch war die Einsetzung dieser Tribunale ein wichtiger Meilenstein auf dem Weg zur Errichtung einer permanenten internationalen Strafgerichtsbarkeit. Bereits die am 9.12.1948 von der UN-Generalversammlung verabschiedete Völkermordkonvention hatte in Art VI vorgesehen, dass wegen Völkermord angeklagte Personen sich entweder vor einem Gericht des Staates des Begehungsorts oder vor einem internationalen Gericht verantworten sollten. 1994 legte die ILC den Entwurf für das *Statut des Internationalen Strafgerichtshofs* vor, das am 17.7.1998 in Rom angenommen wurde.[31] Das Statut ist am 1.7.2002 in Kraft getreten.[32]

25   Die Jurisdiktion des Internationalen Strafgerichtshofs (IStGH) erstreckt sich auf vier Arten von Verbrechen gegen das Völkerrecht, namentlich Völkermord, Verbrechen gegen die Menschlichkeit, Kriegsverbrechen und Aggression (Art 5 des Statuts des Internationalen Strafgerichtshofs – SIStGH), wobei zunächst nur die drei erstgenannten Verbrechen tatbestandlich definiert wurden (Art 6 bis 9 SIStGH). Nachdem sich auf der ersten Überprüfungskonferenz in Kampala die Vertragsstaaten einstimmig auf eine Definition des Verbrechens der Aggression[33] in Art 8bis geeinigt hatten, wurde sie mit Wirkung vom 1.7.2017 durch Änderung von § 13 VStGB in dt Recht umgesetzt.[34] Im Übrigen trat die Änderung des SIStGH nach dem Beschluss der Versammlung der Vertragsparteien im Juli 2018 in Kraft.[35] Grundsätzlich schließen Art 11 und 24 des Statuts eine Rückwirkung

---

Nagan/Hammer, The Changing Character of Sovereignity in International Law and International Relations, Colum J Transnat'l L 43 (2004) 141 ff; *Akande,* International Law Immunities and the International Criminal Court, AJIL 98 (2004) 407 ff; *Uerpmann-Wittzak,* Immunität vor internationalen Strafgerichten, AVR 44 (2006) 33 ff.

30 Vgl zur Schaffung des Internationalen Strafgerichtshofs für Ruanda die Res des Sicherheitsrats 955 (1994) v 8.11.1994, VN 43 (1995) 39 ff.

31 Römisches Statut des Internationalen Strafgerichtshofes (BGBl 2000 II, 1394; zur Anpassung des dt Rechts und zur Änderung des Art 16 Abs 2 GG vgl das Einführungsgesetz zum Römischen Statut v 21.6.2002 [BGBl 2002 I, 2254]); vgl auch *Kinkel,* Der Internationale Strafgerichtshof, NJW 1998, 2650 ff; *Roggemann,* Die Internationalen Strafgerichtshöfe, Ergänzungsband, 2. Aufl 1998; *Benzing,* Sovereignty and the Responsibility to Protect International Criminal Law, FS Wolfrum, 2008, 17 ff; *Malone,* International Criminal Justice on the Move, J Int'l Inst 50 (2008) 569 ff; eingehend Ambos (Hrsg), Commentary on the Rome Statute of the International Criminal Court, 4. Aufl 2022; *Werle/Jeßberger,* Völkerstrafrecht, 5. Aufl 2020; *Schabas,* The International Criminal Court: Struggling to Find its Way, in Cassese (Hrsg), Realizing Utopia, 250 ff. Zum Ganzen auch *Schröder,* 7. Abschn 38 ff.

32 Vgl *Werle,* Völkerstrafrecht und deutsches Völkerstrafgesetzbuch, JZ 2012, 373 ff; *Meyer,* Der Internationale Strafgerichtshof und das deutsche Völkerstrafrecht, DRiZ 2011, 19 ff.

33 Vgl Kreß/Barriga (Hrsg), The Crime of Aggression, 2017.

34 BGBl I 2016, 3150 (in Kraft 1.1.2017); dazu *Kreß,* Die Aktivierung der Zuständigkeit des IStGH für das Verbrechen der Aggression, AVR 56 (2018) 269 ff.

35 *Kreß,* Durchbruch in New York, GA 2018, 274 ff; eingehend *Ambos,* Internationales Strafrecht, 138 ff.

Kau

aus. Die Grundsätze *nullum crimen sine lege* (Art 22 SIStGH) und *nulla poena sine lege* (Art 23 SIStGH) finden ebenso Anwendung wie die Unschuldsvermutung (Art 66 SIStGH).

Art 12 Abs 1 SIStGH bindet die Gerichtsbarkeit des IStGH grundsätzlich an den Beitritt der Staaten zum Statut. Die Gerichtsbarkeit erstreckt sich nur auf Verbrechen, die nach In-Kraft-Treten des Statuts begangen wurden. Zuständig ist der Gerichtshof für Taten, die entweder im Hoheitsgebiet eines Vertragsstaats oder durch Staatsangehörige eines Vertragsstaats begangen wurden (Art 12 Abs 2 SIStGH). Art 12 Abs 2 und 3 iVm Art 13 SIStGH ermöglichen ferner die Unterwerfung von Nichtsignataren unter die Gerichtsbarkeit des IStGH für den Einzelfall. Der Sicherheitsrat kann dem Gerichtshof die Durchführung eines Verfahrens untersagen (Art 16 SIStGH). Die Gerichtsbarkeit des Strafgerichtshofs erstreckt sich auf natürliche Personen (Art 25 SIStGH) über 18 Jahren, wobei auf die Tatzeit abgestellt wird (Art 26 SIStGH). 26

Das anwendbare Recht ergibt sich nicht allein aus dem Statut, den Verbrechenselementen und den Verfahrensregeln (Art 21 Abs 1 lit a SIStGH). Neben diesen können völkerrechtliche Verträge, Rechtsprinzipien und Regeln einschließlich der anerkannten Grundsätze des Kriegsvölkerrechts Anwendung finden (Art 21 Abs 1 lit a SIStGH). Soweit diese Rechtsquellen nicht zur Sachentscheidung ausreichen, kommt die Anwendung allgemeiner Rechtsprinzipien in Betracht, die der Gerichtshof auf rechtsvergleichender Basis feststellt und die im Einklang mit dem Statut und internationalem Recht stehen müssen (Art 21 Abs1 lit c SIStGH). 27

Das Verfahren besteht aus dem Vorverfahren über die Eröffnung des Ermittlungsverfahrens, dem Hauptverfahren und einem Rechtsmittelverfahren (Art 81 SIStGH). Das Hauptverfahren findet in Anwesenheit des Angeklagten statt (Art 63 Abs 1 SIStGH). Im Falle der Verurteilung kommt ein Strafmaß von bis zu 30 Jahren oder lebenslange Freiheitsstrafe in Betracht. Daneben können Geldstrafen und Verfall der aus dem Verbrechen gewonnenen Gegenstände angeordnet werden (Art 77 SIStGH). 28

Die Signatarstaaten des SIStGH verpflichten sich zur umfassenden Zusammenarbeit mit dem Gerichtshof (Art 86).[36] Der Neunte Teil des Statuts enthält ferner Regeln dafür, wie in Fällen mehrfacher Verfolgung – durch den IStGH und durch nationale Strafverfolgungsbehörden – zu verfahren ist. Die Gerichtsbarkeit des Gerichtshofs ergänzt lediglich die nationale Gerichtsbarkeit. Besonders hervorzuheben ist, dass der IStGH nur subsidiär zuständig ist. Wird ein Verfahren von einer nationalen Strafverfolgungsbehörde anhängig gemacht, kann dies grundsätzlich nicht auch gleichzeitig vor dem IStGH geschehen. Zur internationalen Strafverfolgung kommt es daher vor allem dann, wenn ein Vertragsstaat nicht willens oder in der Lage ist, nationale Strafverfolgungsmaßnahmen ernsthaft durchzuführen (Art 17 SIStGH). Damit liegt es weitgehend in den Händen der Vertragsstaaten darüber zu entscheiden, ob der IStGH überhaupt zuständig wird. 29

---

36 *With/Harder,* Die Anpassung des deutschen Rechts an das Römische Statut des Internationalen Strafgerichtshofs aus Sicht deutscher Nichtregierungsorganisationen, ZRP 2000, 144 ff.

30 Art 27 SIStGH sieht ausdrücklich vor, dass die Berufung auf die Begehung einer Tat in amtlicher Eigenschaft weder eine Freistellung von der Gerichtsbarkeit bewirkt, noch einen Strafmilderungsgrund darstellt. Dies gilt auch für Taten von Staats- oder Regierungschefs oder Regierungs- oder Parlamentsmitgliedern.

31 Auf den Einzelnen bezogene völkerrechtliche Bestrafungspflichten werden für bestimmte *schwerwiegende Menschenrechtsverletzungen* erörtert, besonders in Bezug auf Folter, Verschwindenlassen von Personen und extralegale Hinrichtungen, die in vielen diktatorischen Systemen an der Tagesordnung sind.[37] Völkervertraglich vereinbarte Bestrafungspflichten gibt es insbes für den Völkermord[38] und die Folter.[39] Andere Bestrafungspflichten betreffen entweder spezifisch das Kriegsrecht[40] oder sind nicht eigens auf Regierungskriminalität beschränkt (zB Piraterie).[41] Von diesen Regelungen abgesehen kann von der Existenz einer völkerrechtlichen Bestrafungspflicht für schwerwiegende Menschenrechtsverletzungen nicht ausgegangen werden.

32 In jüngerer Zeit wurde die Tätigkeit des Anklägers beim IStGH verschiedentlich unter dem Gesichtspunkt kritisiert, dass sie sich allzu einseitig gegen Staaten und Vertreter des afrikanischen Kontinents richte.[42] Zudem wirkte sich auch die gescheiterte Vollziehung des Haftbefehls gegen den sudanesischen Präsidenten *Al-Bashir* schwächend auf das Ansehen des IStGH aus.[43] Letztlich halten die gegen den IStGH und seinen Ankläger erhobenen Vorwürfe einer krit Überprüfung jedoch nicht stand. Aufgrund der Subsidiarität der internationalen Strafgerichtsbarkeit bestünde für entsprechende Maßnahmen überhaupt keine Notwendigkeit, wenn die betroffenen Staaten gleichwertige innerstaat-

---

37 Vgl *Ambos*, Völkerrechtliche Bestrafungspflichten bei schweren Menschenrechtsverletzungen, AVR 37 (1999) 318.

38 In Art IV der Konvention zur Verhütung und Bestrafung des Völkermordes (78 UNTS 277; BGBl 1954 II, 730) ist die Strafbarkeit von Personen festgeschrieben worden, die Völkermordhandlungen begehen, „gleichviel ob sie regierende Personen [...] sind".

39 Art 4 des Übereinkommens gegen Folter und andere grausame, unmenschliche oder erniedrigende Behandlung v 10.12.1984 (BGBl II 1990, 246).

40 Art 49 GK I, Art 50 GK II, Art 129 GK III und Art 146 GK IV (BGBl 1954 II, 783, 813, 838, 917; BGBl 1956 II, 1586).

41 *Schmahl*, Die Bekämpfung der Seepiraterie im Spiegel des Völkerrechts, des Europarechts und der deutschen Rechtsordnung, AöR 136 (2011) 44 ff; *Neuhold*, The Return of Piracy, FS Wolfrum, Bd 2, 2011, 1239 ff; *Khan*, Sailing in the Wine-Dark Sea, FS Simma, 2011, 1207 ff.

42 Vgl zur Kontroverse zwischen IStGH und Afrikanischer Union *Ambos*, Internationales Strafrecht, 137 f, *Werle/Vormbaum*, Afrika und der Internationale Strafgerichtshof, JZ 2015, 581 ff; *Dürr*, Internationaler Strafgerichtshof: In der Realität angekommen, DRiZ 2017, 224 ff; *Fuchs*, Der Internationale Strafgerichtshof in der Krise, RuP 2017, 400 ff; *Stefanopoulou*, Legitimationsprobleme internationaler Strafjustiz zwischen Weltrechtsprinzip und postkolonialer Skepsis, ZIS 2018, 103 ff; eingehend Jalloh/Bantekas (Hrsg), The International Criminal Court and Africa, 2017; siehe auch *Lange*, Art. 59 Abs. 2 S. 1 GG im Lichte von Brexit und IStGH-Austritt, AöR 142 (2017) 442 ff zu den Anforderungen des südafrikanischen High Court für einen Austritt aus dem IStGH; *Prütting*, Gerechtigkeit durch Verfahren, jM 2016, 354.

43 *Bankas*, State Immunity, 615 ff; *Du Plessis*, The Omar Al-Bashir Case, in Maluwa/Du Plessis/Tladi (Hrsg), The Pursuit of a Brave New World in International Law, 2017, 431 ff.

Kau

liche Strafverfolgungsmaßnahmen einleiten und zur Anklage führen würden. Zudem spielt es eine erhebliche Rolle, dass viele der infrage stehenden Fälle im Zusammenhang mit Wahlauseinandersetzungen stehen. Letztlich ergeben sich die zugrundeliegenden Konflikte vielfach aus dem Fehlen stabiler demokratischer Strukturen. Ermittlungen, die zu Verfahren vor dem IStGH führen, sind somit vor allem eine Folge dieses unzureichend gelösten Problemkreises in den betreffenden Staaten. Dessen ungeachtet sollte der IStGH mit gleichem Elan und Nachdruck auch in anderen Weltregionen nach Vorgängen Ausschau halten, die sein Eingreifen erfordern.[44] Schließlich wird durch den Fall *Al-Bashir* die Frage aufgeworfen, welche Pflichten Vertragsstaaten des Römischen Statuts im Hinblick auf Staatsoberhäupter oder Regierungsvertreter aus Nichtvertragsstaaten treffen.[45] Diese Fragen werden auch im Zusammenhang mit dem russ Angriffskrieg auf die Ukraine diskutiert.[46] Es ist davon auszugehen, dass je länger die entsprechenden Regeln des Römischen Statuts existieren und in der Staatenpraxis Anwendung finden, desto größer wird die Wahrscheinlichkeit, dass sie zu Völkergewohnheitsrecht erstarken oder sogar bereits teilweise erstarkt sind. Zudem ist im Schrifttum darauf hingewiesen worden, dass nicht allein die Ratifikation des Römischen Statuts zur Vollstreckung eines Haftbefehls des IStGH verpflichtet, sondern dass hierzu auch Bestimmungen anderer völkerrechtlicher Verträge (z B Anti-Folterkonvention, IPbpR), Völkergewohnheitsrecht sowie Resolutionen des UN-Sicherheitsrates führen können.[47]

e) Völker

Obwohl gerade die Bestrafung der Verbrechen gegen die Menschlichkeit sowie das Verbot des Völkermords Anlass geben könnten, Völkern eigene Rechte einzuräumen, steht ihnen *grundsätzlich keine Völkerrechtssubjektivität* zu. Das Selbstbestimmungsrecht der Völker fand nach dem Zweiten Weltkrieg Eingang in die UN-Charta. Es wurde in den Menschenrechtspakten v 19.12.1966 genannt und von der Generalversammlung in Resolutionen anerkannt. **33**

In der völkerrechtlichen Literatur ist umstritten, ob das *Selbstbestimmungsrecht* wegen seiner nicht hinreichend juristisch überprüfbaren Konturen nur als politische Leitlinie zu verstehen ist, oder ob es sich ungeachtet seiner Unschärfe zumindest teilweise zu einem völkerrechtlichen Rechtsanspruch etwa auf Autonomie oder Sezession entwickelt hat, der von den Völkern gegenüber den Staaten eingefordert und ggf auch in **34**

---

44 *Ambos*, Internationales Strafrecht, 137; *Bankas*, State Immunity, 623 ff, 625 ff.
45 *Gaeta/Viñuales/Zappalà*, Cassese's International Law, 3. Aufl 2020, 138.
46 *Bock*, Völkerstrafrechtliche Herausforderungen des Ukraine-Kriegs, UKuR 2022, 64 ff.
47 Z B *Gaeta/Viñuales/Zappalà* (Fn 45) 138: "Broadly speaking, however, one should be mindful that to address the issue properly, attention should be paid no only to the provisions of the ICC Statute, but also to other norms including the text of relevant SC resolutions [...] and the rules of customary law."

hierfür vorgesehenen Verfahren durchgesetzt werden kann.[48] Eine eigene völkerrechtliche Rechtsfähigkeit steht den Völkern damit allerdings nicht notwendig zu.[49] Es spricht Vieles dafür, das Selbstbestimmungsrecht als eine, nach deutscher Terminologie, *Rechtsstellung ohne subjektive Rechte* anzusehen. Als maßgeblich hierfür kann die UN-Praxis angesehen werden, die unter bestimmten Voraussetzungen Organisationen das Recht eingeräumt hat, als Befreiungsbewegung bereits vor der Unabhängigkeit Rechte im Rahmen der Vollversammlung und in den UN-Gremien geltend zu machen und an internationalen Vertragsverhandlungen teilzunehmen, so zB an den Verhandlungen zur Weiterentwicklung des humanitären Kriegsrechts in Genf 1977.

f) Minderheiten

35 Während das Selbstbestimmungsrecht nur Völkern zusteht, erwies es sich bald als notwendig, einzelnen Gruppen, die sich wegen ihrer geringen Zahl auf dieses Recht nicht stützen konnten, Rechte einzuräumen. Allerdings hat dies nicht dazu geführt, dass Minderheiten die Eigenschaft von Völkerrechtssubjekten zugesprochen worden wären.[50]

36 Nach der in Europa verbreiteten Auffassung setzt der Begriff der Minderheit voraus, dass es sich um Staatsangehörige des jeweiligen Staates handelt. Bei unklarem Wortlaut von Art 27 IPBPR werden Ausländer in der zwischenstaatlichen Praxis nicht in den Schutz miteinbezogen (vgl u Rn 365f). Eine andere Haltung nimmt der UN-Menschenrechtsausschuss ein und fordert, Minderheitenrechte allen im jeweiligen Staatsgebiet lebenden Minderheiten, unabhängig von der Staatsangehörigkeit, einzuräumen.[51]

37 Das Europäische Rahmenübereinkommen zum Schutze nationaler Minderheiten v 1.2.1995[52] gewährt eine Reihe von Rechten und Schutzpflichten, wie zB das Recht von Angehörigen einer ethnischen, religiösen oder sprachlichen Minderheit, gemeinsam mit anderen Angehörigen ihrer Gruppe ihr eigenes kulturelles Leben zu pflegen, ihre eigene Religion zu bekennen und auszuüben, oder sich ihrer eigenen Sprache zu bedienen. Unklar ist die Definition der geschützten Minderheit. Die Konvention hat im Hinblick auf die unterschiedlichen Auffassungen der Vertragsstaaten bewusst auf eine Definition

---

48 *Crawford* (Fn 2) 646 f; *Rodriguéz-Santiago,* The Evolution of Self-Determination in International Law, in Tesón (Hrsg), The Theory of Self-Determination, 2016, 201 ff; *Anderson,* Who are the "Peoples" Entitled to the Right to Self-Determination?, in Griffiths/Pavković/Radan (Hrsg), The Routledge Handbook of Self-Determination and Secession, 2023, 41 ff.

49 *Kimminich,* Aufenthalt, 139.

50 Vgl *Brühl-Moser,* Die Entwicklung des Selbstbestimmungsrechts der Völker unter Berücksichtigung seines innerstaatlich-demokratischen Aspekts und seiner Bedeutung für den Minderheitenschutz, 1994; *Haedrich,* Integration durch völkerrechtlichen Minderheitenschutz?, ZAR 2012, 225 ff; *Kriesel,* Peoples' Rights: Gruppenrechte im Völkerrecht, 2020.

51 Observations Générales 23 (Article 27), HRI/GEN/1/Rev1 v 29.7.1994.

52 BGBl 1997 II, 1408; vgl dazu *R. Hofmann,* Menschenrechte und der Schutz nationaler Minderheiten, ZaöRV 65 (2005) 587 ff.

verzichtet. Daher haben die meisten Vertragsstaaten in einer eigenen Erklärung darge-
legt, welche Gruppen nach ihrem Verständnis in den Anwendungsbereich der Konvention fallen. Die Bundesregierung hat in einer Erklärung als nationale Minderheiten die
Dänen deutscher Staatsangehörigkeit und die Angehörigen des *sorbischen* Volkes mit
deutscher Staatsangehörigkeit bezeichnet. Als nationale Minderheit werden hingegen
nicht die Friesen oder Sinti und Roma deutscher Staatsangehörigkeit verstanden; dennoch soll nach der Erklärung der BR Deutschland das Europäische Rahmenübereinkommen auf sie angewendet werden.[53] Nicht als Minderheiten iSd Konvention anerkannt
werden in der Staatenpraxis zumeist eingewanderte Bevölkerungsgruppen, die als
eingebürgerte Personen „mit Migrationshintergrund" durch besondere ethnische oder
religiöse Merkmale verbunden sind. Für sie gelten im Allgemeinen besondere Integrati-
onserfordernisse. Ein Minderheitenstatus wird hierfür als eher kontraproduktiv angesehen. Anerkannt als Minderheit iSd internationalen Rechts sind daher lediglich „angestammte" Minderheiten.

g) Sonstige

Die übrigen Akteure, die als Völkerrechtssubjekte in Betracht kommen, sind unter- 38
schiedlicher Natur. *Aufständischen*[54] kommt zunächst keine völkerrechtliche Stellung
zu. Erst wenn sich ihre Position derart verfestigt hat, dass sie auf einem Teil des Staatsgebiets die effektive Herrschaft ausüben, erlangen sie eine völkerrechtliche Position.
Dritte Staaten können die sich in diesem Teil befindlichen eigenen Staatsangehörigen
nur schützen, wenn sie zu den Aufständischen Verbindung aufnehmen und sie als kriegführende Partei anerkennen. Das hat zur Folge, dass auf den Konflikt die völkerrechtlichen Gesetze des bewaffneten Konflikts und des humanitären Völkerrechts zu Gunsten
von Verwundeten und Kriegsgefangenen angewendet werden.[55] Dritte Staaten, die zuvor die legale Regierung unterstützten, erlangen die Stellung von Neutralen und dürfen
nur noch humanitäre Hilfe gewähren.

Die Gründung eines eigenen Staats wird idR auch von *Befreiungsbewegungen* ange- 39
strebt. Die UN-Generalversammlung gewährt ihnen Beobachter-Status, sofern sie einen
Mindeststandard an Effektivität und Organisation aufweisen und von den Regionalorganisationen ihrer Völker oder der UNO als legitime Vertreter eines Volkes anerkannt
sind. Sie können dann ohne Stimmrecht an UN-Konferenzen teilnehmen oder in UN-
Gremien mitwirken.

---

53 BGBl 1997 II, 1408 (1418).
54 Vgl zu den Aufständischen auch *Stein/von Buttlar/Kotzur*, Völkerrecht, 14. Aufl 2017, Rn 488 ff; *La Rosa/
Wuerzner*, Armed Groups, Sanctions and the Implementations of International Humanitarian Law, Int
Committee of the Red Cross 90 (2008) 327 ff.
55 Vgl *Bothe*, 8. Abschn Rn 66 ff, 77 ff.

40   Seit seinem Auftreten wirft der sog Islamische Staat (IS) viele rechtliche Fragen auf,[56] die auch seine Völkerrechtssubjektivität miteinschließen. Insbes für die Anerkennung völkerrechtlicher Mindeststandards wäre diese Einbindung nicht folgenlos. Unabhängig davon, ob der IS selbst die Absicht hat bzw hatte, Völkerrechtssubjektivität zu beanspruchen oder die damit verbundenen Rechte auszuüben, lassen sich Ansätze für die Annahme von Völkerrechtssubjektivität unter dem Gesichtspunkt territorial verfestigter Aufständischer feststellen. Auch die Einordnung als Staat im klassischen Sinne ist nicht nur vor dem Hintergrund der Selbstbezeichnung, sondern vor allem im Hinblick auf die Erfüllung der Voraussetzungen der Drei-Elemente-Lehre nicht vollständig von der Hand zu weisen.[57]

41   Zu den traditionellen Völkerrechtssubjekten zählt der *Heilige Stuhl*,[58] dessen Völkerrechtssubjektivität bereits seit dem Mittelalter anerkannt ist. Darunter ist die Position innerhalb der Katholischen Kirche in der Nachfolge Petri zu verstehen, unabhängig von ihrem jeweiligen Inhaber. Nach der Annexion des Kirchenstaats durch Italien 1870 blieb die Völkerrechtssubjektivität des Heiligen Stuhls daher trotz des fast vollständigen Verlusts der Gebietshoheit bestehen. Sie wurde durch den Lateranvertrag zwischen Italien und dem Heiligen Stuhl v 1929 bestätigt. Dieser sicherte dem Vatikanstaat mit dem Papst als Staatsoberhaupt eine territoriale Grundlage.[59] Im Vatikanstaat, dessen Fläche $0{,}44 \text{ km}^2$ umfasst, existiert eine eigene Verfassung und eine eigene Staatsangehörigkeit, die allerdings an den Zweck des Staats, die Sicherung der Unabhängigkeit der Katholischen Kirche, gebunden ist, und mit Amtsverlust und Verlassen des Vatikanstaats endet.[60] Der Heilige Stuhl, dessen Völkerrechtssubjektivität unabhängig vom Vatikanstaat

---

56 Vgl *Neubert*, Dilemmata der Völkerrechtsordnung, RuP 2016, 100 ff; *Neumann*, Kriegsverbrechen im IStGH-Statut und die neue Realität – Erfassung bewaffneter Konflikte mit nicht-staatlichen transnationalen Akteuren wie dem Islamischen Staat?, ZStW 128 (2016) 998 ff; *Jensen*, Die Besinnung auf die Tradition der „Lehre vom gerechten Krieg" anlässlich des Einsatzes der Bundeswehr gegen den IS, NZWehrr 2016, 233 ff; mit einschränkendem Ansatz *Payandeh/Sauer*, Die Beteiligung der Bundeswehr am Antiterroreinsatz in Syrien, ZRP 2016, 34 ff; *Kremser*, Der bewaffnete Einsatz der Bundeswehr gegen die Terrororganisation „Islamischer Staat" im Lichte des Staats-, Europa- und Völkerrechts, DVBl 2016, 881 ff.

57 Vgl Erklärung der Bundesregierung v 13.10.2016, BT-Drs 18/9960, BT-Plenarprot 18/199, 19854 D; Antrag der Bundesregierung v 6.1.2016 für eine Ausbildungsmission in Kurdistan/Irak, BT-Drs 18/7207, BT-Plenarprot 18/152, 14947 C; Überblick hierzu bei *Hartwig*, Bericht zur völkerrechtlichen Praxis der Bundesrepublik Deutschland im Jahr 2016, ZaöRV 78 (2018) 717 ff; so auch *Walt*, ISIS as Revolutionary State, Foreign Affairs, Nov/Dez 2015.

58 *Dahm/Delbrück/Wolfrum*, Völkerrecht Bd I/2, 2. Aufl 2002, § 113; *Germelmann*, Heiliger Stuhl und Vatikanstaat in der internationalen Gemeinschaft, AVR 47 (2009) 147 ff; *Martinez Junior*, Sovereign Impunity, Texas ILJ 44 (2008) 123 ff; *Candrian*, Quelques réflexion sur les relations diplomatiques de la Suisse avec le Saint-Siège, FS Caflisch, 2007, 1057 ff.

59 Vgl *Köck*, ÖHVR, Bd I, 2. Aufl 1991, 403.

60 Zur Frage des Verlusts der deutschen Staatsangehörigkeit als Folge des Erwerbs der vatikanischen Staatsangehörigkeit durch Papst Benedikt XVI vgl *Renner*, Ist Papst Benedikt XVI. Deutscher geblieben?, ZAR 2005, 282 ff.

und der konkreten Person des Papstes besteht, nimmt im Völkerrecht vor allem humanitäre Aufgaben wahr und unterhält mit den meisten Staaten über Botschafter (Nuntien) diplomatische Beziehungen. Mit zahlreichen Staaten ist der Heilige Stuhl über staatskirchenrechtliche Bestimmungen (Konkordate) verbunden.

Beim *Souveränen Malteserorden*[61] handelt es sich um ein historisch gewachsenes 42 Völkerrechtssubjekt,[62] dessen Gründung im Heiligen Land erfolgte, und der sich nach verschiedenen Stationen schließlich 1834 in Rom niederließ. Der Malteserorden zog sich dabei endgültig auf seine karitativen Aufgaben zurück, unterhält jedoch auch heute noch diplomatische Beziehungen zu einigen Staaten.

Ein Völkerrechtssubjekt eigener Art ist das *Internationale Komitee vom Roten Kreuz* 43 (IKRK).[63] Es nimmt insbes Aufgaben nach den Genfer Rotkreuzabkommen v 1949 wahr, wie die Durchführung von Rotkreuztransporten, den Besuch von Kriegsgefangenen und humanitäre Hilfeleistungen in Kriegen, Bürgerkriegen und bei Naturkatastrophen. Vom IKRK zu trennen ist sowohl der Zusammenschluss der nationalen Rotkreuzgesellschaften zur Liga der Gesellschaften des Roten Kreuzes und des Roten Halbmonds als auch die Internationale Konferenz vom Roten Kreuz. Die Liga hat die Tätigkeiten der nationalen Rotkreuzverbände zu koordinieren, während sich die Internationale Konferenz als höchstes beratendes Organ aus Vertretern der nationalen Rotkreuzgesellschaften, des IKRK, der Liga und der Mitgliedstaaten der Genfer Abkommen zusammensetzt. Die Internationale Konferenz fasst Beschlüsse in Form von Resolutionen, die nicht bindend sind.

Transnationale Unternehmen,[64] dh Unternehmen mit Hauptsitz in einem Staat und 44 mehreren betrieblichen Einheiten in anderen Staaten unter zentraler, einheitlicher Leitung, Kontrolle und Strategie, gewinnen mit dem Fortschreiten der Globalisierung zunehmend an Bedeutung. Obwohl sie den Staaten beim Abschluss von Konzessions- oder Investitionsverträgen oder in Schiedsverfahren oftmals faktisch als gleichberechtigte Partner gegenüberstehen, genießen sie *keine Völkerrechtssubjektivität*. Multi- oder transnationale Unternehmen werfen dadurch Fragen auf, dass sie sich Zugriffen leichter als Unternehmen unter rein nationaler Kontrolle entziehen können und oft aufgrund ihrer Wirtschaftsmacht und ihrer internationalen Handlungsformen agieren. Die Anerkennung eines allgemein gültigen Verhaltenskodex[65] für derartige Unternehmen hat bisher keine Unterstützung in der Staatenpraxis gefunden. Die völkerrechtlichen As-

---

61 Offizieller Name: Souveräner Malteser-Ritter-Orden: Hospital-Orden vom Hl Johannes von Jerusalem genannt von Rhodos genannt von Malta.
62 *Dahm/Delbrück/Wolfrum* (Fn 58) § 114.
63 *Dahm/Delbrück/Wolfrum* (Fn 58) § 115.
64 Vgl *Herdegen*, Völkerrecht, 21. Aufl 2022, § 13.
65 ILM 22 (1983) 177 ff; ILM 23 (1984) 627 ff; ILM 31 (1992) 1366; vgl auch *Hailbronner*, Völkerrechtliche und staatsrechtliche Überlegungen zu Verhaltenskodizes für transnationale Unternehmen, FS Schlochauer, 1981, 329 ff; *Shaw*, International Law, 9. Aufl 2021, 197 f.

pekte der Globalisierung im Wirtschaftsbereich werden derzeit noch nicht umfassend gewürdigt.[66]

45 Es wurden jedoch bereits seit den späten 1970er Jahren Versuche unternommen, durch verschiedene Soft Law-Instrumente (sog Codes of Conduct) Grundsätze einer „corporate social responsibility" (CSR) zu schaffen, an die sich Transnationale Unternehmen im Rahmen von Selbstverpflichtungen binden sollen.[67] Auch wenn diese Instrumente, die u a im Rahmen von UNO, OECD und ILO erarbeitet wurden, bis in die Gegenwart hinein nicht unmittelbar rechtsverbindlich geworden sind, können sie doch durch individualvertragliche Einbeziehungen oder Verweisungen verbindliche Rechtswirkungen entfalten und internationale Schutzstandards begründen helfen (zB für die Bereiche Klima- und Umweltschutz, Arbeitnehmerrechte und Arbeitsschutz). Daneben zeigen die vor allem für international agierende börsennotierte Unternehmen bestehenden Compliance-Regelungen, dass auch ohne völkerrechtliche Abkommen oder andere förmliche Vereinbarungen der internationalen Staatengemeinschaft zusehends rechtlich relevante Standards in den Bereichen Korruptionsbekämpfung und unternehmerische Transparenz etabliert werden können. Über die hierbei bestehenden Pflichten und Sorgfaltsanforderungen kommt dann auch wieder den sog Codes of Conduct indizielle und rechtsschöpferische Bedeutung zu.

2. Organe der Völkerrechtssubjekte und Regeln des zwischenstaatlichen Verkehrs

46 Juristische Personen handeln auch auf internationaler Ebene durch Organe. Man unterscheidet zentrale und dezentrale Organe.

a) Zentrale Organe

47 Zu den zentralen Organen des zwischenstaatlichen Verkehrs zählen das *Staatsoberhaupt*, der *Regierungschef* und der *Außenminister* (sog Troika). Sie gelten im Gegensatz zu den einzelnen Ressortministern nach Art 7 Abs 2 lit a des Wiener Vertragsrechts-

---

66 Vgl *Walzer*, Toward a Global Civil Society, 1995, 23 ff; *Thürer*, The Emergence of Non-governmental Organizations and Transnational Enterprises in International Law and the Changing Role of the State, in Hofmann (Hrsg), Non-state Actors as New Subjects of International Law, 1999, 37 und 53 f; vgl ferner *Mosler*, The International Society as a Legal Community, RdC 140 (1974-IV) 17 ff; *Tomuschat*, Obligations Arising for States Without or Against Their Will, RdC 241 (1993-IV) 216 ff; *Frowein*, Reactions by Not Directly Affected States to Breaches of Public International Law, RdC 248 (1994-IV) 355 ff; *Simma*, From Bilateralism to Community Interest in International Law, RdC 250 (1994-VI) 217 (256).

67 Z B OECD-Guidelines for Multinational Enterprises (2011); Draft UN Code of Conduct on Transnational Corporations (1984/1989); ILO-Tripartite Declaration of Principles Concerning Multinational Enterprises and Social Policy (MNE Declaration, zuerst 1977, 4. Aufl 2014); Norms on the Responsibility of Transnational Corporations and Other Business Enterprises with Regard to Human Rights (2003), verabschiedet von der UN-Unterkommission für die Förderung und den Schutz der Menschenrechte (UN Doc 3/CN.4/Sub.2/ 2003/12/Rev.2).

übereinkommens v 23.5.1969 als grundsätzlich zur Vertretung von Staaten befugt. Das Staatsoberhaupt repräsentiert den Staat und kann für Handlungen, die während der Amtsausübung begangen wurden, grundsätzlich nicht der Gerichtsbarkeit oder Zwangs-gewalt eines anderen Staats unterstellt werden.[68]

Anders war die Lage im Fall *Noriega,* als dieser nach seiner Verbringung von **48** Panama in die USA wegen Rauschgifthandels, Erpressung sowie Beteiligung an der Ver-schleppung und Ermordung panamaischer Oppositioneller angeklagt wurde. General *Noriega* wurde durch Entscheidung v 8.6.1990 die Immunität als Staatsoberhaupt unter Hinweis darauf versagt, dass ein Staatsoberhaupt auch als solches anerkannt sein müs-se. *Noriega* hingegen sei weder nach der Verfassung Panamas Staatsoberhaupt, noch sei seine Stellung durch Präsidentschaftswahlen bestätigt worden oder eine Anerkennung als Staatsoberhaupt durch die USA erfolgt (vgl zur Anerkennung Rn 193ff).[69] Allerdings ist der völkerrechtliche Durchgriff auf Fragen der verfassungsrechtlichen Legitimität generell zweifelhaft. Zu groß ist die Gefahr, dass unter dem Vorwand tatsächlicher oder vermeintlicher innerstaatlicher Rechtsverstöße völkerrechtlich gebotene Behandlung versagt wird. Im Grundsatz gilt, dass völkerrechtliche Vorrechte und Immunitäten nicht zwingend akzessorisch zu den Verfassungsvorgaben einzelner Staaten sind.[70]

Für den Immunitätsschutz ist zwischen *amtierenden* und *ehemaligen Staatsober-* **49** *häuptern* zu differenzieren. Auszugehen ist dabei davon, dass es souveräne Angelegen-heit eines jeden Staates ist, seine Organwalter zu bestimmen. Diese Organwalter genie-ßen nach den einschlägigen Regeln des Völkerrechts Immunität.[71] Der Umfang der Immunität ehemaliger Staatsoberhäupter war schon mehrfach Gegenstand gericht-licher Entscheidungen. 1995 hat das Appellationsgericht von Amsterdam eine Entschei-dung der Staatsanwaltschaft bestätigt, die unter Hinweis auf fortwirkende Immunität eine Strafverfolgung des früheren chilenischen Staatspräsidenten und späteren Sena-tors auf Lebenszeit *Pinochet* abgelehnt hatte.[72] Das *House of Lords* hat hingegen in einem von Spanien angestrengten Auslieferungsverfahren den Immunitätseinwand teil-weise zurückgewiesen.

Anders als die Immunität der Diplomaten ist diejenige von Staatsoberhäuptern, Re- **50** gierungschefs und Außenministern nicht ausdrücklich geregelt, sondern beruht auf Völ-

---

68 Vgl *Kau,* Staatsoberhaupt, 33 f; *Bankas,* State Immunity, 347 ff und 551 ff; diese Immunität kann das Staatsoberhaupt jedoch nicht auf die von ihm oder ihr selbst geführte Unternehmen übertragen, vgl *Quinn,* „Head-of-State-owned enterprise"-immunity, Vanderbilt J Transnat'l L 50 (2017) 1065 ff.
69 *US v Noriega,* 746 F.Supp. 1506, 1519. Dazu *Talmon,* Recognition of Governments in International Law, 1998, 259.
70 Eingehend zum Verhältnis von Völkerrecht und innerstaatlichen Verfassungsrecht *Kau,* Staatsober-haupt, 22 ff.
71 *Van Alebeek,* The Immunity of States and their Officials in International Criminal Law and Internatio-nal Human Rights Law, 2008, 103 ff; *Fox,* in Satow's Diplomatic Practice, Rn 12.23 ff; *Kau,* Staatsoberhaupt, 27 ff; *Gaeta/Viñuales/Zappalà* (Fn 45) 135.
72 NYIL 28 (1997) 363 ff; *Sears,* Confronting the „Culture of Impunity", GYIL 42 (1999) 125 ff; *Bankas,* State Immunity, 349 ff.

kergewohnheitsrecht.[73] Nach dem auf das spanische Auslieferungsbegehren anwendbaren englischen Recht (Art 20 Abs 1 des *State Immunity Act* v 1978 iVm dem *Diplomatic Privileges Act* v 1964) genießen Staatsoberhäupter dieselbe Immunität, die Chefs diplomatischer Missionen nach der Wiener Diplomatenrechtskonvention genießen. Diese Regelung kann man als Ausdruck universellen Völkergewohnheitsrechts ansehen. Ein sich im Ausland aufhaltendes amtierendes Staatsoberhaupt hat nach Völkergewohnheitsrecht an der Immunität des Staates teil, den es repräsentiert.[74] Die Immunität schützt hierbei die Person des Staatsoberhaupts als diejenige eines Teilnehmers am internationalen Rechtsverkehr. Sie wird als Immunität *ratione personae* iS persönlicher Immunität bezeichnet.

51   Herkömmlich galt die Immunität *ratione personae* ausnahmslos.[75] Rechtssatzförmige Ausnahmen von diesem Grundsatz sind neueren Datums. Sie konnten daher auf den Fall *Pinochet* keine Anwendung finden. Zwar schließt Art 27 SIStGH den Immunitätseinwand gegenüber den im Römischen Statut genannten Verbrechen aus. Daraus lassen sich aber noch keine Aussagen für die gewohnheitsrechtliche Geltung eines entsprechenden Ausschlusses für die über die Strafgerichtsbarkeit des IStGH hinausreichende Gerichtsbarkeit nationaler Strafgerichte ableiten. Der Internationale Gerichtshof (IGH) hat im *Arrest Warrant*-Fall den Erlass eines internationalen Haftbefehls durch die belgischen Behörden wegen Verbrechens gegen die Menschlichkeit gegen den amtierenden kongolesischen Außenminister als völkerrechtswidrig qualifiziert und festgestellt, dass derzeit im völkerrechtlichen Gewohnheitsrecht keine Ausnahme vom Grundsatz der absoluten Immunität für amtierende Regierungsmitglieder anerkannt sei.[76] Nach Auffassung des Gerichts gilt dies auch für schwerste Kriegsverbrechen oder Verbrechen gegen die Menschlichkeit. Nicht präjudiziert ist damit die Strafgerichtsbarkeit internationaler Gerichte.[77] Für bestimmte Sondersituationen sind jedoch Ausnahmen von der Immuni-

---

73 *Fox*, in Satow's Diplomatic Practice, Rn 12.23; *Kau*, Staatsoberhaupt, 27.

74 Vgl zum Verhältnis von Staatenimmunität und Immunität von Staatsoberhäuptern *Bröhmer*, State Immunity and the Violation of Human Rights, 1997, 29 ff; *Gaeta/Viñuales/Zappalà* (Fn 45) 136; zu den rechtshistorischen Wurzeln des Verhältnisses von Souverän und der Souveränität des Staates *Kau*, Staatsoberhaupt, 20 f.

75 *Doehring* (Fn 18) Rn 671; *Krieger*, Immunität: Entwicklung und Aktualität als Rechtsinstitut, BerDGIR 46 (2014) 231 (238); *Gaeta/Viñuales/Zappalà* (Fn 45) 130 und 133 ff; zuletzt *Kau*, Staatsoberhaupt, 28 f.

76 ICJ Rep 2002, 11; dazu *Summers*, Diplomatic Immunity Ratione Personae, JIL 16 (2007) 459 ff; *Morris*, Constitutional Solutions to the Problem of Diplomatic Crime and Immunity, Hofstra LRev 36 (2007) 601 ff; *Gaeta*, Immunity of States and State Officials: A Major Stumbling Block to Judicial Scrutiny?, in Cassese (Hrsg), Realizing Utopia, 227 (233 ff); *Kolodkin*, Immunity of the State and Officials thereof in Judgments of the International Court of Justice, FS Butler, 2014; *Fox*, in Satow's Diplomatic Practice, Rn 12.26 und 12.28; *Kau*, Staatsoberhaupt, 29 ff; *Bankas*, State Immunity, 585 ff.

77 Vgl auch die Entscheidung der französischen Cour de Cassation im Fall *Ghaddafi* wegen der Verwicklung in den Terroranschlag auf ein Flugzeug einer französischen Fluggesellschaft im Jahr 1989; vgl hierzu auch *Zappalà*, Do Heads of State in Office Enjoy Immunity from Jurisdiction for International Crimes?, EJIL 12 (2001) 595 ff.

tät von Staatsbediensteten anerkannt.[78] Auch die ILC befasst sich seit 2006 mit der Frage der Immunität von Staatsbediensteten vor ausländischer Strafverfolgung.[79] Dabei ist hervorzuheben, dass die ILC ausschließlich Strafverfolgungsmaßnahmen von Staaten, nicht aber von Seiten des IStGH untersucht.[80]

In diesem Zusammenhang wird vor allem die Frage erörtert, ob nur die sog *Troika* 52 aus Staatspräsident, Regierungschef und Außenminister in den Genuss der Immunität von Staatsbediensteten kommt, oder ob ggf auch andere Kabinettsmitglieder Immunität *ratione materiae* iS einer Immunität für Amtshandlungen erhalten.[81] Im Zeichen verstärkter Internationalisierung und umfassender Supranationalität in Europa erscheint eine strikte Unterteilung in außen- und innenpolitische Positionen staatlicher Führung gekünstelt und nicht mehr sachgerecht. Anders als früher nehmen heute auch Innen-, Justiz- und Finanzminister ebenso wie sonstige Ressortminister der einzelnen Staaten in wesentlich größerem Umfang an internationalen Konferenzen bzw sonstigen Treffen teil und tragen dadurch substantiell zur diplomatischen Kooperation bei. Ausgehend von der Funktion der Immunität von Staatsbediensteten liegt deren Sinn darin, den internationalen Austausch zu erleichtern und nicht durch Strafverfolgungsmaßnahmen oder vergleichbare Beeinträchtigungen zu behindern. Die Immunität von Staatsbediensteten sollte sich daher angesichts durchgreifend geänderter Umstände grundsätzlich auf alle Kabinettsmitglieder erstrecken und nicht länger auf Staatspräsidenten, Regierungschefs und Außenminister beschränkt sein.[82] Wie jedoch die bisherige Spruchpraxis nationaler Gerichte zeigt, wird eine Immunität weiterer Kabinettsmitglieder oder sonstiger Regierungsvertreter bislang nicht durchgängig anerkannt bzw zum Teil sogar abgelehnt.[83]

Wie der zwischenzeitlich ergangene Haftbefehl des IStGH gegen den sudanesischen 53 Präsidenten *Al-Baschir* (2008) sowie die Anklage und Vorladung des amtierenden kenianischen Präsidenten *Kenyatta* (2010/2014) zeigen, wird die Immunität von Staatsober-

---

78 Z B schwere Verletzungen der Territorialhoheit, Spionageakte, politischen Mordtaten und terroristische bzw subversive Unternehmungen, hierzu *Krieger,* Between Evolution and Stagnation – Immunities in a Globlized World, GoJIL 6 (2014) 177 (187); *Kreicker,* Völkerrechtliche Immunitäten und die Ahndung von Menschenrechtsverletzungen, JR 2015, 298 (299).
79 <http://legal.un.org/docs/?path=../ilc/documentation/english/statements/2015_dc_chairman_statement_immunity.pdf&lang=EF>.
80 Vgl UN Doc A/CN.4/661, §§ 43 ff.
81 *Kolb,* Jurisdictional Immunities of Ministers of Defense, SZIER 24 (2014) 179 (182 ff); *Pedretti,* Die völkerrechtlichen Immunitäten von Staatsoberhäuptern und anderen Staatsvertretern, Recht 31 (2013) 182 ff; *Murphy,* Immunity ratione personae of Foreign Government Officials and Other Topics, AJIL 108 (2014) 41 ff.
82 *Fox/Webb,* State Immunity, 560; *Kolb* (Fn 81) 184 ff; *Kreicker* (Fn 78) 302 f; einschränkend auf den Abschluss von entsprechenden Übereinkommen dringend: *Fox,* in Satow's Diplomatic Practice, Rn 12.47.
83 *Gaeta/Viñuales/Zappalà* (Fn 45) 138 f unter Verweis auf Sharon and Yaron, HSA v SA vor dem Kassationsgerichtshof Belgiens sowie Romagoza Arce v Garcia and Vides Casanova, US Court of Appeals (11th Cir 2006), No 02-14427.

häuptern angesichts *internationaler Strafverfolgungsmaßnahmen* stark eingeschränkt.[84] Hiergegen spricht aus völkerrechtlicher Sicht nicht, dass einzelne Staaten eine Auslieferung *Al-Baschirs* an den IStGH offenbar bewusst unterliefen (zB VR China, Iran, Äthiopien) und die Afrikanische Union (AU) im Jahr 2009 sogar eine Resolution gegen den Haftbefehl beschloss. Anders als die fortbestehende Immunität von Staatsoberhäuptern gegen *staatliche* Strafverfolgungsmaßnahmen deutet sich im Hinblick auf Strafverfolgungsmaßnahmen *durch den IStGH* eine substantielle Einschränkung der Immunität amtierender Staatsoberhäupter an.

54   Nach Beendigung des Amtes besteht die völkerrechtliche Immunität für amtliches Handeln fort. Sie gilt *ratione materiae*.[85] Das frühere Staatsoberhaupt als solches genießt nachfolgend jedoch keinen Immunitätsschutz für gegenwärtige Handlungen mehr: Es nimmt nicht mehr als Repräsentant seines Staats am internationalen Rechtsverkehr teil und ist insoweit nicht mehr schutzbedürftig.[86] Die Immunität *ratione materiae* erfasst alle in Ausübung der dienstlichen Tätigkeit vorgenommenen Handlungen. Welche Handlungen eines Staatsoberhaupts so qualifiziert werden können, bestimmt die Verfassung seines Staats. Handelt es sich um hoheitliche Akte, so besteht hierfür Immunität. Von ihr ausgenommen sind kriminelle Handlungen, die lediglich dem Vergnügen bzw Nutzen des früheren Staatsoberhaupts dienten. Neuerdings ist umstritten, ob auch Handlungen, die als Täterschaft oder Teilnahme an einem Verbrechen gegen die Menschlichkeit bzw das Völkerrecht[87] anzusehen sind, Immunität *ratione materiae* genießen.[88] Grundlegende Menschenrechte sind durch das völkerrechtliche *ius cogens* geschützt.[89] Auch das Verbot der Folter ist zwingendes Völkerrecht.[90] In dieser Hinsicht zeichnet sich auch in der Rspr des IGH eine allmähliche Aufweichung der Immunität *ratione materiae* für ehemalige Staatsoberhäupter ab.[91]

55   In seinen *Pinochet*-Entscheidungen hatte das *House of Lords* zu der Frage Stellung zu nehmen, in welchem Umfang ein früheres Staatsoberhaupt sich gegen Vorwürfe schwerer Menschenrechtsverletzungen mit dem Einwand, es genieße auf seiner früheren Position beruhende, fortwirkende Immunität, erfolgreich zur Wehr setzen kann. In dem ersten, wegen Befangenheit eines der beteiligten Lordrichter aufgehobenen Ur-

---

84 Vgl *Huang*, On Immunity of State Officials from Foreign Criminal Jurisdiction, Chinese JIL 13 (2014) 1 ff; *Kreicker* (Fn 78) 303.

85 Vgl *Gaeta/Viñuales/Zappalà* (Fn 45) 131; *Talmon*, Immunität von Staatsbediensteten, BerDGIR 46 (2014) 313 ff.

86 *Fox*, in Satow's Diplomatic Practice, Rn 12.23: "Immunity *ratione personae* is lost but immunity *ratione materiae* continues"; s auch *Gaeta/Viñuales/Zappalà* (Fn 45) 137.

87 Zur Terminologie *Schröder*, 7. Abschn Rn 38 ff.

88 Vgl *Doehring* (Fn 18) Rn 672; *Van Alebeek* (Fn 71) 301 ff; historische Bsp: *Dahm/Delbrück/Wolfrum*, Völkerrecht, Bd I/1, 2. Aufl 1989, 255 f.

89 IGH-Urteil im *Barcelona Traction*-Fall, ICJ Rep 1970, 4, 32.

90 Vgl nur *Bröhmer* (Fn 74) 147.

91 Eingehend zum gegenwärtigen Stand vgl *Kau*, Staatsoberhaupt, 32 ff; *Gaeta/Viñuales/Zappalà* (Fn 45) 137: „[...] State agents forfeit personal immunities."

teil[92] war der Immunitätseinwand umfassend zurückgewiesen worden. In der zweiten Entscheidung stellten die Lordrichter darauf ab, dass Signatarstaaten der UN-Folterkonvention sich nicht darauf berufen können, dass nach dem Inkrafttreten der Konvention von ihren Staatsoberhäuptern begangene, angeordnete oder gebilligte Folterungen auch nach dem Ausscheiden dieser Staatsoberhäupter aus ihrem Amt den Schutz völkerrechtlich anerkannter Immunität genießen.[93] Die Mehrheit der Lordrichter hat daher entschieden, dass Senator *Pinochet* wegen der nach dem Inkrafttreten der UN-Folterkonvention für England, Spanien und Chile am 8.12.1988 vorgenommenen Folterhandlungen an Spanien ausgeliefert werden könne. Die Auslieferung ist zwar wegen Prozessunfähigkeit *Pinochets* unterblieben, allerdings haben die zuständigen chilenischen Behörden Strafverfolgungsmaßnahmen eingeleitet. Im Verfahren gegen den ehemaligen liberianischen Staatspräsidenten *Taylor* hat der auf der Grundlage eines Sicherheitsratsbeschlusses eingerichtete Sondergerichtshof für Sierra Leone *Taylor* die Immunität für die während seines Aufenthalts begangenen Kriegsverbrechen und Verbrechen gegen die Menschlichkeit versagt.[94]

Von einer stark eingeschränkten Immunität *ratione materiae* eines ehemaligen **56** Staatsoberhaupts ging auch der IGH in seiner Entscheidung im Fall *Belgien v Senegal* aus.[95] Nach Auffassung des Gerichtshofs war Senegal als Vertragsstaat der UN-Folterkonvention seit seinem Beitritt im Jahr 1987 grundsätzlich verpflichtet, entweder selbst Strafverfolgungsmaßnahmen gegen den früheren Präsidenten des Tschad, *Hissène Habré*, einzuleiten oder ihn auszuliefern *(aut dedere aut judicare)*. Darüber hinaus sei es den senegalesischen Behörden freigestellt, auch frühere Vorgänge zu untersuchen und ggf zur Anklage zu bringen. Damit entkräftete der IGH etwaige Bedenken wegen der Rückwirkung von Sanktionsnormen unter Bezugnahme auf Völkergewohnheitsrecht und den dies zulassenden Wortlaut der UN-Folterkonvention.[96] Insgesamt bestätigte er mit seiner Entscheidung die sich schon früher abzeichnende Linie, dass zwar amtierende Staatsoberhäupter unverändert in den Genuss absoluter Immunität vor staatlichen Gerichten kommen,[97] von einer Immunität *ratione materiae* für *ehemalige* Staatsoberhäupter bei Verstößen gegen die UN-Folterkonvention und vergleichbare

---

[92] House of Lords, Urteil v 25.11.1998, aufgehoben durch Entscheidung v 17.12.1998 (ILM 37 [1998] 1302).

[93] House of Lords, Urteil v 24.2.1999 (ILM 38 [1999] 581). Ausf Ahlbrecht u a (Hrsg), Der Fall Pinochet(s), 1999; Woodhouse (Hrsg), The Pinochet Case, 2000; *Handl,* The Pinochet Case, Foreign State Immunity and the Changing Constitution of the International Community, FS Ginther, 1999, 59 ff; *Paulus,* Triumph und Tragik des Völkerstrafrechts, NJW 1999, 2644 ff.

[94] Vgl dazu *Jalloh,* Immunity from Prosecution for International Crimes, ASIL Insights, October 2004; *Bankas,* State Immunity, 665 ff; *Stein/von Buttlar/Kotzur* (Fn 54) Rn 1187 ff. Zu Fragen der Immunität: *Singerman,* It's Still Good to be the King, Emory ILRev 21 (2007) 413 ff; *Alderton,* Immunity for Heads of State Acting in their Private Capacity, ICLQ 58 (2009) 702 ff; ILC Rep 2008, Chapter X („Immunity of State Officials from Foreign Criminal Justice"); ILC Rep 2006, Annex A (Preliminary Report of Roman A. Kolodkin).

[95] *Obligation to Prosecute or Extradite (Belgium v Senegal),* ICJ Rep 2012, 422

[96] Ebd Rn 99 f.

[97] Vgl das Urteil im *Arrest Warrant*-Fall, ICJ Rep 2002, 11.

grundlegende Abkommen (zB UN-Völkermordkonvention) fortan jedoch nicht mehr auszugehen ist.[98]

57   Auch im IGH-Verfahren zwischen Äquatorialguinea und Frankreich spielt der Schutz von Personen mit Regierungsverantwortung eine wesentliche Rolle.[99] Denn nach der Eröffnung strafrechtlicher Ermittlungen gegen den Sohn des Präsidenten von Äquatorialguinea wurde dieser zum Zweiten Vizepräsidenten mit Zuständigkeiten für Fragen der Verteidigung und Staatssicherheit ernannt. Dessen ungeachtet wurde er von einem franz Gericht in Abwesenheit u a wegen Geldwäsche zu einer dreijährigen Bewährungsstrafe sowie zu einer Geldstrafe in Höhe von 30 Mio Euro verurteilt. Allerdings hat er hiergegen zweimal Rechtsmittel mit Suspensivwirkung eingelegt, über die im Zeitpunkt des bisherigen Urteils des IGH noch nicht entschieden war.[100] Nachdem der IGH im Jahr 2018 seine Zuständigkeit nach dem Fakultativ-Protokoll zum WÜD v 1961 als begründet ansah, traf er am 11.12.2020 eine Entscheidung über den diplomatischen Status des vom Sohn des Präsidenten genutzten Anwesens. Die Stellungnahmen zur Frage der diplomatischen Immunität werden jedoch voraussichtlich erst im Laufe der Jahre 2023 bzw 2024 beim IGH eingehen,[101] so dass frühestens im Jahr 2024 mit einer Entscheidung in der Sache zu rechnen ist. Im Mittelpunkt steht dabei die Frage, inwieweit diplomatische bzw aus der Zugehörigkeit zu einer Regierung herrührende Immunität genutzt werden kann, um strafrechtlichen Verfolgungsmaßnahmen zu entgehen. In Rede steht dabei zunächst rechtsmissbräuchliches Verhalten im Hinblick auf die erst nachträglich erfolgte Ernennung zum Zweiten Vizepräsidenten Äquatorialguineas. Außerdem ist etwa im Hinblick auf die im *Arrest Warrent*-Fall getroffenen Aussagen zu untersuchen, ob eine Überprüfung der zur Ernennung führenden Umstände zur Aufrechterhaltung der damit verbundenen Immunitätsrechte führt, oder ob ggf auch eine missbräuchliche und vom Internationalen Recht nicht geschützte Inanspruchnahme festzustellen ist. Dabei ist zu berücksichtigen, dass nach bisheriger gewohnheitsrechtlicher Betrachtung weder der Zweite Vizepräsident noch der für Verteidigung und Staatssicherheit zuständige Minister zur Troika der durch Immunität geschützten Staatsbediensteten zählen. Der IGH wird daher zu entscheiden haben, inwieweit er – im Einklang mit den tatsächlichen Veränderungen in den internationalen Beziehungen – auch von einem Wandel des Völkergewohnheitsrechts ausgeht.

b) Diplomatische Missionen

58 Bis zum Wiener Übereinkommen über die diplomatischen Beziehungen v 18.4.1961 (WÜD)[102] beruhten die diplomatischen Beziehungen auf Völkergewohnheitsrecht, wel-

---

98 Urteil im Fall *Belgien v Senegal,* Rn 122.
99 Urteil im Fall *Equatorial Guinea v France*, Rn 34.
100 Ebd, Rn 67-117.
101 Anordnung des IGH v 15. Dezember 2022, wonach Äquatorialguinea bis zum 17.7.2023 und Frankreich bis zum 19.2.2024 Zeit für die Stellungnahmen gegeben wird.
102 BGBl 1964 II, 958.

ches nach der Präambel des WÜD auch weiterhin subsidiär Gültigkeit behält.[103] In Art 14 Abs 1 WÜD findet sich die traditionelle Einteilung der Missionschefs in drei Klassen. Man unterscheidet Botschafter oder Nuntien und sonstige in gleichem Rang stehende Missionschefs, Art 14 Abs 1 lit a WÜD, die zweite Klasse der Gesandten, Minister und Internuntien, Art 14 Abs 1 lit b, und die dritte der Geschäftsträger *(chargés d'affaires)*, Art 14 Abs 1 lit c WÜD. Die beiden ersten Klassen sind beim Staatsoberhaupt und die dritte ist beim Außenminister des Empfangsstaats beglaubigt. Geschäftsträger nehmen vorübergehend die Funktionen eines Missionschefs wahr, Art 19 WÜD.

Grundsätzlich werden die Missionschefs und die Mitglieder der Mission vom Entsen- 59 destaat frei bestimmt. Allerdings muss dieser nach Art 4 WÜD für den Missionschef das *Agrément* einholen, das vom Empfangsstaat nach Art 4 Abs 2 auch ohne Angabe von Gründen verweigert werden kann.[104] In der Vergangenheit konnte schon die verzögerte Erteilung des Agréments als sicheres Zeichen für diplomatische Spannungen oder Verstimmungen zwischen den beteiligten Staaten angesehen werden.[105] Z B verweigerte der Vatikan im Jahre 2015 dem entsandten franz Botschafter das Agrément, weil damit aus offenbar innenpolitischen Gründen Kritik an gesellschaftspolitischen Positionen des Papstes geübt werden sollte.[106] Wie dieser Fall allerdings zeigt, kann die Entsendung eines Botschafters gegen den Willen des Empfangsstaats keinen Erfolg haben – jedenfalls nicht in völkerrechtlicher Hinsicht. Da das Agrément ein aktives Tun erfordert, führt die Untätigkeit des Empfangsstaats dazu, dass er seinen Willen durchsetzt. Es ist zudem zweifelhaft, ob der diplomatische Austausch von Botschaftern mit ausländischen Mächten der richtige Ansatz ist, um seinen Standpunkt zu einer in erster Linie innenpolitischen Frage deutlich zu machen. Für die Mitglieder der Mission gelten die Einschränkungen der Art 5, 7, 8, 9 und 11 WÜD. Bei Militär-, Marine- und Luftwaffenattachés hat der Empfangsstaat die weitestgehenden Rechte. So kann bereits deren Ernennung von seiner Zustimmung abhängig gemacht werden, Art 7 Satz 2 WÜD.

Auf die Mitglieder der Mission kann der Empfangsstaat auch nach der Entsendung 60 Einfluss nehmen. Nach Art 43 WÜD endet die Tätigkeit eines Diplomaten nicht nur, wenn er abberufen wird oder der Entsendestaat untergeht, sondern auch, wenn der Empfangsstaat das Missionsmitglied ablehnt, indem er es zur *persona non grata* erklärt, Art 9 Abs 1 WÜD.[107] Einer Begründung bedarf diese Erklärung nicht; es ist auch im Hinblick auf die im Übrigen fortbestehenden diplomatischen Beziehungen nicht sinnvoll,

---

103 Vgl zum Diplomatenrecht *Blum,* Diplomatic Agents and Missions, EPIL I, 1992, 1034; *Dembinski,* The Modern Law of Diplomacy, 1988; *Denza,* Diplomatic Agents and Missions, Privileges and Immunities, EPIL I, 1992, 1040; *Jara Roncati,* Diplomacy, MPEPIL III, 97 ff; Ress/Stein (Hrsg), Der diplomatische Schutz im Völker- und Europarecht, 1996.
104 *Roberts,* in Satow's Diplomatic Practice, Rn 7.28 ff.
105 Mit Bsp *Roberts,* in Satow's Diplomatic Practice, Rn 7.30.
106 Vgl <www.faz.net/aktuell/politik/der-vatikan-schweigt-sich-ueber-den-schwulen-botschafter-aus-135 37756.html>.
107 *Foakes/Denza,* in Satow's Diplomatic Practice, Rn 10.18 ff.

eine Erklärung zur *persona non grata* zu begründen oder zu erläutern; letztlich führt dies lediglich zu zusätzlichen und an sich unnötigen Belastungen. Weitergehende Sanktionsmöglichkeiten stehen dem Empfangsstaat im Diplomatenrecht regelmäßig nicht zur Verfügung. Es handelt sich um ein *geschlossenes System (self-contained regime)*, das nicht nur die Verpflichtungen des Empfangsstaats bezüglich der Vorrechte und Immunitäten diplomatischer Missionen regelt, sondern zugleich Maßnahmen vorsieht, mit denen der Empfangsstaat einem möglichen Missbrauch dieser Privilegien begegnen kann.[108] Daraus ergeben sich Folgerungen für die Befugnis der Staaten, auf Völkerrechtsverletzungen anderer Staaten zu reagieren. Zulässig sind danach nur die im Diplomatenrecht selbst vorgesehenen Sanktionen.

61 Die Größe der Mission bleibt dem Entsendestaat überlassen. Ist keine ausdrückliche Vereinbarung über den Personalbestand der Mission getroffen worden, kann der Empfangsstaat verlangen, dass dieser in Grenzen gehalten wird, die er in Anbetracht der bei ihm vorliegenden Umstände und Verhältnisse sowie der Bedürfnisse der betreffenden Mission für angemessen und normal hält, Art 11 Abs 1 WÜD. Der Missionssitz ist idR am Regierungssitz des Empfangsstaats. Da Missionen, die sich nicht in der Hauptstadt befinden oder gar aus mehreren Büros bestehen, die Kontrolle durch den Empfangsstaat erschweren, hat der Empfangsstaat diesen zuzustimmen, Art 12 WÜD.[109] Wie der IGH in seinem Urteil vom 11.12.2020 im Fall *Äquatorialguinea v Frankreich* bestätigt hat, obliegt damit zwar die Auswahl eines Missionsstandorts grundsätzlich dem Entsendestaat. Dieser Entscheidung kann der Empfangsstaat jedoch widersprechen, so dass es grundsätzlich nicht zu einer einseitigen Festlegung durch den Entsendestaat kommt.[110] Grundlage für einen Widerspruch des Empfangsstaats, der seinen Ursprung in der staatlichen Souveränität hat, können entweder bereits bestehende Gesetze und offizielle Richtlinien des Empfangsstaates sein, aber es kann auch jeweils im Einzelfall darüber entschieden werden. Allerdings sind den Möglichkeiten zum Widerspruch gegen die Auswahl eines Missionsstandorts, wie der IGH ausgeführt hat, auch Grenzen gesetzt. Eine entsprechende Entscheidung muss vernünftig und nach Treu und Glauben getroffen werden („reasonably and in good faith"). Dies ist regelmäßig der Fall, wenn sie zügig und ohne Willkür oder Diskriminierung erfolgt.[111] Im Fall *Äquatorialguinea v Frankreich* hatte Frankreich der Nutzung als Mission unverzüglich widersprochen und darauf verwiesen, dass es hierzu erst kam, als Durchsuchung der Strafverfolgungsbehörden bereits stattgefunden hatten. Dementsprechend vertrat der IGH die

---

108 Vgl IGH im *Teheraner Geisel*-Fall, ICJ Rep 1980, 3, 40. Auch im Fall *Equatorial Guinea v France* verwies der IGH darauf, dass der Empfangsstaat „vulnerable to potential misuse of diplomatic immunities" wäre, wenn der Entsendestaat allein über Art und Weise der diplomatischen Repräsentation entscheiden könnte, vgl ICJ Rep 2020, 300 (Rn 67).
109 Z B zur Eröffnung einer „Botschaftsaußenstelle" und der dafür erforderlichen Erlaubnis des Auswärtigen Amtes, vgl BGH WM 2016, 2357ff.
110 ICJ Rep 2020, 300 (Rn 67ff).
111 Zu den einzelnen Anforderungen ICJ Rep 2020, 300 (Rn 90ff, 93ff und 105ff).

Auffassung, dass das fragliche Anwesen zu keinem Zeitpunkt unter dem wirksamen Schutz des WÜD stand.

Die *Aufgaben der diplomatischen Mission* werden in Art 3 WÜD genannt. Hiernach soll sie den Entsendestaat im Empfangsstaat vertreten, die Interessen des Entsende-staats und seiner Angehörigen dort innerhalb der völkerrechtlich zulässigen Grenzen schützen, mit der Regierung des Empfangsstaats verhandeln, sich mit allen recht-mäßigen Mitteln über Verhältnisse im Empfangsstaat unterrichten und darüber dem Entsendestaat berichten, aber auch die freundschaftlichen Beziehungen zwischen Ent-sendestaat und Empfangsstaat fördern und ihre wirtschaftlichen, kulturellen und wis-senschaftlichen Beziehungen anbahnen bzw ausbauen.[112] **62**

Zur ungestörten Wahrnehmung dieser Aufgaben ist es notwendig, dass die Diplo-maten frei und unbeeinflusst im Empfangsstaat arbeiten und ungehindert mit dem Ent-sendestaat kommunizieren können. Zu diesem Zweck haben sich bereits im 16. und 17. Jh *Vorrechte und Immunitäten* der diplomatischen Missionen herausgebildet. Zu ihnen gehört insbes die Unverletzlichkeit der Mission, Art 22 WÜD. Sie bedeutet zu-nächst, dass Vertreter des Empfangsstaats die Räume der Mission nur mit Zustimmung des Missionschefs betreten dürfen. Dies gilt auch im bewaffneten Konflikt oder bei Ab-bruch der diplomatischen Beziehungen, sofern der Eingriff nicht zur Gefahrenabwehr erfolgt.[113] Unverletzlichkeit bedeutet nach Art 22 Abs 2 WÜD auch, dass der Empfangs-staat verpflichtet ist, alle geeigneten Maßnahmen zu treffen, um die Räumlichkeiten der Mission vor jedem Eindringen und jeder Beschädigung zu schützen, damit nicht der Friede der Mission gestört oder ihre Würde beeinträchtigt wird. Der Umfang dieses Schutzes richtet sich nach dem Einzelfall.[114] Angesichts dessen ist der Empfangsstaat völkerrechtlich verpflichtet, notfalls auch durch den Einsatz eigener Polizei- oder Mi-litärkräfte für die Sicherheit ausländischer Missionen zu sorgen.[115] Gewalttätige Übergriffe auf ausländische Botschaften wie 1979 im Iran oder 2012 im Sudan, Jemen, Ägypten sowie in Libyen (insbes Benghasi) müssen durch den Einsatz örtlicher Sicher-heitskräfte verhindert werden. Nach dem Ende der Mission entfällt dieser umfassende Schutz nach einer angemessenen Zeit und reduziert sich auf die Pflicht des Empfangs- **63**

---

112 Zu den Einzelheiten *Denza*, Diplomatic Law, 4. Aufl 2016, 29 ff; *Roberts*, in Satow's Diplomatic Practi-ce, Rn 5.19 ff.

113 *Armed Activities*-Fall, ICJ Rep 2005, 168; vgl *Herdegen*, The Abuse of Diplomatic Privileges and Coun-termeasures not Covered by the Vienna Convention on Diplomatic Relations, ZaöRV 46 (1986) 734 ff; *Mann*, Inviolability and other Problems of the Vienna Convention on Diplomatic Relations, FS Doehring, 1984, 553 ff; zum Fall der libyschen Botschaft in London 1984 vgl *Foakes/Denza*, in Satow's Diplomatic Practice, Rn 13.10; *Behrens*, in Behrens (Hrsg), Diplomatic Law in a New Millennium, 2017, 75; *Higgins*, The Abuse of Diplomatic Privileges and Immunities, AJIL 79 (1985) 641 ff.

114 So wurde bspw beim Bau einer Untergrundlinie in London, die unter mehreren Botschaften hinweg-führen sollte, die Zustimmung der davon betroffenen Auslandsvertretung eingeholt, vgl *Foakes/Denza*, in Satow's Diplomatic Practice, Rn 13.11. Zur diplomatischen Immunität von Botschaftskonten vgl BVerfG, DVBl 2007, 242.

115 *Teheraner Geiseln*-Fall, ICJ Rep 1980, 2, 86 ff; vgl *Fox/Webb*, State Immunity, 584.

staats, die Räume, das Vermögen und die Archive der Mission zu achten und zu schützen, Art 45 lit a WÜD.

64 Die praktische Bedeutung der vom WÜD ausgehenden Schutzwirkung zeigt sich auch anhand der Entscheidung des IGH v 11.12.2020 im Verfahren zwischen Äquatorialguinea und Frankreich, das auf Hinweise von Transparency International wegen Veruntreuung von Staatsgeldern, Korruption und Geldwäsche eingeleitet wurde.[116] Der Schutz der Mission nach Art 22 WÜD war insofern von Bedeutung, als es insbes um den Erwerb eines Gebäudes in Paris und dessen Nutzung durch den Sohn des Präsidenten von Äquatorialguinea ging. Im Anschluss an Strafermittlungen gegen diesen gab Äquatorialguinea dem franz Außenministerium in einer Verbalnote zur Kenntnis, dass das fragliche Gebäude als diplomatische Mission genutzt werde. In seiner Antwort lehnte das franz Außenministerium diese Auffassung ab und bekräftigte, dass das fragliche Gebäude grundsätzlich den franz Gesetzen unterfalle und in Bezug hierauf keine Immunitäten oder Vorrechte in Anspruch genommen werden können.[117] Der IGH unterstützte diese Position in seiner Entscheidung v 11.12.2020 und betonte, dass eine einseitige Festlegung der Mission durch den Entsendestaat grundsätzlich nicht mit dem WÜD vereinbar sei.[118] Allerdings verwies er auch auf die Grenzen der empfangsstaatlichen Befugnisse. Zu einem ähnlichen Ergebnis würde auch der BGH auf der Grundlage seiner bisherigen Rspr[119] kommen. Danach wäre eine Aufteilung der Mission auf mehrere, über die ganze Hauptstadt oder sogar auf verschiedene Orte im Empfangsstaat verteilte Standorte *ohne Zustimmung* des Auswärtigen Amtes als unzulässig einzustufen.

65 Art 27 WÜD gewährleistet das *Recht des freien Verkehrs* zu amtlichen Zwecken. Hiernach können Missionen in jeder Form Kontakt zu anderen Missionen oder Konsulaten des Entsendestaats oder der Regierung im Entsendestaat aufnehmen. Lediglich das Betreiben einer Funksendeanlage bedarf der Zustimmung des Empfangsstaats (Art 27 Abs 1 WÜD). Neben der Unverletzlichkeit der amtlichen Korrespondenz bestimmt Art 27 Abs 3 WÜD, dass diplomatisches Kuriergepäck weder geöffnet noch zurückgehalten werden darf. Obwohl das Durchleuchten nicht unmittelbar vom Wortlaut des Art 27 Abs 3 WÜD erfasst wird, sehen viele Staaten davon ab, da sie es mit dem Sinn und Zweck der Vorschrift nicht vereinbar halten.[120] Eine praktische Ausnahme wird hingegen für den Fall angenommen, dass das Kuriergepäck von einer Fluglinie befördert werden soll, die eine Durchleuchtung aus Sicherheitsgründen anordnet. Der 1989 verabschiedete Entwurf der ILC über den Status des diplomatischen Kuriers und des nicht von einem diplomatischen Kurier begleiteten Gepäcks hält in Art 28 grundsätzlich an der Unverletzlichkeit fest.[121] Während nach der Diplomatenrechtskonvention keine Ausnahmen vom

116 *Equatorial Guinea v France*, ICJ Rep 2020, 300.
117 *Equatorial Guinea v France*, ICJ Rep 2020, 300 (Rn 23 ff).
118 Ebd, Rn 67 ff.
119 BGH WM 2016, 2357 ff.
120 Zum Meinungsstand *Denza* (Fn 112) 200 ff.
121 UN Doc A/44/10 (1989). Hierzu auch *D'Aspremont*, Diplomatic Courier and Bag, MPEPIL III, 110 (113).

Kau

Grundsatz gelten, dass das diplomatische Kuriergepäck nicht geöffnet oder zurückgehalten werden darf (vgl Art 27 Abs 3), ist für das konsularische Kuriergepäck eine Ausnahme bei Verdacht auf Missbrauch vorgesehen (Art 35 Abs 3). Ungeachtet des anders lautenden ILC-Vorschlags hat damals bereits die Schweizer Regierung darauf verwiesen, dass es wohl illusorisch sei anzunehmen, ein Gepäckstück könne ohne eine vorherige Sicherheitskontrolle in ein Flugzeug geladen werden.[122] Unter den seit damals deutlich verstärkten Sicherheitskontrollen im Luftverkehr der Gegenwart dürfte dies erst recht gelten.

Der Diplomat ist nach Art 23 WÜD von Abgaben im Empfangsstaat befreit, sofern 66 diese nicht als Vergütung für bestimmte Dienstleistungen erhoben werden. Nach Art 34 WÜD ist er bis auf die in dieser Vorschrift genannten Ausnahmen von Steuern befreit.[123] Er genießt im Empfangsstaat nach Art 26 WÜD Freizügigkeit und die in Art 33ff WÜD genannten Vorrechte. Die Person des Diplomaten ist unverletzlich, Art 29 WÜD.

Nach Art 31 Abs 1 WÜD genießt der Diplomat *Immunität* von der Strafgerichtsbar- 67 keit des Empfangsstaats. Die Immunität erstreckt sich grundsätzlich auch auf die Zivil- und Verwaltungsgerichtsbarkeit, sofern nicht ein Fall des Art 31 Abs 1 lit a–c WÜD vorliegt.[124] Soll dennoch ein Verfahren eingeleitet werden, so ist nach Art 32 WÜD ein ausdrücklicher Verzicht des Entsendestaats notwendig, der auch durch den Missionschef erklärt werden kann, wenn diese Entscheidung auf ihn delegiert wurde oder er die vom jeweiligen Staat gefällte Entscheidung lediglich verkündet.[125] Ein Diplomat kann hingegen grundsätzlich nicht selbst auf seine Immunität verzichten. Dies ist nur für den Fall möglich, dass er den diplomatischen Dienst endgültig verlässt, was zur Folge hat, dass das schützende Band der Art 29ff WÜD keine Wirkung mehr entfaltet.[126] Die Immunität beginnt nach Art 39 WÜD, sobald der Diplomat sich in das Hoheitsgebiet des Empfangsstaats begibt, um dort seinen Posten anzutreten oder, wenn er sich bereits im Gebiet befindet, in dem Zeitpunkt, in dem seine Ernennung dem zuständigen Ministerium notifiziert wurde. Sie endet nach einer angemessenen Zeit nach dem Verlassen des Landes, Art 39 Abs 2 WÜD. Dies gilt grundsätzlich auch für Diplomaten, die das Land verlassen müssen, weil sie zur *persona non grata* erklärt worden sind.[127]

Eine dienstliche Handlung liegt vor, wenn der Diplomat für seinen Entsendestaat 68 als dessen ausführendes Organ und somit diesem zurechenbar handelt. Unerheblich ist, ob die Handlung gegen das nationale Recht des Empfangsstaats oder sonstige Straf-

---

122 YBILC 1988-II, 162; hierzu auch *Denza* (Fn 112) 202.

123 Vgl *Heintzen*, Die Befreiung ausländischer Diplomaten von deutscher Besteuerung, AVR 45 (2007) 455ff; *Trimble*, Permanent Mission of India to the United Nations v City of New York, TJICL 16 (2007/2008) 543ff; *Foakes/Denza*, in Satow's Diplomatic Practice, Rn 14.35ff.

124 Zu den Einzelheiten *Denza* (Fn 112) 238ff, inbes 247 („private involvement in succession") und 248 („private, professional, or commercial activity").

125 Vgl *Fox/Webb*, State Immunity, 587f; *Foakes/Denza*, in Satow's Diplomatic Practice, Rn 14.25.

126 *Denza* (Fn 112) 274.

127 *Foakes/Denza*, in Satow's Diplomatic Practice, Rn 14.28 und 14.30.

bestimmungen verstößt.[128] Dies folgt aus dem Sinn der diplomatischen Immunität, die nur eingreift, wenn der Diplomat angeblich oder tatsächlich gegen das Recht des Empfangsstaats verstößt. Nach Auffassung des BVerfG[129] bestehen auch für schwerwiegende Straftaten, wie zB die Förderung terroristischer Anschläge, *keine Ausnahmen von der diplomatischen Immunität*. Ein Diplomat kann daher in diesen Fällen lediglich zur *persona non grata* erklärt und zum baldigen Verlassen des Landes aufgefordert werden.[130] Dies wird damit begründet, dass anderenfalls die Grundlagen der diplomatischen Beziehungen erschüttert würden.[131] Allerdings bleibt ein Diplomat, auch nachdem er das Land verlassen hat, für seine im Rahmen seiner dienstlichen Aufgaben ausgeführten Handlungen im Empfangsstaat unverändert immun.[132]

69   Nach Art 37 WÜD können sich nicht nur Diplomaten umfassend auf ihre Immunität berufen, sondern ihre Familienmitglieder können dies unter den dort genannten Voraussetzungen – zB Zugehörigkeit zum Haushalt[133] – ebenfalls. Ebenso wie die eigene Immunität soll die Immunität von Familienmitgliedern ein reibungsloses und möglichst ablenkungsfreies Tätigwerden für den Entsendestaat sicherstellen.[134] Dies gilt in zunehmenden Umfang auch für gleichgeschlechtliche Partner (same-sex partners), zT sogar dann, wenn die hierzu erforderlichen rechtlichen Institute nicht in allen Empfangsstaaten anerkannt sind.[135]

70   In der Immunität von Diplomaten und der mit ihnen lebenden Familienmitglieder liegt keine ungerechtfertigte Bevorzugung, die der zunehmenden Orientierung an Gleichheit und allgemeiner Gleichbehandlung zuwiderliefe. Die Unverletzlichkeit der Diplomaten und ihrer Familien stellt vielmehr eine notwendige Voraussetzung dar, damit diese ihre Aufgaben im möglichen Spannungsverhältnis zwischen Entsende- und Empfangsstaat effektiv und möglichst störungsfrei wahrnehmen können. In seiner Entscheidung im Fall *Äquatorialguinea v Frankreich* hat der IGH in diesem Zusammenhang auf die Präambel des WÜD verwiesen, wonach dessen Regeln insbes der „Förderung freundschaftlicher Beziehungen" zwischen den Nationen dienen sollen.[136] Die Aufrechterhaltung von Kommunikation, die Gewährleistung von allgemeinem Austausch und

---

128 BVerfGE 96, 68, 80 unter Hinweis auf *Salmon*, Manuel de droit diplomatique, 1994, 466; BGHSt 36, 396, 401; vgl ferner *Folz/Soppe*, Zur Frage der Völkerrechtsmäßigkeit von Haftbefehlen gegen Regierungsmitglieder anderer Staaten, NStZ 1996, 576 (578).
129 Ebd.
130 Vgl *Denza* (Fn 112) 1043.
131 Vgl *Higgins* (Fn 113) 641ff; *Fox/Webb*, State Immunity, 585 („immunity *ratione personae* and *materiae*").
132 *Foakes/Denza*, in Satow's Diplomatic Practice, Rn 14.31.
133 Zum ursprünglich engen Familienbegriff des WÜD vgl *O'Keefe*, Privileges and Immunities of the Diplomatic Family, ICLQ 25 (1976) 329 (233); *Stirling-Zanda*, in Behrens (Fn 113) 98 (101ff).
134 *Stirling-Zanda*, in Behrens (Fn 113) 98ff.
135 Mit Verweis auf die in dieser Hinsicht restriktive Praxis der Türkei vgl *Stirling-Zanda*, in Behrens (Fn 113) 107f.
136 *Equatorial Guinea v France*, Rn 66.

das Führen von Verhandlungen zwischen verschiedenen Staaten als Kernaufgaben des Diplomatenrechts würden jedoch empfindlich gestört, wenn Diplomaten und ihre Familie etwa durch Steuerpflicht im Empfangsstaat oder straf- bzw. ordnungsrechtliche Verantwortlichkeit beständig Gefahr liefen, mit den Behörden des Empfangsstaats in Streitigkeiten und rechtliche Auseinandersetzungen zu geraten, obwohl sie diesen gegenüber eigentlich die Interessen des Entsendestaates vertreten sollen. Ohne diplomatische Immunität wären eine Verquickung persönlicher und dienstlicher Interessen, die damit verbundene Ablenkung von dienstlichen Aufgaben und die allgemeine Störung der Geschäftsabläufe kaum zu verhindern. Die Immunität von Diplomaten und ihrer Familien ist daher vorrangig aus der Perspektive des WÜD und des dadurch gewährleisteten diplomatischen Austauschs zu betrachten und nicht aus der Perspektive tatsächlicher oder vermeintlicher Rechtsverstöße, die Diplomaten oder ihren Familien im Empfangsstaat zur Last gelegt werden.

Die Regeln des Diplomatenrechts stellen eine in sich geschlossene Ordnung, ein *self-* 71 *contained regime* dar, das die möglichen Reaktionen auf Missbräuche der diplomatischen Vorrechte und Immunitäten *abschließend* umschreibt.[137] Nur für Präventivmaßnahmen wird in der Rechtsprechung und Literatur angenommen, dass der Empfangsstaat sich gegen gröbsten Missbrauch des diplomatischen Status zur Wehr setzen kann.[138] Ein offensichtlicher Missbrauch muss allerdings durch den Gaststaat dann nicht hingenommen zu werden, wenn durch die Inanspruchnahme diplomatischer Vorrechte eine unmittelbare Gefährdung der öffentlichen Sicherheit oder grundlegender Rechtsgüter (Leben, körperliche Integrität) droht.[139] Im Fall *Dikko* wurde ein ehemaliger nigerianischer Minister in London entführt. Er sollte mittels einer Frachtkiste nach Nigeria verbracht werden. Diese wurde trotz Inanspruchnahme diplomatischer Vorrechte durch einen begleitenden Diplomaten auf dem Flughafen Stansted geöffnet.[140] Das Britische Außenministerium vertrat den Standpunkt, „the overriding duty to preserve and protect human life" komme Vorrang vor dem Prinzip der Unverletzlichkeit diplomatischen Gepäcks zu.[141] Hinzu kam, dass die Frachtkiste kein offizielles Siegel trug und somit ungeachtet sonstiger Beteuerungen nicht ohne Weiteres dem diplomatischen Gepäck zugeordnet werden konnte.

Zusätzliche Herausforderungen an den diplomatischen Schutz von Gepäckstücken 72 stellen in jüngerer Zeit *neuartige elektronische Durchleuchtungstechniken,* die auch bei geschlossenen Behältnissen detaillierten Aufschluss über den Inhalt geben können. Wenn es auch Hinweise dafür gibt, dass einzelne Staaten die Verwendung solcher Tech-

---

137 BVerfGE 96, 68, 110; aus jüngerer Zeit *Barker,* in Behrens (Fn 113), 23 ff.
138 *Kokott,* Missbrauch und Verwirkung von Souveränitätsrechten bei gravierenden Völkerrechtsverstößen, FS Bernhardt, 1995, 136; *Higgins* (Fn 113) 646 f.
139 *Herdegen* (Fn 113) 734 f, 752 f; *Kokott* (Fn 138) 135 f.
140 Vgl *Shaw* (Fn 65) 574 f.
141 Vgl *Shaw* aaO; zu ggf unmittelbar erforderlichen Maßnahmen der Sicherheit und Ordnung *Tölle/Pallek,* Polizeiliche Gefahrenabwehr im Bereich diplomatischer oder konsularischer Vorrechte, DÖV 2001, 547 f.

niken für grundsätzlich zulässig erachten (zB das Vereinigte Königreich), sprechen neben den Vorbehalten zahlreicher Staaten vor allem Schutzguterwägungen gegen eine Vereinbarkeit von Durchleuchtungen mit dem generell dem Diplomatengepäck zukommenden Schutz.[142]

73   Umstritten ist allerdings, ob die in der neueren Staatenpraxis[143] vorgesehenen Ausnahmen von der Immunität für bestimmte Fälle von Kriegsverbrechen und Verbrechen gegen die Menschlichkeit auch auf Diplomaten übertragen werden können. Nach Auffassung des BVerfG steht einem Schluss von der Staatenimmunität auf die diplomatische Immunität das personale Element jeder diplomatischen Immunität entgegen, das nicht den Entsendestaat, sondern den Diplomaten als handelndes Organ persönlich schütze. Auch von anderer Seite ist auf die Unterschiedlichkeit des diplomatischen Schutzes und der Staatenimmunität hingewiesen worden.[144] Die Ausnahmen gelten daher nur für die Staatenimmunität und die unmittelbar aus ihr fließende Immunität staatlicher Organe, insbes von Regierungsmitgliedern, nicht aber für die diplomatische Immunität.[145]

74   Die diplomatische Immunität wirkt allein im Empfangsstaat. Eine Ausnahme gilt lediglich für Diplomaten auf der Durchreise, Art 40 WÜD. Nach der Entscheidung des BGH ist eine Durchreise bei einem privaten Familienurlaub in einem Drittstaat nicht anzunehmen, so dass hierbei keine diplomatische Immunität beansprucht werden kann.[146] Das Diplomatenrecht ist mit seinen Schutz- und Reaktionsmöglichkeiten grundsätzlich nicht auf das Verhältnis von Diplomaten zu Drittstaaten zugeschnitten: Die diplomatische Immunität hat *keine erga omnes Wirkung* gegenüber Drittstaaten.[147] Es besteht daher keine allgemeine Regel des Völkerrechts, nach der die BR Deutschland verpflichtet wäre, die fortwirkende Immunität eines ehemals in der DDR akkreditierten ausländischen Botschafters vor strafrechtlicher Verfolgung zu beachten.[148]

c) Konsulate

75 Rechtsgrundlage der konsularischen Beziehungen ist das Wiener Übereinkommen über konsularische Beziehungen v 1963 (WÜK), das 1967 in Kraft getreten ist.[149] Es entspricht in Aufbau und Inhalt im Wesentlichen dem WÜD.

---

142 Legal Adviser, FCO, Foreign Affairs Committee, Report, 23; *Shaw* (Fn 65) 575; *Denza* (Fn 112) 238 ff.
143 Vgl Art 7 Abs 2 des Statuts des Internationalen Gerichtshofs für Jugoslawien; Art 6 Abs 2 des Statuts des Internationalen Gerichtshofs für Ruanda.
144 *Fox/Webb,* State Immunity, 582f.
145 Vgl auch IGH, ICJ Rep 2002, 11.
146 BGH, NStZ-RR 2018, 386 (Rn 18 f).
147 BVerfGE 96, 68, 114; *Denza* (Fn 112) 369.
148 BVerfGE 96, 68; *Denza* (Fn 112) 369f; aA *Doehring/Ress,* Diplomatische Immunität und Drittstaaten, AVR 37 (1999) 68 ff; *Bardo,* Zum Umfang diplomatischer Immunität in Drittstaaten, NStZ 1998, 144 ff.
149 Vgl *Economidès,* Consular Relations, EPIL I (1992) 765 f; *Lee,* Consular Law and Practice, 3. Aufl 2008; *Perruchoud,* Consular Protection and Assistance, in Cholewinski/Macdonald/Perruchoud (Hrsg), International Migration Law, 2007, 71 ff.

Kau

Nach Art 5 WÜK sollen Konsulate vor allem die Interessen des Entsendestaats und 76
seiner Staatsangehörigen schützen, Art 5 lit a WÜK, sowie die kommerziellen, wirtschaftlichen, kulturellen und wissenschaftlichen Beziehungen zwischen den Staaten
fördern, Art 5 lit b WÜK.[150] Hinzu kommen notarielle, standesamtliche und bestimmte
Verwaltungsfunktionen wie das Ausstellen von Pässen, Reiseausweisen und Sichtver-
merken, Art 5 lit f und g WÜK. Da die Funktionen aber nicht in allen Einzelheiten fest
umrissen sind, schließen einige Staaten ergänzende bilaterale Abkommen. Eine Vereinbarung auf multinationaler Ebene wurde bislang nicht getroffen. Die Verletzung der
Pflicht des Empfangsstaats, im Falle einer Inhaftnahme eines Staatsangehörigen den
Entsendestaat zu informieren (Art 36 WÜK), war Gegenstand des Verfahrens vor dem
IGH im Fall der Brüder (und deutschen Staatsangehörigen) *LaGrand*. Trotz (im Falle von
Walter LaGrand ergangener) einstweiliger Anordnung durch den IGH vollstreckten die
amerikanischen Behörden die Todesurteile gegen *Karl* und *Walter LaGrand* unter Hinweis auf die innerstaatliche Kompetenzverteilung. Der IGH verurteilte die USA wegen
Verletzung des Art 36 Abs 1 WÜK.[151] Allerdings war der *LaGrand*-Fall nur einer von
mehreren internationalen und nationalen Fällen, in denen deutlich wurde, dass die USA
in dieser Zeit die konsularischen Rechte ausländischer Strafgefangener aus dem WÜK
vielfach missachteten.[152] Sowohl der US-Senat als auch der US- Präsident reagierten mit
verschiedenen Maßnahmen hierauf, die sicherstellen sollten, dass die einschlägigen
Vorschriften nicht nur eingehalten und die relevanten Fälle besser erkannt bzw überprüft werden können, sondern dass die Strafverfolgungsbehörden auf die Wahrnehmung dieser Aufgaben auch entsprechend vorbereitet werden. Im Fall *Avena*[153] festigte
der IGH seine Grundsätze zur Belehrungspflicht aus Art 36 WÜK, überließ es aber im
Übrigen den nationalen Gerichten, die aus einer Verletzung resultierenden Nachteile zu
untersuchen und eine angemessene Rechtsfolge für den Gesetzesverstoß vorzusehen.[154]

Wie Art 14 WÜD nimmt auch Art 9 WÜK eine Einteilung in drei Klassen vor: Ge- 77
neralkonsuln, Vizekonsuln und Konsularagenten. Vor der Ernennung ist die Zustimmung des Empfangsstaats, das *Exequatur*, einzuholen, das wie das *Agrément* ohne Angabe von Gründen verweigert werden kann.[155] Nach Art 23 WÜK besteht die Möglichkeit,

---

150 *Foakes/Denza*, in Satow's Diplomatic Practice, Rn 9.1.
151 S das Urteil des IGH im *LaGrand*-Fall, ICJ Rep 2001, 466. Vgl dazu *Oellers-Frahm*, Die Entscheidung des
IGH im Fall LaGrand, EuGRZ 2001, 265 f; *Karl*, Das Besuchsrecht des Konsuls nach Art 36 des Wiener Kon-
sularrechtsübereinkommens, FG Machacek/Matscher, 2008, 565 ff. Zu den verfassungsrechtlichen Auswirkungen eines Verstoßes gegen Art 36 WÜK s BVerfGK 9, 174 ff *[Konsularrechtsübereinkommen]*; vgl
auch BGHSt 52, 48 ff; *Weigend*, Festgenommene Ausländer haben ein Recht auf Benachrichtigung ihres
Konsulats, StV 2008, 39 ff; *Walter*, Der deutsche Strafprozess und das Völkerrecht, JR 2007, 99 ff.
152 Übersicht bei *Foakes/Denza*, in Satow's Diplomatic Practice, Rn 9.9
153 IGH im Fall *Avena*, ICJ Rep 2004, 12.
154 *Esser*, Rechtsfolgen eines Verstoßes gegen die Belehrungspflicht aus Artikel 36 WÜK, JR 2008, 271 ff;
Hoppe, The Implementation of Consular Rights a Decade After *LaGrand*, FS Simma, 2011, 944 ff; *Sepúlve-
da-Amor*, Diplomatic and Consular Protection, FS Simma, 2011, 1097 ff.
155 *Foakes/Denza*, in Satow's Diplomatic Practice, Rn 8.9 ff.

einen Konsularbeamten zur *persona non grata* zu erklären. Räume des Konsulats sind unverletzlich, Art 31 WÜK. Gleiches gilt für konsularische Archive und Schriftstücke, Art 33 WÜK. Kuriergepäck darf im Gegensatz zum Diplomatengepäck nach Art 35 Abs 3 WÜK bei Vorliegen triftiger Gründe geöffnet und bei Weigerung seitens des Konsularbeamten an den Ursprungsort zurückbefördert werden.

78   Die Stellung des Konsularbeamten ist im Gegensatz zu der des Personals der diplomatischen Mission abgeschwächt. So kann er *keine absolute Immunität* geltend machen. Ein Gerichtsverfahren scheidet nach Art 43 Abs 1 WÜK nur wegen der Handlungen aus, die er in unmittelbarer Wahrnehmung konsularischer Aufgaben vorgenommen hat. Anders als ein Diplomat kann ein Konsularbeamter etwa auch als Zeuge geladen werden, Art 44 WÜK. Wie das BVerfG bestätigte, erstreckt sich der personelle Anwendungsbereich von Art 43 WÜK – abweichend von den Regelungen des WÜD – nicht auf Familienmitglieder von Konsularbeamten.[156]

79   Neben den hauptberuflichen Konsuln gibt es auch Wahl- oder Honorarkonsuln. Diese sind nicht Beamte des Entsendestaats, sondern Staatsangehörige des Empfangsstaats oder eines dritten Staats, die konsularischen Aufgaben ehrenamtlich wahrnehmen.[157] Regelungen für Wahlkonsularbeamte finden sich in Kap III des WÜK.

d) Sonderbotschafter

80 Rechtsgrundlage für die Entsendung von *Ad-hoc*-Gesandten oder Sonderbotschaftern ist die Konvention über Sondermissionen v 1969,[158] die 1985 in Kraft getreten ist, von Deutschland jedoch bislang nicht ratifiziert wurde. Sie lehnt sich inhaltlich an das WÜD an und sieht bei Streitigkeiten über Auslegung und Anwendung der Konvention nach Art 1 des Fakultativprotokolls über die obligatorische Streiterledigung die Zuständigkeit des IGH vor. Art 1 lit a der Konvention definiert die Sondermission als „a temporary mission, representing the State, which is sent by one State to another with the consent of the latter for the purpose of dealing with it on specific questions or performing in relation to it a specific task."

81   In den Anwendungsbereich der Konvention fällt insbes die Entsendung von Diplomaten zu Verhandlungen, Konferenzen und Kongressen. Vor der Entsendung soll der Empfangsstaat über Dauer und Umfang der Mission informiert und um sein Einvernehmen ersucht werden, Art 2.

82   Für Staaten, die die Konvention nicht ratifiziert haben, richtet sich die Rechtstellung von Sondermissionen nach Völkergewohnheitsrecht. Der BGH[159] musste sich im *Tabatabai*-Fall mit der Frage auseinandersetzen, ob die Rechte eines Sonderbevollmächtig-

---

156 BVerfGK 10, 195 ff.
157 *Bolewski/Pierlings*, Honorarkonsul – Beruf oder Berufung?, AVR 44 (2006) 429 ff.
158 UN Convention on Special Missions v 8.12.1969; vgl zu den Sonderbotschaftern *Przetacznik*, Diplomacy by Special Missions, 1981; *Fox/Foakes*, in Satow's Diplomatic Practice, Rn 15.2 ff.
159 BGHSt 32, 275 *[Tabatabai]*.

ten auch auf Grund nachträglicher Vereinbarung erlangt werden können. Der Iraner *Tabatabai* berief sich in einem deutschen Ermittlungsverfahren wegen unerlaubter Einfuhr von Betäubungsmitteln auf seine Immunität als Sonderbotschafter, die aber zunächst weder das deutsche Auswärtige Amt noch der Entsendestaat Iran bestätigte. Nach Anklageerhebung informierte der Iran nachträglich über das Bestehen einer Sondermission. Der BGH entschied, dass eine völkergewohnheitsrechtliche Regelung bestehe, wonach der Entsendestaat nach Einzelabsprache mit dem Empfangsstaat einem mit politischen Aufgaben betrauten *Ad-hoc*-Botschafter über diese Mission Immunität verleihen könne. Botschafter in Sondermissionen seien hierin den ständigen Vertretern eines Staates gleichgestellt und könnten sich daher auf ihre Immunität berufen.[160] Der *Tabatabai*-Fall war in rechtlicher Hinsicht vor allem deshalb bemerkenswert, weil sich an ihm zeigte, dass, obwohl die Konvention über Sondermissionen v 1969 – wie auch gegenwärtig – über eine überschaubare Anzahl von Vertragsstaaten verfügt, ihre Grundprinzipien völkergewohnheitsrechtlich weithin anerkannt sind.[161]

e) Vertretung bei Internationalen Organisationen

Die Vertretung bei I.O. regelt die Konvention über die Vertretung von Staaten in Beziehungen mit I.O. v 1975.[162] Ihr Anwendungsbereich erstreckt sich nach ihrem Art 2 Abs 1 auf die Vertretung bei I.O. und bei Konferenzen unter deren Leitung und Schirmherrschaft. Erfasst werden daneben auch die ständigen Beobachter. Für Meinungsverschiedenheiten von zwei oder mehr Staaten sieht Art 84 ein besonderes Streiterledigungsverfahren vor. Die Konvention ist bislang *nicht in Kraft* getreten. Vor allem die Staaten, in denen I.O. ihren Sitz haben, verweigerten eine Ratifikation, da die Notifizierung der Staatenvertreter bei der Organisation erfolgt und dann dem Empfangsstaat lediglich mitgeteilt wird, Art 15 Abs 1 und 3. 83

f) Diplomatisches Asyl

Personen, die in ihrem Heimatstaat strafrechtlich oder politisch verfolgt wurden und/ 84 oder eine Ausreise erzwingen wollten, haben verschiedentlich um Schutz in diplomatischen Vertretungen ersucht.[163] Heute ist anerkannt, dass die diplomatischen Vertretungen nicht exterritorial sind, sondern ein Teil des Staatsgebiets des Empfangsstaats sind. Während lateinamerikanische Staaten diplomatisches Asyl idR gewähren, wird ein ent-

---

160 Ebd 275f; mit strengeren Anforderungen *Kreicker* (Fn 78) 304.
161 *Fox/Foakes*, in Satow's Diplomatic Practice, Rn 15.5.
162 AJIL 69 (1975) 730.
163 Vgl *Hofmann*, Völkerrechtliche Aspekte der Übersiedlung von Bürgern der Deutschen Demokratischen Republik über Drittländer in die Bundesrepublik Deutschland, ZaöRV 50 (1990) 1ff; eingehend hierzu *Klepper*, Diplomatisches Asyl – Zulässigkeit und Grenzen, 2009; *Clooney*, in Satow's Diplomatic Practice, Rn 17.103; *Capone*, Diplomatic Asylum: A New Path Forward, North Carolina J Int'l L 41 (2016) 221ff.

sprechender Rechtssatz des Völkergewohnheitsrechts verneint. Eine Kodifizierung dieses Völkergewohnheitsrechts findet sich allerdings im OAS-Übereinkommen über das diplomatische Asyl v 1954 (s auch Rn 298). Anlass für eine entsprechende Entscheidung des IGH war das Ersuchen von *Haya de la Torre* am 3.1.1949 um diplomatisches Asyl in der kolumbianischen Botschaft in Lima, nachdem der Militäraufstand in Peru niedergeschlagen worden war, und er als Anführer versuchte, sich so der Verfolgung zu entziehen.[164] Obwohl der IGH entschieden hat, dass *kein gewohnheitsrechtlicher Anspruch* auf Gewährung diplomatischen Asyls besteht, hat er allerdings zugleich festgestellt, dass die Unverletzlichkeit des Botschaftsgebäudes auch dann gilt, wenn unter Verletzung der Souveränitätsrechte des Gaststaats diplomatisches Asyl gewährt worden sei. Darüber hinaus stellt sich die Frage, ob die *Haya de la Torre*-Entscheidung angesichts einer neueren Staatenpraxis noch in vollem Umfang als maßgeblicher Präzedenzfall für die Feststellung völkerrechtlichen Gewohnheitsrechts angesehen werden kann. In zahlreichen Fällen haben Staaten in einer Situation unmittelbar bevorstehender Gefahr politischer Verfolgung oder unmenschlicher Behandlung Verfolgten Zuflucht im Botschaftsgebäude gewährt, ohne dass diese Befugnis prinzipiell in Frage gestellt worden wäre.[165] Wenn auch das *Refoulement*-Verbot der Genfer Flüchtlingskonvention und der UN-Folterkonvention auf diese Fälle nicht anwendbar ist, da es sich auf territoriales Asyl beschränkt, lassen sich doch aus der Staatenpraxis Anhaltspunkte für die *Entstehung einer gewohnheitsrechtlichen Befugnis* gewinnen, dass zumindest in extremen Notsituationen vorübergehender Schutz vor Verfolgung in Botschaftsgebäuden gewährt werden kann.[166] Aus verfassungsrechtlicher Perspektive wird diese völkerrechtliche Rechtsentwicklung überdies durch die über die Grenzen der BR Deutschland hinausreichende Geltung der Grundrechte (zB Art 16a GG) ergänzt.[167]

85   Diplomatisches Asyl kann nach der einschlägigen Vereinbarung lateinamerikanischer Staaten im Übrigen nur gewährt werden, wenn es sich um eine Verfolgung aus *politischen* Motiven handelt. Der Entsendestaat hat kein Recht, über die Gewährung diplomatischen Asyls in die innerstaatliche Strafverfolgung einzugreifen und den wegen eines unpolitischen Verbrechens Verfolgten dem Zugriff seines Heimatstaats zu entziehen.[168]

---

164 Vgl ICJ Rep 1950, 266 und *Hailbronner/Pohlmann*, Haya de la Torre Cases, MPEPIL IV, 725.
165 Mit weiteren Bsp *Clooney*, in Satow's Diplomatic Practice, Rn 17.105; *Kovács/Ádány*, in Behrens (Fn 113) 179 (180 ff).
166 Bsp bei *Dahm/Delbrück/Wolfrum* (Fn 58) § 38 III.3; *Noll*, Seeking Asylum at Embassies, IJRL 17 (2005) 542 ff; *Said*, Political Asylum and Torture, in Falk/Rajagopal/Stevens (Hrsg), International Law and the Third World, 2008, 167 ff; zum dt Verfassungsrecht *Dippel*, Extraterritorialer Grundrechtsschutz gemäß Art 16a GG, 2020; zur Praxis englischer Gerichte *Clooney*, in Satow's Diplomatic Practice, Rn 17.107.
167 Vgl *Dippel* (Fn 166); *Walter*, Anwendung deutschen Rechts im Ausland und fremden Rechts in Deutschland, HdbStR XI, 2013, § 237 Rn 48 ff und *Becker*, Grenzüberschreitende Reichweite deutscher Grundrechte, in ebd, § 240 Rn 6 ff; *Fickentscher*, The Extraterritorial Effects of the Fundamental Rights of the German Constitution, TECLF 36 (2021), 29 ff; aus US-amerikanischer Perspektive *Bailey*, The Extraterritorial Application of Constitutional Law, BUILJ 36 (2018) 119 ff.
168 Vgl *Barberis*, Diplomatic Asylum, EPIL I, 1992, 282.

Kau

Die im Hinblick auf Bürgerkriegs- oder vergleichbare Notstandsgebiete teilweise ge- 86
forderte generelle Asylgewährung durch Auslandsbotschaften (sog Botschaftsasyl) erscheint unter zwei Gesichtspunkten völkerrechtlich problematisch: Zunächst werden
hierdurch – ungeachtet des Schutzes der Mission (Art 22 WÜD) – hoheitliche Handlungen auf fremdem Territorium durchgeführt, die anders als etwa die Visa-Erteilung
durch Botschaften und Konsulate nicht bloß eine diplomatische Dienstleistung darstellen. Stattdessen berührt die Gewährung von Botschaftsasyl die Souveränität des Empfangsstaats substantiell und steht zudem auch im Widerspruch zu den diplomatischen
Gepflogenheiten, da damit zugleich ein (negatives) Werturteil über den inneren Zustand
des Empfangsstaats verbunden ist. Schließlich wird Asyl idR nur bei politischer Verfolgung gewährt, die damit dem Empfangsstaat unmittelbar attestiert wird. Die Gewährung von Botschaftsasyl hat im Weiteren zur Folge, dass darin eine Einmischung in die
inneren Angelegenheiten des Empfangsstaats liegt, womit sich der Entsendestaat in Widerspruch zu Art 41 Abs 1 Satz 2 WÜD setzt.[169] Zudem erfordern alle Amtsgeschäfte
einer Mission das Einvernehmen des Empfangsstaats (Art 41 Abs 2 WÜD), was bei der
generellen Asylgewährung durch Auslandsbotschaften kaum zu erwarten ist. Etwas anderes kann allenfalls dann gelten, wenn einzelnen Schutzsuchenden aus konkreten Situationen heraus eine unmittelbare Gefahr für Leib oder Leben droht.[170] Die Beurteilung der Notlage des Verfolgten sowie die Qualifikation des Verfolgungsgrunds als
politisch oder unpolitisch obliegen dem asylgewährenden Staat. Folgt der Territorialstaat dieser Auffassung nicht, kann er dem Asylsuchenden die Ausreise und die Zusicherung des freien Geleits verweigern, was dazu führt, dass dieser für längere Zeit in
der diplomatischen Vertretung verbleibt. Versuche, den diplomatischen Schutz von Ge-
flüchteten zu kodifizieren, waren bisher auch wegen der damit zusammenhängenden
Souveränitätsaspekte nicht erfolgreich.[171] Der Fall des zwischen Juni 2012 und April 2019
in der ecuadorianischen Botschaft in London befindlichen *Julian Assange* fällt auf den
ersten Blick nicht unter die Kategorien des diplomatischen Asyls.[172] Denn obwohl zunächst nur eine Auslieferung nach Schweden in Rede stand, weil dort ein strafrecht-
liches Ermittlungsverfahren herkömmlicher Art eingeleitet worden war, drohte doch
immer auch eine Auslieferung an die Vereinigten Staaten. Eine zum Asyl berechtigende
politische Verfolgung im Vereinigten Königreich lag hingegen nicht vor. Soweit jedoch
nach Abschluss des schwedischen Verfahrens eine Auslieferung an die USA nicht ausgeschlossen werden konnte und es belastbare Hinweise auf eine politisch motivierte

---

169 *Duquet/Wouters*, in Behrens (Fn 113) 247 (252 ff); eingehend zu diesen Fragen *Behrens*, Diplomatic Interference and the Law, 2016.
170 Vgl Res des Institut de Droit International v 11.9.1950, AnnIDI 43-II (1950) 388; vgl auch den *LaHood*-
Fall in der amerikanischen Botschaft in Kairo oder der *Huseynov*-Fall in der Schweizer Botschaft in Aserbaidschan, *Clooney*, in Satow's Diplomatic Practice, Rn 17.105.
171 Vgl ILA (Hrsg), Report of the 55th Conference, 1972, 199.
172 *Kovács/Ádány*, in Behrens (Fn 113) 195 ff; *Arredondo*, WikiLeaks, Assange y el future del asilo diplomatic, REDI 69 (2017) 119 ff.

Verfolgung *Assanges* mit Gefahren für Leib und Leben gab, konnte – wenn auch über diesen Umweg – vom Vorliegen dieser Voraussetzungen für die Gewährung diplomatischen Asyls ausgegangen werden. Bei der Beurteilung dieser Fragen kam Ecuador als asylgewährendem Staat, wie auch jedem anderen Staat in vergleichbarer Lage, ein Einschätzungsvorrang zu, zumal lange Zeit unklar war, inwieweit US-amerikanische Strafverfolgungsbehörden entsprechende Verfahren bereits eingeleitet hatten, und welche Straftaten *Assange* dabei zur Last gelegt wurden. Unabhängig davon, wie die Frage des diplomatischen Asyls letztlich beurteilt wurde, war von der Unverletzlichkeit der ecuadorianischen Mission in London auszugehen (vgl Art 22 WÜD). Soweit im Voraus absehbar ist, dass der Missionschef seine Zustimmung zum Betreten der Mission nicht geben wird, ist auch die Einschließung oder „Belagerung" der Mission durch Sicherheitskräfte zur Einschüchterung mit den völkerrechtlichen Bestimmungen über die diplomatische Mission nicht vereinbar. Die weitere Entwicklung des Falls *Assange* zeigt, dass die bei seiner Aufnahme in die ecuadorianische Botschaft in London bestehenden Befürchtungen nicht unberechtigt waren. Seit 2019 befindet er sich in britischer Haft, zunächst wegen Verstoßes gegen Kautionsauflagen und seitdem wegen eines Auslieferungsersuchens der USA. Nachdem ein Berufungsgericht im Dezember 2021 das bis dahin bestehende Auslieferungsverbot aufgehoben hatte, genehmigte der High Court im April 2022 die Auslieferung von *Assange*. Die Entscheidung über hiergegen eingelegte Rechtsmittel steht gegenwärtig noch aus.[173]

II. Der Staat als primäres Völkerrechtssubjekt

1. Der Staat
a) Die Elemente des Staates

87 Ein Staat liegt nach der herrschenden Drei-Elemente-Lehre von *Georg Jellinek* vor, wenn sich auf einem bestimmten *Staatsgebiet* ein *Staatsvolk* unter effektiver *Staatsgewalt* organisiert hat.[174]

88 Das *Staatsvolk* bestimmt sich über das formale Bindeglied der *Staatsangehörigkeit*. Es muss nicht einer einzigen Nation angehören, sondern kann aus verschiedenen ethnischen, sprachlichen oder religiösen Gruppen bestehen, wobei es dem Staat freisteht, die Bedingungen für Erwerb und Verlust der Staatsangehörigkeit im Rahmen des völkerrechtlich Zulässigen nach eigenem Ermessen zu regeln. Die Staaten stützen sich hierbei entweder auf das *Personalitätsprinzip*, nach dem die Abstammung über die Staatsangehörigkeit entscheidet, oder auf das *Territorialitätsprinzip*, wonach die auf ihrem

---

173 Vgl eingehend *Melzer*, Der Fall Assange. Die Geschichte einer Verfolgung, 2021; *Ardin*, Im Schatten von Asssange, 2021.

174 *G. Jellinek*, Allgemeine Staatslehre, 3. Aufl 1914, 396; *Dugard*, What is a State in International Law?, FS Schrijver, 2021, 93 ff. Vgl auch Art 1 der Montevideo Convention on Rights and Duties of States v 26.12.1933 (165 LNTS 19). S auch <u>*Proelß*</u>, 5. Abschn Rn 14 ff.

Staatsgebiet geborenen Personen automatisch ihre Staatsangehörigkeit erwerben, oder auf eine Verbindung beider Prinzipien, wonach die Staatsangehörigkeit entweder kraft Abstammung oder kraft Geburt auf dem Territorium, sofern weitere Voraussetzungen erfüllt sind, erworben wird. Eine Mindestgröße ist für das Vorliegen eines Staatsvolks nicht erforderlich, wie das Beispiel Naurus mit weniger als 10.000 Einwohnern zeigt.[175]

Notwendig ist ferner ein *Gebiet*, in dem das Staatsvolk seine Herrschaft ausübt. Die **89** Einzelheiten der völkerrechtlichen Raumordnung bilden den Gegenstand des 5. Abschnitts des vorliegenden Lehrbuchs.[176] Es kann deshalb hier mit wenigen allgemeinen Hinweisen sein Bewenden haben. Insbes kann ein Staat auf seinem Territorium in Ausübung seiner Gebietsherrschaft alle rechtlichen und tatsächlichen Maßnahmen treffen, während Hoheitsakte auf dem Gebiet anderer Staaten grundsätzlich nicht erlaubt sind und abgewehrt werden dürfen. Hoheitsakte fremder Staaten können anerkannt werden, wenn sie nicht gegen die innere öffentliche Ordnung verstoßen (*ordre public*-Vorbehalt). Eine völkerrechtliche Pflicht zur Anerkennung der Hoheitsakte fremder Staaten mit Wirkung für das Territorium fremder Staaten (zB Enteignung) besteht aber nicht. Fremde und Staatenlose unterliegen der Rechtsordnung des Aufenthaltsstaats.[177] Das Staatsgebiet erfasst nicht nur einen Ausschnitt der Erdoberfläche, sondern erstreckt sich auch auf das darunter liegende Erdreich sowie den darüber befindlichen Luftraum. Dem „Fürstentum Sealand", das acht Meilen vor der britischen Küste auf einer ehemaligen Flakstellung gegründet wurde, sprach das VG Köln die Staatsqualität u a mit Hinweis darauf ab, dass die 1.300 m² große Fläche nicht natürlich gewachsen und nur durch Pfeiler mit dem Meeresgrund verbunden sei.[178]

Getrennt werden die Gebiete der Staaten durch *Grenzen*. Diese können vertraglich **90** vereinbart werden, auf der geschichtlichen Entwicklung, der Anerkennung durch andere Staaten oder Völkergewohnheitsrecht beruhen. Eine exakte Grenzziehung ist zur Konfliktvermeidung zwar wünschenswert, jedoch nach Völkerrecht nicht Voraussetzung zur Entstehung eines Staats. Es reicht aus, dass die Grenzen des Staatsgebiets im Wesentlichen feststehen.[179] Bei der Frage einer möglichen Völkerrechtssubjektivität des IS genügte es während des Syrischen Bürgerkriegs ungeachtet der im Einzelnen umkämpften und umstrittenen territorialen Grenzen seiner Herrschaft im Hinblick auf das Staatsgebiet, wenn ein über längere Zeit unbestrittener Kernherrschaftsbereich bestand. Die Voraussetzung von „im Wesentlichen" feststehenden Grenzen eines Staatsgebiets war hingegen nicht erfüllt, als am 15.11.1988 ein Palästinenser-Staat mit der Hauptstadt Ost-Jerusalem ausgerufen wurde, obwohl der Gaza-Streifen und die Westbank damals noch vollständig unter israelischer Besatzung standen und somit weder

---

175 *Kempen/Hillgruber*, Völkerrecht, 2. Aufl 2012, § 5 Rn 4.
176 *Proelß*, 5. Abschn Rn 2 ff.
177 Vgl *Jürgens*, Diplomatischer Schutz und Staatenlose, 2020.
178 DVBl 1978, 510 (511).
179 Vgl Entscheidung des deutsch-polnischen Schiedsgerichts, ZaöRV 2 (1930–32) 23; IGH in *Nordsee-Festlandsockel*, ICJ Rep 1969, 3, 32; vgl *Proelß*, 5. Abschn Rn 16 f.

ein klar umgrenztes Staatsgebiet noch ausreichende hoheitliche Befugnisse seitens der Palästinenser ausgeübt werden konnten.[180]

91   Drittes Element des Staates ist die *Staatsgewalt*. Sie muss effektiv ausgeübt werden, dh innerstaatlich muss der Staat sein Recht notfalls auch mit Macht durchsetzen können, und auf internationaler Ebene muss er in der Lage sein, seinen völkerrechtlichen Verpflichtungen nachzukommen (Effektivitätsprinzip), da nur eine dauernde Ordnung die Gewähr für die Erfüllung völkerrechtlicher Pflichten bietet.[181] Staaten müssen im Übrigen eine gewisse Stabilität und Aussicht auf Dauer aufweisen, wobei die Beurteilung *ex ante* erfolgt. Von nur kurzer Dauer waren etwa die „Federation of Mali" und „British Somaliland", die beide nur für fünf Tage existierten. Ungeachtet zahlreicher Anerkennung durch dritte Staaten scheitert zB zurzeit auch die Einstufung des Kosovo als Staat am Fehlen einer effektiven Staatsgewalt. Auf Grundlage der Resolution Nr 1244 übte seit 1999 zunächst die UNO durch die UNMIK-Übergangsverwaltung unter der Führung eines Sonderbeauftragten des Generalsekretärs die Staatsgewalt aus, während in Anlehnung an den *Ahtisaari*-Plan[182] seit längerem zusätzlich die von der EU eingesetzte Rechtsstaatlichkeitskommission (EULEX Kosovo) mit exekutiven Befugnissen bei der Strafverfolgung und bei der Aufrechterhaltung der öffentlichen Sicherheit und Ordnung betraut worden ist.[183] Auch das BVerfG geht in seinem Beschluss v 13.10.2009 davon aus, dass die auf der Grundlage der Resolution 1244 (1999) eingesetzte zivile Verwaltung der UNMIK unverändert fortbesteht.[184] Indessen ist nicht auszuschließen, dass zu einem späteren Zeitpunkt beim Übergang substantieller Regierungs- und Verwaltungsbefugnisse auf kosovarische Hoheitsträger die bestehenden Defizite ausgeglichen werden und damit auch effektive Staatsgewalt angenommen werden kann.[185]

---

180 Für einen Staat *Boyle,* The Creation of the State of Palestine, EJIL 1 (1990) 301 ff; anders *Crawford,* The Creation of the State of Palestine, EJIL 1 (1990) 307 ff; aus jüngerer Zeit *Eden,* Palestinian Statehood, ICLQ 62 (2013) 225 ff; *Ash,* Is Palestine a "State"?, Is There a Court for Gaza?, 2012, 441 ff.
181 *Dahm/Delbrück/Wolfrum* (Fn 88) 129; *Aust,* Handbook of International Law, 2005, 136 f.
182 UN Doc S/2007/168/Add 1, Report of the Special Envoy of the Secretary-General on Kosovo's Future Status; hierzu *Woodward,* Does Kosovo's Status Matter?, Südosteuropa 55 (2007) 1 ff.
183 Eingehend hierzu: *de Wet,* The Governance of Kosovo, AJIL 103 (2009) 83 ff; *Vidmar,* International Legal Responses to Kosovo's Declaration of Independence, Vand J Trans'l L 42 (2009) 779 (820 f); *Schaller,* Die Sezession des Kosovo und der völkerrechtliche Status der internationalen Präsenz, AVR 46 (2008) 131 ff; *Parameswaran,* Der Rechtsstatus des Kosovo im Lichte der aktuellen Entwicklung, AVR 46 (2008) 172 (192 ff); *Warbrick,* Kosovo, ICLQ 57 (2008) 675 ff; *Jia,* The Independence of Kosovo, Chinese JIL 8 (2009) 27 ff; *Fleiner,* Prosperous and Vital Autonomy for Kosovo-Metohija or Empty Sovereignity for Kosova?, Rev Int Affairs 58 (2007) 5 ff; *Dukanovic/Gajic,* Determining the Status of Kosovo Within the Post Yugoslav Context, Rev Int Affairs 58 (2007) 21 ff; *Weller,* Kosovo's Final Status, Int Affairs 84 (2008) 1223 ff; *Fierstein,* Kosovo's Declaration of Independence, BUILJ 26 (2008) 417 ff.
184 BVerfGE 124, 267 *[Kosovo Einsatz der Bundeswehr]*; hierzu *Frowein,* Kosovo and Lotus, FS Simma, 2011, 923 ff.
185 Vgl zu jüngsten Entwicklung *Oeter,* The Kosovo Case, ZaöRV 75 (2015) 51 ff; *Dugard,* The Secession of States and their Recognition in the Wake of Kosovo, RdC 357 (2011) 9 ff; Hilpold (Hrsg), Das Kosovo-Gutachten des IGH vom 22.7.2010, 2012.

Kau

Von der Anerkennung von Staaten ist die *Anerkennung von Regierungen* sorgsam zu 92
unterscheiden.[186] Versuche, das Effektivitätsprinzip durch den Grundsatz der Legitimität (*Tobar*-Doktrin) zu ersetzen, konnten sich nicht durchsetzen. Auf Vorschlag des
damaligen Außenministers von Ecuador, *Tobar,* verpflichteten sich die mittelamerika-
nischen Staaten im Washingtoner Vertrag v 1907, eine durch Staatsstreich oder Revolution zur Macht gelangte Regierung solange nicht anzuerkennen, bis eine demokratische
Bestätigung erfolgt sei. Der mexikanische Außenminister *Estrada* sah in dieser Haltung
schließlich eine Einmischung in innere Angelegenheiten und erklärte 1930, Mexiko werde sich künftig jeder Anerkennung von Regierungen enthalten, da eine solche Anerkennungspraxis beleidigend sei (vgl u Rn 193 ff).

Über die in der Drei-Elemente-Lehre vorgesehenen Merkmale hinaus wurden in 93
jüngerer Zeit von verschiedener Seite *zusätzliche Staats-Merkmale* vorgeschlagen, die
sich jedoch bislang nicht durchsetzen konnten (zB demokratische Verfassungsordnung
mit Partizipationsmöglichkeiten aller Bevölkerungsteile, keine Diskriminierungen von
Minderheiten, keine illegalen Gewaltmaßnahmen des Staats).[187] Dennoch zeichnet sich
hierin eine Entwicklung ab, wonach die Staats-Qualität auf Dauer nicht mehr nur allein
von den drei Elementen Staatsgebiet, Staatsvolk und Staatsgewalt abhängig gemacht
werden soll, sondern – jedenfalls im Hinblick auf neu entstehende Staaten – auch bestimmte innerstaatliche Anforderungen aufgestellt werden. Inwieweit sich diese gestiegenen Ansprüche in größeren Umbruchsphasen tatsächlich aufrechterhalten lassen,
bleibt jedoch abzuwarten.

b) Die staatliche Souveränität

Grundlage für die zwischenstaatlichen Beziehungen ist die Souveränität der Staaten. 94
Souveränität bedeutet zunächst, dass *Staaten* nur dem Völkerrecht untergeordnet, dh
völkerrechtsunmittelbar sind. Außerdem besteht die Verpflichtung, die Hoheitsgewalt
und Unabhängigkeit anderer Staaten zu achten. Es gilt das *Verbot der Intervention,* die
Pflicht zur Achtung der Gebietshoheit sowie zur Friedenswahrung. Die völkerrechtliche
Souveränität wird üblicherweise durch völkerrechtliche Verträge beschränkt, etwa
wenn Hoheitsrechte auf eine Supranationale Organisation oder eine I.O. übertragen
werden.

Die gerade in den letzten Jahren in vielen Staaten geführten Debatten über die Wie- 95
dergewinnung oder Verteidigung einer vollkommen uneingeschränkten Souveränität
verkennen, dass eine vollständige Souveränität unter den gegenwärtigen Bedingungen
der internationalen Beziehungen und rechtlichen Verflechtungen ein weithin theoreti-
sches Konzept, vielleicht sogar eine wenig erstrebenswerte Fiktion darstellt. Wie der

---

186 Dazu *Talmon* (Fn 69).
187 Vgl *Crawford,* Creation of States in International Law, 2. Aufl 2006, 107 ff; *Crawford* (Fn 2) 134 ff („degree of permanence", „willingness to observe international law", „a certain degree of civilization");
Franck, The Emerging Right to Democratic Government, AJIL 86 (1992) 212 ff; *Vidmar* (Fn 183) 822 f.

StIGH schon im *Wimbledon*-Fall (1923) feststellte, führt der Abschluss *jedes* völkerrechtlichen Vertrags zu einer – wenn auch vielfach nur graduellen – Einschränkung der Souveränität, während es gleichzeitig gerade einen Ausdruck der staatlichen Souveränität darstellt, internationale Verpflichtungen eingehen zu können.[188] Die auch in den Debatten um den „Brexit" und vergleichbare Vorgänge wirkmächtige Vorstellung von vollständiger und uneingeschränkter Souveränität führt daher typischerweise an den gegenwärtigen Realitäten internationaler Beziehungen und rechtlicher Verflechtungen vorbei. Worauf es im Hinblick auf den gegenwärtigen Souveränitätsbegriff indessen ankommt, sind Grad und Intensität der zu vollziehenden Souveränitätsübertragung.[189]

96   Die zunehmende Kooperation auf internationaler Ebene, die angesichts globaler Probleme wie etwa Klimawandel oder Umweltverschmutzung immer notwendiger wird,[190] könnte Anlass dazu geben, die Souveränität der Staaten insgesamt als überholt anzusehen. Allein aus der Notwendigkeit einer Kooperation und verstärkten Zusammenarbeit kann ein Funktionsverlust jedoch nicht gefolgert werden, da substanzielle souveräne Rechte weiterhin auf staatlicher Ebene angesiedelt sind.[191] Diese mögen zwar im Vergleich zu früheren Zeiten – man denke an die Übertragung der Migrations- und Währungspolitik im Rahmen der EU[192] – schwächer ausgeprägt sein, die Sorge vor einem vollständigen oder weitgehenden Funktionsverlust der Staaten[193] ist jedoch nach gegenwärtigem Stand nicht begründet.

97   Probleme treten auf, wenn souveräne Staaten nicht mehr oder vorübergehend nicht in der Lage sind, ihren völkerrechtlichen Rechten und Pflichten nachzukommen (sog *failed* oder *failing states*).[194] Für einen solchen Zusammenbruch kann es unterschiedliche Ursachen geben, wie die Ereignisse in Somalia, Bosnien oder Liberia zeigen oder gezeigt haben.[195] Die Handlungsunfähigkeit und der Zusammenbruch einer Regierung können auf Naturkatastrophen, Armut oder Bürgerkrieg beruhen. Die UNO versucht in diesen Fällen, Stabilität durch das Konzept des *post-conflict peace-building*, wie

---

188 PCIJ, Ser A, No 1 (1923), 15, 25.

189 *Herdegen* (Fn 64) § 28, Rn 5 ff, insbes 7; *ders,* Souveränität heute, FS Herzog, 2009, 117 (125 ff); *Oeter,* Souveränität – ein überholtes Konzept?, FS Steinberger, 2002, 259 ff.

190 Dazu *Proelß,* 5. Abschn Rn 94 ff.

191 Vgl zur Bedeutung der staatlichen Souveränität auch die Unabhängigkeits- und Souveränitätserklärungen der neuen osteuropäischen Staaten; s auch Hensel (Hrsg), Sovereignity of the Global Community, 2004; *Sassen,* The State and Globalization, Michigan JIL 25 (2004) 1141 ff.

192 *Herdegen* (Fn 64) § 28 Rn 7.

193 BVerfGE 123, 267, 416 *[Vertrag von Lissabon]* zu einem aus verfassungsrechtlicher Sicht „unantastbaren Kerngehalt der Verfassungsidentität".

194 Hierzu u a *Barkin/Cronin,* The State and the Nation, I O 48 (1994) 107 ff; *Helman/Ratner,* Saving Failed States, ForPol 1993, 3 ff; *Herdegen,* Der Wegfall der effektiven Staatsgewalt im Völkerrecht, BerDGVR 34 (1996) 49 ff; *Geiß,* Failed States, GYIL 47 (2004) 457 ff; *Krasner/Pascual,* Addressing State Failure, Foreign Affairs 84 (2005) 153; *Risse,* Governance in Räumen begrenzter Staatlichkeit, Int Pol 60 (2005) 6; *Zürcher,* Gewollte Schwäche, Int Pol 60 (2005) 13; *Herdegen,* Souveränität heute, FS Herzog, 2009, 117 (125 ff).

195 Vgl *Poore,* Somaliland – Shackled to a Failed State, Stanford JIL 45 (2009) 117 ff; *Eggers,* When is a State a State?, BCICLR 30 (2007) 211 ff.

es in der „Agenda für den Frieden" umschrieben wird, zu erreichen. Dies bedeutet, dass die UNO – wie zB in Kambodscha – Unterstützung vor allem beim Aufbau einer zivilen Verwaltung oder durch Beobachtung und Überwachung von Wahlen gewährt, aber auch die Rückführung von Flüchtlingen unterstützt oder Finanzierungsmöglichkeiten und Hilfsprogramme für den Wiederaufbau anbietet. Weitere Fragen staatlichen (Wieder-)Aufbaus werden im Schrifttum unter dem Begriff des *nation-building* behandelt.[196]

Problematisch ist die Vereinbarkeit derartiger Maßnahmen mit Art 2 Nr 7 UN-Charta. Art 2 Nr 7 UN-Charta beruht auf dem Grundsatz der Souveränität der Staaten und stellt ausdrücklich fest, dass die UNO – mit Ausnahme der Zuständigkeit aufgrund von Kap VII UN-Charta – keine Befugnis hat, in „Angelegenheiten, die ihrem Wesen nach zur inneren Zuständigkeit eines Staates gehören", einzugreifen.[197] Der Staatenpraxis ist außerdem nicht zu entnehmen, dass das traditionelle System der zwischenstaatlichen Beziehungen und insbes die hervorragende Bedeutung des Staats als Konstruktionselement der internationalen Ordnung überholt seien.[198] Auch bei *failed states* sind staatliche Grenzen und die Rechtspersönlichkeit als Staaten im Grundsatz nicht in Frage gestellt worden (zB Somalia, Timor-Leste). Weder wurde die Mitgliedschaft in I.O. beendet noch die Fortgeltung völkerrechtlicher Verträge bezweifelt.[199] Ungeachtet dessen sind Elemente einer dynamischen Fortentwicklung dahingehend zu beobachten, dass die internationale Gemeinschaft eine stärkere Verantwortung durch Errichtung transitorischer Verwaltungsregime übernimmt, und dass die Eingriffsschwelle von Art 39 und Art 2 Nr 7 UN-Charta idS gesenkt worden ist, so dass ein *Einschreiten des Sicherheitsrats* in die innerstaatlichen Verhältnisse nunmehr nach dem Konsens der Völkerrechtsgemeinschaft dann gerechtfertigt zu sein scheint, wenn gravierende systematische Verletzungen der Menschenrechte oder eine schwerwiegende Missachtung des Gebots der demokratischen Regierungsform vorliegen.[200]

98

---

196 ZB *Berman*, Volunteer Lawyers and Nation-Building, Maine LRev 60 (2008) 533ff; *Buchheit/Gulati*, Odious Debts and Nation-Building, ebd 477ff; *Norchi*, The Legal Architecture of Nation-Building, ebd, 281ff; *Reisman*, Development and Nation-Building, ebd 309ff; *Wallace/Quiroz*, Refugees and Internally Displaced, ebd 409ff.

197 Die Frage nach der Bedeutung der Souveränität in der heutigen Zeit wird u a auch gestellt von *Herdegen* (Fn 194) 117ff; *Boehme-Neßler*, Das Ende des Staates, ZöR 64 (2009) 145ff; *Harrington*, Policing against the State, San Diego ILJ 10 (2008/2009) 155ff; *Lienau*, Who is the „Sovereign" in Sovereign Debt?, Yale JIL 33 (2008) 63ff; *Howse/Nicolaidis*, Democracy without Sovereignty, in Broude/Shany (Hrsg), The Shifting Allocation of Authority in International Law, 2008, 163ff; *Bartelson*, The Concept of Sovereignty Revisited, EJIL 17 (2006) 463ff; *Steinberg*, Who is Sovereign?, Stanford JIL 40 (2004) 329ff; *Kahn*, The Question of Sovereignty, Stanford JIL 40 (2004) 259ff; *Kuhn Bleimaier*, The Future of Sovereignty in the 21st Century, HYBIL 6 (1993) 17ff; *Schreuer*, The Waning of the Sovereign State, EJIL 4 (1993) 447ff.

198 Vgl hierzu *Schreuer* (Fn 197) 447ff.

199 *Thürer*, Der „zerfallene Staat" und das Völkerrecht, Friedenswarte 74 (1999) 275 (298).

200 So *Thürer* (Fn 199) 298f; *Cotton*, Timor-Leste and the Discourse of State Failure, AJIA 61 (2007) 455ff; *Kaye*, Australia and East Timor During the Howard Years, Aus YBIL 27 (2008) 69ff.

c) Die Gleichheit der Staaten

99 Der Grundsatz der souveränen Gleichheit aller Staaten findet sich in Art 2 Nr 1 UN-Charta, wonach die Organisation auf der souveränen Gleichheit aller ihrer Mitglieder beruht. Er sichert allen Mitgliedern der Staatengemeinschaft zunächst *Rechtsgleichheit* zu. Dies schließt eine ungleiche Behandlung bei sich nicht unmittelbar aus der Souveränität ergebenden Rechten nicht aus. Die Unterscheidung zwischen der Gleichheit im Recht und der tatsächlichen Gleichbehandlung von Staaten erweist sich in der Praxis jedoch als schwierig.[201]

100 Gleichheit der Staaten bedeutet zunächst eine *formell* gleiche Rechtsposition. In I.O. stehen jedem Staat grundsätzlich dieselben Stimm- und Beteiligungsrechte zu. Ausnahmsweise erfolgt eine Stimmengewichtung aber bei einigen Finanzinstitutionen (zB IWF) sowie bei S. O. wie zB der EU. Aus dem Prinzip der Gleichheit der Staaten folgt ferner, dass Entscheidungen grundsätzlich einstimmig zu fällen sind, sofern keine anders lautende Vereinbarung getroffen wird. Einen Sonderfall stellen die Entscheidungen des Sicherheitsrats aufgrund der Regelung in Art 27 Abs 3 UN-Charta dar, wonach die nicht verfahrensrechtlichen Entscheidungen die Zustimmung aller fünf ständigen Sicherheitsratsmitglieder erfordern (sog Veto-Recht).

101 Die Gleichheit der Staaten führt dazu, dass kein Staat über einen anderen zu Gericht sitzen darf *(par in parem non habet iurisdictionem)*. Er ist vor den Gerichten anderer Staaten in einer Vielzahl von Fällen immun.[202] Der Grundsatz der *Immunität,* der ein nationales Gerichtsverfahren gegen einen anderen Staat als Beklagten verbietet, ist von der im US-amerikanischen Raum entwickelten *Act-of-State*-Doktrin zu unterscheiden. Danach sind Regierungsakte eines Staates durch die Organe eines anderen Staates einschließlich der Gerichte nicht zu überprüfen, sondern als wirksam hinzunehmen. Diese Doktrin ist im Gegensatz zur Immunität der Staaten kein Bestandteil des Völkergewohnheitsrechts.[203]

102 Bis zum Ende des 19. Jh galt der Grundsatz der absoluten Staatenimmunität, dh gerichtliche Verfahren gegen fremde Staaten waren grundsätzlich unzulässig, da die gesamte Staatstätigkeit eng mit den hoheitlichen Aufgaben des Staates verbunden war.[204] Als die Staaten jedoch zunehmend auch im Bereich privater Wirtschaftsverwaltung tätig wurden, wollte man wirtschaftliches Handeln nicht in der gleichen Weise privilegie-

---

201 Vgl hierzu StIGH, PCIJ, Ser A/B, No 64, 19; *Kokott,* Souveräne Gleichheit und Demokratie im Völkerrecht, ZaöRV 64 (2004) 517 ff.

202 Vgl auch *v. Schönfeld,* Staatenimmunität im amerikanischen und englischen Recht, 1983; *Schreuer,* State Immunity, Some Recent Developments, 1988; *Van Alebeek* (Fn 71) 10 ff; *Gaeta/Viñuales/Zappalà* (Fn 45), 122 f.

203 *Kimminich,* Aufenthalt, 317; *Pearsall,* Means/Ends Reciprocity in the Act of State Doctrine, Colum J Transnat'l L 43 (2005) 999; *Stern,* Immunités et doctrine de l'Act of State, JDI 133 (2006) 63; aA *Bankas,* State Immunity, 144 ff und 319 ff, der im Hinblick auf einzelne Regierungsvertreter offenbar von Überschneidungen ausgeht.

204 Im historischen Rückblick *Bankas,* State Immunity, 33 ff; *Oeter,* Sovereign Immunity from a Comparative Perspective: The Case of Germany, in Sovereign Immunity under Pressure, 29 (34 ff).

ren. Denn die Staaten traten hierbei ebenso auf wie private Akteure. Die Beibehaltung einer absoluten Staatenimmunität hätte jedoch nicht nur zu einer schwer zu rechtfertigenden Ungleichbehandlung geführt, sondern wegen der damit verbundenen Risiken bei der Rechtsverfolgung und -durchsetzung für Private letztlich sogar eine Benachteiligung staatlicher Wirtschaftsteilnehmer zur Folge gehabt. Schließlich würde sich niemand mehr zu privatrechtlich begründeten Transaktionen mit Staaten bereitfinden, wenn durch den Grundsatz der Staatenimmunität die Gegenleistung vor Gericht praktisch nicht erbringlich wäre und Zwangsvollstreckungsmaßnahmen von vornherein ausgeschlossen wären. Daher entwickelte sich im kontinentaleuropäischen und nachfolgend im anglo-amerikanischen Raum die *restriktive Immunitätstheorie,* die von den USA schließlich im *Foreign Sovereign Immunities Act* (FSIA) v 1976[205] und von Großbritannien im *State Immunity Act* v 1978[206] rezipiert wurde.[207] Die restriktive Immunitätstheorie unterscheidet zwischen den Hoheitsakten eines Staats *(acta iure imperii),* die aus sich heraus der Immunität unterfallen, und dem nicht-hoheitlichen Handeln *(acta iure gestionis).*[208] Trotz mancher Zweifel an der völkerrechtlichen Zulässigkeit der Qualifikation der staatlichen Handlung nach dem Recht des Gerichtsstaats *(lex fori)* wird die Unterscheidung zwischen beiden Bereichen mangels völkerrechtlicher Regeln von dem jeweils erkennenden nationalen Gericht vorgenommen. Es ist hierbei jedoch nicht frei, sondern insbes an die völkergewohnheitsrechtlichen Grundsätze gebunden.

Das BVerfG wertet nur diejenigen Akte eines Staates als hoheitlich, die ein öffent- 103 lich-rechtliches Rechtsverhältnis zum Gegenstand haben. Dabei kommt es insbes darauf an, welcher Natur die in Frage stehende Maßnahme war. Nicht ausreichend ist hingegen, dass die staatliche Betätigung in einem engen Zusammenhang mit hoheitlichen Aufgaben steht.[209] Weitgehende Übereinstimmung besteht darüber, dass es für die Abgrenzung nicht auf die Auffassung des beklagten Staats ankommen kann. Die Gerichte

---

205 ILM 15 (1976) 1388 ff; *Lang/Bales,* Immunity of Foreign Subsidiaries under the Foreign Sovereign Immunity Act, MJGT 13 (2004) 353; *Bankas,* State Immunity, 124 ff; ALI Restatement, § 451 (325 ff); zu den Motiven für die Einführung des FSIA vgl *Bismuth u a,* Sovereign Immunity under Pressure, 10 ff.
206 ILM 17 (1978) 1123 ff; hierzu *Delaume,* The State Immunity Act of the United Kingdom, AJIL 73 (1979) 185 ff; *Mann,* The State Immunity Act 1978, BYIL 50 (1979) 43 ff; *Bankas,* State Immunity, 133 ff
207 Vgl zur historischen und inhaltlichen Genese *Shaw* (Fn 65) 529 ff.
208 *Van Alebeek* (Fn 71) 12 ff; *Sarzo,* The Dark Side of Immunity, LJIL 26 (2013) 105 ff; ALI Restatement, § 451 (325 f); *Bankas,* State Immunity, 75 ff und 115 ff; *Bismuth u a,* Sovereign Immunity under Pressure, 1; *Gaeta/Viñuales/Zappalà* (Fn 45), 122 ff: "State immunity [...] is no longer seen as a monolithic sacred totem".
209 BVerfGE 16, 27, 61 ff: „Maßgebend für die Unterscheidung zwischen Akten iure imperii und iure gestionis kann nur die Natur der staatlichen Handlung oder des entstandenen Rechtsverhältnisses sein, nicht aber Motiv oder Zweck der staatlichen Tätigkeit. Es kommt also darauf an, ob der ausländische Staat in Ausübung der ihm zustehenden Hoheitsgewalt, also öffentlich-rechtlich, oder wie eine Privatperson, also privatrechtlich, tätig geworden ist."; so jüngst auch OLG Köln, BeckRS 2015, 12442, Rn 23. Zweifel an der *lex fori*-Qualifikation äußern *Schauman,* Die Immunität ausländischer Staaten nach Völkerrecht, BerDGVR 8 (1968) 5 (21 ff) und *Ress,* Entwicklungstendenzen der Immunität ausländischer Staaten, ZaöRV 40 (1980) 217 (258 ff).

Kau

stellen im Allgemeinen auf die Auffassung des Gerichtsstaats ab, die sich allerdings im Einklang mit den gewohnheitsrechtlich anerkannten Regeln über die Reichweite der Staatenimmunität halten muss. So hat bspw der BGH mehrfach hervorgehoben, dass die Abgrenzung zwischen hoheitlichen und nicht-hoheitlichen Akten zwar grundsätzlich den Gerichten des Forumstaates überlassen ist.[210] Aus dem Völkergewohnheitsrecht ergebe sich jedoch ein immunitätsrechtlicher Mindeststandard, nach dem Tätigkeiten im Bereich der auswärtigen und militärischen Gewalt, der Gesetzgebung, der Ausübung von Polizeigewalt und der Rechtspflege grundsätzlich als hoheitlich einzustufen seien und daher Staatsimmunität nach sich zögen.[211] Ausnahmsweise könne sich die Staatenimmunität sogar auch auf an sich privatrechtlich einzuordnende Tätigkeiten eines ausländischen Staates erstrecken, wenn sie „zum Kernbereich völkerrechtlich anerkannter Staatsgewalt" zählten.[212] In der angelsächsischen Staatenpraxis wird sowohl bei kommerziellen Akten *(commercial transaction/commercial activity)*[213] als auch bei solchen Akten, die mit einer kommerziellen Aktivität in Zusammenhang stehen, keine Immunität gewährt.[214] Insbes wird dadurch keine Immunität erlangt, dass ein Staat mit hoheitlichen Maßnahmen in den Ablauf eines „gewöhnlichen" kommerziellen Geschäfts eingreift, oder dass Güter, Leistungen oder Geldmittel für öffentliche Zwecke verwendet werden.[215]

104   Das BVerfG entschied hingegen, dass etwa die Erhebung und Einbehaltung von Quellensteuer von einem in Deutschland bei einer Auslandsschule des griechischen Staats Beschäftigten zum Kernbereich völkerrechtlich anerkannter Staatsgewalt zu rechnen ist.[216] Aufgrund dieser Zuordnung als Hoheitsakt stand die Staatenimmunität der Zuständigkeit der deutschen Gerichtsbarkeit entgegen. Soweit eine Privatperson einen Staat wegen einer gesetzgeberischen Maßnahme – z B einem griechischen Gesetz zur Einziehung von Staatsanleihen – im Ausland verklagen möchte, hindert die Einordnung als *actus iure imperii* und die daraus resultierende Staatenimmunität bereits die Zulässigkeit der Klage aufgrund fehlender Gerichtszuständigkeit.[217] In mehreren Entscheidungen zur Umwandlung griechischer Staatsanleihen mittels eines Gesetzes sowie

---

210 Krit hierzu *Hess*, Abgrenzung der acta iure gestionis und acta iure imperii: Der BGH verfehlt die völkerrechtliche Dimension der Staatenimmunität, IPRax 2018, 351 (352) unter Verweis auf den österreichischen OGH; umfassend auch *Bankas*, State Immunity, 115 ff, 153 ff und 172 ff.
211 BGHZ 209, 191 (Rn 15); BGHZ 212, 318 (Rn 11).
212 BGHZ 212, 318 (Rn 11).
213 Zu den Begrifflichkeiten und ihrer Verbreitung vgl *Crawford* (Fn 2) 495.
214 Z B US Supreme Court in Republic of Argentina v Weltover Inc, 504 US 607 (1992); zuvor schon Alfred Dunhill of London Inc. v Republic of Cuba, US 425 (1976) 682, aus der engl Gerichtspraxis des House of Lords Alcom v Republic of Colombia (1984), 2 All ER 6, 9; hierzu *Shaw* (Fn 65) 540 ff; *Crawford* (Fn 2) 495 f.
215 Vgl ALI Restatement, 1987, § 453.
216 BVerfG, NJW 2014, 1723, 1724, Rn 21 ff.
217 OLG Schleswig, BeckRS 2015, 8584, Rn 49 f; zuvor bereits OLG Frankfurt/M, 16 U 32/14, juris und 16 U 41/14; anders für die Erstellung einer städtebaulichen „Road Map" und eines „Masterplans" OLG Köln, IPRspr 2016, Nr 236, 531 ff., mittlerweile aufgehoben durch BGHZ 209, 290 ff.

Kau

eines Beschlusses des Ministerrats stellte der BGH darauf ab, dass es für die Einordnung nicht auf die Rechtsnatur des Grundverhältnisses – hier der privatrechtlichen Emission von Staatsanleihen ankam –, sondern auf die durch Gesetz und exekutiven Beschluss nachträglich herbeigeführte Änderung der Positionen der Anleihegläubiger.[218]

Obwohl die restriktive Theorie der Immunität im Zusammenhang mit kommerziel- 105 len Aktivitäten von Staaten entwickelt worden ist, ist sie nicht auf Ansprüche im Zusammenhang mit vertraglichen Beziehungen beschränkt. Nach Art 11 des Europäischen Übereinkommens über Staatenimmunität v 1972 kann ein Vertragsstaat vor einem Gericht eines anderen Vertragsstaats Immunität nicht beanspruchen, wenn das Verfahren den Ersatz eines Personen- oder Sachschadens betrifft, das schädigende Ereignis im Gerichtsstaat eingetreten ist und der Schädiger sich bei Eintritt des Ereignisses in diesem Staat aufgehalten hat. Daraus wird man aber – entgegen dem Wortlaut – nicht ableiten können, dass generell schadensstiftende Handlungen im Gerichtsstaat von der Immunität ausgeschlossen sind, gleichgültig, ob es sich um *acta iure imperii* oder *acta iure gestionis* handelt. Zu denken ist eher an schadensstiftende Ereignisse bei Gelegenheit amtlicher Tätigkeit, wie z B Verkehrsunfälle.[219] Jedenfalls dürfte es sich insoweit nicht um Völkergewohnheitsrecht handeln.

Eine Vereinheitlichung der Grundsätze der Staatenimmunität wird sowohl auf eu- 106 ropäischer Ebene als auch im Rahmen der ILC angestrebt. Im Europarat wurde am 16.5.1972 ein der restriktiven Immunitätstheorie folgendes Europäisches Übereinkommen über Staatenimmunität ausgearbeitet.[220] Der restriktiven Immunitätstheorie folgt auch der Entwurf der ILC über die gerichtliche Immunität von Staaten und ihrem Eigentum, der nach langwieriger Erarbeitungszeit und zahlreichen Modifikationen am 2.12.2004 von der UN-Generalversammlung angenommen wurde *(United Nations Convention on Jurisdictional Immunities of States and their Property).*[221] Der Grundsatz der Staatenimmunität findet sich hier in Art 5.[222] Keine Immunität wird nach Art 10 ff insbes für *commercial transactions, contracts of employment* und für *personal injuries and*

---

218 BGHZ 209, 191 (Rn 17).

219 Vgl BGHZ 155, 279 (280 f).

220 BGBl 1990 II, 34 ff.

221 ILM 44 (2005) 801 ff; YBILC 1986-II, 8 ff bzw ILM 30 (1991) 1563 ff; vgl hierzu *Hafner,* in O'Keefe/Tams (Hrsg), Jurisdictional Immunities, Historical Background of the Convention, 1 ff; *Bankas,* State Immunity, 247 ff und 417 ff; aus früherer Zeit: *Greig,* Forum State Jurisdiction and Sovereign Immunity under the International Law Commission's Draft Articles, ICLQ 38 (1989) 243 (260 ff); *Hess,* The International Law Commission's Draft Convention on the Jurisdictional Immunities of States and Their Property, EJIL 4 (1993) 269 ff; *Tomuschat,* Jurisdictional Immunities of States and Their Property, FS Seidl-Hohenveldern, 1988, 603 ff; zu einer möglichen Folgewirkung der bislang nicht in Kraft getretenen Konvention vgl *Webb,* Should the 2004 UN State Immunity Convention Serve as a Model/Starting Point for a Future UN Convention on the Immunity of International Organizations?, IOLR 10 (2014) 319 ff.

222 *Grant,* in O'Keefe/Tams (Hrsg), Jurisdictional Immunities, Art 5 (99 ff) ("Article 5 is the lynchpin of the Convention's provisions on immunity from jurisdiction").

damage to property gewährt.[223] Die Konvention soll in Kraft treten, sobald der 30. Signatarstaat die Ratifikationsurkunde hinterlegt hat. Da insgesamt nur 28 Staaten die Möglichkeit zur Unterzeichnung wahrgenommen haben und bislang lediglich 23 Ratifikationen erfolgt sind, erscheint die Zukunft der Konvention als völkerrechtlichem Vertrag ungewiss. Die BR Deutschland ist weder Signatarstaat, noch hat sie die Konvention bislang ratifiziert.[224] Dennoch wird die UN Convention on Jurisdictional Immunities, bei der noch nicht abschließend geklärt ist, inwieweit sie ihrerseits ganz oder teilweise als Völkergewohnheitsrecht angesehen werden kann, aus dem Blickwinkel nationaler Gerichte vielfach als Orientierungspunkt für die gegenwärtige Reichweite der Staatenimmunität herangezogen.[225] Es ist daher nicht auszuschließen, dass die UN Convention on Jurisdictional Immunities – obwohl sie als völkerrechtlicher Vertrag noch nicht in Kraft getreten ist – unterstützt von dieser Staatenpraxis allmählich zu Völkergewohnheitsrecht erstarkt.[226] Damit wäre eine Geltung ihrer Grundprinzipien und Bestimmungen verbunden, die weit über die begrenzte Anzahl ihrer Signatar- und Vertragsstaaten hinausreichen würde. Im Falle eines späteren Inkrafttretens könnten ihre Bestimmungen sowohl auf völkervertraglicher als auch auf gewohnheitsrechtlicher Grundlage parallel und unabhängig voneinander verbindlich sein. Dem Völkerrecht ist die Parallelität verschiedener Rechtsquellen nicht unbekannt.[227]

107   Mit Fragen der Staatenimmunität war der BGH etwa in seinem Urteil v 24.2.2015 befasst, als er über das Bestehen eines Erfüllungsverweigerungsrechts bei argentinischen Schuldverschreibungen entscheiden musste.[228] Hierzu führte der Gerichtshof aus, dass es keine allgemeine Regel des Völkerrechts (Art 25 GG) gebe, die einen Staat gegenüber

---

223 Hierzu zB *Wittich*, in O'Keefe/Tams (Hrsg.), Jurisdictional Immunities, Art 10 (167 ff);*Gaeta/Viñuales/Zappalà*(Fn 45) 124 f.

224 Zum Ganzen *Stewart*, The UN Convention on Jurisdictional Immunities of States and Their Property, AJIL 99 (2005) 194; *Hall*, UN Convention on State Immunity, ICLQ 55 (2006) 411 ff; *Gardiner*, UN Convention on State Immunity, ICLQ 55 (2006) 407 ff; *Denza*, The 2005 UN Convention on State Immunity in Perspective, ICLQ 55 (2006) 395 ff; *Dickinson*, Status of Forces under the UN Convention on State Immunity, ICLQ 55 (2006) 427 ff.

225 Z B BVerfG, NJW 2020, 3647 (Rn 31); BGH, XI ZR 217/16, juris, Rn 32; BGH, XI ZR 247/16, juris, Rn 32, BGH, WM 2018, 223, Rn 31; *Oeter*, Sovereign Immunity from a Comparative Perspective: The Case of Germany, in Sovereign Immunity under Pressure, 29 (36); hierzu auch *Herdegen* (Fn 64) § 37 Rn 2 („Von großer Bedeutung ist die UN-Konvention zur Immunität von Staaten; *Hess* (Fn 209) 352 f: „Denn diese UNCSI gehört zu den sog. kodifikatorischen Konventionen des Völkerrechts, welche den Stand des Gewohnheitsrechts zusammenfassen und zugleich einen Modernisierungsschritt enthalten [...]".

226 Vgl *Bankas*, State Immunity, 483 ff.

227 S zB *Nicaragua (Merits)*, ICJ Rep 1986, 14 (§§ 177 ff); *Nordsee-Festlandsockel*, ICJ Rep 1969, 4 (§ 63). – Positiv wirkt sich auf den laufenden Prozess der Rechtsentstehung aus, dass bereits ein internationaler Kommentar zu der noch nicht in Kraft getretenen Konvention verfasst wurde, wodurch nicht nur ihre praktische Anwendung wesentlich erleichtert wird, sondern auch eine Möglichkeit zur Fortschreibung der nationalen und internationalen Rechtsprechungspraxis eröffnet ist; s O'Keefe/Tams (Hrsg), The United Nations Convention on Jurisdictional Immunities of States and their Property – A Commentary, 2013.

228 BGH, NJW 2015, 2328.

Kau

einer Privatperson berechtige, die Erfüllung bei rechtlich missbilligtem Verhalten des Gläubigers zu verweigern, um dadurch eine Beteiligung an einer ansonsten mehrheitlich zustande gekommenen Umschuldung herbeizuführen. In Ermangelung eines völkerrechtlich anerkannten Insolvenzrechts von Staaten könnten daher private Gläubiger auch im Falle von wirtschaftlichem oder finanziellem Staatsnotstand nicht durch Grundsätze der Staatenimmunität oder des Völkerrechts insgesamt dazu gezwungen werden, sich an einer Umstrukturierung der Schulden zu beteiligen und dem notleidend gewordenen Staat ein Leistungsverweigerungsrecht einzuräumen.[229] Aus der BGH-Entscheidung lassen sich somit Hinweise ableiten, dass die Staatenimmunität keine allgemeine Freistellung von Staaten im zivilrechtlichen Rechtsverkehr vorsieht und immunitätsbezogene Sonderrechte von Staaten sich ausdrücklich aus Völkervertrags- oder Völkergewohnheitsrecht ergeben müssen. Der Grundsatz der Staatenimmunität unterliegt damit insbes bei privatrechtlichen Aktivitäten von Staaten einem Konkretisierungserfordnis und kann nicht allgemein zur Herleitung von Sonderrechten verwendet werden.

Der Umgang mit der Immunität eines Staats und einem etwaigen Verzicht darauf **108** spielte auch in der BGH-Entscheidung v 30.1.2013 eine wichtige Rolle, die die Vollstreckbarkeitserklärung eines ausländischen Schiedsspruchs gegen einen fremden Staat zum Gegenstand hatte. Nachdem der BGH zunächst klargestellt hatte, dass diese Frage nicht dem Vollstreckungs-, sondern dem Erkenntnisverfahren unterliege, stellte er weiter fest, dass der Abschluss eines Schiedsvertrags – mit der möglichen Folge einer ausländischen Vollstreckbarkeitserklärung – nicht automatisch als Immunitätsverzicht für das im Zusammenhang mit der Vollstreckbarkeitserklärung erforderliche Erkenntnisverfahren anzusehen sei.[230] Etwas anderes gelte beschränkt auf das konkrete Vertragsverhältnis jedoch, wenn zusätzlich dazu eine Verzichtserklärung für eine „nach innerstaatlichem Recht" erfolgende Vollstreckung abgegeben werde, die so zu verstehen sei, dass das nach deutschem Recht einer Zwangsvollstreckung vorhergehende Erkenntnisverfahren über die Vollstreckbarkeitserklärung mitumfasst sei.[231] Im Ergebnis geht mit dieser Entscheidung eine Einschränkung der Staatenimmunität einher, da bei Verzichtserklärungen die in den jeweiligen nationalen Bestimmungen bestehenden Besonderheiten des Erkenntnis- und Vollstreckungsverfahrens nicht zu unnötigen, allzu formalistischen Hindernissen führen sollen. Auch im US-amerikanischen Recht wird davon ausgegangen, dass Verzichtserklärungen eng ausgelegt werden, so dass ihre Wirkung generell begrenzt ist und dennoch vielfach Klage bzw Vollstreckung dem Hindernis der Staatenimmunität begegnen.[232]

Aus dem Prinzip der Immunität des fremden Staats vor nationalen Gerichten im Er- **109** kenntnisverfahren folgt das *Verbot der Zwangsvollstreckung* in die Güter des fremden

---

229 Ebd 2330; zur völkerrechtlichen Situation *Müller*, Staatsbankrott und private Gläubiger, 2015, 121 ff und 154 ff.
230 BGH, NJW 2013, 3184 (3185).
231 BGH, NJW 2013, 3184 (3185).
232 ALI Restatement, § 453 (Reporter's Note No 1, 344 f).

Staats, soweit sie *hoheitlichen* Zwecken dienen. Das BVerfG hat hierzu schon vor vielen Jahren im *Philippinischen Botschaftskonto*-Fall Stellung genommen,[233] als die Vermieterin des Botschaftsbüros der Republik der Philippinen auf Ersatz von Mietzinsen und Instandsetzungskosten klagte. Das Gericht hat zwar angenommen, dass die Immunität der Verurteilung der Philippinen auf Zahlung nicht entgegenstand, da es sich insoweit um ein privatrechtliches Geschäft gehandelt habe, es erachtete aber die Zwangsvollstreckung in das Konto der Botschaft für unzulässig. Es existiere zwar keine allgemeine Regel des Völkerrechts, nach der eine Zwangsvollstreckung gegen einen fremden Staat schlichtweg unzulässig sei. Der Gegenstand der Vollstreckung habe hier jedoch zumindest auch hoheitlichen Aufgaben gedient. Diesen aus dem Prinzip der Staatenimmunität folgenden Grundsatz hat der BGH in seinem Beschluss vom 5.10.2005 bei der Vollstreckung in öffentliche Luftverkehrsrechte eines ausländischen Staates erneut bestätigt.[234]

110   Wie das BVerfG im Fall der *argentinischen Botschaftskonten* feststellte, genügt ein lediglich pauschaler Immunitätsverzicht grundsätzlich nicht, um auch den Schutz der Immunität für Vollstreckungsmaßnahmen in solches Vermögen aufzuheben, das zur Aufrechterhaltung der Funktionsfähigkeit einer diplomatischen Mission dient. Insbes ist keine allgemeine Regel des Völkerrechts (Art 25 GG) erkennbar, die das im Völkerrechtsverkehr anerkannte hohe Schutzniveau diplomatischer Belange einschränkt.[235] Damit zeigt das BVerfG erneut, dass Staatenimmunität und diplomatische Immunität unterschiedliche völkerrechtliche Institute sind, die nach jeweils gesonderten Grundsätzen zu behandeln sind.[236] Allerdings hat es hiermit auch sehr hohe Anforderungen für einen wirksamen Immunitätsverzicht aufgestellt, da summarische oder pauschale Erklärungen den Anforderungen offenbar nicht genügen, während spezifische, die genaue Reichweite erfassende Erklärungen nach den Vorgaben der höchstrichterlichen Rechtsprechung aufgrund ihres Detailreichtums besonders fehleranfällig sind. In der Tendenz folgte der BGH diesem Ansatz wenige Jahre später, indem er aus dem Umstand, dass eine Partei kein Rechtsmittel gegen eine zivilgerichtliche Zwischenentscheidung eingelegt und sich im Weiteren auf eine Klage eingelassen hat, nicht auf das Vorliegen eines Immunitätsverzichts im Hinblick auf das Vollstreckungsverfahren schloss. Generell würden für einen Immunitätsverzicht in der vollstreckungsrechtlichen Praxis stren-

---

233 BVerfGE 46, 342 ff; hierzu *Schreuer,* Zur Zulässigkeit von Vollstreckungsmaßnahmen in Bankkonten ausländischer Staaten, FS Neumayer, 1985, 521 ff; *Steinberger,* Immunity Case, EPIL II, 1995, 943 ff; *Ostrander,* The Last Bastion of Sovereign Immunity, BJIL 22 (2004) 541 ff; *Bankas,* State Immunity, 456 ff; *Oeter,* Sovereign Immunity from a Comparative Perspective: The Case of Germany, in Sovereign Immunity under Pressure, 29 (40 ff).

234 NJW-RR 2006, 198 ff. Vgl auch BGH, NJW-RR 2003, 1218 f; *Hobe/Griebel,* Zur Pfändung von Gebührenforderungen der Russischen Föderation aus der Gewährung öffentlicher Luftrechte, ZLR 55 (2006) 225 ff; *Hailbronner,* WuB VI D. § 828 ZPO 1.06, 677 ff (Anm); zuletzt zur Vollstreckung in ausländische Steuer- und Zollforderungen BGH, NJW-RR 2011, 647.

235 BVerfGE 117, 141 ff.

236 BVerfGE 117, 141 (152); BVerfGE 96, 68 (85); hierzu auch *Kleinlein,* Anforderungen an den Verzicht auf diplomatische Immunität, NJW 2007, 2591 (2593).

Kau

ge Anforderungen gelten, da eine „so weitgehende Selbstentäußerung" des ausländischen Staats im Zweifel nicht anzunehmen sei.[237] Wenn auch konkludente Verzichtserklärungen bei deutlichem Hervortreten des Unterwerfungswillens nicht schlechthin ausgeschlossen werden könnten, bedürfe ein Immunitätsverzicht grundsätzlich einer ausdrücklichen und unzweideutigen Erklärung.[238] Soweit unter Verweis auf Art 3 Abs 1 Satz 1 des Europäischen Übereinkommens über Staatenimmunität[239] die Auffassung vertreten wird, auch in rügelosen Einlassungen eines ausländischen Staats ohne vorherige Beanspruchung der Immunität könne ein konkludenter Immunitätsverzicht gesehen werden,[240] ist dies grundsätzlich restriktiv zu verstehen. Tatsächlich hat das Europäische Übereinkommen v 1972 bis heute lediglich acht Vertragsstaaten zu seiner Ratifikation veranlassen können, so dass außerhalb der Bindung der Vertragsstaaten kaum vom Entstehen eines entsprechenden Völkergewohnheitsrechts ausgegangen werden kann. Zudem bezieht sich die genannte Vorschrift auf das rügelose Einlassen „zur Hauptsache", so dass darin kein konkludenter Immunitätsverzicht im Hinblick *auf das Vollstreckungsverfahren* gesehen werden kann.

In einer Entscheidung v 8.3.2016[241] sowie drei parallelen Entscheidungen v 17.12. **111** 2017[242] kam der BGH zu der Auffassung, dass Klagen wegen der „Restrukturierung des griechischen Staatshaushalts" durch eine nachträgliche Änderung der Bedingungen von Staatsanleihen im Hinblick auf den Grundsatz der Staatenimmunität nicht zulässig seien. Dabei hob er hervor, dass es nicht auf die privatrechtliche Natur des Grundverhältnisses ankomme, sondern darauf, dass der griechische Staat durch Erlass eines Gesetzes und den Beschluss des Ministerrates die Ausbuchung von Schuldverschreibungen aus den fraglichen Wertpapierdepots unmittelbar verursacht habe.[243] Damit wendet sich der BGH – im Gegensatz zur angelsächsischen Praxis – gegen eine Unterordnung der im Hinblick auf privatrechtliche Rechtsverhältnisse getroffenen hoheitlichen Maßnahmen. Stattdessen sind nach dieser Rspr alle ergriffenen Maßnahmen eigenständig zu würdigen und im Hinblick auf die geltend gemachten Ansprüche zu beurteilen. Im Weiteren stellte der BGH auch darauf ab, dass es in dieser Hinsicht nicht entscheidend darauf ankomme, ob hierdurch Schadensersatzansprüche oder vertragliche Erfüllungsansprüche verhindert würden.[244] Obwohl mehrere unterinstanzliche Gerichte in dieser

---

237 BGH, NJW 2013, 3184 (3186).
238 BGHZ 182, 10.
239 Vgl Art 3 Abs 1 Satz 1: „Ein Vertragsstaat kann vor einem Gericht eines anderen Vertragsstaats Immunität von der Gerichtsbarkeit nicht beanspruchen, wenn er sich vor Geltendmachung der Immunität zur Hauptsache einlässt."
240 BVerfG, 2 BvR 736/13, NJW 2014, 1723, Rn 24 (mit der Einschränkung „allenfalls"); OLG Schleswig, BeckRS 2015, 8584, Rn 73; *Dahm/Delbrück/Wolfrum* (Fn 88) 470.
241 BGHZ 209, 191 ff.
242 BGH, XI ZR 217/16, juris; BGH, XI ZR 247/16, juris; BGH, WM 2018, 223.
243 BGHZ 209, 191 (Rn 17); noch von einem anderen Ansatz ausgehend: *Müller* (Fn 229), 190 ff ("Vertragsbruch durch Hoheitsakt").
244 BGH WM 2018, 223 (Rn 24 ff).

Hinsicht zu Differenzierungen bereit gewesen waren,[245] betonte der BGH die denknotwendige Abhängigkeit der vertraglichen und deliktischen Ansprüche von den diese entscheidend verändernden Hoheitsakten. I E zeigt sich damit, dass der BGH, wenn hoheitliche Akte für das Schicksal privatrechtlicher Ansprüche eine (mit)entscheidende Rolle spielen, die Staatenimmunität vor dem Hintergrund ihrer historischen Genese und ihres völkergewohnheitsrechtlichen Geltungsgrunds extensiv anzuwenden bereit ist. Diese Tendenz zugunsten eines weiten Verständnisses von Staatenimmunität steht im Einklang mit der nicht nur im Völkerrecht zu beobachtenden Rennaissance des Staats als Rechtssubjekt. Dieser dringt zwar – wie vielfach zu beobachten ist – in die wirtschaftliche oder kommerzielle Sphäre privater Akteure vor, kann sich aber hierbei vielfach auf den besonderen Schutz von Vorrechten und Immunitäten berufen. Bei diesem Verständnis der Staatenimmunität brauchen die betroffenen Staaten sich jedoch nicht zu wundern, wenn die Kreditaufnahme durch Staatsanleihen in wachsendem Umfang erschwert wird und die Bereitschaft privater Wirtschaftsteilnehmer schwindet, mit Staaten privatrechtliche Verträge zu schließen. BVerfG und BGH betonen zwar regelmäßig den „Wandel zu einem nur mehr relativen Recht" der Staatenimmunität. Angesichts ihrer praktischen Ausdehnung nähert sich diese jedoch allmählich wieder absoluten Formen an.[246]

112 Im Nichtannahmebeschluss des BVerfG v 6.5.2020 sowie in weiteren Parallelentscheidungen[247] wurde die Rspr des BGH zur Umstrukturierung der griechischen Staatsanleihen bestätigt.[248] Dabei hob das BVerfG zwar eingangs das restriktive Verständnis der Staatenimmunität hervor und führte aus, dass die Emission von Staatsanleihen grundsätzlich zum Kreis nicht-hoheitlichen Handelns zu rechnen sei *(acta iure gestionis)*. Da jedoch Gesetzgebung, durch die Griechenland einen Zwangsumtausch seiner Anleihen mit einer Kürzung ihres Nennwertes veranlasste, zu den allgemein anerkannten Bereichen hoheitlicher Tätigkeit gehört *(acta iure imperii)*, waren diese Handlungen insgesamt nicht der dt Gerichtsbarkeit unterworfen.[249] Zur Unterstützung verwies das BVerfG auf Entscheidungen des EGMR, des EuGH sowie italienischer und österreichischer Gerichte.[250] Im Hinblick auf die Gegenstimmen im Schrifttum sowie die entgegenstehenden Entscheidungen ausländischer Gerichte vertrat das BVerfG die Auffassung, diese argumentierten nicht nur „auf der Grundlage unklarer Voraussetzungen",

---

245 Z B OLG Köln, WM 2016, 1590; OLG Oldenburg, WM 2016, 1878; zuvor schon wie der BGH: OLG Schleswig, WM 2017, 285, 289; OLG München, MDR 2017, 169.

246 Krit *Herdegen* (Fn 64) § 37 Rn 7; *Geimer*, Vertragsbruch durch Hoheitsakt, IPRax 2017, 344; *Hess* (Fn 209) 352ff; zur internationalen Rechtslage *Sandrock*, Schuldenschnitte in Argentinien und Griechenland, RIW 2016, 93ff.

247 BVerfG, BeckRS 2020, 17559; BVerfG, BeckRS 2020, 34117.

248 BVerfG, NJW 2020, 3647ff; vgl *Müller*, RIW 2020, 490ff.

249 Vgl *Oeter*, Sovereign Immunity from a Comparative Perspective: The Case of Germany, in Sovereign Immunity under Pressure, 29 (35); ALI Restatement § 454 (Comment b), 352f).

250 EGMR in *Matatras u a v Greece;* EuGH in *Kuhn*, Rn 27ff; Corte Suprema di Cassazione, Nr 6532; Österreichischer Oberster Gerichtshof (OGH) v 20.5.2014, 4 Ob 22/13f.

sondern stützten sich insbes nicht auf eine allgemeine Überzeugung der Mehrheit der Staaten und stellten daher kein Völkergewohnheitsrecht dar.[251] Im Ganzen blieb das BVerfG auf der vom BGH in zahlreichen Entscheidungen vertretenen Linie, die – jedenfalls fürs Erste – die Beliebtheit ausländischer Staatsanleihen bei dt Anlegern nicht steigern dürfte.

Diese Tendenz bestätigt der BGH auch bei der immunitätsrechtlichen Bewertung von **113** sog *Allgemeinverbindlichkeitserklärungen* – wie sie ähnlich im deutschen TVG vorgesehen sind –, die als Hoheitsakte ebenfalls Staatsimmunität nach sich ziehen.[252] Umgekehrt führen *Collective Action Clauses*, bei denen vor Umschuldungsmaßnahmen Mehrheitsentscheidungen der Gläubiger eingeholt werden müssen, nicht zu einer privatrechtlichen und damit nicht-hoheitlichen Einschätzung des Vorgangs.[253] Insbes legt der BGH Wert darauf, dass die von hoheitlichen Akten beeinflussten Vorgänge keinesfalls als „rein fiskalisches Handeln" eingestuft werden. Im Ganzen scheint der Gerichtshof der Vorstellung anzuhängen, dass bereits geringe Beeinflussungen durch Hoheitsträger und ihre Handlungen den konkreten Vorgang immunitätsrechtlich „kontaminieren", unabhängig davon, welche privatrechtliche Ausgestaltung ursprünglich vorgesehen war. Zutreffend ist darauf verwiesen worden, dass die – vom BGH angenommene – Möglichkeit zum hoheitlichen Eingriff in Privatrechtsverhältnisse durchaus auch völkergewohnheits- und menschenrechtliche Fragen unter dem Gesichtspunkt einer entschädigungslosen Enteignung aufwirft.[254] Diese werden in der Immunitätsrechtsprechung bislang jedoch nicht berücksichtigt.

Die *Stellung fremder Staatsunternehmen* war Gegenstand des Verfahrens der *National Iranian Oil Company*. Das BVerfG hatte bei der Pfändbarkeit deutscher Konten dieses Unternehmens zu prüfen, ob der Heimatstaat eines Unternehmens als Inhaber der Forderungen aus Konten anzusehen sei. Das Gericht verneinte diese Frage: „Der Gerichtsstaat ist nicht gehindert, das betreffende Unternehmen als Forderungsberechtigten anzusehen und aufgrund eines gegen dieses Unternehmen gerichteten Vollstreckungstitels, der in einem vorläufigen Rechtsschutzverfahren über ein nicht-hoheitliches Verhalten des Unternehmens ergangen ist, zur Sicherung des titulierten Anspruchs die betreffenden Forderungen zu pfänden."[255] Diese Grundsätze hat das BVerfG später bestätigt, als es die Zwangsvollstreckung in ein Grundstück der Russischen Föderation nicht beanstandete, da der Grundsatz der Staatenimmunität sich nicht auch auf Vermögensgegenstände erstrecke, mit denen keine hoheitlichen Aufgaben erfüllt würden.[256]

---

251 BVerfG, NJW 2020, 3647 (Rn 30 ff).
252 BGHZ 209, 191 (Rn 21).
253 BGHZ 209, 191 (Rn 22).
254 Vgl *Geimer* (Fn 246) 344 (347).
255 BVerfGE 64, 1, 22. Hierzu *Stein*, Zur Immunität fremder Staaten und ihrer im Ausland unterhaltenen Bankkonten, IPrax 1984, 179 ff; *Fischer/v. Hofmann*, Staatsunternehmen im Völkerrecht und im Internationalen Privatrecht, BerDGVR 25 (1984) 1 ff.
256 BVerfG, 2 BvR 2495/08, BVerfGK 14, 524, Rn 17; vorhergehend BGH, WM 2008, 2302.

Dabei wurde es für eine mögliche Erstreckung der Staatenimmunität auch nicht als ausreichend angesehen, wenn ein nicht-hoheitlichen Zwecken dienender Vermögensgegenstand einer nach Maßgabe des innerstaatlichen Rechts hoheitlich organisierten Verwaltung unterstellt wird. Andernfalls hätte es jeder Staat durch innerstaatliche Organisationsakte selbst in der Hand, sein gesamtes Vermögen dem Vollstreckungszugriff zu entziehen.[257]

115 In ähnlicher Weise lehnte der BGH in einer Entscheidung v 25.10.2016 das Bestehen von Staatenimmunität zugunsten einer öffentlich-rechtlich konstituierten ausländischen Rundfunkanstalt und ihrer Internet-Bildberichterstattung ab.[258] Obwohl wegen der beteiligten Staaten sogar das Europäische Übereinkommen über Staatenimmunität v 16.6.1972 zur Anwendung kam, durfte nach Auffassung des BGH die Rundfunkanstalt nicht mit dem Vertragsstaat „in eins" gesetzt werden. Zudem hob der Gerichtshof hervor, dass bei der Internet-Bildberichterstattung einer öffentlich-rechtlichen Rundfunkanstalt der „völkerrechtlich anerkannte Kernbereich der hoheitlichen Tätigkeit ersichtlich nicht berührt" sei.[259] Grundsätzlich sei das Verhältnis von Bürger und Rundfunkanstalt privatrechtlich zu qualifizieren. Ungeachtet der Organisationsform einer Anstalt des öffentlichen Rechts wird eine Rundfunkanstalt nach der Ausführung des BGH nicht in Ausübung von Hoheitsgewalt des sie beauftragenden Staates tätig.[260]

116 Anders entschied der BGH bei Vollstreckungsmaßnahmen in Konten, die der Zentralbank der Mongolei zuzurechnen waren und als deren Währungsreserven eingestuft wurden. Wie der Gerichtshof im Anschluss an die einschlägige Rspr des BVerfG ausführte, war auf den Zweck des Vermögensgegenstands abzustellen, um die Frage der Immunität vor Zwangsvollstreckung feststellen zu können. Da auf ausländischen Konten von der Zentralbank gehaltene Währungsreserven eines Staats dazu dienen, die internationale Handlungsfähigkeit eines Staats als Hoheitsträger zu gewährleisten, ist in solchen Konstellation typischerweise von hoheitlichen Zwecken auszugehen.[261] Auch in diesem Zusammenhang hob der BGH hervor, dass an den Immunitätsverzicht eines Staats hohe Anforderungen zu stellen seien und allein eine Unterwerfung unter die Gerichtsbarkeit oder selbst der Immunitätsverzicht im Hinblick auf das Erkenntnisverfahren nicht zugleich auf einen Immunitätsverzicht im Zwangsvollstreckungsverfahren schließen lasse. Angesichts eines intensiven Eingriffs in die Souveränität eines fremden Staats müsse der Wille zum Verzicht auf die Vollstreckungsimmunität deutlich zutage treten.[262] Ins-

---

257 BVerfG, 2 BvR 2495/08, BVerfGK 14, 524, Rn 19; BGH, BeckRS 2013, 12429, Rn 17; hierzu *Bungenberg*, Vollstreckungsimmunität für ausländische Staatsunternehmen?, IPRax 2011, 356 ff.
258 BGHZ 212, 318 (Rn 7 ff).
259 Ebd Rn 13.
260 Ebd.
261 BGH, BeckRS 2013, 12429, Rn 12 f unter Bezug auf BVerfGE 62, 1 (45 f); eingehend *von Lewinski*, Öffentliche Insolvenz und Staatsbankrott, 2011, 525; zum Umgang mit den Guthaben von Zentralbanken vgl *Bankas*, State Immunity, 309 ff.
262 BGH, BeckRS 2013, 12429, Rn 24 f.

Kau

gesamt zeigen die verschiedenen Entscheidungen von BVerfG und BGH zu Fragen des Immunitätsverzichts, dass die Anforderungen hoch sind und grundsätzlich ausdrückliche Verzichtserklärungen gefordert werden. Selbst wenn entsprechende Erklärungen vorliegen, ist damit noch nicht klar, wie weit diese reichen, und ob sie neben dem Erkenntnis- auch das Vollstreckungsverfahren umfassen. Lediglich bei spezifischen Sonderbestimmungen der Vollstreckung aus ausländischen Schiedssprüchen, die aufgrund einer Eigenart des dt Verfahrensrechts zum Erkenntnisverfahren gezählt wird, lässt der BGH ausnahmsweise eine Vollstreckungsunterwerfung als ebenfalls hierauf gerichtete Immunitätsverzicht genügen.[263]

Ein besonders weitreichendes Bestimmungsrecht des Entsendestaats nahm der 117 BGH in einer Entscheidung v 22.9.2016[264] angesichts drohender Zwangsvollstreckung in das Grundstück eines ausländischen Staates an. In diesem Fall war bereits seit über zehn Jahren eine Zwangssicherungshypothek eingetragen, ehe der Entsendestaat, nachdem er eine Verbalnote an das Auswärtigen Amt gerichtet hatte, die Erlaubnis erhielt, auf dem fraglichen Grundstück eine „Botschaftsaußenstelle" zu errichten. Nach Auffassung des BGH führte die hiermit „erstrebte Nutzung zu hoheitlichen (diplomatischen) Zwecken" dazu, dass Vollstreckungsimmunität gegen die unmittelbar anstehende Zwangsvollstreckung eintrat. Diese war nach Auffassung des BGH nicht nur „zugunsten des fremden Staates sehr weit" zu verstehen, sondern stellte zudem auf die „typische, abstrakte Gefahr" ab, nicht aber auf die konkrete Gefährdung der Funktionsfähigkeit der diplomatischen Vertretung im Empfangsstaat. I E erlaubte der BGH dem Entsendestaat durch die eilends herbeigeführte und möglicherweise vor allem der Abwendung der Zwangsvollstreckung dienende Schaffung einer „Botschaftsaußenstelle" durch einseitige Zweckbestimmung seine vollstreckungsrechtliche Situation nicht nur mit *ex nunc*-, sondern im Hinblick auf bis dahin entstandene Gerichts- und Vollstreckungskosten sogar mit *ex tunc*-Wirkung zu ändern. Damit ermöglichte es der BGH, dass der ausländische Staat durch einen diplomatischen Organisationsakt ein konkretes Grundstück dem Vollstreckungszugriff entzog. Die Entscheidung ist im Hinblick auf die mit dem Regierungsumzug von Bonn nach Berlin verfolgte liberale Handhabung von Immunitätsfragen bei der Botschaftsverlegung durchaus konsequent, da die BR Deutschland – anders als etwa Brasilien in den 1970er Jahren – es weithin den Entsendestaaten überlassen hat, wo sie eine Botschaft unterhalten wollen und in welcher Form sie diplomatisch vertreten sind.[265] Allerdings zeigt der BGH in den Entscheidungsgründen ein bemerkenswertes Verständnis von der Reichweite seiner gerichtlichen Kontrolle und von der Gewaltenteilung, indem er erklärt, es sei Sache der zuständigen Organe der BR Deutschland, „einen funktionswidrigen Gebrauch der Immunität diplomatischer Vertretungen mit diplomatischen und sonstigen, völkerrechtlich zulässigen Mitteln zu begeg-

---

263 Vgl *Amirfar*, Waivers of Jurisdictional Immunity, in Cambridge Handbook, 167 ff.
264 BGH WM 2016, 2357 ff.
265 *Denza* (Fn 112) 86.

nen".[266] Dieser Hinweis deutet zumindest darauf hin, dass der BGH offenbar wenig Neigung verspürt, sich in einer vollstreckungsrechtlichen Frage in Widerspruch zu den immunitätsrechtlichen Einschätzungen der Bundesregierung zu stellen. Möglicherweise läuft dies sogar darauf hinaus, dass der BGH dem Auswärtigen Amt in diesen Fragen zukünftig ein von der Gerichtsbarkeit nur eingeschränkt überprüfbares Einschätzungsrecht einräumt.

118 Diese großzügige Handhabung der Vollstreckungsimmunität hatte sich zuvor schon in der BGH-Entscheidung v 24.3.2016[267] gezeigt, mit der der anhängige Streitfall an die Berufungsinstanz zurückverwiesen wurde. Bzgl Vollstreckung in ein Grundstück, das an eine von einem ausländischen Staat betriebene Schule angrenzte, stellte der BGH auf die hiermit verfolgte kulturelle Zweckbestimmung ab und ging von einer hoheitlichen Einrichtung im Hinblick auf die Repräsentation von Kultur und Wissenschaft im Ausland aus. Der Berufungsinstanz wurde aufgegeben, zu prüfen, ob im Hinblick auf das angrenzende Grundstück eine hoheitliche Zweckbestimmung vorliege, etwa für eine spätere Erweiterung der Auslandsschule. Dabei hob der BGH hervor, dass „aufgrund der Gefahr des Eindringens in interne Angelegenheiten" des ausländischen Staates lediglich eine Glaubhaftmachung „durch eine gehörige Versicherung" verlangt werden dürfe.[268] Eine diesbezügliche Erklärung des ausländischen Staates dürfte nach den Ausführungen des BGH eine kaum widerlegliche Vermutung darstellen. Angesichts dieser Vorgaben ist die Streitigkeit dem Grunde nach bereits durch den BGH entschieden, so dass eine Rückverweisung an die Berufungsinstanz in erster Linie wohl aus formalen Gründen erfolgt ist. Mit dem Hinweis auf die etwaige Erweiterungsfunktion des fraglichen Grundstücks hat der BGH dem ausländischen Staat bereits den Weg gewiesen, was er unternehmen muss, um vollends der Vollstreckungsimmunität zu unterfallen.

119 Bestrebungen in jüngerer Zeit, den Grundsatz der Staatenimmunität einzuschränken und bei Verstößen gegen zwingende Normen des Völkerrechts nicht anzuwenden,[269] haben sich bisher in der Staatenpraxis unter Mitwirkung dt Gerichte nicht durchzusetzen vermocht.[270] Zwar haben griechische Gerichte die BR Deutschland we-

---

266 BGH, WM 2016, 2357 (Rn 29); zu den vollstreckungsrechtlichen Fragen auch *Lorz,* Ausländische Staaten vor deutschen Zivilgerichten, 2017 sowie *Walter/Monnheimer,* Herausgabeansprüche aus dinglichen Rechten an Grundstücken und der Grundsatz der Staatenimmunität im zivilrechtlichen Erkenntnis- und Vollstreckungsverfahren, AVR 55 (2017) 444 ff.
267 BGHZ 209, 290 ff.
268 BGHZ 209, 290 (Rn 39, insbes 41).
269 Vgl dazu *Wirth,* Staatenimmunität und völkerrechtliche Verbrechen, Jura 2000, 70; *Ambos,* Der Fall Pinochet und das anwendbare Recht, JZ 1999, 16 (21ff); *Fox,* State Immunity and the International Crime of Torture, HRLR 6 (2006) 142ff; *MacGregor,* State Immunity and Jus Cogens, ICLQ 55 (2006) 437ff; *Gattini,* War Crimes and State Immunity in the Ferrini Decision, JICJ 3 (2005) 224ff; *De Sena/De Vittor,* State Immunity and Human Rights, EJIL 16 (2005) 89ff; *Parlett,* Immunity in Civil Proceedings for Torture, HRLR 6 (2006) 49ff.
270 Court of Appeal for Ontario, *Bouzari v Islamic Republic of Iran,* 30 June 2004, Docket C38295; House of Lords, *Jones v Ministry of the Interior of the Kingdom of Saudi Arabia,* 14 June 2006, UKHL 26 (2006) 2 WLR,

Kau

gen Kriegsverbrechen deutscher Streitkräfte im Zweiten Weltkrieg zur Zahlung von Schadenersatz an verschiedene griechische Staatsangehörige verurteilt. Der BGH hat jedoch in Übereinstimmung mit einem Urteil des Obersten Bundesgerichts Griechenlands die Anerkennung derartiger Urteile als völkerrechtswidrig angesehen.[271] Auch das BVerfG sah in seiner Nichtannahmeentscheidung keine sich aus dem GG ergebende Schadensersatz- oder Entschädigungspflicht der BR Deutschland,[272] da es davon ausging, dass ein Staat nach geltendem Völkerrecht Befreiung von der Gerichtsbarkeit eines anderen Staats beanspruchen kann, wenn und soweit es um die Beurteilung seines hoheitlichen Verhaltens geht *(acta iure imperii)*.[273] In der Folge haben sowohl der EuGH[274] als auch der EGMR[275] diese Entscheidungen bestätigt. Dabei haben sie Beschwerden, die gegen die Ablehnung der Zwangsvollstreckung gerichtet waren, mit der Begründung zurückgewiesen, es sei nicht erwiesen, dass zum jetzigen Zeitpunkt im Völkerrecht akzeptiert sei, dass Staaten in Bezug auf Schadenersatzklagen wegen Verbrechen gegen die Menschlichkeit nicht mehr zur Immunität berechtigt seien.

Einen weiteren Anstoß erhielt die Debatte über die Reichweite der Staatenimmuni- **120** tät durch verschiedene Entscheidungen italienischer Gerichte. Zunächst entschied der Oberste Kassationshof Italiens *(Corte Suprema di Cassazione)* im Verfahren des früheren italienischen Zwangsarbeiters *Luigi Ferrini,* dass sich die BR Deutschland nicht auf ihre Staatenimmunität berufen könne, wenn Ansprüche wegen schwerwiegender Kriegsverbrechen in Rede stünden.[276] Zudem haben der Oberste Kassationsgerichtshof und das

---

1424; hierzu *Humes-Schulz,* Limiting Sovereign Immunity in the Age of Human Rights, Harvard HRJ 21 (2008), 105 ff; BGHZ 155, 279 ff; vgl *Kämmerer,* Kriegsrepressalie oder Kriegsverbrechen?, AVR 37 (1999) 283 (307); *Epping,* in Ipsen (Fn 9) § 5 Rn 273 ff, insbes 276; *Rensmann,* Staatenimmunität und völkerrechtswidrige Hoheitsakte, IPrax 1998, 44 (47); *Hess,* Staatenimmunität bei Menschenrechtsverletzungen, FS Schütze, 1999, 269 (280); *Appelbaum,* Einschränkungen der Staatenimmunität in Fällen schwerer Menschenrechtsverletzung, 2007, 92 ff; vgl aber *Kokott* (Fn 138) 148 f; *Paech,* Staatenimmunität und Kriegsverbrechen, AVR 47 (2009) 36 ff.

271 BGHZ 155, 279. Vgl zum Urteil des Areopag *Dolzer,* Der Areopag im Abseits, NJW 2001, 3525 ff; *Hobe,* Durchbrechung der Staatenimmunität bei schweren Menschenrechtsverletzungen, IPRax 2001, 368 ff; *Schminck-Gustavus,* Nemesis, KJ 2001, 111 ff; *Appelbaum,* Der Fall Distomo, HV-I 17 (2004) 190 ff; *Beys,* Die Zwangsvollstreckung gegen einen ausländischen Staat im hellenischen Recht, FS Schlosser, 2005, 37 ff; hierzu auch *Bankas,* State Immunity, 374 ff.

272 BVerfGK 7, 303 ff *[Distomo]*.

273 BVerfGK 7, 303, 307 *[Distomo]* mit Verweis auf BVerfGE 16, 27 (36 ff) und EGMR, Nr 35763/97, AVR 40 (2002) 365 ff *[Al-Adsani v United Kingdom]*.

274 EuGH, Rs C-292/05, Slg 2007, I-1519 *[Lechouritou u a]*.

275 EGMR, Reports of Judgements and Decisions 2002-X, 41, 428 ff *[Kalogeropoulou]*; vgl *Maierhöfer,* Der EGMR als „Modernisierer" des Völkerrechts?, EuGRZ 2002, 391 ff; *Tams,* Schwierigkeiten mit dem Jus Cogens, AVR 40 (2002) 331 ff; *Cremer,* Entschädigungsklagen wegen schwerer Menschenrechtsverletzungen und Staatenimmunität vor nationaler Zivilgerichtsbarkeit, AVR 41 (2003) 137 ff.

276 Oberster Kassationshof, *Luigi Ferrini v BR Deutschland,* Urteil Nr 5055-04 v 6.11.2003, veröffentlicht 30.5.2004, Az 11130/02; bestätigt in den Beschlüssen Nr 14200 bis 14208 v 6.5.2008 sowie im Urteil Nr 1072/2008 v 13.1.2009 *[Milde]*; vgl *Orakhelashvili,* State Immunity and International Public Order Revisited, GYIL 49 (2006) 327 (331); *De Sena/De Vittor,* State Immunity and Human Rights, EJIL 16 (2005) 89 ff; *Biachi,*

Oberlandesgericht Florenz *(Corte d'Appello di Firenze)* die Vollstreckungsanerkennung der erstinstanzlichen griechischen Gerichtsentscheidungen im Fall *Distomo* anerkannt, so dass Vollstreckungsmaßnahmen gegen deutsches Eigentum in Italien erfolgt sind.[277] Diese Rechtsprechungspraxis italienischer Gerichte führte dazu, dass die BR Deutschland Klage vor dem IGH gegen Italien einreichte, mit der u a die Verletzung der Staatenimmunität und das (Nicht-)Bestehen einer hinreichenden Anspruchsgrundlage gerügt wurden.[278]

121   In seiner Entscheidung v 3.2.2012 stellte der IGH fest, dass Italien durch die Entscheidungen seiner Gerichte gegen den völkergewohnheitsrechtlichen Grundsatz der Staatenimmunität verstoßen habe.[279] Dabei erkannte der Gerichtshof zwar im Grundsatz an, dass die Staatenimmunität Ausnahmen unterliege; die im konkreten Verfahren in Anspruch genommenen Ausnahmen konnten in Ermangelung völkerrechtlicher Anerkennung jedoch nicht durchgreifen. So lehnte der IGH sowohl den Hinweis darauf ab, dass die fraglichen Handlungen auf dem Territorium des Gerichtsstaats erfolgt seien („Inlandsdelikte" bzw „foreign tort exception"), als auch, dass die in Frage stehenden Rechtsverletzungen deutscher Streitkräfte von besonderer Schwere gekennzeichnet gewesen seien und somit einen *ius cogens*-Verstoß darstellten.[280] Ungeachtet der von Teilen des völkerrechtlichen Schrifttums über Jahre befürworteten Einschränkung der Staatenimmunität durch *ius cogens*[281] verwies der IGH darauf, dass Bedenken auf der Grundlage von *ius cogens* die Begründetheit einer Klage beträfen, während die Staatenimmunität sich bereits auf ihre Zulässigkeit beziehe.[282] Folglich könnten Staaten sich auch bei schwerwiegenden Verletzungen des humanitären Völkerrechts auf die Staatenimmunität berufen.[283] Soweit der Einwand vorgebracht wurde, die streitgegen-

---

Case-note on *Ferrini*, AJIL 99 (2005) 242 ff; *Stürner*, Staatenimmunität und Brüssel I-Verordnung, IPRax 2008, 197 (201 f); *Cannizzaro/Bonafé*, Of Rights and Remedies, FS Simma, 2011, 825 ff; *Oellers-Frahm*, Judicial Redress of War-related Claims by Individuals, ebd, 1055 ff; vgl auch Überblick bei *Payandeh*, Staatenimmunität und Menschenrechte, JZ 2012, 949 (950).

277   Oberster Kassationshof, Urteil Nr 14199-08 v 29.5.2008, Az 24290/07; OLG Florenz, Urteil Nr 1696/2008 v 21.10.2008. Vollstreckungsmaßnahmen sind bereits erfolgt im Hinblick auf die Villa Vigoni am Comer See, vgl *Focarelli*, AJIL 103 (2009) 122 (123); *Stürner* (Fn 276) 197 ff.

278   IGH, Pressemitteilung Nr 2008/44 v 23.12.2008.

279   *Jurisdictional Immunities* (Germany v Italy), ICJ Rep 2012, 99; vgl auch *Oeter*, Sovereign Immunity from a Comparative Perspective: The Case of Germany, Sovereign Immunity Under Pressure, 29 (38 ff).

280   *Cannizzaro*, Is There an Individual Right to Reparation?, FS P-M Dupuy, 2014, 495 ff.

281   Übersicht bei *Payandeh* (Fn 276) 952; zuletzt auch *Gaeta*, Immunity of States and State Officials: A Major Stumbling Block to Judicial Scrutiny?, in Cassese (Hrsg), Realizing Utopia, 227 (230 f); *Fischer-Lescano/ Gericke*, Der IGH und das transnationale Recht, KJ 2010, 78 ff; *Thiele*, Das Verhältnis zwischen Staatenverantwortlichkeit und Menschenrechten, AVR 49 (2011) 343 ff.

282   Vgl auch *Kreicker*, Die Entscheidung des IGH zur Staatenimmunität, ZIS 2012, 107 (113); *Hess*, Staatenimmunität und ius cogens im geltenden Völkerrecht, IPRax 2012, 201 (204); *Gaeta/Viñuales/Zappalà* (Fn 45) 126.

283   Vgl *Stürner*, Staatenimmunität bei Entschädigungsklagen wegen Kriegsverbrechen, IPRax 2011, 600 ff.

ständlichen Klagen seien die letzte Möglichkeit für die Kläger, Entschädigungen für erlittene Schäden zu erlangen, sah der Gerichtshof hierin ebenfalls keine Ausnahme vom Grundsatz der Staatenimmunität. Allerdings verwies er darauf, dass die (prozedurale) Zuerkennung von Immunität die völkerrechtliche Verantwortlichkeit des beklagten Staats grundsätzlich unberührt lasse. Im Ergebnis ist damit eine Beilegung der unverändert bestehenden Situation durch zwischenstaatliche Reparationsregelungen nicht ausgeschlossen.[284]

Ungeachtet der späteren Entwicklungen geht der Grundsatz der Staatenimmunität **122** aus dem Verfahren vor dem IGH grundsätzlich gefestigt und eingehend begründet hervor.[285] Sofern insbes vom IGH und nationalen Gerichten gegenwärtig eine restriktive Theorie der Staatenimmunität vertreten wird, knüpft diese vor allem an die Unterscheidung zwischen Hoheitsakten *(acta iuris imperii)* und nicht-hoheitliche Akten *(acta iure gestionis)* an. Aufgrund des prozeduralen Charakters der Staatenimmunität haben materiell-rechtlich begründete Ausnahmen auch zukünftig nur wenig Aussicht auf Anerkennung, es sei denn, die Staaten einigen sich auf entsprechende internationale Abkommen.

Obwohl allgemein erwartet worden war, dass der Rechtsstreit zwischen der BR **123** Deutschland und Italien durch das Urteil des IGH mit einer Stärkung der traditionellen Sicht auf die Staatenimmunität seinen Abschluss gefunden hatte, erwies sich dies als Fehleinschätzung. Zunächst wurde das vom italienischen Gesetzgeber erlassene Gesetz zur Vollstreckung des IGH-Urteils v 3.2.2012 vom italienischen Verfassungsgericht *(Corte Constituzionale)* am 22.10.2014 für verfassungswidrig erklärt.[286] Diese Entscheidung be-

---

284 Vgl *Hess* (Fn 282) 204; *Oellers-Frahm*, State Immunity vs. Human Rights: Observations Concerning the Judgment of the ICJ in the Jurisdictional Immunities of States Case (Germany v. Italy), FS Riedel 2013, 389 ff; *van Alebeek*, Jurisdictional Immunities of the State (Germany v. Italy), GYIL 55 (2013) 281 f; *Calisto*, Jurisdictional Immunities of the State, GYIL 55 (2013) 319 ff; vgl im Einzelnen *Otz*, Intertemporalität im Spannungsverhältnis von Staatenimmunität und Menschenrechtsverletzungen, 2019; *Höfelmeier*, Die Vollstreckungsimmunität der Staaten im Wandel des Völkerrechts, 2018, 231 ff.
285 *Payandeh* (Fn 276) 958; *Nesi*, The Quest for a „Full" Execution of the ICJ judgment in Germany v. Italy, JICrimJ 11 (2013) 185 ff; *McMenamin*, State Immunity Before the International Court of Justice, Victoria UL-Rev 44 (2013) 189 ff; *Keitner*, Germany v. Italy and the Limits of Horizontal Enforcement, JICJ 11 (2013) 167 ff; *Katz*, Jurisdictionial Immunities of the State, TJICL 21 (2013) 579 ff; *Dickinson*, Germany v. Italy and the Territorial Tort Exception, JICJJ 11 (2013) 147 ff; *Gaeta/Viñuales/Zappalà* (Fn 45) 129.
286 *Oellers-Frahm*, Das italienische Verfassungsgericht und das Völkerrecht – eine unerfreuliche Beziehung, EuGRZ 2015, 8 ff; *dies*, A Never-Ending Story: The International Court of Justice – The Italian Constitutional Court – Italian Tribunals and the Question of Immunity, ZaöRV 76 (2016) 193 ff; *Boggero*, The Legal Implications of Sentenza No. 238/2014 by Italy's Constitutional Court for Italian Municipal Judges, ZaöRV 76 (2016) 203 ff; *Tsiliotis*, The Dialogue between the International Court of Justice, the Italien Court of Cassation and the Italien Constitutional Court on the Jurisdictional Immunity of States, AIDH 9 (2015/2016) 261 ff; vgl auch die Beiträge von *Mazzeschi, Bothe, Gataldi* und *Palchetti* in IYIL 24 (2014); *Mannefeld*, Verfassungsrechtliche Vorgabe für die europäische Integration, 2017, 198 ff; *Gaeta/Viñuales/Zappalà* (Fn 45) 127; *Oeter*, Sovereign Immunity from a Comparative Perspective: The Case of Germany, in Sovereign Immunity Under Pressure, 29 (38 f); eingehend Volpe/Peters/Battini (Hrsg), Remedies against Immunity, 2021.

gegnete vor allem deshalb rechtlicher Kritik, weil die italienische Verfassungsordnung nach Art 10 vorsieht, dass Völkergewohnheitsrecht – also auch die gewohnheitsrechtlichen Bestimmungen über die Staatenimmunität – ohne Umsetzungsakt automatisch zum Teil der italienischen Rechts- und Verfassungsordnung wird. Zudem hob das Gericht hervor, dass sich seine Ausführungen lediglich auf das Erkenntnisverfahren bezögen, nicht aber auf das Vollstreckungsverfahren. I E spricht manches dafür, dass das italienische Verfassungsgericht mit seinem Urteil paradoxerweise sowohl gegen Völkerrecht als auch gegen das eigene Verfassungsrecht verstoßen haben könnte.[287] Allerdings gibt es auch keinen generellen Vorrang des Völkerrechts vor dem nationalen Verfassungsrecht, so dass das Urteil des italienischen Verfassungsgerichts auf einem Konflikt beruht, der nicht gänzlich ausgeschlossen ist und sich nicht zuletzt auch bei der Überprüfung von Völkerrecht oder Unionsrecht am Maßstab des GG durch das BVerfG schon gezeigt hat.[288] IdR bemühen sich die Beteiligten jedoch, den Konflikt zwischen Völker- und Verfassungsrecht zu vermeiden und iE nicht eintreten zu lassen.

124   Für die Rechtspraxis hat das italienische Verfassungsgericht die örtlichen Tatsacheninstanzen mit der Aufgabe betraut, sich gleichermaßen an die offensichtlich gegensätzlichen Vorgaben des nationalen Verfassungsrechts und des Völkerrechts zu halten.[289] Die entwickelten Lösungsansätze sehen Verweise auf Schlichtungslösungen im Rahmen eines „alternative dispute settlement" der jeweiligen Streitparteien (Tribunale di Firenze v 23.3.2015) bzw von Deutschland und Italien als Völkerrechtssubjekte vor (Tribunale di Piancenza v 25.9.2015).[290] Vereinzelt sind auch symbolische Kompensationsansprüche zugestanden worden, deren vollstreckungsrechtliche Durchsetzung jedoch unsicher bleibt (Tribunale di Firenze v 28.9.2015). Nicht der Sicherstellung konkreter Entschädigungsansprüche, sondern der Entwicklung einer gemeinsamen Erinnerungskultur ist der 2014 eingerichtete Deutsch-Italienische Zukunftsfonds gewidmet.[291]

125   Da es jedoch nicht nur in wachsendem Umfang zu Verurteilungen der BR Deutschland durch italienische Gerichte gekommen ist, sondern auch bereits Vollstreckungsversuche unternommen wurden, stellte sich heraus, dass Deutschland bei Klagen von Ge-

---

287 *Oellers-Frahm* (Fn 286 [EuGRZ]) 10 ff.
288 Z B BVerfGE 141, 1 ff *[Treaty Override]*; BVerfGE 154, 17 *(PSPP);* aus dem Schrifttum zB *Calliess,* Konfrontation statt Kooperation zwischen BVerfG und EuGH?, NVwZ 2020, 897 ff; *Haltern,* Ultra-vires-Kontrolle im Dienst europäischer Demokratie, NVwZ 2020, 817 ff.; *Kirchhof,* Die Rechtsarchitektur der Europäischen Union, NJW 2020, 2057 ff; *Nettesheim,* Das PSPP-Urteil des BVerfG – ein Angriff auf die EU?, NJW 2020, 1631 ff; *Ohler,* Verfassungswidrigkeit des Weiss-Urteils des EuGH und Verhältnismäßigkeit des PSPP-Beschlusses der EZB, WuB 2020, 417 ff; *Voßkuhle,* Die Zukunft der Verfassungsgerichtsbarkeit in Deutschland und in Europa, EuGRZ 2020, 165 ff.
289 *Raffeiner,* Jenseits der Staatenimmunität im deutsch-italienischen Staatenimmunitäten-Fall, ZaöRV 76 (2016) 451 ff.
290 *Oellers-Frahm* (Fn 286 [ZaöRV]) 198 ff: "concrete proposal of conciliation".
291 Vgl <https://www.auswaertiges-amt.de/de/aussenpolitik/laender/italien-node/140317-regierungskonsultationen-weltkriegsvergangenheit/260800>; zum früheren Stand: BT-Drs 19/3557, 18 ff; BT-Drs 19/7527 sowie BT-Drs 19/16293.

schädigten des NS-Regimes vor italienischen Gerichten faktisch keine Staatenimmunität genoss. Daher wendete es sich im April 2022 erneut an den IGH. Dabei wurde beanstandet, dass das IGH-Urteil v 3.2.2012[292] durch die italienische Justiz, insbes durch das Italienische Verfassungsgericht, weitgehend missachtet werde.[293] Nachdem Deutschland zunächst auch noch einen Antrag auf einstweilige Anordnung wegen bevorstehender Zwangsvollstreckungen gestellt hatte, richtete Italien einen Entschädigungsfond in Höhe von 55,4 Mio Euro ein, der unter bestimmten zeitlichen Vorgaben alle individuellen Klagen italienischer Geschädigter des NS-Regimes bis 2026 abdecken soll. Daraufhin zog Deutschland den Antrag auf einstweilige Anordnung zurück, strebt aber weiterhin eine endgültige gerichtliche Klärung an. Aufgrund von Absprachen der Streitparteien mit dem IGH werden erst im Sommer 2024 alle Stellungnahmen hierzu vorliegen, so dass erst danach mit einem neuerlichen Urteil des IGH zur Staatenimmunität bzw zur Bindungswirkung seiner Urteile zu rechnen ist.[294] Mit dem Wiederaufleben des Verfahrens *Deutschland v Italien* wird die Rechtsverbindlichkeit von IGH-Urteilen und damit die Tätigkeit der internationalen Gerichtsbarkeit insgesamt in Frage gestellt. Nachvollziehbar wurde an der Entscheidung zwar kritisiert, dass hierdurch gravierendes Unrecht letztlich ungesühnt bleibe und weitere Staaten mit großer Wahrscheinlichkeit zu ähnlichen Formen des „judicial unilateralism" veranlasst würden.[295] Da dies aber ganz im Sinne der Reziprozität ähnlich einseitige Maßnahmen von betroffenen Staaten nach sich ziehen könnte, hätte dies insgesamt zur Folge, dass der Grundsatz der Staatensouveränität substanziell eingeschränkt, vielleicht sogar nachhaltig relativiert würde. Allerdings sind noch weitergehende Folgen denkbar. Denn hätten die durch italienische Gerichte zuletzt veranlassten Maßnahmen Bestand, und würde der IGH in einem zweiten Urteil die Rechtsverbindlichkeit seiner eigenen Entscheidung aus dem Jahr 2012 in Frage stellen, würde die aus Art 92 UN-Charta sowie Art 36 Abs 2 IGH-Statut abgeleitete Unterwerfung der UN-Mitgliedstaaten unter die Gerichtsbarkeit des IGH weitgehend entwertet. Wie schon andere Gerichte zuvor[296] ist auch der IGH gehalten, seine judikative Position und die Rechtsverbindlichkeit seiner Entscheidungen zu behaupten, wenn er und das System des internationalen Rechtsschutzes keinen dauerhaften Schaden erleiden sollen.

I E lässt sich mit Blick auf die Rspr-Praxis internationaler und nationaler Gerichte **126** sowie zahlreiche Stimmen in der Völkerrechtslehre zwar eine Tendenz zugunsten der

---

292 ICJ Rep 2012, 99.
293 Vgl BT-Drs 20/3283.
294 Anordnung des IGH v 10.6.2022, wonach Deutschland bis zum 12.6.2023 und Italien bis zum 12.6.2024 Zeit für seine Stellungnahmen gegeben wird; vgl auch *Oeter*, Sovereign Immunity from a Comparative Perspective: The Case of Germany, in Sovereign Immunity Under Pressure, 29 (37f): „The German state has a lot of trouble with the nasty legacies ofthe Nazi regime [...]".
295 Z B *Gaeta/Viñuales/Zappalà* (Fn 45) 129: "Ultimately, such a situation creates a risk of lack of accountability, which is far from being satisfactory and in itself generates the seeds of further [judicial] unilateralism, which is what might have happened with the decision of Italy's Constitutional Court in 2014."
296 Z B US Supreme Court in *Cooper v Aaron* 358 U. S. 1 (1958) und BVerfGE 36, 1 *(Grundvertrags-Urteil)*.

restriktiven Staatenimmunität bei privatrechtlichen Klagen feststellen.[297] Diese wird aber substanziell durch Einschränkungen im Vollstreckungsrecht konterkariert.[298] Es bieten sich hierfür zwei unterschiedliche Deutungsansätze mit entsprechenden Auswirkungen für die Zukunft an: Zum einen könnte die restriktive Staatenimmunität auf dem Gebiet des Privatrechts lediglich als ein erster Schritt betrachtet werden, auf den in Zukunft dann auch vollstreckungsrechtliche Immunitätseinschränkungen substanzieller Art folgen. Zum anderen könnte in der gegenwärtigen Praxis auch ein Scheinfortschritt liegen, da das Vollstreckungsrecht trotz allem Entgegenkommen bei privatrechtlichen Klagen effektiv zur Wahrung staatlicher Immunität beiträgt. Wegen der Überschneidung der Staatenimmunität mit dem Diplomatenrecht, insbes der Unverletzlichkeit der Mission (Art 22 WÜD) und dem Schutz der Botschaftskonten, bliebe die Entwicklung auf dem Gebiet des Privatrechts damit weitgehend folgenlos. Jedenfalls würde hierdurch der Impuls der restriktiven Staatenimmunität deutlich abgemildert.[299] Orientiert an der bisherigen Rechtspraxis bleibt es vielfach den Staaten überlassen, ihre ausländischen Vermögenswerte und Investitionen dergestalt zu organisieren, dass der effektive Schutz – von handelsmäßigen und privatrechtlichen Ausnahmen abgesehen – an den der absoluten Staatenimmunität heranreicht.

2. Das Staatsvolk

127 Die Abgrenzung der Personalhoheit der Staaten untereinander erfolgt über die Staatsangehörigkeit.[300] In Deutschland ist der Begriff des „Deutschen" in Art 116 GG enthalten; Regeln über Erwerb und Verlust der Staatsangehörigkeit finden sich im *Staatsangehörigkeitsgesetz* (StAG).[301] Bereits seit dem 1.1.2000 gelten neue Regeln über den Erwerb der deutschen Staatsangehörigkeit durch Geburt und für die Einbürgerung. So können

---

297 Z B *Shaw* (Fn 65) 529 ff; *Crawford* (Fn 2) 489 ff; *Gaeta/Viñuales/Zappalà* (Fn 45) 126; *Doehring* (Fn 18) Rn 658 ff; *Herdegen* (Fn 64) § 37 Rn 1 ff; *Bismuth u a,* Sovereign Immunity Under Pressure, 2 mit dem Hinweis, dass Staaten wie China, Russland, Argentinien, Kolumbien oder Brasilien an der absoluten Staatenimmunität festzuhalten bemüht sind und ihrerseits Immunität nur unter Voraussetzung strenger Reziprozität gewähren wollen.
298 Vgl *Bismuth u a,* Sovereign Immunity Under Pressure, 2; *Gaeta/Viñuales/Zappalà* (Fn 45) 129.
299 *Gaeta/Viñuales/Zappalà* (Fn 45) 129: „[...] a tendency can be discerned in the case law to be more protective of State sovereignty in granting immunity from execution [...]".
300 Vgl zum Staatsangehörigkeitsrecht und zur Personalhoheit: *Dörr,* Nationality, MPEPIL VII, 496 ff; *Bleckmann,* Die Personalhoheit im Völkerrecht, GS Geck, 1989, 79 ff; *Henkin,* „Nationality" at the Turn of the Century, FS Bernhardt, 1995, 89 ff; zum dt Staatsangehörigkeitsrecht: *Hailbronner/Kau/Gnatzy/Weber,* Staatsangehörigkeitsrecht, 7. Aufl 2022; *Makarov/v. Mangoldt,* Deutsches Staatsangehörigkeitsrecht, Loseblatt; *Weidelener/Ehmann/Stark,* Deutsches Staatsangehörigkeitsrecht, 7. Aufl 2005; *Aláez Corral,* Staatsangehörigkeit und Staatsbürgerschaft vor den Herausforderungen des demokratischen Verfassungsstaates, Der Staat 46 (2007) 349 ff; *Appiah,* Global Citizenship, Fordham LRev 75 (2007) 2375 ff; *Hoffmann,* Staatsangehörigkeit, 11 ff; *Kau,* in Huber/Voßkuhle (Hrsg), GG, Bd 3, Art 116 Rn 30 ff.
301 Vgl Gesetz zur Reform des Staatsangehörigkeitsrechts v 15.7.1999 (StAG, BGBl 1999 I, 1618), zuletzt geänd durch Gesetz v 30.2.2009 (BGBl 2009 I, 158).

seither auch in Deutschland geborene Kinder ausländischer Eltern durch Geburt die deutsche Staatsangehörigkeit erwerben, wenn wenigstens ein Elternteil am Tag der Geburt des Kindes sich seit acht Jahren rechtmäßig und gewöhnlich in Deutschland aufhält und eine Niederlassungserlaubnis oder eine EU-Aufenthaltserlaubnis besitzt (§ 4 Abs 3 StAG).[302] Kinder ausländischer Eltern unter 10 Jahren konnten einen auf das Jahr 2000 befristeten Anspruch auf Einbürgerung geltend machen, wenn sie in Deutschland geboren waren. Einen Anspruch auf Einbürgerung besitzen ferner Ausländer, wenn sie sich seit mindestens acht Jahren rechtmäßig und dauernd in Deutschland aufhalten und bestimmte weitere Voraussetzungen erfüllen.[303]

a) Die Staatsangehörigkeit

Völkerrechtlich umschreibt die Staatsangehörigkeit die rechtliche Beziehung einer Person zu ihrem Heimatstaat. Zu *Begriff und Rechtsnatur* der Staatsangehörigkeit werden unterschiedliche Auffassungen vertreten.[304] Zum einen wird in der Staatsangehörigkeit ein Rechtsverhältnis mit gegenseitigen Rechten und Pflichten gesehen, also ein Verhältnis öffentlich-rechtlicher Natur zwischen dem Einzelnen und dem Staat.[305] Die Auffassung, es handele sich um ein *rechtliches Band,* findet sich auch in der Entscheidung des IGH im *Nottebohm*-Fall: „[...] nationality is a legal bond having at its basis a social fact of attachment, a genuine connection of existence, interests and sentiments, together with the existence of reciprocal rights and duties. It may be said to constitute the juridical expression of the fact that the individual upon whom it is conferred, either directly by the law or as a result of an act of the authorities, is in fact more closely connected with the population of the State conferring nationality than with that of any other State."[306] Andere Autoren vertreten die Auffassung, die Staatsangehörigkeit stelle ein rechtlich rele- **128**

---

302 Vgl *Hoffmann*, Staatsangehörigkeit, 103ff („Eingeschränktes ius soli").

303 Vgl hierzu *Hailbronner/Kau/Gnatzy/Weber*, Grundlagen A Rn 100; *Göbel-Zimmermann/ Masuch*, Die Neuregelung des Staatsangehörigkeitsrechts, DÖV 2000, 95ff; *Hailbronner*, Die Reform des deutschen Staatsangehörigkeitsrechts, NVwZ 1999, 1273ff; *Zimmermann*, Staats- und völkerrechtliche Fragen der Reform des deutschen Staatsangehörigkeitsrechts, IPrax 2000, 180ff; zu den Auswirkungen der Reform *Hailbronner/Kau/Gnatzy/Weber*, Grundlagen A Rn 98ff; *Göbel-Zimmermann*, Erfahrungen mit dem neuen Staatsangehörigkeitsrecht, ZAR 2003, 65ff; *Hailbronner*, Das neue deutsche Staatsangehörigkeitsrecht, NVwZ 2001, 1329ff; *Renner*, Erfahrungen mit dem neuen deutschen Staatsangehörigkeitsrecht, ZAR 2002, 265ff; *Berlit*, Rottmann und die Option – schleichende Europäisierung des Staatsangehörigkeitsrechts?, FS Hailbronner, 2013, 283ff.

304 *Hailbronner/Kau/Gnatzy/Weber*, Grundlagen B Rn 125ff.

305 *Berber*, Lehrbuch des Völkerrechts, Bd I, 2. Aufl 1975, 374; *Hatschek*, Das Preußische Staatsrecht, 2. Aufl 1930, 194; *Isay*, Die Staatsangehörigkeit der juristischen Personen, 1907, 30; ähnlich *Kokott*, in Sachs (Hrsg), Grundgesetz, 9. Aufl 2021, Art 16 Rn 10; *Hoffmann*, Staatsangehörigkeitsrecht, 64ff.

306 ICJ Rep 1955, 4, 23. Diese Definition findet sich auch in Art 2 lit a des Europäischen Staatsangehörigkeitsübereinkommens. Vgl ferner die Entscheidung der Britisch-Mexikanischen Claims Commission v 8.11.1929 im Fall *Robert John Lynch v United Mexican States:* „A man's nationality is a continuing legal relationship between the sovereign state on the one hand and the citizen on the other." (RIAA V, 17, 18).

vantes, zumeist auch rechtlich geregeltes *Realverhältnis*[307] dar. Die überwiegende Meinung sieht in der Staatsangehörigkeit eine Eigenschaft, Mitglied einer Gebietskörperschaft zu sein (sog Statustheorie).[308] Das BVerfG ging in seiner Entscheidung v 1974[309] ebenfalls von einem *Status* aus, eine Auffassung, die sich auch in der Entscheidung zum Kommunalwahlrecht für Ausländer wiederfindet.[310] Nach einer vermittelnden Position stellt die Staatsangehörigkeit ein *Rechtsverhältnis* zwischen dem Staat und seinen Angehörigen dar, bei dessen Regelung die Eigenschaft der Person als Subjekt eines Rechtsverhältnisses einen rechtlichen Status dieser Person bildet.[311]

129   Rechte und Pflichten aus diesem gegenseitigen Treueverhältnis können entweder unmittelbar entstehen *(diplomatischer Schutz)* oder sich erst aus innerstaatlichem Recht ergeben (zB Wehrpflicht, Teilnahme an Wahlen und Abstimmungen). Jeder Staat kann die Voraussetzungen der Verleihung und des Verlusts seiner Staatsangehörigkeit *nach eigenem Ermessen regeln*, wobei er jedoch die sich aus Völkervertrags- und Völkergewohnheitsrecht sowie in zunehmendem Maß aus dem Unionsrecht ergebenden Grenzen zu beachten hat.[312] Auch das Europäische Übereinkommen über die Staatsangehörigkeit v 6.11.1997, das am 1.3.2000 in Kraft getreten ist, gibt unverändert jedem Staat das Recht, die Staatsangehörigkeit grundsätzlich nach seinen eigenen Gesetzen festzulegen.[313] Jedoch sollen die Regeln über Staatsangehörigkeit der Vertragsparteien auf fol-

---

307 *Riege*, Die Staatsbürgerschaft der DDR, 2. Aufl 1986, 18.

308 Vgl hierzu *Badura*, Staatsrecht, 7. Aufl 2018, 1102; *Hailbronner*, Deutsche Staatsangehörigkeit und DDR Staatsbürgerschaft, JuS 1981, 712; *G. Jellinek*, System der subjektiven öffentlichen Rechte, 2. Aufl 1919, 117f; *von Keller/Trautmann*, Kommentar zum RuStAG, 1914, 32; *Kämmerer*, in Bonner Kommentar, Loseblatt, Art 16 Rn 3; *Laband*, Das Staatsrecht des Deutschen Reichs, 5. Aufl 1911, 140; *Makarov/v. Mangoldt* (Fn 300) Einl I Rn 2.

309 BVerfGE 37, 217, 239.

310 BVerfGE 83, 37, 51: „Die Zugehörigkeit zum Staatsvolk wird also grundsätzlich durch die Staatsangehörigkeit vermittelt. Die Staatsangehörigkeit ist die rechtliche Voraussetzung für den gleichen staatsbürgerlichen Status, der einerseits gleiche Pflichten, zum anderen und insbesondere aber auch die Rechte begründet, durch deren Ausübung die Staatsgewalt in der Demokratie ihre Legitimation erfährt [...]."

311 *de Groot*, Staatsangehörigkeitsrecht im Wandel, 1989, 12; *Randelzhofer*, in Dürig/Herzog/Scholz (Hrsg), GG-Kommentar, Loseblatt, Art 16 Rn 8; Nachw auch bei *Hailbronner/Kau/Gnatzy/Weber*, Grundlagen B Rn 125 ff.

312 Art 1 des Haager Übereinkommens über gewisse Fragen der Kollision von Staatsangehörigkeitsgesetzen v 12.4.1930 (179 LNTS 89); Art 3 des Europäischen Übereinkommens über die Staatsangehörigkeit (ETS Nr 166). Vgl auch das Gutachten des StIGH zu den Staatsangehörigkeitsdekreten in Tunesien und Marokko, PCIJ, Ser B, No 4, 24 ff sowie ICJ Rep 1955, 4, 20 *[Nottebohm]* und BVerfGE 1, 322, 328. Übersicht über die Verträge bei *Boll*, Nationality and Obligations of Loyalty in International and Municipal Law, AYBIL 24 (2005) 37 ff; Tan (Hrsg), Challenging Citizenship, 2005; *Hailbronner/Kau/Gnatzy/Weber*, Grundlagen D Rn 242 ff sowie H Rn 490 ff; *Hoffmann*, Staatsangehörigkeit, 259 ff und 347 ff.

313 ETS Nr 166; dt Fassung bei *Hailbronner/Kau/Gnatzy/Weber*, Anh A II.7 (1100 ff). Das Übereinkommen ist am 1.3.2000 für Österreich, Moldawien und die Slowakische Republik in Kraft getreten, des Weiteren für die Niederlande (1.7.2001), Schweden (1.10.2001), Portugal (1.2.2002), Ungarn (1.3.2002), Dänemark (1.11.2002), Island (1.7.2003), Nordmazedonien (1.10.2003), Albanien (1.6.2004), Tschechische Republik (1.7.2004), Rumänien (1.5.2005), Bulgarien (1.6.2006), Ukraine (1.4.2007), Finnland (1.12.2008), Bosnien und

gende *Grundsätze* gestützt sein: Jedermann hat ein Recht auf Staatsangehörigkeit, Staatenlosigkeit ist zu vermeiden; niemand darf willkürlich seiner Staatsangehörigkeit beraubt werden; weder Heirat noch die Auflösung der Ehe zwischen einem Staatsangehörigen einer Vertragspartei und einem Ausländer, noch der Wechsel der Staatsangehörigkeit eines Ehegatten während der Ehe berührt automatisch die Staatsangehörigkeit des anderen Ehegatten.[314]

Mit der Einführung einer *Unionsbürgerschaft* in Art 20 bis 25 AEUV wurde keine eigene Staatsangehörigkeit im völkerrechtlichen und staatsrechtlichen Sinn geschaffen.[315] **130** Weitergehende Vorschläge dahingehend, die Unionsbürgerschaft auf autonome Weise und so zu bestimmen, dass sie in Verknüpfung mit der uneingeschränkten Anerkennung und Gewährleistung der in der EMRK verankerten Menschenrechte und Grundfreiheiten einen eigenständigen Status schafft, wurden bislang nicht verwirklicht.[316] Die Unionsbürgerschaft knüpft an das Bestehen der Staatsangehörigkeit eines Mitgliedstaats an. Durch die Unionsbürgerschaft wird „zwischen den Staatsangehörigen der Mitgliedstaaten ein auf Dauer angelegtes rechtliches Band geknüpft, das zwar nicht eine der gemeinsamen Zugehörigkeit zu einem Staat vergleichbare Dichte besitzt, dem bestehenden Maß existentieller Gemeinsamkeit jedoch einen rechtlichen Ausdruck verleiht."[317] Auch Art 20 Abs 1 Satz 2 AEUV stellt ausdrücklich fest, dass die Unionsbürgerschaft die nationale Staatsangehörigkeit ergänzt, nicht aber ersetzt. Dass mit der Unionsbürgerschaft aber eine Beschränkung nationaler Befugnisse zur Regelung der

---

Herzegowina (1.2.2009), Norwegen (1.10.2009), Montenegro (1.10.2010), Luxemburg (1.1.2018). Es wurde zudem gezeichnet von Frankreich, Griechenland, Italien, Kroatien, Lettland, Malta, Polen, Russland, sowie am 4.2.2002 von der BR Deutschland; das dt Zustimmungsgesetz zum Abkommen ist am 19.5.2004 in Kraft getreten: BGBl 2004 II, 578. Vgl zum Übereinkommen *Kreuzer*, Der Entwurf eines Übereinkommens des Europarats zu Fragen der Staatsangehörigkeit, StAZ 1997, 126 ff; zum Recht auf Staatsangehörigkeit ferner *Chan*, The Right to a Nationality as a Human Right, HRLJ 12 (1991) 1 ff.

314 Aus jüngerer Zeit vgl *Rahim*, Citizenship and Statelessness, in Shahabuddin (Hrsg), Bangladesh and Intrnational Law, 2021, 98 ff; *Jaghai/van Waas*, Stripped of Citizenship, Stripped of Dignity?, in Paulussen/Scheinin (Hrsg), Human Dignity and Human Security in Times of Terrorism, 2020, 153 ff.

315 Vgl zum Unions-Vertrag BVerfGE 89, 155, 188; eingehend *Hailbronner/Kau/Gnatzy/Weber*, Grundlagen H Rn 490 ff; vgl auch *Jiménez Lobeira*, EU Citizenship and Political Identiy: The Demos and the Telos, ELJ 18 (2012) 504 ff; *Schoch*, Europäisierung des Staatsangehörigkeits- und Aufenthaltsrechts, FS Hailbronner, 2013, 355 (362 ff); *Wollenschläger*, Keine Sozialleistungen für nichterwerbstätige Unionsbürger?, NVwZ 2014, 1628 ff; *Hilpold*, Die verkaufte Unionsbürgerschaft, NJW 2014, 1071 ff; *Nazik/Ulber*, Die „aufenthaltsrechtliche" Lösung des EuGH in der Rechtssache Dano, NZW 2015, 369 ff; *Thym*, Die Rückkehr des „Marktbürgers" – Zum Ausschluss nichterwerbstätiger EU-Bürger von Hartz IV-Leistungen, NJW 2015, 130 ff; *Hoffmann*, Staatsangehörigkeit, 47 ff.

316 Vgl zu den Harmonisierungsvorschlägen *Evans*, in Rosas/Antola (Hrsg), A Citizens' Europe, 1995, 85 (102 f); *Hilf*, in Grabitz/Hilf/Nettesheim (Hrsg), Kommentar zur Europäischen Union, Loseblatt, Art 8 EG Rn 68 mwN; *Castro Oliveira*, in La Torre (Hrsg), European Citizenship, 1998, 185 ff; zur längerfristigen Entwicklung eines Konzepts der „Zivilbürgerschaft" für Drittstaatsangehörige vgl KOM (2000) 757 endg v 22.11.2000, Mitteilung der Kommission an den Rat und das Europäische Parlament über eine Migrationspolitik der Gemeinschaft, 21 f.

317 BVerfGE 89, 155, 184; aA *Bleckmann*, Der Vertrag über die Europäische Union, DVBl 1992, 335 (336).

Staatsangehörigkeit einhergeht, kann mittlerweile der Rechtspr des EuGH deutlich entnommen werden. In einer Reihe von Entscheidungen hat der Gerichtshof in wachsendem Umfang Grundsätze aufgestellt, wonach mitgliedstaatliche Bestimmungen über die nationale Staatsangehörigkeit sich nicht zum Schaden unionsrechtlicher Rechtspositionen, insbes der Unionsbürgerschaft, auswirken dürfen. So entschied der EuGH etwa im Fall *Gullung* (1988), dass die Mitgliedstaaten zwar die generelle Befugnis zur Regelung ihrer eigenen staatsangehörigkeitsrechtlicher Angelegenheiten hätten, dass sie aber von dieser Befugnis nicht in einer Weise Gebrauch machen dürften, die die im Vertrag verankerten Freiheiten zunichte macht.[318] In der Rechtssache *Micheletti* (1992) führte der EuGH weiterhin aus, dass ein Mitgliedstaat über die nationale Staatsangehörigkeit hinaus keine zusätzlichen Anforderungen an die Geltendmachung der Rechte eines Unionsbürgers stellen dürfe: „Die Festlegung der Voraussetzungen für den Erwerb und Verlust der Staatsangehörigkeit unterliegt nach dem internationalen Recht der Zuständigkeit der einzelnen Mitgliedstaaten; von dieser Zuständigkeit ist unter Beachtung des Gemeinschaftsrechts Gebrauch zu machen [...].“[319] In seiner Entscheidung zum europäischen Haftbefehl[320] hat das BVerfG betont, dass die Unionsbürgerschaft ein abgeleiteter und die mitgliedstaatliche Staatsangehörigkeit ergänzender Status (Art 20 Abs 1 Satz 2 und 3 AEUV) sei. Der Gesetzgeber durfte danach zwar vom Verbot der Auslieferung Deutscher entsprechend Art 16 Abs 2 Satz 2 GG im Rahmen einer europäischen Zusammenarbeit im Bereich des Strafrechts abweichen; er muss aber das sich aus der deutschen Staatsangehörigkeit ergebende grundsätzliche Vertrauen in die eigene Rechtsordnung dann respektieren, wenn die dem Auslieferungsersuchen zu Grunde liegende Handlung einen maßgebenden Inlandsbezug aufweist.

131   In der Rechtssache *Ruiz Zambrano* (2009) vertrat der EuGH dann den Grundsatz, dass die Unionsbürgerschaft einen statusbezogenen Kernbereich vorsehe, woraus sich etwa im Verhältnis von minderjährigen Unionsbürgern zu ihren Eltern *auch ohne Ausübung der Freizügigkeit* ein Aufenthaltsrecht ergebe.[321] Damit fand die Unionsbürgerschaft erstmalig – wenn auch in einer besonderen Konstellation – Anwendung auf einen rein innerstaatlichen Sachverhalt. Allerdings begrenzte der EuGH die Auswirkungen

318 EuGH, Rs 292/86, Slg 1988, 111 *[Gullung]; Schmahl*, Auf dem Weg zu einer genuinen europäischen Personalhoheit, FS Hailbronner, 2013, 339 (342f).
319 EuGH, Rs C-369/90, Slg 1992, I-4239ff *[Micheletti]*. Vgl zur Diskussion gerade dieser letzten Passage in der Literatur *de Groot*, Auf dem Weg zu einer europäischen Staatsangehörigkeit, FS Bleckmann, 1993, 87 (100ff); *Castro Oliveira*, in La Torre (Fn 316) 115 (126ff); zu Fragen der Entziehung insbes *Hall*, The European Convention on Nationality and the Right to Have Rights, ELR 24 (1999) 586 (589). Vgl zu den Rechten aus dem Unionsbürgerschaftsstatus EuGH, Rs C-184/99 *[Grzelczyk]*, Rs C-413/99 *[Baumbast]* und Rs C-333/13, NJW 2015, 31 *[Dano]*.
320 BVerfGE 113, 273ff.
321 EuGH, Rs C-34/2009, Slg 2011, I-1177; *Hailbronner/Thym*, Ruiz Zambrano – Die Entwicklung des Kernbereichs der Unionsbürgerschaft, NJW 2011, 2008ff; *Nettesheim*, Der „Kernbereich" der Unionsbürgerschaft – vom Schutz der Mobilität zur Gewährleistung eines Lebensumfelds, JZ 2011, 1030ff; *Schmahl* (Fn 318) 339 (346ff); *Wollenschläger*, in EnzEuR 10, § 1 Rn 26; *Weber*, in EnzEuR 10, § 3 Rn 58ff.

dieser Grundsätze in der Rechtssache *McCarthy*, indem er eine vergleichbare Erstre-
ckungswirkung der Unionsbürgerschaft ohne Freizügigkeitsausübung bei Ehegatten zunächst vollständig ablehnte.[322] Ähnlich restriktiv entschied der Gerichtshof zudem in
der Rechtssache *Dereci*, bei der es um Fragen des Familiennachzugs Erwachsener ging.
Wenn der EuGH auch im Nachgang der Entscheidungen in der Rechtssache *Ruiz Zam-*
brano bemüht war, die Konsequenzen der statusrechtlichen Erstarkung der Unionsbürgerschaft nicht ausufern zu lassen, ist doch seitdem unverkennbar, dass er mit dieser
Entscheidung angedeutet hat, dass die Rechtswirkung der Unionsbürgerschaft über das
bislang bekannte Maß ausgedehnt werden kann und – abhängig vom Entwicklungsstand der europäischen Integration – auch mit großer Wahrscheinlichkeit ausgedehnt
wird. Dies hat der EuGH in den Jahren 2020 und 2022 in den Rechtssachen *RH* sowie in
XU und QP bestätigt.[323] Dabei stellte der Gerichtshof bei Anträgen auf Familienzusammenführung von Unionsbürgern, die nie von ihrer Freizügigkeit Gebrauch gemacht
hatten, mit Drittstaatsangehörigen im Wesentlichen auf das Merkmal eines „Abhängigkeitsverhältnisses" zwischen den Ehepartnern ab. Den Zusammenhang mit der Unionsbürgerschaft und das Merkmal der Freizügigkeit sah der EuGH jeweils dadurch erfüllt,
dass bei einer Verweigerung des abgeleiteten Aufenthaltsrechts für den Drittstaatsangehörigen der Unionsbürger gezwungen wäre, das Gebiet der Union als Ganzes zu verlassen, und dass damit der „tatsächliche Genuss des Kernbestands der Rechte, die ihm sein
Status verleiht, vorenthalten würde".[324] Allerdings wurde das Merkmal des „Abhängigkeitsverhältnisses" jedenfalls insofern eingeschränkt, als zu seiner Annahme allein das
Bestehen einer Ehe mit den daraus nach mitgliedstaatlichem Recht resultierenden
Pflichten zum Zusammenleben nicht genügt. Jüngst hat der EuGH zudem auch den Begriff der „Familienangehörigen" nach der RL 2004/38 dadurch erweitert, dass es nicht
mehr schematisch auf besonders enge Verwandtschaftsgrade etwa iSd Kernfamilie ankommt, sondern ebenfalls auf das Bestehen eines „Abhängigkeitsverhältnisses". So hat
der EuGH bspw auch einen Cousin ersten Grades aufgrund der besonderen Gegebenheiten des Falls unter den Begriff des „Familienangehörigen" gefasst.[325] Auch in der Rechtssache *GV* geht es ausweislich der Schlussanträge der Generalanwältin *Ćapeta* um die
Reichweite des Begriffs der Familienangehörigen, der sich auch auf die Mutter eines
mobilen EU-Arbeitnehmers erstrecken soll, die im Aufnahmemitgliedstaat eine Invalidi-
tätsbeihilfe in Anspruch nehmen möchte.[326] Damit werden die im Nachgang der *Ruiz*
Zambrano-Entscheidung anfänglich vorgesehenen Einschränkungen allmählich abge-
schmolzen und die sich aus der Unionsbürgerschaft, auch in ihrer sekundärrechtlichen

---

322 EuGH, Rs C-256/11; *Wapler*, in EnzEuR 10, § 7 Rn 7 ff.
323 EuGH, Rs C-836/18, *[RH]*; EuGH, Rs C-451/19 und C-532/19, *[XU und QP]*.
324 EuGH, Rs C-304/14 *[CS]*; Rs C-164/14 *[Rendón Marín]*; Rs C-82/16, *[K.A.]*; *Weber*, in EnzEuR 10, § 3
Rn 58 ff; *Wapler*, in ebd, § 7 Rn 50 ff und 57 ff.
325 EuGH, Rs C-22/21 *[SRS und AA]*; *Wapler*, in EnzEuR 10, § 7 Rn 8 ff, insbes 18 ff.
326 Schlussanträge der Generalanwältin Ćapeta, Rs C-488/21, EU:C:2023:115; zu Leistungen bei Invalidität,
vgl *Steinmeyer*, in EnzEuR 10, § 9 Rn 58 ff.

Ausgestaltung, resultierenden Ansprüche immer stärker konturiert. Gleichzeitig kommt es auf die tatsächliche Ausübung von Freizügigkeitsrechten durch Unionsbürger immer weniger an, so dass das Merkmal grenzüberschreitender Sachverhalte im Sekundärrecht weiter an Bedeutung verliert

132   Nach der auf das Primärrecht der Art 20 ff AEUV gerichteten bisherigen Rechtsprechung ergab sich im weiteren Verlauf der Entwicklung, dass der EuGH die Unionsbürgerschaft und die sich daraus ableitenden Rechtspositionen insbes im Hinblick auf die Unionsbürger-RL 2004/38 sowie die sozialrechtliche VO (EG) Nr 883/2004 und die VO (EU) Nr 492/2011 weiterentwickelte.[327] Dabei resultierte aus der Rechtssache *Dano* das weithin sichtbare Signal, dass sich *allein* aus dem Status als Unionsbürger – ohne Wahrnehmung der Arbeitnehmerfreizügigkeit – kein unmittelbarer Zugang zu mitgliedstaatlichen Sozialleistungen ableiten lässt (hier: Hartz-IV).[328] Zwischenzeitlich hat der EuGH die Rs *Dano* aber insoweit relativiert, als deren Wirkung tatsächlich auf Sozialleistungen ieS begrenzt wurde, während der Anspruch auf Gleichbehandlung bei Familienleistungen wie dem Kindergeld aus der VO (EG) Nr 883/2004 resultierte.[329] Zudem hat der Gerichtshof in den letzten Jahren wieder stärker die Eigenständigkeit der VO (EG) Nr 883/2004 und der daraus abzuleitenden Ansprüche betont. So entschied er in der Rs *A*, dass ein italienischer Staatsangehöriger in Lettland auch dann Mitglied der gesetzlichen Krankenversicherung werden kann, wenn er weder Arbeitnehmer noch Selbständiger ist.[330] Dabei legte der Gerichtshof die entsprechende Norm der VO (EG) Nr 883/2004 im Lichte von Art 7 Abs 1 lit b der RL 2004/38 aus. Damit aber ein Missbrauch der auf diese Weise eingeräumten Rechte ausgeschlossen wird, war es nicht erforderlich, dass die Aufnahme in das System der Krankenversicherung eines anderen Mitgliedstaats unentgeltlich erfolgte. Hierdurch sollte im Einklang mit der RL 2004/38 verhindert werden, dass die öffentlichen Finanzen des Aufnahmestaats unangemessen in Anspruch genommen werden. In der Rs *Jobcenter Krefeld* sah der EuGH überdies vor, dass sich für einen sorgeberechtigten früheren Wanderarbeitnehmer aus dem Schulbesuch seiner Kinder ein Aufenthaltsrecht ausschließlich auf der Grundlage der VO (EU) Nr 492/2011 ergab, wodurch auch die Gewährung von Sozialleistungen wie dem ALG II möglich wurde.[331] Insgesamt hob der Gerichtshof hervor, dass die Bestimmung der RL 2004/38, wonach bei einem Aufenthalt zur Arbeitssuche Sozialhilfe zu versagen sei, um zu verhindern, dass Sozialleistungen unangemessen in Anspruch genommen würden, grundsätzlich eng auszulegen sei und damit nicht etwa als Ausdruck eines allgemeinen Grundsatzes des Unionsrechts gelten könne. Insgesamt hat der EuGH – un-

---

327 Z B EuGH, Rs C-356/11, *[O.S.]*; Rs C-67/14 *[Alimanovic]*.
328 EuGH, Rs C-333/13, NJW 2015, 31 *[Dano]*; später auch EuGH, Rs C-299/14; vgl *Nazik/Ulber* (Fn 315) 369 ff; *Thym* (Fn 315) 130 ff; hierzu auch *Wollenschläger*, in EnzEuR 10, § 1 Rn 15 ff („Konsolidierungsphase").
329 EuGH, Rs C-411/20 *[Familienkasse Niedersachsen-Bremen]*.
330 EuGH, Rs C-535/19 *[A]*.
331 EuGH, Rs C-181/19 *[Jobcenter Krefeld]*.

abhängig von früher auf primärrechtlicher Grundlage erfolgten Eingriffen in die Kompetenzen der Mitgliedstaaten – seine Rspr zum sekundärrechtlichen Zugang zu Sozialleistungen und Familienleistungen sowie der Gewährung von Aufenthaltsrechten weiter ausdifferenziert. Insbes in Ansprüchen auf der Grundlage der VO (EG) Nr 883/2004 sowie der VO (EU) Nr 492/2011 zeigt sich ein Gegengewicht zur RL 2004/38, die im Hinblick auf die Verhinderung einer unangemessenen Inanspruchnahme von Sozialleistungen als begrenzendes Korrektiv herangezogen werden kann. In der jüngeren Rspr werden jedenfalls wieder stärkere Impulse für die Ausgestaltung einer europäischen Sozialstaatlichkeit im Rahmen der Unionsbürgerschaft erkennbar.[332] Gleichzeitig bleibt die ökonomisch orientierte Integration in Form der Arbeitnehmerfreizügigkeit weiter im Fokus des EuGH.[333]

Nach Auffassung des BVerwG sind unionsrechtliche Schranken im Hinblick auf **133** staatsangehörigkeitsrechtliche Folgen des Verlusts der Unionsbürgerschaft möglich, sofern eine nach dt Recht an sich rechtmäßige Rücknahme einer durch arglistige Täuschung erschlichenen Einbürgerung dazu führt, dass im Zusammenwirken mit dem nationalen Staatsangehörigkeitsrecht eines anderen Mitgliedstaats Staatenlosigkeit eintritt.[334] Dabei hält es das BVerwG für fraglich, ob von dem Vorbehalt, den der EuGH im Hinblick auf eine Beschränkung des nationalen Staatsangehörigkeitsrechts durch das frühere Gemeinschafts- bzw Unionsrecht angedeutet hat, auch Fälle erfasst sind, in denen ein Mitgliedstaat eine von der Intention her ausschließlich die eigene Staatsangehörigkeit betreffende Regelung getroffen hat oder anwendet, die im Ergebnis aber automatisch zum Verlust einer über die frühere Staatsangehörigkeit eines anderen Mitgliedstaats vermittelten unionsrechtlichen Rechtsposition führt.

In der Rechtssache *Rottmann* (2010) kam der EuGH zu dem Schluss, dass das Unions- **134** recht dem Verlust der Unionsbürgerschaft auch dann nicht entgegenstehe, wenn die Rücknahme einer durch Täuschung erschlichenen Einbürgerung eines Mitgliedstaats dazu führe, dass infolge des Nichtauflebens der ursprünglichen Staatsangehörigkeit eines anderen Mitgliedstaats Staatenlosigkeit eintrete.[335] Dabei ist hervorzuheben, dass der EuGH seine Entscheidung in der Rechtssache *Rottmann* in den völkerrechtlichen Kontext einschlägiger Bestimmungen des Übereinkommens zur Verminderung der Staatenlosigkeit (Art 8 Abs 2) sowie des Europäischen Übereinkommens über die Staatsangehörigkeit (Art 7 Abs 1 und 3) stellte.[336] Der EuGH betonte hierbei, dass die Festlegung der Voraussetzungen für den Erwerb und den Verlust der Staatsangehörigkeit in

---

332 Zur erheblichen Kritik, die diese Entwicklung auf sich gezogen hat, vgl *Wollenschläger*, in EnzEuR 10, § 1 Rn 11.

333 Vgl *Epiney*, Die Rechtsprechung des EuGH im Jahr 2017, NVwZ 2018, 1172 ff.

334 Vorlagebeschluss des BVerwG, NVwZ 2008, 686; eingehend *Hailbronner/Kau/Gnatzy/Weber*, Art 16 Rn 40 ff; hierzu auch *Schoch* (Fn 315) 355 ff; *Häußler*, Neuere Rechtsprechung des Bundesverwaltungsgerichts zum Staatsangehörigkeitsrecht, DVBl 2013, 1228 ff.

335 EuGH, Rs C-135/08, Rn 44 ff und 55 ff *[Rottmann]*.

336 *Hailbronner/Kau/Gnatzy/Weber*, Art 16 Rn 60; vgl *Berlit* (Fn 303) 283 ff.

die Zuständigkeit der einzelnen Mitgliedstaaten falle.[337] Voraussetzung hierfür sei es, dass die Rücknahme der Einbürgerung weder durch die Ausübung der aus dem Vertrag fließenden Rechte und Freiheiten begründet sei, noch auf einen vom Unionsrecht verbotenen Grund gestützt werde. Insbes müsse aber der Grundsatz der Verhältnismäßigkeit berücksichtigt werden.[338]

135   Der Grundsatz der Verhältnismäßigkeit spielte auch in der Rs *Tjebbes u a* (2019) eine Rolle, in dem es um den Verlust der niederländischen Staatsangehörigkeit und damit ebenfalls der Unionsbürgerschaft ging.[339] Der Verlust der Staatsangehörigkeit war in verschiedenen Fällen kraft Gesetz dadurch eingetreten, dass die Betroffen innerhalb von 10 Jahren außerhalb der EU gelebt haben und währenddessen nicht mindestens für ein Jahr in die Niederlande zurückgekehrt sind, sich nicht ihre niederländische Staatsangehörigkeit haben bestätigen lassen oder sich auch nicht einen neuen Pass haben ausstellen lassen. Diese (zu) schwache Bindung zu den Niederlanden führte schließlich zum Verlust der Staatsangehörigkeit. Nach dem Urteil des EuGH v 12.3.2019 ist es in erster Linie „Sache der zuständigen Behörden und der nationalen Gerichte" der Mitgliedstaaten zu prüfen, ob der durch den Verlust der Staatsangehörigkeit gleichzeitig eingetretene Verlust der Unionsbürgerschaft mit dem Grundsatz der Verhältnismäßigkeit vereinbar ist.[340] Allerdings hebt der Gerichtshof in diesem Zusammenhang hervor, dass von einem Verstoß gegen den Verhältnismäßigkeitsgrundsatz dann auszugehen sei, wenn bei einem Verlust der nationalen Staatsangehörigkeit kraft Gesetz „zu keinem Zeitpunkt eine Einzelfallprüfung" im Hinblick auf die Folgen dieses Verlustes stattfinden würde.[341] Es muss daher nach den Ausführungen des EuGH sichergestellt sein, dass die zuständigen nationalen Behörden und Gerichte zumindest inzident die Folgen des Verlusts anhand der individuellen Situation der betroffenen Person prüfen und ggf die Staatsangehörigkeit rückwirkend wiederherstellen können. Nach Darlegung des EuGH soll die Verhältnismäßigkeitsprüfung insbes im Hinblick auf das Recht auf Familienleben (Art 7 EU-GRC) in Zusammenschau mit der Berücksichtigung des anerkannten Kindeswohls (Art 24 Abs 2 EU-GRC) erfolgen. Relevante Umstände für die Verhältnismäßigkeitsprüfung liegen insbes in der daraus resultierenden Beschränkung von Freizügigkeits- und Aufenthaltsrechten innerhalb der EU-Mitgliedstaaten zur Aufrechterhaltung familiärer oder beruflicher Bindungen. Ferner muss nach Ausführung des EuGH berücksichtigt werden, ob ein Verzicht auf die Staatsangehörigkeit des Drittstaats über-

---

337 Schon früher EuGH, Rs C-369/90 *[Micheletti]*; EuGH, Rs C-179/98 *[Meshab]*; EuGH, Rs C-200/02 *[Zhu und Chen]*; vgl auch das Gutachten des StIGH zu den Staatsangehörigkeitsdekreten in Tunesien und Marokko, PCIJ, Ser B, No 4, 24 ff sowie Art 3 Abs 1 Europäisches Übereinkommen über Staatsangehörigkeit.
338 EuGH, Rs C-135/08, Rn 44 ff und 55 ff *[Rottmann]*.
339 EuGH, Rs C-221/17 *[Tjebbes]*; hierzu auch *Weber*, Freundliche Übernahme? Die Einhegung des Staatsangehörigkeitsrechts durch den Gerichtshof der Europäischen Union, JZ 2019, 449 ff; *ders*, in EnzEuR 10, § 3 Rn 78 ff.
340 EuGH, Rs C-221/17 *[Tjebbes]*.
341 Ebd, Rn 41.

Kau

haupt möglich war, und ob ggf durch die Verminderung des konsularischen Schutzes eine Verschlechterung der Sicherheit und individuellen Freiheit der Betroffenen eintreten würde.[342] Für minderjährige Personen hob der Gerichtshof hervor, dass im Rahmen einer individuellen Prüfung vor allem Aspekte des anerkannten Kindeswohls (Art 24 EU-GRC) berücksichtigt werden müssten. Der bereits in *Rottmann* ausgewiesene Wertungsspielraum der EU-Mitgliedstaaten für den Entzug der Staatsangehörigkeit wurde in der Rs *Tjebbes* zwar im Grundsatz bestätigt. Der Gerichtshof ließ jedoch wenig Zweifel daran, das insbes freizügigkeits- und aufenthaltsrechtliche Folgen für die Betroffenen eintreten können, die unter Berücksichtigung der einschlägigen Gewährleistungen der Grundrechte-Charta die Ausübung der nationalen Verhältnismäßigkeitsprüfung substanziell einschränken. Ebenso wie Generalanwalt *Mengozzi* in seinem Schlussantrag stellte auch der EuGH seine Begründung in den völkerrechtlichen Kontext einschlägiger Bestimmungen des Übereinkommens zur Verminderung der Staatenlosigkeit (Art 7 Abs 3 bis Abs 6) sowie des Europäischen Übereinkommens über die Staatsangehörigkeit (Art 7 Abs 1).

Mit der Entscheidung *Wiener Landesregierung* (2022) knüpfte der EuGH unmittelbar **136** an seine bisherige Entscheidungspraxis zur Unionsbürgerschaft an.[343] In diesem Fall verzichtete eine estnische Staatsangehörige aufgrund einer österreichischen Einbürgerungszusicherung aus freien Stücken auf ihre ursprüngliche Staatsangehörigkeit, um dann zu erfahren, dass die Zusicherung wegen mehrerer straßenverkehrsrechtlicher Verwaltungsübertretungen widerrufen wurde. Dabei zählt es zunächst zur anerkannten EuGH-Rspr, dass ein Verwaltungsvorgang, an dessen Ende eine frühere Unionsbürgerin, die bereits von ihren Rechten auf Freizügigkeit und Aufenthaltsfreiheit Gebrauch gemacht hat, staatenlos wird, den grundlegenden Unionsbürgerstatus (Art 20 AEUV) berührt und damit in die Entscheidungsgewalt des EuGH fällt.[344] Dabei stellte der Gerichtshof erneut auf den Grundsatz der Verhältnismäßigkeit ab, dem der Widerruf einer Einbürgerungszusicherung nicht genügt, wenn er auf Verwaltungsübertretungen beruht, die „rein finanziell" geahndet werden.[345] In diesem Zusammenhang verwies der EuGH wiederum auf das Recht der Achtung des Privat- und Familienlebens (Art 7 GRC) sowie den Schutz des Kindeswohls (Art 24 Abs 2 GRC) aus der GRC. Schließlich hob der Gerichtshof hervor, dass die öffentliche Ordnung und öffentliche Sicherheit iS des Unionsrechts „begrifflich eng auszulegen" seien, und dass außer einer bloßen Störung der sozialen Ordnung, die jeder Gesetzesverstoß darstellt, „eine tatsächliche, gegenwärtige und erhebliche Gefahr" vorliegen müsse.[346] Dies war auch nach „Art und Schwere" bei den zur Last gelegten Verwaltungsübertretungen nicht der Fall. I E hat der EuGH mit seiner Entscheidung im Fall *Wiener Landesregierung* (2022) nicht nur seine unionsrecht-

---

342 Ebd, Rn 46.
343 EuGH, Rs C-118/20, Rn 29 ff.
344 Ebd, Rn 37 ff.
345 Vgl zu den Einzelheiten ebd, Rn 59 ff.
346 Ebd, Rn 68 ff.

liche Kontrolle über staatsangehörigkeitsrechtliche Entscheidungen der Mitgliedstaaten intensiviert. Mit der erneuten Prüfung des Grundsatzes der Verhältnismäßigkeit setzt er seine Entscheidung in *Tjebbes* fort und verfügt damit über einen auf die Gegebenheiten des Einzelfalls effektiv und flexibel anwendbaren Prüfungsmaßstab.[347]

137   Dass auch künftig mit einer Überprüfung von staatsangehörigkeitsrechtlichen Regelungen der Mitgliedstaaten zu rechnen ist, die sich nachteilig auf den Fortbestand der Unionsbürgerschaft auswirken, hat der EuGH im September 2023 in der Rs X bestätigt.[348] Danach verlor eine dänisch-amerikanische Doppelstaaterin ihre dänische Staatsangehörigkeit kraft Gesetzes, weil sie weder in Dänemark geboren war noch dort gewohnt hatte und sich dort im Übrigen auch nicht unter Umständen aufgehalten hatte, „die auf eine Bindung zu Dänemark schließen" ließen. Außerdem hatte sie eine zwischen dem 21. und 22. Lebensjahr bestehende Möglichkeit zur Beantragung der Beibehaltung der dänischen Staatsangehörigkeit um wenige Tage versäumt. Der EuGH bemängelte an den dänischen Bestimmungen insbes, dass nach Vollendung des 22. Lebensjahres der Verlust der Staatsangehörigkeit und damit auch der Unionsbürgerschaft ohne Möglichkeit einer Einzelfallprüfung kraft Gesetzes stattfindet. Ohne Einzelfallprüfung konnte jedoch dem bereits in *Tjebbes* (2019) und *Wiener Landesregierung* (2022) etablierten Grundsatz der Verhältnismäßigkeit schon verfahrensmäßig nicht Genüge getan werden.[349] Insgesamt attestierte schon Generalanwalt *Szpunar* das „vollständige und systematische Fehlen" einer Einzelfallprüfung für diejenigen, die ihren Antrag auf Beibehaltung erst nach Vollendung des 22. Lebensjahres stellen. Zudem kritisierten der EuGH und zuvor der Generalanwalt auch, dass der im Alter zwischen 21 und 22 Jahren mögliche Antrag auf Beibehaltung der dänischen Staatsangehörigkeit mit anschließender Einzelfallprüfung zu kurz bemessen sei, gerade wenn die betreffende Person möglicherweise von ihrem Freizügigkeitsrechten innerhalb der EU Gebrauch mache.[350] Außerdem fehle es hierbei auch an einer ordnungsgemäßen Unterrichtung über das Recht, eine Prüfung der Voraussetzungen zu beantragen. Im Ganzen zeigt sich damit in der unionsrechtlichen Entwicklung der letzten Jahre, dass der EuGH in wachsendem Umfang zur Kontrolle mitgliedstaatlicher Entscheidungen auf dem Gebiet des Staatsangehörigkeitsrechts bereit ist, wenn damit zugleich auch ein Verlust der Unionsbürgerschaft droht. Zudem deutet vieles darauf hin, dass der Grundsatz der Verhältnismäßigkeit im Rahmen der Unionsbürgerschaft mit automatischen und ohne Einzelfallprüfung eingreifenden Verlusttatbeständen schwer vereinbar ist. Diese sollten in Reaktion auf die bisherige Rspr des EuGH zur Unionsbürgerschaft in den Mitgliedstaaten selbständig geändert werden.

138   Insgesamt zeigen sich in den bisherigen Entscheidungen die vertrauten Kennzeichen der *effet utile*-Rechtsprechung. Nach Überwindung verschiedener Krisen ist der

---

347 Vgl auch *Hailbronner/Kau/Gnatzy/Weber*, Grundlagen H Rn 504.
348 EuGH, Rs C-689/21.
349 Ebd, Rn 49 ff.
350 Ebd, Rn 53 ff.

EuGH in den Folgejahren dazu übergegangen, den Integrationsprozess – je nach den äußeren Gegebenheiten – wieder etwas zu forcieren und, wo dies notwendig erscheint, auch etwas zu drosseln. Dies spiegelt sich auch in der Rspr zur Unionsbürgerschaft und deren Einwirkung auf das nationale Staatsangehörigkeitsrecht wider. Mit den Entscheidungen *Tjebbes* (2019) und *Wiener Landesregierung* (2022) deutet sich gegenwärtig eine stärkere Betonung des rechtlichen Einflusses der Unionsbürgerschaft durch den Gerichtshof ab. Vor diesem Hintergrund bleibt abzuwarten, wie der EuGH die Unionsbürgerschaft in den nächsten Jahren auslegen wird, ohne dabei allzu stark auf die mitgliedstaatlichen Regelungskompetenzen einzuwirken.[351]

Nach Völkergewohnheitsrecht ist bei der Ausübung diplomatischen Schutzes eine 139 fremde Staatsangehörigkeit nur beachtlich, wenn die betreffende Person zum Heimatstaat eine *bestimmte Anknüpfung* (genuine link, genuine connection) aufweist.[352]

Die Staatenpraxis knüpft beim originären gesetzlichen *Erwerb* idR an die Abstam- 140 mung *(ius sanguinis)*, die Geburt im Inland *(ius soli)* oder eine Kombination beider Prinzipien an. Nach dem *Ius sanguinis*-Prinzip erwirbt das Kind die Staatsangehörigkeit seiner Eltern; der Geburtsort ist unbeachtlich. Das *Ius soli*-Prinzip gilt typischerweise in klassischen Einwanderungsländern wie den USA oder Kanada. Hier erwirbt das Kind ohne Rücksicht auf die Nationalität der Eltern die Staatsangehörigkeit des Geburtslands. Allerdings wird in den angelsächsischen Staaten die Staatsangehörigkeit darüber hinaus auch kraft Abstammung erworben. Eine Kombination beider Prinzipien wird in den letzten Jahren im Hinblick auf die Integration von sich länger im Inland aufhaltenden Ausländern auch in den klassischen *Ius sanguinis*-Staaten praktiziert. So wurden etwa in das deutsche StAG durch das Gesetz zur Reform des Staatsangehörigkeitsrechts v 15.7.1999 in § 4 mehrere Absätze hinzugefügt, wonach ein Kind ausländischer Eltern durch die Geburt im Inland die deutsche Staatsangehörigkeit erwirbt, wenn ein Elternteil seit acht Jahren rechtmäßig seinen gewöhnlichen Aufenthalt im Inland hat und ein gesichertes Aufenthaltsrechts (nunmehr v a Niederlassungserlaubnis) besitzt.[353] Zugleich wurde in § 29 Abs 1 eine Optionspflicht bei Erreichen der Volljährigkeit eingeführt.[354]

Der nachträgliche Erwerb der Staatsangehörigkeit erfolgt durch Einbürgerung, An- 141 nahme als Kind oder Legitimation. Ein automatischer Wechsel der Staatsangehörigkeit

---

351 Mit diesem Ansatz auch *Schmahl* (Fn 318) 351 f: „Tendenzen einer originären europäischen Personalhoheit"; *Schoch* (Fn 315) 355 (367): „Unionsbürgerstatus als Türöffner für die unionsrechtliche Erschließung weiterer Rechtsgebiete".

352 Vgl ICJ Rep 1955, 423 ff *[Nottebohm]* mit Anm *Makarov,* ZaöRV 16 (1955/56) 407 ff; aus jüngerer Zeit *Sloane,* Breaking the Genuine Link, Harvard ILJ 50 (2009) 1 ff.

353 Vgl zum Geburtserwerb gemäß § 4 Abs 3 StAG *Hailbronner/Kau/Gnatzy/Weber,* § 4 StAG Rn 73 ff; *Krömer,* Der Ius-Soli-Erwerb der deutschen Staatsangehörigkeit und die Aufgaben des Standesbeamten, StAZ 2000, 363; *Hoffmann,* Staatsangehörigkeit, 101 ff.

354 Vgl zur Optionspflicht die Kommentierung zu § 29 StAG bei *Hailbronner/Kau/Gnatzy/Weber*; *Dornis,* Ungelöste Probleme des Staatsangehörigkeitsrechts, ZRP 2001, 547 ff; *Martenczuk,* Das Territorialitätsprinzip, die Mehrstaatigkeit und der Gleichheitssatz, KritV 2000, 194 ff.

bei Heirat findet heute nicht mehr statt.[355] Im Vordergrund steht jedoch der Erwerb durch *Einbürgerung auf Antrag*, der von verschiedenen Kriterien wie Sprachkenntnissen oder einem längeren Inlandsaufenthalt abhängig gemacht werden kann. Grundbesitz im Inland oder ein nur kurzer Inlandsaufenthalt werden im Allgemeinen nicht als ausreichend angesehen.[356] Die Staatenpraxis lässt jedoch bei Vorliegen besonderer öffentlicher Interessen Einbürgerungserleichterungen zu. So kann bei Einbürgerungen etwa nach § 8 StAG auf der Grundlage von Nr 8.1.3.5 Abs 2 der vorläufigen Anwendungshinweise zum Staatsangehörigkeitsgesetz[357] ein besonderes öffentliches Interesse an der Einbürgerung vorliegen, wenn der Einbürgerungsbewerber durch die Einbürgerung für eine Tätigkeit im deutschen Interesse, insbes im Bereich der Wissenschaft, Forschung, Wirtschaft, Kunst, Kultur, Medien, des Sports[358] oder des öffentlichen Diensts gewonnen oder erhalten werden soll.

142   In jüngerer Zeit wurden Regierungsentwürfe aus Deutschland für eine „Modernisierung des Staatsangehörigkeitsrechts" bekannt, nach denen bspw die Aufenthaltsdauer für den rechtmäßigen Erwerb der dt Staatsangehörigkeit auf 5 bzw 3 Jahre verkürzt werden soll. Es bleibt abzuwarten, wie schnell und in welchem Umfang die geplanten Regelungen ihren Weg ins StAG finden werden. Ob der EuGH hierin, wegen des automatischen Miterwerbs der Unionsbürgerschaft, Anlass zu unionsrechtlichen Beanstandungen sehen wird, hängt zunächst davon ab, ob Kommission (Art 258 AEUV) oder ein mitgliedstaatliches Gericht (Art 267 AEUV) ein entsprechendes Verfahren einleiten. Am Ende könnte die auch unionsrechtlich relevante Frage auftreten, worin der Unterschied liegt zwischen den „golden passports" oder „investment-based citizenships", die bei einigen EU-Mitgliedstaaten kritisiert werden,[359] und dem durch deutlich abgesenkte Voraussetzungen erleichterten Erwerb der Staatsangehörigkeit eines EU-Mitgliedstaats. Gemessen an der bisherigen Rspr des EuGH setzt sich dieser vor allem begrenzend mit dem Verlust der mitgliedstaatlichen Staatsangehörigkeit sowie der Unionsbürgerschaft auseinander (z B Rs *Rottmann, Tjebbes, Wiener Landesregierung*), während Fragen des

---

355 Vgl hierzu Art 10 des Haager Abkommens v 12.4.1930 (179 LNTS 89) und Art 1 der Konvention betreffend die Staatsangehörigkeit verheirateter Frauen v 20.2.1957 (BGBl 1973 II, 1249 ff); vgl ferner Art 4 lit d des Europäischen Staatsangehörigkeitsübereinkommens v 1997, wonach weder die Schließung noch die Auflösung einer Ehe zwischen einem Staatsangehörigen eines Vertragsstaats und einem Fremden, noch die Änderung der Staatsangehörigkeit eines Ehegatten während der Ehe automatisch die Staatsangehörigkeit des anderen Ehegatten berührt.
356 Vgl hierzu Art 2 der Draft Convention on Nationality der Harvard Law School v 1.4.1929 (AJIL 23 [1929], Spec Suppl, 13).
357 Vorläufige Anwendungshinweise des Bundesministeriums des Innern zum Staatsangehörigkeitsgesetz v 17.4.2009 idF des Gesetzes zur Änderung des Staatsangehörigkeitsgesetzes v 5.2.2009 (BGBl 2009 I, 158).
358 *de Groot*, Sports and Unfair Competition via Nationality Law, MJECL 13 (2006) 161 ff.
359 Vgl *Hoffmann*, Staatsangehörigkeit, 153 ff (ius pecuniae) und 254 ff (Malta); *Kälin*, Ius Doni in International and EU Law, 2019; KOM(2019) 12 endg, Bericht über Staatsbürgerschaftsregelungen und Aufenthaltsregelungen für Investoren in der Europäischen Union.

(erleichterten) Zugangs zu Staatsangehörigkeit und Unionsbürgerschaft bislang nicht problematisiert wurden. Letzteres lag auch daran, dass die betreffenden Mitgliedstaaten bislang immer auf die Anregungen der Kommission eingegangen sind und die gewünschten Veränderungen ihres Staatsangehörigkeitsrechts vorgenommen haben.[360] Die bisherigen Hinweise der Kommission im Hinblick auf allzu großzügig gehandhabte Einbürgerungsverfahren deuten jedoch bereits an, dass wegen des gleichzeitigen Erwerbs der Unionsbürgerschaft sowie der damit verbundenen Rechtspositionen (z B Freizügigkeit, Aufenthaltsrecht und Wahlrecht) diese Fragen auch für die EU und ihre Mitgliedstaaten relevant sind. Dieser Impuls könnte sich durch eine koordinierte EU-Migrations- und Integrationssteuerung noch verstärken.

Anknüpfungspunkte für den *Verlust* der Staatsangehörigkeit aus völkerrechtlicher **143** Sicht sind der Antrag des Einzelnen auf Entlassung, der Erwerb einer fremden Staatsangehörigkeit, das Ableisten des Staats- oder Wehrdienstes in einem fremden Staat, die Heirat mit einem Ausländer, die Legitimation eines nichtehelichen Kindes durch einen Ausländer oder das Ausbleiben einer Registrierung bei längerem Auslandsaufenthalt.[361]

Der *Zwangsausbürgerung* stehen heute verschiedene Konventionen und Menschen- **144** rechtsinstrumente entgegen. So hat sich die UN-Generalversammlung in Art 15 Abs 2 der Allgemeinen Erklärung der Menschenrechte v 10.12.1948 gegen eine willkürliche Entziehung der Staatsangehörigkeit ausgesprochen, und Art 5 lit d des Übereinkommens zur Beseitigung jeder Form der Rassendiskriminierung v 7.3.1966 garantiert u a das Recht jedes Einzelnen auf Staatsangehörigkeit. Schließlich untersagt Art 9 der Konvention über die Verminderung der Staatenlosigkeit v 30.8.1961 den Vertragsstaaten den Entzug der Staatsangehörigkeit aus rassischen, ethnischen, religiösen oder politischen Gründen.[362] Man wird daraus ein gewohnheitsrechtliches Verbot willkürlicher Entziehung der Staatsangehörigkeit ableiten können.

Das *Recht des Einzelnen auf Staatsangehörigkeit,* das sich auch in Art 7 des Über- **145** einkommens über die Rechte des Kindes v 20.11.1989 und Art 4 lit a des Europäischen Übereinkommens über die Staatsangehörigkeit (EuStAngÜbk) findet, könnte aufgrund des Wortlauts dazu verleiten, auf ein subjektives Recht des Einzelnen auf Verleihung der Staatsangehörigkeit gegenüber dem Staat des ständigen Aufenthalts zu schließen. Doch sind die Äußerungen hierzu noch sehr vorsichtig und stellen vor allem auf den *zwischenstaatlichen Aspekt* und die Pflicht zur Vermeidung von Staatenlosigkeit ab, zumal es in der Praxis – vom Fall der Staatensukzession abgesehen – schwierig sein

---

360 KOM(2019) 12 endg; zu den einschlägigen Gesetzesänderungen in Malta vgl *Hoffmann,* Staatsangehörigkeit, 254 ff.
361 BVerfG, NVwZ 2006, 807 ff; *Becker,* Rückwirkender Wegfall der deutschen Staatsangehörigkeit, NVwZ 2006, 304 ff; *Nettesheim,* Rücknahme und Widerruf von Einbürgerungen, DVBl 2004, 1144 ff; *Ronner,* Denaturalization and Death, Geo ILJ 20 (2005) 101 ff.
362 *Gelazis,* An Evaluation of International Instruments that Address the Condition of Statelessness in International Migration Law, 2007, 291 ff.

dürfte festzulegen, gegen wen sich ein solcher Anspruch auf Staatsangehörigkeit richten soll.[363]

146   Die gleichzeitige Anwendung des *Ius sanguinis*- und des *Ius soli*-Prinzips kann zu Staatenlosigkeit oder Mehrstaatigkeit führen. *Mehrstaatigkeit* kommt u a in Betracht, wenn ein Kind von Eltern abstammt, deren Heimatstaat dem *Ius sanguinis*-Prinzip folgt, der Geburtsort des Kindes aber im Staatsgebiet eines *Ius soli*-Landes liegt. Im umgekehrten Fall kann *Staatenlosigkeit* die Folge sein. Mehrstaatigkeit wird im Völkerrecht traditioneller Weise als unerwünscht angesehen,[364] da sie zu einer Kollision von Rechten und Pflichten führen kann (Wehrpflicht, diplomatischer Schutz). Regelungen dieser Fragen finden sich in der Haager Konvention v 12.4.1930[365] und dem Protokoll über den Militärdienst,[366] aber auch im – von der BR Deutschland am 20.12.2001 gekündigten[367] – Übereinkommen über die Verringerung der Mehrstaatigkeit und über die Wehrpflicht von Mehrstaatern des Europarates v 6.5.1963,[368] das durch ein Zweites Zusatzprotokoll, das bislang nur Frankreich, Italien und die Niederlande ratifiziert haben, ergänzt wurde.[369] Ziel dieser Bestimmungen ist es, den im Inland geborenen Ausländern den Erwerb der Staatsangehörigkeit des Aufenthaltsstaats unter bestimmten Voraussetzungen zu ermöglichen. Das EuStAngÜbk sieht mehrfache Staatsangehörigkeit in den Fällen vor, dass Kinder verschiedene Staatsangehörigkeiten von Geburt an erwerben, weil jeder Elternteil eine andere Staatsangehörigkeit besitzt. Darüber hinaus soll ein Ehegatte, der automatisch die Staatsangehörigkeit eines anderen Ehegatten mit der Ehe erwirbt, seine frühere Staatsangehörigkeit beibehalten dürfen. Im Übrigen wird den Vertragsstaaten weitgehend freigestellt, ob sie am Grundsatz der Vermeidung der Mehrstaatigkeit in den Fällen des Erwerbs einer ausländischen Staatsangehörigkeit oder im Falle des Erwerbs der eigenen Staatsangehörigkeit festhalten wollen.[370] Ungeachtet des Prinzips der Vermeidung doppelter Staatsangehörigkeit, das sich in der Staatsangehörigkeitsgesetzgebung zahlreicher Staaten findet, nimmt die *Tendenz zur Akzeptanz doppelter Staatsangehörigkeit* zu. So haben mittlerweile verschiedene Staaten – zumindest im Hinblick

---

363 Vgl UN Doc A/CN.4/474, 28 f; vgl auch Ziff 23 und 32 des Explanatory Report zum Entwurf des Übereinkommens des Europarats über die Staatsangehörigkeit.

364 BVerfGE 37, 217, 254; hierzu *Boll*, Multiple Nationality, 2003.

365 179 LNTS 89.

366 Haager Prot v 12.4.1930 über den Militärdienst in gewissen Fällen doppelter Staatsangehörigkeit (LoN Doc C.25.M.14.1931.V).

367 Für die BR Deutschland am 21.12.2002 außer Kraft getreten, vgl BGBl 2002 II, 171; *de Groot/Schneider*, Die zunehmende Akzeptanz von Fällen mehrfacher Staatsangehörigkeit in West-Europa, FS Yamauchi, 2006, 65 ff.

368 BGBl 1969 II, 1953.

369 Second Protocol amending the Convention on the Reduction of Cases of Multiple Nationality and Military Obligations in Cases of Multiple Nationality v 2.11.1993 (ETS Nr 149); *Donner*, Dual Nationality in International Law, Acta Juridica Hungarica 47 (2006) 15 ff.

370 ETS Nr 166; vgl zur Konvention *Kreuzer* (Fn 313) 126 ff. Die BR Deutschland hat das Übereinkommen am 4.2.2002 gezeichnet; das Zustimmungsgesetz ist am 19.5.2004 in Kraft getreten, BGBl 2004 III, 578.

Kau

auf die Mehrstaatigkeit aufgrund mehrerer EU-Staatsangehörigkeiten – vom grundsätzlichen Ausschluss doppelter Staatsangehörigkeiten Abstand genommen (vgl § 12 Abs 2 StAG).[371] Daraus ergeben sich erwartungsgemäß Auslegungsprobleme bei den Fragen der Wehrpflicht, der mehrfachen Wahlrechte und des anwendbaren Rechts in familienrechtlichen Angelegenheiten.[372]

Unverändert entstehen Probleme durch *Staatenlosigkeit,* da Staatenlose im Aufent- 147 haltsstaat allen öffentlich-rechtlichen Pflichten unterliegen, aber weder den Staatsangehörigen noch den Ausländern gleichgestellt sind. Daher ist sie generell unerwünscht und es wurden verschiedene völkerrechtliche Maßnahmen ergriffen, um ihr Entstehen zu verhindern oder – im Falle des Bestehens – den Erwerb einer Staatsangehörigkeit zu erleichtern. Man unterscheidet zwischen der *De facto*-Staatenlosigkeit, bei welcher der Heimatstaat nicht willens oder nicht in der Lage ist, diplomatischen Schutz auszuüben, und der *De iure*-Staatenlosigkeit, die dann vorliegt, wenn der Einzelne keinem Staat als Staatsangehöriger zugerechnet werden kann.[373] Das BVerwG entnimmt Art 16 Abs 1 Satz 2 GG die verfassungsrechtliche Wertentscheidung, den Eintritt von Staatenlosigkeit nach Möglichkeit zu verhindern. Diese Wertentscheidung, die sich zugleich in der Ratifikation des Übereinkommens zur Verminderung der Staatenlosigkeit v 30.8.1961 dokumentiert, ist bei Ermessensentscheidungen über die Rücknahme einer Einbürgerung zu berücksichtigen.[374]

Im Grundsatz sind viele Staaten bestrebt, *durch internationale Verträge* Staatenlo- 148 sigkeit zu vermeiden und die *Rechtsstellung Staatenloser* zu *verbessern.* Art 15 Abs 2 der Allgemeinen Erklärung der Menschenrechte wendet sich gegen die willkürliche Entziehung der Staatsangehörigkeit; das Übereinkommen zur Verminderung der Staatenlosigkeit v 30.8.1961[375] sieht vor, dass Personen, die andernfalls staatenlos wären, die Staatsangehörigkeit des Aufenthaltsstaats entweder durch Geburt oder durch Einbürgerung erwerben. Ein Recht des Kindes auf Staatsangehörigkeit enthält Art 7 Abs 1 des Übereinkommens über die Rechte des Kindes v 20.11.1989. Die Rechtsstellung der Staatenlosen regelt Art 7 Abs 1 des Übereinkommens v 28.9.1954,[376] das diese den Ausländern insbes bei der Aufnahme einer Erwerbstätigkeit und bei privaten und öffentlichen Rechten

---

371 Z B *Hailbronner/Kau/Gnatzy/Weber*, § 12 StAG Rn 48 ff; *Hoffmann*, Staatsangehörigkeit, 85 ff und 306 ff.

372 Umfassend zur Mehrstaatigkeit Martin/Hailbronner (Hrsg), Rights and Duties of Dual Nationals, 2003; Hansen/Weil (Hrsg), Dual Nationality, 2002; *Mole/Fransman*, Multiple Nationality and the European Convention on Human Rights, in Second European Conference on Nationality, Report Nr 6; *Rudko*, Regulation of Multiple Citizenship by Bilateral and Multilateral Agreements, in ebd, Report Nr 5; aus jüngerer Zeit *Kochenov*, Double Nationality in the EU, ELJ 17 (2011) 323 ff.

373 Eingehend hierzu *Jürgens* (Fn 177) 2020.

374 BVerfG, NVwZ 2006, 807 ff; BVerwGE 118, 216 ff; hierzu auch *Weissbrodt/Collins*, The Human Rights of Stateless Persons, HRQ 28 (2006) 245 ff.

375 BGBl 1977 II, 597.

376 BGBl 1976 II, 473.

gleichstellt. Mit Resolution 3174 (XXIX) v 10.12.1974 hat die UN-Generalversammlung aufgrund Art 11 der Konvention über die Verminderung der Staatenlosigkeit den Hohen Flüchtlingskommissar der UN als die Stelle bestimmt, an welche sich Personen wenden können, die Ansprüche aus der Konvention geltend machen, um einen besseren Schutz Staatenloser zu gewährleisten.

149   Die Staatszugehörigkeit *juristischer Personen* bestimmt sich ebenfalls nach innerstaatlichem Recht. In angelsächsischen Staaten ist die *Gründungstheorie* für die Zuordnung juristischer Personen maßgebend, dh eine juristische Person wird dem Staat zugerechnet, nach dessen Recht sie gegründet wurde. Demgegenüber knüpfen die kontinentaleuropäischen Staaten regelmäßig an den *tatsächlichen Sitz (siège social)* des Unternehmens an.[377] Auch in Deutschland ist für das Personalstatut dasjenige Recht ausschlaggebend, das am Ort des Sitzes der Gesellschaft gilt, wobei als Sitz derjenige Ort gilt, an dem grundlegende Entscheidungen der Unternehmensleitung über die laufenden Geschäftsführungsakte umgesetzt werden.[378] Eine Koppelung von Sitz- und Gründungstheorie findet sich in Art 54 Abs 1 AEUV.[379] Die *Kontrolltheorie*, die auf die Staatsangehörigkeit des Leitungspersonals und/oder der Kapitaleigner der Gesellschaft abstellt, findet im Europarecht keine Anwendung. Der IGH äußerte sich zur Kontrolltheorie in der Entscheidung v 5.2.1970 *(Barcelona Traction)* dahingehend, dass die Kontrolltheorie *keine allgemeine Regel des Völkerrechts* sei.[380]

b) Diplomatischer Schutz

150 Der diplomatische Schutz umfasst zum einen die Möglichkeit, dem Staatsangehörigen im Ausland durch diplomatische und konsularische Organe zu helfen (Art 3 I lit b WÜD, Art 5 lit a und e WÜK), zum anderen das *Recht eines Staates,* zugunsten eines Staatsangehörigen gegenüber fremden Staaten Ansprüche aus der Verletzung völkerrechtlicher Regeln über die Behandlung fremder Staatsangehöriger geltend zu machen. Der Heimatstaat handelt hierbei nach herkömmlicher Theorie nicht als Sachwalter für den Einzelnen, sondern ist selbst Anspruchsträger.[381]

---

377 Vgl zur Sitztheorie *Ferid,* Internationales Privatrecht, 3. Aufl 1986, 181 mwN.

378 BGHZ 25, 134, 144; BGHZ 53, 181, 183; BGHZ 97, 269, 271 mwN. Gegen die Vereinbarkeit der Sitztheorie mit europäischem Recht spricht sich *Schümann,* Die Vereinbarkeit der Sitztheorie mit dem europäischen Recht, EuZW 1994, 269 ff aus.

379 Vgl *Hailbronner,* in Hailbronner/Wilms (Hrsg), Recht der Europäischen Union, Loseblatt, Art 43 EG Rn 61 und *Hailbronner/Kau,* in ebd, Art 48 Rn 32 ff; EuGH, Rs C-212/97, Slg 1999, I-1459 *[Centros];* EuGH, Rs C-208/00, Slg 2002, I-9919 *[Überseering];* EuGH, Rs C-167/01, Slg 2003, I-10155 *[Inspire Art];* EuGH, Rs C-411/03, Slg 2005, I-10805 *[SEVIC];* EuGH, Rs C-210/06, Slg 2008, I-9641 *[Cartesio].*

380 ICJ Rep 1970, 4 ff *[Barcelona Traction]* mit billigenden Sondervoten von *Bustamente y Rivero* (55 ff), *Fitzmaurice* (64 ff), *Tanaka* (114 ff), *Jessup* (161 ff), *Morelli* (222 ff), *Padilla Nervo* (243 ff), *Gros* (267 ff), *Ammuun* (286 ff); abw Meinung von *Riphagen* (334 ff).

381 StIGH, PCIJ, Ser A, No 2, 12 *[Mavrommatis-Konzessionen].* Ebenso PCIJ, Ser A/B, No 76, 16 *[Panevezys-Saldutiskis Eisenbahn];* ICJ Rep 1955, 4, 24 *[Nottebohm];* aus jüngerer Zeit zur *parens patriae*-Stellung für

Der Einzelne kann daher nicht rechtswirksam auf diplomatischen Schutz verzich- 151
ten. Die von den lateinamerikanischen Staaten in früheren Zeiten mit Ausländern vereinbarten *Calvo-Klauseln*, durch welche diese auf den diplomatischen Schutz verzichten
sollten, um im Vergleich zu Inländern nicht besser gestellt zu sein, waren daher völkerrechtlich unbeachtlich.[382] Denkbar ist allenfalls, dass der Einzelne auf ein Recht verzichtet, das andernfalls zu einer Verletzung von Völkerrecht geführt hätte. Bevor der Heimatstaat über den diplomatischen Schutz eingreifen kann, muss der Einzelne den
innerstaatlichen Rechtsweg erschöpft sowie alle ihm zur Verfügung stehenden Rechtsbehelfe ausgeschöpft haben *(local remedies rule).*[383]

Ein dritter Staat hat die Ausübung diplomatischen Schutzes nur zu dulden, wenn der 152
Einzelne zu dem ausübenden Staat über eine effektive Staatsangehörigkeit *(genuine link)*
verbunden ist. Dieser völkergewohnheitsrechtliche Grundsatz, zunächst in Art 5 der Haager Konvention v 12.4.1930 enthalten, wurde durch die Entscheidung des IGH im Fall *Nottebohm*[384] bestätigt. Der IGH wies die Klage Liechtensteins gegen Guatemala auf Schadensersatz ab, da der Geschädigte zum einbürgernden Staat keine hinreichend enge
Beziehung aufgewiesen habe. Er sei unter Verzicht auf das dreijährige Aufenthaltser-
fordernis und gegen Zahlung einer Geldsumme eingebürgert worden. Abgesehen von
Kurzbesuchen bei seinem Bruder in Vaduz seien weitere Beziehungen nicht erkennbar.
Demgegenüber habe er 34 Jahre in Guatemala gelebt, entfalte dort wirtschaftliche Aktivitäten und sei nach der Einbürgerung in Liechtenstein auch dorthin zurückgekehrt.[385]
Zweifelhaft ist, ob diese Auslegung des *genuine link* durch den IGH von der Staatenpraxis
gedeckt ist. Diese geht davon aus, dass ein Staat auch befugt ist, seine Staatsangehörigkeit
an Personen zu verleihen, zu denen eine lockere Anknüpfung besteht. Die Auffassung des
IGH, die von einer Trennung zwischen der Verleihung der Staatsangehörigkeit und der
sich daraus ergebenden Befugnis zur Ausübung diplomatischen Schutzes ausgeht, führt
zu einer völkerrechtlich unerwünschten „hinkenden" Staatsangehörigkeit, die völkerrechtlich durch den Heimatstaat nicht in derselben Weise geschützt werden kann wie bei
„echten" Staatsangehörigen.

Die herkömmlichen Regeln über den diplomatischen Schutz von *doppelten Staats-* 153
angehörigen sind in Art 4 und 5 der Haager Konvention über gewisse Fragen beim Konflikt von Staatsangehörigkeitsgesetzen v 12.4.1930[386] niedergelegt. Danach darf ein Staat
keinen diplomatischen Schutzanspruch zugunsten eines Staatsangehörigen erheben,

---

die eigenen Staatsangehörigen *Breuer*, Das Rechtsfolgenregime des diplomatischen Schutzes unter dem
Einfluss der Menschenrechte, AVR 55 (2017) 324 (328 ff).
382 Vgl *Juillard*, Calvo Doctrine/Calvo Clause, MPEPIL I, 1086 ff.
383 Vgl statt aller PCIJ, Ser A, No 2, 12 *[Mavrommatis-Konzessionen].*
384 ICJ Rep 1955, 4, 23 *[Nottebohm].*
385 Ebd 25.
386 Hague Convention Governing Certain Questions Relating to the Conflict of Nationalities v 1930, dt Text
bei *Hecker*, Mehrseitige völkerrechtliche Verträge zum Staatsangehörigkeitsrecht, 13 ff; dazu *Dugard* (Fn 18)
120.

Kau

wenn diese Person zugleich die Staatsangehörigkeit des Staats, gegen den sich der Anspruch richtet, besitzt. Wird ein Anspruch zugunsten eines eigenen Staatsangehörigen geltend gemacht, der zugleich die Staatsangehörigkeit eines Drittstaats besitzt, so ist nur der Drittstaat zuständig, einen Schutzanspruch zu erheben, wenn er in einer engeren Beziehung zu dem Staatsangehörigen steht. Obwohl diese Regeln weitgehende Anerkennung in der Staatenpraxis gefunden haben,[387] gibt es im Hinblick auf die Entwicklung der neueren Staatenpraxis Anhaltspunkte für eine *größere Flexibilität* und Abweichungen von den erwähnten Grundsätzen.[388] Im Hinblick darauf, dass die Staatsangehörigkeit als Anknüpfungspunkt generell an Bedeutung verloren hat, sind in der Staatenpraxis in verschiedenen Fällen diplomatische Schutzansprüche auch für Doppelstaater und fremde Staatsangehörige, deren gewöhnlicher Aufenthalt sich auf dem Gebiet des anspruchserhebenden Staats befindet, geltend gemacht worden.[389] Nach den Regeln der United Nations Compensation Commission ist eine Regierung auch befugt, neben Ansprüchen zugunsten ihrer Staatsangehörigen Ansprüche zugunsten solcher Personen zu erheben, die auf ihrem Staatsgebiet wohnhaft sind.[390] Auch die Regel, dass diplomatischer Schutz nicht gegenüber einem Heimatstaat eines Doppelstaaters ausgeübt werden kann, wird in der Staatenpraxis nicht durchgehend angewendet. Im *Canevaro*-Fall[391] und später im Fall *Mergé*[392] wurde durch ein Schiedsgericht der Grundsatz bestätigt, dass ein Heimatstaat diplomatischen Schutz gegenüber einem anderen Staat ausüben kann, der diesen Staatsangehörigen ebenfalls als seinen Staatsangehörigen ansieht, sofern die staatsangehörigkeitsrechtliche Verbindung mit dem schutzausübenden Staat als die effektivere angesehen werden kann. Das *Canevaro*-Prinzip[393] hat in die Staatenpraxis als Bestätigung des Prinzips der effektiven Staatsangehörigkeit Eingang gefunden. So sieht zwar auch der ILC Draft über den diplomatischen Schutz im Grundsatz vor, dass Staaten zugunsten von Doppelstaatern keinen diplomatischen Schutz gegen den anderen Heimatstaat ausüben können (Art 7 ILC Draft). Etwas anderes soll jedoch dann gelten, wenn die Staatsangehörigkeit eines Staates deutlich überwiegt.[394] Bei Doppelstaatern ist daher zu prüfen, zu welchem Staat sie unter Berücksichtigung des gewöhnlichen Aufenthalts, des Mittelpunkts der

---

387 Vgl die Aussage des IGH, wonach es sich um „ordinary practice" handele (vgl ICJ Rep 1949, 174, 186 *[Bernadotte]*); ILC Report 2006, 43f, Commentary on Art 7 of the ILC Draft on Diplomatic Protection u a mit Hinweisen auf Art 23 Abs 5 der Harvard Draft Convention v 1960, AJIL 55 (1961) 548ff.
388 Vgl *Orrego Vicuña* (Fn 19) 28, 38f; *Forcese*, The Capacity to Protect, EJIL 17 (2006) 369ff.
389 Vgl zB die Entscheidung der Chile-United States-Kommission im Hinblick auf die Verantwortlichkeit von Chile für den Tod von chilenischen Staatsangehörigen bzw US-chilenischen Doppelstaatern; *Orrego Vicuña* (Fn 19) 33 und ILM 31 (1992) 17f.
390 United Nations Compensation Commission, Provisional Rules for Claims Procedure, 1992, Art 5, 1.a, zitiert nach *Orrego Vicuña* (Fn 19) 34.
391 RIAA XI, 405; vgl auch *Benedek*, Canevaro Claim Arbitration, MPEPIL I, 1113ff.
392 RIAA XIV, 236.
393 Vgl *O'Connell*, International Law, 2. Aufl 1970, 685.
394 ILC Rep 2006, 43ff (Commentary on Art 7 of the ILC Draft on Diplomatic Protection).

Kau

Lebensführung und der privaten, wirtschaftlichen und politischen Interessen *die engere Beziehung* aufweisen.[395]

Als eine *zweite gewohnheitsrechtliche Regel* des diplomatischen Schutzrechts wird 154 im traditionellen Völkerrecht angesehen, dass ein Einzelner nur dann diplomatisch geschützt werden kann, wenn er die Staatsangehörigkeit des einen Anspruch geltend machenden Staats sowohl zur Zeit der Verletzung als auch zur Zeit der Geltendmachung eines Anspruchs besitzt *(nationality rule)*. Die Staatsangehörigkeit muss daher auch noch im Zeitpunkt der Entscheidung über den geltend gemachten Anspruch bestehen. Im Hinblick auf die Entwicklung des Völkerrechts und insbes die *Anerkennung eines eigenen Rechts des Geschädigten auf Wiedergutmachung* wird allerdings zunehmend auch diese Regel in Zweifel gezogen. Stellt man entscheidend darauf ab, dass es sich im Kern um eine Verletzung eigener Rechte des Geschädigten handelt, die mit der diplomatischen Schutzausübung geltend gemacht werden, könnte argumentiert werden, dass die Situation sich nicht deshalb verändert, wenn im Anschluss an die Verletzung die Staatsangehörigkeit des Betroffenen gewechselt hat.[396] Hiergegen lässt sich einwenden, dass aus Gründen der Rechtssicherheit einiges für die Beibehaltung der traditionellen Regel spricht. *De lege ferenda* könnte eine Lösung darin liegen, dass der betroffene Einzelne ein Wahlrecht hat, ob sein früherer oder sein jetziger Heimatstaat diplomatischen Schutz ausüben soll. Ein Konventionsentwurf amerikanischer Völkerrechtler aus den 1990er Jahren sieht vor, dass ein Staat diplomatischen Schutz auch zugunsten seiner unlängst eingebürgerten Staatsangehörigen ausüben kann, ohne Rücksicht darauf, ob diese möglicherweise zur Zeit der Verletzung noch nicht die amerikanische Staatsangehörigkeit besessen hatten. Dementsprechend sieht der *Helms-Burton-Act* v 1996 vor, dass die USA zugunsten von ihren Staatsangehörigen, die in Kuba enteignet wurden, diplomatischen Schutz auch dann ausüben können, wenn es sich um Staatsangehörige handelt, die zum Zeitpunkt der Enteignung noch kubanische Staatsangehörige waren.[397] Möglicherweise ist es aber auch nicht ratsam, den darin zum Ausdruck kommenden Rechtsgedanken völkerrechtlich zu verallgemeinern, da er an die spezifischen politischen und rechtlichen Gegebenheiten in der Auseinandersetzung zwischen den USA und Kuba anknüpft.

Allerdings wurden ebenfalls 1996 im *Foreign Sovereign Immunities Act (FSIA)* gene- 155 relle Ausnahmen von der Staatenimmunität für Fälle von Folter, rechtswidrige Tötungen, Anschläge auf Flugzeuge, Geiselnahmen oder die Unterstützung dieser Taten eingefügt. Zusätzlich haben die USA im Jahr 2002 den *Terrorism Risk Insurance Act* erlassen, der es bei erfolgreichen Klagen ermöglicht, in zuvor von der US-Regierung beschlagnahmte und eingefrorene Guthaben zu vollstrecken. Dies geschah etwa, als US-Präsident *Obama* im Jahre 2012 durch Executive Order 13599 die Guthaben der Iranischen

---

395 Vgl hierzu *Hailbronner*, Diplomatischer Schutz bei mehrfacher Staatsangehörigkeit, in Ress/Stein (Fn 103) 27 (32 f).
396 Vgl *Orrego Vicuña* (Fn 19) 36.
397 Vgl *Orrego Vicuña* (Fn 19) 36.

Zentralbank (Bank Markazi) blockieren ließ und der Kongress im *Iran Threat Reduction and Syria Human Rights Act* die Vollstreckung in die Guthaben infolge von Klagen wegen Terrorismus ausdrücklich zuließ.[398] Auch nachdem der US Supreme Court die Verfassungskonformität dieser Maßnahmen in *Bank Markazi v Peterson u a* 2016 festgestellt hat,[399] stehen sich die USA und Iran derzeit im Verfahren vor dem IGH gegenüber.[400] Vordergründig richtet sich die Klage Irans gegen die gegen ihn seit 2018, nach Aufkündigung des sog *Atomabkommens*,[401] verhängten Wirtschaftssanktionen der USA. Allerdings dürfte darin auch eine Reaktion auf den von den Antiterrormaßnahmen ausgehende Druck zu sehen sein. Formaler Gegenstand des Verfahrens vor dem IGH sind vertragliche Pflichten aus dem im Jahr 1955 geschlossenen Vertrag über Freundschaft, Wirtschaftsbeziehungen und konsularischen Schutz. Dass im Zeitpunkt des Vertragsabschlusses zwischen den USA und dem Iran (bzw dem Kaiserreich Persien) weitgehend andere politische Beziehungen bestanden,[402] ändert grundsätzlich nichts daran, dass ungeachtet zwischenzeitlicher Regierungs- oder sogar Systemwechsel die Staaten hierdurch weiterhin gebunden blieben.[403] Für das Verfahren vor dem IGH war es sogar unerheblich, dass die USA den Vertrag von 1955 zwischenzeitlich gekündigt haben (Art 54ff WRVK), da er sich jedenfalls bei Klageerhebung noch in Kraft befand. In seinem Urteil v 3.2.2021[404] kam der IGH zu dem Ergebnis, dass die gegen seine Zuständigkeit und die streitentscheidenden Bestimmungen des Vertrags v 1955 vorgebrachten Einwände nicht durchgreifen. Es wird daher in den nächsten Jahren zu einer endgültigen Entscheidung in der Sache kommen, die sich insbes auf die Frage der im Jahr 2018 verhängten Sanktio-

---

398 Z B auch *Gaeta/Viñuales/Zappalà* (Fn 45) 128 unter Verweis auf den Justice Against Sponsors of Terrorism Act (JASTA); *Bismuth u a,* Sovereign Immunity Under Pressure, 22ff und 297ff; ALI Restatement, § 460 (Reporter's Note No 9, 400f) und § 464 (Reporter's Note No 10, 426ff); vgl auch US Supreme Court v 3.2.2021, 141 SCt 703, 714 (2021) *[Germany v Philipp].*

399 US Supreme Court v 20.4.2016, 136 SCt 1310 (2016) *[Bank Markazi v Person u a]*; ALI Restatement, § 451 (Reporter's Note 1, 327f) und § 461 (Reporter's Note 16, 431f) vgl auch OBB Personenverkehr AG v Sachs, 136 SCt 390 (2015).

400 Vgl IGH in *Iran v United States*, ICJ Rep 2021, 9.

401 Engl: *Joint Comprehensive Plan of Action* (JCPOA). An dem Aktionsplan waren China, Frankreich, Deutschland, Russland, das Vereinigte Königreich und die USA sowie der Iran beteiligt. Schon die engl Bezeichnung lässt erkennen, dass es sich im Rechtssinne nicht um einen förmlichen völkerrechtlichen Vertrag gehandelt hat, sondern vor allem um die von iranischen Entgegenkommen im Umgang mit seinem „Atomprogramm" abhängige Aufhebung von Wirtschaftssanktionen, vgl auch *Rühle,* Atomabkommen Iran: Fortschritt oder Selbstbetrug, 2021; *Philipp,* Wieder einmal: Verhandlungen über eine Rückkehr zum Iran-Atomabkommen, ESuT 71 (2021) 55ff; *Brzoska/Neuneck,* Atomabkommen mit Iran: Kompromiss mit großem Potenzial, VN 63 (2015) 158; *Herrera Almela,* Regionalisation the JCPAO, 2022; insgesamt *Keynoush,* The World Powers and Iran, 2022.

402 Zur Vorgeschichte des Freundschaftsvertrags vgl *Hitchcock,* The Age of Eisenhower, 2018, 153ff ("Dark Arts of Cold War"); *Stöver,* United States of America – Geschichte und Kultur, 2012, 503ff; *Gaddis,* Der Kalte Krieg, 2007, 205f; *Westad,* Der Kalte Krieg, 2019, 302ff.

403 Z B *Gaeta/Viñuales/Zappalà* (Fn 45) 209.

404 ICJ Rep 2021, 9.

nen gegen den Iran sowie die Handelsbeziehungen zwischen dem Iran und Drittstaaten beziehen wird.

Nach dem ILC-Entwurf v 2006 gilt grundsätzlich, dass der Geschädigte zwischen 156 dem Zeitpunkt der Schädigung und der Geltendmachung eine bestimmte Staatsangehörigkeit dauerhaft besessen haben muss (Art 5 Nr 1). Nur ausnahmsweise soll es auch genügen, wenn er die Staatsangehörigkeit lediglich im Zeitpunkt der Geldendmachung innehatte (Art 5 Nr 2). Letztere Ausnahme greift jedoch wiederum nicht, wenn Ansprüche gegen den früheren Heimatstaat des Geschädigten geltend gemacht werden sollen (Art 5 Nr 3), oder der Geschädigte nachträglich die Staatsangehörigkeit des schädigenden Staats angenommen hat (Art 5 Nr 4).[405] Auch zugunsten solcher Personen, die niemals die Staatsangehörigkeit des den Schutz ausübenden Staats besessen haben, wird in bestimmten Ausnahmefällen die Ausübung des diplomatischen Schutzes befürwortet, etwa dann, wenn es sich um die Verletzung fundamentaler Menschenrechte handelt.[406] Auch zu Gunsten von Flüchtlingen oder staatenlosen Personen wird in dem ILC-Entwurf über diplomatischen Schutz eine Ausnahme vom Erfordernis der Staatsangehörigkeit zu Gunsten eines ständigen Wohnsitzes gemacht.[407] Die Erosion der herkömmlichen Kriterien wird in der Literatur teilweise als Zeichen dafür gewertet, dass das Rechtsinstitut des diplomatischen Schutzes in der modernen Völkerrechtsordnung zunehmend obsolet geworden ist.[408] Die Völkerrechtspraxis stützt diesen Befund jedoch nicht, auch wenn durch die Veränderung der internationalen Schutzmechanismen im Bereich der Menschenrechte zum Teil eine gewisse Abschwächung des herkömmlichen diplomatischen Schutzrechts zu beobachten ist.

Darüber hinaus enthält Art 23 AEUV eine Abweichung von der *nationality rule*[409] 157 für diejenigen Unionsbürger, die sich in einem Drittstaat aufhalten, in dem der Heimatstaat keine diplomatische Vertretung unterhält: Sie haben das Recht, den Schutz unter denselben Bedingungen in Anspruch zu nehmen wie ein Staatsangehöriger des ersuchten Staats, sofern der Drittstaat dies anerkennt. In der Praxis erfolgte die Zusammenarbeit lange Jahre auf der Grundlage des Beschlusses 95/553/EG der im Rat vereinigten Vertreter der Mitgliedstaaten v 19.12.1995 über den Schutz der Bürger der Europäischen

---

405 ILC Rep 2006, 17 (Art 5 Nr 1 bis 4 des ILC Draft on Diplomatic Protection).

406 Hierzu etwa *Kokott*, Zum Spannungsverhältnis zwischen nationality rule und Menschenrechtsschutz bei der Ausübung diplomatischer Protektion, in Ress/Stein (Fn 103) 45 ff; *Thierry*, L'evolution du droit international public, RdC 222 (1990-III) 9 (105 ff).

407 ILC Rep 2006, 17 f (Art 3 Nr 2 und Art 8 des ILC Draft on Diplomatic Protection); vgl *Künzli*, Exercising Diplomatic Protection, ZaöRV 66 (2006) 321 (342 f). Nach der Entscheidung des High Court von England und Wales in *Al Rawi & Others v Secretary of State for Foreign Affairs*, [2006] EWHC 972 (Admin) 63 stellt die Regelung des Art 8 ILC-Entwurfs lediglich „lex ferenda" dar.

408 Vgl *Pergantis*, Towards a „Humanization" of Diplomatic Protection?, ZaöRV 66 (2006) 351 f.

409 Hierzu *Doehring*, Staat und Verfassung in einem zusammenwachsenden Europa, ZRP 1993, 98 (101); *Stein*, Die Regelung des diplomatischen Schutzes im Vertrag über die Europäische Union, in Ress/Stein (Fn 103) 97 (103 f); *Cot*, La protection consulaire européenne, FS Charpentier, 2008, 281 ff.

Union durch die diplomatischen und konsularischen Vertretungen[410] und den Beschluss über die von Konsularbeamten zu ergreifenden praktischen Maßnahmen.[411] Beide Beschlüsse sind rechtsverbindlich, nachdem sie von allen Mitgliedstaaten übernommen worden sind.[412] Allerdings ist der Beschluss 95/553/EG zum 1.5.2018 ausgelaufen und wurde dann endgültig durch die bereits in Kraft getretene RL 2015/637 v 20.4.2015 über Koordinierungs- und Kooperationsmaßnahmen zur Erleichterung des konsularischen Schutzes von nicht vertretenen Unionsbürgern in Drittländern abgelöst.[413]

158   Im Hinblick auf den *diplomatischen Schutz von Unternehmen* besteht im Schrifttum noch keine Einigkeit darüber, welche Voraussetzungen für die Annahme einer effektiven Verbindung zwischen Unternehmen und demjenigen Staat erforderlich sind, der diplomatischen Schutz gewähren kann.[414] Der IGH hatte im Fall *Barcelona Traction* eine *„permanent and close connection"* zwischen Unternehmen und dem jeweiligen Staat für erforderlich gehalten, wobei im Grundsatz davon auszugehen ist, dass der Gründungsstaat diese Voraussetzung idR erfüllen wird.[415] Auf dieser Linie liegt auch der ILC-Entwurf, wonach grundsätzlich der Staat, nach dessen Rechtsvorschriften die Gründung des Unternehmens erfolgte, für den diplomatischen Schutz verantwortlich ist.[416] Etwas anderes soll hingegen gelten, wenn ein Unternehmen von Staatsangehörigen eines anderen Staats kontrolliert wird, ohne dass es über substantielle Aktivitäten im Gründungsstaat verfügt, und außerdem die Geschäftsleitung und Anteilseigentümerschaft beide in einem anderen Staat gelegen sind. Sofern diese Voraussetzungen kumulativ erfüllt sind, soll der Staat, in dem sich die Geschäftsleitung und Anteilseigentümerschaft befinden, für die Zugehörigkeit entscheidend sein.[417] Fehlt es an einer der im ILC-Entwurf genannten Bedingungen, bleibt es bei der Zuständigkeit des Gründungsstaats. Ähnlich wie bei natürlichen Personen ist der ursprüngliche Zuordnungsstaat eines Unternehmens zur Geltendmachung von Ansprüchen nicht mehr befugt, wenn – nach einem Wechsel der Zuordnung – der Staat, gegen den Ansprüche geltend gemacht werden, sein neuer Zuordnungsstaat ist (Art 10 Nr 2 ILC-Entwurf). Hierdurch wurden die im Fall *Loewen Group Inc v USA* von einem Schiedsgericht des ICSID entwickelten Grundsätze in eine allgemeine Bestimmung überführt.[418] Keine Auswirkung auf die Geltendmachung von Ansprüchen hat hingegen der Umstand, dass ein Unternehmen nach dem Recht des Gründungsstaats zwischenzeitlich aufgehört hat zu bestehen, wenn Ansprüche wegen

---

410 ABl EG 1995, Nr L 314/73.
411 KOM(1997) 230. Vgl zum Rückkehrausweis (ETD/Emergency Travel Document) auch Beschluss 96/409/ GASP, ABl EG 1996, Nr L 168.
412 KOM(2004) 695 endg v 26.10.2004, Vierter Bericht der Kommission über die Unionsbürgerschaft.
413 ABl EU 2015, Nr L 106/1.
414 *Crawford* (Fn 2) 527ff.
415 ICJ Rep 1970, 4ff *[Barcelona Traction]*, 42 (para 71); *Shaw* (Fn 65) 617 („meaningful link").
416 ICJ Rep 1970, 4ff *[Barcelona Traction]*, 42 (para 70).
417 ILC Rep 2006, 54 (Commentary on Art 9 ILC Draft on Diplomatic Protection, para 5).
418 ICSID Rep 7 (2005) 442 (para 220); ILC Rep 2006, 57 (Commentary on Art 10 ILC Draft on Diplomatic Protection, para 5).

Kau

der Rechtsverletzung geltend gemacht werden sollen, die letztlich zum Untergang des Unternehmens geführt hat (Art 10 Nr 3 ILC-Entwurf). Obwohl diese Frage in den bisherigen Entscheidungen nicht akut geworden war, gab es Bedenken, welche Folge der durch staatliche Maßnahmen herbeigeführte Untergang eines Unternehmens im Hinblick auf seinen diplomatischen Schutz haben soll.[419] Die in Art 10 des ILC-Entwurfs gefundene Lösung gilt als pragmatisch und auf sehr spezielle Gegebenheiten hin konzipiert, kann aber noch nicht den Anspruch erheben, bereits Bestandteil des Völkergewohnheitsrechts zu sein.

Zusätzlich zum Schutz von Unternehmen bestehen Fragen im Hinblick auf den *diplo-* 159 *matischen Schutz von Anteilseignern.* Hierbei herrscht nach den vom IGH im Fall *Barcelona Traction* aufgestellten Grundsätzen die Auffassung vor, dass der Staat, dessen Staatsangehörigkeit die Anteilseigner besitzen, generell nicht befugt ist, diplomatischen Schutz zu gewähren, da es auf den Gründungsstaat des Unternehmens ankommt.[420] Somit sind Anteilseigner grundsätzlich auf den diplomatischen Schutz verwiesen, den das jeweilige Unternehmen genießt.[421] Nach den Bestimmungen des ILC-Entwurfs soll nur dann etwas anderes gelten, wenn (a) das Unternehmen nach dem Recht des Gründungsstaats aufgehört hat zu bestehen, oder (b) das Unternehmen im Zeitpunkt der Schädigung als notwendige Voraussetzung für dortige geschäftliche Tätigkeiten über die Staatszugehörigkeit desjenigen Staats verfügen musste, von dem angenommen wird, dass er für die schädigende Handlung zuständig war (Art 11 ILC-Entwurf). Diese Ausnahmen können dazu führen, dass mehrere Staaten, deren Staatsangehörigkeit Anteilseigner innehaben, sich dazu aufgerufen sehen, diplomatischen Schutz auszuüben. Allerdings sollen nach den Vorstellungen der ILC in diesen Fällen die berechtigten Staaten ihre Aktivitäten koordinieren und darauf achten, dass diejenigen Staaten, in denen sich die Mehrheit oder jedenfalls ein Großteil der Anteile befindet, an der Geltendmachung beteiligt sind.[422] Darüber hinaus ist der Staat, dessen Staatsangehörigkeit die Anteilseigner besitzen, zu diplomatischem Schutz befugt, wenn eine unerlaubte Handlung sich als direkte Verletzung der den Anteilseignern als solchen zustehenden Rechte darstellt, die sich von denen des Unternehmens unterscheiden.[423] Wie der IGH entschied, handelt es bei diesen den Anteilseignern unmittelbar zustehenden Rechten um Befugnisse im Zusammenhang mit der Organisationsgewalt sowie der Aufsicht und Geschäftsleitung des Unternehmens, um Teilnahme- und Stimmrechte in Unternehmensgremien und individuelle Ansprüche auf Auszahlung angemessener Anteile im Falle der Liquidation.[424] Obwohl die Aufzählung

---

419 ILC Rep 2006, 57 (Commentary on Art 10 ILC Draft on Diplomatic Protection, para 6).
420 ICJ Rep 1970, 4ff *[Barcelona Traction]*, 34 (para 40); *Epping,* in Ipsen (Fn 9) Rn 126f.
421 *Crawford* (Fn 2) 707f.
422 ILC Rep 2006, 59f (Commentary on Art 11 ILC Draft on Diplomatic Protection, para 3).
423 ILC Rep 2006, 59 (Commentary on Art 11 ILC Draft on Diplomatic Protection, para 2); so auch schon ICJ Rep 1970, 4, 36 *[Barcelona Traction]*.
424 ICJ Rep 1989, 15 *[ELSI]*; hierzu auch *Kubiatowski,* The Case of Elettronica Sicula SpA, Colum J Transnat'l L 29 (1991) 215ff; *Murphy,* The ELS. Case, Yale JIL 16 (1991) 391ff.

nicht abschließend ist, weist der Wortlaut des Art 12 des ILC-Entwurfs darauf hin, dass es vor allem darauf ankommt, dass diese Befugnisse unabhängig von den dem jeweiligen Unternehmen zustehenden Rechtspositionen existieren müssen. Mithin wird eine tendenziell restriktive Auslegung durch die Gerichte vorzunehmen sein.[425] Dies zeigte sich zuletzt in der IGH-Entscheidung im *Diallo*-Fall, mit welcher der Gerichtshof die in *Barcelona Traction* und *ELSI* aufgestellten Grundsätze bestätigte, dabei jedoch betonte, dass der diplomatische Schutz für Anteilseigner nicht als Ausnahme vom allgemeinen Rechtsregime zu betrachten sei, wenn es denn um Rechtspositionen ginge, die diesem unmittelbar selbst und unabhängig vom jeweiligen Unternehmen zustünden.[426]

c) Das Selbstbestimmungsrecht der Völker

160   Das Selbstbestimmungsrecht der Völker[427] ist heute grundsätzlich als Teil des geltenden Gewohnheitsrechts anerkannt.[428] Es ist in Art 1 Nr 2 und Art 55 UN-Charta genannt und diente vor allem aufgrund der Resolution 1514 (XV) der UN-Generalversammlung v 14.12.1960 als *Grundlage für den Dekolonisierungsprozess*. 1966 wurde das Selbstbestimmungsrecht der Völker den *Menschenrechten* in den gleichlautenden Art 1 der beiden Menschenrechtspakte vorangestellt. Den Inhalt des Selbstbestimmungsrechts umschreibt die *Friendly Relations Declaration* der UN-Generalversammlung v 14.10.1970 (Res 2625 [XXV]).[429]

161   Außerhalb des Dekolonisierungsprozesses unterscheidet man zwischen innerem und äußerem (offensivem) Selbstbestimmungsrecht. Kraft des *inneren Selbstbestimmungsrechts* kann ein Staatsvolk frei und ohne Einmischung von außen über seinen politischen Status entscheiden und seine wirtschaftliche, soziale und kulturelle Entwicklung frei gestalten. Zusätzlich enthält dieses Recht eine demokratische Komponente dergestalt, dass hierunter auch das Recht eines Volks fällt, seine Eigenarten zu bewah-

---

425 ILC Rep 2006, 67 (Commentary on Art 12 ILC Draft on Diplomatic Protection, para 3).

426 ICJ Rep 2007, para 64; hierzu auch *Knight/O'Brien*, Ahmadou Sadio Diallo Repulic of Guinea v Democratic Republic of the Congo, Melb JIL 9 (2008) 151 ff.

427 Vgl Tomuschat (Hrsg), Modern Law of Self-Determination, 1993; zur völkerrechtshistorischen Entwicklung seit 1919 *Oeter*, Right to Self-determination and the Creation of New States, in Société francaise pour le droit international (Hrsg), Le Traité de Versailles, 2020, 173 ff.

428 ICJ Rep 1975, 12, 31 ff *[Western Sahara]*; ICJ Rep 1971, 16, 31 *[Namibia]*; ICJ Rep 1986, 14, 100 f *[Nicaragua (Merits)]*; ICJ Rep 1995, 89, 102 *[East Timor]*; *Shaw*, Self-Determination, Human Rights, and the Attribution Territory, FS Simma, 2011, 590 ff; *Clark*, Taking Self-Determination Seriously, Chinese JIL 5 (2005) 737 ff; *Mett*, Das Konzept des Selbstbestimmungsrechts der Völker, 2004; *Franz*, Osttimor und das Recht auf Selbstbestimmung, 2005; *Lagerspetz*, National Self-Determination and Ethnic Minorities, Michigan JIL 25 (2005) 1299 ff; *Summers*, The Status of Self-Determination in International Law, FYIL 14 (2003) 271 ff.

429 Z B *von Arnauld*, Souveränität und responsibility to protect, Friedens-Warte 84 (2009) 11 ff; *Agusman/Afriansyah/Fadilah*, Debunking the Pandora Box of Decolonization, AYHRHL 5 (2021) 282 ff; *Kohen*, Self-Determination, in Viñuales (Hrsg), The UN Friendly Relations Declaration at 50, 2020, 133 ff; *Shah*, Re-colonisation of Jammu and Kashmir and the Right to Self-determination, IntHRLRev 11 (2022) 186 ff.

ren und zu pflegen. Diese Rechte gleichen denen der Angehörigen von Minderheiten (vgl u Rn 365ff). Eine Minderheit kann dann als Volk angesehen werden, wenn sie auf einem geschlossenen Territorium lebt, eine zur Staatenbildung geeignete Größe aufweist, auf diesem Territorium die ausschließliche oder doch deutliche Mehrheitsbevölkerung darstellt, und es sich um ein traditionelles Siedlungsgebiet handelt.[430]

Während des Dekolonisierungsprozesses war das Selbstbestimmungsrecht gleichbedeutend mit dem Recht auf einen eigenen politischen Status, dh mit einem Recht auf Loslösung aus dem bisherigen Kolonialstaat. Das *äußere* Selbstbestimmungsrecht der Kolonialvölker wurde in erheblichem Maße durch die Verpflichtung zur Respektierung der bestehenden Grenzen (*uti possidetis*-Prinzip) eingeschränkt.[431] Als der Anwendungsbereich des Selbstbestimmungsrechts auf alle Völker ausgedehnt wurde, führte dies zu der Frage, ob damit allen Völkern ein Recht auf Sezession zusteht.[432] Zunächst könnte man meinen, ein solches Sezessionsrecht ließe sich aus der *Friendly Relations Declaration* ableiten. Doch wird das *Recht auf Sezession abgelehnt* und nur in Ausnahmefällen zugelassen, wenn z B die Existenz eines Volkes durch ein Verbleiben im Staatsverband bedroht ist.[433]

162

---

430 *Murswiek,* Die Problematik eines Rechts auf Sezession, AVR 31 (1993) 307 (328). Auf dem UNESCO-Expertentreffen v 1989 wurde für den Begriff des „Volkes" folgende Definition vorgeschlagen: „[...] a group of individual human beings who enjoy some or all of the following common features: (a) a common historical tradition, (b) racial or ethnic identity, (c) cultural homogenity, (d) linguistic unity, (e) religious or ideological affinity, (f) territorial connection, (g) common economic life" (SHS-89/CONF.602.7, para 23); hierzu *Alvstad,* The Quebec Secession Issue, Temple ICLJ 18 (2004) 89ff; *Turp/Beauséjour,* Self-determination, Autonomy, Independence, and the Case of Québec, in Hilpold (Hrsg), Autonomy and Self-determination, 2018, 316ff; *Malloy,* National Minority Rights in Europe, 2005; *Clark* (Fn 428) 737ff; *Klabbers,* The Right to be Taken Seriously, HRQ 28 (2006) 186ff; *Park,* Integration of Peoples and Minorities, IJMGR 13 (2006) 69ff; *Moore,* Sub-state Nationalism and International Law, Michigan JIL 25 (2004) 1319ff; *Tan/Thompson,* Moving Past Postcolonial, AYHRHL 5 (2021) 309ff.
431 GA Res 390 V, UN Doc 1 A/1775 (1950); vgl ICJ Rep 1986, 554, 566; *Luker,* On the Borders of Justice, in Miller/Bratspies (Hrsg), Progress in International Law, 2008, 151ff; *Abi-Saab,* Le principe de l'uti possidetis, FS Caflisch, 2007, 657ff; *Abraham,* Lines upon Maps, Afr J Int'l & Comp L 15 (2007) 61ff; *Ditchev,* Grenzfälle, Osteuropa 59 (2009) 291ff.
432 Vgl eingehend *Muro u a,* Part III: Explaining and Justifying Secession, Part IV: Secession Strategies und Part V: Counter-Secession Strategies, in Griffiths/Pavković/Radan (Fn 48) 41ff; *v. Münch,* Das Recht auf Sezession, in Furkes/Schlarp (Hrsg), Jugoslawien: Ein Staat zerfällt, 1991, 133; *Murswiek* (Fn 430) 307ff; *Fleiner,* The Unilateral Secession of Kosovo as a Precedent in International Law, FS Simma, 2011, 877ff; *Dietz/Stark,* Der Kosovo im Spannungsfeld zwischen Sezessionsrecht und internationaler Stabilität, Jura 2012, 282ff; *Sterio,* Self-determination and Secession unter International Law, ILSA JICL 21 (2015) 293ff; *Griffiths,* Secession and the Invisible Hand of the International System, Rev Int Studies 40 (2014) 559ff.
433 *Groarke,* Dividing the State, 2004; *Thürer/Burri,* Secession, MPEPIL IX, 53 (55, 57); *Schaller* (Fn 183) 131 (139); *Mancini,* Rethinking the Boundaries of Democatic Secession, IJCL 6 (2008) 553ff; *Conti,* The Referendum for Self-Determination, African J Int & Comp L 16 (2008) 178ff. Aus der Praxis des UN-Sicherheitsrates: SR-Res 169 v 24.11.1961 (Ablehnung der Sezession von Katanga); SR-Res 215 v 12.11.1965 (Ablehnung der Sezession von Südrhodesien); SR-Res 541 v 18.11.1983 (Ablehnung der Sezession von Nordzypern); SR-Res 402 v 22.12.1976 (Ablehnung der Sezession von Transkei/Südafrika).

163   Auch aus der jüngeren Staatenpraxis in Mittel- und Osteuropa lässt sich kein generelles Sezessionsrecht ableiten. Dies mag darauf zurückzuführen sein, dass auch die
dadurch selbständig gewordenen Staaten mit Problemen der Desintegration durch Sezessionsbestrebungen von Minoritäten zu kämpfen hatten und haben.[434] Diesen Eindruck unterstreicht der Umgang mit der Unabhängigkeitserklärung des Kosovo vom
17.2.2008.[435] Zwar wurde der Kosovo mittlerweile von mehr als 110 Staaten anerkannt,
dabei wurde jedoch sorgsam vermieden, sich ausdrücklich auf die Grundlage dieser Unabhängigkeit – ein mögliches Recht zur Sezession – zu beziehen.[436]

164   Ein Auseinanderbrechen von Staaten durch Dismembration oder Sezession (s u
Rn 176 ff) wird aber jedenfalls dann anerkannt, wenn dies wie bei der Auflösung der
CSFR zum 1.10.1993 friedlich erfolgt. Schwieriger ist die Lage dann, wenn die Unabhängigkeit aufgrund des Selbstbestimmungsrechts wie in Berg-Karabach, in Abchasien oder
Tschetschenien gewaltsam durchgesetzt werden soll.[437] Dies gilt in ähnlichem Umfang
auch für die Ereignisse des Jahres 2018 in Katalonien. Um solche Konflikte zu vermeiden, muss ein Ausgleich zwischen der territorialen Integrität bestehender Staaten und
dem Selbstbestimmungsrecht der Völker gefunden werden. Durch rechtzeitig gewährte
Autonomie können Sezessionsbestrebungen vermieden werden.[438] Allerdings zeigte
jüngst das Bsp Kataloniens, dass selbst weitgehende Autonomiestatuten nicht in jedem
Fall dazu ausreichen, separatistische Bewegungen zu beruhigen. Aufgrund des einheitlichen Menschenrechtsstandards und des Ausbaus des Minderheitenschutzes bieten sich

---

434 *Murswiek* (Fn 430) 323; *Fleiner* (Fn 432) 877 ff.

435 Hierzu eingehend: *Vidmar* (Fn 183) 779 ff; *Schaller* (Fn 183) 131 ff; *Wirth,* Kosovo am Vorabend der Sta-
tusentscheidung, ZaöRV 67 (2007) 1065 ff; *Warbrick* (Fn 183) 675 ff; *de Wet,* The Governance of Kosovo, AJIL
103 (2009) 83 ff; *Jia* (Fn 183) 27 ff; *Orakhelashvili,* Statehood, Recognition and the United Nations System,
MPYUNL 12 (2008) 1 ff; *ders,* The Kosovo UDI between Agreed Law and Subjektive Perception, Chinese JIL
(2009) 285 ff; *Hilpold,* The Kosovo Case and International Law, Chinese JIL (2009) 27 ff; *Müllerson,* Prece-
dents in the Mountains, Chinese JIL (2009) 2 ff; *Dalahunty/Perez,* The Kosovo Crisis, Vanderbilt J Transnat'l
L 42 (2009) 15 ff.

436 *Warbrick* (Fn 183) 679; *Jia* (Fn 183) 35 f; *Schaller* (Fn 183) 139; *Watson,* When in the Course of Human
Events, TJICL 17 (2008/2009) 267 ff; hierzu auch *Müller,* Steuerung durch Erlaubnisnormen am Beispiel
von Sezession und Selbstbestimmungsrecht, ZaöRV 76 (2016) 475 ff; *Hajrullahu,* The Serbia Kosovo Dispute
and the European Integration Perspective, EFAR 24 (2019) 101 ff.

437 Vgl zum georgisch-abchasischen Konflikt und zum Fall Tschetschenien: Osteuropa-Archiv 1993, A
316 ff mit Einleitung von *Gerber* zu Berg-Karabach; *Asenbauer,* Zum Selbstbestimmungsrecht des armenischen Volkes von Berg-Karabach, 1992; *Hasani,* Self-Determination under the Terms of the 2002 Union
Agreement between Serbia and Montenegro, Chicago-Kent LR 80 (2005) 305 ff; *Sauer/Wagner,* Der Tschetschenien-Konflikt und das Völkerrecht, AVR 45 (2007) 53 ff; vgl insgesamt *Griffiths,* Dynamic of Secession
and State Birth, in Visoka/Doyle/Newman (Hrsg), Routledge Handbook of State Recognition, 2020, 138 ff;
Pavković, Recognition of Unilateral Secession, in ebd, 161 ff; *Alfredsson,* The Right of Self-determination in
International Law, in Akbulut/Aktoprak (Hrsg), Minority Self-government in Europe and the Middle East,
2019, 3 ff.

438 Vgl *Murswiek* (Fn 430) 330 ff; *ders,* The Issue of a Right of Secession, in Tomuschat (Fn 428) 21 (38 f);
Epps, Resolution of Claims to Self-Determination, ILSA JICL 10 (2004) 377 ff.

im europäischen Raum grundsätzlich flexible Lösungen an. Nur im Ausnahmefall schwerer Diskriminierungen und Menschenrechtsverletzungen würde nach einer im völkerrechtlichen Schrifttum vertretenen Auffassung das innere Selbstbestimmungsrecht im Notfall auch zu einem *äußeren Selbstbestimmungsrecht* erstarken.[439] Und selbst dann ist davon auszugehen, dass eine *Sezession* nur als *ultima ratio* zulässig ist, wenn alle anderen Lösungsmöglichkeiten gescheitert sind oder keine Aussicht auf Erfolg haben.[440] Allerdings lässt die Völkerrechtspraxis bislang kein Gewohnheitsrecht dieses Inhalts erkennen, da eine Vielzahl der Staaten, schon um Abspaltungstendenzen innerhalb der eigenen Grenzen entgegenzuwirken, sich ganz grundsätzlich gegen *jede Form der Sezession* als Folge des Selbstbestimmungsrechts wendet. Obwohl das Selbstbestimmungsrecht in verschiedenen völkerrechtlichen Verträgen genannt wird, geht hieraus nicht hervor, dass damit ein Sezessionsrecht verbunden ist. Insofern steht das Selbstbestimmungsrecht vor dem Dilemma, dass es zwar zugestanden wird, hieraus aber keine unmittelbare Befugnis zu Abspaltung abgeleitet werden kann. Daraus ergibt sich die eingangs schon erwähnte Einstufung als *Rechtsstellung ohne subjektive Rechte*. Der Generalsekretär der UNO hat dem Sicherheitsrat am 17.6.1992 eine *Agenda for Peace* unterbreitet, die zur Konfliktvermeidung das Mittel der vorbeugenden Diplomatie nennt.[441] Trotz der noch durch die Kolonialerfahrung geprägten Aggressionsdefinition, die es nahe legt, den Kampf eines Volkes um das Selbstbestimmungsrecht als Ausnahme vom Gewaltverbot zu deuten, wird in der Staatenpraxis jedenfalls ein Eingreifen von Drittstaaten in nationale Befreiungskriege, die mit dem Anspruch eines Volkes auf Selbstbestimmung geführt werden, als Verstoß gegen das Gewaltverbot angesehen.[442]

Wie das Bsp des Kosovo zeigt, sind mit der im Schrifttum vertretenen Begründung eines *äußeren Selbstbestimmungsrechts* durch schwere Diskriminierungen oder gravierende Menschenrechtsverletzungen ohnehin weitere Fragen verbunden. So bestehen Zweifel, ob die Unabhängigkeitserklärung des Kosovo v 17.2.2008 noch auf die von serbischer Seite im Jahr 1999 und davor begangenen Menschenrechtsverletzungen gestützt   165

---

439 *Oeter*, Selbstbestimmungsrecht im Wandel, ZaöRV 52 (1992) 741 (772 f); *Doehring*, Self-Determination, in Simma (Hrsg), The Charter of the United Nations, Bd 1, 2. Aufl 2002, Rn 37 ff; *Dahm/Delbrück/Wolfrum* (Fn 58) § 83; *Murswiek* (Fn 430) 307 (328); *Herdegen* (Fn 64) § 36 Rn 6; *Heintze*, Selbstbestimmungsrecht und Minderheiten im Völkerrecht, 1994, 87 ff; *Brandt Ahrens*, Chechnya and the Right of Self-Determination, Colum J Transnat'l L 42 (2004) 575 (584 ff); Supreme Court of Canada, Secession of Quebec [1998] 2 SCR 217, 126 (Can) ("a right to external self-determination [...] arises in only the most extreme cases and even then, under carfully defined circumstances."), krit hierzu *Del Mar*, in French (Hrsg), Statehood and Self-Determination, 2013, 79 ff: "Remedial secession is a legal myth: secession is not a remedy recognized in international law for violations committed by a State."

440 Vgl die 2. Kommission der Berichterstatter im *Aaland Insel*-Fall, Report of the International Committee of Jurists entrusted by the Council of the League of Nations with the Task of Giving an Advisory Opinion upon the Legal Aspects of the Aaland Islands Question, League of Nations, OJ, Spec Supp No 3 at 21 (1920); *Sauer/Wagner* (Fn 437) 59.

441 UN Doc A/47/277-S/24111 (1992).

442 Vgl *Stein/von Buttlar/Kotzur* (Fn 54) Rn 687 f.

werden konnte.[443] Andere Stimmen im Schrifttum gehen auch bei erheblicher zeitlicher Distanz von einem Fortwirken früherer Gewaltmaßnahmen einerseits bzw einer Verwirkung infolge Souveränitätsmissbrauchs andererseits aus, die einen Verbleib im Staatsverband dauerhaft unzumutbar machen können.[444] Allerdings tritt die einseitige Ausübung des äußeren Selbstbestimmungsrechts hinter Maßnahmen des UN-Sicherheitsrats zurück, wie sie im Fall des Kosovo mit der Resolution 1244 und der Einsetzung eines internationalen Verwaltungsregimes (UNMIK) erfolgt sind.[445]

166   Ein weiteres Bsp für eine völkerrechtlich unzulässige Verknüpfung von Selbstbestimmungs- und Sezessionsrecht haben die Vorgänge auf der ukrainischen Halbinsel Krim im Jahr 2014 sowie der Angriff Russlands auf die Ukraine im Jahr 2022 geboten.[446] Abgesehen davon, dass schwere Diskriminierungen oder gravierende Menschenrechtsverletzungen auf der Krim vor Beginn der russischen Intervention im Jahr 2014 nicht zu erkennen waren und auch nicht von neutraler Stelle nachgewiesen wurden, führte das russische Eingreifen zu einem schwerwiegenden Verstoß gegen das Gewaltverbot und machte darüber hinaus eine effektive Ausübung des Selbstbestimmungsrechts unmöglich.[447] Und selbst wenn eine freie und unbeeinflusste Volksabstimmung auf der Krim stattgefunden hätte, in der sich eine Mehrheit der Stimmberechtigten für eine Abspaltung von der Ukraine ausgesprochen hätte, wäre hieraus in Ermangelung weiterer Voraussetzungen kein Sezessionsrecht resultiert. Durch die Anwesenheit russischer Streitkräfte auf der Krim vor und während der Volksabstimmung wurde deren Ergebnis jedoch von vornherein entwertet und war daher außerstande, einen völkerrechtlich be-

---

443 *Schaller* (Fn 183) 139; *Vidmar* (Fn 183) 817f; früher zu diesen Fragen: *Weber,* Das Sezessionsrecht der Kosovo-Albaner und seine Durchsetzbarkeit, AVR 43 (2005) 494ff.
444 *Wirth* (Fn 435) 1072ff; *Vidmar* (Fn 183) 815ff; ein äußeres Selbstbestimmungsrecht auf das Jahr 1998/ 1999 beschränkend: *Schaller* (Fn 183) 139; *Almqvist,* in French (Fn 439) 165 (172ff).
445 *von Carlowitz,* UNMIK Lawmaking Between Effective Peace Support and International Self-Determination, AVR 41 (2003) 336 (365f); *Wirth* (Fn 435) 1074.
446 Vgl *Schmahl,* Völker- und europarechtliche Implikationen des Angriffskriegs auf die Ukraine, NJW 2022, 969ff; *Schaller,* Der Angriff auf die Ukraine im Lichte des Völkerrechts, NJW 2022, 832ff; *Luchterhandt,* Die Krim-Krise von 2014, Osteuropa 64 (2014) 61ff; *ders,* Der Anschluss der Krim an Russland aus völkerrechtlicher Sicht, AVR 52 (2014) 137ff; *Czerwonnaja,* Die Krim im „schwarzen Frühling" 2014, EJM 7 (2014) 255ff; *Hilpold,* Ukraine, Crimea and New International Law, Chinese JIL 14 (2015) 237ff; *ders,* Die Ukraine-Krise aus völkerrechtlicher Sicht, SZIER 25 (2015) 171ff; *Marxsen,* The Crimea Crisis, ZaöRV 74 (2014) 267ff; *ders,* Territorial Integrity in International Law, ZaöRV 75 (2015) 7ff; *Kranz,* Imperialism, the Highest Stage of Sovereign Democracy, AVR 52 (2014) 205ff; *Heintze,* Der völkerrechtliche Status der Krim und ihrer Bewohner, FW 89 (2014) 153ff; *Geistlinger,* Der Beitritt der Republik Krim zur Russländischen Föderation aus der Warte des Selbstbestimmungsrechts der Völker, AVR 52 (2014) 175ff; *Wildhaber,* Krim, Ostukraine und Völkerrecht, SZIER 25 (2015) 159ff; *Tolstykh,* Three Ideas of Self-determination in International Law and the Reunification of Crimea with Russia, ZaöRV 75 (2015) 119ff; *Salenko,* Legal Aspects of the Dissolution of the Soviet Union in 1991 and its Implication for the Reunification of Crimea with Russia in 2014, ZaöRV 75 (2015) 141ff; *Merezhko,* Crimea's annexation by Russia, ZaöRV 75 (2015) 167ff.
447 *Peters,* Das Völkerrecht der Gebietsreferenden, Osteuropa 64 (2014) 101ff; *Geistlinger* (Fn 446) 175ff.

Kau

lastbaren Abtrennungsbeschluss zu rechtfertigen.[448] Auch der Angriff Russlands auf die Ukraine im Jahr 2022 wurde teilweise unter dem Gesichtspunkt des Rechts auf Selbstbestimmung der für selbständig erklärten Republiken im Donbas geführt. Da jedoch offenbar wurde, dass russ Streitkräfte bereits vor dem breitangelegten Angriff auf die Ukraine im Ostteil des Landes in großem Umfang operierten, ist dies als äußere Intervention und gravierender Verstoß gegen das Gewaltverbot anzusehen. Eine Ausübung des Selbstbestimmungsrechts kommt unter diesen Bedingungen nicht in Betracht.[449]

Zur Beanspruchung des Selbstbestimmungsrechts und eines daraus abgeleiteten 167 Sezessionsrechts im Falle Kataloniens lässt sich rückblickend feststellen, dass der sich ab 2018 verschärfende, mittlerweile aber wieder abgeflaute Konflikt mit der spanischen Zentralregierung schwere Diskriminierungen oder gravierende Menschenrechtsverletzungen eben so wenig erkennen ließ wie ein Ausschluss der katalanischen Bevölkerung von der demokratischen Willensbildung und Repräsentation. Angesichts der spanischen Verfassungslage, die auf den Erhalt der „unauflöslichen Einheit der spanischen Nation" gerichtet ist, sowie einschlägiger Entscheidungen des spanischen Verfassungsgerichts[450] ist auch nicht ohne Weiteres ersichtlich, dass den Vertretern des spanischen Zentralstaates überhaupt verfassungskonforme Möglichkeiten eröffnet gewesen wären, sich der separatistischen Bewegung gegenüber nachgiebig zu zeigen. Katalonien und das von Seiten der separatistischen Bewegung beanspruchte Selbstbestimmungs- und Sezessionsrecht sind Ausdruck von in erster Linie subjektiv empfundenen Benachteiligungen und Zumutungen, die angesichts des bestehenden weitreichenden Autonomiestatus Kataloniens in der Realität keine unmittelbare objektiv erkennbare Bestätigung finden. Sie können für Außenstehende möglicherweise auch nur begrenzt nachvollziehbar sein, da es sich um subjektive Befindlichkeiten vor einem komplexen historischen und kulturellen Hintergrund handelt. Auf der Grundlage der im geltenden Völkerrecht und im völkerrechtlichen Schrifttum anerkannten Schutzkonzepte lässt sich bislang daher keine Grundlage erkennen, die eine Berufung

---

448 Z B *Bílková*, The Use of Force by the Russian Federation in Crimea, ZaöRV 75 (2015) 27 (30ff); *Czapliński/Debski/Tarnogórski/Wierczyńska*, The Case of Crimea's Annexation under International Law, 2. Aufl 2019.

449 Vgl *Kranz*, Russian Aggression in Ukraine: Demons in the 'War' for Peace or Crime without Punishment, AVR 60 (2022) 243ff; *Hartwig*, Russia and the Right to Self-determination in the Post-Soviet Space, ZaöRV 82 (2022) 501ff; hierzu auch bereits *Lundstedt*, The Changing Nature of the Contemporary Russian Interpretation of the Right to Self-determination under International Law, in Morris (Hrsg), Russian Discourses on International Law, 2019, 197ff; aus der Perspektive vor dem Angriffskrieg gegen die Ukraine: *Socher*, Russia and the Right to Self-determination in the Post-Soviet Space, 2021, 69ff (Tatarstan), 80ff (Tschetschenien), 105ff (Nagorno-Karabach), 112ff (Transnistrien), 123ff (Südossetien), 134ff (Abchasien) und 151ff (Krim).

450 Vgl *García Morales*, Bundeszwang und Sezession in Spanien: Der Fall Katalonien, DÖV 2019, 1 (13); *Toda Castán*, Grenzen verfassungsgerichtlicher Wirkungsmacht in existenziellen politischen Konflikten, EuGRZ 2018, 513ff; *Gragl*, Self-determination and Secession in the Case of Catalonia, Austrian Rev of Int'l Europ Law 22 (2017) 191ff; hierzu eingehend auch *Grimmeiß*, Sezession und Reaktion, 2018.

auf ein völkerrechtlich begründetes Selbstbestimmungs- und Sezessionsrecht in Katalonien erlauben oder gebieten würde.[451]

168   Im Ganzen führen der immer wieder zu beobachtende großzügige Umgang mit dem Selbstbestimmungsrecht der Völker und seine begriffliche Erwähnung in zahlreichen Dokumenten und Verträgen vielfach zu Erwartungen, die nicht der völkerrechtlichen Lage entsprechen. Dazu gehört vor allem die verbreitete Fehlvorstellung, dass mit dem Selbstbestimmungsrecht – unter bestimmten Umständen – auch außerhalb des Dekolonialisierungsprozesses ein Sezessionsrecht verbunden sein könnte. Dies ist jedoch weder dem Völkervertragsrecht noch dem Völkergewohnheitsrecht zu entnehmen, wenn auch der IGH im Hinblick auf ehemalige Kolonien mit Nachdruck auf seine gewohnheitsrechtliche Anerkennung hinweist.[452] Auch die ambivalente Rolle der Gewaltanwendung im Abspaltungsprozess – legitim, wenn er erfolgreich ist, strafbar, wenn er scheitert – bedarf noch der eingehenden rechtlichen Befassung.[453] Da nicht zu erwarten ist, dass sich die Staaten in größerem Umfang auf eine völkervertragliche Kodifizierung des Selbstbestimmungsrechts einigen werden oder sich eine einheitliche Staatenpraxis hierzu entwickelt, würde die Völkerrechtslehre gut daran tun, die Erwartungen an die *rechtliche* Gestaltungs- und Legitimationskraft des Selbstbestimmungsrechts der Völker zu dämpfen. Stattdessen sollte darauf hingewiesen werden, dass es sich dabei – auch nach über 100 Jahren – um ein völkerrechtliches Prinzip handelt, das in substanziellem Umfang politischen Bewertungen unterworfen ist.[454]

---

451 Hierzu auch *Casañas-Adam,* Constitutional Law and Secession in Spain, in Griffiths/Pavković/Radan (Fn 48) 604 ff; *Ragone,* Das Unabhängigkeitsreferendum in Katalonien, DÖV 2018, 341 ff; *Arzoz,* Autonomy and Self-determination in Spain, in Hilpold (Fn 430) 247 ff; *Toda Castàn,* Grenzen verfassungsgerichtlicher Wirkungsmacht in existenziellen politischen Konflikten, EuGRZ 2018, 513 ff; *Gamper,* Legalitätsfragen des katalanischen Gesetzes über das Selbstbestimmungsreferendum, EJM 11 (2018) 267 ff; *García Morales,* Bundeszwang und Sezession in Spanien: Der Fall Katalonien, DÖV 2019, 1 ff; *Queralt Jiménez,* The Populist Drift of the Catalan Pro-Independence Movement, in Kämmerer/Kotzur/Ziller (Hrsg), Integration und Desintegration in Europa, 2019, 255 ff; früher schon *González Pascual/Toda Castán,* Katalonien und Spanien: Bruch oder Verfassungsreform?, DÖV 2016, 269 ff; im Transfer: *Bergwanger,* Katalanische Umtriebe in Bayern – Länderabspaltung unter dem Grundgesetz?, NVwZ 2018, 620 ff; hierzu auch *Doerfert,* Sezession im Bundesstaat – Neun Fragen an das Grundgesetz, ZJS 2017, 711 ff

452 Z B *Western Sahara,* §§ 55 ff; *Burkina Faso v Mali,* § 25; *East Timor,* § 29; hierzu auch *Müllerson,* Self-Determination and Secession, in Hilpold (Fn 430) 77 ff; *Roth,* Self-determination as a Basis for a Right to Secession, in Griffiths/Pavković/Radan (Fn 48) 459 ff.

453 Z B *Yau,* The Legality of the Use of Force for Self-determination, Palestine YBIL 21 (2018) 32 ff; *Nicholson,* Self-determination and the Use of Force, in Griffiths/Pavković/Radan (Fn 48) 74 ff; *Mégret,* The Right to Self-Determination: Earned, Not Inherent, in Tesón (Hrsg), The Theory of Self-Determination, 2016, 45 ff; *Blake,* Civil Disobedience, Dirty Hands, and Secession, in ebd, 166 ff.

454 Zu jüngeren Entwicklungen vgl *Sparks,* Self-Determination in the International Legal System: Whose Claim, to What Right?, 2023; *Sebutinde,* Is the Right to Self-determination Jus Cogens: Reflections on the Chagos Advisory Opinion, in Tladi (Hrsg), Peremptory Norms of General International Law (Jus Cogens), 2021, 386 ff; *Konnova,* The Right to Self-determination and Time, in Risini/Boor/Lorenzmeier/Wuschka (Hrsg), Zeit und Internationales Recht, 2019, 273 ff; *Amoroso,* Wither the Principle of Self-determination in the Post-colonial Era? Building the Case for a Policy-oriented Approach, Palestine YBIL 20 (2017) 84 ff.

3. Die Staatsgewalt
a) Umfang der Staatsgewalt und Neutralität

Die Staatsgewalt umfasst die *Gebiets- und die Personalhoheit.* Auf dem Hoheitsgebiet 169
eines fremden Staats dürfen ohne dessen Zustimmung keine Hoheitsakte gesetzt werden. Selbst wenn der Heimatstaat aufgrund seiner Personalhoheit Sachverhalte außerhalb des Staatsgebiets zum Gegenstand gesetzlicher Regelungen macht, kann er eine Beachtung seiner Vorschriften nicht erzwingen. Weist ein Sachverhalt Auslandsbezug auf, kann der Staat diesen nur dann zum Gegenstand innerstaatlicher Gesetzgebung machen, wenn eine vernünftige nahe Beziehung zum Inland gegeben ist. Der Widerstreit zweier Rechtsordnungen aufgrund gleichzeitiger Anwendung von Personalitäts- und Territorialitätsprinzip wird durch das Internationale Strafrecht, das Internationale Privatrecht und das Internationale Verwaltungsrecht, hier insbes das Internationale Steuerrecht, etwa durch den Abschluss von Doppelbesteuerungsabkommen, geregelt.

Grundlagen des *Internationalen Strafrechts* sind die Territorialhoheit, die aktive 170
und passive Personalhoheit, der Schutz wichtiger Staatsinteressen sowie das Universalitätsprinzip. Die aktive Personalhoheit berechtigt Staaten, Regelungen für Staatsangehörige im Ausland zu treffen. Aufgrund der passiven Personalhoheit ist es einem Staat möglich, das Verhalten von Ausländern seiner Regelungsgewalt *(jurisdiction)* zu unterstellen, wenn durch jenes Verhalten einer seiner Staatsbürger im Ausland zu Schaden kam (so etwa § 7 Satz 1 lit d StGB). Das Territorialitätsprinzip als Ausfluss der Gebietshoheit ermöglicht es, Inlandstaten und solche, welche sich im Inland auswirken, unter Strafe zu stellen.[455] Nach dem Schutzprinzip darf ein Staat im Ausland von Ausländern begangene Taten unter Strafe stellen, wenn diese innerstaatliche Rechtsgüter betreffen. Eine Erweiterung des Schutzprinzips findet sich vor allem im Wettbewerbsrecht. Hier wird eine Jurisdiktion oftmals bereits dann in Anspruch genommen, wenn eine Kartellabrede zwischen Ausländern im Ausland den Wettbewerb auf dem inländischen Markt beeinflusst.[456] Staaten stellen außerdem vielfach gewisse allgemein für strafwürdig angesehene Delikte unter Strafe *(delicta iuris gentium).* Hierunter fallen etwa die Fälschung ausländischer Währung und der Rauschgift- und Menschenhandel (vgl § 6 StGB), sowie Verbrechen gegen die Menschlichkeit und schwere Verstöße gegen die Regeln des humanitären Kriegsrechts (vgl zB Zusatzprotokoll zu dem Genfer Abkommen v 8.6.1977). Das Weltstrafrechtsprinzip ermöglicht es, Straftaten, die ein Ausländer im Ausland begangen hat, zu verfolgen, wenn der Täter im Inland verhaftet wird, und der Gewahrsamsstaat nicht bereit ist, einem Auslieferungsbegehren des Staates nachzukommen, in welchem die Tat begangen worden ist.[457]

---

455 Vgl zum Ubiquitätsprinzip auch § 9 Abs 1 StGB.
456 Vgl zB Art 101 AEUV.
457 Vgl § 7 Abs 2 Nr 2 StGB; *Mégret,* "Do Not Do Abroad What you Would Not Do at Home?", CYIL 57 (2019) 1ff.

171   Aufgrund des völkergewohnheitsrechtlichen Instituts der *Neutralität*[458] können sich Staaten, die nicht in einen Krieg verwickelt werden wollen, für neutral erklären.[459] Bei der Neutralität kann zwischen drei Gruppen unterschieden werden. Mit „gewöhnlicher Neutralität" bezeichnet man den Rechtsstatus eines Staats, der sich an einem bestimmten Krieg zwischen anderen Staaten nicht beteiligt. Handelt es sich um eine „dauernde" oder „immerwährende" Neutralität, ist ein Staat auch in allen künftigen Kriegen zur Neutralität verpflichtet. Demgegenüber ist die „faktisch dauernde" Neutralität eine Maxime der Außenpolitik ohne völkerrechtliche Bindung.

172   Bestimmungen über die Neutralität finden sich im V. und XIII. Haager Übereinkommen v 1907 über die Neutralität im Land- bzw Seekrieg und für die amerikanischen Staaten in der Konvention von Havanna über die Seeneutralität v 1928.

173   Ein neutraler Staat ist verpflichtet, sich jeglichen Eingreifens in das Kriegsgeschehen zu enthalten und die Parteien nicht militärisch zu unterstützen. Das Handeln Privater ist hiervon ausgenommen. Militärische Handlungen von Kriegsparteien dürfen auf dem Staatsgebiet des neutralen Staats nicht stattfinden.

174   Zu den neutralen Staaten zählen u a der Vatikanstaat, Malta, die Schweiz und Laos. Die *Neutralität Österreichs* beruht auf dem Bundesverfassungsgesetz des österreichischen Nationalrats v 26.10.1955[460] und wurde von den Staaten, mit denen Österreich diplomatische Beziehungen unterhält, anerkannt.[461] Das österreichische Neutralitätsverständnis erfuhr im Laufe der Zeit einen Wandel. Während Österreich sich anfangs eher passiv verhielt, wandelte sich die Außenpolitik während der 1970er Jahre. So war Österreich 1973/74, 1991/1992 und 2009/2010 jeweils Mitglied des UN-Sicherheitsrates und ist seit 1995 Mitglied der EU. Insgesamt lässt sich die Absicht erkennen, eine eigenständige österreichische „Neutralitätsvariante" zu vertreten.

b) Staatsähnliche Völkerrechtssubjekte

175 Zu den staatsähnlichen Völkerrechtssubjekten gehören *Staatenverbindungen*[462] unterschiedlicher Art wie Protektorate[463] oder die ehemaligen Treuhands- und Mandatsgebiete.[464] Definiert wird die Staatenverbindung als ein auf eine gewisse Dauer angeleg-

---

458 Vgl *Bothe*, 8. Abschn Rn 104 ff.

459 Vgl zur Neutralität Neuhold (Hrsg), The European Neutrals in the 1990s: New Challenges and Opportunities, 1991; *Rotter*, Die dauernde Neutralität, 1981.

460 ÖBGBl 1955, 211 ff.

461 Die BR Deutschland gab am 7.12.1955 eine entsprechende Erklärung ab.

462 Vgl zu den Staatenverbindungen *Morrison*, Confederations of States, MPEPIL II, 601 ff; *von der Heydte*, Großmächte und Staatenverbindungen in dem sich wandelnden Völkerrecht unserer Zeit, FS Verdross, 1980, 445 ff.

463 Ein solches besteht heute noch für das Fürstentum Monaco, das aufgrund des Vertrags v 17.7.1918 ohne vorherige Zustimmung Frankreichs („entente préalable") keine völkerrechtlichen Verträge schließen darf (RGDIP 27 [1920] 217 ff). Vgl hierzu auch *Gallois*, Le régime de Monaco, 1964.

464 Diese sind mittlerweile alle in die Unabhängigkeit entlassen worden.

tes Rechtsverhältnis zwischen zwei oder mehreren Staaten, wobei idR ein gewisser Grad an Organisation und eine gewisse institutionelle Verfestigung – wie bei einem Bundesstaat oder einem Staatenbund zu finden – vorausgesetzt wird.

Ein *Bundesstaat*[465] ist eine *staats*rechtliche Staatenverbindung, bei der der Bund als **176** Völkerrechtssubjekt am völkerrechtlichen Verkehr teilnimmt. Die Gliedstaaten, in den USA States, in der Schweiz Kantone, in Deutschland Länder genannt, besitzen nicht die *völker*rechtliche Rechtsstellung von Staaten; ihnen kommt allenfalls eine potentielle partielle Völkerrechtssubjektivität zu. Dies hängt davon ab, inwieweit ihnen die gesamtstaatliche Verfassung ein unabhängiges Handeln auf völkerrechtlicher Ebene gestattet.

Ein einheitliches oder gar allgemeingültiges Modell des Bundesstaats existiert nicht. **177** So können die Funktionen von Gesamtstaat und Gliedstaaten klar voneinander getrennt sein, wie dies in den USA der Fall ist. Es ist aber auch möglich, dass sich die Funktionen wie etwa in Deutschland überschneiden, wo die Länder nach Art 83 GG im Regelfall Gesetze des Bundes als eigene Angelegenheiten ausführen, und Gerichte der Länder auch für die Anwendung von Bundesrecht zuständig sind.

Die bundesstaatliche Ordnung Deutschlands ist in Art 20 Abs 1 GG verankert. Art 32 **178** Abs 1 GG bestimmt, dass die Pflege der Beziehungen zu ausländischen Staaten dem Bund obliegt. Die Länder können nach Art 32 Abs 3 GG mit Zustimmung der Bundesregierung Verträge mit auswärtigen Staaten auf Gebieten schließen, auf denen sie gesetzgebungsbefugt sind. Ein Bsp für einen solchen Vertrag ist das Abkommen v 27.10.1969 über den Schutz des Bodensees gegen Verunreinigung, bei dem sowohl Baden-Württemberg als auch Bayern Vertragspartner sind.

Beabsichtigt der Bund, sich völkerrechtlich in Bereichen der Länderkompetenzen **179** zu verpflichten, muss er zuvor entsprechend der im sog *Lindauer Abkommen* v 14.11.1957 getroffenen Durchführungsregelung die Zustimmung der Länder einholen.[466]

Ein *Staatenbund* ist eine Staatenverbindung auf der Grundlage eines *völker*recht- **180** lichen Vertrags. Die Mitglieder behalten ihre Völkerrechtssubjektivität bei; ihre Beziehungen sind durch Völkerrecht geregelt.[467] Im Gegensatz zum Bundesstaat existiert keine Zentralregierung, doch verfügt der Staatenbund, der selbst Völkerrechtssubjekt ist, über eigene, von den Mitgliedstaaten getrennte Organe zur Erfüllung der gemeinsamen im Bundesvertrag umschriebenen Aufgaben. Ein Bsp für einen Staatenbund ist der Deutsche Bund (1815–1866). Kein Staatenbund ist hingegen der *Commonwealth of Nations*.[468]

---

465 Vgl *Rudolf,* Bundesstaat und Völkerrecht, AVR 27 (1989) 1ff.
466 ZaöRV 20 (1959) 116ff; vgl *Stern,* Auswärtige Gewalt und Lindauer Abkommen, FS Heymanns Verlag, 1995, 251ff. Eine ähnliche Regelung existiert seit der Novelle des Bundesverfassungsgesetzes v 1988 auch für die österreichischen Bundesländer, die nun in Angelegenheiten, die in ihren Wirkungsbereich fallen, Staatsverträge mit an Österreich angrenzenden Staaten oder deren Teilstaaten abschließen können (ÖBGBl 1990, 445); vgl hierzu *Hammer,* Länderstaatsverträge, 1992; *Rack,* Österreichs Länder und das Völkerrecht, AVR 27 (1989) 31ff.
467 Vgl zum Staatenbund auch *Hobe,* Einführung in das Völkerrecht, 11. Aufl 2020, 121f.
468 Vgl *Green,* British Commonwealth, EPIL II, 1992, 495 (498).

181   Eine *zwischenstaatliche I.O.*[469] beruht auf einer Vereinigung von zwei oder mehr Staaten durch einen völkerrechtlichen Gründungsvertrag. Die I.O. wird in diesem Vertrag mit der selbständigen Wahrnehmung von Aufgaben betraut. Neben diesen ausdrücklich genannten Aufgaben kommen der Organisation diejenigen Kompetenzen zu, die zur Erfüllung der vertraglich festgelegten Aufgaben notwendig und mit eingeschlossen sind *(implied powers).* Außerdem muss die I.O. zumindest ein handlungsbefugtes Organ haben.

182   Die Völkerrechtssubjektivität der Mitgliedstaaten bleibt erhalten; allerdings kann die völkerrechtliche Handlungsfähigkeit eingeschränkt werden, sofern Aufgaben und Funktionen, die herkömmlicherweise von den Mitgliedstaaten wahrgenommen werden, nunmehr durch die I.O. erfüllt werden. Das Prinzip der Staatengleichheit führt im Allgemeinen zu einer Stimmengleichheit innerhalb der I.O. Eine Sonderstellung unter den I.O. nimmt wegen ihrer umfangreichen Aufgaben die UNO ein.[470]

183   Nicht in die Gruppe der I.O. gehören die *multilateralen diplomatischen Konferenzen.* Sie können sich jedoch allmählich zu einer Organisation weiterentwickeln, wie das Bsp der OSZE zeigt. Die Schaffung einer Organisation ist im Budapester Dokument v 5./6.12.1994[471] enthalten, das der KSZE neue Dynamik verleihen sollte.[472] Die seit 1.1.1995 bestehende OSZE[473] ist ein Hauptinstrument zur Frühwarnung, Konfliktverhütung sowie Krisenbewältigung in der Region. Daneben wurde zusätzlich zu den bereits bestehenden Einrichtungen wie dem Sekretariat in Prag[474] und dem Hohen Kommissar für Minderheiten ein Vergleichs- und Schiedsgerichtshof in Genf beschlossen, dessen konstituierende Sitzung am 29.5.1995 stattfand.[475]

184   *S. O.* wie die EU weisen einen höheren Grad an Integration auf als die übrigen I.O. Sie verfügen über weitergehende Kompetenzen als I.O. wie etwa die Befugnis, für die Mitgliedstaaten bindende Beschlüsse – auch gegen den Willen einzelner Mitglieder – zu fassen. Beschlüsse gelten in den Mitgliedstaaten unmittelbar ohne staatliche Durchführungsmaßnahmen, und es besteht eine effektive Möglichkeit der Durchsetzung dieser Beschlüsse (zB durch innerstaatliche Gerichte oder Klagen vor einem Gericht der S. O.). Insbes ist die Möglichkeit hervorzuheben, dass S. O. eigene Rechtsvorschriften hervorbringen können, auf deren Geltung die Mitgliedstaaten nach wirksamer Verabschiedung nur noch durch gerichtliche Überprüfung, in erster Linie auf supranationaler Ebene (Art 259 AEUV), Einfluss nehmen können. Daneben existieren weisungsunabhängige

---

469 Vgl *Schmahl*, 4. Abschn Rn 12 ff.

470 Vgl *Hüfner*, Die Vereinten Nationen und ihre Sonderorganisationen, 1986.

471 Int Pol 1995, 73 ff.

472 Vgl zum Übergang der KSZE zur OSZE *Schweifurth*, Die juristische Mutation der KSZE, FS Bernhardt, 1995, 213 ff; *Tretter*, Von der KSZE zur OSZE, EuGRZ 1995, 296 ff.

473 Nach Kap 1 Nr 2 sollen alle Bezugnahmen auf die KSZE künftig als Bezugnahme auf die OSZE betrachtet werden.

474 Zusätzlich wurden bestehende Organe umbenannt.

475 EuGRZ 1995, 345 ff.

(quasi-)parlamentarische Organe und gerichtliche Organe mit obligatorischer Gerichtsbarkeit.

In Europa wurde im Anschluss an die Einheitliche Europäische Akte v 1.7.1987[476] am **185** 7.2.1992 in Maastricht der Vertrag über die *Europäische Union* unterzeichnet, der durch den Amsterdamer Vertrag v 2.10.1997[477] und den Vertrag von Nizza v 26.2.2001[478] modifiziert wurde. Hinsichtlich der Rechtsqualität der EU stellte das BVerfG fest, dass durch den Unionsvertrag ein Staatenverbund zur Verwirklichung einer immer engeren Union der – staatlich organisierten – Völker Europas (vgl Art 1 Abs 2 EU aF) begründet werde, jedoch kein sich auf ein europäisches Staatsvolk stützender Staat.[479] Nach dem Scheitern des Europäischen Verfassungsvertrags (2004) wurde am 13.12.2007 der *Vertrag von Lissabon* unterzeichnet, der sich seit dem 1.12.2009 in Kraft befindet.[480] Ungeachtet der zwischenzeitlichen Entwicklungen stellt die EU nach Auffassung des BVerfG weiterhin lediglich einen Staatenverbund dar, dessen Befugnisse auf einer Vereinbarung der Mitgliedstaaten und der von diesen enumerativ übertragenen „Zuständigkeiten zur Verwirklichung ihrer gemeinsamen Ziele" beruhen (Art 1 Abs 1 EUV).[481]

---

476 BGBl 1986 II, 1102ff.

477 Vgl *Karpenstein*, Der Vertrag von Amsterdam im Lichte der Maastricht-Entscheidung des BVerfG, DVBl 1998, 942ff; Kluth (Hrsg), Die Europäische Union nach dem Amsterdamer Vertrag, 2000; *Rossi*, Entwicklung der europäischen Verfassung, DVBl 1999, 529ff.

478 Vgl *Borchmann*, Der Vertrag von Nizza, EuZW 2001, 170ff; *Epiney/Freiermuth/Mosters*, Der Vertrag von Nizza, DVBl 2001, 941ff; *Fischer*, Der Vertrag von Nizza, 2001; *Hatje*, Reform der Europäischen Union, EuR 2001, 143ff; *Oppermann*, Vom Nizza-Vertrag 2001 zum Europäischen Verfassungskonvent 2002/2003, DVBl 2003, 1ff; *Pache/Schorkopf*, Der Vertrag von Nizza, NJW 2001, 1377ff; *Wiedmann*, Der Vertrag von Nizza, EuR 2001, 185ff.

479 Unionsvertrag: BGBl 1992 II, 1251ff. Vgl zu ihm bzw zur Maastricht-Entscheidung des BVerfG *Oppermann/Classen*, Die EG vor der Europäischen Union, NJW 1993, 5ff; *Ress*, Die Europäische Union und die neue juristische Qualität der Beziehungen zu den Europäischen Gemeinschaften, JuS 1992, 985ff; *Steinberger*, Die Europäische Union im Lichte der Entscheidung des Bundesverfassungsgerichts vom 12. Oktober 1993, FS Bernhardt, 1995, 1313ff.

480 BGBl 2008 II, 1038; *Oppermann*, Die Europäische Union von Lissabon, DVBl 2008, 473ff; *Murswiek*, Die heimliche Entwicklung des Unionsvertrages zur europäischen Oberverfassung, NVwZ 2009, 481ff; *Weber*, Vom Verfassungsvertrag zum Vertrag von Lissabon, EuZW 2008, 7ff; *Steiner*, Deutschland und der Reformvertrag von Lissabon, DVP 2008, 485ff; *Streinz*, Die „Verfassung" der Europäischen Union nach dem Scheitern des Verfassungsvertrags und dem Vertrag von Lissabon, ZG 2008, 105ff; *Hatje/Kindt*, Der Vertrag von Lissabon, NJW 2008, 1761ff; *Pache/Rösch*, Der Vertrag von Lissabon, NVwZ 2008, 473ff; *Bergmann*, Bericht aus Europa, DÖV 2008, 305ff.

481 BVerfGE 123, 267, 1. Leitsatz, 348 und 379 *[Vertrag von Lissabon]*.

4. Entstehung und Untergang von Staaten
a) Grundlagen

186 Staaten wurden früher auf unbesiedeltem Gebiet bzw in Gebieten gegründet, die nach damaliger Vorstellung von nichtzivilisierten Völkern besiedelt waren.[482] Heute entstehen Staaten durch Veränderungen des bisherigen Staatengefüges. Diese können entweder gegen den Willen eines Staates erfolgen oder mit dessen Zustimmung, wie der Beitritt der ehemaligen DDR zur Bundesrepublik Deutschland zeigt (vgl u Rn 232ff).

187 An Entstehung und Untergang von Staaten werden *hohe Anforderungen* gestellt, um eine größtmögliche Stabilität auf völkerrechtlicher Ebene zu gewährleisten. Territoriale Veränderungen allein haben auf den Bestand eines Staats keinen Einfluss, wie der Grundsatz der beweglichen Vertragsgrenzen zeigt (vgl u Rn 207 ff). Ebenso wirken sich Verfassungsänderungen, Revolutionen oder Regierungswechsel auf Bestand oder Identität eines Staats nicht aus. Notwendig für einen Untergang ist vielmehr, dass das Staatsgebiet oder das Staatsvolk auf Dauer und gänzlich verloren geht.[483]

188 Einen Sonderfall stellen Staaten dar, die gewaltsam einem anderen durch Annexion einverleibt wurden. Erlangen solche Staaten nach einigen Jahren wieder ihre Unabhängigkeit und Souveränität, werden diese *wiederhergestellten Staaten*[484] im Wege der juristischen Fiktion als mit dem früheren Staat identisch angesehen. Zu den wiederhergestellten Staaten zählen Österreich nach 1945 und die baltischen Staaten nach 1991. Die Annahme, dass die Unabhängigkeit nicht kraft Sezession von der früheren UdSSR erfolgt sei, sondern dass es sich um die Wiederherstellung des früheren annektierten Staates gehandelt habe, wird bei der Staatsangehörigkeitsgesetzgebung deutlich.

189 Bei der Entstehung und dem Untergang von Staaten können Prozesse der *Integration* und der *Desintegration* unterschieden werden.

190 Eine Integration kann durch Fusion oder Inkorporation erfolgen. Eine *Fusion* liegt vor, wenn sich zwei oder mehrere bisher unabhängige Staaten zu einem neuen Bundesoder Einheitsstaat auf der Ebene der Gleichberechtigung zusammenschließen. Auf diese Weise sind der Norddeutsche Bund und 1870 das Deutsche Reich entstanden. Bei einer *Inkorporation* tritt ein Staat in einen bestehenden Staatsverband ein. Um Aufnahme in den US-amerikanischen Staatsverband ersuchten Texas und Hawaii 1845 bzw 1898.

191 Ein Auseinanderbrechen bestehender Staaten ist durch Sezession oder durch Dismembration möglich (zu den neuen mittel- und osteuropäischen Staaten Rn 199ff). *Dismembration* liegt vor, wenn ein Staat in zwei oder mehrere Nachfolgestaaten zerfällt und der Vorgängerstaat vollständig untergeht.[485] In der Geschichte fand eine Dismembration beim Auseinanderfall des Heiligen Römischen Reichs Deutscher Nation 1806 – sofern man dieses als Staat bezeichnet – oder 1832 im Fall von Großkolumbien statt, das in die

---

482 So etwa die Gründung der Buren-Staaten, des Kongostaats und Liberias. Allg zur Staatenentstehung *Crawford* (Fn 187); *Gornig*, Ungarn und der Frieden von Trianon, 2019.
483 *Schiedermair*, Der Untergang von Staaten und das Problem der Staatennachfolge, ZöR 59 (2004) 135ff
484 Vgl zu ihnen *Dahm/Delbrück/Wolfrum* (Fn 88) 138 und 144 mwN.
485 Vgl zur Dismembration *Tancredi*, Dismemberment of States, MEPIL III, 2012, 159ff.

drei Staaten Neugranada, Venezuela und Ecuador zerfiel. Bei einer *Sezession* löst sich ein Teilgebiet aus einem bestehenden Staatsverband, um sich einem anderen Staat anzuschließen oder um einen eigenen unabhängigen und souveränen Staat zu gründen.[486]

Bei einer Sezession besteht der Vorgängerstaat auf einem verkleinerten Gebiet im neuen Rechtsstatus unverändert weiter. Auch wenn die Sezession in Art 72 der Verfassung der Sowjetunion v 7.10.1977 und in der Präambel der Verfassung Jugoslawiens v 21.2.1974 enthalten war,[487] gibt es dennoch kein allg, aus dem Selbstbestimmungsrecht der Völker resultierendes Recht auf Sezession (s o Rn 125 ff). Die Bsp für Sezessionen sind zahlreich, betrachtet man die Staatenentstehung in Asien und Afrika. Voraussetzung dafür, dass die neue Einheit einen Staat bildet, ist eine tatsächliche Unabhängigkeit. Dies bedeutet, dass die *Herrschaftsgewalt* eine *ausreichende Stabilität und Effektivität* aufweisen muss. **192**

b) Die völkerrechtliche Anerkennung

Die Bedeutung der Anerkennung für die Entstehung neuer Staaten hat im Laufe der Geschichte einen Bedeutungswandel erfahren. Während man früher annahm, dass sie notwendig sei, damit ein Gebilde als Staat betrachtet werden könne (*konstitutive* Theorie), ist nach heute hM die Existenz eines Staats hiervon unabhängig (*deklaratorische* Theorie).[488] Diese Auffassung vertrat auch das BVerfG, als es feststellte, dass die DDR ein Staat iS. Völkerrechts und als solcher Völkerrechtssubjekt sei. Diese Feststellung sei unabhängig von ihrer völkerrechtlichen Anerkennung durch die BR Deutschland.[489] Autoritativer und zugleich konstitutiver Charakter für die staatliche Anerkennung kommt regelmäßig der Aufnahme als Mitglied in die Vereinten Nationen zu, da Art 4 UN-Charta voraussetzt, dass es sich beim neuen Mitglied um einen Staat handelt. **193**

Unter Anerkennung versteht man die Willensäußerung eines Staats dahingehend, dass er einen bestimmten Tatbestand, eine bestimmte Rechtslage oder einen bestimmten Anspruch als bestehend oder rechtmäßig anerkennt.[490] Bei der Anerkennung handelt es sich um eine einseitige, empfangsbedürftige Willenserklärung, die entweder ausdrücklich oder stillschweigend durch konkludentes Handeln wie die Aufnahme diplomatischer Beziehungen oder den Abschluss eines völkerrechtlichen Vertrags erfolgen kann. **194**

---

486 Vgl zur Sezession *Thürer/Burri*, Secession, MPEPIL IX, 53 ff.

487 Die Verfassungen finden sich bei *Brunner/Meissner*, Verfassungen der kommunistischen Staaten, 1980, 374 ff und 398 ff.

488 Vgl *Hillgenberg*, Zur völkerrechtlichen Anerkennung von Staaten, FS Tomuschat, 2006, 947 ff; *Frowein*, Recognition, MPEPIL VIII, 656 ff; für eine konstitutive Wirkung *Hillgruber*, Die Aufnahme neuer Staaten in die Völkerrechtsgemeinschaft, 1998, 743 ff; mit vermittelnder Position *Shaw* (Fn 65) 329 ff.

489 BVerfGE 36, 1, 22. Zur Anerkennung allg *Talmon* (Fn 69); *Visoka/Doyle/Newman* (Fn 437).

490 Vgl zur Definition *Bindschedler*, Die Anerkennung im Völkerrecht, BerDGVR 4 (1961) 1 ff sowie die Resolution des Institut de Droit International v 1936, AJIL 30 (1936), Suppl, 185.

195   Nach Inhalt und Rechtswirkung der Anerkennungen unterscheidet man *de iure-* und *de facto*-Anerkennungen. Während Erstere endgültig und vollständig erfolgt, kommt Letzterer vorläufiger Charakter zu; es ist daher möglich, sie bei einer späteren Änderung der politischen Verhältnisse zurückzunehmen.[491] Im anglo-amerikanischen Rechtskreis existiert daneben die *Anerkennung von Regierungen*. Diese bedeutet die förmliche Feststellung, dass ein bestimmtes Regime die effektive Regierung eines Staats ist, und beinhaltet eine Verpflichtung, dieses Regime als die Regierung des betreffenden Staats zu behandeln. Die Anerkennung als Regierung beinhaltet zwangsläufig die Anerkennung der Staatseigenschaft derjenigen Einheit, die von der Regierung vertreten wird. Im Völkerrecht besteht keine Verpflichtung, ein Regime als die Regierung anzuerkennen, wenn die Herrschaft durch völkerrechtswidrige Anwendung von Gewalt erlangt worden ist. Darüber hinaus wird zwischen der Anerkennung von Regierungen und der Begründung diplomatischer Beziehungen unterschieden.[492]

196   Eine Änderung der bisherigen Anerkennungspraxis kann seit der *Entstehung der südosteuropäischen Staaten* in Europa festgestellt werden. Als sich hier die einzelnen Teilrepubliken des früheren Jugoslawiens nach und nach für unabhängig und souverän erklärten,[493] legte der damalige EG-Ministerrat am 16.12.1991 diejenigen Bedingungen fest, die die neu entstandenen Staaten für ihre Anerkennung zu erfüllen hatten.[494] Inhaltlich gehen die hier beschlossenen Anerkennungsrichtlinien über die bisherige völkerrechtliche Praxis hinaus. So hängt die Anerkennung als Staat davon ab, ob Bestimmungen der UN-Charta sowie der Schlussakte von Helsinki und der Charta von Paris, insbes die Verpflichtungen hinsichtlich Rechtsstaatlichkeit, Demokratie und Menschenrechte, eingehalten wurden. Ferner wurden die Achtung der Unverletzlichkeit territorialer Grenzen sowie die Verpflichtung zur Bedingung gemacht, alle Fragen im Zusammenhang mit der Staatennachfolge einvernehmlich, insbes durch ein Schlichtungsverfahren, zu regeln. Bei diesem umfangreichen Katalog lag die Annahme nahe, es handle sich nicht um Kriterien für eine Anerkennung, sondern um politische Voraussetzungen für die Aufnahme diplomatischer Beziehungen.[495]

197   Die Entscheidung darüber, ob die neuen Staaten diese Kriterien erfüllten, wurde von einer Schiedskommission (der sog *Badinter*-Kommission) getroffen, die im Rahmen

---

491 Vgl zur Anerkennung auch *Hobe* (Fn 467) 71 ff; *Talmon* (Fn 69) 21 ff.

492 Hierzu ALI Restatement, 1987 § 203; vgl auch *Talmon*, Luftverkehr mit nicht anerkannten Staaten – Der Fall Nordzypern, AVR 43 (2005) 1 ff.

493 Als erste erklärten Slowenien und Kroatien am 25.6.1991 den Austritt aus der SFRJ und am 10.10.1991 ihre Unabhängigkeit (EA 46 [1991] D 528 ff).

494 EA 1992, D 120 ff = ILM 31 (1992) 1486 ff. Vgl zur neuen Anerkennungspraxis auch *Rich*, Recognition of States, EJIL 4 (1993) 36 ff; *Türk*, Recognition of States, EJIL 4 (1993) 66 (68 f).

495 *Hummer*, Probleme der Staatennachfolge am Beispiel Jugoslawien, SZIER 3 (1993) 425 (440). Vgl auch *Weller*, The International Response to the Dissolution of the Socialist Federal Republic of Yugoslavia, AJIL 86 (1992) 569 (588): „This exclusive catalogue of criteria, far in excess of traditional standards for recognition of statehood, confirms that the community was not applying general international law in the determination of its position."

Kau

der Haager Jugoslawienkonferenz durch die EPZ errichtet wurde. Während die Anerkennung Sloweniens uneingeschränkt befürwortet wurde,[496] stand die Kommission der Anerkennung Kroatiens zunächst skeptisch gegenüber, da sie der Auffassung war, der Schutz der serbischen Minderheit in der Krajina sei nicht ausreichend gewährleistet. Zweifel konnten durch eine Erklärung des damaligen kroatischen Präsidenten *Tudjman* beigelegt werden. Bosnien-Herzegowina wurde trotz der 1992 beginnenden Kämpfe und trotz Zweifeln der Kommission[497] anerkannt und am 22.5.1992 in die UNO aufgenommen. Eine Anerkennung Mazedoniens wurde zunächst trotz Befürwortung durch die Kommission nicht vorgenommen, da Griechenland Gebietsansprüche auf den griechischen Teil Mazedoniens befürchtete. Mazedonien ergänzte daraufhin seine Verfassung dahingehend, dass es keine Territorialforderungen gegen Nachbarstaaten erheben und sich weder in deren souveräne Rechte noch in ihre inneren Angelegenheiten einmischen werde. Mazedonien wurde schließlich am 8.4.1993 als „Frühere/Ehemalige Jugoslawische Republik Mazedonien" in die UNO aufgenommen.[498] Allerdings führte dies immer noch nicht dazu, dass der Konflikt mit Griechenland ausgeräumt war. Erst die auf der Grundlage einer Einigung mit Griechenland erfolgte Umbenennung in Republik Nordmazedonien seit dem 12.2.2019 soll zu einer Entspannung führen. Hiermit verbunden ist die Bereitschaft Griechenlands, einen künftigen Beitritt Nordmazedoniens zu EU und NATO nicht mehr zu blockieren. Wie die vergleichsweise knappe Abstimmung über das Abkommen im griechischen Parlament (153 von 300 Abgeordneten) jedoch gezeigt hat, bleibt abzuwarten, ob der langjährige Konflikt damit auch dauerhaft beigelegt ist.

Ein weiterer offener Konflikt in der Staatengemeinschaft entstand nach der Unabhängigkeitserklärung des Kosovo v 17.2.2008. Während mittlerweile mehr als 110 Staaten einschließlich der USA, Großbritanniens, Frankreichs und Deutschlands das Kosovo anerkannt haben, äußerten sich die VR China, Indonesien und Vietnam kritisch. Serbien und Russland verurteilten die Unabhängigkeitserklärung und vertreten unverändert die Auffassung, dass es sich dabei um einen Bruch des geltenden Völkerrechts handele.[499] Der Kosovo ist ein Bsp dafür, dass die Ansammlung von Anerkennungserklärungen allein nicht ausreicht, einen Konflikt im Hinblick auf die Staatlichkeit beizulegen oder auch nur die damit zusammenhängenden Rechtsfragen zu klären, zumal ein Blick auf die geografische Verteilung der Anerkennungen zeigt, dass weite Teile Asiens (zB

198

---

496 ILM 31 (1992) 1512.

497 Die *Badinter*-Kommission stellte fest, „[...] that the will of the people of Bosnia-Herzegowina to constitute the Socialist Republic of Bosnia-Herzegowina (SRBH) as a sovereign and independent State cannot be held to have been fully established."

498 Die BR Jugoslawien ist nach acht Jahren ohne Stimm- und Rederecht seit November 2000 wieder vollberechtigtes UN-Mitglied (Beschluss der UN-Generalversammlung v 1.11.2000, Res A/RES/55/12); am 4.2.2003 Namensänderung in „Serbien und Montenegro". Nachdem sich Montenegro für unabhängig erklärt hat, lautet der Name nunmehr „Republik Serbien".

499 *Schaller* (Fn 183) 131 ff.

China, Indien, Indonesien, Iran), Südamerikas (zB Brasilien, Argentinien, Venezuela, Chile, Bolivien) und Afrikas (zB Algerien, Kongo, Südafrika) bislang hierzu nicht bereit waren.

c) Die neu entstandenen Staaten in Mittel- und Osteuropa

199 Bei der Entwicklung in Mittel- und Osteuropa stellte sich vor allem die Frage, wie das Auseinanderbrechen der Bundesstaaten rechtlich qualifiziert werden sollte. Während die Teilung der *Tschechoslowakei* zum 1.1.1993 dazu führte, dass die alte CSFR untergegangen war,[500] musste im Hinblick auf die Ereignisse im ehemaligen Jugoslawien und in der ehemaligen UdSSR entschieden werden, ob die neuen Staaten aufgrund einer Reihe von Sezessionen oder aber durch Dismembration entstanden waren.

200   Im ehemaligen *Jugoslawien* schien zunächst alles dafür zu sprechen, dass aufgrund der nacheinander erfolgten Unabhängigkeitserklärungen Sezessionen der Teilrepubliken vorlagen. Diese These wurde insbes von Rest-Jugoslawien, der Föderativen Republik Jugoslawien, vertreten, die nach ihrer Umgründung in Anspruch nahm, für ganz Jugoslawien zu handeln und gegenüber dem UN-Generalsekretär die Bereitschaft erklärte, alle Rechte und Verpflichtungen Jugoslawiens wahrzunehmen und zu erfüllen.[501] Die *Badinter*-Kommission hingegen entschied sich für eine Auflösung Jugoslawiens durch *Dismembration,* was von der Staatengemeinschaft im Wesentlichen übernommen wurde. So verwendete der UN-Sicherheitsrat am 15.5.1992 erstmals den Ausdruck „ehemalige Sozialistische Föderative Republik Jugoslawien" und wies den Anspruch des Reststaats, die Mitgliedschaft in der Organisation automatisch fortzusetzen, zurück.[502] In der Resolution 777 (1992) stellte der UN-Sicherheitsrat schließlich fest, „that the state formerly known as the Socialist Federal Republic of Yugoslavia has ceased to exist."[503] Der IGH nahm zu dieser Frage im Verfahren Bosnien-Herzegowinas gegen Jugoslawien keine Stellung.[504] Im Falle des Kosovo wurde eine offizielle Festlegung hierüber sorgsam vermieden, wenn auch im Schrifttum meist ohne größere Erörterung von einer Sezession des Kosovo von Serbien ausgegangen wird.[505]

---

500 Vgl *Hosková,* Die Selbstauflösung der CSFR, ZaöRV 53 (1993) 689 ff.

501 Kontinuität seitens der FRJ wird insbes von *Blum,* UN Membership of the „New" Yugoslavia, AJIL 86 (1992) 830 (833) befürwortet. Ähnlich *Hummer,* Probleme der Staatennachfolge am Beispiel Jugoslawien, SZIER 3 (1993) 425 (436).

502 S/RES/752 (1992), VN 40 (1992) 109; ebenso auch S/RES/757, VN 40 (1992) 110.

503 Für Untergang spricht sich auch aus: *Kristan,* Verfassungsentwicklung und Verfassungsordnung Sloweniens, ZaöRV 53 (1992) 322 (329).

504 ICJ Rep 1993, 3, 12 *[Völkermordkonvention I]* mit Anm *Oellers-Frahm,* ZaöRV 53 (1993) 638 ff; vgl nunmehr das Urteil in der Hauptsache *[Völkermordkonvention II],* ICJ Rep 2007, 43 ff.

505 ZB *Schaller* (Fn 183) 131 ff; *Warbrick* (Fn 183) 675 ff.

Kau

Bei den Ereignissen in der ehemaligen *UdSSR* sprachen sowohl Gründe für die An- 201
nahme, die Russische Föderation setze den Sowjetstaat fort, als auch für einen Untergang der UdSSR durch Dismembration.[506]

Nachdem die baltischen Staaten im Februar und März 1990 die Wiederherstellung 202
ihrer Unabhängigkeit und Souveränität erklärt hatten, unterzeichneten die drei slawi-
schen Staaten Russland, Weißrussland und die Ukraine in Minsk am 8.12.1991 ein Übereinkommen, dessen Präambel feststellt, dass die UdSSR als geopolitische Realität ihre
Existenz beendet habe. Eine Auflösung zum damaligen Zeitpunkt fand jedoch nicht statt,
da es an der Mitwirkung der anderen Unionsrepubliken fehlte.[507] Art 13 Abs 2 des Minsker Abkommens eröffnete daher den anderen Republiken den Beitritt, der mit der Vereinbarung von Alma-Ata am 21.12.1991 vollzogen wurde. Erst jetzt konnte der Unionsvertrag v 30.12.1922 wirksam durch *actus contrarius* aufgehoben werden.[508]

Obgleich diese Dismembration zu einer gleichberechtigten Nachfolge aller neuen 203
Staaten hätte führen müssen, übernahm die *Russische Föderation als Fortsetzerstaat*
Rechte und Pflichten der ehemaligen UdSSR auf völkerrechtlicher Ebene. Deutlich wird
dies insbes an Russlands Fortsetzung der Mitgliedschaft der früheren UdSSR im UN-Sicherheitsrat.[509] Dieses Einrücken der Russischen Föderation an die Stelle der ehemaligen UdSSR fand seine Grundlage darin, dass Russland insoweit als „Fortsetzer" der ehemaligen UdSSR *akzeptiert* wurde,[510] was auch in einer entsprechenden Erklärung der
GUS-Staaten seinen Niederschlag fand.[511]

---

506 Für Untergang *Blum*, Russia Takes over the Soviet Union's Seat at the United Nations, EJIL 3 (1992) 354
(359); *Schweisfurth*, Ausgewählte Fragen der Staatensukzession im Kontext der Auflösung der UdSSR, AVR
32 (1994) 99 (102f); *Seiffert*, Von der Sowjetunion (UdSSR) zur Gemeinschaft Unabhängiger Staaten (GUS),
Osteuroparecht 38 (1992) 79 (87f). Vgl aber *Bothe/Schmidt*, Sur quelques questions de succession posées
par la dissolution de l'URSS et celle de la Yougoslavie, RGDIP 96 (1992) 811 (824); *Weyer*, Die Mitgliedschaftsrechte der ehemaligen Sowjetunion in den Vereinten Nationen, ROW 36 (1992) 167 (177).
507 So auch *Schweisfurth*, Vom Einheitsstaat (UdSSR) zum Staatenbund (GUS), ZaöRV 52 (1992) 541 (637);
Weyer (Fn 506) 169.
508 So auch die Vereinbarung von Alma-Ata: „With the establishment of the Commonwealth of Independent States, the Union of Soviet Socialist Republics ceases to exist" (ILM 31 [1992] 149).
509 Vgl die Erklärung des damaligen russischen Außenministers v 26.12.1991: „[...] the participation of
the Union of the Soviet Socialist Republics [...] in all conventions, agreements and other legal instruments,
concluded in the framework of the United Nations shall be continued by the Russian Federation and in
this connection the name Russian Federation shall be used instead of the name Union of the Soviet Socialist Republics in the United Nations."
510 Eine Feststellung dahingehend, dass alle Teilnehmerstaaten der GUS Rechtsnachfolger bzgl der ehemaligen UdSSR sind, wurde vom Rat der Staatschefs bei seinem Treffen in Kiew am 20.3.1992 nach Prüfung von Fragen der Rechtsnachfolge in Verträge von gegenseitigem Interesse und im Hinblick auf Staats-
eigentum, Aktiva und Schulden der ehemaligen UdSSR getroffen.
511 "The States of the Commonwealth support Russia's continuance of the membership of the Union of
Soviet Socialist Republics in the United Nations, including permanent membership of the Security Council, and other international organizations" (ILM 31 [1992] 151).

5. Die Staatensukzession
a) Begriff und Rechtsgrundlage

204 Bei der Entstehung neuer Staaten oder dem Untergang eines Staats stellt sich u a die Frage, an welche völkerrechtlichen Verträge der Nachfolgestaat gebunden sein soll, bzw in welche vermögenswerten Rechte er eintreten kann. Allgemeine Regeln des Völkerrechts haben sich in diesem Bereich nur zT entwickelt. Eine erste Kodifikation wurde mit der *Wiener Konvention über die Staatennachfolge in Verträge* v 23.8.1978 (in Kraft seit 1996) und der *Wiener Konvention über die Staatennachfolge in Staatsvermögen, Staatsschulden und Staatsarchive* v 8.4.1983 (noch nicht in Kraft) versucht. Parteien der erstgenannten Konvention sind zahlreiche Staaten aus Mittel- und Osteuropa, die zum Teil selbst an Staatensukzessionen beteiligt waren (zB Tschechische Republik, Slowakei, Slowenien, Kroatien, Serbien, Montenegro, Bosnien-Herzegowina, Moldawien).

205 Eine *Definition* der Staatensukzession ist in beiden Wiener Konventionen enthalten: "'Succession of States' means the replacement of one state by another in the responsibility for the international relations of territory."[512]

206 Die Frage nach dem Übergang von Rechten und Pflichten stellt sich also nur, wenn ein tatsächlicher Wechsel stattgefunden hat, und es sich nicht nur um rein staatsinterne Vorgänge wie etwa einen Regierungswechsel handelt. Im Gegensatz zum Zivilrecht geht man nicht davon aus, dass der Nachfolgestaat in die Gesamtheit der Rechte und Pflichten des Vorgängerstaats eintritt (zB §§ 1922, 1967 BGB), sondern es gilt der Grundsatz der *Spezialsukzession.*

b) Die Nachfolge in völkerrechtliche Verträge

207 Die Konvention über die Nachfolge in völkerrechtliche Verträge[513] geht vom Grundsatz der *Kontinuität vertraglicher Pflichten* aus. Hiervon ausgenommen sind die *newly independent states,* die unabhängig von den durch den Kolonialstaat geschlossenen Verträgen ihre Existenz *„with a clean slate" (tabula rasa)* beginnen sollten. Art 17 räumt ihnen jedoch die Möglichkeit ein, multilateralen Verträgen beizutreten *(free choice doctrine).*[514]

208 Für den Fall einer Zession enthält Art 15 in Übereinstimmung mit dem allgemeinen Völkerrecht den *Grundsatz der beweglichen Vertragsgrenzen (moving treaty frontiers).*

---

512 Vgl Art 2 Abs 1 der Wiener Konvention v 1978 sowie die entsprechende Vorschrift in der Konvention v 1983. Hierzu *Richardson,* Breaking Up Doesn't Have to Be So Hard, Chicago JIL 9 (2009) 685 ff; *Pippan/Karl,* Selbstbestimmungsrecht, Sezession und Anerkennung, EJM 1 (2008) 211 ff; *Craven,* The Decolonisation of International Law, 2007; *Dumberry,* State Succession to International Responsibility, 2007.

513 Vgl zur Wiener Konvention *Menon,* Vienna Convention of 1978 on Sucession of States in Respect of Treaties, RDI 59 (1981) 1 ff; *Treviranus,* Die Konvention der Vereinten Nationen über Staatensukzession bei Verträgen, ZaöRV 39 (1979) 259 ff; *Zemanek,* Die Wiener Konvention über die Staatennachfolge in Verträge, FS Verdross, 1980, 719 ff; aus jüngerer Zeit *Dumberry/Turp,* State Succession with Respect to Multilateral Treaties in the Context of Secession, Baltic YIL 13 (2014) 27 ff.

514 Hierzu ausf *Zimmermann,* Staatennachfolge.

Hiernach erstrecken sich Verträge des Gebietserwerbers automatisch auf das neue Gebiet, und Verträge des Vorgängerstaats sind nicht mehr anwendbar. Unberührt von der Staatensukzession bleiben Grenzverträge, Verträge, die ein Grenzregime betreffen, sowie die sog *radizierten Verträge* wie etwa solche über Transitrechte.[515]

Der Grundsatz der Kontinuität vertraglicher Pflichten fand Eingang in Art 153 des Verfassungsgesetzes Nr 4 des tschechischen Nationalrats über die Maßnahmen im Zusammenhang mit dem Untergang der *CSFR* und in entsprechenden Bestimmungen der slowakischen Verfassung. **209**

Die Nachfolgestaaten der ehemaligen *Sowjetunion* garantierten in Art 12 des Minsker GUS-Gründungsabkommens die Erfüllung internationaler Verpflichtungen. Dies wurde in der Erklärung von Alma-Ata mit dem Zusatz „entsprechend ihrer Verfassungsprozeduren" übernommen. Am 6.7.1992 einigten sich die GUS-Staaten darauf, dass bei multilateralen Verträgen von allgemeinem Interesse keine gemeinsamen Beschlüsse gefasst werden sollten, sondern dass jeder GUS-Staat selbständig über die Fortgeltung entscheiden könne. Bei bilateralen Verträgen, die für mindestens zwei Staaten von Interesse sind, sollte eine zwischenstaatliche Einigung gesucht werden. Sondervereinbarungen wurden für Rüstungskontroll- und Abrüstungsverträge getroffen. **210**

Bei der *Nachfolge in Mitgliedschaftsrechte in I. O.* findet keine automatische Nachfolge statt. Neue Staaten müssen vielmehr um Aufnahme ersuchen.[516] So behielt etwa nach der Sezession Pakistans von Indien 1947 und der Loslösung Bangladeschs von Pakistan 1971 der ursprüngliche Staat seine mitgliedschaftlichen Rechte bei, während die sezessionierten Staaten um Aufnahme ersuchen mussten. Nach dem Zerfall der UdSSR setzte die Russische Föderation die Mitgliedschaft der UdSSR in den UN-Organen fort,[517] während die neuen GUS-Staaten, mit Ausnahme der bisherigen UN-Mitglieder Ukraine und Weißrussland, als neue Mitglieder aufgenommen wurden. **211**

c) Die Nachfolge in Staatsvermögen, Staatsarchive, Staatsschulden und Haftungsansprüche

Die Nachfolge in Staatsvermögen, Staatsarchive und Staatsschulden ist Gegenstand der Wiener Konvention v 8.3.1983.[518] Der Aufbau entspricht der Konvention v 1978. Zusätzlich wird zwischen dem Vermögen, den Archiven und den Schulden getrennt. **212**

---

515 *Zimmermann,* Staatennachfolge; *ders,* Europäischer Gerichtshof und Staatennachfolge in völkerrechtliche Verträge, FS Ress, 2005, 357 ff; *Alimi,* Die Staatensukzession in völkerrechtlichen Verträgen und die Einigung Deutschlands, 2004.

516 Vgl hierzu UN Doc A/CN.4/140, 8; im Übrigen vgl *Schmahl,* 4. Abschn Rn 71.

517 *Schweisfurth* (Fn 507) 119 sieht hier eine „neuere spätere Übung" für den Fall der Dismembration eines ständigen Mitglieds des Sicherheitsrats.

518 Vgl Institut de Droit International, La succession d'Etats en matière de biens et de dettes, Septième Commission, Rapporteur: *M. Georg Ress,* Résolution adoptée lors de la Session de Vancouver, Août 2001,

213   Das *Staatsvermögen* des Vorgängerstaats wird in Art 8 als Vermögen, Rechte und Interessen definiert, die im Zeitpunkt der Staatennachfolge gemäß innerstaatlichem Recht des Vorgängerstaats diesem gehörten. Eine Unterscheidung zwischen dem Verwaltungsvermögen und dem nicht unmittelbar zur Aufgabenerfüllung benötigten Finanzvermögen trifft die Konvention nicht.

214   Grundsätzlich geht das gesamte Vermögen auf den Nachfolgestaat über, sofern keine anderslautende Vereinbarung getroffen wurde. Liegt eine Zession oder Separation vor, geht das gesamte auf dem betreffenden Gebiet belegene unbewegliche Vermögen auf den Gebietsnachfolger über. Dasselbe gilt für das bewegliche Vermögen, das mit einer Aktivität des Vorgängerstaats in Bezug auf das abgetretene oder abgetrennte Territorium in Zusammenhang steht.

215   *Staatsarchive*, die für die Verwaltung des betreffenden Gebiets notwendig sind, gehen unabhängig von der Art und Weise des Gebietswechsels auf den Nachfolgestaat über (sog Betreffprinzip). Dies gilt auch für den Teil der Staatsarchive, der ausschließlich oder hauptsächlich das Staatennachfolgegebiet betrifft.[519]

216   Zu den *Staatsschulden* gehören nach Art 33 die in Übereinstimmung mit dem Völkerrecht entstandenen finanziellen Verpflichtungen. Grundsätzlich führt ein Übergang von Staatsschulden dazu, dass Verpflichtungen des Vorgängerstaats erlöschen und Verpflichtungen des Nachfolgestaats entstehen.[520] Hinsichtlich des Umfangs bestimmt Art 37 für die Zession und Art 40 für die Dismembration, dass ein Übergang der zwischenstaatlichen Schulden in einem angemessenen Verhältnis stattfindet.

217   Bei der Auflösung der *Tschechoslowakei* wurde bereits am 13.11.1992, dh noch vor dem Auflösungsgesetz, ein Verfassungsgesetz über die Aufteilung des Vermögens zwischen der Tschechischen Republik und der Slowakischen Republik verabschiedet. Nach diesem Gesetz gingen das unbewegliche Vermögen sowie das bewegliche Vermögen, das in Zusammenhang mit der Zweckbestimmung des unbeweglichen Vermögens stand, auf die Teilrepublik über, in der es sich befand. Eine Aufteilung nach dem Anteil an der Gesamtbevölkerung fand in allen übrigen Fällen statt.

218   Ausgenommen vom Übergang sind Schulden, deren Übernahme dem Nachfolgestaat nicht zugemutet werden kann, weil sie in Widerspruch zu dessen wesentlichen Interessen stehen, etwa Kriegsanleihen zur Niederschlagung eines Aufstands (sog *dettes odieuses* oder *odious debts*).[521] Als Merkmale solcher nicht im Einklang mit dem Völkerrecht stehender Schulden werden genannt, dass sie von einem diktatorischen Regime (1)

AVR 40 (2002) 355; hierzu *Ruffert*, Probleme der Staatensukzession im Hinblick auf Vermögen und Schulden, NJW 2001, 2235.

519 *Fitschen*, Das rechtliche Schicksal von staatlichen Akten und Archiven bei einem Wechsel der Herrschaft über das Staatsgebiet, 2004.

520 *Reina*, Iraq's Delictual and Contractual Liabilities, BJIL 22 (2004) 583 ff; *Anderson*, International Law and State Succession, Utah LRev 2005, 401 ff.

521 *Verdross/Simma* (Fn 1) 629 f; *Reinisch*, A History of the Doctrine of Odious Debts: Serving Individual/ Bilateral or Community Interest, FS Simma, 2011, 1225 ff; *Müller* (Fn 229) 119 ff.

zu Zwecken aufgenommen wurden, die dem Gemeinwohl und den Interessen der Bevölkerung zuwiderlaufen (2). Schließlich müssen diese Umstände dem Kreditgeber bewusst gewesen sein (3).[522] Bspw hat die US-Regierung nach der Besetzung des Iraks die Auffassung vertreten, dass der neu konstituierte irakische Staat nach den Grundsätzen der „*odious debts*-Doktrin" nicht für die Schulden haftbar sein soll, die in der Herrschaftszeit Saddam Husseins (1979–2003) aufgenommen wurden.[523] Allerdings werfen die genannten Merkmale auch Fragen auf. So hängt es von wertenden Einschätzungen ab, ob zugewendete Finanzmittel tatsächlich „interessenwidrig" verwendet wurden. Ferner ist ungeklärt, welche Beweisanforderungen an Kenntnisse des Kreditgebers um belastende Umstände und interessenwidrige Verwendung im Schuldnerstaat anzulegen sind. Beides zeigt, dass die *odious debts*-Doktrin in der praktischen Anwendung großen Schwierigkeiten begegnet, die dazu geführt haben, dass sich noch kein Staat in einem Gerichtsverfahren erfolgreich hierauf berufen konnte.[524]

Besonders schwierige Rechtsfragen ergeben sich bei der Staatensukzession im Hinblick auf *Haftungsansprüche* aus deliktischem Handeln (obligations arising from an internationally wrongful act), die Drittstaaten gegenüber dem ursprünglichen Staat innehaben. Nach dem Bericht der ILC besteht in dieser Frage bislang noch keine hinreichende Klarheit, was auch durch die jüngere Staatenpraxis bestätigt wird.[525] Dabei sind grundsätzlich drei Möglichkeiten für eine rechtliche Behandlung denkbar: (1) Die Haftungsansprüche gehen mit dem ursprünglichen Staat unter, so dass der nachfolgende Staat hierfür nicht haftet (*clean slate-/tabula rasa*-Theorie). (2) Nach einer anderen Auffassung gehen etwaige deliktische Ansprüche vollständig auf den fortbestehenden (Rest-)Staat über *(universal succession)* und können ihm gegenüber geltend gemacht werden. (3) Schließlich werden Haftungsansprüche nach einer weiteren Theorie nur teilweise auf den durch Sukzession entstandenen Staat übertragen *(partial succession)*.[526] Während in Anschluss an einschlägiges Case Law des frühen 20. Jhs und den Grundgedanken persönlicher Verantwortung in der Völkerrechtswissenschaft lange Zeit vor allem die *clean* 219

---

522 *Adams,* Odious Debts, 1991; *Buchheit/Gulati/Thompson,* The Dilemma of Odious Debts, Duke LJ 56 (2007) 1201 ff; *Stephan,* The Institutionalist Implications of an Odious Debt Doctrine, Law & Contemp Probs 70 (2007) 213 ff; *Dickerson,* Insolvency Principles and the Odious Debt Doctrine, Law & Contemp Probs 70 (2007) 53 ff; *Feinerman,* Odious Debt, Old and New, ebd 193 ff. Krit *Choi/Posner,* A Critique of the Odious Debt Doctrine, ebd, 33 ff; *Kleinlein,* Rechtsfragen staatlicher Auslandsanleihen, AVR 44 (2006) 405 (406 ff).
523 *Cheng,* Renegotiating the Odious Debt Doctrine, Law & Contemp Probs 70 (2007) 7 ff; hierzu auch der nicht in Kraft getretene Iraqi Freedom from Debt Act, HR 2482, 108th Cong, § 3 (2003).
524 ZB *Jackson v People's Republic of China,* 794 F2d 1490, 1495; *Gelpern,* Odious, Not Debt, Law & Contemp Probs 70 (2007) 81 ff; *Reinisch* (Fn 521). Zu Bsp von Staaten, die sich möglicherweise nach einem Regimewechsel künftig hierauf berufen könnten: *Cheng* (Fn 523) 9; zu früheren Bsp: *Ginsburg/Ulen,* Odious Debt, Odious Credit, Economic Development, and Democratization, Law & Contemp Probs 70 (2007) 115 ff.
525 ILC Draft Articles on the Responsibility of States for Internationally Wrongful Acts, GAOR, 56th Sess, Suppl 10, 59 (119 Ziff 3), Stellungnahme des Special Rapporteur *James Crawford.*
526 *Carter/Weiner/Hollis,* International Law, 7. Aufl 2018, 478; *Shaw* (Fn 65) 747 f; *Crawford* (Fn 2) 442; *Schachter,* State Succession, VJIL 33 (1993) 253 ff.

slate- oder *tabula rasa*-Theorie vertreten wurde,[527] führte das Auseinanderbrechen der Sowjetunion, Jugoslawiens und der Tschechoslowakei in jüngerer Zeit zu differenzierteren Ansätzen.[528] Dabei spielen die Natur der infrage stehenden Ansprüche, der Verlauf der Staatensukzession sowie seine Begleitumstände eine entscheidende Rolle. Im Hinblick auf die „Nachfolge" der früheren Sozialistischen BR Jugoslawien wurden Fragen der Staatensukzession zwischen den selbständig gewordenen Republiken Serbien und Montenegro (bis 2006), Kroatien, Slowenien und Bosnien-Herzegowina zB im Rahmen einer umfassenden völkerrechtlichen Vereinbarung (2001) geregelt.[529] Zur Frage von Haftungsansprüchen Dritter hieß es darin, ein Gemeinsames Komitee der beteiligten Vertragsparteien werde solche Ansprüche „berücksichtigen". Wenn damit auch das Schicksal der einzelnen Ansprüche nicht geklärt ist, zeigt sich hierin eine zumindest ansatzweise Abkehr von der *clean slate*-Theorie.[530]

d) Staatennachfolge und Staatsangehörigkeit

220 Die Frage, ob und ggf welche Regeln des allgemeinen Völkerrechts über den *Wechsel der Staatsangehörigkeit bei einem Gebietsübergang* bestehen, ist *str.* Nach einer vor allem nach dem Zweiten Weltkrieg verbreiteten Auffassung folgt die Staatsangehörigkeit der Bevölkerung dem Wechsel der territorialen Souveränität, dh die Bevölkerung eines Gebiets, das von der Herrschaft eines Staats in die eines anderen übergeht, verliert automatisch ihre bisherige Staatsangehörigkeit und erwirbt die des neuen Staats.[531] Die hM in Literatur und Rechtsprechung lehnt diese Auffassung zu Recht ab.[532] Die Staatenpraxis zeigt bis in die neueste Zeit zu starke Schwankungen und Ungleichmäßigkeiten, um als Basis für eine entsprechende Regel des Völkergewohnheitsrechts herangezogen werden zu können.[533] Der Praxis der Staaten der ehemaligen Sowjetunion, der Tschechoslowakei und der beim Auseinanderbrechen Jugoslawiens lässt sich entnehmen, dass die

---

527 ZB *Verdross/Simma* (Fn 1) 633 (Wiedergutmachungsansprüche); *Hurst,* State Succession in Matters of Torts, BYIL 5 (1924) 163 ff; British-US Claims Commission, *R.E. Brown* case (US v Great Britain) (1923), RIAA VI, 120 (129); *F.H. Redward and Others* case (Great Britain v US) (1925), RIAA VI, 157 (Hawaiin Claims).
528 ZB *Dumberry,* State Succession to Rights and Obligations Arising from the Commission of Internationally Wrongful Acts in International Law, 2007; *Dumbury,* The Controversial Issue of State Succession to International Responsibility Revisited in Light of Recent State Practice, GYIL 49 (2006) 413 ff; *Vokovitsch,* Righting Wrongs, CLRev 92 (1992) 2162 ff; früher hierzu *Monnier,* La succession d'Etats en matière de responsibilité internationale, AFDI 8 (1962) 65 ff.
529 Vereinbarung über Fragen der Staatensukzession v 29.6.2001; vgl *Stahn,* The Agreement on Succession Issues of the Former Socialist Federal Republik of Yugoslavia, AJIL 29 (2002) 379 ff; *Piotrowicz,* Status of Yugoslavia: Agreement at Last, ALJ 77 (2001) 95 ff. Zu den Hintergründen *Oeter,* The Dismemberment of Yugoslavia, GYIL 50 (2007) 457 ff.
530 *Dumbury* (Fn 528) 431.
531 *v. Münch,* Staatsangehörigkeit und Gebietswechsel, FS Scupin, 1983, 441 (447 ff).
532 BVerwGE 1, 206; BGHZ 3, 178, 186; BGHSt 9, 53, 57; *Weis,* Nationality and Statelessness in International Law, 1979, 135, 137 ff; *Randelzhofer,* in Dürig/Herzog/Scholz (Fn 311) Art 16 Abs 1 GG Rn 29 mwN.
533 Hierzu ausf *Hailbronner/Kau/Gnatzy/Weber,* Grundlagen D Rn 279 ff.

meisten Staaten dem Grundsatz folgen, dass der Wechsel der Souveränität über ein Gebiet auch den Wechsel der Staatsangehörigkeit der dort lebenden Personen zur Folge hat, wobei allerdings in einigen Staaten die Staatsangehörigkeit des Vorgängerstaats oder eine bestimmte Aufenthaltsdauer im Staatsgebiet Voraussetzung waren. Bei Vorliegen bestimmter Voraussetzungen wurden vom Erwerb auch sich im Ausland befindliche Personen erfasst, sofern sie eine bestimmte Beziehung zum Inland, zB die Geburt eines Elternteils im Hoheitsgebiet des neuen Staats, vorweisen konnten, oder eine Zwangsausbürgerung vorausgegangen war. Der Wille des Einzelnen wurde in vielen der neuen Staaten berücksichtigt, jedoch lässt sich eine einheitliche Praxis hinsichtlich Einräumung eines Optionsrechts nicht nachweisen.

Sowohl der Vorschlag der ILC[534] als auch die *Draft Declaration on the Consequences* **221** *of State Succession for the Nationality of Natural Persons* v 14.9.1996[535] der European Commission for Democracy Through Law des Europarats bestätigen diese Staatenpraxis im Wesentlichen.[536] Art 1 des Entwurfs enthält ein *Recht des Einzelnen auf Staatsangehörigkeit*.[537] In Art 5 ist die Vermutung enthalten, dass die Personen, die ihren gewöhnlichen Aufenthalt in dem von der Staatensukzession betroffenen Gebiet haben, mit dem Übergang die Staatsangehörigkeit des Nachfolgestaats erwerben. Der Wille des Einzelnen findet in Art 11 Berücksichtigung. Weitere Bestimmungen betreffen u a die Einheit der Familie und die Staatsangehörigkeit von Kindern. Art 15 enthält den Grundsatz der Nichtdiskriminierung; Art 16 verbietet willkürliche Entscheidungen, Art 17 enthält verfahrensrechtliche Vorgaben. Im Rahmen seines zweiten Teils orientiert sich der Entwurf der ILC an den Wiener Konventionen v 1978 und 1983 und unterscheidet zwischen verschiedenen Tatbeständen der Staatennachfolge.[538]

In Art 18 Abs 1 EuStAngÜbk findet sich die Verpflichtung der Staaten, in Staatsange- **222** hörigkeitsangelegenheiten in Fällen der Staatennachfolge, insbes um Staatenlosigkeit zu vermeiden, die Grundsätze der Rechtsstaatlichkeit, die Vorschriften der Menschenrechte und die in Art 4 und 5 des Übereinkommens und in Art 18 Abs 2 enthaltenen Grundsätze, zu denen die echte und tatsächliche Beziehung des Betroffenen zum Staat, der gewöhnliche Aufenthalt des Betroffenen zur Zeit der Staatennachfolge, der Wille des Betroffenen und die territoriale Herkunft des Betroffenen gehören, zu beachten.

---

534 UN Doc A/CN.4/4/474: „Draft Articles on Nationality of Natural Persons in Relation to the Succession of States".
535 CDL-NAT (96) 7; vgl ferner den Report der Venice Commission, Consequences of State Succession for Nationality, 1998; Citizenship and State Succession, Proceedings, 1998.
536 Hierzu ausf *Hailbronner/Kau/Gnatzy/Weber*, Grundlagen D Rn 295 ff.
537 Vgl auch *Zimmermann*, State Succession and the Nationality of Natural Persons, in Eisemann/Koskenniemi (Hrsg), State Succession, 2000, 611 (643 ff).
538 Vgl wiederum *Hailbronner/Kau/Gnatzy/Weber*, Grundlagen D Rn 300 ff.

6. Die Rechtslage Deutschlands in Geschichte und Gegenwart

223 Mit dem Vertrag der BR Deutschland und der DDR über die Herstellung der Einheit Deutschlands (Einigungsvertrag – EV) und den damit in Zusammenhang stehenden völkerrechtlichen Verträgen änderte sich die Rechtslage Deutschlands.[539]

a) Die Teilung Deutschlands

224 Nach der Kapitulation durch das Oberkommando der deutschen Wehrmacht am 8./ 9.5.1945 und der Auflösung der letzten deutschen Regierung beschlossen die vier Siegermächte am 5.6.1945 in der Berliner Erklärung die *Übernahme der Regierungsgewalt in Deutschland* einschließlich aller Befugnisse der deutschen Regierung, des Oberkommandos der Wehrmacht und der Regierungen, Verwaltungen und Behörden der Länder, Städte und Gemeinden.[540] Deutschland wurde in vier Besatzungszonen aufgeteilt, während Groß-Berlin einer Alliierten Kommandantur der vier Siegermächte unterstellt wurde, und die deutschen Ostgebiete unter russische bzw polnische Verwaltung kamen. Als Völkerrechtssubjekt wurde Deutschland zu diesem Zeitpunkt durch den Kontrollrat vertreten, während die höchste Regierungsgewalt in der jeweiligen Besatzungszone von den Oberbefehlshabern der Streitkräfte ausgeübt wurde.[541] Im Potsdamer Abkommen v 2.8.1945 wurde beschlossen, einen Rat der Außenminister einzurichten, um eine Friedensregelung vorzubereiten.

225 Nachdem bis Juli 1947 alle Länder der Besatzungszone der Westmächte Regierungen aufwiesen und auf der Londoner Konferenz v 1947 keine Einigung der Siegermächte über die Zukunft Deutschlands erzielt werden konnte, beschlossen die Westmächte die Errichtung eines westdeutschen Teilstaats. Der Parlamentarische Rat nahm am 8.5.1949 das *Grundgesetz* an, das nach der Genehmigung durch die Besatzungsmächte zum 24.5.1949 in Kraft trat. Das Besatzungsregime der Westalliierten auf dem Gebiet der BR Deutschland wurde durch die Pariser Verträge v 23.10.1954 beendet.[542]

226 Im *Deutschland- oder Grundlagenvertrag*[543] wurde der BR Deutschland zwar in Art 1 Abs 2 die Vollmacht eines souveränen Staates über die inneren und äußeren Angelegenheiten eingeräumt, zugleich enthielt der Vertrag aber Vorbehalte der Alliierten im Hinblick auf Berlin und *Deutschland als Ganzes*. Die Alliierten behielten sich die Mitbestimmung in Fragen der Wiedervereinigung und territorialer Grenzen vor und vereinbarten ein Zusammenwirken im Hinblick auf ein freiheitlich-demokratisches Deutschland und eine abschließende friedensvertragliche Regelung. Auch für die Ausübung von Notstandsrechten blieben bis zur Ergänzung des Grundgesetzes im Jahre 1968/1969 alliierte Vorbehaltsrechte bestehen.

---

539 Zum größeren historischen Hintergrund vgl *Kämmerer*, 1. Abschn Rn 81, 83.
540 ABl des Kontrollrats, Ergänzungsblatt Nr 1, 7.
541 Proklamation Nr 2 des Kontrollrats v 20.9.1945, ABl des Kontrollrats Nr 1, 180 f.
542 BGBl 1955 II, 215; 1955 II, 253; 1955 II, 305; 1955 II, 321; 1955 II, 381; 1955 II, 405; 1955 II, 469.
543 BGBl 1955 II, 305.

Die Entwicklung im Gebiet der ehemaligen *DDR* verlief formal betrachtet ähnlich. 227
Nachdem 1945 eine deutsche Zentralverwaltung eingesetzt worden war, trat im Dezember 1947 der *Deutsche Volkskongress für Einheit und gerechten Frieden* zusammen. Dieser wählte den Volksrat, der am 19.3.1949 die Verfassung der DDR verabschiedete. Am 25.3.1954 gab die Sowjetunion eine Erklärung über die Herstellung der Souveränität der DDR ab.[544] Hiernach besaß die DDR die Freiheit, nach eigenem Ermessen über ihre inneren und äußeren Angelegenheiten einschließlich der Frage der Beziehungen zu Westdeutschland zu entscheiden. In Nr 2 wurde jedoch festgestellt, dass die UdSSR in der DDR die Funktionen, die mit der Gewährleistung der Sicherheit in Zusammenhang stehen, und die sich aus den Verpflichtungen ergeben, die der UdSSR aus dem Viermächte-Abkommen erwachsen, behält. Das Verhältnis der DDR zur Sowjetunion wurde im Übrigen durch drei weitere Verträge geregelt.[545]

Angesichts dieser Entwicklung stellte sich die Frage, ob das Deutsche Reich durch 228
die Kapitulation oder die Entstehung zweier deutscher Staaten untergegangen war.[546]
Es wurden sowohl Untergangs- als auch Fortbestands- bzw Kontinuitätstheorien vertreten.

Die These vom *Untergang des Deutschen Reichs* vertrat zum einen die *Debellations-* 229
theorie, nach der dieses nach der Kapitulation am 8.5.1945, spätestens jedoch mit der Berliner Erklärung v 5.6.1945, untergegangen sei. Nach der *Dismembrationslehre* ging das Deutsche Reich durch Zerfall in zwei deutsche Staaten unter.[547]

Diesen Untergangstheorien standen die *Fortbestands- bzw Kontinuitätstheorien* ge- 230
genüber, wonach Deutschland weder mit der Kapitulation noch zu einem späteren Zeitpunkt untergegangen sei, sondern als handlungsunfähiges Völkerrechtssubjekt weiter existierte. Nach der *Staatskerntheorie* war die BR Deutschland mit dem Deutschen Reich identisch, nicht jedoch das Verfassungsgebiet des Grundgesetzes und das Staatsgebiet in den Grenzen v 31.12.1937. Mehrere Bestimmungen des Grundgesetzes wurden als Aus-

---

544 Dokumente zur Außenpolitik der Regierung der Deutschen Demokratischen Republik, Bd I, 1954, 303 ff.

545 Vertrag über die Beziehungen zwischen der DDR und der Union der Sozialistischen Sowjetrepubliken v 20.9.1955, GBl DDR 1955 II, 918; Vertrag über Freundschaft, gegenseitigen Beistand und Zusammenarbeit zwischen der DDR und der Union der Sozialistischen Sowjetrepubliken v 12.6.1964, GBl DDR 1964 II, 132; Vertrag über Freundschaft, Zusammenarbeit und gegenseitigen Beistand zwischen der DDR und der Union der Sozialistischen Sowjetrepubliken v 7.10.1975, GBl DDR 1975 II, 238.

546 Vgl zur Rechtslage *Blumenwitz,* Was ist Deutschland?, 1982; ders/Meissner (Hrsg), Die deutsche Frage, 1984; *v. Münch,* Deutschland: gestern – heute – morgen, NJW 1991, 865 ff.

547 *Kelsen,* The Legal Status of Germany According to the Declaration of Berlin, AJIL 39 (1945) 518 (520 ff); *Nawiasky,* Grundgedanken des Grundgesetzes, 1950, 3 ff; *Virally,* Die internationale Verwaltung Deutschlands, 1948, 96 ff; *Mende,* Die gesamtdeutsche Staatsangehörigkeit (insbes Grundlagenvertragsurteil im Verhältnis zur Staatsbürgerschaft der DDR), in Hecker (Hrsg), Staatsangehörigkeitsrecht und Völkerrecht in Deutschland, 1977, 23 ff; *Ridder,* Bemerkungen zum juristischen Inhalt und zur politisch-ideologischen Funktion der Doktrin von der deutschen Staatsangehörigkeit, FS Abendroth, 1982, 548 ff; *Zuleeg,* Die deutsche Nation im Spiegel des Rechts, DVBl 1983, 486 ff.

druck der Kontinuität zwischen Deutschen Reich und Bundesrepublik Deutschland angesehen (zB die Präambel, Art 23 aF, Art 116 GG und Art 146 aF). Die DDR wurde als lokales *De facto*-Regime oder als ein Gebiet betrachtet, das unter militärischer Fremdbesetzung stand. Demgegenüber waren die Vertreter der *Schrumpfstaats- oder Kernstaatstheorie* der Ansicht, dass das Staatsgebiet Deutschlands auf das Bundesgebiet geschrumpft und auf dem Gebiet der DDR ein neuer Staat durch Sezession entstanden sei. Die *Dachstaatstheorie* oder *Teilordnungslehre* sah das Deutsche Reich als handlungsunfähig an, akzeptierte jedoch die BR Deutschland und die DDR als Teilordnungen unter einem gemeinsamen Dach.[548]

231   In der DDR ging man zunächst vom Fortbestand des Deutschen Reichs aus,[549] neigte jedoch später zur Debellationstheorie.[550] Die BR Deutschland ging zunächst davon aus, dass sie *Alleinvertreterin* ganz Deutschlands sei (Kernstaatstheorie). Im *Urteil zum Grundlagenvertrag* v 21.12.1972[551] bezog das BVerfG Aspekte der Dachstaatstheorie mit ein, was im sog *Teso*-Beschluss bestätigt wurde.[552]

b) Die Vereinigung Deutschlands

232 Die Friedliche Revolution v 1989 führte zur Wiedervereinigung am 3.10.1990. Man entschied sich bei der Vereinigung für einen Beitritt der DDR zur BR Deutschland nach Art 23 Satz 2 (aF) GG. Der Vorbereitung des Beitritts diente der *Vertrag über die Schaffung einer Währungs-, Wirtschafts- und Sozialunion* v 18.5.1990,[553] der am 1.7.1990 in Kraft trat.

233   Nach dem Beschluss der Volkskammer der DDR v 23.8.1990 über den Beitritt der DDR zum Geltungsbereich des Grundgesetzes der BR Deutschland wurde kurz darauf, am 31.8.1990, der *Einigungsvertrag* (EV) unterzeichnet, der am 29.9.1990 in Kraft trat.[554]

---

548 Zu den verschiedenen Kontinuitätstheorien s insbes *Kaufmann*, Deutschlands Rechtslage unter der Besatzung, 1948, 9 ff; *Grewe*, Ein Besatzungsstatut für Deutschland, 1948, 47 ff, 74 ff; *Dürig*, Der deutsche Staat im Jahr 1945 und seither, VVDStRL 13 (1955) 28 ff; *Bernhardt*, Deutschland nach 30 Jahren Grundgesetz, VVDStRL 38 (1980) 7 ff; *Achterberg*, Deutschland nach 30 Jahren Grundgesetz, VVDStRL 38 (1980) 55 ff; *Schuster*, Deutschlands staatliche Existenz im Widerstreit politischer und rechtlicher Gesichtspunkte 1945–1963, 1963; *Böckenförde*, Die Teilung Deutschlands und die deutsche Staatsangehörigkeit, FS Schmitt, 1968, 423 ff; *Kewenig*, Auf der Suche nach einer neuen Deutschland-Theorie, DÖV 1973, 797 ff; *Zieger*, Das Problem der deutschen Staatsangehörigkeit, in Zieger (Hrsg), Fünf Jahre Grundvertragsurteil des Bundesverfassungsgerichts, 1979, 189 ff; *Ress*, Die Rechtslage Deutschlands nach dem Grundlagenvertrag, 1978, 83 ff, insbes 87 ff; *Geiger*, Zur Rechtslage Deutschlands, NJW 1983, 2302 ff.
549 Vgl die erste Verfassung v 7.10.1949.
550 Vgl *Hecker*, Der Rechtsstatus Deutschlands aus der Sicht der DDR, 1974, 137, 154.
551 BVerfGE 36, 1 ff.; BVerfGE 40, 141 ff.
552 BVerfGE 77, 137, 155 und 160.
553 BGBl 1990 II, 537.
554 Ergänzt wird der EV durch die Vereinbarung v 18.9.1990 zur Durchführung und Auslegung des EV am 31.8.1990, BGBl 1990 II, 1239.

Kau

Es galt aber, bei dem Beitritt der ehemaligen DDR die Verantwortung der Vier 234
Mächte für Deutschland als Ganzes zu berücksichtigen. Nachdem zunächst in Ottawa
die sog „Zwei-plus-vier-Formel" am 13.2.1990 verabschiedet worden war, wurde am
12.9.1990 der *Vertrag über die abschließende Regelung in bezug auf Deutschland* (sog
Zwei-plus-Vier-Vertrag) geschlossen.[555] Vertragspartner waren die vier Siegermächte sowie die beiden deutschen Staaten.

Art 1 Abs 1 Satz 1 des Vertrags hat die Vereinigung der beiden deutschen Staaten in 235
den Gebieten der BR Deutschland, der DDR und ganz Berlin zum Gegenstand. Art 1 Abs 2
und Abs 3 sieht die *Verbindlichkeit der Grenze zu Polen* und den *Verzicht Deutschlands
auf Gebietsansprüche gegenüber anderen Staaten* vor. In Art 7 Abs 1 erklären die Siegermächte, dass ihre Verantwortlichkeiten in Bezug auf Berlin und Deutschland als Ganzes
beendet seien. Dem vereinten Deutschland komme daher volle Souveränität über seine
inneren und äußeren Angelegenheiten zu (Art 7 Abs 2). Regelungen über den Truppen-
abzug sind in Art 4 enthalten.

Zwischen Deutschland und Polen wurde am 14.11.1990 der *Vertrag über die Bestäti-* 236
gung der zwischen ihnen bestehenden Grenzen geschlossen, der die Oder-Neiße-Linie als
endgültige Grenze festlegt.[556] Damit verzichtete Deutschland endgültig auf die territoriale Souveränität über diese Gebiete. Neben diesem Grenzvertrag wurde am 17.6.1991
ein Nachbarschaftsvertrag mit Polen geschlossen, der in den Art 20 ff Minderheitenrechte der deutschsprachigen Bevölkerung Polens enthält.[557]

Der *Abzug der sowjetischen Truppen* ist Gegenstand des Abkommens v 12.10.1990 237
zwischen der BR Deutschland und der Sowjetunion über die Bedingungen des befristeten Aufenthalts und die Modalitäten des planmäßigen Abzugs der sowjetischen Truppen
aus dem Gebiet der BR Deutschland.[558] Dieser erfolgte fristgerecht bis Ende 1994.

Dem EV und den nachfolgenden völkerrechtlichen Verträgen liegt die Auffassung 238
zugrunde, dass die DDR mit dem Beitritt zur BR Deutschland als Völkerrechtssubjekt untergegangen ist und die BR Deutschland auf erweitertem Territorium fortbesteht.[559]

---

555 BGBl 1990 II, 1318. Vgl *Albrecht,* Die Abwicklung der DDR: Die Zwei-plus-vier-Verhandlungen, 1992;
Blumenwitz, Der Vertrag vom 12.9.1990 über die abschließende Regelung in bezug auf Deutschland, NJW
1990, 3041 ff; *Fiedler,* Die Wiedererlangung der Souveränität Deutschlands und die Einigung Europas, JZ
1991, 685 ff; *Rauschning,* Die Beendigung der Nachkriegszeit mit dem Vertrag über die abschließende Regelung in bezug auf Deutschland, DVBl 1990, 1275 (1280 ff); *Stern,* Der Zwei-plus-Vier-Vertrag, BayVBl 1991,
523 ff.
556 Vgl *Czaplinski,* The New Polish-German Treaties and the Changing Political Structure of Europe, AJIL
86 (1992) 163 ff; *Zuck,* Die polnische Westgrenze, MDR 1990, 406 ff.
557 BGBl 1991 II, 1315.
558 BGBl 1991 II, 256.
559 Vgl *Degenhart,* Verfassungsfragen der Deutschen Einheit, DVBl 1990, 973 (981); *Frowein,* Die Verfassungslage Deutschlands im Rahmen des Völkerrechts, VVDStRL 49 (1990) 8 (25); *Isensee,* Verfassungsrechtliche Wege zur Deutschen Einheit, ZParl 1990, 309 ff; *Streinz,* Die völkerrechtliche Situation der DDR vor
und nach der Wiedervereinigung, EWS 1990, 171 (174).

c) Die Regelungen über die Staatennachfolge

239 Bei der Vereinigung stellte sich zunächst die Frage, welche Nachfolgeregelungen für die völkerrechtlichen *Verträge* gelten sollten.[560] Da die Inkorporation in der Wiener Konvention über die Nachfolge in Verträge v 1978 nicht erwähnt wird, kam sowohl Art 15, der den Übergang eines Teils des Territoriums regelt, als auch Art 31, der im Fall einer Fusion die Weitergeltung der völkerrechtlichen Verträge für das jeweilige Gebiet vorsieht, in Betracht.

240 Praktisch gelöst wurde diese Frage in Art 11 und Art 12 EV. Diese Bestimmungen sehen vor, dass das vereinte Deutschland seine Haltung über die Fortgeltung völkerrechtlicher Verträge festlegt. Das Einverständnis der Vertragspartner wurde dadurch herbeigeführt, dass die Bestimmungen des EV allen Staaten, mit denen Deutschland diplomatische Beziehungen unterhält, sowie allen I.O., in denen Deutschland Mitglied ist, notifiziert wurden, und diese gegen eine solche Vorgehensweise nicht protestierten.[561]

241 Die von der *BR Deutschland* abgeschlossenen Verträge gelten nach Art 11 EV mit Ausnahme des Abkommens im Zusammenhang mit Stationierung und Aufenthalt ausländischer Truppen auf deutschem Boden grundsätzlich für das gesamte Staatsgebiet des vereinten Deutschlands fort.[562] Gleiches gilt nach dem Grundsatz der beweglichen Vertragsgrenzen auch für das europäische Unionsrecht, wobei hier jedoch Ausnahmen und Übergangsfristen für nicht mit dem Unionsrecht vereinbares Recht im Beitrittsgebiet vorgesehen sind.[563]

242 Verpflichtungen aus mehrseitigen Verträgen, bei denen nur die *DDR*, nicht aber die BR Deutschland Vertragspartner war, erlöschen nach Art 12 Abs 3 EV. Ein Eintritt auf Initiative der deutschen Regierung im Einvernehmen mit den jeweiligen Vertragspartnern und der damaligen EG (heute: EU) war jedoch, in Abweichung zum allgemeinen Völkerrecht, das nur die Fortgeltung oder das Erlöschen kennt, möglich. Grenzverträge waren von einem Vorgehen nach Art 12 EV ausgenommen.

243 Die Regelungen des EV über das *Staatsvermögen* und die Nachfolge in *Verbindlichkeiten* entsprechen im Wesentlichen Völkergewohnheitsrecht, gehen aber in einigen

---

560 Vgl *Blumenwitz*, Staatennachfolge und die Einigung Deutschlands, 1992; *Fastenrath*, Der deutsche Einigungsvertrag im Lichte des Rechts der Staatennachfolge, ÖZöRV 44 (1993) 1 ff; *Gornig*, Staatennachfolge und Einigung Deutschlands, Teil II, 1992; *Grabitz/v. Bogdandy*, Deutsche Einheit und europäische Integration, NJW 1990, 1073 ff; *Hailbronner*, Legal Aspects of the Unification of the Two German States, EJIL 2 (1991) 18 ff; *ders*, Das Vereinte Deutschland in der Europäischen Gemeinschaft, DtZ 1991, 321 ff; *Randelzhofer*, Deutsche Einheit und Europäische Integration, VVDStRL 49 (1990) 102 ff; *Tomuschat*, A United Germany within the European Community, CMLR 27 (1990) 415 ff; *Wittkowski*, Die Staatensukzession in völkerrechtliche Verträge unter besonderer Berücksichtigung der Herstellung der staatlichen Einheit Deutschlands, 1992.
561 *Fastenrath*, Die Regelungen über die Staatennachfolge bei der Vereinigung der beiden deutschen Staaten, VRÜ 25 (1992) 72 ff.
562 Vgl zu den Ausnahmen Anlage I zum EV.
563 Vgl Beschluss des Rates v 4.12.1990 (ABl EG 1990, Nr L 353) und die EG-Rechtsüberleitungsverordnung v 28.9.1990 (BGBl 1990 I, 2117).

Punkten darüber hinaus (zB bei Schulden inländischer Gläubiger: kein Ausschluss des Übergangs der *odious debts*).

Der Übergang des *DDR-Vermögens,* auch des Finanzvermögens, auf Bund, Länder 244 und Kommunen oder sonstige Träger öffentlicher Verwaltung ist Gegenstand von Art 21f EV. Die Durchführung der Privatisierung oblag der Treuhandanstalt (Art 25 Abs 1 EV).[564] Die *Verwaltungs- und Finanzschulden* der DDR wurden gemäß Art 23 EV von einem nicht rechtsfähigen Sondervermögen des Bundes übernommen.

III. Der Einzelne im Völkerrecht

1. Der Menschenrechtsschutz auf universeller Ebene
a) Einführung
Die historische Grundlegung universeller Menschenrechte im Völkerrecht[565] ist un- 245 trennbar mit dem Vordringen von Grund- und Menschenrechten auf staatlicher Ebene verbunden. Gemeinsam ist dem völkerrechtlichen und dem staatsrechtlichen Konzept die Idee, dass jedem Individuum allein kraft seines Menschseins Würde zukommt, die sich in zahlreichen weiteren und unveräußerlichen Rechten konkretisiert.[566] Ihrem naturrechtlichen Ursprung nach vor allem der Philosophie der Aufklärung verbunden, liegt die Idee der Menschenrechte allen positiv-rechtlichen Verbürgungen voraus. Sie ist aber zu ihrem tatsächlichen Durchbruch und Erfolg auf Positivierung angewiesen – sei es in nationalstaatlichen Verfassungsordnungen (im 18. Jh in den Vereinigten Staaten

---

564 Nach Beendigung ihrer Tätigkeit wurden noch übrige Aufgaben durch die BVS (Bundesanstalt für vereinigungsbedingte Sonderaufgaben) wahrgenommen.

565 Vgl *Kämmerer*, 1. Abschn Rn 11, 31, 34; *Peters* (Fn 21) 7ff; *Tiedemann*, Philosophische Grundlagen der Menschenrechte, 2023; *Hoffmann*, Geschichte de Menschenrechte, 2023; *Stahl*, Quellen zur Geschichte der Menschenrechte, 2021; Cruft/Liao/Renzo (Hrsg), Philosophical Foundations of Human Rights, 2015; *Kanstantsin*, European Consensus and the Legitimacy of the European Court of Human Rights, 2015; *Arden*, Human Rights and European law: Building New Legal Orders, 2015; *Fastenrath*, Vom Rechte, das mit uns geboren ..., FS Riedel 2013, 17ff; *Cremer*, Fünf Thesen zur subjektiven Rechtsqualität völkerrechtlich gewährleisteter Menschenrechte, FS Riedel 2013, 33ff; hierzu auch <www.geschichte-menschenrechte. de>.

566 Vgl *Klein*, Universeller Menschenrechtsschutz – Utopie oder Realität, EuGRZ 1999, 109ff; *ders*, Universalität der Menschenrechte, FS Kirchhof, Bd 1, 2013, 475 (477ff); *Isensee*, Die heikle Weltherrschaft der Menschenrechte, FS Klein, 2013, 1085ff; *Sandkühler*, Menschenwürde und Menschenrechte: Über die Verletzbarkeit und den Schutz der Menschen, 2014; *Mende*, Der Universalismus der Menschenrechte, 2021; *Pollmann*, Menschenrechte und Menschenwürde, 2022; *Kirste*, Die Würde des Menschen als Menschenrecht und Fundament der Menschenrechte, in von der Pfordten/Gisbertz-Astolfi (Hrsg), Menschenwürde, 2022, 147ff; *Feix/Trautmann*, Die Universalität der Menschenrechte, 2023; Angier/Benson/Retter (Hrsg), Cambridge Handbook of Natural Law and Human Rights, 2023; *Chen/Renteln*, International Human Rights: A Survey, 2023; auf die Einschränkungen verweisend *Kadelbach*, Die relative Universalität der Menschenrechte, in Forst/Günther (Hrsg), Normative Ordnungen, 2021, 278, insbes 295ff („globaler Rechtspluralismus").

und in Frankreich),[567] sei es in spezifischen völkerrechtlichen Verträgen über Menschenrechte.

246   Dass das Individuum anfangs überhaupt in den Kreis der Völkerrechtssubjekte vordringen konnte, hing im frühen 20. Jh auch mit den Gewährleistungen des damaligen Kriegsvölkerrechts zusammen.[568] Obwohl Staaten kaum je so unmittelbar aus ihrer eigenen Souveränität schöpfen wie in bewaffneten Konflikten, führten der völkervertragliche Umgang mit Verwundeten, Kriegsgefangenen und der Zivilbevölkerung sowie die vorgesehene, letztlich aber nicht realisierte Einrichtung eines Prisenhofs in den Haager Konventionen v 1907 zu ersten individualisierten Rechtspositionen im Völkerrecht moderner Prägung.[569] Hinzu kamen die als Folge der territorialen Neuordnung Europas nach dem Ersten Weltkrieg verabschiedeten Vorschriften über den Minderheitenschutz.[570] Der letztlich entscheidende Grund für die bis in die Gegenwart reichende völkerrechtliche Verankerung von Menschenrechten hängt mit den bitteren Lektionen der verschiedenen europäischen Totalitarismen des 20. Jh zusammen.[571] Dabei zeigte sich, dass der Schutz von Menschenrechten nicht allein den Nationalstaaten anvertraut und überlassen werden konnte, da innerstaatliche Rechts- und Verfassungsordnungen nicht nur leicht geändert, sondern auch geflissentlich außer Acht gelassen und sogar in ihr Gegenteil verkehrt werden konnten. Nicht zuletzt die Gewalt- und Gräueltaten des NS-Regimes zunächst in Deutschland, später in vielen Teilen Europas offenbarten die Notwendigkeit einer *internationalen Gewährleistung* von Menschenrechten, die der Verfügbarkeit einzelner Staaten entzogen ist.[572] Bisweilen sind die Menschenrechte als „neue Ersatzreligion" bezeichnet worden.[573] Wenn damit gemeint ist, dass sie aus bewusster demokratischer Entscheidung zu einem einigenden Band und zu einer festen ethisch-normativen Grundlage geworden sind, dann trifft diese Einschätzung zu. Ein wesentliches Merkmal der nach 1945 auf völkerrechtlicher Grundlage verankerten Menschenrechte ist ihre Universalität und die damit verbundene Nichtrelativierbarkeit, die heute insbes in globaler Auseinandersetzung mit anderen Rechts- und Wertordnungen zu

---

567 Vgl *Kriele,* Einführung in die Staatslehre, 6. Aufl. 2003, § 33 („Menschenrechte: angelsächsisches Recht oder naturrechtliche Aufklärung?"); *Richter,* Dynamik und Potential der Menschenrechte, GS Brugger, 693 f.

568 Vgl eingehend *Oesterreich,* Geschichte der Menschenrechte und Grundfreiheiten im Umriss, 2. Aufl 1978; *Haratsch,* Die Geschichte der Menschenrechte, 4. Aufl 2010; aus früherer Zeit: *Verdross,* Völkerrecht, 1937, 236 f; *von der Heydte,* Völkerrecht, Bd 1, 1958, 268 ff (Abkommen gegen Sklavenhandel und gegen Frauen- und Kinderhandel im 19. und frühen 20. Jh).

569 Vgl *Berber* (Fn 305) 172; *Peters* (Fn 21) 13 unter Verweis auf Walther Schücking.

570 *Mandelstam,* Der internationale Schutz der Menschenrechte und die New Yorker Erklärung des Instituts für Völkerrecht, ZaöRV 2 (1931) 335 ff.

571 *Isensee* (Fn 566) 1091 f.

572 *Lauterpacht,* An International Bill of Rights of Man, 1945; *Crawford* (Fn 2) 634; *Mandelstam* (Fn 570) 346 ff zu den Minderheitenverträgen von 1919 und 1920.

573 Vgl *Tomuschat,* Menschenrechte und kulturelle Traditionen, EuGRZ 2016, 6.

Kau

zahlreichen Konflikten führen können.[574] Letztlich mag eine Verabsolutierung von Rechtspositionen – insbes in außen- und sicherheitspolitischen Zusammenhängen – zu Schwierigkeiten und bisweilen sogar zu Einschränkungen führen. Bedeutung und Rang der Menschenrechte als elementare Bestandteile der internationalen Rechtsordnung lassen jedoch weder argumentatives Zurückweichen noch Nachlässigkeit im Umgang mit Rechtsverstößen zu.[575] Freilich muss auch anerkannt werden, dass menschenrechtliche Kodifikationen allein auf der Ebene des Völkerrechts keine hinreichende Gewähr dafür bieten, Individuen gegen Übergriffe der jeweiligen Staaten zu schützen. Dafür sind eine effektive innerstaatliche Umsetzung und Ergänzung durch verfassungsrechtliche Grundrechte und eine auch gerichtliche Geltendmachung grundrechtlicher Gewährleistungen erforderlich.

Seitdem sich die Staatengemeinschaft im Jahre 1948 in einer Deklaration der UN-Ge- 247 neralversammlung feierlich zur Achtung der Menschenrechte bekannt hat, bilden diese einen wesentlichen Bestandteil der Völkerrechtsordnung. Seither sind in zahlreichen Deklarationen, Resolutionen, Verträgen und Erklärungen die Rechte des Individuums in vielen Bereichen bestätigt worden. Allerdings wird in diesem Zusammenhang häufig zu recht bemängelt, dass es immer noch nicht gelungen ist, eine umfassende rechtsverbindliche Charta der Menschenrechte zu verabschieden, deren Gewährleistungen durch ein universell geltendes und effektives internationales System zu ihrer Überwachung und Durchsetzung sichergestellt ist. Zu unterschiedlich war bislang nicht nur das Verständnis der Menschenrechte in den verschiedenen Rechtskreisen. Nicht selten verhindern in jüngerer Zeit erstarkte *Souveränitätsvorstellungen* die Konkretisierung und Verwirklichung menschenrechtlicher Prinzipien im innerstaatlichen Recht. Der Universalitätsanspruch der Menschenrechte kann auf diese Weise nicht vollständig eingelöst werden. So fällt die Bilanz etwa im Hinblick auf die Beachtung des Folterverbots in weiten Teilen der Welt nicht so positiv aus, wie es angesichts der langjährigen Geltung entsprechender völkerrechtlicher Vorschriften eigentlich der Fall sein sollte. Obwohl in den letzten Jahrzehnten unverkennbar wesentliche Fortschritte bei der rechtlichen Verankerung der Menschenrechte in der Völkerrechtsordnung zu verzeichnen sind,[576] war

---

574 Vgl *Hitchcock*, The Rise and Fall of Human Rights? HRQ 37 (2015) 80ff.

575 *Simma*, Human Rights in the International Court of Justice – Are We Witnessing a Sea Change?, FS P-M Dupuy, 2014, 711ff; *E. Klein* (Fn 566), 475 (480f); *Thiele*, Der Schutz der Menschenrechte durch den IGH, AVR 51 (2013) 1ff; *Richter* (Fn 567) 709ff; *Simmons*, The Future of the Human Rights Movement, Ethics & International Affairs 28 (2014) 183ff; mit Blick in die nahe Zukunft: *Cassese*, A Plea for a Global Community Grounded in a Core of Human Rights, in ders (Hrsg), Realizing Utopia, 136ff (insbes 143); *Mokrá*, Why the Individual Should be Subject to International Law?, in Novaković/Kostić (Hrsg), The Position of Individuals in Modern Legal Systems, 2019, 59ff.

576 Vgl *E. Klein*, Menschenrechte, Stille Revolution des Völkerrechts und Auswirkungen auf die innerstaatliche Rechtsanwendung, 1997; *ders*, Menschenrechte im Spiegel der Globalisierung, MRM 10 (2005) 125ff; Nolte (Hrsg), Der Mensch und seine Rechte, 2004; *Freeman/Ert*, International Human Rights Law, 2004; *Delbrück*, Safeguarding Internationally Protected Human Rights in National Emergencies, FS Ress, 2005, 35ff; *Bernhardt*, Der völkerrechtliche Schutz der Menschenrechte, FS Delbrück, 2005, 37ff; *Brems*,

der Schutz der Menschenrechte in besonderem Umfang durch die mit dem „Krieg gegen den Terror"[577] verbundenen Herausforderungen beeinflusst.

248   Spätestens mit dem Angriffs Russlands auf die Ukraine im Jahr 2022 sowie weiterer schwelender Konflikte auf internationaler Ebene (z B Taiwan, Syrien, Irak) sehen sich die Menschenrechte und die sie vor allem repräsentierenden Verfassungsstaaten freiheitlich-demokratischer Prägung einer totalitären oder zumindest autoritären Herausforderung gegenüber.[578] Dieser „Kampf um die Geltung der Menschenrechte", der schon so alt ist wie die Idee universeller und globaler Rechte, wird in jüngerer Zeit verstärkt unter dem Gesichtspunkt regionaler rechtskultureller Prägungen und antikolonialistischer Selbstbestimmung geführt.[579] Dabei sollte aber nicht verkannt werden, dass der Verweis auf vermeintlich oder tatsächlich unterschiedliche Rechtstraditionen schon immer gegen die Menschenrechte ins Feld geführt wurde. Dies gilt etwa für die teilweise zu beobachtende Relativierung des Folterverbots[580] und die eingeschränkte Geltung der Menschenrechte durch Berücksichtigung unterschiedlicher religiöser bzw kultureller Auffassungen der Betroffenen.[581] Auch der sich in jüngerer Zeit verstärkt zeigende Anta-

---

Reconciling Universality and Diversity in International Human Rights, HRR 5 (2004) 5 ff; *Evans*, International Human Rights Law as Power/Knowledge, HRQ 27 (2005) 1046 ff.

577 Vgl *Stein*, European and German Security Policy, IYHR 35 (2005) 231 ff; *Arnold*, Human Rights in the Times of Terror, ZaöRV 66 (2006) 297 ff; *Hoffman*, Human Rights and Terrorism, HRQ 26 (2004) 932 ff; *Gearty*, Human Rights in an Age of Counter-Terrorism, Current Legal Problems 58 (2005) 25 ff; *Olivier*, Human Rights Law and the International Fight against Terrorism, NordJIL 73 (2004) 399 ff; *Roth*, Human Rights as a Response to Terrorism, ORIL 6 (2004) 37 ff; *Stewart*, Human Rights, Terrorism and International Law, Villanova LR 50 (2005) 685 ff.

578 Zur „autoritären Herausforderung" auf internationaler und nationaler Ebene *Snyder*, The Road to Unfreedom: Russia, Europe, America, 2019; *Belton*, Putin's People, 2020; *Moser*, Hard Power Europe?, ZaöRV 80 (2020) 1 ff; *Skordas*, Authoritarian Global Governance? The Russian-Chinese Joint Statement of March 2021, ZaöRV 81 (2021) 293 ff; *Rudd*, The Avoidable War, 2022; *Thompson*, Disorder: Hard Times in the 21st Century, 2022; *Murray*, The War on the West: How to Prevail in the Age of Unreason, 2022; *Allison*, Destined for War: Can America and China escape Thucydides's Trap?, 2018; *Hamilton/Ohlberg*, Die lautlose Eroberung, 6. Aufl 2021; *Ginsburg*, Constitutions in Authoritarian Regimes, 2014; auf innerstaatlicher Ebene *Heitmeyer*, Autoritäre Versuchungen, 4. Aufl 2020; *Frankenberg*, Autoritarismus. Verfassungstheoretische Perspektiven, 2020.

579 Zur aktuellen Debatte vgl *Mende*, Are Human Rights Western – And Why Does it Matter?, JIPT 2021, 38 ff; *dies*, Der Universalismus der Menschenrechte, 2021; *Nava Tovar*, Kulturrelativismus und Menschenrechte: Eine Antwort auf die dekoloniale Wende, in Bäcker (Hrsg), Rechtsdiskurs, Rechtsprinzipien, Rechtsbegriff, 2022, 109 ff.

580 *Thienel*, The Admissibility of Evidence Obtained by Torture und International Law, EJIL 17 (2006) 349 ff; *Assheha*, Islamic Concepts of Human Rights, 2004; *Baderin*, Human Rights and Islamic Law, EHRLR 2005, 165 ff; *Baehr/Castermans-Holleman*, The Role of Human Rights in Foreign Policy, 2004; *Carle*, Revealing and Concealing, HRR 6 (2005) 122 ff; *Scovazzi/Carano*, Upholding the Prohibition of Torture: The Contribution of the European Court of Human Rights, 2023.

581 *Gebauer*, Zur Grundlage des absoluten Folterverbots, NVwZ 2004, 1405 ff; *Schmahl/Steiger*, Völkerrechtliche Implikationen des Falls Daschner, AVR 43 (2005) 358 ff; *Bielefeldt*, Die Absolutheit des Folterverbots, Jahrbuch Menschenrechte 2006, 49 ff; *Jahn*, Gute Folter – schlechte Folter, KritV 87 (2004) 24 ff; *Ramsay*, Can the Torture of Terrorist Suspects Be Justified?, IJHR 10 (2006) 103 ff; *Rodley/Pollard*, Crimina-

gonismus zwischen einem vor allem in Europa und Nordamerika geprägten Menschenrechtsverständnis und eher relativistischen Vorstellungen in China, Russland, der islamischen Welt, Asien sowie neuerdings in Ansätzen auch in anderen Weltregionen stellen unter Beweis, dass der überbordende menschenrechtliche Optimismus der 1990er Jahre in den letzten Jahren, nicht zuletzt durch den Angriff Russlands auf die Ukraine und den seitdem geführten Krieg, einige empfindliche Dämpfer hat hinnehmen müssen. Dies zieht die Menschenrechte und den von ihnen ausgehenden Universalitätsanspruch aber nicht grundsätzlich in Zweifel und kann auch nicht als Grund betrachtet werden, von ihrer Förderung in Zukunft abzusehen. Stattdessen beweisen diese Anfechtungen aufs Neue, dass es von der theoretischen Grundlegung über die wachsende rechtliche Positivierung zur vollständigen Durchsetzung ein langer und beschwerlicher Weg ist. Hierbei sind Rückschläge unvermeidlich.[582]

Im Grundsatz besteht kein Zweifel, dass der internationale Menschenrechtsschutz die Entwicklung des Völkerrechts tiefgreifend beeinflusst hat. Während nach herkömmlichem Völkerrechtsverständnis ausschließlich die Staaten und gegebenenfalls I. O. eigene Rechte geltend machen konnten, wird hierdurch auch Individuen das Recht zuerkannt, vor völkerrechtlichen Instanzen und Gerichten die Verletzung ihrer Rechte, ggf auch *gegen ihren eigenen oder einen fremden Staat,* geltend zu machen.[583] Darin kommen sie ihrer traditionellen Aufgabe nach und bilden normative Schutzzonen gegen einen als übermächtig empfundenen Staat.[584] Damit wurde gleichzeitig die Theorie der Mediatisierung des Einzelnen durch den Staat, wonach der Einzelne nur mittels seines Heimatstaats Gegenstand völkerrechtlicher Rechte und Pflichten sein kann, nachdrücklich relativiert. Ein Staat kann sich auch in Bezug auf die Behandlung seiner eigenen Staatsangehörigen nicht mehr auf den Grundsatz der Nichteinmischung in innere Angelegenheiten berufen, wenn er deren Menschenrechte verletzt. Die internationale Gemeinschaft, verkörpert durch die UNO oder regionale Organisationen, hat in der Vergangenheit ein *Recht auf humanitäre Intervention* in Anspruch genommen, um massiven Menschenrechtsverletzungen eines Staats in seinem eigenen Hoheitsgebiet zu be-

249

lisation of Torture, EHRLR 2006, 115 ff; *Decker,* Is the United States Bound by the Customary International Law of Torture?, Chinese JIL 6 (2006) 803 ff; *Cassese,* Are International Human Rights Treaties and Customary Rules on Torture Binding upon US Troops in Iraq?, JICJ 2 (2004) 872 ff; *Elliesie,* Islam und Menschenrechte, Vierteljahreshefte für Zeitgeschichte 70 (2022) 793 ff; *Lohmann,* Eine konfuzianische Verabschiedung der Menschenrechte?, ZfM 15 (2021) 190 ff; *Rachik/Tamer* (Hrsg), The Concept of Human Rights in Judaism, Christianity and Islam, 2023.
582 Im Rückblick auf die „östliche Menschenrechtskonzeption", „relativistische Entspannungskonzeption" bis zu „Menschenrechte und Einmischung in innere Angelegenheiten" vgl *Kriele,* Die demokratische Weltrevolution und andere Beiträge, 1997, 39 ff, 99 ff und 105 ff; zu den Wirkungsbedingungen *ders,* Zur Universalität der Menschenrechte, in ebd, 349 ff.
583 Vgl *Kriele,* Die Menschenrechte zwischen Ost und West, 1977, 19 ff; *Buergenthal/Thürer,* Menschenrechte, 2010, 29 ff; Hinweis auf „völkerrechtliche Individualrechte außerhalb des Rechtsrahmens der Menschenrechte" bei *Peters* (Fn 21) 2.
584 Tomuschat (Fn 573) 7.

gegnen. Allerdings muss auch im Zeichen des Menschenrechtsschutzes hierbei Vorsicht walten, damit nicht gleichzeitig andere Fundamentalprinzipien des Völkerrechts, namentlich des Gewalt- und Interventionsverbots, ausgehebelt oder ihrerseits mit nur schwer absehbaren Folgen relativiert werden.[585] Diese Konfliktlage zeigt anschaulich, dass die Menschenrechte zwar eine starke völkerrechtliche Position vermitteln, die auch von staatlichen und internationalen Instanzen zu berücksichtigen ist. Dies führt jedoch nicht dazu, dass den Menschenrechten in jedem Fall auch Vorrang gegenüber anderen völkerrechtlichen Verbürgungen einzuräumen ist.

250   Staatliche Befugnisse, herkömmlich als typischer Ausfluss staatlicher Souveränität verstanden, wie z B das Recht, über die Einreise und den Aufenthalt von Ausländern und deren Aufnahme in den eigenen Staatsverband zu entscheiden, werden in zunehmendem Maße menschenrechtlich beeinflusst. Die diplomatische Schutzausübung, ursprünglich als bloße Geltendmachung eigener staatlicher Ansprüche verstanden, löst sich partiell von ihrem Ursprung einer geordneten Bereinigung zwischenstaatlicher Konflikte und wird zum Instrument der stellvertretenden Ausübung individueller Rechte zu Gunsten der eigenen Staatsangehörigen und der auf dem eigenen Staatsgebiet lebenden Bevölkerung. *Der Einzelne,* in Weiterentwicklung seiner völkerrechtlichen Individualrechte, tritt nun auch als *unmittelbares Pflichtensubjekt auf der Ebene des Völkerrechts* in Erscheinung, das für gravierende Menschenrechtsverletzungen vor internationalen Strafgerichten auf der Grundlage völkerrechtlicher Strafrechtsnormen haftbar gemacht werden kann.[586] Die Ermittlungsverfahren gegen die Präsidenten des Sudans und Kenias durch den Ankläger beim IStGH unterstreichen dies eindrucksvoll.[587]

251   Der Schutz der Menschenrechte dokumentiert sich heute im Wesentlichen in einer Vielzahl völkerrechtlicher Verträge, Deklarationen und Resolutionen der UN-Generalversammlung und ihrer Sonderorganisationen. Die *Menschenrechtsverträge* weisen ungeachtet einer häufig einheitlichen Grundstruktur, soweit sie im Rahmen der Vereinten Nationen entstanden sind, Unterschiede bzgl des materiellen Schutzgehalts und ihrer Durchsetzungsmechanismen auf.

252   Zwischen den Verträgen zum Schutz der Menschenrechte kann in die universellen Menschenrechtsverträge wie den beiden Menschenrechtspakten v 1966 und in regionale Verträge wie die Europäische Menschenrechtskonvention (EMRK) unterschieden werden. Weiter ist darauf hinzuweisen, dass einige Verträge einen ausführlichen Katalog von Menschenrechten enthalten, während sich andere auf einzelne Gegenstände wie das Verbot des Völkermords, der Folter oder Formen der Diskriminierung beschränken.

---

585 Krit *Epping,* in Ipsen (Fn 9) Rn 143; *Reichwein,* Krieg für Menschenrechte? Die Internationale Schutzverantwortung zwischen Anspruch und Missbrauch, 2023; *Nothofer,* Verblendete Öffentlichkeiten: Blinde Flecken in der Debatte über humanitäre militärische Interventionen, 2020.
586 *Tomuschat,* Human Rights – Tensions between Negative and Positive Duties of States, Austr Rev Int'l Europ Law 14 (2013) 19 ff
587 Vgl oben Rn 48.

Eine Differenzierung ist ferner im Hinblick auf den Charakter und die Zielrichtung der einzelnen Rechte festzustellen. Hier können die *Freiheits- und Abwehrrechte* wie das Recht auf Leben oder auf persönliche Freiheit in einer Gruppe zusammengefasst werden. In einer zweiten Gruppe finden sich *wirtschaftliche, soziale und kulturelle Rechte* wie das Recht auf Arbeit. In einer dritten Gruppe werden Rechte zusammengefasst wie das *Recht auf Entwicklung, auf lebenswerte Umwelt, auf Frieden, Solidarität und Abrüstung, auf Teilhabe am gemeinsamen Erbe der Menschheit, sowie das Recht, über natürliche Ressourcen zu verfügen.*[588] Unterschiede bestehen schließlich bei den verschiedenen Durchsetzungs- und Überwachungsmöglichkeiten. Zumeist sind Staatenberichtsverfahren vorgesehen, bei denen unabhängige Expertengremien periodisch Länderberichte prüfen. Darüber hinaus gibt es Staaten- und Individualbeschwerdeverfahren, die mit einem unverbindlichen Bericht oder durch eine gerichtliche Entscheidung abgeschlossen werden können.

b) Die Allgemeine Erklärung der Menschenrechte

Die Allgemeine Erklärung der Menschenrechte (AEMR) der UN-Generalversammlung v 10.12.1948 enthält einen *Katalog von bürgerlichen und politischen Rechten* wie das Recht auf Leben, die Freiheit von Sklaverei und Folter, den Anspruch auf gleichen Schutz durch das Gesetz, auf Rechtsschutz und ein ordentliches Verfahren, die Meinungs- und Versammlungsfreiheit, das Recht auf Eigentum sowie wirtschaftliche und kulturelle Rechte. Sie enthält auch Schranken, wonach jeder Mensch in Ausübung seiner Rechte und Freiheiten nur den Beschränkungen unterworfen ist, die das Gesetz ausschließlich zu dem Zwecke vorsieht, die Anerkennung der Rechte und Freiheiten anderer zu gewährleisten und den gerechten Anforderungen der Moral, der öffentlichen Ordnung und der allgemeinen Wohlfahrt in einer demokratischen Gesellschaft zu genügen.[589] **253**

Die politisch-moralische Autorität der AEMR steht außer Frage.[590] Einigkeit besteht jedoch nicht hinsichtlich der rechtlichen Bindungswirkung. Hier reicht das Meinungs- **254**

---

588 Vgl hierzu *Riedel,* Menschenrechte der dritten Dimension, EuGRZ 1989, 9 ff; vgl auch *Proelß,* 5. Abschn Rn 130 ff.

589 Vgl Alfredsson/Eide (Hrsg), The Universal Declaration of Human Rights, 1999; *Kotzur,* 60 Jahre Allgemeine Erklärung der Menschenrechte, MRM 13 (2008) 184 ff; *von Bernstorff,* The Changing Fortunes of the Universal Declaration of Human Rights, EJIL 19 (2008) 903 ff; *Cheng,* The Universal Declaration of Human Rights at Sixty, Cornell Int'l LJ 41 (2008) 251 ff; *Rinceanu,* Norm- und Systementwicklung zum Schutz der Menschenrechte, Humanitäres Völkerrecht 21 (2008) 220 ff; *Weckel,* La justice internationale et le soixantième anniversaire de la Déclaration universelle des droits de l'homme, RGDIP 113 (2009) 5 ff; Danieli (Hrsg), The Universal Declaration of Human Rights: Fifty Years and Beyond, 2018; *Cassin,* The Universal Declaration of Human Rights, in Kassow/Roskies (Hrsg), Catastrophe and Rebirth: 1939–1973, 2020, 425 ff; *Morsink,* Article by Article: The Universal Declaration of Human Rights for a New Generation, 2022; *Zuber,* Histoire et postérité de la Déclaration universelle des droits de L'homme: Nouvelles approaches, 2022; *Yowell,* Natural Law and the Universal Declaration of Human Rights, in Angier/Benson/Retter (Fn 566) 100 ff.

590 *Crawford* (Fn 2) 636 („notably influental").

spektrum von völkerrechtlicher Unverbindlichkeit über Völkergewohnheitsrecht bis hin zur Annahme von *ius cogens*.[591] Zunächst kam der Erklärung keine völkerrechtliche Verbindlichkeit zu, da sie in Form einer Resolution der UN-Generalversammlung erging, die nicht bindend war. Später wurde die AEMR als Definition und Auslegung der Rechte anerkannt, die die UN und deren Mitgliedstaaten nach Art 55 und 56 UN-Charta fördern wollten.[592] In zahlreichen Erklärungen und Entscheidungen wurde auf die AEMR Bezug genommen. Sie wird etwa in der Präambel der EMRK und in der Interamerikanischen Deklaration v 7.4.1951 genannt und findet sich ausdrücklich oder mittelbar in Formulierungen nationaler Verfassungen.[593] Hieraus kann jedoch nicht auf eine völkerrechtliche Bindungswirkung der gesamten Erklärung geschlossen werden. Allerdings können *einige Bestimmungen* der AEMR wie das Verbot der Sklaverei *völkergewohnheitsrechtliche Geltung* beanspruchen.[594] Die AEMR stellt einen Standard dar, an dem Fortschritte im Bereich des Menschenrechtsschutzes gemessen werden können.[595] Das Verfahren vor der bereits seit 1946 bestehenden Menschenrechtskommission richtete sich wesentlich nach der vom Wirtschafts- und Sozialausschuss der UNO erlassenen Resolution 1503 (1970). Schließlich wurde die Menschenrechtskommission durch Resolution der Generalversammlung v 15.3.2006 durch einen Menschenrechtsrat abgelöst. Die Menschenrechtskommission sollte im Fall von Hinweisen auf systematische und schwerwiegende Menschenrechtsverletzungen Untersuchungen gegen Staaten durchführen und dem Wirtschafts- und Sozialrat darüber Bericht erstatten sowie Empfehlungen geben. Da sie aber zu einem nicht unerheblichen Teil aus Staaten bestand, in denen systematisch Menschenrechtsverletzungen begangen wurden, wurde sie als weitgehend ineffektiv von einem Teil der Staaten abgelehnt. Der nunmehr eingerichtete Menschenrechtsrat besteht aus 47 Mitgliedern, die von der Generalversammlung mit absoluter Mehrheit aller Mitgliedstaaten gewählt werden müssen. Der Menschenrechtsrat tagt mehrmals jährlich und soll nunmehr auch im Vorfeld von Menschenrechtsverletzungen präventiv tätig werden. Die Effektivität des Menschenrechtsrats wird jedoch ebenfalls bezweifelt, weil wiederum Staaten, denen systematische Menschenrechtsverletzungen vorgeworfen werden, in den Rat gewählt worden sind. Nicht zuletzt unter Hinweis hierauf haben sich bspw die USA im Juni 2018 aus dem Menschenrechtsrat zurückgezogen. Allerdings ist dieses Vorgehen bei genauer Betrachtung nicht überzeugend. Zum einen ist es Ausdruck des Universalitätsanspruchs der UNO, dass Vertreter aus allen Erdteilen im Menschenrechtsrat repräsentiert sind. Damit ist aber beinahe zwangsläufig verbunden, dass

---

591 Gegen rechtliche Bindungswirkung: *Epping,* in Ipsen (Fn 9) § 7 Rn 11; *Humphrey,* The Universal Declaration of Human Rights, in Ramcharan (Hrsg), Human Rights, 1979, 29ff; *Isensee* (Fn 566) 1085 (1100) „bloße Empfehlung"; aA *Gros Espiell,* The Envolving Concept of Human Rights, in ebd 46ff; für gewohnheitsrechtliche Geltung etlicher der in der AEMR enthaltenen Rechte *Hobe* (Fn 467) 424f.

592 *Kokott/Doehring/Buergenthal,* Grundzüge des Völkerrechts, 3. Aufl 2003, Rn 251.

593 *Wilms,* Ausländische Einwirkungen auf die Entstehung des Grundgesetzes, 1999, 133ff, insbes 135f.

594 *Crawford* (Fn 2) 636.

595 *Partsch,* in Charta VN, Art 55 Rn 33; vgl zur Bedeutung der AEMR auch *E. Klein* (Fn 576) 109ff.

sich darunter auch Vertreter von Staaten finden, die – gelinde gesagt – über eine nicht zufriedenstellende Menschenrechtsbilanz verfügen. Es würde den Menschenrechtsrat im Übrigen keineswegs stärken, wenn sich darin ausschließlich Vertreter westlich-liberaler Demokratien mit starkem Menschenrechtsschutz befänden, denn deren Einschätzungen könnten allzu leicht als postkoloniale Überheblichkeit diskreditiert werden. Zum anderen kann es gerade für Staaten mit problematischer Menschenrechtssituation hilfreich sein, sich mit den Menschenrechtsverletzungen Dritter zu befassen, da dies möglicherweise auch zu Reflexion und Überprüfung der eigenen Staatspraxis führt.

c) Die Menschenrechtspakte v 19.12.1966

Die Generalversammlung der UNO nahm 1966 den Internationalen Pakt über bürgerli- 255
che und politische Rechte (IPbürgR)[596] sowie den Internationalen Pakt über wirtschaftliche, soziale und kulturelle Rechte (IPwirtR)[597] an. Diese völkerrechtlichen Verträge traten 1976 nach den erforderlichen Ratifikationen in Kraft. Deutschland hat beide Pakte ratifiziert.[598]

Der *IPbürgR* enthält in Art 1 das Recht der Völker auf Selbstbestimmung. Grundlegen- 256
de Rechte und Freiheiten finden sich in Teil III des Pakts. Hier werden u a das Recht auf Leben, die Freiheit von Folter und Sklaverei, das Recht auf persönliche Freiheit und Sicherheit und auf ein faires Gerichtsverfahren sowie das Verbot rückwirkender Gesetze und Strafen genannt. Ferner werden das Recht auf Heirat und Familie, die Rechte des Kindes und das Recht auf Beteiligung an der Staatswillensbildung garantiert, nicht hingegen das Recht auf Eigentum. Erweitert wurde der Schutz des IPbürgR durch das Zweite Fakultativprotokoll zur Abschaffung der Todesstrafe v 15.12.1989, für Deutschland seit 1992 in Kraft.[599] Die genannten Rechte können, sofern nicht notstandsfest, unter den Voraussetzungen des Art 4 Abs 2 suspendiert werden.

In Zusammenhang mit dem *IPwirtR* wurde im Jahr 2008 ein Fakultativprotokoll ver- 257
abschiedet, das sich stark am Fakultativprotokoll zum IPbürgR orientiert und 2014 in Kraft getreten ist. Da der *IPwirtR* keine unmittelbar anwendbaren Rechtspflichten ent-

---

596 BGBl 1973 II, 1534.
597 BGBl 1973 II, 1570.
598 Vgl *Comstock*, Committed to Rights: UN Human Rights Treaties and Legal Paths for Commitment and Compliance, 2021; *El-Khoury*, Irrational Human Rights? An Examination of International Human Rights Treaties, 2021; *Gunnarsson/Weiß/Zimmermann*, Akzeptanz und Wirksamkeit von Menschenrechtsverträgen: Eine Bilanz nach 50 Jahren Menschenrechtspakte, 2018; *Wagner*, 50 Jahre UN-Menschenrechtspakte, Parl Beilage 2016, Nr 10-11, 17 ff; *Sun*, The Understanding and Interpretation of the ICCPR in the Context of China's possible Ratification, Chinese JIL 6 (2007) 17 ff; *Jihong*, Two Approaches towards the Ratification of the International Covenant on Civil and Political Rights, Chinese YHR 4 (2006) 103 ff; *Ando*, The Development of the Human Rights Committee's Procedure to Consider States Parties' Reports under Article 40 of the ICCPR, FS Caflisch, 2007, 17 ff; *Simmons*, Civil Rights in International Law, Indiana JGLS 16 (2009) 437 ff; *Ghandhi*, The Human Rights Committee of the ICCPR, IJIL 48 (2008) 208 ff.
599 BGBl 1992 II, 391; *Crawford* (Fn 2) 638 f.

hält, sondern bei den wirtschaftlichen, sozialen und kulturellen Rechten an die Verfügbarkeit der Ressourcen anknüpft, wird vielfach in Zweifel gezogen, dass von den darin niedergelegten Rechten eine unmittelbare Rechtswirkung ausgeht.[600] Deutlich wird dies in Art 2 Abs 1, wo sich die Vertragsstaaten verpflichten, einzeln und durch internationale Hilfe und Zusammenarbeit, Maßnahmen zu treffen, um nach und nach mit allen geeigneten Mitteln die volle Verwirklichung der in diesem Pakt anerkannten Rechte zu erreichen.[601]

258   Der *Durchsetzung* der Rechte dient zum einen ein periodisches, obligatorisches Berichtssystem (Artikel 40 Abs 1 IPbürgR und Art 16 Abs 1 IPwirtR). Geprüft werden die Berichte des IPwirtR durch einen aus achtzehn unabhängigen Experten bestehenden Ausschuss für wirtschaftliche und kulturelle Rechte, der als Hilfsorgan des Wirtschafts- und Sozialrats nach Art 68 UN-Charta durch den Sicherheitsrat 1985 errichtet wurde. Berichte auf Grund des IPbürgR werden vom UN-Menschenrechtsausschuss geprüft. Er besteht ebenfalls aus achtzehn unabhängigen Mitgliedern und gibt nach Beendigung der Prüfung *general comments* zu einzelnen Bestimmungen ab, um eine einheitliche Anwendung des Pakts sicherzustellen.[602]

259   Daneben sieht Art 41 IPbürgR eine *Staatenbeschwerde* für diejenigen Staaten vor, die erklärt haben, dass sie die Zuständigkeit des Menschenrechtsausschusses zur Entgegennahme und Prüfung von Mitteilungen anerkennen, mit denen ein Vertragsstaat geltend macht, ein anderer Vertragsstaat komme seinen Verpflichtungen aus dem Pakt nicht nach. Nach einer nichtöffentlichen Beratung erstellt der Menschenrechtsausschuss innerhalb einer Frist von zwölf Monaten einen Bericht, der den Beteiligten übermittelt wird. Der Bericht enthält eine Darstellung des Sachverhalts, eine schriftliche Stellungnahme sowie ein Protokoll über die mündlichen Stellungnahmen der beteiligten Vertragsparteien. Ob eine Vertragsverletzung vorliegt, wird nicht entschieden. Deutschland erkannte die Staatenbeschwerde am 22.10.1997 für einen weiteren Zeitraum von fünf Jahren an.[603]

260   Eine *Individualbeschwerde* enthält das Fakultativprotokoll zum IPbürgR v 19.12. 1966,[604] das gesonderter Unterzeichnung und Ratifikation bedarf. Das Protokoll gibt Einzelpersonen das Recht, bzgl Verletzungen ihrer Rechte aus dem IPbürgR eine Mitteilung

---

600 Z B *Kirchhof,* Verfassungsrechtlicher Schutz und internationaler Schutz der Menschenrechte: Konkurrenz oder Ergänzung?, EuGRZ 1994, 16 (18); Denkschrift der BReg zum IPwirtR v 19.12.1966, BT-Drs 7/658, 18; zurückhaltend auch *Tomuschat,* Die Bundesrepublik Deutschland und die Menschenrechtspakte der Vereinten Nationen, Vereinte Nationen 1978, 1 (2f); *Simma/Benningsen,* Wirtschaftliche, soziale und kulturelle Rechte im Völkerrecht, FS Steinhoff, 1990, 1477 (1488).
601 Vgl zur Umsetzung der Rechte *Türk,* The United Nations and the Realization of Economic, Social and Cultural Rights, in Matscher (Hrsg), Die Durchsetzung wirtschaftlicher und sozialer Grundrechte, 1991, 95 ff.
602 Vgl *Wense,* Der UN-Menschenrechtsausschuß und sein Beitrag zum universellen Schutz der Menschenrechte, 1999; Klein (Hrsg), The Monitoring System of Human Rights Treaty Obligations, 1998.
603 BGBl 1997 II, 1355.
604 BGBl 1992 II, 1247; *Wolf,* Aktivlegitimation, 40 ff.

Kau

an einen Ausschuss zur Prüfung einzureichen (vgl Art 2). Wie bei der Staatenbeschwerde berät auch hier der Menschenrechtsausschuss in einer nichtöffentlichen Sitzung ohne Zuziehung einer Partei. Das Ergebnis wird dem betroffenen Vertragsstaat und dem Einzelnen mitgeteilt.

d) Spezielle Konventionen zum Schutz der Menschenrechte

Spezielle Konventionen auf universeller Ebene betreffen insbes das Verbot von Folter, **261** Sklaverei und Zwangsarbeit, die Verhütung und Bestrafung von Völkermord, den Frauen- und Kinderhandel, das Verbot von Rassendiskriminierung und Apartheid sowie die Diskriminierung von Frauen.[605]

Die *UN-Konvention gegen Folter* und andere grausame und unmenschliche oder er- **262** niedrigende Behandlung oder Strafe v 10.12.1984[606] ist 1987 in Kraft getreten.[607] Art 1 Abs 1 enthält die Definition des Begriffs „Folter". Art 2 verpflichtet die Vertragsstaaten, wirksame Maßnahmen zu treffen, um Folterungen in allen ihrer Hoheitsgewalt unterstehenden Gebieten zu verhindern. Diese Definition dient auch anderen Menschenrechtsinstrumenten, namentlich der EMRK, als Anknüpfungspunkt.[608] Außergewöhnliche Umstände wie Krieg, Kriegsgefahr, innenpolitische Instabilität oder ein öffentlicher Notstand können nicht als Rechtfertigungsgründe geltend gemacht werden. Darüber hinaus verpflichten sich die Vertragsstaaten, mutmaßliche Folterer strafrechtlich zu verfolgen. Die Konvention enthält ferner das Verbot der Abschiebung bei drohender Folter und Bestimmungen über zwischenstaatliche Rechtshilfe und Auslieferung.

Der Durchsetzung dient eine allgemeine Berichtspflicht, ein vertrauliches Prüfungs- **263** verfahren, eine fakultative Staatenbeschwerde sowie eine fakultative Individualbeschwerde, die von einem aus zehn unabhängigen Experten bestehenden „Ausschuss gegen Folter" geprüft werden. Eine Konventionsverletzung kann der Ausschuss nicht feststellen. Seine Kompetenz ist darauf beschränkt, dem betreffenden Staat seine Auffassung mitzuteilen. Allerdings haben verschiedene Vertragsstaaten die Zuständigkeit des Ausschusses nicht anerkannt.[609] Geplant ist zudem die Einführung eines generellen präventiven Besuchersystems, wie es in einzelnen Konventionsstaaten bereits geschehen ist.

---

605 Ein Überblick über die verschiedenen Übereinkommen findet sich bei *Ipsen*, in ders (Fn 9) § 36 Rn 1 ff sowie in VN 42 (1994) 118 ff; *Wolf*, Aktivlegitimation, 58 ff.
606 BGBl 1990 II, 247; vgl Nowak/Birk/Monina (Hrsg), UN Convention Against Torture and its Optional Protocol, 2. Aufl 2019.
607 Vgl *Kau*, in Pabel/Schmahl (Hrsg), EMRK, 2014, Art 3 Rn 97 ff; *Hailbronner/Randelzhofer*, Zur Zeichnung der UN-Folterkonvention durch die Bundesrepublik Deutschland, EuGRZ 1986, 641; *Edwards*, The Optional Protocol to the Convention against Torture and the Detention of Refugees, ICLQ 57 (2008) 789 ff; *Nowak/McArthur*, The United Nations Convention against Torture, 2008.
608 EGMR, NJW 2001, 56 ff *[Selmouni v France]*; EGMR, ECHR 2000-VII, *[Ilhan v Turkey]*; zum Ganzen *Kau* (Fn 607) Rn 16 ff.
609 *Kau* (Fn 607) Rn 99.

264   Das *Übereinkommen über die Rechte des Kindes* v 20.11.1989, 1990 in Kraft getreten, gilt für Deutschland seit 1992.[610] Anzuwenden ist es auf jeden Menschen, der das 18. Lebensjahr noch nicht vollendet hat, soweit die Volljährigkeit nach dem auf das Kind anzuwendenden Recht nicht früher eintritt. Das Übereinkommen verpflichtet die Vertragsstaaten u a, die Konventionsrechte diskriminierungsfrei zu gewährleisten. Den Interessen des Kindes und dem Kindeswohl ist bei allem staatlichen Handeln Vorrang einzuräumen. Rechte und Pflichten von Eltern und anderen Personen mit rechtlicher Verantwortung für das Kind sind zu respektieren. Ferner wurden spezifische Rechte wie das Recht auf Leben, auf Namen oder auf Staatsangehörigkeit, auf Schutz vor körperlicher und geistiger Schädigung, vor sexuellem Missbrauch und vor Ausbeutung in die Konvention aufgenommen.

265   Deutschland gab bei der Ratifizierung Erklärungen zur Auslegung mehrerer Konventionsbestimmungen ab und bekräftigte u a die Auffassung, dass die Konvention völkerrechtliche Pflichten zur Rechtsanpassung begründe, aber Bestimmungen wie die zur elterlichen Sorge innerstaatlich nicht unmittelbar anwendbar seien. Außerdem dürfe keine Bestimmung der Konvention so ausgelegt werden, dass sie die illegale Einreise oder den illegalen Aufenthalt eines Ausländers gestatte.[611] Im Jahre 2010 wurde die Vorbehaltserklärung zu Art 3 der UN-Kinderrechtskonvention von der Bundesregierung zurückgenommen, sodass nun auch im Flüchtlings- und Asylrecht – etwa bei der Verhängung von Abschiebehaft – das Wohl des Kindes vorrangig zu berücksichtigen ist.[612]

266   Der Durchsetzung dient ein *Berichtsverfahren* (Art 44). Zuständig für die Prüfung der Fortschritte, die die Vertragsstaaten bei der Erfüllung der im Übereinkommen eingegangenen Verpflichtungen gemacht haben, ist ein aus zehn Sachverständigen bestehender Ausschuss für die Rechte des Kindes.[613]

267   Das *Übereinkommen über die Rechte von Menschen mit Behinderung* v 13.12.2006 ist im Jahr 2008 in Kraft getreten und gilt seitdem auch für Deutschland.[614] Nach dem Über-

---

610 Vgl Schmahl (Hrsg), The United Nations Conventions on the Rights of the Child, 2021; Tobin (Hrsg), The UN Convention on the Rights oft he Child, 2019; *Alen,* The UN Children's Rights Convention, 2007; *Shmueli,* The Influence of the United Nations Convention on the Rights of the Child on Corporal Punishment, ORIL 10 (2008) 189 ff; *Baer,* Übereinkommen der Vereinten Nationen über die Rechte des Kindes, NJW 1993, 2209 ff; *Dorsch,* Konvention über die Rechte des Kindes, 1994; *Finger,* Das Übereinkommen über die Rechte des Kindes und sein Einfluß auf das deutsche Kindschafts- und Familienrecht, JR 1992, 177 ff; eingehende Kommentierung bei *Schmahl,* Kinderrechtskonvention mit Zusatzprotokollen, 2013.
611 Vgl jedoch VG Frankfurt, NVwZ 1994, 1137 ff; vgl auch *Tomuschat,* Verwirrung über die Kinderrechte-Konvention der Vereinten Nationen, FS Zacher, 1998, 1143 ff.
612 Vgl hierzu *Krieger,* Die UN-Kinderrechtskonvention und die Handlungsfähigkeit unbegleiteter Minderjähriger im deutschen Asyl- und Ausländerrecht, RdJB 2012, 206 ff; *Löhr,* Kinderrechtskonvention, RdJB 2012, 191 ff.
613 Vgl zur 6. und 7. Tagung des Ausschusses *Rudolf,* VN 43 (1995) 72 ff; *Wolf,* Aktivlegitimation, 62 ff.
614 BGBl 2008 II, 1419; vgl Bantekas/Stein/Anastasiou (Hrsg), The UN Convention on the Rights of Persons with Disabilities – A Commentary, 2018; *Kreutz/Lachwitz/Trenk-Hinterberger,* Die UN-Behindertenrechtskonvention in der Praxis, 2013; *Rothfritz,* Die Konvention der Vereinten Nationen zum Schutz der Rechte

einkommen werden die Vertragsstaaten verpflichtet, für Menschen mit Behinderung den vollständigen und gleichberechtigten Genuss aller Menschenrechte und Grundfreiheiten zu gewährleisten. Diese schließen neben der Achtung der Menschenwürde insbes die Rechte auf Nichtdiskriminierung (Art 5, 12), wirksame gesellschaftliche Teilhabe (Art 19, 29, 30), Chancengleichheit (Art 24, 27) und Barrierefreiheit (Art 9, 20) ein. Im Rahmen eines Fakultativprotokolls aus dem Jahr 2007 besteht die Möglichkeit, dem Ausschuss für die Rechte von Menschen mit Behinderung wegen einer Verletzung des Übereinkommens eine Individualbeschwerde vorzulegen.[615] Ferner kann der Ausschuss im Rahmen des Untersuchungsverfahrens bei zuverlässigen Hinweisen auf schwerwiegende oder systematische Verstöße gegen das Übereinkommen auch auf eigene Veranlassung tätig werden. Durch die Ratifikation sind die Bestimmungen der Behindertenrechtskonvention nicht nur Bestandteil der innerstaatlichen Rechtsordnung geworden,[616] die Vertragsstaaten sind vielmehr zu entsprechenden gesetzgeberischen Umsetzungen und konventionskonformen Interpretationen bestehender Rechtsvorschriften verpflichtet.

2. Der Menschenrechtsschutz auf regionaler Ebene
a) Der Europarat
Die Satzung des Europarats wurde am 5.5.1949 von zehn westeuropäischen Staaten unterzeichnet. Deutschland wurde am 13.7.1950 assoziiertes Mitglied und am 2.5.1951 Vollmitglied. Zwischenzeitlich sind auch die Staaten Mittel- und Osteuropas dem Europarat beigetreten. **268**

Der Europarat hat die Aufgabe, zwischen seinen Mitgliedern zum Schutz und zur Förderung der idealen Grundsätze eine engere Verbindung herzustellen und ihren wirtschaftlichen und sozialen Fortschritt zu fördern. Fragen der nationalen Verteidigung sind ausgenommen. Das wirksamste Instrument im Rahmen des Europarats ist die Ausarbeitung völkerrechtlicher Verträge, die für die Mitglieder der I.O. und bei manchen Verträgen auch für Nicht-Mitglieder zur Unterzeichnung ausgelegt werden.[617] **269**

von Menschen mit Behinderung, 2010; *Engels*, Herausforderungen an schulische Inklusion, ZG 2015, 128 ff; *Welti*, Reformbedarf zur Gleichstellung und Barrierefreiheit, ZRP 2015, 184 ff.
615 Z B *Uerpmann-Wittzak*, Die UN-Behindertenrechtskonvention in der Praxis des Ausschusses für die Rechte von Menschen mit Behinderung, AVR 54 (2016), 181 ff.
616 *Engels* (Fn 614) 128 f.
617 Holtz (Hrsg), 50 Jahre Europarat, 2000; *Uerpmann-Wittzack*, Europarat, in Hatje/Müller-Graff (Hrsg.), Europäisches Organisations- und Verfassungsrecht (EnzEuR), Bd 1, 2016, § 25 Rn 1 ff; *E. Klein*, 50 Jahre Europarat, AVR 39 (2001) 121 ff; *Kau*, Rechtsharmonisierung, 2016, 128 ff; aus der Anfangsphase *Carstens*, Das Recht des Europarates, 1956.

b) Die Europäische Konvention zum Schutze der Menschenrechte und Grundfreiheiten

270 Das zentrale völkerrechtliche Übereinkommen im Rahmen des Europarats, welches dem Einzelnen durch die Verbürgung von Menschenrechten und die Einrichtung entsprechender Durchsetzungsmöglichkeiten Rechte gewährleistet, ist die Konvention zum Schutze der Menschenrechte und Grundfreiheiten (EMRK) mit ihren Zusatzprotokollen. Die EMRK wurde am 4.11.1950 in Rom unterzeichnet und trat am 3.9.1953 in Kraft.[618] Deutschland ratifizierte sie am 5.12.1952. Die EMRK war die erste regionale und rechtsverbindliche Menschenrechtskodifikation. Die Beachtung der Rechte des Einzelnen aus dem EMRK-Vertragswerk wird durch den *Europäischen Gerichtshof für Menschenrechte* (EGMR) mit Sitz in Straßburg gewährleistet, an den sich betroffene Einzelne oder auch Staaten wenden können (s u Rn 276 ff).

271 Die EMRK hat in den Mitgliedstaaten einen spezifischen rechtlichen Rang.[619] Für Deutschland ist sie durch das Zustimmungsgesetz als einfaches Gesetz in das nationale Recht überführt worden. Bei entgegenstehenden nationalen Bestimmungen, auch wenn sie später als das Zustimmungsgesetz erlassen wurden, sind diese Bestimmungen EMRK-konform auszulegen, da davon auszugehen ist, dass sich der deutsche Gesetzgeber in Übereinstimmung mit dem Völkerrecht verhalten will.[620]

272 Die EMRK hat darüber hinaus Ausstrahlungswirkung auf das EU-Recht. Zum einen verweist Art 6 Abs 2 EUV auf die Grundrechte der EMRK, zum anderen achtet der Gerichtshof der Europäischen Gemeinschaften (EuGH) in seiner Rechtsprechung unions-

---

618 Vgl *Frowein/Peukert,* EMRK, 3. Aufl 2023; Karpenstein/Mayer (Fn 23); *Meyer-Ladewig/Nettesheim/von Raumer* (Fn 23); *Schabas,* The European Convention on Human Rights, 2015; *Grabenwarter,* European Convention on Human Rights, 2014; Fremuth (Hrsg), 70 Jahre Europäische Menschenrechtskonvention, 2022; Pabel/Schmahl (Hrsg), Internationaler Kommentar zur EMRK, Loseblatt; *Schilling,* Internationaler Menschenrechtsschutz: Das Recht der EMRK und des IPbpR, 2022; Rainey/McCormick/Ovey (Hrsg), The European Convention on Human Rights, 8. Aufl 2021; *Peters/Altwicker,* Einführung in die Europäische Menschenrechtskonvention, 2. Aufl 2012; *Ehlers/Germelmann,* Europäische Grundrechte und Grundfreiheiten, 5. Aufl 2023; *Grabenwarter/Pabel,* Europäische Menschenrechtskonvention, 7. Aufl 2021; *Lohse,* Aktuelle Entwicklungen im Recht der EMKR, BayVBl 2023, 73 ff; *Wolfrum,* Aspekte des Schutzes von Minderheiten unter dem Europäischen Menschenrechtsschutzsystem, FS Ress, 2005, 1109 ff; *Thürer,* Grundrechtsschutz in Europa – Globale Perspektive, ZSchR 124 (2005) 51 ff; *Ress,* Menschenbild – Staatsbild: Gedanken zur Konzeption des Staates und zur Stellung des Menschen in der Europäischen Menschenrechtskonvention, GS Burmeister, 2004, 309 ff; *Bothe,* Die Anwendung der Europäischen Menschenrechtskonvention in bewaffneten Konflikten, ZaöRV 65 (2005) 615 ff; *Kau* (Fn 617) 133 ff; *Partsch,* Die Entstehung der Europäischen Menschenrechtskonvention, ZaöRV 15 (1953/1954), 631 ff.
619 Vgl *Peters/Altwicker* (Fn 618) § 1 II.
620 BVerfGE 141, 1, 26 ff *[Treaty Override]; Puttler,* Staat, Verfassung und internationales Recht, in Stern/Sodan/Möstl (Hrsg), Staatsrecht, Bd I, 2. Aufl 2022, § 19 Rn 95; BVerfGE 111, 307 ff *[Gorgülü]* mit Anm von *Klein,* JZ 2004, 1176 ff; *Tettinger,* Steine aus dem Glashaus, JZ 2004, 1144 ff; *Papier,* Koordination des Grundrechtsschutzes in Europa, ZSchR 2005, 113 ff; *Ruffert,* Die Europäische Menschenrechtskonvention und innerstaatliches Recht, EuGRZ 2007, 245 ff.

europäische Grundrechte, die er u a aus den Rechten der EMRK zieht.[621] Darüber hinaus lässt die Grundrechte-Charta der Europäischen Union,[622] die durch den Vertrag von Lissabon unmittelbar verbindlich geworden ist,[623] einen starken Bezug zu den Rechten der EMRK erkennen. Der nach Art 6 Abs 2 EUV vorgesehen Beitritt der Europäischen Union zur EMRK wird sich nach einem ablehnenden Gutachten des EuGH v 18.12.2014[624] jedoch nicht so schnell realisieren lassen, wie es ursprünglich geplant war.[625] Im Ganzen ist gegenwärtig weitgehend offen, inwieweit ein konsolidierter „europäischer Grundrechtsraum", bestehend aus EU-Grundrechtecharta und EMKR, überhaupt möglich ist.[626] Der Gerichtsbarkeit des EGMR unterliegen allerdings nur Handlungen der Mitgliedstaaten, nicht dagegen Handlungen der EU-Organe.[627] Jedoch sind die Mitgliedstaaten auch beim Vollzug des Unionsrechts an die EMRK gebunden.[628] Dies gilt auch dann, wenn das Verhalten eines Mitgliedstaats der Erfüllung internationaler Verpflichtungen aus einer UN-Sicherheitsratsresolution dient. In diesem Fall gilt jedoch eine Vermutung, dass ein Konventionsstaat bei der Erfüllung seiner internationalen Verpflichtungen die EMRK nicht verletzt hat, wenn das jeweilige, internationale System einen der EMRK vergleich-

---

621 ZB EuGH, Rs C-112/00, Slg 2003, I-5659, Rn 71 ff *[Schmidberger]*; Rs C-60/00, Slg 2002, I-6279 *[Carpenter]*; Gutachten 2/94, EuGRZ 1996, 197 (206, Rn 33); vgl *Thiele,* Kohärenz der EU-Grundrechtecharta und EMRK, in Nowak/Thiele (Hrsg), Effektivität des Grundrechtsschutzes in der Europäischen Union, 2021, 45 ff.
622 Vom Europäischen Rat am 7.12.2000 in Nizza feierlich proklamiert (ABl EG 2000, Nr C 364/1).
623 *E. Klein,* Dogmatische und methodische Überlegungen zur Einordnung der Europäischen Menschenrechtskonvention in den Grundrechtsfundus der Europäischen Union, GS Bleckmann, 2007, 257 ff; *Pache/ Rösch,* Europäischer Grundrechtsschutz nach Lissabon, EuZW 2008, 519 ff; *Lindner,* Grundrechtsschutz im europäischen Mehrebenensystem, Jura 2008, 401 ff; *Brummer,* Konkurrenz um Menschenrechte in Europa, Integration 31 (2008) 65 ff; *Britz,* Europäisierung des grundrechtlichen Datenschutzes?, EuGRZ 2009, 1 ff.
624 Vgl EuGH, Gutachten 2/2013.
625 Vgl *Grabenwarter,* Das EMRK-Gutachten des EuGH, EuZW 2015, 180 ff; *Tomuschat,* Der Streit um die Auslegungshoheit: Die Autonomie der EU als Heiliger Gral, EuGRZ 2015, 133 ff; *Wendel,* Der EMRK-Beitritt als Unionsrechtsverstoß, NJW 2015, 921 ff.
626 Vgl *Arden,* Human Rights and European Law: Building New Legal Orders, 2015; Morano-Foadi/Vickers (Hrsg), Fundamental Rights in the EU: A Matter of Two Courts, 2015; *Polakiewicz,* Ist mit einem Beitritt der EU zum Europarat und zur EMRK überhaupt noch zu rechnen?, in Fremuth (Fn 618) 73 ff.
627 EGMR, EuGRZ 1999, 2000 *[Matthews v United Kingdom]*; vgl dazu *Jochum,* Europarecht, 2. Aufl 2012, Rn 62 f; *Ress,* Konkordanz in der Interpretation von Kompetenzbegriffen durch EuGH und EGMR, FS Hirsch, 2008, 155 ff; *Petersmann,* Human Rights, International Economic Law and „Constitutional Justice", EJIL 19 (2008) 769 ff; *Berka,* Europäischer Grundrechtsschutz zwischen Konflikt, Kooperation und Koordination, FG Machacek/Matscher, 2008, 505 ff; *De Schutter,* The Two Europes of Human Rights, Colum JEL 14 (2008) 509 ff; *Baier,* Der Schutz der Menschenrechte durch Strafpflichten auf der Basis der Europäischen Menschenrechtskonvention, Iustitia et pax, 2008, 293 ff; *Daiber,* Durchsetzung des Gemeinschaftsrechts durch den EGMR?, EuR 2007, 406 ff; *Greer/Williams,* Human Rights in the Council of Europe and the EU, ELJ 15 (2009) 462 ff; *Karl,* Die Rolle des Staatsverhaltens bei der Auslegung und Anwendung der Europäischen Menschenrechtskonvention, FS Wildhaber, 2007, 379 ff.
628 EuGH, Rs C-583/13 P, EuZW 2015, 718 ff [Art 8 EMRK]; Rs C-243/12 P, NZKart 2014, 321 ff [Art 6 Abs 2 EMRK]; EGMR, EuGRZ 1999, 193 *[Cantoni v France]; Jochum* (Fn 627) Rn 62.

baren, nicht identischen Grundrechtsschutz sicherstellt.[629] Krit hat sich der EGMR jedoch im Fall *Tarakhel* zu der Frage geäußert, inwieweit sich ein Konventionsstaat bei der Durchführung von Rückführungsentscheidungen im Rahmen des Dublin-Systems auf die Erfüllung flüchtlingsrechtlicher Verpflichtungen durch einen anderen Konventionsstaat verlassen darf.[630] In Fortführung der in *Tarakhel* entwickelten Grundsätze zur Unterbringung von Kindern hat der EGMR im Fall *A.B.* entschieden, dass die Abschiebehaft für ein vierjähriges Kind auch zusammen mit seinen Eltern nur in Betracht komme, wenn alle anderen, weniger eingreifenden Mittel geprüft worden seien und nicht in Betracht kämen (Art 5 Abs 1 und Abs 4 EMRK).[631] Auch in seinem Urteil im Fall *Khan* stellte der Gerichtshof fest, dass die franz Behörden Schutzmaßnahmen für einen afghanischen Minderjährigen hätten ergreifen müssen, der sich im sog „Dschungel von Calais" aufgehalten hat.[632] Selbst wenn der Minderjährige die verfügbaren Hilfsangebot nicht von sich aus in Anspruch genommen habe, seien die Behörden verpflichtet gewesen, ihn im Flüchtlingslager zu schützen. Dass sie das nicht taten, führte zu einer Verletzung von Art 3 EMRK.

273   Die Hoheitsgewalt der Mitgliedstaaten iSv Art 1 EMRK wird vom EGMR grundsätzlich als *territorial, auf das Hoheitsgebiet der Vertragsstaaten begrenzt,* verstanden.[633] Eine Beschwerde, die sich zB gegen die Durchführung von Luftangriffen von Vertragsstaaten im Jugoslawien-Krieg richtete, war daher unzulässig. Nur ausnahmsweise kann eine *extraterritoriale Handlung* eines Vertragsstaats die Zuständigkeit des EGMR begründen, wenn bspw die Kontrolle über ein außerhalb seiner Grenzen gelegenes Gebiet durch militärische Besetzung oder kraft Zustimmung, Aufforderung oder Einwilligung der Regierung des Gebiets ausübt wird. Nach Auffassung des Gerichtshofs hatte die Luftherrschaft der NATO über Jugoslawien eine derartige Hoheitsgewalt nicht begründet.[634] Von einer tatsächlichen Kontrolle über ein Gebiet außerhalb des eigenen Staatsgebiets ging der EGMR indessen bei der Besetzung des Iraks durch Streitkräfte des Vereinigten Königreichs aus.[635] In den Fällen *Al-Skeini u a v Vereinigtes Königreich* und *Al-Jedda v Vereinigtes Königreich* entschied der Gerichtshof, dass die EMRK auch auf die Tötung von Zivilpersonen im Irak bzw die Internierung von irakischen Staatsangehörigen aufgrund der dort im fraglichen Zeitraum vom Vereinigten Königreich ausgeübten Gebiets-

---

629 Vgl EGMR, NJW 2006, 197 *[Bosphorus]*; dazu *Hailbronner,* Immunity of International Organizations from National Jurisdiction with Particular Reference to Germany, in de Cooker (Hrsg), International Administration, 2005, III.3.
630 EGMR, NVwZ 2015, 127 (128 f) *[Tarakhel v Switzerland]*; hierzu *Kau,* in Uhle (Hrsg), Migration und Integration, 2017, 19 (50 ff).
631 EGMR, NLMR 4/2016, 1 (3 f) *[A.B. u a v France]*.
632 EGMR v 28.2.2019, Nr. 12267/16, Beck-aktuell.
633 Vgl *Johann,* in Karpenstein/Mayer (Fn 23) Art 1 Rn 20 („Vermutung gegen extraterritoriale Geltung").
634 EGMR, NJW 2003, 413 *[Banković]*; hierzu auch *O'Boyle,* The European Convention on Human Rights and Extraterritorial Jurisdiction, in Coomans/Kamminga (Hrsg), Extraterritorial Application of Human Rights Treaties, 2004, 130 ff; *Miller,* Revisting Extraterritorial Jurisdiction, EJIL 20 (2010) 1226 ff.
635 EGMR v 2.3.2010, Nr 61498/08 *[Al Saadoon und Mufdhi]*.

kontrolle anwendbar sei.[636] Soweit sich das Vereinigte Königreich im *Al-Jedda*-Fall darauf berief, die tatsächliche Kontrolle über den Irak habe nach einem Beschluss des UN-Sicherheitsrats im fraglichen Zeitraum bei der UNO gelegen, wurde dieses Vorbringen vom EGMR unter Hinweis auf die fehlende Effektivität der Kontrolle durch den Sicherheitsrat zurückgewiesen. Angesichts dieser Entscheidungen wurden Überlegungen angestellt, ob damit der mit dem *Banković*-Urteil verbundene Grundsatz territorialer Begrenzung vertragsstaatlicher Hoheitsgewalt eingeschränkt wurde.[637] Zudem wurde kritisiert, dass der EGMR menschenrechtliche Gewährleistungen mit territorialen Gegebenheiten verknüpfe.[638] Indes hatte der EGMR eine extraterritoriale Anwendung der EMRK auch schon früher nicht ausgeschlossen, diese aber von unterschiedlichen Formen hoheitlicher Kontrolle abhängig gemacht. Im Grundsatz ist deshalb auch nach der jüngeren Rspr des EGMR davon auszugehen, dass die Vertragsstaaten der EMRK ihre menschenrechtlichen Verpflichtungen bei der Ausübung effektiver Staatsgewalt nicht abstreifen können. Unabhängig davon, ob es zu hoheitlichen Handlungen auf ihrem Botschaftsgelände,[639] zur Ergreifung von Personen durch eigene Hoheitsträger im Ausland,[640] zur Besetzung fremden Staatsgebiets[641] oder zur Kontrolle internationaler Gewässer durch eigene Hoheitsträger[642] kommt – die Gewährleistungen der EMRK bleiben anwendbar. Allerdings darf die Ausübung hoheitlicher Gewalt in diesen Fällen nicht bloß punktueller, temporärer oder akzidentieller Natur sein.

Soweit der EGMR in der *Al-Skeini*-Entscheidung andeutete, dass der Umfang men- 274 schenrechtlicher Gewährleistungen abhängig von Umfang und Effektivität der jeweiligen hoheitlichen Kontrolle auch abgestuft gewährleistet werden könne,[643] ist darin jedoch ein problematischer Ansatz zu sehen. Denn mit einer solchen Anwendung der EMRK ginge eine Relativierung der bisherigen Standards einher, die der EGMR im *Banković*-Urteil noch absichtsvoll ausgeschlossen hatte. Aber auch wenn sich der EGMR in der *Al-Skeini*-Entscheidung an den tatsächlichen Gegebenheiten orientierte und infolgedessen eine abgestufte Anwendung der EMRK im Grundsatz ermöglichte, blieben die an das Verhalten des Vereinigte Königreichs gestellten Anforderungen im Hinblick auf die Gewährleistung von Art 2 EMRK ungemindert. Im Ergebnis schloss der Gerichtshof eine Abstufung der menschenrechtlichen Anforderung damit zwar nicht grundsätzlich aus, machte davon jedoch im Hinblick auf die Besatzungsherrschaft des Vereinigten König-

---

636 EGMR, NJW 2012, 283 *[Al-Skeini u a v United Kingdom]*; juris *[Al-Jedda v United Kingdom]*.
637 Vgl *Jankowska-Gilberg*, Das Al-Skeini-Urteil des Europäischen Gerichtshofs für Menschenrechte, AVR 50 (2012) 61ff; *Johann*, in Karpenstein/Mayer (Fn 23) Art 1 Rn 30.
638 S etwa *von Arnauld*, Völkerrecht, 3. Aufl 2016, Rn 634.
639 EKMR, Beschluss v 14.10.1992 *[W.M. v Dänemark]*.
640 EGMR, EuGRZ 2005, 463 *[Öcalan v Turkey]*; EKMR, Beschluss v 24.6.1996, DR 86, 162 *[Ilich Ramirez Sanchez v Frankreich]*.
641 EGMR, EuGRZ 1997, 555 *[Loizidou v Turkey]*; EGMR, NJW 2012, 283 *[Al-Skeini u a v United Kingdom]*; EGMR, juris *[Al-Jedda v United Kingdom]*.
642 EGMR, NVwZ 2012, 809ff *[Hirsi Jamaa et al v Italy]*.
643 EGMR, NJW 2012, 283 (Rn 137).

reichs keinen Gebrauch. Langfristig erscheint es zur Sicherstellung einheitlicher Schutzstandards allerdings nicht sinnvoll, bei formaler Anwendung der EMRK nur einen abgestuften und damit geringeren Menschenrechtsschutz zu gewährleisten.[644] Vorzugswürdig erscheint es, in diesen Konstellationen die Anforderungen an das Vorliegen der effektiven Personen- oder Gebietskontrolle eines Vertragsstaats zu lockern.[645]

275   Darüber hinaus folgt aus Art 1 EMRK auch eine Verantwortlichkeit für Menschenrechtsverletzungen, die auf dem Territorium eines Konventionsstaats durch Amtsträger eines Drittstaats begangen werden, während der Konventionsstaat darum weiß und dabei ggf auch noch unterstützend tätig wird. Dies war etwa in *El-Masri v Macedonia*[646] der Fall, in dem ausländische Geheimagenten auf mazedonischem Territorium – dem Flughafen Skopje – in Gegenwart und unter Billigung mazedonischer Amtsträger Folterungen vornahmen. In ähnlicher Weise war auch Polen im Fall *Al-Nashiri*[647] dafür verantwortlich, dass ausländische Staatsangehörige von Amtsträgern aus Drittstaaten gefoltert wurden und in von diesen unterhaltenen Einrichtungen inhaftiert waren. Dies führte sich insbes darauf zurück, dass polnische Amtsträger Art und Ziel der geheimdienstlichen Aktivitäten auf polnischem Territorium kannten und bei Vorbereitung bzw Durchführung kooperierten. Zuletzt hat der EGMR diese Rspr in den Entscheidung *Nasr*[648] und *Abu Zubaydah*[649] bestätigt. Ersterem lag die Entführung eines ägyptischen Staatsangehörigen von Geheimdienstmitarbeitern eines Drittstaates in Italien mit Wissen italienischer Amtsträger nach Ägypten zugrunde. Im Fall *Abu Zubayda* kam es schließlich zu einer Inhaftierung in einem sog CTC (Counterterrorism Center) eines Drittstaates in Litauen, angesichts dessen die litauischen Behörden nicht im erforderlichen Umfang wegen der gerügten Menschenrechtsverletzungen ermittelten.[650] IE zeigt sich, dass auch das wissentliche Gewährenlassen von Amtsträgern dritter Staaten auf dem eigenen Territorium die Konventionsstaaten in Widerspruch mit der EMRK setzen kann. Selbst wenn der organisatorische Anteil gering ist, führt bereits das Wissen um die Handlungen Dritter und ihre damit verbundene ausdrückliche oder auch stillschweigende Billigung ihrerseits zu Verletzungen der EMRK. Der EGMR ist vor diesem Hintergrund bemüht, die Konventionsstaaten auch für mittelbare oder untergeordnete Beiträge bei konventionswidrigen Handlungen Dritter unter dem Gesichtspunkt der Territorialgewalt haftbar zu machen.[651]

---

644 AA *Jankowska-Gilberg* (Fn 637) 64 f und 67.
645 Vgl *Johann*, in Karpenstein/Mayer (Fn 23) Art 1 Rn 30 f; zum Kriterium der „effektiven Kontrolle" *Jankowska-Gilberg* (Fn 637) 68 ff.
646 EGMR, NVwZ 2013, 613 ff *[El Masri v Macedonia]*.
647 EGMR, NVwZ 2015, 955 *[Al-Nashiri v Poland]*.
648 EGMR v 23.2.2016, Nr 44883/09 *[Nasr und Ghali v Italy]*; vgl *Staffler*, Geheimdienstliches Verschwindenlassen von Terrorverdächtigen im Lichte der EGMR-Judikatur, EuGRZ 2016, 344 ff.
649 EGMR v 8.10.2018, Nr 46454/11 *[Abu Zubaydah v Lithuania]*.
650 Ebd, Rn 672 ff
651 Bei der Beurteilung von möglicherweise von US-Militärflughäfen auf dt Territorium erfolgende Drohneneinsätze hieran anknüpfend: BVerwGE 154, 328, Rn 26 f.

Kau

Die EMRK enthält einen Katalog bürgerlicher und politischer Rechte, der durch ver- 276
schiedene Zusatzprotokolle erweitert und ergänzt wurde.[652] Der EGMR hat diesen Rechten und deren Beschränkungsmöglichkeiten in dynamischer Auslegung feste Konturen
gegeben.[653]

In Abschnitt I der EMRK finden sich grundlegende Rechte und Freiheiten wie das 277
Recht auf Leben oder das Verbot der Folter (s u Rn 328 zur Anwendung bei der Auslieferung). Die gesetzlich geregelte und von einem Gericht ausgesprochene Todesstrafe wird
vom Anwendungsbereich ausgeschlossen. Diese Lücke wurde durch das 6. Zusatzprotokoll[654] geschlossen.

Das notstandsfeste Verbot der Folter und der unmenschlichen oder erniedrigenden 278
Strafe oder Behandlung in Art 3 EMRK[655] wird durch die Europäische Konvention zur
Verhütung der Folter und unmenschlicher oder erniedrigender Behandlung oder Strafe
v 26.11.1987[656] ergänzt. Im Gegensatz zur einschlägigen UN-Konvention v 10.12.1984[657]
sieht sie zur Durchsetzung ein *präventives Besuchssystem* vor. Ein unabhängiger Ausschuss[658] prüft, inwieweit die Insassen von Gefängnissen und anderen Anstalten der
Mitgliedstaaten vor unmenschlicher Behandlung sicher sind. Das am 4.11.1993 zur Unterzeichnung ausgelegte Protokoll[659] sieht vor, dass nicht mehr nur Mitgliedstaaten des
Europarats, sondern auch andere Staaten zur Ratifikation eingeladen werden können.

Die Art 4 und 5 EMRK enthalten das Verbot der Zwangsarbeit und Sklaverei sowie 279
das Recht auf Freiheit und Sicherheit.[660] Der Schutz der Freizügigkeit findet sich in Art 2
des 4. Zusatzprotokolls.[661]

---

652 Vgl *Ehlers*, Die Europäische Menschenrechtskonvention, Jura 2000, 372 ff.

653 Vgl *Herdegen* (Fn 64) § 49 Rn 7; *Hoppe*, Neuere Tendenzen in der Rechtsprechung zur Aufenthaltsbeendigung, ZAR 2008, 251 ff; *Deibel*, Die Ausweisung von Ausländern unter Berücksichtigung der Rechtsprechung des Europäischen Gerichtshofs für Menschenrechte, ZAR 2009, 121 ff; *Caroni*, Die Praxis des Europäischen Gerichtshofes für Menschenrechte im Bereich des Ausländer- und Asylrechts, JMR 2007/2008,
265 ff.

654 Prot Nr 6 zur Konvention zum Schutze der Menschenrechte und Grundfreiheiten über die Abschaffung der Todesstrafe v 28.4.1983.

655 EGMR, EuGRZ 2001, 576 ff *[Kalantari v Germany]*; EGMR, EuGRZ 2001, 580 ff *[Güler v Germany]*; EGMR,
EuGRZ 2001, 582 ff *[Adam v Germany]*; EGMR, NVwZ 1997, 1093 *[Chahal v United Kingdom]*; vgl auch *Hailbronner*, Art 3 EMRK, DÖV 1999, 617 ff; eingehend *Kau* (Fn 607) Rn 1 ff.

656 BGBl 1989 II, 946.

657 BGBl 1990 II, 247.

658 Vgl Rules of Procedure of the European Committee for Preventing of Torture and Inhuman or Degra-
ding Treatment or Punishment v 16.11.1989.

659 ETS Nr 151; das Prot Nr 2 (ETS Nr 152) ist technischer Natur.

660 EGMR, ECHR 1996-III *[Amuur v France]*.

661 Prot Nr 4 zur Konvention zum Schutze der Menschenrechte und Grundfreiheiten, durch das gewisse
Rechte und Freiheiten gewährleistet werden, die nicht bereits in der Konvention oder im ersten Zusatz-
Prot enthalten sind, v 16.9.1963.

280   Am häufigsten wird die Verletzung des in Art 6 EMRK genannten *Rechts auf ein faires Gerichtsverfahren* gerügt. Art 6 garantiert dem Einzelnen als institutionelle Garantie eine ganze Reihe von Verfahrensrechten,[662] so etwa eine Entscheidung durch ein auf einem Gesetz beruhendes, unabhängiges und unbefangenes Gericht und den Zugang zum Gericht. Das Verfahren soll öffentlich und innerhalb angemessener Frist durchgeführt werden. Eine Regierung kann sich bei einer zu langen Verfahrensdauer nicht darauf berufen, dass sie nicht in der Lage gewesen sei, Einfluss auf unabhängige Gerichte zu nehmen, da ihr die Möglichkeit offen steht, u a durch die Einstellung von zusätzlichem Personal Abhilfe zu schaffen.[663] Art 7 EMRK enthält das Verbot der Bestrafung ohne ein die Strafbarkeit bestimmendes Gesetz: *nulla poena sine lege.*

281   Die Art 8 bis 12 EMRK enthalten weiter *spezielle Freiheitsgrundrechte.* Erfasst werden das Gebot der Achtung der privaten Sphäre, das Recht auf Achtung des Familienlebens,[664] die Gedanken-, Gewissens- und Religionsfreiheit,[665] das Recht auf freie Meinungsäußerung[666] sowie die Versammlungs- und Vereinigungsfreiheit. Das Recht der Eltern, ihre Kinder entsprechend ihrer religiösen und weltanschaulichen Überzeugung zu erziehen, findet sich in Art 2 des 1. Zusatzprotokolls.[667] Das Eigentumsrecht ist mit Art 1 des 1. Zusatzprotokolls[668] garantiert.

282   Der auf Art 2 Abs 1 AEMR zurückgehende Art 14 EMRK enthält ein *Diskriminierungsverbot.* Aufgrund seines Wortlauts war zunächst davon ausgegangen worden, dass eine Verletzung von Art 14 nur iVm anderen materiellen Konventionsrechten in Frage kommt. Der EGMR bestätigte, dass Art 14 keine selbständige, von den übrigen normativen Vorschriften der EMRK losgelöste Bedeutung habe, doch mache dies seine Anwendung nicht von der Verletzung einer entsprechenden Konventionsgarantie abhängig. Eine Maßnahme, die für sich betrachtet den Erfordernissen einer bestimmten Konventi-

---

662 Vgl EGMR, EuGRZ 2005, 463 ff *[Öcalan v Turkey];* EGMR, EuGRZ 1999, 323 *[Pélissier and Sassi v France];* EGMR, EuGRZ 1999, 660 *[Teixeira de Castro v Portugal];* *Gerson,* Übermächtiger Richter in Weiß?, Medestra 9 (2023) 18 ff; *Böcker,* Art 6 EMRK – europäischer Verfahrensstandard für Finanzgerichtsprozesse, DStR 2022, 1209 ff; *ders,* Die Bedeutung der Verfahrensgarantien des Art 6 EMRK für den Finanzgerichtsprozess und für die Verhängung von Steuerzuschlägen, 2021; *Albrecht,* Wechselwirkung zwischen Art 6 EMRK und nationalem Strafverfahrensrecht, 2020; *Kober,* Der Schutz von Geschäftsgeheimnissen im Gerichtsprozess unter Beachtung von Art 6 EMRK, 2021.
663 Vgl EGMR, EuGRZ 2001, 299 ff *[Metzger v Germany];* EGMR, EuGRZ 1999, 323 *[Pélissier and Sassi v France];* EGMR, EuGRZ 1999, 215 *[Laino v Italy];* EGMR, EuGRZ 1996, 192 *[A. and others v Denmark];* EGMR, EuGRZ 1996, 514 *[Süßmann v Germany].*
664 EGMR, EuGRZ 2002, 244 ff *[Kutzner v Germany];* EGMR, InfAuslR 2002, 334 *[Sen v Netherlands];* EGMR, EuGRZ 2002, 25 ff *[Sahin v Germany];* EGMR, EuGRZ 2001, 588 ff *[Sommerfeld v Germany];* EGMR, NJW 2003, 2595 f *[Adam v Germany];* EGMR, InfAuslR 2000, 474 ff *[Ciliz v Netherlands];* *Schulz,* Geschlechtervielfalt in Europa – Art 8 EMRK als Katalysator der mitgliedstaatlichen Rechtsentwicklung, ZEuP 29 (2021) 64 ff.
665 EGMR, EuGRZ 2003, 595 ff *[Dahlab v Switzerland].*
666 EGMR, EuGRZ 2001, 475 ff *[Wille v Liechtenstein].*
667 ZusatzProt zur Konvention zum Schutze der Menschenrechte und Grundfreiheiten v 20.3.1952.
668 Vgl EGMR, EuGRZ 1999, 316 *[Iatridis v Greece];* EGMR, EuGRZ 1996, 593 *[Hentrich v France];* *Fiedler,* Die Europäische Menschenkonvention und der Schutz des Eigentums, EuGRZ 1996, 354 ff.

onsnorm entspreche, könne dennoch gegen dieses Konventionsrecht iVm Art 14 verstoßen, weil sie im Ganzen gesehen diskriminierend sei.[669] Art 14 sei in der Praxis gleichsam als integraler Bestandteil aller anderen Konventionsrechte und Freiheiten zu verstehen.[670] Ein allgemeines Diskriminierungsverbot hinsichtlich jedes Rechts *set forth by law* ist nunmehr im 12. Zusatzprotokoll[671] enthalten.

Das Recht auf Staatsangehörigkeit ist in der EMRK nicht enthalten.[672] Der EGMR[673] **283** ist jedoch der Ansicht, dass ein willkürliches Vorenthalten der Staatsangehörigkeit wegen der Auswirkungen auf das Privatleben des Einzelnen unter bestimmten Umständen eine Frage unter Art 8 EMRK aufwerfen kann, wobei sich hier allerdings die Frage nach der Reichweite einer solchen Überprüfungsbefugnis stellt.[674]

Die *Durchsetzung der EMRK-Rechte* wird aufgrund des 11. Zusatzprotokolls[675] dem **284** *EGMR* übertragen.[676] Dieser löste die Zweiteilung der Organe in Kommission und Gerichtshof ab. Die Ausführung der Urteile wird weiterhin vom Ministerkomitee überwacht. Eine Reform war vor allem deswegen notwendig geworden, weil sich die Zahl der Vertragsstaaten seit dem Inkrafttreten der Konvention verdreifacht hatte. Zudem sind weitere mittel- und osteuropäische Staaten dem Europarat beigetreten und nunmehr Vertragsstaat der EMRK.

Die Verfahrensarten sind auch nach der Schaffung eines einheitlichen EGMR bei- **285** behalten worden. So kann nach Art 34 EMRK jede natürliche Person, nichtstaatliche Organisation oder Personengruppe eine Individualbeschwerde[677] mit der Behauptung erheben, durch eine Vertragspartei in einem ihrer in der EMRK oder in den Zusatzpro-

---

669 EGMR, HRLJ 1992, 7 *[Observer and others v United Kingdom]*; EGMR, EuGRZ 1979, 386 *[Sunday Times v United Kingdom]*.

670 *Frowein/Peukert* (Fn 618) Art 14 Rn 2.

671 Prot Nr 12 zur Konvention zum Schutze von Menschenrechten und Grundfreiheiten v 4.11.2000 (ETS Nr 177); vgl *Wolfrum*, Das Verbot der Diskriminierung gemäß den internationalen Menschenrechtsabkommen, FS Zuleeg, 2005, 385ff.

672 Vgl EGMR, DR 43 (1985) 216 *[K. and W. v Netherlands]*.

673 EGMR, NVwZ 2000, 301 *[Karassev v Finland]*.

674 Vgl *Ress*, Die Rechtsstellung des Fremden im Rahmen der Europäischen Konvention zum Schutz der Menschenrechte und Grundfreiheiten, in Hailbronner (Hrsg), Die allgemeinen Regeln des völkerrechtlichen Fremdenrechts, 2000, 105 (113ff).

675 Prot Nr 11 zur Konvention zum Schutze der Menschenrechte und Grundfreiheiten, die Einrichtung der Umgestaltung des Kontrollmechanismus betreffend v 11.5.1994 (ETS Nr 155).

676 Vgl *Tomuschat*, Individueller Rechtsschutz, EuGRZ 2003, 95ff; *Siess-Scherz*, Der EGMR nach der Erweiterung des Europarates, EuGRZ 2003, 100ff; *Engel*, Status, Ausstattung und Personalhoheit des Inter-Amerikanischen Gerichtshofs und des EGMR, EuGRZ 2003, 122ff; *Schokkenbroeck*, Die Arbeit des Europarates betreffend die Reform des Gerichtshofes, EuGRZ 2003, 134ff; *Stoltenberg*, Neuere Vorschläge zur Reform des EGMR aus dem Kreise der Mitgliedstaaten, EuGRZ 2003, 139ff; *Ohms*, Bewertung des Diskussionsstandes über die Entlastung des EGMR, EuGRZ 2003, 141ff; *Peukert*, Zur Reform des Europäischen Systems des Menschenrechtsschutzes, NJW 2000, 49ff; *Wildhaber*, Der vollamtliche Europäische Gerichtshof für Menschenrechte nach seinem ersten Jahr, ZSR 119 (2000) 123ff.

677 Vgl *Peters/Altwicker* (Fn 618) § 35.

tokollen anerkannten Rechte verletzt zu sein. Eine besondere Unterwerfungserklärung des Vertragsstaats ist nicht erforderlich. Zur Zulässigkeit einer Individualbeschwerde ist insbes gemäß Art 35 EMRK notwendig, dass alle innerstaatlichen Rechtsbehelfe erschöpft sind.[678] Staatenbeschwerden[679] sind nach Art 33 EMRK möglich.[680]

286 Der EGMR entscheidet entweder als Ausschuss mit drei Richtern, als Kammer mit sieben Richtern oder als Große Kammer mit siebzehn Richtern. Die Filterfunktion, die früher von der Kommission übernommen wurde, obliegt jetzt den Ausschüssen, die Individualbeschwerden für unzulässig erklären oder im Register streichen können.[681]

287 Einstweilige Anordnungen können nach Regel 39 der Verfahrensordnung des EGMR erlassen werden. Der Erlass einer einstweiligen Anordnung kommt insbes bei der drohenden Verletzung von Art 3 EMRK in Betracht.[682]

288 Für den Fall, dass die bei einer Kammer anhängige Rechtssache schwerwiegende, die Auslegung der Konvention oder der Zusatzprotokolle berührende Fragen aufwirft oder die Kammerentscheidung möglicherweise zu einer Abweichung von früherer Rechtsprechung führt, kann die Rechtssache jederzeit von der Kammer an die *Große Kammer* verwiesen werden, sofern nicht eine der Vertragsparteien widerspricht. Eine zweite Instanz gibt es nicht. In Ausnahmefällen ist es einer Partei möglich, innerhalb von drei Monaten nach Bekanntgabe des Urteils der Kammer die Verweisung der Sache nach Art 43 EMRK an die Große Kammer zu beantragen. Dies setzt aber voraus, dass der Fall eine schwerwiegende, die Auslegung oder Anwendung der Konvention oder der Protokolle berührende Frage oder aber eine Frage von allgemeiner Bedeutung aufwirft. Nach Annahme der Sache entscheidet die Große Kammer. Bei dieser Kontrolle handelt es sich jedoch nicht um ein echtes Rechtsmittel, da die Richter der großen Kammer teilweise identisch sind mit denen, die in der zuvor entscheidenden Kammer sind.[683]

289 Artikel 46 Abs 1 EMRK verpflichtet die Vertragsparteien, im Falle einer Beteiligung am Rechtsstreit das endgültige Urteil des Gerichtshofs anzuerkennen. Dieser ist befugt, im Verletzungsfall einen *Entschädigungsanspruch* zuzusprechen. Die Durchführung der Entscheidung überwacht das Ministerkomitee, Art 46 Abs 2 EMRK.[684] Nach Art 47 bis 49 EMRK kann der Gerichtshof Gutachten erstellen. Das BVerfG hat im *Görgülü*-Beschluss[685] aus Art 41 EMRK die Verpflichtung der Vertragspartei, gegen die ein bindendes Urteil ergangen ist, abgeleitet, in Bezug auf den Streitgegenstand den ohne die festgestellte Konventionsverletzung bestehenden Zustand nach Möglichkeit wiederherzustellen. Jedoch

---

678 EGMR, EuGRZ 2002, 144 ff *[Allaoui and others v Germany]*.
679 Vgl *Peters/Altwicker* (Fn 618) § 36.
680 Vgl zB EGMR, EuGRZ 2000, 619 *[Denmark v Turkey]*.
681 Zu den Einzelheiten *Nußberger,* Der Europäische Gerichtshof für Menschenrechte, 2023.
682 Vgl *Nußberger,* Menschenrechtsschutz im Ausländerrecht, NVwZ 2013, 1305 (1306) mit Hinweis auf „Rule 39"; *Peters/Altwicker* (Fn 618) § 35 II. 2. lit a.
683 Vgl *Peters/Altwicker* (Fn 618) § 35 II. 2. lit b.
684 Vgl *Okresek,* Die Umsetzung der EGMR-Urteile und ihre Überwachung, EuGRZ 2003, 168 ff.
685 BVerfGE 111, 307 *[Görgülü]*.

könne aus der völkerrechtlichen Verpflichtung zur Beachtung eines Urteils des EGMR keine absolute Bindungswirkung der Gerichte und Behörden ohne Rücksicht auf die rechtsstaatliche Kompetenzordnung und die Bindung an Gesetz und Recht abgeleitet werden. Zwar gehöre zur Bindung an Gesetz und Recht auch die Berücksichtigung der EMRK-Gewährleistungen und der bindenden Entscheidungen des EGMR im Rahmen methodisch vertretbarer Gesetzesauslegung. Daraus könne jedoch keine schematische Vollstreckung einer Entscheidung des EGMR abgeleitet werden. Vielmehr seien insoweit auch verfassungsrechtliche Aspekte abzuwägen. Das Gericht hat sich daher mit dem vom EGMR gefällten Urteil in einem Abwägungsprozess auseinanderzusetzen, wenn die Umsetzung des Urteils verfassungsrechtliche Fragen aufwirft. Die Abwägung kann auch dazu führen, dass aus verfassungsrechtlichen Gründen der Entscheidung des EGMR nicht Folge geleistet werden kann. Das BVerfG hält insbes bei „mehrpoligen" Grundrechtsverhältnissen eine Grundrechtsbeeinträchtigung für möglich. So hatte der EGMR im zu Grunde liegenden Fall die Vorenthaltung eines Umgangsrechts für den Vater eines Kindes als Verletzung des Art 8 EMRK qualifiziert, ohne auch nur die Mutter im Verfahren anzuhören.[686] Ungeachtet dessen muss das nationale Gericht bei der Berücksichtigung nationalen Verfassungsrechts auch der völkerrechtlichen Verpflichtung Rechnung tragen, die Entscheidung des EGMR zu beachten. Die Entscheidung des OLG, das sich bei der Versagung des Umgangsrechts nicht an das Urteil des EGMR für gebunden hielt, wurde daher aufgehoben, da das Gericht seine Pflicht verletzt habe, sich mit der Entscheidung des EGMR und dem auf Grund des Art 8 EMRK zugestandenen Umgangsrechts hinreichend auseinanderzusetzen. Die Entscheidung hat zu einer kontroversen Diskussion über die bindende Wirkung von EGMR-Entscheidungen geführt.[687]

Zudem gibt es einerseits Hinweise auf eine Verknüpfung der Gewährleistungen von **290** EMRK und EU-Recht, indem der EGMR bei der Auslegung und Anwendung der EMRK bspw aus den Vorschriften einzelner EU-Richtlinien sowie der EU-Grundrechtecharta rechtliche Schutzstandards ableitet.[688] Hierin können Ansätze für einen aus einer Kom-

---

686 Vgl EGMR, EuGRZ 2004, 700 *[Görgülü]*.

687 Vgl *Bergmann*, Diener dreier Herren?, EuR 2006, 101f; *Mückel*, Kooperation oder Konfrontation, Der Staat 44 (2005) 403 ff; *Buschle*, Ein neues Solange?, VBlBW 2005, 293 f; *Papier*, Umsetzung und Wirkung der Entscheidungen des Europäischen Gerichtshofs für Menschenrechte aus der Perspektive der nationalen deutschen Gerichte, EuGRZ 2006, 1 f; *Alber/Widmaier*, Mögliche Konflikte und Divergenzen im europäischen Grundrechtsschutz, EuGRZ 2006, 113 ff; *Sauer*, Die neue Schlagkraft der gemeineuropäischen Grundrechtsjudikatur, ZaöRV 65 (2005) 35 ff; *Frowein*, Die traurigen Missverständnisse, FS Delbrück, 2005, 279 ff; *Meyer-Ladewig/Petzold*, Die Bindung deutscher Gerichte an Urteile des EGMR, NJW 2005, 15 ff; *Schaffarzik*, Europäische Menschenrechte unter der Ägide des BVerfG, DÖV 2005, 860 ff; *Pache/Bielitz*, Verwaltungsprozessuale Wiederaufnahmepflicht kraft Völker- und Gemeinschaftsrecht?, DVBl 2006, 325 ff.

688 Z B Verweis in EGMR, NVwZ 2015, 127 (129) *[Tarakhel v Switzerland]* und in EGMR, NVwZ 2011, 413, 4. Leitsatz *[M.S.S. v Greece and Belgium]* auf RL 2003/09/EG sowie in EGMR, NVwZ 2012, 809 (813) *[Hirsi Jamaa et al]* auf Art 19 EU-GRC; *Huber*, Die Einwirkungen des Unionsrechts und der EMRK auf das Grundgesetz, in Blanke/Magiera/Pielow/Weber (Hrsg), Verfassungsentwicklungen im Vergleich, 2021, 165 ff.

bination von EMRK und EU-Recht entstehenden „europäischen Rechtsraum" gesehen werden. Demgegenüber zeichnet sich bspw in der EGMR-Entscheidung *Tarakhel* im Hinblick auf die Voraussetzungen des Dublin-Systems ein Gewährleistungskonflikt zwischen EuGH und EGMR jedenfalls in den Fällen ab, in denen der EuGH aus strukturellen, judikativen Gründen keine Gelegenheit hatte, vorher über einen Fall zu entscheiden, der das auf sekundärrechtlicher Grundlage errichtete Zuordnungs- und Rückführungssystem betraf.[689]

c) Die Europäische Sozialcharta

291 Die EMRK wird durch die am 18.10.1961 unterzeichnete Europäische Sozialcharta (ESC)[690] ergänzt, die 1965 in Kraft trat.[691] Das Zusatzprotokoll zur ESC v 5.5.1988[692] garantiert vier weitere wirtschaftliche und soziale Rechte. Ein weiteres Protokoll v 21.10.1991[693] dient der Verbesserung der Kontrollmechanismen. Nach dem Zusatzprotokoll v 1995[694] können auch internationale Arbeitnehmerorganisationen und Gewerkschaften wie auch andere internationale Nicht-Regierungsorganisationen und auch repräsentative nationale Organisationen von Arbeitgebern und Gewerkschaften eine Beschwerde erheben. Die *revidierte ESC*[695] v 3.5.1996 ist am 1.7.1999 in Kraft getreten.[696] Sie enthält nicht nur die bisherigen Rechte der ESC und des genannten Zusatzprotokolls, sondern nimmt darüber hinaus auch neue Rechte wie das Recht auf Schutz gegen Armut und soziale Ausgrenzung, das Recht auf Unterbringung, auf Schutz bei Beendigung des Arbeitsverhältnisses, ferner das

---

689 EGMR, NVwZ 2015, 127 (128) *[Tarakhel v Switzerland].*
690 ETS Nr 35.
691 Vgl *Eichenhofer,* Menschenrechte auf soziale Sicherheit, Vjschr f SozR 2007, 87 ff; *Fortunato,* Internationaler Schutz der Familie am Beispiel der Europäischen Sozialcharta, EuR 2008, 27 ff; *Akandji-Kombé,* Actualité de la Charte sociale européenne, RTDH 19 (2008) 507 ff; *Öhlinger,* Die Europäische Sozialcharta, FS Ermacora, 1988, 213 ff; *Becker,* European Social Charter, MPEPIL III, 969 ff; *Samuel,* Fundamental Social Rights, 1997.
692 ETS Nr 128.
693 ETS Nr 142.
694 Additional Protocol to the European Social Charter Providing for a System of Collective Complaints v 9.11.1995 (ETS Nr 158).
695 ETS Nr 163.
696 Während die ESC v 1961 von Belgien, Dänemark, Deutschland, Finnland, Frankreich, Griechenland, Irland, Island, Italien, Kroatien, Lettland, Luxemburg, Malta, Mazedonien, den Niederlanden, Norwegen, Österreich, Polen, Portugal, Schweden, der Slowakei, Spanien, Tschechien, der Türkei, Ungarn, dem Vereinigten Königreich und Zypern ratifiziert wurde, gilt die revidierte ESC v 3.5.1996 für Albanien, Andorra, Armenien, Aserbaidschan, Belgien, Bosnien und Herzegowina, Bulgarien, Estland, Finnland, Frankreich, Georgien, Griechenland, Irland, Italien, Lettland, Litauen, Malta, Montenegro, Moldawien, die Niederlande, Nordmazedonien, Norwegen, Österreich, Portugal, Rumänien, Russland, Schweden, Serbien, Slowakei, Slowenien, Türkei, Ukraine, Ungarn und Zypern; gezeichnet wurde sie allerdings von Dänemark, Deutschland, Island, Kroatien, Luxemburg, Monaco, Polen, San Marino, Spanien, Tschechien und dem Vereinigten Königreich.

Recht auf Schutz gegenüber sexueller und anderer Formen der Belästigung am Arbeitsplatz, das Recht auf gleiche Möglichkeiten und Gleichbehandlung von Arbeitnehmern mit Verantwortung für die Familie wie auch Rechte von Arbeitnehmervertretern in Unternehmen auf. Daneben wurden Veränderungen im Bereich bestehender Rechte wie eine Verstärkung des Grundsatzes der Nichtdiskriminierung, der Gleichstellung der Geschlechter, ein besserer Mutterschutz sowie Verbesserungen für beschäftigte Kinder und Behinderte aufgenommen. Deutschland ist nicht Vertragspartei der *revidierten ESC;* es hat sie jedoch am 29.6.2007 unterzeichnet.

In Teil I der ESC v 1961, auf die auch in Art 151 Abs 1 AEUV Bezug genommen wird,[697] **292** bekunden die Vertragsparteien ihren Willen, mit allen zweckdienlichen Mitteln staatlicher und zwischenstaatlicher Art geeignete Voraussetzungen zu schaffen, um die tatsächliche Ausübung der in Teil II ausformulierten neunzehn Rechte und Ziele zu gewährleisten. Nicht alle der genannten Rechte sind verbindlich. Dies gilt nur für die sieben grundlegenden Art 1, 5, 6, 12, 13, 16 und 19. Daneben muss jeder Vertragsstaat nach Art 20 Abs 1 lit c so viele weitere Artikel oder Absätze als für sich verbindlich anerkennen, dass eine Gesamtzahl von zehn Artikeln oder 45 Absätzen erreicht ist. Deutschland erkannte die Art 2, 3, 4 (ohne Abs 4), 7 (ohne Abs 1), 8 (ohne Abs 2 und 4), 10 (ohne Abs 4), 11, 14, 15, 17 und 18 an.[698] Ein ähnliches Verfahren sieht das Zusatzprotokoll v 1988 vor, das vier weitere Rechte wie das Recht auf Information und Anhörung im Betrieb und Rechte älterer Menschen enthält.

Zur Kontrolle sieht die Sozialcharta ein *Berichtsverfahren* vor. Art 21 ESC bestimmt, **293** dass die Vertragsparteien alle zwei Jahre einen Bericht über die Anwendung der in Teil II der Charta angenommenen Bestimmungen erstellen. In bestimmten Zeitabständen sind Berichte zu den in Teil II nicht angenommenen Bestimmungen vorzulegen. Beide Berichte werden den nationalen Arbeitgeber- und Arbeitnehmerorganisationen zugeleitet, die hierzu Stellung nehmen können. Berichte und Stellungnahmen werden einem Sachverständigenausschuss zugeleitet, an dessen Sitzungen auch ein Vertreter der ILO mit beratender Stimme teilnimmt. Anschließend werden die Beratungsergebnisse zusammen mit den Berichten der Vertragsparteien dem Unterausschuss des Regierungssozialausschusses des Europarats vorgelegt. Dieser erstellt wiederum einen Bericht und legt diesen zusammen mit dem des Sachverständigenausschusses dem Ministerkomitee vor. Die Ergebnisse des Sachverständigenausschusses werden an die Beratende Versammlung übermittelt, die dem Ministerkomitee ihre Stellungnahme mitteilt. In einem letzten Schritt kann sich das Ministerkomitee mit Zweidrittelmehrheit entschließen, notwendige Empfehlungen an eine Vertragspartei zu richten. Einen weiteren Kontrollmechanismus sieht das Zusatzprotokoll zur ESC über das *kollektive Beschwerdeverfahren* vor. Nach dessen Art 1 können internationale Arbeitgeber- und Arbeitnehmer-

---

697 Vgl *Steinmeyer,* Der Vertrag von Amsterdam und seine Bedeutung für das Arbeits- und Sozialrecht, RdA 2001, 10 (12).
698 BGBl 1965 II, 1122.

organisationen Beschwerde wegen unzureichender Anwendung der ESC erheben. Mit der Beschwerde befasst sich zunächst ein Ausschuss unabhängiger Sachverständiger (Art 5 ff). Aufgrund seines Berichts entscheidet das Ministerkomitee, indem es eine Empfehlung an den betroffenen Vertragsstaat ausspricht (Art 8 ff).

d) Die Menschenrechte im Rahmen der KSZE/OSZE

294   Auch die Konferenz bzw Organisation für Sicherheit und Zusammenarbeit in Europa (KSZE bzw OSZE) hat sich des Schutzes der Menschenrechte angenommen. Bereits in der *Schlussakte von Helsinki* v 1.8.1975 wurde die Achtung der Menschenrechte als selbständiger Grundsatz verankert, und Korb III enthielt Vereinbarungen über den Bereich „Menschliche Kontakte".[699] In das Abschlussdokument des Wiener KSZE-Folgetreffens[700] wurden etwa der Grundsatz der Gleichberechtigung von Mann und Frau, der Ausbau der Religionsfreiheit und der Minderheitenschutz aufgenommen sowie die Frage der Flüchtlinge, der Todesstrafe und der Folter angesprochen.

295   Besondere Beachtung fanden die Grundsätze von Demokratie und Rechtsstaatlichkeit sowie die Menschenrechte und Grundfreiheiten in dem am 29.6.1990 in Kopenhagen angenommenen Dokument.[701] In Teil I finden sich Prinzipien der Rechtsstaatlichkeit und Demokratie wie auch der Grundsatz der freien Wahlen, die Trennung von Staat und Partei, oder das Legalitätsprinzip. Daneben wurden justizielle Grundsätze wie die richterliche Unabhängigkeit, der wirksame Rechtsschutz gegen Entscheidungen der Verwaltung und die Garantie eines fairen Verfahrens genannt. In Teil II fanden Menschenrechte wie die Meinungsfreiheit, die Versammlungs- und Vereinigungsfreiheit einschließlich des Streikrechts, die Gedanken-, Gewissens- und Religionsfreiheit und das Recht auf Freizügigkeit Eingang. Wirtschaftliche, soziale und kulturelle Rechte sind nicht erwähnt. Dieses Bekenntnis zu den Menschenrechten bekräftigt die *Charta von Paris.*[702]

296   Daneben wurden insbes im Dokument über die weitere Entwicklung der OSZE-Institutionen und -Strukturen v 30.1.1992 in Prag[703] Maßnahmen beschlossen, um die bislang schwach ausgebildeten *Kontrollmechanismen* zu stärken. Neben einer Erweiterung der Zusammenarbeit zwischen den Teilnehmerstaaten im Bereich der menschlichen Dimension wurden insbes dem Büro für demokratische Institutionen und Menschenrechte zusätzliche Funktionen übertragen. In Fällen von eindeutigen groben Verletzungen der OSZE-Verpflichtungen ist es dem Ausschuss Hoher Beamter bzw dem Rat möglich,

---

699 Vgl *Morgan,* The Final Act: The Helsinki Accords and the Transformation of the Cold War, 2018.
700 EuGRZ 1989, 85.
701 Dokument des Kopenhagener Treffens der Konferenz über die menschliche Dimension der KSZE, EuGRZ 1990, 239 ff.
702 Erklärung des Pariser KSZE-Treffens der Staats- und Regierungschefs v 21.11.1990 („Charta von Paris für ein neues Europa").
703 EuGRZ 1992, 124 ff.

Kau

Maßnahmen notfalls auch ohne Zustimmung des betroffenen Staats zu treffen. Im Budapester Dokument[704] wird festgestellt, dass trotz „beträchtlicher Fortschritte" eine „ernste Verschlechterung" in bestimmten Gebieten eingetreten sei. Mit dem Beginn des Konflikts um die Krim-Annexion und die militärische Auseinandersetzung in der Ost-Ukraine im Jahre 2014 hat die OSZE wieder eine aktivere Rolle übernommen. Auch nach dem russ Angriffskrieg gegen die Ukraine seit 2022 würde sich die OSZE als Forum für Gespräche und Verhandlungen in einem breiteren Rahmen und unter Einbeziehung der USA anbieten. Es ist gegenwärtig jedoch noch nicht absehbar, ob die OZSE auch tatsächlich für diesen Zweck genutzt werden soll.

e) Der Menschenrechtsschutz in Amerika

Der Schutz der Menschenrechte innerhalb der Organisation Amerikanischer Staaten 297 (OAS), die 35 amerikanische Staaten umfasst, hat zwei Grundlagen.[705] Zum einen stützt er sich auf die *Charta der OAS* v 30.4.1948[706] und zum anderen auf die *Amerikanische Konvention der Menschenrechte* v 22.11.1969 (AMRK).[707] Die Charta enthält einige allgemein gehaltene Bestimmungen zum Schutze der Menschenrechte. Auf Grundlage dieser Bestimmungen wurde 1960 die *Interamerikanische Menschenrechtskommission*[708] errichtet. Sie wurde mit der Förderung der in der Amerikanischen Erklärung über die Rechte und Pflichten des Menschen[709] verkündeten Menschenrechte beauftragt.[710] Diese Erklärung wurde 1948 als nicht bindender Konferenzbeschluss der OAS angenommen. Mit der Änderung der Charta der OAS 1970 wurde die Kommission zum Organ der OAS[711] und mit der Wahrnehmung von Befugnissen aus der Charta betraut.[712] Die mit dieser Änderung verstärkte Stellung und Erweiterung der Befugnisse führte dazu, dass auch Mitgliedstaaten der OAS, die nicht durch die AMRK gebunden sind, jedenfalls den aus der Charta der OAS resultierenden Verpflichtungen unterliegen. Hierzu zählen auch die in der Amerikanischen Erklärung über die Rechte und Pflichten des Menschen pro-

---

704 Beschlüsse des Gipfeltreffens der KSZE in Budapest v 6.12.1994, IPol 1995, D 73.
705 Vgl *Glendon*, The Forgotten Crucible, HarvHRJ 16 (2006) 27 ff; *Buergenthal*, Menschenrechtsschutz im inter-amerikanischen System, EuGRZ 1984, 169 ff; *Neuman*, American Convention on Human Rights (1969), MPEPIL I, 327; *Kokott*, Das interamerikanische System zum Schutz der Menschenrechte, 1986; *Farer*, The Rise of the Inter-American Human Rights Regime, HRQ 19 (1997) 510 ff; Harris/Livingstone (Hrsg), The Inter-American System of Human Rights, 1998.
706 OAS Treaty Series Nr 1-C und 61.
707 OAS Treaty Series Nr 36.
708 *Buergenthal* (Fn 705) 174 ff, 182; *Gravdal*, The Inter-American Commission on Human Rights' Quixotic and Unjustified Expansion of its Authority, Southwestern JLTA 11 (2005) 257 ff.
709 Gebilligt durch die 9. Internationale Konferenz der Amerikanischen Staaten, Bogota, 1948.
710 *Kokott/Doehring/Buergenthal* (Fn 592) Rn 270.
711 *Buergenthal* (Fn 705) 183.
712 Vgl Statute of the Inter-American Commission on Human Rights, gebilligt durch Res Nr 447 der Generalversammlung der OAS in La Paz, Bolivien, Oktober 1979.

klamierten Menschenrechte.[713] Die Kommission hat sowohl Aufgaben als Konventionsorgan als auch Aufgaben als Charta-Organ.[714]

298   Die *AMRK*[715] trat 1978 in Kraft. Sie wurde bislang von 25 amerikanischen Staaten ratifiziert. Zu den größeren Staaten Amerikas, für die die AMRK keine Anwendung findet, gehören auch die USA, die nicht ratifiziert haben, und Kanada, das die Konvention nicht unterzeichnet hat. Die AMRK sieht die Einrichtung der Inter-Amerikanischen Menschenrechtskommission und des Inter-Amerikanischen Gerichtshofs für Menschenrechte vor.[716] Beide setzen sich aus jeweils sieben Mitgliedern zusammen. Die Mitglieder der Kommission werden von der Generalversammlung der OAS (Art 36 AMRK), die des Gerichtshofs von den Mitgliedstaaten (Art 53 AMRK) gewählt.

299   Die AMRK enthält bürgerliche und politische Rechte. Zudem werden soziale, wirtschaftliche und kulturelle Rechte in einem Zusatzprotokoll v 1988[717] erfasst, das in Art 19 zur Durchsetzung auf eine periodische Berichterstattung an den Generalsekretär der OAS verweist.

300   Der *Durchsetzung* dient eine fakultative Staatenbeschwerde sowie eine obligatorische Individualbeschwerde, die auch von Personengruppen oder Personen, die nicht selbst Opfer der Konventionsverletzung sind, erhoben werden kann. Zuständig sind die Interamerikanische Kommission für Menschenrechte und der Interamerikanische Gerichtshof für Menschenrechte in San José (Costa Rica), wobei eine Fusion beider Organe diskutiert wird.[718]

f) Die Menschenrechte in Afrika

301   In Afrika nahmen die Mitgliedstaaten der Organisation der Afrikanischen Einheit (OAU) 1981 die *Afrikanische Charta der Menschen- und Völkerrechte (AfrMVRK)* an, die 1986 in Kraft trat.[719] Alle Mitgliedstaaten der AU haben die Charta ratifiziert. In Teil I, den mate-

---

713 *Kokott/Doehring/Buergenthal* (Fn 592) Rn 271f.
714 *Buergenthal* (Fn 705) 184.
715 EuGRZ 1980, 435; zur Anwendung der AMRK auf international agierende Unternehmen vgl *Krajewski/Bozorgzad/Hess*, Menschenrechtliche Pflichten multinationaler Unternehmen in den OECD-Leitsätzen, ZaöRV 76 (2016) 309ff.
716 *Stirling-Zanda*, Obtaining Judicial Enforcement of Individual Convention Rights, AVR 42 (2004) 184ff; *Alam*, Enforcement of International Human Rights Law by Domestic Courts of the US, ASICL 10 (2004) 27ff; *Lyon*, The Inter-Amercan Court of Human Rights Defines Unauthorized Migrant Workers' Rights for the Hemisphere, NYURev LSC 28 (2004) 547ff
717 ILM 28 (1989) 156ff.
718 *Medina*, The Inter-American Commission on Human Rights and the Inter-American Court of Human Rights: Reflections on a Joint Venture, HRQ 12 (1990) 439ff.
719 Vgl *Murray*, The African Charter on the Rights of Human and Peoples' Rights – A Commentary, 2019; *Udombana*, Between Promise und Performance, Stanford JIL 40 (2004) 105ff; *Stefiszyn*, The African Union, AHRLJ 5 (2005) 358ff; *Nmehielle*, The African Human Rights System, 2001; *Benedek*, Durchsetzung von Rechten des Menschen und der Völker in Afrika auf regionaler und nationaler Ebene, ZaöRV 54 (1994)

Kau

riellen Rechten gewidmet, finden sich das Recht auf Freizügigkeit, auf Asyl und der Schutz vor Ausweisung. Ferner werden das Recht auf Gesundheit, Familie und Gleichheit der Menschen genannt. Neben diesen individuellen Rechten wurden auch kollektive Rechte wie das Selbstbestimmungsrecht der Völker, die Souveränität über natürliche Reichtümer, das Recht der Völker auf eine eigene Entwicklung, das Recht auf Frieden und das auf eine zufriedenstellende Umwelt aufgenommen.[720]

Die Durchsetzung obliegt einer aus elf Mitgliedern bestehenden *Afrikanischen Kom-* **302** *mission der Menschenrechte und Rechte der Völker*[721] mit Sitz in Banjul (Gambia). Die Kommission nimmt Mitteilungen von Staaten, Einzelnen und öffentlichen oder privaten Einrichtungen zur Prüfung entgegen. Die Veröffentlichung der Berichte ist von der Zustimmung der Versammlung der Staats- und Regierungschefs abhängig. Überdies darf die Kommission die Generalversammlung der OAU nur auf häufig auftretende schwer wiegende oder massive Verletzungen der Menschenrechte und der Rechte der Völker aufmerksam machen, Art 58 Abs 1 AfrMRK. Die Kommission hat jedoch die Möglichkeit, auf Anforderung eines Mitgliedstaats Gutachten zu allen Bestimmungen der AfrMRK zu erstellen, Art 45 Nr 3 AfrMRK. Der *Afrikanische Gerichtshof für die Rechte der Menschen und Völker* wurde im Juni 2004 auf der Grundlage eines Zusatzprotokolls zur AfrMRK gegründet und trat erstmals im Juli 2006 an seinem Sitz in Arusha (Tansania) zusammen.[722] Er besteht wie die Kommission aus elf Mitgliedern.[723]

g) Die Menschenrechte in der Arabischen Liga

Im Rahmen der Arabischen Liga gab es zunächst seit 1994 eine Arabische Charta der **303** Menschenrechte,[724] die als Resolution des Rates der Arabischen Liga angenommen wurde. Diese Charta wurde 2004 nach Vorgaben der Vereinten Nationen überarbeitet und befindet sich seit 2008 in Kraft.

---

150 ff; *Nguéma,* Perspektiven der Menschenrechte in Afrika, EuGRZ 1990, 301 ff; *Tonndorf,* Menschenrechte in Afrika, 1997.

720 Vgl *Wittinger,* Die drei regionalen Menschenrechtssysteme, Jura 1999, 405.

721 Vgl *Odinkalu/Christensen,* The African Commission on Human and Peoples' Rights, HRQ 20 (1998) 235 ff.

722 Vgl *Magliveras/Naldi,* The African Court of Justice, ZaöRV 66 (2006) 187 ff; *Viljoen,* A Human Rights Court for Africa and Africans, Brooklyn JIL 30 (2004) 1 ff; zu den Vorarbeiten *Krisch,* The Establishment of an African Court on Human and Peoples' Rights, ZaöRV 58 (1998) 713 ff.

723 *Löffelmann,* Neuere Rechtsprechung des Afrikanischen Gerichtshofs für die Rechte der Menschen und Völker, EuGRZ 2016, 229 ff.

724 Engl Übersetzung abgedruckt in HRLJ 18 (1997) 151.

3. Das völkerrechtliche Fremdenrecht
a) Einführung

304 Unter völkerrechtlichem Fremdenrecht[725] versteht man Regelungen über die *Rechtsstellung von Ausländern,* dh denjenigen Personen, die nicht die Staatsangehörigkeit des Aufenthaltsstaats besitzen. Die Staaten sind bei der Ausgestaltung der innerstaatlichen Rechtslage grundsätzlich frei. Allerdings müssen sie die Grenzen beachten, die sich aus zwischenstaatlichen Verträgen wie etwa Freundschafts-, Handels- oder Schifffahrtsverträgen oder aus Völkergewohnheitsrecht ergeben, wonach dem Ausländer ein *Mindeststandard an Rechten* zu gewähren ist.[726]

305 Sonderregelungen gelten auf zwischenstaatlicher Ebene für *Wanderarbeitnehmer.*[727] Neben Empfehlungen der ILC wurde hier im Rahmen der UNO die Internationale Konvention zum Schutz der Rechte aller Wanderarbeitnehmer v 18.12.1990[728] erarbeitet, die u a menschliche Arbeitsbedingungen und einen arbeitsrechtlichen Mindeststandard fordert. Seit dem 1.7.2003 ist die UN-Wanderarbeitnehmer-Konvention in Kraft getreten; sie verfügt über 54 Vertragsparteien, vorzugsweise Entsendestaaten, jedoch nur wenige Empfangsstaaten. Die BR Deutschland ist bislang weder Signatar- noch Vertragsstaat der UN-Wanderarbeitnehmer-Konvention geworden. Von den europäischen Staaten ist lediglich Bosnien und Herzegowina Vertragsstaat.

306 Im europäischen Raum sind das Europäische Niederlassungsabkommen v 1955,[729] die EMRK und die ESC zu beachten. Ein weitergehender Schutz der Wanderarbeitnehmer wurde 1977 mit der 1983 in Kraft getretenen Europäischen Konvention über die Rechtsstellung der Wanderarbeitnehmer[730] ausgearbeitet. Ferner finden sich Vorschriften über die Freizügigkeit und die Niederlassungsfreiheit in Art 45ff und 49ff AEUV.[731]

307 Die Rechtsstellung der *Staatenlosen* ist Gegenstand des Übereinkommens v 28.9. 1954, das Deutschland 1976 ratifizierte. Art 7 verpflichtet jeden Vertragsstaat, den Staatenlosen die gleiche Behandlung zukommen zu lassen, wie er sie Ausländern allgemein gewährt. Art 31 schränkt die Befugnis des Aufenthaltsstaats bei Ausweisungen ein.

---

725 Vgl *Dahm/Delbrück/Wolfrum* (Fn 58) §§ 95 ff; *Kotzur,* „Fremd bin ich eingezogen" – Überlegungen zu den Wurzeln universellen Menschenrechtsschutzes im völkerrechtlichen Fremdenrecht, FS Hailbronner, 2013, 585 ff.

726 Historisch *Kauth,* Fremdenrecht und Völkerbund – Das Scheitern der International Conference on the Treatment of Foreigner, AVR 56 (2018) 202 ff.

727 Die wichtigsten Dokumente finden sich bei *Plender,* Basic Documents on International Migration, 1988. Vgl auch *Sohn/Buergenthal,* The Movement of Persons Across Borders, 1992; *Cholewinski,* Migrant Workers, MPEPIL VII, 139 ff; *Trebilcock,* Migrant Workers, in Frowein/Stein (Hrsg), Rechtsstellung von Ausländern, Bd II, 1987, 1827 ff.

728 VN 1991, 175; vgl *Hildner,* Die Vereinten Nationen und die Rechte der Ausländer, VN 38 (1990) 47 ff; *ders,* Sozialfragen und Menschenrechte, VN 39 (1991) 173 ff.

729 BGBl 1959 II, 997.

730 ETS Nr 93.

731 *Moranchek Hussain,* Enforcing the Treaty Rights of Aliens, Yale LJ 117 (2008) 681 ff.

Kau

Zudem wurden 2018 bzw 2019 der Globale Pakt für eine sichere, geordnete und re- **308** guläre Migration (UN-Migrationspakt oder Global Compact for Migration)[732] und der Globale Pakt für Flüchtlinge (UN-Flüchtlingspakt oder Global Compact on Refugees)[733] von der UN-Generalversammlung beschlossen. Fraglich ist jedoch die von den beiden Pakten ausgehende rechtliche Wirkung. Einerseits führt die Bezeichnung als „Globale Pakte" dazu, dass der Eindruck entsteht, es handele sich dabei möglicherweise um Völkervertragsrecht. Auch die zur Annahme des UN-Migrationspaktes abgehaltene „Zwischenstaatliche Konferenz" mit der Leistung von Unterschriften unter dem Dokument sowie Beschlüssen nationaler Parlamente – wie zB des Dt Bundestags am 29.11.2018 zum UN-Migrationspakt[734] – sind dazu geeignet, diesen Eindruck zu unterstützen. Gleichermaßen ist von einer „formellen Annahme des Pakts" die Rede. Andererseits ist weder in Deutschland (Art 59 Abs 2 GG) noch, soweit ersichtlich, in einem anderen Staat eine formale Ratifikation der beiden „Pakte" erfolgt. Zudem wurde, nicht zuletzt von der Bundesregierung selbst, wiederholt darauf hingewiesen, dass etwa der UN-Migrationspakt „rechtlich nicht bindend" und auch kein völkerrechtlicher Vertrag sein soll.[735] Dies hat das BVerfG in seinem Beschluss v 7.12.2018 bestätigt.[736] Danach handelt es sich bei dem UN-Migrationspakt um Verhalten auf völkerrechtlicher Ebene, das aber „keine innerstaatlichen Rechtswirkungen" auszulösen vermag. Aus diesem Grund kommt eine Betroffenheit grundrechtlich geschützter Interessen nicht in Betracht; die Inanspruchnahme von Art 20 Abs 4 GG wurde sogar als fernliegend eingestuft.[737]

Insgesamt werden von den die beiden Pakte begleitenden Ereignissen durchaus un- **309** einheitliche und divergierende Signale ausgesandt. Vor diesem Hintergrund kommt als rechtliche Einordnung am ehesten in Betracht, dass die beiden „Globalen Pakte" auf lange Sicht zum Entstehen von Völkergewohnheitsrecht auf der Grundlage von Beschlüssen der UN-Generalversammlung führen sollen; möglicherweise ist auch beabsichtigt, dass sie eine spätere Verabschiedung verbindlicher völkerrechtlicher Instrumente vorbereiten sollen. Allerdings bleibt auch in dieser Hinsicht abzuwarten, welche Bestimmungen der Pakte zukünftig in der Staatenpraxis ihren Niederschlag finden und insbes in der Rspr internationaler und nationaler Gerichte beachtet werden. In der Zwischenzeit liegt es nahe, dass die Pakte einstweilen als *soft law*-Instrumente jedenfalls zur Interpretation bestehender völkerrechtlicher Verträge – zB der Genfer Flüchtlingskonvention oder der EMRK – herangezogen werden können.

---

732 <www.un.org/depts/german/migration/A.CONF.231.3.pdf>; UN-GA Res 72/244 v 24.12.2018; BT-Drs 19/ 2945.

733 <www.unhcr.org/gcr/GCR_English.pdf>.

734 Antrag v CDU/CSU und SPD, BT-Drs 19/6056; BT-Prot 19/68, 7733 D.

735 BT-Drs 19/1751 v 19.4.2018, Antwort der Bundesregierung auf Kleine Anfrage BT-Drs 19/1499.

736 BVerfG v 7.12.2018, NVwZ 2019, 161, Rn 15f.

737 Ebd, Rn 18

b) Die Einreise von Ausländern

310 Es besteht keine völkergewohnheitsrechtliche Pflicht, Ausländern die Einreise in das eigene Hoheitsgebiet zu gestatten. Dies gilt unabhängig davon, ob es sich um einen befristeten oder unbefristeten Aufenthalt im Hoheitsgebiet handelt, oder ob lediglich eine Durchreise beabsichtigt ist.[738] Noch nicht hinreichend geklärt ist die Frage, inwieweit nach der Einreise das Recht eines Aufenthaltsstaats zur Beschränkung oder Beendigung des Aufenthalts völkerrechtlichen Schranken unterliegt.[739] Aus der Rspr des EGMR ergeben sich jedoch Hinweise darauf, dass diese souveränen Rechte der Staaten Einschränkungen etwa durch die EMRK unterliegen. Denn je nachdrücklicher in der Entscheidungspraxis des EGMR auf „allgemein anerkannte Grundsätze des Völkerrechts" verwiesen wird, wonach die Konventionsstaaten weiterhin „das Recht haben, Einreise, Aufenthalt und Ausweisung von Ausländern zu regeln", desto stärker fallen die insbes aus Art 3 EMRK abgeleiteten, zT bereits sehr konkreten Vorgaben und Bedingungen für Rückführungs- oder Abschiebungsentscheidungen ins Auge.[740] Tatsächlich ist davon auszugehen, dass die völker- und unionsrechtliche Regulierung sowie die seit dem *Soering*-Urteil des Jahres 1989 immer weiter entwickelte Rechtsprechungspraxis des EGMR diesen gedanklichen Ausgangspunkt staatlicher Souveränitätsrechte bereits stärker eingeschränkt hat, als es die formelhaft wiederholten Feststellungen vermuten lassen.[741] Die Befugnis, den Aufenthalt eines Ausländers räumlich zu beschränken, hat der EuGH selbst im Falle von Unionsbürgern aus Gründen der öffentlichen Sicherheit und Ordnung anerkannt, wenn anderenfalls eine Ausweisung zur Gefahrenabwehr zulässig wäre.[742] Anerkannt ist, dass aus Gründen der öffentlichen Ordnung, der nationalen Sicherheit, der öffentlichen Gesundheit und Moral der weitere Aufenthalt eines Ausländers eingeschränkt werden kann. Allerdings hat der EuGH jüngst darauf hingewiesen, dass im Bosnien-Konflikt der 1990er Jahre begangene Kriegsverbrechen unabhängig vom Vorliegen einer Wiederholungsgefahr iSd öffentlichen Sicherheit und Ordnung nicht automatisch eine tatsächliche, gegenwärtige und erhebliche Gefahr darstellten, die ein Grundinteresse der Gesellschaft berühre.[743] In ähnlicher Weise entschied der Gerichtshof im Fall *Ahmed,* dass bei der „Schwere der Tat" nicht allein auf ein bestimmtes Strafmaß abzustellen sei, sondern dass die Behörden „sämtliche besonderen Umstände des Einzelfalls vollständig zu prüfen" hätten.[744]

---

738 Vgl *Higgins,* Open Borders and the Right to Immigration, HRRev 9 (2008) 525 ff.

739 Hierzu zB *Sutter,* Mixed-Status Families and Broken Homes, TLCP 15 (2006) 783 ff; *Miluso,* Family „De-Unification" in the United States, GWILR 36 (2004) 915 ff; *Trinh,* The Impact of New Policies adopted after September 11 on Lawful Permanent Residents Facing Deportation under the AEDOA and IIRIRA, Georgia JICL 33 (2005) 543 ff.

740 Z B EGMR, NVwZ 2008, 1330 (1331) *[Saadi v Italy];* EGMR, NVwZ 2012, 809 (812) *[Hirsi Jamaa et al].*

741 *Kau* (Fn 607) Rn 91: „Art 3 als quasi-universelles Abwehrrecht".

742 EuGH, Rs C-100/01, Slg 2002, I-10981 *[Olazabal].*

743 EuGH, EuGRZ 2018, 255 *[K.].*

744 EuGH, NVwZ-RR 2019, 119 *[Ahmed].*

Im Völkerrecht nachweisbar ist das korrelierende *Recht* eines Staatsangehörigen, **311** *sein Heimatland verlassen zu dürfen.*[745] Es findet sich in Art 13 der AEMR v 1948, in Art 2 Abs 2 des 4. Zusatzprotokolls zur EMRK, in Art 18 Nr 4 der ESC, in der Straßburger Erklärung über das Recht auf freie Ausreise und Rückkehr v 26.11.1986[746] sowie in Art 4 Abs 1 des Europäischen Abkommens über die Rechtsstellung der Wanderarbeitnehmer. Nr 9.5 des Kopenhagener Abschlussdokuments des OSZE-Folgetreffens v 29.6.1990 bestimmt ebenfalls, dass Beschränkungen der Ausreise den Charakter von seltenen Ausnahmen haben müssen und nur dann als notwendig angesehen werden können, wenn sie einem öffentlichen Bedürfnis und der Erreichung eines legitimen Ziels dienen.

Der in zahlreichen Verträgen niedergelegte *Familienschutz* gewährt kein allgemei- **312** nes Zuzugsrecht für Ehegatten oder andere Familienmitglieder. Beim Familiennachzug ist der EGMR bislang davon ausgegangen, dass Art 8 EMRK keinen Anspruch enthält, im Ausland lebende Ehegatten und minderjährige Kinder nachzuholen, wenn die Möglichkeit besteht, die Familieneinheit in einem anderen Staat herzustellen.[747] Er hat jedoch unter bestimmten Voraussetzungen auch ein Nachzugsrecht minderjähriger Kinder bejaht, wenn eine Rückkehr der Familie als unzumutbar anzusehen ist und der Nachzug eines im Herkunftsstaat zurückgelassenen minderjährigen Kindes zur Integration in die Familieneinheit erforderlich erscheint.[748]

c) Die Rechtsstellung von Ausländern

Fremde, die sich auf dem Hoheitsgebiet eines Staats aufhalten, unterliegen grundsätz- **313** lich in vollem Umfang der dort geltenden Rechtsordnung, sofern es sich nicht um Diplo-

---

745 Vgl *Hofmann,* Die Ausreisefreiheit nach Völkerrecht und staatlichem Recht, 1980, 80.
746 EuGRZ 1987, 64 ff.
747 Vgl EGMR, ECHR 1996-I, 160 *[Gül v Switzerland]; Hoppe,* Verwurzelungen von Ausländern ohne Aufenthaltstiteln, ZAR 2006, 125 ff aus jüngerer Zeit EGMR, juris, Rn 51 *[Savasci v Germany].*
748 EGMR, ECHR 36 (2003) 7 *[Sen v Netherlands].* Vgl *Hailbronner,* Asyl- und Ausländerrecht, 5. Aufl 2021, Rn 634 ff (Aufenthalt aus familiären Gründen); *ders,* Die Richtlinie zur Familienzusammenführung, FamRZ 2005, 1 ff; *Herzog-Schmidt,* Zuwanderung Hochqualifizierter, 2014, 230 ff; *Walter,* Die ungeliebte Einwanderungsquote – Neue Fronten im Kampf um den Familiennachzug?, ZAR 2014, 52 ff; *Welte,* Die neue Kindernachzugsregelung, ZAR 2014, 19 ff; *ders,* Der Familienschutz im Spektrum des Ausländerrechts, 2012; *Thym,* Sprachkenntnisse und Ehegattennachzug: Bewegung beim Stillstand für türkische Staatsangehörige, ZAR 2014, 301 ff; *Langenfeld/Mohsen,* Die neue EG-Richtlinie zum Familiennachzug und ihre Einordnung in das Völkerrecht, ZAR 2003, 398 ff; *Hillgruber,* Mindestalter und Integrationsvorleistungen, ZAR 2006, 304 ff; *Markard/Truchseß,* Neuregelung des Ehegattennachzug im Aufenthaltsgesetz, NVwZ 2007, 1025 ff; *Kingreen,* Verfassungsfragen des Ehegatten- und Familiennachzugs im Aufenthaltsrecht, ZAR 2007, 13 ff; *Thiele,* Das Integrationserfordernis für Drittstaatenangehörige nach dem Zuwanderungsgesetz, DÖV 2007, 58 ff; *Epiney,* Von Akrich über Jia bis Metock, EuR 2008, 840 ff; *Hailbronner,* Die Neuregelung des Ehegattennachzugs im Kreuzfeuer des Verfassungs- und Europarechts, FamRZ 2008, 1583 ff; *Weber/Walter,* Der gemeinschaftsrechtliche Schutz der Familie für Flüchtlinge, WAR Bull 45 (2007) 196 ff.

maten, Staatsoberhäupter oder Angehörige der Streitkräfte fremder Staaten handelt (s o Rn 43 ff).

314   Das Völkergewohnheitsrecht gebietet, Ausländern einen Mindeststandard zu gewähren, sofern sich aus Vertragsrecht wie etwa Art 18 AEUV keine darüber hinaus gehenden Rechte ergeben. Die Theorie der Inländergleichbehandlung, wie sie sich im lateinamerikanischen Bereich mit dem Mittel der *Calvo*-Klausel entwickelte, um eine bevorzugte Behandlung fremder Staatsangehöriger zu vermeiden, konnte im allgemeinem Völkerrecht nicht Fuß fassen.

315   Der *völkerrechtliche Mindeststandard* umfasst einen Grundbestand an Rechten, den jeder zivilisierte Staat dem Einzelnen zuerkennen muss. Hierzu gehört das Recht auf Rechtsfähigkeit und Rechtssubjektivität, das Recht auf Teilnahme am Wirtschaftsleben, das Recht auf Leben, körperliche Unversehrtheit und Sicherheit der Person, auf Gleichheit vor dem Gesetz und vor Gericht, sowie das Recht auf ein geordnetes Verfahren.[749] Ein Recht auf Freizügigkeit ist auch nach rechtmäßiger Einreise in das Hoheitsgebiet des Aufenthaltsstaats nicht nachweisbar, auch wenn es in einigen Verträgen wie Art 12 IPbürgR oder Art 20 EMRK enthalten ist. Zwar besteht noch weitgehende Unklarheit über den tatsächlichen Umfang von Rechten, die unrechtmäßig aufhältigen Ausländern eingeräumt werden müssen. Unbestritten ist jedoch, dass auch diese ungeachtet ihres rechtswidrigen Aufenthaltsstatus über ein Mindestmaß individueller Rechte verfügen.[750]

316   Grundsätzlich ist auch Ausländern ein Recht auf Meinungsfreiheit, Versammlungs- und Vereinigungsfreiheit zuzugestehen. Allerdings kann die *politische Betätigung* von Ausländern auch bei der Ausübung dieser Rechte *eingeschränkt* werden (vgl Art 16 EMRK). Ausländer haben auf Grund ihrer Nichtzugehörigkeit zum politischen Staatsverband kein Recht, sich an der politischen Willensbildung in gleicher Weise zu beteiligen wie Inländer. In der Praxis spielen die in nationalen Rechtsvorschriften niedergelegten besonderen Schranken für die politische Betätigung von Ausländern nur eine relativ geringe Rolle. Für Staatsangehörige der EU entfallen derartige Beschränkungen auf Grund ihrer unionsrechtlich gewährleisteten Unionsbürgerschaft jedenfalls in dem Bereich, in dem es sich nicht um den nur Inländern vorbehaltenen Bereich der internen politischen Willensbildung handelt.[751]

---

749 Vgl *Motomura*, The Rule of Law in Immigration Law, Tulsa J Comp & Int'l L 15 (2007/2008) 139 ff; *Davy*, Aufenthaltssicherheit, ZAR 2007, 169 ff und 233 ff.

750 ZB *Langenfeld*, Menschenrecht auf Aufenthalt?, FS Herzog, 2009, 247 ff; *Ivakhnyuk*, New Answers to Irregular Migration Challenges in Russia, ZAR 2008, 12 ff; *Bergmann*, Aufenthaltserlaubnis auf Grund von Verwurzelung, ZAR 2007, 128 ff.

751 Vgl zur Beteiligung einer Abgeordneten des Europäischen Parlaments EGMR, Ser A, 314, 24 *[Piermont v France]*.

d) Die Ausweisung von Ausländern

Es steht den Staaten frei, den Aufenthalt von Ausländern auf ihrem Hoheitsgebiet zu be- 317
enden. Die Aufforderung zum Verlassen kann mit der Androhung verbunden werden,
die Ausweisung notfalls zwangsweise durch Abschiebung vorzunehmen.[752]

Völkergewohnheitsrechtliche *Beschränkungen der Ausweisung* sind nicht nachweis- 318
bar, insbes gibt es kein Verbot der Ausweisung, sofern es sich nicht um Kollektivausweisungen handelt (vgl zB Art 4 des 4. Zusatzprotokolls zur EMRK).[753] Der EGMR definiert
die Kollektivausweisung als Maßnahme einer Behörde, durch die Ausländer als Gruppe
zur Ausreise gezwungen werden, außer wenn eine solche Maßnahme nach und nach
auf der Grundlage einer angemessenen und objektiven Prüfung des Einzelfalls erfolgt.
Im Fall der gleichzeitigen Ausweisung zahlreicher Angehöriger der Volksgruppe der
Roma durch die belgischen Ausländerbehörden hat der EGMR trotz individueller Ausweisungsentscheidungen eine Verletzung von Art 4 des 4. Zusatzprotokolls mit dem
Argument angenommen, es habe sich um ein gleichartiges Verfahren auf Grund der
Gruppenzugehörigkeit gehandelt.[754] Demgegenüber hat der EGMR im Fall *Khlaifa* entschieden, dass der Umstand, dass gegen mehrere Ausländer im Hinblick auf Ausweisungen ähnliche Entscheidungen getroffen worden seien, nicht zwingend auf das Vorliegen
einer Kollektivausweisung geschlossen werden könne. Dies gelte jedenfalls dann, wenn
jeder Betroffene Argumente gegen seine Ausweisung vorbringen könne und diese von
den Behörden angemessen berücksichtigt würden.[755] Der EuGH hat zudem im Fall
Gnandi entschieden, dass alle Rechtswirkungen der Rückkehrentscheidung jedenfalls
solange ausgesetzt seien, bis eine Entscheidung über den Rechtsbehelf gegen die Ablehnung ergangen sei. Dies leitet der Gerichtshof aus dem Grundsatz der Nichtzurückwei-
sung und dem Recht auf einen wirksamen Rechtsbehelf iSd RL 2008/115 ab.[756]

In formeller Hinsicht fordert etwa die UN-*Wanderarbeitnehmer*-Konvention v 1990 319
das Vorliegen einer Ausweisungsentscheidung in Übereinstimmung mit der Rechtslage.
Die Entscheidung müsse in einer dem Betroffenen verständlichen Sprache und auf Verlangen schriftlich ergehen und mit einer Begründung versehen werden. Es müsse danach eine Möglichkeit zur Überprüfung bestehen, während der die Aufschiebung der
Ausweisungsvollstreckung beantragt werden könne. Allerdings bindet die Konvention
nur die begrenzte Anzahl von 56 Vertragsstaaten und kann – in Anbetracht von annä-

---

752 Vgl *Palmer*, AIDS, Expulsion and Article 3 of the European Convention on Human Rights, EHRLR 2005,
533 ff; *Czapla*, Removal of Judicial Review under the Illegal Immigration Reform and Immigration Responsibility Act, Suff ULR 38 (2005) 603 ff; *Homicz*, Private Enforcement of Immigration Law, Suff ULR 38 (2005)
621 ff.
753 Vgl *Geiger*, Grundgesetz und Völkerrecht, 5. Aufl 2010, 343 f.
754 EGMR, ECHR 2002-I *[Conka v Belgium]; Hoppe* (Fn 653) 251 ff; *Deibel* (Fn 653) 121 ff; *Caroni* (Fn 653)
265 ff.
755 EGMR, NLMR 2016, 511 *[Khlaifa u a v Italy];* vgl *Kau* (Fn 630) 19, 50 ff.
756 EuGH, NVwZ 2018, 1625 *[Gnandi];* hierzu auch *Wittkopp*, Abschiebung abgelehnter Asylbewerber im
Einklang mit dem Unionsrecht, ZAR 2018, 324; *Gutmann*, Anmerkung, NVwZ 2018, 1629.

herrnd 150 Nicht-Konventionsstaaten – darüber hinaus nicht als Indiz für entsprechendes Völkergewohnheitsrecht angesehen werden.

320   Im europäischen Raum bestimmen Art 1 und 2 des Europäischen Abkommens über die Befreiung vom Visumszwang v 13.12.1957, dass Staatsangehörige der Vertragsstaaten in einen anderen Staat einreisen und in diesem bis zu einer Dauer von sechs Monaten verbleiben können, ohne dass sie einen Reisepass oder ein Visum benötigen. Diese Bestimmung ist nach Art 1 Abs 3 auch anwendbar bei Personen, die einer Erwerbstätigkeit unter drei Monaten nachgehen wollen. In der Konvention über die Rechtsstellung der Wanderarbeitnehmer ist darüber hinaus vorgesehen, dass die Aufenthaltserlaubnis für die Dauer der gültigen Arbeitserlaubnis, bei unbefristeter Arbeitserlaubnis um mindestens ein Jahr, verlängert werden soll. Beschränkungen der Möglichkeit zur Ausweisung wurden ferner vom EGMR anhand von Art 3 und 8 EMRK entwickelt. Er entschied,[757] dass ein Vertragsstaat einen jungen Ausländer, der zusammen mit seiner Familie im Aufenthaltsstaat lebt und den größten Teil seiner Jugend im Aufenthaltsstaat verbracht hat, selbst bei Begehung zahlreicher Straftaten nicht ausweisen dürfe.

321   Der in Art 8 EMRK garantierte Schutz des Privatlebens und der Familie gewährleistet nach der Rechtsprechung des EGMR *kein allgemeines Recht auf Nachzug von Familienangehörigen* eines in einem fremden Staat wohnhaften ausländischen Staatsangehörigen. Art 8 EMRK gewährt weder ein Recht darauf, den Ort zu wählen, der am besten geeignet ist, ein Familienleben aufzubauen, noch verpflichtet er einen Vertragsstaat dazu, die von einem Ehegatten getroffene Wahl des gemeinsamen Wohnsitzes zu achten und den Aufenthalt von ausländischen Paaren zu dulden. Der Vorschrift kann auch nicht ein allgemeines Verbot entnommen werden, einen ausländischen Staatsangehörigen abzuschieben, weil er sich seit einer geraumen Zeit im Hoheitsgebiet des Vertragsstaats aufhält.[758] Nur ausnahmsweise kann ein sehr lange geduldeter Aufenthalt, ohne dass ein gesichertes Aufenthaltsrecht ausgestellt worden wäre, dazu führen, dass die Vorenthaltung eines Aufenthaltstitels Art 8 verletzt.[759] Art 8 EMRK kann aber durch aufenthaltsbeendende Maßnahmen, die eine bestehende Familieneinheit zerstören (Auslieferung, Ausweisung, Abschiebung, Nichtverlängerung des Aufenthaltsrechts), verletzt sein. Auch das Recht des Staats, über Einreise und Aufenthalt von Ausländern zu entscheiden, wird deshalb durch das Gebot, die Familie zu schützen, eingeschränkt. Aufenthaltsbeendende Maßnahmen müssen daher auf einer gerechten Abwägung der öffentlichen Interessen an der Aufenthaltsbeendigung (zB Verhinderung von Straftaten) und den privaten Interessen an der Führung eines Familienlebens beruhen. Der EGMR geht in st Rspr davon aus, dass die Abschiebung, Auslieferung oder Ausweisung von Ausländern, die im Gaststaat aufgewachsen oder dort geboren sind, und die keine Verbindungen mehr zu ihrem Herkunftsstaat haben, nur unter engen Voraussetzungen zulässig

---

757 EGMR, EuGRZ 1991, 149 *[Moustaquim v Belgium]*.
758 EGMR, NVwZ 2005, 1043 *[Dragan v Germany]*.
759 Vgl EGMR, InfAuslR 2006, 29 *[Aristimuno Mendizabal v France]*; *Bergmann* (Fn 750) 128 ff; eingehend *Sander*, Der Schutz des Aufenthalts durch Artikel 8 der Europäischen Menschenrechtskonvention, 2008.

Kau

ist.[760] Danach kann Art 8 EMRK sogar in Fällen einer Ausweisung wegen zahlreicher gravierender Straftaten verletzt sein, wenn ein Ausländer der zweiten oder dritten Generation die Sprache seines Herkunftsstaats nicht mehr spricht und dort keine Verwandten mehr hat.[761]

Sofern zu der Familie, die von aufenthaltsbeendenden Maßnahmen betroffen ist, auch Minderjährige oder sogar Kleinkinder gehören, hat der EGMR im Hinblick auf Art 8 und Art 3 EMRK besonders hohe Anforderungen aufgestellt. In der Rs *Tarakhel* war eine Abschiebung von der Schweiz nach Italien in Einrichtungen des Europäischen Flüchtlingsfonds nicht ausreichend, um den besonderen Bedürfnisse der betroffenen Kinder zu entsprechen.[762] Auch im Fall *A.B.* nahm der EGMR an, dass die zusammen mit den Eltern erfolgte Inhaftnahme eines Kleinkindes *ultima ratio* sei und der betroffene Konventionsstaat nachzuweisen habe, dass keine mildere Alternative hierzu bestanden habe.[763] IE zeichnet sich damit ab, dass Familien mit Kleinkindern oder besonders verletzlichen Minderjährigen nach der Rspr des EGMR nur in besonderen Fallkonstellationen in Abschiebehaft genommen werden können. Auch in der Entscheidung im Fall *Khan* wird erkennbar, dass die Behörden der Konventionsstaaten gegenüber Minderjährigen hohen Schutzpflichten nachkommen müssen.[764] Allerdings hat sich bspw im Fall *E.T. und N.T. v Switzerland und Italy*[765] gezeigt, dass der EGMR die Betroffenheit Minderjähriger oder von Kleinkindern nicht in jedem Fall als Abschiebungshindernis betrachtet. Ebenso lehnte der EGMR im Fall *M. A.-M. u a v Finnland*[766] ein Abschiebungshindernis unter Verweis auf eine Unterbringungszusicherung italienischer Behörden ab. Hintergrund dieser Entscheidungen dürfte sein, dass in diesen Fällen der Eindruck entstanden war, als wollten bereits anerkannte Flüchtlinge sich ihre Schutzstaaten nach eigenen Präferenzen aussuchen, was jedoch mit dem auf Art 3 EMRK abgestützten Flüchtlingsschutz kaum vereinbar ist. Dennoch lässt sich an den Fällen *Tarakhel, E.T. und N.T.* sowie *M. A.-M. u a* ablesen, dass die Qualität der Flüchtlingsunterbringung und -behandlung in den Konventionsstaaten der EMRK durchaus unterschiedlich ist. Eine effektive Schutzgewährleistung nach Art 3 EMRK setzt jedoch in dieser Hinsicht zumindest vergleichbare Schutzstandards der Konventionsstaaten voraus.[767]

Die ILC hat im Jahre 2014 die zweite Lesung eines Konventionsentwurfs über die Ausweisung von Ausländern behandelt, der einen generellen Rechtsrahmen für diese Fragen

322

323

---

760 Vgl *Frowein*, Der Europäische Grundrechtsschutz und die deutsche Rechtsprechung, NVwZ 2002, 29 ff.

761 Vgl zB EGMR, EuGRZ 1991, 149 *[Moustaquim v Belgium]*; EGMR, InfAuslR 2005, 349 *[Sisojeva v Latvia]*.

762 EGMR, NVwZ 2015, 127 (128 f) *[Tarakhel v Switzerland]*.

763 EGMR, NLMR 4/2016, 1 (3 f) *[A.B. u a v France]*.

764 EGMR v 28.2.2019, Nr 12267/16.

765 EGMR Nr 79480/13 *[E.T. und N.T. v Switzerland und Italy]*.

766 EGMR Nr 32275/15 *[M. A.-M. u a v Finnland]*.

767 Krit *Lehnert*, Menschenrechtliche Vorgaben an das Aufenthaltsrecht in der jüngeren Rechtsprechung des EGMR, NVwZ 2018, 1359 (1363).

vorsieht.[768] So wird in Art 3 des Entwurfs zwar das grundsätzliche Recht von Staaten zur Ausweisung anerkannt *(Right of Expulsion)*, gleichzeitig werden jedoch Konstellationen genannt, in denen eine Ausweisung verboten ist. Dies gilt etwa für Ausweisungen aus Gründen der nationalen Sicherheit (Art 6 lit a ILC-Entwurf) oder für den Zeitraum nach Beantragung einer Anerkennung als Flüchtling (Art 6 lit b ILC-Entwurf). Außerdem wird ein umfangreiches Refoulement-Verbot statuiert, sofern im Falle einer Ausweisung Gefahren für Leben und Freiheit der betroffenen Person wegen ihrer Rasse, Religion, Staatsangehörigkeit, Zugehörigkeit zu einer bestimmten gesellschaftlichen oder sozialen Gruppe oder wegen ihrer politischen Anschauungen bestehen (Art 6 lit b ILC-Entwurf). Diese Einschränkungen gelten allerdings dann nicht, wenn die betreffende Person eine Gefahr für die Sicherheit des jeweiligen Staats darstellt, oder wenn sie infolge einer rechtskräftigen Verurteilung für ein besonders schweres Verbrechen eine Gefahr für die jeweilige Gesellschaft darstellt. Staatenlose sollen grundsätzlich nicht aus Gründen der nationalen Sicherheit oder im Hinblick auf die öffentliche Ordnung ausgewiesen werden (Art 7 ILC-Entwurf). Ferner sind auch Kollektivausweisungen, mittelbare Ausweisungen und Ausweisungen zur Beschlagnahmung von Vermögenswerten untersagt (Art 9 ff ILC-Entwurf). Im Weiteren werden umfangreiche Rechtspositionen der betroffenen Personen (Art 13 bis 15 ILC-Entwurf) wie auch Rechtspflichten der ausweisenden und aufnehmenden Staaten (Art 16-20 sowie Art 21-25 ILC-Entwurf) statuiert. Hervorzuheben sind ausführliche Bestimmungen über die Unterbringung von Ausländern, die ausgewiesen werden sollen (Art 19 ILC-Entwurf), in denen der nicht-strafende Charakter der Ausweisungshaft hervorvorhoben wird. Abgeschlossen wird der ILC-Entwurf durch prozessuale Gewährleistungen bis hin zum Suspensiveffekt von Rechtsmitteln (Art 27 ILC-Entwurf). In unverkennbarer Anlehnung etwa an Rechtsakte der EU (zB RL 2008/115) hat die ILC damit zahlreiche flüchtlingsrechtliche Desiderate der Gegenwart zusammengefasst. Offen bleibt indessen, ob die Staaten sich bereitfinden werden, diese über die bisherigen völkerrechtlichen Verpflichtungen hinausgehenden Bestimmungen im Rahmen einer Konvention verbindlich zu machen. Nachdem die Staaten Gelegenheit hatten, Stellung zu nehmen, muss sich nun die UN-Generalversammlung mit den damit verbundenen Fragen befassen.

4. Das Recht auf Asyl

324 Die Rechtsstellung des Einzelnen kommt insbes im *Flüchtlingsrecht* zum Ausdruck. Durch neuere Entwicklungen in diesem Bereich haben die Rechte der Flüchtlinge eine Stärkung und zunehmende institutionelle Ausgestaltung erfahren. Diese Feststellungen gelten auch angesichts der sog *Flüchtlingskrise* des Jahres 2015. Allerdings birgt allein der zahlenmäßige Umfang von Flüchtlingsströmen die Gefahr, dass die bestehenden Be-

---

768 UN Doc A/69/10, Text of the Draft Articles on the Expulsion of Aliens Adopted by the Commission on Second Reading. Die UN-Generalversammlung nahm mit der Res 75/137 v 15.12.2020 die Stellungnahmen verschiedener Regierungen zur Kenntnis und beschloss, sich im Rahmen ihrer 78. Sitzungsperiode (2023) erneut mit den darin behandelten Fragen zu befassen.

stimmungen nicht oder zumindest nicht vollständig angewendet werden (zB die Dublin III-VO). Zudem ergeben sich auch Probleme, wenn die bisherigen Bestimmungen große Schwierigkeiten bei der Anwendung bereiten, gleichzeitig aber eine Einigung auf neue, ggf praktikablere Regelungen nicht gelingt. Wenn iSe europäischen „rule of law" die Absenkung verfahrensrechtlicher Schutzstandards bei gleichzeitiger Anhebung inhaltlicher Anforderung für die Gewährung von Aufenthaltstiteln auch als Rückschritt zu bewerten wäre, muss doch in Anbetracht einer effektiven europäischen Integration darauf geachtet werden, dass zwischen den Mitgliedstaaten ein Konsens notwendig ist. Die Kommission hat bereits 2016 verschiedene Entwürfe für eine dritte Generation asylrechtsbezogener Sekundärrechtsakte vorgelegt, deren Inkraftsetzen den EU-Mitgliedstaaten jedoch gegenwärtig noch nicht möglich war.[769] Inwieweit die Asylrechtseinigung vom Sommer 2023 tatsächliche Verbesserungen bringen wird, bleibt abzuwarten.

a) Der Begriff des Flüchtlings

Der Begriff des Flüchtlings ist für die Anwendung von Flüchtlingskonventionen de- 325 finiert.[770] Bedeutende völkervertragliche Übereinkommen über Flüchtlingsfragen sind etwa die Genfer Flüchtlingskonvention (GFK),[771] die Afrikanische Flüchtlingskonvention,[772] die Konventionen im Rahmen der Organisation der amerikanischen Staaten über das diplomatische[773] und das territoriale Asyl,[774] beide v 23.3.1954, und die Vereinbarung über Flüchtlingsseeleute.[775] Diese Konventionen enthalten zT unterschiedlich weite Bestimmungen dieses Begriffs. Grundsätzlich bestimmt die GFK den Begriff des Flüchtlings in Art 1 Abschn A Nr 2 als jede Person, die „aus begründeter Furcht vor Verfolgung wegen ihrer Rasse, Religion, Nationalität, Zugehörigkeit zu einer bestimmten sozialen

---

769 Vgl KOM (2016) 271 endg (EASO); KOM (2016) 270 endg (Dublin-IV-VO); KOM (2016) 465 endg (neue Aufnahme-VO); KOM (2016) 466 endg (Qualifikations-VO od Anerkennungs-VO); KOM (2016) 467 endg (Asylverfahrensverordnung) und KOM (2016) 486 endg (Neuansiedlungsrahmen-Verordnung).
770 *Hathaway*, The Law of Refugee Status, 1991, 19; *ders*, Why Refugee Law Still Matters, Mebourne JIL 8 (2007) 89 ff; *Goodwin-Gill*, Non-Refoulement and the New Asylum Seekers, VJIL 26 (1985/86) 897 ff; Handbuch des UNHCR über Verfahren und Kriterien der Flüchtlingseigenschaft gemäß dem Abkommen von 1951 und dem Protokoll von 1967 über die Rechtsstellung der Flüchtlinge, 1979; *Hailbronner*, Der Flüchtlingsbegriff der Genfer Flüchtlingskonvention und die Rechtsstellung von De-Facto-Flüchtlingen, ZAR 1993, 3 ff; *Kälin*, Refugees and Civil War, IJRL 3 (1991) 445 ff; *Martin*, Asylum Seekers in the Western Democracies, in Kälin (Hrsg), Droit des réfugiés, 1991, 11 (13 ff).
771 Abkommen über die Rechtsstellung der Flüchtlinge v 28.7.1951 (189 UNTS 150) und Prot über die Rechtstellung der Flüchtlinge v 31.1.1967 (606 UNTS 267); *Dem*, The Coming of a „Blank Cheque", IJRL 16 (2004) 609 ff; *Hathaway/Hicks*, Is there a Subjective Element in the Refugee Convention's Requirement of „Well-Founded Fear"?, Michigan JIL 26 (2005) 505 ff.
772 Convention Governing the Specific Aspects of Refugee Problems in Africa v 10.9.1969 (1001 UNTS 45).
773 Convention on Diplomatic Asylum (OAS Treaty Series No 18).
774 Convention on Territorial Asylum (OAS Treaty Series No 19).
775 Vereinbarung über Flüchtlingsseeleute v 23.11.1957 (BGBl 1961 II, 828, in der Bek v 28.10.1982 [BGBl 1982 II, 975], abgedr in *Hailbronner*, Ausländerrecht, B 6).

Gruppe oder wegen ihrer politischen Überzeugung sich außerhalb des Landes befindet, dessen Staatsangehörigkeit sie besitzt, und den Schutz dieses Landes nicht in Anspruch nehmen kann oder wegen dieser Befürchtungen nicht in Anspruch nehmen will [...].“ In den Anwendungsbereich der GFK fallen daher *alle politischen Flüchtlinge*, nicht hingegen Personen, die allein vor Bürgerkriegen, Naturkatastrophen und wirtschaftlichen Krisen fliehen.[776] Die Afrikanische Flüchtlingskonvention wiederholt in Art 1 Nr 1 die Definition der GFK, erweitert den Flüchtlingsbegriff jedoch in Art 1 Nr 2 auf eine Person, welche „owing to external aggression, occupation, foreign domination or events seriously disturbing public order in either part or the whole of his country of origin or nationality, is compelled to leave his place of habitual residence [...].“ Auf den Grund der Verfolgung kommt es durch diese Erweiterung nicht in erster Linie an.

326   In der Staatenpraxis wird über die GFK hinaus auch *De-facto*-Flüchtlingen häufig ein gewisser Schutz gewährt.[777] Das sind insbes sog Gewaltflüchtlinge oder auch subsidiär Schutzbedürftige, dh Personen, die vor Krieg oder Kriegsfolgen wie Hungersnot und ethnischer Gewalt fliehen.[778] Mit Zustimmung der Vertragsstaaten ist das Mandat des UNHCR auf sonstige als schutzbedürftig angesehene Personen erweitert worden. So fällt nunmehr jede geflohene Person in die Zuständigkeit des UNHCR, die ihr Heimatland als Folge von Unruhen, bewaffneten Konflikten oder schweren systematischen Menschenrechtsverletzungen verlassen hat *(displaced persons in a refugee-like situation)*. Erfasst werden seit 1985 auch „persons who are compelled to leave their homeland because of man-created disasters, e.g. armed conflict or other political and social upheavals.“

327   Die Erweiterung der Zuständigkeit des UNHCR führte jedoch *nicht* zu einer völkergewohnheitsrechtlichen *Pflicht zur Aufnahme*.[779] Vielmehr ergeben sich aus der Staatenpraxis eher Anhaltspunkte dafür, dass es sich um eine Hilfeleistung handelt, die ein Staat nach seinen Erfordernissen einschränken oder von Bedingungen wie finanzieller Unterstützung durch dritte Staaten oder Übernahmeerklärungen abhängig machen

---

776 Vgl *Boswell/Crisp*, Poverty, International Migration and Asylum, 2004; *Benhabib*, The Law of Peoples, Distributive Justice, and Migrations, Fordham LR 72 (2004) 1761 ff; *Gabor/Rosenquest*, The Unsettled Status of Economic Refugees from the American and International Legal Perspectives, Texas ILJ 41 (2006) 275 ff.
777 Vgl zB Gesetz über Maßnahmen für im Rahmen humanitärer Hilfsaktionen aufgenommene Flüchtlinge v 22.7.1980 (BGBl 1980 I, 1057), zuletzt geänd durch Gesetz v 29.10.1997 (BGBl 1997 I, 2584); zum Aufenthaltsgesetz *Göbel-Zimmermann*, Die Erteilung eines Aufenthaltstitels aus humanitären Gründen nach § 25 IV und V AufenthG, ZAR 2005, 275 ff.
778 Vgl *Hailbronner*, Rechtsfragen der Aufnahme von „Gewaltflüchtlingen“ in Westeuropa, SZIER 3 (1993) 517 ff; *Bugnion*, Refugees, Internally Displaced Persons, and International Humanitarian Law, Fordham ILJ 28 (2005) 1397 ff; *Hulme*, Armed Conflict and the Displaced, IJRL 17 (2005) 91 ff. Die Definition des UNHCR für Gewaltflüchtlinge lautet: „Persons who have fled from areas affected by conflicts and violence; persons who have been or would be exposed to human rights abuses, including persons belonging to groups compelled to leave their homes by campaigns of ethnic or religious persecution; and persons who owing to their specific situation have felt compelled to flee as a result of conflict“ (background note des UNHCR v 25.3.1992).
779 Vgl *Hailbronner*, Das Refoulement-Verbot und die humanitären Flüchtlinge im Völkerrecht, ZAR 1987, 3 (7); *Kagan*, The Beleaguered Gatekeeper, IJRL 18 (2006) 1 ff.

kann. Gleiches gilt für das Konzept der vorübergehenden Aufnahme *(temporary protection)* zum Schutz von Gewaltflüchtlingen.

b) Das Recht auf Asyl

Obgleich Art 14 Nr 1 AEMR bestimmt, dass jeder Mensch das Recht habe, in anderen 328
Ländern vor Verfolgung Asyl zu suchen und zu genießen, gibt es im Völkerrecht weder
ein Recht des Einzelnen auf Asyl noch eine Pflicht der Staaten, Flüchtlinge aufzunehmen. Dies hat auch der EGMR in seiner Rspr immer wieder bestätigt.[780] Es handelt sich
hier vielmehr um ein *zwischenstaatliches Recht zur Asylgewährung,* das seinen Grund in
Völkervertrags-[781] oder Völkergewohnheitsrecht haben kann.[782] Die Gewährung von
Asyl stellt weder einen feindlichen Akt gegenüber dem Heimatstaat noch eine unzulässige Einmischung in dessen innere Angelegenheiten dar.[783]

Bei Gewährung und Ausgestaltung des Asyls ist der gewährende Staat frei, sofern er 329
völkerrechtliche Mindestanforderungen wie die Gewährung von Menschenrechten, den
in der GFK enthaltenen Mindeststandard für Flüchtlinge und das Verbot der Rückschiebung in den Verfolgerstaat (Prinzip des *Non-Refoulement*) beachtet.

Asylverweigerungsgründe können sich aus Auslieferungsverträgen oder aus Ver- 330
trägen zur Bekämpfung terroristischer Straftaten ergeben, deren Bekämpfung im Interesse der internationalen oder regionalen Gemeinschaft liegt.[784] Nach Art 1 Nr 2 der Erklärung über das territoriale Asyl der UN-Generalversammlung[785] kann sich derjenige
nicht auf das Recht auf Asyl berufen, bei dem schwerwiegende Gründe dafür vorliegen,
dass er ein Verbrechen gegen den Frieden, ein Kriegsverbrechen oder ein Verbrechen
gegen die Menschlichkeit begangen hat. Oftmals wird von der Asylgewährung auch
dann abgesehen, wenn der Bewerber über ein Drittland einreist, in dem er bereits vor
Verfolgung sicher war.[786]

---

780 Z B EGMR, NVwZ 2012, 809 (812) *[Hirsi Jamaa et al v Italy].*
781 Art II Nr 2 der Afrikanischen Flüchtlingskonvention v 10.9.1969; Art 1 der Konvention von Caracas
über territoriales Asyl v 28.3.1954; hierzu auch *Emmert,* Die Bedeutung menschenrechtlicher Verträge für
den Flüchtlingsschutz, AWR Bull 52 (2005) 121 ff.
782 Vgl *Hailbronner,* Asylrecht und Völkerrecht, in Beitz/Wollenschläger (Hrsg), Handbuch des Asylrechts, Bd I, 1980, 75 ff.
783 Vgl aber abweichende Einschätzung beim sog „Botschaftsasyl", s o Rn 75a.
784 Vgl etwa Europäisches Übereinkommen zur Bekämpfung des Terrorismus v 27.1.1977; Übereinkommen zur Bekämpfung der widerrechtlichen Inbesitznahme von Luftfahrzeugen v 16.12.1970; Montrealer
Übereinkommen zur Bekämpfung widerrechtlicher Handlungen gegen die Sicherheit der Zivilluftfahrt
v 23.9.1971; Übereinkommen über die Verhütung, Verfolgung und Bestrafung von Straftaten gegen völkerrechtlich geschützte Personen, einschließlich Diplomaten v 14.12.1973.
785 Res der UN-Generalversammlung 2312 (XXII) v 14.12.1967. Dazu vgl auch *Weis,* The United Nations'
Declaration of Territorial Asylum, CYIL 7 (1969) 143 ff.
786 Vgl *Hailbronner,* The Right to Asylum and the Future of Asylum Procedures in the European Community, IJRL 5 (1993) 31 ff; *ders,* Refoulement-Verbote und Drittstaatenregelung (Art 33 GFK und Art 3 EMRK),
FS Bernhardt, 1995, 365 ff; *Kjaerum,* The Concept of Country of First Asylum, IJRL 4 (1992) 514 ff.

331   So hat auch der EuGH in der Rs *X. und X.* entschieden, dass das Unionsrecht Asylbewerbern kein Recht auf legale Einreise und auch keinen Rechtsanspruch auf Erteilung eines humanitären Visums für Bürgerkriegsflüchtlinge gibt.[787] Wie der Gerichtshof weiterhin hervorhob, ist für die Ausstellung von Visa allein nationales Recht maßgeblich.

c) Der Grundsatz des *Non-Refoulement*

332 Der Grundsatz des *Non-Refoulement* in Art 33 GFK, der sowohl auf die Auslieferung und Abschiebung als auch – nach überwiegender Auffassung – auf die Zurückweisung an der Grenze angewendet wird, verpflichtet die Staaten zur Zufluchtgewährung vor dem unmittelbaren Zugriff des Verfolgerstaats, enthält aber weder einen subjektiven Asylanspruch noch eine zwischenstaatlich verbindliche Aufnahmepflicht.[788] Diese Auslegung findet sich auch in Empfehlungen des Europarats und der UN-Generalversammlung. So empfiehlt eine Resolution des Europarats,[789] den Vertragsstaaten „zu gewährleisten, dass niemand an der Grenze abgewiesen, zurückgeschickt, abgeschoben oder in anderer Weise so behandelt wird, dass er gezwungen wäre, in das Staatsgebiet zurückzukehren oder dort zu verbleiben, wo er aufgrund seiner Rasse, seiner Religion, seiner Staatszugehörigkeit oder seiner Zugehörigkeit zu einer bestimmten sozialen Gruppe oder wegen seiner politischen Meinung von Verfolgung bedroht ist." Ebenso bestimmt Art 3 der Erklärung der UN-Generalversammlung über das territoriale Asyl, dass niemand „Maßnahmen wie einer Zurückweisung an der Grenze oder, wenn er das Gebiet, in dem er Asyl sucht, bereits betreten hat, der Ausweisung oder einer zwangsweisen Rückstellung in einen Staat, in dem er einer Verfolgung ausgesetzt sein könnte, unterworfen werden soll."

333   Das *Refoulement*-Verbot steht daher einer Zurückweisung oder Abschiebung von Schutzsuchenden in sichere Drittstaaten nicht entgegen. In diesem Fall muss allerdings gewährleistet sein, dass der Schutzsuchende nicht in den Verfolgerstaat weiter geschoben wird. Ein Anspruch darauf, nur in einen Staat zurückgewiesen oder zurückgeschoben zu werden, in dem ein Recht auf Zugang zum Asylverfahren besteht, existiert hingegen nicht. Art 33 GFK gewährleistet lediglich einen Mindestschutz vor Verfolgung, aber *kein Recht auf Asyl* oder andere Vergünstigungen.

---

787 EuGH, Rs C-638/16 PPU, EzAR-NF 65, Nr 77 *[X. und X.]*; im Anschluss hieran BVerfG, NVwZ 2017, 1699; BVerfG, BeckRS 2017, 138223.
788 Vgl *Hailbronner* (Fn 770) 5; *Kälin* (Fn 770) 445 ff; vgl auch *Goodwin-Gill*, The Refugee in International Law, 3. Aufl 2007, 149 ff; *Gornig*, Das „non-refoulement"-Prinzip, EuGRZ 1986, 521 ff; *Freshwater*, The Obligation of Non-Refoulement under the Convention Against Torture, Geo ILJ 19 (2005) 585 ff; *D'Angelo*, Non-Refoulement, Vanderbilt J Transnat'l L 42 (2009) 279 ff; *Duffy*, Expulsion to Face Torture?, IJRL 20 (2008) 373 ff; *Dröge*, Tranfer of Detainees, ICRC 90 (2008) 669 ff; *Zimmermann*, Bedeutung und Wirkung der Ausschlusstatbestände der Artikel 1 F und 33 Abs 2 der Genfer Flüchtlingskonvention für das deutsche Ausländerrecht, DVBl 2006, 1478 ff; *Hailbronner/Thym*, Grenzenloses Asylrecht? Die Flüchtlingskrise als Problem der europäischen Rechtsintegration, JZ 2016, 753 ff.
789 Asyl für Personen, denen Verfolgung droht (Res [67] 14 des Ministerkomitees des Europarats v 29.6.1967).

Kau

Wie der EGMR im Rahmen seiner Rspr zu Art 3 EMRK seit den Fällen *F.G. v Schwe-* 334
den und *J.K v Schweden* ausführt, richtet sich seine Aufmerksamkeit in Zusammenhang
mit Asylverfahren nicht auf die inhaltlichen Berechtigung, sondern im Wesentlichen darauf, ob hinreichend effektive Gewährleistungen im Verfahren bestehen, die ein willkürliches Refoulement verhindern.[790] Da dem Beschwerdeführer im Fall *T.K. v Litauen*
die Abschiebung nach Tadschikistan drohte, ging es dem EGMR zentral um die Frage, ob
dabei das tatsächliche Risiko von Folter oder unmenschlicher oder erniedrigender Behandlung besteht.[791] Der Gerichtshof wies in diesem Zusammenhang darauf hin, dass
frühere Verfolgungsmaßnahmen oder Misshandlungen zwar als Nachweis eines hohen
Risikos zu werten seien, dass aber – anders als es die litauischen Behörden angenommen hatten – ihrem Fehlen keine ausschlaggebende Bedeutung zukomme. Letztlich bemängelte der EGMR, dass die litauischen Behörden dem Fehlen früherer Verfolgungsmaßnahmen oder Misshandlungen eine zu große Bedeutung beigemessen, dabei aber
nicht genug Sorgfalt auf die tatsächliche Einschätzung der den Beschwerdeführer erwartenden Situation gerichtet hatten.[792] Noch grundlegendere Mängel im Verfahren
stellte der EGMR im Fall *W.A. v Ungarn* fest, als er eine behördliche Zurückweisung
mehrerer Asylbegehren „innerhalb weniger Stunden" und das vollständige Fehlen von
gerichtlichem Rechtsschutz beanstandete.[793] Der Verstoß gegen Art 3 EMRK ergab sich
hierbei bereits daraus, dass Ungarn es versäumte, seinen verfahrensmäßigen Verpflichtungen nachzukommen. Erschwerend kam hinzu, dass die Beschwerdeführer ohne Absprache nach Serbien abgeschoben wurden, wo ihnen als syrischen Staatsangehörigen
Kettenabschiebungen drohten.[794] Im Fall *S.A. v Ukraine* lagen die Mängel des Asylsystems bereits darin, dass es für Untersuchungshäftlinge keine funktionierenden verfahrensmäßigen Wege gab, ein Asylbegehren zu stellen, wodurch es bereits an einem effektiven Zugang zum Asylverfahren fehlte.[795] Dass es in der Folge zu keiner sinnvollen
Beurteilung der Verfolgungssituation kam, war naheliegend.

Nach Art 3 EMRK gilt bei drohender Foltergefahr oder bei Gefahr unmenschlicher 335
oder entwürdigender Behandlung oder Strafe ein ähnliches Verbot der Aus- oder Zurückweisung wie bei Art 33 Abs 1 GFK.[796] Eine Zurückweisung oder *Zurückschiebung in
Folterstaaten* ist daher *unzulässig*. Erforderlich ist jedoch eine latente Gefahr durch Folter oder unmenschliche Behandlung. Solange Ausländer, die vor einem Bürgerkrieg,
schweren inneren Unruhen oder einem Klima allgemeiner Gewalt fliehen, jedoch nicht

---

790 EGMR, Nr 43611/11 *[F.G. v Sweden]*; EGMR, Nr. 59166/12 *[J.K. et al v Sweden]*.
791 EGMR, Nr 559978/20, BeckRS 2022, 5000, Rn 69 f *[T.K. v Lithuania]*.
792 EGMR, Nr 559978/20, BeckRS 2022, 5000, Rn 81 und 89 f *[T.K. v Lithuania]*.
793 EGMR, Nr 64050/16 *[W.A. v Hungary]* unter Bezug auf EGMR, Nr 47287/15 *[Ilias and Ahmed v Hun-
gary]*.
794 EGMR, Nr 64050/16, Rn 10 f *[W.A. v Hungary]*; EGMR, Nr 47287/15, Rn 157 *[Ilias and Ahmed v Hungary]*.
795 EGMR, Nr 7445/21, BeckRS 2022, 2615 Rn 20 ff *[S.A. v Ukraine]*.
796 *Battjes*, In Search of a Fair Balance, Leiden JIL 22 (2009) 583 ff; *Evans Cameron*, Risk Theory and „Subjective Fear", IJRL 20 (2008) 567 ff.

Opfer einer persönlich gegen sie gerichteten Gewalt sind, können sie sich nicht auf Art 3 EMRK berufen.[797] Anders als bei Art 33 Abs 2 GFK sieht Art 3 EMRK keinen *ordre public*-Vorbehalt für den Fall vor, dass ein Flüchtling aus schwerwiegenden Gründen als „Gefahr für die Sicherheit des Landes anzusehen ist, in dem er sich befindet", oder eine „Gefahr für die Allgemeinheit dieses Staates" darstellt. Aus diesem Grund konnte ein Terrorverdächtiger, dem in seinem Herkunftsstaat die Todesstrafe bzw Folter und unmenschliche Behandlung drohten, im Hinblick auf Art 3 EMRK nicht abgeschoben werden.[798]

336   Bis zum russ Angriff auf die Ukraine im Jahr 2022 deutete sich beim EGMR eine etwas großzügigere Linie im Hinblick auf Abschiebungen islamistischer Gefährder ab, soweit etwa in verschiedenen Regionen des Zielstaats unterschiedliche Situationen bestehen. So entschied der Gerichtshof im Fall *X v Germany*, dass die Abschiebung eines islamistischen Gefährders nach Russland damals keine erheblichen Gründe für die Annahme erkennen ließ, der Betreffende liefe dort Gefahr, Folter oder unmenschlicher Behandlung ausgesetzt zu sein.[799] Im Anschluss an die Feststellungen des BVerwG ging auch der EGMR davon aus, dass der betroffene Islamist nur in der Region Dagestan konventionserheblichen Risiken ausgesetzt sei, während dies in anderen Regionen Russlands nicht der Fall sei. Da kein Hinweis bestand, dass der Betroffene gegen seinen Willen nach Dagestan gebracht würde, und er zudem, bevor er Russland im Alter von 3 Jahren verließ, naheliegender Weise in keiner Beziehung zu den Konflikten im Nordkaukasus stand, ging der Gerichtshof davon aus, dass seine Überstellung nach Russland kein Risiko einer Verletzung von Art 3 EMRK mit sich bringe.

337   Die seit der sog Flüchtlingswelle 2015 gestiegenen migrationsrechtlichen Spannungen spiegeln sich auch in den zwischenzeitlich im Abschiebungsrecht ergangenen Entscheidungen des EGMR wider. So vertrat der Gerichtshof im Nachgang verschiedener Blockaden an der polnisch-belarussischen Grenzen in mehreren Entscheidungen die Auffassung, dass es zum Erreichen vorläufigen Schutzes im Rahmen der EMRK bereits genüge, wenn die Betroffenen am Grenzkontrollposten internationalen Schutz beantragten und ohne nähere Prüfung abgewiesen würden.[800] Da die Zurückweisung nach Belorussland erfolgte, das weder sicherer Drittstaat noch Konventionsstaat der EMRK ist, bestand zudem noch die Gefahr einer Kettenabschiebung *(chain refoulment)*.

---

797 EGMR, NVwZ 1992, 869 *[Vilvarajah and others v United Kingdom]*.

798 EGMR, Nr 61498/08 *[Al Saadoon und Mufdhi]*; dazu *Kau* (Fn 607) Rn 53 und 79; *Hailbronner/Thym* (Fn 788) 753 (755 f); *Steininger/Schreiber*, Artikel 3 EMRK im Auslieferungsverfahren: Sinn und Grenzen diplomatischer Zusicherungen, ÖRiZ 2021, 93 ff.

799 EGMR, Nr 54646, Rn 30 ff *[X. v Germany]*; vgl *Hillgruber*, Fiat iustitia in munda pereat salus rei publicae? Art 3 EMRK als absolutes Abschiebungsverbot auch in Fällen einer erheblichen Gefahr für die nationale Sicherheit, FS Dörr, 2022, 197 ff.

800 EGMR, Nr 40503/17, Rn 147 ff *[M.K. et al v Poland]*; Nr 39028/17, Rn 37 ff *[A.I. et al v Poland]*; Nr 41764/17, Rn 17 ff *[T.Z. et al v Poland]*; EGMR, Nr 42907/17, Rn 34 ff *[A.B. et al v Poland]*.

Kau

Auch im Fall *Saidani v Germany,* in dem ein Terrorverdächtiger nach Tunesien ab- 338
geschoben werden sollte, sah der EGMR im Anschluss an die vorherigen Entscheidungen
von BVerwG und BVerfG keinen Hinweis für eine Verletzung von Art 3 EMRK.[801] Zwar
bestehe die Gefahr, dass bei einer Verurteilung die Todesstrafe verhängt werde, da jedoch jede dieser Verurteilungen früher oder später durch eine Begnadigung des tunesischen Präsidenten in eine lebenslange Freiheitsstrafe umgewandelt werde, könne *Saidani* sich nicht auf eine begründete Angst berufen, hingerichtet zu werden („no real
risk"). Angesichts des tunesischen Moratoriums bei der Vollziehung der Todesstrafe und
diplomatischer Zusicherungen im Hinblick auf eine Umwandlung in eine zeitige Haftstrafe („de facto [...] life sentence") ging der EGMR davon aus, dass außerdem eine realistische Aussicht bestehe, dass auch die lebenslange Strafe verkürzt werde.[802] Insgesamt
hob der Gerichtshof in beiden Entscheidungen hervor, dass das BVerwG mit großer
Sorgfalt und unter Heranziehung verschiedener Berichte von Regierungsstellen (zB des
Auswärtigen Amtes) und NGOs vorgegangen sei und sich dadurch einen verlässlichen
Eindruck von der Lage in den betreffenden Staaten verschafft habe. Obwohl er die vor-
liegenden NGO-Berichte über mögliche Verletzungen von Art 3 EMRK als gleichermaßen
glaubhaft einstufte („equally credible"), merkte der EGMR doch an, dass keine früheren
Abschiebungsfälle genannt werden konnten, in denen es zu Folter oder unmenschlicher
Behandlung gekommen oder in denen die Todesstrafe nicht durch Begnadigung in lebenslange Freiheitsstrafe umgewandelt worden war.[803] Anders hatte der EGMR im Fall
R. v Russia angesichts der Abschiebung eines Flüchtlings usbekischer Herkunft von
Russland nach Kirgistan geurteilt.[804] Kirgistan ist kein Konventionsstaat der EMRK, und
die den Betroffenen dort erwartenden Bedingungen wiesen darauf hin, dass Art 3 EMRK
verletzt wird. Außerdem führte die fehlende Möglichkeit einer gerichtlichen Überprüfung der Abschiebehaft in Russland zu einem Verstoß gegen Art 5 Abs 4 EMRK.

Darüber hinaus hat sich eine umfangreiche Rspr des EGMR zu Fragen eines religiös 339
fundierten Abschiebungsschutzes bei zum Christentum konvertierten Muslimen entwickelt. Allerdings stellte der EGMR etwa im Fall *A. v Switzerland* bei konvertierten
Muslimen strenge Anforderungen im Hinblick auf die inhaltliche Qualität des religiösen
Übertritts und die Übernahme der christlichen Religion bzw ihrer Glaubensregeln auf.
Im Weiteren verlangte er, dass bereits absehbar sei, dass die Religionsausübung im Herkunftsland deutlich nach außen zutage trete, etwa in Form von missionarischen Aktivitäten („certain level of public exposure").[805] Diese Anforderungen führen in der Praxis
vielfach dazu, dass die Konversionen entweder nicht glaubhaft gemacht werden kön-

801 EGMR, Nr 17675/18, Rn 36 ff *[Saidani v Germany];* vorher schon im einstweiligen Rechtsschutz EGMR v
8.5.2018
802 EGMR, Nr 17675/18, Rn 38 *[Saidani v Germany.*
803 Z B EGMR, Nr 54646, Rn 33 *[X. v Germany];* EGMR, Nr 17675/18, Rn 35 *[Saidani v Germany].*
804 EGMR, Nr 11916/15 *[R. v Russia].*
805 EGMR v 19.12.2017, Nr 60342/16 *[A. v Switzerland];* EGMR v 5.7.2016, Nr 209/16 *[T.M. und Y.A. v Nether-
lands];* hierzu auch *Lehnert* (Fn 767) 1359 ff.

nen, oder das nicht erkennbar wurde, inwiefern eine tatsächliche Gefahr einer mit Art 3 EMRK nicht vereinbaren Behandlung im Herkunftsland entstehen wird. Besonders hohe Anforderungen an den Einzelfall stellte EGMR zuletzt im Fall *M.A.M. v Switzerland* auf, indem er dem Schweizerischen Bundesverwaltungsgericht zur Last legte, dass es bei einem pakistanischen Staatsangehörigen, dessen Glaubenswechsel zum Christentum aufrichtig war und ein „ausreichendes Maß an Festigkeit, Ernsthaftigkeit, Schlüssigkeit und Gewicht" aufwies, nicht genau geprüft hatte, wie unter der Geltung von Blasphemiegesetzen in Pakistan mit zum Christentum Konvertierten verfahren wird.[806] Zwar hatte das Bundesverwaltungsgericht für seine Entscheidung verschiedene Berichte und Länderstudien u a des Europäischen Unterstützungsbüros für Asylfragen, des UNHCR sowie des britischen Innenministeriums herangezogen. Allerdings hatte es sich vor diesem tatsächlichen Hintergrund vor allem mit der allgemeinen Situation von Christen in Pakistan beschäftigt, dabei aber die Sondersituation des Beschwerdeführers und anderer zum Christentum Konvertierter nicht hinreichend berücksichtigt. Wenn die Beweisanforderungen auch insgesamt schwächer ausgeprägt sind, verlangt auch der EuGH in Auslegung der RL 2011/95, dass ein Schutzsuchender seinen Übertritt zum Christentum glaubhaft substantiieren muss, indem er Anhaltspunkte darlegt, die der zuständigen Behörde eine Überprüfung des Wahrheitsgehaltes ermöglichen.[807] Im Fall *Fathi* betonte der EuGH allerdings, dass der Betroffene grundsätzlich keine Erklärungen abgeben oder Dokumente vorlegen müsse, um seine religiösen Überzeugung im Hinblick auf *alle* Komponenten des Religionsbegriffs nach der RL 2011/95 nachzuweisen.[808]

340   Außerdem hat sich der EGMR in einer Vielzahl von Fällen mit Abschiebungsverboten nach Art 3 EMRK aus gesundheitlichen Gründen befasst.[809] In der Entscheidung *Paposhvili v Belgium* beanstandete der EGMR bspw, dass die Ausgangsinstanzen sich nicht näher mit den im Herkunftsland des Betroffenen bestehenden Möglichkeiten medizinisch-gesundheitlicher Versorgung befasst hätten. Insbes benötigt es nach der Entscheidung des EGMR im Hinblick auf Art 3 EMRK nicht zwingend eines personellen oder institutionellen Verfolgers; vielmehr genüg es stattdessen auch, wenn sich die unmenschliche oder erniedrigende Behandlung aus den mangelhaften Lebensbedingungen – in diesem Fall aus der mangelhaften Gesundheitsvorsorge – ergebe.[810] Im Fall *Savran v Denmark* vertrat der EGMR bei einem an paranoider Schizophrenie leidenden und daher nicht schuldfähigen Straftäter, dass die im Fall *Paposhvili* entwickelten Grundsätze nicht anwendbar seien. Hierfür sprach insbes, dass der Beshwerdeführer sich seiner Krankheit bewusst war, seine Behandlungsbedürftigkeit klar erkannte und

---

806 EGMR v 26.4.2022, Nr 29836/20, NLMR 2/2022, 1ff *[M. A.M. v Switzerland]*.
807 EuGH, BeckRS 2018, 23563 *[Fathi]* im Anschluss an EuGH, NVwZ 2012, 1612 *[Y und Z]*.
808 EuGH in *Fathi*, vgl *Döring*, in Thym/Hailbronner, EU Immigration and Asylum Law, 3. Aufl 2022, Art 4 Asylum Qualification Directive Rn 12 und 37.
809 Z B *Hinterberger/Klammer*, Abschiebeverbote aus gesundheitlichen Gründen, NVwZ 2017, 1180 ff.
810 EGMR, Nr 41738/10, NVwZ 2017, 1187 *[Paposhvili v Belgium]*.

auch kooperativ war.[811] Als Beweismaßstab verlangte der EGMR, dass der Nachweis erbracht werden müsse, dass eine Abschiebung eine „ernste, rasche und irreversible Verschlechterung des Gesundheitszustands" nach sich ziehen würde, die zu einem „erheblichen Leiden" beim Beschwerdeführer führen werde.[812] Während dadurch keine Verletzung von Art 3 EMRK vorlag, bejahte der Gerichtshof jedoch eine Verletzung des Beschwerdeführer in seinem Recht auf Achtung des Privat- und Familienlebens. Dies war in erster Linie darauf zurückzuführen, dass der Beschwerdeführer seit seinem 6. Lebensjahr in Dänemark ansässig war und allein das Verfahren über die Abschiebung mit verschiedenen Rechtsmitteln von 2009 bis 2015 gedauert hatte. Hierbei hätte nach Auffassung des EGMR der Gesundheitszustand des Beschwerdeführers als „relevanter Faktor bei der Interessenabwägung berücksichtigt werden müssen", da er verletzlicher gewesen sei als ein durchschnittlich niedergelassener Einwanderer. Eine Berücksichtigung der *Maslov*-Kriterien,[813] wonach es u a auf die „Art und Schwere" der begangenen Straftaten ankommt, setzt Schuldfähigkeit des Beschwerdeführers voraus. Positiv vermerkte der EGMR, dass der Beschwerdeführer zwischen Tatbegehung und endgültiger Entscheidung über die Ausweisung begann, Fortschritte zu machen. Schließlich verfüge der Beschwerdeführer auch über „Stabilität der sozialen, kulturellen und familiären Bindungen" im Aufenthaltsstaat.[814]

Nachdem Russland infolge des völkerrechtswidrigen Angriffs auf die Ukraine am **341** 16.3.2022 aus dem Europarat ausgeschlossen wurde, lief seine Bindung an die EMRK sechs Monate später am 16.9.2022 aus.[815] Dessen ungeachtet ist der EGMR noch für die bis dahin anhängig gemachten Verfahren zuständig. Allerdings lassen die Maßnahmen des russ Gesetzgebers darauf schließen, dass die Entscheidungen in Russland nicht mehr umgesetzt werden. In der Zwischenzeit hat der EGMR die Gelegenheit genutzt und seinen behutsamen Ansatz[816] gegenüber der russ Ausweisungs- und Abschiebungspraxis weitgehend eingeschränkt. Dies betraf insbes Abschiebungen nach Syrien,[817] Tadschikistan[818] und Usbekistan,[819] in denen der Gerichtshof jeweils davon ausging, dass für die Beschwerdeführer ein tatsächliches Risiko bestand, getötet oder einer von Art 3 EMRK erfassten Behandlung unterzogen zu werden („faces a real risk of being killed or

---

811 EGMR, Nr 57467/15, BeckRS 2021, 37505 Rn 142 *[Savran v Denmark]*.

812 Ebd, Rn 143.

813 EGMR, Nr 1638/03, ÖJZ 2008, 779.

814 EGMR, Nr 57467/15, BeckRS 2021, 37505, Rn 197 *[Savran v Denmark]*.

815 Vgl *Schmahl*, Der ungleichzeitige Ausschluss Russlands aus Europarat und EMRK, NVwZ 2022, 595 ff.

816 EGMR, Nr 48352/19, BeckRS 2021, 37501 *[Tewelde et al v Russia]*.

817 EGMR, Nr 40081/14, BeckRS 2016, 19367; Nr 71321/17, BeckRS 2021, 25792 *[M.D. et al v Russia]*; Nr 2120/20, N.K *[A.J et al v Russia]*.

818 EGMR, Nr 42874/18, BeckRS 2022, 5597 *[Buriyev v Russia]*; Nr 45761/18, BeckRS 2022, 5592 *[N.K. v Russia]*; Nr 29958/20, BeckRS 2023, 151 *[A.Y. et al v Russia]*.

819 EGMR, Nr 12767/20, BeckRS 2022, 26783 *[I.U. and Z.K. v Russia]*; Nr 38041/18, BeckRS 2021, 11030; zusätzlich auch noch nach Turkmenistan, vgl EGMR, Nr 13927/21, BeckRS 2023, 147 *[Dalabayev and Magaromov v Russia]*.

subjected to treatment contrary to Article 3"). Mehrfach beanstandete der EGMR auch, dass die zuständigen russ Gerichte die Situation im Abschiebestaat nicht mit der erforderlichen Sorgfalt untersucht hatten („need for independent and rigorous scrutiny").[820]

d) Maßnahmen im Rahmen des Europarats

342 Im Rahmen des Europarats wurden zahlreiche Übereinkommen oder Erklärungen und Empfehlungen zum Schutz oder zur Verbesserung der Stellung von Flüchtlingen getroffen. Hierzu zählen das Europäische Übereinkommen über die Aufhebung des Sichtvermerkszwangs für Flüchtlinge v 20.4.1959,[821] die Resolution des Ministerkomitees über Asyl für Personen, denen Verfolgung droht,[822] die Erklärung über das territoriale Asyl,[823] das Europäische Übereinkommen über den Übergang der Verantwortung für Flüchtlinge v 16.10.1980,[824] die Empfehlung des Ministerkomitees des Europarats an die Mitgliedstaaten über die Angleichung von staatlichen Asylverfahren,[825] die Empfehlung zur Rechtsstellung der De-facto-Flüchtlinge,[826] die Empfehlung des Ministerkomitees über die Familienzusammenführung von Flüchtlingen und anderen Personen, die des internationalen Schutzes bedürfen,[827] sowie die Empfehlung über die vorübergehende Schutzgewährung.[828] 2018 ist noch eine Handreichung des Europarats zur Sprachunterstützung für erwachsene Flüchtlinge hinzugekommen.[829]

343 Das Übereinkommen über den Übergang der Verantwortung für Flüchtlinge soll Regelungslücken bei der Zuständigkeit der GFK beseitigen. Die unterschiedliche Übernahmepraxis der einzelnen Staaten führte häufig dazu, dass Flüchtlinge nach der GFK von dem Staat, in dem sie anerkannt wurden, nicht wieder zugelassen, andererseits aber von dem Staat, in den sie eingereist waren, nicht aufgenommen wurden. Bzgl der Angleichung der staatlichen Asylverfahren ist u a die Durchführung eines formalisierten Verfahrens vor einer zentralen Behörde mit verfahrensrechtlichen Garantien für den Asylbewerber vorgesehen sowie die Bereitstellung eines effektiven Beschwerdeverfahrens und eines vorläufigen Aufenthaltsrechts für die gesamte Verfahrensdauer, sofern

---

820 EGMR, Nr 71321/17, BeckRS 2021, 25792, Rn 99 ff *[M.D. et al v Russia]*; Nr 42874/18, BeckRS 2022, 5597, Rn 15; Nr 45761/18, BeckRS 2022, 5592, Rn 8 ff *[N.K. v Russia]*.
821 376 UNTS 85; BGBl 1961 II, 1097.
822 Res (67) 14 des Ministerkomitees des Europarates v 29.6.1967.
823 Erklärung des Ministerkomitees des Europarates v 18.11.1977.
824 BGBl 1994 II, 2646; hierzu *Clark/Crépeau*, Human Rights in Asylum Sharing and other Human Transfer Agreements, NQHR 22 (2004) 217 ff.
825 Empf Nr R (81) 16 v 5.11.1981.
826 Empf (1976) 773.
827 Empf Nr R (99) 23.
828 Empf Nr R (2000) 9 v 3.5.2000.
829 Vgl <https://www.coe.int/de/web/language-support-for-adult-refugees/the-council-of-europe-and-language-policy-for-migrants/refugees>.

die zentrale Überprüfungsbehörde nicht festgestellt hat, dass ein Asylantrag offensichtlich nicht auf die Verfolgungsgründe der GFK gestützt werden kann oder aus sonstigen Gründen missbräuchlich ist.

e) Flüchtlinge in den EU-Mitgliedstaaten

Seit der Einfügung der Art 67 bis 89 AEUV (früher: Art 61 bis 69 EG), vor allem Art 78 **344** AEUV, in das europäische Vertragswerk gibt es europarechtliche Kompetenztitel für eine gemeinsame Asylpolitik.[830] Zudem nimmt Art 18 der EU-Grundrechtecharta Bezug auf das Asylrecht. Ziel des Unionshandelns ist die *Schaffung einer europaeinheitlichen Asylkonzeption*. Geplant ist eine schrittweise Einführung und Erweiterung eines gemeinsamen Europäischen Asylsystems, das zu einem gemeinsamen Asylverfahren und einem unionsweit geltenden einheitlichen Status für die Personen führen soll, denen nach der GFK Asyl zu gewähren ist. Beabsichtigt ist das Erreichen dieses Ziels in zwei Harmonisierungsschritten.[831]

Ein wichtiger Anfangsbaustein der ersten Harmonisierungsstufe war die Überfüh- **345** rung der *Dublin-Regelungen* in das Unionsrecht. Hierunter sind Bestimmungen zu verstehen, die es ermöglichen, einen Mitgliedstaat zu ermitteln, der für die Prüfung eines Asylantrags zuständig ist. Das Konzept ist getragen von dem Gedanken, dass jedenfalls *ein* Mitgliedstaat der EU für die Prüfung eines Asylantrags zuständig ist, und gleichzeitig von der Erwägung, dass ein Asylbegehren innerhalb der EU nur einmal geprüft wird. Hierbei soll über die Zuständigkeit des Asylprüfungsstaats zügig Gewissheit geschaffen werden. Die Dublin-Regeln gehen zurück auf Art 28 bis 38 des Schengener Durchführungsübereinkommens (SDÜ).[832] Im Rahmen dieses Abkommens, das bis 31.8.1997 anzuwenden war,[833] existierten auf völkerrechtlicher Basis zum ersten Mal derartige Zu-

---

830 Vgl zur europäischen Asylpolitik nach Amsterdam: *Guild,* Seeking Asylum, ELR 29 (2004) 198ff; *Klug,* Harmonization of Asylum in the European Union, GYIL 47 (2004) 594ff; *Wollenschläger,* Das Asyl- und Einwanderungsrecht der EU, EuGRZ 2001, 354ff; *Weber,* Ansätze zu einem gemeineuropäischen Asylrecht, EuGRZ 1999, 301ff; *Hailbronner,* The Treaty of Amsterdam and Migration Law, EJML 1999, 9ff; *Zimmermann,* Der Vertrag von Amsterdam und das deutsche Asylrecht, NVwZ 1998, 450ff.
831 Nr 14 und 15 der Schlussfolgerungen des Vorsitzes des Europäischen Rates von Tampere v 15./ 16.10.1999; vgl Abs 5 der Erwägungsgründe der VO (EG) Nr 343/2003 des Rates v 18.2.2003 zur Festlegung der Kriterien und Verfahren zur Bestimmung des Mitgliedstaats, der für die Prüfung eines von einem Drittstaatsangehörigen in einem Mitgliedstaat gestellten Asylantrags zuständig ist, ABl EG 2003, Nr L 50/1.
832 Übereinkommen zur Durchführung des Übereinkommens von Schengen vom 14. Juni 1985 zwischen den Regierungen der Staaten der Benelux-Wirtschaftsunion, der BR Deutschland und der Französischen Republik betreffend den schrittweisen Abbau der Kontrollen an den gemeinsamen Grenzen v 19.6.1990 (BGBl 1993 II, 1010, auch abgedr bei *Hailbronner,* Ausländerrecht, Bd 5, D 8).
833 Vgl Prot v 26.4.1994 zu den Konsequenzen des Inkrafttretens des Dubliner Übereinkommens für einige Bestimmungen des Durchführungsübereinkommens zum Schengener Übereinkommen (Bonner Prot) und Gesetz zum Bonner Prot v 11.9.1995 (BGBl 1995 II, 738, auch abgedr bei *Hailbronner,* Ausländerrecht, Bd 5, D 8.1).

ständigkeitsregeln.[834] Diese wurden vom Dubliner Übereinkommen (DÜ),[835] das für den Zeitraum v 1.9.1997 bis 1.9.2003 anzuwenden war, abgelöst,[836] daher auch die Bezeichnung „Dublin-Regeln". Dem DÜ als völkervertraglicher Regelung gehörten alle Mitgliedstaaten der EU sowie Norwegen und Island[837] an. Im September 2003 wurde das DÜ von der Dublin-II-VO[838] verdrängt, die für längere Zeit das maßgebliche Regelungswerk für Asylzuständigkeitsfragen innerhalb der EU-Staaten bildete. Zudem wurden Dublin-Assoziationsverträge mit Norwegen, Island und der Schweiz geschlossen. Die Zuständigkeit für das Asylverfahren bestimmt sich nach einem Katalog von Kriterien, die entsprechend ihrer Reihenfolge die Zuständigkeit eines Staats für die Durchführung der inhaltlichen Prüfung eines Asylbegehrens festlegen. Im Jahr 2013 wurde die Dublin-III-VO[839] verabschiedet, die die Bestimmungen des Dublin-Systems an die veränderten Anforderungen anpassen sollte, nachdem teilweise gravierende Vollzugsprobleme sichtbar geworden waren. Auslöser war hierfür u a die krisenhafte Situation in Griechenland, wie sie in Entscheidungen des EGMR[840] und des EuGH[841] dokumentiert worden war.

346   Allerdings sind im Verlauf der europäischen Flüchtlingskrise (2015) verschiedene Schwierigkeiten aufgetreten, die den Fortbestand der gegenwärtigen normativen Grundlagen ebenso in Zweifel gezogen haben, wie sie das auch im Hinblick auf notwendige zukünftige Entwicklungsschritte tun: Zunächst erwiesen sich die verfahrensrechtlichen Anforderungen des Dublin-Systems für einen so großen Flüchtlingsstrom als weitgehend ungeeignet, was sich – gemessen an der Zahl der Asylbewerber – in zu langen Verfahren

---

834 Vgl zur Bedeutung des SDÜ für das Asylrecht *Hailbronner,* Die europäische Asylrechtsharmonisierung nach dem Vertrag von Maastricht, ZAR 1995, 3 ff; *Weber,* Einwanderungs- und Asylpolitik nach Maastricht, ZAR 1993, 11 ff.

835 Übereinkommen über die Bestimmung des zuständigen Staates für die Prüfung eines in einem Mitgliedstaat der Europäischen Gemeinschaften gestellten Asylantrages v 15.6.1990 (abgedr bei *Hailbronner,* Ausländerrecht, Bd 4, B 11).

836 *Schmid/Bartels,* Handbuch zum Dubliner Übereinkommen, 2001; *Löper,* Das Dubliner Übereinkommen über die Zuständigkeit für Asylverfahren, ZAR 2000, 16 ff; *Hurwitz,* The 1990 Dublin Convention, IJRL 11 (1999) 646 ff; *Huber,* Das Dubliner Übereinkommen, NVwZ 1998, 150 f; *Hailbronner/Thiery,* Schengen II und Dublin, ZAR 1997, 55 ff.

837 Übereinkommen zwischen der Europäischen Gemeinschaft und der Republik Island und dem Königreich Norwegen über die Kriterien und Regelungen zur Bestimmung des zuständigen Staates für die Prüfung eines in einem Mitgliedstaat oder in Island oder Norwegen gestellten Asylantrags, ABl EG 2001, Nr L 93/38.

838 VO (EG) Nr 343/2003 des Rates v 18.2.2003 zur Festlegung der Kriterien und Verfahren zur Bestimmung des Mitgliedstaats, der für die Prüfung eines von einem Drittstaatsangehörigen in einem Mitgliedstaat gestellten Asylantrags zuständig ist, ABl EG 2003, Nr L 50/1; *Piotrowicz,* Dublin II und zukünftige Perspektiven eines gemeinsamen europäischen Asylsystems, ZAR 2003, 383 ff; *Schröder,* Die EU-Verordnung zur Bestimmung des zuständigen Asylstaates, ZAR 2003, 126 ff; *Schmid/Filzwieser,* Dublin II-Verordnung, 2004; *Hermann,* Das Dublin-System, 2008; *Hruschka/Maiani,* in Thym/Hailbronner (Fn 808) Council Regulation (EU) No 604/2013.

839 VO (EU) Nr 604/2013 (Dublin-III-VO), ABl EU 2013, Nr L 180/31.

840 EGMR, NVwZ 2011, 413 *[MSS v Greece and Belgium].*

841 EuGH, Rs. C-411/10 und C-493/10, juris *[N.S. et al v United Kingdom].*

Kau

niederschlug. Zudem setzten einzelne EU-Mitgliedstaaten, darunter die BR Deutschland, die Dublin-Regeln aus humanitären Gründen zeitweilig außer Kraft. Der EuGH geht jedoch in mehreren Entscheidungen zur Dublin III-VO aus dem Jahre 2017 davon aus, dass diese – anders als zwischenzeitlich von manchen angenommen – unverändert und vollständig anwendbar sei.[842] Ohnehin ist der EuGH bemüht, durch seine Rspr-Praxis den Eindruck zu unterstreichen, das EU-Recht in den Bereichen Migration, Asyl und Grenzschutz sei unverändert funktional und effektiv.[843] Dies steht im Widerspruch zu einigen Stimmen im Schrifttum, die eine Dysfunktionalität der bestehenden Vorschriften konstatieren.[844] Letztlich bleibt abzuwarten, ob der europäische Gesetzgeber – namentlich die Mitgliedstaaten im Rat – sich auf neue Vorschriften einigen können, die die aufgetretenen Fragen lösen helfen und dem EU-Recht in diesem Bereich größere Effektivität verleihen.[845] Auch bei der europäischen Asylrechtseinigung bleibt abzuwarten, wie effektiv die mit ihr verbundenen Änderungen sein werden. Bis dahin, so legt zumindest die Rspr des EuGH nahe, müssen die rechtswirksamen Vorschriften der EU ohne Abstriche oder Relativierungen angewendet werden.

Zu berücksichtigen ist dabei auch, dass gleichzeitig der EGMR etwa im Fall *Tarak-* **347** *hel*[846] menschenrechtliche Hinweise gegeben hat, wie Unterbringungen und Überstellungen im Rahmen des Dublin-Systems zu erfolgen haben. Allerdings hat sich zwischenzeitlich herausgestellt, dass weder die Entscheidung in *Tarakhel* noch die in *MSS*[847] als „Sargnägel" des Dublin-Systems taugen, auch wenn das manche Stimmen im Schrifttum gehofft haben mögen. Wie die Fälle *E.T. und N.T. v Switzerland und Italy*[848] sowie *M. A.-M. u a v. Finnland*[849] gezeigt haben, sind die Feststellungen des EGMR zu den Dublin-Überstellungen mit denen des EuGH durchaus vereinbar.

Zur Durchsetzung der Ziele einer unionsweiten Asylpolitik dient im Weiteren auch **348** die EURODAC-Verordnung aus dem Jahr 2013.[850] Sie hat die Aufgabe, der Dublin III-VO

---

842 Z B EuGH, ZAR 2018 *[A.S.]*; NVwZ 2017, 1357 *[Jafari]*; NVwZ 2017, 413 *[Mengensteab]*; NVwZ 2018, 43 *[Shiri]*; NVwZ 2018, 1385 *[X.]*; NJW 2018, 2855 *[Hassan]*; hierzu *Farahat/Markard*, Recht an der Grenze, JZ 2017, 1088 ff; *Koehler*, Dublin III-VO, InfAuslR 2017, 369 ff; *Thym*, Die Flüchtlingskrise vor Gericht, DVBl 2018, 276 ff.
843 Z B EuGH, NJW 2016, 1077 *[Alo]*; EuGRZ 2016, 551 *[C.S.]*; NVwZ 2018, 643 *[F.]*; EuGRZ 2018, 281 *[Vomero]*; Rs C-82/16, juris *[K.A. u a]*; Rs C-585/16, juris *[Alheto]*; Rs C-181/16, juris *[Gnandi]*; Rs C-47/17, EzAR-NF 65, Nr 77 *[X. und X.]*; Rs C-661/17, NVwZ 2019, 297 *[M. A. u a]*; mit positiver Beurteilung *Thym* (Fn 842) 284.
844 Etwa *Schorkopf*, Die Dublin III-Verordnung als Sinnbild dysfunktionaler EU-Gesetzgebung, ZG 2019, 1 ff; *Möstl*, Verfassungsfragen der Flüchtlingskrise 2015/16, AöR 142 (2017) 175 (192 ff); s *Thym* (Fn 842) 278 mwN.
845 Hierzu auch *Berlit*, Rspr zum Flüchtlingsrecht 2017/2018, NVwZ-Extra 5/2019, 25 f: „Prophetische Gaben erforderte eine valide Einschätzung, ob es im Jahr 2019 [...] zu einer politischen Einigung [...] kommen wird."
846 EGMR, NVwZ 2015, 127 (128 f) *[Tarakhel v Switzerland]*.
847 EGMR, NVwZ 2011, 413 *[MSS v Greece and Belgium]*.
848 EGMR Nr 79480/13 *[E.T und N.T. v Switzerland und Italy]*.
849 EGMR Nr 32275/15 *[M. A.-M u a v Finnland]*.
850 VO (EU) Nr 603/2013 des Rates und des Europäischen Parlaments v 26.6.2013 über die Einrichtung von Eurodac für den Abgleich von Fingerabdruckdaten, ABl EU 2013, Nr L 180/1; zuvor VO (EG) Nr 2725/2000

zur besseren Durchsetzung zu verhelfen. Auf diese Weise wird die Effektivität der Dublin-Regeln durch Gewinnung von Beweismitteln zur Feststellung der Zuständigkeit eines Staates gestärkt. Das EURODAC-System[851] arbeitet bereits seit Januar 2003. Dabei werden Fingerabdrücke von allen Asylantragstellern und von allen bei einem illegalen Grenzübertritt festgestellten Personen aufgenommen und in eine zentrale Datenbank eingespeist.

349 Durch die RL 2013/33 zur Festlegung von Normen für die Aufnahme von Personen, die internationalen Schutz beantragen („Aufnahme-RL")[852] wurde die bisherige RL 2003/9[853] abgelöst. Während mit der Vorgänger-RL der Standard der Aufnahmebedingungen während des Asylverfahrens angeglichen werden sollte, wurde die gemeinsamen Standards mit der RL 2013/33 weiterentwickelt und der betroffene Personenkreis ausgeweitet. Im Ergebnis soll es nicht darauf ankommen, in welchem EU-Staat ein Antragsteller um Aufnahme ersucht. Es soll aber auch ein Ausgleich dafür erreicht werden, dass sich Asylantragsteller nach den Dublin-Regeln nicht aussuchen können, in welchem Staat ihr Antrag geprüft wird. Der von der Kommission vorgelegte Vorschlag zur Ablösung der RL 2013/33 wird seit längerem erörtert, wobei nicht klar ist, ob diese Bemühungen erfolgreich sein werden.[854]

350 Ein weiterer Bestandteil des europäischen Regelwerks im Bereich des Flüchtlingsschutzes ist bis auf weiteres die RL 2001/55 über Mindestnormen für die Gewährung vorübergehenden Schutzes im Falle eines Massenzustroms.[855]

351 Danach wurden weitere wichtige Richtlinien verabschiedet, um die erste Harmonisierungsstufe im Bereich des Asyls im Wesentlichen abzuschließen. Diese wurde mittlerweile durch überarbeitete und erweiterte Richtlinien abgelöst. So trat die RL 2011/95 über Normen für die Anerkennung von Drittstaatsangehörigen oder Staatenlosen als Personen mit Anspruch auf internationalen Schutz („Qualifikations-RL")[856] an die Stelle

---

des Rates v 11.12.2000 über die Einrichtung von „Eurodac" für den Vergleich von Fingerabdrücken zum Zwecke der effektiven Anwendung des Dubliner Übereinkommens, ABl EG 2000, Nr L 316/1.

851 *Schröder,* Das Fingerabdruckvergleichssystem EURODAC, ZAR 2001, 71 ff; *Brouwer,* Eurodac: Its Limitations and Temptations, EJML 2002, 231 ff.

852 ABl EU 2013, Nr L 180/96.

853 Richtlinie 2003/9/EG des Rates v 27.1.2003 zur Festlegung von Mindestnormen für die Aufnahme von Asylbewerbern in den Mitgliedstaaten, ABl EG 2003, L 31/18; *Tsourdi,* in Thym/Hailbronner (Fn 808) Council Directive 2013/33.

854 KOM (2016) 465 endg.

855 Richtlinie 2001/55/EG des Rates v 20.7.2001 über Mindestnormen für die Gewährung vorübergehenden Schutzes im Falle eines Massenzustroms von Vertriebenen und Maßnahmen zur Förderung einer ausgewogenen Verteilung der Belastungen, die mit der Aufnahme dieser Personen und den Folgen dieser Aufnahme verbunden sind, auf die Mitgliedstaaten, ABl EG 2001, Nr L 212/12; vgl auch *Durieux/Hurwitz,* How Many is Too Many?, GYIL 47 (2004) 104 ff; *Skordas,* in Thym/Hailbronner (Fn 808) Council Directive 2001/55.

856 ABl EU 2011, Nr L 337/9.

der „alten" Qualifikationsrichtlinie 2004/83.[857] Auch zu deren Ablösung durch eine „Asylverfahrensverordnung" liegt ein Entwurf vor, der jedoch noch nicht verabschiedet wurde.[858] Außerdem wurde die frühere RL 2005/85 über Mindestnormen für das Asylverfahren (Verfahrens-RL)[859] durch die RL 2013/32 zu gemeinsamen Verfahren für die Zuerkennung und Aberkennung internationalen Schutzes („Verfahrens-RL")[860] abgelöst. Auch diese soll – zusammen mit den anderen Kommissionsvorschlägen – in absehbarer Zeit überarbeitet werden.[861]

Die in der RL 2011/95 enthaltene Definition des Flüchtlings ist weitgehend identisch   352 mit Art 1 Abschn A GFK. Die RL enthält darüber hinaus Auslegungsregeln zu einzelnen Elementen des Flüchtlingsbegriffs, etwa zu den Akteuren der Verfolgung, den Verfolgungshandlungen, den Verfolgungsgründen, dem Konzept der inländischen Fluchtalternative und den Nachfluchtgründen. Ferner werden statusrechtliche Folgen der Flüchtlingsanerkennung und des subsidiären Schutzes festgelegt.

Die GFK enthält als das wesentliche Instrument des völkerrechtlichen Flüchtlings-   353 schutzes keine ausdrücklichen verfahrensrechtlichen Regelungen. Solche sind nur aus dem Ziel und Zweck der GFK zu ziehen und Resultat der Bestimmungen der GFK. Hierbei spielen die völkerrechtlichen Auslegungsmethoden und die Staatenpraxis eine entscheidende Rolle. Der generelle Standard der Verfahrensregeln wird in der überarbeiteten *Verfahrensrichtlinie* RL 2013/32 vorgesehen.[862] Hierbei handelt es sich insbes um Fragen des Zugangs des einzelnen Asylantragstellers zum Asylverfahren, eines Bleiberechts bis zum Abschluss des Verfahrens, der Rechte des Einzelnen im Verfahren und der Anwendung der Prinzipien der sicheren Dritt- oder Herkunftsstaaten. Die RL sieht besondere Bestimmungen für ein Folgeverfahren, das Verfahren an der Grenze und das der Rücknahme des Flüchtlingsstatus vor.[863] Auch in der RL 2013/32 wurde noch keine abschließende Regelung für den Umgang mit Flüchtlingen gefunden, die sich den Mitgliedstaaten der EU auf dem Seeweg nähern.[864]

---

857 Richtlinie 2004/83/EG des Rates v 29.4.2004 über Mindestnormen für die Anerkennung und den Status von Drittstaatsangehörigen oder Staatenlosen als Flüchtlinge oder als Personen, die anderweitig internationalen Schutz benötigen, und über den Inhalt des zu gewährenden Schutzes, ABl EU 2004, Nr L 304/12; hierzu *Dörig/Kraft/Stofey/Battjes*, in Thym/Hailbronner (Fn 808) Council Directive 2011/95.

858 KOM (2016) 467 endg; hierzu eingehend *Kau*, Die vorgeschlagene „Asylverfahrensverordnung" auf dem Prüfstand des Unionsrechts und des deutschen Verfassungsrechts, BayVBl 2019, 469 ff.

859 Richtlinie 2005/85/EG des Rates v 1.12.2005 über Mindestnormen für Verfahren in den Mitgliedstaaten zur Zuerkennung und Aberkennung der Flüchtlingseigenschaft, ABl EU 2005, Nr L 326/13.

860 ABl EU 2013, Nr L 180/60.

861 KOM (2016) 466 endg.

862 Ebd.

863 Vgl *Selm*, Return seen from the European Perspective, Fordham ILJ 28 (2005) 1504 ff; *Grimm*, Rückführung von Flüchtlingen, AWR Bull 52 (2005) 258 ff.

864 Zu den völkerrechtlichen Fragen: *Jaguttis*, Freier Hafenzugang für Flüchtlingsschiffe?, AVR 43 (2005) 90 ff; *Rah*, Kein Flüchtlingsschutz auf See?, HR-I 18 (2005) 276 ff; *Barnes*, Refugee Law at Sea, ICLQ 53 (2004) 47 ff; *Kapur*, Travel Plans, HHRJ 18 (2005) 107 ff.

354   Die Frage von geflohenen Personen, die auf dem Seeweg in die EU kommen wollen, wurde vom EGMR im *Hirsi*-Urteil behandelt. Darin stellte der EGMR fest, dass Italien gegen Art 3 EMRK verstoßen habe, indem es im Jahr 2009 Schiffe mit Flüchtlingen aufgebracht und nach Libyen zurückgeschoben hat.[865] Zwar erkannte der Gerichtshof zunächst an, dass auch Konventionsstaaten der EMRK wie Italien „vorbehaltlich ihrer Verpflichtungen aus dem Völkerrecht" unverändert das Recht hätten, den Aufenthalt und die Ausweisung von Personen zu regeln, die nicht ihre Staatsangehörigkeit besäßen. Dies hinderte ihn jedoch nicht daran, das Verhalten der italienischen Staatsorgane als konventionswidrig einzustufen. Unabhängig von der konkreten Situation steht nach dem *Hirsi*-Urteil fest, dass ein Flüchtlinge zurückschiebender Staat sich aufgrund der Gewährleistungen der EMKR vergewissern muss, dass es in einem Durchgangsstaat ausreichende Garantien gegen eine Rückführung in das Herkunftsland ohne Prüfung der damit verbundenen Gefahren gibt. Im Hinblick auf das Aufbringen von Schiffen auf Hoher See entschied der EGMR weiterhin, dass auch die extraterritoriale Ausübung von Staatsgewalt durch die Zurückschiebung als Kollektivausweisung gewertet werden kann. Dies gilt für Schiffe unter der Hoheitsgewalt des betreffenden Staats ebenso wie für dort registrierte Flugzeuge. In diesen Fällen gilt Art 4 Prot Nr 4 zur EMRK mit dem Verbot dieser Praxis auch dann, wenn die Betroffenen die Grenzen des Staats tatsächlich gar nicht erreicht haben. In der Praxis hätte eine restriktive Interpretation auf das Staatsgebiet zu einer in dieser Hinsicht empfindlichen Verkürzung der EMRK-Gewährleistungen führen können. Im Anschluss an die Hirsi-Rspr des EGMR entschied der Gerichtshof im Fall *N.D. und N.T. v Spain* vorläufig, dass auch die Rückschiebepraxis spanischer Behörden an der spanisch-marokkanischen Grenze in Melilla gegen Art 3 EMRK und gegen Art 4 Prot Nr 4 zur EMRK verstoßen würde. Die Große Kammer des EGMR hat sich im Jahr 2020 allerdings erneut mit dem Fall beschäftigt und ist dabei zu einem anderen Resultat gelangt. Dabei wird den Beschwerdeführern nicht nur angelastet, dass sie sich selbst in Gefahr gebracht haben, als sie am Sturm auf die Grenzzäune in Melilla teilgenommen haben. Vor allem aber haben sie die bestehenden rechtlichen Verfahren nicht genutzt, um legal nach Spanien zu gelangen. Individuelle Ausweisungsentscheidungen konnten daher nicht ergehen, weil auch die Beschwerdeführer die offiziellen Einreiseverfahren nicht genutzt haben. Art 4 des Prot Nr 4 zur EMRK sowie Art. 3 EMRK sind daher durch die Handlungen der spanischen Grenzbehörden nicht verletzt worden.[866]

---

865 EGMR, Nr 27765/09, NVwZ 2012, 809 ff *[Hirsi Jamaa et al v Italy]*; hierzu *Lehnert/Markard*, Mittelmeerroulette, ZAR 2012, 194 ff.
866 EGMR, Nr 8675/15 und 8697/15, NVwZ 2020, 697 *[N.D. und N.T. v Spain]*.

5. Die Auslieferung
a) Einführung

Die Auslieferung[867] ist die *amtliche Überstellung* einer im Verdacht einer strafbaren 355
Handlung stehenden oder ihrer überführten und verurteilten Person durch den Aufenthaltsstaat an einen anderen Staat ohne deren Zustimmung.[868] Die Auslieferung ist
ein Mittel der Rechtshilfe. Eine gewohnheitsrechtliche Pflicht zur Auslieferung besteht
nicht, vielmehr werden Fragen der Auslieferung vor allem durch völkerrechtliche Verträge wie das Europäische Auslieferungsabkommen v 13.12.1957, die Interamerikanische Konvention von 1981,[869] das Auslieferungsabkommen der Arabischen Liga v 1952
oder durch bilaterale Verträge geregelt. Das Europäische Auslieferungsabkommen
wurde 1978 durch ein 2. Zusatzprotokoll ergänzt, das 1985 in Kraft getreten ist und vor
allem den Geschäftsweg für die Übermittlung von Auslieferungsersuchen vereinfachen
soll.[870]

Der Wegfall der Binnengrenzen innerhalb der EU führte im Rahmen der Zusam- 356
menarbeit in den Bereichen Justiz und Inneres dazu, ein Übereinkommen auf Grund
des damaligen Art K EUV über das *vereinfachte Auslieferungsverfahren zwischen den
Mitgliedstaaten der EU* am 10.3.1995 zu unterzeichnen.[871] Die Anwendung des Verfahrens war jedoch an die Zustimmung der betroffenen Person gebunden. Am 27.9.1996
wurde das Übereinkommen aufgrund von Art K.3 des Vertrags über die Europäische
Union über die Auslieferung zwischen den Mitgliedstaaten der Europäischen Union gezeichnet. Es sah eine Auslieferung auch bei bestimmten Steuerstraftaten und politischen
Handlungen vor. Zudem sollten auch eigene Staatsangehörige ausgeliefert werden können. Die Einführung eines *Europäischen Haftbefehls*[872] zieht weitreichende Auswirkungen auf das Auslieferungsrecht in den Mitgliedstaaten der Europäischen Union nach
sich. Nachdem das BVerfG das Gesetz zur Umsetzung des Rahmenbeschlusses über den
Europäischen Haftbefehl für verfassungswidrig erklärt hat,[873] hat der Bundesgesetzgeber den Rahmenbeschluss durch ein modifiziertes Gesetz v 20.7.2006[874] umgesetzt.

---

867 *Dahm/Delbrück/Wolfrum* (Fn 58) §§ 100 ff; vgl *Gilbert,* Aspects of Extradition Law, 1991, 9; *Shearer,* Extradition in International Law, 1971; *Stein,* Extradition, MPEPIL III, 1057 ff; *Weigend,* Grundsätze und Probleme des deutschen Auslieferungsrechts, JuS 2000, 105 ff.
868 *Dahm/Delbrück/Wolfrum* (Fn 58) § 100 I.1.
869 ILM 20 (1981) 723.
870 BGBl 1990 II, 117.
871 ABl EG 1995, Nr C 78.
872 Rahmenbeschluss des Rates v 13.6.2002 über den Europäischen Haftbefehl und die Übergabeverfah-
ren zwischen den Mitgliedstaaten – Stellungnahmen bestimmter Mitgliedstaaten zur Annahme des Rahmenbeschlusses, ABl EG 2002, Nr L 190/1.
873 BVerfGE 113, 273; hierzu *Klink/Proelß,* Zur verfassungsgerichtlichen Kontrolldichte bei der Umsetzung von Rahmenbeschlüssen der Europäischen Union, DÖV 2006, 469 ff; *Schünemann,* Die Entscheidung
des BVerfG zum europäischen Haftbefehl, StV 2005, 681 ff.
874 Europäisches Haftbefehlsgesetz, BGBl 2006 I, 1721.

357   Im Auslieferungsrecht werden nicht nur völkerrechtliche Vereinbarungen durchgeführt. Es werden darüber hinaus auch *Individualrechte des Auszuliefernden* berücksichtigt. Derartige Individualrechte stellen vor allem die grundlegenden Menschenrechte dar. Zunehmend wird daher vertreten, dass die Stellung des Einzelnen nicht nur als Reflex einer völkerrechtlich verbindlichen Bestimmung geschützt wird. Der Auszuliefernde soll vielmehr als Rechtssubjekt eigene Rechte geltend machen können, da in dem Zugriff des ersuchten Staates auf den Auszuliefernden stets ein Grundrechtseingriff zu erblicken ist, der einer Rechtfertigung bedarf.[875]

b) Grundzüge der Auslieferungsverträge

358 Die Auslieferung wird oftmals wie in Art 2 Abs 7 des Europäischen Auslieferungsabkommens vom *Erfordernis der Gegenseitigkeit* abhängig gemacht. Die für eine Auslieferung relevanten Straftatbestände sind entweder im Vertrag ausdrücklich genannt oder können sich nach dem Umfang der Strafandrohung richten (so Art 2 Abs 1 Europäisches Auslieferungsabkommen). Des Weiteren müssen die Handlungen sowohl im ersuchenden als auch im ausliefernden Staat strafbar sein (Artikel 2 Abs 1 Europäisches Auslieferungsabkommen).

359   Auf Grund des neu angefügten Art 16 Abs 2 Satz 2 GG[876] können auch Deutsche an einen Mitgliedstaat der EU oder an einen internationalen Gerichtshof ausgeliefert werden, soweit rechtsstaatliche Grundsätze gewahrt sind.

360   Für den Fall, dass eigene Staatsangehörige nicht ausgeliefert werden, wurde der Grundsatz des *aut dedere aut iudicare* entwickelt, wonach bei Verweigerung der Auslieferung die Strafverfolgung im Heimatstaat stattfinden soll. Von Auslieferung kann abgesehen werden, wenn dem Beschuldigten die Todesstrafe droht (Art 11 Europäisches Auslieferungsübereinkommen), es sich um Militärstraftaten handelt oder Immunität vorliegt.

361   Zu beachten ist der Grundsatz der Spezialität,[877] wonach eine Person nur wegen derjenigen Verbrechen verurteilt werden darf, wegen derer die Auslieferung erfolgte, Art 14 Europäisches Auslieferungsübereinkommen. Ein Verzicht hierauf steht nicht dem Einzelnen, sondern dem ersuchten Staat zu.

c) Die political offence exception

362 Ein Auslieferungsverlangen kann auf Grund entsprechender Klauseln in Auslieferungsverträgen dann abgelehnt werden, wenn es sich um politische Verbrechen handelt *(political offenders)*.[878] Diese Ausnahme kommt nicht zum Tragen, wenn es sich um Strafta-

---

875 Vgl *Weigend* (Fn 867) 110ff.
876 Gesetz v 29.11.2000 (BGBl 2000 I, 1633).
877 Vgl *Stein,* Die Auslieferungsausnahme bei politischen Delikten, 1983.
878 Ebd.

ten handelt, die dem Drogenhandel, dem Terrorismus oder den Kriegsverbrechen zuzuordnen sind.[879]

d) Auslieferung und EMRK

Die Freiheit des einzelnen Staats, Personen an andere Staaten zum Zwecke der Strafver- 363
folgung oder Strafvollstreckung zu überstellen, wird durch Bindungen in menschenrechtlichen Verträgen begrenzt.[880] Der EGMR nahm zur Anwendbarkeit von Art 3 EMRK im Fall *Soering* Stellung, als der Beschwerdeführer, der in Großbritannien festgenommen worden war, wegen Mords an die USA ausgeliefert werden sollte.[881] Das Gericht folgte in seiner Entscheidung nicht der Auffassung, dass die Verhängung der *Todesstrafe* in jedem Fall auf Grund der in Westeuropa entwickelten Standards als ein unmenschliches und erniedrigendes Strafmittel angesehen werden müsse, sondern stellte darauf ab, dass die *death-row*-Situation einen Verstoß gegen Art 3 EMRK darstelle. Großbritannien gab dem Auslieferungsersuchen daher erst statt, nachdem die USA zugesichert hatten, von der Verhängung der Todesstrafe abzusehen. In der unterschiedlichen Behandlung von eigenen und fremden Staatsangehörigen im Bereich der Auslieferung sah der EGMR[882] keinen Verstoß gegen das Diskriminierungsverbot.

e) Gewaltsames Verbringen in den Gerichtsstaat

Gelegentlich wird nicht der Weg über ein Auslieferungsersuchen an den Aufenthalts- 364
staat gewählt, sondern nationale Behörden versuchen, des mutmaßlichen Täters selbst im Ausland habhaft zu werden, um ihn vor ein nationales Gericht stellen zu können. Die rechtswidrige Ergreifung hat nach überwiegender Auffassung nicht die Unzulässigkeit eines innerstaatlichen Verfahrens zur Folge *(male captus, bene detentus)*. So stellte das BVerfG etwa fest, dass keine allgemeine Regel des Völkerrechts dahingehend bestehe, „dass die Durchführung eines Strafverfahrens gegen eine Person, die unter Verletzung der Gebietshoheit eines fremden Staates in den Gerichtsstaat verbracht worden sei, ausgeschlossen sei, weil der völkerrechtliche Anspruch des verletzten Staates auf ihre un-

---

879 Vgl etwa das Europäische Übereinkommen zur Bekämpfung des Terrorismus v 27.1.1977 (BGBl 1978 II, 321).
880 Vgl *Breitenmoser/Wilms*, Human Rights v Extradition, Michigan JIL 11 (1989/1990) 845ff; *Vogler*, The Scope of Extradition in the Light of the European Convention of Human Rights, FS Wiarda, 1988, 663ff; *van den Wyngaert*, Applying the European Convention of Human Rights to Extradition, ICLQ 39 (1990) 757ff.
881 EGMR, NJW 1990, 2183 *[Soering v United Kingdom]* mit Anm *Lagodny*, ebd 2189ff; *Lillich*, The Soering Case, AJIL 85 (1991) 128ff; *Quigley/Shank*, Death Row as a Violation of Human Rights, VJIL 30 (1990) 241ff; *Shea*, Expanding Judicial Scrutiny of Human Rights in Extradition Cases after Soering, VJIL 17 (1992) 85ff; vgl auch EGMR, NJW 1991, 3079 *[Cruz Varas v Sweden]; Gilbert* (Fn 867) 136, 231.
882 EGMR, Nr 44770/98 *[Mekjah Shkelzen v Germany]*.

verzügliche Übergabe bereits entstanden oder schon durch die Verbringung als solche ein völkerrechtlicher Unrechtstatbestand verwirklicht worden sei."[883]

6. Der völkerrechtliche Minderheitenschutz
a) Einführung

365 Nachdem das öffentliche Interesse sich nach dem Zweiten Weltkrieg schwerpunktmäßig auf den Schutz der Menschenrechte verlagert hatte, da man damals davon ausging, durch einen wirksamen Menschenrechtsschutz würden die Belange von Minderheiten ausreichend geschützt,[884] erfolgten Mitte der 1970er Jahre die ersten ausführlichen Arbeiten zum Minderheitenschutz, die sich nach dem Zusammenbruch des Ostblocks und dem Aufbrechen ethnischer Konflikte in den postkommunistischen Ländern vor allem Südosteuropas intensivierten.[885] Die blutigen Konflikte u a in Bosnien-Herzegowina, im Kosovo, in Tschetschenien und gegenwärtig in der Ukraine und auf der Krim zeigen, dass der Minderheitenschutz bis heute von hoher Relevanz ist,[886] wobei Einigkeit besteht, dass trotz verschiedener einschlägiger Übereinkommen Minderheitengruppen noch nicht ausreichend bzw effektiv geschützt sind.[887]

---

883 BVerfG, NJW 1986, 3021ff; vgl auch *Herdegen*, Die völkerrechtswidrige Entführung eines Beschuldigten als Strafverfolgungshindernis, EuGRZ 1986, 1ff; *Mann*, Strafverfahren gegen einen völkerrechtswidrig Entführten, NJW 1986, 2167ff; *Trechsel*, Grundrechtsschutz bei der internationalen Zusammenarbeit in Strafsachen, EuGRZ 1987, 69ff; *Vogler*, Strafprozessuale Wirkungen völkerrechtswidriger Entführungen von Straftätern aus dem Ausland, FS Oechsler, 1985, 379ff.

884 Vgl *Kimminich*, Towards a European Charter for the Protection of Ethnic Groups, in Alfredsson/Macalister-Smith (Hrsg), The Living Law of Nations, 1996, 249 (252f); *Blumenwitz*, Internationale Schutzmechanismen zur Durchsetzung von Minderheiten- und Volksgruppenrechten, 1997, 80; *Liebich*, Minority as Inferiority, Rev Int Studies 34 (2008) 243ff.

885 Vgl *Brunner*, Nationalitätenprobleme und Minderheitenkonflikte in Osteuropa, 1996; Frowein/Hofmann/Oeter (Hrsg), Das Minderheitenrecht europäischer Staaten (2 Bde), 1993 und 1994; *Hailbronner*, Der Schutz der Minderheiten im Völkerrecht, FS Schindler, 1989; *E. Klein*, Überlegungen zum Schutz von Minderheiten und Volksgruppen im Rahmen der Europäischen Union, FS Bernhardt, 1995, 1211ff; *Marko*, Minderheitenschutz im östlichen Europa, 1992; *Partsch*, Minderheitenschutz, FS Bernhardt, 1995, 537ff; *Thürer*, Region und Minderheitenschutz, ebd, 1995, 1337ff; *Hofmann*, Political Participation of Minorities, EYMI 6 (2006/2007) 5ff; *Kugelmann*, The Protection of Minorities and Indigenous Peoples Respecting Cultural Diversity, MPYUNL 11 (2007) 233ff; *Grote*, The Struggle for Minority Rights and Human Rights, FS Wolfrum, 2008, 221ff; *Halbach*, Eingefrorene Konflikte im Südkaukasus, Osteuropa 57 (2007) 83ff; *Hofmann*, Minderheitenschutz in Europa – Entwicklung und aktueller Stand, Parl Beilage, Nr 11-12, 9ff.

886 Vgl *Niewerth*, Der kollektive und der positive Schutz von Minderheiten und ihre Durchsetzung im Völkerrecht, 1996, 179ff; vgl auch *Thürer*, Minorities, in Durham (Hrsg), The Changing Face of Conflict and the Efficacy of International Humanitarian Law, 1999, 45 (51); *Coppieters*, Gerechte Separation?, Osteuropa 57 (2007) 121ff; *Wolfrum*, Kosovo, FS McWhinney, 2009, 561ff.

887 Vgl *Hofmann*, Menschenrechte und der Schutz nationaler Minderheiten, ZaöRV 65 (2005) 587f; *Rauert*, Das Kosovo, 1999, 118; *Malenovski*, Vers un régime cohérent de protection des minorités nationales en droit international?, in Decaux/Pellet (Hrsg), Nationalité, minorités et succession d'états en europe de

Als problematisch bei der Verrechtlichung des Minderheitenschutzes erweist sich 366
die Definition des Begriffs „Minderheit".[888] Mangels eines allseits akzeptierten Minder-
heitenbegriffs orientiert man sich auf universeller Ebene an einer von *Capotorti* 1979
entwickelten *Definition*: „A minority is a group which is numerically inferior to the rest
of the population of a State and in a non-dominant position, whose members possess
ethnic, religious or linguistic characteristics which differ from those of the rest of the population and who, if only implicitly, maintain a sense of solidarity directed towards preserving their culture, traditions, religion or language."[889]

Bedingt durch die großen Migrationsbewegungen unserer Zeit tauchte die Frage 367
auf, ob auch die sog neuen Minderheiten unter den Minderheitenbegriff fallen.[890]
Diese Frage wird regelmäßig mit der Frage verknüpft, ob Minderheiten die Staatsangehörigkeit des Landes besitzen müssen, in dem sie leben, um dort als Minderheit anerkannt zu werden.[891] Dass letzteres Erfordernis für sich allein bedenklich ist,
zeigt das Bsp Estlands, wo Angehörige von Minderheiten um ihre Minderheitenschutzrechte gebracht wurden, indem ihnen die Staatsangehörigkeit vorenthalten
wurde.[892] Besser sollte in diesem Zusammenhang unterschieden werden, welche
Schutzrechte welcher Personengruppe zukommen sollen: Menschen, die seit vielen Generationen in einem bestimmten Gebiet wohnen und zu diesem eine lang dauernde
Bindung haben, sollen Minderheitenrechte gewährt werden,[893] da sie andernfalls Gefahr laufen, von der Mehrheit im Staat assimiliert zu werden. Wanderarbeitnehmer
werden dagegen in der Staatenpraxis auch dann keine Minderheitenrechte zuerkannt,
wenn es sich um die zweite oder dritte Generation handelt, die die Staatsangehörigkeit
des Aufenthaltsstaats erworben haben. Einwanderungsländer sind bestrebt, neue Im-
migranten so schnell wie möglich zu integrieren.[894] Asylsuchende, Flüchtlinge und
Wanderarbeitnehmer können sich daher nur auf die ihnen zustehenden Schutzrechte
berufen und bedürfen eines Schutzes als Minderheit idS nicht.[895] Die völkerrechtliche
Literatur ist allerdings nicht einheitlich. Teilweise werden auch die „neuen Minderheiten" in den Anwendungsbereich der Konvention als „nationale Minderheiten" einbezo-

l'est, 1996, 87 (90); *Kopal,* Quelques remarques sur l'évolution du droit international vers un système général de protection des minorités, ebd, 107 ff.

888 Vgl *Barsh,* Minorities, in Alfredsson/Macalister-Smith (Fn 884) 143 ff.

889 Vgl *Capotorti,* Minorities, EPIL III, 1997, 410 ff; vgl auch *Packer,* On the Definition of Minorities, in
ders/Myntti (Hrsg), The Protection of Ethnic and Linguistic Minorities in Europe, 1993, 23 ff.

890 Vgl *Murray,* Should Immigrants or Roma and Sinti be Regarded as Minorities?, in Matscher (Hrsg),
Wiener Internationale Begegnung zu aktuellen Fragen nationaler Minderheiten, 1997, 219 ff; *Oeter,* Überlegungen zum Minderheitenbegriff und zur Frage der „neuen Minderheiten", ebd 229 ff.

891 Vgl *Ranke/Hofmann,* Nationale Minderheiten, EuGRZ 1992, 401 (402) mwN.

892 Vgl *Rauert* (Fn 887) 88; *Geistlinger/Kirch,* Estonia, 1995.

893 Vgl auch *E. Klein* (Fn 885) 1216.

894 *Murray* (Fn 890) 228.

895 Vgl *Oeter* (Fn 890) 255 ff; *Murray* (Fn 890) 228.

gen.[896] Der EGMR hat sich bislang im Wesentlichen im Zusammenhang mit der Versammlungs- und Vereinigungsfreiheit (Art 11 EMRK) mit Rechten von Minderheitsangehörigen auf Registrierung beschäftigt.[897]

368   Die Entwicklung des Minderheitenschutzes in den letzten Jahrzehnten zeigt verschiedene Dimensionen auf. Auf der einen Seite hat sich das Verständnis des Minderheitenschutzes als reines *Diskriminierungsverbot* – parallel zur Einsicht, dass die Menschenrechte allein den Schutz von Minderheiten nicht bewirken[898] – dahingehend entwickelt, dass *Minderheiten speziellen Schutz und besondere Förderung* brauchen.[899] Dieses Ergebnis wird ebenfalls aus dem Diskriminierungsverbot hergeleitet: Eine rein formelle Gleichheit vor dem Gesetz zB beim Wahlrecht kann gerade in den Fällen von (zerstreut lebenden) Minderheiten dazu führen, dass sie in den gesetzgebenden Körperschaften unterrepräsentiert sind.[900] Daher wird eine materielle Gleichbehandlungspolitik gefordert, die eine spezielle Förderung von Minderheiten beinhaltet, um bestehende Ungerechtigkeiten zu beseitigen[901] und ihnen eine gleichberechtigte Teilhabe an der Macht zu ermöglichen. Auf der anderen Seite verschiebt sich die Diskussion über die Schutzrichtung internationaler Übereinkommen *vom individuellen zum kollektiven Schutz der Minderheiten*, dh nicht nur dem einzelnen Angehörigen einer Minderheit werden eigene Rechte zugestanden, sondern auch der Minderheit als solcher kollektive Rechte.[902] Der Grund für diesen Wandel ist darin zu sehen, dass ein individueller Schutz

---

896 Für einen differenzierenden „right-by-right"-Ansatz vgl *Langenfeld*, Der staatliche Schutz kultureller Besonderheiten von zugewanderten (neuen) Minderheiten und die Freiheit der Minderheitsangehörigen, 2008, 451 ff.

897 Vgl *Hofmann*, Nationale Minderheiten und der Europäische Gerichtshof für Menschenrechte, FS Ress, 2005, 1011 f; *Van Bussuyt*, Is there an Effective European Legal Framework for the Protection of Minority Languages?, ELR 32 (2007) 860 ff; *Stix-Hackl/Moser*, Minderheitenschutz in der Rechtsprechung des Gerichtshofs der Europäischen Gemeinschaften, FG Machacek/Matscher, 2008, 685 ff; *von Bogdandy*, Die Minderheitenpolitik der Europäischen Union, KJ 40 (2007) 224 ff; *Burri*, Breaking the Taboo, YEL 27 (2009) 321 ff.

898 Vgl *Pernthaler*, Der Schutz der ethnischen Gemeinschaften durch individuelle Rechte, 1964; *Heun*, Minderheitenschutz der Roma in der EU, 2011.

899 Vgl *Eide*, Equality, Nationalism and the Protection of Minorities, in Alfredsson/Macalister-Smith (Fn 884) 157 (164 f); *Eddison*, The Protection of Minorities at the Conference on Security and Co-operation in Europe, 1993, 10 f.

900 Vgl *Eddison* (Fn 899) 11; *Barsh* (Fn 888) 145; *Eide* (Fn 899) 165; *Niewerth* (Fn 886) 180 f.

901 *Barsh* (Fn 888) 145 stellt fest: „Formal equality does not necessarily result in an equal distribution of power in actual fact [...]"; *Eide* (Fn 899) 158 spricht sich für positive Diskriminierung von Minderheiten aus, um frühere Ungleichbehandlungen rückgängig zu machen. Für beide Autoren hängt diese materielle Gleichheit eng mit dem Demokratieprinzip zusammen. Solche Förderungsmaßnahmen können u a in der Gewährung regionaler Autonomie, einer föderalistischen Staatsverfassung, verwaltungstechnische Dezentralisierung und besonderen Vorschriften zur Sicherstellung der Repräsentation von Splittergruppen bei Wahlen der Legislativkörperschaft liegen, vgl *Barsh* (Fn 888) 165.

902 Vgl *Kimminich* (Fn 884) 253 f; zu den Berichtsentwürfen im EP 1992/93 für eine Charta der Volksgruppenrechte *E. Klein* (Fn 885) 1219 ff; zur Entwicklung bei der KSZE (heute OSZE) *Eddison* (Fn 899) 15 ff; zu kollektiven und individuellen Rechten: *Despeux*, Die Anwendung des völkerrechtlichen Minderheiten-

ohne kollektive Flanke oft als ungenügend angesehen wird, da der Minderheitenstatus notwendigerweise die Zugehörigkeit zu einer Gruppe impliziert und es einem einzelnen Angehörigen einer Minderheit als Einzelperson schwer fällt, sich dem Assimilierungsdruck zu widersetzen.[903] Des Weiteren macht es bei manchen Rechten, die zum Schutz von Minderheiten erforderlich sind, keinen Sinn, sie individualrechtlich zu gewähren, da sie typische Gruppenrechte sind wie zB das Recht auf Anbringung von Orts- und Hinweisschildern oder das Recht auf eigene Verwaltungseinheiten.[904]

b) Der Minderheitenschutz auf universeller Ebene

Auf universeller Ebene gewährt Art 27 IPbürgR Schutz für die Angehörigen von Minder- **369** heiten. Er garantiert ein Recht auf kulturelles Leben, Religionsausübung und die eigene Sprache. Strittig ist nicht nur, ob Art 27 IPbürgR auch ein kollektivrechtliches Element innewohnt,[905] sondern auch – aufgrund der negatorischen Formulierung[906] – die Frage, ob die Staaten zu einer positiven Förderung der Minderheiten verpflichtet sind.[907] An *Durchsetzungsmechanismen*[908] muss gemäß Art 2 Abs 3 IPbürgR ein innerstaatliches Überprüfungsverfahren zur effektiven Behandlung von Beschwerden mit der Behauptung, in den Rechten aus Art 27 verletzt zu sein, im Unterzeichnerstaat zur Verfügung stehen. Des Weiteren ist ein Staatenberichtsverfahren nach Art 40 IPbürgR und ein Staatenbeschwerdeverfahren nach Art 41 IPbürgR vorgesehen. Letzteres setzt voraus, dass beide Staaten die Zuständigkeit des Ausschusses für Staatenbeschwerden anerkannt haben, was bisher nur wenige Staaten getan haben.[909] Daran krankt auch das Individualbeschwerdeverfahren gemäß Art 1 des 1. Fakultativprotokolls zum IPbürgR. Darüber hinaus wurden die Rechte der Angehörigen von Minderheiten in einer aus neun Artikeln bestehenden Deklaration zum Schutz der Minderheiten und einer allgemeinen Erklärung über die Rechte der autochthonen Völker zusammengefasst.[910] Zudem besteht im

---

rechts in Frankreich, 1999, 102ff, 124ff; gegen eine Entwicklung hin zum kollektiven Schutz: *Malenovski* (Fn 887) 105.

903 So *E. Klein* (Fn 885) 1217f.

904 So der Entwurf von *Alber* für eine Charta der Volksgruppenrechte in Art 9 und 20, Doc PE 204.838.

905 Für eine kollektivrechtliche Komponente: *Rauert* (Fn 887) 90; zur Diskussion: *Akermark*, Justifications of Minority Protection in International Law, 1997, 46f.

906 „[...] darf [...] nicht das Recht vorenthalten werden, [...].“

907 Vgl *Akermark* (Fn 905) 127ff; *Rauert* (Fn 887) 92; *Henrard*, The Protection of Minorities Through the Equality Provisions in the UN Human Rights Treaties, IJMGR 14 (2007) 141ff; *Hilpold*, UN Standard-Setting in the Field of Minority Rights, IJMGR 14 (2007) 181ff; *Pentassuglia*, Reforming the UN Human Rights Machinery, IJMGR 14 (2007) 127ff.

908 Zu den einzelnen Durchsetzungsmechanismen: *Niewerth* (Fn 886) 193ff; zu den Rechtsschutzmechanismen der UNO: *Blumenwitz*, Internationale Schutzmechanismen zur Durchsetzung von Minderheiten- und Volksgruppenrechten, 1997, 81ff.

909 Vgl *Niewerth* (Fn 886) 197.

910 Declaration on the Rights of Persons Belonging to National or Ethnic, Religious and Linguistic Minorities 46/135, ILM 32 (1993) 912ff; vgl hierzu *Ermacora*, Späte Einsichten, VN 1992, 149ff; *Thornberry*, The

Rahmen der OSZE seit 1992 ein Hoher Kommissar für Nationale Minderheiten sowie innerhalb der UNO eine Unabhängige Expertengruppe für Minderheitenfragen, die für eine zusätzliche institutionelle Absicherung des Minderheitenschutzes sorgen sollen.[911]

c) Regionaler Minderheitenschutz

370 Zum Schutz der Rechte von Angehörigen der Minderheiten wurden im Rahmen des Europarats zwei Dokumente ausgearbeitet. Zum einen legte der Europarat am 5.11.1992 eine *Charta der Regional- und Minderheitensprachen* zur Unterzeichnung auf,[912] zum anderen wurde ein *Rahmenübereinkommen zum Schutz nationaler Minderheiten*[913] (statt eines Zusatzprotokolls zur EMRK)[914] ausgearbeitet[915] und am 1.2.1995 zur Zeichnung aufgelegt.[916] Im Gegensatz zu anderen Abkommen des Europarates handelt es sich bei ihm um ein offenes Abkommen, dem Nichtmitgliedstaaten des Europarates beitreten können, sollte eine entsprechende Einladung durch das Ministerkomitee erfolgt sein.

371 Über eine Definition des Begriffs Minderheit konnte bei Erarbeitung des Rahmenübereinkommens keine Einigung erzielt werden. Abs 12 des Erläuternden Berichts betont daher, dass hier eine pragmatische Lösung gewählt wurde, „die auf der Erkenntnis beruht, dass es gegenwärtig unmöglich ist, zu einer Definition zu gelangen, die die voll umfängliche Unterstützung aller Mitgliedstaaten des Europarats genießt."[917] Das Übereinkommen enthält darüber hinaus Grundsätze und Individualrechte, die nur schwach formuliert sind und zT Einschränkungen unterliegen.

UN Declaration on the Right of Persons Belonging to National or Ethnic, Religious and Linguistic Minorities, in Phillips/Rosas (Hrsg), The UN Minority Rights Declaration, 1993, 11 ff; zum Schutz autochthoner Völker vgl *Alfredsson*, Zwischen Unterdrückung, Selbstverwaltung und Unabhängigkeit, VN 41 (1993) 17 ff.

911 Vgl *Vollebaek*, Fifteen Years of Conflict Prevention by the High Commissioner on National Minorities, OSCE Yearbook 14 (2008) 325 ff; *Ghebali*, The High Commissioner on National Minorities after 15 Years, Security and Human Rights 20 (2009) 111 ff; *Aurescu*, The 2006 Venice Commission Report on Non-Citizens and Minority Rights, Helsinki Monitor 18 (2007) 150 ff; zur Rolle der UNO *Friberg/Fox*, The Activities of the United Nations Independent Expert on Minority Issues, EYMI 6 (2007) 461 ff; *Hadden*, The United Nations Working Group on Minorities, IJMGR 14 (2007) 285 ff; *Jurado/Korkeakivi*, Completing the First Decade of Monitoring, EYMI 6 (2006/2007) 373 ff; krit *Riedel*, Ambivalenzen des Minderheitenschutzes, Osteuropa 57 (2007) 47 ff.

912 European Charter for Regional or Minority Languages v 5.11.1992, nach fünf Ratifikationen am 1.3.1998 in Kraft getreten, ETS Nr 148.

913 Framework Convention for the Protection of National Minorities v 1.2.1995, nach 12 Ratifikationen am 1.2.1998 in Kraft getreten, ETS Nr 157.

914 Die Staatschefs entschieden sich auf dem Wiener Gipfel gegen ein ZP zur EMRK und einigten sich als Kompromiss darauf, dass eine Rahmenkonvention und ein ZP über individuelle kulturelle Rechte zur EMRK entworfen werden sollte, vgl *Akermark* (Fn 905) 224 ff.

915 Vgl hierzu *Klebes*, Rahmenübereinkommen des Europarats zum Schutz nationaler Minderheiten, EuGRZ 1995, 262 ff; *Rosskopf*, Europäische Regelungen des Minderheitenschutzes, AWR Bull 54 (2007) 3, 174 ff.

916 Es ist mittlerweile für 39 Staaten, darunter die BR Deutschland, in Kraft getreten (Stand 1.10.2012).

917 EuGRZ 1995, 272.

Kau

Neben Feststellungen grundsätzlicher Bedeutung hält Art 3 fest, dass jeder Angehö- 372
rige einer nationalen Minderheit das Recht hat, frei zu entscheiden, ob er als solcher behandelt werden möchte oder nicht. Art 4 enthält das Recht auf Gleichheit vor dem Gesetz und auf gleichen Schutz durch das Gesetz. Art 7 garantiert die Versammlungs- und
Vereinigungsfreiheit, jedoch nicht das Recht, eigene Parteien zu gründen. Art 8 schützt
die Freiheit der Religion und Weltanschauung, Art 9 hat die freie Meinungsäußerung
zum Gegenstand, Art 10 das Recht auf Benutzung der Minderheitensprache in einer ab-
geschwächten Form.

Das Übereinkommen enthält ferner Bestimmungen über die Benutzung von Famili- 373
ennamen, über Orts- und Straßennamen sowie die Errichtung und den Unterhalt von
Bildungs- und Ausbildungseinrichtungen. Das *Recht auf Unterricht in der Minderheitensprache* ist nach Art 14 Abs 2 davon abhängig, ob es sich um Gebiete handelt, die von Angehörigen nationaler Minderheiten traditionell oder in beträchtlicher Zahl bewohnt
werden, und ob ausreichende Nachfrage besteht.

Zur Kontrolle sieht das Rahmenübereinkommen in Art 24 ff ein Berichtsverfahren 374
mit der Möglichkeit vor, Empfehlungen an die betreffenden Staaten auszusprechen.
Eine gerichtliche Überprüfung findet nicht statt.

Prinzipien und Grundsätze zum Schutz von Minderheitsangehörigen sind auch in 375
den *Abschlussdokumenten der OSZE* vorgesehen.[918] So enthält das Kopenhagener Abschlussdokument v 29.6.1990 u a das Recht der Angehörigen von nationalen Minderheiten, ihre Menschenrechte und Grundfreiheiten in voller Gleichheit vor dem Gesetz auszuüben. Jedermann habe das Recht, über seine Zugehörigkeit zu einer nationalen
Minderheit selbst zu entscheiden. Nachteile dürften ihm hieraus nicht erwachsen
(Nr 32). Des Weiteren werden das Recht auf Gebrauch der Minderheitensprache, das
Recht auf Unterricht in der Muttersprache sowie das Recht auf angemessene Teilnahme
am politischen Prozess genannt.[919] Im Moskauer Abschlussdokument v 3.10.1992[920] wird
zur Umsetzung dieser Ziele aufgefordert.

Auf der Nachfolgekonferenz von Helsinki wurde am 10.7.1992[921] das *Amt des Hohen* 376
Kommissars für nationale Minderheiten eingerichtet, der nicht nur einschlägige Informationen zusammenstellt, sondern auch durch Frühwarnung präventiv tätig werden
kann.[922] Der Hohe Kommissar ist zur Beschaffung von Informationen befugt, sich sämtlicher verfügbarer Quellen wie Mitteilungen der Regierungen der Teilnehmerstaaten,
Nicht-Regierungsorganisationen und der direkt betroffenen nationalen Minderheiten
zu bedienen.

---

918 Vgl *Tretter* (Fn 472) 296 ff; *Eddison* (Fn 933) 15 ff; *Akermark* (Fn 905) 259 ff.
919 EuGRZ 1990, 239 ff.
920 EuGRZ 1991, 495.
921 EuGRZ 1992, 372 und 376.
922 Zur Tätigkeit des Hohen Kommissars zu nationalen Minderheiten: *Blumenwitz* (Fn 908) 137 ff; *Akermark* (Fn 905) 285 ff.

Vierter Abschnitt

Stefanie Schmahl

Die Internationalen und die Supranationalen Organisationen

Gliederungsübersicht

https://doi.org/10.1515/9783110770964-004

Literatur

Abbott, Kenneth W. (Hrsg), The Law and Politics of International Organizations, Volume I: Institutional Law of International Organizations, 2015

Amerasinghe, Chittarian Felix, Principles of the Institutional Law of International Organizations, 2. Aufl 2005

Bennett, Alvin LeRoy/Oliver, James K., International Organizations, Principles and Issues, 7. Aufl 2002 [*Bennett/Oliver*, International Organisations]

Chesterman, Simon/Johnstone, Ian/Malone, David M., Law and Practice of the United Nations, 2. Aufl 2016 [*Chesterman/Johnstone/Malone*, United Nations]

Cogan, Jakob Katz/Hurd, Ian/Johnstone, Ian (Hrsg), The Oxford Handbook of International Organizations, 2016 [Oxford Handbook]

Dupuy, René Jean (Hrsg), Manuel sur les organisations internationales. A Handbook on International Organizations, 2. Aufl 1998 [Dupuy (Hrsg), Handbook]

Gareis, Sven Bernhard/Varwick, Johannes, Die Vereinten Nationen. Aufgaben, Instrumente und Refor-men, 5. Aufl 2014 [*Gareis/Varwick*, Vereinte Nationen]

Hatje, Armin/Müller-Graff, Peter, Enzyklopädie Europarecht, 12 Bde, 2. Aufl 2021/22 [EnzEuR²]

Hurd, Ian, International Organizations. Politics, Law, Practice, 4. Aufl 2020 [*Hurd*, International Organi-zations]

Jordan, Robert S., International Organizations, 4. Aufl 2001 [*Jordan*, International Organizations]

Kirgis, Frederic L., International Organizations in their Legal Setting, 2. Aufl 1993 [*Kirgis*, International Organizations]

Klabbers, Jan, Advanced Introduction to the Law of International Organizations, 2015 [*Klabbers*, Advan-ced Introduction]

Klabbers, Jan, An Introduction to International Organizations Law, 4. Aufl 2022 [*Klabbers*, International Organizations Law]

Klabbers, Jan (Hrsg), The Cambridge Companion to International Organizations Law, 2022 [Cambridge Companion]

Klabbers, Jan/Wallendahl, Ása (Hrsg), Research Handbook on the Law of International Organizations, 2011 [Klabbers/Wallendahl (Hrsg), Research Handbook]

Schmahl

Knipping, Franz/von Mangoldt, Hans/Rittberger, Volker (Hrsg), Das System der Vereinten Nationen und seine Vorläufer Band I/1: Vereinte Nationen, 1995; Band I/2: Sonderorganisationen und andere Institutionen, 1995; Band II: 19. Jahrhundert und Völkerbundszeit, 1996

Köck, Heribert Franz/Fischer, Peter, Das Recht der Internationalen Organisationen, 3. Aufl 1997 [*Köck/Fischer,* Internationale Organisationen]

Lagrange, Evelyne/Sorel, Jean-Marc, Droit des organisations internationales, 2013

Opitz, Peter J. (Hrsg), Die Vereinten Nationen: Geschichte, Struktur, Perspektiven, 5. Aufl 2007 [Opitz (Hrsg), Vereinte Nationen]

Ruffert, Matthias/Walter, Christian, Institutionalisiertes Völkerrecht, 2. Aufl 2015 [*Ruffert/Walter,* Institutionalisiertes Völkerrecht]

Ryngaert, Cedric/Dekker, Ige/Wessel, Ramses/Wouters, Jan (Hrsg), Judicial Decisions on the Law of International Organizations, 2016 [Ryngaert u a (Hrsg), Judicial Decisions]

Sands, Philippe/Klein, Pierre, Bowett's Law of International Institutions, 6. Aufl 2009 [*Sands/Klein,* Bowett's Law of International Institutions]

Schachter, Oscar/Joyner, Christopher C. (Hrsg), United Nations Legal Order, 2 Bde, 1995

Schermers, Henry G./Blokker, Niels M., International Institutional Law, 6. Aufl 2018 [*Schermers/Blokker,* International Institutional Law]

Schmahl, Stefanie/Breuer, Marten (Hrsg), The Council of Europe: Its Law and Policies, 2017 [Schmahl/ Breuer (Hrsg), Council of Europe]

von Schorlemer, Sabine (Hrsg), Praxishandbuch UNO, 2003 [Praxishandbuch UNO]

Seidl-Hohenveldern, Ignaz/Loibl, Gerhard, Das Recht der Internationalen Organisationen einschließlich der Supranationalen Gemeinschaften, 7. Aufl 2000 [*Seidl-Hohenveldern/Loibl,* Internationale Organisationen]

Simma, Bruno (Hrsg), Charta der Vereinten Nationen, Kommentar, 1991 [Charta VN]

ders (Hrsg), The Charter of the United Nations: A Commentary, 2. Aufl 2002 [Charter UN^2]

ders/Khan, Daniel-Erasmus/Nolte, Georg/Paulus, Andreas (Hrsg), The Charter of the United Nations: A Commentary, 3. Aufl 2012 [Charter UN^3]

Volger, Helmut (Hrsg), A Concise Encyclopedia of the United Nations, 2. Aufl 2009

ders (Hrsg), Grundlagen und Strukturen der Vereinten Nationen, 2007 [Volger (Hrsg), Grundlagen]

Weiss, Thomas G./Daws, Sam (Hrsg), The Oxford Handbook on the United Nations, 2. Aufl 2018 [Handbook UN^2]

Weiß, Norman, Kompetenzlehre Internationaler Organisationen, 2009 [*Weiß,* Kompetenzlehre]

White, Nigel D., The Law of International Organisations, 3. Aufl 2017 [*White,* International Organisations]

Wolfrum, Rüdiger (Hrsg), Handbuch Vereinte Nationen, 2. Aufl 1991 [Handbuch VN]

ders (Hrsg), United Nations: Law, Policies and Practice, 1995

ders (Hrsg), Max Planck Encyclopedia of Public International Law, 10 Bde, 2012 [MPEPIL]; auch als Online-Version mit Updates erhältlich [MPEPIL online], seit 2021 hrsgg v Anne Peters

Verträge

Satzung des Völkerbundes [Völkerbundsatzung] v 28.6.1919 (RGBl 1919, 717) —— 6, 30, 59, 82, 92, 163, 231

Abkommen über die Internationale Zivilluftfahrt (ICAO) v 7.12.1944 (15 UNTS 295; BGBl 1956 II, 411) —— 46, 201

Charta der Vereinten Nationen [UN-Charta] v 26.6.1945 (UNCIO Documents, Bd XV [1945] 335 ff; 557 UNTS 143; BGBl 1973 II, 431) —— 8, 9, 16, 18, 27, 30, 34, 40, 41, 42, 44, 49, 59, 62–64, 68, 74, 75, 79, 82, 85, 88, 90, 92, 98, 106, 107, 112, 121, 124, 126–135, 137, 138, 140–144, 146, 148, 150–152, 155–161, 163–167, 169, 172, 174–179, 184, 185, 187, 188, 195, 196, 199, 200, 204–209, 211, 215, 216, 221, 224, 227, 229, 230, 232–237

Statut des Internationalen Gerichtshofs [IGH-Statut] v 26.6.1945 (UNCIO Documents, Bd XV [1945] 335 ff; 557 UNTS 143; BGBl 1973 II, 431) —— 90, 105, 116, 127, 134, 146, 152, 177, 178, 179, 180, 210

Satzung der Ernährungs- und Landwirtschafts-Organisation der Vereinten Nationen v 16.10.1945 (UNYB 1946–1947, 693; BGBl 1971 II, 1033) [FAO-Satzung] ——— 9,18, 65, 88, 110, 208, 224

Satzung der Organisation der Vereinten Nationen für Erziehung, Wissenschaft und Kultur v 16.11.1945 (4 UNTS 275; BGBl 1971 II, 471) [UNESCO-Satzung] ——— 18, 63, 81, 88, 202, 208, 224, 237, 239

Abkommen über den Internationalen Währungsfonds v 27.12.1945 (2 UNTS 39, 134; 606 UNTS 295; 726 UNTS 266; BGBl 1952 II, 638; 1978 II, 13) [IWF-Abkommen] ——— 123, 137

Übereinkommen über die Vorrechte und Immunitäten der Vereinten Nationen v 13.2.1946 (1 UNTS 15; BGBl 1980 II, 941) ——— 107, 176

Satzung der Weltgesundheits-Organisation v 22.7.1946 (14 UNTS 186; BGBl 1974 II, 43) [WHO-Satzung] ——— 88, 110, 201, 208, 229, 233

Verfassung der Internationalen Arbeitsorganisation v 9.10.1946 (15 UNTS 40; BGBl 1957 II, 317) [ILO-Verfassung] ——— 5, 12, 203, 208, 224, 229, 231

Headquarters of the United Nations, Agreement between the United States of America and the United Nations v 26.6.1947 (11 UNTS 11) ——— 110

Übereinkommen über die Weltorganisation für Meteorologie v 11.10.1947 (77 UNTS 143; BAnz Nr 82/56; 104/56; BGBl 1990 II, 171) [WMO-Übereinkommen] ——— 201, 214, 229

Allgemeines Zoll- und Handelsabkommen v 30.10.1947 (UNTS Bde 55–64; Bde 142–147; BGBl 1951 II, 173) ——— 230

Abkommen über die Vorrechte und Befreiungen der Sonderorganisationen der Vereinten Nationen v 21.11.1947 (33 UNTS 261; BGBl 1954 II, 639) ——— 107

Übereinkommen über die Internationale Seeschifffahrts-Organisation v 6.3.1948 (289 UNTS 3; BGBl 1965 II, 313; 1986 II, 423) [IMCO/IMO-Übereinkommen] ——— 34, 81, 214, 224, 229

Treaty of Economic, Social and Cultural Collaboration and Collective Self-Defence v 17.3.1948 (19 UNTS 51); Änd v 23.10.1954 (BGBl 1955 II, 256) [Brüsseler Pakt; seit 1954 WEU-Vertrag] ——— 9, 214, 241, 244

Charter of the Organization of American States v 30.4.1948 (119 UNTS 48) [OAS-Charter] ——— 9, 63, 67, 72, 77, 83, 89, 107, 181, 239

Allgemeine Erklärung der Menschenrechte v 10.12.1948 (GAOR, 3rd Sess, 1st Part [Doc A/810] 71) ——— 206

Nordatlantikvertrag v 4.4.1949 (34 UNTS 243; BGBl 1955 II, 256, 289) [NATO-Vertrag] ——— 9, 145, 205, 228, 244

Satzung des Europarats v 5.5.1949 (87 UNTS 103; BGBl 1950, 263; 1953 II, 558; 1968 II, 1926) ——— 34, 44, 45, 61, 63, 67, 70, 77, 82, 85, 88, 110, 124, 188, 239–241, 243, 244, 247, 248

Allgemeines Abkommen über die Vorrechte und Befreiungen des Europarates v 2.9.1949 (CETS No 2, BGBl 1954 II, 493) ——— 112

Konvention zum Schutze der Menschenrechte und Grundfreiheiten v 4.11.1950 (213 UNTS 221; BGBl 1952 II, 685, 953, idF des Prot Nr 11, BGBl 2002 II, 1954) [EMRK] ——— 47, 65, 181, 198, 202, 203, 245–247

Vertrag über die Gründung der Europäischen Gemeinschaft für Kohle und Stahl v 18.4.1951 (261 UNTS 140; BGBl 1952 II, 445, 978) [EGKS-Vertrag] ——— 47, 51, 59, 62, 191, 249

Übereinkommen über die politischen Rechte der Frau v 31.3.1953 (BGBl 1969 II, 1929; 1970 II, 46) ——— 206

Abkommen über die Internationale Finanz-Corporation v 11.4.1955 (264 UNTS 117; BGBl 1956 II, 747, 901) [IFC-Abkommen] ——— 30, 108, 137, 229

Satzung der Internationalen Atomenergie-Organisation v 26.10.1956 (276 UNTS 3; BGBl 1957 II, 1357; 1958 II, 2) [IAEO-Satzung] ——— 230

Vertrag zur Gründung der Europäischen Wirtschaftsgemeinschaft v 25.3.1957 (298 UNTS 11; BGBl 1957 II, 753, 1678; 1958 II, 64) [EWG-Vertrag; seit Änd mit Vertrag von Amsterdam: EG-Vertrag/EG] ——— 37, 48, 96, 188, 250, 253

Vertrag zur Gründung der Europäischen Atomgemeinschaft v 25.3.1957 (298 UNTS 167; BGBl 1957 II, 753, 1014, 1678) [Euratom-Vertrag] ——— 59, 62, 191, 249, 253

Übereinkommen zur Errichtung der Europäischen Freihandelsassoziation v 4.1.1960 (370 UNTS 3) [EFTA-Übereinkommen] ——— 9, 45

Schmahl

Schmahl

Judikatur
Ständiger Internationaler Gerichtshof

Internationaler Gerichtshof

Schmahl

Schmahl

BVerfG, Beschluss v 6.11.2019, BVerfGE 152, 216 *[Recht auf Vergessen II]* —— 254
BVerfG, Beschluss v 13.2.2020, BVerfGE 153, 74 *[Patentgericht]* —— 203
BVerfG, Urteil v 5.5.2020, BVerfGE 154, 17 *[PSPP]* —— 194
BVerfG, Beschluss v 27.5.2020, BVerfGE 155, 119 *[Bestandsdatenauskunft]* —— 254
BVerfG, Beschluss v 10.11.2020, BVerfGE 156, 11 *[Antiterrordatei]* —— 254
BGH, Urteil v 28.1.2021, NJW 2021, 1326 *[Grenzen völkerrechtlicher Immunität]* —— 106

Italienische Gerichte
Corte Costituzionale, Urteil v 22.10.2014, No 238, G.U. 1, Serie Speciale 2014, Anno 155, No 45 —— 196
Corte Costituzionale, Urteil v 4.7.2023, No 159/2023 —— 196

Niederländische Gerichte
District Court of The Hague (Rechtbank Den Haag), Urteil v 10.7.2008, Case No 295247/HA ZA 07-2973, NILR 2008, 428 *[Mothers of Screbrenica v State of the Netherlands and the UN I]* —— 108
Supreme Court (Hoge Raad), Urteil v 13.4.2012, Case No 10/04437 *[Mothers of Srebrenica v State of the Netherlands and the UN II]* —— 108, 211
Supreme Court (Hoge Raad), Urteil v 6.9.2013, Case No 12/03324, ILM 53 (2014), 516 ff *[Nuhanović]* —— 102
Supreme Court (Hoge Raad), Urteil v 6.9.2013, Case No 12/03329, ILM 53 (2014), 527 ff *[Mustafić-Mujić u a]* —— 102
District Court of The Hague (Rechtbank Den Haag), Urteil v 16.7.2014, ECLI:NL:RBDHA:2014:8748 *[Mothers of Srebrenica v State of the Netherlands III]* —— 102
Supreme Court (Hoge Raad), Urteil v 19.7.2019, ECLI:NL:HR:2019:1284 *[State of the Netherlands v Mothers of Srebrenica]* —— 102

US-amerikanische Gerichte
United States v Palestine Liberation Organization, US District Court, Southern District of New York, Urteil v 29.6.1988, AJIL 82 (1988) 833 *[US v PLO]* —— 111
Delama Georges et al v United Nations, US District Court, Southern District of New York, Urteil v 9.1.2015, 13-CV-7146 *[Delama Georges et al v United Nations]* —— 108

I. Geschichte und Bedeutung der Internationalen Organisationen

1. Die Internationalen Organisationen als unverzichtbare Elemente der internationalen Zusammenarbeit

Auf der internationalen Szene agieren heute längst nicht mehr allein die Staaten und – 1
historisch bedingt – einige andere Völkerrechtssubjekte wie der Heilige Stuhl oder der
Souveräne Malteser Ritterorden.[1] An ihre Seite sind seit Beginn des 20. Jh in ständig
wachsender Zahl die *Internationalen Organisationen* (I.O.) getreten, die nicht nur den
Kreis der Völkerrechtssubjekte erheblich erweitern,[2] sondern die auch auf die Entwicklung des materiellen Völkerrechts in fast allen Bereichen maßgeblichen Einfluss genommen haben (vgl u Rn 19 ff). Es ist durchaus zutreffend, wenn der bekannte italienische
Völkerrechtler *Roberto Ago* meint, dass die I.O. das wohl bedeutsamste Phänomen in
der modernen Völkerrechtsentwicklung darstellen.[3]

Der Grund für den kometenhaften *Aufstieg der I. O.* liegt darin, dass der internatio- 2
nale Verkehr ohne institutionalisierte Formen der Zusammenarbeit immer weniger
vorstellbar ist.[4] Die I.O. sind deshalb die entscheidenden Elemente dieser Institutionalisierung, weil sie von ihren sie tragenden Mitgliedern zu nahezu beliebigen Zwecken
geschaffen und mit funktionsadäquaten Kompetenzen ausgestattet werden können. Angesichts einer verfestigten inneren Struktur und eigenen Willensbildung kann eine
kontinuierliche Aufgabenerledigung weitgehend gesichert werden. Das Ausmaß der Effizienz hängt freilich auch, wie noch zu zeigen ist, vom Umfang der übertragenen Aufgaben und davon ab, ob diese Aufgaben mehr spezieller oder eher allgemeinpolitischer
Natur sind.

2. Die Wurzeln: Von den Friedenskongressen und Verwaltungsunionen zum Völkerbund

Die Wurzeln der I.O. reichen tief in das 19. Jh zurück.[5] Sie gründen einmal in den von 3
den führenden europäischen Staaten *(Europäisches Konzert)* dominierten Friedenskongressen, deren Ziel es war, durch die Erhaltung oder Festlegung des Gleichgewichts
und den Ausschluss hegemonialer Bestrebungen den Frieden in Europa zu sichern.[6]

---

1 Zu diesen Völkerrechtssubjekten vgl <u>Kau</u>, 3. Abschn Rn 41 f.
2 *Mosler*, Die Erweiterung des Kreises der Völkerrechtssubjekte, ZaöRV 22 (1962) 1 ff.
3 *Ago*, International Law in a Changing World, 1965, 20.
4 *Mosler*, The International Society as a Legal Community, 1980, 175 ff.
5 Dazu mwN *Seidl-Hohenveldern/Loibl*, Internationale Organisationen, Rn 207 ff; *Kirgis*, International Organizations, 1 ff; *Wehberg*, Entwicklungsstufen der internationalen Organisationen, Friedens-Warte 52
(1954) 193 ff; *Klabbers*, The Life and Times of the Law of International Organizations, NJIL 70 (2001) 287 ff;
Herren, International Organizations, 1865-1945, in Oxford Handbook, 91 ff.
6 Vgl *Baumgart*, Vom Europäischen Konzert zum Völkerbund, 2. Aufl 1987, der für die Zeit von 1814/15 bis
1914 immerhin drei Kongresse und 24 Konferenzen aufführt.

Dadurch erhielt auch der schon in vielen philosophischen Entwürfen ausgebreitete Gemeinschaftsgedanke[7] politische Aktualität. 1867 soll der Begriff „International Organization" von *Lorimer* erstmals auf die europäische Staatengemeinschaft angewandt worden sein.[8] Neben diese prinzipielle Vision einer organisierten europäischen Staatengemeinschaft schob sich ein zweiter Wurzelstrang, aus dem die heutige Form der I.O. erwachsen ist. Es handelt sich dabei um die sog *Verwaltungsunionen*,[9] mit denen auf den gewaltigen technischen Fortschritt in der zweiten Hälfte des 19. Jh reagiert wurde. Erste Bsp sind die Internationale Fernmeldeunion (1865), der Weltpostverein (1874) und der Pariser Verband zum Schutz des gewerblichen Eigentums (1883).[10] Im Gegensatz zu den sich ad hoc zusammenfindenden Friedenskongressen beruhten diese Verwaltungsunionen auf einem zwischenstaatlichen Vertrag, waren also normativ verfestigt. Sie waren auf Dauer angelegt und konnten die laufenden Geschäfte durch ein ständiges Büro erledigen, ohne dass es der dauernden Präsenz von Vertretern der Mitglieder bedurfte. Die Aufgaben waren strikt zweckgebunden. Die Idee des *Funktionalismus* erlaubte es, einzelne Sachbereiche aus der allgemeinen Politik und ihren gegenläufigen nationalen Interessen herauszunehmen und sie einer adäquaten Lösung im allgemeinen Interesse zuzuführen.[11]

4   Eine rechtliche Verselbständigung dieser Verwaltungsunionen oder Büros von ihren Mitgliedern erfolgte in diesem Stadium noch nicht. Zu stark war die Vorstellung prägend, die die Völkerrechtsfähigkeit an das Element gebietlich umgrenzter Herrschaft band.[12] Immerhin zeigten bereits die verschiedenen *Flusskommissionen* (Rhein, Donau) an, deren Befugnisse freilich territorial gebunden waren, dass der Gedanke einer funktional-beschränkten Rechtsfähigkeit – im Unterschied zu der umfassenden Rechtsfähigkeit der Staaten – durchaus möglich war.[13] Damit bestand für die Entwicklung der I.O. ein weiterer Anknüpfungspunkt.

---

7 Zu denken ist dabei vor allem an die Konzeptionen des Naturrechts *(Pufendorf)* und der Aufklärung *(Kant)*. Von großer Bedeutung *Kant*, Zum ewigen Frieden, 1795.

8 Nach *Potter*, Origin of the Term International Organization, AJIL 39 (1945) 803ff soll der Ausdruck am 18.5.1867 in einem Vortrag vor der kgl Akademie in Edinburgh gebraucht worden sein.

9 *Reinsch*, Public International Unions, 1911; *Rapisardi-Mirabelli*, Théorie générale des unions internationales, RdC 7 (1925-II) 344ff; *Wolfrum*, International Administrative Unions, MPEPIL V, 335ff.

10 Näher *Bülck*, Strukturwandel der internationalen Verwaltung, 1962, 4ff.

11 Dazu *Ballreich*, Die Interdependenz Internationaler Organisationen, AVR 19 (1981) 121 (124ff); mit Fortentwicklungen bis zur Gegenwart auch *Klabbers*, Beyond Functionalism, in Cambridge Companion, 7 (8ff). Insgesamt können für den Beginn des 20. Jh 30 „Organisationen" gezählt werden; *Wallace/Singer*, Intergovernmental Organization in a Global System, 1815–1964: A Quantitative Description, International Organization 24 (1970) 239ff.

12 Vgl zB *Jellinek*, Die Lehre von den Staatenverbindungen, 1882, 178, 257; *von Toll*, Die internationalen Bureaux der allgemeinen völkerrechtlichen Verwaltungsvereine, 1910, 114f.

13 Vgl *Mosler* (Fn 2) 9f; *Tomuschat*, Die Internationale Gemeinschaft, AVR 33 (1995) 1 (13f); *Weiß*, Kompetenzlehre, 70ff.

Schmahl

Der entscheidende Durchbruch für eine von den Mitgliedstaaten getrennte, recht- 5
lich selbstständig handlungsfähige I.O. wurde mit dem Völkerbund (League of Nations,
Société des Nations) und der gleichzeitig ins Leben gerufenen Internationalen Arbeitsorganisation (ILO) erzielt.[14] Hier wurden auch die bis heute geltenden *Grundstrukturen*
(Organe, Willensbildung, Mitgliedschaft) festgelegt. Beide Institutionen zeigen auch,
dass einerseits die Idee der Organisation der Staatengemeinschaft mit allgemeinem politischen Aufgabenbereich (internationale Zusammenarbeit und Friedenswahrung) aufgenommen und andererseits die am Funktionalismus orientierte Aufgabenzuteilung
(Herstellung sozialer Gerechtigkeit durch Gestaltung entsprechender Arbeitsbedingungen) weiter praktiziert wurde.

Der *Völkerbund*[15] ging auf eine Anregung des amerikanischen Präsidenten *Woo-* 6
drow Wilson zurück und fand angesichts der Erschütterung, die der Erste Weltkrieg
dem bestehenden Staatensystem und den klassischen Vorstellungen von Krieg und Frieden zugefügt hatte, breite Zustimmung. Freilich erwies es sich als politischer Geburtsfehler, die Völkerbundsatzung den Pariser Vorortfriedensverträgen v 1919/20 einzugliedern und damit zumindest den Anschein zu erwecken, man wolle sie als Instrument
zur Disziplinierung der besiegten Mittelmächte benutzen. Der Eindruck von einer Sie-
gerorganisation wurde zumindest hierzulande auch dadurch gefördert, dass Deutschland erst 1926 in die I.O. aufgenommen wurde.[16] Zum politischen Misserfolg des Völkerbundes trug aber vor allem seine fehlende Universalität bei. Die USA ratifizierten trotz
der maßgeblichen Rolle, die ihr Präsident bei der Ausarbeitung der Völkerbundsatzung
gespielt hatte, die Friedensverträge nicht und traten der Satzung auch später nicht bei.
Die Sowjetunion wurde erst 1934 aufgenommen, aber bereits fünf Jahre später nach
dem Überfall auf Finnland wieder ausgeschlossen. Zu diesem Zeitpunkt hatten die Ach-
senmächte (Deutschland 1933, Japan 1935, Italien 1937) den Völkerbund bereits freiwillig
wieder verlassen.[17] Dem Völkerbund fehlte damit die politische Kraft, die vorgesehenen
Sanktionen gegen Friedensbrecher durchzuführen oder auch nur zu verhängen (Abes-
sinien-Konflikt 1935/36).

Gleichwohl wäre es unrichtig, dem Völkerbund ein völliges Versagen zu bescheini- 7
gen. Im sozialen und menschenrechtlichen Bereich gelangen ihm *wichtige Anfangserfol-*
ge, ohne die die spätere Entwicklung im Rahmen der UN nicht denkbar gewesen wäre;
dazu gehören auch, trotz aller Mängel und Zeitgebundenheiten im Einzelnen, das Man-
dats- und das Minderheitenschutzsystem. Das Wichtigste aber war wohl, dass mit dem

---

14 Zur Entwicklung dieser Jahre *ter Meulen*, Der Gedanke der Internationalen Organisation in seiner
Entwicklung, 3 Bde, 1917/1929/1940; *von Bernstoff*, Autorité oblige: The Rise and Fall of Hans Kelsen's Legal
Concept of International Institutions, EJIL 31 (2020) 497 (502 ff).
15 Ausführlich *Walters*, A History of a League of Nations, 2 Bde, 1952; *Schücking/Wehberg*, Die Satzung
des Völkerbundes, Kommentar, 3. Aufl 1931; *Tams*, League of Nations, MPEPIL VI, 760 ff.; Kolb (Hrsg),
Commentaire sur le Pacte de la Société des Nations, 2015.
16 Eingehend *Wintzer*, Deutschland und der Völkerbund 1918–1926, 2006.
17 Insgesamt sind 16 Staaten aus dem Völkerbund ausgetreten.

Schmahl

Völkerbund zum ersten Mal der Schritt von philosophischen Weltbundentwürfen zu einer vertraglich begründeten Institution praktisch vollzogen und wichtige Erfahrungen für ihre interne Organisation (Mitgliederversammlung/Bundesversammlung, kleineres Lenkungsgremium/Völkerbundsrat und ein ständiges Sekretariat) gesammelt wurden.[18] Besonders wichtig wurde auch die im Rahmen dieser I.O. erstmals verwirklichte Idee einer institutionalisierten Gerichtsbarkeit (Ständiger Internationaler Gerichtshof), die ergänzend neben die traditionelle Schiedsgerichtsbarkeit trat.[19] Insgesamt jedenfalls hatte sich ungeachtet aller offenbar gewordenen Schwächen die Idee einer Weltorganisation so durchgesetzt, dass an einen Neuanfang nach dem Zweiten Weltkrieg ohne eine entsprechende Organisation nicht zu denken war. Die Mission des Völkerbundes war erst erfüllt (1946), nachdem die UN ihre Arbeit aufgenommen hatten (1945).

3. Die Entwicklung nach 1945

8 Auch die UN[20] gingen aus der Siegerkoalition des Zweiten Weltkriegs hervor; noch heute weist der Wortlaut der UN-Charta (inzwischen freilich obsolet gewordene)[21] Spuren dieser Herkunft auf (Art 53, 107; sog Feindstaatenklauseln). Entscheidend geworden sind jedoch einerseits der bis an die Schwelle der 1990er Jahre die weltpolitische Lage prägende Ost-West-Konflikt, der die Rehabilitierung der besiegten Staaten erheblich beschleunigte, andererseits der Prozess der Dekolonisierung und die damit verbundene Akzentuierung eines Nord-Süd-Gegensatzes, dessen zwingender Ausgleich je länger er andauert, umso mehr Energie und Kosten in Anspruch nehmen wird.[22]

9 So viele Schwächen die UN immer aufweisen mögen, mit ihnen hat sich die Vorstellung einer die ganze Erde umspannenden *organisierten Staatengemeinschaft* endgültig durchgesetzt.[23] Dies kommt auch in der ihre universelle Aufgabe spiegelnden Mitglie-

---

18 Näher *Weiß*, Kompetenzlehre, 96 ff; *Schulz*, Laboratorium für eine friedlichere Welt, VN 2019, 243 (245 ff).

19 Vgl *Schröder*, 7. Abschn Rn 77 ff, 87 ff.

20 *Russell/Muther*, A History of the United Nations, 1958; Roberts/Kingsbury (Hrsg), United Nations, Divided World, 2. Aufl 1994; *Bertrand*, UNO. Geschichte und Bilanz, 1995; DGVN (Hrsg), Die Vereinten Nationen in ihren nächsten 50 Jahren – Ein Bericht der unabhängigen Arbeitsgruppe über die Zukunft der Vereinten Nationen, 1995; *Schlesinger*, Act of Creation: The Founding of the United Nations, 2003; *Ziring/Riggs/Plano*, The United Nations: International Organization and World Politics, 4. Aufl 2005; *Gareis/Varwick*, Vereinte Nationen; *Volger*, Geschichte der Vereinten Nationen, 2. Aufl 2008; *Chesterman/Johnstone/Malone*, United Nations.

21 Der Vorschlag *Kofi Annans* aus dem Jahr 2005, die Feindstaatenklausel auch formal zu streichen (vgl UN Doc A/59/2005 v 21.3.2005, § 217), ist – wie die meisten seiner Reformvorschläge – nicht in die Tat umgesetzt worden, vgl World Summit Outcome, A/RES/60/1 v 16.9.2005, § 177.

22 *Schrijver*, The Future of the Charter of the United Nations, MPYUNL 20 (2006) 1 (8 ff).

23 Instruktiver Rückblick zum 75. Jahrestag der UN am 26.6.2020 bei *Weiss*, Wie ein Phönix aus der Asche, VN 2020, 147 ff.

Schmahl

derzahl zum Ausdruck (2022: 193).[24] Die UN gelten als der *Prototyp der I. O.* schlechthin. In ihrem Umfeld, aber auch außerhalb haben sich die I.O. geradezu explosionsartig vermehrt. Dabei handelt es sich einmal um – regionale – Organisationen, die der allgemeinen politischen Zusammenarbeit gewidmet sind (zB Europarat, Organisation Amerikanischer Staaten/OAS, Afrikanische Union/AU als Nachfolgerin der Organisation für Afrikanische Einheit/OAU). Daneben gibt es *universelle* oder jedenfalls interkontinentale Organisationen, die einen begrenzten Zweck verfolgen und in der Tradition der Idee des Funktionalismus stehen, der – zumindest prinzipiell – die Entpolitisierung einzelner Sachbereiche erlaubt.[25] An diese Erfahrung hatte man bereits in den letzten Kriegsjahren mit der Gründung der Welternährungsorganisation/FAO, des Internationalen Währungsfonds/IMF und der Weltbank/IBRD sowie der Zivilluftfahrtorganisation/ICAO angeknüpft; diese Entwicklung wurde mit weiteren Schöpfungen später fortgeführt, deren wichtigste heute Sonderorganisationen der UN sind und damit zur UN-Familie gehören (vgl u Rn 229 ff). Der (neo-)funktionalistische Ansatz erwies sich aber auch auf regionaler Ebene als äußerst fruchtbar. Es entstanden eine Vielzahl *regionaler Organisationen* mit beschränkten, meist technisch oder wirtschaftlich determinierten Zwecken (zB Gemeinsamer Markt Südamerikas/Mercosur, Europäische Freihandelszone/EFTA, Europäische Wirtschaftsgemeinschaft/EWG), aber auch Verteidigungsorganisationen (Nordatlantikpakt/NATO, Warschauer Pakt), die trotz des generellen Gewaltverbots angesichts des von der UN-Charta und dem allgemeinen Völkerrecht unangetastet gebliebenen Rechts zur individuellen und kollektiven Selbstverteidigung gegen bewaffnete Angriffe zulässig bleiben.[26]

Es ist nicht verwunderlich, dass der Organisationsgrad, dh die Intensität der Institu- 10 tionalisierung, der Integration, auf regionaler Ebene wegen der dort häufig vorhandenen stärkeren Homogenität der Interessen und Rechtsvorstellungen höher ist als auf der globalen Ebene. Vor allem im *europäischen* Bereich sind Verfestigungen erreicht worden, die es notwendig machen, die EU als *Integrationsgemeinschaft* als besondere Kategorie der I.O. zu verstehen (sog Supranationale Organisationen). Vom Aufgabenumfang und von der Kompetenzausstattung her nähern sich diese Organisationen (vgl u Rn 249 ff), vor allem aus der Sicht von Drittstaaten, staatlichen Formen an.[27]

Die *Zahl* der I.O. liegt erheblich höher als die der Staaten. Eine Übersicht der Union 11 of International Associations[28] weist 289 (auf vertraglicher Absprache beruhende) I.O. für das Jahr 2019 (1960: 154) aus (vgl Übersicht 1); die BR Deutschland ist danach Mitglied

---

24 Eine aktuelle Auflistung der Mitgliedstaaten der UN – sowohl nach alphabetischer Ordnung als auch nach Regionalgruppen, Gebietsgröße, Bevölkerungszahl und Wirtschaftsleistung – findet sich in VN 2022, 44 ff.

25 *Mitrany*, A Working Peace-System, 1943.

26 ICJ Rep 1986, 14, 45 *(Nicaragua [Merits])*.

27 Vgl *Tomuschat*, Völkerrechtliche Grundlagen der Drittlandsbeziehungen der EG, in Hilf/Tomuschat (Hrsg), EG und Drittstaatsbeziehungen nach 1992, 1991, 141.

28 YIO 57 (2020/21), Vol 5, 27.

in 96 völkervertraglich begründeten I.O.[29] Aufgeführt werden weitere ebenfalls von Staaten getragene internationale Einheiten *(international bodies)*, deren Zahl mit 1.851 angegeben wird; dabei ist nicht alles völlig transparent. Dennoch geben diese Zahlen einen eindrucksvollen Hinweis auf die zunehmende institutionelle Vernetzung der Staaten.

Übersicht 1

Conventional international bodies		
A	Federations of international organizations	1
B	Universal membership organizations	37
C	Intercontinental membership organizations	39
D	Regionally orientated membership organizations	212
		289
Other international bodies		
E	Organizations emanating from places, persons, bodies	958
F	Organizations of special form	734
G	Internationally oriented national organizations	159
		1.851

Quelle: YIO 57 (2020/21), Vol 5, 27.

4. Definitionen und Abgrenzungen

12 Trotz unterschiedlicher Umschreibungen in der Literatur gibt es einen weitgehenden Konsens über die Voraussetzungen, die gegeben sein müssen, will man von einer I.O. sprechen. Dabei orientiert man sich im Wesentlichen an den den wichtigsten oben erwähnten Institutionen (zB Völkerbund, UN, ILO, Europarat) gemeinsamen Merkmalen. Danach kann eine *I.O. definiert* werden als ein auf völkerrechtlichem Vertrag beruhender mitgliedschaftlich strukturierter Zusammenschluss von zwei oder mehreren Völkerrechtssubjekten (meist Staaten), der mit eigenen Organen Angelegenheiten von gemeinsamem Interesse besorgt.[30] Die I.O. ist somit eine Rechtsfigur des Völkerrechts.

---

29 Ebd 67.

30 Vgl zB *Schermers/Blokker*, International Institutional Law, §§ 33ff; *Charpentier*, Institutions internationales, 17. Aufl 2009, 49f; *Epping*, in Ipsen (Hrsg), Völkerrecht, 7. Aufl 2018, § 8 Rn 2; *Doehring*, Völkerrecht, 2. Aufl 2004, Rn 202. Vgl auch The American Law Institute, Restatement of the Law, The Foreign Relations Law of the United States, Bd I, 1987, 221.

Schmahl

Gründer und Mitglieder von I.O. werden idR *Staaten* sein, doch ist die Beteiligung 13 anderer Völkerrechtssubjekte nicht grundsätzlich ausgeschlossen.[31] I.O. können Mitglieder anderer I.O. sein, sofern sie nach ihrem Gründungsvertrag diese Mitgliedsfähigkeit haben, die ihrerseits Völkerrechtssubjektivität voraussetzt. Aus dem Begriff der I.O. allein lässt sich allerdings auf die Völkerrechtspersönlichkeit nicht schließen; der I.O. muss vielmehr diese Eigenschaft von ihren Mitgliedern verliehen werden (s u Rn 93f).

Supranationale Organisationen (S.O.) unterscheiden sich von I.O. dadurch, dass sie 14 unmittelbare rechtliche Wirkungen nicht nur zwischen ihren Mitgliedern entfalten können, sondern auch innerhalb der Mitgliedstaaten, dh also, dass ihre Rechtsakte ohne irgendwie geartete Umsetzung direkt im Rechtsraum der Mitglieder angewendet werden können.[32] Rechtsakte der S.O. (etwa die Verordnungen der früheren EG und heutigen EU) sind somit fähig, den „Souveränitätspanzer" *(Bleckmann)* der Mitgliedstaaten zu durchschlagen, während die Rechtsakte (normaler) I.O. nur die Staaten verpflichten können, die diese Verpflichtung ihrerseits innerstaatlich an die ihrer Hoheitsgewalt unterliegenden Personen weitergeben müssen (zB Umsetzung von Embargobeschlüssen des UN-Sicherheitsrats durch innerstaatliches Recht). Damit erscheint die Souveränität der Mitgliedstaaten einer S.O. in einem neuen Licht;[33] das Problem verschärft sich noch beträchtlich, wenn diese die Souveränitätssperre durchstoßenden Rechtsakte auch ohne oder gegen den ausdrücklichen Willen des Mitglieds beschlossen werden können (Mehrheitsbeschlüsse). Dies bedingt aber wieder einen für S.O. charakteristischen (hohen) Rechtsschutzstandard. Überhaupt kommt dem Recht als Integrationsinstrument eine besondere Bedeutung zu.

Für I.O. wie für S.O. gilt gleichermaßen, dass ihnen nur die von dem sie tragenden 15 Gründungsstatut zugewiesenen Aufgaben zur Erledigung übertragen sind, wie breit dieser Funktionsbereich auch immer definiert sein mag. Beide haben *keine Aufgabenerfindungszuständigkeit;* ihnen fehlt die souveränen Staaten zukommende Fülle der Hoheitsgewalt und die darin mitumschlossene Kompetenz-Kompetenz.[34] Auch S.O. fehlt daher das entscheidende Merkmal der Staatlichkeit. Hieran halten auch der Maastrichter Vertrag über die Europäische Union (1992) und die Verträge von Amsterdam (1997), Nizza (2001) und Lissabon (2007) ausdrücklich fest.[35]

---

31 Zutr *Köck/Fischer,* Internationale Organisationen, 3. Aufl 1997, 57f; *Klabbers,* International Organizations Law, 9.

32 Dies ist das entscheidende Kriterium der Supranationalität, das die Angehörigen der Mitgliedstaaten neben diesen zu Rechtssubjekten dieser Ordnung macht, vgl EuGH, Slg 1963, 1, 24f *[van Gend & Loos];* auf die Weisungsunabhängigkeit der Mitglieder des rechtsetzenden Organs von den Mitgliedstaaten kommt es dabei nicht an. Näher *H. P. Ipsen,* Über Supranationalität, FS Scheuner, 1973, 211ff; *Capotorti,* Supranational Organizations, EPIL IV (2000) 737ff; *von Bogdandy,* Supranationale Union als neuer Herrschaftstypus, Integration 1993, 210ff; *Lindseth,* Supranational Organizations, in Oxford Handbook, 152ff; s u Rn 250.

33 *Mosler,* Der Vertrag über die Europäische Gemeinschaft für Kohle und Stahl, ZaöRV 14 (1951) 1 (27).

34 Vgl BVerfGE 75, 223, 242.

35 Vgl Art 5 Abs 1 Satz 1, Abs 2 EUV; s auch u Rn 250.

Schmahl

16   Die gegebenen Definitionen erlauben *Abgrenzungen* in verschiedenen Richtungen. So unterscheiden sich I.O. von anderen Formen vertraglicher Zusammenarbeit zwischen Völkerrechtssubjekten durch den höheren Grad an institutioneller Verfestigung und die grundsätzliche Verselbständigung (Differenzierung) des Willens der Organisation, ohne dass dies notwendig (freilich meistens) zu einer eigenen Völkerrechtssubjektivität führt.[36] Ein interessantes Bsp für einen sich beschleunigenden Institutionalisierungsprozess bietet die Konferenz für Sicherheit und Zusammenarbeit in Europa (KSZE), die allmählich aus dem Bereich bloß politischer Absprache in eine vertraglich verfestigte regionale Abmachung *(regional arrangement)* iSv Kap VIII UN-Charta und in eine einer veritablen I.O. jedenfalls sehr nahe kommende Struktur überführt wurde (OSZE).[37]

17   Ähnlichkeiten weisen I.O. zweifellos mit *Staatenbünden* auf, deren Mitglieder auch souveräne Staaten sind; wörtlich genommen kann man die meisten I.O. durchaus als „Staatenbünde" bezeichnen. Der Begriff ist heute jedoch in den Hintergrund getreten.[38] Auch der Sache nach hat die I.O. den Staatenbund weitgehend verdrängt. Ein Unterschied zu den klassischen Staatenbünden besteht wohl darin, dass diese ihre Zwecke nicht definieren mussten, während dies für die I.O. wesentlich ist.[39]

18   Eine Abgrenzung ist auch gegenüber den *nichtstaatlichen* I.O. vorzunehmen (Non-Governmental Organizations/NGOs bzw Nichtregierungsorganisationen/NROs).[40] Sie sind errichtet von Individuen oder privaten Verbänden, die sich mit gleich gesinnten Gruppen oder Verbänden aus anderen Staaten zusammenschließen. Entscheidend ist

---

36 Vgl auch *Klabbers,* Formal Intergovernmental Organizations, in Oxford Handbook, 133 (140 ff). Keine Verselbständigung haben Unter- oder Hilfsorgane von Organen I.O. erreicht (zB UNCTAD als Organ der UN-GV). Einen bemerkenswerten Wandel vom UN-Organ zur eigenständigen Organisation hat die UNIDO durchlaufen; vgl *Szasz,* United Nations Industrial Development Organization, EPIL IV (2000) 1132 ff.

37 Vgl Helsinki-Dokument 1992, Nr 25, Bull BReg 1992, 777 ff. Zur Umbenennung durch die Gipfelerklärung in Budapest vgl Bull BReg 1994, 1097; *Schweisfurth,* Völkerrecht, 2006, 390 f.; zur Institutionalisierung vgl *Fastenrath/Weigelt,* OSCE, MPEPIL VII, 1041 (Rn 5). Als bloß verstetigte Staatenkonferenz ohne eigene Völkerrechtssubjektivität qualifiziert indes der Bundesfinanzhof die OSZE, vgl BFHE 254, 33, Rn 12.

38 Ein neueres Bsp dürfte jedoch die 1991 gegründete „Gemeinschaft Unabhängiger Staaten" sein, in der sich derzeit 11 Republiken der ehemaligen Sowjetunion zusammengefunden haben; Gründungsdokumente in ILM 31 (1992) 142 ff; ferner EA 1992, D 302 ff.

39 So *Doehring,* Allgemeine Staatslehre, 3. Aufl 2004, Rn 174. Nach *Hobe,* Einführung in das Völkerrecht, 11. Aufl 2020, 124 ff ist der Zweck I.O. weniger umfassend als der von Staatenverbindungen herkömmlicher Art. Zur Abgrenzung von internationalen Regimen *Wesel,* Internationale Regime und Organisationen, 2012, 76 ff.

40 *Lador-Lederer,* Nichtstaatliche Organisationen und die Frage der Erweiterung des Kreises der Völkerrechtssubjekte, ZaöRV 23 (1963) 657 ff; *Rechenberg,* Non-Governmental Organizations, EPIL III (1997) 612 ff; *Otto,* Nongovernmental Organizations in the United Nations System, HRQ 18 (1996) 107 ff; Hofmann (Hrsg), Non-State Actors as New Subjects of International Law, 1999; *Hummer,* Internationale nichtstaatliche Organisationen im Zeitalter der Globalisierung, BerDGVR 39 (2000) 45 ff; *Müller-Terpitz,* Beteiligungs- und Handlungsmöglichkeiten nichtstaatlicher Organisationen im aktuellen Völker- und Gemeinschaftsrecht, AVR 43 (2004) 466 ff; *Fitschen,* Vereinte Nationen und nichtstaatliche Organisationen, in Volger (Hrsg), Grundlagen, 309 ff; *Rossi,* Legal Status of NGOs in International Law, 2010.

Schmahl

jedoch nicht die Mitgliedschaft, sondern die Funktion.[41] Die *NGOs* üben keine Hoheitsgewalt aus; sie unterstehen auch nicht dem Völkerrecht,[42] sondern sie *unterliegen einer
staatlichen Rechtsordnung.* Dies bedeutet keineswegs, dass sie auf die internationalen
Beziehungen ohne Einfluss sind.[43] Die in ihnen gebündelten Interessen und der dort
vorhandene Sachverstand machen sie oft zu gesuchten Gesprächspartnern. So ist der
UN-Wirtschafts- und Sozialrat (ECOSOC) ermächtigt, NGOs zu konsultieren, die sich mit
Angelegenheiten seiner Zuständigkeit befassen (Art 71 UN-Charta). Auch Satzungen von
anderen I.O. kennen entsprechende Vorschriften.[44] NGOs gibt es in fast allen Bereichen
(Politik: Interparlamentarische Union; Recht: Internationale Juristenkommission, International Law Association/ILA, Institut de Droit International/IDI; Arbeitsrecht: Interna-
tionale Föderation der Gewerkschaften bzw der Arbeitgeber; Kirche: Lutherischer
Weltbund, Innere Mission; humanitär: Amnesty International; Literatur: Internationaler PEN-Club; Sport: Internationales Olympisches Komitee/IOC; Umwelt: Greenpeace).
Für das Jahr 2019 wurden allein unter der Rubrik „Conventional international bodies"
9.940 NGOs gezählt (1960: 1255).[45] So sind auch die NGOs ein wichtiger Beleg für die
Zunahme internationaler Aktivitäten. Sie sind aber keine I.O. im hier behandelten
Sinn.

5. Der Einfluss der Internationalen Organisationen auf das Völkerrecht

Erscheinung und Tätigkeit der I.O. sind über die Erweiterung des Kreises der Völker- 19
rechtssubjekte hinaus für die *Weiterentwicklung des Völkerrechts* von maßgeblicher Bedeutung geworden.[46] Dies kann hier nicht umfassend und im Detail dargestellt werden;

---

41 *Schermers/Blokker*, International Institutional Law, § 47.
42 Für eine partielle Völkerrechtssubjektivität von NGOs allerdings *Hobe*, Der Rechtsstatus der Nichtregierungsorganisationen, AVR 37 (1999) 152 (171f); *Epping*, in Ipsen (Fn 30) § 8 Rn 19; *Krajewski*, Völkerrecht, 3. Aufl 2023, § 7 Rn 89, 144f.
43 Vgl A/58/817 v 11.6.2004 (Cardoso Report); ferner *Seidl-Hohenveldern/Loibl*, Internationale Organisationen, Rn 103; s auch u Rn 160.
44 Vgl etwa Art 12 UNESCO; Art 12 ILO; Art 13 FAO. – Auf der Grundlage von Beschlüssen des Ministerkomitees des Europarats ist eine Kooperation mit NGOs aufgenommen worden, vgl *Krieger*, The Conference
of International Non-Governmental Organisations of the Council of Europe, in Schmahl/Breuer (Hrsg),
Council of Europe, 314 (319ff). Auch der UN-Sicherheitsrat nimmt seit dem Jahre 2006 verstärkt (informellen) Kontakt mit NGOs im Rahmen der sog „Arria-Formula" auf, vgl UN Doc S/2006/507.
45 YIO 57 (2020/21), Vol 5, 27. – Zum Teil entstehen I.O. aus NGOs; Bsp: World Tourism Organization (1970/
75); näher dazu u Rn 233.
46 Das Lehrbuch von *Verdross/Simma*, Universelles Völkerrecht, 3. Aufl 1984 legt sogar der allgemeinen
Darstellung des Völkerrechts die „Verfassung der Vereinten Nationen" zugrunde und unterstreicht so
den Aspekt der sich verfassenden Staatengemeinschaft. Vgl auch *Schreuer*, The Waning of the Sovereign
State: Towards a New Paradigm for International Law, EJIL 4 (1993) 447ff und *Alvarez*, The Impact of International Organizations on International Law, 2017, 345ff, die beide auch einen Einfluss der I.O. auf die
Rechtsquellenlehre konstatieren. S u Rn 209.

zu vielfältig und zu funktionsspezifisch sind die Beiträge der einzelnen I.O. So sollen nur die wichtigsten generellen Einflüsse angesprochen werden.[47]

20   (1) Mit den I.O. haben sich die Möglichkeiten der internationalen *Kooperation* erheblich erweitert und intensiviert, was sich pazifizierend auf das Verhalten der Staaten auswirkt. Die mit der rechtlichen Verselbständigung der I.O. einhergehende Distanzierung vom (einzel-)mitgliedstaatlichen Willen gibt der Zusammenarbeit einen neuen Charakter und stärkt ihre Effektivität. Freilich haben die I.O. die zwischenstaatliche Kooperation nicht monopolisiert; sie vollzieht sich daneben in zahlreichen anderen Formen.[48] Die wachsende Zahl der I.O. weist jedoch auf das Bedürfnis nach gerade dieser besonders verfestigten Kooperationsform hin. Diese institutionalisierte Kooperation wird folgerichtig zunehmend an die aus dem internationalen (Finanz-)Verwaltungsrecht stammenden Prinzipien der „good governance" gebunden, die die I.O. sowohl im „Binnenraum" als auch gegenüber ihren Mitgliedern rechenschaftspflichtig („accountable") werden lässt.[49] I.O. müssen demnach demokratisch organisiert und transparent sein, den Grundsätzen der Gewaltenteilung entsprechen, fachlich korrekte, korruptionsfreie Entscheidungen treffen und in der Lage sein, die Satzungsziele umzusetzen.

21   (2) Von nicht zu überschätzender Bedeutung ist der Beitrag, den I.O. speziell zur Ausprägung der *Menschenrechte* und des Selbstbestimmungsrechts geleistet haben.[50] Es kann ohne weiteres das Urteil gewagt werden, dass diese das „klassische" Völkerrecht revolutionierenden Entwicklungen ohne das – gewiss nicht immer konzise – Drängen der UN kaum das Stadium politischer Maximen verlassen hätten und zu bindenden, den Handlungsspielraum der Staaten einschränkenden Völkerrechtsnormen erstarkt wären. Eine insoweit wichtige neuere Entwicklung ist die Etablierung der Strafgerichtshöfe zur Ahndung von Kriegsverbrechen und Verbrechen gegen die Menschlichkeit im ehemaligen Jugoslawien (1993) und in Ruanda (1994) durch den UN-Sicherheitsrat[51] und die

---

47 Vgl *Frowein*, Der Beitrag der Internationalen Organisationen zur Entwicklung des Völkerrechts, ZaöRV 36 (1976) 147 ff; *Schreuer*, Die Bedeutung Internationaler Organisationen im heutigen Völkerrecht, AVR 22 (1984) 363 ff. Vgl schon *Jenks*, The Common Law of Mankind, 1958, 190 ff; *Bennett/Oliver*, International Organizations, 2 ff.

48 Für die Etablierung grenzüberschreitend zusammenarbeitender Regionen empfiehlt *Lang*, Die normative Qualität grenzüberschreitender Regionen, AVR 27 (1989) 253 ff den Begriff der *soft institution*.

49 Vgl *Esty*, Good Governance at the International Scale: Globalizing Administrative Law, Yale LJ 115 (2005/06) 1490 ff; *Brown Weiss/Sornarajah*, Good Governance, MPEPIL, online (2013), Rn 63 ff. Auch die Reputation einer I.O. mag disziplinierend auf ihre Tätigkeiten wirken, vgl *Daugirdas*, Reputation as a Disciplinarian of International Organizations, AJIL 113 (2019) 221 ff.

50 Vgl *Kau*, 3. Abschn Rn 160 ff. – Ferner *O'Flaherty*, Human Rights and the UN, 2. Aufl 2002; *Gareis/Varwick*, Vereinte Nationen, 177 ff; *Shelton*, Human Rights, in Oxford Handbook, 249 ff; *Klein*, Vereinte Nationen und Selbstbestimmungsrecht, in Blumenwitz/Meissner (Hrsg), Das Selbstbestimmungsrecht der Völker und die deutsche Frage, 1984, 107 ff; *Hilpold*, Von der Utopie zur Realität – das Selbstbestimmungsrecht der Völker in Europa, JZ 2013, 1061 (1063 ff).

51 Vgl S/RES/827 v 25.5.1993 und S/RES/1166 v 13.5.1998 (Jugoslawien); S/RES/955 v 8.11.1994 (Ruanda). Beide Strafgerichtshöfe haben inzwischen ihre Tätigkeit beendet; die noch anfallenden Aufgaben werden vom

Verabschiedung des Statuts eines Internationalen Strafgerichtshofs in Rom (1998).[52] Hybride Tribunale, die – wie etwa der Spezialgerichtshof für Sierra Leone – eine gemeinsame Unternehmung der betroffenen Staaten mit den UN zur institutionalisierten Strafverfolgung darstellen,[53] stehen ebenfalls in dieser Linie.[54]

(3) Ganz unübersehbar ist die Leistung, wieder vor allem der UN, im Hinblick auf 22 die Etablierung des *Gewaltverbots*, das heute unbestritten nicht nur als vertragliche Satzungspflicht, sondern als zwingende Norm des allgemeinen Völkerrechts gilt.[55] Militärische Gewaltanwendung ist kein zulässiges Mittel mehr zur Lösung internationaler Konflikte. Ungeachtet der offenkundigen Schwierigkeiten, diesen Völkerrechtssatz tatbestandlich zu konturieren und überall durchzusetzen, ist das der klassischen Souveränitätsvorstellung immanente *ius ad bellum* aus dem Völkerrecht eliminiert. Die klare Verurteilung des Angriffskriegs wirkt sich zunehmend auch auf das völkerrechtliche Institut der Neutralität aus, da aus dieser Perspektive eine Äquidistanz zu Angreifer und Angriffsopfer kaum mehr vertretbar erscheint.[56] Hinzuweisen ist jedoch auf die freilich nicht unbestrittene Konsequenz, dass die verstärkte Bedeutung der Menschenrechte unter bestimmten Voraussetzungen den Einsatz auch militärischer Mittel zu ihrem Schutz zu rechtfertigen vermag.[57] Eine damit zusammenhängende (subsidiäre) Schutzverantwortung der Staatengemeinschaft verfolgt auch das Konzept der „Responsibility to Protect" (R2P).[58] Danach soll der Einsatz militärischer Gewalt als *ultimum remedium* zum Schutz elementarer Menschenrechte zulässig sein, wenn der Staat nicht fähig oder willens ist, deren Einhaltung zu garantieren. Die R2P ist allerdings noch kein völkerrecht-

---

Internationalen Residualmechanismus für die Ad-hoc-Strafgerichtshöfe übernommen, vgl S/RES/1966 v 22.12.2010.

52 Statut des Internationalen Strafgerichtshofs zur Ahndung von Völkermord, von Verbrechen gegen die Menschlichkeit und Kriegsverbrechen v 17.7.1998 (Text: BGBl 2000 II, 1393); vgl *Macke*, UN-Sicherheitsrat und Strafrecht, 2010; *Bock*, Mit Recht gegen Gewalt, VN 2022, 125 ff sowie *Schröder*, 7. Abschn Rn 46 f, 52.

53 Der Spezialgerichtshof für Sierra Leone beruht auf einem völkerrechtlichen Übereinkommen zwischen den UN und der sierra-leonischen Regierung v 16.1.2002 (wiedergegeben im Anhang zum Bericht des GS über die Errichtung dieses Spezialgerichtshofs v 4.10.2000: UN Doc S/2000/915).

54 Näher *Goldstone*, International Criminal Court and Ad Hoc Tribunals, in Handbook UN[2], 567 (572 ff); *Scheffer*, Criminal Justice, in Oxford Handbook, 282 ff.

55 Vgl *Bothe*, 8. Abschn Rn 3 ff. – Vgl ICJ Rep 1986, 14, 99 *[Nicaragua (Merits)]*, wo das satzungsrechtliche mit dem gewohnheitsrechtlichen Gewaltverbot gleichgesetzt wird; vgl auch das *Mauer*-Gutachten des IGH, ICJ Rep 2004, 136, Rn 87.

56 Vgl *Hobe* (Fn 39) 510; ferner *Schmahl*, Völker- und europarechtliche Implikationen des Angriffskriegs auf die Ukraine, NJW 2022, 969 (973). AA wohl *Bothe*, in Fleck (Hrsg), Handbook of International Humanitarian Law, 4. Aufl 2021, 612.

57 Zur sog humanitären Intervention vgl *Doehring* (Fn 30) Rn 1010 ff, 1048 mwN; krit *Bothe*, 8. Abschn Rn 22.

58 Vgl A/RES/60/1 v 16.5.2005, Ziff 138 f. Umfassend *Verlage*, Responsibility to Protect, 2009; *Rausch*, Responsibility to Protect, 2011; *Thakur*, The United Nations, Peace and Security: From Collective Security to the Responsibility to Protect, 2017; vgl auch die Beiträge im Themenheft 1-2 der Friedenswarte 88 (2013) und in Bellamy/Dunne (Hrsg), The Oxford Handbook of the Responsibility to Protect, 2016.

Schmahl

lich verbindliches Prinzip; insbes der SR hat das Konzept in der Resolution 1973 (2011) zum Einsatz in Libyen nur implizit angesprochen und ihm etwa im Rahmen des Syrien-Konflikts seit 2012 keine Beachtung geschenkt.[59]

23   (4) Maßgeblichen Einfluss haben I. O. auf das Recht der *wirtschaftlichen und sozialen Entwicklung und Zusammenarbeit* genommen. Insoweit ist stichwortartig auf Begriffe und Konzepte wie Freihandelszone, Zollunion, multilaterale Entwicklungshilfe, Solidaritätsrechte und Schutz arbeitender Personen vor Ausbeutung hinzuweisen.[60] Aus rechtspolitischer Perspektive gehören auch die Entwicklungsziele der UN (Millennium Development Goals, Sustainable Development Goals, UN-Migrationspakt, UN-Flüchtlingspakt)[61] als soft law in diese Reihe, wiewohl sie rechtlich unverbindlich sind.[62]

24   (5) Eine entscheidende Errungenschaft der I. O. ist die damit möglich gewordene institutionalisierte *Durchsetzung völkerrechtlicher Verpflichtungen*, mit der gegen Völkerrechtsverstöße konzentriert vorgegangen, die Durchsetzungschance also erhöht werden kann. Fast noch wichtiger aber ist, dass damit die Möglichkeit gegeben ist, die Bejahung des Unrechtscharakters der zu bekämpfenden Maßnahme auf eine breit konsentierte Grundlage zu stellen und die Durchsetzung von der Beurteilung einzelner Staaten unabhängig und dadurch glaubwürdiger zu machen, als es den traditionellen völkerrechtlichen Durchsetzungsmechanismen entspricht, bei denen der sich verletzt fühlende Staat zwangsläufig mit dem Ergreifen von Repressalien zum „Richter in eigener Sache" wird.[63]

25   (6) Weite Bereiche der zuvor auf ungeschriebenen Völkerrechtsnormen beruhenden Rechtsgebiete sind auf Initiative von Organen oder Hilfsorganen I. O. schriftlich fixiert worden. Die mit der *Kodifikation*[64] einhergehende Präzisierung des Normbestands erleichtert seine Anwendung und Auslegung. Der allmähliche Wandel des Völkerrechts

---

59 Vgl *Schmahl,* Responsibility to Protect, humanitäres Völkerrecht und internationale Strafgerichtsbarkeit, in Hilpold (Hrsg), Die Schutzverantwortung (R2P), 2013, 245 (254ff); aA *Geiß/Kashgar,* UN-Maßnahmen gegen Libyen, VN 2011, 99 (100); wohl auch *Verlage,* Die Sicherheitsratsresolution 1973 zum Fall Libyen, Die Friedenswarte 88 (2013) 63 (73ff).

60 Vgl *Bennett/Oliver,* International Organizations, 297ff, 358ff; *Wolfrum,* Ursprüngliche Aufgabenzuweisung und jetzige Aktivitäten der Vereinten Nationen, in ders (Hrsg), Die Reform der Vereinten Nationen, 1989, 129 (141ff); vgl *Kreuter-Kirchhof,* 6. Abschn Rn 110ff.

61 Vgl UN Doc A/RES/55/2 v 16.9.2000; A/RES/69/313 v 27.7.2015; A/RES/70/1 v 25.9.2015; A/RES/71/280 v 6.4.2017; A/RES/72/244 v 24.12.2017; A/73/12 v 26.6.2018; A/CONF.231/3 v 13.7.2018.

62 Zu Recht hat das BVerfG daher die Anträge auf Erlass einer einstweiligen Anordnung gegen die Unterzeichnung des UN-Migrationspakts und des UN-Flüchtlingspakts durch die Bundesregierung abgelehnt, vgl BVerfG, NVwZ 2019, 161, Rn 16ff *[UN-Migrationspakt].*

63 Näher *Klein,* Sanctions by International Organizations and Economic Communities, AVR 30 (1992) 101ff; s *Schröder,* 7. Abschn Rn 108ff.

64 Als Bsp solcher auf die Arbeit der ILC, eines UN-Hilfsorgans, zurückgehender Kodifikationen seien nur genannt: die Wiener Übereinkommen über diplomatische und konsularische Beziehungen (1961/ 1963), die Wiener Konvention über das Vertragsrecht (1969) und die Wiener Konvention über die Staatennachfolge in Verträge (1978). Vgl näher *Geck,* Völkerrechtliche Verträge und Kodifikation, ZaöRV 36 (1976) 96ff; *Klabbers,* International Organizations Law, 174ff. S auch u Rn 209.

zu einem immer mehr geschriebenen Recht führt zu einer stärkeren Juridifizierung des Völkerrechts und macht es damit der richterlichen Anwendung leichter zugänglich.[65]

(7) Es ist kein Zufall, dass die Diskussion über internationalen *ordre public* und *ius cogens* erst nach 1945 in Gang gekommen ist. Die *Identifizierung von Allgemeininteressen* hat eine institutionell verfestigte, auf Dauer angelegte Zusammenarbeit zur Voraussetzung, wird jedenfalls von ihr in erheblichem Maße begünstigt.[66] Dabei bedarf es freilich stets der weiteren Prüfung, auf welchem Wege und unter welchen Umständen die Gemeinwohldefinition normative Bedeutung erlangt; als Weltlegislative ist die UN-Generalversammlung keinesfalls zu qualifizieren. Aber es kann doch Konsens über Rechtswerte erzielt werden, deren Infragestellung nach einmal erfolgter Zustimmung schwierig ist und zumindest in Argumentationsnot führt. Die zunehmende Werthaftigkeit des Völkerrechts gibt Hinweise auf eine neue – nicht nur unproblematische – Entwicklungsstufe des Völkerrechts.[67]

(8) Eine charakteristische, mit den erwähnten Entwicklungen zusammenhängende Erscheinung des modernen Völkerrechts ist die (quantitative) Einschränkung des interventionsfreien Raumes *(domaine réservé)*. Die vielfache – gewiss zunächst freiwillig eingegangene – Bindung gewinnt mit der Einordnung in eine verfestigte, sich bei ihrer Willensbildung vom Willen des einzelnen Mitgliedstaats lösenden Institution aber auch eine andere Qualität. Dies wird bei S. O., bei denen man schon offen die *Souveränitätsfrage* stellt,[68] besonders deutlich, ist aber auch im Hinblick auf die UN immer klarer erkennbar. Belege dafür sind nicht nur die Zwangsmaßnahmen des Sicherheitsrats zur Abwehr von Aggressionen, sondern die weitergehenden Resolutionen des Sicherheitsrats bzgl der Einrichtung von Schutzzonen für die Kurden im Norden des Irak und das an Libyen gerichtete Verlangen, eigene, des Terrorismus beschuldigte Staatsangehörige zur strafrechtlichen Aburteilung an andere UN-Mitglieder auszuliefern.[69] Noch weiter gehen Sicherheitsratsresolutionen, die zur Abwehr terroristischer Aktivitäten die Beschränkung der Freiheitsrechte und das Einfrieren des Vermögens namentlich aufgeführter Individuen verlangen (sog *targeted sanctions;* vgl u Rn 152). Auch das Konzept

---

65 Vgl *Kämmerer*, 1. Abschn Rn 25 ff.
66 *Klein*, Statusverträge im Völkerrecht, 1980, 52 ff; *ders* (Fn 63) 102; *Frowein*, Das Staatengemeinschaftsinteresse, FS Doehring, 1989, 219 (222 f); *Brunnée*, Entwicklungen im Umweltvölkerrecht am Beispiel des sauren Regens und der Ozonschichtzerstörung, 1989, 125 ff; *Tomuschat*, International Law: Ensuring the Survival of Mankind in the Eve of a New Century, 2001, 78 ff; *Paulus*, Die internationale Gemeinschaft im Völkerrecht, 2001, 250 ff.
67 Vgl demgegenüber *Hobe* (Fn 39) 23 zur „Wertneutralität" des „klassischen" Völkerrechts.
68 Vgl Ress (Hrsg), Souveränitätsverständnis in den Europäischen Gemeinschaften, 1980; *Randelzhofer*, Staatsgewalt und Souveränität, in Isensee/Kirchhof (Hrsg), HdbStR II, 3. Aufl 2004, 143 (157 f). Jüngst *Hillgruber*, Vom souveränen Nationalstaat zur souveränen Europäischen Union?, JZ 2022, 584 ff.
69 Dazu mN *K. Ipsen*, Auf dem Weg zur Relativierung der inneren Souveränität bei Friedensbedrohung, VN 1992, 41 ff; *T. Stein*, International Measures against Terrorism as Sanctions by and against Third States, AVR 30 (1992) 38 ff; *ders*, Das Attentat von Lockerbie vor dem Sicherheitsrat der Vereinten Nationen und dem Internationalen Gerichtshof, AVR 31 (1993) 206 ff.

Schmahl

der Schutzverantwortung (R2P) zielt auf eine Einschränkung des interventionsfreien Raumes (vgl o Rn 22). Ungeachtet dieses Qualitätswandels der staatlichen Souveränität beruhen die UN ausdrücklich auf dem Prinzip der souveränen Gleichheit der Staaten (Art 2 Nr 1 UN-Charta), und die Staaten pflegen nach Erlangung ihrer Unabhängigkeit als Erstes den Antrag auf Aufnahme in die UN zu stellen, um damit „Brief und Siegel" auf ihre Souveränität zu erhalten.

28 Dies zeigt, dass es nicht um Entgegensetzung von Bindung und Souveränität, sondern um eine Synthese gehen muss. Ihr Gelingen, und das ist vielleicht das Wichtigste, was mit der Idee der I.O. erreicht wurde, setzt eine Rationalisierung, eine *„Versachlichung" des Staates*[70] voraus, keineswegs aber seine Auflösung und Verabschiedung.[71] Wo die Entmythologisierung des Staats hingegen nicht gelingt, scheitert die (internationale) Gemeinschaftsidee oder muss zwangsweise durchgesetzt werden. I.O. und Staaten sind daher sich wechselseitig beeinflussende Größen.

29 (9) Die hier sichtbare, zunehmende Verdichtung des Gesamtsystems (ergänzt durch viele Subsysteme), der Wandel von einer Staatengesellschaft zu einer Staatengemeinschaft[72] hat die UN – die als einzige Organisation dafür in Betracht käme – gleichwohl nicht zur *civitas maxima* werden lassen. Nach wie vor sind es die Staaten, die über Fortbestand oder Untergang der I.O. entscheiden. Ein *Weltstaat* ist mit den UN *nicht* errichtet worden,[73] und seine Errichtung wäre auch schwerlich wünschenswert. Selbst in S. O. bleiben die Mitgliedstaaten jedenfalls gemeinsam die „Herren der Verträge", und solange der einzelne Mitgliedstaat faktisch (und auch rechtlich wirksam) eine solche Gemeinschaft verlassen kann, dürfte dies als Probe auf seine ihm Völkerrechtsunmittelbarkeit garantierende Souveränität immer noch genügen.[74]

30 Eine *Hierarchisierung* der Staatengemeinschaft hat durch die UN daher *nicht* stattgefunden; die Staaten nutzen dieses Forum zwar, sind aber die wesentlichen Akteure geblieben.[75] Es ist auch zu keiner Hierarchisierung der I.O. durch die UN gekommen; der misslungene Ein- und Untergliederungsversuch des Völkerbundes ist nicht wiederholt worden.[76] Allerdings können sich Einwirkungsmöglichkeiten der UN auf der Grundlage

---

70 *Doehring*, Internationale Organisationen und staatliche Souveränität, FS Forsthoff, 1967, 105 (131).

71 *Klein*, Taking Sovereignty Seriously, Kutafin ULR 4 (2017) 292 ff.

72 *Mosler* (Fn 4) 11 ff; *Tomuschat* (Fn 66) 88 ff. Ausführlich *Paulus* (Fn 66).

73 Bis zum Angriffskrieg Russlands auf die Ukraine 2022, der die geopolitische Weltordnung der Nachwendezeit erheblich herausfordert, ist nach Wegfall des Ost-West-Konflikts die Rolle des UN-Sicherheitsrats zumindest prinzipiell gestärkt worden. Insoweit ist das – freilich einmalige – Treffen der Staats- und Regierungschefs der Sicherheitsratsmitglieder vom 31.12.1992 bezeichnend; vgl UN Doc S/23500.

74 *Randelzhofer* (Fn 68) 158. In Art 50 EUV ist das Austrittsrecht jetzt ausdrücklich garantiert; vgl dazu näher u Rn 78 und 80.

75 *Schreuer* (Fn 47) 403. Allerdings gibt es I. O., die durchaus Einfluss auf die Politik von Staaten ausüben, wozu vor allem die Weltbankgruppe (IBRD, IDA, IFC, MIGA und ICSID) sowie der IMF gehören; *Fatouros*, On the Hegemonic Role of International Functional Organization, GYIL 23 (1980) 9 ff; *Suchsland-Maser*, Menschenrechte und die Politik multilateraler Finanzinstitute, 1999.

76 Grundlage hierfür bot Art 24 der Völkerbundsatzung.

Schmahl

besonderer Abkommen ergeben, mit denen diese Partnerorganisationen den Status von „Sonderorganisationen" der UN erhalten (Art 57, 63). Ausübung und Abwehr solcher Einflussnahmen sind ein wichtiges Thema innerhalb der sog UN-Familie.[77] Wegen der Universalität der Mitgliedschaft in den UN kommt auch im Blick auf weitere I.O. der Wille der UN in den Fällen zum Tragen, in denen für die Mitglieder verbindliche Entscheidungen getroffen werden. Nach Art 103 UN-Charta gehen die aus ihr folgenden Verpflichtungen anderen übernommenen Vertragspflichten vor. Da die Mitgliedstaaten anderer I.O. in aller Regel auch UN-Mitglieder sind, müssen sie dafür Sorge tragen, dass diese (anderen) Organisationen keine Beschlüsse fassen, welche die ihre Mitglieder bindenden (Sicherheitsrats-) Entscheidungen konterkarieren. Die Organisationen ihrerseits werden auf diese für ihre Mitglieder verbindlichen Entscheidungen Rücksicht nehmen müssen.[78]

Angesichts der großen Anzahl I.O. kommt eine auch nur den Versuch einer umfassenden Bestandsaufnahme unternehmende Darstellung nicht in Betracht. Im Folgenden werden daher zwar die allgemeinen, für alle I.O. wesentlichen Grundfragen erörtert; ihre systematische Diskussion orientiert sich hierbei jedoch überwiegend an den *UN* als der wichtigsten I.O. auf globaler Ebene und dem *Europarat* als der für Gesamteuropa wichtigsten I.O. mit generellem Aufgabenbereich. Auch das Bsp der *EU* als Prototyp einer S.O. ist stets präsent. Dies schließt die Heranziehung interessanter anderer Bsp nicht aus, wo dies zum besseren Verständnis des Problems angezeigt erscheint. In ergänzenden Abschnitten (Rn 225 ff) wird dann nochmals unter verschiedenen Aspekten über die UN-Familie, den Europarat und die EU informiert. **31**

II. Das Recht der Internationalen Organisationen

1. Entstehung und Untergang Internationaler Organisationen
a) Der völkerrechtliche Gründungsakt
Die Grundlage einer I.O. ist immer ein *völkerrechtlicher Vertrag*, durch den sich die Vertragspartner verpflichten, eine Organisation zu schaffen, die gemäß den weiteren Vertragsbestimmungen funktionieren soll.[79] Die Zuständigkeit der Staaten, solche Institutionen zu errichten, folgt aus dem allgemeinen Völkerrecht; die Zuständigkeit bereits bestehender, am Gründungsvorgang beteiligter I.O. muss sich hingegen aus deren eigenem Gründungsvertrag ergeben. Die Entstehung der Organisation wird im gemein- **32**

---

77 Vgl u Rn 237.

78 *Klein* (Fn 63) 109; eingehend *Winkler*, Die Vereinten Nationen im Gefüge der internationalen Organisationen: Eine rechtsdogmatische Untersuchung, 2019, 287 ff. Zum Problem des Grundrechtsschutzes gegenüber Sanktionsmaßnahmen aufgrund bindender SR-Res u Rn 152.

79 Allg Ansicht; statt aller *Bindschedler*, International Organizations, General Aspects, EPIL II (1995) 1289; *P. Klein*, International Organizations or Institutions, Internal Law and Rules, MPEPIL VI, 27 (Rn 1 f). Zu den ganz wenigen, untypischen Ausnahmen in der Entstehung (insbes UNIDO) vgl Fn 36 sowie *Klabbers*, International Organizations Law, 11.

samen Zusammenwirken der beteiligten Völkerrechtssubjekte bewirkt (sog Gesamt-akt).[80]

33   Die Motivationen, die zur Gründung einer I.O. führen, sind so vielfältig wie die Auf-gaben, die I.O. wahrnehmen können.[81] Ein *Gleichklang der Interessen* muss allerdings vorhanden sein, der die Identifizierung eines entsprechenden Gemeinschaftszwecks voraussetzt. Je umfassendere Kompetenzen der I.O. eingeräumt werden sollen, desto höhere Anforderungen sind an die Homogenität der Interessen zu richten.[82]

34   Der *Abschluss* des Gründungsvertrags richtet sich nach dem allgemeinen Völkerver-tragsrecht; die Regeln der WVK finden Anwendung (Art 5).[83] Die gewählte Bezeichnung (zB Satzung, Charta, Konvention) ist ohne rechtliche Bedeutung (vgl Art 2 Nr 1 lit a WVK). Der Wille zur völkerrechtlichen Bindung wird regelmäßig durch Ratifikation zum Aus-druck gebracht werden. Im Einzelnen wird dies im Vertrag selbst festgelegt, wo auch der Depositar, bei dem die Ratifikationsurkunden zu hinterlegen sind, benannt wird.[84] Auch die Regelung des *Inkrafttretens* erfolgt durch den Vertrag selbst. Hierbei sind verschiede-ne Varianten denkbar. Voraussetzung kann die Ratifikation durch alle Gründungsmit-glieder sein; dies ist vor allem dort der Fall, wo eine enge Integrationsgemeinschaft ange-strebt wird und der anvisierte Gemeinschaftszweck nur durch die Mitwirkung aller Beteiligten erreicht werden kann (zB Art 357 AEUV; Art 54 EUV). Der Vertrag kann sich aber auch mit der Ratifikation durch eine geringere Anzahl von (Gründungs-)Staaten be-gnügen (Art 42 lit b Europaratssatzung: 7 Staaten). ZT gibt es qualifizierte Anforderun-gen, wenn die Teilnahme einzelner Staaten als unabdingbar betrachtet wird. So mussten zum Inkrafttreten der UN-Charta die fünf ständigen Sicherheitsratsmächte (China, Frankreich, Sowjetunion, Vereinigtes Königreich und USA) neben der Mehrheit der übri-gen Unterzeichnerstaaten ihre Ratifikationsurkunden hinterlegt haben (Art 110 Abs 3). Bei finanzaufwendigen Institutionen wird das Inkrafttreten meist zusätzlich vom Vorlie-gen einer ausreichenden Finanzausstattung abhängig gemacht.[85] Der Eintritt solcher Vo-raussetzungen kann lange Zeit in Anspruch nehmen.[86]

35   Vom Inkrafttreten des Vertrags streng zu unterscheiden ist das erst allmähliche, stufenweise Wirksamwerden einzelner Vertragsvorschriften.[87] Die damit eingeräumte *Übergangszeit* dient den Mitgliedstaaten und der I.O. dazu, sich auf die neuen Verhält-

---

80 *Mosler*, Die Aufnahme in internationale Organisationen, ZaöRV 19 (1958) 275 (305).
81 *Jordan*, International Organizations, 45 ff.
82 *Schermers/Blokker*, International Institutional Law, § 1617.
83 Verträge zur Gründung I.O. werden regelmäßig in intensiven diplomatischen Gesprächen und Staa-tenkonferenzen ausgehandelt. Zur Gründungsgeschichte der UN vgl etwa *Khan*, Drafting History, in Char-ter UN[3], Rn 1 ff; *Weber*, Entstehungsgeschichte der UN, in Handbuch VN, 110 ff.
84 ZB Art 110 UN-Charta: Regierung der USA; Art 42 lit a Europaratssatzung: Regierung des Vereinigten Königreichs; Art 54 Abs 1 EUV, Art 357 Abs 1 AEUV: Regierung Italiens.
85 Vgl Art 13 Abschn 3 IFAD. In Art 74 des Gründungsvertrags der IMO (früher IMCO) wird etwa zusätz-lich auf die Schiffstonnagekapazität abgestellt.
86 Im Fall der IMCO dauerte dies 10 Jahre (1948–1958).
87 Nicht klar getrennt bei *Seidl-Hohenveldern/Loibl*, Internationale Organisationen, Rn 409.

Schmahl

nisse einzustellen; idS war etwa die in Art 7 EGV aF (aufgehoben durch den Vertrag von Amsterdam) angesprochene Übergangszeit von 12 Jahren (ab 1958) konzipiert.

Mit dem Inkrafttreten des Gründungsvertrags ist die rechtliche Grundlage dafür ge- 36 geben, dass ein gemeinsamer rechtserheblicher, der Gemeinschaft zurechenbarer Wille gebildet werden kann. Es ist die *Geburtsstunde* der I.O. Die tatsächliche Aufnahme der Organisationstätigkeit setzt aber noch die Konstituierung der Organe, die Rekrutierung des Personals etc voraus. In diesem Stadium werden häufig Vorbereitungskommissionen tätig, um diese vorrangigen Aufbauarbeiten durchzuführen.[88]

b) Der Gründungsvertrag als „Verfassung" der Internationalen Organisationen

Freilich wäre es zu kurz gegriffen, allein den vertraglichen Charakter des Gründungs- 37 statuts hervorzuheben. Es enthält neben der gegenseitigen Verpflichtung der Vertragsparteien, eine I.O. zu schaffen, vor allem Regelungen über das Verbandsleben selbst, über die Rechtsbeziehungen in der I.O., also zwischen Organisation und Mitgliedstaaten, zwischen den Mitgliedstaaten als solchen und zwischen den Organen. Nach der Entstehung tritt naturgemäß gerade dieser Gesichtspunkt in den Vordergrund und bleibt bis zur Auflösung dominant. Die vertraglichen-rechtsgeschäftlichen Aspekte sind daher von den satzungsrechtlichen-normativen zu trennen. Die *satzungsrechtlichen Vorschriften* bilden die „Verfassung" der I.O.[89] Sie stellen innerhalb der Rechtsordnung der I.O. die oberste Normstufe dar (Primärrecht).

So anerkannt die Differenzierung zwischen vertrags- und verfassungsrechtlichen 38 Elementen auch ist, besteht doch keine völlige Einigkeit über die daraus zu ziehenden rechtlichen *Konsequenzen*. Zu weit geht es, den „verfassungsrechtlichen" Teil dem Völkerrecht zu entziehen und einer davon vollständig emanzipierten Rechtsordnung zuzuordnen.[90] Diese Auffassung übersieht, dass letztlich auch das Organisationsverfas-

---

88 *Schermers/Blokker*, International Institutional Law, § 1620.
89 Vgl *Rosenne*, Is the Constitution of an International Organization an International Treaty?, Communicazioni e Studi 12 (1966) 21ff; *Monaco*, Le caractère constitutionnel des actes institutifs d'organisations internationales, Mélanges Rousseau, 1974, 153ff; *Fassbender*, The United Nations Charter as Constitution of the International Community, Colum J Transnat'l L 36 (1998) 529ff; *Dupuy*, The Constitutional Dimension of the Charter of the United Nations Revisited, MPYUNL 1 (1997) 1ff; *Franck*, Is the U. N. Charter a Constitution?, FS Eitel, 2003, 95ff; *Peters*, Das Gründungsdokument internationaler Organisationen als Verfassungsvertrag, ZÖR 68 (2013) 1ff. Vgl auch EuGH, Gutachten 1/91: „Dagegen stellt der EWG-Vertrag, obwohl er in der Form einer völkerrechtlichen Übereinkunft geschlossen wurde, nichtsdestoweniger die grundlegende Verfassungsurkunde einer Rechtsgemeinschaft dar" (Slg 1991, I-6079, 6102 *[1. Gutachten zum EWR-Vertrag]*).
90 So aber *Miehsler*, Qualifikation und Anwendungsbereich des internen Rechts internationaler Organisationen, BerDGVR 12 (1973) 47 (65); anders *Bernhardt*, ebd 7ff; *Skubiszewski*, Remarks on the Interpretation of the United Nations Charter, FS Mosler, 1983, 891ff. – Der EuGH (Slg 1963, 1, 25 *[van Gend & Loos]*) hat die Gemeinschaft (heute: Union) als „eine neue Rechtsordnung des *Völkerrechts*" bezeichnet (Hervorhebung nur hier); vgl aber auch EuGH, Slg 1964, 1251, 1269 *[Costa/ENEL]*. Näher u Rn 114ff.

Schmahl

sungsrecht auf der völkerrechtlichen Vereinbarung beruht, die die Existenz der I. O. von dem gemeinsamen Willen der Mitgliedstaaten abhängig macht.[91] Wichtige Auswirkungen kann die Unterscheidung aber für die *Auslegung* der verschiedenen Teile des Gründungsvertrags haben.

c) Auslegung und Änderung des Gründungsvertrags

39 Als völkerrechtliche Verträge unterliegen die Gründungsverträge zwar in allen ihren Teilen den *Interpretationsregeln,* wie sie gewohnheitsrechtlich gelten und in Art 31 ff WVK kodifiziert sind. Die Regeln sind jedoch sehr abstrakt gefasst und lassen Raum für ganz unterschiedliche Akzentuierung. Vor allem gilt, dass ein Vertrag auch im Lichte seines Gegenstands und Zwecks *(object and purpose)* auszulegen ist; hieraus ergibt sich geradezu das Gebot, die Auslegung am Vertragsgegenstand und Vertragstyp zu orientieren.[92] Die satzungsrechtlichen und die rechtsgeschäftlichen Vertragsteile des Gründungsvertrags dürfen daher ihrer Natur entsprechend nicht über einen Interpretationsleisten geschlagen werden. Bei den „verfassungsrechtlichen" Bestimmungen des Gründungsvertrags, in denen das Gemeinschaftsinteresse, der Verbandszweck, im Vordergrund steht, kommt die teleologisch-funktionale Auslegung verstärkt zur Anwendung.[93] Dabei ist, bieten sich mehrere Möglichkeiten an, eine Interpretation zu wählen, die dem Vertragszweck am besten gerecht wird. Vor allem ist eine Auslegung zu wählen, die einer Vorschrift praktische Wirkung gibt *(effet utile-Regel).*[94] Auf derselben Ebene liegt die Heranziehung der *implied powers*-Regel; danach werden der Organisation diejenigen Befugnisse zuerkannt, die sie zur Erfüllung ihrer Aufgaben benötigt.[95]

40 Im Rahmen einer besonders stark integrierten Gemeinschaft (zB EU) schlagen diese Auslegungsprinzipien besonders deutlich zu Buche. Der EuGH hat den teleologischen *(effet utile)* Ansatz daher noch deutlicher als der IGH (bezogen auf die UN) akzentuiert.[96] Das wird auch in der ohnehin stark an den Rand gerückten Berücksichtigung der *tra-*

---

91 *Mosler* (Fn 80) 306: „Die Basis für die Existenz der Organisation bleibt der Vertrag"; *Klein,* Der Verfassungsstaat als Glied einer europäischen Gemeinschaft, VVDStRL 50 (1991) 56 (70, 165).

92 Vgl *Ress,* Wechselwirkung zwischen Völkerrecht und Verfassung bei der Auslegung völkerrechtlicher Verträge, BerDGVR 23 (1982) 7 (13 f).

93 *Skubiszewski* (Fn 90) 893 f; *Ress,* The Interpretation of the Charter, in Charter UN², Rn 34. Dazu auch ICJ Rep 1996, 66, 74 f. [*WHO-Nuklearwaffen-Gutachten*]; näher *Burci/Quirin,* in Ryngaert u a (Hrsg), Judicial Decisions, 102 (108 f).

94 Vgl abw Meinung des Richters *de Visscher,* ICJ Rep 1950, 128, 187 [*Südwestafrika-Gutachten*].

95 Vgl ICJ Rep 1949, 174, 182 [*Bernadotte*]; 1954, 46, 56. – Enthält der Gründungsvertrag eine Regelung wie Art 352 AEUV, nach der in weitem Umfang Ersatzzuständigkeiten zur Bewältigung der Aufgaben bei Bedarf zur Verfügung gestellt werden, bedarf es des Rückgriffs auf die *implied powers*-Lehre praktisch nicht; vgl *Oppermann/Classen/Nettesheim,* Europarecht, 9. Aufl 2021, § 11 Rn 11; *Haratsch/Koenig/Pechstein,* Europarecht, 13. Aufl 2023, Rn 159. – Vgl u Rn 190 f.

96 EuGH, Slg 1970, 825, 838 [*Leberpfennig*]; Slg 1979, 1629, 1642 [*Ratti*] – stRspr. Vgl *Oppermann/Classen/ Nettesheim* (Fn 95) § 9 Rn 176 ff. Krit BVerfGE 89, 155, 210.

Schmahl

vaux préparatoires deutlich; während der IGH diesen Rückgriff jedoch bei der Auslegung der UN-Charta keineswegs völlig verschmäht,[97] haben die Mitgliedstaaten die Vorarbeiten der Römischen Verträge unter Verschluss genommen und so bewusst einer dynamisch-evolutiven Interpretation den Weg geebnet.[98]

Schwierige Fragen treten bzgl der *Interpretationskompetenz von Organen* der I.O. auf.[99] ZT ist eine solche Kompetenz einzelnen Organen ausdrücklich im Vertrag zugewiesen. Dies gilt für die im Rahmen der Organisation etablierten richterlichen Organe, wobei über die Verbindlichkeit des Richterspruchs damit noch nicht gleichzeitig entschieden ist; IGH und EuGH unterscheiden sich insofern beträchtlich.[100] Bekannt sind auch die im IMF-Vertrag enthaltenen bindenden Interpretationskompetenzen für das Board of Governors.[101] Aber auch ohne derartige vertragliche Verankerung ist zu berücksichtigen, dass es gerade die Organe der I.O. sind, die die Bestimmungen des Vertrags anzuwenden haben; die tägliche Arbeit unter dem Vertrag führt zwangsläufig dazu, dass sie ihre eigenen Kompetenzen zu definieren und damit Auslegungsarbeit zu leisten haben.[102] Mit der Anerkennung dieser faktischen Einwirkung der Organpraxis auf den Gründungsvertrag ist allerdings ihre rechtliche Beachtlichkeit noch nicht gesichert. Hier kann Art 31 Abs 3 lit b WVK eine wichtige Brückenfunktion übernehmen. Um von der Organpraxis auf den – nach dieser Vorschrift notwendigen – Konsens der Vertragsstaaten schließen zu können, bedarf die Praxis der Konsistenz und Dauer und darf nicht auf den ausdrücklichen oder schlüssigen Widerstand eines der Mitgliedstaaten gestoßen sein.[103] Die die Organpraxis einerseits, das Verhalten der Mitgliedstaaten andererseits in Rechnung stellende Auslegung des Art 27 Abs 3 UN-Charta durch den IGH bietet hierfür ein Bsp.[104]

Aber auch dann, wenn der *Organpraxis* nicht über ein Auslegungs-*Agreement* der Mitgliedstaaten Einfluss auf die Interpretation des Gründungsvertrags verschafft werden

41

42

---

97 Vgl ICJ Rep 1959, 127, 140 f *[Aerial Incident]*; dazu *Ress* (Fn 93) Rn 24 f.

98 Vgl *Bleckmann*, Europarecht, 6. Aufl 1997, Rn 554. – Von besonderer Bedeutung ist bei I.O. die rechtsvergleichende Auslegung, die vor allem das öffentliche Recht der Mitgliedstaaten einbezieht; ausf *Ress*, Die Bedeutung der Rechtsvergleichung für das Recht Internationaler Organisationen, ZaöRV 36 (1976) 227 ff; *Sommermann*, Die Bedeutung der Rechtsvergleichung für die Fortentwicklung des Staats- und Verwaltungsrechts in Europa, DÖV 1999, 1017 ff.

99 Allg dazu *Schermers/Blokker*, International Institutional Law, §§ 1355 ff; *Sato*, Evolving Constitutions of International Organizations, 1996, 232 ff; *Klabbers*, International Organizations Law, 87 ff.

100 Während die Entscheidungen des EuGH grundsätzlich verbindlich sind, sind gerade die im internen Organisationsverhältnis dem IGH allein möglichen Gutachten unverbindlich.

101 Dazu *Simon*, L'interprétation judiciaire des traités d'organisations internationales, 1981, 33 ff.

102 *Miehsler* (Fn 90) 69; *Peters* (Fn 89) 16.

103 *Klein*, Vertragsauslegung und „spätere Praxis" Internationaler Organisationen, in Bieber/Ress (Hrsg), Die Dynamik des Europäischen Gemeinschaftsrechts, 1987, 101 (104 f); *Ress* (Fn 93) Rn 27 ff; *Karl*, Vertrag und spätere Praxis im Völkerrecht, 1983, 190 ff; *Fassbender* (Fn 89) 598. Vgl jüngst auch ILC, UN Doc A/CN.4/683, Third Report on Subsequent Agreements and Subsequent Practice in Relation to the Interpretation of Treaties (Special Rapporteur Georg Nolte) v 7.4.2015, Rn 96-98.

104 ICJ Rep 1971, 16, 22 *[Namibia-Gutachten]*.

kann, darf die Organpraxis bei der Auslegung nicht völlig unberücksichtigt bleiben.[105] Insoweit kann sie als ein ergänzendes Interpretationsmittel zur funktionalen Zweckbestimmung der I. O. iSv Art 31 Abs 1 und Art 32 WVK angesehen werden.[106] Sie gibt zumindest einen wichtigen Hinweis auf die Vertragsrealität, die der Interpret zur Kenntnis zu nehmen hat. Handelt es sich um die Auslegung einer „offenen" Vertragsnorm und bleibt die (ständige) Organpraxis im Rahmen des Wortlauts, so kommt ihr eine eigene Bedeutung zu. IdS hat der IGH zu Recht die seit Anfang an stets geübte Praxis der Generalversammlung berücksichtigt, im „Budget" gemäß Art 17 Abs 1 UN-Charta sowohl die administrativen als auch operationellen Aufgaben gemeinsam auszuweisen.[107]

43   Die *Änderung der Gründungsverträge* erfolgt nach den dort jeweils festgelegten Vorschriften. Dabei gibt es eine beträchtlich variierende Vielfalt der im Einzelfall zu erfüllenden verfahrensmäßigen Voraussetzungen.[108] Im Wesentlichen kann man unterscheiden zwischen Änderungen, die von Organen der I. O. zusammen mit den Mitgliedstaaten durchgeführt werden müssen, und Änderungen, die allein den Organen der I. O. obliegen.

44   Zur *ersten* Gruppe gehört Art 108 UN-Charta. Eine Änderung muss von 2/3 der Mitglieder der Generalversammlung[109] akzeptiert und von 2/3 der Mitgliedstaaten, darunter den fünf ständigen Mitgliedern des Sicherheitsrats, ratifiziert worden sein, um für alle Mitgliedstaaten in Kraft treten zu können. Vorgeschlagene Änderungen von Vorschriften der Europaratssatzung müssen zunächst vom Ministerkomitee akzeptiert und in ein Änderungsprotokoll aufgenommen werden, wobei je nachdem, um welche Vorschriften es sich handelt, das Komitee einstimmig oder mit 2/3-Mehrheit entscheidet (Art 20). Das Inkrafttreten (für alle Mitgliedstaaten) bedarf auch hier der Ratifikation durch 2/3 der Mitglieder.[110] Auch Art 48 EUV sieht ein Verfahren vor, das die politischen Organe der Union und die Mitgliedstaaten einbezieht.[111] Entscheidend ist zunächst, dass nach Anhörung des Europäischen Parlaments und der Kommission zu den vorgeschlagenen Änderungen der Europäische Rat (mit einfacher Mehrheit) über den Zusammentritt eines Konvents von Vertretern der nationalen Parlamente, der Staats- und Regie-

---

105 *Karl* (Fn 103) 169. – Dh nicht, dass sie nicht rechts*widrige* Praxis sein kann; so etwa ist die jahrzehntelange Verweigerung der Teilnahme südafrikanischer Regierungsvertreter an den Sitzungen der GV zu werten, vgl *Klein,* Zur Beschränkung von Mitgliedschaftsrechten in den Vereinten Nationen, VN 1975, 51 ff.
106 ILC, Third Report (Fn 103), Rn 98-102. Ähnlich *Venzke,* How Interpretation Makes International Law, 2012, 72 ff.
107 ICJ Rep 1962, 151 f *[Certain Expenses]; Ress* (Fn 93) Rn 31; *Skubiszewski* (Fn 90) 896 ff.
108 Ausf *Schermers/Blokker,* International Institutional Law, §§ 1159 ff; *Klabbers,* International Organizations Law, 77 ff; *Zacklin,* The Amendment of the Constitutive Instruments of the United Nations and Specialized Agencies, 1968 (Wiederveröffentlichung 2005).
109 Abzustellen ist auf den aktuellen Stand; *Witschel,* in Charter UN³, Art 108 Rn 32; *Schrijver,* The Future of the Charter of the United Nations, MPYUNL 10 (2006) 1 ff.
110 *Walter,* Interpretation of the Statute, in Schmahl/Breuer (Hrsg), Council of Europe, 23 (32).
111 Art 48 EUV sieht drei verschiedene Verfahren vor, wobei das Konventsverfahren nach Art 48 Abs 2 bis 5 EUV als ordentliches Änderungsverfahren gilt, während Art 48 Abs 6 bis 7 EUV zwei Varianten eines vereinfachten Änderungsverfahrens vorsieht, vgl *Oppermann/Classen/Nettesheim* (Fn 95) § 9 Rn 53 ff.

rungschefs der Mitgliedstaaten, des Europäischen Parlaments und der Kommission (vgl Art 48 Abs 3 UAbs 1 EUV) oder nach Maßgabe des Art 48 Abs 3 UA 2 EUV über den Zusammentritt einer Konferenz der Mitgliedstaaten zu beschließen hat. Die Vereinbarung der Vertragsänderung ist dann ausschließlich Sache der Konferenz der Mitgliedstaaten (Art 48 Abs 4 UAbs 1 EUV). Jede Vertragsänderung bedarf zu ihrem Inkrafttreten der Ratifikation durch alle Mitgliedstaaten.[112]

In der *zweiten* Gruppe führt die Entscheidung des die Mitgliedstaaten umfassenden 45 Organs der I.O. unmittelbar zur Vertragsänderung. Wir finden Bspe etwa bei Sonderorganisationen der UN, aber auch bzgl bestimmter Vertragsvorschriften beim Europarat und der EFTA.[113] Werden allerdings Vorschriften geändert, die die Stellung der Mitgliedstaaten betreffen, kommt hier das normale, auch die Mitgliedstaaten einbeziehende Änderungsverfahren zum Zuge.[114]

Treten Änderungen des Gründungsvertrags für alle Mitgliedstaaten in Kraft, obgleich 46 hierzu nur die Ratifikation einer Mehrheit erforderlich war, stellt sich die Frage nach der *Position der in Ablehnung verharrenden Mitglieder*. Die zugrunde liegende Überlegung in solchen Fällen ist offenbar die, dass die Fortentwicklung der I.O. nicht an die Zustimmung aller Mitglieder gebunden sein soll;[115] zu leicht könnte es andernfalls zu einer Zementierung des bestehenden Zustands kommen.[116] Auf der anderen Seite ist nicht davon auszugehen, dass die Staaten bei der Gründung oder bei einem späteren Beitritt ihre Bereitschaft zum Ausdruck bringen wollen, der Organisation auf Dauer anzugehören, ganz unabhängig davon, welchen Weg sie nimmt. Nicht akzeptierten Vertragsänderungen können sich die einzelnen Staaten daher durch *Austritt* entziehen. Für die UN ist dies in einer interpretativen Erklärung ausdrücklich festgehalten.[117] Jedenfalls insoweit ist es nicht notwendig, von unabänderbaren Inhalten eines Gründungsvertrags auszugehen, um die einer Vertragsänderung widersprechende Mitgliedstaatenminderheit vor ungewollten und beim Beitritt unvorhergesehenen grundlegenden Veränderungen zu schützen.[118]

---

112 Vgl Art 48 Abs 4 UAbs 2 EUV. Auch Art 54 EUV geht von der Ratifikation durch alle Mitgliedstaaten aus.

113 ZB Art 7 lit a IMF; Art 41 lit d Europarat; Art 3 Abs 5, Art 4 Abs 5, Art 5 Abs 7 EFTA.

114 Vgl *Klein,* United Nations, Specialized Agencies, MPEPIL X, 489 (Rn 15 f).

115 Vgl *Fassbender* (Fn 89) 578 f.

116 Es bliebe dann nur die Gründung einer neuen I.O. durch einige der Mitgliedstaaten mit allen schwierigen rechtlichen und faktischen Folgen des Nebeneinanderbestehens beider Organisationen, vgl Art 30 WVK.

117 Vgl Committee I/2: UNCIO VII, 267: Keinem Mitgliedstaat werde der Austritt verwehrt, „if its rights or obligations [...] were changed by Charter amendment in which it has not concurred and which it finds itself unable to accept"; näher *Witschel,* in Charter UN³, Art 108 Rn 41 f. – In einzelnen Sonderorganisationen (ICAO, Art 94) kann das Plenarorgan festlegen, dass Mitgliedstaaten, die innerhalb einer bestimmten Frist nicht ratifizieren, aus der I.O. ausscheiden. Eine Sonderregelung trifft Art 48 Abs 5 EUV.

118 So aber *Frowein,* Are there Limits to the Amendment Procedures in Treaties Constituting International Organisations?, FS Seidl-Hohenveldern, 1998, 201 (215 ff); ihm folgend *Ruffert/Walter,* Institutionalisiertes Völkerrecht, Rn 134.

Schmahl

47   Eine schwierige Frage ist, ob sich die *Mitgliedstaaten gemeinsam über* die im Gründungsvertrag vorgesehenen *Änderungsregeln hinwegsetzen* können. Dafür spricht die
allgemeine, in Art 39 WVK enthaltene Regel, wonach die Vertragsstaaten durch völkerrechtliche (auch nichtförmliche!)[119] Übereinkunft einen Vertrag ändern können, sowie
das in Art 54 WVK verbürgte Kündigungsrecht.[120] Demgegenüber wird für das Europäische Unionsrecht überwiegend die Einhaltung der Vertragsvorschriften (Art 48 EUV) als
zwingende Voraussetzung einer Änderung gefordert.[121] Dieser Auffassung dürfte auch
der EuGH sein,[122] der im Verfahren der Aufsichtsklage (Art 258 AEUV) oder der Vor-
abentscheidung (Art 267 AEUV) Gelegenheit haben könnte, die (Unions-) Rechtmäßigkeit
der von den Mitgliedstaaten beschlossenen Änderung zu überprüfen. Das Grundproblem ist jedoch, ob die EU eine solche Gemeinschaft bildet, in der ihre Mitglieder (bereits) die völkerrechtliche Dispositionsbefugnis über ihre Schöpfung verloren haben.[123]
Dies dürfte so lange zu verneinen sein, als die Europäische Union kein Staat ist.[124] Die
verbliebene Handlungsfähigkeit der Mitgliedstaaten müsste daher auch der EuGH in
Rechnung stellen. Hinzuzufügen ist allerdings, dass für die Mitgliedstaaten die hier erör-
terte Frage wenig praktisch ist, da sie auch in dem von Art 48 EUV vorgesehenen Verfahren eindeutig dominieren und der Unterschied zum freien „völkerrechtlichen" Verfahren gemäß Art 39 WVK gering ist. Immerhin ist der EGKS-Vertrag zweimal (1956 und
1957) unter Verstoß gegen seine Vorschriften (Art 96) geändert worden, wenngleich unter besonderen Umständen. Man hat dies, was problematisch ist, mit der Akquieszenz
der beteiligten Gemeinschaftsorgane rechtfertigen wollen.[125]

48   *Inhaltliche Grenzen* der Vertragsänderung haben Gründungsverträge bislang nicht
aufgestellt; differenziert wird zuweilen nur, wie erwähnt, zwischen einzelnen Vertragsbestimmungen im Hinblick auf das Änderungsverfahren.[126] Der EuGH hat aber in

---

119 Vgl das (Kammer-)Urteil des EGMR im Fall *Öcalan* v 12.3.2003 (EuGRZ 2003, 472 ff), wo der EGMR davon ausging, dass die Praxis der Konventionsstaaten im Bereich der Todesstrafe zu einer Übereinkunft
führen könne, durch welche die Todesstrafe – entgegen den ausdrücklichen Bestimmungen der EMRK
(vgl Art 2 Abs 1 Satz) – als abgeschafft zu betrachten sei (§ 191); hierzu *Breuer*, Völkerrechtliche Implikationen des Falles Öcalan, EuGRZ 2003, 449 (453); die Große Kammer hat die diesbezüglichen Ausführungen der Kammer gebilligt, vgl Urteil v 12.5.2005, § 163 (EuGRZ 2005, 463).
120 *Seidl-Hohenveldern/Loibl*, Internationale Organisationen, Rn 1538 ff; zurückhaltender *Schermers/
Blokker*, International Institutional Law, § 1163; *Ruffert/Walter*, Institutionalisiertes Völkerrecht, Rn 133.
121 Vgl mN *Meng*, in von der Groeben/Schwarze/Hatje (Hrsg), Europäisches Unionsrecht, 7. Aufl 2015,
Art 48 EU Rn 4; *Ohler*, in Grabitz/Hilf/Nettesheim (Hrsg), Das Recht der EU, 75. Lfg 2022, Art 48 EUV Rn 26;
Oppermann/Classen/Nettesheim (Fn 95) § 9 Rn 58. Vgl bereits *Everling*, Sind die Mitgliedstaaten der EG
noch Herren der Verträge?, FS Mosler, 1983, 173 (183); *Bernhardt*, Europäisches Gemeinschaftsrecht und
das Recht Internationaler Organisationen, FS Seidl-Hohenveldern, 1998, 25 (33 f).
122 Vgl EuGH, Slg 1976, 455, 478 *[Defrenne II]*; vgl auch EuGH, ECLI:EU:C:2012:756, Rn 46 ff *[Pringle]*.
123 Vgl auch mN *Ohler* (Fn 121) Art 48 EUV Rn 26.
124 Allg dazu *Meng*, Das Recht der Internationale Organisationen – Eine Entwicklungsstufe des Völkerrechts, 1979.
125 *Karl* (Fn 103) 349; einschränkend *Oppermann/Classen/Nettesheim* (Fn 95) § 9 Rn 59.
126 Vgl Rn 43 ff.

Schmahl

Rn 69–72 seines Gutachtens 1/91 zur Vereinbarkeit des EWR-Vertrags mit dem EWG-Vertrag ausgeführt, dass die Mitgliedstaaten auch durch eine Art 236 EWGV (Art 48 EUV) berücksichtigende Vertragsänderung (hier des Art 238 EWGV; Art 217 AEUV) die Reichweite des Art 164 EWGV (Art 19 Abs 1 EUV), die dem EuGH die Wahrung des Rechts der Gemeinschaft überträgt, nicht beeinträchtigen könnten.[127] Dieser Hinweis schränkt die Vertragsänderungskapazität der Mitgliedstaaten in einer nicht mehr begründbaren Weise ein.[128]

Nur kurz hinzuweisen ist darauf, dass verschiedentlich neben dem eigentlichen 49 Vertragsänderungsverfahren die Durchführung von *Revisionskonferenzen* vorgesehen ist. Sie sollen eine umfassende Überprüfung der Funktionsbedingungen der I. O. ermöglichen.[129]

Im Hinblick auf die meisten I. O. sind durch Vertragsänderungen keine wesentlichen 50 *Innovationsschübe* erfolgt.[130] Neuorientierungen sind eher durch die Gründung neuer I. O. als durch Vertragsänderung der alten Organisationen vorgenommen worden.[131] Eine Ausnahme bietet die Europäische Union. Hier ist durch die EEA, den Maastrichter und den Amsterdamer Vertrag sowie durch die Verträge von Nizza und Lissabon erheblichen Weiterentwicklungen der schon bestehenden Europäischen Gemeinschaften der Weg geebnet worden.[132] – Neue Wege der Vertragsänderung beschritt zunächst der durch die Erklärung von Laeken[133] eingesetzte „Konvent für die Zukunft Europas" (Europäischer Konvent); die Konventsmethode ist aufgrund des Vertrags von Lissabon nunmehr primärrechtlich in Art 48 EUV verankert.[134] Ziel der *Konventsmethode*[135] ist es, durch die Einbeziehung der nationalen Parlamente und des EP (neben Vertretern der Kommission sowie der nationalen Regierungen) der Vertragsänderung eine breitere demokratische Legitimation zu verleihen;[136] die Verhandlungen sind zudem öffentlich, was zu einem höheren Maß an Transparenz führen soll.

---

127 EuGH, Slg 1991, I-6079, 6111 f *[1. Gutachten zum EWR-Vertrag].*

128 Vgl *Brandtner,* The „Drama" of the EEA, EJIL 3 (1992) 300 (315); *da Cruz Vilaça,* Are There Material Limits to the Revision of the Treaties on the European Union?, 1995; vgl auch *Haratsch/Koenig/Pechstein* (Fn 95) Rn 76; *Ruffert/Walter,* Institutionalisiertes Völkerrecht, Rn 126.

129 Vgl Art 109 UN-Charta.

130 *Schreuer* (Fn 47) 363 ff; *Phillips,* Constitutional Revision in the Specialized Agencies, AJIL 62 (1968) 654 ff.

131 ZB Gründung der OECD (statt Änderung des OEEC-Vertrages).

132 Sowohl die EEA und der Maastrichter Vertrag als auch der Vertrag von Lissabon enthalten allerdings über die Änderung der Gemeinschafts- und Unionsverträge hinausgehende Vorschriften.

133 EU-Ratsdokument SN 273/01 v 15.12.2001.

134 Vgl Fn 111.

135 Sie fand erstmalig beim sog Grundrechte-Konvent Anwendung, der die Grundrechte-Charta (s u Rn 254) erarbeitete. Näher *Meyer/Hartlief,* Die Konventsidee, ZParl 2002, 368 ff; *Göler/Marhold,* Die Konventsmethode, Integration 2003, 317 ff.

136 Hierzu *Fischer,* Die Legitimation von supranationalen Organisationen, ZÖR 62 (2007) 323 (343 f); krit indes *Arnull,* The Future of the Convention Method, ELR 28 (2003) 573 f.

d) Untergang von Internationalen Organisationen

51 Der Untergang I.O. kann *vertraglich geregelt* sein. Dies gilt vor allem da, wo der Gründungsvertrag eine zeitliche Begrenzung enthält (Art 97 EGKSV: 50 Jahre).[137] Andere Verträge verknüpfen den Fortbestand der I.O. mit einer Mindestzahl von Mitgliedern (zB Art 25 Europäische Weltraumorganisation/ESA); zT wird dem Hauptorgan die freie Entscheidung über die Auflösung eingeräumt, wobei bestimmte Mehrheitserfordernisse zu beachten sind (zB Art 27 IMF).[138]

52 Meistens sehen jedoch die Gründungsverträge *Bestimmungen für ihre Auflösung* nicht vor; grundsätzlich werden I.O. ja auch zur dauerhaften Aufgabenerledigung errichtet. In diesen Fällen können die Mitgliedstaaten unter Rückgriff auf die Regeln des allgemeinen Vertragsrechts gemeinsam den Vertrag beenden und damit der I.O. ihre Basis entziehen (Art 54 lit b WVK). Die Vorschriften eines Vertrags über seine Änderung sind dabei nicht einzuhalten.[139] Bsp für die Auflösung I.O. bieten die IRO (1952), der Warschauer Pakt (1991) und der Rat für gegenseitige Wirtschaftshilfe/COMECON (1991) sowie die WEU (2011). Die Auflösung des Völkerbunds am 19.4.1946 erfolgte hingegen durch Beschluss der Versammlung (Mitgliederorgan), an dem sogar nicht einmal alle Mitglieder mitwirkten. Da kein Staat protestierte, kann man gleichwohl von einem Konsens ausgehen.[140] Nach diesen Grundsätzen könnten die Mitgliedstaaten auch die UN und den Europarat auflösen. Die zwingende Notwendigkeit eines Forums wie der UN für die Staatengemeinschaft führt freilich dazu, dass politisch eine Auflösung nur bei gleichzeitiger oder vorangegangener Gründung einer Ersatzorganisation denkbar ist – so wie die UN (seit 1945) bereits existierten, als der Völkerbund aufgelöst wurde.

53 Es ist eine viel diskutierte Streitfrage, ob die Mitgliedstaaten auch die *europäischen Integrationsverträge* einvernehmlich beenden können. Schon von Anbeginn an galten EG-Vertrag (Art 312), EAG-Vertrag (Art 208) und der Vertrag über die Europäische Union (Art 51 EU) „auf unbegrenzte Zeit". Dasselbe gilt auch für die Union nach Lissabon (Art 53 EUV, Art 356 AEUV). Verschiedentlich wurde daraus die rechtliche Unauflöslichkeit der supranationalen europäischen Organisation abgeleitet.[141] Dieser Auffassung stand und steht jedoch entgegen, dass die Mitgliedstaaten nach wie vor die tragenden Kräfte der Organisation und deshalb jedenfalls gemeinsam die „Herren der Verträge" geblieben sind.[142] Auch die EU ist nicht als Verband konzipiert, der eine neue verfas-

137 *Obwexer,* Das Ende der Europäischen Gemeinschaft für Kohle und Stahl, EuZW 2002, 517ff; *Grunwald,* Das Ende einer Epoche – das Erbe der EGKS, EuZW 2003, 193.
138 *Schermers/Blokker,* International Institutional Law, § 1629.
139 *Seidl-Hohenveldern,* Der Rückgriff auf Mitgliedstaaten in Internationalen Organisationen, FS Mosler, 1983, 881 (884f); *Köck/Fischer,* Internationale Organisationen, 3. Aufl 1997, 602.
140 *Kelsen,* The Law of the United Nations, 1951, 595.
141 Etwa *H. P. Ipsen,* Europäisches Gemeinschaftsrecht, 1972, 211; *Oppermann/Classen/Nettesheim,* 4. Aufl 2009, § 6 Rn 40ff.
142 *Dagtoglou,* Recht auf Rücktritt von den Europäischen Verträgen?, FS Forsthoff, 1972, 77ff; *Hofstötter,* in von der Groeben/Schwarze/Hatje (Fn 121), Art 53 EUV Rn 4; *Schmalenbach,* in Calliess/Ruffert (Hrsg), EUV/AEUV, 6. Aufl 2022, Art 356 AEUV Rn 2.

Schmahl

sunggebende Gewalt geschaffen hätte, deren Inhaber nur – in Ablösung der Völker der Mitgliedstaaten – das europäische Volk sein könnte; denn dieses gibt es nicht.[143] Im Übrigen ist jetzt ein Austrittsrecht in Art 50 EUV garantiert.[144]

Der *vollständige Wegfall des Mitgliederbestands*[145] führt ebenfalls zum Untergang 54 der I.O. Anders als im innerstaatlichen Recht, wo die rechtliche Beendigung einer juristischen Person des öffentlichen Rechts stets des gesetzlichen *actus contrarius* bedarf, ist die Existenz einer I.O. ohne Mitglieder nicht denkbar. Dies ist die Folge der Ableitung des Existenzrechts der I.O. aus dem Willen der Mitgliedstaaten. Hingegen führt die Inaktivität einer I.O. auch über längere Zeit nicht zu ihrem Untergang; die seit 1921 inaktive Europäische Donaukommission wurde zB erst 1948 in Folge der dann in Kraft getretenen Belgrader Donaukonvention von ihren Mitgliedern konkludent aufgelöst.[146]

Der *finanzielle Zusammenbruch* einer I.O., wie er etwa den Internationalen Zinnrat 55 im Jahr 1985 betraf,[147] wirft wichtige Fragen der Haftung der Organisation und des Haftungsdurchgriffs auf die Mitgliedstaaten auf.[148] Eine Zwangsauflösung der I.O. erfolgt damit aber nicht; ihre Existenz ist allein vom Willen ihrer Mitglieder abhängig.[149]

Da sich die sachlichen Aufgaben mit dem Untergang einer I.O. nicht erledigen, wer- 56 den oft *neue, aus der Sicht der Gründer verbesserte Organisationen* gegründet, die diese Aufgaben mitübernehmen (Völkerbund/UN; OEEC/OECD),[150] oder es werden sonstige Einrichtungen oder (Hilfs-)Organe mit entsprechender Zweckbestimmung geschaffen (an die Stelle der IRO trat der UN Hochkommissar für Flüchtlinge).[151] In allen Fällen der Auflösung stellt sich die Frage nach dem Schicksal der mit der Organisation verbundenen Rechte und Pflichten.

---

143 Vgl dazu BVerfGE 89, 155, 188 sowie erneut BVerfGE 123, 267, 404. S auch – mit anderem Akzent – *Everling* (Fn 121) 188 ff.

144 Hierzu BVerfGE 123, 267, 400 ff; *Ludewig*, Beendigungstatbestände als notwendige und dynamische Elemente der Mitgliedschaft in internationalen Organisationen unter besonderer Berücksichtigung von Art. 50 EUV, 2015, 184 ff. Zum „Brexit" vgl u Rn 78.

145 Durch Ausschluss, Austritt (dazu u Rn 77 ff) oder Untergang der Mitglieder. Entsprechendes gilt, wenn die Organisation nur noch ein einziges Mitglied hat, vgl *Ruffert/Walter*, Institutionalisiertes Völkerrecht, Rn 143.

146 Anders *Seidl-Hohenveldern*, Die Belgrader Donaukonvention von 1948, AVR 7 (1958) 253 (258 f); *Epping*, in Ipsen (Fn 30) § 8 Rn 28.

147 Vgl *Eisemann*, Crise du conseil international de l'etain et insolvabilité d'une organisation intergouvernementale, AFDI 31 (1985) 730 ff; *McFadden*, The Collapse of Tin, AJIL 80 (1986) 81 ff; *Kullmann*, Collapse of the 6th International Tin Agreement, GYIL 30 (1987) 205 ff; *Hartwig*, The International Tin Council (ITC), MPEPIL online, Rn 1 ff.

148 Dazu u Rn 101 ff.

149 Die Auflösung des Internationalen Zinnrats erfolgte erst im Sommer 1990 (FAZ v 2.8.1990, 9).

150 Vgl *Sands/Klein*, Bowett's Law of International Institutions, 532 ff.

151 *Melander*, International Refugee Organization, MPEPIL VI, 125 ff; *Feller/Klug*, Refugees, United Nations High Commissioner (UNHCR), MPEPIL VIII, 720 ff; *Schmahl*, in Zimmermann (Hrsg), The 1951 Convention Relating to the Status of Refugees and its 1967 Protocol, 2011, Art 1A Rn 72.

e) Sukzessionsfragen

57 Die *Rechtsfolgen der Auflösung* einer I. O. werden in den Gründungsverträgen selten behandelt. Eine Ausnahme bilden finanzwirksame Institutionen wie die Weltbank (IBRD), die Vorkehrungen für die Vermögensliquidierung bei Auflösung treffen.[152] Bei Nichtregelung ergibt sich aus allgemeinen Rechtsgrundsätzen, dass nach Abzug der Verbindlichkeiten das Restvermögen an die Mitgliedstaaten entsprechend ihren Beteiligungen zu verteilen ist. Die Rechte der I. O. und ihre Rechtsakte erlöschen bei Auflösung,[153] es sei denn, eine andere Institution rückt in die bisherige Rechtsstellung ein.

58 Dies war etwa der Fall im Verhältnis von *OEEC und OECD*. Art 15 OECD-Vertrag sieht die Kontinuität der Rechtspersönlichkeit der OEEC vor. Eine Rechtsidentität besteht jedoch nicht. Die OECD behielt sich vor, die Rechtsakte der OEEC im Einzelnen auf ihre Übernahme zu prüfen, und auch die Verträge mit den Bediensteten der alten Organisation wurden als aufgelöst betrachtet, konnten jedoch neu abgeschlossen werden.[154]

59 Im Verhältnis zwischen *Völkerbund und UN* kam es zu keiner derartigen Regelung. Allgemein politisch gesehen, sind die UN zwar an die Stelle des Völkerbunds getreten. Die Charta knüpft jedoch an keiner Stelle an die Völkerbundsatzung an, und die Generalversammlung hat es auch ausdrücklich abgelehnt, die politischen Funktionen des Völkerbunds zu übernehmen.[155] Nur im Einzelfall sind die UN in die Rechtsstellung des Völkerbunds eingerückt (partielle Funktionsnachfolge). Wichtig wurde insoweit zB die Fortführung des Mandatsvertrags, den Südafrika mit dem Völkerbund über Südwestafrika (Namibia) abgeschlossen hatte. Ausschlaggebend für die maßgebliche Entscheidung des IGH war, dass nach Art 80 UN-Charta die Generalversammlung die Aufgabe der Mandatsüberwachung wahrnehmen konnte und dazu offenbar gewillt war; eine wichtige Rolle spielte auch das statusrechtliche Element des Mandatsvertrags.[156] Im Übrigen führten die UN weder die Arbeitsverträge mit den Bediensteten des Völkerbunds fort, noch übernahmen sie die Verbindlichkeiten. Der Vermögensübergang (insbes Immobilien) des Völkerbunds wurde durch Abkommen zwischen beiden Organisationen geregelt.[157] – Für die am 23.7.2002 durch Zeitablauf untergegangene EGKS[158] wurde in einem Protokoll zum Vertrag von Nizza der Übergang des gesamten Vermögens sowie

---

152 Art 6 Abs 5 IBRD. Bei CERN finden sich Regelungen über Pensionszahlungen im Fall der Auflösung der Organisation in den Statuts et règlements de la caisse de pensions de l'Organisation européenne pour la recherche nucléaire (Art I 3.03 Abs 3), hierzu *Conforti/Dominicé/Ress*, Les obligations des Etats membres d'une organisation internationale à l'égard du système de pensions du personnel notamment en cas de dissolution de l'organisation ou de retrait d'un Etat membre – le cas du CERN, RGDIP 107 (2003) 801 ff.
153 Vgl *Schmalenbach*, International Organizations or Institutions, Succession, MPEPIL VI, 89 ff.
154 *Hahn*, Die Organisation für Wirtschaftliche Zusammenarbeit und Entwicklung (OECD), ZaöRV 22 (1962) 49 (53 ff); *Sands/Klein*, Bowett's Law of International Institutions, 534 f.
155 A/RES/24 (I) v 12.2.1946.
156 ICJ Rep, 1950, 128 ff *[Südwestafrika-Gutachten]*; vgl auch *Klein* (Fn 66 [Statusverträge]) 33 ff.
157 *Schermers/Blokker*, International Institutional Law, § 1673.
158 Vgl o Rn 51.

Schmahl

aller Verbindlichkeiten auf die EG vorgesehen.[159] Da der Vertrag von Nizza jedoch erst am 1.2.2003 in Kraft trat, wurde für die Übergangszeit durch Beschluss v 27.2.2002[160] eine Regelung getroffen, nach der das ehemalige Vermögen der EGKS, das mit Ablauf des EGKS-Vertrags an die Mitgliedstaaten zurückgefallen war, einstweilen von der Kommission verwaltet wurde. Mit Inkrafttreten des Vertrags von Lissabon am 1.12.2009 ging die EG unter, die EU trat ihre Rechtsnachfolge an (Art 1 Abs 3 Satz 3 EUV).[161]

Aus den bisherigen Vorgängen sind *nur recht grobe gewohnheitsrechtliche Vorgaben* 60 zu gewinnen.[162] Wie die Staatensukzession bleibt auch das Sukzessionsrecht I.O. ein weithin ungeklärtes Kapitel. Die recht verschiedenartigen Verhältnisse verlangen auf den Einzelfall abgestellte Regelungen. Je stärker diese aber dem Prinzip der Kontinuität Rechnung tragen, desto eher wird dem allgemeinen Gerechtigkeitsgedanken genügt.[163]

2. Die Mitgliedschaft in Internationalen Organisationen
a) Erwerb der Mitgliedschaft

Art 2 Europaratssatzung drückt aus, was für alle I.O. gilt: Wer Mitglied sein will, muss 61 zugleich *Vertragspartner des Gründungsvertrags* sein.[164] Diese Rechtsstellung kann von Anfang an gegeben sein oder später erworben werden.

Gründungsmitglieder sind diejenigen Vertragsparteien, die bei den Gründungsver- 62 handlungen mitgewirkt haben, so zB für EGKS, E(W)G und EAG Deutschland, Frankreich, Italien und die drei Benelux-Staaten. In Übernahme der Begrifflichkeit des Völkerbunds (Art 1) bezeichnet Art 3 UN-Charta einen etwas weiteren Kreis von Staaten als „ursprüngliche Mitglieder".[165] Eine rechtlich hervorgehobene Position ist damit nicht verbunden. Freilich können die Staaten, die an den Vertragsverhandlungen teilnehmen, ihre Vorstellungen unmittelbar einbringen, während spätere Mitglieder auf das meist schwierige Änderungsverfahren verwiesen sind.

Der *spätere Erwerb der Mitgliedschaft* wird nach Maßgabe des Gründungsvertrags 63 ermöglicht. Es gibt nur wenige I.O., deren Satzungen eine „geschlossene Gesellschaft" vorsehen.[166] IdR enthalten die Verträge eine *Beitritts- oder Aufnahmeklausel*, da der Organisationszweck meist besser mit einem größeren als kleineren Mitgliederkreis zu erreichen ist. Je nach Aufgabenstellung ist die Organisation global oder regional aus-

---

159 ABl EG 2001, Nr C 80/67.

160 ABl EG 2002, Nr L 79/42; berichtigt ABl EG 2002, Nr L 196/64.

161 Die EAG bleibt indes bestehen, vgl Protokoll zur Änderung des Euratom-Vertrags (ABl EU 2007, Nr C 306/197), dort auch zum Fortbestand der Rechtsakte.

162 *Sands/Klein*, Bowett's Law of International Institutions, 535 f.

163 Vgl *Lauterpacht*, The Development of International Law by the International Court, 1958, 293.

164 *Ginther*, Grundfragen der Mitgliedschaft in Internationalen Organisationen, BerDGVR 17 (1975) 7 ff.

165 Zu den Gründen *Fastenrath*, in Charter UN³, Art 3 Rn 2 ff.; ferner *Conforti*, The Law and Practice of the United Nations, 1997, 4.

166 So zB der Vertrag zur Gründung der Benelux-Wirtschaftsunion v 1958 (Text in Berber [Hrsg], Dokumente I, 1967, 591). Hieran ändert auch der am 17.6.2008 unterzeichnete neue Benelux-Vertrag nichts.

gerichtet. Zu den ganz offenen Organisationen gehören vor allem die UN und ihre Sonderorganisationen, zu den regional (beschränkt) offenen etwa der Europarat, die EU, Arabische Liga, OAS und AU. In beiden Fällen ist damit noch nicht gesagt, dass ein mitgliedswilliger Staat ohne Weiteres auch Mitglied wird. Die Organisation und ihre bisherigen Mitglieder möchten nämlich regelmäßig die *Kontrolle über den Mitgliederkreis* behalten. Die Aufnahme hängt daher von der Entscheidung über das Beitrittsgesuch ab, wobei bestimmte verfahrens- und meist auch materiellrechtliche Voraussetzungen aufgestellt werden (Art 4 Abs 2 UN-Charta, Art 49 EUV). Die Beitrittsklauseln sind also nicht iSe echten Vertrags zugunsten Dritter (vgl Art 36 WVK) gefasst.[167] Dies gilt auch im Fall des Europarats, wo erst die Einladung des Ministerkomitees ein vom beitrittswilligen Staat aktualisierbares Recht begründet (Art 4). Verschiedentlich ergibt sich allerdings aus der Mitgliedschaft in den UN ein Recht auf Mitgliedschaft in Sonderorganisationen (zB Art II.1 UNESCO).

64   Die *Aufnahmeprozedur in die UN*[168] wird eingeleitet durch ein Schreiben des Staatsoberhaupts oder Regierungschefs an den Generalsekretär, dem die Erklärung beigefügt ist, dass der Staat seine Pflichten aus der Charta erfüllen wird.[169] Die Aufnahme setzt voraus (Art 4 Abs 2), dass sowohl der Sicherheitsrat, wobei das Veto-Recht Anwendung findet (Art 27 Abs 3), als auch die Generalversammlung (2/3-Mehrheit, Art 18 Abs 2) zustimmen müssen. Kommt die zustimmende Empfehlung des Sicherheitsrats nicht zustande, kann die Generalversammlung nicht darüber hinweggehen und gleichwohl die Aufnahme beschließen; dh der vorgängige positive Beschluss des Sicherheitsrats ist unabdingbar.[170] Im Fall des *EU-Vertrags* (Art 49 EUV) sind in die Entscheidung über das Aufnahmegesuch alle drei politischen Unionsorgane eingebunden: nach Anhörung der Kommission und Zustimmung des Europäischen Parlaments entscheidet der Rat (Art 49 Abs 1 EUV). Zusätzlich bedarf es noch eines Vertragsabschlusses des Bewerberstaats mit den bisherigen Mitgliedern (Art 49 Abs 2 EUV). In allen Fällen behalten daher die Mitgliedstaaten unmittelbar oder durch das Mitgliederorgan der Organisation das entscheidende Wort.

65   Neben den verfahrensrechtlichen werden regelmäßig auch *materielle Voraussetzungen* der Aufnahme aufgestellt. So können häufig nur *Staaten* aufgenommen werden (UN, Europarat, EU). Ein allgemeiner Grundsatz, dass nur Staaten Mitglieder I.O. sein können, ergibt sich daraus aber nicht.[171] Es gibt durchaus Fälle, in denen *I. O.* Mitglieder

---

167 Dies ergibt sich auch da, wo zunächst „das Tor geöffnet" wird, aus den weiteren Vorschriften, vgl zB Art 1 Abs 2 Arabische Liga (Text in Berber [Fn 166] 816). Zum Ganzen *Mosler* (Fn 80) 275 ff. – Zum „Universalitätsprinzip" als Grundlage eines Beitrittsrechts s u Rn 68.

168 Grundsätzlich *Jaenicke*, Die Aufnahme neuer Mitglieder in die Organisation der Vereinten Nationen, ZaöRV 13 (1950) 291 ff; *Fastenrath*, in Charter UN³, Art 4.

169 Vgl das Aufnahmegesuch der BR Deutschland v 15.6.1973, in Bull BReg 1973, 738.

170 ICJ Rep 1950, 4, 8 ff *[Mitgliedschaft in den UN II]*.

171 *Schermers*, International Organizations as Members of Other International Organizations, FS Mosler, 1983, 823 ff. Vgl auch *Klabbers*, Advanced Introduction, 43 f.

Schmahl

anderer I.O. sind, so zB die EU im Internationalen Weizenrat, in der Nordwestatlantischen Fischereiorganisation, in der FAO und in der Welthandelsorganisation (WTO).[172] Mitglied des Europarats oder der UN kann die EU, da sie kein Staat ist, hingegen nicht sein.[173] Der Beitritt der EU zur EMRK wurde aber im Jahr 2010 durch Ergänzung des Art 59 EMRK ermöglicht,[174] und mit dem Vertrag von Lissabon hat die EU auch die verpflichtende Kompetenz zum Beitritt zur EMRK erhalten (Art 6 Abs 2 EUV). Der Entwurf eines Beitrittsabkommens ist vom EuGH allerdings im Dezember 2014 für unionsrechtswidrig erklärt worden.[175]

Ist die Staatsqualität Voraussetzung der Mitgliedschaft, so muss es sich dabei um **66** einen *unabhängigen, souveränen Staat* handeln.[176] Vorstufen der Staatlichkeit (Stadien vor der Unabhängigkeit) werden nicht akzeptiert; Befreiungsbewegungen, die verschiedentlich als Repräsentanten des Territoriums angesehen werden, können jedoch bestimmte Mitwirkungsrechte eingeräumt werden, die in manchen Unterorganen sogar zu voller Teilnahme berechtigen.[177] Prinzipiell nicht aufnahmefähig ist auch ein *Staatsteil* (Gliedstaat eines Bundesstaats). Es war ein politischer Kompromiss, der bei der Gründung der UN dazu führte, Weißrussland und die Ukraine neben der Sowjetunion als Gründungsmitglieder zu akzeptieren;[178] ein späterer Beitritt wäre schwerlich in Betracht gekommen. Das Auseinanderbrechen der Sowjetunion hat den Mitgliedstatus dieser beiden jetzt unabhängigen Staaten unberührt gelassen.

Während die UN auf Universalität angelegt sind, beschränken Europarat (Art 4) und **67** EU (Art 49 EUV) die Aufnahme neuer Mitglieder auf *„europäische* Staaten". Beide Organisationen verstehen diesen Begriff nicht nur geographisch, sondern auch unter historischem und kulturellem Aspekt.[179] Ein Beitrittsantrag Marokkos wurde von der EG unter Hinweis auf diese Sachlage abgelehnt.[180] Die Türkei wird als europäischer Staat angese-

---

172 *Wolfrum*, Internationale Organisationen, in Seidl-Hohenveldern (Hrsg), Lexikon des Rechts/Völkerrecht, 3. Aufl 2001, 189 (192); *Oppermann*, Die Europäische Gemeinschaft und Union in der Welthandelsorganisation (WTO), RIW 1995, 919 (922); *Mathias/Trengove*, Membership and Representation, in Oxford Handbook, 962 (967 f). Neben der I.O. sind zugleich oft auch deren Mitgliedstaaten selbst Mitglieder der anderen I.O., woraus sich zahlreiche Probleme der Mitwirkung ergeben können; vgl EuGH, Slg 1996, I-1469, 1497 ff *[Kommission/Rat]*.
173 Zum Problem *Pernice*, Die EG als Mitglied der Organisationen im System der Vereinten Nationen, EuR 1991, 273 ff. Vgl auch o Rn 13 sowie u Rn 250.
174 Vgl Art 17 des Protokolls Nr 14 v 14.5.2004, das nach langjährigem Widerstand Russlands am 1.6.2010 in Kraft trat.
175 EuGH, Gutachten 2/13, ECLI:EU:C:2014:2454; dazu vgl u Rn 254 mit Fn 920.
176 Vgl dazu auch das Gutachten des StIGH, Ser B, No 18 (1930) zum gewollten Beitritt Danzigs zur ILO. Mit der Begründung fehlender Unabhängigkeit (wegen der Anwesenheit kubanischer Truppen) verhinderten die USA 1976 den ersten UN-Aufnahmeversuch Angolas.
177 Dazu u Rn 89 f.
178 *Hazard*, Soviet Republics in International Law, EPIL IV (2000) 525 (527).
179 Vgl dazu Beschluss der Parlamentarischen Versammlung Europarat v 22.4.1992, HRLJ 1992, 230 und Bull EG, Beilage 3/92, 11.
180 EA 1987, Z 207.

hen. In den Europarat wurden neben Russland[181] und der Ukraine auch Armenien und Aserbaidschan als Mitgliedstaaten aufgenommen, deren Eigenschaft als „europäische Staaten" bisweilen angezweifelt wurde; klare Ablehnung besteht jedoch im Hinblick auf die fünf asiatischen Nachfolgerepubliken der Sowjetunion.[182] In ähnlicher Weise stellt die OAS (Art 2) auf amerikanische, die AU (Art 29 Abs 1) auf afrikanische, die Arabische Liga (Art 1) auf arabische Staaten ab.

68   Verschiedentlich werden *weitere materielle Voraussetzungen* der Aufnahme gefordert. Nach Art 4 UN-Charta können nur *friedliebende* Staaten UN-Mitglieder werden. Die damit verbundene Einschätzung obliegt den zuständigen Gremien (Sicherheitsrat, Generalversammlung) bzw den darin vertretenen Mitgliedern. In der Phase des Ost-West-Konflikts kam es mit dieser Begründung mehrfach zu entsprechenden Aufnahmeblockaden.[183] Zwar hat der IGH in einem Gutachten klargestellt, dass die Aufnahme von keinen anderen als von den in der UN-Charta selbst aufgeführten Voraussetzungen abhängig gemacht werden darf, also zB nicht von der gleichzeitigen Aufnahme eines weiteren Staates,[184] aber die Einschätzung, ob ein Staat in concreto friedliebend und die Pflichten aus der Charta zu erfüllen bereit ist, entzieht sich seiner Beurteilung. Die Ablehnung der Aufnahme wegen des Vetos eines ständigen Sicherheitsratsmitglieds oder fehlender Mehrheit ist daher rechtlich nicht zu überwinden. Dazu kann auch nicht auf das Universalitätsprinzip zurückgegriffen werden. Die grundsätzliche, von den Organisationszielen her anzustrebende Mitgliedschaft aller Staaten gibt kein Recht zum Beitritt.[185] Richtig bleibt freilich die Erkenntnis, dass die Aufgaben einer Organisation wie der UN nur bei einer mindestens quasi-universellen Mitgliedschaft realisiert werden können. Im Gegensatz zum Völkerbund erfüllen die UN mit derzeit 193 Mitgliedern jedenfalls diese Voraussetzung.[186]

---

181 Zum Ausschluss Russlands aus dem Europarat am 16.3.2022 vgl u Rn 239.

182 Kasachstan, Kirgisistan, Tadschikistan, Turkmenistan, Usbekistan.

183 Zur Blockade in den Jahren 1946–1955, die einerseits damalige Ostblockstaaten wie Albanien, Bulgarien, Rumänien und Ungarn, andererseits etwa Irland, Portugal und Spanien betraf und erst 1955 durch eine en bloc-Lösung (16 Aufnahmen) beendet wurde, vgl *Jaenicke* (Fn 168) 352ff; *Magliveras*, Membership in International Organizations, in Klabbers/Wallendahl (Hrsg), Research Handbook, 84 (87f). Zur zunächst durch die Aufnahmeanträge Vietnams und Südkoreas ausgelösten Blockade *Kirgis*, International Organizations, 140ff; *Klein*, Tätigkeit der Vereinten Nationen in völkerrechtlichen Fragen, AVR 17 (1978) 371 (376f); *ders*, Tätigkeit der Vereinten Nationen in völkerrechtlichen Fragen, AVR 18 (1979) 182 (187).

184 ICJ Rep 1948, 57 [*Mitgliedschaft in den UN*]. Dazu näher *Fry/Chong*, in Ryngaert u a (Hrsg), Judicial Decisions, 138 (152ff).

185 Anders *Czerwinski*, Das Universalitätsprinzip und die Mitgliedschaft in internationalen universalen Verträgen und Organisationen, 1974, 140ff. Die These wurde vor allem von DDR-Völkerrechtlern vertreten, etwa *Graefrath*, Das Recht der DDR auf Mitgliedschaft in der UNO, Deutsche Außenpolitik 1966, 664ff. *Oppermann*, Grundfragen der Mitgliedschaft in Internationalen Organisation, BerDGVR 17 (1975) 53 (71f) spricht immerhin von „wohl fundierten Anrechten" auf Beitritt.

186 Zuletzt trat der Südsudan nach seiner Sezession vom Sudan am 14.7.2011 den UN bei. Taiwan definiert sich (noch) selbst als Teil Chinas.

Ganz allgemein gilt, dass die beitrittswilligen Staaten bereit und in der Lage sein 69
müssen, die *Satzungspflichten* zu übernehmen. Da die USA die entsprechende Bereitschaft des wieder vereinigten Vietnams nicht erkennen konnten, verhinderten sie zunächst die Aufnahme.[187] Die Fähigkeit zur Erfüllung der Mitgliedspflichten könnte bei
sehr kleinen und wirtschaftlich sehr schwachen Staaten in Frage stehen. So hat der Völkerbund zB 1920 die Aufnahme Liechtensteins mit ebendieser Begründung abgelehnt.
Die UN sind in dieser Hinsicht sehr viel großzügiger verfahren. Insbes die Dekolonisierung hat zur Entstehung zahlreicher *Mikrostaaten* geführt, die, soweit beantragt, Mitglieder der UN geworden sind.[188] Auch Liechtenstein gehört seit 1990 den UN an.[189]

Bemerkenswert ist, dass verschiedentlich Satzungen regionaler Organisationen 70
über die vom allgemeinen Völkerrecht ohnehin geforderte Friedensbereitschaft hinaus
weitere Bedingungen aufstellen, die das *innerstaatliche System* betreffen.[190] Die regionalen Verbindungen sind meist integrationspolitisch stärker entwickelt; dies erfordert zumindest einen bestimmten Grad an übereinstimmenden Rechtsvorstellungen. So
muss nach Art 3 Europaratssatzung jedes Mitglied den Grundsatz der Vorherrschaft des
Rechts anerkennen und die Menschenrechte und Grundfreiheiten sichern.[191] Für die EU
gelten diese Voraussetzungen in erhöhtem Maß (Art 2 und 7 EUV).[192] Ein Staat, der keine
pluralistische rechtsstaatliche Demokratie ist, ist als Mitglied nicht denkbar.[193]

Ein Erwerb der Mitgliedschaft in einer I.O. durch *Staatennachfolge* findet idR nicht 71
statt, da es sich bei der Mitgliedschaft um ein „höchstpersönliches" Recht handelt, in das
andere Staaten nicht automatisch sukzedieren können.[194] Bricht ein Staat auseinander
und wird seine Rechtspersönlichkeit nicht fortgeführt *(Dismembration)*, so können auch
seine Mitgliedschaften von den Nachfolgestaaten nicht weitergeführt werden; diese

---

187 *Kirgis*, International Organizations, 146; *Conforti* (Fn 165) 34.

188 Vgl *Ginther* (Fn 164) 25 ff; *Kokott*, Micro-States, EPIL III (1997) 362 ff. Kleinster Mitgliedstaat ist seit
1993 Monaco (1 qkm).

189 *Klabbers*, International Organizations Law, 94 f. Eine Übersicht über den Mitgliederstand der UN findet sich u a jeweils im ersten Heft eines neuen Jahrgangs der Zeitschrift Vereinte Nationen. Zum Stand
2022 vgl Fn 24.

190 Eingehend *Duxbury*, The Participation of States in International Organisations, 2011.

191 Zu den Beitrittskriterien vgl auch die Wiener Erklärung der Staats- und Regierungschefs v 9.10.1993,
EuGRZ 1993, 484 ff.

192 Sie finden eine Konkretisierung in den sog Kopenhagener Kriterien, Bull BReg 1993, 629, 632. Auf diese Kriterien wird in Art 49 Abs 1 Satz 4 EUV Bezug genommen.

193 Vgl *H. P. Ipsen*, Über Verfassungs-Homogenität in der EG, FS Dürig, 1990, 159 ff; *Frowein*, Die rechtliche Bedeutung des Verfassungsprinzips der parlamentarischen Demokratie für den europäischen Inte-
grationsprozeß, EuR 1983, 301 ff. Zu den gegenwärtigen rechtsstaatlichen Defiziten mancher Unionsstaa-
ten vgl u Rn 85.

194 Allgemein *Zimmermann*, Staatennachfolge in völkerrechtliche Verträge, 2000, 589 ff; *Dahm/Delbrück/
Wolfrum*, Völkerrecht, Bd I/1, 2. Aufl 1989, 168; *Schermers*, Succession of States and International Organizations, NYIL 6 (1975) 103 ff. Die am 6.11.1996 in Kraft getretene, in vielen Teilen problematische Wiener
Konvention über Staatensukzession bei Verträgen v 1978 (Text: ZaöRV 39 [1979] 259 ff) bezieht sich auch
auf Gründungsverträge (Art 4).

müssen vielmehr neu aufgenommen werden. Dies gilt etwa für den Fall der ehemaligen *Tschechoslowakei;* die am 1.1.1993 neu entstandenen Staaten Tschechien und Slowakei mussten das Aufnahmeverfahren in UN und Europarat neu durchlaufen.[195] Entsprechendes gilt für das ehemalige *Jugoslawien.* Die UN haben sich zu Recht auf den Standpunkt gestellt, dass der Staat Jugoslawien untergegangen ist und alle neu entstandenen (Nachfolge-) Staaten die Aufnahme in die Organisation beantragen müssen; demgemäß wurde es der BR Jugoslawien (Serbien und Montenegro) verwehrt, weiter den Sitz Jugoslawiens einzunehmen.[196] Serbien/Montenegro ist aufgrund eines Gesuchs vom 27.10.2000 in die UN im regulären Verfahren aufgenommen worden.[197] Nach seiner Unabhängigkeitserklärung von Serbien ist Montenegro den UN am 28.6.2006 als eigenständiger Staat beigetreten. Schwieriger ist die Situation im Hinblick auf die ehemalige *Sowjetunion* zu beurteilen. Die verschiedenen unabhängig gewordenen Republiken (zB Armenien und Georgien) sind – mit Ausnahme Weißrusslands und der Ukraine, die Gründungsmitglieder der UN sind – als neue Mitglieder in die UN aufgenommen worden. Nicht war dies jedoch der Fall für die Russische Föderation, deren Präsident dem UN-Generalsekretär mit Schreiben vom 24.12.1991 mitteilte, dass Russland die Mitgliedschaft der Sowjetunion im Sicherheitsrat und allen anderen Organen der UN mit Unterstützung der 11 Mitgliedstaaten der GUS aufrechterhalte und alle Rechte und Pflichten der Sowjetunion gemäß der UN-Charta beibehalte. Die UN und ihre Mitgliedstaaten haben dagegen nicht protestiert.[198] Man kann dies als (problematischen) Verzicht der Organisation und ihrer Mitglieder auf das Aufnahmeverfahren sehen, der politisch freilich wegen der prekären Vakanz eines ständigen Sicherheitsratssitzes sinnvoll war.[199] Ein-

---

195 Vgl die Res der GV v 19.1.1993, A/RES/47/221 und A/RES/47/222.

196 A/RES/47/1 v 22.9.1992; dazu *Partsch,* Belgrads leerer Stuhl im Glaspalast, VN 1992, 181ff; *Hummer/ Mayr-Singer,* Die Bundesrepublik Jugoslawien, AVR 38 (2000) 298ff; *Wood,* Participation of Former Yugoslav States in the United Nations and in Multilateral Treaties, MPYUNL 1 (1997) 231ff. Ein weiteres Bsp ist der Zerfall der Mali-Föderation 1960.

197 S/RES/1326 (2000); A/RES/55/12. Die Rechtsauffassung der UN-Organe ist widersprüchlich. Der IGH (ICJ Rep 1996, 595, 610 und ICJ Rep 2003, 7, 31 *[Völkermordkonvention I und II]*) ging von einer *sui generis*-Situation in der Zeit zwischen 1992 und 2000 aus; idS auch das Jugoslawien-Kriegsverbrecher-Tribunal im Fall *Milutinovic* (Az IT-99-37-PT), Entscheidung v 6.5.2003, Rn 44. Später stellte der IGH allerdings klar, dass die Charakterisierung als *sui generis*-Situation in einem rein deskriptiven Sinne gemeint gewesen sei, und entschied, dass der Staat Serbien und Montenegro im Jahre 1999 nicht Mitglied der Vereinten Nationen gewesen sei, vgl ICJ Rep 2004, 279ff *[Kosovo-Einsatz]*. In seiner Entscheidung zum kroatischen Völkermord-Verfahren judizierte der IGH indes, dass die Klage Kroatiens zwar zum Zeitpunkt der Klageerhebung im Jahre 1999 wegen der fehlenden UN-Mitgliedschaft Serbiens unzulässig gewesen sei, der serbische UN-Beitritt am 1.11.2000 dieses Problem jedoch nachträglich und rückwirkend geheilt habe; vgl ICJ Rep 2008, 412ff *[Kroatien/Serbien]*.

198 Die BR Deutschland hat das Schreiben *Jelzins* sogar ausdrücklich zur Kenntnis genommen; Antwort der Bundesregierung v 30.1.1992 auf eine schriftliche Parlamentarierfrage, BT-Drucks 12/2052, Frage 15.

199 Da nach Art 23 Abs 1 UN-Charta die Sowjetunion als eines der ständigen Sicherheitsratsmitglieder ausdrücklich benannt ist, hätte die Ersetzung durch einen anderen Staat einer Satzungsänderung gemäß Art 108 bedurft.

Schmahl

facher, aber rechtlich nicht überzeugend ist die Annahme einer rechtlichen Identität zwischen Sowjetunion und Russischer Föderation; die Fortführung der Mitgliedschaft wäre dann selbstverständlich.[200] Insoweit wäre der Zerfall der Sowjetunion nicht iSe Dismembration, sondern iS verschiedener Sezessionen zu erklären, wobei der Kernstaat (bei gleichzeitiger Namensänderung) erhalten blieb. Entsprechend führte die Sezession Pakistans von Indien (1947), Bangladeshs von Pakistan (1974) und die des Südsudans vom Sudan (2011) jeweils nur zur Aufnahme des abgespaltenen Neustaats, während die Mitgliedschaft des Altstaats unberührt blieb.[201]

Vereinigen sich Staaten, die den UN angehören, zu einem gemeinsamen Staat, so setzt 72 dieser ohne Neuaufnahme die Mitgliedschaft fort.[202] Bsp sind die Vereinigung Ägyptens und Syriens zur Vereinigten Arabischen Republik (1958–1961), die Tanganjikas und Sansibars zu Tansania (1964) und die der beiden Jemen zur Republik Jemen (1990). Entsteht durch die Vereinigung ein neues Rechtssubjekt, das nicht identisch mit einem der Vorgängerstaaten ist, ist das Unterbleiben der (Neu-)Aufnahme nicht logisch, in einer auf Universalität angelegten Organisation allerdings verständlich. In Regionalorganisationen könnte sich jedoch durch die Vereinigung von Mitgliedstaaten zu einem neuen Staat eine für die übrigen Mitglieder nicht ohne Weiteres akzeptable Gewichtsverschiebung ergeben. Art 3 OAS verlangt immerhin die erneute Ratifikation des Gründungsvertrags durch den neu entstandenen Staat, lässt ihn dann aber automatisch zum Mitglied werden.

Die *Wiedervereinigung Deutschlands* vollzog sich 1990 als Beitritt der DDR zum 73 Grundgesetz der BR Deutschland (Art 23 GG aF). Damit ging die DDR als Staat unter; die (vergrößerte) BR Deutschland setzte ihre Mitgliedschaft in den UN (seit 1973) und in allen anderen I.O., denen sie angehörte, ununterbrochen fort. Hingegen rückte sie in die Mitgliedschaften der DDR nicht ein, da diese mit deren Untergang erloschen sind.[203]

b) Mitgliedschaftsrechte und -pflichten

Mit dem Wirksamwerden der Mitgliedschaft tritt das Mitglied, sind keine besonderen 74 Vereinbarungen getroffen, in vollem Umfang in den vom jeweiligen Gründungsvertrag

---

200 So *Weyer,* Die Mitgliedschaftsrechte der ehemaligen Sowjetunion in den Vereinten Nationen, ROW 1992, 166 ff; vgl *Zimmermann* (Fn 194) 594 ff.
201 Problematischer ist die 1961 erfolgte Abspaltung Syriens von der erst drei Jahre zuvor zusammen mit Ägypten gegründeten Vereinigten Arabischen Republik. Syrien, Gründungsmitglied der UN, setzte seine Einzelmitgliedschaft ohne Neuaufnahme fort; die UN gingen pragmatisch, aber dogmatisch kaum vertretbar von einem „Ruhen" der Mitgliedschaft Syriens während der Zeit der Vereinigung aus; andere erklären den Vorgang als „formlose Aufnahme", was ebenso wenig überzeugt; vgl *Dahm/Delbrück/Wolfrum* (Fn 194).
202 *Fastenrath,* in Charter UN³, Art 4 Rn 37.
203 Zum Problem *Blumenwitz,* Staatennachfolge und die Einigung Deutschlands, 1992; *Fastenrath,* Der deutsche Einigungsvertrag im Lichte des Rechts der Staatennachfolge, AustrJIL 44 (1992) 1ff. Vgl auch Art 10–12 Einigungsvertrag (BGBl 1990 II, 889).

vorgesehenen *Rechten- und Pflichtenkreis* ein. Dazu gehört auch die von den Organen der I.O. bereits gestaltete Ordnung, soweit sie für die Mitglieder verbindlich ist. Bindende Sicherheitsratsresolutionen (Art 25 UN-Charta) müssen neue UN-Mitglieder daher ebenso beachten wie neue EU-Mitglieder die bislang ergangenen Rechtsakte der Union *(acquis communautaire)*.[204] Außer diesen speziellen Pflichten erzeugt die Mitgliedschaft weitere gegenseitige Verpflichtungen der vertrauensvollen Zusammenarbeit.[205] Ohne *Loyalität* der I.O. zu ihren Mitgliedern und der Mitglieder untereinander ist jeder organisatorische Zusammenschluss gefährdet.[206] Dies gilt in besonderem Maß für sich entwickelnde Integrationsgemeinschaften; Art 4 Abs 3 EUV hebt diesen Gedanken zutreffend hervor.[207] Mit der gemeinsamen Mitgliedschaft in einer Organisation ist allerdings weder die Pflicht zur völkerrechtlichen Anerkennung noch die Pflicht zur Aufnahme diplomatischer Beziehungen verbunden.[208] Verpflichtet sind die Mitgliedstaaten aber zur Einhaltung aller Pflichten aus der Satzung; soweit diese die gegenseitige Behandlung als Staat voraussetzen, muss dem ungeachtet fehlender Anerkennung entsprochen werden.

75   Für die Mitglieder gilt der *Grundsatz der Gleichheit,* unabhängig davon, ob sie ursprüngliche oder spätere Mitglieder sind.[209] Anderes gilt nur, soweit die Satzung eine unterschiedliche Behandlung der Mitglieder vorschreibt oder zulässt, etwa bei der Stimmabgabe oder bzgl der Beitragspflichten.[210] So privilegiert die UN-Charta die fünf ständigen Sicherheitsratsmitglieder (Art 23 Abs 1 iVm Art 27 Abs 3, Art 108, Art 109 Abs 2, Art 110 Abs 3). In verschiedenen Organisationen, auch in der EU gemäß Art 238 Abs 2 und 3 AEUV, wird das Stimmpotential der Mitglieder „gewogen" und damit vom Prinzip des *one state, one vote* abgegangen.[211]

---

204 Zur Übernahme des *acquis communautaire* eingehend *Herrnfeld,* in Schwarze/Becker/Hatje/Schoo (Hrsg), EU-Kommentar, 4. Aufl 2019, Art 49 EUV Rn 11ff; *Ohler* (Fn 121), Art 49 EUV Rn 44ff.
205 ICJ Rep 1980, 67, 93ff *[Übereinkommen WHO-Ägypten].*
206 Hervorgehoben von *Ginther* (Fn 164) 18ff, 40.
207 Dazu EuGH, Slg 1999, I-8395, 8442ff *[Portugal/Rat];* näher *Bieber/Epiney/Haag/Kotzur,* Die Europäische Union, 15. Aufl 2023, § 2 Rn 62ff.
208 Das Problem besteht noch heute im Verhältnis zahlreicher arabischer Staaten zu Israel. Es stellte sich längere Zeit auch mit dem EU-Beitritt Tschechiens und der Slowakei, da die Länder gemeinsam mit Liechtenstein Mitglieder des EWR waren und bis Ende 2009 untereinander keine diplomatischen Beziehungen unterhielten.
209 *Mosler* (Fn 80) 307; *Oppermann* (Fn 185) 75ff; näher *Fassbender,* Die souveräne Gleichheit der Staaten, APuZ 43/2004, 7ff.
210 Vgl *Seidl-Hohenveldern/Loibl,* Internationale Organisationen, Rn 1146ff. Zu Entstehungsgründen und Modi der unterschiedlichen Behandlung von Mitgliedern vgl *Cogan,* Representation and Power in International Organization, AJIL 103 (2009) 209ff.
211 Vgl dazu u Rn 134.

c) Beendigung der Mitgliedschaft

Die Mitgliedschaft endet sowohl bei *Auflösung der Organisation* (vgl o Rn 51 ff) als auch bei 76
Untergang des Mitgliedstaats.[212] So wurde 1938, nach dem Anschluss Österreichs an das
Deutsche Reich, Österreich aus der Liste der Völkerbundmitglieder gestrichen. Die Mitgliedschaft der DDR in I. O. endete mit ihrem Beitritt zur BR Deutschland am 3.10.1990.[213]
Entsprechendes gilt für die Tschechoslowakei[214] und Jugoslawien. Wird ein Staat hingegen durch Aggression und Annexion faktisch beseitigt, wirken sich die Stimson-Doktrin
und aus heutiger Sicht das Selbstbestimmungsrecht der Völker staaterhaltend aus.[215]
Demgemäß wurden weder Äthiopien noch die Tschechoslowakei noch die baltischen
Staaten aus der Liste der Völkerbundmitglieder gestrichen;[216] Erstere nahmen am Auflösungsbeschluss des Völkerbunds teil. Durch seine völkerrechtswidrige Eingliederung in
den Irak (1990/91) verlor Kuwait ebenfalls nicht seine Mitgliedschaft in I. O.

Die Mitgliedschaft endet durch wirksamen *Austritt* aus der I. O.[217] Vertragsrechtlich 77
bedeutet Austritt die einseitige Beendigung der Vertragsparteistellung durch Kündigung
des Gründungsvertrags. In vielen Organisationen ist dieser Weg ausdrücklich vorgesehen. Die einschlägigen Bestimmungen verlangen idR die Einhaltung einer Kündigungsfrist und die volle Erfüllung der bereits entstandenen Vertragspflichten (zB Beitragszahlung). Ein wichtiges Bsp einer Organisation mit Austrittsklausel (Art 1 Abs 3, Art 26
Abs 2) war der Völkerbund; in der Tat haben zahlreiche wichtige Staaten davon Gebrauch gemacht (insgesamt 16 Staaten; auch o Rn 6).[218] Den Austritt regeln auch Europarat (Art 7), OAS (Art 112), AU (Art 31) und mittlerweile auch die EU (Art 50, s u Rn 78). Alle
Sonderorganisationen außer der WHO lassen heute den Austritt ausdrücklich zu.[219]

---

212 *Schermers/Blokker*, International Institutional Law, §§ 149–154.

213 Vgl die Briefe der letzten Regierung der DDR und der Bundesregierung v 3.10.1990 an den UN-Generalsekretär (Text: VN 1990, 157).

214 Dismembration am 1.1.1993.

215 Zur daraus folgenden Pflicht der Nichtanerkennung *Klein*, Die Nichtanerkennungspolitik der Vereinten Nationen gegenüber den in die Unabhängigkeit entlassenen südafrikanischen Homelands, ZaöRV 39 (1979) 469 (485 ff); ferner *Hillgruber*, Die Aufnahme neuer Staaten in die Völkerrechtsgemeinschaft, 1998, 733 ff.

216 Hintergründe waren: Besetzung (1935 bis 1936) und Annexion (1936 bis 1941) Äthiopiens durch das Königreich Italien; Besetzung der Tschechoslowakei durch das Deutsche Reich von 1939 bis 1945 („Protektorat Böhmen und Mähren"); Annexion der baltischen Staaten durch die Sowjetunion im Jahre 1940.

217 Dazu allg *Singh*, Termination of Membership of International Organizations, 1958, 14 ff; *Feinberg*, Unilateral Withdrawal from an International Organization, BYIL 39 (1963) 189 ff; *Oppermann* (Fn 185) 83 ff; *Schwerdtfeger*, Austritt und Ausschluss aus Internationalen Organisationen, AVR 56 (2018) 96 ff.

218 *Noël-Baker*, Termination of Membership of the League of Nations, BYIL 16 (1935) 153 ff.

219 Ausf dazu *Zeidler*, Der Austritt und Ausschluss von Mitgliedern aus den Sonderorganisationen der Vereinten Nationen, 1990, 17, 48 ff; ebd 107 ff zu den Austritten aus der WHO. In jüngerer Zeit sind zB Austritte der USA und Israels aus der UNESCO zu verzeichnen, die beide Ende des Jahres 2018 wirksam wurden, vgl *Bernecker*, Der Nahost-Konflikt in der UNESCO, VN 2018, 117 ff; *Busse/Stetter*, Israels Skepsis gegenüber den UN, VN 2018, 99 (102 f). Im Juli 2023 sind die USA freilich wieder in die UNESCO zurückgekehrt. Vgl auch u Fn 845.

Schmahl

78   Schwierige Probleme treten bei *Fehlen einer Austrittsklausel* auf.[220] Dies gilt insbes für die UN. Hier wollte man angesichts erhoffter Universalität durch Bereitstellung einer entsprechenden Klausel nicht zum Austritt ermutigen. Vergleichbares galt über lange Zeit für die EU, bei der man annahm, dass ein möglicher Austritt nicht in das Konzept einer sich verfestigenden Integrationsgemeinschaft passt. Gleichwohl war fraglich, ob nicht die allgemeinen völkerrechtlichen Regeln (Art 56, 60 WVK) hätten zum Zuge kommen können. Seit Inkrafttreten des Vertrags von Lissabon sieht *Art 50 EUV* die Möglichkeit eines einseitigen, materiell voraussetzungslosen Austrittsrechts vor, welches das außerordentliche Beendigungsrecht nach völkerrechtlichen Grundsätzen praktisch bedeutungslos macht[221] und recht bald für Furore gesorgt hat: Nach mehr als 40-jähriger Unionzugehörigkeit hat die britische Regierung infolge des Referendums vom 23.6.2016 den Austritt des Vereinigten Königreichs aus der EU am 29.3.2017 erklärt;[222] damit war nach der von Art 50 EUV vorgesehenen zweijährigen Verhandlungsperiode mit dem Vollzug des Austritts („*Brexit*") am 29.3.2019 zu rechnen. Allerdings ist auf Ersuchen des Vereinigten Königreichs eine Fristverlängerung zunächst bis zum 31.10.2019, dann bis zum 31.1.2020 erfolgt, um ein Austrittsabkommen iSv Art 50 Abs 2 Satz 2 EUV abzuschließen.[223] Das Abkommen ist am 31.1.2020 um 24 Uhr (MEZ) in Kraft getreten; seither ist das Vereinigte Königreich kein Mitglied der EU mehr.[224]

79   Was die *UN* angeht,[225] ist der Universalitätsgedanke zur Abwehr des Austritts nicht ausreichend. Dies ergibt sich schon daraus, dass auch keine Beitrittspflicht besteht, vor allem aber aus dem Bestehen eines Ausschlussrechts (Art 6). Wesentlich ist ferner, dass

---

220 Vgl allg *Schermers/Blokker*, International Institutional Law, §§ 123 ff; *Ludewig* (Fn 144) 41 ff.

221 Vgl *Streinz/Ohler/Herrmann*, Der Vertrag von Lissabon zur Reform der EU, 3. Aufl 2010, 38 ff sowie u Rn 80. Auch im Verfassungsvertrag war bereits ein Austrittsrecht in Art I-60 VVE festgeschrieben.

222 Näher *Michl*, Die formellen Voraussetzungen für den Austritt des Vereinigten Königreichs aus der Europäischen Union, NVwZ 2016, 1365 ff; *Skouris*, Brexit: Rechtliche Vorgaben für den Austritt der EU, EuZW 2016, 806 ff; *Thiele*, Der Austritt aus der EU – Hintergründe und rechtliche Rahmenbedingungen eines „Brexit", EuR 2016, 281 ff.

223 Die Gründe für den mehrfachen Aufschub waren im Wesentlichen innenpolitischer Natur, vgl *Ziegler*, Rechte und politische Herausforderungen des Brexit für das Vereinigte Königreich, in Ludwigs/ Schmahl (Hrsg), Die EU zwischen Niedergang und Neugründung, 2020, 127 ff. Die Unionsorgane, insbes der EuGH, zeigten sich offen, dem Vereinigten Königreich Auswege aus dem Dilemma anzubieten, vgl zB EuGH, ECLI:EU:C:2018:999 *[Wightman]*, zur Zulässigkeit der einseitigen Rücknahme des Austrittsantrags; dazu auch *Streinz*, Das Brexit Referendum: Hintergründe, Streitthemen, Reversibilität, in Ludwigs/ Schmahl, ebd, 95 (119 ff).

224 Das Austrittsabkommen sah allerdings einen elfmonatigen Übergangs- und Durchführungszeitraum bis zum 31.12.2020 vor, in dem das Unionsrecht im Vereinigten Königreich grundsätzlich anwendbar blieb; näher *Terhechte*, Strukturen und Probleme des Brexit-Abkommens, NJW 2020, 425 ff. Um weitere wirtschaftliche Probleme abzufedern, ist am 1.5.2021 ein Handels- und Kooperationsabkommen zwischen der EU und dem Vereinigten Königreich in Kraft getreten, dessen Umsetzung aber nicht reibungslos verläuft, vgl *Hördt/Hornung/O'Brien*, Ist das Ende nah? Das Brexit-Abkommen ist gefährdet wie nie, EuZW 2022, 589 ff mwN.

225 *Ohse*, Der Austritt aus den Vereinten Nationen, VN 1972, 16 ff, 59 ff.

Änderungen der UN-Charta auch gegen den Willen eines Mitglieds für dieses verbindlich werden können (Art 108, 109). Schließlich gibt es keinen effektiven Rechtsschutz von Mitgliedern gegen Kompetenzüberschreitungen der Organe.[226] Sollen die Staaten der Organisation bzw den dort herrschenden Mehrheiten nicht hilflos ausgeliefert sein, muss ihnen der Austritt möglich sein. Dieser Erkenntnis konnte sich auch die Gründungskonferenz letztlich nicht entziehen; sie hat daher in einer Interpretationserklärung den Austritt zugelassen, wenn ein Mitglied sich „in außergewöhnlichen Umständen" *(exceptional circumstances)* dazu gezwungen fühlt. Ausdrücklich wurde dabei der Fall der nicht konsentierten Charta-Änderung einbezogen.[227] Eine angemessene Kündigungsfrist wird man aus Loyalitätsgründen aber auch hier verlangen müssen.[228] In der Praxis hat bisher nur ein Staat, Indonesien, seinen Austritt erklärt (1965). Die Umstände waren freilich keineswegs „außergewöhnlich" (Wahl Malaysias zum Sicherheitsratsmitglied). Ein Jahr später erklärte Indonesien sich zur „Wiederaufnahme der Zusammenarbeit" bereit. Ex post wurde die Angelegenheit – rechtlich zweifelhaft – nicht als Austritt, sondern als ruhende Mitgliedschaft gewertet, für die Indonesien nur ein Zehntel seines Finanzbeitrags zu zahlen hatte. Ein förmliches Wiederaufnahmeverfahren entfiel damit.[229]

Bei der *EU* liegt der Fall anders. Eine Vertragsänderung, Erweiterung oder Reduzierung des Mitgliederkreises kann gegen den Willen der Mitgliedstaaten prinzipiell nicht erfolgen (Art 48, 49 EUV). Die Unionsverträge sehen eine Vielzahl von Regelungsvorbehalten und Schutzklauseln vor, mit deren Hilfe eine Überforderung der Mitglieder vermieden wird (zB Art 347, 348, Art 36, Art 39 Abs 4, Art 52 AEUV). Vor allem aber wird den Mitgliedstaaten gegen Rechtsverletzungen der Unionsorgane und der anderen Mitglieder umfassender Rechtsschutz durch den EuGH gewährt (Art 259, 263, 268 AEUV). Nur bei ständiger Missachtung der Entscheidungen des EuGH durch die Verpflichteten könnte die Aufrechterhaltung der Mitgliedschaft unzumutbar werden (vgl Art 60 Abs 2 lit b WVK sowie Rn 81). Diese Möglichkeit berührt allerdings nicht das mit dem Vertrag von Lissabon in Art 50 EUV ausdrücklich garantierte Austrittsrecht aus der EU; im Übrigen wurde ein solches Austrittsrecht zT bereits für die frühere Rechtslage angenommen.[230] **80**

---

226 Dazu u Rn 179.

227 Text der am 17.6.1945 beschlossenen Erklärung bei *Kirgis,* International Organizations, 240.

228 Anders *Witschel,* in Charter UN[3], Art 108 Rn 41.

229 Insgesamt zum indonesischen Rückzug *Schwelb,* Withdrawal from the UN, AJIL 61 (1967) 661ff; *Blum,* Indonesia's Return to the UN, ICLQ 16 (1967) 522ff; *Kirgis,* International Organizations, 241ff; *Klabbers,* International Organizations Law, 111f.

230 Zur Rechtslage nach dem Vertrag von Nizza *Klein,* in Hailbronner/Klein/Magiera/Müller-Graff (Hrsg), Handkommentar zum Vertrag über die Europäische Union (EUV/EGV), 3. Lfg 1994, Art 240 EG Rn 27ff. ZT anders *Dagtoglou* (Fn 142) 77ff. Zum Austrittsrecht bei *ultra vires*-Handeln *Doehring,* Einseitiger Austritt aus der Europäischen Gemeinschaft, FS Schiedermair, 2001, 695ff. Zu Art I-60 VVE *Bruha/Nowak,* Recht auf Austritt aus der Europäischen Union?, AVR 42 (2004) 1ff; *Friel,* Providing a Constitutional Framework for Withdrawal from the EU, ICLQ 53 (2004) 407ff.

81   Der *Ausschluss* aus der I.O. ist in vielen Fällen als Mittel gegen ein seine Vertragspflichten grob verletzendes Mitglied vorgesehen.[231] Im Rahmen der EU ist die Möglichkeit eines Ausschlusses gegen den Willen des betreffenden Mitgliedstaats umstritten; einig ist man sich aber darin, dass ein Ausschluss die erfolglose Durchführung des in Art 7
EUV vorgesehenen Sanktionsverfahrens zwingend voraussetzt.[232] Obgleich ohnehin nur
als *ultima ratio* in Betracht gezogen, ist der Ausschluss aus einer I.O. nicht unproblematisch, da er das Mitglied gerade von seinen Satzungspflichten, gegen die es verstoßen
hat, freistellt; er verträgt sich auch schlecht mit dem Grundgedanken der Universalität,
der vielen I.O. zugrunde liegt.[233] Gleichwohl kann ein Punkt erreicht sein, an dem die
Trennung von einem Mitglied die Organisation weniger belastet als seine weitere Zugehörigkeit. Andernfalls würde man uU den Austritt anderer, vertragstreuer Mitglieder
in Kauf nehmen müssen, die eine weitere eigene Mitwirkung unter diesen Umständen
als nicht mehr zumutbar ansehen. Die bestehenden Regelungen zeigen, dass – wie die
Aufnahme neuer Mitglieder – auch der Ausschlusstatbestand letztlich von einer dem jeweiligen Organ obliegenden Einschätzung abhängt, die grundsätzlich nicht justiziabel
ist.[234] Nur in seltenen Fällen ist der Ausschluss zwingende Folge eines bestimmten Ereignisses.[235]

82   Wie der Völkerbund (Art 16 Abs 4), aus dem nur die Sowjetunion wegen ihres Über-
falls auf Finnland ausgeschlossen wurde (1940),[236] ermöglicht auch die *UN-Charta* (Art 6)
einen Ausschluss.[237] Notwendig ist, dass das Mitglied beharrlich die der Charta zugrunde
liegenden Prinzipien verletzt hat.[238] Die Entscheidung hierüber obliegt – analog der Aufnahme – der Generalversammlung (2/3-Mehrheit), die aber nur auf eine den Ausschluss
befürwortende Empfehlung des Sicherheitsrats handeln kann. Alle bisherigen Versuche,
einen Staat (Israel, Südafrika) auszuschließen, sind bereits am Veto eines ständigen Ratsmitglieds gescheitert. Im Fall Taiwan (1971) handelte es sich nicht um Ausschluss, vielmehr setzte sich die Auffassung durch, das Gründungsmitglied China werde durch die Re-

---

231 Vgl *Makarczyk,* Legal Basis for Suspension and Expulsion of a State from an International Organization, GYIL 25 (1982) 476 ff. Allgemein vgl *Magliveras,* Exclusion from Participation in International Organisations, 1999; *Chimni,* Inclusion and Exclusion in International Organizations, in Cambridge Companion,
76 (87 f).
232 *Becker,* in Schwarze/Becker/Hatje/Schoo (Fn 204), Art 7 EUV Rn 3; *Ruffert,* in Calliess/Ruffert (Fn 142)
Art 7 EUV Rn 34; *Pechstein,* in Streinz (Hrsg), EUV/AEUV, 3. Aufl 2018, Art 7 EUV Rn 23; *Schmahl,* Die Reaktionen auf den Einzug der Freiheitlichen Partei Österreichs in das österreichische Regierungskabinett,
EuR 2000, 819 (829 ff); vgl auch u Rn 85.
233 Vgl *Oppermann* (Fn 185) 86 ff; *Blokker,* International Organizations, in Rose et al (Hrsg), An Introduction to Public International Law, 2022, 141 (149).
234 Anders Art 258, 259 AEUV; im Übrigen s o Rn 68.
235 Der Verlust der Mitgliedschaft in den UN zieht automatisch den Verlust der Mitgliedschaft in manchen Sonderorganisationen nach sich (Art 10 IMO; Art II UNESCO).
236 Dazu *Feinberg,* Studies in International Law, 1979, 3 ff.
237 *Ohse,* Ausschluß und Suspension der Mitgliedschaftsrechte in der UNO, VN 1971, 103 ff.
238 Näher *Tams,* in Charter UN³, Art 6 Rn 10 f.

gierung in Peking, nicht (mehr) durch die in Taipeh vertreten.[239] Auch im Fall Jugoslawien lag kein Ausschluss von Serbien/Montenegro vor, da vom Untergang Jugoslawiens auszugehen war.[240] Anders als in den UN selbst kam es in den Sonderorganisationen zu zahlreichen Ausschlüssen, von denen vor allem Südafrika seiner Apartheidpolitik wegen betroffen war.[241] Auch der *Europarat* (Art 8) und die *Arabische Liga* (Art 18 Abs 2, Einstimmigkeitserfordernis ohne betroffenen Staat) sehen den Ausschluss vor.[242] Erstmals wurde von der Möglichkeit nach Art 8 Europaratssatzung Gebrauch gemacht, als Russland aufgrund seines völkerrechtswidrigen Angriffskriegs auf die Ukraine[243] aus dem Europarat am 16.3.2022 mit sofortiger Wirkung ausgeschlossen wurde.[244]

Keine Ausschlussregelung enthalten die Verträge zur Gründung der AU, OAS und **83** EU. Ob die Feststellung der Außenminister der *OAS-Staaten* aus dem Jahr 1962, die Unvereinbarkeit des marxistisch-leninistischen Systems in Kuba mit den Prinzipien der OAS schließe eine Teilnahme der gegenwärtigen Regierung an dem Interamerikanischen System aus, als Ausschluss aus der Organisation zu beurteilen ist, ist zweifelhaft.[245] Mehr spricht für eine Suspension, für die allerdings keine ausdrückliche Rechtsgrundlage vorhanden ist. Denkbar ist freilich auch hier der Rückgriff auf das allgemeine Völkervertragsrecht (Art 60 WVK). Auf dieser Argumentationsebene dürfte auch der *Ausschluss eines EU-Mitglieds* in Betracht kommen; dies setzt allerdings voraus, dass alle Möglichkeiten des Unionsrechts, das Mitglied zu unionstreuem Verhalten zu bewegen, einschließlich des Sanktionsverfahrens nach Art 7 EUV, erfolglos geblieben sind.[246]

d) Beeinträchtigungen der Mitgliedschaftsrechte

Zahlreiche Satzungen I.O. sehen Maßnahmen unterhalb der Schwelle des Ausschlusses **84** vor, um Druck auf Mitglieder ausüben zu können, die ihre Verpflichtungen verletzen. Es handelt sich dabei um eine Art organisationsrechtlicher Repressalie (Sanktion), die das

---

239 A/RES/2758 (XXVI).
240 S o Rn 71.
241 Übersicht bei *Zeidler* (Fn 219) 142 ff, 180 ff.
242 Zum Ausschluss aus dem Europarat näher *Klein*, Membership and Observer Status, in Schmahl/Breuer (Hrsg), Council of Europe, 40 (67 ff); *Magliveras* (Fn 183), 99 f.
243 Zur eklatanten Völkerrechtswidrigkeit vgl *Schaller*, Der Angriff auf die Ukraine im Lichte des Völkerrechts, NJW 2022, 832 ff; *Schmahl* (Fn 56) 969 f; *Brunk/Hakimi*, Russia, Ukraine, and the Future World Order, AJIL 116 (2022) 687 (689 ff); *Kranz*, Russian Aggression in Ukraine: Demons in the War for „Peace" or Crime without Punishment? AVR 60 (2022) 243 (245 ff); *Starski/Arndt*, Angriff auf das Völkerrecht: Russlands Krieg gegen die Ukraine, VN 2022, 195 ff.
244 Näher u Rn 239.
245 So aber *Kutzner*, Die Organisation der Amerikanischen Staaten (OAS), 1970, 175; wie hier *Schermers/Blokker*, International Institutional Law, § 147; *White*, International Organisations, 61.
246 Vgl *Zuleeg*, Der Bestand der EG, GS Sasse, Bd I, 1981, 55 (63) sowie die Nachw in Fn 232; zurückhaltend jedoch *Hofstötter*, in von der Groeben/Schwarze/Hatje (Fn 121), Art 356 AEUV Rn 1; Art 53 EUV Rn 5.

Mitglied auf den Pfad der Organisationstreue zurückzwingen möchte. Die Maßnahmen haben daher vorläufigen Charakter.[247]

85 Die *UN-Charta* regelt die *Suspension von Mitgliedsrechten* in zweifacher Weise. Nach Art 19 tritt der Verlust des Stimmrechts in der Generalversammlung automatisch ein, wenn ein Mitgliedstaat mit seinen finanziellen Verpflichtungen mehr als zwei Jahresbeiträge im Rückstand ist.[248] Abgesehen davon, dass die Generalversammlung hiervon Ausnahmen zulassen kann,[249] hat sie darüber hinaus zahlreiche Wege entwickelt (zB Verzicht auf Abstimmung), um Art 19 leerlaufen zu lassen, da davon auch ständige Sicherheitsratsmächte betroffen wären.[250] Art 5 sieht vor, dass in Fällen, in denen der Sicherheitsrat gegen ein Mitglied vorläufige Maßnahmen (Art 40) oder Zwangsmaßnahmen (Art 41, 42, 94 Abs 2) erlassen hat, diesem Rechte aus der Mitgliedschaft von der Generalversammlung auf Empfehlung des Sicherheitsrats zeitweilig entzogen werden können. Ein Anwendungsfall hätte der Irak nach dem Überfall auf Kuwait sein können; tatsächlich ist Art 5 aber noch nie angewendet worden. Auch *das Unionsrecht* sieht die Möglichkeit vor, die Stimmrechte im Rat sowie weitere Mitgliedschaftsrechte eines Mitgliedstaats zu suspendieren (Art 7 EUV, Art 354 AEUV), sofern dieser beharrlich und schwerwiegend die Grundsätze der Freiheit, der Demokratie, der Rechtsstaatlichkeit sowie die Grund- und Menschenrechte (Art 2 EUV) verletzt.[251] Die Suspension betrifft sowohl im Rahmen der UN als auch im Rahmen der EU nur die Rechte, nicht die Pflichten.[252] Im Jahr 2017 hat die EU-Kommission – unionsweit erstmals – das Sanktionsverfahren nach Art 7 EUV gegen Polen angesichts der Beeinträchtigung der Unabhängigkeit des Verfassungsgerichts und der ordentlichen Gerichtsbarkeit in Gang gesetzt,[253] nachdem der vorgeschaltete Rechtsstaatsdialog auf der Grundlage des seit 2014 eingerichte-

---

247 Vgl *Schermers/Blokker*, International Institutional Law, §§ 1455 ff; *Magliveras* (Fn 231) 103 ff.

248 *Ohse*, Die Suspension des Stimmrechts in der Generalversammlung der UNO, VN 1973, 155 ff. – Derzeit (Stand 2022, vgl UN Doc A/76/636/Rev.1 v 10.1.2022) erfüllen vier Staaten (die Komoren, São Tomé und Príncipe, Somalia sowie Venezuela) die Tatbestandsvoraussetzungen des Art 19. Mit Resolution A/RES/76/2 v 11.10.2021, Ziff 5, entschied die GV jedoch, dass die Komoren, São Tomé und Príncipe sowie Somalia bis zum Ende der 76. Sitzung die Erlaubnis behalten, ihr Stimmrecht wahrzunehmen. Näher u Rn 224.

249 Vgl zB Res v 11.10.2004 (A/RES/59/1A), v 23.12.2005 (A/RES/60/237), v 12.10.2006 (A/RES/61/2); s auch u Rn 224.

250 Vgl *Tomuschat*, in Charter UN[3], Art 19 Rn 23 ff.

251 Dies galt bereits seit dem Inkrafttreten des Vertrags von Amsterdam. Vgl *Ruffert*, in Calliess/Ruffert (Fn 142) Art 7 EUV und Art 354 AEUV; *Stein*, Die rechtlichen Reaktionsmöglichkeiten der Europäischen Union bei schwerwiegender und anhaltender Verletzung der demokratischen und rechtsstaatlichen Grundsätze in einem Mitgliedstaat, FS Jaenicke, 1998, 871 ff; *Schorkopf*, Homogenität in der Europäischen Union – Ausgestaltung und Gewährleistung durch Art 6 Abs 1 und Art 7 EUV, 2000; *ders*, Die Maßnahmen der 14 EU-Mitgliedstaaten gegen Österreich, 2002; *Hummer/Obwexer*, Die Wahrung der „Verfassungsgrundsätze" der EU, EuZW 2000, 485 ff; *Schmahl* (Fn 232) 819 ff.

252 *Tams*, in Charter UN[3], Art 5 Rn 20; vgl Art 7 Abs 3 UAbs 2 EUV, Art 354 AEUV.

253 Vgl den begründeten Vorschlag der Kommission v 20.12.2017 nach Art 7 Abs 1 EUV zur Rechtsstaatlichkeit in Polen, KOM (2017)835 endg; dazu *Huber*, Europäische Verfassungs- und Rechtsstaatlichkeit in Bedrängnis, Der Staat 56 (2017) 389 (394).

Schmahl

ten Monitoring-Verfahrens[254] wirkungslos geblieben war.[255] Diesen Schritt ist die Kommission gegen Ungarn, dessen Regime sich seit einigen Jahren offen gegen die Werte des Art 2 EUV stellt, nicht gegangen. Die Einleitung des Art 7-Verfahrens stammt hier vom Europäischen Parlament.[256] Beide Verfahren werden aber vom Rat bislang nicht weiterverfolgt;[257] stattdessen ist ein Konditionalitätsmechanismus vereinbart worden, der den Erhalt von Mitteln aus dem Unionshaushalt von der Einhaltung der Grundsätze der Rechtsstaatlichkeit durch die Mitgliedstaaten abhängig macht.[258] Suspendierungsmöglichkeiten sehen auch die Sonderorganisationen der UN und der Europarat (Art 8) vor. In der AU können die Mitgliedschaftsrechte suspendiert werden, wenn eine Regierung auf nicht verfassungsmäßige Weise an die Macht gekommen ist (Art 30).

Man wird nicht davon ausgehen können, dass neben den vorgesehenen Maßnah- 86 men *weitere Suspendierungen* zulässig sind. Ganz überwiegend wird es deshalb für rechtswidrig gehalten, dass die Generalversammlung – nach entsprechendem Beschluss des Beglaubigungsausschusses – zwischen 1974 und 1994 die Beglaubigungsschreiben der Regierung Südafrikas für ihre Vertretung in der Generalversammlung nicht anerkannt und damit eine Mitarbeit (einschließlich Stimmrechtsausübung) dieses Staats verhindert hat.[259] Da Südafrika gegen diesen Schritt keinen Rechtsschutz erhalten konnte, blieb ihm – außer dem Austritt – nur die Beitragsverweigerung.[260]

Enthält die Satzung *keine Suspensionsvorschrift*, stellt sich erneut die Frage, ob nicht 87 unter Rückgriff auf die allgemeinen Vertragsregeln (Art 60 WVK) eine verhältnismäßige

---

254 Um die Aussetzung von Stimmrechten nach Möglichkeit zu vermeiden, hat die EU-Kommission am 11.3.2014 den „EU-Rahmen zur Stärkung des Rechtsstaatsprinzips" erlassen, mit dem sie ein Kontrollverfahren zum Umgang mit rechtsstaatlichen Defiziten einführt, das als dialogische Vorfeldmaßnahme dem Sanktionsmechanismus des Art 7 EUV vorgeschaltet ist, dazu *Schmahl,* Filling a Legal Gap?: Das neue EU-Monitoring-Verfahren bei Rechtsstaatsdefiziten, FS Stein, 2015, 834 ff.
255 Vgl Kommission, Empfehlungen (EU) 2016/1374 v 27.7.2016 und 2017/146 v 21.12.2016 zur Rechtsstaatlichkeit in Polen; ferner *Franzius,* Der Kampf um Demokratie in Polen und Ungarn, DÖV 2018, 381 (382 f).
256 Entschließung des Europäischen Parlaments v 2.9.2018, EP-Dok P8_TA-PROV(2018)0340; vgl auch *Ruffert,* in Calliess/Ruffert (Fn 142), Art 7 EUV Rn 3; *Schmahl,* Rechtsstaatlichkeit, in Schulze/Janssen/Kadelbach (Hrsg), Europarecht, 4. Aufl 2020, § 6 Rn 27 f.
257 *Philipp,* Art. 7 EUV als Rettung für den Rechtsstaat?, EuZW 2021, 697 (698); *ders,* Konkrete Empfehlungen gefordert, EuZW 2022, 443.
258 Zur Abweisung der Nichtigkeitsklagen Ungarns und Polens gegen den Konditionalitätsmechanismus vgl EuGH, ECLI:EU:C:2022:97 *[Ungarn/Parlament und Rat];* ECLI:EU:C:2022:98 *[Polen/Parlament und Rat].* Zu den Problemen weiterer Mitgliedstaaten im Bereich der rechtsstaatlichen Unionsgrundwerte vgl *Holterhus/Kornack,* Die materielle Struktur der Unionsgrundwerte, EuGRZ 2014, 389 ff; *Nickel,* Integrationspolitische Herausforderungen an den Europäischen Rechtsstaat, EuR 2017, 663 (676 f); *Spieker,* Werte, Vorrang, Identität: Der Dreiklang europäischer Justizkonflikte vor dem EuGH, EuZW 2022, 305 ff.
259 *Klein* (Fn 105) 51 ff; *Suttner,* Has South Africa Been Illegaly Excluded from the United Nations General Assembly?, CILSA 17 (1984) 279 ff. – Erfolglos ist die Ausgrenzung von Israel und Chile versucht worden; vgl *Halberstam,* Excluding Israel from the General Assembly by a Rejection of its Credentials, AJIL 78 (1984) 179 ff.
260 Vgl *Tomuschat,* Die Beitragsverweigerung in Internationalen Organisationen, FS Mann, 1977, 439 ff; *Klein,* Beitragspflichten und Stimmrecht, in Wolfrum (Fn 60) 69 (76 f). Vgl auch u Rn 216.

Schmahl

Suspendierung von Mitgliedsrechten zulässig ist, die einerseits effektiven Druck auf das Mitglied ausübt, andererseits dessen Entfernung aus der Organisation vermeidet.[261] Eine Einzelfallbetrachtung ist insofern unvermeidlich.[262]

e) Abgestufte Formen der Mitgliedschaft

88 Neben die Vollmitgliedschaft können in vielen I.O. dahinter zurückbleibende Beteiligungsformen treten. Wichtig sind vor allem der Status des assoziierten Mitglieds und des Beobachters, wobei die Unterschiede in der Praxis oft nur graduell sind.[263] Deutlich ausgeprägt ist die *assoziierte Mitgliedschaft* im Europarat (Art 5). Sie setzt die Annahme der Satzung durch den Staat voraus und gibt ihm weitgehend die gleiche Rechtsstellung wie den Vollmitgliedern, berechtigt allerdings nicht zur Mitwirkung im maßgeblichen politischen Organ, dem Ministerkomitee. Sie dient der Vorbereitung der Vollmitgliedschaft.[264] In den *UN* (wie schon im Völkerbund) hat sich ein förmlicher assoziierter Mitgliedschaftsstatus nicht entwickelt; Überlegungen im Hinblick auf Mikrostaaten waren aus Gründen der gleichen Souveränität der Staaten (Art 2 Nr 1 UN-Charta) nicht realisierbar. Verschiedene *Sonderorganisationen* kennen diese Form der Mitgliedschaft jedoch (zB WHO, FAO, UNESCO).[265] Die Assoziationsverträge (Art 217 AEUV), die die *EU* mit Drittstaaten abschließt, liegen auf anderer Ebene. Sie dienen entweder der Entwicklungshilfe (zB die Abkommen von Lomé und Cotonou mit den AKP-Staaten), sollen einen Beitritt vorbereiten (so das Abkommen mit der Türkei) oder liegen dazwischen (so die sog Europaabkommen mit mittel- und osteuropäischen Staaten nach 1990). Sie berechtigen die Vertragspartner nicht zur Mitarbeit in der EU.[266] Mittelbar wirkt sich das Gewicht der Partner, insbes bei Beitrittsassoziationen, auf die Politik der Union hingegen gewiss aus.[267] Der Russland[268] und anderen osteuropäischen Staaten eingeräumte Status

---

261 Vgl dazu die Überlegungen zur „inaktiven Mitgliedschaft" von *Ginther* (Fn 164) 14 ff.

262 Zur Rechtslage in der EU vor Inkrafttreten des Amsterdamer Vertrags (1.5.1999) vgl *Frowein* (Fn 193) 312 ff; *Klein* (Fn 91) 77.

263 *Schermers*, International Organizations, Membership, EPIL II (1995) 1320 (1326).

264 So wurde die BR Deutschland vor ihrer Vollmitgliedschaft, die sie am 2.5.1951 erlangte, am 13.7.1950 assoziiertes Mitglied des Europarats (BGBl 1953 II, 558).

265 Näher *Schermers/Blokker*, International Institutional Law, §§ 166 ff; *Klabbers*, International Organizations Law, 98 f. Eine besondere Form der *affiliate membership* findet sich bei der UNWTO (Art 7).

266 *Bungenberg*, in von der Groeben/Schwarze/Hatje (Fn 121) Art 217 AEUV Rn 1; *Bleckmann* (Fn 98) Rn 1365 ff.

267 Vgl etwa *Hummer*, Der EWR und seine Auswirkungen auf Österreich, EuZW 1992, 361 (368); *Epiney*, Der Stellenwert des europäischen Gemeinschaftsrechts in Integrationsverträgen, 1992, 88 ff. – Art 198 ff AEUV behandeln unter dem Begriff Assoziierung wieder einen ganz anderen Fall, der die außereuropäischen Länder und Hoheitsgebiete der Mitgliedstaaten betrifft.

268 Nachdem die „Partnerschaft für den Frieden" mit Russland bereits nach der Annexion der Krim v 2014 suspendiert worden war, hat die NATO aufgrund der Invasion Russlands in die Ukraine die Partnerschaft 2022 endgültig beendet und Russland als eine direkte Bedrohung für die euro-atlantische Sicherheit bezeichnet.

einer „Partnerschaft für den Frieden" im Verhältnis zur NATO war bzw ist keine Vorstufe einer Mitgliedschaft, sondern räumt(e) besondere Informationsrechte zum Zwecke des Abbaus von Misstrauen ein.[269]

Die *Rechtsstellung des Beobachters* hat sich aus dem vernünftigen Bestreben ent- 89 wickelt, auch Nichtmitglieder in die Kooperation mit der Organisation einzubeziehen.[270] Satzungsrechtliche Grundlagen gibt es kaum; die einschlägigen Regeln haben sich organisationsintern entwickelt und sind zT in den Geschäftsordnungen der jeweiligen Organe festgehalten. In den *UN*[271] bot die Beobachterstellung geteilten Staaten (Deutschland, Korea) längere Zeit eine Möglichkeit, die politisch nicht mögliche Mitgliedschaft in gewissem Rahmen zu kompensieren.[272] Auch der Heilige Stuhl (nicht der Staat der Vatikanstadt) hat einen Beobachterstatus.[273] Diese Rechtsstellung war als Möglichkeit der politischen Darstellung besonders für *nationale Befreiungsbewegungen* von großer Bedeutung. Im Vorgriff auf einen werdenden (Namibia/SWAPO) oder einen stark zu verändernden Staat (Südafrika/ANC und PAC) wurde den jeweiligen nationalen Befreiungsbewegungen, vor allem wenn sie von der (damaligen) OAU anerkannt waren, als „authentischen Vertretern" ihrer Völker über die Beobachterstellung eine politisch höchst wirksame Artikulationsmöglichkeit eingeräumt.[274] Der PLO wurde 1974 ebenfalls ein Beobachterstatus zugestanden.[275] „Palästina", bereits 1988 Beobachter,[276] wurde 2012 der Status eines „staatlichen Beobachters" gewährt.[277] Aber auch I. O. können Beobach-

---

269 Bull BReg 1994, 20 ff, 23 f; *Wenger/Breitenmoser/Lehmann,* Die NATO-Partnerschaft für den Frieden im Wandel, 1998; North Atlantic Treaty Organisation (NATO)-Russian Federation: Declaration by Heads of State and Government of NATO Member States and the Russian Federation, ILM 41 (2002) 773 ff. Vgl auch den Gästestatus im Europarat (u Rn 239).

270 *Suy,* The Status of Observers in International Organizations, RdC 160 (1978-II) 74 ff; *Schermers,* International Organizations, Observer Status, EPIL II (1995) 1320 (1324 f); vgl auch *Rensmann,* International Organizations and Institutions, Observer Status, MPEPIL VI, 43 ff.

271 *Sybesma-Khol,* The Status of Observers in the United Nations, 1981; *Fastenrath,* in Charter UN³, Art 4 Rn 42 ff.

272 Zum Beobachterstatus, den die beiden deutschen Staaten bis 1973 in den UN innehatten, vgl *Schmahl,* Deutschland und die Vereinten Nationen: Zwischen staatlicher Souveränität und multilateraler Kooperation, FS E. Klein, 2013, 861 (863 f).

273 Vgl *Germelmann,* Heiliger Stuhl und Vatikanstaat in der internationalen Gemeinschaft, AVR 47 (2009) 147 (177 f). Mit A/RES/58/314 v 1.7.2004 hat die GV diese Rechtsposition noch einmal gestärkt, indem sie dem Heiligen Stuhl besondere Rede- und Teilnahmerechte an ihren Sitzungen einräumt, die über die Rechte der anderen ständigen Beobachter hinausgehen; näher *Kalbusch,* Die römisch-katholische Kirche im System der Vereinten Nationen, 2012, 255 ff.

274 Dazu *Klein,* Nationale Befreiungskämpfe und Dekolonisierungspolitik der Vereinten Nationen, ZaöRV 36 (1976) 618 ff.

275 UN Doc A/RES/3210 (XXIX) v 14.10.1974.

276 UN Doc A/RES/43/177 v 15.12.1988.

277 UN Doc A/RES/67/19 v 29.11.2012: "non-member observer State status". Näher zum Status Palästinas in den UN *Mißling,* Der Status Palästinas in internationalen Organisationen, VN 2012, 147 (148 ff); *Breuer,* Von der UNESCO in die Generalversammlung: Palästina und die Vereinten Nationen, 2013; vgl auch u Fn 281.

Schmahl

terstatus haben; dies gilt bezogen auf die UN etwa für EU, OAS, AU und Arabische Liga.[278]

90 Der Beobachter verfügt nur über *beschränkte Mitwirkungsrechte,* auch wenn die Ausgestaltung unterschiedlich ist. Häufig hat er Rederecht und – in der UN-Generalversammlung – sogar das Recht auf Erwiderung. Antrags- und Stimmrecht stehen ihm jedoch nicht zu. Eine nähere Ausgestaltung von Funktion und Status des Beobachters enthält die Wiener Konvention über die Vertretung von Staaten in ihren Beziehungen zu I.O. universellen Charakters v 1975.[279] Da die Konvention vor allem von den westlichen Sitzstaaten strikt abgelehnt wird, wird sie schwerlich in Kraft treten. Jedenfalls in dem hier interessierenden Bereich hat sie auch keine Sätze des allgemeinen Völkerrechts zum Inhalt.[280] Die Stellung als Beobachter schließt die gleichzeitige volle Mitarbeit in einzelnen Organen oder Unterorganen der UN nicht aus. So war die Schweiz trotz ihres früheren Beobachterstatus Mitglied des IGH-Statuts (Art 93 Abs 2 UN-Charta) und ist Palästina heute Mitglied der Wirtschafts- und Sozialkommission für Westasien (ESCWA), der UNESCO sowie darüber hinaus Vertragspartei des Römischen Statuts zum Internationalen Strafgerichtshof.[281]

f) Nichtmitglieder

91 Grundsätzlich ist unbestritten, dass ein Nichtmitglied an den Rechten und Pflichten eines Mitglieds, wird es nicht in besonderer Weise in die Organisation einbezogen (zB

---

278 A/RES/65/276 v 3.5.2011 wertet den bisherigen Beobachterstatus der EU bei der Generalversammlung deutlich auf und orientiert sich nunmehr an den entsprechenden Beteiligungsrechten des Heiligen Stuhls und Palästinas; näher *Mayr-Singer/Villotti,* Die Europäische Union als neuer „Big Player" in den Vereinten Nationen?, VN 2012, 154 (156 f). Allgemein zum Verhältnis EU/UN *Scheffler,* Die Europäische Union als rechtlich-institutioneller Akteur im System der Vereinten Nationen, 2010, 373 ff.
279 AVR 16 (1974/75) 410 ff; AJIL 69 (1975) 52 ff; vgl *Fennessy,* The 1975 Vienna Convention on the Representation of States in their Relations with International Organizations of a Universal Character, AJIL 70 (1976) 62 ff; *Lang,* Das Wiener Übereinkommen über die Vertretung von Staaten in ihren Beziehungen zu internationalen Organisationen universellen Charakters, ZaöRV 37 (1977) 43 ff; *El-Erian/Lentz,* Vienna Convention on the Representation of States in their Relations with International Organizations of a Universal Character, EPIL IV (2000) 1317 ff.
280 Streitigkeiten über Rechte und Privilegien des Beobachters müssen daher nach den konkreten Bestimmungen für die Organisation (Sitzabkommen) beigelegt werden; zum Streit zwischen UN und USA über die Rechte der PLO am Sitz der UN *Fitschen,* Closing the PLO Observer Mission to the United Nations in New York, GYIL 31 (1988) 595 ff; ICJ Rep 1988, 12 ff *[Headquarters Agreement-Gutachten].*
281 Dazu allgem *Kirgis,* International Organizations, 143 ff und 175. – Der Aufnahmeantrag Palästinas bei den UN (UN Doc A/66/371-S/2011/592 v 23.9.2011) blieb erfolglos; in die UNESCO wurde Palästina aber am 31.10.2011 aufgenommen, vgl UNESCO Records of the General Conference, 36th Sess, Vol 1, 79, para 76. Am 31.12.2014 hat der „Staat Palästina" das IStGH-Statut ratifiziert, wirksam wurde die Aufnahme am 1.4.2015; dazu *Zimmermann,* Palestine and the International Criminal Court: Quo Vadis?, JICJ 11 (2013) 303 ff. Mittlerweile ist Palästina auch Mitglied des Ständigen Schiedshofs im Haag (seit 2016) und Vollmitglied von Interpol (seit 2017), vgl *Asseburg,* Palästinas verbauter Weg zur Eigenstaatlichkeit, VN 2018, 105 (106).

als Beobachter), keinen Anteil hat; vertragsrechtlich ist das Nichtmitglied *Dritter* iSd Satzes *pacta tertiis nec nocent nec prosunt* (Art 34 WVK). Als außerrechtliches Phänomen ist allerdings einzukalkulieren, dass eine mächtige Organisation zweifellos faktisch auf das Verhalten Dritter einwirken wird. So richten zahlreiche Drittstaaten ihre rechtlichen Bestimmungen freiwillig nach EU-Vorschriften aus, um auf diese Weise die Voraussetzungen für die Aufnahme oder Erweiterung des Handelsverkehrs oder gar eines späteren Beitritts zu schaffen.[282]

Darüber hinaus ist aber nicht zu übersehen, dass die UN-Charta Nichtmitgliedstaaten 92 insoweit adressiert, als es um die Wahrung des Weltfriedens und der internationalen Sicherheit geht (Art 2 Nr 6). Schon der *Völkerbund* (Art 17) enthielt die Aufforderung an Nichtmitglieder, sich seinen Streitbeilegungsregeln zu unterwerfen. Allerdings hat der StIGH daraus nicht den Schluss einer rechtlichen Verpflichtung gezogen.[283] Auch Art 2 Nr 6 UN-Charta enthält zwar eine über die Grenzen der Organisation hinausreichende Ordnungsbehauptung, begründet aber nicht als solche Rechtspflichten Dritter.[284] Gehen die *UN* gegen einen Friedensbrecher-Drittstaat selbst mit Sanktionen (Art 41, 42) vor, sind sie dazu auf der Grundlage des von diesem Staat verletzten, *erga omnes* wirkenden Völkerrechtssatzes (Gewaltverbot) ermächtigt,[285] auf die Inpflichtnahme Dritter durch die Charta kommt es gar nicht an.[286] Was die Frage einer Verpflichtung Dritter betrifft, sich an den vom Sicherheitsrat verhängten Sanktionen gegen einen Friedensbrecher zu beteiligen, so besteht weitgehende Einigkeit darüber, dass die Frage zu verneinen ist. Jedenfalls haben Drittstaaten immer, auch wenn sie sich den Maßnahmen angeschlossen haben, die *Freiwilligkeit* dieser Teilnahme aufgrund eigener Entscheidung betont.[287] In Art 2 Nr 6 UN-Charta kann man zwar eine „aspiration vers un ordre juridique général" sehen.[288] Die UN-Charta ist aber nach wie vor keine für alle Mitglieder der Völkerrechtsgemeinschaft *ipso iure* bindende „Verfassung"; daran ist ungeachtet ihrer Quasi-Univer-

---

282 Zu diesen Wirkungen *Hummer/Schweitzer*, Österreich und die EWG, 1987, 262.

283 PCIJ, Ser B, No 5, 27 *[Ostkarelien]:* „[...] States not members of the League [...] are not bound by the Covenant."

284 Anders *Kelsen*, The Law of the United Nations, 1951, 107 ff. Wie hier *Scheuner*, Die Vereinten Nationen und die Stellung der Nichtmitglieder, FS Bilfinger, 1954, 371 ff; *Soder*, Die Vereinten Nationen und die Nichtmitglieder, 1956; *Falk*, The Authority of the United Nations to Control Non-Members, 1965; *Frowein*, Die Vereinten Nationen und die Nichtmitgliedstaaten, EA 1970, 256 ff.

285 Krit *Fink*, Kollektive Friedenssicherung, 1999, 905 ff.

286 Entsprechendes gilt für die völkerrechtliche Befugnis der EU, sich als solche an Sanktionen der UN zu beteiligen; *Klein* (Fn 63) 107 ff; *Brandl*, Die Umsetzung der Sanktionsresolutionen des Sicherheitsrates in der EU, AVR 38 (2000) 376 ff; s auch *H.-K. Ress*, Das Handelsembargo, 2000, 72 ff.

287 *Bindschedler*, Das Problem der Beteiligung der Schweiz an Sanktionen der Vereinigten Nationen, ZaöRV 28 (1968) 1 (5 ff); *v. Schenck*, Das Problem der Beteiligung der Bundesrepublik Deutschland an Sanktionen der Vereinten Nationen, ZaöRV 29 (1969) 257 ff. Zu neueren Entwicklungen in der Staatenpraxis vgl *Talmon*, in Charter UN³, Art 2(6) Rn 55-67.

288 *Cahier*, Le problème des effets des traités à l'égard des Etats tiers, RdC 143 (1974-III) 589 (707).

salität und der damit verbundenen vertraglichen Inpflichtnahme fast aller Staaten fest-zuhalten.[289]

3. Die Rechtsstellung Internationaler Organisationen
a) Völkerrechtsfähigkeit

93 I.O. sind mitgliedschaftlich strukturierte Verbände, die weder im Völkerrecht noch im internen Recht der Staaten automatisch *Rechtssubjektivität* besitzen.[290] Die Fähigkeit, Zuordnungsadressat von Rechten, Pflichten oder Zuständigkeiten der jeweiligen Rechts-ordnung zu sein, ist den I.O. *nicht angeboren*. Dem Völkerrecht sind nur die Staaten vor-gegeben. Sie sind daher originäre Völkerrechtssubjekte,[291] so wie im staatlichen Recht die Menschen die Gestalter der Rechtsordnung sind. Dies schließt nicht aus, dass die ori-ginären Rechtsträger weitere, von ihnen *abgeleitete* Rechtssubjekte schaffen.[292]

94 Ob eine I.O. Völkerrechtssubjekt ist, hängt also vom *Willen ihrer Mitglieder* ab, wie er sich normativ im Gründungsvertrag niedergeschlagen hat. Dies ergibt sich zT recht ein-deutig aus seinem Wortlaut (zB Art 47 EUV),[293] zT kann diese Erkenntnis nur durch Inter-pretation des Vertrags unter Einbeziehung von Zweck und Aufgaben der Organisation ge-wonnen werden.[294] IdS hat der IGH den UN Völkerrechtsfähigkeit zuerkannt, da sie anders ihre Funktionen nicht erfüllen könnten; die UN-Charta enthält keine ausdrück-liche Regelung dieser Frage.[295] Für die Sonderorganisationen und den Europarat gilt Ent-sprechendes. In anderen Fällen ergibt die Auslegung indes ein negatives Ergebnis. So geht man etwa übereinstimmend davon aus, dass die ehemalige Benelux-Wirtschaftsunion keine eigene Völkerrechtssubjektivität hatte;[296] auch für die vormalige OAU wurde diese Eigenschaft überwiegend verneint.[297] Die Organisation des EWR ist ebenfalls nicht als

---

289 Vgl insgesamt dazu *Klein* (Fn 66 [Statusverträge]) 198 ff.

290 Ähnlich wie hier *Golia Jr/Peters*, The Concept of International Organization, in Cambridge Compani-on, 25 (34 ff). Ablehnend indes *Pechstein/Koenig*, Die Europäische Union, 3. Aufl 2000, Rn 62 f, für die eine I.O. stets Völkerrechtsfähigkeit hat oder eben keine I.O. ist.

291 Zur Rolle des Individuums *Mosler*, Völkerrecht als Rechtsordnung, ZaöRV 36 (1976) 6 (30 f) sowie *Kau*, 3. Abschn Rn 14 ff, 245.

292 *Mosler* (Fn 2) 25 f; *Stein/von Buttlar/Kotzur*, Völkerrecht, 14. Aufl 2017, § 23 Rn 383.

293 Das folgt vor allem aus einem Vergleich mit Art 282 EG/Art 335 AEUV; vgl ferner *Tomuschat*, in von der Groeben/Schwarze (Hrsg), Kommentar zu EUV und EGV, Bd 4, 6. Aufl 2003, Art 282 EG Rn 1. – Näher zur EU u Rn 252 ff.

294 Zur Auslegung o Rn 39 f.

295 ICJ Rep 1949, 174, 179 *[Bernadotte]: implied-powers*-Lehre.

296 *Bleckmann*, Die Benelux-Wirtschaftsunion, ZaöRV 22 (1962) 239 (293 f). Der infolge des am 17.6.2008 unterzeichneten neuen Benelux-Vertrags umbenannten Benelux-Union wird inzwischen zumindest be-schränkte Völkerrechtsfähigkeit zuerkannt, vgl *Ohler* (Fn 121) Art 350 AEUV Rn 3; *Schöbener*, in Pech-stein/Nowak/Häde (Hrsg), Frankfurter Kommentar zu EUV, GRC und AEUV, 2017, Art 350 Rn 3.

297 Vgl *Kunig*, Die Organisation der afrikanischen Einheit und die Fortentwicklung des Völkerrechts, JAR 4 (1983) 81 ff mwN. Im Jahr 2002 wurde die OAU von der Afrikanischen Union (AU) als Nachfolgeorganisa-

Völkerrechtsperson geschaffen worden.[298] Nicht ausgeschlossen ist, dass eine Organisation schrittweise in die Völkerrechtspersönlichkeit „hineinwachsen" kann, wie dies zum Teil für die OSZE angenommen wird.[299]

Mit der *Verleihung der Rechtsfähigkeit* an I.O. entstehen neue, „künstliche" Völkerrechtssubjekte, gewissermaßen juristische Personen des Völkerrechts.[300] Von den juristischen Personen des innerstaatlichen Rechts unterscheiden sie sich allerdings durch ihre vom Organisationszweck her definierte Rechtsfähigkeit; diese ist also nicht umfassend, sondern stets – funktionsadäquat – *partiell*.[301] 95

Begaben die Mitglieder ihre I.O. mit Völkerrechtssubjektivität, so wirkt sich das zunächst nur im internen Verhältnis aus. Da der *Gründungsvertrag für Dritte* eine *res inter alios acta* (vgl Art 34 WVK) ist, brauchen diese sich die Völkerrechtspersönlichkeit nicht entgegenhalten zu lassen. Sie wird ihnen gegenüber nur durch ausdrückliche oder implizite Anerkennung relevant. Im Hinblick auf die *UN* hat der IGH allerdings in seinem berühmten *Bernadotte*-Gutachten festgestellt, dass die Gründungsstaaten, die die überwiegende Mehrheit der internationalen Gemeinschaft repräsentierten, die Rechtsmacht besessen hätten, eine Einheit mit *objektiver Völkerrechtspersönlichkeit* zu schaffen, die also auch gegenüber Dritten ohne deren Anerkennung wirke.[302] Diese speziell auf die UN ausgerichtete Argumentation ist jedoch auf andere I.O., auch UN-Sonderorganisationen, nicht übertragbar.[303] Die früheren Ostblockstaaten handelten daher nicht rechtswidrig, wenn sie über Jahrzehnte hinweg die EWG/EG ignorierten und auf direktem Verkehr mit den Mitgliedstaaten bestanden. Auf der anderen Seite hat die Gründung einer völkerrechtsfähigen I.O. immer eine objektive Rechtsfolge, da sie einen jederzeit aktualisierbaren Anknüpfungspunkt für Dritte darstellt. Erkennen diese die Organisation als Völkerrechtssubjekt an, erweitern sie nur deren Wirkungskreis und gründen sie nicht etwa im Verhältnis zu sich neu.[304] 96

---

tion abgelöst. Hinsichtlich der AU wird vertreten, dass sie Völkerrechtssubjektivität besitze, vgl *Barthel*, Die neue Sicherheits- und Verteidigungsarchitektur der Afrikanischen Union, 2011, 7.

298 *Krenzler*, Der Europäische Wirtschaftsraum als Teil einer gesamteuropäischen Architektur, Integration 2/1992, 61 ff.

299 Vgl Rn 16 mit Fn 37. Auch die OSZE selbst geht von ihrer wachsenden *de facto*-Völkerrechtssubjektivität aus, vgl MC.GAL/7/17 v 8.12.2017, Reports to the Ministerial Council on Strengthening the Legal Framework of the OSCE, Rn 9 und MC.GAL/6/21 v 17.12.2021, Rn 1 ff.

300 Vgl *Seidl-Hohenveldern/Loibl*, Internationale Organisationen, Rn 309.

301 *Mosler* (Fn 291) 23 f.

302 ICJ Rep 1949, 174, 185 [*Bernadotte*]; *Weissberg*, The International Status of the United Nations, 1961, 170 ff.

303 Ebenso *Tomuschat* (Fn 27) 140; *Seidl-Hohenveldern*, The Legal Personality of International and Supranational Organizations, in ders, Collected Essays on International Investments and on International Organizations, 1998, 3 (18 f); anders *Ruffert/Walter*, Institutionalisiertes Völkerrecht, Rn 161; *Breuer*, Die Völkerrechtspersönlichkeit Internationaler Organisationen, AVR 49 (2011) 4 (28 ff).

304 *Mosler* (Fn 2) 32.

Schmahl

b) Völkerrechtliche Handlungsfähigkeit

97 Da die Völkerrechtssubjektivität Voraussetzung der *völkerrechtlichen Handlungsfähig-keit* ist, musste sich der IGH im *Bernadotte*-Fall erst der Völkerrechtsfähigkeit der UN vergewissern, bevor er in einem zweiten Schritt die Fähigkeit der UN, völkerrechtliche Ersatzansprüche wegen eines in ihrem Dienst ermordeten Diplomaten geltend zu machen, prüfen konnte.[305] Man kann die Handlungsfähigkeit, vor allem die Fähigkeit zum Vertragsabschluss und diplomatischen Verkehr sowie die aktive und passive Delikts-fähigkeit, einer I.O. aber nicht pauschal ihrer Rechtsfähigkeit entnehmen.[306] Dies bedarf vielmehr der Begründung aus dem jeweiligen Organisationsrecht.[307]

98   Demgemäß beantwortet sich die Frage nach der Grundlage der *Vertragsabschluss-fähigkeit* I.O. aus den Bestimmungen des Gründungsvertrags, soweit sie konkrete Hin-weise hierauf enthalten (zB Art 207, 216ff AEUV), oder aus seiner auf den Gesichtspunkt der Funktionsfähigkeit der Organisation gestützten Interpretation; so hat der IGH den *implied powers*-Gedanken auf die UN-Charta angewendet,[308] der EuGH im *AETR*-Urteil, über die genannten Bestimmungen des EG-Vertrags hinaus, vom Vorliegen von Innen-kompetenzen auf parallele Außenkompetenzen geschlossen.[309] Das Rechtsregime, dem die Verträge unterliegen, an denen I.O. beteiligt sind, ist heute in der II. Wiener Ver-tragsrechtskonvention v 1986 kodifiziert,[310] die sich stark, häufig sogar wörtlich, an der Wiener Vertragsrechtskonvention v 1969 orientiert. Eine nähere Darstellung muss hier unterbleiben.[311] Interessant ist jedoch, dass diese Konvention (Art 46 Abs 2) eine Abkehr von der traditionellen Lehre vornimmt, wonach Rechtsakte von I.O., wozu auch Ver-tragsabschlüsse zählen, bei Überschreitung des Zuständigkeitskreises *(ultra vires)* null

---

305 ICJ Rep 1949, 174, 179f [*Bernadotte*].

306 So aber der Ansatz von *Seyersted*, Objective International Personality of International Organizations, 1963; *Doehring* (Fn 30) Rn 215. Wie hier *Zemanek*, International Organizations, Treaty-Making Power, EPIL II (1995) 1343ff; *Tomuschat* (Fn 27) 142f.

307 So die ganz hL, vgl *Verdross/Simma* (Fn 46) 438; *Klabbers*, International Organizations Law, 50ff. – Art 6 des noch nicht in Kraft getretenen Wiener Übereinkommens über das Recht der Verträge zwischen Staaten und Internationalen Organisationen oder zwischen Internationalen Organisationen v 21.3.1986 (BGBl 1990 II, 1414) bringt keine Aufklärung, da er offen lässt, ob die Vertragsschlussfähigkeit I.O. aus dem Völkergewohnheitsrecht oder dem Gründungsvertrag abzuleiten ist; vgl *Klein/Pechstein*, Das Vertrags-recht internationaler Organisationen, 1985, 23ff.

308 ICJ Rep 1949, 174, 180 [*Bernadotte*]. S u Rn 191.

309 EuGH, Slg 1971, 263, 275 *[AETR]*; vgl auch EuGH, Slg 2002, I-9855 *[Kommission/Deutschland]*. Die AETR-Rspr ist nunmehr in Art 3 Abs 2, Art 216 Abs 1 AEUV kodifiziert. Allg zur völkerrechtlichen Vertragsfähig-keit der EU *Schmahl/Neidinger*, Die EU als Partnerin völkerrechtlicher Verträge, JuS 2021, 24ff.

310 S o Fn 307.

311 Näher *Klein/Pechstein* (Fn 307) *passim; Schröder*, Die Kodifikation des Vertragsrechts internationaler Organisationen, AVR 23 (1985) 385ff; *Nascimento e Silva*, The 1986 Vienna Convention and the Treaty-Ma-king Power of International Organizations, GYIL 29 (1986) 68ff; *Bothe*, Die Wiener Konvention über das Recht der Verträge zwischen Staaten und internationalen Organisationen und zwischen internationalen Organisationen, NJW 1991, 2169ff.

und nichtig sind.[312] Die Konvention stärkt mit ihrer Konzeption nicht nur die Rechtsstellung der Vertragspartner, deren Vertrauen sie schützt, sondern gleicht die Rechtsstellung I. O. der Sache nach der für Staaten geltenden an. Hier spiegelt sich die gewachsene Bedeutung I. O. als Akteure auf der völkerrechtlichen Ebene und gerade als Vertragspartner wider.[313] Völkerrechtsdogmatisch ist diese Konzeption freilich nicht unproblematisch, und sie wird auch von der Konvention an wichtigen Punkten nicht durchgehalten.[314]

Soweit die I. O. für einzelne Bereiche nicht zuständig ist, ist an den Abschluss eines **99** *gemischten Vertrags* zu denken, an dem neben dem Vertragspartner und der I. O. auch deren Mitglieder beteiligt sind. Sie spielen vor allem für die EU eine wichtige Rolle.[315] Diese Verträge sind in ihrer Struktur kompliziert und werfen schwierige Haftungsfragen auf. Politisch sind sie aber hilfreich, weil so Fragen geregelt werden können, die bei unklarer Kompetenzlage andernfalls unerledigt blieben.

Auch für die Frage, ob den I. O. *aktives und passives Gesandtschaftsrecht* zukommt, ist **100** ihre Völkerrechtsfähigkeit notwendige, aber keine ausreichende Bedingung. Die konkrete Ermächtigung gründet letztlich auf dem Willen der Mitgliedstaaten.[316] Die Akkreditierung ständiger diplomatischer Vertretungen von *Mitgliedern* am Sitz ihrer I. O. begann schon zu Zeiten des Völkerbunds. Heute ist sie bei allen wichtigen Organisationen eine gängige Erscheinung.[317] Aber auch *Nichtmitglieder* halten auf diese Weise Kontakt mit einer I. O. So sind bei den UN die Beobachter durch ständige Missionen vertreten.[318] Bei der EU haben derzeit rd 170 Nichtmitglieder ihre Vertretungen akkreditiert; mit der Aufnahme diplomatischer Beziehungen wird zugleich die Anerkennung der Union als Völkerrechtssubjekt zum Ausdruck gebracht.[319] In Ausübung ihres aktiven Gesandtschaftsrechts unterhalten I. O. ihrerseits Vertretungen bei anderen I. O. (zB EU bei UN oder OECD) oder entsenden auch Spezialmissionen zu Mitgliedern oder Nichtmitgliedern.

---

312 *Tomuschat* (Fn 27) 144f; *Klein/Pechstein* (Fn 307) 25f. – Dies entspricht auch einer zunehmenden Ansicht in der Literatur. S u Rn 192 ff.

313 Schon 1970 wurden fast 2.000 Verträge unter Beteiligung von I. O. gezählt.

314 *Klein/Pechstein* (Fn 307) 64f.

315 *Stein*, Der gemischte Vertrag im Recht der Außenbeziehungen der Europäischen Wirtschaftsgemeinschaft, 1986; *Eeckhout*, EU External Relations Law, 2. Aufl 2011, 213 ff; *Kumin/Bittner*, Die „gemischten" Abkommen zwischen der Europäischen Union und ihren Mitgliedstaaten einerseits und dritten Völkerrechtssubjekten andererseits, EuR 2012, Beih 2, 75 ff; *Schmahl*, Internationalisierung des europäischen Verwaltungsrechts, in Kahl/Ludwigs (Hrsg), Handbuch des Verwaltungsrechts, Bd II, 2021, § 43 Rn 10.

316 Vgl etwa zu den Rechtsgrundlagen der EU-Außenkompetenz *Oppermann/Classen/Nettesheim* (Fn 95) § 38.

317 *Schermers/Blokker*, International Institutional Law, § 1804.

318 Hierzu wichtig Art 5 und 7 der Wiener Konvention über die Vertretung von Staaten in ihren Beziehungen zu Internationalen Organisationen universellen Charakters v 1975 (s o Fn 279).

319 Bedeutsam insoweit Art 16 des Protokolls (Nr 7) über die Vorrechte und Befreiungen der Europäischen Union (ABl EU 2012, Nr C 326/266), wonach der Sitzstaat (Belgien) entsprechende Verpflichtungen gegenüber diesen Drittstaatmissionen übernimmt (Zahlen nach <https://www.eeas.europa.eu/eeas/diplomatic-corps_en>).

Während die EU ihre diplomatischen Beziehungen zu Drittstaaten (zB in Südamerika) über lange Zeit nur über Vertretungen der Kommission durchgeführt hat, unterhält sie seit dem Inkrafttreten des Vertrags von Lissabon eigene Delegationen in über 140 Staaten und I.O.[320]

101   Mit der starken Ausweitung der Tätigkeiten I.O. gewinnt auch die Frage ihrer *Deliktsfähigkeit* – als Täter oder Opfer – an Bedeutung.[321] Dies veranlasste die ILC im Jahr 2000 dazu, das Thema *Responsibility of International Organizations* auf ihre Agenda zu setzen,[322] und führte 2009 schließlich zur Verabschiedung der (Draft) Articles on Responsibility of International Organisations (ARIO), die von der GV 2011 zustimmend zur Kenntnis genommen wurden.[323] Soweit eine I.O. völkerrechtlich handeln kann, vermag sie auch völkerrechtswidrig zu handeln, dh die ihr obliegenden Pflichten gegenüber einem anderen Völkerrechtssubjekt zu verletzen.[324] Gemeint ist damit primär die Deliktsfähigkeit der I.O. gegenüber Dritten, die von der Rechenschaftspflicht *(accountability)* der I.O. abzugrenzen ist, die sich in Form eines „globalen Verwaltungsrechts" vornehmlich auf die Anforderungen einer „good governance" gegenüber ihren Mitgliedern erstreckt (vgl Rn 20).[325] Die beschränkte Rechtsfähigkeit der I.O. zeigt indes, dass der deliktsrechtlich relevante Bereich grundsätzlich variiert; allerdings entfällt bei *ultra vires*-Handeln keineswegs automatisch die Verantwortlichkeit. Die entscheidende Frage hier und allgemein ist daher, welches Subjekt für die Rechtsverletzungen der I.O. haftet: diese selbst,

---

320 Vgl *Karalus,* Die diplomatische Vertretung der EU, 2009, 184ff; *Dörr,* in Grabitz/Hilf/Nettesheim (Fn 121) Art 47 EUV Rn 60. Gemäß Art 27 Abs 3 EUV wird ein (eigenständiger) Europäischer Auswärtiger Dienst errichtet, der dem Hohen Vertreter der Union für die Außen- und Sicherheitspolitik nach Art 221 AEUV unterstellt ist, näher *Sydow,* Der Europäische Auswärtige Dienst, JZ 2011, 6ff; *Martenczuk,* Der Europäische Auswärtige Dienst, EuR 2012, Beih 2, 189ff; *Giegerich,* in Pechstein/Nowak/Häde (Fn 296) Art 221 AEUV Rn 22ff.

321 Vgl *Ginther,* International Organizations, Responsibility, EPIL II (1995) 1336ff; *Meng,* Internationale Organisationen im völkerrechtlichen Deliktsrecht, ZaöRV 45 (1985) 324ff; *Conze,* Die völkerrechtliche Haftung der EG, 1987; *Casteleiro,* The International Responsibility of the European Union: From Competence to Normative Control, 2016; *Giegerich,* Verantwortlichkeit und Haftung für Akte internationaler und supranationaler Organisationen, ZVglRWiss 104 (2005) 163ff; *Breuer* (Fn 303) 16ff; *Klein,* Responsibility, in Oxford Handbook, 1026ff.

322 Hierzu mN ILC Rep 2002, §§ 458ff.

323 Vgl A/RES/66/100 v 9.11.2011. Vgl auch ILC Rep 2009, UN Doc A/64/10, §§ 13-178. Hierzu *Hoffmeister,* Litigating against the European Union and its Member States, EJIL 21 (2010) 723ff; *Schermers/Blokker,* International Institutional Law, §§ 1590A ff. Krit *Hafner,* Is the Topic of Responsibility of I.O. Ripe for Codification?, FS Simma, 2011, 695ff. Zu Entwicklung und Auswirkung der ARIO vgl auch die Beiträge in Ragazzi (Hrsg), Responsibility of International Organizations: Essays in Memory of Sir Ian Brownlie, 2013.

324 So bereits PCIJ, Ser A, No 17, 29 *[Chorzów].* – Zur Frage, ob sich die Deliktsfähigkeit auch auf (qualifiziertes) Unterlassen einer I.O. beziehen kann, vgl *Klabbers,* Reflections on Role Responsibility: The Responsibility of International Organizations for Failing to Act, EJIL 28 (2017) 1133ff.

325 Zum Konzept der „accountability" vgl den Bericht über Accountability of International Organizations, in ILA, Report of the 71st Conference in Berlin, 2004, 164ff; dazu *Hafner,* Accountability of International Organizations, in Macdonald/Johnston (Hrsg), Towards World Constitutionalism, 2005, 585ff.; *Klabbers,* Advanced Introduction, 92ff; *White,* International Organisations, 251ff.

Schmahl

ihre Mitglieder oder beide.[326] Grundlagen der Antwort sind die rechtliche Selbständigkeit der I.O. einerseits und das Problem einer Haftungsbegrenzung der Mitgliedstaaten durch bloße Errichtung einer möglicherweise zur Wiedergutmachung nicht fähigen Institution andererseits. Zu bedenken ist ferner die Rechtsstellung Dritter, die die I.O. nicht anerkannt haben.

Aus der Völkerrechtspraxis ergeben sich nicht allzu viele Fixpunkte. Als allgemein anerkannt und akzeptiert erscheint die *exklusive Haftung* der UN, soweit es um das rechtswidrige Verhalten von Friedenstruppen geht, für das die UN die alleinige Verantwortung übernommen haben.[327] Der Internationale Seegerichtshof nimmt ebenfalls eine exklusive Haftung der EU in Fischereiangelegenheiten an, soweit diese in die alleinige Vertragsschlusskompetenz der Union fallen.[328] Vertragliche Regelungen bei gefahrgeneigten Tätigkeiten enthalten etwa der Weltraumvertrag v 1967 (Art VI) und das Übereinkommen über die völkerrechtliche Haftung für Schäden durch Weltraumgegenstände v 1972 (Art XXII).[329] Nach der dort gefundenen Lösung besteht eine *gemeinsame Verantwortlichkeit* der I.O. und ihrer Mitglieder, wobei der Weltraumhaftungsvertrag dies in Richtung auf eine subsidiäre Haftung der Mitglieder konkretisiert – unter der Voraussetzung allerdings, dass die Organisation die Pflichten aus dem Vertrag überhaupt übernommen hat;[330] andernfalls haften die Mitglieder allein. In den Verfahren zur Verantwortlichkeit der niederländischen Blauhelmtruppen („Dutchbat") im Rahmen von UNPROFOR erkannten die angerufenen niederländische Gerichte im Grundsatz ebenfalls auf eine gemeinsame Haftung der UN und der Niederlande wegen der Massaker in Srebrenica (1995).[331]

102

---

326 Hierzu im Allgemeinen: Bericht der ILC, UN Doc A/66/10, 83; vgl auch *Hofmann*, Die Rechtskontrolle von Organen der Staatengemeinschaft, BerDGVR 42 (2007) 1 (27f); *White*, International Organisations, 239ff; *Hilpold*, Die Regelung der Verantwortlichkeit internationaler Organisationen, JZ 2019, 854 (858ff).
327 *Schermers/Blokker*, International Institutional Law, §§ 1584A, 1858; differenzierend *Kranz*, Die völkerrechtliche Verantwortlichkeit für die Anwendung militärischer Gewalt, AVR 38 (2010) 281 (331f); grundlegend *Schmalenbach*, Die Haftung Internationaler Organisationen im Rahmen von Militäreinsätzen und Territorialverwaltungen, 2004; *Lüder*, Völkerrechtliche Verantwortlichkeit bei Teilnahme an „Peace-keeping"-Missionen der Vereinten Nationen, 2004; *Salerno*, International Responsibility for the Conduct of „Blue Helmets", in Ragazzi (Fn 323) 415ff; *Krumrey*, Die Immunität der Vereinten Nationen – Verantwortlichkeit für Friedensmissionen, 2018, 67ff. Zwischen Peacekeeping-Operationen und Einsätzen mit einem sog robusten Mandat unterscheidend EGMR, EuGRZ 2007, 522 Rn 128ff *[Behrami/Saramati]*; s u Fn 676; krit *Schmalenbach*, Der Schutz der Zivilbevölkerung durch UN-Friedensmissionen und die Rechtsfolgen bei Mandatsversagen, AVR 51 (2013) 170 (195ff).
328 ISGH, *Request for an Advisory Opinion Submitted by the Sub-regional Fisheries Commission (SRFC)*, Case No 21, Gutachten v 2.4.2015, § 172f; dazu auch *Becker*, AJIL 109 (2015) 851 (854ff).
329 BGBl 1969 II, 1969; BGBl 1975 II, 1210.
330 Dies ist – soweit ersichtlich – bisher nur durch die ESA geschehen.
331 Vgl Supreme Court of the Netherlands (Hoge Raad), Urt v 6.9.2013 *(Nuhanović)*, ILM 53 (2014), 516ff und Urt v 6.9.2013, Case No 12/03329 *(Mustafić-Mujić u a)*, ILM 53 (2014), 527ff; District Court of the Hague (Rechtbank Den Haag), Urt v 16.7.2014, *Mothers of Srebrenica*, ECLI:NL:RBDHA:2014:8748; Hoge Raad, Urt v 19.7.2019 *(Mothers of Srebrenica)*, ECLI:NL:HR:2019:1284. Dazu *von Arnauld/Buszewski*, Modes of Legal

103   Ob diese für besonders risikoträchtiges Handeln entwickelten Grundsätze generalisierbar sind, ob es also allgemeine Völkerrechtsregeln dieses Inhalts gibt, ist wenig klar. Richtig dürfte sein, dass geschädigte Dritte, die die Organisation anerkennen, diese primär als Haftungssubjekt in Anspruch zu nehmen haben.[332] Eine subsidiäre, den „Schleier der Organisation" lüftende *Durchgriffshaftung der Mitgliedstaaten* wird man aber *nicht grundsätzlich ausschließen* können.[333] Es wäre sehr zweifelhaft, wenn Dritte sich auf die möglicherweise beschränkten Ressourcen der I.O. verweisen lassen müssten, die Mitglieder ihre Haftung entsprechend begrenzen könnten. Gewiss kann die Haftung der Mitglieder gegenüber Dritten aus Vertragsverletzung nicht aus einer Vorschrift wie Art 216 Abs 2 AEUV entnommen werden, da dieser eine rein unionsinterne Bedeutung hat.[334] Andererseits dürfte es zu weit gehen, allein in der vereinbarten Zuerkennung der Vertragsschlussfähigkeit der I.O. bereits den konkludenten Haftungsausschluss der Mitglieder zu sehen.[335] Dritten als Vertragsparteien allein das Risiko mangelnder Wiedergutmachungsfähigkeit der Organisation aufzubürden, ist wenig überzeugend. Die Durchgriffshaftung kommt also durchaus in Betracht, wenn – etwa bei Unterkapitalisierung – die Organisation selbst zur Wiedergutmachung des Schadens außerstande ist. Eine ganz andere Frage ist, ob das schädigende Ereignis nicht auf einer (auch) den Mitgliedstaaten unmittelbar zurechenbaren Verhaltensweise beruht *(Direkthaftung)*. Insofern ist an die Verletzung von Kontroll- und Aufsichtspflichten zu denken, etwa im Fall

---

Accountability: The Srebrenica Example, Friedenswarte 88 (2013) 15 (27 ff); *Condorelli,* De la responsabilité internationale de l'ONU et/ou l'Etat d'envoi lors d'actions de Forces de Maintien de la Paix: l'écheveau de l'attribution (double?) devant le juge néerlandais, Questions of International Law 1 (2014), 3 ff; *Palchetti,* Attributing the Conduct of Dutchbat in Srebrenica: The 2014 Judgment of the District Court in the Mothers of Srebrenica Case, NILR 62 (2015) 279 (289 ff); vgl auch *Krumrey* (Fn 327) 178 ff.; *Klabbers,* International Organizations Law, 323. Zur Immunität der VN (auch) in diesen Verfahren s u Rn 108 mit Fn 355.

332 *Meng* (Fn 321) 338; *Hartwig,* International Organizations or Institutions, Responsibility and Liability, MPEPIL VI, 64 (Rn 13 ff); *Epping,* in Ipsen (Fn 30) § 8 Rn 90.

333 *Seidl-Hohenveldern,* Responsibility of Member States of an International Organization for Acts of that Organization, in ders (Fn 303) 63 ff; *Geslin,* Réflexions sur la répartition de la responsabilité entre l'organisation internationale et ses Etats membres, RGDIP 109 (2005) 539 ff; *Ahlborn,* To Share or Not to Share?, The Allocation of Responsibility between International Organizations and their Member States, Die Friedenswarte 88 (2013) 45 (61 ff). Siehe aber Art 6 des Übereinkommens zur Gründung des Gemeinsamen Fonds für Rohstoffe (BGBl 1985 II, 714), wonach ein Mitglied nicht allein aufgrund seiner Mitgliedschaft für Handlungen oder Verbindlichkeiten des Fonds haftet.

334 Vgl bereits *Klein/Pechstein* (Fn 307) 39.

335 So aber *Herdegen,* Bemerkungen zur Zwangsliquidation und zum Haftungsdurchgriff bei internationalen Organisationen, ZaöRV 47 (1987) 537 (549), der bereits mit dieser Überlegung die Haftung der Mitglieder des zahlungsunfähig gewordenen Internationalen Zinnrats verneint. Im konkreten Fall haben die Mitgliedstaaten im Vergleichsweg einen Teil des Schadens ohne Anerkennung einer Rechtspflicht ersetzt; vgl auch *Seidl-Hohenveldern,* Piercing the Corporate Veil of International Organizations, GYIL 32 (1989) 43 ff. Nach ISGH, Gutachten v 2.4.2015 (Fn 328), Rn 156 ff haftet die EU aufgrund ihrer exklusiven Kompetenz zum Vertragsabschluss (Fischereiabkommen) allein für Verletzungen des Vertrags durch die Flagge von Mitgliedstaaten tragende Schiffe. Zum Immunitätsproblem s u Rn 106 ff.

eines *ultra vires*-Handelns der I.O.[336] Die Verantwortlichkeit von Organisation und Mitgliedern steht dann iSe Gesamtschuldnerschaft nebeneinander. Art 62 ARIO möchte die subsidiäre Haftung der Mitglieder für einen völkerrechtswidrigen Akt der I.O. grundsätzlich auf den Fall reduzieren, dass das Mitglied seine Verantwortlichkeit akzeptiert oder bei der verletzten Seite eine entsprechende Erwartung geweckt hat.[337]

Soweit Dritte geschädigt sind, die die I.O. nicht anerkennen, brauchen sie sich nicht 104 an die Organisation verweisen zu lassen.[338] Hiervon gibt es nur eine Ausnahme: Aufgrund der allgemein akzeptierten Aussage des IGH im *Bernadotte*-Gutachten haben die UN eine objektive Völkerrechtspersönlichkeit, die ungeachtet einer Anerkennung für alle anderen Völkerrechtssubjekte verbindlich ist.[339] Im Übrigen aber ist die Errichtung einer I.O. für Dritte eine *res inter alios acta*, die sie nicht zur Kenntnis nehmen müssen. Sie sind daher berechtigt, sich an die Mitglieder zu halten, die hinter der für sie unbeachtlichen Organisation stehen. Eine gegenüber den anderen Mitgliedstaaten hervorgehobene Verantwortlichkeit des Sitzstaates wird sich normalerweise nicht begründen lassen.[340] Der Dritte kann daher frei entscheiden, von welchem Mitglied er Wiedergutmachung verlangt. Auf der anderen Seite kann der geschädigte Dritte jederzeit von der I.O. selbst die Wiedergutmachung verlangen, weil er an ihre vorhandene Existenz anknüpfen kann.[341]

I.O. können auch *Opfer* völkerrechtswidriger Handlungen nach Maßgabe der ihnen 105 gegenüber bestehenden Rechtspflichten sein. Sie sind dann berechtigt, ihrerseits *Wiedergutmachung* zu verlangen, und können die Durchsetzungsmöglichkeiten des allgemeinen Völkerrechts in Anwendung bringen. Die passive Deliktsfähigkeit erstreckt sich auch auf Verletzungen von *erga omnes* geltenden Normen (zB Gewaltverbot), und zwar sogar dann, wenn die I.O. nicht selbst Adressatin der Verletzung gewesen ist.[342] Allerdings scheidet eine Klage vor dem IGH aus.[343] Auch hier gilt aber, dass grundsätzlich nur Dritte, die die Organisation anerkannt haben, von deren Ansprüchen Kenntnis

---

336 *Meng* (Fn 321) 342; *Stumer*, Liability of Member States for Acts of International Organizations, HarvILJ 48 (2007) 553 ff.

337 Art 58–61 ARIO sehen weitere Haftungsgründe für die Mitgliedstaaten vor. Von besonderer Bedeutung ist Art 61, wonach die Mitgliedstaaten für Akte der I.O. haften, wenn sie durch Kompetenzverlagerung auf die I.O. ihre eigenen völkerrechtlichen Pflichten umgehen und die Handlung der I.O., wäre sie vom Staat begangen, eine Verletzung von dessen Pflichten wäre; nicht erforderlich ist dabei, dass die Handlung für die I.O. selbst ein völkerrechtswidriger Akt ist. Die ILC verweist zur Unterstützung ihrer Ansicht auf die EGMR-Urteile in den Fällen *Waite und Kennedy* (1999) und *Bosphorus* (2005). Näher *Voulgaris*, Allocating International Responsibility between Member States and International Organizations, 2019, 154 ff.

338 Anders *Köck/Fischer*, Internationale Organisationen, 592; *Ginther* (Fn 321) 1340. – Wer mit der Organisation Verträge schließt, erkennt sie jedenfalls implizit an.

339 ICJ Rep 1949, 174 ff [*Bernadotte*].

340 Vgl auch Art 13 ILC-Entwurf zur Staatenverantwortlichkeit v 1980 (Text: ZaöRV 45 [1985] 357 ff).

341 *Mosler*, Subjects of International Law, EPIL IV (2000) 710 (714); *Tomuschat* (Fn 293) Rn 30.

342 Vgl *Ruffert*, in Calliess/Ruffert (Fn 142), Art 47 EUV Rn 16 mwN.

343 Vgl Art 34 Abs 1 IGH-Statut („Staatenklausel"). Der Streit kann jedoch vor ein Schiedsgericht gebracht werden.

nehmen müssen. Allein die UN sind in der Lage, unabhängig von jeder Anerkennung, völkerrechtliche Wiedergutmachungsansprüche gegen Dritte zu erheben oder diesen gegenüber für ihre Bediensteten ein funktionelles Schutzrecht auszuüben.[344] Eine Übertragung dieses Ergebnisses auf andere I.O. ist nicht möglich.

c) Immunitäten, Privilegien, Verhältnis zum Sitzstaat

106 Während die Immunität von Staaten auf ihrer souveränen Gleichheit beruht *(par in parem non habet iurisdictionem)*,[345] kann eine Immunität für I.O. nur aus der Notwendigkeit effektiver Erfüllung der ihr übertragenen Aufgaben hergeleitet werden.[346] Dieser *funktionelle Ansatz* kommt etwa in Art 105 UN-Charta zum Ausdruck. Wegen der erheblichen Ausweitung des Aufgabenbereichs I.O. spielen auch Fragen ihrer Immunitäten und Privilegien eine zunehmende Rolle;[347] dies gilt auch für die Bediensteten der Organisation.[348]

107 Die Grundlagen finden sich häufig schon im Gründungsvertrag selbst,[349] wenngleich nur sehr prinzipiell. Sie sind durch nähere Regelungen zu ergänzen. Die bereits 1946 von der Generalversammlung vorgeschlagene (Art 105 Abs 3 UN-Charta) *Konvention über die Privilegien und Immunitäten der UN*[350] ist zum Prototyp entsprechender Übereinkünfte für andere I.O. geworden, zunächst für die Konvention über die Privilegien und Immunitäten der Sonderorganisationen der UN v 1947,[351] dann für zahlreiche

---

344 ICJ Rep 1949, 174, 184 *[Bernadotte]*.
345 Dazu etwa IGH, ICJ Rep 2012, 99, Rn 57 *[Jurisdictional Immunities of the State]*.
346 ICJ Rep 1989, 177, 192 ff *[Mazilu-Gutachten]*; ICJ Rep 1999, 62, 83 *[Immunitäts-Gutachten]*; dazu *Wickremasinghe*, Difference Relating to Immunity from Legal Process of a Special Rapporteur of the Commission on Human Rights, ICLQ 49 [2000] 724 ff. Vgl ferner *Szasz*, International Organizations, Privileges and Immunities, EPIL II (1995) 1325 ff; *Gaillard/Pingel-Lenuzza*, International Organisations and Immunity from Jurisdiction, ICLQ 51 (2002) 1 ff; *Hailbronner*, Immunity of International Organizations from German National Jurisdiction, AVR 42 (2004) 329 ff; *Sato*, Immunität internationaler Organisationen, 2004; *Tauchmann*, Die Immunität internationaler Organisationen gegenüber Zwangsvollstreckungsmaßnahmen, 2005; *Wickremasinghe*, Immunities Enjoyed by Officials of States and International Organizations, in Evans (Hrsg), International Law, 5. Aufl 2018, 399 ff; *Kunz-Hallstein*, Die Gerichtsbefreiung Internationaler Organisationen in der deutschen Praxis, FS Hailbronner, 2013, 597 (600 f); Reinisch (Hrsg), The Privileges and Immunities of International Organizations in Domestic Courts, 2013.
347 *Reinisch*, Privileges and Immunities, in Oxford Handbook, 1048 ff.
348 Vgl etwa Convention on the Safety of UN and Associated Personnel v 9.12.1994. Zu Privilegien und Immunitäten für UN-Bedienstete näher *Miller*, Privileges and Immunities of United Nations Officials, IOLR 4 (2008) 169 ff. Zu den Grenzen völkerrechtlicher Immunität im Völkerstrafrecht, die auch auf Bedienstete von I.O. übertragbar sind, jüngst BGH, NJW 2021, 1326, Rn 16 ff *[Grenzen völkerrechtlicher Immunität]*.
349 Vgl UN: Art 105; OAS: Art 103, 104.
350 1 UNTS 15; BGBl 1980 II, 941. – Dazu Reinisch (Hrsg), The Conventions on the Privileges and Immunities of the United Nations and its Specialized Agencies: A Commentary, 2016.
351 33 UNTS 261; BGBl 1954 II, 639; 1964 II, 187. – Dazu *Ahluwalia*, The Legal Status, Privileges and Immunities of the Specialized Agencies of the United Nations and Certain Other International Organizations, 1964; Reinisch (Fn 350).

regionale Organisationen.[352] Als Verträge binden sie freilich nur die Vertragsparteien, die idR die Mitglieder der Organisation sind. Zusätzliche Regelungen sind in den Abkommen mit den Sitzstaaten (u Rn 110 f) und mit solchen Staaten enthalten, in denen die I.O. eine besondere Tätigkeit entfaltet, etwa Staaten, in denen friedenserhaltende Streitkräfte der UN („Blauhelme") stationiert werden.[353] Der Versuch einer allgemeinen (lückenfüllenden) Regelung wurde mit der Wiener Konvention über die Vertretung von Staaten in ihren Beziehungen zu I.O. universellen Charakters v 1975 unternommen, die aber aller Voraussicht nach wegen der Opposition der meisten Sitzstaaten nicht in Kraft treten wird.[354]

Zu den wichtigsten Vorschriften der geltenden Verträge gehört die *Befreiung der* **108** *I.O. von allen nationalen Gerichtsverfahren,*[355] es sei denn, die I.O. verzichtet auf ihre Immunität, die ein von Amts wegen zu beachtendes Verfahrenshindernis darstellt.[356] Daher sind auch Klagen von Beamten/Funktionären gegen ihre I.O. vor nationalen Gerichten grundsätzlich nicht zulässig.[357] Die funktionelle Begründung der Immunität I.O.

---

352 Vgl zB Protokoll über die Vorrechte und Befreiungen der EG v 8.4.1965 (ABl EG 1967, Nr L 152/13); seit dem Vertrag von Lissabon nunmehr Protokoll (Nr 7) über die Vorrechte und Befreiungen der Europäischen Union (ABl EU 2012, Nr C 326/266); dazu auch *Petersen,* Europäisierung der Diplomatie, 2011, 59 ff.
353 Vgl *Bothe,* Streitkräfte internationaler Organisationen, 1968, 143 ff; *Krumrey* (Fn 327) 153 ff. S auch *Bothe,* 8. Abschn Rn 32 ff.
354 Vgl o Fn 279 sowie *Klabbers,* International Organizations Law, 140.
355 *Möldner,* International Organisations or Institutions, Privileges and Immunities, MPEPIL VI, 47 (Rn 16); *Reinisch,* Privileges and Immunities, in Klabbers/Wallendahl (Hrsg), Research Handbook, 132 ff. – Deshalb scheiterte auch die Schadensersatzklage der „Mütter von Srebrenica" vor niederländischen Gerichten gegen die UN (vgl Fn 331), mit der geltend gemacht wurde, dass die (holländischen) UN-Blauhelme die muslimische männliche Bevölkerung in Srebrenica im Juli 1995 nicht ausreichend vor dem Völkermord durch serbische Truppen geschützt hätten; vgl Entscheid des District Court of The Hague (Rechtbank Den Haag) v 10.7.2008, Case No 295247/HA ZA 07-2973, NILR 2008, 428 ff; bestätigt vom Obersten Gerichtshof (Hoge Raad), Urt v 13.4.2012, 10/04437; dazu auch EGMR, Entscheidung v 11.6.2013, Nr 65542/12 [*Mothers of Srebrenica*]. In diesen Entscheidungen wird verdeutlicht, dass sogar die Geltendmachung der Verletzung einer zwingenden Norm des Völkerrechts (Genozidverbot) die Immunität der UN nicht verdrängt, dazu krit *Schmalenbach,* Preserving the Gordian Knot: UN Legal Accountability in the Aftermath of Srebrenica, NILR 62 (2015) 313 ff; *Momirov,* in Ryngaert u a (Hrsg), Judicial Decisions, 439 (444, 449). – Auch die Klage einer NGO gegen die UN, wonach UN-Soldaten für den Ausbruch einer Cholera-Epidemie in Haiti verantwortlich seien, hatte vor dem District Court for the Southern District of New York (Urt v 9.1.2015, *Delama Georges et al v United Nations,* 13-CV-7146) aufgrund des Immunitätsvorbehalts keinen Erfolg; näher *Lundahl,* The United Nations and the Remedy Gap: The Haiti Cholera Dispute, Friedenswarte 88 (2013) 77 ff; *Freedman/Lemay-Hebert,* UN Immunity and the Haiti Cholera Case, QIL Zoom-in 19 (2015) 5 ff; *Garcin,* The Haitian Cholera Victims' Complaints Against the United Nations, ZaöRV 75 (2015) 671 (679 ff, insbes 685 ff).
356 Zu den verfassungsrechtlichen Grenzen vgl BVerfGE 58, 1 ff. Der Immunitätsschutz der I O wird nicht dadurch obsolet, dass *ius cogens* verletzt ist, s o Fn 355.
357 *Seidl-Hohenveldern,* Die Immunität internationaler Organisationen in Dienstrechtsstreitfällen, 1981; vgl auch *Bleckmann,* Internationale Beamtenstreitigkeiten vor nationalen Gerichten, 1981; *Bernhardt* (Fn 90) 37 ff; *Ullrich,* Die Immunität internationaler Organisationen vor der einzelstaatlichen Gerichtsbarkeit, ZaöRV 71 (2011) 157 ff. – Zum innerorganisatorischen Rechtsschutz der Beamten s *Möldner* (Fn 355)

lässt – anders als bei Staaten – eine Trennung zwischen *acta iure imperii* und *acta iure gestionis* nicht zu, da auch Letztere zu den Aufgaben der Organisation zählen können.[358] Als etwa die Immunität eines Special Rapporteur der ehemaligen UN-Menschenrechtskommission in Streit stand, war es nach Auffassung des IGH Aufgabe des Generalsekretärs, nicht der Organe des Mitgliedstaats, die Reichweite der für die Erfüllung der Mission erforderlichen Immunität zu bestimmen.[359] Weil sich die *Mitgliedstaaten* ihrer Haftung aber nicht auf diese Weise entziehen können, bleibt ihre ggf bestehende eigene Verantwortung unberührt.[360] Verschiedentlich wird die Immunität bereits durch den Gründungsvertrag eingeschränkt (Klagemöglichkeit Privater gegenüber IBRD, IFC und IDA) oder gar nicht gewährt; so hat die EU keine Immunität vor den Gerichten ihrer Mitgliedstaaten,[361] wobei freilich deren Zuständigkeit durch die weitreichende Kompetenz des EuGH begrenzt ist. Art 1 des Protokolls über Vorrechte und Befreiungen der EU gewährt jedoch umfassende, nur vom EuGH zu beseitigende Vollstreckungsimmunität. Andere wichtige Vorschriften der einschlägigen Verträge befassen sich mit fiskalischen (steuerrechtlichen) Privilegien der Organisation, der Rechtsstellung ihrer Bediensteten, denen zT diplomatischer Status zuerkannt wird, der Stellung der Vertreter von Mitgliedern und Nichtmitgliedern (Beobachtern) und anderem mehr.[362]

109   Dritte – weder am Gründungsvertrag noch an den betreffenden Konventionen beteiligte – Staaten könnten nur aufgrund *allgemeinen Völkerrechts* zur Respektierung der Immunität einer I.O. verpflichtet sein. Solche Regeln sind indes nicht festzustellen.[363]

---

sowie u Rn 174f. Vgl auch die Urteile des EGMR v 18.2.1999, Nr 26083/94, ECHR Reports 1999-I, 393 *[Waite und Kennedy]* und Nr 28934/95 *[Beer und Regan]*. Zum sonstigen innerorganisatorischen Rechtsschutz, der den Zugang zu nationalen Gerichten grundsätzlich ausschließt, vgl *Kunz-Hallstein,* Menschenrechtsverletzungen durch Internationale Organisationen – Zuständigkeit nationaler Gerichte? ZIAS 2016, 406ff, sowie BVerfGE 149, 346, Rn 41ff *[Europaschule]*.

358 So zutr der Schiedsspruch über die Auslegung des Sitzabkommens über das Europäische Laboratorium für Molekularbiologie v 29.6.1960; dazu *Kunz-Hallstein,* Privilegien und Immunitäten internationaler Organisationen im Bereich nicht hoheitlicher Privatrechtsgeschäfte, NJW 1992, 3069 (3072f); ebenso *Seidl-Hohenveldern/Loibl,* Internationale Organisationen, Rn 1907f; *Hilpold* (Fn 326) 862; *Shaw,* International Law, 9. Aufl 2021, 1171f; krit *Rensmann,* Internationale Organisationen im Privatrechtsverkehr, AVR 36 (1998) 305 (316ff); *Habscheid,* Die Immunität internationaler Organisationen im Zivilprozess, ZZP 110 (1997) 269ff. Zum Sonderfall der EU vgl EuGH, ECLI:EU:C:2020:638, Rn 59-61 *[Supreme];* zust *Reimer,* Die Distinktion von acta iure imperii und acta iure gestionis im Europarecht, IWRZ 2020, 279 (282).

359 ICJ Rep 1999, 62, 84ff *[Immunitäts-Gutachten];* auch bereits ICJ Rep 1989, 177, 197f *[Mazilu-Gutachten];* vgl *Blokker/Schermers,* Mission Impossible?, FS Seidl-Hohenveldern, 1998, 37ff.

360 Die Mitglieder des Internationalen Zinnrats konnten sich daher nicht auf dessen Immunität berufen; dazu o Fn 335. Vgl auch *Heller,* Der Haftungsdurchgriff im Völkerrecht, 1993.

361 Vgl Art 274 AEUV.

362 Ein Überblick bei *Ziegler,* in Charter UN[3], Art 105 Rn 16ff. Vgl *Nascimento e Silva,* Privileges and Immunities of Permanent Missions to International Organizations, GYIL 21 (1978) 9ff; *Ingadóttir,* The UN and the ICC, LJIL 14 (2001) 867ff.

363 *Seidl-Hohenveldern/Loibl,* Internationale Organisationen, Rn 1905ff; *Tomuschat* (Fn 293) Rn 27; anders etwa *Bothe,* Die Stellung der Europäischen Gemeinschaften im Völkerrecht, ZaöRV 37 (1977) 122ff;

Schmahl

Der Versuch der ILC, eine entsprechende Regel zu kodifizieren, ist bisher nicht in eine von den Staaten akzeptierte Konvention eingegangen, aus der sich – möglicherweise – Gewohnheitsrecht entwickeln könnte (Art 38 WVK).[364] Ob für die EU im Ergebnis etwas anderes gilt, ist zweifelhaft.

Eine besonders enge Beziehung besteht im Verhältnis zu dem Staat, in dem die I.O. **110** ihren Sitz (Sekretariat) hat;[365] zT unterhält die Organisation zusätzlich Regionalbüros (FAO, WHO). In der Auswahl ist die I.O. frei, soweit die Sitzfrage nicht im Gründungsvertrag geregelt ist (zB Art 11 Europaratssatzung: Straßburg). Die nähere Ausgestaltung muss in dem *Sitzabkommen (headquarters agreement)* erfolgen, das zwischen I.O. und Sitzstaat geschlossen wird.[366] Seine Bestimmungen betreffen die Sicherung der Arbeit der I.O., was den Schutz ihrer Anlagen und Bediensteten ebenso umfasst wie das Anreise- und Abreiserecht der Vertretungen der Mitglieder und zur Mitarbeit eingeladenen Nichtmitglieder (Beobachter), die Anwendbarkeit des nationalen Rechts und die Zuständigkeit von Behörden und Gerichten des Sitzstaats. Die Abkommen müssen eine prekäre Balance halten zwischen den Anforderungen, die die I.O. stellen muss, und dem, was dem Gastgeberland noch zumutbar ist.[367] Dieser Interessenausgleich ist in der Wiener Konvention v 1975, die freilich die speziellen Regelungen unberührt lässt, offenbar nicht gelungen.[368]

Die Sitzabkommen sind von den gleichberechtigten Vertragsparteien im guten **111** Glauben und bei gegenseitiger Verpflichtung zur Zusammenarbeit zu handhaben. Eine überstürzte Verlegung des Sitzes wäre also unzulässig.[369] Die Sitzabkommen pflegen sinnvollerweise *Streitbeilegungsvorschriften* zu enthalten, die im Einzelnen recht verschiedene Verfahren vorsehen, aber doch zuletzt meist in eine *schiedsgerichtliche* Erledigung münden. Dass diesen sich die Parteien nicht entziehen dürfen, hat der IGH in einem Gutachten v 1988 festgestellt: Aufgrund des vom amerikanischen Kongress erlas-

---

Schermers/Blokker, International Institutional Law, § 1611; The American Law Institute, Restatement of the Law Third, 1987, § 467.

364 Vgl Art 7 des ILC-Entwurfs v 1989, UN Doc A/CN. 4/424 („Beziehungen zwischen Staaten und Internationalen Organisationen"). – Die ILC hat 1992 beschlossen, die Thematik nicht weiter zu bearbeiten.

365 Vgl *Jenks*, The Headquarters of International Institutions, 1945; *Wolfrum*, International Organizations, Headquarters, EPIL II (1995) 1309 ff; *Muller*, International Organizations and Their Host States, 1995. Mit A/RES/100 (I) v 1946 hat die GV New York als ständigen Amtssitz bestimmt. Zum Sitz der EU-Organe vgl das Protokoll über die Festlegung der Sitze der Organe v 1997, ABl EG 1997, Nr C 340/112, geänd mWv 1.12.2009 durch Prot v 13.12.2007, ABl EU Nr C 306/163; konsolidierte Fassung v 2016 in ABl EU Nr C 202/265.

366 UN Headquarters Agreement v 26.6.1947 (11 UNTS 11) zwischen UN und USA. Zu den Abkommen mit der Schweiz und Österreich *Ziegler*, in Charter UN³, Art 105 Rn 14 f. S auch den (2006 erledigten) IGH-Fall *Status vis-à-vis the Host State of a Diplomatic Envoy to the United Nations* (Commonwealth of Dominica v Switzerland), Verfügung v 9.6.2006.

367 Die Sitzstaaten profitieren zT aber auch erheblich von ihren I.O. So beschäftigen die in Genf lokalisierten I.O. 11 % der Erwerbstätigen; vgl NZZ v 8.9.1992, 37.

368 Vgl o Fn 279.

369 ICJ Rep 1980, 67, 93 ff *[Übereinkommen WHO-Ägypten].* – Eine andere Frage stellt sich, wenn der Mitgliedstaat, in dem die I.O. ihren Sitz hat, aus der Organisation austritt. In diesem Fall wäre ein neues Sitzabkommen mit einem anderen Mitgliedstaat abzuschließen.

senen *Anti-Terrorism-Act* wurde von den US-Behörden die Schließung der PLO-Mission am Sitz der UN verfügt, was nach zutreffender Ansicht der UN gegen das Sitzabkommen verstieß. Der IGH war der Ansicht, dass offenbar über die Anwendung des Abkommens Streit bestehe und die USA deshalb nach Ausschöpfung aller anderen Verständigungsmöglichkeiten sich dem vorgesehenen Schiedsverfahren zu unterwerfen hätten.[370] Bevor es aber dazu kam, gab der zuständige US District Court in völkerrechtskonformer Auslegung dem nationalen Gesetz einen Inhalt dahin, dass es die UN-Mission der PLO nicht erfasse.[371] In bemerkenswerter Weise sind die Pflichten des Sitzstaats auch durch den Schiedsspruch v 1990 über die Reichweite der Steuerbefreiung des Europäischen Laboratoriums für Molekularbiologie ausgelegt worden, wie sie im Sitzabkommen zwischen dieser Organisation und Deutschland vereinbart ist.[372]

d) Innerstaatliche Rechts- und Geschäftsfähigkeit

112 Häufiger als die Völkerrechtsfähigkeit gewähren die Gründungsverträge oder zusätzliche Abkommen ausdrücklich den I.O. *Rechts- und Geschäftsfähigkeit im Recht der Mitglieder*.[373] Motiv ist auch hier die möglichst effektive Durchführung der Aufgaben.[374] Man kann mit guten Gründen bereits eine gewohnheitsrechtliche Verpflichtung der Mitgliedstaaten annehmen, ihrer Organisation Rechtsfähigkeit einzuräumen, allerdings nur beschränkt auf die Erledigung ihrer Aufgaben.[375] Vertraglich kann hingegen selbst für die Durchführung von *ultra vires*-Akten Rechts- und Geschäftsfähigkeit zugestanden sein; dies dürfte sich zB aus Art 335 AEUV ergeben, wenn er für die Union die „weitestgehende" Rechts- und Geschäftsfähigkeit anordnet, die nach den Rechtsvorschriften des Mitglieds juristischen Personen zuerkannt ist.[376] Aufgrund der innerstaatlichen Rechtsfähigkeit kann die I.O. Trägerin privat- und öffentlich-rechtlicher Rechte und Pflichten sein. Sie hat den Status einer juristischen Person des öffentlichen Rechts.[377] Sie kann in

---

370 ICJ Rep 1988, 12, 30 ff *[Headquarters Agreement-Gutachten].*
371 *United States v Palestine Liberation Organization,* No 88 Civ 1962 (ELP), US District Court, SDNY, June 29, 1988, AJIL 82 (1988) 833 ff; vgl auch o Fn 275. Ferner *Reisman,* The Arafat Visa Affair: Exceeding the Bounds of Host State Discretion, AJIL 83 (1989) 519 ff.
372 Sitzabkommen v 10.12.1974 (BGBl 1975 II, 933). S o Fn 358 sowie *Hailbronner,* Völkerrechtliche und staatsrechtliche Aspekte fiskalischer Immunität in Sitzstaatsabkommen des Europäischen Laboratoriums für Molekularbiologie, GYIL 22 (1979) 313 ff.
373 ZB Art 104 UN-Charta, Art 335 AEUV einerseits, Art 1 des Allgemeinen Abkommens über die Vorrechte und Befreiungen des Europarats v 1949 (BGBl 1954 II, 493) andererseits. Näher *Schlüter,* Die innerstaatliche Rechtsstellung Internationaler Organisationen, 1972; *Rensmann* (Fn 358) 305 ff.
374 *Ziegler,* in Charter UN³, Art 104 Rn 18.
375 *Seidl-Hohenveldern/Loibl,* Internationale Organisationen, Rn 327.
376 *Becker,* in Schwarze/Becker/Hatje/Schoo (Fn 204) Art 335 AEUV Rn 7.
377 Für die EU: EuGH, Slg 1960, 1115, 1133 *[Fieddelaar];* *Ipsen* (Fn 141) 204; *Grunwald,* Die nicht-völkerrechtlichen Verträge der EG, EuR 1984, 227 ff. In Bezug auf andere I.O. differenzierend *Epping,* in Ipsen (Fn 30) § 8 Rn 71.

vollem Umfang am Rechtsverkehr teilnehmen, private und öffentlich-rechtliche Verträge abschließen, Eigentum erwerben und veräußern, Klägerin und Beklagte sein. Auf die von ihr vorgenommenen Rechtsgeschäfte findet das nationale Recht des Mitgliedstaats Anwendung, unter Berücksichtigung freilich der der I.O. eingeräumten Immunitäten und Privilegien.[378] Die Mitglieder setzen die vertragliche Verpflichtung zur Einräumung der innerstaatlichen Rechts- und Geschäftsfähigkeit rechtstechnisch unterschiedlich um. IdR wird der Erlass einer gesetzlichen Norm notwendig sein.[379]

Auch wenn die genannten vertraglichen Vorschriften nur die Mitglieder der Organisation verpflichten, ergibt sich daraus nicht, dass nicht auch *Drittstaaten* einer „fremden" I.O. Rechtsfähigkeit einräumen können. Eine Verpflichtung dazu besteht aber auch aus Völkergewohnheitsrecht nicht. Drittstaaten können jedoch selbst entsprechende vertragliche Verpflichtungen eingehen oder autonom durch eigenen Rechtsakt der I.O. diese Rechtsstellung einräumen.[380] IdR ergibt sich bereits aus dem IPR eines Staats, dass bzgl der Frage der Rechtspersönlichkeit auf das eigene Recht der Institution verwiesen wird; soweit danach das Recht der I.O. dieser Völkerrechtsfähigkeit verleiht, kann hieran das nationale Recht anknüpfen, weil zur sinnvollen Aufgabenerfüllung die innerstaatliche Rechtsfähigkeit intendiert sein wird.[381]

e) Qualifikation des internen Organisationsrechts

Es ist eine sehr umstrittene Frage, ob das innere Recht einer I.O. *als Völkerrecht* qualifiziert werden kann.[382] Das Problem rührt daher, dass das interne Organisationsrecht nicht zwischen Völkerrechtssubjekten gilt, sondern in seiner Geltung nach innen gerichtet ist. Die Schwierigkeiten beginnen bereits mit der Definition der dem internen Recht zuzuordnenden Regeln. Nicht hilfreich wäre eine Trennung zwischen Gründungsvertrag (Primärrecht) einerseits und den von den Organen aufgrund des Gründungsvertrags erlassenen Akten andererseits (Sekundärrecht), da zahlreiche Bestimmungen des Gründungsvertrags selbst „Verfassungs"-Charakter haben (zB Vorschriften über die Organe und ihre Willensbildung, Kompetenzverteilung, Finanzierung), also intern wirken, hingegen manche Maßnahmen der Organisation über den inneren Bereich hinausrei-

---

378 *Schermers/Blokker*, International Institutional Law, §§ 1606 ff; vgl auch *Seyersted*, Applicable Law in Relations between Intergovernmental Organizations and Private Parties, RdC (1967-III) 433 ff.

379 *Ziegler*, in Charter UN³, Art 104 Rn 6.

380 So haben vor ihrem Beitritt die Schweiz durch Abschluss des Sitzabkommens mit den UN v 1946 (1 UNTS 164) und die BR Deutschland durch Verordnung v 16.6.1970 (BGBl 1970 II, 669) den UN Rechtspersönlichkeit in ihrem Recht eingeräumt.

381 Vgl *Ziegler*, in Charter UN³, Art 104 Rn 41 ff; *Herdegen* (Fn 335) 543 f; *Rensmann* (Fn 358) 308 ff.

382 *Miehsler* (Fn 90) 47 ff; *Meng* (Fn 124) 149 ff; *Bernhardt*, International Organizations, Internal Law and Rules, EPIL II (1995) 1314 ff; *Odermatt*, The Development of Customary International Law by International Organizations, ICLQ 66 (2017) 491 (499).

113

114

chen und sich (auch) an Dritte wenden.[383] Abzustellen ist daher konkret auf die der jeweiligen Regel oder Maßnahme zukommende Wirkung.[384]

115   Eine gewichtige Ansicht *bestreitet* die Völkerrechtsqualität des internen Organisationsrechts und definiert es als eigenes Rechtssystem (Recht *sui generis*).[385] Dieses Recht, so wird gesagt, unterscheide sich strukturell so erheblich vom Völkerrecht, dass es diesem nicht mehr zugeordnet werden könne. Das interne Recht einer I.O. sei überwiegend nicht koordinierender, sondern organisatorischer Natur; es habe seine eigenen Rechtserzeugungsmechanismen, eine größere inhaltliche Bestimmtheit der Rechtsakte, es gebe nicht nur eine Teilung, sondern eine Hierarchie der Gewalten; damit sei eine starke Ähnlichkeit zum öffentlichen Recht eines Staates gegeben. Trotz zutreffender Erkenntnisse spricht gegen diese Ansicht, dass sie nicht klar zu machen weiß, an welcher Stelle die Verbindungslinie zum Gründungsvertrag, der zunächst ja ein völkerrechtlicher Vertrag ist, durchtrennt ist. Es ist nicht zu bestreiten, dass das Organisationsrecht vertragsabhängig, dh eben völkerrechtsabhängig ist.[386] Warum und wie sich trotz dieser Abhängigkeit das interne Organisationsrecht aus dem Völkerrecht emanzipiert haben soll, ist nicht verständlich. Es ist deshalb davon auszugehen, dass *das interne Organisationsrecht zum Völkerrecht gehört.*[387] Es weist zwar Besonderheiten auf, die aber seine Ausgliederung nicht rechtfertigen. Seine Autonomie bedeutet nicht Unabhängigkeit vom Völkerrecht, sondern relative Selbstständigkeit. Dies steht mit dem Wesen des modernen Völkerrechts nicht in Widerspruch. Das Völkerrecht hat sich von einer bloßen Koordinationsordnung der Staaten zu einer Ordnung institutioneller Kooperation gewandelt, in der die I.O. und ihr Recht wesentliche Faktoren sind.[388] Wie im innerstaatlichen Bereich das interne Gesellschafts- oder Verbandsrecht dem nationalen Recht zugeordnet bleibt, so ist auch das Recht der I.O. einschließlich ihrer internen Rechtsordnung dem Völkerrecht zuzurechnen.

116   Die Qualifikationsfrage ist kein bloßes formales Definitionsproblem, das nur systematische Bedeutung hätte.[389] Handelt es sich nämlich beim internen Organisationsrecht nicht um Völkerrecht, könnte der IGH es gar nicht anwenden; denn wenn Art 38 IGH-Statut auch keinen abschließenden Völkerrechtsquellenkanon bereitstellt, so umschreibt er doch das für den IGH anwendbare Recht. Die Zuordnung zum Völkerrecht bringt auch die völkerrechtlichen Auslegungsregeln (Art 31 WVK) ins Spiel, die freilich nicht so eng sind, dass man nicht der Besonderheit des Gründungsvertrags und des in-

---

383 So zutr *Schermers/Blokker*, International Institutional Law, § 1200.

384 Vgl *Bernhardt* (Fn 90) 9 ff; *Miehsler* (Fn 90) 68 ff.

385 So *Miehsler* (Fn 90) 70 ff; *Schermers/Blokker*, International Institutional Law, § 1196: „separate legal order", „independent of any other legal order"; *Rudolf*, Völkerrecht und deutsches Recht, 1967, 43 f.

386 Vgl *Mosler*, Diskussionsbeitrag, BerDGVR 12 (1973) 103 f; *ders* (Fn 2) 21 ff.

387 *Bernhardt* (Fn 90) 21 ff; *P. Klein*, International Organizations, Internal Law and Rules, MPEPIL VI, 27 (Rn 4); *Odermatt* (Fn 382) 500 ff.

388 *Bernhardt* (Fn 90) 39 ff; *Meng* (Fn 124) 180 ff; *Epping*, in Ipsen (Fn 30) § 8 Rn 53.

389 Zutr *Jaenicke*, Diskussionsbeitrag, BerDGVR 12 (1973) 98 f.

ternen Organisationsrechts in adäquater Weise gerecht werden könnte *(effet utile, implied powers).*

Das Qualifikationsproblem spitzt sich beim *EU-Recht* zu. Es ist nicht zu übersehen, 117 dass seine Besonderheiten oft nur noch schwer mit den Kategorien des allgemeinen Völkerrechts zu erfassen sind. Nachdem der EuGH zunächst noch die Rechtsordnung der (damaligen) EG als „eine neue Rechtsordnung des Völkerrechts" charakterisiert hatte,[390] hob er später die Eigenständigkeit des Gemeinschaftsrechts („eigene Rechtsordnung") hervor.[391] Dennoch ist daran festzuhalten, dass auch beim heutigen EU-Recht die Nabelschnur zu seinen völkerrechtlichen Ursprüngen nicht durchschnitten ist; es ist *kein self-contained regime.*[392] Die rechtliche Verselbständigung würde den Umschlag in staatsrechtliche Kategorien voraussetzen. Davon gehen aber die ehemaligen Gemeinschaftsverträge ebenso wenig aus wie der Vertrag von Lissabon; auch dort bleiben die Mitgliedstaaten die maßgeblichen, die Union letztlich tragenden Machtfaktoren.[393] Trotz aller Eigenarten des Unionsrechts ist als *ultima ratio* der Rückgriff auf die allgemeinen Regeln des Völkerrechts daher nicht gänzlich verschlossen, etwa bei der Durchsetzung von Vertragspflichten, dem Ausschluss eines Mitglieds oder der Auflösung der Organisation.[394] Auch die zur sog „Euro-Rettung" vereinbarten völkerrechtlichen Nebenverträge (ESM; Fiskalpakt) belegen, dass die EU ihre völkerrechtliche Einbettung nicht verloren hat.[395]

4. Die Organe und ihre Willensbildung
a) Allgemeine Strukturen

Ungeachtet der Vielfalt bestehender I. O. und ihrer Organe hat sich ein *organisatorisches* 118 *Grundmuster* herausgebildet, das dem Aufbau fast aller I.O. zugrunde liegt. Festzustellen ist jedenfalls, dass regelmäßig *mindestens zwei Organe* vorgesehen sind: das Organ, in dem sämtliche Mitglieder vertreten sind (Versammlung), und das, das die laufende Verwaltungsarbeit erledigt (Sekretariat). Häufig wird die Organstruktur erweitert durch ein Organ, dem ein kleinerer Kreis von Mitgliedern angehört und dem besonders wichtige Aufgaben anvertraut sind (Rat). Daneben können parlamentarische Gremien

---

390 EuGH, Slg 1963, 1, 24 *[van Gend & Loos].*
391 EuGH, Slg 1964, 1251, 1256 *[Costa/ENEL].* Vgl auch BVerfGE 22, 293, 296; 31, 145, 174. Aus der Lit insbes *Ipsen* (Fn 141) 6 ff; *Nicolaysen,* Europarecht, 2. Aufl 2002, 72 ff; *Everling* (Fn 121) 173 ff (s aber 180: von der völkerrechtlichen Grundlage „in einem erheblichen Ausmaß" gelöst).
392 Vgl *Simma,* Self-contained Regimes, NYIL 16 (1985) 111 (123 ff); *Marschick,* Subsysteme im Völkerrecht, 1997; *Conway,* Breaches of EC Law and the International Responsibility of Member States, EJIL 13 (2002) 679 ff; *Klein,* Self-Contained Regime, MPEPIL IX, 97 ff; iE auch *Meng* (Fn 124) 167 f.
393 Vgl etwa Art 5 EUV; der später im Wortlaut abgemilderte Art 3 Abs 6 EUV gibt der Union keine Kompetenz-Kompetenz; dazu BVerfGE 89, 155, 192 ff; 123, 267, 348 f. Andere Akzentuierung bei *Ruffert/Walter,* Institutionalisiertes Völkerrecht, Rn 99.
394 Vgl o Rn 77 ff.
395 Näher u Rn 256.

(Vertretungen der Bevölkerungen der Mitgliedstaaten)[396] und richterliche Organe treten. Es gibt auch Organe, aus denen bewusst das mitgliedstaatliche Element ausgeschaltet ist, um eine allein am Organisationswohl ausgerichtete Entscheidung zu ermöglichen.[397]

119   Die wichtigste Aufgabe der Organe ist es, die I. O. handlungsfähig zu machen. In welche Richtung das Handeln der Organisation aber geht, hängt entscheidend von den Interessen ab, die in ihrem Rahmen verfolgt und durchgesetzt werden können. Obwohl der *Organisationszweck* die gemeinsame Basis der Mitgliedschaft ist, können die Vorstellungen der Mitglieder über die sinnvolle und bestmögliche Erreichung des Organisationszwecks im Einzelfall divergieren. Es ist daher von wesentlicher Bedeutung, wie es gelingt, trotz dieser Divergenzen zu einem umsetzbaren, Handlungsfähigkeit gewährleistenden Ergebnis zu kommen. Die Zusammensetzung der Organe, die (fehlende) Weisungsabhängigkeit der Organmitglieder (Organwalter) von den Regierungen der Mitgliedstaaten, die (fehlende) Bindung der Organwalter an die Rechtsordnung ihrer Staaten, der Willensbildungs- und Entscheidungsprozess sind daher maßgebliche Faktoren. Mitgliedstaatlicher Wille setzt sich am intensivsten dort durch, wo das Organ mit weisungsgebundenen Regierungsvertretern besetzt ist und nur einstimmig handeln kann. Sind die Organwalter aber unabhängig oder wird in den Organen nach Mehrheiten abgestimmt, treten Wille und Interesse des einzelnen Mitglieds zwangsläufig zurück.[398]

120   Auch in den dem Universalitätsprinzip verpflichteten I. O. zeigt sich, dass geographische Nähe oder politisch-ideologische Übereinstimmung zu einer *gruppenmäßigen Gliederung* der Mitgliedstaaten führen kann, der sich das Organisationsrecht zur besseren Strukturierung des Entscheidungsprozesses häufig bedient. Das wirkt sich zT bei der Zusammensetzung solcher Organe aus, in denen nicht alle Mitglieder vertreten sind (zB UN-Sicherheitsrat), zT aber auch bei der Stimmabgabe innerhalb eines Organs (Fall der Stimmwägung). Die Bsp weisen auf die Bedeutung des *Regionalismus* für den Organisationsprozess der Völkerrechtsgemeinschaft hin.[399]

---

396 Damit wird das wichtige Problem der demokratischen Kontrolle von I. O. angesprochen; hierzu etwa *Kissling*, Die Interparlamentarische Union im Wandel, 2006, 341 ff.

397 Bsp: EU-Kommission (Art 17 EUV/Art 244 f AEUV).

398 Zum Problem *Jaenicke*, Die Sicherung des übernationalen Charakters der Organe internationaler Organisationen, ZaöRV 14 (1951) 46 ff; *Mosler*, National- und Gemeinschaftsinteressen im Verfahren des EWG-Ministerrats, ZaöRV 26 (1966) 1 ff.

399 Vgl *Lang*, Der internationale Regionalismus, 1982, 44 ff; *Bennett/Oliver*, International Organisations, 236 ff. – Die in den UN maßgebliche, durch die Entwicklung seit 1989 ins Wanken geratene Einteilung kennt fünf Gruppen: afrikanische, asiatische, osteuropäische, lateinamerikanische und karibische sowie westeuropäische und andere Staaten (*von Schorlemer*, „Gemeinsam stärker?", in Dicke/Fröhlich [Hrsg], Wege multilateraler Diplomatie, 2005, 26 ff). Trotz der geänderten weltpolitischen Situation und der die Regionalgruppen überschreitenden EU-Erweiterung besteht in den UN kein Interesse an einer die Einteilung tangierenden Reform.

Schmahl

Organisationsrechtlich kann zwischen *Organen dreier verschiedener Stufen* diffe- 121
renziert werden:[400] Auf der Primärstufe stehen die im Gründungsvertrag benannten
Haupt- oder Nebenorgane (zB Art 7 UN-Charta, Art 13 EUV); auf der Sekundärstufe sind
die Hilfsorgane angesiedelt, die aufgrund einer Ermächtigung im Gründungsvertrag
von einem Primärorgan, soz als dessen Verwaltungsunterbau, geschaffen werden können (vgl Art 7 Abs 2 UN-Charta); auf der dritten Stufe stehen die gleichfalls aufgrund
einer satzungsrechtlichen Ermächtigung geschaffenen Einrichtungen, bei denen es zu
einer mehr oder weniger starken rechtlichen Verselbstständigung gegenüber dem kre-
ierenden Organ kommt (zB EU-Agenturen). Die Stufung führt zu einer organisationsrechtlichen Hierarchisierung, die jedoch nicht überschätzt werden darf. Für das Verhältnis zwischen den Organen bleibt letztlich der ihre Existenz und Funktion regelnde
Rechtssatz bestimmend.

Einen Anhaltspunkt für einen *hierarchisch* gegliederten Aufbau bildet es stets, 122
wenn als Organ der I.O. neben einem Gremium, in dem weisungsabhängige Regierungsvertreter zusammentreten, ein *Rat der Staats- und Regierungschefs* vorgesehen wird.
Ein solches „Spitzenorgan" findet sich häufig in Organisationen, die der Ausübung der
mitgliedstaatlichen Kompetenzen nur schwache Grenzen ziehen.[401] Insoweit war das
Fehlen eines solchen Organs im Bereich der ehemaligen EG nicht überraschend. Es zeigte sich jedoch, dass die Intensivierung der Integration auf die Impulse eines die oberste
politische Ebene der Mitgliedstaaten repräsentierenden Gremiums nicht verzichten
konnte. Der „Europäische Rat", zunächst informell geschaffen, 1986 durch die EEA in Ge-
meinschaftskontext gestellt[402] und in Art 13 Abs 1 UAbs 2 EUV zu einem Organ der EU
bestimmt, ist dafür ein wichtiger Beleg. Auch die Zusammenkunft der Staats- und Regierungschefs der Mitglieder des Sicherheitsrats Anfang 1992 weist für die UN-Ebene auf
ein ähnliches, einstweilen aber wohl gescheitertes Bemühen hin.[403]

Die wichtigste *Rechtsquelle* für die Zusammensetzung und Willensbildung der Orga- 123
ne ist der Gründungsvertrag/die Satzung der I.O.; daneben wirken sich auch die Geschäftsordnungen der Organe erheblich aus.[404] Nicht zu vergessen ist in diesem Zusammenhang die Organpraxis, die etwa zur Konkretisierung „offener" Abstimmungsregeln
beizutragen vermag.[405] Darüber hinaus entfaltet die I.O. durch die Anstöße, die ihre Or-

---

400 *Hilf,* Die Organisationsstruktur der Europäischen Gemeinschaften, 1982, 229 ff; *Uerpmann,* Mittelbare
Gemeinschaftsverwaltung durch gemeinschaftsgeschaffene juristische Personen des öffentlichen Rechts,
AöR 125 (2000) 552 ff. Vgl allg *Torres Bernárdez,* Subsidiary Organs, in Dupuy (Hrsg), Handbook, 109 ff.
401 ZB Art 6–9 AU; Art 7–10 Afrikanische Wirtschaftsgemeinschaft (Text: ILM 30 [1991] 1245); Art 5 ECO-
WAS (Text: ILM 14 [1975] 1200); Art 9 Southern Africa Development Community (Text: ILM 32 [1993] 126).
402 Vgl *Oppermann/Classen/Nettesheim* (Fn 95) § 5 Rn 57 ff; *Geiger/Khan/Kotzur/Kirchmair,* EUV/AEUV, 7.
Aufl 2023, Art 15 EUV Rn 1.
403 Dokument des Gipfels: ILM 31 (1992) 759.
404 Vgl *Conforti,* The Legal Effect of Non-compliance with Rules of Procedure in the UN General Assembly and Security Council, AJIL 63 (1969) 479 f.
405 Vgl o Rn 41. Im Internationalen Währungsfonds finden einige zuvor von der Organpraxis geprägte
Abstimmungsregelungen nunmehr ihren schriftlichen Niederschlag, vgl die Änderung des Übereinkom-

gane geben, ein Eigenleben,[406] das in einem dynamischen Prozess über den Ausgangspunkt der Gründung weit hinausführen kann. Je nach Organisationsziel und Einstellung der Mitglieder ist dies entweder Bestätigung des Erfolgs der I.O. oder Ausdruck einer krisenhaften Entwicklung. Davon unabhängig werden I.O. in ihren Verwaltungsstrukturen zunehmend auf die Prinzipien der „good governance" verpflichtet;[407] zumindest wird von ihnen Rechenschaft *(accountability)* im Blick auf die Achtung von demokratischen und rechtsstaatlichen Prinzipien in ihrer Binnenorganisation sowie hinsichtlich einer regelhaften, transparenten Aufgabenerfüllung eingefordert.[408]

b) Die Hauptorgane von UN, Europarat und EU im Vergleich

124 Die *Hauptorgane* von UN (Art 7), Europarat (Art 10) und EU (Art 13 EUV) sind im Gründungsvertrag ausdrücklich aufgeführt. Eine an den aufgeführten Strukturelementen orientierte synoptische Darstellung bietet das folgende Bild:

Übersicht 2

Charakterisierung	UN	Europarat	EU
Mitgliederorgan (MO)	Generalversammlung	Ministerkomitee	Europäischer Rat und Rat
Beschränktes MO	Sicherheitsrat	–	–
Beschränktes MO	Wirtschafts- u. Sozialrat	–	–
Beschränktes MO	Treuhandrat	–	–
Ständiges Verwaltungsorgan	Sekretariat	Sekretariat	Europäische Kommission
Parlamentarisches Organ	–	Parlamentarische Versammlung	Europäisches Parlament
Richterliches Organ	IGH	–	Gerichtshof der EU
Rechnungskontrolle	–	–	Rechnungshof
Zentralbank	–	–	Europäische Zentralbank

---

mens über den IWF zur Stärkung der Mitspracherechte und der Beteiligung am Internationalen Währungsfonds, BGBl 2009 II, 206; zur jüngsten Änderung des IWF-Übereinkommens vgl BGBl 2012 II, 522. Allgemein *Arditi*, The Role of Practice in International Organizations, IOLR 17 (2020) 531 (534 ff).
406 *Mosler* (Fn 291) 28.
407 Vgl ILA, Final Report on Accountability of International Organizations, IOLR (2004) 221 ff; UN Doc A/RES/67/1 v 30.11.2012, Declaration on the Rule of Law at the National and International Levels, Rn 35 f.
408 Vgl die Nachw in Fn 325 sowie *Brown Weiss/Sornarajah* (Fn 49) Rn 64 f; *Peters*, International Organizations and International Law, in Oxford Handbook, 33 (41 ff). Vgl auch o Rn 20, 101.

Schmahl

Diese Übersicht ist nicht dahin misszuverstehen, dass die Funktionen prinzipiell gleich- 125
strukturierter Organe gleicher Art wären. Insoweit unterscheiden sich etwa UN-Generalversammlung und EU-Rat oder IGH und EuGH fundamental. Zu beachten ist auch,
dass von Hauptorganen einer I.O. wahrgenommene Aufgaben bei einer anderen I.O.
von Neben- oder Hilfsorganen ausgeübt werden können. So steht zB dem – nach Inkrafttreten des Maastricher Vertrags (1993) – in den Rang eines Hauptorgans erhobenen
Rechnungshof ein von der Generalversammlung (GV) geschaffenes Hilfsorgan zur Rechnungskontrolle gegenüber.[409] Die Dienstgerichte der UN[410] nehmen Aufgaben wahr, die
nach Auflösung des ersten und bislang einzigen Fachgerichts in der EU, dem Gericht für
den öffentlichen Dienst,[411] wiederum vom Gerichtshof der EU (erstinstanzlich zuständig
ist das EuG) erfüllt werden.

c) Die Hauptorgane der UN

Die *UN* haben sechs Hauptorgane (Art 7); dabei fallen die drei Organe auf, in denen nur 126
ein kleinerer Mitgliederkreis vertreten ist (Sicherheitsrat/SR; Wirtschafts- und Sozialrat/
WSR; Treuhandrat/TR), und das richterliche Organ (IGH). Alle Hauptorgane können Ne-
ben- oder Hilfsorgane einsetzen.[412] Davon wird in vielfältiger Weise von GV, SR, WSR Gebrauch gemacht; zT werden die vorhandenen Ermächtigungen aber auch nicht wahrgenommen.[413] Die nachfolgende Skizze (Übersicht 3) gibt einen Überblick über die
Haupt- und Nebenorgane der UN und die zwischen ihnen bestehenden Rechtsbeziehungen.[414] Die Sonderorganisationen und autonomen Organisationen innerhalb des UN-
Verbands sind trotz zahlreicher Verbindungen verselbständigt und werden weiter unten behandelt.[415]

---

409 Näher *Wolfrum*, Haushalt, in Handbuch VN, 268 ff; s auch u Rn 223. – Seit dem Vertrag von Lissabon
ordnet Art 13 EUV die Unionsorgane neu; hinzu gekommen ist die Europäische Zentralbank.
410 Die UN-Dienstgerichte (United Nations Dispute Tribunal; United Nations Appeals Tribunal) sind
durch A/RES/62/228 v 22.12.2007 gegründet worden und haben zum 1.1.2009 ihre Arbeit aufgenommen. Sie
lösen das im Jahre 1949 (vgl A/RES/251/IV v 24.11.1949) errichtete Verwaltungsgericht der UN (UNAT) ab.
Dazu näher *Fitschen/Münch*, Besserer Rechtsschutz für UN-Bedienstete, VN 2010, 69 ff; *Gulati*, The International Dispute Resolution Regime of the United Nations, MPYUNL 15 (2011) 489 ff.
411 Die ursprüngliche Errichtung erfolgte auf der Grundlage von Art 225a EGV durch Beschl des Rates v
2.11.2004, ABl EU 2004, Nr L 333/7. Heute wäre die Rechtsgrundlage für die Errichtung eines Fachgerichts
Art 257, 281 AEUV. Das Gericht für den öffentlichen Dienst wurde zum 1.9.2016 durch VO (EU, Euratom)
2016/1192 aufgelöst, ABl EU 2016, Nr L 200/137. S auch u Rn 203.
412 Vgl die spezifischen Ermächtigungsgrundlagen in Art 22, Art 29, Art 68 UN-Charta sowie die allgemeine Kompetenz in Art 7 Abs 2 UN-Charta. Dazu näher *Sarooshi*, The Legal Framework Governing United
Nations Subsidiary Organs, BYIL 67 (1996) 413 ff.
413 Vgl Art 47 UN-Charta (Generalstabsausschuss).
414 Vgl auch die Skizze in VN 1991, 37; ferner *Hüfner*, Die Vereinten Nationen und ihre Sonderorganisationen, Teil 1: Die Haupt- und Spezialorgane, 2. Aufl 1995 sowie den Organization Chart unter <https://
www.un.org/en/pdfs/18-00159e_un_system_chart_17x11_4c_en_web.pdf>.
415 S u Rn 225 ff.

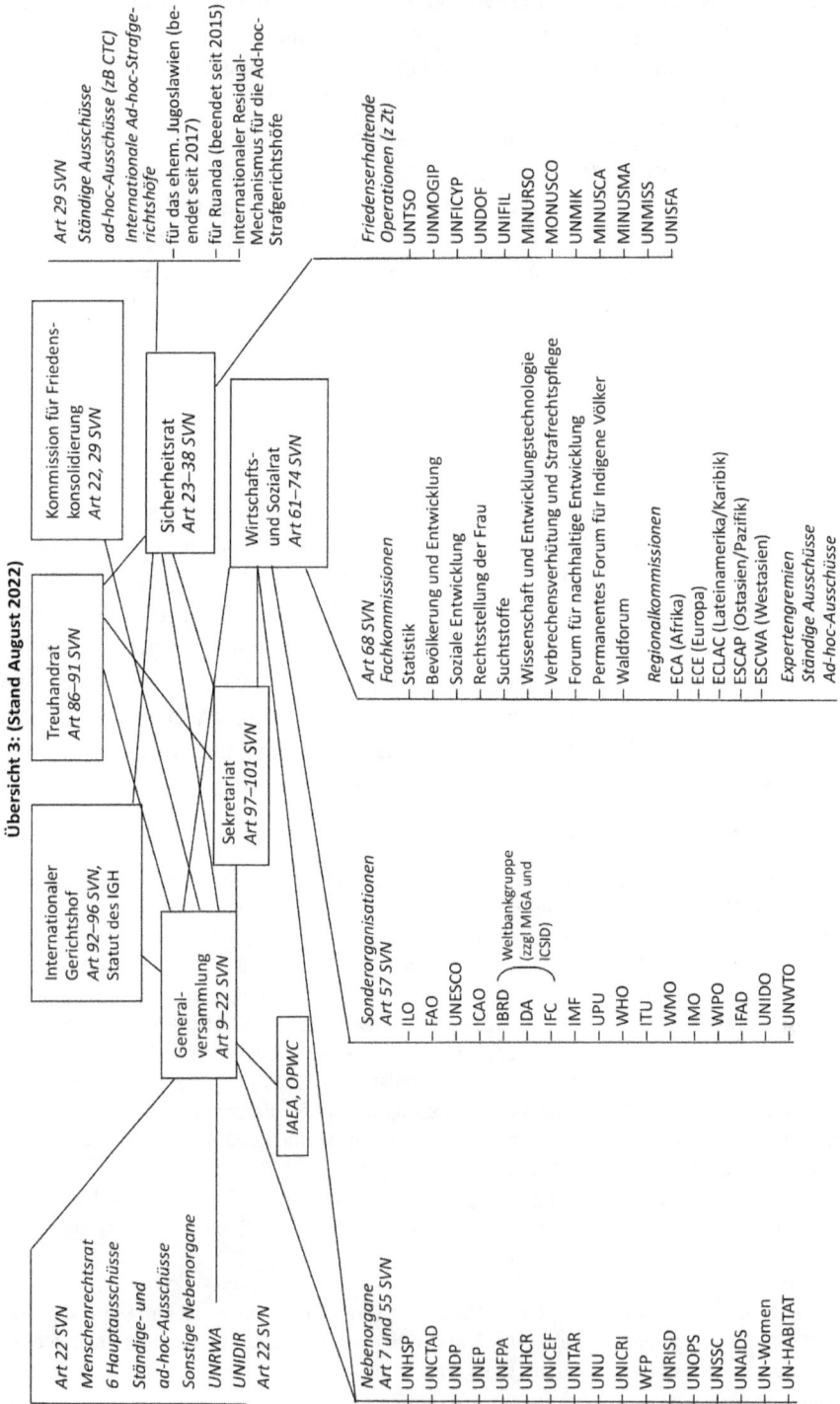

Übersicht 3: (Stand August 2022)

Art 22 SVN
Menschenrechtsrat
6 Hauptausschüsse
Ständige- und
ad-hoc-Ausschüsse
Sonstige Nebenorgane
UNRWA
UNIDIR
Art 22 SVN

Internationaler
Gerichtshof
Art 92–96 SVN,
Statut des IGH

Treuhandrat
Art 86–91 SVN

Kommission für Friedens-
konsolidierung
Art 22, 29 SVN

Sicherheitsrat
Art 23–38 SVN

Art 29 SVN
Ständige Ausschüsse
ad-hoc-Ausschüsse (zB CTC)
Internationale Ad-hoc-Strafgerichtshöfe
– für das ehem. Jugoslawien (beendet seit 2017)
– für Ruanda (beendet seit 2015)
Internationaler Residual-
Mechanismus für die Ad-hoc-
Strafgerichtshöfe

General-
versammlung
Art 9–22 SVN

Sekretariat
Art 97–101 SVN

Wirtschafts-
und Sozialrat
Art 61–74 SVN

Friedenserhaltende
Operationen (z Zt)
UNTSO
UNMOGIP
UNFICYP
UNDOF
UNIFIL
MINURSO
MONUSCO
UNMIK
MINUSCA
MINUSMA
UNMISS
UNISFA

IAEA, OPWC

Art 68 SVN
Fachkommissionen
Statistik
Bevölkerung und Entwicklung
Soziale Entwicklung
Rechtsstellung der Frau
Suchtstoffe
Wissenschaft und Entwicklungstechnologie
Verbrechensverhütung und Strafrechtspflege
Forum für nachhaltige Entwicklung
Permanentes Forum für Indigene Völker
Waldforum

Regionalkommissionen
ECA (Afrika)
ECE (Europa)
ECLAC (Lateinamerika/Karibik)
ESCAP (Ostasien/Pazifik)
ESCWA (Westasien)

Expertengremien
Ständige Ausschüsse
Ad-hoc-Ausschüsse

Sonderorganisationen
Art 57 SVN
ILO
FAO
UNESCO
ICAO
IBRD ⎫ Weltbankgruppe
IDA ⎬ (zzgl MIGA und
IFC ⎭ ICSID)
IMF
UPU
WHO
ITU
WMO
IMO
WIPO
IFAD
UNIDO
UNWTO

Nebenorgane
Art 7 und 55 SVN
UNHSP
UNCTAD
UNDP
UNEP
UNFPA
UNHCR
UNICEF
UNITAR
UNU
UNICRI
WFP
UNRISD
UNOPS
UNSSC
UNAIDS
UN-Women
UN-HABITAT

Schmahl

aa) Die Generalversammlung der UN. Die Generalversammlung (GV)[416] ist das einzige 127
Organ, in dem *alle Mitgliedstaaten vertreten* sind (Art 9). Dies sichert ihr eine besondere
Stellung, ohne ihr jedoch generell eine den anderen Organen hierarchisch übergeord-
nete Position zu geben, wenn dies nicht in der UN-Charta ausdrücklich vorgesehen ist;
so stehen WSR und TR „unter der Autorität" der GV (Art 60, 87). Immerhin ist die GV
Adressatin der Jahresberichte der anderen Organe (Art 15), zu denen sie Stellung nehmen kann. Sie ist nicht nur zusammen mit dem SR für die Aufnahme, den Ausschluss
von Mitgliedern und die Suspension ihrer Rechte zuständig (Art 4–6), sondern wählt
auch dessen nichtständige Mitglieder (Art 23 Abs 1), die Mitglieder des WSR (Art 61
Abs 1) und einen Teil der Mitglieder des TR (Art 86 Abs 1) sowie – gemeinsam mit dem
SR – die Mitglieder des IGH (Art 8, 10 IGH-Statut). Vor allem beschließt die GV den Haushalt und ermöglicht oder begrenzt damit auch die Aktivitäten der anderen Organe. Ein
Weisungsrecht folgt daraus aber nicht.[417]

Neben diesen organisationsrechtlichen Funktionen ist die GV durch Art 10 mit einer 128
allgemeinen Diskussions- und Empfehlungsbefugnis ausgestattet, die sich auf „alle Fragen
und Angelegenheiten", mit denen sich die UN befassen können, bezieht. Insoweit hat
man die GV zu Recht als *townmeeting of the world* bezeichnet.[418] Die allgemeine Vorschrift des Art 10 wird für den Bereich internationale Sicherheit, Friedenswahrung und
Abrüstung durch Art 11 und 14 konkretisiert;[419] Art 13 hebt die Funktion der GV hervor,
zur Entwicklung des Völkerrechts und seiner Kodifikation beizutragen und insbes auch
den Schutz der Menschenrechte zu fördern.[420] Zur Durchführung dieser Aufgaben ist
der GV die Befugnis zur Befassung, Diskussion und Empfehlung eingeräumt. Davon
macht die GV, wie der Umfang ihrer jährlichen Sitzungsordnung verdeutlicht, einen
sehr weitgehenden Gebrauch. Sie hat dabei zwar wegen Art 2 Nr 7 UN-Charta den *domaine réservé* der Staaten zu beachten, doch ist insbes wegen der Bedeutung der Menschenrechte der interventionsfreie Raum erheblich geschrumpft.[421]

---

416 Zur unterschiedlichen Terminologie zwischen BR Deutschland („Generalversammlung") und ehemaliger DDR („Vollversammlung") krit *Jaschek*, VN 1978, 68; zur sprachlichen Vereinheitlichung der Nomen-
klatur durch den dt Übersetzungsdienst der UN seit 1975 vgl *Banis/Schramm*, Die UN sprechen Deutsch?
Ja, seit 1975, VN 2020, 8 ff. Zur Generalversammlung näher *Bailey*, The General Assembly of the United Nations, 2. Aufl 1978; *Vallat*, United Nations General Assembly, EPIL IV (2000) 1119 ff; *Peterson*, The UN General Assembly, 2006. Zu rechtspraktischen Fragen vgl Permanent Mission of Switzerland to the United
Nations, The GA Handbook: A Practical Guide to the United Nations General Assembly, 2. Aufl 2017.
417 *Jaenicke*, in Charter UN², Art 7 Rn 3; *Ruffert/Walter*, Institutionalisiertes Völkerrecht, Rn 297.
418 *Vallat* (Fn 416) 1120.
419 Näher zum Verhältnis dieser Bestimmungen zueinander *Zöckler/Riznik*, in Charter UN³, Art 14 Rn 7,
9. – Ein bedeutendes Bsp für die Anwendung von Art 11 und 14 UN-Charta bildet der von der GV am
7.7.2017 angenommene Vertragstext zu einem Atomwaffenverbotsvertrag (UN Doc A/CONF.229/2017/8),
wenngleich alle Atommächte der Abstimmung ferngeblieben sind. Der Vertrag ist am 22.1.2021 für 50
Staaten in Kraft getreten und verzeichnet heute (Stand März 2023) 68 Vertragsparteien; die Atommächte
zählen nicht dazu.
420 Dazu u Rn 206.
421 Näher *Klein/Schmahl*, in Charter UN³, Art 10 Rn 11 ff.

129   Die sachlich nahezu unbegrenzte, auch Nichtmitglieder und andere I. O. betreffende Befassungs- und Empfehlungsbefugnis der GV ist idR unproblematisch, weil die GV grundsätzlich *keine verbindlichen Beschlüsse* fassen kann. Soweit sie Angelegenheiten der internationalen Sicherheit und des Weltfriedens aufgreift, hat sie darüber hinaus die primäre – nicht ausschließliche[422] – Zuständigkeit des SR (Art 24) zu beachten; damit wird aber nur ihre Empfehlungs-, nicht ihre Erörterungsbefugnis beschränkt. Aus den beiden maßgeblichen Vorschriften ergeben sich keine materiellen Schranken. Art 11 Abs 2 Satz 2 UN-Charta schließt eine Empfehlung der GV, Zwangsmaßnahmen (einschließlich militärischen Vorgehens) gegen einen Staat zu verhängen, nicht aus.[423] Die GV ist nur gehalten, die Frage an den SR zu verweisen, wenn sie der Auffassung ist, dass die Staaten verbindlich aufgefordert werden sollen, solche Zwangsmaßnahmen durchzuführen; denn dazu ist allein der SR in der Lage (Art 25, 48). Art 12 Abs 1 UN-Charta seinerseits entfaltet eine prozedurale Sperrwirkung, solange der SR, uU aufgrund einer vorangegangenen Verweisung der GV, mit der Streitigkeit befasst ist.[424] Damit sollen divergierende Äußerungen der beiden wichtigsten politischen Organe vermieden werden.

130   Die unmittelbar aus Art 10 und 11 UN-Charta gewonnene Interpretation, dass auch die GV Zwangsmaßnahmen empfehlen kann, spiegelt sich in der *Uniting for Peace*-Resolution v 3.11.1950 wider.[425] Die GV fasste diese Resolution im Zusammenhang mit dem Ausbruch des Koreakriegs. Es sollte der Gefahr einer Lähmung des SR durch das Veto eines ständigen Ratsmitglieds trotz Vorliegens einer Angriffshandlung, eines Friedensbruchs oder einer Friedensbedrohung begegnet werden. Die rechtliche Bedeutung der Resolution liegt nun nicht, wie gezeigt, in der Erschließung der Möglichkeit, Zwangsmaßnahmen zu empfehlen, sondern darin, dass die GV sich von der Pflicht, den SR mit der Frage zu befassen, dispensiert, wenn wegen dessen Lähmung eine Entscheidung dieses Organs nicht erfolgen kann. Unter diesen Umständen wird auch die Empfehlungssperre des Art 12 Abs 1 UN-Charta von der GV negiert; die GV versteht die Veto-Einlegung als Nichtausübung der dem SR übertragenen Funktionen, was nicht unproblematisch ist, weil das Veto ja auch von sachlichen Überlegungen, etwa von der Überzeugung getragen sein kann, dass eine Friedensgefährdung (noch) nicht vorliegt oder andere Streitbeilegungsmechanismen vorzuziehen sind.[426] Unabhängig davon hat sich das dieser Resolution zugrunde liegende Sicherheitskonzept in der Praxis nicht durchgesetzt.[427] Wichtig ist

---

422 ICJ Rep 1962, 151, 163 *[Certain Expenses]*. Krit in Bezug auf die Ukraine-Krise 2014/15: *Douhan*, International Organizations and Settlement of the Conflict in Ukraine, ZaöRV 75 (2015) 195 (201f).

423 Näher *Klein/Schmahl*, in Charter UN[3], Art 10 Rn 31ff, Art 11 Rn 35.

424 Gleichwohl ist es wiederholt zu parallelen Befassungen von SR und GV gekommen; der IGH hat diese Praxis in seinem *Mauer*-Gutachten (Rn 27f) gebilligt.

425 A/RES/377 (V) v 3.11.1950. Dazu *Binder*, Uniting for Peace Resolution (1950), MPEPIL X, 559ff.

426 *Klein/Schmahl*, in Charter UN[3], Art 12 Rn 12f.

427 Auch im Zusammenhang mit dem Irak-Krieg 2003, dem Syrien-Konflikt (seit 2012) und dem Ukraine-Konflikt (seit 2014) ist keine echte Reaktivierung der *Uniting for Peace*-Resolution erfolgt. Selbst nach der Invasion Russlands in die Ukraine 2022 hat die GV trotz Blockade des SR keine Zwangsmaßnahmen empfohlen.

Schmahl

die Resolution aber als Grundlage der Einberufung von Notstandssondertagungen der GV geworden, mit denen ein durchaus nicht gering zu schätzendes Instrument geschaffen ist, um die Handlungsfähigkeit der GV in Krisenzeiten zu erhöhen. Dies belegt nicht zuletzt die 11. Notstandssondersitzung der GV im Anschluss an den Angriffskrieg Russlands auf die Ukraine am 24.2.2022, in deren Rahmen die GV mit überwältigender Mehrheit von 141 Mitgliedern am 2.3.2022 eine Resolution angenommen hat, die die völkerrechtswidrige Aggression Russlands auf das Schärfste missbilligt.[428] Wiewohl völkerrechtlich nicht bindend, ist diese Resolution von eminentem politischen Wert, da sie die internationale Isolation Russlands sichtbar macht und wegen der Stellung der GV als Plenarorgan der UN eine hohe Legitimationswirkung entfaltet.[429]

Die GV tritt jährlich zu ihrer *ordentlichen Jahrestagung* (Art 20 UN-Charta) in New **131** York zusammen, die sich von September bis in das neue Jahr, heute idR bis zum Beginn der nächsten Session, hinzieht.[430] Außerhalb dieser ordentlichen Sitzungen kann die GV auf Antrag des Sicherheitsrats oder der Mehrheit der UN-Mitglieder zu außerordentlichen Tagungen zusammenkommen. Die *Uniting for Peace*-Resolution hat die zusätzliche Form der *Notstandssondertagung* geschaffen.[431] Die GV prozediert nach einer von ihr beschlossenen Geschäftsordnung (GeschO);[432] ihre Sitzung leitet der Präsident (Art 21), der jährlich von den Delegierten gewählt wird, seit längerer Zeit per Akklamation.[433] Unter Verzicht der ständigen Ratsmächte werden prominente Politiker oder Diplomaten der Mitgliedstaaten auf Vorschlag ihrer Regionalgruppen (o Rn 120) zur Wahl gestellt.[434] Bedeutsam für die Vorbereitung der vom Plenum zu fassenden Beschlüsse sind die *Ausschüsse*.[435] Eine besondere Rolle spielen dabei die 6 Hauptausschüsse, in denen alle

---

428 A/RES/ES-11/1 v 2.3.2022, Rn 2. Auch weitere Resolutionen der GV betonen mit großer Mehrheit die eklatante Völkerrechtswidrigkeit der Handlungen Russlands gegen die und in der Ukraine, vgl zB A/RES/ES-11/2 v 24.3.2022, A/RES/ES-11/4 v 12.10.2022; A/RES/ES-11/7 v 23.3.2023. Eingehend *Malkmus*, 11. Notstandssondertagung der VN-Generalversammlung zur Aggression der Russischen Föderation gegen die Ukraine, NZWehrr 2023, 93 (94ff).

429 *Schmahl* (Fn 56) 971; *Walter*, Der Ukraine-Krieg und das wertebasierte Völkerrecht, JZ 2022, 473 (475f).

430 Während der Covid-19-Pandemie tagte die GV von März bis September 2020 ausschließlich online und von September 2020 bis Juni 2021 regelmäßig in hybrider Form, vgl *Landré*, Aus dem Bereich der Vereinten Nationen, VN 2021, 130 (131) und 272 (272).

431 *Schäfer*, Notstandssondertagungen der Generalversammlung, VN 1983, 78ff. Bisher haben 11 Notstandssondertagungen stattgefunden, die sich mit politischen Fragen wie Naher Osten, Ungarn, Kongo, Afghanistan, Namibia und Ukraine befassten oder befassen; vgl <https://www.un.org/en/ga/sessions/emergency.shtml>.

432 Rules of Procedure of the General Assembly, UN Doc A/520/Rev 19. Näher *Fitschen*, in Charter UN[3], Art 21 Rn 2ff. Zur jüngsten Reform der Arbeitsmethoden vgl UN Doc A/RES/75/325 v 13.9.2021.

433 Näher zu Rolle und wachsendem politischem Gewicht des Präsidenten der GV im Gefüge der UN *Cavazzini*, Wandel im UN-Institutionengefüge, VN 2016, 264ff.

434 Bisher haben zwei Deutsche (1980/81: BR Deutschland, 1987/88: DDR) dieses Amt bekleidet.

435 Näher *Khan*, in Charter UN[3], Art 22 Rn 8ff. Eine Übersicht findet sich unter <https://www.un.org/en/ga/about/subsidiary/committees.shtml>.

Mitglieder vertreten sein können: der Ausschuss für Abrüstung und internationale Sicherheit (1.); der Wirtschafts- und Finanzausschuss (2.); der Ausschuss für soziale, humanitäre und kulturelle Angelegenheiten (3.); der Ausschuss für besondere politische Fragen und Entkolonialisierung (4.); der Verwaltungs- und Budgetausschuss (5.); der Rechtsausschuss (6.). Es gibt ferner eine Reihe spezieller Ausschüsse, insbes zwei Ständige Ausschüsse, die sich mit Haushaltsfragen bzw der Verteilung der Beitragsquoten befassen, sowie zwei Verfahrensausschüsse: den Präsidialausschuss, bestehend aus dem Präsidenten, 21 Vizepräsidenten und den Vorsitzenden der Hauptausschüsse, und den Beglaubigungsausschuss *(credentials committee)*. Dieser prüft die Beglaubigungsschreiben der Staatenvertreter und bereitet die Entscheidung der GV vor, wenn die Vertretungsberechtigung bestritten wird. Diese Funktion ist dann unverzichtbar, wenn rivalisierende Regierungen eines Staats Vertreter entsenden (Fall: Kambodscha)[436] oder ein Neustaat zu Unrecht die Fortsetzung der Mitgliedschaft eines untergegangenen Staats beansprucht und sich damit der Aufnahmeprozedur entziehen möchte (Fall: Serbien/Montenegro).[437] Missbräuchlich ist die Beglaubigungsprüfung hingegen, wenn sie dazu benutzt wird, einen Mitgliedstaat von der Arbeit der GV fern zu halten (Fall: Südafrika).[438] Zu erwähnen ist ferner eine große Zahl *sonstiger Nebenorgane*,[439] die meist als ständige Einrichtungen konzipiert sind; hierzu gehören zB die Völkerrechtskommission (ILC), die Kommission für Internationales Handelsrecht (UNCITRAL) und die UN-Dienstgerichte (United Nations Dispute Tribunal [UNDT]; United Nations Appeals Tribunal [UNAT]).[440] Schließlich existieren derzeit etwa 20 teilautonome *Sonderorgane*, wie zB das UN-Kinderhilfswerk (UNICEF), das UN-Umweltprogramm (UNEP) oder die UN-Universität (UNU). Es ist schwer, sich einen genauen Überblick zu verschaffen, was zugleich ein bedenkliches Licht auf die sich ausbreitende Bürokratie und zunehmende Aufgabenüberschneidung wirft, die im Zentrum der Kritik und der Reformbemühungen steht.[441] Anstelle der dem WSR zugeordneten Menschenrechtskommission ist 2006 der Menschenrechtsrat als Hilfsorgan der GV (Art 22) geschaffen worden.[442]

---

436 Dazu *Magiera*, in Charter UN³, Art 9 Rn 25 ff, 28.

437 Vgl o Rn 71.

438 Vgl o Rn 86.

439 Näher *Khan*, in Charter UN³, Art 22 Rn 19 ff. Eine Kategorisierung nach „Umlaufbahnen" nimmt vor *Göthel*, Die Vereinten Nationen – Eine Innenansicht, 2. Aufl 2002, 10 ff.

440 Die UN-Dienstgerichte (vgl Fn 410) haben seit dem 1.1.2009 das ehemalige UN-Verwaltungsgericht (UNAT) abgelöst. Hierzu *Reinisch/Knahr*, From the United Nations Administrative Tribunal to the United Nations Appeals Tribunal, MPYUNL 12 (2008) 447 ff. Vgl allgemein auch *Villalpando*, International Administrative Tribunals, in Oxford Handbook, 1085 ff.

441 Einzubeziehen sind natürlich noch der Unterbau der anderen UN-Organe sowie die Sonderorganisationen. Vgl dazu den sog Bertrand-Bericht, UN Doc A/40/988 v 6.12.1985.

442 Dazu *B. Rudolf*, United Nations Commission on Human Rights/United Nations Human Rights Council, MPEPIL X, 281 ff; *Karpenstein*, Der Menschenrechtsrat der Vereinten Nationen, 2011; *Osthoff*, Weiterentwicklung des internationalen Menschenrechtsschutzes unter dem UN-Menschenrechtsrat?, 2012; *Geiß*, Der Menschenrechtsrat der Vereinten Nationen, FS E. Klein, 2013, 783 ff; *Heinz*, Zehn Jahre UN-Menschen-

Die *Abstimmung in der GV* erfolgt auf der Basis der Gleichheit aller Mitglieder; jeder **132** Staat hat eine Stimme (Art 18 Abs 1 UN-Charta: *one state, one vote*).[443] Vom Stimmrecht kann freilich kein Gebrauch gemacht werden, wo es wegen Zahlungsverzugs (Art 19) oder aus den in Art 5 genannten Gründen suspendiert ist; faktisch gilt dies auch, wenn einem Mitgliedstaat der Zugang zur GV verweigert wird.[444]

Ausschlaggebend ist grundsätzlich die *Mehrheit der anwesenden und abstimmenden* **133** *Mitglieder* (Art 18 Abs 3);[445] Enthaltungen werden nicht gezählt (Regel 86 GeschO). Diese auch in den Hauptausschüssen geltende Mehrheitsregel gibt den zahlenmäßig weit überlegenen Entwicklungsländern eine erhebliche politische Macht, die häufig in um-gekehrtem Verhältnis zu ihren Möglichkeiten effektiver Verantwortungsübernahme, nicht zuletzt im finanziellen Bereich, steht.[446] Daher wird verständlich, dass die großen Staaten, die auch die maßgeblichen Beitragszahler sind,[447] immer wieder Kritik an der „Abstimmungswalze" der Mehrheit üben. Interessant ist immerhin die langfristige Be-obachtung, dass die Staaten des sog Globalen Südens in der Zeit des Ost-West-Konflikts keineswegs stets ihr Stimmgewicht auf die eine oder andere Seite legten, sondern zT er-staunlich differenziert reagierten und damit insgesamt auf beide Seiten mäßigend ein-wirkten.

In „wichtigen Fragen" bedarf es allerdings einer *2/3-Mehrheit*, die aber von den Ent- **134** wicklungsländern ebenfalls erreicht wird.[448] Diese Fragen sind in Art 18 Abs 2 UN-Char-ta benannt. Dazu gehören Aufnahme und Ausschluss von Mitgliedern (Art 4, 6), Suspen-sion von Mitgliedschaftsrechten (Art 5), die Wahl der nicht ständigen SR-Mitglieder, die Wahl der WSR- und TR-Mitglieder,[449] Haushaltsfragen und Empfehlungen zur Wahrung des Weltfriedens und der internationalen Sicherheit. Mit einfacher Mehrheit kann die GV weitere Fragen der 2/3-Mehrheit unterstellen (Art 18 Abs 3), ohne dass diese damit zu wichtigen Fragen iSd Abs 2 würden; die Entscheidung gilt nur für die jeweilige Session. Ferner nennt die GeschO der GV noch einige prozedurale Fragen, die mit 2/3-Mehrheit zu entscheiden sind.[450]

---

rechtsrat, VN 2016, 116 ff. S auch u Rn 206. – Im Juni 2018 haben die USA ihre Mitgliedschaft im Menschen-rechtsrat mit dem Vorwurf gekündigt, dass sich dieser anti-israelisch verhalte, kehrten aber 2021 wieder zurück. Im April 2022 wurde Russlands Mitgliedschaft im Menschenrechtsrat wegen seines Angriffskriegs auf die Ukraine ausgesetzt, vgl A/RES/ES-11/3 v 7.4.2022.

443 Zu Reformüberlegungen *Bienen/Rittberger/Wagner*, Democracy in the United Nations System, in Ar-chibugi/Held/Köhler (Hrsg), Re-imaging Political Community, 1998, 287 ff. Zum Phänomen des zunehmen-den „Stimmenhandels" in der GV *Eldar*, Vote-trading in International Institutions, EJIL 19 (2008) 3 (22 ff).

444 Vgl o Rn 86.

445 Vgl *Brinkmann*, Majoritätsprinzip und Einstimmigkeit in den Vereinten Nationen, 1978; Kritik an der demokratischen Konzeption der Mehrheitsregel in I.O. bei *Klein* (Fn 260) 82 ff.

446 Zu dieser Disparität von Stimmrecht und Verantwortung *Klein* (Fn 260) 80 ff.

447 Näher u Rn 216.

448 Die 2/3-Mehrheit wird von Staaten erreicht, die zusammen kaum 2 % der Ausgaben tragen.

449 Die IGH-Richter werden hingegen mit absoluter Mehrheit gewählt, vgl Art 10 IGH-Statut.

450 *Wolfrum*, in Charter UN³, Art 18 Rn 14.

135   In vielen Fällen werden formelle Abstimmungen aber überhaupt vermieden und Beschlüsse im sog *consensus*-Verfahren herbeigeführt.[451] Dieses ist zu einem allgemein etablierten Instrument im internationalen Verhandlungsprozess geworden. Es verlegt den Akzent von der Sachabstimmung auf die Prozedur, mit der versucht wird, alle erheblichen Einwände im Voraus auszuräumen,[452] so dass die Staaten den Beschluss passieren lassen, auch wenn er ihrer Auffassung nicht vollständig entspricht. Der Präsident, dem dieses Verfahren besondere Einflussmöglichkeiten gibt, stellt schließlich das Vorliegen der Übereinstimmung der teilnehmenden Staaten fest, womit der Beschluss als zustande gekommen gilt *(non-voting consensus).*[453] In der GV wurde dieses Verfahren erstmals im Verlauf der 19. GV (1964/65) praktiziert. Wegen der Verweigerung ihrer finanziellen Beiträge waren mehrere Staaten, darunter die Sowjetunion und Frankreich, unter die ihr Stimmrecht tangierende Grenze des Art 19 UN-Charta geraten. Da die USA drohten, hieraus die Konsequenzen zu ziehen, wurde der Eklat dadurch vermieden, dass man in diesem Jahr auf formelle Abstimmungen völlig verzichtete und die anstehenden Beschlüsse im consensus-Verfahren gefasst wurden. Die so zustande gekommenen Entschließungen (heute ca 60 % der GV-Resolutionen) können freilich oft nur den kleinsten gemeinsamen Nenner zum Ausdruck bringen, da sie weglassen müssen, was auf erklärten Widerstand stößt. Eine Bereinigung der Situation findet daher häufig nicht statt. Das Verfahren wird im Übrigen gerade von den Staaten der zahlenmäßigen Mehrheit kritisiert, gewinnt jedoch durch seinen Zwang zum Kompromiss an Realitätsnähe.[454] Das macht es zu einem recht flexiblen Instrument, das die eigentliche Entscheidung in die Zukunft – nämlich auf die praktische Umsetzung – verlagert.

136   Wegen der erwähnten Kritik am consensus-Verfahren wird verschiedentlich noch ein anderer Weg praktiziert, der nicht nur auf die förmliche Abstimmung, sondern so-

---

451 Vgl *Suy*, Consensus, EPIL I (1992) 759 ff; *ders*, Rôle et signification du consensus dans l'élaboration du droit international, FS Ago I, 1987, 521 ff; *Wolfrum*, Konsens, in Handbuch VN, 529 ff; *Zemanek*, Majority Rule and Consensus Technique in Law-Making Diplomacy, in Macdonald/Johnston (Hrsg), The Structure and Process of International Law, 1983, 857 ff; *Schermers/Blokker*, International Organizations or Institutions, Voting Rules and Procedures, MPEPIL VI, 103 ff.

452 Vgl *Ballreich*, Wesen und Wirkung des „Konsens" im Völkerrecht, FS Mosler, 1983, 1 (8 f).

453 *Schaefer*, in Charta VN, Art 21 Rn 77. – Das US-Department of State gab 1978 folgende Definition: „In practice, consensus means that the decision is substantially acceptable to delegations and that those which have difficulties with certain aspects of the resolution are willing to state their reservations for the record rather than vote against it or record a formal abstention. Consensus must be distinguished from unanimity, which requires the affirmative support of all participants. Essentially, consensus is a way of proceeding without formal objection. Yet the result is virtually the same: A resolution is adopted with the support of all states present, albeit frequently with recorded statements of reservation or interpretation"; zit nach *Schwebel*, The Effect of the UN General Assembly on Customary International Law, ASIL Proc 1979, 301 (308).

454 Zu seiner Bedeutung im Haushaltsverfahren der UN vgl *Klein* (Fn 260) 87 ff. – Die Auswirkung des consensus auf die politische Bindungswirkung der Resolution wird verschieden gedeutet; vgl *Wolfrum*, in Charter UN³, Art 18 Rn 31 ff; *ders/Pichon*, Consensus, MPEPIL II, 673 (Rn 22 ff) einerseits, *Schaefer*, in Charta VN, Art 21 Rn 77 andererseits. Insgesamt krit *Goldmann*, Internationale öffentliche Gewalt, 2015, 507 f.

Schmahl

gar auf die ausdrückliche Feststellung des erzielten Konsenses verzichtet, gleichwohl aber zur Annahme einer Entschließung führt. Diese *Annahme ohne Abstimmung (adoption without a vote)* hat sich zB im 6. Hauptausschuss (Recht) vollständig durchgesetzt; sie findet aber auch in der GV Anwendung.[455]

Angesichts der klaren Aussage des Art 18 Abs 1 UN-Charta bedürfte die Einführ- 137 rung gestaffelter Stimmgewichte einer politisch kaum vorstellbaren Charta-Änderung (Art 108), obwohl die Vorstellung nicht abwegig ist, dass im Wege der *Stimmwägung (weighted voting)*[456] etwa bei der Haushaltsaufstellung den Hauptbeitragszahlern ein größeres Stimmgewicht eingeräumt wird.[457] In verschiedenen Sonderorganisationen, in denen ohne eine klare Zuordnung von Stimmrecht und Verantwortung Erfolge von Anfang an nicht zu erzielen waren, hat sich diese Konzeption auch durchgesetzt, ohne am Prinzip der Staatengleichheit zu scheitern.[458] Ein solches System „gewogener" Stimmen der Mitgliedstaaten existierte bis 2017 auf Ebene der EU für Abstimmungen im Rat, ist aber mittlerweile durch eine Änderung der „qualifizierten Mehrheit" in Art 16 Abs 4 EUV, Art 238 Abs 2 und 3 AEUV überholt.[459] Richtig ist jedoch, dass die Stimmwägung als Abstimmungsmodus in funktional-begrenzten Organisationen eher denkbar erscheint als in solchen mit umfassenden politischen Zuständigkeiten wie den UN.

Die *Entschließungen (Resolutionen)* der GV haben idR *empfehlenden Charakter,* sind 138 also rechtlich nicht bindend; dies gilt auch, wenn die GV in der feierlichen Form der Deklaration einen Beschluss fasst.[460] Man muss allerdings sehen, dass in einer Reihe von Fällen der GV von der UN-Charta selbst rechtsverbindliche Entscheidungsbefugnis zuerkannt ist; sie beziehen sich allerdings sämtlich auf den organisationsinternen Bereich (Art 4–6, 17, 23, 61, 97, 108, 109).[461] Ist die GV organisationsintern für die UN handlungs-

---

455 Vgl *Fitschen,* in Charter UN[3], Art 21 Rn 76 f; *Peterson,* General Assembly, in Handbook UN[2], 119 (124).

456 Dazu *Schermers,* Weighted Voting, EPIL IV (2000) 1446 f; *Gold,* Weighted Voting Power, AJIL 68 (1974) 687 ff; *Strand/Rapkin,* Weighted Voting in the UNSC: A Simulation, SAGE 41 (2010) 1 ff.

457 Dazu *Klein* (Fn 260) 84 ff. – Vgl aber den Präsidenten der 28. GV *Benites* (Ecuador): „The idea of weighted voting would spell the final overthrow of the organization"; zit nach *Scheuner,* Aufgaben und Strukturwandlungen im Aufbau der Vereinten Nationen, in Kewenig (Hrsg), Die Vereinten Nationen im Wandel, 1975, 189 (227).

458 Vgl die Weltbankgruppe (IBRD, IFC, IDA, MIGA, ICSID), den Internationalen Währungsfonds (IMF, dazu die Tabelle in ILM 31 [1992] 1311) und den Fonds für landwirtschaftliche Entwicklung (IFAD); vgl *Wolfrum,* Neue Elemente im Willensbildungsprozess internationaler Wirtschaftsorganisationen, VN 1981, 50 ff. *Bülck,* Der Strukturwandel der internationalen Verwaltung, 1962, 29 spricht von der Reduktion der Staaten „auf ihren sozial-ökonomischen Funktionswert"; vgl auch *Bernhardt,* Betrachtungen zur Stimmverteilung und Stimmwägung in internationalen Organisationen, FS Hahn, 1997, 531 ff.

459 Näher *Oppermann/Classen/Nettesheim* (Fn 95) § 5 Rn 77 ff, auch zum sog Luxemburger Kompromiss, der über lange Zeit in der EU Anwendung fand, nach den neueren Regelungen in Art 16 Abs 4 EUV aber hinfällig geworden ist.

460 ICJ Rep 1966, 6, 50: „Resolutions of the United Nations General Assembly are not binding, but only recommandatory in character"; ebenso *Tomuschat,* Die Charta der wirtschaftlichen Rechte und Pflichten der Staaten, ZaöRV 36 (1976) 444 ff; *Hurd,* International Organizations, 4, 42 ff.

461 *Verdross/Simma* (Fn 46) 404 f, 407 f.; *Klabbers,* International Organizations Law, 211 f.

befugt, kann sie auch einen Vertrag rechtswirksam kündigen.[462] Im Übrigen verbleibt es aber, auch gegen den Widerspruch renommierter Autoren vor allem der Entwicklungs-länder,[463] bei dem Empfehlungscharakter der Entschließungen. Der GV ist auf der Grün-dungskonferenz in San Francisco eine Rechtsetzungsbefugnis eindeutig verweigert wor-den; diese Ablehnung war umgekehrt Voraussetzung ihrer umfassenden Diskussions- und Empfehlungsbefugnis. Entsprechend fehlt ihr das Recht zur verbindlichen Interpre-tation der UN-Charta.[464] Auch das Stimmverhalten der Mitglieder kann automatisch we-der als Staatenpraxis noch als Ausdruck der Rechtsüberzeugung verstanden werden, so dass die *Resolutionen* der GV jedenfalls *nicht unmittelbar* als *Ausdruck von Völkerge-wohnheitsrecht* Verbindlichkeit haben können.[465] Allenfalls lässt sich sagen, dass in Ein-zelfällen bei einstimmig (dh auch unter Beteiligung der besonders betroffenen Staaten) gefassten Entschließungen ein formloser zwischenstaatlicher Konsens entsteht, der frei-lich noch durch das nachfolgende Verhalten der Staaten zu bestätigen wäre, bevor er selbst Rechtsquelle würde.[466]

139   Aber auch unabhängig hiervon sind Resolutionen der GV *rechtlich nicht bedeu-tungslos*,[467] da sie Hinweise auf rechtliche Entwicklungen, Trends geben können, jeden-falls Auffassungen postulieren, die zur rechtlichen Erörterung Anlass geben können.[468] Auch wenn wegen der grundsätzlich fehlenden Rechtsverbindlichkeit die Resolutionen keine Rechtsgrundlage geben, mit der die Staaten ihr Verhalten rechtfertigen können,[469] ist doch nicht zu übersehen, dass diejenigen, die im Einklang mit der Resolution han-deln, einen besseren Ausgangspunkt in der juristischen Auseinandersetzung haben. Man mag durchaus sagen, dass die Argumentationslast auf denjenigen übergeht, der die

---

462 ICJ Rep 1971, 16, 50 *[Namibia-Gutachten]* zu A/RES/2145 (XXI), mit der die GV den Mandatsvertrag mit Südafrika für beendet erklärt hat.
463 *Elias,* The International Court of Justice and some Contemporary Problems, 1983, 214 f; *Asamoah,* The Legal Significance of the Declarations of the General Assembly of the United Nations, 1966, 35; *Castañeda,* Legal Effects of United Nations Resolutions, 1969, 123.
464 *Klein/Schmahl,* in Charter UN[3], Art 10 Rn 50.
465 Verkörpern sie jedoch Völkergewohnheitsrecht, so folgt die Rechtsverbindlichkeit aus dieser Rechts-qualität. – Vgl auch *Skubiszewski,* Resolutions of the UN General Assembly and Evidence of Custom, FS Ago I, 1987, 503 ff. Eine weitergehende Gewichtung des Verhaltens I.O. allg bei der Bestimmung von Völ-kergewohnheitsrecht nimmt die ILC in ihren *Draft Conclusions on Identification of Customary Internatio-nal Law* an, vgl UN Doc A/73/10 [Suppl 10] v 10.8.2018, 117 ff. In diese Richtung auch *Daugirdas,* Internatio-nal Organizations and the Creation of Customary International Law, EJIL 31 (2020) 201 (206 ff).
466 Vgl *Simma,* Zur völkerrechtlichen Bedeutung von Resolutionen der UN-Generalversammlung, in Bernhardt/Delbrück/v. Münch/Rudolf (Hrsg), Fünftes Deutsch-Polnisches Juristen-Kolloquium, Bd II, 1981, 45 ff. Zu denken ist etwa an die Weltraumdeklaration v 13.12.1963, A/RES/1962 (XVIII).
467 Näher *Skubiszewski,* The Elaboration of General Multilateral Conventions and of Non-Contractual In-struments Having a Normative Function or Objective, AIDI 61 (1985) 305 ff; *Klein/Schmahl,* in Charter UN[3], Art 10 Rn 51 ff.
468 Vgl das Diktum von Richter *Lauterpacht,* ICJ Rep 1955, 90, 119, wonach die Staaten verpflichtet seien, den GV-Resolutionen „due consideration in good faith" zu geben.
469 So aber *Brownlie,* Principles of Public International Law, 7. Aufl 2008, 691 ff.

Schmahl

Rechtmäßigkeit der in der Resolution zum Ausdruck gekommenen Auffassung bestreitet. Die Mitgliedstaaten tun jedenfalls gut daran, die auf längere Frist angelegte Wirkung von GV-Resolutionen nicht zu unterschätzen. Andererseits ist ein allgemeiner Bedeutungsverlust der GV erkennbar. Der Versuch einer Restrukturierung und Revitalisierung der GV ist daher seit langem im Gange,[470] ohne dass nennenswerte Erfolge bereits sichtbar sind. Immerhin wurde im Jahr 2006 beschlossen, dass die GV die Möglichkeit erhält, informelle Debatten über aktuelle Fragen durchzuführen; hiervon wird in der Praxis durchaus Gebrauch gemacht.[471]

bb) Der Sicherheitsrat der UN. Der SR ist das politisch herausragende Organ der UN.[472] **140** Ihm ist die *vorrangige Verantwortung für die Wahrung des Weltfriedens* und der internationalen Sicherheit übertragen (Art 24 Abs 1 UN-Charta). Besondere Befugnisse zur Durchführung dieser Aufgaben ergeben sich aus den Kap VI–VIII und XII sowie aus weiteren speziellen Befugnisnormen (zB Art 94 Abs 2). Art 12 dient der prozeduralen Absicherung des materiellen Vorrangs des SR bei dieser Aufgabenerledigung gegenüber der GV. Art 26 gibt dem SR auch ein Mandat zu Fragen der Rüstungsregelung, das jedoch bislang nicht wahrgenommen wurde. Man wird aber auch in Art 24 Abs 1 iVm Abs 2 Satz 1 selbst eine eigene allgemeine Befugnisnorm sehen können, die den SR zur Durchführung der dort vorgesehenen Aufgaben ermächtigt.[473] Die zentrale Rolle, die dem SR bei der Friedenswahrung zugewiesen ist, setzt die Gewährleistung einer schnellen und effektiven Reaktion voraus. Hiervon geht auch die UN-Charta aus, wie sich aus den Vorschriften über die Mitgliedschaft und Arbeitsweise ergibt (Art 23, 28, 29). Gleichwohl haben die geltenden Abstimmungsregeln, aber auch die in der Substanz unterschiedlichen Beurteilungen politischer Lagen durch die Mitglieder dazu geführt, dass der SR seiner Aufgabe in vielen Fällen nicht gerecht wurde.[474]

---

470 Vgl exemplarisch A/RES/56/509 v 8.7.2002; A/RES/59/313 v 12.9.2005; A/RES/61/292 v 2.8.2007; A/RES/65/315 v 12.9.2011; A/RES/69/321 v 11.9.2015 sowie jüngst A/RES/75/325 v 10.9.2021.

471 Vgl zB A/RES/60/286 v 8.9.2006. Eine Übersicht zu jüngeren Debatten findet sich unter <http://www.un.org/en/ga/about/revitalization.shtml>. Zur Befugnis der GV, über das Veto im SR mit dem vetoeinlegenden Staat zu diskutieren, vgl u Rn 145.

472 *Wood,* United Nations Security Council, MPEPIL X, 475 ff; *Bailey/Daws,* The Procedure of the UN Security Council, 3. Aufl 1998; *Bedjaoui,* Nouvel ordre mondial et contrôle de la légalité des actes du Conseil de Sécurité, 1994; *Kirgis,* The Security Council's First Fifty Years, AJIL 89 (1995) 506 ff; Malone (Hrsg), The UN Security Council, 2004; *Luck,* The UN Security Council, 2006; *Abi-Saab,* The Security Council legibus solutus?, in Gowlland-Debbas (Hrsg), International Law and the Quest for its Implementation, 2010, 20 ff.

473 *Delbrück,* in Charter UN², Art 24 Rn 10; *Lailach,* Die Wahrung des Weltfriedens und der internationalen Sicherheit als Aufgabe des Sicherheitsrates der Vereinten Nationen, 1998, 37 ff; krit *Martenczuk,* Rechtsbindung und Rechtskontrolle des Weltsicherheitsrats, 1996, 37 ff; *Troost,* Die Autorisierung von UN-Mitgliedstaaten zur Durchführung militärischer Zwangsmaßnahmen des Sicherheitsrates in Recht und Praxis der Vereinten Nationen, 1997, 115 ff.

474 Dies führte in den 1950er Jahren zu einem etwa durch die *Uniting for Peace*-Resolution (o Rn 130) und die Einsetzung von UNEF I illustrierten politischen Handlungsvorrang der GV, der aber später wieder zurückgenommen wurde. Auch heute ist der im Text konstatierte Befund wieder zu vermerken (zB Kosovo

141   Der SR besteht aus *15 UN-Mitgliedern*, die je einen Vertreter entsenden (Art 23). *Fünf* ausdrücklich benannte Mitgliedstaaten gehören kraft Satzungsrecht diesem Gremium auf Dauer an *(ständige Mitglieder)*, wobei allerdings vorausgesetzt ist, dass sie auch Mitglieder der UN bleiben. Dabei handelt es sich um China,[475] Frankreich, Russland,[476] das Vereinigte Königreich und die USA. Die *zehn nichtständigen Mitglieder* werden für einen Zeitraum von zwei Jahren von der GV gewählt; dabei sollen sowohl die Verdienste um die Aufrechterhaltung des Friedens als auch das Prinzip der gleichmäßigen geographischen Verteilung Berücksichtigung finden.[477] Zur Sicherung der Kontinuität ist die Wahlzeit versetzt, so dass jedes Jahr fünf neue Mitglieder in den SR einziehen. Die in der GV notwendige 2/3 Mehrheit (Art 18 Abs 2) kann dazu führen, dass die Wahlen nicht termingerecht durchgeführt werden. Solange durch die damit eintretenden Vakanzen die Grenze zur Beschlussunfähigkeit nicht überschritten wird (9 Mitglieder: Art 27 Abs 2), bleibt die Handlungsfähigkeit des SR gleichwohl gewahrt.[478] Durchaus überlegenswert wäre freilich eine Chartaänderung dahin, dass sich in diesen Fällen die Wahldauer der alten Mitglieder so lange verlängert, bis die Neuwahl stattgefunden hat.

142   Die Unterscheidung zwischen ständigen und nichtständigen Mitgliedern wird vor allem bei den *Abstimmungen im SR* bedeutsam. Zwar verfügt jeder Staat nur über eine Stimme, und für alle Entscheidungen sind neun Ja-Stimmen erforderlich (Art 27 Abs 1 und 2). Handelt es sich aber um Entscheidungen über nicht-prozedurale Angelegenheiten, bedarf es auch der Zustimmung der fünf ständigen Mitglieder. Oder anders: bei materiellen Fragen können die fünf ständigen Mitglieder durch Ablehnung *(Veto)* das Zustandekommen einer Entscheidung verhindern (Art 27 Abs 3). Die Entstehungsgeschichte macht deutlich, dass ohne diese Privilegierung der fünf Staaten, auf die sich die USA, Großbritannien und die Sowjetunion auf der Konferenz von Jalta (Februar 1945) geeinigt hatten, die UN-Charta nicht zustande gekommen wäre.[479] Die Großmächte wa-

---

1999, Irak-Krieg 2003, Syrien-Konflikt 2012; Ukraine-Konflikt seit 2014 und insbes seit 2022). Allg zu der Thematik *Freuding*, Entscheidungsfindung im UN-Sicherheitsrat, in Dicke/Fröhlich (Fn 399) 64 ff; vgl auch *Kotzur*, Die Rolle des UN-Sicherheitsrates in aktuellen Krisenszenarien, FS Stein, 2015, 196 ff.

475 Bis 1971 war China durch die nationalchinesische Regierung (Taiwan) repräsentiert. Erst der Kurswechsel der USA machte den Weg frei für die Anerkennung der Regierung der Volksrepublik China als Repräsentantin Chinas; vgl A/RES/2758 (XXVI) v 25.10.1971; näher *Neukirchen*, Die Vertretung Chinas und der Status Taiwans im Völkerrecht, 2004, 212 ff; *Gareis*, Taiwans UN-Mitgliedschaft: richtiges Ziel, falscher Weg, VN 2008, 59 ff; *Burnay/Wouters*, China in the UN Security Council, BRIL 2013/4, 343 ff.

476 Zum Auftreten der Russischen Föderation anstelle der Sowjetunion vgl o Rn 71.

477 Die BR Deutschland war bereits mehrfach nichtständiges Mitglied: 1977/78, 1987/88, 1995/96, 2003/04, 2011/12 und 2019/20 (DDR: 1980/81). Krit zur deutschen Amtszeit von 2019/20 *Lechte*, Deutschland im UN-Sicherheitsrat: tolle Show, wenig Substanz, VN 2020, 21 ff; *Gowan*, Bilanz der deutschen Amtszeit im UN-Sicherheitsrat, VN 2021, 3 ff.

478 Dazu *Suy*, Some Legal Questions Concerning the Security Council, FS Schlochauer, 1981, 677 ff; *Schweisfurth*, in Charter UN², Art 28 Rn 9.

479 Zur sog Jalta-Formel *Russell/Muther*, A History of the United Nations Charter, 1958, 457 ff, 531 ff; *Khan*, Drafting History, in Charter UN³, Rn 42 ff. Das bestehende Einzelvetorecht weist den SR als Relikt der Nachkriegszeit aus; dies macht ihn unter heutigen Bedingungen sehr problematisch, vgl hierzu *Köchler*,

ren unter keinen Umständen bereit, das Instrument bindender Sicherheitsratsbeschlüsse gegen ihren Willen und gegen sich selbst in Stellung bringen zu lassen.

Bzgl der *Unterscheidung zwischen Verfahrensfragen und sonstigen Fragen* hat sich **143** in gewissem Umfang eine Praxis des SR etabliert. Danach werden Beschlüsse über die Anwendung der Art 28–32 UN-Charta, über Tagesordnung und Sitzungsablauf, Einladung zur Sitzungsteilnahme, die Einberufung zu Sonder- oder Notstandssondertagungen der GV als Verfahrensfragen behandelt. Entsprechendes gilt aufgrund ausdrücklicher Vorschrift für die Einberufung einer Revisionskonferenz nach Art 109 Abs 1 UN-Charta.[480] Für Fälle, deren Einordnung bestritten wird, sah bereits die Erklärung von San Francisco v 7.6.1945 vor, dass diese Vorfrage nach Maßgabe von Art 27 Abs 3 UN-Charta entschieden werden muss.[481] Das damit etablierte „Doppelveto" darf allerdings nicht missbraucht werden, indem der prozedurale Charakter eindeutiger Verfahrensfragen geleugnet wird. Verschiedentlich hat sich auch der SR solchem Ansinnen entzogen. In der Praxis kommt dabei viel auf die Persönlichkeit des jeweiligen Präsidenten des SR an. Das Doppelveto-Verfahren ist jedenfalls seit langem nicht mehr zur Anwendung gekommen; man einigt sich im Vorfeld.[482]

Das in Art 27 Abs 3 UN-Charta vorgesehene *Vetorecht* in allen *materiellen* Fragen **144** räumt jedem ständigen Mitglied die Möglichkeit ein, das Zustandekommen eines Ratsbeschlusses zu verhindern.[483] Hierzu gehören vor allem alle Entschließungen im Bereich der Friedenswahrung oder -wiederherstellung, aber auch die Aufnahme neuer Mitglieder. Problematisch ist der Fall des sog *reverse veto*, durch das die Beendigung von Zwangsmaßnahmen, die nicht für eine bestimmte Frist terminiert waren, verhindert wird.[484] Für die Ausübung des Vetorechts ist es unerheblich, ob der verhinderte Beschluss rechtlich verbindlich wäre oder nur empfehlenden Charakter hätte. Dabei ist es jedoch erforderlich, dass *ausdrücklich* gegen die Annahme des Beschlusses gestimmt wird. Die bloße (freiwillige) Nichtteilnahme an der Sitzung oder Abstimmung oder auch die Enthaltung reichen hierzu nicht aus. Dies ist ungeachtet des nicht eindeutigen Wort-

───────────

The United Nations Organization and Global Power Politics, Chinese JIL 5 (2006) 323 ff; *Binder/Heupel*, Das Legitimitätsdefizit des UN-Sicherheitsrats, VN 2014, 202 ff.
480 Vgl *Zimmermann*, in Charter UN³, Art 27 Rn 49 f.
481 Text der Erklärung in Charter UN³, Art 27 Annex, Rn 1 ff. Mittlerweile sind die Dokumente der Gründungskonferenz in San Francisco vollständig digitalisiert, vgl <https://digitallibrary.un.org/record/130 0969>.
482 *Zimmermann*, in Charter UN³, Art 27 Rn 159 f; zur Entwicklung des Doppelvetos eingehend *Sievers/ Daws*, The Procedure of the UN Security Council, 4. Aufl 2014, 318 ff; s a *Demme*, Hegemonialstellung im Völkerrecht: Der ständige Sitz im Sicherheitsrat der Vereinten Nationen, 2006, 72 ff.
483 Es handelt sich um ein Vetorecht iwS, während das Vetorecht ieS die Möglichkeit eines Organs beschreibt, das Wirksamwerden des Beschlusses eines anderen Organs zu verhindern; vgl *Münch*, Veto, EPIL IV (2000) 1283 ff.
484 Dazu *Caron*, The Legitimacy of the Collective Authority of the Security Council, AJIL 87 (1994) 552 (577 ff).

lauts von Art 27 Abs 3 UN-Charta heute in der Praxis des SR geklärt und durch die Rechtsprechung des IGH bestätigt.[485]

145   In der Vergangenheit ist von dem Vetorecht *häufig Gebrauch* gemacht worden, insbes – in den Zeiten des Ost-West-Konflikts – von der Sowjetunion, seit den 1970er Jahren aber auch zunehmend von den USA. Nach dem Zusammenbruch der Sowjetunion konnte stärker als früher auf Verständigung gesetzt werden; es kam daher nur noch vereinzelt zur Vetoausübung (Übersicht 4).[486] Die sich erheblich verschärfende Situation in der Entwicklung Russlands (insbes seit dem Konflikt in der Ostukraine 2014/15 und vor allem seit dem Angriffskrieg auf die Ukraine 2022) und die zunehmende Aggressivität Chinas (etwa mit Blick auf Taiwan) haben diese Zurückhaltung aber sehr schnell wieder Geschichte werden lassen. Mehrere Resolutionen der vergangenen Jahre scheiterten im SR am Veto eben dieser Staaten. Manches Mal mag es sogar vorzugswürdig sein, wenn mit der Vetoausübung auch die öffentliche Verantwortung für das Nichtzustandekommen eines SR-Beschlusses zu übernehmen ist. Möglicherweise ist der Versuch, eher eine Konfrontation zu vermeiden, indem gar kein Beschluss zur Abstimmung gestellt wird, als eine offene Ablehnung zu riskieren, der Autorität des SR abträglicher.[487] Ein insoweit erster alarmierender Vorgang war die relative Untätigkeit der UN im Hinblick auf den Konflikt im früheren Jugoslawien,[488] die zum verspäteten Eingreifen der UN in Bosnien-Herzegowina (1996) und zur militärischen Intervention der NATO-Staaten im Kosovo (1999) ohne Mandat des SR führte.[489] Ein ähnliches Bild der Zerrissenheit bot der SR

---

485 ICJ Rep 1971, 16, 22 *[Namibia-Gutachten]*. Dogmatisch ist nicht geklärt, ob dieses Ergebnis durch einfache Interpretation gewonnen ist oder eine rechtsfortbildende, von den Mitgliedern akzeptierte Organpraxis (Art 31 Abs 3 lit b WVK) oder eine gemeinsam konsentierte Vertragsänderung darstellt; ausf *Zimmermann*, in Charter UN³, Art 27 Rn 175 ff. Eine sog „konstruktive Stimmenthaltung", wie sie Art 235 Abs 1 UAbs 3 AEUV vorsieht, kennt die UN-Charta nicht; allerdings gibt es inzwischen entsprechende (informelle) Reforminitiativen, vgl *Eisentraut*, Stillstand und Dynamik – Realitäten der Sicherheitsratsreform, VN 2017, 99 (102 f).

486 Zu vorsichtiger Interpretation solcher Statistiken raten zu Recht *Simma/Brunner/Kaul*, in Charter UN², Art 27 Rn 125; gleichwohl sind die Zahlen in ihrer allgemeinen Tendenz aufschlussreich. Weitere statistische Informationen bei Foreign and Commonwealth Office (Hrsg), Tables of Vetoed Draft Resolutions in the United Nations Security Council 1946–1998, 1999; *Patil*, The Veto: A Historical Necessity, 2001; *Höne*, Die Vetos im Sicherheitsrat der Vereinten Nationen 1991-2010, VN 2011, 72 ff; eine aktuelle Übersicht bietet <https://research.un.org/en/docs/sc/quick/veto>.

487 *Eitel*, Bewährungsproben für den Sicherheitsrat der Vereinten Nationen, Friedens-Warte 74 (1999) 126 (135 f) spricht von einem „latenten" Veto.

488 Zu den insgesamt hilflosen Versuchen der UN in diesem Bereich vgl *Weller*, The International Response to the Dissolution of the Socialist Federal Republic of Yugoslavia, AJIL 86 (1992) 596 ff; *Trautmann*, Das hilflose Europa, in Furkes/Schlarp (Hrsg), Jugoslawien, 1991, 177 ff.

489 Vgl *Wilms*, Der Kosovo-Einsatz und das Völkerrecht, ZRP 1999, 227 ff; *Lange*, Zu Fragen der Rechtmäßigkeit des NATO-Einsatzes im Kosovo, EuGRZ 1999, 313 ff; *K. Ipsen*, Der Kosovo-Einsatz, Friedens-Warte 74 (1999) 19 ff; *Kreß*, Staat und Individuum in Krieg und Bürgerkrieg, NJW 1999, 3077 ff. Ablehnend *Simma*, NATO, the UN and the Use of Force, EJIL 10 (1999) 1 ff; *Deiseroth*, „Humanitäre Intervention" und Völkerrecht, NJW 1999, 3084 ff. Krit auch *Cassese*, Ex iniuria ius oritur, EJIL 10 (1999) 23 ff.

im Irak-Konflikt 2003: Die USA intervenierten militärisch, ohne dass der SR in der Lage gewesen wäre, einen befürwortenden (Vetodrohung Chinas, Frankreichs, Russlands) oder ablehnenden (Vetodrohung der USA und des Vereinigten Königreichs) Beschluss zu fassen.[490] Schwächen zeigte der SR auch in Bezug auf den konfliktbehafteten „Arabischen Frühling": Während im Libyen-Konflikt die Res 1970 (2011) noch einstimmig verabschiedet wurde, verbuchte die wesentlich weiterreichende Res 1973 (2011) fünf Enthaltungen, darunter auch von Deutschland.[491] SR-Sanktionen betreffend den seit 2011 andauernden Syrien-Konflikt scheitern bis heute am Veto von China und Russland.[492] Die fehlende Einigkeit der „Permanent Five" offenbart sich auch an der Nutzung des Vetorechts durch die USA (unter Präsident *Trump*) im Streit um die Anerkennung Jerusalems als Hauptstadt Israels.[493] Ist eine Vetomacht selbst betroffen, wie dies bei Russland im (Ost-)Ukraine-Konflikt seit 2014/15 der Fall ist, bleiben die Entscheidungsmechanismen des SR ohnehin strukturell defizitär,[494] was sich seit dem Angriffskrieg Russlands auf die Ukraine 2022 besonders nachdrücklich zeigt.[495] Vor diesem Hintergrund ist nachvollziehbar, dass die GV am 26.4.2022 beschlossen hat, künftig automatisch innerhalb von 10 Tagen zusammenzutreten, wenn der SR durch ein Veto blockiert ist, um eine informierte und öffentliche Debatte mit dem vetoeinlegenden Staat über die Lage zu führen, gegen die das Veto eingelegt wurde.[496] Damit erhöht die GV den politischen Druck, ein Veto im SR zu rechtfertigen.

---

490 Die deutsche Bundesregierung hat sich frühzeitig (September 2002) gegen eine militärische Aktion und eine diese legitimierende SR-Resolution festgelegt.

491 Hierzu *Geiß/Kashgar* (Fn 59) 99 ff; zu den Konsequenzen von Enthaltungen nichtständiger SR-Mitglieder *Fröhlich/Langehenke*, Enthaltsamkeit bei Enthaltungen, VN 2011, 159 (164 ff).

492 *Payandeh*, Einführung in das Recht der Vereinten Nationen, JuS 2012, 506 (508); *Epping*, in Ipsen (Fn 30) § 8 Rn 154; vgl auch *Vashakmadze*, Responsibility to Protect, Charter UN³, Rn 47 f.

493 UN Doc S/2017/1060 v 18.12.2017. Vgl auch *Crossette*, Trump und die Vereinten Nationen, VN 2018, 3 (7).

494 Vgl *Milano*, Russia's Veto in the Security Council: Whither the Duty to Abstain under Art. 27(3) of the UN Charter?, ZaöRV 75 (2015) 215 ff; *Kotzur* (Fn 474) 207; *Walter* (Fn 429) 474 f. Zu den entstehungsgeschichtlichen Aspekten vgl *Day*, Le droit de veto dans l'organisation des Nations Unies, 1952, 41 ff.

495 *Schmahl* (Fn 56) 970; vgl auch *Steiger*, Das Veto in eigener Sache, VN 2023, 28 ff.

496 A/RES/76/262 v 26.4.2022. Voraussetzung hierfür ist freilich, dass keine Notstandssondertagung der GV zu derselben Situation stattfindet. Inzwischen hat die GV bereits zwei Debatten geführt, die sich speziell mit dem (jeweiligen) Veto Chinas und/oder Russlands befasst haben, vgl *Arrocha Olabuenaga*, Introductory Note to G.A. Res. 76/262 on a Standing Mandate for a General Assembly Debate When a Veto is Cast in the Security Council (U.N.), ILM 62 (2023) 284 (285).

Schmahl

Übersicht 4
Vetos ständiger Mitglieder des Sicherheitsrats

Zeitraum	China	Frankreich	Großbritannien	Sowjetunion/ Russland	USA
1946–70	1	4	4	105	1
1970–82	1	11	16	8	34
1983–90	0	3	10	2	34
1991–2010	4	0	0	6	14
2011–2022	12	0	0	26	4
insges	18	18	30	147	87

Quellen: *Löwe*, Die Vetos im Sicherheitsrat der Vereinten Nationen (1983–1990), VN 1991, 11; *Höne*, Die Vetos im Sicherheitsrat der Vereinten Nationen (1991–2010), VN 2011, 72; <https://research.un.org/en/docs/sc/quick> (abgerufener Stand bis Ende 2022).

Zeitraum	China	Frankreich	Großbritannien	Russland	USA
1991	–	–	–	–	–
1992	–	–	–	–	–
1993	–	–	–	1[1]	–
1994	–	–	–	1[2]	–
1995	–	–	–	–	1[3]
1996	–	–	–	–	1[4]
1997	1[5]	–	–	–	2[6]
1998	–	–	–	–	–
1999	1[7]	–	–	–	–
2000	–	–	–	–	–
2001	–	–	–	–	2[8]

---

1 betr Finanzierung UNFICYP, bzgl derer aber kurze Zeit später eine Einigung erzielt wurde (S/25693)
2 betr Durchsetzung bestehender Beschränkungen des Güterverkehrs zwischen der Bundesrepublik Jugoslawien (Serbien und Montenegro) und serbisch kontrollierten Gebieten in Bosnien-Herzegowina und Kroatien (S/1994/1358)
3 betr Enteignungsmaßnahmen in Ost-Jerusalem (S/1995/394)
4 betr Ernennung des Generalsekretärs der Vereinten Nationen (S/1996/952)
5 betr Zuteilung von Militärbeobachtern zu MINUGUA (S/1997/18)
6 betr israelische Siedlungstätigkeit in Ost-Jerusalem (S/1997/199 und S/1997/241)
7 betr Verlängerung des Mandats von UNPREDEP (S/1999/201)
8 betr Lage in den von Israel besetzten Gebieten (S/2001/270 und S/2001/1199)

Schmahl

Zeitraum	China	Frankreich	Großbritannien	Russland	USA
2002	–	–	–	–	2[9]
2003	–	–	–	–	2[10]
2004	–	–	–	1[11]	2[12]
2005	–	–	–	–	–
2006	–	–	–	–	2[13]
2007	1[14]	–	–	1[14]	–
2008	1[15]	–	–	1[15]	–
2009	–	–	–	1[16]	–
2010	–	–	–	–	–
2011	1[17]	–	–	1[18]	1[18]
2012	2[19]	–	–	2[19]	–
2013	–	–	–	–	–
2014	1[20]	–	–	2[21]	–
2015	–	–	–	2[22]	–
2016	1[23]	–	–	2[24]	–
2017	1[25]	–	–	5[26]	1[27]

9 betr UNMIBH/SFOR in Bosnien-Herzegowina und Lage in den von Israel besetzten Gebieten (S/2002/712 und S/2002/1385)
10 betr Lage in den von Israel besetzten Gebieten (S/2003/891 und S/2003/980)
11 betr Beendigung von UNFICYP und Mandatierung von UNSIMIC (S/2004/313)
12 betr Lage in den von Israel besetzten Gebieten (S/2004/240 und S/2004/783)
13 betr Lage in den von Israel besetzten Gebieten (S/2006/508 und S/2006/878)
14 betr das Militärregime in Birma (S/2007/14)
15 betr Sanktionen gegen Simbabwe (S/2008/447)
16 betr Verlängerung des Mandats von UNOMIG (Georgien) (S/2009/310)
17 betr Verurteilung der Repressionsmaßnahmen Syriens (S/2011/612)
18 betr Situation im Nahen Osten, einschließlich der Palästina-Frage (S/2011/24)
19 betr Unterstützung des Friedensplans für Syrien (S/2012/77 und S/2012/538)
20 betr Brief des Ständigen Vertreters der Ukraine bei den Vereinten Nationen v 28.2.2014, adressiert an den Präsidenten des Sicherheitsrats (S/2014/136)
21 betr Brief des Ständigen Vertreters der Ukraine bei den Vereinten Nationen v 28.2.2014, adressiert an den Präsidenten des Sicherheitsrats (S/2014/136) und betr Friedensplan für Syrien (S/2014/348)
22 betr Situation in Bosnien Herzegowina (S/2015/562) und betr Brief des Ständigen Vertreters der Ukraine bei den Vereinten Nationen v 28.2.2014, adressiert an den Präsidenten des Sicherheitsrats (S/2014/136)
23 betr Situation im Nahen Osten (S/2016/1026)
24 betr Situation im Nahen Osten (S/2016/846 und S/2016/1026)
25 betr Situation in Syrien (S/2017/172)
26 betr Situation in Syrien (S/2017/172, S/2017/315, S/2017/884, S/2017/962 und S/2017/970)
27 betr Status von Jerusalem (S/2017/1060)

Schmahl

Zeitraum	China	Frankreich	Großbritannien	Russland	USA
2018	–	–	–	2[28]	1[29]
2019	3[30]	–	–	3[30]	–
2020	2[31]	–	–	2[31]	1[32]
2021	–	–	–	1[33]	–
2022	1[34]	–	–	4[34, 35]	–
insges	16	0	0	32	18

Quelle: VN 1996, 108 (für 1993–1995); VN 1999, 112 (für 1996–1998); <http://research.un.org/en/docs/sc/quick> (für 1994–2022).

146 In einem wichtigen Fall ist das Vetorecht, obgleich es sich um die Entscheidung einer substantiellen Frage handelt, ausdrücklich ausgeschlossen. Dabei handelt es sich um die *Wahl der Richter des IGH*,[497] die in GV und SR jeweils eine absolute Mehrheit erfordert (Art 10 IGH-Statut). Daraus ergibt sich übrigens auch eine Abweichung von der üblichen Regel, dass neun Ratsmitglieder zustimmen müssen (Art 27 Abs 2); denn die absolute Mehrheit bei 15 Mitgliedern beträgt acht. Einen anderen Weg geht Art 27 Abs 3 Halbs 2 UN-Charta für den Fall, dass ein ständiges Ratsmitglied Partei eines Streits[498] ist, mit dem der Rat nach Kap VI oder Art 52 Abs 3 befasst ist. Die hier dem involvierten ständigen Mitglied auferlegte Enthaltungspflicht soll den Grundsatz, dass niemand Richter in eigenen Angelegenheiten sein soll, verwirklichen. Ist dieser Grundsatz aus politischen Gründen, nämlich im Bereich des Kap VII, nicht realisierbar, sollte er doch so weit wie möglich auf die friedliche Beilegung von Streitigkeiten Anwendung finden.

---

28 betr Sanktionen gegen Jemen (S/2018/156) und betr Situation im Nahen Osten (S/2018/32)
29 betr Situation im Nahen Osten (S/2018/516)
30 betr Situation in Venezuela (S/2019/186) und betr Situation im Nahen Osten (S/2019/756 und S/2019/961)
31 betr Situation im Nahen Osten (S/2020/654 und S/2020/667)
32 betr Bedrohung des Weltfriedens und der internationalen Sicherheit durch terroristische Anschläge (S/2020/852)
33 betr Bedrohung der internationalen Sicherheit durch den Klimawandel (S/2021/990)
34 betr Nuklearwaffentest durch Nord-Korea (S/2022/431)
35 betr Situation in der Ukraine (S/2022/155 sowie S/2022/720) und betr Situation im Nahen Osten (S/2022/538)

497 Vgl hierzu *Amerasinghe*, Judges of the International Court of Justice – Election and Qualifications, LJIL 14 (2001) 335 ff.
498 Hierzu eingehend *Zimmermann*, in Charter UN³, Art 27 Rn 203 ff. Anders wieder, wo der SR nicht mit einem „Streit", sondern mit einer „Situation" oder einer „Frage" befasst ist; zur Definition vgl *Klein/Schmahl*, in Charter UN³, Art 12 Rn 6 f.

Schmahl

Im Übrigen ist darauf hinzuweisen, dass auch Entschließungen des SR *ohne förmli-* 147 *che Abstimmung* angenommen werden können,[499] wenn sich ein Konsens abzeichnet und auf einer Abstimmung von keiner Seite bestanden wird. In entsprechender Weise griff der SR während der Covid19-Pandemie häufig auf ein schriftliches Umlaufverfahren zurück.[500] Meinungsäußerungen des SR, die zT Erläuterungen zu Beschlussfassungen sind, zT aber auch Mahnungen und Appelle enthalten, finden sich ferner in Erklärungen seines Präsidenten. Die (nicht-rechtliche) Beachtlichkeit solcher Erklärungen[501] hängt von der Autorität des Rats ab, die desto geringer ist, je eher eine solche Erklärung nur die Uneinigkeit seiner Mitglieder verdecken soll.

Die wichtigen Aufgaben des SR machen die *ständige Präsenz* der Vertretungen der 148 Ratsmitglieder in New York notwendig (Art 28 Abs 1), so dass sie jederzeit zu Sitzungen zusammentreten können. Die *Sitzungen* werden vom Präsidenten des SR einberufen. Grundsätzlich schreibt Regel 1 der auf Art 30 UN-Charta beruhenden (noch immer) vorläufigen Geschäftsordnung (GeschO)[502] vor, dass spätestens alle 14 Tage eine Sitzung stattzufinden hat; idR tritt er aber deutlich häufiger zusammen (2019:259).[503] Während der Covid-19-Pandemie kam es 2020/21 vermehrt zu digitalen Treffen, die zT nicht als offizielle Sitzungen gezählt wurden.[504] Im Übrigen setzt der Präsident die Sitzungen nach Konsultationen mit den Mitgliedern nach Ermessen fest. Verpflichtet zur Einberufung ist er, wenn ein Mitglied des SR dies wünscht (Regel 2), auf Ersuchen des Generalsekretärs gemäß Art 99 UN-Charta oder der GV gemäß Art 11 Abs 2 und 3, oder wenn der SR gemäß Art 35 mit einem Streit oder einer friedensgefährdenden Situation befasst wird (Regel 3). Die Sitzungen sind öffentlich, können aber auch unter Ausschluss der Öffentlichkeit stattfinden (Regel 48). Nach Art 31 und 32 UN-Charta können an den Sitzungen auch *Nichtmitglieder* des SR und sogar Nichtmitglieder der UN teilnehmen, wenn sie Partei eines Streits sind, der vom SR behandelt wird. Einen Rechtsanspruch auf Teilnahme haben insoweit aber nur die UN-Mitglieder, die nicht im SR vertreten sind.[505] Für die

---

499 Näher *Simma/Brunner/Kaul*, in Charter UN², Rn 111 ff; *Sievers/Daws* (Fn 482) 335 ff.

500 Bsp: S/2020/253 v 31.3.2020. Vgl ferner *Volger*, Sicherheitsrat – Gravierende Änderung der Arbeitsmethoden im Jahr 2020, VN 2021, 275; *Fillion*, COVID-19: Stresstest für die Vereinten Nationen, VN 2021, 119 ff.

501 Ebenso *Talmon*, The Statements by the President of the Security Council, Chinese JIL 2 (2003) 419 (452).

502 UN Doc S/96/Rev 7 (1983). Vgl auch *Sievers/Daws* (Fn 482) 9 ff.

503 Als Referenzjahr wurde mit 2019 das letzte Jahr vor der Covid-19-Pandemie gewählt. Zur Statistik ab 1946 vgl <https://www.un.org/securitycouncil/content/meetings>. In seinen Arbeitsmethoden bemüht sich der SR mittlerweile um größere Transparenz. Ihrer Förderung dient seit 2013 auch die Accountability, Coherence and Transparency Group (ACT), die aus 27 kleineren und mittelgroßen Staaten unter der Führung der Schweiz besteht.

504 So fand zB das offizielle 8778. Meeting am 7.12.2020 (S/PV.8778), das 8779. Meeting aber erst am 25.5.2021 (S/PV.8779) statt. Der SR traf sich dazwischen dennoch regelmäßig in virtueller Form, vgl <https://research.un.org/en/docs/sc/quick/meetings/2021>.

505 Zutr sprechen *Dolzer/Kreuter-Kirchhof*, in Charter UN³, Art 31 Rn 17 insoweit von einer „Kompensationsnorm" *(compensatory rule)*.

Schmahl

Nichtmitglieder der UN legt der SR die Bedingungen fest; letztlich handelt es sich also um eine Ermessensentscheidung des Rats. Entsprechendes gilt für die Teilnahme von Mitgliedern der UN, die nicht im SR vertreten sind, wenn Fragen behandelt werden, von denen der Rat meint, dass sie deren Interessen besonders berühren (Art 31).

149 Die *Präsidentschaft* des SR wechselt monatlich in der durch das englische Alphabet bestimmten Reihenfolge der 15 Mitglieder (Regel 18 GeschO). Jeder Mitgliedstaat übernimmt daher in dem Zweijahres-Wahlzeitraum der nichtständigen Mitglieder mindestens einmal die Präsidentschaft. Der Präsident leitet die Sitzungen (Regel 19) und bereitet zusammen mit dem Generalsekretär die vorläufige Tagesordnung vor (Regel 7). Bei der Durchführung seiner Tätigkeit wird der SR durch ständige Ausschüsse (vor allem den Ausschuss für die Aufnahme neuer Mitglieder) und durch ad hoc-Ausschüsse unterstützt.[506] Der SR kann solche Hilfsorgane nach Bedarf einrichten (Art 29). Hierzu gehört u a die von SR und GV (Art 22) 2005/2006 gemeinsam geschaffene Kommission für Friedenskonsolidierung (Peacebuilding Commission)[507] oder das durch SR-Res 1904 (2009) gegründete Büro der Ombudsperson für den ISIL (Da'esh)- und Al-Qaida-Sanktionsausschuss (Office of the Ombudsperson).

150 Die zentrale Rolle des SR wird vor allem durch *Art 25* UN-Charta unterstrichen, der die Mitgliedstaaten verpflichtet, die *Entscheidungen (decisions)* des SR „anzunehmen und durchzuführen". Die Reichweite dieser Bestimmung ist nicht völlig geklärt.[508] Zum richtigen Verständnis ist zunächst einmal darauf hinzuweisen, dass zahlreiche Entschließungen des SR lediglich *Empfehlungen (recommendations)* enthalten, die als solche nicht bindend sind; dies gilt auch im Bereich von Kap VII und VIII. Wenn freilich in diesem Bereich *Beschlüsse* gefasst werden, die keine bloßen Empfehlungen darstellen, ist von ihrer *Verbindlichkeit* auszugehen.[509] Entschließungen auf der Grundlage von Kap VI werden hingegen keine Verbindlichkeit beanspruchen können;[510] dies ergibt sich auch aus Art 27 Abs 3 Halbs 2 UN-Charta, der den ständigen Ratsmächten in diesem Bereich (o Rn 146) die Enthaltung bei der Abstimmung, also den Verzicht auf das Veto auferlegt. Andererseits kann der SR die Durchsetzung von Urteilen des IGH mit bindenden Entscheidungen (aber auch nur mit Empfehlungen) unterstützen (Art 94 Abs 2 UN-Charta). Im *Namibia*-Gutachten hat der IGH die Auffassung bekräftigt, dass die Verbindlichkeit von Ratsbeschlüssen nicht notwendig auf Fälle des Kap VII beschränkt sein muss,[511] doch ist diese Ansicht zweifelhaft.

---

506 Ausf *Sievers/Daws* (Fn 482) 460 ff.
507 S u Rn 205.
508 *Krökel*, Die Bindungswirkung von Resolutionen des Sicherheitsrats der Vereinten Nationen gegenüber Mitgliedstaaten, 1977; *de Wet*, The Chapter VII Powers of the United Nations Security Council, 2004; *von Arnauld*, Völkerrecht, 5. Aufl 2023, Rn 157.
509 *Peters*, in Charter UN³, Art 25 Rn 11. Vgl auch Art 48 UN-Charta.
510 Anders *Peters*, ebd Rn 13 f.
511 ICJ Rep 1971, 16, 53 *[Namibia-Gutachten]*. Näher *Higgins*, The Advisory Opinion on Namibia: Which Resolutions are Binding under Article 25 of the Charter, ICLQ 21 (1972) 270 ff.

Schmahl

Die sich aus Art 25 UN-Charta ergebende Verbindlichkeit von SR-Entscheidungen 151 richtet sich an die Mitgliedstaaten als solche, hat also *keine unmittelbare Wirkung innerhalb der staatlichen Rechtsordnung.*[512] Die UN sind keine Supranationale Organisation, deren Rechtsakte von den staatlichen Rechtsanwendungsorganen ohne Weiteres anzuwenden wäre.[513] Die Mitgliedstaaten sind vielmehr verpflichtet, diese Anwendung – idR durch die Schaffung einschlägiger Rechtsgrundlagen – zu gewährleisten. So legt etwa ein verbindlicher Beschluss des SR, gegen einen Staat ein Wirtschaftsembargo zu verhängen (Art 41), den Bürgern der Mitgliedstaaten keine eigene Verpflichtung auf; sie handeln nicht rechtswidrig, wenn sie gleichwohl Handel treiben. Eine entsprechende intern wirkende Rechtsnorm muss erst von dem Mitgliedstaat geschaffen werden,[514] der seinerseits bei Unterlassen völkerrechtlich verantwortlich wird.

Gerade die weitreichende Verbindlichkeit von Entscheidungen des SR – zusammen 152 mit der in Art 103 UN-Charta enthaltenen Pflicht der Mitglieder, den Verpflichtungen aus der Charta Vorrang vor kollidierenden anderen völkerrechtlichen Verträgen einzuräumen – wirft notwendig die Frage nach ihren *normativen Grenzen* und ihrer *Kontrolle* auf.[515] Dies gilt insbes dann, wenn – wie es vor allem bei der Bekämpfung des internationalen Terrorismus der Fall ist – die Entscheidungen des SR von den Mitglied-

---

512 Zum Problem *Frowein*, United Nations, EPIL IV (2000) 1029 (1036); *Denis*, Le pouvoir normatif du Conseil de sécurité des Nations unies, 2004; *Zimmermann/Elberling*, Grenzen der Legislativbefugnisse des Sicherheitsrats, VN 2004, 71 ff; *Akram/Shah*, The Legislative Powers of the United Nations Security Council, in Macdonald/Johnston (Fn 325) 431 ff; *Alvarez*, International Organizations as Law-Makers, 2005, insbes 184 ff; *Elberling*, The *Ultra Vires* Character of Legislative Action by the Security Council, IOLR 2 (2005) 337 ff; *Marschik*, Legislative Powers of the Security Council, in Macdonald/Johnston (Fn 325) 457 ff; *Talmon*, The Security Council as World Legislature, AJIL 99 (2005) 175 ff; *Mebiama*, Le pouvoir normatif du Conseil de sécurité de l'Organisation des Nations Unies, RIDA 2010, 29 ff.
513 Vgl hingegen die EU-Verordnungen gemäß Art 288 UAbs 2 AEUV.
514 ZB § 7 AWG (BGBl 1961 I, 481); dazu *Brandl* (Fn 286). Zu (auf SR-Resolutionen basierenden) Handelsembargos der EU vgl Art 215 AEUV und *Streinz*, Europarecht, 12. Aufl 2023, Rn 1326 ff.
515 Dieses Problem wird anhand der Aktionen des SR gegen den Irak zugunsten der Kurden und gegen Libyen wegen der Auslieferung von Staatsangehörigen (Fall Lockerbie) und im Zusammenhang mit dem Vorgehen des SR gegen Personen, die des internationalen Terrorismus verdächtigt werden *(targeted sanctions)*, zunehmend artikuliert: vgl etwa *Franck*, „The Power of Appreciation", AJIL 86 (1992) 519 ff und 638 ff; *Reisman*, The Constitutional Crisis in the United Nations, AJIL 87 (1993) 83 ff; *Reinisch*, Developing Human Rights and Humanitarian Law Accountability of the Security Council for the Imposition of Economic Sanctions, AJIL 95 (2001) 851 ff; *Schilling*, Der Schutz der Menschenrechte gegen Beschlüsse des Sicherheitsrats, ZaöRV 64 (2004) 343 ff; *Orakhelashvili*, The Impact of Peremptory Norms on the Interpretation and Application of United Nations Security Council Resolutions, EJIL 16 (2005) 59 ff; *Giegerich*, Verantwortlichkeit und Haftung für Akte internationaler und supranationaler Organisationen, ZvglRWiss 104 (2005) 163 (178 ff); *Payandeh*, Rechtskontrolle des UN-Sicherheitsrates durch staatliche und überstaatliche Gerichte, ZaöRV 66 (2006) 41 ff; *Willis*, Security Council Targeted Sanctions, Due Process and the 1267 Ombudsperson, GJIL 42 (2011) 675 ff; *Witte*, Gewaltenteilung im Völkerrecht?, AöR 137 (2012) 223 ff; Biersteker/Eckert/Tourinho (Hrsg), Targeted Sanctions: The Impacts and Effectiveness of United Nations Action, 2016; *Hovell*, The Power of Process: The Value of Due Process in Security Council Decision-Making, 2016. Allgemein zum Problem der Legitimität I.O. vgl Coicaud/Heiskanen (Hrsg), The Legitimacy of Inter-

staaten ein unmittelbares Vorgehen gegen Verdächtige verlangen (zB Freizügigkeits-beschränkungen, Vermögensbeschlagnahme).[516] Soweit sich Handlungsbefugnisse des SR aus bestimmten Rechtsnormen ergeben, sind deren Voraussetzungen zu beachten, also zB Art 39 für Maßnahmen im Bereich von Kap VII. Auch das Gebrauchmachen von der allgemeinen Handlungsnorm des Art 24 Abs 1 steht, wie Abs 2 ausdrücklich bestimmt, selbstverständlich unter dem Vorbehalt der Ziele und Grundsätze der UN (Art 1 und 2 UN-Charta). Der SR verfügt auch im Bereich der Friedenswahrung und -wiederherstellung nicht über unumschränkte Gewalt.[517] Diese Feststellung wird in der Praxis allerdings dadurch relativiert, dass eine Rechtskontrolle der Maßnahmen des SR nur unvollkommen vorgesehen ist. Organisationsintern können Akte der Organe, also auch des SR, von den Mitgliedstaaten (oder anderen Staaten) nicht gerichtlich angefochten werden.[518] Nur auf Umwegen kann eine verbindliche Nachprüfung durch den IGH dadurch erfolgen, dass der von einer Entscheidung des SR belastete Staat eine Rechtsverletzung gegen einen anderen Staat geltend macht, der sein Verhalten auf die SR-Entscheidung gestützt hat. In diesem Fall kann der IGH inzident und für die Streitparteien verbindlich die Rechtmäßigkeit der Maßnahme des SR nachprüfen – vorausgesetzt, die Streitparteien haben sich seiner Gerichtsbarkeit unterworfen.[519] Auch das Gutachtenverfahren gewährleistet eine gewisse rechtliche Kontrolle. Doch kann der IGH insoweit nur von anderen UN-Organen (oder Sonderorganisationen) angerufen werden; außerdem ist das

---

national Organizations, 2001; *Janik*, Die Bindung internationaler Organisationen an internationale Menschenrechtsstandards, 2012; vgl auch u Rn 197.

516 Vgl zB S/RES/1267 v 15.10.1999; S/RES/1521 v 22.12.2003; S/RES/1636 v 31.10.2005; S/RES/1988 v 17.6.2011; S/RES/2195 v 19.12.2014; S/RES/2199 v 12.2.2015; S/RES/2368 v 20.7.2017. Jüngst etwa S/RES/2610(2021) v 17.12.2021.

517 So darf der SR sich nicht über das Selbstbestimmungsrecht der Völker hinwegsetzen. Zweifelhaft ist es, gegen ein Angriffsopfer ein Waffenembargo (Fall: Bosnien-Herzegowina) zu verhängen, ohne selbst ausreichend Schutz zu gewähren (vgl Art 51 UN-Charta). Der SR verfügt auch über keine Zuständigkeit zu definitiver territorialer Ordnung und Zuordnung, um einen gewaltsamen Konflikt auf Dauer zu beenden; ebenso *Virally*, L'organisation mondiale, 1972, 418; *Bernstein*, The Limitation of International Boundaries, 1974, 111; *Krökel* (Fn 508) 76 ff. Offenbar anders *Delbrück*, in Charter UN², Art 24 Rn 9.

518 Es fehlt an einer entsprechenden Zuständigkeit des IGH; vgl u Rn 179 f. Zur Frage der Überprüfbarkeit bindender Res des SR durch innerstaatliche Gerichte vgl allgemein *de Wet/Nollkaemper*, Review of Security Council Decisions by National Courts, GYIL 45 (2002) 166 (184 ff). Zur Rechtsprechung der Unionsgerichtsbarkeit s u Fn 521.

519 Dies war die Situation des Streitverfahrens im *Lockerbie*-Fall zwischen Libyen gegen USA und Großbritannien. Die Hauptsache hat sich durch Rücknahme der Anträge erledigt (2003), den Antrag Libyens auf Erlass einer einstweiligen Anordnung hat der IGH abgelehnt, ICJ Rep 1992, 3; dazu *T. Stein*, Das Attentat von Lockerbie vor dem Sicherheitsrat der Vereinten Nationen und dem Internationalen Gerichtshof, AVR 31 (1993) 206 ff; *Gowlland-Debbas*, The Relationship between the International Court of Justice and the Security Council in the Light of the Lockerbie Case, AJIL 88 (1994) 643 ff; *Martenczuk*, The Security Council, the International Court and Judicial Review: What Lessons from Lockerbie?, EJIL 10 (1999) 517 ff; *Plachta*, The Lockerbie Case: The Role of the Security Council in Enforcing the Principle Aut Dedere Aut Judicare, EJIL 12 (2001) 125 ff; *Schmahl*, Die „Rule of Law" in den Vereinten Nationen, RuP 2001, 219 ff; *Farrall*, United Nations Sanctions and the Rule of Law, 2009.

Schmahl

Gutachtenergebnis nicht verbindlich.[520] Damit wird die Frage der (indirekten) Rechtskontrolle der SR-Entscheidungen auf die Ebene der Mitgliedstaaten oder ihrer für die Umsetzung dieser Entscheidungen zuständigen I.O. (zB EU) verlagert, was wieder schwierige Fragen im Verhältnis zu den UN aufwerfen kann.[521] Diese Erkenntnis lässt das Vetorecht in einem anderen Licht erscheinen. Es ist eben nicht nur Privileg bestimmter Mächte, sondern kann auch die Funktion einer Intraorgankontrolle haben, auch wenn dabei weniger rechtliche als politische Erwägungen maßgeblich sein werden.

Gleichwohl und zu Recht ist das Vetorecht seit langem Gegenstand der *Reformdis-* 153 *kussion*, ohne dass konkret absehbar wäre, dass die fünf ständigen Ratsmitglieder insoweit zu einer Chartaänderung bereit wären.[522] Gerade die Erweiterung der Zahl der SR-Mitglieder wird immer wieder erörtert, wobei vor allem die ständige Ratsmitgliedschaft interessant ist. Insbes Deutschland und Japan haben ihr Interesse bekundet, aber auch Brasilien/Argentinien, Nigeria/Südafrika/Ägypten und Indien/Pakistan streben eine solche Stellung an.[523] Obgleich die Reaktion der Staatengemeinschaft nicht grund-

---

520 Art 96 UN-Charta, Art 65 ff IGH-Statut; vgl auch *Thirlway*, Advisory Opinions, MPEPIL I, 97 (Rn 26 ff). Keineswegs ist der SR prinzipiell der Rechtskontrolle durch den IGH entzogen. Zum Verhältnis beider Organe vgl u Rn 184.

521 *Tzanakopoulos*, Disobeying the Security Council, 2011, 112 ff, 154 ff. – Der EuGH hat europäischen Rechtsschutz gegen völkerrechtsdeterminiertes Gemeinschaftsrecht bejaht, nachdem auf der Ebene der UN das derzeitige Überprüfungsverfahren „offenkundig nicht die Garantien eines gerichtlichen Rechtsschutzes" biete, vgl EuGH, Slg 2008, I-271 *[Kadi und Al Barakaat]*. Das EuG als Vorinstanz verneinte eine Überprüfbarkeit UN-determinierten Gemeinschaftsrechts mit Gemeinschaftsgrundrechten aufgrund der vorrangigen innergemeinschaftlichen Bindung an Resolutionen des SR (Art 103 UN-Charta). Es überprüfte die betreffende Gemeinschaftsverordnung aber am Maßstab zwingender Völkerrechtsnormen *(ius cogens)*, an die auch der SR gebunden sei, vgl EuG, Slg 2005, II-3533 und II-3549 *[Yusuf und Kadi]*. Auf das Rechtsschutzersuchen gegen die neuerliche Listung des Klägers *Kadi* erkannten sowohl das EuG als auch der EuGH auf eine Verletzung der (europäischen) Verteidigungsrechte und des Grundsatzes des effektiven gerichtlichen Rechtsschutzes, vgl EuG, Slg 2010, II-5177 *[Kadi II]*; EuGH, ECLI:EU:C:2013:518, Rn 119 ff *[Kadi II P]*. Auch der EGMR schließt sich dieser Sichtweise im Blick auf Art 6 EMRK grds an, vgl EGMR, Urt v 12.9.2012, Nr 10593/08, Rn 172 ff *[Nada]*; Urt v 21.6.2016 (GK), Nr 5809/08, Rn 137 ff *[Al-Dulimi]*. Zur Thematik vgl etwa *Schmahl*, Effektiver Rechtsschutz gegen „targeted sanctions" des UN-Sicherheitsrats?, EuR 2006, 566 ff; *Kämmerer*, Das Urteil des Europäischen Gerichtshofs im Fall „Kadi", EuR 2009, 114 ff; *Schmalenbach*, Bedingt kooperationsbereit: Der Kontrollanspruch des EuGH bei gezielten Sanktionen der Vereinten Nationen, JZ 2009, 35 ff; *von Arnauld*, Der Weg zu einem „Solange 1½", EuR 2013, 236 ff; *Weiß*, Praktische Konsequenzen der Kadi-Rechtsprechung, EuR 2014, 231 ff; *Buszewski/Gött*, Avoiding Kadi – 'Preemptive Compliance' with Human Rights When Imposing Targeted Sanctions, GYIL 57 (2014) 507 (513 ff); *Hovell*, Due Process in the United Nations, AJIL 110 (2016) 1 (15 ff); *Kadelbach*, Introductory Note to Al-Dulimi and Montana Management Inc. v. Switzerland, ILM 55 (2016) 1023 (1024 f).

522 *Klein/Breuer*, (Un-)Vollendete Reformschritte in den Vereinten Nationen: die Beispiele Sicherheitsrat und Menschenrechtsrat, in Münk (Hrsg), Die Vereinten Nationen sechs Jahrzehnte nach ihrer Gründung, 2008, 75 (92 ff). Allgem *Fassbender*, UN Security Council Reform and the Right to Veto, 1998.

523 *Sucharipa-Behrmann*, The Enlargement of the Security Council, AustrJIL 47 (1994) 1 ff; *Knapp*, Die gewachsene Rolle Deutschlands und Japans in den Vereinten Nationen, Friedens-Warte 73 (1998) 465 (477 ff).

Schmahl

sätzlich ablehnend ist, dürfte eine schnelle Änderung der Charta nicht zu erwarten sein. Ganz offen ist dabei auch noch, ob neue ständige Mitglieder ebenfalls über das Vetorecht verfügen sollen oder eine *eigene Kategorie* zwischen den alten ständigen und den nichtständigen Mitgliedern bilden werden. Es ist anzunehmen, dass jedenfalls die Ausweitung der Vetoberechtigung keine Realisierungschance hat; sie ist auch nicht wünschbar.[524] Für die nächste Zukunft ist eine Änderung ohnedies nicht zu erwarten.[525]

154   Soweit *Nichtmitglieder* von Entscheidungen des SR betroffen sind, entfällt eine rechtliche Bindungswirkung. Daraus folgt aber weder ein Verbot für den SR, sich an diese zu wenden, noch das Fehlen jeder politischen Konsequenz (näher Rn 91 f).

155 **cc) Der Wirtschafts- und Sozialrat der UN.** Ein wichtiger Tätigkeitsbereich der UN ist im Kap IX UN-Charta mit der Überschrift „Internationale wirtschaftliche und soziale Zusammenarbeit" versehen.[526] Art 55 zählt die Aufgaben im Einzelnen auf; dazu gehören etwa die Förderung höherer Lebensstandards und des wirtschaftlichen und sozialen Fortschritts; die Lösung internationaler wirtschaftlicher und sozialer Probleme; die Zusammenarbeit in Fragen der Gesundheit und Kultur sowie die Sicherung der Achtung für die Menschenrechte ohne Diskriminierung. Art 60 überträgt die Durchführung dieser Aufgaben neben der GV dem WSR.[527]

156   Der WSR ist, wie der SR, ein *beschränktes Mitgliederorgan,* in dem 54 Staaten vertreten sind (Art 61 Abs 1 UN-Charta).[528] Sie werden von der GV mit 2/3-Mehrheit (Art 18 Abs 2) auf drei Jahre gewählt, wobei jedes Jahr 18 Mitglieder neu bestimmt werden

---

524 Zum Stand der Reformdiskussion vgl *Fassbender,* On the Boulevard of Broken Dreams, IOLR 2 (2005) 391 ff; *Giegerich,* „A Fork in the Road" – Constitutional Challenges, Chances and *Lacunae* of UN Reform, GYIL 47 (2005) 29 ff; *Blum,* Proposals for UN Security Council Reform, AJIL 99 (2006) 632 ff; *Hofstötter,* Einige Anmerkungen zur Reform des Sicherheitsrates der Vereinten Nationen, ZaöRV 66 (2006) 143 ff; Varwick/Zimmermann (Hrsg), Die Reform der Vereinten Nationen, 2006; *Volger,* Die Reform der Vereinten Nationen, in ders (Hrsg), Grundlagen, 487 ff; *Fréchette,* Die Reform der Vereinten Nationen: eine Innenansicht, VN 2007, 1 ff; *Bullmann,* Der VN Sicherheitsrat und seine Reform: Zum Scheitern verurteilt?, 2014, 58 ff; *Greubel,* Die unendliche Geschichte um den Sicherheitsrat: Das UN-Hauptorgan zwischen Reform und Stillstand, 2015, 26 ff; *Eisentraut,* Stillstand und Dynamik – Realitäten der Sicherheitsratsreform, VN 2017, 99 ff.

525 Da Frankreich und Großbritannien auf ihr Vetorecht nicht verzichten werden, ist auch der Gedanke an eine treuhänderische Wahrnehmung für die EU-Staaten nicht realistisch. Dies gilt umso mehr, als Großbritannien die EU mit Ablauf des 31.1.2020 (24 Uhr MEZ) verlassen hat, vgl Rn 78. Vgl aber auch Art 34 EUV sowie *Magaard,* Ein ständiger Sitz der Europäischen Union im Sicherheitsrat, ZaöRV 82 (2022) 671 (672 ff).

526 Näher zu diesem Tätigkeitsbereich vgl u Rn 208.

527 *Sharp,* The United Nations Economic and Social Council, 1969; *Kirgis,* United Nations Economic and Social Council, EPIL IV (2000) 1089 ff; *Breen,* The Necessity of a Role for the ECOSOC in the Maintenance of International Peace and Security, JCSL 12 (2007) 261 ff.

528 Bis 1965 bestand der WSR aus 18, dann bis 1973 aus 24 Mitgliedern. Die Erweiterung wurde mit dem starken Anwachsen der Mitgliederzahl in den UN gerechtfertigt. Die Entwicklungsländer fordern weitere Vergrößerung.

(Art 61 Abs 2). In der Praxis werden die ständigen Mitglieder des SR stets (wieder-)gewählt, auch zahlreiche andere wichtige Staaten sind häufig vertreten.[529] Im Übrigen wird auch hier vom Grundsatz der gleichmäßigen geographischen Vertretung ausgegangen.

Die *Aufgaben und Befugnisse* des WSR sind sowohl selbstgestaltender als auch koordinierender Art. Was die erstgenannten betrifft, so weist Art 62 Abs 1 und 2 UN-Charta dem WSR die *Befassungs- und Empfehlungskompetenz* für den gesamten in Art 55 aufgeführten Bereich der internationalen wirtschaftlichen und sozialen Zusammenarbeit zu; verbindliche Beschlüsse für andere Organe, Organisationen oder Mitgliedstaaten kann er aber nicht fassen. Art 62 Abs 3 und 4 erteilen dem WSR die Befugnis zur Ausarbeitung einschlägiger Konventionsentwürfe und zur Einberufung internationaler Konferenzen (zB Weltbevölkerungskonferenz).[530] Im Bereich seines Aktionsfelds bestehen ferner Kooperationspflichten mit dem SR (Art 65) und der GV (Art 66). Während die Beziehungen zum SR nicht sehr ausgeprägt sind,[531] ist das Verhältnis zur *GV* nicht spannungsfrei.[532] Das rührt einmal von dem sowohl in Art 60 („unter der Autorität der Generalversammlung") als auch in Art 66 deutlich zum Ausdruck kommenden Vorrang der GV, zum anderen aber vor allem aus den zahlreichen Überschneidungen bei der praktischen Arbeit, aus denen sich erhebliche Reibungsverluste und auch gegenläufige Ansätze ergeben. Zu berücksichtigen ist dabei auch, dass es vor allem Aufgabe des WSR ist, die Arbeit der Sonderorganisationen zu koordinieren (Art 63 Abs 2), die ihrerseits eine eigenständige Politik verfolgen, die nicht stets mit der politischen Programmatik der GV übereinstimmt. Zudem sind die Sonderorganisationen dem WSR in ihrer Verwaltungskapazität weit überlegen. In dieser Situation ist der WSR oft überfordert; man hat ihn als den „ewigen Kranken" der UN apostrophiert.[533] All dies hat zu einem hohen Grad an Undurchsichtigkeit, Ressourcenvergeudung und *Ineffizienz* geführt und hat Anlass zur Forderung nach einschneidenden Reformen des WSR und des Gesamtsystems gegeben.[534] In der Tat stellt sich die Frage, ob der WSR bei einer fälligen grundlegenden Strukturreform der UN nicht völlig anders geformt oder gar ganz entfallen sollte. Seine Aufgaben und Befugnisse könnten von der GV und ihren eigenen Nebenorganen übernommen werden.[535]

157

---

529 Die BR Deutschland ist seit 1973 fast immer – mit Ausnahme der Jahre 2008 und 2013 – Mitglied des WSR gewesen. Die bislang letztmalige Mitgliedschaft endete am 31.12.2021; gegenwärtig (2022 und 2023) ist die BR Deutschland kein Mitglied des WSR.

530 Allg *Schechter*, United Nations Global Conferences, 2005. Zunehmend befasst sich der WSR auch mit *post conflict issues*, vor allem in Afrika (zB Guinea-Bissau).

531 Vgl *Kunig/Tietje*, in Charter UN³, Art 65 Rn 7ff.

532 *Kirgis* (Fn 527) 1092; *Rosenthal*, Economic and Social Council, in Handbook UN², 165 (172f).

533 *Lagoni*, ECOSOC – Wirtschafts- und Sozialrat, in Handbuch VN, 90, Rn 19.

534 Sog Bertrand-Bericht: vgl UN Doc A/40/988, Some Reflections on Reform of the United Nations; *Bertrand*, Für eine Weltorganisation der Dritten Generation, 1988. Ferner vgl die Beiträge in Wolfrum (Fn 60).

535 Vgl auch *Lagoni* (Fn 533) Rn 20; zurückhaltend *Röben*, in Charter UN³, Art 61 Rn 5. Umgekehrt will *Suy*, Strukturwandel der Vereinten Nationen, in Wolfrum (Fn 60) 189 (193f) den WSR auf Kosten der GV gestärkt sehen. S auch Reformbericht des ehemaligen GS *Kofi Annan* (Fn 21) §§ 171ff.

Schmahl

158   Wie bereits erwähnt, ist dem WSR die Koordinierung der Tätigkeiten der (derzeit 15) *Sonderorganisationen* übertragen.[536] Er stellt das Verbindungsglied zwischen den UN und diesen rechtlich selbständigen Organisationen her, deren Besonderheit darin besteht, dass sie in eine vertragliche Beziehung zu den UN gebracht werden (Art 57) und daher mit dieser zusammen die „UN-Familie" bilden.[537] Die Verträge werden vom WSR für die UN abgeschlossen, bedürfen aber der Zustimmung der GV (Art 63). Die Sonderorganisationen legen ihre Berichte dem WSR vor (Art 64).

159   Im WSR verfügen die 54 Mitglieder über je einen (weisungsgebundenen) Vertreter; alle haben eine Stimme. Eine Differenzierung des Stimmgewichts gibt es nicht (Art 61 Abs 4, Art 67 Abs 1). Die *Arbeitsweise und der Willensbildungsprozess* werden von der GeschO geregelt (vgl Art 72).[538] Die wichtigsten Fragen sind aber auch in der Charta angesprochen. So fasst der WSR nach Art 67 Abs 2 seine Beschlüsse mit der Mehrheit der anwesenden und abstimmenden Mitglieder, wobei Enthaltungen nicht mitgerechnet werden (Regel 60 Abs 2 GeschO). Das Quorum für die Beschlussfähigkeit liegt bei der Mehrheit der Mitglieder, dh 28 (Regel 41). Der *Präsident* wird von den Mitgliedern des WSR zu Beginn der jeweiligen ersten Jahressitzung gewählt; das Amt rotiert unter den fünf regionalen Gruppen der UN.[539]

160   An den Sitzungen können auch *Nichtmitglieder* des WSR ohne Stimmrecht teilnehmen. Dazu zählen neben den Einheiten, denen offizieller Beobachterstatus verliehen ist,[540] UN-Mitglieder, wenn Angelegenheiten ihres besonderen Interesses erörtert werden (Art 69), und Vertreter von Sonderorganisationen, die mit den entsprechenden Fragen befasst sind (Art 70). Um den Sachverstand der in weiten Tätigkeitsgebieten des WSR aktiven *NGOs* nutzen zu können, sieht Art 71 die Möglichkeit vor, dass der WSR. Vereinbarungen über einen Konsultativstatus treffen kann. In der Praxis haben sich dabei drei Formen entwickelt;[541] die Mitwirkungsrechte bei den Beratungen des WSR sind entsprechend dieser Kategorisierung abgestuft. *Kategorie I* besteht aus relativ wenigen NGOs; sie müssen sich mit den meisten Tätigkeiten des Rats befassen, eine große Mitgliederzahl in vielen UN-Mitgliedstaaten haben und zur Arbeit des WSR erheblich beitragen können (genereller Konsultativstatus). Hierzu zählen etwa: International Council on Social Welfare, International Organization of Employers, International Council of Women, Greenpeace International, Muslim World League, Hope International u a. Zur *Kategorie II* gehören solche NGOs, die besondere Sachkunde in

---

536 Vgl Übersicht bei Rn 126.

537 Näher u Rn 225 ff.

538 UN Doc E/5715/Rev 2. Vgl auch *Kaufmann*, United Nations Decision Making, 3. Aufl 1980, 53 ff.

539 *Chaitidou*, in Charter UN³, Art 72 Rn 16 und o Rn 120. Seit dem 25.7.2022 ist *Lachezara Stoeva* (Bulgarien) Präsidentin des WSR.

540 ZB anerkannte Befreiungsbewegungen und Palästina; vgl auch o Rn 89.

541 UN Doc E/RES/1996/31 hat die bisherige Res 1296 (XLIV) v 1968 ersetzt und dabei die Einbeziehung nationaler und regionaler NGOs erleichtert. Im Jahr 2019 hatten 5.450 NGOs Konsultativstatus, vgl UN Doc E/2019/INF/5 v 1.9.2019.

Schmahl

einzelnen Tätigkeitsgebieten des WSR haben (spezieller Konsultativstatus). Hierunter fallen zB so bekannte Organisationen wie Amnesty International, Human Rights Watch, International Federation of Journalists, International Law Association und Minority Rights Group. In die *Kategorie III* werden solche NGOs aufgenommen, die zur Arbeit des WSR gelegentlich nützliche Beiträge leisten können; sie werden in einem vom GS geführten Register *(Roster)* auf Benennung durch den WSR, den GS oder aufgrund ihres Konsultativstatus bei anderen Organen der UN oder bei Sonderorganisationen eingetragen. Als Bsp seien genannt: Deutscher Naturschutzring, Friedrich-Ebert-Stiftung, Friedrich-Naumann-Stiftung, Heinrich-Böll-Stiftung, Konrad-Adenauer-Stiftung u v a. Obgleich mit der Einbeziehung der NGOs in die Arbeit der UN zT weitergehende Hoffnungen verbunden wurden und manche Kritik an der Auswahl der mit einem Konsultativstatus versehenen NGOs geübt wurde, hat sich doch gezeigt, dass aus ihren Reihen Anstöße für die Tätigkeit des WSR gekommen sind. Dies gilt vor allem für die Bereiche Menschenrechte und Umweltschutz.[542] Ob (selbstvertretende) Betroffenheitskollektive vulnerabler Gruppen als neue Partizipationsformen im institutionellen Völkerrecht die inzwischen bewährte advokatorische Expertise von NGOs sinnvoll ergänzen oder gar ersetzen können, ist unsicher.[543]

Zur Vorbereitung und Durchführung seiner Aufgaben ist der WSR nicht nur nach der allgemeinen Vorschrift des Art 7 Abs 2 UN-Charta berechtigt, sondern sogar nach Art 68 verpflichtet, für wirtschaftliche und soziale Fragen und für die Förderung der Menschenrechte die notwendigen *Unterorgane* einzusetzen.[544] Insgesamt sind dabei sechs Kategorien zu unterscheiden:[545] (1) Fachkommissionen, zB für Bevölkerungsfragen und die Rechtsstellung der Frau;[546] (2) Regionale Wirtschaftskommissionen für Europa, West- und Ostasien/Pazifik, Lateinamerika und Afrika; (3) Ständige Ausschüsse, etwa für NGOs, natürliche Ressourcen und transnationale Unternehmen; (4) Ad hoc-Ausschüsse, etwa zu Fragen der Informationstechnologie oder zur Entwicklung des ländlichen Raums; (5) Sachverständigengremien, zB für neue und erneuerbare Energie- 161

---

542 Ebenso *Lagoni* (Fn 533) Rn 18 f; *Pleuger/Fitschen,* „Giving greater opportunities to civil society to contribute to the goals and programmes of the United Nations", FS Eitel, 2003, 193 ff; *Nuscheler,* Die Rolle von Nichtregierungsorganisationen für den internationalen Schutz der Umwelt und der Global Common Goods, in von Schorlemer (Hrsg), „Wir, die Völker (…)", 2005, 45 ff; *Varella,* Le rôle des organisations non-gouvernementales dans le développement du droit international de l'environnement, JDI 132 (2005) 41 ff; *Carstens,* Schadensbegrenzung nötig, VN 2022, 27 (32). Vgl auch o Rn 20 ff. Zum Ganzen *Bayko,* Die Rolle der Nichtregierungsorganisationen (NGOs) im internationalen Minderheitenschutz, 2011; *Dany,* Global Governance and NGO Participation: Shaping the Information Society in the United Nations, 2012.
543 Optimistisch indes *Hasl,* Betroffenheitskollektive im Völkerrecht, DÖV 2022, 235 (237 ff), vgl auch die Beiträge in Sändig/von Bernstorff/Hasenclever (Hrsg), Affectedness and Participation in International Institutions, 2020.
544 Vgl dazu *Riedel/Giacca,* in Charter UN³, Art 68 Rn 8 f.
545 Guter Überblick bei *Riedel/Giacca,* in Charter UN³, Art 68 Rn 14 f.
546 Die früher dem WSR unterstellte Menschenrechtskommission ist mittlerweile aufgelöst und durch den Menschenrechtsrat ersetzt worden, der der GV untersteht, hierzu u Rn 206.

Schmahl

quellen und für wirtschaftliche, soziale und kulturelle Rechte;[547] (6) Berichtsorgane betr Sonderorganisationen und andere Einheiten/Fonds, deren Kontrolle dem WSR obliegt.

162   Jenseits dieses Unterbaus gibt es eine große Anzahl weiterer (rechtlich nicht selbständiger) *Einheiten,* mit denen der WSR in Kontakt tritt und seine Arbeiten zu koordinieren und durchzuführen sucht. Hierzu gehören u a UNDP, UNHCR, UNCTAD, aber auch UNRWA und UNU (vgl Übersicht 3).[548] Insgesamt besteht ein kaum durchschaubares Geflecht von Haupt-, Neben- und Hilfsorganen, Fonds und Programmen,[549] deren Restrukturierung zwar dringend erforderlich ist, aber trotz punktueller Verbesserungen immer wieder an den unterschiedlichen Interessen der Entwicklungs- und Industrieländer, aber auch an mangelndem Reformwillen scheitert.

163 **dd) Der Treuhandrat der UN.** Im Rahmen der Verantwortung, die die UN für alle Hoheitsgebiete, „deren Völker noch nicht die volle Selbstregierung erreicht haben" (Art 73), übernommen haben, wurde dem TR als einem der Hauptorgane der UN eine besondere Aufgabe zugeteilt.[550] Ihm wurde, freilich zusammen mit der GV (vgl Art 85 und 87) und dem SR (Art 83), die *Durchführung des Treuhandsystems* (Art 75 bis 85) übertragen. Diesem System unterstanden die Gebiete, die durch ein (Treuhand-)Abkommen zwischen dem völkerrechtlich verantwortlichen Staat und den UN in dieses System einbezogen wurden.[551] Dabei handelte es sich ganz überwiegend um ehemalige Mandatsgebiete nach dem Recht des Völkerbunds. Allerdings begründeten die Art 75ff keine Verpflichtung für die Mandatsmächte, ein Treuhandabkommen mit den UN abzuschließen. So konnte die entsprechende Weigerung Südafrikas in Bezug auf Südwestafrika/Namibia nicht überwunden werden.[552] Insoweit ging man von der Fortdauer der Mandatsverpflichtung Südafrikas aus, bis die GV unter Zustimmung des SR den Mandatsvertrag wegen permanenter Verletzung der Mandatarpflichten kündigte.[553] Einziges dem Treuhandsystem unterstelltes Gebiet, das nicht früheres Mandatsgebiet war, war (die ehemalige italienische Kolonie) Somalia.[554]

---

547 Daher ressortiert der Ausschuss für wirtschaftliche, soziale und kulturelle Rechte beim WSR; die – unabhängigen – Mitglieder werden von ihm gewählt.

548 Näher *Köck/Fischer,* Internationale Organisationen, 249 f.

549 *Szasz,* The Complexification of the United Nations System, MPYUNL 3 (1999) 1ff. Ein Organigramm zum System des WSR findet sich unter <http://www.un.org/en/ecosoc/about/pdf/ecosoc_chart.pdf>.

550 Vgl *Soelling,* Der Treuhandrat und die Funktionsfähigkeit des Treuhandsystems, VN 1968, 11ff; *Rauschning,* United Nations Trusteeship System, EPIL IV (2000) 1193ff; *Ermacora,* Treuhandsystem/Treuhandrat, in Handbuch VN, 862ff.

551 Auf Seiten der UN ist grds die GV (Art 85), im Fall sog „strategischer Gebiete" (Art 82) der SR zum Abschluss des Abkommens zuständig (Art 83).

552 ICJ Rep 1950, 128ff *[Südwestafrika-Gutachten].*

553 Vgl näher *Klein,* Namibia, EPIL III (1997) 485ff; *Wilde,* Trusteeship Council, in Handbook UN², 178 (182f).

554 Gesamtübersicht bei *Rauschning,* in Charter UN³, Art 75, Appendix.

Schmahl

Die *Zusammensetzung* des TR ist in Art 86 UN-Charta geregelt. Sie folgt dem Prinzip 164 des Gleichgewichts von Verwaltungs- und Nichtverwaltungsmächten.[555] Nachdem seit 1975 nur noch die USA. Verwaltungsmacht für die Pazifischen Inseln waren, bestand der TR nur noch aus den ständigen Mitgliedern des SR, wobei China an der Arbeit grundsätzlich nicht teilnahm. Mit SR Res 683 (1990) wurde zunächst der Treuhandstatus für die Pazifischen Inseln mit Ausnahme Palaus, schließlich mit SR Res 956 (1994) auch für Palau aufgehoben.[556] Daraufhin hat der TR seine Tätigkeit am 1.11.1994 eingestellt und durch Abänderung seiner GeschO (vgl Art 90) von weiteren Zusammenkünften abgesehen.[557] Obsolet ist die Institution gleichwohl nicht geworden: Rechtlich nicht, weil der TR nicht selbst über seine Existenz, die von der UN-Charta vorgegeben ist, verfügen kann; faktisch nicht, weil es denkbar, wenngleich unwahrscheinlich ist, dass noch bestehende Gebiete ohne Selbstregierung[558] dem Treuhandsystem unterstellt werden. Der TR kann daher, wenn nötig, stets wieder zusammentreten.[559]

ee) Das Sekretariat der UN. Das Sekretariat gehört als *ständiges Verwaltungsorgan* zu 165 den notwendigen Organen einer I.O.[560] Durch die mit ihm gewährleistete dauernde Präsenz und Verfügbarkeit von Personal und Information ist es in der Lage, neben der laufenden Verwaltungsarbeit die Sachaufgaben der Organisation vorbereitend und inhaltlich Einfluss nehmend zu begleiten und die Durchführung der Organbeschlüsse zu übernehmen. Dies kommt u a darin zum Ausdruck, dass es dem GS obliegt, den jährlichen Gesamtbericht über die Tätigkeit der Organisation zu erstatten (Art 98 Satz 2).

Das Sekretariat besteht aus dem GS[561] und den sonstigen von der Organisation be- 166 nötigten Bediensteten (Art 97 Satz 1). Der *GS* ist Teil des Hauptorgans und zugleich der

---

555 *Meron,* The Question of the Composition of the Trusteeship Council, BYIL 36 (1960) 250 ff.

556 Die Zuständigkeit des SR ergibt sich aus Art 83 („strategische Zone").

557 Res des SR v 10.11.1994 (S/RES/956); dazu auch Res des TR v 25.5.1994 (T/RES/2200 [LXI]).

558 ZB Falkland Inseln, Gibraltar, St. Helena, Amerikanisch-Samoa, Neukaledonien, Westsahara. S auch u Rn 207. Denkbar ist auch, einen reformierten TR mit der Verantwortung für den Wiederaufbau von *failed States* zu betrauen oder als Übergangsregierung einzusetzen. Allgemein zur Rolle der UN in derartigen Fällen vgl *Frowein,* Die Notstandsverwaltung von Gebieten durch die Vereinten Nationen, FS Rudolf, 2001, 43 ff; *Wilde,* From Danzig to East Timor and Beyond, AJIL 95 (2001) 583 ff; *de Wet,* The Direct Administration of Territories by the United Nations and its Member States in the Post Cold War Era, MPYUNL 8 (2004) 291 ff.

559 Die von *Kofi Annan* während seiner Amtszeit als GS vorgeschlagene Abschaffung des TR (vgl Fn 21) ist bislang nicht erfolgt, vgl World Summit Outcome, A/RES/60/1 v 16.9.2005, § 176.

560 *Meron,* International Secretariat, EPIL II (1995) 1376 ff; *Gordenker,* The UN Secretary-General and Secretariat, 2. Aufl 2010; *Piiparinen,* Secretariats, in Oxford Handbook, 839 ff. Krit zur Organstellung des Sekretariats *Conrady,* Wandel der Funktionen des UN-Generalsekretärs, 2009, 26 ff.

561 *U Thant,* Die Rolle des Generalsekretärs der Vereinten Nationen, VN 1971, 154 ff; *Schwebel,* United Nations Secretary-General, EPIL IV (2000) 1164 ff; *Pérez de Cuéllar,* The Role of the UN Secretary-General, in Roberts/Kingsbury (Fn 20) 125 ff; *Franck,* The Secretary-General's Role in Conflict Resolution, EJIL 6 (1995) 360 ff; *Kanninen,* Leadership and Reform, 1995; *Burgess,* The Maintenance of International Peace and Security by the UN and the Role of the Secretary General, International Peacekeeping 12 (2008) 39 ff; *Craw-*

höchste Verwaltungsbeamte der Organisation. Hieraus ergibt sich auch die Einteilung seiner Aufgaben in zwei Gruppen.[562] Es handelt sich zunächst um *Aufgaben administrativer Art*. Dazu gehören vor allem die verwaltungsmäßige Betreuung und Einberufung der anderen Hauptorgane[563] (außer IGH) und zahlreicher anderer Gremien, die Vorbereitung des Haushaltsplans und die Finanzverwaltung sowie die rechtliche Vertretung der UN nach außen. Der GS ist Vorsitzender des UN Chief Executives Board for Coordination (CEB)[564] und hat damit wesentlichen Einfluss auf die Entwicklung und Koordination des gesamten UN-Systems, einschließlich Sonderorganisationen, Fonds, Programmen. Er trägt damit auch die Hauptlast für die Reform. Befähigt wird er zu diesen umfangreichen Aufgaben durch seine Stellung als Chef der Administration. Das Sekretariat ist eine hierarchisch gegliederte, auf den GS ausgerichtete Behörde. Seit Beginn des Jahres 1998 existiert zur Unterstützung des GS das Amt des Stellvertretenden GS (Deputy Secretary-General).[565]

167   Die *politischen Funktionen* des GS ergeben sich aus Art 98 Satz 1 und Art 99 UN-Charta. Ihm können von den vier anderen politischen Organen Aufgaben aus deren Tätigkeitsfeld zur Vorbereitung und Durchführung übertragen werden. Da hiervon umfassend Gebrauch gemacht wird, ist der GS in fast alle Organaktivitäten mit eingebunden und kontrolliert damit weitgehend deren Durchführung. Dies sichert ihm vor allem eine wesentliche Mitwirkung an den Maßnahmen zur Sicherung und Wiederherstellung des Weltfriedens und der internationalen Sicherheit.[566] So kann der GS etwa beauftragt werden, seine „guten Dienste" zum Zweck der friedlichen Erledigung einer Streitfrage einzusetzen,[567] er kann aber auch beauftragt werden, unter der Autorität des SR die beschlossene Aufstellung von friedenserhaltenden Streitkräften zu organisieren, den Verlauf der Aktion zu kontrollieren und Vorschläge für die weitere Durchführung zu ma-

---

ford, The Term of Office of the United Nations Secretary-General, in Bastid-Burdeau (Hrsg), Le 90e anniversaire de Boutros Boutros-Ghali, 2012, 59 ff.

562 Näher dazu *Chesterman*, in Charter UN³, Art 97 Rn 32 ff und Art 98 Rn 12 ff; *Conrady* (Fn 560); *Fröhlich*, Zwischen Verwaltung und Politik: Die Arbeit des UN-Sekretariats, in Dicke/Fröhlich (Fn 399) 41 ff.

563 Damit wird der GS aber nicht zum „Hilfsorgan" dieser Organe, sondern er wird tätig in der ihm nach Art 97 zustehenden Eigenschaft (*in that capacity*, Art 98 Satz 1); anders *Verdross/Simma* (Fn 46) § 211.

564 Seit 2000 an die Stelle des Administrative Committee on Co-ordination (ACC) getreten.

565 Vgl A/RES/52/12B v 19.12.1997. – Derzeitige Amtsinhaberin ist die Nigerianerin *Amina J. Mohammed* (seit 2017). Hinzuweisen ist auch auf das seit 1994 bestehende Amt für interne Aufsichtsdienste (OIOS), vgl A/RES/48/218B v 29.7.1994, und das 2005 beschlossene Ethik-Büro im Sekretariat (vgl World Summit Outcome, A/RES/60/1 v 16.9.2005, §§ 161 ff).

566 *Gordenker*, The UN Secretary-General and the Maintenance of Peace, 1967; *Conrady* (Fn 560) 68 ff; *Ramcharan*, The Human Rights Diplomacy of the UN Secretary General, in O'Flaherty u a (Hrsg), Human Rights Diplomacy, 2011, 173 ff. Vgl auch die Beiträge in Chesterman (Hrsg), Secretary or General? The UN Secretary-General in World Politics, 2017.

567 *Franck*, The Good Offices of the UN Secretary-General, in Roberts/Kingsbury (Fn 20) 143 ff; *Fröhlich/Melber*, Die Hammarskjöld-Tradition in der internationalen Politik, VN 2011, 262 ff. Bsp bei *Chesterman*, in Charter UN³, Art 99 Rn 13 und 20 ff.

Schmahl

chen.[568] Ein politisches Initiativrecht ergibt sich ausdrücklich aus Art 99. Danach kann der GS jede Angelegenheit, die die internationale Sicherheit und den Frieden gefährden kann, dem SR vorlegen, der nach Regel 3 seiner GeschO daraufhin einzuberufen ist.[569] Die GS haben von dieser Möglichkeit mehrfach ausdrücklich oder implizit Gebrauch gemacht, und sie haben dabei zugleich von sich aus Vorschläge zur Problemlösung unterbreitet. Die sinnvolle Durchführung dieser Kompetenz setzt ein umfassendes Informationsrecht voraus, das den GS im Verhältnis zu den anderen Organen zur Aufnahme einschlägiger Untersuchungen und Nachforschungen berechtigt.[570] Da der GS das einzige Organ ist, das jeweils bei den Beratungen auch der anderen politischen Organe präsent ist, kommt ihm auch eine wichtige Verklammerungs- oder Scharnierfunktion *(vital link)*[571] zu, die nicht nur administrative Aspekte hat, sondern politisch nutzbar ist.

Offenkundig hängt die Ausgestaltung dieser Funktion auch von der *Persönlichkeit* **168** des jeweiligen GS ab.[572] Die bisherigen GS haben in sehr unterschiedlicher Weise ihr Amt geprägt, zT mehr politisch-aktiv, zT mehr hintergründig-diplomatisch. Dabei ist natürlich stets das politische Gesamtklima, insbes zwischen den ständigen Ratsmächten, zu berücksichtigen. Auch die finanzielle, meist prekäre Lage[573] nimmt notwendig Einfluss auf die Reichweite und Intensität der dem GS möglichen Aktionen. Amtsinhaber waren bisher *Trygve Lie* (1946–53/Norwegen), *Dag Hammarskjöld* (1953–61/Schweden), *U Thant* (1961–71/Burma), *Kurt Waldheim* (1972–81/Österreich), *Javier Pérez de Cuéllar* (1982–91/Peru), *Boutros Boutros Ghali* (1992–96/Ägypten), *Kofi A. Annan* (1997–2006/Ghana), *Ban Ki-moon* (2007–16/Südkorea) und *António Guterres* (2017–26/Portugal).[574]

Die *Bestellung des GS* erfolgt auf „Empfehlung" des SR durch die GV. Beide Organe **169** müssen zu einer übereinstimmenden Lösung kommen; die GV kann ohne Empfehlung des SR keine Ernennung aussprechen, der SR kann einen von ihm vorgeschlagenen Kandidaten gegen den Willen der GV nicht durchsetzen. Das Zustandekommen der Empfehlung des SR unterliegt als nichtprozedurale Frage dem Vetorecht (Art 27 Abs 3).

---

568 Bsp ist die Res des SR zum UNMIK-Einsatz im Kosovo v 10.6.1999 (S/RES/1244). Allg zur Rolle des GS bei der Organisation von Peacekeeping-Missionen *Schmahl*, in Dietrich/Fahrner/Gazeas/von Heintschel-Heinegg (Hrsg), Handbuch Sicherheits- und Staatsschutzrecht, 2022, § 8 Rn 59f.
569 S auch die Res des SR v 14.9.2005 (S/RES/1625), Ziff 2 lit a. Vgl auch Regel 7 GeschO SR und Regel 12 GeschO GV zur Aufgabe des GS, die provisorische Tagesordnung beider Organe festzulegen. Entsprechendes gilt für andere Gremien.
570 ZB Reisen in Krisengebiete, Durchführung von Gesprächen und Entsendung von *fact finding missions* (vor allem im menschenrechtlichen Bereich).
571 Vgl *Fiedler*, in Charter UN[2], Art 99 Rn 11.
572 Vgl *Haack*, Der UN-Generalsekretär im Wandel der Zeit, VN 2017, 3 ff. Dies gilt auch für die Verwaltungschefs anderer I.O., etwa den Kommissionspräsidenten der EU oder die Generaldirektoren der Sonderorganisationen.
573 Näher u Rn 212 ff.
574 *António Guterres* wurde am 13.10.2016 durch die GV per Akklamation in das Amt des GS gewählt, vgl *Richter/Samarasinghe/Müller/Sauvant*, Stimmen zum neuen UN-Generalsekretär, VN 2017, 8 f, und am 18.6.2021 für eine zweite Amtszeit (2022–26) wiedergewählt. Zur Amtszeit seines Vorgängers vgl *Fröhlich/Tröller*, Ban Ki-moons Dekade als Generalsekretär, VN 2017, 17 ff.

Der Beschluss der GV kommt nach Art 18 Abs 3 zustande. In beiden Gremien wird bzw wurde geheim abgestimmt; Wiederwahl ist möglich.[575] Nachdem das Verfahren von Wahl und Ernennung des GS über Jahre hinweg wegen mangelnder Transparenz kritisiert worden war,[576] sind im Wahlverfahren bzgl der Nachfolge *Ban Ki-Moons* im Jahr 2015 verschiedene Reformen durchgeführt worden, die sich zB auf die Veröffentlichung einer Kandidatenliste und öffentliche Anhörungen erstrecken.[577] Darüber hinaus hat die GV Kriterien für das Amt des GS formuliert und hierfür ein Höchstmaß an Leistungsfähigkeit, fachlicher Eignung und Integrität sowie ausgewiesene Führungs- und Managementfähigkeiten, umfassende Erfahrung in internationalen Beziehungen, ausgeprägte diplomatische und kommunikative Fähigkeiten und Sprachkenntnisse gefordert.[578]

170   Die *Dauer der Amtszeit* ist in der Charta nicht geregelt. Obwohl die GV schon früh (1946) die Amtszeit auf fünf Jahre festgelegt hatte,[579] enthielt die Empfehlung des SR für die Ernennung des ersten GS keine zeitliche Begrenzung. Als nach Ablauf von fünf Jahren wegen der durch den Korea-Krieg entstandenen politischen Spannungen eine Einigung und Empfehlung des SR auf eine neue Amtszeit oder einen neuen Kandidaten nicht möglich war, verlängerte die GV von sich aus die Amtsdauer *Lies* bis zum 1.2.1953.[580] Stillschweigend erfolgte eine weitere Amtsverlängerung bis zum 7.4.1953, als der Nachfolger, *Hammarskjöld*, ernannt wurde. Die rechtliche Beurteilung dieser Vorgehensweise war naturgemäß umstritten. Vor allem die Sowjetunion hielt ihr entgegen, dass die GV ohne Empfehlung des SR nicht hätte handeln dürfen.[581] Demgegenüber ist darauf aufmerksam zu machen, dass die Empfehlung des SR keinen zeitlichen Rahmen enthielt, so dass die GV sich nicht außerhalb der Empfehlung bewegte. Da jedoch seit 1962 in der Empfehlung des SR die Fünfjahresfrist ausdrücklich genannt wird, wäre heute eine entsprechende Argumentation nicht mehr zulässig. Es müsste bei Blockade des SR vielmehr auf das noch wenig bearbeitete Gebiet des *Notstandsrechts* I.O. zurückgegriffen werden[582] mit dem Ziel, die Funktionsfähigkeit der UN aufrechtzuerhalten. Eine Ersatzfunktion der GV gegenüber dem SR kann insoweit durchaus in Betracht gezogen werden. Hinzuweisen ist auf Überlegungen zu Organloyalität und *implied powers*.[583] Die *Uniting*

575 Vgl A/RES/11 (I) v 24.1.1946. Zur erstmaligen Akklamation bei der Wahl von *Guterres* in der GV vgl Fn 574.

576 Dazu etwa *Volger*, Wahl des UN-Generalsekretärs, VN 2016, 9 (10ff).

577 Mit A/RES/69/321 v 11.9.2015 verabschiedete die GV im Konsens eine Reformresolution zu Wahl und Ernennung des GS.

578 Vgl A/RES/69/321 v 11.9.2015, 7.

579 A/RES/11 (I) v 24.1.1946.

580 A/RES/492 (V) v 1.11.1950. Näher dargestellt bei *Chesterman*, in Charter UN³, Art 97 Rn 15ff.

581 Krit auch *Köck/Fischer*, Internationale Organisationen, 260.

582 Für den Bereich der EU vgl *Pechstein*, Die Mitgliedstaaten der EG als „Sachwalter des gemeinsamen Interesses", 1987, 152ff.

583 *Skubiszewski*, Implied Powers of the International Organization, in Dinstein (Hrsg), International Law at a Time of Perplexity, 1989. Näher zur Organtreue u Rn 186.

for Peace-Resolution der GV steht in einem entsprechenden Kontext.[584] Das Gutachten des IGH im *Certain Expenses*-Fall gibt ebenfalls Hinweise.[585]

In seine *schwerste Krise* geriet das Amt des GS 1960 während der Kongo-Krise, als **171** die Sowjetunion dem GS *Hammarskjöld* parteiische Amtsführung vorwarf und ultimativ forderte, das Amt des GS durch eine sog Troika-Lösung (Dreiergremium), bestehend aus Personen aus dem westlichen, östlichen und blockfreien Lager, zu ersetzen.[586] Dieses Ansinnen, das auf den Verlust jeder politischen Eigendynamik dieser Position abzielte, fand jedoch keine Unterstützung. Die Krise konnte nach dem tödlichen Flugzeugabsturz *Hammarskjölds*[587] durch die Bestellung *U Thants* zunächst zum amtierenden, dann zum ordentlichen GS (1962) beigelegt werden. Es ist allerdings nicht zu übersehen, dass die Angriffe auf den GS nachgewirkt und die Nachfolger *Hammarskjölds* zur Zurücknahme ihrer politischen Dynamik und zur Bereitschaft geführt haben, ihre politischen Schritte mit den ständigen Ratsmächten stärker zu koordinieren; dies gilt insbes im Bereich friedenserhaltender Maßnahmen.

Das zweite Element des Sekretariats (neben dem GS) sind die „sonstigen von der Or- **172** ganisation benötigten *Bediensteten*" (Art 97).[588] Eine bestimmte Personalausstattung wird damit nicht vorgeschrieben, sondern ist entsprechend den sachlichen Notwendigkeiten vorzunehmen. Von daher kam es zwischen 1946 und 1992 zu einer erheblichen Personalvermehrung (1.546/11.423). Unbestritten aber ist, dass dabei auch das „Parkinson'sche Gesetz" der sich ständig selbst vermehrenden Bürokratie eine erhebliche Rolle spielt; man versucht immer wieder, diesen Entwicklungen entgegenzuwirken. Die finanziellen Probleme der UN haben diese Einsicht gefördert und zeitweise zu einem Abbau der Beschäftigtenzahl geführt. Allerdings sind wegen zahlreicher friedenserhaltender Missionen die Zahlen zunächst gestiegen, doch ist die Tendenz in den letzten Jahren wieder leicht rückläufig. Ende 2020 beschäftigte das Sekretariat 36.827 Personen (2010: 44.100 Personen, 2014: 41.426 Personen, 2017: 38.105 Personen).[589] *Kofi Annan* hatte sich seit Beginn seiner Amtszeit als GS um eine Verschlankung und Effektuierung des

---

584 Dazu o Rn 130.
585 ICJ Rep 1962, 151 [*Certain Expenses*].
586 *Schwebel* (Fn 453) 344; *von Morr*, Generalsekretär, in Handbuch VN, 220 (223 f); *Newman*, Secretary-General, in Handbook UN², 231 (237 f). Zum politischen Vermächtnis Hammarskjölds vgl *Fröhlich/Melber* (Fn 567) 262 ff.
587 Seit September 2013 untersucht zunächst eine vom GS bestellte unabhängige Expertenkommission, seit Februar 2017 der frühere tansanische Generalstaatsanwalt *Othman* im Auftrag des GS den Absturzvorgang, vgl *Melber*, Neue Untersuchung zum Tod von Dag Hammarskjöld, VN 2014, 28 ff; *ders*, Weitere Untersuchungen zum Tod von Dag Hammarskjöld, VN 2015, 179; *ders*, Fortsetzung der Untersuchungen zum Tod von Dag Hammarskjöld, VN 2018, 31, VN 2020, 82 und VN 2023, 131.
588 Dazu allg *Beigbeder*, Civil Service, International, MPEPIL II, 167 ff; *Pellet/Ruzié*, Les fonctionnaires internationaux, 1993; *Paschke*, UNO von innen, in Praxishandbuch UNO, 553 ff; *Göthel*, Personal, in Volger (Hrsg), Grundlagen, 439 ff; *Ullrich*, Das Dienstrecht der Internationalen Organisationen, 2009; *Fitschen/Münch* (Fn 410) 69 ff; *Jonah/Hill*, Secretariat, in Handbook UN², 212 (217 ff).
589 UN Doc A/76/570 v 29.11.2021, 17.

Sekretariats bemüht, ist dabei aber weitgehend gescheitert.[590] Entsprechend besteht Skepsis, ob die von GS *Guterres* jüngst vorgeschlagene Verwaltungsreform, die im Wesentlichen auf eine stärkere Kohärenz der Arbeitseinheiten zielt,[591] erfolgreich sein wird.

173   Die *Arbeitsebenen* unter dem GS[592] bestehen aus ihrerseits in Büros und Abteilungen gegliederte Büros und Hauptabteilungen, die von Untergeneralsekretären, Generaldirektoren und Beigeordneten Generalsekretären geleitet werden. Die Verwaltung hat ihren Sitz in New York, weitere Sitze gibt es in Genf, Wien und Nairobi.

174   Die *Bediensteten* werden vom GS aufgrund der von der GV beschlossenen Statuten *(staff regulations)* ernannt (Art 101 Abs 1).[593] Wichtige Grundsätze enthält jedoch die Charta selbst, so das Prinzip der Gleichberechtigung von Mann und Frau (Art 8), das Erfordernis von Effizienz, Leistung und Integrität; ferner ist auf das Prinzip möglichst breiter geographischer Herkunft zu achten (Art 101 Abs 3). Diesen Anforderungen wird in der Praxis allerdings nicht hinreichend Rechnung getragen.[594] Vielmehr haben sich über die Jahrzehnte hinweg „Erbhöfe" gebildet, auf deren (Wieder-)Besetzung durch eigene Staatsangehörige gerade die ständigen Mitglieder des SR beharren. Die nähere Ausgestaltung des Dienstverhältnisses erfolgt auf der Grundlage von Regelungen *(staff rules)*, zu deren Erlass der GS durch die *staff regulations* ermächtigt ist. In den vergangenen Jahren ist das Sekretariat verstärkt dazu übergegangen, Dienstverträge auf temporärer Basis zu schließen; so betrug der Prozentsatz der fest Angestellten Ende 2020 bloß ca 28,5 % (2004: rund 37 %).[595] Rechtsschutz wird durch die *Dienstgerichte der UN* gewährt.[596]

175   Ein wesentliches Erfordernis für die Arbeit eines internationalen Sekretariats, das in den Dienst der gemeinsamen Sache gestellt ist, ist seine *Unabhängigkeit* von nationalen Interessen und der Verzicht auf Einflussnahmen durch die Mitgliedstaaten, denen die Bediensteten angehören. Dieser Grundsatz der *Unparteilichkeit* und Unabhängigkeit ist in Art 100 Abs 1 verankert; Abs 2 statuiert eine entsprechende Verpflichtung der Mitglied-

---

590 S den Bericht „Investing in People", A/61/255 (samt Add 1 und Add 1/Corr 1); zur Reformperspektive vgl Bericht GS „Investing in the United Nations: For a Stronger Organization Worldwide" (A/60/692).

591 UN Doc A/72/492 v 27.9.2017; zuletzt aufgegriffen in UN Doc A/76/644 v 29.12.2021. Näher *Wagner,* António Guterres – Ein Jahr im Amt, VN 2018, 26 (29f).

592 Zum Stellvertretenden GS vgl o Rn 166.

593 Übersicht zu den *staff regulations* in UN Doc ST/SGB/2018/1 v 1.1.2018.

594 Eine Benachteiligung von Frauen bei der Besetzung hochrangiger Posten innerhalb des UN-Systems konstatiert etwa *Kane,* Die Frauenfrage bei den Vereinten Nationen, VN 2016, 99 (102f). Eine personale Unterrepräsentation Deutschlands bei strategischen Führungspositionen im Sekretariat beklagt *Volger,* Angemessen vertreten? Der deutsche Anteil am UN-Personal, VN 2018, 124 (127ff).

595 UN Doc A/76/570 v 29.11.2021, 21.

596 Vgl o Rn 125. Zum aktuellen Rechtsschutz *Reinisch/Knahr* (Fn 440) 447ff; *Ullrich* (Fn 588) 385ff. Zum Vorgängergericht UNAT *Bastid,* United Nations Administrative Tribunal, EPIL IV (2000) 1043ff; *Amerasinghe,* Problems Relating to Promotion in the Law of the International Civil Service, ZaöRV 51 (1991) 923ff. Eine Überprüfungskompetenz durch den IGH ist bereits mit A/RES/50/54 beseitigt worden.

staaten. Die Bediensteten sollen in ungeteilter Loyalität zur Organisation ihre Aufgaben verrichten. Gleichwohl sind sie in der Praxis häufig erheblichem Druck ausgesetzt,[597] entweder um durch ungesetzliche Maßnahmen ihre Stellung auszunutzen, zB durch Spionage zugunsten ihres Heimatstaats, oder in anderer Weise bei der Amtsausübung die Interessen ihres Staats zu vertreten. Erleichtert wird diese Beeinflussung durch die weitgehend geübte Praxis, dass Personen aus dem öffentlichen Dienst der Mitgliedstaaten vorübergehend in den Dienst der UN abgeordnet und die Bedingungen hierfür zwischen Sekretariat und Heimatstaat abgesprochen werden (sog *secondment*).[598] In diesen Fällen verliert der GS nicht nur die freie Entscheidung über die Einstellung, es ist ihm sogar auch nicht möglich, den Bediensteten gegen den Willen des Heimatstaats weiter zu beschäftigen, sei es nach Ablauf der vereinbarten Zeit, sei es schon früher, etwa weil sich der Betroffene von seinem Staat abgewandt und im Sitzstaat um Asyl nachgesucht hat. Obgleich der Verstoß gegen Art 100 Abs 2 offenkundig ist, hat in einer solchen Konstellation das (ehemalige) UN-Verwaltungsgericht (UNAT) die Handlungsweise des dem Verlangen des Heimatstaats (Sowjetunion) Rechnung tragenden GS gerechtfertigt.[599] Der gleichfalls befasste IGH ging auf die Kernfrage nicht ein, wohl aber bejahten mehrere abweichende Meinungen zu Recht eine Verletzung von Art 100 Abs 2.[600]

Die Bediensteten der UN genießen *Immunität* nach Maßgabe des Art 105 Abs 2 UN-Charta und des Übereinkommens v 13.2.1946 über die Vorrechte und Immunitäten der UN (Art V/17–21), dh für in amtlicher Funktion vorgenommene Handlungen und Äußerungen. Der GS und ein bestimmter Kreis höherer Beamter genießen darüber hinausgehend diplomatische Immunität (Art V/19). Die UN kann zugunsten ihrer Bediensteten ein funktionelles Schutzrecht ausüben.[601] **176**

ff) Der Internationale Gerichtshof. Der IGH[602] in Den Haag ist nicht nur Hauptorgan **177** (Art 7), sondern wird ausdrücklich als das *Hauptrechtsprechungsorgan (principal judici-*

---

597 Beklagt etwa in A/RES/35/210. Vgl auch *Meron*, Status and Independence of the International Civil Servant, RdC 167 (1980-II) 285 ff; *Williams*, Ethik, Rechenschaft und Transparenz, VN 2016, 110 ff; *Chesterman/ Johnstone/Malone*, United Nations, 180 ff.

598 Ausf *Ebner*, in Charter UN³, Art 100 Rn 36 ff; *Miron*, Tenure, Fixed-Term Appointments and Secondment in the United Nations, JILP 14 (1982) 783 ff; *Schreuer*, Secondment of United Nations Officials from National Civil Service, GYIL 34 (1991) 307 ff.

599 UNAT-Urt Nr 333 (AT/DEC/333 v 8.6.1984) *[Yakimetz v SG]*. Zum Thema auch UNDT-Urt Nr 193 (UNDT/ 2011/193 v 11.11.2011) *[Payman v SG]*.

600 ICJ Rep 1987, 18 ff *[Adminstrative Tribunal Judgment No 333]*.

601 Vgl o Rn 105 und 107.

602 Vgl *Rosenne*, International Court of Justice (ICJ), MPEPIL V, 459 ff; *Elias*, The ICJ and the UN, 1984; *Frowein*, The International Court of Justice, in Dupuy (Hrsg), Handbook, 153 ff; *Gill*, Rosenne's The World Court, 6. Aufl 2003; *Eyffinger*, The International Court of Justice, 1996; *Jennings*, The Role of the International Court of Justice, BYIL 68 (1997) 1 ff; *Fleischhauer*, Der Internationale Gerichtshof und die Staatengemeinschaft am Ende des Jahrhunderts, Friedens-Warte 74 (1999) 113 ff; *Ku*, International Court of Justice, Handbook UN², 190 ff.

al organ) der UN bezeichnet (Art 92 Satz 1 UN-Charta). Damit wird einmal auf den besonderen richterlichen Charakter dieses Organs mit allen Folgen für seinen Status und sein
Verfahren, zum anderen auf die zentrale Rolle des IGH, die er im Bereich der friedlichen
Streitbeilegung zwischen den Staaten einnehmen soll, hingewiesen.[603] Hervorgehoben
wird mit dieser Bezeichnung ferner seine Geeignetheit, seiner breiten Entscheidungsgrundlagen wegen (Art 38 Abs 1 IGH-Statut) auf die Feststellung, Konkretisierung und
Fortbildung des Völkerrechts Einfluss zu nehmen.[604] Schließlich enthält dieses Attribut
auch den Hinweis darauf, dass der IGH gegenüber anderen richterlichen Instanzen im
UN-Bereich entsprechend seinen Zuständigkeiten Vorrang genießt.[605]

178   Die *Grundlagen* für Organisation, Status, Zuständigkeit und Verfahren des IGH finden sich in der UN-Charta (Art 92–96) und im *Statut des IGH,* das ein integraler Bestandteil der Charta und in diesem Zusammenhang zu interpretieren ist.[606]

179   Mangels Zuständigkeit blieb es dem IGH bisher *versagt,* die Rolle einer effektiven
Rechtsschutzinstanz innerhalb der UN zu übernehmen. Als verbindliche Streitschlich-
tungsinstanz steht der Gerichtshof nur bei Streitigkeiten zwischen Staaten zur Verfügung (Art 34 Abs 1 IGH-Statut); er kann von den Mitgliedstaaten *nicht gegen* aus ihrer
Sicht *rechtswidrige Maßnahmen der Organisation angerufen* werden. Zwar verfügen GV
und SR selbst über die Möglichkeit, den IGH um ein (nicht rechtsverbindliches) Gutachten über die Streitfrage zu ersuchen (Art 96 UN-Charta, Art 65 IGH-Statut); sie werden
hiervon aber keinen Gebrauch machen, wenn sie von der Rechtmäßigkeit ihrer Handlungsweise nicht überzeugt sind. Auf diese Weise konnte der (rechtswidrige) Ausschluss
Südafrikas aus der GV nie einer rechtlichen Klärung zugeführt werden.[607] Die notwendige Folge hiervon ist, dass dem Mitgliedstaat einseitige Konsequenzen (zB Beitragsverweigerung, Austritt) eröffnet werden müssen, soll er nicht schutzlos der immerhin
denkbaren Willkür eines Organs ausgeliefert sein.[608] Das Problem stellt sich massiv natürlich vor allem im Hinblick auf für die Mitglieder verbindliche Entscheidungen des SR,
insbes wenn die Entscheidungen Individuen betreffen.[609] Es kann zwar keineswegs davon ausgegangen werden, dass die Tätigkeit des SR den IGH in seiner Zuständigkeit ein-

---

[603] Vgl auch die Manila-Erklärung zur friedlichen Streitbeilegung, A/RES/37/10, Annex.
[604] *Oellers-Frahm,* in Charter UN³, Art 92 Rn 31. Krit *Weisburd,* Failings of the International Court of Justice, 2016.
[605] Etwa gegenüber den UN-Dienstgerichten (o Rn 125); zum Internationalen Seegerichtshof vgl Art 287
SRÜ.
[606] Näher Zimmermann/Tams/Oellers-Frahm/Tomuschat (Hrsg), The Statute of the International Court
of Justice, 3. Aufl 2019. Ergänzend hinzuweisen ist auf die Tatsache, dass Deutschland bisher vier IGH-
Richter gestellt hat bzw stellt: *Mosler* (1976–85), *Fleischhauer* (1994–2003), *Simma* (2003–12), *Nolte* (seit
2021).
[607] Vgl o Rn 86.
[608] Vgl o Rn 79.
[609] Vgl o Rn 152; vgl dazu auch *Doehring,* Unlawful Resolutions of the Security Council and their Legal
Consequences, MPYUNL 1 (1997) 91 ff; *Wellens,* Remedies Against International Organizations, 2002.

Schmahl

schränkt;[610] eine direkte „Anfechtung" der Maßnahmen des SR vor dem IGH durch die Staaten ist indes nicht möglich. Diese *faktische Rechtsschutzlosstellung der Mitgliedstaaten,* die nur unvollkommen und mittelbar im Rahmen zwischenstaatlicher Streitigkeiten aufgefangen werden kann, ist höchst unbefriedigend und stellt einen wesentlichen Mangel in der Verfasstheit der Staatengemeinschaft dar.[611]

Entsprechendes gilt für das Fehlen der prozessualen Möglichkeit, eine verbindliche 180 Entscheidung bei rechtlichen *Auseinandersetzungen zwischen Organen* über die Abgrenzung und die sonstige Rechtmäßigkeit ihres Handelns herbeizuführen. Auf die Möglichkeit, den IGH um ein *Rechtsgutachten* zu ersuchen, wurde bereits hingewiesen,[612] doch ist die fehlende Verbindlichkeit der Gutachtenaussage in Rechnung zu stellen.

In stärker integrierten Gemeinschaften ist ein ausgebauter Rechtsschutz im hori- 181 zontalen und vertikalen Bereich unabdingbar. Hinzuweisen ist hier auf die EU und die Rolle des *EuGH,* der kraft seiner Zuständigkeit die Einhaltung des Rechts im Verhältnis Union/Mitgliedstaaten, im Verhältnis der Mitglieder untereinander und im Verhältnis der Organe untereinander umfassend überprüfen kann.[613] Im System des Europarats haben sich gerichtliche Instanzen nur im Hinblick auf die Gewährleistung von Menschenrechten (EMRK) gebildet; Entsprechendes gilt für den Bereich der OAS und AU.

d) Wandlungen der Organstrukturen und Zwischen-Organ-Verhältnis

Neue Aufgaben und steigende Erwartungen, der Zuwachs an Neben- und Hilfsorganen, 182 Fonds und Programmen, die Vergrößerung der Mitgliederzahl: all dies bringt nahezu zwangsläufig die Notwendigkeit *organisatorischer Anpassungen* mit sich. Bei den *UN* führt dies in erster Linie zu der Forderung nach Reduzierung und besserer Koordinierung des aufgeblähten Systems an Unter- und Sonderorganisationen;[614] auch auf die Debatte um eine Reform des SR ist hier zu verweisen.[615] Für die *EU* ergeben sich aus der

---

610 Vgl ICJ Rep 1984, 392, 434 *[Nicaragua];* bestätigt in ICJ Rep 2000, 111, 126 *[Kongo/Uganda].*
611 Vgl auch *Sohn,* Broadening the Advisory Jurisdiction of the International Court of Justice, AJIL 77 (1983) 124 ff; *de Wet,* Judicial Review as an Emerging General Principle of Law and its Implications for the International Court of Justice, NILR 47 (2000) 181 ff; *dies,* Judicial Review of the United Nations Security Council and General Assembly through Advisory Opinions to the International Court of Justice, SZIER 10 (2000) 237 ff; *Cançado Trindade,* The Relevance of International Adjudication Revisited, in Macdonald/ Johnston (Fn 325) 515 ff.
612 Vgl o Rn 179. Vgl auch Art 34 Abs 2 und 3 IGH-Statut.
613 Vgl etwa *Oppermann/Classen/Nettesheim* (Fn 95) § 13 Rn 29 ff, 41 ff. – Hier wird in bestimmtem Umfang, entsprechend den Befugnissen der EU, auch Rechtsschutz für Individuen gewährt (Art 263 Abs 4 AEUV). Auch in anderen I.O. gibt es Ansätze für einen individuellen Rechtsschutz, so etwa das Inspection Panel der Weltbank; vgl *Schlemmer-Schulte,* The World Bank's Experience With Its Inspection Panel, ZaöRV 58 (1998) 353 ff.
614 Vgl o Rn 157.
615 Vgl o Rn 153. Vgl hierzu auch UN Doc A/59/565 v 2004 („A More Secure World: Our Shared Responsibility") und den Bericht des GS „In Larger Freedom" (Fn 21); *Schmitt,* Neuere Entwicklungen bei der Reform des UN-Sicherheitsrats, VN 2013, 202 ff.

Schmahl

Verbreiterung und der Vertiefung der Integration sowie der Erweiterung des Mitgliederbestands institutionelle Herausforderungen. Die Aufgaben, Organstrukturen und Willensbildungsprozesse in Rat, Kommission und EP den neuen Lagen anzupassen, um die EU weiter funktionsfähig zu erhalten, ist vom Vertrag von Nizza (in Kraft seit 1.2.2003) nur ansatzweise gelöst worden. Nachdem die Annahme des Verfassungsvertrags v 2004 durch die negativen Referenden in Frankreich und in den Niederlanden gescheitert war, ist die dringend erforderliche institutionelle Reform nunmehr durch den Vertrag von Lissabon (2009) erfolgt.

183   Die Gründungsverträge ordnen die Aufgaben und Befugnisse ihrer Organisationen meist sehr bewusst den verschiedenen Organen zu. Die *Kompetenzverteilung zwischen den Organen* ist maßgeblich von der Überlegung beeinflusst, wie intensiv jeweils die mitgliedstaatliche Mitwirkung bei der Aufgabenerledigung sein soll. Es ist offenkundig, dass in SR oder GV, Europäischem Rat, EU-Rat, Kommission oder Parlament, Parlamentarischer Versammlung oder Ministerkomitee des Europarats unterschiedliche Interessen dominieren. Dazu kommt das unterschiedliche Verfahren der Beschlussfassung. Es macht einen erheblichen Unterschied, ob einstimmig oder mit (welcher?) Mehrheit zu entscheiden ist, ob einzelne Staaten ein stärkeres Stimmgewicht als andere haben *(weighted voting)*, ob einzelne Staaten auch bei Mehrheitsentscheidungen unentbehrlich sind, ob die Entscheidungsgremien mit weisungsgebundenen Regierungsvertretern oder nur dem Gesamtwohl verpflichteten Personen besetzt sind. Jedenfalls müssen die Organe untereinander eine vom jeweiligen speziellen Organisationszweck her zu definierende Ausgewogenheit haben, um die gemeinsame Zielsetzung möglichst reibungsfrei erfüllen zu können.[616] Der für das Unionsrecht geprägte Begriff des „institutionellen Gleichgewichts" bezeichnet diesen wichtigen Sachverhalt für alle I.O. zutreffend.[617]

184   Wo Kompetenzen nicht ausschließlich einem Organ zugeteilt sind, sind *Vorkehrungen für Kompetenzüberschneidungen* zu treffen. Solche *Kollisionsregeln* ergeben sich etwa im Verhältnis von SR und GV aus Art 24, woraus Art 10 bis 12 und 14 UN-Charta Konsequenzen ziehen.[618] Kein solcher Vorrang ist hingegen im Verhältnis von SR und IGH angeordnet. Beide Organe können daher gleichzeitig mit einem Streitfall befasst sein.[619] Allerdings gebietet es der Grundsatz der Organtreue (s u Rn 186), dass die Ent-

---

616 Dazu *Chaumont,* L'équilibre des organes politiques des Nations Unies et la crise de l'organisation, AFDI 1 (1955) 428 ff; *Seidl-Hohenveldern/Loibl,* Internationale Organisationen, Rn 1401 ff. Zu den intra-organisatorischen Bindungen der UN-Organe untereinander auch von Einsiedel/Malone/Ugarte (Hrsg), The UN Security Council in the 21st Century, 2016, 442 ff (Part 4).

617 Vgl EuGH, Slg 1970, 1161, 1173 *[Einfuhr- und Vorratsstelle Getreide/Köster].*

618 Zur Konkretisierung dieses Verhältnisses vgl IGH, ICJ Rep 2010, 403 *[Kosovo-Gutachten],* Rn 24; dazu *Klein/Schmahl,* in Charter UN^3, Art 10 Rn 33.

619 *Klein,* Paralleles Tätigwerden von Sicherheitsrat und Internationalem Gerichtshof bei friedensbedrohenden Streitigkeiten, FS Mosler, 1983, 467 ff; *Gowlland-Debbas,* The Relationship between the International Court of Justice and the Security Council in the Light of the Lockerbie Case, AJIL 88 (1994) 643 ff; *Gunawardana,* The Security Council and the International Court of Justice, Thesaurus Acroasium 26 (1997) 153 ff; *Fraas,* Sicherheitsrat der Vereinten Nationen und Internationaler Gerichtshof, 1998, 139.

scheidungen des einen Organs von dem anderen zu berücksichtigen sind – im Rahmen ihrer allgemeinen Aufgabenstellung und konkreten Zuständigkeiten.[620] Es darf nicht ausgeschlossen sein, dass der IGH eine staatliche Maßnahme oder auch eine Maßnahme des SR einer anderen rechtlichen Bewertung als der SR selbst unterzieht, so wie umgekehrt der SR frei sein muss, von der Tatsache einer fehlenden pazifizierenden Wirkung von IGH-Entscheidungen bei seinem Friedenssicherungsauftrag auszugehen.

Die Kompetenzverteilung zwischen den Organen ist nicht immer fixiert, vielmehr 185 ist häufig die Möglichkeit der *Kompetenzübertragung* zugelassen. So können nach der UN-Charta etwa dem WSR und dem GS Aufgaben zu eigenverantwortlicher Durchführung übertragen werden (Art 66, 98). Eine solche Delegationsbefugnis sieht auch der AEU-Vertrag vom EU-Gesetzgeber (dh von Europäischem Parlament und Rat) auf die Kommission vor (Art 290f AEUV). Dabei können bestimmte Modalitäten bei der Ausübung dieser übertragenen Befugnisse vorgesehen werden, die vor allem dem Rat (bzw den Mitgliedstaaten) einen fortdauernden Einfluss sichern.[621]

Ein wesentliches Prinzip jeder (nationalen, internationalen oder supranationalen) 186 Organisation ist die wechselseitige, auf das Ganze bezogene Loyalitätspflicht der Gesamtorganisation und ihrer Glieder („Unionstreue", „Bundestreue"), aber auch die Loyalität, die sich die Organe wechselseitig schulden. Diese *Organtreue* bedeutet eine am Organisationszweck und -gefüge orientierte gegenseitige Rücksichtnahme bei der Ausübung der Organkompetenzen.[622] Hieraus ergeben sich nicht nur Anforderungen an den Stil im gegenseitigen Umgang, sondern auch die Verpflichtung, die Handlungen der anderen Organe bei der eigenen Entscheidungsfindung zu berücksichtigen, Funktionsunfähigkeit der Organisation zu vermeiden und Rechtssicherheit zu gewährleisten.

Es hängt mit dieser Organisations- und Organverantwortung zusammen, dass bei 187 *Wegfall der Funktionsfähigkeit* eines Organs (sei es wegen defizitärer Zusammensetzung, sei es wegen Blockade im Entscheidungsprozess) über innerorganisatorische Ersatzzuständigkeiten nachzudenken ist. Hier handelt es sich freilich um ein höchst problematisches Gebiet,[623] da – wie erwähnt – die Kompetenzverteilung bewusst an bestimmte Organe bestimmter Struktur anknüpft. In der Tat würde ein Ausfall des IGH nicht durch ein anderes Organ substituierbar sein. Im Verhältnis der politischen Organe hingegen wird

---

620 *Delbrück*, in Charter UN², Art 24 Rn 8f; *Mosler/Oellers-Frahm*, ebd Art 92 Rn 88. Bsp bei *Peters*, in Charter UN³, Art 24 Rn 25ff.

621 Vgl *Streinz* (Fn 514) Rn 576ff; *Haratsch/Koenig/Pechstein* (Fn 95) Rn 329ff (sog Komitologie-Beschluss, ABl EU 2011, Nr L 55/13). Speziell zu Art 290 AEUV, der die Möglichkeit sog delegierter Rechtsakte vorsieht, näher *Daiber*, EU-Durchführungsrechtsetzung nach Inkrafttreten der neuen Komitologie-Verordnung, EuR 2012, 240ff; *Fabricius*, Das Kontrollrecht von Rat und Parlament nach der Komitologie-Durchführungsverordnung, EuZW 2014, 453ff.

622 *Klein* (Fn 619) 482.

623 Analoge Sachverhalte bezeichnet das innerstaatliche Recht als „Verfassungsstörung" oder „Verfassungsnotstand"; vgl *Klein*, Funktionsstörungen in der Staatsorganisation, in Isensee/Kirchhof (Hrsg), HdbStR XII, 3. Aufl 2014, § 279. Die dort angestellten Erwägungen zu Ersatzkompetenzen sind zweifellos nicht unbesehen auf I.O. übertragbar, doch bleibt ein Erkenntnisgewinn im Einzelnen zu prüfen.

man durchaus, generell wegen ihres Status als Mitgliederorgan, speziell wegen der umfassenden Aufgabenzuweisung durch Art 10 UN-Charta, eine allgemeine Behandlungs- und Empfehlungsbefugnis der GV annehmen können, mit der allerdings nicht die Verbindlichkeit von Entscheidungen des SR usurpiert werden könnte.[624]

5. Aufgaben und Befugnisse Internationaler Organisationen
a) Allgemeines

188 Die *Aufgaben* I.O. und die ihnen zu deren Bewältigung eingeräumten Befugnisse sind *außerordentlich vielgestaltig*. Einen numerus clausus solcher Aufgaben gibt es ebenso wenig wie für I.O. selbst. Es kann sich um politisch-umfassende Beauftragung handeln, es können einer I.O. aber auch sehr spezielle Aufgaben übertragen sein. Alles hängt vom Gründungsvertrag (und seiner Auslegung) ab. Die wohl umfassendste Aufgabenumschreibung einer I.O. enthält Art 1 UN-Charta. In der Tat ist wohl kaum ein Handlungsbereich vorstellbar, der unter diesen Zielkatalog nicht subsumierbar wäre. Entsprechend weit gespannt sind auch die Agenden der UN-Organe. Ähnliches gilt für den Europarat, aus dessen Zuständigkeit allerdings ausdrücklich „Fragen der nationalen Verteidigung" herausgenommen sind (Art 1 Satzung). Für die UN gilt dieser Vorbehalt dagegen nicht, wie der Wortlaut von Art 51 UN-Charta belegt.[625] Viel spezieller sind die zahlreichen, auf eine stärkere wirtschaftliche Kooperation oder sogar Integration angelegten Organisationen, die es heute auf allen Kontinenten gibt,[626] da bei dem internationalen Wirtschaftswettbewerb die Sicherung eines möglichst großen Markts von entscheidender Bedeutung ist. Je stärker aber die wirtschaftliche Verflechtung ist, desto stärker wird auch der Drang zu einer Intensivierung der Kooperation auf den übrigen Politikfeldern sein, da die Wirtschaft alle diese Bereiche einerseits mitbeeinflusst, andererseits von ihnen abhängt und stabile Rahmenbedingungen benötigt. Die Entwicklung der EWG zur EG, die damit verbundene Erweiterung der Gemeinschaftskompetenzen weit über den wirtschaftlichen Sektor hinaus, sowie die Einbeziehung der ehemals drei, dann zwei Europäischen Gemeinschaften unter das Dach der EU, unter das auch die beiden neuen Kooperationsfelder „Gemeinsame Außen- und Sicherheitspolitik" (Art 23 ff EUV) und „Polizeiliche und justitielle Zusammenarbeit in Strafsachen" (Art 82 ff AEUV) gestellt wurden, sowie schließlich das Aufgehen der EG in der EU zeigen diesen Vorgang

---

624 Vgl hierzu die die schon mehrfach erwähnte *Uniting for Peace*-Resolution v 1950, vgl o Rn 130 und 170.

625 Eine ganz andere Frage ist, unter welchen Umständen der SR das „naturgegebene Recht auf individuelle und kollektive Selbstverteidigung" eines Aggressionsopfers ausschließen darf; dazu *Klein,* Völkerrechtliche Aspekte des Golfkonflikts 1990/91, AVR 29 (1991) 421 (425).

626 Einen Überblick über die zahlreichen Wirtschaftsorganisationen bietet *Fabbricotti,* Economic Organizations and Groups, International, MPEPIL III, 310 ff; vgl auch *Herdegen,* Internationales Wirtschaftsrecht, 13. Aufl 2023; *Krajewski,* Wirtschaftsvölkerrecht, 5. Aufl 2021; Tietje/Nowrot (Hrsg), Internationales Wirtschaftsrecht, 3. Aufl 2022.

Schmahl

recht anschaulich. Zahlreiche I.O. bleiben jedoch ihren ursprünglichen, eng definierten und zT ganz technischen Zwecken verhaftet. Bsp bieten die UN-Sonderorganisationen,[627] Eurocontrol mit Aufgaben für die Flugsicherung,[628] die Organisation Erdöl-exportierender Staaten (OPEC)[629] u v a. Vielfältig wie die Aufgaben sind auch die zur Verfügung gestellten Handlungsinstrumente, abgestuft nach Organisationszweck und Integrationsbereitschaft der Mitgliedstaaten.

b) Festlegung der Kompetenzausstattung, Prinzip der begrenzten Ermächtigung, ultra vires-Handeln

Während es einen umgrenzten Aufgabenkatalog für Staaten nicht gibt, diese vielmehr **189** grundsätzlich in der Lage sind, sich die von ihnen für notwendig erachteten Aufgaben kraft ihrer Souveränität selbst zu stellen, sind I.O. einem *bestimmten Organisationszweck* gewidmet; auf diesen ausgerichtet werden ihnen Kompetenzen (Aufgaben und Handlungsbefugnisse) vom Gründungsvertrag eingeräumt. Anders als Staaten verfügen I.O. über *keine Kompetenz-Kompetenz*.[630] Das hier maßgebliche Prinzip ist vielmehr das der *begrenzten Ermächtigung*.[631] Nur für ihren Organisationszweck ist die I.O. geschaffen. Sie darf ihren Aufgabenbereich und die Befugnisse nicht selbst (zu Lasten ihrer Mitglieder) erweitern. Dies erklärt auch ihre nur partielle Rechtssubjektivität (vgl o Rn 95).

Das Prinzip der begrenzten Ermächtigung schließt eine an Gegenstand und Ziel ori- **190** entierte *Auslegung* der Kompetenzvorschriften nicht aus (vgl o Rn 39). Gerade bei I.O. ist die *teleologische Auslegung* verständlich,[632] da es sich bei ihnen um einen lebenden, sich durch die Organtätigkeit entwickelnden Organismus handelt, der auf effektive Aufgabenbewältigung ausgerichtet ist.[633] In diesem Zusammenhang gehört das Interpretationsprinzip des *effet utile*, wonach den Vertragsbestimmungen die Auslegung zu geben

---

627 Näher u Rn 225 ff.

628 *Seidl-Hohenveldern/Loibl*, Internationale Organisationen, Rn 3902. Zu Eurocontrol vgl auch *Andries*, European Organization for the Safety of Air Navigation (EUROCONTROL), MPEPIL online, Rn 1 ff.

629 *Shihata*, Organization of the Petroleum Exporting Countries, EPIL III (1997) 828 ff. Vgl auch *Terhechte*, OPEC und europäisches Wettbewerbsrecht, 2008.

630 Sie ist mit der Souveränität verknüpft und steht daher nicht einmal S. O. zu; vgl o Rn 15.

631 Speziell herausgearbeitet für die EU (vgl *Oppermann/Classen/Nettesheim* [Fn 95] § 11 Rn 3 ff), gilt das Prinzip doch für alle I.O.; vgl ICJ Rep 1996, 66, 74 ff [*WHO-Nuklearwaffen-Gutachten*]. Vgl auch *Ruffert*, Zuständigkeitsgrenzen internationaler Organisationen im institutionellen Rahmen der internationalen Gemeinschaft, AVR 38 (2000) 129 ff.

632 Vgl Art 31 iVm Art 5 WVK. Vgl auch *Bindschedler*, La délimitation des compétences des Nations Unies, RdC 108 (1963-I) 307 ff; *Weiß*, Kompetenzlehre, 359 ff; *Dörr*, in Dörr/Schmalenbach (Hrsg), Vienna Convention on the Law of Treaties: A Commentary, 2. Aufl 2018, Art 31 Rn 52 ff.

633 Ein sehr weites Verständnis praktiziert zB der Europarat, vgl *Pabel*, Europarat, in Staatslexikon, 8. Aufl 2018, 492 ff; *Polakiewicz*, Council of Europe (COE), MPEPIL online, Rn 10 ff sowie die Beiträge in Kleinsorge (Hrsg), Council of Europe, 3. Aufl 2019.

ist, mit der der Vertragszweck tatsächlich erreicht werden kann.[634] Dies gilt umso mehr, je stärker zukunftsorientiert eine I. O. ist.[635] Von daher ist die Ablehnung des BVerfG[636] einer den *effet utile* berücksichtigenden Auslegung des europäischen Primärrechts nicht berechtigt. Zutreffend ist freilich, dass mit diesem Auslegungsprinzip der Unterschied zur Vertragsänderung nicht überspielt werden darf.

191   Auch die dem amerikanischen Verfassungsrecht entstammende Theorie der *implied powers*[637] ist im Recht der I. O. heimisch geworden. Sie besagt, dass die Organisation die Rechte und Befugnisse haben muss, die sie zur Erfüllung ihrer Aufgaben benötigt. So hat der IGH im *Bernadotte*-Gutachten von den umfassenden Aufgaben der UN auf ihre Völkerrechtspersönlichkeit geschlossen und daraus weiter ihre völkerrechtliche Handlungsfähigkeit abgeleitet.[638] Auch die Errichtung des (ehemaligen) UN-Verwaltungsgerichts (UNAT) durch die GV ist mit dieser Begründung gebilligt worden.[639] Der EuGH hat für den EGKS-Vertrag ähnlich argumentiert.[640] Hingegen hat der weite Wortlaut der in den beiden anderen Gemeinschaftsverträgen enthaltenen „Vertragsabrundungsklauseln" (Art 352 AEUV, Art 203 EAG) den Rückgriff auf die *implied powers* in diesen Bereichen weitgehend unnötig gemacht.[641] Jedenfalls von ihrem Ansatz her bedeutet die *implied powers*-Theorie keine Vertragsänderung, da sie nur die dem Vertrag inhärenten oder impliziten Rechte und Befugnisse ans Licht bringt. Freilich sind die Grenzen nicht immer ganz klar zu ziehen. Vor allem muss berücksichtigt werden, dass die *implied powers* nicht dazu dienen können, der I. O. neue Aufgaben zuzuordnen; es kann sich vielmehr nur um die Ergänzung der Befugnisse hinsichtlich der vertraglich übertragenen Aufgaben handeln. Das eigentliche Problem besteht oft darin, dass unklar ist, welches Organ diese

---

634 Zum *effet utile* im Unionsrecht vgl *Oppermann/Classen/Nettesheim* (Fn 95) § 12 Rn 36 ff; *Seyr,* Der effet utile in der Rechtsprechung des EuGH, 2008; *Tomasic,* Effet utile: Die Relativität teleologischer Argumente im Unionsrecht, 2013; *Mayer,* in Grabitz/Hilf/Nettesheim (Fn 121) Art 19 EUV Rn 57 f. Die Argumente sind auf andere I. O. übertragbar, vgl zB *Walter* (Fn 110) 38.

635 Vgl Präambel und Art 1 EUV.

636 BVerfGE 89, 155, 210 *[Maastricht]* und BVerfGE 123, 267, 344 ff *[Vertrag von Lissabon].*

637 „Wherever a general power to do a thing is given, every particular power necessary for doing it is included", so *Madison* im „Federalist", zitiert nach *Zuleeg,* International Organizations, Implied Powers, EPIL II (1995) 1312 ff. Vgl ferner *Schermers/Blokker,* International Institutional Law, §§ 232 ff; *Köck,* Die „implied powers" der Europäischen Gemeinschaften als Anwendungsfall der „implied powers" internationaler Organisationen überhaupt, FS Seidl-Hohenveldern, 1988, 279 ff; *Blokker,* International Organizations or Institutions, Implied Powers, MPEPIL online. Vgl o Rn 98.

638 ICJ Rep 1949, 174, 182: „[…] the Organization must be deemed to have those powers which, though not expressly provided in the Charter, are conferred upon it by necessary implication as being essential to the performance of its duties."

639 ICJ Rep 1954, 47, 56 f *[Administrative Tribunal Compensation Awards].* Das UNAT wurde am 31.12.2009 von einem zweistufigen Gerichtssystem, bestehend aus UN Dispute Tribunal und UN Appeals Tribunal, abgelöst, vgl o Rn 125.

640 ZB EuGH, Slg 1955/56, 297, 312 *[Fédération Charbonnière de Belgique/Hohe Behörde].*

641 Näher zu diesem Verhältnis *Hilf* (Fn 400) 301; *Stadlmeier,* Implied Powers der Europäischen Gemeinschaften im Lichte der jüngeren EuGH-Judikatur, ZöR 52 (1997) 353 ff.

Rechte auszuüben hat.[642] Hier spricht einiges für das kompetenznächste Organ; subsidiär dürfte das Mitgliederorgan zuständig sein. Insgesamt empfiehlt sich Zurückhaltung, um nicht das innerorganisatorische Kräftegleichgewicht zu gefährden.

Schwierige Probleme ergeben sich, wenn die Organe jenseits ihrer Befugnisse han- 192 deln, sei es, dass sie damit in den Kompetenzbereich eines anderen Organs eingreifen, sei es, dass sie dabei den Aufgabenbereich der I.O. insgesamt (auch unter Berücksichtigung der eben erörterten Auslegungsmöglichkeiten) überschreiten. Die verschiedenen Fälle des *Handelns ultra vires* können nicht alle über einen Kamm geschoren werden.[643] Vielmehr muss differenziert werden.

Im *Verhältnis zu Drittstaaten* oder anderen I.O. ist vor allem der Vertrauensschutz 193 in Betracht zu ziehen. Dieser Gesichtspunkt kommt deutlich in Art 46 Abs 2 WVKIO zum Ausdruck, der es I.O. verwehrt, sich auf die Ungültigkeit eines Vertrags wegen Unzuständigkeit zum Vertragsabschluss zu berufen, „sofern nicht die Verletzung offenkundig war und eine Vorschrift von grundlegender Bedeutung betraf". Je festgefügter und kompetenzstärker eine I.O. ist (wie etwa die EU), desto weniger ist dem Vertragspartner das Durchschauen der oft schwierigen Kompetenzverteilung im Hinblick auf den Vertragsabschluss zuzumuten.[644]

Schwieriger sind die Rechtsfolgen eines *ultra vires*-Handelns im *Verhältnis zu den* 194 *Mitgliedstaaten* zu fassen. Der Theorie der begrenzten Ermächtigung entspräche die rechtliche Unwirksamkeit eines *ultra vires*-Akts durchaus. Das ist aber ein sehr theoretischer Ansatz, da es idR Streit über diesen Tatbestand geben wird. Das Problem ist lösbar, wo eine Instanz zur Entscheidung solcher Fragen vorgesehen ist, wie es etwa im Unionsrecht der Fall ist; rechtswidrige Akte der Union bzw ihrer Organe werden vom EuGH auf Klage für nichtig erklärt (Art 263f AEUV). Wo dies nicht geschieht, müssen die Mitgliedstaaten von der Rechtmäßigkeit des Akts ausgehen, auch wenn der EuGH dieses Ergebnis fehlerhaft erzielt hat.[645] Notwendig wurde eine Anrufung des EuGH aus Sicht des

---

642 *Schermers/Blokker*, International Institutional Law, §§ 232ff; Lösungsmodelle bei *Weiß*, Kompetenzlehre, 391ff.

643 Näher *Osieke*, The Legal Validity of Ultra Vires Decisions of International Organizations, AJIL 77 (1983) 239ff; *Bernhardt*, Ultra Vires Activities of International Organizations, in Makarczyk (Hrsg), Theory of International Law at the Threshold of the 21st Century, 1996, 599ff; *Annacker*, Der fehlerhafte Rechtsakt im Gemeinschafts- und Unionsrecht, 1998, 79ff, 239ff; *Schroeder*, Zu eingebildeten und realen Gefahren durch kompetenzüberschreitende Rechtsakte der Europäischen Gemeinschaft, EuR 1999, 452ff; *Cannizzaro/Palchetti*, Ultra Vires Acts of International Organizations, in Klabbers/Wallendahl (Hrsg), Research Handbook, 365 (375ff). Vgl o Rn 98.

644 Vgl *Tomuschat* (Fn 27) 144f; *Klein/Pechstein* (Fn 307) 24ff.

645 *Klein* (Fn 91) 66f. Vgl aber BVerfGE 89, 155, 188; 123, 267, 352f, 398ff. BVerfGE 126, 286, 307 gesteht dem EuGH einen „Anspruch auf Fehlertoleranz" zu; zusammenfassend BVerfGE 134, 366, 382ff *[OMT]*. Krit *Frowein*, Das Maastricht-Urteil und die Grenzen der Verfassungsgerichtsbarkeit, ZaöRV 54 (1994) 1ff; *Tomuschat*, Die Europäische Union unter der Aufsicht des Bundesverfassungsgerichts, EuGRZ 1993, 489ff; *Ruffert/Walter*, Institutionalisiertes Völkerrecht, Rn 207; *Mayer*, Kompetenzüberschreitung und Letztentscheidung, 2000; *Proelß*, Bundesverfassungsgericht und überstaatliche Gerichtsbarkeit, 2014.

BVerfG erstmals bezüglich des OMT-Beschlusses der EZB (2014).[646] Der EuGH hat dem OMT-Beschluss freilich die Unionsrechtskonformität bescheinigt;[647] dieser Ansicht hat sich das BVerfG sodann angeschlossen.[648] Im Gegensatz dazu steht das PSPP-Urteil des BVerfG v 5.5.2020: Trotz der vom EuGH festgestellten Vereinbarkeit des *Public Sector Purchase Programme (PSPP)* der EZB mit dem EU-Recht[649] judizierte das BVerfG, dass die unbedingte Verfolgung des Ziels eines Anleiheankaufs unter Ausblendung der mit dem Programm verbundenen wirtschaftspolitischen Auswirkungen offensichtlich den Grundsatz der Verhältnismäßigkeit missachte und das Handeln der EZB infolge eines strukturell bedeutsamen Verstoßes als *ultra vires*-Akt zu qualifizieren sei, dem die BR Deutschland die Gefolgschaft versage.[650] Das daraufhin von der EU-Kommission am 9.6.2021 eingeleitete Vertragsverletzungsverfahren gegen die BR Deutschland[651] wurde am 2.12.2021 eingestellt, nachdem die Bundesregierung förmlich insbes erklärt hatte, weiterhin die Grundsätze des Vorrangs, der Wirksamkeit und einheitlichen Anwendung des Unionsrechts anzuerkennen.[652] Dass damit auch künftige Konfrontationen zwischen BVerfG und EuGH ausgeschlossen sind, kann bezweifelt werden. *Im Rahmen der UN* kommt eine entsprechende gerichtliche Auseinandersetzung nicht in Betracht; es fehlt eine mit dem EuGH vergleichbare Instanz. Dennoch kann ein mögliches *ultra vires*-Handeln auch hier erhebliche Probleme aufwerfen. In einem berühmten Gutachten vertrat der IGH die Auffassung, dass, solange die beschlossene Maßnahme insgesamt in den Aufgabenbereich der Organisation falle, die bloße Überschreitung der speziellen Organzuständigkeit nicht zur Unbeachtlichkeit der Maßnahme führe.[653] Entsprechendes soll gelten, wenn zwar Verfahrensfehler gemacht wurden, das Ergebnis als solches aber rechtmäßig ist.[654] Problematischer ist es noch, wenn str ist, ob ein Rechtsakt sich insgesamt außerhalb des Aufgabenbereichs der I. O. bewegt. Insoweit stehen sich zwei völ-

---

646 Vgl BVerfGE 134, 366, 392 ff *[OMT]*.

647 EuGH, ECLI:EU:C:2015:400, Rn 66 ff., 102 ff *[Gauweiler u a]*.

648 BVerfGE 142, 123, Rn 152 und 199 ff *[OMT-Programm]*. Näher *Schmahl*, in Sodan (Hrsg), Grundgesetz, 4. Aufl 2018, Art 23 Rn 20.

649 EuGH, ECLI:EU:C:2018:1000, Rn 27 ff *[Weiss]*. Näher *Sikora*, PSPP auf dem Prüfstand – Das Weiss-Urteil des EuGH, EWS 2019, 139 ff.

650 BVerfGE 154, 17, Rn 165 *[PSPP]*. Aus der Fülle an krit Besprechungen vgl zB *Nettesheim*, Das PSPP-Urteil des BVerfG – ein Angriff auf die EU?, NJW 2020, 1631 ff; *Ludwigs*, Die Konsequenzen des PSPP-Urteils für die Kompetenzordnung der EU, EWS 2020, 186 ff; *Erbguth*, Kompetenzabgrenzung zwischen EU und Mitgliedstaaten: Die PSPP-Entscheidung des BVerfG, DVBl 2021 209 ff; *Kratzmann*, Licht und Schatten im PSPP-Urteil des Bundesverfassungsgerichts, DÖV 2022, 400 ff.

651 Vgl <https://ec.europa.eu/commission/presscorner/detail/de/inf_21_2743>. Ferner *Hilpold*, Ein EU-Vertragsverletzungsverfahren gegen Deutschland wegen des PSPP-Urteils? Eine Abwägung von Für und Wider, EWS 2020, 181 ff.

652 Vgl <https://ec.europa.eu/commission/presscorner/detail/de/inf_21_6201>. Hierzu *Ruffert*, Verfahren eingestellt, Problem gelöst?: Die EU-Kommission und das Bundesverfassungsgericht, VerfBlog v 7.12.2021.

653 ICJ Rep 1962, 151, 168 *[Certain Expenses]*; im Fall ging es um die Rechtmäßigkeit der Aufstellung von friedenserhaltenden Streitkräften durch die GV statt durch den SR.

654 ICJ Rep 1972, 46, 69 f *[ICAO Council]*.

lig kontroverse, nicht vereinbare Positionen gegenüber. Die einen vertreten die Ansicht, dass es bei Fehlen einer autoritativen Instanz jedem Staat selbst obliege, die Rechtmäßigkeit des umstrittenen Akts zu beurteilen.[655] Diesem *Prinzip der Selbstbeurteilung* wird von anderen entgegengehalten, dass es auf diese Weise möglich sei, sich den Organisationspflichten jederzeit durch einseitige Behauptung eines *ultra vires*-Handelns zu entziehen.[656] Daher sei *von der rechtlichen Wirksamkeit* solcher Akte (ungeachtet möglicher Fehler) *auszugehen*.[657] Der Versuch, die Evidenz der Zuständigkeitsüberschreitung zum maßgeblichen Kriterium zu machen, führt schwerlich weiter, da hierüber ebenso wenig Einigung zu erzielen sein wird.[658] An dieser Stelle wird die Unvollkommenheit der völkerrechtlichen Ordnung, speziell auch der UN, einmal mehr sichtbar. Einerseits werden den Mitgliedern gegenüber verbindliche Organmaßnahmen zugelassen, andererseits ist die rechtliche Kontrolle der Organe nicht vorgesehen. Bevor diese Haltung nicht revidiert wird, ist das Dilemma der *ultra vires*-Akte nicht wirklich lösbar.[659]

c) Respektierung der inneren Zuständigkeit der Mitgliedstaaten

Die Übertragung von Aufgaben und Befugnissen an I.O. durch den Gründungsvertrag   195 geht von dem Fortbestand wesentlicher den Mitgliedstaaten verbliebener Kompetenzen aus, die der I.O. bzw ihren Organen vorenthalten sind. Die Absicherung eines solchen *Interventionsverbots* erfolgt am besten durch klar gezogene Ermächtigungen für die I.O., doch ist dies nicht immer möglich. Es bietet sich daher die Formulierung eines ausdrücklichen Interventionsverbots „in Angelegenheiten, die ihrem Wesen nach zur inneren Zuständigkeit eines Staates gehören" *(domestic jurisdiction, domaine réservé)* an, wie in Art 2 Nr 7 UN-Charta geschehen.[660] Bedeutsam wird eine solche Klausel vor allem dann, wenn die I.O. verbindliche Beschlüsse fassen kann; aber auch durch Empfehlun-

---

655 Vgl Richter *Winiarski* (diss op) ICJ Rep 1962, 227, 232; Richter *Gros* (sep op) ICJ Rep 1980, 99, 104 *[Übereinkommen WHO-Ägypten]:* „Numbers cannot cure a lack of constitutional competence."

656 Das würde vor allem bei verbindlichen Maßnahmen des SR zu Buche schlagen. Vgl auch ICJ Rep 1992, 3, 17 ff *[Lockerbie]*, Declaration of Acting President *Oda.*

657 Vgl Richter *Morelli* (sep op) ICJ Rep 1962, 216, 224: „It must, on the contrary, be supposed that the Charter confers finality on the Assembly's resolution irrespective of the reasons, whether they are correct or not, on which the resolution is based [...]". S auch *Ziemele,* International Courts and Ultra Vires Acts, in Caflisch u a (Hrsg), Human Rights – Strasbourg Views, FS Wildhaber, 2007, 537 (540 ff).

658 Positiv: *Bernhardt* (Fn 90) 33 f; *Fraas* (Fn 619) 92 f; wohl auch *Cannizzaro/Palchetti* (Fn 643) 387; negativ: *Frowein,* The Internal and External Effects of Resolutions by International Organizations, ZaöRV 49 (1989) 778 ff.

659 Zwischen normativem Anspruch und Durchsetzungsfähigkeit klafft beim Völkerrecht ein besonders breiter Spalt; die *rule of law* ist prozedural noch nicht komplettiert. Vgl auch *Bernhardt* (Fn 382) 1316 f; *Schmahl* (Fn 519) 223 ff.

660 Vgl auch schon Art 15 Abs 8 VBS. – Allg *Cançado Trindade,* The Domestic Jurisdiction of States in the Practice of the United Nations and Regional Organizations, ICLQ 25 (1976) 715 ff; *Nolte,* in Charter UN³, Art 2(7) Rn 23 ff; *von Arnauld* (Fn 508) Rn 359 ff.

gen darf sie in diesen inneren Zuständigkeitsbereich der Staaten nicht intervenieren.[661]

196 Ob eine Angelegenheit in den *domaine réservé* eines Staats fällt, ergibt sich aus völkerrechtlicher Beurteilung.[662] Insgesamt verkleinert sich der interventionsfreie Raum zunehmend. Dies hängt einmal mit der sehr extensiven Vertragstätigkeit der Staaten zusammen; was die Staaten zum Gegenstand vertraglicher Absprache gemacht haben, ist ihrem einseitigen Bestimmungsrecht (im Verhältnis zu den Vertragspartnern) entzogen.[663] Ein gewichtiges Bsp für eine solche freiwillige Einschränkung enthält Art 2 Nr 7 UN-Charta selbst, wenn dort bestimmt wird, dass die Anwendung von Zwangsmaßnahmen nach Kap VII durch das allgemeine Interventionsverbot nicht berührt wird.[664] Darüber hinaus hat die Entwicklung des allgemeinen Völkerrechts – hinzuweisen ist hier auf das zwingende Völkerrecht und den internationalen *ordre public* – die Berufung auf das Verbot der Intervention in eigene Angelegenheiten erheblich eingeschränkt.[665] Vor allem gehören heute schwere und systematische Menschenrechtsverletzungen (gerade auch gegenüber eigenen Staatsangehörigen), Genozid, Rassendiskriminierung, Missachtung des Selbstbestimmungsrechts der Völker und intensive Umweltschädigungen zu den Handlungen, die die Völkerrechtsgemeinschaft insgesamt betreffen, auf die daher von außen reagiert werden kann, ohne dass dem der *Einwand der Intervention in den domaine réservé* entgegengehalten werden darf.[666] Entsprechendes gilt ungeachtet des

---

661 *Seidl-Hohenveldern/Loibl,* Internationale Organisationen, Rn 1507 ff; *Heintschel von Heinegg,* in Ipsen (Fn 30) § 55 Rn 41 ff. – Auch hier stellt sich das Problem der Rechtsfolge eines Verstoßes gegen das Interventionsverbot vor allem unter dem Aspekt, dass die Frage unterschiedlich beurteilt werden wird; dazu o Rn 194.

662 Vgl PCIJ, Ser B, No 4 (1923) 24 *[Staatsangehörigkeitsdekrete in Tunis und Marokko].*

663 Vgl *Hobe* (Fn 39) 240 f.

664 Die genannte Einschränkung wird mit der Ausweitung der Begriffe „Bedrohung oder Bruch des Friedens" gemäß Art 39 UN-Charta immer brisanter. Vgl etwa die Maßnahmen des SR in Bezug auf Irak (Schutz der Kurden), Libyen (Lockerbie), Haiti (Sturz der gewählten Regierung), Afghanistan *(Bin Laden)* und Libyen *(Gaddafi);* dazu *Kirgis,* The Degrees of Self-Determination in the United Nations Era, AJIL 88 (1994) 304 ff; *Ipsen* (Fn 69) 41 ff; *Harfensteller,* Der Wandel der UN im Spiegel eines neuen Friedensverständnisses, VN 2012, 71 (73); *Oeter,* Zwangsmaßnahmen nach Kapitel VII UN-Charta, VN 2016, 164 ff.

665 Zu den *erga omnes* bestehenden Völkerrechtspflichten vgl *Klein* (Fn 66 [Statusverträge]) 55 ff; *Frowein* (Fn 66) 241 ff; *Tanaka,* The Legal Consequences of Obligations Erga Omnes in International Law, NILR 68 (2021) 1 ff und die Beiträge in Tomuschat/Thouvenin (Hrsg), The Fundamental Rules of the International Legal Order. Jus Cogens and Obligations Erga Omnes, 2006.

666 Vgl *Nolte,* in Charter UN³, Art 2(7) Rn 38 ff; *Klein,* Menschenrechte, 1997, 23. Allerdings hat die Anerkennung des *erga omnes* wirkenden menschenrechtlichen Mindeststandards keine Auswirkungen auf das Prinzip der Staatenimmunität. Nach Ansicht des IGH gibt es keine Regel, wonach der Anspruch eines Staats auf Immunität vor fremder staatlicher Gerichtsbarkeit von der Schwere des begangenen Unrechts abhängt, vgl IGH, ICJ Rep 2012, 99, Rn 85, 92 ff *[Jurisdictional Immunities of the State];* ebenso *Tomuschat,* The International Law of State Immunity and Its Development by National Institutions, Vanderbilt J Transnat'l L 44 (2011) 1105 (1119 ff); differenzierend *Payandeh,* Staatenimmunität und Menschenrechte, JZ 2012, 949 (957 ff); *Özdan,* State Immunity or State Impunity in Cases of Violations of Human Rights Recognised as Jus Cogens Norms, IJHR 23 (2019) 1521 ff; zweifelhaft Corte Costituzionale, Urt v 22.10.2014, No 238,

Gewaltverbots für die Möglichkeit von Drittstaaten oder nach Maßgabe ihrer Satzung von I.O., dem Opfer eines bewaffneten Angriffs durch (nichtmilitärische) Repressalien (zB Embargo, Wirtschaftsboykott) beizustehen oder ihm gar militärische Hilfe zu leisten (kollektive Selbstverteidigung, Art 51 UN-Charta).[667]

d) Bindung an menschenrechtliche Mindeststandards

Die zunehmende Beschränkung des *domaine réservé* der Staaten bewirkt zugleich, dass I. O. immer stärker *staatsähnliche Hoheitsfunktionen* innerhalb ihrer Mitgliedstaaten ausüben. Sehr deutlich wird dies in Bezug auf die EU, deren Primär- und Sekundärrecht vom EuGH vielfach für in den Mitgliedstaaten unmittelbar anwendbar erklärt[668] und generell mit einem Anwendungsvorrang vor dem nationalen Recht versehen wird.[669] Aber nicht nur S.O. wie die EU, sondern auch die UN üben mittlerweile verstärkt Hoheitsfunktionen aus, indem sie friedenserhaltende und friedensschaffende Blauhelmtruppen in verschiedene Krisengebiete der Welt entsenden.[670] Die sog targeted sanctions, die der SR seit einigen Jahren gegen mutmaßliche Terroristen verhängt,[671] zielen sogar unmittelbar auf die Beschränkung von Freizügigkeits- und Eigentumsrechten von Privatpersonen. **197**

Als Korrelat zu dieser rechtlichen wie faktischen Vermehrung der von I.O. ausgehenden Hoheitsgewalt muss auch die *Bindung an Menschenrechte* Kontur gewinnen. Der *EuGH* hat früh erkannt, dass der von ihm geforderte Vorrang des Unionsrechts vor dem mitgliedstaatlichen Recht nur haltbar ist, wenn das Unionsrecht trotz des Fehlens von Grundrechtsnormierungen im Vertragsrecht seinerseits als grundrechtsunterworfen und grundrechtsschützend zu verstehen ist.[672] Seit den Fällen „Stauder" (1969) und „Nold" (1974)[673] hat der EuGH deshalb in st Rspr einen gemeinschaftlichen Grundrechts- **198**

G.U. 1, Serie Speciale 2014, Anno 155, No 45. S auch o Rn 108. Angesichts fortdauernder Nichtbeachtung der Grundsätze der Staatenimmunität durch ital Gerichte und drohender Vollstreckungsmaßnahmen in in Italien belegenes dt Vermögen hat die BR Deutschland am 29.4.2022 eine erneute Klage gegen Italien vor dem IGH eingereicht, auf die das Ital Verfassungsgericht immerhin mit der Aufrechterhaltung der Vollstreckungsimmunität Deutschlands reagiert hat, vgl Corte Costituzionale, Urt v 4.7.2023, No 159/2023.

667 *Klein* (Fn 63) 101ff. S dazu *Schröder*, 7. Abschn Rn 29ff, 115. Zur humanitären Intervention vgl die Nachw in Fn 57.

668 Zum Unionsprimärrecht vgl EuGH, Slg 1963, 1, 25 *[Van Gend & Loos]*; zur unmittelbaren Anwendbarkeit von inhaltlich unbedingten und hinreichend genauen Richtlinien vgl EuGH, Slg 1982, 53, Rn 17ff *[Becker]*. S auch o Rn 14 sowie u Rn 250.

669 EuGH, Slg 1964, 1251, 1269f *[Costa/ENEL]*.

670 Vgl etwa die Stationierung von UNMIK- und KFOR-Truppen im Kosovo. Näher *Ratner*, Foreign Occupation and International Territorial Administration, EJIL 16 (2005) 695 (696ff); *Wilde*, International Territorial Administration, 2008; *Tielsch*, UN-Verwaltung und Menschenrechte, 2006. S auch u Rn 205.

671 S o Rn 152.

672 Hierzu *Weiler*, The Constitution of Europe, 1999, 107f; *Scheuing*, Zur Grundrechtsbindung der EU-Mitgliedstaaten, EuR 2005, 162 (163); *Jarass*, Die Bindung der Mitgliedstaaten an die EU-Grundrechte, NVwZ 2012, 457ff.

673 EuGH, Slg 1969, 419 *[Stauder]*; Slg 1974, 491 *[Nold]*.

Schmahl

standard entwickelt, der dem nationalen Grundrechtsschutz und den Standards der EMRK im Wesentlichen gleichzuachten ist.[674]

199   Eine Bindung von Organhandeln an eigenständige und ausdifferenzierte Menschenrechtsstandards ist freilich für andere ("normale") I.O. – wie die *UN* – in absehbarer Zeit nicht zu erwarten. Wiewohl die Beschlüsse des UN-Sicherheitsrats weitreichende Verpflichtungen auferlegen und an dem in Art 103 UN-Charta normierten Vorrang teilhaben, bleiben die UN auf die Umsetzung und Durchführung ihrer Beschlüsse durch die Mitgliedstaaten angewiesen;[675] dies gilt auch, wenn sie auf der Grundlage des Kap VII UN-Charta Friedenstruppen entsenden oder nichtmilitärische Sanktionen gegen Einzelne verhängen. Deshalb ist es konsequent, wenn der *nationale Grundrechtsschutz* gegen solche mitgliedstaatlichen Akte, die Recht von I.O. vollziehen, nach wie vor prinzipiell im Vordergrund steht. Problematisch wird dies aber etwa dann, wenn Schäden, die Zivilpersonen im Rahmen einer UN-Friedensmission erleiden, nicht dem mit der Durchführung der SR-Resolution betrauten Staat, sondern ausschließlich den UN zugerechnet werden, für die die Truppen auf der Grundlage des Kap VII UN-Charta tätig waren.[676] In diesen Fällen bedarf es dringend einer Klärung, ob und in welchem Umfang die UN auf die Achtung von Menschenrechten materiell und prozessual verpflichtet sind. Eine gewisse materiell-rechtliche Bindung lässt sich über *Art 1 Nr 3, Art 24 Abs 2 und Art 55 lit c UN-Charta* vergleichsweise unproblematisch annehmen,[677] wobei man insoweit, als der SR im Rahmen von Kap VII handelt, wohl nur den *menschenrechtlichen Mindeststandard* wird in Bezug nehmen können.[678] Schwieriger zu beantworten ist hingegen die Frage, wie das Fehlen unmittelbarer Rechtsschutzmechanismen gegen Be-

---

674 Vgl nur BVerfGE 102, 147, 165f sowie EGMR, ECHR Rep 2005-VI, Rn 55 *[Bosphorus];* bestätigt von EGMR, NVwZ-RR 2016, 644, Rn 93ff *[Klausecker].* Hierzu eingehend *Haratsch,* Die Solange-Rechtsprechung des Europäischen Gerichtshofs für Menschenrechte, ZaöRV 66 (2006) 945ff; *Schmahl,* Grundrechtsschutz im Dreieck von EU, EMRK und nationalem Verfassungsrecht, EuR 2008, Beiheft 1, 7 (26ff). Näher u Rn 254.

675 S o Rn 151f.

676 Zur exklusiven Haftung der UN s o Rn 102. Im Fall *Behrami/Saramati* hat der EGMR (EuGRZ 2007, 522, Rn 133ff) genau diese Erwägung herangezogen, um die Unzulässigkeit *ratione personae* der erhobenen Individualbeschwerde von Zivilpersonen aus dem Kosovo zu begründen. Krit *Sari,* Jurisdiction and International Responsibility in Peace Support Operations, HRLR 8 (2008) 151ff; *Bodeau-Livinex/Buzzini/Villalpando,* International Decisions: Agim Behrami & Bekir Behrami v France; Ruzhdi Saramati v France, Germany & Norway, AJIL 102 (2008) 323ff; *Janik,* Die EMRK und internationale Organisationen, ZaöRV 70 (2010) 127ff; *Schütze,* Die Zurechenbarkeit von Völkerrechtsverstößen im Rahmen mandatierter Friedensmissionen der Vereinten Nationen, 2011; *Okada,* What's Wrong with Behrami and Saramati?, JCSL 24 (2019) 343ff. Aus entsprechenden Gründen soll auch die Überprüfung von Maßnahmen des Hohen Repräsentanten für Bosnien-Herzegowina ausgeschlossen sein, vgl EGMR Entsch v 16.10.2007, Nr 36357/04 *[Beric u a].*

677 S auch u Rn 206.

678 Hierzu *Halberstam/E. Stein,* The United Nations, The European Union, and the King of Sweden, CMLRev 46 (2009) 13 (16ff). Weitergehend *Bothe,* Security Council's Targeted Sanctions against Presumed Terrorists, JICJ 6 (2008) 541ff.

schlüsse des SR aufgefangen werden kann.[679] Die derzeitige Rechtslage, wo weder auf der Ebene der UN noch auf der mitgliedstaatlichen Ebene entsprechender Rechtsschutz gewährt wird,[680] ist im Blick auf die „Rule of Law" äußerst unbefriedigend.

e) Handlungsinstrumentarium

I.O. können über ein weites Spektrum tatsächlicher und rechtlicher Handlungsmöglich- **200** keiten verfügen.[681] Die *UN* und ihre Sonderorganisationen handeln regelmäßig durch die Verabschiedung von *Entschließungen* (Resolutionen, Deklarationen), die meist (im Verhältnis zu den Mitgliedern oder Drittstaaten) als unverbindliche Empfehlungen, zT aber auch als verbindliche Entscheidungen gegenüber den Mitgliedstaaten ergehen (vgl Art 25, Art 48 Abs 2 UN-Charta).[682] Die politische Wirkungskraft einstimmig verabschiedeter Empfehlungen steht trotz ihrer rechtlichen Unverbindlichkeit mittlerweile freilich außer Zweifel.[683]

Rechtsetzungsbefugnis im eigentlichen Sinn haben nur wenige I.O. Über eine schon **201** recht weitreichende Legislativkompetenz verfügen einzelne Sonderorganisationen dadurch, dass die von ihnen erarbeiteten Konventionen nicht der Ratifikation durch die Mitgliedstaaten bedürfen, sondern für diese verbindlich werden, wenn die Staaten die Bindung nicht durch Widerspruch verhindern (*opting out-/contracting out*-Verfahren).[684] Diese Verfahren markieren den Übergang von vertraglicher zu einseitiger Gesetzgebung. Viel intensiver und direkter geschieht Rechtsetzung in der *EU*. Art 288 AEUV stellt insofern als Rechtsformen die unmittelbar im innerstaatlichen Rechtsraum wirksame *Verordnung*, die der Umsetzung bedürftige *Richtlinie* und den *Beschluss* als individuell-konkrete Anordnung zur Verfügung. Als nicht verbindliche Handlungsformen werden dort Empfehlungen und Stellungnahmen genannt.[685]

---

679 Krit auch *Nolte*, Zusammenarbeit der Staaten bei der Friedenssicherung, in Breuer u a (Hrsg), Im Dienste des Menschen: Recht, Staat und Staatengemeinschaft, 2009, 21 (27 ff); *Ruffert/Walter*, Institutionalisiertes Völkerrecht, Rn 226 ff, 439. Vorsichtige Lösungsvorschläge bei *Hovell* (Fn 515) 57 ff.

680 Vgl Rn 152. Dies gilt unbeschadet der Existenz verschiedener UN-eigener Streitbeilegungsverfahren für konkrete Peacekeeping-Operationen. Gegen Klagen von Individuen und deren Heimatstaaten vor nationalen Gerichten sind die UN immun, s o Rn 108.

681 *Bindschedler*, Rechtsakte der Internationalen Organisationen, Berner FG zum Schweizerischen Juristentag 1979, 361 ff; *White*, Lawmaking, in Oxford Handbook, 559 (567 ff); *Alvarez*, Standard-Setting in UN System Organizations, in Cambridge Companion, 120 (124 ff).

682 Vgl o Rn 138, 151.

683 *White* (Fn 681) 573 ff. Vgl auch o Rn 138 f.

684 Betroffen sind ICAO, WHO, WMO und IMO; näher *Alexandrowicz*, The Law-Making Functions of the Specialized Agencies of the United Nations, 1973; *Brunnée*, International Legislation, MPEPIL V, 986 (Rn 20 ff); *Anderson*, Law Making Processes in the UN System, MPYUNL 2 (1998) 23 ff; *Frenzel*, Sekundärrechtsetzungsakte internationaler Organisationen, 2011, 39 ff.

685 Überblick bei *Oppermann/Classen/Nettesheim* (Fn 95) § 9 Rn 123 ff. – Für den Bereich der GASP und PJZS sind eigene Handlungsformen aus Vereinfachungs- und Vereinheitlichungsgründen nach dem Vertrag von Lissabon entfallen. Die in Art 288 AEUV aufgeführten Handlungsformen gelten einheitlich für

202   Entsprechend der im Gründungsvertrag eingeräumten Vertragsabschlussbefug-
nis[686] können I.O. durch den Abschluss von *Verträgen* Recht für sich und ihre Vertragspartner (Staaten oder andere I.O.) setzen. Ob die von der Organisation geschlossenen
Verträge auch für ihre Mitglieder verbindlich sind, hängt gleichfalls von einer entsprechenden Regel des Gründungsvertrags ab. Ein Bsp bietet Art 216 Abs 2 AEUV. Allerdings
hat diese Vorschrift nur Bedeutung für das interne Verhältnis EU/Mitgliedstaaten. Der
Rechtsgrund für das Entstehen völkerrechtlicher Verpflichtungen zwischen den Mitgliedstaaten und dem Vertragspartner der EU liegt in ihrer (im Gründungsvertrag anti-
zipierten) Zustimmung.[687] Von diesem Verfahren vertraglicher Rechtsetzung zu unterscheiden sind die Fälle, in denen im Schoße I.O. völkerrechtliche *Verträge vorbereitet*
und den Staaten zur Beschlussfassung auf einer internationalen diplomatischen Konferenz unterbreitet werden. Auf diesem Wege sind zahlreiche wichtige Konventionen
entstanden. So wurden etwa die Wiener Konventionen über diplomatische und konsularische Beziehungen und die beiden Wiener Konventionen über das Vertragsrecht von
der ILC in Rückkopplung mit den UN-Mitgliedern entworfen, vom Rechtsausschuss der
GV gebilligt, auf einer Staatenkonferenz in der endgültigen Fassung beschlossen und der
Ratifizierung bzw dem Beitritt der interessierten Staaten zugänglich gemacht.[688] Die Ge-
nozidkonvention, die beiden Menschenrechtspakte und die anderen universellen Menschenrechtsverträge wurden von der GV selbst beschlossen, bevor sie den Staaten zur
Unterzeichnung und Ratifizierung freigegeben wurden. Im Rahmen des *Europarats* sind
über 220 Übereinkommen ausgearbeitet worden, darunter so bedeutsame wie die EMRK
samt Zusatzprotokollen, die Europäische Sozialcharta, die Europäische Konvention zu
Bekämpfung des Terrorismus, die Europäische Anti-Folterkonvention und das Europäische Auslieferungsabkommen.

203   Rechtlich erhebliches Handeln kann auch durch *judizielle Akte* erfolgen. Verschiedentlich bestehen innerhalb einer I.O. Gerichte mit Zuständigkeiten für verbindliche
Streitentscheidung (Urteil, Beschluss) oder für Rechtsgutachten.[689] Im Rahmen der UN
ist auf den IGH und die UN-Dienstgerichte hinzuweisen.[690] Die ILO, eine Sonderorganisation, verfügt ebenfalls über ein Verwaltungsgericht, das den Rechtsschutz der Bediensteten wahrnimmt.[691] Im System des Europarats ist der auf die rechtliche Gewähr-

---

alle Politikbereiche, vgl *Streinz/Ohler/Herrmann* (Fn 221) 77 ff. Diese Rechtsakte können entweder als Gesetzgebungsakte im ordentlichen Gesetzgebungsverfahren (Art 289 AEUV) oder als Akte ohne Gesetze-
scharakter mit allgemeiner Geltung (Art 290 AEUV) erlassen werden.
686 Vgl o Rn 98.
687 Näher *Klein/Pechstein* (Fn 307) 39 ff.
688 Vgl auch u Rn 209. ZT enthalten die Gründungsverträge auch die Verpflichtung, diese innerhalb
einer bestimmten Frist den zuständigen staatlichen Organen zur Billigung vorzulegen; vgl zB Art 19
Nr 5 b ILO, Art 4 Abs 4 UNESCO; dazu *Seidl-Hohenveldern/Loibl*, Internationale Organisationen, Rn 1552.
689 Eine Übersicht bei *Schermers/Blokker*, International Institutional Law, §§ 605 ff.
690 Vgl o Rn 174 und 177.
691 *Knapp*, International Labour Organisation Administrative Tribunal, EPIL II (1995) 1156 ff; *Politakis*,
Administrative Tribunal: International Labour Organization (ILO), MPEPIL online, Rn 1 ff.

leistung der EMRK spezialisierte Europäische Gerichtshof für Menschenrechte (EGMR) in Straßburg zu nennen.[692] Entsprechende Institutionen anderer Regionalorganisationen sind der Inter-Amerikanische Menschenrechtsgerichtshof und der Afrikanische Gerichtshof für Menschenrechte und Rechte der Völker.[693] In der EU ist, der weit fortgeschrittenen Integration entsprechend, die Gerichtsbarkeit stark ausgebaut; sie wird vom Gerichtshof (EuGH), dem Gericht (EuG) und (bis Ende 2016) vom Gericht für den öffentlichen Dienst der EU (Luxemburg) wahrgenommen.[694] Letzteres wurde zugunsten einer verstärkten Kohärenz des Unionsrechts allerdings am 1.9.2016 aufgelöst und seine Aufgabe in das EuG integriert; gleichzeitig wurde die Zahl der Richter des Gerichts auf zwei Mitglieder pro Mitgliedstaat, also auf derzeit 54, erhöht.[695]

f) Die wichtigsten Aufgabenfelder der UN

Die Aufgaben der UN werden in Art 1 iVm der Präambel der UN-Charta genannt. Im Zentrum stehen die Erhaltung und Wiederherstellung des Weltfriedens und der internationalen Sicherheit. In engem Zusammenhang mit dieser Zielbestimmung stehen auch die anderen Hauptaufgabenfelder:[696] Schutz der Menschenrechte, Entkolonialisierung, wirtschaftliche und soziale Entwicklung, Entwicklung des Völkerrechts. Diese Entwicklungsziele werden unter anderem von den Millennium Development Goals und den Sustainable Development Goals der Agenda 2030 konkretisiert.[697]

204

---

692 Klein/Stender/Petzold/Liddell (Hrsg), The European Court of Human Rights, 1997; *Grabenwarter/Pabel,* Europäische Menschenrechtskonvention, 7. Aufl 2021, § 6 Rn 1 ff; *Lambert Abdelgawad,* European Court of Human Rights, in Schmahl/Breuer (Hrsg), Council of Europe, 228 ff.

693 *Kokott,* Das interamerikanische System zum Schutz der Menschenrechte, 1986; *Krisch,* The Establishment of an African Court on Human and Peoples' Rights, ZaöRV 58 (1998) 713 ff; *van der Mei,* The New African Court on Human and Peoples' Rights, LJIL 18 (2005) 113 ff; *Faix/Jamali,* Is the African Court on Human and Peoples' Rights in an Existential Crisis?, NQHR 40 (2022) 56 ff; vgl auch die Beiträge in Engstrom (Hrsg), The Inter-American Human Rights System, 2019.

694 *Arnull,* The European Union and its Court of Justice, 2. Aufl 2006; *Everling,* Rechtsschutz in der Europäischen Union nach dem Vertrag von Lissabon, EuR 2009, Beiheft 1, 71 ff. Art 257 AEUV ermöglicht für Entscheidungen im ersten Rechtszug die Bildung weiterer Fachgerichte. Die Errichtung einer Fachgerichtsbarkeit für den Schutz geistigen Eigentums und den Schutz gemeinschaftlicher Titel des gewerblichen Rechtsschutzes wurde vermehrt diskutiert, ist jedoch bis dato nicht abgeschlossen worden, vgl *Wegener,* in Calliess/Ruffert (Fn 142) Art 257 AEUV Rn 4 ff mwN; speziell aus dt Sicht zum Übereinkommen über ein einheitliches Patentgericht BVerfGE 153, 74 ff *[Patentgericht]; Giegerich,* BVerfG verzögert europäische Patentreform. Vorschläge zur Schadensbegrenzung, EuZW 2020, 560 ff.

695 Vgl VO (EU, Euratom) 2016/1192, ABl EU 2016, Nr L 200, 137 ff; Art 48 lit b Protokoll Nr 3 über die Satzung des Gerichtshofs der EU (zuletzt geänd durch VO 2019/629, ABl EU 2019, Nr L 111, 1). Vgl auch o Rn 125.

696 Vgl *Seidl-Hohenveldern/Loibl,* Internationale Organisationen, Rn 2101 ff; *Pallek,* Die Aufgaben der Vereinten Nationen nach der Charta, in Volger (Hrsg), Grundlagen, 67 ff; *Wolfrum* (Fn 60) 129 ff; *Zemanek,* Basic Principles of the UN Charter Law, in Macdonald/Johnston (Fn 325) 401 ff.

697 UN Doc A/RES/55/2 v 18.9.2000; A/RES/70/1 v 25.9.2015; näher A/RES/75/1 v 28.9.2020 sowie Kaltenborn/Krajewski/Kuhn (Hrsg), Sustainable Development Goals and Human Rights, 2020. Vgl auch u Rn 208.

Schmahl

205 **(1) Erhaltung und Wiederherstellung des Weltfriedens und der internationalen Sicherheit.** Die *raison d'être* der UN besteht in der Wahrung des Friedens und der internationalen Sicherheit oder, wo diese Rechtsgüter verletzt sind, in ihrer Wiederherstellung (Art 1 Nr 1 UN-Charta).[698] Im Vergleich mit dem Völkerbund sind die Handlungsmöglichkeiten der UN erweitert. Normativ gestützt wird diese zentrale Aufgabe durch das *Gewaltverbot* (Art 2 Nr 4 UN-Charta), das über die vertragliche, nur die Mitgliedstaaten betreffende Verpflichtung hinaus als Norm des allgemeinen (zwingenden) Völkerrechts alle Staaten bindet.[699] Obgleich gegen bewaffnete Angriffe (individuelle und kollektive) Selbstverteidigung zulässig ist (Art 51), legt die UN-Charta doch ersichtlich den Schwerpunkt auf eine von der Organisation selbst getragene Aktion. Hierbei stehen den maßgeblichen Organen, primär dem SR (Art 24), eine Fülle von Handlungsmöglichkeiten zur Verfügung, die von unverbindlicher Empfehlung, die Waffen ruhen zu lassen und den ausgebrochenen Streit friedlich beizulegen, bis zur verbindlichen Anordnung des Rückzugs und deren zwangsweiser Durchsetzung mit außermilitärischen oder auch militärischen Mitteln reichen. Während das von der Konzeption der UN-Charta her zentrale Kap VII im Zeichen des Ost-West-Konflikts selten zur Anwendung kam, vielmehr sich der Ersatzmechanismus der friedenserhaltenden Streitkräfte (*peace keeping forces*, „Blauhelme") etablierte,[700] wurden nach der weltpolitischen Wende 1989/90 nicht nur die herkömmlichen friedenswahrenden Aktionen erheblich, quantitativ und qualitativ, ausgeweitet,[701] sondern auch Kap VII wurde zunehmend in Anspruch genommen, wobei durch eine weite Interpretation des Friedens- und Sicherheitsbegriffs in Art 39 UN-Charta[702] der Handlungsspielraum des SR erweitert und zugleich der denkbare Einwand einer unzulässigen Intervention in eigene Angelegenheiten abgeschnitten wird (Art 2 Nr 7).[703]

---

698 *Gareis/Varwick*, Vereinte Nationen, 79 ff; *Slaughter*, Security, Solidarity, and Sovereignty, AJIL 99 (2005) 619 ff; *Eisele*, Friedenssicherung, in Volger (Hrsg), Grundlagen, 131 ff; *Lowe/Roberts/Welsh/Zaum*, The United Nations Security Council and War, 2008; *Weller*, Use of Force, in Oxford Handbook, 622 (629 ff). Vgl auch die vom GS 1992 vorgelegte „Agenda für den Frieden", UN Doc S/24728 sowie die in Fn 615 genannten Berichte. Näher *Bothe*, 8. Abschn Rn 31 ff. Umfassend zu den Aufgabenfeldern Schachter/Joyner (Hrsg), United Nations Legal Order, 2 Bde, 1995; Blokker/Schrijver (Hrsg), The Security Council and the Use of Force, 2005.
699 ICJ Rep 1986, 14, 99 *[Nicaragua (Merits)]*.
700 Dazu *McCoubrey/White*, The Blue Helmets: Legal Regulations of United Nations Military Operations, 1996; *Hillen*, Blue Helmets, 2. Aufl 2000; *Schmahl* (Fn 568) § 8 Rn 54 ff.
701 Zu den Problemen der zunehmenden Aufgaben- und Funktionserweiterung der Peacekeeping-Missionen vgl *P. Rudolf*, VN-Friedensmissionen und der Einsatz militärischer Gewalt, SWP-Studie 2017, 1 (7 ff); *Oksamytna*, Eine Leistungskultur in der UN-Friedenssicherung, VN 2022, 3 ff.
702 *Österdahl*, Threat to the Peace: The Interpretation by the Security Council of Article 39 of the UN Charter, 1998; *Stein* (Fn 519) 209 ff; *Witte* (Fn 515) 225; jüngst *Paige*, Petulant and Contrary: Approaches by the Permanent Five Members of the UN Security Council to the Concept of 'threat to the peace' under Article 39 of the UN Charter, 2019.
703 Vgl Dupuy (Hrsg), Le développement du rôle du Conseil de Sécurité, 1993. *Randelzhofer*, Neue Weltordnung durch Intervention?, FS Lerche, 1993, 51 ff macht darauf aufmerksam, dass es der Idee einer „neuen Weltordnung" nicht bedürfe, um die Konzeption der UN-Charta zu realisieren; entscheidend sei

Nach den Terrorangriffen des 11.9.2001 gelang der Staatengemeinschaft zunächst eine Antwort im Rahmen und unter Einbeziehung der UN.[704] Bereits die Ereignisse des Irak-Kriegs 2003, der bewaffneten Auseinandersetzungen in Georgien 2008, in Syrien seit 2012, auf der Krim und in der Ostukraine seit 2014/15 ließen jedoch ernsthafte Zweifel an der Leistungsfähigkeit des UN-Systems aufkommen.[705] Als besonders dramatisch erweist sich die Situation jedoch seit dem völkerrechtswidrigen Angriffskrieg Russlands auf die (gesamte) Ukraine; auch hier konnte der SR aufgrund des russ Vetos keinerlei Maßnahmen ergreifen.[706] Es droht die „Nationalisierung" der kollektiven Sicherheitsidee – und damit deren Scheitern. Die sich abzeichnende Überforderung des SR dürfte in Zukunft die „Regionalen Abmachungen" iSd Kap VIII UN-Charta[707] in den Vordergrund rücken und ungeachtet der auch in diesem Rahmen bestehenden Verantwortung des SR eine gewisse Dezentralisierung des Systems der Friedenswahrung und -wiederherstellung zur Folge haben. So hat im Kosovo-Konflikt (1999) die Handlungsunfähigkeit des SR[708] dazu geführt, dass die NATO eine humanitäre Intervention ohne vorherige ausdrückliche Er-

---

der politische Wille. Vgl ferner *van Well*, Die Vereinten Nationen als Friedensstifter, EA 1992, 703 ff; *Freudenschuß*, Between Unilateralism and Collective Security, EJIL 5 (1994) 492 ff; *Zemanek*, Peace-keeping or Peace-making?, in Blokker/Muller (Hrsg), Towards More Effective Supervision by International Organizations, Bd I, 1994, 29 ff; *Fink* (Fn 285) 875 ff. – Auf der Grundlage des Kap VII hat der SR den Internationalen Strafgerichtshof für das ehemalige Jugoslawien, S/RES/827 (1993), sowie denjenigen für Ruanda, S/RES/955 (1994), errichtet; s o Fn 51 sowie *Schröder*, 7. Abschn Rn 44, 47.

704 Vgl die Res des SR v 12.9.2001 (S/RES/1368) und v 28.9.2001 (S/RES/1373). Mit Letzterer hat der SR u a die Einrichtung des Counter-Terrorism Committee (CTC) beschlossen; hierzu *Happold*, Security Council Resolution 1373 and the Constitution of the United Nations, LJIL 16 (2003) 593 ff; *Rosand*, Security Council Resolution 1373, the Counter-Terrorism Committee, and the Fight Against Terrorism, AJIL 97 (2003) 333 ff; *ders*, The Security Council's Efforts to Monitor the Implementation of Al Quaeda/Taliban Sanctions, AJIL 98 (2004) 745 ff; *Boulden*, Terrorism, in Handbook UN², 505 (508 f).

705 Vgl *Luchterhandt*, Völkerrechtliche Aspekte des Georgienkrieges, AVR 46 (2008) 453 ff; *König*, Gescheiterte Vermittlungsbemühungen in Georgien, VN 2009, 154 ff; *Griep*, Syrien, Annan und ein Optionen-Mix, VN 2012, 59; *Luchterhandt*, Der Anschluss der Krim an Russland aus völkerrechtlicher Sicht, AVR 52 (2014) 137 ff; *Benner*, Hilflos und irrelevant? Die Krisendiplomatie der Vereinten Nationen, VN 2015, 10 (11); *Grant*, Annexation of Crimea, AJIL 109 (2015) 68 ff; *Michel*, Die Einverleibung der Krim durch Russland: Eine völkerrechtliche Würdigung, in Gornig/Michel/Bohle (Hrsg), Territoriale Souveränität und Gebietshoheit, 2015, 111 ff.

706 Vgl S/2022/155 v 25.2.2022; S/PV.8979 v 25.2.2022, 6. Infolgedessen hat der SR die 11. Notstandssondersitzung der GV einberufen (vgl S/RES/2623 v 27.2.2022), in deren Rahmen die GV bisher mehrere – freilich unverbindliche – Resolutionen zur Situation in der Ukraine angenommen hat, vgl A/RES/ES-11/1 v 2.3.2022; A/RES/ES-11/2 v 24.3.2022; A/RES/ES-11/3 v 7.4.2022; A/RES/ES-11/4 v 12.10.2022; A/RES/ES-11/7 v 23.3.2023. S auch o Rn 130.

707 *Wolfrum*, Der Beitrag regionaler Abmachungen zur Friedenssicherung, ZaöRV 53 (1993) 576 ff; *Walter*, Vereinte Nationen und Regionalorganisationen, 1996.

708 Vgl die Res betr die massiven Menschenrechtsverletzungen im Kosovo: des SR v 31.3.1998 (S/RES/1160), v 23.9.1998 (S/RES/1199), v 24.10.1998 (S/RES/1203), v 14.5.1999 (S/RES/1239), v 10.6.1999 (S/RES/1244) sowie der GV v 5.3.1997 (A/RES/51/111) und v 12.12.1997 (A/RES/52/139). Dazu *Tomuschat*, Kosovo under Scrutiny by the United Nations, Friedens-Warte 73 (1998) 512 ff.

Schmahl

mächtigung durch den SR durchgeführt hat.[709] Auch der Anti-IS-Einsatz der internationalen Allianz in Syrien ist als Folge der kompromisshaften Verschleierungsformel in der SR-Resolution 2249 (2015) und der Uneinigkeit der vetoberechtigten Ratsmitglieder zu sehen.[710] Einer Forderung des Weltgipfels 2005 entsprechend haben GV und SR gemeinsam die Kommission für Friedenskonsolidierung (Peacebuilding Commission) errichtet, die im Juni 2006 zu ihrer ersten Sitzung zusammengetreten ist. Aufgabe dieser Kommission ist es, Staaten in einer *post-conflict*-Situation zu unterstützen. Dies geschieht durch Maßnahmen der Friedenskonsolidierung oder durch Koordinierung der internationalen Akteure bei der Entwicklung von Wiederaufbaustrategien.[711] Dem hierfür errichteten *Fonds zur Friedenskonsolidierung (Peacebuilding Fund)*, der auf bislang ausschließlich auf freiwillige Beiträge angewiesen ist, fehlt es jedoch zunehmend an finanziellen Ressourcen.[712]

206 **(2) Schutz der Menschenrechte.** Obwohl eingebunden in die allgemeinere Aufgabe, die internationale wirtschaftliche und soziale Zusammenarbeit zu fördern (Art 1 Nr 3, Art 55 lit c UN-Charta), ist der Schutz der Menschenrechte zu einem eigenständigen und profilierten, zugleich – alles in allem – relativ erfolgreichen Tätigkeitsfeld der UN geworden.[713] Die beispiellose Herabwürdigung von Menschen durch das NS-Regime hatte das Bewusstsein für die Notwendigkeit internationaler Schutzmaßnahmen geweckt. Bereits am 9.12.1948 wurde die im Rahmen des WSR erarbeitete Konvention über die Verhütung und Bestrafung des Völkermordes von der GV einstimmig angenommen;[714] am

---

709 Vgl *Delbrück*, Effektivität des UN-Gewaltverbots, Friedens-Warte 74 (1999) 139 (148 ff). *Debiel*, Handlungsfähige Weltautorität oder Legitimationsbeschaffer à la carte?, Friedens-Warte 73 (1998) 443 (459 f) geht von einem „Gewaltlegitimationsmonopol" der UN aus; s auch o Fn 489. Auch die EU positioniert sich zusehends iSd sog „Petersberg-Aufgaben", vgl Art 42 f EUV.
710 S/RES/2249 v. 20.11.2015, Ziff 5. Vgl auch *Sassenrath*, Einsätze zur Selbstverteidigung im Rahmen und nach den Regeln kollektiver Sicherheitssysteme, NVwZ 2020, 442 (444 f) mwN.
711 Vgl World Summit Outcome (Fn 21) §§ 97 ff; Gründungsdokumente: A/RES/60/180 v 20.12.2005; S/RES/1645 (2005) v 20.12.2005; hierzu *Gareis*, Neue Perspektiven in der Friedenssicherung?, in Varwick/Zimmermann (Fn 524) 187 ff; *Franke/Heinze*, Aus Fehlern lernen? Fazit nach 18 Monaten Peacebuilding Commission der Vereinten Nationen, Friedens-Warte 23 (2008) 97 ff; *Kmec*, The Establishment of the Peacebuilding Commission, International Peacekeeping 24 (2017) 304 ff. Derzeit gibt es 12 UN Political and Peacebuilding Missions (Südamerika, Afrika, Naher Osten, Asien).
712 So die eindringliche Warnung von GS *Guterres*, UN Doc A/74/976-S/2020/773 v 30.7.2020; näher *Schumacher*, Ein kurzer Quantensprung, VN 2022, 22 ff.
713 Vgl etwa *Kirgis*, International Organizations, 892 ff; *Klein*, Human Rights, Activities of International Organizations, MPEPIL IV, 1031 ff; Baum/Riedel/Schaefer (Hrsg), Menschenrechtsschutz in der Praxis der Vereinten Nationen, 1998; *Mertus*, United Nations and Human Rights, 2. Aufl 2009; *Weiß*, Menschenrechtsschutz, in Volger (Hrsg), Grundlagen, 163 ff; *Buergenthal/Thürer*, Menschenrechte, 2010, 23 ff; Fassbender (Hrsg), Securing Human Rights?, 2011; *Verdirame*, The UN and Human Rights, 2011; *Schrijver*, 50 Jahre UN-Menschenrechtspakte, VN 2016, 121 ff.; *Mégret/Alston*, The United Nations and Human Rights. A Critical Appraisal, 2. Aufl 2020. Zum Ganzen *Kau*, 3. Abschn Rn 245 ff.
714 In Kraft seit 1951; BGBl 1954 II, 730.

Tage darauf verabschiedete die GV die *Allgemeine Erklärung der Menschenrechte*.[715] Die normativ-vertragliche Umsetzung des in der Erklärung enthaltenen Programms erwies sich allerdings als langwierig und schwierig; erst im Dezember 1966 nahm die GV die beiden Internationalen Pakte für bürgerliche und politische Rechte und für wirtschaftliche, soziale und kulturelle Rechte an, die 1976 in Kraft traten.[716] Zusätzlich sind eine Fülle weiterer Konventionen (zB das Übereinkommen über die politischen Rechte der Frau v 1953, das Übereinkommen zur Beseitigung jeder Form der Rassendiskriminierung v 1966, das Übereinkommen zur Beseitigung jeder Form von Diskriminierung der Frau v 1979, das Übereinkommen über die Rechte des Kindes v 1989, die 2003 in Kraft getretene Internationale Konvention zum Schutz der Rechte aller Wanderarbeitnehmer und ihrer Familienangehörigen v 1990, die 2008 in Kraft getretene Konvention über die Rechte von Menschen mit Behinderungen v 2006 sowie das 2010 in Kraft getretene Übereinkommen zum Schutz aller Personen vor dem Verschwindenlassen v 2006)[717] erarbeitet worden. Der dabei zugrundeliegende Gedanke notwendiger internationaler Kooperation im menschenrechtlichen Bereich spiegelt sich auch in den Reaktionen der GV auf die COVID19-Pandemie wider; so betonte die GV mehrfach, dass die Pandemie eine globale Antwort auf der Grundlage multilateraler Zusammenarbeit unter uneingeschränkter Achtung der Menschenrechte erfordere.[718] Neben der GV und ihrem Hilfsorgan, dem Menschenrechtsrat, der 2006 die Menschenrechtskommission ablöste,[719] ist auch der WSR zuständig. Seit Anfang 1994 existiert zudem der Posten eines UN-Hochkommissars für Menschenrechte im Range eines Unter-Generalsekretärs.[720] Die zahlreichen, von

---

715 A/RES/217 (III). Dazu rückblickend etwa *Ramcharan*, 60 Jahre Allgemeine Erklärung der Menschenrechte, VN 2008, 201 ff; *Lochbihler*, Eine Erklärung für die Menschheit – Rückblick und Perspektiven, VN 2018, 243 ff.

716 BGBl 1973 II, 1534 und 1570; dazu *Cohen Jonathan*, Human Rights Covenants, EPIL II (1995) 915 ff; *Buergenthal*, Human Rights, MPEPIL IV, 1021 (Rn 9).

717 Übereinkommen über die politischen Rechte der Frau v 1953 (BGBl 1969 II, 1929; 1970 II, 46); Übereinkommen zur Beseitigung jeder Form der Rassendiskriminierung v 1965 (BGBl 1969 II, 2211); Übereinkommen zur Beseitigung jeder Form von Diskriminierung der Frau v 1979 (BGBl 1985 II, 647); Übereinkommen über die Rechte des Kindes v 1989 (BGBl 1992 II, 122); Internationale Konvention zum Schutz der Rechte aller Wanderarbeitnehmer und ihrer Familienangehörigen (A/RES/45/158, Annex); Übereinkommen über die Rechte von Menschen mit Behinderungen v 2006 (BGBl 2008 II, 1419); Internationales Übereinkommen zum Schutz aller Personen vor dem Verschwindenlassen v 2006 (BGBl 2009 II, 932).

718 Vgl A/RES/74/270 v 2.4.2020, 2; A/RES/74/306 v 11.9.2020, 5f; A/RES/74/307 v 11.9.2020, 1; A/RES/75/4 v 5.11.2020, 1. Zu den Herausforderungen der Pandemie für die Ziele der UN etwa *Fillion* (Fn 500) 121f; *Murithi*, COVID-19 – Plädoyer für eine Überprüfung der UN-Charta, VN 2020, 154ff; *Voß-Kyeck*, Mehr als ein Virus bedroht die Menschenrechte, VN 2021, 69 ff.

719 A/RES/60/251 v 15.3.2006; hierzu zB *Ghanea*, From UN Commission on Human Rights to UN Human Rights Council, ICLQ 55 (2006) 695 ff; *Rahmani-Ocora*, Giving the Emperor Real Clothes: The UN Human Rights Council, Global Governance 12 (2006) 15 ff; *Klein/Breuer* (Fn 522) 95 ff.; *Ramcharan*, The Law, Policy and Politics of the UN Human Rights Council, 2015. Vgl auch die Nachw in Fn 442.

720 Vgl A/RES/48/141 v 20.12.1993; ferner *Gaer/Broecker*, The United Nations High Commissioner for Human Rights, 2013. Derzeitiger Amtsinhaber ist der Österreicher *Volker Türk* (seit 17.10.2022).

Schmahl

Vertrag zu Vertrag stark variierenden Überwachungsmechanismen (Ausschüsse, treaty bodies) haben schwerwiegende systematische Verletzungen nicht verhindern können, aber doch insgesamt – insbes durch den Erlass diverser „General Comments" – zu einem erheblich gesteigerten menschenrechtlichen Bewusstsein der Staaten beigetragen und damit auch die Entstehung eines vertragsunabhängigen, alle Völkerrechtssubjekte verpflichtenden harten Kerns menschenrechtlicher Garantien ermöglicht.[721]

207 **(3) Entkolonialisierung.** Wohl entgegen den Erwartungen der Kolonialmächte erhielt die in Kap XI UN-Charta enthaltene Erklärung über Hoheitsgebiete ohne Selbstregierung bald große praktische Bedeutung. Aus dem Jahr 1960 datiert die von der GV beschlossene „Deklaration über die Gewährung der Unabhängigkeit an koloniale Länder und Völker",[722] ein Jahr später wurde der Dekolonisierungsausschuss von der GV als Hilfsorgan geschaffen,[723] der eine politisch sehr aktive Entkolonialisierungspolitik betrieb. In ihrem Gefolge stieg die Mitgliederzahl in den UN in den 1960er und 1970er, aber auch noch in den 1980er Jahren stark an.[724] Juristische Grundlage der Dekolonisierungsforderung war das Prinzip der *Selbstbestimmung der Völker* (Art 1 Nr 2, Art 55 UN-Charta), das in diesen Jahren von einem bloß politischen Prinzip zu einem zwingenden Völkerrechtssatz wurde.[725] Vieles freilich ist in diesem Zusammenhang umstritten, insbes die Frage, wie sich das Selbstbestimmungsrecht zur staatlichen Souveränität verhält.[726] Weitgehend übereinstimmende Ansicht heute ist jedenfalls, dass das Selbstbestimmungsrecht nicht auf den Dekolonisierungsvorgang beschränkt ist.[727] Die Verurteilung des fortgesetzten vietnamesischen Eingreifens in Kambodscha und der Intervention der Sowjetunion in Afghanistan erwiesen seine darüber hinausgehende Bedeutung.[728] Die

---

721 Vgl *Klein* (Fn 713) Rn 16, 27; *Tomuschat,* Human Rights. Between Idealism and Realism, 3. Aufl 2014, 42 ff; *von Schorlemer,* The United Nations, in Klabbers/Wallendahl (Hrsg), Research Handbook, 466 (493 f).

722 A/RES/1514 (XV) v 14.12.1960.

723 Mit der Res A/RES/47/233 v 17.8.1993 hat die GV den Dekolonisierungsausschuss mit dem besonderen politischen Ausschuss fusioniert.

724 Einer der wichtigsten Erfolge war nach jahrzehntelangen Bemühungen die Unabhängigkeit und UN-Mitgliedschaft Namibias 1990; vgl *Vergau,* Verhandeln um die Freiheit Namibias, 2006.

725 Dies gilt unabhängig von der vertragsrechtlichen Verbürgung in den jeweiligen Art 1 der Internationalen Menschenrechtspakte; vgl *Doehring,* Self-Determination, in Charter UN², Appendix Art 1 Rn 1, 57 ff. Zum Entkolonialisierungsprozess näher *Pabst,* Die UN und die Entkolonisierung, VN 2015, 207 ff und VN 2016, 14 ff; *Trinidad,* Self-Determination in Disputed Colonial Territories, 2018.

726 Der springende Punkt dabei ist das Sezessionsrecht; vgl *Oeter,* Self-Determination, in Charter UN³, Rn 35 ff; *Murswiek,* The Issue of the Right of Secession – Reconsidered, in Tomuschat (Hrsg), Modern Law of Self-Determination, 1993, 21 ff; *Ott,* Das Recht auf Sezession als Ausfluss des Selbstbestimmungsrechts der Völker, 2008; *Gornig,* Territoriale Souveränität und Gebietshoheit und das Selbstbestimmungsrecht der Völker, in Gornig/Michel/Bohle (Fn 705) 11 ff; *Lu,* On State Secession from International Law Perspectives, 2018; *Bossacoma i Busquets,* Morality and Legality of Secession, 2020.

727 *Tomuschat,* Self-Determination in a Post-Colonial World, in ders (Fn 726) 1 ff.

728 *Klein* (Fn 50) 109.

Wiedervereinigung Deutschlands ist ein weiterer Anwendungsfall.[729] Entsprechendes gilt für den Zerfall des sowjetischen Imperiums, der Tschechoslowakei und Jugoslawiens.[730] Die hiermit verbundene Entstehung zahlreicher neuer Staaten hat zu einem weiteren starken Anstieg der Zahl der Mitgliedstaaten der UN geführt. Aber auch heute noch werden zahlreiche Territorien als Gebiete ohne volle Selbstverwaltung geführt und bleiben in der Diskussion der UN-Gremien.[731]

(4) Wirtschaftliche und soziale Zusammenarbeit und Entwicklung, Umweltfragen. 208
Die wachsende wirtschaftliche Interdependenz der Staaten, die globalen Probleme der Armut, des Bevölkerungswachstums, der Umwelt und des Klimawandels sowie der nicht zu leugnende Zusammenhang dieser Fragen mit der Hauptaufgabe der Friedenswahrung haben dazu geführt, dass die UN einen deutlichen Schwerpunkt ihrer Tätigkeit in diesen Bereichen gesetzt haben.[732] Die zentrale Norm hierfür ist Art 55 UN-Charta. In ihrer Umsetzung sind zahlreiche Nebenorgane geschaffen, eine Fülle von Empfehlungen ergangen, Konferenzen einberufen sowie Prinzipien, Programme und Vertragstexte formuliert und Institutionen zur technischen Hilfeleistung[733] aufgebaut worden. Hinzuweisen ist vor allem auf UNCITRAL, UNCTAD, UNDP und UNEP sowie die vom WSR geschaffenen regionalen Wirtschaftskommissionen. Bekannt sind das UN-Kinderhilfswerk (UNICEF) und der UN-Hochkommissar für Flüchtlinge (UNHCR). Eine besondere Rolle spielen die Sonderorganisationen (zB ILO, FAO, UNESCO, WHO, UNIDO).[734] Das bei dieser Vielzahl von Einheiten fast zwangsläufig auftretende Problem der Koordinierung und des effizienten Einsatzes der zur Verfügung stehenden Ressourcen ist bislang nicht zufriedenstellend gelöst worden.[735] Gleichwohl ist festzuhalten, dass es den UN im Verbund mit anderen I.O. (zB OECD, Europarat, EU) gelungen ist, Akzente zu setzen und *Problembewusstsein* zu schaffen oder ihm Ausdruck zu verleihen. Dies ist deshalb bemerkenswert, weil sich auf diesen Feldern der Nord-Süd-Gegensatz zwischen den Mit-

---

729 *Klein*, Das Selbstbestimmungsrecht der Völker und die deutsche Frage, 1990, 64 ff.
730 *Klein*, Völker und Grenzen im 20. Jahrhundert, Der Staat 32 (1993) 357 ff.
731 *Fastenrath*, in Charter UN³, Art 73 Rn 17 ff. Derzeit existieren noch 17 non-self-governing territories; aktuelle Übersicht unter <https://www.un.org/dppa/decolonization/en/nsgt>; s auch o Rn 164.
732 *Meng*, Wirtschaftliche Zusammenarbeit unter dem UN-System, in Handbuch VN, 1133 ff; *Seidl-Hohenveldern/Loibl*, Internationale Organisationen, Rn 2104 ff; *Haquani*, L'action des Nations Unies dans la promotion du développement économique et social, in Dupuy (Hrsg), Handbook, 705 ff; *Zamora*, Economic Relations and Development, in Joyner (Hrsg), The United Nations and International Law, 1997, 232 ff; *Nanda*, Environment, ebd 287 ff; *Gareis/Varwick*, Vereinte Nationen, 217 ff; *Maier*, Umweltschutz, in Volger (Hrsg), Grundlagen, 189 ff; *Fues/Klingebiel*, Multilaterale Entwicklungspolitik: die Rolle der Vereinten Nationen, ebd 291 ff. – S auch *Kreuter-Kirchhof*, 6. Abschn Rn 110 ff.
733 *Gündling*, Economic and Technical Aid, EPIL II (1995) 9 ff.
734 Zu Nebenorganen und Sonderorganisationen vgl u Rn 225 ff.
735 Vgl o Rn 157. Insbes der WHO sind vielfach politische und administrative Schwächen bei der Bewältigung der Covid-19-Pandemie vorgeworfen worden, vgl zB *Alvarez*, The WHO in the Age of the Coronavirus, AJIL 114 (2020) 578 ff; *Benvenisti*, The WHO – Destined to Fail?, AJIL 114 (2020) 588 ff.

gliedstaaten mit besonderer Deutlichkeit, zT mit Heftigkeit artikuliert.[736] Als Bsp solcher Akzentsetzung seien – bei aller kontroversen Einschätzung – die Stockholmer Konferenz über menschliche Umwelt v 1972,[737] die Charta der wirtschaftlichen Rechte und Pflichten der Staaten v 1974[738] sowie die Konferenz über soziale Entwicklung in Kopenhagen v 1995[739] genannt. Der GS hat 1999/2000 den Global Compact ins Leben gerufen. Mit dieser Initiative soll auf die Globalisierung der Wirtschaft und die gestiegene Verantwortung der großen Privatunternehmen reagiert werden;[740] inzwischen ergänzen die Leitprinzipien für Unternehmen und Menschenrechte v 2011 dieses Ansinnen.[741] Derzeit engagieren sich über 14.000 Unternehmen in 161 Ländern auf freiwilliger Basis für mehr Nachhaltigkeit durch Einhaltung sozialer und ökologischer Mindeststandards. Die Bedeutung des *sustainable development* fand nicht zuletzt seinen Ausdruck auf der „Rio+20-Konferenz" der Staats- und Regierungschefs im Juni 2012[742] und der Bildung des High-Level Political Forum on Sustainable Development im Jahr 2013.[743] Hierauf aufbauend verabschiedete die GV im Jahr 2015 die *2030 Agenda for Sustainable Development*, die insgesamt 17 Sustainable Development Goals and 169 konkretisierende Targets postuliert.[744]

209 **(5) Entwicklung des Völkerrechts.** Art 13 Abs 1 lit a UN-Charta weist der GV die Zuständigkeit zu, Untersuchungen zu veranlassen oder Empfehlungen abzugeben, um „die fortschreitende Entwicklung des Völkerrechts sowie seine Kodifizierung zu begüns-

736 *Petersmann,* Die Dritte Welt und das Wirtschaftsvölkerrecht, ZaöRV 36 (1976) 492ff; *Betz,* Nord-Süd-Beziehungen, in Handbuch VN, 631ff; *von Schorlemer,* Die Vereinten Nationen und die wirtschaftliche Entwicklung der Länder des „Südens", in Opitz (Hrsg), Vereinte Nationen, 209ff. Unter dem Vorsitz des UNDP hat sich eine Gruppe der UN für Entwicklung gebildet, der auch mehrere Sonderorganisationen angehören; vgl Bericht des GS für 2001, UN Doc A/56/1, § 131.
737 UN Doc A/Conf.48/14.
738 A/RES/3281 (XXIX) v 12.12.1974.
739 UN Doc A/Conf.166/9; dazu *Charvin,* La déclaration de Copenhague sur le développement social, RGDIP 101 (1997) 635ff. Vgl auch An Agenda for Development (hrsgg v Boutros Boutros Ghali), 1995 und UN Doc A/RES/47/181 v 22.12.1992; A/RES/48/166 v 21.12.1993; A/RES/49/126 v 19.12.1994.
740 *Annan,* Ein menschliches Antlitz für den globalen Markt der Zukunft, in Jahrbuch Menschenrechte 2000, 1999, 148ff; nähere Informationen unter <http://www.unglobalcompact.org>. Vgl auch den GS-Bericht „In Larger Freedom" (Fn 21) §§ 25ff.
741 *Ruggie,* Report of the Special Representative of the Secretary-General on the Issue of Human Rights and Transnational Corporations and Other Business Enterprises, UN Doc A/HRC/17/31 v 21.3.2011.
742 *Unmüßig,* Grüne Ökonomie – die neue Zauberformel?, VN 2012, 3ff; *Bauer,* Welche Zukunft wollen wir?, VN 2012, 10ff.
743 Vgl A/RES/67/290 v 23.8.2013.
744 Vgl A/RES/70/1 v 25.9.2015. Näher *Beisheim,* Die Agenda 2030 für nachhaltige Entwicklung, VN 2015, 255ff; *Biermann/Hickmann,* Globale Ziele ohne Wirkung oder normative Leitplanken?, VN 2020, 195ff; *Donoghue,* Die Verhandlungen zur Agenda 2030 für nachhaltige Entwicklung, VN 2020, 212ff; *Weiland/Hickmann/Lederer/Marquardt/Schwindenhammer,* The 2030 Agenda for Sustainable Development: Transformative Change through the Sustainable Development Goals?, Politics and Governance 2021, 90ff. S auch *Proelß,* 5. Abschn Rn 112.

tigen".[745] Die GV erfüllt diese Aufgabe in differenzierter Weise. So wurde bereits 1947 die *Völkerrechtskommission (ILC)* geschaffen,[746] die derzeit aus 34 Mitgliedern, zT sehr bekannten Völkerrechtlern, besteht, die als weisungsfreie Experten von der GV auf fünf Jahre gewählt werden; Wiederwahl ist möglich. In intensiven Beratungen, vorbereitet durch von der Kommission selbst bestimmte Berichterstatter, werden Entwürfe erstellt, sei es, um weitgehend ungeklärte Rechtsgebiete fortschreitend zu entwickeln, sei es, um im allgemeinen Völkerrecht bereits geklärte Rechtsgebiete schriftlich zu fixieren (Kodifikation).[747] Diese Arbeiten erstrecken sich meist über viele Jahre, sogar Jahrzehnte und erfolgen in ständiger Rückkoppelung mit dem Rechtsausschuss der GV und den Mitgliedstaaten. Erfährt die endgültige Vorlage der ILC die Billigung des Rechtsausschusses, so beruft die GV in der Regel eine Staatenkonferenz ein, auf der der Entwurf seine endgültige (Vertrags-)Fassung erhält, unterzeichnet und zur Ratifikation aufgelegt wird.[748] Auf diese Weise sind zahlreiche Konventionen entstanden, mit denen wichtige Gebiete des Völkerrechts kodifiziert wurden, zB die Genfer Seerechtsabkommen v 1958, die Wiener Übereinkünfte über diplomatische (1961) und konsularische Beziehungen (1963), die Wiener Übereinkommen über das Recht der Verträge v 1969 und über das Recht der Verträge zwischen Staaten und I.O. bzw zwischen I.O. v 1986, das Wiener Übereinkommen über die Vertretung von Staaten in ihren Beziehungen mit I.O. universellen Charakters v 1975 und die Wiener Übereinkommen über die Staatennachfolge v 1978 und 1983. Für den Bereich des Internationalen Handelsrechts hat die GV 1966 die *UNCITRAL* geschaffen,[749] die sich aus 60 weisungsgebundenen Regierungsvertretern zusammensetzt. Sie ist insbes erfolgreich bei der Erarbeitung von Modellregelungen für die Handelsschiedsgerichtsbarkeit gewesen; sie hat auch die UN-Konvention über Verträge über den internationalen Warenkauf (1980) vorbereitet.[750] In einem Fall hat der *Rechtsaus-*

---

745 Vgl den Überblick von *Schröder,* Völkerrechtsentwicklung im Rahmen der UN, in Handbuch VN, 1020 ff; *Hafner,* Kodifikation und Weiterentwicklung des Völkerrechts, in Cede/Sucharipa-Behrmann (Hrsg), Die Vereinten Nationen, 1999, 131 ff; *von Schorlemer,* Die Vereinten Nationen und die Entwicklung des Völkerrechts, in Opitz (Hrsg), Vereinte Nationen, 261 ff; *Klein,* Die Vereinten Nationen und die Entwicklung des Völkerrechts, in Volger (Hrsg), Grundlagen, 21 ff; s auch o Rn 19.
746 A/RES/174 (II) v 1947; ebd auch das Statut der ILC. Näher *Rao,* International Law Commission (ILC), MPEPIL V, 875 ff; United Nations (Hrsg), Making better International Law: The International Law Commission at 50, 1998; *McRae,* The Work of the International Law Commission 2007–2011, AJIL 106 (2012) 322 ff; *Ahlborn,* Frieden durch Recht – 70 Jahre Völkerrechtskommission, VN 2018, 173 ff.; *Rim,* Reflections on the Role of the International Law Commission in Consideration of the Final Form of Its Work, Asian JIL 10 (2020), 23 ff; United Nations (Hrsg), Seventy Years of the International Law Commission, 2021.
747 *Geck* (Fn 64) 96 ff; *Ahlborn* (Fn 746) 176 f.
748 Nicht stets ist das Ergebnis ein Vertragsentwurf, wie etwa die von der ILC verabschiedeten Artikel zur Staatenverantwortlichkeit (Responsibility of States for Internationally Wrongful Acts) zeigen, die von der GV „zur Kenntnis" genommen wurden, vgl UN Doc A/RES/56/83 v 2001. Vgl auch <u>*Schröder,*</u> 7. Abschn Rn 6 ff.
749 A/RES/2205 (XXI) v 1966.
750 *Käde,* UNCITRAL, in Handbuch VN, 881 ff. Zum Bereich der Handelsschiedsgerichtsbarkeit vgl *Bantekas/Ortolani/Ali/Gomez/Polkinghorne,* UNCITRAL Model Law on International Commercial Arbitration, 2020.

Schmahl

schuss der GV selbst eine wichtige Konvention ausgearbeitet (Genozid-Konvention 1948); verschiedentlich hat er Sonderausschüsse mit einer entsprechenden Aufgabe betraut, bevor die GV den Entwurf gebilligt hat.[751] Entsprechend sind die Menschenrechtspakte v 1966 vom 3. Ausschuss formuliert und von der GV angenommen worden. In dem von der GV eingesetzten *Weltraumausschuss*[752] bzw dessen Rechtsunterausschuss sind wichtige weltraumrechtliche Konventionen ausgearbeitet worden und haben die Billigung der GV gefunden, bevor sie den Staaten (ohne Kodifikationskonferenz) zu Unterzeichnung und Ratifikation vorgelegt wurden. Bei der Vorbereitung der Dritten UN-Seerechtskonferenz spielte ein von der GV eingesetzter ad hoc-Ausschuss (Meeresbodenausschuss) eine wichtige Rolle. All dies belegt die starke Einbeziehung der GV in die Kodifikationstätigkeit iSv Art 13 Abs 1 lit a UN-Charta. Als Gesetzgeber tritt die GV dabei jedoch nicht auf, da die Staaten frei bleiben, eine entsprechende vertragliche Bindung (uU mit Vorbehalten) einzugehen. Dies ist auch dann nicht anders, wenn die GV den fertigen Vertragstext annimmt und den Staaten unterbreitet. Gleichwohl wird ein institutionelles Element bei der Völkerrechtsentstehung erkennbar.

210 Von dieser eben erörterten, auf unmittelbare Normproduktion abzielenden Tätigkeit sind die Handlungsweisen von UN-Organen zu unterscheiden, die eher mittelbar und auf längere Sicht zur Völkerrechtsbildung beitragen. Was die *politischen Organe* betrifft, so gestalten sie nicht nur durch ihre Praxis das UN-Recht mit, sondern nehmen auch Einfluss auf die Entwicklung des allgemeinen Völkerrechts.[753] Dies gilt in erster Linie – aber keineswegs ausschließlich – für die *GV,* deren Entschließungen häufig einen völkerrechtlichen Argumentationsrahmen abstecken, in dem sich Rechtsbildung vollzieht. So gibt es keinen Zweifel, dass das heutige Verständnis vom Selbstbestimmungsrecht, von den Menschenrechten, dem Gewaltverbot und der Rechtsfigur eines *common heritage of mankind* maßgeblich von den ständig wiederholten Rechtsauffassungen der UN-Organe, insbes der GV, geprägt ist. Die *Friendly Relations*-Deklaration der GV v 1970, die eine Summe aus den bisherigen Tätigkeiten zu ziehen sucht,[754] hat zB, ohne dass die GV die Befugnis zur authentischen Interpretation der UN-Charta hätte,[755] viel zur Klärung von Rechtsbegriffen beigetragen, die sich in der UN-Charta finden; sie hat damit

---

751 *Fleischhauer/Simma,* in Charter UN³, Art 13 Rn 51 ff.

752 A/RES/1472 A (XIV) v 1959.

753 Vgl *Higgins,* The Development of International Law Through the Political Organs of the United Nations, 1963; *Simma,* Methodik und Bedeutung der Arbeit der Vereinten Nationen für die Fortentwicklung des Völkerrechts, in Kewenig (Fn 457) 79 ff; *Frowein* (Fn 47) 147 ff; *Singh,* The United Nations and the Development of International Law, in Roberts/Kingsbury (Fn 20) 384 ff.

754 A/RES/2625 (XXV); dazu *Arangio Ruiz,* Friendly Relations Resolution, EPIL II (1995) 485 ff; *Graf zu Dohna,* Die Grundprinzipien des Völkerrechts über die freundschaftlichen Beziehungen und die Zusammenarbeit zwischen den Staaten, 1973; jüngst Viñuales (Hrsg), The UN Friendly Relations Declaration at 50, 2020.

755 Zum Problem *Scheuner,* Zur Auslegung der Charta durch die Generalversammlung, VN 1978, 111 ff. Vgl bereits o Rn 41 f.

zugleich einen Beitrag für die Auslegung dieser Begriffe im allgemeinen Völkerrecht geleistet. Es wäre heute jedenfalls ein Kunstfehler, über Gewalt- und Interventionsverbot, souveräne Gleichheit der Staaten, Menschenrechte und Selbstbestimmungsrecht zu handeln, ohne dabei die Aussagen der Deklaration argumentativ zu berücksichtigen.[756] Entsprechendes mag für die abstrakt-generellen „Legislativresolutionen" des *SR* gelten, die er im Nachgang zu den Anschlägen vom 11.9.2001 erlassen hat und die einen allgemeinverbindlichen Maßnahmenkatalog zur Bekämpfung des internationalen Terrorismus aufstellen.[757] Wiewohl ihre Vereinbarkeit mit der UN-Charta nicht über jeden Zweifel erhaben ist,[758] prägen sie seither doch das rechtspolitische Argumentationsfeld.[759] Auf anderer Linie liegt der Beitrag des richterlichen Hauptorgans der UN, des *IGH*. Er interpretiert bestehendes Völkerrecht isd Art 38 IGH-Statut, wobei, wie heute allgemein anerkannt ist, auch der internationale Richter nicht bloß Recht erkennt; vielmehr steckt in jeder Rechtserkenntnis auch ein Stück Rechtsschöpfung.[760] Ob sich die seinen Gutachten und Urteilen zugrunde liegende Rechtsauffassung über die Bindung der Streitparteien (Staaten) hinaus auswirken kann,[761] hängt von der Überzeugungskraft seiner Rechtsfindung, seiner *persuasive authority* ab. Auch hier wäre allerdings die Außerachtlassung einschlägiger IGH-Entscheidungen bei der völkerrechtlichen Diskussion mehr als ein Schönheitsfehler.

Einen wichtigen Beitrag leisten die UN (wie bereits der Völkerbund) für das Völ- 211 kerrecht auch durch die *Registrierung und Veröffentlichung* der internationalen Verträge, da hierdurch Sicherheit und Klarheit des internationalen Rechtsverkehrs gestärkt werden. Soweit an den Verträgen Mitgliedstaaten beteiligt sind, unterliegen sie einer Registrierpflicht (Art 102 UN-Charta); Nichtmitglieder können ihre Verträge registrieren lassen. Bei Verletzung der Registrierpflicht entfällt die Fähigkeit, sich vor den UN-Organen, insbes dem IGH, auf den Vertrag zu berufen.[762] Publiziert werden die Verträge in einer eigenen UN-Vertragssammlung (UNTS), die vom Sekretariat betreut wird. Die Verträge werden in den Originalsprachen sowie in englischer und französischer Übersetzung veröffentlicht und ganz überwiegend auch digital bereitgehalten (unter https://treaties.org). Art 103 stellt als vertragliche Kollisionsnorm klar, dass die *Charta*

---

756 Vgl o Rn 138f.

757 Vgl Res des SR v 28.9.2001 (S/RES/1373) sowie v 28.4.2004 (SR/RES/1540). Aus jüngerer Zeit vgl auch Res des SR v 24.5.2017 (S/RES/2354) on a Comprehensive International Framework to Counter Terrorist Narratives.

758 Eingehende Erörterung bei *Kloke,* Der Sicherheitsrat der Vereinten Nationen als Weltgesetzgeber – eine kritische Betrachtung aus völkerrechtlicher Sicht, 2016, 108ff.

759 Vgl *Schmahl,* Maßnahmen der UNO zur Bekämpfung des internationalen Terrorismus: Die Rolle des Sicherheitsrats und der Generalversammlung, in Odendahl (Hrsg), Die Bekämpfung des Terrorismus mit Mitteln des Völker- und Europarechts, 2017, 109 (128ff); *Cockayne,* Counterterrorism and Transnational Crime, in Oxford Handbook, 211 (218ff).

760 *Kriele,* Theorie der Rechtsgewinnung, 2. Aufl 1976.

761 Vgl Art 94 Abs 1 UN-Charta; Art 59 IGH-Statut.

762 Näher *Martens,* in Charter UN³, Art 102 Rn 43ff.

Vorrang vor den anderen vertraglichen Verpflichtungen der Mitgliedstaaten beansprucht.[763]

6. Die Finanzierung Internationaler Organisationen

212 Zur Wahrnehmung der ihnen obliegenden Aufgaben bedürfen die I.O. einer *finanziellen Ausstattung*. Hierzu stehen je nach Organisation unterschiedliche Einnahmequellen zur Verfügung. Einnahmen und Ausgaben werden in einem Haushalt (Budget) veranschlagt, der in einem bestimmten Verfahren von den zuständigen Organen beschlossen und dessen Durchführung regelmäßiger Prüfung unterzogen wird.

a) Einnahmen

213 Im Wesentlichen können *drei Einnahmearten* unterschieden werden: die Finanzierung durch Beiträge, durch Kreditaufnahme und durch Eigenmittel.[764]

214   Die meisten I.O. finanzieren sich durch obligatorische und freiwillige Beiträge ihrer Mitglieder. Soweit es sich um *obligatorische Beiträge* handelt, stellt sich die Frage nach der Verteilung der Beitragslast. Die einfachste, aber nicht weit verbreitete Methode besteht darin, allen Mitgliedern den gleichen Beitragssatz aufzuerlegen. So wird etwa bei der OPEC und wurde bis 1990 bei der WEU verfahren.[765] In diesen Fällen wird mit dem Grundsatz der souveränen Gleichheit Ernst gemacht, doch schränkt die I.O. damit ihre finanziellen Möglichkeiten, die sie am finanzschwächsten Mitglied ausrichten muss, stark ein. Überwiegend sind die Mitglieder daher in Beitragsklassen eingestuft oder stufen sich – wie im Fall der ITU und WIPO – selbst ein. Entscheidend sind die Kriterien dieser Einordnung. In seltenen Fällen wird an die bloße Bevölkerungszahl angeknüpft, wie etwa bei der International Organization of Legal Metrology (OIML). Neben der Einwohnerzahl wird als Kalkulationsgrundlage für die Beiträge zum Europarat auch das BIP herangezogen. ZT richten sich die Beiträge nach dem Interesse, das die einzelnen Staaten an der Tätigkeit der I.O. haben. So bestimmt sich die Beitragshöhe für die Mitglieder in I.O. auf dem Gebiet des Eisenbahnverkehrs u a nach der Länge der jeweiligen Bahnstrecken. Die Finanzierung der Interamerikanischen Thunfisch-Organisation orientiert sich an den Fangmengen, die der IMO an der registrierten Schiffstonnage, was zu einer relativ hohen Beitragsquote der Billigflaggenstaaten (zB Liberia, Panama) führt. Bei WMO

---

763 Vgl dazu Art 30 Abs 1 WVK und Art 30 Abs 6 WVKIO; ferner ICJ Rep 1984, 392, 440 *[Nicaragua]*; EuG, Slg 2005, II-3533, Rn 233 *[Yusuf]* und Slg 2005, II-3533, Rn 183 *[Kadi]*; EGMR, Entsch v 11.6.2013, Nr 65542/12, Rn 145 *[Mothers of Srebrenica]*. Aber vgl auch EuG, Slg 2010, II-5177 *[Kadi II]*; EuGH, ECLI:EU:C:2013:518 *[Kadi II P]*. Zur „Kadi"-Rspr näher o Fn 521.
764 Umfassend dazu *Meermagen*, Beitrags- und Eigenmittelsystem, 2002; vgl auch *Cogan*, Financing and Budgets, in Oxford Handbook, 903 ff.
765 *Schermers/Blokker*, International Institutional Law, § 967.

Schmahl

und ICAO wird das Kriterium des Interesses des Mitglieds an der Arbeit der Organisation mit seiner Leistungsfähigkeit kombiniert.[766]

In den *UN* setzt die GV gemäß Art 17 Abs 2 UN-Charta die Beitragshöhe verbindlich 215 fest.[767] Maßgeblich für den Verteilungsschlüssel ist seit 1997 nicht mehr das Volkseinkommen, sondern das Bruttonationaleinkommen (BNE) der Mitgliedstaaten.[768] Korrekturen erfolgen u a durch die Bestimmung von Höchst- und Mindestgrenzen. Aufgrund der zunächst nur verfügbaren Vorkriegsstatistiken hätten die USA zu Beginn 49,89 % der Ausgaben zu tragen gehabt.[769] Das Argument der USA, eine solche Beitragshöhe mache die Organisation zu stark von einem Mitglied abhängig, ist durchaus plausibel. Der Beitragssatz wurde daher auf 39,89 % herabgesetzt und später weiter ermäßigt. 1972/73 (zeitgleich mit dem finanzielle Entlastung bedeutenden Beitritt der beiden deutschen Staaten) wurde der Höchstsatz auf 25 % festgelegt. Bei den Haushaltsverhandlungen im Jahr 2000 ist es den USA gelungen, eine weitere Absenkung auf 22 % zu erreichen.[770] Auch der Mindestsatz wurde im Lauf der Zeit von zunächst 0,04 % auf derzeit 0,001 % abgesenkt. Derzeit zahlen 29 Mitglieder diesen niedrigsten Beitragssatz; auch der Heilige Stuhl, der selbst nicht Mitglied der UN ist, sich jedoch als Beobachter an einigen Aktivitäten beteiligt, wird dazu aufgefordert, diesen minimalen Beitrag zu leisten.[771] Die BR Deutschland war für die Jahre vor der Wiedervereinigung auf einen Satz von 8,08 % (DDR: 1,28 %), von 1992–94 auf 8,93 % festgesetzt. Bis 2000 ist der Beitrag auf 9,857 % gestiegen und ab 2004 wieder leicht gesunken (8,62 %).[772] Seither fällt die Beitragslast Deutschlands kontinuierlich; so beliefen sich die Beitragssätze der Bundesrepublik für den Haushalt der UN von 2007 bis 2009 auf 8,577 % und von 2010 bis 2012 auf 8,018 %, während die Beitragssätze für den Haushalt von 2013 bis 2015 und von 2016 bis 2018 nur noch 7,141 % bzw 6,389 % betrugen.[773] Nachdem Deutschland lange Zeit der drittgrößte Beitragszahler nach den USA und Japan war, nimmt es heute mit 6,111 % (in absoluten

---

766 Zu Vorstehendem *Schermers/Blokker*, International Institutional Law, §§ 980 ff. Zur Entwicklung der WMO vgl *Jarraud/Müller*, Errungenschaften und Herausforderungen der WMO, VN 2017, 267 ff.

767 ICJ Rep 1962, 151, 164 *[Certain Expenses]*. Näher *Chesterman/Johnstone/Malone*, United Nations, 233 ff; *White*, International Organisations, 70 ff.

768 Näher *Hüfner*, Die Finanzierung des VN-Systems 1971–2003/2005, 2005; *ders*, Finanzierung, in Volger (Hrsg), Grundlagen, 417 ff. – Bis 1999 wurde das BNE als Bruttosozialprodukt (BSP) bezeichnet.

769 *Koschorreck*, Beitragssystem, in Handbuch VN, 49.

770 UN Doc A/RES/55/5 B-F v 2000; hierzu *Hüfner*, in Praxishandbuch UNO, 624 f.

771 UN Doc A/RES/76/238 v 4.1.2022, Ziff 12, 18 lit b. Die in UN Doc A/RES/55/5 B-F v 2000 festgelegte Methode zur Bestimmung des Beitragsschlüssels sollte einer Überprüfung unterzogen werden, vgl UN Doc A/72/11 v 24.6.2016, Ziff 6 ff; A/73/11 v 29.6.2018, Ziff 6 ff; A/76/11 v 2.7.2021, Ziff 7 ff; ferner *Lehmann*, Beitragsschlüssel für den Haushalt der Vereinten Nationen 2016 bis 2018, VN 2016, 135 (136). Allerdings verweisen die Resolutionen der GV nach wie vor bloß auf den Ehrgeiz, die bestehende Methode zu verbessern, vgl zB UN Doc A/RES/76/238 v 4.1.2022, Ziff 8.

772 Vgl UN Doc A/RES/43/223 v 21.12.1988; A/RES/46/221 v 20.12.1991.

773 Überblick bei *Hüfner*, Deutsche Leistungen an den Verband der Vereinten Nationen 2010–2013, VN 2014, 86 ff; *ders*, Deutsche Leistungen an den Verband der Vereinten Nationen 2014–2017, VN 2017, 74 ff; *ders/Patz*, Deutschlands Finanzbeiträge zum UN-System zwischen 2008 und 2018, VN 2019, 262 ff.

Schmahl

Zahlen: 175.548.885 US $ für 2022) nur noch die Position des viertgrößten Beitragszahlers nach den USA (22 %), China (15,254 %) und Japan (8,033 %), aber noch deutlich vor Frankreich (4,318 %) ein.[774] Die 27 EU-Staaten tragen 23,986 % der gesamten Beitragslast, zusammen mit den USA also 45,986 %. Insgesamt zahlen nur 18 von 193 Staaten jeweils mehr als 1 %; gemeinsam bringen die 29 größten Beitragszahler 90 % des Budgets auf.[775] Der reguläre Zweijahreshaushalt 2016/17 erteilte eine Ausgabenermächtigung von 5,402 Mrd US $;[776] der Programmhaushaltsplan für die Jahre 2018/2019 beläuft sich auf die Summe von ca 5,397 Mrd US $.[777] Beginnend mit dem Jahr 2020 wurde der seit 1974 existierende Zweijahreshaushalt (wieder) durch ein jährliches Budget ersetzt.[778] Die nachfolgenden Programmhaushaltspläne betrugen für 2020 ca 3,074 Mrd US $,[779] für 2021 ca 3,208 Mrd US $[780] und für 2022 ca 3,122 Mrd US $.[781]

216   Auch wenn nicht zu bestreiten ist, dass die reicheren Staaten aufgrund der in der UN-Charta angestrebten Gemeinwohlzwecke zu Recht finanziell stärker als die ärmeren Staaten belastet werden, fällt doch die *Disparität von Stimmrecht und finanzieller Verantwortung* ins Auge.[782] Die Ausgaben werden von der GV mit 2/3-Mehrheit festgelegt (Art 17 Abs 1, Art 18 Abs 2 UN-Charta). Die weitgehende finanzielle Folgenlosigkeit der Ausgabenentscheidungen für die ganz überwiegende Mitgliederzahl führte in der Vergangenheit zu einer oft nicht mehr zu rechtfertigenden Aufblähung von Institutionen, Programmen und Aktionen, gegen die die eigentlichen Zahler sich nicht durchsetzen konnten. Auch aus diesem Grunde sind manche Staaten die Entrichtung ihrer Beiträge über Jahre, manchmal sogar Jahrzehnte partiell schuldig geblieben. Vor allem die USA haben ihr Missbehagen mehrfach deutlich artikuliert und durch die *Zurückbehaltung*

---

774 UN Doc A/RES/76/238 v 4.1.2022, Ziff 12. In den Jahren 2016–2018 sind alle Beitragssätze der traditionellen Geber – mit Ausnahme der USA – gesunken, während die Beiträge der großen Schwellenländer Brasilien (3,823 %), Russland (3,088 %), Indien (0,737 %), Saudi-Arabien (1,146 %) und China (7,921 %) gestiegen sind, vgl *Lehmann* (Fn 771) 136. Die Auswirkungen der wachsenden Bedeutung Chinas werden in den Folgejahren deutlich (2019–2021: 12,005 %; 2022–2024: 15,254 %); andere Schwellenländer verzeichnen indes wieder einen Rückgang ihrer Beitragssätze, vgl etwa Brasilien (2019–2021: 2,948 %; 2022–2024: 2,013 %) und Russland (2019–2021: 2,405 %; 2022–2024: 1,866 %), näher *Patz*, Beitragsschlüssel für den Haushalt der Vereinten Nationen 2022 bis 2024, VN 2022, 230 f.
775 Vgl UN Doc A/RES/76/238 v 4.1.2022, Ziff 12. S auch *Patz* (Fn 774), 230.
776 Vgl UN Doc A/RES/70/249 A-C v 23.12.2015; näher *Spahl*, Verwaltung und Haushalt, VN 2016, 133 f.
777 Vgl UN Doc A/RES/72/263 A-C v 24.12.2017; näher *Mangelsdorf*, Verwaltung und Haushalt, VN 2018, 34 f.
778 Vgl UN Doc A/RES/72/266A v 15.1.2018; vgl auch *Mangelsdorf*, Die Managementreform der Vereinten Nationen 2017 und 2018, VN 2018, 220 (224). Ob der einjährige Haushaltszyklus künftig aufrechterhalten bleibt, ist allerdings ungewiss, vgl UN Doc A/77/7/Add.20 v 17.11.2022.
779 Vgl UN Doc A/RES/74/264 A-C v 27.12.2019; näher *Mangelsdorf*, Verwaltung und Haushalt, VN 2020, 88 f.
780 Vgl UN Doc A/RES/75/254 A-C v 31.12.2020; näher *Deißenberger*, Verwaltung und Haushalt, VN 2021, 88 f.
781 Vgl UN Doc A/RES/76/247 A-C v 24.12.2021; näher *Deißenberger*, Verwaltung und Haushalt, VN 2022, 88 f.
782 Dazu *Klein* (Fn 260) 80 ff; *Ingadóttir*, Financing International Institutions, in Klabbers/Wallendahl (Hrsg), Research Handbook, 108 (114 ff).

Schmahl

ihrer Beiträge die UN immer wieder in Finanzkrisen gestürzt.[783] Hinzu treten zahlreiche Vorwürfe an die Organisation, rechtswidrige Aktionen durchzuführen. Insoweit stehen die USA keineswegs allein. So haben sich etwa die Sowjetunion und Frankreich in den 1960er Jahren geweigert, die anteilsmäßigen Kosten für die Nahost (UNEF-) und Kongo (ONUC-) Friedensmissionen zu tragen, die die GV als „Kosten der Organisation" iSv Art 17 Abs 2 UN-Charta veranschlagt und auf die Mitglieder umgelegt hatte. Ein von der GV erbetenes Gutachten des IGH stellte fest, dass die bloße Organkompetenzüberschreitung nicht notwendig dazu führen müsse, dass die damit verbundenen Kosten nicht solche der Organisation seien; es komme vielmehr auf den Aufgabenbereich der Organisation insgesamt an. Im Übrigen müsse jedes Organ seine eigene Zuständigkeit zunächst selbst bestimmen. Wenn es sich um Organisationszwecke (wie Friedenswahrung) handele, bestehe eine Vermutung, dass es sich auch um Ausgaben der Organisation handele.[784] Trotz dieses (nicht verbindlichen) Gutachtens, das die Schwierigkeiten der *ultra vires*-Problematik widerspiegelt,[785] blieben Frankreich und die Sowjetunion bei ihrer Verweigerungshaltung. Ende 2008 betrug die Schuldenlast gegenüber den UN ca 3,33 Mrd US \$.[786] Inzwischen sind nicht zuletzt durch den Druck der USA einige wichtige Rationalisierungen, die zu Einsparungen geführt haben, vorgenommen worden. Außerdem sind ausgehend von der GV-Res 41/213 Verbesserungen im Budgetprozess vorgenommen worden, die mehr auf Verständigung als auf Mehrheitsentscheidung setzen.[787] Die Beendigung der finanziellen Dauerkrise ist damit aber nicht erreicht worden.[788] Darunter leiden vor allem die Möglichkeiten der UN, an den Krisenherden der Welt effektiv präsent zu sein.

---

783 Vgl *Woeste/Thomma*, in Charter UN³, Art 17 Rn 140; *Zoller*, The „Corporate Will" of the United Nations and the Rights of the Minority, AJIL 81 (1987) 610 ff; *Münch*, Beitragszahlungsmoral der Mitgliedstaaten internationaler Organisationen im UNO-System, FS Jaenicke, 1998, 239 ff; *Seidl-Hohenveldern*, Die missliche Finanzlage der Vereinten Nationen, FS Hahn, 1997, 555 ff; *Hüfner*, Die Finanzierung des UN-Systems in der Dauerkrise, in Praxishandbuch UNO, 615 ff; *ders*, Financing the United Nations, in Dijkzeul/Bigbeder (Hrsg), Rethinking International Organizations, 2002, 29 ff. Zu den aktuellen finanziellen Problemen vgl UN Doc A/73/809 v 26.3.2019, Ziff 19 ff, Annex I; UN Doc A/76/429 v 19.10.2021, Ziff 9 ff.
784 ICJ Rep 1962, 151, 178 f *[Certain Expenses]*.
785 S o Rn 192 ff.
786 Davon waren 417 Mio US \$ Schulden an das reguläre Budget, 2,88 Mrd US \$ fehlten an Beiträgen für friedenserhaltende Maßnahmen und 26 Mio US \$ an Beiträgen für internationale Tribunale (Zahlen nach Press Release GA/AB/3904 v 15.5.2008).
787 Vgl u Rn 221.
788 Im November 2010 beglichen die USA rund $^1/_3$ ihrer Schulden gegenüber den UN; dennoch fehlten dem regulären UN-Budget Ende 2011 erneut insgesamt ca 454 Mio US \$, vgl Press Release GA/AB/4030 v 14.5.2012. Entsprechende Defizite sind in den vergangenen fünf Jahren zu verzeichnen: 2017 fehlten dem regulären Budget ca 531 Mio US \$, da 48 Mitgliedstaaten ihren Beitragspflichten nicht nachgekommen waren, vgl UN Doc A/75/522/Add.1 v 16.5.2018. Auch die folgenden Jahre spiegeln einen ähnlichen Trend wider; so fehlten 2018 ca 529 Mio US \$, 2019 ca 711 Mio US \$ und 2020 sogar ca 808 Mio US \$ im UN-Budget, bevor 2021 ein Rückgang der ausstehenden Beiträge auf 434 Mio US \$ konstatiert werden konnte, vgl UN Doc A/75/387/Add.1 v 11.5.2021, Ziff 12 und UN Doc A/76/435/Add.1 v 9.5.2022, Ziff 11.

217   Verschiedene Organisationen und zahlreiche Einzelaktivitäten werden durch freiwillige *Beiträge/Spenden* finanziert. Hierzu gehören etwa das UN-Entwicklungspro-
gramm (UNDP), das Kinderhilfswerk (UNICEF), der Hohe Kommissar für Flüchtlingsfragen (UNHCR) und die UN-Universität (UNU).[789] Die meisten friedenswahrenden
Aktivitäten werden zwar als „Ausgaben der Organisation" behandelt, doch gibt es Ausnahmen. So wurde die Friedensmission auf Zypern (UNFICYP) seit 1964 auf freiwilliger
Grundlage finanziert. Da die Spenden nicht ausreichten, blieben die Kosten weitgehend
an den die Truppenkontingente stellenden Mitgliedstaaten hängen. Bis 1993 hatte sich ein
Defizit allein bei dieser Mission von 200 Mio US $ angesammelt. Nach Überwindung russi-
scher Bedenken, die zunächst zu einem Veto geführt hatten, hat der SR beschlossen, die
nicht durch freiwillige Beiträge gedeckten zukünftigen Kosten der Aktion als „Ausgaben
der Organisation" zu behandeln.[790] Mit der Anzahl der Friedensoperationen *(peacekeeping operations)* ist in den letzten Jahren auch der Finanzbedarf für deren Durchführung
gestiegen; so beläuft sich das genehmigte Budget für den Zeitraum vom 1.7.2021 bis
30.6.2022 auf ca 6,379 Mrd US $.[791] Die Finanzierung erfolgt über eigens eingerichtete Son-
derkonten, in welche die Beiträge der Mitgliedstaaten *(Pflichtbeitragsumlagen)* nach
einem bestimmten Beitragsschlüssel (10-Stufen-Modell) einfließen.[792] Eine Übertragung
dieses Beitragssystems oder zumindest eine Reform des Systems freiwilliger Zuwendungen wird bspw im Bereich humanitärer UN-Organisationen diskutiert.[793]

218   Bei den meisten I.O. spielen *eigene Einkünfte* (Eigenmittel) keine entscheidende Rolle, wenn man von der Weltbankgruppe und den regionalen Entwicklungsbanken absieht, die sich vor allem aus den Erträgen zu finanzieren haben. Die Erträge werden
zum einen aus den beim Beitritt der Mitglieder zu erbringenden Einzahlungen erwirt-
schaftet, zum anderen resultieren sie daraus, dass finanzielle Leistungen gegen Entgelt
(Zinsen) zur Verfügung gestellt werden. In geringerem Umfang werden durch Publikationen, die Vermietung von Räumen und den Verkauf von Briefmarken, Grußkarten
und Souvenirs ebenfalls Einnahmen erzielt.[794] Nach Art 311 AEUV wird heute der *EU-*

---

789 Weitere Bsp bei *Hüfner*, Die freiwilligen Finanzleistungen an das UN-System, GYIL 26 (1983) 299 ff;
Klabbers, International Organizations Law, 126 ff.
790 S/RES/831 (1993); UN Chronicle 1993/3, 46 f.
791 Vgl UN Doc A/C.5/76/23 v 12.1.2022, Annex. Das geplante Budget v 1.7.2022 bis 30.6.2023 beträgt ca
6.513 Mrd US $, UN Doc A/C.5/76/25 v 21.4.2022, Annex.
792 Die Beitragssätze wurden zuletzt im Jahr 2021 angepasst, vgl UN Doc A/RES/76/238 und A/RES/76/239,
beide v 24.12.2021. Zur Finanzierung vgl *Hüfner*, Alternative Mechanismen zur Finanzierung von Friedensoperationen der VN, in DGVN (Hrsg), Blaue Reihe Nr 100, 2007, 5 ff; *Griep*, Neue Entwicklungen in der
UN-Friedenssicherung, in Volger/Weiß (Hrsg), Die VN vor globalen Herausforderungen, 2011, 213 (217); *La-
chenmann/Wolfrum*, United Nations Budget, MPEPIL online (2013), Rn 25 ff. Ende Januar 2021 schuldeten
die Mitgliedstaaten ca 1,4 Mrd US $ für friedenserhaltende Maßnahmen und damit weniger als die Hälfte
der Summe des Vorjahres 2020 iHv 3,2 Mrd US $, vgl UN Doc A/76/435/Add.1 v 9.5.2022, Ziff 17.
793 Vgl *Reinhardt*, Pflichtbeiträge statt Freiwilligkeit?, VN 2017, 116 (119 f).
794 *Seidl-Hohenveldern/Loibl*, Internationale Organisationen, Rn 1807.

Schmahl

Haushalt unbeschadet sonstiger Einnahmen[795] vollständig aus Eigenmitteln finanziert. Hierzu gehören 1. Abschöpfungen, Prämien, Zusatz- oder Ausgleichsbeträge; 2. Zölle, die im Außenhandel aufgrund des Gemeinsamen Zolltarifs erhoben werden; 3. Einnahmen, die sich aus der Anwendung eines für alle Mitgliedstaaten einheitlichen Satzes auf die nach Unionsvorschriften bestimmte einheitliche Mehrwertsteuer-Eigenmittelbemessungsgrundlage jedes Mitgliedstaats ergeben; 4. Abführungssätze der Mitgliedstaaten auf ihr BNE (früher: BSP), die im Haushaltsverfahren festgelegt werden.[796] Dabei ist eine Gesamtobergrenze der Eigenmittel festgelegt, die derzeit 1,40 % der Summe der BNE der Mitgliedstaaten beträgt. Die Einziehung der Mittel erfolgt durch die Behörden der Mitgliedstaaten; sie werden direkt an die Union weitergeleitet. Die verfügbaren Eigenmittel der EU sind für das Haushaltsjahr 2022 mit ca 157,7 Mrd Euro veranschlagt.[797]

Eine weitere Form der Finanzierung besteht in der *Geldaufnahme am Kapitalmarkt* **219** durch die I.O.[798] Die Kompetenzgrundlage wird entweder in besonderen Ermächtigungen der Gründungsverträge gefunden (zB Art 352 AEUV)[799] oder in der Pflicht zur Aufgabenerfüllung impliziert gesehen *(implied powers)*. Wohl nur auf dieser Basis lassen sich die verschiedentlichen Kreditaufnahmen der UN (zB zum Bau des Hauptgebäudes in New York oder zur Überwindung der durch Beitragsverweigerung entstandenen finanziellen Krisensituation) erklären.[800] Der Gesamthaushaltsplan der EU für 2018 sah Einnahmen iHv 6,186 Mio Euro durch Anleihen und Darlehen vor.[801] Deutlich geringer fielen diese Einnahmen im Jahr 2019 mit einer Höhe von 2,824 Mio Euro und 2020 von 2,076 Mio Euro aus.[802]

---

795 Dazu zählen nicht unter die Eigenmittel fallende Abgaben und Gebühren, Einnahmen aus laufender Verwaltungstätigkeit, Beiträge zu Gemeinschaftsprogrammen, Verzugszinsen und Geldbußen, Anleihen und Darlehen, näher *Oppermann/Classen/Nettesheim* (Fn 95) § 8 Rn 27 ff.

796 Ausführlich *Meermagen* (Fn 764) 141 ff. Derzeitige Grundlage: Beschluss 2020/2053/EU, Euratom des Rates v 14.12.2020 über das Eigenmittelsystem der Europäischen Union und zur Aufhebung des Beschlusses 2014/335/EU, Euratom, ABl EU 2020, Nr L 424/1 sowie VO 609/2014/EU, Euratom des Rates v 26.5.2014 zur Festlegung der Methoden und Verfahren für die Bereitstellung der traditionellen, der MwSt.- und der BNE-Eigenmittel sowie der Maßnahmen zur Bereitstellung der erforderlichen Kassenmittel, ABl EU 2014, Nr L 168/39 (zuletzt geänd durch VO 804/2016 v 17.5.2016, ABl EU 2016, Nr L 132/85).

797 ABl EU 2022, Nr L 45/40 v 24.2.2022, 11. Die Eigenmittel für 2020 und 2021 betrugen ca 160,1 bzw 157 Mrd Euro.

798 Vgl *Schermers/Blokker*, International Institutional Law, § 1064 f.

799 Näher zur Verschuldungskompetenz der EU *Oppermann/Classen/Nettesheim* (Fn 95) § 8 Rn 48 ff; krit *Häde*, Das Finanzsystem der Europäischen Union, in Härtel (Hrsg), Handbuch Föderalismus, Bd IV, 2012, § 190 Rn 24 ff.

800 Vgl UN Doc A/RES/1739 (XVI); A/32/6, Vol II, 457 (Doppelhaushalt 1978/79).

801 ABl EU 2018, Nr L 57/22 v 28.2.2018. Für 2017 betrugen die Anleihen 6,928 Mio Euro (ABl EU 2017, Nr 51/22 v 28.2.2017).

802 ABl EU 2019, Nr L 67/22 v 7.3.2019; ABl EU 2020, Nr L 57/22 v 27.2.2020.

b) Ausgaben und Budgetierung

220 Die Ausgaben der Organisationen ergeben sich aus ihren Aufgaben und können administrativer und operationeller Art sein.[803] Sie werden im Rahmen des Haushaltsverfahrens beschlossen. Regelmäßig wird das *Budget* vom Sekretariat vorbereitet und an andere ggf beteiligte Organe zur Stellungnahme weitergeleitet. Abschließend wird der ein- oder zweijährige Haushalt vom Plenarorgan der I.O. beschlossen.

221 Nach Art 17 Abs 1 und Art 18 Abs 2 UN-Charta beschließt die GV mit 2/3-Mehrheit den Haushalt.[804] Um den großen Beitragszahlern, insbes den USA, die in der GV ja über kein herausgehobenes Stimmrecht verfügen, entgegenzukommen, wurde 1986 ein zweistufiges Haushaltsverfahren eingeführt.[805] Vor dem Jahr der Beschlussfassung über den *Doppelhaushalt* legt der GS einen ersten Überblick über diesen Haushalt vor, der insbes eine vorläufige Schätzung der zu veranschlagenden Mittel und eine Prioritätenfestlegung enthalten soll. Der Programm- und Koordinierungsausschuss (CPC), ein Nebenorgan der GV, behandelt diesen Überblick und legt der GV über den Finanzausschuss (5. Ausschuss) seine Schlussfolgerungen und Empfehlungen vor. Auf der Grundlage des danach gefassten GV-Beschlusses stellt der GS nun den eigentlichen Haushaltsentwurf auf und legt ihn dem CPC und dem Beratenden Ausschuss für Verwaltungs- und Haushaltsfragen (ACABQ) vor, die ihre Empfehlungen der GV zuleiten, die endgültig zu entscheiden hat.[806]

222 Erhebliche Besonderheiten weist das Haushaltsverfahren der *EU* auf. Art 314 AEUV versucht, die hinter den beteiligten Organen (Rat, Parlament, Kommission) stehenden Interessen in ein ausbalanciertes Verhältnis zu bringen und führt dadurch zu einem sehr komplizierten Procedere, das hier nicht näher dargestellt werden kann.[807]

c) Rechnungskontrolle und Sanktionen

223 Meistens wird die Durchführung des Haushalts organisationsintern durch bestimmte Kontrollinstanzen geprüft, die nicht immer sehr effektiv sind. In den *UN* ist es Aufgabe einer vom GS eingesetzten internen *Rechnungskontrolle,* die Übereinstimmung der finanziellen Transaktionen mit den Resolutionen zu überprüfen. Ein dreiköpfiger Rech-

---

803 Im ordentlichen Haushalt der UN werden nur ca 40 % der Gesamtausgaben der Organisationen erfasst (meist Verwaltungskosten), während die Kosten der Sachaufgaben überwiegend in besonderen Fonds verwaltet werden; vgl hierzu o Rn 215.
804 Dazu *Dicke,* Deciding upon the Budget of the United Nations, in Wolfrum (Hrsg), Law of the Sea at the Crossroads, 1991, 189 ff. – Art 17 Abs 3 UN-Charta räumt der GV auch maßgeblichen Einfluss auf die Haushalte der Sonderorganisationen ein.
805 Vgl A/RES/41/213 v 1986; näher *Woeste/Thomma,* in Charter UN³, Art 17 Rn 163 ff.
806 Trotz dieser formalen Entscheidungsbefugnis der GV besteht in den maßgeblichen Gremien ein gentlemen's agreement dahingehend, dass budgetäre Entscheidungen nicht gegen den Willen der Hauptbeitragszahler gefasst werden, vgl *Klein* (Fn 260) 78 f. Krit wegen der Kompetenz der GV *Zoller* (Fn 783) 633 f. Zu aktuellen Herausforderungen vgl *Fenchel,* Der ACABQ zwischen Spannungen und Reformunfähigkeit, VN 2023, 69 ff.
807 Vgl das Schaubild bei *Streinz* (Fn 514) Rn 754.

Schmahl

nungsprüfungsausschuss *(board of auditors)* prüft die Jahresabschlüsse.[808] Die Joint Inspection Unit (JIU) hilft bei der Überprüfung von Wirtschaftlichkeit und Effizienz der Aufgabenerledigung.[809] In der *EU* wird die Aufgabe der Rechnungsprüfung seit 1975 durch einen *Rechnungshof* wahrgenommen, der mit Inkrafttreten des EU-Vertrags (1.11.1993) Hauptorganqualität erhalten hat (Art 13 EUV). Aufgaben und Rechtsstellung sind in Art 285 bis 287 AEUV geregelt.

Zahlreiche Gründungsverträge sehen für die Verletzung der Zahlungsverpflichtun- 224 gen der Mitgliedstaaten besondere *Sanktionen* vor. Sie bestehen ab einem bestimmten Rückstand im Verlust des Stimmrechts in einzelnen (zB FAO, ICAO) oder allen Organen (zB ILO, Europarat); diese Rechtsfolge kann automatisch (zB UNESCO, IMO) oder aufgrund einer Ermessensentscheidung des zuständigen Organs (zB Europarat) eintreten.[810] In den *UN* entfällt das Stimmrecht in der GV (Plenum und Ausschüsse)[811] ipso iure, wenn der Beitragsrückstand die Summe der Verpflichtungen der letzten beiden vorausgegangenen Jahre erreicht oder übersteigt (Art 19 UN-Charta). Allerdings kann die GV die Ausübung zulassen, wenn die Nichterfüllung auf von Mitgliedstaaten nicht zu kontrollierende Umstände zurückzuführen ist.[812] Mit dieser Begründung wurde in den vergangenen Jahren einigen Mitgliedstaaten trotz Beitragsrückstands das Stimmrecht vorübergehend zugestanden.[813] Seit Januar 2022 sind Somalia, São Tomé und Príncipe, die Komoren und Venezuela nach Maßgabe des Art 19 UN-Charta im Rückstand mit ihren Zahlungsverpflichtungen, jedoch allein das Stimmrecht Venezuelas in der GV ist entfallen.[814] Faktisch ist die Sanktion des Art 19 UN-Charta bislang nahezu völlig gelaufen,[815] da entweder geringe Zahlungen akzeptiert werden, mit denen die kritische Grenze unterschritten wird, oder man von Abstimmungen ieS absieht und die notwen-

---

808 *Paschke*, Externe und interne Kontrolle, in Volger (Hrsg), Grundlagen, 467 ff. Aktuelle Mitglieder sind der Chinese *Hou Kai* (Vorsitzender), der Chilene *Jorge Bermúdez Soto* und der Franzose *Pierre Moscovici*.
809 *Schermers/Blokker*, International Institutional Law, § 1126; *Münch,* The Joint Inspection Unit of the United Nations and the Specialized Agencies, MPYUNL 2 (1998) 287 ff. Eine interne Kontrollfunktion nimmt auch das OIOS (Fn 565) wahr, an dessen Spitze der Generalinspektor im Rang eines Unter-GS steht. Seit 2019 bekleidet die Senegalesin *Fatoumata Ndiaye* dieses Amt.
810 Vgl *Schermers/Blokker,* International Institutional Law, §§ 1455 ff.
811 Nicht darunter fallen die gemäß Art 22 UN-Charta geschaffenen Nebenorgane oder die anderen UN-Organe; *Tomuschat*, in Charter UN³, Art 19 Rn 32 f; *Klabbers*, International Organizations Law, 124.
812 Vgl zB A/RES/66/4 v 11.11.2011.
813 Vgl zB UN Doc A/Res/64/2 v 14.10.2009; ferner siehe <https://www.un.org/en/ga/about/art19.shtml>, auch zur entsprechenden Praxis vorangegangener Jahre.
814 Vgl UN Doc A/76/636 v 10.1.2022; A/RES/76/2 v 11.10.2021, Ziff 5 f, dazu auch o Rn 85 mit Fn 248. Die lange Zeit ebenfalls säumigen Mitgliedstaaten Antigua und Barbuda, Sudan, Kongo, Iran, Papua-Neu Guinea, Guinea and Vanuatu haben die notwendigen Zahlungen inzwischen geleistet, ihre Rückstände liegen unter den Grenzen des Art 19 UN-Charta, vgl UN Doc A/76/636/Add.1 v 14.1.2022; A/76/636/Add.2 v 19.1.2022; A/76/636/Add.3 v 20.1.2022; A/76/636/Add.4 v 21.1.2022; A/76/636/Add.5 v 24.1.2022 und A/76/636/Add.6 v 31.1.2022.
815 Zur vereinzelten Anwendung gegen kleine Staaten vgl *Tomuschat*, in Charter UN³, Art 19 Rn 25. Venezuela ist der erste größere Staat, gegen den die Sanktion angewandt wird.

digen Entscheidungen im Konsensus-, *non objection*- oder Akklamationsverfahren vornimmt.[816] Gegen die Verweigerung der Mitarbeit eines *EU*-Staats bei der Einziehung der Eigenmittel der Union kann die Kommission beim EuGH ein Vertragsverletzungsverfahren (Art 258, 260 AEUV) einleiten.

III. Die UN-Familie

1. Allgemeines

225 Mit dem Begriff der „UN-Familie" wird die *Gesamtheit der Organisation der UN*, dh sowohl die Hauptorganisation selbst mit ihren Organen, Unter- und Nebengliederungen als auch die Sonderorganisationen erfasst.[817] Das weitverzweigte Netz, von dem Übersicht 3 einen guten, aber keineswegs vollständigen Eindruck vermittelt,[818] stellt so etwas wie das Gerüst der Staatengemeinschaft dar, das den institutionellen Rahmen für Koordination und Kooperation auf der universellen Ebene bereitstellt. Natürlich darf man die Vielzahl anderer Organisationseinheiten, vor allem auf regionaler Ebene, nicht vergessen, in denen sich die immer dichter werdende Zusammenarbeit zwischen den Staaten vollzieht. Vom globalen Anspruch der UN her gesehen,[819] ist der Organisationsverbund UN-Familie aber besonders wichtig.

226 Stärker noch als „UN-Familie" weist der für diesen Zusammenhang gleichfalls gebräuchliche Begriff *UN-System*[820] auf die Institutionalisierung der Beziehungen zwischen den dort angesiedelten verschiedenen Organisationseinheiten hin. Dies ist vor allem im Hinblick auf die Sonderorganisationen bedeutsam, die gerade dadurch charakterisiert sind, dass sie trotz rechtlicher Selbständigkeit in enge Verbindung mit den UN gebracht sind. Die sich aus dieser Situation ergebende Spannungslage ebenso wie die Schwierigkeit, die im Lauf der Zeit erheblich gewachsene Zahl organisatorischer Einheiten zu koordinieren, markieren die eigentlichen Problempunkte des Systems.

2. UN mit Haupt- und Nebenorganen

227 Der zentrale Teil des UN-Systems sind die UN selbst als die *Hauptorganisation*. Ihre Struktur und ihre Organe (Art 7 UN-Charta) sind bereits ausführlich behandelt wor-

---

816 Vgl o Rn 85, 135 f.

817 Vgl *Schermers/Blokker*, International Institutional Law, §§ 1692 ff. – ZT werden auch solche Organisationen hinzugezählt, die, ohne Sonderorganisation geworden zu sein, in enger Kooperation mit den UN stehen, wie zB bis Ende 2003 die UNWTO; vgl *Vrancken*, Tourism, MPEPIL IX, 964 (Rn 1, 6 ff); *Seidl-Hohenveldern/Loibl*, Internationale Organisationen, Rn 813 ff.

818 Einen wohl weitgehend vollständigen Überblick für das Jahr 2005 gibt das UNYB 59 (2005).

819 Vgl *Bernadotte*-Gutachten, ICJ Rep 1949, 174 ff.

820 *Hüfner*, UN-System, in Handbuch VN, 966 ff. Vgl auch <https://www.un.org/sites/un2.un.org/files/2021/09/un_system_chart.pdf>.

Schmahl

den.[821] Im Kontext des Gesamtsystems ist vor allem die Rolle von *GV* und *WSR* hervorzuheben, da aus diesen Organen heraus die Verbindung zu den Sonderorganisationen
gestaltet wird. Die GV hat darüber hinaus *Nebenorgane* geschaffen, die Übersicht 3 aufweist. Das älteste dieser ständigen Nebenorgane ist das Kinderhilfswerk (United Nations
International Children's Emergency Fund/UNICEF) v 1946. Die Infrastruktur ist unterschiedlich geregelt, aber meist gibt es einen Exekutivrat, an dessen Spitze ein Exekutiv-
direktor steht, der die laufenden Verwaltungsgeschäfte führt. Die Finanzierung erfolgt
überwiegend auf freiwilliger Basis. Mit Ausnahme von UNRWA (United Nations Relief
and Works Agency for Palestine Refugees in the Near East) und UNIDIR (United Nations
Institute for Disarmament Research),[822] die direkt an die GV berichten, legen die Nebenorgane ihre Jahresberichte über den WSR der GV vor. Auf die Fülle der Ausschüsse
(ständige und ad hoc) und Arbeitsgruppen, die GV und WSR geschaffen haben, kann nur
pauschal hingewiesen werden.

Im Rahmen seiner primären Verantwortung für die Wahrung des Weltfriedens hat **228**
der *SR* eine große Anzahl *friedenssichernder Operationen* ins Leben gerufen, die seiner
direkten Verantwortung unterstanden oder unterstehen.[823] In neuerer Zeit zeichnet
sich jedoch eine Tendenz zur Dezentralisierung ab; während der SR die grundlegende
Ermächtigung erteilt, übernehmen Mitgliedstaaten selbst oder andere Organisationen
(zB NATO, EU, AU) die Durchführung der Aktion.[824] Auch derartige Aktionseinheiten
können dem UN-System zugeordnet werden.

3. Sonderorganisationen

Sonderorganisationen *(specialized agencies)*[825] sind solche I.O., die nach ihrem Grün- **229**
dungsinstrument Aufgaben in dem weiten von Art 1 Nr 3 und Art 55 UN-Charta definierten Sinn erfüllen und durch Vertrag in Verbindung mit den UN gebracht worden sind
(Art 57, 63 UN-Charta). Derzeit bestehen *15 Sonderorganisationen.*[826] ILO (International
Labour Organization, 1946); FAO (Food and Agriculture Organization, 1946); UNESCO

---

821 Vgl o Rn 124 ff.
822 Näher *Schmahl*, United Nations, Autonomous Research Institutes, MPEPIL online, Rn 23 ff.
823 Ein Überblick über die gegenwärtigen 12 Friedensmissionen der VN findet sich in Übersicht 3. Eine
Auflistung aller friedenssichernden Missionen von 1948 bis 2020 ist abrufbar unter <https://peacekee-
ping.un.org/sites/default/files/un_peacekeeping_operation_list_3_2.pdf>.
824 Näher *Bothe*, 8. Abschn Rn 35, 49 f. Ferner *Deen-Racsmány*, A Redistribution of Authority Between the
UN and Regional Organizations in the Field of Maintenance of Peace and Security, LJIL 13 (2000) 297 ff; *de
Wet*, The Relationship of the Security Council and Regional Organizations during Enforcement Action under Chapter VII of the United Nations Charter, NJIL 71 (2002) 1 ff; *Villani*, The Security Council's Authoriza-
tion of Enforcement Action by Regional Organizations, MPYUNL 6 (2002) 535 ff. Vgl auch o Fn 489.
825 Eingehende Darstellung bei *Klein*, United Nations, Specialized Agencies, MPEPIL X, 489 ff; *Williams*,
The Specialized Agencies and the United Nations, 1987; *Meng*, in Charter UN³, Art 57.
826 Die im Folgenden angegebenen Daten beziehen sich auf das Inkrafttreten der Abkommen iSv Art 63
UN-Charta. Vgl o Übersicht 3 sowie den inhaltlichen Überblick bei *Meng*, in Charter UN³, Art 57 Rn 48 ff.

(UN Educational, Scientific and Cultural Organization, 1946); ICAO (International Civil Aviation Organization, 1947); Weltbankgruppe (World Bank Group, 1947);[827] IMF (International Monetary Fund, 1947); UPU (Universal Postal Union, 1947); WHO (World Health Organization, 1948); ITU (International Telecommunication Union, 1949; 1992/1994); WMO (World Meteorological Organization, 1951); IMO (International Maritime Organization, 1948); WIPO (World Intellectual Property Organization, 1967); IFAD (International Fund for Agricultural Development, 1977); UNIDO (UN Industrial Development Organization, 1986); UNWTO (World Tourism Organization, 2003).

230   Die IAEO (Internationale Atomenergie-Organisation) hat de facto den Status einer Sonderorganisation, formal rechnet sie nicht zu dieser Kategorie, da das Abkommen mit den UN nicht nach Maßgabe der Art 57 und 63 UN-Charta abgeschlossen wurde. Entsprechendes gilt für die Organization for the Prohibition of Chemical Weapons (OPCW)[828] und den Internationalen Strafgerichtshof (ICC).[829] Auch das GATT (Allgemeines Zoll- und Handelsabkommen) war und die in seiner Nachfolge 1995 ins Leben getretene Welthandelsorganisation (World Trade Organization/WTO) ist ungeachtet aller UN-Nähe keine Sonderorganisation.[830] Die 1951 gegründete und später fortentwickelte IOM (International Organization for Migration) trat den UN im Jahr 2016 zwar als „verwandte Organisation" bei, ist aber von einer Rechenschaftspflicht nach Art 57 und 63 UN-Charta gegenüber GV und WSR ausgenommen.[831] Die bisher einzige Sonderorganisation, die erloschen ist (1952), war die Internationale Flüchtlingsorganisation (IRO); sie war von Anfang an zeitlich limitiert. Ihre Aufgaben werden vom UNHCR fortgeführt.

231   Während die Gründungsverträge der meisten Sonderorganisationen später als die UN-Charta abgeschlossen wurden, sind einige Organisationen, nämlich vor allem ILO (1919), FAO (1943), IBRD (1944) und IMF (1944) schon vor den UN geschaffen und erst später mit diesen gemäß Art 63 UN-Charta in Beziehung gebracht worden. Andere (zB ITU, UPU, WIPO) haben Vorgängerorganisationen, die sogar noch in die Vor-Völkerbundzeit zurückreichen („Verwaltungsunionen").[832] Zur Zeit der Gründung des Völkerbunds gab

---

827 Die Weltbankgruppe umfasst fünf Organisationen mit jeweils eigener Rechtspersönlichkeit: IBRD (International Bank for Reconstruction and Development, 1944/1947); IDA (International Development Association, 1960); IFC (International Finance Corporation, 1955); MIGA (Multilateral Investment Guarantee Agency, 1988); ICSID (International Centre for Settlement of Investment Disputes, 1966). MIGA und ICSID sind Teil der Weltbankgruppe, zählen jedoch nicht zu den Sonderorganisationen iSd Art 57 und 63 UN-Charta.

828 Vgl OPWC, Entscheidung des Executive Council v 1.9.2000, EC-MXI/DEC.1, Annex; Entscheidung der Conference of the States Parties v 17.5.2001, C-VI/DEC.5; Res der GV v 24.9.2001, A/RES/55/283, Annex.

829 Das Beziehungsabkommen (Art 2 ICC-Statut) datiert v 7.6.2004, ICC-ASP/3/Res 1.

830 Vgl *von Schorlemer*, Zwischen Abgrenzung und Kooperation. Die Rechtsnatur der WTO und ihr Verhältnis zum UN-System, VN 2001, 101ff; *Krajewski* (Fn 626) Rn 220. Zurzeit zählt die WTO 164 Mitglieder und 25 Beobachter.

831 Näher *Geiger*, Die Rolle der IOM im UN-System, VN 2017, 201ff sowie die Beiträge in Geiger/Pécoud (Hrsg), The International Organization for Migration, 2020.

832 Dazu o Rn 3.

Schmahl

es bereits mehr als 20 derartige Einheiten. Art 24 VBS unternahm den Versuch, diese internationalen Büros der Leitung des Völkerbunds zu unterstellen. Der Versuch scheiterte vor allem an dem Autonomiestreben dieser Einheiten und der Tatsache, dass die USA einem wesentlichen Einfluss des Völkerbunds, dem sie nicht angehörten, auf die anderen Organisationen, in denen sie Mitglied waren, ablehnend gegenüberstanden. Untermauert wurde diese Entwicklung durch die Theorie des *Funktionalismus,* nach der einzelne geeignete Politikbereiche in internationalen Zweckverbänden im Interesse aller beteiligten Mitglieder gestaltet werden können;[833] dies setzt zugleich die Notwendigkeit voraus, die einbezogenen Sachbereiche zu entpolitisieren, sie also auch dem Einfluss der politischen Organisationen zu entziehen. Eine Ausnahme machte allein die *ILO,* aber nur deshalb, weil sie durch die Art 387 bis 427 des Versailler Friedensvertrages (1919) ganz „als Teil der Völkerbundorganisation" (Art 392) integriert und auch in ihrer Finanzausstattung vom Völkerbund abhängig war. Freilich gelang es ihr, sich dem Niedergang des Völkerbunds zu entziehen und sich als eigenständige Organisation zu etablieren. Den neu gegründeten Vereinten Nationen traten daher selbstbewusste Organisationen, zu denen neben der ILO vor allem auch die FAO zählte, gegenüber.

Andererseits war es angesichts der gesteigerten Bedeutung der sozialen und öko- 232 nomischen Fragen von Anfang an klar, dass die neue Weltorganisation über Handlungsmöglichkeiten verfügen sollte, diese Probleme anzugehen. *Kap IX und X UN-Charta* eröffnen den UN daher die entsprechenden Spielräume. Im Verhältnis zu den Organisationen, die sich mit wirtschaftlichen, sozialen und verwandten Angelegenheiten befassen, verfolgt die UN-Charta ein Dezentralisierungskonzept, das es der freien Entscheidung der jeweiligen Organisation überlässt, ein ihren Status als Sonderorganisation begründendes Abkommen mit den UN abzuschließen, um auf diese Weise Kooperation und Koordination zu sichern. Nach Art 59 können die UN aber auch selbst Verhandlungen zur Gründung einer neuen Sonderorganisation initiieren.[834]

Alle Sonderorganisationen ruhen auf einer *doppelten Rechtsgrundlage:* ihrem Grün- 233 dungsvertrag (Statut/„Verfassung") und dem Abkommen, das aus der I.O. eine Sonderorganisation der UN macht. Häufig sieht der *Gründungsvertrag* bereits den Status als Sonderorganisation vor (zB Art 69 WHO), der dann durch Abschluss des entsprechenden Abkommens auch schnell geschaffen wird. Verschiedentlich verläuft die Entwicklung aber sehr viel komplizierter. Das Hauptbsp bietet die jüngste Sonderorganisation, die World Tourism Organization (UNWTO): 1925 als „International Congress of Official Tourist Traffic Associations" gegründet, erfolgte nach dem Zweiten Weltkrieg ihre Umbenennung in „International Union of Official Travel Organisations" (IUOTO). Nach einer Empfehlung durch die UN-GV wurden dann 1970 die Gründungsstatuten der UNWTO von einer Außerordentlichen GV der IUOTO verabschiedet, die am 2.1.1975 in

---

833 Vgl *Mitrany* (Fn 25); *Rittberger,* Internationale Organisationen, Theorie der, in Handbuch VN, 363 (367).
834 Die Initiative kann sowohl vom WSR als auch von der GV ausgehen, Art 60 UN-Charta.

Kraft traten. Der Abschluss des Abkommens mit den UN gemäß Art 57 und 63 UN-Charta erfolgte dagegen erst im Jahr 2003.[835]

234   Der Abschluss dieser *Beziehungsabkommen (relationship agreements)* folgt einem in der Praxis erprobten Muster. Der WSR, das von Seiten der UN zum Vertragsschluss ermächtigte Organ, beauftragt mit einer Resolution seinen Verhandlungsausschuss, Gespräche mit der jeweiligen Organisation aufzunehmen. Der Abkommensentwurf wird zunächst dem WSR, dann der UN-GV und dem Plenarorgan der Organisation vorgelegt; er tritt mit Billigung der beiden zuletzt genannten Organe oder zu einem festgesetzten Zeitpunkt in Kraft. Es handelt sich bei dem Abkommen um einen Vertrag zwischen zwei I.O.,[836] der analog Art 102 UN-Charta beim UN-Sekretariat registriert und veröffentlicht wird.

235   Der *Inhalt der Abkommen* entspricht formal einem allgemeinen Muster. Im ersten Artikel ist die Anerkennung der I.O. als Sonderorganisation durch die UN festgehalten, in den nachfolgenden Artikeln wird dann jedoch in einer den individuellen Gegebenheiten Rechnung tragenden Weise geregelt, wie sich die Zusammenarbeit vollziehen soll. Zu diesem Zweck werden Fragen wie die gegenseitige Repräsentation in den Organen, der Informationsaustausch, statistische Dienste, budgetäre Fragen und solche des öffentlichen Dienstes ebenso wie Jurisdiktionsmöglichkeiten des IGH geregelt. Während die Gründungsverträge der Sonderorganisationen häufig die Mitglieder der Organisation berechtigen, den IGH bei Streitigkeiten über Auslegung und Anwendung des Statuts anzurufen, erlauben die Beziehungsabkommen den Sonderorganisationen gemäß Art 96 Abs 2 UN-Charta, Gutachten des IGH zu Rechtsfragen anzufordern, die sich in ihrem Tätigkeitsbereich stellen;[837] ausgeschlossen ist allerdings die Anrufung des IGH in Fragen, die die Beziehungen zwischen UN und Sonderorganisationen oder zwischen Sonderorganisationen betreffen. Antragsberechtigt sind außer SR und GV insoweit aber aufgrund genereller Ermächtigung auch der WSR.[838]

236   Das entscheidende Problem angesichts der großen Zahl der zur UN-Familie gehörenden Einheiten ist die *Koordination* der vielfältigen und sich häufig überlappenden Aktivitäten. Dem WSR kommt dabei eine zentrale Rolle zu, der er jedoch bislang nicht ausreichend nachgekommen ist.[839] Dies liegt auch an seinen beschränkten, freilich der rechtlichen Selbständigkeit der Sonderorganisationen entsprechenden Kompetenzen diesen Organisationen gegenüber. Ein wichtiger Ansatz zur Koordinierung hätte Art 17 Abs 3 UN-Charta werden können, auch wenn sein Ziel keineswegs war, der GV eine Finanzkontrolle über die Sonderorganisationen einzuräumen. In der Praxis beschränkt sich die GV jedoch darauf, die Prüfungsberichte des Advisory Committee on Administrative and Budgetary Question (ACABQ) anzunehmen, die von den Sonderorganisationen

---

835 A/RES/58/232; der Annex enthält das Abkommen.
836 Vgl o Rn 98.
837 ZB ICJ Rep 1980, 73 *[Übereinkommen WHO-Ägypten]*.
838 Vgl ICJ Rep 1989, 177 *[Mazilu-Gutachten]*.
839 S auch o Rn 157.

Schmahl

freilich kaum beachtet werden.[840] Nicht viel erfolgreicher in dieser Hinsicht ist iE bislang auch das vom WSR 1962 geschaffene, derzeit 34 Mitglieder umfassende CPC (Committee for Programme and Coordination)[841] und der UN Chief Executives Board for Coordination (CEB) gewesen, in dem sich zwei- oder dreimal pro Jahr die Leiter (Generaldirektoren) der Sonderorganisationen mit dem GS der UN treffen.[842] Eine Lösung dieser Fragen ist nicht in Sicht, was die Erbitterung vor allem der USA als des größten Geldgebers für die UN ebenso wie für die Sonderorganisationen steigert. So sind sie aus der UNIDO[843] und der UNWTO ausgetreten;[844] auch andere Sonderorganisationen haben sie verlassen.[845] Infolge des Angriffskriegs auf die Ukraine wurde die Mitgliedschaft Russlands in der UNWTO am 27.4.2022 suspendiert.[846]

Das der Schaffung der Sonderorganisationen zugrundeliegende Konzept des Funktionalismus geht von der Überlegung aus, für bestimmte Politikbereiche deshalb gemeinsame Lösungen finden zu können, weil hieran alle Staaten, unabhängig von ihrem politischen System, ihrer Entwicklungsstufe und ihren gegenseitigen Beziehungen Interesse haben. Nähere Betrachtung zeigt indes, dass *Entpolitisierung* allenfalls bei den technischen Organisationen gelingen kann (zB ITU, UPU).[847] Bereiche der Erziehung und Wissenschaft, der Menschenrechte und der finanziellen Hilfe sind hingegen erheblich ideologie- und politikanfällig. Hinzu tritt die Frage, inwieweit die Sonderorganisationen verpflichtet werden können, die allgemeine Politik der UN mitzutragen. Relativ eindeutig, wenn auch im Einzelnen abgestuft, enthalten die Beziehungsabkommen die Verpflichtung der Sonderorganisationen, dem S. Informationen zu geben und ihn bei seiner Aufgabe, den Weltfrieden und die internationale Sicherheit zu wahren oder wiederherzustellen, zu unterstützen. Dies reicht weiter als die indirekte Verpflichtung der Organi-

237

---

840 Dazu *Woeste/Thomma*, in Charter UN³, Art 17 Rn 158.

841 Vgl UN Doc E/AC.51/2012/INF/1 v 2012. Für jüngere Berichte des CPC vgl UN Doc A/76/16 v 9.7.2021; A/RES/76/236 v 31.12.2021.

842 Unter dem Vorsitz des GS kommen im CEP Vertreter der 12 Fonds und Programme, der 15 Sonderorganisationen und der drei „verwandten Organisationen" zusammen; ebenfalls werden Leiter anderer Einrichtungen der UN zu den Treffen eingeladen. S auch o Rn 166.

843 FAZ v 5.12.1995, 2.

844 United States General Accounting Office, U. S. Participation in Special-Purpose International Organizations, 1997, GAO/NSIAD-97-35, 4. In jüngerer Zeit zeigen die USA jedoch Interesse, der UNWTO erneut beizutreten, vgl UNWTO Press Release Nr PR 19045 v 17.6.2019.

845 UNESCO (1984), ILO (1977) und WHO (2020); in letztere Organisation sind sie aber im selben Jahr, in die ILO wieder 1980 und in die UNESCO 2003 zurückgekehrt; vgl *Chimni* (Fn 231) 89, s auch o Rn 77. Nach Aufnahme Palästinas in die UNESCO (vgl Fn 281) haben die USA allerdings ihre Beitragszahlungen zu dieser Organisation umgehend ausgesetzt; im Oktober 2017 haben sie schließlich erneut ihren Austritt aus der UNESCO zum Ende des Jahres 2018 erklärt, vgl *Bernecker* (Fn 219) 117 ff; im Juli 2023 sind sie der Organisation aber wieder beigetreten.

846 UNWTO, A/EXT-1/5 v 1.4.2022; A/RES/EXT-1/5 v 27.4.2022.

847 Daher übernehmen ITU und UPU – anders als die UN – eine wesentliche Rolle im Bereich der technischen Internetregulierung, vgl *Schmahl*, The UN Facing the Challenges of the „Information Society", MPYUNL 11 (2007) 197 (206 ff).

sationen aus Art 48 Abs 2 UN-Charta.[848] Weniger eindeutig ist, ob eine solche Verpflichtung auch gegenüber den von der GV verfolgten Politiken besteht. Insoweit ist darauf hinzuweisen, dass die meisten Beziehungsabkommen die Sonderorganisationen verpflichten, die Empfehlungen von GV und WSR zu prüfen und nach Möglichkeit zu beachten.[849] Darüber hinausgehende Rechtspflichten können aber nicht aus dem allgemeinen Verhältnis von UN und Sonderorganisationen hergeleitet werden, da eine *Hierarchisierung des Gesamtsystems* gerade *nicht* vollzogen wurde, die UN also nicht das „Oberhaupt" der UN-Familie sind. Gleichwohl waren Sonderorganisationen verschiedentlich starkem politischen Druck ausgesetzt und haben ihm auch zT nachgegeben; die Pressionen betrafen vor allem die Dekolonisierung, Apartheid und die israelisch besetzten Gebiete. Viele Sonderorganisationen haben allerdings Verfahrenstechniken entwickelt, um ihre Arbeit in der Substanz unbeeinträchtigt durchführen zu können, ohne sich dabei von der allgemeinen politischen Mehrheitshaltung der GV distanzieren zu müssen.[850]

IV. Europarat

1. Allgemeines und Entstehung

238 Die Gründung des Europarats[851] ist die Frucht einer spezifisch europäischen und einer universellen Entwicklung. Die *politische Idee Europa,* die sich ungeachtet aller politischen und kulturellen Vielgestaltigkeit der neuzeitlichen europäischen Staatenwelt herausgebildet hat, brachte im Lauf der Zeiten eine Fülle von Entwürfen und Konzeptionen zur politischen Einigung Europas hervor.[852] Mit dem Ende des vor allem für Europa desaströsen Ersten Weltkriegs erhielten diese Pläne neuen Auftrieb. 1923 setzte sich *Graf Coudenhove-Kalergi* in seiner Schrift „Paneuropa" für die Schaffung der „Vereinigten Staaten von Europa" ein. In seiner berühmten Züricher Rede v 19.9.1946 nahm *Winston S. Churchill* das Wort auf: „We must build a kind of United States of Europe".[853]

239   Der zweite Entwicklungsstrang wurzelt in der in den letzten Jahren des Zweiten Weltkriegs sich abzeichnenden Gründung einer neuen Weltorganisation (UN) und der

---

848 Näher *Reinisch/Novak,* in Charter UN³, Art 48 Rn 9 ff.

849 Vgl *Meng,* in Charter UN³, Art 63 Rn 18 f, dort auch zur gewissen Sonderrolle der Weltbankgruppe.

850 Vgl *Ballreich,* Die Interdependenz internationaler Organisationen, AVR 19 (1981) 121 ff; *v. Hanstein,* Der Einfluss der Vereinten Nationen auf die Sonderorganisationen, 1988.

851 *Sørensen,* Le Conseil de l'Europe, RdC 81 (1952-II) 120 ff; *Carstens,* Das Recht des Europarats, 1956; *Robertson,* Council of Europe, EPIL I (1992) 843 ff; *Klein,* 50 Jahre Europarat, AVR 39 (2001) 121 ff; *Wittinger,* Der Europarat, 2005; Benoît-Rohmer/Klebes (Hrsg), Das Recht des Europarats, 2006; *Brummer,* Der Europarat, 2008; *Kleinsorge* (Fn 633); Schmahl/Breuer (Hrsg), Council of Europe.

852 *Foerster,* Europa, Geschichte einer politischen Idee, 1967, 325 ff mit einer Bibliographie von 182 Einigungsplänen aus den Jahren 1306 bis 1945.

853 *Churchill,* The Times of Peace, Post-War Speeches, 1948, 198 ff. Schon zuvor hatte *Konrad Adenauer* am 24.3.1946 in der Universität zu Köln die „Vereinigten Staaten von Europa unter Einschluss Deutschlands" gefordert, in *ders,* Reden 1917-1967, 1975, 82 (105).

heute wieder sehr aktuellen Einsicht, dass es sinnvoll sei, die Hauptorganisation zu entlasten und ihr regionale allgemein-politische Organisationen zur Seite zu stellen. IdS plädierte *Churchill* bereits 1943 in einer Rundfunkansprache: „One can imagine that under a world institution embodying or representing the United Nations there should come into being a Council of Europe".[854] Ähnlich[855] wie die Organisation Amerikanischer Staaten (*OAS*/1948)[856] und die Afrikanische Union (*AU*, hervorgegangen aus der 1963 gegründeten Organisation für Afrikanische Einheit – *OAU*)[857] ist der Europarat eine mit weiten Kompetenzen ausgestattete geographisch beschränkte *Regionalorganisation*,[858] die ausdrücklich den Vorrang der Verpflichtungen aus der UN-Charta respektiert (Art 1 lit c Europaratssatzung). Der Europarat ist die aktivste und effektivste dieser Regionalorganisationen. Der Gründungsvertrag (Satzung) wurde am 5.5.1949 in London von 10 Staaten unterzeichnet;[859] die BR Deutschland trat 1950 bei.[860] Heute hat der Europarat 46 *Mitglieder* und repräsentiert eine Bevölkerung von mehr als 700 Mio Europäern.[861] Beobachterstatus bei der Organisation und im Ministerkomitee haben Japan, Kanada, Mexiko, die USA sowie der Heilige Stuhl; Beobachter in der Parlamentarischen Versammlung (parliamentary observers) sind Vertreter der Parlamente von Israel, Kanada und Mexiko. Nach dem Zusammenbruch der kommunistischen Regime 1989/90 ist ein besonderer Gästestatus geschaffen worden, der eine Vorstufe zum Beitritt darstellt, aufgrund des enormen Zuwachses an Mitgliedern heute aber fast keine Rolle mehr spielt. Weißrussland war neben dem Kosovo, dessen rechtlicher Status umstritten ist,[862] über lange Zeit der einzige europäische Staat, der dem Europarat nicht angehört,[863]

---

854 Zit nach Council of Europe (Hrsg), Manual of the Council of Europe, 1980, 3.
855 Beim Europarat handelt es sich allerdings nicht um ein Regionalsystem kollektiver Sicherheit.
856 *Sheinin*, The Organization of American States, 1996; *Arrighi*, Organization of American States (OAS), MPEPIL VII, 1059ff; *Thomas*, The Organization of American States in its 50th Year, 1998; *Epping*, in Ipsen (Fn 30) § 8 Rn 233ff; *Stapel*, Regional Organizations and Democracy, Human Rights, and the Rule of Law: The African Union, Organization of American States, and the Diffusion of Institutions, 2022, 201ff.
857 *Cisse*, Naissance de l'Union africaine, International Forum 3 (2001) 151; *Packer/Rukare*, The New African Union and Its Constitutive Act, AJIL 96 (2002) 365ff; *Magliveras/Naldi*, The African Union, ICLQ 51 (2002) 415ff; *Heyns/Baimu/Killander*, The African Union, GYIL 46 (2003) 252ff; *Maluwa*, The Constitutive Act of the African Union and Institution-Building in Postcolonial Africa, LJIL 16 (2003) 157ff.
858 Nach Art 4 Europaratssatzung kann „jeder europäische Staat" zum Beitritt eingeladen werden.
859 87 UNTS 103; BGBl 1950 II, 263.
860 Zur Beitrittsgeschichte *Schmahl*, Les rôles de la France et de l'Allemagne au Conseil de l'Europe, AFRI 10 (2019) 419 (423f).
861 Council of Europe (Hrsg), The Council of Europe: Guardian of Human Rights – A Summary, 2023, 3f.
862 Der Europarat verfolgt bzgl der Zusammenarbeit mit dem Kosovo einen statusneutralen Ansatz im Einklang mit S/RES/1244 v 10.6.1999, vgl GR-DEM(2021)11 v 16.11.2021; GR-DEM(2020)14 v 29.10.2020; GR-DEM(2019)3 v 28.2.2019.
863 Der Gästestatus von Belarus (Weißrussland) wurde 1997 aufgrund demokratischer Defizite des Landes suspendiert, vgl die Res der Parlamentarischen Versammlung 1441 (2000) v 26.1.2000 und 1306 (2002) v 27.9.2002. Auf der Plenarsitzung am 26.6.2009 hat die Parlamentarische Versammlung beschlossen, Weißrussland den ausgesetzten Sondergaststatus wieder einzuräumen. Die Gewährung dieses Status ist ge-

nachdem 2004 Monaco und 2007 Montenegro[864] aufgenommen wurden.[865] Inzwischen ist allerdings auch die Russische Föderation, die dem Europarat 1996 beigetreten war, kein Mitglied der Organisation mehr. In Reaktion auf den völkerrechtswidrigen Angriffskrieg auf die Ukraine beschloss das Ministerkomitee des Europarats am 16.3.2022, Russland mit sofortiger Wirkung aus dem Europarat auszuschließen.[866] Im Gegensatz dazu endete die Mitgliedschaft der Russischen Föderation in der EMRK erst sechs Monate später, d h am 16.9.2022.[867] Sitz der Organisation ist Straßburg.

2. Organe

240 Da die Struktur des Europarats weitgehend derjenigen anderer I.O. entspricht, ist hier nur auf Besonderheiten einzugehen. Art 10 Europaratsatzung benennt die Parlamentarische Versammlung (bis 1974: Beratende Versammlung) und das Ministerkomitee als Organe, die von einem Sekretariat unterstützt werden. Im *Ministerkomitee* (Art 13 ff) sind die Außenminister vertreten, die außerhalb ihrer Zusammenkünfte von Ständigen Vertretern repräsentiert werden; dies sichert die Arbeitskontinuität. Zusätzlich kommen, dem breiten Aktionsfeld des Europarats entsprechend, zahlreiche weitere Fachminister oder Regierungsbeamte und Experten zu Konferenzen zusammen, die Übereinkommen und gemeinsame Politiken vorbereiten sowie Empfehlungen verabschieden; auf diese Weise hat sich ein weitreichendes europäisches soft law etabliert.[868] Die Stimmerfordernisse sind je nach Materie von einfacher Mehrheit bis zur Einstimmigkeit abgestuft (Art 20).

241 Die *Parlamentarische Versammlung* (Art 22 ff) ist deshalb hervorzuheben, weil mit ihr erstmals das parlamentarische Prinzip in eine I.O. eingeführt wurde. Damit tritt neben die Versammlung der Mitgliedstaaten (Regierungsvertreter) eine Repräsentation der Völker der Mitgliedstaaten. Die derzeit 306 Mitglieder der Versammlung, denen eine ebensolche Anzahl von Vertretern zur Seite stehen, werden von den nationalen Parlamenten aus ihren Reihen gewählt; je nach Größe des Mitgliedstaats schwankt die Zahl der Vertreter zwischen zwei (Liechtenstein, San Marino, Andorra, Monaco) und acht-

---

koppelt an den Erlass eines Moratoriums für die Anwendung der Todesstrafe, vgl Res 1671 (2009) der Parlamentarischen Versammlung v 23.6.2009. Auch die beiden seit 2016 zur Annäherung des Staats angenommenen Aktionspläne nehmen hierauf Bezug, vgl GR-DEM(2016)20 v 4.10.2016, 7 und CM(2019)68 v 13.6.2019, 2. Bis heute fehlt es jedoch an einem solchen Moratorium.

864 Nach seiner Abspaltung von Serbien-Montenegro 2006.

865 Zum Vorstehenden näher *Klein* (Fn 242), 40 ff.

866 Vgl CM/Del/Dec (2022)1428ter/2.3 v 16.3.2022, Ziff 1; CM/Res (2022)2 v 16.3.2022. Zum Verfahrensablauf *Schmahl*, Der ungleichzeitige Ausschluss Russlands aus Europarat und EMRK, NVwZ 2022, 595 (595 f).

867 CM/Res (2022)3 v 23.3.2022, Ziff 7. Krit *Schmahl* (Fn 866) 596 f; *Giegerich*, Struggling for Europe's Soul: The Council of Europe and the European Convention on Human Rights Counter Russia's Agression against Ukraine, ZEuS 2022, 519 (550 ff).

868 Vgl *Polakiewicz*, Finalités et fonctions de la soft law européenne: L'expérience du Conseil de l'Europe, in Iliopoulos-Strangas/Flauss (Hrsg), Das soft law der europäischen Organisationen, 2012, 167 ff.

Schmahl

zehn (Deutschland, Frankreich, Großbritannien, Italien, Türkei).[869] Die Abgeordneten haben sich politisch, nicht nach Ländern, gruppiert; derzeit gibt es sechs Fraktionen und einige fraktionslose Abgeordnete. Dieser parlamentarische Ansatz ist später von anderen Organisationen übernommen worden, vor allem von der Europäischen Union, der WEU[870] und dem Nordischen Rat.[871] Die der Versammlung eigene Zusammensetzung aus unabhängigen Abgeordneten hat sicher ihre Bereitschaft gefördert, sich aller möglichen (auch außereuropäischen) Themen anzunehmen;[872] auch dies ist eine Parallele zum Europäischen Parlament (EU).

Auf Initiative der Parlamentarischen Versammlung ist 1994 vom Ministerkomitee 242 ein zusätzliches beratendes (Sekundär-)Organ geschaffen worden, der *Kongress der Gemeinden und Regionen Europas* (KGRE); er ersetzt die 1961 gegründete „Ständige Konferenz der Gemeinden und Regionen Europas". Die Hauptaufgabe des aus zwei Kammern (Gemeinden und Regionen) bestehenden Kongresses besteht darin, die Teilhabe der Gemeinden und Regionen am europäischen Einigungsprozess und an den Aktivitäten des Europarats zu garantieren. Hierzu gehören die Förderung der Demokratie auf regionaler und kommunaler Ebene und die Stärkung der grenzüberschreitenden und überregionalen Zusammenarbeit in Europa.[873] Seit 1999 existiert zudem das Amt eines *Kommissars für Menschenrechte*. Seine Aufgaben bestehen in der Stärkung des öffentlichen Bewusstseins für Menschenrechte, der Aufdeckung möglicher menschenrechtlicher Defizite in den nationalen Rechtsordnungen der Mitgliedstaaten sowie allgemein in der Förderung effektiver Einhaltung der Menschenrechte. Er ist kein justizielles Or-

---

869 Vor seinem Ausschluss aus der Organisation (vgl o Rn 239) entsandte auch Russland 18 Abgeordnete der Duma in die Parlamentarische Versammlung. Allerdings wurde das Stimmrecht Russlands in der Parlamentarischen Versammlung bereits wegen des Tschetschenienkonflikts (1999/2000) von April 2000 bis Januar 2001 ausgesetzt, vgl *Schmahl* (Fn 56) 971. Auch die Krim-Annexion v 2014 führte zur Suspendierung der Stimmrechte der russ Vertreter in der Parlamentarischen Versammlung, vgl Res 1990 (2014), Ziff 15. Als Reaktion hierauf stellte Russland am 30.6.2017 seine Beitragszahlungen ein, vgl *Engel*, Russland testet das Rückgrat des Europarates, EuGRZ 2017, 720 ff. Wohl auch deshalb wurden die Vertretungsrechte ab 2019 schrittweise wiederhergestellt, vgl *Drzemczewski*, The (Non-)Participation of Russian Parliamentarians in the Parliamentary Assembly of the Council of Europe, Europe des droits & libertés 2020, 7 ff. Infolge des völkerrechtswidrigen Angriffs auf die Ukraine wurden die Rechte der Russischen Föderation in der Parlamentarischen Versammlung (und im Ministerkomitee) am 25.2.2022 wieder ausgesetzt, vgl CM/Del/Dec (2022)1426ter/2.3 v 25.2.2022, Ziff 2, bis Russland im weiteren Verlauf aus dem Europarat vollständig ausgeschlossen wurde.

870 19 UNTS 51; *Macallister-Smith*, Western European Union, EPIL IV (2000) 1450 ff.; *Rohan*, The Western European Union, 2014. Am 30.6.2011 wurde die WEU aufgelöst; sie ist in der Gemeinsamen Sicherheits- und Verteidigungspolitik der EU aufgegangen.

871 *Berg*, Nordic Council and Nordic Council of Ministers, EPIL III (1997) 639 ff; *Nergelius/Jarass*, Nordischer Rat und Nordischer Ministerrat, EnzEuR I², 2021, § 39.

872 Der Zuständigkeitsbereich ist in Art 23 Europaratssatzung ohnedies weit gefasst.

873 *Rabe/Semmelrogge*, Der Kongress der Gemeinden und Regionen des Europarates und seine „Europäische Charta der regionalen Selbstverwaltung", NdsVBl 1998, 105 ff; *Schaffarzik*, Congress of Local and Regional Authorities, in Schmahl/Breuer (Hrsg), Council of Europe, 269 ff.

gan und kann daher keine Individualbeschwerden entgegennehmen. Vielmehr arbeitet er mit den nationalen wie internationalen Menschenrechts-Institutionen zusammen.[874]

243   Die laufenden Verwaltungsgeschäfte werden vom *Sekretariat* (Art 36, 37) wahrgenommen, an dessen Spitze der auf fünf Jahre von der Parlamentarischen Versammlung auf Empfehlung des Ministerkomitees ernannte Generalsekretär steht. Er nimmt mit beratender Stimme an den Sitzungen des Ministerkomitees, der Parlamentarischen Versammlung und ihrer Ausschüsse teil. Gegenwärtige Amtsinhaberin (seit 18.9.2019) ist die Kroatin *Marija Pejčinović Burić*. Im Sekretariat sind derzeit ca 2.300 Personen beschäftigt. Der ordentliche Haushalt des Europarats beläuft sich für die Jahre 2022 und 2023 jeweils auf rund 260 Mio Euro.[875]

3. Aufgaben, Grundsätze, Aktivitäten

244   Nach Art 1 lit a seiner Satzung hat der Europarat die Aufgabe, „eine engere Verbindung zwischen seinen Mitgliedern zum Schutze und zur Förderung der Ideale und Grundsätze, die ihr gemeinsames Erbe bilden, herzustellen und ihren wirtschaftlichen und sozialen Fortschritt zu fördern"; lit b benennt als Tätigkeitsfelder ausdrücklich den wirtschaftlichen, sozialen, kulturellen und wissenschaftlichen Bereich, die Gebiete des Rechts und der Verwaltung sowie den Schutz und die Fortentwicklung der Menschenrechte und Grundfreiheiten. Damit ist ein *politisch umfassender Aufgabenbereich* beschrieben, aus dem nach Maßgabe von lit d nur „Fragen der nationalen Verteidigung" herausfallen. Dies ist verständlich, da dieses Gebiet bereits durch den Brüsseler Pakt (ehemalige WEU) v 1948 und den gerade einen Monat früher (4.4.1949) unterzeichneten Nordatlantikpakt (NATO)[876] abgedeckt war.[877]

245   Während der Anfangsjahre stand das Bestreben nach politischer und wirtschaftlicher Einigung Europas im Vordergrund der Tätigkeit des Europarats. Doch zeigte sich bald, dass nur ein kleiner Teil der beteiligten Staaten zur Übertragung von Hoheitsrechten auf zwischenstaatliche Einrichtungen bereit war. Mit der Gründung der drei Europäischen Gemeinschaften (u Rn 249) verlagerte sich der Integrationsprozess stärker auf diese Institutionen. Der Europarat hat aber diese Entwicklung nicht behindert, und auch von Seiten der Gemeinschaften/Union ist die Zusammenarbeit mit dem Europarat im-

---

874 Vgl Res 99 (50) des Ministerkomitees v 7.5.1999. Weitere Informationen bei *Dörr,* Commissioner for Human Rights, in Schmahl/Breuer (Hrsg), Council of Europe, 296 ff. Derzeitige Kommissarin ist (seit 1.4.2018) die Bosnierin *Dunja Mijatović.*

875 Vgl CM(2022)1 v 10.12.2021, 2; CM(2023)1 v 15.12.2022.

876 34 UNTS 243; *Ignarski,* North Atlantic Treaty Organization, EPIL III (1997) 646 ff; *Marauhn,* North Atlantic Treaty Organization, MPEPIL online (2016); Friis (Hrsg), NATO and Collective Defence in the 21st Century, 2017.

877 Eingehend zu Aufgaben, Handlungsformen und Tätigkeitsbereichen des Europarats *Uerpmann-Wittzack,* Europarat, EnzEuR I², 2021, § 36 Rn 38 ff und die Beiträge in Schmahl/Breuer (Hrsg), Council of Europe.

mer gesucht und aufrechterhalten worden (vgl Art 220 AEUV).[878] Der Europarat verlagerte den Schwerpunkt seiner Tätigkeit auf vielfältige *Förderung der Zusammenarbeit* seiner Mitglieder. Initiativen hierzu kommen von einzelnen Mitgliedstaaten, vom Ministerkomitee oder von der Parlamentarischen Versammlung. Die Ergebnisse dieser Arbeit sind außerordentlich reichhaltig. Von erheblicher praktischer Bedeutung sind vor allem die mehr als *220 Konventionen,* die in der Organisation erarbeitet und vom Ministerkomitee beschlossen wurden sowie, sollen sie verbindlich werden, von den Mitgliedstaaten ratifiziert werden müssen.[879] Als besonders wichtige Bsp können hier nur genannt werden die Europäische Menschenrechtskonvention *(EMRK)* mit ihren 16 Zusatzprotokollen,[880] die Europäische Sozialcharta, die Konvention zum Schutz des Wildlebens und der natürlichen Lebensräume, die Konvention zum Schutz vor Folter, die Konvention zur Terrorismusbekämpfung, die Europäische Charta der kommunalen Selbstverwaltung, die Konvention zum Datenschutz, die Europäische Charta für Regional- und Minderheitensprachen und die Rahmenkonvention zum Minderheitenschutz sowie die Konvention gegen Menschenhandel, die Konvention über die Vermeidung der Staatenlosigkeit bei Staatennachfolge und die Konvention über den Zugang zu amtlichen Dokumenten.

Unbestrittene Spitzenleistung des Europarats ist der ausgefeilte Schutz gegenüber **246** Verletzungen der *Menschenrechte* und Grundfreiheiten durch die Hoheitsgewalt der 46 Vertragsstaaten[881] der EMRK. Der Schutz wird durch die Verfahren der Staaten- und Individualbeschwerde realisiert und vom Europäischen Gerichtshof für Menschenrechte (EGMR) wahrgenommen.[882] Im Rahmen von Reformbestrebungen wurde im April 2018

---

878 Zu früheren Rechtslage *Karasek,* Der Europarat, die Europäischen Gemeinschaften und die gesamteuropäische Zusammenarbeit, EA 1980, 1 ff. Zur gegenwärtigen Rechtslage *Grabenwarter,* Rechtliche Rahmenbedingungen des Verhältnisses zwischen EU und Europarat aus Perspektive des Europarates und die Rolle der Mitgliedstaaten, ZaöRV 74 (2014) 419 ff; *Schmahl,* The Council of Europe within the System of International Organisations, in dies/Breuer (Hrsg), Council of Europe, 874 (890 ff).
879 *Jaah/Schaerer,* Die Konventionen des Europarates, SZIER 12 (2002) 103 ff. Eine vollständige Liste der Verträge des Europarats findet sich unter <https://www.coe.int/de/web/conventions/full-list>.
880 Zu erwähnen ist auch das Zusatzprotokoll 14*bis* v 27.5.2009, das am 1.10.2009 in Kraft trat. Dieses Protokoll sollte den EGMR bis zum mittlerweile (1.6.2010) erfolgten Inkrafttreten des 14. Zusatzprotokolls entlasten. Das 16. Zusatzprotokoll betreffend ein Gutachtenverfahren zum EGMR ist seit dem 1.8.2018 in Kraft und zählt gegenwärtig 21 Vertragsstaaten; das 15. Zusatzprotokoll ist am 1.8.2021 für alle Konventionsstaaten in Kraft getreten.
881 Montenegro hat eine Sukzessionserklärung hinsichtlich der von Serbien-Montenegro geschlossenen Europaratsabkommen abgegeben. Das Ministerkomitee hat diese Erklärung zunächst nur hinsichtlich „offener" Konventionen – dh von Konventionen, die auch Nichtmitgliedern des Europarates offenstehen – akzeptiert (vgl CM/Del/Dec (2006) 967/2.3 bE), später auch hinsichtlich „geschlossener" Konventionen, darunter die EMRK und ihre Zusatzprotokolle (vgl CM/Del/Dec (2007) 994 bis/2.1 aE). Zum Ausschluss aus dem Europarat und dem Ende der Mitgliedschaft der Russischen Föderation in der EMRK vgl o Rn 239.
882 Näher vgl *Kau,* 3. Abschn Rn 270 ff. – Bis zum 1.11.1999 ist neben dem EGMR auch die Europäische Menschenrechtskommission tätig gewesen (vgl Art 5 Abs 2 Protokoll Nr 11; BGBl 1995 II, 578).

Schmahl

die Erklärung von Kopenhagen angenommen, die u a eine Verbesserung der Effizienz des EMRK-Kontrollmechanismus sowie eine Stärkung des Grundsatzes der Subsidiarität verfolgt.[883] Die materiellen Rechtsgarantien und die inzwischen sehr umfangreiche Spruchpraxis haben nicht nur Einfluss auf die nationale Grundrechtsauslegung gehabt,[884] sondern haben sich in dieser Verbindung und in ihrer Einwirkung auf das Recht der Europäischen Union (vgl Art 6 Abs 3 EUV) als über allgemeine Prinzipien hinausreichende europäische „Verfassungssätze" etabliert.[885] Art 6 Abs 2 EUV verpflichtet die EU seit 2009 sogar, der EMRK beizutreten. Von Seiten der EMRK wird diese Entwicklung durch das 14. Zusatzprotokoll eröffnet (vgl o Rn 65 sowie u Rn 254).

247   Auf diesen Standard verpflichtet die Mitgliedstaaten auch *Art 3* der Satzung. Die Herrschaft des Rechts (Rechtsstaatsprinzip) und die Anerkennung der Menschenrechte und Grundfreiheiten sind Voraussetzungen der Mitgliedschaft im Europarat.[886] Schon darum konnten vor den politischen Umwälzungen 1989/90 die *osteuropäischen Staaten* nicht Mitglieder werden. Inzwischen sind fast alle Staaten dieser Region Mitglieder geworden.[887] Der Beitritt zum Europarat gilt auch als Vorbereitungshandlung des Beitritts zur EU. Das *Dilemma,* in das der Europarat durch diese Entwicklung geraten ist, ist allerdings unübersehbar. Einerseits ist evident, dass viele dieser Staaten bisher dem entwickelten rechtsstaatlichen, menschenrechtlichen Standard nicht entsprechen;[888] ihre

---

883 Einzelheiten bei *Polakiewicz/Suominen-Picht,* Aktuelle Herausforderungen für Europarat und EMRK, EuGRZ 2018, 383 ff. Der jüngste Europarats-Gipfel fand im Mai 2023 in Reykjavik statt, wo ua ein Register für Kriegsschäden in der Ukraine beschlossen wurde.

884 Vgl etwa BVerfGE 74, 358, 370; 111, 307, 329; 120, 180, 200; 128, 326, 366 ff; zuletzt BVerfGE 148, 296, 350 ff und BVerfGE 154, 122, 220; außerdem *Frowein,* Das Bundesverfassungsgericht und die Europäische Menschenrechtskonvention, FS Zeidler, Bd II, 1987, 1763 ff; *Uerpmann,* Die Europäische Menschenrechtskonvention und die deutsche Rechtsprechung, 1993; *Ruffert,* Die Europäische Menschenrechtskonvention und innerstaatliches Recht, EuGRZ 2007, 245 ff; *Hwang,* Die EMRK im Lichte der Rechtsprechung des BVerfG, EuR 2017, 512 ff; *Benda/Klein/Klein,* Verfassungsprozessrecht, 4. Aufl 2020, § 3 Rn 79 ff; *Schmahl,* Nationale Grundrechte und Europäische Menschenrechtskonvention, in Stern/Sodan/Möstl (Hrsg), Staatsrecht, Bd III, 2. Aufl 2022, § 98 Rn 16 ff.

885 *Frowein,* Die Herausbildung europäischer Verfassungsprinzipien, FS Maihofer, 1988, 149 ff; *Klein* (Fn 91) 76 f. – Die Grundrechtecharta, die nach Art 6 Abs 1 EUV rechtliche Verbindlichkeit erlangt hat, erkennt ebenfalls den Grundrechtsschutz der EMRK als „Mindeststandard" an, vgl Art 52 Abs 3, Art 53 GRCh. Zur Beziehung EGMR und EuGH *Klein,* Das Verhältnis des Gerichtshofs der Europäischen Gemeinschaften zum Europäischen Gerichtshof für Menschenrechte, in Merten/Papier (Hrsg), Handbuch der Grundrechte in Deutschland und Europa, Bd VI/1, 2010, § 167.

886 Vgl Art 4 (Beitritt) und Art 8 (Ausschluss). – Hierauf drängt vor allem auch die Parlamentarische Versammlung, deren Wort bei der Einladung zum Beitritt heute nicht mehr überhört wird.

887 *Flauss,* Les conditions d'admission des pays d'Europe centrale et orientale au sein du Conseil de l'Europe, EJIL 5 (1994) 401 ff; *Djerić,* Admission to Membership of the Council of Europe and Legal Significance of Commitments Entered into by New Member States, ZaöRV 60 (2000) 605 ff.

888 Vgl etwa die Berichte von *Bernhardt/Ermacora/Weitzel/Trechsel* insbes zur „Europaratsreife" Russlands, HRLJ 1994, 250 ff; ferner *Benedek,* Der Ausschluss Russlands aus dem Europarat, NLMR 2022, 81 (82 f). Im Laufe seiner Mitgliedschaft hat sich Russland von einem rechtsstaatlich ungefestigten zu einem autokratischen, ja totalitären Staat entwickelt. Die eklatante Verletzung des Völkerrechts durch den An-

Aufnahme birgt die Gefahr, dass der Standard abgesenkt oder ein „gespaltenes" Recht geschaffen wird.[889] Die Schaffung eines differenzierten Beratungs- und Überwachungs-mechanismus (Monitoring) auch für die Zeit nach dem Beitritt durch Parlamentarische Versammlung und Ministerkomitee hat diese Entwicklung nicht verhindern können.[890] Auf der anderen Seite gibt ihr Beitritt, der nach neuerer Praxis mit der Zusage einer schnellen Inkraftsetzung der EMRK gekoppelt ist, die Chance, politisch intensiver auf diese Staaten in der Menschenrechtsfrage einzuwirken und – in Grenzen – einem denk-baren Rückfall in totalitäre Verhaltensweisen entgegenzuwirken. Zugleich kann der Eu-roparat zu einer gesamteuropäischen Organisation ausgebaut werden. Der politische Druck zugunsten der Aufnahme der osteuropäischen Staaten, insbes Russlands,[891] ist je-denfalls groß gewesen, nicht nur von Seiten der Beitrittskandidaten, sondern auch von Seiten etablierter Mitgliedstaaten wie vor allem der BR Deutschland, die dadurch einen Stabilisierungseffekt in Europa herbeiführen wollten. Ob sich diese Erwartung grund-sätzlich realisieren wird, ist offen. In Bezug auf Russland hat sie sich freilich nicht er-füllt. Bereits die Konflikte in Tschetschenien (1999/2000), in Georgien (2008) und die An-nexion der Krim (seit 2014) haben erhebliche Zweifel an der Mitgliedschaft Russlands im Europarat aufkommen lassen. Die völkerrechtswidrige Invasion in die Ukraine am 24.2.2022 hat den Damm endgültig gebrochen und musste unweigerlich zu einem Aus-schluss Russlands aus der Organisation führen.[892]

Der Europarat erfüllt seine Aufgaben durch Beratung von Fragen gemeinsamen Inte- **248** resses, durch den Abschluss von Abkommen und gemeinschaftliches Vorgehen (Art 1 lit b). Das *Handlungsinstrumentarium* ist *intergouvernemental;* es geht über die klassischen Verfahren der internationalen Kooperation nicht hinaus. Gemessen an den ursprüng-lichen weitreichenden Vorstellungen der Gründergeneration hat der Europarat seine Zie-le daher bislang nicht erreicht. Aber er hat einen rechtlich fest gegründeten, verlässlichen Rahmen vielfältiger praktischer Zusammenarbeit zwischen den europäischen Staaten ge-schaffen, der seit über 70 Jahren einen wesentlichen Beitrag zu Frieden und Stabilität in dieser Region leistet, wenngleich der Angriffskrieg Russlands auf die Ukraine die Sicher-heitsordnung auf dem europäischen Kontinent ins Wanken gebracht hat.

---

griffskrieg auf die Ukraine ließ dem Ministerkomitee keinen nennenswerten Spielraum; der Ausschluss Russlands aus der Organisation war letztlich zwangsläufig, vgl *Schmahl* (Fn 866) 596; *Weiß/Lanzl,* Die wechselvolle Geschichte der Mitgliedschaft Russlands im Europarat, ZaöRV 82 (2022) 801 ff; *Uerpmann-Wittzack,* Der Angriff auf die Ukraine: Eine Zeitenwende, 2022, 25 ff.

889 Vgl *Hagedorn,* Gleiche Maßstäbe für Ost und West? Die Staaten Ost- und Mitteleuropas vor dem EGMR unter besonderer Berücksichtigung des Art 5 EMRK, 2004, die allerdings iE eine unterschiedliche Maßstabsbildung verneint.

890 Näher *Wittinger* (Fn 851) 463 ff; *Klein* (Fn 242).

891 Russland wurde im Februar 1996 als 39. Mitglied aufgenommen.

892 Vgl o Rn 239 und Rn 241 mit Fn 869.

Schmahl

V. Europäische Union

1. Supranationale Organisation

249 Die Europäische Union (EU) und die beiden (zT früheren) Gemeinschaften[893] – Europäische Gemeinschaft (EG) und Europäische Atomgemeinschaft (EAG) – bedürfen in einem den I.O. gewidmeten Kapitel ungeachtet ihrer schon bislang erfolgten Berücksichtigung besonderer Hervorhebung. Der Grund hierfür ist, dass sie mit dem Begriff der I.O. nicht (mehr) vollständig zu erfassen sind. Ihre Besonderheiten erlauben es nicht, sie kommentarlos in die Kategorie der I.O. einzuordnen.

250   Von anderen I.O. unterscheidet die EU nicht ihre völkerrechtliche Grundlegung (Gründungsvertrag/Satzung).[894] Aber es ist nicht zu bestreiten, dass bereits die *Fülle der Hoheitsrechte,* die die Mitgliedstaaten auf die Union übertragen haben, in der Geschichte der I.O. keine Parallele hat. Noch entscheidender jedoch ist die *Intensität der Unionsrechtssetzung.*[895] Die Verträge verleihen den Unionsorganen die Befugnis, nicht nur *gegenüber* den Mitgliedstaaten, sondern auch *in* den mitgliedstaatlichen Rechtsordnungen eigenes Recht zu setzen, das für die nationalen Rechtsanwendungsorgane (Behörden, Gerichte) verbindlich ist, und auf das sich die Individuen ggf unmittelbar berufen können.[896] Der Europäische Gerichtshof (EuGH) konnte daher schon in einer frühen grundlegenden Entscheidung sagen, dass die frühere Gemeinschaft „eine neue Rechtsordnung des Völkerrechts" darstelle, „eine Rechtsordnung, deren Rechtssubjekte nicht nur die Mitgliedstaaten, sondern auch die einzelnen sind".[897] Hinzu kommt, dass bei Kollisionen zwischen Unionsrecht und nationalem Recht Ersteres Anwendungsvorrang genießt und sich also gegenüber Letzterem im konkret zu entscheidenden Fall durchsetzt, ohne es generell seiner Geltungskraft zu berauben.[898] Auch die Eigenständigkeit der freilich unterschiedlich stark auf das Gemeinschaftsinteresse ausgerichteten Unionsorgane (Art 13 EUV) ist einzubeziehen. Alles dies, also der Verzicht auf das nationale

---

893 Die EGKS ist nach Ablauf des auf 50 Jahre begrenzten Vertrags untergegangen; vgl o Rn 51. Der Vertrag von Lissabon sieht nur noch eine einheitliche EU als Rechtsnachfolgerin der EG und daneben das Fortbestehen der EAG vor (vgl Art 1 Abs 3 Satz 3 EUV). Hierzu u Rn 252.

894 Vertrag zur Gründung der Europäischen Wirtschaftsgemeinschaft v 25.3.1957: BGBl 1957 II, 766; Vertrag zur Gründung der Europäischen Atomgemeinschaft v 25.3.1957: BGBl 1957 II, 1014; Vertrag über die Europäische Union v 7.2.1992: BGBl 1992 II, 1253; zuletzt idF des Vertrags von Lissabon v 13.12.2007: BGBl 2008 II, 1038 (Bek des Inkrafttretens zum 1.12.2009 v 13.11.2009: BGBl 2009 II, 1223).

895 Etwa *Oppermann/Classen/Nettesheim* (Fn 95) §§ 9 ff.

896 Vgl Art 288 AEUV. Der EuGH hat in ständiger Rechtsprechung ausgeführt, dass nicht nur die VO und die an Individuen gerichteten Entscheidungen für diese Rechte und Pflichten begründen, sondern dass unter bestimmten Voraussetzungen auch aus nicht oder fehlerhaft umgesetzten Richtlinien individuelle Rechtsansprüche entstehen können; EuGH, Slg 1979, 1629 *[Ratti];* 1982, 53 *[Becker].*

897 EuGH, Slg 1963, 1, 24 f *[van Gend & Loos].*

898 Zum Vorrang des Unionsrechts *Oppermann/Classen/Nettesheim* (Fn 95) § 10 Rn 4 ff; *Burchardt,* Die Rangfrage im europäischen Normenverbund, 2015; *Hwang,* Anwendungsvorrang statt Geltungsvorrang?, EuR 2016, 355 ff; *Berger,* Anwendungsvorrang und nationale Verfassungsgerichte, 2016; vgl auch *Kunig/ Uerpmann-Wittzack,* 2. Abschn Rn 126 ff.

Rechtsetzungsmonopol verbunden mit dem Umfang der den Unionsorganen übertragenen Regelungskompetenzen und dem Anwendungsvorrang des Unionsrechts, haben
einen bislang präzedenzlosen „Staatenverbund" geschaffen, der selbst kein Staat ist,[899]
aber zahlreiche staatsähnliche Züge nach innen und außen aufweist. Gewöhnlich werden diese Besonderheiten aus juristischer Perspektive mit dem Begriff der *Supranationalität* erfasst;[900] andere Fachdisziplinen sprechen (zu weitgehend) gar von „postsouve-
räner Territorialität" der EU.[901]

Es wäre nicht sinnvoll, das Recht der EU an dieser Stelle auch nur überblicksweise   251
darzustellen. Es hat sich zu einer das nationale Recht in fast allen Bereichen durchdrin-
genden Spezialmaterie entwickelt. Auf die zahlreichen Lehrbücher und Kommentare,
die weiterführende Hinweise enthalten, muss daher verwiesen werden.[902] Zu behandeln sind im Folgenden nur wenige grundsätzliche Fragen, vor allem solche, die die völkerrechtliche Handlungsfähigkeit, den Grundrechtsschutz und die Entwicklungsperspektive der EU berühren.

2. Völkerrechtssubjektivität und völkerrechtliche Handlungsfähigkeit

Nach gängiger Ansicht handelt es sich bei der EU um einen „*Staatenverbund*",[903] der mit   252
Inkrafttreten des Lissabon-Vertrags am 1.12.2009 als Rechtsnachfolger der bisherigen EG
(Art 1 EUV) eigene Völkerrechtssubjektivität erhalten hat (Art 47 EUV), wobei freilich die
Zusammenarbeit im Bereich der GASP nach wie vor intergouvernemental und nicht supranational strukturiert ist. Ob die bis zum Inkrafttreten des Lissabon-Vertrags auf vier
„Säulen" – den zwei Gemeinschaften (EG, EAG) und den beiden Bereichen intergouver-
nementaler Zusammenarbeit (Gemeinsame Außen- und Sicherheitspolitik/GASP; Polizeiliche und justitielle Zusammenarbeit in Strafsachen/PJZS) – beruhende EU neben der
unbestrittenen Völkerrechtspersönlichkeit der beiden Gemeinschaften selbst Völker-

---

899 Sehr deutlich hervorgehoben von EuGH, *Gutachten 2/13*, ECLI:EU:C:2014:2454, Rn 156 und 193.
900 Vgl *Ipsen* (Fn 141) 67 ff; *ders*, Über Supranationalität, in Europäisches Gemeinschaftsrecht in Einzelstudien, 1984, 97 ff; *Zuleeg*, Wandlungen des Begriffs der Supranationalität, Integration 1988, 103 ff.
901 Vgl die Beiträge in Jureit/Tietze (Hrsg), Postsouveräne Territorialität. Die Europäische Union und ihr
Raum, 2015; zusammenfassend *Jureit/Tietze*, Postsouveräne Territorialität: Die Europäische Union als supranationaler Raum, Der Staat 55 (2016) 3 ff.
902 Aus der deutschsprachigen Lit etwa: *Bieber/Epiney/Haag/Kotzur* (Fn 207); *Bleckmann* (Fn 98); Calliess/
Ruffert (Fn 142); *Geiger/Khan/Kotzur/Kirchmair* (Fn 402); Grabitz/Hilf/Nettesheim (Fn 121); von der Groe-
ben/Schwarze/Hatje (Fn 121); *Haratsch/Koenig/Pechstein* (Fn 95); Hatje/Müller-Graff (Hrsg), EnzEuR, 12 Bde,
2. Aufl 2021/22; *Herdegen*, Europarecht, 24. Aufl 2023; Lenz/Borchardt (Hrsg), EU-Verträge, 6. Aufl 2012; *Op-
permann/Classen/Nettesheim* (Fn 95); Pechstein/Nowak/Häde (Fn 296); Schwarze/Becker/Hatje/Schoo
(Fn 204); Schulze/Janssen/Kadelbach (Fn 256); *Streinz* (Fn 514); ders (Hrsg), EUV/AEUV, 3. Aufl 2018.
903 BVerfGE 89, 155, 184; 123, 267, 348; s hierzu *Kirchhof*, Die rechtliche Struktur der Europäischen Union
als Staatenverbund, in von Bogdandy/Bast (Hrsg), Europäisches Verfassungsrecht, 2. Aufl 2009, 1009 ff;
ferner *Oeter*, Bundesstaat, Föderation, Staatenverbund – Trennlinien und Gemeinsamkeiten föderaler
Systeme, ZaöRV 75 (2015) 733 (736 ff).

Schmahl

rechtssubjektivität hatte, blieb str, wurde aber wohl überwiegend verneint.[904] Die heute geltende Regelung hat nicht nur diese Streitfrage obsolet werden lassen, sondern klargestellt, dass die jetzige EU weder mit der durch den Vertrag von Maastricht geschaffenen EU noch mit der EG, deren Rechtsnachfolgerin sie ja ist, identisch sein kann. Wir haben es also seit Lissabon mit einer *neuen EU* zu tun, die allerdings die Tätigkeit der früheren EU und ihrer Gemeinschaften fortführt.[905]

3. Unionszuständigkeiten und Grundrechtsschutz

253 Die der EU bzw früher den Gemeinschaften von den Mitgliedstaaten übertragenen Zuständigkeiten[906] erfassen einen Großteil der normalerweise von Staaten ausgeübten hoheitlichen Aufgaben. Während die frühere EGKS und die EAG ihren ursprünglichen Zuständigkeitsbereich beibehielten, ist der zunächst rein wirtschaftsbezogene Zweckverband „Europäische Wirtschaftsgemeinschaft" (EWG) nachträglich mit vielen weiteren Aufgaben bedacht worden, die schließlich korrekterweise durch den Maastrichter Vertrag zu einer Namensänderung („EG") führte. Dieser Vertrag hat aber – wie nicht anders der Vertrag von Lissabon – an der für I.O. und eben auch S.O. typischen prinzipiellen vertraglichen Aufgabenbeschränkung nichts geändert. Deutlich wird vielmehr auch für die heutige EU das *Prinzip der begrenzten Ermächtigung* hervorgehoben (Art 5 EUV, Art 7 AEUV):[907] Es erlaubt ihr nur, Zuständigkeiten im Verhältnis zu den Mitgliedstaaten in Anspruch zu nehmen, die ihr übertragen sind (Verbandskompetenz);[908] es lässt ferner, was unter dem Gesichtspunkt des institutionellen Gleichgewichts wichtig ist, nur das nach Maßgabe des Vertrags zuständige Organ tätig werden (Organkompetenz); es ermöglicht schließlich nur ein Vorgehen des zuständigen Organs im Wege des vertraglich für diesen Fall vorgesehenen Handlungsinstruments (Wahl des Rechtsakts) und auf der Grundlage des festgeschriebenen Verfahrens (Verfahrenskompetenz). Ausdrücklich wurde ferner der *Subsidiaritätsgrundsatz* verankert (Art 5 Abs 3 EUV), der für alle nicht in die ausschließliche Zuständigkeit der Gemeinschaft bzw Union fallenden Bereiche die Überprü-

---

904 BVerfGE 89, 155, 195. Ferner *Streinz* (Fn 514) Rn 40, 145; *Breitenmoser,* Die Europäische Union zwischen Völkerrecht und Staatsrecht, ZaöRV 55 (1995) 951ff; *Schroeder,* Die Europäische Union als Völkerrechtssubjekt, EuR 2012, Beiheft 2, 9 (16f). Anders etwa *Ress,* Ist die Europäische Union eine juristische Person?, EuR 1995, Beiheft 2, 27ff; *von Bogdandy/Nettesheim,* Die Verschmelzung der Europäischen Gemeinschaften in der Europäischen Union, NJW 1995, 2324ff; *Ruffert/Walter,* Institutionalisiertes Völkerrecht, Rn 158f.
905 Klar hierzu *Haratsch/Koenig/Pechstein* (Fn 95) Rn 33ff.
906 *Jarass,* Die Kompetenzverteilung zwischen der Europäischen Gemeinschaft und den Mitgliedstaaten, AöR 121 (1996) 173ff; *von Bogdandy/Bast,* Die vertikale Kompetenzordnung der Europäischen Union, EuGRZ 2001, 441ff; *Mayer,* Die drei Dimensionen der Europäischen Kompetenzdebatte, ZaöRV 61 (2001) 577ff; *Steeg,* Eine neue Kompetenzordnung für die EU, EuZW 2003, 325ff; *Streinz* (Fn 514) Rn 158ff.
907 *Kraußer,* Das Prinzip begrenzter Ermächtigung im Gemeinschaftsrecht als Strukturprinzip des EWG-Vertrages, 1991; *Haratsch/Koenig/Pechstein* (Fn 95) Rn 151ff.
908 Zum Problem der Kompetenzüberschreitung *(ultra vires)* vgl o Rn 194.

Schmahl

fung verlangt, ob die in Aussicht genommene Maßnahme auf der Ebene der Mitgliedstaaten nicht ausreichend und daher wegen ihres Umfangs oder ihrer Wirkungen besser auf Unionsebene erreicht werden kann.[909] Die Regelung wirkt sich durchaus dämpfend auf den Regelungseifer der Organisation aus.[910] Auch die Rechtsprechung des EuGH zeigt Wirkung. Im hier interessierenden Zusammenhang betrifft dies vor allem die Korrektur, die der Gerichtshof im Hinblick auf die Binnenmarktkompetenz (Art 114 AEUV) vorgenommen hat.[911] Der Vertrag von Lissabon versucht, zu einer Stärkung des Subsidiaritätsprinzips zu gelangen, insbes durch die frühzeitige Befassung der nationalen Parlamente mit Rechtsakten der EU sowie die Einräumung eines Klagerechts vor dem EuGH.[912]

Die Fülle hoheitlicher Befugnisse, über die die Union verfügt und die ihr mittelbar **254** (durch generelle Rechtsetzung) oder unmittelbar (durch Entscheidung/Beschluss oder Vollzug) Eingriffe in die Individualsphäre ermöglichen (Supranationalität), machen einen materiellen Grundrechtsschutz und verfahrensrechtliche Vorkehrungen erforderlich, für die gegenüber („normalen") I.O. keine vergleichbare Notwendigkeit besteht.[913] Da schon wegen des Vorranganspruchs des Unionsrechts, aber auch wegen der im Einzelnen recht unterschiedlichen Ausgestaltung auf die nationalen Grundrechtsgewährleistungen nicht zurückgegriffen werden kann und die (früheren) Gemeinschaftsverträge keinen eigenen Grundrechtskatalog enthielten,[914] musste auf Unionsebene ein adäquater *Grund-*

909 *Lecheler,* Das Subsidiaritätsprinzip. Strukturprinzip der Europäischen Union, 1993; *Moersch,* Leistungsfähigkeit und Grenzen des Subsidiaritätsprinzips, 2001; *Böttcher/Krawczynski,* Subsidiarität für Europa, 2002; *Skouris,* Das Subsidiaritätsprinzip und seine Bedeutung in der Rechtsprechung des Gerichtshofs der Europäischen Gemeinschaften, FS Wildhaber, 2007, 1547ff; *Bickenbach,* Das Subsidiaritätsprinzip in Art 5 EUV und seine Kontrolle, EuR 2013, 523ff; *Fründ,* Subsidiarität – Recht und Kontrolle, 2021.
910 Vgl auch die – freilich etwas überzogene – Mahnung in BVerfGE 89, 155, 210.
911 EuGH, Slg 2000, I-8419 *[Tabakwerbung];* hierzu statt vieler *Calliess,* Nach dem „Tabakwerbung-Urteil" des EuGH, Jura 2001, 311ff; *Stein,* Keine Europäische „Verbots"-Gemeinschaft, EWS 2001, 12ff. Eine andere Akzentuierung findet sich in der jüngeren Judikatur, vgl EuGH, Slg 2006, I-11573 *[Tabakwerbung II];* EuGH, Slg 2009, I-593 *[Vorratsdatenspeicherung].*
912 Vgl Art 12 lit b EUV und Art 8 des Protokolls über die Anwendung der Grundsätze der Subsidiarität und der Verhältnismäßigkeit, ABl EU 2007, Nr C 306/150 sowie *Hailbronner,* Die Justiziabilität des Subsidiaritätsprinzips im Lichte der Subsidiaritätskontrolle, in Pernice (Hrsg), Der Vertrag von Lissabon, 2008, 135ff; *Uerpmann-Wittzack,* Frühwarnsystem und Subsidiaritätsklage im deutschen Verfassungssystem, EuGRZ 2009, 461ff; *Calliess,* Nach dem Lissabon-Urteil des Bundesverfassungsgerichts: Parlamentarische Integrationsverantwortung auf europäischer und nationaler Ebene, ZG 2010, 1ff; *Gstrein/Harvey,* The Role of National Parliaments in the European Union, ZEuS 2014, 335ff.
913 Hierzu o Rn 197ff. Eine Ausnahme insoweit bietet der Rechtsschutz für den öffentlichen Dienst einer I.O., vgl o Rn 174.
914 Allerdings haben sich die Grundfreiheiten des AEU-Vertrags (Freiheit des Waren-, Personen-, Dienstleistungs-, Zahlungs- und Kapitalverkehrs) und das Diskriminierungsverbot durch die Rechtsprechung des EuGH zu grundrechtsgleichen subjektiv-öffentlichen Rechten entwickelt, auf die sich Einzelne gegenüber der Union und den Mitgliedstaaten berufen können; *Frenz,* Grundfreiheiten und Grundrechte, EuR 2002, 603ff; *ders,* Annäherung von europäischen Grundrechten und Grundfreiheiten, NVwZ 2011, 961ff.; *Oreschnik,* Verhältnismäßigkeit und Kontrolldichte: Eine Analyse der Rechtsprechung des EuGH zu den Grundrechten und Grundfreiheiten, 2019, 123ff, 229ff.

rechtsschutz etabliert werden. Diese Aufgabe hat der EuGH in langjähriger Falljurisprudenz in grundsätzlich zufriedenstellender Weise gelöst.[915] Methodisch ist ihm dies durch die Entwicklung allgemeiner Rechtsgrundsätze aus den gemeinsamen Verfassungsüberlieferungen der Mitgliedstaaten und den für alle Mitgliedstaaten verbindlichen völkerrechtlichen Menschenrechtsverträgen, insbes der EMRK, gelungen.[916] Diese gemeinsamen Grundrechtssätze bilden unmittelbar anwendbare Maßstäbe, denen Unionsakte, aber auch nationale Vollzugsakte zu entsprechen haben. Prozessual können Einzelpersonen Rechtsschutz gegen sie unmittelbar und individuell betreffende europäische Rechtsakte vor dem EuGH oder dem Gericht (Art 263 Abs 4 AEUV), im Übrigen vor nationalen Gerichten gegen nationale Vollzugsakte erlangen. Nationale und europäische Gerichtsbarkeit stehen in einem *kooperativen Rechtsschutzverbund,* dessen wichtigstes Scharnier das Vorabentscheidungsverfahren gemäß Art 267 AEUV ist.[917] Es führt zu einer gemeinsamen Verantwortung in der Durchsetzung des Unionsrechts, belässt aber dem EuGH die Kompetenz zu dessen verbindlicher Auslegung, ohne welche die für die Integration essentielle Rechtseinheit nicht zu wahren ist.[918] Die im Jahr 2000 zunächst als unverbindliche Deklaration feierlich verkündete *Grundrechtecharta*[919] hat mit dem Inkrafttreten des Lissabonner Vertrags über den Verweis in Art 6 Abs 1 EUV Rechtsverbindlichkeit erlangt; damit ist eine seit langem gestellte Forderung erfüllt. Zugleich gebietet Art 6 Abs 2 EUV der EU, der EMRK beizutreten.[920]

---

915 Statt vieler *Schmahl,* Entwicklung der Unionsgrundrechte und der Charta der Grundrechte der Europäischen Union, in Stern/Sodan/Möstl (Fn 884) § 62 Rn 2 ff; Ehlers/Germelmann (Hrsg), Europäische Grundrechte und Grundfreiheiten, 5. Aufl 2023; *Franzius,* Grundrechtsschutz in Europa, ZaöRV 75 (2015) 383 ff; vgl auch BVerfGE 73, 339, 378 ff; 102, 147, 165 f; 118, 79, 95; 152, 216, 236; 155, 119, 163; 156, 11, 36.

916 Vgl Art 6 Abs 3 EUV; *Klein,* Dogmatische und methodische Überlegungen zur Einordnung der Europäischen Menschenrechtskonvention in den Grundrechtsfundus der Europäischen Union, GS Bleckmann 2007, 257 ff.

917 Probleme können hier immer dann auftreten, wenn letztinstanzliche Gerichte ihrer Vorlageverpflichtung nicht nachkommen. In diesen Fällen kann ggf der EGMR die entstandene Rechtsschutzlücke schließen, vgl dazu EGMR, Urt v 16.4.2002, Nr 36677/97 *[Dangeville]* mit Bespr *Breuer,* Der Europäische Gerichtshof für Menschenrechte als Wächter des europäischen Gemeinschaftsrechts, JZ 2003, 433 ff. Allgemein vgl *Mayer,* Europäische Verfassungsgerichtsbarkeit, in von Bogdandy/Bast (Fn 903) 559 ff und *Benda/Klein/Klein* (Fn 884) § 3 Rn 90 ff.

918 Aus diesem Grund ist insbes der „Recht auf Vergessen II"-Beschluss des BVerfG (BVerfGE 152, 216, 245 f) nicht unproblematisch, da sich das BVerfG insoweit selbst zu einem funktionalen Unionsgericht erklärt und die Jurisdiktionskompetenz des EuGH entkräftet, vgl *Klein,* Kompetenzielle Würdigung und verfassungsprozessuale Konsequenzen der „Recht auf Vergessen"-Entscheidungen, DÖV 2020, 341 (344 f); *Schmahl,* Nationale Grundrechte und Unionsgrundrechte, in Stern/Sodan/Möstl (Fn 884), § 99 Rn 31 ff, mwN. AA zB *Wendel,* Das Bundesverfassungsgericht als Garant der Unionsgrundrechte, JZ 2020, 157 ff.

919 Charta der Grundrechte der Europäischen Union v 7.12.2000, ABl EG 2000, Nr C 364/1. Hierzu statt vieler Stern/Sachs (Hrsg), Europäische Grundrechte-Charta, 2016; Meyer (Hrsg), Charta der Grundrechte der Europäischen Union, 5. Aufl 2019; *Jarass,* Charta der Grundrechte der Europäischen Union, 4 Aufl 2021.

920 Der über mehrere Jahre erarbeitete Entwurf eines Beitrittsabkommens (näher *Polakiewicz,* EuGRZ 2013, 472 ff) ist vom EuGH für unionsrechtswidrig erklärt worden, vgl EuGH, *Gutachten 2/13,* ECLI:EU: C:2014:2454, Rn 179 ff; krit dazu *Tomuschat,* Der Streit um die Auslegungshoheit: Die Autonomie der EU als

4. Entwicklungsperspektiven

Die EU steht vor großen *Herausforderungen*. Sie muss trotz (und auch wegen) des erfolg- 255
ten Austritts des Vereinigten Königreichs[921] für weitere Integrationsschritte gewappnet
sein. Bereits am 1.5.2004 sind 10 mittel- und osteuropäische Staaten der EU beigetreten,
mit Rumänien und Bulgarien (am 1.1.2007) und mit Kroatien (am 1.7.2013) sind drei neue
Staaten hinzugekommen; mit weiteren Staaten werden Beitrittsverhandlungen geführt
oder vorbereitet.[922] Insbes der Beitritt der Ukraine rückt infolge des Angriffskriegs Russlands in den Vordergrund[923] und wird inzwischen von Beitrittsgesuchen der Republik
Moldau und Georgiens flankiert.[924] Die Vertragswerke müssen mit jedem Beitritt vor
allem im Blick auf die Zusammensetzung der Organe und die Entscheidungsfindung an
die neue Situation angepasst werden; entsprechende Modifikationen sind bei einem
Austritt durchzuführen. Nach dem Scheitern des Verfassungsvertrags v 2004 soll der
2009 in Kraft getretene Vertrag von Lissabon die Handlungsfähigkeit der EU sichern und
zugleich zu einer erhöhten Transparenz, Effizienz und demokratischen Legitimation
führen. Bedingt durch verschiedene nationale Interessen, konnten diese Ziele allerdings
nicht vollständig verwirklicht werden.[925]

Überdies offenbart die seit 2008 anhaltende *Finanz- und Staatsschuldenkrise* zuneh- 256
mend Konstruktionsfehler der Wirtschafts- und Währungsunion (Art 119 ff AEUV) und
wirft einmal mehr die grundsätzliche Frage nach der Intensität der angestrebten politischen Integration auf.[926] Die Errichtung von intergouvernementalen, völkervertraglichen Rettungsschirmen, die rechtsdogmatisch neben der Unionsrechtsordnung stehen,
kann keine dauerhafte Lösung für strukturelle Defizite der Währungsunion darstellen.[927]

Heiliger Gral, EuGRZ 2015, 133 ff; *Breuer,* „Wasch mir den Pelz, aber mach mich nicht nass!", EuR 2015,
330 ff; *Callewaert,* Do we still need Article 6(2) TEU? CMLRev. 55 (2018) 1685 ff; vgl aber auch *Schmahl,* Der
Beitritt der EU zur Europäischen Menschenrechtskonvention: Wo liegt das Problem? JZ 2016, 921 ff; vgl
auch o Rn 65. Inzwischen wurden die Verhandlungen zu einem (neuen) Beitrittsabkommen wieder aufgenommen; vgl Council of Europe, Press Release DC 123(2020) v 29.9.2020; zu den Herausforderungen *Daiber,* Neue Hürden für den EU-Beitritt zur EMRK?, EuR 2021, 596 ff.

921 Dazu o Rn 78.

922 Aktuelle Staaten mit dem Status eines Beitrittskandidaten sind Nordmazedonien (seit 2005), Montenegro (seit 2010), Serbien (seit 2012), Albanien (seit 2014) und die Türkei (seit 1999). Die Verhandlungen
mit Island wurden 2015 auf dessen Wunsch eingestellt. Potentielle Kandidatenländer sind ferner Bosnien-Herzegowina sowie das Kosovo.

923 Dazu *Lorenzmeier,* Der Beitritt der Ukraine zur EU: Rechtliche und politische Fragestellungen, UKuR
2022, 390 (391 ff); *Petrov,* Applying for EU Membership in Time of War, UKuR 2022, 452 ff.

924 Vgl COM (2022)406 final, 16 f und COM (2022)405 final, 17 f. Krit *Priebe,* Drei neue Beitrittsanträge –
Was tun?, EWS 2022, 345 f.

925 *Oppermann/Classen/Nettesheim,* Europarecht, 7. Aufl 2016, § 3 Rn 14 f.

926 Dazu *Klein,* Integrationsgedanken, FS Müller-Graff, 2015, 991 ff.; vgl auch *Mężyk,* Die EU und die Finanzkrise, 2019.

927 Vgl BVerfGE 129, 124, 177; 132, 195, 239 f.; 135, 317, 399 ff; 146, 216, 253 f; 151, 202, 288; 153, 74, 153; 154, 17, 87;
157, 332, 381 f; speziell zum PSPP-Urteil des BVerfG s o Rn 194. Ferner vgl *Röger,* Finanzhilfemechanismen für
die Eurozone, 2018; *Nees,* Hybrides Unionsrecht, 2020; *Pilz,* Der Europäische Stabilitätsmechanismus, 2021.

Der weiterhin bestehende Bedarf nach verlässlichen Krisenbewältigungsmechanismen und europäischen Finanzinstrumenten zeigt sich etwa in der erst kürzlich angestoßenen Fortentwicklung des Europäischen Stabilitätsmechanismus.[928] Daneben bringen die anhaltenden *Migrationsströme* zusätzliche Belastungen mit sich und zeigen die Grenzen nicht nur der Leistungsfähigkeit der Union, sondern vor allem der Leistungswilligkeit einiger Mitgliedstaaten auf.[929] Letztlich wird es darauf ankommen, welche Gestalt die EU schließlich annehmen soll und welche Rolle die Mitgliedstaaten in ihr spielen werden. Zwar wird von der EU schon seit dem Maastrichter, dem Amsterdamer und dem Vertrag von Nizza beständig als einer „neuen Stufe bei der Verwirklichung einer immer engeren Union der Völker Europas" gesprochen (Art 1 EU), und es wird die europäische Identität (Art 2) beschworen. Auch der Vertrag von Lissabon greift diese Tradition auf (Art 1 Abs 1, Art 3 EUV). Doch die *politische Finalität der EU* ist nach wie vor offen, was wiederum die Akzeptanz weiterer Fortschritts – wohin? – beschränkt.[930] Dringend zu entwickelnde und zu präzisierende Konzeptionen sollten sich freilich nicht an herkömmlich-etatistischen Denkmustern orientieren (zB „Bundesstaat Europa").[931] Die Ersetzung der Mitgliedstaaten durch einen auch föderalistisch aufgelockerten europäischen Staat würde nur die nationalstaatlichen Probleme auf höherer Ebene reproduzieren.[932] Was Not tut, ist ein *flexibles Gerüst* unterschiedlich strukturierter Politikbereiche, die von mitgliedstaatlicher Alleinverantwortung über geteilte Verantwortung zu fester, demokratisch legitimierter und rechtsstaatlich kontrollierter Vergemeinschaftung reichen und damit Frieden und Si-

---

Die Defizite in der Währungsunion und die neuen hybriden Rechtsaktformen zur „Euro-Rettung" (ESM, Fiskalpakt) beeinträchtigen auch die Rechtsstaatlichkeit der Union, vgl *Schmahl* (Fn 256) § 6 Rn 7, 16.

928 Übereinkommen zur Änderung des Europäischen Stabilitätsmechanismus v 27.1.2021; dazu auch BT-Drs 533/21 v 11.6.2021.

929 Vgl *Schmahl,* Reformoptionen und Zielkonflikte in der Asyl- und Flüchtlingspolitik der Europäischen Union, Integration 2018, 293 ff; *Schwerdtfeger,* Der Grundsatz der Solidarität im europäischen Asylrecht, DÖV 2018, 725 ff.; *Brandl/Feik/Randl/Watzinger* (Hrsg), Neuere Entwicklungen im Europäischen Asylrecht, 2019; *Trauner,* Das neue EU-Migrations- und Asylpaket, Integration 2021, 40 ff; umfassend Thym/Hailbronner (Hrsg), EU Immigration and Asylum Law, 3. Aufl 2022.

930 Vgl hierzu *Haltern,* Gestalt und Finalität, in von Bogdandy/Bast (Fn 903) 279 ff. Ob die Zuflucht zu einem Europa der verschiedenen Geschwindigkeiten ein sinnvoller Weg ist, erscheint eher fraglich, weil dadurch Gräben zwischen den Mitgliedstaaten aufgerissen werden; vgl hierzu *Grieser,* Flexible Integration in der Europäischen Union: Neue Dynamik oder Gefährdung der Rechtseinheit?, 2003. Zu möglichen Entwicklungsperspektiven der EU *Calliess,* Bausteine einer erneuerten Europäischen Union, NVwZ 2018, 1 ff; ders, Erweiterung und Reform der Europäischen Union, EuZW 2023, 781 ff; *Hatje/Schwarze,* Der Zusammenhalt der Europäischen Union, EuR 2019, 153 ff.

931 Vgl hierzu *Oeter,* Föderalismus und Demokratie, in von Bogdandy/Bast (Fn 903) 73 ff. Das BVerfG schließt eine Beteiligung der BR Deutschland an einem „europäischen Bundesstaat" nicht kategorisch aus, verlangt aber im Blick auf das Selbstbestimmungsrecht des Deutschen Volkes eine Volksabstimmung, vgl BVerfGE 123, 267, 350. Ob hierin eine Verfügung über die nichtdisponible Verfassungsidentität iSd Art 79 Abs 3 GG zu sehen wäre (so *Hillgruber/Gärditz,* Volkssouveränität und Demokratie ernst genommen, JZ 2009, 872 [875]), ist damit aber nicht geklärt.

932 *Müller-Graff,* Verfassungsziele der EG/EU, in Dauses/Ludwigs (Hrsg), Handbuch des EU-Wirtschaftsrechts, Loseblatt (Stand 2023), A I Rn 66 ff; vgl auch Graf Vitzthum (Hrsg), Europäischer Föderalismus, 2000.

Schmahl

cherheit nach außen garantieren und zugleich Mitgliedstaaten und Union in eine die individuelle Freiheit, die wirtschaftliche Leistungskraft und die soziale Sicherheit garantierende Balance bringen. Die aktuelle Herausforderung der EU durch den Flüchtlingsansturm aus (Bürger-)Kriegsgebieten im Nahen Osten, aus Afghanistan, der Ukraine und aus afrikanischen Staaten zwingt zu verstärkter koordinierter Zusammenarbeit der Mitgliedstaaten und unionsinterner Solidarität. Dasselbe lässt sich für die weiteren gegenwärtigen Krisenherde in den Bereichen der Sicherheitspolitik, der Energieversorgung, des Klimawandels und des Gesundheitsschutzes konstatieren, die zudem allesamt vor dem Hintergrund wirtschaftlicher Rezessionstendenzen zu bewältigen sind. Der Vertrag von Lissabon hält nicht für alle diese Fragen – zumal in der Sicherheits- und Verteidigungspolitik sowie im Bereich der Wirtschafts- und Währungsunion – befriedigende Antworten bereit. Die präzedenzlose Erscheinung der EU hat noch kein überzeugendes juristisches Gewand erhalten. Im Buch der Staatenverbindungen ist ein neues Kapitel aufzuschlagen.[933]

---

933 Dazu Überlegungen bei *Wahl*, Erklären staatstheoretische Leitbegriffe die Europäische Union?, in H. Dreier (Hrsg), Rechts- und staatstheoretische Schlüsselbegriffe: Legitimität – Repräsentation – Freiheit, 2005, 113 ff.

Schmahl

Fünfter Abschnitt

Alexander Proelß

Raum und Umwelt im Völkerrecht

Gliederungsübersicht

Proelß

https://doi.org/10.1515/9783110770964-005

d) Arten- und Biodiversitätsschutz —— 180–188

e) Schutz vor Abfällen und
Schadstoffen —— 189

Literatur

Beaucamp, Guy, Das Konzept der zukunftsfähigen Entwicklung im Recht, 2002

Beyerlin, Ulrich/Marauhn, Thilo, International Environmental Law, 2012 [*Beyerlin/Marauhn,* International Environmental Law]

Bodansky, Daniel/Brunnée, Jutta/Hey, Ellen (Hrsg), Oxford Handbook of International Environmental Law, 2007 [International Environmental Law Handbook]

Böckstiegel, Karl-Heinz (Hrsg), Handbuch des Weltraumrechts, 1991 [Weltraumrecht]

Bowman, Michael/Davies, Peter G./Redgwell, Catherine, Lyster's International Wildlife Law, 2. Aufl 2010 [*Bowman/Davies/Redgwell,* Wildlife Law]

Boyle, Alan E./Redgwell, C., Birne, Boyle and Redgwell's International Law and the Environment, 4. Aufl 2022 [*Boyle/Redgwell,* International Law and the Environment]

Brunnée, Jutta, Procedure and Substance in International Environmental Law, RdC 405 (2019) 75 [*Brunnée,* Procedure and Substance]

Dahm, Georg/Delbrück, Jost/Wolfrum, Rüdiger, Völkerrecht, Bde I/1, I/2 und I/3, 2. Aufl 1989/2002/2002 [*Dahm/Delbrück/Wolfrum,* Völkerrecht I/1, I/2, I/3]

Dupuy, Pierre-Marie/Viñuales, Jorge E., International Environmental Law, 2. Aufl 2018

Giegerich, Thomas/Proelß, Alexander (Hrsg), Bewahrung des ökologischen Gleichgewichts durch Völker- und Europarecht, 2010 [Bewahrung]

Hafner, Gerhard, Die seerechtliche Verteilung von Nutzungsrechten, 1987 [*Hafner,* Verteilung]

Hobe, Stephan/Schmidt-Tedd, Bernhard/Schrogl, Kai-Uwe (Hrsg), Cologne Commentary on Space Law, Bd 1, 2009 [CoCoSL]

Khan, Daniel-Erasmus, Die deutschen Staatsgrenzen, 2004 [*Khan,* Staatsgrenzen]

Kreuter-Kirchhof, Charlotte, Neue Kooperationsformen im Umweltvölkerrecht, 2004 [*Kreuter-Kirchhof,* Kooperationsformen]

Krieger, Heike/Peters, Anne, Kreuzer/Leonhard (Hrsg), Due Diligence in the International Legal Order, 2020 [Due Diligence]

Odendahl, Kerstin, Die Umweltpflichtigkeit der Souveränität, 1998 [*Odendahl,* Umweltpflichtigkeit]

Ott, Hermann, Umweltregime im Völkerrecht, 1998 [*Ott,* Umweltregime]

Peters, Anne (Hrsg), Max Planck Encyclopedia of Public International Law, <https://opil.ouplaw.com/home/mpil> [MPEPIL]

Proelß, Alexander, Meeresschutz im Völker- und Europarecht, 2004 [*Proelß,* Meeresschutz]

ders (Hrsg), United Nations Convention on the Law of the Sea – A Commentary, 2017 [UNCLOS Commentary]

ders (Hrsg), Internationales Umweltrecht, 2. Aufl 2022 [Internationales Umweltrecht]

Rajamani, Lavanya/Peel, Jacqueline (Hrsg), Oxford Handbook of International Environmental Law, 2. Aufl 2021

Reichert, Götz, Der nachhaltige Schutz grenzübergreifender Gewässer in Europa, 2004 [*Reichert,* Gewässerschutz]

Rothwell, Donald R./Oude Elferink, Alex G./Scott, Karen N./Stephens, Tim (Hrsg), Oxford Handbook of the Law of the Sea, 2015

Sands, Philippe/Peel, Jacqueline, Principles of International Environmental Law, 4. Aufl 2018 [*Sands/Peel,* Principles]

Schladebach, Marcus, Luftrecht, 2007 [*Schladebach,* Luftrecht]

ders, Weltraumrecht, 2020 [*Schladebach,* Weltraumrecht]

Proelß

Schröter, Jessica, Strukturprinzipien des Umweltvölkerrechts und ihr Beitrag zur Eindämmung des Klimawandels, 2015 [*Schröter,* Strukturprinzipien]

Tanaka, Yoshifumi, International Law of the Sea, 4. Aufl 2023 [*Tanaka,* Law of the Sea]

Verschuuren, Jonathan, Principles of Environmental Law, 2003 [*Verschuuren,* Principles]

Graf Vitzthum, Wolfgang (Hrsg), Handbuch des Seerechts, 2006 [Seerecht]

Wolfrum, Rüdiger, Die Internationalisierung staatsfreier Räume, 1982 [*Wolfrum,* Internationalisierung]

Verträge[1]

---

1 In das Verzeichnis sind nur solche Verträge aufgenommen, die bereits in Kraft getreten sind.

Proelß

Proelß

Proelß

Proelß

Proelß

Judikatur
Ständiger Internationaler Gerichtshof

Internationaler Gerichtshof

Proelß

RIAA XXXI, 55 *[Indus Waters, Partial Award]* ——— 115, 122, 129, 142

Indus Waters Kishenganga Arbitration (Pakistan v India), Endg Schiedsspruch v 20.12.2013, RIAA XXXI, 1 *[Indus Waters]* ——— 119, 122, 124

Chagos Marine Protected Area Arbitration (Mauritius v United Kingdom), Schiedsspruch v 18.3.2015, RIAA XXXI, 359 *[Chagos]* ——— 38, 152

South China Sea Arbitration (Philippines v China) (Jurisdiction and Admissibility), Schiedsspruch v 29.10.2015, <https://pcacases.com/web/sendAttach/2579> *[South China Sea (Jurisdiction and Admissibility)]* ——— 38, 133

South China Sea Arbitration (Philippines v China) (Merits), Schiedsspruch v 12.7.2016, <https://pcacases.com/web/sendAttach/2086> *[South China Sea (Merits)]* ——— 12, 19, 43, 119, 151, 152

Maritime Boundary between Timor-Leste and Australia (Timor Sea Conciliation) (Timor-Leste and Australia), Bericht und Empfehlungen v 9.5.2018, <https://pcacases.com/web/sendAttach/2327> *[Timor Sea Conciliation]* ——— 59

Coastal State Rights in the Black Sea, Sea of Azov, and Kerch Strait (Ukraine v Russia) (Preliminary Objections), Schiedsspruch v 21.2.2020, <https://pcacases.com/web/sendAttach/9272> *[Coastal State Rights]* ——— 38

Internationale Schiedsgerichte

Trail Smelter Arbitration (USA v Canada), Schiedssprüche v 16.4.1938 bzw 11.3.1941, RIAA III, 1905, 1938 *[Trail Smelter]* ——— 101, 115, 117, 163

Abu Dhabi Arbitration, Schiedsspruch v 28.8.1951, ICLQ 1 (1952) 247 *[Abu Dhabi]* ——— 57

Lac Lanoux Arbitration (Spain v France), Schiedsspruch v 16.11.1957, RIAA XII, 281 *[Lac Lanoux]* ——— 117, 142

UN-Menschenrechtsausschuss

Bericht v 21.7.2022, Views Adopted by the Committee Under Article 5 (4) of the Optional Protocol, Concerning Communication No 3624/2019, Daniel Billy and others v Australia, CCPR/C/135/D/3624/2019 v 22.9.2022 *[Torres Strait Islanders]* ——— 132

Afrikanische Kommission der Menschenrechte und der Rechte der Völker

Entscheidung v 27.5.2002, Communication No 155/96, Social and Economic Rights Action Center & the Center for Economic and Social Rights v Nigeria, https://www.escr-net.org/sites/default/files/serac.pdf *[SERAC v Nigeria]* ——— 132

Europäischer Gerichtshof für Menschenrechte

Urteil v 22.5.2003, Nr 41666/98 *[Kyrtatos v Greece]* ——— 131

Interamerikanischer Gerichtshof für Menschenrechte

Gutachten v 15.11.2017, OC-23/17, Ser A No 23, <https://www.corteidh.or.cr/docs/opiniones/seriea_23_ing.pdf> *[Environment and Human Rights]* ——— 114, 119, 132

Gerichtshof der Europäischen Union

Urteil v 14.7.1976, Verb Rsen 3, 4, 6/76, Slg 1976, 1279 *[Kramer]* ——— 3

Urteile v 5.11.2002, Rsen C-466-472, 475-476/98, Slg 2002, I-9427, 9519, 9575, 9627, 9681, 9741, 9797, 9855 *[Open Skies]* ——— 31

Urteil v 3.2.2012, Rs C-366/10 [Handel mit Treibhausgasemissionszertifikaten] ——— 174

Vorbemerkung

Die Themenkreise Raum und Umwelt gehören nicht von Natur aus zusammen. Wäh- 1
rend die Frage nach der staatlichen Herrschaft über den Raum und in ihm mit der Entstehung und Entwicklung des Völkerrechts Hand in Hand ging,[1] weckte die Umwelt als
solche erst seit Beginn der 1970er Jahre ein intensiveres Interesse der völkerrechtlichen
Wissenschaft und Praxis. Heute sind der Schutz und die Bewahrung der Umwelt so zentrale Gegenstände des Völkerrechts, dass dieses vergleichsweise junge Teilgebiet allgemein als „Umweltvölkerrecht" bezeichnet wird. Die Breite und Intensität der völkerrechtlichen *Wechselbeziehungen* zwischen Raum und Umwelt legen es nahe, den
Themenbereichen einen gemeinsamen Abschnitt zu widmen. Nach einem Überblick
über die völkerrechtliche Raumordnung (Rn 2ff) wird vor diesem Hintergrund die Umwelt im Völkerrecht (Rn 94ff) behandelt. Besonders interessieren dabei die Interdependenzen der beiden Teilordnungen sowie ihre Bedeutung für die Gesamtordnung des
Völkerrechts und ihre Entwicklung.

I. Der Raum im Völkerrecht

1. Die Raumordnung des Völkerrechts im Überblick
a) Territoriale Souveränität und Gebietshoheit

Die Raumordnung des Völkerrechts regelt die Zuordnung der Gebiete der Erde (ein- 2
schließlich der Meeres- und Polargebiete sowie des Luftraums), des Weltraums und
der Himmelskörper zu einzelnen Staaten, einer Gruppe von Staaten oder der Staatengemeinschaft insgesamt. Räume können den Staaten in unterschiedlicher Intensität
positiv zugeordnet oder, wie etwa der Weltraum einschließlich des Monds und der Himmelskörper, von der Zuordnung ausgenommen sein. Die höchste Intensität der Zuordnung liegt im Unterstellen eines Raumes unter die *territoriale Souveränität*[2] eines oder
mehrerer Staaten. Dem Inhaber dieses dem Eigentum vergleichbaren Vollrechts ist die
Ausübung umfassender Rechte in Bezug auf diesen Raum erlaubt, zB auch seine Abtretung.[3] Territoriale Souveränität manifestiert sich u a auch im Grundsatz der dauerhaf-

---

1 *Grewe*, Epochen der Völkerrechtsgeschichte, 2. Aufl 1988, verfolgt u a die „Rechtsformen der Raumordnung" (148ff) und die „Rechtsordnung der Meere" (157ff) durch zwei Jahrtausende (269ff), um an
ihnen „den Geist, die Baugesetze und das Werden der völkerrechtlichen Ordnung sichtbar zu machen"
(15).
2 Im *Innen*verhältnis bedeutet Souveränität Ausschließlichkeit der Staatsgewalt: Monopol der legitimen
Gewaltanwendung und der Entscheidung in politischen Existenzfragen. Im *Außen*verhältnis ist Souveränität zu verstehen als Zuhöchstsein im Rahmen des völkerrechtlich Zulässigen. Ob Souveränität konzeptionell der Abstufung fähig ist, etwa durch freiwillige Übertragung einzelner souveräner Rechte auf eine
Supranationale Organisation (S. O.), ist str; bejahend *Dahm/Delbrück/Wolfrum*, Völkerrecht I/1, 223f.
3 Vgl Richter *Max Huber* im *Palmas*-Schiedsspruch v 4.4.1928, RIAA II, 829, 838: "Sovereignty in the relations between States signifies independence. Independence in regard to a portion of the globe is the right to

ten Souveränität über natürliche Ressourcen *(permanent sovereignty over natural resources)*.[4]

3   Ist ein Gebiet einem Staat, etwa als Besatzungsmacht[5] oder im Wege einer Pachtvereinbarung, insoweit zugeordnet, dass dieser in ihm *de facto*-Hoheitsgewalt ausübt, ohne aber Inhaber der territorialen Souveränität zu sein, hat er die *Gebietshoheit* inne. Diese staatliche Herrschaft im Raum ohne Verfügungsbefugnis über den Raum ist dem Rechtsinstitut Besitz vergleichbar. Anders als der Inhaber der territorialen Souveränität („Eigentümer") kann der Inhaber der Gebietshoheit („Besitzer") das Gebiet zB nicht zedieren. Regelmäßig sind beide Rechtspositionen in der Hand eines Staats vereinigt. Der Inhaber der Gebietshoheit ist im betroffenen Gebiet zur unabhängigen, umfassenden Hoheitsentfaltung befugt. Seine Alleinzuständigkeit erstreckt sich im Prinzip auf sämtliche Personen und Sachen, die sich dort befinden. In einem fremder Gebietshoheit unterstehenden Raum dürfen andere Staaten prinzipiell keine Hoheitsrechte wahrnehmen.[6] Jenseits seines Staatsgebiets kann ein Staat nur insoweit Hoheitsgewalt *(jurisdiction)* ausüben und durchsetzen, als er dazu von Völkerrechts wegen – durch einen völkerrechtlichen Vertrag[7] oder gewohnheitsrechtlich – berechtigt ist. Hiervon zu unterscheiden ist die Frage, ob der sachliche Anwendungsbereich einer im Inland geltenden Rechtsnorm auf *Sachverhalte mit Auslandsbezügen* erstreckt werden darf. Sie ist, wie der IStGH bereits 1927 in seiner berühmten *Lotus*-Entscheidung klargestellt hat, grundsätzlich zu bejahen,[8] setzt nach heutigem Völkerrecht aber voraus, dass im konkreten Fall ein völkerrechtlich anerkannter Anknüpfungspunkt für die Erstreckung der Ausübung von Hoheitsgewalt auf den Auslandssachverhalt vorliegt.[9] Wann dies der Fall ist, ist jenseits des Territorialitäts- und des Personalitätsprinzips häufig str.[10] Soweit ein

---

exercise therein, to the exclusion of any other State, the functions of a State. The development of the national organization of States during the last few centuries and, as a corollary, the development of international law, have established this principle of the exclusive competence of the State in regard to its own territory in such a way as to make it the point of departure in settling most questions that concern international relations."

4 Vgl UN Doc A Res 1803 (XVII) v 14.12.1962, Permanent Sovereignty over Natural Resources. Dazu *Schrijver*, Natural Resources, Permanent Sovereignty over, MPEPIL.

5 Zur kriegerischen Besetzung *Bothe*, 8. Abschn, Rn 82.

6 StIGH im *Lotus*-Fall, 18.

7 Das UN-Seerechtsübereinkommen (SRÜ) überträgt den Küstenstaaten bzgl diverser Meereszonen außerhalb ihrer Staatsgebiete Hoheitsbefugnisse; vgl u Rn 51ff. Auch die EU kann außerhalb der mitgliedstaatlichen Staatsgebiete Hoheitsbefugnisse beanspruchen, wenn und soweit die Mitgliedstaaten diese Befugnisse vor deren Übertragung auf die EU in völkerrechtlich zulässiger Weise ausüben durften, vgl EuGH, Verb Rsen 3, 4, 6/76, Slg 1976, 1279 Rn 30/33 *[Kramer]*.

8 *Lotus*, 19.

9 *Epping*, in ders/von Heinegg (Hrsg), Ipsen, Völkerrecht, 7. Aufl 2018, § 7 Rn 71; *von Arnauld*, Völkerrecht, 5. Aufl 2022, Rn 348. S auch *Kau*, 3. Abschn Rn 169f.

10 Dies gilt vor allem für das Wirkungs- und das Schutzprinzip. Zum Ganzen grundlegend *Ryngaert*, Jurisdiction in International Law, 2008, 21ff; *Crawford*, Brownlie's Principles of Public International Law, 8. Aufl 2013, 456ff.

Raum der Gebietshoheit untersteht, ist das staatliche Zuordnungssubjekt, im Rahmen des Völkerrechts, zur Rechtsetzung befugt, etwa bzgl der Ausbeutung der dort lagernden Ressourcen und des Schutzes der Umwelt.

Die territoriale Souveränität über ein Gebiet kann mehreren Staaten gemeinsam 4 zustehen. In dergleichen Fällen wird von einem *Kondominium* gesprochen. Im Kolonialzeitalter nicht unüblich, sind Kondominien äußerst selten geworden. Ein Bsp waren die nordöstlich von Australien gelegenen Neuen Hebriden, über die Frankreich und Großbritannien seit 1909 gemeinsam die Souveränität ausübten; 1980 wurde die Inselgruppe als „Vanuatu" ein souveräner Staat. Ein anderes Bsp ist nach Auffassung Österreichs das Gros des Bodensees (Obersee ohne Überlinger See), eines ausgedehnten Binnengewässers mit mehreren Anrainerstaaten („Grenzsee").[11]

Ein Bsp für die gemeinsame Wahrnehmung der Gebietshoheit (sog *Koimperium*) 5 war die gemeinschaftliche Herrschaft u a von Spanien, Großbritannien und Frankreich über das Gebiet von Tanger zwischen 1923 und 1956. Das Paradigma dieser Zuordnung war die Vier-Mächte-Verwaltung über Nachkriegs-Deutschland.[12] Heute bedient sich das Völkerrecht zur Wahrnehmung gemeinsamer Interessen anderer Instrumente, etwa der Einräumung von Kontrollrechten, der Unterschutzstellung bestimmter Räume oder Umweltgüter im Rahmen multilateraler Vertragsregime oder der Gründung Internationaler Organisationen (I.O.).

Ein Kondominium oder Koimperium über *Nichtstaatsgebiet*, eine staatliche Ho 6 heitsgemeinschaft also über einen Raum, der keinem Staat zugeordnet ist, ist bereits begrifflich undenkbar. Wird Nichtstaatsgebiet in völkerrechtlich zulässiger Weise okkupiert, wird es zu einem Gebiet, das der territorialen Souveränität eines Staats oder mehrerer Staaten (dann Kondominium) unterliegt. Möglich ist zwar die Unterstellung von „Niemandsland" bzw staatenlosem Gebiet unter internationale Verwaltung (etwa mittels einer I.O.), d h seine *Internationalisierung*;[13] sie erfasst aber lediglich die Nutzung des betroffenen Gebiets, lässt seinen territorialen Status also unberührt.

---

11 Auch der zwischen Bolivien und Peru gelegene Titicacasee ist durch eine Vereinbarung aus dem Jahre 1956 zwischen den beiden Anrainerstaaten ein Kondominium; vgl *Ranjbar*, Das Rechtsregime des Kaspischen Meeres und die Praxis der Anrainerstaaten, 2004, 69. Zum Rechtsstatus des Bodensees noch u Rn 17.

12 Nach der bedingungslosen Kapitulation der Wehrmacht übernahmen die alliierten Militärgouverneure am 6.6.1945 die „oberste Regierungsgewalt hinsichtlich Deutschlands". Das Dt Reich war als Völkerrechtssubjekt nicht untergegangen; vgl *Kau*, 3. Abschn Rn 223 ff. Spätestens im Zwei-plus-Vier-Vertrag gaben die Vier Mächte ihre letzten Rechte und Verantwortlichkeiten auf.

13 Ein Bsp ist die Internationale Meeresbodenbehörde (IMB). Sie handelt im Namen „der gesamten Menschheit", der „alle Rechte" an den Ressourcen des „Gebiets" zustehen, Art 137 Abs 2 Satz 1 SRÜ. Vgl u Rn 74 ff.

b) Staatsgebiet und Nichtstaatsgebiet als Grundkategorien

7   Das Staatsgebiet ist der Raum, in dessen Grenzen der Staat seine territoriale Souveränität ausübt, über den er frei verfügt, dessen Entwicklung er organisiert und in dem er seine Rechtsordnung geltend macht. Das Vorhandensein eines Gebiets ist notwendiges Staatselement: ohne Gebiet kein Staat.[14] Das Gebiet ist Kompetenzbereich, Gegenstand und Grundlage staatlicher Herrschaft. Beim Staatsgebiet handelt es sich um einen Teil der Erdoberfläche, des Grunds darunter und des Luftraums darüber, also um einen *Raum*. Wegen dieser Dreidimensionalität wäre „Staats*raum*" treffender als der eingeführte, nachfolgend beibehaltene Begriff „Staats*gebiet*".

8   Gebiete, die nicht unter der territorialen Souveränität eines Staats (oder, als Kondominium, mehrerer Staaten gemeinsam) stehen, sind *Nichtstaatsgebiete*. Ihre Erforschung und Nutzung, die Ausbeutung und Bewahrung ihrer Ressourcen, der Schutz der Umwelt, die Nutzung zu Kommunikations- oder zu Verteidigungszwecken usw – das alles kann nicht auf *gebiets*rechtlicher Basis durch einen dafür allein zuständigen Hoheitsträger geordnet werden. Die Ordnung der Nichtstaatsgebiete erfolgt vielmehr unmittelbar durch das Völkerrecht, etwa durch multilaterale Fischereiverträge bzgl der Nutzung der natürlichen Ressourcen der Hohen See,[15] sowie, auf der Grundlage der Personal- und – als dritter Form originärer Hoheitsgewalt[16] – der Flaggenhoheit, durch Regelungen der einzelnen Staaten (nur) für ihre jeweiligen Angehörigen (zB nationale Schifffahrtsgesetze).

9   Die *Transformation* von *Nichtstaatsgebiet in Staatsgebiet,* etwa durch Okkupation von „Niemandsland", ist prinzipiell möglich. Ebenso kann Staatsgebiet aufgegeben („derelinquiert") werden und damit aneignungsfähiges Nichtstaatsgebiet entstehen. Die Völkerrechtsgemeinschaft hat alle verbliebenen Nichtstaatsgebiete – mit Ausnahme aufgrund vulkanischer Aktivitäten neu entstehender Inseln – staatlicher Aneignung entzogen. So bestimmt etwa Art 89 SRÜ für das traditionsreichste Nichtstaatsgebiet Hohe See: „Kein Staat darf den Anspruch erheben, irgendeinen Teil der Hohen See seiner Souveränität zu unterstellen".[17] Die aneignungsunfähigen Teile des Meeres (etwa die Hohe See und das „Gebiet"), die Antarktis (str) und der Weltraum weisen als Nichtstaatsgebiete allesamt den gleichen *gebiets*rechtlichen Status auf. In *nutzungs*rechtlicher Hinsicht zerfallen die (maritimen) Nichtstaatsgebiete dagegen in zwei Gruppen: in „Funktionshoheitszonen" und in „Staatengemeinschaftsräume",[18] und so unterscheidet sich

---

14 S u Rn 14.

15 Insofern ist die Hohe See (vgl u Rn 66 ff) zwar ein zwingend souveränitäts- und gebietshoheitsfreier, nicht aber ein rechtsfreier Raum.

16 Insoweit noch aA StIGH in *Lotus*, 25: "[A] ship on the high seas is assimilated to the territory of the State the flag of which it flies, for, just as in its own territory, that State exercises its authority upon it, and no other State may do so".

17 Parallele Regelung existieren für den küstenfernen Tiefseeboden (das „Gebiet") und den Weltraum. S u Rn 75 und 81.

18 Die Terminologie wurde von *Graf Vitzthum* in der 1. Aufl dieses Lehrbuchs entwickelt. Sie wird, schon ihrer Anschaulichkeit wegen, im Folgenden beibehalten, vgl u Rn 10 ff, 51 ff, 63 ff.

Proelß

etwa die Nutzungsordnung der Ausschließlichen Wirtschaftszone (AWZ) deutlich von der der Hohen See[19] oder der des Weltraums.

c) Nichtstaatsgebiet: Funktionshoheits- und Staatengemeinschaftsräume

In den *Funktionshoheitsräumen* sind einzelnen Staaten „souveräne Rechte", „Hoheits- 10 befugnisse" oder sonstige hoheitliche Rechte zugeordnet. Trotz ihres zT beträchtlichen normativen Umfangs bleiben diese Zuordnungen jeweils unterhalb der Schwelle der Zuweisung von Souveränität.[20] So übt zwar der Küstenstaat über den Festlandsockel „souveräne Rechte zum Zweck seiner Erforschung und der Ausbeutung seiner natürlichen Ressourcen aus"; sie „sind insoweit ausschließlich, als niemand ohne ausdrückliche Zustimmung des Küstenstaats den Festlandsockel erforschen oder seine natürlichen Ressourcen ausbeuten darf" (Art 77 Abs 1 und 2 SRÜ). Dies ist freilich, da der Rechtsstatus der epikontinentalen Gewässer und des Luftraums darüber von den Festlandsockel-Rechten des Küstenstaats nicht „berührt" wird (Art 79 Abs 1 SRÜ), *weniger* als Souveränität und Gebietshoheit. Es handelt sich um ausschließliche *Nutzungs*hoheit. Die Rechtsstellung der begünstigten Staaten ist nicht territorial, sondern *funktional* begründet und entsprechend *beschränkt;* der Küstenstaat hat kein umfassendes, sondern nur ein partielles Nutzungsmonopol – beschränkt auf einige (wenn auch ökonomisch wichtige) Nutzungsarten. Am Verbot der Gebietshoheitsausübung ändert die Einräumung der (partiellen) Funktionshoheit nichts.[21]

Die übrigen Nichtstaatsgebiete sind, was ihre Nutzung anbelangt, der Staaten- 11 gemeinschaft insgesamt zugeordnet: *Staatengemeinschaftsräume (global commons).*[22] Ihre Erforschung und Nutzung sowie die Ausbeutung ihrer Ressourcen „steht" (bezogen auf die Hohe See) „allen Staaten [...] offen" (Art 87 Abs 1 Satz 1 SRÜ). Einer dieser globa-

---

19 Sieht man, wie nachfolgend, die *gebiets*rechtliche Zuordnung als das dominierende Ordnungsprinzip an, sind letztlich alle maritimen Nichtstaatsgebiete (von der Anschlusszone bis zum „Gebiet") Hohe See; für die AWZ vgl *Proelss*, The Law on the Exclusive Economic Zone in Perspective, Ocean Yearbook 26 (2012) 87 (88 ff). Wegen der unterschiedlichen *nutzungs*rechtlichen Zuordnung ist dann zwischen „Hoher See im weiteren Sinne" (den küstenstaatlichen Funktionshoheitsräumen, der Hohen See und dem internationalisierten „Gebiet") und „Hoher See im engeren Sinne" (der von nationalen Hoheitsbefugnissen freien Hohen See) zu differenzieren. Wenn nachfolgend von „Hoher See" die Rede ist, ist Letztere gemeint, also der in Teil VII SRÜ geregelte Raum.
20 Schon die Truman-Proklamation v 1945 bzgl des Festlandsockels wies dieses Doppelziel auf: Ressourcen*nutzungs*monopol (des Küstenstaats) ohne Änderung des (von Hoheitsbefugnissen freien) *Gebiets*status.
21 „Funktionelle Souveränität" (*Riphagen*, Some Reflections on „Functional Sovereignty", NYIL 6 [1975] 121 ff) führt deshalb begrifflich in die Irre.
22 Für die Hohe See und den Tiefseeboden hat sich international der Begriff *areas beyond national jurisdiction (ABNJ)* durchgesetzt. Vgl nur Art 1 Nr 4 des Agreement under the United Nations Convention on the Law of the Sea on the Conservation and Sustainable Use of Marine Biological Diversity of Areas Beyond National Jurisdiction (sog BBNJ Übereinkommen), UN Doc A/CONF.232/2023/4 v 19.6.2023.

len Staatengemeinschaftsräume, der Meeresboden und der Meeresuntergrund „jenseits der Grenzen des Bereichs nationaler Hoheitsbefugnisse" (Art 1 Abs 1 Nr 1 SRÜ) – „das Gebiet" (Teil XI SRÜ) –, wurde hinsichtlich der Ressourcengewinnung einer I.O., der Internationalen Meeresbodenbehörde (IMB), zur Verwaltung unterstellt (Art 156 ff SRÜ). Insoweit wurde dieser küstenferne Meeresboden *internationalisiert.*[23] In den anderen Staatengemeinschaftsräumen finden sich zwar entsprechende Ansätze; sie bleiben freilich unterhalb der Schwelle einer internationalen Verwaltung durch eine I.O.[24] In ähnlicher Weise zielen einzelne völkerrechtliche Verträge auf eine „sektorale Internationalisierung" ab; bei ihr steht – anders als in vorliegendem Zusammenhang – nicht die Kategorie des Raums im Vordergrund, sondern die gemeinsame raumübergreifende Bewirtschaftung bestimmter Ressourcen.[25]

12   Zur Verdeutlichung der Unterschiede zwischen diesen beiden Typen von Nichtstaatsgebieten sei der funktional „internationalisierte" Meeresboden (Teil XI SRÜ) mit dem funktional „nationalisierten" Festlandsockel (Teil VI SRÜ) verglichen: Die exklusive Zuständigkeit des Küstenstaats für die Regelung der Erforschung des Festlandsockels und der Ausbeutung seiner natürlichen Ressourcen gründet weder auf seiner Personalhoheit noch auf seiner Hoheit über die Schiffe (bzw Flugzeuge und Förderplattformen) unter seiner Flagge, sondern auf der Zuordnung von Hoheitsbefugnissen über die Erforschung und Ausbeutung. Die entsprechende Zuordnungsentscheidung ist das Resultat einer nach 1945 umgesetzten Entwicklung des Völkerrechts. In den Vordergrund des Zugriffsinteresses und damit der Wahl von Anknüpfungspunkten für meeresvölkerrechtliche Regelungen traten zunehmend Ressourcen- und Raumfragen.[26] Die Institute der Personal- und Flaggenhoheit sowie die Prinzipien des Wettbewerbs und der Priorität (also des Vorrangs des „Erstkommenden") wurden als nicht mehr ausreichend angese-

---

23 Zum Terminus *Beck,* Die Internationalisierung von Territorien, 1962; *Hennes,* Externe Hoheitsgewalt in Krisengebieten, 2006, 64 ff.

24 Den Umfang der Unterstellung eines Raums unter internationale Verwaltung regelt der jeweilige Vertrag. Es geht dabei nur um *funktionale* Internationalisierung. Unter Aufrechterhaltung der bis dahin bestehenden *gebiets*rechtlichen Zuordnung (Staatsgebiet des Staates A; Kondominium der Staaten B und C; Nichtstaatsgebiet) wird ein Gebiet zur Sicherung einer bestimmten Ordnung der Kontrolle einer I.O. unterworfen. Ein Bsp war der Völkerbund bzgl des Saargebiets (1920–1935) gemäß Versailler Vertrag v 1919. Frühe UN-Versuche, den drei betroffenen Weltreligionen den gleichberechtigten Zugang zu den heiligen Stätten Jerusalems zu sichern, diese Stadt insofern also partiell zu „internationalisieren", scheiterten.

25 Bsp *Straddling Stocks,* vgl u Rn 55, 69, 72.

26 Diese Entwicklung zeichnete sich bereits vor den 1940er Jahren ab, zB an bestimmten „historischen" Rechten für die Fischerei jenseits des Küstenmeeres. Dergleichen Rechte, die noch immer (wenn auch in erheblich geringerem Ausmaß) relevant sei können, sind spezielles Gewohnheitsrecht; sie müssen für jeden einzelnen Komplex selbständig ermittelt werden; vgl die IGH-Fälle *Continental Shelf,* 74 und *Maritime Frontier,* 589. In der *South China Sea Arbitration (Merits)* erachtete das Schiedsgericht Wortlaut und Kontext des UN-Seerechtsübereinkommens indes "to be clear in superseding any historic rights that a State may once have had in the areas that now form part of the exclusive economic zone and continental shelf of another State" (§ 247). Nach dieser Logik bleibt für historische Rechte nur in Bereichen Raum, bzgl derer die einschlägigen multilateralen Vertragsregime keine abweichenden Vorgaben statuieren.

Proelß

hen, um die sich intensivierenden Ressourcen- und Raumkonflikte, die häufig auch sicherheitspolitische Dimensionen aufwiesen, zu entschärfen. Es kam zur Etablierung von geographisch und funktional determinierten Hoheitsrechten, mit den Küstenstaaten als Zuordnungssubjekten. Insofern ersetzte ein „System der sachlichen Kompetenzzuweisung für bestimmte Nutzungen ein durch die Verteilung der *Gebietshoheit* geschaffenes System."[27]

Aus der Perspektive der Raumordnung des Völkerrechts zeichnet sich hier, *zusammenfassend* betrachtet, ein Strukturwandel ab. Das traditionelle Staatensystem war hinsichtlich seiner territorialen Dimension ursprünglich „vertikal" ausgerichtet. Im Vordergrund stand die Aufteilung der Erde zwischen den einzelnen Staaten durch Ziehung von auch in die Höhe und Tiefe reichenden Grenzen. Akzeptanz und Ausgestaltung der küstenstaatlichen Funktionshoheitszonen und der globalen Staatengemeinschaftsräume drücken demgegenüber eine alternative Rechtsentwicklung aus; sie läuft auf komplexe „horizontale", d h primär nicht territorial, sondern funktional geprägte Regime hinaus. Die mit den Stichworten „funktionelle Hoheit" und „horizontale Regime" bezeichneten Entwicklungen dürften zwar noch immer nicht abgeschlossen sein. Bislang haben sie an den traditionellen Grundkategorien der Raumordnung des Völkerrechts – Staatsgebiet/Nichtstaatsgebiet – jedoch nichts zu ändern vermocht. Mögen in verschiedenen Zonen etwa des Meeresraums auch verschiedene Nutzungsregime nebeneinander (oder „in-" bzw „übereinander") bestehen, mag etwa bei der Pluralität der im Regime der AWZ zusammengeführten Teilordnungen der sachlich-funktionale Regelungsansatz den gebietsbezogenen relativieren,[28] mögen die Zuordnungs- und Nutzungsfragen je nach Raum, Ressource, Nutzungsart und Interessenkonstellation also differieren – letztlich dominiert zumeist nach wie vor der Raumbezug, der territoriale Reflex. Auch bei final begrenzten funktionalen Hoheitsbefugnissen (etwa bzgl des Festlandsockels) droht der Umschlag in territorial bestimmte, funktionell entgrenzte Hoheitsbefugnisse und -zonen *(creeping jurisdiction)*.[29] Bereits in den 1970er Jahren standen hinter der – letztlich erfolgreichen – Forderung nach Einschränkung der Freiheit der Fischerei im größeren Küstenvorfeld weniger Zwecke des Bestands- und Artenschutzes als kaum kaschiertes wirtschafts- und gebietspolitisches Monopolisierungsdenken der Küstenstaaten bzgl eines bisherigen Gemeinguts. So orientiert sich die AWZ in ihrer räumlichen Ausdehnung nicht an den in ihr ausübbaren Funktionen (insbes bzgl der Bewirtschaftung der lebenden Ressourcen), sondern an der insoweit überwiegend dysfunktionalen Breitenbestimmung „200 Seemeilen von den Basislinien" (Art 57 SRÜ). Das räumlich starre AWZ-Institut hat fischereibiologisch und -wirtschaftlich eigentlich

---

27 *Hafner*, Verteilung, 166f.

28 Hinsichtlich der *nicht* ressourcenorientierten Nutzungsarten ist es eher umgekehrt: Hier hat sich das Hohe See-Gefüge weitgehend erhalten.

29 Dies verdeutlicht etwa der in seiner Symbolik am Vorgang einer Okkupation anknüpfende Akt des „Flagge-Hissens" auf dem Meeresboden des geographischen Nordpols, mit dem Russland im August 2007 seinen Anspruch auf einen äußeren, d h über 200 sm hinausgehenden, Festlandsockel bekräftigte.

Proelß

gebotene flexible Lösungen daher keineswegs entbehrlich gemacht.[30] Insofern ist bei der nachfolgenden Darstellung der Details der völkerrechtlichen Raum- und Nutzungsordnung primär – gerade bei der jeweils möglichen Hervorhebung der „raum*über*greifenden“, insofern „horizontalen“ Rechtsregime – an den Kategorien des Raums anzusetzen.

2. Staatsgebiet: Raum territorial radizierter, umfassender Hoheitsgewalt
a) Wesen und Grenzen: Gebietshoheit im Rahmen des Völkerrechts

14 Die Dimensionen des Staatsgebiets sind das Landgebiet (*terra firma,* daraus abgeleitet: „Territorium“), das Wassergebiet (Binnengewässer; innere Gewässer, Archipelgewässer und Küstenmeer: „maritimes Aquitorium“[31]) sowie die Luftsäule über diesen Gebieten.[32] Der Raum unter ihnen ist ebenfalls Teil des Staatsgebiets. Eine generelle Tiefenbegrenzung existiert nicht. Potentiell reicht das Staatsgebiet daher bis zum Erdmittelpunkt, real bis zur Grenze der effektiven Beherrschbarkeit. Staatsgebiet ist zunächst vor allem Landgebiet. Bei diesem handelt es sich um jenen Teil der Erdoberfläche, der von den Landgrenzen (Binnenstaat), von seinen Land- und Seegrenzen (Küstenstaat) oder allein von Seegrenzen (Insel- und Archipelstaat) umschlossen wird. Jeder souveräne Staat ist mit einem Staatsgebiet verbunden. Unpräzise ist es, zu sagen, der Staat habe ein Staatsgebiet. Das Staatsgebiet *ist* vielmehr, zusammen mit Staatsvolk und Staatsgewalt, der Staat.[33] Mit dem effektiven, dauerhaften Verlust seines Gebiets geht ein Staat unter.[34]

---

30 Gerade mit Blick auf den Schutz wandernder Tierarten *(migratory species)* erschiene die Ausweisung „mobiler“ Schutzgebiete, die sich mit den zu schützenden Spezies fortbewegen, sinnvoll – ein theoretischer Ansatz, dessen völkerrechtliche Umsetzung sich angesichts des dominierenden territorialen Reflexes der Raumordnung als schwierig erweist.

31 Begriff von *Graf Vitzthum,* an dem hier festgehalten wird, vgl u Rn 36 ff. Nicht zum *maritimen* Aquitorium gehören Binnenmeere oder -seen, also Wasserflächen ohne Zugang zum Meer (Genfer See, Bodensee). Auf diese nichtmaritimen Aquitorien ist deshalb das Seerecht grundsätzlich nicht anwendbar. Vgl *Ranjbar* (Fn 11) 61 ff.

32 *Graf Vitzthum,* Staatsgebiet, in Isensee/Kirchhof (Hrsg), HbdStR II, 3. Aufl 2004, § 16 Rn 7 ff.

33 Vgl nur Art 1 lit b der Montevideo Convention on the Rights and Duties of States.

34 Noch nicht geklärt ist, ob ein Inselstaat, der infolge des Meeresspiegelanstiegs sein Territorium verliert, seine Staatlichkeit gleichwohl behalten kann. Dazu UN Doc A/CN.4/752 v 19.4.2022, Study Group of the ILC on Sea-level Rise in Relation to International Law, 45 ff; aus der Lit *Grote Stoutenburg,* When Do States Disappear? Thresholds of Effective Statehood and the Continued Recognition of 'Deterritorialized' Island States, in Gerrard/Wannier (Hrsg), Threatened Island Nations: Legal Implications of Rising Seas and a Changing Climate, 2013, 57 ff; *Rayfuse/Crawford,* Climate Change and Statehood, in Rayfuse/Scott (Hrsg), International Law in the Era of Climate Change, 2012, 243 ff; *Bergmann,* Versinkende Inselstaaten, 2016; *Vodiță,* Verschollene Staaten, 2023.

Proelß

Übersicht: Raum im Völkerrecht

Der Raum im Völkerrecht

- Staatsgebiet
  - Land
  - Meer
    - Innere Gewässer
    - Archipelgewässer
    - Küstenmeer
  - Luftraum
- Nichtstaatsgebiet
  - Funktionshoheitsraum
    - Anschlusszone
    - Ausschl. Wirtschaftszone
    - Festlandsockel
  - Niemandsland
  - Staatengemeinschaftsraum
    - nicht internationalisiert
      - Hohe See
      - Weltraum
      - Antarktis
    - internationalisiert
      - „Gebiet"

Der Inhaber der territorialen Souveränität oder der Gebietshoheit hat grundsätzlich die **15** ausschließliche Befugnis, in seinem Gebiet Hoheitsakte zu setzen. Allerdings kann die Nutzung des Staatsgebiets auf der Grundlage entsprechender Vereinbarungen auch im Interesse anderer oder im gemeinsamen Interesse mit ihnen erfolgen.[35] Staaten, selbst Großmächte, standen stets in einem gewissen Abhängigkeitsverhältnis zueinander und willigten zwecks Interessenausgleichs daher in Beschränkungen ihrer Staatsmacht ein. Diese völkerrechtlich begründeten und damit gerade in Ausübung der staatlichen Souveränität herbeigeführten Beschränkungen bereiteten zugleich den Boden für eine Relativierung der Souveränität, einschließlich einer partiellen Funktionalisierung des Staatsgebiets, ggf einschließlich seiner Ressourcen.[36] Ein Bsp für eine über einzelstaatliche Partikularinteressen hinausgehende freiwillige Selbstverpflichtung ist das UNESCO-Kulturschutzübereinkommen. Bestimmten Objekten spricht es einen so hohen Wert zu, dass ihre Bewahrung im Interesse der gesamten Menschheit zu erfolgen hat. Schutzpflichtig ist der Staat, auf dessen Gebiet sich die Objekte befinden. Das Übereinkommen über die biologische Vielfalt (CBD)[37] geht über diesen *public interest*-Ansatz noch hinaus.

---

35 Ein Bsp ist der 1985 zwischen den ursprünglichen Parteien des Schengener Abkommens vereinbarte wechselseitige Verzicht auf die Ausübung des aus der Souveränität bzw Gebietshoheit fließenden Rechts auf Durchführung von Grenzkontrollen. Zum heutigen *Schengen-Acquis* vgl <u>*Kau*</u>, 3. Abschn Rn 345.
36 Vgl *Schwarze/von Simson*, Völkerrechtliche Verfügungsbeschränkungen gegen Missbrauch von Rohstoffen, AVR 30 (1992) 153 (166).
37 S u Rn 181 ff.

Es weist auch den übrigen Staaten Schutzpflichten zu,[38] unterstreicht freilich in Art 3 zugleich „das souveräne Recht" der Staaten, „ihre eigenen Ressourcen gemäß ihrer eigenen Umweltpolitik zu nutzen".

16   Das Staatsgebiet weist *Grenzen* (gegenüber anderen Staatsgebieten) und *Begrenzungen* (gegenüber Nichtstaatsgebieten) auf.[39] Wegen seiner Raumnatur sind diese genau genommen nicht Linien, sondern Flächen. Völkerrechtlich relevant sind die Grenzen zwischen souveränen Staaten, nicht die zwischen innerstaatlichen Gebietskörperschaften. Grenzen werden idR vertraglich festgelegt *(Delimitation)*,[40] im Gelände markiert *(Demarkation)* und durch Grenzzeichen verdeutlicht. Viele Grenzziehungen orientieren sich an topographischen Gegebenheiten wie Gebirgskämmen, Wasserscheiden und Gewässern („natürliche Grenzen"). Neuere Grenzen, zumal in Afrika und den beiden Amerika, sind vielfach, insbes wenn sie aus der Kolonialzeit stammen, „künstlich". Sie verlaufen entlang gedachter Linien (etwa Breiten- und Längengraden). Die Grenze zwischen Kanada und den USA zB wurde überwiegend entlang dem 49. Grad nördlicher Breite gezogen, ohne dass diese Linie besonderen Gegebenheiten in der Natur korrespondierte. Denkbar sind auch funktionell bestimmte Grenzen, etwa – soweit auf die Tragfähigkeit der Luft abgestellt wird (s u Rn 28) – die zwischen Luft- und Weltraum.

17   Soweit nicht vertraglich anders geregelt, werden *Grenzflüsse* zwischen den durch sie getrennten Uferstaaten mittels der geographischen Mittellinie des Wasserlaufs geteilt; sind sie schiffbar und fehlt eine abweichende Vereinbarung, erfolgt die Teilung durch die Hauptfahrrinne, den T(h)alweg. Für *Binnenseen*, die vom Landgebiet mehrerer Staaten umschlossen sind (sog „Grenzseen"), existieren keine allgemein anerkannten völkerrechtlichen Regeln. Gewöhnlich werden die Grenzseen zwischen den Anliegern vertraglich aufgeteilt, wobei dann die Mittellinie als übliche Methode der Teilung angewandt wird. Für den *Bodensee* sind Status und Grenzverlauf bis heute str: Während die Schweiz bzgl des Obersees die Grenze in der Mitte zwischen den jeweiligen Ufern zieht (im Bereich des Konstanzer Trichters ist dies die Praxis seit 1878, während der „Überlinger See" genannte Teil der territorialen Souveränität Deutschlands unterliegt),

---

38 Die Anerkennung einer *common responsibility* unterstreicht die Verpflichtung *aller* Staaten, dem gemeinsamen Betroffensein Rechnung zu tragen. „Gemeinsame Verantwortung" bedeutet zwar nicht, dass Staaten auf ihren Gebieten bestimmte Nutzungen im Interesse der Völkerrechtsgemeinschaft ausüben (etwa ein ökologisch wertvolles Gebiet zu schützen) oder unterlassen (etwa die Abholzung von tropischem Regenwald) müssen. Gleichwohl verdankt das Umweltvölkerrecht der Idee, dass ein Staat mit den auf seinem Gebiet belegenen Ressourcen nicht nach Belieben verfahren darf, wichtige Anstöße.

39 Zur Bestimmung der Staatsgrenzen *Epping* (Fn 9), § 7 Rn 8 ff.

40 Nach Art 15, 74 und 83 SRÜ erfolgt die Abgrenzung von Küstenmeer, AWZ und Festlandsockel von Staaten mit gegenüberliegenden (Bsp Frankreich/Großbritannien) oder aneinander angrenzenden Küsten (Bsp Deutschland/Niederlande) prinzipiell durch völkerrechtlichen Vertrag. Der Begriff „Delimitation" ist von der *einseitigen* Festlegung der Außengrenzen der dem Küstenstaat als Staatsgebiet oder als Funktionshoheitsraum zugeordneten Meereszonen („Delineation") zu unterscheiden; zum Festlandsockel s u Rn 58 ff.

Proelß

hält Österreich den Obersee für ein Gemeinschaftsgebiet (Kondominium) der Anrainerstaaten; Deutschland hat sich nicht festgelegt. In der Praxis hat der Streit kaum Bedeutung; Vereinbarungen der Anliegerstaaten[41] haben die praktisch wichtigen Nutzungsfragen, ohne damit den Verlauf der Staatsgrenzen zu berühren, detailliert geregelt.[42] Auch hier ist das vertragliche Regime der Nutzung also deutlich von dem der räumlichen Zuordnung unterschieden. Soweit Grenzseen Kondominien sind (neben dem Titicacasee nach Ansicht des Iran auch das Kaspische „Meer"),[43] müssen sich die Anrainer erst recht auf ein Nutzungsregime einigen.

Für einzelne Flüsse und Kanäle existieren völkerrechtliche *Schifffahrtsregime*.[44] **18** Rhein und Mosel sind, obschon territorialer Souveränität unterliegend, „internationalisiert" bzw „Schifffahrtswege von internationaler Bedeutung", d h sie sind für die Handelsschiffe aller Staaten geöffnet. Einige Flüsse werden teilweise seit nahezu zwei Jh von internationalen Kommissionen verwaltet (Europäische Donaukommission [seit 1856]; Mannheimer revidierte Rheinschifffahrtsakte 1868 usw). Gemäß Art 1 der Mannheimer Akte steht die Schifffahrt von Basel bis zur Mündung allen Staaten offen (freie Schifffahrt). Demgegenüber sollte nach Art 4 der Transport von Waren und Personen den Uferstaaten vorbehalten bleiben (Kabotagevorbehalt), was u a vor dem Hintergrund des sich aus den primärvertraglichen Grundfreiheiten bzw Art 18 AEUV ergebenden Diskriminierungsverbots problematisch war. Diese Bedenken sind zwischenzeitlich hinfällig: Mit Zusatzprotokoll Nr 2 v 17.10.1979 wurde der Kabotagevorbehalt auf alle Schiffe ausgedehnt, welche die Flagge eines EU-Mitgliedstaats führen; Drittstaatsschiffen kann per Beschluss der Zentralkommission für die Rheinschifffahrt (ZKR) dieselbe Behandlung eingeräumt werden.[45] Im dt Donau-Bereich[46] und auf dem 1895 eröffneten Nord-Ostsee-Kanal wird

---

41 Vgl etwa das Übereinkommen über den Schutz des Bodensees gegen Verunreinigungen v 27.10.1960, abgeschlossen von den (Bundes-) Ländern Baden-Württemberg und Bayern mit der Republik Österreich und der Schweizerischen Eidgenossenschaft. Auch Schifffahrts- und Fischereifragen wurden vertraglich geregelt.
42 Vgl *Veiter*, Die Rechtsverhältnisse auf dem Bodensee, AVR 28 (1990) 458 ff; *Schweiger*, Staatsgrenzen im Bodensee und IGH-Statut, BayVBl 1995, 65 ff; *Khan*, Staatsgrenzen, 233 ff.
43 Die am 12.8.2018 zwischen den Anrainerstaaten geschlossene Convention on the Legal Status of the Caspian Sea (<http://en.kremlin.ru/supplement/5328>) verwendet seevölkerrechtliche Begriffe, Konzepte und Zonen (innere Gewässer, Küstenmeer etc), weicht im Einzelnen aber von den Vorschriften des SRÜ ab. *Karataeva*, The Convention on the Legal Status of the Caspian Sea: The Final Answer or an Interim Solution to the Caspian Question?, IJMCL 35 (2020) 232 (259) folgert, die Konvention ordne das Kaspische Meer hinsichtlich seines Rechtsstatus weder eindeutig dem Seevölkerrecht noch dem Regime internationaler Binnengewässer zu; die Bestimmungen des Übereinkommens spiegelten vielmehr den einzigartigen historischen, geographischen und politischen Charakter der Region wider. Das Übereinkommen ist mangels Ratifikation durch den Iran bislang nicht in Kraft getreten.
44 Dazu auch *Epping* (Fn 9) § 7 Rn 16 ff.
45 Vgl § 3 des Zeichnungsprotokolls zum Zusatzprotokoll Nr 2 v 17.10.1979.
46 Vgl *Schlochauer*, Rechtsfragen grenzüberschreitender Wasserstraßen, am Beispiel des Rhein-Main-Donau-Schifffahrtsweges, FS Mosler, 1983, 839 ff.

die Schifffahrtsfreiheit aufgrund dt Normen gewährt.[47] Der Suez- und der Panama-Kanal, 1869 bzw 1914 eröffnet, unterliegen der Souveränität Ägyptens bzw Panamas. Ein zwischen den USA und Panama (als dem *territorial sovereign*) geschlossenes Vertragswerk v 7.9.1977[48] sieht vor, dass der Kanal „dauernd neutral" sein soll; die seit dem 11.9.2001 bzgl ihrer Friedlichkeit (von den USA, mit Billigung Panamas) überwachte Durchfahrt wird allen Staaten gewährt.[49]

19   Das Staatsgebiet braucht nicht ein zusammenhängender Raum zu sein. Dies belegen die Bsp West- und Ost-Pakistans (Letzteres seit 1971 als „Bangladesh" ein souveräner Staat), die kurzzeitige Verschmelzung Ägyptens und Syriens zur Vereinigten Arabischen Republik (1958–1961), aber auch die Existenz von Archipelstaaten wie Indonesien, den Philippinen oder Malaysia.[50] Zum Staatsgebiet gehörende *Inseln* liegen, wie die überseeischen Gebiete Frankreichs und Großbritanniens belegen, bisweilen weit vom Mutterland entfernt. Nach Art 121 Abs 2 SRÜ verfügen Inseln unabhängig davon, ob sie einen unabhängigen Staat konstituieren oder Teil des Gebiets eines anderen Staats sind, über ein Küstenmeer, eine Anschlusszone, eine AWZ (falls beansprucht) und einen Festlandsockel.[51] Die Zuordnung einer oder mehrerer Insel(n) zum Territorium eines Staats entscheidet demnach mittelbar über den Zugriff auf die in den umliegenden Meeresgebieten vorhandenen lebenden und nichtlebenden Ressourcen. Hierin liegt der zentrale Grund für die Spannungen im südchinesischen Meer hinsichtlich des territorialen Status der Spratly- und Paracel-Inseln sowie weiterer Strukturen, deren Status als Inseln iSd Seevölkerrechts str ist. Die *arktischen Inseln* sind sämtlich den jeweiligen Anrainerstaaten zugeordnet. So gehört etwa Spitzbergen (Svalbard), mit erheblichen Einschrän-

---

47 Für den Nord-Ostsee-Kanal ist dies str. Nach aA gilt die mit Art 380 des Versailler Vertrags begründete Internationalisierung des Kanals fort. Dazu *Lagoni*, Kiel Canal, MPEPIL.

48 In Art I Abs 2 des Panama Canal Treaty räumt der Kanalstaat den USA „the rights necessary to regulate the transit of ships through the Panama Canal, and to manage, operate, maintain, improve, protect and defend the Canal" ein. Gleichzeitig wurde der Treaty Concerning the Permanent Neutrality and Operation of the Panama Canal (Neutrality Treaty) geschlossen. Die Verwaltung des Kanals übernahm die US-Regierungsagentur *Panama Canal Commission*. Dazu *Arcari*, Panama Canal, MPEPIL.

49 Beim Neutrality Treaty handelt es sich um einen Vertrag zugunsten Dritter iSv Art 36 der Wiener Vertragsrechtskonvention (WVK); vgl *Proelss*, in Dörr/Schmalenbach (Hrsg), Commentary on the VCLT, 2. Aufl 2018 Art 34 Rn 48.

50 Dazu s u Rn 43f.

51 Demgegenüber haben nach Art 121 Abs 3 SRÜ „Felsen, die für die menschliche Besiedlung nicht geeignet sind oder ein wirtschaftliches Eigenleben nicht zulassen, [...] keine ausschließliche Wirtschaftszone und keinen Festlandsockel." Zur höchst str Frage, wann eine Insel als Felsen idS einzuordnen ist, s die Entscheidung des Schiedsgerichts in der *South China Sea Arbitration (Merits)*, §§ 385ff; krit *Talmon*, in UNCLOS Commentary, Art 121 Rn 27ff. Die Lit zum *South China Sea*-Schiedsspruch ist mittlerweile kaum mehr überschaubar. Zu Hintergründen etwa *Van Dyke*, Disputes Over Islands and Maritime Boundaries in East Asia, in Hong/Van Dyke (Hrsg), Maritime Boundary Disputes, Settlement Processes, and the Law of the Sea, 2009, 39 (46ff); zur chin Position vgl die Beiträge in Talmon/Jia (Hrsg), The South China Sea Arbitration: A Chinese Perspective, 2014.

Proelß

kungen der Souveränität,[52] seit dem Pariser Vertrag v 9.2.1920 ebenso wie die Insel Jan
Mayen zu Norwegen. Der Archipel Nowaja Semlja, die Neusibirischen Inseln sowie die
Inselgruppen Sewernaja Semlja und Franz-Joseph-Land gehören zu Russland. Bzgl
Grönland bejahte der StIGH im Jahr 1933 ungeachtet der weitgehenden faktischen Ver-
gleichbarkeit der Insel mit der Antarktis das Bestehen der dänischen Souveränität, wies
also norwegische Souveränitätsbehauptungen hinsichtlich Ostgrönlands zurück.[53]

Enklaven sind Einsprengsel eines Staats in fremdem Staatsgebiet. Aus der Sicht des   20
sie umgebenden Staats handelt es sich um *Exklaven*. Ein Bsp ist die vom schweizerischen Grenzkanton Schaffhausen eingeschlossene deutsche Gemeinde *Büsingen* am
Hochrhein.[54] Das vom russischen Territorium nach der Auflösung der Sowjetunion ab-
geschnittene Gebiet Kaliningrad (Königsberg), im Norden Ostpreußens mit Zugang zur
Ostsee gelegen, ist eine von polnischem und litauischem Gebiet umgebene Exklave Russlands. Seit der Aufnahme Polens und Litauens in die EU am 1.5.2004 ist sie eine EU-En-
klave.[55]

Die meisten *Grenzen Deutschlands* beruhen auf Vereinbarungen – getroffen häufig   21
nach kriegerischen Auseinandersetzungen, insbes im 18./19. Jh sowie nach den beiden
Weltkriegen.[56] Teilweise beruhen die Grenzen auch, etwa im dt-niederländischen
Raum, auf Verträgen aus noch älteren Zeiten. Die Anforderungen an grenzüberschrei-

---

52 Vgl *Kempen*, Der völkerrechtliche Status der Inselgruppe Spitzbergen, 1995. Nach Art 3 des Spitzber-
gen-Vertrags stehen Gründung und Betrieb von Schifffahrts-, Industrie-, Bergwerks- und Handelsunternehmen prinzipiell den Angehörigen aller Vertragsparteien frei, und zwar sowohl zu Lande als auch in
den (freilich nicht näher definierten) Küstengewässern. Gemäß Art 8 des Vertrags ist Norwegen verpflichtet, die Vertragsparteien bzw deren Angehörige im Hinblick auf bergbaubezogene Steuern, Gebühren und Abgaben gleich zu behandeln; die betreffenden Leistungen müssen der Inselgruppe Spitsbergen
zugutekommen. Die Anwendbarkeit des Vertrags auf eine AWZ um diese Inselgruppe sowie auf den Festlandsockel ist str. Auch deshalb ist zwischen Norwegen und der EU ein Streit um Zugang und Management bzgl der auf den Festlandsockel von Svalbard migrierten Schneekrabbe entbrannt; vgl *Steenkamp*,
Svalbard's '*Snow Crab* Row' as a Challenge to the Common Fisheries Policy of the European Union, IJMCL
35 (2020) 106 ff.
53 *Eastern Greenland*, 62. – Mit dem EWG-Beitritt Dänemarks im Jahr 1973 vom Geltungsbereich des Ge-
meinschafts- bzw (heute) Unionsrechts erfasst, schied Grönland zum 1.2.1985 aus dem EU-Verbund aus,
vgl Art 204 AEUV iVm Protokoll über die Sonderregelung für Grönland v 1.2.1985. Die Insel besitzt seit 1979
im dänischen Staatsverband Autonomie, die mit dem Act on Greenland Self-Government v 12.6.2009
(<http://www.ilo.org/dyn/natlex/natlex4.detail?p_lang=en&p_isn=110442&p_count=13&p_classification=01
>) nochmals vertieft wurde. § 21 des Gesetzes sieht nunmehr, vorbehaltlich eines entsprechenden Ent-
scheids des grönländischen Volkes (vgl Präambel des Gesetzes), die Möglichkeit der Unabhängigkeit
vor.
54 Verwaltungstechnisch gehört die Gemeinde zum Landkreis Konstanz. Zahlungsmittel ist der Schweizer Franken. Das etwa sieben km^2 große Gebiet ist dem schweizerischen Zollgebiet angeschlossen. Vgl
deutsch-schweizerischer Vertrag v 23.11.1964.
55 Zum Status dieses Gebiets *Frowein*, Deutschlands aktuelle Verfassungslage, VVDStRL 49 (1990) 19 ff. Im
Potsdamer Abkommen v 2.8.1945 hatte die Sowjetunion „die Stadt Königsberg und das anliegende Gebiet"
endgültig in Anspruch genommen.
56 Eingehend *Khan*, Staatsgrenzen, 55 ff.

Proelß

tende Kommunikations- und Verkehrswege sowie der Wunsch nach Arrondierung des Staatsgebiets im Detail veranlassten die BR Deutschland in den 1950er und 1960er Jahren zum Abschluss von Verträgen mit ihren westlichen und südlichen Nachbarn über den Verlauf von Grenzen, einschließlich des Austauschs kleinerer Gebiete, sowie über die Einrichtung von Grenzkommissionen. Das seit 1990 durch Beitritt der östlichen (Bundes-) Länder wiedervereinigte Deutschland „bestätigte" die im Potsdamer Abkommen (1945) vorläufig bestimmte *Oder-Neiße-Linie,* die das Gebiet der SBZ/DDR von den unter polnischer Verwaltung stehenden Gebieten (Hinterpommern, Westpreußen sowie die größten Teile Ostpreußens und Schlesiens) trennte, als die endgültige Ostgrenze Deutschlands im Vertrag zwischen der BR Deutschland und der Republik Polen über die Bestätigung der zwischen ihnen bestehenden Grenze v 14.11.1990. Die Grenze zwischen Deutschland und Tschechien wurde durch den Vertrag zwischen der BR Deutschland und der Tschechischen Republik über die gemeinsame Staatsgrenze v 3.11.1994, bestätigt durch Vertrag v 3.6.1999 zwischen Berlin und Prag über das Grenzurkundenwerk der gemeinsamen Staatsgrenze,[57] festgelegt. – Anlässlich der Erteilung einer Anlagengenehmigung für das Offshore-Windenergieprojekt „Riffgat"[58] durch das zuständige staatliche Gewerbeaufsichtsamt Oldenburg im September 2010 gelangte der seit Jh str Grenzverlauf der Küstenmeere der BR Deutschland und der Niederlande wieder auf die Tagesordnung.[59] Nach längeren Verhandlungen schlossen Deutschland und die Niederlande am 24.10.2014 einen Vertrag über die Nutzung und Verwaltung des Küstenmeers zwischen drei und 12 Seemeilen.[60] Seinen Bestimmungen zufolge halten beide Staaten an ihren divergierenden Rechtsstandpunkten, den Verlauf der Staatsgrenze im Küstenmeer zwischen drei und 12 sm vor der Küste betreffend, fest (Art 4), einigen sich aber auf ein gemeinsames Verkehrsmanagementsystem für den Schiffsverkehr im Fahrwasser von und zu Häfen beider Staaten entlang der Ems (Art 7). Ferner wurde mit dem Vertrag eine Ständige Kommission für Schifffahrtsangelegenheiten im Fahrwasser (sog *Westeremskommission*) eingerichtet, die u a Beschlüsse über den genauen Verlauf des Fahrwassers trifft (Art 19 f). Mit Bezug auf Anlagen (u a zur Gewinnung erneuerbarer Energien), Kabel und Rohrleitungen sowie nichtlebende natürliche Ressourcen verständigten sich die Vertragsparteien auf eine Linie, mittels derer festgelegt wurde, welche nationale Rechtsordnung wo anwendbar ist. Der Windenergiepark „Riffgat" ging im Februar 2014 in Betrieb.

---

57 Ebd, 269 ff.
58 Der Park wurde in einer Entfernung von ca 15 km nordwestlich der Insel Borkum (d h in einer Entfernung von weniger als 12 sm von der deutsch-niederländischen Küste) im sog Ems-Dollart-Gebiet errichtet.
59 Dazu *Hertel,* Vergessene Grenzen in der Nordsee, in Talmon (Hrsg), Über Grenzen, 2012, 117 ff.
60 Der Vertrag wurde von der BR Deutschland am 3.6.2016 ratifiziert und trat am 1.7.2018 in Kraft.

Proelß

b) Erwerb und Verlust von Staatsgebiet

Das Völkerrecht kennt eine Reihe von Gründen für den Erwerb und den Verlust von   22
Staatsgebiet.[61] Die *Annexion* ist die gegen den Willen des Inhabers der territorialen Souveränität vollzogene Einverleibung des fremden Staatsgebiets (Vollannexion) oder von Teilen desselben (Teilannexion) in den Herrschaftsbereich des annektierenden Staats. Angesichts des *ius cogens*-Charakters des Gewaltverbots[62] sind Annexionen rechtlich unwirksam, führen also nicht zum Souveränitätsübergang.[63] So berief sich Österreich nach dem Zweiten Weltkrieg auf die Ungültigkeit des „Anschlusses" an Deutschland im Jahr 1938.[64] Wiens staatliche Existenz habe fortbestanden. Dieser Auffassung folgt der Österreichische Staatsvertrag v 15.5.1955: als „Annexion" sei der „Anschluss" „null und nichtig" (Präambel).[65] Die baltischen Republiken wurden im Jahre 1940 gewaltsam der Sowjetunion einverleibt; die Wiedererlangung ihrer staatlichen Funktionen im Jahr 1989 ging nicht mit einer Neugründung, sondern mit der Wiederbelebung der Staatswesen einher.[66] Schon wegen des Annexionsverbots konnten der Irak im Golfkrieg v 1991 Kuwait sowie Russland im März 2014 die Krim ihren Staatsgebieten nicht rechtswirksam einverleiben.[67]

Dismembration ist der Zerfall eines Staates *(in toto)* in mehrere Staatswesen.[68] Die-   23
ser Vorgang wirkt konstitutiv sowohl gegenüber dem zerfallenen Staat, weil er ihm die Staatsqualität nimmt, als auch bzgl der neu entstehenden Staaten, welche damit Staatsqualität erlangen. Aktuelle Bsp sind nach hL das Auseinanderbrechen Jugoslawiens in den Jahren 1991/92[69] sowie die vertragliche Zweiteilung der Tschechoslowakei unter Entstehung der Tschechischen und der Slowakischen Republik.

Vereinigen sich mehrere Staaten unter Aufgabe ihrer jeweiligen souveränen Staat-   24
lichkeit zu einem neuen Staat, liegt eine Verschmelzung *(Fusion)* vor, das Gegenstück zur Dismembration. Klassische Bsp sind die Einigungen Italiens und Deutschlands im

---

61 Der „Klassiker" zum Gebietserwerb ist *Jennings*, The Acquisition of Territory in International Law, Neuaufl (mit Einführung von Kohen) 2017; Überblicke aus der dt Lehrbuchliteratur bei *Stein/von Buttlar/Kotzur*, Völkerrecht, 14. Aufl 2017, Rn 549 ff; *von Arnauld* (Fn 9) Rn 78 ff; umfangreiche Darstellung bei *Epping* (Fn 9) § 7 Rn 26 ff.

62 *Hofmann*, Annexation, MPEPIL, Rn 21.

63 IGH in *Namibia*, § 118 f. Aus der Lit *Dahm/Delbrück/Wolfrum*, Völkerrecht I/1, 359 f. Zum Gewaltverbot s u <u>Bothe</u>, 8. Abschn Rn 9 ff. Zur völkerrechtswidrigen Annexion der Krim s o <u>Kau</u>, 3. Abschn Rn 166.

64 Vgl Reichsgesetz über die Wiedervereinigung Österreichs mit dem Deutschen Reich v 31.3.1938 (RGBl 1938 I, 982).

65 ÖBGBl 1955, 725; vgl bereits *Verosta*, Die internationale Stellung Österreichs 1938-1947, 1947.

66 *Hofmann* (Fn 62) Rn 32 ff.

67 Zur Krim vgl UN Doc A/RES/68/262 v 1.4.2014, Territorial Integrity of Ukraine, § 1; UN Doc A/RES/ES-11/4 v 13.10.2022, Territorial Integrity of Ukraine: Defending the Principles of the Charter of the United Nations, §§ 1, 3 f.

68 Dazu auch <u>Kau</u>, 3. Abschn Rn 164, 191 ff.

69 „Serbien und Montenegro" (d h Restjugoslawien) behauptete demgegenüber seine Kontinuität mit dem Jugoslawien von vor 1990; Slowenien, Kroatien, Bosnien-Herzegowina und Mazedonien seien aus Sezessionen hervorgegangen. 2006 wurde auch Montenegro unabhängig. Dazu <u>Kau</u>, 3. Abschn Rn 199 ff.

19. Jh. Die Verschmelzung kann auch in der Weise erfolgen, dass nicht alle beteiligten Staaten ihre Staatlichkeit aufgeben, sondern der eine Staat sich mit dem anderen vereinigt *(Inkorporation).* Dies tat die DDR im Jahr 1990, indem sie (genauer: die Gruppe der „neuen" Länder) der BR Deutschland beitrat. Die Einigung Deutschlands war zugleich der Untergang der DDR.[70]

25   Das Unabhängigwerden einer Kolonie, die *Dekolonisation,* war in den 1950er und 1960er Jahren die häufigste Form der Entstehung von Staaten. Mittlerweile ist die Entkolonisierung, einschließlich des Selbständigwerdens der Mandats- und Treuhandgebiete, nahezu abgeschlossen.

26   Bzgl des Erwerbs und Verlusts von Staatsgebiet *in parte* ist zunächst die *Sezession* zu nennen, die Abspaltung eines bloßen Teils. Im Gegensatz zur Dismembration lässt diese Veränderung die Existenz des „abgebenden" Staates unberührt. Das abgespaltene Gebiet kann sich als neuer Staat konstituieren (zB Bangladesh; Südsudan) oder sich einem anderen Staat anschließen (ihm beitreten). Bestand und Reichweite eines Sezessionsrechts der Völker sind im Einzelnen str.[71] Die *Abtretung* unterscheidet sich von der Sezession dadurch, dass sie vom zedierenden Staat gewollt ist (zB der Verkauf Alaskas an die USA seitens Russlands im Jahre 1867). Oft erfolgt eine Gebietsabtretung unter militärischem Druck (etwa seitens der USA gegenüber Mexiko im Hinblick auf Gebiete im heutigen Südwesten der USA); der Übergang zur Annexion wird dann fließend. Im Extremfall sind Abtretungsverträge wegen Drohung bzw als „ungleiche Verträge" nichtig sein (Art 51f WVK).

27   Der nicht vermittelte Erwerb von Gebieten, die *Okkupation,* ist nur bei staatenlosem Gebiet („Niemandsland") zulässig. Mittlerweile gibt es auf der Erde wohl kein Gebiet mehr, das insofern noch als okkupationsfähig angesehen werden kann.[72] Mit der Bildung von Inseln durch vulkanische Aktivität im Untergrund von Ozeanen kann sich dies ausnahmsweise ändern. Wo Konflikte um die territoriale Souveränität bestehen (zB im Südchinesischen Meer), ist die Frage des ursprünglichen Erwerbs noch heute – als Vorfrage zum gegenwärtigen Status – bedeutsam. Originärer Erwerb von Gebiet kann auch durch *Anschwemmung* eines Flusses oder Landgewinn an der Küste (durch Eindeichung und Trockenlegen)[73] erfolgen. Ersitzung als Gebietserwerbstitel ist heute praktisch bedeutungslos. *Abtragung,* Gegenbegriff zur Anschwemmung, führt zu (originärem) Ge-

---

70 Der Einigungsvertrag v 31.8.1990 erwähnt dies nicht ausdrücklich. Die vertragsschließenden Parteien waren sich jedoch darüber einig, dass die Wiedervereinigung Deutschlands durch Beitritt der durch das Ländereinführungsgesetz v 22.6.1990 gebildeten ostdeutschen Länder zur BR Deutschland (gemäß dem früheren Art 23 Satz 2 GG) vollzogen werden sollte; dieser wurde am 3.10.1990 wirksam.
71 Dazu <u>*Kau*</u>, 3. Abschn Rn 162ff. Im *Kosovo*-Gutachten ließ der IGH die Frage, ob das äußere Selbstbestimmungsrecht ein Recht auf Sezession beinhalten könne, unter formeller Bezugnahme auf die ihm unterbreitete (begrenzte) Auslegungsfrage unbeantwortet, vgl § 82f.
72 Der „pazifische Sektor" der Antarktis, das einzige unbestritten staatsfreie *Land*gebiet der Erde, bildet, jedenfalls aus der Sicht der Parteien des Antarktisvertrags, keine Ausnahme, s u Rn 89.
73 Zu den Auswirkungen von Landgewinnungsmaßnahmen auf die Basislinie s u Rn 41.

bietsverlust (etwa durch starke Meeresströmungen oder den klimawandelinduzierten Meeresspiegelanstieg). Einen rechtlich begründeten Sonderfall bildet der „aquitoriale" Gebietserwerb. So wuchsen den Küstenstaaten mit der – mittlerweile vertraglich (SRÜ v 1982) sanktionierten – Erweiterung des Küstenmeers auf max 12 Seemeilen (sm) Räume zu, die bis dahin Nichtstaatsgebiet, Hohe See, gewesen waren.[74] Anders als bei Okkupation und Anschwemmung erfolgte dieser Gebietszuwachs durch den vertraglich konsentierten Wandel der Umfangs-Definition eines traditionsreichen Rechtsinstituts, des Küstenmeers.

c) Luftraum: Lufthoheit und Luftfreiheiten

Die weltraumwärtige *Begrenzung* des Staatsgebiets, die „Linie" also zwischen Luft- und Weltraum, ist vertraglich nicht geregelt.[75] Einzelne Begrenzungstheorien setzen an physikalischen Gegebenheiten bzw funktionalen Gesichtspunkten an.[76] Die nach flugdynamischen Kriterien entwickelte *von Kármán*-Linie zB liegt bei 83 km Höhe. Oberhalb dieser Höhe müsste ein Flugzeug, um genügend Auftrieb zu erhalten, so schnell fliegen, dass die Reibungshitze es schmelzen ließe.[77] Zieht man die Grenze aus physikalischer Sicht „von oben" her, verläuft sie entlang der untersten möglichen Satellitenumlaufbahn, etwa bei 120–100 km Höhe; unterhalb dieser Linie ließe die Erdanziehungskraft die Satelliten abstürzen.[78] Diese letztgenannte Grenze soll nach einer Meinung bereits völkergewohnheitsrechtlich gelten. Für diese These könnte die bisherige Duldung der Satellitenüberflüge sprechen.[79] Anders als im Luftraum über dem Staatsgebiet herrscht im gebietshoheitsfreien Weltraum (s u Rn 80 ff) „Überflugfreiheit". In dieser Tolerierung liegt allerdings noch nicht der zweifelsfreie Nachweis einer gewohnheitsrechtlichen Gültigkeit dieser oder jener Begrenzung. Mangels Festlegung auf eine bestimmte Linie

28

---

74 Dieser Umstand legt es nahe, im Hinblick auf das Küstenmeer von „aquitorialer", d h abgeleiteter und räumlich dispositiver Souveränität zu sprechen; vgl *Graf Vitzthum*, Aquitoriale Souveränität, FS Tomuschat, 2006, 1078 ff. An den dt Küsten erfolgte die Ausweitung des Küstenmeeres auf 12 sm, soweit dies nicht schon zuvor geschehen war, am 19.10.1994 (BGBl 1994 I, 3444).

75 Im Jahre 1983 schlug die UdSSR eine vertragliche Begrenzung bei max 110 km vor, was mangels Zustimmung allerdings nicht weiterverfolgt wurde. Eingehend zum Ganzen *Schladebach*, Lufthoheit, 2014, 169 ff.

76 Zusammenstellung der Abgrenzungstheorien bei *Vitt*, in Weltraumrecht, 37 ff.

77 Anlage VII Nr 1 zum Chicagoer Abkommen (abgedr in ICAO [Hrsg], Annex 7, Aircraft Nationality and Registration Marks, 6. Aufl 2012) definiert den Begriff „Luftfahrzeug" als "[a]ny machine that can derive support in the atmosphere from the reactions of the air other than the reactions of the air against the earth's surface" und bestätigt damit indirekt die *von Kármán*-Linie.

78 Dazu *Bueckling*, Der Weltraumvertrag, 1980, 32 ff; *Diederiks-Verschoor*, An Introduction into Space Law, 1993, 18. Die US-Weltraumbehörde NASA hat die 100-km-Grenze als Beginn des Weltraums festgelegt.

79 Nachw bei *Wins*, Weltraumhaftung im Völkerrecht, 2000, 35 f. Davon zu unterscheiden ist die Frage nach der völkergewohnheitsrechtlichen Zulässigkeit des Durchflugs von Weltraumgegenständen durch fremden Luftraum.

entscheidet die funktionelle Theorie je nach Wesen des zu beurteilenden Sachverhalts über die Anwendung des Luft- oder des Weltraumregimes und verlagert damit das Problem der Definition der Begrenzung auf das der Bestimmung des Wesens der Regime. Die Staatenpraxis kommt bislang ohne eindeutige Klärung aus.[80] Dass nach allen wichtigen Theorien oberhalb von 120 km der Weltraum und unterhalb von 80 km Höhe der Luftraum liegt, war bisher ausreichende Orientierung. Neue Entwicklungen wie der einsetzende Weltraumtourismus werden indes das Bedürfnis nach einer eindeutigen Festlegung der Grenze steigen lassen.

29   Das Überfliegen fremden Staatsgebiets durch Staatsluftfahrzeuge sowie durch Zivilflugzeuge der meisten Beförderungsarten[81] bedarf der Erlaubnis des jeweiligen überflogenen Staats.[82] Unerlaubtes Eindringen in fremden Luftraum kann letztlich, bei Wahrung der Verhältnismäßigkeit der Mittel, sogar gewaltsam unterbunden werden. Die zu Beginn des Zeitalters der Luftfahrt kurzzeitig vertretene Auffassung von einer umfassenden, erlaubnisfreien „Freiheit der Luft" – analog zur Freiheit der Meere – setzte sich schon vor dem Ersten Weltkrieg nicht durch.[83] Es siegte das Konzept der Lufthoheit, der staatlichen Hoheit über den Luftraum als Derivat der territorialen Souveränität.[84] Mit dem *Chicagoer Abkommen über die Internationale Zivilluftfahrt*, „Magna Charta des internationalen Luftrechts",[85] und der gleichzeitig abgeschlossenen Vereinbarung über den Durchflug im Internationalen Fluglinienverkehr einigte sich die Staatengemeinschaft immerhin auf einen Katalog der Luftfreiheiten. Sie sind Rechte der Staaten, nicht der Bürger.[86] Für Geltungsbereich und Tragweite der jeweiligen Freiheit ist zwischen planmäßigem Linienverkehr einerseits und sonstiger Zivilluftfahrt andererseits zu un-

---

80 Zum Vorschlag einer rechtlichen „Zwischenzone" (gelegen in einer Höhe von 83 bis 100 km), die weder Luft- noch Weltraum ieS sein, sondern sich aus Elementen des Staatsgebiets und der Staatengemeinschaftsräume zusammensetzen soll, *Byers/Simon-Butler*, Outer Space, MPEPIL, Rn 19 ff; aus dem dt Schrifttum insbes *Schladebach*, Lufthoheit, 179 ff; *ders*, Weltraumrecht, 44; dagegen *Proelß*, in Internationales Umweltrecht, 11. Abschn Rn 5.

81 Näheres bei *Schladebach*, Luftrecht, 26 ff; zum dt Recht *Schwenk*, Handbuch des Luftverkehrsrechts, 2. Aufl 1995. Nicht genehmigungsbedürftig ist das Überfliegen von Nichtstaatsgebieten, etwa der Hohen See, vgl Art 87 SRÜ. Dazu *Hobe*, in Ipsen (Fn 9) § 46 Rn 9 ff.

82 Dies gilt auch für den Überflug durch Drohnen *(Unmanned Aircraft Systems)*; s *Hobe* (Fn 81) Rn 23.

83 Bereits die Pariser Luftschifffahrt-Konferenz v 1910 forderte, den Luftraum der Souveränität und Gebietshoheit des darunterliegenden Staats zu unterstellen.

84 Vgl *Khan*, Staatsgrenzen, 618 ff. Die Erstreckung der staatlichen Souveränität auf den Luftraum wurde in der Pariser Luftfahrtkonvention v 13.10.1919 fixiert. Sie schränkte die Lufthoheit nur durch ein dem Seerecht nachgebildetes Recht des friedlichen Durchflugs ein. Dieses galt allerdings nicht für den gewerblichen Lufttransport. Art 1 Chicagoer Abkommen betont dann, „dass jeder Staat über seinem Hoheitsgebiet volle und ausschließliche Lufthoheit besitzt." Anderes gilt für den nichtgewerblichen privaten Luftverkehr: er ist nach Art 5 Chicagoer Abkommen grundsätzlich nicht erlaubnispflichtig.

85 *Schladebach*, Luftrecht, 25.

86 Vgl VGH Baden-Württemberg, VBlBW 2003, 389 (392): Es gebe keinen Anhaltspunkt dafür, „dass einzelne Flughafen- [und Luftverkehrs-] Gesellschaften sich auf diese Freiheiten als eigene (von ihnen selbst ohne Vermittlung durch ihren Heimatstaat [...] durchsetzbare) Rechte berufen könnten".

terscheiden, innerhalb Letzterer wiederum zwischen entgeltlicher und unentgeltlicher Luftfahrt. Militär-, Zoll- und Polizeiflugzeuge sind vom Geltungsbereich der Abkommen ausgeschlossen; die entsprechenden Regelungen sind damit einzelstaatlicher Natur. Relevant wurde die Unterscheidung zwischen Privat- und Staatsluftfahrzeugen zB im Jahre 2005 im Zusammenhang mit der Affäre um sog Gefangenenflüge des US-Geheimdienstes CIA, die als private Flüge angemeldet worden waren.

Folgende fünf Freiheiten haben sich im Kontext des gewerblichen internationalen **30** Fluglinienverkehrs herausgebildet:[87]
– das Recht zum Überflug ohne Landung,
– das Recht zur Landung zu nicht-gewerblichen Zwecken,
– das Recht, Fluggäste, Gepäck, Fracht und Post mit einem Reiseziel im Heimatstaat des Luftfahrzeuges abzusetzen,
– das Recht, Fluggäste, Gepäck, Fracht und Post mit einem Reiseziel im Heimatstaat des Luftfahrzeugs an Bord zu nehmen, sowie
– das Recht, Fluggäste, Gepäck, Fracht und Post aus einem Drittstaat in den Vertragspartnerstaat oder aus dem Vertragspartnerstaat in einen Drittstaat zu transportieren.

Gemäß Art 6 Chicagoer Abkommen darf der planmäßige Linienverkehr nur mit Erlaub- **31** nis der über- oder angeflogenen Staaten betrieben werden. Diese restriktive Ausprägung der Lufthoheit – trotz der Luftfreiheiten behalten die Staaten zudem das Recht, Routen vorzuschreiben oder zu sperren – hat die Bedeutung des Abkommens erheblich verringert. Erforderlich wurden bilaterale Abkommen zur Gewährleistung der Luftfreiheiten, idR auf der Basis der Gegenseitigkeit.[88] Modellcharakter hatte das zwischen Großbritannien und den USA geschlossene Bermuda-Abkommen I v 1946, das im Bermuda-Abkommen II v 1977 deregulierend weiterentwickelt wurde. Nachdem sich die Parteien bereits auf eine Änderung des Bermuda-Abkommens II verständigt hatten, stellte der EuGH im Jahr 2002 einen Verstoß Großbritanniens gegen Art 43 EG (Art 49 AEUV) wegen Abschlusses des Bermuda-Abkommens II fest.[89] Nach zähen Verhandlungen schlossen die EU und ihre Mitgliedstaaten einerseits und die USA andererseits am 30.4.2007 ein Luftverkehrsabkommen, das seit dem 30.3.2008 mehr Wettbewerb auf dem transatlantischen Luftver-

---

[87] Zum europäischen Recht *Schladebach*, Luftrecht, 67ff; *Baumann*, Die Luftverkehrspolitik der Europäischen Union, 1995; *Balfour*, European Community Air Law, 1995.

[88] Vor diesem Hintergrund kann von einer umfassenden gewohnheitsrechtlichen Geltung der Luftfreiheiten keine Rede sein, vgl *Schladebach*, Luftrecht, 42ff. – Auch Staatsluftfahrzeuge dürfen das Hoheitsgebiet eines anderen Staats nur überfliegen oder dort landen, wenn sie eine Bewilligung erhalten haben (vgl Art 3 lit c Chicagoer Abkommen).

[89] Vgl *Open Skies*, § 52. Der EuGH nahm u a Stellung zur („vertikalen") Verteilung der Außenkompetenzen zwischen Union und Mitgliedstaaten auf dem Gebiet des Luftverkehrsrechts. Neben Großbritannien verurteilte der EuGH sieben weitere Mitgliedstaaten im Zusammenhang mit dem Abschluss ähnlicher bilateraler Abkommen.

kehrsmarkt sichert. Europäische Fluggesellschaften können seither aus jedem EU-Mitgliedstaat in die USA fliegen und Weiterflüge in andere Länder, etwa nach Kanada oder Südamerika, anbieten. Im Gegenzug können US-Fluglinien ihre Zielflughäfen in Europa frei wählen. Die früheren bilateralen Vereinbarungen der europäischen Staaten mit den USA für Start- und Landerechte *(slots)* wurden damit hinfällig.

32   Art 7 Chicagoer Abkommen behält den Staaten das Recht zur *Kabotage* vor, also das Recht zur entgeltlichen Beförderung von Fluggästen, Gepäck, Fracht und Post zwischen Orten innerhalb des eigenen Staatsgebiets.[90] Die wichtigste Bedeutung des Chicagoer Abkommens liegt heute in seiner politischen Signalwirkung; es relativiert letztlich die einzelstaatliche Lufthoheit im Interesse internationaler Kommunikation und Kooperation. Teil II des Abkommens ist zudem das Gründungsinstrument der *ICAO (International Civil Aviation Organization).*[91] Dieser UN-Sonderorganisation mit Sitz in Montreal wurden wichtige Überwachungsrechte übertragen. Außerdem hilft die ICAO mit, das Luftrecht dem wissenschaftlich-technischen Fortschritt und den sicherheits- und verkehrspolitischen Vorgaben der Vertragsparteien anzupassen, in Zusammenarbeit mit dem Dachverband der Fluggesellschaften, der International Air Transport Association (IATA).

33   Dass die Luftsäule zum Staatsgebiet gehört, ist ohne Bedeutung sowohl für den *Ätherraum,* d h für die Gesamtheit des elektromagnetischen Wellenspektrums, als auch für den internationalen Fernmeldeverkehr. Jeder Staat darf grenzüberschreitende Funkwellen ausstrahlen. Es herrscht Ätherfreiheit, auch in menschenrechtlicher Hinsicht: Jedermann darf, ohne Rücksicht auf Staatsgrenzen, Informationen austauschen. Der „angefunkte" Staat braucht auf solche ggf „intervenierende" Nutzung „seines" Ätherraumes keine Rücksicht zu nehmen. Er darf den Empfang ausländischer Sendungen, etwa durch Störsender, unterbinden *(jamming).*[92] Die Kehrseite dieser Freiheit ist die prinzipiell gegebene Völkerrechtmäßigkeit von Spionagetätigkeiten unter Einsatz von Mitteln der Fernmeldeaufklärung.[93] Das Spannungsverhältnis zwischen der Meinungsfreiheit ein-

---

90 Innerhalb der EU ist dieses Kabotagerecht vor dem Hintergrund der Dienstleistungsfreiheit (Art 56 AEUV) problematisch. Der Konflikt zwischen völker- und unionsrechtlichen Verpflichtungen bildet den Gegenstand von Art 351 AEUV, wonach die Rechte und Pflichten der Mitgliedstaaten aus völkerrechtlichen Verträgen durch den AEUV grundsätzlich „nicht berührt" werden (Abs 1). Da Abs 2 jedoch verlangt, dass die Mitgliedstaaten die „festgestellten Unvereinbarkeiten" beheben müssen, ist innerhalb der EU von einem Verzicht auf das Kabotagerecht auszugehen. Vgl Art 3f der VO (EG) Nr 1008/2008 über gemeinsame Vorschriften für die Durchführung von Luftverkehrsdiensten in der Gemeinschaft (ABl EU 2008, Nr L 293/3). Zum Ganzen *Proelß*, Grenzen der Zuständigkeit der Unionsorgane am Beispiel von „Erika III", in Talmon (Fn 59) 135 (154 ff).
91 Zu ihr *Hobe* (Fn 81) Rn 28 ff.
92 Einzelheiten bei *Frowein*, Das Problem des grenzüberschreitenden Informationsflusses und des domaine réservé, BerDGVR 19 (1979) 1 ff und *Simma*, Grenzüberschreitender Informationsfluss und domaine réservé der Staaten, ebd 39 ff.
93 Dazu etwa *Talmon*, Sachverständigengutachten gemäß Beweisbeschluss SV-4 des ersten Untersuchungsausschusses des Deutschen Bundestages der 18. Wahlperiode v 2.6.2014, <https://www.bundestag.de/blob/282872/2b7b605da4c13cc2bc512c9c899953c1/mat_a_sv-4-2_talmon-pdf-data.pdf>.

Proelß

schließlich aktiver und passiver Informationsfreiheit einerseits und dem Einmischungsverbot *(domaine réservé)* andererseits versuchten die sozialistischen Staaten und viele
Länder der Dritten Welt in den 1970er Jahren – letztlich vergeblich – zu Lasten der Freiheit aufzulösen.[94]

Der *Internationale Fernmeldevertrag* v 6.11.1982 regelt den grenzüberschreitenden 34
Fernmeldeverkehr. Der 1992 grundsätzlich überarbeitete und 1994 in Kyoto abgeänderte
Vertrag umfasst auch Vollzugsordnungen für die einzelnen Materien: Telegrafen-, Tele-
fon- und Funkdienst samt Zusatz-Vollzugsordnungen.[95] Institutionelles Zentrum ist die
mit Übereinkommen v 1989 gegründete *Internationale Fernmeldeunion (ITU)*, eine Genfer
UN-Sonderorganisation. Ihr Frequenzregistrierungsausschuss „verwaltet" die Zuteilung
und Benutzung von Frequenzen, entscheidet also über die Verteilung einer begrenzten
natürlichen Ressource (Art 12 ff ITU-Konstitution v 1989). Lange Zeit herrschte hier ein
letztlich auf das Recht des Erstkommenden zugeschnittenes System.[96]

Neue technische Entwicklungen haben die Frage aufkommen lassen, ob und in- 35
wieweit das Völkerrecht den Gefahren wirtschaftlich-technischer sowie macht- und si-
cherheitspolitischer (Zugangs-, Verteilungs- und Nutzungs-) Konflikte im *Cyberspace* angemessen Rechnung tragen kann.[97] Unbestr ist, *dass* das Völkerrecht, insbes im Wege
der in den anerkannten Jurisdiktionsprinzipien verkörperten Anknüpfungspunkte für
die Ausübung von Hoheitsgewalt,[98] grundsätzlich auch auf Sachverhalte im Cyberspace
anwendbar ist.[99] IdS sind etwa Staaten zurechenbare Cyber-Angriffe an den Vorgaben
des *ius contra bellum* und des *ius in bello* zu messen.[100] Im vorliegend relevanten Zusammenhang harrt freilich vor allem die Einordnung in die völkerrechtliche Raumordnung
der Klärung. Da der Cyberspace selbst kein physikalischer, sondern ein virtueller (Kom-
munikations-) Raum ist – anderes gilt für die regelmäßig auf staatlichem Territorium befindliche und also räumlich gebundene Cyberinfrastruktur –,[101] dürfte die Forderung

---

94 Vgl die Mediendeklaration der UNESCO v 1978, die den Eckstein einer restriktiven „neuen Weltinfor-
mationsordnung" bilden sollte.
95 Die Vertragsparteien erkennen jedermann das Recht zu, ihre Einrichtungen zum internationalen
Nachrichtenaustausch zu benutzen. Sie verpflichten sich zu Errichtung, Betrieb und Schutz der Übertra-
gungswege und -einrichtungen.
96 Mittlerweile weist die ITU „die Frequenzbereiche des Funkfrequenzspektrums zu, verteilt die Frequenzen und registriert die Frequenzzuteilungen und alle zugehörigen Orbitalpositionen in der Umlaufbahn der geostationären Satelliten" (Art 1 Nr 2 a ITU-Konstitution).
97 Vgl *Kaiser*, Das Recht im Cyberspace, FS Winkler, 1997, 397 (399 ff); eingehend nunmehr *Haake*, Technik, Recht, Raum: Der Cyberspace als Rechtsraum besonderer Art, 2022, 39 ff.
98 S bereits o Rn 3.
99 *Wilske/Schiller*, International Jurisdiction in Cyberspace, FCommLJ 50 (1997) 117 ff; *Schmahl*, Zwischenstaatliche Kompetenzabgrenzung im Cyberspace, AVR 47 (2009) 284 ff.
100 Dazu *Bothe*, 8. Abschn Rn 10 f, 76 mwN. Eingehend M. Schmitt (Hrsg), Talinn Manual on the International Law Applicable to Cyber Warfare, 2013; *Schulze*, Cyber „War" – Testfall der Staatenverantwortlichkeit, 2015. Zu Zurechnungsfragen *Schröder*, 7. Abschn Rn 21.
101 Vgl *Grewlich*, Konstitutionalisierung des „Cyberspace", 2001, 15. Der Cyberspace erweitert den Ätherraum um die digitalen Signale.

Proelß

nach Schaffung eines spezifischen, an den tradierten Kategorien der völkerrechtlichen Raumordnung anknüpfenden Regelungsrahmens ebensowenig zielführend sein wie die Qualifizierung des Cyberspace als gemeinsames Menschheitserbe *(common heritage of humankind)*.[102] In erster Linie sollte vielmehr im Vordergrund stehen, den Cyberspace in den Rahmen des bestehenden Völkerrechts der Information und Sicherheit einzupassen.[103] Eine etwaige künftige internationale Regulierung könnte Spannungen mit menschenrechtlichen Gewährleistungen hervorrufen.[104] Die Diskussion der Probleme, die mit der Entgrenzung des Staats infolge globaler kommunikationstechnischer Entwicklungen einhergehen, ist auch aus sicherheits- und kriminalpolitischer Perspektive noch nicht beendet.[105] Derzeit harmonisiert und koordiniert ICANN, die Internet Corporation for the Assigned Numbers and Names, eine nach kalifornischem Recht gebildete Gesellschaft, das Internet.[106] Datenhighways, Social Media und Web 2.0 werfen zB Fragen des anwendbaren Rechts, der Beschränkungen im öffentlichen Interesse, der Urheberrechte und des Patentschutzes auf – Rechtsfragen eines sich entwickelnden internationalen (derzeit überwiegend privaten) Medien- bzw. Internetrechts.[107]

d) Maritimes Aquitorium: Innere Gewässer, Archipelgewässer, Küstenmeer

36　Innere Gewässer, Archipelgewässer und Küstenmeer[108] bilden die *maritimen Teile des Staatsgebiets*. An diese hier unter dem Begriff „maritimes Aquitorium" *(Wolfgang Graf Vitzthum)* zusammengefassten Teile des Staatsgebiets schließen sich seewärts Nichtstaatsgebiets-Zonen (Anschlusszone, AWZ, Festlandsockel) an, bzgl derer der Küstenstaat funktional begrenzte Hoheitsbefugnisse innehat. Im Unterschied zu jener Zonen-Trias sind diese nur der Nutzungs-, nicht aber der Gebietshoheit des Küstenstaats unter-

---

102 So auch *von Arnauld* (Fn 9) Rn 863. S aber die Position der BR Deutschland in UN Doc A/68/156/Add.1 v 9.9.2013: "Cyberspace is a public good and a public space."

103 *Grewlich* (Fn 101) 47 f; Einzelheiten zur Regulierung bei *Haake* (Fn 97) 69 ff, 207 ff.

104 Versuche der Internationalen Fernmeldeunion (ITU), unter Hinweis auf den Kampf gegen die Kriminalität „im Netz" die Regulierung des Internet an sich zu ziehen, schlugen bislang fehl. Kritiker befürchten, dass im Falle einer Übertragung der Regulierungsaufgabe auf diese I.O. deren Mitgliedstaaten dominierenden Einfluss auf die Verwaltung des Internets erlangen und infolgedessen Zensur und andere staatliche Formen der Einflussnahme zunehmen könnten.

105 Vgl nur die am 1.7.2004 in Kraft getretene Convention on Cybercrime v 23.11.2001 (mit Additional Protocol v 2003), gemäß ihrer Präambel geschlossen im Bewusstsein der „profound changes brought about by the digitalisation, convergence and continuing globalisation of computer networks". Sie verpflichtet die Vertragsparteien, bestimmte Computerdelikte innerstaatlich unter Strafe zu stellen.

106 Dazu *Kleinwächter*, ICANN als United Nations der Informationsgesellschaft?, MuR 2 (1999) 452 ff.

107 Vgl *Uerpmann-Wittzack*, Internetvölkerrecht, AVR 47 (2009) 261 (263); *Haake* (Fn 97) 69 ff; zum Ganzen auch *von Arnauld* (Fn 9) Rn 861 ff; *Schaller*, Internationale Sicherheit und Völkerrecht im Cyberspace, SWP-Studie 2014.

108 Die Meerengen iSv Teil III SRÜ verfügen *gebiets*rechtlich nicht über eigenständigen Status (vgl Art 34 Abs 1 SRÜ); *nutzungs*rechtlich werden sie einem eigenen Regime unterstellt: einer besonderen Durchfahrtsordnung („Recht der Transitdurchfahrt", Art 38 SRÜ). Vgl u Rn 49.

Proelß

worfen, und die Nutzungshoheit ist ihrerseits inhaltlich detailliert bestimmt und damit beschränkt. Auf diese Funktionshoheitsräume folgen seewärts die (Nichtstaats-) Gebiete, die von küstenstaatlichen Hoheitsbefugnissen gänzlich frei sind: die Hohe See sowie der Meeresboden und -untergrund „jenseits der Grenzen des Bereichs nationaler Hoheitsbefugnisse" (Art 1 Abs 1 Nr 1 SRÜ). Die beiden letztgenannten Nichtstaatsgebiete sind, wie auch der Weltraum und die Antarktis,[109] Staatengemeinschaftsräume, mag die jeweilige materiell- und organisationsrechtliche Ausgestaltung auch große Unterschiede aufweisen.

Die wichtigsten Grundlagen für die Rechtsordnung des maritimen Aquitoriums finden sich in den *(Genfer) Seerechtsübereinkommen* v 1958[110] und vor allem im *UN-Seerechtsübereinkommen* v 1982 (SRÜ). Jene Genfer Übereinkommen schreiben Gebiets- und Nutzungsordnungen fest, die seinerzeit überwiegend bereits gewohnheitsrechtlich galten. Das SRÜ v 1982, in Montego Bay (Jamaica) von 117 Staaten unterzeichnet und 1994 in Kraft getreten, inkorporierte wesentliche Teile der vier Übereinkommen v 1958. Insofern ist auf die Genfer Übereinkommen, die zwischen 1962 und 1966 in Kraft getreten sind und fortgelten (vgl Art 311 Abs 1 SRÜ), nur noch in Ausnahmefällen zurückzugreifen, etwa zur Erläuterung der Genese einer Norm oder zur Bekräftigung ihrer etwaigen auch gewohnheitsrechtlichen Geltung gegenüber Staaten, die nicht Parteien des SRÜ sind.[111] Art 311 SRÜ regelt das Verhältnis dieser „Verfassung für die Meere" *(T. Koh)* zu „anderen Übereinkommen und internationalen Übereinkünften". Sie galt am 1.6.2023 für 168 Staaten (und die EU), unter ihnen seit dem 14.10.1994 die BR Deutschland.[112] An ihrer Begrifflichkeit hat sich jede Seerechtsdarstellung zu orientieren.[113]

37

---

109 Im Unterschied zur Antarktis (s u Rn 89 ff) unterliegt der *Arktische Ozean,* einschließlich seiner eisbedeckten Teile, den für das Meer geltenden Regeln (s auch Rn 19, 60). Der Versuch Kanadas im Jahr 1925, durch Festlegung eines „arktischen Sektors" weite Teile des Polarmeers unter seine Kontrolle zu bringen, wurde von den übrigen Anrainerstaaten nicht aufgegriffen und später auch von Kanada selbst nicht mehr weiterverfolgt (trotz gewisser sowjetischer bzw russischer Sympathien für den Sektorenansatz).
110 Hierbei handelt es sich um einen aus vier Übereinkommen v 29.4.1958 bestehenden Komplex, betr: das Küstenmeer und die Anschlusszone; die Hohe See; die Fischerei und die Erhaltung der biologischen Reichtümer der Hohen See; den Festlandsockel. Dokumentation bei *Hoog,* Die Genfer Seerechtskonferenzen von 1958 und 1960, 1961.
111 Die Fortentwicklung der Übereinkommen v 1958 betraf vor allem die Regime von Küstenmeer, Meerengen, Hohe See und Festlandsockel. In wichtigen Bereichen schuf das SRÜ gänzlich neues Recht, zB hinsichtlich der Transitdurchfahrt durch internationale Meerengen, der Archipelgewässer, der AWZ, der Außengrenze des Festlandsockels sowie der Regelung bzgl der Ausbeutung des Festlandsockels jenseits der 200-sm-Zone. Neuerungen beziehen sich auch auf das Recht des Tiefseebergbaus, die obligatorischen Streitbeilegungsverfahren sowie die Teilnahme I.O. am SRÜ.
112 Keine Vertragsparteien sind bisher u a Iran, Israel, Libyen, Türkei, USA, Venezuela.
113 Zu dem Normenkomplex gehört das *Durchführungs-Übereinkommen (DÜ)* v 29.7.1994. Es passt zentrale Bestimmungen des str Tiefseebergbauregimes teils durch Änderung, teils durch einvernehmliche Interpretation den Neubewertungen an, die seit Abschluss des SRÜ eingetreten sind. SRÜ und DÜ bilden ein einheitliches Instrument. Am 1.6.2023 galt das DÜ für 151 Staaten (und die EU). Vgl u Rn 77.

38   Eines der besonderen Merkmale des SRÜ ist das mit Teil XV des Übereinkommens errichtete *System der obligatorischen gerichtlichen Streitbeilegung*. Vorbehaltlich der in Art 297f SRÜ kodifizierten Grenzen und fakultativen Ausnahmen wird jede Streitigkeit über die Auslegung oder Anwendung des SRÜ, die nicht auf anderweitige Weise (zB durch Verhandlungen oder Vergleich) beigelegt werden kann, auf Antrag einer Streitpartei zwingend einem der Art 287 Abs 1 SRÜ genannten Streitbeilegungsorgane unterbreitet. Der verklagte Staat kann sich der gerichtlichen Streitbeilegung also nicht mit dem Argument entziehen, er habe die Zuständigkeit des betreffenden Organs nicht anerkannt (die Anerkennung erfolgt implizit mit dem Beitritt zum SRÜ). Nach Art 287 Abs 1 SRÜ können die Vertragsparteien für die künftige Beilegung ihrer Streitigkeiten eines oder mehrere der in der Norm genannten Mittel benennen. Zur Auswahl stehen der IGH, der Internationale Seegerichtshofs (ISGH) in Hamburg, dessen Statut in Anlage VI Bestandteil des SRÜ ist,[114] oder ein im Einklang mit Anlage VII SRÜ gebildetes Schiedsgericht. Hat ein Staat keine entsprechende Erklärung abgegeben, oder haben die streitenden Parteien für unterschiedliche Organe optiert, ist die Gerichtsbarkeit des Anlage VII-Schiedsgerichts eröffnet (vgl Art 287 Abs 3 und 5 SRÜ). Nach Art 288 Abs 1 SRÜ ist die materielle Zuständigkeit der Streitbeilegungsorgane prinzipiell auf Streitigkeiten über die Auslegung und Anwendung des SRÜ begrenzt. Die Frage der gerichtlichen Zuständigkeit bedarf deshalb genauer Prüfung, wenn eine Streitigkeit sowohl die Auslegung und Anwendung des SRÜ als auch andere, nicht vom SRÜ geregelte Fragen wie die nach der Souveränität über eine Insel oder Küste betrifft.[115]

39   Das SRÜ überträgt dem *ISGH* gewisse Spezial- und Auffangzuständigkeiten. So ist für die in Art 187 SRÜ aufgelisteten Streitigkeiten, die Tätigkeiten im Gebiet betreffen, ausschließlich die Kammer für Meeresbodenstreitigkeiten zuständig (vgl Art 287 Abs 2 SRÜ). Nach Art 290 Abs 5 SRÜ verfügt der ISGH ferner über eine Auffangzuständigkeit für die Anordnung, Änderung und Aufhebung vorläufiger Maßnahmen. Schließlich sieht Art 292 Abs 1 SRÜ eine Auffangzuständigkeit für Schiffsfreigabeverfahren vor. Nachdem sich der ISGH zunächst überwiegend mit Schiffsfreigabeverfahren zu befassen hatte, die durch ihren auf die Frage der Freigabe begrenzten Verfahrensgegenstand gekennzeichnet sind, sind zwischenzeitlich Verfahren mit erheblicher materiell-rechtlicher Tragweite anhängig gemacht worden.[116] Obwohl der Text des SRÜ dies nicht ausdrücklich sagt,[117] ist mittlerweile auch anerkannt, dass dem ISGH durch andere Überein-

---

114 Dazu *Tanaka*, The Peaceful Settlement of International Disputes, 2018, 229 ff.

115 Vgl die schiedsgerichtlichen Entscheidungen in den Fällen *Chagos*, §§ 211 ff, *South China Sea (Jurisdiction)*, § 153 und *Coastal State Rights*, §§ 156, 192 ff; aus der Lit etwa *Proelss*, Implicit Territoriality and Renvoi Clauses: Challenges to the Regime for the Peaceful Settlement of Disputes under the Law of the Sea Convention, in Kraska/Yang (Hrsg), Peaceful Management of Maritime Disputes, 2023, S. 29 ff mwN.

116 Vgl nur die Entscheidung im Fall *Maritime Boundary* und das Gutachten der Kammer für Meeresbodenstreitigkeiten (vgl Art 186 ff SRÜ) zu Art 139 SRÜ.

117 Eine ausdrückliche Gutachtenkompetenz besteht nur für die Kammer für Meeresbodenstreitigkeiten, vgl Art 191 SRÜ.

Proelß

kommen die Kompetenz zur Erstattung von Rechtsgutachten übertragen werden kann.[118] All dies sind Belege für die zunehmende Akzeptanz des ISGH als eigenständiges, spezialisiertes Streitbeilegungsorgan und für seine Daseinsberechtigung neben dem auch weiterhin für Fragen des Seevölkerrechts sachlich zuständigen IGH.

Innere Gewässer

Die inneren Gewässer sind die Meeresgebiete zwischen dem trockenen Land und der 40 Basislinie eines Küstenstaats (vgl Art 8 Abs 1 SRÜ). Der früher im dt Schrifttum häufig verwendete Begriff der Eigengewässer,[119] mit dem sowohl die (salinen) inneren Gewässer als auch die aus Süßwasser bestehenden Binnengewässer umfasst sein sollen,[120] ist seevölkerrechtlich nicht anerkannt. Eine Gleichsetzung von inneren Gewässern und Binnengewässern unter dem Begriff „Eigengewässer" missachtet, dass das Seevölkerrecht – wenn auch nur in eingeschränktem Umfang – auf die inneren Gewässer, nicht aber auf die Binnengewässer anwendbar ist.[121] Die Einbeziehung der inneren Gewässer in das Regime des SRÜ ist im Anschluss an die Entscheidung des ISGH im *ARA Libertad*-Fall[122] zwar str geworden. Da das SRÜ indes an verschiedenen Stellen auf die inneren Gewässer Bezug nimmt,[123] ist an der Unterscheidung von inneren Gewässern und Binnengewässern festzuhalten.[124] Anders als die Binnengewässer sind die inneren Gewässer grundsätzlich saline Gewässer; zum Meer hin sind sie offen, idS also maritim. Dies ändert nichts daran, dass die inneren Gewässer, einschließlich des dazugehörenden Bodens, Untergrunds und Luftraums, ebenso wie die Binnengewässer Bestandteile des Staatsgebiets sind. Insoweit unterstehen sie, ebenso wie das Landgebiet, der *vollen territorialen Souveränität* des Küstenstaats[125] – ein Umstand, der sie nutzungsrechtlich vom

---

118 Im Jahre 2015 leitete der ISGH seine Gutachtenkompetenz „as a full court" aus Art 21 Anlage VI SRÜ („all matters specifically provided for in any other agreement which confers jurisdiction on the Tribunal") iVm der „externen" Vereinbarung, mit dem ihm die Zuständigkeit übertragen wird, ab; s *SRFC*, § 58. Krit zu diesem Vorgehen *Proelss*, Advisory Opinion: International Tribunal for the Law of the Sea (ITLOS), MPEiPro, §§ 13 ff.
119 Etwa *Wengler*, Völkerrecht, 1964, 1078 ff.
120 Aus heutiger Zeit noch *von Arnauld* (Fn 9) Rn 807 f.
121 So auch *Tanaka*, Law of the Sea, 5, 78. Etwas anderes gilt für die von *Seeschiffen* befahrenen Teile der Binnengewässer: Sie werden rechtlich als innere Gewässer behandelt, unterfallen also dem Seevölkerrecht.
122 So die Rechtsauffassung Ghanas im Fall *ARA Libertad*, § 55. Der ISGH bezog zu dieser Frage keine Position; vgl ebd, § 95.
123 S die abw Meinung der Richter *Wolfrum* und *Cot* im Fall *ARA Libertad*, § 23, die freilich im Grundsatz davon ausgehen, dass die inneren Gewässer nicht vom Regime des SRÜ umfasst sind (ebd, §§ 23-26). Für die Einbeziehung der inneren Gewässer hingegen das Sondervotum des Richters *Lucky*, § 38.
124 Eingehend *Cohen*, Is the Internal Waters Regime Excluded from the United Nations Convention on the Law of the Sea?, FS Caminos, 2015, 110 ff.
125 Die landwärtige Grenze ergibt sich aus dem Verlauf der Küstenlinie, bei der es sich in Deutschland aufgrund der unterschiedlichen Gegebenheiten von Nord- und Ostsee um die Linie des mittleren Wasser-

Küstenmeer unterscheidet.[126] So gibt es in den inneren Gewässern grundsätzlich kein Recht der friedlichen Durchfahrt (s u Rn 47).[127] Vorbehaltlich anderweitiger vertraglicher Verpflichtungen ist der Küstenstaat nicht verpflichtet, Schiffen anderer Staaten Einfahrt in seine inneren Gewässer zu gestatten.[128] Ein gewohnheitsrechtliches Nothafenrecht von havarierten Schiffen dürfte allgemein nur insoweit anerkannt sein, als Seenot bzw höhere Gewalt eine Gefährdung von Leib und Leben der sich an Bord befindlichen Menschen nach sich ziehen.[129] Deshalb begegnet es erheblichen rechtlichen Bedenken, wenn einige Staaten fremden Schiffen, auf denen sich aus Seenot gerettete Menschen befinden, auch dann die Einfahrt in ihre Häfen verweigern, wenn die Lage an Bord der Schiffe aufgrund von Nahrungsmittelknappheit oder medizinischer Unterversorgung außer Kontrolle gerät. Etwas anderes gilt allgemein wiederum dann, wenn die Gewährung des Nothafenrechts die territoriale Integrität des Küstenstaats bedrohen würde, zB weil die Einfahrt des Schiffs eine Umweltkatastrophe nach sich ziehen könnte. Ein Schiff, das sich in fremden inneren Gewässern aufhält, untersteht – im Prinzip auch bzgl schiffsinterner Angelegenheiten[130] – der Jurisdiktion des Küsten- bzw Hafenstaats. Bzgl seiner inneren Gewässer darf ein Staat Fischerei und Kabotage (Personen- und Güterverkehr zwischen Inlandshäfen) seinen Angehörigen vorbehalten; für EU-Staaten untereinander sind insoweit jedoch die Grundfreiheiten des AEUV und, subsidiär, das Verbot der Diskriminierung nach Art 18 AEUV zu beachten.[131]

41   Die *Basislinie (baseline)* bildet die äußere Grenze der inneren Gewässer. Von ihr aus wird die Breite sämtlicher sich seewärts an die inneren Gewässer anschließenden Meereszonen (Küstenmeer, Anschlusszone, AWZ, Festlandsockel) gemessen. Dies erklärt ihre enorme praktische Relevanz. Normalerweise fungiert die in den vom Küstenstaat amtlich anerkannten Seekarten eingetragene *Niedrigwasserlinie* als Basislinie, vgl Art 5

---

standes (Ostsee) bzw des mittleren Tidehochwasserstandes (Nordsee) handelt. Vgl *Petersen*, Deutsches Küstenrecht, 1989, 32 f, 39 ff.

126 Vgl *Graf Vitzthum*, in Seerecht, Kap 2 Rn 42, 102 ff; s auch *Trümpler*, in UNCLOS Commentary, Art 8 Rn 14: "[...] the sovereignty over the territorial sea is in its nature and spatial extent derived from the coast – it is derivative in nature – while the sovereignty over the internal waters is original."

127 Soweit innere Gewässer durch Ziehung gerader Basislinien nach Art 7 SRÜ *erstmals* entstehen, werden sie hinsichtlich des Rechts auf friedliche Durchfahrt jedoch wie ein Teil des Küstenmeers angesehen, Art 8 Abs 2 SRÜ.

128 S IGH in *Nicaragua*, § 213: "It is also by virtue of its sovereignty that the coastal State may regulate access to its ports."

129 Untersuchungen der Staatenpraxis bei *von Gadow-Stephani*, Der Zugang zu Nothäfen und sonstigen Notliegeplätzen für Schiffe in Seenot, 2006, 209 ff; *Morrison*, Places of Refuge for Ships in Distress, 2012, 107 ff; *Attard*, The Duty of the Shipmaster to Render Assistance at Sea under International Law, 2020, 186 ff; s auch *Tanaka*, Law of the Sea, 101 (Fn 31).

130 *Mali v Keeper of the Common Jail (Wildenhus's Case)*, 120 US 1 (1887); vgl aber *Spector v Norwegian Cruise Line Ltd*, 545 US 119 (2005). Zum Ganzen *Yang*, Jurisdiction of the Coastal State over Foreign Merchant Ships in Internal Waters and the Territorial Sea, 2015, 90 ff; *Tanaka*, Law of the Sea, 79 ff.

131 Dazu *Milbradt*, Liberalisierung der Seekabotage unter völkerrechtlichen und europarechtlichen Aspekten, 1999, 107.

SRÜ. Schwierigkeiten verursacht, dass auf internationaler Ebene weder ein einheitliches Seekartennull[132] noch ein allgemein anerkanntes vertikales Datum als geodätische Grundlage für die Festlegung der Niedrigwasserlinie existiert; die von den Küstenstaaten insoweit zugrunde gelegten Daten variieren zT erheblich. Darüber hinaus stellt sich die Frage, ob im Falle eines Abweichens des tatsächlichen Verlaufs der Niedrigwasserlinie von der in den offiziell anerkannten Seekarten vermerkten Linie, bedingt etwa durch Sedimentabtragungen oder den Meeresspiegelanstieg, die tatsächliche oder die in der Karte vermerkte Linie entscheidet.[133] Im Fall *Nicaragua/Honduras* sprach sich der IGH implizit für den Vorrang der tatsächlichen Niedrigwasserlinie aus.[134] Da die Basislinie auch für die Bemessung der sich seewärts an die inneren Gewässer anschließenden Meereszonen (und indirekt damit auch für die Ausdehnung der Staatengemeinschaftsräume Hohe See und „Gebiet", vgl Art 1 Abs 1 Nr 1 bzw Art 86 SRÜ) maßgeblich ist, hat die Vorrangregel zugunsten der tatsächlichen Zustände eigentlich zur Folge, dass sich mit den sich infolge natürlicher Gegebenheiten verschiebenden Basislinien auch die dem Küstenstaat als maritimes Aquitorium (Küstenmeer, Archipelgewässer) bzw Funktionshoheitszonen (Anschlusszone, AWZ, Festlandsockel) zugeordneten Räume verlagern. Dieses Ergebnis wird überwiegend als unbillig betrachtet. Denn würden die vom klimawandelinduzierten Meeresspiegelanstieg besonders betroffenen Entwicklungsländer infolge der landwärtigen Verlagerung der Basislinien Teile der ihnen von Völkerrechts wegen zugeordneten Meereszonen (einschließlich des Zugangs zu den dort vorhandenen Ressourcen) verlieren, hätte dies eine wiederholte Benachteiligung der betreffenden Staaten zur Folge.[135] Vor dem Hintergrund des Umstands, dass die Erderwärmung vor allem von den Industriestaaten hervorgerufen wurde, wird deshalb vorgeschlagen, dass entweder die Basislinien oder, anknüpfend an Art 76 Abs 8 aE SRÜ, die Außengrenzen der küstenstaatlichen Meereszonen in ihrer heutigen Ausdehnung „eingefroren" werden sollten.[136] Wie diese Lösung umgesetzt werden könnte, harrt bis

---

132 Astronomische und meteorologische Gegebenheiten beeinflussen die Tidenhöhe. Seit 2005 wird das Seekartennull in Europa zunehmend unter Bezugnahme auf das Kriterium des tiefsten Wasserstands unter astronomischen Gegebenheiten *(lowest astronomical tide – LAT)* definiert.

133 Eingehend dazu ILA (Hrsg), Baselines under the International Law of the Sea, 2012, <http://www.ila-hq.org/en/committees/index.cfm/cid/1028>.

134 Vgl *Nicaragua/Honduras*, § 278.

135 Ausführlich *Blitza*, Auswirkungen des Meeresspiegelanstiegs auf maritime Grenzen, 2019. – Anders herum wird diskutiert, ob Küstenstaaten durch Landgewinnungsmaßnahmen oder die Errichtung von Molen und anderen künstlichen Strukturen (wie etwa die „The World"- und „Jumeirah Palm"-Projekte vor der Küste Dubais) die Basispunkte ihrer Basislinien seewärts verschieben und infolgedessen „ihre" Meereszonen ausdehnen können sollen. Art 11 SRÜ und die Staatenpraxis legen nahe, dass von einer solchen Verlagerung der Basislinien nur im Falle von ständigen (und hinreichend *beständigen*), unmittelbar mit dem Festland verbundenen Strukturen ausgegangen werden kann; vgl *Carleton*, Problems Relating to Man-made Basepoints under UNCLOS, in Symmons (Hrsg), Selected Contemporary Issues in the Law of the Sea, 2011, 32ff.

136 Vgl etwa *Jesus*, Rocks, New-born Islands, Sea Level Rise and Maritime Space, FS Eitel, 2003, 599 (601); *Soons*, The Effects of a Rising Sea Level on Maritime Limits and Boundaries, NILR 37 (1990) 207 (231); *Ca-*

auf weiteres einer Lösung. Einige pazifische Inselstaaten haben bereits vollendete Tatsachen geschaffen und in ihrer nationalen Gesetzgebung auf die Endgültigkeit der Basislinien und maritimen Außengrenzen hingewiesen.[137] Dies ist ein Versuch, über die Etablierung einer regionalen Staatenpraxis die Auslegung des SRÜ zu beeinflussen (vgl Art 31 Abs 3 WVK).

42   Ausnahmsweise dürfen gemäß Art 7 und 9 SRÜ über Flussmündungen und bei vorgelagerten Inseln (Bsp: ostfriesische Inseln), bei zerklüfteten Küsten (zB Westküste Chiles, Westküste Norwegens) oder veränderlicher Küstenlinie *gerade Basislinien* über die äußersten natürlichen Punkte (Landzungen bzw Inselketten, Leuchttürme, Riffe u a) gezogen werden, bei Häfen entlang der äußersten Punkte ihrer Anlagen (Art 11 SRÜ).[138] Auslegung und Anwendung der in Art 7 SRÜ genannten Voraussetzungen, unter denen ein Küstenstaat gerade Basislinien ziehen darf, sind im Einzelnen str.[139] Keinesfalls dürfen gerade Basislinien vom generellen Küstenverlauf erheblich abweichen (Art 7 Abs 3 SRÜ). Sieht man von Besonderheiten (wie Flüssen, historischen Buchten) ab, entstehen innere Gewässer eigentlich erst durch das Ziehen solcher – gerader – Basislinien, da ansonsten, wie gesagt, die Niedrigwasserlinie als Basislinie fungiert. Der Küstenstaat kann sein Staatsgebiet auf diese Weise signifikant vergrößern. Von einem Staat allein umschlossene *Buchten,* deren Eingang (Öffnungsbreite) nicht breiter als 24 sm ist, zählen ebenfalls zu den inneren Gewässern (Art 10 SRÜ). Bei ihnen dürfen Abschlusslinien gezogen werden.[140]

ron, Climate Change, Sea Level Rise and the Coming Uncertainty in Oceanic Boundaries, in Hong/Van Dyke (Fn 51) 1 (14); *Grote Stoutenburg,* Implementing a New Regime of Stable Maritime Zones to Ensure the (Economic) Survival of Small Island States Threatened by Sea-Level Rise, IJMCL 23 (2011) 263ff.
137 Zu jüngsten Entwicklungen *Vidas/Freestone,* Certainty and Stability in the Face of Sea Level Rise: Trends in the Development of State Practice and International Law Scholarship on Maritime Limits and Boundaries, IJMCL 37 (2022) 1ff.
138 Die Anerkennung des Prinzips gerader Basislinien erfolgte im *britisch-norwegischen Fischereistreit*-Fall, 116.
139 Einzelheiten bei ILA (Hrsg), Baselines under the International Law of the Sea: Final Report, 2018, Rn 6ff, <http://www.ila-hq.org/images/ILA/DraftReports/DraftReport_Baselines.pdf>. Zum Ganzen auch *Trümpler,* in UNCLOS Commentary, Art 7; *ders,* Grenzen und Abgrenzungen des Küstenmeeres, 2007, 112ff; *Graf Vitzthum,* in Seerecht, Kap 2 Rn 16ff; *Scovazzi,* The Establishment of Straight Baselines Systems, in Vidas/Østreng (Hrsg), Order for the Oceans at the Turn of the Century, 1999, 445ff.
140 Zum Regime der Einzelstaatenbucht *Allmendinger,* Buchten im Völkerrecht, 2006, 30ff. Eine Abschlusslinie darf eine Länge von 24 sm nicht überschreiten. Andernfalls kann eine solche Linie nur innerhalb der Bucht gezogen werden, und zwar nur dort, wo die max Entfernung von 24 sm zwischen zwei Uferpunkten dies ermöglicht. Diese Begrenzung entfällt, wenn es sich um Buchten handelt, die in ständiger Praxis als innere Gewässer anerkannt werden, Art 10 Abs 6 SRÜ. Solche „historischen" Buchten sind etwa (in Australien) die Sharks Bay bzw (in den USA) die Hudson und die Delaware Bay. Zum Ganzen s *Heintschel von Heinegg,* in Ipsen (Fn 9) § 39 Rn 8ff.

Archipelgewässer

Anders als die inneren Gewässer sind die Archipelgewässer ein neues Institut des See- 43
rechts.[141] Mehrere im 20. Jh neu entstandene Staaten sind Archipelstaaten bzw beanspruchen diesen Status (zB die Philippinen, Indonesien, Fiji und die Seychellen). Sie bestehen „vollständig aus einem oder mehreren Archipelen und gegebenenfalls anderen Inseln" (Art 46 lit a SRÜ). Ein Archipel ist eine Gruppe von Inseln (einschließlich dazwischenliegender Gewässer), die „eine wirkliche geographische, wirtschaftliche und politische Einheit bilden, oder die von alters her als solche angesehen worden sind" (Art 46 lit b SRÜ). Gemäß Art 47 Abs 1 SRÜ kann der Archipelstaat durch das Ziehen gerader Archipelbasislinien, deren Länge 100 sm generell nicht überschreiten darf (Art 47 Abs 2, 3 SRÜ), größere Seebereiche seiner Hoheitsgewalt unterstellen. Die so umgrenzten interinsularen Gewässer sind gemäß Art 49 Abs 1 SRÜ „Archipelgewässer". Keine geraden Basislinien dürfen nach hM hingegen um Inselgruppen gezogen werden, die zu einem Festlandküstenstaat gehören (sog *dependent* bzw *offshore archipelagos*), soweit nicht die Voraussetzungen des Art 7 SRÜ erfüllt sind.[142] Im *South China Sea*-Fall erteilte das Schiedsgericht der gegenteiligen Ansicht Chinas eine Absage und entschied, dass "the grant of permission in Article 7 concerning straight baselines generally, together with the conditional permission in Articles 46 and 47 for certain States to draw archipelagic baselines, excludes the possibility of employing straight baselines in other circumstances, in particular with respect to offshore archipelagos not meeting the criteria for archipelagic baselines."[143]

Die Archipelgewässer werden der *Souveränität des Archipelstaats* zugerechnet.[144] 44
Nach dem Grundsatz der vertikalen Rechtseinheit im Raum erstreckt sich diese Souveränität „sowohl auf den Luftraum über den Archipelgewässern als auch auf deren Meeresboden und Meeresuntergrund und die darin enthaltenen Ressourcen" (Art 49 Abs 2 SRÜ). Im Unterschied zu den inneren Gewässern besteht in den Archipelgewässern ein Recht der friedlichen Durchfahrt (Art 52 SRÜ) bzw, wenn der Archipelstaat sog Archipelschifffahrtswege und darüber liegende Flugstrecken festgelegt hat, ein *Recht der ununterbrochenen und zügigen Durchfahrt* sowie ein entsprechendes Überflugrecht (Art 53 SRÜ: Recht der Durchfahrt auf Archipelschiffahrtswegen).[145] Aus drittstaatlicher Per-

---

141 Eingehend *Markus*, in UNCLOS Commentary, Art 46; *Rajan*, The Legal Regime of Archipelagos, GYIL 29 (1986) 13 ff. Das Archipelstaatenregime des SRÜ, einer der Streitpunkte auf der Dritten UN-Seerechtskonferenz (1973–1982) und Bestandteil des abschließenden *package deal*, ist bisher nur in seinem Kern zu Völkergewohnheitsrecht erstarkt.
142 Dazu ILA (Fn 139) Rn 89 ff; umfassende Analyse bei *Kopela*, Dependent Archipelagos in the Law of the Sea, 2013.
143 *South China Sea (Merits),* § 575.
144 Zum Status der Archipelgewässer *Graf Vitzthum* (Fn 74) 1083 ff.
145 Das „Recht der Durchfahrt auf Archipelschiffahrtswegen" (Art 53 Abs 2, 3 SRÜ) korrespondiert dem Transitrecht in internationalen Meerengen (vgl Art 38 Abs 2 SRÜ). Vgl u Rn 49.

Proelß

spektive stellen die Archipelgewässer ein die Meeresfreiheit beschränkendes Negativum dar; weite Meeresräume fallen nun unter nationale Hoheit.

Küstenmeer

45 Gemäß Art 2 Abs 1 und 2 SRÜ erstreckt sich die „Souveränität eines Küstenstaats" jenseits seines Landgebiets und seiner inneren Gewässer „auf einen angrenzenden Meeresstreifen. [Sie] erstreckt sich sowohl auf den Luftraum über dem Küstenmeer als auch auf den Meeresboden und Meeresuntergrund des Küstenmeers": vertikale Rechtseinheit.[146] Landseitig wird das Küstenmeer durch die Basislinien (Art 3, 5ff SRÜ) begrenzt. Zum offenen Meer hin bilden die Anschlusszone, soweit erklärt, sowie die AWZ bzw der Festlandsockel die Begrenzung. Wurden Anschlusszone und AWZ proklamiert, gibt es jenseits des max 12 sm breiten Küstenmeers somit einen 12 sm breiten Bereich, in dem sich die Rechtsordnungen von Anschlusszone, AWZ und Festlandsockel überlagern. Die küstenstaatlichen Hoheitsbefugnisse sind im Hinblick auf das Küstenmeer stärker eingeschränkt als hinsichtlich der archipelagischen und erst recht der inneren Gewässer: Mit zunehmender Entfernung von der Küste nehmen die Befugnisse des Küstenstaats ab.

46 Die *Breite des Küstenmeers* bildete bis zur Mitte der 1970er Jahre eine seerechtsdogmatische und -politische Hauptfrage. Die Theorien und Lösungen reichten ursprünglich von der tatsächlichen Herrschaftsausübung („Kanonenschussweite") über die Sichtweiten-Regel bis zur 3-sm-Begrenzung. Ab Mitte des 18. Jh fand Letztere weitestgehende Anerkennung. Das SRÜ v 1982 legt nun, nachdem sich die Staatenpraxis im Anschluss an die Genfer Seerechtskonferenzen v 1958 und 1960 mehrheitlich bereits in diese Richtung bewegt hatte, 12 sm als max Breite fest.[147] Diese Ausweitung hat in engen Gewässern zur Folge, dass zahlreiche wichtige Schifffahrtswege (zB der Ärmelkanal und die Straße von Gibraltar) erstmals in den Bereich von Küstenmeeren einbezogen werden. Es entstanden mehr als 120 derartige neue Meerengen; Art 34–45 SRÜ unterstellen sie einem nutzungs-, nicht aber einem gebietsrechtlichen Sonderregime.[148]

47 Der Küstenstaat hat seine Souveränität in Übereinstimmung mit dem Völkerrecht auszuüben (Art 2 Abs 3, Art 17ff SRÜ), insbes die Rechte anderer Staaten zu achten. Hierzu gehört vor allem deren *Recht der friedlichen Durchfahrt* (Art 17 SRÜ).[149] Dieses Durch-

---

146 Zu diesem Konzept *Kehden*, Die Vereinten Nationen und die Nutzung des Bodens und Untergrundes des Hohen Meeres, VRÜ 2 (1969) 131ff.

147 Zur Ausdehnung des dt Küstenmeers s o Fn 74; weitere Nachw bei *Schweitzer/Weber*, Handbuch der Völkerrechtspraxis der Bundesrepublik Deutschland, 2004, Rn 527ff; *Khan*, Staatsgrenzen, 603ff. Einige Staaten beanspruchen breitere Küstenmeere, zB Ecuador, El Salvador, Liberia, Peru, Somalia (je 200 sm, zT eingeschränkt oder begrifflich unklar), Togo (30 sm). Diverse Staaten sind bisher bei 3 sm geblieben, andere bei 6 sm. Nachw unter <https://www.un.org/Depts/los/LEGISLATIONANDTREATIES/regionslist.htm>.

148 Vgl u Rn 49.

149 Dieses Recht war bereits in Art 14–20 des (Genfer) Übereinkommens über das Küstenmeer und die Anschlusszone v 29.4.1958 kodifiziert worden. Es wird nun ausgestaltet (Art 17f, 20, 24–28 SRÜ). Einzelheiten bei *Graf Vitzthum*, in Seerecht, Kap 2 Rn 119ff.

Proelß

fahrtsrecht besitzen neben Handelsschiffen und Fischereifahrzeugen nach hM auch Kriegsschiffe, solange ihre Durchfahrt nicht kriegerischen Zwecken dient, sowie Schiffe, die mit Kernenergie angetrieben werden oder Gefahrstoffe befördern (vgl Art 23 SRÜ). Erlaubnisvorbehalte oder Benachrichtigungspflichten für die unschädliche Durchfahrt sind hiernach selbst bei diesen Kategorien fremder Schiffe nicht begründet – ein bei den Beratungen der Dritten UN-Seerechtskonferenz und bis heute str, letztlich aber immer wieder (auch bei der Zeichnung des SRÜ im Rahmen von rechtswahrenden Erklärungen) bekräftigter Rechtsstandpunkt. Art 32 SRÜ unterstreicht die Immunität der Staatsschiffe.[150] U-Boote müssen im Küstenmeer über Wasser fahren und ihre Flagge zeigen (Art 20 SRÜ).[151] Zugunsten aller fremden Schiffe wird vermutet, dass ihre Durchfahrt friedlich ist, „solange sie nicht den Frieden, die Ordnung oder die Sicherheit des Küstenstaats beeinträchtigt" (Art 19 Abs 1 SRÜ). Wann Letzteres der Fall ist, konkretisiert wiederum Art 19 Abs 2 SRÜ.[152] Da die Begriffe „Schiff" sowie „Unterseeboote und andere Unterwasserfahrzeuge" (Art 20) im SRÜ nicht legaldefiniert werden, ist, zumal in Anbetracht der bislang nur in Ansätzen erkennbaren Entwicklung der Staatenpraxis, nicht abschließend geklärt, ob und ggf inwieweit die Regelungen zur friedlichen Durchfahrt auch auf unbemannte maritime Systeme (*Unmanned Maritime Systems* bzw *Autonomous Unterwater Vehicles*) anwendbar sind.[153] Soweit diese Systeme selbst manövrierfähig und nicht unmittelbar durch Kabel o ä mit Schiffen verbunden sind, ist, insbes vor dem Hintergrund der vergleichbaren Betroffenheit der Interessen des Küstenstaats, kein Grund ersichtlich, warum die Regelungen der Art 17 ff SRÜ unbeachtet bleiben sollten.[154]

Dem Recht der friedlichen Durchfahrt, traditioneller Ausdruck der (insofern gegen- **48** über der territorialen Souveränität über die inneren Gewässer eingeschränkteren) „aquitorialen" Souveränität über das Küstenmeer, steht ein abschließender Katalog der küstenstaatlichen Regelungsbefugnisse bzgl der friedlichen Durchfahrt gegenüber. So darf der Küstenstaat u a Umweltschutzbestimmungen erlassen.[155] Ein Verstoß gegen die in Art 21 Abs 1 SRÜ genannten Maßnahmen macht die Durchfahrt des fremden Schiffes nicht unfriedlich, sondern berechtigt den Küstenstaat lediglich zur Verfolgung nach innerstaatlichem Recht. Ferner gelten zB alle allgemein anerkannten internationalen Vor-

---

150 Dazu ISGH im Fall *ARA Libertad,* §§ 62 ff und *Three Ukrainian Naval Vessels,* §§ 96 ff.
151 Meerengen gemäß Teil III SRÜ dürfen, strategisch bedeutsam, in getauchtem Zustand durchquert werden. Für U-Boote ist die Unterwasserfahrt „normaler" Transit iSv Art 39 Abs 1 lit c SRÜ.
152 Art 19 Abs 2 SRÜ legt die Begriffe Frieden, Ordnung, Sicherheit verbindlich aus. So sind „unfriedlich", über das bisherige Recht hinaus, etwa auch vorsätzliche schwere Meeresverschmutzungen, Fischereitätigkeiten und Forschungs- und Vermessungsarbeiten. Eingehend *Barnes,* in UNCLOS Commentary, Art 19 Rn 7 ff.
153 Offengelassen von *Schmitt/Goddard,* International Law and the Military Use of Unmanned Maritime Systems, IRRC 98 (2016) 567 (575 ff).
154 So bzgl Art 20 SRÜ auch *Barnes,* in UNCLOS Commentary, Art 20 Rn 6.
155 Fremde Schiffe darf er nur bei Verdacht eines Zuwiderhandelns gegen seine Umweltschutzbestimmungen inspizieren. Erst bei Bestätigung des Verdachts dürfen weitere Verfahren eingeleitet werden.

Proelß

schriften über die Verhütung von Zusammenstößen auf See, Art 21 Abs 4 SRÜ.[156] Gemäß Art 22 SRÜ kann der Küstenstaat, soweit die Sicherheit der Schifffahrt es erfordert,[157] auch fremde Schiffe auf bestimmte Schifffahrtswege und Verkehrstrennungsgebiete verweisen. Art 24 Abs 1 SRÜ verbietet küstenstaatliche Behinderungen, die im SRÜ nicht ausdrücklich vorgesehen sind. Aber auch in Übereinstimmung mit dem Übereinkommen erlassene küstenstaatliche Vorschriften werden nach der Ratio der Bestimmung einer Vernünftigkeits- bzw Angemessenheitskontrolle unterworfen, die in jedem Einzelfall eine Abwägung zwischen Schifffahrtsfreiheit, Schiffssicherheit und Umweltschutz erforderlich macht.[158] Art 25 SRÜ erkennt dem Küstenstaat gegenüber fremden Schiffen bestimmte Eingriffsrechte zu, insbes um eine nichtfriedliche Durchfahrt zu verhindern. So kann er die „erforderlichen Maßnahmen" ergreifen, um die Einhaltung der von ihm aufgestellten Bedingungen für das Einlaufen in seine inneren Gewässer zu gewährleisten. Demgegenüber erscheint vor dem Hintergrund von Art 26 Abs 2 SRÜ zweifelhaft, ob der Küstenstaat Entgelte für die bloße Nutzung der Meeresumwelt des Küstenmeers durch Schiffe von Drittstaaten erheben kann, soweit es sich nicht um Gebühren „als Vergütung für bestimmte, dem Schiff geleistete Dienste" (etwa Schleppdienste) handelt. Art 27 SRÜ beschränkt die küstenstaatliche Ausübung der Strafgerichtsbarkeit.[159]

---

156 Mit Wirkung für fremde Schiffe darf der Küstenstaat nur solche Regelungen über Konstruktion, Bemannung oder Ausrüstung erlassen, die allgemein anerkannten internationalen Regeln Wirksamkeit verleihen, Art 21 Abs 2 SRÜ.

157 In Art 22 SRÜ ist nur von der Sicherheit der Schifffahrt die Rede. Schiffssicherheit und Umweltschutz sind freilich untrennbar miteinander verbunden, was sich schon daran zeigt, dass Art 22 Abs 2 SRÜ explizit auf bestimmte, für die Umwelt besonders risikoreiche Schiffe Bezug nimmt. Auch die IMO setzt seit einiger Zeit Schiffswegeführungen ein, die mittelbar dem Schutz der Umwelt in ökologisch sensiblen Gebieten dienen. Keinesfalls kann der Küstenstaat aber Meeresschutzgebiete einrichten, durch welche die Durchfahrt durch sein Küstenmeer insgesamt ausgeschlossen wird. Unter ökologischen Gesichtspunkten ist er nur ausnahmsweise zur Unterbindung der Durchfahrt berechtigt, Art 220 Abs 2 bzw Art 19 Abs 2 lit h SRÜ.

158 Eingehend *Schult*, Schiffssicherheit, 114 ff. Nach Art 24 Abs 2 SRÜ hat der Küstenstaat vor Gefahren für die Schifffahrt zu warnen. Im *Corfu Channel*-Fall, 22 leitete der IGH aus dem Umstand, dass der Kanal zum Hoheitsgebiet Albaniens gehört, dessen Warnverpflichtung ab.

159 Für Schiffe, die lediglich das Küstenmeer durchfahren, ohne einen Hafen des Küstenstaats anzulaufen bzw aus dessen inneren Gewässern auszulaufen, ist die Reichweite der küstenstaatlichen Jurisdiktion zur Bekämpfung von Straftaten str. Dazu (mit unterschiedlichen Positionen) *Wolfrum*, Freedom of Navigation: New Challenges, in Nordquist/Koh/Moore (Hrsg), Freedoms of the Sea, Passage Rights and the 1982 Law of the Sea Convention, 2008, 79 (91); *Klein*, Maritime Security and the Law of the Sea, 2011, 75; *Guilfoyle*, Shipping Interdiction and the Law of the Sea, 2009, 12; *Proelss/Hofmann*, Law of the Sea and Transnational Organized Crime, in Hauck/Peterke (Hrsg), International Law and Transnational Organized Crime, 2016, 422 (430 f).

Proelß

Meerengen

Für die von der internationalen Schifffahrt benutzten Meerengen (Art 37 SRÜ) schafft 49
Teil III SRÜ eine besondere Durchfahrt- und Überflugsordnung.[160] Den *gebiets*rechtlichen Status der solche Meerengen bildenden Gewässer sowie die Ausübung der
nicht durchfahrts- und überflugbezogenen Hoheitsbefugnisse durch die Anliegerstaaten berührt dieses Sonderregime, wie Art 34 SRÜ klarstellt, nicht.[161] Das Recht der
Transitdurchfahrt für zivile und militärische Schiffe und Luftfahrzeuge, eine Neuerung des SRÜ, bildet den in Art 38 SRÜ geregelten Kern dieses speziellen Nutzungsregimes. Verhandlungspolitisch war das Transitrecht mit dem Recht auf Ausdehnung
des Küstenmeers verschränkt: ohne Meerengen-Transitdurchfahrt (und Transitüberflug) kein 12 sm-Küstenmeer. Das Recht der Transitdurchfahrt (und des Transitüberflugs) lässt den Zusammenhang mit der Freiheit der Hohen See (Art 87 SRÜ) erkennen. Transitdurchfahrt wird in Art 38 Abs 2 SRÜ definiert als „Ausübung der
Freiheit der Schifffahrt und des Überflugs lediglich zum Zwecke des ununterbrochenen und zügigen Transits", Tauchfahrten eingeschlossen. Unzulässig wäre u a die Erhebung von Transitgebühren. Art 39 SRÜ konkretisiert die Pflichten während der
Durchfahrt. Bei der Bestimmung der Wegeführung ist – wie bei der Festlegung
der Archipelschifffahrtswege, Art 53 Abs 9 SRÜ – mit der Internationalen Seeschifffahrtsorganisation (IMO) zusammenzuarbeiten, vgl Art 41 SRÜ.[162] Der Küstenstaat
kann über den Erlass von Regelungen, die für alle Schiffe verbindlich sind, daher nicht nach freiem Ermessen entscheiden.[163] Insgesamt sind die küstenstaatlichen

---

160 Nach Art 16 Abs 4 des Küstenmeer-Übereinkommens v 1958 durfte die friedliche Meerengen-Durchfahrt nicht ausgesetzt werden. Das SRÜ geht – transitfreundlich – über jenes bloße Verbot der Suspendierung des Durchfahrtsrechts hinaus. Zum Begriff der Meerenge, die der internationalen Schifffahrt
dient, vgl das Urteil des IGH in *Corfu Channel*, 29; aus der Lit *Jia*, in UNCLOS Commentary, Art 37
Rn 10 ff; *Graf Vitzthum*, in Seerecht, Kap 2 Rn 158 ff. – Die arktischen Meerengen (NW- und NO-Passage)
unterstehen nicht dem SRÜ-Meerengenregime (str), weil sie (noch) nicht von der internationalen Schifffahrt benutzt werden. Zur NW-Passage *Pharand*, The Arctic Waters and the Northwest Passage, ODIL 38
(2007) 3 ff; *Byers/Lalonde*, Who Controls the Northwest Passage?, Vanderbilt J Transnat'l L 42 (2009)
1133 ff.
161 Unberührt bleibt gemäß Art 35 lit c SRÜ die Rechtsordnung in den Meerengen, für die die Durchfahrt
bereits durch ein international vereinbartes, allgemein angewendetes Regime geregelt ist (zB das Meerengenabkommen von Montreux v 1936 für Bosporus und Dardanellen; der Vertrag von Kopenhagen v
1857 über die Abschaffung der Sund- und Beltzölle [str]; die Regelungen für die Straßen von Gibraltar und
Malakka).
162 Diese UN-Sonderorganisation, „zuständig" iSv Art 211 ff SRÜ, befasst sich vor allem mit Maßnahmen
der Schiffssicherheit.
163 Der abschließende Katalog zulässiger Bestimmungen in Art 42 SRÜ umfasst die Sicherheit der Schifffahrt, die internationalen Einleitensvorschriften, Fischereiverbote usw.

Rechte[164] bzgl der „unbehinderten Transitdurchfahrt"[165] deutlich stärker eingeschränkt als bzgl der „friedlichen Durchfahrt".

50   Wissenschaftliche, technische, infrastrukturelle und wirtschaftliche Notwendigkeiten gebieten, *zusammenfassend* betrachtet, auch meeresbezogen eine immer engere internationale Zusammenarbeit. Dem steht das Streben vieler Küstenstaaten entgegen,
sich so viele Nutzungen wie möglich vorzubehalten, d h die Nutzungschancen zu Gunsten der eigenen Staatsangehörigen zu monopolisieren, und sich die küstennahen Meeresräume auch gebietsrechtlich zuzuordnen. Dieses Verlangen hat bisher die Ansätze
überschattet, die grenzüberschreitende Kommunikation und Kooperation auf völkervertraglicher Basis effektiver und verteilungsgerechter zu gestalten. U a der Versuch,
ein ordnungspolitisch problematisches internationales Regime für den küstenfernen
Meeresboden bzw seine ressourcenwirtschaftliche Nutzung zu errichten, führte seit Ende der 1960er Jahre zu einer erheblichen Ausweitung der Zonen küstenstaatlicher Hoheitsbefugnisse.

3. Nichtstaatsgebiet (1): Küstenstaatliche Funktionshoheitsräume
a) Wesen und Grenzen: Räume begrenzter Hoheitsbefugnisse

51 Nicht zum Staatsgebiet gehören die Anschlusszone, die AWZ sowie der Festlandsockel.
Im SRÜ werden dem Küstenstaat bzgl dieser gebietshoheitsfreien Räume Befugnisse für
„die erforderliche Kontrolle" (Art 33), „souveräne Rechte", „Hoheitsbefugnisse" sowie
„andere [...] Rechte" (Art 56 Abs 1 lit a, b, c; Art 77 Abs 1; Art 246), „ausschließliche Rechte" und „ausschließliche Hoheitsbefugnisse" (Art 60 Abs 1, 2) bzw „Rechte und Hoheitsbefugnisse" (Art 55) zuerkannt. So unterschiedlich die Begriffe und so differenziert die
Regelungen im Einzelnen sind – stets geht es um die ausschließlich küstenstaatliche
Ausübung einzelner Rechte und Befugnisse für bestimmte Zwecke (vgl Art 56 SRÜ). Diese Rechte und Befugnisse sind *final begründet und begrenzt,* also keineswegs umfassend.
Dem Küstenstaat ist eine Kontroll-, Vorrang- oder Monopolstellung gegenüber anderen
Staaten und deren Angehörigen jeweils nur für ein bestimmtes Zuständigkeitssegment
eingeräumt. Schon deshalb unterscheidet sich diese Zuordnung qualitativ von der Zuweisung der prinzipiell umfassenden, zudem territorial bzw aquitorial radizierten Souveränität.[166] Daher werden die gebietshoheitsfreien Räume mit begrenzten funktionel-
len Rechten und Befugnissen hier mit „küstenstaatliche Funktionshoheitsräume" auf
den Begriff gebracht.

---

164 Vgl Art 44 SRÜ einerseits, Art 24f SRÜ andererseits.
165 Zur Frage der gewohnheitsrechtlichen Anerkennung des Rechts der Transitdurchfahrt *Jia,* The Regime of Straits in International Law, 1997, 168ff; *López Martín,* International Straits, 2010, 192ff.
166 Die Ordnungen in diesen Nichtstaatsgebieten (wie auch in den Staatengemeinschaftsräumen, vgl
u Rn 63ff) können deshalb nicht auf Grundlage des Territorialitätsprinzips erlassen werden.

b) Anschlusszone: Raum polizeilicher Kontrollrechte

Die Anschlusszone gehört zu den überkommenen Instituten des Seerechts.[167] Diese an 52
das Küstenmeer angrenzende Meereszone, in Art 24 der (Genfer) Küstenmeer-Konvention v 1958 noch ausdrücklich als „Teil der Hohen See" bezeichnet, können die Küstenstaaten proklamieren. Ihnen sind dort die *Kontrollrechte* zugestanden, die zur Verhinderung und Ahndung von Verstößen gegen ihre Finanz-, Einreise- oder Gesundheitsvorschriften auf dem Staatsgebiet (einschließlich innere Gewässer und Küstenmeer) notwendig sind (Art 33 f SRÜ).[168] Es handelt sich der Sache nach um Durchsetzungsrechte, um die Zuordnung räumlich und inhaltlich begrenzter Polizeigewalt.[169] Über Regelungsjurisdiktion, d h die Befugnis zum Regelungserlass, verfügen die Küstenstaaten in der Anschlusszone hingegen nicht.[170] Die Außengrenze der Anschlusszone darf nicht weiter als 24 sm von der Basislinie entfernt sein. Die Zone selbst kann also höchstens 12 sm breit sein, es sei denn, der Küstenstaat nimmt, was die Ausnahme geblieben ist, ein Küstenmeer von weniger als 12 sm in Anspruch.[171] Vor dem Hintergrund des Umstands, dass Teil II Abschn 4 SRÜ über die Anschlusszone keine Art 15 SRÜ (Abgrenzung des Küstenmeers zwischen Staaten u a mit aneinander angrenzenden Küsten) entsprechende Norm enthält, ist str, ob ein Küstenstaat dann, wenn sein Nachbarstaat keine Anschlusszone, sondern nur eine AWZ jenseits seines Küstenmeers beansprucht, seine eigene Anschlusszone auf die seewärts des Küstenmeers des Nachbarstaats gelegenen Gebiete ausdehnen und dort die von Art 33 SRÜ umfassten Kontrollbefugnisse ausüben darf.[172] Dies erscheint *prima facie* nicht ausgeschlossen, weil auch diese Gebiete iSv Art 33 Abs 1 SRÜ an sein Küstenmeer angrenzen. Das Fehlen einer entsprechenden Staatenpraxis legt indes zumindest nahe, dass die Wahrnehmung von Kontrollrechten auf den von Art 33 Abs 1 SRÜ genannten Gebieten in einer fremden AWZ nicht als akzeptables Vorgehen wahrgenommen wird.

---

167 Vgl *Graf Vitzthum*, in Seerecht, Kap 2 Rn 181 ff. Fast jeder dritte Küstenstaat (u a Deutschland) bedient sich nicht des Instituts „Anschlusszone".
168 Nach Art 303 SRÜ kann dort auch der Verkehr von historischen und archäologischen Gegenständen kontrolliert werden. Dazu *Graf Vitzthum/Talmon*, Alles fließt, 1998, 23 ff, 33 ff.
169 Auch die einzelstaatliche Sicherheit oder die Erhaltung der Fischbestände unter die erlaubten Kontrollzwecke aufzunehmen, hatten bereits die ILC 1956 und die Seerechtskonferenz v 1958 abgelehnt, vgl *Hoog* (Fn 110) 30.
170 Freilich ist die Staatenpraxis insoweit nicht einheitlich; s *Khan*, in UNCLOS Commentary, Art 33 Rn 23 ff.
171 Im (Genfer) Küstenmeer-Übereinkommen v 1958 war die max Breite der Zone, einschließlich Küstenmeer, auf 12 sm festgesetzt worden; insoweit kam es seither zu einer horizontalen *creeping jurisdiction*.
172 Dazu *Khan*, in UNCLOS Commentary, Art 33 Rn 20 mwN.

Proelß

c) Ausschließliche Wirtschaftszone: Ressourcenorientierter Raum sui generis

53 In der an das Küstenmeer angrenzenden AWZ, ein Institut der neueren Seerechtsentwicklung,[173] übt der Küstenstaat *einzelne Rechte und Hoheitsbefugnisse ausschließlich* aus. Diese Zone, deren Breite auf max 200 sm (gemessen ab der Basislinie) festgelegt ist (vgl Art 57 SRÜ),[174] und die sich wie Anschlusszone und Festlandsockel nicht auch auf den Luftraum erstreckt (er bleibt frei wie der Raum über der Hohen See), gehört weder zum Gebiet des Küstenstaats noch zur Hohen See ieS. Wie in dieser gelten dort indes wichtige *Rechte dritter Staaten:* Freiheit der Schifffahrt, des Überflugs und der Verlegung unterseeischer Kabel und Rohrleitungen sowie „andere völkerrechtlich zulässige, mit diesen Freiheiten zusammenhängende Nutzungen des Meeres" (Art 58 Abs 1 SRÜ).[175] Demgegenüber hat der Küstenstaat „souveräne Rechte zum Zwecke der Erforschung und Ausbeutung, Erhaltung und Bewirtschaftung der lebenden und nicht lebenden natürlichen Ressourcen [...] sowie hinsichtlich anderer Tätigkeiten zur wirtschaftlichen Erforschung und Ausbeutung der Zone wie der Energieerzeugung" (Art 56 Abs 1 lit a SRÜ).[176] Allgemeine, umfassende Rechte aus Gebietshoheit oder gar aquitorialer Souveränität stehen ihm in der AWZ nicht zu. Die Rechtsstellung des Küstenstaats schließt etwa nicht die Befugnis ein, militärische Aktivitäten anderer Staaten einem Genehmigungsvorbehalt zu unterwerfen (str). Auch bei der Ausübung seiner souveränen Rechte und Hoheitsbefugnisse muss er stets gebührende Rücksicht *(due regard)* auf die in der AWZ fortgeltenden Kommunikationsfreiheiten anderer Staaten nehmen.[177] Will

---

173 Die primär in Teil V SRÜ enthaltene Ordnung ist ein Kompromiss zwischen den Staaten, die ein 200-sm-Küstenmeer befürworteten, und denen, die weiterhin ein schmales Küstenmeer (mit allenfalls einer anschließenden Fischereizone) bevorzugten; vgl *Proelß,* in Seerecht, Kap 3 Rn 203 ff. Mittlerweile haben mehr als 120 Staaten eine AWZ in Anspruch genommen. Insofern ist die AWZ das Paradigma eines schnell wachsenden Völkergewohnheitsrechts.

174 Die Breite der AWZ erreicht die zulässigen 200 sm insbes dann nicht, wenn das zwischen zwei einander gegenüberliegenden Staaten befindliche Meeresgebiet, wie etwa in der Ostsee, weniger als 400 sm breit ist. Die Abgrenzung soll dann gemäß Art 74 SRÜ vertraglich vereinbart werden, vgl *Lagoni,* in Seerecht, Kap 3 Rn 280 ff sowie u Rn 59.

175 Sog Kommunikationsfreiheiten. Diese Nutzungen müssen mit anderen SRÜ-Bestimmungen wie dem Vorbehalt der Friedlichkeit vereinbar sein, vgl Art 88, 301 SRÜ. Von der UN-Charta gedeckte militärische Handlungen sind nicht „unfriedlich"; dazu *Proelss,* Peaceful Purposes, MPEPIL, Rn 12 ff.

176 Art 56 SRÜ differenziert zwischen „souveränen Rechten" und „Hoheitsbefugnissen". Der Begriff der Hoheitsbefugnisse ist, wie Art 56 Abs 1 lit b SRÜ („wie in den diesbezüglichen Bestimmungen dieses Übereinkommens vorgesehen") verdeutlicht, ein Platzhalter für die Konkretisierung der jeweiligen Materie durch andere Bestimmungen des SRÜ. IdS wird zB Art 56 Abs 1 lit b (i) SRÜ (bzgl der Errichtung von Anlagen etc) durch Art 60 SRÜ konkretisiert, während die Hoheitsbefugnisse des Küstenstaats bzgl der wissenschaftlichen Meeresforschung in Übereinstimmung mit Art 246 SRÜ (grundsätzlich Zustimmungsbedürftigkeit von Forschungsaktivitäten anderer Staaten) ausgeübt werden müssen; die Hoheitsbefugnisse in Bezug auf den Schutz und die Bewahrung der Meeresumwelt schließlich sind in Übereinstimmung mit Teil XII SRÜ auszuüben.

177 Zur Lösung von Nutzungskonflikten *Proelss* (Fn 19) 91 ff, der sich im Anschluss an *Attard* (The Exclusive Economic Zone in International Law, 1987, 75) für eine widerlegbare Vermutung zugunsten der küs-

Proelß

der Küstenstaat für seine AWZ Vorschriften zur Verhütung, Verringerung und Überwachung der Umweltverschmutzung durch Handelsschiffe erlassen, müssen diese Bestimmungen den internationalen Regeln und Normen entsprechen, vgl Art 56 Abs 1 lit b iii) iVm Art 211 Abs 5 SRÜ. Verstöße gegen solche Vorschriften können idR lediglich im Hafen durchgesetzt werden. Eine Einschränkung der Freiheiten anderer Staaten folgt aus Art 234 SRÜ. Danach dürfen Küstenstaaten für ihre AWZ „Vorschriften zur Verhütung, Verringerung und Überwachung der Meeresverschmutzung durch Schiffe *in eisbedeckten Gebieten*" erlassen und durchsetzen. Diese Norm spricht den Anrainerstaaten des Nordpolarmeers als den „Interessiertesten" eine Art Treuhänderstellung für die Erhaltung der dortigen Meeresumwelt zu; für eisbedeckte AWZ-Gebiete treten sie hinsichtlich der Verschmutzung durch Schiffe gleichsam an die Stelle der IMO.[178]

Legitimationspolitisch im Vordergrund steht auch bei der AWZ der Raumbezug. Die „souveränen Rechte" hinsichtlich der nicht ressourcenwirtschaftlichen Tätigkeiten (zB Gezeiten- und Windenergiegewinnung usw, Art 56 Abs 1 lit a SRÜ) illustrieren den raumbezogenen Ansatz. Letztlich werden nahezu alle wirtschaftlich relevanten Nutzungen dieses Küstenvorfelds dem Küstenstaat[179] vorbehalten.[180] Dies umfasst die Möglichkeit, in der AWZ das u a der Vermeidung von Nutzungskonflikten dienende Konzept der maritimen Raumordnung *(marine spatial planning)* zur Anwendung zu bringen, freilich nur insoweit, als die funktionale Begrenztheit der dem Küstenstaat zugeordneten Rech- 54

---

tenstaatlichen Rechtsposition ausspricht. Zur Bedeutung der *due regard*-Klausel etwa die einschlägigen Beiträge in Heft 1 des IJMCL 39 (2019).

178 Die USA schickten 1968 den Öltanker *Manhattan* von Alaska aus probeweise durch die NW-Passage, die von zahlreichen kanadischen Inseln gesäumt ist. Die Proteste und unilateralen rechtspolitischen Schritte Kanadas trugen zu Art 234 SRÜ bei. Wegen der großen Umweltrisiken arbeiten die Polarstaaten seit 1989 zum Schutz dieses Gebiets zusammen, derzeit auf der Basis des *Arctic Monitoring and Assessment Program*. Im Jahre 2014 verabschiedete die IMO den International Code for Ships Operating in Polar Waters *(Polar Code)*, der mittels Änderung des Internationalen Übereinkommens zur Verhütung der Meeresverschmutzung durch Schiffe (MARPOL) und des Internationalen Übereinkommens zum Schutz des menschlichen Lebens auf See (SOLAS) im Jahre 2017 verbindlich wurde. Dazu *Sun/Beckman,* The Development of the Polar Code and Challenges to its Implementation, in Zou (Hrsg), Global Commons and the Law of the Sea, 2018, 303 ff.

179 Auch die EU ist dem SRÜ, gemäß Art 305 Abs 1 lit f SRÜ, beigetreten. Soweit die betreffende Materie (etwa die Erhaltung der biologischen Meeresschätze, vgl Art 3 Abs. 1 lit d AEUV) in die Zuständigkeit der Union fällt, werden die Rechte und Hoheitsbefugnisse in der AWZ daher von „Brüssel" wahrgenommen. Zur Gemeinsamen Fischereipolitik (GFP) der EU *Churchill/Owen,* The EU Common Fisheries Policy, 2009; *Markus,* European Fisheries Law, 2009; *Wolff,* Fisheries and the Environment, 2002, 144 ff.

180 Indes kann die Zuordnung einer Tätigkeit zu den souveränen Rechten und Hoheitsbefugnissen des Küstenstaats (Art 56 Abs 1 SRÜ) oder den Freiheiten der anderen Staaten (Art 58 Abs 1 SRÜ) im Einzelfall durchaus Schwierigkeiten bereiten. Zum Offshore-Bunkering vgl ISGH im Fall *Virginia G,* §§ 208 ff; zum Betrieb sog Errichterschiffe *Proelß,* Die Reichweite küstenstaatlicher Befugnisse und Voraussetzungen der Anwendung des deutschen Rechts in der Ausschließlichen Wirtschaftszone, EurUP 2018, 392 (395 ff); zur Errichtung eines Weltraumbahnhofs in der AWZ *ders,* Seevölkerrechtliche Rahmenbedingungen des Betriebs eines Weltraumbahnhofs in der ausschliesslichen Wirtschaftszone, NordÖR 2021, 393 ff.

Proelß

te und Hoheitsbefugnisse beachtet wird.[181] Sieht man von der Offshore-Windenergiegewinnung (vgl Art 60 SRÜ) ab,[182] sind die souveränen Rechte des Küstenstaats zum Zweck der Bewirtschaftung der lebenden natürlichen Ressourcen – auch entstehungsgeschichtlich – besonders bedeutsam.[183] Die küstenstaatlichen Maßnahmen müssen auf die optimale Nutzung der in der AWZ vorkommenden Fischbestände abzielen (Art 62 SRÜ). Dazu legt der Küstenstaat die zulässige Fangmenge *(total allowable catch – TAC)* fest (Art 61 Abs 1 SRÜ) und gewährt Drittstaaten zum etwaigen Überschuss *(surplus/excédent),* also zu der nicht vom Küstenstaat selbst ausgeschöpften Fangmenge, in einer bestimmten Reihenfolge Zugang, Art 62 Abs 2 SRÜ. Die AWZ ist damit vor allem eine *küstenstaatliche Fischereimonopolzone.* Konsequenterweise verpflichtet Art 61 SRÜ zur Erhaltung der lebenden Ressourcen; die vom Küstenstaat zu treffenden Bestandserhaltungsmaßnahmen müssen gemäß Art 61 Abs 3 SRÜ insbes darauf gerichtet sein, die Bestände auf einem Stand zu erhalten oder auf diesen zurückzuführen, der den größtmöglich erreichbaren Dauerertrag *(maximum sustainable yield – MSY)* sichert. Mit welchen Mitteln der Küstenstaat die Umsetzung dieser Pflicht gewährleistet, steht in seinem Ermessen (vgl die beispielhafte Auflistung in Art 62 Abs 4 SRÜ). In der BR Deutschland werden im Rahmen der von der (für die Bestandserhaltung ausschließlich zuständigen, vgl Art 3 Abs. 1 lit d AEUV) EU für jeden europäischen Bestand festgelegten TAC einzelnen Fischern oder Fischereigenossenschaften Fangquoten durch auf Grundlage des Seefischereigesetzes (SeeFischG)[184] bewilligte Fangerlaubnisse zugeteilt; völkerrechtlich wäre auch die Einführung eines nationalen Systems des Handels mit Fangquoten zulässig.[185] Überschreiten die TACs dauerhaft und signifikant die Fangmengen, die im Lichte der jeweils vorhandenen Biomasse den MSY gewährleisten würden, verstößt dies gegen das SRÜ und das europäische Primärrecht.[186]

55   Bei der generellen Erhaltungspflicht könnte es sich um eine *erga omnes partes*-Verpflichtung handeln, mit dem Küstenstaat als Treuhänder eines allgemeinen Erhaltungs-

---

181 Dazu *Proelß,* Der Beitrag des Völkerrechts zu einem maritimen Infrastrukturrecht, in Ehlers/Erbguth (Hrsg), Infrastrukturrecht zur See, 2009, 13 ff. Vgl auch § 1 Abs 4 und § 17 Abs 3 des Raumordnungsgesetzes v 22.12.2008 (BGBl 2008 I, 2986 – ROG).

182 Seit November 2001 hat das für die AWZ zuständige Bundesamt für Seeschifffahrt und Hydrographie, zunächst auf Grundlage der Seeanlagenverordnung (BGBl 1997 I, 57; letzte Änd BGBl 2008 I, 1296 – SeeAnlV), nach deren Außerkrafttreten dann auf Grundlage des Windenergie-auf-See-Gesetzes (BGBl 2016 I, 2258, 2310), eine Vielzahl von Genehmigungen zur Errichtung und zum Betrieb von Offshore-Windparks erteilt. Zu völkerrechtlichen Rahmenbedingungen *Keller,* Das Planungs- und Zulassungsverfahren für Offshore-Windenergieanlagen in der deutschen Ausschließlichen Wirtschaftszone (AWZ), 2006, 37 ff; *Pestke,* Offshore-Windfarmen in der Ausschließlichen Wirtschaftszone, 2008, 55 ff.

183 Dazu *Markowski,* The International Law of EEZ Fisheries, 2010; *de Yturriaga,* The International Regime of Fisheries, 1997; *Burke,* The New International Law of Fisheries, 1994.

184 BGBl 1998 I, 1791 (letzte Änd: BGBl 2016 I, 3188).

185 Vgl *Serdy,* Trading of Fishery Commission Quota under International Law, Ocean Yearbook 21 (2007) 265 ff.

186 Vgl *Proelss/Houghton,* The EU Common Fisheries Policy in Light of the Precautionary Principle, OCMA 70 (2012) 22 ff; *Markus* (Fn 179) 74 f, 78 f.

Proelß

interesses.[187] Allerdings steht die Vorstellung einer Sachwalterschaft des Küstenstaats für die Erhaltung der in der AWZ lebenden Fischbestände[188] nicht mit der Entstehungsgeschichte der Regelung in Einklang, zumal ein derartiges *public interest*- oder *custodianship*-Konzept völkerrechtlich damals nicht akzeptiert war.[189] Entstehungsgeschichtlich beruht die Akzeptanz des Regimes der AWZ auf eigennützigen Interessen der Küstenstaaten, mögen die relevanten Vorschriften auch den Anschein treuhänderischer Motive erwecken. Dies gilt gerade auch für die kommerziell besonders bedeutsamen *gebietsübergreifenden Fischbestände* (zB Kabeljau), d h für Bestände, die zwischen der AWZ und dem angrenzenden Hohe See-Gebiet migrieren. Der diesbezüglich einschlägige, normativ schwache („bemühen sich") Art 63 Abs 2 SRÜ konnte die Überfischung dieser Bestände nicht beenden. Nutzungs- und „hegepolitisch" ist deshalb das 2001 in Kraft getretene, dem Schutz und der nachhaltigen Bewirtschaftung der gebietsübergreifenden Bestände und der weit wandernden Arten gewidmete *United Nations Fish Stocks Agreement (UNFSA)*, das der Konkretisierung der Art 63 Abs. 2 und Art 64 SRÜ dient, ein großer Fortschritt.[190] Art 65–68 SRÜ enthalten Sonderregeln zum Schutz der Meeressäugetiere sowie für besondere Fischarten.[191] Gemäß Art 73 SRÜ dürfen die Küstenstaaten in der AWZ ihre „souveränen Rechte" bzgl der lebenden Ressourcen auch gegenüber Drittstaaten durchsetzen und etwa fremde Schiffe festhalten.[192] Der ISGH weitete diese Befugnis durch Annahme einer Verantwortlichkeit der Küstenstaaten aus, die letztlich in einer Pflicht zur Bekämpfung der sog IUU-Fischerei resultiert.[193] Im Einklang mit der jüngeren Rechtspr des IGH[194]

---

187 Vgl *König*, Durchsetzung internationaler Bestands- und Umweltschutzvorschriften auf Hoher See im Interesse der Staatengemeinschaft, 1990, 237 f; *Ziemer,* Das gemeinsame Interesse an einer Regelung der Hochseefischerei, 2000, 215 ff; *Wolfrum,* Internationalisierung, 646. Zum Konzept der *erga omnes*-Pflichten *Kämmerer,* 1. Absch Rn 34, 48, 138.

188 Vgl *Hafner,* Verteilung, 89 ff („Repräsentationstheorie").

189 Krit daher *Proelß*, Meeresschutz, 158 ff.

190 Näher zum Übereinkommen s u Rn 72.

191 Überblick bei *Proelß*, in Seerecht, Kap 3, Rn 232 ff, 243 ff; siehe auch *ders,* Marine Mammals, MPEPIL, Rn 12 ff.

192 Zu den küstenstaatlichen Rechten und Pflichten nach Art 73 und 292 SRÜ vgl den ISGH in *M/V Saiga 1,* 28 ff; hier war zu entscheiden, ob die Freigabeverpflichtung des Art 73 Abs 2 und Art 292 SRÜ anwendbar war, obwohl zu den in Abs 1 genannten „souveränen Rechten" kein unmittelbarer Bezug bestand. Um Art 73 Abs 2 und Art 292 SRÜ ging es dann ebenfalls u a in den Fällen *Camouco, Monte Confurco, Grand Prince, Volga, Juno Trader, Hoshinmaru* und *Tomimaru.* Die Entscheidungen ergingen allesamt in Schiffsfreigabeverfahren gemäß Art 292 SRÜ; gestritten wurde daher über die Angemessenheit von Kautionen und küstenstaatlichen Strafen.

193 *SRFC,* § 106. Die primäre Verantwortlichkeit der Küstenstaaten wird nach Ansicht des ISGH ergänzt von flaggenstaatlichen Gewährleistungspflichten *(duty to ensure),* die Überwachung und Durchsetzung der Befolgung der küstenstaatlichen Bestandserhaltungsmaßnahmen durch die unter eigener Flagge fahrenden Schiffe betreffend; vgl ebd, §§ 127, 134 ff.

194 Im Fall *Antarctic Whaling* akzeptierte der IGH eine Klagebefugnis *(ius standi)* von Australien, obwohl sich die japanischen Walfangaktivitäten nicht auf die australische AWZ erstreckten und damit eine hinreichend spezifische Verletzung Australiens in eigenen Rechten nicht ohne weiteres erkennbar war. Dies legt den Schluss nahe, dass der Gerichtshof in den zur Anwendung gebrachten Normen des Internationa-

relativierte der Gerichtshof damit in erheblichem Maße den dem Regime der AWZ zumindest ursprünglich zugrunde liegenden *special interest*-Ansatz zugunsten eines treuhänderischen Gemeinwohlverständnisses. Insofern lässt sich nicht von der Hand weisen, dass die Rechtsentwicklung in Richtung einer Sachwalterschaft des Küstenstaats für die Erhaltung der in der AWZ lebenden Fischbestände deutet.

56   Die Rechte der Küstenstaaten in Bezug auf den *Grund und Untergrund der AWZ* sind gemäß Teil VI des SRÜ (Festlandsockel) auszuüben, Art 56 Abs 3 SRÜ. Hat der Küstenstaat über seinem Festlandsockel eine AWZ errichtet (wozu er nicht verpflichtet, sondern nur berechtigt ist), ist dieser ein integraler Teil der AWZ-Rechtsordnung (vgl Art 56 Abs 1, 3 SRÜ); andernfalls bleiben die epikontinentalen Gewässer (die Luftsäule ohnehin) Teil der Hohen See.

d) Festlandsockel: Erforschungs- und Ausbeutungsmonopol aus Küstenlage

57   „Souveräne Rechte" des Küstenstaats zum Zwecke der Erforschung des Festlandsockels *(continental shelf/plateau continental)* und der Ausbeutung seiner natürlichen Ressourcen haben sich erst nach dem Zweiten Weltkrieg herausgebildet. So betrachteten die USA gemäß Truman-Proklamation v 28.9.1945 die natürlichen Schätze des Grunds und Untergrunds des Festlandsockels als zu den USA gehörig, ihrer „jurisdiction and control" unterworfen.[195] Während noch 1951, obwohl zwischenzeitlich weitere Proklamationen erfolgt waren, der Abu Dhabi-Schiedsspruch ein besonderes (Monopol-) Recht der Küstenstaaten auf den Festlandsockel nicht als allgemein gesichert ansah, konsolidierten die folgende Staatenpraxis, Judikatur und Lehre sowie das Genfer Übereinkommen über den Festlandsockel v 1958 dieses Rechtsinstitut. Als solches (Konzept, Status, küstenstaatliche Rechte und Hoheitsbefugnisse) gilt es seit Mitte der 1950er Jahre auch gewohnheitsrechtlich.[196] Von Anfang an ging es um den Wunsch der Küstenstaaten, die Erforschung „ihres" jeweiligen Festlandsockels und die Ausbeutung seiner natürlichen Schätze ausschließlich ihnen vorzubehalten (Erforschungs- und Ausbeutungsmonopol). In den Nordsee Festlandsockel-Fällen v 1969 qualifizierte der IGH den Festlandsockel als „natural prolongation of the land territory"; die einschlägigen „souveränen Rechte" stünden den jeweiligen Küstenstaaten *ipso iure* zu.[197] Das SRÜ klärt die wesentlichen räumlichen (Art 76) und nutzungsrechtlichen Aspekte des Regimes (Art 77 ff SRÜ).

---

len Übereinkommens zur Regelung des Walfangs (ICRW) Verpflichtungen *erga omnes partes* iS seiner Entscheidung im Fall *Prosecute or Extradite* (§ 69) erblickte. Vgl die Urteilskritik bei *Hofmann*, Walfang in der Antarktis, EurUP 2014, 325 (326 f).

195 ST/LEG/SER.B/1, 38. Zur Konfiguration *Graf Vitzthum*, Der Rechtsstatus des Meeresbodens, 1972, 54 ff; zur Rechtsentwicklung *Lagoni*, in Seerecht, Kap 3 Rn 29 ff.

196 Schon 1953 einigte sich die ILC darauf, dass die Festlandsockelrechte nicht nur Ordnungszwecken dienten, sondern auch „the right to *reserve* exploitation and exploration *for the coastal State or its nationals*" einschlössen (YBILC 1953-I, 91 ff).

197 *North Sea Continental Shelf*, §§ 19, 39, 43.

Proelß

Art 76 SRÜ definiert den Festlandsockel iSd SRÜ. Der Festlandsockel ist hiernach der 58
Meeresboden, der sich über die gesamte natürliche Verlängerung des Landgebiets bis
zur äußeren Kante des Festlandrands *(continental margin)* erstreckt. Der Festlandrand
besteht wiederum aus Sockel *(shelf)*, Abhang *(slope)* und Anstieg *(rise)*, Art 76 Abs 3 SRÜ.
Hinsichtlich der Festlegung der Außengrenze *(delineation)* durch den Küstenstaat erstreckt er sich – entsprechend dem Regime der AWZ – zunächst bis zu einer Entfernung
von 200 sm ab der Basislinie („innerer Festlandsockel"). Darüber hinaus kann der Festlandsockel unter gewissen Voraussetzungen bis max 350 sm von der Basislinie oder alternativ bis 100 sm jenseits der 2.500-m-Tiefenlinie reichen (Art 76 Abs 5 SRÜ),[198] wobei
der Küstenstaat beide Methoden für die Bemessung der max Ausdehnung kombinieren
darf.[199] Dass die in Art 76 Abs 4 SRÜ genannten (geologischen) Voraussetzungen im Einzelfall erfüllt sind, hat der Küstenstaat gegenüber der *Commission on the Limits of the
Continental Shelf (CLCS)* nachzuweisen, vgl Art 76 Abs 8 iVm Anlage II SRÜ. Die Befugnisse dieses wissenschaftlich besetzten Beratungsgremiums sind im Einzelnen str, ebenso
wie die Rechtswirkungen der von ihm getroffenen Empfehlungen *(recommendations)*.[200] In mehr als nur symbolischer Annäherung an das Prinzip des gemeinsamen Erbes der Menschheit (Art 136 SRÜ), das für den seewärts von AWZ und Festlandsockel gelegenen Meeresboden und Meeresuntergrund (das „Gebiet") und ihre Ressourcen gilt (s
u Rn 73 ff), und als Ausgleich für die von Art 76 SRÜ sanktionierte enorme räumliche
Ausweitung des Festlandsockel-Regimes sind die Küstenstaaten gemäß Art 82 SRÜ zu
Leistungen aus der Ausbeutung des („äußeren") Festlandsockels jenseits von 200 sm verpflichtet (soweit sie als Entwicklungsstaaten nicht Nettoimporteure der dort gewonnenen Ressourcen sind), und zwar über die Internationale Meeresbodenbehörde (Art 82
Abs 4 SRÜ); auch ist das küstenstaatliche Ermessen bzgl der Untersagung von Meeresforschung jenseits der 200 sm eingeschränkt (Art 246 Abs 6 SRÜ).

Die Abgrenzung *(delimitation)* des Festlandsockels zwischen Staaten mit gegenüber- 59
liegenden oder aneinander angrenzenden Küsten sollte nach Art 6 des (Genfer) Festland-

---

198 Anders als vielfach behauptet gibt es daher keine allgemeine Regel, wonach sich der Festlandsockel
um max 350 sm, gemessen von den Basislinien, ausdehnen darf. Nur bei unterseeischen Bergrücken
kommt ausschließlich die 350 sm-Außengrenze zur Anwendung (vgl Art 76 Abs 6 SRÜ). Dazu s noch u
Rn 60.
199 Ob Art 76 Abs 4 und 5 SRÜ Völkergewohnheitsrecht widerspiegelt, wird unterschiedlich beurteilt.
Dazu *Lagoni*, in Seerecht, Kap 3 Rn 74 ff.
200 *Lagoni*, in Seerecht, Kap 3 Rn 100 ff; *Suarez*, The Outer Limits of the Continental Shelf, 2008, 75 ff. –
Staaten, die dem SRÜ vor dem 13.5.1999 beigetreten sind, mussten der CLCS ihren äußeren Festlandsockel
bis zum 13.5.2009 notifizieren. Für Staaten, die erst danach Vertragspartei geworden sind oder noch werden, läuft die Notifizierungsfrist zehn Jahre nach dem Beitritt ab. Im Rahmen des 18. Vertragsstaatentreffens stellten die Vertragsparteien des SRÜ klar, dass „the time period [...] may be satisfied by submitting
to the Secretary-General preliminary information indicative of the outer limits of the continental shelf
beyond 200 nautical miles and a description of the status of preparation and intended date of making a
submission in accordance with the requirements of article 76 of the Convention [...]" (SPLOS/183 v
20.6.2008, § 1a).

Proelß

sockelübereinkommens v 1958 durch besondere Abkommen oder die Äquidistanzlinie (Mittellinie)[201] bestimmt werden. Ebenso wie Art 74 Abs 1 SRÜ bzgl der AWZ verpflichtet Art 83 Abs 1 SRÜ nun dazu, zur Abgrenzung von Festlandsockel wie AWZ Übereinkommen mit dem Ziel einer der Billigkeit entsprechenden Lösung abzuschließen. Art 74 Abs 2 und Art 83 Abs 2 SRÜ sehen vor, dass dann, wenn innerhalb einer angemessenen Frist keine Übereinkunft über die Abgrenzung zwischen den gegenüberliegenden oder aneinander angrenzenden Küstenstaaten zustande kommt, die in Teil XV SRÜ vorgesehenen Mechanismen der friedlichen Streitbeilegung in Anspruch genommen werden sollen. Dies erklärt die vergleichweise hohe Relevanz von *delimitation disputes* in der Praxis insbes des IGH. Diesbezüglich hat die jüngere Judikatur einen dreistufigen Test entwickelt, nach dem zunächst die für die Abgrenzungsfrage relevanten Küstenabschnitte und Basispunkte identifiziert werden müssen, um auf dieser Grundlage eine vorläufige Equidistanzlinie zu ziehen (Schritt 1). Anschließend wird diese vorläufige Linie unter Berücksichtigung der im konkreten Fall relevanten Umstände angepasst (Schritt 2). Im dritten Schritt führt der Gerichtshof einen Verhältnismäßigkeitstest durch, um zu einem der Billigkeit entsprechenden Ergebnis zu gelangen.[202] Zu den im zweiten Schritt herangezogenen Umständen gehören etwa der Küstenverlauf, das Land/Küste-Verhältnis der Küstenstaaten, die Existenz von Inseln und von dritten Staaten, der Bestand historischer Rechte sowie Sicherheitsinteressen. Art 74 Abs 3 und Art 83 Abs 3 SRÜ sehen vor, dass sich die betroffenen Staaten bis zum Abschluss von Abgrenzungsübereinkommen bemühen, „vorläufige Vereinbarungen praktischer Art zu treffen und während dieser Übergangszeit die Erzielung der endgültigen Übereinkunft nicht zu gefährden oder zu verhindern." Denkbar ist etwa, wie früh vom IGH vorgezeichnet,[203] eine gemeinsame Ressourcenbewirtschaftung im umstrittenen Gebiet, wie sie mittlerweile für die Timor-See vereinbart wurde.[204]

60   Praktisch relevant wird die Abgrenzung des Festlandsockels zwischen Staaten mit gegenüberliegenden oder aneinander angrenzenden Küsten, hinsichtlich derer die CLCS nicht zuständig ist (vgl Art 76 Abs 10 SRÜ), künftig u a im Hinblick auf den *Arktischen*

---

201 Die Mittellinienabgrenzung sah der IGH in *North Sea Continental Shelf* (§ 69) nicht als Gewohnheitsrecht an. Auf Billigkeit und Proportionalität verwies er sodann u a in *Tunesisch-Libyscher Festlandsockel*, §§ 44, 109 ff. Weitere Nachw bei *Lagoni*, in Seerecht, Kap 3 Rn 294 ff.

202 S nur *Territorial and Maritime Dispute*, §§ 190 ff. Eingehend *Tanaka*, Law of the Sea, 201 ff mwN zur Rechtspr.

203 Vgl *North Sea Continental Shelf*, § 99.

204 Während im nördlichen Abschnitt des vom ursprünglichen Timor Gap-Vertrag v 11.12.1989 erfassten Gebiets Indonesien zuständig war, im südlichen, weitaus größeren Australien, erfolgte im zentralen, besonders ressourcenreichen Abschnitt eine gemeinsame Bewirtschaftung. Der zweite *Timor Sea-Vertrag* v 20.5.2002, unmittelbar nach der Unabhängigkeit Osttimors geschlossen, nahm ebenfalls keine abschließende Grenzziehung vor. Mittlerweile konnte der seit langem andauernde Streit zwischen Australien und Osttimor im Wege eines erfolgreichen Vermittlungsverfahrens auf Grundlage von Anlage V SRÜ beigelegt worden *(Timor Sea Conciliation)*. Zum Problem allgemein *Lagoni*, Oil and Gas Deposits Across National Frontiers, AJIL 73 (1979) 215 ff; *ders*, in Seerecht, Kap 3 Rn 309 ff.

Proelß

Ozean werden.[205] In Nordpolarmeer werden wertvolle Bodenschätze vermutet, die vor dem Hintergrund der klimawandelbedingten Eisschmelze zunehmend erreichbar erscheinen. Der arktische Festlandsockel, vor allem an Russlands Nordküste, ist ungewöhnlich flach und breit. Es gibt markante, für den Verlauf der Außengrenze des Festlandsockels uU relevante unterseeische Gebirge, deren Einordnung als „ozeanische Bergrücken" (Art 76 Abs. 3 SRÜ), „unterseeische Bergrücken" (Art 76 Abs 6 SRÜ) oder „unterseeische Erhebungen" (Art 76 Abs 6 SRÜ) jeweils str ist: das von Kanada ausgehende Alpha-Mendeleev Ridge und das von Russland bis Kanada reichende Lomonosov Ridge.[206] Der CLCS übermittelte Angaben Russlands vom Dezember 2001 bzgl der Außengrenze seines Festlandsockels im Nordpolarmeer und in der Beringstraße riefen ablehnende Stellungnahmen Dänemarks, Norwegens, Kanadas, Japans und der USA hervor. Die revidierten russ Angaben, die im März 2015 bei der Kommission eingereicht wurden, wurden am 6.2.2023 von der Festlandsockelkommission im Wesentlichen als mit Art 76 SRÜ vereinbar anerkannt. In der *Ilulissat-Erklärung* v 28.5.2008 bekannten sich die fünf zentralen Anrainerstaaten Kanada, Dänemark (für Grönland), Norwegen, Russland und USA dazu, alle etwaigen künftigen gebiets- und nutzungspolitischen Konflikte friedlich und auf der Grundlage des internationalen Seerechts zu lösen.[207] Nachdem die Anrainerstaaten bereits seit einigen Jahren mit Umweltschutzkonferenzen und -programmen, vor allem im Rahmen des *Arktischen Rats,* versuchen, einzelne Probleme gemeinsam zu lösen,[208] ist es mit dem Abschluss zweier – freilich nicht auf die küstenstaatlichen Festlandsockel, sondern auf andere Meeresnutzungen (Meeresforschung bzw Fischerei) bezogener – Übereinkommen zuletzt erstmals zur gemeinsamen Entwicklung spezifisch arktisbezogener Rechtsnormen gekommen.[209] Gravierende zonenübergreifende Probleme (atomare Verseuchung, Erdölverschmutzung, Klimawandel) machen weitere Kooperation unerlässlich; im Verhältnis zu Russland ist die arktische Zusammenarbeit seit Beginn des Angriffskriegs gegen die Ukraine jedoch ausgesetzt worden.

---

205 Vgl *Golitsyn,* Continental Shelf Claims in the Arctic Ocean, IJMCL 24 (2009) 401 ff; *Matz-Lück,* Planting the Flag in Arctic Waters, GoJIL 1 (2009) 235 (243 ff); *Weber,* Defining the Outer Limits of the Continental Shelf Across the Arctic Basin, IJMCL 24 (2009) 653 ff; *Colsen,* The Delimitation of the Outer Continental Shelf Between Neighboring States, AJIL 92 (2003) 91 (97 ff).
206 Dazu *Proelss/Müller,* The Legal Regime of the Arctic Ocean, ZaöRV 68 (2008) 651 (664 ff).
207 ILM 48 (2009) 382. Für eine Bezugnahme auf die Sektorentheorie bleibt damit kein kein Raum mehr.
208 Zum Schutz der arktischen Umwelt *Stokke,* Protecting the Arctic Environment, YPL 1 (2009) 349 ff; *Rothwell,* International Law and the Protection of the Arctic Environment, ICLQ 44 (1995) 280 ff. Insbes für die Klimabildung und -forschung ist der Arktische Ozean von hohem Interesse. Für eine ganzheitliche Betrachtungsweise daher *de La Fayette,* Oceans Governance in the Arctic, IJMCL 23 (2008) 531 ff.
209 Agreement on Enhancing International Arctic Scientific Cooperation v 11.5.2017 (in Kraft 23.5.2018); Agreement to Prevent Unregulated High Seas Fisheries in the Central Arctic Ocean v 3.10.2018 (in Kraft 25.5.2021); zu Letzterem *Schatz/Proelss/Liu,* The 2018 Agreement to Prevent Unregulated High Seas Fisheries in the Central Arctic Ocean: A Critical Analysis, IJMCL 34 (2019) 195 ff.

Proelß

61   Die *Gewässer über dem Festlandsockel* bleiben Hohe See, oder sie sind nun, soweit vom Küstenstaat erklärt,[210] bis max zur 200-sm-Breitenlinie AWZ mit entsprechenden Rechten und Pflichten des Küstenstaats. Auch den Rechtsstatus des Luftraums über diesen „epikontinentalen" Gewässern berühren die küstenstaatlichen Rechte nicht. Art 78 Abs 2 SRÜ stellt zudem sicher, dass die in den Gewässern über dem Festlandsockel geltenden Rechte und Freiheiten anderer Staaten, insbes bzgl der Schifffahrt (vgl Art 58, 87 SRÜ), nicht unter Berufung auf Rechte am Festlandsockel beeinträchtigt werden dürfen. Alle Staaten behalten auch, eingeschränkt, das Recht, unterseeische Kabel und Rohrleitungen auf fremdem Festlandsockel zu legen, Art 79 SRÜ.[211] Demgegenüber hat der Küstenstaat nach Art 81 SRÜ „das ausschließliche Recht, Bohrarbeiten auf dem Festlandsockel für alle Zwecke zu genehmigen und zu regeln". Die Anerkennung der ausschließlichen Hoheitsbefugnisse des Küstenstaates zur Errichtung und Nutzung künstlicher Inseln, Anlagen und Bauwerke auf dem Festlandsockel (Art 80, 60 SRÜ) macht aus der küstenstaatlichen „Ressourcennahme" ansatzweise bereits eine „Raumnahme".

62   *Zusammenfassend:* Mit „Terraneisierung der Meere" wurde frühzeitig eine Tendenz beschrieben, nach der bei den küstenstaatlichen Funktionshoheitsräumen die gebietsbezogenen Aspekte die nutzungsorientierten dominieren.[212] Das Resultat, fixiert im SRÜ, besteht zwar nicht in der Transformation jener (Funktionshoheits-) Räume in solche der Gebietshoheit; die Gefahr eines derartigen Umschlagens von Quantität in Qualität ist aber nicht auf Dauer gebannt. Insbes das Festlandsockelregime des SRÜ ist Ausweis dieses Territorialisierungstrends. Belege sind Art 80 iVm Art 60 SRÜ (künstliche Inseln, Anlagen und Bauwerke) sowie Art 81 (Bohrarbeiten auf dem Festlandsockel) und Art 85 SRÜ (Recht des Küstenstaats, auf dem Festlandsockel Tunnel anzulegen). Die Rechtsordnungen des Festlandsockels und der AWZ wandeln sich strukturell von Zonen für die monopolisierte Ausbeutung spezieller Ressourcen zu Räumen, die dem Küstenstaat für zahlreiche weitere Zwecke ausschließlich zugeordnet sind, zB für die großflächige Errichtung von Windparks. Diese Zuordnung fließt letztlich – Konsequenz des Kontiguitätsgedankens („the land dominates the sea")[213] – aus der Souveränität des Staats über seine Küste. In der 200-sm-Zone überlagern und verdichten sich zudem die Regime des Festlandsockels und der AWZ (sowie der Anschlusszone, soweit sie bzw die AWZ proklamiert wurden) zu einem Bündel von ausschließlichen Befugnissen. In der Summe liegt darin eine tendenzielle Annäherung an den Status des Küstenmeers. Solange die Völkerrechtsentwicklung im Küstenvorfeld dergestalt letztlich vom Denken in den Kategorien der Raum-, nicht der Funktionshoheit bestimmt ist, bewegt sie sich in der Tendenz hin zu

---

210 Die Rechte am Festlandsockel bestehen demgegenüber unabhängig von küstenstaatlicher Besitzergreifung oder Proklamation, vgl Art 77 Abs 3 SRÜ.

211 Dazu *Wolf,* Unterseeische Rohrleitungen und Meeresumweltschutz, 2011, 98 ff, 187 ff; zur Reichweite naturschutzrechtlicher Befugnisse des Küstenstaats *Proelß,* Völkerrechtliche Rahmenbedingungen der Anwendung naturschutzrechtlicher Instrumente in der AWZ, ZUR 2010, 359 (361 ff).

212 *Graf Vitzthum,* Terraneisierung des Meeres, EA 31 (1976) 129 ff.

213 *North Sea Continental Shelf,* § 96.

Proelß

einer räumlich legitimierten Hoheitsgewalt. Am Ende dieses Trends, begünstigt womöglich auch durch den technischen Fortschritt und die Erderwärmung, wäre die Raumordnung des Völkerrechts um eine Unterkategorie der Grundkategorie „Nichtstaatsgebiet" verkürzt: um die der küstenstaatlichen Funktionshoheitsräume. Abzuwarten bleibt, ob nach dem Territorialisierungs- und Verzonungsschub in der 2. Hälfte des 20. Jh rechtspolitisch nun, im 21. Jh, eine stärker funktionsbezogene Gegenentwicklung zur Wirkung kommt. Eine derartige Bewegung, die bereits erste Anstöße durch die jüngste Rechtsprechung von IGH und ISGH erfahren hat,[214] könnte ihren Ausgangspunkt im Regime der globalen Staatengemeinschaftsräume nehmen.

4. Nichtstaatsgebiet (2): Globale Staatengemeinschaftsräume
a) Wesen und Grenzen: Gemeinschaftsbezogene Forschungs- und Nutzungsfreiheit

Nichtstaatsgebiete, die funktionell nicht einem einzelnen Staat, sondern der Staatengemeinschaft insgesamt zugeordnet sind, können als *Staatengemeinschaftsräume* bezeichnet werden. Bsp sind die Hohe See, der Tiefseeboden seewärts des Festlandsockels, der Weltraum sowie, trotz ihres Sonderstatus, die Antarktis. Für diese riesigen Räume – allein der küstenferne Meeresboden („das Gebiet" iSd SRÜ) umfasst 50 % der Erdoberfläche – empfiehlt sich, auch im Kontrast zu den „küstenstaatlichen" Hoheitszonen, der Begriff globale Staatengemeinschaftsräume. Soweit sie der Verwaltung durch eine I.O. unterstellt sind, bedeutet das ihre Internationalisierung. Bei den nachfolgend behandelten Räumen geht es um eine lediglich funktionale Internationalisierung: Unter Beibehaltung der gebietsrechtlichen Zuordnung (Nichtstaatsgebiet)[215] wird ein Raum zur Gewährleistung einer bestimmten Nutzungsordnung[216] einer I.O. unterstellt.[217]

    Die Qualifizierung eines Raumes als globaler Staatengemeinschaftsraum hat als solche keine bestimmte Verteilungswirkung. Als Kriterien der Verteilung für die Rechtsordnung dieser Räume kommen in Frage: Verteilung nach Solidaritäts- oder Billigkeitsgesichtspunkten *(equitable principles)*, angewandt primär bei internationalisierten Räumen;[218] Verteilung nach geographischer Lage (räumliche Nähe), d h zu Gunsten des

63

64

---

214 Nachw in Fn 193f.

215 Insofern handelt es sich bei den Staatengemeinschaftsräumen nicht um Kondominien (s o Rn 4).

216 „Nutzung" dient hier als übergeordneter Begriff für wissenschaftliche Forschung, Schutz, Erschließung der Ressourcen (Prospektion) sowie deren Erforschung (bzw Exploration) und Ausbeutung (Exploitation).

217 Undeutlich *Dahm/Delbrück/Wolfrum*, Völkerrecht I/1, 346, die mit Blick auf die Internationale Meeresbodenbehörde von der Übertragung „eine[r] Art von Gebietshoheit" sprechen. Art 137 Abs 2 SRÜ ordnet dieser I.O. keine territorialen, sondern nur tätigkeitsbezogene Hoheitsbefugnisse zu; an ihnen hat das DÜ v 1994 zudem drastische Abstriche gemacht.

218 Eine Internationalisierung wurde früher vor allem für Teile von Staatsgebieten (zB bestimmte Flüsse, das Saargebiet, Danzig, Tanger, Triest, Jerusalem) erwogen, zT auch kurzzeitig realisiert. Sie eignet sich prinzipiell auch für Nichtstaatsgebiete. Zu frühen Vorschlägen *Beck* (Fn 23) 53ff.

Proelß

„nächstgelegenen" Küstenstaats; Verteilung nach zeitlicher Priorität bzw nach dem Wettbewerbsprinzip, das traditionelle Schema etwa im Recht der Hochseefischerei.

65   Für Letzteres ist die *Freiheit der Meere* das Schlüsselbeispiel. Das an jeden Staat gerichtete Verbot, „irgendeinen Teil der Hohen See seiner Souveränität zu unterstellen" (Art 89 SRÜ), bedeutet zugleich: „Die Hohe See steht allen Staaten [...] offen" (Art 87 Abs 1 Satz 1 SRÜ). Es herrschen keine Forschungs- oder Nutzungsmonopole, keine sonstigen, das freie Zutrittsrecht verdrängenden Regeln, sondern Forschungs- und Nutzungsfreiheit, gleichberechtigt für jeden Interessenten, „unter gebührender Berücksichtigung der Interessen anderer Staaten" (Art 87 Abs 2 SRÜ). Konkret bedeutet das, bezogen etwa auf die Freiheit der Fischerei (Art 87 Abs 1 Satz 3 lit e SRÜ): Alle Staaten und alle Fischer dürfen, soweit nicht besondere (etwa im Rahmen regionaler Fischereiorganisationen für ihre Mitgliedstaaten angenommene) Regeln vorliegen, auf gleicher Basis überall auf Hoher See Fischfang treiben – erlaubnis- und genehmigungsfrei.[219] Bei Konkurrenz ist der Erstkommende geschützt: Priorität als Regel der Konfliktentscheidung. In der zweiten Hälfte des 20. Jh geriet diese liberale Distributionsregel aus der Epoche des Ressourcenreichtums unter Rechtfertigungsdruck. Freies, gleichberechtigtes Zutrittsrecht für alle führt bei technisch und finanziell besonders aufwändigen Nutzungsarten und begrenzten Ressourcen zur faktischen Monopolisierung durch wenige sowie zum Raubbau an Natur und auf Kosten künftiger Generationen. Daher die bereits vor Annahme des SRÜ erhobene Forderung, derartige Räume und Ressourcen internationalen, „positiv diskriminierenden" und Nachhaltigkeit sichernden Regimen zu unterwerfen. Nicht mehr das Wettbewerbs- bzw Leistungsprinzip sollte vorherrschen, sondern eine Verteilung, die „vor allem die besonderen Interessen und Bedürfnisse der Entwicklungsländer berücksichtigt" (Präambel SRÜ).

b) Hohe See: Raum rechtlich geordneter Freiheit

66 Ob Ozeane und Meere angesichts ihrer natürlichen Beschaffenheit überhaupt staatlicher Herrschaft zugerechnet, insbes okkupiert werden können, war lange str. Bejaht wurde die Beherrschbarkeit im 15. Jh von den damaligen maritimen Großmächten Spanien und Portugal. Päpstlicherseits dazu legitimiert, teilten sie die Neue Welt (Entdeckung Amerikas durch Kolumbus 1492) einschließlich der Ozeane entlang einer von Pol zu Pol verlaufenden Linie unter sich auf (Vertrag von Tordesillas, 1494).[220] Die Möglichkeit der staatlichen Kontrolle des Meeres, zumindest seines küstennahen Bereichs, bejahte *John Selden* in seiner Schrift „Mare clausum" (1635). Bereits 1609 hatte *Hugo Grotius* die Gegenthese von der Freiheit des – küstenfernen, nicht okkupierbaren – Meeres *(Mare liberum)* begründet.[221] Die von diesem humanistischen Juristen ausgebreiteten

---

219 Vgl aber die Modifikationen durch das UNFSA (s u Rn 72).
220 Vgl *Kämmerer*, 1. Abschn Rn 71; s auch *Grewe* (Fn 1) 175, 273ff, 293.
221 Nachw bei *Ziegler*, Völkerrechtsgeschichte, 1995, 129, 153f, 168f; *Fahl*, Der Grundsatz der Freiheit der Meere in der Staatenpraxis von 1493–1648, 1967; *Straumann*, Hugo Grotius und die Antike, 2007, 47ff, 55ff.

theologischen, naturrechtlichen, moralphilosophischen und faktischen Argumente für die Souveränitätsfreiheit der Meere bzw für das Recht, sich erlaubnisfrei am weltweiten Seehandel zu beteiligen, lassen sich heute nicht mehr anführen.[222] Der Status der Hohen See als Staatengemeinschaftsraum, allen Staaten zur gleichberechtigten Nutzung offenstehend und schon deshalb aneignungsunfähig, folgt nicht vorgeblichen „Vorgaben der Natur", sondern ist das Ergebnis interessengeleiteter normativer Entscheidung – Folge der über einen langen Zeitraum entstandenen Erwartung, dass das Freiheitsprinzip, wie es sich dann normativ im 19. Jh durchsetzte, dem langfristigen Interesse aller Staaten am Ehesten entspricht. Heute steht die Tragfähigkeit dieser Erwartung nicht zuletzt im Hinblick auf den Schutz der Meeresumwelt in Gebieten jenseits staatlicher Hoheitsgewalt zur Disposition.

In der Erkenntnis, dass das Prinzip der Freiheit der Hohen See nicht zu gewährleis- 67 ten vermochte, dass die die Meeresumwelt nutzenden Staaten zugleich Verantwortung für ihren Schutz und ihre Erhaltung übernehmen, beschloss die GV im Jahre 2015 "to develop an international legally binding instrument under the United Nations Convention on the Law of the Sea on the conservation and sustainable use of marine biological diversity of areas beyond national jurisdiction".[223] Zu diesem Zweck erarbeitete in den Jahren 2016-2017 ein Preparatory Committee zunächst Bausteine und erste Strukturen eines künftigen Vertragstexts. Auf dieser Grundlage berief die GV im Dezember 2017 eine Regierungskonferenz ein,[224] die erstmals im September 2018 tagte. Die Beratungen wurden am Ende der fünften Sitzung im März 2023 erfolgreich mit der Annahme des Entwurfs des *BBNJ Übereinkommens*[225] abgeschlossen. Dieses dritte Durchführungsübereinkommen zum SRÜ ist im Wesentlichen vier Regelungskomplexen, jeweils räumlich bezogen auf Hohe See und Tiefseeboden, gewidmet: Bewirtschaftung der marinen genetischen Ressourcen, inkl fairer und gerechter Aufteilung der sich aus ihrer Nutzung ergebenden Vorteile; gebietsbezogene Managementmaßnahmen, inkl Meeresschutz-

---

Das Ergebnis der zunächst anonym publizierten Studie deckte sich mit dem Interesse der niederländischen Ost-Indischen Handelskompanie. *Grotius* bekämpfte, im Kern säkularisiert-naturrechtlich argumentierend, den Versuch Portugals, die Niederlande vom lukrativen Gewürzhandel mit Indien und Südostasien auszuschließen.

222 Nicht weiterführend sind letztlich auch die römisch- und sachenrechtlichen Termini *res nullius* bzw *res communis omnium*. Dass die Hohe See staatsfrei ist und der Grundsatz des laissez-faire gilt – *diese* Elemente einer liberalen materiell-rechtlichen Ordnung lassen sich freilich unter dem Begriff einer *res communis omnium* zusammenfassen; vgl *Wolfrum*, in Seerecht, Kap 4 Rn 5ff. Näher dazu *Proelß/Haake*, Gemeinschaftsräume in der Entwicklung: Von der *res communis omnium* zum „common heritage of mankind", in von Arnauld (Hrsg), Völkerrechtsgeschichte(n): Historische Narrative und Konzepte im Wandel, 2017, 171ff.

223 UN Doc A/Res/69/292 v 6.7.2015, § 1. Diese Entscheidung geht auf eine Empfehlung der 2005 ins Leben gerufenen Ad hoc Open-ended Informal Working Group to Study Issues Related to the Conservation and Sustainable Use of Marine Biodiversity Beyond Areas of National Jurisdiction (sog BBNJ Working Group) zurück.

224 UN Doc A/Res/72/249 v 24.12.2017.

225 S o Fn 22.

gebiete; Umweltverträglichkeitsprüfungen (UVP); Kapazitätsaufbau und Technologie-transfer.[226] Die entsprechenden Vorgaben werden um allgemeine und institutionelle Vorgaben ergänzt. Der Entwurf bedurfte zunächst noch der terminologischen Harmonisierung; zudem waren kleinere formelle Anpassungen und Ergänzungen erforderlich – Aufgaben, die in der finalen Marathonsitzung der Regierungskonferenz nicht mehr bewältigt werden konnten. Am 19.6.2023 wurde das Übereinkommen formell angenommen.

68   Gerade im Hinblick auf die Bewirtschaftung der marinen genetischen Ressourcen ist der Vertragstext durch das Bemühen gekennzeichnet, eine Balance zwischen an sich kollidierenden Grundprinzipien (Freiheit der Hohen See *versus* gemeinsames Menschheitserbe) – und damit auch zwischen den hinter ihnen stehenden Interessen verschiedener Staatengruppen – herzustellen. Im Zusammenhang mit den Vorgaben zu gebietsbezogenen Managementmaßnahmen zielt das Übereinkommen vor allem auf die Schaffung eines multilateralen regulativen Rahmens ab, bei den Regelungen zur UVP auf die Gewährleistung eines verfahrensrechtlichen Mindeststandards.[227] Auch im Lichte der Schaffung neuer Vertragsorgane (vgl Art 11*bis* und Art 48ff) und der vorgesehenen partiellen Integration naturwissenschaftlicher Expertise in die Entscheidungsfindung im Rahmen dieser Organe verfügt der Entwurf über großes Potential.[228] Insgesamt ist es gelungen, Rechtsfragen, die in den Teilen VII, XII, XIII und XIV SRÜ allenfalls rudimentär angesprochen werden, einer umfassenderen Regelung zuzuführen. Potentielle Folgen entfaltet das BBNJ Übereinkommen auch mit Blick auf das Regime des Tiefseebodens. Wenn etwa Art 23 Abs 4 die Durchführung eines Screenings oder einer UVP für eine geplante Tätigkeit in Gebieten außerhalb nationaler Hoheitsgewalt – d h auf Hoher See oder im „Gebiet"[229] – für entbehrlich erachtet, soweit die potentiellen Auswirkungen der geplanten Tätigkeit bereits in Übereinstimmung mit den Anforderungen anderer einschlägiger Rechtsinstrumente überprüft wurden, gilt dies nur dann, wenn diese Prüfung den Mindestanforderungen des BBNJ Übereinkommens ent-

---

226 Die Lit zu BBNJ und den Gegenständen eines künftigen Übereinkommens ist kaum mehr überschaubar. Vgl nur die Beiträge in De Lucia/Nguyen/Oude Elferink (Hrsg), International Law and Marine Areas Beyond National Jurisdiction – Reflections on Justice, Space, Knowledge and Power, 2022 sowie *Lothian*, Marine Conservation and International Law: Legal Instruments for Biodiversity Beyond National Jurisdiction, 2022; *Papastavridis*, The Negotiations for a New Implementing Agreement under the UN Convention on the Law of the Sea Concerning Marine Biodiversity, ICLQ 69 (2020) 585ff. Erste Bestandsaufnahmen des angenommenen Vertragsentwurfs bei *Schatz*, Schutz der biologischen Vielfalt der Meere: Was bringt das neue Abkommen?, LTO v 10.4.2023, <https://www.lto.de/recht/hintergruende/h/neues-un-abkommen-meeresschutz-gebiete-seerechtsuebereinkommen-hohe-see-nutzung-genetische-meeresressourcen-biodiversitaet/>; *Vinken*, A New York Moment for the Oceans to Join the Paris Moment for the Climate?, Verfassungsblog v 23.3.2023, <ttps://verfassungsblog.de/a-new-york-moment-for-the-oceans-to-join-the-paris-moment-for-the-climate/>.
227 Damit wird zugleich eine Lücke im Bereich des Umweltvölkerrechts geschlossen; s u Rn 119.
228 Zur institutionellen Ausgestaltung, konkret bezogen auf die Integration wissenschaftlicher Expertise, *Dalaker Kraabel*, Institutional Arrangements in a BBNJ Treaty: Implications for Arctic Marine Science, Marine Policy 142 (2022) 103807.
229 Vgl Art 1 Nr 4 BBNJ Übereinkommen.

spricht. Dies mag sich auf die noch nicht beendeten Beratungen über die *Exploitation Regulations,* die Ausbeutung der mineralischen Ressourcen des Gebiets betr, auswirken.[230] Damit ist zugleich die allgemeine Frage nach dem Verhältnis des BBNJ Übereinkommens zu bestehenden Sonderregimen (Fischerei, Tiefseebodenbergbau, Meeresforschung, Artenschutz) angesprochen. Die Kollisionsnorm des Art 4 stellt insoweit klar, dass das BBNJ Übereinkommen im Einklang mit dem SRÜ ausgelegt und angewendet werden muss und „relevant legal instruments and frameworks and relevant global, regional, subregional and sectoral bodies" nicht unterlaufen darf.[231] Wie dies in der Praxis umgesetzt wird, bleibt indes abzuwarten; dazu muss das Übereinkommen ohnehin zunächst in Kraft gesetzt werden.[232]

Art 86 Satz 1 SRÜ beschränkt den räumlichen Anwendungsbereich des Regimes der **69** Hohen See auf diejenigen „Teile des Meeres, die nicht zur ausschließlichen Wirtschaftszone, zum Küstenmeer oder zu den inneren Gewässern eines Staates oder zu den Archipelgewässern eines Archipelstaats gehören". Den Staaten ist es verwehrt, die Hohe See oder Teile von ihr ihrer „Souveränität zu unterstellen" (Art 89 SRÜ). Gemäß Art 87 SRÜ steht sie „allen Staaten", also auch den Binnenstaaten, „offen": *Freiheit der Hohen See.* In diesem Kontext sind neben den traditionellen Freiheiten der Schifffahrt (Art 87 Abs 1 lit a, Art 90 SRÜ)[233] und der Fischerei (vgl Art 87 Abs 1 lit e, Art 116 SRÜ) auch die neueren des Überflugs und des Verlegens von Kabeln und Rohrleitungen (Art 112 ff SRÜ)[234] gewährleistet sowie das Errichten künstlicher Inseln etc und die wissenschaftliche Forschung (Art 87 Abs 1 SRÜ).[235] Bei der Ausübung dieser nicht abschließend aufgezählten Rechte ist Rücksicht zu nehmen auf die „Interessen anderer Staaten" sowie „auf die Tätigkeiten im Gebiet", also auf den küstenfernen Meeresbodenbergbau (Art 87 Abs 2 SRÜ): Gebot der Rücksichtnahme *(due regard).* Die Staaten haben „zur Erhaltung der lebenden Ressourcen der Hohen See" beizutragen (Art 117 ff SRÜ).[236] Wie auch AWZ und

---

230 S dazu *Robb/Jaeckel/Blanchard,* How Could the BBNJ Agreement Affect the International Seabed Authority's Mining Code?, EJIL Talk! v 13.4.2023, <https://www.ejiltalk.org/how-could-the-bbnj-agreement-affect-the-international-seabed-authoritys-mining-code/>. Zum *Mining Code* der IMB noch Rn 76.

231 Dazu *Langlet/Vadrot,* Not 'Undermining' Who? Unpacking the Emerging BBNJ Regime Complex, Marine Policy 147 (2023) 105372.

232 Nach Art 61 Abs 1 BBNJ Übereinkommen geschieht dies 120 Tage nach Hinterlegung der 60. Ratifikations- oder Beitrittsurkunde.

233 Zur Reichweite der Schifffahrtsfreiheit s ISGH in *M/V Norstar,* §§ 212 ff.

234 Diese vier Freiheiten korrespondieren denen des (Genfer) Hohe See-Übereinkommens v 1958. Auch damals ging es um eine nur beispielhafte Aufzählung. Vgl *Wolfrum,* in Seerecht, Kap 4 Rn 25 ff (Schifffahrt), 94 ff (Überflug, Verlegung von Rohrleitungen etc), 100 ff (Fischerei), 126 ff (Meeresforschung).

235 Allerdings werden mit Ausnahme der Freiheiten der Schifffahrt und des Überflugs die anderen genannten Freiheiten bereits durch einzelne Bestimmungen des SRÜ eingeschränkt (Teile VI und XIII, Art 116–120). Für die Fischerei wird auf die Bedingungen des Abschn 2 (Art 116 ff) verwiesen.

236 Die ökonomisch wertvollsten lebenden Schätze sind die „Straddling Stocks" und weit wandernden Arten. Neuerdings interessieren auch die sog marinen genetischen Ressourcen der Tiefsee. Ob sie dem Regime der Hohen See oder dem des Tiefseebodens unterfallen, war lange str; vgl *Proelss,* Marine Genetic Resources under UNCLOS and the CBD, GYIL 51 (2008) 417 ff; *König,* Genetic Resources of the Deep Sea, FS

„Gebiet" ist die Hohe See für „friedliche Zwecke" reserviert (Art 88 SRÜ). Da bereits das allgemeine Völkerrecht die Androhung und Anwendung von Gewalt verbietet, liegt die Bedeutung des Art 88 SRÜ in einer Verdeutlichung der Zielsetzung des Gewaltverbots der UN-Charta; eine darüber hinausgehende normative Verpflichtung enthält Art 88 SRÜ nach hM nicht.[237]

70   Die staatliche Souveränität erscheint auf Hoher See im Gewand der *Flaggenhoheit*. Schiffe, die die Flagge eines Staates führen, verfügen über dessen „Staatszugehörigkeit" (Art 91 SRÜ) und unterfallen auf Hoher See grundsätzlich seiner ausschließlichen Hoheitsgewalt (Art 92 SRÜ). In seinem Urteil im Fall *M/V Norstar* interpretierte der ISGH die ausschließliche Hoheitsgewalt des Flaggenstaats denkbar weit: Diese sei nicht nur dann verletzt, wenn ein anderer Staat Durchsetzungsmaßnahmen gegenüber dem Schiff ergreife; vielmehr verkörpere "*any* act which subjects activities of a foreign ship on the high seas to the jurisdiction of States other than the flag State [...] a breach of the freedom of navigation, save in exceptional cases expressly provided for in the Convention or in other international treaties."[238] Hiervon sei bereits auszugehen, wenn innerstaatliche Vorschriften wegen Vorgängen auf Hoher See auf das Schiff zur Anwendung gebracht würden. Andererseits resultieren aus der Flaggenhoheit auch Pflichten des Flaggenstaats zur Registrierung und Kontrolle sowie zu Sicherheitsmaßnahmen (Art 94 SRÜ).[239] „Billigflaggen"- oder „Offene Register"-Staaten werben häufig mit günstigen Bedingungen und niedrigen Standards. Das Übereinkommen über Bedingungen für die Registrierung von Schiffen v 1986[240] schreibt vor, dass dafür nationales Eigentum, eine überwiegend nationale Mannschaft oder ein sonstiger *genuine link* zum Registerstaat erforderlich ist. Auch Art 91 Abs 1 Satz 3 SRÜ hält daran fest, dass zwischen Flaggenstaat und Schiff eine „echte Verbindung" bestehen muss; Satz 1 betont indes Recht und Pflicht eines Staats, die Bedingungen festzulegen, „zu denen er Schiffen seine Staatszugehörigkeit gewährt".[241] Auch deshalb hat das *genuine link*-Erfordernis in der Rechtspraxis kaum Relevanz entfaltet.

Wolfrum, 2008, 141ff. Art 7ff des BBNJ Übereinkommens vermeiden die eindeutige Zuordnung zu einem der beiden Regime; die Frage, wie die gerechte Verteilung der sich aus den marinen genetischen Ressourcen ergebenden Vorteile gewährleistet werden kann, beantwortet das Übereinkommen im Wege einer vermittelnden, wenn auch eher gemeinwohlorientierten Lösung.

237 Verboten ist (nur) jede gemäß UN-Charta unzulässige Androhung oder Anwendung von Gewalt (Art 301 SRÜ), nicht dagegen zB die Waffenerprobung. Dazu *Proelss*, Peaceful Purposes, MPEPIL, §§ 12ff.

238 *M/V Norstar*, § 224 (Hervorhebung hinzugefügt).

239 Dazu vgl den ISGH in *SRFC*, §§ 111, 116ff, 137ff.

240 Zum Erfordernis eines *genuine link* im Hinblick auf Art 91 Abs 1 SRÜ vgl den ISGH im Fall *M/V Saiga 2*, §§ 75ff; dazu auch *Graf Vitzthum*, Die Organisation der Welt, in Ruffert (Hrsg), Recht und Organisation, 2003, 135 (149ff).

241 Die UN-Generalversammlung hat die IMO wiederholt aufgefordert, die Rolle des *genuine link*-Erfordernisses im Zusammenhang mit der Pflicht der Flaggenstaaten, die unter ihrer Flagge fahrenden Schiffe effektiv zu beaufsichtigen, zu untersuchen. Vgl nur UN Doc A/RES/59/24 v 4.2.2005, § 41.

Proelß

Das *Prinzip der ausschließlichen Flaggenstaatsjurisdiction* gemäß Art 92 SRÜ er- 71
schwert die internationale Verfolgung von Rechtsverstößen auf Hoher See, etwa solchen
gegen Sicherheits-, Umweltschutz- oder Fischereischutzbestimmungen. Es gilt jedoch
nicht absolut. Vielmehr darf jeder Staat auf Hoher See – ebenso wie in einer fremden
AWZ, vgl Art 58 Abs 2 SRÜ[242] – Maßnahmen gegen Schiffe ergreifen, die Seeräuberei
oder Sklaverei betreiben oder ihre Flagge missbrauchen, Art 110 SRÜ. Art 100 SRÜ verpflichtet alle Staaten dazu, in größtmöglichem Maße bei der Bekämpfung der *Piraterie*
in Meeresgebieten außerhalb der Zonen unter staatlicher Hoheitsgewalt zusammenzuarbeiten. Piraterie erfasst nach ganz hM keine politisch motivierte Gewalt, sondern nur Gewalttaten, Freiheitsberaubungen und Plünderungen zu privaten Zwecken (vgl Art 101
lit a SRÜ).[243] Eine Pflicht zur aktiven Beteiligung an Anti-Piraterie-Operationen ist mit der
Kooperationspflicht des Art 100 SRÜ nicht verbunden.[244] Seeräuberschiffe und -luftfahr-
zeuge dürfen gemäß Art 105 SRÜ aufgebracht werden *(Interdiktionsrecht).*[245] Mangels
Vorliegens eines bewaffneten Konflikts sind im Rahmen der Bekämpfung der Seeräuberei
zwar nicht die Regeln des humanitären Völkerrechts,[246] wohl aber die allgemeinen menschenrechtlichen Gewährleistungen zu beachten.[247] Ob jenseits des Anwendungsbereichs
des Rechts auf Selbstverteidigung und Nothilfe die Anwendung von Waffengewalt gegenüber Piraten zulässig sein kann, ist vor diesem Hintergrund str;[248] Rechtspr und Vertragspraxis bejahen unter engen Voraussetzungen zu Recht die Möglichkeit der Anwendung
von bewaffneter Gewalt auch im Rahmen von Strafverfolgungsmaßnahmen *(law enforcement operations)* wie der Bekämpfung von Seeräubern.[249] Keinesfalls darf ein – vermeint-
liches – Piratenschiff aber auf bloßen Verdacht hin versenkt werden. Den vorbezeichne-
ten Anforderungen müssen auch Anti-Piraterie-Operationen genügen, die im Rahmen

---

242 Nicht aber in fremdem Küstenmeer oder fremden inneren Gewässern: Diesbezüglich ist stets das
Einverständnis des Küstenstaats oder eine Ermächtigung des UN-Sicherheitsrats auf der Grundlage von
Kapitel VII UN-Charta erforderlich. Zum Fall Somalia *Proelss*, Piracy and the Use of Force, in Koutrakos/
Skordas (Hrsg), The Law and Practice of Piracy at Sea, 2014, 53 ff.
243 Dazu *Trésoret*, Seepiraterie, 2011, 196 ff; *Guilfoyle* (Fn 159) 29 ff.
244 *Wolfrum*, in Seerecht, Kap 4 Rn 47; *Allmendinger/Kees*, „Störtebekers Erben", NZWehrr 2008, 60 (62 f).
245 Zur Lage nach dt Recht *Braun/Plate*, Rechtsfragen der Bekämpfung der Piraterie im Golf von Aden
durch die Bundesmarine, DÖV 2010, 203 ff; *Jenisch*, Piratiebekämpfung vor Somalia auf dem Prüfstand,
NordÖR 2009, 385 ff. Zum Gerichtsstand bei Piraterdelikten gegen deutsche Schiffe BGH, NJW 2009,
3735 f.
246 Dazu *König*, Der Einsatz von Seestreitkräften zur Verhinderung von Terrorismus und Verbreitung
von Massenvernichtungswaffen sowie zur Bekämpfung der Piraterie, BerDGVR 44 (2010) 203 ff; *Marauhn*,
Streitkräfte zur Friedenssicherung im Ausland, ebd 249 ff.
247 *Fischer-Lescano/Kreck*, Piraterie und Menschenrechte, AVR 47 (2009) 481 ff; *von Arnauld*, Die moderne Piraterie und das Völkerrecht, AVR 47 (2009) 454 (471 ff).
248 Bejahend *Treves*, Piracy, Law of the Sea, and Use of Force, EJIL 20 (2009) 399 (412 ff); *von Arnauld*
(Fn 247) 466 ff; *Proelss* (Fn 242) 63 ff.
249 Vgl Art 22 Abs 1 lit f UNFSA; Art 8*bis* Abs 9 SUA-Konvention; aus der Rechtspr ISGH in *M/V Saiga 2*,
§ 155: "international law [...] requires that the use of force must be avoided as far as possible and, where
force is inevitable, it must not go beyond what is reasonable and necessary in the circumstances."

von regionalen Systemen gegenseitiger kollektiver Sicherheit durchgeführt werden.[250] Art 108f SRÜ enthalten Vorschriften zur Verhinderung und Verfolgung von Drogenhandel und Piratensendern. Gegen alle übrigen Schiffe darf, außer in vertraglich begründeten (vgl Art 110 Abs 1 SRÜ) Sonderfällen, außerhalb des maritimen Aquitoriums nur der Flaggenstaat Maßnahmen ergreifen.[251] Nichts anderes ergibt sich aus dem Übereinkommen zur Bekämpfung widerrechtlicher Handlungen gegen die Sicherheit der Seeschifffahrt (SUA-Konvention), das neben der Piraterie auch politisch motivierte Gewalt – sog *maritimen Terrorismus* – erfasst.[252] Das Legal Committee der IMO erarbeitete zwei Protokolle zu diesem Übereinkommen,[253] die am 28.7.2010 in Kraft getreten sind und die SUA-Konvention den neuen Bedrohungen der Schifffahrt anpassen. Gemäß Art 8*bis* SUA-Konvention können verdächtige fremde Schiffe auf Hoher See angehalten und inspiziert werden, allerdings grundsätzlich nur mit Einverständnis des Flaggenstaats.

72   Die traditionelle *Freiheit der Fischerei* auf Hoher See wurde durch eine Vielzahl völkerrechtlicher Verträge für zahlreiche Meeresregionen rechtlich geordnet. Die ansatzweise Entwicklung in Richtung auf eine gewisse gemeinsame „Verwaltung" besonders wichtiger Fischereiressourcen der Hohen See und der antarktischen Gewässer – unter Einbindung der Flaggen- wie der Küstenstaaten, unter Berücksichtigung des Vorsorgeansatzes und unter Errichtung neuer bzw Stärkung bestehender regionaler Fischereibewirtschaftungsorganisationen *(Regional Fisheries Management Organizations – RFMOs)* – ist vor allem dem *UN Fish Stocks Agreement* v 1995 (UNFSA) zu verdanken.[254] Dieses Durchführungsübereinkommen *(implementation agreement)* zum SRÜ schränkt für die Vertragsparteien die Fischereifreiheit bzgl weit wandernder Fischarten und solcher, die sowohl innerhalb als auch außerhalb der AWZ vorkommen (sog Straddling Stocks), ein. Im Mittelpunkt des Übereinkommens steht die konkretisierte Kooperationspflicht der Küstenstaaten und der Staaten, deren Angehörige diese lebenden Ressourcen auf Hoher

---

250 Zur EU-Operation „Atalanta" vor der Küste Somalias vgl die Gemeinsame Aktion 2008/851/GASP des Rates v 10.11.2008 (ABl EU 2008, Nr L 301/33). – Das BVerfG hat in seiner *Lissabon*-Entscheidung deutlich gemacht, dass es die EU noch nicht als regionales System gegenseitiger kollektiver Sicherheit iSv Art 24 Abs 2 GG betrachtet; vgl BVerfGE 123, 267, 361 und 425.

251 Zum Ganzen vgl *Heintschel von Heinegg*, in Ipsen (Fn 9) § 45 Rn 11ff; *Proelss/Hofmann* (Fn 159) 434ff.

252 Dazu *Wolfrum*, in Seerecht, Kap 4 Rn 58ff. Zur von den USA initiierten Proliferation Security Initiative (PSI) vgl *Malirsch/Prill*, The Proliferation Security Initiative and the 2005 Protocol to the SUA Convention, ZaöRV 67 (2007) 229ff.

253 IMO Doc LEG/CONF.15/21 und 22 v 1.11.2005.

254 Dazu *Davies/Redgwell*, The International Legal Regulation of Straddling Fish Stocks, BYIL 67 (1996) 199ff; *Ziemer* (Fn 187) 84ff, 187ff; *Proelß*, Meeresschutz, 149ff. – Das Übereinkommen ist von 59 Staaten unterzeichnet (BR Deutschland: 28.8.1996) und von 91 (und der EU) ratifiziert worden (Stand 1.6.2023); es ist am 11.12.2001 in Kraft getreten. Eingedenk der ausschließlichen Unionskompetenz für die Erhaltung der lebenden Ressourcen des Meeres werden in der EU die meisten Vorgaben des UNFSA auf supranationaler Ebene implementiert.

See befischen.[255] Die von diesen Staaten getroffenen Maßnahmen „müssen miteinander vereinbar sein, um die Erhaltung und Bewirtschaftung [dieser] Fischbestände in ihrer Gesamtheit sicherzustellen" (Art 7 Abs 2); sie sollen im Rahmen der einschlägigen Verträge und I.O. getroffen werden. Der Zugang zu den RFMOs wird beschränkt auf Staaten, die ein „tatsächliches Interesse" *(real interest)* an der einschlägigen Fischerei haben, Art 8 Abs 3 UNFSA.[256]

c) Tiefseeboden („Gebiet"): Internationalisiertes Menschheitserbe

Während sich für die Hohe See frühzeitig die Rechtsüberzeugung durchgesetzt hatte, dass Wassersäule, im Unterschied zu den natürlichen Ressourcen, und Luftraum aneignungsunfähig sind, verhalf das Ziel, die seewärts der Grenzen des Festlandsockels gelegenen Manganknollenvorkommen des Meeresbodens effektiv zu bewirtschaften und gerecht zu verteilen, in den 1970er Jahren einem ehrgeizigen Internationalisierungsansatz zum Durchbruch. Sowohl der Grund und Untergrund des Meeres jenseits der Grenzen des Bereichs nationaler Hoheitsbefugnisse („Gebiet") als auch seine Naturvorkommen wurden als *gemeinsames Erbe der Menschheit* (Art 136 SRÜ) qualifiziert.[257] Dies war eine Konsequenz des Ansatzes, wonach Erforschung, Nutzung und Ausbeutung dieses Nichtstaatsgebiets und seiner Ressourcen allen dienen sollen, auch den nichtindustrialisierten Staaten, auch den künftigen Generationen, und dass Tätigkeiten im „Gebiet" deshalb umwelt-, ressourcen- und marktschonend erfolgen sollen. Auf dem Ansatz, die einschlägigen Erlöse der gesamten Menschheit zuzuordnen, beharrten besonders die Staaten, die nicht über die technischen Mittel verfügten, um in absehbarer Zeit selbst Tiefseebergbau betreiben zu können.[258] Dabei kam ihnen verhandlungspolitisch zugute, dass für das „Gebiet", anders als für die Wassersäule (Fischerei, Schifffahrt) und den Luftraum darüber (Luftfahrt), noch keine nennenswerte Nutzungspraxis und dementsprechend weder bevorrechtigte Staaten noch eine implementierte Nutzungsordnung bestanden.

73

---

255 Zur Durchsetzung durch Küsten- und Hafenstaaten *Rayfuse,* Non-Flag State Enforcement in High Seas Fisheries, 2004, 327 ff.

256 Ein solches Interesse ist jedenfalls bei den Staaten gegeben, die bereits in der Vergangenheit in dem betreffenden Gebiet der Hohen See Fischfang betrieben haben.

257 Zu Hintergründen, Zielen und Zielverfehlungen *Graf Vitzthum,* Die Bemühungen um ein Regime des Tiefseebodens, ZaöRV 38 (1978) 745 ff. Zum Entstehungshintergrund des Menschheitserbe-Konzepts *Proelß/Haake* (Fn 222).

258 Die Meeresbodengrundsätze-Deklaration der UN-Generalversammlung (Res 2749 [XXV]) hatte bereits 1970 festgelegt, dass alle Aktivitäten im „Gebiet" zum Nutzen der Menschheit durchgeführt werden sollen, unter besonderer Berücksichtigung der Bedürfnisse der Entwicklungsländer. Dabei ging es auch um die Interessen der unterindustrialisierten Staaten, die gleiche Mineralien (Mangan, Eisen, Kupfer, Zink, Kobalt und Nickel) an Land fördern und wegen der von einem künftigen Meeresbodenbergbau erwarteten Konkurrenz Einkommensverluste befürchteten.

Proelß

74   Zur Konkretisierung und praktischen Verwirklichung des neuartigen Menschheits-erbe-Konzepts wurden die *Internationale Meeresbodenbehörde (IMB)*, Art 156 ff SRÜ, und ihr operativer Arm, „das Unternehmen" *(Enterprise)*, Art 170 SRÜ, geschaffen.[259] „Die Behörde ist die Organisation, durch welche die Vertragsstaaten [...] die Tätigkeiten im Gebiet organisieren und überwachen, insbes im Hinblick auf die Verwaltung der Ressourcen des Gebiets" (Art 157 Abs 1 SRÜ), „im Namen der gesamten Menschheit" (Art 153 Abs 1 SRÜ), der auch die Rechte an den Ressourcen zustehen (Art 137 Abs 2 SRÜ). Entscheidender Baustein des Menschheitserbe-Konzepts ist hiernach, dass die aus Tätigkeiten im Gebiet stammenden finanziellen und sonstigen wirtschaftlichen Vorteile gerecht verteilt werden müssen (sog *benefit sharing*); auch hierfür ist die IMB zuständig (vgl Art 140 Abs 2 SRÜ).

75   Teil XI des SRÜ errichtet ein internationales Regime für das „Gebiet", dessen räumliche Ausdehnung durch die Außengrenzen der Festlandsockelgebiete definiert wird (Art 1 Abs 1 Nr 1 SRÜ). Kein Staat darf diesbezüglich „Souveränität oder [anders als bzgl des Festlandsockels] souveräne Rechte beanspruchen oder ausüben" (Art 137 Abs 1 SRÜ). Über dieses Aneignungsverbot hinaus ist das „Gebiet" ausschließlich „friedlichen Zwecken" vorbehalten (Art 141 SRÜ). Anders als hinsichtlich der Hohen See gibt es bzgl des „Gebiets" und seiner mineralischen Ressourcen (vgl Art 133 lit a SRÜ)[260] keine erlaubnisfreie Nutzung. Grundlage des Regimes des Tiefseebodenbergbaus ist vielmehr die Genehmigungspflichtigkeit aller Tätigkeiten im Gebiet, d h der Erforschung und Ausbeutung der nichtlebenden Ressourcen. Als Vorstufe der Erforschung *(exploration)* ist allein die allgemeine Suche nach mineralischen Ressourcen *(prospecting)* nicht genehmigungsbedürftig; sie ist gemäß Art 2 Anlage III SRÜ gegenüber der IMB lediglich anzuzeigen. Genehmigungen für Erforschungs- und Ausbeutungsvorhaben werden im Wege des Abschlusses von Verträgen auf der Grundlage von Arbeitsplänen erteilt, die von den Antragstellern vorzulegen sind. Seit 2001 wurden insgesamt 31 Verträge über die Exploration von Teilen des Gebiets mit 22 Vertragsnehmern abgeschlossen; der Großteil (19) bezieht sich auf die Aufsuchung von Lagerstätten polymetallischer Knollen.

76   Die IMB[261] ist für den Erlass allgemeiner Regelungen für die Durchführung des Meeresbodenbergbaus durch die Staaten oder das Unternehmen verantwortlich: „Die Tätigkeiten im Gebiet werden von der Behörde im Namen der gesamten Menschheit in Übereinstimmung mit diesem Artikel und mit den sonstigen einschlägigen Bestimmungen dieses Teiles und der einschlägigen Anlagen sowie mit den Regeln, Vorschriften und Verfahren der Behörde organisiert, ausgeübt und überwacht" (Art 153 Abs 1 SRÜ). Dieses Maßnahmenbündel wird als *Mining Code* bezeichnet und dient der Konkretisierung der

---

259 Nach Art 153 Abs 2 lit a und Art 170 SRÜ soll das Unternehmen als Organ der Behörde selbst unmittelbar (und vor allem zugunsten der Entwicklungsstaaten) Tiefseebodenbergbau betreiben.
260 Zu den lebenden (genetischen) Ressourcen des Tiefseebodens s o Fn 236.
261 Alle Vertragsstaaten des SRÜ sind gemäß Art 156 Abs 2 SRÜ *ipso facto* Mitglieder. Zu den Befugnissen der IMB *Nandan*, Legislative and Executive Powers of the International Seabed Authority for the Implementation of the Law of the Sea Convention, in Vidas/Østreng (Fn 139) 73 ff.

allgemeinen Vorgaben des SRÜ. Die drei bislang von der IMB verabschiedeten Regeln *(Regulations)* erfassen, bezogen auf jeweils eine bestimmte Art von mineralischen Ressourcen (polymetallische Knollen; polymetallische Sulfide; kobaltreiche Krusten), nur die Phasen der Aufsuchung und Erforschung.[262] Über den Text der abbaubezogenen – und im Lichte der potentiellen Umweltauswirkungen dieser Tätigkeit ungleich kontroverseren – *Exploitation Regulations* wird seit 2016 im Rahmen der IMB verhandelt.[263]

Der im Detail zT planwirtschaftlich ausgerichtete Teil XI SRÜ[264] und seinetwegen 77 das SRÜ insgesamt wurden jahrelang von großen Industriestaaten abgelehnt. Zahlreiche einzelstaatlichen Meeresbodenbergbaugesetze[265] sahen als Ausdruck eines strikt unilateralen Ansatzes zunächst eine rein nationale Lizenzvergabe vor. Die Ansprüche Frankreichs, Indiens, Japans und der UdSSR („Pionierstaaten" aufgrund frühzeitiger Investitionen) auf bestimmte Felder wurden bei der UNO registriert. Erst das *Übereinkommen zur Durchführung des Teiles XI des Seerechtsübereinkommens der Vereinten Nationen* v 1994 (DÜ) räumte die ordnungspolitischen Bedenken gegen das Meeresbergbauregime des SRÜ aus.[266] Es trat am 28.7.1996 in Kraft, nachdem 67 Staaten (darunter sieben Pionierinvestoren, inkl der BR Deutschland) ihre Zustimmung bekundet hatten, an das DÜ gebunden zu sein. Auch wenn im DÜ von einer „Änderung" des internationalen Meeresbodenregimes nicht die Rede ist, greift es doch erheblich in dessen Substanz ein. Die zentrale und ursprünglich nach Art 144 iVm Art 5 Anlage III SRÜ bestehende Pflicht der Antragsteller, der IMB und den Entwicklungsstaaten die für den Tiefseebodenbergbau erforderliche Technologie verfügbar zu machen, wurde mit Abschn 5 der Anlage zum DÜ außer Kraft gesetzt bzw durch eine weiche Bemühenszusage ersetzt. Gleiches gilt für das ursprünglich von Art 151 Abs 10 und Art 164 Abs 2 lit d SRÜ vorgesehene System der Ausgleichszahlungen für Exporteure von terrestrischen Ressourcen (insbes Entwicklungsländer), vgl Abschn 7 der Anlage zum DÜ.[267] Im Fall eines Widerspruchs zwischen DÜ und Teil XI SRÜ ist Ersteres maßgebend (Art 2 Abs 1 DÜ). Dies eröffnete u a der BR

---

262 ISBA/19/C/WP.1 v 17.4.2013, Regulations on Prospecting and Exploration for Polymetallic Nodules in the Area; ISBA/16/A/12/Rev.1 v 15.11.2010, Annex, Regulations on Prospecting and Exploration for Polymetallic Sulphides; ISBA/18/A/11 v 22.10.2012, Regulations on Prospecting and Exploration for Ferromanganese Cobalt-Rich Crusts.

263 ISBA/25/C/WP.1 v 22.3.2019, Draft Regulations on Exploitation of Mineral Resources in the Area.

264 Vgl die Bestimmungen bzgl Technologietransfer, Abgaben, Überprüfungskonferenz, Produktionsplanung. Letztere erlauben etwa zu Gunsten der terrestrischen Produzenten (vgl o Fn 258) eine Beschränkung des Meeresbodenbergbaus.

265 Vgl etwa United States Deep Seabed Hard Mineral Resources Act v 1980; Gesetz zur vorläufigen Regelung des Tiefseebergbaus v 16.8.1980 (BGBl 1980 I, 1457; geänd durch Ges v 10.2.1982, BGBl 1982 I, 136). Das Gesetz wurde mit dem Gesetz zur Regelung des Meeresbodenbergbaus v 6.6.1995 (BGBl 1995, 778, 782), mit dem die BR Deutschland das Regime des Teils XI SRÜ iVm dem DÜ im innerstaatlichen Recht durchgeführt hat, aufgehoben.

266 *Oxman,* The 1994 Agreement Relating to the Implementation of Part XI of the UN Convention on the Law of the Sea, in Vidas/Østreng (Fn 139) 15ff.

267 Das DÜ sieht ferner – jeweils zu Lasten der Entwicklungsstaaten – Veränderungen bei den Mehrheiten für Sachentscheidungen des Rats sowie im Verhältnis zwischen Versammlung und Rat vor.

Deutschland im Jahre 1994 den Weg zur Vertragsmitgliedschaft und ermöglichte im selben Jahr das Inkrafttreten des SRÜ.

78   Nachdem das in Teil XI SRÜ kodifizierte Regime Ende des 20. Jh in einen vorübergehenden Dornröschenschlag gefallen war, ist die Debatte um eine Aufnahme des Tiefseebodenbergbaus zuletzt wieder aufgeflammt. Neben Fortschritten im Bereich der Abbautechniken hängt dies vor allem mit steigenden Rohstoffpreisen, bedingt durch den wachsenden Bedarf an mineralischen Ressourcen für die Infrastruktur, die für die Energiewende benötigt wird, zusammen. Im Juli 2021 bekundete der pazifische Inselstaat Nauru seine Absicht, bei der IMB die Genehmigung eines Arbeitsplans für den Ressourcenabbau in einem zuvor unter seiner Kontrolle (vgl Art 139 Abs 1 SRÜ)[268] explorierten Meeresgebiet zu beantragen, obwohl die *Exploitation Regulations* noch nicht angenommen werden konnten. Damit aktivierte Nauru eine in der Anlage zum DÜ enthaltene Fristenregel (vgl Abschn 1 Abs 15 lit b), nach der die *Exploitation Regulations* nunmehr bis zum 9.7.2023 zu verabschieden sind. Gelingt dies nicht, muss der Rat der IMB gemäß Abschn 1 Abs 15 lit c der Anlage zum DÜ den Arbeitsplan dennoch prüfen und ihn vorläufig auf Grundlage der Bestimmungen des SRÜ, aller ggf vorläufig beschlossenen Regeln, Vorschriften und Verfahren der IMB sowie der in der Anlage zum DÜ kodifizierten Bedingungen genehmigen.[269] Aus rechtspolitischer Sicht sind die Vertragsparteien des SRÜ und des DÜ gut beraten, sich nicht von dergleichen unilateralen Vorgehensweisen unter Druck setzen zu lassen.

79   Auf der anderen Seite stehen Staaten wie Deutschland, Frankreich, Neuseeland und Spanien dem Tiefseebodenbergbau in Anbetracht der nach wie vor bestehenden wissenschaftlichen Unsicherheiten über Art und Ausmaß der negativen Umweltauswirkungen[270] heute zunehmend ablehnend gegenüber. Am 31.10.2022 erklärte Deutschland zu Beginn der 27. Sitzungsperiode der IMB, keine Pläne für die Ausbeutung der mineralischen Ressourcen des Gebiets als Sponsorstaat zu unterstützen, solange die Ökosysteme der Tiefsee und die Auswirkungen des Tiefseebergbaus nicht hinreichend erforscht seien, und solange keine Abbauregelungen mit strengen Umweltstandards existierten, die sicherstellten, dass die Meeresumwelt nicht ernsthaft geschädigt werde. Mit der von Deutschland vorgeschlagenen *precautionary pause* sollen demnach die meeresumweltschutzbezogenen Vorgaben berücksichtigt werden, die sich aus der staatlichen Gewährleistungspflicht nach Art 139 Abs 1 SRÜ iVm Teil XII SRÜ[271] ergeben. Zu dieser Pflicht zählte die Kammer für Meeresbodenstreitigkeiten des ISGH in ihrem Rechtsgutachten v 2011 u a die Verpflichtung, den Vorsorgeansatz zu verfolgen und die besten Umwelt-

---

268 Art 139 Abs 1 SRÜ etabliert iVm Art 4 Abs 4 Anlage III SRÜ eine staatliche Gewährleistungspflicht des sog Sponsorstaats. Dazu ISGH, *Responsibilities and Obligations*, §§ 74ff, 99ff.
269 Dazu *Singh*, The Invocation of the 'Two-Year Rule' at the International Seabed Authority: Legal Consequences and Implications, IJMCL 37 (2022) 375 ff.
270 *Dass* der Tiefseebodenbergbau die Ökosysteme der Tiefsee massiv schädigen wird, steht freilich völlig außer Frage.
271 Zu Teil XII SRÜ noch u Rn 151ff.

praktiken anzuwenden.[272] Diese greife in Situationen, in denen wissenschaftliche Erkenntnisse über Art und Umfang negativer Auswirkungen der betreffenden Tätigkeit unzureichend seien, es aber plausible Hinweise auf mögliche Risiken gebe.[273] Zu den Rechtsfolgen äußerte sich die Kammer wie folgt: "A sponsoring State would not meet its obligation of due diligence if it disregarded those risks. Such disregard would amount to a failure to comply with the precautionary approach."[274] Vor diesem Hintergrund wird teilweise argumentiert, dass der Abbau der mineralischen Ressourcen des Tiefseebodens bis auf weiteres unzulässig und die Implementierung einer *precautionary pause* von Völkerrechts wegen geradezu geboten sei.[275]

d) Weltraum: Kooperationsverpflichtete Freiheit und Gleichheit

Der Weltraum ist der Bereich, der jenseits des Luftraums liegt. Der die Rechtsverhältnis- 80
se an diesem Nichtstaatsgebiet (Universum nebst Himmelskörpern) abstrakt regelnde *Weltraumvertrag* (WRV) v 27.1.1967[276] lässt die Abgrenzung zum staatlicher Hoheitsgewalt unterliegenden Luftraum offen.[277] Konsens herrscht dahingehend, dass jedenfalls der Raum oberhalb von 120 km zum Weltraum zählt; die Wissenschaftler haben sich mehrheitlich auf die Abgrenzung „100 km über der Erdoberfläche" geeinigt.

Gemäß der Kommunklausel des Art I WRV wird die Erforschung und Nutzung des 81
Weltraums „im Interesse aller Länder ohne Ansehen ihres wirtschaftlichen und wissenschaftlichen Entwicklungsstandes durchgeführt", als „Sache der gesamten Menschheit". Letztere, auf Vorteilsteilhabe zugunsten der Nicht-Weltraummächte abzielende Formulierung *(province of all mankind)*, ist ein Vorläufer der späteren „Menschheitserbe"-Formel für den Tiefseeboden.[278] „Nutzung" iSd WRV umfasst nach zutreffender Ansicht die ökonomische als auch die nicht-ökonomische Nutzung des Weltalls.[279] Art II WRV ergänzt den nutzungsrechtlichen Gemeinwohlbezug um ein umfassendes Aneignungsverbot, dessen auch gewohnheitsrechtliche Geltung seit GA Res 1348 (XIII) v 13.12.1958 sowie

---

272 ISGH, *Responsibilities and Obligations*, §§ 121 ff, 131.

273 Ebd, § 131.

274 Ebd.

275 So etwa ein im Auftrag der Pew Foundation erarbeitetes Rechtsgutachten, <https://www.pewtrusts. org/-/media/assets/2023/03/deep-sea-mining-moratorium.pdf>.

276 Der Mondvertrag blieb angesichts der geringen Zahl der Vertragsparteien (18 Staaten, per 1.6.2023, darunter keine Weltraummacht) bislang ohne Bedeutung. Sein Art XI Abs 1 erklärt den Erdtrabanten und seine Naturschätze zum „gemeinsamen Erbe der Menschheit", keiner nationalen Aneignung unterliegend. Der Mondvertrag enthält zudem bzgl der Himmelskörper ein vollständiges Waffenverbot.

277 S o Rn 28.

278 S o Rn 73 ff. Der Weltraumvertrag war zT vom Antarktis-Vertrag v 1.12.1959 inspiriert worden und beeinflusste seinerseits wiederum die Meeresbodengrundsätze-Deklaration der UN-Generalversammlung v 17.12.1970 (Res 2749 [XXV]), die sich ihrerseits in Teil XI SRÜ niederschlug. Vgl dazu *Proelß/Haake* (Fn 222); zur str Bedeutung der *province of all mankind*-Formel *Wolfrum*, Internationalisierung, 284.

279 Vgl *Hobe*, in CoCoSL, Art I Rn 36.

der zentralen Res 1962 (XVIII) v 1963[280] außer Streit steht. In der Nutzung des Weltraums selbst liegt allerdings keine Okkupation. Auch untersagt das Aneignungsverbot nur die Unterwerfung von Teilen des Weltraums und seiner Himmelskörper unter nationale Hoheitsgewalt,[281] nicht aber die Aneignung natürlicher Ressourcen zu wissenschaftlichen oder kommerziellen (str) Zwecken. Insoweit steht der WRV einer künftigen ökonomischen Nutzung der Himmelskörper, etwa in Gestalt des lunaren Bergbaus oder des *asteroid mining*, nicht grundsätzlich entgegen.[282]

82   Völkerrechtlich besteht kein Unterschied zwischen dem Erdorbit, d h dem relativ erdnahen Raum des Sonnensystems, und dem tieferen Weltraum. In den 1970er Jahren versuchten einige äquatornahe Entwicklungsländer, ein Sonderregime für den *Geostationären Orbit* (GSO) durchzusetzen, also für die Satelliten-Umlaufbahn in 35.787 km Höhe über dem Äquator. Nach allen Theorien der Abgrenzung zwischen Luft- und Weltraum liegt der GSO tief im Inneren des Weltraums. Im GSO positionierte Satelliten bewegen sich synchron mit der Erddrehung, eine für Kommunikationssatelliten günstige Lage. In der *Erklärung von Bogotá* v 1976[283] statuierte die Gruppe der Äquatorialstaaten, der GSO sei „part of the territory over which Equatorial States exercise their national sovereignty"; die Stationierung von Satelliten im GSO sowie der Erwerb von Rechten zur Nutzung solcher Orbitalsegmente sollte deshalb ihrer (gebührenpflichtigen) Zustimmung bedürfen. Die Äquatorialstaaten suchten diese Behauptung u a auf die These zu stützen, die Position der geosynchronen Satelliten werde durch die Anziehungskraft der darunterliegenden Landfläche bestimmt. Mit dieser (pseudo-) „naturrechtlich-geopolitischen" Begründung lässt sich die Beanspruchung des geostationären Orbits jedoch nicht rechtfertigen. Nicht das Staatsgebiet der Äquatorialstaaten, sondern die Anziehungskraft der gesamten Erde wirkt auf den GSO ein. Das in diesem Bereich zunächst schnell wachsende Gewohnheitsrecht hatte den GSO denn auch von Anfang an dem staatsfreien Weltraum zugeordnet; Sonderregime für irgendwelche Zonen, Umlaufbahnen, Weltraumkörper wurden nie ernsthaft ins Auge gefasst. Insofern drangen die Äquatorialstaaten mit ihrer raumpolitischen Forderung nicht durch. Mit dem Hinweis, die Segmente des GSO seien eine „scarce natural resource", die Zahl der verfügbaren, ökonomisch nutzbaren Positionen sei also begrenzt (vgl Punkt 1 der Bogotá-Erklärung), hatten sie allerdings recht. Der GSO, einschließlich des Spektrums der Frequenzen, wirft in der Tat Probleme

---

280 Declaration on the Legal Principles Governing the Activities of States in the Exploration and Use of Outer Space v 13.10.1963 (A/RES 1962 [XVIII]).
281 Nach ganz hM gilt das Aneignungsverbot des Art II WRV auch für natürliche und juristische Personen des Privatrechts; vgl *Freeland/Jakhu*, in CoCoSL, Art II Rn 32 und *Tronchetti*, The Exploitation of Natural Resources of the Moon and Other Celestial Bodies, 2009, 204ff, jeweils mN zur Unzulässigkeit der Geltendmachung privater Eigentumsrechte am Mond und anderen Himmelskörpern.
282 Dazu jüngst *Wick*, Ein internationales Übereinkommen zur Regelung des Abbaus der natürlichen Ressourcen des Mondes und anderer Himmelskörper, 2016, 29ff. Freilich sind die sich u a aus den Vorgaben der Umweltverträglichkeitsklausel des Art IX Satz 2 WRV ergebenden Schranken zu berücksichtigen (ebd, 49ff).
283 Abgedr in v. Welck/Platzöder (Hrsg), Weltraumrecht, 1987, 731.

Proelß

der Verteilung der Nutzungschancen auf.[284] Die Vereinbarung eines internationalen GSO-Regimes, das bzgl der Nutzung dieser Ressourcen Billigkeitsgesichtspunkte berücksichtigt,[285] hat mittlerweile die Gefahr weltraum- bzw industriestaatlicher Monopolisierung gebannt.[286]

In der Erforschung und Nutzung des Weltraums und der Himmelskörper sowie im Zugang zu allen Teilen des Weltraums und der Himmelskörper sind die Staaten nach alledem gleichberechtigt und frei (Art I Abs 2, 3 WRV). Es herrscht Weltraumfreiheit und damit – normativ – Weltraumgleichheit. Bei ihren Weltraumaktivitäten lassen sich die Staaten vom „Grundsatz der Zusammenarbeit und gegenseitigen Hilfe leiten", Art IX Abs 1 WRV. Insbes bzgl der wissenschaftlichen Forschung im Weltraum „erleichtern und fördern [sie] die internationale Zusammenarbeit", Art I Abs 3 WRV.[287] Die Weltraumfreiheit wird begrenzt durch Art IV Abs 2 WRV, wonach der Mond und die anderen Himmelskörper ausschließlich zu friedlichen Zwecken genutzt werden dürfen; Abs 1 der Norm verbietet die Stationierung von Massenvernichtungswaffen auf Himmelskörpern und im Weltraum. Reichweite und Bedeutung dieser Nutzungsschranke sind im Detail str.[288] Die satellitengestützte Fernerkundung der Erde *(remote sensing)*[289] kann als systematische Ausforschung uU die Souveränität des erkundeten Staates beeinträchtigen. Der Streit um die Zulässigkeit der „Erdbeobachtung" wurde mit den relativ pragmatischen *Fernerkundungsprinzipien* der UN-Generalversammlung v 1986[290] entschärft: Konsultationen sind ausreichend. Die Nutzung von Satelliten für nichtaggressive Zwecke bleibt erlaubt.

83

---

284 Das in Nichtstaatsgebieten übliche Vorrecht des Erstnutzers („first come, first served") würde hier zu einer unfairen Verteilung führen: Die Satellitenplätze wären von den Weltraummächten besetzt, bevor weitere Länder ihrerseits zur Nutzung wissenschaftlich-technisch befähigt wären.

285 Vgl etwa Art 12 Abs 5 der ITU-Konstitution: „die gerechte, wirksame und wirtschaftliche Nutzung der Umlaufbahn der geostationären Satelliten"; Art 33 Abs 2 verpflichtet die Vertragsstaaten, diese Ressourcen so zu nutzen, dass damit der Zugang zu dieser Umlaufbahn und zu diesen Frequenzen den einzelnen Ländern oder Ländergruppen in gerechter Weise möglich ist; dabei werden die besonderen Bedürfnisse der Entwicklungsländer und die geographische Lage bestimmter Länder berücksichtigt." Vgl auch *Will*, Solar Power Satellites und Völkerrecht, 2000, 160 ff.

286 Vgl Res 41/65 v 3.12.1986 („Principles Relating to Remote Sensing of the Earth from Space").

287 Versuche im UN-Weltraumausschuss, die Kooperationspflichten iSe Hilfe für Entwicklungsländer zu effektivieren, drangen nicht durch. Nur bzgl des GSO ist die generelle Nutzungsfreiheit durch die spezielle, auf materielle Gleichberechtigung abzielende Zugangsregelung eingeschränkt. Die Rechtsverhältnisse von Raumfahrern und Raumobjekten sind gemäß dem Flaggenstaatsprinzip geregelt (Art V, VIII WRV).

288 *Proelss*, Peaceful Purposes, MPEPIL, Rn 5 ff; *Wolter*, Grundlagen „Gemeinsamer Sicherheit" im Weltraum nach universellem Völkerrecht, 2003; *Grossmann*, Weapons in Space, 2001; zum GSO vgl *Petersmann/Coenen/Grünwald*, Aufrüstung im All, 2003, 145 f.

289 Vgl etwa *Klinner*, Satellitenfernerkundung in Völkerrecht, 1989; *Classen*, Fernerkundung und Völkerrecht, 1987; *de Graaff/Reijnen*, Remote Sensing by Satellites, in Benkö/de Graaff/Reijnen (Hrsg), Space Law in the United Nations, 1985, 1 ff; *Hobe* (Fn 81) § 47 Rn 34 ff

290 Res 41/65 v 3.12.1986. Dazu *Christol*, Space Law, 1991, 469 ff; *Gorove*, Developments in Space Law, 1991, 294 ff, 311.

84   Obwohl im Weltraum keine Ökosysteme vorhanden sind, ist auch diese Raumkategorie schutzbedürftig.[291] Zum einen werden durch den Menschen die natürlichen Konstellationen verändert, was möglicherweise weitere Aktivitäten behindert. Zum anderen können Weltraumaktivitäten auch die Umwelt der Erde gefährden. *Space debris* stellt die größte Belastung dar, Weltraumschrott also, der aus ausgebrannten Raketenstufen oder inaktiven Satelliten besteht, vor allem aber aus von diesen Objekten herrührenden Klein- und Kleinstteilen, die sich aufgrund von Kollisionen untereinander noch vermehren. Mitunter könnten durch kettenartige Kollisionen ganze Umlaufbahnen für eine Nutzung unbrauchbar werden.[292] Es gibt kein Abkommen, das umfassend die Fragen des „kosmischen Umweltschutzes" beantwortet. Einzelregelungen finden sich in verschiedenen Verträgen. Das Grundprinzip formuliert Art I WRV: Jede Weltraumtätigkeit muss „zum Vorteil und im Interesse aller Staaten durchgeführt" werden. Eine mittelbare Schutzpflicht bzgl des Weltraums ergibt sich aus der gemäß Art IX bestehenden Pflicht jedes Staates, auf die Aktivitäten der anderen Staaten Rücksicht zu nehmen.[293]

85   Das in Art I WRV niedergelegte Grundprinzip wird durch Art IX WRV konkretisiert. Der Weltraum, der Mond und die anderen Himmelskörper (sowie die einschlägigen Aktivitäten) sollen nach Art IX Satz 2 Halbsatz 1 WRV vor Kontamination geschützt werden. Eine erweiternde Auslegung unter Berücksichtigung von Art IX Satz 1 WRV ergibt, dass jede Art von Veränderung des Weltraums zu vermeiden ist.[294] Nur dann kann das Ziel, den Freiheit und Chancengleichheit sichernden Status quo zu erhalten, erreicht werden. Allerdings ist nur die schädliche Kontamination verboten. Die irdische Umwelt wird durch Art IX Satz 2 Halbsatz 2 WRV vor jeder „ungünstigen" Veränderung durch das Einbringen extraterrestrischer Stoffe *(back contamination)* geschützt. Im Übrigen verpflichtet Art IX WRV zur Konsultation bei möglicherweise umweltgefährdenden Aktivitäten. Mittelbar umweltschützenden Charakter haben auch die Vorschriften über das Verbot militärischer Nutzung des Weltraums.[295] Nicht nur ist jede nukleare Versuchsexplosion

---

291 Allg Böckstiegel (Hrsg), Environmental Aspects of Activities in Outer Space, 1990; *Hintz*, Weltraumrechtlicher Umweltschutz im völkerrechtlichen Regelungszusammenhang, 1995; *Proelß*, in Internationales Umweltrecht, 11. Abschn Rn 36 ff; *Hobe* (Fn 81) § 47 Rn 43 ff.

292 Die durch Weltraumaktivitäten wohl größte Gefahr für die Erde hat sich bereits einmal realisiert: durch den Absturz des nuklear betriebenen sowjetischen Satelliten Kosmos-954. Dazu *Hurwitz*, State Liability for Outer Space Activities, 1992, 113 ff.

293 Zutreffend erkennt *Marchisio*, in CoCoSL, Art IX Rn 25 im *due regard*-Gebot eine Pflicht zur Einhaltung gewisser Sorgfalts- und Beobachtungsstandards bei der Ausführung von Weltraumaktivitäten. Der Staat müsse beweisen, dass er alles getan habe, um eine Beeinträchtigung der Interessen der anderen Vertragsstaaten zu verhindern. Die Verwandtschaft dieses Verständnisses mit dem gewohnheitsrechtlichen Präventionsprinzip ist unverkennbar. Dazu s u Rn 115 ff.

294 Vgl *Marchisio*, in CoCoSL, Art IX Rn 29. Bsp sind das Einbringen nuklearer, biologischer oder chemischer Substanzen. Kontrovers diskutiert werden Vorschläge zur Reduktion der Sonneneinstrahlung durch das Einbringen von Reflektoren, Spiegeln oder Staubpartikeln als Reaktion auf die Erderwärmung *(solar radiation management)*. Vgl u Rn 179.

295 Vgl die Konvention über ein Verbot von militärischer oder anderweitig feindseliger Anwendung von Techniken zur Veränderung der Umwelt (ENMOD) v 18.5.1977, die auch bzgl des Weltraums gilt. Älter

im Weltraum verboten (Art I PTBT), sondern auch der Einsatz umweltverändernder Techniken zu militärischen Zwecken (Art II ENMOD). Verbesserungsvorschläge für den weltraumbezogenen Umweltschutz konzentrieren sich derzeit auf die Vermeidung und Beseitigung von Weltraummüll.[296] Die Unvollkommenheit des weltraumbezogenen Umweltschutzes beruht darauf, dass wichtige Staaten weiterhin vorrangig an der Nutzung des Weltraums, auch zu Kommunikationszwecken sowie zur Raketenabwehr, interessiert sind.

Die Staaten sind für ihre und ihrer Staatsangehörigen Tätigkeiten im Weltraum verantwortlich (Art VI WRV). Sie haften für Schäden, die durch in den Weltraum entsandte Gegenstände zugefügt werden (Art VII WRV). Die Haftungsfrage, durch Probleme bei der Definition von „Startstaaten" bzw „Haftungsstaaten" *(launching States)* kompliziert, gewinnt mit der Anhäufung von *space debris* in der Erdumlaufbahn und dem Absturz ausgebrannter Satelliten an Bedeutung. In Ausführung des Art VII WRV wurde am 29.3.1972 das *Übereinkommen über die völkerrechtliche Haftung für Schäden durch Weltraumgegenstände (Weltraumhaftungsübereinkommen)*[297] geschlossen. Es stipuliert eine unbedingte Schadensersatzpflicht des „Startstaats"[298] bzw des Besitzers von Weltraumobjekten für durch sie auf der Erdoberfläche oder an Luftfahrzeugen verursachte Schäden. Schäden an Nichtstaatsgebieten und an der Umwelt als solcher erfasst das Übereinkommen nicht.[299] Selbst wenn man mit der hL annimmt, dass sich das Übereinkommen auch auf *space debris* erstreckt, löst das nicht bereits das Schutzproblem: Bei „kosmischen Kollisionen" müsste, um die Haftung zu begründen, ein Verschulden des Startstaats hinsichtlich des Belassens des Mülls im Weltraum festgestellt werden (vgl Art III Weltraumhaftungsübereinkommen). Den Nachweis zu erbringen, von welchem Staat ein ggf schadensverursachendes Partikel herrührt (Kausalität), wird idR äußerst schwierig sein.

Wichtigste institutionelle Einrichtung bzgl der Entwicklung des Weltraumrechts ist seit den 1960er Jahren das *UN Committee on the Peaceful Uses of Outer Space* (UNCOPUOS). Sein juristischer Unterausschuss hat alle bisherigen universellen Weltraumver-

86

87

---

noch ist der Vertrag über das Verbot von Kernwaffenversuchen in der Atmosphäre, im Weltraum und unter Wasser v 1963, das sog begrenzte Teststopp-Abkommen für Nuklearwaffen (PTBT, Partial Test Ban Treaty). Der Vertrag über das umfassende Verbot von Nuklearwaffen (CTBT, Comprehensive Test Ban Treaty) v 1996 scheiterte 1999.

296 Vgl den ILA-Entwurf „Buenos Aires International Instrument on the Protection of the Environment from Damage Caused by Space Debris", ILA Report of the Sixty-sixth Conference, 1994, 7, 9 ff. Umfassend *Wins* (Fn 79) 255 ff.

297 Dazu *Schmalenbach,* in Internationales Umweltrecht, 7. Abschn Rn 34, 51 f; *Hobe* (Fn 81) § 47 Rn 28 f.

298 Die Haftung des Startstaats wurde u a deshalb vereinbart, weil die damalige UdSSR aufgrund ihres staatskonzentrierten Völkerrechtsverständnisses die Haftung von I.O., die Satelliten ins All bringen ließen, ablehnte. Hierzu und zum Folgenden *Wins* (Fn 79); *Pedrazzi,* Outer Space, Liability for Damage, MPE-PIL, Rn 5 ff. Für bestimmte Schäden begründet das Übereinkommen eine Gefährdungshaftung.

299 Das Übereinkommen bot eine Grundlage für die gegenüber Kanada (schließlich *ex gratia*) erfolgte Leistung von Schadensersatz für die durch den sowjetischen Satelliten Kosmos-954 verursachten Schäden.

Proelß

träge ausgearbeitet. Ferner behandeln diverse I.O. weltraumbezogene Fragen unter ihren jeweiligen speziellen Aufgabenstellungen. Dabei kommt der ITU eine besondere Rolle zu.[300] Eine Institution für die Nachrichtenübermittlung durch Satellit ist INTELSAT (International Telecommunication Satellite Union).[301] Sie stellt ihr „Weltraumsegment" (Fernmeldesatellit plus zugehörige Einrichtungen) auf kommerzieller Basis zur Verfügung. Hinsichtlich der mobilen Kommunikation gilt Vergleichbares von INMARSAT, die seit 1983 eigene Satelliten betreibt und 1999 privatisiert wurde.[302] Als regionaler Organisation obliegt der European Space Agency (ESA) die Doppelaufgabe,[303] eine europäische Weltraumpolitik (politischer Auftrag) auszuarbeiten sowie Weltraumtätigkeiten und -programme (Managementaufgabe) durchzuführen.[304] Die institutionelle Vielzahl darf nicht darüber hinwegtäuschen, dass die Weltraumfreiheit und die einschlägigen Kooperationspflichten letztlich ohne institutionelle Absicherung sind: Eine Internationale Weltraumbehörde gibt es nicht.

88   Im Lichte der zunehmenden Verknappung der terrestrischen Ressourcen und des technologischen Fortschritts sind die rechtlichen Rahmenbedingungen der Nutzung des Weltraums, vor allem hinsichtlich des Abbaus der Bodenschätze des Monds und anderer Himmelskörper, wieder in den Vordergrund des Interesses gerückt. Neben die in den vergangenen Jahren von verschiedenen Raumfahrtnationen formulierten Pläne, permanent bemannte Stationen auf Mond und Mars zu gründen und zu unterhalten, treten zu Beginn des 21. Jh die Aktivitäten privater Raumfahrtunternehmen wie SpaceX, Blue Origin und Virgin Galactic.[305] Diese Entwicklungen stellen das internationale Weltraumrecht vor neue Herausforderungen: Solange es an rechtlichen Regelungen über die Exploration und den Abbau natürlicher Ressourcen auf dem Mond und anderer Himmelskörper fehlt, besteht insbes im Hinblick auf die Fragen nach der Aneignungsfähigkeit der Bodenschätze und der Art und Weise eines künftigen Ressourcenabbaus unter dem derzeitigen Weltraumrecht Rechtsunsicherheit. Auch zwecks Gewährleistung von Verteilungsgerechtigkeit sprechen gewichtige Gründe für eine baldige Weiterentwicklung des Weltraumrechts durch Ergänzung der bestehenden Verträge um ein zeitgemä-

---

300 S bereits Rn 34f.
301 Benutzer des INTELSAT-Weltraumsegments zahlen Gebühren.
302 Dazu *Kanz*, Inmarsat, 2008.
303 Vgl Art II lit a und b ESA-Übereinkommen. Während die EU 27 Mitglieder hat, hat die ESA 22, davon zwei Nicht-EU-Mitglieder. Es bedarf schon insofern klarer Rollenverteilung EU-ESA. Vgl KOM (2003) 673 v 11.11.2003 (Weißbuch).
304 Erfindungen und technische Daten werden Eigentum der anwendungsorientierten ESA und kommen ihren Mitgliedstaaten zugute (Art III ESA-Übereinkommen). Mittlerweile erfasst Europa auch die militärische Dimension der Raumfahrt: ohne Kommunikationssatelliten keine vernetzte Operationsführung. Die meisten Raumfahrtanwendungen sind sowohl zivil als auch militärisch einsetzbar *(dual use)*.
305 Budgetkürzungen bei der US-Raumfahrbehörde NASA hatten zur Folge, dass verschiedene Projekte an Privatunternehmen vergeben wurden. Derzeit arbeitet die Behörde gemeinsam mit drei Privatfirmen an der Entwicklung vollautomatisierter Roboter zur Erforschung des Monds, um genauere Kenntnisse über die dort lagernden Ressourcenvorkommen zu gewinnen.

ßes, den Anforderungen nachhaltigen Ressourcenabbaus im All ebenso wie den Interessen sämtlicher Staatengruppen Rechnung tragendes Normengerüst.[306]

e) Antarktis: Eher „Weltpark" als „Klubraum

Die faktische Nichtbeherrschbarkeit spielt in der Antarktis,[307] anders als beim Meer, 89 normativ nach wie vor eine Rolle. So ist str, ob die extreme Kälte und die lebensabweisende Eisbedeckung – vielerorts ist der Eispanzer bis zu 4 km dick – die effektive Beherrschung des antarktischen Kontinents und somit auch den potentiellen Erwerb von Gebietshoheit bisher auszuschließen vermochten. Sieben Staaten (die *claimants*: Argentinien, Australien, Chile, Frankreich, Großbritannien, Neuseeland und Norwegen) beanspruchen, ohne effektive Kontrolle auszuüben, Souveränität in Bezug auf große Teile des Kontinents. Sie haben Sektoren definiert, deren Spitze der Südpol und deren Basis der 60. Breitengrad ist. Teilweise überschneiden sich die Sektoren. Die anderen ebenfalls an den *Antarktis-Vertrag* v 1959 (AV) gebundenen Staaten (die USA, Russland, Deutschland, Italien, Spanien und fast drei Dutzend weitere Staaten, die *non-claimants*) lehnen diese Hoheitsbehauptungen ab. Sie qualifizieren den Kontinent als dauerhaft aneignungsunfähiges Nichtstaatsgebiet. Art IV AV hält den Status quo in Bezug auf die gebietsrechtlichen Positionen der *claimants* einerseits und ihre Negierung durch die *non-claimants* andererseits aufrecht und untersagt zugleich das Erheben neuer oder erweiterter Gebietsansprüche.[308] Antarktisbezogene Rechtsnormen werden dementsprechend so gestaltet, dass ihnen die Richtigkeit jeder der beiden entgegengesetzten Thesen (Vorliegen oder Nichtvorliegen von wirksamen Gebietsansprüchen) gleichermaßen zugrunde gelegt werden kann (sog *Bifokalismus*).[309] Gänzlich frei von Hoheitsbehauptungen ist nur der Sektor zwischen 90° und 150° westlicher Breite. Das in Art 7 des mit breiter Zustimmung angenommenen (Madrider) *Umweltschutzprotokolls zum Antarktis-Vertrag v 4.10.1991* (USP) vereinbarte Bergbauverbot[310] verringert den Anreiz, die bisherigen hoheitsrechtlichen Positionen zu aktivieren oder neue aufzubauen.

---

306 Nach Art 11 Abs 5 des Mondvertrags sollen sich die Vertragsparteien um Schaffung eines internationalen Regimes „to govern the exploitation of the natural resources of the moon" bemühen, sobald ein Ressourcenabbau möglich erscheint. Einen umfassenden Vorschlag für ein internationales Übereinkommen zur Regelung des Abbaus der natürlichen Ressourcen des Mondes und anderer Himmelskörper entwirft *Wick* (Fn 282) 147 ff.
307 Grundlegend *Auburn*, Antarctic Law and Politics, 1982; *Bush*, Antarctica and International Law, Bde I–III, 1982–1988; *Orrego Vicuña*, Antarctic Mineral Exploitation, 1988.
308 Vgl Art IV Abs 2 Satz 2 AV. Diese Norm steht der Ausweisung einer AWZ durch einen *claimant* hinsichtlich des von ihm beanspruchten Sektors angesichts des funktionalen, nicht mit Gebietshoheit verbundenen Charakters der AWZ (s o Rn 51, 53) nicht zwangsläufig entgegen.
309 Vgl *Kämmerer*, Die Antarktis in der Raum- und Umweltschutzordnung des Völkerrechts, 1994, 86 ff.
310 Dazu *Podehl*, Das Umweltschutzprotokoll zum Antarktisvertrag als Ergebnis der Verhandlungen über die Rohstoffnutzung in der Antarktis, 1993; *Pannatier*, L'Antarctique et la protection de l'environnement, 1994.

90   Unter „Antarktis" sind im Einklang mit Art VI AV alles Land und Meer sowie alle Eis-
schelfe südlich von 60° südlicher Breite zu verstehen. Dieser Raum (Art I AV) ist „im Interesse der gesamten Menschheit" vorwiegend der wissenschaftlichen Forschung vorbehalten (Art II, III AV). Konsequenterweise bilden reale Forschungsaktivitäten, also
die Manifestation substantiellen Interesses, das Kriterium für die Aufnahme in den (be-
vorrechtigten) Kreis der Konsultativstaaten (Art IX Abs 2 AV). Derzeit (Stand 1.6.2023)
verfügen von den 56 Vertragsparteien des AV 29 Staaten über Konsultativstatus (darunter Deutschland). Am Entscheidungsmechanismus nehmen nur sie teil. Maßnahmen militärischer Art wie die Einrichtung militärischer Stützpunkte (Art I Abs 1 AV) sind in der
Antarktis ebenso verboten wie „Kernexplosionen und die Beseitigung radioaktiven Ab-
falls" (Art V Abs 1 AV).[311] Der Versuch einer Rohstoffnutzungsregelung scheiterte: Australien und Frankreich lehnten die Unterzeichnung der *Convention on the Regulation of
Antarctic Mineral Resource Activities* v 2.6.1988 (CRAMRA)[312] im Jahr 1989 ab; insofern
bleibt die Bergbaukonvention eine Konventionsruine (17 Staaten hatten die CRAMRA bereits unterzeichnet).

91   Der sich zumal in den Empfehlungen der Konsultativtagungen zunehmend ausdrü-
ckende Wandel des Antarktischen Systems in Richtung auf ein sowohl der Forschung als
auch dem Umweltschutz gewidmetes Regime schlug sich 1991 im *USP* nieder, zu dem bislang sechs Anlagen existieren.[313] Mit seinem Inkrafttreten am 14.1.1998 wurde die Forderung von NGOs, die Antarktis zum „Weltpark" zu erklären,[314] teilweise erfüllt. Die Vorgaben des USP stellen sich insgesamt als vergleichsweise fortschrittlich dar. Sie sind,
auch wenn es an einer expliziten Bezugnahme auf das Vorsorgeprinzip fehlt,[315] von
einem „Geist der Vorsorge" geprägt. Nach Art 3 Abs 2 USP müssen Tätigkeiten auf der
Grundlage von Informationen, die vorherige Prüfungen im Hinblick auf ihre Auswirkungen ermöglichen, und in einer Weise geplant und durchgeführt werden, dass nachteilige Auswirkungen auf die antarktische Umwelt begrenzt werden. Dies entspricht

---

311 Zur Reichweite dieser Vorgaben *Proelss,* Peaceful Purposes, MPEPIL, Rn 3f.
312 Zu ihr *Wolfrum,* The Convention on the Regulation of Antarctic Mineral Ressource Activities, 1991; s
auch *Vöneky/Beck,* in Internationales Umweltrecht, 14. Abschn Rn 20.
313 Sie orientieren sich an zuvor erlassenen Empfehlungen oder passen internationale Schutzvereinbarungen den besonderen Verhältnissen der Antarktis an. Zum USP *Vöneky/Beck,* in Internationales Umweltrecht, 14. Abschn Rn 21ff; zum Haftungsannex (= Anlage VI USP) *Vöneky,* The Liability Annex to the
Protocol on Environmental Protection to the Antarctic Treaty, FS Wolfrum, 2008, 165ff.
314 Vgl *Barnes,* Legal Approach of Environmental Protection in Antarctica, in Joyner/Chopra (Hrsg), The
Antarctic Legal Regime, 1988, 241ff.
315 Im Schrifttum wird die Frage, ob das Vorsorgeprinzip im USP enthalten ist, mitunter umstandslos bejaht, vgl etwa *Podehl* (Fn 310) 56; *Krüger,* Anwendbarkeit von Umweltschutzverträgen in der Antarktis,
2000, 22. Mit *Bastmeijer,* The Antarctic Environmental Protocol and its Domestic Legal Implementation,
2003, 293f ist demgegenüber darauf zu bestehen, dass die fehlende explizite Normierung des Vorsorgeprinzips zumindest eine genauere Auseinandersetzung mit jener Frage erfordert. Die CRAMRA, deren
Scheitern als Geburtsstunde des USP verstanden wird, hatte in Art 4 Abs 1 noch explizit auf das Vorsorgeprinzip abgestellt.

Proelß

dem in Prinzip 15 der Rio-Deklaration v 1992 zum Ausdruck kommenden Kerngehalt des Vorsorgeprinzips.[316] In der dt Rechtsordnung wurden die Vorgaben des USP mit Ausführungsgesetz v 22.9.1994 (AUG)[317] konkretisiert und anwendbar gemacht. Mit Ausnahme von Forschungstätigkeiten, die weniger als geringfügige oder vorübergehende Auswirkungen auf die Umwelt haben (bloße Anzeigepflicht, vgl § 6 Abs 1 AUG), sieht dieses Gesetz ein Genehmigungserfordernis für alle von deutschen Staatsangehörigen bzw unter deutscher Hoheitsgewalt durchgeführten Aktivitäten in der Antarktis vor (vgl § 3 Abs 1 AUG). Wird das Umweltbundesamt als in Deutschland zuständige Genehmigungsbehörde mit einem Vorhaben konfrontiert, dessen Auswirkungen auf die Umwelt wissenschaftlich unklar sind, darf es weder die Erteilung der Genehmigung umstandslos ablehnen noch – unter Hinweis auf die infolge Unkenntnis vermeintlich fehlende Besorgnis einer Umweltschädigung – erteilen. Vielmehr muss im Einzelfall geprüft werden, was angesichts des konkreten Unwissens zu veranlassen ist, um sowohl den Anforderungen des Vorsorgeprinzips als auch denen der Forschungsfreiheit angemessen Rechnung zu tragen. Im Detail stellt sich das Regime des AUG als überkomplex und zT in sich widersprüchlich dar.[318]

Die auf AV und USP fußende, mittlerweile relativ detailliert ausgestaltete Rechtsordnung wird *Antarktisches System* genannt.[319] Mit ihm wurde im Ansatz eine gemeinschaftliche Verwaltung durch die Vertragsstaaten geschaffen. Sie schließt den Erlass von Empfehlungen (Art IX Abs 1 AV) und normkonkretisierenden Anlagen zum USP im Rahmen der alljährlichen Konsultativtagungen ein. Daneben bestehen rechtlich selbständige, mit den übrigen antarktisbezogenen Normen freilich vielfach verschränkte multilaterale Verträge, insbes das Übereinkommen zum Schutz der antarktischen Robben v 1.6.1972 (CCAS) und das über die Erhaltung der lebenden Meeresschätze der Antarktis v 20.5.1980 (CAMLR-Konvention). Gemäß Art 4 Abs 2 USP sollen die in den beiden genannten Verträgen sowie die in der ICRW[320] enthaltenen Rechte und Pflichten vom USP unberührt bleiben. Diese Klausel wurde in der BR Deutschland mit § 17 Abs 7 und 8 AUG umgesetzt, der darauf abzielt, eine „Verdoppelung" des Genehmigungsverfahrens zu vermeiden. Die Gefahr einer solchen Verdoppelung besteht freilich nur insoweit, als sich die Regelungsbereiche des AUG und die der in innerstaatliches Recht umgesetzten CCAS. CAMLR-Konvention und ICRW überlagern. Deshalb bleibt das Regime des § 17 AUG (und damit das USP) anwendbar, soweit die Spezialverträge keine abschließende Regelung treffen. **92**

Nimmt man die Zahl der am Antarktischen System beteiligten Staaten als Maßstab, ist die Qualifizierung der Antarktis als globaler Staatengemeinschaftsraum nicht unpro- **93**

---

316 Dazu s u Rn 124.

317 BGBl 1994 I, 2593.

318 Eingehend *Proelß/Blitza/Oliva*, Die Genehmigung wissenschaftlicher Forschung in der Antarktis im Lichte von Umweltschutz und Forschungsfreiheit, 2013, 27 ff.

319 Vgl *Kämmerer* (Fn 309) 75 ff.

320 Vgl Art 7 Anlage II USP. Nachw in Fn 194 und 365.

blematisch. Die „gemeinschaftliche Verwaltung" ist, anders als etwa beim Meeresboden-regime,[321] weder universell noch institutionell näher ausgeformt. Der Umstand, dass die Parteien des AV rund 80 % der Weltbevölkerung repräsentieren, verleiht dieser Staaten-gruppe jedoch „repräsentatives" Gewicht.[322] Zwar kann nicht von einem objektiven, Drittstaaten aufgrund einer wie auch immer gearteten besonderen Rechtsnatur des AV bindenden Regime ausgegangen werden.[323] Die Legitimität des „Antarktischen Klubs" und des von seinen Mitgliedern verwalteten Regimes wird sich aber mit der weiteren Optimierung der Wahrnehmung wissenschaftlicher und ökologischer Verantwortung für die Antarktis iSe Art Treuhänderschaft erhöhen. Diesem Auftrag ist die mit der CAMLR-Konvention gegründete Kommission zur Erhaltung der lebenden Meeresschätze der Antarktis (CCAMLR) ansatzweise gerecht geworden: Trotz erheblicher Differenzen der in der Kommission vertretenen Vertragsparteien in Bezug auf die Ziele der CAMLR-Konvention[324] gelang am 1.12.2017 eine Verständigung auf Einrichtung des mit 1,55 Mio km^2 zweitgrößten Meeresschutzgebiets der Erde für einen Zeitraum von zu-nächst 35 Jahren *(Ross Sea Region Marine Protected Area)*.[325] Ermöglicht wurde der Be-schluss durch einen Kompromiss, nach dem innerhalb des Schutzgebiets bestimmte Zo-nen ausgewiesen wurden, in denen Ausnahmen vom Ausschluss der Fischerei bzgl „Forschungsfischerei" und „gezielter Fischerei" gelten.[326] Künftig könnte die informelle Treuhänderschaft der am Antarktischen System und seinen einzelnen Komponenten be-teiligten Staaten im Lichte der Auswirkungen des Klimawandels auf die Antarktis noch an Bedeutung gewinnen.

II. Die Umwelt im Völkerrecht

1. Das Völkerrecht des Umweltschutzes im Überblick

94 Im zweiten Jahrzehnt des 21. Jh ist die Menschheit mit fundamentalen Gefährdungen ihrer natürlichen Lebensgrundlagen konfrontiert. Laut einer kürzlich veröffentlichten Studie wurden mittlerweile sieben von acht *Planetary Boundaries* überschritten.[327]

---

321 Vgl o Rn 73 ff.

322 Dazu *Klein*, Statusverträge im Völkerrecht, 1980, 250 f.

323 Sehr str; dazu *Proelss* (Fn 49) Rn 54 mwN.

324 Der in Art II Abs 2 des Übereinkommens als Bestandteil der Erhaltung *(conservation)* der vom Über-einkommen erfassten Fisch- und Krillbestände in Bezug genommene Begriff der rationellen Nutzung *(ra-tional use)* wurde von einigen Staaten als rechtliches Hindernis für die Ausweisung eines Fischereiaus-schlussgebiets verstanden.

325 Conservation Measure 91-05 (2016), Ross Sea Region Marine Protected Area.

326 Zu diesen und verwandten Konzepten vergleichend *Liu/Proelss/Schatz*, Regulating Exceptions for Re-search and Exploratory Fishing in Southern Ocean Marine Protected Areas: A Comparative Analysis on Balancing Conservation and Commercial Use, ODIL 53 (2022) 60 ff.

327 *Rockström et al*, Safe and Just Earth System Boundaries, Nature v 31.5.2023, <https://doi.org/10.1038/s41586-023-06083-8>.

Erstmals 2009 vorgeschlagen,[328] werden mit den planetarischen Grenzen Schwellenwerte bezeichnet, innerhalb derer sich die Menschheit nach dem heutigen Stand der Wissenschaft noch über Generationen hinweg entwickeln kann. Auch das Konzept des *Anthropozäns,* nach dem eine neue geologische Epoche begonnen hat, in der der Druck des Menschen das Erdsystem in einer Weise beeinflusst, die sich rasch vom stabilen Zustand des Holozäns der letzten 12.000 Jahre entfernt, hat mittlerweile Eingang in die rechtswissenschaftliche Diskussion gefunden.[329] Das internationale Umweltrecht, das auf die Verschmutzung von Luft, Wasser und Boden, das globale Artensterben und die epochale Klimakrise reagieren muss, wird nicht nur durch die Größenordnung dieser Probleme, sondern auch durch die Notwendigkeit, schnell, flexibel und effektiv auf neue Entwicklungen und externe Schocks reagieren zu müssen, herausgefordert. Denn Recht, zumal im internationalen Kontext, ist tradidionell auf Stabilität und Rechtssicherheit ausgelegt; bei der Weiterentwicklung des Völkerrechts spielt die – häufig zeitintensive – Suche nach Kompromissen zumal eine wesentliche Rolle. Die Beantwortung der Frage, wie mit den Mitteln des Rechts auf kurzfristige, zT kaum vorhersehbare Entwicklungen reagiert werden kann, ohne die bewahrenden, Stabilität gewährleistenden Funktionen des Rechts aufzugeben, ist deshalb zentrale Aufgabe von Völkerrechtswissenschaft und -praxis. Auf dem Gebiet des Umweltvölkerrechts manifestiert sich der Reformdruck bereits heute in Entwicklungen, die in der Zukunft möglicherweise auch anderen Bereiche des Völkerrechts erfassen könnten. Sie umfassen u a bottom-up-Prozessen (*climate change litigation;* Engagement von Organisationen der Zivilgesellschaft), das Aufkommen neuer Akteure der Umweltgovernance (Wissenschaftsgremien; NGOs; lokale und indigene Gemeinschaften) und die stetig steigende Bedeutung von Mechanismen des Verfahrensrechts. Das Ende dieser Entwicklungen ist noch nicht absehbar.

Umweltvölkerrecht betrifft den Schutz, die Erhaltung und die nachhaltige Nutzung 95 der Umwelt. Für den vorliegenden Überblick lässt sich „Umwelt" verstehen als die vom Menschen beeinflussbaren Räume der Erde und des Weltraums, die in ihrer Gesamtheit ein komplexes Gefüge interdependenter Wirkungsbereiche bilden, bestehend aus Geosphäre, Hydrosphäre, Biosphäre und Atmosphäre einschließlich ihrer Ökosysteme und des Erdklimas.[330] Es geht dabei um unterschiedliche Größen: um einzelne Raumkategorien (Land, Meer, Atmosphäre, Weltraum), um die Umweltmedien und -güter sowie um

---

328 *Rockström et al,* A Safe Operating Space for Humanity, Nature 461 (2009) 472 ff.

329 S nur die Beiträge in Burdon/Martel (Hrsg), The Routledge Handbook of Law and the Anthropocene, 2023; zum Seerecht *Vidas,* Responsibility for the Seas, in ders (Hrsg), Law, Technology and Science for Oceans in Globalisation, 2010, 3 ff; *ders,* The Anthropocene and the International Law of the Sea, Phil Trans R Soc 369 (2011) 909 ff.

330 S auch den Schiedsspruch im Fall *Iron Rhine,* § 58: "the Tribunal notes that in all of these categories 'environment' is broadly referred to as including air, water, land, flora and fauna, natural ecosystems and sites, human health and safety, and climate."

deren Beziehungen zueinander und zum Menschen.[331] Internationales Umweltrecht ist damit zwar primär, aber keineswegs ausschließlich anthropozentrisch ausgerichtet. Gerade in den vergangenen Jahren ist die Diskussion um ökozentrische Schutzansätze[332] anlässlich neuer Entwicklungen auf dem Gebiet der Anerkennung von Eigenrechten von Natur und Umwelt wieder aufgelebt.[333] Diese Ansätze zeichnen sich dadurch aus, dass die Umwelt und ihre Güter gerade um ihrer selbst willen und nicht nur als menschliche Lebensgrundlage geschützt werden sollen.[334]

96   Das Gesamtgefüge „Umwelt" erfüllt vielfältige Funktionen. Aufgrund ihrer Regenerationsfähigkeit kann die Umwelt Belastungen bis zu einem gewissen Grad bewältigen und ihr ökologisches Gleichgewicht wiederherstellen. Bei Überschreitung kritischer Schwellen wird diese Balance jedoch zerstört, zT irreversibel. Nachdem *Thomas Robert Malthus* (1766–1834) bereits Grenzen des Bevölkerungswachstums thematisiert hatte,[335] schärfte im Jahre 1972 der Club of Rome[336] das Bewusstsein für die Endlichkeit der ökologischen Tragfähigkeit der Erde. Da viele, ja die meisten Umweltprobleme grenzüberschreitender Natur sind, erfordern sie entsprechend kooperative, internationale Lösungen. Diese bilden den Gegenstand des Völkerrechts des Umweltschutzes. Umweltvölkerrecht umfasst hiernach die Normen des Völkerrechts, die den Umgang der Völkerrechtssubjekte mit der Umwelt betreffen. Gespeist wird es zwar aus den Quellen des allgemeinen Völkerrechts.[337] Rechtlich unverbindliche Instrumente des *soft law*[338] wie Empfehlungen, Codes, Standards, Leitlinien und Memoranda of Understanding verfügen in seinem Rahmen aber über besonders hohe Bedeutung.[339] Dies gilt zumal im Lichte der fortschreitenden *Transnationalisierung* des Umweltvölkerrechts, die sich vor allem in der Ergänzung der Staaten als den primären Rechtssubjekten durch weitere Akteure (Wissenschaftsgremien, Städte und Städtebündnisse, Organisationen der Zivil-

---

331 Zu den Anknüpfungspunkten umweltvölkerrechtlicher Regelungen auch *Krajewski*, Völkerrecht, 3. Aufl 2023, § 17 Rn 2 ff.

332 Zu den Begriffen einführend *Petersen*, ARSP 83 (1997) 361 ff.

333 Zum Ganzen (inkl internationalem Rechtsvergleich) *Wagner/Bergthaler/Krömer/Grabmair*, Eigenrechtsfähigkeit der Natur, 2023. – Spanien hat 2022 als erster europäischer Staat einem konkreten Ökosystem – der Salzwasserlagune Mar Menor an der Mittelmeerküste – Rechtspersönlichkeit verliehen. Dazu *Soro Mateo/Álvarez*, VerfBlog v 14.10.2022, <https://verfassungsblog.de/the-mar-menor-lagoon-in-spain-enjoys-legal-standing-and-now-what/>.

334 Grundlegend dazu *Jonas*, Das Prinzip Verantwortung, 1979; daran anknüpfend zB *Bosselmann*, KJ 1985, 345 ff und KJ 1986, 1 ff.

335 *Malthus*, Das Bevölkerungsgesetz (nach der 1. Aufl v 1798 hrsgg und übers v Barth), 1977.

336 Meadows (Hrsg), Die Grenzen des Wachstums, 1972.

337 Zu den Rechtsquellen und Akteuren im Einzelnen *Epiney*, in Internationales Umweltrecht, 1. Abschn Rn 46 ff; zu potentiellen Rückwirkungen auf das allgemeine Völkerrecht etwa *Dolzer/Kreuter-Kirchhof*, in Bewahrung, 91 ff.

338 Vgl *Kämmerer*, 1. Abschn Rn 148. Zur Bedeutung *Epiney*, in Internationales Umweltrecht, 1. Abschn Rn 69 ff.

339 S auch UN Doc A/73/419 v 30.11.2018, Report of the Secretary-General, Gaps in International Environmental Law and Environment-related Instruments, Rn 5.

Proelß

gesellschaft, Individuen etc) und, damit einhergehend, in Entformalisierungstendenzen manifestiert.[340]

„Umweltvölkerrecht" signalisiert eine Geschlossenheit der Materie, die in Wirklich- 97 keit noch nicht besteht.[341] Umweltschutz lässt sich nicht isoliert von den einschlägigen ökonomischen (Verkehr, Handel, Rohstoff- und Energiegewinnung, Tourismus) und sozialen (Armut, Hunger, Migration, indigene Völker, Religion) Fragen betrachten. Querverbindungen bestehen auch zu den Menschenrechten (der „3. Generation"). Ein „Recht auf Umwelt" bzw eines „auf Gesundheit" oder „auf Wasser" ist nur dort gewährleistbar, wo sich ohne gesundheitliche Schädigung die Luft atmen und das Wasser trinken lässt.[342] Umweltschutz spielt ferner im Recht der bewaffneten Konflikte und des Kulturgüterschutzes eine Rolle,[343] vom Spannungsverhältnis zum internationalen Handels- und Verkehrsrecht ganz zu schweigen.[344] So erweist sich das Umweltvölkerrecht mit seiner Vielzahl an Akteuren, Normen und Regelungsbereichen, zumal im Hinblick auf Fragen der Verantwortlichkeit und Haftung für Umweltschäden,[345] als *Querschnittmaterie par excellence*.[346]

Regelungen zum Schutz der Umwelt setzen häufig auf globaler Ebene an. Die zu- 98 nächst eher abstrakten Konzepte (etwa die Belange der Staatengemeinschaft insge-

---

340 Dazu zB *Heyvaert*, The Transnationalization of Law: Rethinking Law Through Transnational Environmental Regulation, TEL 6 (2017) 205ff; *Dilling/Markus*, Transnationalisierung des Umweltrechts, ZUR 2016, 3ff; zum Klimaschutzrecht *Hartmann*, Transnationales Klimaschutzrecht nach Rio+20, AVR 50 (2012) 475ff; *Franzius*, Das Paris-Abkommen zum Klimaschutz: Auf dem Weg zum transnationalen Klimaschutzrecht?, ZUR 2017, 515ff.
341 Vgl *Proelß*, in Bewahrung, 7 (9): das internationale Umweltrecht zeige „prototypische Symptome der [...] Fragmentierung des Völkerrechts".
342 Zum Ganzen s u Rn 130ff.
343 Vgl zum einen das ENMOD-Übereinkommen, zum anderen, bzgl umweltschädigender Nebenwirkungen, Art 35 Abs 3 und Art 55 Abs 1 ZP I. Zum Schutz der Umwelt im Krieg *Bothe*, 8. Abschn Rn 70 sowie *Vöneky*, Die Fortgeltung des Umweltvölkerrechts in internationalen bewaffneten Konflikten, 2001. S ferner die von der ILC 2022 verabschiedeten Draft Principles on Protection of the Environment in Relation to Armed Conflict, UN Doc A/77/10, Report on the Work of the International Law Commission of the Seventythird Session, Rn 58ff; vgl dazu die Beiträge in GoJIL 10 (2020) No 1 (Special Issue „Enhancing the Protection of the Environment in Relation to Armed Conflicts – the Draft Principles of the International Law Commission and Beyond").
344 *Krajewski*, Wirtschaftsvölkerrecht, 5. Aufl 2021, Rn 352ff; *Herdegen*, Internationales Wirtschaftsrecht, 13. Aufl 2023, 90ff; *Stoll/Gutt*, in Internationales Umweltrecht, 6. Abschn. Zum Ganzen auch *Kreuter-Kirchhof*, 6. Abschn Rn 30ff und 87ff.
345 Insoweit finden prinzipiell die allgemeinen Grundsätze Anwendung, vgl *Schröder*, 7. Abschn Rn 4ff. Konkret zur Haftung für Umweltschäden *Dederer*, Staatenverantwortlichkeit („State responsibility") und Haftung („liability") im Bereich der „ultrahazardous activities", in Hecker/Hendler/Proelß/Reiff (Hrsg), Verantwortlichkeit und Haftung für Umweltschäden, 2013, 13ff; *Douhan*, Liability for Environmental Damage, MPEPIL; *de La Fayette*, International Liability for Damage to the Environment, in Fitzmaurice/Ong/Merkouris (Hrsg), Research Handbook on International Environmental Law, 2010, 320ff; ausführlich *Schmalenbach*, in Internationales Umweltrecht, 7. Abschn.
346 S auch *von Arnauld* (Fn 9) Rn 903f; *Epiney*, in Internationales Umweltrecht, 1. Abschn Rn 42ff.

samt), Standards und Prinzipien (zB das Gebot der Rücksichtnahme oder das Präventionsprinzip) erfahren idR durch regionale, subregionale oder bilaterale Vereinbarungen eine erste Konkretisierung; die weitere Detaillierung erfolgt dann ggf im supranationalen und nationalen Recht. In der Bedeutung der allgemeinen Prinzipien des Umweltvölkerrechts (s u Rn 113ff) und der bereits in Bezug genommenen hohen Relevanz des *soft law* offenbart sich eine strukturelle Besonderheit gegenüber dem allgemeinen Völkerrecht. Neue Formen einer institutionalisierten Umwelt-Governance (Weltklimarat, Weltrat für biologische Vielfalt, Technology Facilitation Mechanism) spielen eine immer größere Rolle. Mit anderen Gebieten des Völkerrechts teilt das Umweltrecht zwar die Schwäche der Implementierungs- und Kontrollmechanismen;[347] die Einrichtung neuartiger Befolgungsorgane (*compliance* und *implementation committees*), wie sie etwa im Rahmen der Espoo und Aarhus Konventionen eingerichtet wurden,[348] weist dem Umweltvölkerrecht aber auch insoweit eine Sonderstellung zu. Akteursbezogene Besonderheiten ergeben sich daraus, dass eine große Zahl von national und international agierenden Nichtregierungsorganisationen (NGOs), etwa Greenpeace, die World Conservation Union (IUCN) oder der World Wide Fund for Nature (WWF), an der Entwicklung umweltrechtlicher Instrumente und der Kontrolle ihrer Wirksamkeit beteiligt sind.[349] Nicht zuletzt zeichnet sich das internationale Umweltrecht dadurch aus, dass sich an seinem Bsp Entwicklung, Ausprägungen und Folgen von Mehr-Ebenen-Modellen musterhaft aufzeigen lassen: Rechtsprinzipien und -institute, im nationalen Recht entwickelt, befruchten ihrerseits die völkerrechtliche Entwicklung, und vom EU-Recht gehen starke Impulse aus, auf das internationale wie auf das nationale Umweltrecht.[350]

---

347 Vgl *Ehrmann*, Erfüllungskontrolle im Umweltvölkerrecht, 2000; *Fitzmaurice*, Compliance with Multilateral Environmental Agreements, HYBIL 20 (2007) 19ff.

348 S u Rn 119, 134f. Auf Grundlage von Art 15 Aarhus Konvention wurde mit Beschluss des ersten Vertragsstaatentreffens 2002 (Decision I/7) das Aarhus Compliance Committee geschaffen, dem bereits zahllose Mitteilungen über behauptete Verstöße gegen die Vorgaben der Aarhus Konvention vorgelegt worden sind. Vgl etwa *Koester*, The Aarhus Convention Compliance Mechanism and Proceedings Before its Compliance Committee, in Banner (Hrsg), The Aarhus Convention, 2015, 199 (201ff); *Zeitner*, Das Non-Compliance-Verfahren der Aarhus-Konvention, EurUP 2019, 159ff. Bzgl seiner Erkenntnisse *(findings)* und Empfehlungen *(recommendations)* stellt sich u a die Frage, ob diese – ggf vorbehaltlich ihrer idR einstimmig erfolgenden Annahme durch das Vertragsstaatentreffen (Meeting of the Parties – MOP) – trotz der an sich nicht gegebenen Bindungswirkung als *subsequent legal practice* iSv Art. 31 Abs 3 lit b WVK herangezogen werden können. Dazu *Tanzi/Pitea*, The Interplay Between EU Law and International Law Procedures in Controlling Compliance with the Aarhus Conventon by the EU Member States, in Pallemaerts (Hrsg), The Aarhus Convention at Ten, 2011, 367 (380).

349 Zu den NGOs eingeräumten Beteiligungsmöglichkeiten (als Beobachter bei Vertragsverhandlungen, im Rahmen von Kontroll- und Beratungsgremien etc) *Oberthür*, Participation of Non-Governmental Organisations in International Environmental Co-operation, 2002.

350 Das europäische Umweltrecht bleibt in vorliegender Darstellung ausgeklammert. Dazu *Messerschmidt*, Europäisches Umweltrecht, 2011; *Epiney*, Umweltrecht in der Europäischen Union, 4. Aufl 2019; *Krämer*, EU Environmental Law, 8. Aufl 2016; *van Calster/Reins*, EU Environmental Law, 2017; *Kingston/Heyvaert/Cavoski*, European Environmental Law, 2017.

Proelß

2. Die Entwicklung des Umweltvölkerrechts

Steigende Produktion und zunehmender Pro-Kopf-Verbrauch in den meisten Industrie-staaten sowie Bevölkerungsexplosion und Industrialisierungsfortschritte in vielen Entwicklungsländern tragen zur Intensivierung der Umweltbelastungen bei. Dies spiegelt sich in der *Geschichte* des Umweltvölkerrechts wider.[351] In seiner heutigen Gestalt ist es das Ergebnis einer relativ kurzen und dynamischen Entwicklung. Erste Regelungen, die Elemente der Umwelt zum Gegenstand hatten, reichen zwar bis ins 18. Jh zurück; sie betrafen vor allem die Nutzung und den Schutz grenzübergreifender Gewässer.[352] Die entscheidenden rechtspolitischen Anstöße gaben aber erst die UN-Konferenzen in Stockholm (1972) und Rio de Janeiro (1992). Mittlerweile weist der vertragliche Umweltschutz eine erhebliche Regelungsdichte auf; im Vergleich zum gewohnheitsrechtlichen Nachbarrecht ist er konkreter und differenzierter.[353]

99

a) Die Ausgangspunkte: Nachbarrecht und Artenschutzabkommen

Das Bedürfnis nach Lösung zwischenstaatlicher, d h grenznachbarschaftlicher Interessenkonflikte bildet den ersten Ausgangspunkt für die Entstehung des Umweltvölkerrechts. Dergleichen Konflikte entstehen, wenn Aktivitäten auf dem Hoheitsgebiet eines Staats („Ursprungsstaat") schädliche Auswirkungen auf die Umwelt eines anderen Staats („Opferstaat")[354] haben. In solchen Situationen widerstreitet die territoriale Souveränität des Ursprungsstaats dem ebenfalls souveränitätsfundierten Integritätsinteresse des betroffenen Staats. Aus Anlass eines Streits mit Mexiko um die Wasserentnahme US-amerikanischer Farmer aus dem Grenzfluss Rio Grande vertrat US Attorney General *Harmon* ausgangs des 19. Jh die Auffassung, die Souveränität verleihe einem Staat das Recht, sein Staatsgebiet nach Belieben zu nutzen.[355] Diese *Harmon-Doktrin* fußte auf der schon damals kaum vertretbaren Prämisse, Souveränität könne unilateral, ohne Rücksichtnahme, definiert und durchgesetzt werden. Die Gegenposition der absoluten territorialen Integrität (des Opferstaats) nahm im Jahr 1907 mit Blick auf einen interkontinentalen Wassernutzungskonflikt *Max Huber* ein.[356] Beide Auffassungen sind mit der Existenz einer Vielzahl gleichermaßen souveräner Staaten nicht verein-

100

---

351 Zur Entwicklung *Epiney*, in Internationales Umweltrecht, 1. Abschn Rn 15 ff.

352 Vgl zB Grenzvertrag v 17.8.1754 zwischen Österreich und Venedig; Treaty of Amity, Commerce and Navigation v 19.11.1794 zwischen Großbritannien und den USA (sog Jay-Vertrag).

353 Zum Problem *Ong*, International Environmental Law's 'Customary' Dilemma: Betwixt General Principles and Treaty Rules, IYIL 1 (2006) 3 ff. S auch UN Doc A/73/419 (Fn 339) Rn 4 sowie *Dupuy/Le Moli/Viñuales*, Customary International Law and the Environment, <https://www.ceenrg.landecon.cam.ac.uk/sys tem/files/documents/CEENRG_WP_19_CustomaryInternationalLawandtheEnvironment.pdf>

354 Terminologie nach *Beyerlin*, Umweltvölkerrecht, 2000, Rn 116.

355 Official Opinions of the Attorney-General of the United States, Bd XXI, 1898, 281.

356 Vgl *Berber*, Die Rechtsquellen des internationalen Wassernutzungsrechts, 1955, 19.

bar.[357] So rückten auch die USA bald von der Harmon-Doktrin ab.[358] Das sich nun herausbildende völkerrechtliche Nachbarrecht zielte darauf ab, eine möglichst konfliktfreie Koexistenz der Staaten zu ermöglichen. Dazu entwickelten sich gewohnheitsrechtlich zwei bis heute höchst bedeutsame Prinzipien: das Verbot erheblicher grenzüberschreitender Umweltbelastungen und das Gebot ausgewogener Mitnutzung grenzübergreifender Ressourcen.

101   Das *Verbot erheblicher grenzüberschreitender Umweltbelastungen* findet sich bereits in den zivilrechtlichen Kodifikationen des 19. Jh.[359] Wegweisend für seine internationale Anerkennung war der *Trail Smelter-Schiedsspruch* v 1938. Schadstoffemissionen einer im kanadischen Ort Trail ansässigen Zinnschmelze hatten im benachbarten US-Bundesstaat Washington Schäden verursacht. Nach Völkerrecht, befand das Schiedsgericht, habe kein Staat das Recht, „to use or permit the use of its territory in such a manner as to cause injury by fumes in or to the territory of another [...], when the case is of serious consequence [...].“[360] Wenig später (1949) unterstrich der IGH, ein Staat sei allgemein verpflichtet, „not to allow knowingly its territory to be used for acts contrary to the rights of other States“.[361] Der zweite Grundsatz, das *Gebot ausgewogener Mitnutzung grenzübergreifender Ressourcen,* erfuhr seine wesentliche Ausprägung im internationalen Wasserrecht.[362] Bereits im sog *Donauversinkungs*-Streit v 1927 zwischen den Ländern Württemberg und Preußen einerseits und Baden andererseits urteilte der dt Staatsgerichtshof unter Bezugnahme auf das Völkerrecht, „die berechtigten Interessen der beteiligten Staaten [müssen] in billiger Weise gegeneinander abgewogen werden.“[363]

102   Neben jenem gewohnheitsrechtlichen Nachbarrecht bildet die seit Beginn des 20. Jh wachsende Zahl von Artenschutzabkommen den zweiten Ausgangspunkt der Entwicklungen des völkerrechtlichen Umweltschutzes. Frühe Bsp sind die mehrheitlich auf einem – aus heutiger Sicht auf die Spitze getriebenen – anthropozentrischen Ansatz (Reduzierung der Bestandszahlen bestimmter Tierarten als „effective preservation measure“) beruhenden Übereinkommen über die Lachsfischerei im Rhein v 1885,[364] die Erhaltung wildlebender Tiere in Afrika v 1900,[365] den Schutz der für die Landwirtschaft

---

357 *Fröhler/Zehetner,* Rechtsschutzprobleme bei grenzüberschreitenden Umweltbeeinträchtigungen, Bd I, 1979, 70. Konkurrierende Absolutheitsansprüche reduzieren einander notwendigerweise auf ein Verhältnis der Relativität.
358 *McCaffrey,* The Harmon Doctrine One Hundred Years Later, NRJ 36 (1996) 965 (997).
359 §§ 906, 823, 1004 BGB gegen § 903 BGB.
360 *Trail Smelter Arbitration,* 1965, gestützt u a auf *Eagleton,* Responsibility of States in International Law, 1928, 80: "A State owes at all times the duty to protect other States against injurious acts by individuals from within its jurisdiction."
361 *Corfu Channel,* 22.
362 Hierzu *Reichert,* Gewässerschutz, 119 ff.
363 RGZ 116, Anhang, 18 (31 f.).
364 Vertrag betreffend die Regelung der Lachsfischerei im Stromgebiet des Rheins v 30.6.1885.
365 Convention Designed to Ensure the Conservation of Various Species of Wild Animals in Africa which are Useful to Man or Inoffensive v 19.5.1900.

Proelß

nützlichen Vögel v 1902,[366] die Erhaltung von Fauna und Flora v 1933[367] sowie die Erhaltung von wildlebenden Tieren in der westlichen Hemisphäre v 1940.[368] Die auch ökonomisch negativen Folgen der weitgehenden Ausrottung der Walbestände Spitzbergens und des Südatlantiks führte 1931 zum Abschluss einer ersten Walfangkonvention,[369] die zunächst 1937 durch ein zweites[370] und 1946 schließlich durch ein noch heute in Kraft befindliches drittes Übereinkommen ersetzt wurde.[371] Analog dazu entstanden zahlreiche spezielle Fischereiabkommen.[372]

Die Vielfalt dieser Artenschutzabkommen berücksichtigte bereits den Umstand, dass 103 die Erhaltung von Tier- oder Pflanzenarten, die in einer bestimmten Region unter ganz spezifischen Bedingungen leben, entsprechend abgestimmte Instrumente erfordert. Die Abkommen zielten auf dauerhafte Sicherstellung der Nutzbarkeit von Tier- und Pflanzenarten. Diesen vom nationalen Jagd-, Fischerei- und Wasserrecht her vertrauten Hegeansatz greift das seit den 1990er Jahren vordringende, mittlerweile ubiquitär anzutreffende Konzept der nachhaltigen Entwicklung auf. Wie das Ramsar Übereinkommen v 1971,[373]

---

366 RGBl 1906, 89.

367 Convention Relative to the Preservation of Flora and Fauna in their Natural State v 8.11.1933.

368 Convention on Nature Protection and Wild-Life Preservation in the Western Hemisphere v 12.10.1940.

369 Convention for the Regulation of Whaling v 24.9.1931.

370 International Agreement for the Regulation of Whaling v 8.6.1937. Das Übereinkommen scheiterte am Fernbleiben wichtiger Walfangnationen. Dazu *Birnie*, International Regulation of Whaling: From Conservation of Whaling to Conservation of Whales and Regulation of Whale-Watching, Vol I, 1985, 128 ff.

371 ICRW v 1946. Zur Arbeit der mit dem Übereinkommen gegründeten Internationalen Walfangkommission *Bowman/Davies/Redgwell*, Wildlife Law, 157 ff; umfassend *Fitzmaurice*, Whaling and International Law, 2015. Die Kommission beschloss 1982 ein Moratorium bzgl kommerzieller Fangaktivitäten, das sämtliche Großwalbestände erfasst und noch heute in Kraft ist. Zur str Frage, wie die in Art VIII ICRW enthaltene Ausnahmevorschrift zugunsten des Walfangs zu wissenschaftlichen Zwecken auszulegen ist, vgl (bzgl japanischer Walfangaktivitäten im südpazifischen Ozean) das Urteil des IGH im Fall *Antarctic Whaling*, §§ 51 ff. Vgl dazu die Beiträge in Fitzmaurice/Dai Tamada (Hrgs), Whaling in the Antarctic: Significance and Implications of the ICJ Judgment, 2016. Zur rechtlichen Bedeutung und Wirkungen der – für sich betrachtet unverbindlichen – Resolutionen der Walfangkommission *Raffeiner*, Organ Practice in the Whaling Case: Consensus and Dissent between Subsequent Practice, Other Practice and a Duty to Give Due Regard, EJIL 27 (2017) 1043 ff; *Young/Sullivan*, Evolution Through the Duty to Cooperate: Implications of the Whaling Case at the International Court of Justice, Melb JIL 16 (2015) 1 ff; *Steenkamp/Jefferies*, In Pursuit of The White Whale of Cooperation: The Ability of UNCLOS to Steer the Trajectory of (Future) Commercial Japanese Whaling Operations, APJOLP 5 (2020) 245 ff.

372 Unter den frühen Versuchen, eine Übernutzung von Fischbeständen abzuwenden, sind beispielhaft zu nennen: Konvention über die Regelung der Maschen der Fischnetze und der Größenbegrenzungen der Fische v 5.4.1946; Internationales Übereinkommen über die Fischerei auf Hoher See im Nordpazifik v 9.5.1952; (Osteuropäische) Vereinbarung über die Zusammenarbeit auf dem Gebiet der Meeresfischerei v 28.7.1962; (Europäisches) Fischerei-Übereinkommen v 9.3.1964; Übereinkommen zur Erhaltung der lebenden Schätze des Südostatlantiks v 23.10.1969.

373 Ramsar Übereinkommen über den Schutz von Feuchtgebieten, insbesondere als Lebensraum für Wasser- und Wattvögel, von internationaler Bedeutung v 2.2.1971. S u Rn 181.

Proelß

das Washingtoner Artenschutzabkommen v 1973,[374] das Bonner Übereinkommen zur Erhaltung wandernder Arten wildlebender Tiere v 1979[375] sowie das Berner Übereinkommen über die Erhaltung der europäischen wildlebenden Pflanzen und Tiere und ihrer natürlichen Lebensräume v 19.9.1979 zeigen, begann sich das Bewusstsein für die Bedeutung der ökologischen Rahmenbedingungen des Artenschutzes in den 1970er Jahren auszubilden. Vorläufiger Endpunkt dieser Kette und Fundament des heutigen internationalen Biodiversitätsschutzrechts war die Biodiversitätskonvention v 1992 (CBD).[376]

b) Die großen Umweltkonferenzen

104 Trotz der vorstehend erwähnten Verträge und Judikate gewann die Umwelt als Gegenstand des Völkerrechts erst ab den 1960er Jahren allgemeinpolitische Bedeutung. Eine 1962 erschienene Studie zu den schädlichen Wirkungen von Pestiziden[377] löste ebenso Befürchtungen aus wie 1967 die durch die Havarie der „Torrey Canyon" verursachte Ölpest an westeuropäischen Küsten.[378] Die Folgen des „sauren Regens" für Wälder und Seen in Skandinavien verstärkten den Ruf nach effektiver Abhilfe. So berief die UN-Generalversammlung die *UN Conference on the Human Environment* für den 5.–16.6.1972 nach Stockholm ein.[379] Die Konferenz verabschiedete die *Stockholm Declaration,*[380] deren rechtlich unverbindlicher Prinzipienkatalog wichtige rechtspolitische Impulse setzte. Prinzip 21 weitete das Verbot grenzüberschreitender Umweltbelastungen auf Nichtstaatsgebiete aus. Dieses Schädigungsverbot wurde durch die Betonung des souveränitätsgestützten Rechts auf Ressourcennutzung – ein Ausdruck des Nord-Süd-Gefälles[381] – freilich wieder relativiert. Die unterindustrialisierten Länder fürchteten, der von den Industriestaaten forcierte Umweltschutz könnte sie an der Verwirklichung ihrer eigenen sozioökonomischen Entwicklungsprojekte hindern.[382] Folgerichtig fordert Prinzip 11: "The environmental policies of all States should enhance and not adversely affect the present or future potential of developing countries, nor should they hamper the attainment of better living conditions for all". Indem die Stockholm Deklaration damit den Umweltschutz in enge Be-

---

374 S u Rn 180.
375 S u Rn 180.
376 S u Rn 181ff.
377 *Carson,* Silent Spring, 1962.
378 Vgl *Pfeil,* Torrey Canyon, MPEPIL.
379 Dazu *Dupuy/Viñuales,* International Environmental Law, 2. Aufl 2018, 8ff.
380 Declaration of the UN Conference on the Human Environment (ILM 11 [1972] 1416). Bilanzierung bei *Schröder,* 50 Jahre Stockholm-Deklaration über die menschliche Umwelt, EurUP 20 (2022) 351ff.
381 Zum Nord-Süd-Gefälle und -konflikt vgl *Kreuter-Kirchhof,* 6. Abschn Rn 110ff; *Bartenstein,* in Internationales Umweltrecht, 2. Abschn Rn 4ff.
382 Bereits im Vorfeld von „Stockholm" hatten die Entwicklungsländer in der UN-Generalversammlung eine Erklärung durchgesetzt, die den Industriestaaten die Hauptverantwortung für die Umweltprobleme und deren Lösung zuwies, vgl Res 2849 (XXVI) v 17.1.1972.

Proelß

ziehung zur Entwicklung setzt,[383] wurde eine Grundlage für das erst zwei Jahrzehnte später in den Vordergrund tretende Konzept der nachhaltigen Entwicklung gelegt.[384] Eine weitere Folge von „Stockholm" war die Gründung des *United Nations Environment Programme (UNEP)* mit Sitz in Nairobi.[385] UNEP bildet den institutionellen Rahmen für die Koordination der Umweltaktivitäten im UN-System und darüber hinaus[386] den Mentor und Motor für die Entwicklung des Umweltvölkerrechts.

In den nachfolgenden Jahrzehnten erfuhr das Umweltvölkerrecht eine deutliche **105** Belebung. Zahlreiche bilaterale, regionale und globale Abkommen wurden geschlossen. Sie verfolgten überwiegend einen sektoralen Ansatz, indem sie auf den Schutz spezifischer Umweltbereiche (Meer, Luft, Binnengewässer, bestimmte Tier- und Pflanzenarten) zielten. Neben diesen Instrumenten trug eine Vielzahl nicht rechtsverbindlicher Erklärungen staatlicher wie nichtstaatlicher Akteure zur Weiterentwicklung des Rechts bei. Zu nennen sind hier vor allem die Arbeiten von UNEP,[387] der Wirtschaftskommission der Vereinten Nationen für Europa (UN/ECE),[388] der OECD, der International Law Association (ILA) und des Institut de Droit International (IDI) sowie von IUCN und WWF.[389] Zehn Jahre nach der Stockholmer UN-Umweltschutzkonferenz verabschiedete die UN-Generalversammlung die *World Charter for Nature*.[390] Sie stipulierte, rechtlich unverbindlich, den Schutz der Natur als solcher, in ihrer Gesamtheit – ein eher ökozentrischer, integraler Ansatz. Im Verlauf der 1980er Jahre zeigte sich dann immer deutlicher die Lückenhaftigkeit des bestehenden Instrumentariums. Die Um- und Durchsetzung diverser Abkommen blieb defizitär. Darüber hinaus erwies sich jener sektorale Ansatz zT als zu eng, gemessen an dem übergreifenden Wesen vieler Probleme. Zudem traten neue Herausforderungen auf, die – wie Ozonloch und Erderwärmung – aufgrund ihrer unbestreitbar globalen Dimension mehr universelle Kooperation sowie eine umfassender angelegte Herangehensweise erforderlich machten.

---

383 *Hunter/Salzman/Zaelke,* International Environmental Law and Policy, 1998, 286f.

384 S u Rn 126ff. Da zugleich die besonderen wirtschaftlichen und sozialen Entwicklungsrechte der unterindustrialisierten Länder angesprochen werden, klingt überdies der Leitgedanke der gemeinsamen, aber unterschiedlichen Verantwortungen an.

385 UN-Generalversammlung, Res 2997 (XXVIII) v 15.12.1972.

386 Zu Status, Aufbau und Agenda von UNEP, das nicht über Völkerrechtspersönlichkeit verfügt, *Kiss/ Shelton,* International Environmental Law, 2000, 86ff; *Epiney,* in Internationales Umweltrecht, 1. Absch Rn 88f; *Sands/Peel,* Principles, 63ff.

387 Vgl insbes UNEP Draft Principles of Conduct in the Field of the Environment for the Guidance of States in the Conservation and Harmonious Utilization of Natural Resources Shared by Two or More States v 19.5.1978 (ILM 17 [1978] 1091).

388 Vgl Erklärungen und Empfehlungen der UN/ECE bzgl Gewässerschutz, Abfallvermeidung und Artenschutz. Die ECE war federführend bei der Erarbeitung der Übereinkommen über weiträumige grenzüberschreitende Luftverunreinigung (s u Rn 164), über die Umweltverträglichkeitsprüfung im grenzüberschreitenden Rahmen (s u Rn 119) sowie über den Schutz und die Nutzung grenzüberschreitender Wasserläufe und internationaler Seen (s u Rn 148f).

389 Vgl etwa die 1980 von UNEP, IUCN und WWF gemeinsam erarbeitete World Conservation Strategy.

390 Res 37/7 v 28.10.1982 (ILM 22 [1983] 455).

Proelß

106   Vor diesem Horizont richtete die UN-Generalversammlung 1983 die World Commission on Environment and Development ein, die 1987 mit ihrem Abschlussbericht („Brundtland-Report")[391] das *Konzept der nachhaltigen Entwicklung* auf die internationale Agenda setzte. Bald darauf wurde die *UN Conference on Environment and Development (UNCED)* mit dem Auftrag einberufen, „[t]o promote the further development of international environmental law, taking into account [...] the special needs and concerns of the developing countries".[392] Nach intensiver Vorbereitung[393] fand vom 3.–14.6.1992 in Rio de Janeiro der sog Erd-Gipfel statt.[394] Die Interessengegensätze, insbes im Nord-Süd-Dauerkonflikt, waren groß.[395] Die Industriestaaten waren an der Lösung globaler Umweltprobleme unter Einbindung der Entwicklungsländer interessiert, überwiegend jedoch selbst zu einer entscheidenden Senkung ihres hohen Produktions- und Konsumniveaus nicht bereit. Die unterindustrialisierten Länder befürchteten einmal mehr, sich durch verbindliche Verpflichtungen zum Umweltschutz in ihrer Entwicklungsfähigkeit zu sehr einzuschränken. Sie forderten, der „Norden" solle dem „Süden" dessen etwaige Kooperationsbereitschaft mit Schuldenerlass und Finanz- und Technologietransfers honorieren. Die auf dem Rio-Gipfel verabschiedeten Dokumente spiegeln diesen letztlich nicht gelösten Konflikt zwischen Umweltschutz und Entwicklung wider.[396] Neben den Übereinkommen zum Klimaschutz (s u Rn 171ff) und zum Schutz der Biodiversität (s u Rn 180ff) sowie einer rechtlich unverbindlichen Erklärung zum Schutz der Wälder[397] sind die Rio Deklaration und die „Agenda 21" hervorzuheben.

107   Die *Rio Declaration*,[398] „the most significant universally endorsed statement of general rights and obligations of states affecting the environment",[399] besteht aus 27 (für sich betrachtet) unverbindlichen[400] Prinzipien, die das Leitbild des *sustainable development* konkretisieren. Gemäß dessen anthropozentrischem Ansatz, verdeutlicht in Prinzip 1, ist das „Recht auf Entwicklung" so zu verwirklichen, dass auch künftige Generatio-

---

391 World Commission on Environment and Development (Hrsg), Our Common Future, 1987.
392 UN-Generalversammlung, Res 228 (XLIV) v 22.12.1989 (Conference on Environment and Development).
393 Zur Arbeit des Preparatory Committee *Johnson*, The Earth Summit, 1993, 19ff.
394 Dazu *Malanczuk*, Die Konferenz der Vereinten Nationen über Umwelt und Entwicklung (UNCED) und das internationale Umweltrecht, FS Bernhardt, 1996, 985ff; *Dupuy/Viñuales* (Fn 379) 13ff.
395 Dazu *Beyerlin*, in Bewahrung, 213ff.
396 Dokumentation bei Robinson (Hrsg), Agenda 21 and the UNCED Proceedings, 6 Bde, 1992.
397 Statement of Principles for a Global Consensus on the Management, Conservation and Sustainable Development of all Types of Forests v 13.6.1992 (ILM 31 [1992] 881). Dazu *Schulte zu Sodingen*, Der völkerrechtliche Schutz der Wälder, 2002, 185ff; *Krohn*, Die Bewahrung tropischer Regenwälder durch völkerrechtliche Kooperationsmechanismen, 2002, 168ff;
398 Declaration on Environment and Development v 13.6.1992 (ILM 31 [1992] 876). Zu ihren Bestimmungen im Einzelnen Viñuales (Hrsg), The Rio Declaration on Environment and Development: A Commentary, 2015.
399 *Boyle/Redgwell*, International Law and the Environment, 112.
400 Dies gilt unabhängig davon, dass die meisten Prinzipien in einer Rechtsverbindlichkeit nahelegenden Weise („States shall") formuliert sind.

Proelß

nen ihre Bedürfnisse befriedigen können (Prinzip 3). Nachhaltige Entwicklung erfordert, Umweltschutz als integralen Bestandteil des Entwicklungsprozesses zu verstehen (Prinzip 4). Der nationalen Umweltgesetzgebung dienen Zugang der Öffentlichkeit zu umweltrelevanten Informationen und Beteiligung der Bürger an einschlägigen Verwaltungs- und Gerichtsverfahren (Prinzip 10), darüber hinaus das Vorsorge- und das Verursacherprinzip[401] sowie die Umweltverträglichkeitsprüfung (Prinzipien 15–17). Angesichts ihrer unterschiedlichen Beiträge zu den Umweltproblemen und ihrer Lösung tragen die Staaten *common but differentiated responsibilities* (Prinzip 7): Jedenfalls im Klimaschutz bricht dieses „normdirigierende Prinzip" so letztlich „mit dem klassischen völkerrechtlichen Prinzip der Gleichheit der Staaten und begründet eine neue Offenheit zur internationalen Zusammenarbeit."[402]

Die *Agenda 21,*[403] ein umfangreiches Aktionsprogramm, enthält zur Realisierung **108** der Nachhaltigkeits-Zielbestimmung detaillierte umwelt- und entwicklungspolitische Handlungsanweisungen. Die Umsetzung der Agenda, in erster Linie Aufgabe der Staaten und der I.O., soll durch Beteiligung von NGOs sowie der Öffentlichkeit gefördert werden. Von spezifisch entwicklungspolitischen Aufgaben über die verschiedensten Aspekte des Umweltschutzes reicht der Katalog bis zur Stärkung der Rechte von Frauen und der indigenen Völker sowie zu Fragen der finanziellen, technischen, institutionellen und rechtlichen Umsetzung der Vorhaben.

Die Aufbruchstimmung, die vom Rio-Gipfel ausgegangen war, wich im Laufe der **109** 1990er Jahre der Ernüchterung, nicht nur beim Klimaschutz. Um den Rio-Folgeprozess insgesamt zu begleiten, wurde die – dem Wirtschafts- und Sozialrat der UNO (ECOSOC) zugeordnete – *Commission on Sustainable Development* (CSD) gegründet.[404] Auf der Grundlage von Berichten dieser Kommission konstatierte die UN-Generalversammlung im Juni 1997 („Rio+5"), dass sich der Zustand der Umwelt insgesamt verschlechtert und der Handlungsbedarf in vielen Bereichen erhöht habe. U a wurde, einmal mehr, eine verbesserte Koordination im fragmentierten UN-System gefordert.[405]

Im CSD-Rahmen wurde der *World Summit on Sustainable Development* vorbereitet, **110** der im Jahr 2002 in Johannesburg mit dem Ziel abgehalten wurde, zehn Jahre nach „Rio" dem Gesamtprozess neuen Elan und dem offenen Begriff der Nachhaltigkeit schärfere Konturen zu geben.[406] Bereits im Vorfeld des Gipfels hatte die UN-Milleniums-Deklara-

---

401 Dazu s u Rn 124f.
402 *Kreuter-Kirchhof,* Kooperationsformen, 557. Vgl auch *Kellersmann,* Die gemeinsame, aber differenzierte Verantwortlichkeit von Industriestaaten und Entwicklungsländern für den Schutz der globalen Umwelt, 2000, 35 ff; *Stone,* Common But Differentiated Responsibilities in International Law, AJIL 98 (2004) 276 ff; *Bartenstein,* in Internationales Umweltrecht, 2. Abschn Rn 17 ff, 43 ff.
403 UN Doc A/CONF.151/26/Rev.1 (1992), abgedr in Robinson (Fn 396), Vol IV, 1 ff.
404 UN Doc A/RES/47/191 v 22.12.1992.
405 UN-Generalversammlung, Res S/19-2 (Programme for the Further Implementation of Agenda 21) v 28.6.1997.
406 UN Doc A/RES/55/199 v 20.12.2000. Dazu *Dupuy/Viñuales* (Fn 379) 17 ff.

tion v 2000 zur Ratifikation bzw Umsetzung diverser Übereinkommen aufgerufen und die Grundlage gelegt für die Formulierung von acht Entwicklungszielen für das Jahr 2015 (sog *Millenium Development Goals – MDGs*).[407] Der Gipfel, wieder ein weltweit beachtetes Großereignis,[408] verabschiedete die *Johannesburg Declaration* und einen umfangreichen *Plan of Implementation*[409] – beide als politische Absichtserklärungen rechtlich unverbindlich. Die Deklaration begnügt sich im Wesentlichen mit einem allgemein gehaltenen Bekenntnis zum Nachhaltigkeits-Leitbild und zur zwischenstaatlichen Solidarität; über die Rio Deklaration geht sie in der Sache nicht hinaus. Der Implementierungsplan, der Umsetzung der Deklaration dienend, enthält neben Kapiteln u a zur Armutsbekämpfung, zur nachhaltigen Bewirtschaftung natürlicher Ressourcen, zum Verhältnis Gesundheit/nachhaltige Entwicklung, zu regionalen Ansätzen und institutionellen Rahmenbedingungen nachhaltiger Entwicklung die Initiative, den Privatsektor stärker einzubinden, durch Bildung von Public-Private-Partnerships zwischen I.O., staatlichen Stellen, NGOs, Wirtschaftsunternehmen und Individuen.

111   Die Bilanz der *UN Conference on Sustainable Development (UNCSD)*, zwanzig Jahre nach dem Erd-Gipfel von Rio im Juni 2012 erneut in Rio de Janeiro veranstaltet („Rio +20"), ist str.[410] Auch das Abschlussdokument („The Future We Want")[411] dieser vorerst letzten „großen", außerhalb eines spezifischen Vertragsregimes ausgerichteten Umweltkonferenz[412] ist nicht rechtsverbindlich. Gegenüber den im Rahmen der Vorgängerveranstaltungen verabschiedeten Dokumenten enthält es in der Sache kaum wesentlichen Neuerungen ab. Vor allem konnten angesichts der wirtschafts- und entwicklungspolitischen Interessen der sog *BRICS-Staaten* (Brasilien, Russland, Indien, China, Südafrika) keine Fortschritte hinsichtlich des klimapolitisch erforderlichen Rückbaus von Subventionen für fossile Brennstoffe und der Förderung erneuerbarer Energien erzielt werden. Auch die ursprünglich geplante institutionelle Aufwertung des UNEP scheiterte; anstelle dessen wurde vereinbart, die CSD, deren Einrichtung 1992 noch von großen Hoffnungen begleitet worden war, aufzulösen und durch ein zunächst nicht näher spezifiziertes „universal, intergovernmental high-level political forum" zu ersetzen.[413] Nicht zuletzt stand die Weltfinanzkrise der Annahme ehrgeizigerer Vereinbarungen entgegen.

112   Als für die künftige Entwicklung des Umweltvölkerrechts nicht zu unterschätzender Faktor könnte sich freilich die mit dem Abschlussdokument des Rio+20-Gipfels er-

---

407 UN Doc A/RES/55/2 (United Nations Millenium Declaration) v 8.9.2000. Im Hinblick auf den Umweltschutz war vor allem das 7. MDG, der umweltspezifischen Nachhaltigkeit gewidmet, bedeutsam.
408 Vgl *Beyerlin/Reichard*, The Johannesburg Summit, ZaöRV 63 (2003) 213ff.
409 UN Doc A/CONF.199/20, Report of the World Summit on Sustainable Development, 1ff, 6ff.
410 Dazu *Dupuy/Viñuales* (Fn 379) 19f, die die Bemühungen um Initiierung von Verfahren der *Fortschrittsmessung*, wie sie heute u a das internationale Klimaschutzrecht kennzeichnen (s u Rn 175ff), als zentralen Erfolg des Gipfels identifizieren; krit hingegen *Sands/Peel*, Principles, 49.
411 UN Doc A/RES/66/288 v 11.9.2012, Annex.
412 Die 2022 ausgerichtete „Stockholm+50"-Konferenz hat kein vergleichbares Echo gefunden.
413 Ebd, § 84.

folgte Einigung der UN-Mitgliedstaaten erweisen, Ziele nachhaltiger Entwicklung anzunehmen, um die drei Dimensionen des Nachhaltigkeitskonzepts und deren Wechselbezüge weiter zu konkretisieren.[414] Diese sog *Sustainable Development Goals (SDGs)* wurden auf dem Weltgipfel für nachhaltige Entwicklung im September 2015 einstimmig von der UN-Generalversammlung verabschiedet.[415] Sie traten am 1.1.2016 mit einer Laufzeit von 30 Jahren „in Kraft" und wurden zwecks Operationalisierung durch einen Katalog von 169 Unterzielen („Targets") ergänzt. Als mit Blick auf das Thema vorliegenden Lehrbuchabschnitts besonders relevant stellen sich die Ziele 6 (bzgl nachhaltiger Wasserbewirtschaftung), 7 (bzgl nachhaltiger Energieversorgung), 13 (mit der Aufforderung „to take urgent action to combat climate change and its impacts"), 14 (bzgl Erhaltung und nachhaltiger Nutzung der Ozeane und ihrer Ressourcen) und 15 (bzgl Schutz, Wiederherstellung und nachhaltiger Nutzung terrestrischer Ökosysteme, nachhaltiger Waldbewirtschaftung, Bekämpfung der Wüstenausbreitung sowie Beendigung von Devastierung und Biodiversitätsverlust) dar. Inwieweit die SDGs imstande sind, einen Paradigmenwechsel in der internationalen Umweltpolitik herbeizuführen oder zumindest der Kontroll- und Implementierungsschwäche des Umweltvölkerrechts wirksam zu begegnen, bleibt abzuwarten.[416] Manche Ziele wirken überambitioniert, andere sind, trotz des Versuchs ihrer Konkretisierung mittels Verabschiedung von Unterzielen, allzu vage und abstrakt formuliert; das gilt nicht zuletzt für die politisch heikle Frage nach dem Umfang der Verantwortung der industrialisierten Staaten für die Bereitstellung von Mitteln zwecks Umsetzung der SDGs in den Entwicklungsstaaten.[417] Auch wenn sie ganz überwiegend auf bestehenden völkervertraglichen Pflichten gründen und auf die relevanten multiteralen Übereinkommen Bezug nehmen, sind die SDGs völkerrechtlich nicht verbindlich. Auch die von der UN-Generalversammlung vorgesehene Überwachung beruht letztlich auf freiwilligen, zumal von den Staaten selbst anzustoßenden Initiativen. Insgesamt erweist sich die innerstaatliche Umsetzung der SDGs als große Herausforderung für Regulierung und Verwaltung. Deshalb überrascht es nicht, dass die meisten Zielvorgaben bislang nicht innerhalb der vorgesehenen Fristen erreicht werden konnten.[418] Hiervon

---

414 Ebd, § 246.

415 UN Doc A/RES/70/1 v 21.10.2015, Transforming Our World: The 2013 Agenda for Sustainable Development, §§ 54 ff.

416 Vgl die zurückhaltende Bewertung bei *Dupuy/Viñuales* (Fn 379) 22: "Governments, international organisations, the private sector and civil society are indeed integrating the SDGs in their activities, although it is unclear whether such buy-in entails genuine substantive change or merely changes in formulation. Moreover, despite the emphasis on the integrated nature of all the SDGs and the lack of any hierarchy, one cannot fail to notice the fact that the gravity centre of the first ten (perhaps of the first twelve) SDGs is on socioeconomic development, with climate change, the marine environment, and biodiversity coming later in the list."

417 Vgl etwa Unterziel 17.3: "Mobilize additional financial resources for developing countries from multiple sources".

418 S dazu den UN Sustainable Development Goals Report 2022 (<https://unstats.un.org/sdgs/report/2022/The-Sustainable-Development-Goals-Report-2022.pdf>).

abgesehen lässt sich der SDG-Prozess, zumal unter Berücksichtigung der offen-partizipativen, netzwerkartigen Struktur des von der UN-Generalversammlung zwecks Unterstützung der Implementierung der Nachhaltigkeitsziele neu geschaffenen *Technology Facilitation Mechanism,*[419] als weiterer Beleg für die in den vergangenen Jahren zu beobachtende Tendenz einer Entformalisierung des Umweltvölkerrechts begreifen.

3. Allgemeine Prinzipien des Umweltvölkerrechts

113 Wie die Deklarationen von Stockholm und Rio, zahlreiche Umweltschutzübereinkommen, Verlautbarungen zB von CSD und UNEP[420] und wissenschaftliche Veröffentlichungen[421] erkennen lassen, geht es im Völkerrecht in den letzten Jahrzehnten u a um die Formulierung und Umsetzung allgemeiner Prinzipien für den Umgang mit der Umwelt. Neben den überkommenen, praktisch noch immer besonders relevanten Grundsätzen des gewohnheitsrechtlichen Nachbarrechts (Präventionsprinzip) sowie neueren, normativ noch ungefestigten Konzeptionen – *common heritage of humankind,*[422] *common concern of humankind,*[423] *common but differentiated responsibilities*[424] – konzentriert man sich auf das Leitbild der nachhaltigen Entwicklung sowie – vor allem – auf das Vorsorge- und das Verursacherprinzip. Obgleich die rechtliche Einordnung dieser Grundsätze im Einzelnen str und jeweils gesondert vorzunehmen ist, werden sie nachfolgend allesamt unter dem Begriff *Prinzipien* behandelt. Als Optimierungsgebote fordern sie die möglichst weitgehende Verwirklichung eines bestimmten „idealen Sollens".[425] Unabhängig von

---

419 Vgl UN Doc A/RES/70/1 (Fn 415) § 70: "The Technology Facilitation Mechanism will be based on a multi-stakeholder collaboration between Member States, civil society, the private sector, the scientific community, United Nations entities and other stakeholders and will be composed of a United Nations interagency task team on science, technology and innovation for the Sustainable Development Goals, a collaborative multi-stakeholder forum on science, technology and innovation for the Sustainable Development Goals and an online platform." Mit den Begriffen und Kategorien der tradierten Lehre von den I.O. lassen sich Grundlagen und Struktur dieses neuen Mechanismus nicht erfassen.

420 Vgl etwa die UN Docs E/CN.17/1996/17/Add 1 v 1.3.1996 und UNEP/IEL/WS/3/2 v 4.10.1996.

421 Vgl *Epiney/Scheyli,* Strukturprinzipien; *Sands/Peel,* Principles; *Verschuuren,* Principles; *Proelß,* in Internationales Umweltrecht, 3. Abschn; Krämer/Orlando (Hrsg), Principles of Environmental Law, 2018. Krit *Beyerlin,* „Prinzipien" im Umweltvölkerrecht, FS Steinberger, 2002, 31 ff.

422 Vgl *Wolfrum,* The Principle of the Common Heritage of Mankind, ZaöRV 43 (1983) 312 ff.

423 Vgl *Hunter/Salzman/Zaelke* (Fn 383) 343 ff; Abgrenzung der verschiedenen Konzepte bei *Proelß/Haake* (Fn 222) 187 ff. In der Klimarahmenkonvention, im Kyoto Protokoll und im Übereinkommen von Paris ist der Schutz der Erdatmosphäre als „gemeinsames Anliegen der Menschheit" Sorge und Aufgabe aller Staaten.

424 Vgl *Bartenstein,* in Internationales Umweltrecht, 2. Abschn Rn 16 ff; *Hey,* Common But Differentiated Responsibilities, MPEPIL.

425 Vgl *Alexy,* Recht, Vernunft, Diskurs, 1995, 177 ff. Aus Sicht der Prinzipientheorie handelt es sich bei den Prinzipien des Umweltvölkerrechts daher genau genommen um Regeln (und gerade nicht um Prinzipien ieS). Sie sind selbst nicht abwägungsfähig, sondern strukturieren den Abwägungsprozess. Eingehend dazu *Schröter,* Strukturprinzipien, 250 ff; *Proelß,* in Internationales Umweltrecht, 3. Abschn Rn 2.

der formellen Frage ihrer Bindungswirkung entfalten sie in der Sache erheblichen Einfluss auf die Rechtswirklichkeit.

Ein rechtsverbindliches multilaterales Übereinkommen, das als Rahmenvertrag **114** den allgemeinen Teil des Umweltvölkerrechts kodifiziert, existiert bislang nicht. Entsprechende Kodifizierungsversuche haben sich nicht als erfolgreich erwiesen. Dies gilt insbes für die ursprünglich franz Initiative, einen *Globalen Pakt für die Umwelt* auszuhandeln und in Kraft zu setzen. Nachdem ein Expertengremium im Jahre 2017 einen ersten Textentwurf erarbeitet hatte,[426] beschloss die GV der UN im Mai 2018, eine offene Ad-hoc-Arbeitsgruppe einzusetzen. Diese sollte u a Umfang, Parameter und Durchführbarkeit eines „internationalen Instruments" erörtern, um Empfehlungen, zu denen auch die Einberufung einer regierungsübergreifenden Konferenz zur Annahme eines solchen Instruments gehören kann, für die GV in der ersten Jahreshälfte 2019 abzugeben.[427] Die Empfehlungen dieser Arbeitsgruppe, die von der GV der UN befürwortet wurden,[428] nehmen auf ein solches Instrument indes keinen Bezug mehr, sondern verweisen lediglich auf existierende Strukturen und Instrumente sowie deren effektive Umsetzung.[429] Die Initiative, einen neuen umweltvölkerrechtlichen Rahmenvertrag auszuhandeln, muss daher vorläufig als gescheitert gelten. In der Sache statuierten die Vorschriften des ursprünglichen Entwurfs v 2017 überwiegend bereits anerkannte umweltvölkerrechtliche Prinzipien, Rechte und Pflichten, gingen zT aber auch über den Stand des Anerkannten hinaus bzw ergänzten diesen um Klarstellungen und Konkretisierungen.[430] Die Sinnhaftigkeit des vorgeschlagenen Pakts wurde von vornherein unterschiedlich beurteilt.[431] Gewiss würden mittels vertraglicher Kodifikation eines „allgemeinen Teils" des internationalen Umweltrechts Rechtsklarheit geschaffen und Lücken im bestehenden Normensystem geschlossen; andererseits besteht zumindest in dem Fall, dass ein solcher Pakt mangels hinreichender Ratifikationen nicht in Kraft tritt, die Gefahr, dass das Umweltvölkerrecht hinter den bereits erreichten Entwicklungsstand zurückfällt. Auch strukturell stellt sich die Frage, ob der Versuch, einen Rahmenvertrag mit globalem Geltungsanspruch über das bestehende Umweltrecht zu stülpen, im Lichte

---

426 Text: <https://globalpactenvironment.org/en/documents-en/the-pact-text/>.

427 UN Doc A/RES/72/277 v 14.5.2018, Towards a Global Pact for the Environment, § 2.

428 UN Doc A/RES/73/333 v 5.9.2019, Follow-up to the Report of the Ad hoc Open-ended Working Group Established Pursuant to General Assembly Resolution 72/277, § 1.

429 UN Doc A/AC.289/6/Rev.1 v 13.6.2019, Report of the Ad hoc Open-ended Working Group Established Pursuant to General Assembly Resolution 72/277, § 54.

430 S dazu die jeweils einer Vorschrift des Pakts gewidmeten Beiträge in Aquila/Viñuales (Hrsg), A Global Pact for the Environment: Legal Foundations, 2018, <https://www.ceenrg.landecon.cam.ac.uk/report-files/ AguilaVinualesAGlobalPactfortheEnvironmentCambridgeReportMarch2019.pdf>.

431 Vgl etwa *Kotzé/French,* A Critique of the Global Pact for the Environment: A Stillborn Initiative or the Foundation for *Lex Anthropocenae?*, International Environmental Agreements: Politics, Law and Economics 18 (2018) 811ff; *Raith,* The 'Global Pact for the Environment' – A New Instrument to Protect the Planet?, JEEPL 15 (2018) 3ff; *Young,* Global Pact for the Environment: Defragging International Law?, EJIL: *Talk!,* <https://www.ejiltalk.org/global-pact-for-the-environment-defragging-international-law/>.

seiner fortschreitenden Transnationalisierung infolge der Einbeziehung privater Akteure und der Entwicklung neuer Formen der Umwelt-Governance noch zeitgemäß ist, von den seit längerem die internationalen Beziehungen prägenden Schwierigkeiten, auch nur eine Verständigung auf den „kleinsten gemeinsamen Nenner" zu erzielen, ganz zu schweigen.

a) Der Präventionsgrundsatz

115 Anknüpfend an den Schiedsspruch im *Trail Smelter*-Fall wird häufig von der gewohnheitsrechtlichen Geltung eines Verbots erheblicher grenzüberschreitender Umweltbelastungen *(no harm rule)* ausgegangen.[432] Ob ein solches repressives Verbot wirklich völkerrechtlich anerkannt ist, ist indes zweifelhaft. Die UN-Völkerrechtskommission und große Teile der Literatur deuten den *Trail Smelter*-Schiedsspruch nicht in einem repressiven (Verbot), sondern in einem präventiven Sinne (Gebot).[433] Selbst wenn man dies anders sieht,[434] bleibt unbestreitbar, dass sich die Rechtsentwicklung in den vergangenen Jahrzehnten von einem Schädigungsverbot zu einer staatlichen Gewährleistungspflicht, Umweltbeeinträchtigungen zu vermeiden *(obligation to ensure)*, verlagert hat. IdS statuiert Prinzip 2 der Rio Deklaration, dass „States have [...] the responsibility to ensure that activities within their jurisdiction or control do not cause damage to the environment of other States or of areas beyond the limits of national jurisdiction."[435] Die gewohnheitsrechtliche Geltung *dieser* Gewährleistungspflicht in Gestalt des Präventionsprinzips ist nun in der Tat mittlerweile anerkannt.[436] Ob ein Staat das Präventionsprinzip verletzt hat, richtet sich danach, ob er, gemessen am Maßstab der gebührenden Sorgfalt *(due diligence)*,[437] alle im Vorhinein möglichen und zumutbaren Maßnahmen zur Vermeidung wahrscheinlicher grenzüberschreitender Umweltschäden getroffen

---

432 Etwa *Epiney*, Das „Verbot erheblicher grenzüberschreitender Umweltbeeinträchtigungen", AVR 33 (1995) 309 (318); *Wolfrum*, Purposes and Principles of International Environmental Law, GYIL 33 (1990) 308 (309ff); *Odendahl*, Umweltpflichtigkeit 114ff; *Hinds*, Das Prinzip „sic utere tu out alienum non laedas" und seine Bedeutung im internationalen Umweltrecht, AVR 30 (1992) 298 (301ff).
433 ILC, General Commentary to the Draft Articles on Prevention of Transboundary Harm from Hazardous Activities (YBILC 2001-II/2, 148) § 4; s auch ILA, Legal Principles Relating to Climate Change, <https://www.ila-hq.org/en_GB/documents/conference-report-washington-2014-5>, Kommentar zu Draft Art 7, § 4; aus der Lit *Hey*, Global Environmental Law, FYIL 19 (2008), 5 (10f); *Stephens*, International Courts and Environmental Protection, 2009, 133; *Brunnée*, Procedure and Substance, 123, 147; *Viñuales*, Due Diligence in International Environmental Law, in Due Diligence, 111 (114f).
434 Dazu *Brent*, The Certain Activities Case: What Implications for the No-Harm Rule?, APJEL 20 (2017) 28 (33f.).
435 S auch *Nuclear Weapons*, § 29.
436 Vgl *Nuclear Weapons*, § 29; *Gabčíkovo-Nagymaros*, § 53; *Pulp Mills*, § 101; *Responsibilities and Obligations*, § 110; *SRFC*, §§ 129ff; *Environment and Human Rights*, § 129. S auch die Schiedssprüche im *Iron Rhine*-Fall (§ 59) und im *Indus Waters*-Fall (Partial Award, § 449).
437 Dazu s u Rn 118.

hat.[438] Eine solche – verhaltensbezogene – Pflicht *(obligation of conduct)* ist etwas anderes als ein – „erfolgsbezogenes" – Verbot, das im Falle seiner Missachtung automatisch die Verantwortlichkeit des schädigenden Staats auslöst. Hat ein Staat im Lichte des Maßstabs der gebotenen Sorgfalt alle Maßnahmen getroffen, um erhebliche Umweltschäden zu verhindern, kann er, wenn es später doch zu Umweltschäden kommt, dafür nicht mehr zur Verantwortung gezogen werden. Insgesamt sprechen daher gewichtige Gründe dafür, davon auszugehen, dass der Präventionsgrundsatz an die Stelle des Verbots der grenzüberschreitenden erheblichen Umweltbeeinträchtigung – soweit es Letzteres denn jemals gab – getreten ist.[439]

Im Lichte seiner Ursprünge in den Regeln des zwischenstaatlichen Nachbarrechts 116 wird ganz überwiegend davon ausgegangen, dass das völkerrechtliche Präventionsprinzip nur auf *grenzüberschreitende* Umweltbelastungen anwendbar ist.[440] Grenzüberschreitend sind Belastungen zunächst dann, wenn ihre Auswirkungen das Hoheitsgebiet eines anderen Staats betreffen. Nicht geographische Nähe oder gar eine gemeinsame Grenze sind freilich maßgeblich, sondern der Kausalzusammenhang zwischen schädlicher Tätigkeit und Umweltbelastung.[441] Der IGH geht mittlerweile deshalb davon aus, dass sich die Geltung des Verbots erheblicher grenzüberschreitender Umweltbelastungen auch auf die Räume jenseits staatlicher Hoheitsgewalt, d h auf die Hohe See, den Tiefseeboden und den Weltraum (s o Rn 63 ff), erstreckt. So heißt es in seinem Nuklearwaffen-Gutachten v 1996: "The existence of the general obligation of States to ensure that activities within their jurisdiction and control respect *the environment of other States or of areas beyond the national control* is now part of the corpus of international law relating to the environment."[442]

---

438 *Proelß*, in Internationales Umweltrecht, 3. Abschn, Rn 10 f; vgl auch den Kommentar der ILC zu Art 3 der Draft Articles on Prevention of Transboundary Harm from Hazardous Activities (Fn 433).

439 So auch *Brunnée*, Procedure and Substance, 146 ff; *Proelß*, in Internationales Umweltrecht, 3. Abschn Rn 12 f. *Boyle/Redgwell*, International Law and the Environment, 153 ff untersuchen ausschließlich das Präventionsprinzip, nicht aber ein Verbot erheblicher grenzüberschreitender Umweltbeeinträchtigungen oder ein allg Nichtschädigungsgebot. AA hingegen *Sands/Peel*, Principles, 206 ff; *Krieger/Peters*, Due Diligence in International Environmental Law, in Due Diligence, 352 (356 f); *Beyerlin/Marauhn*, International Environmental Law, 40 f, die von zwei Dimensionen eines allgemeinen Nichtschädigungsgebots *(no harm rule)* ausgehen: "In its prohibitive function, it [das Nichtschädigungsgebot] forbids any state from causing significant transboundary environmental harm. In its preventive function, 'no harm' obliges every state of origin 'to take adequate measures to control and regulate in advance sources of potential significant transboundary harm'."

440 AA *Sands/Peel*, Principles, 212.

441 *Kunig*, Nachbarschaftliche Staatsverpflichtungen bei Gefährdungen und Schädigungen der Umwelt, BerDGVR 32 (1992) 9 (12 f). *Schröder*, Waldschäden als Problem des internationalen und des europäischen Rechts, DVBl 1986, 1173 (1176 f) bezweifelt die Einbeziehung *weiträumiger* Schädigungen in den *sic utere tuo*-Grundsatz. Das Gewohnheitsrecht hält auch noch keinen effizienten Mechanismus für den Umgang mit den Folgen kumulierter Immissionen bereit, also bzgl Einwirkungen, die ihren Ursprung in mehreren Staaten haben und jede für sich betrachtet unerheblich sind.

442 § 29, Hervorhebung hinzugefügt.

117   Das Präventionsprinzip erfasst zudem nicht jede Umweltbelastung. Es greift vielmehr erst dann, wenn die Gefahr einer *erheblichen* Umweltbeeinträchtigung besteht. Bereits der *Trail Smelter*-Schiedsspruch statuierte dieses einschränkende Kriterium, auf das sich 1957 dann auch der *Lac Lanoux*-Schiedsspruch bezog. Das Schiedsgericht billigte hier das Vorhaben Frankreichs, Wasser des Flusses Font-Vive, der den französischen Pyrenäensee Lanoux mit dem französisch-spanischen Grenzfluss Carol verbindet, zur Elektrizitätsgewinnung umzuleiten. Nicht nur werde das zunächst entzogene Wasser später wieder dem Grenzfluss zugeführt; es gehe vielmehr auch nicht um eine erhebliche Veränderung der Wassereigenschaften.[443] Unwesentliche Einwirkungen seien als gewohnheitsrechtliche Ausnahme vom Schädigungsverbot hinzunehmen, wobei die Wesentlichkeit vom Opferstaat aus zu beurteilen ist.[444]

118   Um die Einhaltung des Präventionsgrundsatzes zu gewährleisten, müssen Staaten im Einklang mit der im Verkehr erforderlichen Sorgfalt *(due diligence)* handeln. Dieser Sorgfaltsmaßstab kann nicht abstrakt und allgemein definiert werden, sondern kommt im Lichte der konkreten Umstände des Einzelfalls unter Bezugnahme auf unterschiedliche Faktoren zur Anwendung. Die Kammer für Meeresbodenstreitigkeiten des ISGH formulierte, dass es die im Präventionsgrundsatz zum Ausdruck kommende Gewährleistungspflicht gebiete, „to deploy adequate means, to exercise best possible efforts, to do the utmost, to obtain this result."[445] Zu den in diesem Zusammenhang zu berücksichtigenden Faktoren zählen u a die Schwere der drohenden Umweltschäden, Größe bzw Umfang des geplanten Vorhabens, sein Standort, besondere klimatische Bedingungen sowie die bei dem Vorhaben verwendeten Materialien.[446] Welche Maßnahmen erforderlich und zumutbar sind, kann sich im Laufe der Zeit unter Beachtung neuer wissenschaftlicher Erkenntnisse und technischer Errungenschaften ändern.[447] Durch Einhaltung technischer Standards wie der „besten verfügbaren Technologien" oder der „besten Umweltpraxis" müssen die Staaten mit den technologischen Veränderungen und wissenschaftlichen Entwicklungen Schritt halten.[448] Weitere Konturen kann der *due diligence*-Standard im Rahmen spezialvertraglicher Regelungen oder durch im Rahmen von I.O. wie der IMO und der IAEA verabschiedeter Verhaltenskodizes gewinnen.[449]

---

443 *Lac Lanoux Arbitration*, RIAA XII, 281, 303.
444 So *Sachariew*, The Definition of Thresholds of Tolerance for Transboundary Environmental Injury under International Law, NILR 37 (1990) 193ff.
445 *Responsibilities and Obligations*, § 110.
446 Kommentar zu Art 3 der ILC Draft Articles on Prevention of Transboundary Harm from Hazardous Activities (Fn 433) para 11.
447 *Responsibilities and Obligations*, § 117.
448 Kommentar zu Art 3 der ILC Draft Articles on Prevention of Transboundary Harm from Hazardous Activities (Fn 433) para 11. S auch *Boyle/Redgwell*, International Law and the Environment, 165; *Handl*, Transboundary Impacts, in Handbook IEL, 531 (538).
449 Bsp bei *Boyle/Redgwell*, International Law and the Environment, 165f.

Proelß

In *materiell-rechtlicher* Hinsicht äußern sich die gemäß Präventionsgrundsatz zu 119
beachtenden Sorgfaltsanforderungen insbes in der Pflicht zur Implementierung der für
die Vermeidung erheblicher Umweltschäden erforderlichen regulatorischen und politischen Maßnahmen. Diese Maßnahmen muss der Staat auch durchsetzen bzw deren
Befolgung durch öffentliche und private Vorhabenträger kontrollieren.[450] Aus diesen
allgemeinen materiell-rechtlichen Anforderungen werden, gleichsam als ihr Annex,
prozedurale Pflichten abgeleitet.[451] Im Vordergrund steht die gewohnheitsrechtlich geltende Verpflichtung, potentielle Opferstaaten über die Vorfälle bzw die Vorhaben frühzeitig zu informieren, die erhebliche grenzüberschreitende Umweltbelastungen mit sich
bringen können, und insoweit in Konsultationen einzutreten.[452] Unter Bezugnahme auf
Prinzip 19 der Rio Deklaration, zahlreiche einschlägige Normen im Rahmen diverser
multilateraler Umweltschutzabkommen sowie Art 8 und 9 des Artikelentwurfs der ILC
zu Prevention of Transboundary Harm from Hazardous Activities[453] wird heute von der
gewohnheitsrechtlichen Geltung dieser prozeduralen Pflichten ausgegangen.[454] Gleiches gilt für die Pflicht zur Durchführung einer *Umweltverträglichkeitsprüfung (UVP)*
vor Initiierung eines potentiell umweltgefährdenden Projekts. Im *Pulp Mills*-Fall stellte
der IGH fest: "[I]t may now be considered a requirement under general international
law to undertake an environmental impact assessment where there is a risk that the
proposed industrial activity may have a significant adverse impact in a transboundary
context, in particular, on a shared resource."[455] Die genauen Anforderungen, die im Einzelfall an eine UVP zu stellen sind, lassen sich dem allgemeinen Völkerrecht allerdings
nicht entnehmen.[456] Sie ergeben sich auch nicht aus dem Übereinkommen über Umweltverträglichkeitsprüfungen im grenzübergreifenden Kontext v 1991 (Espoo Übereinkommen). Dieser Vertrag regelt, wie die jeweils nach dem nationalen Recht der
Vertragsparteien vorzunehmenden UVPs im Hinblick auf die in Anhang 1 des Übereinkommens genannten Projekte mit potentiell erheblichen grenzüberschreitenden Umweltauswirkungen (Bsp: Pipelines) koordiniert werden (Notifikation, Dokumentation,
Konsultation), statuiert aber keine Kriterien über die Art und Weise, wie die UVPs von

---

450 Deutlich *Pulp Mills*, § 197; *South China Sea (Merits)*, §§ 961, 964; ausführliche Analyse in *Environment
and Human Rights*, §§ 145 ff.

451 *Certain Activities and Construction of a Road*, § 104; *Silala*, §§ 100 ff.

452 Ebd, § 119.

453 Nachw in Fn 434.

454 Vgl nur *Odendahl*, Umweltpflichtigkeit, 139 ff; *Beyerlin/Marauhn*, International Environmental Law,
227 ff. Im *Pulp Mills*-Fall betonte der IGH den engen Zusammenhang zwischen Informationspflichten und
Präventionsprinzip, § 102.

455 *Pulp Mills*, § 204. S auch das Gutachten der Kammer für Meeresbodenstreitigkeiten des ISGH,
§§ 145 ff. Zu den prozeduralen Verpflichtungen im Einzelnen *Epiney*, in Internationales Umweltrecht,
4. Abschn Rn 4 ff, 19 ff.

456 *Pulp Mills*, § 205. S aber den endg Schiedsspruch im Fall *Indus Waters*, mit der Klarstellung, dass die
UVP von Völkerrechts wegen aufgrund aktueller wissenschaftlicher Erkenntnisse und in Anbetracht der
spezifischen Besonderheiten des betreffenden Projekts durchgeführt werden müsse (§ 101).

Proelß

den Behörden der Vertragsparteien durchzuführen sind. Dergleichen Kriterien lassen sich erst in speziellen völkerrechtlichen Verträgen (falls vorhanden und einschlägig),[457] im europäischen Unionsrecht und im nationalen Recht finden. Immerhin konkretisierte der IGH die völkerrechtliche Pflicht zur Durchführung einer UVP in *Certain Activities and Construction of a Road* dahingehend, dass ein Staat vor Aufnahme einer potentiell umweltschädigenden Tätigkeit zunächst prüfen müsse, ob die Gefahr einer erheblichen grenzüberschreitenden Beeinträchtigung bestehe. Dies könne bspw im Wege einer vorläufigen Risikobewertung *(preliminary risk assessment)* geschehen.[458] Erst die Feststellung einer entsprechenden Gefahr aktiviere dann die Pflicht zur Durchführung einer UVP.[459]

120   Probleme wirft das Verhältnis der materiellen Grundsätze und der prozeduralen Pflichten auf.[460] In seinem *Pulp Mills*-Urteil betonte der IGH zwar den zwischen den beiden Kategorien bestehenden „functional link", lehnte es aber ab, aus der Verletzung der prozeduralen Informationspflicht automatisch eine Verletzung der *in casu* einschlägigen materiell-rechtlichen Grundsätze, insbes des Präventionsprinzips, abzuleiten.[461] Überdies erblickte er in der bloßen gerichtlichen Feststellung eines Verstoßes Uruguays gegen die Informationspflicht eine ausreichende Wiedergutmachung.[462] Die hierin zum Ausdruck kommende Relativierung der prozeduralen umweltrechtlichen Anforderungen begegnet Bedenken;[463] Informations- und Konsultationspflichten leisten einen wesentlichen Beitrag zur Implementierung und Operationalisierung des materiellen Rechts (Umweltschutz durch Verfahren), ja gewährleisten überhaupt erst dessen Wirkmächtigkeit.

b) Das Prinzip der ausgewogenen Mitnutzung grenzübergreifender Ressourcen

121 Kern des Grundsatzes ausgewogener Mitnutzung grenzübergreifender Ressourcen ist die staatliche Verpflichtung, bei der Ressourcennutzung die Interessen anderer Staaten, auf deren Hoheitsgebiet sich die Ressourcen ebenfalls erstrecken, zu berücksichti-

---

457 Das BBNJ Übereinkommen (Fn 22) statuiert in den Art 21*bis* ff Mindestanforderungen, die in seinem Geltungsbereich an die Durchführung von UVPs zu stellen sind. Diese Anforderungen gelangen nur dann nicht zur Anwendung, wenn die potentiellen Auswirkungen der geplanten Tätigkeit in Übereinstimmung mit den Kriterien anderer einschlägiger Rechtsinstrumente bewertet wurden und die betreffenden Kriterien gegenüber denjenigen des BBNJ Übereinkommens gleichwertig sind.
458 *Certain Activities and Construction of a Road*, § 154.
459 Ebd, § 104: „[...] ascertain if there is a risk of significant transboundary harm, *which would trigger* the requirement to carry out an environmental impact assessment" (Hervorhebung hinzugefügt).
460 Dazu näher *Proelß*, in Internationales Umweltrecht, 3. Abschn Rn 18ff.
461 *Pulp Mills*, §§ 71ff; s auch *Certain Activities and Construction of a Road*, §§ 119f, 177ff.
462 *Pulp Mills*, §§ 269, 272ff. Zur Genugtuung als Rechtsfolge der Staatenverantwortlichkeit <u>Schröder</u>, 7. Abschn Rn 32.
463 Zu Recht krit die abw Meinung der Richter *Al-Khasawneh* u *Simma*, § 26f. Diskussion bei *Proelß*, in Internationales Umweltrecht, 3. Abschn Rn 24; *Brent* (Fn 434) 54ff

gen.[464] Obgleich seine Anwendbarkeit seit den 1970er Jahren im Zusammenhang mit den UNEP-Leitlinien für den Umgang mit den unterschiedlichsten *shared natural resources* (Mineralien, Erdöl- und Erdgasvorkommen, Wälder, Gebirge, Luft) diskutiert wurde,[465] erfuhr es seine wesentliche Ausprägung im internationalen Wasserrecht.[466] Diesbezüglich hat der IGH im *Silala*-Fall zwischen Chile und Bolivien kürzlich daran erinnert, dass „an international watercourse constitutes a shared resource over which riparian States have a common right",[467] und unter Bezugnahme auf sein Urteil im Fall *Gabcíkovo-Nagymaros* klargestellt, dass „[u]nder customary international law, every riparian State has a basic right to an equitable and reasonable sharing of the resources of an international watercourse."[468]

Das Prinzip der ausgewogenen Mitnutzung grenzübergreifender Ressourcen zielt **122** nicht auf die schematische Gleichbehandlung aller Betroffenen, sondern auf einen differenzierten, dem konkreten Einzelfall gerecht werdenden, insofern „billigen" Interessenausgleich zwischen den Interessen der Anrainerstaaten.[469] Kriterien hierfür hat die ILA im Rahmen ihrer – rechtlich unverbindlichen – *Berlin Rules on Water Resources* entwickelt, die an die Stelle eines früheren Entwurfs getreten sind.[470] Danach sind u a die Bevölkerungsgröße der Anrainerstaaten, ihre sozioökonomischen Bedürfnisse sowie die Verfügbarkeit zusätzlicher Wasserressourcen zu berücksichtigen. In der Praxis ist das Gebot der ausgewogenen Mitnutzung zwischenzeitlich in zahlreichen bi- und multilateralen Verträgen zu spezifischen Gewässern[471] sowie in Art 5 Abs 1 Satz 1 des *UN-Übereinkommens über das Recht der nicht-navigatorischen Nutzungen internationaler Wasserläufe* v 21.3.1997 kodifiziert. Letztlich dürften, wie im *Gabcíkovo-Nagymaros*-Fall, nur grobe Verletzungen des Gebots eindeutig feststellbar sein. Wie im Falle des Präventionsgrundsatzes wird der im Mitnutzungsrecht liegende materiell-rechtliche Kern der ausgewogenen Mitnutzung grenzüberschreitender Wassserläufe bei alledem durch pro-

---

464 Terminologisch findet es sich in verschiedenen, inhaltlich aber gleichbedeutende Varianten: angemessene/ausgewogene/faire/billige/gerechte/gleichmäßige (Mit-)Nutzung grenzübergreifender/geteilter/gemeinsamer Ressourcen.

465 Hierzu *Odendahl,* Umweltpflichtigkeit, 163 ff; *Durner,* Common Goods, 2001, 74 ff. Zum Hintergrund *Reinicke,* Die angemessene Nutzung gemeinsamer Naturgüter, 1991, 8 ff.

466 Hierzu und zum Folgenden *Reichert,* Gewässerschutz, 119 ff; *ders,* in Internationales Umweltrecht, 3, Abschn Rn 26 ff. Aus der Rechtspr des IGH zuletzt *Silala,* §§ 92 ff.

467 *Silala,* § 96.

468 *Silala,* § 97; dazu auch *Gabcíkovo-Nagymaros,* § 85.

469 *Silala,* § 97 f. Vgl auch *Pulp Mills,* §§ 175, 177.

470 <https://unece.org/fileadmin/DAM/env/water/meetings/legal_board/2010/annexes_groundwater_paper/Annex_IV_Berlin_Rules_on_Water_Resources_ILA.pdf>; die früheren Helsinki Rules sind abgedr in ILA (Hrsg), Report of the Fifty-second Conference Held at Helsinki, 1966-7, 484 ff.

471 Nachweise bei *Reinicke* (Fn 465) 37 ff; *Ule,* Das Recht am Wasser, 1998, 165 f. Im Fall *Indus Waters* schloss sich das Schiedsgericht der str Ansicht an, dass die Normen des einschlägigen bilateralen Vertrags im Lichte des Völkergewohnheitsrechts auszulegen seien, und zwar selbst dann, wenn die betreffenden gewohnheitsrechtlichen Normen erst *nach* Abschluss des Vertrags entstanden seien. Vgl *Indus Waters,* § 111 (mit Verweis auf Teilschiedsspruch v 18.2.2013).

zedurale Verpflichtungen zur Zusammenarbeit, Notifizierung und Konsultation ergänzt.[472] Ihnen wird regelmäßig im Rahmen der Flusskommissionen Rechnung getragen werden müssen, die durch völkerrechtliche Übereinkünfte für zahlreiche grenzüberschreitende Wasserläufe geschaffen wurden.[473]

123   Ob das Prinzip der ausgewogenen Mitnutzung grenzübergreifender Ressourcen völkergewohnheitsrechtlich auch andere grenzüberschreitende Ressourcen erfasst, ist vom IGH bislang noch nicht entschieden worden. Einerseits spricht der Umstand, dass die Kehrseite des *principle of equitable and reasonable sharing* – das Präventionsprinzip – allgemein für erhebliche Beeinträchtigungen der Umwelt und nicht nur für bestimmte Umweltgüter gilt, für die Übertragbarkeit auf andere Ressourcen. Andererseits ist zu bedenken, dass das gemeinsame Recht der Anlieger über grenzüberschreitende Wasserläufe nach Ansicht der Rechtspr im Bestand einer Interessengemeinschaft *(community of interests)* gründet.[474] Im Lichte des Grundsatzes der dauerhaften Souveränität über die auf dem Staatsgebiet befindlichen Ressourcen[475] lässt sich eine solche Gemeinschaft hinsichtlich der Nutzung eines Wasserlaufs als Transportweg einfacher begründen als mit Bezug auf die Ausbeutung natürlicher Ressourcen. Wird indes wiederum berücksichtigt, dass das Prinzip der ausgewogenen Mitnutzung mittlerweile auch auf nicht-navigatorische Nutzungen grenzüberschreitender Wasserläufe angewendet wird,[476] ist letztlich – zumal in Anbetracht der Erfordernisse der Gerechtigkeit und Nützlichkeit, auf die seinerzeit der StIGH abgestellt hatte[477] – kein Grund erkennbar, warum dieses Prinzip nicht auch auf andere grenzübergreifende Ressourcen angewendet werden sollte, soweit Maßnahmen durch einen Anliegerstaat die Interessen anderer Anliegerstaaten in vergleichbarem Maße betreffen können wie im Falle grenzüberschreitender Wasserläufe. Hiervon ist zB bei grenzüberschreidenden Grundwasseraquiferen auszugehen.[478]

---

472 *Silala*, § 100 f.

473 Dazu u Rn 146 ff.

474 Grundlegend StIGH in *International Commission of the River Oder*, 27; s auch *Silala*, § 96. S auch noch u Rn 134.

475 Vgl UN Doc A/RES/1803 (XVII) v 14.12.1962, Permanent Sovereignty over Natural Resources.

476 *Gabcíkovo-Nagymaros*, § 85; s auch *Silala*, § 96 sowie den Kommentar zu Art 5 der ILC Draft Articles on the Law of Non-navigational Uses of International Watercourses with Commentaries (YBILC 1994-II/2, 89), § 10: "A survey of all available evidence of the general practice of States, accepted as law, in respect of the non-navigational uses of international watercourses [...] reveals that there is overwhelming support for the doctrine of equitable utilization as a general rule of law for the determination of the rights and obligations of States in this field."

477 *International Commission of the River Oder*, 27.

478 Dazu noch s u Rn 143.

Proelß

c) Das Vorsorge- und das Verursacherprinzip

Kern des aus dem dt Umweltrecht stammenden und mittlerweile auch im EU-Recht aus- 124
drücklich verankerten[479] Vorsorgeprinzips *(precautionary principle)* ist der Gedanke,
dass die Umwelt am effektivsten geschützt wird, wenn bereits die Entstehung von Belastungen vermieden wird. Nachdem der Vorsorgegedanke international im Rahmen
der Konferenzen zum Nordseeschutz in den 1980er Jahren erstmals größere Beachtung
fand, ist er mittlerweile in Abkommen zum Schutz des Meeres,[480] der Binnengewässer,[481] der Arten[482] sowie des Klimas[483] aufgegriffen und in seiner Bedeutung durch
Prinzip 15 der Rio Deklaration anerkannt worden.[484] Gleichwohl herrscht noch immer
Streit darüber, ob das Vorsorgeprinzip bereits zu Völkergewohnheitsrecht erstarkt
ist.[485] Der Ertrag dieser Kontroverse war und ist begrenzt; sie sollte durch Überlegungen
ersetzt werden, auf welche Weise der Vorsorgegedanke in der Rechtspraxis effektiv operationalisiert werden kann.[486] Das Quellenproblem steht in engem Zusammenhang mit
dem Umstand, dass das Vorsorgeprinzip je nach betroffenem Vertrag unterschiedlich
ausgestaltet ist.[487] Stets geht es zwar im Kern um die Handhabung von Umweltrisiken,
hinsichtlich deren Eintrittswahrscheinlichkeit wissenschaftliche Unsicherheit besteht:
Vorsorge als Risikomanagement und -abwägung.[488] Welche Rechtsfolgen sich aus der

---

479 Vgl Art 191 Abs 2 AEUV.

480 Vgl Art 2 Abs 2 lit a des Übereinkommens zum Schutz der Meeresumwelt des Nordostatlantiks
(OSPAR-Übereinkommen) v 22.9.1992; vgl auch die Definition von „Verschmutzung" in Art 1 Abs 1 Nr 4
SRÜ („abträgliche Wirkungen [...] ergeben oder ergeben *können*").

481 Vgl Art 2 Abs 5 lit a des Übereinkommens zum Schutz und zur Nutzung grenzüberschreitender Wasserläufe und internationaler Seen v 17.3.1992.

482 Vgl 9. Erwägungsgrund der Präambel der CBD.

483 Vgl Art 3 Abs 3 des Rahmenübereinkommens der Vereinten Nationen über Klimaveränderung
(UNFCCC) v 29.5.1992.

484 Prinzip 15 lautet: "In order to protect the environment, the precautionary approach shall be widely
applied by all States according to their capabilities. Where there are threats of serious or irreversible damage, lack of full scientific certainty shall not be used as a reason for postponing cost-effective measures
to prevent environmental degradation."

485 Dazu *Proelß,* in Internationales Umweltrecht, 3. Abschn Rn 30 ff. Zum Ganzen auch *Trouwborst,* Evolution and Status of the Precautionary Principle in International Law, 2002. Vorsichtig bejahend die Kammer für Meeresbodenstreitigkeiten des ISGH, §§ 131, 135.

486 Eingehend dazu *Schröter,* Strukturprinzipien, 321 ff und *Proelß,* in Internationales Umweltrecht,
3. Abschn Rn 37 ff.

487 Vgl auch *Böckenförde,* The Operationalization of the Precautionary Approach in International Environmental Law Treaties, ZaöRV 63 (2003) 313 (314); *Epiney/Scheyli,* Strukturprinzipien, 45: „Zur Frage, ob
ein Prinzip/eine Verhaltensregel Völkergewohnheitsrecht darstellt, gesellt sich daher immer diejenige
nach dem normativen Gehalt dieser Regel."

488 *Epiney/Scheyli,* Strukturprinzipien, 91 f; *Beyerlin/Marauhn,* International Environmental Law, 55. –
Der Unterschied zum Präventionsprinzip liegt darin, dass der Kausalzusammenhang zwischen Verhalten
und Umweltbelastung nicht feststehen muss; vgl *Cameron/Abouchar,* The Status of the Precautionary
Principle in International Law, in Freestone/Hey (Hrsg), The Precautionary Principle and International
Law, 1996, 29 (45); *Krieger/Peters,* Due Diligence and Structural Change in the International Legal Order,

Proelß

Anwendung des Prinzips ergeben – zu denken ist etwa an eine Beweislastumkehr zulasten des Staats, der sich auf die Harmlosigkeit eines potentiell umweltschädlichen Verhaltens beruft,[489] oder an eine staatliche Pflicht zum Handeln, sobald die Möglichkeit einer Umweltgefährdung besteht[490] –, kann aber nicht allgemein beantwortet werden.[491] Nicht bestreiten lässt sich freilich, dass das Vorsorgeprinzip seit Mitte der 1980er Jahre Widerhall in der Staatenpraxis und Erwähnung in einer Vielzahl umweltvölkerrechtlicher, sich teilweise überlagernder Verträge gefunden hat. Verbunden mit seiner Ausgestaltung als Optimierungsverbot sowie der in dem Element des Verzichts auf wissenschaftliche Gewissheit zum Ausdruck kommenden Bedeutung als Grundsatz des Risikomanagements legt dies nahe, das Vorsorgeprinzip, zumal eingedenk der Herausforderung des Klimawandels, künftig iSe prozeduralen Abwägungsmechanismus zu operationalisieren, mittels dessen Zielkonflikte zwischen verschiedenen Schutzgütern des Umweltvölkerrechts (etwa Biodiversitätsschutz einerseits, Bekämpfung des Klimawandels andererseits)[492] bewältigt werden können.[493]

---

in: Due Diligence, 352 (362). Im Kontext des Vorsorgeprinzips sind die Anforderungen an die Wahrscheinlichkeit eines Schadenseintrittes umso niedriger, je höher die potentiellen Schadensfolgen sind; andererseits können Vorsorgemaßnahmen nicht auf rein hypothetische Risikobetrachtungen gestützt werden, die auf wissenschaftlich noch nicht verifizierten Vermutungen basieren. S auch *Boyle/Redgwell*, International Law and the Environment, 174.

489 Allg bejahend *Request for Examination*, Diss Op *Weeramantry*, ICJ Rep 317, 343; ähnlich *Verschuuren*, Principles, 87; ablehnend der IGH im *Pulp Mills*-Fall, § 164; *Boyle/Redgwell*, International Law and the Environment, 176 f. Explizit ergibt sich eine Beweislastumkehr aus Art 3 Abs 3 lit c Anlage II OSPAR-Übereinkommen; für Art 2 Abs 2 lit a OSPAR-Übereinkommen nimmt Entsprechendes an *Proelß*, Meeresschutz, 203 f.

490 Vgl etwa Art 2 Abs 2 lit a OSPAR-Übereinkommen.

491 Deutlich *Boyle/Redgwell*, International Law and the Environment, 178 ff. Zu den verschiedenen „Versionen" des Vorsorgeprinzips auch *Wiener*, Sustainable Development, in International Environmental Law Handbook, 597 (602 ff). Dies erklärt auch die unterschiedliche Terminologie: In manchen Verträgen wird vom Vorsorgeansatz *(precautionary approach)*, in anderen vom Vorsorgeprinzip *(precautionary principle)* gesprochen.

492 *Wolfrum/Matz*, Conflicts in International Environmental Law, 2003, 78 ff.

493 *Proelß*, in Internationales Umweltrecht, 3. Abschn Rn 37 ff; *Wiener*, Sustainable Development, in International Environmental Law Handbook, 597 (609 f); zum Bsp Klimaschutz *Güssow*, Sekundärer maritimer Klimaschutz, 2012, 227 ff; die rechtstheoretischen Grundlagen dieser Sichtweise erarbeitet *Schröter*, Strukturprinzipien, 250 ff (ebd 321 ff mit Anwendungsbeispielen). Aus unionsrechtlicher Perspektive KOM(2000) 1 endg v 2.2.2000, 3 ff, 9; vgl auch *Arndt*, Das Risikoverständnis der Europäischen Union unter besonderer Berücksichtigung des Vorsorgeprinzips, in Jaeckel/Janssen (Hrsg), Risikodogmatik im Umwelt- und Technikrecht, 2012, 35 (45 ff). Vgl auch der endg Schiedsspruch des Schiedsgerichts im Fall *Indus Waters*, wonach die Bezugnahme auf das Vorsorgeprinzip zur Folge habe, „to [...] assume the role of policymaker in determining the balance between acceptable environmental change and other priorities, or to permit environmental considerations to override the balance of other rights and obligations expressly identified in the Treaty [...]" (§ 112).

Proelß

Nach ersten Definitionen zu Beginn der 1970er Jahre durch OECD[494] und EG[495] wurde **125**
das Verursacherprinzip *(polluter pays principle)* auf universeller Ebene in Prinzip 16 der
Rio Deklaration verankert: "National authorities should endeavour to promote the internalization of environmental costs [...] taking into account the approach that the polluter
should, in principle, bear the cost of pollution, with due regard to the public interest and
without distorting international trade and investment." Als (auch) Kostenverteilungs-
prinzip, das wohl nur im Rahmen des innerstaatlichen Rechts, nicht aber auf internationaler Ebene zur Anwendung gelangen kann,[496] ordnet das Verursacherprinzip dem Urheber einer Belastung die Verantwortung für die Kosten ihrer Vermeidung oder Beseitigung
zu. Dies beruht auf der Vorstellung, dass Verursachern dann der wirtschaftliche Anreiz zu
verträglichem Verhalten fehlt, wenn sie die Umweltkosten auf Dritte abwälzen, die Kosten somit aus ihrer Kalkulation heraushalten können. Der Zwang zur „internalisieren-
den" Einbeziehung der „externen Effekte" soll zur umweltschonenden Verhaltensände-
rung führen.[497] Insgesamt ist bzgl des Verursacherprinzips im Einzelnen noch vieles
str,[498] nicht zuletzt auch das Verhältnis zur Haftung für Umweltschäden.[499] Von seiner
universellen völkergewohnheitsrechtlichen Geltung kann bislang nicht ausgegangen
werden,[500] ungeachtet seiner Rezeption in verschiedenen umweltvölkerrechtlichen Verträgen.[501]

---

494 Guiding Principles Concerning International Economic Aspects of Environmental Policies (ILM 11
[1972] 1172 f).
495 Erklärung des Rates der Europäischen Gemeinschaften und der im Rat vereinigten Vertreter der Regierungen der Mitgliedstaaten v 22.11.1973 über ein Aktionsprogramm der Europäischen Gemeinschaften
für den Umweltschutz (ABl EG 1973, Nr C 112/1).
496 Vgl *Proelß*, in Internationales Umweltrecht, 3. Abschn Rn 55.
497 *Feess*, Umweltökonomie und Umweltpolitik, 1995, 18 f.
498 Vgl *Proelß*, in Internationales Umweltrecht, 3. Abschn Rn 51 ff mwN.
499 Die ILC hat im Verursacherprinzip einen Mechanismus der Umwelthaftung erblickt, s Draft Principles on Allocation of Loss in the Case of Transboundary Harm Arising out of Hazardous Activities,
YBILC 2006-II/2, 59 (61); aA *Schwartz*, Principle 16: The Polluter-Pays Principle, in Viñuales (Fn 398) 429
(441).
500 So auch das Schiedsgericht im *Rhine Chlorides*-Fall, § 103. Aus der Lit *Boyle/Redgwell*, International
Law and the Environment, 342; *Dupuy/Viñuales* (Fn 379) 82 f; *Epiney/Scheyli*, Strukturprinzipien, 154 ff;
Sands/Peel, Principles, 240; *Beyerlin/Marauhn*, International Environmental Law, 59; *Proelß*, in Internationales Umweltrecht, 3. Abschn Rn 57.
501 Vgl etwa Art 2 Abs 5 lit b des UN/ECE-Gewässerübereinkommens; Art 2 Abs 2 lit b des OSPAR-Über-
einkommens.

d) Das Prinzip der nachhaltigen Entwicklung

126 Seit dem Rio-Gipfel v 1992 dominiert das Prinzip der „nachhaltigen Entwicklung" *(sustainable development)* auf nationaler,[502] supranationaler[503] und internationaler Ebene.[504] Obgleich mittlerweile alle Gebiete des Umweltrechts durchziehend, sind Inhalt wie Status dieser Zielbestimmung bis heute str. Ein Symptom ist die terminologische Blässe des dt Begriffs; er wird daher zuweilen auch, kaum weniger konturenlos, durch „Bestandsfähigkeit", „Dauerhaftigkeit" oder „Zukunftsfähigkeit" ersetzt. Mit Blick auf seine Ausbreitung in diverse andere Politikbereiche hinein ist der Vorwurf, es handele sich – überspitzt formuliert – um eine „Zauberformel",[505] nicht ganz von der Hand zu weisen.

127 „Nachhaltigkeit" lässt sich im dt Forstrecht bis ins 18. Jh zurückverfolgen – als Bezeichnung für den Grundsatz, dass Wäldern im Interesse stetiger Erträge nicht mehr Holz entnommen werden darf als nachwachsen kann. Dieser Hegeansatz, der Nutzung und Bewahrung miteinander verbindet, ist nicht neu, sondern fand sich ansatzweise schon in den ersten Artenschutzverträgen wieder.[506] In den frühen 1970er Jahren war das Verhältnis zwischen sozioökonomischer Entwicklung einerseits und steigender Umweltbelastung andererseits zunächst als unauflösbarer Konflikt wahrgenommen worden. Diesen Antagonismus suchte der Brundtland-Bericht v 1987 zu überwinden.[507] Nachhaltigkeit sei ein Konzept, „that meets the needs of the present without compromising the ability of future generations to meet their own needs. [Es handele sich um] a type of development that integrates production with resource conservation and enhancement, and that links both to the provision for all of an adequate livelihood base and equitable access to resources."[508] Bald darauf wurde das Konzept als zentrales Leitbild in Prinzip 4 der Rio Deklaration anerkannt.

128 Nachhaltige bzw umweltverträgliche Entwicklung ist grundsätzlich *anthropozentrisch* ausgerichtet. Sie zielt auf die dauerhafte Befriedigung der sozioökonomischen Bedürfnisse aller Menschen, auf menschengerechte Lebensbedingungen für die gesamte derzeitige Weltbevölkerung *(intragenerational equity),* und dies keineswegs auf

---

502 Zur Umsetzung in Deutschland *Rehbinder,* Das deutsche Umweltrecht auf dem Weg zur Nachhaltigkeit, NVwZ 2002, 657 ff.

503 Vgl die Präambel und Art 3 Abs 3 EUV, Art 11 AEUV sowie Art 37 der Charta der Grundrechte. Hierzu *Epiney,* Zum Konzept der Nachhaltigen Entwicklung in der EU, in Lang/Hohmann/Epiney (Hrsg), Das Konzept der Nachhaltigen Entwicklung, 1999, 43 (47 ff); *Frenz/Unnerstall,* Nachhaltige Entwicklung im Europarecht, 1999.

504 Vgl *Rest,* Die rechtliche Umsetzung der Rio-Vorgaben in der Staatenpraxis, AVR 34 (1996) 145 (151 ff); *Bartholomäi,* Sustainable Development und Völkerrecht, 1997.

505 *Kahl,* Der Nachhaltigkeitsgrundsatz im System der Prinzipien des Umweltrechts, FS Schmidt, 2002, 111 (113 f).

506 Vgl o Rn 102.

507 Zur Entstehungsgeschichte *Schröder,* Sustainable Development, AVR 34 (1996) 251 ff; *Beaucamp,* Das Konzept der zukunftsfähigen Entwicklung im Recht, 2002, 15 ff.

508 WCED (Fn 391) 39 f; ebd 43 der voranstehende Satz.

Proelß

Kosten künftiger Generationen *(intergenerational equity)*.[509] Zentral ist der Ansatz, dass die einschlägigen ökologischen, ökonomischen und sozialen Ziele wegen ihrer engen wechselseitigen Verknüpfung nur durch eine ganzheitliche Herangehensweise dauerhaft verwirklicht werden können.[510] Damit sind wirtschaftliche Entwicklung und Armutsbekämpfung zentrale Themen der internationalen Bemühungen zum Schutz der Umwelt geworden. Mit diesem *integrativen* Ansatz sind Forderungen, den Nachhaltigkeitsbegriff auf seinen umweltschützenden Aspekt zu reduzieren, eigentlich unvereinbar.[511] Das völkerrechtliche Prinzip der nachhaltigen Entwicklung postuliert nicht den Vorrang des einen oder anderen Guts, sondern gebietet in Abhängigkeit von Relevanz, Risikograden und konkreten Umständen differenzierte Lösungen. Integration von Umwelt und Wirtschaft, zumal unter Einbeziehung der Interessen künftiger Generationen, impliziert daher nicht, dass in jedem Einzelfall sowohl der Umweltschutz als auch die Wirtschaft im bestmöglichen Umfang realisiert werden können. Entscheidend ist vielmehr, dass den kollidierenden und im Ausgangspunkt gleichrangigen Gütern gleichermaßen zur Geltung verholfen wird, indem die nachteiligen Wirkungen auf das im Rahmen einer einzelfallbezogenen Abwägung „unterlegene" Gut minimiert werden. Das Nachhaltigkeitskonzept gebietet also eine mittels Güterabwägung zu vollziehende Integration der in ihm zusammengefassten Schutzgüter.[512] In den Worten des IGH: "[The] interconnectedness between equitable and reasonable utilization of a shared resource and the balance between economic development and environmental protection [...] is the essence of sustainable development."[513] Auch das Abschlussdokument des Rio+20-Gipfels fordert wiederholt die „balanced integration of the three dimensions of sustainable development".[514] Die für die ausgewogene Integration maßgeblichen Kriterien gibt das Prinzip der nachhaltigen Entwicklung hingegen nicht vor;[515] sie sind vielmehr den *Sustainable Development Goals (SDGs)*[516] zu entneh-

---

509 Hierzu *Brown Weiss*, Our Rights and Obligations to Future Generations for the Environment, AJIL 84 (1990) 198 ff.

510 World Bank (Hrsg), World Development Report 2003, 14; vgl auch IGH im *Pulp Mills*-Fall, § 177. Fallstudien in Schrijver/Weiss (Hrsg), International Law and Sustainable Development, 2004.

511 Etwas anderes kann sich freilich aus nationalem oder supranationalem Recht ergeben. Art 20a GG etwa bildet nur die umweltschutzbezogene Dimension des Prinzips der nachhaltigen Entwicklung iSe ökologischen Nachhaltigkeit ab. Dazu *Kahl/Gärditz*, Umweltrecht, 12. Aufl 2021, § 4 Rn 37 ff.

512 *Proelß*, in Internationales Umweltrecht, 3. Abschn Rn 59, 62 f. Im Schrifttum wird insoweit von einem Integrationsprinzip *(principle of integration)* gesprochen; vgl *Magraw/Hawke*, Sustainable Development, in International Environmental Law Handbook, 613 (628 ff); *Tladi*, Sustainable Development and International Law, 2007, 74 ff; *Voigt*, Sustainable Development as a Principle of International Law, 2009, 35 ff.

513 *Pulp Mills*, § 177.

514 UN Doc A/RES/66/288 (Fn 411), §§ 39, 75, 76, 83, 87 und 100.

515 Wie das Vorsorgeprinzip ist *sustainable development* im rechtstheoretischen Sinne daher als Regel und nicht als Prinzip zu qualifizieren. Zur Begründung *Proelß*, in Internationales Umweltrecht, 3. Abschn Rn 61 ff; *Schröter*, Strukturprinzipien, 292, 319 f, jeweils mwN.

516 S o Rn 112.

men.[517] Nach hiesigem Verständnis ist „nachhaltige Entwicklung" damit in erster Linie ein prozedurales Prinzip.

129 Ungeachtet seiner Konkretisierungsbedürftigkeit dürfte das den Kern des Nachhaltigkeitsgrundsatzes bildende Gebot, Umwelt, Wirtschaft und soziale Entwicklung unter Einbeziehung der Interessen der heutigen und der künftigen Generationen in einen angemessen Ausgleich zu bringen, mittlerweile zu Gewohnheitsrecht erstarkt sein.[518] Darüber hinaus lassen sich aus seiner Erwähnung in nahezu allen seit 1992 abgeschlossenen umweltvölkerrechtlichen Verträgen freilich keine einklagbaren Pflichten ableiten: Eine Durchsetzung angeblicher Rechtsverletzungen wird regelmäßig an dem den Staaten hinsichtlich der Durchführung der Güterabwägung zustehenden Entscheidungsspielraum scheitern.[519] Im *Gabcíkovo-Nagymaros*-Urteil bezeichnete der IGH „nachhaltige Entwicklung" noch als bloßes „Konzept": "[The] need to reconcile economic development with protection of the environment is aptly expressed in the concept of sustainable development".[520] Unstr ist indes die Strahlkraft des Nachhaltigkeitsgrundsatzes in der Rechtswirklichkeit und Rechtspolitik. Wie im Falle des Vorsorgeprinzips sollte das Augenmerk künftig daher auf Wege der Operationalisierung des Nachhaltigkeitskonzepts gerichtet werden.

4. Umweltschutz und Individualrechte

130 Mit der Ausbildung eines ausdifferenzierten umweltvölkerrechtlichen Systems seit den 1970er Jahren rücken auch die Querverbindungen zu anderen Teilbereichen des Völkerrechts in den Vordergrund des Interesses. Die zunehmende Relevanz der individualrechtlichen Perspektive, die Frage also nach dem Verhältnis von Umweltschutz und Menschenrechten,[521] bringt den auch allgemein zu konstatierenden Wandel des Völkerrechts von einem formellen Zwischenstaatenrecht zu einer zunehmend wertbestimmten Ordnung zum Ausdruck. Wie die Anerkennung des *erga omnes*-Charakters der zen-

---

517 UN Doc A/RES/66/288 (Fn 411) § 246: "The goals should address and incorporate in a balanced way all three dimensions of sustainable development and their interlinkages."

518 Dazu *Proelß*, in Internationales Umweltrecht, 3. Abschn Rn 64; *Sands/Peel*, Principles, 219f; verneinend etwa *Beyerlin/Marauhn*, International Environmental Law, 79ff; *Beaucamp* (Fn 507) 79ff; *Birkner*, in Ipsen (Fn 9) § 53 Rn 41.

519 Vgl insoweit auch die vom Schiedsgericht im Fall *Indus Waters* gegen die Anwendung des Vorsorgeprinzips in Stellung gebrachte Argumentation (s o Fn 488). Nach *Boyle/Redgwell*, International Law and the Environment, 127 handelt es sich nicht um ein Prinzip „to be interpreted and argued over by international lawyers".

520 *Gabcíkovo-Nagymaros*, § 140.

521 Allg *Boyle*, Environment and Human Rights, MPEPIL III, 446ff; *ders*, Human Rights and the Environment: Where Next?, EJIL 23 (2012) 613ff; *Merrills*, Environmental Rights, in International Environmental Law Handbook, 663ff; *Beyerlin/Marauhn*, International Environmental Law, 391ff; *Boyle/Redgwell*, International Law and the Environment, 268ff; *Vöneky/Beck*, in Internationales Umweltrecht, 5. Abschn.

Proelß

tralen menschenrechtlichen Gewährleistungen unterstreicht,[522] wird die Legitimation dieser Ordnung gerade auch über die Rechte Einzelner vermittelt.[523] Nachdem bis vor einigen Jahren überwiegend davon ausgegangen worden war, dass es zumindest auf universeller Ebene an spezifisch umweltbezogenen Gewährleistungen fehle, ist mit der – für sich betrachtet freilich nicht rechts*begründenden* – Anerkennung eines speziellen *Menschenrechts auf eine saubere Umwelt* durch die UN-Generalversammlung[524] und den UN-Menschenrechtsrat[525] erhebliche Bewegung in die menschenrechtliche Debatte gekommen. Diese Entwicklung wird flankiert und dynamisiert von den kontinuierlich an Zahl und Bedeutung gewinnenden Versuchen, staatliche und, wo dies nach den zugrunde liegenden Statuten möglich ist, internationale Gerichte mit dem Ziel der Durchsetzung strengerer klimaschutzpolitischer Maßnahmen anzurufen *(climate change litigation)*.[526] Auf regionaler Ebene finden sich Gewährleistungen eines Rechts auf eine saubere Umwelt in Art 24 der Afrikanischen Charta der Menschenrechte und der Rechte der Völker[527] und in Art 11 des Protokolls von San Salvador zur Amerikanischen Menschenrechtskonvention. Insgesamt lässt sich so zumindest eine Tendenz in Richtung einer gewohnheitsrechtlichen Anerkennung eines Menschenrechts auf eine saubere Umwelt ausmachen.[528] Der Wortlaut der GV-Resolution legt freilich nahe, dass der Gehalt dieses Rechts nur im Zusammenspiel mit anderen Menschenrechten und den Prinzipien des Umweltvölkerrechts wird entfaltet werden können.[529]

Mittelbar wird die individualrechtliche Dimension des Umweltschutzes von den Menschenrechten der ersten und zweiten Generation, wie sie in den Internationalen Pakten v 1966 über bürgerliche und politische Rechte (IPBPR) und über wirtschaftliche, soziale und kulturelle Rechte (IPWSKR) kodifiziert wurden, erfasst. Dies gilt vor allem für das Recht auf Leben (Art 6 IPBPR), aber auch für das Recht, sich in seinem Heimatstaat frei zu bewegen und seinen Wohnsitz frei zu wählen (Art 12 IPBPR), das Recht auf Gesundheit (Art 12 IPWSKR) sowie das Recht auf einen angemessenen Lebensstandard (Art 11 IPWSKR). In einem Sondervotum zum *Gabčíkovo-Nagymaros*-Urteil des IGH wur- **131**

---

522 Vgl nur IGH in *Barcelona Traction*, ICJ Rep 1970, 3, 32.
523 Dazu *Kämmerer*, 1. Abschn Rn 6, 89; *Kau*, 3. Abschn Rn 14ff, 245ff.
524 UN Doc A/76/L.5 v 26.7.2022, The Human Right to a Clean, Healthy and Sustainable Environment, § 1.
525 UN Doc A/HRC/RES/48/13 v 18.10.2021, The Human Right to a Clean, Healthy and Sustainable Environment.
526 S nur den sog Klimaschutzbeschluss des BVerfG und sowie das Urteil des Obersten Gerichts der Niederlande (Hoge Raad) v 20.12.2019 im *Urgenda*-Fall. Eingehend zu Ausprägungen, Konstellationen und Herausforderungen die *climate change litigation* die Beiträge in Kahl/Weller (Hrsg), Climate Change Litigation, 2021; Alogna/Bakker/Gauci (Hrsg), Climate Change Litigation: Global Perspectives, 2021; Sindico/Mbengue (Hrsg), Comparative Climate Change Litigation: Beyond the Usual Suspects, 2021. Zur Frage einer völkerrechtlichen Staatenhaftung für Klimaschäden *Schröder*, 7. Abschn Rn 18.
527 Zur Auslegung von Art 24 vgl *SERAC v Nigeria*, § 52.
528 Zum Ganzen auch *Boyle/Regwell*, International Law and the Environment, 295ff; *Vönkey/Beck*, Umweltschutz und Menschenrechte, in Internationales Umweltrecht, 5. Abschn Rn 13f.
529 UN Doc A/76/L.5 (Fn 524) § 2f.

de der Schutz der Umwelt gar als *„sine qua non* for numerous human rights" bezeichnet.[530] Auch wenn die Menschenrechte der ersten und zweiten Generation nicht „specifically designed to provide general protection of the environment as such"[531] sind, herrscht an tatsächlich oder potentiell betroffenen Schutznormen demnach kein Mangel.

132   Auch im Zusammenhang mit der internationalen Durchsetzung der Menschenrechte haben Umwelt- und Klimaschutz zuletzt an Gewicht gewonnen. War die internationale Spruchpraxis in der Vergangenheit eher zurückhaltend – die Interamerikanischen Menschenrechtskommission (IACHR) ging etwa lediglich in Situationen von einer Verletzung des Rechts auf Leben aus, in denen Staaten durch individuell zurechenbares Handeln (etwa die Erteilung von Konzessionen für den Ressourcenabbau) oder durch völlige Untätigkeit zu einer erheblichen Verschlechterung des Zustands der Umwelt beigetragen hatten[532] –, häufen sich mittlerweile die Fälle, in denen überstaatliche Spruchkörper in der fehlenden Vermeidung, Kontrolle und Minderung von Umweltrisiken und -schäden durch Träger staatlicher Hoheitsgewalt Menschenrechtsverletzungen erblicken.[533] Die mit „climate change litigation" auf den Begriff gebrachten strategischen Versuche, vor nationalen Gerichten strengere Umwelt- und Klimastandards durchzusetzen, finden so ansatzweise eine Entsprechung auf der völkerrechtlichen Ebene. Diese Entwicklung wird begleitet von – durch einzelne Staaten oder Staatengruppen initiierte und später in den zuständigen (Vertrags-)Organen verabschiedete – Ersuchen um Erstattung von Rechtsgutachten durch internationale Gerichte wie den IGH und den ISGH.[534] So soll sich das Rechtsgutachten zu *Obligations of States in Respect of Climate Change,* um das die UN-Generalversammlung den IGH kürzlich gemäß Art 96 UN Charta ersuchte,[535] u a mit den völkerrechtlichen Verpflichtungen der Staaten zum Schutz des Klimasystems und anderer Teile der Umwelt vor anthropogenen Emissionen von Treibhausgasen sowie mit den Rechtsfolgen des Unterlassens der erforderlichen Maßnahmen befassen. Es bedarf keiner hellseherischen Fähigkeiten, um zu folgern, dass das im Konsens beantragte Rechtsgutachten die staatlichen Pflichten zur Bekämpfung der Erderwärmung maßgeblich prägen wird. Einen ersten Präzedenzfall bildet das Gutachten des Interamerikanischen Gerichtshofs für Menschenrechte (IAGMR) v 15.11.2017. In ihm erklärte der IAGMR einerseits das in Art 11 des Protokolls von San Salvador kodifizierte

---

530 Sondervotum *Weeramantry* in *Gabčíkovo-Nagymaros,* ICJ Rep 1997, 7, 88, 91.

531 EGMR in *Kyrtatos v Greece,* § 52.

532 Vgl zB Bericht zur Menschenrechtslage in Ecuador v 1997, OEA/Ser.L/V/II.96, doc 10, rev 1, chap VIII, <http://www.cidh.oas.org/countryrep/ecuador-eng/chaper-8.htm>.

533 Dazu *Vönkey/Beck,* in Internationales Umweltrecht, 5. Abschn Rn 27ff, 62ff mwN. Aus der Praxis des UN-Menschenrechtsausschusses bedeutsam der *Torres Strait Islanders*-Fall.

534 Zum ISGH s *Request for an Advisory Opinion submitted by the Commission of Small Island States on Climate Change and International Law* v 12.12.2022.

535 UN Doc A/RES/77/276 v 4.4.2023, Request for an Advisory Opinion of the International Court of Justice on the Obligations of States in Respect of Climate Change.

Recht auf eine gesunde Umwelt durch einen Kunstgriff für justiziabel und konkretisierte andererseits die Menschenrechte auf Leben und körperliche Unversehrtheit in ihrer Ausprägung als staatliche Schutzpflichten unter Bezugnahme auf die allgemeinen Grundsätze des Umweltvölkerrechts.[536]

Die Bedeutung der Menschenrechte im Zusammenhang mit dem Schutz der Umwelt ist nach alledem erheblich gestiegen. Als potentiell folgenreich erweist sich vor allem der vom IAGMR gewählte Weg einer umweltvölkerrechtlichen Aufladung der Menschenrechte, der zudem verschiedene Teilrechtsordnungen des Völkerrechts miteinander verzahnt und damit auf die Risiken der Fragmentierung des Völkerrechts reagiert.[537] Nach wie vor klärungsbedürftig ist dabei, wie diese Integration innerhalb der Zuständigkeitsgrenzen der zur Entscheidung berufenen Menschenrechtsschutzorgane rechtstechnisch bewerkstelligt werden kann. Einen zentralen Ausgangspunkt müssen hier die Regeln der dynamischen Vertragsauslegung gemäß Art 31 Abs 3 lit b und c WVK bilden.[538] Mit Blick auf die zwischenstaatlichen Beziehungen könnte auch der umgekehrte Ansatz einer menschenrechtlichen Aufladung der vorstehend dargestellten umweltvölkerrechtlichen Grundsätze in Betracht kommen.[539] Denn die in diesen Grundsätzen verankerten Billigkeits- und Fairnessaspekte stehen theoretisch der Einbeziehung individualrechtlicher Standards offen. Ob und ggf inwieweit die internationale Gemeinschaft die Berücksichtigung der Prinzipien des Umweltvölkerrechts im menschenrechtlichen Kontext iS eines *greening of human rights* oder, anders herum, die Subjektivierung dieser Prinzipien durch Integration menschenrechtlicher Gewährleistungen sowie die zunehmend dynamische Judikatur der relevanten internationalen Gerichte und Gerichtshöfe als legitim, hilfreich und ggf geboten betrachten wird, kann noch nicht abschließend beurteilt werden.

Einen eigenständigen Ansatz verfolgt das Übereinkommen über den Zugang zu Informationen, die Öffentlichkeitsbeteiligung an Entscheidungsverfahren und den Zugang zu Gerichten in Umweltangelegenheiten v 25.6.1998 *(Aarhus Konvention)*.[540] Durch die Fixierung allgemeiner weitgehender Ingerenzrechte der Öffentlichkeit und Mitwirkungsrechte bei bestimmten Entscheidungsprozessen befördert sie den Zusammenhang zwischen Umweltschutz und individuellen Rechten. Nach Art 6 der Konvention sind die

133

134

---

536 *Environment and Human Rights*, §§ 44, 55, 123ff. Eingehende Darstellung und Würdigung bei *Kahl*, Ökologische Revolution am Interamerikanischen Gerichtshof für Menschenrechte, EurUP 2019, 110ff.
537 Dazu *Kämmerer*, 1. Abschn Rn 55.
538 Dazu s UN Doc A/73/10 (2018), Report on the Work of the International Law Commission of the Seventieth Session, 16ff (Draft Conclusions on Subsequent Agreements and Subsequent Practice in Relation to the Interpretation of Treaties, with Commentaries). Aus der Rechtspr zB *South China Sea (Jurisdiction and Admissibility)*, § 282.
539 S etwa *Boyle/Redgwell*, International Law and the Environment, 319f; *Shelton*, Equitable Utilization of the Atmosphere, in Humphreys (Hrsg), Human Rights and Climate Change, 2010, 91ff.
540 Dazu *Beyerlin/Marauhn*, International Environmental Law, 234ff; *Ebbesson*, Environmental Rights, in International Environmental Law Handbook, 681ff; *Epiney*, in Internationales Umweltrecht, 4. Abschn Rn 46ff; *Boyle/Redgwell*, International Law and the Environment, 310ff, jeweils mwN.

in der Vorschrift näher konkretisierten Vorgaben zur *Öffentlichkeitsbeteiligung* prinzipiell für alle Tätigkeiten iSv Anhang I anzuwenden.[541] Das Übereinkommen sieht eine umfassende, frühzeitige, effektive und gebührenfreie Öffentlichkeitsbeteiligung vor. Die zuständigen Behörden der Vertragsparteien sind an das Ergebnis dieser Beteiligung zwar nicht gebunden, müssen es aber bei der Entscheidungsfindung „angemessen berücksichtigen" (Art 6 Abs 8 Aarhus Konvention), d h zur Kenntnis nehmen und sich damit auseinandersetzen. Die Behörde muss ferner die Gründe für ein etwaiges Abweichen vom Ergebnis der Öffentlichkeitsbeteiligung angeben (vgl Art 6 Abs 9 Aarhus Konvention). Für umweltbezogene Pläne und Programme verlangt Art 7 Aarhus Konvention überdies, dass „angemessene praktische und/oder sonstige Vorkehrungen dafür [getroffen werden], dass die Öffentlichkeit, nachdem ihr zuvor die erforderlichen Informationen zur Verfügung gestellt worden sind, in einem transparenten und fairen Rahmen während der Vorbereitung" solcher Maßnahmen beteiligt wird. Zu diesem Zweck muss die zuständige Behörde die Öffentlichkeit ermitteln, die sich beteiligen kann, wobei die Ziele der Aarhus Konvention zu berücksichtigen sind.

135   Hinsichtlich des *Zugangs zu den Gerichten* fordert Art 9 Abs 2 Aarhus Konvention, dass die Vertragsparteien im Rahmen des nationalen Rechts sicherstellen, dass „Mitglieder der betroffenen Öffentlichkeit, a) die ein ausreichendes Interesse haben oder alternativ b) eine Rechtsverletzung geltend machen, sofern das Verwaltungsprozessrecht einer Vertragspartei dies als Voraussetzung erfordert, Zugang zu einem Überprüfungsverfahren vor einem Gericht (...) haben, um die materiell-rechtliche und verfahrensrechtliche Rechtmäßigkeit von Entscheidungen, Handlungen oder Unterlassungen anzufechten (...)." Aus der zweitgenannten Alternative ergibt sich zunächst, dass die Vertragsparteien völkerrechtlich nicht zur Einführung einer allgemeinen Umweltverbandsklage verpflichtet sind, sondern an der Sachentscheidungsvoraussetzung der Klagebefugnis (Möglichkeit der Betroffenheit in *eigenen* Rechten) festhalten können. Dies wird indes dadurch wieder relativiert, dass nach Art 9 Abs 2 UAbs 3 Satz 2 Aarhus Konvention das Interesse jeder nichtstaatlichen Organisation, die die in Art 2 Nr 5 Aarhus Konvention genannten Voraussetzungen erfüllt, automatisch als ausreichend gilt; überdies gelten die betreffenden Organisationen als Träger von Rechten, die iSv Art 9 Abs 2 UAbs 1 Aarhus Konvention verletzt werden können. Als Sachwalter eines öffentlichen Interesses verfügen Umweltverbände insofern über eine gegenüber Individuen privilegierte Stellung.[542] Noch nicht vollständig entfaltet ist das Potential von Art 9 Abs 3 Aarhus Konvention, wonach Mitglieder der Öffentlichkeit (zu denen nach Art 2 Nr 4 Aarhus Konvention auch Umweltverbän-

---

541 Zahlreiche der dort genannten Tätigkeiten werden auf Grundlage nationalen Rechts nur vorbehaltlich der im Vorhinein erfolgten Durchführung einer UVP erfolgen können. Bei Vorliegen einer Gefahr grenzüberschreitender Auswirkungen resultiert die Pflicht zur Durchführung unmittelbar aus dem Völkerrecht (s o Rn 119). Aus dieser Verknüpfung kann die Pflicht zur Durchführung einer UVP im Einzelfall den Charakter einer prozeduralen individualrechtlichen Gewährleistung annehmen.
542 Dazu *Epiney*, in Internationales Umweltrecht, 4. Abschn Rn 52 ff mit Nachw zur einschlägigen Rechtspr des EuGH.

Proelß

de fallen) Zugang zu verwaltungsbehördlichen oder gerichtlichen Verfahren haben müssen, um die von Privatpersonen und/oder Behörden vorgenommenen Handlungen und begangenen Unterlassungen anzufechten, die gegen umweltbezogene Bestimmungen des nationalen Rechts verstoßen.[543]

Mit dem sog *Escazú Agreement* existiert mittlerweile ein zweiter, auf dem Modell **136** der Aarhus Konvention aufbauender regionaler Vertrag zu Fragen des Zugangs zu Umweltinformationen, der Öffentlichkeitsbeteiligung an Entscheidungsverfahren und des Zugangs zu Gerichten in Umweltangelegenheiten.[544] Er wurde im Rahmen der UN-Wirtschaftskommission für Lateinamerika und die Karibik (ECLAC), dem regionalen Gegenstück zur UN/ECE, ausgehandelt und angenommen. Das Übereinkommen geht über die Aarhus Konvention noch hinaus, indem es seine Vertragsparteien verpflichtet, Mechanismen zum Schutz von – in Lateinamerika besonders häufig bedrohten – Menschenrechtsverteidigern in Umweltangelegenheiten *(human rights defenders in environmental matters)* einzuführen, vgl Art 9. In der Zielbestimmung des Art 1 nimmt es auf ein individuelles Recht der Angehörigen heutiger und künftiger Generationen auf nachhaltige Entwicklung und auf die Möglichkeit, in einer gesunden Umwelt zu leben, Bezug. Spezielle Vorgaben sollen zum Schutz der Rechte indigener Gemeinschaften beitragen.[545] Insgesamt verknüpft das *Escazú Agreement* in augenfälliger Weise Umweltvölkerrecht und Menschenrechte.

Die vorstehend dargestellten Entwicklungen auf dem Gebiet des Individualrechts- **137** schutzes werden flankiert von Bemühungen um Etablierung einer *individuellen Verantwortlichkeit* für den Schutz und die Erhaltung der Umwelt.[546] Diese Bemühungen sind nicht neu,[547] haben zuletzt aber erheblich an Dynamik gewonnen, auch weil immer mehr Staaten – zT in Umsetzung völkervertraglicher Vorgaben[548] – Verbrechen gegen die Umwelt als Straftaten in ihre nationalen Strafgesetzbücher aufnehmen. Diskutiert werden zum einen Versuche, über das Prinzip der Personalhoheit[549] Unternehmen, die

---

543 Ebd, Rn 56 f.

544 *Dávila A.*, The Escazú Agreement: The Last Piece of the Tripartite Normative Framework in the Right to a Healthy Environment, SELJ 42 (2023) 63 ff; *Etemire*, The Escazú Agreement: Public Access to Environmental Information and the Goal of a Sustainable Future, JENL 41 (2023) 71 ff; *Stec/Jendrośka*, The Escazú Agreement and the Regional Approach to Rio Principle 10: Process, Innovation, and Shortcomings, JEL 31 (2019) 533 ff.

545 Vgl Art 5 Abs 4 sowie Art 7 Abs 13 und 15 Escazú Agreement.

546 Dazu auch *Boyle/Redgwell*, International Law and the Environment, 349 ff.

547 Vgl nur § 21 der Draft Principles on Human Rights and the Environment (<http://hrlibrary.umn.edu/instree/1994-dec.htm>), die 1994 von einer Gruppe int Menschenrechts- und Umweltexperten bei den UN in Genf angenommen wurden.

548 Vgl allg das im Rahmen des Europarats angenommene Übereinkommen über den Schutz der Umwelt durch das Strafrecht v 4.11.1998. Zahlreiche spezielle umweltvölkerrechtliche Verträge verpflichten die Vertragsparteien dazu, bestimmte Verhaltensweisen wie illegale Verbringungen von Abfällen oder Fischereitätigkeiten unter Strafe zu stellen; vgl zB Art 8 Abs 1 CITES sowie Art 217 Abs 8 und Art 230 SRÜ.

549 Dazu <u>*Kau*</u>, 3. Abschn Rn 127, 169 f.

im Ausland investieren und tätig sind, an die nationalen (und ggf strengeren) Umwelt-standards des „Heimatstaats" zu binden (sog *Lieferkettengesetzgebung*). Ein *völker*recht-licher Sorgfaltsmaßstab, der ggf auch von nichtstaatlichen Akteuren zu beachten ist, hat sich bislang zwar noch nicht durchgesetzt, könnte aber im Entstehen befindlich sein[550] – mit potentiell weitreichenden Auswirkungen für die Frage der Völkerrechtssubjektivität transnational tätiger Unternehmen.[551] Zum anderen wird verschiedentlich gefordert, einen neuen Straftatbestand (sog *Ökozid*) in das Römische Statut des Internationalen Strafgerichtshofs zu integrieren, um die Verantwortung Einzelner für schwerwiegende und weitreichende bzw langfristige Umweltschäden auch auf völkerrechtlicher Ebene zu verankern.[552] Straftaten gegen die Umwelt werden vom Römischen Statut bislang nur im Rahmen der Kriegsverbrechen erfasst.[553] Die Schwierigkeit liegt in der Verständigung auf eine Tatbestandsformulierung, die einerseits nur gravierende, mit den anderen völker-rechtlichen Straftatbeständen vergleichbare – und deshalb völkerrechtlich relevante – Verhaltensweisen erfasst,[554] andererseits den Anforderungen des rechtsstaatlichen Be-stimmtheitsgrundsatzes hinreichend Rechnung trägt.[555] Als Herausforderung für die In-tegration des Ökozids in das Römische Statut erweist sich ferner, dass die anerkannten Tatbestände des Völkerstrafrechts durch sog Kontextelemente gekennzeichnet sind,[556] die stets untrennbar mit der Anwendung militärischer Gewalt verbunden sind.[557]

5. Bereichsspezifische Instrumente des Umweltvölkerrechts

138 Die auf der Grundlage der allgemeinen Prinzipien nachfolgend dargestellten bereichs-spezifischen Instrumente des Umweltvölkerrechts beruhen im Wesentlichen auf zwei unterschiedlichen Regelungsstrategien: dem *piecemeal approach* einerseits und dem *framework convention and protocol approach* andererseits.[558] Nach Ersterem werden

---

550 Eingehend *Krebs*, Environmental Due Diligence Obligations in Home State Law with Regard to Trans-national Value Chains, in Gailhofer/Krebs/Proelss/Schmalenbach/Verheyen (Hrsg), Corporate Liability for Transboundary Environmental Harm, 2023, 245 ff; *Boyle/Redgwell*, International Law and the Environ-ment, 351 f. Zu ausgewählten Fragen der Lieferkettengesetzgebung s die Beiträge in Heft 2 der ZEuS 25 (2022).

551 Dazu auch *Kämmerer*, 1. Abschn Rn 88.

552 S dazu den Entwurf eines neuen Art 8*bis* IStGH-Statut, der 2021 vom Rechtsausschuss der Stop Ecoci-de Foundation vorgeschlagen wurde: <https://www.stopecocide.earth/legal-definition>. Zum Völkerstraf-recht *Schröder*, 7. Abschn Rn 38 ff.

553 Vgl Art 8 Abs 2 lit b iv) IStGH-Statut.

554 Deshalb die Wahl des Begriffs „Ökozid".

555 S auch *Schröder*, 7. Abschn Rn 51.

556 Vernichtungsabsicht beim Völkermord, weitreichender Angriff gegen die Zivilbevölkerung bei den Verbrechen gegen die Menschlichkeit, bewaffneter Konflikt bei den Kriegsverbrechen, Angriffskrieg bei der Aggression.

557 S auch *Schröder*, 7. Abschn Rn 43 ff.

558 Zum Folgenden *Beyerlin/Marauhn*, International Environmental Law, 269 ff; zur Rechtsetzung im Umweltvölkerrecht auch *Birkner* (Fn 518) Rn 26 ff.

einzelne Umweltaspekte aus einem größeren Problemkomplex herausgelöst und isoliert geregelt. Der Vorteil dieser Methode liegt darin, dass ein spezifisches Umweltproblem idR rasch und effektiv einer rechtlichen Regelung zugeführt werden kann. Die hierzu erforderliche Interessenübereinstimmung der betroffenen Staaten ist am ehesten im regionalen Rahmen zu erreichen. Es besteht allerdings die Gefahr, dass die so geschaffenen Instrumente die komplexen faktischen Wechselwirkungen missachten. Dem trägt der *framework convention and protocol approach* besser Rechnung, der insbes im Zusammenhang mit globalen Umweltproblemen (Klima, Ozonschicht, Artenschutz) zur Anwendung gelangt. Er ist dadurch gekennzeichnet, dass ein bestimmter Problemkomplex umfassend geregelt werden soll, und zwar in einem mehrstufigen Verfahren: Während ein Rahmenübereinkommen (Bsp UNFCCC, SRÜ, CBD) allgemeine Prinzipien und Grundsätze zur friedlichen Streitbeilegung usw enthält, werden die konkreten Rechte und Pflichten erst in später angenommenen Protokollen oder Durchführungsübereinkommen normiert. Dies ermöglicht es, die einschlägigen Vertragswerke, ggf sogar im Wege eines vereinfachten Vertragsänderungsverfahrens *(tacit acceptance),*[559] an neue Herausforderungen und Erkenntnisse anzupassen. Im Bereich des Artenschutzes, teilweise auch auf dem Gebiet des Schutzes bestimmter Umweltmedien vor stofflicher Verschmutzung, wird vielfach ein damit verwandter Ansatz, der *convention and annexes approach,* verfolgt, bei dem die zu schützenden Tierarten (bzw die zu vermeidenden gefährlichen Stoffe) je nach Bestandsgefährdung (bzw Schädlichkeit der Stoffe) in verschiedenen Anhängen zur Konvention aufgeführt sind (sog *listing*).[560] Je nach betroffenem Anhang gelangt dann ein unterschiedlich strenges Regime zur Anwendung. Für Änderungen der Anhänge (sog Listenüberführungen) gilt vielfach ein vereinfachtes Vertragsänderungsverfahren.[561]

a) Schutz der Binnengewässer

Zu Beginn des 21. Jh haben Gewässerverschmutzung, Überschwemmungen und Wassermangel in vielen Regionen dramatisch zugenommen. Ein Sechstel der Weltbevölkerung hat keinen Zugang zu sauberem Wasser. Auseinandersetzungen um Wasserressourcen   139

---

559 Am weitesten geht insoweit das Montrealer Protokoll über Stoffe, die zu einem Abbau der Ozonschicht führen (s u Rn 166 ff): Änderungen der Anhänge werden gemäß Art 2 Abs 9 lit c zwar „möglichst" im Konsens, jedenfalls aber mit 2/3-Mehrheit getroffen. Zudem muss die Entscheidung jeweils von der Mehrheit der Industriestaaten und Entwicklungsländern befürwortet werden. Es besteht aber keine *opting out*-Möglichkeit, durch welche die Bindung an die angenommenen Regelungen verhindert werden könnte (vgl Art 2 Abs 9 lit d).
560 Bsp CITES und CMS (s u Rn 180).
561 In den meisten Fällen müssen Listenüberführungen im Rahmen einer Konferenz der Vertragsstaaten *(Conference of the Parties – COP)* von einer 2/3-Mehrheit der Vertragsparteien befürwortet werden. Dergleichen Beschlüsse binden dann diejenigen Vertragsparteien, die nicht innerhalb einer bestimmten Frist widersprochen haben.

Proelß

spielen bei vielen internationalen Konflikten eine Rolle.[562] Völkerrechtliche Regelungen bzgl der mehr als 500 weltweit existierenden grenzüberschreitenden Binnengewässer spiegeln die vielfältigen Funktionen, die Wasser und Süßwasserökosysteme erfüllen, wider.[563] Zugleich verdeutlichen sie die Belastungen, denen diese Systeme ausgesetzt sind.

140   Das Binnengewässerrecht gehört zu den ältesten und am dichtesten geregelten Bereichen des internationalen Umweltrechts. Die Entstehung der ersten Hochkulturen war eng mit den großen Strömen (Indus, Ganges, Nil, Euphrat und Tigris) verbunden; insofern sind Konflikte um die Nutzung knapper Wasserressourcen bereits aus dem Altertum überliefert.[564] Als in Europa und Nordamerika ab dem 18. Jh Wirtschaft und Handel aufblühten, führte dies auch zur intensivierten Gewässernutzung. Auf den großen Flüssen nahm die Schifffahrt zu. Mit fortschreitender Industrialisierung und wachsender Bevölkerung kam es ab Mitte des 19. Jh zu weiteren Formen der Wassernutzung. Für die industrielle Massenproduktion wie für die Energieerzeugung wurde die Möglichkeit des Zugriffs auf Wasser wesentlich. Die infolgedessen ausgelösten zwischenstaatlichen Konflikte bildeten den Gegenstand zahlreicher völkerrechtlicher Verträge und (schieds-)gerichtlicher Entscheidungen.[565]

141   Im Bereich der *navigatorischen* Nutzung war es bereits 1794 zwischen Großbritannien und den USA zu einem ersten Vertrag über Schifffahrtsfragen, den *Jay-Vertrag*, gekommen. Das gemeinsame Interesse der Staaten an ungehindertem Handel führte ab dem frühen 19. Jh zur Durchsetzung der Schifffahrtsfreiheit auf den wichtigsten europäischen Flüssen, zu deren funktional begrenzter Internationalisierung – im Anschluss an die Schlussakte des Wiener Kongresses v 1815[566] für Elbe,[567] Rhein[568] und Donau,[569] dann erneut durch den Vertrag von Versailles v 1919.[570] Im Jahr 1929 erklärte der StIGH

---

562 Zum Zusammenhang Umweltvölkerrecht/internationale Sicherheit *Matz-Lück*, The Benefits of Positivism, in Nolte (Hrsg), Peace through International Law, 2009, 125 (126 ff). Jüngstes Bsp ist der Konflikt um den von Äthiopien errichteten *Grand Ethiopian Renaissance Dam*, mit dem der Blaue Nil – zu Lasten der Unteranlieger Sudan und Ägypten – aufgestaut werden soll. Dazu von *Meding*, The Grand Ethiopian Renaissance Dam: A Large Scale Energy Project in Violation of International Law?, LSUJELR 10 (2022) 33 ff; *Mbaku*, The Grand Ethiopian Renaissance Dam and the Nile Basin Conflict, GJIA 23 (2022) 84 ff.

563 Vgl *Reimann*, Die nicht-navigatorische Nutzung internationaler Süßwasserressourcen im Umweltvölkerrecht, 1999, 312 ff.

564 *Bruhác*, The Law of Non-navigational Uses of International Watercourses, 1993, 9.

565 Zusammenstellung bei *Sohnle*, Le droit international des ressources en eau douce, 2002, 469 ff.

566 Teil VII (Schifffahrt auf den Strömen) der Schlussakte v 9.6.1815 (Hauff [Hrsg], Die Verträge von 1815 und die Grundlagen der Verfassung Deutschlands, 1864, 4 ff).

567 Elbschifffahrtsakte v 23.6.1821 und Additional-Akte v 13.4.1844. Vgl *Hannsmann*, Elbe, in Kimminich/von Lersner/Storm (Hrsg), Handbuch des Umweltrechts, Bd I, 1994, Sp 476 ff mwN.

568 Mainzer Rheinschifffahrtsakte v 31.3.1831 u Mannheimer Akte v 17.10.1868 (s o Rn 18).

569 Vgl *Beyerlin*, Donau, in Kimminich/von Lersner/Storm (Fn 567) Sp 401 f mwN.

570 Teil XII (Häfen, Wasserstraßen und Eisenbahnen) des Versailler Vertrages v 28.6.1919 (Sonderdruck der Nr 140 des RGBl v 1919, 687). Zum mit dem Vertrag von Versailles geschaffenen Flussregime *Proelss*, The Regime of Rivers under the Treaty of Versailles, in Hamann/Castellarin (Hrsg), Le Traité de Versailles, 2020, 235 ff.

Proelß

im Fall *International Commission of the River Oder* das gemeinsame Schifffahrtsinteresse der Anrainerstaaten eines grenzübergreifenden Binnengewässers zur "basis of a common legal right, the essential features of which are the perfect equality of all riparian States in the use of the whole course of the river and the exclusion of any preferential privilege of any one riparian State in relation to the others."[571] Heute ist dieses Recht auf allen großen europäischen Flüssen völkervertraglich gewährleistet.

Im Gegensatz dazu bergen *nicht-navigatorische* Nutzungen grenzüberschreitender [142] Binnengewässer großes Konfliktpotential. Je nach den klimatischen Gegebenheiten und sozioökonomischen Lagen einer Region stehen dabei entweder quantitative (Wasserentnahme) oder qualitative (Wasserverschmutzung) Fragen im Vordergrund. Zu den anwendbaren allgemeinen Prinzipien,[572] die auf einen Ausgleich divergierender Nutzungs- und Schutzinteressen zielen, gehören vor allem das Verbot erheblicher grenzüberschreitender Belastungen, Gegenstand des *Maas*-Urteils des StIGH v 1937,[573] des *Lac Lanoux*-Schiedsspruchs v 1957 und des *Indus Waters*-Schiedsspruchs v 2013, sowie das Gebot ausgewogener Mitnutzung grenzübergreifender Ressourcen, dessen Wurzeln sich auch in Gerichtsurteilen zu Konflikten in föderal verfassten Staaten wie der Schweiz,[574] den USA[575] und Deutschland[576] finden.[577] Die völkerrechtliche Anerkennung dieses Gebots beförderte die Verankerung in den nicht rechtsverbindlichen *Helsinki Rules on the Uses of the Waters of International Rivers* der ILA v 1966.[578] Jenes Belastungsverbot und dieses Mitbenutzungsgebot wurden im *UN-Übereinkommen über das Recht der nicht-navigatorischen Nutzungen internationaler Wasserläufe*[579] kodifiziert und im *Gabcíkovo-Nagymaros*-Fall vom IGH bestätigt.[580] Das Übereinkommen, nach jahrzehntelangen Beratungen im Rahmen der ILC[581] am 21.5.1997 angenommen, ist erst am 17.8.2014 in Kraft getreten. Es bleibt einem eher kompetenzwahrenden Schema verhaftet, erfasst aber – eine signifikante Neuerung – iSd Konzepts der hydrographischen Einheit auch das Grundwasser.

---

571 *International Commission of the River Oder*, 27.

572 *Brown Weiss*, The Evolution of International Water Law, RdC 331 (2007-VI) 163 (184 ff); zu neueren Ansätzen ("Gemeinschaft an Gewässern") vgl *Lorenzmeier*, Wasser als Ware, 2008, 73 ff.

573 *Division of Water*, 26.

574 Zu den Urt des Bundesgerichts v 1878 bzw 1892 *Schindler*, The Administration of Justice in the Swiss Federal Court in Intercantonal Disputes, AJIL 23 (1929) 149 (169 ff).

575 206 US 46 (1907) 100 *(Kansas v Colorado)*.

576 RGZ 116, Anhang, 18 (31 f).

577 Zu diesen Prinzipien s bereits o Rn 115 ff und Rn 121 ff.

578 ILA (Hrsg), Report of the Fifty-second Conference Held at Helsinki, 1966, 484 ff.

579 Dazu *McCaffrey*, The UN Convention on the Law of the Non-Navigational Uses of International Watercourses, in Salman/Boisson de Chazournes (Hrsg), International Watercourses, 1998, 17 ff; *Tanzi/Arcari*, The United Nations Convention on the Law of International Watercourses, 2001; *Reichert*, in Internationales Umweltrecht, 13. Abschn Rn 72 ff.

580 Vgl §§ 53 und 85 des Urteils.

581 Vgl *McCaffrey/Rosenstock*, The International Law Commissions Draft Articles on International Watercourses, RECIEL 5 (1996) 89 ff.

Das Hauptinteresse gilt dem Verhältnis zwischen dem Mitnutzungsgebot einerseits und dem nachbarrechtlichen Schädigungsverbot andererseits.

143   Am 21.2.2008 nahm die ILC die *Draft Articles on the Law of Transboundary Aquifers* an.[582] Deren normativer (primär prozeduraler) Gehalt entspricht überwiegend den Regelungen des Übereinkommens v 1997, ist aber unabhängig davon anwendbar, ob grenzüberschreitende Grundwasserschichten *(transboundary aquifers)* mit Oberflächengewässern verbunden sind oder nicht.[583] Am allgemeinen Grundsatz der territorialen Souveränität über die auf dem Staatsgebiet gelegenen natürlichen Ressourcen, seien sie auch grenzüberschreitender Natur, halten die *Draft Articles* fest. Bislang haben sie keinen Eingang in ein rechtsverbindliches Instrument gefunden.

144   Insgesamt haben sich die überkommenen gewohnheitsrechtlichen Prinzipien des Nachbarrechts im Vergleich zu den vertraglichen Regelungen als zu wenig konkret erwiesen. Im Vordergrund stand daher zunehmend die Schaffung *bilateraler und regionaler Gewässerschutzregime*.[584] Nachdem bereits im 19. Jh einzelne zwischenstaatliche Vereinbarungen hinsichtlich quantitativer[585] und qualitativer[586] Schutzaspekte getroffen worden waren, war seit dem frühen 20. Jh eine Zunahme völkerrechtlicher Verträge festzustellen. In Nordamerika schuf der Boundary Waters Treaty v 11.1.1909[587] mit der Errichtung der International Joint Commission einen institutionellen Rahmen für die Zusammenarbeit USA/Kanada bzgl der Grenzgewässer.[588]

145   Innerhalb Europas gingen die wichtigsten Impulse von der Kooperation der Anrainerstaaten des Rheins aus, jedenfalls seit Ende des Zweiten Weltkriegs. Um der starken Schadstoffbelastung Mitte des 20. Jh entgegenzuwirken, wurde im Jahr 1950 die *Internationale Kommission zum Schutz des Rheins gegen Verunreinigung* gebildet. Dieses zunächst informelle Gremium der Anliegerstaaten Schweiz, Frankreich, Deutschland, Lu-

---

582   UN Doc A/CN.4/591.

583   Dazu *Matz-Lück* (Fn 562) 133; ebd 141 ff zu Hintergründen des von der ILC gewählten Ansatzes.

584   Detaillierte Darstellung bei *Reichert*, in Internationales Umweltrecht, 13. Abschn Rn 82 ff.

585   Vgl den Vertrag von Den Haag zwischen den Niederlanden und Belgien zur Regelung der Ableitung von Wasser aus der Maas v 12.5.1863.

586   Vgl Grenzvertrag von Bayonne zwischen Frankreich und Spanien v 26.5.1866.

587   Treaty between the United States and Great Britain Respecting Boundary Waters between the United States and Canada v 11.1.1909.

588   Vgl *Huber*, Internationales Wasserrecht, 1911, 6 ff; *Utton*, Canadian International Waters, in Beck (Hrsg), Waters and Water Rights, Vol V, 1991, 51 ff. – Außerhalb Europas sind daneben u a zu erwähnen: Great Lakes Water Quality Agreement v 22.11.1978 zwischen den USA und Kanada; Vertrag über die Zusammenarbeit am Amazonas v 3.7.1978 zwischen Bolivien, Brasilien, Kolumbien, Ekuador, Guyana, Peru, Surinam und Venezuela; Regierungsabkommen über den Bau gemeinsamer Wasserkraftwerke am Paraná v 19.10.1979 zwischen Argentinien, Paraguay und Brasilien; Agreement on the Action Plan for the Environmentally Sound Management of the Common Zambezi River System v 28.5.1987 zwischen Botswana, Mozambique, Sambia, Tansania und Zimbabwe; Treaty on Sharing of the Ganges Waters at Farakka v 2.12.1996 zwischen Bangladesh und Indien; Vereinbarung über die Zusammenarbeit bei der nachhaltigen Entwicklung des Mekong-Beckens v 5.4.1995 (mit Prot) zwischen Kambodscha, Laos, Thailand und Vietnam.

xemburg und Niederlande erhielt 1963 eine verbindliche Grundlage.[589] Das 1979 in Kraft getretene *Übereinkommen zum Schutz des Rheins gegen chemische Verunreinigung* bezweckte die Verbesserung der Wasserqualität durch Verminderung der Ableitung bestimmter Schadstoffe. Als problematisch erwies sich vor allem die Festsetzung von Grenzwerten für Stoffe, die als besonders schädigend (und deshalb als, schrittweise, vollständig zu beseitigen) eingestuft wurden.[590] Die Versuche, die u a durch elsässische Kaligruben verursachte Salzbelastung des Rheins einzudämmen, mündeten 1976 in das *Übereinkommen zum Schutz des Rheins gegen Verunreinigung durch Chloride,* das 1985 in Kraft trat. Das Übereinkommen zielte ursprünglich darauf ab, die Güte des Wassers stufenweise so zu verbessern, dass an der dt-niederländischen Grenze ein bestimmter Grenzwert bzgl Chlorid-Ionen nicht überschritten wird. Im Rahmen eines Zusatzprotokolls einigten sich die Parteien 1991 schließlich auf eine veränderte Konzeption. Zuvor, am 1.11.1986, war es in der Nähe von Basel zu einem Brand in einem Chemikalienlager gekommen. Mit dem Löschwasser gelangten tonnenweise toxische Stoffe in den Rhein; das Ökosystem des Flusses wurde auf einer Länge von über 200 km zerstört. Das im Anschluss an diesen Unfall entwickelte, am 1.10.1987 verabschiedete *Aktionsprogramm Rhein*[591] setzte den Anliegerstaaten konkrete Ziele. So sollte das Ökosystem in einen Zustand versetzt werden, der es früher vorhandenen Arten wie dem Lachs ermöglichen sollte, dort wieder heimisch zu werden. Darüber hinaus sollte der Fluss künftig auch der Trinkwasserversorgung dienen. Außerdem wurde die Verringerung der Schadstoffbelastung der Sedimente angestrebt. Der Konkretisierung diente u a das Programm *Lachs 2000.*[592] Die Aktionsprogramme haben die angestrebten Ziele erreicht, ja zT übertroffen. Von ihnen ging ein so starker politischer Druck aus, dass er den Mangel an Verbindlichkeit kompensieren und eine Neuorientierung der internationalen Gewässer-Kooperation einleiten konnte.[593]

Die Zusammenarbeit im Einzugsgebiet des Rheins beschränkt sich nicht auf seinen **146** Hauptwasserlauf. Vielmehr wurden bereits in den frühen 1960er Jahren auch für den *Bodensee* sowie für *Mosel* und *Saar* internationale *Kommissionen* gebildet. In ihrem Rahmen wird seither der Gewässerschutz sowohl zwischen den jeweiligen Anrainerstaaten als auch mit den anderen Schutzkommissionen des Rhein-Einzugsgebiets koor-

---

589 (Berner) Vereinbarung über die Internationale Kommission zum Schutz des Rheins gegen Verunreinigung v 29.4.1963 mit Unterzeichnungsprotokoll. Später trat aufgrund einer am 1.2.1979 in Kraft getretenen Zusatzvereinbarung die (damalige) EWG als weitere Vertragspartei hinzu. Die Kommission ist für Untersuchungen zur Ermittlung der Verunreinigung des Flusses, die Ausarbeitung von Schutzvorschlägen sowie die Vorbereitung völkerrechtlicher Vereinbarungen zuständig. Bindende Maßnahmen kann sie nicht erlassen.

590 *Nollkaemper,* The River Rhine, RECIEL 5 (1996) 152 (155).

591 Internationale Kommission zum Schutz des Rheins (Hrsg), Das Aktionsprogramm Rhein, 1987.

592 Internationale Kommission zum Schutz des Rheins (Hrsg), Ökologisches Gesamtkonzept für den Rhein „Lachs 2000", 1991; dies (Hrsg), Programm für die Rückkehr von Langdistanz-Wanderfischen in den Rhein (Lachs 2000), 1994; dies (Hrsg), Hochwasservorsorge, 2002.

593 *Reichert,* Gewässerschutz, 156 ff.

Proelß

diniert. Deutschland, Frankreich und Luxemburg gründeten als Anrainerstaaten 1961 die Internationale Kommission zum Schutz der Mosel gegen Verunreinigung. Gleichzeitig unterzeichneten Deutschland und Frankreich das nahezu identische *Saar-Protokoll* zur Gründung der korrespondierenden Kommission. Um ihre Aktivitäten, auch mit anderen Gewässerschutzeinrichtungen, besser zu koordinieren, verfügen die beiden Kommissionen seit Januar 1991 über ein gemeinsames Sekretariat in Trier.[594]

147   Ungeachtet seiner bislang fehlenden umfassenden gebietsrechtlichen Zuordnung[595] haben die Anrainerstaaten des Bodensees mittels einer Reihe von Übereinkommen ein umfangreiches Nutzungsregime geschaffen, das auch den Gewässerschutz umfasst. Die 1959 gegründete *Internationale Gewässerschutzkommission für den Bodensee* wurde durch das *Übereinkommen zum Schutz des Bodensees gegen Verunreinigung*, das 1961 in Kraft trat, auf eine völkerrechtliche Grundlage gestellt. 1967 verabschiedete die Kommission rechtlich unverbindliche Richtlinien für die Reinhaltung des Bodensees, die wiederholt aktualisiert wurden.[596] Quantitative Aspekte regelten Deutschland, Österreich und die Schweiz 1966 im *Übereinkommen über Wasserentnahmen aus dem Bodensee*. Einer zusätzlichen Belastungsquelle widmen sich das *Übereinkommen über die Schifffahrt auf dem Bodensee* (Obersee einschließlich Überlinger See) zwischen Deutschland, Österreich und der Schweiz v 1973, mit dem die Internationale Schifffahrtskommission für den Bodensee gegründet wurde, sowie der gleichzeitig abgeschlossene dt-schweizerische *Vertrag über die Schifffahrt auf dem Untersee und dem Rhein zwischen Konstanz und Schaffhausen*.

148   Nachdem die Defizite jener lediglich partiellen Regelungsansätzen folgenden Gewässerschutzpolitik deutlich geworden waren, wandte man sich auf UN-Ebene umfassenderen Konzeptionen zu. So entstand unter der Ägide der UN/ECE das *Übereinkommen zum Schutz und zur Nutzung grenzüberschreitender Wasserläufe und internationaler Seen* v 1992 *(UN/ECE-Gewässerübereinkommen)*.[597] Diese regionale Rahmenkonvention verpflichtet die Vertragsparteien, im Umgang mit grenzübergreifenden Gewässern (einschließlich Grundwasser) bestimmte Prinzipien und Maßnahmen zu verwirklichen, welche allesamt dem Leitbild nachhaltigen Gewässerschutzes folgen. Auf dieser Grundlage wurden auf subregionaler Ebene innerhalb eines Jahrzehnts Übereinkommen u a bzgl Maas (1994 bzw 2002), Schelde (1994), Donau (1994), Oder (1996), der portugiesisch-spanischen Grenzgewässer (1998) und des Rheins (1999) abgeschlossen. In diesem Zusammenhang gehören ferner die Vereinbarung über die Internationale Kommission zum Schutz der Elbe sowie die von der BR Deutschland mit den Niederlanden, Polen und Tschechien abgeschlossenen Grenzgewässerübereinkommen.

---

594 Vgl *Beyerlin*, Mosel, in Kimminich/von Lersner/Storm (Fn 567), Bd II, 1994, Sp 1408 (1409 ff).
595 Vgl o Rn 17.
596 Vgl Internationale Gewässerschutzkommission für den Bodensee (Hrsg), Richtlinien für die Reinhaltung des Bodensees, 2001.
597 Dazu *Reichert*, in Internationales Umweltrecht, 13. Abschn Rn 75 ff.

Proelß

Das UN/ECE-Gewässerübereinkommen differenziert zwischen Verpflichtungen, die 149
jede Vertragspartei beim Umgang mit grenzüberschreitenden Gewässern zu beachten
hat (Art 2–8), und solchen, die von Vertragsparteien einzuhalten sind, die gemeinsame
Anrainerstaaten eines grenzüberschreitenden Gewässers sind (Art 9–16).[598] Bereits die
Agenda 21 forderte angesichts der anthropogenen Belastungen der Binnengewässer eine
ganzheitliche, ökosystemorientierte Bewirtschaftung. „Integrated water ressources management" soll bezogen auf das gesamte Einzugsgebiet eines Gewässers erfolgen.[599] Dieser ganzheitliche Ansatz verlangt in räumlicher Hinsicht die Anwendung des *Drainage
Basin-Konzepts,* das die ILA bereits in ihren Resolutionen von Dubrovnik 1956 und New
York 1958[600] formuliert und das Institut de droit international in seiner Salzburger Resolution v 1961[601] aufgegriffen hatte. Die ILA Helsinki Rules v 1966 definierten „international
drainage basin" als „geographical area extending over two or more States determined by
the watershed limits of the system of waters including surface and underground waters,
flowing into a common terminus". Seit den *Seoul Rules on International Groundwaters* v
1986 bezieht die ILA in das „relevante Einzugsgebiet" auch Grundwasservorkommen mit
ein, die in keiner hydrologischen Verbindung zu Oberflächengewässern stehen.[602] Insgesamt dehnte die ILA den Anwendungsbereich des zunächst rein nutzungsorientierten
Drainage Basin-Konzepts auf den ökologischen Schutz aus. Die ILC ist diesem Ansatz mit
den Draft Articles on the Law of Transboundary Aquifers gefolgt.[603]

Dem ganzheitlichen Ansatz entsprechend zielen das UN/ECE-Rahmenabkommen 150
und die auf ihm beruhenden spezifischen Schutzabkommen auf die Regelung verschiedener anthropogener Gewässerbelastungen. Durch die Verbesserung der Wasserqualität sollen auch die Meeresumwelt und insbes die Küstengebiete, in die die Binnengewässer münden, vor der Verschmutzung vom Land aus geschützt werden.[604] So nehmen das
Donauschutz- und das Rhein-Übereinkommen auf die Abkommen zum Schutz des
Schwarzen Meeres bzw der Meeresumwelt des Nordostatlantiks Bezug.[605] Sie behan-

---

598 Vgl die Legaldefinitionen in Art 1 Abs 3 u 4 des UN/ECE-Gewässerübereinkommens. Anrainerstaaten
haben bi- oder multilaterale Übereinkommen bzgl spezifischer Gewässer dahingehend abzuschließen
bzw bereits bestehende Verträge so anzupassen, dass sie nicht im Widerspruch zum UN/ECE-Gewässer-
übereinkommen stehen.
599 Diesen ökosystemaren Ansatz betont das Rhein-Übereinkommen v 1999 (vgl Art 3 Abs 1).
600 ILA (Hrsg), Report of the Forty-seventh Conference, 1957, 241 ff; dies (Hrsg), Report of the Forty-eight
Conference, 1959, VIII ff.
601 IDI (Hrsg), Tableau des Résolutions adoptées (1957–1991), 28 ff.
602 ILA (Hrsg), Report of the Sixty-second Conference held at Seoul, 1986, 251 ff.
603 S o Rn 143.
604 Vgl den 3. Erwägungsgrund der Präambel des UN/ECE-Gewässerübereinkommens.
605 Zu Wechselwirkungen zwischen der Arbeit der Gewässerschutzkommissionen und der EU-Wasser-
rahmenrichtlinie (ABl EG 2000, Nr L 327/1, WRRL) *Reichert,* Gewässerschutz, 327 ff; *Proelß,* Die Wasserrah-
menrichtlinie und das Zusammenspiel des Völker- und des Europarechts, in Durner (Hrsg), Völkerrechtliche Zusammenarbeit in der Wasserwirtschaft, 2021, 45 ff. Nach Art 3 Abs 4 WRRL sollen die
Umweltziele iSv Art 4 WRRL bei internationalen Flussgebietseinheiten im Wege grenzüberschreitender
gemeinsamer Gewässerbewirtschaftung umgesetzt werden. Diesbezüglich können „bestehende Struktu-

deln auch quantitative Aspekte, indem sie zur rationellen Wassernutzung sowie zum Erhalt der Wasservorkommen verpflichten.[606]

b) Schutz des Meeres

151 Die Mehrzahl der einschlägigen umweltvölkerrechtlichen Verträge bezieht sich auf Einzelaspekte des Schutzes der Meere. Umfassend ist hingegen Art 192 SRÜ: „Die Staaten sind verpflichtet, die Meeresumwelt zu schützen und zu bewahren." Diese auch gewohnheitsrechtlich geltende Grundverpflichtung, der ferner *erga omnes partes*-Qualität zuzuweisen sein dürfte,[607] bezweckt den Schutz der Meere in ihrer Gesamtheit. Im *South China Sea*-Fall beschrieb das Schiedsgericht den Gehalt dieser Norm wie folgt: "Although phrased in general terms, [...] Article 192 does impose a duty on States Parties, the content of which is informed by the other provisions of Part XII and other applicable rules of international law. [...] Article 192 thus entails the positive obligation to take active measures to protect and preserve the marine environment, and by logical implication, entails the negative obligation not to degrade the marine environment".[608] Art 192 SRÜ, der sowohl aktuelle als auch zukünftige Umweltauswirkungen abdeckt,[609] ändert aber nichts am Fortbestand des „souveränen Rechts" der Staaten, „ihre" natürlichen Ressourcen „im Rahmen ihrer Umweltpolitik und in Übereinstimmung mit ihrer Pflicht zum Schutz und zur Bewahrung der Meeresumwelt auszubeuten" (Art 193 SRÜ).

152 Eingedenk der Ausweitung der küstenstaatlichen Rechte zeichnet sich damit eine Zweiteilung des Meeresschutzregimes ab:[610] Zum einen unterliegen innere Gewässer, Archipelgewässer und Küstenmeer als (maritime) Teile des Staatsgebiets der küstenstaatlichen Souveränität. Auch die sich seewärts anschließenden Funktionshoheitsräume (Anschlusszone, AWZ, Festlandsockel) stehen in vielfältiger Weise unter der Kontrolle der Küstenstaaten, die insoweit Sonderrechte, aber auch spezielle Schutzpflichten haben. So sind Erhaltung und Bewirtschaftung der lebenden natürlichen Ressourcen in der AWZ Sache des Küstenstaats. Ihm stehen entsprechende „souveräne Rechte" zu,

ren" genutzt werden, „die auf internationale Übereinkommen zurückgehen" (Art 3 Abs 4 Satz 2 WRRL). Auch der 35. Erwägungsgrund der WRRL verdeutlicht, dass die EU die WRRL gerade auch als Instrument der Ausführung bzw Durchführung völkerrechtlicher Pflichten begreift.

606 Vgl Art 2 Abs 2 lit b UN/ECE-Gewässerübereinkommen; Art 2 Abs 1 Satz 1 Donauschutzübereinkommen; Art 3 Abs 1 lit e Rhein-Übereinkommen.

607 Zu diesem Konzept und seinen Rechtsfolgen IGH in *Prosecute or Extradite*, § 68 und *Application of the Genocide Convention*, § 107. Tendenziell für *erga omnes*-Qualität von Art 192 SRÜ *Ragazzi*, The Concept of International Obligations *Erga Omnes*, 1997, 158 ff; *Lagoni*, Die Abwehr von Gefahren für die marine Umwelt, BerDGVR 32 (1991) 87 (147 f); *Proelß*, Meeresschutz, 77 ff; differenzierend *Hafner*, in Seerecht, Kap 5 Rn 39 ff.

608 *South China Sea (Merits)*, § 941.

609 Ebd.

610 Vgl *Tanaka*, A Dual Approach to Ocean Governance, 2008, 21 ff.

Art 56 Abs 1 lit a SRÜ.[611] Dabei sind allerdings die im *zonenübergreifenden* Teil XII SRÜ enthaltenen Prinzipien des Meeresschutzes, insbes das Präventions- und das Vorsorgeprinzip,[612] zu beachten, nicht nur mit Blick auf die Vermeidung, Verringerung und Kontrolle von Meeresverschmutzung, sondern auch bezüglich des Bestands- und Artenschutzes.[613] Zum anderen bestehen Regeln zum Schutz der Hohen See, des Meeresbodens seewärts von AWZ und Festlandsockel sowie der Ressourcen dieser globalen Staatengemeinschaftsräume.[614] Ihre Konkretisierung und Durchführung bildeten den Gegenstand der kürzlich erfolgreich abgeschlossenen Bemühungen um Aushandlung eines Übereinkommens über den Schutz und die nachhaltige Nutzung der marinen Biodiversität in Gebieten jenseits staatlicher Hoheistgewalt (BBNJ-Prozess).[615]

Bis in die 1960er Jahre hinein dominierten im Seerecht Fischereiabkommen sowie   153 Vereinbarungen zur Zuordnung und Abgrenzung von Hoheitsbereichen. Der Schutz des Meeres und die Bewahrung der Meeresumwelt wurden erst zum Objekt des Vertragsrechts, als sich im Zuge der Verwendung von Supertankern, aber auch mit der zunehmenden Umweltschädlichkeit der im Meer „verklappten" Stoffe (radioaktiver Abfall, Plastikmüll, Chemikalien) die Gefahr von Unfällen und weiträumigen, lang anhaltenden Verschmutzungen, verbunden auch mit Gesundheitsgefahren für die Menschen, häufte. Schlüsselereignisse waren die Havarien der Öltanker *Torrey Canyon* (1967) und *Amoco Cádiz* (1978). Auf die *Torrey Canyon*-Katastrophe reagierte die Staatengemeinschaft mit dem Abschluss mehrerer Übereinkommen zur Bekämpfung von Ölverschmutzungs-

---

611 S o Rn 54f.

612 Für das Präventionsprinzip vgl Art 194 Abs 2 SRÜ. Der ISGH betonte im *Southern Bluefin Tuna*-Fall den Zusammenhang zwischen Meeresschutz und Vorsorgeprinzip und konkretisierte insoweit das SRÜ, vgl §§ 70, 77; vgl auch den *Land Reclamation,* § 99. In seinem *SRFC-Gutachten* verknüpfte der ISGH die der Erhaltung und Nutzung der lebenden Ressourcen der AWZ gewidmeten Art 61 und 62 SRÜ unmittelbar und ausdrücklich mit dem Vorsorgeprinzip; vgl § 206. Aus der Lit *Marr,* The Precautionary Principle in the Law of the Sea, 2003, 52; *Sage-Fuller,* The Precautionary Principle in Marine Environmental Law, 2013, 68; zum Beitrag des ISGH s *Proelss,* Environmental Principles and ITLOS, in Krämer/Orlando (Fn 421) 568ff.

613 Grundlage der Anwendbarkeit von Teil XII SRÜ auf den Schutz der marinen Biodiversität ist Art 194 Abs 5 SRÜ; vgl die Entscheidungen der Schiedsgerichte in *Chagos,* §§ 320, 538 und *South China Sea (Merits),* § 945.

614 Zum Schutz der Meeresumwelt in Gebieten jenseits der Grenzen des Bereichs nationaler Hoheitsbefugnisse (Hohe See und Tiefseeboden) *Warner,* Protecting the Oceans Beyond National Jurisdiction, 2009, 27ff, 67ff; *Matz-Lück,* in Internationales Umweltrecht, 12. Abschn Rn 8.

615 Mit dem BBNJ Übereinkommen werden die allg Vorgaben des SRÜ insbes im Hinblick auf die Ausweisung von Meeresschutzgebieten auf Hoher See und die Durchführung von UVP ausgestaltet. Nach dem (freilich noch nicht in Kraft getretenen) Übereinkommen trifft die Vertragsstaatenkonferenz u a Entscheidungen über die Einrichtung gebietsbezogener Bewirtschaftungsinstrumente, einschließlich geschützter Meeresgebiete, und damit verbundene Maßnahmen (vgl Art 19). Die betreffenden Maßnahmen werden allerdings nur für diejenigen Vertagsparteien verbindlich, die nicht innerhalb einer Frist von 120 Tagen widersprochen haben (vgl Art 19*bis*). Zum Übereinkommen auch Rn 67f.

Proelß

schäden.[616] So sieht das *Internationalen Übereinkommen über die zivilrechtliche Haftung für Ölverschmutzungsschäden* v 29.11.1969 eine Haftung des Schiffseigentümers für Öl- verschmutzungsschäden in Küstenmeer und AWZ vor, hält aber die Möglichkeit einer Haftungsbegrenzung durch Sicherheitsleistung des Eigentümers offen (Ausnahme: Vor- satz oder grobe Fahrlässigkeit).[617] Zur Entschädigung für Ölverschmutzungsschäden wurde mit dem *Internationalen Übereinkommen über die Errichtung eines Internationa- len Fonds zur Entschädigung für Ölverschmutzungsschäden* v 18.12.1971 ein internationa- ler Fonds eingerichtet. Beiträge zu diesem Fonds, der im Falle der nicht ausreichenden Entschädigung der von einer Verschmutzung Betroffenen einspringt, werden für jeden Vertragsstaat von allen Personen geleistet, die pro Jahr insgesamt mehr als 150.000 t bei- tragspflichtiges Öl, das auf dem Seeweg befördert worden ist, erhalten haben (Art 10); die Vertragsparteien können die Beitragszahlungen für ihre Staatsangehörigen über- nehmen (Art 14). Materiell-rechtliche Ansätze zu einem Schutzkonzept für die Meere, das stets die Flaggenstaaten im Zentrum sah, fanden sich bereits in früheren Konventio- nen. Zu erwähnen ist besonders das *Internationale Übereinkommen zur Verhütung der Meeresverschmutzung durch Schiffe v 1973 (MARPOL).*

154   Heute bildet Teil XII SRÜ das Herzstück des globalen Rechts des Meeresumwelt- schutzes. Auch über Art 192f SRÜ hinaus enthält er hauptsächlich Rahmenbestimmun- gen. Sie sind entweder ausfüllungsbedürftig – zahlreiche Normen enthalten Verweise *(renvois)* auf andere Übereinkommen und zT auch auf soft law-Standards[618] – oder grei- fen bereits bestehende Regeln auf und schreiben sie fort, ohne sie zu derogieren (vgl Art 237 SRÜ). In welcher Weise die Staaten zu Schutz und Bewahrung der Meeresumwelt beitragen, wird in Art 194ff SRÜ zunächst allgemein ausgeführt und anschließend für die verschiedenen Arten der Meeresverschmutzung präzisiert.[619] Die insoweit einschlä- gigen Bestimmungen betreffen neben der Verschmutzung vom Lande aus (Art 207 SRÜ) die Verschmutzung durch Einbringen (Art 210 SRÜ), durch Schiffe (Art 211 SRÜ), durch Tätigkeiten auf dem Meeresboden (Art 208 SRÜ) und im „Gebiet" (Art 209 SRÜ) sowie die Verschmutzung aus der oder durch die Luft (Art 212 SRÜ). Sie alle sind jeweils konkreti- sierungs- und ausgestaltungsbedürftig.

155   Nach der Legaldefinition des Art 1 Abs 1 Nr 4 SRÜ ist *Verschmutzung* der Meeres- umwelt zu verstehen als „unmittelbare oder mittelbare Zuführung von Stoffen oder

---

616 Grundlegend das Internationale Übereinkommen über Maßnahmen auf Hoher See bei Ölverschmut- zungs-Unfällen v 29.11.1969. Zum Ganzen Tomuschat (Hrsg), Schutz der Weltmeere gegen Öltankerunfäl- le, 2005; *Schmalenbach*, in Internationales Umweltrecht, 7. Abschn Rn 62ff.
617 Aus jüngerer Zeit treten hinzu: Internationales Übereinkommen über die Haftung und Entschädi- gung für Schäden bei der Beförderung gefährlicher und schädlicher Stoffe auf See v 3.5.1996; Internatio- nales Übereinkommen über die zivilrechtliche Haftung für Schäden durch Bunkerölverschmutzung v 23.3.2001.
618 Dazu *Proelss*, Fragmentation and Coherence in the Legal Framework for the Protection of the Marine Environment, in Rayfuse/Jaeckel/Klein (Hrsg), Research Handbook on International Marine Environmen- tal Law, 2. Aufl 2023, 57 (61ff).
619 Zu diesem Regelungsansatz *Matz-Lück*, in Internationales Umweltrecht, 12. Abschn Rn 41f, 54ff.

Proelß

Energie durch den Menschen in die Meeresumwelt [...], aus der sich abträgliche Wirkungen [...] ergeben oder ergeben können." Im Lichte der negativen Folgen von CO_2 auf die Meeresumwelt (insbes Ozeanversauerung) liegt auch im Eintrag von Treibhausgasen eine Verschmutzung iSd SRÜ. Aus Art 194 Abs 1 SRÜ und den quellenbezogenen Art 207 ff SRÜ ergibt sich somit die staatliche *(due diligence)* Pflicht, Maßnahmen zur Verhütung, Verringerung und Überwachung der Verschmutzung der Meeresumwelt durch Treibhausgasemissionen zu ergreifen. Dies impliziert zum einen, dass die Auswirkungen von Treibhausgasemissionen auf die Meeresumwelt stets berücksichtigt werden müssen, wenn die Vertragsparteien Gesetze und Vorschriften auf Grundlage der in den Art 207 ff SRÜ kodifizierten Verpflichtungen in Bezug auf die Meeresverschmutzung erlassen. Zum anderen ist die Pflicht zur Verringerung der negativen Auswirkungen von Treibhausgasemissionen auf die Meeresumwelt eng mit der allgemeinen Pflicht, Maßnahmen zur Eindämmung des Klimawandels zu treffen, verbunden. Dies eröffnet die Möglichkeit – sei es über Art 31 Abs 3 lit c WVK (Prinzip der *systemic integration*),[620] sei es über Art 237 SRÜ –, die meeresumweltschutzbezogenen Sorgfaltspflichten der Art 192 ff SRÜ unter Bezugnahme auf die Anforderungen des internationalen Klimaschutzregimes (s u Rn 171 ff) zu konkretisieren.

Das im SRÜ angelegte „Mehr-Ebenen-Modell" kann exemplarisch am Bsp der Verschmutzung durch Schiffe verdeutlicht werden.[621] Auch der diesbezüglich einschlägige Art 211 SRÜ setzt eine weitere Konkretisierung voraus; in Abs 1 verweist er konkret auf die IMO („im Rahmen der zuständigen internationalen Organisation").[622] Die Vertragsparteien haben also im Rahmen der IMO Schutzmaßnahmen zu erlassen. Sind diese allgemein anerkannt – Abs 5 spricht von *generally accepted international rules and standards (GAIRS)* –,[623] können die Küstenstaaten diese Vorschriften nach Art 211 Abs 5 SRÜ sogar für Schiffe unter Drittflagge in ihrer AWZ verbindlich machen, ungeachtet der dort grundsätzlich bestehenden Schifffahrtsfreiheit (vgl Art 58 Abs 1 SRÜ). Relevant sind insoweit vor allem die Vorgaben des *MARPOL-Übereinkommens*, das bereits in den 1970er Jahren zu einer Intensivierung des Schutzes vor schiffsverursachter Verschmutzung beigetragen hat. Es handelt sich um ein seit 1.1.1983 in Kraft befindliches Rahmenabkommen, dessen Bedeutung sich nur in Zusammenschau mit seinen sechs Anlagen erfassen lässt.[624]

156

---

620 Vgl ILC, Conclusions of the Work of the Study Group on the Fragmentation of International Law: Difficulties Arising from the Diversification and Expansion of International Law, YBILC 2006-II/2, 177 (180). Aus der Lit *McLachlan*, The Principle of Systemic Integration and Article 31(3)(c) of the Vienna Convention, ICLQ 54 (2005) 279 ff.

621 Zur Entwicklung *Tan*, Vessel-Source Marine Pollution, 2006, 107 ff.

622 Vgl UN Doc A/52/491 v 20.10.1997, § 9.

623 Zu den Voraussetzungen *Schult*, Schiffssicherheit, 72 ff; *Molenaar*, Coastal State Jurisdiction over Vessel-Source Pollution, 1998, 140 ff.

624 Außer auf Öl (Anlage I) findet MARPOL auch Anwendung auf schädliche flüssige Massengut-Substanzen, Schadstoffe in verpackter Form, Schiffsabwässer sowie Schiffsmüll (Anlagen II–V). Anlagen III–VI sind fakultativ (vgl Art 14 MARPOL). Anlage VI (Luftverschmutzung), in Kraft seit 19.5.2005, wurde mit Blick auf die darin enthaltenen Grenzwerte für Schadstoffemissionen im Oktober 2008 verschärft; die betreffenden

Ziel ist es, die Verschmutzung des Meeres durch „betriebsbedingte" Einleitungen zu verhindern.[625]

157   Art 211 Abs 6 SRÜ eröffnet den Küstenstaaten darüber hinaus die Möglichkeit, unter bestimmten Bedingungen in „genau bezeichneten" Gebieten ihrer AWZ „besondere obligatorische Maßnahmen zur Verhütung der Verschmutzung durch Schiffe" zu ergreifen. Voraussetzung ist die Anerkennung des Sondergebietscharakters durch die IMO. Auch müssen die Maßnahmen entweder mit den von der IMO für Sondergebiete zugelassenen internationalen Regeln und Normen oder Schifffahrtsgebräuchen übereinstimmen oder von ihr gesondert angenommen werden. Bislang ist die IMO nicht auf Grundlage von Art 211 Abs 6 SRÜ tätig geworden.[626] Die meeresumweltschutzbezogenen Hoheitsrechte der Küstenstaaten bleiben damit, soweit die internationale Schifffahrt betroffen ist, begrenzt.[627] Gleichwohl wurden die Hafen- und Küstenstaaten in diesem Funktionshoheitsraum auch zu „Herren des Umweltschutzes": Art 218 und 220 SRÜ begründen zum Schutz der Meeresumwelt raumübergreifend besondere Durchsetzungsrechte der Hafen- und Küstenstaaten. Während Art 220 SRÜ die seewärts abnehmenden Durchsetzungsbefugnisse des Küstenstaats innerhalb der Meereszonen regelt, gestattet die umweltschutzrechtliche Neuregelung des Art 218 Abs 1 SRÜ, deren gewohnheitsrechtliche Geltung noch nicht anerkannt sein dürfte,[628] dem Hafenstaat, wegen unerlaubter Einleitungen aus

---

Normen traten für die Vertragsparteien zum 1.7.2010 in Kraft. Anlage VI regelt auch das Einleiten von Schiffsabwasser aus Abgasreinigungsanlagen (dazu *Proelß/Schatz*, Einleitungen von Schiffsabwasser aus Abgasreinigungsanlagen: Eine rechtliche Bestandsaufnahme, ZUR 2019, 592ff) und die Reduzierung von Treibhausgasemissionen von Schiffen. Die entsprechenden Änderungen, die zum 1.1.2023 in Kraft getreten sind, sehen technische Maßnahmen zur Verbesserung der Energieeffizienz von Schiffen vor. Mit dem *Energy Efficiency Existing Ship Index* wurde ein neues Zulassungserfordernis eingeführt. In der Diskussion befindet sich die künftige Einführung eines globalen Treibhausgasstandards für Schiffskraftstoffe. Im Juli 2023 verständigten sich die Mitgliedstaaten der IMO schließlich auf eine revidierte *IMO Strategy on Reduction of GHG Emissions from Ships*, mit der um das Jahr 2050 Netto-Null-Treibhausgasemissionen im internationalen Schiffsverkehr erreicht werden sollen.

625 Der Flaggenstaat hat gegen Verletzungen von MARPOL-Bestimmungen vorzugehen und dies der IMO mitzuteilen (vgl Art 8). Ausgenommen sind „Staatsschiffe" (Art 3). Die Nichtbegünstigungsklausel (Art 5 Abs 4) führt nicht zur automatischen Drittwirkung, sondern dürfte vor dem Hintergrund der *pacta tertiis*-Regel einschränkend auszulegen sein (str). Dazu vgl *Wolfrum*, Recht der Flagge und „Billige Flaggen", BerDGVR 31 (1990) 121 (139f); *Nuñez-Müller*, Die Staatszugehörigkeit von Handelsschiffen im Völkerrecht, 1994, 261; *Proelß*, Meeresschutz, 129ff; *Thienel*, Drittstaaten und die Jurisdiktion des Internationalen Gerichtshofs, 2016, 162f, 185ff.

626 Die mit IMO Doc A 22/Res 927 v 15.1.2002 (Guidelines for the Designation of Special Areas under MARPOL 73/78 and Guidelines for the Identification and Designation of Particularly Sensitive Sea Areas) festgelegten Kriterien beziehen sich nicht auf „Sondergebiete" iSv Art 211 Abs 6 lit a SRÜ, sondern auf *Special Areas* und *Particularly Sensitive Sea Areas*. Zu Unterschieden *Kachel*, Particularly Sensitive Sea Areas, 2008, 250ff.

627 Vgl auch *Lagoni*, Die Errichtung von Schutzgebieten in der ausschließlichen Wirtschaftszone aus völkerrechtlicher Sicht, NuR 24 (2002) 121 (127); *Jarass*, Naturschutz in der Ausschließlichen Wirtschaftszone, 2002, 29ff, 35.

628 Vgl *Lagoni* (Fn 627); *Graf Vitzthum/Talmon* (Fn 168) 137; aA *Hafner*, in Seerecht, Kap 5 Rn 185f.

Proelß

einem Schiff Untersuchungen durchzuführen und, falls die Beweislage es rechtfertigt, ein Verfahren zu eröffnen, wenn das betreffende Schiff die Meeresumwelt *außerhalb* des küstenstaatlichen maritimen Aquitoriums oder seiner AWZ durch Einleitungen verschmutzt hat. Das den anderen meeresschutzbezogenen SRÜ-Bestimmungen zugrunde liegende Konzept des Einsatzes des „Interessiertesten" erfährt hier insoweit eine Modifikation, als der Hafenstaat zum Sachwalter des umweltpolitischen Allgemeininteresses wird.[629] Treuhandkonzepte, aber auch *dédoublement fonctionnel*-Vorstellungen finden hier einen Ansatzpunkt.[630] Dies ändert nichts an der sowohl nach IMO-Konventionen als auch gemäß SRÜ (Art 211 Abs 2, Art 217 SRÜ) bestehenden primären Verantwortung der Flaggenstaaten für den Schutz der Meeresumwelt.

Schlüsselinstrument zur Ausgestaltung von Art 210 SRÜ bzgl der Verschmutzung 158 durch Einbringen ist das *Übereinkommen über die Verhütung der Meeresverschmutzung durch das Einbringen von Abfällen und anderen Stoffen* v 29.12.1972 (Londoner Übereinkommen).[631] Art III Abs 1 lit b des Übereinkommens klammert betriebsbedingte Einleitungen aus; Gleiches gilt gemäß lit c für die Beseitigung von Abfällen aus dem Meeresbergbau (vgl Art 145, 209 SRÜ). Die in Anlage I aufgeführten Stoffe (u a bestimmte Schwermetalle und radioaktive Substanzen) dürfen gar nicht, die in Anlage II genannten (bestimmte andere Schwer-, Edel- und Buntmetalle sowie sperrige Gegenstände) nur mit Sondererlaubnis versenkt werden. Das Einbringen aller sonstigen Abfälle ist nur mit allgemeiner Genehmigung erlaubt: Verbot mit Erlaubnisvorbehalt als traditionelles technik- und umweltrechtliches Regelungsschema. Das Übereinkommen wird ergänzt bzw (für die Vertragsparteien beider Instrumente) ersetzt durch das *Londoner Protokoll v 7.11.1996*. Es gibt jenes Modell eines Erlaubnisvorbehalts zugunsten eines grundsätzlichen Verbots des Einbringens mit der Möglichkeit von Ausnahmebewilligungen hinsichtlich der in Anlage 1 genannten Stoffe auf (*reverse listing*-Ansatz). Daneben beinhaltet „Einbringen" auch die Lagerung von Abfällen bzw Stoffen auf dem Meeresboden und im Meeresuntergrund sowie die Versenkung und Aufgabe ausgedienter Ölbohrplattformen (Art 1 Abs 4). Seit November 2006 sind in Anlage 1 ferner "carbon dioxide streams derived from carbon dioxide capture processes for sequestration" genannt;[632] die Speicherung von sequestriertem CO_2 im Meeresuntergrund ist bei Wahrung der Anforderungen des Londoner Protokolls[633] daher völkerrechtlich zulässig.[634] Die Vorgaben des Londoner

---

629 *König* (Fn 187) 227 ff; *Molenaar* (Fn 623) 135 ff.

630 Der Begriff geht zurück auf *Scelle* (Le phénomène du dédoublement fonctionnel, FS Wehberg, 1956, 324 ff). Nach ihm handeln die staatlichen Organe bei Wahrnehmung der jeweiligen Zuständigkeiten funktional gleichsam als Sachwalter der internationalen Gemeinschaft.

631 Dazu *Matz-Lück*, in Internationales Umweltrecht, 12. Abschn Rn 75 ff.

632 IMO Res LP.1(1) v 2.11.2006.

633 Insbes Erfordernis der Erteilung einer Genehmigung der nach nationalem Recht zuständigen Behörde (vgl Art 4.1.2 Londoner Protokoll) sowie Vorgaben zum Risikomanagement und Monitoring (§ 4 der Anlage 1 zum Londoner Protokoll, Anlage 2 zum Londoner Protokoll).

634 Dazu *Proelß/Westmark*, Seevölkerrechtliche Anforderungen der unterseeischen Speicherung von CO_2, KlimR 2022, 234 ff.

Übereinkommens[635] und des Londoner Protokolls[636] verkörpern die „weltweiten Regeln und Normen" iSv Art 210 Abs 6 SRÜ. Infolge dieses Verweises *(renvoi)* statuieren die beiden Verträge Mindeststandards bzgl des Einbringens, an die die Vertragsparteien des SRÜ gebunden sind – einerlei, ob sie dem Londoner Übereinkommen und/oder Protokoll beigetreten sind oder nicht.

159   Die Bekämpfung der *vom Land ausgehenden Meeresverschmutzung* weist weiterhin erhebliche Defizite auf. Dies ist auch darauf zurückzuführen, dass die erforderlichen Maßnahmen mit Kosten-, Standort-, Beschäftigungs- und Infrastrukturaspekten zusammenhängen. Auf universeller Ebene existiert bislang kein Übereinkommen, das sich ausschließlich mit dieser größten Verschmutzungsquelle beschäftigt. Das SRÜ begnügt sich mit Bemühensklauseln (vgl Art 207).[637] Als Herausforderung erweist sich vor allem die Verschmutzung der Meere durch Plastikmüll.[638] Im Jahre 2022 beschloss die UN-Umweltversammlung (UNEA), einen zwischenstaatlichen Verhandlungsausschuss einzusetzen, um bis Ende 2024 den Text eines internationalen rechtsverbindlichen Instruments zur Bekämpfung der Plastikverschmutzung, auch in der Meeresumwelt, zu entwickeln.[639] Sollte eine Verständigung auf ein solches Übereinkommen gelingen, könnte dies maßgeblich zur Bekämpfung der der vom Land ausgehenden Meeresverschmutzung beitragen.

160   *Regionalkonzepte* verkörpern nach dem SRÜ und dem konkretisierenden universellen Völkerrecht die dritte Ebene des internationalen Meeresumweltschutzrechts. Die Existenz umschlossener und halbumschlossener Meere mit einer Mehrzahl industriell und umweltpolitisch annähernd homogener Anrainerstaaten fördert den Abschluss regionaler Abkommen, die ihrerseits für spätere weltweite Übereinkommen Modellcharakter gewinnen können. Ein frühes Bsp ist das *Übereinkommen zur Zusammenarbeit bei der Bekämpfung von Ölverschmutzungen der Nordsee* v 9.6. 1969. Andere Übereinkommen beschränken sich nicht auf bestimmte Substanzen. Solche umfassendere Konventionen wurden für den Nordostatlantik und die europäischen Randmeere, für den Persischen Golf, die Karibik, die zentral- und westafrikanischen Küstengewässer sowie den Süd- und Südostpazifik geschlossen.[640] Diese struk-

---

635 IMO Doc LEG/MISC/3/Rev.1 v 6.1.2003, 48.
636 So die hM, s IMO Doc LC 17/14 v 28.10.1994, § 2.5; aus der Lit *Wacht,* in UNCLOS Commentary, Art 210 Rn 20.
637 Zum Ganzen auch *Matz-Lück,* in Internationales Umweltrecht, 12. Abschn Rn 84ff.
638 Dazu *Stöfen-O'Brien,* The International and European Legal Regime Regulating Marine Litter in the EU, 2015; *Matz-Lück,* in Internationales Umweltrecht, 12. Abschn Rn 97ff.
639 UNEP/PP/OEWG/1/INF/1 v 10.5.2022, UNEA Resolution 5/14: End Plastic Pollution: Towards an International Legally Binding Instrument.
640 Nachw für das Mittelmeer: *Zoller,* Völker- und europarechtliche Aspekte des Mittelmeerumweltschutzes, 1996. Ostsee: *Dieter,* Das Umweltregime der Ostsee, 1993. Nordsee: *Kersandt,* Rechtliche Vorgaben und Defizite bei Schutz und Nutzung der Nordsee, Diss 2013; *Cron,* Das Umweltregime der Nordsee, 1995. Nordostatlantik: *Lagoni,* Regional Protection of the Marine Environment in the Northeast Atlantic

turverwandten Abkommen sind größtenteils Frucht des UNEP-Regionalmeerpro-
gramms.[641]

Von den bestehenden Regionalmeerabkommen seien das *Übereinkommen zum*   161
Schutz der Meeresumwelt des Nordostatlantiks v 22.9.1992 (OSPAR-Übereinkommen) und
das *Übereinkommen über den Schutz der Meeresumwelt des Ostseegebiets* v 9.4.1992 (Helsinki Übereinkommen) hervorgehoben. Wegen ihrer dynamisch-vorsorgeorientierten
Ansätze und ihrer verschärften Mechanismen bzgl institutioneller Zusammenarbeit,
Streitbeilegung und Anpassungsfähigkeit gehören sie zu den besonders fortschrittlichen
Verträgen.[642] Mit beiden Übereinkommen wurde jeweils eine Kommission als Ver-
waltungs- bzw Regulierungsgremium *(governing body)* eingerichtet.[643] Die beiden Übereinkommen zielen nicht mehr allein auf die Verringerung bzw Verhütung der Meeresverschmutzung (Gefahrenabwehr), sondern auf „Meeresschutz": auf ein aktives,
ganzheitliches Eintreten zum Schutz der Meeresumwelt, auch gegenüber der Verschmutzung vom Lande, unter Berücksichtigung der Zusammenhänge mit dem Natur- und dem
Bestandsschutz.

c) Bekämpfung der Luftverschmutzung und des Klimawandels

Der Umstand, dass Luftverschmutzung, Klimawandel und Schutz der Ozonschicht vor-   162
liegend in einem einheitlichen Unterabschnitt behandelt werden, darf nicht darüber
hinwegtäuschen, dass sich für diese Materien spezifische Rechtsregime entwickelt haben.[644] Räumlich werden sie häufig der Atmosphäre zugeordnet.[645] Dies ist indes unge-

---

under the OSPAR Convention of 1992, in Nordquist/Moore/Mahmoudi (Hrsg), The Stockholm Declaration
and Law of the Marine Environment, 2003, 183 ff; *Proelß*, Meeresschutz, 191 ff.

641 Das Programm deckt insgesamt 18 Meeresregionen ab. Für einige hat UNEP Aktionspläne erarbeitet,
die überwiegend in regionale Meeresschutzübereinkommen mündeten. Überblick bei *Hafner*, in Seerecht, Kap 5 Rn 213 ff; *Matz-Lück*, in Internationales Umweltrecht, 12. Abschn Rn 43 ff.

642 Vgl *Proelß*, Meeresschutz, 201 ff; *Lagoni* (Fn 640) 184 für OSPAR. Zum Helsinki-Übereinkommen etwa
Ehlers, Der Schutz der Ostsee, NuR 23 (2001) 661 ff.

643 Allg dazu *Singh*, International Organizations and the Protection of the Marine Environment, in Ribei-
ro/Loureiro Bastos/Henriksen (Hsrg), Global Challenges and the Law of the Sea, 2020, 37 ff. – Anders als im
Falle des Helsinki-Übereinkommens sind die von der OSPAR-Kommission erlassenen Beschlüsse für die
Mitgliedstaaten verbindlich; vgl Art 10 Abs 3 und Art 13 Abs 5 OSPAR-Übereinkommen. Jedenfalls im Falle
der Helsinki-Kommisison ist der Status als I.O. fraglich; es dürfte an der Verleihung von Völkerrechtspersönlichkeit durch das zugrunde liegende Übereinkommen fehlen.

644 *Kreuter Kirchhof*, Atmosphere, International Protection, MPEPIL, Rn 10.

645 S die Arbeiten der ILC zum Thema „Protection of the Atmosphere", zuletzt UN Doc A/76/10 v 2021,
Report of the ILC of its Seventy-second Session, 11 ff. Aus der Lit zB *Rowlands*, Atmosphere and Outer
Space, in International Environmental Law Handbook, 315 ff; *Sands/Peel*, Principles, 252 ff (die auch den
Umweltschutz im Weltraum unter die Überschrift „atmospheric protection" subsumieren); grundlegend
aus dt Perspektive *Wustlich*, Die Atmosphäre als globales Umweltgut, 2003, 326 ff, nach dem das Atmo-
sphärenschutzrecht einschließlich des Klimaschutzrechts systematisch als eigenes umweltrechtliches
Teilrechtsgebiet betrachtet werden sollte.

Proelß

nau.[646] Die Atmosphäre ist nicht Gegenstand einer eigenständigen völkerrechtlichen Raumordnung; vielmehr knüpfen die relevanten Regelungen nach wie vor an die Kategorien des Staatsgebiets und der Staatengemeinschaftsräume an. Auch in funktionaler Hinsicht verfügt die Atmosphäre nicht über einen autonomen Rechtsstatus. Wenn die ILC in der Präambel der von ihr vorgeschlagenen Richtlinien darauf abstellt, der Schutz der Atmosphäre oder die Atmosphäre selbst seien gemeinsame Anliegen der Menschheit *(common concern of humankind)*,[647] findet dies im geltenden Vertragsrecht bislang keine Grundlage.

Bekämpfung der Luftverschmutzung

163 Der Luftraum mit den darin befindlichen Luftpartikeln zählt, soweit über einem Staat befindlich, zum Staatsgebiet.[648] Er unterliegt in geringerem Ausmaß als andere Umweltmedien den expansiven Ambitionen der Staaten. Anders als das Wasser, das, auch als Quelle wichtiger Nahrungsressourcen, für die Welternährung unentbehrlich ist, stellt die Luft keinen wesentlichen Träger solcher Güter dar. Im Unterschied zu Binnengewässern erfolgt die umweltvölkerrechtlich relevante „Nutzung" der Luft jenseits derjenigen als Verkehrs- und Kommunikationsmedium nicht mittels Entnahme einzelner Bestandteile, sondern durch das Einbringen von Schadstoffen. Dies wirft die Frage nach der Sinnhaftigkeit der Debatte um den Status der Luft als gemeinsamer Ressource der Staaten,[649] bzgl derer das Gebot der billigen und angemessenen Mitnutzung[650] anzuwenden sei,[651] auf. Andererseits ist die Luft ein grenzüberschreitendes Medium *par excellence*, gerade auch bzgl des Transports schädigender Wirkungen. Es überrascht daher nicht, dass sich erste Ansätze zur Bekämpfung der Luftverschmutzung früher als auf anderen Gebieten des Umweltrechts entwickelt haben.[652] Auf internationaler Ebene verkörpert die Entscheidung des Schiedsgerichts im *Trail Smelter*-Fall v 1941 die Geburtsstunde des Rechts der Bekämpfung der grenzüberschreitenden Luftverschmutzung.[653] Im Vordergrund des Völkervertragsrechts stehen regionale Vereinbarungen.

---

646 Dazu *Proelß,*, in Internationales Umweltrecht, 11. Abschn Rn 2.
647 Vgl auch UN Doc A/76/10 v 2021 (Fn 645) 18, Commentary No 3 to the Preamble of the Draft Guidelines. Aus der Lit *Kreuter Kirchhof*, Atmosphere, International Protection, MPEPIL, 2011, Rn 9.
648 Vgl o Rn 28 ff.
649 Eingehend dazu *Durner,* Common Goods: Statusprinzipien von Umweltgütern im Völkerrecht, 2001, 106 ff mwN.
650 S o Rn 121 ff.
651 So etwa die fünfte der von der ILC erarbeiteten *Draft Guidelines on the Protection of the Atmosphere* (UN Doc A/76/10 v 2021 [Fn 645], 11).
652 Dazu *Brunnée,* Entwicklungen im Umweltvölkerrecht am Beispiel des sauren Regens und der Ozonschichtzerstörung, 1988; *Rowlands*, Atmosphere and Outer Space, in International Environmental Law Handbook, 315 (317); *Boyle/Redgwell*, International Law and the Environment, 364 ff.
653 Dazu s o Rn 115 ff.

Das im Rahmen der UN/ECE ausgehandelte *Übereinkommen über weiträumige* 164
grenzüberschreitende Luftverunreinigung v 1979 (CLRTAP), in Kraft seit 1983, ist der
wichtigste einschlägige Regionalvertrag.[654] Art 1 lit a CLRTAP definiert „Luftverunreinigung" als „unmittelbare oder mittelbare Zuführung von Stoffen oder Energie durch
den Menschen in die Luft, aus der sich abträgliche Wirkungen wie eine Gefährdung der
menschlichen Gesundheit, eine Schädigung der lebenden Schätze und der Ökosysteme
sowie von Sachwerten und eine Beeinträchtigung der Annehmlichkeiten der Umwelt
oder sonstiger rechtmäßiger Nutzungen der Umwelt ergeben." Diese Legaldefinition
stellt maßgeblich auf die Auswirkungen der zugeführten Stoffe (zB Schwefel- und andere Partikel und Aerosole) oder Energie ab, die für die aufgezählten Güter nachteilig sein
müssen. Dies setzt eine kausale Beziehung zwischen Emissionen und Wirkungen iSd
Präventionsgrundsatzes voraus. In seiner ursprünglichen Form bleibt das Übereinkommen damit dem überkommenen, letztlich nachbarrechtlichen Ansatz verhaftet.

Die den Kern des Übereinkommens bildende Grundpflicht ist in Art 2 kodifiziert, wo- 165
nach sich die Vertragsparteien „bemühen [...], die Luftverunreinigung einschließlich der
weiträumigen grenzüberschreitenden Luftverunreinigung einzudämmen und soweit wie
möglich schrittweise zu verringern und zu verhindern." Die CLRTAP selbst statuiert jedoch
keine Emissionsgrenzwerte, sondern verpflichtet die Vertragsparteien lediglich dazu, „die
bestmöglichen Politiken und Strategien einschließlich der Systeme der Luftreinhaltung
und der dazugehörigen Kontrollmaßnahmen zu erarbeiten, die mit einer ausgewogenen
Entwicklung vereinbar sind, vor allem durch den Einsatz der besten verfügbaren und wirtschaftlich vertretbaren Technologie sowie abfallarmer und abfallfreier Technologien"
(Art 6).[655] Eine inhaltliche Konkretisierung ist indes über die im Rahmen des Exekutivorga-
ns (vgl Art 10) angenommenen acht Protokolle erfolgt. Diese binden die Vertragsparteien
der CLRTAP nicht automatisch, sondern müssen jeweils separat ratifiziert werden. Im Unterschied zum Übereinkommen statuieren fast alle Protokolle Emissionsreduktionspflichten oder Emissionshöchstgrenzen für die in den Anlagen im Einzelnen aufgelisteten Stoffe
und Stoffgruppen. Weitere Neuerungen sind die Anerkennung des Vorsorgeansatzes und
die Einführung des *critical loads approach* mit dem Oslo Protokoll v 1994.[656] Hiernach sind
die Vertragsparteien nicht zur Umsetzung eines festen und für alle Parteien gleich hohen
Reduktionsziels verpflichtet; vielmehr haben sie zunächst die Vulnerabilität der europäischen Ökosysteme mit Blick auf die vom Protokoll erfassten Stoffe bewertet und mit dem in
Anlage I zum Protokoll enthaltenen Raster kritische Belastungsraten für Schwefelemission

---

[654] Ausführlich *Proelß*, in Internationales Umweltrecht, 11. Abschn Rn 13 ff; ebd, Rn 22 f zu weiteren Ansätzen.

[655] Insoweit sehr krit *Gündling*, Multilateral Co-operation of States under the ECE Convention on Long-
Range Transboundary Air Pollution, in Flinterman/Kwiatkowska/Lammers (Hrsg), Transboundary Air
Pollution, 1986, 19 (22): "There is hardly any other treaty provision which combines almost all possible 'es-
cape clauses' in this compact way."

[656] S auch *Rowlands*, Atmosphere and Outer Space, in International Environmental Law Handbook, 315
(319).

pro Quadratmeter festgelegt. Hierauf gründen wiederum die in Anlage II individuell festgelegten Emissionshöchstgrenzen und Reduktionspflichten.

Schutz der Ozonschicht

166   Die in der Stratosphäre gelegene Ozonschicht absorbiert Wellenlängen der ultravioletten Strahlung der Sonne (UV-B-Strahlung). Halogenierte Kohlenwasserstoffe bzw Halone zerstören diesen Schutzschild, so dass die Strahlung vermehrt und potentiell gesundheitsschädigend auf die Erdoberfläche trifft.[657] Im Mittelpunkt des Schutzes der Ozonschicht stehen die Ozonverträge. Ihr Regelungsumfang hat sich schrittweise vergrößert, parallel zur Zunahme der Erkenntnis über Ursache, Ausmaß und Wirkung der Schädigung. Das *Wiener Übereinkommen zum Schutz der Ozonschicht* v 1985[658] lässt noch die Ungewissheit erkennen, die seinerzeit bzgl der faktischen Zusammenhänge herrschte. Dieser Rahmenvertrag begründet die abstrakte Verpflichtung, vor Gefahren durch die Veränderung der Ozonschicht zu schützen. Darüber hinaus verpflichtet er zur weiteren Erforschung der Ozonzerstörung (Art 3) sowie zu Zusammenarbeit und Informationsaustausch. Auch in seiner organisatorischen Ausgestaltung ist es darauf angelegt, später präzisere Normen hervorzubringen.

167   Während das Wiener Übereinkommen primär verfahrensrechtliche Bestimmungen enthält, trifft das auf seiner Grundlage beschlossene *Protokoll von Montreal* v 16.9. 1987,[659] in Kraft seit 1989, Regelungen für eine stufenweise Reduzierung des Ausstoßes von Stoffen, die für die Zerstörung der Ozonschicht verantwortlich gemacht werden. Es handelt sich um den ersten Vertrag in der Geschichte der UN, der universelle Geltung erlangt hat. Das Protokoll, ein selbständiges Übereinkommen, ist ein detaillierter vertraglicher Abbaukalender für Halogenkohlenwasserstoffe.[660] Erstmals konnte so auf weltweiter Ebene ein Übereinkommen geschlossen werden, das für umweltschädliche Substanzen qualifizierte Abbauziele mit exakten Terminen vorgibt. Allerdings sind für unterindustrialisierte Länder Ausnahmen vorgesehen.[661]

168   Da die Reduzierung von FCKW und anderen Halonen durch das Montrealer Protokoll noch nicht als ausreichend erachtet wurde, kam es zu Anpassungen und Änderungen. „Anpassungen" *(adjustments)* straffen den Abbaukalender, „Änderungen" *(amend-*

---

657 Die durch verstärkte UV-Strahlung ausgelösten Schadenswirkungen sind vor allem in Australien, aber auch in Neuseeland, in der Antarktis und im südlichen Chile spürbar.

658 S *Ott,* Umweltregime, 47 ff, 111 ff; *Proelß,* in Internationales Umweltrecht, 11. Abschn Rn 24 ff.

659 Zum Montrealer Protokoll und seinen Besonderheiten *Proelß,* in Internationales Umweltrecht, 11. Abschn Rn 29 ff mwN.

660 Zu den einbezogenen Stoffen *Andersen/Zaelke/Taddonio/Ferris/Sherma,* Ozone Layer, International Protection, MPEPIL, Rn 13 ff; *Sands/Peel,* Principles, 283 ff.

661 Unter bestimmten Umständen können Entwicklungsstaaten alle Maßnahmen um bis zu 10 Jahre aufschieben (Art 5 Abs 1 Montrealer Protokoll). Zu den Differenzierungen der Rechtspflichten *Bloch,* Technologietransfer zum internationalen Umweltschutz, 2007, 134 ff, 149 ff.

Proelß

ments) novellieren das Protokoll nach dem traditionellen völkerrechtlichen Verfahren. Die bislang fünf Änderungen, benannt nach den Orten ihrer Annahme, betrafen u a die Schaffung neuer Institutionen (multilateraler Fonds zur Unterstützung der Entwicklungsländer; Streitbeilegungsverfahren) und die Etablierung von Handelsrestriktionen zwecks Bekämpfung des Schwarzmarkts mit ozonschädigenden Substanzen.[662] Mit Ausnahme der letzten Änderung, der sog *Kigali Revision* (150 Vertragsparteien) gelten alle Änderungen für 197 Staaten und damit global. Die *Kigali Revision* fügt u a einen neuen Art 2J in das Protokoll ein, der einen konkreten Abbaukalender bzgl der Verwendung von Fluorkohlenwasserstoffen (HFCs) statuiert. Das ist insofern bemerkenswert, als die als Ersatzstoffe für bereits ausgemusterte „Ozonkiller" eingesetzten HFCs selbst nicht ozonschädlich sind, aber zur Erderwärmung beitragen. Mit dem Inkrafttreten der Änderung ist das Montrealer Protokoll daher (auch) zu einem Klimaschutzvertrag geworden.

Die Dynamisierungsklausel des Art 2 Abs 9 lit c führt ein vereinfachtes Beschluss- **169** verfahren ein:[663] Anpassungen *(adjustments)* der Anlagen sollen im Rahmen der jährlich stattfindenden Treffen der Vertragsparteien (Meeting of the Parties – MOP) zwar möglichst im Konsens, jedenfalls aber von einer 2/3-Mehrheit angenommen werden; zudem muss die Entscheidung jeweils von der Mehrheit der Industriestaaten und Entwicklungsländern befürwortet werden. Anders als bei anderen umweltvölkerrechtlichen Verträgen besteht dann aber keine Möglichkeit eines *opting-out* mehr, d h diejenigen Staaten, die mit der Anpassung nicht einverstanden sind, können sich der Bindungswirkung der betreffenden Anpassung nicht mehr durch Widerspruch entziehen.[664]

In ihrer Gesamtheit markieren die Ozonverträge eine sukzessive Verbesserung des **170** Umweltschutzes. Am Bsp des Montrealer Protokolls lässt sich die Dynamik, die einem internationalen Vertragswerk innewohnen kann, ebenso veranschaulichen wie die (vorsichtige) Relativierung des Prinzips der Staatengleichheit. Vor allem aufgrund seiner Anpassungsfähigkeit bzw Adaptivität bzgl neuer technischer und wissenschaftlicher Erkenntnisse verfügt das Montrealer Protokoll über Modellcharakter.[665]

Bekämpfung des Klimawandels

Wissenschaftlich fundiert durch die Berichte des *Intergovernmental Panel on Climate* **171** *Change (IPCC),*[666] stehen Bemühungen um die Eindämmung des Klimawandels heute ganz

---

662 Überblick bei *Proelß*, in Internationales Umweltrecht, 11. Abschn Rn 30.

663 Vgl auch *Schuppert*, Neue Steuerungsinstrumente im Umweltvölkerrecht am Beispiel des Montrealer Protokolls und des Klimaschutzrahmenübereinkommens, 1998.

664 Dazu auch *Brunnée*, COPing with Consent: Law-Making under Multilateral Environmental Agreements, LJIL 15 (2002) 1 (21f).

665 S bereits *Parson*, The Montreal Protocol: The First Adaptive Global Environmental Regime?, in Le Prestre/Reid/Morehouse (Hrsg), Protecting the Ozone Layer: Lessons, Models, and Prospects, 1998, 127ff.

666 Das IPCC beruht nicht auf einem völkerrechtlichen Vertrag, sondern auf einer Vereinbarung zwischen der World Meteorological Organization und dem UNEP. Eine Einordnung dieses hybriden Gebildes

im Vordergrund der internationalen Umweltpolitik. Es geht um die epochale Aufgabe, die Erderwärmung auf einem für Mensch und Umwelt gleichermaßen erträglichen Niveau zu stabilisieren.[667] Das auf dem Erdgipfel in Rio angenommene *Rahmenübereinkommen der Vereinten Nationen über Klimaänderungen (UNFCCC)* v 15.5.1992,[668] in Kraft seit 1994, ist auch heute noch das für die Bekämpfung des Klimawandels grundlegende völkerrechtliche Instrument.[669] Bereits seine Bezeichung als „Rahmenübereinkommen" impliziert, dass dieser global geltende Vertrag nur mittels detaillierter Zusatzregelungen bzw Ausgestaltung materielle Durchschlagskraft entwickeln kann. Theoretisch erlaubt dies, mit zunehmendem Problemwissen das Instrumentarium anzupassen. Maßgeblich für die Entscheidung zugunsten eines schrittweisen Ansatzes war dabei auch die positive Erfahrung im Bereich „Ozonschicht" (s o Rn 166ff). Die ersten beiden Konferenzen der Vertragsparteien (COPs) blieben indes ohne substantielle Ergebnisse, zumal ohne quantifizierte Emissionsreduktionsverpflichtungen. In Kyoto 1997 wurde jedoch, zweiter Schritt dieses mehrstufigen Klimaschutzverfahrens, ein Protokoll ausgearbeitet, wonach der Ausstoß von sechs klimaschädlichen Gasen im Durchschnitt der Jahre 2008 bis 2012 gegenüber dem Referenzjahr 1990 um durchschnittlich 5,2 % verringert werden sollte. Damit dieses *Kyoto Protokoll* v 10.12.1997[670] mit seinen konkreten Pflichten am 16.2.2005 in Kraft treten konnte, musste es von mindestens 55 Staaten ratifiziert werden, darunter von Industrieländern, auf die mindestens 55 % der im Jahr 1990 verursachten Kohlendioxidemissionen entfielen. Die EU und Deutschland ratifizierten das Protokoll am 31.5.2002, nachdem die siebte Vertragsstaatenkonferenz des Klimarahmenübereinkommens ein Paket von 15 Entscheidungen zur Ausgestaltung und Umsetzung der Kyoto-Mechanismen verabschiedet hatte *(Marrakesh Accords).*[671] Sie bejahte u a die zuvor str und im Kyoto Protokoll nicht abschließend

---

in das Recht der I.O. und eine erste Analyse der Wirkungen seiner Publikationen unternimmt *Bolle,* Das Intergovernmental Panel on Climate Change (IPCC), 2011, 25ff, 108ff.

667 Wissenschaftliche Erkenntnisse belegen, dass bis zum Ende des Jh bei Zugrundelegung der optimistischsten Szenarien ein Anstieg der globalen Oberflächentemperatur der Erde um deutlich mehr als 1,5 °C, verglichen mit der Periode 1850-1900, wahrscheinlich ist; vgl IPCC, Climate Change 2023: Synthesis Report, 12ff.

668 Das Übereinkommen beruht auf dem Leitbild der nachhaltigen Entwicklung (Art 3 Abs 1 und 4 UNFCCC), auf dem Vorsorgeprinzip (Art 3 Abs 2 UNFCCC) und auf dem Gedanken der *common but differentiated responsibilities* (Art 3 Abs 1 UNFCCC). Zu regelungstechnischen Details *Stoll/Krüger,* in Internationales Umweltrecht, 9. Abschn Rn 8ff. Als neue Institution hat die UNFCCC das Klimasekretariat mit Sitz in Bonn geschaffen.

669 Vgl nur die Ziel 13 der mit UN Doc A/RES/70/1 im September 2015 angenommenen SDGs angefügte Fußnote: "Acknowledging that the United Nations Framework Convention on Climate Change is the primary international, intergovernmental forum for negotiating the global response to climate change." Insgesamt zum internationalen Klimaschutzrecht *Bodansky/Brunnée/Rajamani,* International Climate Change Law, 2017.

670 Vgl *Bail,* Das Klimaschutzregime nach Kyoto, EuZW 1998, 457ff; *Oberthur/Ott,* Das Kyoto-Protokoll, 2000; *Brunnée,* The Kyoto Protocol, ZaöRV 63 (2003) 255ff; *Stoll/Krüger,* in Internationales Umweltrecht, 9. Abschn Rn 54ff.

671 Vgl UN Doc FCCC/CP/2001/13/Add.1–3 v 21.1.2002.

Proelß

geregelte Frage, ob die Bindung von Kohlendioxid durch Wälder und Böden auf die Reduktionsverpflichtung der Vertragsparteien angerechnet werden kann: Einbezug von Speichern und Senken.[672] Auch Russland, ein Industriestaat im Übergang zur Marktwirtschaft, trat nach längerem Zögern am 18.11.2004 dem Protokoll bei. Die USA, *per capita* weltweit größter Verursacher von Treibhausgasemissionen, ratifizierten das Protokoll nicht; allerdings haben mehr als 400 US-amerikanische Großstädte sowie mehrere US-Bundesstaaten regionale Initiativen ergriffen und sich freiwillig den Kyoto-Vorgaben unterworfen.

Klimarahmenkonvention und Kyoto Protokoll beruhen in exemplarischer Weise **172** auf dem Grundsatz der *common but differentiated responsibilities.* So sind nach Art 4 Abs 2 UNFCCC nur die Industriestaaten (sog Anlage I-Staaten) zur Festlegung nationaler Politiken und Maßnahmen zum Klimaschutz verpflichtet, um durch eine Begrenzung der anthropogenen Treibhausgasemissionen sowie durch den Schutz und die Erweiterung der Treibhausgassenken und -speicher eine Abschwächung der Klimaänderung zu erreichen. Anlage B des Kyoto Protokolls legt nur für diese Staaten (und damit zB nicht für China und Indien) individuelle Reduktionspflichten fest; für Staaten im Übergang zur Marktwirtschaft (Bsp Russland) kann ein anderes Basisjahr als 1990 oder ein anderer Basiszeitraum gelten (vgl Art 3 Abs 5 Kyoto Protokoll). Bzgl der Erfüllung der individuellen Reduktionsverpflichtungen sind gemäß Art 3 Abs 3 Kyoto Protokoll die Netto-Änderungen der Treibhausgasemissionen, dh die Quellen unter Abzug der durch Senken gebundenen Emissionen, zu Grunde zu legen.

Die unterschiedlichen Interessen von Industriestaaten und Entwicklungsländern **173** sollen im Rahmen des Kyoto Protokolls mittels flexibler ökonomischer Instrumente harmonisiert und befördert werden.[673] Nach dem in Art 12 Kyoto Protokoll vorgesehenen *clean development mechanism* können die Industriestaaten mit der Durchführung emissionsmindernder Projekte in Entwicklungsländern einen Teil ihrer Reduktionspflichten erfüllen. Auch der inner- oder zwischenstaatliche Handel mit Emissionszertifikaten *(emissions trading)* stellt ein Instrument dar;[674] er darf die nationalen Reduktionsaktionen jedoch nur ergänzen. In der EU wurde mit Richtlinie 2003/87/EG zum 1.1.2005 ein EU-weites Emissionshandelssystem für klimarelevante Industriesektoren eingeführt; dieses soll zeitnah auf fast alle anderen Sektoren, insbes auf die Bereiche Gebäude und Verkehr, ausgeweitet werden. Zentrales Element ist die Einführung eines *Cap-and-tra-*

---

672 Dazu *Kreuter-Kirchhof,* Kooperationsformen, 54 ff; *Wustlich* (Fn 645) 279 ff. Sonstige Maßnahmen in den Bereichen Forst-, Land- und Weidewirtschaft können als Senken in Ansatz gebracht werden, soweit nicht die bloße Existenz von Kohlenstoffbeständen (Biomasse) zur Anrechnung führen soll. Darüber hinaus muss die erneute Freisetzung von CO_2 aus der Biomasse zeitnah berücksichtigt werden. Schließlich müssen die Aktivitäten zur Förderung der Biodiversität und nachhaltigen Nutzung der natürlichen Ressourcen beitragen.
673 Krit *Winter,* in Bewahrung, 49 ff.
674 Dazu etwa *Jochem,* Rahmenbedingungen für ein internationales System handelbarer Emissionsrechte im Kyoto-Protokoll, ZfU 1999, 349 ff; *Giesberts/Hilf,* Handel mit Emissionszertifikaten, 2002, 57 ff. Das Protokoll selbst etabliert kein globales System des Handels mit Emissionszertifikaten.

de-Mechanismus: Nach ihm wird das Gesamtvolumen der CO_2-Emissionen absolut begrenzt. Die vom Handelssystem erfassten Unternehmen müssen Zertifikate für ihre CO_2-Emissionen erwerben und ggf. bei Überschreiten der zugrunde gelegten Emissionen, zukaufen. Der Handel findet dabei nicht zwischen Staaten, sondern börsengestützt zwischen Anlagebetreibern statt.[675] Diese haben die Wahl, entweder im Bereich ihrer Anlage Emissionen zu reduzieren oder aber Berechtigungen zuzukaufen.

174   Seit 2012 ist dem Grunde nach auch der (europäische und außereuropäische) *Luftverkehr* in den Emissionshandel einbezogen.[676] Nachdem die betroffenen außereuropäischen Fluglinien, unterstützt von ihren Heimatstaaten, damit gedroht hatten, künftig keine europäischen Flughäfen mehr anzufliegen,[677] beschloss die EU „to stop the clock". Den Ausschlag hatte diesbezüglich die Ankündigung der global zuständigen I.O., der ICAO, gegeben,[678] Verhandlungen über eine global gültige marktbasierte Maßnahme für die Regulierung der internationalen Luftverkehremissionen zu eröffnen. Die Entscheidung, die Einbeziehung der außereuropäischen Fluglinien in das europäische System auszusetzen, wurde zunächst bis zum 1.1.2017 verlängert, nachdem die Mitgliedstaaten der ICAO 2013 übereingekommen waren, bis zum Herbst 2016 ein globales marktbasiertes Klimaschutzinstrument zu entwickeln, das ab 2020 weltweit ein CO_2-neutrales Wachstum im internationalen Luftverkehr ermöglichen soll. Im Herbst 2016 einigten sich die ICAO-Mitgliedsstaaten darauf, das Klimaschutzinstrument CORSIA *(Carbon Offsetting and Reduction Scheme for International Aviation)* ab 2020 weltweit einzuführen. Im Lichte dieser Verständigung beschloss die EU, das EU-Emissionshandelssystem bis 2023 auf den innereuropäischen Flugverkehr zu begrenzen; ob anschließend dennoch eine Ausdehnung auf außereuropäische Fluglinien erfolgt, soll von der Effektivität von CORSIA abhängig gemacht werden.

175   Die im Vergleich zu anderen Stoffen ungleich größeren ökonomischen Auswirkungen der Reduktion von CO_2-Emissionen ließen die Bemühungen um Aushandlung eines *Kyoto-Nachfolgevertrags,* mit dem strengere Emissionsreduktionspflichten für den Zeitraum ab 2013 vereinbart werden sollten, zunächst scheitern. Zwar bestand zwischen den Anlage I-Staaten alsbald Einigkeit hinsichtlich der Erforderlichkeit strengerer verbindlicher Zielvorgaben, um eine Erderwärmung von mehr als 2 °C zu verhindern. Insbes vor dem Hintergrund des Widerstands von Schwellenländern wie China[679] und In-

---

675 In Deutschland wurde die Richtlinie durch das Treibhausgas-Emissionshandelsgesetz (BGBl 2004 I, 1578) umgesetzt. Vgl *Kobes,* Grundzüge des Emissionshandels in Deutschland, NVwZ 2004, 513 ff.
676 Vgl Richtlinie 2008/101/EG v 19.11.2008 über die Einbeziehung des Luftverkehrs in das System für den Handel mit Treibhausgasemissionszertifikaten in der Gemeinschaft (ABl EU 2009, Nr L 8/3).
677 Zuvor hatte der EuGH in der Einbeziehung der außereuropäischen Streckenanteile für die Berechnung der jeweils für Flüge von bzw nach Europa einzustellenden Emissionszertifikate weder einen Verstoß gegen das die Union bindende Völkerrecht noch eine Verletzung der Pflicht zur Respektierung der Bindungen der Mitgliedstaaten gemäß Art 351 Abs 1 AEUV erkannt, vgl EuGH, Rs C-366/10, Rn 49 ff *[Handel mit Treibhausgasemissionszertifikaten].*
678 S o Rn 32.

Proelß

dien, die sich auf die primäre Verantwortlichkeit der westlichen Industriestaaten beriefen, konnte auf den Vertragsstaatenkonferenzen der Klimarahmenkonvention jedoch kein Konsens hinsichtlich konkreter Emissionsreduktionspflichten erreicht werden. So spricht etwa das Abschlussdokument der Kopenhagen Konferenz v 2009 *(Copenhagen Accord)* lediglich in allgemeiner Form davon, dass Maßnahmen getroffen werden sollen, um die Erderwärmung auf weniger als 2 °C zu begrenzen.[680] Hinsichtlich der Mechanismen zur Erreichung dieses Ziels tritt seit Kopenhagen zunehmend das in seiner Effektivität fragwürdige *pledge and review*-Verfahren an die Stelle des in Europa mit dem Emissionshandel implementierten *cap-and-trade*-Mechanismus. Nach jenem Ansatz teilen die einzelnen Staaten der zuständigen Stelle (dem UN-Klimasekretariat) mit, in welcher Höhe sie ihre Emissionen senken wollen *(pledge);*[681] anschließend wird im Rahmen der Klimakonferenzen geprüft, ob diese freiwilligen Emissionsreduktionen reichen, um das Zwei-Grad-Ziel zu erreichen *(review)*. Da bis zum Ende der ersten Kyoto-Verpflichtungsperiode (31.12.2012) keine Verständigung auf einen neuen Klimavertrag gelang, wurde auf der Klimakonferenz in Doha (2012) schließlich beschlossen, das Kyoto Protokoll mit zusätzlichen verschärften Reduktionspflichten (sog *Quantified Emission Limitation and Reduction Objectives*) bis 2020 zu verlängern. Dieses „Kyoto II"- bzw *Doha Protokoll* trat erst am 31.12.2020 – am letzten Tag seiner Verpflichtungsperiode – in Kraft.[682]

Ungeachtet der kaum Anlass zu Optimismus gebenden negativen Bilanz der internationalen Klimapolitik seit Kopenhagen gelang im Rahmen der 21. Vertragsstaatenkonferenz der UNFCCC in Paris im Dezember 2015 mit der Einigung auf einen neuen Weltklimavertrag (sog *Übereinkommen von Paris*) ein für viele überraschender Durchbruch.[683] Sein Art 2 Abs 1 lit a formuliert das ehrgeizige, über den Copenhagen Accord hinausgehende Ziel, die globale Durchschnittstemperatur auf deutlich unter 2 °C gegenüber den vorindustriellen Werten zu begrenzen; ferner sollen die Vertragsparteien weitere Anstrengungen zu einer Begrenzung der globalen Durchschnittstemperatur auf unter 1,5 °C unternehmen. Den zentralen Mechanismus zur Erreichung dieses Ziels bilden gemäß Art 4 die *National Determined Contributions (NDCs)*. Die Vertragsparteien sind hiernach verpflichtet, in regelmäßigen Abständen (mindestens alle 5 Jahre) die im Rahmen ihrer jeweiligen Möglichkeiten höchsterreichbaren Reduktionsziele zu melden. Die gemeldeten NDCs müssen von Berichtszeitpunkt zu Berichtszeitpunkt kontinuierlich ein

176

---

679 In absoluten Zahlen (nicht aber *per capita*) hat China mittlerweile die USA als weltweit größter CO_2-Emittent abgelöst.
680 Vgl FCCC/CP/2009/L.7 v 18.12.2009, § 1.
681 Vgl nur ebd § 4. Der Ansatz stößt auch deshalb auf Bedenken, weil die Benennung des für die Einsparungen maßgeblichen Referenzjahrs im Ermessen der Einzelstaaten steht.
682 Mehrere Staaten, darunter Russland, Kanada, Japan und Neuseeland, hatten sich vehement gegen „Kyoto II" ausgesprochen.
683 FCCC/CP/2015/L.9/Rev.1 v 12. Dezember 2015, Adoption of the Paris Agreement, Annex. In dem Beschluss der Vertragsstaatenkonferenz über die Annahme des Übereinkommens wird der Klimawandel ausdrücklich als „common concern of humankind" anerkannt.

Proelß

höheres Ambitionsniveau widerspiegeln. Ggf können die NDCs im Verbund mit anderen Staaten (etwa im EU-Rahmen) verfolgt werden, wobei jeweils auch die in diesem Rahmen individuell zugeteilten NDCs zu berichten sind (Art 4 Nr 16-18). Die Ergebnisse der nach Art 14 regelmäßig durchzuführenden globalen Bestandsaufnahmen *(global stocktake)* sollen den Vertragsparteien helfen, ihre Pflicht zu erfüllen, die nationalen Zielvorgaben kontinuierlich zu aktualisieren und zu steigern.

177   Zu beachten ist, dass sich die Ziele des Übereinkommens von Paris auf die *globale* Durchschnittstemperatur beziehen. Im Unterschied zum Kyoto Protokoll statuiert das Übereinkommen keine einzelstaatlichen quantifizierten Emissionsreduktionspflichten. Die Vertragsparteien sind nicht verpflichtet, die von ihnen notifizierten NDCs zu erreichen,[684] sondern müssen insoweit lediglich die bestmöglichen Bemühungen unternehmen und geeignete Maßnahmen treffen.[685] IdS spricht Art 4 Abs 3 des Übereinkommens von Paris davon, dass die jeweiligen NDCs „[die] größtmögliche Ambition [der Vertragsparteien] unter Berücksichtigung ihrer gemeinsamen, aber unterschiedlichen Verantwortlichkeiten und ihrer jeweiligen Fähigkeiten angesichts der unterschiedlichen nationalen Gegebenheiten ausdrücken."[686] Eine solche *due diligence*-Pflicht ist qualitativ etwas anderes als eine Erfolgspflicht, wie sie überwiegend in den quantifizierten Emissionsreduktionspflichten des Kyoto Protokolls gesehen wurde.[687] Dass das Übereinkommen von Paris nicht zur „Umrechnung" des globalen Temperaturziels auf einzelstaatliche CO_2-Budgets verpflichtet, folgt auch aus Art 4 Abs 2 Satz 2, wonach „[d]ie Vertragsparteien [...] innerstaatliche Minderungsmaßnahmen [ergreifen], um die Ziele dieser Beiträge zu verwirklichen."

178   Dass das Übereinkommen von Paris am *pledge and review*-Verfahren festhält, ja dieses sogar noch fortentwickelt, liegt einerseits in der Konsequenz der zuvor gescheiterten Bemühungen um Aushandlung strenger Emissionsreduktionsverpflichtungen, dürfte andererseits aber eine zurückhaltende Würdigung des mit dem Übereinkommen (vermeintlich) erreichten Durchbruchs in der internationalen Klimapolitik nahelegen.[688] Weitere, zT in zahlreiche Einzelheiten gehende, überwiegend aber nur vage Vor-

---

[684] *Mayer*, Obligations of Conduct in the International Law on Climate Change: A Defence, RECIEL 27 (2018) 130 (135) mwN. – Etwas anderes kann sich aus speziellen völkerrechtlichen Verträgen sowie aus supranationalem und nationalem Recht ergeben. Vgl zB Art 19.6 des (noch nicht in Kraft getretenen) Freihandelsabkommens zwischen der EU und Neuseeland: "[E]ach Party shall effectively implement the UNFCCC and the Paris Agreement, including commitments with regard to Nationally Determined Contributions."

[685] *Voigt*, The Paris Agreement: What is the Standard of Conduct for Parties?, QIL 26 (2016) 17 (27).

[686] Dergleichen Handlungs- und Gewährleistungspflichten setzen Güterabwägungen am Maßstab der Verhältnismäßigkeit voraus; s *Voigt* (Fn 685) 27f.

[687] Dazu *Mayer* (Fn 684) 134.

[688] Positiver die Einschätzung von *Franzius*, Das Paris-Abkommen zum Klimaschutz, ZUR 2017, 515 (520ff): In dem Maße, wie das Übereinkommen von Paris auf materielle Pflichten der Staaten verzichte, eröffne sich ein Raum, der nicht nur von den Staaten ausgefüllt werde. Durch die Verknüpfung hierar-

gaben[689] stipulierende Vorschriften des Übereinkommens sind der Anpassung an den Klimawandel (Art 7), der finanziellen Unterstützung der Entwicklungsstaaten (Art 9), der Technologieentwicklung und dem Technologietransfer (Art 10), dem Kapazitätsaufbau (Art 11) sowie der Einrichtung eines Compliance Committee nach dem Vorbild der Aarhus Konvention (Art 15) gewidmet. Diese Vorgaben belegen, dass sich das Übereinkommen von Paris, obschon unzweifelhaft ein rechtsverbindlicher Vertrag, „aus Bausteinen verschiedener Verbindlichkeitsgrade" zusammensetzt und also durch „hybride Verbindlichkeitsstruktur" gekennzeichnet ist.[690] Womöglich auch aus diesem Grund konnte es bereits am 4.11.2016 in Kraft treten und gilt heute global.[691] Entscheidend bleibt, dass die Vorgaben dieser neuen „Klimaverfassung" wirksam konkretisiert und implementiert werden. Zu diesem Zweck hat die Vertragsstaatenkonferenz der UNFCCC, die zugleich als Vertragsstaatentreffen des Übereinkommens von Paris fungiert, 2018 das sog *Paris Rulebook* angenommen, eine umfangreiche technische Anleitung u a zur Erarbeitung und Berechnung der nationalen Klimapläne sowie zur Art und Weise der Wahrnehmung nationaler Informations- und Berichterstattungspflichten.[692]

Auf die Frage, wie man Staaten einschlägig motivieren kann, effektive Klimaschutz- **179** maßnahmen zu treffen, gibt es nach wie vor keine einheitliche Antwort. Gleiches gilt für die Frage nach der Überwachung der Einhaltung der Reduktionsverpflichtungen *(compliance)*.[693] Auch die etwaige Ahndung der Verletzung diesbezüglicher völkerrechtlicher Verpflichtungen *(enforcement)* sowie die Verantwortlichkeit und Haftung von Staaten für klimawandelbedingte Schäden sind – nicht zuletzt aufgrund schwieriger Beweisfragen[694] – noch weitgehend ungeklärt.[695] So stellt sich der Klimaschutz insgesamt und auch

chischer und partizipatorischer Elemente emanzipiere es sich von der staatenzentrierten top down-Strategie des Kyoto Protokolls und bereite einem transnationalen Klimaschutzrecht den Weg.

689 Bspw Art 5 bzgl Speichern und Senken: "Parties should take action to conserve and enhance, as appropriate, sinks and reservoirs of greenhouse gases [...]."

690 *Saurer*, Klimaschutz global, europäisch, national – Was ist rechtlich verbindlich?, NVwZ 2017, 1574 (1575). Zumindest auf dem Gebiet des Umweltvölkerrechts ist dies freilich keine neue Entwicklung. Für die Frage der Verbindlichkeit ist nicht der Vertrag an sich, sondern der jeweilige Gehalt der in ihm kodifizierten Normen entscheidend; s bereits *Proelß*, Klimaschutz im Völkerrecht nach dem Paris Agreement: Durchbruch oder Stillstand?, ZfU 2016, 62 (64); *Stoll/Krüger*, in Internationales Umweltrecht, 9. Abschn Rn 83.

691 Die USA sind nach ihrem am 1.7.2017 erklärten Rücktritt wieder Vertragspartei geworden.

692 Dazu zB *Rajamani/Bodansky*, The Paris Rulebook: Balancing International Prescriptiveness with National Discretion, ICLQ 68 (2019) 1023ff.

693 Vgl *Holtwisch*, Das Nichteinhaltungsverfahren des Kyoto-Protokolls, 2006.

694 Dazu etwa *Pfrommer et al*, Establishing Causation in Climate Litigation: Admissibility and Reliability, Climatic Change 152 (2019) 67ff.

695 Dazu *Verheyen*, Climate Change Damage and International Law, 2005; *Kehrer*, Staatenverantwortlichkeit und Meeresspiegelanstieg, 2009; Faure/Peeters (Hrsg), Climate Change Liability, 2011; zur Haftung für Schäden infolge des Einsatzes von Climate Engineering-Maßnahmen *Saxler/Siegfried/Proelss*, International Liability for Transboundary Damage Arising from Stratospheric Aerosol Injections, LIT 7 (2015) 112ff. Von der zwischenstaatlichen Haftung abzugrenzen sind die zunehmend von NGOs und Einzelnen

auf EU-Ebene nach wie vor als ein zentrales Experimentierfeld dar, das die Dynamik und Reformbedürftigkeit des Umweltvölkerrechts ebenso veranschaulicht wie seine hochpolitische, wahrhaft globale Natur. Die jüngsten Entwicklungen ändern nichts daran, dass es großer Anstrengungen bedarf, um das verbindliche Ziel des Übereinkommens von Paris, die globale Durchschnittstemperatur auf deutlich unter 2 °C gegenüber vorindustriellen Werten zu begrenzen, zu erreichen. Implementierungsschwierigkeiten und sonstige etwaige Rückschläge könnten zur Folge haben, dass parallel zu den im Vordergrund stehenden Bemühungen um Emissionsreduktionen *(Mitigation)* einerseits und Maßnahmen der Anpassung (durch Anlage von Überschwemmungsgebieten, Deichen usw) an den Klimawandel *(Adaptation)* andererseits Anstrengungen unternommen werden müssen, bereits in die Atmosphäre gelangtes CO_2 wieder einzufangen und zu deponieren (Bsp: CCS) oder gar in natürliche Prozesse einzugreifen, um die CO_2-Speicherkapazität der Ökosysteme zu erhöhen *(Carbon Dioxide Removal – CDR)* bzw durch Veränderung der Strahlungsbildanz der Erde zu einer Verlangsamung des Treibhausprozesses in der Atmosphäre zu gelangen *(Solar Radiation Management – SRM).*[696] Dies gilt zumal vor dem Hintergund des Umstands, dass nach Art 4 Abs 1 des Übereinkommens von Paris ein „Gleichgewicht zwischen den anthropogenen Emissionen von Treibhausgasen aus Quellen und dem Abbau solcher Gase durch Senken" – mit anderen Worten: globale Netto-Null CO_2-Emissionen – in der zweiten Hälfte des Jahrhunderts erreicht werden soll. Die Diskussion über die Zulässigkeit und völkerrechtlichen Rahmenbedingungen dieser mit den Schlagwörtern *Climate Engineering* und *negative Emissionstechnologien (NETs)* auf den Begriff gebrachten Maßnahmen ist in vollem Gang.[697] Erstes völkerrechtliches Ergebnis ist eine im Oktober 2013 verabschiedete (freilich noch nicht in Kraft getretene) Änderung des Londoner Protokolls,[698] mit der sog marines Geoengineering erst-

---

gegen Unternehmen oder ihre Heimatstaaten angestrengten Verfahren (sog *climate change litigation*); dazu s o Rn 130.

696 Grundlegende Berichte: The Royal Society, Geoengineering the Climate (RS Policy Document 10/09), 2009; *Rickels et al,* Gezielte Eingriffe in das Klima?, 2011; *Schäfer et al,* The European Transdisciplinary Assessment of Climate Engineering (EuTRACE): Removing Greenhouse Gases from the Atmosphere and Reflecting Sunlight Away from Earth, 2015; *Bodle et al,* The Regulatory Framework for Climate-Related Geoengineering Relevant to the Convention on Biological Diversity (CBD Technical Series No 66), 2012.

697 S etwa *Bodansky,* May We Engineer the Climate?, Climatic Change 33 (1996) 309ff; *Bodle,* Climate Law and Geoengineering, in Hollo et al (Hrsg), Climate Change and the Law, 2013, 447ff; *Du,* An International Legal Framework for Geoengineering, 2018; *Krüger,* Geoengineering und Völkerrecht, 2020; *Kuokkanen/ Yamineva,* Regulating Geoengineering in International Law, CCLR 2013, 161ff; *Lin,* International Legal Regimes and Principles Relevant to Geoengineering, in Burns/Strauss (Hrsg), Climate Change Geoengineering, 2013, 182ff; *Proelss,* Law of the Sea and Geoengineering, in Matz-Lück/Jensen/Johansen (Hrsg), The Law of the Sea: Normative Context and Interactions with other Legal Regimes, 2022, 93ff; *Redgwell,* Geoengineering the Climate: Technological Solutions to Mitigation, CCLR 2011, 178ff; *Reynolds,* The Regulation of Climate Engineering, LIT 3 (2011) 113ff.

698 S o Rn 158.

Proelß

mals einer rechtsverbindlichen Regelung unterworfen wird.[699] Die Anwendbarkeit der neu eingefügten Vorschriften, die u a ein ausdifferenziertes, das Vorsorgeprinzip umsetzendes Verfahren für die Bewertung und (von den auf nationaler Ebene zuständigen Behörden vorzunehmende) Bewilligung von Forschungsexperimenten sowie ein Verbot kommerzieller Aktivitäten vorsehen, wird nach Inkrafttreten davon abhängen, ob die jeweils betroffene Methode des marinen Geoengineerings per Beschluss der Vertragsstaaten in den neuen Anhang 4 des Protokolls aufgenommen wurde.[700]

d) Arten- und Biodiversitätsschutz

Während sich der Schutz von Binnengewässern und Meer jeweils auf eine bestimmte **180** Raumkategorie bezieht, geht es bei dem der Pflanzen- und Tierwelt um spezielle Schutzobjekte.[701] Soweit sie dauerhaft auf dem Territorium eines einzigen Staats befinden (zB ein Wald), unterliegen diese Naturgüter seiner territorialen Souveränität. Obwohl sie, wie das Bsp der für das Erdklima bedeutsamen tropischen Regenwälder zeigt, zumindest in engem Zusammenhang mit Gemeingütern stehen, kommt der völkerrechtliche Schutz bzgl der territorial gebundenen Schutzgüter insgesamt nur langsam voran. Dies liegt daran, dass der Entschluss, bestimmte Tier- und Pflanzenarten oder ganze Ökosysteme zu schützen, idR auf der Einsicht gründet, dass das einzelstaatliche Nutzungs- hinter dem gemeinsamen Schutzinteresse zurückzutreten hat. Was die Dominanz einzelstaatlicher Interessen anbelangt, bildet das *Washingtoner Artenschutzübereinkommen v 1973 (CITES)*[702] nur teilweise eine Ausnahme. Denn der internationale Schutz der Arten dient hier zugleich dem wirtschaftlichen Interesse der Herkunftsstaaten; für sie sind Tiere auch Kapital, das über Tourismus und Handel Einkünfte generiert. Gleichwohl hat sich CITES im Hinblick auf die Erhaltung einzelner Tierarten (afrikanischer Elefant, Leopard etc) ganz überwiegend bewährt. In den Anlagen zum Übereinkommen, in welche die zu schützenden Tier- und Pflanzenarten je nach Status aufgenommen werden, sind mittlerweile rd 8.000 Tier- und 40.000 Pflanzenarten aufgelistet.[703] Teilweise anderes gilt für *wandernde* wildlebende Tierarten – Schutzobjekte der Übereinkommen v 1979

---

699 Vgl Resolution LP.4(8) v 18.10.2013. Mit Gesetz zur Beschränkung des marinen Geo-Engineerings v 4.12.2018 (BGBl 2018 I, 2254) wurden die Änderungen des Londoner Protokolls in das Hohe-See-Einbringungsgesetz (BGBl 1998 I, 2455) in verschärfter Form integriert. Dazu *Proelß*, Marine CO_2-Entnahmetechniken im deutschen Recht, EurUP 2022, 321 ff.
700 Bislang ist nur die Eisendüngung des Meeres erfasst.
701 Vgl dazu *Bowman/Davies/Redgwell*, Wildlife Law; *Markus*, in Internationales Umweltrecht, 10. Abschn. Zu den nachfolgend in Bezug genommenen Verträgen s auch die Beiträge in AVR 54 (2016), Heft 4 (Schwerpunkt internationales Naturschutzrecht).
702 Vgl *Sand*, Endangered Species, International Protection, Rn 6 ff.
703 Anlage I listet die von der Ausrottung bedrohten Arten auf; mit ihnen darf Handel nur in Ausnahmefällen betrieben werden. Anlage II enthält die Arten, die bedroht sein können, wenn der Handel nicht streng reglementiert wird. Anlage III führt alle Arten auf, die innerstaatlichen Handelsbeschränkungen unterliegen.

(CMS bzw Bonner Übereinkommen)[704] und v 1995 (UNFSA)[705] –, deren Schutz und Erhaltung zwingend zwischenstaatliche Kooperation erfordert. Auch wenn die betreffenden Regime von einer Internationalisierung ieS weit entfernt sind, spricht die Präambel der CMS nicht ohne Grund davon, dass wandernde Tiere zum Wohle der gesamten Menschheit erhalten werden müssen.

181   Zu den Artenschutzabkommen, denen eine stärker ökologische Betrachtung zugrunde liegt, zählen das *(Ramsar-) Übereinkommen über Feuchtgebiete* v 1971[706] sowie das *(Berner) Übereinkommen über die Erhaltung der europäischen wildlebenden Pflanzen und Tiere* v 1979. Stellvertretend für einen neuen Typus völkerrechtlicher Abkommen, die auf den Schutz der Biodiversität insgesamt abzielen (und deshalb keinem Listenansatz folgen), verdient das *Übereinkommen über die biologische Vielfalt (CBD)* v 5.6.1992[707] besondere Beachtung. Räumlich ist es auf Bestandteile der biologischen Vielfalt in Gebieten anwendbar, die innerhalb der nationalen Hoheitsbereiche der Vertragsparteien liegen, und auf Verfahren und Tätigkeiten, die unter der Hoheitsgewalt oder Kontrolle der Vertragsparteien entweder innerhalb ihres nationalen Hoheitsbereichs oder außerhalb der nationalen Hoheitsbereiche durchgeführt werden (Art 3). Damit sind grundsätzlich auch die staatsfreien Räume Hohe See und Gebiet erfasst.[708] In sachlicher Hinsicht schützt das Übereinkommen Arten in ihrer natürlichen Umgebung *(in situ)* ebenso wie *ex situ,* also außerhalb dieses Bereichs (d h in Zoologischen Gärten, mittels Gen-Datenbanken usw). Es erkennt an, dass genetische Ressourcen, Gegenstände nationaler Souveränität, als *common concern of humankind*[709] bzgl des Erhalts ihrer Vielfalt alle Staaten verbindet. Allen Staaten werden diesbezügliche, wenngleich nach Sachnähe und Entwicklungsstand differenzierte Pflichten auferlegt. Neben dem Biodiversitätschutz geht es der Konvention um die nachhaltige Nutzung der Bestandteile der Biodiversität (vgl Art 10) und die faire Aufteilung der Gewinne aus der Nutzung genetischer Ressourcen.

182   Diesbezüglich zentral ist das mit Art 15f CBD für die Erhaltung und Nutzung der genetischen Ressourcen eingeführte, partiell nach dem Vorbild des Regimes des internationalisierten Tiefseebodens modellierte Zugangs- und Verteilungsregime *(access and benefit sharing).*[710] Hiernach sollen diejenigen Vertragsparteien, auf deren Territorien sich der Großteil der weltweit vorhandenen genetischen Ressourcen befindet (in erster

---

704 Übereinkommen zur Erhaltung der wandernden wildlebenden Tierarten v 23.6.1979; vgl *Proelss,* Migratory Species, International Protection, MPEPIL, Rn 9 ff. Zur Umsetzung in Deutschland *ders,* Internationaler Arten- und Naturschutz im nationalen Recht, EurUP 2015, 314 ff.

705 Vgl o Rn 72.

706 Zu Umsetzungsproblemen in Deutschland *Bury,* Zur Verknüpfung überkommener Vorstellungen völkerrechtlicher Normativität mit der unterlassenen Übernahme der Ramsar-Konvention von 1971 in den deutschen Rechtsraum, AVR 60 (2022) 90 ff.

707 Eingehend dazu *Markus,* in Internationales Umweltrecht, 10. Abschn Rn 21 ff.

708 S *Wolfrum/Matz* (Fn 492) 125; *Proelss* (Fn 236) 420 f.

709 Dazu *Krohn* (Fn 397) 277.

710 Vgl die Darstellung bei *Stoll,* in Bewahrung, 159 ff.

Proelß

Linie sind dies die biodiversitätsreichen Entwicklungsländer),[711] anderen Staaten nach Maßgabe des nationalen Rechts (vgl Art 15 Abs 1 CBD) den Zugang zu diesen Ressourcen *(access)* eröffnen; im Gegenzug sollen sie von den aus der Ressourcenbewirtschaftung resultierenden Vorteilen profitieren *(benefit sharing)*. Dergleichen Vorteile können in der Beteiligung an wissenschaftlicher Forschung und deren Ergebnissen, aber auch in Technologie- und Finanztransfers liegen (vgl Art 15 Abs 6 und 7, Art 16 CBD). Der Zugang erfolgt zu Bedingungen, die im Vorhinein zwischen dem ressourcenreichen Staat (Ursprungsstaat) und dem Staat, der die betreffenden Ressourcen nutzen will (Nutzerstaat), einvernehmlich (dh regelmäßig in Form eines Vertrags) festgelegt werden, vgl Art 15 Abs 4 und 5 CBD. Den Grundsatz der dauerhaften Souveränität über die auf dem Territorium gelegenen Ressourcen lässt das ABS-Regime der CBD mithin unberührt.

Die vage Formulierung der Art 15f CBD, die maßgeblich auf Initiativen der Entwick- **183** lungsstaaten zurückgeht, hatte zur Folge, dass bislang nur wenige Vereinbarungen zwischen Ursprungs- und Nutzerstaaten zustande gekommen sind. Die zum Zwecke der Implementierung des ABS-Regimes im Rahmen der 6. Vertragsstaatenkonferenz (COP 6) im Jahre 2002 verabschiedeten, rechtlich freilich unverbindlichen *Bonn Guidelines on Access to Genetic Resources and Fair and Equitable Sharing of the Benefits Arising out of their Utilization* führten noch nicht zu einer Effektivierung des ABS-Regimes. Nach schwierigen Verhandlungen gelang im Rahmen von COP 10 (2010) dann die Annahme des der Konkretisierung von Art 15f und Art 8 lit j (bzgl traditionellem Wissen indigener Gemeinschaften) dienenden *Protokolls von Nagoya*.[712] Es statuiert verfahrensrechtliche Anforderungen hinsichtlich des Zugangs zu genetischen Ressourcen und der Durchführung des Vorteilsausgleichs; im Anhang enthält es eine ausführliche Liste von „monetary and non-monetary benefits" (u a ist die „joint ownership of relevant intellectual property rights" als möglicher Vorteil aufgeführt). Mit den neuen Regelungen zum Zugang, die u a auch die Einführung eines international anerkannten Konformitätszertifikats umfassen, sollen Rechtssicherheit und Transparenz gefördert werden. Darüber hinaus sieht das Protokoll die Einrichtung nationaler Kontaktstellen *(focal points)* und einer internationalen Sammelstelle *(access and benefit-sharing clearing-house)* vor, die vor allem der Informationsvermittlung und Transparenz dienen sollen. Über die von Art 10 des Protokolls in den Blick genommene Schaffung eines globalen multilateralen *benefit sharing*-Mechanismus wird noch immer verhandelt.

Mit dem *Cartagena Protokoll über biologische Sicherheit* wurde Art 19 Abs 3 CBD **184** umgesetzt. Es behandelt die „grenzüberschreitende Verbringung, die Durchfuhr, die Handhabung und die Verwendung aller lebenden veränderten Organismen, die nachteilige Auswirkungen auf die Erhaltung und nachhaltige Nutzung der biologischen Vielfalt haben können, wobei auch Risiken für die menschliche Gesundheit zu berücksichtigen

---

[711] Art 2 CBD definiert „genetische Ressourcen" als „genetisches Material von tatsächlichem oder potentiellem Wert".
[712] Das Protokoll ist am 12.10.2014 in Kraft getreten. Zu ihm *Markus,* in Internationales Umweltrecht, 10. Abschn Rn 46ff.

sind."[713] Zum Zwecke der Kontrolle der grenzüberschreitenden Verbringung lebender veränderter Organismen sieht es in Art 7ff ein Verfahren der vorherigen Zustimmung in Kenntnis der Sachlage *(advanced informed agreement)* sowie eine Risikobeurteilung (vgl Art 15) vor. Institutionell unterstützt der *Biosafety Clearing-House* den Austausch von Informationen über lebende veränderte Organismen zwischen den Vertragsparteien. Dem in Art 27 des Protokolls kodifizierten Auftrag, ein Haftungsregime auszuhandeln, sind die Vertragsparteien mit Annahme des *Zusatzprotokolls von Nagoya/Kuala Lumpur über Haftung und Wiedergutmachung* nachgekommen.[714] Wegen zahlreicher Ausnahmen vom Anwendungsbereich erfassen das Cartagena Protokoll im Allgemeinen und sein Verfahren der vorherigen Zustimmung in Kenntnis der Sachlage im Besonderen nur einen geringen Teil der international gehandelten lebenden veränderten Organismen. Die USA, wichtigster Exporteur gentechnisch veränderter Erzeugnisse, sind ihm nicht beigetreten. Insgesamt ist die praktische Relevanz des Protokolls daher (noch) begrenzt.

185　*Zusammenfassend* ist zu konstatieren: Naturgüter, deren Bedeutung für das weltumspannende Ökosystem erwiesen ist, die jedoch in enger Verbindung mit territorialer Souveränität und Gebietshoheit stehen – wie etwa die tropischen Regenwälder –, avancierten trotz ihrer Gefährdung noch nicht zum Kerngegenstand verbindlicher Schutzvereinbarungen.[715] Der Weg von globaler Umweltrelevanz zu effektiver und nachhaltiger Umsetzung der konkretisierungsbedürftigen universellen Schutzregelungen ist noch weit. Der *Strategic Plan for Biodiversity for the Period 2011-2020*, angenommen im Rahmen der 10. Vertragsstaatenkonferenz der CBD in Nagoya (2010), stellt ernüchtert fest, dass „[t]he 2010 biodiversity target has not been achieved, at least not at the global level".[716] Zu diesem Zweck statuierte er zwanzig bis zum Jahre 2020 zu erreichende, rechtlich allerdings unverbindliche Zielvorgaben *(Aichi Biodiversity Targets)*. U a sollten mindestens 17 % der Landökosysteme der Erde und 10 % der Küsten- und Meeresgebiete unter Schutz gestellt (Target 11) und bis 2020 der Artenschwund gestoppt und der Status der gefährdeten Arten verbessert werden (Target 12). Target 14, der nachhaltigen Nutzung der Biodiversität gewidmet, unterstrich die zentrale Bedeutung der sog *ecosystem services* als Mechanismus zur Abschätzung der Vorteilhaftigkeit von Bestandteilen der Biodiversität für den Menschen.[717] Über die jeweils erzielten Fortschritte mussten die Vertragsparteien regelmäßig berichten.

---

713 Dazu *Scheyli*, Das Cartagena-Protokoll über biologische Sicherheit zur Biodiversitätskonvention, ZaöRV 60 (2000) 71ff; *Markus*, in Internationales Umweltrecht, 10. Abschn Rn 51ff.

714 Dazu *Markus*, in Internationales Umweltrecht, 10. Abschn Rn 54ff; *Sands/Peel*, Principles, 764ff. – Das Zusatzprotokoll ist am 5.3.2018 in Kraft getreten.

715 Zum UN-Übereinkommen zur Bekämpfung der Wüstenbildung *Kellersmann* (Fn 402) 253ff.

716 Vgl CBD Decision X/2, Strategic Plan for Biodiversity 2011-2020, § 7.

717 Das Konzept der *ecosystem services* bildet mittlerweile ein eigenständiges interdisziplinäres Forschungsfeld; zur Einführung vgl die Beiträge in Grunewald/Bastian (Hrsg), Ecosystem Services, 2015; aus rechtswissenschaftlicher Perspektive *Ruhl/Kraft/Lant*, The Law and Policy of Ecosystem Services, 2007.

Obwohl die Aichi Targets überwiegend nicht erreicht wurden, hielt die Vertrags- 186
staatenkonferenz der CBD an dem 2010 eingeschlagenen Ansatz fest und nahm 2022 das
Kunming-Montreal Global Biodiversity Framework an.[718] Hierbei handelt es sich um den
strategischen Plan zur Implementierung der CBD und ihrer Protokolle für den Zeitraum
2022 bis 2030. Er dient der Umsetzung der SDGs[719] und soll im Einklang mit bestehenden
umweltvölkerrechtlichen Pflichten der Vertragsparteien implementiert werden.[720] Es
statuiert vier *Kunming-Montreal Global Goals for 2050* und 23 handlungsorientierte globale Ziele *(targets)* für dringend zu treffende Maßnahmen bis 2030,[721] mit denen die *Aichi Biodiversity Targets* ergänzt, konkretisiert und verschärft werden.

Die in den Aichi- und Kunming-Montreal-Zielen verkörperte Entscheidung der Staa- 187
tengemeinschaft, in der internationalen Umweltpolitik vor allem auf politische Zielvorgaben zu setzen, um die SDGs zu konkretisieren, ist wesentliche Ausprägung der bereits
angesprochenen Entformalisierung des Umweltvölkerrechts.[722] Sie ist u a der verbreiteten Frustration über den mangelnden Willen vieler Staaten, sich verbindlichen und ggf
durchsetzbaren Pflichten zu unterwerfen, sowie der unterschiedlichen Leistungsfähigkeit der Staaten geschuldet. Als erfolgreich wird sich dieser Weg nur dann erweisen,
wenn die allgemeinen Zielvorgaben mittels einer im Rahmen der jeweils zuständigen
Vertragsorgane sowie auf nationaler und regionaler Ebene erfolgenden Konkretisierung operationalisiert und die mit den politischen Zielen einhergehenden Berichts-
pflichten ordnungsgemäß befolgt werden. Zu diesem Zweck soll auf dem Gebiet des
Schutzes und der nachhaltigen Nutzung der Biodiversität der im Jahre 2012 eingerichtete Weltbiodiversitätsrat *(Intergovernmental Science-Policy Platform on Biodiversity and
Ecosystem Services – IPBES)*, eine neuartige und dem IPCC ähnliche institutionelle Ausprägung der *environmental governance*, den Stand der Wissenschaft zusammenfassen
und die Politik beraten.

Auf der anderen Seite verfügt der Ansatz, auf die drängenden globalen Umweltpro- 188
bleme mittels soft law und politischer Zielvorgaben zu reagieren, über den Vorteil der
diese Maßnahmen charakterisierenden Flexibilität. Nicht zu Unrecht wird im Schrifttum darauf hingewiesen, dass es nicht möglich sei, die Entwicklung der Ökosysteme und
die Folgen schutzbezogener Interventionen mit Sicherheit vorherzusehen; dem werde
der starre Charakter des auf den traditionellen Rechtsquellen beruhenden umweltrechtlichen Instrumentariums nicht gerecht. Um künftig resiliente Ökosysteme zu gewährleisten, Ökosysteme also, die in der Lage sind, internem oder externem Änderungs-

---

Eine erste Kategorisierung der Ökosystemdienstleistungen wurde im Rahmen des von den UN im Jahre
2000 in Auftrag gegebenen *Millenium Ecosystem Assessment* vorgenommen; vgl Millennium Ecosystem
Assessment, Ecosystems and Human Well-being: Synthesis, 2005, 40 ff.
718 CBD/COP/15/L.25 v 18.12.2022, Annex, Kunming-Montreal Global Biodiversity Framework.
719 Ebd, Annex, § 26.
720 Ebd, Annex, § 16.
721 Ebd, Annex, § 30 f.
722 S o Rn 96, 112, 119 f.

druck (etwa durch veränderte Landnutzungsanforderungen) ohne Änderung des zugrundeliegenden Managementregimes zu widerstehen,[723] sei daher die Anpassungsfähigkeit des Umweltrechts insgesamt, insbes durch Stärkung der grundlegenden, flexible
politische Entscheidungen ermöglichenden Prinzipien, zu verbessern.[724] Die wissenschaftliche Diskussion um Etablierung und konzeptionelle Ausgestaltung eines künftigen *adaptive environmental law* hat so ihren Ausgangspunkt in der Schnittmenge von
Klimaschutz und Schutz sowie nachhaltiger Nutzung der Biodiversität, steckt aber noch
in den Anfängen.

e) Schutz vor Abfällen und Schadstoffen

189　Funktionale Ansätze ergänzen die skizzierten raum- bzw objektbezogenen Umwelt-
schutzregeln. Bemerkenswert sind insoweit insbes Entwicklungen im Bereich der Gefahrstoffe. Kernstück des *Rotterdamer Übereinkommens über das Verfahren der vorherigen Zustimmung nach Inkenntnissetzung für bestimmte gefährliche Chemikalien sowie
Pflanzenschutz- und Schädlingsbekämpfungsmittel im internationalen Handel* v 11.9.
1998[725] ist zB ein *prior consent*-Schema. Im Jahr 2001 wurde in Stockholm ferner das globale, auf dem Vorsorgeprinzip beruhende *Übereinkommen über persistente organische
Schadstoffe* angenommen. Es zielt auf ein weltweites Verbot bestimmter besonders ge-
sundheitsschädlicher Stoffe *(persistent organic pollutants).*[726] Angesichts des dringenden
Problems der Abfallentsorgung und -verwertung ist schließlich auf Vereinbarungen hinzuweisen, die den grenzüberschreitenden Verkehr mit Abfällen zum Gegenstand haben.
Der „Müllnotstand" in Industriestaaten hat zum Ansteigen der Abfallexporte in Entwicklungsländer („Mülltourismus") geführt.[727] Um den einschlägigen Gefahren zu begegnen,
formuliert das unter der Schirmherrschaft des UNEP ausgehandelte *Basler Übereinkommen über die Kontrolle der grenzüberschreitenden Verbringung gefährlicher Abfälle und
ihrer Entsorgung* v 22.5.1989[728] eine Reihe prozeduraler Voraussetzungen; ihre Erfüllung
steht freilich überwiegend im Ermessen der Parteien. Auch hier ist das *prior consent*-
Schema gewählt worden: Jeder Export wird von der Zustimmung des potentiellen Importstaats abhängig gemacht. Das Verbringen in Nichtstaatsgebiete unterfällt dem Übereinkommen dann, wenn an dem Vorgang mindestens zwei Staaten beteiligt sind. Ferner

---

723 Grundlegend *Holling,* Resilience and Stability of Ecological Systems, ARES 4 (1973) 1ff.
724 Vgl dazu die Beiträge in Garmestani/Allen (Hrsg), Social-Ecological Resilience and Law, 2014.
725 Dazu *Durner,* in Internationales Umweltrecht, 15. Abschn Rn 51 ff.
726 Ähnlich wie bei CITES listen die Anlagen dieses am 17.5.2004 in Kraft getretenen Übereinkommens
Stoffgruppen auf, deren Produktion und/oder Handel zu verbieten oder zu beschränken ist. Einmal frei-
gesetzt, bauen sich diese Stoffe nur äußerst schwer wieder ab.
727 Zum Problem bereits *Rublack,* Der grenzüberscheitende Transfer von Umweltrisiken im Völkerrecht, 1993, 28ff.
728 Dazu *Ott,* Umweltregime, 71ff, 122ff; *Ehrmann* (Fn 347) 357ff; *Durner,* in Internationales Umweltrecht, 15. Abschn Rn 25 ff.

werden mehrere absolute Exportverbote statuiert. Angesichts zahlreicher Ausnahmen ist die Bilanz des Übereinkommens gemischt.[729]

---

[729] *Durner,* in Internationales Umweltrecht, 15. Abschn Rn 33 ff. Am 12.12.1999 wurde ein Zusatzprotokoll vereinbart, das bei grenzüberschreitenden Transporten von gefährlichem Abfall eine finanzielle Entschädigung regelt, sofern Personen zu Schaden kommen oder Boden und Wasser verseucht werden.

Proelß

Sechster Abschnitt

Charlotte Kreuter-Kirchhof
Wirtschaft und Kultur

Gliederungsübersicht

Literatur

Bethlehem, Daniel/McRae, Donald/Neufeld, Rodney/v. Damme, Isabelle (Hrsg), International Trade Law,
    2009
Bishop, R. Doak/Crawford, James/Reisman, W. Michael, Foreign Investment Disputes, Cases Materials and
    Commentary, 2. Aufl 2014

https://doi.org/10.1515/9783110770964-006

Bungenberg, Marc/Griebel, Jörn/Hobe, Stephan/Reinisch, August (Hrsg), International Investment Law, 2015

Carreau, Dominique/Juillard, Patrick/Bismuth, Régis/Hamann, Andrea, Droit international économique, 6. Aufl 2017

Dolzer, Rudolf, Eigentum, Enteignung und Entschädigung im geltenden Völkerrecht, 1985

ders/Jayme, Erik/Mußgnug, Reinhard (Hrsg), Rechtsfragen des internationalen Kulturgüterschutzes, 1994

ders/Stevens, Margrete, Bilateral Investment Treaties, 1995

ders, Generalklauseln in Investitionsschutzverträgen, FS Eitel, 2003, 291 ff

ders, Meistbegünstigungsklauseln in Investitionsschutzverträgen, FS Ress, 2005, 47 ff

ders, Schirmklauseln in Investitionsschutzverträgen, FS Tomuschat, 2006, 281 ff

ders, Fair and Equitable Treatment: Judicially Manageable Criteria, FS Carreau/Juillard, 2009, 83 ff

ders/Kriebaum, Ursula/Schreuer, Christoph (Hrsg), Principles of International Investment Law, 3. Aufl 2022 [Principles]

Fechner, Frank/Oppermann, Thomas/Prott, Lyndel V. (Hrsg), Prinzipien des Kulturgüterschutzes, 1996

Francioni, Francesco/Vrdoljak, Ana Filipa (Hrsg), Oxford Handbook of International Cultural Heritage Law, 2020 [Oxford Handbook of International Cultural Heritage Law]

Herdegen, Matthias, Internationales Wirtschaftsrecht, 13. Aufl 2022 [*Herdegen,* Internationales Wirtschaftsrecht]

ders, Principles of International Economic Law, 2. Aufl 2016*Herrmann, Christoph/Weiß, Wolfgang/Ohler, Christoph,* Welthandelsrecht, 3. Aufl 2022 [*Herrmann/Weiß/Ohler,* Welthandelsrecht]

Higgins, Noelle, The Protection of Cultural Heritage During Armed Conflict, 2020

Hilf, Meinhard/Oeter, Stefan (Hrsg), WTO-Recht, 2. Aufl 2010 [Hilf/Oeter (Hrsg), WTO-Recht]

Krajewski, Markus, Wirtschaftsvölkerrecht, 5. Aufl 2021 [*Krajewski,* Wirtschaftsvölkerrecht]

Maldonado Pyschny, Nicole, Good Governance: Begriff, Inhalt und Stellung zwischen allgemeinem Völkerrecht und Souveränität, 2013

Matsushita, Mitsuo/Schoenbaum, Thomas J./Mavroidis, Petros C., The World Trade Organization, Law, Practice and Policy, 3. Aufl 2015

Narlikar, Amrita/Daunton, Martin/Stern, Robert (Hrsg), The Oxford Handbook on the World Trade Organization, 2012

Petersmann, Ernst-Ulrich, International Trade Law and the GATT/WTO Dispute Settlement System, 1997

Schlechtriem, Peter/Schwenzer, Ingeborg (Hrsg), Kommentar zum Einheitlichen UN-Kaufrecht – CISG, 6. Aufl 2013

Senti, Richard , Regionale Freihandelsabkommen, 2013

ders/Hilpold, Peter, WTO, 2. Aufl 2017

Shaffer, Gregory, Emerging Powers and the World Trading System, 2021

Stoll, Peter-Tobias/Schorkopf, Frank, WTO – World Economic Order, World Trade Law, 2006

Teehankee, Manuel, Trade and Environment Governance at the World Trade Organization Committee on Trade and Environment, 2020

Tietje, Christian/Nowrot, Karsten (Hrsg), Internationales Wirtschaftsrecht, 3. Aufl 2022 (Tietje/Nowrot, Internationales Wirtschaftsrecht)

Valta, Matthias, Das Internationale Steuerrecht zwischen Effizienz, Gerechtigkeit und Entwicklungshilfe, 2014

Vogel, Klaus/Lehner, Moris/Ismer, Roland (Hrsg), Doppelbesteuerungsabkommen der Bundesrepublik Deutschland auf dem Gebiet der Steuern vom Einkommen und Vermögen: Kommentar auf der Grundlage der Musterabkommen, 7. Aufl 2021 [Vogel/Lehner/Ismer (Hrsg), Doppelbesteuerungsabkommen]

Weller, Matthias/Kemle, Nicolai/Dreier, Thomas (Hrsg), Raubkunst und Restitution: Zwischen Kolonialzeit und Washington Principles, 2020

Wilcox, Clair, A Charter for World Trade, 1949

Kreuter-Kirchhof

Wolfrum, Rüdiger (Hrsg), Max Planck Encyclopedia of Public International Law, 10 Bde, 2012
[MPEPIL]
Wyss, Martin Philipp, Kultur als eine Dimension der Völkerrechtsordnung, 1992

Verträge
Vertrag über den Allgemeinen Postverein v 9.10.1874 idF v 10.9.1981 (BGBl 1981 II, 675) —— 102
Abkommen betreffend die Gesetze und Gebräuche des Landkriegs, IV. Haager Abkommen v 18.10.1907
(RGBl 1910, 124) [Haager Landkriegsordnung als Anhang] —— 145, 154
Treaty on the Protection of Artistic and Scientific Institutions and Historic Monuments v 15.4.1935 (167
LNTS 289) [Roerich-Pakt] —— 128, 155
Abkommen über die Internationale Zivilluftfahrt v 7.12.1944 (BGBl 1956 II, 412; letzte Änd in BGBl 1999 II,
307) —— 102
Übereinkommen über den Internationalen Währungsfonds v 1./22.7.1944 (BGBl 1952 II, 638), Neufassung
1976 (BGBl 1978 II, 13; letzte Änd in BGBl 2016 II, 295) [IWF-Übereinkommen] —— 41, 114
Abkommen über die Internationale Bank für Wiederaufbau und Entwicklung v 1./22.7.1944 (BGBl 1952 II,
664; letzte Änd in BGBl 1965 II, 1089) [IBRD-Abkommen] —— 117
Charta der Vereinten Nationen sowie Statut des Internationalen Gerichtshofs v 26.6.1945 (BGBl 1973 II,
430)
Allgemeines Zoll- und Handelsabkommen v 30.10.1947 (BGBl 1951 II, 173; Anlage I, 4) [GATT 1947] —— 6f,
14, 16, 20f, 23f, 27, 29f, 66ff, 120, 132
Konvention zum Schutze der Menschenrechte und Grundfreiheiten v 4.11.1950 (BGBl 1952 II, 685, 953)
[EMRK]; 1. Zusatzprotokoll v 20.3.1952 (BGBl 1956 II, 1879); 12. Zusatzprotokoll v 4.11.2000
(<http://conventions.coe.int/Treaty/GER/Treaties/Html/177.htm>) —— 45, 150f
Konvention zum Schutz von Kulturgut bei bewaffneten Konflikten v 14.5.1954 (BGBl 1967 II, 1235) —— 145,
152, 155f
Europäisches Kulturabkommen v 19.12.1954 (BGBl 1955 II, 1128) —— 164, 171
Abkommen über die Internationale Finanz-Corporation v 12.7.1956 (BGBl 1956 II, 749; letzte Änd in BGBl
2013 II, 1122) [IFC] —— 118
Vertrag zur Gründung der Europäischen Gemeinschaft v 25.3.1957 (BGBl 1957 II, 766), nach Inkrafttreten
des Vertrags von Lissabon v 13.12.2007 (BGBl 2008 II, 1039) nunmehr gültig als Vertrag über die Ar-
beitsweise der Europäischen Union (konsolidierte Fassung: ABl EU 2016, Nr C 202/47, ber ABl EU
2016, Nr C 400/1) [AEUV] —— 92, 99, 120, 124, 135, 137, 147
Abkommen über die Internationale Entwicklungsorganisation v 26.1.1960 (BGBl 1960 II, 2138)
[IDA] —— 118
Übereinkommen zur Beilegung von Investitionsstreitigkeiten zwischen Staaten und Angehörigen ande-
rer Staaten v 18.3.1965 (BGBl 1969 II, 371) [ICSID-Abkommen] —— 53
Internationales Übereinkommen zur Beseitigung jeder Form der Rassendiskriminierung v 7.3.1966
(BGBl 1969 II, 962) —— 150
Internationaler Pakt über bürgerliche und politische Rechte v 19.12.1966 (BGBl 1973 II, 1534)
[IPBPR] —— 130, 136, 150f
Internationaler Pakt über wirtschaftliche, soziale und kulturelle Rechte v 19.12.1966 (BGBl 1973 II, 1570)
[IPWSKR] —— 151
Wiener Übereinkommen über das Recht der Verträge v 23.5.1969 (BGBl 1985 II, 927)
Übereinkommen von Cartagena v 26.5.1969 (ILM 8 [1969] 910) [Andenpakt] —— 99
Europäisches Übereinkommen zum Schutz archäologischen Kulturguts v 6.5.1969 (BGBl 1974 II,
1286) —— 171
Treaty of Cooperation between the United States of America and the United Mexican States Providing
for the Recovery and Return of Stolen Archeological, Historical and Cultural Properties v 17.7.1970
(ILM 9 [1970] 1028) —— 164

Kreuter-Kirchhof

Kreuter-Kirchhof

Kreuter-Kirchhof

Judikatur
Ständiger Internationaler Gerichtshof

Internationaler Gerichtshof

Internationaler Strafgerichtshof

Kreuter-Kirchhof

Kreuter-Kirchhof

Europäischer Gerichtshof für Menschenrechte

Gerichtshof der Europäischen Union

Deutsche Gerichte

Kreuter-Kirchhof

Britische Gerichte

Kingdom of Spain v Christie, Manson & Woods Ltd (1986) 1 WLR 1120 (ChD) *[La Marquesa de Santa Cruz]* —— 141

Italienische Gerichte

Republica dell'Ecuador v Danusso, Tribunale di Torino, RivDirProc 1982, 625 *[Präkolumbianische Artefakte]* —— 141

Neuseeländische Gerichte

Attorney General of New Zealand v Ortiz and Others, 78 ILR 591 *[Holztür von einem Schatzhaus des Volks der Maori]* —— 141

US-amerikanische Gerichte

Kunstsammlungen zu Weimar v Elicofon, 678 F2 d 1150 (2 d Cir 1982) *[Dürer-Porträts]* —— 141

Autocephalous-Greek Orthodox Church v Goldberg, 717 F.Supp. 1374 (S. Ind 1989); bestätigt: 917 F2 d 278 (7th Cir 1990) *[Vier byzantinische Mosaike aus dem 16. Jh]* —— 141

I. Die Wirtschaft im Völkerrecht[*]

1. Das Völkerrecht der wirtschaftlichen Zusammenarbeit im Überblick

1 Globalisierte Märkte bedürfen einer verlässlichen internationalen Zusammenarbeit der Staaten. Im Rahmen internationaler wirtschaftlicher Kooperationen tragen multinationale Unternehmen zur Verflechtung der Wirtschaftsräume und Wirtschaftsbeziehungen maßgeblich bei. Beschleunigt wird diese Entwicklung durch moderne Informations- und Kommunikationstechnologien. Die Digitalisierung verändert den Welthandel. Der elektronische Handel (E-Commerce) nimmt zu. Digitale Technologien wie die künstliche Intelligenz, das Internet der Dinge, 3D-Drucker und die Blockchain senken Kosten und eröffnen Märkte, werfen aber auch Fragen der Datensicherheit, des Datenschutzes und des Schutzes von Urheberrechten auf; sie können zu Marktkonzentrationen führen.[1] Nachdem die Zusammenarbeit der Staaten zur Regelung der internationalen Wirtschaftsbeziehungen viele Jahre vertieft und ausgebaut wurde, wird die so entstandene multilaterale Ordnung gegenwärtig nicht mehr von allen politischen Kräften in gleicher Weise wie zuvor getragen. Der Angriffskrieg Russlands auf die Ukraine seit dem 24.2.2022 missachtet Grundnormen des geltenden Völkerrechts. Das Ringen um Frieden in Freiheit für die Ukraine, der Kampf gegen Hungersnot wegen fehlender Getreidelieferungen insbes in Afrika,[2] die Sorge um eine verlässliche Energieversorgung und die weit reichenden wirtschaftlichen Auswirkungen dieses Krieges fordern die internationale Solidarität der dem Völkerrecht verpflichteten Staatengemeinschaft. Gleichzeitig bedrohte die COVID-19-Pandemie seit ihrem Ausbruch Ende 2019 immer wieder in Wellen die Gesundheit der Menschen weltweit, belastete die Gesundheitssysteme der Staaten bis an ihre Grenzen und führte auch zu wirtschaftlichen Beeinträchtigungen und Unterbrechungen von Lieferketten.[3] Um weltweites Wirtschaften und die Weiterentwicklung des internationalen Wirtschaftsrechts, das die rechtliche Ordnung der Wirtschaftsbeziehungen der Staaten und der I.O., den internationalen Austausch von Waren und Dienstleistungen, die grenzüberschreitende Niederlassung von Unternehmen, die grenzüberschreitende Wanderung von Arbeitskräften sowie den internationalen Kapitalverkehr zum Gegenstand hat,[4] muss neu gerungen werden.

2 Nachdem der Welthandel viele Jahre wuchs, brach er im Zuge der Weltwirtschaftskrise im Jahr 2008 stark ein, stieg dann aber in der Folgezeit wieder deutlich an.[5] Auch die internationalen Kapitalströme expandierten. In Folge der COVID-19-Pandemie ging

---

[*] Der Beitrag knüpft an die Ausarbeitung von *Rudolf Dolzer* (†) in Vorauflagen an. Ihm gilt mein Dank.
1 Hierzu WTO (Hrsg), World Trade Report 2018, 5 ff.
2 FAO (Hrsg), Crop Prospects and Food Situation – Quarterly Global Report No 2, 2022.
3 Weltbank (Hrsg), World Development Report 2022: Finance for an Equitable Recovery.
4 Vgl *Herdegen*, Internationales Wirtschaftsrecht, § 1 Rn 12; *Krajewski*, Wirtschaftsvölkerrecht, Rn 2; zu diesem Begriff vgl Rn 10.
5 WTO (Hrsg), Word Trade Statistical Review 2017, 10.

Kreuter-Kirchhof

der weltweite Handel im Jahr 2020 erneut deutlich zurück.[6] Das Handelsvolumen über-
stieg dann aber im Jahr 2021 wieder dasjenige der vorangegangenen Jahre.[7] Noch stärker als der Handel entwickelten sich zunächst die Auslandsinvestitionen. Im Jahr 2007
belief sich das weltweite Investitionsvolumen auf etwa 1,979 Bio US-Dollar, fiel dann
aber infolge der Weltwirtschaftskrise um 14 % auf 1,697 Bio US-Dollar.[8] Im Jahr 2016
erreichte der Umfang der ausländischen Direktinvestitionen seinen bisherigen Höhepunkt, ging dann aber im Jahr 2017 um 23 % gegenüber dem Vorjahr auf 1,43 Bio US-Dollar zurück.[9] In Folge der COVID-19-Pandemie sanken die ausländischen Direktinvestitionen im Jahr 2020 erheblich um etwa 35 % von 1,5 Bio US-Dollar auf etwa 1 Bio US-Dollar;
sie erreichten damit ein Niveau, das deutlich unterhalb demjenigen in der Weltwirtschaftskrise im Jahr 2009 lag.[10] Dieser Rückgang infolge der Pandemie betraf vor allem
die entwickelten Staaten.[11] Gleichwohl geben die weiterhin geringen Investitionsströme
insbes in wenig entwickelte Länder Anlass zu der Sorge, welche Auswirkungen dies auf
eine nachhaltige Entwicklung in diesen Staaten hat.

Die völkerrechtliche Ordnung der zwischenstaatlichen Wirtschaftsbeziehungen be- 3
findet sich im Spannungsfeld zwischen der herkömmlichen nationalen Ordnung der
Wirtschaft („*Volks*wirtschaft") und der faktischen internationalen Verflechtung der
Wirtschaftsbeziehungen („*Welt*wirtschaft"). Der wirtschaftlichen Globalisierung, dh der
grenz- und regionenübergreifenden Integration und Interdependenz, steht völkerrechtlich die staatliche Souveränität gegenüber.[12] Das *Souveränitätsprinzip*, verstanden als
die rechtliche Unabhängigkeit der einzelnen Staaten nach innen wie nach außen, und
das *Territorialitätsprinzip*, demzufolge alle im Gebiet eines Staates befindlichen Personen und Sachen seiner Herrschaft unterworfen sind, berechtigen jeden Staat dazu,
seine Handels- und Wirtschaftsbeziehungen frei zu regeln.[13] Grundsätzlich besteht keine Verpflichtung, mit anderen Staaten Handel zu treiben.[14] Exportbeschränkungen sind
im Grundsatz zulässig.[15] Das allgemeine Völkerrecht kennt auch kein Rechtsprinzip der
„offenen Tür": die *open door policy* ist eine Maxime der Handelspolitik und des Handels-

---

6 WTO (Hrsg), Word Trade Statistical Review 2021, 10 ff.
7 UNCTAD (Hrsg), Global Trade Update, 2022.
8 UNCTAD (Hrsg), World Investment Report 2009, XIX.
9 UNCTAD (Hrsg), World Investment Report 2021, 2.
10 UNCTAD (Fn 9) 2 ff.
11 UNCTAD (Fn 9) X.
12 Dazu *Dolzer*, Wirtschaftliche Souveränität im Zeitalter der Globalisierung, FS Steinberger, 2002, 137 ff;
Jackson, Sovereignty-Modern: A New Approach to an Outdated Concept, AJIL 97 (2003) 782 ff.
13 Vgl *Proelß*, 5. Abschn Rn 2.
14 Vgl die Ausführungen des IGH im *Nicaragua*-Fall, ICJ Rep 1986, 14, 138: "A State is not bound to conti-
nue particular trade relations longer than it sees fit to do so, in the absence of a treaty commitment or other specific legal obligation [...]"; vgl auch *Mosler*, The International Society as a Legal Community, 1980,
151.
15 Vgl *Puttler*, Völkerrechtliche Grenzen von Export- und Reexportverboten, 1989.

Kreuter-Kirchhof

rechts.[16] Territoriale Souveränität und Gebietshoheit grenzen die Wirtschaftsräume gegeneinander ab. Zugleich ermöglichen sie das Überwinden der Grenzen, wie das Bsp der Europäischen Union (EU) zeigt. Klare, unbestrittene Grenzen sind eine Bedingung grenzüberschreitender Wirtschaftsbeziehungen. Unschärfen bei der territorialen Reichweite und insbes die Überdehnung des Anwendungsbereichs nationaler Gesetze führen gerade in einer Welt dichter internationaler Wirtschaftsbeziehungen zu potentiell scharfen Spannungen zwischen den betroffenen Staaten; der Streit um die Anwendbarkeit des 1996 verabschiedeten *Cuban Liberty and Democratic Solidarity Act* der USA auf europäische Firmen und ihre Repräsentanten illustriert das entstehende Konfliktpotential.[17] Die extraterritoriale Anwendung nationalen Rechts stellt gerade für das internationale Wirtschaftsrecht ein heikles Problemfeld dar.[18]

4   Prinzipiell dürfen die Staaten den zwischenstaatlichen Handels- und Wirtschaftsverkehr durch Schutz- und Ausfuhrzölle oder durch Warenkontingentierung erschweren. Nicht nur exportorientierte und rohstoffabhängige Staaten wie die BR Deutschland streben demgegenüber eine Liberalisierung des Handels an, um weltweite Kooperationen durch Vorzugszölle und Meistbegünstigungsregeln[19] mit dem Ziel der Wohlfahrtssteigerung zu intensivieren. Die Welthandelsorganisation (WTO)[20] mit ihrem ständigen Streitbeilegungsorgan (Dispute Settlement Body – DSB) bildet den institutionellen Rahmen für eine Reihe bedeutender multilateraler Handelsabkommen. Sie zielt auf eine Liberalisierung des weltweiten grenzüberschreitenden Handels durch den Abbau von Zöllen und sonstigen („nichttarifären") Handelshemmnissen. Dieser Entwicklung treten heute in einigen Staaten Tendenzen zur „Renationalisierung" des Außenhandelsrechts entgegen.[21] Protektionistische Maßnahmen führen zu Spannungen im Welthandelssystem. Die Bedeutung bilateraler und regionaler Handelsabkommen wächst.[22] Infolge

---

16 Aber vgl auch die Friendly Relations-Deklaration (1970). Erläuterungen in *Graf zu Dohna*, Die Grundprinzipien des Völkerrechts über die freundschaftlichen Beziehungen und die Zusammenarbeit zwischen den Staaten, 1973 (Text: 267 ff).

17 Vgl zum WTO-Verfahren *Harck-Oluff*, Der Helms-Burton Act vor der WTO, RIW 1999, 350 ff; ferner hierzu die Beiträge von *Lowenfeld* und *Clagett* in AJIL 90 (1996) 419 ff bzw 434 ff; vgl Rat der EU, Pressemitteilung v 2.5.2019 zur vollständigen Aktivierung des Helms-Burton-Gesetzes (LIBERTAD Act) durch die Vereinigten Staaten.

18 Vgl *Dolzer*, Extraterritoriale Anwendung von nationalem Recht aus der Sicht des Völkerrechts, in Globale Wirtschaft – nationales Recht, 41. Bitburger Gespräche, 2003, 71 ff. Zur Frage der extraterritorialen Wirkung von Enteignungen vgl u Rn 48.

19 Zur Meistbegünstigungsklausel vgl Rn 19 ff und 71 f.

20 Vgl u Rn 67 ff.

21 Vgl *Herrmann/Glöckle*, Der drohende transatlantische „Handelskrieg" um Stahlerzeugnisse und das handelspolitische „Waffenarsenal" der EU, EuZW 2018, 477. S auch *Bown*, Trump Ended WTO Dispute Settlement, WTR 21 (2022) 312.

22 Vgl *Hindelang*, Der schmale Grat zwischen Autonomie und Protektionismus, EuZW 2021, 321. Zum Austritt Großbritanniens aus der EU („Brexit") vgl *Adam*, Brexit – eine Bilanz, 2019; *Clarke/Goodwin/Whiteley*, Brexit Why Britain Voted to Leave the European Union, 2017.

Kreuter-Kirchhof

der COVID-19-Pandemie wurden weltweit Handelsströme und Lieferketten unterbrochen.[23]

Die Rechtsordnung der wirtschaftlichen Zusammenarbeit weist u a eine *entwicklungs-*, eine *menschenrechts-* und eine *umweltpolitische* Dimension auf. Das internationale Wirtschaftsrecht ist eng verbunden mit den Zielen des Entwicklungs- und Umweltvölkerrechts. Die Liberalisierung des internationalen Handels kann an Fortschritte beim Umweltschutz oder im Menschenrechtsbereich geknüpft werden. Auch bei der *Entwicklungshilfe* kommt es zu derartigen Verschränkungen.[24] Bspw können im Gegenzug für den Erlass von Schulden umweltbezogene Maßnahmen des Schuldnerstaats vereinbart werden *(debt for nature)*. Das moderne Umwelt- und Entwicklungsvölkerrecht fordert eine gemeinsame Verantwortlichkeit aller Staaten für den Schutz globaler Umweltgüter und anerkennt die Notwendigkeit einer nachhaltigen Entwicklung weltweit. So betont das bei der Konferenz über Umwelt und Entwicklung in Rio de Janeiro (1992) entwickelte Prinzip der *common but differentiated responsibilities* in einem ersten Schritt die gemeinsame Verantwortung aller Staaten für den Schutz der globalen Umwelt, beansprucht sodann auf einer zweiten Stufe eine unterschiedliche Verantwortlichkeit der Staaten entsprechend ihrer Schutzverantwortlichkeit und ihrer Schutzfähigkeit für den Erhalt der Umwelt.[25] Die Weltentwicklungsziele *(Sustainable Development Goals – SDGs)* verfolgen einen umfassenden Ansatz wirtschaftlicher, ökologischer und sozialer Entwicklung.[26] Sie formen ein Gesamtkonzept nachhaltiger Entwicklung für alle Staaten der Welt.

Ein Stützpfeiler der bestehenden Weltwirtschaftsordnung ist die WTO. Hinzu kommen spezielle Verträge und weitere I.O., insbes die UN und ihre Sonderorganisationen. Die WTO mit dem GATT-System dient dem Abbau von Handelshemmnissen insbes durch die Welthandelsprinzipien der Meistbegünstigung und Reziprozität.[27] Die internationale Zusammenarbeit auf dem Gebiet des Güteraustausches und der Währung dient der weltweiten Liberalisierung der Märkte. Insbes für die am wenigsten entwickelten Länder bestehen Sonderregime, die das Prinzip der Reziprozität modifizieren.

Für den Bereich der Auslandsinvestitionen trifft das allgemeine Völkerrecht nur wenige Regelungen.[28] Immer mehr Staaten schließen bilaterale Vereinbarungen. Vor dem Zweiten Weltkrieg waren diese eingebunden in sog Freundschafts-, Handels- und Schifffahrtsverträge, seither immer mehr in spezifisch auf Investitionsfragen zu-

---

23 *Hartwig*, The Coronavirus Challenges the International Order, ZaöRV 80 (2020) 281; mit weiteren Bsp *Pauwelyn*, Export Restrictions in Times of Pandemic: Options and Limits Under International Trade Agreements, JWT 54 (2020) 727.
24 *Vonessen*, Europäische Entwicklungshilfe und Umweltschutz, 1996, 31 ff.
25 Vgl *Proelß*, 5. Abschn Rn 106 ff, 177. Dazu *Kellersmann*, Die gemeinsame, aber differenzierte Verantwortlichkeit von Industriestaaten und Entwicklungsländern für den Schutz der globalen Umwelt, 2000; *Hey/Paulini*, Common but Differentiated Responsibilities in MPEPIL Rn 6 ff.
26 Vgl u Rn 113.
27 Vgl u Rn 19 ff, 26 ff.
28 Hierzu *Dolzer/Kriebaum/Schreuer*, Principles, 22 ff.

geschnittene *bilaterale Investitionsschutzverträge*. Der Erfolg dieses letzteren Vertrags-typus – die Zahl der Verträge, die in Kraft sind, lag 2021 weltweit bei etwa 2.600[29] – warf die Frage nach einem multilateralen Investitionsschutzabkommen auf, welches neben dem GATT als zweiter großer Pfeiler einer Ordnung eines globalen freiheitlichen Markts stehen könnte.[30] Der ehrgeizige Versuch der OECD, einen solchen einheitlichen interna-tionalen Investitionsschutzvertrag auszuhandeln, scheiterte 1998. Im Gegensatz zum weltweiten Handel bleibt es für den Bereich der Investitionen bis auf Weiteres bei einer Vielzahl bilateraler Investitionsschutzabkommen und zunehmend regionalen Wirt-schaftsabkommen, die (auch) den Investitionsschutz regeln.[31]

8   Von den Begriffen des Welthandels und der internationalen Investitionen unter-scheidet sich derjenige der *Weltwirtschaft*. Er umfasst den Austausch von Gütern, kom-merziellen Dienstleistungen und geistigem Eigentum sowie die Währungs- und Sozial-politik. Diese Bereiche sind wirtschaftlich und zunehmend auch rechtlich miteinander verflochten. Die Zahl der Staaten, die in den Kreislauf der Weltwirtschaft eingebunden sind, steigt. Dies hat Auswirkungen auf die internationalen Beziehungen. International sind das wirtschaftliche Geschehen, Fragen der Menschenrechte, des Umwelt- und Kul-turgüterschutzes sowie der Medien-, Informations-, Bevölkerungs- und Migrationspoli-tik der Staaten zunehmend miteinander verknüpft. Dies stellt den völkerrechtlichen Grundsatz der Freiheit zur wirtschaftlichen Abschottung der Staaten in Frage. Solidari-tät und Interdependenz der Menschen, Gruppen und Völker rücken in den Vorder-grund. Die staatliche Souveränität stößt faktisch an ihre Grenzen – etwa bei Fragen des globalen Umweltschutzes, der Migration und der weltweiten Kommunikation. Die über-kommenen Prinzipien der Abgrenzung, der nur formalen Kooperation der Staaten wer-den relativiert. Der *one world*-Gedanke, der sich schon 1944 in Bretton Woods bei der Be-ratung und Beschlussfassung über IWF, IBRD und einer zu gründenden Internationalen Handelsorganisation (ITO) äußerte, schlug sich in den 1960er und 1970er Jahren in Forderungen nach einer entwicklungsländerorientierten *neuen internationalen Wirt-schaftsordnung* nieder.[32] Letztere hat sich nicht durchgesetzt. Die Idee der „einen Welt" ist gleichwohl grundlegend für die Agenda des 21. Jh. Gleichzeitig treten dieser Entwick-lung weltweiter Kooperationen für eine nachhaltige ökonomische, ökologische und so-ziale Entwicklung gegenwärtig Strömungen entgegen, die einer Renationalisierung und stärkeren Abschottung zumindest einzelner Staaten das Wort reden.

---

29 UNCTAD (Hrsg), World Investment Report 2021, 122; UNCTAD (Hrsg), Investment Policy Monitor, Issue 24, February 2021, 7, 8 Figure 2. Zur rückläufigen Zahl der Investitionsschutzverträge vgl auch Überein-kommen zur Beendigung bilateraler Investitionsschutzverträge zwischen den Mitgliedstaaten der Euro-päischen Union v 5.5.2020 (ABl EU 2020, Nr L 169/1). Hierzu EuGH, Rs C-284/16.
30 Vgl u Rn 51 f. S auch UNCTAD (Hrsg), World Investment Report 2010, 83 ff, 100.
31 UNCTAD (Fn 9) 122 f. Zum Regional Comprehensive Economic Partnership (RCEP) vgl Rn 101. Zum In-vestitionsschutz im RCEP *Chaisse/Elsig/Jusoh/Lugg*, Drafting Investment Law: Patterns of Influence in the Regional Comprehensive Economic Partnership (RCEP), JIEL 25 (2022) 110 ff.
32 *Sacerdoti*, New International Economic Order (NIEO) in MPEPIL Rn 5 ff.

Die Internationalisierung des Rechts entspricht bisher nicht dem Grad der weltwirt- 9
schaftlichen Integration. Dies zeigten nicht zuletzt die Auswirkungen der schweren internationalen Finanzkrise 2007 und 2008. Bislang kam es nicht zu einer tiefgreifenden
Reform der Regeln der Weltwirtschaft, um solche Krisen zu verhindern. Verschiedene
Instrumente und Foren begründen Kooperationen, die eine rechtliche Antwort auf die
wirtschaftliche Globalisierung zu geben suchen. Als umfassendes universal-sektorales
Regelwerk findet sich bisher nur das Recht der WTO. Im Finanzsektor sind eine Fülle
unverbindlicher Kodizes vereinbart worden, während der Investitionsbereich durch bilaterale und regionale Abkommen geprägt ist. Teilweise finden sich unilaterale Ansätze – iS verstärkt extraterritorialer Anwendung nationalen Rechts – zur Steuerung globalen Wirtschaftens. Im Übrigen ergibt sich ein vielschichtiges, wenig geordnetes Bild, in
dem verstärkt informelle Kooperationen, Verhaltenskodizes (anders als in den 1970er
Jahren oft von der Wirtschaft selbst gewünscht und verabschiedet), neue I.O., die Vereinheitlichung und Harmonisierung nationalen Rechts, eine verstärkte Privatisierung
iSd Selbstregulierung der Wirtschaft sowie eine Regionalisierung nebeneinander wirksam sind. Manches spricht dafür, dass die Logik der wirtschaftlichen Globalisierung mittelfristig verstärkte global verbindliche Regeln erfordert, welche die Vorteile wirtschaftlicher Globalisierung nutzen, sie gleichzeitig kanalisieren und einbetten in international
akzeptierte Ziele nachhaltiger Entwicklung. Die zunehmende (wirtschaftliche) Bedeutung der Schwellenländer verändert das weltwirtschaftliche Gefüge. So wurde auf
Drängen Chinas im Jahre 2015 die Asiatische Infrastrukturinvestmentbank *(Asian Infrastructure Investment Bank)* als Entwicklungsbank gegründet, welche neben den bisherigen Institutionen (Weltbank, IWF, Asiatische Entwicklungsbank) steht, aber durch neue
Entscheidungsmechanismen iSd Schwellenländer geprägt ist.[33]

a) Internationales Wirtschaftsrecht

Rechtsregeln für die wirtschaftliche Zusammenarbeit finden sich vor allem im interna- 10
tionalen Wirtschaftsrecht. Das nationale Wirtschaftsrecht unterscheidet zwischen dem
„öffentlichen Wirtschaftsrecht" (Verfassungs- und Verwaltungsrecht, zB Erlaubnisse
und Zulassungen, Lenkungsauflagen, Missbrauchsaufsicht, Regulierungsrecht) und dem
„privaten Wirtschaftsrecht" (zB Handelsrecht, Gesellschaftsrecht). Im „internationalen
Wirtschaftsrecht" stellt sich die Frage, ob es sich nur um *Völkerrecht* (dh internationales
öffentliches Recht der Regelung der internationalen Wirtschaft) oder *auch um staatliches Recht* (einzelstaatliches Recht zur Regelung der internationalen Wirtschaft) handelt.[34] Von Ersterem geht die anglo-amerikanische Lehre aus, die allein die durch völkerrechtliche Verfahren erzeugten Normen – einschließlich des Sekundärrechts I.O. –
diesem Rechtsgebiet zuordnet *(international economic law).* Letzteres ist überwiegend

---

33 Vgl AIIB (Hrsg), AIIB Annual Report 2020.
34 Vgl *Tietje,* in ders/Nowrot (Hrsg), Internationales Wirtschaftsrecht, § 1 Rn 20 ff mwN.

die kontinentaleuropäische Auffassung. Nach ihr regelt das internationale Wirtschaftsrecht das Verhalten der am grenzüberschreitenden Wirtschaftsverkehr beteiligten
Rechtssubjekte.[35]

11   In wichtigen Sektoren, etwa bei Investitionen von Bergbauunternehmen in nicht industrialisierten Ländern, kann jene auf das Völkerrecht beschränkte Betrachtungsweise
Schlüsselprobleme nicht erfassen. Hier wie vielerorts im wirtschaftlichen Bereich wird
das Verhalten der Beteiligten, etwa das multinationaler Unternehmen,[36] nicht primär
durch das Völkerrecht bestimmt. Entscheidend sind vielfach einzelstaatliche Regeln und
Praktiken, vor allem das staatliche Außenwirtschaftsrecht im weitesten Sinne sowie das
Konzessions- und das Gesellschaftsrecht; hierher gehört zudem das Steuerrecht, das
freilich auch Gegenstand einer Fülle bilateraler Vereinbarungen ist.[37] Beide Normen-
gruppen sind schon aus praktischer Sicht eng miteinander verzahnt; sie bilden einen
materiell und funktionell nicht ohne Weiteres teilbaren Zusammenhang der normativen Bewältigung eines *einheitlichen Lebensvorgangs*.[38] Insofern gehören zum internationalen Wirtschaftsrecht auch die einzelstaatlichen Regelungen, die sich auf das grenzüberschreitende Wirtschaftsleben beziehen. Quelle dieses Rechtsgebiets ist daher auch
das staatliche Recht. Diesen Regeln[39] und auch dem Recht der EU[40] wird nachfolgend
gleichwohl nicht nachgegangen. Im Vordergrund steht vielmehr die Perspektive des Völkerrechts, mithin derjenige Anteil des internationalen Wirtschaftsrechts, der von Normen des Völkerrechts geprägt wird. Behandelt wird damit *nur ein Ausschnitt*, ja nur der
kleinere Teil des Rechts der internationalen Handels- und Wirtschaftsbeziehungen.

b) Weltwirtschaftsordnung

12 Die internationale Wirtschaft wird heute durch das System eines in weiten Teilen *freien*
Wirtschaftsverkehrs bestimmt. Diese in wesentlichen Bereichen offene Ordnung bildete
sich mehr nach Gesichtspunkten der Praktikabilität als der inneren Geschlossenheit
heraus. Das System ist nach wie vor durch eine größere Zahl interventionistischer Eingriffe, historischer Zufälligkeiten und unterlassener Reformen gekennzeichnet. Der
UN-Charta, die unter maßgeblichem Einfluss der westlichen Industriestaaten entstan-

---

35 So auch der Ansatz von *Herdegen,* Internationales Wirtschaftsrecht, § 1 Rn 10 ff. – Insoweit wird auch
die *lex mercatoria* umfasst, ein Bestand an oft nicht näher definierten Regeln, die sich die Wirtschaft
selbst gegeben hat. Dazu *Fortier,* New Trends in Governing Law: The New, New Lex Mercatoria, or, Back
to the Future, ICSID R-FILJ 16 (2001) 10 ff; s auch *Charnovitz,* What is International Economic Law?, JIEL 14
(2011) 3 ff; *ders,* The Field of International Economic Law, JIEL 17 (2014) 607 ff.
36 Vgl u Rn 56 ff.
37 Vgl u Rn 104 ff.
38 Vgl *Herdegen,* International Economic Law in MPEPIL Rn 11 ff.
39 Grundlegend etwa *Schmidt,* Öffentliches Wirtschaftsrecht, Allgemeiner Teil, 2013.
40 Zum Europarecht s *Herdegen,* Europarecht, 23. Aufl 2022; *Oppermann/Classen/Nettesheim,* Europarecht, 9. Aufl 2021.

Kreuter-Kirchhof

den ist, liegt das Konzept eines freien Wirtschaftsverkehrs zugrunde. Allerdings kam es zunächst nicht zur Errichtung einer International Trade Organization (ITO), die nach dem Zweiten Weltkrieg den institutionellen Rahmen für die Liberalisierung des Welthandels bilden sollte. Die USA ratifizierten die *Havanna Charta* v 1948 nicht.[41] Erst die Gründung der WTO im Jahre 1994 holte dieses Versäumnis zT nach.[42] Dennoch gelang es, den *Internationalen Währungsfonds* und die *Weltbankgruppe* zu gründen,[43] und damit einen anderen wesentlichen Teil des materiell- und verfahrensrechtlichen Ordnungsrahmens der internationalen Wirtschaft institutionell abzustützen. Während der Internationale Währungsfonds die Währungen stabilisieren soll, dient die Weltbankgruppe der Förderung der wirtschaftlichen Entwicklung. Daneben entwickelten sich regionale (wirtschaftliche) Zusammenschlüsse. Hierzu gehört insbes die EU als Staatenverbund. Die Mitgliedstaaten übertrugen der EU immer mehr Aufgaben und Befugnisse, die zunehmend über den wirtschaftsrechtlichen Bereich hinausreichen. Die EU erreichte so ein hohes Maß an Integration in Europa. Sie gründet auf den Grundsätzen der Achtung der Menschenwürde, auf Freiheit, Demokratie, Gleichheit, Rechtsstaatlichkeit und der Wahrung der Menschenrechte.[44] Daneben stimmen sich hoch entwickelte Wirtschaftsnationen und einige Schwellenländer im Rahmen der OECD ab.[45]

Die nach dem Zweiten Weltkrieg rekonstruierte internationale Wirtschaftsordnung **13** baut auf verschiedenen *Grundlagen* auf. Außer der generellen Übereinstimmung von ökonomischer und völkerrechtlicher Ordnung und der prinzipiell privatrechtlichen – also nicht staatsmonopolistischen – Steuerung zwischenstaatlicher Handelsströme gehören zu dieser Basis vor allem

– ein geregeltes internationales Währungssystem einschließlich der Konvertibilität der Währungen,
– die freiwillige internationale Kooperation auf offenen Märkten,
– die Selbstregulierung durch Angebot und Nachfrage (dh weitgehende Lenkung des Handelsaustausches durch den Preismechanismus),
– die Meistbegünstigung und die Nichtdiskriminierung im Zusammenhang mit der Ein- oder Ausfuhr von Gütern (Freihandelszonen und Zollunionen werden bedingt gebilligt) sowie
– eine zunehmende Verrechtlichung, wobei allerdings die Mechanismen der Streitbeilegung sektorspezifisch für die Sachbereiche der Auslandsinvestitionen, des internationalen Handels und für die I.O. wie Weltbank oder IWF ganz unterschiedlich

41 Die Charta scheiterte u a an ihrem eigenen Perfektionismus. Zu ihr vgl u Rn 66; vgl *Wilcox*, A Charter for World Trade, 1949.
42 Vgl u Rn 69.
43 Vgl u Rn 114ff.
44 S Art 2 EUV. Vgl u Rn 99f.
45 *Trüe*, Organization for Economic Co-operation and Development, International Energy Agency (IEA) in MPEPIL VII, 1028ff.

ausgestaltet sind.[46] Im privatrechtlichen Bereich sind die Schiedsverfahren der Internationalen Handelskammer (ICC) oder Verfahren nach den Regeln der Kommission für Internationales Handelsrecht der Vereinten Nationen (UNCITRAL) von besonderer Bedeutung.[47]

14 Dieses System wurde wesentlich von den Ordnungsformeln, Wertvorstellungen und Bedürfnissen der industriellen Demokratien des Westens geprägt, was auch die frühere Opposition Moskaus gegen das Bretton Woods-System erklärt. Von Anfang an war klar, dass die internationalen Handelsregeln des GATT Freihandel anstrebten, sich dieses Ziel jedoch nicht *uno actu* erreichen ließ. Vielmehr entwickelte sich die Welthandelsordnung mit der Zeit in aufeinander folgenden mehrjährigen Verhandlungsrunden. Diese Handelsrunden kulminierten in der Uruguay-Runde (1986–93), die mit dem GATT 1994 und der Gründung der WTO der internationalen Handelsordnung einen aktualisierten, verdichteten, organisatorisch abgestützten Rahmen gab. Ein neuer Akzent zugunsten der Entwicklungsländer[48] sollte mit der Doha-Runde ab dem Jahr 2001 gesetzt werden. Nachdem diese Verhandlungen zunächst als gescheitert galten, wurden sie im Jahr 2013 in Bali wieder aufgenommen. Die konkreten Ergebnisse der langjährigen Verhandlungen bleiben bis heute hinter den ursprünglichen Erwartungen zurück.[49] Gleichzeitig treten neben die multilaterale Welthandelsordnung zunehmend bilaterale und regionale Handelsabkommen.[50] Hinter dem Freihandelskonzept stand die Überzeugung, ökonomische Freiheit am Markt fördere die Entwicklungsmöglichkeiten aller Handelsteilnehmer.[51]

---

46 Hierzu *Dolzer*, Formen der Streitbeilegung im multilateralen Wirtschaftsrecht, FS Doehring, 1989, 143 (157ff); s auch *Dolzer/Kriebaum/Schreuer*, Principles, 261ff.

47 *Herdegen*, Internationales Wirtschaftsrecht, § 9 Rn 9.

48 Der Begriff des Entwicklungslandes ist nicht einheitlich definiert, sondern str. Mit den Zielen für eine nachhaltige Entwicklung *(Sustainable Development Goals)* folgt die Staatengemeinschaft einem umfassenden Verständnis nachhaltiger Entwicklung, das alle Staaten der Welt einschließt (vgl u Rn 32). Der Entwicklungsausschuss der OECD *(Development Assistance Committee – DAC)* unterteilt die Länder weiterhin nach ihrem Pro-Kopf-Einkommen in die vier Kategorien der am wenigsten entwickelten Länder, der anderen Länder mit geringem Einkommen, der Länder und Gebiete mit niedrigerem mittlerem Einkommen und der Länder und Gebiete mit höherem mittlerem Einkommen. Leistungen von Geberländern an diese Länder auf der DAC-Liste werden als offizielle Entwicklungshilfe (ODA) bezeichnet und auf die entsprechenden Quoten angerechnet. Diese Einteilung verdeutlicht, dass es sich bei den in der Entwicklung befindlichen Ländern um eine inhomogene Gruppe von Staaten mit unterschiedlichen Voraussetzungen handelt. Entwicklungsländer idS sind Partnerländer der internationalen Entwicklungszusammenarbeit. Dieses Verständnis wird im Folgenden dem Begriff des Entwicklungslandes zu Grunde gelegt. Zur Gruppe der am wenigsten entwickelten Staaten (LDC) vgl Committee for Development Policy and United Nations Department of Economic and Social Affairs (Hrsg), Handbook on the Least Developed Country Category: Inclusion, Graduation and Special Support Measures, 4. Aufl 2021.

49 S u Rn 67f.

50 S u Rn 100f.

51 Ein ähnlich „liberalistischer" Ansatz liegt dem Prinzip der Freiheit der Meere zugrunde, vgl *Proelß*, 5. Abschn Rn 65ff.

Kreuter-Kirchhof

Eine liberalisierte Welthandelsordnung ermögliche durch komparative Kostenvorteile Wohlfahrtsgewinne für alle. Diese Grundauffassung geht zurück auf die Arbeiten von *Adam Smith* und *David Ricardo*.[52] Die Staaten mit hohem Industrie- und Konkurrenzpotenzial sahen in dem weltweiten *free trade for all* Entwicklungschancen gerade auch für weniger entwickelte Staaten *(aid by trade)*. Gleichwohl handelte es sich bei der Liberalisierung des Welthandels nicht primär um ein entwicklungspolitisches Instrument. Dies gilt auch für die heutige WTO.[53] Die Entwicklung eines liberalisierten Welthandels wird nicht von allen Staaten der Welt – auch nicht von allen industrialisierten Staaten – in gleicher Weise vorangetrieben.

2. Standards des internationalen Wirtschaftsrechts

Innerhalb des internationalen Wirtschaftsrechts haben sich in unterschiedlicher Weise 15 Prinzipien herausgebildet, die nicht nur in einzelnen Teilbereichen von Bedeutung sind, sondern für mehrere oder alle Sektoren gelten und teils sogar prägend sind; ihre konkrete Bedeutung ist stets im Einzelfall der jeweiligen Norm zu entnehmen. Diese Leitbilder werden hier als *Standards* bezeichnet.[54] Als eine Art allgemeiner Teil stehen sie im Folgenden vor der Erörterung des Rechts der Investitionen und des Handels.

a) Grundsatz der Nichtdiskriminierung

Diskriminierung ist allgemein zu definieren als die ungleiche Behandlung vergleich- 16 barer Sachverhalte und ein hieraus folgender Nachteil für den Betroffenen.[55] Im Einzelnen bestehen bei der Anwendung und Auslegung dieses Standards auch heute erhebliche Unsicherheiten.[56] Das allgemeine Völkerrecht kennt gerade kein grundsätzliches Gebot, wonach die Staaten einander gleich zu behandeln haben. Speziell im internationalen Wirtschaftsrecht zählt aber das Diskriminierungsverbot zu den wesentlichen Elementen multilateraler und bilateraler Verträge.[57] Aus völkerrechtlicher Sicht weist es eine zwischen- und eine innerstaatliche Wirkungsebene auf. Das *zwischenstaatliche* Diskriminierungsverbot verlangt im materiellen Sinne eine „Gleichheit im Recht". So verpflichtet sich ein Staat bspw dazu, einen anderen Staat nicht gegenüber Drittstaaten zu

---

52 *Smith*, An Inquiry into the Nature and Causes of the Wealth of Nations, 1776; *Ricardo*, On the Principles of Political Economy and Taxation, 1817.

53 Vgl u Rn 67f.

54 Dazu *Schwarzenberger*, The Standards of International Economic Law, RdC 117 (1966-I) 66ff; s auch *Herdegen*, Principles of International Economic Law, 2016, 65ff.

55 *Kewenig*, Der Grundsatz der Nichtdiskriminierung im Völkerrecht der internationalen Handelsbeziehungen, Bd 1, 1972, 196.

56 *Dolzer*, Generalklauseln in Investitionsschutzverträgen, FS Eitel, 2003, 291ff. Dazu auch *Diebold*, Standards of Non-Discrimination in International Economic Law, ICLQ 60 (2011) 831 (832ff); *Tietje*, in ders/ Nowrot (Hrsg), Internationales Wirtschaftsrecht, § 1 Rn 90ff.

57 Zum Ganzen *Cullet*, Differential Treatment in International Law, EJIL 10 (1999) 549ff.

benachteiligen, ihm zu gleichen Bedingungen Zugang zum Markt zu gewähren. Dieses zwischenstaatliche Diskriminierungsverbot ist nicht zu verwechseln mit dem Prinzip der souveränen Gleichheit der Staaten, das sich nur auf eine Gleichheit „vor dem Völkerrecht" bezieht. Neben dieser äußeren Komponente kann der Grundsatz der Nichtdiskriminierung auch ein nach *innen* wirkendes Diskriminierungsverbot begründen, sowohl auf dem Feld der Wirtschaftsbeziehungen als auch auf anderen Gebieten. Bsp für ein nach innen gerichtetes Gleichbehandlungsgebot sind neben dem völkerrechtlichen Verbot der Rassendiskriminierung, die fremdenrechtlichen Mindeststandards und die Inländergleichbehandlungsregel des GATT.[58]

17   Im internationalen Wirtschaftsrecht begründet das Diskriminierungsverbot eine *freiheitsverbürgende Rechtsgarantie*, die den ökonomischen Wettbewerb ermöglicht. Unterschieden wird zwischen der *de jure* Diskriminierung, die offen an die Herkunft einer Person oder Ware anknüpft, und der *de facto* Diskriminierung, bei der eine formal unterschiedslose Regelung gleichwohl eine diskriminierende Wirkung entfaltet.[59] Bereits die Präambel des GATT fordert eine Beseitigung der Diskriminierung in den internationalen Handelsbeziehungen. Zwischen den GATT-Mitgliedern ist grundsätzlich jede Diskriminierung untersagt. Konkretisiert wird dieses Diskriminierungsverbot durch die nach außen wirkende allgemeine *Meistbegünstigungsverpflichtung* (vgl Art I Abs 1 GATT) und durch den nach innen wirkenden *Inländergleichbehandlungsgrundsatz* (zB Art III Abs 4 GATT). Der Grundsatz der *Nichtdiskriminierung* stellt somit das *zentrale Strukturprinzip des GATT*[60] und anderer WTO-Verträge dar.[61] Fragen der Diskriminierung standen auch im Mittelpunkt des langjährigen Streits um die „Bananenmarktordnung" der EG/EU.[62] Nicht nur in der WTO/GATT-Rechtsordnung, sondern auch in zahlreichen anderen Gebieten des Völkerrechts und des supranationalen Rechts, wie etwa im Rahmen des EU-Rechts, des internationalen Menschenrechtsschutzes und des über

---

58 Vgl *Tietje*, Normative Grundstrukturen der Behandlung nichttarifärer Handelshemmnisse in der WTO/GATT-Rechtsordnung, 1998, 190 f; *ders*, in ders/Nowrot (Hrsg), Internationales Wirtschaftsrecht, § 1 Rn 95.

59 *Dolzer/Kriebaum/Schreuer*, Principles, 257 mwN.

60 *Benedek*, Die Rechtsordnung des GATT aus völkerrechtlicher Sicht, 2011, 53. Vgl zu den Nichtdiskriminierungsgrundsätzen des GATT *Stoll/Schorkopf*, WTO, 2002, Rn 118 ff. S auch *DiMascio/Pauwelyn*, Nondiscrimination in Trade and Investment Treaties, AJIL 102 (2008) 48 ff; *Berrisch*, in Prieß/Berrisch (Hrsg), WTO Handbuch, 2003, Kap B.I.1 Rn 14.

61 S auch *Göttsche*, in Hilf/Oeter (Hrsg), WTO-Recht, § 5 Rn 40.

62 Vgl hierzu verschiedene Entscheidungen der WTO-Streitschlichtungsgremien, wonach die revidierte Bananenmarktordnung der EG wiederholt für unvereinbar mit WTO-Recht erklärt worden ist. Dazu *Cascante/Sander*, Der Streit um die EG-Bananenmarktordnung, 1999. Vgl die Einigung EG/USA, WT/DS27/58 v 2.7.2001. Die besondere Schwierigkeit besteht aus Sicht der EU darin, traditionelle Präferenzbeziehungen zu den AKP-Staaten in diesem Bereich und gleichzeitig die Interessen lateinamerikanischer Exporteure und der USA zu berücksichtigen. Vgl zuletzt Appellate Body, WT/DS27/AB/RW2/ECU und WT/DS27/AB/RW/US. Den Abschluss des Streits bildete schließlich das Genfer Übereinkommen über den Bananenhandel v 15.12.2009, WT/L/784.

Kreuter-Kirchhof

das GATT hinausgehenden internationalen Wirtschaftsrechts, nimmt das Diskriminierungsverbot eine bedeutende Stellung ein.

Der Grundsatz der Nichtdiskriminierung findet seinen Ausdruck auch in Regelungen **18** des *Investitionsschutzes*.[63] So enthält Art 2 Abs 3 des Mustervertrags (MV)[64] zu den Investitionsförderungsverträgen der BR Deutschland v 2008 das weitreichende Verbot der Diskriminierung der Kapitalanlage. In engem Bezug zu diesem Grundsatz stehen die nachfolgenden Artikel. In Art 3 Abs 1 MV ist die Inländergleichbehandlung verankert; Kapitalanlagen von Investoren des Vertragsstaats dürfen demnach nicht weniger günstig behandelt werden als Kapitalanlagen der eigenen Investoren. Art 3 Abs 1 MV normiert des Weiteren die Meistbegünstigungsklausel. Hiernach wird der Vertragsstaat verpflichtet, dieselben Vergünstigungen den Kapitalanlagen von Investoren des anderen Vertragsstaats zu gewähren, wie sie für Kapitalanlagen von Investoren dritter Staaten gelten. Art 3 Abs 2 MV erstreckt das Diskriminierungsverbot auf alle Betätigungen der Investoren, die im Zusammenhang mit Kapitalanlagen stehen. Ausgeschlossen bleiben davon allerdings die Vergünstigungen, die speziell für Mitglieder besonderer Wirtschaftsräume – wie zB der EU – gelten (Art 3 Abs 3 MV)[65] und ebenso Vergünstigungen aufgrund eines Doppelbesteuerungsabkommens oder sonstiger Vereinbarungen über Steuerfragen (Art 3 Abs 4 MV). Im Vergleich bilateraler Verträge finden sich Unterschiede bzgl der Geltung der Diskriminierungsgrundsätze in den verschiedenen Investitionsphasen. Die Vertragspraxis der Europäer und der USA unterscheidet sich bspw dahingehend, dass die US-Verträge die Grundsätze der Meistbegünstigung und der Inländergleichbehandlung bereits bei der Zulassung der Investition festlegen und damit ein Recht auf Zulassung etablieren, während europäische Verträge die Zulassung der Investition nur bei Vereinbarkeit mit dem innerstaatlichen Recht vorsehen.[66] In der Vertragspraxis bestehen auch hinsichtlich der zugelassenen Ausnahmen bei der Nichtdiskriminierung noch große Unterschiede.[67]

---

[63] Vgl *Dolzer*, Generalklauseln in Investitionsschutzverträgen, FS Eitel, 2003, 296 ff; *Dolzer/Kriebaum/ Schreuer*, Principles, 239 ff.

[64] Vgl Deutscher Mustervertrag über die Förderung und den gegenseitigen Schutz von Kapitalanlagen v 2009.

[65] Vgl u Rn 99 f.

[66] Auch das bis Ende 1998 im Rahmen der OECD erfolglos verhandelte MAI (Multilateral Agreement on Investment) sah die Grundsätze der Inländergleichbehandlung und der Meistbegünstigung bereits im Hinblick auf die Zulassung von Investoren vor. Zugleich räumte es ausländischen Investoren ein einklagbares Recht auf Nichtdiskriminierung bei der Investitionszulassung ein. Bisher sehen die meisten bilateralen Investitionsschutzverträge nur ein Klagerecht im Hinblick auf die Nachinvestitionsphase vor. Vgl u Rn 51.

[67] *Canner*, The Multilateral Agreement on Investment, Cornell Int'l LJ 31 (1998) 657 (661).

Kreuter-Kirchhof

b) Meistbegünstigungsgrundsatz

19 Eine wichtige Ausprägung des Diskriminierungsverbots stellt das Prinzip der Meistbegünstigung dar. Darunter wird allgemein verstanden, dass ein Staat einem anderen Staat bei der Anwendung seiner Rechtsetzungs- oder Verwaltungsmaßnahmen diejenigen Vorteile gewährt, die er auch einem dritten Staat unter gleichen Bedingungen zukommen lässt. Maßstab ist also die günstigste Behandlung, die irgendeinem Staat gewährt wird.[68] Der englische Begriff der *most-favoured-nation clause* bringt dies treffend zum Ausdruck. Die Meistbegünstigung begründet Abwehransprüche gegenüber einer Behandlung, die schlechter ist als gegenüber dem Staat, dem die weitestreichende Vergünstigung eingeräumt wurde. Die Verpflichtung zur Meistbegünstigung legt insofern *lediglich Standards* fest für die zu gewährende Gleichbehandlung. Hierüber kann allenfalls mittelbar ein Anspruch auf Gleichbehandlung hergeleitet werden. Der sich auf das Meistbegünstigungsprinzip berufende Staat kann also nicht unmittelbar die einem Dritten zugestandenen (weiterreichenden) Vorteile einfordern; eine neue originäre Verpflichtung des gewährenden Staats entsteht nicht.[69] Meistbegünstigungsklauseln werden insbes in internationalen Handelsverträgen vereinbart, finden aber auch auf anderen Gebieten Anwendung, zB im Diplomaten- und Konsularrecht oder im Fremdenrecht. Regelmäßig wird die Meistbegünstigung heute gegenseitig und unbedingt gewährt.[70] Ausnahmen von der Verpflichtung zur Meistbegünstigung werden jedoch üblicherweise für die Bildung von Zollunionen und Freihandelszonen sowie zur Erleichterung des Grenzverkehrs gemacht. Zudem bestehen Präferenzsysteme auf der Basis einer engeren nationalen, kulturellen oder wirtschaftlichen Verbindung.[71]

20 Die wichtigste Verpflichtung zur Meistbegünstigung im internationalen Wirtschaftsrecht findet sich heute in *Art I Abs 1 GATT*.[72] Das Abkommen zur Errichtung der Welthandelsorganisation hat diesen Mechanismus 1994 auch in die neue Handelsordnung für Dienstleistungen (Art II Abs 1; XVI Abs 1 GATS) und das Übereinkommen über die handelsbezogenen Aspekte der Rechte des geistigen Eigentums (Art 4 Satz 1 TRIPS) übernommen. Der Grundsatz der Meistbegünstigung ist damit zum *Bestandteil des harten Kerns der Weltwirtschaftsordnung*[73] geworden. Er kann nur mit den Stimmen aller Mitgliedstaaten verändert werden (Art X Abs 2 WTO-Übereinkommen). Der Anwendungsbereich der Meistbegünstigungsklausel des GATT erstreckt sich auf sämtliche öffentlich-rechtliche Vorschriften für die Ein- und Ausfuhr von Waren und umfasst insbes fiskalische Belastungen (Steuern, Zölle, sonstige Abgaben). Inhaltlich bewirkt die Ver-

---

68 Vgl *Hilf/Geiß*, Most-Favoured-Nation Clause, in MPEPIL Rn 1ff.

69 *Tietje* (Fn 58 [Grundstrukturen]) 194f; *Dolzer/Kriebaum/Schreuer*, Principles, 265.

70 Zu den Erscheinungsformen der Meistbegünstigung näher *Kramer*, Die Meistbegünstigung, RIW 1989, 473 (474f); *Dolzer/Kriebaum/Schreuer*, Principles, 267f.

71 *Bathifort/Heath*, New Debate on the Interpretation of MFN Clauses in Investment Treaties, AJIL 111 (2017) 873 (880).

72 S für den Wortlaut der Vorschrift Fn 265.

73 Vgl *Langer*, Grundlagen einer internationalen Wirtschaftsverfassung, 1995, 108.

pflichtung zur Meistbegünstigung, dass Handelsvergünstigungen, die einem Staat für bestimmte Produkte gewährt werden, auch allen anderen (nicht notwendigerweise Vertrags-)Staaten für gleichartige Produkte zugutekommen müssen; ausländische Waren sind also untereinander gleich zu behandeln. Insgesamt zeichnet sich der Meistbegünstigungsgrundsatz des Art I Abs 1 GATT durch seinen *umfassenden Anwendungsbereich* aus, der in der Praxis aber erhebliche Interpretationsprobleme aufwirft, da immer wieder Unklarheiten über die Tatbestandsmerkmale der Vorschrift bestehen.[74]

Auch im GATT/WTO-Vertragswerk wird die Pflicht zur unbedingten Meistbegüns- 21 tigung durch zahlreiche *Ausnahmebestimmungen* unterbrochen. Die Abs 2 und 3 in Art I GATT sehen Ausnahmen im Zusammenhang mit historischen Präferenzabkommen vor, die zwischenzeitlich ihre handelspolitische Bedeutung freilich eingebüßt haben. Von größerer Bedeutung ist die Durchbrechung des Grundsatzes der Meistbegünstigung in Art XXIV Abs 4–10 GATT, wonach Ausnahmen zugunsten von Zollunionen und Freihandelszonen bzw zum Aufbau derartiger Unionen möglich sind. Die Begünstigungen werden nur den Mitgliedern dieser Unionen bzw Zonen, nicht aber dritten Staaten gewährt. Eine Ausnahmebestimmung ist auch in der Verzichtsklausel in Art XXV Abs 5 GATT *(waiver clause)* enthalten, wonach unter „außergewöhnlichen Umständen" die Einräumung allgemeiner Zollpräferenzen gegenüber bestimmten Ländern möglich ist. Hierauf stützt sich auch die im Jahre 1979 am Ende der Tokio-Runde vereinbarte *enabling clause* (Befähigungsklausel), welche die Vorzugsbehandlung von Waren aus Entwicklungsländern gegenüber Waren anderen Ursprungs zulässt.[75] Dahinter steht der Gedanke, dass wirtschaftlich benachteiligten Staaten, formal betrachtet, Wettbewerbsvorteile eingeräumt werden sollten, um ihnen überhaupt erst eine Basis zur Wahrnehmung von Marktchancen zu geben. Dieses entwicklungspolitische Konzept wurzelt in der Idee einer Gleichheitsförderung durch Ungleichbehandlung *(inégalité compensatrice).*[76]

Auch in bilateralen Investitionsschutzverträgen wird das Prinzip der Meistbegüns- 22 tigung für den Investor vereinbart.[77] Die Vertragsparteien verpflichten sich, Investitionen von Angehörigen oder Gesellschaften des anderen Staats und die Investoren selbst nicht weniger günstig zu behandeln als solche dritter Staaten. Der Meistbegünstigungsgrundsatz wird in einigen Verträgen *ausgeschlossen* für Vergünstigungen, die aufgrund einer Mitgliedschaft in oder einer Assoziierung mit einer Zoll-, Wirtschafts- oder Finan-

---

74 S *Goco*, Non-Discrimination, „Likeness", and Market Definition in World Trade Organization Jurisprudence, JWT 40 (2006) 315ff.

75 Abdruck in BISD 26 (1980), Suppl, 203ff sowie bei *Hummer/Weiß*, Vom GATT 47 zur WTO 94, 1997, 259ff; krit zum Erfolg der enabling clauses *Choi/Lee*, Facilitating Preferential Trade Agreements between Developed and Developing Countries: A Case for "Enabling" the Enabling Clause, Minnesota JIL 21 (2012) 1ff.

76 Zum Komplex vgl *Häberli*, Das GATT und die Entwicklungsländer, in Cottier (Hrsg), GATT – Uruguay Round, 1995, 135ff.

77 Hierzu *Dolzer*, Meistbegünstigungsklauseln in Investitionsschutzverträgen, FS Ress, 2005, 47ff; *Dolzer/Kriebaum/Schreuer*, Principles, 263ff.

zunion, einem Gemeinsamen Markt oder einer Freihandelszone gewährt werden. Eine wichtige Ausnahme vom Prinzip der Meistbegünstigung besteht nach vielen Vereinbarungen auch für bestimmte sensitive wirtschaftliche Sektoren des Gaststaats.[78]

c) Grundsatz der Inländergleichbehandlung

23 Neben dem Prinzip der Meistbegünstigung begründet die Verpflichtung zur Inländergleichbehandlung den zweiten Pfeiler des Diskriminierungsverbots.[79] Nach diesem Prinzip muss ausländischen Staatsangehörigen die gleiche Behandlung zuteilwerden wie den eigenen. Dieser Grundsatz war im „klassischen Völkerrecht" noch nicht anerkannt. Es bestand kein Verbot der Diskriminierung zwischen Ausländern und eigenen Staatsangehörigen. In Konkurrenz zum fremdenrechtlichen Mindeststandard war vor allem in Lateinamerika lange Zeit das Konzept der Inländergleichbehandlung verfochten worden, wonach Ausländer, die sich in einem Gastland niedergelassen haben, bestenfalls eine Gleichstellung mit dem Inländer, keinesfalls aber eine Besserstellung unter Berufung auf völkerrechtliche Mindeststandards verlangen können *(Calvo-Doktrin)*.[80] Als allgemeine Norm des Völkerrechts hat sich der Grundsatz der Inländergleichbehandlung im *Fremdenrecht* aber nicht durchsetzen können. Demgegenüber kommt dem Grundsatz der Inländergleichbehandlung in Art III GATT neben der Meistbegünstigungsverpflichtung aus Art I Abs 1 GATT entscheidende Bedeutung zu. Sie bilden die Grundlage des Nichtdiskriminierungsprinzips in der WTO/GATT-Rechtsordnung. Nach dem Grundsatz der Inländergleichbehandlung werden ausländische Produkte nicht nur untereinander, sondern auch gegenüber inländischen Produkten gleichgestellt.[81] Genauso wie Art I Abs 1 GATT schützt der Grundsatz der Inländergleichbehandlung des Art III GATT sowohl vor *de jure* als auch vor *de facto* Diskriminierungen.

---

78 *Dolzer/Kriebaum/Schreuer*, Principles, 268. Nicht abschließend geklärt ist, inwieweit sich die Verpflichtung zur Meistbegünstigung auch auf Fragen der Streitbeilegung erstreckt (vgl etwa die Schiedssprüche *Maffezini v Spain*, ICSID Case No ARB 97/7, ICSID R-FILJ 16 (2001) 212; *Tecmed v Mexico*, ICSID Case No ARB [AF]/00/2, ILM 43 (2004) 133; *Plama v Bulgaria*, ICSID Case No ARB 03/24, ILM 44 (2005) 721; *Siemens v Argentina*, ICSID Case No ARB 02/8; *Suez/Vivendi v Argentina*, ICSID Case No ARB 03/19; auch im Übrigen bestehen Unsicherheiten bei der Auslegung des Grundsatzes. Ausgehend v Schiedsspruch *İçkale v Turkmenistan*, ICSID Case No ARB 10/24, ist eine neue Diskussion zur Interpretation von Meistbegünstigungsklauseln in bilateralen Investitionsschutzverträgen entstanden. Vgl *Batifort/Heath*, The New Debate on the Interpretation of MFN Clauses in Investment Treaties: Putting the Brakes of Multilateralization, AJIL 111 (2017) 873ff; *Schill*, MFN Clauses as Bilateral Commitments to Multilateralism: A Reply to Simon Batifort and J. Benton Heath, AJIL 111 (2017) 914ff; *Waibel*, Putting the MFN Genie Back in the Bottle, AJIL Unbound 112 (2018) 60ff.
79 Zur Inländergleichbehandlung vgl auch *Vinuesa*, National Treatment, Principle, in MPEPIL; *Waibel*, Putting the MFN Genie Back in the Bottle, 253ff.
80 Vgl *Herdegen*, Internationales Wirtschaftsrecht, § 7 Rn 24; s auch *Juillard*, Calvo Doctrine/Calvo Clause, in MPEPIL, Rn 3f; vgl u Rn 45.
81 Der Inländergleichbehandlungsgrundsatz ist auch in Art XVII Abs 1 GATS und Art 3 TRIPS festgelegt.

Art III GATT verbietet die unterschiedliche Behandlung von eingeführten und inlän- 24
dischen Waren im Hinblick auf eine Reihe von in den einzelnen Absätzen der Vorschrift
näher bezeichneten Maßnahmen. Während Art III Abs 1 als Generalklausel wirkt, begründet Art III Abs 2 und 3 GATT das Gebot der Nichtdiskriminierung importierter Waren für eine Belastung mit Steuern und Abgaben. Der Grundsatz der Inländergleichbehandlung gewährleistet somit die Nichtdiskriminierung ausländischer Waren durch
staatliche Maßnahmen ab dem Zeitpunkt, zu dem die Waren die Grenze überschritten
haben und Teil des inländischen Warenkreislaufs geworden sind.[82] Die zentrale einschlägige Bestimmung im GATT-Vertrag stellt freilich Art III Abs 4 dar. Danach dürfen
staatliche Regeln und Maßnahmen für „den Verkauf, das Angebot, den Einkauf, die Beförderung, Verteilung oder Verwendung im Inland" ausländischen Produkten keine
schlechtere Behandlung zuteilwerden lassen als gleichartigen inländischen Produkten.
Produkte sind (ebenso wie bei Art I Abs 1 GATT) vergleichbar, wenn es sich bei den inländischen und ausländischen Waren um „gleichartige Waren" *(like products)* handelt.[83]
Im Jahr 2011 hatte der Appellate Body zu entscheiden, ob eine Steuer der Philippinen auf
Importspirituosen eine Diskriminierung nach Art III Abs 2 GATT darstellt. Entscheidend
war, ob die aus unterschiedlichen Rohstoffen hergestellten inländischen sowie im Ausland hergestellten Spirituosen als *like products* zu qualifizieren sind. Der Appellate Body
sah in den verschiedenen Spirituosen vergleichbare Waren, da sie trotz unterschiedlicher Rohstoffbasis im Wettbewerb standen und auf dem relevanten Markt austauschbar
waren.[84]

Im Bereich der *bilateralen* Investitionsschutzverträge ist die Inländergleichbehand- 25
lung in vielen Verträgen festgeschrieben. Danach dürfen die Vertragsparteien den Kapitalanlagen ausländischer Investoren keine weniger günstige Behandlung zukommen
lassen, als sie den Anlagen ihrer eigenen Staatsangehörigen zubilligen. Gleiches gilt für
die Behandlung von Staatsangehörigen und Unternehmen im Zusammenhang mit Investitionen im Gaststaat, insbes hinsichtlich der Verwaltung, des Gebrauchs und der
Nutzung der Kapitalanlage. Das Gebot der Inländergleichbehandlung wird indes zumeist vom Vorliegen gleicher Umstände *(identical* oder *similar situations)* für den in-
und ausländischen Investor abhängig gemacht.[85] Problematisch ist, dass oftmals weder
der Vertrag an sich noch seine Anhänge die für erforderlich gehaltenen „gleichen Umstände" definieren; diesbezüglich ist keine einheitliche Praxis erkennbar. Die im Rah-

---

82 *Tietje* (Fn 58 [Grundstrukturen]) 221 ff. Weitere Einzelheiten zum Inländergleichbehandlungsprinzip
im GATT bei *Herrmann/Weiß/Ohler,* Welthandelsrecht, Rn 397 ff.
83 Zur Gleichartigkeit von Waren s insbes den Asbestfall (EC-Measures Affecting Asbestos and Asbestos-
Containing Products, Panel-Bericht v 18.9.2000, WT/DS 135/R) sowie u Rn 88; s auch *Diebold,* Non-Discrimination in International Trade in Services: „Likeness" in WTO/GATS, 2010.
84 Philippines-Taxes on Distilled Spirits, Appellate Body-Bericht v 21.12.2011, WT/DS396/AB/R, WT/DS403/
AB/R, Rn 125, 148 f; s dazu *Neven/Trachtmann,* Philippines – Taxes on Distilled Spirits: Like Products and
Market Definition, WTR 12 (2013) 297 ff.
85 *Dolzer/Kriebaum/Schreuer,* Principles, 252 ff.

men des WTO-Rechts entwickelten Kriterien lassen sich nicht immer problemlos auf das Recht der Auslandsinvestitionen übertragen.[86] Im Hinblick auf unterschiedliche nationale Standards für Investitionen besteht zudem die rechtspolitische Schwierigkeit, dass das Schutzgefälle zwischen einzelnen Staaten stark ist und die Gefahr von „Trittbrettfahrern" besteht, die für ihre eigenen Staatsangehörigen den hohen Schutz im Ausland beanspruchen, ohne aber ihrerseits den Bürgern des Schutzlandes entsprechende Gewährleistungen zu bieten.[87] Dieses Problem ist freilich dem Prinzip der Inländergleichbehandlung generell inhärent.

d) Reziprozität, Fairness

26 Der Grundsatz der *Gegenseitigkeit* (Reziprozität) stellt eine eigene Säule des Völkerrechts dar.[88] Reziprozität bezeichnet das Verhältnis von zwei oder mehr Staaten, die sich gegenseitig eine gleiche oder zumindest ähnliche Behandlung zukommen lassen. Er ordnet sich neben dem Prinzip der *bona fides* ein und steht inhaltlich in der Nähe des Verbots des Rechtsmissbrauchs. Als *allgemeiner Grundsatz des Völkerrechts* ist der Grundsatz der Gegenseitigkeit strikt von soziologischen Kategorien, insbes von faktischen Erwartungen der Gegenseitigkeit, zu unterscheiden. Seine rechtliche Bedeutung ist angesichts begrenzter Durchsetzungsmechanismen im Völkerrecht[89] vor allem darin zu sehen, dass ein Staat, der einen Anspruch auf einer spezifischen Völkerrechtsnorm zu begründen sucht, diese Norm auch als bindend gegenüber sich selbst zu akzeptieren hat. Besonders im Recht des bewaffneten Konflikts, im Diplomaten- und Konsularrecht sowie im Fremdenrecht ist die Reziprozität geeignet, die Befolgung des Rechts zu sichern und zur Effektivität des Völkerrechts beizutragen. Der Gegenseitigkeitsgedanke liegt auch der Fakultativklausel des Art 36 Abs 2 IGH-Statut zugrunde. Schon beim Zustandekommen völkervertrags- und völkergewohnheitsrechtlicher Normen wirkt sich der Grundsatz der Reziprozität aus.[90] Er verleiht schließlich auch dem völkerrechtlichen Sanktionsrecht sein Gepräge.[91] Dort findet er seinen Ausdruck in Sanktionsmechanismen wie der Retorsion, der Repressalie und der Beendigung oder Suspendierung eines Vertrags bei Vertragsverletzung (vgl Art 60 WVK).

27   *Im Bereich des internationalen Handelsrechts* fordert der Grundsatz der Gegenseitigkeit, dass die gewährten Handelsvorteile der Staaten untereinander im Gleichgewicht bleiben und den Zugeständnissen für einen Staat jeweils gleichwertige Handelsvorteile

---

86 Ebd, 254 ff.
87 Zur Auslegung des Standards durch die Schiedsgerichte: Ebd, 254 ff.
88 Dazu sowie zum Folgenden *Simma*, Reciprocity, in MPEPIL; s auch *Paulus*, Reciprocity Revisited, in Fastenrath et al (Hrsg), From Bilateralism to Community Interest, 2011, 113 ff; *Stoll,* The World Trade Organization as a Club: Rethinking Reciprocity and Common Interest, in ebd 172 ff.
89 *Simma*, Reciprocity, in MPEPIL, Rn 1.
90 Dazu ausf *Simma*, Das Reziprozitätselement in der Entstehung des Völkergewohnheitsrechts, 1970.
91 Vgl <u>*Schröder*</u>, 7. Abschn Rn 108 ff.

Kreuter-Kirchhof

der anderen Staaten gegenüberstehen.[92] Im WTO-Übereinkommen ist dieser Grundsatz nicht ausdrücklich und allgemeingültig festgeschrieben. Er ist aber in der Präambel verankert und liegt insoweit als ein tragendes Prinzip der Welthandelsordnung zugrunde. Auch Art XIX Abs 3 GATT beruht auf dem Gedanken der Gegenseitigkeit. Zur Anwendung kommt der Reziprozitätsgrundsatz indes weniger im geltenden Recht, sondern vor allem in Verhandlungen zur Absenkung von Zöllen (Art XXVIII *bis* GATT) sowie bei Neubeitritten (Art XII WTO-Abkommen). In den Rechtsbeziehungen zwischen den Vertragsparteien kommt ihm im Rahmen von einseitigen Gegenmaßnahmen nach Art XXIII GATT Bedeutung zu; dort war er bereits Gegenstand von Kontroversen.[93] Ausgenommen vom Grundsatz der Reziprozität sind im Rahmen des GATT die Entwicklungsländer, von denen nach Art XXXVI Abs 8 GATT keine Zugeständnisse erwartet werden, die mit ihren besonderen Bedürfnissen nicht vereinbar sind.

In eine *multilaterale Ordnung der Meistbegünstigung* fügt sich allerdings der Grundsatz der Reziprozität nicht nahtlos ein; er erscheint vielmehr als ein *Fremdkörper*.[94] Nach der liberalen Wirtschaftstheorie dient jede Liberalisierungsmaßnahme gesamtwirtschaftlich betrachtet auch dem jeweiligen Land, das die Maßnahme ergreift. Zu bedenken ist zudem, dass sich das Ziel der Reziprozität in der Praxis der internationalen Wirtschaftsbeziehungen ohnehin nicht gänzlich verwirklichen lässt, streben die Handelspartner doch oft nach einseitigen Vorteilen. Insofern muss der Gegenseitigkeitsgrundsatz in diesem Bereich eher als „politische Vorgabe" für Verhandlungen verstanden werden.[95] Dabei fungiert er als Korrektiv, das letztlich auf dem Gedanken der *Fairness* in den internationalen Wirtschaftsbeziehungen beruht. *Im internationalen Investitionsschutzrecht* liegt die Hauptbedeutung des Grundsatzes der Reziprozität darin, einen Gegenpol zum Grundsatz der Inländergleichbehandlung[96] aufzustellen. Die in den meisten bilateralen Investitionsschutzverträgen vorgesehenen Klauseln zur Inländer-

28

---

92 Vgl ausf *Brösskamp,* Meistbegünstigung und Gegenseitigkeit im GATT, 1990; *Langer* (Fn 73) 85 ff. Vgl auch die Argumentation des EuGH im Fall *Portugal v Rat* bei der Frage der unmittelbaren Anwendbarkeit von WTO Recht im innerstaatlichen Recht, u Fn 263.
93 Vgl zB Withdrawal of Tariff Concessions under Article XXVIII:3 GATT 1947, L/4636, BISD 25 (1979), Suppl, 42 ff.
94 Vgl *Dolzer,* Reziprozität als Standard der EG-Drittlandsbeziehungen, in Hilf/Tomuschat (Hrsg), EG und Drittlandsbeziehungen nach 1992, 1991, 111 (116); *Wolfrum,* Das internationale Recht für den Austausch von Waren und Dienstleistungen, in Schmidt (Hrsg), Öffentliches Wirtschaftsrecht, Besonderer Teil 2, 1996, § 15 Rn 43.
95 So in Bezug auf Art XXVIII*bis* GATT *Wolfrum,* Das internationale Recht für den Austausch von Waren und Dienstleistungen, in Schmidt (Fn 94) § 15 Rn 43, der darauf hinweist, dass bei den Verhandlungen letztlich jede Partei selbst bestimmt, ob ein für sie ausgewogenes Ergebnis erreicht ist. Vgl auch *Beise/Oppermann/Sander,* Grauzonen im Welthandel, 1998, 39, nach denen dem Gegenseitigkeitsgrundsatz heute vor allem handelspolitische Bedeutung bei Absprachen zukommen soll, da er in einer Welt flexibler Wechselkurse ökonomisch nur noch von geringem Wert sei.
96 Vgl o Rn 23 ff.

gleichbehandlung[97] würden bei strikter und isolierter Anwendung oftmals zu unangemessenen Ergebnissen in den Fällen führen, in denen der materielle Standard in den beiden betroffenen Staaten unterschiedlich hoch ist. Während nun einige dieser Verträge versuchen, solche Ungereimtheiten durch das Aufstellen materieller Standards zu beseitigen, wird etwa in den klassischen internationalen Urheberrechtsverträgen der Inländergleichbehandlungsgrundsatz durch Gegenseitigkeitsvorschriften durchbrochen.[98]

29   Wie auch die nationalen Rechtsordnungen greift auch das Völkerrecht immer wieder auf abstrakte Rechtsprinzipien und Generalklauseln zurück, um Lücken im Rechtssystem zu füllen und allgemeine Auslegungsgrundsätze zu entwickeln. Kennt das allgemeine Völkerrecht etwa das Prinzip des guten Glaubens und – laut einer Entscheidung des IGH – auch der Billigkeit *(equity)*,[99] so findet sich speziell bei wirtschaftsrechtlichen Bezügen häufig das *Prinzip der Fairness:* Investitionsschutzverträge etwa enthalten regelmäßig eine Fairnessklausel *(fair and equitable treatment),* deren Anwendung im Einzelfall freilich schwierig sein kann.[100] Das GATT spricht von der notwendigen Berücksichtigung eines fairen Anteils am Welthandel, der in der Praxis anhand der Entwicklung der zurückliegenden Jahre ermittelt wird (Präambel Abs 2 WTO-Abkommen, Art XVIII GATT). Im TRIPS schließlich heißt es, dass die Durchsetzung der Rechte am geistigen Eigentum „gerecht und objektiv" (Art 41 Abs 2 S 1) zu geschehen hat. Die Frage nach dem rechtlichen Gehalt der Fairnessklausel wird im Einzelfall situationsbezogen beantwortet werden müssen.[101] Vieles spricht im Übrigen dafür, Fairness auch allgemein im

97 Dazu *Dolzer/Kriebaum/Schreuer,* Principles, 252ff; *Dolzer/Stevens,* Bilateral Investment Treaties, 1995, 63ff.

98 Vgl etwa Art 2 Abs 7, Art 7 Abs 8 der revidierten Berner Übereinkunft zum Schutze von Werken der Literatur und Kunst (BGBl 1973 II, 1071ff, letzte Änd in BGBl 1985 II, 81). Dieser Ansatz ist bei den Verhandlungen zu einem Multilateralen Investitionsschutzabkommen (MAI) zumindest teilweise übernommen worden. So sollte die Inländergleichbehandlung etwa in Bezug auf den Bereich des Urheberrechts ieS durch das Gegenseitigkeitserfordernis eingeschränkt werden, indem die Ausnahmen der älteren urheberrechtlichen Abkommen unberührt bleiben sollten, vgl OECD (Hrsg), Negotiating Group on the Multilateral Agreement on Investment (MAI), 1998, 50. Dazu *Haedicke,* Urheberrecht als Investitionsschutz?, GRUR Int 1998, 631 (634).

99 IGH, *North Sea Continental Shelf,* ICJ Rep 1969, 3, 50; vgl zum Prinzip der *equity Francioni,* Equity in International Law, in MPEPIL.

100 Hierzu *Dolzer/Kriebaum/Schreuer,* Principles, 188 ff; *Dolzer,* Fair and Equitable Treatment, FS Carreau/Juillard, 2009, 83ff; *ders,* Fair and Equitable Treatment: A Key Standard in Investment Treaties, The International Lawyer 39 (2005) 87ff; *Kläger,* Fair and Equitable Treatment in International Investment Law, 2011; *Schreuer,* Fair and Equitable Treatment in Arbitral Practice, JWIT 2005, 357ff; *Orakhelashvili,* The Normative Basis of "Fair and Equitable Treatment", AVR 46 (2008) 74ff; *Tudor,* The Fair and Equitable Treatment Standard in the International Law of Foreign Investment, 2009; *von Hammerstein/ Roegele,* Der Fair and Equitable Treatment-Standard im Investitionsschutzrecht, SchiedsVZ 2015, 275 (277ff).

101 Hierzu ausf *Franck,* Fairness in International Law and Institutions, 1995, s auch *Dolzer/Kriebaum/ Schreuer,* Principles, 205ff.

Wirtschaftsrecht als *besondere Ausprägung der Prinzipien des guten Glaubens und der Billigkeit* anzuerkennen.[102] Der Grundsatz der gerechten und billigen Behandlung stand immer wieder im Mittelpunkt schiedsrichterlich entschiedener Investitionsfälle und schränkte dabei auch die Vorschriften über die indirekte Enteignung in ihrer Bedeutung ein.[103] Oft wird der Grundsatz konkretisiert mittels des Topos der „legitimate expectations". Erhebliche Divergenzen ergeben sich in der Rechtsprechung zur Frage der Auslegung des Mindeststandards. Ein Vergleich etwa der Entscheidung im Fall *Glamis Gold v USA* (2009) mit dem Urteil im Fall *Merrill & Ring v Canada* (2010)[104] macht dies deutlich: Während ersterer Schiedsspruch den heute geltenden Mindeststandard auf das Niveau der Neer-Entscheidung aus dem Jahr 1927 drücken will, geht letzterer davon aus, dass sich der Mindeststandard heute nicht wesentlich vom Grundsatz der fairen und gerechten Behandlung unterscheidet. Methodisch zu Recht verweist das Urteil im Falle Merrill & Ring auf die Bedeutung der allgemeinen Rechtsprinzipien und der schiedsrichterlichen Praxis spezifisch im Bereich der Auslandsinvestitionen.[105] Freilich mehren sich Stimmen, die das Prinzip der Fairness eng ausgestalten und auslegen wollen.[106]

e) Recht auf Entwicklung, Nachhaltigkeit

So unbestritten die innere Souveränität eines jeden Staates ist, so unklar sind auch **30** heute noch die rechtlichen Konturen eines *Rechts auf Entwicklung*. Die bestehenden wirtschaftlichen Ungleichgewichte haben die Entwicklungsländer schon bald nach der Phase der Dekolonisierung veranlasst, ein Recht auf wirtschaftliche Entwicklung zu postulieren. Ihre politische Strategie bestand darin, solche Forderungen in den von Entwicklungsländern dominierten Gremien vorzutragen. Die UNCTAD formulierte immer wieder neue, oft auch radikale Konzepte. In der UN-Generalversammlung erreichte das Streben nach einer Veränderung der Weltwirtschaftsordnung in der rechtlich unverbindlichen *Charta der wirtschaftlichen Rechte und Pflichten der Staaten*[107] im Jahr 1974 ihren Höhepunkt. Sie wurde ohne Zustimmung der Industrieländer verabschiedet. Zuvor schon hatte die Generalversammlung in den Jahren 1961 und 1971 sog Entwicklungsdekaden ausgerufen. Erste rechtlich greifbare Erfolge waren zum einen im Bereich des Handelsrechts die Freistellung der Entwicklungsländer vom Grundsatz der Reziprozität im Rahmen des GATT (Art XXXVI Abs 8), die Gewährung von Zollpräferenzen gemäß Art XXV Abs 5 GATT, im Jahre 1979 dann auch eine allgemeinere Freistellung vom

---

102 *Sempra Argentine Republic*, ICSID Case No ARB 02/16.

103 *Dolzer/Kriebaum/Schreuer*, Principles, 171 ff.

104 ICSID Case No UNCT/07/1.

105 Merrill & Ring v Canada, Award v 31.3.2010, Ziff 210; hierzu *Dolzer/Kriebaum/Schreuer*, Principles, 203 f.

106 *Dolzer/Kriebaum/Schreuer*, Principles, 230.

107 Charter of the Economic Rights and Duties of States v 12.12.1974, UN Doc A/RES/3281 (XXIX), ILM 14 (1975) 251.

Kreuter-Kirchhof

Gleichheitssatz *(differential and more favourable treatment)*. Die EG gewährte einer großen Zahl ehemaliger Kolonien Frankreichs und Großbritanniens – früher im Rahmen der Lomé-Abkommen, seit 2000 im Cotonou-Abkommen – Sonderrechte insbes im Handel mit Agrarerzeugnissen und bei der Unterstützung von Bergbaubetrieben, wobei jeweils die Zustimmung des GATT erforderlich war.[108] Im Jahr 2021 einigten sich die EU und 79 Staaten aus Afrika, aus dem karibischen Raum und der Region des pazifischen Ozeans auf ein neues Partnerschaftsabkommen als Folgeabkommen zum Cotonou-Abkommen.[109] Im Bereich der WTO wurden im November 2001 zahlreiche entwicklungspolitische Anliegen auf die Agenda der *Doha-Verhandlungsrunde* gesetzt.[110] Diese Verhandlungsrunde konnte allerdings bisher nicht abgeschlossen werden; sie hat noch nicht zu den zunächst erhofften Erfolgen geführt.[111]

31   Einen neuen Akzent erhielt das Recht auf Entwicklung 1977, als es von der UN-Menschenrechts-Kommission als *„Menschenrecht"* bezeichnet wurde. 1981 sprach die UN-Generalversammlung sogar von einem „unveräußerlichen Menschenrecht", welches dann 1986 in einer weiteren Resolution *(Declaration on the Right to Development)* konkretisiert wurde.[112] Resolutionen der UN-Menschenrechtskommission sahen im Recht auf Entwicklung einen „integralen Bestandteil der fundamentalen Menschenrechte".[113] Auch der UN-Menschenrechtsrat befasste sich wiederholt mit dem Recht auf Entwicklung.[114] Die Rechtsfragen nach Träger, Adressat und Inhalt eines etwaigen Menschenrechts auf Entwicklung blieben allerdings von Anfang an offen. Im Januar 2020 legte der UN-Menschenrechtsrat einen Entwurf für ein völkerrechtliches Abkommen über das Recht auf Entwicklung vor.[115]

---

108 Vgl u Rn 124.

109 Die Parteien befinden sich noch in der Paraphierung des künftigen Cotonou-Folgeabkommens. Die KOM hat am 2.6.2022 dem Rat vorgeschlagen, „den derzeitigen Beschluss über Übergangsmaßnahmen für das CPA zu ändern, um die Geltungsdauer des Cotonou-Partnerschaftsabkommens bis zum 31. Dezember 2022 zu verlängern, es sei denn, das neue Abkommen tritt vor diesem Zeitpunkt in Kraft oder wird vor diesem Zeitpunkt vorläufig angewandt" (COM(2022) 259 final).

110 Vgl Ministererklärung v 14.11.2001, WT/MIN(01)/DEC/1.

111 S u Rn 68.

112 Declaration on the Right to Development v 4.12.1986. Ausdrücklich bestätigt wurde dies 1993 in der Wiener Menschenrechtserklärung v 25.6.1993 (ILM 32 [1993] 1663). S auch UN Doc A/RES/63/178 v 18.12.2008; UN Doc A/RES/64/172 v 24.3.2010 und UN Doc A/RES/65/219 v 21.12.2010. Zu der Erklärung *Kunig/Uerpmann*, Die Wiener Menschenrechtserklärung von 1993, VRÜ 27 (1994) 32 ff.

113 Vgl CHR RES 1998/72 v 22.4.1998; CHR RES 1999/79 v 28.4.1999; CHR RES 2000/5 v 13.4.2000; s auch Ziff 11 der „Millenium Declaration" der UN-Generalversammlung, UN Doc A/RES/55/2 v 18.9.2000.

114 S etwa A/HRC/RES/12/23 v 12.12.2009; A/HRC/12/L.6/Rev.1 v 30.9.2009; A/HRC/19/52 v 18.11.2011, A/HRC/RES/39/9 v 5.10.2018, A/HRC/RES/49/8 v 8.4.2022. Zum Ganzen *Scharpenack*, Das „Recht auf Entwicklung", 1996; *von Schorlemer*, Recht auf Entwicklung – Quo vadis?, Friedens-Warte 72 (1997) 121 ff; *Tietje*, Internationales Wirtschaftsrecht und Recht auf Entwicklung als Elemente einer konstitutionalisierten globalen Friedensordnung, FS Delbrück, 2005, 783 ff.

Kreuter-Kirchhof

Im Bereich des *Investitionsrechts* war das Anliegen der Entwicklungsländer lange 32 Zeit auf wirtschaftliche Unabhängigkeit gerichtet. Betont wurde das Recht auf Enteignung einerseits und die Forderung nach speziellen Regeln für multinationale Unternehmen anderseits, freilich ohne dass diese Anliegen rechtlich verbindliche Gestalt angenommen hätten. Immer wieder verlangten die Entwicklungsländer von den Industriestaaten klare Zusagen für eine *technische und finanzielle Unterstützung*. Durch den *Transfer von Technologien* wollen sie am aktuellen technischen Know-how und an neuen technischen Produktionsverfahren teilhaben.[116] In verschiedenen nicht verbindlichen Erklärungen wurde das Ziel festgelegt, dass die öffentliche *Entwicklungshilfe* 0,7 % des Bruttosozialprodukts des jeweiligen Industriestaats erreichen sollte.[117] Dieses Ziel wurde in der Folgezeit regelmäßig von den entwickelten Ländern verfehlt. Im Jahr 2015 erklärten die entwickelten Länder im Rahmen der Weltziele für nachhaltige Entwicklung (SDGs), bis zum Jahr 2030 die ODA-Quote auf 0,7 % zu erhöhen.[118] Deutschland erreichte dieses Ziel zum ersten Mal im Jahr 2016, wobei allerdings ein Teil der Mittel in die Hilfe für Flüchtlinge im eigenen Land floss. In den Folgejahren wurde das Ziel in Deutschland nicht erreicht; im Jahr 2020 wurde es zum ersten Mal übertroffen.[119] Eine Pflicht zur Zahlung von Entwicklungshilfe lässt sich aus dem allgemeinen Völkerrecht nicht ableiten.[120] Ebenso wenig besteht eine Pflicht, Schulden zu erlassen.[121] In einer globalen Welt aber liegt eine nachhaltige Entwicklung aller Staaten im Interesse der Staatengemeinschaft. Die Interdependenz der Staaten verlangt abgestimmte Handlungsstrategien. An die Stelle der Entwicklungshilfe tritt das Konzept der *Entwicklungszusammenarbeit*, die eine partnerschaftliche Zusammenarbeit von Geber- und Nehmerländern begründet.

Für I.O., die im Bereich der Entwicklungszusammenarbeit tätig sind, insbes die 33 Weltbank und den IWF, stellte sich die Frage, inwieweit Hilfen gewährt werden sollen, wenn die Regierung des Entwicklungslands selbst keine praktische Politik betreibt, die der Entwicklung des Landes nach allgemeinem Verständnis förderlich ist. Die Antwort bestand in der Formulierung von Mindestanforderungen an *Good Governance*, an die

---

115 Human Rights Council, Draft Convention on the Right to Development v 20.1.2020, A/HRC/WG.2/21/2/Add.1. Hierzu *Schrijver*, A New Convention on the Human Right to Development: Putting the Cart Before the Horse?, NQHR 38 (2020) 84 (89 ff).

116 Vgl *Herdegen*, Internationales Wirtschaftsrecht, § 4 Rn 89 ff.

117 Vgl Kap 33 Ziff 33.13 der Agenda 21 (1992); Ziff 79 des Berichts des Weltgipfels für Nachhaltige Entwicklung, Johannesburg v 4.9.2002 (A/CONF.199/20) und Monterrey Report of the International Conference on Financing for Development v 22.3.2002 (A/CONF.198/11). Jetzt Doha Declaration on Financing for Development v 2.12.2008 (A/CONF.212/7). S auch Brüsseler Erklärung der Third UN Conference on the Least Developed Countries v 2.7.2001 (A/CONF.191/12). S auch UN Doc A/RES/63/178 v 26.3.2009.

118 Unterziel 17.2 zum SDG Nr 17 (UN Doc A/RES/70/1 v 21.10.2015).

119 Gieler/Nowak (Hrsg), Staatliche Entwicklungszusammenarbeit in Deutschland – Eine Bestandsaufnahme des BMZ 1961 – 2021, 2021,334.

120 Vgl auch IGH, *Nicaragua*, ICJ Rep 1986, 14, 138.

121 Hierzu *Dolzer*, Staatliche Zahlungsunfähigkeit: Zum Begriff und zu den Rechtsfolgen im Völkerrecht, FS Partsch, 1989, 531 ff; *Kämmerer*, State Bankruptcy, in MPEPIL, Rn 12 f.

gute Führung der Regierungsgeschäfte. Wesentliches Element ist der Kampf gegen die Korruption.[122] Insoweit hat das Recht auf Entwicklung in Abgrenzung zum Verbot der Einmischung in innere Angelegenheiten einen inhaltlich spezifizierten Akzent gefunden.

34 Ein wichtiger Schritt auf dem Weg zu einer weltweiten *nachhaltigen Entwicklung* war die Verabschiedung der Millenniums-Entwicklungsziele (Millennium Development Goals – MDGs), durch die UN-Generalversammlung im Jahr 2000.[123] Vereinbart wurden acht Entwicklungsziele, die bis zum Jahr 2015 erreicht werden sollten. Der Anteil der Weltbevölkerung, der unter extremer Armut und Hunger leidet, sollte halbiert werden. Allen Kindern sollte eine Grundschulausbildung ermöglicht werden. Die Gleichstellung der Geschlechter sollte gefördert, die Rechte der Frauen sollten gestärkt werden. Es wurde vereinbart, die Kindersterblichkeit zu verringern, die Müttersterblichkeit zu senken sowie HIV/Aids, Malaria und andere übertragbare Krankheiten zu bekämpfen. Der Schutz der Umwelt sollte verbessert und eine weltweite Entwicklungspartnerschaft aufgebaut werden. Diese Ziele sind völkerrechtlich nicht verbindlich, sind aber Ausdruck eines weltweiten Konsenses der Staatengemeinschaft. In der Folgezeit wurden die Millenniums-Entwicklungsziele zwar nicht vollständig erreicht; es konnten aber wesentliche Fortschritte erzielt werden.[124] Anknüpfend an die MDGs verabschiedete die UN-Generalversammlung im Jahre 2015 siebzehn Weltentwicklungsziele (Sustainable Development Goals – SDGs), die bis zum Jahr 2030 erreicht werden sollen.[125] Diese Ziele entwerfen ein integriertes, umfassendes Konzept nachhaltiger Entwicklung in ökonomischer, ökologischer und sozialer Hinsicht. Sie richten sich an alle Staaten der Welt, nicht mehr nur an die Entwicklungsländer. 169 Unterziele konkretisieren die siebzehn Hauptziele dieser Agenda 2030.[126]

35 Der Grundsatz der *Nachhaltigkeit* ist heute ein Leitprinzip des Entwicklungs- und Umweltvölkerrechts. Entwickelt wurde der Gedanke der Nachhaltigkeit von der deutschen Forstwirtschaft.[127] Internationale Anerkennung fand das Prinzip bemerkenswerterweise auf Drängen von NGOs, wie der International Union for the Conservation of Nature (IUCN) und dem WWF, deren Arbeit auf diesem Feld weniger kurzfristig am Alltag ausgerichtet war als diejenige der Regierungen. Im Kontext des Völkerrechts hat das Prinzip erstmals 1985 in einem Abkommen der ASEAN Ausdruck gefunden.[128] Die *Brundtland*-Kommission bestimmte den Begriff der nachhaltigen Entwicklung in einer heute als klassisch geltenden Definition im Jahr 1987. Hiernach ist eine Entwicklung

---

122 Vgl u Rn 41f.
123 UN Doc A/RES/55/2 v 8.9.2000; vgl Rn 113.
124 UN, Millenniums-Entwicklungsziele, Bericht 2015.
125 UN Doc A/RES/70/1 v 25.9.2015.
126 Vgl u Rn 113.
127 *Von Carlowitz*, Sylvicultura Oeconomica, 1713.
128 ASEAN Agreement on the Conservation of Nature and Natural Resources v 9.7.1985 (ILM 27 [1988] 596).

Kreuter-Kirchhof

nachhaltig, „welche die Bedürfnisse der Gegenwart befriedigt, ohne damit die Möglichkeit künftiger Generationen zu beeinträchtigen, ihre eigenen Bedürfnisse zu befriedigen".[129] Die Erklärung von Rio aus dem Jahr 1992 basiert auf dem Leitprinzip nachhaltiger Entwicklung; sie integriert Umwelt- und Entwicklungsbelange.[130] Zu ihrer Umsetzung setzte der ECOSOC im Jahre 1993 die *Commission on Sustainable Development* ein, ohne ihr aber praktisch wirksame Befugnisse zuzuweisen. Sie wurde durch das Hochrangige Politische Forum zur Nachhaltigen Entwicklung *(High-level Political Forum on Sustainable Development – HLPF)* im Jahr 2013 abgelöst.[131]

Keine Klarheit herrscht über den Status des Nachhaltigkeitsprinzips im allgemeinen Völkerrecht.[132] Während es teilweise als Leitlinie für künftige Umweltnormen, also als politisches Postulat, verstanden wird, geht die Gegenansicht davon aus, dass es sich bereits um einen völkergewohnheitsrechtlich verankerten Grundsatz handelt, aus dem konkrete normative Folgerungen abgeleitet werden können. Bedeutsam ist dies etwa für die Frage, ob die Weltbank, deren Gründungsübereinkommen sich nicht explizit auf die Umwelt bezieht, über den allgemeinen Entwicklungsbegriff in Art I des Statuts auch rechtlich ein Mandat zur Achtung der Nachhaltigkeit iSe evolutiven Interpretation hat.[133] Unabhängig davon erscheint eine nähere, *jeweils bereichsspezifische Konkretisierung des Prinzips* der nachhaltigen Entwicklung wie etwa in der Klimarahmenkonvention oder im Übereinkommen über die biologische Vielfalt sinnvoll.[134] Mittlerweile hat der Nachhaltigkeitsbegriff auch Eingang in die Rechtsprechung des *IGH* gefunden. Im *Gabcikovo-Nagymaros*-Fall befürwortete die Mehrheit der Richter mit dem *concept of sustainable development* einen recht zurückhaltenden Umgang mit dem Grundsatz.[135] Damit deutete der Gerichtshof an, dass er im Nachhaltigkeitsgrundsatz *lediglich ein politisches Postulat* sieht, nicht aber ein rechtlich fassbares Prinzip. In seinem Sondervotum kritisierte Richter *Weeramantry* die Haltung der Mehrheit und betonte den normativen Charakter des Prinzips, das schon jetzt Bestandteil des modernen Völkerrechts sei.[136]

36

---

129 Weltkommission für Umwelt und Entwicklung, Unsere gemeinsame Zukunft, 1987.

130 UN Doc A/CONF.151/26 (Vol I) v 12.8.1992.

131 UN Doc A/Res/47/191 v 29.1.1993; UN Doc A/Res/67/290 v 23.8.2013.

132 Dazu *Barral*, Sustainable Development in International Law: Nature and Operation of an Evolutive Legal Norm, EJIL 23 (2012) 377 ff; allg zum Umgang mit Prinzipien im Völkerrecht *Proelß*, in ders (Hrsg), Internationales Umweltrecht, 2. Aufl 2022, 3. Abschn Rn 2 ff; *Beyerlin/Marauhn*, International Environmental Law, 2011, 37 f; *ders*, Sustainable Development, in MPEPIL, Rn 15 ff; *Gehne*, Nachhaltige Entwicklung als Rechtsprinzip, 2011; *Lang/Hohmann/Epiney*, Das Konzept der Nachhaltigen Entwicklung, 1999; *Schröder*, Sustainable Development, AVR 34 (1996) 251 (271 ff); *Kotzur*, Nachhaltigkeit im Völkerrecht, JöR (NF) 57 (2009) 503 ff; *Voigt*, Sustainable Development as a Principle of International Law, 2009; *Klarin*, The Concept of Sustainable Development: From ist Beginning to the Contemporary Issues, ZIREB (21) 1 (67 ff). Zum ganzen auch *Proelß*, 5. Abschn Rn 126 ff.

133 Vgl dazu *Dolzer*, The World Bank and the Global Environment: Novel Frontiers?, FS Shihata, 2001, 141 ff.

134 Vgl *Schröder* (Fn 132) 273 f.

135 IGH, *Gabcikovo-Nagymaros*, ICJ Rep 1997, 7, 78.

136 Ebd, Sep Op *Weeramantry*, 95.

Der Mehrheit des Gerichts ist darin zu folgen, dass aus dem Prinzip *in vacuo* im internationalen Wirtschaftsrecht heute keine konkreten Folgerungen gezogen werden können. Dennoch erscheint die Auffassung der Mehrheit zu restriktiv. Rechtliche Bedeutung kommt dem Prinzip der Nachhaltigkeit insbes zu, wenn Lücken im Recht zu füllen und Normen auszulegen sind. Das moderne Entwicklungs- und Umweltvölkerrecht beruht auf diesem Leitprinzip. Die konkreten Ziele, die die Vertragsparteien in diesen Bereichen des Völkerrechts vereinbart haben, sind Ausdruck dieses Grundsatzes. Insofern ist die Bedeutung des Leitprinzips der Nachhaltigkeit für das moderne Wirtschafts-, Entwicklungs- und Umweltvölkerrecht grundlegend.

37   Zur Konkretisierung des Prinzips der Nachhaltigkeit vereinbaren die Staaten zunehmend Ziele, die weltweite Geltung, aber keine völkerrechtliche Verbindlichkeit beanspruchen. Dies gilt insbes für die Weltentwicklungsziele. Dieses Regelungsmodell hat auch in das Umweltvölkerrecht Eingang gefunden. So galten von 2010 bis 2020 die im Rahmen der Biodiversitätskonvention vereinbarten Aichi-Ziele für alle Staaten weltweit, begründeten aber keine quantifizierten Verpflichtungen der Staaten. Die Staaten wollten bis zum Jahr 2020 den Verlust der natürlichen Lebensräume halbieren, die Überfischung der Weltmeere stoppen und konkrete Flächenanteile zu Land und zu Wasser unter Schutz stellen.[137] Diese Ziele wurden weitgehend verfehlt.[138] Aufbauend auf den Aichi-Zielen sollen neue Ziele vereinbart werden, die bis 2050 erreicht werden sollen.[139] Viele umweltvölkerrechtliche Vereinbarungen beruhen auf dem *Konzept der gemeinsamen, aber unterschiedlichen Verantwortlichkeiten (common but differentiated responsibilities).*[140] Dieses anerkennt eine gemeinsame Verantwortung aller Staaten für den Schutz der globalen Umwelt. In den konkreten Verpflichtungen wird dann aber aufgrund einer größeren Schutzverantwortung und Schutzfähigkeit zwischen Industriestaaten und Entwicklungsländern differenziert. Die Entwicklungsländer stellten klar, dass sie bei der Umsetzung der gemeinsamen Verantwortung auf finanzielle und technologische Unterstützung durch die Industrieländer angewiesen sind.[141] Während etwa das Wiener Übereinkommen[142] und das Montrealer Protokoll[143] ausgehend von unterschiedlichen Verpflichtungen der Industriestaaten und der Entwicklungsländer wirk-

---

137 Convention on Biological Diversity, UNEP/CBD/COP/DEC/X/2 v 29.10.2010.

138 Secretariat of the Convention on Biological Diversity (Hrsg), Global Biodiversity Outlook 5, 2020.

139 UN Doc UNEP/CBD/COP/DEC/XII/31 v 17.10.2014. Zum aktuellen Stand der Beratungen UN Doc CBD/COP/15/4 v 15.10.2021; hierbei handelt es sich um den ersten Teil der Konferenz. Der zweite Teil fand vom 7. bis 9. Dezember 2022 in Montreal, Kanada statt.

140 Zuerst eingeführt durch die Rio Declaration On Environment And Development v 1992, Principle 7. Vgl *Kellersmann* (Fn 25); *Glass*, Die gemeinsame, aber unterschiedliche Verantwortlichkeit als Bestandteil eines umweltvölkerrechtlichen Prinzipiengefüges, 2008.

141 Dazu *Dolzer*, Technologische Zusammenarbeit zur Förderung nachhaltiger Entwicklung, FS Hahn, 1997, 353 ff; *Kellersmann* (Fn 25); *Timmermann*, Der Transfer von Umwelttechnologien in Entwicklungsländer, VRÜ 32 (1999) 314 ff; *Bloch*, Technologietransfer zum internationalen Umweltschutz, 2007.

142 Wiener Übereinkommen zum Schutz der Ozonschicht.

143 Montrealer Protokoll über Stoffe, die zu einem Abbau der Ozonschicht führen.

sam die Ozonschicht zu schützen vermochten, drohte das internationale Klimaschutzregime nicht zuletzt an den Gegensätzen zwischen den Ländern des Nordens und des
Südens zu scheitern. Mit dem Pariser Klimaschutzabkommen schlug die Staatengemeinschaft ein neues Kapitel auf. Vereinbart wurde ein verbindliches weltweites Schutzziel,
wonach der Anstieg der durchschnittlichen Erderwärmung auf deutlich unter 2 °C, möglichst unter 1,5 °C zu begrenzen ist. Dieses Ziel soll durch Selbstverpflichtungen der Staaten *(nationally determined contributions – NDCs)* umgesetzt werden, die im Rahmen
eines Ambitionsmechanismus auf der Grundlage globaler Bestandsaufnahmen in regelmäßigen Abständen verschärft werden.[144]

Globale Umweltgüter zeichnen sich dadurch aus, dass sie nur im Wege weltweiter **38**
Kooperationen wirksam geschützt werden können. Schädliche Einwirkungen auf die
Umwelt entfalten sich graduell, prozessartig. Sie wirken langfristig und staatenübergrei-
fend. Auf diese Herausforderungen muss die Staatengemeinschaft Antworten finden.
Nicht erst das Konzept der Nachhaltigkeit anerkennt den engen Zusammenhang von
wirtschaftlicher Entwicklung und Umweltschutz. Die internationalen Wirtschaftsbeziehungen sind deswegen so auszurichten, dass sie strukturell einen präventiven, dauerhaften Schutz der globalen Umwelt integrieren und eine nachhaltige Entwicklung fördern.

f) Rationalität, Transparenz, Good Governance

Der *Rationalität* kommt als einem Maßstab für Entscheidungen im internationalen **39**
Wirtschaftsrecht zunehmend Bedeutung zu.[145] Dieser Standard soll gewährleisten, dass
sich international wirksame Maßnahmen an den Grundsätzen der wissenschaftlichen
Erkenntnis und der Plausibilität orientieren. Insbes sollen keine protektionistischen
Maßnahmen unter dem Vorwand an sich zulässiger Kriterien wie dem Schutz der Gesundheit oder der Abwehr von Gefahren den freien Wirtschaftsaustausch behindern.
Mit der fortschreitenden Einwirkung wissenschaftlicher Erkenntnisse auf wirtschaftliche Produkte einerseits und einer ständigen Anfälligkeit nationaler Gruppen und Regierungen für nichttarifär-protektionistische Versuchungen andererseits tritt das Problem
der Rationalität immer wieder in den Vordergrund. Der Einsatz hormoneller Stoffe bei

144 Vgl *Kreuter-Kirchhof*, Das Pariser Klimaschutzübereinkommen und die Grenzen des Rechts, DVBl
2017, 97 ff; *Proelß*, Klimaschutz im Völkerrecht nach dem Paris Agreement: Durchbruch oder Stillstand?,
ZfU 2016, 58 ff; *Dederer*, Ist Paris genug? Zu Stand und Perspektiven des internationalen Klimaschutzes
nach dem Pariser Abkommen, in: Gundel/Lange (Hrsg), Energieversorgung zwischen Energiewende und
Energieunion?, 2017. Derzeit reichen die nationalen Selbstverpflichtungen noch nicht aus, das gemeinsame Klimaschutzziel zu erreichen. Vgl. UN Doc FCCC/PA/CMA/2021/8 v 17.09.2021, 1 ff.
145 S dazu *Herdegen*, Der Beitrag des Internationalen Wirtschaftsrechts zu Good Governance und Rationalität des Staatshandelns, in Giegerich (Hrsg), Internationales Wirtschafts- und Finanzrecht in der Krise,
2011, 229 ff.

der Rinderzucht verdeutlicht das allgemeine Problem.[146] Der Streit zwischen der EU und den USA (sowie Kanada) schwelt seit nunmehr drei Jahrzehnten. Auf Drängen der Verbraucher hatte die EWG im Jahre 1988 ein weitgehendes Importverbot für hormonbehandelte Fleischwaren eingeführt.[147] Gemäß einem Übereinkommen, welches im Rahmen der WTO über die Anwendung gesundheitspolizeilicher und pflanzenschutzrechtlicher Maßnahmen[148] abgeschlossen worden war, musste sich die europäische Maßnahme daran messen lassen, ob sie sich auf internationale Normen der FAO und der WHO *(Codex Alimentarius)* sowie auf „verfügbares wissenschaftliches Beweismaterial" stützen konnte. Das von den USA angerufene WTO-Panel stellte fest, dass das hormonbehandelte Fleisch aus den USA den Wertmaßstäben jenes Kodex entspreche.[149] Die Risikoschätzung sei wissenschaftlicher Art; für politisch gefasste sozio-ökonomische Erwägungen subjektiver Natur bestehe kein Raum. Diese Sichtweise warf unter den Gesichtspunkten nationaler Souveränität, der Verantwortung im demokratischen Rechtsstaat und der Bedeutung des Vorsorgeprinzips weitreichende Fragen auf. Die Entscheidung des *Appellate Body* im Berufungsverfahren hat dann die staatliche Entscheidungsbefugnis wieder erweitert. Zum einen wurde den Staaten grundsätzlich ein gewisser Bewertungsraum zugesprochen, zum anderen wurde die rechtliche Bedeutung von Minderheitsmeinungen anerkannt, soweit sie von qualifizierten und respektierten Wissenschaftlern geäußert werden.[150] Im Ganzen wurde damit die rechtliche Bedeutung rationaler Fundierung von Außenhandelsentscheidungen nicht aufgehoben, doch gründet der Rationalitätsstandard – abweichend vom Ideal einer einzigen richtigen wissenschaftlichen Position – hiernach auf einer Bandbreite vertretbarer Einschätzungen und Entscheidungen.

---

146 Ein weiteres Problem stellen Maßnahmen der EU gegen die Einfuhr gentechnisch veränderter Agrarprodukte dar. S dazu das Verfahren EC–Measures affecting the Approval and Marketing of Biotech Products, WT/DS291, WT/DS292 und WT/DS293.

147 RL 88/146/EWG v 7.3.1988, ABl EG 1988, Nr L 70/16.

148 ABl EG 1994, Nr L 336/40.

149 Hierzu *Hilf/Eggers,* Der WTO-Panelbericht im EG/USA-Hormonstreit, EuZW 1997, 559ff.

150 EC-Measures Concerning Meat and Meat Products (Hormones), Rep of the Appellate Body v 16.1.1998, WT/DS 26/AB/R und WT/DS 48/AB/R. Dazu *Thomas,* Where's the Beef? Mad Cows and the Blight of the SPS Agreement, Vanderbilt J Transnat'l L 32 (1999) 487ff; *Walker,* Keeping the WTO from Becoming the „World Trans-Science Organization": Scientific Uncertainty, Science Policy, and Factfinding in the Growth Hormones Dispute, Cornell Int'l LJ 31 (1998) 251ff. Nach 2003 wurde der Streit über die Frage geführt, ob die EU trotz zwischenzeitlicher Änderungen ihrer Regelungen (RL 2003/74/EG v 22.9.2003, ABl EG 2003, Nr L 262/17) weiterhin gegen die Bestimmungen des SPS Übereinkommens verstößt und inwieweit die USA gleichwohl ihre Vergeltungsmaßnahmen gegen europäische Produkte fortführen dürfen (dazu Panel und Appellate Body in US – Continued Suspension of Obligations, WT/DS 320/AB/R). Im Mai 2009 einigten sich die Parteien vorläufig, ließen dabei aber die Hauptstreitfrage offen. Danach reduzierten die USA die Höhe der Vergeltungsmaßnahmen und die EU erweiterte im Gegenzug den Marktzugang für hormon*freies* Rindfleisch. Offen ist, ob es sich bei dieser Einigung um eine „mutually agreed solution" iSd DSU handelt.

Kreuter-Kirchhof

Basiert Rationalität auf nachvollziehbaren wissenschaftlichen Begründungen, so **40** meint *Transparenz* die Nachvollziehbarkeit des Handelns und der rechtlichen Gebote.[151] Dieser Standard hat damit einen weiteren Anwendungsbereich als derjenige der Rationalität. Für die Gestaltung der internationalen Wirtschaftsbeziehungen kommt der Transparenz auf unterschiedlichen Ebenen wesentliche Bedeutung zu. So werden die Regeln des freien Wettbewerbs und des Freihandels außer Kraft gesetzt, wenn Transaktionen außerhalb der Regeln des Markts ohne Kenntnis der Öffentlichkeit vollzogen werden. Die Weltbank etwa und die OECD entwickelten aus diesem Grunde neue Konzepte im Kampf gegen die Korruption. Das Prinzip der Transparenz fordert auch, dass wirtschaftsrechtliche Regeln der Staaten und ihre Handhabung in der Praxis öffentlich ohne Weiteres zugänglich sind und Wissensvorsprünge einzelner Marktteilnehmer so verhindert werden. Schließlich kann das Transparenzgebot auch auf Entscheidungsprozesse auf internationaler Ebene bezogen werden. Gegen die Arbeitsweise der WTO etwa ist in der Vergangenheit immer wieder der Vorwurf erhoben worden, dass nach außen nicht klar erkennbar werde, welche Entscheidungen in welchen Gremien nach welchen Kriterien getroffen würden.[152]

Der Begriff der *Good Governance* ist weder leicht zu übersetzen noch leicht zu de- **41** finieren.[153] Dennoch gehört er heute zu den Standards des internationalen Wirtschaftsrechts. Er steht im Zentrum des Nachdenkens über die Bekämpfung der Armut, hat so der Praxis der Entwicklungspolitik eine neue Ausrichtung verliehen. Übersetzen ließe sich der Ausdruck mit „guter Führung der Regierungsgeschäfte". Dabei meint *Good Governance* jene Festlegung und Durchführung staatlicher Aufgaben, welche in praktischer Weise die nachhaltige wirtschaftliche und soziale Entwicklung eines Landes fördert und daher allen Schichten des Volks in angemessener Weise zugutekommt.[154]

---

151 *Hilpold,* Das Transparenzprinzip im internationalen Wirtschaftsrecht, EuR 1999, 597 ff.

152 Vgl dazu *Marceau/Pedersen,* Is the WTO Open and Transparent?, JWT 33 (1999) 5 ff; *Weiss/Steiner,* Transparency as an Element of Good Governance in the Practice of the EU and the Overview and Comparison, FILJ 2006/2007, 1545 ff; *Collins-Williams/Wolfe,* Transparency as a Trade Policy Tool: The WTO's Cloudy Windows, WTR 9 (2010) 551 ff.

153 Vgl *Brown Weiss/Sornarajah,* Good Governance, in MPEPIL, Rn 3; *Maldonado Pyschny,* Good Governance: Begriff, Inhalt und Stellung zwischen allgemeinem Völkerrecht und Souveränität, 2013. Zu *good governance* in der WTO vgl *Esty,* Good Governance at the World Trade Organization, JIEL 10 (2007) 509 ff.

154 Vgl *Dolzer/Herdegen/Vogel,* Good Governance, 2007. Eine Definition von *good governance* enthält das Cotonou-Abkommen zwischen der EU und den AKP-Staaten (vgl u Rn 124) in Art 9 Abs 3: „In einem politischen und institutionellen Umfeld, in dem die Menschenrechte, die demokratischen Grundsätze und das Rechtsstaatsprinzip geachtet werden, ist verantwortungsvolle Staatsführung die transparente und verantwortungsbewusste Verwaltung der menschlichen, natürlichen, wirtschaftlichen und finanziellen Ressourcen und ihr Einsatz für eine ausgewogene und nachhaltige Entwicklung. Sie beinhaltet klare Beschlussfassungsverfahren für Behörden, transparente und verantwortungsvolle Institutionen, den Vorrang des Gesetzes bei der Verwaltung und Verteilung der Ressourcen und Qualifizierung zur Ausarbeitung und Durchführung von Maßnahmen insbes zur Verhinderung und Bekämpfung der Korruption". Vgl auch Sano/Alfredsson/Clapp (Hrsg), Human Rights and Good Governance, 2002; *Brown Weiss/Sor-*

Trotz der Offenheit dieses Verständnisses führte die Beschäftigung mit der praktisch-operationalisierten Bedeutung von *Good Governance* zu neuen Antworten auf die Kritik an ineffizienter Entwicklungspolitik. Lange Zeit war diese Politik punktuell auf einzelne Projekte (bei der Weltbank)[155] oder sektorell (wie etwa beim IWF für Währungsfragen) zugeschnitten. *Good Governance* steht nun zu Recht im Mittelpunkt der Überlegungen, welche über punktuelle oder sektorelle Aspekte hinaus den Blick auf die erforderlichen allgemeinen Rahmenbedingungen effizienter Entwicklungspolitik und -kooperation geöffnet haben.[156] Der Erfolg der Politik wird damit nicht mehr an den kurzfristigen Wirkungen eines einzelnen Projekts oder einer einzelnen Maßnahme, sondern an ihrem langfristigen Beitrag zur Entwicklung des Landes gemessen. Insbes Weltbank und Währungsfonds haben die damit verbundenen praktischen Forderungen aufgegriffen und versucht, sie in ihrer Arbeit vor Ort fruchtbar zu machen. Auch andere I.O. und die nationalen Entwicklungspolitiken sind in gewissem Umfang gefolgt.[157] Für Weltbank und Währungsfonds stellten sich damit auch Rechtsfragen für die Bestimmung und Eingrenzung ihres Mandats und die völkerrechtliche Zulässigkeit der Neuausrichtung ihrer Arbeit im Lichte dieses Mandats.[158] Beiden Organisationen ist es nach ihren Satzungen verwehrt, in die inneren politischen Angelegenheiten eines Empfängerlands einzugreifen; sie müssen sich auf die „Hebung der Produktivität, des Lebensstandards und der Arbeitsbedingungen" (Art 1 [iii] des Weltbank-Statuts) und die Förderung der „Stabilität der Währungen" bzw die Aufrechterhaltung „geordneter Währungsbeziehungen" (Art 1 [iii] des IWF-Übereinkommens) beschränken. Zu Recht haben die Organisationen dennoch den Begriff der *Good Governance* in ihre Leitlinien aufgenommen. Die Empirie hat gezeigt, dass die Durchführung ihres jeweils in der Satzung niedergelegten Auftrags die Beachtung von *Good Governance* nicht nur fördert, sondern auch fordert.

42   Die *Weltbank* bewertet seit 1998 im Rahmen von *Country Policy and Institutional Assessments* nicht nur ökonomische Zielsetzungen, sondern auch die Existenz und Effi-

---

narajah, Good Governance, in MPEPIL Rn 2 ff. Die Charta der Grundrechte der EU gewährleistet in Art 41 das Recht auf eine gute Verwaltung.

155 Vgl *Theobald,* Die Weltbank: Good Governance und die Neue Institutionenökonomik, Verwaltungsarchiv 89 (1998) 467 ff. Vgl auch *Kingsbury,* Operational Policies of International Institutions as Part of the Law-Making Process: The World Bank and Indigenous Peoples, FS Brownlie, 1999, 323 ff.

156 Hierzu *Dolzer,* Die Relevanz rechtsstaatlicher Normen und Institutionen für den Aufbau und den Bestand von Demokratien, in Konrad-Adenauer-Stiftung (Hrsg), Demokratiereport – Demokratie und Rechtsstaat, 2006; *Brown Weiss/Sornarajah,* Good Governance in MPEPIL.

157 Vgl u a Ziel Nr 16 der Weltentwicklungsziele.

158 Zur Bindung von Weltbank und IWF speziell an die Menschenrechte vgl *Suchsland-Maser,* Menschenrechte und die Politik multilateraler Finanzinstitute, 1999; zum Inspection Panel der Weltbank *Alfredsson,* The Inspection Panel of the World Bank, 2001; *Buß,* Zwischen Immunität und Rechtsschutz: Das Inspection Panel innerhalb der Weltbankgruppe, RIW 1998, 352; *Lin,* Implementing Environmental Treaty Obligations in Project Finance Activities through an Accountability Mechanism: An Analysis of the World Bank Inspection Panel, CILJ 5 (2016) 238 ff. Eine entsprechende Einrichtung des IWF gibt es bislang nicht.

zienz staatlicher Institute, mittels derer diese Zielsetzungen umzusetzen sind.[159] In diesen Zusammenhang gehört auch, dass bei der Vergabe von IDA-Geldern berücksichtigt wird, wie effizient sich Projekte erwiesen haben. Staaten, in denen ernsthafte Probleme im Bereich der *Good Governance* diagnostiziert werden, erhalten weniger Hilfe. Nachhaltiges Wachstum und nachhaltige Entwicklungspolitik beziehen sich in der Arbeit der Bank also nicht mehr nur auf makroökonomische Elemente, auf Armutsbekämpfung und soziale Faktoren, sondern auch auf staatliche Institutionen. Damit ist der Kreis der einzubeziehenden Faktoren für die juristische Definition der effizienten Nutzung der Mittel der Bank deutlich erweitert worden. Zu diesem Zweck hat die Bank ein Raster von Kriterien entwickelt, die sich auf wirtschaftliches Management, strukturelle Politiken, die Einbeziehung sozialer Aspekte und die Effizienz staatlicher Institutionen beziehen.[160] Die Bekämpfung der Korruption („Missbrauch eines öffentlichen Amts zum privaten Gewinn") gehört zu den wichtigsten Anliegen. Zu den Kernfragen der *Good Governance* gehören die nachprüfbare Verantwortlichkeit der Entscheidungsträger, die Transparenz des Entscheidungsprozesses, eine faire, vorhersehbare und stabile Rechtsordnung und die Möglichkeit der Partizipation jener Schichten der Bevölkerung, die von den jeweiligen Entscheidungen besonders betroffen sind. Unter dem Gesichtspunkt der ökonomisch sinnvollen Verwendung vorhandener Ressourcen und der Vermeidung unproduktiver staatlicher Aufgaben zieht die Bank auch Konsequenzen, wenn ein Staat einen außergewöhnlich hohen Anteil seines Budgets für militärische Zwecke verwendet. Umgekehrt hilft die Bank, wenn sich ein Staat zum Abbau militärischer Ausgaben entschließt. Das Exekutivdirektorium des Währungsfonds erließ 1997 Leitlinien zur Rolle des IWF bei Fragen der *Governance*.[161] Auch der Fonds stellt klar, dass ihm dabei nur Kompetenzen im Rahmen seines satzungsmäßigen Mandats zukommen und dass er keine Konditionen in Bezug auf politische Aspekte ohne Bezug zu seinem Mandat aufstellen darf. Zur *Good Governance* gehören danach auch für den Fonds allgemeine Prinzipien wie Transparenz, Rechtsstaatlichkeit und Fairness. Speziell zum währungsrechtlichen Bezug gehört der Aufbau effizienter Institutionen im Bereich der Finanzen, der Steuern, der Zentralbanken, der Rechnungshöfe und der Statistik; auf dem Feld der Gesetzgebung und der Verwaltung geht es in erster Linie um ein effizientes Steuerrecht und die Errichtung eines funktionsfähigen Bankensystems. Die so angestrebte effektive Nutzung öffentlicher Mittel und die Stärkung des Privatsektors sollen bei den regel-

---

159 Weltbank (Hrsg), Country Assessments and IDA Allocations, 1999; dies, Governance – The World Bank's Experience, 1994; hierzu auch *Maldonado Pyschny*, Good Governance: Begriff, Inhalt und Stellung zwischen allgemeinem Völkerrecht und Souveränität, 2013.
160 Vgl die sechs Dimensionen der Worldwide Governance Indicators (WGI). Hierzu *Brown Weiss/Sornarajah*, Good Governance, in MPEPIL, Rn 6ff.
161 Vgl IMF (Hrsg), Good Governance – The IMF's Role, 1997. Das Exekutivdirektorium bestätigte die Leitlinien im Februar 2001. 2018 wurden sie ergänzt durch IMF (Hrsg), Review of 1997 Guidance Note on Governance – A Proposed Framework for Enhanced Fund Engagement.

mäßigen Konsultationen mit den Mitgliedstaaten und der Vergabe der Mittel ebenso wie bei der aktiven Beratung der Länder durch den Fonds ihren Ausdruck finden.

43   Im Ganzen können sich die sich fortentwickelnden Regeln zu *Good Governance* aus der Sicht der Empfängerstaaten als fühlbare Einschränkung ihrer Souveränität erweisen; es ist nicht verwunderlich, dass die Regeln deswegen auch als unangebracht ausgeweitete Konditionalität kritisiert werden. Letztlich erweisen sie sich im Kern aber als die Kehrseite eines ernstgenommenen Rechts auf Entwicklung, welches auf den langfristigen Wohlstand aller Schichten der Bevölkerung ausgerichtet ist. Die Regeln zu *Good Governance* reflektieren die Erkenntnis, dass die wichtigsten Voraussetzungen für eine nachhaltige Entwicklung von dem betroffenen Staat selbst zu schaffen sind, und dass er bei der ernsthaften Umsetzung dieser Aufgabe – und nur dabei – die Unterstützung der Staatengemeinschaft verdient.

3. Schutz fremden Eigentums und Status transnationaler Unternehmen
a) Schutz von Auslandsinvestitionen

44 Ohne Schutz fremden Eigentums und ausländischer Investitionen ist eine fruchtbare internationale wirtschaftliche Zusammenarbeit nicht möglich. Der Schutz von Auslandsinvestitionen und -eigentum spielt im Wirtschaftsvölkerrecht und damit im Völkerrecht allgemein seit jeher eine Schlüsselrolle. Traditionell wird er durch das gewohnheitsrechtliche *Fremdenrecht* gewährleistet, speziell durch die auf Enteignung anwendbaren Regeln.[162] Daneben schließen Staaten bilaterale und multilaterale Abkommen, um einen erhöhten Grad des Schutzes zu erreichen.[163] Auch regionale Abkommen wie NAFTA/USMCA, ASEAN und das Cotonou-Folgeabkommen sowie der sektorspezifische Energiecharta-Vertrag v 1994 begründen Vorschriften über Auslandsinvestitionen. Versicherungen (staatlicher oder privater, nationaler oder multinationaler Art) können ebenfalls die mit Auslandsinvestitionen verbundenen Risiken minimieren.[164] Multinationale Unternehmen versuchen auch, ihre Investitionen durch „internationalisierte Verträge" mit ihren Gaststaaten zu schützen.[165] Zu erwähnen ist zudem, dass vorübergehende Beschränkungen des Kapitaltransfers mit den Vorschriften des IWF vereinbar sein müssen.

---

162 Vgl insgesamt die Darstellungen bei *Dolzer/Kriebaum/Schreuer,* Principles, 2ff, 20ff; *Dolzer,* Eigentum, Enteignung und Entschädigung im geltenden Völkerrecht, 1985; *Karl,* Internationaler Investitionsschutz – Quo vadis?, ZVglRWiss 99 (2000) 143ff; *Seidl-Hohenveldern,* International Economic Law, 3. Aufl 1999, 133ff; *Ohler,* Der Schutz privaten Eigentums als Grundlage der internationalen Wirtschaftsordnung, JZ 2006, 875ff; *Kläger,* Einführung in das internationale Enteignungs- und Investitionsrecht, JuS 2008, 969ff; *Reinisch,* in Tietje/Nowrot (Hrsg), Internationales Wirtschaftsrecht, § 9; Bungenberg/Griebel/Hobe/Reinisch (Hrsg), International Investment Law, 2015.
163 Dazu *Dolzer/Kriebaum/Schreuer,* Principles, 16ff; *Dolzer/Stevens* (Fn 97) 63ff.
164 Vgl etwa die Hermes-Versicherungsprogramme einerseits und die Arbeit der MIGA andererseits, s u Rn 52.
165 Vgl u Rn 56ff.

Kreuter-Kirchhof

Enteignung iSd Völkerrechts ist jede Entziehung von Vermögenswerten durch Ho- **45** heitsakt oder Gesetz.[166] Eine Enteignung kann auch in einer rechtlichen oder faktischen Beschränkung der Eigentumsnutzung liegen, die einer Entziehung gleichkommt (schleichende Enteignung).[167] Unter *Nationalisierung* versteht man die Enteignung der Vermögensobjekte einzelner oder aller Produktionszweige einer Volkswirtschaft.[168] Die *Konfiskation* ist eine entschädigungslose Enteignung. Grundsätzlich ist die Enteignung im Völkerrecht (zum Verfassungsrecht vgl Art 14 Abs 3 GG) zulässig. Sie ist Ausdruck der territorialen Souveränität und Gebietshoheit. Ein menschenrechtliches Enteignungsverbot gibt es nicht.[169] Allerdings ist die völkerrechtliche Zulässigkeit einer Enteignung vom Vorliegen bestimmter Voraussetzungen (sog Mindeststandards) abhängig, deren Umfang im Einzelnen umstritten ist. Die sog *Calvo*-Doktrin, wonach eine Enteignung nicht an Mindeststandards gebunden sein sollte und der Fremdenschutz darauf reduziert wurde, dass der Ausländer nur eine Inländergleichbehandlung verlangen könne,[170] konnte sich nicht durchsetzen.

Die anerkannten *Mindeststandards* einer zulässigen Enteignung stellen sich wie **46** folgt dar: Die Enteignung muss überwiegend einem öffentlichen Zweck dienen; rein fiskalische Gründe reichen nicht aus. Die Enteignung darf nicht gegen vertragliche Verpflichtungen des enteignenden Staats verstoßen. Sie darf weder willkürlich noch diskriminierend sein. Zum Mindeststandard gehört auch die *staatliche Entschädigungspflicht*. Die im Zuge der Auseinandersetzung um eine „neue Weltwirtschaftsordnung" von Entwicklungsländern vertretene Auffassung, die Entschädigung sei nur „möglich" und damit keine Verpflichtung,[171] stieß auf nachdrückliche Ablehnung der Industrieländer;[172] sie wird erkennbar nicht mehr vertreten. Der Integration der Entwicklungsländer in die Weltwirtschaft ist sie abträglich. Über das „Wie" und „Wie viel" der Entschädigung wird freilich weiterhin gestritten. Die Auffassung westlicher Völkerrechtler findet in der *Hull*-Doktrin nach wie vor ihren am weitesten verbreiteten Ausdruck. Danach muss die Entschädigung *prompt, adequate, and effective* sein.[173] Die Entschädigung soll sofort geleistet werden, Hand in Hand mit der Enteignung. Sie hat grundsätzlich den *vollen Marktwert* des Unternehmens zu umfassen („Adäquanz"). Sie muss in einer *frei konvertierbaren Währung* gezahlt werden, idS also „effektiv" sein. Bzgl der Höhe der Entschädigung spricht u a die rechtlich nicht verbindliche Charta der wirtschaftlichen Rechte

---

166 *Dolzer/Kriebaum/Schreuer*, Principles, 3. Aufl 2022, 151ff; *Ruzza*, Expropriation and Nationalization, in MPEPIL, Rn 10ff mwN.

167 *Dolzer/Kriebaum/Schreuer*, Principles, 101ff.

168 *Ruzza*, Expropriation and Nationalization, in MPEPIL, Rn 24ff mwN.

169 Vgl Art 1 des Ersten Zusatzprotokolls zur Europäischen Menschenrechtskonvention (1952).

170 Vgl o Rn 23ff.

171 UN GA Res 3171 (XXVIII) v 17.12.1973.

172 Vgl auch u Rn 110f.

173 *Herdegen*, Internationales Wirtschaftsrecht, § 20 Rn 10; *Dickerson*, Minimum Standards, in MPEPIL, Rn 15.

und Pflichten der Staaten v 12.12.1974 in Art 2 Nr 2 lit c nicht von einer adäquaten, sondern von einer „angemessenen" Entschädigung.[174] Auch die Rechtsprechung des iranisch-amerikanischen Schiedsgerichts in Den Haag hat letztlich keine Klarheit darüber gebracht, ob das Völkergewohnheitsrecht vom Grundsatz der vollen Entschädigung ausgeht.[175] Die Globalentschädigungsabkommen *(lump sum agreements)*, die komplexe Entschädigungslagen, bei denen über das Bestehen einer völkerrechtlichen Entschädigungspflicht gestritten wird, abwickeln sollen, widersprechen dem Gebot voller Entschädigung nicht. Zwar werden mit derartigen Abkommen pauschal zahlreiche Enteignungen deutlich unter dem behaupteten Wert abgegolten. Diese Abkommen haben allerdings den Charakter eines Vergleichs; regelmäßig sind sie zudem in einen größeren politischen Kontext eingebettet. Die Staatenpraxis kennt die Ratenzahlung. Neuerdings hat sich die Brisanz der Frage nach dem „Wie" bzw „Wie viel" der Entschädigung freilich verringert. Die Entwicklungsstaaten bemühen sich viel mehr als früher, das stets scheue, weltweit operierende Investivkapital zu gewinnen und im Lande zu halten. Schon deshalb gehen sie mit Enteignungen vorsichtiger um als in den 1950er und 1960er Jahren.[176] Dennoch bleiben Unsicherheiten im internationalen Enteignungsrecht.[177]

47   Nach überkommener Auffassung ist der *Entschädigungsanspruch* völkerrechtlicher Natur. Grundsätzlich kann er nur auf diplomatischem Wege durch den Heimatstaat des Betroffenen geltend gemacht werden.[178] Der Enteignete ist mithin abhängig vom diplomatischen Schutz. Dessen Effektivität wiederum hängt u a von dem allgemeinen Verhältnis seines Heimat- und Schutzstaats zu dem enteignenden Staat ab. Vom Schutzrecht des Staats für seine Staatsangehörigen zu unterscheiden ist ein mögliches, in der Praxis kaum anerkanntes innerstaatliches Recht des Einzelnen gegenüber seinem Heimatstaat, die Ausübung dieses Schutzrechts zu verlangen.[179]

---

174 "Each State has the right: (...) To nationalize, expropriate or transfer ownership of foreign property, in which case appropriate compensation should be paid by the State adopting such measures, taking into account its relevant laws and regulations and all circumstances that the State considers pertinent". Vgl Charter of the Economic Rights and Duties of States v 12.12.1974, UN Doc A/RES/3281 (XXIX), ILM 14 (1975) 251; dazu *Stemberg*, Die Charta der wirtschaftlichen Rechte und Pflichten der Staaten, 1983, 74ff. – Die Charta statuiert auch die „volle und ständige Souveränität jedes Staates über alle seine Reichtümer und Naturschätze" (Kap II, Art 2 Abs 1). Von einer bloßen „Angemessenheit" der Entschädigung war schon in früheren UN GA-Res die Rede, etwa bereits im Jahre 1962 (damals mit den Stimmen der Industriestaaten).
175 Vgl *Herdegen*, Internationales Wirtschaftsrecht, § 20 Rn 12 mwN.
176 Damals ließ sich ein „Standortwechsel" der Investitionen beobachten. Rohstofflieferländer wie Australien und Kanada erhielten Zulauf, während manche afrikanische und lateinamerikanische Länder von den Investoren zeitweise gemieden wurden.
177 Vgl etwa die im Sommer 2006 vorgenommenen bolivianischen Nationalisierungsmaßnahmen im Bereich der Erdgasförderung; seither haben auch Venezuela und Argentinien direkte Enteignungen vorgenommen.
178 Hierzu im Einzelnen *Dolzer/Kriebaum/Schreuer*, Principles, 334f.
179 Dazu grundlegend *Doehring*, Die Pflicht des Staates zur Gewährung diplomatischen Schutzes, 1959.

Kreuter-Kirchhof

Die extraterritoriale Wirkung von Enteignungen bildet ein auch gerichtlich wichti- 48
ges Sonderproblem des internationalen Enteignungsrechts.[180] Hat eine natürliche oder
juristische Person, die in einem Staat enteignet wird, außerhalb dieses Staates weitere
Vermögenswerte, stellt sich die Frage, ob der enteignende Staat auch auf diese ausländischen Vermögenswerte zugreifen kann. Wird die Enteignung von dem Staat, in dem
das Vermögen gelegen ist, anerkannt, ist der Zugriff möglich. Wegen des Territorialitätsprinzips besteht freilich keine Pflicht zur Anerkennung der Enteignung.[181] Wird die Anerkennung versagt, hat der enteignende Staat keinen Erfolg. Bei Gesellschaften wird
deshalb u a folgender Ausweg versucht: Enteignet wird nicht die Gesellschaft, sondern
„nur" die Mitgliedschaftsrechte der einzelnen Gesellschafter. Damit wird das Unternehmen vom enteignenden Staat kontrolliert, der nun über die fortbestehende juristische
Person auf das ausländische Vermögen zugreift. Der BGH hält dies für eine unzulässige
Umgehung („rechtskonstruktiver Kunstgriff") des Territorialitätsprinzips. Er ordnet das
im Ausland belegene Vermögen einer „Spalt-Gesellschaft" zu, die von der weiterhin im
enteignenden Staat bestehenden Gesellschaft abgespalten ist und aus den enteigneten
ursprünglichen Mitgliedern besteht.[182]

Die Enteignung von Vermögen, das sich auf dem Gebiet des enteignenden Staates 49
befindet, bestimmt sich – im Rahmen des Völkerrechts – nach dessen nationaler Rechtsordnung.[183] Bestenfalls wird eine Wirksamkeitsprüfung anhand des *ordre public* (Art 6
EGBGB) durchgeführt, zumal wenn das enteignete Vermögen später ins Ausland gelangt.[184] Nach der *Act of State*-Doktrin können ausländische Hoheitsakte nicht auf ihre
Rechtmäßigkeit hin überprüft werden.[185] Gerade Enteignungen, Konfiskationen und Na-
tionalisierungen unterliegen freilich einer Ausnahme.[186]

Zum Schutz von Auslandsinvestitionen werden bilaterale und multilaterale zwi- 50
schenstaatliche Abkommen abgeschlossen. *Bilaterale* Investitionsschutzabkommen haben gegenüber den traditionellen Verträgen über Freundschaft, Handel und Schifffahrt

---

180 Vgl dazu *Herdegen*, Die extraterritoriale Wirkung der Enteignung von Mitgliedschaftsrechten an Gesellschaften in der Bundesrepublik Deutschland, ZGR 1991, 547 ff; *Lederer*, Die internationale Enteignung
von Mitgliedschaftsrechten, 1989.
181 *Herdegen*, Internationales Wirtschaftsrecht, § 20 Rn 15 ff.
182 BGHZ 62, 340, 343. Die Spaltungstheorie missachtet die Gebietshoheit des enteignenden Staats über
die Anteilsrechte, vgl *Herdegen*, Die extraterritoriale Wirkung der Enteignung von Mitgliedschaftsrechten an Gesellschaften in der Bundesrepublik Deutschland, ZGR 1991, 547 (551). Der BGH hat die Spaltungstheorie bisher nur bei Konfiskationen und der Enteignung von Anteilsrechten ausländischer Gesellschafter angewendet.
183 Davon unabhängig ist u a die vorstehend behandelte Frage nach einer völkerrechtlich gebotenen
Entschädigung wegen der Enteignung von Ausländern.
184 Zum *Indonesischen Tabakstreit* und zum *Chilenischen Kupferstreit* s *Herdegen*, Internationales Wirtschaftsrecht, § 20 Rn 18.
185 Diese Doktrin ist völkerrechtlich nicht vorgeschrieben; sie wird aber insbes in den USA praktiziert;
Fonteyne, Acts of State, EPIL I (1992) 17 ff.
186 American Law Institute, Restatement (Third) of the Foreign Relations Law of the United States, Bd 1,
1987, § 444; vgl *Herdegen*, Internationales Wirtschaftsrecht, § 20 Rn 20.

Kreuter-Kirchhof

den Vorteil größerer Detailschärfe. Die BR Deutschland verwendet einen Mustervertrag.[187] Der Typus des bilateralen Investitionsvertrags findet sich erstmals im Abkommen zwischen der BR Deutschland und Pakistan v 1959;[188] seither hat die Bundesrepublik mehr als 135 solcher Verträge unterzeichnet. Andere Industriestaaten sind dieser Praxis gefolgt.[189] Seit Beginn der 1980er Jahre schlossen auch die USA solche Verträge allerdings mit einem breiteren Konzept ab. Diese regeln im Prinzip auch den Marktzugang für den US-Investor.[190] Seit Dezember 2009 liegt in der EU die Kompetenz zum Abschluss von Investitionsschutzverträgen nicht mehr bei den Mitgliedstaaten, sondern bei der Union.[191] Sog *gemischte Abkommen,* die etwa auch die Beilegung von Streitigkeiten zwischen Investoren und Staaten regeln, kann die EU allerdings nach wie vor nicht ohne Mitwirkung der Mitgliedstaaten abschließen.[192] Im Allgemeinen beruhen die Investitionsschutzverträge auf einem einheitlichen Regelungsmuster. Eingangs finden sich Bestimmungen über den Begriff der Investitionen,[193] den Kreis der Individuen und Gesellschaften, die sich auf das Abkommen berufen können, sowie über die zeitliche Anwendbarkeit. Ein weiterer Komplex enthält Vorschriften über die vereinbarte Behandlung der geschützten Investitionen; hier finden sich Vorschriften etwa über eine faire Behandlung, über vollen Schutz und volle Sicherheit sowie die Inländergleichbehandlung und die Meistbegünstigung.[194] Häufig wird festgelegt, dass ein Verstoß gegen eine Vereinbarung des Gastlands mit dem Investor zugleich als Verstoß gegen den bilateralen Investitionsschutzvertrag angesehen wird („Schirmklausel").[195] Der Zugang zu den nationalen Gerichten gehört ebenso wie etwa die Behandlung in Kriegszeiten zu diesem Abschnitt. Ausführlicher sind Fragen des Transfers von Zahlungen des Unternehmens vom Gastland in das Heimatland geregelt, einschließlich der Konvertierbarkeit der Währungen. Im Mittelpunkt stehen detaillierte Vorschriften über Begriff, Zulässigkeit

---

187 Vgl Deutscher Mustervertrag über die Förderung und den gegenseitigen Schutz von Kapitalanlagen v 2009.

188 Vgl *Venzke/Günther,* Völkerrechtlicher Investitionsschutz Made in Germany? Zur Genese und Gestalt des ersten BIT zwischen Deutschland und Pakistan (1959), ZaöRV 82 (2022) 73 ff.

189 S zur Auflistung der aktuellen Investitionsschutzverträge vieler Staaten die Homepage des International Investment Agreements Forum (<www.unctad.org>).

190 Zur Entwicklung der Praxis *Dolzer/Kriebaum/Schreuer,* Principles, 17 ff.

191 Zu Übergangsregelungen s VO (EU) Nr 1219/2012 v 12.12.2012, ABl EU Nr L 351/40, mittlerweile sind auch die meisten Investitionsschutzverträge zwischen den Mitgliedstaaten aufgrund des Übereinkommens zur Beendigung bilateraler Investitionsschutzverträge zwischen den Mitgliedstaaten der Europäischen Union (ABl EU 2020, Nr L 169/1) außer Kraft getreten.

192 EuGH, Gutachten 2/15 v 16.5.2017, ECLI:EU:C:2017:376 zum Freihandelsabkommen zwischen der EU und Singapur.

193 Hierzu *Dolzer,* The Notion of Investment in Recent Practice, FS Feliciano, 2005, 261 ff.

194 Zu diesen Komplexen s o Rn 19 ff, 23 ff, 26 ff.

195 Hierzu *Dolzer,* Schirmklauseln in Investitionsschutzverträgen, FS Tomuschat, 2006, 281 ff; *v. Walter,* Die Reichweite von Schirmklauseln in Investitionsschutzabkommen nach der jüngsten ICSID-Spruchpraxis, RIW 2006, 815 ff; *Dolzer/Kriebaum/Schreuer,* Principles, 271 ff.

Kreuter-Kirchhof

und Rechtsfolgen der Enteignung; vereinbart wird generell die Pflicht zur Entschädigung des Marktwerts. Erhebliche Bedeutung – auch im präventiven Sinn – kommt den Vorschriften über die Streitschlichtung zu.[196] Insoweit werden sowohl Verfahren zwischen Investor und Gaststaat als auch solche zwischen dem Heimatstaat des Investors und dem Gaststaat vorgesehen.

Die Verhandlungen um ein *multilaterales* Investitionsschutzabkommen *(MAI)* wur- 51 den 1995 im Rahmen der OECD eingeleitet, um den bestehenden Flickenteppich bilateraler Abkommen durch ein einheitliches internationales Regelwerk zu ersetzen, welches Auslandsinvestitionen in umfassender Art schützt.[197] Geschützt werden sollten Vermögenswerte jeder Art (auch mittelbar kontrollierte), die als Investitionen angesehen werden können; die USA versuchten, auch geistiges Eigentum einzubeziehen. Das MAI sollte nicht nur die Behandlung bereits getätigter Investitionen (wie in den früheren Abkommen europäischer Staaten), sondern auch die Zulassung von Investitionen nach dem Vorbild US-amerikanischer Abkommen erfassen; auch dafür sollten die Gebote der Meistbegünstigung und insbes der Inländergleichbehandlung gelten. Die Einführung neuer investitionshinderlicher Vorschriften sollte untersagt sein *(standstill)*. Für den Fall von Enteignungen war die Entschädigung nach der *Hull*-Formel vorgesehen. Umstritten blieb u a, in welcher Weise das MAI auf soziale und ökologische Belange eingehen sollte. Strittig war auch, ob ganze Sektoren ausgenommen werden konnten, wie dies etwa Frankreich und Kanada entsprechend dem Vorbild des GATT für die Kulturindustrie forderten. Im Ganzen erwies sich das MAI als ein allzu ehrgeiziger Versuch, eine globale Regelung zur Öffnung der Märkte für Auslandsinvestitionen analog den handelsbezogenen Regeln der WTO zu vereinbaren. Auch zwischen den Industriestaaten bestand in wesentlichen Fragen keine Einigkeit, sodass die Verhandlungen 1998 schließlich scheiterten.

---

196 Hierzu *Dolzer/Kriebaum/Schreuer*, Principles, 334f; *Jacob*, Bilateral Investment Treaties, in MPEPIL, Rn 44ff.

197 Vgl dazu *Karl*, Das Multilaterale Investitionsabkommen, RIW 1998, 432; *Malanczuk*, State-State and Investor-State Dispute Settlement in the OECD Draft Multilateral Investment Agreement, JIEL 3 (2000) 417ff. – Die OECD konnte insoweit an ihre unverbindlichen Richtlinien aus dem Jahre 1961 (Codes of Liberalisation of Current Invisible Operations and of Capital Movements), aus dem Jahre 1976 (Declaration on International Investment and Multinational Enterprises, ILM 15 [1976] 967ff; als Annex 1: Guidelines for Multinational Enterprises; eine Überarbeitung der Leitsätze erfolgte im Jahr 2000) sowie auch an die Guidelines on the Treatment of Foreign Direct Investment der Weltbank (ICSID R-FILJ 7 [1992] 297ff) anknüpfen. Vgl hierzu *Tschofen*, Multilateral Approaches to the Treatment of Foreign Investment, ICSID R-FILJ 7 (1992) 384ff; *Petersmann*, Codes of Conduct, EPIL I (1992) 627ff; *Buxbaum/Riesenfeld*, Investment Codes, EPIL II (1995) 1439ff. Dokumente zu den Verhandlungen des MAI sind zu finden unter <www.oecd.org/daf/mai>.

Kreuter-Kirchhof

52   Das wichtigste bestehende *multilaterale* Abkommen ist das über die Errichtung der *Multilateralen Investitions-Garantie-Agentur (MIGA)* v 11.10.1985.[198] Auf eine Initiative des Gouverneursrats der Weltbank zurückgehend versichert die MIGA nichtkommerzielle Investitionsrisiken in Entwicklungsländern und fördert den Kapitaltransfer in diese Staaten. Versicherungsfähig sind das Transferrisiko (Behinderungen beim Umtausch/Transfer einer Währung), das Enteignungsrisiko sowie das Risiko einer Vertragsverletzung und einer militärischen Auseinandersetzung. Praktische Bedeutung hat die Weltbanktochter vor allem bei schleichenden Enteignungen und bei Devisenbeschränkungen.[199]

53   Das *ICSID-Abkommen*[200] führt im Streitfall – wenn sich die Parteien darauf einigen – ein Schiedsverfahren zwischen dem Gaststaat und dem Unternehmen durch, an dessen Ende eine völkerrechtlich bindende Entscheidung steht;[201] die Unwägbarkeiten eines rein (einzel-)staatlichen Verfahrens werden damit vermieden. Art 42 des ICSID-Abkommens legt fest, dass im Zweifel das Recht des Gastlands anwendbar ist und Völkerrecht insoweit zur Geltung kommt, als es einschlägig ist *(those rules of international law as may be applicable)*. In der Praxis haben mehrere Gerichte diese Norm – in einer den Anwendungsbereich nationalen Rechts erheblich einengenden Betrachtungsweise – so ausgelegt, dass völkerrechtliche Normen nicht nur Lücken des nationalen Rechts füllen, sondern auch iSe hierarchischen Ordnung im Falle eines inhaltlichen Konflikts Vorrang vor dem nationalen Recht haben.[202] Im Ganzen erweitert ICSID die Rechte der Unternehmen weit hinaus über deren Status im allgemeinen Völkerrecht. ICSID wird zunehmend in der Praxis akzeptiert und angerufen. 164 Staaten sind derzeit Mitglieder (Stand: 30.6.2021); im Juni 2021 waren 838 Fälle abgeschlossen; 332 Fälle wurden im Jahr 2021 bearbeitet.[203] Internationale Streitschlichtungsmechanismen erlangen somit im Bereich der Investitionen wie auch dem des Handels zunehmend praktische Bedeutung.

---

198 BGBl 1987 II, 455 ff, letzte Änd in BGBl 2011 II, 1261. Dazu *Ebenroth/Karl*, Die Multilaterale Investitions-Garantie-Agentur, 1989; *Rindler*, Der Schutz von Auslandsinvestitionen durch die MIGA, 1999; *Schaufelberger*, La protection juridique des investissements dans les pays en voie de développement, 1993; *Shihata*, MIGA and Foreign Investment, 1988; *Stern*, Die Multilaterale Investitions-Garantie-Agentur (MIGA), 1990; *Schill*, Multilateral Investment Guarantee Agency (MIGA), in MPEPIL.
199 Die MIGA verfügt über 182 Mitgliedsländer (Stand: 1.8.2022).
200 Das ICSID (International Centre for Settlement of Investment Disputes) wurde 1965 unter dem Dach der Weltbank errichtet; umfassend hierzu *Schreuer et al*, The ICSID Convention, 2009; *Schreuer*, International Centre for Settlement of Investment Disputes (ICSID), in MPEPIL.
201 Vgl Art 53 des ICSID-Abkommens.
202 *Dolzer*, in Binder et al (Hrsg), International Investment Law for the 21st Century, 2009, 818 ff.
203 S ICSID (Hrsg), ICSID 2021 Annual Report, 22. Gestützt auf den Energiechartavertrag war auf Antrag von Vattenfall ein Verfahren gegen die BR Deutschland zur Überprüfung der 13. Novelle des Atomgesetzes („Atomausstieg") anhängig, vgl ICSID ARB/12/12. Nachdem der EuGH im *Achmea*-Urteil Regelungen über Schiedsgerichte in bilateralen Investitionsschutzabkommen zwischen EU-Mitgliedstaaten (Intra-EU-BITs) für mit dem EU-Recht unvereinbar erklärt hatte, bestätigte das ICSID-Schiedsgericht am 31.8.2018 seine Zuständigkeit für das Vattenfall-Verfahren insbes unter Verweis auf den multilateralen Charakter des Energiechartavertrags. Die BR Deutschland und die Klägerinnen erklärten nach einer Einigung das Verfahren am 1.11.2021 für beendet.

Vorgeschlagen wurde, einen ständigen multilateralen Investitionsgerichtshof einzurichten, der an die Stelle bilateraler Investitionsgerichtssysteme treten soll. Der Rat der EU erteilte der Kommission im Jahre 2018 ein Mandat zur Aufnahme entsprechenden Verhandlungen, deren Ausgang freilich ungewiss ist.[204]

Außerhalb des Völkerrechts bestehen *staatliche* Investitionssicherungsprogramme.[205] Neben dem Schutz des Investors (durch Garantievertrag) können sie auch der Umwelt- und der Entwicklungshilfepolitik dienen. In Deutschland („Hermes-Versicherungen") finden sie ihre formelle Grundlage in den Haushaltsgesetzen des Bundes.[206] Für den *privaten* Versicherungsmarkt der Auslandsinvestitionen sei etwa an „Lloyds" (London) erinnert. 54

Derzeit spricht viel dafür, dass sich das künftige Regelwerk an wichtigen Punkten ändern wird. Abkommen der EU treten an die Stelle der bisherigen Vereinbarungen der Mitgliedstaaten. Mehr als 1.400 Verträge könnten nach und nach außer Kraft gesetzt werden; damit geht auch die Ära erfolgreicher deutscher Vertragspolitik zu Ende.[207] Auch inhaltlich zeichnen sich wichtige Änderungen ab, insbes bei der Streitbeilegung,[208] aber auch bei der Ausgestaltung des „fair and equitable treatment" oder der Meistbegünstigung. Anders als bei der Übernahme der Kompetenzen durch die EU 2009 angenommen, wird der Schutz der Investoren durch die neuen Verträge im Vergleich zur früheren deutschen Vertragspraxis eher geschwächt werden. Den Unternehmen bleibt es unbenommen, in Investitionsverträge mit den Gaststaaten Garantien aufzunehmen, die über die neuen Verträge hinausgehen. 55

b) Transnationale Unternehmen

Träger des internationalen Waren-, Dienstleistungs- und Zahlungsverkehrs sind in erster Linie private Unternehmen. Eine entscheidende Rolle spielen dabei die mit beachtlicher Wirtschaftskraft ausgestatteten transnationalen (oder multinationalen) Unter- 56

---

204 Rat der Europäischen Union, 12981/17 ADD 1 DLC 1, Verhandlungsrichtlinien für ein Übereinkommen zur Errichtung eines multilateralen Gerichtshofs für die Beilegung von Investitionsstreitigkeiten v 1.3.2018. Vgl *Stöbener de Mora,* Investitionsschutz unter neuen Vorzeichen – Das Konzept der EU im weltweiten Kontext, EuZW 2021, 325 (328 f); *Bungenberg/Reinisch,* Draft Statute of the Multilateral Investment Court, 2021.
205 Hierzu *Herdegen,* Internationales Wirtschaftsrecht, § 23 Rn 110 ff.
206 Offiziell werden „Hermes"-Bürgschaften als „Bundesgarantien für Kapitalanlagen im Ausland" bezeichnet. Im Jahr 2021 wurden Bürgschaften iHv 2,6 Mrd Euro (Kapital und Erträge) übernommen, BMWK (Hrsg) Investitionsgarantien Jahresbericht 2021, 8. Zur Frage des Verwaltungsrechtsschutzes: *Sellner/Külpmann,* Rechtsschutz bei der Gewährung von Hermes-Bürgschaften, RIW 2003, 410 ff.
207 Beschleunigt wurde dies insbes durch das Achmea-Urteil des EuGH (C-284/16) und das darauffolgende Übereinkommen zur Beendigung bilateraler Investitionsschutzverträge zwischen den Mitgliedstaaten der Europäischen Union.
208 So enthält das Freihandelsabkommen CETA zwischen der EU und Kanada ein ständiges Investitionsschutzgericht (vgl Art 8.27).

Kreuter-Kirchhof

nehmen, auch solche aus Schwellenländern.[209] Bei diesen handelt es sich um private oder öffentliche *Unternehmen, die mit ihren Einrichtungen* (bspw Zweigniederlassungen, Tochterunternehmen) *in mehreren Ländern operativ tätig sind, diese besitzen oder kontrollieren.*[210] Zu klären ist insbes, wer für diese Unternehmen diplomatischen Schutz ausübt, und wie die Verträge zu charakterisieren sind, die diese Unternehmen mit Staaten abschließen. Auch stellt sich die Frage, ob diese Unternehmen an international anerkannte menschenrechtliche, umweltrechtliche und sozialrechtliche Standards gebunden sind.

57   *Der diplomatische Schutz* eines multinationalen Unternehmens bestimmt sich nach dessen Staatszugehörigkeit.[211] Das Völkerrecht verweist im Rahmen des *genuine link*-Erfordernisses[212] auf die staatlichen Rechtsordnungen. Diese halten jeweils eigene Anknüpfungskriterien bereit. Nach der auch „Inkorporationstheorie" genannten *Gründungstheorie*, die im angelsächsischen Raum vorherrscht, ist auf den Staat abzustellen, nach dessen Recht das Unternehmen gegründet worden ist.[213] Dieser Ansatz hat den Vorteil eindeutiger Feststellbarkeit der Staatszugehörigkeit. Das Unternehmen kann sich qua Standortentscheidung den Staat des diplomatischen Schutzes selbst aussuchen. Darin kann gleichzeitig ein Nachteil liegen, wird doch vom Völkerrecht ein genuiner Bezug zum Schutzstaat verlangt. Diesem Problem entgeht die in der Vergangenheit in Kontinentaleuropa verbreitete *Sitztheorie*.[214] Für sie ist der tatsächliche Geschäftssitz entscheidend, also der Ort, an dem „die Geschäftsführungsakte umgesetzt werden".[215] Dieser Ansatz bereitet Schwierigkeiten etwa bei einer Verlegung des Sitzes. Die *Kontrolltheorie* schließlich löst sich von der Rechtspersönlichkeit des Unternehmens und fragt danach, welche Staatsangehörigkeit die Mehrheit der Kapitaleigner besitzt. Diese Theo-

---

209 Allg dazu *Wildhaber*, Internationalrechtliche Probleme multinationaler Korporationen, BerDGVR 18 (1978) 7ff; *Schwartmann*, Beteiligung privater Unternehmen im Wirtschaftsvölkerrecht, ZVglRWiss 102 (2003) 75ff; *Weilert*, Transnationale Unternehmen im rechtsfreien Raum? Geltung und Reichweite völkerrechtlicher Standards, ZaöRV 69 (2009) 883ff.
210 *Herdegen*, Internationales Wirtschaftsrecht, § 4 Rn 62. Vgl *Epping*, in Ipsen (Hrsg), Völkerrecht, 7. Aufl 2018, § 11 Rn 16.
211 Ähnliche Fragen treten bei der Staatsangehörigkeit (natürlicher Personen) auf; dazu <u>*Kau*</u>, 3. Abschn Rn 128ff.
212 Zum *genuine link*-Erfordernis im Völkerrecht ausf *Ziegenhain*, Extraterritoriale Rechtsanwendung und die Bedeutung des Genuine-Link-Erfordernisses, 1992; *Sloane*, Breaking the Genuine Link, Harvard ILJ 51 (2009) 1ff; s <u>*Kau*</u>, 3. Abschn Rn 139, 152 und *Dörr*, Nottebohm Case, in MPEPIL, Rn 6, 12ff.
213 Vgl *Reithmann/Martiny*, Internationales Vertragsrecht, 9. Aufl 2022, § 6 Rn 6.6 und 6.7; *Dolzer/Kriebaum/Schreuer*, Principles, 63ff.
214 Vgl zur Auseinandersetzung zwischen der Sitz- und der Gründungstheorie im Kontext der Niederlassungsfreiheit in der EU auch die *Centros-*, die *Überseering-* und die *Inspire Art*-Entscheidungen des EuGH (Slg 1999, I-1459; Slg 2002, I-9919; Slg 2003, I-10155) sowie BGHZ 154, 185; BGHZ 164, 148. Zum Diskussionsstand *Leible/Hoffmann*, „Überseering" und das (vermeintliche) Ende der Sitztheorie, RIW 2002, 925; *Roth*, Internationales Gesellschaftsrecht nach *Überseering*, IPRax 2003, 117.
215 BGHZ 97, 269, 272 unter Berufung auf *Sandrock* und *Großfeld*.

Kreuter-Kirchhof

rie erweist sich meist als Korrektiv zum Nachteil des Unternehmens.[216] Sie wird insoweit noch u a in Kriegszeiten angewendet.[217]

Multinationale Unternehmen schließen oft selbst *mit Staaten Verträge* ab, um be- 58 stimmte Wirtschaftstätigkeiten nicht dem allgemeinen Recht des jeweiligen Gastlands unterwerfen zu müssen. Besonderheiten bestehen etwa bei langfristig angelegten Vorhaben, welche auf die gesamtwirtschaftliche Entwicklung des Gastlands Einfluss nehmen *(economic development agreements)*.[218] Rechtlicher Ausgangspunkt der Ausgestaltung dieser Verträge ist der Grundsatz der territorialen Souveränität. Schon der StIGH hatte im Fall *Serbische Anleihen* klargestellt, dass bei Fehlen besonderer Absprachen zwischen dem Staat und dem ausländischen Unternehmen das Recht des Gastlands auf die gegenseitigen Rechtsbeziehungen Anwendung findet.[219] Ebenso hatte der Gerichtshof freilich festgestellt, dass die staatliche Souveränität auch die Befugnis umfasst, vertragliche Sonderregelungen zu schaffen, auch im Verhältnis zu ausländischen Unternehmen.

Dies öffnet rechtlich den Weg zu einer Vielzahl denkbarer Regelungsmuster: von 59 der vollständigen Unterwerfung unter die allgemeine Gesetzgebung des Gastlands – wie in den Industriestaaten üblich – bis hin zur umfassenden Einigung auf die Anwendbarkeit völkerrechtlicher Normen.[220] In der internationalen *Rechtspraxis* der vergangenen Jahrzehnte hat sich vor diesem Hintergrund eine Metamorphose der Rechtsbeziehungen zwischen den Entwicklungsländern und den multinationalen Unternehmen vollzogen.[221] Die Schubkräfte dieses fortdauernden wandelhaften Prozesses hatten ihren Ausgangspunkt im Anliegen der multinationalen Unternehmen, möglichst große *Rechts-*

---

216 Im *Barcelona Traction*-Fall, ICJ Rep 1970, 3, 39 wurde sie vom IGH zu Lasten der Gesellschafter abgelehnt: Eine Klagebefugnis Belgiens wurde unter Hinweis auf die Eintragung der Gesellschaft in Kanada verneint, obwohl deren Anteile mehrheitlich in den Händen belgischer Staatsangehöriger lagen. IE anders indes IGH, *Elettronica Sicula (ELSI)*, ICJ Rep 1989, 15. Vgl hierzu *Dolzer*, Zur Bedeutung der ELSI-Entscheidung des Internationalen Gerichtshofs, IPRax 3 (1992) 137 f.
217 Die dargestellten unterschiedlichen Anknüpfungspunkte der nationalen Rechtsordnungen können zu mehreren Staatszugehörigkeiten eines Unternehmens führen. In diesem Fall entscheidet das Völkerrecht nach der effektiven Staatszugehörigkeit.
218 Vgl *Nowrot*, in Tietje/Nowrot (Hrsg), Internationales Wirtschaftsrecht, 3. Aufl 2021, § 2 Rn 78 ff mwN.
219 *Serbian Loans*-Fall, PCIJ, Ser A, No 20, 41: „Any contract which is not a contract between States in their capacity as subjects of international law is based on the municipal law of some country." Haftungsfragen hat das Gericht hier nicht angesprochen.
220 Gerade auf diesem Feld zeigt sich also, dass eine strikte Abtrennung des Völkerrechts vom nationalen Recht für den Bereich des internationalen Wirtschaftsrechts aus der Sicht der Rechtspraxis als künstlich und unzulänglich erscheinen muss.
221 Vgl hierzu näher *El-Kosheri*, The Particularity of the Conflict Avoidance Methods Pertaining to Petroleum Agreements, ICSID R-FILJ 11 (1996) 272 ff; *Delaume*, The Proper Law of State Contracts Revisited, ICSID R-FILJ 12 (1997) 1 ff; *Bernardini*, The Renegotiation of Investment Contracts, ICSID R-FILJ 13 (1998) 411 ff; *Leben*, La théorie du contrat d'Etat et l'évolution du droit des investissements, RdC 302 (2003) 197 ff; *Dolzer/Kriebaum/Schreuer*, Principles, 122 ff.

sicherheit für die gesamte Laufzeit ihres Vorhabens zu gewinnen; wechseln Regierungen und mit ihnen das Recht häufig, so wird damit auch die Kalkulierbarkeit des wirtschaftlichen Handelns in Frage gestellt. Bestimmte diese Sicht der ausländischen Unternehmen die Rechtspraxis weitgehend in den ersten Jahrzehnten nach 1945, so änderte sich die Lage mit der zunehmenden Betonung staatlicher Souveränität in den Entwicklungsländern. Deren *Forderung nach „permanenter Souveränität über Naturreichtümer"* fand ihren Ausdruck gerade auch in der Ausgestaltung der langfristigen Rechtsbeziehungen mit multinationalen Unternehmen. Speziell im Ölgeschäft verstärkte sich das Bewusstsein dieser Souveränität in den 1970er Jahren, nachdem es der OPEC gelungen war, den Ölpreis in kurzer Zeit massiv zu erhöhen. Infolgedessen wurde die staatliche Souveränität in vielen Verhandlungen besonders betont. Ab Beginn der 1980er Jahre hielten viele Staaten grundsätzlich an diesem Standpunkt fest, sahen aber stärker die *Notwendigkeit praktischer Kooperationen.* Anerkannt wurden legitime Interessen der transnationalen Unternehmen sowie die Notwendigkeit, gerade langfristige gegenseitige Beziehungen flexibel auszugestalten. Begleitet wurde dies von einer sich oft differenziert entfaltenden einschlägigen innerstaatlichen Gesetzgebung.

60   Diese unterschiedlichen Ansatzpunkte führten in der Vergangenheit zu einer Fülle verschiedener Vertragsmuster, die freilich strukturell einigen wenigen Grundtypen zugeordnet werden können. Kennzeichnend war zunächst – auch angesichts des Fehlens sachbezogener Regelungen im innerstaatlichen Recht der Entwicklungsländer – oft eine Rechtswahlklausel. Diese unterwarf die Verträge den „allgemeinen Rechtsprinzipien", die freilich nicht näher definiert wurden. Schon frühzeitig äußerten Unternehmen den Wunsch nach einer expliziten Referenz auf das Völkerrecht: Mittels der Verweisung auf das Völkerrecht und der Einigung auf eine internationale Schiedsgerichtsbarkeit im Streitfall sollten die Abkommen den Unwägbarkeiten künftiger Entwicklungen des nationalen Rechts entzogen werden. Entsprechende Klauseln wurden teils für den gesamten Vertrag, teils für Einzelaspekte vereinbart, insbes für die Höhe der Entschädigung im Falle der Enteignung.

61   Die *dogmatische Einordnung solcher Verträge* ist immer schwergefallen. Sie als völkerrechtliche Verträge zu qualifizieren, wäre insoweit systemwidrig, als das Völkerrecht allgemein Private als Vertragspartner nicht kennt. Um dieses Problem zu umgehen, wurde versucht, eine begrenzte Völkerrechtsfähigkeit der Privaten, zugeschnitten auf diese Fälle, zu konstruieren.[222] Daran wird kritisiert, dass das Einverständnis eines einzelnen Staates nicht die (wenn auch nur partielle) Völkerrechtssubjektivität seines

---

222 *Böckstiegel,* Der Staat als Vertragspartner ausländischer Privatunternehmen, 1971; Schiedsrichter *Dupuy* im Libyschen Erdölstreit, Texas Overseas Petroleum Co. & California Asiatic Oil Co. v Libyan Arab Republic, ILM 17 (1978) 1ff. Die eindeutige Anerkennung einer Internationalisierung iSe umfassenden Derogation der Hoheit des staatlichen Vertragspartners in dieser Entscheidung fand keine allseitige Zustimmung. Zu den Schiedssprüchen im Libyschen Erdölstreit auch *Greenwood,* State Contracts in International Law, BYIL 53 (1982) 27ff.

Kreuter-Kirchhof

privaten Vertragspartners begründen kann;[223] immerhin lässt sich die analoge Anwendung der Regeln des Völkerrechts auf der Basis des Parteiwillens gut begründen.[224] Das Grundproblem ist damit allerdings nicht gelöst. Der *Verweis* auf das Völkerrecht unterliegt als Vertragsbestandteil nationalem Recht und ist so weiterhin der Gefahr einseitiger Änderung durch den Vertragsstaat unterworfen. Freilich bleibt insoweit der Grundsatz des guten Glaubens zu beachten.

Auf der Suche nach alternativen, funktional äquivalenten Regelungskonzepten griffen die Vertragspartner zunehmend auf *Stabilisierungsklauseln* zurück.[225] Im Grundsatz anerkennen diese die staatliche Hoheit des Gastlands; gleichzeitig wird aber durch ein „Einfrieren der Rechtsordnung" Rechtssicherheit für die Vertragspartner angestrebt. Vereinbart wird, dass das zum Zeitpunkt des Vertragsabschlusses geltende Recht für die gesamte Laufzeit des Vertrags Anwendung findet. In der Praxis wurden unterschiedliche Klauseln vereinbart. Teilweise erstrecken sie sich nur auf das Steuerrecht, seltener auf den Bereich des Arbeits- und des Sozialrechts. Sie unterscheiden sich in ihrem zeitlichen Geltungsbereich und der Frage des freien Währungstransfers für das Unternehmen und seine ausländischen Angestellten. Alle diese Ansätze werfen indes die Frage nach ihrer rechtlichen Effizienz auf: Inwiefern hindern sie das Gastland an einer späteren Rechtsänderung?[226] Nach dem Grundsatz von Treu und Glauben kann sich ein Gastland nicht auf seine Souveränität berufen, wenn es eine Stabilisierungsklausel ignoriert oder gar außer Kraft setzt.

Eine stärkere gegenseitige Rücksichtnahme zwischen den Staaten und den Privaten einschließlich der damit verbundenen geringeren Betonung der staatlichen Souveränität kam in der Vertragspraxis darin zum Ausdruck, dass *völkerrechtliche Regeln* in verschiedenen Varianten *als Ergänzung* und Korrektiv des Grundsatzes der Anwendbarkeit des nationalen Rechts des Gastlands anerkannt wurden.[227] Ihren Grund finden diese Vereinbarungen in der innerstaatlichen Anwendbarkeit des Völkerrechts auf der Grundlage der Verfassung des Gastlands oder in dem Willen der Parteien. In der Praxis können sich die Parteien oft nicht entschließen, eine Regelung zur Hierarchie im Falle eines direkten Konflikts zwischen innerstaatlichem Recht und Völkerrecht ausdrücklich festzulegen. Trotz der damit verbundenen Unsicherheit scheint der praktische Umgang

---

223 Zu verschiedenen Argumenten *Epping*, in Ipsen (Fn 210) § 11 Rn 19 ff – Weniger stichhaltig sind Argumente, die auf die Gebietshoheit des Heimatstaats oder den Grundsatz *pacta sunt servanda* abstellen.

224 Vgl *Dolzer/Kriebaum/Schreuer*, Principles, 124 f.

225 Hierzu *Weil*, Les clauses de stabilisation ou d'intangibilité insérées dans les accords de développement économique, FS Rousseau, 1974, 301 ff; *Paasivirta*, Internationalization and Stabilization of Contracts versus State Sovereignty, BYIL (1989) 315 ff; *Faruque*, Validity and Efficacy of Stabilization Clauses, J Int Arbitrat 23 (2006) 317 ff; *Dolzer/Kriebaum/Schreuer*, Principles, 126 ff.

226 Vgl hierzu auch die *Aminoil*-Entscheidung, abgedr in ILM 21 (1982) 976 ff; dazu *Redfern*, The Arbitration between the Government of Kuwait and Aminoil, BYIL 55 (1984) 65 ff.

227 Vgl o Rn 53.

Kreuter-Kirchhof

mit solchen Klauseln für beide Seiten akzeptabel zu sein, ohne dass bisher alle Facetten eines so ausgestalteten Kompromisses ausgeleuchtet worden sind.

64   Ein anderer Ansatz der neueren Praxis besteht in der Vereinbarung von *Neuverhandlungsklauseln (renegotiation clauses).*[228] Die Parteien vereinbaren bereits im Investitionsabkommen, bei einer späteren Änderung der Lage im wirtschaftlichen, finanziellen oder rechtlichen Bereich im guten Glauben Neuverhandlungen zu führen und den Vertrag der veränderten Lage anzupassen. Je nach dem Willen der Vertragsparteien werden die spezifischen Umstände festgelegt, die die Pflicht zur Neuverhandlung auslösen. Vereinbart wird, welche Zielsetzung diese Verhandlungen haben, und welche Rolle den Vertragsparteien in Abgrenzung von Gerichten oder Schlichtern bei der Anpassung zukommt. Eine feste Praxis ist noch nicht erkennbar.[229] Oft legen die Verträge fest, dass das Ziel der Anpassung die Wahrung des „ökonomischen Equilibrium zwischen den Parteien" ist. Die damit geschaffene Flexibilität erkennt die Souveränität des Gastlands an, akzeptiert die Möglichkeit des Wandels im politischen, wirtschaftlichen und finanziellen Umfeld des Vertrags und anerkennt zugleich die legitimen Interessen des transnationalen Unternehmens bei der Durchführung des Vertrags im Falle eines solchen Wandels; das Konzept der legitimen Erwartungen *(legitimate expectations)*[230] vermittelt damit zwischen der einseitigen Betonung der Hoheit des Gastlands und der ausschließlichen Absolutierung der stabilitätsorientierten Interessen des Unternehmens, letztlich zwischen *Souveränität und Rechtssicherheit.* Die praktischen Erfahrungen mit solchen Klauseln werden in den kommenden Jahrzehnten zeigen, ob den Mindestanforderungen an die Rechtssicherheit Genüge getan und eine allseits tragfähige rechtliche Basis für langfristige Vertragsbeziehungen gefunden worden ist. Der Nutzen völkerrechtlicher Investitionsschutzverträge bleibt jedenfalls bestehen.

65   Investitionen transnationaler Unternehmen können aus Sicht der Entwicklungsländer einen ambivalenten Charakter haben. Sie können die wirtschaftliche und technologische Entwicklung in dem Gaststaat auf unterschiedliche Weise fördern, indem sie bspw Arbeitsplätze schaffen, die Infrastruktur verbessern, Know-how transferieren, Konzessionsgebühren zahlen. Gleichzeitig aber lassen sich ihnen gegenüber angesichts ihres wirtschaftlichen und politischen Gewichts staatliche Regelungen und Politiken nicht immer ohne Weiteres durchsetzen. Mitunter versuchen multinationale Unternehmen, in die Innenpolitik ihres Gastlands einzugreifen.[231] Nicht zuletzt angesichts der Sorge, transnationale Unternehmen könnten ihre wirtschaftliche Macht und Flexibilität nutzen, um (einzelstaatliche) Regelungen zu umgehen, verstärkten sich die Forderungen nach *internationalen umweltrechtlichen, menschenrechtlichen und sozialrechtlichen*

---

228 *Dolzer/Kriebaum/Schreuer,* Principles, 129 f mwN.

229 Vgl *Besch,* in Bungenberg/Griebel/Hobe/Reinisch (Hrsg), International Investment Law, 2015, Kap 3 II, Rn 118 ff.

230 *Dolzer,* New Foundations of the Law of Expropriation of Alien Property, AJIL 75 (1981) 553 (579 f); *Dolzer/Kriebaum/Schreuer,* Principles, 208 ff.

231 Ein bekanntes Bsp ist die Situation in Chile kurz vor dem Sturz von Staatschef *Allende.*

Kreuter-Kirchhof

Standards für transnationale Unternehmen.[232] So wurden verschiedene internationale Verhaltensregeln für transnationale Unternehmen mit dem Ziel aufgestellt, ein verantwortungsvolles wirtschaftliches Handeln der transnationalen Unternehmen *(corporate social reponsibility)* zu erreichen.[233] Hierzu zählen die Leitlinien der OECD für multinationale Unternehmen,[234] die von einer Arbeitsgruppe des Wirtschafts- und Sozialrats der UN erarbeiteten Verhaltensregeln für transnationale Unternehmen,[235] die Verhaltensregeln für transnationale Unternehmen eines Unterausschusses der UN-Menschenrechtskommission,[236] der Vorschlag des UN-Sonderberichterstatters für Menschenrechte und transnationale Unternehmen[237] und – auf Initiative des UN-Generalsekretärs – der Global Compact mit zehn universellen Prinzipien für verantwortungsvolle Unternehmensführung.[238] Diese Verhaltensregeln sind rechtlich nicht verbindlich. Der UN-Menschenrechtsrat arbeitet an einem Vertragsentwurf zur verbindlichen Festlegung menschenrechtlicher Standards.[239] Viele Unternehmen sind aber zunehmend sensibel für diese Anliegen und akzeptieren bestimmte Standards. Bemerkenswert in diesem Kontext ist eine jüngere ICSID-Entscheidung, wonach angesichts der völkerrechtlichen Entwicklung multinationale Unternehmen nicht mehr als „immun" gegenüber völkerrechtlichen Verpflichtungen angesehen werden könnten, sondern an menschenrechtliche Standards (das Recht auf Wasser) gebunden seien.[240]

---

232 Einige Staaten haben bereits Lieferkettengesetze verabschiedet, so etwa Deutschland (BGBl 2021 I, 2959) und Frankreich (Loi n°2017-399 v 27.3.2017 relative au devoir de vigilance des sociétés mères et des entreprises donneuses dordre). S auch den Vorschlag der Kommission für eine Richtlinie über die Sorgfaltspflichten von Unternehmen im Hinblick auf Nachhaltigkeit, COM(2022) 71 final v 23.2.2022.

233 S etwa Tripartite Declaration of Principles Concerning Multinational Enterprises and Social Policy, ILM 17 (1978) 422.

234 Richtlinien abgedr in ILM 40 (2001) 237 ff; OECD (Hrsg), OECD Guidelines for Multinational Enterprises, 2011; s auch *Heinemann,* Business Enterprises in Public International Law, in Fastenrath et al (Fn 88) 718 ff; zur jüngeren Praxis *Krajewski/Bozorgzad/Heß,* Menschenrechtliche Pflichten von multinationalen Unternehmen in den OECD-Leitsätzen: Taking Human Rights More Seriously?, ZaöRV 76 (2016) 309 ff.

235 UN Doc E/1990/94, Draft Code of Conduct on Transnational Corporations.

236 UN Doc E/CN.4/Sub.2/2002/12/Rev.2 (2003), Norms on the Responsibilities of Transnational Corporations and Other Business Enterprises with Regard to Human Rights. Hierzu *Fastenrath,* Die Verantwortlichkeiten transnationaler Unternehmen und anderer Wirtschaftsunternehmen im Hinblick auf die Menschenrechte, in von Schorlemer (Hrsg), „Wir, die Völker (...)" – Strukturwandel in der Weltorganisation, 2006, 69 ff. 2011 hat der Sonderbeauftragte der UN einen Bericht zu *Guiding Principles on Business and Human Rights* vorgelegt.

237 UN Doc A/HRC/17/31 v 21.3.2011, Guiding Principles on Business and Human Rights: Implementing the United Nations „Protect, Respect and Remedy" Framework.

238 <www.unglobalcompact.org>.

239 S UN Doc A/HCR/49/65/Add. 1 v 17.8.2021, Draft Legally Binding Instrument to Regulate in International Human Rights Law the Activities of Transnational Corporations and Other Business Enterprises.

240 ICSID, Urbaser S.A. v Argentine Republic, Case No ARB/07/26 v 8.12.2016, Rn 1195. Vgl Attanasio/Sainati, AJIL 111 (2017) 744 ff.

4. Welthandelsordnung

a) Instrumente des freien Welthandels: GATT und WTO

66 Das *Allgemeine Zoll- und Handelsabkommen* (General Agreement on Tariffs and Trade –
GATT) war die Frucht einer Serie internationaler Konferenzen am Ende des Zweiten
Weltkriegs, die die Welthandelsordnung und das internationale Währungssystem neu
ordneten. Während die *Havanna Charta* v 1948[241] mit umfänglichen Regeln zu Handel,
Wettbewerb, Entwicklungspolitik und Arbeitsmarkt u a am Widerstand des US-Kongres-
ses scheiterte, konnte 1947 mit der Unterzeichnung des GATT zumindest ein materiell-
rechtlicher Teilaspekt geregelt werden. Die Vertragsstaaten trugen später der wachsenden Notwendigkeit einer Liberalisierung des Handels Rechnung, indem sie den vom
GATT vorgegebenen Rahmen weitestgehend ausschöpften und durch zusätzliche Regelungen erweiterten. Das institutionell an sich höchst dürftig ausgestattete GATT wurde
immer mehr einer I.O. angenähert. Internationale Handelsrunden trieben die Bemühungen um einen Abbau von Zöllen und später auch von Handelsbarrieren voran.

67   Zu den Erfahrungen mit dem GATT-Regime gehörte lange Zeit, dass seine Handelsregeln nur eingeschränkt beachtet und durchgesetzt wurden.[242] Im Jahre 1994 wurde im
Zuge der Uruguay-Runde[243] das Welthandelssystem grundlegend reformiert. Errichtet
wurde eine Welthandels*organisation*.[244] Umfangreiche Kodizes regeln nun den internationalen Handel in *allen* seinen Aspekten und unterwerfen ihn einem grundsätzlich wirksamen Streitschlichtungssystem.[245] In Marrakesch (Marokko) wurden das *Übereinkommen zur Errichtung der Welthandelsorganisation* (World Trade Organization – WTO)
sowie zwanzig internationale Verträge verabschiedet, von denen sechzehn (GATT, GATS,
TRIPS sowie Zusatzabkommen zu speziellen Sachfragen) für alle Mitglieder der WTO
(„multilateral") und vier nur für die jeweiligen Signatare („plurilateral") gelten. Von Letzteren sind heute noch das Abkommen über den Handel mit zivilen Luftfahrzeugen und
das Abkommen über das öffentliche Beschaffungswesen in Kraft.[246] Das GATT wurde in
revidierter Fassung („GATT 1994") in diesen Vertragskorpus integriert, der am 1.1.1995 in
Kraft trat.[247] Im Unterschied zu GATT 1947 folgt der WTO-Komplex dem Ansatz des „Ein-

---

241 Abgedr in Deutsches Handels-Archiv 1949. Dazu *Wilcox*, A Charter for World Trade, 1949; *v Mickwitz*,
Die Welthandels-Charta, EA 1948, 1547 ff.

242 Vgl *Kopke*, Rechtsbeachtung und -durchsetzung in GATT und WTO, 1997; *Gallagher*, The First Ten Years of the WTO, 2005.

243 So benannt nach dem Seebad Punta del Este in Uruguay, wo im Jahre 1986 mit einer Ministertagung
die 8. GATT-Verhandlungsrunde eingeleitet worden war. Sie wurde 1993 abgeschlossen. Zum schwierigen
Verlauf *May*, Die Uruguay-Runde, 1994, 16 ff.

244 Vgl *Senti/Hilpold*, WTO, 2017, 15 ff; *Benedek* (Fn 60) 69 ff.

245 Vgl u Rn 75.

246 Die überarbeitete Fassung des Abkommens über das öffentliche Beschaffungswesen trat im April
2014 in Kraft. S insbes zur Korruptionsbekämpfung im überarbeiteten GPA *Schefer/Woldesenbet*, The Re-
vised Agreement on Government Procurement and Corruption, JWT 47 (2013) 1129 ff.

247 BGBl 1994 II, 1438 (ZustimmungsG); WTO-Übereinkommen: BGBl 1994 II, 1625. Slg der wichtigsten
Vorschriften bei *Tietje*, WTO, 2013. Einführend zur WTO: *Senti*, Welthandelsorganisation (WTO) in a Nuts-

heitsabkommens" *(single undertaking approach)*. Die Vertragsstaaten haben nur die Wahl, die grundlegenden Verträge *en bloc* anzunehmen oder der WTO fernzubleiben.[248]

Nach einer gescheiterten WTO-Ministertagung in Seattle (USA) im November 1999 **68** wurde schließlich im Jahr 2001 in Doha (Katar) die Aufnahme von Verhandlungen zu einer weiteren umfassenden Handelsrunde vereinbart. Ziel der Doha-Runde ist es, die Märkte zu öffnen und die Entwicklungsländer besser in das Welthandelssystem einzubinden.[249] Nach lange schleppenden Verhandlungen konnten erst in Bali im Jahr 2014[250] und in Nairobi im Jahr 2015[251] kleinere Fortschritte erzielt werden. Das in Bali verhandelte Abkommen über Handelserleichterungen *(Trade Facilitation Agreement – TFA)* will in erster Linie Ein- und Ausfuhrverfahren, Zollformalitäten und Transitbestimmungen vereinfachen. Für den Bereich der Landwirtschaft wurden Sonderregeln über die Verwaltung von Zollkontingenten verabredet. Die Staaten verpflichteten sich zudem, Exportsubventionen für landwirtschaftliche Produkte und ähnlich wirkende Maßnahmen abzuschaffen. Für die am wenigsten entwickelten Länder wurden Absprachen für einen verbesserten Marktzugang, für vereinfachte Ursprungsregeln, für Präferenzen im Dienstleistungsbereich sowie speziell für den Baumwollhandel Erleichterungen bei der Durchführung bestehender Regeln vereinbart. Dies trifft ein Kernanliegen der Doha-Runde. Gleichwohl haben sich die im Jahr 2002 vereinbarten Ziele als zu ambitioniert erwiesen. Das Konzept eines globalen Freihandels findet nur mehr eine begrenzte Unterstützung der Staaten. Vergleicht man die vielfältigen Absprachen zum bilateralen und multilateralen Freihandel außerhalb der WTO[252] in den vergangenen Jahrzehnten mit dem bescheidenen Fortschritt in der Doha-Runde, so fällt das Ergebnis für den globalen Anspruch der WTO nicht günstig aus. Eine Weiterentwicklung der WTO gelingt gegenwärtig nicht.[253] Das Prinzip der Einstimmigkeit in der WTO hindert

---

hell, 2009. Umfassender Überblick zum Welthandelsrecht: Hilf/Oeter (Hrsg), WTO-Recht; *Senti/Hilpold* (Fn 244); *Stoll/Schorkopf* (Fn 60); Bethlehem/McRae/Neufeld/v. Damme (Hrsg), International Trade Law, 2009; *Matsushita/Schoenbaum/Mavroidis*, The World Trade Organization, 3. Aufl 2015; *Herrmann/Weiß/ Ohler*, Welthandelsrecht, Rn 95 ff; *Krajewski*, Wirtschaftsvölkerrecht, Rn 191; Narlikar/Daunton/Stern (Hrsg), The Oxford Handbook on the World Trade Organization, 2012; *Schöbener*, Völkerrecht, 2014, 569 ff. Zur Entstehung vgl *Hudec*, Enforcing International Trade Law, 1993. Vgl im Übrigen *Hauser/Schanz*, Das neue GATT, 1995; *Petersmann*, Towards the „Constitutionalization" of the Bretton Woods System Fifty Years after its Foundation, FS Bernhardt, 1995, 1087 (1107 ff); *Beise*, Vom alten zum neuen GATT, in Graf Vitzthum (Hrsg), Europäische und Internationale Wirtschaftsordnung aus der Sicht der Bundesrepublik Deutschland, 1994, 179 ff.
248 "Nothing is agreed until everything is agreed", vgl WTO (Hrsg), Doha Declarations, 2003, 96; vgl *Oppermann*, Die Europäische Gemeinschaft und Union in der Welthandelsorganisation (WTO), RIW 1995, 919 ff.
249 Doha Deklaration v 14.11.2001, WT/MIN(01)/DEC/1, Präambel.
250 WTO, Ministerial Declaration and Decisions, 3.-6.12.2013, WT/MIN(13)/DEC (Bali-Paket).
251 Nairobi Ministerial Declaration v 19.12.2015, WTO/MIN(15)/DEC.
252 S u Rn 97 ff.
253 S *Chu/Lee*, Three Changes Not Foreseen by WTO Rules Framers Twenty-Five Years Ago, JWT 53 (2019) 895; *Shaffer*, Emerging Powers and the World Trading System, 2021; *Wilkinson*, Revisiting WTO Reform, in

vielschichtige erfolgreiche Verhandlungen. Gleichzeitig ist eine Reform in Richtung auf Mehrheitsentscheidungen nicht in Sicht.[254] Die Staaten stützen sich daher zunehmend auf bilaterale und multilaterale Vereinbarungen außerhalb der WTO. Große Handelsblöcke mit regionalen Absprachen treiben *de facto* eine Schwächung des GATT voran.[255] Die Vorteile eines weltweiten Freihandels für alle Staaten werden auch von früheren Verfechtern einer liberalen Welthandelsordnung in Frage gestellt – auch durch politisch motivierte Maßnahmen, die gegen WTO-Regeln verstoßen.[256]

GATT/WTO und die Welthandelsprinzipien

69 Der Umfang des Welthandels hat sich seit dem Zweiten Weltkrieg vervielfacht. Dies lässt sich schon an der Zahl der GATT-Vertragsstaaten ablesen. Zählte das Übereinkommen von Bretton Woods im Jahre 1948 nur 23 Parteien, waren es demgegenüber 111 Staaten, die in Marrakesch den Signaturakt vollzogen.[257] Heute sind 164 Staaten Mitglied der WTO (Stand: 1.9.2023).[258] Die Welthandelsordnung ruht auf den drei Säulen GATT, GATS und TRIPS; sie wird ergänzt durch plurilaterale Verträge und wird verklammert durch die WTO. Ihr Kernstück ist der *GATT/WTO-Komplex*.[259] Dieser umfasst gemäß Anhang 1 A zum WTO-Vertrag außer dem Text des „GATT 1947" in der zuletzt geltenden Fassung[260] und hiermit verbundener internationaler Vereinbarungen eine Reihe von *Understandings* der Uruguay-Runde zur Interpretation verschiedener GATT-Normen sowie das Protokoll von Marrakesch. Der Welthandel wird so einer Reihe von Prinzipien

---

Soobramanien/Vickers/Enos-Edu (Hrsg), WTO Reform, 2019, 7 ff; *Narlikar*, Trade Multilateralism in Crisis: Limitations of Current Debates on Reforming the WTO and Why a Game-Changer is Necessary, in ebd, 21 ff; *Soobramanien/Vickers*, Reshaping the WTO: Some Reflections on a Way Forward, in ebd, 77 ff; *Howse*, Making the WTO (Not So) Great Again: The Case Against Responding to the Trump Trade Agenda Through Reform of WTO Rules on Subsidies and State Enterprises, JIEL 23 (2020) 371 ff.

254 Zu plurilateralen Vereinbarungen iSv Joint Statement Initiatives (JSI) *Adlung/Mamdouh*, Plurilateral Trade Agreements: An Escape Route for the WTO?, JWT 52 (2018) 85 ff; *Hoekman/Sabel*, Plurilateral Cooperation as an Alternative to Trade Agreements: Innovating One Domain at a Time, Global Policy 12 (2021) 49 ff; *Kelsey*, The Illegitimacy of Joint Statement Initiatives and Their Systemic Implications for the WTO, JIEL 25 (2022) 2 ff.

255 S u Rn 100.

256 S *Lee*, Weaponizing International Trade in Political Disputes: Issues Under International Economic Law and Systemic Risks, JWT 56 (2022) 405 ff. Zum Handelsstreit zwischen den USA und China *Shaffer*, Governing the Interface of U. S.-China Trade Relations, AJIL 115 (2021) 622 ff; *Xiaotong/Flint*, Why and Whither the US-China Trade War?: Not Realist 'Traps' but Political Geography 'Capture' as Explanation, JWT 55 (2021) 335 ff.

257 Vgl *Senti*, GATT-WTO. Die neue Welthandelsordnung nach der Uruguay-Runde, 1994, 21 ff.

258 Afghanistan als jüngstes Mitglied ist im Juli 2016 beigetreten. Vgl <https://www.wto.org/english/thewto_e/whatis_e/inbrief_e/inbr_e.htm>.

259 S WTO Analytical Index: Interpretation and Application of WTO Agreements (<https://www.wto.org/english/res_e/publications_e/ai17_e/ai17_e.htm>).

260 Vgl *Moore*, The Decisions Bridging the GATT 1947 and the WTO Agreement, AJIL 90 (1996) 317 ff.

unterworfen. Ihr Ziel ist es, zur Öffnung eines nach wie vor nicht gänzlich freien Welthandels und zur Gewährleistung von Chancengleichheit für die Handelspartner beizutragen. Die Prinzipien binden nur die Mitgliedstaaten; der Einzelne kann ihnen grundsätzlich keine Rechtsposition entnehmen.[261] Umstritten ist jedoch immer noch die
unmittelbare Geltung der GATT-Prinzipien in der EU und in den Mitgliedstaaten.[262] Der
EuGH lehnt eine unmittelbare Geltung der WTO-Regeln grundsätzlich ab.[263]

Im Ganzen lassen sich in der Rechtsordnung des GATT sieben explizit oder implizit 70
begründete *Prinzipien* unterscheiden: die Grundsätze der Meistbegünstigung und Nichtdiskriminierung, der Gegenseitigkeit (Reziprozität), der besonderen Berücksichtigung
der wirtschaftlichen Bedürfnisse der Entwicklungsländer (Solidarität), des Gleichgewichts der Rechte und Verpflichtungen, der staatlichen Verantwortlichkeit für Schäden
aus rechtmäßigem wirtschaftlichen Handeln, des fairen Handels (*fair trade*, insbes gegen Dumping und Subventionen gerichtet) sowie der friedlichen Streitbeilegung.[264]

Zentrale Bedeutung hat das bereits erläuterte Prinzip der *Meistbegünstigung* 71
(Art I).[265] Räumt ein Staat einem anderen Staat – WTO-Mitgliedstaat oder nicht – Han-

---

261 Allerdings sieht die *Trade Barriers Regulation* der EG ein Antragsverfahren bei der Kommission zur
Überprüfung einer möglichen Verletzung internationaler Handelsregeln vor (VO [EG] Nr 3286/94 des Rates v 22.12.1994, ABl EG 1994, Nr L 349/71, zuletzt geänd durch VO [EU] Nr 654/2014 des EP und des Rates
v 15.5.2014, ABl EU 2014, Nr L 189/50); vgl *Cascante*, Rechtsschutz von Privatrechtssubjekten gegen WTO-
widrige Maßnahmen in den USA und in der EG, 2003.
262 Vgl zum Ganzen *Meng*, Gedanken zur Frage der unmittelbaren Anwendung von WTO-Recht in der
EG, FS Bernhardt, 1995, 1063ff; *Petersmann*, Darf die EG das Völkerrecht ignorieren?, EuZW 1997, 325ff;
Cottier, A Theory of Direct Effect in Global Law, FS Ehlermann, 2002, 99ff; *Griller*, Europarechtliche
Grundfragen der Mitgliedschaft in der WTO, FS Fischer, 2004, 53ff; *Mögele*, Die Rechtswirkungen von
WTO-Bestimmungen in der Gemeinschaftsrechtsordnung, FS Schmidt, 2006, 129ff; *Antoniadis*, The Euro-
pean Union and WTO Law, WTR 2007, 45ff; *Proelß*, WTO Regulations and European Community Law, in
Chirathivat/Knipping/Ryan/Welfens (Hrsg), The EU and ASEAN Facing Economic Globalization, 2007,
193ff; *Hilpold*, Die EU im GATT/WTO System, 2009; *Thies*, EU Membership of the WTO – International Trade Disputes and Judicial Protections of Individuals by EU Courts, Global Constitutionalism 2 (2013) 237ff;
Ruiz Fabri, Is There a Case – Legally and Politically – for Direct Effect of WTO Obligations?, EJIL 25 (2014)
151ff; zur unmittelbaren Geltung von Entscheidungen des DSB in der europäischen Union s *Tancredi*, On
the Absence of Direct Effect of the WTO Dispute Settlement Body's Decisions in the EU Legal Order, in
Cannizzaro/Palchetti/Wessel (Hrsg), International Law as Law of the European Union, 2012, 249ff; zur dezentralen Durchsetzung des WTO-Rechts in der EU s *Heidfeld*, Die dezentrale Durchsetzung des WTO-
Rechts in der Europäischen Union, 2012.
263 S EuGH, Rs C-149/96, Portugal v Rat; dazu Anm *Egli/Kokott*, AJIL 94 (2000) 740ff; Rs C-307/99, Frucht-
handelsgesellschaft; Rs C-377/02, Van Parys. S auch EuGH, Rs C-93/02, Biret II. Zur Anwendung des GATS
gegenüber Mitgliedstaaten s nun EuGH, Rs C-66/18, Kommission/Ungarn. Hierzu *Brauneck*, DÖV 2021, 989;
Boor, Das Vertragsverletzungsverfahren gegen das ungarische Hochschulgesetz und seine Auswirkungen
auf die Internationalisierung des Europäischen Verwaltungsrechts, RBHS 42 (2020); *Herrmann*/Streinz,
Die EU als Mitglied der WTO, in v. Arnauld/Bungenberg (Hrsg), Enzyklopädie Europarecht, Bd XII: Europäische Außenbeziehungen, 2021, § 11 Rn 116ff.
264 Vgl *Benedek* (Fn 60) 51ff.
265 Art I Abs 1 GATT: „Bei Zöllen und Belastungen aller Art, die anlässlich oder im Zusammenhang mit
der Einfuhr oder Ausfuhr oder bei der internationalen Überweisung von Zahlungen für Einfuhren oder

delsvorteile ein, hat er diese grundsätzlich „unverzüglich und bedingungslos" auch allen anderen Vertragsstaaten zu gewähren. Damit sollen für alle Staaten gleiche Wettbewerbsbedingungen auf den internationalen Märkten gewährleistet werden, wobei *Ausnahmen* für wirtschaftlich schwache Länder zulässig sind.[266] Eine andere, bedeutsamere Ausnahme bilden die *Zollunionen und Freihandelsabkommen* (Art XXIV Abs 5),[267] auf die sich die Meistbegünstigungsklausel gerade nicht bezieht. Mit den GATT/WTO-Zielen steht dieses Schema insoweit in einem Spannungsverhältnis, als Zollunionen und Freihandelszonen zwar den Wegfall von Handelshemmnissen im Inneren bewirken, zugleich aber zur Verfestigung von Handelsbarrieren „nach außen" beitragen; „Festung Europa" lautet das bekannteste Stichwort.[268] Die Zunahme neuer bilateraler und regionaler Handelsabkommen birgt eine Gefahr für die durch das GATT weltweit erreichte Liberalisierung[269] sowie einer weiteren Ausdifferenzierung handelsrechtlicher Regelungen *(spaghetti bowl effect).*[270] Dadurch droht eine Fragmentierung und Schwächung des internationalen Handelsrechts.[271] So können die Streitbeilegungsmechanismen der sog *Preferential Trade Agreements* (PTA) zu Entscheidungen führen, die denjenigen im Rahmen der WTO widersprechen.[272]

Ausfuhren auferlegt werden, bei dem Erhebungsverfahren für solche Zölle und Belastungen, bei allen Vorschriften und Förmlichkeiten im Zusammenhang mit der Einfuhr oder Ausfuhr und bei allen in Art III Absätze 2 und 4 behandelten Angelegenheiten werden alle Vorteile, Vergünstigungen, Vorrechte oder Befreiungen, die eine Vertragspartei für eine Ware gewährt, welche aus einem anderen Land stammt oder für dieses bestimmt ist, unverzüglich und bedingungslos für alle gleichartigen Waren gewährt, die aus Gebieten der anderen Vertragsparteien stammen oder für diese bestimmt sind."

266 Vgl dazu bereits die Ausführungen in o Rn 20 f.

267 Vgl u Rn 97 ff.

268 *Senti,* Regional Trade Agreements: 'Stepping Stones' or 'Stumbling Blocks' of the WTO, in Cremona/Hilpold/Lavranos/Schneider/Ziegler (Hrsg), Reflections on the Constitutionalisation of International Economic Law, 2014, 441 ff.

269 Vgl *Meng,* Die Doha-Runde – eine unendliche Geschichte, in Giegerich (Fn 145) 165 f.; *Senti,* Die Europäische Union in der Welthandelsorganisation, in Müller-Graff (Hrsg), Kernelemente der europäischen Integration, 2020, 495 (501 ff) sowie o Rn 68.

270 Vgl *Sutherland et al,* The Future of the WTO – Report to the Consultative Board to the Director-General Supachai Panitchpakdi, 2004, Rn 60; zum Begriff „spaghetti bowl effect" *Bhagwati,* US Trade Policy: The Infatuation with Free Trade Agreements, in ders/Krueger (Hrsg), The Dangerous Drift to Preferential Trade Agreements, 1995; zur Ausdifferenzierung handelsrechtlicher Regelungen *Leal-Arcas,* Proliferation of Regional Trade Agreements: Complementing or Supplanting Multilateralism?, Connecticut JIL 11 (2010-11) 597 ff.

271 Dazu *Delimatis,* The Fragmentation of International Trade Law, JWT 45 (2011) 87 ff. Hierzu näher u Rn 94 ff.

272 S dazu *Kwak/Marceau,* Overlaps and Conflicts of Jurisdiction between the World Trade Organization and Regional Trade Agreements, in Bartels/Ortino (Hrsg), Regional Trade Agreements and the WTO Legal System, 2006, 465 ff; *De Mestral,* Dispute Settlement under the WTO and RTAs: An Uneasy Relationship, JIEL 16 (2013) 777 ff; *Apaza Lanyi/Steinbach,* Limiting Jurisdictional Fragmentation in International Trade Disputes, JIDS 2014, 372 ff. In jüngerer Zeit lässt sich auch das Phänomen beobachten, dass andere internationale Streitbeilegungsorgane auf Regeln des WTO-Vertragswerks oder aber die Rechtsprechung des

Der Meistbegünstigungsgrundsatz wird durch den der *Inländergleichbehandlung* 72 (Art III Abs 4) ergänzt.[273] Ausgestaltungen dieser Prinzipien finden sich neben den Art I Abs 1 und III GATT u a auch in Art XIII.[274] Danach sollen Import- oder Exportrestriktionen, etwa mengenmäßige Beschränkungen im Handelsverkehr (vgl Art XI), nur in dem Umfang zulässig sein, in dem sie gegenüber dritten Staaten gelten. Das in der GATT/WTO-Präambel ausdrücklich angesprochene Prinzip der *Gegenseitigkeit*[275] lässt sich in der Praxis kaum je wirklich erreichen, streben die Handelspartner doch gerade danach, Handels- und Wettbewerbsvorteile zu erlangen. Insofern kann man aus dem Reziprozitätsprinzip kaum mehr ableiten als ein Gebot zu *fair play* als einer Ausprägung des Grundsatzes von Treu und Glauben.

Die *Tariffs only-Maxime* hat die Beschränkung handelspolitischer Schutzmaßnah- 73 men auf Zölle und den grundsätzlichen Ausschluss nichttarifärer Handelsbeschränkungen zum Gegenstand. Infolge der erreichten Zollsenkungen während der GATT-Runden haben nichttarifäre Handelshemmnisse im Welthandel an Bedeutung gewonnen. Aufgrund ihrer unterschiedlichen Erscheinungsformen sind sie schwer zu überwachen.[276] Sie können sich im Einzelfall als Schikanemaßnahmen erweisen; dies gilt besonders für Verfahrensregeln und technische Normen. Allerdings gilt der Ausschluss nichttarifärer Handelshemmnisse nicht unbegrenzt. So sind – grundsätzlich – nur mengenmäßige Beschränkungen der Ein- und Ausfuhr verboten (Art XI Abs 1). Der Grundsatz des *fair trade* richtet sich gegen Wettbewerbsverzerrungen aller Art, insbes gegen solche, die durch staatliche Subventionen oder Dumping – vornehmlich seitens privater Unternehmer – verursacht werden. Dies gilt auch in Bezug auf entsprechende Gegenmaßnahmen in Form von Antidumping- und Antisubventionsmaßnahmen.[277]

Der WTO-Vertragskomplex

Die *Welthandelsorganisation* (WTO) „bildet den gemeinsamen institutionellen Rahmen 74 für die Wahrnehmung der Handelsbeziehungen zwischen ihren Mitgliedern in Angelegenheiten im Zusammenhang mit den in den Anlagen dieses [WTO-]Übereinkommens enthaltenen Übereinkommen und dazugehörigen Rechtsinstrumenten" (Art II Abs 1 WTO-Übereinkommen). Die WTO ist zugleich Handelsorganisation und internationales Verhandlungsforum. Anders als es das GATT 1947 war, ist die WTO eine *I.O.* mit eigener

---

WTO Dispute Settlement Body Bezug nehmen, s dazu ausf *Marceau/Izaguerri/Lanovoy*, The WTO's Influence on Other Dispute Settlement Mechanisms, JWT 47 (2013) 481 ff.

273 Dazu bereits o Rn 23 ff.

274 Ausf *Tietje* (Fn 58 [Grundstrukturen]) 263 ff.

275 Vgl bereits o Rn 26 ff.

276 Auflistung bei *Senti/Hilpold* (Fn 244) 236 ff. Vgl *Malacrida*, Towards Sounder and Fairer WTO Retaliation, JWT 42 (2008) 3 ff.

277 Näher hierzu *Stoll/Schorkopf* (Fn 60) Rn 220 ff; *Tietje* (Fn 58 [Grundstrukturen]) 287 ff; *Herrmann/Weiß/Ohler*, Welthandelsrecht, Rn 369 ff.

Kreuter-Kirchhof

Rechtspersönlichkeit (Art VIII Abs 1). Mit dem Beitritt zur WTO akzeptieren die Mitgliedstaaten die unter ihrem Dach vereinigten Abkommen und Vereinbarungen, die als Annexe einen integralen Bestandteil des WTO-Übereinkommens darstellen. Damit ist die institutionelle Schwäche des GATT 1947 überwunden. Die Aufgaben der WTO liegen maßgeblich im Bereich der Durchführung und Weiterentwicklung des Vertragskomplexes (vgl Art III).[278]

75   Im Rahmen der WTO kommt der *Streitschlichtung* besondere Bedeutung zu. Das GATT 1947 enthielt insoweit nur rudimentäre Bestimmungen. Streitschlichtung war Sache der Vertragsparteien (Art XXIII), wobei in der Praxis zunächst die Stellungnahme eines Expertengremiums *(panel)* zu der Streitfrage eingeholt wurde. Vor 1994 war ein Panelbericht erst wirksam, wenn er durch beide Streitparteien angenommen worden war. Deshalb blieb das GATT-Streitschlichtungsverfahren ein stumpfes Schwert. Es kam wiederholt zu Vertragsbrüchen, -verletzungen und -umgehungen. Verfügbare Rechtsmittel wurden nicht in Anspruch genommen.[279] Nach dem Recht der WTO (Vereinbarungen über Regeln und Verfahren zur Beilegung von Streitigkeiten)[280] ist eine Annahme durch die Streitparteien nicht mehr erforderlich. Der Panelbericht entfaltet nunmehr nur dann keine Wirkung, wenn sich die Vertragsparteien des GATT im Konsens-Verfahren geschlossen gegen ihn aussprechen. Die Streitparteien haben nur noch das Recht, im Wege der *Berufung* gegen den Panelbericht vorzugehen (Art 16 Abs 4 der Vereinbarungen). Die Entscheidung durch ein Berufungsgremium (*Appellate Body*, Art 17) verleiht dem Verfahren bereits *schiedsgerichtlichen* Charakter. Auch Dienstleistungen und geistiges Eigentum sind nun in den Schutz des WTO-Streitschlichtungssys-

---

278 Strukturschema der WTO bei *Petersmann* (Fn 247) 1114; zur rechtlichen Einordnung *Stoll*, Die WTO: Neue Welthandelsorganisation, neue Welthandelsordnung, ZaöRV 54 (1994) 257 ff.

279 Vgl *Kopke*, Rechtsbeachtung und -durchsetzung in GATT und WTO, 1997, 243 ff.

280 BGBl 1994 II, 1598 f (engl) bzw 1749 (dt). Zu verfahrensrechtlichen Einzelheiten *Pescatore/Davey/Lowenfeld*, Handbook of GATT/WTO Dispute Settlement (2 Bde, Loseblattslg), 1995; *Petersmann*, International Trade Law and the GATT/WTO Dispute Settlement System, 1997; *Sittmann*, Das Streitbeilegungsverfahren der World Trade Organization, RIW 1997, 749 ff; *Schloemann/Ohlhoff*, „Constitutionalization" and Dispute Settlement in the WTO, AJIL 93 (1999) 424 ff; *Vermulst/Mavroidis/Waer*, The Functioning of the Appellate Body after Four Years, JWT 33 (1999) Nr 2, 1 ff; *Ruffert*, Der Entscheidungsmaßstab im WTO-Streitbeilegungsverfahren, ZVglRWiss 100 (2001) 304 ff; *Oesch*, Standards of Review in WTO Dispute Resolution, JIEL 6 (2003) 635 ff; *Schollendorf*, Die Auslegung völkerrechtlicher Verträge in der Spruchpraxis des Appellate Body der Welthandelsorganisation (WTO), 2005; *Herrmann/Weiß/Ohler*, Welthandelsrecht, § 9; Wolfrum/Stoll/Kaiser (Hrsg), WTO-Institutions and Dispute Settlement, 2006; *Distefano*, The WTO Dispute Settlement Understanding Review, in Boschiero/Treves (Hrsg), International Courts and the Development of International Law, 2013, 701 ff; *Davey*, The WTO and Rules-Based Dispute Settlement, JIEL 17 (2014) 679 ff; s zu aktuellen Fällen im WTO Streitbeilegungsverfahren *Krallmann*, WTO Dispute Settlement – Current Cases, EYIEL 3 (2012) 577 ff; *Hoekman/Mavroidis/Saluste*, Informing WTO Reform: Dispute Settlement Performance, 1995-2020, JWT 55 (2021) 1 ff; *Jeheung*, How Do the Third Parties Contribute to WTO Dispute Resolution?, JWT 56 (2022) 587 ff; *Cottier*, Recalibrating the WTO Dispute Settlement System: Towards New Standards of Appellate Review, JIEL 24 (2021) 515 ff; *Pauwelyn/Pelc*, Who Guards the „Guardians of the System"? The Role of the Secretariat in WTO Dispute Settlement, AJIL 116 (2022) 534 ff.

tems einbezogen. Das WTO-Streitbeilegungssystem fand in kurzer Zeit eine hohe Akzeptanz und etablierte sich – trotz verbleibender Schwächen – als Konfliktlösungsforum.[281] Dabei wird eine Vielzahl von Streitigkeiten, die vor die WTO-Streitschlichtungsinstanzen gebracht werden, einvernehmlich gelöst *(mutually agreed solution).*[282] Gleichwohl wird dieses System gegenwärtig in Frage gestellt. So streben die USA eine eher rückwärtsgewandte Reform des WTO-Streitbeilegungssystems an. Sie verhindern gegenwärtig die Ernennung neuer Richter für den Appellate Body und blockieren dadurch das Streitbeilegungssystem.[283] In Reaktion hierauf einigten sich eine Reihe von WTO-Vertragsstaaten auf das „Multi-Party Interim Appeal Arbitration Agreement", das einstweilen freiwillig zur Streitbeilegung in Anspruch genommen werden kann,[284] freilich ohne die Blockade des Streitbeilegungssystems zu lösen.

Dumping/Anti-Dumping

Die zentrale Bestimmung des GATT zu *Dumping*[285] ist Art VI Abs 1 GATT. Nach dieser Vorschrift liegt Dumping vor, wenn der Preis einer exportierten Ware unter demjenigen Preis liegt, der im normalen Handelsverkehr für eine gleichartige Ware auf dem Inlandsmarkt des Exporteurs berechnet wird, und dadurch eine bedeutende wirtschaftliche Schädigung eines Industriezweigs im Importland verursacht wird. Um Dumping festzustellen, ist mithin grundsätzlich ein Preisvergleich anzustellen. Es ist die Differenz aus dem Inlands- und dem Exportpreis einer Ware zu bilden. Nicht geregelt ist allerdings in Art VI GATT, wie die zu vergleichenden Preise zu berechnen und welche Waren konkret in den Vergleich mit einzubeziehen sind bzw mit einbezogen werden können.[286] Nähere Anhaltspunkte liefert hierzu das Übereinkommen zur Durchführung des

76

---

281 Zur verspäteten Umsetzung durch die Staaten *Davey* (Fn 280) 679 ff.
282 S dazu *Alschner*, Amicable Settlements of WTO Disputes, WTR 13 (2014) 65 ff.
283 United States Blocks Reappointment of WTO Appellate Body Members, AJIL 110 (2016) 573 ff; *Petersmann*, How Should WTO Members React to their WTO Crises?, WTR 18 (2019) 503 ff; *Bacchus/Lester*, The Rule of Precedent and the Role of the Appellate Body, JWT 54 (2020) 183 ff; *Maruyama*, Can the Appellate Body Be Saved?, JWT 55 (2021) 197 ff; *McDonald*, WTO Dispute Settlement and Rule-Making: One Crisis or Two?, JWT 55 (2021) 383 ff.
284 Dazu Multi-Party Interim Appeal Arbitration Arrangement Pursuant to Article 25 of the DSU (JOB/DSB/1/Add.12 v 30.4.2020). S *Starshinova*, Is the MPIA a Solution to the WTO Appellate Body Crisis?, JWT 55 (2021) 787 ff.
285 Vgl einführend: *Nettesheim*, Ziele des Antidumping- und Antisubventionsrechts, 1994; *Hoekman/Mavroidis*, Dumping, Antidumping and Antitrust, JWT 30 (1996) 27 (31 ff); *Vermulst/Driessen*, New Battle Lines in the Anti-Dumping War, JWT 31 (1997) 135 ff; *Herrmann/Weiß/Ohler*, Welthandelsrecht, Rn 654 ff; zum Verhältnis zwischen Meistbegünstigungsgrundsatz und dem Anti-Dumpingrecht der WTO s *Mahncke*, Applying the MFN Principle to WTO Antidumping Law, LIEC 41 (2014) 169 ff; *Bickel*, Customs Unions on the WTO: Problems with Anti-Dumping, 2021; *De Baere/du Parc/Van Damme*, The WTO Anti-Dumping Agreement: A Detailed Commentary, 2021.
286 *Schoch*, Unbestimmte Rechtsbegriffe im Rahmen des GATT, 1994, 114 f.

Art VI GATT aus dem Jahre 1994,[287] das den Raum für Dumping-Maßnahmen deutlich einengt.

77   Das GATT schafft einen rechtlich verbindlichen Rahmen für die auf nationaler bzw supranationaler Ebene durchzuführenden *Antidumping*-Verfahren. Die einschlägigen Vorschriften regeln in erster Linie die Dumpingabwehr. Dies hat für den Welthandel erhebliche Bedeutung und kann in der Praxis ihrerseits stark protektionistische Züge aufweisen.[288]

78   Nach dem GATT werden Dumpingmaßnahmen ebenso wenig wie Subventionen per se untersagt. Gemäß Art VI Abs 1 GATT kann Dumping als „unfairer Wettbewerb" abgewehrt werden.[289] Hierfür werden den Staaten Mechanismen zur Dumpingabwehr als Eingriffsmöglichkeiten zur Verfügung gestellt. Auf eventuelle Wettbewerbsverzerrungen durch Dumpingmaßnahmen reagiert das GATT mit der *Ermächtigung, Antidumpingzölle zu erheben,* welche bis zur Höhe der „Dumpingspanne" reichen können (Art VI Abs 2 GATT). Die Voraussetzungen für die Verhängung solcher Maßnahmen sind durch die Vereinbarungen in der Uruguay-Runde weiter konkretisiert und verschärft worden. Zusammengefasst besteht nach Art VI Abs 1 GATT keine Verpflichtung der Mitgliedstaaten, den Export von Waren unterhalb ihres Marktwerts zu verbieten; es ist aber mit Gegenmaßnahmen in Form von Antidumpingzöllen zu rechnen, wenn es zu einem Schaden auf dem ausländischen Markt kommt. Nicht abschließend geklärt ist das Verhältnis zwischen Antidumpingmaßnahmen und dem Meistbegünstigungsgrundsatz des GATT.[290] Auch wenn das WTO-Sekretariat ausdrücklich davon ausgeht, dass die Meistbegünstigung und Art VI GATT in einem strengen Regel-Ausnahme-Verhältnis zueinander stehen, gelang es China, sich in dem Rechtsstreit EU – Footwear vor dem Panel erfolgreich darauf zu berufen, dass eine EU-Antidumping Maßnahme das Meistbegünstigungsprinzip verletze.[291] Die EU änderte daraufhin die Antidumping-Grundverordnung.[292]

---

287 Übereinkommen zur Durchführung des Art VI GATT v 15.4.1994 (Antidumping-Übereinkommen), abgedr in ABl EG 1994, Nr L 336/100. Näher: *Palmeter,* A Commentary on the WTO-Anti-Dumping Code, JWT 30 (1996) 43 ff.

288 Vgl *Moore/Wu,* Antidumping and Strategic Industrial Policy: Tit-for-Tat Trade Remedies and the China-X-Ray Equipment Dispute, WTR 14 (2015) 239 ff. S auch *Lopez/Sancho,* The US and EU Solar Trade Remedies Saga: The Globalization of Mercantilism, JWT 56 (2022) 615 ff.

289 In Art VI Abs 1 heißt es, dass „Dumping [...] zu verurteilen ist, wenn es eine bedeutende Schädigung eines im Gebiet einer Vertragspartei bestehenden Wirtschaftszweiges verursacht oder zu verursachen droht oder wenn es die Errichtung eines inländischen Wirtschaftszweiges erheblich verzögert".

290 S dazu *Mahncke* (Fn 285) 169 ff.

291 European Union – Anti-Dumping Measures on Certain Footwear from China, Panel-Bericht v 28.10.2011, WT/DS405/R, 7.105. Die EU legte keine Berufung zum Appellate Body ein.

292 VO (EU) 2017/2321. Dazu *Suse,* Old Wine in a New Bottle: The EU's Response to the Expiry of Section 15 (a)(ii) of China's WTO Protocol of Accession, JIEL 20 (2017) 951 ff.

Subventionsproblem im GATT

Die Vergabe staatlicher Subventionen wirft im Hinblick auf ihre potentielle wett- 79
bewerbsverzerrende Wirkung Probleme auf.[293] Anders als das privatwirtschaftlich ausgestaltete Dumping stellen Subventionen *staatliche Zuwendungen* und damit *hoheitliche
Eingriffe in den Wirtschaftsprozess* dar. Nach dem GATT sind sie grundsätzlich verboten.
Dieses Verbot ist für Exportsubventionen in Art XVI Abs 4 festgelegt. Art VI Abs 3 GATT
erlaubt als zulässige Abwehrmaßnahme gegen Subventionen die Erhebung von Aus-
gleichszöllen für die Dauer von max 5 Jahren. In der Praxis nehmen die staatlichen
Ausfuhrunterstützungen ständig zu. In den 1990er Jahren wurde etwa der Schiffsbau
weniger von normalen Marktkräften als durch miteinander konkurrierende Exportsubventionen verschiedener Staaten bestimmt.[294] Auch im Flugzeugbau spielen staatliche
Fördergelder eine Rolle, deren WTO-Konformität auf dem Prüfstand steht. Seit 2004
stritten die EU und die USA über staatliche Subventionen für die Konkurrenzkonzerne
Airbus und Boeing. Der Appellate Body entschied 2011, dass Airbus unzulässige staatliche Subventionen von der EU sowie von vier EU-Mitgliedstaaten erhalten habe[295] und
legte im Oktober 2019 fest, dass die USA deswegen Gegenmaßahmen in Höhe von jährlich 7,5 Mrd USD ergreifen kann.[296] Bereits im Jahr 2012 hatte der Appellate Body im
Kern eine Panel-Entscheidung aus dem Jahr 2011 bestätigt, wonach auch Boeing unzulässig durch die US-Regierung staatlich subventioniert worden und dem Konkurrenten Airbus dadurch ein gravierender Nachteil entstanden war.[297] Im Oktober 2020 gestattete
das Panel deswegen Gegenmaßahmen der EU im Umfang von jährlich nahezu 4 Mrd
USD.[298] Im Juni 2021 einigten sich die EU und die USA darauf, die Strafzölle wechselseitig
für fünf Jahre auszusetzen.[299] Damit findet ein langjähriger Streit ein vorläufiges Ende.

---

293 Zur Subventionsproblematik im GATT s *Scheffler,* Juristische Aspekte der Subventionsproblematik
im GATT, RIW 1993, 401 (402); *Stoler,* The Evolution of Subsidies Disciplines in GATT and the WTO, JWT 44
(2010) 797 ff.
294 Hierzu ausf *Bandtel,* Dumping in der Seeschiffahrt, 1999.
295 European Communities and Certain Member States – Measures Affecting Trade in Large Civil Aircraft, Appellate Body-Bericht v 18.5.2011, WT/DS316/AB/R; Panel-Bericht v 30.6.2010, WT/DS316/R; s zum
Rechtsstreit *Chianale,* The WTO Airbus Dispute, ESALQ 12 (2013) 290 ff; *Mavroidis/Saggi,* Making Sense of
the Arbitrator's Ruling in DS 316, EC and Certain Member States – Measures Affecting Trade in Large Civil
Aircraft (Article 22.6 EC): A Jigsaw Puzzle with (at Least) a Couple Missing Pieces, WTR 20 (2021) 450 ff.
296 WT/DS316/ARB v 2.10.2019.
297 United States – Measures Affecting Trade in Large Civil Aircraft – Second Complaint, Panel-Bericht v
31.3.2011, WT/DS353/R; Appellate Body-Bericht v 12.3.2012, WT/DS353/AB/R und Bericht v 9.6.2017, WT/
DS353/RW. S zu dem Streit *Kendler,* Delayed Fight: The World Trade Organization Dispute Settlement Mechanism, Negotiation, and the Transatlantic Conflict over Commercial Aircraft, BCICLR 35 (2012) 253 ff;
Knorr/Bellmann/Schomaker, Subsidies in Civil Aircraft Manufacturing: The World Trade Organization
(WTO) and the Boeing-Airbus Dispute, ESALQ 11 (2012) 585 ff.
298 WT/DS353/ARB v 13.10.2020.
299 Joint Statement of the European Union and the United States on the Large Civil Aircraft WTO Disputes v 5.3.2021; Understanding on a Cooperative Framework for Large Civil Aircraft v 15.6.2021.

Kreuter-Kirchhof

80   Die für Subventionen maßgebliche Vorschrift des Art XVI GATT sieht für Grund-
stoffsubventionen im *Agrarbereich* eine *Sonderbehandlung* vor; nach Abs 3 soll die Sub-
ventionsgewährung bei der Ausfuhr von Grundstoffen (Erzeugnisse der Land- und
Forstwirtschaft, der Fischerei sowie alle mineralischen Erzeugnisse) *lediglich vermieden*
werden. Soweit Subventionen auf Grundstoffe gewährt werden, dürfen diese aber nicht
dazu führen, dass die subventionierende Vertragspartei „mehr als einen angemessenen
Anteil am Welthandel" erhält. Die WTO-Abkommen über Landwirtschaft und über Subventionen[300] enthalten insoweit spezifische Bestimmungen über Agrarsubventionen.
Der Grund für diese Sonderregeln liegt in der intensiven Unterstützung einzelner Staaten für die Agrarwirtschaft ihres Landes. Der Agrarsektor zählt zu den am stärksten
staatlich beeinflussten Märkten weltweit.[301]

81   Das *WTO-Subventionsübereinkommen*[302] konkretisiert, unter welchen Voraussetzungen Subventionen und die entsprechenden Gegenmaßnahmen zulässig sind. Bis
zum Abschluss der Uruguay-Runde war der Begriff der Subvention international nicht
verbindlich definiert. Nunmehr bestimmt Art 1 Abs 1 des Übereinkommens über Subventionen und Ausgleichsmaßnahmen den Subventionsbegriff.[303] Von einer Subvention
kann danach gesprochen werden, wenn die öffentliche Hand eine finanzielle Zuwen-
dung oder eine andere Form der Einkommens- oder Preisstützung leistet und hierdurch
dem Begünstigten ein Vorteil gewährt wird. Das Subventionsübereinkommen unterscheidet generell zwischen verbotenen Subventionen und anfechtbaren Subventionen.
Nach Art 3 sind Subventionen verboten, die sich auf die Exporttätigkeit auswirken[304]
oder einheimische Güter gegenüber importierten Erzeugnissen bevorzugen. Ausgenommen von der Verbotsregelung sind ausdrücklich die im WTO-Übereinkommen über die

---

300 Abgedr in *Tietje*, WTO, 2013, 90; s ausf dazu *Herdegen* (Fn 54) 295 ff.

301 S zu EU-Zuckersubventionen *Reithmann*, Welthandelsrecht und europäische Agrarpolitik, ZEuS
2006, 99 ff. S auch *Ehlers/Wolffgang/Schröder*, Subventionen im WTO- und EG-Recht, 2007; *Nedumpara/Ja-
nardhan*, Developing Countries and Domestic Support Measures in Agriculture: Walking a Tightrope, JWT
54 (2020) 81 ff; s allg zum Agreement on Agriculture McMahon/Geboye Desta (Hrsg), Research Handbook
on the WTO Agriculture Agreement, 2012.

302 Agreement on Subsidies and Countervailing Measures (SCM-Agreement), ABl EG 1994, Nr L 336/156; s
ausf dazu *Herdegen* (Fn 54) 287 ff.

303 *Grave*, Der Begriff der Subvention im WTO-Übereinkommen über Subventionen und Ausgleichsmaßnahmen, 2002, 82 ff; *Herrmann/Weiß/Ohler*, Welthandelsrecht, Rn 707 ff.

304 Anh I des Übereinkommens über Subventionen und Ausgleichmaßnahmen (ABl EG 1994, Nr L 336/
156) enthält eine Beispielliste von verbotenen Ausfuhrsubventionen (zB Zuteilung direkter Beihilfen, Befreiung von Steuern und Sozialabgaben, Übernahme von Bürgschaften). Nachdem der DSB im Jahr 2000
durch WTO-Panel und Appellate Body Berichte angenommen hatte, nach denen US-amerikanische Steu-
ervergünstigungen für bestimmte Unternehmen im Exportgeschäft als unzulässige Exportsubvention
qualifiziert werden („Foreign Sales Corporations" – FSC), wurde die EG autorisiert, als Gegenmaßnahme –
die bis dahin höchste – Handelskonzessionen iHv über 4 Mrd USD jährlich zu Lasten der USA zurückzunehmen (s WT/DS 108/ARB v 30.8.2002). Am 1.3.2004 verhängte die EG graduell ansteigende Strafzölle
auf bestimmte Waren aus den USA (VO [EG] 2193/2003, ABl EU 2003, Nr L 328/3). Zu diesem Komplex insgesamt *Carmichael*, Foreign Sales Corporations, Vanderbilt J Transnat'l L 35 (2002) 151 ff.

Kreuter-Kirchhof

Landwirtschaft vorgesehenen Subventionen.[305] Die zweite Kategorie der „anfechtbaren" und damit durch ein Streitbeilegungsverfahren überprüfbaren Subventionen (Art 5) knüpft an bestimmte nachteilige Auswirkungen *(adverse effects)* an, die vermieden werden sollen, wie etwa die Schädigung der Industrie eines Mitgliedstaats, die Gefährdung der aus dem GATT erwachsenen Vorteile oder die ernsthafte Schädigung der Interessen eines anderen Mitgliedstaats. Letzteres wird u a vermutet, wenn die Subvention 5 % des Produktwerts übersteigt (Art 6 Abs 1 lit a).

Ausnahmeklauseln

Besondere Ausnahmebestimmungen für einzelne Regelungen sowie weitreichende all- 82
gemeine Ausnahmevorschriften stellten für die Vertragsstaaten eine wichtige Voraussetzung für die Akzeptanz der GATT-Verpflichtungen dar.[306] Nach der Verzichtsklausel des Art XXV Abs 5 GATT[307] können die Vertragsparteien mit 2/3-Mehrheit „unter außergewöhnlichen Umständen" die Verpflichtungen aus dem Abkommen für einzelne Mitglieder aufheben *(waiver clause)* und sie zu einseitigen Schutzmaßnahmen ermächtigen.[308] Das GATT 1994 behielt diese Klausel bei, doch bedarf es nunmehr nach Art IX Abs 3 und 4 des WTO-Übereinkommens einer 3/4-Mehrheit und einer besonderen Rechtfertigung. Alle bestehenden *waiver* mussten innerhalb von zwei Jahren erneuert werden.[309] Obwohl die Ausnahmegenehmigungen nach Art XXV Abs 5 GATT temporärer Natur sein sollen, wurde das Instrument des *waivers* in der GATT-Praxis auch dazu benutzt, eine grundsätzliche Ausnahmeregelung für Entwicklungsländer *(generalized system of preferences)* zu schaffen, denen Zollpräferenzen eingeräumt wurden.[310]

Eine weitere Ausnahme bildet die Schutzklausel *(escape clause)* nach Art XIX GATT. 83
Sie berechtigt die Vertragsparteien *Maßnahmen zum Schutz heimischer Wirtschaftszweige* zu ergreifen, soweit diese ernsthaft gefährdet sind. Die Anwendung dieser Notstandsklausel ist an strenge Verfahrensvoraussetzungen nach der WTO-Schutzklauselverordnung[311] gebunden. In dem Streit, ob Schutzmaßnahmen allgemein oder auch selektiv gegen einzelne Exportländer ergriffen werden dürfen, gelangte man zu einer Kompromisslösung. Selektive Maßnahmen gegen einzelne Exportländer sind nunmehr grundsätzlich untersagt; nur unter strengen Voraussetzungen ist die Zuteilung von Quo-

---

305 S hierzu bereits Rn 80.
306 Vgl *Benedek* (Fn 60) 160 ff; *Herrmann/Weiß/Ohler*, Welthandelsrecht, Rn 521 ff.
307 Vgl hierzu bereits Rn 21.
308 *Herdegen*, Internationales Wirtschaftsrecht, § 10 Rn 40 f.
309 Vgl hierzu die „Vereinbarung über Befreiungen von den Verpflichtungen nach dem Allgemeinen Zoll- und Handelsabkommen 1994", Nr 2 (Abdruck in *Hummer/Weiß* [Fn 76] 801). Der Antrag zur Gewährung einer Sondergenehmigung sieht strenge Verfahrensregeln vor; so müssen insbes die Gründe angegeben werden, die den Mitgliedstaat daran hindern, seine politischen Zielsetzungen mit GATT-konformen Mitteln zu erreichen.
310 Vgl dazu bereits o Rn 21.
311 Übereinkommen über Schutzmaßnahmen v 15.4.1994 (ABl EG 1994, Nr L 336/184).

ten an andere Vertragsparteien zulässig.[312] Die Dauer der Schutzmaßnahmen ist auf 4 Jahre beschränkt. Durch die strengen Voraussetzungen sind die vom GATT nicht ausdrücklich erfassten „Grauzonenmaßnahmen" zurückgedrängt worden, deren Ansteigen zunehmend kritisch beurteilt worden war.[313]

84 Art XXI GATT erlaubt Ausnahmen zur Wahrung von wesentlichen *Sicherheitsinteressen (security exception)*.[314] Hierbei handelt es sich nach einer Entscheidung des WTO-Panels um die wesentlichen Funktionen des Staats, namentlich den Schutz seines Territoriums und seiner Bevölkerung vor äußeren Bedrohungen sowie die Aufrechterhaltung der öffentlichen Ordnung im Inneren.[315] Maßnahmen können nur dann auf diese Bestimmung gestützt werden, wenn sie sich auf spaltbare Stoffe bzw deren Rohstoffe beziehen, den Handel mit Waffen, Munition und Kriegsmaterial betreffen sowie in Kriegszeiten oder bei sonstigen ernsten Krisen in den internationalen Beziehungen getroffen werden. Gerade der letzte Tatbestand bietet sehr weitreichende Anknüpfungs- und Interpretationsmöglichkeiten.

85 Neben den Ausnahmen zur Wahrung der Sicherheit kennt das GATT weitere *allgemeine Ausnahmen,* die in *Art XX a–j* aufgeführt sind und denen eine einleitende Bestimmung *(chapeau)* vorangestellt ist, die Ausdruck des Grundsatzes von Treu und Glauben ist.[316] Statistisch gesehen stellt Art XX die wichtigste Vorschrift dar, auf die Staaten zur Rechtfertigung des Einsatzes nichttarifärer Handelshemmnisse zurückgreifen. Diese Bestimmung enthält – anders etwa als Art XXV GATT – keine spezifischen Verfahrensvorschriften, die eine Kontrollmöglichkeit der ergriffenen Maßnahmen eröffnen könnten, sodass die Anwendung und Interpretation in erster Linie den GATT-Streitbeilegungspanels vorbehalten sind. Nach Art XX GATT können die Mitgliedstaaten handels-

---

312 *Heselhaus,* Die Welthandelsorganisation, JA 1999, 76 (78).

313 Vgl zu Rechtsfragen der Grauzonenmaßnahmen *Beise/Oppermann/Sander* (Fn 95) sowie *Benedek* (Fn 60) 181 ff; *Hilpold,* Die Neuregelung der Schutzmaßnahmen im GATT/WTO-Recht und ihr Einfluss auf „Grauzonenmaßnahmen", ZaöRV 55 (1995) 89 ff.

314 Dazu *Giardina,* The Economic Sanctions of the United States Against Iran and Libya and the GATT Security Exception, FS Seidl-Hohenveldern, 1998, 219 ff; *Hahn,* Vital Interests and the Law of GATT, Michigan JIL 12 (1991) 558 ff; *ders,* Die einseitige Aussetzung von GATT-Verpflichtungen als Repressalie, 1996, 285 ff; *Kuilwijk,* Castro's Cuba and the US Helms-Burton Act, JWT 31 (1997) 49 ff; *Alford,* The Self-Judging WTO Security Exception, Utah LRev 2011, 697; vgl *Neuwirth/Svetlicinii,* The Economic Sanctions over the Ukraine Conflict and the WTO: 'Catch-XXI' and the Revival of the Debate on Security Exceptions, JWT 49 (2015) 891 ff.

315 WT/DS512/R v 5.4.2019, Rn 7.130. Dazu *Pinchis-Paulsen,* Trade Multilateralism and U. S. National Security: The Making of the GATT Security Exceptions, Michigan JIL 41 (2020) 109; *Boklan/Bahri,* The First WTO's Ruling on National Security Exception: Balancing Interests or Opening Pandora's Box?, WTR 19 (2020) 123; *Weiß,* Adjudicating Security Exceptions in WTO Law: Methodical and Procedural Preliminaries, JWT 54 (2020) 829 ff.

316 S ausf zu den allgemeinen Ausnahmen des GATT sowie des GATS: *Ayres/Mitchell,* General and Security Exceptions under the GATT and the GATS, in Carr/Bhuiyan/Alam (Hrsg), International Trade Law and the WTO, 2013; *Herdegen* (Fn 54) 236 ff; *Bartels,* The Chapeau of the General Exceptions in the WTO GATT and GATS Agreements: A Reconstruction, AJIL 109 (2015) 95 ff.

beschränkende Maßnahmen trotz entgegenstehender vertraglicher Verpflichtungen unter bestimmten Voraussetzungen ergreifen. Hierzu zählen Maßnahmen zum Schutz des Lebens und der Gesundheit von Menschen, Tieren und Pflanzen, Maßnahmen zum Schutz nationalen Kulturguts oder zur Erhaltung erschöpfbarer Naturschätze sowie Maßnahmen zum Schutze der öffentlichen Sittlichkeit *(public morals)*.[317] Handelsbeschränkungen, die auf Art XX GATT gestützt werden, dürfen nicht zu einer verschleierten Beschränkung des internationalen Handels oder zu einer willkürlichen oder ungerechtfertigten Diskriminierung zwischen Ländern führen, in denen gleiche Verhältnisse bestehen.

Neben den genannten Ausnahmevorschriften enthält das GATT/WTO-Vertragswerk **86** auch *warenbezogene* Sonderregelungen. Der Textil- und Bekleidungshandel, der früher von der Geltung des GATT ausgenommen war, wird heute im Rahmen des GATT durch das *Übereinkommen über Textilwaren und Bekleidung* geregelt. Dieses baut Handelsrestriktionen schrittweise bis zum Jahr 2005 ab.[318] Durch das *Landwirtschaftsübereinkommen* wurden Zölle reduziert sowie zahlreiche nichttarifäre Handelsbeschränkungen im Bereich der Landwirtschaft in Zölle umgewandelt.[319]

GATT/WTO und Umweltschutz

Das Spannungsfeld zwischen Handel und Umweltschutz[320] bleibt auch nach der Uru- **87** guay-Runde bestehen. Forderungen nach einem „Öko-GATT"[321] haben sich nicht durchgesetzt. Der Begriff der „Umwelt" wird in Art XX GATT nicht explizit als Ausnahme genannt. Bedeutsam für den Umweltschutz sind jedoch Art XX (b) und (g) GATT.[322] Ge-

---

317 Zur *ordre public*-Ausnahme des Art XX s *Feddersen,* Der ordre public in der WTO, 2002. Mit dem Beitritt Chinas zur WTO hat die Ausnahme der *public morals* an Bedeutung gewonnen, s dazu etwa China – Measures Affecting Trading Rights and Distribution Services for Certain Publications and Audiovisual Entertainment Products, Panel-Bericht v 12.8.2009, WT/DS363/R; Appellate Body-Bericht v 21.12.2009, WT/DS363/AB/R.

318 Vgl hierzu das Übereinkommen über Textilwaren und Bekleidung v 15.4.1994.

319 *Prieß/Pitschas,* in Prieß/Berrisch (Hrsg), WTO-Handbuch, 2003, Kap B.I.2; *Stoll/Schorkopf* (Fn 60) Rn 349 ff; O'Connor (Hrsg), Agriculture in WTO-Law, 2005.

320 Schon die Präambel des Übereinkommens zur Errichtung der Welthandelsorganisation stellt die handelsbezogenen Ziele und die Ziele der nachhaltigen Entwicklung sowie des Schutzes und der Erhaltung der Umwelt gegenüber.

321 Vgl *Esty,* Greening the GATT, 1994; näher zum Verhältnis von Handel und Umweltschutz *Beyerlin/Marauhn,* International Environmental Law, 2011, 423 ff; *Epiney,* Welthandel und Umwelt, DVBl 2000, 77 ff; *Puth,* WTO und Umwelt, 2003; *ders,* WTO und Umwelt, in Hilf/Oeter (Hrsg), WTO-Recht, 549 ff; *Trüeb,* Umweltrecht in der WTO, 2001. *Birkbeck,* WTO Reform: A Forward-looking Agenda on Environmental Sustainability in Soobramanien/Vickers/Enos-Edu (Fn 253) 33 ff.

322 Vgl näher zu den umweltspezifischen Ausnahmeklauseln in Art XX GATT *Diem,* Freihandel und Umweltschutz in GATT und WTO, 1996; *Schoenbaum,* International Trade and Protection of the Environment, AJIL 91 (1997) 268 (273 ff).

mäß Art XX (b) sind staatliche Maßnahmen zugelassen, welche für den Schutz von Leben oder Gesundheit von Menschen, Tieren oder Pflanzen notwendig sind.[323] Art XX (g) GATT sieht allgemeine *Ausnahmen im Umweltinteresse* nur vor „zur Erhaltung erschöpflicher Naturschätze, sofern solche Maßnahmen im Zusammenhang mit Beschränkungen der inländischen Produktion oder des inländischen Verbrauchs angewendet werden". Entsprechende Maßnahmen müssen primär auf den Umweltschutz ausgerichtet bzw für ihn notwendig sein. Umstritten ist in all diesen Fällen, ob Importwaren „nur" deswegen im Inland benachteiligt werden dürfen, weil sie in ihrem Herkunftsstaat unter möglicherweise umweltgefährdenden Bedingungen produziert worden sind.[324] Umweltnützige Handelsbeschränkungen, die nicht der Volksgesundheit oder der Erhaltung knapper Ressourcen dienen – etwa die Erhebung von Steuern auf Importprodukte mit langem Transportweg, Einfuhrverbote für Tierprodukte, die unter Verletzung nationaler Schutzstandards gewonnen wurden, oder für Getränkedosen[325] –, lassen sich somit nur selten auf Art XX GATT stützen.

88   In einer ersten Phase legten GATT-Panel gerade die umweltspezifischen Tatbestände des Art XX (b) und (g) GATT restriktiv aus.[326] Dem Prinzip des Freihandels wurde gegenüber Umweltschutzbelangen stets der Vorrang eingeräumt. Ein Bsp hierfür sind die Thunfischfälle – dh US-amerikanische Importverbote für Thunfisch, der auf umweltschädliche Weise gefangen wurde.[327] Ähnliche Probleme warf auch ein seitens der USA verhängtes Importverbot für Garnelen auf, das zum Schutz bestimmter Schildkrötenarten erhoben worden war.[328] In einer zweiten Phase maßen GATT-Panel den Belangen des Umwelt- und Gesundheitsschutzes stärkeres Gewicht zu als in dieser ersten Phase. So beurteilte ein Panel im September 2000 eine französische Regelung, die die Verwen-

---

323 S dazu etwa *Sykes*, Economic "Necessity" in International Law, AJIL 109 (2015) 296 ff.

324 Auch die Rechtsprechung der WTO-Streitbeilegungsorgane ist in Bezug auf solche Maßnahmen aufgrund umweltunverträglicher Produktherstellungsprozesse nicht gefestigt. S dazu *Hunter/Salzman/Zaelke*, International Environmental Law and Policy, 5. Aufl 2015, 1266 ff; *Fraser*, The WTO and Environment-related International Trade Disputes: Biosecurity and Ecosystem Services Risks, 2020.

325 Bsp bei *Diem* (Fn 322) 24 ff.

326 S zur Auslegung von Art XX durch den Appellate Body *Quick*, Do We Need Trade and Environment Negotiations or Has the Appellate Body Done the Job?, JWT 47 (2013) 957 ff.

327 Vgl zum US-amerikanischen Importverbot für Thunfisch gegenüber Mexiko: US – Restrictions on Imports of Tuna, Panel-Bericht v 16.8.1991, ILM 30 (1991) 1598 ff; zum diesbezüglichen Streit zwischen der EG und den USA: US – Restrictions on Imports of Tuna, Panel-Bericht v 16.6.1994, ILM 33 (1994) 842 ff. Ausf zu den „Thunfischfällen" *von Bogdandy*, Internationaler Handel und nationaler Umweltschutz, EuZW 1992, 243 ff; *Kingsbury*, The Tuna-Dolphin Controversy, YIEL 5 (1994) 1 (11 ff); *Diem* (Fn 322) 112 ff.

328 US – Import Prohibition of Certain Shrimp and Shrimp Products, Panel-Bericht v 15.5.1998, WT/DS 58/R; Appellate Body-Bericht v 12.10.1998, WT/DS 58/AB/R. Näher hierzu *Cone*, The Appellate Body, the Protection of Sea Turtles and the Technique of „Completing the Analysis", JWT 33 (1999) 51 ff; *Howse*, The Turtles Panel, JWT 32 (1998) 73 ff; *Hohmann*, Der Konflikt zwischen freiem Handel und Umweltschutz in WTO und EG, RIW 2000, 88 (93); *Mavroidis*, Trade and Environment after the Shrimps-Turtles Litigation, JWT 34 (2000) 73 ff.

dung bestimmter Asbestfasern verbot, als mit Art XX (b) vereinbar.[329] Der Appellate Body ging noch weiter und setzte bereits bei der Definition des *like product* bei Art III (4) GATT an: Bei der Frage, ob zwei Produkte „gleich" seien und daher eines nicht „weniger günstig" behandelt werden dürfe, seien auch Gesundheitsrisiken (hier: karzinogene Eigenschaften) als physische Eigenschaften eines Produkts einzubeziehen. IE lag damit schon kein Verstoß gegen Art III (4) GATT vor; gleichzeitig wurde allerdings auch die Feststellung des Panels zu Art XX (b) aufrechterhalten.[330] Die Auslegung von Art XX (g) GATT war auch in dem Streit zwischen den USA, Mexiko und der EU gegen China um verschiedene Exportzölle und Ausfuhrquoten für seltene Rohstoffe (darunter Zink, Magnesium, Koks und Bauxit) von Bedeutung. Die Kläger machten eine Verletzung des GATT durch die Exportrestriktionen Chinas geltend, doch China berief sich u a auf Gründe des Umwelt- und Gesundheitsschutzes zur Rechtfertigung seiner Maßnahmen. China verwies darauf, dass die umstrittenen Exportrestriktionen auf energie-, ressourcen-, und verschmutzungsintensive Produkte angewendet würden, eine Ausfuhrbeschränkung die Produktion in China verringere und somit die Verschmutzung reduziere. Das Panel lehnte eine Rechtfertigung der Maßnahmen aus Art XX (b) und (g) sowie Art XI Abs 2 (a) GATT mit der Begründung ab, dass ein Staat sich nicht auf die Ausnahme des Umweltschutzes berufen könne, ohne wirkungsvolle Maßnahmen zur nachhaltigen und umweltschonenden Nutzung seiner natürlichen Ressourcen im eigenen Land zu ergreifen.[331] Der Appellate Body bestätigte zwar, dass Chinas Exportbeschränkungen nicht mit dem GATT vereinbar seien, revidierte indes die Auslegung von Art XX (g) durch das Panel. Die Formel „made effective in conjunction with" des Art XX (g) bedeute nicht, dass Handelsbeschränkungen die Effektivität nationaler Maßnahmen sicherstellen müssen.[332] Auch in einem weiteren Streitschlichtungsverfahren berief sich China erneut erfolglos auf eine Ausnahme nach Art XX (b) und Art XX (g) zur Rechtfertigung seiner Restriktionen zum Export verschiedener Rohstoffe (u a seltener Erden). Der Appellate Body entschied, dass umweltbezogene Exportbeschränkungen nicht damit gerechtfertigt wer-

---

[329] EC – Measures Affecting Asbestos and Asbestos-Containing Products, Panel-Bericht v 18.9.2000, WT/DS 135/R.

[330] EC – Measures Affecting Asbestos and Asbestos-Containing Products, Appellate Body-Bericht v 12.3.2001, WT/DS 135/AB/R. Dazu *Marceau/Trachtman*, The Technical Barriers to Trade Agreement, the Sanitary and Phytosanitary Measures Agreement, and the General Agreement on Tariffs and Trade, JWT 36 (2002) 811ff; *Regan*, Regulatory Purpose and „Like Products" in Article III:4 of the GATT, JWT 36 (2002) 443ff; *Sander*, The EC-Asbestos Case, MPEPIL online (<http://opil.ouplaw.com/view/10.1093/law:epil/9780199231690/law-9780199231690-e2105?rskey=VORFlR&result=1&prd=EPIL>).

[331] China – Measures Related to the Exportation of Various Raw Materials, Panel-Bericht v 5.7.2011, WT/DS394/R, WT/DS395/R, WT/DS398/R; ausf *Franke*, WTO, China – Raw Materials: Ein Beitrag zu fairem Rohstoffhandel?, 2011; *Bronckers/Maskus*, China-Raw Materials, WTR 13 (2014) 393ff; *Ying*, The Applicability of Environmental Protection Exceptions to WTO-Plus Obligations: In View of the *China-Raw Materials* and *China-Rare Earths* Cases, LJIL 27 (2014) 113ff.

[332] China – Measures Related to the Exportation of Various Raw Materials, Appellate Body-Bericht v 30.1.2012, WT/DS394/AB/R, WT/DS395/AB/R, WT/DS398/AB/R.

den können, knappe Ressourcen zu erhalten, wenn gleichzeitig die Gewinnung und Nutzung dieser Rohstoffe im Inland keinen Beschränkungen unterliegt.[333]

89 Probleme ergeben sich auch im Hinblick auf multilaterale Umweltschutzvereinbarungen. Soweit hier eigene Mechanismen zur Streitbeilegung geschaffen worden sind, können kollidierende Entscheidungen drohen.[334] So ist etwa zweifelhaft, ob die Beschränkung der Ein- und Ausfuhr halogenierter Kohlenwasserstoffe gemäß dem Montrealer Protokoll[335] mit den GATT-Bestimmungen vereinbar ist.[336] Diese Frage erhält zusätzliche Brisanz dadurch, dass das GATT 1994 (anders als das GATT 1947) gegenüber dem Montrealer Protokoll eine vorrangige *lex posterior* ist. Sollte sich die Unvereinbarkeit bestimmter Umweltschutzmaßnahmen mit dem GATT herausstellen, bestünde immer noch die, allerdings umständliche, Möglichkeit, einen *waiver* gemäß Art XXV Abs 5 zu beantragen. Sinnvoller erscheint eine Änderung des Art XX mit dem Ziel, die in der Uruguay-Runde verpasste Chance einer Annäherung handels- und umweltpolitischer Ziele nachzuholen.[337] Denkbar wäre auch eine Sondervereinbarung zu Art XX (Kohärenzklausel), welche Kriterien und Prinzipien iSe schonenden gegenseitigen Ausgleichs kollidierender Normen erstellen könnte.

GATT/WTO und Menschenrechte

90 Zunehmend wird erörtert, ob und unter welchen Umständen es zulässig ist, die Erfüllung von Pflichten im Rahmen der WTO gegenüber einem Vertragspartner auszusetzen, der in schwerer Weise gegen die Menschenrechte verstößt.[338] In der Vergangenheit

---

333 China – Measures Related to the Exportation of Rare Earth, Tungsten and Molybdenum, Appellate Body-Bericht v 7.8.2014, WT/DS431/AB/R, WT/DS432/AB/R, WT/DS433/AB/R.

334 Dazu *Marceau*, Conflicts of Norms and Conflicts of Jurisdictions, JWT 35 (2001) 1081 ff; *Neumann*, Die Koordination des WTO-Rechts mit anderen völkerrechtlichen Ordnungen, 2002.

335 Vgl *Proelß*, 5. Abschn Rn 166 ff.

336 Vgl OECD (Hrsg), Trade Measures in Multilateral Environmental Agreements, 1999.

337 Ein *WTO Committee on Trade and the Environment*, 1995 eingesetzt, hat das Verhältnis zwischen handels- und umweltbezogenen Maßnahmen im Lichte des Nachhaltigkeitskonzepts untersucht, ohne dass dabei wirkliche Fortschritte erzielt worden wären. Dabei hat sich – nicht überraschend – gezeigt, dass sich die WTO in erster Linie als Repräsentant des Freihandels (und nicht der Umwelt) versteht. In der Praxis entstehen Konflikte zwischen Handels- und Umweltnormen weitgehend dadurch, dass innerhalb der nationalen Regierung kein Konsens zwischen den zuständigen Ministerien hergestellt wird. Insgesamt wäre es wohl sachgerechter, das Themenfeld nicht nur der WTO, sondern auch UNEP – oder einer gestärkten internationalen Umweltorganisation – als dem primären Sachwalter der Umwelt auf internationaler Ebene zuzuordnen. Vgl *Tarasofsky*, The WTO Committee on Trade and Environment: Is it Making a Difference?, MPYUNL 3 (1999) 471; *Teehankee*, Trade and Environment Governance at the World Trade Organization Committee on Trade and Environment, 2020.

338 Zum Fragenkomplex *Petersmann*, Human Rights and the Law of the World Trade Organization, JWT 37 (2003) 241 ff; Cottier/Pauwelyn/Bürgi (Hrsg), Human Rights and International Trade, 2005; *Hilpold*, Human Rights and WTO Law, AVR 45 (2007) 484 ff; *Petersmann*, Human Rights, International Economic Law and Constitutional Justice, EJIL 19 (2008) 955 ff; *Konstantinov*, Human Rights and the WTO: Are They Really

stand eher die Frage im Vordergrund, ob solche Maßnahmen das allgemeine Interventionsverbot verletzen.[339] Im innerstaatlichen Recht der USA etwa findet sich schon seit Jahren das Instrumentarium, welches handelsbezogene Maßnahmen zum Schutz der Menschenrechte erlaubt. Für das GATT ist unstreitig, dass jene Maßnahmen zum Schutz der Menschenrechte zulässig sind, welche lediglich solche Rechte beschränken, die im Einzelfall über die allgemeinen GATT-Pflichten hinaus Sonderrechte gewähren und somit nicht vom Meistbegünstigungsprinzip erfasst sind.[340] So sieht das Allgemeine Präferenzsystem (APS) der EU für Entwicklungsländer vor, dass im Falle von Sklaverei, Zwangsarbeit oder auch bei Verstößen gegen Vorschriften der ILO die eingeräumten Rechte einseitig zurückgenommen werden können;[341] eine vergleichbare Regelung findet sich im Cotonou-Abkommen v 2000 (Art 9).[342]

Soweit es um allgemeine Verpflichtungen aus dem GATT geht, stellt sich die Frage, 91 ob ein Vertragsstaat im Falle von schweren Menschenrechtsverletzungen eines anderen Vertragsstaats aufgrund der *security exception* des Art XXI GATT[343] einseitig tätig werden darf. Im Lichte der herausragenden Bedeutung der Menschenrechte wird ein solches Handeln noch durch die Annahme einer „ernsten Krise in den internationalen Beziehungen" (Art XXI [b] [iii] GATT) gerechtfertigt werden können.[344] Dies lässt sich auch darauf stützen, dass nach allgemeinem Völkerrecht eine Drittstaatenrepressalie bei Verletzung von *erga omnes* wirkenden Menschenrechten mittlerweile vielfach für zulässig gehalten wird.[345] Dem steht dann auch nicht entgegen, dass Art XXI wohl als abschließende Regelung des Rechts zur Ausübung von Repressalien im Anwendungsbereich des GATT verstanden werden muss.[346] Die hier vertretene weite Auslegung der *security exception* eröffnet freilich die Möglichkeit des Missbrauchs. Daraus ergibt sich,

---

Oil and Water?, JWT 43 (2009) 317 ff; *Cottier,* Handel und Menschenrechte – Humanisierung des WTO-Rechts?, in Giegerich (Fn 145) 203 ff; *Hilpold,* WTO Law and Human Rights: Bringing Together Two Autopoietic Orders, Chinese JIL 10 (2011) 323 ff. Zur Frage der Integration von Arbeitsschutzvorschriften in die WTO *Wolffgang/Feuerhake,* Core Labour Standards in World Trade Law, JWT 36 (2002) 883 ff; *Razavi,* Labour Standards and WTO, JWIT 11 (2010) 879 ff; *Kagan,* Making Free Trade Fair: How the WTO Could Incorporate Labor Rights and Why It Should, Georgetown JIL 43 (2011) 195 ff.

339 Vgl *Kämmerer,* 1. Abschn Rn 34, 118.

340 Vgl zur Einräumung von Sonderrechten auf der Grundlage eines *waivers* Art XXV Abs 5 GATT. Vgl dazu o Rn 21, 82.

341 VO (EU) Nr 978/2012 v 25.10.2012 (ABl EU 2012, Nr L 303/1).

342 Zum Ganzen *Hoffmeister,* Menschenrechts- und Demokratieklauseln in den vertraglichen Außenbeziehungen der Europäischen Gemeinschaft, 1998.

343 Vgl dazu bereits o Rn 84.

344 So auch *Hahn* (Fn 314 [Aussetzung]) 360. Ähnlich *Kuilwijk,* Castro's Cuba and the US Helms-Burton Act, JWT 31 (1997) 49 (54).

345 Vgl dazu *Frowein,* Reactions by Not Directly Affected States to Breaches of Public International Law, RdC 248 (1994-IV) 345 (405 ff); *ders,* Obligations *erga omnes,* MPEPIL VII, 916 ff; *Herdegen* (Fn 55) 246 f.

346 Vgl o Rn 84. Hierzu *Hahn* (Fn 314 [Aussetzung]) 365 ff. Anders aber offensichtlich die Auffassung der BR Deutschland, wie sie in der Stellungnahme im Streit mit Island im Jahre 1974 zum Ausdruck kam, vgl GATT Doc C/M/103, 15 f.

dass im Falle eines Streits über das Vorliegen der Voraussetzungen des Art XXI die Plausibilität der Behauptung überprüfbar sein muss.[347]

GATS und TRIPS

92 Neben dem GATT 1994 besitzen die folgenden zum Vertragspaket von Marrakesch gehörenden WTO-Übereinkommen besonderen Stellenwert:

– das *Allgemeine Übereinkommen über den Handel mit Dienstleistungen* (General Agreement on Trade in Services – GATS).[348] Das GATS erweitert die für das GATT 1947 allein für Waren geschaffenen Regeln auf eine Vielzahl von Dienstleistungen. So verpflichtet etwa Art II Abs 1 GATS die Vertragsparteien zur Beachtung des Meistbegünstigungsgrundsatzes auch im Hinblick auf Dienstleistungen und Dienstleistungserbringer.[349] Art III GATS verpflichtet zur Transparenz hinsichtlich rechtlicher Regelungen. Art V GATS erlaubt es den Vertragsparteien, eine Übereinkunft zu schließen, die den Handel mit Dienstleistungen liberalisiert. Im Binnenmarkt der EU gewähren Art 56 ff AEUV die Dienstleistungsfreiheit. Allgemeine Ausnahmen und solche zur Wahrung der Sicherheit sind gemäß Art XIV und XIV *bis* GATS möglich. Unter den in Teil III genannten spezifischen Verpflichtungen der Mitgliedstaaten sind besonders diejenigen zur Gewährleistung des Marktzugangs (Art XVI GATS) und zur Inländerbehandlung von Dienstleistungen und Dienstleistungserbringern (Art XVII GATS) hervorzuheben.[350]

93 – das *Übereinkommen über die handelsbezogenen Aspekte der Rechte des geistigen Eigentums* (Agreement on Trade-Related Aspects of Intellectual Property Rights – TRIPS).[351] Schon heute nähert sich die Wertschöpfung über geistiges Eigentum der-

---

347 In einer interpretativen Entscheidung aus dem Jahre 1982 haben die Vertragsparteien des (alten) GATT die grundsätzliche Anwendbarkeit des Streitbeilegungsmechanismus auf Art XXI GATT bestätigt, vgl GATT BISD 29 (1983), Suppl, 23.

348 BGBl 1994 II, 1473 (engl) bzw 1643 (dt); ausf zum GATS *Berr,* L'accord général sur le commerce des services, AFDI 40 (1994) 748 ff; *Koehler,* Das Allgemeine Übereinkommen über den Handel mit Dienstleistungen (GATS), 1999; *Krancke,* Liberalisierung des internationalen Dienstleistungshandels, 1999; *Pitschas,* Die Liberalisierung des internationalen Dienstleistungshandels im Rahmen des GATS, RIW 2003, 676 ff; *Werner,* Das WTO-Finanzdienstleistungsabkommen, 1999; *Sapir,* The General Agreement on Trade in Services, JWT 33 (1999) 51 ff; *Footer/George,* The General Agreement on Trade in Service, in Macrory/Appleton/Plummer (Hrsg), The World Trade Organization: Legal, Economic and Political Analysis, Bd 1, 2005, 799 ff; Wolfrum/Stoll/Feinäugle (Hrsg), WTO – Trade in Services, 2008; *Munin,* Legal Guide to GATS, 2010.

349 Die „unverzüglich und bedingungslos"-Formel (vgl o Rn 71) findet sich auch hier. Ausnahmen zu diesem Prinzip sind im Annex zu Art II aufgeführt.

350 Die Verhandlungen über ein plurilaterales Abkommen über den Handel mit Dienstleistungen *(Trade in Services Agreement – TISA)* zwischen 23 Mitgliedstaaten der WTO sind derzeit ausgesetzt.

351 BGBl 1994 II, 1565 (engl) bzw 1730 (dt). Dazu Beier (Hrsg), From GATT to TRIPs, 1996; *Staehelin,* Das TRIPs-Abkommen – Immaterialgüterrechte im Licht der globalisierten Handelspolitik, 1997; *Gervais,* The TRIPS Agreement, 1998; *Geisel,* Das TRIPS-Übereinkommen in der WTO-Rechtsordnung, 2003; *Herrmann/ Weiß/Ohler,* Welthandelsrecht, Rn 924 ff; *Mitchell/Voon,* TRIPS, in Bethlehem et al (Hrsg), The Oxford

jenigen über herkömmliches produktives Eigentum. Die Auseinandersetzungen um die Rechte am geistigen Eigentum dürften in Zukunft noch stärkere Bedeutung erhalten. Das TRIPS trägt diesem wichtigen Aspekt des internationalen Handels Rechnung, indem es Mindeststandards für den Schutz geistiger Eigentumsrechte begründet. Damit soll der immer häufigeren Nichtanerkennung und Verletzung solcher Rechte auf internationaler Ebene entgegengewirkt werden, wenn auch unter Beschränkung auf handelspolitische Aspekte.[352] Das TRIPS begründet die Prinzipien der Inländergleichbehandlung (Art 3) und der Meistbegünstigung (Art 4) auch für das geistige Eigentum. Wesentliche Teile der (revidierten) Berner Übereinkunft v 1971 zum Schutz der Werke der Literatur und Kunst werden für entsprechend anwendbar erklärt (Art 9).[353] Die Teile III und IV enthalten Regeln für das innerstaatliche gerichtliche Verfahren zur Durchsetzung von Rechten des geistigen Eigentums bzw zur Ersatzleistung für den Fall ihrer Verletzung. Ebenso wie GATT ist TRIPS auf Angleichung der nationalen Schutzmechanismen gerichtet.

b) Handelsbezogene Investitionsmaßnahmen

Zwischen dem internationalen Handel und den internationalen Investitionen bestehen mehrschichtige *Wechselbeziehungen*.[354] In gewissen Grenzen erscheinen die unternehmerischen Entscheidungen über Handel oder Investitionen als Alternativen, wobei nicht immer eindeutig ist, welche Entscheidung den Vorzug verdient. Je höher die rechtlichen oder tatsächlichen Barrieren für den jeweiligen internationalen Handel sind, desto eher wird die Entscheidung zugunsten einer Investition im Ausland fallen; auch umgekehrt gilt dies im Grundsatz. Im Einzelfall entscheiden oft pragmatische, auf die Einschätzung der konkreten Marktsituation bezogene Erwägungen. **94**

Gegenseitige Auswirkungen können sich insoweit ergeben, als sich primär auf Investitionen bezogene Maßnahmen auch auf den Handel auswirken können. So sah in den 1980er Jahren in Kanada der *Foreign Investment Review Act* vor, dass ausländische Unternehmen nur dann Investitionen in Kanada tätigen durften, wenn sie bevorzugt kanadische Produkte kaufen. Ein GATT-Panel kam damals zu der Auffassung, dass diese **95**

Handbook of International Trade Law, 2009, 186ff; *Dreyfuss/Frankel*, From Incentive to Commodity to Asset: How International Law is Reconceptualizing Intellectual Property, Michigan JIL 36 (2015) 557ff; *Herdegen* (Fn 54) 273ff.

352 Zum Schutz geistigen Eigentums im Völkerrecht auch jenseits handelsbezogener Aspekte vgl *Buck*, Geistiges Eigentum und Völkerrecht, 1994.

353 Berner Übereinkunft zum Schutz von Werken der Literatur und Kunst v 24.7.1971 (BGBl 1973 II, 1071, letzte Änd in BGBl 1985 II, 81). Besonderen Regelungen unterworfen sind ferner Marken (Art 15ff), geographische Angaben (Art 22ff), gewerbliche Muster und Modelle (Art 25f) sowie Patente (Art 27ff).

354 Hierzu etwa *Markusen*, FDI and Trade, in Bora (Hrsg), Foreign Direct Investment, 2002, 93ff; s auch OECD (Hrsg), Foreign Direct Investment, Trade and Employment, 1995; United Nations Conference on Trade and Development(Hrsg), Assessing the Impact of the Current Financial and Economic Crisis on Global FDI Flows, 2009 (<www.unctad.org>).

Kreuter-Kirchhof

Maßnahme gegen den Inländergleichbehandlungsgrundsatz aus Art III Abs 4 GATT verstoße.[355] Generell lassen sich in diesem Kontext sowohl für den Import als auch für den Export Investitionsregelungen denken, die den Handel behindern. Hierzu gehören für externe Bereiche etwa „Mindestinlandsanteilvorschriften", wonach ein Mindestvolumen der Vorprodukte oder ein Prozentsatz der lokalen Produktionen aus Ressourcen des Gastlands beschafft werden muss (local content requirement), Produktionsbeschreibungsauflagen, Erfordernisse zum Technologietransfer, Handelsbilanz- oder Beteiligungsauflagen sowie Vorschriften über die Nationalität der Beschäftigten. Auf den Export können sich investitionsbezogene Maßnahmen etwa auswirken, wenn sie den Investor zwingen, einen gewissen Prozentsatz der Produktion im Ausland abzusetzen oder ihm vorschreiben, der Tochtergesellschaft eines multinationalen Unternehmens im Gastland gegenüber der Konzernzentrale ein exklusives Vertriebsrecht zukommen zu lassen. Ein anderes Bsp betrifft den Fall, dass ausländischen Angestellten des Investors vorgeschrieben wird, einen Teil ihres Einkommens im Inland zu konsumieren oder zu investieren.

96   Im GATT 1994 wurden mit dem *Übereinkommen über handelsbezogene Investitionsmaßnahmen* (TRIMS) erstmals Regeln vereinbart,[356] welche sich im Lichte eines angestrebten Systems des Freihandels mit der Regelung von Investitionen befassen und den Protektionismus auch auf diesem Felde abbauen sollen. Keinen Erfolg hatte der Versuch der USA, allgemein das Prinzip des freien Marktzugangs einzuführen. Im Einzelnen wird festgelegt, dass Investitionsmaßnahmen, die sich auf den Handel mit Gütern auswirken, unzulässig sind, soweit sie das Gebot der Inländergleichbehandlung und das Verbot mengenmäßiger Beschränkungen verletzen. Im Anhang des Abkommens werden Typen unzulässiger Investitionsmaßnahmen beschrieben, so etwa die Auflagen bzgl der Verwendung lokaler Reserven, bestimmte Beschränkungen der Einfuhr von produktionsbestimmten Gütern, Exportbeschränkungen oder die Beschränkung des Zugangs zu ausländischen Devisen im Lichte von Deviseneinnahmen aus Exporten. Ein besonderer Ausschuss überwacht die Durchführung des Abkommens. Subventionen und Steuererleichterungen werden nicht erfasst, ebenso wenig Dienstleistungen und Finanztransaktionen.

c) Instrumente regionaler wirtschaftlicher Integration

97   Das GATT lässt gemäß Art XXIV Abs 5 bis 10 als Ausnahme zum Prinzip der Meistbegünstigung regionale wirtschaftliche Integration durch *Zollunionen und Freihandelszonen*[357]

---

355 Canada – Administration of the Foreign Investment Review Act, Panel-Bericht v 7.2.1984, GATT BISD 30 (1984), Suppl, 140ff. Vgl zum FIRA-Fall auch *Tietje* (Fn 58 [Grundstrukturen]) 227f, 233.
356 Vgl *Brewer/Young*, Investment Issues at the WTO, JIEL 1 (1998) 457ff; *Koulen*, Foreign Investment in the WTO, in Nieuwenhuys/Brus (Hrsg), Multilateral Regulation of Investment, 2001, 181ff.
357 S allgemein zu Wirtschaftsräumen *Weiß*, Wirtschaftsräume, in Odendahl/Giegerich (Hrsg), Räume im Völker- und Europarecht, 2014, 145ff.

Kreuter-Kirchhof

unter der Bedingung zu, dass sie eine dem gesamten Welthandel förderliche Funktion haben, sich nicht zum Nachteil der Nichtmitglieder der Präferenzabkommen auswirken und „im Wesentlichen den gesamten Handel" erfassen, also nicht sektoral begrenzt sind.[358] Regionale Einrichtungen haben sich wie die WTO dem Ziel einer Liberalisierung der Handels- und Dienstleistungsbeziehungen verschrieben, versuchen dieses jedoch mit meist erheblich weitergehender Intensität zu verwirklichen.[359] Zunehmend ist zu beobachten, dass auch überregionale Handelsbündnisse geschlossen werden; ihre Zahl ist in den vergangenen Jahrzehnten erheblich gestiegen.[360] Dass sich Zollunionen und Freihandelszonen im Zusammenwirken mit der WTO als Katalysatoren eines immer liberaleren Welthandels erweisen werden, erscheint angesichts einer sich möglicherweise abzeichnenden Ausbildung wirtschaftlicher Blöcke nicht gesichert. Nach dem Grad der Integrationstiefe kann wie folgt unterschieden werden:

– *Freihandelszonen* (Definition in Art XXIV Abs 8 lit b GATT) sind wirtschaftliche Verbindungen zwischen Staaten, welche die Beseitigung interner Handelsbarrieren zum Gegenstand haben;[361] idR wird keine wirtschaftliche Integration angestrebt; meist steht der Abbau der Binnenzölle im Vordergrund;[362]   98

– *Zollunionen* (definiert in Art XXIV Abs 8 lit a GATT) verfügen über einen gemeinsamen Außenzoll. Ihre Binnengrenzen sind keine Zollgrenzen mehr. Strukturell sind Zollunionen meistens, Freihandelszonen manchmal an eine I.O. angebunden. Die EU begründet eine Zollunion (Art 28 AEUV) mit einem hohen Grad an (wirtschaftlicher) Integration. Sie schafft einen *Binnenmarkt,* der den freien Verkehr nicht nur von Waren, sondern auch von Personen, Dienstleistungen und Kapital umfasst. Die *Wirtschafts- und Währungsunion* der EU (vgl etwa Art 120 ff AEUV) geht darüber hinaus. Die beteiligten Staaten begründen eine gemeinsame Währung und koordinieren ihre Wirtschafts- und Währungspolitik insbes mit dem Ziel, eine hohe Preisstabilität sowie eine Stabilität der öffentlichen Haushalte zu erreichen. Die EU ist ihrerseits Mitglied der WTO.[363] Auch der *Andenpakt* (Übereinkommen von Cartagena v 1969)[364] sah den Abbau der Außenzölle bis 1975 vor; doch erst seit 1994 besteht zwischen den Mitgliedstaaten eine unvollkommene Zollunion. Durch das Protokoll von Trujillo wurde der Andenpakt im Jahre 1996 zur Andinischen Gemein-   99

---

358 In der Praxis hat das GATT jedoch keinen regionalen Zusammenschluss an diesen Voraussetzungen scheitern lassen. Vgl näher hierzu *Borrmann et al,* Regionalismustendenzen im Welthandel, 1995; *Benedek* (Fn 60) 63 ff; *Herrmann/Weiß/Ohler,* Welthandelsrecht, Rn 632 ff.
359 S hierzu o Rn 71.
360 S auch *Trebilcock/Howse/Eliason,* The Regulation of International Trade, 4. Aufl 2012, 86 f.
361 Vgl *Köbele,* Free Trade Areas, MPEPIL IV, 239 ff.
362 Die Anerkennung von Freihandelszonen als Regionaleinrichtung nach Art XXIV ist keineswegs selbstverständlich: Eine lockere Integration kann leicht zur Diskriminierung dritter Staaten führen und als Tarnung für die Nichtanwendung der Meistbegünstigungsklausel dienen.
363 Vgl *Oppermann* (Fn 248) 925 ff; *Hahn,* Die EU als WTO-Mitglied: Machtinteressen einer Rechtsgemeinschaft, in Giegerich (Fn 145) 173 (180 ff).
364 ILM 28 (1989) 1165.

schaft u a mit dem Ziel weiterentwickelt, einen gemeinsamen Markt zu schaffen.[365] Der am 1.1.1995 in Kraft getretene *Mercosur-* (oder Mercosul-) Vertrag[366] ist eines der wichtigsten Vorhaben regionaler Integration in Lateinamerika.[367] Auf dem afrikanischen Kontinent waren die praktischen Erfolge der Wirtschaftsgemeinschaft westafrikanischer Staaten (ECOWAS) und der Westafrikanischen Wirtschafts- und Währungsunion (UEMOA) gering.[368] Daneben wurde im November 1999 die Ostafrikanische Gemeinschaft (EAC), sowie im März 2001 die *Afrikanische Union* (AU) gegründet.[369] Dagegen handelt es sich bei der „Neuen Partnerschaft für Afrikas Entwicklung" (NePAD) um eine im Wesentlichen politische Initiative verschiedener afrikanischer Staaten mit dem Ziel, der wirtschaftlichen Marginalisierung entgegenzutreten und die Armutsbekämpfung auf dem Kontinent zu verstärken.[370] Im März 2018 wurde das Abkommen zur Errichtung einer pan-afrikanischen Freihandelszone *(African Continental Free Trade Area – AfCFTA)* von 49 der 55 Mitgliedstaaten der Afrikanischen Union unterzeichnet. Ziel des Abkommens ist unter anderem, Handelshemmnisse abzubauen und mittelfristig einen afrikanischen Binnenmarkt zu schaffen.[371]

---

365 *Porrata-Doria Jr*, Andean Community of Nations (CAN), MPEPIL I, 385ff.

366 Vgl Treaty Establishing a Common Market Between the Argentine Republic, the Federative Republic of Brazil, the Republic of Paraguay and the Eastern Republic of Uruguay (Treaty of Asunción) v 26.3.1991, ILM 30 (1991) 1041, sowie das Additional Protocol to the Treaty of Asunción on the Institutional Structure of Mercosur v 17.12.1994, ILM 34 (1995) 1244; s zum Mercosur *Haller*, Mercosur, 2001; Franca Filho (Hrsg), The Law of Mercosur, 2010. Der im Dezember 2005 ergangene erste Schiedsspruch des ständigen Revisionsgerichts des Mercosur orientiert sich stark an der Rechtsprechung des EuGH, s hierzu *Piscitello/ Schmidt*, Der EuGH als Vorbild: erste Entscheidung des ständigen Mercosur-Gerichts, EuZW 2006, 301ff.

367 Vgl *Gardini*, MERCOSUR: What You See Is Not (Always) What You Get, ELJ 17 (2011) 683 (684). Mitglieder des Mercosur sind Argentinien, Brasilien, Paraguay, Uruguay und seit 2012 auch Venezuela. Die Mitgliedschaft Venezuelas wurde im Jahre 2017 auf der Grundlage der sog Demokratieklausel suspendiert. Assoziierte Staaten des Mercosur sind Chile, Ecuador, Guyana, Kolumbien, Peru, Surinam und Bolivien. Bolivien befindet sich seit dem Jahr 2012 im offiziellen Aufnahmeprozess.

368 Vgl *van den Boom*, Regionale Kooperation in Westafrika: Politik und Probleme der ECOWAS, 1996; *Ng'ong'ola*, Regional Integration and Trade Liberalisation in Africa, JWT 33 (1999) 145ff. S für einen Überblick über alle acht regionalen Handelsabkommen in Afrika *Gathii*, The Status of African Regional Trade Agreements, EYIEL 4 (2013) 287ff; s allgemein zur ECOWAS *Berger/Hamady*, Economic Community of West African States (ECOWAS), MPEPIL online.

369 Die AU ersetzt nunmehr die OAU, dazu *Packer/Rukare*, The New African Union and its Constitutive Act, AJIL 96 (2002) 365ff. S allg zur Afrikanischen Union *Barthel*, Die neue Sicherheits- und Verteidigungsarchitektur der Afrikanischen Union, 2011; *Jeng*, Peacebuilding in the African Union, 2012; *Viljoen*, African Union (AU), MPEPIL I, 162ff.

370 S allg zur NePAD *Marong*, New Partnership for Africa's Development (NEPAD), MPEPIL XI, 668ff.

371 S u a *Ajibo*, African Continental Free Trade Are Agreement: The Euphoria, Pitfalls and Prospects, JWT 53 (2019) 871ff. Zur Vereinbarkeit des Abkommens mit WTO-Recht s *Simo*, Trade in Services in the African Continental Free Trade Area: Prospects, Challenges and WTO Compatibility, JIEL 23 (2020) 65ff. Näher zur AfCFTA s u Rn 125.

Kreuter-Kirchhof

In den letzten Jahren sind zahlreiche regionale *Freihandelszonen* entstanden,[372] von de- **100** nen manche künftig zur Zollunion ausgebaut werden könnten. Nach Angaben der WTO bestehen heute 354 regionale Freihandelsabkommen.[373] Im Jahr 1992 wurde der Europäische Wirtschaftsraum (EWR)[374] als eine Freihandelszone zwischen den nach der EU-Erweiterung im Jahr 1995 noch verbliebenen EFTA-Staaten („Rest-EFTA") und der EU gegründet. Nachdem zunächst die „Euro-Mediterranean Free-Trade Area" nach der Barcelona-Erklärung v 1995 zwischen der EG und südlichen Nachbarländern in Nordafrika und dem Nahen Osten bis 2010 entstehen sollte, wurde im Juli 2008 in Paris die *Union für das Mittelmeer* als eine Gemeinschaft der Mitgliedstaaten der EU sowie weiterer 15 Mittelmeeranrainerstaaten einschließlich Mauretanien und Jordanien gegründet, die ihre Arbeit allerdings erst im März 2010 aufnehmen konnte. Die 1989 gegründete *Asia-Pacific Economic Cooperation (APEC)* sieht sich als Notar eines „offenen Regionalismus".[375] Im Januar 2004 hat auch die Südasiatische Vereinigung für regionale Zusammenarbeit (*SAARC*) die Schaffung einer regionalen Freihandelszone, der *South Asian Free Trade Area (SAFTA)* beschlossen. Mit dem im Jahr 2010 in Kraft getretenen Freihandelsabkommen zwischen der *ASEAN* (Association of Southeast Asian Nations) und China entstand die nach der Wirtschaftskraft drittgrößte Freihandelszone der Welt.[376] In den Mitgliedstaaten leben fast zwei Mrd Menschen. Etwa 90 % der bisherigen (ohnehin geringen) Zölle wurden in dem Abkommen gestrichen; nicht berührt sind indes die beträchtlichen nicht-tarifären Hemmnisse.

---

372 Für eine Analyse tiefgehender Freihandelszonen und ihrer Bedeutung für kleinere Freihandelszonen s *Wang*, The Future of Deep Free Trade Agreements: The Convergence of TPP (and CPTPP) and CETA?, JWT 53 (2019) 317 ff; *Nduldo*, The African Continental Free Trade Area: Local Content Requirements as a Means to Addressing Africa's Productive Capacity Constraints, Michigan JIL 43 (2022) 61 ff.

373 S <https://www.wto.org/english/tratop_e/region_e/region_e.htm>. Hierzu *Lo*, Coordinative Approach to Resolve Normative and Operational Conflicts between Inner and Outer-FTAs, JWT 50 (2016) 147 ff. Für eine detaillierte Auseinandersetzung mit regionalen Freihandelsabkommen in ihren verschiedenen Ausprägungen vgl *Senti*, Regionale Freihandelsabkommen, 2013.

374 Dazu *Herdegen*, Internationales Wirtschaftsrecht, § 12 Rn 19 ff.

375 *Grote*, Asia-Pacific Economic Co-operation (APEC), MPEPIL I, 674 ff; *Garnaut*, Open Regionalism and Trade Liberalization: An Asia-Pacific Contribution to the World Trade System, 1996; *Dieter*, Asiatisch-Pazifische Wirtschaftsgemeinschaft und Welthandelsorganisation, Außenpolitik 1996, 275 ff; Aggarwal/Morrison (Hrsg), Asia-Pacific Crossroads: Regime Creation and the Future of APEC, 1998; *Fazzone*, The Trans-Pacific Partnership, Georgetown JIL 43 (2012) 695 ff; *Hsieh*, Reassessing APEC's Role as a Trans-regional Economic Architecture, JIEL 16 (2013) 119 ff.

376 Hierzu *Greenwald*, The Asean-China Free Trade Area (ACFTA): A Legal Response to China's Economic Rise?, DJCIL 16 (2006) 193 ff. Zur Regionalisierung im asiatischen Wirtschaftsraum *Sen*, „New Regionalism" in Asia, JWT 40 (2006) 553 ff; *Roberts*, ASEAN Regionalism, 2011. Zum Verhältnis der EU zur ASEAN s Chirathivat/Knipping/Ryan/Welfens (Hrsg), European Union and ASEAN, 2005. Zur Konsensfindung in der ASEAN, welche sich auf Dialog und nicht verbindliche sowie informelle Regelungen stützt, s *Huck*, Informal International Law-Making in the ASEAN: Consensus, Informality and Accountability, ZaöRV 80 (2020) 101 ff.

101   Von großer Bedeutung ist das Freihandelsabkommen zwischen den USA, Kanada und Mexiko. Im Jahre 1992 vereinbarten diese Staaten das *Nordamerikanische Freihandelsabkommen (North American Free Trade Agreement – NAFTA),*[377] das im Jahr 2018 durch das am 1.7.2020 in Kraft getretene *United States – Mexico – Canada Agreement (USMCA)* abgelöst wurde.[378] Derzeit nicht fortgesetzt werden die Verhandlungen der EU und der USA über den Abschluss einer *Transatlantischen Handels- und Investitionspartnerschaft (Transatlantic Trade and Investment Partnership – TTIP).*[379] Im Februar 2016 wurde das Abkommen zur Gründung der transpazifischen Partnerschaft (*Trans-Pacific Partnership – TPP)* unterzeichnet; die USA erklärten allerdings 2017 ihren Ausstieg aus dem Abkommen. Die verbliebenen elf Vertragsstaaten vereinbarten daraufhin das *Comprehensive and Progressive Agreement for Trans-Pacific Partnership (CPTPP),* das bislang von acht Staaten ratifiziert wurde.[380] Am 1.1.2022 trat die *Regional Comprehensive Economic Partnership (RCEP)* in Kraft.[381] Zehn ASEAN-Staaten und fünf weitere Staaten der Region Asien-Pazifik[382] bilden damit die größte Freihandelszone der Welt, die 30 % der Weltbevölkerung umfasst.[383] Die Verhandlungen zwischen der EU und Kanada zum Abschluss eines umfassenden Wirtschafts- und Handelsabkommens *(Comprehensive Economic and Trade Agreement – CETA)* wurden im September 2014 abgeschlossen,[384] es

---

377 Vgl *Herdegen,* Internationales Wirtschaftsrecht, § 12 Rn 27 ff; *Abbott,* North American Free Trade Agreement (1992), MPEPIL VII, 776 ff. Die USA haben zwischenzeitlich Freihandelsabkommen mit 20 Staaten, u a mit Chile (am 1.1.2004 in Kraft getreten), mit zentralamerikanischen Staaten und der Dominikanischen Republik (für El Salvador am 1.3.2006, für Honduras und Nicaragua am 1.4.2006, für Guatemala am 1.7.2006, für die Dominikanische Republik am 1.3.2007 und für Costa Rica am 1.1.2009 in Kraft getreten), mit Peru (am 1.1.2009 in Kraft getreten), mit Kolumbien (am 22.11.2006 unterzeichnet), mit Panama (am 11.7.2007 unterzeichnet) und mit Korea (am 15.3.2012 in Kraft getreten) abgeschlossen. S zum Verhältnis von WTO und NAFTA-Streitigkeiten *Mathieu,* Settling NAFTA and WTO Disputes, EYIEL 5 (2014) 235 ff.
378 The North American Free Trade Agreement (ILM 32 [1993] 269 und 605) sowie die Modifikationen durch das USMCA 86 FR 35566.
379 Ausf zur Diskussion um TTIP *Treier/Wernicke,* Die Transatlantische Handels- und Investitionspartnerschaft (TTIP) – Trojanisches Pferd oder steiniger Weg zum Olymp?, EuZW 2015, 334 ff; *Godt,* Wirtschaft und Umwelt im Partnerschaftsabkommen der USA und Europa (TTIP), ZUR 2014, 403 ff.
380 Vgl <https://international.gc.ca/trade-commerce/trade-agreements-accords-commerciaux/agr-acc/tpp-ptp/text-texte/toc-tdm.aspx?lang=eng>. Das Vereinigte Königreich beantragte am 1.2.2021 die Aufnahme in das CPTPP, vgl <https://www.gov.uk/government/news/formal-request-to-commence-uk-accession-negotiations-to-cptpp>.
381 Für den Volltext des Abkommens s <https://rcepsec.org/legal-text/>.
382 Mitgliedstaaten sind Australien, Brunei, China, Indonesien, Japan, Kambodscha, Laos, Malaysia, Myanmar, Neuseeland, Philippinen, Singapur, Südkorea, Thailand, Vietnam. Indien war an den Verhandlungen beteiligt, trat jedoch nicht bei. Australien, Brunei, Japan, Malaysia, Neuseeland, Singapur und Vietnam gehören sowohl der RCEP als auch dem CPTPP an.
383 IMF (Hrsg), World Economic Outlook Database, 2022. S auch *Elms,* Getting RCEP across the Line, WTR 20 (2021) 373 ff.
384 Insbes die Fragen der Vertragsschlusskompetenzen der EU und der Investitionsschutz sind str; s dazu *Mayer/Ermes,* Rechtsfragen zu den EU-Freihandelsabkommen CETA und TTIP, ZRP 2014, 237 ff. Am 30.4.2019 entschied der EuGH, dass das Abkommen mit dem Europarecht vereinbar ist, vgl Gutachten 1/17

trat am 21.9.2017 vorläufig in Kraft. Im Jahr 2018 unterzeichneten die EU und Japan ein Freihandelsabkommen *(EU – Japan Economic Partnership Agreement)*, das im Februar 2019 in Kraft trat. Nach zwanzigjährigen Verhandlungen einigten sich die EU und die Mercosur-Staaten Argentinien, Brasilien, Paraguay und Uruguay im Jahr 2019 grundsätzlich auf ein Freihandelsabkommen; das Abkommen wurde allerdings bislang noch nicht unterzeichnet.[385] 2022 schlossen die EU und Neuseeland die Verhandlungen über ein Handelsabkommen ab.[386] Im Juli 2006 wurden innerhalb der WTO neue Regeln zur Notifizierung von regionalen Handelsabsprachen und zur Überprüfung ihrer Vereinbarkeit mit der WTO ausgearbeitet. Im Ganzen bleibt offen, ob sich die Freihandelszonen und Zollunionen im Widerspruch zum GATT entwickeln und dieses letztlich sprengen könnten oder ob sie sich im Zusammenwirken mit der WTO und ihren Bestandteilen als Katalysatoren eines immer liberaleren Welthandels erweisen werden.[387]

d) Weitere handelsbezogene Instrumente

Neben dem WTO-Komplex gibt es auf multilateraler Ebene eine Vielzahl von Verträgen, welche die internationalen Handelsbeziehungen betreffen, aber an unterschiedlichen Punkten anknüpfen. So zielen zahlreiche, institutionell verfestigte *Rohstoffabkommen* darauf ab, die Preisgestaltung für bestimmte Produkte zu beeinflussen. Mittelbar wirkt sich das auf Produktion, Angebot und Nachfrage aus – und damit auf den Umfang des entsprechenden Welthandels.[388] Die Vereinbarungen zum internationalen *Vertragsrecht* suchen den zwischenstaatlichen Handel durch Rechtsvereinheitlichung zu fördern. Besondere Erwähnung verdienen das (Wiener) UN-Übereinkommen über den internationalen Warenkauf v 11.4.1980[389] sowie – auf regionaler Ebene – die Rom I-VO v

102

---

v 30.4.2019. Vgl hierzu auch *Riffel*, The CETA Opinion of the European Court of Justice and its Implications – Not that Selfish After All, JIEL 22 (2019) 503 ff sowie *Reuter*, Taking Investors' Rights Seriously: The Achmea and CETA Rulings of the European Court of Justice Do Not Bar Intra-EU Investment Arbitration, ZaöRV 80 (2020) 379 ff. Ein Organstreitverfahren sowie Verfassungsbeschwerden gegen CETA wurden vom BVerfG verworfen, vgl BVerfG, 2 BvR 1368/16.

385 New EU-Mercosur Trade Agreement v 1.7.2019.

386 Für den Text des Abkommens s <https://policy.trade.ec.europa.eu/eu-trade-relationships-country-and-region/countries-and-regions/new-zealand/eu-new-zealand-agreement/text-agreement_en>.

387 Zu der Diskussion s *Bhagwati*, Termites in the Trading System, 2008, 49 ff; *Senti* (Fn 373) 231 ff; *Stoll*, Mega-Regionals: Challenges, Opportunities and Research Questions, in Rensmann (Hrsg), Megal-Regional Trade Agreements, 2017, 3 ff; *Adlung/Mamdouh*, Plurilateral Trade Agreements: An Escape Route for the WTO?, JWT 52 (2018) 85 ff; *Basedow*, The WTO and the Rise of Plurilateralism, JIEL 21 (2018) 411 ff; *Voon*, Consolidating International Investment Law: The Mega-Regionals as a Pathway towards Multilateral Rules, WTR 17 (2018) 33 ff. Zur Reform der WTO *Bollyky/Mavroidis*, Trade, Social Preferences and Regulatory Cooperation – The New WTO-Think, JIEL 20 (2017) 1 ff. Zum Ganzen s o Rn 71.

388 Vgl dazu u Rn 122. Vgl etwa das Internationale Tropenholzübereinkommen v 2006 (ITTA, revidierte Fassung ABl EU 2007, Nr L 262/6).

389 BGBl 1989 II, 588; berichtigt BGBl 1990 II, 1699. Vgl zum UN-Kaufrecht etwa *Corvaglia*, Das einheitliche UN-Kaufrecht, 1998; Honsell (Hrsg), Kommentar zum UN-Kaufrecht, 2. Aufl 2010; *Knetsch*, Das UN-

17.6.2008,[390] die (außer im Verhältnis zu Dänemark) das EWG-Übereinkommen über das auf vertragliche Schuldverhältnisse anzuwendende Recht v 19.6.1980[391] ersetzt hat. Auf europäischer Ebene wird die Einführung eines europäischen Vertragsrechts für Verbraucher und Unternehmen diskutiert. Dieses soll auf freiwilliger Basis innerhalb des Binnenmarkts Vertragsabschlüsse nach Maßgabe von EU-weit gültigen Rechtsvorschriften ermöglichen.[392] Zahlreiche Verträge regeln die einzelnen Bereiche des internationalen *Dienstleistungsverkehrs,* insbes das Transportwesen (Vereinheitlichung der Rechtsbestimmungen und Gebühren, Transport gefährlicher Güter etc)[393] unter Einschluss der internationalen Zivilluftfahrt,[394] das Bank- und Versicherungswesen,[395] den Postverkehr (mit dem Vertrag über den Allgemeinen Postverein „Weltpostverein" v 9.10.1874[396] als Grundlage), die Telekommunikation (Grundlage: Konstitution und Konvention der Internationalen Fernmeldeunion,[397] aber auch die Einbeziehung der Telekommunikation im Rahmen des GATS)[398] sowie den Energiesektor (Energiecharta Vertrag).[399]

Kaufrecht in der Praxis der Schiedsgerichtsbarkeit, 2011; *Piltz,* Neue Entwicklungen im UN-Kaufrecht, NJW 2011, 2261 ff; Schlechtriem/Schwenzer (Hrsg), Kommentar zum Einheitlichen UN-Kaufrecht – CISG, 6. Aufl 2013.

390 VO (EG) Nr 593/2008 des Europäischen Parlaments und des Rates v 17.6.2008 über das auf vertragliche Schuldverhältnisse anzuwendende Recht (Rom I), ABl EU 2008, Nr L 177/6.

391 BGBl 1986 II, 810.

392 Vorschlag für eine VO des EP und des Rates über ein Gemeinsames Europäisches Kaufrecht v 11.10.2011, KOM(2011) 635 endg; s dazu *Grigoleit,* Die Europäische Kommission und ein Gemeinsames Europäisches Kaufrecht, ZfSE 9 (2011) 560 ff; *Eidenmüller/Jansen/Kieninger/Wagner/Zimmermann,* Der Vorschlag für eine Verordnung über ein Gemeinsames Europäisches Kaufrecht, JZ 2012, 269 ff; *Ludwigs,* Verwirklichung des Binnenmarkts durch ein „Gemeinsames Europäisches Kaufrecht"? – Das optionale Modell im Kreuzfeuer der Kompetenzkritik, EuZW 2012, 608 ff; *Grigoleit,* Der Entwurf für ein Gemeinsames Europäisches Kaufrecht: Funktionsbedingungen, EU-Kompetenz und Perspektiven, in Remien/ Herrler/Limmer (Hrsg), Gemeinsames Europäisches Kaufrecht für die EU, 2012, 67 ff; *Jaeger,* Inhaltliche und methodische Vollständigkeit des Vorschlags für ein gemeinsames Europäisches Kaufrecht, RabelsZ 77 (2013) 465 ff.

393 Einzelheiten bei *Herdegen,* Internationales Wirtschaftsrecht, § 14 Rn 4 ff.

394 ZB Abkommen über die Internationale Zivilluftfahrt v 7.12.1944 (BGBl 1956 II, 411), zuletzt geänd durch Prot v 10.5.1984 (BGBl 1996 II, 210; BGBl 1999 II, 307); s dazu *Herdegen,* Internationales Wirtschaftsrecht, § 14 Rn 13 ff; *Tomas,* Chicago Convention (1944), MPEPIL II, 117 ff.

395 *Herdegen,* Internationales Wirtschaftsrecht, § 14 Rn 18 ff, 24 ff.

396 IdF v 10.9.1981 (BGBl 1981 II, 674).

397 BGBl 1994 II, 147; Änd in BGBl 1996 II, 1306; Neufassung in BGBl 2001 II, 365.

398 Vgl o Rn 92; dazu *Mathew,* The WTO Agreements on Telecommunications, 2003.

399 Energiecharta v 17.12.1994, BGBl 1997 II, 4; BGBl 1998 II, 3009; vgl dazu *Waelde,* International Investment under the 1994 Energy Charter Treaty, JWT 29 (1995) 5 ff; *Parish/Rosenberg,* An Introduction to the Energy Charter Treaty, ARIA 20 (2009) 191 ff; *Roe/Happold,* Settlement of Investment Disputes under the Energy Charter Treaty, 2011; *Baltag,* The Energy Charter Treaty, 2012; *Dolzer,* International Co-Operation in Energy Affairs, RdC 372 (2014) 369 (436 ff).

Kreuter-Kirchhof

Angesichts der zunehmenden Globalisierung der Wirtschaft gewinnt auch die Ver- 103
einheitlichung des Rechts der Unternehmensübernahmen an Bedeutung.[400] Im Rahmen
der EU konnte nach langjährigen Verhandlungen im Dezember 2003 eine entsprechende
Richtlinie verabschiedet werden.[401]

5. Internationales Steuerrecht

Steuerrecht ist primär nationales Recht. Der Staat bestimmt Steuerpflichtigkeit, Bemes- 104
sungsgrundlagen und Steuerhöhe. Dennoch begründet auch das Völkerrecht steuerrecht-
liche Regeln insb zur *territorialen und personellen Reichweite der Besteuerungsgewalt.*
Die Abgrenzung der Besteuerungsgewalt der Staaten ist angesichts der weltweit sehr unterschiedlichen Steuervorschriften und der hohen wirtschaftlichen internationalen Vernetzung insbes für multinational tätige Unternehmen von großer praktischer Bedeutung.
Auf der Ebene des Vertragsrechts existieren insbes die *Doppelbesteuerungsabkommen.*
Die BR Deutschland hat seit 1953 knapp 140 dieser Abkommen geschlossen.[402] Sie folgen
weitgehend einem einheitlichen, von der OECD erarbeiteten Muster, wobei im Verhältnis
zu Entwicklungsländern aber auch ein *UN-Modellabkommen* Bedeutung erlangt hat.

Auf der Grundlage der territorialen Souveränität erlaubt das Völkerrecht, alle wirt- 105
schaftlichen Werte und Vorgänge innerhalb des eigenen Landes zu besteuern. Dies gilt
auch für den Fall, dass die betroffenen Personen oder Unternehmen nicht die Staatsangehörigkeit bzw Staatszugehörigkeit des Hoheitsstaats haben. Nach diesem *Quellenprinzip*
kommt es auch nicht auf die Ansässigkeit im Land an. Andererseits lässt es das *Weltein-
kommensprinzip* zu, dass ein Staat von seinen Angehörigen auch Steuern für Wirtschafts-
vorgänge und Werte im Ausland erhebt. Die völkerrechtliche Zulässigkeit dieser beiden
Prinzipien als Grundlage der Besteuerung führt zur Möglichkeit von Überschneidungen,
dh dazu, dass der Einzelne uU gegenüber zwei oder gar mehr Staaten steuerpflichtig ist.
Das allgemeine Völkerrecht lässt es zu, dass derselbe Vorgang von zwei Staaten besteuert
wird. Die nachteiligen Folgen für das doppelt besteuerte Unternehmen können sich auch
volkswirtschaftlich negativ auswirken, wenn dadurch Firmen Wettbewerbsnachteile erleiden und evtl sogar zum Wechsel des Standorts veranlasst werden.

Gelegentlich werden zur Vermeidung hoher Steuern „Basisgesellschaften" errich- 106
tet, deren Gesellschafter in Drittstaaten tätig sind; auf diese Weise können durch Verlagerung von Gewinnen in Staaten mit niedrigen Steuern („Steueroasen") Nachteile für
die Heimatstaaten der Gesellschafter entstehen. Durch Gewinnverlagerungen und Ge-
winnkürzungen suchen international tätige Unternehmen Steuern zu vermeiden. Um
solchen missbräuchlichen Gestaltungen zu begegnen und Steuersouveränität und Steu-

---

400 Vgl *Zschocke/Schuster,* Handbuch zum Übernahmerecht, 2003.
401 Richtlinie 2004/25/EG des Europäischen Parlaments und des Rates v 21.4.2004 betreffend Übernahme-
angebote (ABl EU 2004, Nr L 142/12).
402 Hierzu Vogel/Lehner/Ismer (Hrsg), Doppelbesteuerungsabkommen. Vgl auch *Valta,* Das Internationale Steuerrecht zwischen Effizienz, Gerechtigkeit und Entwicklungshilfe, 2014.

Kreuter-Kirchhof

erfairness zu gewährleisten, stärken die G20 und die OECD-Staaten sowie Schwellen- und Entwicklungsländer die internationalen Steuerstandards und verzahnen ihre Steuersysteme besser miteinander.[403] Besteuerungsrechte sollen fair verteilt und die Steuerrechtsordnung international stabilisiert werden (Säule 1). Im Jahr 2021 einigten sich zudem 137 Staaten auf eine globale effektive Mindeststeuer für multinationale Unternehmen von 15 % ab dem 1.1.2023 (Säule2).[404]

107　　*Doppelbesteuerung* lässt sich entweder durch die unilaterale Rücknahme des Steueranspruchs oder durch entsprechende zwischenstaatliche Vereinbarungen vermeiden. Der Wohnsitzstaat kann, wenn die Steuer nicht auf Grund von Vorgängen und Werten auf seinem Territorium anfällt, die im Ausland erhobene Steuer bis zur Höhe seiner eigenen anrechnen.[405] Denkbar ist auch die Freistellung von der Steuerpflicht für Werte und Betriebsstätten im Ausland, wie dies etwa die Schweiz oder die Niederlande tun.

108　　*Doppelbesteuerungsabkommen* beruhen auf dem Grundsatz, dass zwar jeder Staat sein nationales Recht anwendet, dieses aber gemäß den Vertragsbestimmungen eingeschränkt wird. Weder wird also der Staat zu einer Besteuerung ermächtigt, noch wird eine Aufteilung des Steueraufkommens vereinbart. Sinn und Zweck ist vielmehr lediglich, für den Bereich der Überschneidung durch Doppelbesteuerung die Rücknahme des Steueranspruchs eines Staats zu vereinbaren; nur in diesem engen Sinn werden die Steuerquellen aufgeteilt.[406] Zu diesem Zweck können die Staaten auf die Anrechnungs- oder die Freistellungsmethode zurückgreifen. Für „verbundene Unternehmen" werden dabei Regeln vereinbart, welche Abweichungen von vergleichbaren unabhängigen Unternehmen bei der Gewinnsituation steuerrechtlich berichtigt (*arms-length*-Prinzip). Auch diese Klauseln ersetzen aber das einschlägige nationale Recht zu Transferregelungen nicht, sondern beschränken diese nur. Die Methoden des Vergleichs mit unabhängigen Unternehmen werfen dabei unverändert besondere Probleme auf.[407]

109　　Selbst wenn ein Staat seine Steuerregelungen auf Vorgänge im Ausland erstrecken darf, kann er sie im Ausland nur mit Zustimmung des territorial zuständigen Staates *vollstrecken;* er ist also auf Amts- und Rechtshilfe angewiesen. Internationale Verein-

---

403 BEPS(Base Erosion and Profit Shifting)-Projekt. Dazu OECD (Hrsg), Action Plan on Base Erosion and Profit Shifting, 2013; OECD (Hrsg), BEPS-Projekt Erläuterung: Abschlussberichte 2015, 2016; s *Picciotto/Gallardo/Kadet/Henn/Villanueva*, The G20 and the „Base Erosion and Profit Shifting (BEPS) Project", Discussion Paper, No 18/2017; *Panayi*, International Tax Law Following the OECD/G20 Base Erosion and Profit Shifting Project, Bulletin for International Taxation 70 (2016) 628 ff.

404 OECD/G20 BEPS, Statement on a Two-Pillar Solution to Address the Tax Challenges Arising from the Digitalisation of the Economy v 8.10.2021; für den aktuellen Stand s OECD/G20 BEPS, Progress Report on Amount A of Pillar One, 2022; s *Esakova/Rapp*, Stellungnahme des Inclusive Framework on BEPS bezüglich des Zwei-Säulen-Ansatzes: Inhalt und erste Würdigung, DStR 2021, 2047 ff; vgl den Umsetzungsvorschlag der EU-Kommission COM(2021), 823 final v 22.12.2021

405 Vgl etwa § 34 c EStG.

406 Hierzu *Vogel*, in Vogel/Lehner/Ismer (Hrsg), Doppelbesteuerungsabkommen, Einl Rn 67 ff.

407 Vgl *Eigelshoven*, in Vogel/Lehner/Ismer (Hrsg), Doppelbesteuerungsabkommen, Art 9 Rn 59 ff.

barungen regeln partiell auch diese Frage, so etwa Vereinbarungen im Rahmen der OECD oder des Europarats.[408]

6. Das Völkerrecht der wirtschaftlichen Entwicklung
a) Grundlagen und Entwicklung

Das *Entwicklungsvölkerrecht* hat sich im Prozess der Dekolonisierung herausgebildet. 110 Die neu entstandenen wirtschaftlich schwächeren Staaten im afrikanischen und asiatischen Raum suchten nach Wegen, um ihre wirtschaftliche Entwicklung zu sichern, ohne ihre errungene nationale Selbstbestimmung aufgeben zu müssen. Als geeignete Plattform hierfür erwiesen sich die UN, die in den 1960er Jahren diverse Grundsätze für die wirtschaftliche Entwicklung der noch nicht industrialisierten Staaten aufstellten. Insbes die UNCTAD widmete sich diesem Anliegen. Die Entwicklungsländer befürchteten, in die Rolle der billigen Rohstofflieferanten gedrängt zu werden; sie beharrten auf der „permanenten nationalen Souveränität" über ihre Naturvorkommen.[409] Sie verwiesen außerdem auf liberalisierungsfeindliche Protektionismen im „Norden", etwa im Agrar-, Textil- und Bekleidungsbereich.

Die Forderung nach einer „neuen" Ordnung mündete schließlich in die Deklaration 111 über die Errichtung einer neuen internationalen Wirtschaftsordnung und die Charta der wirtschaftlichen Rechte und Pflichten der Staaten v 1974.[410] Die *neue Weltwirtschaftsordnung* scheiterte jedoch an der Konturlosigkeit des Konzepts sowie am fortbestehenden Nord-Süd-Dualismus. Auch in den 1980er Jahren wurde kein Durchbruch zugunsten der Entwicklungsländer erzielt. Ehrgeizige Projekte wie das eines *Code of Conduct* für den Technologietransfer[411] kamen über das Entwurfstadium nicht hinaus.

Die Staatengemeinschaft suchte sodann neue Wege zur Überwindung des Nord-Süd- 112 Konflikts. Gemäß dem in mehrere völkerrechtliche Vereinbarungen eingeflossenen *Konzept der gemeinsamen, aber unterschiedlichen Verantwortlichkeiten*[412] tragen die Entwicklungsländer in gleicher Weise wie die Industriestaaten die Verantwortung für bestimmte globale Gemeingüter. Gleichzeitig stehen die Industriestaaten aufgrund ihrer größeren Schutzfähigkeit und auch ihrer bisherigen Verursachungsbeiträge in einer be-

---

408 Ausf zum Internationalen Steuerrecht *Margalioth*, Taxation, International, in MPEPIL, 1ff; *Valta*, Das Internationale Steuerrecht zwischen Effizienz, Gerechtigkeit und Entwicklungshilfe, 2014.
409 Vgl etwa die Declaration on the Permanent Sovereignty over Natural Resources der UN-Generalversammlung, UN GA Res 1803 (XVII) v 14.12.1962. Zur Formel *Chimni*, The Principle of Permanent Sovereignty over Natural Resources, IJIL 38 (1998) 208ff; *Schrijver*, Sovereignty over Natural Resources, 1995.
410 Declaration on the Establishment of a New International Economic World Order v 1.5.1974 (UN Doc A/RES/3201 [S-XV]); Charter of the Economic Rights and Duties of States v 12.12.1974. Vgl hierzu *Herdegen*, Internationales Wirtschaftsrecht, § 4 Rn 86ff; *Waelde*, A Requiem for the „New International Economic Order", FS Seidl-Hohenveldern, 1998, 771ff.
411 Entwurftext und Kommentierung bei *Fikentscher*, The Draft International Code of Conduct on the Transfer of Technology, 1980.
412 Vgl dazu bereits o Rn 37.

sonderen Verantwortung, die Entwicklungsländer durch finanzielle Hilfe und den Transfer von Technologien bei der Wahrnehmung ihrer Schutzverantwortung zu unterstützen. Dabei werden zunehmend Mindestanforderungen an die gute Führung der Regierungsgeschäfte *(good governance)*[413] in den Entwicklungsländern gestellt.

113   Als Ausdruck einer gemeinsamen Verantwortung der Staaten für globale Belange können die Weltentwicklungsziele *(Millennium Development Goals – MDGs)* gesehen werden.[414] Im Jahr 2000 einigte sich die Staatengemeinschaft auf acht konkrete, quantifizierbare Entwicklungsziele, die bis zum Jahr 2015 erreicht werden sollten. Die Bilanz dieser Ziele ist positiv, wenn auch nicht alle Ziele vollumfänglich erreicht wurden.[415] Anknüpfend an diese Weltentwicklungsziele vereinbarte die Staatengemeinschaft im Jahre 2015 die Ziele für nachhaltige Entwicklung *(Sustainable Development Goals – SDGs)* als Folgeziele.[416] Ihnen liegt ein umfassenderes Verständnis nachhaltiger Entwicklung zu Grunde. Diese 17 Ziele sollen von allen Staaten – nicht nur von den Entwicklungsländern – bis zum Jahr 2030 erreicht werden. Sie entwerfen ein umfassendes, integriertes, ökonomisches, ökologisches und soziales Konzept nachhaltiger Entwicklung. Während die Weltentwicklungsziele klare Prioritäten für die Entwicklungszusammenarbeit für einen Zeitraum von 15 Jahren formulierten, beschreiben die Ziele nachhaltiger Entwicklung ein umfassendes Programm für nahezu alle Bereiche von Politik und Gesellschaft weltweit. Trotz einiger Veränderungen reichten nach fünf Jahren die Fortschritte nicht aus, um die angestrebten Ziele bis zum Jahr 2030 zu erreichen.[417] Die COVID-19-Pandemie, die Klimakrise und internationale Konflikte verschärfen die Situation.[418]

b) Internationaler Währungsfonds und Weltbankgruppe

114 Der Internationale Währungsfonds (IWF) – begründet durch das Abkommen von Bretton Woods v 22.7.1944 – ist kein spezifisch entwicklungspolitisches Instrument.[419] Seine

413 Dazu bereits ausf Rn 41 ff.

414 UN Doc A/Res/55/2 v 18.9.2000. Vgl dazu bereits o Rn 34.

415 UN (Hrsg), Millenniums-Entwicklungsziele, Bericht 2015: So ging die Zahl der Menschen, die in extremer Armut leben, zwischen 1990 und 2015 um mehr als die Hälfte zurück. Die Zahl der Kinder im Grundschulalter, die keine Schule besuchen, sank zwischen 2000 und 2015 weltweit fast um die Hälfte. Mehr Mädchen besuchen eine Schule. Die Sterblichkeitsrate von Kindern unter fünf Jahren sank zwischen 1990 und 2015 um mehr als die Hälfte; die Müttersterblichkeit sank um 45 %. Die Zahl der HIV-Neuinfektionen fiel zwischen 2000 und 2013 um rd 40 %. Zwischen 2000 und 2015 wurden über 6,2 Mio Malariatodesfälle abgewendet. Mehr Menschen haben Zugang zu sauberem Trinkwasser und zu geeigneter Sanitärversorgung.

416 UN Doc A/RES/70/1 v 21.10.2015; zur Umsetzung im transnationalen Rechtsraum s *Huck/Kurkin,* Die UN-Sustainable Development Goals (SDGs) im transnationalen Mehrebenensystem, ZaöRV 78 (2018) 375 ff.

417 UN Doc A/RES/74/4 v 21.10.2019; United Nations, The Sustainable Development Goals Report 2020.

418 United Nations, Sustainable Development Goals Report 2023: Special Edition.

419 S allg zum IWF *Schlemmer-Schulte,* International Monetary Fund (IMF), in MPEPIL.

Leistungen kommen indes in erheblichem Umfang den noch nicht industrialisierten Ländern zugute. Seine ursprüngliche Aufgabe war die Wiedererrichtung eines funktionsfähigen internationalen Zahlungssystems nach dem Zweiten Weltkrieg. Durch Bereitstellung von Devisen[420] sollte er seinen Mitgliedstaaten über zeitweilige Zahlungsbilanzdefizite hinweghelfen.[421] Der Fonds verfügt über einen Gouverneursrat, in den jeder Mitgliedstaat je einen Gouverneur und einen Stellvertreter entsendet, und der die grundlegenden Beschlüsse trifft, während das Exekutivdirektorium für die Geschäftsführung verantwortlich ist (Art XII IWF-Übereinkommen). Für jeden IWF-Mitgliedstaat wird gemäß seinen wirtschaftlichen Ausgangsdaten eine Quote bestimmt. Nach dieser richtet sich seine Einlageverpflichtung sowie sein Stimmrecht in den IWF-Organen. Es gilt also *nicht* das Prinzip *one state, one vote;* die Stimmen werden vielmehr „*gewogen*".[422] Auch der Umfang der Ziehungsrechte eines Mitgliedstaats, also seine Möglichkeit, die Mittel des Fonds in Anspruch zu nehmen, richtet sich nach seiner Quote. Tritt eine Zahlungsbilanzkrise ein, kann der Mitgliedstaat Sonderziehungsrechte des IWF erwerben. Bei diesen handelt es sich um eine aus den führenden Weltwährungen zusammengesetzte Rechnungseinheit.[423] Die Sonderziehungsrechte ermöglichen es, Devisen vom IWF anzukaufen. Diese Möglichkeit nahmen oftmals Entwicklungsländer wahr, aber auch in Zahlungsschwierigkeiten geratene ehemals sozialistische Länder. Der IWF gewährte auch in der europäischen Finanzkrise sowie in der COVID-19-Pandemie Unterstützung.[424] Im Jahr 2010 beschlossen die Mitgliedsländer eine Quoten- und Strukturreform des IWF. Insbes wurden Stimmrechte zugunsten der Schwellenländer (insbes China, Indien und Russland) verschoben, so dass ihnen stärkeres Gewicht zukommt. Diese Reform trat im Jahr 2016 in Kraft.

Der IWF vergibt seine Mittel unter Bedingungen (Konditionalität), etwa derjenigen, 115 bestimmte wirtschaftliche und institutionelle Reformen durchzuführen.[425] Der Empfän-

---

420 Formal gesehen handelt es sich hierbei um den Ankauf „harter" Währungen gegen die Währung des Empfängerstaats, gekoppelt an eine zeitlich bedingte Rückkaufverpflichtung. Aus wirtschaftlicher Perspektive stellt sich die Transaktion indes meist als Kredit dar. Vgl hierzu *Gold,* The Stand-By Arrangements of the International Monetary Fund, 1970.

421 Vgl *Lucke,* Internationaler Währungsfonds: Strukturen, Finanztransaktionen und Konditionalität aus völkerrechtlicher Sicht, 1997; *Tetzlaff,* Weltbank und Währungsfonds, 1996.

422 Hier setzten Forderungen der Entwicklungsländer an, den Fonds (wie auch manche andere Einrichtungen und Verfahren im Bereich der „UN-Familie") zu „demokratisieren".

423 Neben der Mittelvergabe befasst sich der Fonds auch mit der Überwachung der Wechselkurspolitik seiner Mitglieder (Art IV Abschn 3 IWF-Übereinkommen; letzte Änd BGBl 2012 II, 522). Die siebte Änderung des Übereinkommens wurde von der BR Deutschland am 24.5.2012 ratifiziert und ist am 26.1.2016 in Kraft getreten (BGBl 2016 II, 295).

424 IWF, Jahresbericht 2021.

425 Im September 2002 wurden überarbeitete Konditionalitäts-Richtlinien verabschiedet. Diese sollen die Effektivität der durch den IWF unterstützten Programme verbessern und betonen mehr als bisher die wichtige Rolle der nationalen Regierungen bei den Wirtschafts- und Finanzreformprogrammen *(ownership).* Im März 2009 richtete der IWF auch angesichts der internationalen Finanzkrise im Rahmen einer grundlegenden Überprüfung seiner Konditionalitätsanforderungen eine neue Darlehensfazilität ein, die

gerstaat muss sie förmlich akzeptieren *(letter of intent).*[426] Mit Rücksicht auf die Souveränität der Staaten sind die Auflagen nicht so ausgestaltet, dass ihre Nichterfüllung unmittelbare Folgen zeitigt, doch stellt eine Nichterfüllung die Gewährung weiterer Kredite in Frage.[427] *Wolfgang Friedmanns*[428] These von der Existenz und Effizienz einer *sanction of non-participation* hat hier eine empirische Basis. Manche Entwicklungsländer betrachten den IWF als industriestaatliches Pressionsinstrument. Richtig an diesem Vorwurf ist, dass den Industrieländern wegen der Stimmengewichtung innerhalb des IWF – anders als in der UN-Generalversammlung – eine starke Position zukommt. Andererseits darf nicht übersehen werden, dass die Mittelvergabe des IWF eine kurzfristige Zahlungsbilanzhilfe in einer Notsituation darstellt. Konsequenterweise hat die Hilfe auch die Ursachen der Entstehung solcher Notlagen in Betracht zu ziehen. Ein Schema, das den Geberländern eine stärkere Entscheidungsposition gibt als den Nehmerländern, kann daher nicht ohne Weiteres als „undemokratisch", unfair oder sachwidrig angesehen werden. Im Jahre 2006 verschärften sich frühere Diskussionen um eine Reform des IWF. Ein Grund dafür war, dass große Schuldner (wie Argentinien und Brasilien) bestehende Verbindlichkeiten vorzeitig beglichen und sich regionale Absprachen zur Vereinbarung von Finanzreserven in Asien und Lateinamerika zunehmend als Konkurrenz zum IWF auswirkten. Eine wichtige Reform des IWF wurde mit der Verabschiedung der sog *integrated surveillance decision* durch den IWF im Jahr 2012 begonnen. Damit etablierte der IWF einen bi- und multilateralen Überwachungsmechanismus, um das Verhalten aller Mitglieder (nicht nur der Schuldner) mit Blick auf Wechselkurse, Finanzmärkte und makroökonomische Risiken sowie Auswirkungen der Globalisierung zu überwachen.

116   Aufgrund der Finanzkrisen in Asien, Russland und Lateinamerika am Ende der 1990er Jahre stellten sich verstärkt Fragen nach den Ursachen und der Eindämmung von Währungsturbulenzen nicht zuletzt deshalb, weil derartige Wachstumseinbrüche auch erhebliche politische und soziale Spannungen erzeugen und ein Risiko für die gesamte Weltwirtschaft darstellen. Vor diesem Hintergrund wurde ein verlässliches Schema gefordert, das die Überwachung des internationalen Finanzsystems verstärkt und die Arbeit von Aufsichtsbehörden besser koordiniert. Die sieben führenden Industrieländer (G7) riefen deshalb zur Vorbeugung von Krisen auf den internationalen Finanzmärkten Anfang 1999 das sog „Stabilitäts-Forum" ins Leben. Dieses *Financial Stability Forum* sollte Probleme und Schwachpunkte auf den Märkten rechtzeitig aufdecken, die Einhaltung von Transparenzregeln überwachen und Konzepte zur Krisenvermei-

---

„flexible credit line". Diese legt zum ersten Mal in der Geschichte des IWF keine Programmkonditionen unter der Voraussetzung fest, dass ein Land zuvor strenge Qualifikationskriterien erfüllt hat („ex ante conditionality").

426 Formal gesehen unterbreitet der Empfängerstaat im *letter of intent* die geplanten Reformen dem IWF, der auf dieser Grundlage über die Bereitstellung von finanzieller Hilfe entscheidet.

427 Vgl auch *Herdegen*, Internationales Wirtschaftsrecht, § 26 Rn 8.

428 *Friedmann*, The Changing Structure of International Law, 1964.

dung unterbreiten.[429] Dabei sollten vor allem die nationalen und internationalen Aufsichtsbehörden zusammenarbeiten, um frühzeitig möglichen Fehlentwicklungen in den Bereichen Banken, Versicherungen und Wertpapierhandel entgegenzuwirken. Auch in Reaktion auf die internationale Finanzkrise, die im Jahr 2007 begann, wurde im April 2009 das *Financial Stability Forum* zum *Financial Stability Board* (Finanzstabilitätsrat – FSB) ausgebaut.[430] Als Teil der globalen Finanzmarktarchitektur erhielt das *Financial Stability Board* ein breiteres Mandat und wurde institutionell verstärkt. Zudem wurde der Kreis der Mitglieder erweitert: Mitglieder des FSB sind insbes Notenbanken, Aufsichtsbehörden und Finanzministerien der G20-Länder und einiger anderer Staaten sowie der IWF, die Weltbank, die Bank für Internationalen Zahlungsausgleich, die OECD, die Europäische Zentralbank, die Europäische Kommission und internationale Standardorganisationen wie zB der Basler Ausschuss für Bankenaufsicht. Der Finanzstabilitätsrat analysiert Risiken im internationalen Finanzsystem, fördert den Informationsaustausch und die Kooperation zwischen den für die Finanzmarktaufsicht und -regulierung zuständigen Behörden. Außerdem entwickelt er internationale Standards und fördert deren Umsetzung. So wurden schärfere Eigenkapital- und Liquiditätsvorschriften für Banken und andere Finanzinstitute (Basel III) erarbeitet.[431] Die G20 wurden zum „obersten Forum für internationale wirtschaftliche Zusammenarbeit" aufgewertet und lösen insoweit die G7 ab, in der Schwellenländer und aufstrebende Wirtschaftsnationen keine Stimme hatten.[432]

Die *Internationale Bank für Wiederaufbau und Entwicklung* (Weltbank) war eben- 117 falls nicht primär als Organ der Entwicklungshilfe gedacht.[433] Wie der IWF ging auch die Weltbank aus dem Abkommen von Bretton Woods v 22.7.1944 hervor; die Mitglieder beider Organisationen sind identisch. Die Bank finanziert sich über Einlagen der Mitgliedstaaten und internationale Kapitalmärkte. Auch ihre Leistungen sollten zunächst dem Wiederaufbau nach dem Weltkrieg zugutekommen. Der Schwerpunkt ih-

---

429 Vgl hierzu *Tietmeyer*, Evolving Cooperation and Coordination in Financial Market Surveillance, Finance & Development 36 (1999) No 3, Sept 1999, 20 ff.

430 Rechtsgrundlage ist die Financial Stability Board Charter v 2009, modifiziert durch die Charter of the Financial Stability Board v Juni 2012.

431 Wegen COVID-19 wurde der Start der Implementierung verschoben, vgl <https://www.bafin.de/dok/15010390>. Für die 2017 beschlossenen Ergänzungen s BCBS (Hrsg), Basel III: Finalising Post-crisis Reforms, 2017; für die Implementierung von Basel IV vgl auch die Vorschläge der Kommission in COM(2021) 664final v 27.10.2021, COM(2021) 663final v 27.10.2021 und COM(2021) 665final v 27.10.2021.

432 *Smith*, The G8 and the G20: What Relationship Now?, in Bradford/Lim (Hrsg), Global Leadership in Transition – Making the G-20 More Effective and Representative, 2011; *Wouters/Ramopoulos*, The G20 and Global Economic Governance, JIEL 15 (2012) 751ff; *Buckley*, The G20's Performance in Global Financial Regulation, UNSWLJ 37 (2014) 63ff.; allg zur G8 *Gätzschmann*, Group of Eight (G8), in MPEPIL.

433 *Shihata*, The World Bank in a Changing World, Bd I, 1991, 8; Kapur/Lewis/Webb (Hrsg), The World Bank, Bd I: History, 1997, 57ff; *Schlemmer-Schulte*, International Bank for Reconstruction and Development (IBRD), in MPEPIL. Vgl auch das Abkommen über die Internationale Bank für Wiederaufbau und Entwicklung (BGBl 1952 II, 637, 664ff) idF seiner Änd v 30.7.1965 (BGBl 1965 II, 1089f).

Kreuter-Kirchhof

rer Tätigkeit liegt in der Bereitstellung projektgebundener, fest verzinslicher, längerfristiger Kredite sowie in der Organisation von Darlehen oder Kreditbeteiligungen, die nicht projektgebunden sind, zugunsten von Entwicklungsländern, insbes von Schwellenländern. Ein völkerrechtlicher Anspruch auf Gewährung von Entwicklungsdarlehen bzw -krediten besteht nicht; ihre Vergabe ist in das Ermessen der Bank gestellt.[434] Die Institution förderte in der Vergangenheit besonders Projekte zur Verbesserung der Infrastruktur. Heute tritt die Beratung durch die Bank, insbes die Bedeutung von Institutionen für die wirtschaftliche Entwicklung eines Landes stärker in den Vordergrund. In der COVID-19-Pandemie unterstützte die Weltbank die Empfängerstaaten bei der Krisenbewältigung und der Beschaffung von Impfstoffen.[435] Kritiker warfen der Bank vor, sich zu willfährig gegenüber nicht industrialisierten Ländern gezeigt zu haben, indem kostspielige, technologisch und ökologisch bedenkliche Prestigeobjekte (zB Staudämme) unterstützt wurden, anstatt stärker auf dezentrale, umweltverträgliche, sozial und kulturell „angepasste" Vorhaben mit dem Ziel der nachhaltigen Armutsbekämpfung zu setzen. Die Weltbank hat auf diese Kritik reagiert und neue Akzente gesetzt. Sie verfolgt einen holistischen entwicklungspolitischen Ansatz *(Comprehensive Development Framework)*. Durch dieses umfassende Konzept finden die Vorgaben des Empfängerlands heute stärkere Berücksichtigung als früher (gesprochen wird von *ownership* der Projekte). Umweltbelange werden stärker als früher beachtet. Gefördert werden soll ein nachhaltiger wirtschaftlicher und sozialer Fortschritt u a durch soziale und umweltbezogene Standards und die Unterstützung von *good governance*-Strukturen.

118   Die Weltbankgruppe umfasst auch die 1960 errichtete *Internationale Entwicklungsorganisation* (International Development Association – IDA) und die 1956 gegründete *Internationale Finanz-Corporation* (International Finance Corporation – IFC).[436] Während die Kredite der Weltbank grundsätzlich eine Laufzeit von 15 (ausnahmsweise 25) Jahren haben und verzinst werden („harte Kredite"), vergibt die *IDA* an Entwicklungsländer zinslose oder niedrig verzinsliche Kredite mit einer Laufzeit zwischen 25 und 38 Jahren bei fünf bis zehn tilgungsfreien Jahren („weiche Kredite"). Die Errichtung der IDA wurde erforderlich, als sich zeigte, dass viele Entwicklungsländer mit der Rückzahlung der Weltbankkredite überfordert waren. IDA-Kredite können grundsätzlich nur die am wenigsten entwickelten Staaten erhalten, um die Lebensbedingungen der Menschen zu verbessern, Ungleichgewichte abzubauen und das wirtschaftliche Wachstum anzuregen. Die Mittel für ihre Kredite finanziert die IDA nicht über die Kapitalmärkte, sondern

---

434 Vgl nur *Schütz*, Solidarität im Wirtschaftsvölkerrecht, 1994, 172.

435 IBRD/IDA (Hrsg), The World Bank Annual Report 2021, 10 ff; Weltbank (Hrsg), Establishment of a Financial Intermediary Fund for Pandemic Prevention, Preparedness and Response, 2022.

436 S die Gründungsverträge in BGBl 1956 II, 749 (IFC) und 1960 II, 2137 (IDA); neueste Fassung des IFC-Abkommens: BGBl 2013 II, 1122. Zur IFC *Woicke*, Geschäftszweck: Förderung des privaten Sektors, VN 1999, 157 ff.

u a über Beiträge ihrer Mitgliedsländer und Zuschüsse aus der IBRD. Aufgabe der IFC ist die *Förderung von Privatinvestitionen in Entwicklungsländern*.[437] Sie vergibt keine Kredite an Staaten. Ihre Einrichtung erwies sich als erforderlich, da die Vergabe von Krediten an private Investoren in den Statuten der Weltbank nicht vorgesehen ist.[438] Die allgemeine Stärkung des Privatsektors hat in den vergangenen Jahren auch die Rolle der IFC innerhalb der Weltbankgruppe gestärkt.

Auf das Ausbleiben einer ernsthaften Reform der Weltbank zur Stärkung der Rolle der Entwicklungsländer antwortete China 2013 mit seiner Initiative zur Gründung der *Asiatischen Infrastruktur-Investitionsbank (Asian Infrastructure Investment Bank – AIIB)*. Anders als in den bestehenden Institutionen ist das Stimmengewicht in der neuen Bank am Bruttosozialprodukt der Mitgliedstaaten ausgerichtet mit einem entsprechend hohen Einfluss von China. Nach Unterzeichnung durch 57 Staaten im Jahr 2014 ist der Gründungsvertrag am 25.12.2015 in Kraft getreten, nachdem er von zehn Staaten mit einem festgelegten Anteil von 50 % am Gesamtkapital von 100 Mrd US-Dollar ratifiziert worden war. Insbes die USA hatten sich gegen die Initiative Chinas ausgesprochen, konnten aber die europäischen Staaten nicht von ihrer Teilnahme abhalten. Innerhalb ihrer ersten fünf Geschäftsjahre hat die Bank Kredite für insgesamt 108 Projekte mit einem Gesamtwert von 22,02 Mrd US-Dollar bewilligt.[439]   119

c) Rohstoffabkommen und Cotonou-Abkommen

Rohstoffabkommen[440] wurden in der Vergangenheit in der Überzeugung abgeschlossen,   120 dass der freie Handel eine weltweite Konkurrenz rohstoffliefernder Länder mit sich bringt, dass der Wettbewerb zu Preisverfall bei den angebotenen Rohstoffen führen wird und dass dies insbes bei (noch) nicht industrialisierten Lieferländern wirtschaftliche Krisen nach sich ziehen kann. UNCTAD hat deshalb auf den Abschluss einer Reihe internationaler Rohstoffabkommen zur *Stabilisierung der Marktpreise* (bzw der Exporterlöse) für solche Güter hingewirkt und damit den Kreis der bereits bestehenden Ab-

---

437 Vgl Weltbank (Hrsg), IDA Results 2021: A Story of Outcomes.
438 Die Weltbankgruppe ist nicht die einzige internationale Instanz, die Entwicklungsländern Kredite vergibt. Entwicklungshilfe durch Kreditvergabe, teilweise auch durch Vergabe verlorener Zuschüsse, ist etwa auch die Aufgabe des am 13.6.1976 gegründeten Internationalen Fonds für landwirtschaftliche Entwicklung (IFAD), BGBl 1978 II, 1405. Ziel des Fonds und seiner Kreditvergabe ist die Verbesserung der Ernährungssituation in besonders armen Ländern. Hierzu *Talbot*, The Four World Food Agencies in Rome: FAO, WFP, WFC, IFAD, 1990. 2021 wurde der Fonds für die Qualität seiner Unterstützungshilfen in der Rangfolge des *Center of Global Development* von über 40 Entwicklungsorganisationen erstplatziert.
439 Dazu AIIB (Hrsg), Financing Asia's Future – 2020 AIIB Annual Report, 3f.
440 Dazu *Schraven*, Internationale und supranationale Rohstoffverwaltung, 1982; *Pelikahn*, Internationale Rohstoffabkommen, 1990; *Michaelowa/Naini*, Der gemeinsame Fonds und die speziellen Rohstoffabkommen, 1995.

kommen deutlich erweitert.[441] Rohstoffabkommen sind nach Art XXXVI Abs 4 und Art XXXVIII Abs 2 GATT als sektorale Sonderregime des Welthandels und als handelspolitische Instrumente des Art 207 AEUV anerkannt.

121   Unter den einschlägigen Verträgen, die institutionelle Verfestigung aufweisen, lassen sich verschiedene Typen unterscheiden. An Rohstoff*kartellen* sind nur Erzeugerländer beteiligt. Das bekannteste Bsp ist die 1960 gegründete, für die Ölländer erfolgreiche OPEC *(Organisation of Petroleum Exporting Countries)*.[442] Produzentenkartelle streben idR danach, durch Kontingentierung von Produktion und Export der Rohstoffe sowie durch Preisabsprachen die Weltmarktpreise hoch zu halten und auf diese Weise den Gewinn zu maximieren. Die entwicklungspolitische Bedeutung solcher Kartelle ist nicht zu unterschätzen. Immerhin haben die Rohölpreise seit Beginn der 1970er Jahre zum wirtschaftlichen Aufstieg diverser OPEC-Staaten beigetragen. Auf der anderen Seite haben sie die Industrialisierungsperspektiven der energie- und rohstoffarmen Entwicklungsländer verschlechtert.

122   An Rohstoff*abkommen* sind sowohl Erzeuger- als auch Abnehmerstaaten beteiligt – meist paritätisch, bei Stimmenwägung innerhalb der Gruppen. Die Abkommen sollen den Interessen beider Seiten dienen. Es soll eine ausreichende Rohstoffversorgung zu erschwinglichen Preisen für die Abnehmerländer sowie ein Preisniveau für die Anbieterländer gewährleistet werden, das ihnen angemessene Gewinne ermöglicht. Die meisten derartigen Abkommen verpflichten die Parteien lediglich zur Weitergabe von Informationen und zu Konsultationen über die Marktlage. Manche sehen Maßnahmen zur Verbesserung von Marktstrukturen vor (etwa durch Marketing, Forschungs- und Projektförderung).[443] Marktregulierende Interventionsmechanismen (zB Quotensysteme), die noch in den 1970er und 1980er Jahren den Kern der traditionellen Rohstoffabkommen bildeten, finden sich in den neueren Abkommen nicht mehr.[444] Neuere Abkommen sind auf allgemeine oder administrative Kooperation ausgerichtet. Die Rohstoffabkom-

---

441 Die Stabilisierung der Rohstoffexportpreise auf einem über dem Weltmarktpreis liegenden Niveau ist gleichbedeutend mit dem Gewähren von Hilfe an die Exportländer. *Direkte* Hilfen dürften vom entwicklungspolitischen Standpunkt aus betrachtet größere Vorteile bringen.

442 Die der OPEC aktuell angehörenden 13 Staaten kontrollieren rund 40 % der globalen Rohölförderung und verfügen über mehr als 70 % der bekannten (nicht-)konventionellen Rohölreserven weltweit, BMWK, Ölimporte und Rohölproduktion in Deutschland, <https://www.bmwk.de/Redaktion/DE/Artikel/Energie/mineraloel-oelimporte-und-rohoelproduktion-in-deutschland.html>. Auch gasproduzierende Staaten haben sich zusammengeschlossen. Vermittelnd zwischen Produzenten und Verbrauchern soll im Energiebereich das International Energy Forum wirken.

443 Vgl etwa das Internationale Kaffee-Übereinkommen v 2007 (ABl EU 2008, Nr L 186/13), dessen Geltungsdauer bis zum 1.2.2024 verlängert wurde, vgl International Coffee Council Resolution No 473 v 10.9.2021.

444 Das Internationale Naturkautschuk-Übereinkommen v 1995 (BGBl 1997 II, 576) welches bis 1999 noch eine Stabilisierung der Naturkautschukpreise mittels eines Ausgleichslagers vorsah (Art 26ff), wurde im Oktober 1999 vorzeitig beendet; vgl Sechster Bericht der Bundesregierung über die Aktivitäten des Gemeinsamen Fonds für Rohstoffe und der einzelnen Rohstoffabkommen, BT-Drs 14/9875 v 21.8.2002.

Kreuter-Kirchhof

men können internationale Rohstofforganisationen wie etwa die *International Coffee Organisation (ICO)*, die *International Sugar Organisation (ISO)* oder die *International Tropical Timber Organisation (ITTO)* begründen.[445]

Der gemäß Übereinkommen v 27.6.1980[446] eingerichtete *Gemeinsame Fonds für Roh-* **123** *stoffe* sollte ursprünglich Ausgleichslager *(Bufferstocks)* finanzieren, mit denen im Rahmen von Rohstoffabkommen Überschüsse eines Rohstoffs mit dem Ziel angekauft werden können, das Marktangebots zu beeinflussen („1. Schalter"). Diese Aufgabe lässt sich mit derjenigen von Notenbanken bei der Stützung von Wechselkursen vergleichen. Dieser vor allem von Industrieländern finanzierte Fonds ist Teil des von der UNCTAD initiierten *Integrierten Rohstoffprogramms*.[447] Die ursprünglich angestrebte, auf eine Vielzahl von Rohstoffen zugeschnittene „Paketlösung" beruht auf der Überlegung, dass Interventionen kaum je für eine Mehrzahl von Rohstoffen gleichzeitig erforderlich werden, dass also Kosten gespart werden, wenn finanzielle Mittel nur ein einziges Mal eingezahlt werden müssen und multifunktional eingesetzt werden können.[448] Allerdings bleiben die Aktionsmöglichkeiten des Fonds beschränkt. So ist es in der Praxis nicht zur Finanzierung von *Bufferstocks* und international koordinierter Lagerhaltung im Kontext von Rohstoffvereinbarungen gekommen. Im Vordergrund steht vielmehr bisher die dem Fonds weiter zugewiesene Aufgabe der Finanzierung von Projekten insbes durch die Vergabe von Krediten etwa zur Produktivitäts- und Qualitätsverbesserung, Diversifikation, Forschung und Entwicklung.[449] Dies soll die Wettbewerbslage von Rohstoffen aus Entwicklungs- und Transformationsländern verbessern („2. Schalter").[450]

Das *Partnerschaftsabkommen von Cotonou*[451] begründet – ebenso wie die von 1975 **124** an jeweils für die Dauer von fünf Jahren abgeschlossenen Lomé-Abkommen[452] – ein As-

---

445 Vgl *Krajewski*, Wirtschaftsvölkerrecht, Rn 929.
446 BGBl 1985 II, 715. Das Übereinkommen ist seit 1989 in Kraft.
447 Die USA sind nie beigetreten, Frankreich etwa ist 1998 wie andere Industriestaaten zuvor ausgeschieden. Der Fonds verfügt aktuell über 101 Mitgliedsstaaten, in der Mehrzahl Entwicklungsländer, und neun institutionelle Mitglieder.
448 Das Integrierte Rohstoffprogramm sieht auch Elemente eines dritten Typus von Rohstoffabkommen – Liefer- und Abnahmeverpflichtungen – vor, als flankierende Maßnahme. Anders als Quoten und Ausgleichslager zielen die Verpflichtungen nicht auf die Milderung nachteiliger Wirkungen von Extremsituationen, sondern auf das Etablieren „normaler" Mengen zu „normalen" Preisen, um Kontinuität herzustellen.
449 *Ohler*, Common Fund for Commodities (CFC), in MPEPIL, 4ff.
450 Vgl Vierzehnter Bericht der Bundesregierung über die Aktivitäten des Gemeinsamen Fonds für Rohstoffe und der einzelnen Rohstoffabkommen, BT-Drs 19/8493. Die Projekte des „2. Schalters" wurden nur mit freiwilligen Beiträgen finanziert. So wurden zwischen 2016 und 2018 54 Projekte, bspw im Ernährungs- und Agrarsektor in Ostafrika oder im Bereich der Kaffee- und Kakaoproduktion und -vermarktung im Amazonasgebiet abgeschlossen.
451 Dazu etwa *Feuer*, Un nouveau paradigme pour les relations entre l'Union européenne et les etats ACP, RGDIP 106 (2002) 269ff; *Arts*, ACP-EU Relations in a New Era: The Cotonou Agreement, CMLRev 40 (2003) 95ff; *Vincent*, L'entrée en vigueur de la convention de Cotonou, Cahiers de droit européen, 2003, 157ff.

Kreuter-Kirchhof

soziierungsabkommen gemäß Art 217 AEUV zwischen EU und AKP-Staaten. Es wurde im März 2000 abgeschlossen[453], im Juni 2005[454] und Mai 2010[455] revidiert und mehrfach bis zum 30.6.2023 verlängert.[456] Im Vergleich zu den früheren Lomé-Abkommen setzt es andere Akzente. Das zentrale Ziel des Abkommens stellt die *Armutsbekämpfung* dar, welche „in Einklang mit den Zielen der nachhaltigen Entwicklung und der schrittweisen Integration der AKP-Staaten in die Weltwirtschaft" erreicht werden soll. Das Abkommen begründet zugleich einen politischen Dialog über Fragen des Menschenrechtsschutzes, der *good governance*, der Konfliktprävention bis hin zu Migrationsfragen.[457] Das Abkommen sah vor, die bis dato bestehenden einseitigen Handelspräferenzen – die EU-Staaten garantierten praktisch allen Waren mit Ursprung in den inzwischen 79 AKP-Staaten zollfreien Zugang zum Binnenmarkt – bis Ende 2007 schrittweise durch eine „neue, WTO-konforme Handelsregelung" zu ersetzen.[458] Verhandlungen über diese regional ausgehandelten *Wirtschaftspartnerschaftsabkommen* (WPA), die den gegenseitigen Marktzugang vertraglich vereinbaren, begannen im Jahr 2002, konnten aber bis zum Jahr 2007 nicht wie geplant abgeschlossen werden. Als Zwischenlösung ermöglichte die Marktzugangsverordnung (MZV)[459] bis September 2014 den AKP-Staaten Zugang zum EU-Markt zu Präferenzbedingungen. Auch die Zusammenarbeit bei der Entwicklungsfinanzierung wurde durch das Cotonou-Abkommen neu gestaltet und nur noch über zwei Hauptinstrumente abgewickelt (Zuschuss und Investitionsfazilität).[460], Bei bestimmten Waren im Bereich der Landwirtschaft und des Bergbaus, deren Preise je nach

452 Lomé I, BGBl 1975 II, 2317; Lomé II, BGBl 1982 I, 837; Lomé III, BGBl 1986 II, 17; Lomé IV, BGBl 1991 II, 2.
453 ABl EG 2000, Nr L 317/3.
454 Die revidierte Fassung ist am 1.7.2008 in Kraft getreten. Vgl Abkommen zur Änderung des Partnerschaftsabkommens zwischen den Mitgliedern der Gruppe der Staaten in Afrika, im karibischen Raum und im Pazifischen Ozean einerseits und der Europäischen Gemeinschaft und ihren Mitgliedstaaten andererseits v 23.6.2000 (ABl EG 2005, Nr L 209/27).
455 Abkommen zur zweiten Änderung des Partnerschaftsabkommens zwischen den Mitgliedern der Gruppe der Staaten in Afrika, im Karibischen Raum und im Pazifischen Ozean einerseits und der Europäischen Gemeinschaft und ihren Mitgliedstaaten andererseits, unterzeichnet in Cotonou am 23. Juni 2000 und erstmals geändert in Luxemburg am 25. Juni 2005 (ABl EU 2010, Nr L 287/3); s dazu *Bartelt*, ACP-EU Development Cooperation at a Crossroads?, EFAR 17 (2012) 1ff.
456 Beschluss Nr 1/2022 des AKP-EU-Botschafterausschusses v 21.6.2022 zur Änderung des Beschlusses Nr 3/2019 des AKP-EU-Botschafterausschusses über den Erlass von Übergangsmaßnahmen gemäß Artikel 95 Absatz 4 des AKP-EU-Partnerschaftsabkommens, ABl EU 2022, Nr L 176/88.
457 S *Hilpold*, EU Development Cooperation at a Crossroad, EFAR 7 (2002) 53ff; *Nwobike*, The Emerging Trade Regime Under the Cotonou Partnership Agreement: Its Human Rights Implications, JWT 40 (2006) 291ff; krit zu den Wirtschaftspartnerschaftsabkommen *Hallaert*, Economic Partnership Agreements: Tariff Cuts, Revenue Losses and Trade Diversion in Sub-Saharan Africa, JWT 44 (2010) 223ff.
458 Bis dahin beschloss die Ministerkonferenz in Doha am 14.11.2001 einen *waiver*, der es der EG erlaubte, das System der einseitigen Handelspräferenzen bis Ende 2007 beizubehalten, s WT/MIN(01)/15.
459 VO (EG) Nr 1528/2007 des Rates v 20.12.2007 (ABl EU 2007, Nr L 348/1).
460 Im Gegensatz dazu gab es früher acht Finanzinstrumente: Strukturanpassung, STABEX, SYSMIN, Sofort- und Flüchtlingshilfe, regionale Zusammenarbeit, Zinsvergütungen, programmierbare Hilfe und Risikokapital.

Kreuter-Kirchhof

Ertrag und Weltmarktlage stark schwanken können, kann zusätzliche „angemessene" finanzielle Unterstützung gewährt werden. Weitere Unterstützung leistete die EU im Rahmen der Afrikanischen Friedensfazilität (AFF). Seit 2021 erfolgt dies über die neu errichtete Europäische Friedensfazilität (EFF).[461] Im April 2022 wurde der Afrikanischen Union ein Unterstützungspaket von 600 Mio Euro für die Jahre 2022-2024 gewährt.

Im April 2021 einigten sich die EU und die Organisation der afrikanischen, karibi- **125** schen und pazifischen Staaten (OAKPS)[462] auf ein Folgeabkommen zum Cotonou-Abkommen für die nächsten 20 Jahre.[463] Dieses neue Partnerschaftsabkommen stärkt die wirtschaftliche und politische Zusammenarbeit der EU mit den 79 OAKPS-Staaten und -Regionen. Zu den Schwerpunkten der Zusammenarbeit gehören die Bereiche Menschenrechte, Demokratie, gute Regierungsführung, Frieden und Sicherheit, menschliche Entwicklung, Gesundheit, Bildung, die Gleichstellung der Geschlechter sowie ökologische Nachhaltigkeit, Klimawandel, nachhaltige Entwicklung und Wachstum sowie Migration und Mobilität. Das Abkommen dient so auch der Verwirklichung der Ziele nachhaltiger Entwicklung (SDGs). Bislang wurde das Abkommen von den Vertragsstaaten noch nicht unterzeichnet und ratifiziert; es ist noch nicht in Kraft getreten.[464] Seit dem Abschluss des Cotonou-Abkommens im Jahr 2000 haben sich die Rahmenbedingungen wesentlich geändert. So wurde eine Vielzahl bilateraler und regionaler Wirtschaftspartnerschaftsabkommen geschlossen. Insbes China hat an Bedeutung auf dem afrikanischen Kontinent gewonnen. Im Mai 2019 trat das Abkommen über die Afrikanische Kontinentale Freihandelszone (AfCFTA) in Kraft.[465] 54 Mitgliedstaaten vereinbarten, einen Binnenmarkt für den gesamten afrikanischen Kontinent zu schaffen. Für eine erste Pilotphase wurden zunächst sieben Staaten ausgewählt.[466]

---

461 Beschluss (GASP) 2021/509 des Rates v 22.3.2021 zur Einrichtung einer Europäischen Friedensfazilität und zur Aufhebung des Beschlusses (GASP) 2015/528. Die Europäische Friedensfazilität ist ein haushaltsexternes Instrument, das an die Stelle der früheren Instrumente des Athena-Mechanismus und der AFF tritt.

462 Aus der Gruppe der AKP-Staaten wurde am 5.4.2020 durch Inkrafttreten des überarbeiteten Georgetown-Agreements die Organisation afrikanischer, karibischer und pazifischer Staaten (OAKPS) gegründet.

463 Partnership Agreement between [The European Union/European Union and its Member States], of the one part, And Members of the Organisation of African, Caribbean and Pacific States, of the other part: Negotiated Agreement Text Initialled by the EU and OACPS Chief Negotiators on 15.4.2021.

464 Vgl Fn 109.

465 Agreement Establishing the African Continental Free Trade Area, ILM 58 (2019) 1028ff.

466 9th Meeting of the AfCFTA Council of Ministers, 25-26 July 2022.

II. Die Kultur im Völkerrecht

1. Kulturgüterrecht im Überblick

126 Vom Gegenstand her unterscheidet sich die kulturelle Dimension des Völkerrechts im Grundsatz von dessen wirtschaftsrechtlichen Fragestellungen. Indes hat der Handel mit Gegenständen der Kultur erhebliche wirtschaftliche Bedeutung erlangt. Parallelitäten zeigen sich auch bei der Betrachtung der rechtlichen Strukturen. Die territoriale Souveränität ist für beide Bereiche der rechtliche Ausgangspunkt; auch das Selbstbestimmungsrecht der Völker strahlt in beide Richtungen aus. Kennzeichnend für den Aufbau sowohl der wirtschaftlichen als auch der kulturellen normativen Gebäude ist das *Ineinandergreifen verschiedener Rechtsbereiche,* insbes von materiellem nationalen Zivilrecht und öffentlichem Recht, internationalem Zivilrecht und Völkerrecht.

127   Der *Rechtsbegriff der Kultur* hat sich im Völkerrecht bereichsspezifisch mit unterschiedlichen Akzentuierungen in den einzelnen Verträgen entwickelt. Die Schwierigkeit, den Begriff der Kultur zu definieren, ergibt sich aus dem unterschiedlichen Verständnis in verschiedenen Kulturkreisen.[467] Grundsätzlich wird der Begriff der Kultur im Völkerrecht jedenfalls nicht anders verstanden als der europäische Kulturbegriff, dem insoweit ein universelles Verständnis zugrunde liegt. *Oppermann* versteht unter Kultur den besonderen Bereich, der über Bildung und Forschung hinaus durch die öffentlich-gesellschaftlichen Berührungen mit der Welt des Geistes gekennzeichnet ist (Literatur, Schöne Künste, Architektur, Massenmedien, Kulturaustausch, Erhaltung des kulturellen Erbes und der kulturellen Identität u a).[468]

128   Mit kulturellen Fragen waren bereits die „Väter" des modernen Völkerrechts befasst. Sowohl *Hugo Grotius* (1583–1645) als auch *Emeric de Vattel* (1714–1767) sprachen sich dafür aus, der barbarischen Kriegssitte der gezielten *Zerstörung kultureller Güter* des Fein-

---

467 Die Brockhaus-Enzyklopädie (21. Aufl, Bd 16) bezeichnet als Kultur ieS „die Handlungsbereiche, in denen der Mensch auf Dauer angelegte, einen individuellen oder kollektiven Sinnzusammenhang gestaltende oder repräsentierende Produkte, Produktionsformen, Verhaltensweisen und Leitvorstellungen hervorzubringen vermag, die dann im Sinne einer Wertordnung oder eines Formenbestandes das weitere Handeln steuern und auch strukturieren können." Das Oxford English Dictionary versteht unter Kultur „the training and refinement of mind, tastes and manners; the condition of being thus trained and refined; the intellectual side of civilisation". Larousse definiert Kultur als „ensemble des connaissances acquises: ensemble des structures sociales, religieuses, des manifestations intellectuelles, artistiques qui caractérisent une société". Beides nach *Lord Slynn of Hadley*, Law and Culture – A European Setting, in Peterson (Hrsg), The Tanner Lectures on Human Values, 1995, 47 f.

468 *Oppermann*, Europarecht, 1991, § 29 Rn 1978; hierzu auch *Blanke*, Europa auf dem Weg zu einer Bildungs- und Kulturgemeinschaft, 1994, 6; zu unterschiedlichen Definitionsansätzen auf völkerrechtlicher Ebene *O'Keefe*, The „Right to take part in cultural life" under Article 15 of the ICESCR, ICLQ 47 (1998) 904 ff. Zum Begriff der kulturellen Vielfalt s Art 4 Nr 1 UNESCO Diversity Convention. Zur Definition des kulturellen Erbes s *Vrdoljak/Francioni*, Introduction, in Oxford Handbook of International Cultural Heritage Law, 2 ff.

Kreuter-Kirchhof

des Einhalt zu gebieten;[469] auch im 19. Jh war dieser Fragenkreis Gegenstand von Auseinandersetzungen.[470] Der Roerich-Pakt (1935) dient dem Schutz von künstlerischen und wissenschaftlichen Einrichtungen und Denkmälern im Kriegsfall; der Pakt wurde allerdings nur von amerikanischen Staaten unterzeichnet. Deutlich umfassender ist das Haager Abkommen zum Schutz von Kulturgut in bewaffneten Konflikten aus dem Jahr 1954 mit seinen Zusatzprotokollen.[471] Erst nach dem Zweiten Weltkrieg traten neue Aspekte in den Vordergrund. Zum einen wurde nunmehr die Hege und Pflege von Kulturgut in Friedenszeiten erörtert; zum anderen ging es um die *Rückführung von Kulturgütern* in ihre Ursprungsländer.[472] Nach 1970 wurde schließlich die Eigenständigkeit nationaler Kultur im Kontext der wirtschaftlichen Globalisierung zum Thema. Zwischen dem Appell nach der Freiheit grenzüberschreitender Wirtschaft – einschließlich der Wahl der Sprache und ohne Rücksicht auf kulturelle Implikationen – einerseits und der Forderung nach dem fortbestehenden Recht auf *Wahrung kultureller Identität* andererseits kam es immer wieder zu Friktionen. In den 1990er Jahren betonte insbes Frankreich die Kultur als Teil der nationalen Identität, bestand deswegen auf kulturwahrenden internationalen Regelungen. Diese Fragen wurden auch im Rahmen der GATT-Verhandlungen und der Debatte um ein multilaterales Vertragswerk für ausländische Investitionen erörtert.[473] Die UNESCO verabschiedete 2001 eine Allgemeine Erklärung zur kulturellen Vielfalt[474] und im Oktober 2003 das Übereinkommen zur Erhaltung des immateriellen Kulturerbes.[475] 2005 folgte die UNESCO-Konvention über den Schutz und die Vielfalt kultureller

---

469 *Grotius*, Vom Recht des Krieges und des Friedens, 1625, Ausg Tübingen 1950, 521; *de Vattel*, Le droit des gens ou principes de la loi naturelle, 1758, Ausg Tübingen 1959, 453; zur geschichtlichen Entwicklung *Wyss*, Kultur als eine Dimension der Völkerrechtsordnung, 1992, 86 ff.

470 Hierzu *Fiedler*, Zur Entwicklung des Völkergewohnheitsrechts im Bereich des internationalen Kulturgüterschutzes, FS Doehring, 1989, 203 ff.

471 BGBl 1967 II, 1235.

472 Zu dieser Entwicklung vgl *Hammer*, Zur Geschichte des rechtlichen Kulturgüter- und Denkmalschutzes, in Fechner/Oppermann/Prott (Hrsg), Prinzipien des Kulturgüterschutzes, 1996, 63 ff.

473 Hierzu *Hahn*, Eine kulturelle Bereichsausnahme im Recht der WTO?, ZaöRV 56 (1996) 315 ff; *Footer/Graber*, Trade Liberalization and Cultural Policy, JIEL 3 (2000) 115 ff; *Graber*, Trade and Culture, in MPEPIL, Rn 3 ff; dazu auch o Rn 51.

474 ILM 41 (2002) 57 ff; dt Text des Übereinkommens abgedr in Deutsche UNESCO-Kommission (Hrsg), Übereinkommen über Schutz und Förderung der Vielfalt kultureller Ausdrucksformen, 2006, 103.

475 Das Übereinkommen trat am 20.4.2006 in Kraft, derzeit hat es 181 Vertragsstaaten (Stand: 1.9.2023). Das Übereinkommen trat für die BR Deutschland am 10.7.2013 in Kraft (BGBl 2013 II, 1009); vgl *Francioni*, Beyond State Sovereignty: The Protection of Cultural Heritage as a Shared Interest of Humanity, Michigan JIL 25 (2004) 1209 (1222 ff); *Odendahl*, Die Bewahrung des immateriellen Kulturerbes als neues Thema des Völkerrechts, SZIER 2005, 445 ff; *Lixinski*, Selecting Heritage: The Interplay of Art, Politics and Identiy, EJIL 22 (2011) 81 ff; *Lenzerini*, Intangible Cultural Heritage: The Living Culture of Peoples, EJIL 22 (2011) 101 ff; s zur Durchsetzung des internationalen Rechts des Kulturgüterschutzes Francioni/Gordley (Hrsg), Enforcing International Cultural Heritage Law, 2013; *Blake*, Safeguarding Intangible Cultural Heritage, in Oxford Handbook of International Cultural Heritage Law, 347 ff.

Ausdrucksformen.[476] Die friedenspolitische Ambivalenz der Akzentuierung kultureller Eigenständigkeit konnte bislang nicht entschärft werden. Ging es einer Denkschule um „Frieden durch Kultur" *(Roerich)*,[477] hat die andere Sorge vor den Folgen des Zusammenstoßes unterschiedlicher kultureller Wege und Formen der Macht.[478] Zudem stellt sich die Frage, welche Regelungsmöglichkeiten die Staaten in weltweit vernetzten Kommunikationsstrukturen faktisch haben.

2. Informationsfreiheit und Kulturordnung

129 Die *UN-Charta* nennt die kulturelle Kooperation als ein Ziel der UN-Tätigkeit (Art 1 Abs 3, Art 55 (b)). Dass die Charta in Art 13 der Generalversammlung die Ausübung der Kompetenz für die internationale Zusammenarbeit im Bereich der Kultur in einem Atemzug mit der Förderung der Menschenrechte überträgt, hat *Oppermann* zu Recht veranlasst, von einem Konzept einer „grundsätzlich freien und offenen Weltkulturordnung" zu sprechen, welches der Charta zugrunde liegt.[479] Dem Bild des friedlichen Austauschs zwischen vielfältigen Kulturen entsprechen auch *bilaterale* Kulturabkommen, welche dem Austausch im Bereich der Bildung, der Kunst und der Wissenschaft dienen; die BR Deutschland hat eine Vielzahl solcher Vereinbarungen getroffen.[480]

130 Die *UNESCO*, also die Sonderorganisation der UN für Bildung, Wissenschaft, Kultur und Kommunikation, wurde 1945 als I O zur Förderung des multilateralen Austauschs auf diesem Feld gegründet und hat gerade im Bereich des Kulturgüterschutzes auch Anstöße zum Abschluss weltweiter Absprachen iSd kulturellen Offenheit gegeben.[481] Sie sitzt in Paris und hat 193 Mitgliedstaaten. Im Zeichen der damaligen Mehrheit von Entwicklungsländern und sozialistischen Staaten kam es freilich nach 1970 zu einer gegenläufigen Akzentuierung: einerseits zur *Betonung der nationalen Kultur*, etwa im Bereich der Zuordnung der Kulturgüter zu den Ursprungsnationen, andererseits zur Forderung nach einer neuen globalen Informationsordnung, welche die Kontrolle des souveränen Staates über den Informationsfluss zu Lasten der Informations- und Meinungsfreiheit

---

476 S u Rn 134.

477 Hierzu *Boguslavsky*, Der Begriff des Kulturguts und seine rechtliche Relevanz, in Dolzer/Jayme/ Mußgnug (Hrsg), Rechtsfragen des internationalen Kulturgüterschutzes, 1994, 3ff.

478 Vgl *Huntington*, The Clash of Civilizations and the Remaking of World Order, 1996; dt Übersetzung: Kampf der Kulturen, 1998. S zu Konflikten um Kulturräume *Richter*, Die neuen Konflikte um Kulturräume, in Odendahl/Giegerich (Fn 357) 71ff.

479 *Oppermann*, Cultural and Intellectual Cooperation, EPIL I (1992) 886 (889).

480 Dazu *Schirmer*, Die klassischen Kulturabkommen der Bundesrepublik Deutschland mit auswärtigen Staaten, 1970.

481 Nach ihrem Austritt aus der UNESCO im Dezember 1984 traten die USA der Organisation zum 1.10.2003 wieder bei. Die USA und Israel erklärten ihren (erneuten) Austritt aus der UNESCO mit Wirkung zum 31.12.2018. Vgl AJIL 112 (2018) 107ff mwN. Zur UNESCO vgl *Hüfner*, Durch Bildung zum idealen Menschen, Vereinte Nationen 2006, 194ff; *Vrdoljak/Meskell*, Intellectual Cooperation Organisation, UNESCO, and the Culture Conventions, in Oxford Handbook of International Cultural Heritage Law, 25ff.

Kreuter-Kirchhof

des Art 19 IPBPR stärken wollte und damit auf den Widerstand westlicher Staaten stieß. Der Streit um diese Frage kulminierte 1982 in einer Resolution der UN-Generalversammlung, mittels welcher gegen die Stimmen der westlichen Staaten für den Bereich des Satellitendirektfernsehens die Ausstrahlung vom *prior consent* des Empfängerstaats abhängig gemacht werden sollte.[482] IE hat sich das gewohnheitsrechtliche Prinzip der freien Ausstrahlung nicht verändert, auch wenn dem Empfangsstaat – soweit technisch möglich – das Recht auf Störung *(jamming)* bleibt.[483]

Der Fortschritt der modernen Informationstechnologie erschwert den Staaten eine   131 prinzipielle nationale Abschottung.[484] Dass nicht nur die repressive Kontrolle der Meinungsfreiheit, sondern auch das Ziel, die nationale kulturelle Identität zu wahren, auf den internationalen Austausch kultureller Güter iwS Einfluss nehmen, zeigte sich in den 1990er Jahren nicht nur im Verhältnis zwischen Industriestaaten und Entwicklungsländern, sondern insbes auch zwischen den USA und Frankreich. Hinzu kommt das erhebliche wirtschaftliche Potenzial kultureller Güter im Rahmen einer immer enger werdenden Informationsgesellschaft. Die intensiven Diskussionen um ein multilaterales Abkommen gegen Produktpiraterie *(Anti-Counterfeiting Trade Agreement – ACTA)*, das zwischen 2008 und 2011 ausgehandelt wurde,[485] spiegeln auch diesen Konflikt wider. Im Jahr 2012 lehnte das Europäische Parlament ACTA ab, mit der Folge, dass weder die EU noch einzelne Mitgliedstaaten dem Abkommen beitreten können.[486]

3. Kulturelle Belange als Schranke der Waren- und Dienstleistungsfreiheiten

Im Rahmen des seit 1994 geltenden Rechts der WTO[487] ist der internationale Austausch   132 kulturell definierter Waren und Dienstleistungen in einer komplexen Regelung dreifach gegliedert. Die „*Hochkultur*", etwa die staatliche Förderung der Musik, der Malerei oder der Kunst im Allgemeinen, fällt nicht in den Bereich des GATT. Die Kämpfe um die *cultural exception* betrafen vielmehr die Unterhaltungsindustrie *(entertainment and show-business)*. IE hat der in der Uruguay-Runde erzielte Kompromiss dazu geführt, dass der

---

482 UN Doc A/RES/37/92 (1982).

483 *Malanczuk*, Das Satellitenfernsehen und die Vereinten Nationen, ZaöRV 44 (1984) 257ff. Vgl *Froehlich*, Verletzung von Menschenrechten durch TV-Satellitenprogramme aufgrund unterschiedlicher kultureller Wertvorstellungen, ZLW 55 (2006) 541ff.

484 Generell hierzu *Grewlich*, Access to Global Networks – European Telecommunications Law and Policy, GYIL 41 (1999) 9ff.

485 Vgl hierzu *Uerpmann-Wittzack*, Das Anti-Counterfeiting Trade Agreement (ACTA) als Prüfstein für die Demokratie in Europa, AVR 49 (2011) 103ff.

486 S zu ACTA *Weatherall*, Three Lessons from ACTA and its Political Aftermath, STLR 35 (2012) 575ff; *Cremona*, International Regulatory Policy and Democratic Accountability, in dies/Hilpold/Lavranos/Schneider/Ziegler (Fn 268) 155ff.

487 Auch bilaterale Freihandelsabkommen können natürlich Regelungen für den Austausch kultureller Waren und Dienstleistungen beinhalten; vgl *Mayer-Robitaille*, L'impact des accords de libre-échange américains sur le statut juridique des biens et services culturels, AFDI 50 (2004) 715ff.

Spielfilm als solcher (die gegenständlich fixierte Bild- und Tonfrequenz) als Ware angesehen und damit grundsätzlich den Regeln der Meistbegünstigung und der Inländergleichbehandlung unterworfen wird;[488] bei der Festsetzung von Quoten bestimmter Filme in Lichtspielhäusern *(screen quote)* wird aber ausdrücklich vom Gebot der Inländergleichbehandlung abgewichen (Art III Abs 10 und Art IV GATT). Einen präventiven Kulturgüterschutz[489] verfolgt die Ausnahmevorschrift[490] des Art XX (f), die den Staaten in Abweichung von den sonstigen Freihandelsregeln Maßnahmen zum *Schutz bestehender nationaler Kulturgüter* von künstlerischem, historischem oder archäologischem Wert erlaubt. Voraussetzung ist allerdings, dass die Maßnahmen nicht diskriminierend sind oder zu einer verschleierten Beschränkung des internationalen Handels führen.[491] Im Fall China – Audiovisuals, in dem es um die Vereinbarkeit der chinesischen Zensurpraxis mit dem GATT und dem GATS ging, konnte China zudem im Prinzip erfolgreich den Schutz der öffentlichen Sittlichkeit nach Art XX (a) geltend machen, scheiterte mit dieser Verteidigung aber im Ergebnis, weil die Maßnahmen nach Ansicht des Appellate Body über das notwendige Maß hinausgingen und mildere Mittel zur Verfügung standen.[492]

133   Die *Vorführung* eines Films wird als Dienstleistung betrachtet und fällt damit unter das GATS, wobei die EU von ihrem Recht Gebrauch gemacht hat, bis auf weiteres die Meistbegünstigungsklausel nicht anzuwenden, sodass insoweit Regeln der WTO nicht gelten.[493] Der Europarat und die EU haben für das grenzüberschreitende Fernsehen Sonderregelungen geschaffen, wonach in den Mitgliedstaaten der Hauptanteil der Sendezeiten durch europäische Werke gestaltet werden soll.[494] Wäre das GATS anwendbar, könnten nationale Einschränkungen nur zum Schutz der öffentlichen Moral, nicht aber *zur Wahrung kultureller Identität* geltend gemacht werden. Dass kulturelle Vielfalt im Grundsatz Ziel einer globalen Informationsordnung sein sollte, ist nicht strittig zwischen den Industriestaaten.[495] Die EU ist gemäß Art 22 ihrer Grundrechte-Charta hierzu

---

488 So *Hahn* (Fn 473) 315 ff, 328 ff; bestätigt in China – Measures Affecting Trading and Distribution Services for Certain Publications and Audiovisual Entertainment Products, Report of the Appellate Body v 21.12.2009, WT/DS363/AB/R, 74 ff.

489 *Streinz*, Internationaler Schutz von Museumsgut, 1998, 192 f.

490 *Hahn* (Fn 473) 315 ff, 341.

491 Hierzu *von Schorlemer*, Internationaler Kulturgüterschutz, 1992, 467 ff.

492 China – Measures Affecting Trading Rights and Distribution Services for Certain Publications and Audivisual Entertainment Products, Report of the Appelate Body, WT/DS363/AB/R, 91 ff; vgl dazu *Pauwelyn*, Squaring Free Trade in Culture with Chinese Censorship: The WTO Appellate Body Report on China – Audiovisuals, Melb JIL 11 (2010) 1 ff.

493 Vgl Dokument GATS/EL/31 v 15.4.1994; vgl auch *Pleitgen*, Von Uruguay über Paris nach Hongkong?, AfP 2005, 1 ff; zur Vereinbarkeit der europäischen Quotenregelungen und finanziellen Fördermaßnahmen mit dem Welthandelsrecht *Döpkens*, Handelsliberalisierung im Bereich audiovisueller Medien, 2010.

494 Europäisches Übereinkommen über das grenzüberschreitende Fernsehen des Europarats, BGBl 1994 II, 639, geänd Fassung in BGBl 2000 II, 1091; RL 2007/65/EG v 11.12.2011 (ABl EU 2007, Nr L 332/27); Entwurf des Europarats zu einer Convention on Transfrontier Audiovisual Media Services; s dazu *Fink*, Medienregulierung im Europarat, ZaöRV 74 (2014) 505 ff. Vgl auch *Keller*, European and International Media Law, 2011.

495 Vgl OECD (Hrsg), Global Information Infrastructure, 1997, 64 ff.

sogar verpflichtet.[496] Für den Bereich von Film- und Fernsehprogrammen dominieren weltweit US-amerikanische Produkte: Nach der Luftfahrtindustrie ist diese Industrie der größte Exportsektor der USA.[497]

Am 20.10.2005 verabschiedete die UNESCO das *Übereinkommen über den Schutz und* 134 *die Förderung der Vielfalt kultureller Ausdrucksformen.*[498] Hierin wird die Doppelnatur kultureller Güter als Wirtschaftsgüter einerseits und Gegenstand der öffentlichen Förderung andererseits anerkannt. Staaten wird gestattet, in Ausübung ihrer Souveränität nationale Maßnahmen zum Schutz der eigenen kulturellen Vielfalt zu ergreifen (Art 6). Die Vereinbarkeit solcher Schutzmechanismen etwa mit WTO-Recht ist noch ungeklärt; Art 20 besagt in einer kompromisshaften Formulierung, dass Pflichten aus der Konvention gleichberechtigt neben solchen aus anderen Verträgen stehen sollen *(mutual supportiveness).*[499] Während manche hier eine wenig versteckte Protektion insbes kanadischer und französischer Industrien durch eine faktische „kulturelle Ausnahme" zu Lasten amerikanischer Exporte sehen, betonen andere die Notwendigkeit des Schutzes der Kultur, insbes von indigenen Völkern und in Entwicklungsländern.[500]

Auf *europäischer* Ebene löst Art 36 AEUV das Spannungsverhältnis von Warenver- 135 kehrsfreiheit und Kulturgüterschutz[501] dahingehend, dass nicht-diskriminierende Ein- und Ausfuhrbeschränkungen zum Schutz des nationalen Kulturguts von künstlerischem, geschichtlichem oder archäologischem Wert zulässig sind, soweit sie keine verschleierte Beschränkung des Handels darstellen. Voraussetzung ist, dass es sich um eine Maßnah-

---

496 Hierzu *Ennuschat,* in Stern/Sachs (Hrsg), Europäische Grundrechte-Charta, 2016, Art 22.
497 *Pleitgen* (Fn 493) 1ff; dazu auch *Graber,* Handel und Kultur im Audiovisionsrecht der WTO, 2003; *Grewlich,* Konflikt und Ordnung in der globalen Kommunikation, 1997; Wolfrum (Hrsg), Recht auf Information – Schutz vor Information, 1986.
498 148 von 154 Staaten stimmten dafür, nur die USA und Israel dagegen (Australien, Liberia, Nicaragua und Honduras enthielten sich). Die Konvention ist seit dem 18.3.2007 in Kraft und wurde von der BR Deutschland am 2.3.2007 ratifiziert (BGBl 2007 II, 234); hierzu *Froehlich,* Das Verhältnis von Kultur und WTO, in Hilf/Niebsch (Hrsg), Perspektiven des Internationalen Wirtschaftsrechts, 2006, 97ff; Steinkamp (Hrsg), Kulturelle Vielfalt – Unser gemeinsamer Reichtum, 2007; *Neuwirth,* United in Divergency, ZaöRV 66 (2006) 819ff; *Wouters/De Meester,* The UNESCO Convention on Cultural Diversity and WTO Law, JWT 42 (2008) 205ff; *von Schorlemer,* Cultural Diversity, in MPEPIL, Rn 22ff; Ruiz Fabri (Hrsg), La Convention de l'UNESCO sur la protection et la promotion de la diversité des expressions culturelles, 2010; von Schorlemer/Stoll (Hrsg), The UNESCO Convention on the Protection and Promotion of the Diversity of Cultural Expressions: Explanatory Notes, 2012; *Burri,* The UNESCO Convention on Cultural Diversity, IJCP 20 (2013) 357ff; *El Zein,* The UNESCO Convention on the Protection and Promotion of the Diversity of Cultural Expressions and Its Operational Guidelines, in Maluwa/Asmal (Hrsg), Law, Politics and Rights, 2013, 340ff.
499 Hierzu *Hahn,* A Clash of Cultures?, JIEL 9 (2006) 515 (540ff); *Graber,* The New UNESCO Convention on Cultural Diversity, JIEL 9 (2006) 553 (566ff); *Burri-Nenova,* Trade and Culture in International Law, JWT 44 (2010) 49ff; *Loisen/Pauwels,* Competing Perspectives? WTO and UNESCO on Cultural Diversity in Global Trade, in De Beukelaer/Pyykkönen/Singh (Hrsg), Globalization, Culture, and Development: The UNESCO Convention on Cultural Diversity, 2015, 43ff.
500 Vgl *von Schorlemer,* Kulturpolitik im Völkerrecht verankert, VN 2005, 217ff.
501 Dazu *Seidl-Hohenveldern,* Kulturgüterschutz durch die Europäische Union versus Warenverkehrsfreiheit, in Fechner/Oppermann/Prott (Fn 472) 113ff.

me nicht-wirtschaftlicher Art handelt, die nicht der Wirtschaftslenkung dient,[502] und dass außerdem keine abschließende Unionsregelung besteht.[503] Die VO über die Ausfuhr von Kulturgütern[504] in Drittländer sowie die Richtlinie über die Rückgabe von unrechtmäßig aus einem Hoheitsgebiet eines Mitgliedstaats verbrachten Kulturgütern[505] stellen keine abschließenden Regelungen dar, da sie nur bestimmte Kulturgüter betreffen.[506] Gerechtfertigt sind Maßnahmen zum Schutz nationalen Kulturguts nach Art 36 AEUV nur, wenn sie geeignet und notwendig sind, die Gefahr insbes der Abwanderung des nationalen Kulturguts abzuwenden und der erforderliche Schutz nicht mit Mitteln erreicht werden kann, die den freien Warenverkehr weniger beeinträchtigen.[507] Als idS *verhältnismäßige Maßnahmen* kommen insbes staatliche Vorkaufsrechte und Ausfuhrverbote mit Genehmigungsvorbehalten in Betracht.[508] Die VO über das Verbringen und die Einfuhr von Kulturgütern schützt Kulturgut aus Drittstaaten davor, unrechtmäßig in den Binnenmarkt verbracht und dort vermarktet zu werden.[509] Die Ausnahme des Art 36 AEUV zum Schutz des nationalen Kulturguts steht im Kontext von Art 167 Abs 4 AEUV, wonach die EU bei ihrer Tätigkeit allgemein kulturellen Aspekten Rechnung zu tragen hat.[510] Die Preisbindung für Bücher im Recht der EU ist Ausdruck der kulturellen Bedeutung des Buchwesens.[511] Nach der Rechtsprechung des EuGH begründet der Schutz der Bücher als Kulturgut zwar keinen Rechtfertigungsgrund für einfuhrbeschränkende Maßnahmen iSv Art 36 AEUV, wohl aber ein zwingendes Erfordernis des Allgemeininteresses und damit einen ungeschriebenen Rechtfertigungsgrund.[512]

---

502 *Müller-Graff*, in v. d. Groeben/Schwarze/Hatje (Hrsg), Europäisches Unionsrecht, Bd 1, 7. Aufl 2015, Art 36 AEUV Rn 33 ff.
503 Hierzu *Müller-Graff* (Fn 502) Rn 14 ff mwN.
504 VO (EWG) Nr 3911/92 des Rates v 9.12.1992, ABl EG 1992, Nr L 395/1; abgelöst durch VO (EG) Nr 116/2009 des Rates v 18.12.2008, ABl EU 2009, Nr L 39/1.
505 Richtlinie 2014/60/EU v 14.5.2014, ABl EU 2014, Nr L 159/1; umgesetzt für die BR Deutschland durch das Gesetz zur Neuregelung des Kulturgutschutzrechts v 31.7.2016 (BGBl 2016 I, 1914, letzte Änd in BGBl 2017 I, 872 [890]).
506 Hierzu *Berndt*, Internationaler Kulturgüterschutz, 1998, 142 ff; *Müller-Graff* (Fn 502) Rn 63; s *Streinz* (Fn 489) 117 ff; vgl *Siehr*, Kulturgüterschutz innerhalb der Europäischen Union, ZVglRWiss 95 (1996) 170 ff.
507 Dazu *Berndt* (Fn 506) 140, 146 ff; *Leible/Streinz*, in Grabitz/Hilf/Nettesheim (Hrsg), Das Recht der Europäischen Union, Loseblattslg, 75. Ergänzungslieferung (2022), Art 36 AEUV Rn 31.
508 Vgl *Berndt* (Fn 506) 147.
509 VO (EU) 2019/880 des Europäischen Parlaments und des Rates v 17.4.2019, ABl EU 2019, Nr L 151/1.
510 Dazu *Oppermann/Classen/Nettesheim* (Fn 40) § 22 Rn 39, § 34 Rn 44.
511 Hierzu *Engelmann*, Die Zukunft der Buchpreisbindung im europäischen Binnenmarkt, 2002; *Everling*, Buchpreisbindung im deutschen Sprachraum und Europäisches Gemeinschaftsrecht, 1997.
512 EuGH, Rs C-531/07, *LIBRO*, Rn 32 ff; vgl dazu *Leible/Streinz* (Fn 507) Rn 31.

Kreuter-Kirchhof

4. Recht auf Sprache

Insbes Angehörige nationaler *Minderheiten* beanspruchen für sich das Recht, als Aus- 136 druck ihrer kulturellen Identität ihre Muttersprache zu pflegen.[513] Das Recht auf den Gebrauch der eigenen Sprache gehört zum Kern der völkerrechtlichen Minderheitenschutzrechte.[514] Grundlegend sichert Art 27 IPBPR Angehörigen ethnischer, religiöser oder sprachlicher Minderheiten das Recht zu, sich ihrer eigenen Sprache zu bedienen. Auch das Kopenhagener Schlussdokument der KSZE v 29.6.1990 will den Gebrauch von Minderheitensprachen schützen. Als Ausdruck ihrer Identität haben Angehörige nationaler Minderheiten u a das Recht, privat und öffentlich ihre Muttersprache zu sprechen und Informationen in ihrer Muttersprache zu verbreiten und auszutauschen. Ungeachtet der Notwendigkeit, die offiziellen Sprachen des jeweiligen Staates zu erlernen, soll Unterricht in der Muttersprache und – soweit notwendig und möglich – der Gebrauch der Muttersprache gegenüber Behörden ermöglicht werden.[515] Die *Europäische Charta der Regional- oder Minderheitensprachen* des Europarats v 1992[516] schafft keine individuellen Rechte für die Angehörigen von Minderheiten, betont aber die allgemeine kulturelle Bedeutung der Sprache.[517] Auch das Rahmenübereinkommen zum Schutz nationaler Minderheiten des Europarats v 1995 respektiert den freien Sprachgebrauch.[518]

In der *EU* sind die 24 Staatssprachen der derzeit (noch) 28 Mitgliedstaaten als Amts- 137 sprachen anerkannt.[519] Dementsprechend sind die Unionsbürger berechtigt, sich im Verkehr mit den Unionseinrichtungen einer Amtssprache ihrer Wahl zu bedienen. Sie haben Anspruch auf Antwort in dieser Sprache.[520] Art 41 Abs 4 der EU-Grundrechte-

---

513 Hierzu *Klein*, Menschenwürde und Sprache, in Grözinger (Hrsg), Sprache und Identität im Judentum, 1998, 59 ff; *Varennes*, Sprachminderheiten, Völkerrecht und Nichtdiskriminierung, HuV-I 12 (1999) 241 ff.
514 *Hobe*, Einführung in das Völkerrecht, 11. Aufl 2020, 390 f; allg hierzu auch die Beiträge von *Schweizer* und *Kahl*, Sprache als Kultur- und Rechtsgut, VVDStRL 65 (2006) 347 ff bzw 386 ff; *Arzoz*, Language Rights as Legal Norms, European Public Law 15 (2009) 541 ff.
515 Vgl IV Nr 30 ff des KSZE Schlussdokuments v 29.6.1990, Bull BReg 1990, 757 ff.
516 Ratifiziert durch die BR Deutschland am 16.9.1998 (BGBl 1998 II, 1315 ff). S dazu *Boysen et al*, Europäische Charta der Regional- oder Minderheitensprachen, 2011.
517 *Klein* (Fn 513) 66 f.
518 Ratifiziert durch die BR Deutschland am 10.9.1997 (BGBl 1997 II, 1406 ff); vgl auch Thematic Commentary No 3 des Advisory Committee zum Rahmenübereinkommen v 5.7.2012, The Language Rights of Persons Belonging to National Minorities under the Framework Convention, ACFC/44DOC(2012)001 rev.
519 Art 342 AEUV verweist auf VO Nr 1 zur Regelung der Sprachenfrage, ABl 1958, L 17/385; zur Unterscheidung von Amts- und Arbeitssprachen *Bieber*, in v. d. Groeben/Schwarze/Hatje (Fn 502) Art 342 AEUV Rn 14 ff. Durch die VO (EG) Nr 920/2005 v 13.6.2005, ABl EU 2005, Nr L 156/3 zur Änderung der VO v 1958 wurde mWv 1.1.2007 das Irische (= Gälische) den anderen nationalen Amtssprachen der EU gleichgestellt. Der zunächst wegen Schwierigkeiten bei der Einstellung einer ausreichenden Zahl benötigter Dolmetscher und Übersetzer befristete und um jeweils fünf Jahre verlängerte Sonderstatus endete mit Ablauf des 31.12.2021, vgl zuletzt VO (EU) Nr 2015/2264 v 3.12.2015, ABl EU 2015, Nr L 322/1.
520 Vgl Art 24 AEUV. Dazu *Oppermann*, Reform der EU-Sprachenregelung?, NJW 2001, 2663 ff; *Hilpold*, Die europäische Sprachenpolitik – Babel nach Maß?, EuR 2010, 695 ff. Die gleichberechtigte Behandlung aller Unionssprachen dient der Bürgernähe und Transparenz. In der Praxis führt sie allerdings zu einem sehr

Charta garantiert diesen Anspruch als Bestandteil eines „Rechts auf eine gute Verwaltung".[521] Während bei offiziellen Ministertreffen und bei den Treffen der Staats- und Regierungschefs der EU in alle Amtssprachen gedolmetscht wird, wird bei Arbeitstreffen unterhalb der Ministerebene aus Praktikabilitäts- und Kostengründen im Konsens aller Beteiligten oftmals von diesem Vollsprachenregime abgewichen.

5. Kulturgüter und ihr Schutz

138   Wie in anderen Bereichen des Völkerrechts entwickelte sich auch für den Schutz von Kulturgütern im 20. Jh ein Bestand völkerrechtlicher Normen.[522] Die Grundlagen dieser Entwicklung bilden völkerrechtliche Verträge; für einzelne Teilfragen bildete sich Völkergewohnheitsrecht. Verglichen etwa mit dem Seerecht oder auch dem Wirtschaftsrecht sind die Regeln betreffend Kulturgüter in ihrer Gesamtheit zwar bisher weniger dicht, doch erlauben sie es im Lichte ihrer kumulativen Wirkung schon heute, von einem *Völkerrecht der Kulturgüter* zu sprechen.[523] Dass die Entwicklungslinien auf diesem Feld nur graduell und zögerlich verlaufen sind, hängt nicht nur mit der Betonung nationaler Souveränität zusammen. Auch der fehlende Konsens über die Fundamente und die Ausrichtung einer internationalen Konzeption für den Bereich der Kulturgüter steht bisher einer breiter angelegten Ordnung im Wege. Dabei wird ein Zusammenhang von Kultur und nachhaltiger Entwicklung anerkannt.[524]

139   Die Bemühungen und auch die Kämpfe – die Rede ist von *art wars* – um die rechtliche Behandlung und Zuordnung von Kulturgütern werden auch angesichts des zunehmenden Handels mit wertvoller Kunst eher zunehmen. Insbes bestehen Auseinandersetzungen um die *Rückführung von Kulturgütern in ihr Ursprungsland*. Dies gilt für Forderungen etwa Griechenlands oder von Entwicklungsländern bzgl während der Kolonialzeit ins Ausland verbrachter antiker Gegenstände; doch auch die Altlasten des Zweiten Weltkriegs auf diesem Felde sind immer noch nicht abgetragen.[525] Weiterhin

---

erheblichen Übersetzungsaufwand, müssen doch alle allgemeingültigen Hoheitsakte und alle offiziellen Publikationen der EU in alle Amtssprachen übersetzt werden.

521 Hierzu *Galetta/Grzeszick*, in Stern/Sachs (Fn 496) Art 41 Rn 98 f.

522 S für einen Überblick *Lenski*, Öffentliches Kulturrecht, 2013, 169 ff; *Nafziger/Paterson*, Cultural Heritage Law, in dies (Hrsg), Handbook on the Law of Cultural Heritage and International Trade, 2014, 1 ff.

523 Dazu *Streinz* (Fn 489) 201; *O'Keefe*, Formulating General Principles by Reference to International Standards, in Fechner/Oppermann/Prott (Fn 472) 277 ff; sowie den Beitrag von *Prott*, The International Legal Protection of the Cultural Heritage, ebd 295 ff; vgl auch Nafziger/Paterson/Renteln (Hrsg), Cultural Law: International, Comparative, and Indigenous, 2014; *Francioni*, General Principles Applicable to International Cultural Heritage Law, in Andenas et al (Hrsg), General Principles and the Coherence of International Law, 2019, 389 ff.

524 A/RES/74/230 v 16.1.2020.

525 Vgl hierzu *Freytag*, „Cultural Heritage": Rückgabeansprüche von Ursprungsländern auf „ihr" Kulturgut?, in Fechner/Oppermann/Prott (Fn 472) 175 ff; s auch *Wyss*, Rückgabeansprüche für illegal ausgeführt-

können Projekte im Rahmen wirtschaftlicher Entwicklung negative Auswirkungen auf das kulturelle Erbe des betroffenen Staates haben; die Weltbank schließt diesen Aspekt daher in ihre Projektevaluationen mit ein.[526] Schließlich steht allgemein zu vermuten, dass dem *Schutz kultureller nationaler Identität* gerade in einer Welt zunehmend globaler Wirtschaftsstrukturen in der Innen- und Außenpolitik vieler Staaten künftig mehr Bedeutung als bisher zugemessen werden wird.

Die Gesamtheit der bestehenden Kulturgüterordnung erschließt sich nur aus der 140 gemeinsamen Betrachtung der *ineinandergreifenden Regeln* des Völkerrechts (und ggf des Europarechts) und der jeweiligen nationalen Rechtsordnungen.[527] Diese begründen regelmäßig keine in sich geschlossene Regelung; vielmehr ergibt sich das einschlägige Recht aus einer Vielzahl von Vorschriften über den gutgläubigen Erwerb von Kulturgut,[528] die Wahrung gesamtstaatlicher Belange durch Exportverbote, durch das Strafrecht[529] und das öffentliche Recht.[530] Eigene Maßstäbe begründet auch das Verfassungsrecht.[531] Für transnationale Vorgänge legaler oder illegaler Art kommt den Regeln des *Kollisionsrechts* wesentliche Bedeutung zu: Oft kommt es im Einzelfall entscheidend darauf an, welche Rechtsordnung nach dem Recht jenes Staats zur Anwendung kommen soll, in dem sich das Kulturgut gerade befindet.[532] Die nationalen Regelungen sind insoweit in weitem Umfang noch ungebunden von völkerrechtlichen Vorgaben. Hieraus ergeben sich Divergenzen und auch Inkonsistenzen der transnationalen Ordnung. Gelöst werden können die damit verbundenen Fragen nur durch eine völkerrechtliche Einigung der Staaten, sei es in einem multilateralen Vertragswerk oder in einem Geflecht bilateraler Verträge.

---

te Kulturgüter, ebd 201ff; *von Schorlemer,* Stolen Art, GYIL 41 (1998) 317ff; *Weber,* Wem gehört der Schatz des Priamos?, Praxis/Forum 1999, 36ff; *Eitel,* Beutekunst – Die letzten deutschen Kriegsgefangenen, FS Delbrück, 2005, 192ff; vgl *Franz/Hartmann,* Raub- und Beutekunst, Osteuropa 2006, 401ff; *Schönberger,* Was soll zurück? Die Restitution von Kulturgütern im Zeitalter der Nostalgie, 2021, 9ff.

526 Vgl *Francioni,* Thirty Years On: Is the World Heritage Convention Ready for the 21st Century?, ItYIL 12 (2002) 13ff; s auch o Rn 117.

527 Zusammenfassende Darstellung in *Siehr,* Vereinheitlichung des Rechts der Kulturgüter in Europa?, in Basedow et al (Hrsg), Aufbruch nach Europa, 2001, 811ff.

528 Vgl zur zivilrechtlichen Seite ausf *Anton,* Rechtshandbuch Kulturgüterschutz und Kunstrestitutionsrecht, Bde 1–3, 2010.

529 Zur strafrechtlichen Verfolgung des illegalen Handels mit Kulturgut in den USA *Petr,* Trading Places: Illicit Antiquities, Foreign Cultural Patrimony Laws, and the U. S. National Stolen Property Act after *United States v Schultz,* Hastings ICLR 28 (2005) 503ff.

530 Hierzu *von Schorlemer* (Fn 491) 402ff, 518ff.

531 Hierzu rechtsvergleichend *Häberle,* National-verfassungsstaatlicher und universeller Kulturgüterschutz – ein Textstufenvergleich, in Fechner/Oppermann/Prott (Fn 472) 91ff.

532 Hierzu *Armbrüster,* Privatrechtliche Ansprüche auf Rückführung von Kulturgütern ins Ausland, NJW 2001, 3581ff; *Siehr,* The lex originis for Cultural Objects in European Private International Law, FS Fausto Pocar, Bd 2, 2009, 879ff.

Kreuter-Kirchhof

141   Grundsätzlich stellt sich dabei die Frage nach einem *Sonderrecht für Kulturgüter* in Abgrenzung vom allgemeinen Recht, welches auf Sachen Anwendung findet.[533] Vielfach hat insoweit der Wandel in Richtung eines Sonderrechts bereits stattgefunden; eine umfassende Neuausrichtung jedoch steht noch aus. Eng verbunden damit sind die Schwierigkeiten einer allgemein akzeptierten Definition des „Kulturguts". Sollen die Bewahrung und der Schutz des Kulturguts rechtlich weiter ausgebaut werden, so bedarf es der Formulierung jener Sonderregelungen, welche der Eigenart dieser Güter gegenüber sonstigen Sachen gerecht wird. Dabei werden freilich auch noch zwischen den verschiedenen Formen der Kulturgüter weiter differenzierende Regelungen gefunden werden müssen.[534]

142   Die Spannungen und Inkonsistenzen zwischen den Normen des Kulturgüterschutzes erwachsen insbes aus der *Pluralität der Ziele,* welche diese Normen verfolgen; diese stehen zT im Widerstreit. Kommt es dem internationalen Kulturgüterschutz in erster Linie darauf an, dass Kulturgüter der Verfügungsgewalt jener Nation unterworfen werden, für welche das Gut im Lichte ihrer kulturellen, aber auch historischen oder politischen Identität von besonderer Bedeutung ist, wie es die *„nationale Denkschule"* will? Oder soll der Kulturgüterschutz in erster Linie dafür Sorge tragen, dass Kulturgüter – wo auch immer – möglichst gut erhalten werden und möglichst vielen Menschen zugänglich sind, wie es die *„Internationalisten"* anstreben?[535] So akzentuieren die Konven-

---

533 Vgl einzelne berühmte Fälle betreffend
- zwei Dürer-Porträts: Kunstsammlungen zu *Weimar v Elicofon,* 678 F. 2d 1150 (2nd Cir 1982);
- das Bild „La Marquesa de Santa Cruz" von Francisco de Goya: *Kingdom of Spain v Christie, Manson & Woods Ltd* (1986) Ser No 1308, 1 WLR 1120 (ChD);
- ein Gemälde des Fürsten von Liechtenstein: BVerfG, Beschluss v 28.1.1998, 2 BvR 1981/97, IPrax 1998, 482 ff;
- eine Holztüre von einem Schatzhaus des Volkes der Maori: *Attorney General of New Zealand v Ortiz and Others,* 18 ILR 591 ff;
- präkolumbianische Artefakte: *Republica dell' Ecuador v Danusso,* Tribunale di Torino, RivDirProc 1982, 625;
- vier byzantinische Mosaike aus dem 16. Jh: *Autocephalous-Greek Orthodox Church v Goldberg,* 717 F. Supp. 1374 (S. Ind 1989); bestätigt: 917 F2 d 278 (7th Cir 1990).

Zum Ganzen auch *Siehr,* International Art Trade and the Law, RdC 243 (1993-VI) 13 ff; *Jayme,* Neue Anknüpfungsmaximen für den Kulturgüterschutz im internationalen Privatrecht, in Dolzer/Jayme/Mußgnug (Fn 477) 35 ff; *Mußgnug,* Museums- und Archivgut als „res extra commercium"?, ebd 199 ff; *Weber,* Unveräußerliches Kulturgut im nationalen und internationalen Rechtsverkehr, 2002; s auch *Freytag* (Fn 525) 186 ff.

534 Vgl *Merryman,* The Free International Movement of Cultural Property, NYJILP 31 (1998) 1 (14); *Wantuch-Thole,* Cultural Property in Cross-Border Litigation, 2015.

535 Vgl *Merryman,* The Public Interest in Cultural Property, Cal LR 77 (1989) 339 (361 ff); ähnlich *Siehr,* Die Schweiz und der Kulturgüterschutz in Europa, in Fechner/Oppermann/Prott (Fn 472) 145 ff; vgl auch *Fishman,* Locating the International Interest in Intranational Cultural Property Disputes, Yale JIL 35 (2010) 347 ff.

tionen der vergangenen 50 Jahre teils diesen, teils jenen Ansatz. Eine Konzeption eher im Sinne ersterer Auffassung kann man uU der Konvention der UNESCO über den Schutz und die Förderung der Vielfalt kultureller Ausdrucksformen v 2005 entnehmen; in ihren konkreten Ausprägungen – insbes im Verhältnis zu den Grundsätzen des freien Wirtschaftens – ist auch dies jedoch keineswegs eindeutig.[536] Zu den globalen Interessen einer internationalen Gemeinschaft einerseits und den nationalen Interessen der jeweiligen Staaten andererseits treten die privaten Rechte der Urheber und der Eigentümer kultureller Güter, die Substanzerhaltung der Kunstwerke sowie Marktinteressen als mögliche Schutzzwecke hinzu.[537]

Konzeptionell betonen die „Internationalisten" die Idee des *Kulturguts als eines gemeinsamen Erbes der Menschheit,* was schon Richter *Sir Alexander Croke* im Jahre 1813 zum Ausdruck brachte.[538] Demgegenüber findet die „nationale Richtung" ihr Fundament in der *kulturellen Dimension des Selbstbestimmungsrechts.* Letztere Position liegt auf der Linie historischer Argumentationsmuster, welche Kulturgüter mit der gegenseitigen Achtung der Souveränität des Herrschers oder auch mit dem engen Bezug zum Territorium schützen und an den jeweiligen Staat binden wollen.[539] Speziell für den Krieg wurde betont, dass es keinem erkennbaren Kriegszweck dient, wenn Kulturgüter zerstört werden. In der einen oder anderen Weise sind alle diese Ansätze eng verbunden mit dem moralischen Anspruch jeder zivilisierten Gesellschaft, die Kultur als Ausdruck der Menschlichkeit zu achten und zu pflegen. *Bluntschli* forderte 1878 die militärischen Führer auf, den Krieg „nicht als Barbaren, sondern als civilisierte Männer" zu leiten.[540] **143**

a) Definition des Kulturguts

Soll Kultur rechtlich geschützt werden, muss der Begriff der *Kultur als Rechtsbegriff* definiert werden. Der Schutz, aber auch die Pflege der „Kultur" kann rechtlich nur gewährleistet und überwacht werden, wenn man sich über deren Eingrenzung – zumindest im Groben – einig ist. Dies gilt unabhängig davon, dass schon im nationalen Recht etwa der Begriff der Kunst von seiner Natur her rechtlich nur sehr schwer zugänglich ist. Kein zwingendes Argument besteht dafür, den Kulturbegriff einheitlich für alle Normen des internationalen Rechts festzulegen. Dementsprechend entwickelte auch die **144**

---

536 Vgl o Rn 134.
537 Vgl *Jayme,* Globalization in Art Law, Vanderbilt J Transnat'l L 38 (2005) 927ff; *Fechner,* Wohin gehören Kulturgüter?, FS Mußgnug, 2005, 485ff.
538 *Sir Alexander Croke,* Richter am Vice Admirality's Court in Halifax im Prisenverfahren um das franz Schiff *Marquis de Somerueles,* welches durch ein engl Schiff aufgebracht wurde und Gemälde von *Salvator Rosa* an Bord hatte, die für die Pennsylvania Academy of Fine Arts bestimmt waren, vgl *Fiedler* (Fn 470) 204ff.
539 Vgl *Fiedler* (Fn 470) 211f.
540 *Bluntschli,* Das moderne Völkerrecht, 3. Aufl 1878, 363.

vertragliche Praxis *bereichsspezifisch* je nach den besonderen Zielen des einzelnen Vertrags[541] unterschiedliche Ansätze.[542]

145 Wenig Aufmerksamkeit wurde der begrifflichen Frage noch etwa 1907 im Rahmen der *Haager Landkriegsordnung* geschenkt, die sehr allgemein das Privateigentum – und damit auch in Privateigentum stehendes Kulturgut – und „das Eigentum der Gemeinden und dem Gottesdienste, der Wohltätigkeit, dem Unterricht, der Kunst und der Wissenschaft gewidmeten Anstalten" vor der absichtlichen Zerstörung oder Beschädigung schützt. Die *Haager Konvention zum Schutz von Kulturgut bei bewaffneten Konflikten* aus dem Jahre 1954[543] definiert den Begriff des Kulturguts dann in einem zweigliedrigen Ansatz. Zuerst wird festgestellt, dass dazu alles bewegliche oder unbewegliche Gut gehört, „das für das kulturelle Erbe aller Völker von großer Bedeutung ist"; in einem zweiten Schritt wird diese Formulierung in exemplarischer Weise erläutert: „wie zB Bau-, Kunst oder geschichtliche Denkmale religiöser oder weltlicher Art, archäologische Stätten, Gebäude, die als ganzes von historischem oder künstlerischem Interesse sind, Kunstwerke, Manuskripte, Bücher und andere Gegenstände von künstlerischem, historischem oder archäologischem Interesse sowie wissenschaftliche Sammlungen von Büchern, Archivalien oder Reproduktionen des oben bezeichneten Kulturguts". Geschützt sind in gewissem Umfange auch die Orte, in denen das Kulturgut untergebracht ist (Art 1 [b] [c]). Die so allgemein umschriebenen Kulturgüter können unilateral vom jeweiligen Staat bezeichnet werden. Ein anderer Ansatz findet sich insoweit für Bergungsorte zur Sicherung von Kulturgut bei bewaffneten Konflikten sowie für Denkmalsorte und „andere unbewegliche Kulturgüter von sehr hoher Bedeutung". Diese werden bereits in Friedenszeiten in ein internationales Register eingetragen, wobei allerdings andere Staaten innerhalb des Verfahrens zur Eintragung geltend machen können, dass „das Gut kein Kulturgut ist".[544]

146 Dem Ansatz, Kulturgüter im Rahmen der von den Vertragsparteien festgelegten Vorgaben *unilateral* durch die Staaten zu bestimmen, folgt das *Übereinkommen über Maßnahmen zum Verbot und zur Verhütung der unzulässigen Einfuhr, Ausfuhr und Übereignung von Kulturgut* aus dem Jahre 1970.[545] Danach soll als „Kulturgut" all das gelten, was „von jedem Staat aus religiösen oder weltlichen Gründen als für Archäologie, Vorgeschichte, Geschichte, Literatur, Kunst oder Wissenschaft als besonders bedeutungsvoll" bezeichnet wird. Dabei wird dem kulturellen Erbe eines Staats insbes das zugeordnet, was die eigenen Staatsangehörigen oder Ausländer auf dem Hoheitsgebiet des

---

541 Zum Folgenden *Fechner*, Prinzipien des Kulturgüterschutzes, in Fechner/Oppermann/Prott (Fn 472) 11ff; vgl auch *Siehr*, Kulturgüter in Friedens- und Freundschaftsverträgen, FS Delbrück, 2005, 695ff.
542 Zu unterschiedlichen Kulturkonzepten s *O'Keefe* (Fn 468) 905. Als Rechtsbegriff kann Kultur jedenfalls nicht im weitesten anthropologischen Sinne verstanden werden als alle einer Gesellschaft zugrunde liegenden Charakteristiken und Gedankenmuster.
543 BGBl 1967 II, 1235.
544 Vgl im Einzelnen Art 12 der Ausführungsbestimmungen zur Konvention, BGBl 1967 II, 1271 (1279).
545 ILM 10 (1971) 289ff. Deutschland ist 2007 beigetreten.

Staats geschaffen haben und was im Staatsgebiet gefunden wurde.[546] Im Ganzen geht es dabei darum, zwischen Scylla und Charybdis die richtige Mitte zu finden: Ein allzu großer Spielraum zur Bezeichnung der Kultur durch jeden einzelnen Staat kann andere Staaten an der Akzeptanz der Entscheidung (und damit auch der Konvention) hindern; eine starke Einengung durch internationale Vorgaben setzt sich dem Vorwurf der Unzulänglichkeit des Schutzumfangs aus. Die zunächst geringe Zahl der Ratifikationen des Übereinkommens hing in der Tat auch mit der weiten Entscheidungsbefugnis der einzelnen Staaten nach diesem Abkommen zusammen. Inzwischen sind 143 Staaten Vertragsparteien des Abkommens (Stand: 1.9.2023).

Zu einer umfassenden inhaltlichen Einigung über die Definition von Kulturgut **147** konnten sich im Übrigen selbst die Mitgliedstaaten der *EU* trotz des vergleichsweise regional homogenen Rahmens nicht durchringen. Im Kontext des Art 36 AEUV können die Staaten zur Einschränkung der Warenfreiheit zum Schutz von „Kulturgut" besondere Maßnahmen treffen; insoweit kommt den Staaten ein Beurteilungsspielraum zu, dessen Einhaltung von den Organen der EU überwacht wird.[547] Nach der Richtlinie über die Rückgabe von unrechtmäßig aus dem Hoheitsgebiets eines Mitgliedstaats verbrachte Kulturgüter handelt es sich bei einem Kulturgut um einen Gegenstand, „der von diesem Mitgliedstaat als „nationales Kulturgut von künstlerischem, geschichtlichen oder archäologischen Wert" eingestuft oder definiert wurde".[548]

b) Rechtsträger von Kulturgütern
Die fortdauernde Pluralität rechtlicher Regelungsmuster auf internationaler Ebene **148** spiegelt sich auch in Unterschieden der grundsätzlichen Zuordnung von Kulturgütern zu den völkerrechtlich anerkannten Rechtsträgern. Die internationale Gemeinschaft, der Staat, das Volk und das Individuum werden als Träger kultureller Rechte genannt, ohne dass die verschiedenen Ansätze heute im Einzelnen als bis zum Ende durchdacht und aufeinander abgestimmt gelten könnten. Im Grundsatz ist die *Hoheit des Staats über die Kulturgüter* gemäß den allgemeinen Regeln über die territoriale Souveränität unbestritten. Hierzu gehört das Recht des Staats, Vorschriften über den Verkauf und Erwerb zu erlassen, ebenso wie etwa seine Befugnis, den Export oder den Import von Kulturgütern zu regeln. Der Staat kann zur Hege und Pflege der Kulturgüter die Eigentümer verpflichten, er kann auch selbst Mittel dafür zur Verfügung stellen. Auch wird man dem Staat im Grundsatz das Recht auf Enteignung von Kulturgütern auf seinem Territorium zugestehen müssen, selbst im Falle ausländischer Eigentümer; viel weniger klar ist, ob ein solches Recht etwa auch dann besteht, wenn das jeweilige Gut nur für be-

---

546 Vgl dazu im Einzelnen Art 4. In diesem Zusammenhang s auch EGMR v 5.1.2000, Beschwerde Nr 33202/96 *(Beyeler v Italien)*, dazu Anm *Rudolf*, AJIL 94 (2000) 736.
547 Vgl *Müller-Graff* (Fn 502) Art 36 Rn 66; *Ress*, Kultur und Europäischer Binnenmarkt, 1991.
548 Vgl Art 2 Nr 1 der RL 2014/60/EU v 15.5.2014 (ABl EU 2014, Nr L 159/1, ber ABl EU 2015, Nr L 147/24); zuvor RL 93/7/EWG v 15.3.1993 (ABl EG 1993, Nr L 74/74).

grenzte Zeit zum Zwecke der Ausstellung eingeführt worden ist und kein Enteignungsverbot vereinbart wurde.[549]

149　　Für all jene Regelungsansätze, welche das Kulturgut primär unter dem Gesichtspunkt der Zuordnung zur staatlichen Souveränität und Identität betrachten, ergeben
sich Sonderfragen, nämlich insbes das Kriterium nach der Zuordnung eines Kulturguts
zu einem Staat, sowie das Recht auf Rückführung im Falle der früheren illegalen oder
auch legalen Ausfuhr. Bzgl der *Zuordnung eines Guts zur nationalen Kulturordnung* lassen sich unterschiedliche Ansätze denken. In erster Linie kann auf das staatliche Territorium abgestellt werden, auf dem das Gut hergestellt worden ist. Auch an die Staatsangehörigkeit des Urhebers kann angeknüpft werden. Schließlich ist denkbar, dass
derjenige Staat ein Kunstwerk für sich in Anspruch nimmt, für dessen Identität es besondere Bedeutung erlangt hat, sogar unabhängig vom Ort der Herstellung oder der Nationalität des Urhebers. Je nach Lage kann es bei unterschiedlicher Anknüpfung zu kollidierenden staatlichen Ansprüchen kommen.[550]

150　　Das Recht eines Volkes auf *Selbstbestimmung* ist der wichtigste Ausdruck der Rechtsfähigkeit des Volkes.[551] Obwohl etwa die UN-Charta der kulturellen Dimension des Selbstbestimmungsrechts nicht explizit Bedeutung zumisst, hat die UN-Generalversammlung
klargestellt, dass es nicht nur eine politische und wirtschaftliche, sondern auch eine
kulturelle Dimension des Selbstbestimmungsrechts gibt.[552] Danach ist es keinem Staat erlaubt, „Völker ihrer nationalen Identität und ihres kulturellen Erbes zu berauben". Dieser Schutz soll insbes auch indigenen Völkern zukommen.[553] Die afrikanische Menschen-
rechtscharta spricht vom Recht aller Völker auf „wirtschaftliche, soziale und kulturelle
Entwicklung unter angemessener Berücksichtigung ihrer Freiheit und Individualität so-

---

549 Einen besonderen Schutz für den Bereich des Ausstellungswesens enthält das dt Kulturgutschutzgesetz v 31.7.2016 (BGBl 2016 I, 1914, letzte Änd BGBl 2019 I, 1626). Gemäß § 73 Abs 1 KSSG können dt Behörden dem ausländischen Verleiher die Rückgabe verbindlich zusagen mit der Folge, dass Ansprüche Dritter bis zur Rückgabe nicht geltend gemacht werden können. Hierzu *Elmenhorst/Heimann*, Die
Neuregelung des Kulturgutschutzrechts, NJW 2016, 3398.

550 Hierzu *Jayme*, Rechtsbegriffe und Kunstgeschichte, in Reichelt (Hrsg), Neues Recht zum Schutz von
Kulturgut, 1997, 11 (16f); *Müller-Katzenburg*, Internationale Standards im Kulturgüterverkehr und ihre
Bedeutung für das Sach- und Kollisionsrecht, 1996, 142ff; *Hanisch*, Der Fall des Liotard und die nationale
Zuordnung eines Kunstwerks, in Frank (Hrsg), Recht und Kunst, 1996, 19ff; *Mußgnug*, Die Staatsangehö-
rigkeit des Kulturguts, FS Ress, 2005, 1531ff.

551 Vgl *Kau*, 3. Abschn Rn 160ff.

552 UN GA Res 2131 (XX) v 21.12.1965.

553 Vgl Art 3 der United Nations Declaration on the Rights of Indigenous Peoples, UN GA Res 61/295 v
13.9.2007; vgl dazu *Kuprecht*, Human Rights Aspects of Indigenous Cultural Property Repatriation, FS
Siehr, 2010, 191ff; *Wiessner*, The Cultural Rights of Indigenous Peoples: Achievements and Continuing
Challenges, EJIL 22 (2011) 121ff; *Engle*, On Fragile Architecture: The UN Declaration on the Rights of Indigenous Peoples in the Context of Human Rights, EJIL 22 (2011) 141ff; *Dorough/Wiessner*, Indigenous Peoples
and Cultural Heritage, in Oxford Handbook of International Cultural Heritage Law, 407ff; *Erueti*, The Declaration on the Rights of Indigenous Peoples, 2022.

Kreuter-Kirchhof

wie auf gleichmäßige Beteiligung an dem gemeinsamen Erbe der Menschheit".[554] Konkrete Folgerungen aus der kulturellen Seite des Selbstbestimmungsrechts sind in der Staatenpraxis bislang nicht klar erkennbar; es ist aber daran festzuhalten, dass die verschiedenen Aspekte des Selbstbestimmungsrechts in der Praxis unteilbar miteinander verbunden sind.[555] Die moderne Rechtsentwicklung verpflichtet die Staaten auch, die kulturellen Interessen ihrer *Minderheiten* zu schützen.[556] So bestimmt Art 27 IPBPR, dass der Staat den Minderheiten das Recht nicht vorenthalten darf, „gemeinsam mit anderen Angehörigen ihrer Gruppe ihr eigenes kulturelles Leben zu pflegen". Die EMRK begründet ein akzessorisches Schutzrecht gegen Diskriminierungen von Minderheiten (Art 14).[557] Der Umfang der Verpflichtung aus Art 27 IPBPR ist noch nicht abschließend geklärt, insbes im Hinblick auf mögliche positive Handlungspflichten besteht nach wie vor Unsicherheit. Das UN-Übereinkommen zur Beseitigung der Rassendiskriminierung v 1966[558] verpflichtet die Staaten in Art 2 Abs 2, „wenn es die Umstände rechtfertigen", auch auf kulturellem Gebiet Maßnahmen zum Schutz bestimmter Rassengruppen zu treffen.

Ob und in welcher Weise *Individuen* ein Recht auf Kultur *(a right to culture)* haben, kann nicht eindeutig beantwortet werden.[559] Im Anschluss an die Allgemeine Menschenrechtserklärung der UN (Art 22 und 27) bestimmt Art 19 IPBPR, dass jeder die Freiheit hat, u a Informationen und Gedankengut durch Kunstwerke zu beschaffen und weiterzugeben. Der Internationale Pakt über wirtschaftliche, soziale und kulturelle Rechte (IPWSKR) postuliert ein Individualrecht auf Teilnahme am kulturellen Leben (Art 15 Abs 1). Regionale Menschenrechtspakte enthalten ähnliche Formulierungen.[560] Die EMRK erwähnt den Schutz kultureller Rechte oder Güter nicht ausdrücklich; es ist jedoch anerkannt, dass entsprechende Sachverhalte unter die Schutzbereiche der Art 10 oder Art 8 EMRK bzw Art 1 Abs 1 des 1. Zusatzprotokolls fallen können.[561] Die UNESCO

151

---

554 Art 22 der „Banjul Charta der Menschenrechte und Rechte der Völker" v 27.6.1981, dt Übersetzung in Simma/Fastenrath (Hrsg), Menschenrechte, 6. Aufl 2010, 707 ff.
555 Vgl *von Bernstorff/Schuler*, Wer spricht für die Kolonisierten? Eine völkerrechtliche Analyse der Passivlegitimation in Restitutionsverhandlungen, ZaöRV 79 (2019) 553 ff.
556 Vgl *Kau*, 3. Abschn Rn 365 ff.
557 Vgl *Kau*, 3. Abschn Rn 282. Am 1.4.2005 trat das 12. Zusatzprotokoll zur EMRK in Kraft, welches nun auch einen allgemeinen Schutz vor Diskriminierungen vorsieht. Die BR Deutschland hat das 12. Zusatzprotokoll zur EMRK bisher nicht ratifiziert.
558 BGBl 1969 II, 961.
559 Positiv *Prott*, Cultural Rights as Peoples' Rights in International Law, in Crawford (Hrsg), The Rights of Peoples, 1988, 93 ff; *Francioni* (Fn 475) 1212 ff; *ders*, The Human Dimension of International Cultural Heritage Law: An Introduction, EJIL 22 (2011) 9 ff; s auch *O'Keefe*, Cultural Life, Right to Participate in, International Protection, in MPEPIL, Rn 7 ff; *Donders*, Cultural Heritage and Human Rights, in Oxford Handbook of International Cultural Heritage Law, 399 f; *Kirchmair*, Ein Streifzug durch 100 Jahre Förderung und Schutz von Kulturgütern und kulturellem Erbe durch internationale Organisationen, ZöR 77 (2022) 49 ff.
560 Hierzu *Wyss* (Fn 469) 196 ff sowie *O'Keefe* (Fn 468).
561 Hierzu *Ress*, Kulturgüterschutz und EMRK, FS Mußgnug, 2005, 499 ff.

versuchte in einer Reihe von Empfehlungen, dem Recht auf Kultur Gestalt zu verleihen.[562]

152   In mehreren rechtlichen Dokumenten werden Kulturgüter als *Erbe der Menschheit (common heritage of mankind)* bezeichnet.[563] Bereits im Jahre 1813 heißt es in einer Entscheidung eines Richters in Halifax, die Kunst wie die Wissenschaft „are considered not as the peculium of this or of that nation, but as the property of mankind at large and as belonging to the common interests of the whole species".[564] In der zweiten Hälfte des 20. Jh etwa findet sich dieses Konzept in der Haager Konvention v 1954 in der Feststellung, dass der Schaden für das Kulturgut eines Volks zugleich „ein Schaden für das Kulturgut der gesamten Menschheit darstellt, weil jedes Volk seinen Beitrag zur Kultur der Welt leistet". In der Präambel der UNESCO-Konvention v 1970[565] ist die Rede vom Kulturerbe eines jeden Volks „und dem aller Nationen", und in der Präambel der Welterbekonvention v 1972[566] wird festgestellt, dass „der Untergang jedes einzelnen Bestandteils des Kultur- oder Naturerbes eine beklagenswerte Schmälerung des Erbes aller Völker der Welt darstellt" und es „Aufgabe der internationalen Gemeinschaft als Gesamtheit ist, sich am Schutz des Kultur- und Naturerbes von außergewöhnlichem universellen Wert zu beteiligen". Formeln dieser Art in rechtlich verbindlichen Dokumenten werfen notwendig die Frage nach einem rechtlichen Gehalt des Konzepts des „gemeinsamen Erbes der Menschheit" auf. Wird die „Menschheit" hier – in Abgrenzung zum einzelnen Staat – als neues Subjekt des Völkerrechts verstanden? Für das Seerecht und für staatsfreie Räume im Allgemeinen hat das Konzept des gemeinsamen Erbes zunehmend einen rechtlich greifbaren Inhalt gewonnen: Die Aneignung dieser Räume ist untersagt, ihre Nutzung muss die Interessen der Menschheit unter besonderer Berücksichtigung der Entwicklungsländer einbeziehen.[567] Bei Kulturgütern hingegen geht es weniger um ein Aneignungsverbot und um die Verteilung der Vorteile der Nutzung, mehr um eine gemeinsame Verantwortung für ihren Schutz und Erhalt.[568]

---

562 Vgl *Wyss* (Fn 469) 199 ff.
563 Der Begriff des kulturellen „Erbes" ist rechtlich kaum greifbar. Er wird in der Praxis häufig bewusst in Abgrenzung vom Begriff des kulturellen „Eigentums" gewählt, weil Anliegen der Allgemeinheit leichter darunter zu fassen sind als unter den Begriff des kulturellen „Eigentums", welcher eher das individuelle Bestimmungs- und Ausschließungsrecht betont; vgl auch *Frigo*, Cultural Property v Cultural Heritage: A „Battle of Concepts" in International Law?, IRRC 86 (2004) 367 ff; *Francioni*, Cultural Heritage, in MPEPIL.
564 Vgl o Fn 538.
565 Vgl o Rn 146 und u Rn 159.
566 UNESCO Übereinkommen zum Schutz des Kultur- und Naturerbes der Welt v 1972, BGBl 1977 II, 215; hierzu *Francioni*, World Cultural Heritage, in Oxford Handbook of International Cultural Heritage Law, 250 ff.
567 Vgl hierzu *Proelß*, 5. Abschn Rn 69, 73.
568 Hierzu *Dolzer*, Die Deklaration des Kulturguts zum „common heritage of mankind", in Dolzer/Jayme/Mußgnug (Fn 477) 13 ff; *Francioni* (Fn 475) 1209 ff.; *Eichel*, Kulturgüterschutz und common-concern Konzept, ZaöRV 2016, 879 ff.

Kreuter-Kirchhof

c) Kulturgüter in bewaffneten Konflikten

Der völkerrechtliche *Schutz der Kulturgüter im Krieg*[569] hat sich historisch vor der Eini- 153
gung über die Regelungen für Friedenszeiten entwickelt. Der Grund dafür lag in der
Gefährdung der Güter durch die Kriegshandlungen, aber auch im Zugriff des Kriegsgeg-
ners auf Kunstwerke als Ausdruck des lange Zeit noch anerkannten Rechts auf Kriegsbeute. Schon *Grotius* hatte darauf hingewiesen, dass die Mitnahme von Kunstschätzen
durch den Eroberer beim Besiegten ein ständiges Gefühl der Erniedrigung und damit
ein künftiges Konfliktpotential mit sich bringt.[570] In großem Stile hatte *Napoleon* bei seinen Eroberungszügen den Raub von Kunstwerken zielstrebig organisiert; in französischen Museen sollten diese „am Beispiel der vereinten Beutegüter die Einheit Europas
unter der Vorherrschaft Frankreichs illustrieren".[571] Schon damals indes ließ sich ein
solches Vorhaben gegen das Rechtsbewusstsein der europäischen Staatengemeinschaft
nicht mehr durchsetzen und Frankreich musste den Restitutionsforderungen der betroffenen Staaten nachgeben.[572]

Am Beginn der modernen multilateralen Vertragswerke zum Schutz der Kulturgü- 154
ter in bewaffneten Konflikten steht die *Haager Landkriegsordnung* (HLKO) aus dem
Jahre 1907.[573] Auch ohne direkte Bezugnahme zum Kulturgut sind insoweit die Vorschriften über das Verbot der Wegnahme und der Zerstörung feindlichen Eigentums,
den Angriff auf unverteidigte Städte oder Gebäude sowie insbes die Ächtung der Plünderung von Bedeutung (Art 22 f). Eng gekoppelt ist der Kulturgüterschutz mit dem Gebot
der Achtung privaten Eigentums und dem korrespondierenden Verbot seines Einzugs
oder seiner Plünderung (Art 46); dem Privateigentum gleichgestellt werden dabei jene
Anstalten, die dem Gottesdienst, der Wohltätigkeit, dem Unterricht, der Kunst und der
Wissenschaft gewidmet sind (Art 56). Die HLKO ist heute noch in Kraft. Aus einer Reihe
von Gründen hat sie in den beiden Weltkriegen ihre Ziele nur unzulänglich erreicht,
auch wegen der fehlenden Konkretisierung der Schutzobjekte.[574] Während des Zweiten

---

569 Zum humanitären Völkerrecht vgl *Bothe*, 8. Abschn Rn 56 ff; *Wolfrum*, Cultural Property, Protection
in Armed Conflict, in MPEPIL; *Schreuer*, The Protection of Investments in Armed Conflicts, 1 ff, <www.
transnational-dispute-management.com/article.asp?key=1830>; *Higgins*, The Protection of Cultural Heritage During Armed Conflict, 2020.
570 Vgl *Fiedler* (Fn 470) 212. Von demselben Gedanken haben sich nach dem in der Neuzeit einzigartigen
NS-Kunstraub sog Kunstschutzoffiziere der alliierten Streitkräfte leiten lassen. Hierzu das Wiesbadener
Manifest, zit bei *Wyss* (Fn 469) 88 f; *Nicholas*, Der Raub der Europa, 1995. Vgl auch Der Prozess gegen die
Hauptkriegsverbrecher vor dem Internationalen Militärgerichtshof, Bd I, 1947, 267 ff.
571 *Wyss* (Fn 469) 3.
572 Hierzu *Fiedler* (Fn 470) 203 ff; *Wescher*, Kunstraub unter Napoleon, 2. Aufl 1978.
573 RGBl 1910, 107; genau genommen ist dies die „Ordnung der Gesetze und Gebräuche des Landkrieges"
als Anlage zum IV. Haager Abkommen. Zur Haager Konvention v 1899 und zur weiteren Entwicklung
Hönes, Zum Kulturbegriff der Haager Konventionen von 1899 bis heute, DÖV 1998, 985 ff; *Herdegen*, Der
Kulturgüterschutz im Kriegsvölkerrecht, in Dolzer/Jayme/Mußgnug (Fn 477) 161 ff; *Mußgnug*, Der kriegsrechtliche Kulturgüterschutz, FS Jeserich, 1994, 333 ff; *Wolfrum*, Protection of Cultural Property in Armed
Conflict, IYHR 32 (2002) 305 ff.
574 Hierzu *Buhse*, Der Schutz von Kulturgut im Krieg, 1959.

Kreuter-Kirchhof

Weltkriegs betrieben deutsche NS-Führer gegen die Bestimmungen der HLKO systematisch den Raub fremden – insbes jüdischen – Kunstguts. Nach dem Zweiten Weltkrieg verbrachten sowjetische Militärs und Privatpersonen etwa 200.000 während Krieg und Besatzung erbeutete deutsche Stücke und Exponate in die Sowjetunion; deren Existenz wurde jahrzehntelang verleugnet. Im Jahre 1997 versuchte Russland, diese Güter auf gesetzlicher Grundlage zu konfiszieren. Das sowjetische Verfassungsgericht meinte 1999, diese Vorgänge trotz der HLKO und zwei einschlägiger deutsch-russischer Verträge in Missachtung des Völkerrechts mittels der Kategorie „kompensatorischer Restitution" rechtfertigen zu können.[575] Im diplomatischen Sprachgebrauch haben sich für den ersten Komplex der Begriff der „Raubkunst" und für den zweiten der der „Beutekunst" verfestigt.[576]

155   Trotz der Erfahrungen des Zweiten Weltkriegs gelang es in den *Genfer Konventionen* v 1949 nicht, spezielle Regelungen zum Schutz der Kulturgüter zu vereinbaren. Erst das *Haager Abkommen für den Schutz von Kulturgütern bei bewaffneten Konflikten* aus dem Jahr 1954 schließt diese Lücke.[577] Dabei konnte auch auf die Regelungsmechanismen des sog Washingtoner Vertrags zurückgegriffen werden, der von Staaten des amerikanischen Kontinents 1935 ausgearbeitet worden war.[578] In Fortentwicklung der Absprachen aus dem Jahre 1907 zeichnen sich die Haager Vereinbarungen aus dem Jahr 1954 zum einen durch die nähere Festlegung der Schutzgüter aus (Art 1). Weiter enthalten die Vorschriften über den „allgemeinen Schutz" (Art 2–7) eine Reihe von präventiven Maßnahmen, welche die Parteien bereits zu Friedenszeiten zum Schutz der Kulturgüter treffen, so etwa die sichtbare Kennzeichnung des Kulturguts und den Erlass von Anweisungen an die Mitglieder der Streitkräfte. Für die Zeit des Konflikts selbst schreibt Art 4 die Unterlassung der Nutzung des Kulturguts zu militärischen Zwecken (mit der Ausnahme zwingender Notwendigkeit), das Verbot von Diebstahl, Plünderung, widerrechtlicher Besitznahme oder sinnloser Zerstörung, das Verbot der Beschlagnahme und das Verbot von

---

575 Das Urteil ist in dt Übersetzung abgedr (mit Anm) bei *Schröder*, Wem gehört die Beutekunst? Zum zweiten Beutekunst-Urteil des russischen Verfassungsgerichts, Osteuropa-Recht 2000, 29 ff; hierzu auch *Dolzer*, „Kompensatorische Restitution"?, NJW 2000, 560 ff; *von Schorlemer* (Fn 525) 317 ff; *Stumpf*, Kulturgüterschutz im internationalen Recht unter besonderer Berücksichtigung der deutsch-russischen Beziehungen, 2003; *Schoen*, Der rechtliche Status von Beutekunst, 2004; *Baufeld*, Beutekunst – Versuch einer neuen juristischen Deutung, Osteuropa-Recht 2005, 207 ff; *Fiedler*, Kulturgüter als Kriegsbeute?, 1995; *ders*, Die Verhandlungen zwischen Deutschland und Rußland über die Rückführung der während und nach dem 2. Weltkrieg verlagerten Kulturgüter, JöR (NF) 56 (2008) 217 ff; *Jenschke*, Der völkerrechtliche Rückgabeanspruch auf in Kriegszeiten widerrechtlich verbrachte Kulturgüter, 2005; *ders*, In Kriegen erbeutet, Osteuropa 2006, 361 ff; allgemein zum Zweiten Weltkrieg *Kowalski*, Restitution of Works of Art Pursuant to Private and Public International Law, RdC 288 (2001) 154 ff.
576 *Eitel* (Fn 525) 191 f.
577 BGBl 1967 II, 1235; hierzu näher *Toman*, Protection of Cultural Property in the Event of Armed Conflict, 1996; *Desch*, Der Schutz von Kulturgut bei bewaffneten Konflikten nach der Konvention von 1954, HV-I 1999, 230 ff.
578 „Roerich-Pakt", ZaöRV 16 (1955/56) 78 f.

Kreuter-Kirchhof

Repressalien gegen Kulturgut vor. Untersagt wird auch ausdrücklich die Beschlagnahme zu Reparationszwecken (Art 4 Abs 3). Besonderen Schutz genießen jene Kulturgüter, die in ein internationales Register eingetragen sind, welches der Generaldirektor der UNESCO führt (Art 8–12). Jede feindliche Handlung gegen und jede militärische Nutzung solchen Guts ist untersagt, soweit nicht der Kommandeur auf Divisionsebene entscheidet, dass eine „unausweichliche militärische Notwendigkeit" anzunehmen ist. Die Pflichten eines okkupierenden Staats sind in einem Protokoll[579] v 1954 niedergelegt; danach ist insbes die Ausfuhr von Kulturgut aus den besetzten Gebieten zu verhindern. Die Haager Konvention v 1954 wurde weiter ergänzt durch Art 53 und 85 Abs 4 [d] des *ZP I* sowie Art 16 des *ZP II* v 1977 zu den Genfer Konventionen v 1949, welche feindselige Handlungen gegen Kulturgut und Kultstätten sowie ihre Verwendung zur Unterstützung des militärischen Einsatzes oder im Fall internationaler Konflikte als Gegenstand von Repressalien verbieten.[580] Diese Regeln sind eng auszulegen, da sie keine Möglichkeit der Rechtfertigung eines Verstoßes durch „unausweichliche militärische Notwendigkeiten" beinhalten.

Den Verstoß gegen die Vorschriften der Haager Konvention v 1954 ahndet jede Partei mit strafrechtlichen oder disziplinarischen Mitteln (Art 28). Die Haager Konvention selbst begründet unmittelbar keine Strafbarkeit.[581] Verstärkt wurden diese Mittel zur Durchsetzung der Konvention daher durch das Zweite Protokoll zur Haager Konvention, das 1999 angenommen wurde und 2004 in Kraft trat.[582] Das Zweite Protokoll wurde auch im Lichte der Kriege in Ex-Jugoslawien ausgehandelt. Der Beschuss der Altstadt von Dubrovnik, welche in der Liste des zu erhaltenden Weltkulturerbes aufgeführt ist, sowie die Zerstörungen in Mostar, Vukovar und Sarajevo sind auch vor dem Hintergrund des Versuchs der systematischen Zerstörung des kulturellen Erbes ethnischer Gruppen als Mittel der Kriegsführung zu sehen. Das Statut des Internationalen Strafgerichtshofs für Ex-Jugoslawien aus dem Jahre 1993 enthält unter dem Titel „Verletzung der Gesetze und der Gebräuche des Krieges" den Tatbestand der Verletzung von bestimmten Kulturgütern (Art 3 [d]).[583] Auch in Art 8 des Rom-Statuts des IStGH v 1998 ist die Verletzung von bestimmten Kulturgütern als Kriegsverbrechen aufgelistet.[584] Die „Außerordentlichen Kammern" für die Aburteilung von Verbrechen während der Herrschaft der Khmer-Rouge in Kambodscha 1975–1979 sind gemäß Art 7 ihres Gründungs-

156

---

579 BGBl 1967 II, 1300.

580 BGBl 1990 II, 1551; BGBl 1990 II, 1637.

581 Vgl *Partsch*, Protection of Cultural Property, in Fleck (Hrsg), Handbook of Humanitarian Law in Armed Conflicts, 1999, 377 (403).

582 ILM 38 (1999) 769; ratifiziert durch die BR Deutschland am 7.7.2009, BGBl 2009 II, 716; hierzu *Henckaerts*, New Rules for the Protection of Cultural Property in Armed Conflict, HV-I 1999, 147ff; *Penkny*, Der Schutz von Kulturgütern bei bewaffneten Konflikten im Lichte jüngster völkerrechtlicher Entwicklungen, HV-I 2003, 27ff; *Frulli*, The Criminalization of Offences against Cultural Heritage in Times of Armed Conflict: The Quest for Consistency, EJIL 22 (2011) 203ff.

583 Vgl *Francioni* (Fn 475) 1215ff.

584 Zum Völkerstrafrecht generell vgl <u>*Schröder*</u>, 7. Abschn Rn 38ff.

gesetzes ausdrücklich für Verstöße gegen die Haager Konvention v 1954 zuständig.[585] Der Verbrechenstatbestand des „kulturellen Genozids" hat sich bisher jedoch nicht durchgesetzt.[586]

157   Dass die Normen zum Schutz von Kulturgütern im Krieg auch heute nicht an Bedeutung verloren haben, zeigen folgende Bsp: 2001 löste die Zerstörung zweier großer Buddha-Statuen im afghanischen Bamiyan durch die Taliban weltweite Empörung aus; dies veranlasste die UNESCO 2003 zu einer Erklärung gegen die absichtliche Zerstörung des kulturellen Erbes.[587] Auch im Irakkrieg 2003 wurden Kulturgüter gezielt zerstört.[588] Rebellen in Timbuktu (Mali) vernichteten im Jahre 2012 zum Weltkulturerbe zählende Heiligtümern. Im Jahr 2016 verhängte der IStGH im Fall des mutmaßlichen Terroristen *al Mahdi* deswegen erstmalig eine Haftstrafe wegen der Zerstörung von Weltkulturerbe.[589] Die Zerstörung einzigartiger Kulturgüter aus altorientalischer Zeit u a in der antiken Oasenstadt Palmyra, die zum UNESCO Weltkulturerbe zählt, im Museum der Stadt Mossul und der Grabungsstätte Ninive durch den sog Islamischen Staat (IS) wurde weltweit verurteilt.[590] Der illegale Handel mit Kulturgütern dient zudem Terrorgruppen im Nahen Osten als Finanzquelle.[591] Inwieweit die kriegsrechtlichen Kodifizierungen zum

---

585 Die Kammern gehen auf ein Abkommen zwischen den UN und Kambodscha zurück, dessen Text als Annex der UN GA 57/228 v 22.5.2003 angehängt ist; dt Übersetzung in HV-I 2005, 59.

586 Vgl *Cassese*, International Criminal Law, 2003, 96 f; *O'Keefe*, Protection of Cultural Property under International Criminal Law, Melb JIL 11 (2010) 339 ff; vgl in diesem Kontext auch *Vrdoljak*, Genocide and Restitution: Ensuring Each Group's Contribution to Humanity, EJIL 22 (2011) 17 ff; *Donders*, Old Cultures Never Die?, in Boerefijn/Gaay Fortman (Hrsg), Human Rights and Conflict, 2012, 287 ff; *von Schorlemer*, Kulturgutzerstörung: Die Auslöschung von Kulturerbe in Krisenländern als Herausforderung für die Vereinten Nationen, 2016, 687 ff; *Bilsky/Klagsbrun*, The Return of Cultural Genocide, EJIL 29 (2018) 373 ff; *Higgins* (Fn 569) 47 ff; *Nafziger*, The Responsibilities to Protect Cultural Heritage and Prevent Cultural Genocide, in Oxford Handbook of International Cultural Heritage Law, 121 ff.

587 Vgl *Francioni/Lenzerini*, The Destruction of the Buddhas of Bamiyan and International Law, EJIL 14 (2003) 619 ff; *Goy*, La destruction intentionelle du patrimoine culturel en droit international, RGDIP 109 (2005) 273 ff.

588 Nach Plünderungen des irakischen Nationalmuseums, der Nationalbibliothek, archäologischer Stätten und anderer irakischer Einrichtungen nach dem Sturz des Regimes *Saddam Husseins* im April 2003 forderte der UN-Sicherheitsrat die Staaten auf, eine sichere Rückführung der Gegenstände zu veranlassen und den Handel mit verdächtigen Gegenständen zu unterbinden, vgl Ziff 7 der Res 1483 (2003) v 22.5.2003; hierzu *Phuong*, The Protection of Iraqi Cultural Property, ICLQ 53 (2004) 985 ff; *Sandholtz*, The Iraqi National Museum and International Law, Colum J Transnat'l L 44 (2005) 185 ff; *Gerstenblith*, From Bamiyan to Baghdad: Warfare and the Preservation of Cultural Heritage at the Beginning of the 21st Century, GJIL 37 (2006) 245 ff; *Weber*, Verbote des Handels mit irakischen Kulturgütern, SZIER 2006, 425 ff; *Patron*, The Looting of Iraqi Archaeological Sites, GWILR 40 (2008) 465 ff

589 Az ICC-01/12-01/15. Vgl dazu etwa *Ellis*, The ICC's Role in Combatting the Destruction of Cultural Heritage, CWRJIL 49 (2017) 23 ff.

590 Hierzu *Bokova*, Figthing Cultural Cleaning: Harnessing the Law to Preserve Cultural Heritage, Harvard IR 36 (2015) 40 ff.

591 Zum Verbot der Einfuhr, Ausfuhr und des Handels mit syrischem Kulturgut s Art 11c VO (EU) Nr 1332/2013 des Rates v 13.12.2013, ABl EU 2013, Nr L 335/4 sowie mit irakischem Kulturgut Art 3 VO (EG)

Schutz von Kulturgütern gewohnheitsrechtliche Geltung beanspruchen können, ist im Einzelfall zu klären. Mehr und mehr setzt sich indes die Auffassung durch, dass die zentralen Regelungen auch gewohnheitsrechtliche Geltung erlangt haben.[592]

d) Regelung für Friedenszeiten

Es dauerte bis zum Jahr 1970, bis mit dem *Übereinkommen über Maßnahmen zum Verbot* **158** *und zur Verhütung der unzulässigen Einfuhr, Ausfuhr und Übereignung von Kulturgut*[593] eine erste spezifische Vereinbarung über den Schutz von Kulturgütern in Friedenszeiten angenommen wurde. Insbes die Entwicklungsländer hatten auf Regelungen gedrängt, um der illegalen Abwanderung von Kulturgütern Herr werden zu können. Heute gilt der illegale Handel mit Kulturgütern als der drittgrößte Schwarzmarkt nach dem Handel mit Waffen und Drogen.[594] Die Konvention verpflichtet alle Mitgliedstaaten zum Verbot des Exports von solchen Kulturgütern, für die kein Exportzertifikat erteilt worden ist (Art 6). Freilich findet sich keine generelle korrespondierende Pflicht zum Importverbot für den Fall der illegalen Ausfuhr. Nur im Falle des Diebstahls aus einer staatlichen Einrichtung ist der Importstaat verpflichtet, auf Antrag Maßnahmen zur Wiedererlangung und Rückgabe des Kulturguts zu ergreifen. Dies gilt auch im Falle eines gutgläubigen Erwerbs, dann allerdings auf der Grundlage einer Pflicht zur angemessenen Entschädigung durch den Exportstaat (Art 7 [b] Abs 2). Liegt kein Diebstahl im Ursprungsland vor, begründet die Konvention selbst keine unbedingte Pflicht zur Rückgabe. Vielmehr verweist das Abkommen auf das nationale Recht des Importstaats, der insoweit auch die Anwendbarkeit der Vorschriften auf den Fall des Erwerbs durch staatliche Stellen im Importstaat begrenzen kann.[595] Gemäß Art 3 gelten Einfuhr, Ausfuhr und Übereignung von Kulturgut als rechtswidrig, wenn sie gegen solche nationalen Bestimmungen der Vertragsparteien verstoßen, die auf der Grundlage der Konventionen erlassen wurden. Str ist, ob Art 3 unmittelbar anwendbar ist, wie es sein Wortlaut nahe legt.[596] Deutschland stimmte der Konvention im Jahre 2007 zu. Der BGH konkretisierte bereits im Jahre 1972 den Begriff der guten Sitten in § 138 BGB auf der Grundlage dieser Vereinbarungen; die Entscheidung ist im Schrifttum auf Kritik gestoßen.[597] Seit

---

Nr 1210/2003 des Rates v 7.7.2003, ABl EU 2003, Nr L 169/6, zuletzt geänd durch VO (EU) 2022/815 v 23.5.2022, ABl EU 2022, Nr L 146/9.

592 Hierzu *von Schorlemer* (Fn 491) 297 ff; *Henckearts/Doswald-Beck*, Customary International Humanitarian Law, Vol I, 2009, 127 ff; vgl auch *Francioni* (Fn 526) 14; *Lenzerini*, Intentional Destruction of Cultural Heritage, in Oxford Handbook of International Cultural Heritage Law, 75 ff.

593 Vgl o Rn 146.

594 Vgl *Song*, International Legal Instruments and New Judicial Principles for Restitution of Illegally Exported Cultural Properties, Penn State JLIA 4 (2016) 718 (720) mwN.

595 *Streinz* (Fn 489) 89 f.

596 Dagegen mit Hinweis auf die Entstehungsgeschichte *Streinz* (Fn 489) 88.

597 Vgl etwa *Siehr* Nationaler und internationaler Kulturgüterschutz, FS Lorenz, 1991, 525 ff.

dem Inkrafttreten des Kulturgüterrückgabegesetzes in Deutschland[598] führte bis zum Jahr 2016 keines der Rückgabeverlangen – vor allem von lateinamerikanischen Staaten – zu einer Rückgabe an den ersuchenden Staat.[599] Dieses Gesetz wurde im Jahr 2016 durch das Kulturgutschutzgesetz abgelöst.[600] Es soll durch verbesserte Ein- und Ausfuhrbestimmungen nationales Kulturgut vor Abwanderung ins Ausland schützen und es ermöglichen, unrechtmäßig verbrachtes Kulturgut anderer Staaten an diese zurückzugeben.

159   Anders als das Abkommen aus dem Jahre 1970 sucht das *UNESCO-Übereinkommen zum Schutz des Kultur- und Naturerbes der Welt* v 1972[601] nicht Rechtsfragen wie die illegale Abwanderung von Kulturgütern zu regeln,[602] sondern bestimmte Kulturgüter gegen herkömmliche Verfallsursachen, aber auch gegen sozial und wirtschaftlich begründete Einwirkungen zu schützen. Umwelteinflüsse und die Auswirkungen des Klimawandels gefährden Kulturgüter in zunehmendem Maße.[603] Es ist nicht überraschend, dass diese Konvention – anders als etwa die aus dem Jahre 1970 – von mehr als 190 Staaten ratifiziert worden ist. Zum Kulturerbe gehören danach Denkmäler, Ensembles und Stätten

---

598 BGBl 2007 I, 757, berichtigt BGBl 2007 I, 2547.

599 BT-Drs 18/7456 v 3.2.2016, 45.

600 Kulturgutschutzgesetz v 31.7.2016 (Fn 550). Vgl *Elmenhorst/Heimann* (Fn 550) 3398 ff; *Winands/List,* Das neue Kulturgutschutzgesetz, KUR 2016, 198 ff. S auch *Mahmoudi,* Erfahrungen mit dem Kulturgutschutzgesetz, FS Lynen, 2018, 293 ff.

601 BGBl 1977 II, 215. Dazu *Fitschen,* Internationaler Schutz des kulturellen Erbes der Welt, in Fiedler (Hrsg), Internationaler Kulturgüterschutz und deutsche Frage, 1991, 183 ff; *Francioni* (Fn 526) 13 ff; *ders,* The 1972 World Heritage Convention, 2008; *von Schorlemer,* Compliance with the UNESCO World Heritage Convention, GYIL 51 (2008) 321 ff; *Fastenrath,* Das UNESCO-Übereinkommen zum Schutz des Kultur- und Naturerbes der Welt und seine Wirkungen im deutschen Recht, AVR 54 (2016) 382 ff; *Francioni* (Fn 566) 250 ff.

602 Der IGH hat in seiner Entscheidung aus dem Jahr 2011 über vorläufigen Rechtsschutz im neu aufgeflammten Streit zwischen Kambodscha und Thailand um den Tempel von Preah Vihear den durch die Auseinandersetzungen entstandenen Schaden am zwischenzeitlich in die Liste des Weltkulturerbes aufgenommenen Tempel aber mit berücksichtigt, vgl IGH, ICJ Rep 2011, 537; s zur Rolle des IGH im Kulturgüterschutz *Polymenopoulou,* Cultural Rights in the Case Law of the International Court of Justice, LJIL 27 (2014) 447 ff.

603 Vgl *von Schorlemer,* Der internationale Schutz von Kulturgütern gegen Umwelteinflüsse, in Fechner/Oppermann/Prott (Fn 472) 225 ff; *Gornig,* Schutz der Kulturgüter vor Umwelteinflüssen und natürlichen Gefahren im nationalen und internationalen Recht, FS Fiedler, 2011, 389 ff; allg s *Boer,* The Environment and Cultural Heritage, in Oxford Handbook of International Cultural Heritage Law, 318 ff. Zum Klimawandel *von Schorlemer/Maus,* Reflection on Climate Change, Heritage and Peace, in dies (Hrsg), Climate Change as a Threat to Peace, 2014, 9 ff; über die Möglichkeiten und Grenzen des Rechts, dem Klimawandel zu begegnen, *Carducci,* What Consideration is Given to Climate and to Climate Change in the UNESCO Cultural Heritage and Property Conventions?, in ebd, 129 ff; vgl auch *Lenzerini,* Protect the Tangible, Safeguarding the Intangible: A Same Conventional Model for Different Needs, in ebd, 141 ff. Ausf zu Weltkulturerbe und Katastrophenschutz *Bartolini,* Cultural Heritage and Disasters, in Oxford Handbook of International Cultural Heritage Law, 145 ff.

Kreuter-Kirchhof

mit „außergewöhnlichem universellem Wert" (Art 1). Bemerkenswert ist, dass jeder Staat als seine Aufgabe anerkennt, das Kultur- und Naturerbe auf seinem Gebiet zu erfassen, zu schützen und zu erhalten und dabei nach Möglichkeit erforderliche Maßnahmen zu treffen (Art 3 und 5). Einem von der UNESCO eingesetzten „Komitee für das Erbe der Welt" legen die Vertragsstaaten Vorschläge für die Aufnahme in die „Liste des Erbes der Welt" vor. Die Entscheidung fällt danach, ob das Objekt repräsentativ für einen bestimmten Typus kultureller Erscheinungsformen ist (Art 11 Abs 2).[604] Über Fördermaßnahmen entscheidet ebenfalls das Komitee, dem ein Fonds zur Verfügung steht, der sich allerdings in seinem Volumen sehr bescheiden ausnimmt (Art 13 Abs 6, Art 15). Die Liste umfasst heute 1.184 Objekte in 167 Vertragsstaaten (darunter 50 in Deutschland).[605] Die „Liste des gefährdeten Erbes der Welt" nennt 56 Natur- und Kulturerbestätten, die durch ernste und spezifische Gefahren bedroht sind. In Deutschland gab es zuletzt Konflikte bzgl lokaler Stadtentwicklungsmaßnahmen, die nach Ansicht des UNESCO-Komitees die Integrität der geschützten Denkmäler gefährden würden. Der Kölner Dom wurde im Juni 2006 wieder von der Liste der gefährdeten Güter gestrichen, nachdem die Planungen für Bauprojekte in der Umgebung angepasst worden waren.[606] 2009 wurde nach mehrjährigen Diskussionen das Dresdner Elbtal vom Komitee wegen einer neu geplanten Brücke von der Welterbeliste gestrichen.[607] Dabei ist festzuhalten, dass die Aufnahme eines Denkmals auf die Welterbeliste der UNESCO rechtlich keinen absoluten Hinderungsgrund für neue Infrastrukturprojekte darstellt. Die in Art 4 und 5 niedergelegten Bemühungspflichten der Vertragsstaaten lassen die Eintragung lediglich als Abwägungsfaktor erscheinen. Art 6 kann max als eine Kooperationspflicht mit dem Komitee interpretiert werden.[608] Es ist freilich bemerkenswert, dass mit dem Dresdner Elbtal erst zum zweiten Mal ein einmal aufgenommenes Denkmal wieder permanent von der Liste gestrichen wurde.[609]

Auffällig ist, welch starkes Gewicht in der Konvention – trotz der Verpflichtung zum **160** Schutz des Kulturguts – der *staatlichen Souveränität* zugewiesen wird (vgl Art 6), obgleich die Präambel vom „Welterbe der gesamten Menschheit" spricht.[610] Ohne Zustim-

---

604 Vgl *von Schorlemer* (Fn 491) 135 f; *Starck*, Architektonisches und archäologisches Kulturerbe in europa- und völkerrechtlicher Sicht, FS Eibe, 2013, 181 (187 f).
605 Die deutschen Welterbestätten sind als Anhang abgedr in Sart II Nr 410.
606 Hierzu ausf *Zacharias*, Cologne Cathedral versus Skyscrapers, MPYUNL 10 (2006) 273 ff. Im Juni 2017 wurde das historische Zentrum von Wien wegen eines geplanten Hochhausbaus als gefährdetes Welterbe eingestuft.
607 UNESCO World Heritage Committee, 33rd session, WHC-09/33.COM/20 v 25.6.2009, Decision 26.
608 *Francioni* (Fn 526) 25 f; s auch *Kotzur*, Die Dresdner Waldschlösschenbrücke – rechtlich rundum beleuchtet, Deutscher Verwaltungsgerichtstag 16 (2010) 327 ff; vgl ferner OVG Berlin-Brandenburg, BauR 2010, 1809 zum Schutz von „Sichtbeziehungen" aus einer als Teil des Weltkulturerbes denkmalgeschützten historischen Parkanlage zur Umgebung als Belang der Bauleitplanung.
609 Im Jahr 2007 wurde das Wildschutzgebiet der Arabischen Oryxantilope in Oman von der Liste gestrichen, nachdem der Oryxbestand aufgrund einer signifikanten Reservatsverkleinerung zur Ölförderung erheblich zurückgegangen war.
610 Vgl *Francioni* (Fn 526) 18.

mung des Staats kann das Komitee auch bei unmittelbarer Bedrohung des Kulturguts nicht handeln. Der Staat ist nicht verpflichtet, einen Hilfsantrag zu stellen (vgl Art 19). Die Staaten leisten sich gegenseitig Hilfe auf das Ersuchen eines anderen Staats (Art 6). Im zwischenstaatlichen Verhältnis werden nur vorsätzliche Maßnahmen untersagt, welche den Schutzobjekten schaden könnten. Aus kultur- und umweltrechtlicher Sicht ist diese Rechtslage unbefriedigend. Klar ist, dass das Kulturerbe nicht etwa treuhänderisch einem Vermögen der Staatengemeinschaft zugewiesen wurde.[611] Ob man den Staat gemäß der Konvention als „Treuhänder gemeinsamer kultureller Werte" ansehen kann, muss im Lichte der Betonung starker Souveränität bezweifelt werden.[612] Das Bild vom Welterbe der gesamten Menschheit verspricht also rechtlich mehr, als es nach dem Inhalt der Konvention hält. Dies gilt im Übrigen auch für das „Gebiet" des Meeresbodens und seiner Naturvorkommen als gemeinsames Erbe der Menschheit.[613]

161   Im Lichte von evidenten, akzeptanzhindernden Defiziten der UNESCO-Konvention v 1970 wurde in den 1990er Jahren erneut der Versuch gemacht, die internationale Rechtsordnung stärker gegen die illegale Ausfuhr von Kulturgütern einzusetzen. Im Rahmen der UNIDROIT-*Konvention über gestohlene oder rechtswidrig ausgeführte Kulturgüter* v 1995[614] vereinbarten die Vertragsstaaten rechtliche Mindeststandards für Ersuchen zur Rückgabe von rechtswidrig entfernten Kulturgütern. Bisher erlauben die national anwendbaren Normen für den Erwerb von Kulturgütern in vielen Rechtsordnungen etwa den gutgläubigen Erwerb von gestohlenem Eigentum und behandeln auch widerrechtlich ausgeführte (nicht gestohlene) Güter durchaus unterschiedlich. Im Kern will die UNIDROIT-Konvention v 1995 ein Sonderrecht für den grenzüberschreitenden Verkehr von Kulturgütern schaffen; ihre Regeln differenzieren dabei zwischen gestohlenen und „nur" widerrechtlich ausgeführten Gütern (Art 1).

162   Für den Fall *gestohlener Güter* ist – wie im deutschen Recht – grundsätzlich kein gutgläubiger Erwerb möglich; der herausgabepflichtige Besitzer hat einen Anspruch auf Entschädigung, sofern er beim Erwerb mit der erforderlichen Sorgfalt vorgegangen ist (Art 4 Abs 1). Die damit geschaffene Umkehr der Beweislast kann den illegalen Handel durchaus erschweren. Drei Jahre ab Kenntnis von Aufenthaltsort und Besitzer verjährt der Rückgabeanspruch (Art 3 Abs 3). Im Falle *widerrechtlich ausgeführter Güter* – hierzu gehört auch vorübergehend ausgeführtes, aber nicht vereinbarungsgemäß zurückge-

---

611 Hierzu *Streinz* (Fn 489) 79.

612 *Streinz* (Fn 489) 79 mwN. Zur Rechtslage in Deutschland *Fastenrath*, Der Schutz des Weltkulturerbes in Deutschland, DÖV 2006, 1017ff; *v. Bogdandy/Zacharias*, Zum Status der Weltkulturerbekonvention im deutschen Rechtsraum, NVwZ 2007, 527ff.

613 Vgl hierzu *Proelß*, 5. Abschn Rn 73ff sowie o Rn 152.

614 Dt Übersetzung in ZVglRWiss 95 (1996) 214ff. Die Konvention wurde von Deutschland bis heute nicht unterzeichnet. Zur Konvention s *Prott*, Kulturgüterschutz nach der UNIDROIT-Konvention und nach der UNESCO-Konvention, ZVglRWiss 95 (1996) 188ff; *dies*, The UNIDROIT Convention on Stolen or Illegally Exported Cultural Objects, Unif L Rev 14 (2009) 215ff; *Shyllon*, Grasping the Nettle of Illicit Export, Import, and Transfer of Ownership of Cultural Objects, in Oxford Handbook of International Cultural Heritage Law, 233ff.

Kreuter-Kirchhof

führtes Kulturgut – kann der Ursprungsstaat nur unter besonderen Voraussetzungen die Rückgabe verlangen. Dieser muss nachweisen, dass der illegale Zustand näher beschriebene Interessen wesentlich beeinträchtigt: die materielle Erhaltung des Guts, die Unversehrtheit eines komplexen Guts, die Erhaltung von Informationen oder den traditionellen oder rituellen Gebrauch durch Eingeborenen- oder Stammesgemeinschaften (Art 5 Abs 3).

Hinter diesem Kompromiss verbirgt sich die grundsätzliche, seit langem diskutierte 163 Frage, ob und unter welchen Umständen ein Staat bei transnationalen Vorgängen das öffentliche Recht eines Drittstaats im Allgemeinen und den Export von Kulturgütern im Besonderen anerkennen und ihm in seiner internen Ordnung Geltung verschaffen sollte. Völkergewohnheitsrechtliche Vorgaben bestehen insoweit nicht. Die herkömmliche Praxis, dass es generell als unangemessen erscheint, speziell das öffentliche Recht eines Drittstaats der eigenen Rechtsordnung zu Grunde zu legen („wir sind kein Büttel eines fremden Staates"),[615] erscheint heute jedenfalls für das Recht der Kulturgüter als Leitlinie nicht mehr zeitgemäß. Andererseits wird ein Staat auch auf diesem Felde zögern, pauschal jedes fremde öffentliche Recht zu übernehmen. Der Mittelweg der UNIDROIT-Konvention spiegelt im Wesentlichen den heutigen internationalen Stand der allgemeinen Debatte wider.

Auf europäischer Ebene wurde 1954 vom Europarat ein *Europäisches Kulturabkommen* 164 geschlossen.[616] Die Vereinbarung basiert auf der Idee „des gemeinsamen kulturellen Erbes Europas", welches sich nicht nur auf die Förderung des Studiums der Sprachen, der Geschichte und der Zivilisation der anderen Vertragsparteien, sondern auch auf die Erleichterung der Bewegungsfreiheit und des Austausches von Kulturgütern bezieht (Art 2 und 4). Aus heutiger Sicht erscheinen die damit verbundenen Zielsetzungen so aktuell wie 1954.[617] Der Europarat verabschiedete am 27.10.2005 zusätzlich eine Rahmenkonvention zum Wert des Kulturerbes für die Gesellschaft.[618] Im Jahr 2017 einigte sich der Europarat auf das Europäische Übereinkommen über Straftaten im Zusammenhang mit Kulturgut, das die Vertragsstaaten dazu verpflichtet, den Diebstahl von Kulturgut, das rechtswidrige Ausgraben, die illegale Ein- und Ausfuhr sowie den Handel mit gestohlenem oder illegal ein- oder ausgeführten Kulturgütern unter Strafe zu stellen.[619]

---

615 Hierzu *Herdegen*, Internationales Wirtschaftsrecht, § 3 Rn 52, 73 ff.

616 BGBl 1955 II, 1128.

617 Für den amerikanischen Kontinent wurde 1976 in San Salvador – auch im Blick auf postkoloniale kulturstaatliche Forderungen zentral- und südamerikanischer Staaten – eine Konvention vereinbart, vgl ILM 15 (1976) 1350. Dazu *Müller-Katzenburg* (Fn 550) 95 f. Die USA haben bilaterale Verträge abgeschlossen, wobei als Muster der Vertrag mit Mexiko (1970) gegolten hat, vgl ILM 9 (1970) 1028 ff.

618 CETS Nr 199. Die Konvention, die am 1.6.2011 in Kraft getreten ist, wurde von der BR Deutschland bisher nicht unterzeichnet.

619 CETS Nr 221. Die Konvention ist seit dem 1.4.2022 in Kraft; die BR Deutschland hat bisher nicht unterzeichnet.

e) Rückführung von Kulturgut

165   Hinter dem generellen Topos der „Rückführung" von Kulturgut verbergen sich – je nach Verwendung des Begriffs – eine Vielzahl von rechtlichen Konstellationen, die letztlich in der einen oder der anderen Weise nach einem *Rückgaberecht* des Ursprungslands infolge der unrechtmäßigen oder auch der rechtmäßigen Verbringung fragen.[620] Die Antwort darauf hängt im Einzelfall vom IPR des Staats ab, in dem sich der Gegenstand befindet oder, im Falle der Anwendbarkeit völkerrechtlicher Normen (wie etwa bei kriegsrechtlich gebundenen Vorgängen), vom maßgeblichen Völkervertrags- oder Gewohnheitsrecht.[621] Wurde das Kulturgut rechtmäßig – zu beurteilen nach dem Zeitpunkt der Verbringung aus dem Ursprungsland und dessen Recht – verbracht, so ist nach heutigem Völkerrecht kein Rückgabeanspruch des Ursprungslands gegeben. Dies gilt auch für den Fall, dass das Ursprungsland heute dartun kann, dass das betreffende Gut zum nationalen Kulturgut gehört. Nach diesem Grundsatz bestimmt sich etwa die viel diskutierte Rechtslage der „Elgin Marbles" – so die englische Bezeichnung der Skulpturen des Parthenon-Tempels der Akropolis in Athen.[622]

166   Diese Fragen stellen sich auch im *Kontext früherer kolonialer Situationen* iwS. Das rechtspolitische Problem, dass mit diesen Grundsätzen auf Zufälligkeiten, auf verschiedene Formen des Drucks und auf historisch überwundene rechtliche Strukturen abgestellt wird, begründet nach den Grundsätzen des intertemporalen Völkerrechts heute keinen Rückgabeanspruch.[623] Das kulturelle Selbstbestimmungsrecht gilt insoweit nicht rückwirkend, selbst wenn man ihm heute den Rang des *ius cogens* einräumt.[624] Daran hält im europäischen Kontext die Richtlinie 2014/60/EU v 15.5.2014 über die Rückgabe von unrechtmäßig aus dem Hoheitsgebiet eines Mitgliedstaats verbrachten Kulturgütern fest;[625] nur für die Zeit nach dem Inkrafttreten der Richtlinie gilt die Regelung des Art 3, wonach unrechtmäßig verbrachtes Kulturgut zurückgegeben werden muss.[626]

---

620 Hierzu *Greenfield,* The Return of Cultural Treasures, 3. Aufl 2007; vgl Palmer (Hrsg), The Recovery of Stolen Art, 1998; *Prott/O'Keefe,* Law and the Cultural Heritage, Bd II, 1989, 814 ff; *Freytag* (Fn 525) 175 ff; *Weber* (Fn 533) 357 ff; *Wyss* (Fn 469) 201 ff. Vgl auch *Hailbronner,* Frachtgut gesunkener Schiffe und Kulturgüterschutz vor deutschen Gerichten, JZ 2002, 957 ff.

621 Vgl *Siehr,* Internationaler Rechtsschutz von Kulturgütern, SZIER 2005, 53 ff.

622 Hierzu *Frank,* Der Anspruch Griechenlands auf die „Elgin Marbles" im Britischen Museum in London, in ders (Fn 550) 1 ff; *Rudenstine,* Lord Elgin and the Ottomans: The Question of Permission, Cardozo LR 23 (2002) 449 ff. Im Mai 2015 gab die griechische Regierung bekannt, einen Anspruch auf die Skulpturen nicht gerichtlich geltend zu machen.

623 Hierzu Wissenschaftlicher Dienst des Bundestages, Koloniale Raubkunst, Möglichkeiten der Rückgabe verbrachter Objekte aus kolonialem Kontext, 2021; *Kuprecht,* Kulturgüter aus der Kolonialzeit und Restitution: Änderungen ohne Änderungen, in Weller/Kemle/Dreier (Hrsg), Raubkunst und Restitution: Zwischen Kolonialzeit und Washington Principles, 2020, 153 ff.

624 Vgl o Rn 150.

625 Vgl o Rn 147; zur Rechtslage unter der insofern identischen Vorgängerregelung im Einzelnen *Streinz* (Fn 489) 120 ff.

626 Zur Rechtslage unter der insofern identischen Vorgängerregelung im Einzelnen *Müller-Katzenburg* (Fn 550) 117 f.

Kreuter-Kirchhof

Unberührt von diesen rechtlichen Grundsätzen bleibt die Frage, ob und unter wel- 167
chen Umständen eine *freiwillige Rückgabe* von einschlägigem Kulturgut im Lichte der
nationalen Interessen des Ursprungsstaats stärker als in der bisherigen Praxis angezeigt
erscheint. Zu einer Rückführung von Kulturgütern in die Ursprungsstaaten besteht zunehmend die Bereitschaft.[627] Dies gilt insbes auch für die Praxis öffentlicher Museen. Diese haben in jüngerer Zeit – allerdings meist nur für die Zukunft – eine Reihe von unterschiedlich ausgestalteten *Kodizes* ausgearbeitet, und dabei für Objekte ungeklärter
Herkunft verschärfte Erkundigungspflichten und auch Erwerbsverbote statuiert.[628]
Hierher gehört auch die Erstellung eines Registers für gestohlene Kulturgüter, einer Datenbank der *International Foundation for Art Research* in New York.[629] Problematisch ist
oft, dass insbes die Opfer von Zwangsverkäufen oder Beschlagnahmen während des
„Dritten Reichs" ihr früheres Eigentum bzw die jetzigen Eigentümer – also auch Museen –
einen möglicherweise rechtmäßigen Erwerb nicht ausreichend nachweisen können.
Hierfür wurde 1998 die *Washingtoner Erklärung* als Abschlussdokument einer Konferenz über Holocaust-Vermögenswerte mit Teilnehmern aus 44 Ländern, darunter die
BR Deutschland, ausgearbeitet.[630] Die Erklärung ist zwar rechtlich nicht bindend; dennoch wurde sie durch Bund, Länder und Kommunen in einer Handreichung mit „Richtlinien zur Rückgabe NS-verfolgungsbedingt entzogenen Kulturguts" umgesetzt. Hiernach
tragen im Zweifel die staatlichen Museen die Beweislast; sollten diese die Eigentumsver-
hältnisse eines Kulturguts nicht eindeutig klären können, muss gemäß der Vermutungs-
regeln zu Gunsten Verfolgter uU restituiert oder eine Entschädigungszahlung geleistet
werden, deren Bemessung aber wiederum streitig ist.[631] Zur Schlichtung von Streitfällen
gibt es eine beratende Kommission, die aus acht Wissenschaftlern und Politikern besteht.
Für die in der Washingtoner Erklärung vereinbarte Provenienzforschung wurde eben-

---

627 Vgl *Sarr/Savoy*, Zurückgeben – Über die Restitution afrikanischer Kulturgüter, 2019 (dt Übersetzung);
Reichelt, Neue Perspektiven für Schutz von Kulturgut aus kolonialem Kontext, in Weller/Kemle/Dreier
(Hrsg), Handel – Provenienz – Restitution, 2020, 45 (55ff). Zur Rückgabe der Witbooi-Artefakte von Ba-
den-Württemberg an Namibia im Jahr 2018 *Bernstorff/Thiemeyer*, Südwestdeutsch trifft Deutsch-Südwest,
Merkur 73 (2019) 17ff. S auch die Gemeinsame politische Erklärung über die Rückgabe von Benin-Bronzen
und bilaterale Museumskooperation zwischen der BR Deutschland und Nigeria v 1.7.2022
628 Hierzu *Streinz* (Fn 489) 198f; s zu den unterschiedlich verbindlichen Ausgestaltungen *Kuprecht*
(Fn 623) 161f; vgl insofern auch den (rechtlich unverbindlichen) Leitfaden des Dt Museumsbundes zum
Umgang mit Sammlungsgut aus kolonialen Kontexten, 3. Fassung 2021, <https://www.museumsbund.de/
publikationen/leitfaden-zum-umgang-mit-sammlungsgut-aus-kolonialen-kontexten/>.
629 <http://www.ifar.org/>. Dazu *Radcliffe*, The Work of the International Art and Antiques Loss Register,
in Palmer (Fn 620) 189ff.
630 Abgedr in Permanent Court of Arbitration (Hrsg), Resolution of Cultural Property Disputes, 2004, 431;
zu den Auswirkungen der Nichtverbindlichkeit der Erklärung *Schönberger*, Was heilt Kunst?, 2019, 195ff;
zur Konferenz *Eitel*, „Nazi-Gold" und andere Holocaust-Vermögenswerte, FS Ipsen, 2000, 57ff.
631 Zum Streit über die Rückgabe der „Berliner Straßenszene" von Ernst Ludwig Kirchner s *Huttenlauch*,
Street Scenes and Other Scenes from Berlin – Legal Issues in the Restitution of Art after the Third Reich,
GLJ 7 (2006) 819ff.

falls eine Datenbank eingerichtet.[632] Die Washingtoner Prinzipien wurden in der *Theresienstädter Erklärung* von 2009 unter Beteiligung der BR Deutschland noch einmal bekräftigt.[633] Im Zusammenhang mit dem „Schwabinger Kunstfund" Anfang 2012 unterstrich die Bundesregierung ihr Anliegen, die Provenienzforschung zu NS-Raubkunst zu stärken und voranzutreiben, und gründete zu diesem Zweck im Jahre 2015 gemeinsam mit Ländern und Kommunen das Deutsche Zentrum Kulturgutverluste.[634]

f) Kulturgüterschutz im Meer

168 Angesichts neuartiger Techniken zum Bergen von Gegenständen hat die Unterwasser-Archäologie in den vergangenen Jahrzehnten zunehmend Beachtung gefunden.[635] Vor diesem Hintergrund hat das *UN-Seerechtsübereinkommen* v 1982 (SRÜ) zonenspezifische Regelungen getroffen.[636] Allgemein verpflichtet die Konvention die Staaten, archäologische Objekte zu schützen und dabei zusammenzuarbeiten (Art 303). Während innere Gewässer und Küstenmeer der Hoheit des jeweiligen Staats unterstehen und für die Anschlusszone dem Küstenstaat weite Rechte für den Fall der Wegnahme archäologischer Gegenstände zugewiesen werden (vgl Art 303), sind archäologische Objekte auf dem Festlandsockel und der Hohen See zum Vorteil der ganzen Menschheit geschützt. Dem „Ursprungsstaat" oder dem „Staat des archäologischen Ursprungs" wird ein Vorzugsrecht eingeräumt (Art 149).[637]

169 Schwächen der Regelung des SRÜ, insbes im Hinblick auf das Fehlen erforderlicher Definitionen, führten im Jahre 2001 zur Verabschiedung des *UNESCO-Übereinkommens zum Schutz des Unterwasserkulturerbes.*[638] Es schützt alle Spuren menschlicher Existenz

---

632 <http://www.lostart.de>. S auch <https://www.proveana.de>.
633 Terezín Declaration v 30.6.2009, Prague Holocaust Era Assets Conference, in dt Übersetzung abrufbar unter <https://www.kulturgutverluste.de/Content/08_Downloads/DE/Grundlagen/Theresienstaedter-Erklaerung/Theresienstaedter-Erklaerung.html>; vgl dazu insgesamt auch *Martinek*, Die Wiedergutmachung NS-bedingter Kulturgutverluste als Soft Law-Problem, FS Fiedler, 2011, 415ff.
634 Ausf zum Schwabinger Kunstfund *Lange/Oehler*, „Schwabinger Kunstfund" – Erblast des NS-Regimes, ZRP 2014, 86ff; *Lenski*, Vergangenheitsbewältigung durch Vertrag – die Verfahrensvereinbarung im Fall Gurlitt, JZ 2014, 888ff.
635 Vgl *von Schorlemer*, Der Schutz von UNESCO-Unterwasserkulturerbe und der Umgang mit Seekriegsgräbern des Ersten Weltkrieges, FS Dicke, 2019, 449ff.
636 Vgl zur Entwicklung des Rechts *Korthals Altes*, Submarine Antiquities, SJILC 4 (1976) 77ff; *Prott/O'Keefe*, Maritime Archaeology, EPIL III (1997) 298ff; vgl *Graf Vitzthum/Talmon*, Alles fließt, 1998; *Pallas*, Maritimer Kulturgüterschutz, 2004, 175ff; *Lagoni*, Marine Archäologie und sonstige auf dem Meeresboden gefundene Gegenstände, AVR 44 (2006) 328ff; *O'Keefe*, Underwater Cultural Heritage, in Oxford Handbook of International Cultural Heritage Law, 301ff. Zu den Zonen gemäß SRÜ *Proelß*, 5. Abschn Rn 36ff.
637 Hierzu *Caflisch*, Submarine Antiquities and the International Law of the Sea, NYIL 13 (1982) 3ff; *Strati*, Deep Seabed Cultural Property and the Common Heritage of Mankind, ICLQ 40 (1991) 859ff.
638 ILM 41 (2002) 40. Das Übereinkommen ist am 2.1.2009 in Kraft getreten. Deutschland hat bislang nicht ratifiziert. Hierzu *Rau*, Kulturgüterschutz im Meer, ZaöRV 61 (2001) 833ff; *Pallas* (Fn 636) 360ff; *Siehr*, Die

mit kulturellem, historischem oder archäologischem Charakter, die sich mindestens 100 Jahre unter Wasser befinden (Art 1 und 2). Zentral ist wiederum eine Kompetenzverteilung anknüpfend an die seerechtlichen Zonen. Die Regelungen des SRÜ bleiben unberührt (Art 3). Kontrovers waren vor allem die Befugnisse des Küstenstaats in der ausschließlichen Wirtschaftszone und auf dem Festlandsockel. Nach Art 9 und 10 tragen alle Staaten Verantwortung für den Schutz des Kulturguts in diesen Zonen. Der Küstenstaat ergreift grundsätzlich Maßnahmen in Konsultation mit anderen interessierten Staaten. Nur unmittelbare Gefahren darf dieser unilateral abwehren.

g) Archivgut, Archäologie, Architektur

Je nach der Definition des Kulturguts werden auch *Archive* von besonderer Bedeutung als Kulturgüter geschützt. Die UNIDROIT-Konvention über gestohlene oder rechtswidrig ausgeführte Kulturgüter v 1995[639] etwa bezieht Archive einschließlich Phono-, Foto- und Filmarchive ausdrücklich in ihren Anwendungsbereich ein.[640] Hier stellt sich die Frage der territorialen Zuordnung. Einzelne Elemente eines größeren Archivs können nach dem speziellen Bezug des einzelnen Teils zu einem Gebiet („geographisches Betreffsprinzip") oder mit Blick auf den Archivkörper als einheitliche historische Größe („Provenienzprinzip") zugeordnet werden. In der Wiener Konvention über die Staatennachfolge in Staatsvermögen, Archive und Schulden wurde auf Drängen der Entwicklungsländer die geographische Komponente betont. Die Konvention hat sich aber als Ganzes nicht durchsetzen können.[641]
   170

    Im Anschluss an das eher allgemein gehaltene europäische Kulturabkommen v 1954[642] sollte eine europäische Vereinbarung v 1969 speziell den Schutz des *archäologischen* Kulturguts gewährleisten.[643] Dieses Übereinkommen ist mit dem Europäischen Übereinkommen v 1992 zum Schutz des archäologischen Erbes revidiert worden (Malta-Konvention).[644] Die Vereinbarung zielt auf die Erhaltung der Güter mittels eines speziellen Schutzes, besonderer Vorschriften für Ausgrabungen, der Integration archäologischer Erwägungen in die Raumordnungspolitik und Umweltverträglichkeitsprüfungen sowie der Veröffentlichung des Sachwissens. Zwischenstaatlich vereinbart sind der gegenseitige Informationsaustausch ebenso wie Vorkehrungen zur Bekämpfung des illega-
   171

UN-Konvention über den Schutz des kulturellen Erbes unter Wasser und das Internationale Sachenrecht, FS Fiedler, 2011, 447ff; *O'Keefe* (Fn 636) 301ff. S zum Umgang mit Schiffswracks des Ersten Weltkriegs *von Schorlemer* (Fn 635) 437ff.

639 Vgl o Rn 161ff.

640 Vgl Anh zu Art 2 lit j.

641 Vgl dazu *von Schorlemer* (Fn 491) 325; vgl <u>Kau</u>, 3. Abschn Rn 212ff.

642 Vgl o Rn 164.

643 BGBl 1974 II, 1285; dazu *von Schorlemer* (Fn 491) 454ff; allgemein *Fechner*, Rechtlicher Schutz archäologischen Kulturguts, 1991; *Anton*, Neuer Schutz archäologischer Kulturgüter, FS Fiedler, 2011, 319ff.

644 BGBl 2002 II, 2709; dazu *Hönes*, Das Europäische Übereinkommen zum Schutz des archäologischen Erbes vom 16.1.1992, NuR 2005, 751ff.

len Handels. Bestimmungen zum Export und Import fehlen in diesen im Ganzen eher schwach ausgestalteten Regelungen.

172   Ein Übereinkommen speziell zum Schutz des *architektonischen* Erbes wurde im Rahmen des Europarats im Jahre 1985 vereinbart (Granada-Konvention).[645] Unter dieses Erbe fallen Denkmäler, Ensembles und Stätten von herausragender Bedeutung. Der Vertrag soll die Vielfalt des europäischen Kulturerbes iSe gemeinsamen Erbes aller Europäer schützen. Die Vertragsparteien führen entsprechende Inventare für ihre Gebiete; sie überwachen und fördern die geschützten Güter. Sorgt der private Eigentümer nicht für sein Gut, so kann er enteignet werden (Art 4). Auf zwischenstaatlicher Ebene sieht der Vertrag die gegenseitige Abstimmung, den gegenseitigen Austausch und die Einsetzung eines Sachverständigenausschusses vor (Art 17–20).

---

[645] BGBl 1987 II, 623; hierzu *Szabó*, The Council of Europe and Historical Preservation, European Integration Studies 4 (2005) 95 ff; vgl außerdem zum Schutz von (historischen) Landschaften auf völkerrechtlicher Ebene *Strecker*, Landscape as Cultural Heritage, in Oxford Handbook of International Cultural Heritage Law, 272 ff.

Kreuter-Kirchhof

Siebenter Abschnitt

Meinhard Schröder

Verantwortlichkeit, Völkerstrafrecht, Streitbeilegung und Sanktionen

Gliederungsübersicht

https://doi.org/10.1515/9783110770964-007

Literatur

Ambos, Kai, Internationales Strafrecht, 5. Aufl 2018 [*Ambos,* Internationales Strafrecht]

Ambos, Kai (Hrsg), The Rome Statute of the International Criminal Court: A Commentary, 4. Aufl 2022 *Arangio-Ruiz, Gaetano/Vereshchetin, Vladlen S./Bennouna, Mohammed/Crawford, James/Tomuschat, Christian/Bowett, Derek/Simma, Bruno/Condorelli, Luigi,* Symposium: Countermeasures and Dispute Settlement: The Current Debate Within the ILC, EJIL 5 (1994) 20 ff

Broomhall, Bruce, International Justice and the International Criminal Court: Between Sovereignty and the Rule of Law, 2004

Cassese, Antonio/Gaeta, Paula/Jones, John R.W.D. (Hrsg), The Rome Statute of the International Criminal Court: A Commentary, 2002 [Rome Statute Commentary]*Combacau, Jean,* Sanctions, EPIL IV (2000) 311 ff

Crawford, James, State Responsibility, The General Part, 2013 [*Crawford,* State Responsibility]

Diaconou, Ion, Peaceful Settlement of Disputes Between States, in MacDonald/Johnston (Hrsg), The Structure and Process of International Law, 1983, 1095

Doehring, Karl, Die Selbstdurchsetzung völkerrechtlicher Verpflichtungen. Einige Einzelprobleme der Repressalie, ZaöRV 47 (1987) 44 ff

Fiedler, Wilfried, Gegenmaßnahmen, BerDGVR 37 (1997) 9 ff [*Fiedler,* Gegenmaßnahmen]

Frowein, Jochen A., Obligations *erga omnes,* MPEPIL VII, 916 ff

Fukatsu, Eiichi, Coercion and the Theory of Sanctions in International Law, in MacDonald/Johnston (Hrsg), The Structure and Process of International Law, 1986, 1187 ff [*Fukatsu,* Theory of Sanctions]

Günther, Carsten, Die Klagebefugnis der Staaten in internationalen Streitbeilegungsverfahren, 1999

Harders, J. Enno, Responsibility and Liability of International Organisations, in Wolfrum (Hrsg), United Nations, Law, Policies and Practice, 1995, Vol 2, Sec 114, 1092 ff

Kewenig, Wilhelm A., Die Anwendung wirtschaftlicher Zwangsmaßnahmen im Völkerrecht, BerDGVR 22 (1982) 7 ff [*Kewenig,* Zwangsmaßnahmen]

Klamberg, Mark (Hrsg), Commentary on the Law of the International Criminal Court, 2017 [Klamberg Commentary]

Klein, Eckart, Gegenmaßnahmen, BerDGVR 37 (1997) 39 ff [*Klein,* Gegenmaßnahmen]

Kreß, Klaus, International Criminal Law, MPEPIL V, 717 ff

Merrills, John Graham/De Brabandere, Eric, International Dispute Settlement, 7. Aufl 2022 [*Merrills/De Brabandere,* International Dispute Settlement]

Pellet, Alain, Judicial Settlement of International Disputes, MPEPIL VI, 526 ff

Pellet, Alain/Miron, Alina, Sanctions, MPEPIL IX, 1 ff

Ragazzi, Maurizio, The Responsibility of International Organisations, Revue Belge de Droit International 47 (2013) Sonderheft

Randelzhofer, Albrecht, Probleme der völkerrechtlichen Gefährdungshaftung, BerDGVR 24 (1984) 35 ff [*Randelzhofer,* Gefährdungshaftung]

Rauschning, Dietrich, Verantwortlichkeit der Staaten für völkerrechtswidriges Verhalten, BerDGVR 24 (1984) 13 ff

Rosenne, Shabtai, International Court of Justice (ICJ), MPEPIL V, 459 ff

Sadat, Leila Nadya, The International Criminal Court and the Transformation of International Law, 2002 [*Sadat,* International Criminal Court]

Schabas, William, The International Criminal Court: A Commentary on the Rome Statute, 2. Aufl 2016

Schröder

Schabas, William, An Introduction to the International Criminal Court, 6. Aufl 2020 [*Schabas,* Introduction]

Schmalenbach, Kirsten, Die Haftung Internationaler Organisationen im Rahmen von Militäreinsätzen und Territorialverwaltungen, 2004

Simma, Bruno/Khan, Daniel-Erasmus/Nolte, Georg/Paulus, Andreas (Hrsg), The Charter of the United Nations: A Commentary, 3. Aufl 2012 [UN Charter]

Stahn, Carsten, A Critical Introduction to International Criminal Law, 2018

Tanaka, Yoshifumi, The Peaceful Settlement of International Disputes, 2018 [*Tanaka,* Peaceful Settlement]

Thirlway Hugh, The Law and Procedure of the International Court of Justice, 2 Vol, 2013 [International Court]

Tochilovsky, Vadlimir, The Law and Jurisprudence of the International Criminal Tribunals and Courts, Procedure and Human Rights Aspects, 2013

Valta, Matthias, Staatenbezogene Wirtschaftssanktionen zwischen Souveränität und Menschenrechten, 2019

Werle, Gerhard/Jeßberger, Florian, Völkerstrafrecht, 5. Aufl 2020 [*Werle/Jeßberger,* Völkerstrafrecht]

Zimmermann, Andreas/Tomuschat, Christian/Oellers-Frahm, Karin/Tams, Christian (Hrsg), The Statute of the International Court of Justice, 2 Aufl 2012 [ICJ Statute]

Verträge und Resolutionen

Schröder

Schröder

Schröder

Schröder

Schröder

Schröder

I. Völkerrechtsverletzungen als Hauptthema des Abschnitts

Auf den ersten Blick erscheinen die Teilthemen des siebenten Abschnitts heterogen. 1 Dringt man in die Materie tiefer ein, zeigt sich indessen, dass die Unterabschnitte in einem inneren, durch die *Verletzung von Völkerrecht* hergestellten Zusammenhang stehen. Bei den Regeln über die Verantwortlichkeit von Staaten und I.O. (Rn 4 ff) ist dies evident. Da die Verantwortlichkeit letztlich durch ein Verhalten natürlicher Personen ausgelöst wird, stellt sich aus jüngerer Entwicklungsperspektive die Frage, welche Rechtsverletzungen das Völkerrecht infolge ihres schwerwiegenden Charakters auch als kriminelles Unrecht einstuft, für das natürliche Personen von der Völkergemeinschaft strafrechtlich zur Verantwortung gezogen werden können (Rn 38 ff). Nicht selten bestreitet ein Staat seine nach Völkerrecht bestehende Verantwortlichkeit dem Grunde nach oder hinsichtlich der Rechtsfolgen. Unter diesem Blickwinkel erweisen sich die Grundsätze und Instrumente der Streitbeilegung als Subsystem der Völkerrechtsordnung, das die materiellen Regeln über die internationale Verantwortlichkeit vervollständigt und ergänzt.[1] Dies umso mehr, als heute bei Völkerrechtsverletzungen die Anwendung *einseitiger* Gegenmaßnahmen eingeschränkt wird. Spätestens dann, wenn der Konflikt nicht friedlich, insbes gerichtlich, zu klären ist oder der verantwortliche Staat ein Gerichtsurteil nicht respektiert, lebt die Frage nach völkerrechtsgemäßen Sanktionen[2] wieder auf.

Unbeschadet ihres inneren Zusammenhangs haben die Teilthemen des Abschnitts 2 eigenständiges Gewicht: Völkerrechtsverletzungen berühren keineswegs immer alle behandelten Subsysteme der Völkerrechtsordnung. Die Institutionen und Instrumente der Streitbeilegung sind nicht nur im Kontext des Bruchs völkerrechtlicher Verpflichtungen zu sehen. Als Beleg genügt hier der Hinweis auf die weit darüber hinaus gehende Umschreibung der Zuständigkeiten des IGH in Art 36 Abs 2 seines Statuts.

Der vorliegende Lehrbuchabschnitt steht in mehrfacher Hinsicht *in Verbindung mit* 3 *Grundfragen des Völkerrechts.* Das gilt etwa für die Existenz zwingender Völkerrechtsnormen *(ius cogens),* die eine sich entwickelnde Staatenverantwortlichkeit *„erga omnes"* begünstigt.[3] Die Völkerrechtssubjektivität von Individuen ist Voraussetzung eines genuinen Völkerstrafrechts und dessen Abgrenzung zur Gebiets- und Personalhoheit der Staaten. Die friedliche Streitbeilegung gehört zu den Grundprinzipien, die die Staaten in den internationalen Beziehungen beachten müssen. Sanktionen haben das allgemeine Problem der Erzwingbarkeit des Völkerrechts als Hintergrund[4] und dürfen u a das Gewaltverbot nicht verletzen.

---

1 Näher u Rn 60 ff.
2 Näher u Rn 108 ff.
3 Näher u Rn 16 f.
4 *Combacau,* Sanctions, 311. Vgl *Kämmerer,* 1. Abschn Rn 49 ff.

Schröder

II. Internationale Verantwortlichkeit

1. Begriff und Terminologie

4 Das Völkerrecht begründet vielfältige Handlungs- und Unterlassungspflichten, die Völkerrechtssubjekte in ihren internationalen Beziehungen zu beachten haben. Die völkerrechtlichen Regeln der internationalen Verantwortlichkeit setzen diese Pflichten als gegeben voraus. Darum werden sie (nicht unproblematisch) auch als sog „Sekundärnormen" charakterisiert,[5] die ausschließlich darüber Aufschluss geben sollen, unter welchen Voraussetzungen Staaten und I.O. für ihnen zurechenbare Völkerrechtsverletzungen einzustehen haben und welche Rechtsfolgen sich an die Verantwortlichkeit knüpfen. Üblicherweise werden diese Regeln heute unter dem *Begriff der Verantwortlichkeit* (Staatenverantwortlichkeit, Verantwortlichkeit I.O.) behandelt.

5   Im deutschsprachigen Schrifttum finden sich auch die Bezeichnungen völkerrechtliches Delikt[6] oder das *völkerrechtliche Unrecht* und seine Folgen bzw seine Wiedergutmachung.[7] Der zuerst genannte Begriff ist weniger glücklich. Er suggeriert Parallelen zwischen Völkerrecht und dem nationalen Recht der unerlaubten Handlungen, die es nicht gibt.[8]

2. Grundlagen und Konzept der Staatenverantwortlichkeit
a) Rechtliches Fundament

6 Für ihm zurechenbare Verletzungen völkerrechtlicher Pflichten ist der Staat nach internationalem Recht verantwortlich. Über diesen Grundsatz besteht seit langem Einigkeit. Bestrebungen, die Materie zu kodifizieren, bestehen schon seit den 1920er Jahren.[9] Bereits im Jahre 1953 ist die ILC mit der Ausarbeitung eines Kodifikationsentwurfs beauftragt worden.[10] Diese Arbeiten konnten erst im Jahr 2001 und nach schwierigen Ver-

---

5 Krit *Simma*, Grundfragen der Staatenverantwortlichkeit in der Arbeit der International Law Commission, AVR 24 (1986) 357 (362), der hervorhebt, dass spätestens bei der Bestimmung der Rechtsfolgen die Besonderheit der jeweils verletzten Primärrechtsnormen durchschlägt; vgl auch *Rauschning*, Verantwortlichkeit der Staaten für völkerrechtswidriges Verhalten, BerDGVR 24 (1984) 13 ff; *Dahm/Delbrück/Wolfrum*, Völkerrecht, Bd I/3, 2. Aufl 2002, § 173 II.1.
6 *v. Münch*, Das völkerrechtliche Delikt in der Entwicklung der modernen Völkerrechtsgemeinschaft, 1963; *Schlochauer*, Die Entwicklung des völkerrechtlichen Deliktsrechts, AVR 16 (1974/75) 239 ff; *Kunig*, Das völkerrechtliche Delikt, Jura 1986, 344 ff; *von Arnauld*, Völkerrecht, 4. Aufl 2019, Rn 384 ff.
7 Vgl *Guggenheim*, Lehrbuch des Völkerrechts, Bd I, 1951, 509 ff; *Wengler*, Völkerrecht, Bd I, 1964, 489 ff; *Verdross/Simma*, Universelles Völkerrecht, 3. Aufl 1984, §§ 1262 ff.
8 Dazu *Kunig* (Fn 6) und *Dörr*, in Ipsen (Hrsg) Völkerrecht, 7. Aufl 2018, § 29 Rn 1.
9 Conférence pour la codification du droit international, Bases de discussion, Bd III, 1929. Zur geschichtlichen Entwicklung der Staatenverantwortlichkeit *Nolte*, From Dionisio Anzilotti to Roberto Ago – The Classical Law of State Responsibility and the Traditional Primacy of a Bilateral Conception of Inter-State Relations, EJIL 13 (2002) 1083 ff; *Crawford*, State Responsibility, MPEPIL IX, 517 (518 ff).
10 GA Res 799 (VIII) v 7.12.1953.

handlungen mit einem 59 Artikel umfassenden Entwurf zur *Responsibility of States for Internationally Wrongful Acts* abgeschlossen werden.[11] Möglich wurde die Verabschiedung des Entwurfs, weil sehr umstrittene Bereiche ausgespart wurden. So verzichtet er vor allem auf die seit langem diskutierte Unterscheidung zwischen internationalem Delikt und internationalem Verbrechen. Auch wurde die umstrittene Regelung zu einer obligatorischen Streitbeilegung beiseitegelassen.[12]

Schließlich wurde der Entwurf nicht, wie ursprünglich geplant, als multilaterale   7 Konvention ausgestaltet, sondern zunächst nur als Anlage in eine *Resolution der Generalversammlung (Staatenverantwortlichkeitsresolution)* aufgenommen.[13] Damit stellen die Regelungen nur insofern bindendes Völkerrecht dar, als sie Völkergewohnheitsrecht kodifizieren. In (freilich ungewisser) Zukunft soll eine Staatenkonferenz einberufen werden, die eine Konvention unter Einschluss der Regelungen über eine obligatorische Streitbeilegung berät und ggf beschließt.[14] Bemerkenswert ist allerdings schon jetzt der Einfluss der ILC-Regeln auf die Rechtsprechung der internationalen Gerichte.[15]

b) Umriss

Ein Völkerrechtsverstoß eines Staates liegt dann vor, wenn ihm ein Handeln oder Unter-   8 lassen zuzurechnen ist und den Bruch einer völkerrechtlichen Verpflichtung darstellt. Dem Muster des traditionell bilateral ausgerichteten Völkerrechts[16] entspricht, dass die Staatenverantwortlichkeit nur gegenüber dem oder den verletzten Völkerrechtssubjekt (en) entsteht. Im Verhältnis zu ihm (ihnen) begründet die zurechenbare Rechtsverletzung eine *besondere Rechtsbeziehung*. Sie soll das Interesse an Wiedergutmachung und Genugtuung, respektive an der Ergreifung einseitiger Maßnahmen, in rechtliche Ordnung bringen.[17] Soweit dabei die Aufgabe dieser Rechtsbeziehungen in erster Linie in der Wiederherstellung der völkerrechtsgemäßen Lage gesehen wird,[18] lässt sich dies mit dem das Völkerrecht prägenden Konsensprinzip und mit der Zurückdrängung ein-

---

11 Report of the International Law Commission of its Fifty-third Session, 2001, Kap IV. Der Kommentar der ILC zu den Artikeln ist im Internet abrufbar unter <https://legal.un.org/ilc/texts/instruments/english/commentaries/9_6_2001.pdf>; Printversion: *Crawford*, The International Law Commission's Articles on State Responsibility – Introduction, Text and Commentaries, 2002.
12 Kurze Darstellung der Entwicklung der Regeln bei *Crawford* (Fn 9) 517ff.
13 GA Res 56/83 v 12. Dezember 2001, im Folgenden zit als ASR (Articles on State Responsibility). Krit zu diesem Verfahren *Dahm/Delbrück/Wolfrum* (Fn 5) § 173 VII. 3.
14 Vgl ILC Rep (Fn 11) para 72f.
15 IGH-Urteile *Gabčikovo-Nagymaros*, §§ 50ff und *Genocide*, §§ 385ff, 398ff; dazu *Villalpando*, Le codificateur et le juge face à la responsabilité internationale de l'État, AFDI 55 (2009) 39 (50ff).
16 Hierzu *Simma*, From Bilateralism to Community Interest in International Law, RdC 250 (1994-VI) 229 (230); *Cassese*, International Law, 2. Aufl 2005, 243.
17 Zusammenfassend *Ago*, YBILC 1971 II/1, 206.
18 StIGH, *Chorzów*-Fall, Ser A No 17, 29, 47; *Ago* (Fn 17) 210; *Riphagen*, YBILC 1980 II/1, 112f.

seitiger Aktionen durch das Gewaltverbot und die Grundpflicht zur friedlichen Streitbeilegung begründen.[19]

9   *Beteiligte der Rechtsbeziehung* sind Urheber und Betroffene einer Völkerrechtsverletzung. Der Urheber muss rechts- *und* handlungsfähig iS. Völkerrechts sein. Nur unter
dieser Voraussetzung kann er Subjekt der verletzten Pflicht sein und für deren Beachtung im Völkerrecht einstehen. Daran fehlt es mangels Handlungsfähigkeit bei den sog
failed states. Hingegen kommt es beim Betroffenen allein auf die Rechtsfähigkeit, nicht
auf die Handlungsfähigkeit an. Im dt Schrifttum wird teilweise zusätzlich zur Rechts-
bzw Handlungsfähigkeit die Deliktsfähigkeit der Beteiligten gefordert. Gemeint ist die
spezifische Fähigkeit, Völkerrechtsverletzungen zu begehen oder deren Opfer zu werden.[20] Doch ist fraglich, ob der Deliktsfähigkeit ein zusätzlicher Erkenntniswert zukommt. In den Beratungen der ILC ist dies verneint worden.[21]

10   Der Betroffene muss Träger eines im Völkerrecht begründeten und durch die
Pflichtverletzung missachteten Rechts sein. Deshalb löst zB die Verletzung von Indivi-
dualrechten die Staatenverantwortlichkeit aus, auch wenn das Individuum das verletzte
Recht nicht selbst geltend machen kann.[22] Art 42 und 48 ASR definieren näher, wann ein
Staat gegenüber einem anderen die völkerrechtliche Verantwortlichkeit geltend machen kann. Art 42 knüpft daran an, dass ein Staat selbst verletzt wurde; Art 48 lässt das
Geltendmachen auch dann zu, wenn der betreffende Staat selbst nicht verletzt wurde,
sondern die Erfüllung einer Verpflichtung einfordert, die gegenüber einer Staatengruppe oder der gesamten internationalen Gemeinschaft besteht. In diesem Umfang entspricht die Regelung noch nicht dem Völkergewohnheitsrecht (näher u Rn 17).

11   *Die verletzte Pflicht* kann ihren Ursprung in jeder Völkerrechtsnorm iSd Art 38 Abs 1
IGH-Statut haben, sofern die Norm zum Zeitpunkt des Handelns oder Unterlassens für
den betreffenden Staat in Kraft gewesen ist (Art 3, 12f ASR). Aktivem Zuwiderhandeln
steht das Unterlassen gleich, sofern eine (Rechts-)Pflicht zum Handeln bestand.[23] Der
Pflichtverstoß indiziert stets den (unerlaubten) Eingriff in Rechte anderer Völkerrechtssubjekte.[24] Letzteres ist auf dem Hintergrund des Gegenseitigkeitsprinzips zu sehen, das
die Entstehung und Beachtung völkerrechtlicher Normen maßgeblich prägt.[25]

12   Zu den seit langem diskutierten Streitpunkten der Staatenverantwortlichkeit gehört,
ob sie eine reine *Erfolgshaftung oder Haftung für schuldhaft begangene Pflichtverletzun-*

---

19 Nicht unstr, eingehend *Ipsen*, in ders (Hrsg), Völkerrecht, 6. Aufl 2014, § 28 Rn 8ff. Vgl auch *Kämmerer*,
1. Abschn Rn 28ff.

20 So etwa *Dahm/Delbrück/Wolfrum* (Fn 5) § 173 Vff; *Schlochauer* (Fn 6) 247f; *Kunig* (Fn 6) 346f; *von Arnauld* (Fn 6) Rn 384; *Dörr*, in Ipsen (Fn 8) § 29 Rn 22.

21 YBILC 1971 II/1, 224.

22 Vgl *La-Grand*-Fall, § 77.

23 Vgl Art 2 ASR. Dies entspricht auch der internationalen Spruchpraxis: IGH im *Korfu-Kanal*-Fall, ICJ
Rep 1949, 22f und im *Teheraner Geisel*-Fall, §§ 60ff.

24 Vgl Berichterstatter *Ago*, YBILC 1971 II/1, 220.

25 Zum Gegenseitigkeitsprinzip *Simma*, Reciprocity, MPEPIL VII, 651ff; *Knauff*, Reziprozität, in Schöbener (Hrsg), Lexikon des Völkerrechts, 2014, 350ff.

gen ist.[26] Die internationale Praxis ist weder in dem einen noch in dem anderen Sinne konsistent. Immerhin lässt sie den vorsichtigen Schluss zu, dass bei aktiven Zuwiderhandlungen gegen völkerrechtliche Pflichten, wenn keine besonderen Umstände vorliegen, idR auf den Schuldnachweis verzichtet wird.[27] Andererseits bedarf die am eingetretenen Erfolg ausgerichtete Rechtswidrigkeitshaftung in jedem Fall eines Korrektivs, wenn die Verletzung von Pflichten, deren Erfüllung im Ermessen des Staates liegt, oder Unterlassen geltend gemacht wird. Zur Vermeidung unangemessener Ergebnisse tritt die Staatenverantwortlichkeit hier nur ein, wenn der Staat bei Anwendung der gebotenen Sorgfalt *(due diligence)*[28] in der Lage gewesen wäre, den Völkerrechtsverstoß zu erkennen und zu vermeiden. Ob man darin ein (objektiviertes) Verschuldenselement[29] oder einen Unrechtsausschließungsgrund sieht,[30] ist eher eine Konstruktionsfrage als von praktischer Bedeutung. Mit dieser Rechtslage stimmt iE auch die Staatenverantwortlichkeitsresolution überein. Sie verlangt zur Begründung völkerrechtlicher Verantwortlichkeit kein schuldhaftes Verhalten, erlaubt aber die Berufung auf höhere Gewalt.[31] Sie erreicht dadurch eine aus der Sicht des verletzten Völkerrechtssubjekts begrüßenswerte Umkehr der Beweislast.[32] Insgesamt wird man davon ausgehen können, dass der Nachweis der Schuld keine zwingende völkergewohnheitsrechtliche Voraussetzung für den Eintritt völkerrechtlicher Verantwortlichkeit ist.[33]

Die Staatenverantwortlichkeit lässt sich nicht schon damit begründen, dass die ver- 13 letzte völkerrechtliche Pflicht den in Anspruch genommenen Staat trifft. Das der Verletzung zugrundeliegende tatsächliche Geschehen muss *dem Staat* auch als sein Verhalten *zurechenbar* sein.[34] Schon im Ansatz geht es dabei nicht um eine Kausalitätsfrage, sondern darum, die (rechtlichen) Beziehungen des Handelnden zum Staat zu klären.[35] Die Beziehung muss so beschaffen sein, dass das Verhalten des Handelnden – jedenfalls iE – als „act of state" erscheint und dementsprechend dem in Anspruch genommenen Staat angelastet werden kann. Unproblematisch ist diese nach völkerrechtlichen Maßstäben

---

26 *Brownlie,* System of the Law of Nations, Part 1 (State Responsibility), 1983, 40 f; *Bedjaoui,* Responsibility of States: Fault and Strict Liability, EPIL IV (2000) 212 ff; *Rousseau,* Droit international public, Bd V, 1983, Nr 13 ff; *Dörr,* in Ipsen (Fn 8) § 29 Rn 25 f; vgl auch *Dahm/Delbrück/Wolfrum* (Fn 5) § 183.

27 *Dahm/Delbrück/Wolfrum* (Fn 5) 945 f; *Verdross/Simma* (Fn 7) § 1266; *Rousseau* (Fn 26) Nr 16 ff.

28 Zu dieser *Koivorova,* Due Diligence, MPEPIL II, 236 ff; *Horbach,* Liability versus Responsibility under International Law, 1996.

29 So bspw *Verdross/Simma* (Fn 7) § 1267.

30 So *Ipsen,* in ders (Fn 19) § 28 Rn 41 ff, der deshalb auch das due diligence-Kriterium ablehnt.

31 Vgl Art 2 und Art 23 ASR und ergänzend den Kommentar der ILC zu Art 2 (Fn 11).

32 *Simma* (Fn 5) 340.

33 So auch *Dahm/Delbrück/Wolfrum* (Fn 5) § 183 I.4.

34 Vgl Art 2 ASR. Zum Zurechnungsprinzip auch *Rousseau* (Fn 26) Nr 3; *Christenson,* The Doctrine of Contribution in State Responsibility, in Lillich (Hrsg) The Current Status of the Law of State Responsibility for Injuries to Aliens, 1983, 321 ff.

35 *Dörr,* in Ipsen (Fn 8) § 30 Rn 5: „Wertungsentscheidung".

vorzunehmende[36] Qualifikation nur, wenn das tatsächliche Geschehen von Staatsorganen oder anderen öffentlichen Funktionsträgern im Rahmen ihrer Zuständigkeit ausgeht (näher u Rn 22 ff).

14   Die im innerstaatlichen Recht geläufige haftungsbegrenzende Funktion des Schadens gibt es im Recht der Staatenverantwortlichkeit nicht. Als „Schaden" gilt schon die Verletzung einer Völkerrechtsposition als solche.[37] Deshalb kann, wenn sich nicht aus der verletzten Norm anderes ergibt, *auf das Kriterium des Schadens* als Voraussetzung des Eintritts der Staatenverantwortlichkeit *verzichtet* werden.[38] Bei der Bestimmung der Rechtsfolgen der Verantwortlichkeit (näher u Rn 32 ff) wird es demgegenüber häufiger Bedeutung erlangen.[39]

c) Ansätze zur Ausweitung des Konzepts

15 In verschiedenen Richtungen zeichnen sich Ansätze zur Ausweitung des Grundkonzepts der Staatenverantwortlichkeit ab. Schon länger wird diskutiert, ob es Völkerrechtsnormen speziellen Charakters gibt, an deren Verletzung besondere Rechtsfolgen zu knüpfen sind. Zudem stellt sich zunehmend die Frage, ob und unter welchen Voraussetzungen die Staaten für Verletzungen klimaschützender Vorgaben verantwortlich gemacht werden können, und ob sie auch für erlaubtes, aber risikobehaftetes Verhalten haften. Probleme, die vorerst nur beschrieben werden können, wirft schließlich die Erstreckung der völkerrechtlichen Verantwortlichkeit auf Netzwerk-Attacken auf. Angemessene Lösungen zeichnen sich nur begrenzt ab.

Erga omnes-Pflichten

16 Im *Barcelona Traction*-Fall differenzierte der IGH zwischen völkerrechtlichen Pflichten, die gegenüber dem einzelnen Staat, und solchen, die gegenüber der internationalen Gemeinschaft als ganzer bestehen. Zu letzteren, den sog *erga omnes*-Verpflichtungen, rechnet der IGH das Verbot der Aggression, des Völkermords, der Sklaverei und Rassendiskriminierung sowie die Achtung fundamentaler Rechte des Menschen.[40] Ihre Existenz ist *heute grundsätzlich anerkannt.*[41] Das mit ihnen verbundene Interesse an der Beach-

---

36 Ebd; vgl auch *J. Wolf*, Zurechnungsfragen bei Handlungen von Privatpersonen, ZaöRV 45 (1985) 232 (249).

37 Dazu IGH im *Korfu-Kanal*-Fall, ICJ Rep 1949, 35 sowie im *Südwestafrika*-Fall, § 41; *Verdross/Simma* (Fn 7) § 1264.

38 Dazu *Simma* (Fn 5) 365; *Dörr*, in Ipsen (Fn 8) § 29 Rn 27.

39 Vgl *Kunig* (Fn 6) 350.

40 § 33 f; im gleichen Sinne für das Gesandtschafts- und Konsularrecht: *Teheraner Geisel*-Fall, § 91; *East-Timor*-Fall, § 29; *Mauer-Gutachten*, § 155; *Auslieferungs-Fall*, §§ 64 ff. Zur Entscheidungspraxis instruktiv *Heintschel v. Heinegg*, Casebook Völkerrecht, 2005, Rn 296 ff.

41 Vgl *Dahm/Delbrück/Wolfrum* (Fn 5) Bd I/1, 1989, § 8 II.1.c; *Frowein*, Obligations *erga omnes*, 919; *Simma* (Fn 16) 293 ff; *Ragazzi*, The Concept of International Obligations *Erga Omnes*, 2000; *Cassese* (Fn 16) 262 ff

tung und Durchsetzung bezieht sich nicht, wie man meinen könnte, auf alle Staaten der internationalen Gemeinschaft, sondern (zur Wahrung des Konsensprinzips) auf diejenigen, die durch die durch die Verpflichtungen gebunden werden. Nur bei universell geltenden Normen erfassen *erga omnes* Pflichten die internationale Gemeinschaft.[42] Für die in der Regel nur „erga omnes partes" wirkenden Verpflichtungen kommen vor allem multilaterale Verträge in Betracht, die ein Schutzgut von gemeinsamen Interesse der Vertragsparteien zum Gegenstand haben, u a umweltrechtliche Vorgaben zum Schutz des Klimas.[43]

Im Kontext der internationalen Verantwortlichkeit ist zu klären, ob eine „erga om- 17 nes partes" oder „erga omnes" – weil universell – bindende Pflicht vorliegt. Soweit ein Staat durch Missachtung einer solchen Pflicht *individuell betroffen* ist, kann er diese nach Art 42 lit b ASR geltend machen, sei es, dass die Pflicht gegenüber einer Staatengruppe besteht, der er selbst angehört, oder dass sie die internationale Gemeinschaft insgesamt bindet. Ist er, wie häufig bei geschützten Gemeinschaftsgütern, nicht individuell verletzt, kann ein Staat unter weitgehend gleichen Voraussetzungen auch, *ohne selbst verletzt zu sein*, die Völkerrechtskonformität nach Art 48 Abs 1 ASR einfordern. Allerdings genügt es dann nicht, dass der Staat, der für eine Staatengruppe handelt, dieser selbst angehört. Zusätzlich muss ein Gemeinschaftsinteresse an der Beachtung der eingeforderten Pflicht bestehen. Daran zeigt sich, dass Art 48 ASR erkennbar auf dem *Erga omnes*-Verpflichtungstyp aufbaut.[44] Ob die beschriebenen Rechtsfolgen, die auf eine Art *actio pro socio* hinauslaufen, bereits geltendes Recht darstellen, ist ebenso zu bezweifeln, wie die Reaktionsmöglichkeiten im Klagewege unsicher sind.[45]

Haftung für den Klimawandel

Im Schrifttum gibt es Bemühungen, eine Haftung der Staaten für den Klimawandel zu 18 begründen.[46] Den Anstoß geben u a der Anstieg des Meeresspiegels, Dürren und Über-

---

(„aggravated state responsibility"); zusammenfassend *Dörr,* in Ipsen (Fn 8) § 29 Rn 15 ff. – Zum Verhältnis der *erga omnes*-Verpflichtungen zum *ius cogens Schmalenbach,* in Dörr/Schmalenbach (Hrsg), Vienna Convention on the Law of Treaties, 2. Aufl 2018, Art 53 Rn 82 ff.

42 Zutreffend *Dörr* (Fn 8) § 29 Rn 17 im Anschluss an den IGH im *Auslieferungsfall,* § 68.

43 *Dörr* (Fn 8) § 29 Rn 11; *Epiney,* Gegenstand, Entwicklung, Quellen und Akteure des internationalen Umweltrechts, in Proelß (Hrsg), Internationales Umweltrecht, 2. Aufl 2022, 1. Abschn Rn 51; *Schmalenbach,* Verantwortlichkeit und Haftung, in ebd, 7. Abschn Rn 21.

44 *Shaw,* International Law, 8. Aufl 2017, 605.

45 Dazu Oppenheim's International Law, 9. Aufl 1992, Bd I, § 146; *Shaw* (Fn 44) 652 f; *Dederer,* Staatenverantwortlichkeit („State Responsibility") und Haftung („Liability") im Bereich der „ultrahazardous activities", in Hebeler/Hendler/Reiff/Proelß (Hrsg), Verantwortlichkeit und Haftung für Umweltschäden, 2013, 13 (32 f) und Diskussionsbericht, in ebd, 78 (80); *Schmalenbach,* Friedliche Streitbeilegung, in Proelß (Fn 43), 8. Abschn Rn 71, 95.

46 *Kehrer,* Staatenverantwortlichkeit und Meeresspiegelanstieg, 2009, insbes 178 ff; 299 ff; *Frank,* Überlegungen zur Klimahaftung nach Völkerrecht, NVwZ 2014, 695 ff; *ders,* Klimabedingte Migration, NVwZ

schwemmungen durch Starkregen, die auf den Klimawandel zurückgeführt werden. Die Tragfähigkeit der herkömmlichen Staatenverantwortlichkeit ist jedoch nicht unproblematisch. Soweit einschlägige Verpflichtungen den Staaten zur Reduktion der Treibhausgase keine quantifizierten einzelstaatliche Pflichten auferlegen, sondern nur das ambitionierte Bemühen abverlangen, zur globalen Durchschnittstemperatur durch geeignete und effektive Maßnahmen im Rahmen ihrer Fähigkeiten und nationalen Gegebenheiten beizutragen, handelt es sich um *due diligence*-Pflichten. Ein bestimmter Erfolg ist nicht geschuldet.[47] Unsicher ist, ob der einzelne Staat für negative Auswirkungen des Klimawandels, die bekanntlich ein Ergebnis summierter Emissionen aus vielen Staaten sind, verantwortlich sein kann, wenn es an quotenmäßigen Festlegungen fehlt, und wenn ja, wie sich die weit gefassten Kriterien für die Handhabung der Sorgfaltspflicht auswirken. Der notwendige Beweis, dass gerade die völkerrechtswidrige Sorgfaltsverletzung des in Anspruch genommenen Staats zu bestimmten Klimaschäden geführt hat, wird nicht leicht gelingen, es sei denn, man stellt auf die allgemeine Pflicht ab, zur Emissionsminderung beizutragen. Nur dann wäre auch bei einer Anwendung des Art 47 Abs 1 ASR trotz national gestaltbarer Beiträge zum Klimaschutz von „derselben" völkerrechtswidrigen Handlung mehrerer Staaten auszugehen.[48] Fraglich ist schließlich, wer eine Staatenverantwortlichkeit geltend machen könnte: Eine individuelle Betroffenheit nach Art 42 lit a ASR müsste allein dem Staat gegenüber bestehen, der sie geltend macht, die konzeptionelle Bildung der Staatengruppe iSd Art 42 lit b i) ASR vermutlich unter Heranziehung des Grundsatzes der gemeinsamen aber differenzierten Verantwortlichkeiten (vgl Art 3 Abs 1 der UN-Klimarahmenkonvention) erfolgen. Für nicht verletzte Staaten gelten die Modalitäten des Art 48 (s o Rn 17).

Haftung für risikobehaftete Tätigkeiten

19 Seit Anfang des 20. Jh wird diskutiert, ob und unter welchen Voraussetzungen Staaten für ihnen zurechenbare *risikobehaftete* Tätigkeiten nach Völkerrecht verantwortlich sind. Den Ausgangspunkt bildeten zunächst fremdenrechtliche Vorgänge. Bei Schäden, die Ausländern infolge inneren Aufruhrs oder bürgerkriegsähnlicher Situationen entstanden, sollte eine absolute *verschuldensunabhängige Haftung* eintreten. Heute geht es um hoch gefährliche Tätigkeiten (sog *ultra-hazardous activities*), die zu abnormen, unabsehbaren Schäden führen können. Darunter fallen insbes die friedliche Nutzung der Kernenergie und des Weltraums, der Transport von Rohöl oder der Umgang mit hoch toxi-

---

2019, 529 ff; *Franzius/Kling*, The Paris Climate Agreement and Liability Issues, in Kahl/Weller (Hrsg), Climate Change and Litigation, 2021, 197 ff. S auch *von Arnaud* (Fn 6) Rn 902 und o *Proelß*, 5. Abschn Rn 130 ff, 179.

47 Vgl Art 4 Abs 2 und 3 des Übereinkommens von Paris; dazu *Proelß*, 5. Abschn Rn 176 f; und *Franzius/Kling* (Fn 46) Rn 9 ff.

48 Die aufgeworfenen Fragen bejahen der Hoge Raad, Urteil v 20.12.2019 ECLI:NL:HR:2019:2007, Rn 5.7.6 und 5.7.8 sowie BVerfGE 157, 30, Rn 200.

schen Chemikalien. Immer ist dabei vorausgesetzt, dass die einzelne Aktivität hochgefährlich ist, weshalb Klimaschäden grundsätzlich nicht darunter fallen, weil die dafür relevanten multiplen Verhaltensweisen für sich genommen nicht hoch gefährlich sind.[49] Soweit bei solchen Tätigkeiten Schäden entstehen, weil dem Staat ein schadensursächliches pflichtwidriges Verhalten bei der Genehmigung oder Überwachung der *ultra-hazardous activities* zugerechnet werden kann, bedarf es, wie bei sonstigen Schäden an der Umwelt, keines besonderen Haftungsregimes. Der normale Begründungstatbestand der Staatenverantwortlichkeit reicht aus.[50] Fehlt es an einer Pflichtverletzung des Staats, könnte die Rechtsverletzung in den schädigenden Folgen eines an sich erlaubten Verhaltens gesehen werden.[51] Die Einbeziehung von erlaubten, aber mit besonderen Schadensrisiken behafteten Verhaltensweisen in das klassische Konzept der Staatenverantwortlichkeit steht indessen im Widerspruch zur Rechtsüberzeugung der Staaten, die derartige Verhaltensweisen gerade nicht der Unrechtshaftung, sondern dem besonderen Typus der Gefährdungshaftung[52] unterstellen wollen.[53] Damit wird die Frage nach der *Existenz besonderer Regeln für rechtmäßiges, risikobehaftetes Verhalten* unausweichlich. Das Gewohnheitsrecht liefert in Anbetracht der nicht aussagekräftigen Staatenpraxis und der kontroversen Haltung des Schrifttums keine Grundlage.[54] Gleiches gilt für das zur Begründung herangezogene Verbot missbräuchlicher Rechtsausübung, weil sein Bestand und Inhalt im Völkerrecht str sind.[55]

Der von der ILC 2001 verabschiedete Entwurf *Draft Articles on Prevention of Transboundary Harm from Hazardous Activities*[56] basiert auf den Pflichten zur Prävention[57] und Kooperation.[58] Bestimmte gefährliche Tätigkeiten müssen von den Staaten genehmigungspflichtig gemacht werden, die Gefahr grenzüberschreitender Schäden ist notifizie- **20**

---

49 Wie hier *Dederer* (Fn 45) 16; offen gelassen von *Frank* (Fn 46 [Migration]) 533 (Fn 25).
50 *Dederer* (Fn 45) 18 ff; s auch *Herdegen*, Völkerrecht, 22. Aufl 2023, § 58 Rn 12.
51 So *Ipsen*, in ders (Fn 19) § 28 Rn 51 ff; dazu auch *Proelß*, Das Urteil des Internationalen Gerichtshofs im Pulp Mills-Fall und seine Bedeutung für die Entwicklung des Umweltvölkerrechts, FS Schröder, 2012, 611 (620 ff).
52 Dazu *Bedjaoui* (Fn 26) 360 f; aus der Vertragspraxis Art 22 Abs 3 Genfer Übereinkommen über die Hohe See v 29.4.1958, Art 110 Abs 1 SRÜ, Art VI Weltraumvertrag v 27.1.1967, Art II Weltraumhaftungsvertrag v 29.3.1972.
53 Vgl aber auch *Dederer* (Fn 45) 33 f.
54 Dazu *Beyerlin/Marauhn*, International Environmental Law, 2011, 367; *Schmalenbach* (Fn 43) Rn 49; s auch ISGH im *Tiefseeboden-Gutachten*, § 209.
55 *Randelzhofer*, Gefährdungshaftung, 45; *Ipsen*, in ders (Fn 19) § 28 Rn 44 ff; allgemein *Kiss*, Abuse of Rights, MPEPIL I, 1 ff.
56 Report of the International Law Commission of its Fifty-third session, 2001, Kap V. Dazu *Dahm/Delbrück/Wolfrum* (Fn 5) § 175 V; *Dolzer*, Völkerrechtliche Verantwortlichkeit und Haftung für Umweltschäden, BerDGVR 29 (1992) 195 (228 ff); *Erichsen*, Das Liability Project der ILC, ZaöRV 51 (1991) 94 ff; *Harndt*, Völkerrechtliche Haftung für die schädlichen Folgen nicht verbotenen Verhaltens, 1993, § 1.
57 Art 3 des Entwurfs (Fn 56). Vgl auch *Quentin-Baxter*, YBILC 1981 II/2, 146, 148 (para 177); *Barboza*, YBILC 1986 I, 196 (para 25); *Randelzhofer*, Gefährdungshaftung, 69 f.
58 Art 4 des Entwurfs (Fn 56).

rungs- und konsultationspflichtig.[59] Der Entwurf sieht auch ein Verfahren zur Streitschlichtung vor, in dessen Rahmen eine Tatsachenermittlungskommission eingesetzt
werden kann. Verweigert ein Mitgliedstaat die Benennung von Mitgliedern der Kommission, erhält der UN-Generalsekretär auf Antrag ein Ernennungsrecht.[60] Die ILC empfahl
der Generalversammlung, den Entwurf als Rahmenkonvention anzunehmen. Dieser
Empfehlung ist die Generalversammlung nicht gefolgt. 2006 nahm sie die von der ILC vorgelegten *Draft Principles on the Allocation of Loss in the Case of Transboundary Harm Arising out of Hazardous Activities*[61] an. Die sechs Prinzipien haben über Prävention und Kooperation hinaus Regelungen insbes zum Schadensausgleich zum Gegenstand, stellen
aber keinen Entwurf eines Staatshaftungsregimes für risikobehaftetes, aber erlaubtes
Verhalten dar, der als Vorlage für eine völkerrechtliche Konvention dienen könnte.

Cyber-Attacken

21 Die Abhängigkeit der Staaten von Informations- und Kommunikationstechnologien führt
seit einiger Zeit dazu, dass auch Angriffe auf Computernetzwerke als Mittel der Kriegsführung genutzt werden. Angriffsziel ist die Funktionsfähigkeit des jeweiligen Systems,
das lahmgelegt werden soll, um staatsbedeutsame Informationen und Daten auszuspä-
hen, zu verfälschen oder den Zugriff des betroffenen Staats darauf zu erschweren. Opfer
solcher „Cyber War"-Attacken waren bislang Estland 2007, Georgien und Litauen 2008
sowie der Iran 2010.[62] Für die Einordnung in den Kontext der völkerrechtlichen Verantwortlichkeit ist wesentlich, ob solche Angriffe eine Völkerrechtsnorm verletzen. Das
Gewaltverbot (Art 2 Nr 4 UN-Charta) ist nur ausnahmsweise bei netzexternen Auswirkungen berührt, die militärischer Gewalt gleichkommen. Eine Verletzung des Interventionsverbots ist nur gegeben, wenn die Angriffe Zwang auf die staatliche Souveränität über
den virtuellen Raum ausüben.[63] Auch die für die Verantwortlichkeit notwendige Zurechnung der Angriffe an einen staatlichen Urheber bereitet erhebliche Schwierigkeiten.[64]
Anregungen, die diesbezüglichen Anforderungen zu modifizieren – etwa im Sinne einer
Umkehr der Beweislast – oder die Einbeziehung der Netzwerke in die Gefährdungshaftung sind nur *de lege ferenda* zu realisieren. Neue Regeln der Verantwortlichkeit sind
nach alledem angebracht, aber nicht in Sicht.[65]

---

59 Vgl die Art 6 bis 11 des Entwurfs (Fn 56).
60 Vgl Art 19 des Entwurfs (Fn 56).
61 GA/RES/61/36 Annex (zit als DAPTH); vgl auch YBILC 2006 II/1, 101 ff (Kommentar).
62 Darstellung bei *Schulze*, Cyber-„War" – Testfall der Staatenverantwortlichkeit, 2015, Kap 1.
63 *von Arnauld* (Fn 6) Rn 1041 und 1086; zum Ganzen Schmitt (Hrsg), Tallinn 2.0 Manual on the International Law Applicable to Cyber Operations, 2. Aufl 2019; *Hobe*, Einführung in das Völkerrecht, 10. Aufl
2014, 298 f.
64 Schmitt (Fn 63) 35 ff; *von Arnauld* (Fn 6) Rn 1089 mwN.
65 Zum Ganzen auch *Shackelford*, From Nuclear War to Net War: Analogizing Cyber Attacks in International Law, BJIL 27 (2009) 193 ff; *ders/Andres*, State Responsibility for Cyber Attacks: Competing Standards
for a Growing Problem, GJIL 42 (2011) 971 ff; *Krieger*, Krieg gegen Anonymus: Völkerrechtliche Regelungs-

3. Einzelfragen
a) Zurechnungsprobleme der Staatenverantwortlichkeit
Gewohnheitsrechtlich gesichert erscheint, dass der Staat für alle Völkerrechtsverletzun- 22
gen einzustehen hat, die durch seine *Organe*, gleich welcher Art und Stufe, entstehen
(Art 4 ASR). Handelt es sich dabei um einen Bundesstaat, wird das Organverhalten der
Gliedstaaten dem Gesamtstaat idR wie eigenes zugerechnet.[66] Der praktisch häufigste
Fall der Organzurechnung betrifft Entscheidungen der Verwaltung unter der Voraus-
setzung, dass sie mit innerstaatlichen Rechtsmitteln nicht mehr angreifbar sind.[67] In Betracht kommen aber auch Gesetzgebungsakte (klassisch: Enteignungs- und Nationali-
sierungsgesetze), sofern der Völkerrechtsverstoß bereits in diesen Akten bzw ihrer
Unterlassung liegt und nicht erst die Folge einer bestimmten Rechtsanwendung ist.[68]
Schließlich besteht die Verantwortlichkeit für völkerrechtswidrige, letztinstanzliche Gerichtsurteile.[69] Besondere Bedeutung haben in der Vergangenheit gravierende Verstöße
gegen die Grundsätze ordnungsgemäßer Rechtspflege zu Lasten von Ausländern und Angehörigen bestimmter Staaten *(sog déni de justice, denial of justice)*[70] erlangt.

Verantwortlich sind Staaten gleichermaßen für Entscheidungsträger, die außerhalb 23
des Staatsapparats stehen, aber mit der Wahrnehmung öffentlicher Funktionen betraut
sind. Dies trifft namentlich auf rechtlich selbständige Verwaltungsträger, wie Körperschaften, Anstalten, Stiftungen oder die „Beliehenen", zu (Art 5 ASR). Die Zurechnung
einer bloß *faktischen Ausübung* öffentlicher Funktionen dürfte demgegenüber nur in
Extremsituationen (Katastrophen, Krieg) relevant werden.[71] Abgesehen davon bereitet
der Nachweis, dass die Ausübung staatlicherseits geduldet wurde, erhebliche Schwierigkeiten.

Das Handeln seiner Organe und sonstiger mit der Ausübung öffentlicher Funktionen 24
betrauter Entscheidungsträger wird dem Staat auch im Falle der Kompetenzüberschreitung oder des Verstoßes gegen Weisungen (sog *ultra vires-Handeln*) zugerechnet (vgl
Art 7 ASR). Umstritten ist lediglich, ob dies selbst dann gilt, wenn derartige Verhaltens-
mängel für das geschädigte Völkerrechtssubjekt offenkundig waren.[72] Gegen die Existenz

---

möglichkeiten bei unsicherer Zurechnung im Cyberwar, AVR 50 (2012) 1 ff; *Heintschel von Heinegg*, Cyberspace – ein völkerrechtliches Niemandsland?, in Schmidt-Radefeldt/Meissler (Hrsg), Automatisierung
und Digitalisierung des Krieges, 2012, 159 ff; monographisch *Schulze* (Fn 62).
66 *Dahm/Delbrück/Wolfrum* (Fn 5) § 176 II 4.
67 Bsp bei *Verdross/Simma* (Fn 7) § 1273.
68 *Verdross/Simma* (Fn 7) § 1271; *Dahm/Delbrück/Wolfrum* (Fn 5) § 176 V 1 f.
69 Instruktiv *Schlochauer* (Fn 6) 251 f.
70 Zu Begriff und Inhalt *Focarelli*, Denial of Justice, MPEPIL III, 36 ff.
71 Aus der Lit *Dörr*, in Ipsen (Fn 8) § 30 Rn 11, 19 ff mit Differenzierungen und Bsp; *von Arnauld* (Fn 6)
Rn 402; übereinstimmend *Dahm/Delbrück/Wolfrum* (Fn 5) § 177 II 2; *David*, La responsabilité internationale de l'Etat après l'aff. Bosnie c/Serbie, FS Bothe, 2008, 865 ff; *Epiney*, Zur Rechtsfigur des de facto-Organs
im Recht der Staatenverantwortlichkeit, FS Bothe, 2008, 883 ff.
72 Bejahend etwa *Dahm/Delbrück/Wolfrum* (Fn 5) § 176 II 2; *Verdross/Simma* (Fn 7) § 1274; *Crawford*
(Fn 8) 549 verneinend *Dörr*, in Ipsen (Fn 8) § 30 Rn 9.

einer solchen Ausnahme werden einzelne internationale Schiedssprüche[73] sowie u a das Argument geltend gemacht, dass die Kenntnis der Kompetenzüberschreitung idR nicht geeignet sei, den „Schaden" abzuwehren.[74] Doch ist der Nachweis der gewohnheitsrechtlichen Zurechnung auch manifester Kompetenzüberschreitungen schwer zu führen.[75]

25   Rechtsverletzungen, die *Privatpersonen* begehen, liegen grundsätzlich außerhalb der Staatenverantwortlichkeit. Die Staaten haben für sie nur einzustehen, wenn ihnen diesbezüglich eigenes Fehlverhalten vorgehalten werden kann.[76] Häufig wird es dabei um ein Unterlassen gehen: Der Staat hat nicht die den Umständen nach gebotene Sorgfalt *(due diligence)* aufgewendet, um private Übergriffe auf Rechte von Ausländern und fremden Staaten zu verhindern, oder er unterlässt es, die privaten Rechtsbrecher zu verfolgen und zu bestrafen.[77] Die Staatenpraxis kennt auch die positive Unterstützung und Förderung privater Unrechtstatbestände.[78] Art 8 ASR erfasst diese Fallgruppe, indem er faktisches Handeln einer Person oder Personengruppe im Auftrag oder unter Leitung bzw Kontrolle eines Staates diesem zurechnet. Der IGH hat auch im *Genocide*-Fall für die Zurechnung – nicht unproblematisch – eine effektive Kontrolle verlangt.[79]

26   Beteiligt sich ein Staat bei multilateralen Einsätzen, etwa im Rahmen der UNO oder NATO, mit Waffen oder Verwaltungspersonal, stellt sich die Frage, inwieweit Völkerrechtsverletzungen diesem oder/und der I.O. zuzurechnen sind. Stellt man auf Art 7 der von der ILC erarbeiteten Draft Articles on the Responsibility of International Organizations ab,[80] kommt es für die Zurechnung auf die effektive Kontrolle über das konkrete Verhalten vor Ort an.[81] Für den EGMR reichte in der Rechtssache *Behrami* u a, die sich mit dem Verhalten französischer, deutscher und norwegischer Soldaten im Kosovo zu befassen hatte, die „ultimate authority and control" des Sicherheitsrats zur *Verneinung*

---

[73] *Youmans*-Fall, RIAA IV, 110ff; *Caire*-Fall, RIAA V, 516ff.

[74] Vgl *Verdross/Simma* (Fn 7) § 1274.

[75] Dazu auch die Ausnahmen zugunsten manifester Rechtsverletzungen in Art 46 WVK und Art 46 WVKIO.

[76] Zurechnung über Art 8 bis 11 ASR. Dazu *von Arnauld* (Fn 6) Rn 410ff. Vgl auch *David* (Fn 71); *Wolfrum,* State Responsibility for Private Actors, in Ragazzi (Hrsg), International Responsibility Today, 2005, 423ff; *Kees,* Responsibility for Private Actors, MPEPIL VIII, 959ff.

[77] Grundlegend der Schiedsspruch von Max Huber betr britisches Eigentum in Spanisch-Marokko v 1.5.1925, RIAA II, 615, 636, 642, 645f; aus neuerer Zeit der IGH im Falle der Teheraner Geiselnahme, ICJ Rep 1980, 2, 31f. Im Schrifttum *Verdross/Simma* (Fn 7) § 1281; *Brownlie* (Fn 26) 159ff; *Rousseau* (Fn 26) Nr 68ff; *Sperduti,* Responsibility of States for Activities of Private Law Persons, EPIL IV (2000) 216ff; *Wolf* (Fn 36); differenzierend und auf Schutzpflichten abstellend *Dörr,* in Ipsen (Fn 8) § 30 Rn 22, 24ff.

[78] So bei der regierungsamtlichen Billigung der Besetzung der US-Botschaft in Teheran: IGH, §§ 71ff.

[79] *Völkermordkonvention,* § 400; für eine *overall control* demgegenüber das *Tadic*-Urteil, §§ 120, 131, 137; zur Kontroverse auch *Aronssson-Storrier,* in Klamberg Commentary, Art 8bis Rn 165 mwN.

[80] Mit Kommentar der ILC abrufbar unter <http://untreaty.org/ilc/texts/inmstruments/english/commentaries/9_11_2011.pdf>.

[81] Eingehend zum Folgenden *von Arnauld* (Fn 6) Rn 405ff mwN; Kriterien bei *Peters,* Die Anwendbarkeit der EMRK in Zeiten komplexer Hoheitsgewalt und das Prinzip der Grundrechtstoleranz, AVR 48 (2010) 1 (37ff).

der Zurechnung an die Entsendestaaten aus. Verantwortlich sei allein die UNO.[82] Die Entscheidung wird mit Recht abgelehnt. Sie bietet keine brauchbaren Kriterien für die Abgrenzung der Verantwortlichkeit der Staaten von der der I.O. und weicht ohne überzeugenden Grund vom Maßstab des Art 7 ASR ab.[83]

Schwierigkeiten bereitet die Beurteilung staatlicher Verhaltensweisen, die geeignet 27 sind, Völkerrechtsverletzungen eines *anderen* Staates zu erleichtern oder zu fördern. Gewiss gibt es Konstellationen, in denen eine Verantwortlichkeit durch „*Beihilfe*"[84] bejaht werden kann. Die Umschreibung des Beihilfetatbestands (vgl Art 16 ASR) steckt noch in den Anfängen. Sie muss vor dem Hintergrund erfolgen, dass die Staaten nach geltendem Recht generell nicht verpflichtet sind, auf fremde Völkerrechtsverletzungen zu reagieren und deshalb ihr eigenes Verhalten nicht ohne weiteres auf mögliche Beihilfehandlungen überprüfen müssen.[85]

b) Ausschluss der Staatenverantwortlichkeit

Ein die Staatenverantwortlichkeit begründender völkerrechtswidriger Akt liegt aus- 28 nahmsweise dann nicht vor, wenn der betroffene Staat erkennbar mit ihm *einverstanden* war (Art 20 ASR) und die Völkerrechtsverletzung sich nicht auf *ius cogens-* bzw *erga omnes*-Verpflichtungen bezog. Auch *höhere Gewalt,* die völkerrechtskonformes Verhalten unmöglich macht, desgleichen Zufallsereignisse können die Verantwortlichkeit im Einzelfall ausschließen, sofern sie unvorhersehbar, unüberwindbar und vom Staat nicht kontrollierbar sind. Eine Berufung auf höhere Gewalt ist ausgeschlossen, wenn der Staat das Ereignis selbst herbeigeführt oder doch das Risiko für dessen Eintritt erhöht hat (Art 23 ASR). Eine Berufung auf den sog *Staatsnotstand ist grundsätzlich ausgeschlossen,* es sei denn, der *Schutz lebenswichtiger Interessen des eingreifenden Staats* macht sie notwendig, wobei wesentliche Interessen anderer Staaten oder der Staatengemeinschaft nicht verletzt werden dürfen. Zudem darf die Berufung auf den Staatsnotstand nicht durch eine besondere völkerrechtliche Verpflichtung ausgeschlossen sein und der Staat nicht zur Entstehung der Notstandssituation beigetragen haben. Schließlich sind auch hier *Eingriffe in ius cogens ausgeschlossen* (vgl Art 25, 26 ASR). Die Staatenpraxis stützt

---

82 EuGRZ 2007, 522 (Ziff 146 ff).

83 *P. Klein,* Responsabilité pour les faits commis dans le cadre d'opérations de paix et étendu du pouvoir de contrôle de la Cour Européenne de Droit de l'Homme: Quelques considérations critiques sur l'arret Behrami und Saramati, AFDI 53 (2007) 43 (52 ff) mit Hinweisen auf die richterliche Selbstbeschränkung aus faktischen und politischen Gründen (vgl ebd 56 ff); *Hafner,* The ECHR Torn between the United Nations and the States: The Behrami and Saramati Case, FS Bothe, 2008, 103 ff.

84 Nicht zu verwechseln mit der seltenen und hier nicht behandelten Verantwortlichkeit eines Staats für Völkerrechtsverletzungen von ihm rechtlich oder faktisch abhängiger anderer Staaten, dazu Art 17 ASR und *Verdross/Simma* (Fn 7) § 1286; *E. Klein,* Beihilfe zum Völkerrechtsdelikt, FS Schlochauer, 1981, 425 (427 f).

85 Eingehend *Klein* (Fn 84) 434, 436; monographisch *Aust,* Complicity and the Law of State Responsibility, 2011.

die Regelung.[86] Erfasst ist auch der wirtschaftliche und finanzielle Notstand eines Staates.[87] Letzterer dürfte aber nicht zur Verweigerung der Erfüllung privatrechtlicher Zahlungsansprüche berechtigen, da es an einer völkerrechtlichen Rechtsbeziehung, die im Notstand suspendiert werden könnte, mangelt.[88]

29   Die Verantwortlichkeit kann schließlich entfallen, weil der Akt des Staats Reaktion auf einen vorausgegangenen Völkerrechtsbruch ist. In diesem Fall kann ein Staat sich an *kollektiven Zwangsmaßnahmen einer I.O.* (Rn 114f) beteiligen, zur *Selbstverteidigung* im Rahmen der UN-Charta befugt sein[89] oder *Gegenmaßnahmen* ergreifen.

30   *Gegenmaßnahmen* bezeichnen den Fall, dass ein Völkerrechtssubjekt auf die vorangegangene Verletzung seiner Rechte reagiert und deren Schutz und Durchsetzung selbst in die Hand nimmt. Der Begriff ist aus zwei Gründen enger als der der Sanktion (Rn 108): zum einen bezeichnet er nur die einseitige Antwort eines Völkerrechtssubjekts auf eine vorangegangene Völkerrechtsverletzung. Maßnahmen I.O., etwa der UN, sind nicht gemeint.[90] Zum anderen ist eine Gegenmaßnahme grundsätzlich selbst völkerrechtswidrig, aber als Mittel, einen völkerrechtswidrigen Zustand zu beenden, gerechtfertigt.[91]

31   Der Begriff der Gegenmaßnahme ist wesentlich durch die Arbeit der ILC in Anlehnung an die Friedensrepressalie geprägt worden,[92] hat aber auch Niederschlag in der internationalen Spruchpraxis gefunden.[93] Die Staatenverantwortlichkeitsresolution beschränkt den Staat, der die Gegenmaßnahmen ergreift, sowohl bzgl der *Ziele*, die er verfolgen darf, als auch bezüglich der gewählten *Mittel*. So dürfen Gegenmaßnahmen nur ergriffen werden, um den rechtswidrig handelnden Staat zu einem rechtmäßigen Handeln zu bestimmen.[94] Dabei darf nicht von fundamentalen Menschenrechten, wie sie in den UN-Menschenrechtspakten enthalten sind, oder zwingendem Völkerrecht abgewichen werden.[95] Bevor Gegenmaßnahmen ergriffen werden, muss der rechtsbrechende Staat zu völkerrechtskonformem Verhalten aufgefordert werden; geplante Gegenmaßnahmen

---

86 IGH im *Gabcikovo-Nagymaros*-Fall, § 51f; eingehend *Reinisch*, Sachverständigengutachten zur Frage des Bestehens und der Wirkung des völkerrechtlichen Rechtfertigungsgrundes „Staatsnotstand", ZaöRV 68 (2008) 4ff.

87 *Reinisch* (Fn 86) 10ff.

88 Dazu BVerfGE 118, 124, 135 und 139f *[Argentinische Staatsanleihen]; Reinisch* (Fn 86) 27; *Hobe,* Völkerrechtlicher Notstand im internationalen Investitionsrecht, 2011, 121ff; krit *Schill,* Der völkerrechtliche Staatsnotstand in der Entscheidung des BVerfG zu Argentinischen Staatsanleihen: Anachronismus oder Avantgarde? ZaöRV 68 (2008) 47ff; *von Arnauld* (Fn 6) Rn 428.

89 Vgl Art 21 und 22 ASR.

90 *Fiedler,* Gegenmaßnahmen, 12f.

91 Vgl zu dieser Konstruktion Art 22 ASR.

92 Vgl *Stein/von Buttlar/Kotzur,* Völkerrecht, 14. Aufl 2017, Rn 1151.

93 Schiedsspruch im *Air Service Agreement*-Fall, §§ 81ff; IGH in den Fällen *Teheraner Geiseln,* § 53 und *Nicaragua (Merits),* § 210.

94 Art 49 ASR.

95 Art 50 ASR. Vgl zum Ganzen *Dahm/Delbrück/Wolfrum* (Fn 5) § 188 VI 3.; *Crawford,* State Responsibility, 528f.

Schröder

müssen zudem angekündigt werden.[96] Und schließlich müssen Gegenmaßnahmen *verhältnismäßig* sein und dürfen nur so lange ergriffen werden, bis die völkerrechtswidrige Handlung oder der völkerrechtswidrige Zustand beendet ist.[97] Diese Einschränkungen des Rechts auf Gegenmaßnahmen dürften völkergewohnheitsrechtlich abgesichert sein. Der Form nach wird eine Gegenmaßnahme nach wie vor meist eine Repressalie darstellen (zu den Einzelproblemen der Repressalie Rn 116 ff).

c) Rechtsfolgen der Staatenverantwortlichkeit

Die besondere Rechtsbeziehung, die durch Verletzung des Völkerrechts entsteht (Rn 8), löst – vorbehaltlich abweichender Vereinbarungen (Rn 34) – die Pflicht des verantwortlichen Staats, nicht der handelnden Organe oder Entscheidungsträger aus, weitere Verletzungen einzustellen und alle Folgen des rechtswidrigen Akts, soweit möglich, rückgängig zu machen *(Wiedergutmachung).*[98] Je nach den Umständen des Einzelfalls kommt die tatsächliche bzw rechtliche *Wiederherstellung des früheren Zustands* (Art 35 ASR),[99] bei wertmäßig bestimmbaren Völkerrechtsverletzungen auch *Geldersatz* für solche Schäden in Betracht, die mit der Verletzung in einem adäquat-kausalen Zusammenhang stehen (Art 36 ASR).[100] Ob der betroffene Staat zwischen Naturalrestitution oder Schadenersatz wählen darf oder Schadenersatz nur beansprucht werden kann, soweit eine *restitutio in integrum* nicht oder nicht vollständig möglich ist, wird, insbes im Fall der Verletzung des Fremdenrechts, nicht einheitlich beantwortet.[101] Bei wertmäßig nicht erfassbaren Völkerrechtsverstößen tritt an die Stelle des Schadenersatzes der *Anspruch auf Genugtuung* (Art 37 ASR). Ihm wird etwa durch ausdrückliche Übernahme der Verantwortung für den Völkerrechtsverstoß, Entschuldigung, Bestrafung der Verursacher oder durch die Zuerkennung einer Geld-„Buße" entsprochen. Unter Umständen genügt schon die Feststellung der Völkerrechtswidrigkeit durch ein internationales (Schieds-)Gericht.[102]

32

---

96 Art 52 ASR.

97 Art 51 und 52 ASR.

98 Grundlegend StIGH im *Chorzów*-Fall. Zum Prinzip auch *Brownlie* (Fn 26) 199 f; *Crawford*, State Responsibility, 526 ff. Zur Kritik, dass es keine individuelle Verantwortlichkeit der Organe und Entscheidungsträger gibt, *Crawford*, International Responsibility, in Besson/Tasioulas (Hrsg), The Philosophy of International Law, 2010, 283 (289 ff, 293 ff)

99 Zum Unterschied zur Beendigung des völkerrechtswidrigen Zustandes *Dahm/Delbrück/Wolfrum* (Fn 5) § 185; Einzelheiten mit Bsp bei *Verdross/Simma* (Fn 7) § 1295; *Tanzi*, Restitution, MPEPIL VIII, 972 ff.

100 Eingehend dazu *Riedel*, Damages, EPIL I (1992) 929 ff. Zur Entschädigungspraxis („lump-sum-agreements") *Doehring*, Völkerrecht, 2. Aufl 2004, Rn 842.

101 Auch Art 36 ASR gewährt Kompensation nur, sofern der Schaden nicht durch Restitution behoben werden kann.

102 Vgl *Verdross/Simma* (Fn 7) § 1299; *Hoss*, Satisfaction, MPEPIL IX, 25 ff. Zur gerichtlichen Genugtuung IGH im *Korfu-Kanal*-Fall, ICJ Rep 1949, 35 f.

33   Der Wiedergutmachungsanspruch ist, da er aus einer Rechtsbeziehung zwischen Staaten resultiert, ein *zwischenstaatlicher* Anspruch.[103] Das bedeutet, dass er auch bei Völkerrechtsverletzungen zu Lasten natürlicher oder juristischer Personen nur von Staaten geltend gemacht werden kann. Bei Verletzung natürlicher Personen[104] steht er gewohnheitsrechtlich nur dem Staat zu, dem die Person im Zeitpunkt der Verletzung und Geltendmachung des Anspruchs angehört.[105] Bei juristischen Personen (nicht deren Gesellschafter oder Aktionäre, die wie natürliche Personen behandelt werden)[106] richtet sich die Anspruchsberechtigung danach, ob sie dem Staat nach Maßgabe seiner Rechtsordnung, zB durch ihren Sitz oder ihr Geschäftszentrum, zugeordnet werden kann.[107] In jedem Fall kann der Anspruch erst erhoben werden, wenn die natürliche oder juristische Person alle innerstaatlichen Rechtsmittel gegen die Verletzung erfolglos erschöpft hat.[108]

34   Inwieweit die vorstehend beschriebenen Rechtsfolgen und ihre selbständige Durchsetzung unter Einschaltung internationaler Gerichte und der Anwendung völkerrechtlich zulässiger Sanktionen (insbes Repressalien)[109] gegenüber *spezielleren Regeln* zurücktreten, ist bislang kaum geklärt. So kann man zwar davon ausgehen, dass die Parteien, soweit sie dabei nicht gegen die UN-Charta oder ius cogens verstoßen, besondere Rechtsfolgen für völkerrechtswidrige Akte festlegen dürfen.[110] Entsprechende Regelungen enthalten bspw das *Übereinkommen über die völkerrechtliche Haftung für Schäden durch Weltraumgegenstände,*[111] die *Vereinbarung über Regeln und Verfahren zur Beilegung von Streitigkeiten* (Art 23)[112] und das *UN-Seerechtsüberkommen*[113] in Art 139. Die Feststellung der grundsätzlichen Zulässigkeit spezieller Regelungen trägt aber wenig zu der viel schwierigeren Frage bei, in welchem Verhältnis die allgemeinen Regeln der Staatenverantwortlichkeit zu besonderen Rechtsschutz- und Sanktionssystemen stehen, wie sie etwa im Menschenrechtsschutz sowie im Diplomaten- und Konsularrecht[114] existieren. Sind diese abschließend („self-contained"), oder bleibt der Rückgriff auf die allgemeinen Regeln unter bestimmten Voraussetzungen zulässig, bspw wenn das Sonderregime un-

---

103 Vgl *Verdross/Simma* (Fn 7) § 1304.

104 Dazu *Dörr*, Völkerrechtliche Deliktsansprüche Privater, FS Klein, 2013, 765 ff; die gewohnheitsrechtliche Geltung verneinend *von Arnauld* (Fn 6) Rn 432.

105 Grundlegend StIGH im Fall der *Mavrommatis-Konzessionen,* Ser A, No 2, 12. Auf Schiffen ist der Anspruch des Flaggenstaats unabhängig von der Nationalität, vgl *M/V-Saiga*-Fall des ISGH, § 105.

106 Grundlegend: IGH im *Barcelona-Traction*-Fall, § 70.

107 Zu Ausnahmen *Verdross/Simma* (Fn 7) § 1304.

108 Vgl *Crawford/Grant*, Local Remedies, Exhaustion of, MPEPIL VII, 895 ff.

109 Dazu *Zemanek*, Responsibility of States: General Principles, EPIL IV (2000) 227 f.

110 Vgl *Verdross/Simma* (Fn 7) § 1309.

111 BGBl 1975 II, 1210.

112 BGBl 1994 II, 1749. Die Vereinbarung gilt für die in Anlage 1 der Vereinbarung genannten Handelsabkommen, vor allem das WTO-Übereinkommen.

113 BGBl 1994 II, 1799.

114 Für abschließenden Charakter IGH im *Teheraner Geisel*-Fall, ICJ Rep 1980, 3 § 86.

vollständig oder ineffizient ist? Ob eine für den „Regelfall" durch Auslegung ermittelte Exklusivität des Sonderregimes in jeder zwischenstaatlichen Konstellation standhält, erscheint durchaus ungewiss.[115]

4. Die Verantwortlichkeit Internationaler Organisationen
a) Praktische Bedeutung

Anzahl und Gewicht I.O. nehmen seit 1945 ständig zu. Angesichts damit einhergehender 35 Zuständigkeitsverlagerungen gewinnt die Frage wachsende Bedeutung, unter welchen Voraussetzungen I.O. für von ihnen begangene Völkerrechtsverletzungen einzustehen haben und welche Regeln für den Fall gelten, dass I.O. selbst Opfer solcher Verletzungen werden. Ihre Relevanz ist freilich im Vergleich zur Staatenverantwortlichkeit nach wie vor geringer. Der Grund liegt darin, dass der Aufgabenbereich I.O. erheblich enger ist als der der Staaten und nicht die gleiche „Verletzungsanfälligkeit" aufweist, weil gebiets- und personenbezogene Pflichten regelmäßig nicht zu ihm gehören.[116] Ausdrückliche Bestimmungen im Völkervertragsrecht sind selten,[117] die Präjudizien spärlich.[118] Im Dezember 2001 hat die Generalversammlung der ILC den Auftrag erteilt,[119] sich nach dem Abschluss der Arbeiten über die Staatenverantwortlichkeit mit dem Regime der Verantwortlichkeit I.O. zu beschäftigen. Ihren Abschlussbericht, der 67 Artikel umfasst,[120] legte die ILC der Generalversammlung 2011 vor. Er wurde am 9.12.2011 angenommen.[121]

b) Einschlägige Regeln

Im Grundsatz stimmt das rechtliche Konzept der Verantwortlichkeit I.O. mit dem bei 36 Staaten überein. Dies zeigt auch die weitreichende Übereinstimmung der von der ILC angenommenen Regeln zu den I.O. mit den Bestimmungen in der Staatenverantwortlichkeitsresolution.[122] Doch gibt es *Besonderheiten*, die, weil verlässliche Anhaltspunkte

---

115 Dazu *Klein*, Self-Contained Regime, MPEPIL IX, 97; vgl auch die skeptischen Bemerkungen bei *von Arnauld* (Fn 6) Rn 421.
116 *Ipsen*, in ders (Fn 19) § 30 Rn 9.
117 Vgl Art VI Weltraumvertrag v 27.1.1967; Art XXII Abs 3 Weltraumhaftungsvertrag v 29.3.1972; Art 263 SRÜ.
118 Sie bezogen sich in der Vergangenheit nur auf die UN, vgl IGH im *Bernadotte*-Fall, ICJ Rep 1949, 174 bzw, bzgl der Wiedergutmachung von Friedenstruppen im Kongo verursachter Schäden, ICJ Rep 1963, 150. Dazu auch die Note des Generalsekretärs zum UN-Abkommen über die Entschädigung belgischer Staatsangehöriger im Kongo, abgedr bei *Meng*, Internationale Organisationen im völkerrechtlichen Deliktsrecht, ZaöRV 45 (1985) 324 (329). Zur Zurechnung von Völkerrechtsverletzungen, die von Friedenstruppen begangen werden, vgl *Ipsen*, in ders (Fn 19) § 29 Rn 21.
119 GA (Res) 56/82 v 12.12.2001.
120 Fundstelle: Fn 80.
121 UN Doc A/Res/66/100 (nachfolgend zit als ARIO).
122 Dazu ILC Kommentar (Fn 80) Ziff 3f.

der Praxis fehlen, im vergleichsweise spärlichen Schrifttum[123] umstritten sind. Eine der Kontroversen betrifft die Frage, ob die *Verantwortlichkeit für Völkerrechtsverletzungen* (über den Sonderfall der UN hinaus) bei allen I.O. ohne weiteres aus der völkerrechtlichen Rechts- und Handlungsfähigkeit abzuleiten ist oder von einer konstitutiven Anerkennung der Organisation abhängt. Für ersteres spricht, dass die Verantwortlichkeit die „Kehrseite" der Rechts- und Handlungsfähigkeit ist[124] und die Mitgliedstaaten mit der Konstituierung einer I.O. dieser idR auch die nach Völkerrecht übliche selbständige Rechtsstellung verschaffen wollen. Unter dem besonderen Blickwinkel der *Haftung* entsteht Drittstaaten daraus kein Nachteil, soweit die subsidiäre Verantwortlichkeit der Mitgliedstaaten (Rn 37) unberührt bleibt.[125] Freilich kann darin eine unerwünschte indirekte Anerkennung der Rechtsfähigkeit der I.O. liegen. Für diesen Fall bleibt nur die Inanspruchnahme der Mitgliedstaaten. Ist die I.O. *Opfer einer Völkerrechtsverletzung,* kann sie die Verantwortlichkeit selbst geltend machen.[126] Ein Klagerecht vor dem IGH steht ihr im Hinblick auf Art 34 IGH-Statut allerdings nicht zu. Doch kann sie den Anspruch mit Gegenmaßnahmen durchsetzen.[127] Weil die Rechtsfolgen bei Verletzung von *erga omnes*-Verpflichtungen im allgemeinen Völkerrecht noch strittig sind (Rn 16f), bestehen demgegenüber Zweifel, ob I.O. – von Sonderfällen wie dem der UNO abgesehen – generell befugt sind, ihre Mitgliedstaaten ohne eigene Betroffenheit im Falle der Verletzung solcher Pflichten durch Drittstaaten zu unterstützen.[128] Nur organisationsspezifisch wird auch die Berechtigung einer I.O. zu bejahen sein, Völkerrechtsverletzungen zugunsten von Privatpersonen geltend zu machen. Vorstellbar ist dies etwa für den Fall, dass ein Drittstaat einen von ihm mit der I.O. abgeschlossenen Vertrag verletzt und dieser Vertrag subjektive private Rechte begründet.[129]

37   Zu den besonderen Problemfeldern der Verantwortlichkeit I.O. gehören die Voraussetzungen, unter denen die Mitgliedstaaten gegenüber Drittstaaten für Pflichtverletzungen einer I.O. einstehen müssen. Eine *generelle Komplementärhaftung neben der Organisation* lässt sich in der Rechtsüberzeugung der Staaten *nicht nachweisen.*[130] Subsidiär kann die Verantwortlichkeit lediglich für den Fall eintreten, dass die I.O. von den Mitgliedstaaten nicht mit ausreichenden Haftungsmitteln ausgestattet oder bei *ultra vires-*

---

123 *Hartwig,* International Organisations, Responsibility and Liability, MPEPIL VI, 64ff; *Ruffert/Walter,* Institutionalisiertes Völkerrecht, 2. Aufl 2015, § 7; weitere Nachw bei *Dörr,* in Ipsen (Fn 8) § 31.
124 *Ruffert/Walter* (Fn 123) Rn 215; s auch Art 2 (a) ARIO mit Kommentar (Fn 80).
125 Übereinstimmend *Hoffmann,* Der Durchgriff auf die Mitgliedstaaten internationaler Organisationen für deren Schulden, NJW 1988, 585 (586); *Ruffert/Walter* (Fn 123) Rn 230.
126 IGH im *Bernadotte*-Fall, ICJ Rep 1949, 174, 184; verallgemeinernd *Ipsen,* in ders (Fn 19) § 30 Rn 6ff; *von Arnauld* (Fn 6) Rn 382; vgl auch Art 43 ARIO.
127 Dazu vgl Art 51ff ARIO.
128 Hierzu vgl Art 14 ARIO mit Kommentar.
129 Dazu *Groux/Manin,* Die Europäischen Gemeinschaften in der Völkerrechtsordnung, 1984, 151f.
130 Eingehende Diskussion zu Art 62 Draft Articles im Kommentar der ILC (Fn 80); ferner *Ruffert/Walter* (Fn 123) Rn 230; aA etwa *Hoffmann* (Fn 125).

Schröder

Handeln nicht genügend kontrolliert wurde. Insoweit liegen eigene Pflichtverletzungen der Mitgliedstaaten vor.[131]

III. Völkerstrafrecht

1. Das Konzept
a) Begriff und Kriterien
Das Völkerstrafrecht rechnet zu den Materien des Völkerrechts, deren Entwicklung sich 38 in den letzten Jahrzehnten stark beschleunigt hat. Es erfasst *Verstöße von Individuen gegen das Völkerrecht,* die mit Strafsanktionen belegt werden sollen. Dieser Ausgangspunkt ermöglicht eine eindeutige Abgrenzung zur internationalen Verantwortlichkeit sowohl unter dem Gesichtspunkt des „haftenden" Subjekts wie der Rechtsfolgen. Andererseits ist dadurch nicht ausgeschlossen, dass Sachverhalte, die eine Verantwortlichkeit von Staaten oder I.O. auslösen, zugleich Gegenstand der individuellen strafrechtlichen Verantwortlichkeit der handelnden Personen werden, zumal die Tatbestände des Völkerstrafrechts Berührungspunkte mit den internationalen Delikten iSd Staatenverantwortlichkeit aufweisen.[132] Funktionell betrachtet vermag ein effizientes Völkerstrafrecht das Sanktionssystem für Völkerrechtsverletzungen zu verfeinern. Diese Aufgabe kommt ihm insbes dann zu, wenn die Inanspruchnahme eines Staates faktisch nicht durchsetzbar und/oder wenig adäquat wäre, weil letztlich nicht der Staat bzw sein Volk als Ganzes, sondern – spezifischer – die politische oder militärische Führung für schwere Völkerrechtsbrüche persönlich verantwortlich ist oder diese staatlich gefördert hat. Unter diesem Blickwinkel überwindet das Völkerstrafrecht die Mediatisierung des Individuums durch den Staat, greift in dessen Innenraum tief ein und kompensiert die im Kontext der Staatenverantwortlichkeit nicht mögliche individuelle Inanspruchnahme der Entscheidungsträger.[133]

Neben der Bezeichnung „Völkerstrafrecht" findet sich im Schrifttum und internatio- 39 nalen Sprachgebrauch der Begriff „internationales Strafrecht"[134] *(international criminal law; droit pénal international).* Zum Teil damit korrespondierend wird der Regelungsinhalt der Rechtsmaterie mit „Verbrechen gegen das Völkerrecht" *(crimes against the law of nations)* oder „international crimes"[135] beschrieben. Dabei zeigt sich ein weiteres oder engeres Begriffsverständnis.

---

131 Vgl *Wenckstern,* Die Haftung der Mitgliedstaaten für internationale Organisationen, RabelsZ 61 (1997) 93 ff und *Schmahl,* 4. Abschn Rn 103 f; s auch *Dörr,* in Ipsen (Fn 8) § 31 Rn 6.
132 Dazu Art 5 ff des Statuts des IStGH (Sart II, Nr 35), das nach seinem Art 25 Abs 4 die Staatenverantwortlichkeit ausdrücklich unberührt lässt. S auch IGH in *Anwendung der Völkermordkonvention,* § 170.
133 *Paulus,* International Adjudication, in Besson/Tasioulas (Fn 98) 207 (211); *Werle/Jeßberger,* Völkerstrafrecht, Rn 160 sowie o Rn 32; s auch *Dupuy,* in Rome Statute Commentary, 1085 ff.
134 So zB *Oehler,* Internationales Strafrecht, 2. Aufl 1983, Rn 995 ff; *Dahm/Delbrück/Wolfrum* (Fn 5) § 189.
135 *Schindler,* Crimes Against the Law of Nations, EPIL I (1992) 875 ff.; *Jescheck,* International Crimes, EPIL II (1995) 1119 f; *Schabas,* Introduction, 74 ff.

40   Im *weiteren* Sinne umfasst das Völkerstrafrecht diejenigen Delikte, die „nach Herkommen und besonderen Abmachungen juristisch derart bestimmt sind, dass sie sich gegen Rechtsgüter richten, an deren Erhaltung die Menschheit ein allgemeines Interesse hat".[136] Sie repräsentieren universelle, überindividuelle Wertvorstellungen der Staatengemeinschaft.[137] Unerheblich ist hierbei, ob die Strafbarkeit nur durch Vermittlung der staatlichen Gesetzgebung, also die Übernahme der Delikte in nationales Recht, oder bereits unmittelbar durch das Völkerrecht begründet wird. Deshalb gehören zum Völkerstrafrecht alle auf das Völkerrecht zurückführbaren Straftatbestände gegen internationale Interessen, sei es, dass sie nur verfolgt werden können, wenn zuvor entsprechende nationale Straftatbestände geschaffen worden sind – insbes Verträge können dazu verpflichten –, sei es, dass die Verfolgbarkeit unabhängig von staatlicher Gesetzgebung und Strafbereitschaft bereits *unmittelbar* durch Völkerrecht begründet wird.[138]

41   Nach dem hier favorisierten *engeren* Begriffsverständnis ist der unmittelbare strafrechtliche Durchgriff auf das Individuum mit Entscheidungszuständigkeit eines internationalen (Straf-)Gerichts ein konstitutives Merkmal des Völkerstrafrechts.[139] Es liegt deshalb nahe, als Träger des Strafanspruchs nicht mehr den Staat, sondern die internationale Gemeinschaft anzusehen.[140] Doch gilt dies nur mit Einschränkungen. Nach wie vor bestehen nämlich viele Staaten auch bei Straftaten gegen Rechtsgüter der internationalen Gemeinschaft grundsätzlich auf einer aus der Gebiets- und Personalhoheit abgeleiteten Primärzuständigkeit für die Verfolgung und Aburteilung und akzeptieren nur, dass diese Zuständigkeit unter genau geregelten Voraussetzungen auf eine internationale Gerichtsinstanz übergeht. Das Völkerstrafrecht verbleibt danach in einer „hybriden Form durch die Kombination internationaler und nationaler Elemente."[141] Beispielgebend in Anspruch genommen ist die Primärzuständigkeit im Völkerstrafgesetzbuch der BR Deutschland, das die Unrechtstatbestände des Völkerstrafrechts weitestgehend abbildet.[142] Soweit internationale Gerichte zuständig sind, muss die Zusammenarbeit mit ihnen geregelt werden.[143]

---

136 Vgl *Oehler* (Fn 136) Rn 3, 395 mit Aufzählung in Rn 1004.

137 *Ambos*, Internationales Strafrecht, § 5 Rn 3; Nachw aus Praxis und Schrifttum bei *Heller*, What is an International Crime?, HILJ 58 (2017) 353 (360 ff).

138 Näher zu dieser Systematisierung *Schindler* (Fn 135).

139 *Jescheck* (Fn 135) 1120; *Ambos*, Internationales Strafrecht § 5 Rn 1; *von Arnaud* (Fn 6) Rn 1316; die positivrechtliche Tragfähigkeit des Durchgriffsarguments bezweifelnd *Heller* (Fn 137) 362 ff.

140 IdS *von Arnauld* (Fn 6) Rn 1318. Zum Argument der internationalen Gemeinschaft grundsätzlich *Simma* (Fn 16) 243 ff.

141 *Werle/Jeßberger*, Völkerstrafrecht, Rn 85.

142 VStGB v 21.6.2002 (BGBl 2002 I, 2254); vgl *Lüder/Vormbaum*, Materialien zum Völkerstrafgesetzbuch, 2002. Kommentierung in Münchener Kommentar zum StGB, Bd 8, 3. Aufl 2018.

143 Gesetz über die Zusammenarbeit mit dem Internationalen Strafgerichtshof (BGBl 2002 I, 2144); vgl auch *Kreß*, Römisches Statut des Internationalen Strafgerichtshofs, in Grützner/Pötz/Kress/Gazeas (Hrsg), Internationaler Rechtsverkehr in Strafsachen, Bd 6, 2003, Vorbem III Rn 373; *Meißner*, Die Zusammenarbeit mit dem internationalen Strafgerichtshof nach dem Römischen Statut, 2003.

Schröder

Danach lassen sich die *wesentlichen Kriterien des Völkerstrafrechts* angeben:[144]   **42**

1. Die Strafbarkeit muss ihre Grundlage in der Verletzung völkerrechtlich geschützter Rechtsgüter haben.
2. Aus der Sicht der Staaten wie betroffener Individuen bedarf es einer klaren Bestimmung und Abgrenzung der Verantwortlichkeit nach Völkerstrafrecht und der staatlichen Strafgewalt, die aus der Gebiets- und Personalhoheit resultiert und mit der internationalen Verantwortlichkeit des Einzelnen konkurrieren oder womöglich von dieser überlagert werden kann (Rn 47 und 52).
3. Über die einzelnen Delikte bzw Verbrechen muss in der Staatengemeinschaft ein breiter Konsens bestehen, der seinen Ausdruck in gewohnheitsrechtlich oder vertraglich fixierten Straftatbeständen gefunden hat (Rn 51).
4. Da die Umschreibung strafwürdiger Tatbestände noch keine abschließende Beurteilung der Strafbarkeit *in concreto* ermöglicht, wird sich der Konsens auch auf die allgemeinen Voraussetzungen der Strafbarkeit, insbes auf die Geltung des Grundsatzes „nulla poena sine lege", die Kriterien der Rechtswidrigkeit und Schuld sowie die Beteiligungsformen zu beziehen haben (Rn 51/53).
5. Bei der Zuständigkeit eines internationalen Gerichts ist ein besonderes internationales Verfahrensrecht erforderlich (Rn 57).

b) Inhaltlicher Bezug zu Frieden und Sicherheit der Menschheit

Die Entwicklung des (materiellen) Völkerstrafrechts steht seit jeher in einem engen Be- **43**
zug zu Frieden und Sicherheit der Menschheit. Hieran hat sich bis heute nichts Wesentliches geändert. Allenfalls lassen sich verstärkende Anstöße ausmachen. Sie liegen in der Ausbildung zwingender, jedenfalls *erga omnes* wirkender völkerrechtlicher Normen und im Menschenrechtsschutz.[145]

Schon die Ächtung der *Piraterie auf hoher See,* die lange über das vertragliche See- **44**
recht (Art 100 ff SRÜ) zurückreichende Wurzeln hat, lässt den Bezug zu einer völkerrechtswidrigen Gewaltanwendung erkennen. Die Staatengemeinschaft missbilligt eine irreguläre, kriegsähnliche Handlung, die die internationale Sicherheit (auf See) bedroht.[146] Vergleichbare Motive[147] liegen der *Verurteilung Napoleons durch die alliierten*

---

144 Ansätze zum Folgenden bei *Jescheck* (Fn 135); *Niehoff,* Die von internationalen Strafgerichtshöfen anwendbaren Normen des Völkerstrafrechts, 1999; s auch *Kreß,* International Criminal Law, MPEPIL V, 717 (721).
145 *Werle,* Menschenrechtsschutz durch Völkerstrafrecht, ZStW 109 (1997) 808 (821 ff); *Sadat,* International Criminal Court, 269 ff; *Aquariva/Pocar,* Crimes Against Humanity, MPEPIL IV, 855 ff; siehe auch *Fastenrath,* Möglichkeiten und Grenzen repressiven Menschenrechtsschutzes der weltweiten Strafverfolgung, in Schorlemer (Hrsg), Praxishandbuch UNO, 2003, 369 ff.
146 Dazu *Shearer,* Piracy, MPEPIL VIII, 320 ff und *Proelß,* 5. Abschn Rn 71.
147 Zum Folgenden näher *Oehler* (Fn 136) Rn 1007 ff; instruktiv auch *Baade,* Individual Responsibility, in: Black/Falk (Hrsg), The Future of the International Legal Order, Bd 4, 1972, 291 (295 ff). Die im Text erwähnte Ächtung Napoleons ist abgedr in *Ploetz,* Konferenzen und Verträge, Teil II, 1958, 256 f.

Schröder

Mächte auf dem Wiener Kongress im Jahre 1815 zugrunde. Napoleon hatte sich außerhalb der Gesetze gestellt und sich als Feind und Störer der Ruhe der Welt der öffentlichen Vergeltung ausgesetzt. Ein Jh später bestimmten die *Kriegsschuldfrage und die Verletzung elementarer Grundsätze humaner Kriegsführung* Aussagen zur individuellen Verantwortlichkeit vor der Staatengemeinschaft. Art 227 des Versailler Friedensvertrags sah vor, dass gegen Kaiser Wilhelm II. Anklage vor einem internationalen Gericht wegen schwerwiegender Verletzungen der internationalen Moral und der Unverletzlichkeit der Verträge erhoben werden sollte und die Niederlande die Auslieferung bewilligen sollten. Dazu ist es allerdings ebenso wenig gekommen wie zur Aburteilung der für Kriegsgräuel an der armenischen Bevölkerung verantwortlichen Personen nach Art 230 des (nicht ratifizierten) Friedensvertrags von Sèvres mit der Türkei v 10.8.1920. Der eigentliche Aufschwung des Völkerstrafrechts begann nach dem Zweiten Weltkrieg mit der Verfolgung und Verurteilung der Hauptkriegsverbrecher durch die internationalen Militärtribunale von Nürnberg und Tokio 1945–1948. Grundlage waren Verbrechen gegen den Frieden (Planung, Vorbereitung, Einleitung oder Durchführung eines Angriffskriegs), Verletzungen der Kriegsgesetze und -gebräuche sowie Verbrechen gegen die Menschlichkeit (Mord, Ausrottung, Deportationen oder andere unmenschliche Handlungen, die während des Kriegs an der Zivilbevölkerung begangen wurden, sowie damit im Zusammenhang stehende rassische, politische oder religiöse Verfolgungen).[148] Vergleichbare Tatbestände finden sich in den Statuten des Internationalen Tribunals über Kriegsverbrechen im ehemaligen Jugoslawien und des Internationalen Tribunals für Ruanda (Rn 47) wieder, die 1993 bzw 1994 vom Sicherheitsrat auf der Grundlage von Kap VII der UN-Charta errichtet wurden. Sie bestätigen nicht nur den Zusammenhang des Völkerstrafrechts mit Frieden und internationaler Sicherheit, sondern auch, dass die Entwicklung dieser Materie entscheidend von den weltpolitischen Gegebenheiten bestimmt wird: Die Staatengemeinschaft muss prinzipiell bereit sein, für schwerwiegende Verletzungen des Völkerrechts Straftatbestände zu schaffen und einem internationalen Gericht zur Aburteilung zu übertragen. Diese Bereitschaft bestand zwischen den Siegermächten des Zweiten Weltkriegs; nach der weltpolitischen Wende 1989/90 hat sie sich erneut eingestellt und die erwähnten Maßnahmen des Sicherheitsrats ermöglicht. Jüngstes Ergebnis ist das von der strafrechtlichen Bewältigung konkreter Konfliktherde gelöste Statut (von Rom) des Internationalen Strafgerichtshofs (IStGH). Es greift erneut die in Nürnberg und Tokio angewandten Tatbestände auf und entwickelt sie weiter (Rn 51f). Gemeinsame Grundlage ist die systematische und massenhafte Gewaltanwendung. Darüber hinausgehende Bestrebungen, etwa der Kriminalisierung der Annexion und Interventionen, des Kolonialismus und der Apartheid oder erheblicher Umwelt-

---

148 Vgl Art 6 des Statuts des IMT von Nürnberg; Text mit systematischer Aufbereitung der dreizehn Nürnberger Militärtribunale in *Heinze/Schilling*, Die Rechtsprechung der Nürnberger Urteile, 1952; s auch *Jescheck*, War Crimes, EPIL IV (2000) 1349 ff; *Ahlbrecht*, Geschichte der völkerrechtlichen Strafgerichtsbarkeit im 20. Jahrhundert, 1999.

Schröder

schäden,[149] unterstreichen neuere Erfahrungen, nach denen friedensbedrohende und unmenschliche Verhaltensweisen nicht an Krieg und Kriegshandeln gebunden sind.

Der spezifische Inhalt des (materiellen) Völkerstrafrechts lässt sich danach so cha- 45 rakterisieren: Es geht um die Kriminalisierung gravierender Verstöße gegen das friedliche, insbes gewalt- und aggressionsfreie Zusammenleben der Staaten und Völker sowie gegen elementare Standards für eine menschenwürdige Behandlung und ein menschenwürdiges Dasein. Das ist kein Zufall. Strafwürdig erscheint der „Angriff" auf elementare Grundlagen des gegenwärtigen Völkerrechts.[150]

Völkerstrafrecht in dem hier zugrunde gelegten Sinne gibt es gewohnheitsrechtlich 46 am ehesten für Verstöße gegen das Kriegsrecht,[151] obschon auch diesbezüglich nach 1945 in der Staatspraxis dem nationalen Strafrecht der Vorzug gegeben wurde.[152] Bestrebungen für eine *umfassende* Kodifikation setzten frühzeitig ein, haben aber erst 1998 zu einem Vertragswerk geführt, dem *Statut (von Rom) des Internationalen Strafgerichtshofs*.[153] Zunächst hat die UN-Generalversammlung in zahlreichen Resolutionen unter Bezugnahme auf die Rechtsprechung des Nürnberger Militärgerichtshofs Prinzipien über die Bestrafung von Kriegsverbrechen und Verbrechen gegen die Menschlichkeit bekräftigt und zu ihrer Ausformulierung in einem Kodex aufgefordert. Im gleichen Zusammenhang ist wiederholt die Forderung nach einem internationalen Strafgerichtshof erhoben worden.[154] Die Arbeiten der ILC, die mit der Ausformulierung des Kodex betraut wurde, sind jedoch erst 1996 mit der Verabschiedung des „Draft Code of Crimes Against the Peace and Security of Mankind" zu einem vorläufigen Abschluss gekommen.[155] Ergänzt wurden sie durch den seit 1992 im Auftrag der UN-Generalversammlung

---

149 Dazu *Werle/Jeßberger,* Völkerstrafrecht, Rn 118f. Zu möglichen weiteren Straftatbeständen *Robinson,* in Rome Statute Commentary, 497ff.

150 Dazu YBILC 1987 II/2, 13 (Kommentar zu Art 1 Draft Articles of the Draft Code of Crimes against the Peace and Security of Mankind): "It was generally agreed that crimes against the peace and security of mankind had certain specific characteristics. In particular, there seemed to be unanimity on the criterion of seriousness. These are crimes which affect the very foundations of the human society."

151 S auch IGH in *Vorbehalte zur Völkermordkonvention,* ICJ Rep 1951, 15 (23), wieder aufgenommen im Urteil *Anwendung der Völkermordkonvention,* § 161, wonach "the principles underlying the Convention are principles which are binding even without conventional obligation."

152 Vgl *Ipsen,* in ders (Fn 19) § 31 Rn 26; *Komarow,* Individual Responsibility and International Law: The Nuremberg Principles in Domestic Legal Systems, ICLQ 29 (1980) 26ff; *Tomuschat,* YBILC 1988/I, 77 (para 5f).

153 Zur Geschichte der Verhandlungen s Rome Statute Commentary, 24ff.

154 S insbes Res 95 (I) und 96 (I) v 11.12.1946; 177 (II) v 21.11.1947; 260 (III) v 9.12.1948; 488 (V) und 489 (V) v 12.12.1950; 687 (VII) v 5.12.1952; 897 und 898 (IX) v 4.12.1954; 1186 und 1187 (XII) v 11.12.1957; 2338 (XXII) v 18.12.1967; 2391 (XXIII) v 26.11.1968 und 2392 (XXIII) v 18.11.1968; 2583 (XXIV) v 15.12.1969; 2712 und 2713 (XXV) v 15.12.1970; 2840 (XXVI) v 18.12.1971; 3074 (XXVIII) v 3.12.1973.

155 Dazu *Bassiouni,* Commentaries on the International Law Commission's 1991 Draft Code of Crimes against the Peace and Security of Mankind, 1993; *Crawford,* in Rome Statute Commentary, 23ff; *Schabas,* Introduction, 8ff.

erstellten Vorschlag für einen internationalen Strafgerichtshof.[156] Beides mündete in den Entwurf des Statuts für einen Internationalen Strafgerichtshof *(International Criminal Court – ICC)*. Er geht auf einen Vorbereitungsausschuss zurück, den die UN-Generalversammlung Ende 1995 mit dem Ziel der Einberufung einer Staatenkonferenz eingesetzt hatte. Die Konferenz fand vom 15.6.–17.7.1998 in Rom statt.[157] Das Statut trat nach der Ratifikation durch 60 Unterzeichnerstaaten (Art 126 Abs 1) am 1.7.2002 in Kraft. Am 31.12.2021 hatten 123 Staaten das Statut ratifiziert, davon 33 aus Afrika, 19 aus dem asiatisch-pazifischen Raum, 28 aus Lateinamerika, 25 aus West- und 18 aus Osteuropa.[158] Bemerkenswert für nach wie vor bestehende Vorbehalte gegen den IStGH ist die Tatsache, dass Staaten, deren Beitritt zum Statut die Akzeptanz der Strafgerichtsbarkeit erheblich stärken könnte, den Beitritt verweigern (USA, Russland, Israel, Türkei, Indien, China) und erste Austritte zu verzeichnen sind (Burundi und Philippinen).[159]

47   Beschleunigt wurde der Weg zum Rom-Statut durch den zweimaligen *ad hoc-Einsatz* des Völkerstrafrechts *im Rahmen friedenssichernder Maßnahmen* der UN. So verdankt das „International Tribunal for the Prosecution of Persons Responsible for Serious Violations of International Humanitarian Law Committed in the Territory of the Former Yugoslavia" (ICTY) Errichtung und Statut[160] den Resolutionen des Sicherheitsrats 808 und 827 (1993). Entsprechendes gilt für das Ende 1994 nach dem Vorbild des Jugoslawien-Tribunals und als dessen „Zwillingsgericht" durch Resolution 955 errichtete „International Tribunal for Rwanda" (ICTR).[161] Möglich waren diese Maßnahmen auf der Grundlage von Kap VII, insbes Art 41 der UN-Charta,[162] unter der Voraussetzung, dass ihre Friedenseignung in einem internationalen Konflikt bejaht und der Einwand zurückgewiesen wurde,

---

156 ILM 33 (1994) 253 ff; dazu die Berichte der 1992 in der ILC eingerichteten Working Group on the Question of an International Criminal Jurisdiction, beginnend mit UN GAOR 47th Sess, Suppl No 10 (A/47/10); vgl auch *Ferencz*, An International Criminal Code and Court, Colum J Transnat'l L 30 (1992) 375 ff; *Simbeye*, Internationalised Criminal Court and Tribunals, Int'l L FORUM 4 (2002) 82 ff; *Schlunck/Kaul*, in Fischer/Lüder (Hrsg), Völkerrechtliche Verbrechen vor dem Jugoslawien-Tribunal, nationalen Gerichten und dem Internationalen Strafgerichtshof, 1999, 151 ff und 177 ff. Instruktiv zur verworrenen Entstehungsgeschichte *Cassese*, in Rome Statute Commentary, 3 ff; *Sadat*, International Criminal Court, 21; *Schabas*, Introduction, 16 ff.

157 *Kaul*, Das Römische Statut des Internationalen Gerichtshofs, 1999; *Kirsch/Holmes*, The Rome Conference on an International Criminal Court, AJIL 93 (1999) 2 ff; *Zimmermann*, Strafgerichtshof. Zu den vorbereitenden Tagungen *Bos*, in Rome Statute Commentary, 35 ff.

158 S die Liste der Vertragsstaaten unter <https://asp.icc-cpi.int/states-parties>.

159 Dazu *Schwerdtfeger*, Austritt und Ausschluss aus Internationalen Organisationen, AVR 54 (2018) 96 (123 ff).

160 Dt Text des Statuts in VN 41 (1993) 156 ff; näher *Pocar*, International Criminal Tribunal for Former Yugoslavia, MPEPIL V, 746 ff.

161 Text des Statuts: ILM 33 (1994) 1598 ff; näher *Pocar*, International Criminal Tribunal for Rwanda, MPEPIL V, 732 ff.

162 UN Doc S 7/25704 v 3.5.1993; dt: EA 49 (1994) D 89. Vgl auch die am Veto Russlands gescheiterte Einsetzung eines Sondertribunals zur Aufklärung des Flugzeugabsturzes v 18.7.2014 in der Ostukraine (<https://www.zeit.de/politik/ausland/2015-07/mh17-un-tribunal-russland-veto>).

die Strafgewalt dürfe den Staaten nicht ohne (vertraglichen) Konsens entzogen werden. Obschon nicht unstrittig, lässt sich zugunsten der Resolutionen anführen, dass die Bestrafung im genannten Umfang ein Beitrag zur Herstellung eines gerechten Friedens zwischen den Konfliktparteien ist und darüber hinaus abschreckend auf künftige Täter wirken kann. Souveränitätsbedenken können unter Hinweis darauf entkräftet werden, dass die abzuurteilenden Straftaten ohnehin infolge des sog Weltrechtsprinzips (§ 6 StGB) und ihres Charakters als *erga omnes*-Verpflichtungen (Rn 16, 95, 118) nicht mehr zum ausschließlichen Kernbereich staatlicher Zuständigkeit rechnen.[163] Die Berufungskammer des Jugoslawientribunals selbst hat die Kompetenz des Sicherheitsrats, durch Einrichtung eines völkerstrafrechtlichen Gerichts als Unterorgan friedenssichernd tätig zu werden, im Zwischenurteil zum Tadić-Verfahren bejaht.[164] Das ist insofern bemerkenswert, als die Beurteilung der Völkerrechtskonformität einer Maßnahme nach Kap VII nicht durch den IGH – schon dies ist problematisch –, sondern durch ein vom Sicherheitsrat selbst eingesetztes Organ erfolgte.[165]

2. Grundelemente der Normierung
a) Abgrenzung in Bezug auf die staatliche Strafgewalt

Zu den Eckpfeilern eines wirksamen Völkerstrafrechts gehört dessen *Autonomie* gegen- 48
über einschränkenden oder abweichenden Festlegungen des nationalen Rechts. Um ihr zu entsprechen, müssen die Tatbestände eigenständig umschrieben sein, und sie dürfen keinen staatlichen Verjährungsbestimmungen unterworfen sein.[166] Die *materielle Abgrenzung zum staatlichen Strafrecht* ist damit prinzipiell gesichert.

Solange die Verfolgung und Aburteilung der Straftatbestände allein in der Hand der 49
Staaten liegt, wird die vom Rechtsgüterschutz her gesehen wünschenswerte Einheitlichkeit der Handhabung nur in begrenztem Ausmaß über die Präzision der völkerrechtlich verankerten Tatbestände und deren möglichst punktgenaue Inkorporation in nationales Recht gesteuert.[167] Durch den Erfahrungsaustausch der befassten (nationalen) Gerichte und den Dialog zwischen völkerrechtlichen und strafrechtlichen Sichtweisen

---

163 *Kaul*, in Rome Statute Commentary, 583 (584 ff); *Ambos*, Internationales Strafrecht, § 6 Rn 15 mit Fn 72.

164 *Tadić*-Urteil v 2.10.1995, abgedr in ILM 35 (1996) 35 ff. Dazu *Kreß*, Friedenssicherungs- und Konfliktvölkerrecht auf der Schwelle zur Postmoderne, EuGRZ 1996, 638 (640 ff); *Aldrich*, The Jurisdiction of the International Criminal Tribunal for the Former Yugoslavia, AJIL 90 (1996) 64 ff; *Lamb*, Tadic-Case, MPEPIL IX, 732 ff.

165 *Heintschel von Heinegg*, in Fischer/Lüder (Fn 156) 63 ff.

166 Dazu Art 29 IStGH-Statut und *Ambos*, Internationales Strafrecht, § 7 Rn 79. S auch *Sadat*, International Criminal Court, 220.

167 Vgl Fn 142 bzgl des VStGB. S auch das Gesetz zur Ausführung des Statuts des IStGH (BGBl 2002 I, 2144 – RSAG). Dazu *Satzger*, Das neue Völkerstrafgesetzbuch, NStZ 2002, 125 ff; *Weigend*, Das Völkerstrafgesetzbuch, GS Vogel, 2004, 197 ff.

kann die Einheitlichkeit damit weiter gefördert werden.[168] Mit durchaus erheblichen Hindernissen für die Anwendung und Durchsetzung des Völkerstrafrechts ist freilich auch dann noch zu rechnen. So ist die Anwendung und Durchsetzung von einem Regime, das für die Straftaten verantwortlich ist, kaum zu erwarten.[169] Es kann auch nach kriegerischen Auseinandersetzungen, die zu größeren politischen Umwälzungen geführt haben, (noch) an unabhängig und rechtsstaatlich arbeitenden Strafverfolgungsorganen fehlen.[170] Einen effektivitätssteigernden Fortschritt bedeutet unter den genannten Gesichtspunkten die Einschränkung der staatlichen Strafgewalt zu Gunsten einer internationalen Gerichtsbarkeit. Insoweit sind erst in jüngster Zeit bei der Einschränkung der staatlichen Strafgewalt, die als Kernbereich staatlicher Souveränität gilt, wie der Verlauf der Auseinandersetzung um die Ahndung der für das Luftverkehrsattentat von Lockerbie verantwortlichen Libyer erneut deutlich gemacht hat,[171] Fortschritte erzielt worden.[172] Sie stellen sich in den Statuten der Tribunale für Jugoslawien und Ruanda anders dar als im Statut des IStGH. Nach Art 9 Abs 2 seines Statuts hatte das Jugoslawien-Tribunal Vorrang vor der nationalen Gerichtsbarkeit und konnte Strafverfahren in jeder Verfahrenslage an sich ziehen, doch blieb die *Zuständigkeit konkurrierend* (Art 9 Abs 1), so dass das Tribunal entscheiden konnte, ein bestimmtes Verfahren durch nationale Gerichte durchführen zu lassen.[173] Für den IStGH gilt hingegen der *Grundsatz der Komplementarität* (vgl Abs 10 der Präambel sowie Art 1 des Statuts): Gemäß Art 17 Abs 1 lit a und b des Statuts ist der IStGH unzuständig, wenn im gleichen Fall ein Verfahren vor einem zuständigen nationalen Gericht anhängig ist, rechtskräftig abgeschlossen oder eingestellt wurde, es sei denn der betreffende Staat hat sich zu einer effektiven Strafverfolgung weder willig noch fähig gezeigt. Mit der Unwilligkeit (Art 17 Abs 2) ist vor allem die Situation angesprochen, in der ein Regime Straftäter aus den eigenen Reihen deckt (Rechtsmissbrauch), während das Kriterium der Unfähigkeit (Art 17 Abs 3) den Zusammenbruch der Staatsgewalt („failed state") in den Blick nimmt.[174] Zur

---

168 *Zimmermann,* Bestrafung völkerrechtlicher Verbrechen durch deutsche Gerichte nach Inkrafttreten des Völkerstrafgesetzbuchs, NJW 2002, 3068 (3070); *Werle/Jeßberger,* Das Völkerstrafgesetzbuch, JZ 2002, 725 (729 mit Fn 53).
169 *Oeter,* Kriegsverbrechen in den Konflikten um das Erbe Jugoslawiens, ZaöRV 53 (1993) 1 (29).
170 *Roggemann,* Der internationale Strafgerichtshof der Vereinten Nationen, 1994, 50.
171 Dazu näher *Stein,* Das Attentat von Lockerbie vor dem Sicherheitsrat der UN und dem Internationalen Gerichtshof, AVR 31 (1993) 206 ff sowie IGH in den *Lockerbie*-Fällen, ICJ Rep 1998, 9 bzw 115 ff. Die Angeklagten mussten sich später in Den Haag vor einem schottischen Gericht verantworten. Dazu *Mackarel,* The Lockerbie Trial – A Scottish Court in the Netherlands, RIDP 70 (1999) 777 ff.
172 Vgl in diesem Zusammenhang auch das Verfahren gegen den ehemaligen chilenischen Diktator Pinochet: *Regina v Bow Street Metropolitan Stipendiary Magistrate, ex parte Pinochet Ugarte,* House of Lords, [1998] 3 WLR 1456; [1999] 2 WLR 827; dazu *Rensmann,* Internationale Verbrechen und Befreiung von staatlicher Gerichtsbarkeit, IPRax 1999, 268 ff; *Warbrick,* Extradition Law Aspects of Pinochet 3, ICLQ 48 (1999) 958 ff. Zur Immunität vgl Art 27 IStGH-Statut.
173 *Murphy,* Progress and Jurisprudence of the International Criminal Tribunal for the Former Yugoslavia, AJIL 93 (1999) 57 (64 f); eine ähnliche Regelung trifft Art 8 des Statuts des Ruanda-Tribunals.
174 Eingehend *Schabas,* Introduction, 170 ff; ferner *Holmes,* in Rome Statute Commentary, 674 ff.

Schröder

Komplementarität gehört auch, dass nur Verbrechen von erheblichem Gewicht in die Zuständigkeit des Gerichtshofs fallen, der sich nicht mit „gewöhnlicher" Kriminalität befassen soll (Art 17 Abs 1 lit d).[175]

Bei Übertragung der Verfolgung und Aburteilung auf die Staaten können sich *kon-* 50 *kurrierende staatliche Strafansprüche* ergeben, die sich zu Lasten der Straftäter auswirken. Das aus dem staatlichen Recht geläufige Verbot der Doppelbestrafung (ne bis in idem) hilft hier nicht weiter, weil es nur vor dem Mehrfachzugriff *eines* Staats schützt.[176] Es müssen vielmehr Strafanrechnungsregeln geschaffen werden.[177] Dies gilt auch bei Einrichtung einer internationalen Strafinstanz. In Anlehnung an Art 10 des Statuts des Jugoslawien-Tribunals errichtet daher Art 20 IStGH-Statut nicht nur ein Verfahrenshindernis bei vorheriger Entscheidung des IStGH in der gleichen Sache für den IStGH selbst (Abs 1) sowie für nationale Gerichte (Abs 2), sondern verhindert auch die erneute Befassung des IStGH, wenn auf nationaler Ebene ein ordnungsgemäßes Strafverfahren stattgefunden hat (Abs 3).[178]

b) Ausgestaltung der Tatbestände und der Strafbarkeitsvoraussetzungen

Die *Ausgestaltung der einzelnen Tatbestände* des Völkerstrafrechts erfordert zunächst 51 den Konsens der Staatengemeinschaft über die Strafbewehrung der einschlägigen internationalen Rechtsgüter. Schwer zu erreichen ist er bei „offenen" bewertungsabhängigen Tatbeständen wie Aggression, Intervention oder Umweltdelikten,[179] aber auch bei Verbrechen gegen die Menschlichkeit, die – etwa im Gegensatz zu Verstößen gegen das humanitäre Völkerrecht – auf keine traditionelle vertragliche Fixierung bzw hinreichende Staatspraxis zurückblicken können.[180] Darüber hinaus ist das *Legalitätsprinzip* (nulla poena sine lege) zu beachten.[181] Auch wenn seine Anforderungen im internationalen Kontext nicht ohne weiteres mit bestehenden nationalrechtlichen Ausformungen gleichgesetzt werden sollten, ist doch ein Minimum an tatbestandlicher Bestimmtheit, an Festlegungen zur Rechtfertigung und zum Schuldausschluss, zu Täterschaft und Teil-

---

175 *Sadat*, International Criminal Court, 132 ff; *Schabas*, Introduction, 182 ff.

176 Vgl Art 14 VII IPBPR; Art 4 Nr 1 des 7. ZusProt zur EMRK; ausdrücklich § 168 Rules of Procedure and Evidence zum IStGH-Statut (zu diesen u Rn 57).

177 Vgl Art 7 Draft Code der ILC (Fn 156) sowie BVerfGE 75, 1, 15 f.

178 Dazu *Van den Wyngaert/Ongena*, in Rome Statute Commentary, 705 (707 ff).

179 So erfasst das Statut des IStGH weitreichende, langfristige und schwere Schäden an der natürlichen Umwelt im Unterschied zu § 11 Abs 1 VStGB nur im Kontext internationaler bewaffneter Konflikte (vgl Art 8 Abs 2 (b) (iv)); s dazu (krit) *Ambos*, Internationales Strafrecht, § 7 Rn 252 und *Birnie/Boyle/Redgwell*, International Law and the Environment, 3. Aufl 2009, 332 f. S auch <u>*Proelß*</u>, 5. Abschn Rn 137.

180 Vgl *Jakovljevic*, International Tribunal for Violations of International Humanitarian Law in Former Yugoslavia: Applicable Law, Humanitäres Völkerrecht 6 (1993) 224 (227); Hankel/Stuby (Hrsg), Strafgerichte gegen Menschheitsverbrechen, 1995.

181 Ausdrücklich Art 22 f IStGH-Statut; vgl auch das Jugoslawien-Tribunal im Ausgangsurteil *Jelisić*, Rn 61.

Schröder

nahme sowie zum Strafmaß zu fordern. Soweit Festlegungen fehlen, muss auf Gewohnheitsrecht und/oder allgemeine Rechtsgrundsätze zurückgegriffen werden.[182]

52   Die in Nürnberg und Tokio formulierten Straftatbestände weiterentwickelnd benennen die Statute des Jugoslawien-Tribunals und des IStGH *vier Deliktstypen:*[183] (1) Völkermord (Art 4/Art 6), (2) Verbrechen gegen die Menschlichkeit (Art 5/Art 7), (3) Kriegsverbrechen (Art 2 und 3/Art 8) sowie (4) Aggression (Art 5 Abs 1 lit d IStGH-Statut). Das Statut des IStGH trägt durch detaillierte Deliktsbeschreibungen sowie durch die Formulierung eines „Allgemeinen Teils" dem Legalitätsprinzip in höherem Maße Rechnung als die Statuten der ad hoc-Tribunale. Die Definition des *Völkermords* ist identisch mit derjenigen in Art II der Völkermord-Konvention v 1948.[184] *Verbrechen gegen die Menschlichkeit* sind Delikte wie Mord, Versklavung, Deportation, Sexualverbrechen und Verfolgung, soweit sie im Rahmen eines ausgedehnten oder systematischen Angriffs gegen die Zivilbevölkerung verübt werden,[185] aber auch – insofern unbestimmt – andere unmenschliche Handlungen, die vergleichbares körperliches oder seelisches Leid verursachen (Art 7 Abs 1 lit k).[186] Bei den *Kriegsverbrechen* wird zur Begriffsbestimmung unter anderem auf die Genfer Rotkreuzabkommen v 12.8.1949 zurückgegriffen und zwischen internationalen und internen Konflikten differenziert (Art 8 Abs 2 lit a einerseits, lit c andererseits). Diese Differenzierung gilt auch für Kriegsverbrechen jenseits dieser Abkommen (Art 8 Abs 2 lit b einerseits, lit d andererseits).[187] Weitere Präzisierung der Tatbestandsmerkmale des Völkermords, der Verbrechen gegen die Menschlichkeit und der Kriegsverbrechen, die bei der Auslegung und Anwendung helfen sollen, enthalten die sog *elements of crimes* (Art 9)[188] als subsidiäre, dem Statut nachgeordnete Rechts-

---

182 *Ambos,* Internationales Strafrecht, § 5 Rn 6f; *von Arnauld* (Fn 6) Rn 1326f.

183 Der erste Klammerzusatz bezieht sich auf das Jugoslawien-Tribunal, der zweite auf den IStGH. Für das Ruanda-Tribunal vgl Art 2–4 des Statuts. Die Einbeziehung der vertragsgestützten Delikte, insbes des Terrorismus und des Drogenhandels, in das IStGH-Statut scheiterte, vgl *Robinson,* in Rome Statute Commentary, 497ff; *Ambos,* Internationales Strafrecht, § 7 Rn 275.

184 Zu den einzelnen Tatbeständen die umfangreiche und detaillierte Darstellung bei *Werle/Jeßberger,* Völkerstrafrecht, Rn 856ff; *Ambos,* Internationales Strafrecht, § 7 Rn 122ff sowie die Kommentierung der §§ 6ff VStGB (Fn 142).

185 Vgl das Ruanda-Tribunal im *Bagilishema*-Fall, Rz 77f; durch die Merkmale soll die Abgrenzung zu gewöhnlicher Kriminalität erreicht werden; s o bei Rn 49 sowie die Nachw in der folgenden Fn.

186 Näher *Cassese,* in Rome Statute Commentary, 353ff; *Fenrick,* Should Crimes Against Humanity Replace War Crimes, Colum J Transnat'l L 37 (1999) 767ff; *Chesterman,* An Altogether Different Order: Defining the Elements of Crimes Against Humanity, DJCIL 10 (2000) 307ff; *Dinstein,* Crimes Against Humanity after Tadic, Leiden JIL 13 (2000) 373ff; *Gilgil,* Die Tatbestände der Verbrechen gegen die Menschlichkeit und des Völkermordes im Römischen Statut des Internationalen Strafgerichtshofs, ZStW 112 (2000) 381ff; *Sadat,* International Criminal Court, 148ff; *Schabas,* Introduction, 94ff.

187 Ziel ist die Integration des Kriegsvölkerrechts (vgl _Bothe,_ 8. Abschn Rn 56ff, 62ff, 121ff) in das Statut: *Bothe,* in Rome Statute Commentary, 379ff. Einen instruktiven Überblick über die Rspr gibt *Klamberg,* in Klamberg Commentary, Art 8 Rn 65.

188 <icc.int/pages/item.aspx?name=elements-crimes>. Sie wurden am 9.9.2002 verabschiedet. Zur Bewertung *Schabas,* Introduction, 84ff: wenig Bedeutung in der Praxis.

Schröder

quelle.[189] Über den Tatbestand der *Aggression* konnte erst 2010 Einigung erzielt werden.[190] Der am 26.6.2016 in Kraft getretene Art 8bis knüpft zur Bestimmung der Angriffshandlung an die Aggressionsresolution 3314 (XXIX) an – was die Einbeziehung aktueller Aggressionsformen wie Cyberattacken unsicher macht[191] – und reichert sie durch die individuelle Verantwortlichkeit von Personen in Befehls- und Führungspositionen sowie eine Schwellenklausel an, nach der Charakter, Schwere und Umfang eine manifeste Verletzung der UN-Charta ergeben müssen. Zusätzliche Verbrechenselemente und drei Auslegungshilfen sollen einer zu weit gehenden Anwendung des Aggressionstatbestands vorbeugen.[192]

c) Allgemeine Strafrechtsprinzipien und Strafsanktionen

Unter der Überschrift *Allgemeine Prinzipien des Strafrechts* enthält das Statut Regelungen des „Allgemeinen Teils" (Art 22 ff: Legalitätsprinzip, Rückwirkungsverbot, Teilnahme, Versuch, Strafmündigkeit, Strafbarkeit von Vorgesetzten, Ausschluss der Verjährung, subjektiver Tatbestand, Strafausschlussgründe, Irrtum, Befehlsnotstand),[193] wobei auf praktische Erfahrungen des Jugoslawien-Tribunals zurückgegriffen werden konnte, das diese Prinzipien mangels Festlegung im Statut richterrechtlich erarbeiten musste. Bemerkenswert ist die Überwindung des Verfahrenshindernisses der Staatenimmunität (Art 27).[194] Nach dem Statut des Jugoslawien-Tribunals ist die *Freiheitsstrafe* die einzig mögliche strafrechtliche Sanktion, wobei das Strafmaß an der Gerichtspraxis im ehemaligen Jugoslawien orientiert sein soll (Art 24 Abs 1). Auch das IStGH-Statut sieht die zeitige oder lebenslange Freiheitsstrafe vor (Art 77 Abs 1). Die Forderung nach Einführung der *Todesstrafe* hat sich *nicht durchsetzen* können; Strafrecht in Staaten, welche die Todesstrafe verhängen und vollstrecken, bleibt nach der Kompromissformel in Art 80 unberührt.[195] Bemerkenswert ist darüber hinaus, dass nach Art 75 durch den Gerichtshof Regeln für die *Opferentschädigung* iSe Adhäsionsverfahrens getroffen werden sollen, wobei bereits das Statut

53

---

189 Allg zum anwendbaren Recht Art 21 (Art 38 des IGH-Statuts vergleichbar) *Schabas*, Introduction, 189 ff; *Heikkilä*, in Klamberg Commentary, Art 21 Rn 250 ff.

190 Dazu *Ambos*, Internationales Strafrecht, § 7 Rn 262 ff; *Zimmermann/Freiburg*, in Commentary, Art 8bis; *Kress/Holtzendorff*, The Kampala Compromise on the Crime of Agression, JICJ 8 (2010) 1179 ff; *Schmalenbach*, Das Verbrechen der Aggression vor dem Internationalen Strafgerichtshof, JZ 2010, 745 ff.

191 Offengelassen deshalb von *Aronsson-Storrier*, in Klamberg Commentary, Art 8bis Rn 158.

192 Text: RC/RES 6 Annex II und III (<www.icc-cpi.int/iccdocs/asp_docs/Resolutions/RC-Res.6-ENG.pdf>).

193 Zurückgehend auf das *Erdemović*-Verfahren des Jugoslawien-Tribunals. Dazu *Kreß* (Fn 143) 38 ff; *Gaeta*, The Defence of Superior Orders: The Statute of International Criminal Court versus Customary International Law, EJIL 10 (1999) 172 ff; *Nowrot*, The Activities of the International Criminal Tribunal for the Former Yugoslavia in the Years 1997 and 1998, GYIL 41 (1998) 344 (369 ff); *Patel/King/La Rosa*, The Jurisprudence of the Yugoslavia Tribunal: 1994–1996, EJIL 8 (1997) 123 (172 ff). Grundlegend zum allgemeinen Teil *Ambos*, Internationales Strafrecht, § 7 Rn 1 ff.

194 Vgl in diesem Zusammenhang das Urteil des Special Court for Sierra Leone im Fall *Charles Taylor*, <www.sc-sl.org/Taylor_Trial_Chamber_Decisions.html>; dazu *Lind*, in Klamberg Commentary, Art 27 Rn 277.

195 *Kirsch/Robinson*, in Rome Statute Commentary, 67 (86 f); *Sadat*, International Criminal Court, 168 f.

selbst zu diesem die Einrichtung eines Treuhandfonds vorsieht (Art 79), in den u a einge-
zogenes Vermögen der Verurteilten fließen soll.

d) Die Strafgewalt internationaler Gerichte, insbesondere des IStGH

54 Die Durchsetzung des Völkerstrafrechts bleibt ohne internationale Gerichte unvollkommen (Rn 49). Mit der Einsetzung stellt sich die Frage nach dem Umfang ihrer Strafgewalt. Die Strafgewalt beruht entweder auf einem friedenssichernden Mandat des
Sicherheitsrats (Rn 47) oder auf vertraglicher Grundlage. Letzteres gilt für die sog Gemischten Tribunale, etwa für Sierra Leone, Kambodscha und Libanon, die auf Grund bilateraler Abkommen der UNO mit diesen Staaten errichtet wurden,[196] und den hier näher behandelten IStGH.

55 Die Strafgewalt des IStGH erstreckt sich, abgesehen von ihrer Limitierung durch
den *Grundsatz der Komplementarität* (Art 17; s o Rn 49), *ratione materiae* auf den Kern
des Völkerstrafrechts, die in Art 5 des Statuts genannten Verbrechen,[197] hinsichtlich des
Aggressionstatbestands nur unter den einschränkenden Bedingungen der Art 15bis und
Art 15ter ab dem 17.7.2018.[198] Der Gerichtshof kann über die Verbrechen *ratione temporis*
nur entscheiden, wenn sie nach Inkrafttreten des Statuts begangen wurden Art 11). Für
die Begehung ist – *ratione loci* – grundsätzlich die Verbindung zu einem Vertragsstaat
wesentlich (Art 12 Abs 1): Sie wird durch den Tatort auf dem Hoheitsgebiet eines Vertragsstaats, alternativ durch die Staatsangehörigkeit des Beschuldigten hergestellt
(Art 12 Abs 2 lit a bzw b). Nichtvertragsstaaten können sich dem Statut *ad hoc* unterwerfen und dadurch die Zuständigkeit des Gerichtshofs erweitern (Art 12 Abs 3).[199] Sie können von der Zuständigkeit auch dadurch erfasst werden, dass der Sicherheitsrat den Gerichtshof im Rahmen friedenssichernder Maßnahmen befasst (Art 13 lit b).

56 Die beschriebene Zuständigkeit des IStGH hat es ermöglicht, dass Delikte, die von Israelis auf palästinensischem Gebiet (Gaza, Westbank und Ostjerusalem) begangen wor-

---

196 Einzelheiten zu diesen Tribunalen bei *Ambos*, Internationales Strafrecht, § 6 Rn 41 ff.
197 *Klamberg*, in Klamberg Commentary, Art 5 Rn 28.
198 Eingehend *Ambos*, Internationales Strafrecht, § 7 Rn 268 ff; *Aronsson-Storier*, in Klamberg Commentary, Art 15bis und Art 15ter. Zur Bedeutung der Einschränkung des Art 15bis im Ukrainekrieg: *Grunert*,
Konkurrenz für Den Haag, FAZ v 2.12.2022, 2. Modelle für ein Sondertribunal diskutieren *Rinke*, LTO v
30.11.2022; *Hobe/Kreß/Nußberger*, Gegen den Frieden, FAZ v 12.1.2023, 6; *Britz*, Das Verbrechen der Aggression und der Krieg in der Ukraine, jM 2023, 343 (345 ff).
199 Nach Ziff. 44.2 der am 30.6.2002 beschlossenen Verfahrens- und Beweisregeln des IStGH (<https://
www.icc-cpi.int/sites/default/files/RulesProcedureEvidenceEng.pdf>) muss sich die Unterwerfung auf die
„Situation" im Staat erstrecken; sie darf nicht auf Delikte oder Personen beschränkt werden. Von Art 12
Abs 3 hat 2014 und 2015 die Ukraine durch entsprechende Erklärungen Gebrauch gemacht. Der Vertrags-
beitritt ist inzwischen durch eine Änderung der Verfassung ermöglicht, aber noch nicht realisiert worden; s *Senatorowa*, Die Ukraine und der Internationale Strafgerichtshof: Der lange Weg zur Gerechtigkeit,
<https://www.bpb.de/themen/europa/ukraine-analysen/279919/analyse-die-ukraine-und-der-internationa
le-strafgerichtshof-der-lange-weg-zur-gerechtigkeit/>.

den sein sollen, auf der Basis des Art 12 Abs 2 lit a zu behandeln, obschon Israel kein Vertragsstaat ist. Die zuständige Pre-Trial-Kammer hat sich auf den Standpunkt gestellt, dass Palästina unabhängig von seinem internationalen Status und seinen umstrittenen Grenzen mit dem Beitritt 2015 als Vertragsstaat gilt.[200] Um solchen, aus dem Tatortprinzip des Art 12 Abs 2 ableitbaren Wirkungen vorzubeugen, haben die USA, die dem Statut nach wie vor nicht beigetreten sind, für ihre Angehörigen, die an Friedensmissionen der UNO oder von diesen autorisierten Missionen mitwirken auf der Basis von Art 98 Abs 2 des Statuts – durchaus problematisch[201] – bilateral mit Vertragsstaaten und Nichtvertragsstaaten vereinbart, dass keine Überstellung an den IStGH stattfinden darf.[202]

e) Strafverfahren

Internationale Strafgerichte, die über völkerrechtliche Delikte zu befinden haben, sind auf ein eigenes Verfahrensrecht angewiesen. Bei dessen Ausgestaltung sind unterschiedliche Vorstellungen vom Strafverfahren (kontradiktorischer Prozess, anglo-amerikanischer und Inquisitionsprozess kontinentaleuropäischer Prägung) miteinander zu harmonisieren.[203] Vor allem aber werden *Vorkehrungen für ein faires Verfahren*, in dem die Rechte des Angeklagten angemessen gesichert sind, und ausdrückliche Bestimmungen darüber notwendig, ob das Verfahren auch in Abwesenheit des Angeklagten durchgeführt und abgeschlossen werden kann.[204] Das Statut des Jugoslawien-Tribunals beschränkte sich auf die Festschreibung unverzichtbarer Rechte des Angeklagten (Art 21) und überließ dem Tribunal selbst die Formulierung seiner Prozessordnung (Art 22).[205] Demgegenüber enthält das Statut des IStGH – teils unter Rückgriff auf die Praxis jenes Tribunals – ausführliche prozessrechtliche Regelungen (Art 53 ff), u a zum Ermittlungsverfahren (Art 53 ff), zu den Angeklagtenrechten (Art 67), zum Zeugenschutz (Art 68), zur Beweiserhebung (Art 69), zum Schutz sensibler Informationen zugunsten nationaler Sicherheitsinteressen (Art 72) und zum Rechtsmittelverfahren (Art 81 ff). Diese strafprozessualen Bestimmungen bilden zusammen mit den Rules of Procedure and Evidence[206] ein umfassendes, sehr detailliertes Regelwerk. Beide Statute verbieten Strafprozesse in Abwesenheit der Angeklagten (Art 20 Abs 2, 21 Abs 4 lit d bzw Art 67 Abs 1 lit d).

57

---

200 *Palästina*-Entscheidung, §§ 89 ff, 100 ff. Zur prinzipiellen Kritik an der „third party jurisdiction" aus völkerrechtlicher Sicht *von Arnauld* (Fn 6) Rn 1364 f mwN.
201 *Ambos*, Internationales Strafrecht, § 8 Rn 80 f.
202 Die wesentlichen Bestimmungen dieser Abkommen werden aus dem American Service Members Protection Act v 2002 erkennbar. Informativ dazu <http://www.iccnow.org>. Zur Vorgeschichte *Stein*, Die Bilateral Immunity Agreements der USA und Art 98 des Romstatuts, FS G. Ress, 2005, 295 ff.
203 Dazu *Ambos*, Internationales Strafrecht, § 8 Rn 61.
204 *Schomburg/Nemitz*, International Criminal Courts and Tribunals, Procedure, MPEPIL V, 702 ff.
205 Näher *Pocar* (Fn 160) 756.
206 Vgl dazu die am 30.6.2002 beschlossenen Verfahrens- und Beweisregeln (Fn 199).

58   Die Durchführung des Strafverfahrens ist ohne *Kooperation der Staaten mit den internationalen Strafgerichten* nicht gewährleistet. Darum begründet Art 86 IStGH-Statut gegenüber dem IStGH, aber auch gegenüber den anderen Vertragspartnern, eine „völkerrechtliche Handlungspflicht kraft sekundären Organisationsrechts" zur Zusammenarbeit.[207] Sie besteht in der Pflicht, das nationale Recht kooperationsgerecht auszugestalten (Art 88),[208] der Festnahme und Überstellung der beschuldigten Person an den Gerichtshof (Art 89) sowie weiteren in Art 93 aufgelisteten Formen der Zusammenarbeit, insbes bei der Beweiserhebung. Die Überstellung – eine der wichtigsten Kooperationspflichten zur Ermöglichung der Gerichtsbarkeit, weil die Beschuldigten sich bei Einleitung des Strafverfahrens idR im staatlichen Zuständigkeitsbereich befinden[209] – unterscheidet das IStGH-Statut von einer zwischenstaatlichen Auslieferung (Art 102). In der BR Deutschland wird diese Unterscheidung nicht akzeptiert. Deshalb bedurfte es zur Realisierbarkeit der Überstellung einer Änderung des Art 16 Abs 2 GG, der nach seiner früheren Fassung auch die Überstellung an Straforgane der Staatengemeinschaft verbot.[210]

3. Bilanz

59   Die nicht zuletzt durch das Erfordernis eines wirksamen Schutzes der Menschenrechte legitimierte Entscheidung der Internationalen Gemeinschaft für die individuelle strafrechtliche Ahndung schwerer Verstöße und für den Weg institutionalisierter Verfolgung durch internationale Strafgerichte war zweifellos ein *bedeutender Schritt* der Rechtsentwicklung. Entstanden ist so ein eigener Bereich des Völkerrechts mit hohem Spezialisierungsgrad. Er wird teils von völkerrechtlichen, teils von strafrechtlichen Erkenntnissen bestimmt. Zu dieser Entwicklung haben zunächst die UN Ad hoc-Tribunale beigetragen[211] und die sog hybriden Tribunale, die auf gemischt national-internationaler Rechtsgrundlage beruhen und aus ihr entsprechenden Richtern und Staatsanwälten bestehen.[212] Inzwischen steht der IStGH im Blickfeld: Von den in Art 5 des Statuts aufgezählten Tatbeständen betrafen bisher 30 Fälle Verbrechen gegen die Menschlichkeit, 21 Kriegsverbrechen und ein Fall den Völkermord. Außerdem gab es vier Fälle, in denen Straftaten gegen die Rechtspflege nach Art 70 des Statuts behandelt wurden.[213] Die Sachverhalte beschränken sich überwiegend auf Afrika und haben wenige abschließende Entschei-

---

207 *Kreß* (Fn 143) Rn 210.
208 Dazu IStGHG v 21.6.2002, BGBl 2002 I, 2144.
209 *Ambos*, Internationales Strafrecht, § 8 Rn 73; *Klamberg*, in Klamberg Commentary, Art 89 Rn 691.
210 213 *Schmalenbach*, Verbot der Auslieferung, in Merten/Papier (Hrsg), Handbuch der Grundrechte, Bd V, 2013, § 122 Rn 1; für Klarstellung *Ambos*, Internationales Strafrecht, § 8 Rn 87.
211 Übersicht über die (auslaufende) Judikatur des ICTY und des Ruanda-Tribunals bei *Ambos*, Internationales Strafrecht, 706 ff, 709 ff; *Shaw* (Fn 44) 292 ff.
212 Näher *Ambos*, Internationales Strafrecht, § 6 Rn 41 ff; zur Rechtsprechung ebd, 720; *Shaw* (Fn 44) 305 ff.
213 Zur Statistik <https://www.icc-cpi.int/cases>; s auch die Annual Reports of the International Criminal Court to the United Nations on its Activities, <https://www.icc-cpi.int/resource-library/reports>.

Schröder

dungen hervorgebracht.[214] Gründe sind neben Beweisschwierigkeiten, dass Strafverfahren in Abwesenheit des Angeklagten nicht stattfinden können (o Rn 57) und die Staaten ihrer Kooperationspflicht nicht immer angemessen nachkommen (o Rn 58).

IV. Streitbeilegung

1. Die Pflicht zur friedlichen Streitbeilegung
a) Rechtliches Fundament

Nach geltendem Völkerrecht dürfen internationale Streitigkeiten nur mit friedlichen 60 Mitteln beigelegt werden. Für die Mitgliedstaaten der UN ergibt sich dies bereits aus Art 2 Nr 3 der Charta. Die in dieser Vorschrift kategorisch formulierte und deshalb auf Spezifizierung und Ergänzung angelegte Pflicht zur friedlichen Streitbeilegung ist in Deklarationen der UN-Generalversammlung zu einem *Grundprinzip der zwischenstaatlichen Beziehungen* erhoben worden: so insbes in der Erklärung über die freundschaftlichen Beziehungen und die Zusammenarbeit zwischen den Staaten,[215] in der Manila-Erklärung über die friedliche Beilegung internationaler Streitigkeiten[216] und in der Erklärung über die Verhütung und Beseitigung von Streitigkeiten und Situationen, die den Weltfrieden und die internationale Sicherheit bedrohen können, und die Rolle der UN auf diesem Gebiet.[217] *Regionale* Adaptionen finden sich u a im Bogotá-Pakt der Amerikanischen Staaten v 30.4.1948,[218] im Europäischen Übereinkommen zur friedlichen Beilegung von Streitigkeiten v 29.4.1957[219] und in den KSZE/OSZE-Dokumenten.[220] Eine *materiespezifische* Ausprägung gibt es etwa im internationalen Seerecht (Art 279 ff SRÜ)[221]

---

214 S die Urteile *Lubanga, Katanga, Bemba* und *Ntanganda* sowie das für den Kulturgüterschutz wegweisende *Al Mahdi*-Urteil.

215 Res 2625 (XXV) v 24.10.1970, Annex.

216 Res 37/10 v 15.11.1982, Annex. Zu ihr *Economidès*, La déclaration de Manille sur le règlement pacifique des différends internationaux, AFDI 28 (1982) 613 ff; *Broms*, The Declaration on the Peaceful Settlement of International Disputes (Manila), FS Lachs, 1984, 339 ff; *Sahovic*, La déclaration de Manille sur le règlement pacifique des différends internationaux, in ebd 449 ff.

217 Res 43/51 v 5.12.1988, Annex.

218 30 UNTS 55.

219 BGBl 1961 II, 82.

220 Schlussakte Prinzip V (1975); Mechanismus zur friedlichen Beilegung von Streitigkeiten (1991); Stockholmer Beschluss über die friedliche Beilegung von Streitigkeiten mit Übereinkommen über Vergleich und Schiedsverfahren (1992), sämtlich abgedr in Fastenrath (Hrsg), KSZE/OSZE, 1993; hier auch einführende Bemerkungen und Literaturhinweise von *Oellers-Frahm*, ebd, LIII ff; vgl auch *Meyer*, Dispute Settlement Procedures and Crisis Management, in Bothe/Ronzitti/Rosas (Hrsg), The OSCE in the Maintenance of Peace and Security, 1997, 53 ff.

221 *Chandrasekhara*, Law of the Sea, Settlement of Disputes, MPEPIL VI, 738 ff; *Wolfrum*, Friedliche Streitbeilegung, in Graf Vitzthum (Hrsg), Handbuch des Seerechts, 2006, 461 ff; *Tanaka*, Peaceful Settlement, 229 ff.

sowie im Umwelt-[222] und Wirtschaftsrecht.[223] Die Staatenverantwortlichkeitsresolution sieht ein verpflichtendes Streitbeilegungsverfahren nicht vor (Rn 6).

61   Die erwähnten Rechtsakte haben zT als solche keine Bindungswirkung (Deklarationen/Helsinki-Dokumente), oder ihre Bindungswirkung ist wegen des beschränkten Kreises der Vertragspartner begrenzt. Gleichwohl liefern sie Anhaltspunkte für die Auffassung, dass die Pflicht zur friedlichen Streitbeilegung über ihre positiv-rechtliche Verankerung in der UN-Charta hinaus kraft *universellen Völkergewohnheitsrechts* besteht.[224] Hiervon ging auch der IGH im *Nicaragua*-Fall aus.[225] Dementsprechend bindet die Pflicht auch Nicht-Mitgliedstaaten der UN und in begrenztem Umfang die UNO selbst bei der Wahrnehmung ihrer friedenssichernden Maßnahmen.[226]

62   Nicht einheitlich beantwortet wird die Frage, ob die Pflicht zur friedlichen Streitbeilegung zum *ius cogens* gehört.[227] Ihre praktische Bedeutung wird mit Recht gering veranschlagt, weil Rechtsakte, die gegen das in Art 2 Nr 3 der UN-Charta formulierte Grundprinzip der friedlichen Streitbeilegung verstoßen, heute schwer vorstellbar sind.[228] Davon abgesehen bringt die Bejahung kaum etwas ein, weil Verletzungen der Pflicht im Hinblick auf deren Konkretisierungsbedürftigkeit (Rn 60) nicht leicht festzustellen sind.[229]

b) Rechtssystematischer Standort

63 Das Prinzip der friedlichen Streitbeilegung steht *in engstem Zusammenhang mit der Ächtung von Krieg und Gewalt* als Mittel zwischenstaatlicher Durchsetzung von Rechten und Interessen. Entstehungsmotiv ist, die „Anrufung von Gewalt so weit wie möglich zu verhüten". Mit diesem Ziel erklärten sich die Vertragsmächte 1899/1907 in Art 1 des Haager Abkommens zur friedlichen Beilegung internationaler Streitfälle einverstanden, „alle ihre Bemühungen aufwenden zu wollen, um die friedliche Erledigung der internationalen Streitfälle zu sichern".[230] Die zunächst zurückhaltende Formulierung des Prinzips in einer „Bemühenszusage" ist darauf zurückzuführen, dass ein begleitendes Kriegs- oder

---

222 Vgl Art 8 ff Umweltschutzprotokoll zum Antarktisvertrag; dazu *Tanaka,* Peaceful Settlement, 316.
223 Vereinbarungen über Regeln und Verfahren zur Beilegung von Streitigkeiten im Rahmen der WTO und des GATT (BGBl 1994 II, 1749); dazu *Tietje,* Rechtsschutz und Streitbeilegung in der Welthandelsorganisation (WTO), in Ehlers/Schoch (Hrsg), Rechtsschutz im öffentlichen Recht, 2. Aufl 2020, § 4; *Tanaka,* Peaceful Settlement, 275 ff; s auch o *Kreuter-Kirchhof,* 6. Abschn Rn 75.
224 Vgl *Epping,* in Ipsen (Fn 8) § 59 Rn 2; *Tomuschat,* in UN Charter, Art 2 Nr 3 Rn 19.
225 *Nicaragua,* § 290.
226 Hierzu *Tomuschat,* in UN Charter, Art 2 Nr 3 Rn 19 ff.
227 Bejahend etwa *Verdross/Simma* (Fn 7) §§ 94 ff; *Frowein,* Ius cogens, MPEPIL VI, 443 ff.
228 *Tomuschat,* in UN Charter, Art 2 Nr 3 Rn 26.
229 Dazu *Heintschel von Heinegg,* in Ipsen (Fn 8) § 18 Rn 60.
230 Die Fassung v 1899 (RGBl 1901, 393) stimmt mit der v 18.10.1907 (RGBl 1910, 5) überein. Zum Folgenden eingehend *Diaconou,* Peaceful Settlement of Disputes Between States, in MacDonald/Johnston (Hrsg), The Structure and Process of International Law, 1983, 1095 ff.

Schröder

Gewaltanwendungsverbot, das die Streitbeilegung mit friedlichen Mitteln erst zu einer stringenten Verpflichtung macht, nicht existierte. Mit dem Verzicht auf den Krieg als Mittel zur Lösung internationaler Streitfälle in Art 1 des Briand-Kellogg-Pakts v 1928 war diese Voraussetzung geschaffen, eine verbindlichere Festlegung des Prinzips der friedlichen Streitbeilegung die Konsequenz: „Die Regelung und Entstehung der Streitigkeiten und Konflikte, welcher Art und welchen Ursprungs auch immer, soll niemals anders als durch friedliche Mittel angestrebt werden" (Art 2).[231]

Der vorstehend beschriebene Zusammenhang ist auch für die *Entwicklung nach* **64** *1945* kennzeichnend und in der benachbarten Stellung des Prinzips der friedlichen Streitbeilegung und des Gewaltverbots in Art 2 UN-Charta augenfällig. Die auf den ersten Blick überraschende Umkehrung der Reihenfolge gegenüber den Fixierungen des Briand-Kellogg-Pakts und der UN-Resolutionen bringt zum Ausdruck, dass die Existenz eines funktionsfähigen Systems friedlicher Streitbeilegung eine „wesentliche *Vorbedingung" für die Beachtung des Gewaltverbots* in der Praxis ist.[232] Die zentrale Stellung, die ihr im geltenden Völkerrecht zukommt, zeigt sich auch daran, dass die friedliche Streitbeilegung nicht mehr bloß verpflichtende Alternative zum Krieg, sondern zu jeder Androhung oder Anwendung militärischer Gewalt iSv Art 2 Nr 4 der UN-Charta geworden ist.

c) Gegenstand

Die Pflicht zur friedlichen Streitbeilegung bezieht sich nach Art 2 Nr 3 UN-Charta und **65** nach Gewohnheitsrecht auf *Streitigkeiten mit internationalem Charakter*. Dabei schafft der *Begriff* der Streitigkeit eine Relevanzschwelle, die sich an der Eskalationsgefahr orientiert: Eine Streitigkeit liegt vor, wenn in einer konkreten zwischenstaatlichen Auseinandersetzung die eine Seite Ansprüche oder Forderungen erhebt und die andere diese ernsthaft bestreitet oder zurückweist.[233]Die Rechtsprechung lässt – weitergehend – bloße Interessenkonflikte genügen.[234]

An derartigen Auseinandersetzungen sind idR nur Staaten beteiligt. Denkbar sind **66** sie aber auch zwischen Staaten und I.O.[235] Bei Auseinandersetzungen eines Staats mit einem de facto-Regime oder mit einer nationalen Befreiungsbewegung bzw Volksgrup-

---

231 RGBl 1929 II, 97.

232 Zum Gewaltverbot auch *Kämmerer*, 1. Abschn Rn 35 ff; *Bothe*, 8. Abschn Rn 9 ff.

233 Vgl *Diaconou* (Fn 230) 1100 f; *Tomuschat*, in UN Charter, Art 2 Nr 3 Rn 27; *Tanaka*, Peaceful Settlement, 9.

234 *Mavrommatis-Konzessionen*, 11; *Osttimor*, § 22; *Certain Property*, § 24 und *Verbot der Rassendiskriminierung*, § 30; krit *Tanaka*, Peaceful Settlement, 9; s aber die Verfügung des IGH im *Treaty of Amity*-Fall, § 28: "opposite views concerning the question of performance or non-performance of certain international obligations".

235 *Tomuschat*, in UN Charter, Art 2 Nr 3 Rn 31 ff. Speziell zur EU instruktiv *Hilf*, Europäische Gemeinschaften und internationale Streitbeilegung, FS Mosler, 1983, 387 ff.

Schröder

pe, die sich auf das Selbstbestimmungsrecht berufen, gewinnt das *Erfordernis der Internationalität des Streits* besondere Bedeutung. Es bezeichnet den Gegensatz zu rein innerstaatlichen Konflikten, die zum Vorbehaltsbereich des Staats *(domestic jurisdiction, domaine réservé)* gehören und deshalb nicht von der Pflicht zur friedlichen Streitbeilegung erfasst sind.[236] Der Kreis der danach ausgegrenzten, weil internen Konflikte steht nicht absolut fest. Mit einiger Sicherheit lässt sich aber sagen, dass jedenfalls dann keine innerstaatliche Angelegenheit mehr vorliegt, wenn dem Staat als gegnerische Partei ein Völkerrechtssubjekt gegenübersteht. Bei den erwähnten nicht-staatlichen Streitparteien kann dies, je nach Sachlage, angenommen werden, ist indessen nicht unstr. Auf keinen Fall kann die Pflicht zur friedlichen Streitbeilegung weiter greifen als das korrespondierende Gewaltverbot, das gleichfalls nur „in den internationalen Beziehungen" gilt (Art 2 Nr 4 UN-Charta).

d) Inhalt und Grenzen

67 Friedliche Streitbeilegung bedeutet Verzicht der Parteien auf *gewaltsame* Mittel der Konfliktlösung. Dementsprechend bleiben Gegenmaßnahmen, die der betroffene Staat im Falle einer Völkerrechtsverletzung ergreift, zulässig, solange sie nicht die Schwelle des Gewaltverbots überschreiten.[237] Andererseits verlangt die Pflicht zur friedlichen Streitbeilegung – und darin liegt der Unterschied zum Gewaltverbot – den aktiven Einsatz, *das ernsthafte Bemühen der Parteien zur Beilegung des Konflikts*[238] in „gutem Glauben" und „im Geist der Kooperation".[239] Ein bestimmtes Ergebnis, das auf der Basis nicht nur des Rechts, sondern auch der Gerechtigkeit angestrebt werden soll,[240] liegt allerdings außerhalb der Bindungswirkung der Pflicht. Diese ist erst bei prinzipieller oder beharrlicher Verweigerung, an einem gemeinsamen Ergebnis zu arbeiten, verletzt.[241]

2. Die Mittel der Streitbeilegung im Überblick

68 In der internationalen Praxis haben sich seit langem *unterschiedliche Mittel* der Streitbeilegung herausgebildet. Das Schrifttum bezeichnet sie – sachlich gleichbedeutend – auch als Methoden oder Verfahren,[242] vermutlich um hervorzuheben, dass es um Vor-

---

236 Dazu *Ziegler*, Domaine Réservé, MPEPIL III, 216 ff.
237 Eingehend *Tomuschat*, in UN Charter, Art 2 Nr 3 Rn 36 ff.
238 Dazu *Festlandsockel*-Fall, § 86 f, *Isländischer Fischereistreit*, § 75 (Jurisdiction) bzw § 67 (Merits) und *Pulp Mills*, § 146.
239 Diese treffende Hervorhebung in der Manila-Erklärung (Fn 219) I § 5.
240 Zu diesen in Art 1 Nr 1 und Art 2 Nr 3 UN-Charta genannten gewohnheitsrechtlich gleichermaßen relevanten Maßstäben *Tomuschat*, in UN Charter, Art 2 Nr 3 Rn 45 ff und IGH in *Pazifischer Ozean*, § 165.
241 Vgl *Tomuschat*, in UN Charter, Art 2 Nr 3 Rn 25; *Diaconou* (Fn 230) 1102.
242 *Verdross/Simma* (Fn 7) § 1312; *Merrills/De Brabandere*, International Dispute Settlement, 2.

gehensweisen bei der Streitbeilegung geht, die jeweils einen bestimmten Typus verkörpern. An *traditionelle* Vorgehensweisen knüpft die Auflistung Verhandlung, Untersuchung, Vermittlung, Vergleich, Schiedsspruch, gerichtliche Entscheidung in Art 33 Abs 1 UN-Charta an. Gleiches gilt für die hier nicht erwähnten, im Umkreis der Vermittlung angesiedelten „Guten Dienste". Andererseits erfasst die in Art 33 Abs 1 UN-Charta gleichfalls genannte „Inanspruchnahme regionaler Einrichtungen oder Abmachungen" einen vergleichsweise *jüngeren Typ* institutionalisierter Streitbeilegung im Rahmen (regionaler) I. O., der erst nach 1945 größere Bedeutung erlangt hat.[243]

Die *Systematisierung* der einzelnen Streitbeilegungsmittel ist vielfach üblich und 69 auch nützlich, soweit sie prinzipielle Gemeinsamkeiten und Unterschiede der Instrumente verdeutlicht.[244] So lassen sich Verhandlung, Untersuchung, Vermittlung (einschließlich „Guter Dienste") und Vergleich als sog *diplomatische Verfahren* kennzeichnen. Ihre Eigenart besteht darin, dass die Streitparteien die Kontrolle über den Konflikt behalten und deshalb vorgeschlagene Lösungen akzeptieren oder verwerfen können.[245] Obschon einigungsförderlich, sind diplomatische Verfahren der Streitbeilegung ergebnisoffen. Demgegenüber verbindet sich mit den gerichtlichen *Entscheidungsverfahren* (Schiedsspruch, Entscheidung eines internationalen Gerichts) die Erwartung, dass die Parteien bereit sind, das Ergebnis im Vorhinein als bindend zu akzeptieren. Die traditionelle Einordnung der gerichtlichen Entscheidung als Mittel der Streitbeilegung darf allerdings nicht den Blick dafür versperren, das die Gerichte neben der Streitentscheidung im Einzelfall weitere Leistungen erbringen: Sie bestätigen die Geltung und Normativität des internationalen Rechts und tragen zu dessen Entwicklung sowie zur Kontrolle staatlicher Macht bei.[246]

Einen *numerus clausus* der Streitbeilegungsmittel gibt es nicht. Wie Art 33 Abs 1 UN- 70 Charta bestätigt, können die Parteien auch *andere als die erwähnten Mittel* einsetzen, sofern diese nicht mit der Anwendung von Gewalt verbunden sind. Praktische Bedeutung erlangt diese Offenheit vor allem bei evtl gewünschten Modifikationen oder Kombinationen der einzelnen Mittel.[247] Unbenommen ist es den Parteien auch, zwischen den einzelnen Streitbeilegungsmitteln frei zu wählen. Einen *rechtlichen Vorrang* irgendeines Mittels kennt das allgemeine Völkerrecht nicht. Er widerspräche dem Souveränitätsverständnis der Staaten.[248] Unbeschadet dieser Rechtslage kann es streitimmanente, *sachlogische Gründe* geben, die die Bevorzugung eines bestimmten Streitbeilegungsmittels

---

243 Mit Recht besonders hervorgehoben von *Diaconou* (Fn 230) 1104; *Wolfrum,* Peaceful Settlement, in ders (Hrsg), United Nations, 1995, Bd II, Sec 103 Rn 5. Speziell zur UNO *Tanaka,* Peaceful Settlement, 73 ff; *Franck,* Fairness in International Law and Institutions, 1997, 175 ff.

244 Vgl die Einteilungen bei *Stone,* Legal Controls of International Conflict, 2. Aufl 1973, 67 f; *Neuhold,* Internationale Konflikte, 1977, 357 f; *von Arnauld* (Fn 6) Rn 441 ff; *Epping,* in Ipsen (Fn 8) § 59 Rn 5 ff.

245 *Merrills/De Brabandere,* International Dispute Settlement, 88.

246 Eingehend *von Bogdandy/Venzke,* In Whose Name? A Public Law Theory of International Adjudication, 2014; weitere Nachw bei *von Arnauld* (Fn 6) Rn 451 mit Fn 14.

247 *Tomuschat,* in UN Charter, Art 33 Rn 34.

248 *Diaconou* (Fn 230) 1102; *Economidès* (Fn 216) 620; *Tomuschat,* Neuformulierung der Grundregeln des Völkerrechts durch die Vereinten Nationen, EA 38 (1983) 729 (734 f).

nahelegen. So erklärt sich die Sonderstellung, die Verhandlungen mit der Begründung eingeräumt wird, dass sie die Chance zu klärender, flexibler Diskussion böten und deshalb zur Streitbeilegung unverzichtbar oder doch besonders geeignet seien.[249] Entsprechendes gilt für die Einschaltung des IGH bei Rechtsstreitigkeiten.[250]

3. Diplomatische Verfahren
a) Verhandlungen und Konsultationen

71　*Verhandlungen* zwischen den Konfliktparteien gehören nach wie vor zu den in der Praxis am häufigsten angewandten „Methoden" der Streitbeilegung. Insofern ist es plausibel, ihnen den ersten Platz unter den diplomatischen Verfahren einzuräumen.[251] Der tiefere Grund für die Bevorzugung lässt sich aus der Manila-Deklaration über die friedliche Beilegung internationaler Streitigkeiten ablesen.[252] Der herausgehobene Platz, den Verhandlungen dort haben (Abschn I § 10), ist *Ausdruck eines besonders souveränitätsfreundlichen Konzepts der Streitbeilegung.*[253] Verhandlungen stellen die klassische Methode dar, mit der souveräne Konfliktparteien ihre Auseinandersetzungen frei von „Einmischungen" zu bewältigen versuchen, denn sie finden unter Ausschluss der Öffentlichkeit statt. Dritte, die auf Gang und Inhalt Einfluss nehmen könnten, sind nicht beteiligt. Es gibt auch keine Bindungen an bestimmte Formen und Verfahren. All dies kann das gemeinsame Bemühen um einen streitbeendenden Konsens fördern und macht die Stärke zwischenstaatlicher Streitbeilegung durch Verhandlungen aus. Je nach den Umständen liegt in den genannten Elementen aber auch die Schwäche: Die stärkere Konfliktpartei gerät leicht in Vorteil; bei Verhärtung der Fronten ist ein Ausweg schwer zu finden. Verhandlungen werden deshalb vielfach ein erster, allein nicht erfolgreicher Schritt der Beilegung des Konflikts sein.

72　　Von Verhandlungen im eigentlichen Sinne sind *zwischenstaatliche Konsultationen* zu unterscheiden.[254] Gewiss weisen auch sie die in Rn 71 genannten Elemente der Verhandlung auf, weshalb sie zT auch mit letzteren identifiziert werden. Doch liegt der Akzent anders. Konsultationen dienen typischerweise dazu, das Entstehen eines Konflikts durch frühzeitigen direkten Kontakt und Information nach Möglichkeit zu verhindern. So gesehen bilden sie eine zweckmäßige, im Allgemeinen aber nicht obligatorische Vorstufe der eigentlichen Verhandlungen.

---

249 Dazu *Tomuschat*, in UN Charter, Art 33 Rn 24, 26.

250 So bspw Art 1 des Europäischen Übereinkommens zur friedlichen Beilegung von Streitigkeiten (Fn 220); s auch Art 36 Abs 3 UN-Charta.

251 *Merrills/De Brabandere*, International Dispute Settlement, 1 ff; *Diaconou* (Fn 230) 1103; *Hakapää*, Negotiation, MPEPIL VII, 588 ff.

252 Fundstelle: Fn 219.

253 Hierzu *Tomuschat*, in UN Charter, Art 33 Rn 34.

254 Zum Folgenden *Dominick*, Consultation, EPIL I (1992) 776 ff; *Merrills/De Brabandere*, International Dispute Settlement, 3 ff; *Diaconou* (Fn 230).

b) Verfahren mit Drittbeteiligung

Untersuchung, Vermittlung einschließlich „Guter Dienste" und *Vergleich* haben gemein- 73
sam, dass es sich jeweils um ein Verfahren der Streitbeilegung unter *Mitwirkung Dritter*,
nicht am Konflikt Beteiligter, handelt. Die damit einhergehende „Neutralisierung" des
Konflikts soll Bewegung in verhärtete Fronten bringen, den Konflikt entschärfen und
womöglich lösen. Da die Konfliktparteien mit der Drittbeteiligung immer, wenn auch in
dem von ihnen bestimmten Maße, auf eine alleinige Regelung des Konflikts verzichten,
müssen sie mit ihr einverstanden sein.

Bemüht sich eine Drittpartei, die Konfliktparteien zu einer friedlichen Beilegung 74
des Streits durch Herstellung von (unterbrochenen) Kontakten oder die (Wieder-)An-
bahnung von Verhandlungen zu bewegen, spricht man von *„Guten Diensten".* Dabei
handelt es sich durchaus um eine Vermittlertätigkeit. Allerdings greift der Vermittler
nicht in die Verhandlungen selbst ein.[255] Geschieht dies, etwa durch Beeinflussung
von Gang und Inhalt oder die Unterbreitung von Lösungsvorschlägen, liegt eine Vermittlung im eigentlichen Sinne vor. In der Praxis sind die Grenzen zwischen „Guten Diensten" und der Vermittlung im eigentlichen Sinne oft fließend.[256] Beide Verfahren zeichnen sich im Übrigen dadurch aus, dass sie *verhandlungsbegleitend* sind.[257] Ihr Erfolg
hängt wesentlich von Autorität und Ansehen der Drittpartei ab. In der Staatspraxis ist
von ihnen immer wieder mit unterschiedlichen Ergebnissen Gebrauch gemacht worden.[258]

Nicht selten werden Beginn und Fortgang der Verhandlungen dadurch behindert, 75
dass die dem Konflikt zugrunde liegenden Tatsachen umstritten sind. Hier soll die *Untersuchung* mittels ad hoc eingesetzter, gelegentlich auch ständiger Untersuchungskommissionen Abhilfe schaffen. Ihr ausschließlicher Zweck besteht in der unparteiischen
Klärung strittiger Tatsachen.[259] In der Staatenpraxis ist von diesem Verfahren wenig Gebrauch gemacht worden.[260] Wenn überhaupt, bevorzugen die Staaten eine Verbindung
von Tatsachenfeststellung und Vermittlungs- oder Vergleichsverfahren. Ein weiterer
Grund für den Rückgang des Untersuchungsverfahrens liegt in der satzungsgemäß ausgeübten Untersuchungstätigkeit I.O., namentlich der UN (Art 34).[261]

Auch das *Vergleichsverfahren,* das Elemente der Vermittlung und Untersuchung mit- 76
einander verbindet,[262] hat keine besondere Attraktivität gewinnen können. Daran ändert

---

255 Insofern ist die Streiteinmischung hier am geringsten: *Neuhold* (Fn 244) 360.

256 *Wehberg,* Kommentar zu dem Haager Abkommen betr die friedliche Erledigung internationaler
Streitigkeiten v 18.10.1907, 1911, Art 2, 10; *Epping,* in Ipsen (Fn 8) § 59 Rn 9.

257 *Merrills/De Brabandere,* International Dispute Settlement, 27.

258 Dazu die Darstellungen bei *Merrills/De Brabandere,* International Dispute Settlement, 27–42; *Bindschedler,* Good Offices, EPIL II (1995) 601 ff; *Cot,* Conciliation, MPEPIL II, 576 ff.

259 Vgl Art 9 des Haager Abkommens (Fn 230).

260 Dazu *Merrills/De Brabandere,* International Dispute Settlement, 43–61.

261 Vgl *Partsch,* Fact-Finding and Inquiry, EPIL II (1995) 343 ff; *Epping,* in Ipsen (Fn 8) § 59 Rn 13.

262 *Neuhold* (Fn 244) 362.

seine Verankerung in jüngeren Kodifikationen nichts,[263] weil eine darauf aufbauende Praxis fehlt.[264] Die Ursachen liegen u a in dem erheblichen organisatorischen und finanziellen Aufwand, der mit Vergleichskommissionen verbunden ist, aber wohl auch in der *zT schiedsgerichtsähnlichen Vorgehensweise* der Kommissionen, die nicht erwünscht ist, je mehr der Konflikt politischen Charakter hat.[265]

4. Schiedsgerichte
a) Allgemeine Kennzeichnung

77 Den über den Staaten stehenden Richter mit der prinzipiellen Befugnis und Zuständigkeit, zwischenstaatliche Konflikte durch seinen Spruch abschließend zu entscheiden, gibt es im Völkerrecht nicht. Der Richter muss immer von den Konfliktparteien eingesetzt sein, sei es ad hoc für eine schon entstandene Streitigkeit, sei es im Vorhinein für eine bestimmte Materie oder, noch allgemeiner, durch Unterwerfung der Parteien unter die internationale Gerichtsbarkeit. Dementsprechend definiert Art 37 Satz 1 des Haager Abkommens zur friedlichen Streitbeilegung v 1907 die Tätigkeit internationaler Schiedsgerichte als „Erledigung von Streitigkeiten zwischen den Staaten durch Richter ihrer Wahl aufgrund der Achtung vor dem Rechte". In Anlehnung hieran ergeben sich die *typischen Merkmale* der Schiedsgerichtsbarkeit als Mittel zur Beilegung zwischenstaatlicher Streitigkeiten:[266] Schiedsgerichte treten aus Anlass eines konkreten Streitfalls zusammen; im Wesentlichen entscheiden die Parteien über ihre Zusammensetzung; sie bestimmen den Umfang der Zuständigkeit sowie darüber, auf welcher materiell-rechtlichen und verfahrensrechtlichen Grundlage der bindende Schiedsspruch gefällt werden soll.[267]

---

263 So in Art 66 WVK mit Anh; Art 85 der Konvention über die Vertretung der Staaten in ihren Beziehungen zu internationalen Organisationen mit universellem Charakter, AJIL 69 (1975) 730ff; Art 42 der Konvention über die Staatennachfolge in Verträge mit Anhang, ILM 17 (1978) 1488; Art 284 SRÜ mit Anh V.
264 Vgl die Darstellungen bei *Merrills/De Brabandere*, International Dispute Settlement, 62ff; *Epping*, in Ipsen (Fn 8) § 55 Rn 16.
265 Dazu *Bowett*, Contemporary Developments in Legal Techniques in the Settlement of Disputes, RdC 180 (1983-II) 169 (185ff); vgl auch die von der GA der UN empfohlenen Draft Rules zum Vergleichsverfahren, ILM 30 (1991) 229ff.
266 Als solche umfasst sie nicht die sog gemischten Schiedskommissionen bzw gemischten Schiedsgerichte, die auch Privatpersonen für Ansprüche gegen ausländische Staaten offenstehen (zu ihnen *Dolzer/Wühler*, Mixed Arbitral Tribunals, EPIL III [1997] 433ff). Gleiches gilt für Schiedsinstanzen, die vermögensrechtliche Ansprüche von Privatpersonen gegen andere Staaten nach dem Muster des Iran-United States-Tribunal behandeln (dazu *Epping*, in Ipsen [Fn 8] § 59 Rn 29; *Pinto*, Iran-United States Claims Tribunal, MPEPIL VI, 345ff); zum ICSID Übereinkommen *Tietje/Klimke*, Internationaler Investitionsschutz, in Ehlers/Schoch (Fn 223) sowie *Kreuter-Kirchhof*, 6. Abschn Rn 53, 65.
267 Dazu die Darstellungen *Brower*, Arbitration, MPEPIL I, 531ff; *Will*, in Schöbener (Fn 25) 357ff.

Als Typus zwischenstaatlicher Streitbeilegung durch eine richterliche Instanz hat die 78
Schiedsgerichtsbarkeit eine *weit zurückreichende Tradition*.[268] Ihr heutiges Erscheinungsbild ist zunächst durch den Jay-Vertrag v 19.11.1794 geprägt worden, der u a Grenzfragen zwischen Großbritannien und den USA zum Gegenstand hatte. Eine weitere Etap-
pe der Entwicklung markiert der *Alabama*-Spruch v 1872, der str neutralitätsrechtliche
Fragen zwischen den USA und Großbritannien zu klären hatte.[269] U a im Haager Abkommen v 1907 (Art 37 ff), in der Generalakte über die friedliche Beilegung von Streitigkeiten
v 1928/rev 1949 (Art 21 ff)[270] bis hin zum SRÜ (Art 287) ist der besondere Wert des streit-
abschließenden Schiedsspruchs im System der friedlichen Streitbeilegungsmittel (Rn 65 f)
weiter bekräftigt, die Staatspraxis in Regeln aufgezeichnet und zugleich fortentwickelt
worden.

Unterschiede zwischen Schiedsgerichten im hier behandelten Sinne und internationa- 79
len Gerichten, als deren Prototyp der IGH und sein Vorläufer, der StIGH, gelten können
(Rn 87 ff), werden vor allem darin gesehen, dass Letztere ständige Gerichtsinstanzen mit
prinzipiell feststehender Zuständigkeit und Verfahrensordnung sind, und dass die Parteien auf ihre Zusammensetzung keinen wesentlichen Einfluss haben.[271] Indessen sollten diese Unterschiede nicht überbetont werden: Bei Vereinbarung eines ständigen
Schiedsgerichts etwa mit im Voraus bestimmter Zuständigkeit und Verfahrensordnung,
dessen Richter jeweils für eine bestimmte Amtsperiode eingesetzt sind, verwischen sich
die Unterschiede.[272] Zutreffend werden daher *Schiedsgerichte und internationale Gerich-*
te als Basistypen richterlicher Streitbeilegung *mit fließenden Übergängen und Mischfor-*
men bezeichnet.[273]

b) Erscheinungsformen

Schiedsgerichte können *ad hoc vereinbart und gebildet* werden. Sie entscheiden dann 80
ausschließlich über einen zwischen den Parteien bereits entstandenen Konfliktfall. Ein

---

[268] Hierzu besonders *Stone* (Fn 244) 75 ff; *Schwarzenberger*, International Law as Applied by International Courts and Tribunals, Bd IV, 1986, 21–94; *Grewe*, Epochen der Völkerrechtsgeschichte, 2. Aufl 1988,
606 ff.
[269] Analyse des Jay-Vertrags bei *Ziegler*, Jay Treaty, MPEPIL VI, 449 ff und des *Alabama*-Falls bei *Seidel*,
EPIL I (1992) 97 ff.
[270] Analyse bei *von der Heydte*, General Act for the Peace Settlement of International Disputes (1928 und
1949), EPIL II (1995) 499 ff.
[271] *v. Mangoldt*, Tradition in der zwischenstaatlichen Streitbeilegung, FS Tübinger Juristische Fakultät,
1977, 435 (460).
[272] *Tomuschat*, in UN Charter, Art 33 Rn 31; *Neuhold*, Die Grundregeln der zwischenstaatlichen Beziehungen, in ÖHVR I, 4. Aufl 2004, Rn 1798 ff.
[273] Dazu *Steinberger*, Judicial Settlement of International Disputes, EPIL III (1997) 47 f. Zum Ganzen vgl
auch die Übersicht über die richterlichen Streitentscheidungsinstanzen unter <www.elaw.org/content/
project-international-courts-and-tribunals-international>.

meist schriftlich geschlossener *Schiedsvergleich (compromis)*[274] legt den Streitgegenstand, die Zusammensetzung des Schiedsgerichts, dessen Entscheidungsmaßstab (vielfach Völkerrecht) und das Verfahren fest. Sind Bestimmungen über das anwendbare Recht oder Verfahren im Schiedsvergleich zunächst nicht getroffen worden, ergibt sich aus diesem die Verpflichtung der Parteien, die offen gebliebenen Fragen in einer weiteren Vereinbarung zu klären.[275]

81   Von den ad hoc-Schiedsgerichten sind die sog *ständigen Schiedsgerichte* zu unterscheiden. Ihnen ist – darin liegt der Grund für die Bezeichnung „ständig" – die *Entscheidung künftiger Streitigkeiten zwischen den Parteien* übertragen. Mit diesem Ziel können *besondere bilaterale oder multilaterale Schiedsverträge* abgeschlossen werden, die Einzelheiten über die Errichtung des Schiedsgerichts, seine Zuständigkeit und Verfahrensweise enthalten.[276] Häufiger sind *Schiedsklauseln in Verträgen* zu beliebigen Sachmaterien, die eine schiedsgerichtliche Entscheidung in näher bestimmten, aus dem jeweiligen Vertrag entstehenden Streitigkeiten vorsehen – zT in Kombination mit anderen Streitbeilegungsmitteln.[277] Schiedsvereinbarungen und Schiedsklauseln können zum Inhalt haben, dass die Parteien die Schiedsgerichtsbarkeit bereits im Vorhinein für entstehende Konflikte akzeptieren *(obligatorische Schiedsgerichtsbarkeit)*. Dann ist jede Partei einseitig befugt, das ständige Schiedsgericht anzurufen. Vielfach bedarf es jedoch einer ergänzenden Vereinbarung, die die Entscheidungszuständigkeit des Gerichts und seine Zusammensetzung für die konkrete Streitigkeit festlegt.[278]

c) Einzelfragen des schiedsgerichtlichen Verfahrens

82 Schiedsgerichte können aus einem oder mehreren Schiedsrichtern bestehen. Drei bis fünf Mitglieder sind heute die Regel.[279] Bei kollegialer *Zusammensetzung* gehört der Vorsitzende keiner der beiden Streitparteien an. Seine Wahl obliegt, wenn sie nicht einvernehmlich vorgenommen wird, den übrigen (paritätisch benannten) Mitgliedern des Gerichts. In den Vereinbarungen über die Einsetzung und Bildung von Schiedsgerichten

---

274 Einzelheiten dazu bei *Thirlway*, Compromis, MPEPIL II, 564 ff.

275 Dazu Art 2 Model Rules on Arbitral Procedure v 27.6.1958 der ILC, u a abgedr bei Oellers-Frahm/Zimmermann (Hrsg), Dispute Settlement in Public International Law, 2. Aufl 2001, I 105; Commentaries in YBILC 1958-II.

276 Näher *Butler*, Arbitration and Conciliation Treaties, MPEPIL I, 549 ff.

277 Typische Anwendungsfälle früher vor allem in Handels-, Freundschafts- und Investitionsverträgen. Neuerdings auch im Seerecht (Art 287 SRÜ) oder im Umweltrecht. Zum ganzen *Wühler*, Arbitration Clause in Treaties, EPIL I (1992) 236 ff.

278 Kein unmittelbar entscheidungsbefugtes ständiges Schiedsgericht iSd Texts ist der Ständige Schiedshof in Den Haag. Seine missverständliche Bezeichnung verdeckt, dass er lediglich eine (administrative) Einrichtung ist, die dazu dienen soll, die schiedsgerichtliche Tätigkeit in Streitverfahren zu erleichtern, u a durch Vorhaltung einer Liste geeigneter Schiedsrichter. Näheres bei *Ando*, Permanent Court of Arbitration, MPEPIL VII, 251 ff.

279 *Merrills/De Brabandere*, International Dispute Settlement, 91 ff.

kann Vorsorge für den Fall getroffen sein, dass über die personelle Besetzung keine Einigkeit zu erzielen ist.[280]

Die von den Streitparteien getroffenen *Festlegungen über die Zuständigkeit, die Ent-* **83** *scheidungsgrundlagen und das Verfahren* binden das Schiedsgericht. In allgemeinen Schiedsabkommen oder Schiedsklauseln (Rn 80f) fehlen sie häufig. Dann ist das Gericht befugt, seine Zuständigkeit für die unterbreitete Streitigkeit und das anwendbare Recht selbständig zu prüfen.[281]

Der mit der Mehrheit der Stimmen gefällte und zu begründende *Schiedsspruch* ist **84** für die Parteien bindend und macht den Streit zur „res iudicata", sofern nicht ausnahmsweise Rechtsmittel vereinbart sind.[282] Allerdings kann der Spruch nichtig sein, insbes weil das Gericht seine Zuständigkeit überschritten oder wesentliche Verfahrensgrundsätze missachtet hat.[283]

d) Praktische Bedeutung

Als Instrument der Streitbeilegung besitzt die Schiedsgerichtsbarkeit eine *ungebrochene* **85** *Attraktivität* für die Staaten, auch wenn die Häufigkeit der Inanspruchnahme in den letzten 150 Jahren geschwankt hat. Die Gründe liegen vor allem in den souveränitätsfreundlichen und zugleich flexiblen Möglichkeiten der Ausgestaltung. Die Konfliktparteien haben – im Unterschied zu internationalen Gerichten (Rn 87ff) – *entscheidenden Einfluss auf die Besetzung der Richterbank,* die gerichtliche Zuständigkeit und die Entscheidungsgrundlagen; sie können Schiedsgerichte auch anderen (Völker-)Rechtssubjekten, insbes Individuen, öffnen.

Was die *Bedeutung für die Entwicklung des Völkerrechts* anlangt, ist zunächst auf den **86** nicht unerheblichen Einfluss zu verweisen, den die Schiedsgerichtsbarkeit als älterer Typ richterlicher Streiterledigung auf die Entstehung und den Ausbau internationaler Gerichte nach 1918, namentlich des StIGH und des IGH, gehabt hat.[284] In materieller Hinsicht verdankt das Völkerrecht der Schiedsgerichtspraxis zahlreiche wegweisende Entscheidungen. Sie betreffen u a das Neutralitätsrecht,[285] die territoriale Souveränität,[286]

---

280 ZB Art 55 mit 45 Abs 3–5 des Haager Abkommens zur friedlichen Beilegung von Streitigkeiten; Art 21 des Europäischen Übereinkommens zur friedlichen Beilegung von Streitigkeiten (Fn 220); vgl auch Art 3 der Model Rules (Fn 275).
281 *Merrills/De Brabandere,* International Dispute Settlement, 100; *Epping,* in Ipsen (Fn 8) § 59 Rn 25.
282 Art 78ff des Haager Abkommens zur friedlichen Beilegung von Streitigkeiten (Fn 230); Art 28ff der Model Rules (Fn 275).
283 Vgl *Oellers-Frahm,* Judicial and Arbitral Decisions: Validity and Nullity, MPEPIL VI, 520ff; vgl auch Art 35ff der Model Rules (Fn 275).
284 Vgl dazu *Schwarzenberger* (Fn 268) 271.
285 *Alabama*-Fall (1872); dazu *Moore,* International Arbitrations, Bd I, 1898, 495ff.
286 *Palmas*-Fall (1928), RIAA II, 829ff; dazu *Häusler/Hofbauer,* Palmas Island Arbitration, MPEPIL VIII, 34ff; *Beagle Kanal*-Fall (1977), ILM 17 (1978) 634, 738.

Schröder

das Recht zur Ergreifung von Gegenmaßnahmen[287] und den Fragenkreis der Staatenverantwortlichkeit, des See- und Umweltrechts.[288]

5. Der Internationale Gerichtshof
a) Grundlagen

87 Im Kontext der friedlichen Streitbeilegung wie im Vergleich zu anderen internationalen Gerichten kommt dem IGH eine *besondere Stellung* zu. Ihm sollen prinzipiell die Rechtsstreitigkeiten zwischen Mitgliedstaaten der UN unterbreitet werden (Art 36 Abs 3 UN-Charta).[289] Zusammen mit seinem Vorläufer der Völkerbundzeit, dem StIGH, ist er der Prototyp der internationalen Gerichte[290] und das einzige Gericht, das im Rahmen seiner Zuständigkeit Völkerrecht ohne Beschränkung auf ein bestimmtes Vertragssystem oder auf Spezialmaterien anwendet.

88 Zum Verständnis der Rechtsstellung und Jurisdiktionsgewalt des IGH ist der *Rückblick auf seinen Vorläufer, den StIGH*, unentbehrlich (vgl auch Art 92 Satz 2 UN-Charta).[291] Der StIGH ist 1922 als permanentes, dh immer zugängliches und auf unbestimmte Zeit bestehendes Gericht[292] errichtet worden. Dem Einfluss der Parteien war er im Hinblick auf Zusammensetzung, anwendbares Recht und Verfahren – wie seither für internationale Gerichte typisch[293] – weitgehend entzogen. Hinzu kam die Erwartung, dass ein Gericht, dessen Zuständigkeit unabhängig von Schiedsvereinbarungen allgemeiner oder spezieller Art ist, durch seine Rechtsprechung wesentlich zur Stabilisierung des Friedens in der Staatenwelt und zur Kontinuität der völkerrechtlichen Entwicklung über den Einzelfall hinaus beitragen werde.[294] Diese Erwartung musste allerdings von vornherein begrenzt bleiben, weil eine vom Willen der Parteien unabhängige Zuständigkeit des StIGH in zwischenstaatlichen Streitigkeiten nicht erreichbar war. Als Ersatzlösung wurde die Möglichkeit geschaffen, die Zuständigkeit freiwillig durch eine beson-

---

287 *Naulilaa*-Fall (1928), RIAA II, 1011; dazu *Pfeil,* Naulilaa Arbitration (Portugal v Germany), MPEPIL VII, 550 ff.

288 S bereits Rn 69. Aus der Rechtsprechungspraxis vgl *Caire* und *Youmans*-Fälle (Fn 73); *I'm Alone*-Fall (dazu *Caminos,* I'm Alone, MPEPIL V, 82 ff); *Trail Smelter*-Fall (dazu *Miller,* Trail Smelter Arbitration, MPEPIL IX, 937 ff); *Lac Lanoux*-Fall (dazu *Epiney,* Lac Lanoux Arbitration, MPEPIL VI, 626 ff); *Rainbow Warrior*-Fall (dazu *Hoss/Morgan-Foster,* Rainbow Warrior MPEPIL VIII, 627 ff); *South China Sea.*

289 Dazu *Giegerich,* in UN Charter, Art 36 Rn 55 ff.

290 *Tomuschat,* in UN Charter, Art 33 Rn 32. Zum Folgenden auch *Bernhardt,* Die gerichtliche Durchsetzung völkerrechtlicher Verpflichtungen, ZaöRV 47 (1987) 17 ff.

291 Zum StIGH *Rosenne,* Permanent Court of International Justice, MPEPIL VIII, 259 ff; *Schwarzenberger* (Fn 268) 171 ff; *Spiermann,* in ICJ Statute, Historical Introduction, jeweils mwN.

292 *Schwarzenberger* (Fn 268) 229. Kriegsbedingt stellte der StIGH seine Tätigkeit 1940 ein und wurde 1946 formell aufgelöst.

293 Vgl *Tomuschat,* International Courts and Tribunals, MPEPIL V, 499 (500).

294 *Grewe* (Fn 268) 721; *Oellers-Frahm,* Probleme und Grenzen der obligatorischen Gerichtsbarkeit, AVR 27 (1989) 442 ff.

Schröder

dere Staatenerklärung in allen Rechtsstreitigkeiten gegenüber jedem anderen Staat als obligatorisch anzuerkennen, der dieselbe Erklärung abgegeben hat (Art 36 Abs 2 IGH-Statut). Mit dieser *Fakultativklausel* verband sich die später enttäuschte Hoffnung, dass die „Vervielfachung" staatlicher Unterwerfungserklärungen im Laufe der Zeit einen Zustand herbeiführen werde, der der obligatorischen Gerichtsbarkeit zumindest nahe kommen würde.[295]

Die Aufgaben und Zuständigkeiten des IGH – 1946 als eines der sechs Hauptorgane **89** der UN (Art 7 UN-Charta) geschaffen – stimmen weitgehend mit denen des StIGH überein. Die *maßgeblichen Vorschriften* ergeben sich im Wesentlichen (1) aus der *UN-Charta,* (2) aus dem *Statut* des IGH und der es ergänzenden *Verfahrensordnung.* Bereits nach der Charta obliegt dem IGH die gerichtliche Streiterledigung (Art 92), soweit die Staaten diese Aufgabe nicht anderen internationalen Gerichten, etwa dem ISGH, dem IStGH oder dem EGMR, aber auch speziellen Justizinstanzen innerhalb des UN-Systems übertragen (haben) (Art 95). Des Weiteren enthält die Charta die grundlegenden Aussagen über den Zugang zum Gerichtshof (Art 93), über die rechtlichen Konsequenzen seiner Entscheidungen (Art 94) und die Antragsberechtigung der politischen Organe der UN zur Einholung von Rechtsgutachten (Art 96). Demgegenüber sind die Gerichtsverfassung sowie das Verfahren in Streitsachen und bei Gutachten im Statut und in der Verfahrensordnung v 14.4.1978[296] geregelt. Das Statut selbst ist integraler Bestandteil der Charta und unterliegt deshalb in Bezug auf Abänderungen und Rang den Regeln der Charta (Art 69 IGH-Statut; Art 103 UN-Charta). Die Verfahrensordnung wird vom Gerichtshof nach Art 30 des Statuts erlassen; sie ist diesem rangmäßig nachgeordnet.

b) Zuständigkeit

Die *Zuständigkeit des IGH zur Entscheidung in Streitsachen* erstreckt sich nur auf solche **90** *zwischen Staaten* (Art 34 Abs 1 IGH-Statut). Sie umfasst alle Angelegenheiten, die in der UN-Charta oder in internationalen Verträgen und Übereinkommen vorgesehen sind (Art 36 Abs 1 IGH-Statut).[297]

Aus der Berechtigung, den IGH in zwischenstaatlichen Streitsachen in Anspruch zu **91** nehmen, folgt noch nicht, dass der Staat dessen Gerichtsbarkeit unterworfen ist. Hinzukommen muss ein *besonderer Einwilligungsakt* (vgl schon o Rn 73). Er kann auf verschiedene Weise zustande kommen:[298]

---

295 Vgl *Oellers-Frahm,* in UN Charter, Art 92 Rn 44; *Tomuschat,* in ICJ Statute, Art 36 Rn 61ff.

296 Statut Sart II Nr 2; Verfahrensordnung mit späteren Änderungen Sart II Nr 3.

297 Liste der Sonderzuweisungen in internationalen Instrumenten: <https://www.icj-cij.org/treaties>.

298 Umfassend *Tomuschat,* in ICJ Statute, Art 36 Rn 33ff; s auch *Walter,* Rechtsschutz durch den Internationalen Gerichtshof, in Ehlers/Schoch (Fn 223) § 2 Rn 36ff.

(1) ad hoc durch einen *Schiedskompromiss* der Streitparteien, der die Zuständigkeit des IGH für den Einzelfall begründet,[299] oder durch *rügelose Einlassung* zur Sache in einem beim IGH anhängigen Prozess (sog „forum prorogatum");[300]
(2) durch *Unterwerfung* in bilateralen oder multilateralen Abkommen[301] sowie
(3) durch einseitige Staatenerklärung gemäß der sog Fakultativklausel des Art 36 Abs 2 IGH-Statut (vgl Rn 88).

92 Besonderer Betrachtung bedarf die *einseitige Staatenerklärung*. Sie bezieht sich nach Art 36 Abs 2 IGH-Statut auf dort näher bezeichnete Kategorien von Rechtsstreitigkeiten und begründet die Gerichtsbarkeit des IGH im Verhältnis zu jedem anderen Staat, der dieselbe Erklärung abgegeben hat. Dementsprechend überträgt sie dem IGH die Zuständigkeit nur in dem Maße, in dem sich die Erklärungen decken.[302] Maßgebend ist dabei der Zeitpunkt der Klageerhebung.[303] Die Unterwerfungserklärung wird beim Generalsekretär der UN hinterlegt, der die Parteien des IGH-Statuts und den IGH davon in Kenntnis setzt (Art 36 Abs 4 IGH-Statut). Ihre Kenntnisnahme durch den Prozessgegner ist keine Zulässigkeitsvoraussetzung.[304] Aus der Unterwerfungserklärung folgt keine Verpflichtung, den Gerichtshof bei Streitigkeiten iSd Art 36 Abs 2 IGH-Statut einzuschalten, sondern sich auf entsprechende Klagen einzulassen, wobei dem Beklagten alle Zuständigkeitseinwände offen stehen, die dem Kläger aus dessen Unterwerfungserklärung in einer etwaigen Verteidigungssituation (als Beklagtem) zustünden. Ende 2019 haben 70[305] der 192 Vertragsparteien des IGH-Statuts den IGH auf diese Weise als obligatorisch anerkannt, darunter auch die BR Deutschland. Diese bescheidene Bilanz wird noch ungünstiger, wenn man hinzunimmt, dass die Staatenerklärungen die Gerichtsbarkeit idR nur *befristet und/oder sachlich eingeschränkt* anerkennen. Derartige *Vorbehalte* sind grundsätzlich zulässig (Art 36 Abs 3 IGH-Statut).[306] In ihrer inhaltlichen Formulierung sind die Staaten weitgehend frei, und sie sind auch nicht restriktiv zu interpretieren.[307] Soweit danach die Reichweite der obligatorischen Zuständigkeit dem Ermessen der

---

299 So das Verfahren zwischen El Salvador und Honduras über Grenzstreitigkeiten: ICJ Rep 1987, 176; dazu *Thirlway*, Compromis, MPEPIL II, 564 ff.
300 Vgl *Anglo-Iranian Oil*-Fall, ICJ Rep 1952, 93, 113; *Certain Questions of Mutual Assistance in Criminal Matters*, § 62; dazu vgl *Grote*, Case concerning Certain Questions of Mutual Assistance in Criminal Matters (Djibouti v France), MPEPIL II, 1 ff.
301 Dabei kann die Zuständigkeit des IGH, wenn Verträge dies vorsehen, im Sinne einer prozeduralen Voraussetzung der Entscheidung von dem ernsthaften, iE aber vergeblichen Bemühen der Vertragsparteien abhängen, den Streit beizulegen: s *Terrorismus*-Fall, § 69.
302 Vgl IGH im Falle der *Norwegischen Anleihen*, ICJ Rep 1957, 9, 23 f.
303 Dazu *Nicaragua*, § 63 f.
304 *Land- und Seegrenze zwischen Kamerun und Nigeria*, § 25 ff unter Bekräftigung von IGH, ICJ Rep 1957, 146 ff *[Durchgangsrecht über indisches Gebiet]*.
305 Liste Sart II Nr 2 Anhang.
306 Dazu *Tomuschat*, in ICJ Statute, Art 36 Rn 76 ff.
307 Dazu IGH im *Estai*-Fall, §§ 44 und 46.

Schröder

Staaten anheimgestellt wird, höhlen die Vorbehalte die Zuständigkeit des IGH zT in bedenklicher Weise aus.[308] Das gilt vor allem für den auch von anderen Staaten übernommenen Vorbehalt der USA, wonach Streitigkeiten über innere Angelegenheiten der Entscheidung des IGH entzogen sind und der Umfang der inneren Angelegenheiten ausschließlich von den USA selbst bestimmt wird (sog *Connally-Vorbehalt*).[309] Seine Wirksamkeit ist umstritten, weil der Umfang staatsinterner Angelegenheiten (schon im Hinblick auf Art 36 Abs 6 IGH-Statut) nicht von den Staaten „authentisch" interpretiert werden kann. Einschränkende Auswirkungen auf die Zuständigkeit des IGH kann auch der ebenfalls auf die USA zurückgehende sog *Vandenberg-Vorbehalt* haben. Danach umfasst die Unterwerfung unter die Gerichtsbarkeit Streitigkeiten, die aus einem multilateralen Vertrag entstehen, nicht, es sei denn, „(1) all parties to the treaty affected by the decision are also parties to the case before the Court or (2) the United States of America specially agree to jurisdiction".[310] Aber auch jenseits der Vorbehaltspraxis sind die Erfahrungen mit der Unterwerfung durch einseitige Staatenerklärungen nicht sonderlich positiv. So haben beklagte Staaten immer wieder unter Berufung auf die angeblich „politische Qualität" des Streits[311] am Verfahren nicht teilgenommen und eine gegen sie ergangene Entscheidung nicht akzeptiert.[312] Manches spricht deshalb dafür, dass erst die Unterwerfung eines Staats im Einzelfall eine vollwirksame Mitwirkung am Verfahren vor dem IGH sicherstellt.

Ist die Zuständigkeit des IGH einmal gegeben, kann sich wie im *Lockerbie*-Fall die **93** Frage stellen, inwieweit sie auch die Prüfung der Konformität insbes von Beschlüssen des Sicherheitsrats umfasst. Das lässt sich – nicht unstr – für die Inzidentkontrolle bejahen, wenn deren Ergebnis die Entscheidung über den zwischenstaatlichen Streit beeinflusst.[313] Die an sich wünschenswerte, von einem solchen Streit unabhängige prinzipale Kontrolle ließe sich nur über die *Zuständigkeit des IGH zur Erstattung eines (unverbindlichen) Gutachtens*[314] erreichen. Diese Zuständigkeit ist in besonderer Weise Ausdruck

---

308 Zu Recht krit das Sondervotum des Vizepräsidenten *Weearamantry* im *Estai*-Fall, ICJ Rep 1998, 496 ff.

309 Zu ihm *Stahn*, Connally Reservation, MPEPIL II, 662 ff; *Oellers-Frahm* (Fn 295) 445 f; *Tomuschat*, in ICJ Statute, Art 36 Rn 88. Die USA haben ihre Unterwerfungserklärung sofort nach der Klage von Nicaragua zurückgezogen.

310 Dazu IGH in *Nicaragua*, §§ 67 ff; vgl auch *Tomuschat*, in ICJ Statute, Art 36 Rn 89.

311 Zu deren abweisender Behandlung *Teheraner Geisel*-Fall, § 37 und *Bewaffnete Grenzzwischenfälle*-Fall, §§ 51 ff; *Rosenne*, International Court of Justice (ICJ), MPEPIL V, 475 f.

312 Dazu *Sinclair*, Some Procedural Aspects of Recent International Litigation, ICLQ 30 (1981) 338 ff; *Bowett* (Fn 265) 204 ff; *Oellers-Frahm*, in UN Charter, Art 92 Rn 97.

313 Für eine solche Kontrolle etwa *Schmahl*, 4. Abschn Rn 152; *Malanczuk*, The Security Council, The International Court of Justice and Judicial Review: What Lessons from Lockerbie? EJIL 10 (1999) 517 (525 ff); ablehnend hingegen die Sondervoten von *Schwebel* und *Jennings* im *Lockerbie*-Fall, ICJ Rep 1998, 64 (76 ff), 99 (106 ff).

314 *Thirlway*, Advisory Opinion, MPEPIL I, 97 ff. Als eine Art Amtshilfe qualifiziert *von Arnauld* (Fn 6) Rn 485 im Anschluss an *Crawford* (Fn 9) 730 das Gutachtenverfahren.

Schröder

der (Justiz-)Organstellung innerhalb der UN[315] und umfasst jede nach Völkerrecht zu beurteilende abstrakte oder *in concreto* strittige Rechtsfrage. Ihre Ausübung ist naturgemäß abhängig von der Bereitschaft, einen entsprechenden Antrag zustellen. Die Antragsberechtigung besitzen Generalversammlung und Sicherheitsrat (Art 96 Abs 1 UN-Charta). Die Generalversammlung hat sie auf den WSR, den Treuhandrat und nahezu alle Sonderorganisationen, begrenzt auf den jeweiligen Tätigkeitsbereich, erweitert (Art 96 Abs 2 UN-Charta).[316] Der IGH ist nicht verpflichtet, das beantragte Gutachten zu erstatten (Art 96 IGH-Statut), hat sich jedoch auf den Standpunkt gestellt, dass er in Anbetracht seiner Kooperationsverpflichtung mit den Organen der UN einen Antrag nur aus zwingenden Gründen ablehnen könne, jedenfalls nicht wegen angeblich fehlender Nützlichkeit des Gutachtens für den Antragsteller.[317]

94 Ist die Zuständigkeit des IGH einmal begründet, wird sie durch die Anrufung des Sicherheitsrats in derselben Angelegenheit nicht beendet.[318] Grund hierfür sind die unterschiedlichen Zuständigkeitsbereiche von IGH und Sicherheitsrat. Zudem fehlt es an einer Bestimmung, die das parallele Tätigwerden ausdrücklich untersagt, wie dies Art 12 UN-Charta für das parallele Tätigwerden von Sicherheitsrat und Generalversammlung regelt.

c) Ius standi

95 In Streitsachen nimmt der klagende Staat die Zuständigkeit des IGH in der Regel in Anspruch, um die Verletzung eigener Rechtspositionen geltend zu machen. Seine Klagebefugnis, das *ius standi (standing)*, ist dann unproblematisch. Anders verhält es sich, wenn er sich nicht auf eigene Rechte, sondern, insbes als Vertragspartner eines multilateralen Vertrags, auf dessen Verletzung durch den beklagten Staat, der gleichfalls Vertragspartner ist, beruft. Der IGH hat das Interesse an der Einhaltung des Vertrages für Bestandteile mit *erga omnes*-Wirkung (vgl Rn 16) als *ius standi* akzeptiert, noch weitergehend und ohne Thematisierung der Klagebefugnis zuletzt auch bei Verletzung vertraglicher Schutznormen zugunsten internationaler Räume wie der Antarktis.[319]

---

315 *Oellers-Frahm*, in UN Charter, Art 96 Rn 4; eingehend *Amr*, The Role of the International Court of Justice as the Principal Organ of the United Nations, 2003, 110 ff.

316 Zu den zur Beantragung befugten UN-Organen und Sonderorganisationen s <icj-cij.org/en/basis-of-jurisdiction>. Vgl dazu die Ablehnung des Gutachtensantrags der WHO in *Legality of the Threat or Use of Nucear Weapons*, §§ 18 ff.

317 *Legality of the Threat or Use of Nuclear Weapons*, § 14; *Lockerbie*, § 38; *Chagos*, §§ 63 ff, 75 ff.

318 *Teheran*, § 40 und *Nicaragua*, §§ 93 ff.

319 S die Urteile in den Fällen *Auslieferung*, §§ 66 ff und *Whaling*, §§ 42 ff, 56 ff; aus dem Schrifttum *Green Martínez*, Locus Standi before the International Court of Justice for Violations of the World Heritage Convention, TDM 5 (2013); *Talmon*, Jus Cogens after Germany v Italy: Substantive and Procedural Rules Distinguished, LJIL 25 (2012) 979 (995 f); *Hernández*, A Reluctant Guardian: The International Court of Justice and the Concept of ‚International Community', BYIL 83 (2013) 13 ff.

d) Entscheidungsmaßstab

Nach Art 38 Abs 1 IGH-Statut entscheidet der IGH auf der Grundlage einschlägigen *Ver-* 96
tragsrechts, sollte es hieran fehlen, auf der Grundlage des *Völkergewohnheitsrechts*. Zusätzlich – insbes zur Lückenfüllung – kann er die von den „zivilisierten Staaten anerkannten *allgemeinen Rechtsgrundsätze*" heranziehen, ferner als Hilfsmittel zur
Feststellung des geltenden Völkerrechts völkerrechtliche *Gerichtsentscheidungen* und
Lehrmeinungen anerkannter Völkerrechtsautoren. Bei der Auslegung und Anwendung
des geltenden Völkerrechts sind auch Billigkeitsgesichtspunkte zu berücksichtigen.[320]
Die Entscheidung ex aequo et bono, die Art 38 Abs 2 IGH-Statut vorsieht, geht noch darüber hinaus. Hier kann der IGH die Grenzen des positiven Völkerrechts beiseite schieben und die für den Streit „billigste" iSv gerechteste Lösung zugrunde legen.[321] Er wird
als individueller Gesetzgeber für die Streitparteien tätig. Darin liegt wohl der Haupt-
grund, weshalb das Verfahren nach Art 38 Abs 2 IGH-Statut bisher nicht angewandt
worden ist.

e) Organisation

Der IGH besteht aus *fünfzehn Richtern verschiedener Staatsangehörigkeit* (Art 3 IGH-Sta- 97
tut). Sie werden von der Generalversammlung und dem Sicherheitsrat in getrennten
Wahlen auf neun Jahre gewählt (Art 4, 8, 13 IGH-Statut). Alle drei Jahre wird ein Drittel
der Richter neu gewählt. Wiederwahl ist zulässig (Art 13 IGH-Statut). Gewählt ist, wer in
beiden Organen die absolute Mehrheit der Stimmen erhalten hat (Art 10 IGH-Statut). Die
Grundlage der Wahl bilden zahlenmäßig begrenzte und alphabetisch geordnete Kan-
didatenvorschläge nationaler Gruppen iSd Art 44 Haager Abkommen zur friedlichen
Beilegung von Streitigkeiten (Art 5 Abs 2, 7 IGH-Statut). Staaten, die an diesem Abkommen nicht beteiligt sind, bilden die nationalen Gruppen in Analogie zu Art 44 (Art 4
Abs 1 und 2 IGH-Statut). Bei der Auswahl der Richter ist auf höchste Qualifikation zu
achten (Art 2 IGH-Statut). Außerdem müssen die Richter, um dem Gericht eine hinrei-
chende Autorität und Legitimität zu verschaffen, die hauptsächlichen Kulturkreise und
Rechtssysteme repräsentieren (Art 9 IGH-Statut). Das führt in der Praxis dazu, dass eine
Verteilung der Richterstellen auf fünf geographische Regionen stattfindet: Afrika, Asien,
Lateinamerika einschließlich der Karibischen Staaten, Westeuropa und andere Staaten,
Osteuropa. Die fünf ständigen Mitglieder des Sicherheitsrats waren bis2017 immer ver-
treten[322].

Die *Rechtsstellung der Richter* ist durch Unabhängigkeit und Unparteilichkeit, be- 98
rufliche Inkompatibilitäten und streitbezogene Ausschließungsvorschriften gekennzeichnet (Art 2, 16–18, 24 IGH-Statut). Richter, die Staatsangehörige der im Streit befind-

---

320 Dazu IGH im *Tunesisch-libyschen Festlandsockel*-Streit, § 71.
321 Näher *Pellet*, in ICJ Statute, Art 38 Rn 152ff.
322 Dazu *Walter* (Fn 298) Rn 21.

lichen Staaten sind (sog nationale Richter), dürfen bei der Entscheidung des Streitfalls mitwirken (Art 31 Abs 1 IGH-Statut). In der Gerichtspraxis hat sich lediglich durchgesetzt, dass das Präsidentenamt nicht von einem nationalen Richter ausgeübt wird. Darin liegt keine Durchbrechung eines allgemeinen Befangenheitsverbots, sondern ein weiterer Einbruch nationalstaatlicher Interessen in die internationale Gerichtsbarkeit. Staaten unterwerfen sich dieser nur, wenn sie ihre Interessen bei den Entscheidungen des Gerichts angemessen berücksichtigt sehen. Dieses Zugeständnis ist auch Grundlage der Einrichtung der *ad hoc Richter* im Streitverfahren.[323] Ist in einem Streit nur eine Partei durch einen ständigen Richter ihrer Staatsangehörigkeit vertreten, so kann die andere Partei einen Richter, der ihr Vertrauen genießt, für den Streit benennen. Dieser wirkt dann mit vollen richterlichen Rechten an der Rechtsfindung mit (Art 31 Abs 2 IGH-Statut). Ist keine der Parteien durch einen Richter ihrer Staatsangehörigkeit vertreten, besitzen beide das Benennungsrecht (Art 31 Abs 3 IGH-Statut). Die ad hoc-Richter sollen wie die ständigen Richter qualifiziert sein und dürfen an dem Streit nicht schon in anderer Eigenschaft beteiligt gewesen sein (Art 31 Abs 6 IGH-Statut). Da für sie die richterlichen Inkompatibilitäten nicht gelten und sie in der Praxis regelmäßig für ihr Land stimmen, ist die Verpflichtung zur unparteiischen Entscheidung problematisch. Ihre Unabhängigkeit ist faktisch geringer als die der nationalen Richter, die teilweise auch gegen ihr Land gestimmt haben. Am Benennungsmodus und der damit verbundenen ungenügenden Unabhängigkeit setzt deshalb die Kritik an der Einrichtung der ad hoc-Richter ein.[324]

99   Aus dem Kreis der fünfzehn Richter werden der *Präsident und Vizepräsident* gewählt (Art 21 IGH-Statut). Der Präsident leitet die gesamte Tätigkeit des Gerichts und ist für die Gerichtsverwaltung verantwortlich. Im Übrigen sind ihm im Einzelnen nichtrichterliche Funktionen übertragen. Dem vom Gerichtshof auf sieben Jahre gewählten *Kanzler* (Art 21 IGH-Statut) unterstehen die gesamten „Dienste" der Kanzlei, von denen hier nur die Geschäftsstellen und die Übersetzungsaufgaben sowie die Vorbereitung der Veröffentlichungen des Gerichts genannt seien (Art 26 Verfahrensordnung).

100   Seine richterliche Tätigkeit übt der Gerichtshof regelmäßig als *Plenum* aus, wobei neun Richter zur Beschlussfähigkeit genügen (Art 25 IGH-Statut). Für *Eilentscheidungen* besteht obligatorisch eine aus fünf Richtern gebildete Kammer, die auf Antrag der Parteien tätig wird (Art 29 IGH-Statut). Der Gerichtshof kann ferner fakultativ aus mindestens drei Richtern bestehende *Kammern* zur ständigen Erledigung bestimmter Angelegenheiten einsetzen (Art 26 Abs 1 IGH-Statut). Davon ist kaum Gebrauch gemacht worden. Schließlich kann er, was häufiger geschehen ist, Kammern mit Zuständigkeiten in einem konkreten Streit (ad hoc Kammern) bilden, wobei die Zahl der Richter vom Gerichtshof mit Zustimmung der Parteien festgesetzt (Art 26 Abs 2 IGH-Statut) und in der

---

323 In Gutachtenverfahren besteht das Recht, *ad hoc*-Richter zu benennen, nach Maßgabe von Art 102 Abs 3 Verfahrensordnung.
324 Dazu *Epping*, in Ipsen (Fn 8) § 59 Rn 49, jeweils mwN.

Schröder

konkreten Zusammensetzung die Ansicht der Parteien berücksichtigt wird (Art 17 Verfahrensordnung).[325]

f) Grundzüge des Streitverfahrens

Das Streitverfahren[326] besteht aus einem *schriftlichen und mündlichen,* idR öffentlichen **101** *Teil* (Art 43 Abs 1, 46 IGH-Statut). Es wird nach Vereinbarung der Parteien in Französisch oder Englisch durchgeführt, bei fehlender Einigung sind beide Sprachen zugelassen. Dann werden auch die Entscheidungen des IGH in beiden Sprachen erlassen, und der Gerichtshof bestimmt, welcher Text maßgebend ist. Ausnahmsweise kann auf Antrag einer Partei dieser die Benutzung einer anderen Sprache gestattet werden (Art 39 IGH-Statut). Die Parteien müssen sich im Verfahren durch einen staatlichen Repräsentanten vertreten lassen. In der Praxis werden vielfach Rechtsberater des Außenministeriums benannt. Zusätzlich können sich die Parteien der Hilfe von Rechtsbeiständen und Anwälten bedienen und setzen dazu meist Völkerrechtsexperten mit Erfahrung in Prozessen vor internationalen Gerichten ein (Art 42 IGH-Statut).

Das *schriftliche Verfahren* wird durch Einreichung des speziellen Abkommens, das **102** die Zuständigkeit des IGH begründet und definiert, oder durch eine Klageschrift eingeleitet. Streitgegenstand und Parteien müssen in beiden Fällen genau bezeichnet sein (Art 40 Abs 1 IGH-Statut). Staaten, die nicht Parteien des Streitverfahrens sind, können diesem beitreten, wenn ihre rechtlichen Interessen berührt (Art 62 IGH-Statut) oder sie Vertragsparteien eines im Verfahren umstrittenen internationalen Vertrags sind (Art 63 IGH-Statut). Nur im letzteren Falle besteht ein Rechtsanspruch auf Beitritt. An die Einleitung des Streitverfahrens schließt sich die erschöpfende schriftsätzliche Behandlung des Streitfalls an. Dabei müssen bereits sämtliche prozesshindernde Einwände, insbes gegen die Zuständigkeit des IGH, geltend gemacht werden. Über sie wird idR vorab entschieden (Art 67 Verfahrensordnung). Bei rügeloser Einlassung zur Sache ist die Zuständigkeit, auch wenn sie nicht bestanden haben sollte, „prorogiert" (Rn 92). Bei bestehender Zuständigkeit geht die Nichtteilnahme am Verfahren oder der Verzicht einer Partei auf Äußerungen zur Sache zu ihren Lasten, wenn die Klage ansonsten tatsächlich und rechtlich begründet ist (Art 53 IGH-Statut).[327]

In der *mündlichen Verhandlung* werden – allerdings selten, weil Beweise meist **103** durch Dokumente geführt werden – Zeugen und Sachverständige gehört. Die Parteien

---

325 Dazu *Oellers-Frahm,* in UN Charter, Art 92 Rn 76 ff; *Mackenzie,* International Courts and Tribunals, Chambers, MPEPIL V, 537 ff.

326 Das Gutachtenverfahren stimmt im Wesentlichen mit dem des Streitverfahrens überein; allerdings ist das mündliche Verfahren nicht obligatorisch, und es fehlt die im Streitverfahren übliche Trennung in Prozess- und Sachfragen. Umfangreichere Darstellungen bei *Fitzmaurice,* The Law and Procedure of the International Court of Justice, 2 Bde, 1995; *Rosenne,* The Law and Practice of the International Court, 4 Bde, 4. Aufl 2005; *Thirlway,* International Court.

327 Dazu IGH in *Arbitral Award,* § 25 f mwN aus der Rspr.

haben ihre „Schlussanträge" zu stellen, die eine Zusammenfassung des Streitgegen-
stands und des Begehrens darstellen (Art 48 IGH-Statut). Ersterer ist damit abschließend
bestimmt, der IGH bei seiner Entscheidung an ihn gebunden.

104   *Urteile* werden bei geheimer Beratung mit Stimmenmehrheit der anwesenden Richter gefällt. Bei Stimmengleichheit gibt die Stimme des Präsidenten den Ausschlag (Art 55
IGH-Statut). Teilen Richter die Mehrheitsentscheidung in Ergebnis oder Begründung
nicht, sind sie berechtigt, dem Urteil ihre persönliche Ansicht schriftlich beizufügen
(Art 57 IGH-Statut). Ansichten, die von der Mehrheit nur in der Begründung abweichen,
werden „separate opinions", solche, die auch iE abweichen, „dissenting opinions" genannt. Die Einrichtung der persönlichen Ansicht dient institutionell der Stärkung der
richterlichen Unabhängigkeit. Für die Tragweite und Überzeugungskraft der Urteile des
IGH sind die persönlichen Ansichten der Richter unentbehrlich. Die Urteile sind nur für
die Streitparteien bindend und erwachsen in *formelle Rechtskraft,* da es Rechtsmittel gegen sie nicht gibt (Art 59, 60 IGH-Statut). Die Befugnis der Urteilsparteien, den IGH zur
streitig gewordenen Auslegung seines Urteils anzurufen (Art 60 IGH-Statut) – über den
Antrag wird durch Feststellungsurteil entschieden –, lässt die formelle Rechtskraft des
auszulegenden Urteils unberührt. Denn das Auslegungsurteil darf den Inhalt des auszulegenden Urteils in der Sache nicht verändern, sondern nur seine Tragweite bestimmen.
Damit ist zugleich gesagt, dass Urteile des IGH auch *materiell rechtskräftig* idS werden,
dass der durch sie entschiedene Fall nicht mehr von den Parteien vor den IGH gebracht
werden kann (Art 59 IGH-Statut). Die Bestimmung dessen, was in materielle Rechtskraft
erwachsen ist, kann im Einzelfall schwierig sein. Ausschlaggebend ist jedenfalls der Ur-
teilstenor, der durch die tragenden Entscheidungsgründe näher bestimmt wird. Nur im
Wiederaufnahmeverfahren, das auf neue, im Zeitpunkt des Urteils unverschuldet unbekannt gebliebene Tatsachen gestützt werden muss (Art 61 IGH-Statut), kann die materielle
Rechtskraft ausnahmsweise beseitigt und der Streitfall von neuem aufgerollt werden.

105   In jeder Lage des Verfahrens, aber begrenzt auf dessen Dauer, kann der IGH auf Antrag einer der Parteien oder ausnahmsweise von Amts wegen *vorsorgliche Maßnahmen*
erlassen, die ihm notwendig erscheinen, um eine irreparable Beeinträchtigung von
Rechten einer Partei zu vermeiden (Art 41 IGH-Statut). Die Maßnahmen müssen von den
Parteien befolgt werden und sind auch zulässig, wenn die Zuständigkeit des IGH noch
bestritten, aber prima facie gegeben ist.[328]

106   Die *Durchführung der Entscheidungen*[329] ist nicht Aufgabe des Gerichts, sondern der
Parteien. Diese sind nach Art 94 Abs 1 UN-Charta zur Befolgung verpflichtet. Dies gilt so-

---

[328] Der IGH hat die Verbindlichkeit aller vorläufigen Maßnahmen besonders deutlich im *La Grand*-Fall
betont. Aus der Rspr zu Interimsmaßnahmen im übrigen *Französische Nukleartests,* §§ 18 ff; *Nicaragua
(Provisional Measures),* §§ 24 ff; *Großer Belt,* §§ 14 ff; *Breard,* §§ 6 ff; zuletzt mwN *Treaty of Amity,* § 77 f.
Detaillierte Analyse bei *Kempen/He,* The Practice of the International Court of Justice on Provisional Measures, ZaöVR 69 (2009) 919 ff; zum Ganzen auch *Oellers-Frahm,* in ICJ Statute, Art 41.
[329] Zum Folgenden eingehend *Oellers-Frahm,* in UN Charter, Art 94 Rn 3 f; *Bernhardt,* in ICJ Statute,
Art 59 Rn 52 ff.

Schröder

wohl hinsichtlich der Urteile wie vorläufiger Maßnahmen (Rn 105). Bei *Nichtbefolgung* stehen dem aus der Entscheidung berechtigten Staat die im allgemeinen Völkerrecht zulässigen Sanktionen (Rn 108ff) zur Verfügung. Zudem kann er nach Art 94 Abs 2 UN-Charta den Sicherheitsrat anrufen, der nach seinem Ermessen über die zur Durchsetzung von Urteilen und – zweifelhafter – vorsorglichen Maßnahmen[330] angemessenen Empfehlungen und Maßnahmen beschließt. Die Effektivität dieser bisher nicht angewandten Prozedur wird wesentlich beeinträchtigt, wenn ständige Mitglieder des Sicherheitsrats, die aus einer Entscheidung des IGH verpflichtet sind, über das Veto-Recht iSd Art 27 Abs 3 UN-Charta verfügen.[331]

g) Praktische Bedeutung

Um die Bedeutung für die Durchsetzung und Weiterentwicklung des Völkerrechts ein- **107** schätzen zu können, müssen die beiden Verfahrensarten, in denen der IGH tätig wird, in den Blick genommen werden. In Streitsachen (Rn 90ff) ist der IGH ein reines Staatengericht. In Anbetracht der Tatsache, dass die Gerichtsbarkeit nicht obligatorisch ist (Rn 77) und sich ihr nur etwa ein Drittel der Staaten unterworfen haben (Rn 92), kann er von vornherein nicht über alle zwischenstaatlichen Streitigkeiten befinden. Auch ist die Anrufung des IGH zur Beurteilung eines konkreten Sachverhalts immer auch eine rechtspolitische Entscheidung der beteiligten Staaten. So sind bedeutende politische Konflikte Gegenstand einer gerichtlichen Entscheidung geworden (zB militärische Aktivitäten in Nicaragua 1984/86 und im Kongo 2005), andere ihr entzogen geblieben (zB im Nahen Osten). Hinzu kommt, dass die Staaten auch andere Gerichte mit der Streitentscheidung betrauen können (etwa im Seerecht und Völkerstrafrecht), um der zunehmenden Ausdifferenzierung und Spezifizierung der Völkerrechtsordnung Rechnung zu tragen.[332] Trotz der erwähnten Grenzen hat der IGH durch seine Judikatur maßgeblich zur Inhaltsbestimmung des geltenden Völkerrechts beigetragen und darüber hinaus Anstöße zur Fortentwicklung gegeben.[333] Für die gutachterliche Tätigkeit gilt grundsätzlich dasselbe.[334] Aller-

---

330 *Oellers-Frahm,* in UN Charter, Art 94 Rn 20.

331 Str, vgl *Oellers-Frahm,* in UN Charter, Art 94 Rn 26ff mwN.

332 Dazu *von Arnauld* (Fn 6) Rn 454; *Pellet,* Judicial Settlement of International Disputes, MEPIL VI, 526 (549); krit *Walter* (Fn 298) Rn 64ff; *Gaja,* in ICJ Statute, Vor Art 34.

333 Das gilt etwa für die Rechtsquellen (Gewohnheitsrecht: *Festlandsockel in der Nordsee;* einseitige Akte: *Französische Nukleartests),* die Wahrnehmung diplomatischer Schutzrechte einschließlich des Fremdenrechts *(Nottebohm; Barcelona-Traction; ELSI),* die Befugnis zur Anwendung von Gewalt *(Nicaragua; Armed Activities),* das Selbstbestimmungsrecht der Völker *(Osttimor),* den Umweltschutz *(Gabčíkovo-Nagymaros; Pulp Mills; Whaling),* Menschenrechte und Rassendiskriminierung *(Diallo; Verbot der Rassendiskriminierung)* und die Staatenimmunität *(Ferrini).* Zum Ganzen vgl die systematisch angelegten Analysen der Rechtsprechung bei *Thirlway,* International Court; *Tams/Sloan,* The Development of International Law by the International Court of Justice, 2013.

334 Bedeutsame Gutachten: Recht der I.O. *(Mitgliedschaft in der UNO; Bernadotte; Certain Expenses; Namibia),* Dekolonisation und Selbstbestimmungsrecht der Völker *(Namibia; Western Sahara; Chagos),* Sou-

dings ist die faktische Umsetzung, wenn sie letztlich den Staaten obliegt, nicht immer gesichert. Das belegt die Haltung Israels zum Mauergutachten. Problematisch kann die Erstattung eines Gutachtens in hochpolitischen Angelegenheiten wie dem Einsatz von Nuklearwaffen[335] oder dann sein, wenn das Gutachten vom Antragsteller zur Beilegung eines bestehenden zwischenstaatlichen Streites genutzt werden kann und dann das Prinzip der nicht obligatorischen Gerichtsbarkeit gefährdet.[336]

V. Sanktionen

1. Allgemeine Kennzeichnung
a) Begriff und Abgrenzung

108 Der Begriff der Sanktionen hat keinen festgefügten oder unstr Inhalt.[337] Im Völkerrecht bezeichnet er herkömmlich Maßnahmen, die auf eine Völkerrechtsverletzung reagieren und darauf gerichtet sind, *den verantwortlichen Staat mittels Zufügung von (Rechts-) Nachteilen* – etwa dem Entzug von Rechten oder Vergünstigungen oder deren Vorenthaltung – *zur Einstellung seines völkerrechtswidrigen Verhaltens zu bewegen.*[338] Sanktionen sind demnach besondere Mittel zur Durchsetzung des Völkerrechts, aber mit diesen nicht identisch. Denn es kann materiespezifisch Mechanismen der Durchsetzung[339] geben, die nicht auf „Repression" des Verletzers gerichtet sind, sondern die Durchsetzung des Völkerrechts in erster Linie mit Mitteln kooperativer Art erreichen sollen. So gibt es im internationalen Umweltrecht, im Begriff „compliance control" zusammengefasst, vielfach ein Vertragsmanagement, dessen Instrumente institutioneller und prozeduraler Art auf partnerschaftliche Verwirklichung des Rechts zielen, etwa durch (konsentierte) Inspektion- und Überwachung oder Erfüllungshilfen.[340]

109 Ob von der nach Völkerrecht bestehenden Möglichkeit, Sanktionen zu verhängen, Gebrauch gemacht wird, entscheiden der oder die verletzten Staaten grundsätzlich nach freiem Ermessen. Deshalb kann von dem mit einer Sanktion belegten Staat nicht eingewandt werden, bei anderen vergleichbaren Sachverhalten seien Sanktionen unterblieben. Es gibt keine Gleichbehandlung in der Sanktionspraxis.

---

veränität *(Kosovo)*, Einsatz von Atomwaffen *(Nuklearwaffen)* und Gewaltverbot und Menschenrechte *(Mauer-Gutachten)*.

335 Instruktiv *Nuklearwaffen,* Diss Op *Oda,* ICJ Rep 1996, 330 ff und *Chagos,* § 89 f.

336 Dazu *Mauer-Gutachten,* Diss Op *Higgins,* ICJ Rep 2004, 136 (210); positiver *Walter* (Fn 298) Rn 65.

337 Vgl *Combacau* (Fn 4) 311; *Hafner,* Völkerrechtliche Grenzen und Wirksamkeit von Sanktionen gegen Völkerrechtssubjekte, ZaöRV 76 (2016) 391 (392 ff).

338 Das Merkmal der Zufügung von Rechtsnachteilen betont mit Recht *Combacau* (Fn 4) 313.

339 Übersicht bei *Dahm/Delbrück/Wolfrum* (Fn 5) 89 ff.

340 Instruktiv *Zimmermann,* Durchsetzung des Völkerrechts zwischen Fragmentierung, Multilateralisierung und Individualisierung FS Bothe, 2008, 1077 ff; *von Arnauld* (Fn 6) Rn 457; *Beyerlin/Marauhn,* International Environmental Law, 2011, 315 ff; *Schmalenbach* (Fn 43) Rn 7 ff.

b) Beschränkung des Begriffs auf Maßnahmen Internationaler Organisationen

Vielfach wird der Sanktionsbegriff heute auf kollektive Maßnahmen I.O. und auf (ein- 110 zelstaatliche) Wirtschaftssanktionen beschränkt[341] und für die einzelstaatliche Rechts- durchsetzung der Begriff der *Gegenmaßnahme* verwendet. Letzterer gilt als neutraler. Er verdeutlicht, dass auf eine Rechtsverletzung (rechtlich angemessen) reagiert werden soll. Andererseits ändert er am prinzipiellen Sanktionscharakter einer Maßnahme nichts. Auch bei Gegenmaßnahmen bleibt es im Übrigen dabei, dass verletzte Staaten als judex in causa propria handeln. Zudem erfassen sie, an den Regeln der Staatenverantwortlichkeit ausgerichtet (Rn 31), den Variantenreichtum staatlicher Reaktionen nicht vollständig.

2. Erscheinungsformen

Die nähere Beschreibung der Sanktionen erfolgt typologisch und zielt darauf ab, sankti- 111 onsspezifische Merkmale herauszuarbeiten. Dies geschieht unter Gesichtspunkten, die bei Inkaufnahme partieller Überschneidungen ein Raster für die rechtliche Beurteilung bilden können.[342]

Von wesentlicher Bedeutung für ihre Einordnung und Beurteilung ist, ob eine Sank- 112 tion auf das völkerrechtswidrige Verhalten eines Staats mit völkerrechtlich erlaubten Maßnahmen reagiert oder ihrerseits in einem Völkerrechtsverstoß besteht, der seine Rechtfertigung aus dem vorangegangenen rechtswidrigen Verhalten beziehen soll. Die Beurteilung des völkerrechtswidrigen Verhaltens eines Staats ist häufig nicht einfach. Die „Beweislast" dafür obliegt dem reagierenden Staat.[343] Die Variante, in der die Sankti- on als sog *Retorsion*[344] in Erscheinung tritt,[345] dürfte deshalb in der Staatenpraxis vor- herrschen, zumal mit ihr im Allgemeinen *kein legitimationsbedürftiger Rechtseingriff* ver- bunden ist.[346] Hauptanwendungsgebiete sind neben dem Diplomatenrecht (Ausweisung von Diplomaten, Abbruch der diplomatischen Beziehungen) die internationalen Wirt- schaftsbeziehungen. Im Zeitalter wirtschaftlicher Interdependenzen kann die Nachteils- zufügung in diesem Bereich besonders empfindliche Auswirkungen haben – etwa das vollständige oder teilweise Verbot bestimmter Außenwirtschaftsgeschäfte mit frem- den Wirtschaftsgebieten (Embargomaßnahmen),[347] Importbeschränkungen, Aussetzung

---

341 S nur *Pellet/Miron*, Sanctions, MPEPIL IX, 1 ff; *Osteneck*, Die Umsetzung von UN-Wirtschaftssanktio- nen durch die Europäische Gemeinschaft, 2004, 9 ff.
342 Zum Folgenden *Hafner* (Fn 337) 397 ff.
343 *Klein*, Gegenmaßnahmen, 46 f.
344 Vgl allgem *Giegerich*, Retorsion, MPEPIL VIII, 976 ff.
345 Nicht unstr; zT wird die Retorsion auf Gegenmaßnahmen beschränkt, die auf lediglich unfreundli- che (nicht rechtswidrige) Akte eines Staates reagieren, s *Malanczuk*, Zur Repressalie im Entwurf der In- ternational Law Commission zur Staatenverantwortlichkeit, ZaöRV 45 (1985) 293 (300 f) mwN.
346 Dazu *Klein*, Gegenmaßnahmen, 44; *Giegerich* (Fn 344) 978 f.
347 Dazu *Joyner*, Boycott, MPEPIL I, 77 ff; *Kausch*, Embargo, EPIL II (1995) 58 ff; *Ress*, Handelsembargo, 2000; *Petersmann*, Internationale Wirtschaftssanktionen als Problem des Völkerrechts und des Europa- rechts, ZVerglRW 80 (1981) 1 (10 f).

oder Beendigung freiwilliger Entwicklungshilfe, Nichtabschluss oder Nichtverlängerung von wirtschaftlich bedeutsamen Verträgen.[348] Unter diesem Blickwinkel ist auch die Einschätzung der Retorsion als mildestes Mittel der Selbsthilfe problematisch.[349]

113   Reagiert der von einer Völkerrechtsverletzung betroffene Staat *mittels Eingriffs in Rechte des Verletzers,* wird die Sanktion zur Gegenmaßnahme in *Gestalt einer Repressalie.*[350] Ihr Anwendungsbereich hat sich durch rechtliche Bedingungen der Ausübung (Rn 116 ff) stark verengt. Der einzelstaatliche Einsatz ist überdies durch die Bevorzugung multilateralen Vorgehens, namentlich in I.O. rückläufig.[351] Eine Sonderform im Rahmen gegenseitiger Verträge stellt das Recht der vertragstreuen Partei dar, erhebliche Vertragsverletzungen der anderen Seite mit Erfüllungsverweigerung, Suspendierung oder Kündigung des Vertrags zu beantworten (Art 60 WVK).[352]

114   Sanktionen beruhen auf Maßnahmen des durch die vorausgegangene Völkerrechtsverletzung betroffenen Staats oder einer mit dem verletzten Staat „solidarischen" Staatengruppe.[353] Sie können aber auch auf Beschlüsse einer I.O. zurückgehen. Die *Typologie nach dem Urheber der Sanktion* hat Konsequenzen für die Sanktionsgrundlage und -berechtigung: Bei der einzelstaatlichen Sanktion ergeben sich das Recht dazu und die Schranken aus dem allgemeinen Völkerrecht und ggf vertraglichen Bindungen. Solidarisches Sanktionsverhalten einer Staatengruppe wirft zusätzlich die Frage auf, unter welchen Voraussetzungen unmittelbar nicht betroffene Staaten Sanktionen anwenden dürfen (Rn 118). Sanktionsbeschlüsse I.O. richten sich nach deren Satzungsrecht (zB Art 39 ff UN-Charta). Soweit sie sich gegen Drittstaaten wenden, kommt es außerdem auf die Einhaltung der Schranken an, die das Völkerrecht den Sanktionen zieht.[354]

115   Im Blick auf I.O. lassen sich weitere Gesichtspunkte nennen, die für die Beurteilung einer Sanktion von Bedeutung sein können. Hierher gehört zunächst der *psychologische Zwang,* der auf den Rechtsbrecher durch die internationale Missbilligung seines Verhaltens ausgeübt wird. Von einem legalistischen Standpunkt aus liegt hier keine Sanktion, sondern bloß eine moralische Verurteilung mit begrenzter Wirksamkeit vor. Über die öffentliche Kundmachung der Rechtsverletzung und deren eventuelle Rechtfertigung durch den Rechtsbrecher geht sie, für sich genommen, nicht hinaus.[355] Indessen sollte die Isolierung innerhalb der internationalen Gemeinschaft, die durch eine Missbilligung des Rechtsbruchs in Organen I.O. erreicht wird, nicht von vornherein als „Banalität" ge-

---

348 Vgl *Tomuschat,* Repressalie und Retorsion, zu einigen Aspekten ihrer innerstaatlichen Durchsetzung, ZaöRV 33 (1973) 179 (184 f); *Malanczuk* (Fn 345) 300.

349 Zutr *Malanczuk* (Fn 345) 301; *Klein,* Gegenmaßnahmen, 44.

350 Grundlegend der *Naulilaa*-Schiedsspruch; aus dem neueren Schrifttum *Ruffert,* Reprisals, MPEPIL VIII, 927 ff; *Schöbener,* Gegenmaßnahmen (Repressalien), in ders (Fn 25) 120 ff; *Zemanek,* The Unilateral Enforcement of International Obligations, ZaöRV 47 (1987) 32 ff; *Doehring,* Einzelprobleme, 44 ff.

351 *Fiedler,* Gegenmaßnahmen, 15.

352 Dazu *Tomuschat* (Fn 348) 188 f; vgl auch <u>*Kämmerer,*</u> 1. Abschn Rn 125 f.

353 Zum Folgenden *Zimmermann* (Fn 340) 1083 ff.

354 So bei EU-Sanktionen gegen Drittstaaten gemäß Art 215 AEUV.

355 So beispielsweise *Kunz,* Sanctions in International Law, AJIL 54 (1960) 324.

Schröder

wertet werden. In einer Rechtsordnung, die mit unterschiedlichen (auch situations-bedingten) Interessen und Wertvorstellungen rechnen muss, ist der Konsens über den Rechtsbruch keineswegs selbstverständlich und darüber hinaus notwendiger Rahmen für rechtliche Sanktionen.[356] Unter dem Gesichtspunkt der Wirksamkeit wie der Ver-hältnismäßigkeit ist von Interesse, ob *Sanktionen selektiv oder umfassend* angelegt sind. Eine Rolle spielt dies vor allem bei Wirtschaftssanktionen unter Unterbrechung bzw Einschränkung von Kommunikations- und Verkehrsverbindungen (vgl Art 41 Satz 2 UN-Charta).[357] Unter Effizienzgesichtspunkten verdient schließlich hervorgehoben zu werden, dass die Staatengemeinschaft gegen Staaten, die in besonderer Weise auf Soli-darität angewiesen sind (u a der Dritten Welt), Mittel in der Hand hat, die gerade diese Staaten empfindlich treffen können und deshalb sehr genau gegen das nationale Inte-resse an der Aufrechterhaltung des Rechtsbruchs abzuwägen sind: die Nichtbeteiligung an wirtschaftlichen oder finanziellen Vergünstigungen, sonstigen Hilfen oder die Ver-weigerung von Mitgliedschaftsrechten in I.O. und durch diese.[358]

3. Einzelprobleme
a) Die Repressalie

Repressalien haben eine weit zurückreichende Tradition.[359] Neuerdings erscheint ihr **116** Fortbestand durch das Konzept der Gegenmaßnahme (Rn 30) in Frage gestellt.[360] Ihre *spezifische Problematik* als Form der Selbsthilfe liegt darin, dass das verletzte Völker-rechtssubjekt die Sanktion selbst in die Hand nehmen und somit ihre Anwendbarkeit und Durchführung selbst bestimmen darf (Rn 110). Dabei fällt besonders ins Gewicht, dass die „autonome" Sanktionsgewalt typischerweise den Stärkeren begünstigt und nor-mative Aussagen, die die Völkerrechtsverletzung begründen sollen, nicht immer eindeu-tig sind und deshalb kontrovers beurteilt werden.[361] Dennoch sollte die *Existenzberechti-gung der Repressalie* beim derzeitigen Stand des Völkerrechts, das keine obligatorische Gerichtsbarkeit kennt (Rn 74, 88), nicht verneint werden. Allerdings muss sich das Augenmerk mehr denn je auf Differenzierungen und Einschränkungen richten, auch wenn diese im Einzelnen noch strittig sind. Bedeutsam ist die *Unterscheidung zwischen Friedens- und Kriegsrepressalien.* Sie reagiert auf das bestehende Verbot der Gewaltan-wendung in Friedenszeiten (Art 2 Nr 4 UN-Charta) und die Besonderheiten des (humani-tären) Kriegsvölkerrechts bei der Anwendung von Repressalien. Bei der im Folgenden ausschließlich behandelten Friedensrepressalie geht es darum, ihren Anwendungs-

---

356 Vgl *Fukatsu,* Theory of Sanctions, 1190f.
357 Knapper Hinw bei *Petersmann* (Fn 347) 10.
358 Dazu *Friedmann,* The Changing Structure of International Law, 1964, 88ff.
359 Vgl *Grewe* (Fn 268) 429ff, 616ff, 733ff, 794ff; eingehend zum Folgenden *Dörr,* in Ipsen (Fn 8) § 30 Rn 49ff.
360 *Ruffert,* Reprisals, MPEPIL VIII, 927ff; *von Arnauld* (Fn 6) Rn 421.
361 *Malanczuk* (Fn 345) 296f.

bereich einzuschränken (Rn 117) und ihre Voraussetzungen genauer zu präzisieren (Rn 118f).

117   Nicht jede Norm des Völkerrechts darf in Ausübung des Repressalienrechts verletzt werden. Sog *Repressalienverbote* gelten für zwingende Normen (Art 50 Abs 1 lit d ASR) wie das Gewaltverbot (Art 50 Abs. 1 lit a ASR), Kerngehalte der Menschenrechte (Art 50 Abs 1 lit b ASR) sowie multilaterale Vertragswerke, die nach ihrer Zweckbestimmung oder ihren besonderen Sanktionssystemen den Rückgriff auf die Repressalie ausschließen („self-contained regimes").[362] Da ihre konkrete Reichweite umstritten ist, handelt es sich bisher allerdings eher um Postulate als um feststehende Grenzen des Repressalienrechts. So wird Gewaltanwendung ausnahmsweise dann für zulässig gehalten, wenn das „Delikt" des mit einer Repressalie zu belegenden Staats darin besteht, dass er selbst gewaltsam handelte.[363] Kontrovers geblieben ist das Verbot gewaltsamer Repressalien des Weiteren beim Schutz eigener Staatsangehöriger im Ausland und gegenüber Terror- oder Guerrilla-Akten.[364] Der IGH ist hier sehr zurückhaltend.[365] Auch der Menschenrechtsschutz wird nicht in jedem Falle als unübersteigbare Hürde der Repressalienanwendung angesehen.[366] Schließlich wird das Konzept des self-contained regime vielfach keine eindeutigen Schranken für Repressalien liefern.[367]

118   *Die Befugnis zur Ausübung des Repressalienrechts* stand herkömmlich *nur dem unmittelbar in seinen Rechten verletzten Völkerrechtssubjekt* zu. Dies gilt im Grundsatz unverändert. Seit der Anerkennung völkerrechtlicher Verpflichtungen *erga omnes* (Rn 16) stellt sich bei deren Verletzung jedoch die str Frage nach einer *Erweiterung der Sanktionsberechtigung*[368] auf nicht direkt verletzte Drittstaaten.[369] Mit Hilfe der für die Staatenverantwortlichkeit getroffenen Regelungen – Art 48 und 41 ASR – lässt sie sich nicht beantworten, weil diese keine Gegenmaßnahmen in Gestalt einer Repressalie vorsehen. Man mag die Frage mit der Begründung bejahen, dass die erweiterte Sanktionsberechtigung die logische Konsequenz aus Pflichten ist, deren Einhaltung allen Staaten geschuldet wird.[370] Einwände, die nicht leichtgenommen werden sollten, betreffen um der Vermeidung von Rechtsunsicherheit und Überreaktionen willen die Eindeutigkeit der Verletzung einer *erga omnes* wirkenden Verpflichtung und den Vorrang kollektiv be-

---

362 *Zemanek* (Fn 350) 38ff; *Verdross/Simma* (Fn 7) § 1343; *Klein*, Gegenmaßnahmen, 49f, 55.

363 *Doehring*, Einzelprobleme, 52ff, 54; *Klein*, Gegenmaßnahmen, 56f.

364 Eingehend *Malanczuk* (Fn 345) 293ff.

365 IGH, *Nicaragua* (Merits), § 210; *Nuklearwaffen*, § 46.

366 *Doehring*, Einzelprobleme, 47ff; *Conlon*, The Humanitarian Mitigation of UN Sanctions, GYIL 36 (1996) 249ff.

367 Vgl Rn 34.

368 Bejahend etwa *Herdegen* (Fn 50) § 59 Rn 8; differenzierend *Hill*, in Tomuschat/Thevenet (Hrsg), The Fundamental Rules of the International Legal Order, 2006, 265ff; vgl *Brown Weiss*, State Responsibility in the Twenty-First Century, AJIL 96 (2002) 748ff.

369 Zur gerichtlichen Geltendmachung von *erga omnes*-Verpflichtungen durch nicht direkt betroffene Staaten vgl Rn 95.

370 *Verdross/Simma* (Fn 7) § 1343.

Schröder

schlossener Sanktionen vor Einzelreaktion. So wird im Schrifttum zu Recht hervorgehoben, dass eindeutige und schwerwiegende Verletzungen einer *erga omnes*-Verpflichtung, von der des Gewaltverbots abgesehen, nur selten vorliegen werden und (deshalb) *kollektive Gegenmaßnahmen vorzuziehen* seien, die Einzelreaktion „ultima ratio" bleiben müsse.[371]

Aus den *Regeln über die Anwendung der Repressalie* ist hervorzuheben: Sie setzt eine   **119** mindestens begonnene Verletzung des Völkerrechts voraus und kann deshalb nach überwiegender Ansicht nicht „vorbeugend" gegen Verletzungen eingesetzt werden.[372] Darüber hinaus ist sie einzustellen, wenn ihr Zweck erreicht wurde (Art 52 und 53 ASR). Als Mittel steht neben Rechtseingriffen auch die Unterlassung rechtlich gebotener Handlungen zur Verfügung. Andere Rechte als die des mit der Repressalie belegten Völkerrechtssubjekts dürfen dabei nicht beeinträchtigt werden. Faktische negative Auswirkungen einer Repressalie müssen Drittstaaten allerdings hinnehmen.[373] Zulässig wird die Repressalie erst nach Erschöpfung des innerstaatlichen Rechtswegs und nachdem das für die Rechtsverletzung verantwortliche Völkerrechtssubjekt zur Einstellung bzw Beseitigung des völkerrechtswidrigen Verhaltens aufgefordert worden ist (Art 52 Abs 1 lit a ASR). Nach nicht unbestr Ansicht soll es der *Aufforderung* ausnahmsweise nicht bedürfen, wenn diese nach den Umständen des Einzelfalls unzumutbar wäre.[374] Um den Zugriff auf das Repressalienrecht nach Möglichkeit zu zügeln, wird man außerdem fordern müssen, dass vor Anwendung die Wiederherstellung des völkerrechtsgemäßen Zustands mit den Mitteln der friedlichen Streitbeilegung (Rn 60ff) versucht worden ist.[375] Im Grundsatz unstr ist schließlich, dass die Repressalie *verhältnismäßig* sein muss (Art 51 ASR).[376] Die Konkretisierung im Einzelfall kann allerdings Schwierigkeiten bereiten. Mit der Feststellung, dass eine Völkerrechtsverletzung nicht mit „spiegelgleichen" Maßnahmen beantwortet werden muss, ist es nicht getan.[377] Ausschlaggebend ist vielmehr der für die Bewertung der Verhältnismäßigkeit gewählte Bezugspunkt. Zunächst kommt es für den Umfang des Repressalienrechts auf das Ausmaß der zugefügten Rechtsbeeinträchtigung an, mit der Konsequenz, dass dieses über die Verhältnismäßigkeit der Gegenmaßnahmen entscheidet. Geringfügige Verletzungen dürfen nur mit geringfügigen Gegenmaßnahmen beantwortet werden, weil dem „Rechtsbrecher" nicht mehr Schaden zugefügt werden soll, als er selbst verursacht hat. Nicht ausgeschlossen ist dadurch, dass

---

371 Vgl *Verdross/Simma* (Fn 7) § 1343; *Dahm/Delbrück/Wolfrum* (Fn 5) 92f.
372 IGH, *Gabčíkovo-Nagymaros*, § 83; vgl auch *Ruffert* (Fn 350) 928f; weitergehend *Klein*, Gegenmaßnahmen, 47.
373 Dazu *Doehring*, Einzelprobleme, 49f; *Klein*, Gegenmaßnahmen, 52f.
374 Vgl *Doehring*, Einzelprobleme, 50f.
375 Nicht unstr: *Partsch*, Reprisals, EPIL IV (2000) 200 (201f); *Zemanek* (Fn 354) 37; *Fiedler*, Gegenmaßnahmen, 19ff; *Klein*, Gegenmaßnahmen, 59f.
376 Vgl den *Naulilaa*-Schiedsspruch, 1019ff; Schiedsspruch im *Air Service Agreement*-Fall, § 83. Näher *Fiedler*, Gegenmaßnahmen, 26; *Klein*, Gegenmaßnahmen, 61ff.
377 Auch deshalb problematisch die bei *Partsch* (Fn 375) 202 wiedergegebene Ansicht.

die Repressalie ihren Zweck (Beseitigung des Unrechts) verfehlt, weil der „Rechtsbrecher" sich von den geringfügigen Gegenmaßnahmen nicht beeindrucken lässt. Stärkere Maßnahmen wären in einem solchen Falle nur gestattet, wenn man sich auf den Standpunkt stellt, dass Unrecht nie hinzunehmen ist und das Repressalienrecht deshalb nicht allein am Ausmaß der Primärrechtsbeeinträchtigung, sondern auch *am Ziel, die Beseitigung des Unrechts zu erreichen, ausgerichtet* werden darf. Letzteres ist nicht unproblematisch, lässt sich aber damit rechtfertigen, dass damit *in concreto* einhergehende Verschärfungen des Sanktionsrechts ihren Grund ausschließlich im beharrlichen völkerrechtswidrigen Verhalten des für die Primärrechtsverletzung verantwortlichen Völkerrechtssubjekts haben.[378]

b) Wirtschaftssanktionen

120 Wirtschaftssanktionen sind (Gegen-)Maßnahmen, die grundlegende Bestimmungen des Völkerrechts nicht allein durch verbale Brandmarkung des sie verletzenden Staats verteidigen. Ihr Ausgangspunkt ist, dass internationale Konflikte, von einer Selbstverteidigung abgesehen, nicht gewaltsam gelöst werden dürfen (Art 2 Nr 4 UN-Charta), andererseits die Staaten auf einen funktionierenden Handels- und Wirtschaftsverkehr angewiesen sind. Eingriffe in bestehende Handels- und Wirtschaftsbeziehungen sollen wirtschaftlich und in der Staatengemeinschaft isolieren, an ökonomisch empfindlicher Stelle treffen, in der Erwartung, dass Sanktionen nicht lange durchgehalten werden können und der von ihnen betroffene Staat sein rechtswidriges Verhalten daher aufgeben wird. So gesehen erscheinen Wirtschaftssanktionen auch als Beitrag zur Stabilisierung des Völkerrechts bei schwerwiegenden Verletzungen.[379]

121 Der Begriff der Wirtschaftssanktionen ist kein Rechtsbegriff. Sein Inhalt wird durch die Staatspraxis bestimmt.[380] Danach geht es insbes um Export- und Importverbote und Beschränkungen auf bestimmte Dienstleistungen, vor allem im Finanz- Transport- und Energiesektor, sowie um den Zugang zu wichtigen Technologien, sei es als Kollektivmaßnahmen im Rahmen von I.O. (inkl regionaler Organisationen), sei es einzelstaatlich. Auch Einzelpersonen können auf Sanktionslisten gesetzt werden, wenn sie in einer besonders engen politischen oder wirtschaftlichen Beziehung zum völkerrechtswidrig handelnden Staat stehen. Typischerweise werden ihre Bankkonten eingefroren und Einreisen verwehrt.[381]

---

378 Vgl *Doehring*, Einzelprobleme, 45f; *Klein*, Gegenmaßnahmen, 62.
379 Zum Ganzen Art 41 ASR und *Aust*, Was genau ist „volle Solidarität"? Russlands Einmarsch, Scholz Zusicherung und das Völkerrecht, Der Tagesspiegel v 27.2.2022, 6.
380 *Valta*, Staatenbezogene Wirtschaftssanktionen zwischen Souveränität und Menschenrechten, 2019, 4; *Schöbener/Herbst/Perkams*, Internationales Wirtschaftsrecht, 2010, § 9 Rn 88ff.
381 Vgl Rn 112 mit Fn 351; *Valta* (Fn 380) 4ff; *Schöbener/Herbst/Perkams*, Internationales Wirtschaftsrecht, 2010, § 9 Rn 88ff.

Die näheren *Voraussetzungen*, unter denen Wirtschaftssanktionen[382] ergriffen wer- 122
den dürfen, variieren je nach ihrem Urheber. So ist für Sanktionen der UN die UN-Charta, für die der EU das Unionsrecht maßgebend. Für einzelstaatliche Maßnahmen ist
hervorzuheben: Ein *ius commercii*, ein Anspruch auf Handels- oder Wirtschaftsbeziehungen, ist dem geltenden Völkerrecht unbekannt. Die *wirtschaftliche Diskriminierung*,
die mit den Maßnahmen typischerweise einhergeht, kann, etwa durch das WTO-Recht,
verboten sein.[383] Versuche, die zeitweise von den Staaten der Dritten Welt und sozialistischen Staaten unternommen wurden, Wirtschaftssanktionen als Ausübung „wirtschaftlichen Zwangs" dem *Gewaltverbot* des Art 2 Nr 4 UN Charta zu unterstellen, haben
sich nicht durchsetzen können.[384] Resolutionen der UN, die den wirtschaftlichen Zwang
als *Unterfall des Interventionsverbots* ächten,[385] haben mangels einer entsprechenden
Rechtsüberzeugung der Staaten keine Bindungswirkung erlangt.[386] Bis heute ist es auch
nicht gelungen, den Tatbestand der unerlaubten Intervention mit wirtschaftlichen Mitteln befriedigend zu präzisieren.[387] Folgt man dem IGH, verstößt ein Embargo grundsätzlich nicht gegen das Interventionsverbot,[388] wenn nicht besondere Umstände hinzutreten. Im kontroversen Schrifttum erscheinen als solche insbes die spürbare
Beeinträchtigung der souveränen Entscheidungsfreiheit des mit einer Sanktion belegten
Völkerrechtssubjekts, die (Un-)Verhältnismäßigkeit oder das Zwangsmoment. Eindeutige und handhabbare Maßstäbe liefern sie nicht.[389] Mehr Aufmerksamkeit können *vertragliche Sperren* gegen Wirtschaftssanktionen in multilateralen Verträgen oder in bilateralen Abkommen beanspruchen. Von besonderer Bedeutung ist das GATT. Von dessen
Verpflichtungen erlaubt Art XXI lit b iii) den Staaten jedoch, nach ihrer Einschätzung
zur Wahrung wesentlicher Sicherheitsinteressen in Kriegszeiten oder sonstigen ernsten
internationalen Krisen abzuweichen. Für die Inanspruchnahme der Ausnahmeklausel

---

382 Aus dem Schrifttum *Kewenig*, Zwangsmaßnahmen, 7ff; *Carter*, Economic Coercion, MPEPIL III, 291ff;
ders, Economic Sanctions, III, 323ff; *Tietje*, Außenwirtschaftsrecht, in ders/Nowrot (Hrsg), Internationales
Wirtschaftsrecht, 3. Aufl 2022, § 18 Rn 144ff. Im Kontext des Krimkriegs: FAZ v 1.3.2022, 17.
383 Oppenheim's International Law (Fn 45) § 114; *Tietje*, Begriff, Geschichte und Grundlagen des Internationalen Wirtschaftssystems und Wirtschaftsrechts, in ders/Nowrot (Fn 382) § 1 Rn 93; monographisch
Kewenig, Der Grundsatz der Nichtdiskriminierung im Völkerrecht der internationalen Handelsbeziehungen, 1972.
384 Dazu *Schöbener/Herbst/Perkams* (Fn 380) Rn 107ff; *Valta* (Fn 380) 111ff.
385 Vgl Grundsatz 3 der Deklaration über die Grundsätze des Völkerrechts betreffend die freundschaftlichen Beziehungen und die Zusammenarbeit der Staaten, GA Res 2625 (XXV) v 21.10.1970; Art 32 der Charta
der wirtschaftlichen Rechte und Pflichten der Staaten, GA Res 3281 (XXIX) v 12.12.1974.
386 Vgl *Boon*, Charter of Economic Rights and Duties, MPEPIL II, 87ff.
387 Dazu *Petersmann* (Fn 347) 8f; *Kewenig*, Zwangsmaßnahmen, 14ff; *Schröder*, Non-Intervention, Principle of, EPIL III (1997) 619ff.
388 *Nicaragua* (Merits), § 245; zweifelnd im Hinblick auf die nahezu universelle Garantie weitgehend
freier Handelsbeziehungen *Tietje* (Fn 382) Rn 154.
389 Dazu die Monographie von *Dicke*, Die Intervention mit wirtschaftlichen Mitteln, 1978; *Schöbener/
Herbst/Perkams* (Fn 380) Rn 111ff.

haben sie einen weiten Beurteilungsspielraum.[390] Deshalb ist auch unter Beachtung des GATT davon ausgehen, dass Wirtschaftssanktionen nicht generell unerlaubt sind.

123   Ein besonderes Problem der Wirtschaftssanktionen stellen deren negative Auswirkungen auf Unternehmen im sanktionsbelegten Staat dar. Staatliche Unternehmen oder staatlich beherrschte Unternehmen wird man als „Organe" des Staats behandeln und insofern die Schutzwürdigkeit verneinen können. Sofern Privatunternehmen im eigentlichen Sinn von den Wirtschaftssanktionen erfasst werden, kommt es darauf an, ob sie sich auf völkerrechtliche Schutzpositionen – etwa den Eigentumsschutz[391] – gegenüber dem sanktionierenden Staat berufen können. Dass sie in der Regel nicht an dem durch die Sanktionen missbilligten Verhalten ihres Staats beteiligt waren, reicht als solches nicht aus. Sie können vielmehr auch dann erfasst werden, wenn ihre wirtschaftliche Tätigkeit eine wesentliche Einnahmequelle für den sanktionsbelegenen Staat darstellt.[392]

124   Wirtschaftssanktionen liefern den Staaten nach wie vor Rechtfertigungsgründe im Rahmen des Selbstschutzes, als Retorsion oder Repressalie. Freilich werden, soweit möglich, kollektive Maßnahmen im Rahmen I. O bevorzugt, weil sie stärker wirken können als einzelstaatliche. Unabhängig davon bleibt die Frage, wie Wirtschaftssanktionen effektiv sind, also ihr Ziel, dem damit belegten Völkerrechtssubjekt einen empfindlichen Nachteil zuzufügen, erreichen. Eine einheitliche Antwort lässt sich nicht geben, weil die Wirksamkeit wesentlich von der eingesetzten Sanktion und der ökonomischen „Empfindlichkeit" des betroffenen Völkerrechtssubjekts abhängt. Nach aller Erfahrung können sie, vor allem bei mangelnder Solidarität in der Staatengemeinschaft, leicht unterlaufen werden.[393]

---

390 Im Einzelnen str: *von Arnauld* (Fn 6) Rn 974; *Herdegen*, Internationales Wirtschaftsrecht, § 10 Rn 75; *Oeter*, in Ipsen (Fn 8) § 49 Rn 53; *Hahn*, Die einseitige Aussetzung von GATT-Verpflichtungen, 1996, 319 ff, 342 ff; *Valta* (Fn 380) 187 ff. S auch die den Beurteilungsspielraum betonende Rspr der Unionsgerichte zu den Sanktionen gegen Russland: *Rosneft* (2017), Rn 113 ff zum Partnerschaftsabkommen mit Russland, das in Art 99 Nr 1 eine dem GATT entsprechende Klausel enthält; deutliche Parallelisierung mit dem GATT dann in *Rosneft* (2018).
391 Näher dazu *Schöbener/Herbst/Perkams* (Fn 380) Rn 125 ff. Nach Unionsrecht verneint von EuGH in *Rosneft* (2017), Rn 143 ff.
392 Dafür: EuG in *Pumpyanskaya*, Rn 55 ff.
393 *Kewenig*, Zwangsmaßnahmen, 26 ff; *Fukatsu*, Theory of Sanctions, 1198 f; *Hafner* (Fn 337) 410 ff. Instruktiv im Kontext des Kriegs in der Ukraine *Soest*, Zwischen Warten und Krieg: Was bewirken Sanktionen?, Der Tagesspiegel v 25.2.2022, 8.

Schröder

Achter Abschnitt

Michael Bothe

Friedenssicherung und Kriegsrecht

Gliederungsübersicht

Literatur

Arnold, Roberta/Hildbrand, Pierre-Antoine (Hrsg), International Humanitarian Law and the 21st Century's Conflicts, 2005 [Arnold/Hildbrand (Hrsg), IHL]
Auswärtiges Amt/Deutsches Rotes Kreuz/Bundesministerium der Verteidigung (Hrsg), Dokumente zum
   humanitären Völkerrecht, 3. Aufl 2016 [DokHVR]
Bassiouni, M. Cherif (Hrsg), A Manual on International Humanitarian Law and Arms Control Agreements, 2000

Bothe

https://doi.org/10.1515/9783110770964-008

Bellal, Annyssa (Hrsg), The War Report: Armed Conflicts in 2017, 2018

Bellal, Annyssa (Hrsg), The War Report: Armed Conflicts in 2018, 2019

Boothby, William, Weapons and the Law of Amed Conflict, 2. Aufl 2016

Bothe, Michael/Partsch, Karl Josef/Solf, Waldemar A., New Rules for Victims of Armed Conflicts. Commentary on the Two 1977 Additional Protocols to the Geneva Conventions of 1949, 2. Aufl 1982, Neudruck 2013 [*Bothe/Partsch/Solf,* New Rules]

Bothe, Michael/Graf Vitzthum, Wolfgang, Rechtsfragen der Rüstungskontrolle im Vertragsvölkerrecht der Gegenwart, BerDGVR 30 (1989) [*Bothe/Graf Vitzthum,* Rechtsfragen]

Bothe, Michael/O'Connell, Mary Ellen/Ronzitti, Natalino (Hrsg), Redefining Sovereignty: The Use of Force After the Cold War, 2005 [Bothe et al (Hrsg), Redefining Sovereignty]

Brock, Lothar/Simon, Hendrik (Hrsg), The Justification of War and International Order, 2021 [Brock/Simon, Justification of War]

Brownlie, Ian, International Law and the Use of Force by States, 1963

Bundesministerium der Verteidigung (Hrsg), Humanitäres Völkerrecht in bewaffneten Konflikten – Handbuch, ZDv 15/2, 2013

Byers, Michael, War Law. Understanding International Law and Armed Conflict, 2005

Cassese, Antonio (Hrsg), The Current Regulation of the Use of Force, 1986 [Cassese (Hrsg), Current Regulation]

Clapham, Andrew/Gaeta, Paola (Hrsg), The Oxford Handbook of International Law in Armed Conflict, 2014 [Oxford Handbook]

Clapham, Andrew/Gaeta, Paola/Sassòli, Marco (Hrsg), The 1949 Geneva Conventions. A Commentary, 2015

Clapham, Andrew, War, 2021 [*Clapham,* War]

Corten, Olivier, Le droit contre la guerre, 3. Aufl 2020 [*Corten,* Droit]

D'Aspremont, Jean/De Hemptienne, Jérôme, Droit international humanitaire, 2012 [*D'Aspremont/De Hemptienne,* DIH]

David, Eric, Principes de droit des conflits armés, 6. Aufl 2019

Department of Defense (Hrsg), Law of War Manual, 2015 [US Manual]

Dinstein, Yoram, The International Law of Belligerent Occupation, 2009

Dinstein, Yoram, Non-International Armed Conflicts in International Law, 2014

Dinstein, Yoram, The Conduct of Hostilities under the Law of International Armed Conflict, 3. Aufl 2016 [*Dinstein,* Hostilities]

Dinstein, Yoram, War, Aggression and Self-Defence, 6. Aufl 2017 [*Dinstein,* War]

Durham, Helen/McCormack, Timothy L.H. (Hrsg), The Changing Face of Conflict and the Efficacy of International Humanitarian Law, 1999

Federal Foreign Office/German Red Cross/Federal Ministry of Defense (Hrsg), Documents on International Humanitarian Law, 2. Aufl 2012 [DocIHL]

Fernández-Sanchez, Pablo Antonio (Hrsg), Peacekeeping. Global Perspective, Challenges and Impact, 2018

Fisler Damrosch, Lori/Scheffer, David J. (Hrsg), Law and Force in the New International Order, 1991 [Fisler Damrosch/Scheffer (Hrsg), Law and Force]

Fleck, Dieter (Hrsg), Handbuch des humanitären Völkerrechts in bewaffneten Konflikten, 1994 [Fleck (Hrsg), Handbuch]; engl Ausgabe 4. Aufl 2021 [Fleck (Hrsg), Handbook]

Fleck, Dieter (Hrsg), The Handbook of the Law of Visiting Forces, 2. Aufl 2018

Ford, Christopher M./Williams, Winston S. (Hrsg), Complex Battlespaces, 2019

Franck, Thomas M., Recourse to Force: State Action Against Threats and Armed Attacks, 2002

Gasser, Hans-Peter/Melzer, Nils, Humanitäres Völkerrecht, 2. Aufl 2012

Gill, Terry D./Fleck, Dieter (Hrsg), The Handbook of the International Law of Military Operations, 2. Aufl 2015

Gill, Terry/Fleck, Dieter/Boothby, William H./Vanheusden, Alfons (Hrsg), Leuven Manual on the International Law Applicable to Peace Operations, 2017 [Leuven Manual]

Bothe

Gray, Christine, International Law and the Use of Force, 4. Aufl 2018 [*Gray,* Use of Force]

Green, Leslie C., The Contemporary Law of Armed Conflict, 3. Aufl 2008

Hakimi, Monica, The Jus ad bellum's Regulatory Form (Symposium), AJIL Unbound 112 (2018) 94 ff

Heintschel von Heinegg, Wolff/Epping, Volker (Hrsg), International Humanitarian Law Facing New Challenges, 2007

Heintze, Hans-Joachim/Ipsen, Knut (Hrsg), Heutige bewaffnete Konflikte als Herausforderungen an das humanitäre Völkerrecht, 2011

Henckaerts, Jean-Marie/Doswald-Beck, Louise (Hrsg), Customary International Humanitarian Law, 2 Bde, 2005 [IKRK-Studie]

Hofmann, Rainer/Malkmus, Moritz (Hrsg), 70 Jahre Genfer Konventionen: Stand und Perspektiven des humanitären Völkerrechts, 2021 [Hofmann/Malkmus, Genfer Konventionen]

ICRC (Hrsg), International Humanitarian Law and the Challenges of Contemporary Armed Conflicts, Report, 32nd International Conference of the Red Cross and Red Crescent, Doc 32IC/15/11 [ICRC Challenges Report 15]

ICRC (Hrsg), Protocol Additional to the Geneva Conventions of 12 August 1949 and Relating to the Adoption of an Additional Distinctive Emblem (Protocol III), <https://ihl-databases.icrc.org/applic/ihl/ihlnsf/Comment.xsp?action=openDocument>

ICRC (Hrsg), Commentary on the First Geneva Convention, 2016

ICRC (Hrsg), Commentary on the Third Geneva Convention, 2022

International Law Association (Hrsg), Use of Force, Committee Report 2018, <www.ila-hq.org/index.php/committees/Conference Report Sydney 2018.pdf> [ILA 2018]

Kalshoven, Frits/Zegveld, Liesbeth, Constraints on the Waging of War, 2010

Kelly, Michael J., Restoring and Maintaining Order in Complex Peace Operations. The Search for a Legal Framework, 1999

Kennedy, David, Of War and Law, 2006

Kolb, Robert/Hyde, Richard, An Introduction into the International Law of Armed Conflicts, 2008

Kolb, Robert, Ius in bello. Le droit international des conflits armés, 2. Aufl 2009 [*Kolb,* Ius in bello]

Kolb, Robert/Gaggioli, Gloria (Hrsg), Research Handbook on Human Rights and Humanitarian Law, 2013

Krisch, Nico, Selbstverteidigung und kollektive Sicherheit, 2001

Lattimer, Mark/Sands, Philippe (Hrsg), The Grey Zone: Civilian Protection between Human Rights and the Laws of War, 2018 [Lattimer/Sands, Civilian Protection]

Myjer, Eric P.J./Marauhn, Thilo (Hrsg), Research Handbook on International Arms Control Law, 2022

Neuhold, Hanspeter, Internationale Konflikte – verbotene und erlaubte Mittel ihrer Austragung, 1977

Pictet, Jean S., The Geneva Conventions of 12 August 1949, Bd I, 1952; Bd II, 1960; Bd III, 1960; Bd IV, 1958

Quénivet, Noëlle/Shah-Davis, Shilan (Hrsg), International Law and Armed Conflict – Challenges in the 21st Century, 2010

Rogers, A.P.V., Law on the Battlefield, 3. Aufl 2012

Ronzitti, Natalino, Diritto internazionale dei conflitti armati, 6. Aufl 2017

Sandoz, Yves/Swinarski, Christophe/Zimmermann, Bruno (Hrsg), Commentary on the Additional Protocols of 8 June 1977 to the Geneva Conventions of 12 August 1949, 1987 [Sandoz/Swinarski/Zimmermann (Hrsg), Additional Protocols]

Sassòli, Marco, International Humanitarian Law, 2019

Sassòli, Marco/Bouvier, Antoine/Quintin, Anne, How Does Law Protect in War? Cases, Documents and Teaching on Contemporary Practice in International Humanitarian Law, 3. Aufl 2011

Schaumann, Wilfried (Hrsg), Völkerrechtliches Gewaltverbot und Friedenssicherung, 1971 [Schaumann (Hrsg), Gewaltverbot]

Schindler, Dietrich/Hailbronner, Kay, Die Grenzen des völkerrechtlichen Gewaltverbots, BerDGVR 26 (1986) 49 ff [*Schindler/Hailbronner,* Grenzen]

Bothe

Schindler, Dietrich/Toman, Jirí (Hrsg), The Laws of Armed Conflicts, 4. Aufl 2004 [Schindler/Toman, Armed Conflicts]

Schmitt, Michael (Hrsg), Talinn Manual 2.0 on the International Law Applicable to Cyber Operations, 2017

Sharp, Walter G. (Hrsg), Peace Operations. A Collection of Primary Documents and Readings Governing the Conduct of Multilateral Peace Operations, 1995

Sivakumaran, Sandesh, The Law of Non-international Armed Conflict, 2012

Solis, Gary D., The Law of Armed Conflict, 2010

Stahn, Carsten/Easterday, Jennifer/Iverson, Jens (Hrsg), Jus Post Bellum: Mapping the Normative Foundations, 2014

UK Ministry of Defence (Hrsg), The Manual of the Law of Armed Conflict, 2009

Weller, Marc (Hrsg), The Oxford Handbook of the Use of Force in International Law, 2015

White, Nigel D./Henderson, Christian (Hrsg), Research Handbook on International Conflict and Security Law, 2012

Wolfrum, Rüdiger (Hrsg), Max Planck Encyclopedia of Public International Law, 10 Bde, 2012 [MPEPIL]

Zimmermann, Andreas/Hobe, Stephan/Odendahl, Kerstin/Kieninger, Eva-Maria/König, Doris/Marauhn, Thilo/Thorn, Karsten/Schmalenbach, Kirsten, Moderne Konfliktformen – Humanitäres Völkerrecht und privatrechtliche Folgen, BerDGVR 44 (2009) 7ff [*Zimmermann u a,* Konfliktformen]

Verträge

Genfer Konvention betreffend die Linderung des Loses der im Felddienst verwundeten Militärpersonen v 22.8.1864 (DocIHL, 7) —— 56, 79

Konvention zur Verbesserung des Loses der Verwundeten und Kranken bei den im Felde stehenden Heeren v 6.7.1906 (Schindler/Toman, Armed Conflicts, 383) —— 56

Abkommen betreffend die Gesetze und Gebräuche des Landkriegs v 18.10.1907 (RGBl 1910, 107) [IV. Haager Abkommen; Haager Landkriegsordnung in der Anlage] —— 56, 64, 71, 78, 82

Abkommen betreffend die Rechte und Pflichten der neutralen Mächte und Personen im Falle eines Landkriegs v 18.10.1907 (RGBl 1910, 151) [V. Haager Abkommen] —— 105, 110, 112, 113

Abkommen betreffend die Rechte und Pflichten der Neutralen im Falle eines Seekriegs v 18.10.1907 (RGBl 1910, 343) [XIII. Haager Abkommen] —— 112, 114

Genfer Protokoll v 17.6.1925 über das Verbot der Verwendung von erstickenden, giftigen oder ähnlichen Gasen sowie von bakteriologischen Mitteln im Kriege (DokHVR, 103) —— 56, 74, 76

Genfer Abkommen über die Behandlung der Kriegsgefangenen v 27.7.1929 (Schindler/Toman, Armed Conflicts, 404) —— 56

Genfer Abkommen zur Verbesserung des Loses der Verwundeten und Kranken im Feld v 27.7.1929 (Schindler/Toman, Armed Conflicts, 421) —— 56

Protokoll über die Regeln für den Unterseebootkrieg v 6.11.1936 (Schindler/Toman, Armed Conflicts, 1145) —— 116

I. Genfer Abkommen zur Verbesserung des Loses der Verwundeten und Kranken der Streitkräfte im Felde v 12.8.1949 (BGBl 1954 II, 783) —— 56, 57, 60, 62, 79, 89, 92, 96, 98, 101, 121, 122, 123, 124

II. Genfer Abkommen zur Verbesserung des Loses der Verwundeten, Kranken und Schiffbrüchigen der Streit-kräfte zur See v 12.8.1949 (BGBl 1954 II, 813) —— 56, 57, 60, 62, 87, 92, 96, 101, 121, 122, 123, 124

III. Genfer Abkommen über die Behandlung der Kriegsgefangenen v 12.8.1949 (BGBl 1954 II, 838) —— 56, 57, 60, 62, 77, 80, 81, 92, 96, 97, 101, 121, 122, 123, 124, 125

IV. Genfer Abkommen zum Schutz von Zivilpersonen in Kriegszeiten v 12.8.1949 (BGBl 1954 II, 917) —— 56, 57, 60, 62, 64, 66, 67, 81, 82, 92, 96, 101, 121, 122, 123, 124

Haager Konvention zum Schutz von Kulturgut bei bewaffneten Konflikten v 12.5.1954 (DokHVR, 375); (Zweites) Prot v 26.3.1999 (BGBl 2009 II, 716) —— 56, 122, 124, 125

Vertrag über das Verbot von Kernwaffenversuchen in der Atmosphäre, im Weltraum und unter Wasser v 5.8.1963 (BGBl 1964 II, 907) —— 53

Bothe

African Nuclear-Weapon-Free Zone Treaty v 11.4.1996 (UN Doc A/50/426) [Treaty of Pelindaba] —— 55

Vertrag über das umfassende Verbot von Nuklearversuchen (Comprehensive Test Ban Treaty) v 24.9.1996 (BGBl 1998 II, 1210) —— 54

Übereinkommen über das Verbot des Einsatzes, der Lagerung, der Herstellung und der Weitergabe von Antipersonenminen und deren Vernichtung v 18.9.1997 (BGBl 1998 II, 778) [Ottawa-Abkommen] —— 55, 73, 124

Statut des Internationalen Strafgerichtshofs v 17.7.1998 (BGBl 2000 II, 1393) —— 10, 28, 36, 102

Übereinkommen über die Anpassung des Vertrags über konventionelle Streitkräfte in Europa v 19.11.1999 (CFE.DOC/1/99, <http://auswaertiges-amt.de/cae/servlet/contentblob/349220/publication File/4112/KSE-UE-Anpassung.pdf>) —— 55

Protocol relatif au Conseil de Paix et de Sécurité de l'Afrique Central v 24.2.2002 (<www.lab-ceeac.com>) —— 51

Vertrag über die Reduzierung der strategischen Offensivwaffen (Moskauer Vertrag) v 24.5.2002 (ILM 41 [2002] 799) —— 54, 55

Zusatzprotokoll v 8.12.2005 zu den Genfer Abkommen v 12.8.1949 über die Annahme eines neuen Schutzzeichens (Protokoll III) [ZP III] (BGBl 2009 II, 222) —— 56, 70, 79

Treaty on a Nuclear-Free-Zone in Central Asia v 8.9.2006 (<http://cns.miis.edu/pubs/week/pdf_support/060905_canwfz.pdf>) [Vertrag von Semipalatinsk] —— 55

Statute of the African Court of Justice and Human Rights v 1.7.2008 (<http://www.peaceau.org/ploads/protocol-of-statute-african-court-justice-and-human-rights-en.pdf>), ergänzt durch Protokoll v Malabo v 27.6.2014 (<https://au.int/sites/default/files/treaties>) —— 102

Convention on Cluster Munitions/Übereinkommen über Streumunition v 30.5/3.12.2008 (BGBl 2009 II, 502, 504) —— 68, 73

Treaty between the US and the Russian Federation on Measures for the Further Reduction and Limitation of Strategic Offensive Arms v 8.4.2010 (ILM 50 [2011] 340) —— 54

Arms Trade Treaty v 2.4.2013 (BGBl 2013 II, 1426) [ATT] —— 55

Treaty on the Prohibition of Nuclear Weapons v 7.7.2017 (ILM 57 [2018] 347)

Judikatur

Internationaler Gerichtshof

Corfu Channel (United Kingdom v Albania), Urteil v 9.4.1949, ICJ Rep 1949, 4 [Korfu Kanal] —— 118

Reparations for Injuries Suffered in the Service of the United Nations, Gutachten v 11.4.1949, ICJ Rep 1949, 174 [Bernadotte] —— 50

Legal Consequences for States of the Continued Presence of South Africa in Namibia (South West Africa) notwithstanding Security Council Resolution 276 (1970), Gutachten v 21.6.1971, ICJ Rep 1971, 16 [Namibia] —— 40

Military and Paramilitary Activities in and against Nicaragua (Merits) (Nicaragua v USA), Urteil v 27.6.1986, ICJ Rep 1986, 14 [Nicaragua] —— 8, 10, 12, 17, 19, 27, 43, 99

Legality of the Use by a State of Nuclear Weapons in Armed Conflict, Gutachten v 8.7.1996, ICJ Rep 1996, 66 [WHO-Nuklearwaffen-Gutachten] —— 54

Legality of the Threat or Use of Nuclear Weapons, Gutachten v 8.7.1996, ICJ Rep 1996, 226 [GV-Nuklearwaffen-Gutachten] —— 10, 17, 18, 19, 54, 60, 76

Oil Platforms (Merits) (Iran v USA), Urteil v 6.11.2003, ICJ Rep 2003, 161 [Oil Platforms] —— 19, 27

Legal Consequences of the Construction of a Wall in the Occupied Palestinian Territory, Gutachten v 9.7.2004, ICJ Rep 2004, 136 [Mauer-Gutachten] —— 11, 26, 60, 81, 82

Legality of Use of Force (Serbia and Montenegro v Belgium), Urteil v 15.12.2004, ICJ Rep 2004, 279 [Kosovo] —— 160

Armed Activities on the Territory of the Congo (Democratic Republic of Congo v Uganda), Urteil v 19.12.2005, ICJ Rep 2005, 168 [Congo/Uganda] —— 11, 27, 82, 99

Bothe

Ständiger Schiedshof

Internationales Tribunal für die Ahndung von Kriegsverbrechen im ehemaligen Jugoslawien

Internationaler Strafgerichtshof

Special Court for Sierra Leone

Special Tribunal for Lebanon

Europäischer Gerichtshof für Menschenrechte

Bothe

Vorbemerkung

Es ist eine Funktion jeder Rechtsordnung, das friedliche Zusammenleben der Rechts- 1
genossen zu ermöglichen. Entwickelte staatliche Rechtsordnungen sehen deswegen ein
Gewaltmonopol des Staats vor. Ihm gegenüber ist dem einzelnen Rechtsgenossen eigen-
mächtiges gewaltsames Handeln nur in eng begrenzten, rechtlich genau umschriebenen
Ausnahmen erlaubt.[1] Auch das moderne Völkerrecht sucht ein *friedliches Zusammenle-*
ben der Staaten zu *sichern* und die Gewaltanwendung zwischen Staaten einzuschränken.
Angesichts des dezentralisierten Charakters der internationalen Ordnung kann es dies
aber jedenfalls faktisch nicht in gleicher Weise tun wie die staatliche Rechtsordnung. Es
gibt *kein* dem staatlichen Gewaltmonopol vergleichbares *Gewaltmonopol der internatio-*
nalen Gemeinschaft. Dezentrale Gewaltausübung und ihre Rechtfertigung spielen deshalb in den internationalen Beziehungen eine ganz andere, ungleich größere Rolle als
das individuelle Notwehrrecht im innerstaatlichen Recht.

Rechtliche Einschränkung von Gewalt erfolgt im Völkerrecht auf zwei unterschied- 2
lichen Ebenen. Zum Ersten gibt es Normen, die militärische Gewalt überhaupt verbieten
bzw nur in bestimmten Ausnahmefällen erlauben. Traditionell wird hier vom *ius ad bel-*
lum gesprochen, richtiger ist *ius contra bellum.*[2] Denn der wesentliche Zweck dieses
Rechtsgebiets ist nicht, ein Recht zum Krieg zu gewähren, sondern den Krieg zu verhindern. Wenn und soweit aber die einschlägigen Regeln bewaffnete Konflikte nicht verhindern können, ist es die Funktion einer zweiten Ebene der rechtlichen Regelung, des
ius in bello,[3] diese militärische Gewalt in einem gewissen rechtlichen Rahmen zu halten,
um noch schlimmere Gewaltausübung zu verhindern. Wenn dann die Waffen wieder
schweigen, wird es heute auch als Aufgabe der internationalen Ordnung angesehen, den
Weg zurück in die friedliche Normalität rechtlich zu steuern. Dafür haben sich in den
letzten Jahrzehnten gewisse Übungen entwickelt, die unter dem Begriff des *ius post bel-*
lum zusammengefasst werden.[4] Historische Erfahrung zeigt, dass die Rechtsregeln, die
der Ausübung militärischer Gewalt Schranken setzen, sehr verletzungsanfällig sind.

---

1 *Isensee,* Staat und Verfassung, in Isensee/Kirchhof (Hrsg), HdbStR II, 3. Aufl 2004, 3 ff.
2 Dieser hier seit der 1. Aufl gebrauchte Ausdruck setzt sich in der internationalen Debatte immer mehr
durch, vgl *Kolb,* Ius contra bellum, 2. Aufl 2009; *van Steenberghe,* The Law against War or *Jus contra Bel-*
lum: A New Terminology for a Conservative View on the Use of Force? Leiden JIL 24 (2011) 747; *Daulenov,*
The Legal Nature of States: Obligations toward Ukraine in the Context of *jus contra bellum,* in Sayapain/
Tsybulenko (Hrsg), The Use of Force against Ukraine and International Law, 2018, 4 ff.
3 *Schindler,* Abgrenzungsfragen zwischen *ius ad bellum* und *ius in bello,* FS Haug, 1986, 251 ff; zum Verhältnis beider Rechtsbereiche *Rosas,* Construing International Law and Order, Essays Koskenniemi, 2003,
89 ff; *Frostad, Jus in bello* after September 11, 2001, 2005, 107 ff; *Giladi,* The *Jus ad Bellum/Jus in Bello* Distinction and the Law of Occupation, Is LR 41 (2008) 246 ff.
4 Umfassend Stahn/Easterday/Iverson (Hrsg), Jus Post Bellum, 2014; *Stahn, Jus Post Bellum:* Mapping the
Discipline(s), AMUILR 23 (2007/08) 311 ff; *Epping,* Ius post bellum, FS Bothe, 2008, 65 ff; *Fleck,* Jus post bellum: Eine neue Disziplin des Völkerrechts?, HVI 25 (2012) 176; s u Rn 129 f mwN.

Dennoch sind diese Regeln wirksam. Militärische Gewalt wird regelmäßig von politischen, rechtlichen und ethischen Diskursen zur Legitimation bzw Delegitimation von Gewalt begleitet. Um dies verständlich zu machen, werden solche Diskurse in der folgenden Darstellung ausführlich nachgewiesen.

I. Völkerrechtliche Verhinderung von Gewalt *(ius contra bellum)*

1. Das rechtliche Verbot von Gewalt
a) Entwicklung

3 Zu Beginn der Entwicklung des modernen Völkerrechts galt die aus der mittelalterlichen Theologie entwickelte und insbes von *Grotius* vertretene Lehre vom *bellum iustum*.[5] Ein Krieg mit gerechtem Grund, für eine gerechte Sache und mit gerechten Mitteln war rechtmäßig. Dabei waren sich die Theoretiker dieser Lehre durchaus der Tatsache bewusst, dass es schwer ist zu entscheiden, wessen Sache denn gerecht sei. Der Ausgang des Kriegs wirkte von daher wie ein Gottesurteil. Für das Völkerrecht der Epoche der Aufklärung war diese Lösung unakzeptabel. Deshalb entwickelte sich immer mehr die *Lehre von der Indifferenz des Völkerrechts hinsichtlich des Rechts zum Kriege*.[6] Man nahm zwar kein Recht zum Kriege an, der Krieg war aber auch nicht verboten. Dies führte zu einer merkwürdigen Inkonsistenz von Unrechtsfolgen. Während die Verletzung staatlicher Rechtspositionen im Übrigen einer besonderen Rechtfertigung bedurfte – nur gerechtfertigt war die Reaktion auf vorangegangenes Unrecht (Repressalie) –, galt dies für die stärkste Beeinträchtigung eines anderen Staats, den Krieg, nicht mehr. So war (und ist) ein Zugriff auf das Vermögen ausländischer Staatsbürger nur zulässig, wenn zuvor deren Heimatstaat ein entsprechend schwerwiegendes Unrecht begangen hatte (bzw hat). Ein Krieg bedurfte eines solchen rechtlichen Begründungsaufwands nicht. An die Stelle einer Hegung militärischer Gewalt durch eine wie auch immer gear-

---

5 Vgl *Beestermöller*, Thomas von Aquin, in Bruha/Heselhaus/Marauhn (Hrsg), Legalität, Legitimität und Moral, 2008, 25 ff; *Christopher*, Just War Theory, 1990; *Mantovani*, Bellum iustum, 1990; *Kunz*, Bellum iustum et bellum legale, AJIL 45 (1951) 528 ff; *Kolb* (Fn 2) 15 ff; *Shearer*, A Revival of the Just War Theory?, FS Dinstein, 2007, 1 ff; Starck (Hrsg), Kann es heute noch „gerechte Kriege" geben?, 2008; *Regan*, Just War, 1996; *Ziolkowski*, Gerechtigkeitspostulate als Rechtfertigung von Kriegen, 2007; *P. Schmidt*, Bellum iustum, 2009; *Dinstein*, War, 81 ff; *Clapham*, War, 13 ff; zu Grotius *Lang*, Politics, Ethics and History in Just War, in Brock/Simon (Hrsg), The Justification of War, 2021, 29 (33 ff); zur Anwendung auf den Kosovo-Konflikt *Mayer*, War der Krieg der Nato gegen Jugoslawien moralisch gerechtfertigt?, ZIB 6 (1999) 287 ff; *Gruber*, Die Lehre vom gerechten Krieg, 2008; *May*, Just War Theory and the Crime of Aggression, in Kreß/Barriga (Hrsg), The Crime of Aggression, Bd 1, 2017, 273 ff. Die Diskussion um gerechte Kriege in der westlichen Welt hat auch zu einer anders ausgerichteten Diskussion um gerechte Kriege aus islamischer Sicht geführt: vgl *Kelsay*, Arguing the Just War in Islam, 2007, 198 ff; vgl auch *Ziolkowski*, aaO, 107 ff.
6 *Bilfinger*, Vollendete Tatsache und Völkerrecht, ZaöRV 15 (1953/54) 453 (463 ff); *Fassbender*, Die Gegenwartskrise des völkerrechtlichen Gewaltverbots vor dem Hintergrund der geschichtlichen Entwicklung, EuGRZ 31 (2004) 241 ff; *Kolb* (Fn 2) 19 ff.

tete rechtliche Beschränkung der Freiheit der Staaten, den Krieg als Mittel der Politik[7] einzusetzen, traten zwei andere Regelungsansätze: das Recht der Kriegführung *(ius in bello)*[8] und das Recht der friedlichen Streitbeilegung.[9] Beide Bereiche entwickelten sich während des 19. Jh erheblich weiter. Dagegen war die Lehre von der Indifferenz des Völkerrechts hinsichtlich des Rechts zum Kriege bis zum Ersten Weltkrieg zweifelsohne positives Recht.

Die *Haager Friedenskonferenzen* v 1899 und 1907[10] stellen den Abschluss dieser Ent- **4** wicklung dar. Die auf ihnen erzielten Fortschritte betrafen einmal das *ius in bello,* zum anderen die Entwicklung von Verfahren der friedlichen Streitbeilegung. In einem ganz kleinen Bereich nur wurde ein Fortschritt in Richtung auf ein völkerrechtliches Gewaltverbot erzielt, nämlich mit dem Verbot, Vertragsschulden mit militärischer Gewalt einzutreiben (Drago-Porter-Konvention).[11] Erst die Skandalisierung, die Erschütterung über die durch den Ersten Weltkrieg verursachten menschlichen Leiden führte zu einer moralischen und gesellschaftlichen Umbewertung des Phänomens des Kriegs, die auch den Anstoß zu neuen Rechtsentwicklungen gab.

Eine solche neue Entwicklung ist der Versuch, Krieg durch das Schaffen ständiger In- **5** stitutionen zu verhindern. Dies ist der Gedanke des *Systems der kollektiven Sicherheit,*[12] wie es im Völkerbund[13] geschaffen wurde. Der Krieg zwischen irgendwelchen Mitgliedern der Organisation wird als eine Angelegenheit aller Mitglieder angesehen. Friedenssicherung ist die Aufgabe der Organisation (Art 11 der Völkerbundsatzung [VBS]). Allerdings sieht die VBS noch kein allgemeines Kriegsverbot vor. Rechtlich gesehen wird die bisherige Indifferenz des Völkerrechts hinsichtlich des Rechts zum Kriege nur *verfahrensmäßig* eingeschränkt. Es ist verboten, „zum Krieg zu schreiten", während noch Verfahren der friedlichen Streitbeilegung laufen. Ebenso ist es verboten, gegen einen Staat zum Krieg zu schreiten, der sich dem Ergebnis eines Verfahrens der friedlichen Streitbeilegung unterwirft (Art 13 VBS).

---

7 *Clausewitz*, Vom Kriege, 1823, Neudruck 4. Aufl 2003, 44.
8 Dazu u Rn 56 ff; vgl *Neff*, War and the Law of Nations, 2005, 186 ff.
9 Vgl *Schröder*, 7. Abschn Rn 60 ff.
10 *Baker*, Hague Peace Conferences (1899 and 1907), MPEPIL IV, 689 ff.
11 *Benedek*, Drago-Porter Convention (1907), MPEPIL III, 234 ff.
12 *De Wet/Wood*, Collective Security, MPEPIL II, 316 ff. Die Definition des Begriffs „System gegenseitiger kollektiver Sicherheit" in Art 24 GG, die das BVerfG in BVerfGE 90, 347 ff gibt, geht über die im Völkerrecht gebräuchliche Begrifflichkeit hinaus, indem sie (unter bestimmten Bedingungen?) auch Verteidigungsbündnisse wie die NATO umfasst; idS etwa *Aust*, in v. Münch/Kunig (Hrsg), Grundgesetz-Kommentar, 7. Aufl 2021, Art 24 Rn 73 ff; *Sauer*, in Kahl/Waldhoff/Walter (Hrsg), Bonner Kommentar, Loseblattslg, 198. EL 2019, Art 24 Rn 259 ff; *Calliess*, in Dürig/Herzog/Scholz (Hrsg), Grundgesetz-Kommentar, Loseblattslg, 97. EL 2022, Art 24 Abs 2 Rn 6 ff; krit und ausführlich dazu *Deiseroth*, in Umbach/Clemens (Hrsg), Grundgesetz, 2002, Art 24 Rn 176 ff; krit auch *Claassen*, in v. Mangoldt/Klein/Starck (Hrsg), Das Bonner Grundgesetz, 7. Aufl 2018, Art 24 Rn 80; *Frank*, in Denninger (Hrsg), Alternativ-Kommentar zum GG, 3. Aufl 2001, Art 24 Abs 2 Rn 5.
13 *Tams*, League of Nations, MPEPIL VI, 760 ff; *Neff* (Fn 8) 290 ff.

6   Eine Fortentwicklung des völkerrechtlichen Gewaltverbots brachte der *Briand-Kellogg-Pakt* v 1928,[14] dem alsbald die meisten Staaten der Welt beitraten. Darin verurteilen die Vertragsparteien den Krieg als Mittel der Lösung internationaler Konflikte und verzichten auf ihn als ein Mittel der Politik. Damit war rechtlich gesehen ein weltweit geltendes *Kriegsverbot* erreicht.[15] Der Vertrag hatte jedoch zwei entscheidende *Schwächen*. Zum einen war diese Fortentwicklung des materiellen Gewaltverbots nicht begleitet von einer Entwicklung des Rechts bzgl der Folgen der Rechtsverletzung, mit anderen Worten des Rechts der Sanktionen. Zum anderen bezog sich das Verbot lediglich auf den „Krieg", was dazu führte, dass militärische Aktionen, die eigentlich eine Verletzung des Pakts darstellten, einfach nicht mehr als Kriege deklariert wurden. So geschah es vor allem bei den japanischen Übergriffen gegen China in den 1930er Jahren.[16] Dass im Übrigen der Krieg zur Selbstverteidigung zulässig blieb, war nicht bezweifelt.[17] Die Angriffshandlungen zu Beginn des Zweiten Weltkriegs stellten eine klare Verletzung des Briand-Kellogg-Pakts dar.

7   Nachdem das durch Völkerbund und Briand-Kellogg-Pakt errichtete System der kollektiven Sicherheit versagt hatte, wurde mit der Gründung der UNO nach dem Zweiten Weltkrieg ein neuer Anfang versucht, der die Fehler des alten Systems vermeiden sollte. Die UN-Charta ist von dem Bestreben geprägt, Kriege zu verhindern, „künftige Geschlechter vor der Geißel des Krieges" zu bewahren. Zu diesem Zweck errichtet sie ein System der kollektiven Sicherheit, dessen materieller Bestandteil ein *allgemeines Gewaltverbot* ist.[18] Viele völkerrechtliche Verträge und internationale Erklärungen nach dem Zweiten Weltkrieg bestätigen dieses allgemeine Gewaltverbot und bekräftigen es in Bezug auf bestimmte internationale Beziehungen. Dies gilt für die BR Deutschland etwa für die sog Ost-Verträge zu Beginn der 1970er Jahre, für die KSZE-Schlussakte v 1975,[19] für ihre Folgedokumente, insbes die Charta von Paris v 1990,[20] sowie für den sog Zwei-plus-vier-Vertrag.[21]

8   Das allgemeine Gewaltverbot[22] gilt nicht nur aufgrund der dargestellten Entwicklungen des völkerrechtlichen Vertragsrechts, es ist auch *Bestandteil des völkerrecht-*

---

14 *Lesaffer*, Kellogg-Briand Pact (1928), MPEPIL VI, 579 ff; *Fassbender* (Fn 6) 245 f.

15 *Dörr*, Use of Force, Prohibition of, MPEPIL X, 607 ff.

16 *Dörr* (Fn 15) Rn 7; *Koskenniemi*, History of International Law, World War I to World War II, MPEPIL IV 925 (Rn 23).

17 *Lesaffer* (Fn 14) Rn 11.

18 *Dörr* (Fn 15) Rn 8; *Fassbender* (Fn 6) 246 ff; *Blix*, Legal Restraints on the Use of Armed Force, FS Bring, 2008, 21 (24 ff).

19 Abgedr in Fastenrath (Hrsg), KSZE-Dokumente der Konferenz über die Sicherheit und Zusammenarbeit in Europa, Losebl, A. 1.

20 Abgedr in Fastenrath (Fn 19) A. 2.

21 Vertrag über die abschließende Regelung in Bezug auf Deutschland (BGBl 1990 II, 1318).

22 Dazu *Dörr* (Fn 15); *Randelzhofer/Dörr*, in Simma/Khan/Paulus/Tams (Hrsg), The Charter of the United Nations, 3. Aufl 2012, Article 2(4) mwN.

Bothe

lichen Gewohnheitsrechts.[23] Dies wurde bereits für den Briand-Kellogg-Pakt angenommen und wurde für das Gewaltverbot der UN-Charta insbes bestätigt durch die Entscheidung des IGH im *Nicaragua*-Fall.[24] Dies ist keineswegs selbstverständlich, sondern eher überraschend, betrachtet man die Regeln über die Entstehung völkerrechtlichen Gewohnheitsrechts. Diese setzen für die Entstehung einer Norm neben der Rechtsüberzeugung eine der Regel entsprechende allgemeine Praxis der Staaten voraus. Eine ständige und allgemeine Praxis des Unterlassens militärischer Gewalt gibt es jedoch nicht. Militärische Gewalt wurde während der vergangenen Jahrzehnte immer wieder in den internationalen Beziehungen angewandt. Deshalb ist das Gewaltverbot in akademischen Debatten auch immer wieder für tot erklärt worden.[25] Die Entwicklung des gewohnheitsrechtlichen Gewaltverbots ist einer der ganz seltenen Fälle, in denen sich Völkerrecht im Wesentlichen durch die Änderung der Rechtsüberzeugung fortentwickelt hat. Es ist, betrachtet man die Praxis der Staaten, einfach nicht zu bestreiten, dass eine allgemeine Rechtsüberzeugung iSd Geltung des völkerrechtlichen Gewaltverbots besteht. Kein Staat, der in den letzten Jahrzehnten Gewalt angewandt hat, hat die Geltung dieses Verbots in Zweifel gezogen. Es wurde vielmehr regelmäßig versucht, die Anwendung der Gewalt durch rechtliche oder tatsächliche Argumente zu rechtfertigen, die die tatsächlich angewandte Gewalt als einen Fall zulässiger Ausnahmen von der nicht angezweifelten allgemeinen Verbotsregel darstellten.[26] Der Streit um die Zulässigkeit von Gewalt in den internationalen Beziehungen war in den letzten Jahrzehnten und ist noch

---

23 *Kadelbach,* Zwingendes Völkerrecht, 1992, 228 f; *Dörr* (Fn 15) Rn 9 f. Zum Gewohnheitsrecht als Rechtsquelle vgl <u>*Kämmerer*</u>, 1. Abschn Rn 129 ff.

24 *Nicaragua*-Fall, ICJ Rep 1986, 14, 98 ff.

25 *Franck,* Who Killed Article 2 (4)?, AJIL 64 (1970) 809 ff; *ders,* The United Nations After Iraq, AJIL 97 (2003) 607 (620); *Combacau,* The Exception of Self-Defense in U.N. Practice, in Cassese (Hrsg), The Current Legal Regulation of the Use of Force, 1986, 9 ff; *Glennon,* How War Left the Law Behind, NY Times v 21.11.2002, A33; *ders,* How International Rules Die, Geo LJ 93 (2005) 939 ff; dagegen schon *Henkin,* The Reports of the Death of Article 2(4) are Greatly Exaggerated, AJIL 65 (1971) 544 ff; *Wippman,* The Nine Lives of Article 2(4), Minnesota JIL 16 (2007) 387 ff; vgl auch *Delbrück,* Effektivität des Gewaltverbots, Friedens-Warte 74 (1999) 139 ff. *Franck* selbst hat das später anders gesehen, indem er die Anpassung der Rechtsordnung der UN-Charta an veränderte Verhältnisse betont, vgl *ders,* Recourse to Force, 2002, 4 ("meet the threat of obsolescence by adaption") und 175. Die Ergebnisse dieses Sinneswandels sind mitunter problematisch.

26 Hauptrechtfertigungsstrategien sind Selbstverteidigung, meist mit der rechtlichen und tatsächlichen Konstruktion eines vorherigen Angriffs der anderen Seite, u Rn 19, „Einladung" einer Regierung, u Rn 23, Schutz eigener Staatsangehöriger, u Rn 21, die sog humanitäre Intervention, u Rn 22, sowie die Ermächtigung durch den Sicherheitsrat, u Rn 24. Russland hat zur Rechtfertigung des Angriffs auf die Ukraine 2022 eine Reihe von faktisch bzw rechtlich haltlosen Rechtsgründen angeführt, *Kreß,* Der Ukrainekrieg und das völkerrechtliche Gewaltverbot, Juristische Studiengesellschaft Jahresband 2021/2022, 67 (73 ff); *Schaller,* Der Angriff auf die Ukraine im Lichte des Völkerrechts, NJW 2022, 832; *Eichensehr,* Contemporary Practice of the United States Relating to International Law, AJIL 116 (2022) 595 (609 ff); zu Hintergründen auch *Hartwig,* Sleepwalking on the Road to War, ZaöRV 82 (2022) 277 ff. Zweifel an der Fortgeltung des Gewaltverbots blieben akademische Einzelmeinungen.

heute stets ein *Streit um die Tragweite des völkerrechtlichen Gewaltverbots* und um mögliche *Gründe der Rechtfertigung von Gewalt.* In der Praxis behaupten Staaten, die militärische Gewalt anwenden, nicht etwa, dass das Gewaltverbot nicht gelte, sie berufen sich vielmehr auf Ausnahmen vom Gewaltverbot.[27] In diesen Diskursen zeigt sich die Geltung des Gewaltverbots.[28] Daran hat sich auch durch die in den letzten Jahren gesteigerte Bereitschaft einiger Staaten, Gewalt zu legitimieren, nichts geändert. Einzelne Stimmen in der Literatur, die die Geltung des Gewaltverbots leugnen,[29] tragen dieser Realität nicht hinreichend Rechnung.

b) Verbotene Gewalt

9 Durch Art 2 Nr 4 UN-Charta wird jegliche Art von Gewalt in den internationalen Beziehungen verboten,[30] nicht nur der „Krieg im Rechtssinn". Dies ist deswegen ein wesentlicher Fortschritt, weil sich um den Kriegsbegriff erhebliche definitorische Unsicherheiten ranken.[31] Vielfach wird das Vorliegen bewaffneter Kämpfe zwischen Staaten nicht als ausreichend angesehen. Zum Krieg gehöre auch ein subjektives Element, der sog Kriegsführungswille. Ferner fragt sich, ob denn bewaffnete Kämpfe eines gewissen Ausmaßes erforderlich sind, damit der Kriegsbegriff erfüllt ist (objektives Kriterium). Das subjektive Kriterium ist durch die *Entwicklung vom Kriegsverbot zum allgemeinen Gewaltverbot* für das Problem der verbotenen Gewalt rechtlich irrelevant geworden, ein Schwellenproblem ist geblieben.

10 Mit dieser Entwicklung des Rechtsbegriffs sind aber noch nicht alle Schwierigkeiten der Bestimmung des Inhalts des Gewaltverbots beseitigt. Vielmehr stellt diese Bestimmung Völkerrechtswissenschaft und -praxis immer wieder vor erhebliche Probleme.[32] Die UN-Generalversammlung hat sich in zwei Erklärungen um eine *nähere Bestimmung*

---

27 *Wippman* (Fn 25); zum Ukraine-Konflikt *Schaller* (Fn 26) 826.

28 Das hat der IGH im *Nicaragua-Urteil* klassisch formuliert (§ 186).

29 Vgl die Nachw in Fn 25.

30 *Dörr* (Fn 15) Rn 11 ff. Vgl zum Gewaltverbot: *Dinstein*, War, insbes 81 f; *Berstermann*, Das Einmischungsverbot im Völkerrecht, 1991; *Bruha*, Gewaltverbot und humanitäres Völkerrecht nach dem 11. September 2001, AVR 40 (2002) 383 ff; *Delbrück* (Fn 25) 139 ff; *Erickson*, Legitimate Use of Military Force Against State-Sponsored International Terrorism, 1989; *Franck* (Fn 25); *Kreß*, Gewaltverbot und Selbstverteidigungsrecht nach der Satzung der Vereinten Nationen bei staatlicher Verwicklung in Gewaltakte Privater, 1995.

31 Vgl schon o Text zu Fn 15. Es ist bezeichnend, dass die 2012 erschienene MPEPIL kein Stichwort wie „Krieg" oder „Kriegsbegriff" enthält; vgl *Epping*, Der Kriegsbegriff des Grundgesetzes, Der Staat 31 (1992) 39 ff; *ders*, Die Entwicklung und Bedeutung des Kriegsbegriffes für das Völkerrecht, HV-I 1991, 99 ff; *Bothe*, Krieg im Völkerrecht, in Beyrau/Hochgeschwender/Langewiesche (Hrsg), Formen des Krieges, 2007, 469 ff. Freilich bleibt der Krieg als Begriff oder die Weigerung, eine Situation als Krieg zu bezeichnen, im Allgemeinen und im politischen Sprachgebrauch wichtig, wie etwa die Debatten um die Situation in Syrien oder die offizielle russ Bezeichnung der Invasion in die Ukraine 2022 als „militärische Spezialoperation" belegen.

32 *Schindler*, in ders/Hailbronner, Grenzen, 13 ff; ILA 2018, 4.

des Inhalts des Gewaltverbots bemüht, nämlich in der Erklärung über die Grundsätze des Völkerrechts betreffend freundschaftliche Beziehungen und Zusammenarbeit zwischen den Staaten (Res 2625 [XXV] v 24.10.1970)[33] und in der Erklärung über die Definition der Aggression (Res 3314 [XXIX] v 14.12.1974).[34] Einmal abgesehen von der Frage der Rechtswirkung dieser Resolutionen[35] ist in ihnen auch mancher Streitpunkt offen geblieben und durch Formelkompromisse überdeckt.[36] Immerhin war die Aggressionserklärung die Grundlage für die neue Definition im Statut des IStGH.[37] Die Bemühungen um die Bestimmung des Inhalts des Gewaltverbots haben zunächst anzusetzen am Begriff der militärischen Gewalt. Diese kann offen und verdeckt erfolgen. Nicht nur der militärische Einmarsch, sondern auch die von einem Nachbarstaat betriebene Subversion, der verdeckte Kampf stellen eine Verletzung des Gewaltverbots dar.[38] Fraglich ist jedoch, ob eine *gewisse Gewaltintensität* erforderlich ist, ob es also eine Schwelle gibt, die überschritten werden muss, damit man von relevanter militärischer Gewalt sprechen kann. Ist also schon eine einfache Grenzverletzung eine Verletzung des völkerrechtlichen Gewaltverbots? Es gibt wohl einen Bereich minimaler Grenzverletzungen, der noch nicht unter das Gewaltverbot fällt. Die Schwelle ist aber niedrig anzusetzen. Nicht jede Verletzung des Gewaltverbots ist auch ein bewaffneter Angriff iSv Art 51 UN-Charta.[39] Der unstreitige Inhalt des Gewaltverbots ist auf *militärische* Gewalt beschränkt. Einwirkungen auf einen anderen Staat, mögen sie auch sehr empfindlich sein, die nicht als militärische Aktionen zu kennzeichnen sind, fallen nicht darunter. Versuche, die Zufügung anderer Übel als Verletzungen des Gewaltverbots zu qualifizieren, etwa massiven wirtschaftlichen Druck durch Unterbrechung lebenswichtiger Lieferun-

---

33 Deklaration abgedr in Sartorius II, Nr 4 bzw Tomuschat/Walter (Hrsg), Völkerrecht, Nr 6; s hierzu *Arangio-Ruiz*, The UN Declaration on Friendly Relations and the System of Sources of International Law, 1979; *Rosenstock*, The Declaration of Principles of International Law Concerning Friendly Relations, AJIL 65 (1971) 713 ff; *Neuhold*, Die Prinzipien des „KSZE-Dekalogs" und der „Friendly Relations Declaration" der UN-Generalversammlung, in Simma/Blenk-Knocke (Hrsg), Zwischen Intervention und Zusammenarbeit, 1979, 441 ff; *Scheuner*, Zur Auslegung der Charta durch die Generalversammlung, VN 1978, 111 ff; *Graf zu Dohna*, Die Grundprinzipien des Völkerrechts über die freundschaftlichen Beziehungen und die Zusammenarbeit der Staaten, 1973.
34 Definition abgedr in VN 1975, 120 bzw Tomuschat/Walter (Hrsg), Völkerrecht, Nr 7; s hierzu *Arntz*, Der Begriff der Friedensbedrohung in Satzung und Praxis der Vereinten Nationen, 1975; *Broms*, The Definition of Aggression, RdC 154 (1977) 299 ff; *Ferencz*, Defining International Aggression, 2 Bde, 1975; *Bruha*, Die Definition der Aggression, 1980; *Stone*, Hopes and Loopholes in the 1974 Definition of Aggression, AJIL 71 (1977) 224 ff; *Dinstein*, Aggression, MPEPIL I, 201 ff. Eine Definition findet sich nunmehr im Statut des IStGH, s u Rn 28.
35 Vgl dazu auch *Kämmerer*, 1. Abschn Rn 132.
36 *Bothe*, Die Erklärung der Generalversammlung der Vereinten Nationen über die Definition der Aggression, JIR 18 (1975) 127 ff.
37 S u Rn 28.
38 *Schindler*, in ders/Hailbronner, Grenzen, 32 ff.
39 *Dinstein*, War, 206; *Corten*, Droit, 85 ff; Zum Schwellenproblem beim Vorliegen eines bewaffneten Angriffs vgl u Rn 19.

gen oder massive grenzüberschreitende Umweltverschmutzungen, haben sich nicht durchgesetzt.[40] Auf der anderen Seite ist das Gewaltverbot nicht auf die Schadensstiftung durch Einsatz klassischer Waffengewalt, dh die Verwendung von Mitteln, die Schaden durch Freisetzung von kinetischer, Wärme- oder Strahlenenergie verursachen, beschränkt. Es kommt vielmehr darauf an, dass diese Schadensverursachung in ihrer „Tragweite und Wirkung" *(scale and effect)* einem Einsatz militärischer Gewalt gleichzuachten ist.[41] Diese Abgrenzung ist wesentlich für Schadensstiftung im „Cyber Warfare". Dabei geht es darum, dass durch Computer-Operationen andere Computer-Systeme schädlich beeinflusst werden, wodurch weiterer Schaden entsteht, etwa dadurch, dass kritische Infrastruktur nicht mehr funktionsfähig ist. In ihren Wirkungen kann solche Schadensstiftung nach Umfang und Wirkung dem Einsatz von Waffengewalt vergleichbar sein und daher unter das Gewaltverbot fallen.[42]

11   Ein weiteres wesentliches Element der Bestimmung des Inhalts des Gewaltverbots besteht darin, dass es sich um Gewalt in den *internationalen* Beziehungen,[43] dh zwischen Staaten, handeln muss. Verbotene Gewalt ist nur die *von einem Staat* zu verantwortende Gewalt, die *gegen einen anderen Staat* gerichtet ist. *Private,* dh nicht einem Staat zurechenbare Gewalt ist vom Gewaltverbot nicht erfasst. Zwar gibt es durchaus völkerrechtliche Regeln über bestimmte international relevante Formen privater Gewalt (Piraterie, Luftpiraterie, Straftaten gegen völkerrechtlich geschützte Personen, bestimmte Formen des Terrorismus);[44] hier geht es um Regeln über die Ahndung und Be-

---

40 *Schindler,* in ders/Hailbronner, Grenzen, 20; *Derpa,* Das Gewaltverbot der Satzung der Vereinten Nationen und die Anwendung nicht militärischer Gewalt, 1970; *Dicke,* Die Intervention mit wirtschaftlichen Mitteln im Völkerrecht, 1978.

41 Vgl IGH im *Nicaragua*-Fall, § 195.

42 Grundlegend nunmehr Tallinn Manual 2.0, Rule 69, 330ff. Das Manual stellt den neuesten Stand der völkerrechtlichen Überlegungen zum sog Cyber Warfare dar. Wieweit die dort formulierten Regeln von den Staaten schon akzeptiert sind, wird bezweifelt; s *Efrony/Shany,* A Rulebook on the Shelf? Talinn Manual 2.0 on Cyberoperations and Subsequent State Practice, AJIL 112 (2018) 583ff; *Jensen,* The Talinn Manual 2.0: Highlights and Insights, Georgetown JIL 48 (2017) 735ff; zum Problembereich vgl *Schmitt,* Computer Network Attack and the Use of Force in International Law, Colum J Transnat'l L 37 (1999) 885ff; *Busuttil,* A Taste of Armageddon, in Goodwin-Gill/Talmon (Hrsg), The Reality of International Law, 1999, 37ff; *Stelter,* Gewaltanwendung unter und neben der UN-Charta, 2007, 26ff, 60ff; *Plate,* Völkerrechtliche Fragen bei Gefahrenabwehrmaßnahmen gegen Cyber-Angriffe, ZRP 44 (2011) 200ff; *Buchan,* Cyber Attacks, JCSL 17 (2012) 211ff; *Tsagourias,* Cyber Attacks, Self-defence and the Problem of Attribution, JCSL 17 (2012) 229ff; *Roscini,* Cyber Operations and the Use of Force in International Law, 2014; *Coco/de Souza Dias,* "Cyber Due Diligence": A Patchwork of Protective Obligations under International Law, EJIL 32 (2021) 771ff. Zur parallelen Problematik des ius in bello s u Rn 68.

43 *Dörr* (Fn 15) Rn 21ff.

44 Art 14–21 Übereinkommen v 29.4.1958 über die Hohe See; Art 100–107 SRÜ; Übereinkommen v 14.12.1973 über die Verhütung, Verfolgung und Bestrafung von Straftaten gegen völkerrechtlich geschützte Personen einschließlich Diplomaten (Diplomatenschutzkonvention); Übereinkommen v 23.9.1971 zur Bekämpfung widerrechtlicher Handlungen gegen die Sicherheit der Zivilluftfahrt mit Prot v 24.2.1988 zur Bekämpfung widerrechtlicher, gewalttätiger Handlungen gegen Flughäfen, die der internationalen Zivilluftfahrt dienen.

kämpfung international unerwünschter Gewalttaten. Mit dem eigentlichen völkerrechtlichen Gewaltverbot haben diese Regeln aber grundsätzlich nichts zu tun. Unter dem Gesichtspunkt des Gewaltverbots wird private Gewalt erst dann relevant, wenn ein Staat
aus irgendeinem Grund diese Gewalt zu verantworten hat. Daran ist trotz der Debatte
um einen „Krieg gegen den Terrorismus" festzuhalten. Es ist denkbar, dass ein Staat
oder ein vergleichbares Völkerrechtssubjekt, der bzw das Gewalthandlungen von Privatpersonen oder auch von Organen eines anderen Staats unterstützt, dadurch soweit
in private oder fremde Gewalt involviert ist, dass diese einer eigenen staatlichen Gewalt
gleichzusetzen ist. Dies ist zB dann der Fall, wenn der Staat den gewaltausübenden Personen erhebliche Ressourcen zur Verfügung stellt, etwa in Form von sicheren Operati-
onsbasen oder erheblichen Waffenlieferungen.[45] Die *Duldung oder Förderung terroristischer Aktivitäten* ist aber nicht ohne weiteres der eigenen Gewaltausübung des Staats
gleichzuachten. Deshalb war die von den USA zur Rechtfertigung der Bombardierung
von Tripolis 1986 aufgestellte Behauptung, Libyen habe terroristische Aktivitäten gegen
die USA unterstützt,[46] nicht ohne weiteres geeignet, das Verhalten Libyens als Verletzung des Gewaltverbots zu charakterisieren, das dann, und darauf kam es an, Gegengewalt als Selbstverteidigung gerechtfertigt hätte. In Bezug auf Libyen, den Irak und die
Taliban in Afghanistan[47] hat der Sicherheitsrat eine Unterstützung des Terrorismus als
Bedrohung des Friedens iSv Art 39 UN-Charta[48] aufgefasst.[49] Seit den Angriffen des
11. September 2001 stellt der Sicherheitsrat allgemeiner fest, dass Akte des *Terrorismus*
eine *Friedensbedrohung* darstellen.[50] Das bedeutet aber nicht, dass diese Akte als solche
bereits eine Verletzung des Gewaltverbots oder gar einen „bewaffneten Angriff" darstellen. Nichtstaatliche Gewalt wird erst dadurch zu einer Verletzung des Gewaltverbots,
dass sie einem Staat oder jedenfalls einem staatsähnlichen Gebilde wie einem de-facto-
Regime zuzurechnen ist.[51] In seinem *Nicaragua*-Urteil hat der IGH gefordert, der betref-

---

45 Vgl Art 3 der Aggressionsdefinition.
46 *Bialos/Kenneth*, The Libyan Sanctions, VJIL 26 (1986) 799 ff; *Greenwood*, International Law and the United States' Air Operation against Libya, West Virginia LR 89 (1987) 933 ff; *McCradie*, The April 14, 1986 Bombing of Libya, CWRJIL 19 (1987) 215 ff; *Reisman*, International Legal Responses to Terrorism, Houston JIL 22
(1999) 3 (32).
47 Res 1333 v 19.12.2000 unter Bezugnahme auf Res 1214 v 8.12.1998 und Res 1267 v 15.10.1999.
48 Dazu u Rn 42.
49 Libyen: S/RES/748 v 31.3.1992, abgedr in VN 1992, 68; Irak: S/RES/687 v 3.4.1991, abgedr in VN 1991, 74 ff.
50 S/RES/1368 (2001) und 1373 (2001), nunmehr zusammenfassend S/RES/2249 (2015); *Klein*, Le droit international à l'épreuve du terrorisme, RdC 321 (2006) 209 (328 ff).
51 Grundlegend *Kreß*, Major Post-Westphalian Shifts and Some Important Neo-Westphalian Hesitations
in the State Practice on the Use of Force, JUFIL 1 (2014) 11 (41 f). Er argumentiert für eine vorsichtige Öffnung des Begriffs „bewaffneter Angriff" dahin, dass er auch Angriffe durch nicht-staatliche Akteure einschließen könnte; knappe und ausgewogene Analyse bei *Clapham*, War, 126 ff. Im *Mauer*-Gutachten
(§ 139) und *Congo/Uganda*-Fall (§§ 141 ff) hat der IGH betont, dass nur staatliche Gewalt ein Selbstverteidigungsrecht auslöse; Analyse bei *Kammerhofer*, The Armed Activities Case and Non-state Actors in Self-Defence Law, Leiden JIL 20 (2007) 89 ff. In Stellungnahmen wissenschaftlicher Institutionen (Res des Institut
de droit international [IDI] v 2007, AnnIDI 72 [2007] 233 ff; The Chatham House Principles of International

fende Staat müsse in erheblichem Maße in die nichtstaatliche Gewalt involviert sein.[52] Nach den Angriffen des 11. September 2001 wurde es offenbar so gesehen, dass die Taliban als effektive Regierung Afghanistans in solcher Weise in die Terrortätigkeit der Al Qaida verstrickt waren.[53] Auch beim Libanon-Konflikt 2006 und beim Georgien-Konflikt 2008 stellte sich die Frage, ob bewaffnete Handlungen des jeweiligen nicht-staatlichen Akteurs einem Staat, dh Handlungen der Hizbollah gegen Israel dem Libanon[54] oder

---

Law on the Use of Force in Self-defence, ICLQ 55 [2006] 963ff) und in der Literatur (vgl etwa *Weber*, Die israelischen Militäraktionen im Libanon und in den besetzten palästinensischen Gebieten, AVR 44 [2006] 460ff; *Talmon*, Grenzen der „grenzenlosen Gerechtigkeit", in März [Hrsg], An den Grenzen des Rechts, 2003, 101 [143]; *Rostow*, ASIL Proc 102 [2008] 218; *Schmitt*, „Change Direction" 2006: Israeli Operations in Lebanon and the International Law of Self-defense, Michigan JIL 29 [2007/08] 127 [145ff]; *Oellers-Frahm*, The International Court of Justice and Article 51 of the Charter, FS Delbrück, 2005, 503ff; *dies*, Der IGH und die „Lücke" zwischen Gewaltverbot und Selbstverteidigungsrecht, ZEuS 10 [2007] 71ff), die sich teilweise zu Unrecht auf Formulierungen des Sicherheitsrats berufen (*Weber*, aaO, 462, *Schmitt*, aaO, 147), wird das zT anders gesehen. Diese Literaturmeinung scheitert vor allem daran, dass ein nichtstaatlicher Angriff nicht Selbstverteidigung gegen einen Staat rechtfertigen kann (das sehen auch *Bruha/Tams*, Self-Defence against Terrorist Acts, FS Delbrück, 2005, 85 [99]). Wie hier *Delbrück*, The Fight against Global Terrorism, GYIL 44 (2001) 9 (15); *Hofmeister*, „To harbour or not to harbour"?, ZÖR 62 (2007) 475 (487f); *Mouellé Kombi*, La guerre préventive et le droit international, 2006, 100ff; *Sandoz*, Lutte contre le terrorisme et droit international: risques et opportunités, SZIER 12 (2002) 319 (336); iE auch *Schmitz-Elvenich*, Targeted Killing, 2008, 50ff; *Kranz*, Die völkerrechtliche Verantwortlichkeit für die Anwendung militärischer Gewalt, AVR 48 (2010) 281ff, insbes 289ff; differenzierend *Zimmermann*, The Second Lebanon War, MPYUNL 11 (2007) 99 (115ff); wie hier wohl auch *Gray*, Use of Force, 212ff; de lege lata wie hier *Wettberg*, The International Legality of Self-Defense against Non-State Actors, 2007, 208f, der aber einen Trend zur Anerkennung der Selbstverteidigung gegen nicht-staatliche Akteure sieht. S auch u Rn 19, insbes Fn 96.
52 Unter Berufung auf Art 3 lit g der Aggressionsdefinition. Vgl ICJ Rep 1986, 103f. Das ist immer wieder in einzelnen Fällen str, vgl die folgenden Fn; zu den Aktionen der Türkei auf irakischem Gebiet *Ruys*, Quo vadit jus ad bellum?, Melb JIL 9 (2008) 334ff; zu denen Kolumbiens auf ecuadorianischem Gebiet *Walsh*, Rethinking the Legality of Colombia's Attack on the FARC in Ecuador, Pace ILR 21 (2009) 137ff. In letzterem Fall hat die Interamerikanische Menschenrechtskommission eine Beschwerde Ecuadors gegen Kolumbien für zulässig erklärt (Rep No 112/10 v 21.10.2010). Der Fall wurde nach einem Abkommen beider Staaten von der Liste gestrichen (Rep 96/13 v 4.11.2013). Der Umfang staatlicher Kontrolle, der die Zurechnung der Akte nicht-staatlicher Akteure zu einem Staat begründet, ist insbes zwischen dem IGH und dem Jugoslawien-Tribunal str, vgl *Dinstein*, Aggression, MPEPIL I, Rn 29.
53 *Delbrück* (Fn 51) 15; *Frowein*, Der Terrorismus als Herausforderung für das Völkerrecht, ZaöRV 62 (2002) 879 (885ff); *Dinstein*, Humanitarian Law on the Conflict in Afghanistan, ASIL Proc 96 (2002) 23; *Gazzini*, Pre-emptive Self-Defence Against Non-State Actors, JCSL 13 (2008) 25 (26f); *Klein* (Fn 50) 399; *Stahn*, „Nicaragua is dead, long live Nicaragua", in Walter u a (Hrsg), Terrorism as a Challenge for National and International Law, 2004, 827 (864); eher zweifelnd *ders*, International Law at a Crossroads?, ZaöRV 62 (2002) 183 (216ff); krit auch *Kohen*, The Use of Force by the United States after the End of the Cold War, and its Impact on International Law, in Byers/Nolte (Hrsg), United States Hegemony and the Foundations of International Law, 2003, 197 (209); *Sandoz* (Fn 51) 338f; ablehnend *Williamson*, Terrorism, Law and International Law, 2009, 204ff.
54 Dazu *Weber* (Fn 51) 466ff; *Tomuschat*, Der Sommerkrieg des Jahres 2006 im Nahen Osten, Friedens-Warte 81 (2006) 179 (181ff); *Ronen*, Israel, Hizbollah and the Second Lebanon War, YIHL 9 (2006) 362ff; *Ronzitti*, The 2006 Conflict in Lebanon and International Law, ItYIL 16 (2006) 3 (7); dagegen *Zimmermann*

Handlungen Süd-Ossetiens der RF,[55] zuzurechnen waren.[56] Besondere Probleme bereitet die Zurechnung bei Phänomenen des Cyber Warfare. Dabei geht es einmal um die meist schwierige Tatsachenfrage, woher eigentlich ein Computerangriff kommt. Lässt sich ein Computer-Angriff auf eine Computer-Infrastruktur, die auf fremdem Staatsgebiet gelegen ist, zurückverfolgen, so heißt das nicht notwendig, dass der Angriff eben dem Staat zuzurechnen ist, auf dessen Gebiet die Quelle belegen ist.[57] Es gelten vielmehr die allgemeinen Zurechnungsregeln des völkerrechtlichen Haftungsrechts.[58] Zum anderen ist zu fragen, welche Sorgfaltspflicht *(due diligence)* ein Staat aufzuwenden hat, um zu verhindern, dass von oder über Computer-Infrastruktur, die sich auf seinem Territorium befindet, ein Schaden an Computer-Systemen in anderen Staaten verursacht wird. Die Verletzung einer solchen Pflicht ist ein völkerrechtliches Delikt, aber nicht notwendigerweise eine Verletzung des Gewaltverbots oder ein bewaffneter Angriff.[59]

Die *Gewalt* muss auch *gegen einen anderen Staat* gerichtet sein. Dies ist nicht zweifelhaft in all den Fällen, in denen fremdes Staatsgebiet verletzt wird, etwa durch einen Einmarsch.[60] Fraglich ist jedoch, ob auch Aktionen gegen Außenpositionen eines Staats als Gewalt gegen diesen Staat bezeichnet werden können. Dies ist bei Angriffen auf militärische Außenpositionen (Kriegsschiffe, militärische Luftfahrzeuge) gegeben,[61] bei Militärstützpunkten im Ausland mag es schon zweifelhaft sein. Diplomatische Vertretungen im Ausland sind nicht dem Territorium des Entsendestaats gleichzuachten. Gewalt gegen solche Außenvertretungen ist zwar eine Verletzung der Regeln über den Schutz diplomatischer Missionen, jedoch keine des Gewaltverbots. Bei Angriffen auf Schiffe oder auf Luftfahrzeuge über Hoher See ist str, wann von einer Verletzung des Gewaltverbots gesprochen werden kann. Dies ist sicher der Fall, wenn besondere Umstände hinzutreten, etwa wenn es sich um eine besonders gebildete Gruppierung von Fahrzeugen handelt, eine Fischereiflotte oder einen Konvoi von Handelschiffen. Die **12**

(Fn 51) 109 ff; *Mahmoudi*, The Second Lebanon War, FS Bring, 2008, 175 (180); *Seidel*, Der Libanon-Konflikt 2006 und das Völkerrecht, VRÜ 40 (2007) 352 (356 f); *Hoppe*, Who Was Calling Whose Shots?, ebd 21 (31), der dann folgerichtig ein Selbstverteidigungsrecht gegen Hisbollah als non-State actor anerkennt; ebenso *Dau*, Die völkerrechtliche Zulässigkeit von Selbstverteidigung gegen nicht-staatliche Akteure, 2018, 209.
55 Dazu *Luchterhandt*, Völkerrechtliche Aspekte des Georgien-Krieges, AVR 46 (2008) 435 (452 ff).
56 Diese Frage ist insbes für die Zulässigkeit von Maßnahmen der Selbstverteidigung bedeutsam, wenn der Angriff von einem nicht-staatlichen Akteur ausgeht, zB für Angriffe dritter Staaten gegen den IS auf syrischem Gebiet, dazu u Rn 19. Wo der Territorialstaat das von einem nicht-staatlichen Gebiet beherrschte Gebiet überhaupt nicht mehr kontrolliert, kann man dem Territorialstaat die Handlungen dieses nicht-staatlichen Akteurs jedenfalls nicht mehr zurechnen, *Urs*, Effective Territorial Control by Non-State Armed Groups and the Right of Self-Defence, ZaöRV 77 (2017) 31 ff.
57 Tallinn Manual 2.0 (Fn 42) Rules 14–18, 84 ff.
58 Dazu *Schröder*, 7. Abschn Rn 22 ff.
59 Talinn Manual 2.0 (Fn 42) Rule 7; vgl *Krieger*, Krieg gegen anonymus, AVR 50 (2012) 1 (9 f); *Keber/Rogusky*, Ius ad bellum electronicum? Cyberangriffe im Lichte der UN-Charta und aktueller Staatenpraxis, AVR 49 (2011) 399 (408 ff).
60 Vgl Art 3; differenzierend *Stahn* (Fn 53 [Nicaragua]) 852.
61 Vgl Art 3 lit d der Aggressionsdefinition.

überwiegende Staatenpraxis geht aber wohl dahin, dass schon ein Angriff auf ein einzelnes Handelsschiff eine Verletzung des Gewaltverbots darstellt.[62]

13 Das staatliche Territorium ist durch das Gewaltverbot auch dann noch geschützt, wenn dieser Staat keine funktionsfähige Regierung mehr hat. Eine „teleologische Reduktion"[63] des Gewaltverbots dahin, dass der sog *failed state*[64] seinen Schutz nicht genießt, lässt sich als Gewohnheitsrecht in der Staatenpraxis nicht nachweisen und ist auch rechtspolitisch fragwürdig, da eine solche Argumentation dem Missbrauch Tür und Tor öffnen würde.[65] Allerdings ist dann, wenn ein Staat zum Opfer bewaffneter Gewalt wird, die von einem *failed state* ausgeht, doch zu fragen, ob sich dieser Staat noch auf den Schutz des Gewaltverbots berufen kann, da er seinerseits Schutzpflichten gegenüber seinen Nachbarstaaten verletzt.

14 Eine schwierige Frage ist in diesem Zusammenhang auch, ob und wann man von einer Verletzung des Staatsgebiets eines fremden Staats sprechen kann, wenn der Verlauf der Grenze streitig ist. Wenn das Gewaltverbot seine befriedende Funktion erfüllen soll, dann darf es nicht möglich sein, dass es durch einen *Streit über Grenzverläufe* in Frage gestellt werden kann. Wenn einmal an einer Grenze eine befriedete Situation eingetreten ist, muss diese dem Schutz des Gewaltverbots unterliegen.[66] Deswegen konnte sich Argentinien in dem Streit mit Großbritannien um die Falkland-Inseln/Malwinen nicht darauf berufen, dass Großbritannien – so die argentinische Rechtsbehauptung – diese Inseln einmal rechtswidrig besetzt hatte.[67] Ähnliche Erwägungen spielen eine Rolle, wenn es um die rechtliche Bewertung von Abspaltungsprozessen innerhalb eines Staats geht. Wenn solche Abspaltungsprozesse so weit fortgeschritten sind, dass eine Regierung über einen Teil des Staatsgebiets keine effektive Gewalt mehr ausübt und insofern auch eine gewisse befriedete Situation eingetreten ist, dann ist ein sog *befriedetes de facto-Regime*[68] entstanden, das dem Schutz des völkerrechtlichen Gewaltverbots untersteht, andererseits an dasselbe gebunden ist.[69] Eine solche Erwägung begründet heu-

---

62 Insoweit ablehnend *Bothe*, Neutrality at Sea, in Dekker/Post (Hrsg), The Gulf War, 1991, 205 (209f); vgl aber die gegenteilige Auffassung von *Greenwood*, Comment, ebd 213f.

63 *Herdegen*, Der Wegfall effektiver Staatsgewalt, BerDGVR 34 (1996) 49 (61).

64 Zum „failed state" *Tetzlaff*, Der Wegfall effektiver Staatsgewalt in den Staaten Afrikas, Friedens-Warte 74 (1999) 307ff; *Thürer*, Der „zerfallene Staat" und das Völkerrecht, ebd 275ff; *H. Schröder*, Die völkerrechtliche Verantwortlichkeit im Zusammenhang mit failed und failing States, 2007. Zur Selbstverteidigung gegen die Angriffe nicht-staatlicher Akteure, die ihre Basis auf dem Gebiet eines anderen Staates haben, der sie nicht kontrollieren kann oder will, s u Rn 19.

65 Im gleichen Sinne *von Lersner*, Der Einsatz von Bundeswehrsoldaten in Albanien zur Rettung deutscher Staatsangehöriger, HV-I 19 (1999) 156 (161); *Thürer*, Der Wegfall effektiver Staatsgewalt: „The Failed State", BerDGVR 34 (1996) 9 (17); *Geiß*, Failed States, 2005. Differenzierter *Richter*, Collapsed States, 2011, 226ff; zu den damit verbundenen Fragen der Zurechnung und der sog „Unwilling and unable-Theorie" unten Fn 96.

66 *Schindler*, in ders/Hailbronner, Grenzen, 29ff.

67 *Waibel*, Falkland Islands/Islas Malvinas, MPEPIL III, 1113ff.

68 *Frowein*, Das de facto-Regime im Völkerrecht, 1968, 51ff; ders, De Facto Regime, MPEPIL II, 1052ff.

69 Zu Südossetien s o Fn 55.

Bothe

te zB die Geltung des Gewaltverbots zwischen der Volksrepublik China und Taiwan.[70] Etwas anders ist eine rechtliche Konstruktion zu beurteilen, die für die Geltung des Gewaltverbots in Bezug auf abhängige Kolonialgebiete eine Rolle gespielt hat. Hier ist es der Kampf um das *Selbstbestimmungsrecht,* der, so jedenfalls eine verbreitete These, dem Volk des abhängigen Gebiets eine rechtliche Position verleiht, die durch das Gewaltverbot zu schützen ist.[71] Deswegen bezeichnet die UN-Erklärung über freundschaftliche Beziehungen v 1970 die gewaltsame Unterdrückung des Selbstbestimmungsrechts von Kolonien als eine Verletzung des Gewaltverbots.[72]

Schwere Verletzungen von Menschenrechten sind jedoch *nicht* einer *Verletzung des* **15** *Gewaltverbots gleichzuachten.* Zwar ist der Sicherheitsrat in den letzten Jahren dazu übergegangen, solche Verletzungen als eine Friedensbedrohung iSd Art 39 UN-Charta zu beurteilen.[73] Daraus ist jedoch noch nicht zu schließen, dass eine Verletzung des Gewaltverbots vorliegt. Die Situation, die die Befugnis des Sicherheitsrats zur Verhängung von Zwangsmaßnahmen auslöst, geht über eine Reaktion auf die Verletzung des Gewaltverbots hinaus.

Verboten ist nicht nur die Ausübung von Gewalt, sondern auch deren *Androhung.*[74] **16** Wie im innerstaatlichen Bereich ist die Abgrenzung von Gewalt und Drohung mit Gewalt nicht immer einfach. Gewisse Drohungen können so unmittelbar als Zwang empfunden werden, dass sie der Gewalt gleichzuachten sind.

Schwierig zu beantworten ist auch die Frage, welche Arten von Drohung als recht- **17** widrige Drohung mit Gewalt anzusehen sind. Drohung mit rechtmäßiger Gewalt, zB mit gemäß Art 51 UN-Charta zulässiger Selbstverteidigung, kann nicht rechtswidrig sein. Insofern liegt auch in einem System der Abschreckung keine *rechtswidrige* Drohung, solange die angedrohten Maßnahmen zweifelsfrei als solche der Selbstverteidigung zu charakterisieren sind. Ob umgekehrt jede Drohung, deren Verwirklichung eine rechtswidrige Maßnahme darstellt, rechtswidrig ist, ist zweifelhaft. Rechtliche Logik gebietet es eigentlich, aber die Praxis der Staaten zeigt eine gewisse Toleranz in der rechtlichen Bewertung von Drohverhalten. Jedenfalls ist die *Drohung mit* einem *Angriffskrieg rechtswidrig.* Auf der anderen Seite ist das völkerrechtliche Gewaltverbot kein Rüstungsverbot. Da Selbst-

---

70 *Heuser,* Taiwan und Selbstbestimmungsrecht, ZaöRV 40 (1980) 31 (69); *Frowein* (Fn 68) 35ff; neuerdings scheint diese Rechtslage von der Regierung der VR China in Frage gestellt zu werden, s *Erling,* Wie ernst sind Pekings Drohungen an Taiwan?, <https://www.welt.de/politik/ausland/article 1864448444/Kon flikt-Wie-ernst-sind-Pekings-Drohungen-an-Taiwan.html>.
71 *Schindler,* in ders/Hailbronner, Grenzen, 24ff.
72 *Friendly Relations*-Erklärung (Fn 33): „[...] Jeder Staat hat die Pflicht, jede Gewaltmaßnahme zu unterlassen, die den in der Erläuterung des Grundsatzes der Gleichberechtigung und Selbstbestimmung erwähnten Völkern ihr Recht auf Selbstbestimmung und Freiheit und Unabhängigkeit entzieht."
73 Vgl u Rn 44.
74 *Sadurska,* Threats of Force, AJIL 82 (1988) 239ff; *Stürchler,* The Threat of Force in International Law, 2007 mit dem Versuch differenzierter Abgrenzungen (252ff); *Wood,* Use of Force, Prohibition of Threat, MPEPIL X, 621ff; *Corten,* Droit, 123ff.

verteidigung zulässig ist, muss auch die Vorbereitung einer Selbstverteidigung durch Rüstungsmaßnahmen zulässig sein.[75] Allerdings ist es nicht ausgeschlossen, dass in einem besonderen Kontext Rüstungsmaßnahmen doch eine rechtswidrige Drohung mit Gewalt darstellen.[76] Entwicklung und Erwerb von Massenvernichtungswaffen unter Verletzung von Verträgen der Rüstungskontrolle[77] können uU als rechtwidrige Drohung eingeordnet werden. Die Unterscheidung zwischen Rüstung zur Verteidigung und Rüstung zum Angriff ist allerdings kaum möglich. Vergleichbare Fragen stellen sich bei militärischen Demonstrationen, die ja auch Drohcharakter besitzen. Fraglich ist auch, ob eine rechtmäßige Drohung dann vorliegt, wenn zwar eine Situation der Selbstverteidigung gegeben wäre, jedoch die im Einzelnen angedrohten militärischen Maßnahmen gegen das geltende Kriegsrecht verstoßen würden. Dies ist das rechtliche Dilemma der nuklearen Abschreckung.[78] Die Drohung mit anderen empfindlichen Übeln als militärischen Maßnahmen, dh *wirtschaftlicher* oder sonstiger *politischer Druck*, ist *keine Androhung von Gewalt*. Das Gewaltverbot würde jegliche Konturen verlieren, wollte man es auf unterschiedliche Arten der Druckausübung ausdehnen.[79] Das bedeutet nicht, dass jede andere Art von Druck zulässig ist. Dies ist aber keine Frage des Gewaltverbots, sondern eine solche des völkerrechtlichen Interventionsverbots,[80] das vom Gewaltverbot zu unterscheiden ist.

c) Rechtfertigungsgründe für Gewalt

18 Militärische Gewaltausübung wird in der internationalen Praxis regelmäßig mit der Rechtsbehauptung legitimiert, es liege eine Ausnahme vom Gewaltverbot, ein Fall *gerechtfertigter Gewalt* vor. Darum gehören diese Rechtfertigungsgründe zu den umstrittensten Problemen des Völkerrechts. Drei Kategorien von Rechtfertigungsgründen werden vor allem diskutiert: erlaubte Gegengewalt (dh Selbstverteidigung), Zustimmung des betroffenen Staats und Entscheidung einer zuständigen I.O. Die rechtlichen Rechtfertigungsgründe für militärische Gewalt sind ein regelmäßig in Bezug genommenes Mittel

---

75 Vgl die Ausführungen des IGH im *Nicaragua*-Fall, ICJ Rep 1986, 14, 135.
76 *Däubler,* Stationierung und Grundgesetz, 1982, 59 ff.
77 Vgl u Rn 53 ff.
78 *Däubler* (Fn 76) 49 ff; *Rostow,* Is There a Legal Basis for Nuclear Deterrence Theory and Policy?, in Cohen/Gouin (Hrsg), Lawyers and the Nuclear Debate, 1988, 175 ff; *El-Banhawy,* ebd 181 ff; *Wang,* ebd 186 ff. Im *GV-Nuklearwaffen*-Gutachten des IGH v 8.7.1996 (ICJ Rep 1996, 226) waren die Richter gespalten in der rechtlichen Bewertung. Die von sieben Richtern getragene Mehrheitsmeinung beschränkt sich darauf, die von einer Reihe von Staaten verfolgte Politik der nuklearen Abschreckung zu referieren, ohne zur rechtlichen Bewertung klar Stellung zu nehmen (§§ 66 f, 73). Für eine Zulässigkeit dieser Abschreckung sprechen sich klar die Richter der überstimmten Minderheit aus *(Schwebel, Guillaume, Higgins),* während Richter der Mehrheit sich sowohl positiv *(Fleischhauer)* als auch negativ *(Shi,* wohl auch *Ferrari Bravo)* aussprechen.
79 *Randelzhofer/Dörr* (Fn 22) Rn 17 ff.
80 *Kunig,* Intervention, Prohibition of, MPEPIL VI, 289 (Rn 6).

geworden, solche Gewalt auch politisch zu rechtfertigen. Deshalb sind solche Rechtfertigungen in einem krit Licht zu sehen.[81]

Selbstverteidigung

Art 51 UN-Charta anerkennt ausdrücklich das „naturgegebene Recht zur Selbstverteidi- 19 gung".[82] Wehrt sich allein der angegriffene Staat, spricht man von *individueller* Selbstverteidigung. Es ist aber auch erlaubt, einem angegriffenen Staat zur Hilfe zu kommen (sog *kollektive* Selbstverteidigung). Erlaubt ist die *Gegengewalt*, die notwendig ist, um einen bewaffneten Angriff abzuwehren. Damit hängt das Vorliegen der Selbstverteidigung von der Charakterisierung der sie auslösenden Maßnahmen als *bewaffneter Angriff* ab. Ein wesentlicher Teil der Rechtfertigungsstrategien für militärische Gewalt setzt bei der Definition des bewaffneten Angriffs an, indem versucht wird, gewisse Rechtsverletzungen als einem bewaffneten Angriff gleichwertig anzusehen, was dann die Gegengewalt als Selbstverteidigung rechtfertigt.[83] Deshalb vertreten Staaten, deren Politik auch auf militärische Interessendurchsetzung gerichtet ist, in der rechtspolitischen Debatte häufig einen weiten Begriff des bewaffneten Angriffs. Zunächst das Schwellenproblem: Nach der wohl hM, die auch vom IGH geteilt wird,[84] ist ein bewaffneter Angriff nur gegeben, wenn *militärische Gewalt einer gewissen Intensität* vorliegt. Nicht jede Verletzung des Gewaltverbots erfüllt diese Voraussetzung. Eine Gewaltmaß-

---

81 *Corten,* The Controversy over the Customary Prohibition on the Use of Force, EJIL 16 (2005) 803 ff.

82 Um das Recht auf Selbstverteidigung hat in den letzten Jahren ein eingehender politischer Diskurs stattgefunden, insbes im Rahmen der Debatte um die sog neuen Bedrohungen, vgl UN Doc A/59/565 v 2.12.2004, 8 ff (Report of the High Level Panel on Threats, Challenges and Change); UN Doc A/59/2005 v 21.3.2005, In Larger Freedom. Wissenschaftliche Institutionen haben sich gleichfalls in den letzten Jahren grundlegend mit dem Problem der Selbstverteidigung befasst, vgl IDI-Res (Fn 51) ebd 77, Kommissionsbericht von *Roucounas;* Chatham House Principles (Fn 51); aus der umfangreichen Lit: *Alexandrov,* Self-Defense Against the Use of Force in International Law, 1996; *Beres,* After the Gulf War, Houston JIL 14 (1991) 259 ff; *Bowett,* Reprisals Involving Recourse of Armed Force, AJIL 66 (1972) 1 ff; *Corten,* Les résolutions de l'Institut de droit international sur la légitime défense et sur les actions humanitaires, RBDI 40 (2007) 598 ff; *Gardam,* Proportionality, Necessity and the Use of Force by States, 2004; *Genoni,* Die Notwehr im Völkerrecht, 1987; *Greig,* Self-Defence and the Security Council, ICLQ 40 (1991) 366 ff; *Kunz,* Individual and Collective Self-Defence in Article 51 of the Charter of the United Nations, AJIL 41 (1947) 872 ff; *Malanczuk,* Countermeasures and Self-Defence as Circumstances Precluding Wrongfulness in the ILC's Draft Articles on State Responsibility, ZaöRV 43 (1983) 705 ff; *McDougal,* The Soviet-Cuban Quarantine and Self-Defence, AJIL 57 (1963) 597 ff; *Schachter,* Self-Defence and the Rule of Law, AJIL 83 (1989) 259 ff; *Stahn* (Fn 53 [Nicaragua]) 827 ff; *Wedgwood,* The Use of Armed Force in International Affairs, Colum J Transnat'l L 29 (1991) 609 ff; ILA 2018, 9 ff.

83 Vgl dazu *Weller,* The Changing Environment for Forcible Responses to Nontraditional Threats, ASIL Proc 92 (1998) 177 ff.

84 *Nicaragua,* §§ 191 ff, 211, 249; *Oil Platforms,* §§ 51, 64, 72; zu letzteren Ausführungen des IGH vgl auch das Sondervotum *Simma,* §§ 12 ff. Vgl IDI-Res (Fn 51) Ziff 5; anders Chatham House Principles (Fn 51) 966; *Ruys,* The Meaning of "Force" and the Boundaries of the *jus ad bellum:* Are "Minimal" Uses of Force Excluded from UN Charter Article 2(4)?, AJIL 108 (2014) 159 ff; vgl auch o Fn 39.

nahme unterhalb dieser Schwelle löst ein Recht auf sofortige und verhältnismäßige Abwehrmaßnahmen aus, nicht jedoch ein umfassendes Selbstverteidigungsrecht, schon gar nicht ein Recht auf kollektive Selbstverteidigung. Durch diese Annahme einer gewissen Schwelle für den bewaffneten Angriff wird die Möglichkeit, militärische Gewalt als Selbstverteidigung zu rechtfertigen, eingeschränkt.[85] Ein weiterer Versuch der Ausdehnung des Selbstverteidigungsrechts ist eine neuere Lehre, die schwere und systematische Verletzungen von Menschenrechten als Äquivalent zu einem bewaffneten Angriff qualifiziert.[86] Diese Argumentation führt zu der bedenklichen Konsequenz, dass das Gewaltverbot, eine wesentliche Errungenschaft moderner internationaler Rechtskultur, nahezu jegliche Kontur verliert und dadurch in seiner Geltung erheblich beeinträchtigt wird. Wenn sich Vertreter dieser Auffassung darauf berufen, dass der Sicherheitsrat die Verletzung von Menschenrechten in jüngster Zeit als Friedensbedrohung qualifiziert hat, dann wird ein wesentlicher Unterschied übersehen. Die Ausweitung des Begriffs der Friedensbedrohung führt zu einer erwünschten Ausweitung der Eingriffsmöglichkeiten der organisierten Staatengemeinschaft, die Ausweitung des Begriffs des bewaffneten Angriffs hingegen zu einer Erweiterung unerwünschter einseitiger staatlicher Gewalt. Das Selbstverteidigungsrecht wird erst durch einen wirklich vorliegenden, nicht bereits durch einen nur drohenden Angriff ausgelöst. *Präventive Selbstverteidigung* ist *unzulässig*.[87] Diese Regel ist freilich immer wieder kritisiert worden, da sie dem Aggressor die Wahl des militärisch günstigsten Zeitpunkts überlässt und dem Opfer die vorbeugende Schutzmöglichkeit nimmt.[88] So nimmt die heute wohl überwiegende Meinung an, dass Selbstverteidigung jedenfalls gegen einen unmittelbar drohenden Angriff zulässig sei.[89] In der Debatte um die sog „neuen Bedrohungen" (Existenz von sog Schurken-

---

85 Deshalb krit zu dieser Konstruktion *Rostow* (Fn 51) 217; *Murphy*, Protean Jus ad Bellum, BJIL 27 (2009) 22 (29f); *Sofaer*, International Law and the Use of Force by States, ASIL Proc 1988, 420, 422. Die Frage spielt eine große Rolle in der Diskussion um sog Computer Network Attacks, vgl Tallinn Manual 2.0 (Fn 42) Rule 71 (Kommentar ebd 339 ff) sowie Rule 69 (Kommentar ebd 329).

86 *Delbrück* (Fn 25) 152 f; ihm folgend *Senghaas*, Der Grenzfall, Sicherheit und Frieden 17 (1999) 134 (136 f); auch *Ipsen*, Der Kosovo-Einsatz, Friedens-Warte 74 (1999) 19 (22 f); *Kreß*, Staat und Individuum in Krieg und Bürgerkrieg, NJW 1999, 3077 (3081 f); noch weitergehend *Doehring*, Völkerrecht, 2. Aufl 2004, Rn 1010 ff; gegen diese Konstruktion *Bothe/Martenczuk*, Die NATO und die Vereinten Nationen nach dem Kosovo-Konflikt, VN 47 (1999) 125 (130).

87 *Blix*, Legal Restraints on the Use of Armed Force, FS Bring, 2008, 21 (32); *O'Connell*, Defending the Law against Pre-emptive Force, FS Bothe, 2008, 237 ff; IDI-Res (Fn 51) Ziff 6; Chatham House Principles (Fn 51) 967; umfassende Bestandsaufnahme der Lit: *Schwehm*, Präventive Selbstverteidigung, AVR 46 (2008) 368 ff; instruktive Analyse der neueren Staatenpraxis bei *Reisman/Armstrong*, Claims to Pre-emptive Uses of Force, FS Dinstein, 2007, 79 ff; *Randelzhofer/Nolte*, in Simma u a (Fn 22) Art 51 Rn 49 ff.

88 *Schindler*, in ders/Hailbronner, Grenzen, 80 ff.

89 In diesem Zusammenhang wird die sog *Caroline-Formel* zitiert: „a necessity of self-defence, instant, overwhelming, leaving no choice of means, and no moment for deliberation", vgl *Randelzhofer/Nolte* (Fn 87); *Kunde*, Der Präventivkrieg, 2007, 156 ff, *Greenwood*, Caroline, The, MPEPIL I, 1141 ff; *Reisman* (Fn 46) 43 ff; *Alder*, The Inherent Right of Self-Defence in International Law, 2013; *Doyle*, Striking First: Preemption and Prevention in International Conflict, 2008; Chatham House Principles (Fn 51) 967; ILA 2018, 13; krit zur

Bothe

staaten, Verbreitung von Massenvernichtungswaffen, Terrorismus etc) gehen allerdings manche Stimmen noch weiter und postulieren die Zulässigkeit von sog *pre-emptive strikes*,[90] etwa gegen Staaten, die Massenvernichtungswaffen besitzen oder besitzen könnten. Eine solche Ausweitung des Selbstverteidigungsrechts ließe die Konturen des Gewaltverbots bis zur Unkenntlichkeit verschwimmen und würde seine Geltung letztlich untergraben.[91] Bestandteil des geltenden Rechts ist diese geforderte Ausweitung nicht geworden.[92] Das Selbstverteidigungsrecht setzt nicht nur einen schon bestehenden, son-

---

Caroline-Formel *Dinstein*, War, 225. Das IDI präzisiert, es müsse sich um einen "manifestly imminent attack" handeln, vgl IDI-Res (Fn 51) Ziff 6. Die Berufung auf die Formel kann allerdings nicht die genauere Untersuchung der neueren staatlichen Praxis ersetzen, für die die Formel allenfalls einen Orientierungsrahmen abgibt, vgl *Green*, Docking the Caroline, Cardozo JICL 14 (2006) 429 (446 ff); *Gill*, The Temporal Dimension of Self-Defense, FS Dinstein, 2007, 113 (125 ff). Zum Problem der „Unmittelbarkeit" auch *Fletcher/Ohlin*, Defending Humanity, 2008, 156 ff. Vielfach wird der sog Sechs Tage-Krieg als Fall einer nach der Caroline-Formel zulässigen Selbstverteidigung durch Israel angesehen; vgl *Gill*, aaO, 134 ff; *Kunde*, aaO, 151 ff; krit *Kurtulus*, The Notion of a „Pre-emptive War", Middle East J 61 (2007) 220 ff, krit zu dieser Rechtfertigung *Quigley*, The Six-Day War and Israeli Self-Defense: Questioning Legal Basis for Preventive War, 2013.

90 So insbes die National Security Strategy v 17.9.2002 (<http://www.whitehouse.gov/nsc/nss.pdf>). Die neue Strategy v 2010 gibt diese These nicht wirklich auf, vgl *Henderson*, The 2010 United States National Security Strategy and the Obama Doctrine of Necessary Force, JCSL 15 (2010) 403 ff; generell: *Falk*, Global Shock Waves, 2003; *Gareau*, State Terrorism and the United States, 2004; *O'Day* (Hrsg), War on Terrorism, 2004; *Charney*, The Use of Force Against Terrorism and International Law, AJIL 95 (2001) 835 ff; *Litwak*, The New Calculus of Pre-emption, Survival 44 (2002) 53; *Kreutzer*, Preemptive Self-Defense, 2005, 146 ff; *Murphy*, Terrorism and the Concept of „Armed Attack" in Article 51 of the U.N. Charter, Harvard ILJ 43 (2002) 41 ff; *Murswiek*, Die amerikanische Präventivkriegsstrategie und das Völkerrecht, NJW 56 (2003) 1014 ff; *Totten*, Using Force First, Stanford JIL 43 (2007) 95 ff; *Gray*, Use of Force, 248 ff. Zu möglichen Maßnahmen auf Hoher See *Fitzgerald*, Seizing Weapons of Mass Destruction from Foreign-Flagged Ships on the High Seas Under Article 51 of the Charter, VJIL 49 (2008/09) 473 ff. Krit zur Zulässigkeit eines präventiven Atomschlags gegen Iran wegen einer angenommenen Bedrohung durch sein Atomprogramm *Eichensehr*, Targeting Tehran, UCLA JILFA 39 (2006) 59 ff; *Vatanparast*, International Law Versus the Preemptive Use of Force, Hastings ICLR 31 (2008) 783 ff; *Sarvarian*, The Lawfulness of a Use of Force upon Nuclear Facilities in Self-Defence, UFIL 1 (2014) 247 ff; vgl auch *Krell/Müller*, Noch ein Krieg im Nahen Osten?, HSFK Report 2/2012. Die Zulässigkeit präventiver Gewaltanwendung wird auch damit begründet, dass die Staatenpraxis das Gewaltverbot weniger strikt behandele, dass es eine dynamische ("protean") Norm und deshalb wandelbar sei; vgl *Murphy*, aaO, 51 f; *Tams*, The Use of Force against Terrorists, EJIL 20 (2009) 359 ff. Diese Auffassung ist nicht nur rechtspolitisch bedenklich, sie vernachlässigt auch, dass die angeführte Staatenpraxis ja gerade rechtlich str ist; so zutr *Antonopoulos*, Force by Armed Groups as Armed Attack and the Broadening of Self-Defence, NILR 55 (2008) 159 ff und *Klein* (Fn 50) 401 ff.

91 IDI-Res (Fn 51) Ziff 6; Chatham House Principles (Fn 51) 968; *Bothe*, Terrorism and the Legality of Preemptive Force, ESIL Proc 14 (2003) 227 (237 ff); *Fassbender* (Fn 6) 249 f; *Gardner*, Neither Bush nor the „Jurisprudes", AJIL 97 (2003) 585 (589 f); *Falk*, What Future for the UN Charter System of War Prevention, AJIL 97 (2003) 590 (597 f); *Franck*, What Happens Now?, AJIL 97 (2003) 607 (619); *Schaller*, Massenvernichtungswaffen und Präventivkrieg, ZaöRV 62 (2002) 641 (657 ff); aA *Wedgwood*, The Fall of Saddam Hussein, AJIL 97 (2002) 576 (584).

92 UN Doc A/59/565 (Fn 82) § 125; UN Doc A/59/2005 (Fn 82) §§ 188 ff; *O'Connell*, The Myth of Pre-emptive Self-defence, 2002; *dies*, Pre-Emption and Exception, Sicherheit und Frieden 20 (2002) 136 ff; *Dinstein*, War, 228; *Franck* (Fn 91); *Kunde* (Fn 89) 200 f; *Stahn* (Fn 53 [International Law]) 232 ff; mit leichten Zweifeln hin-

dern auch einen *noch bestehenden Angriff* voraus. Gewaltausübung als Antwort auf einen früheren, aber nicht mehr bestehenden bewaffneten Angriff ist als bewaffnete Repressalie unzulässig. Wann in einer Spannungssituation wirklich davon gesprochen werden kann, dass ein Angriff abgeschlossen ist, wenn gerade keine aktiven Kampfhandlungen stattfinden, ist eine schwierige Frage des einzelnen Falls.[93] Die Selbstverteidigung darf sich nur gegen den Staat richten, dem ein bewaffneter Angriff, ggf auch nicht-staatliche, etwa „terroristische" Gewalt, in irgendeiner Weise zuzurechnen ist.[94] Ist das nicht der Fall, ist für die mit der militärischen Gegenmaßnahme verbundene Verletzung des Gebiets des betr Staates kein Rechtstitel gegeben.[95] Diese strikte Auslegung des Selbstverteidigungsrechts ist jedoch umstritten.[96] Es wird auch vertreten, dass ein Selbstverteidigungsrecht wenigstens dann besteht, wenn ein Staat nicht mehr in der Lage oder willens *(unable or unwilling)* ist, auf dem Teil des Staatsgebiets effektive Herrschaftsgewalt auszuüben, wo sich ein nicht-staatlicher Akteur etabliert hat.[97] Nach dieser These,

---

sichtlich möglicher Rechtsentwicklung *Byers,* Terrorism, the Use of Force and International Law after 11 September, ICLQ 51 (2002) 401 (410f); für eine Anerkennung de lege ferenda *Reisman,* Comments, in Walter u a (Fn 53) 912. Zur Rechtfertigung der Intervention im Irak (2003) haben sich die USA und Großbritannien nicht auf ein Recht zur vorbeugenden Selbstverteidigung berufen, *Frowein,* Is Public International Law Dead?, GYIL 46 (2003) 9 (11); s u Rn 24.

93 Diese Frage ist vor allem in Bezug auf die Aktion der USA in Afghanistan im November 2001 diskutiert worden, vgl *Preiser,* „Operation Enduring Freedom" and the UN Charter, Int Peacekeeping 8 (2002) 213 (228ff). Das Verbot der bewaffneten Repressalie ist formuliert in der sog *Friendly Relations*-Erklärung (Fn 33); dazu *Green,* Self-Defence, NILR 55 (2008) 181ff.

94 Zur entsprechenden Frage bzgl der Definition des Gewaltverbots im Allgemeinen s o Rn 11, Nachw Fn 51f. Zweifelnd *Bruha/Bortfeld,* Terrorismus und Selbstverteidigung, VN 49 (2001) 161 (165). Im Falle der israelischen Intervention im Libanon 2006 sind zwei mögliche Konstruktionen zu unterscheiden: Die vorangegangenen Angriffe der Hisbollah könnten entweder dem Libanon zuzurechnen sein, da diese auch in der libanesischen Regierung vertreten war. Will man sie nicht dem Libanon zurechnen, so kann man die Hisbollah als eine Art Staat im Staat ansehen, der möglicher Täter eines bewaffneten Angriffs iSv Art 51 UN-Charta sein kann, vgl *Aurescu,* Le conflit libanais de 2006, AFDI 52 (2006) 137 (152); *Ronen* (Fn 54); *Dau* (Fn 54) 194f. Vergleichbar stellte sich die Frage für das Verhältnis zwischen Südossetien und Russland, s o Fn 55.

95 S schon Rn 11; das IDI (vgl IDI-Res [Fn 51] Ziff 10) will im Fall eines Angriffs durch nicht-staatliche Akteure denn auch nur Selbstverteidigung gegen dieselben außerhalb eines staatlichen Hoheitsbereichs zulassen. Ähnlich *Schmitz-Elvenich* (Fn 51) 83ff.

96 Zu dieser Fragestellung immer noch grundlegend *Kreß* (Fn 30) 268ff; zum neuesten Stand vgl die Sammlung kurzer Streitbeiträge zu "Self-Defence Against Non-State Actors" in Impulses from the Max Planck Trilogues on the Law of Peace and War, ZaöRV 77 (2017) 1ff; dezidierte Ablehnungen der „Unwilling and unable-Theorie" *Starski,* Right to Self-Defense, Attribution and the Non-State Actor, ZaöRV 75 (2015) 455ff m ausführl Nachw und *Corten,* The 'Unwilling or Unable' Test: Can it be Accepted? Leiden JIL 29 (2016) 777ff; dafür aus eher grundsätzlichen Erwägungen *Finke,* Selbstverteidigungsrecht gegen nichtstaatliche Akteure, AVR 55 (2017) 1ff, ebenso *Dau* (Fn 54) 115ff; *Dinstein,* War, 245ff; ILA 2018, 14ff. Das wesentliche Argument für diese These ist, dass sonst der angegriffene Staat schutzlos wäre. Das läuft freilich auf die o (Rn 13) abgelehnte teleologische Reduktion des Gewaltverbots hinaus.

97 Auch diese Frage wäre nach der Aggressionserklärung der GV restriktiv zu beantworten. Eine sehr sorgfältig begründete Ablehnung dieser These bei *Lorenz,* Die exterritoriale Selbstverteidigung im unwil-

die etwa auch von der Bundesregierung sowie der US-Regierung vertreten wird,[98] wäre Selbstverteidigung, die auf das von diesem Regime beherrschte Gebiet beschränkt ist, zulässig, selbst wenn der aus diesem Gebiet verdrängte Staat nicht zustimmt. Man kann aber kaum davon ausgehen, dass sich diese These in der Staatenpraxis schon soweit durchgesetzt hat, dass eine neue gewohnheitsrechtliche Ausformung des Selbstverteidigungsrechts vorliegt. – Der Umfang der Maßnahmen der Selbstverteidigung muss in einem angemessenen Verhältnis zur Schwere des sie rechtfertigenden Angriffs stehen (Grundsatz der *Verhältnismäßigkeit*).[99] Überschreitet die Selbstverteidigung diesen Rahmen, wird sie selbst verbotene Gewalt.[100] Das Recht zur Selbstverteidigung endet, sobald der Sicherheitsrat die notwendigen Maßnahmen zur Erhaltung des Weltfriedens ergreift.[101] In der Praxis hat der Sicherheitsrat Staaten allerdings von dieser aus der Satzung eigentlich folgenden Einschränkung des Selbstverteidigungsrechts dispensiert.[102]

Ausübung des Selbstbestimmungsrechts

In der Zeit der Dekolonisierung spielte die Frage eine große Rolle, ob die gewaltsame 20 Durchsetzung des Selbstbestimmungsrechts eine besondere, der Selbsverteidigung gleichzuachtende Form erlaubter Gewalt sei. Die dahin gehende Rechtsbehauptung hat sich in der Statenpraxis nicht gewohnheitsrechtlich verdichten können.[103]

---

ligen und unfähigen Staat, 2021, 335; krit mit ausführlichen Nachw *Clapham,* War, 128 f; vgl auch *Haque,* Self-Defense against Self-Defense in Syria and Beyond, <https://www.justsecuritiy.org/57223/self-defense-self-defense-syria/>. Stimmen in der Lit befürworten diese Konstruktion jedoch unter gewissen Bedingungen, vgl *Hofmeister,* When is it Right to Attack So-Called Host-States?, Singapore YBIL 11 (2007) 75 ff; *ders* (Fn 51). Zur Problematik der Zulässigkeit des kolumbianischen Übergriffs auf ecuadorianisches Gebiet 2008 wegen möglicher Verbindungen der FARC zur Regierung Ecuadors *Walsh* (Fn 52) 137 ff; vgl auch *Reisman,* International Legal Responses to Terrorism, Houston JIL 22 (1999) 3 ff.

98 Für die Mitteilung der BReg an den SR bezüglich der gegen den sog Islamischen Staat auf syrischem Staatsgebiet gerichteten Militärmaßnahmen (UN Doc S/2015/946 v 10.12.2015). Vgl auch Antrag der BReg auf Zustimmung des BT zum Bundeswehreinsatz in Syrien, BT Drs 18/6866 v 1.12.2015; dazu auch *Finke* (Fn 96) 6 ff. Zu den USA *Eichensehr,* Contemporary Practice of the United States Relating to International Law, AJIL 115 (2021) 527 (569 ff) in Bezug auf Syrien.

99 *Randelzhofer/Nolte* (Fn 87) Rn 57 ff; *Gardam,* Proportionality and Force in International Law, AJIL 87 (1993) 391 ff; *Dinstein,* War, 297 ff. Das ist ein entscheidender Punkt der Kritik am israelischen Angriff gegen den Libanon 2006; vgl *Weber* (Fn 51); *Aurescu* (Fn 94) 154 ff.

100 So die st Rechtsprechung des IGH, *GV-Nuklearwaffen*-Gutachten, § 41; *Nicaragua,* § 176; *Oil Platforms,* § 76 f.

101 Vgl u Rn 32 ff.

102 S/RES/661 v 6.8.1990, abgedr in VN 38 (1990) 146 betr die Besetzung Kuwaits durch den Irak.

103 Ausführlich dazu noch die 5. Aufl; vgl auch *E. Klein,* Nationale Befreiungskämpfe und Dekolonisierungspolitik der Vereinten Nationen, ZaöRV 36 (1976) 618 ff; *Randelzhofer/Dörr* (Fn 22) Rn 62 ff. Daran hat sich auch durch den unter Berufung auf das Selbstbestimmungsrecht erfolgte Anschluss der Krim an Russland nichts geändert, *Bílková,* The Use of Force by the Russian Federation in Crimea, ZaöRV 75 (2016) 27 (43 ff); zum Streitstand vgl die Beiträge zu in ZaöRV 75 (2015) 1 ff; *Grant,* Annexation of Crimea, AJIL 109 (2015) 68 ff.

Schutz eigener Staatsangehöriger

21 Es kommt immer wieder vor, dass Staaten mit militärischer Gewalt eigene Staatsangehörige, deren Leben im Ausland massiv bedroht sind, zu schützen suchen.[104] Solche Aktionen werden unter Berufung auf angebliches gewohnheitsrechtliches allgemeines
Selbstverteidigungsrecht gerechtfertigt, das über das Selbstverteidigungsrecht der UN-
Charta hinausgehe. Staatsbürger im Ausland sind jedoch keine durch das Gewaltverbot
geschützten Außenpositionen des Staats. Der Schutz eigener Staatsangehöriger ist als
Rechtfertigungsgrund auch nicht so allgemein akzeptiert, dass man von einer gewohnheitsrechtlichen Einschränkung des Gewaltverbots sprechen könnte. Häufig wurde dieser Grund für die *Rechtfertigung politischer Interventionen* ge- oder missbraucht (Bsp:
US-Interventionen in Grenada[105] und Panama).[106] Es gibt kaum „reine" Fälle des Schutzes eigener Staatsangehöriger (Bsp für solche: die israelische Befreiungsaktion in Entebbe 1976 sowie die Rettungsaktion der Bundeswehr in Albanien 1997). Solche Aktionen
sind ohne die *Zustimmung des betroffenen Staats* völkerrechtlich nicht zulässig.[107]

---

104 Vgl hierzu: *Ader,* Gewaltsame Rettungsaktionen zum Schutz eigener Staatsangehöriger im Ausland,
1988; *Akehurst,* The Use of Force to Protect Nationals Abroad, Int Rel 1977, 3 ff; *Beyerlin,* Die israelische Befreiungsaktion von Entebbe in völkerrechtlicher Sicht, ZaöRV 37 (1977) 213 ff; *Bowett,* The Use of Force fort
he Protection of Nationals Abroad, in Cassese (Hrsg), Current Regulation, 39 ff; *D'Angelo,* Resort to Force
by States to Protect Nationals, VJIL 21 (1981) 485 ff; *Kreß,* Die Rettungsoperation der Bundeswehr in Albanien am 14.3.1997 aus völker- und verfassungsrechtlicher Sicht, ZaöRV 57 (1997) 329 (346 ff); *von Lersner*
(Fn 65) 165 f; *Lillich,* Forcible Protection of Nationals Abroad, GYIL 35 (1992) 202 ff; *Nolte,* Kosovo und Konstitutionalisierung, ZaöRV 59 (1999) 941 (950 f); *Ronzitti,* Rescuing Nationals Abroad Through Military Coercion and Intervention on Grounds of Humanity, 1985; *Salter,* Commando Coup at Entebbe, International
Lawyer 11 (1977) 331 ff; *Schweisfurth,* Operation to Rescue Nationals in Third States Involving the Use of
Force in Relation to the Protection of Human Rights, GYIL 23 (1980) 159 ff; *Umozurike,* The Israelis in Entebbe, VRÜ 12 (1979) 383 ff; *Westerdiek,* Humanitäre Intervention und Maßnahmen zum Schutz eigener
Staatsangehöriger im Ausland, AVR 21 (1983) 383 ff; *Grimal/Melling,* The Protection of Nationals Abroad,
JCSL 16 (2011) 541 ff; *Lambertz,* Der gewaltsame Schutz eigener Statsangehöriger im Ausland, HV-I 25 (2012)
27 ff; ILA 2018, 17 f; *Gray,* The Protection of Nationals Abroad, FS Koufa, 2009, 133 ff, insbes zur russ Praxis
in Bezug auf Georgien. Mit der Befürwortung eines solchen Schutzrechts weicht diese von der früheren
sowjetischen Haltung ab.
105 Hierzu *Doswald-Beck,* The Legality of United States Intervention in Grenada, NILR 31 (1984) 355 ff; *Hi-
laire,* International Law and the United States Military Intervention in the Western Hemisphere, 1997,
73 ff; *Green,* The Rule of Law and the Use of Force – The Falklands and Grenada, AVR 24 (1986) 173 ff; *Weber,* Die „erbetene" Intervention, VN 31 (1983) 169 ff.
106 *Nanda,* The Validity of the United States Intervention in Panama under International Law, AJIL 84
(1990) 494 ff; *Farer,* Panama, AJIL 84 (1990) 503 ff; *D'Amato,* The Invasion of Panama Was a Lawful Response to Tyranny, AJIL 84 (1990) 516 ff; *Henkin,* The Invasion of Panama under International Law, Colum J
Transnat'l L 29 (1991) 293 ff; *Miller,* International Intervention, Harvard ILJ 31 (1990) 633 ff.
107 Sehr str, wie hier: *Ruys,* The ,Protection of Nationals' Doctrine Revisited, JCSL 13 (2008) 233 ff; *Schindler,* in ders/Hailbronner, Grenzen, 21; *Beyerlin* (Fn 104) 213 ff; *Lowe/Tzanakopoulos,* Humanitarian Intervention, MPEPIL V, 47 (Rn 14 und 35); *Schweisfurth* (Fn 104) 159 ff; ebenso wohl auch *Epping,* Die Evakuierung deutscher Staatsangehöriger im Ausland als neues Kapitel der Bundeswehrgeschichte ohne
rechtliche Grundlage?, AöR 124 (1999) 423 ff; *Kreß* (Fn 104) 333; aA, wenn auch mit starken Zweifeln, *Hailbronner,* in Schindler/Hailbronner, Grenzen, 100 ff; für die Zulässigkeit solcher Rettungsaktionen spricht

Humanitäre Intervention

Als politische und rechtliche Rechtfertigung des Einsatzes militärischer Gewalt wird seit 22 langem das Argument benutzt, eine solche Maßnahme erfolge, um bestimmte Bevölkerungsgruppen vor blutiger Unterdrückung, vor einer rücksichtslosen Verletzung ihrer Menschenrechte zu schützen.[108] Unter der Geltung der UN-Charta ist nicht zu bezweifeln, dass eine solche humanitäre Intervention *grenzüberschreitende bewaffnete Gewalt* darstellt, die unter Art 2 Nr 4 der Charta fällt. Sie bedürfte also eines besonderen Rechtfertigungsgrunds. Die Konstruktion, schwere Menschenrechtsverletzungen einem bewaffneten Angriff gleichzuachten, der ein Recht auf Gegengewalt, dh auf kollektive Selbstverteidigung auslöst, lässt sich nicht halten.[109] Die andere Möglichkeit, diese Form der Gewaltanwendung als gerechtfertigt anzusehen, besteht darin, einen besonderen gewohnheitsrechtlichen Rechtfertigungsgrund zu konstruieren. Auch hier kommt es wieder auf staatliche Praxis und Rechtsüberzeugung an. Als staatliche Praxis kommen eine Reihe militärischer Aktionen auch nach Inkrafttreten der UN-Charta in Betracht, so etwa das indische Eingreifen im damaligen Ostpakistan 1971,[110] das Eingreifen Vietnams

---

sich vor allem die US-amerik Doktrin aus: *Lillich,* Forcible Self-Help by States to Protect Human Rights, Iowa LR 53 (1967/68) 325 ff; *D'Angelo* (Fn 104) 485 ff; *Eichensehr,* Defending Nationals Abroad, VJIL 48 (2007/08) 451 (466); aus der dt-sprachigen Literatur idS *Schröder,* Die Geiselbefreiung von Entebbe, JZ 1977, 420 ff; *Franzke,* Die militärische Abwehr von Angriffen auf Staatsangehörige im Ausland, ÖZöRV 16 (1966) 128 ff; *Kreß* (Fn 51) 19 ff; vorsichtig eingrenzend *Randelzhofer/Nolte* (Fn 87) Rn 60 f; unklar *Gray,* Use of Force, 169. Im Falle des Einsatzes der Bundeswehr in Albanien lag eine Zustimmung vor.

108 Krit historische Übersicht bei *Swatek-Evenstein,* A History of Humanitarian Intervention, 2020; zur moralischen Rechtfertigung *Jahn,* Humanitarian Intervention: Justifying War for a New International Order, in Brock/Simon, Justifying War, 355; aus der völkerrechtlichen Lit *Beyerlin,* Die humanitäre Aktion zur Gewährleistung des Mindeststandards in nicht-internationalen Konflikten, 1975; *Randelzhofer/Dörr* (Fn 22) Rn 52 ff; *Brock,* Von der „humanitären Intervention" zur „Responsibility to Protect", FS Bothe, 2008, 19 ff; *Charney,* Anticipatory Humanitarian Intervention in Kosovo, AJIL 93 (1999) 834 ff; *Chesterman,* Just War or Just Peace, 2001; *Chinkin,* Kosovo, AJIL 93 (1999) 841 ff; *Clapham,* War, 161 ff; *Deiseroth,* „Humanitäre Intervention" und Völkerrecht, NJW 1999, 3084 ff; *Delbrück,* Menschenrechte im Schnittpunkt zwischen universalem Schutzanspruch und staatlicher Souveränität, GYIL 22 (1979) 384 ff; *Franck,* Recourse to Force, 135 ff; *Henkin,* Kosovo and the Law of „Humanitarian Intervention", AJIL 93 (1999) 824 ff; *Malanczuk,* The Kurdish Crisis and Allied Intervention in the Aftermath of the Second Gulf War, EJIL 2 (1991) 114 ff; *Nolte* (Fn 104); *Ronzitti,* Lessons of International Law from NATO's Armed Intervention Against the Federal Republic of Yugoslavia, Int Spectator 34/3 (1999) 45 (51); *Schachter,* The Legality of Pro-Democratic Invasions, AJIL 78 (1984) 645 ff; *Simma,* Souveränität und Menschenrechtsschutz nach westlichem Völkerrechtsverständnis, EuGRZ 1977, 235 ff; *Tesón,* Humanitarian Intervention, 2. Aufl 1996; *Torelli,* From Humanitarian Assistance to „Intervention on Humanitarian Grounds"?, IRRC 32 (1992) 228 ff; *Verwey,* Humanitarian Intervention, in Cassese (Hrsg), Current Regulation, 57 ff; verschiedene Fallstudien und Beiträge in Bellamy (Hrsg), Humanitarian Intervention, 2017; IDI, Present Problems of the Use of Force in International Law, Subgroup on Humanitarian Intervention, IDI Ann 72 (2007) 239 (263); die Res des IDI (Fn 51) lässt die Frage offen, vgl ebd 366.

109 *Bothe,* Die NATO nach dem Kosovo-Konflikt und das Völkerrecht, SZIER 10 (2000) 177 (184 f); anders *Delbrück* (Fn 25) 152; *Kress,* Staat und Individuum in Krieg und Bürgerkrieg, NJW 1999, 3077 (3081 f), s o Fn 86.

110 *Nanda,* Self-Determination in International Law, AJIL 66 (1972) 321 ff.

in Kambodscha[111] und das Tansanias in Uganda 1979[112] sowie gewisse Maßnahmen zum Schutz der Kurden im Irak 1991.[113] Wenn man allerdings die staatliche Praxis in all diesen Fällen näher betrachtet, fällt auf, dass die intervenierenden Staaten sich nicht entscheidend auf ein Recht zur humanitären Intervention berufen haben. Vielmehr wurden in unterschiedlicher Weise andere rechtliche Konstruktionen zur Rechtfertigung gebraucht. Es ist also *nicht möglich, von einer durch Rechtsüberzeugung getragenen Praxis* der humanitären Intervention als Ausnahme zum völkerrechtlichen Gewaltverbot *zu sprechen.*[114] Das hat sich auch bei der Intervention der NATO-Staaten im Kosovo 1999 gezeigt, da wesentliche Staaten mit Nachdruck die Auffassung vertreten haben, diese Aktion sei völkerrechtswidrig gewesen.[115] In dem sog neuen Strategischen Konzept der NATO, zeitgleich mit dem Kosovo-Konflikt verabschiedet, ist denn auch von humanitärer Intervention als einem Rechtfertigungsgrund für die Ausübung militärischer Gewalt nicht die Rede.[116] An dieser Lage hat sich auch in der internationalen Praxis nach der Kosovo-Intervention nichts geändert.[117] Die humanitären Katastrophen in Libyen, in Sy-

---

111 *Warbrick,* Kampuchea: Representation and Recognition, ICLQ 30 (1981) 234 ff.

112 *Umozurike,* Tanzania's Intervention in Uganda, AVR 20 (1982) 302 ff.

113 *Malanczuk* (Fn 108) 114 ff.

114 So auch die hL, vgl vor allem die umfassende Analyse von *Chesterman* (Fn 108) 226 f, *Kreß* (Fn 51) 24; *deBeer/Tladi,* The Use of Force Against Syria in Response to Alleged Use of Chemical Weapons by Syria, ZaöRV 79 (2019) 206 (222, 230); ebenso *Lowe/Tzanakopoulos* (Fn 107); *Randelzhofer/Dörr* (Fn 22) Rn 55 f; *Bothe,* The Use of Force to Protect Peoples and Minorities, in Brölmann/Lefeber/Zieck (Hrsg), Peoples and Minorities in International Law, 1993, 289 ff; *Hailbronner,* in Schindler/Hailbronner, Grenzen, 99; *O'Connell,* Regulating the Use of Force in the 21st Century, Colum J Transnat'l L 36 (1997) 473 (477); *Neuhold,* Collective Security after „Operation Allied Force", MPYUNL 4 (2000) 73 (101 f); *Uerpmann,* La primauté des droits de l'homme, in Tomuschat (Hrsg), Kosovo and the International Community, 2002, 65; *Flauss,* La primarité des droits de la personne, ebd 87; *Aghayev,* Humanitäre Intervention und Völkerrecht, 2007; *Corten,* Human Rights and Collective Security, in Alston/MacDonald (Hrsg), Human Rights, Intervention, and the Use of Force, 2008, 87 ff; *ders,* Droit, 741 ff; *Rigaux,* Aspects historiques de l'intervention "humanitaire", FS Degan, 2005, 207 ff; *Ziolkowski* (Fn 5) 266; ILA 2018, 20 ff; aA *Greenwood,* Gibt es ein Recht auf humanitäre Intervention?, EA 1993, 93 (105); *Fletcher/Ohlin* (Fn 89) 151 ff; *Verhoeven,* L'intervention d'humanité, FS Degan, 2005, 221 ff; s auch *Lillich,* Humanitarian Intervention through the United Nations, ZaöRV 53 (1993) 557 (560 ff); unklar *Murphy* (Fn 85) 33 f. Vgl ferner *Torelli* (Fn 108) 243 f. Krit gegenüber der humanitären Rhetorik auch *Weiss,* The Sunset of Humanitarian Intervention?, Security Dialogue 35 (2004) 135; auch der weitgehend mangelnde Erfolg sog humanitärer Interventionen (*Seybold,* Humanitarian Military Intervention, 2007, 272) sollte im rechtlichen Diskurs nicht unbeachtet bleiben.

115 So vor allem Russland, China und Indien, vgl die Debatte im Sicherheitsrat am 26.3.1999, UN Press Release SC/6659; ausführliche Nachw bei *Nolte* (Fn 104) 945 ff; vgl auch *Roberts,* NATO's ‚Humanitarian War' over Kosovo, in Bellamy (Fn 108), Bd 3, 170 (187 ff). Auf der anderen Seite vertritt Russland im Ukraine-Konflikt eine Variante der humanitären Intervention, indem es den Angriff auf die Ukraine als Bekämpfung eines (angeblichen) Völkermords an den ethnischen Russen in der Ukraine zu rechtfertigen sucht, *Schaller* (Fn 26). Der IGH hat diese Rechtfertigung zurückgewiesen, s *Genocide Convention 3,* §§ 59 ff.

116 NATO Press Release NAC S(99)65 v 24.4.1999, <www.nato.int/docu/pr/1999/p99-065e.htm>.

117 *Hedir,* Humanitarian Intervention after Kosovo, 2008, 94 ff, 152 ff; *Corten* (Fn 114) 123 ff; *Kunde* (Fn 89) 125 ff; *Randelzhofer/Dörr* (Fn 22) Rn 55; *Lowe/Tzanakopoulos* (Fn 107) Rn 32; iE ähnlich *Bilder,* The Implications of Kosovo for International Human Rights Law, in Alston/MacDonald (Fn 114) 139 (153 ff); *Roberts*

rien und im Yemen haben nicht zur Anerkennung eines Rechts auf militärisches Eingreifen geführt,[118] auch nicht als Gegenmaßnahme zu groben Verletzungen des humanitären Völkerrechts, zB dem Einsatz chemischer Waffen. Auch der sich entwickelnde Grundsatz einer „Schutzverantwortung" *(Responsibility to Protect [R2P])*[119] führt nicht zu einer Zulässigkeit der einseitigen militärischen humanitären Intervention. Er ist zu verstehen als eine Verpflichtung jeden Staats, seine eigene Bevölkerung vor systematischen Menschenrechtsverletzungen zu schützen (Souveränität als Verantwortung). Erfüllt er diese Verpflichtung nicht, ist die internationale Gemeinschaft gehalten, Maßnahmen zu ergreifen. Sollen zu diesem Zweck militärischer Gewaltmaßbahmen ergriffen werden, so gelten die allgemeinen Regeln des Gewaltverbots und seiner Ausnahmen. Zum Schutz der Menschenrechte einer Bevölkerung militärische Maßnahmen zu beschließen, bleibt danach dem Sicherheitsrat vorbehalten. Staaten bedürfen zu solchen Schutzmaßnahmen *einer besonderen Genehmigung des Sicherheitsrats* (Bsp: Somalia,[120] Ruanda,[121] Haiti,[122] ehemaliges Jugoslawien,[123] Libyen).[124] Die Rechtfertigung solcher

---

(Fn 115) 188; ausführliche Analyse der internationalen Praxis nach der Kosovo-Intervention *Gray*, Use of Force, 40 ff; für eine Anerkennung mit stark rechtspolitischen Argumenten *Glennon*, in Bellamy (Fn 108), Bd 3, 164 ff.

118 *Türkmen*, Von Libyen zu Syrien: Aufstieg und Untergang der humanitären Intervention, VN 63 (2015) 3 ff; *Henriksen/Schack*, The Crisis in Syria and Humanitarian Intervention, UFIL 1 (2014) 122 ff.

119 Grundlegend International Commission on Intervention and State Sovereignty (Hrsg), The Responsibility to Protect, 2001, Ziff 6.36 f. Umfassende Analysen in SFDI (Hrsg), La responsabilité de protéger, 2008; vgl *von Arnauld*, Souveränität und Responsibility to Protect, Friedenswarte 84 (2009) 11 ff; *Boisson de Chazournes*, De la responsabilité de protéger, RGDIP 110 (2006) 11 ff; *Brock* (Fn 108); *Müller-Wolf/Schneider*, Die Responsibility to Protect, Sicherheit und Frieden 27 (2009) 54 ff; *Stahn*, Responsibility to Protect, AJIL 101 (2007) 99 ff; *Verlage*, Responsibility to Protect, 2009; *Strauss*, The Emperor's New Clothes: The United Nations and the Implementation of the Responsibility to Protect, 2009; *Orford*, International Authority and the Responsibility to Protect, 2011; *Hilpold*, Die Schutzverantwortung im Recht der Vereinten Nationen, SZIER 21 (2011) 231 ff; *Dembinski/Reinold*, Libya and the Future of the Responsibility to Protect, PRIF Report 107, 2011; *Dembinski/Mumford*, Die Schutzverantwortung nach Libyen, HSFK Standpunkte 4/2012; *Hoffmann*, Im Streit gestärkt oder umstrittener als behauptet? Zehn Jahre diplomatische Kontroversen über die Schutzverantwortung, HSFK Report 9/2014. Eine neue umfassende Bestandsaufnahme und Analyse ist Hilpold (Hrsg), Die Schutzverantwortung (R2P), 2013; ders (Hrsg), Responsibility to Protect (R2P), 2015; auch *Gray*, Use of Force, 58 ff. Die Sinnhaftigkeit militärischer Interventionen bei humanitären Krisen ist freilich zu bezweifeln und jedenfalls differenziert zu betrachten (*Janssen*, Menschenrechtsschutz in Krisengebieten, 2008, 35 ff), was als rechtspolitisches Argument auch im rechtlichen Diskurs bedacht werden muss; idS krit zur R2P *Verma*, Responsibility while Protecting: A Case for Responsible Humanitarian Interventions, in Sehgul (Hrsg), Issues and Challenges of Public International Law, 2016, 177 ff; vgl auch *Sauer/Wagner*, Der Tschetschenien-Konflikt und das Völkerrecht, AVR 45 (2007) 53 (72 ff).

120 S/RES/794 v 3.12.1992, abgedr in UNYB 46 (1992) 209.

121 S/RES/929 v 22.6.1994, abgedr in Int Peacekeeping 1 (1994) 103 f.

122 S/RES/940 v 31.7.1994, abgedr in Int Peacekeeping 1 (1994) 104 f; vgl *Glennon*, Sovereignty and Community after Haiti, AJIL 89 (1995) 70 ff; *Falk*, The Haiti Intervention, Harvard ILJ 36 (1995) 341 ff; *Koskenniemi*, The Police in the Temple, EJIL 6 (1995) 325 ff.

123 S/RES/836 v 10.6.1993, abgedr in VN 41 (1993) 156.

124 S/RES/1973 v 17.3.2011.

Maßnahmen beruht dann eben nicht auf einem Rechtstitel der humanitären Intervention oder einer Schutzverantwortung, sondern auf der Entscheidung des Sicherheitsrats, wobei im Einzelnen zu prüfen bleibt, inwieweit dieser wirklich rechtfertigende Wirkung zukommt.[125] In diesem Zusammenhang ist allerdings auch zu fragen, ob und inwieweit sich aus einem Grundsatz der R2P eine Rechtspflicht von Staaten ergibt, mit anderen als miliärischen Mitteln die Menschenrechte in anderen Staaten zu schützen und ggf auch eine Pflicht des Sicherheitsrats, militärische Maßnahmen zu ergreifen. Insofern überschneidet sich die R2P mit dem Konzept der „Human Security".[126]

Intervention auf Einladung

23 Ob die *Zustimmung* eines Staats zu militärischen Maßnahmen, die ein anderer Staat auf dem Gebiet des ersteren Staats durchführt, rechtfertigend wirkt, ist umstritten.[127] Die rechtfertigende Wirkung kann nicht ohne weiteres angenommen werden, da das Gewaltverbot nach überwiegender Meinung Bestandteil des zwingenden Rechts ist, der betroffene Staat hierüber also nicht ohne weiteres disponieren kann.[128] Begrifflich kann man aber nicht mehr von militärischer Gewalt gegenüber einem anderen Staat sprechen, wenn die Regierung dieses Staats dem anderen Staat gestattet oder ihn darum bittet, gegenüber Dritten (Aufständischen, Terroristen) gewaltsam vorzugehen. Diese Rechtfertigung wird jedoch dann zweifelhaft, wenn die Befugnis der ersuchenden oder gestattenden Regierung, für den jeweiligen Staat zu sprechen, zweifelhaft geworden ist. Deshalb wird zT die *Intervention im Bürgerkrieg* auf Seiten einer Bürgerkriegspartei (und sei dies auch die bisherige Regierung) als *unzulässig* angesehen (*strict-abstentionist*-Theorie).[129] Die neuere Praxis neigt aber eher dazu, die Intervention auf Ersuchen einer allgemein anerkannten Regierung als rechtmäßig anzusehen, allerdings unter im

---

125 Dazu u Rn 24.

126 Commission on Human Security (Hrsg), Human Security Now, 2003, 24 ff, 58 ff; *Stein-Kämpfe,* Human Security, 2008, 203 ff; *von Tigerstrom,* Human Security and International Law, 2007, 126 f, 206.

127 *Corten,* La licéité douteuse de l'action militaire de l'Ethiopie en Somalie et ses implications sur l'argument de "l'intervention consentie", RGDIP 111 (2007) 513 ff; *ders,* Droit, 391 ff; *Doswald-Beck,* The Legal Validity of Military Intervention by Invitation of the Government, BYIL 56 (1985) 189 ff; *Tanca,* Foreign Armed Intervention in International Conflicts, 1993, 7 f; *Nolte,* Eingreifen auf Einladung, 1999; ILA 2018, 18 ff; *St-Fleur,* L'intervention par invitation d'un Etat tiers: Le consentement au recours à la force contre des combattants étrangers terroristes, FS Momtaz, 2017, 783 ff; eine gute Würdigung der neueren Praxis ist *Tzimas,* Legal Evaluation ot Saudi-Led Intervention in Yemen: Consensual Intervention in Cases of Contested Authority and Fragmented States, ZaöRV 78 (2018) 147 ff (betr eine Reihe von Bsp, u a Syrien und Afghanistan); sehr krit *Shaygan,* Intervention by Invitation as a Tool of New Colonialism, FS Momtaz, 2017, 766 ff.

128 *Kadelbach* (Fn 23) 226 ff.

129 Vgl hierzu die Res des Institut de Droit International (AIDI 56 [1975] 544 ff) und den dazugehörigen Bericht in AIDI 55 (1973) 416 ff sowie AIDI 56 (1975) 119 ff; *Moore,* The Control of Foreign Intervention in Internal Conflicts, VJIL 9 (1969) 205 ff; *Farer,* Intervention in Civil War, Colum LR 67 (1967) 266 ff; *Gray,* Use of Force, 100 ff.

Bothe

Einzelnen str Bedingungen.[130] Dazu gehören nicht nur die Effektivität der anerkannten Regierung, sondern ggf auch die Stellungnahme der internationalen Gemeinschaft sowie die Durchführung der Intervention im Licht des Völkerrechts, u a bezüglich des *ius in bello*. So wurde die Zulässigkeit der russ Intervention in Syrien, die mit Zustimmung der Assad-Regierung erfolgte, deren Legitimation umstritten war, in den internationalen Reaktionen nicht generell angezweifelt, sondern nur wegen der Art ihrer Durchführung, insbes wegen der Nichtberücksichtigung humanitärer Konsequenzen.[131]

Entscheidungen Internationaler Organisationen

Militärische Zwangsmaßnahmen gemäß Art 42 UN-Charta sind zulässige Gewalt. Im Einzelfall kann str sein, was alles unter diesen Begriff fällt. Eine Gesamtsicht der Vorschriften der Art 42ff UN-Charta ergibt, dass es sich um Maßnahmen handelt, die der Sicherheitsrat durchführt, dh für die er gewisse Führungs- und Leitungsfunktionen besitzt. Dies entspricht auch allein dem Grundgedanken des Kap VII und des Art 24 UN-Charta, die einseitige, dezentralisierte Gewaltanwendung in internationalen Beziehungen ersetzen wollen durch eine solche der Gemeinschaft selbst. Zu solchen Zwangsmaßnahmen unter der Leitung des Sicherheitsrats ist es aber bislang nicht gekommen. Stattdessen wurde der Weg gewählt, dass der *Sicherheitsrat die Gewaltanwendung durch Staaten autorisierte*. Im Golfkonflikt[132] genehmigte er alle zur Durchführung seiner bis dahin gefassten Resolutionen „notwendigen Maßnahmen" der Staaten, die mit der Regierung von Kuwait zusammenarbeiten.[133] Eine positive Entscheidung darüber, dass Gewalt wirklich eingesetzt werden sollte, fällte der Sicherheitsrat aber nicht. Diese überließ er den genannten Staaten. Ein solches Delegieren der Entscheidung über Gewaltanwendung auf einzelne Staaten oder Staatengruppen ist in der UN-Charta nicht vorgese-

24

---

130 Das spielt eine Rolle für die rechtliche Bewertung der ausländischen Militärintervention in Afghanistan (s o Rn 19). Das Eingreifen begann zunächst mit der „Operation Enduring Freedom (OEF)" als einer Maßnahme der Selbstverteidigung. Nach der Einsetzung einer neuen, von der Staatengemeinschaft anerkannten Regierung entfiel dieser Rechtfertigungsgrund, die Aktion wird jedoch als Intervention auf Einladung dieser Regierung als weiterhin zulässig angesehen. Neben die OEF tritt die vom Sicherheitsrat mandatierte ISAF bis zu ihrer Beendigung 2014, dazu u Rn 36. Sie wurde durch eine Operation auf Grundlage eines Abkommens mit Afghanistan ersetzt (Operation Resolute Support), die 2021 abzog. Vgl die grundlegende Analyse der neueren Praxis bei *Kreß* (Fn 51) 25f.
131 Dazu *Charap*, Russia, Syria and the Doctrine of Intervention, Survival 55 (2013) 35ff.
132 Hierzu *Bothe*, Die Golfkrise und die Vereinten Nationen, Demokratie und Recht 1991, 2ff; *Fink*, Der Konflikt zwischen dem Irak und Kuwait und die internationale Friedensordnung, AVR 29 (1991) 452ff; *Graefrath/Mohr*, Legal Consequences of an Act of Aggression, ÖZöRV 43 (1992) 109ff; *Green*, The Gulf „War", the UN and the Law of Armed Conflict, AVR 28 (1990) 369ff; *Greenwood*, Iraq's Invasion of Kuwait, World Today 1991, 39ff; *Johnson/Weigel*, Just War and the Gulf War, 1991; *Pyrich*, United Nations: Authorizations of the Use of Force, Harvard ILJ 32 (1991) 265ff; *Reisman*, Some Lessons from Iraq, Yale ILJ 16 (1991) 203ff; s a Rn 35f.
133 S/RES/678 v 29.11.1990, abgedr in VN 38 (1990) 218.

hen.[134] Man konnte diese Entscheidung aber qualifizieren als die verbindliche Bestätigung und zugleich Begrenzung eines Rechts, das diesen Staaten ohnehin zustand, nämlich des Rechts auf kollektive Selbstverteidigung.[135] Dieses wird durch die Resolution verbindlich festgestellt und zugleich dadurch begrenzt, dass es auf die Staaten, die mit der Regierung von Kuwait zusammenarbeiten, beschränkt ist. Eine so weitgehende Autorisierung staatlicher militärischer Gewalt, wie sie im Kuwait-Konflikt erfolgte, ist ein Einzelfall geblieben. In der Folge sind solche Autorisierungen (ehemaliges Jugoslawien,[136] Somalia,[137] Ruanda,[138] Haiti,[139] Afghanistan,[140] Kongo,[141] Irak seit Oktober 2003,[142] Libyen,[143] französische Truppen in Mali)[144] enger begrenzt und zT auch an eine Abstimmung mit den UN geknüpft worden. Diese Verfahrensweise wurde durch die ständige UN-Praxis rechtlich außer Frage gestellt. Es ist eine *wegen der Genehmigung durch den Sicherheitsrat ausnahmsweise zulässige Form der Intervention.*[145] Bei der Mandatierung muss man allerdings eine hinreichend eindeutige Ermächtigung verlangen. Die Verurteilung eines Staats durch den Sicherheitsrat bedeutet noch keine Ermächtigung an einzelne Staaten, den verurteilten Staat mit militärischer Gewalt zur Beachtung seiner Pflichten

---

134 *Weston,* Security Council Resolution 678 and Persian Gulf Decision-Making, AJIL 85 (1991) 516 (522).
135 Str; wie hier *Schachter,* United Nations Law in the Gulf Conflict, AJIL 85 (1991) 452 (457 ff); *Rostow,* Until What?, AJIL 85 (1991) 506 ff; *Bothe* (Fn 132) 10; Art 51 als Rechtsgrundlage andeutend *Fischer,* Die Resolution des Sicherheitsrates der Vereinten Nationen zum Golfkrieg, HV-I 3 (1990) 121 f; dagegen *Partsch,* Von der Souveränität zur Solidarität, EuGRZ 1991, 469 ff; *Franck/Patel,* UN Police Action in Lieu of War, AJIL 85 (1991) 63 f; *Heinz/Philipp/Wolfrum,* Zweiter Golfkrieg, VN 39 (1991) 121 (126); eine gleiche Deutung wäre für die S/RES 2249 v 20.11.2015 bzgl Militärmaßnahmen gegen IS möglich.
136 Embargo: S/RES/713 v 25.9.1991 und S/RES/787 v 30.5.1992, abgedr in VN 39 (1991) 175 bzw VN 40 (1992) 110; Flugverbotszonen: S/RES/816 v 31.3.1993, abgedr in VN 41 (1993) 73; Sicherheitszonen: S/RES/836 v 10.6.1993; IFOR/SFOR: S/RES/1031 v 15.12.1995, abgedr in Int Peacekeeping 2 (1995) 167 f; INTERFET: S/RES/ 1264 v 15.9.1999 abgedr in Int Peacekeeping 4–5 (1999) 147 f; KFOR: S/RES/1244 v 10.6.1999; Military Technical Agreement between the International Security Force (KFOR) and the Governments of the Federal Republic of Yugoslavia and the Republic of Serbia, abgedr in Int Peacekeeping 5 (1999) 97 ff. Bei letzterer Ermächtigung ist die Lage insofern besonders, als sie in Zusammenhang mit der treuhänderischen Verwaltung des Kosovo durch die UN steht, vgl dazu *Bothe,* Kosovo – Anlässe zum völkerrechtlichen Nachdenken, FS Dau, 1999, 13 (26 ff).
137 S/RES/794 v 3.12.1992.
138 S/RES/929 v 22.6.1994.
139 S/RES/940 v 31.7.1994; erneut: S/RES/1529 v 29.2.2004.
140 S/RES/1386 v 20.12.2001, mehrfach verlängert; s u Fn 222.
141 S/RES/1484 v 30.5.2003.
142 S/RES/1511 v 16.10.2003, § 13.
143 S/RES/1973 v 17.3.2011.
144 S/RES/2227 v 29.6.2015.
145 *Gray,* Use of Force, 341 ff, 381 ff; vgl A/RES/60/1 v 16.9.2015, § 79: "the authority of the Security Council to mandate coercive action". Weder S/RES/1199 v 23.9.1998 noch S/RES/2249 v 20.11.205 bzgl des IS, die eine Friedensbedrohung feststellen und die Mitgliedstaaten zu Maßnahmen auffordern, enthalten eine solche Mandatierung; dazu *Hilpold,* The Security Council and the Fight against Terrorism, <http://ssrn.com/abstract=2704464>; zur Auslegung von Entscheidungen des Sicherheitsrats *Hakimi,* The *Jus ad bellum* Regulatory Forum, AJIL 112 (2018) 151 ff.

Bothe

aus der UN-Charta anzuhalten.[146] Die von den USA und Großbritannien im Irak-Konflikt im Jahr 2003 zur Rechtfertigung ihres Angriffs verwandte Argumentation, die über 10 Jahre alten Resolutionen des Sicherheitsrats seien wegen der Verletzung der Waffenstillstandsresolution durch den Irak immer noch eine ausreichende Ermächtigung,[147] ist nicht haltbar.[148] Wird eine vom Sicherheitsrat erteilte Ermächtigung überschritten, so wird die Gewaltanwendung unzulässig.[149] Die Satzung sieht einen Fall der Delegation von Zwangsmaßnahmen vor, nämlich die *Inanspruchnahme von Regionalorganisationen* gemäß Art 53 Abs 1 UN-Charta. Welche Organisationen dazu zu zählen sind, und unter welchen Voraussetzungen deren Entscheidungen militärische Maßnahmen zu rechtfertigen vermögen, ist im Einzelnen umstritten.[150] Bei der Mandatierung wird man jedenfalls eine hinreichend eindeutige, grundsätzlich vorgängige Ermächtigung verlangen müssen.[151] Seit 2011 wurde kein derartiges Mandat mehr erteilt.

d) Rechtliche Konsequenzen einer Verletzung und Durchsetzung des Gewaltverbots

Die *Durchsetzung der Beachtung des Gewaltverbots* ist eine der schwierigsten Fragen in 25 den heutigen internationalen Beziehungen. Die vielen bewaffneten Konflikte, die es trotz des Gewaltverbots gibt, beweisen es schmerzlich. Deshalb muss die Frage gestellt werden, welche Konsequenzen eine Verletzung des Gewaltverbots gemäß dem Völker-

---

146 *Krisch,* Unilateral Enforcement of the Collective Will, MPYUNL 3 (1999) 59 ff; *Weller,* Enforced Negotiations, Int Peacekeeping 5 (1999) 4 ff; zu den SR-Res bzgl Irak *Frowein,* Unilateral Interpretation of Security Council Resolutions, FS Jaenicke, 1998, 97 ff; *Kohen* (Fn 53) 214; *Leurdijk/Siekman,* The Legal Basis for Military Action against Iraq, Int Peacekeeping 4 (1998) 71 ff; *Lobel/Ratner,* Bypassing the Security Council, AJIL 93 (1999) 124 ff; *Weller,* The Threat or Use of Force in a Unipolar World, Int Peacekeeping 4 (1998) 63 ff; *White,* The Legality of the Threat of Force against Iraq, Security Dialogue 30 (1999) 75 ff; *Zedalis,* Dealing with Weapon Inspections Crisis in Iraq, ZaöRV 59 (1999) 37 ff.
147 Schreiben der Vertreter der Vereinigten Staaten und Großbritanniens an den Präsidenten des Sicherheitsrats, UN Doc S/2003/350 und 351; *Greenwood,* The Legality of the Use of Force, in Bothe et al (Hrsg), Redefining Sovereignty, 387 ff; *Taft,* Preemption, Irak and International Law, AJIL 97 (2003) 557 ff; *Wedgwood* (Fn 91); *dies,* The Military Action in Iraq and International Law, FS Dinstein, 2007, 229 (234).
148 Ausführlich *Weller,* Iraq and the Use of Force in International Law, 2010; *Bothe,* Der Irak-Krieg und das völkerrechtliche Gewaltverbot, AVR 41 (2003) 255 (262 ff); *ders,* Has Article 2 (4) Survived the Iraq War?, in Bothe et al (Hrsg), Redefining Sovereignty, 417 ff; *Corten,* Opération *Iraqi Freedom,* RBDI 36 (2003) 206 ff; *Schaller* (Fn 91) 649 ff.
149 Zum diesbezüglichen Streit um die Intervention einiger NATO-Staaten in Libyen 2011 vgl *Bothe,* Tatsachenfeststellung (Fact-finding) als Mittel der Durchsetzung von Menschenrechten und humanitärem Völkerrecht, FS Klein, 2013, 1007 (1030 ff).
150 Vgl dazu u Rn 51.
151 Die Praxis gibt allerdings zu manchen Zweifeln Anlass. In Liberia und Sierra Leone hat der Sicherheitsrat erst Maßnahmen ergriffen, nachdem ECOWAS mit Truppen (ECOMOG – ECOWAS Military Observer Group) bereits eingegriffen hatte. Dieses Eingreifen wurde vom Sicherheitsrat ausdrücklich gelobt; vgl für Liberia S/RES/866 v 22.9.1993, für Sierra Leone S/RES/1181 v 13.7.1998; zu diesen und weiteren Unklarheiten *Czaplinsky,* FS Degan, 2005, 39 (44 ff); *Lowe/Tzanakopoulos* (Fn 107) Rn 20; *Gestri,* ECOWAS Operations in Sierra Leone and Liberia, in Bothe et al (Hrsg), Redefining Sovereignty, 211.

recht nach sich zieht. Erstens kann diese Verletzung eine der unten[152] dargestellten Maßnahmen der kollektiven Sicherheit zur Folge haben. Zweitens löst die Verletzung das Recht anderer Staaten zur Selbstverteidigung aus.[153] Zum dritten gibt es weitere Konsequenzen, deren Grundgedanke es ist, die Verletzung des Gewaltverbots durch den Verletzerstaat zugefügte Nachteile zu sanktionieren. Dabei geht es vor allem um die Anwendung des Prinzips *ex iniuria ius non oritur*.[154]

26   In Anwendung dieses Grundsatzes sind *Verträge,* deren Abschluss durch rechtswidrige Androhung oder Anwendung von Gewalt herbeigeführt wurde, *nichtig* (Art 52 WVK).[155] Auf dem gleichen Gedanken beruht die Regel, dass unter Verletzung des Gewaltverbots herbeigeführter *Gebietserwerb nicht anerkannt* werden darf (sog *Stimson*-Doktrin), heute allgemeiner formuliert als Verbot des Gebietserwerbs durch Drohung mit oder Anwendung von Gewalt.[156]

27   Nicht durchgesetzt hat sich jedoch der Gedanke, dass Verletzungen des Gewaltverbots durchschlagen auf die zweite Ebene der rechtlichen Regeln zur Hegung von Gewalt, nämlich auf das *ius in bello.* Die Tatsache, dass im Falle eines bewaffneten Konflikts die eine Partei, die das Gewaltverbot verletzt, eine Aggression begangen hat, führt nicht dazu, dass diese Partei bei der Anwendung des Rechts bewaffneter Konflikte diskriminiert wird. Andernfalls könnte das völkerrechtliche Kriegsrecht seine konflikteindämmende Wirkung nicht entfalten.[157] Dies ändert aber nichts daran, dass der Staat, der das Gewaltverbot verletzt, ein *völkerrechtliches Delikt* begeht und deshalb *für* jeden *Schaden ersatzpflichtig* ist, der durch diese Verletzung entstanden ist, auch für Schäden, die durch

---

152 Vgl u Rn 32 ff.

153 Vgl o Rn 19.

154 *Lagerwall,* Le principe ex injuria jus non oritur en droit international, 2016.

155 *Bothe,* Consequences of the Prohibition of the Use of Force, ZaöRV 27 (1967) 507 ff; *Schröder,* Treaties, Validity, MPEPIL X, 51 ff.

156 So der SR in seiner Res 242 v 1967 in Bezug auf das Palästina-Problem, die Generalversammlung in der *Friendly Relations*-Erklärung (Res 2625 [XXV] v 24.10.1970) sowie in Bezug auf die Annexion der Krim durch Russland (A/RES/68/262 v 1.4.2014), ferner der IGH im *Mauer*-Gutachten (§ 87); zur früheren Rechtslage *Grant,* Doctrines (Monroe, Hallstein, Brezhnev, Stimson), MPEPIL III, 181 (Rn 8), zur Krim *Marxsen,* The Crimea Crisis, ZaöRV 74 (2014), 367 (390); *Bothe,* The Current Status of Crimea, MLWR 53 (2014) 99 ff; *Grant,* Annexation of Crimea, AJIL 109 (2015) 68 ff; *Azarova,* An Illegal Territorial Regime? On the Occupation and Annexation of Crimea as a Matter of International Law, in Sayapin/Tsybulenko (Fn 2) 41 ff. Das Verbot der Anerkennung von Gebietserwerb wurde bezüglich der Annexion von Teilen des Gebiets der Ukraine durch Russland bestätigt durch A/RES/ES-11/4 v 13.10. 2022. Dem steht nicht entgegen, dass der SR bei einer faktischen Situation, die unter Verletzung des Gewaltverbots entstanden ist, zur Friedenserhaltung zunächst vom geschaffenen *fait accompli* ausgeht. Dies war der Fall bei den Res des SR nach der Kosovo-Kampagne der NATO (Res 1244 [1999]) und nach der Besetzung des Irak durch die Koalitionsstreitkräfte (Res 1483 und 1511 [2003]). In diesen Fällen wurde eine UN-Verwaltung bzw eine Militärpräsenz mit UN-Mandat etabliert, die auf den durch die ausländische Intervention geschaffenen Gegebenheiten aufbaut. Dies stellt aber keine nachträgliche Genehmigung der jeweiligen Interventionen dar. Vgl dazu *Lagerwall,* L'administration du territoire irakien, RBDI 39 (2001) 249 (267 ff).

157 Vgl u Rn 56 ff; vgl die Präambel des ZP I.

Kriegshandlungen entstanden sind, die nach den Maßstäben des *ius in bello* rechtmäßig sind.[158] Dieser Grundsatz, dass der Aggressor für den gesamten durch seine Aggression verursachten Schaden einzustehen hat, ist durch den Sicherheitsrat im Falle des Golfkonflikts bestätigt worden. Der Irak ist für alle durch seinen Einmarsch in Kuwait 1990 entstandenen Schäden ersatzpflichtig. Zum ersten Mal hat der Sicherheitsrat in diesem Fall auch ein Verfahren zur Anwendung dieses Grundsatzes beschlossen, nämlich die Einsetzung der United Nations Compensation Commission.[159] Die Geltendmachung von Schadenersatzansprüchen wegen Verletzungen des Gewaltverbots in zwischenstaatlichen Streitregelungsverfahren, sowohl vor dem IGH[160] als auch in Schiedsverfahren,[161] ist heute ein wichtiger Aspekt der Durchsetzung des Gewaltverbots. Es zeigt sich hier, dass der hochpolitische Charakter einer Streitigkeit deren Justiziabilität nicht ausschließt,[162] wenngleich nicht zu verkennen ist, dass es erhebliche politische Hinderungsgründe dafür gibt, solche Streitigkeiten gerichtlich auszutragen.[163]

---

158 *Kadelbach,* Staatenverantwortlichkeit für Angriffskriege und Verbrechen gegen die Menschlichkeit, BerDGVR 40 (2001) 63 (75). Hinsichtlich des Ukraine-Konflikts sieht die UN GA Russland sowohl für die Verletzung des Aggressionsverbots als auch für Verletzungen des humanitären Völkerrechts und der Menschenrechte als schadenersatzpflichtig an, s Res ES-11/5 v 14.11.2022.

159 S/RES/687 v 3.4.1991, §§ 16ff; *d'Argent,* Les réparations de guerre en droit international public, 2002, 352ff; *Kazazi,* United Nations Compensation Commission and Liability for Use of Force, ZaöRV 78 (2018) 603ff.

160 Vgl die Urteile des IGH in den Fällen *Nicaragua, Oil Platforms* und *Congo/Uganda Reparation.* Nur das letztere Verfahren ist allerdings bis zum Ende erfolgreich durchgeführt worden. Zur Rolle des IGH *Bothe,* Rechtliche Hegung von Gewalt zwischen Theorie und Praxis, FS Hafner, 2008, 141 (147ff); *Green,* The International Court of Justice and Self-Defence in International Law, 2009; *McKeever,* The Contribution of the International Court of Justice to the Law on the Use of Force, NordJIL 78 (2009) 361ff; *Pinto,* L'emploi de la force dans la jurisprudence des tribunaux internationaux, RdC 331 (2007) 9ff; *Torres Bernárdez,* The Use of Force in the Jurisprudence of the International Court of Justice, FS Degan, 2005, 3ff. Im Hinblick auf die Zuständigkeit des IGH für die Konventionen über Völkermord und Rassendiskriminierung (CERD) werden Verfahren, bei denen es in der Sache um die Verletzung des Gewaltverbots geht, mitunter um die Rechtsbehauptung geführt, eine Konfliktpartei habe sich eines Völkermords (oder auch nicht) oder einer Rassendiskriminierung schuldig gemacht. Bsp sind die Klagen Serbiens gegen NATO-Staaten wegen der Intervention im Kosovo 1999 *(Kosovo)* und die Klage der Ukraine gegen Russland, mit der sich die Ukraine gegen den Vorwurf des Völkermords wehrt *(Genocide Convention 3).*

161 Vgl zB die zwischen Eritrea und Äthiopien im Rahmen des Ständigen Schiedshofs eingerichtete Claims Commission: Partial Award: Jus ad Bellum, Ethiopia's Claims 1-8, 19.12.2005; Final Award: Ethiopia's Damage Claims, 17.8.2009; dazu *Weeramantry,* International Law as to the Use of Force, in De Guttry/Post/Venturini (Hrsg), The 1998–2000 War between Eritrea and Ethiopia, 2. Aufl 2021, 287ff; krit *Gray,* The Eritrea/Ethiopia Claims Commission Oversteps Its Boundaries, EJIL 17 (2006) 699ff. De facto eine Variante eines Schieds- oder Vermittlungsverfahrens war die von der EU eingesetzte Ermittlungskommission zum Konflikt zwischen Russland und Georgien 2008/09, die offenbar nicht vereinbart, aber von den Parteien, auch Süd-Ossetien und Abchasien, kooperativ geduldet wurde. Die Kommission traf Feststellungen sowohl zum *ius contra bellum* als auch zum *ius in bello.* Die Einsetzung erfolgte durch Beschluss 2009/901/GASP des Rates v 2.12.2008, Bericht veröffentlicht unter <www.ceiig.ch>.

162 So die st Rechtspr des IGH, vgl etwa das *GV-Nuklearwaffen-Gutachten,* § 13.

163 Das ist wohl der immer noch bedenkenswerte Kern der Thesen von *Morgenthau,* La notion du „politique" et la théorie des différends internationaux, 1933, 87.

28   Eine weitere Konsequenz der Verletzung des Gewaltverbots ist die *persönliche straf-rechtliche Verantwortlichkeit* derer, die eine solche Verletzung vorbereiten oder ent-scheiden. Der Gedanke einer persönlichen strafrechtlichen Verantwortlichkeit nach Völ-kerrecht für Vorbereitung und Führen eines Angriffskriegs wurde zuerst im Statut des Nürnberger Internationalen Militärgerichtshofs und in dem des Internationalen Militär-gerichtshofs für den Fernen Osten verwirklicht.[164] Eine Kodifizierung dieses Prinzips durch völkerrechtlichen Vertrag war lange Zeit nicht möglich. Die Arbeiten an einem *Code of Offences Against the Peace and Security of Mankind,* die von den UN durchgeführt wurden, sind 1957 suspendiert und 1978 wieder aufgenommen worden. 1996 haben sie zur Annahme eines Konventionsentwurfs durch die ILC geführt.[165] In den Bestimmungen über die Strafgewalt der Internationalen Strafgerichtshöfe zur Bestrafung der Rechtsver-letzungen im ehemaligen Jugoslawien und in Ruanda war die Verletzung des Gewaltver-bots nicht enthalten.[166] Dagegen sieht das Statut des Internationalen Strafgerichtshofs (IStGH) das völkerstrafrechtliche Delikt der Aggression vor,[167] jedoch nur für die Staaten, die das entsprechende Amendment des Statuts akzeptiert haben.[168] Im Hinblick auf die

---

164 Charta des Internationalen Militärgerichtshof von Nürnberg, abgedr in AJIL 33 (1945), Suppl, 259 ff; die des Internationalen Militärgerichtshofs für den Fernen Osten ist abgedr in Dinstein/Tabory (Hrsg), War Crimes in International Law, 1996, 399 ff. S dazu *Schabas,* Nuremberg and Aggressive War, in Sadat (Hrsg), Seeking Accountability for the Unlawful Use of Force, 2018, 58 ff; *Cryer,* The Tokyo Military Tribu-nal and Crimes against Peace (Aggression), ebd 80 ff. Umfassend die Darstellung in Kreß/Barriga (Fn 5).

165 Zu den neueren Entwicklungen *Allain/Jones,* A Patchwork of Norms, EJIL 8 (1997) 100 ff; Report der ILC (A/48/10) mit Kommentierung (YBILC 1996-II, 2); Draft Code of Crimes against the Peace and Security of Mankind, ILM 30 (1991) 1584 ff; *Thiam,* Eleventh Report of the Special Rapporteur, YBILC 1993-I, 5 ff. Zum Ganzen *Schröder,* 7. Abschn Rn 38 ff.

166 Statute of the International Tribunal for the Prosecution of Persons Responsible for Serious Violati-ons of International Humanitarian Law Committed in the Territory of the Former Yugoslavia since 1991, ILM 32 (1993) 1192 ff; Statute for the Criminal Tribunal for the Prosecution of Persons Responsible for Ge-nocide and Other Serious Violations on the Territory of Rwanda and Rwandan Citizens Responsible for Genocide and Other Such Violations Committed in the Territory of Neighbouring States between 1.1.1994 and 31.12.1994, ILM 33 (1994) 1602 ff.

167 Art 5 Abs 1 lit d des Statuts, ILM 37 (1998) 999; vgl schon Art 27 Draft Articles of the International Law Commission for an International Criminal Tribunal, ILM 33 (1994) 258 (270); hierzu *Crawford,* The ILC Adopts a Statute for an International Criminal Tribunal, AJIL 89 (1995) 404 ff; vgl die Beiträge in ASIL Proc 96 (2002) 181; *Gaja,* The Long Journey towards Defining Aggression, in Cassese/Gaeta/Jones (Hrsg), The Ro-me Statute of the International Criminal Court, Bd I, 2002, 427; *Sayapin,* The Definition of the Crime of Ag-gression for the Purpose of the International Criminal Court, JCSL 13 (2008) 333 ff.

168 Herbst 2022 44 Staaten, wobei bislang die wesentlichen Militärmächte fehlen. Die notwendige Ergän-zung des Statuts wurde auf der Vertragsstaatenkonferenz 2010 angenommen (Res RC/Res.6 v 11.6.2010) und entsprechend diesem Beschluss 2017 „aktiviert" (ICC-ASP/16/Res.5 v 14.12.2017). Für Deutschland wur-de diese Änderung umgesetzt durch § 13 VStGB, vgl dazu Entwurf des dt Zustimmungsgesetzes (BT-Drs 17/ 10975 v 15.10.2012 sowie Drs 18/8621 v 1.6.2016). Grundlegende Dokumentation: Barriga/Kreß (Hrsg), The Travaux Préparatoires of the Crime of Aggression, 2011. Vgl *Kreß/von Holtzendorff,* The Kampala Compro-mise on the Crime of Aggression, JICJ 9 (2010) 1179 ff; *Dinstein,* War, 131 ff; *Heinsch,* The Crime of Aggressi-on after Kampala, GoJIL 2 (2010) 713 ff; *Kaul,* Kampala June 2010, ebd 649 ff; *O'Connell/Niyazmatov,* What is Aggression? Comparing the *Jus ad Bellum* and the ICC Statute, JICJ 10 (2012) 189 ff; *Zimmermann,* Amen-

bislang fehlende Praxis kann man bezweifeln, ob das Prinzip der persönlichen strafrechtlichen Haftung für das Führen eines Angriffskriegs bereits Bestandteil des völkerrechtlichen Gewohnheitsrechts geworden ist.[169] Allerdings haben die Strafgesetze vieler Staaten im nationalen Recht solche Taten unter Strafe gestellt (für Deutschland vgl den auf der Grundlage des Verfassungsgebots des Art 26 GG entstandenen § 80 StGB, nunmehr ersetzt durch Art 13 VStGB). Letzteres weist allgemein auf die mögliche Bedeutung des innerstaatlichen Rechts für die Durchsetzung des Gewaltverbots hin, die allerdings nicht überschätzt werden darf.[170]

e) Funktion und Bedeutung des Gewaltverbots

Dem völkerrechtlichen Gewaltverbot liegt das Konzept zugrunde, dass Recht einen Beitrag zur Gewaltverhinderung leisten kann und muss. An dieser Stelle setzen freilich kritische Fragen an. Die geschichtliche Erfahrung lehrt, dass trotz Bestehens des Gewaltverbots weiter bewaffnete Konflikte stattgefunden haben. Allein die Tatsache, dass eine Norm verletzt wurde, beweist freilich noch nicht ihre mangelnde Geltung. Man könnte auch fragen, ob durch das Gewaltverbot überhaupt ein bewaffneter Konflikt verhindert wurde. Die Tatsache, dass daran zu zweifeln ist, beweist auch nicht die mangelnde Geltung. Es gilt vielmehr, sich an die Entstehung des Gewaltverbots aus einer Skandalisierung der öffentlichen Meinung zu erinnern.[171] Das Gewaltverbot entstand nicht, weil es einer schon bestehenden Praxis entsprach, sondern weil es eine bestehende Praxis zu ändern galt. Es formuliert eine kontrafaktische Erwartung. Es lebt aus dem Rechtsbewusstsein. Das betrifft seine Geltung[172] und praktische Wirksamkeit. Die rechtlichen Diskurse, die praktisch jede Anwendung militärischer Gewalt begleiten, und an denen sehr unterschiedliche Akteure,[173] auch internationale Gerichte,[174] beteiligt sind, sind ein Kampf um Auslegungen und um praktische Wirksamkeit der Normen. Ein sehr komplexes Geflecht von Einflüssen und Erwägungen trägt staatliche Entscheidungen,

29

---

ding the Amendment Provisions of the Rome Statute: The Kampala Compromise on the Crime of Aggression and the Law of Treaties, ebd 409ff; *Trahan*, The Crime of Aggression and the International Criminal Court, in Sadat (Fn 164) 303ff.

169 Grundsätzlich dafür *Dinstein*, The Crime of Aggression under Customary International Law, in Sadat (Fn 164) 285ff.

170 *Bothe/Fischer-Lescano*, The Dimensions of Domestic Constitutional and Statutory Limits on the Use of Military Force, in Bothe/O'Connell/Ronzitti (Hrsg), Redefining Sovereignty, 2005, 195ff; für Deutschland *Bothe*, in Kahl/Waldhoff/Walter (Fn 12) Art 26, insbes A.II.3 und D.I.1.a.

171 S o Rn 4.

172 S o Rn 9.

173 *Bothe* (Fn 160) 145ff; *Heintze*, „Neue Kriege" und ihre völkerrechtlichen Rechtfertigungen, in Heintze/Fath-Lihic (Hrsg), Kriegsbegründungen, 2008, 59ff; zum Irakkrieg vgl *Liste*, Völkerrecht-Sprechen, 2012, insbes 171ff; ebenso zahlreiche Beiträge in Ambos/Arnold (Hrsg), Der Irak-Krieg und das Völkerrecht, 2004.

174 *Pinto* (Fn 160) 145.

einen Konflikt mit Gewalt auszutragen oder nicht. Es lassen sich Fälle nachweisen, in denen das Recht in diesem Geflecht von Einflüssen und Erwägungen jedenfalls ein Element war.[175] *Das Gewaltverbot delegitimiert Gewalt* und *erhöht* damit die *politischen Kosten von Gewaltanwendung.* Verfahren der formellen Feststellung von Rechtsverletzungen oder von Fehlen einer solchen Verletzung verstärken diese legitimierende oder delegitimierende Kraft des Rechts.

30   Die Entwicklung des völkerrechtlichen Gewaltverbots beruht auf dem Gedanken, dass fundamentale gesellschaftliche Unwerturteile sich auch in rechtlichen Verboten niederschlagen sollen. Es geht um eine *Kongruenz von Recht und Moral.* Aus dieser Sicht ist das Gewaltverbot aber auch gerade in letzter Zeit Zweifeln ausgesetzt. Im Zusammenhang mit dem Kosovo wurde die These aufgestellt, das militärische Eingreifen der NATO-Staaten sei wenn nicht rechtlich, so doch moralisch gerechtfertigt.[176] Mit einem ähnlichen Anspruch kommt auch die politische Legitimation von Gewaltmaßnahmen durch Sicherheitsbedürfnisse einher, die zu einer missbräuchlichen Überziehung des Selbstverteidigungsrechts führt.[177] Vollends bedenklich ist es, wenn zB Luftangriffe der USA, Großbritanniens und Frankreichs auf Syrien, die auf den Einsatz chemischer Waffen durch Regierungstruppen reagierten, ohne jede juristische Begründung als verständlich oder „erforderlich und angemessen" angesehen werden.[178] Eine solche moralische oder politische Delegitimierung einer grundlegenden Norm des Völkerrechts kann auf Dauer nicht ohne Konsequenzen für das positive Recht bleiben. Deswegen ist daran zu erinnern, dass die negative gesellschaftliche Bewertung des Phänomens der militärischen Gewalt, die zu der rechtlichen Entwicklung des Gewaltverbots geführt hat, in dem unerträglichen Leiden begründet ist, das durch die Kriege des letzten Jh verursacht wurde. Diese *letztlich menschenrechtliche Begründung des Gewaltverbots* gilt noch immer.[179] Die Reaktion auf Schwächen der internationalen Ordnung bei der Durchsetzung grundlegen-

---

175 Instruktiv *Westra,* International Law and the Use of Armed Force, 2007, 81 ff zu verschiedenen US-amerik Interventionen im karibischen Raum sowie 126 ff, 146 ff zum amerik-brit Vorgehen gegen den Irak. Das Rechtsargument wird hier vor allem als ein Mittel erkannt, den möglichen Widerstand dritter Staaten gegen das militärische Vorgehen zu schwächen.

176 Vgl von den US-amerik Stimmen *Reisman,* Kosovo's Antinomies, AJIL 93 (1999) 860 ff; zur moralischen Frage *Habermas,* Bestialität und Humanität, Die Zeit Nr 18/1999. Die Kritik an der moralischen Rechtfertigung stellt zT darauf ab, dass die eingesetzten Mittel unangemessen waren; Diskussion bei *Mayer* (Fn 5) 299; grundsätzlicher krit *Hoeres,* Krieg und Pazifismus, in Heintze/Fath-Lihic (Fn 173) 41 (52 ff); vgl auch *Ipsen,* Legitime Gewaltanwendung neben dem Völkerrecht?, FS Delbrück, 2005, 371 ff.

177 Krit dazu *Sadat,* The Urgent Imperative of Peace, in ders (Fn 164) 548 ff. Eine andere Art der moralischen Rechtfertigung von Gewalt sind gewisse Theorien des „Jihad", die aber keineswegs akzeptierte Lehren des Islam sind; vgl *Bassiouni,* Evolving Approaches to Jihad, CJIL 8 (2007/08) 119 ff.

178 So Bundeskanzlerin *Merkel,* vgl Zeit-online v 14.4.2018; vgl die Wiedergabe des einschlägigen rechtlichen Diskurses in United States Bombs Syrian Government Facilities in Response to Chemical Weapons Use, AJIL 112 (2018) 522 ff.

179 Schon US-Präsident *Roosevelt* fomulierte diese als „Freedom from Fear"; so auch die Überschrift des Kapitels über Bedrohungen der internationalen Sicherheit in dem Bericht des UNSG *Annan,* In Larger Freedom: Towards Development, Security and Human Rights for All, UN Doc A/59/2005 v 21.3.2005, §§ 74 ff.

der Werte dieser Ordnung kann darum nicht in einer Reduktion des Gewaltverbots durch Legitimierung einseitiger Gewalt von Militärmächten liegen, sondern nur in einer Stärkung der Organisation dieser Ordnung, insbes in einer rechtzeitigen Besinnung auf nicht-gewaltsame Verfahren des Interessenausgleichs und der Rechtsdurchsetzung.[180]

2. Rahmenbedingungen des Gewaltverbots
a) Friedliche Streitbeilegung und friedlicher Wandel

Verzicht auf Gewalt ist letztlich nur akzeptabel, wenn die Durchsetzung von Rechten und Interessen auf friedlichem Wege möglich ist. Deshalb ist eigentlich eine Vorbedingung für das Funktionieren des Gewaltverbots ein funktionierendes *System friedlicher Streitbeilegung*[181] und die Möglichkeit des *peaceful change*. Diese Vorbedingung ist aber *nur unvollkommen* gegeben. Das System friedlicher Streitbeilegung hat sich in den letzten zwei Jahrzehnten dynamisch entwickelt, weist aber immer noch Lücken auf. Die Möglichkeiten des friedlichen Wandels, die neuen Problemen und Interessenlagen Rechnung tragen, sind trotz der erheblichen Fortschritte der Rechtstechniken vertraglicher Regelungen durch die Langsamkeit der Entwicklung des Konsensrechts im Völkerrecht eingeschränkt.[182] Ferner setzt ein Verzicht auf gewaltsame Selbsthilfe auch voraus, dass die Gemeinschaft gegen Rechtsbrecher vorgeht und die Opfer eines Rechtsbruchs in Schutz nimmt. Dies ist der Grundgedanke der sog kollektiven Sicherheit. Auch diese Vorbedingung des Gewaltverbots ist in der Praxis nur unvollkommen verwirklicht. Denn der Sicherheitsrat als wesentlicher Entscheidungsträger dieses Systems ist auch nach dem Ende des alten Ost-West-Konflikts zu oft blockiert und in der Wahrnehmung seiner Verantwortung immer wieder unangemessen selektiv. Insbes angesichts der Wiederbelebung alter und Entstehung neuer weltpolitischer Großkonflikte ist er neuerlich wieder weniger in der Lage, dieser Verantwortung gerecht zu werden. Diese Mängel bei den wichtigen Rahmenbedingungen des Gewaltverbots haben dessen Geltung freilich bislang nicht einzuschränken vermocht.[183] Die Satzungen zur Gründung der Organisationen, deren Aufgabe die Erhaltung des Friedens war und ist, haben die genannten Rahmenbedingungen des Gewaltverbots durchaus zu verwirklichen versucht. Die *Satzung des Völkerbunds* sah eine *Verpflichtung zur friedlichen Streitbeilegung* vor, die primär durch Schiedsgerichtsbarkeit oder ein gerichtliches Verfahren erfolgte (Art 12–14). Konnte eine Streitigkeit anders nicht geregelt werden, so war der Rat des Völkerbunds das zuständige Organ. In ihm hatten die Großmächte der Zeit nach dem Ersten Weltkrieg einen ständigen Sitz. Wir finden also auch hier schon das Prinzip der Großmachtregie. Der Rat konnte einstimmig (ohne die Stimmen der Konfliktparteien) eine Lösung vorschlagen. Ein

31

---

180 *Chinkin* (Fn 108) 841 ff; *Falk,* Kosovo, World Order, and the Future of International Law, AJIL 93 (1999) 847 ff; *Fassbender* (Fn 6) 256.
181 Vgl <u>*Schröder*</u>, 7. Abschn Rn 60 ff.
182 Vgl <u>*Kämmerer*</u>, 1. Abschn Rn 41 ff.
183 *Schindler*, in ders/Hailbronner, Grenzen, 18 f, 40 f.

Kriegsverbot bestand während des Verfahrens der friedlichen Streitbeilegung und zugunsten der Partei, die sich einem Schiedsspruch, einem gerichtlichen Verfahren oder einem einstimmig gefassten Ratsbeschluss unterwarf. Obwohl das System friedlicher Streitbeilegung sich in der Völkerbundszeit stark entwickelte, ist es letztlich an den gleichen Gründen gescheitert wie das sogleich zu behandelnde System der kollektiven Sicherheit. Auch die *UN-Charta* bekennt sich zum *Prinzip der friedlichen Streitbeilegung* (Art 2 Nr 2). Das *Prinzip des friedlichen Wandels* wird ebenfalls sowohl in der Satzung des Völkerbunds (Art 19) als auch in der UN-Charta (vor allem Art 14) angesprochen. Die Verwirklichung in der Praxis bleibt trotz aller Fortschritte der letzten Jahre unvollkommen.[184]

b) Das System der kollektiven Sicherheit
Entwicklung

32 Zum System der kollektiven Sicherheit[185] gehört zweierlei: einmal ein multilaterales „Krisenmanagement", zum anderen die Möglichkeit, jedenfalls als letztes Mittel, den Rechtsbrecher mit Gewalt auf die Einhaltung der Regeln der Gemeinschaft zu verpflichten. Es muss also sowohl die militärische Fähigkeit als auch die politische Entschlossenheit und Solidarität vorhanden sein, um einen möglichen Aggressor abzuschrecken oder ihn ggf zu besiegen. Der Gedanke der kollektiven Sicherheit hat an sich eine *längere Tradition* in der Staatstheorie und Philosophie.[186] In der Praxis des vorletzten Jh wurde davon aber nur der Gedanke eines jeweils aus Anlass konkreter Konflikte durchgeführten *multilateralen crisis management* im sog Europäischen Konzert verwirklicht. Nachdem ein solches vor dem Ersten Weltkrieg nicht zustande kam, war es Ziel des Völkerbunds, hierfür ein ständiges Forum zu bilden. Dies war die Hauptzuständigkeit des Rates des Völkerbunds, in dem die damaligen Großmächte einen ständigen Sitz hatten. Dazu war unter gewissen Bedingungen die Möglichkeit vorgesehen, wenn dieses System nicht zum Erfolg führte, gegen den Rechtsbrecher mittels nicht-militärischer (Art 16 Abs 1 SVB) und militärischer Zwangsmaßnahmen (Art 16 Abs 2 SVB) vorzugehen.

33 Obwohl sich dieses System in den 1930er Jahren als erfolglos erwies, wurde es in seinen Grundzügen in die UN-Charta übernommen.[187] Geblieben ist insbes das Grundprinzip der Zuständigkeit eines Rats mit beschränkter Mitgliederzahl (Sicherheitsrat), in dem die Großmächte der Gründungszeit einen ständigen Sitz haben. Nach dem Wortlaut der UN-Charta bedarf jede Sachentscheidung der Zustimmung der ständigen Ratsmitglieder,

---

184 *Owada,* Peaceful Change, MPEPIL VIII, 175 ff; *Graf Vitzthum,* Friedlicher Wandel durch völkerrechtliche Rechtsetzung, in Delbrück (Hrsg), Völkerrecht und Kriegsverhütung, 1979, 123 ff.
185 *De Wet/Wood* (Fn 12); vgl auch *Haas,* The Collective Management of International Conflict, 1945–1984, in UNITAR (Hrsg), The United Nations and the Maintenance of International Peace and Security, 1987, 3 ff.
186 Vor allem *Kant,* Zum ewigen Frieden, 1795. Vgl *Sohn,* Peace, Proposals for the Preservation of, EPIL III (1997) 926 ff.
187 *Bothe,* in Simma u a (Fn 22), Peacekeeping, Rn 2 ff.

Bothe

was jedoch in der Praxis dahin modifiziert wurde, dass sie nur mit einer Neinstimme eine Entscheidung verhindern (sog Vetorecht, Art 27), jedoch nicht durch Enthaltung oder Fernbleiben von einer Abstimmung. Das politische Konzept dieses Systems kollektiver Sicherheit war im Grunde die Fortführung der Situation des Zweiten Weltkriegs. Es beruhte darauf, dass die vier (später fünf) Großmächte gemeinsam bereit und in der Lage wären, jeden Aggressor zur Raison zu bringen. Dieses System war insoweit realistisch, als eine entsprechende Militäraktion ohne oder gegen den Willen einer Großmacht nicht möglich war. Unrealistisch war hingegen die Annahme, dass die kriegsbedingte Einigkeit der Großmächte sich fortsetzen könnte. Als nach dem Zweiten Weltkrieg der Ost-West-Gegensatz etabliert und der Kalte Krieg ausgebrochen war, war der Sicherheitsrat nicht mehr entscheidungsfähig. Die politische Reaktion hierauf war zunächst der Versuch, die Zuständigkeit zur Friedenserhaltung in die Generalversammlung zu verlagern. Dies war der Sinn der *Uniting for Peace*-Resolution.[188] Dieser Weg erwies sich aber politisch nicht als gangbar. So zeigte sich schließlich das Konzept einer *Friedenserhaltung durch Zwang* in der UN-Realität als *nicht durchführbar*. Es musste also die Lösung in einer *Friedenserhaltung durch Konsens und Kooperation* gesucht werden. Auch hier konnten sich aber die traditionellen formalisierten Verfahren (Gerichtsbarkeit, Schiedsgerichte) zunächst nicht durchsetzen. Das wesentliche Mittel der Streitbeilegung wurde die diplomatische Verhandlung unterstützt durch Vermittlungsaktionen.[189]

Im Rahmen solcher Verhandlungslösungen entwickelten sich auch neue Konzepte 34 des Einsatzes von Streitkräften, nämlich das Konzept der *Konflikteindämmung durch den Einsatz militärischer Einheiten,* sog Peacekeeping Operations, nunmehr Peace Operations.[190] Daraus hat sich seit Ende der 1980er Jahre ein umfassenderes Konzept des

---

188 A/RES/377 (V) v 3.11.1950, abgedr in VN 28 (1980) 29; hierzu auch *Schaefer,* Die Funktionsfähigkeit des Sicherheitsmechanismus der Vereinten Nationen, 1981, 45 ff.

189 Eine Bestandsaufnahme des modernen Instrumentariums des „crisis management" bietet S/RES/2171 v 21.8.2014.

190 Aus der UN-Dokumentation vgl u a UN Doc A/47/277 (Agenda for Peace, Report of the Secretary General), §§ 46 ff; UN Doc A/50/60 (Supplement to an Agenda for Peace), §§ 8 ff. Aus der kaum mehr überschaubaren Literatur: Leuven Manual; *Bothe,* Streitkräfte internationaler Organisationen, 1968; *ders* (Fn 187); *ders,* Peacekeeping Forces, MPEPIL VIII, 225 ff; *ders,* Peace Operations, in Fleck (Hrsg), The Handbook of the Law of Visiting Forces, 2 Aufl 2018, 50 ff; *Fabian,* Soldiers Without Enemies, 1971; *Higgins,* United Nations Peace-Keeping 1946–1967, Bd I: The Middle East, 1969, Bd II: Asia, 1970, Bd III: Africa, 1980, Bd IV: Europe, 1981; *Kelly,* Restoring and Maintaining Order in Complex Peace Operations, 1999; *McCourbrey/ White,* The Blue Helmets, 1996; Kühne (Hrsg), Blauhelme in einer turbulenten Welt, 1993; Netherlands Institute of International Relations (Hrsg), Case Studies in Second Generation UN Peace-Keeping, 1994; *Oloniskan,* Reinventing Peacekeeping in Africa, Conceptual and Legal Issues in ECOMOG Operations, 2000; *Murphy,* UN Peacekeeping in Lebanon, Somalia and Kosovo, 2007; *Risse,* Der Einsatz militärischer Kräfte durch die VN und das Kriegsvölkerrecht, 1988; *Tull,* Die Peacekeeping-Krise der Vereinten Nationen, SWP-Studie S1, 2010; *Williams/Bellamy,* Contemporary Peace Operations, Int Peacekeeping 11 (2007) 1 ff. Für den jeweils neuesten Stand ist die Information über die Website der UN (<www.un.org>) unerlässlich. Vielfältige aktuelle Informationen bietet das Berliner Center for International Peace Operations (<www. zif.berlin.org>) mit wöchentlichen Updates.

differenzierten Krisenmanagements unter Einbezug militärischer Maßnahmen entwickelt, das Konfliktprävention, Konfliktregelung und Konfliktnachsorge *(post conflict peace building)* umfasst. Die Funktionen dieses militärischen Elements haben sich in komplexer Weise ausdifferenziert. Grundsätzlich ist das Krisenmanagement konsensbasiert. Darum gehört militärischer Zwang nur ausnahmsweise zu seinen Funktionen. Zu unterscheiden sind bei den konsensbasierten Operationen Beobachtermissionen und die eigentlichen Friedensstreitkräfte.[191] Die Funktion dieser militärischen Elemente besteht deshalb nicht darin, eine Konfliktlösung mit Gewalt durchzusetzen. Sie sollen vielmehr durch *Beobachtung* und/oder durch *Bildung eines Puffers* zwischen den Konfliktparteien dafür sorgen, dass der Konflikt nicht wieder in heiße Phasen gerät.[192] Ersteres ist insbes die Funktion von Beobachtermissionen: Bsp sind nach Vorläufern im Balkankonflikt und in Indonesien die 1949 gebildete, heute noch bestehende UN Truce Supervision Organisation in Palästina (UNTSO), die UN Iran-Iraq Military Observer Group zur Überwachung des Waffenstillstands zwischen Iran und Irak nach 1988 sowie die UN-Operation in Syrien (UNSMIS).[193] Die sog Friedensstreitkräfte verbinden zunächst Beobachtungs- und Pufferfunktion (Bsp: UNEF I 1956–1967, UNEF II 1973–1979, jeweils zwischen Israel und Ägypten; UNFICYP seit 1964 zwischen dem griechischen und dem türkischen Bevölkerungsteil auf Zypern; UN Disengagement Observer Force zwischen Israel und Syrien [UNDOF] seit 1974; UN Interim Force in Lebanon [UNIFIL] zwischen Israel und südlibanesischen Palästinensergruppen seit 1978;[194] UNMEE zwischen Eritrea und Äthiopien 2000–2008).[195] Komplex sind die Aufgaben der Friedensstreitkräfte dort, wo innere Konflikte ein Element der Friedensbedrohung sind. Vor allem in diesem Zusammenhang entstand das Problem, ob und in welchen Grenzen Friedensstreitkräfte militärischen Zwang anwenden dürfen und uU müssen, so zuerst bei der UN-Friedensstreitmacht im Kongo 1960–1964 (ONUC).[196] In diesem Zusammenhang wurde das Pufferkonzept dadurch erweitert, dass die Friedensstreitkräfte Schutzzonen für die Zivilbevölkerung bilden (so vor allem in bestimmten Phasen des Jugoslawienkonflikts)[197] oder sonst die Konfliktopfer militärisch schützen (Jugoslawien, Somalia). Aufgaben der *Erhaltung der inneren Ordnung* hatten UN-Organe dann, wenn militärische Elemente Bestandteile einer UN-Aktion der Konfliktnachsorge (UN-Aktion in Kambodscha [UNTAC]; Unterstützungsgruppe für den Sonderbeauftragten für die Westsahara nach dem Frie-

---

191 *Bothe* (Fn 187) Rn 7, 15.
192 Vgl zu den einzelnen Peace-Keeping-Maßnahmen der Vereinten Nationen *Bothe* (Fn 187) Rn 7.
193 S/RES/2043 v 21.4.2012.
194 S/RES/425 v 19.3.1978. Nach dem Libanon-Konflikt im Sommer 2006 wurden die Befugnisse dieser Streitmacht erweitert, S/RES/1710 v 11.8.2006. Einzelheiten des Mandats sind str; letzte Verlängerung S/RES/2591 v 31.8.2022.
195 S/RES/1312 v 30.6.2000 und 1827 v 31.7.2008.
196 *Bothe,* Peace Operations, in Fleck (Hrsg), The Handbook of the Law of Visiting Forces, 50 (53f); zum Kongo vgl S/RES/143 v 14.7.1960, 145 v 22.7.1960, 146 v 17.9.1960, 161 v 21.2.1961 bzw 24.11.1961.
197 Rn 36.

densplan des Sicherheitsrats [MINURSO]; Konfliktnachsorge in Haiti [MINUSTAH], Konfliktnachsorge im Zusammenhang mit der Unabhängigkeit des Südsudan [UNISFA, UNMISS]) sind[198] oder einer UN-Verwaltung zugeordnet werden (UN Security Force in West-Iran 1962 bis 1963; UN Transition Assistance Group in Namibia von 1989–1990; UN Transitional Administration in East Timor [UNTAET]).[199]

Das Ende des Kalten Kriegs führte zunächst dazu, dass lange bestehende Gründe für **35** die Handlungsunfähigkeit des Sicherheitsrats entfielen. Die beinahe automatische Blockierung jeder Entscheidung durch ein Veto war nicht mehr gegeben. Die militärische Antwort auf die Aggression des Irak gegen Kuwait schien die Möglichkeit zu zeigen, zum ursprünglichen Konzept einer Friedenssicherung durch Zwang unter der Regie der Großmächte zurückzukehren. Allerdings entsprach die militärische Aktion gegen den Irak, die zur *Befreiung Kuwaits* führte, nicht völlig dem Konzept von Zwangsmaßnahmen iSv Art 42 der UN-Charta.[200] Die Entscheidung über den Einsatz von Gewalt lag in Wahrheit nicht bei den UN, sondern bei der Gruppe der zur Gewaltausübung ermächtigten Staaten. Eine so weitgehende Ermächtigung zum einseitigen, von den UN nicht mitgesteuerten Einsatz von Gewalt hat es seitdem nicht wieder gegeben. Allerdings sind enger begrenzte Ermächtigungen durch den Sicherheitsrat, die zu militärischer Gewalt ermächtigen, ständige Praxis geworden.

In den Konflikten im Zusammenhang mit dem *Zerfall Jugoslawiens*[201] wurden, wie **36** schon im Irak-Kuwait-Fall, nicht-militärische Zwangsmaßnahmen eingesetzt. Die militärischen Elemente der Lösung der Krise setzten jedoch zunächst auf traditionelle Konzepte der Friedensstreitkräfte mit ihren Funktionen der Beobachtung und Pufferbildung. Dazu trat dann allerdings die militärische Sicherung der Versorgung der Not leidenden Bevölkerung in Teilen von *Bosnien-Herzegowina*. Doch als es sich als notwendig erwies, zusätzlich militärischen Zwang gegen die Konfliktparteien einzusetzen (Kontrolle des Embargos in der Adria; Durchsetzung des Flugverbots über Bosnien-Herzegowina; Verteidigung von Schutzzonen), wurde eine Parallelstrategie eingesetzt. Teilweise erhielten die Friedenstruppen der UN den Auftrag zu aktivem Waffengebrauch zur Durchsetzung ihres Auftrags (sog *robust peacekeeping*), dh zu begrenzten Zwangsmaßnahmen, teilweise wurde das im Golf-Krieg verwandte Konzept bemüht, dass der Sicherheitsrat eine Gruppe von Staaten ermächtigte, militärische Gewalt einzusetzen, diesmal freilich in enger Koordination mit den UN. Die Funktionen von Peace-Keeping und Peace-Enforcement waren damit teilweise vermengt, teilweise unterschiedlichen Einheiten zugeordnet, aber doch miteinander verschränkt. Der Versuch, diese beiden unterschiedlichen Methoden des militärischen Krisenmanagements parallel und miteinander verschränkt anzuwenden, ist nicht unproblematisch. Die Friedensregelung im Dayton-Abkommen v Dezember 1995 hat

---

198 Rn 37.
199 S/RES/1272 v 25.10.1999.
200 Vgl o Rn 24.
201 Nachw in Fn 136. Vgl auch *Stahn*, International Territorial Administration in the Former Yugoslavia, ZaöRV 61 (2001) 107 ff.

das Prinzip des *Krisenmanagements durch Konsens* gegenüber dem *durch Ausübung von Zwang* deutlicher *getrennt.* Es sah als militärisches Element eine NATO-Streitmacht mit Beteiligung dritter Staaten vor, die erhebliche Zwangsbefugnisse besaß und vom Sicherheitsrat genehmigt wurde,[202] während die verbleibende UN-Präsenz im Wesentlichen auf Unterstützungsfunktionen im Bereich der Polizei beschränkt war. Noch anders ist die Aufgabenteilung bei der Konfliktregelung im *Kosovo:* Diese Provinz des ehemaligen Jugoslawiens wird von den UN treuhänderisch verwaltet (UNMIK), während die zweite, die Sicherheitskomponenente der Regelung (KFOR), in einer internationalen Streitmacht unter wesentlicher Beteiligung der NATO-Staaten mit Mandat des Sicherheitsrats besteht.[203] Das Konzept, dass die UN sich auf Peace-Keeping-Maßnahmen beschränkt, während die Streitkräfte einzelner Staaten oder Staatengruppen mit Genehmigung (Mandat) des Sicherheitsrats Maßnahmen der gewaltsamen Durchsetzung bestimmter Ziele durchführen, ist in den 1990er Jahren eine regelmäßige Praxis geworden, so in Somalia (UNITAF = United Task Force als militärische Zwangsmaßnahme;[204] UNOSOM I und II als „traditionelles" Peace-Keeping),[205] Ruanda,[206] Haiti[207] und Elfenbeinküste (MINUCI;[208] Truppen

---

202 S/RES/1031 v 15.12.1995; s auch Dayton Peace Agreement, abgedr in Int Peacekeeping 2 (1995) 141 ff. Zur Bewertung *Graf Vitzthum/Winkelmann,* Nachwort, in dies (Hrsg), Bosnien-Herzegowina im Horizont Europas, 2003, 227 ff. Die erste Streitmacht (Implementation Force – IFOR) wurde 1997 ersetzt durch die etwas anders strukturierte Stabilisation Force (SFOR). Beide waren „NATO plus"-Aktionen. Ende 2004 wurden die Funktionen von SFOR durch eine Streitmacht der EU (EUFOR/Operation Althea) übernommen, vgl S/RES/1575 v 22.11.2004; S/RES/1845 v 21.11.2008.
203 S/RES/1244 v 10.6.1999. Vgl dazu *Bothe/Marauhn,* UN Administration of Kosovo and East Timor, in Tomuschat (Hrsg), Kosovo and the International Community, 2002, 217; *Guillaume,* Le cadre juridique de l'action de la KFOR au Kosovo, ebd 243; *Ruffert,* The Administration of Kosovo and East-Timor by the International Community, ICLQ 50 (2002) 613 ff; *Stahn,* Lawmaking by International Adminstrations, Int Peacekeeping 11 (2007) 81 ff; *Tomuschat,* Yugoslavia's Damaged Sovereignty over the Province of Kosovo, in Kreijen (Hrsg), State, Sovereignty and International Governance, 2002, 323 ff; *Wills,* Occupation Law and Multinational Operations, BYIL 77 (2006) 256 (301 ff). Die Erklärung der Unabhängigkeit durch das Kosovo hat zwar Einfluss auf die Struktur der Operationen gehabt, die besagte Aufteilung aber nicht wirklich angetastet.
204 S/RES/794 v 3.12.1992.
205 S/RES/751 v 24.4.1992, abgedr in VN 1993, 63 (UNOSOM I); S/RES/814 v 26.3.1993, abgedr in UNYB 1993, 290 (UNOSOM II). Die Besonderheit von UNOSOM II bestand allerdings darin, dass diese Streitmacht auch das Mandat zu Zwangsmaßnahmen besaß, vgl dazu *Bothe* (Fn 187) Rn 49; *Dörmann,* Schutz von UN-Peace-Keeping-Truppen vor Landminen, Forschungshefte zur Friedenssicherung und zum Humanitären Völkerrecht, Bd VIII, 1995, 27.
206 S/RES/929 v 22.6.1994.
207 S/RES/940 v 31.7.1994; nach dem erneuten Konflikt 2004 wurde eine neue „Multinational Interim Force" ermächtigt (S/RES/1529 v 29.2.2004), der dann wiederum eine UN-Aktion der Konfliktnachsorge (MINUSTAH) folgte, S/RES/1542 v 30.4.2004, zuletzt verlängert S/RES/1892 v 13.10.2009. Die Operation wurde durch S/RES/1908 v 19.1.2010 aufgestockt zur Durchführung von Ordnungsaufgaben nach dem Erdbeben v 12.1.2010. Zum Ganzen *Leininger,* Democracy and UN Peace-Keeping, MPYUNL 10 (2006) 465 ff.
208 Mission des Nations Unies en Côte d'Ivoire, S/RES/1479 v 13.5.2003, dieser folgte eine volle UN-Aktion der Konfliktnachsorge, UNOCI, S/RES/1528 v 27.2.2004.

Bothe

der ECOWAS und Frankreichs mit Mandat des Sicherheitsrats).[209] Das *robust peacekeeping* mit einer Ermächtigung der UN-Streitkräfte selbst zur militärischen Durchsetzung ihrer Ziele wurde jedoch wieder belebt.[210] In diese Kategorie fallen die neueren Operationen in Afrika: MONUC in der Demokratischen Republik Kongo (neben der es allerdings zeitweise eine Streitmacht der EU [Unternehmen Artemis] mit erweitertem Mandat zum Einsatz militärischer Gewalt gab[211]),[212] später umgewandelt in MONUSCO,[213] UNOCI,[214] UNAMID,[215] UNMISS,[216] UNISFA,[217] MINUSMA,[218] und MINUSCA.[219] In Ost-Timor wurde eine mandatierte Zwangsmaßnahme (INTERFET) durch UNTAET abgelöst, einer UN-Verwaltung mit eigenen Zwangsbefugnissen,[220] der dann nach der Unabhängigkeit von Timor Leste eine neue UN-Aktion zur Unterstützung der neuen Regierung folgte (UNMISET).[221] In Afghanistan gab es eine Koalitionsstreitmacht im Rahmen der Operation *enduring freedom,* staatliche Streitkräfte ohne Mandat des Sicherheitsrats, zunächst nach wohl hM als Selbstverteidigung, nach Einsetzung einer allgemein anerkannten Regierung als Intervention mit Zustimmung gerechtfertigt, daneben mit Mandat des Sicherheitsrats die multilaterale Streitmacht ISAF[222] und eine zivile UN-Mission, die auch nach der Macht-

---

209 S/RES/1464 v 4.2.2003.

210 Zur neueren politisch-strategischen Debatte um *robust peacekeeping* und den Einsatz militärischer Gewalt durch peace operations *Malan,* Action Adapted to Circumstance. Peacekeeping Doctrine and the Use of Force, in Nadin (Hrsg), The Use of Force in Peacekeeping, 2018, 36ff, insbes 49ff. Zum *robust peacekeeping* im Libanon S/RES/1791 v 11.8.2006, dazu *Lion-Bustillo,* Is Robust Peacekeeping an Answer to the Spoiler Problem? The case of the expanded UNIFIL, in Fernández-Sánchez (Hrsg), Peacekeeping, 2018, 109ff.

211 Interim Emergency Multinational Force in Bunia, S/RES/1484 v 30.5.2003.

212 S/RES/1493 v 28.7.2003; 1906 v 23.12.2009.

213 UN Stabilization Mission in the DRC, S/RES/1925 v 28.8.2010; letzte Verlängerung S/RES/2439 v 30.10.2018.

214 United Nations Operation in Côte d'Ivoire, S/RES/1528 v 27.2.2004.

215 Darfur, S/RES/1769 v 31.7.2007; letzte Verlängerung S/RES/2429 v 13.7.2018.

216 United Nations Mission in South Sudan, S/RES/1996 v 8.7.2011 und 2223 v 28.5.2015, letzte Verlängerung S/RES/2406 v 16.3.2018.

217 United Nation Interim Security Force for Abyei, S/RES/ 1990 v 27.6.2011 und 2205 v 28.2.2015, letzte Verlängerung S/RES/2445 v 15.11.2018.

218 United Nations Multidimensional Integrated Stabilization Mission in Mali, S/RES/2100 v 25.4.2013 und 2164 v 25.6.2014, letzte Verlängerung S/RES/2640v 29.6.2022; dazu *Tull,* VN-Peacekeeping in Mali, SWP-Aktuell 23/2019.

219 United Nation Multidimensional Integrated Stabilization Mission in the CAR, S/RES/2149 v 10.4.2014 und S/RES/2217 v 28.4.2015, letzte Verlängerung S/RES/2605v 12.11.2021.

220 S/RES/1264 v 15.9.1999 (INTERFET) sowie S/RES/1272 v 25.10.1999 (UNTAET).

221 S/RES/1410 v 17.5.2002; diese wurde abgelöst durch eine rein zivile Operation (ONOTIL, S/RES/1599 v 28.4.2005), diese wiederum durch eine Operation mit militärischen und polizeilichen Elementen (UNMIT, S/RES/1704 v 25.8.2006 und S/RES/1867 v 26.2.2009). Daneben gibt es internationale Sicherheitskräfte aufgrund bilateraler Abkommen ohne Mandat, aber mit ausdrücklicher Billigung des Sicherheitsrats.

222 S/RES/1386 v 20.12.2001; beendet am 31.12.2014 und ersetzt durch eine Unterstützungsaktion ohne Kampfauftrag "Operation Resolute Support", vom SR begrüßt in S/RES/2189 v 12.12.2014.

übernahme durch die Taliban aufrecht erhalten wurde.[223] Im Irak wurden die Koalitions-Streitkräfte, die ohne eine Ermächtigung des Sicherheitsrats das Land besetzt hatten,[224] mit Zustimmung der neuen irakischen Regierung mit einem Mandat des Sicherheitsrats versehen.[225] Das Bild des militärischen *conflict management* ist also sehr vielgestaltig geworden.[226]

37   In den letzten Jahren verbinden sich immer mehr traditionelle Elemente des Peace-Keeping (Pufferfunktion, Sicherung militärischer Trennungslinien) mit *Beobachtungsfunktionen neuer Art,* insbes hinsichtlich der *Beachtung von Menschenrechten* und der *Durchführung ordnungsgemäßer Wahlen* (Zentralamerika,[227] Kambodscha,[228] Mozambique,[229] Angola,[230] West-Sahara,[231] Elfenbeinküste,[232] Sudan,[233] Kongo,[234] mitunter auch als „politische" Missionen ohne militärische Komponente)[235] sowie Hilfeleistung für die Zivilbevölkerung (Somalia, ehemaliges Jugoslawien,[236] Tchad/Zentralafrikanische Republik,[237] Darfur, Südsudan, Elfenbeinküste, Mali),[238] für Flüchtlinge (Tchad/Zentralafrikanische Republik) und andere Akteure (Südsudan).[239] In besonderen Fällen gehen die

---

223 UNAMA, S/RES/1401 v 28.3.2002; zuletzt S/RES/2405 v 8.3.2018. zur weiteren Tätigkeit von UNAMA vgl den Bericht Huma Rights in Afghanistan, 15 August 2021–16 June 2022, <unama_hzuman_rights_in_afgha nistan_reprot_june_2022_english_pdf>.

224 Nachw in Fn 142, 147f.

225 S/RES/1511 v 16.10.2003 (§ 13) und S/RES/1546 v 8.6.2004 (§ 9 f).

226 Zum Versuch einer systematischen Ordnung vgl *Bothe,* Militärische Gewalt als Instrument von Konfliktregelung, in von Schorlemer (Hrsg), Praxishandbuch UNO, 2003, 13; vgl auch *Sloan,* The Militarization of Peacekeeping in the Twenty-first Century, 2011; zur Entwicklung eines *ius post bellum* s unten Rn 129 f.

227 UN Observer Mission to Verify the Electoral Process in Nicaragua (ONUVEN), vgl UN Doc A/44/642 v 17.10.1989; UN Observer Group in Central America (ONUCA), S/RES/644 v 7.11.1989, abgedr in VN 38 (1990) 195; UN Observer Mission in EL Salvador (ONUSAL), S/RES/693 v 20.5.1991, abgedr in VN 40 (1992) 175 und S/RES/729 v 14.1.1992, abgedr in VN 40 (1992) 176. Allgemein zur Wahlbeobachtung *Garber,* A New Era of Peacemaking, in Kühne (Fn 190) 217 ff.

228 UN Transitional Authority in Cambodia (UNTAC), S/RES/745 v 28.2.1992, abgedr in VN 40 (1992) 78.

229 ONUMOZ, S/RES/797 v 16.12.1992, abgedr in VN 41 (1993) 118.

230 UN Angola Verification Mission (UNAVEM), zur Wahlbeobachtung insbes die S/RES/747 v 24.3.1992, abgedr in VN 41 (1993) 113.

231 S/RES/690 v 29.4.1991 (MINURSO).

232 UNOCI, vgl Fn 208, 214.

233 S/RES/1590 v 24.3.2005, deren Funktionen auf den Darfur-Konflikt ausgedehnt wurden (vgl S/RES/1706 v 31.8.2006); dazu *Bothe,* International Legal Aspects of the Darfur Conflict, FS Neuhold, 2006, 1 ff.

234 MONUC, S/RES/1291 v 24.2.2000; zuletzt verlängert S/RES/1906 v 23.12.2009; ersetzt mit neuem Mandat durch MONUSCO, S/RES/10925 (2010) v 28.5.2010.

235 In Nepal UNMIN, S/RES/1740 v 23.1.2007, dazu *von Einsiedel,* Die Rolle der UN im Friedensprozess in Nepal, VN 57 (2009) 262 ff.

236 Zur humanitären Hilfe im ehemaligen Jugoslawien vgl insbes S/RES/761 v 29.6.1992, abgedr in VN 40 (1992) 213; S/RES/764 v 13.7.1992, abgedr in VN 40 (1992) 214; S/RES/770 v 13.8.1992, abgedr in VN 40 (1992) 216.

237 S/RES/1778 v 25.9.2007.

238 S o Fn 218.

239 United Nations Interim Security Force for Abyei (UNISFA), S/RES/1990 v 27.6.2011, United Nations Mission in the Republic of South Sudan (UNMISS), S/RES/1996 v 8.7.2011.

Bothe

Funktionen bis zum Wiederherstellen der staatlichen Ordnung eines zusammengebrochenen Staats (Kambodscha, Haiti, Afghanistan).[240] Dazu gehört auch die lokale Abrüstung (Demobilisierung; Einsammeln von Waffenbeständen; Reintegration von Kämpfern in die Gesellschaft)[241] sowie Minenräumen oder jedenfalls Hilfeleistung hierzu. Dies kann bis zur vollständigen Übernahme der Verwaltung eines Gebiets durch die Vereinten Nationen gehen (kurzfristig Ost-Slawonien,[242] Kosovo, Ost-Timor). In diesen vielfältigen Funktionen *(multifunctional peace-keeping)* sind Peace Operations ein wesentliches Element des *post conflict peace-building*.[243] Daneben hat sich eine Praxis entwickelt, dass UN-Operationen mit solchen von Regionalorganisationen mit unterschiedlicher Arbeitsteilung und differenzierten Kontrollfunktionen zusammenwirken.[244]

Für die allgemeine Rechtsstellung von Friedensstreitkräften ist ausschlaggebend, **38** dass sie UN-Organe sind. Relevante völkerrechtliche Regeln binden bzw berechtigen also die UN als Völkerrechtssubjekt. Es hat sich im Laufe der Jahre eine ständige Praxis herausgebildet, die in einem *Model Status of Forces Agreement* vom UN-Generalsekretär ausformuliert sind.[245] Dieser Status gleicht in vielem dem der sog *visiting forces*, dh dem staatlicher Streitkräfte, die in Friedenszeiten aus unterschiedlichen Gründen, zB im Rahmen eines Bündnisses, auf dem Gebiet eines anderen Staats mit dessen Zustimmung stationiert sind.[246] Die besonderen Befugnisse der Streitkräfte ergeben sich im Übrigen aus dem jeweiligen Mandat des Sicherheitsrats, das idR von dem betroffenen Staat an-

---

240 S bereits o Fn 222f; vgl *O'Neill*, UN Peacekeeping Operations and Rule of Law Programs, in Hurwitz (Hrsg), Civil War and the Rule of Law, 2008, 91ff.
241 Bsp UNOCI.
242 United Nations Transitional Administration for Eastern Slavonia, Baranja and Western Sirmium, S/RES/1037 v 15.1.1996.
243 Agenda for Peace (Fn 190) §§ 46ff; Supplement to an Agenda for Peace (ebd) §§ 8ff; *Schaller*, Peacebuilding und „ius post bellum", 2006; *Shraga*, Military Occupation and UN Transitional Administrations, FS Caflisch, 2007, 479 (484ff); *Wills* (Fn 203) 301ff.
244 UN und AU: Darfur (UNAMID, S/RES/1769 v 31.7.2007, Verlängerung S/RES/2063 v 31.7.2012), Côte d'Ivoire (UNOCI, S/RES/1609 v 24.6.2005, S/RES/1633 v 21.10.2005, S/RES/1721 v 1.11.2006, S/RES/2062 v 26.7.2012); UN und EU: Zentralafrikanische Republik und Tchad (MINURCAT, S/RES/1778 v 25.9.2007); UN und ECOWAS: Liberia (UNOMIL, UNMIL), Sierra Leone (UNOMSIL, UNAMSIL), Côte d'Ivoire (UNOCI); UN und GUS: Georgien, Abchasien (UNOMIG, S/RES/858 v 24.8.1993, v 27.7.1994, zuletzt verlängert S/RES/1866 v 13.2.2009); Tadschikistan (UNMOT, S/RES/986 v 16.12.1994, zuletzt verlängert S/RES/1274 v 12.11.1999). Zu dieser Entwicklung *Ruiz-Díaz*, The Role of Regional Organizations in Peacekeeping: Shared Responsibilities, New Roles and Old Uncertainties, in Fernández-Sánchez (Fn 210) 265ff. Zur Kooperation zwischen UN und AU *Barthel*, Die neue Sicherheits- und Verteidigungsarchitektur der Afrikanischen Union, 2011, 347ff. Zur OSZE (insbes Nagorno-Karabach und Ukraine) *Meier*, OSCE Peacekeeping – Conceptual Framework and Practical Experience, OSCE Yearbook 2016, 149ff.
245 UN Doc A/45/594, abgedr in Bothe/Dörschel (Hrsg), UN Peacekeeping, 1999, 59ff, dazu *Bothe* (Fn 190 [Peace Operations]) 56ff; *Murphy* (Fn 190) 107ff; Leuven Manual, 120ff; zu Fragen der Zuordnung *Zimmermann*, Die Wirksamkeit rechtlicher Hegung militärischer Gewalt, in Zimmermann u a, Konfliktformen, 7 (21ff).
246 Dazu *Bothe* (Fn 187) Rn 25ff mwN.

genommen wurde. Da dieses Mandat verschiedene Maßnahmen gegenüber der Bevölkerung des Aufenthaltsstaats ermöglicht oder erfordert, stellt sich die Frage des dabei anwendbaren Rechts, zB bei Freiheitsentziehung im Rahmen des Mandats sowie bei schadensstiftenden Handlungen.[247] Bei solchen Maßnahmen sind die UN an die Menschenrechte gebunden, soweit sie Gewohnheitsrecht darstellen. Da und soweit das Personal von Friedensmissionen keinen oder nur einen begrenzten Auftrag zur militärischen Gewaltausübung hat, stellt sich auch das Problem seines Schutzes vor gewaltsamen Übergriffen im Stationierungsstaat. Diese Frage ist nunmehr in dem *Übereinkommen zum Schutz von UN-Personal*[248] geregelt. Es verpflichtet die Vertragsparteien insbes, Übergriffe gegen das UN-Personal unter Strafe zu stellen und strafrechtlich zu verfolgen. Dieses Übereinkommen gilt natürlich nicht für Situationen, in denen UN-Streitkräfte einen Kampfauftrag haben oder in Kampfhandlungen verwickelt werden (Art 2 des Übereinkommens). Dann ist auf sie das Recht bewaffneter Konflikte anwendbar. Die Abgrenzung zwischen der einen und der anderen Situation bereitet Schwierigkeiten.[249]

39   Angesichts der Tatsache, dass Friedensstreitkräfte immer wieder in Krisensituationen von den UN eingesetzt werden, besteht ein Bedürfnis, die Verfügbarkeit entsprechend ausgebildeter Einheiten auch völkerrechtlich zu gewährleisten. Der Generalsekretär hat mit einer Reihe von Staaten diesbezügliche Absprachen (idR in Form eines *Memorandum of Understanding*) getroffen.[250] ZT halten auch Gruppen von Staaten ge-

---

247 Instruktiv zu diesem Problemkreis die Beiträge in Arnold (Hrsg), Law Enforcement within the Framework of Peace Support Operations, 2008; vgl ferner *Daillier,* Les opérations multinationales consécutives à des conflits armés en vue du rétablissement de la paix, RdC 314 (2005) 237 (367 ff); *Fleck,* Schutz der Menschenrechte bei Auslandseinsätzen, NZWehrR 50 (2008) 164 ff; *Rotmann,* Erste Schritte zu einer Polizeidoktrin für UN-Friedenseinsätze, Sicherheit und Frieden 26 (2008) 164 ff; *Zwanenburg,* UN Peace Operations between Independence and Accountability, IOLR 5 (2008) 23 ff; *Oswald,* Detenion by United Nations Peacekeepers, International Peacekeeping 15 (2011) 119 ff; *ders,* The Copenhagen Principles, International Military Operations and Detention, International Peacekeeping 17 (2013) 116 ff; *Grenfell,* Detention in United Nations Peace Operations, in Rose/Oswald (Hrsg), Detention of Non-state Actors Engaged in Hostilities, 2016, 345 ff; Leuven Manual, 145 ff.

248 Convention on the Safety of United Nations and Associated Personnel, abgedr in Bothe/Dörschel (Fn 245) 87 ff; *Fisher,* At Risk in No-man's Land, Minnesota LRev 85 (2000) 663 ff.

249 Vgl u Rn 63; eingehend *Kolb,* Droit humanitaire et opérations de paix internationales, 2. Aufl 2006, 29 ff; *Knoops,* The Transposition of Inter-State Self-Defense and Use of Force onto Operational Mandates for Peace Support Operations, in Arnold (Fn 247) 3 (6 ff); *Mendis,* Application of International Humanitarian Law to United Nations Forces, 2007; *Murphy* (Fn 190) 241 ff; *Schwendimann,* Rechtsfragen des humanitären Völkerrechts bei Friedensmissionen der Vereinten Nationen, 2007; *Marauhn,* Streitkräfte zur Friedenssicherung im Ausland, in *Zimmermann u a,* Konfliktformen, 249 (263 ff); *D'Aspremont/De Hemptienne,* DIH, 155 f. Zur Abgrenzung der unterschiedlichen Status von UN-Personal *Pacholska,* (Il)Legality of Killing Peacekeepers: The Crime of Attacking Peacekeepers in the Jurisprudence of International Criminal Tribunals, JICJ 13 (2015) 43 ff; *Soan,* UN Peacekeeping and International Law, in Nadin (Fn 210) 265 (277 f); *Papadileris,* Protection of Peacekeepers Resorting to Armed Force, GYIL 61 (2018) 403 ff; aus der Rspr: *Prosecutor v Abu Garda,* Rn 71; *Prosecutor v Sesy, Kallon, Gbao,* Rn 68, 215, 218.

250 Der entsprechende Modell-Vertrag ist veröffentlicht in Bothe/Dörschel (Fn 245) 83.

mischtnationale Einheiten bereit.[251] – Insgesamt hat sich das Konzept der Friedenserhaltung durch Konsens und Kooperation bewährt und entwickelt. Auf der anderen Seite wurde das Konzept einer Friedenserhaltung durch Zwang in der von der UN-Charta vorgesehenen Weise vor allem in der Form nicht-militärischer Zwangsmaßnahmen eingesetzt. *Militärische Zwangsmaßnahmen* einer neuen Form entwickelten sich unter den gewandelten Bedingungen der Zeit nach dem Kalten Krieg mit dem Wegfall des „automatischen Veto". Es entstand zunächst eine neue Art einseitiger Großmachtregie durch die USA, die freilich nicht von allen UN-Mitgliedern ohne Bedenken hingenommen wurde. Das System nahm dann eher die Züge einer oligarchischen Regie durch die fünf ständigen Mitglieder des Sicherheitsrats („P5") an. Die dazu erforderliche Kooperation der P5 war allerdings oft nicht möglich, und es trat Großmachtkonkurrenz an die Stelle von Großmachtkooperation. All das macht die Suche nach Konfliktlösungen *(crisis management)* und sog Friedensprozesse zu komplexen Vorgängen, in denen das System der kollektiven Sicherheit, wie es die UN-Charta geschaffen hat, nicht ohne Bedeutung, aber auch nicht allein ausschlaggebend ist. Gegenüber der reaktiven Friedenssicherung durch Zwang ist die Notwendigkeit einer *präventiven Friedenssicherung* durch Konfliktvorbeugung[252] und präventive Diplomatie[253] zu betonen. Insgesamt hat sich ein komplexes System des militärischen und nicht-militärischen Krisenmanagements entwickelt, das sich gewandelt hat, aber auch Konstanten aufweist. Im Sekretariat, aber auch in anderen UN-Organen gab und gibt es Bemühungen, dies auch konzeptionell zu erfassen.[254] Diese Entwicklungen wurden durch den Einmarsch Russlands in die Ukraine 2022 in Frage gestellt. Ob dadurch eine neue Gestaltung der internationale Konfliktbehandlung entsteht, ist gegenwärtig (Sommer 2023) nicht abzusehen.[255] Die folgende Darstellung kann diese Perspektive noch nicht berücksichtigen.

---

251 Im Jahre 1995 haben einige (überwiegend europäische) Staaten eine „Multi-National Stand-by High Readiness Brigade for United Nations Operations" (SHIRBRIG) geschaffen, die allerdings 2009 wieder aufgelöst wurde. Vgl zum Ganzen *Roberts*, Proposals for UN Standing Force, in Lowe/Roberts/Welsh/Zaum (Hrsg), The United Nations Security Council and War: The Evolution of Thought and Practice since 1945, 2008, 99 ff.

252 Auch in diesem Zusammenhang können Friedensstreitkräfte eine Rolle spielen, so insbes in Mazedonien (UNPREDEP), S/RES/983 v 31.3.1995, vgl *Ostrowski*, Preventive Deployment of Troops as Preventive Measures, NYJILP 30 (1998) 793 ff.

253 *Israelian*, Vorbeugende Diplomatie mittels der VN, VN 37 (1989) 1 ff; *Peck*, Improving the UN System of Preventive Diplomacy and Conflict Resolution, in Kühne (Fn 190) 401 ff; *Picco*, Preventive Diplomacy and Conflict Resolution, ebd 423 ff; *Hill*, Preventive Diplomacy, Peace-Making and Peace-Keeping, SIPRI Yb 1993, 45 ff.

254 Grundlegend die „Agenda for Peace" des GS Boutros-Ghali (Fn 190) mit Supplement 1995 sowie UN Doc A/59/2005 v 26.5.2005, Report of the SG, In Larger Freedom: Towards Development Security and Human Rights for All; insbes zu den UN Doc A/55/305 v 21.8.2000, Peace Operations Report of the Panel on United Nations Peace Operations (Brahimi Report) sowie UN Doc A/70/95 v 17.6.2015, Report of the High Level Panel on Peace Operations (HIPPO Report).

255 Vgl dazu die Überlegungen v *Brunk/Hakimi*, Russia, Ukraine, and the Future of World Order, AJIL 116 (2022) 687 ff.

Die Kompetenzen des Sicherheitsrats

40 Nach Art 24 UN-Charta ist dem Sicherheitsrat die „Hauptverantwortung für die Wahrung des Friedens und der internationalen Sicherheit" übertragen. Zu ihrer Wahrnehmung hat er die spezifischen, in den Kap VI, VII, VIII und XII der Charta aufgeführten Befugnisse. Darüber hinaus hat der IGH angenommen, dass neben diesen besonderen Befugnissen unmittelbar aus Art 24 fließende allgemeine Befugnisse bestehen.[256] In der Literatur wird diese Auffassung dahin eingeschränkt, dass solche allgemeinen Befugnisse sich als „implied powers" aus spezifischen Aufgabenzuweisungen ergeben müssen.[257] In seiner neueren Praxis pflegt der Sicherheitsrat ausdrücklich zu spezifizieren, nach welchem Kapitel der Satzung er jeweils handelt.[258]

41 *Kap VI* UN-Charta (Art 33 ff) betrifft Situationen, bei denen lediglich eine mittelbare Friedensbedrohung vorliegt. In einer solchen Situation kann der Sicherheitsrat eine Untersuchung durchführen (Art 34), den Parteien geeignete Verfahren oder Methoden der friedlichen Streitbeilegung empfehlen (Art 36) oder selbst eine Lösung empfehlen (Art 37 Abs 2, Art 38). Verbindliche Beschlüsse sind also nicht vorgesehen. Die Befugnisse des Sicherheitsrats nach Kap VI gleichen demnach eher der klassischen Streitbeilegung unter Einschaltung Dritter und stellen *noch keine Zwangsmaßnahmen* dar.[259]

42 Kompetenzen zu solchen ergeben sich erst aus *Kap VII* UN-Charta. Danach besitzt der Sicherheitsrat folgende Kompetenzen zur Sicherung des Weltfriedens:[260] (1) Feststellung einer Situation der unmittelbaren Friedensbedrohung, des Friedensbruchs oder einer Aggression, die die besonderen Kompetenzen des Sicherheitsrats auslöst (Art 39); (2) Aussprechen von Empfehlungen (Art 39); (3) Erlass vorläufiger Maßnahmen (etwa Anordnung eines Waffenstillstands oder des Rückzugs von Streitkräften, Art 40); (4) nichtmilitärische Zwangsmaßnahmen (insbes durch Abbruch aller wirtschaftlichen und sonstigen Beziehungen, Embargo, Art 41); (5) Durchführung militärischer Zwangsmaßnahmen (Art 42). Nach *Art 39 UN-Charta* stellt der Sicherheitsrat fest, ob „eine *Bedrohung* oder ein *Bruch des Friedens* oder eine *Angriffshandlung* vorliegt". Dass eine solche Situation vorliegt und der Sicherheitsrat dies auch feststellt, ist die Voraussetzung für die ganz erheblichen Eingriffsbefugnisse, die die folgenden Bestimmungen dem Rat einräumen.

---

256 So der IGH im *Namibia*-Gutachten, ICJ Rep 1971, 16, 51f; anders jedoch das ICTY, *Prosecutor v Tadić*, IT-94-AR72, 2.10.1995, § 28.
257 *Peters*, in Simma u a (Fn 22) Art 24 Rn 58 ff.
258 *Bothe*, Les limites des pouvoirs du Conseil de Sécurité, in Dupuy (Hrsg), Le développement du rôle du Conseil de Securité, 1993, 67 (71).
259 *Tomuschat*, in Simma u a (Fn 22) Art 33 Rn 2.
260 Die Entwicklung der Praxis des SR nach Ende des Kalten Kriegs hat eine Fülle von wissenschaftlichen Analysen hervorgebracht, einschließlich einer Vielzahl juristischer Kontroversen. Vgl *Bruha*, Security Council, in Wolfrum/Philipp (Hrsg), United Nations: Law, Politics and Practice, Bd 1, 1995, 1147 ff; Société française pour le droit international (Hrsg), Le chapitre VII de la Charte des Nations Unies, 1995; *Dominicé*, Le Conseil de Securité et l'accès aux pouvoirs qu'il reçoit du Chapitre VII de la Charte des Nations Unies, SZIER 5 (1995) 417 ff.

Bothe

Demgemäß ist die nähere rechtliche Bestimmung dieser Schwelle, die die Kompetenzen des Sicherheitsrats aktiviert, von ausschlaggebender Bedeutung für das gesamte System der kollektiven Sicherheit.

Jede nach Art 2 Nr 4 UN-Charta verbotene Gewalt und insbes jeder bewaffnete **43** Angriff iSv Art 51 stellt eine Situation iSd *Art 39* dar. Jedoch ist die Kompetenz des Sicherheitsrats nicht auf die Situation des bewaffneten Angriffs beschränkt. Bruch und Bedrohung des Friedens sind mehr als bewaffneter Angriff. Die Kompetenz des Sicherheitsrats, Zwangsmaßnahmen zu beschließen, reicht also weiter als die Befugnis der Staaten zur dezentralen Gewaltausübung in Form der individuellen oder kollektiven Selbstverteidigung. Zentral für die Auslegung ist der *Begriff des Friedens*.[261] Wird Frieden lediglich als Abwesenheit organisierter Gewaltanwendung zwischen Staaten verstanden (*negativer Friedensbegriff*), dann ist Friedensbruch jede Situation der Kampfhandlung zwischen bewaffneten Einheiten verschiedener Staaten und Friedensbedrohung jede Situation, in der der Ausbruch solcher Kampfhandlungen unmittelbar droht, wobei diese Situation im Einzelfall von einer mittelbaren Bedrohung oder Friedensgefährdung iSv Kap VI schwer abzugrenzen ist. *Rüstungsmaßnahmen* von Staaten stellen nicht ohne weiteres eine Verletzung des Verbots der Drohung mit Gewalt dar[262] und insoweit auch keine Friedensbedrohung. Es kommt auf den Kontext an. So hat der Sicherheitsrat im Zuge der Beendigung der Kuwait-Krise dem Irak umfangreiche Abrüstungspflichten auferlegt, was jedenfalls dann rechtlich nicht zu beanstanden war, wenn man in der fortgesetzten Rüstung gerade im Irak eine Friedensbedrohung sah.[263] Rüstungsmaßnahmen, aus denen aggressive Absichten zu erkennen sind, müssen wohl als Friedensbedrohung iSv Art 39 UN-Charta qualifiziert werden. Die Praxis des Sicherheitsrats sieht auch die *Förderung des internationalen Terrorismus* durch einen Staat[264] und *schwere Akte des Terrorismus selbst* als *Friedensbedrohung* an.[265] Dies war die Grundlage der vom Sicherheitsrat gegen Libyen im Zusammenhang mit der Nichtauslieferung der mutmaßlichen Attentäter von Lockerbie[266] sowie der gegen die Taliban[267] schon vor 9/11 verhängten nicht-militärischen

---

261 *Randelzhofer*, Der normative Gehalt des Friedensbegriffs im Völkerrecht der Gegenwart, in Delbrück (Fn 184) 13 ff; *Czempiel*, Frieden und Sicherheit als außen- und innenpolitische Konzepte aus politologischer Sicht, ebd 77 ff; *Krisch*, in Simma u a (Fn 22) Art 39 Rn 7 ff; *Sorel*, L'élargissement de la notion de menace contre la paix, in Société française (Fn 258) 3 ff.

262 Vgl Rn 17.

263 *Marauhn*, The Implementation of Disarmament and Arms Control Obligations Imposed upon Iraq by the Security Council, ZaöRV 52 (1992) 781 ff.

264 Vgl S/RES/1214 v 8.12.1998, S/RES/1267 v 15.10.1999, S/RES/1333 v 19.12.2000.

265 S/RES/1368 v 12.9.2001, S/RES/1373 v 28.9.2001, S/RES/1377 v 12.11.2001, S/RES/1438 v 14.10.2002, S/RES/1452 v 20.12.2002, S/RES/1455 v 17.1.2003, S/RES/1516 v 20.11.2003, S/RES/1526 v 30.1.2004, S/RES/1530 v 11.3.2004, S/RES/2083 v 17.12.2012, S/RES/2195 v 19.12.2014, S/RES/2249 v 20.11.2015 (ISIS und Al Nusrah). Auch bei der Feststellung einer Friedensbedrohung im Yemen war der wesentliche Gesichtspunkt die Rolle von terroristischen Organisationen wie Al Qaeda im Konflikt.

266 S/RES/748 v 31.3.1992.

267 S/RES/1267 v 15.10.1999, S/RES/1333 v 19.12.2000.

Zwangsmaßnahmen.[268] Ebenso wird die Verbreitung von Massenvernichtungswaffen als Friedensbedrohung angesehen, was gleichfalls die Grundlage für weitreichende Maßnahmen des Sicherheitsrats bietet.[269]

44   Definiert man Frieden nicht nur als Abwesenheit militärischer Gewaltausübung zwischen Staaten, sondern verlangt man auch gewisse positive Elemente als Bestandteile des Friedensbegriffs (etwa die Achtung fundamentaler Menschenrechte, *positiver* Friedensbegriff), so wird der *Begriff der Friedensbedrohung* und des Friedensbruchs automatisch *erweitert.* Auf dieser Grundlage kann man zB zu dem Schluss kommen, dass gewisse Völkerrechtsverletzungen, auch wenn sie nicht unmittelbar bewaffnete Reaktionen anderer Staaten nach sich zu ziehen drohen, eine Friedensbedrohung darstellen. Das gilt insbes für massive und ständige Menschenrechtsverletzungen durch einen Staat. Allerdings hat es der Sicherheitsrat lange vermieden, in Fällen, in denen massive Menschenrechtsverletzungen und die Unterdrückung bestimmter Bevölkerungsgruppen der Anlass zu Maßnahmen des Sicherheitsrats waren, diese Verletzungen unmittelbar als Friedensbedrohung zu bezeichnen (Maßnahmen gegen Südrhodesien,[270] Südafrika[271] und den Irak[272] in Bezug auf die Unterdrückung der Kurden und anderer Bevölkerungsgruppen; Situation in Somalia,[273] Ruanda[274]).[275] Vielmehr hat der Sicherheitsrat sich eher bemüht, Elemente einer Friedensbedrohung in dem bereits dargestellten traditionellen Sinn zu finden und diese als Auslöser seiner Kompetenzen zu bezeichnen. In neuerer Zeit hat der Sicherheitsrat jedoch diese Zurückhaltung aufgegeben, ohne freilich seinen Entscheidungen den positiven Friedensbegriff in vollem Umfang zugrunde zu legen (Haiti,[276] Ost-Timor,[277] besonders deutlich im Darfur-Konflikt,[278] ebenso in Bezug auf Libyen,[279] Verletzungen des humanitären Völkerrechts im ehemaligen Jugoslawien),[280] wobei allerdings die vorsichtigen Formulierungen der Feststellung einer Friedensbedrohung im Kosovo vor dem Eingreifen der NATO-Staaten[281] auch iSd früheren Praxis verstanden werden

---

268 *König,* Terrorism, in Wolfrum/Philipp (Fn 260) 1220 (Rn 13); zur neueren Entwicklung bzgl der Taliban S/RES/2082 v 17.12.2012.

269 S/RES/1540 v 28.4.2004 und S/RES/2141 v 5.3.2014 allgemein zur Verbreitung von Massenvernichtungswaffen; zu Nord-Korea S/RES/1718 v 14.10.2006. Letzterer Res liegt offenbar die Auffassung zugrunde, dass der Erwerb von Atomwaffen und Trägerraketen jedenfalls in diesem Fall eine Friedensbedrohung darstellt, auch weil Nord-Korea nicht mehr Vertragspartner des NVV war.

270 S/RES/217 v 20.11.1965, abgedr in VN 13 (1965) 214; S/RES/221 v 9.4.1966, abgedr in VN 14 (1966) 68f.

271 S/RES/418 v 4.11.1977, abgedr in VN 25 (1977) 198.

272 S/RES/688 v 5.4.1991, abgedr in VN 39 (1991) 77.

273 S/RES/794 v 3.12.1992

274 S/RES/929 v 22.6.1994.

275 *Krisch* (Fn 261) Rn 19ff.

276 S/RES/940 v 31.7.1994.

277 S/RES/1264 v 15.9.1999.

278 S/RES/1556 (2004); vgl *Bothe* (Fn 226) 8ff.

279 S/RES/1970 v 26.2.2011 und S/RES/1973 v 17.3.2011.

280 S/RES/827 v 25.5.1993.

281 S/RES/1199 v 23.9.1998.

können. Bei der Feststellung einer Friedensbedrohung in Syrien hat der Sicherheitsrat lange gezögert. Grundlage der Festellung einer Bedrohung des Friedens „in der Region" war nicht nur die Verletzung von Menschenrechten und humanitärem Völkerrecht durch alle Seiten, sondern die Flüchtlingssituation in den Nachbarländern und die Verhinderung von außen kommender humanitärer Hilfe,[282] wiederum iS der früheren Praxis. Eine neue Form von Menschenrechtsverletzungen, die der Sicherheitsrat als Friedensbedrohung charakterisiert, ist der Menschenschmuggel.[283]

Die genannten Resolutionen werfen die Frage auf, welche rechtlichen *Grenzen* der 45 *Feststellungskompetenz des Sicherheitsrats* gesetzt sind.[284] Es ist daran festzuhalten, dass die in Art 39 UN-Charta verwandten Begriffe Rechtsbegriffe sind. Art 39 gewährt dem Sicherheitsrat kein rechtlich unbegrenztes Ermessen, das Vorliegen von Situationen festzustellen, in denen seine Zuständigkeit eingreift. Es handelt sich vielmehr um eine rechtlich gebundene Feststellungskompetenz. Hierbei muss man allerdings dem Sicherheitsrat einen Beurteilungsspielraum gewähren. Die dargestellten Unsicherheiten bei der Bestimmung der Situationen, die die Kompetenzen des Sicherheitsrats nach Kap VII aktivieren, lassen die Frage nach der *Kontrolle einer Einhaltung rechtlicher Maßstäbe* besonders schwierig erscheinen. In vielen Fällen waren Maßnahmen, die im Sicherheitsrat vorgeschlagen oder von ihm beschlossen wurden, rechtlich umstritten.[285] Der IGH besitzt keine Kompetenz, die Einhaltung der Satzung durch andere UN-Organe zu kontrollieren.[286] Er kann lediglich um Rechtsgutachten[287] gebeten werden, und zwar nur von den Organen selbst, nicht von den betroffenen Staaten. Ob er in besonders gelagerten Fällen im Rahmen zwischenstaatlicher Streitigkeiten, für die er zuständig ist, als Inzidentfrage die Rechtmäßigkeit von Maßnahmen des Sicherheitsrats überprüfen kann, ist umstritten. Aus diesem Grunde ist es nicht zu vermeiden, dass die Praxis des Sicherheitsrats str bleibt, und dass sich erst im Laufe der Zeit Konsens entwickelt, der dann bestimmte Auslegungen des Art 39 oder anderer Charta-Vorschriften außer Streit stellt.

---

282 S/RES/2043 v 21.4.2012 (Verurteilung von Menschenrechtsverletzungen, aber keine Feststellung von Friedensbedrohung) und 2118 v 27.9.2013 (Verurteilung der Anwendung und Verbot des Besitzes chemischer Waffen, keine Feststellung einer Friedensbedrohung, jedoch Berufung auf Art 25 UN-Charta); Qualifikation der humanitären Lage als Friedensbedrohung in S/RES/2165 v 14.7.2014, 2191 v 17.12.2014 und 2258 v 22.12.2015.

283 S/RES/2240 v 9.10.2015 bzgl des Transports von Flüchtlingen aus Libyen.

284 Diese Frage ist höchst str, vgl aus der umfangreichen Lit *Pellet*, Peut-on et doit-on contrôler les actions du Conseil de Sécurité?, in Société française (Fn 258) 221ff; *Bedjaoui*, Un contrôle de légalité des actes du Conseil de Sécurité est-il possible?, ebd 255ff; *Martenczuk*, Rechtsbindung und Rechtskontrolle des Weltsicherheitsrats, 1996; *ders*, The Security Council, International Court of Justice and Judicial Review, EJIL 10 (1999) 517ff; zum Irak *Bruha*, Irak-Krieg und Vereinte Nationen, AVR 41 (2003) 295 (300ff).

285 Vgl dazu *Bruha* (Fn 260) Rn 26ff.

286 *Rosenne*, International Court of Justice (ICJ), MPEPIL V, 459 (Rn 61); *Gowlland-Debbas*, in Zimmermann/Tomuschat/Oellers-Frahm (Hrsg), Statute of the International Court of Justice, 2. Aufl 2012, Art 7 UN-Charter Rn 42ff.

287 *Bedjaoui* (Fn 284) 286f.

46   Beschränkt sich der Sicherheitsrat nach einer Feststellung gemäß Art 39 UN-Charta auf *Empfehlungen,* so ergeben sich aus ihr keine weiteren Beschränkungen. Ein sehr wichtiger einschlägiger Fall war der Beschluss des Sicherheitsrats, der zu der Militäraktion der USA und ihrer Verbündeten gegen den nordkoreanischen Angriff auf Südkorea führte.[288] Die Befugnis, Empfehlungen abzugeben, ist an sich eine Selbstverständlichkeit. Auch sie ist aber im Zusammenhang mit seinen Organisationskompetenzen (Art 29, 100 UN-Charta) zu sehen, wodurch wiederum der *Einsatz von Friedensstreitkräften* auf der Grundlage von Empfehlungen ermöglicht wird.[289] Diese Friedensstreitkräfte – dies ist (oder war jedenfalls bis zur Somalia-Krise) gerade ein wesentliches Kriterium – werden nur mit Zustimmung aller unmittelbar betroffenen Parteien eingesetzt. Der Sicherheitsrat kann also den Gebrauch solcher Streitkräfte oder Beobachtermissionen empfehlen, und die Parteien können diese Empfehlung annehmen, womit eine hinreichende Grundlage für den Einsatz dieser Einheiten gegeben ist.

47   *Art 40* UN-Charta gibt dem Sicherheitsrat zunächst die Befugnis, *Eilmaßnahmen* zu ergreifen.[290] Hierzu gehört üblicherweise der Beschluss, dass die Feindseligkeiten einzustellen seien, in vielen Fällen auch die Aufforderung an die Konfliktparteien, ihre Streitkräfte auf eine bestimmte Linie zurückzunehmen.[291] Verbindet man Art 40 mit den Organisationskompetenzen des Sicherheitsrats, können auch auf dieser Grundlage Friedensstreitkräfte aufgestellt werden, um die Einhaltung des Waffenstillstands zu kontrollieren.

48   *Art 41* UN-Charta ermöglicht den Einsatz aller denkbaren *nicht-militärischen Mittel,* um auf einen Staat, der die Friedenspflichten nicht beachtet, *Druck auszuüben.*[292] Die Aufzählung bestimmter Maßnahmen in Art 41 Satz 2 ist nicht abschließend. Die dort ausdrücklich genannten Maßnahmen gehen darauf hinaus, dass der gesamte internationale Verkehr, insbes der Wirtschaftsverkehr, mit dem friedensverletzenden Staat unterbrochen wird. Solche Zwangsmaßnahmen sind über lange Jahrzehnte kaum angewandt worden, mit der Ausnahme von Maßnahmen gegen Rhodesien[293] und Südafrika.[294] Erst in neuerer Zeit wurden sie gegen den Irak,[295] in Bezug auf das zerfallende Jugoslawien,[296] Libyen,[297] Somalia[298] sowie Afghanistan eingesetzt. Von erheblicher Reichweite sind die Maßnahmen gegen den Terrorismus, insbes diejenigen, die dazu bestimmt sind,

---

288 S/RES/83 v 27.6.1950.
289 *Bothe* (Fn 187), insbes Rn 66 ff.
290 *Krisch,* in Simma u a (Fn 22) Art 40 Rn 1 zum historischen Hintergrund.
291 Ebd Rn 8 f.
292 *Krisch,* in Simma u a (Fn 22) Art 41 Rn 3, 12 ff.
293 S/RES/253 v 29.5.1968, abgedr in VN 16 (1968) 130 ff.
294 S/RES/418 v 4.11.1977.
295 S/RES/661 v 6.8.1990.
296 S/RES/713 v 25.9.1991.
297 S/RES/748 v 31.3.1992.
298 S/RES/733 v 23.1.1992, abgedr in VN 41 (1993) 61; weitere Bsp sind Liberia (S/RES/788 v 19.11.1992, abgedr in VN 41 [1993] 117), Haiti (S/RES/841 v 16.6.1993, abgedr in UNYB 47 [1993] 342) und Angola (S/RES/864

Bothe

die finanzielle Basis zu zerstören.[299] Die Wirksamkeit von wirtschaftlichen Embargo-Maßnahmen ist str. Einmal stellt sich die Frage nach der Effektivität; zum anderen ist aber zu berücksichtigen, dass sich solche Maßnahmen nicht nur auf die Entscheidungsträger, die zu einem satzungskonformen Verhalten gebracht werden sollen, auswirken, sondern idR auf die gesamte Bevölkerung des betroffenen Landes. Dann haben die Maßnahmen uU Konsequenzen, die unter dem Gesichtspunkt der Achtung der Menschenrechte der Bevölkerung nicht problemfrei sind. Dies ist der Grund dafür, dass in der neueren Praxis bestimmte *Güter humanitärer Hilfeleistung von Embargomaßnahmen ausgenommen* werden.[300] Vom Wirtschaftsembargo ist das Waffenembargo zu unterscheiden, das auch eine bedeutende praktische Rolle spielt. Daneben entwickelte sich die Praxis gezielter *(targeted)* oder *smart sanctions*, die unmittelbar auf Personen oder Unternehmen zugreifen, deren Tätigkeit für eine Friedensbedrohung oder einen Friedensbruch relevant ist, in aller Regel Reisebeschränkungen und Zugriff auf Vermögen.[301] Von diesen Sanktionen können auch Dritte betroffen sein, zB Banken, die Guthaben von Zielpersonen einfrieren müssen.[302] Art 41 ermöglicht auch eine Fülle weiterer Maßnahmen, so die Errichtung der Kriegsverbrecher-Tribunale für das ehemalige Jugoslawien und Ruanda sowie des Sondergerichts für den Libanon,[303] institutionelle und finanzielle Regelungen für den Ersatz von Kriegsschäden (Irak) sowie ein Überwachungssystem zur Rüstungskontrolle (Irak).[304] Grundlage und Grenze der Maßnahmen des Sicherheitsrats ist,

---

v 15.9.1993, abgedr in UNYB 47 [1993] 256). Allg vgl Office of the Spokesman for the Secretary General, Use of Sanctions under Chapter VII of the UN Charter, <http://www.un.org/News/ossg/sanction.htm>.

299 Res 1267 v 15.10.1999, Res 1333 v 19.12.2000, Res 1373 v 28.9.2001; dazu *Aston,* Die Bekämpfung abstrakter Gefahren für den Weltfrieden durch legislative Maßnahmen des Sicherheitsrates, ZaöRV 62 (2002) 257 ff; *Krisch,* The Rise and Fall of Collective Security, in Walter u a (Fn 53) 879; *Wagner,* Die wirtschaftlichen Maßnahmen des Sicherheitsrates nach dem 11. September 2001 im völkerrechtlichen Kontext, ZaöRV 63 (2003) 879 ff.

300 So insbes im Falle des Irak, vgl S/RES/661 v 6.8.1990; dazu auch Res 4 (F) der 26. Internationalen Rotkreuz-Konferenz 1995, abgedr in IRRC 78 (1996) 72 (77). Vgl *Conlon,* Die fragwürdige Sanktionspraxis der UNO, Außenpolitik 1995, 327, 334 f; *Cordesman,* Iraq and the War of Sanctions, 1999; *Gasser,* Collective Economic Sanctions and International Humanitarian Law, ZaöRV 56 (1996) 880 ff; van Genugten/de Groot (Hrsg), United Nations Sanctions, 1999; *Kulessa/Stark,* Peace Through Sanctions?, Int Peacekeeping 4 (1998) 143 ff; *Segal,* Economic Sanctions, IRRC 81 (1999) 763 ff.

301 S/RES/1757 v 30.5.2007; zu targeted sanctions *Eckert,* The Evolution and Effectiveness of UN Targeted Sanctions, in van den Herik (Hrsg), Research Handbook on UN Sanctions and International Law, 2017, 52 ff.

302 Zu menschenrechtlichen Problemen dieser Sanktionen o *Schmahl*, 4. Abschn Rn 199.

303 S/RES/827 v 25.5.1993, 955 v 8.11.1994, 1757 v 30.5.2007; dazu *Graefrath,* Jugoslawientribunal, NJ 47 (1993) 433 ff; *Heintschel von Heinegg,* Die Errichtung des Jugoslawien-Strafgerichtshofes durch Resolution 827, 1993, in Fischer/Lüders (Hrsg), Völkerrechtliche Verbrechen vor dem Jugoslawien Tribunal, nationalen Gerichten und dem internationalen Strafgerichtshof, 1999, 63 ff; Entscheidung des Jugoslawientribunals im *Tadić*-Fall, ILM 35 (1996) 35; Entscheidung des Sondergerichts für den Libanon in *Prosecutor v Ayyash u a,* STL-11-01/PT/AC/AR90.1.

304 *Böckstiegel,* Ein Aggressor wird haftbar gemacht, VN 45 (1997) 89 ff; *Graefrath,* Iraqi Reparations and the Security Council, ZaöRV 55 (1995) 1 ff; *Lillich,* The United Nations Compensation Commission, 1995;

dass Maßnahmen der Erhaltung oder Wiederherstellung des Friedens in einer bestimmten Situation iSv Art 39 UN-Charta dienen. Dies war bei den genannten Maßnahmen der Fall. Der Sicherheitsrat ist allerdings weiter gegangen und hat für allgemeine Friedensbedrohungen (Terrorismus, Verbreitung von Massenvernichtungswaffen) allgemeine Maßnahmen quasi-legislatorischer Art getroffen. Die Zulässigkeit dieser Maßnahmen ist str.[305] Wenn man annimmt, dass auch allgemeinere Bedrohungen wie die beiden genannten unter den Begriff der Friedensbedrohung iSd Art 39 UN-Charta fallen, dann muss der Sicherheitsrat auch solche allgemeinen Maßnahmen beschließen können.[306]

49   *Art 42* UN-Charta sieht für den Fall, dass die nicht-militärischen Maßnahmen nicht ausreichen, *militärische Maßnahmen* vor. Diese Maßnahmen führt der Sicherheitsrat durch; ihm stellen Mitgliedstaaten Streitkräfte zur Verfügung (Art 42 Satz 1, Art 43 Abs 1). Dies ist dahin zu verstehen, dass die Streitkräfte unter der Leitung des Sicherheitsrats eingesetzt werden. Die Satzung geht davon aus, dass eine militärische Führungsstruktur beim Sicherheitsrat eingesetzt wird, wozu auch ein Generalstabsausschuss gebildet wird (Art 47 iVm Art 45 und 46). Verzichtet der Sicherheitsrat darauf, diese Leitungsfunktion wahrzunehmen, und ermächtigt er stattdessen einzelne Staaten, militärische Maßnahmen durchzuführen, so ist dies jedenfalls keine Maßnahme, wie sie durch Art 42 ausdrücklich vorgesehen ist.[307] Allerdings bestehen die Streitkräfte, die nach Art 42 eingesetzt werden, aus Einheiten, die die Mitgliedstaaten zur Verfügung stellen. Eine Verpflichtung dazu ergibt sich noch nicht unmittelbar aus der Satzung; die genaue Festlegung der militärischen Verpflichtung erfolgt erst durch *Zusatzabkommen* gemäß *Art 43* UN-Charta. Solche Abkommen gibt es bislang nicht. Das bedeutet freilich nicht, dass Art 42 deswegen gegenwärtig noch nicht anwendbar ist. Es steht den Staaten frei, soweit sie dies politisch wollen und gemäß ihrem eigenen Verfassungsrecht können, den UN Streitkräfte auch ohne vorherigen Abschluss von Abkommen gemäß Art 43 zur Durchführung von Zwangsmaßnahmen nach Art 42 zur Verfügung zu stellen.[308]

50   In diesem Zusammenhang entwickelte sich eine Auslegung der Satzung, nach der der Sicherheitsrat zur Durchsetzung bestimmter Elemente einer Konfliktlösung auch *einzelne Staaten oder Gruppen von Staaten ermächtigen* kann, militärische Gewalt einzusetzen (in den Fällen Irak/Kuwait, ehemaliges Jugoslawien, Somalia, Ruanda, Haiti

---

Marauhn, The Implementation of Disarmament and Arms Control Obligations Imposed upon Iraq by the Security Council, ZaöRV 52 (1992) 781 ff; *Sur,* Security Council Resolution 687 of 3 April 1991 in the Gulf Affair, 1992; Tanner (Hrsg), From Versailles to Baghdad, 1992; United Nations Department of Public Information (Hrsg), The United Nations and the Iraq-Kuwait Conflict 1990–1996, 1996; *Zedalis,* An Analysis of Some of the Principal Leading Question Relating to UN Weapons Inspections in Iraq, NordJIL 67 (1998) 249 ff.

305 *Wagner,* Die wirtschaftlichen Maßnahmen des Sicherheitsrates nach dem 11. September 2001 im völkerrechtlichen Kontext, ZaöRV 63 (2003) 879 (909 ff).
306 Zu den Grenzen der *post-conflict*-Befugnisse des Sicherheitsrats *Wheatley,* The Security Council, Democratic Legitimacy and Regime Change in Iraq, EJIL 17 (2006) 531 ff.
307 So u a der GS der VN in An Agenda for Peace (Fn 190) § 42.
308 *Krisch,* in Simma u a (Fn 22) Art 43 Rn 10.

Bothe

und Ost-Timor, Afghanistan,[309] Irak seit Oktober 2003,[310] Chad,[311] Libyen[312]). Dieses Konzept ist politisch und rechtlich zweifelhaft, da es einseitiger Großmachtregie Tür und Tor öffnet und die *Konzentration* der Entscheidungsbefugnisse über Gewaltanwendung, die Sinn und Zweck der UN-Satzung darstellen, in Frage stellt.[313] Diese Praxis hat sich nach dem Kuwait-Konflikt verstetigt und modifiziert. Eine so weitgehende und so unkontrollierte Ermächtigung zum Einsatz von Gewalt wie im Kuwait-Konflikt ist danach freilich nicht wieder erteilt worden.[314] Eine solche Ermächtigungskompetenz könnte aus der Summe der Befugnisse des Sicherheitsrats nach Art 39, 40, 42 und 48 UN-Charta als eine mitgeschriebene Kompetenz *(implied power)*[315] abgeleitet werden. Jedenfalls ist dies eine ständige und damit gewohnheitsrechtsbildende Praxis geworden, die insbes für Aktionen im Falle des Zusammenbruchs der staatlichen Ordnung zum Schutz der dort lebenden Menschen und für *post conflict peace-building* gilt,[316] deren Grenzen im Übrigen schwer abzuschätzen sind.

Kap VIII sieht Maßnahmen *regionaler Abmachungen* zur Wahrung von Frieden und 51 Sicherheit vor.[317] Solche Regionalorganisationen dienen der Wahrung von Frieden und Sicherheit innerhalb des Bereichs der Organisation. Eine lange Tradition regionaler Friedenssicherung hat die Organisation Amerikanischer Staaten (OAS).[318] Auch die Organisation der Afrikanischen Einheit (OAU), gegründet 1963, nunmehr neu gegründet als African Union (AU),[319] hat wesentliche Beiträge zur Konfliktbewältigung in Afrika geleistet.[320]

---

309 S/RES/1386 v 20.12.2001.

310 Vgl bereits o Rn 24.

311 EUFOR Chad, S/RES/1778 v 14.9.2007.

312 S/RES/1973 v 17.3.2011.

313 *Bothe*, Peace-Keeping and the Use of Force, Int Peacekeeping 1 (1994) 2 (4).

314 Vgl bereits o Rn 24.

315 *Blokker*, International Organizations or Institutions, Implied Powers, MPEPIL VI, 18 (Rn 6); *Köck*, Die ‚implied powers‘ der Europäischen Gemeinschaften als Anwendungsfall der ‚implied powers‘ Internationaler Organisationen überhaupt, FS Seidl-Hohenveldern, 1988, 279 ff; *Rama-Montaldo*, International Legal Personality and Implied Powers of International Organisations, BYIL 44 (1970) 111 ff; s auch *Bernadotte*-Gutachten des IGH, ICJ Rep 1949, 180 ff.

316 Vgl o Rn 24.

317 *Coleman*, International Organisations and Peace Enforcement, 2007; *Körbs*, Die Friedenssicherung durch die VN und Regionalorganisationen nach Kapitel VIII der Satzung der VN, 1997; *Walter*, Regional Arrangements and the UN Charter, MPEPIL VIII, 746 ff; *ders*, in Simma u a (Fn 22) Art 53 Rn 3 ff; *Perrin de Brichambaut*, Les relations entre les Nations Unies et les systèmes régionaux, in Société française (Fn 258) 97 ff; *Walter*, Vereinte Nationen und Regionalorganisationen, 1996.

318 *Garcia-Corrochano Moyano*, Regional Co-operation and Organisation: American States, MPEPIL VIII, 782 ff; *Thomas/Thomas*, Non Intervention, 1956.

319 Vertrag v 11.7.2000 (<www.africa-union.org>).

320 Eingehend die Studie von *Berger*, Bewaffnete Konflikte in Afrika, 2017, zur AU insbes 357 ff, zu ECOWAS 272 ff; ferner *Killander*, Regional Cooperation and Organization: African States, MPEPIL VIII, 768 ff; *van As*, African Peacekeeping, RDIMDG 45 (2006) 329 ff; *Allain*, The True Challenge to the United Nations System of the Use of Force, MPYUNL 8 (2004) 237 (264 ff).

Eher marginal war hingegen die Rolle der Arabischen Liga[321] im innerarabischen Verhältnis. In Europa hat sich die KSZE (jetzt OSZE) im Jahr 1992[322] zu einer regionalen Abmachung iSv Kap VIII UN-Charta erklärt. Auch sie hat eine umfangreiche Tätigkeit der Konfliktregelung enwickelt.[323] Der Begriff der regionalen Abmachung wird in den letzten Jahren sehr flexibel gehandhabt.[324] Verteidigungsbündnisse wie *NATO* und die ehemalige *WEU gehören* jedoch *nicht dazu*.[325] Die regionalen Abmachungen werden nach Maßgabe ihrer eigenen rechtlichen (oder im Falle der OSZE: politischen) Regeln tätig. Zusätzlich haben sie die UN-Charta zu beachten. Das bedeutet, dass sie keine militärischen[326] Zwangsmaßnahmen ohne Genehmigung des Sicherheitsrats, die nur konkret für den einzelnen Fall erteilt werden darf, durchführen können.[327] Von den Aufgaben der Friedenssicherung innerhalb des Kreises der Mitglieder ist die Frage zu unterscheiden, ob eine Organisation *militärische Maßnahmen mit einem Mandat des Sicherheitsrats* übernehmen kann. Dies haben NATO und WEU getan und sich aufgrund eines Wandels ihrer Gründungsverträge dazu berechtigt gesehen.[328] Gleiches hat die EU im Rahmen der sich entwickelnden ESVP, seit 2009 GSVP unter Übernahme der Funktionen der WEU, getan.[329] Eine vergleich-

---

321 *Rishmawi/Comandulli,* League of Arab States (LAS), MPEPIL VI, 747 ff; *Schmolinsky,* Der Beitrag regionaler Abmachungen und Einrichtungen im Sinne von Kapitel VIII SVN zur Regelung von Konflikten zwischen und innerhalb ihrer Mitgliedstaaten, HV-I 12 (1999) 177 ff.

322 Helsinki-Resolution der KSZE v 10.7.1992, abgedr in ILM 31 (1992) 1390 ff.

323 *Galbreath,* On Reinvigorating European Security, OSCE Yearbook 2015, 81 ff; *Froehly,* OSCE/ODIHR's Responses to Crises in and around Ukraine, OSCE Yearbook 2015, 251 ff; *Hopmann,* The OSCE's Contrasting Roles in Managing the Ukraine/Crimea Crises in 1992-96 and 2014-15, OSCE Yearbook 2015, 277 ff; *Hopmann,* The OSCE's Role in Conflict Management, OSCE Yearbook 2016, 63 ff.

324 *Walter,* in Simma u a (Fn 22) Art 52 Rn 42 ff.

325 *Bothe/Martenczuk* (Fn 86) 127 f; unentschieden *Walter* (Fn 324) Rn 48; *Wolfrum,* Der Beitrag regionaler Abmachungen zur Friedenssicherung, ZaöRV 53 (1993) 576 (591 ff) verlangt für eine Übernahme von Aufgaben nach Kap VIII durch NATO und WEU eine Änderung ihrer Gründungsverträge. Die Übernahme sei „auf der Basis ihrer derzeit geltenden Satzungen nicht unproblematisch" (593); auch *Walter* sieht die Möglichkeit einer Anerkennung von NATO und WEU nur insoweit, als sie nicht im Rahmen ihrer traditionellen Funktion als Verteidigungsbündnis tätig werden.

326 Ob auch nicht-militärische Zwangsmaßnahmen dem Genehmigungsvorbehalt des Sicherheitsrats unterliegen, ist str; vgl hierzu *Walter* (Fn 324) Rn 53.

327 *Walter* (Fn 315 [MPEPIL]) Rn 16 ff; zu den Problemen nachträglicher Genehmigungen und Generalermächtigungen vgl ebd; gegen die Notwendigkeit vorheriger Genehmigung *Frowein,* Konstitutionalisierung des Völkerrechts, BerDGVR 37 (1997) 427 (432 ff); differenzierend *Hakimi,* To Condone or Condemn?, Vanderbilt J Transnat'l L 40 (2007) 643 ff.

328 NATO und WEU haben unterschiedliche Mandate des Sicherheitsrats im Rahmen der Konflikte im ehemaligen Jugoslawien übernommen. Vgl die Sicherheitsrats-Res 816 v 31.3.1993 (Flugverbotszonen), 836 v 4.6.1993, 844 v 18.6.1993, 958 v 19.11.1994 (Luftangriffe zur Unterstützung der UNPROFOR), 1031 v 15.12.1995 (IFOR/SFOR), 1244 v 10.6.1999 (KFOR).

329 Übersicht bei *Kuhn,* The System of EU Crisis Management, MPYUNL 13 (2009) 247 ff; zu den Operationen der EU in der Demokratischen Republik Kongo und in Bosnien-Herzegowina vgl schon o Rn 36. Grundlage ist nunmehr Art 42 EUV.

Bothe

bare Rolle spielt in Westafrika ECOWAS mit der militärischen Komponente ECOMOG,[330] in Zentralafrika die ECCAS mit der Komponente eines Friedens- und Sicherheitsrats (COPAX), in Ostafrika die East African Community (EAC) sowie im Süden die Southern African Development Community (SADC)[331] Eine Variante ist die Übernahme von Funktionen des traditionellen Peacekeeping durch solche Organisationen.[332]

c) Rüstungskontrolle und Abrüstung
Entwicklung

Der Gedanke, dass Beschränkung der Rüstung[333] die Angriffsfähigkeit eines Staats mindert und damit die Chance für Frieden erhöht, ist sehr alt. In der Vergangenheit fand er allerdings meist in der Form der Rüstungsbeschränkungen für besiegte Staaten Eingang in die zwischenstaatliche Praxis. Der Gedanke einer *Friedenssicherung durch gleichberechtigte Rüstungsbeschränkung* lag den Haager Friedenskonferenzen (1899 und 1907), den Abrüstungsbemühungen des Völkerbunds und denen der Vereinten Nationen zugrunde. 52

Rüstungskontrolle und Abrüstung im System gegenseitiger Abschreckung

Die Entwicklung von Rüstungskontrolle, Abrüstung und Friedenssicherung war nach dem Zweiten Weltkrieg durch den Antagonismus der Supermächte gekennzeichnet, in dem die *gegenseitige Abschreckung*[334] eine wichtige Rolle als Instrument der Friedenssicherung spielte. Aufgabe von Maßnahmen der Rüstungskontrolle und Abrüstung in diesem System war es vor allem, die Stabilität durch Wahrung und Entwicklung eines *Gleichgewichts* zu sichern, aber auch durch Kooperation Destabilisierung zu verhindern. 53

---

330 *Bothe* (Fn 187) Rn 31; in Bezug auf ECOWAS hat der Sicherheitsrat allerdings zunächst keine vorherigen Ermächtigungen erteilt, sondern im Nachhinein die Aktionen in Liberia, Sierra Leone und der Elfenbeinküste gebilligt; vgl Res 788 v 19.11.1992 (Liberia), 1162 v 17.4.1998 (Sierra Leone); *Allain* (Fn 318) 260 ff; zur neueren Entwicklung der Praxis, insbes zur „flexiblen Auslegung" des Art 53 UN-Charta, *Berger* (Fn 320) 456 ff, 479 f.

331 Zentralafrika: Protocol relatif au Conseil de Paix et de Sécurité de l'Afrique Central v 24.2.2002, <www.lab-ceeac.com>; EAC: Commnique, The Third Heads of State Conclave on the Democratic Republic of the Congo, <http://www.eac.int/communique/communique/2504communiqueC3 %A9-the-third-heads-of-state-conclave>; SADC: Protocol on Politics, Defence and Security Cooperation v 4.8.2001. Es verpflichtet die Mitgliedstaaten u a zu Durchführung von Entscheidungen des Sicherheitsrates. Eine eingehende Analyse der Praxis dieser subregionalen Organisatuion liefert *Berger* (Fn 320) 271 ff.

332 *Bothe* (Fn 187) Rn 31; *van As* (Fn 320).

333 Zu Entwicklung und gegenwärtigen Problemen *Becker/Müller/Rosert*, Rüstungskontrolle im 21. Jahrhundert, Friedens-Warte 83 (2008) 13 ff; *Keefer*, Building the Palace of Peace, JHIL 9 (2007) 25 ff; eine neue Darstellung der einzelnen Elemente des Rechts der Rüstungskontrolle sind die Beiträge in Myjer/Marauhn (Hrsg), Research Handbook on International Arms Control Law, 2022.

334 *Verdirame*, The ‚Sinews of Peace': International Law, Strategy, and the Prevention of War, BYIL 77 (2006) 83 ff; ebd 91 ff zu den völkerrechtlichen Problemen der Abschreckung.

Die Stabilisierung erfolgte einmal durch eine Beschränkung und teilweise *Reduktion der Waffenarsenale* (SALT I[335] und II,[336] START,[337] Vertrag über die Vernichtung von Mittelstreckenraketen [INF][338] sowie das amerik-sowjet Abkommen über chemische Abrüstung),[339] zum anderen durch konzertierte Begrenzung von Verteidigungsmöglichkeiten (ABM-Vertrag). Der Vertrag über das Verbot von Atomversuchen in der Atmosphäre, unter Wasser und im Weltraum v 1963[340] war gleichfalls das Ergebnis des Ausgleichs zwischen den Supermächten. Der Einschränkung des Kriegsrisikos mittels Kooperation dienten Abkommen über die *Kommunikation* zwischen den Supermächten[341] (Heißer Draht-Abkommen) sowie über die Verhinderung von Zwischenfällen.[342] Auch der Vertrag über die Nichtverbreitung von Atomwaffen v 1968 galt der Stabilisierung des Gleichgewichts zwischen den Supermächten, da er dessen Destabilisierung durch Erwerb von Atomwaffen seitens Drittstaaten vermeiden sollte. Das *Verbot der Stationierung von Massenvernichtungswaffen* in bestimmten Räumen (Himmelskörper,[343] Meeresboden)[344] ist ebenso hier einzuordnen. Die Verhandlungen über konventionelle Abrüstung in Europa begannen ebenfalls unter dem Vorzeichen einer gleichgewichtigen Abrüstung zwischen NATO und Warschauer Pakt. Auch der Vertrag über die Beschränkung konventioneller Streitkräfte in Europa,[345] abgeschlossen am Ende des Ost-West-Konflikts 1990, war in seinen Regelungen noch von dem Ziel des Gleichgewichts zwischen den Blöcken geprägt.[346] Das Vertragsregime hat mit seinen Maßnahmen zur Herstellung von Transparenz ganz er-

---

335 Interim Agreement between the United States of America and the Union of Soviet Socialist Republics on Certain Measures with Respect to Limitation of Strategic Offensive Arms (SALT I-Vertrag).

336 Wiener Abkommen über die Begrenzung strategisch offensiver Waffen (SALT II-Vertrag).

337 Treaty between the United States of America and the Union of Soviet Socialist Republics on the Reduction and Limitation of Strategic Offensive Arms v 31.7.1991 (START I-Vertrag), DSD 2 (1991), Suppl (5.11.1991).

338 Treaty between the United States of America and the Union of Soviet Socialist Republics on the Elimination of their Intermediate-Range and Shorter-Range Missiles (INF-Vertrag), dt Übersetzung: EA 1988, D 18.

339 Abkommen v 1.6.1990.

340 Es handelt sich dabei um einen auf universale Teilnahme angelegten Vertrag (126 Vertragsparteien), der aber allein von den USA, Großbritannien und der Sowjetunion ausgehandelt wurde. Frankreich und China haben ihn nicht ratifiziert, ebensowenig Nordkorea und Pakistan.

341 Fahl (Hrsg), Rüstungsbeschränkung, Bd III, Nr 9.

342 Fahl (Fn 341) Nr 10.

343 Art IV des Vertrags über die Grundsätze zur Regelung der Tätigkeiten von Staaten bei der Erforschung und Nutzung des Weltraums einschließlich des Mondes und anderer Himmelskörper v 27.1.1967; vgl auch Mondvertrag v 5.12.1979.

344 Art I des Vertrags über das Verbot der Anbringung von Kernwaffen und anderen Massenvernichtungswaffen auf dem Meeresboden und im Meeresgrund v 11.2.1971.

345 Vertrag über die konventionellen Streitkräfte in Europa (KSE-Vertrag);; *Koulik*, Verification of the CFE Treaty, 1991.

346 Zur weiteren Entwicklung s u Rn 55.

Bothe

heblich zum Abbau von Spannungen in Europa beigetragen. Der *bilateral* geprägte Charakter des Rüstungskontrollrechts zeigte sich auch in den Verhandlungsforen. Die UN spielten eine eher untergeordnete Rolle.[347] Wesentliche Verhandlungen wurden zwischen den Supermächten allein geführt (SALT, START, INF).[348] Ein besonderes Verhandlungsgremium war und ist der Genfer *Abrüstungsausschuss* (seit 1961 mit unterschiedlichen Bezeichnungen, seit 1984 Conference on Disarmament [CD]),[349] in dem zunächst die Supermächte tonangebend waren, was sich formell in dem gemeinsamen sowjetamerik Vorsitz zeigte (bis 1978). In diesem Kontext waren auch Verhandlungen über multilaterale Maßnahmen von Rüstungskontrolle und Abrüstung wie zB über die multilateralen Verträge über das Verbot des Besitzes von biologischen Waffen (abgeschlossen 1972)[350] und von chemischen Waffen (abgeschlossen 1993)[351] bilateral geprägt. Auch die für Verträge über Rüstungskontrolle und Abrüstung entscheidend wichtige *Kontrolle der Einhaltung* bediente sich bilateraler Techniken:[352] gegenseitige Satellitenbeobachtung[353] und gegenseitige Inspektionen.[354]

---

347 *Citron,* Die Sondergeneralversammlung der Vereinten Nationen für Abrüstung, EA 1978, 630 ff; *Wegener,* Die zweite Sonderkonferenz der Vereinten Nationen über Abrüstung, EA 1982, 575 ff; *Bougrov,* Conceptual and Practical Aspects of United Nations Activities in the Field of Disarmament, in UNITAR (Fn 185) 337 ff; *Goldblat,* The Role of the United Nations in Arms Control, ebd 369 ff; *Akashi,* The Role of the UN in Disarmament, Disarmament 1991, 33 ff.

348 *Bothe,* in *Bothe/Graf Vitzthum,* Rechtsfragen, 40 f mwN.

349 Zu den verschiedenen Arbeiten der CD *Bernauer,* Nuclear Issues on the Agenda of the Conference of Disarmament, UNIDIR-Publication 91/68 (1991); *Schmalberger,* In Pursuit of the Nuclear Test Ban Treaty, UNIDIR-Publication 91/16 (1991).

350 Übereinkommen v 10.4.1972 über das Verbot der Entwicklung, Herstellung und Lagerung bakteriologischer (biologischer) Waffen und von Toxinwaffen sowie der Vernichtung solcher Waffen (165 Vertragsparteien); *Geissler,* Strengthening the Biological Weapons Convention, Disarmament 1991, 104 ff; *Meselson,* Implementing the Biological Weapons Convention of 1972, UNIDIR Newsletter 1991, 10 ff; *Millett,* The Biological Weapons Convention, JCSL 15 (2010) 25 ff.

351 Übereinkommen v 13.1.1993 über das Verbot der Entwicklung, Herstellung, Lagerung und des Einsatzes chemischer Waffen und über die Vernichtung solcher Waffen (188 Vertragsparteien); s hierzu Bardonnet (Hrsg), The Convention on the Prohibition of Chemical Weapons, 1995; *Krutzsch/Trapp,* Commentary on the Chemical Weapons Convention, 1994; *Bernauer,* Globales Chemiewaffen-Verbot, Friedens-Warte 71 (1996) 9 ff; *Kirstein/Meissner,* Auf des Messers Schneide, Vierteljahresschrift für Sicherheit und Frieden 1990, 210 ff; *Ronzitti,* Le désarmement chimique et le protocole de Genève de 1925, AFDI 35 (1989) 149 ff; *Fry,* Sovereign Equality under the Chemical Weapons Convention, JCSL 15 (2010) 45 ff.

352 *Ifft/Graham,* Practical Problems with Bilateral Arms Control Treaties, in Dahlitz/Dicke (Hrsg), The International Law of Arms Control and Disarmament, 1991, 59 ff. Allg zu Problemen der Verifikation von Abrüstungsverträgen *Högel,* Rüstungskontrolle und Völkerrecht, 1990.

353 Diese Technik wird in den START-Verträgen euphemistisch umschrieben mit Verifikation durch „national technical means" (Art IV Abs 9 des Start II-Vertrags); zur völkerrechtlichen Zulässigkeit *von Kries,* National Technical Means of Verification in the Light of INF Treaty, ZWL 37 (1988) 326 ff; zur Verifikation *Högel* (Fn 352) 201 ff.

354 So insbes beim INF-Vertrag; vgl hierzu *Högel* (Fn 352) 188 ff.

Rüstungskontrolle und Abrüstung nach dem Ende des Kalten Kriegs, Aufstieg und Fall kooperativer Ansätze

54 Mit dem Ende des Kalten Kriegs hat sich die Struktur des Rechts der Rüstungskontrolle und Abrüstung grundlegend verändert. Zwar bleibt in der Frage der Atomwaffen und strategischen Waffensysteme das Verhältnis zwischen den USA und Russlands ausschlaggebend und Gegenstand weiterer bilateraler Vertragsentwicklung[355] oder Vertragsauflösung bzw -suspendierung.[356] Generell wurde das Recht aber *stärker multilateral geprägt*.[357] Die Frage der Sicherheit der Nichtnuklearstaaten vor den Nuklearstaaten,[358] auch vor möglichen neuen Nuklearstaaten, wird stärker aufgeworfen. Diesem Ziel dienen die politischen Begleitdokumente der Verlängerung des NV-Vertrags im Jahre 1995[359] und die durch diese Dokumente geforderten Verhandlungen über einen allgemeinen Teststop *(Comprehensive Test Ban Treaty)*[360] sowie die Einstellung der Produktion kernwaffenfähigen Materials (sog *Cut-Off-Treaty*).[361] Ein wichtiger Schritt zu einem echten multilateralen Abrüstungsrecht ist das *C-Waffen-Übereinkommen* v 1993,[362] in dem ein umfassendes Verbot des Besitzes und des Erwerbs chemischer Waffen nach langen Verhandlungen schließlich erreicht wurde. Der Vertrag schreibt eine Vernichtung bestehender Vorräte chemischer Waffen, die Zerstörung (uU Umwandlung) der Produktionsstätten solcher Waffen sowie ein Verbot ihres Besitzes, Erwerbs, ihrer Produktion und ihrer

---

355 Der START II-Vertrag v 1993 trat nicht in Kraft. START I wurde unwesentlich ergänzt durch den Strategic Offensive Reduction Treaty (SORT) v 2002. START I lief 2009 aus, wurde aber zunächst faktisch weiter angewendet. START I und SORT wurden ersetzt durch den Vertrag über „Measures for the Further Reduction and Limitation of Strategic Offensive Arms" (Prager Vertrag, New START) v 8.4.2010, der am 5.2.2011 in Kraft getreten ist; dazu <https://www.armscontrol.org/print/2556>. Der Vertrag wäre 2021 ausgelaufen, wurde aber im Januar dieses Jahres um fünf Jahre verlängert. Er ist gegenwärtig der letzte noch in Kraft befindliche Vertrag zur Beschränkung strategischer Nuklearwaffen zwischen USA und Russland.
356 Beendigung von SALT I durch die USA 2002. Im Februar 2019 wurde der INF-Vertrag von beiden Seiten mit der Behauptung gekündigt, die jeweils andere Seite habe ihn verletzt, vgl Statement from the President regarding the Intermediate-Range Nuclear Forces (INF) Treaty v 1.2.2019, <http://whitehouse.gov/briefings-statements/>; zur russ Erklärung <http://kremlin.ru/events/president/news/59763>, zur US Position vgl AJIL 113 (2019) 132 (139 f).
357 *Becker/Müller/Seidler-Diekmann*, Die Regime zur Kontrolle nuklearer, biologischer und chemischer Waffen, Friedens-Warte 83 (2008) 57 ff.
358 In diesem Zusammenhang ist auch zu sehen, dass zunächst die WHO-Versammlung, sodann die GV der UN den IGH um ein Rechtsgutachten zur Zulässigkeit von Atomwaffen ersucht hat, vgl dazu ICJ Rep 1996, 66 (*WHO-Nuklearwaffen*-Gutachten), ebd 226 (*GV-Nuklearwaffen*-Gutachten); s auch *Nagendra/McWhinney*, Nuclear Weapons and Contemporary International Law, 2. Aufl 1989.
359 Principles and Objectives for Nuclear Non-Proliferation and Disarmament v 11.5.1995; Goldblat/Cox (Hrsg), Nuclear Weapon Tests, 1988.
360 Vgl hierzu *Arnett*, Implementing the Comprehensive Test Ban, SIPRI-Research Report Nr 8 (1994); Negotiations in the Conference of Disarmament, 1994, Disarmament 18 (1995) 55 ff; *Ferm*, Multilateral and Bilateral Efforts Towards Nuclear Test Limitations, SIPRI Yb 1991, 541 ff.
361 Vgl hierzu *Delpech/Dunn/Fischer/Sood*, Halting the Production of Fissile Materials for Nuclear Weapons, UNIDIR-Publication 94/45 (1994); *Schaper*, A Treaty on Fissile Material, PRIF Report 109, 2011.
362 Vgl o Fn 351.

Bothe

Neuentwicklung vor. Hier zeigen sich die *Strukturen eines neuen Abrüstungsrechts*. Dieses kann nicht auf ein bestimmtes Konfliktszenario, sondern muss wahrhaft multilateral angelegt sein. Es bedarf einer effektiven Kontrolle. Diese kann nicht allein durch nationale Verifikationsmittel erfolgen, sondern muss durch eine *international organisierte Verifikation* geleistet werden.[363] Die Kontrollmechanismen des NV-Vertrags bildeten wichtige Vorbilder. Die Verifikationsmaßnahmen des C-Waffen-Übereinkommens setzen hierzu neue Maßstäbe. Eine neu geschaffene I.O. (OPCW) kontrolliert, u a durch Vor-Ort-Inspektionen, die Lagerung vorhandener Bestände, ihre Vernichtung sowie die Zerstörung oder Umwandlung von Produktionsstätten. Sie überwacht, in genau bestimmtem Umfang, auch Anlagen, in denen mit Chemikalien umgegangen wird, die auch für Waffenzwecke in Betracht kommen, um einer Verwendung solcher Chemikalien zu Rüstungszwecken zuvorzukommen und allen Vertragsparteien eine entsprechende Sicherheit zu gewährleisten. Neben diesen routinemäßig durchzuführenden Kontrollen hat jeder Mitgliedstaat die Möglichkeit, die Durchführung von Verdachtskontrollen *(challenge inspection)* durch die Organisation zu verlangen, wenn aus seiner Sicht Unklarheiten über die Vertragserfüllung in einem anderen Staat bestehen. Die Verhandlungen mit dem Ziel, auch das *B-Waffen-Übereinkommen* um ein ähnliches Überwachungsregime zu ergänzen, sind bislang *gescheitert*. Hingegen sieht der (gleichfalls zunächst einmal gescheiterte) Comprehensive Test Ban Treaty ein institutionalisiertes Verifikationssystem vor.[364] Eine neue Form internationaler Kontrolle stellte die Überwachung der Abrüstungspflichten des Irak durch die UN dar, die diesem Staat vom Sicherheitsrat nach dem Kuwait-Konflikt auferlegt worden waren.[365]

Angesichts der Tatsache, dass Rüstungskontrolle und Abrüstung durch Verträge immer noch unvollständig geregelt sind, ist wichtig, dass der IGH in seinem Rechtsgutachten zur Zulässigkeit von Atomwaffen v 8.7.1996[366] eine *rechtliche* Verpflichtung fest- 55

---

363 Zur Verifikation *Bothe*, Verification of Facts, MPEPIL X, 643 (Rn 18ff); Altmann/Stock/Stroot (Hrsg), Verification After the Cold War, 1994; *Bild/Jones*, Multilateral Verification, Disarmament 1991, 69ff; Bothe/Ronzitti/Rosas (Hrsg), The New Chemical Weapon Convention, 1999; *Findlay*, Verification of the Ottawa Convention, Disarmament Forum 4 (1999) 45ff; Hanski/Rosas/Stendahl (Hrsg), Verification of Arms Control Agreements, 1991; *Haubrock*, Das Verifikationsproblem der Rüstungskontrollvereinbarungen, 1992; *Gmelch*, Verifikation von multi- und internationalen Rüstungskontrollabkommen, 1992; *Myjer*, The Law of Arms Control and International Supervision, Leiden JIL 3 (1990) 99ff; *Graf Vitzthum*, in *Bothe/Graf Vitzthum*, Rechtsfragen; zur Verifikation im Bereich der IAEO *Lohmann*, Die rechtliche Struktur der Sicherungsmaßnahmen der Internationalen Atomenergie-Organisation, 1993; *Schaper*, Verifikation der Abrüstung von Kernmaterial, HSFK Report 3/2009; *Kellman*, Enforcing Nuclear Non-proliferation, in Black-Branch/Fleck (Hrsg), Nuclear Non-Proliferation in International Law, Bd 2 (Verfication and Compliance), 2016, 235ff; vgl auch *Black-Branch/Fleck*, Verification and Compliance with Nuclear Non-proliferation Agreements: Synopsis of Outstanding Issues, in ebd 1ff.

364 Angenommen durch A/RES/50/245 v 17.9.1996. Der US-Senat hat die Ratifikation abgelehnt. Zum Stand der Test-Verbote *Tabassi*, The Nuclear Test Ban, JCSL 14 (2009) 309ff; zum B-Waffen-Regime vgl *Pearson/Chevrier*, An Effective Prohibition of Biological Weapons, in Lederberg (Hrsg), Biological Weapons, 1999, 113. Auch die diesbezüglichen Verhandlungen sind am Widerstand der USA gescheitert.

365 S/RES/687 v 3.4.1991, §§ 7ff; vgl bereits o Rn 34–44.

gestellt hat, dass die Staaten Verhandlungen zum Zwecke der nuklearen Abrüstung nach Treu und Glauben führen und zu einem Abschluss bringen müssen. Diese ist von den Atommächten auf der Überprüfungskonferenz des NV-Vertrags 2000 an sich anerkannt worden,[367] ihre Erfüllung in der Praxis jedoch nicht abzusehen.[368] Deshalb haben die Marshall-Inseln vor dem IGH Klage gegen die offiziellen und inoffiziellen Atommächte erhoben.[369] Das Problem der destabilisierenden Wirkung von *Massenvernichtungswaffen* wird gegenwärtig vor allem in der Gefahr gesehen, dass diese in die Hände von Terroristen oder sog Schurkenstaaten gelangen. Im Rahmen der Debatte über die sog neuen Bedrohungen[370] wird dies mitunter als Rechtfertigung zum Einsatz einseitiger Gewalt angesehen. Das hat zu umfassenden Maßnahmen zur Verhinderung der Proliferation von Massenvernichtungswaffen geführt, in denen die dargestellten Verträge (NVV, BWÜ, CWÜ) ein Teilaspekt sind.[371] Neben diesen spielen Maßnahmen des Sicherheitsrats (insbes die Resolution 1540 zur Bekämpfung der Proliferation von Massenvernichtungswaffen) und konzertierte Aktionen (Exportkontrollen,[372] Eingriffe in den Waffentransport)[373] eine Rolle. Trotz dieser Fortschritte befindet sich dieses System in einer Krise, vor allem da der NV-Vertrag die ihm zugedachte Funktion der Stabilisierung nicht mehr zu erfüllen vermag. Die Exklusivposition von drei, später fünf Atommächten ist nicht

---

366 §§ 98 ff des Gutachtens; zu den diesbezüglichen unterschiedlichen Verhandlungskonzepten *Müller*, Nukleare Abrüstung, HSFK Report 7/2011.
367 2000 Review Conference of the Parties to the Treaty on the Non-Proliferation of Nuclear Weapons, 24.4.–19.5.2000, New York, <http://www.un.org/Depts/dda/WMD/nptrevdoc.html>.
368 Die Erklärung von Präsident Obama über eine von Atomwaffen freie Welt als Politikziel der USA v 5.4.2009 (AJIL 103 [2009] 600 ff) enthält keine konkreten Schritte; vgl dazu *Fey/Franceschini/Müller/Schmidt*, Auf dem Weg zu Global Zero?, HSFK Report 4/2010.
369 *Roscini*, The Cases against the Nuclear Weapons States, ASIL Insights 19/10 v 12.5.2015. Sechs Verfahren wurden wegen offensichtlich mangelnder Zuständigkeit vom Gericht nicht registriert, ICJ Press Release 2014/18 v 25.4.2014; die verbliebenen Klagen gegen Großbritannien, Indien und Pakistan, in denen der IGH nach der Fakultativklausel des Art 36 Abs 2 IGH-Statut zuständig war, wurden aus prozessualen Gründen abgewiesen, s Urteil im Fall *Nuclear Disarmament*.
370 Vgl o Rn 11, 19.
371 *Bothe*, Weapons of Mass Destruction, Counter-Proliferation, MPEPIL X, 829 ff; *ders*, Proliferation of Weapons of Mass Destruction, in Handl/Zekoll/Zumbansen (Hrsg), Beyond Territoriality, 2012, 489 ff; *Mathews*, WMD Arms Control Agreements in the Post-September 11 Security Environment, Melb JIL 8 (2007) 292 ff; *Millet-Devalle*, Non-prolifération nucléaire, RGDIP 111 (2007) 435 ff, *Ronzitti*, The Proliferation Security Initiative and International Law, FS Bothe, 2008, 269 ff; *König*, Der Einsatz von Seestreitkräften, in *Zimmermann u a*, Konfliktformen, 203 (214).
372 Nuclear Suppliers Group, Australia Group.
373 Sog Proliferation Security Initiative (PSI), str, vgl *Fitzgerald* (Fn 90); *Guilfoyle*, Maritime Interdiction of Weapons of Mass Destruction, JCSL 12 (2007) 1 ff; *Jimenez Kwast*, Maritime Interdiction of Weapons of Mass Destruction in an International Legal Perspective, NYIL 38 (2007) 163 ff; *Shulman*, The Proliferation Security Initiative and the Evolution of the Law on the Use of Force, Houston JIL 28 (2006) 771 ff; *Sharp*, Proliferation Security Initiative, TLCP 16 (2006/07) 991 ff; *Yann-Huei Song*, The U. S.-Led Proliferation Security Initiative and UNCLOS, ODIL 38 (2007) 101 ff; *Ronzitti* (Fn 371) 269 ff *Venturini*, The Proliferation Security Initiative: A Tentative Assessment, in Black-Branch/Fleck (Fn 363) 213 ff.

mehr akzeptiert, die allgemeine nukleare Abrüstung hat nicht stattgefunden, und es hat sich eine unakzeptable Diskriminierung zwischen offenen und heimlichen Atommächten und (noch?) Nicht-Atommächten entwickelt, die politisch und rechtlich kaum mehr zu lösen ist.[374] Wie zuvor schon die 9. Überprüfungskonferenz ist die 10. Überprüfungskonferenz des NVV 2022 gescheitert. Sie wurde ohne inhaltliches Abschlussdokument beendet. Dagegen wird Abrüstung und eine Beschränkung der nuklearen Optionen der Kriegführung immer mehr aus humanitären Gründen gefordert (Humanitäre Initiative).[375] Diese politischen Bemühungen hatten einen Teilerfolg mit der Annahme des Vertrags über das Verbot von Atomwaffen durch eine Konferenz der UN am 7.7.2017, der ein umfassendes Verbot der Entwicklung, des Erwerbs, des Besitzes und der Weitergabe von Atomwaffen statuiert. Allerdings wurde dieser Vertrag von keinem der rüstungspolitisch bedeutsamen Staaten unterzeichnet.[376] Im Weltraum gibt es Stationierungsverbote für Massenvernichtungswaffen und das Gebot der ausschließlich friedlichen Nutzung des Weltraums, was dessen zunehmende Militarisierung aber nicht ausgeschlossen hat.[377] Stellen Massenvernichtungswafen eine (noch?) nicht realisierte Bedrohung dar, so hat die *Verfügbarkeit einfacher Waffen* aktuell eine konfliktfördernde Wirkung. Diese Waffen verschärfen die Leiden, die durch Kriege auf vielen Schauplätzen verursacht werden. Deshalb wurden sie zum Gegenstand von Bemühungen der Rüstungskontrolle gemacht, etwa das Minenproblem. Das Zusatzprotokoll zur UN-Waffenkonvention über Minen enthält freilich nur ein Einsatzverbot.[378] Das Ottawa-Abkommen v 1997 geht mit einem Besitz- und Weitergabeverbot weiter.[379] Es zählt 164 Vertragsparteien, jedoch sind wichtige

---

374 *Müller*, Zukunft der nuklearen Nichtverbreitung, FS Mutz, 2008, 105ff; *ders*, Nichtverbreitungsvertrag, IP 61 (2006) Nr 2, 16ff; *ders*, Die Stabilität des nuklearen Nichtverbreitungsregimes, HSFK Report 11/2009; *ders*, Der nukleare Nichtverbreitungsvertrag nach der Überprüfung, HSFK Report 3/2010; *ders*, Die gespaltene Gemeinschaft: Zur 2015gescheiterten Überprüfung des Nuklearen Nichtverbreitungsvertrages, HSFK-Report 1/2015; *Müller*, Stillstand der nuklearen Abrüstung. Warum die 9. Überprüfungskonferenz des Nichtverbreitungsvertrages scheiterte, VN 63 (2015) 152ff; zum Ausgang der 10. Überprüfungskonferenz s <https://press.un.org/en/2922/dc3850.doc.htm>.

375 Zum Verlauf vgl <https://www.icanw.org/campaign/humanitarian-initiative>; *Bolton/Minor*, The Humanitarian Initiative on Nuclear Weapons, Global Policy 7 (2016) 380; *Minor*, Changing the Discourse on Nuclear Weapons: The Humanitarian Initiative, IRRC 97 (2015) 711; zur Geschichte der Idee einer humanitären Rüstungskontrolle *Dunworth*, Humanitarian Disarmament, 2020.

376 *Müller*, Der nukleare Verbotsvertrag: Ein begrenzter Schritt vorwärts, VN 66 (2018) 214ff; *Dunworth*, The Treaty on the Prohibition of Nuclear Weapons, ASIL Insights 21 (2017) No 12. 70 Staaten haben unterzeichnet, 66 ratifiziert. Die erste Vertragsstaatenkonferenz fand im Juni 2022 in Wien statt und hat eine umfangreiche Schlusserklärung verabschiedet, Doc TPNW/MSP/2022/6.

377 S u Rn 89.

378 Dazu u Rn 73. Auch andere Vorschriften des *ius in bello* können zur Rüstungskontrolle verpflichten, so vor allem Art 36 ZP I, der die Überprüfung neuer Waffen auf ihre Vereinbarkeit mit humanitärem Völkerrecht gebietet, vgl dazu *Wisotzki*, Between Morality and Military Interests, PRIF Report 92, 2009.

379 Umsetzung in Deutschland durch § 18 a KriegswaffenkontrollG.

Staaten (USA, Russland, China, Israel, Indien, Pakistan) nicht Vertragsparteien. Ein umfassendes Besitz-, Transfer- und Einsatzverbot besteht hinsichtlich Streumunition aufgrnd des Vertrags von 2008.[380] Hinsichtlich der sog *Kleinwaffen* (*small arms and light weapons* [SALW]) gibt es einen UN-Aktionsplan,[381] der 2012 erneuert wurde[382] und ein Überprüfungsverfahren enthält. Der Waffenhandelsvertrag v 2013 erfasst allgemein konventionelle Waffen und sieht Transferverbote in wesentlichen Problemsituationen vor.[383] Regional existieren rechtlich nicht verbindliche, aber dennoch politisch offenbar wirksame Abmachungen über Im- oder Exportbeschränkungen.[384] Versuche, einen weltweiten Vertrag auszuarbeiten,[385] sind am Widerstand wichtiger Militärmächte gescheitert. Ein relativ junges Gebiet von Rüstungskontrollverhandlungen sind autonome Waffensysteme. Die seit 2017 laufenden Expertengespräche im Rahmen der UN-Waffenkonvention sind 2022 durch einen russ Boykott angehalten worden.[386] Die Frage *regionaler* Abrüstungsabkommen stellt sich nach dem Ende des Kalten Kriegs gleichfalls neu. *Atomwaffenfreie Zonen* gewinnen Bedeutung als ein Mittel der Sicherung von Nicht-Nuklearstaaten. Solche Zonen sind bislang Lateinamerika,[387] der Südpazifik,[388] Südostasien,[389]

---

380 BGBl 2009 II, 502, 504. Der Vertrag verfügt über 110 Vertragsparteien; auch hier fehlen indes die gleichen wichtigen Staaten. Umsetzung in Deutschland durch § 18a KriegswaffenkontrollG.
381 Angenommen durch die UN Conference on the Illicit Trade in Small Arms and Light Weapons, 9.–20.7.2001, UN Doc A/CONF.192/15; zum Scheitern der Überprüfungskonferenz 2006 *Wisotzki*, Aktionsprogramm zu Leicht- und Kleinwaffen, VN 54 (2006) 164f; Die dritte Überprüfungskonferenz fand im Zeitraum 18.-29.6.2018 statt, vgl UN Doc A/CONF/192/2018/RC/3.
382 United Nations Conference to Review Progress Made in the Implementation of the Program of Action to Prevent, Combat and Eradicate the Illicit Trade in Small Arms and Light Weapons in All Its Aspects, Abschlussbericht UN Doc A/CONF.192/2012/RC/4. Vgl dazu *Haumer*, ATT – Die Verhandlungen zu einem neuen Waffenhandelsvertrag, HVI 25 (2012) 180ff.
383 Art 6 ATT. 111 Vertragsparteien; es fehlen u a USA, Russland und große Teile des Nahen und Mittleren Ostens sowie Afrikas. Zu diesem Vertrag *Casey-Maslen/Clapham/Giacca/Parker*, The Arms Trade Treaty: A Commentary, 2016; *Holtom*, The OSCE and the Arms Trade Treaty, OSCE Yearbook 2015, 377ff; *Schöberl*, Neuere Entwicklungen des humanitären Völkerrechts, HVI 28 (2015) 67 (69f); zur Schutzwirkung des Vertrags für die Zivilbevölkerung *Grálaigh*, Civilian Protection and the Arms Trade Treaty, in Lattimer/Sands, Civilian Protection, 315.
384 OSZE-Doc über Kleinwaffen und leichte Waffen v 24.11.2000, abgedr bei Fastenrath (Hrsg), KSZE/OSZE, F14.
385 A/RES/61/88; vgl auch A/RES/61/66 v 3.1.2007 zum UN-Aktionsplan.
386 Vgl Rn 76, aus den Nachweisen zur Rüstungskontrolle insbes Fn 529; ferner *Amoroso/Tamburrini*, International Debates on Regulating Autonomous Weapons Systems, International Spectator 56 (2021) 20 mit ausführl Nachw. Die Bemühungen um eine Rüstungskontrolle bzgl Cyber Warfare sind noch nicht weit gediehen; s *Benincasa*, The Case for Cyber ‚Disarmament' in the European Union, International Spectator 56 (2021) 39.
387 Treaty for the Prohibition of Nuclear Weapons in Latin America (Vertrag von Tlatelolco) v 14.2.1967, abgedr in Fahl (Fn 341) Bd I, Nr 4.
388 South Pacific Nuclear Free Zone Treaty (Vertrag von Rarotonga) v 6.8.1985, ILM 24 (1985) 1442.
389 Treaty on the Southeast Asia Nuclear Weapon-free Zone (Treaty of Bangkok) v 15.12.1995, in Kraft 28.3.1997.

Bothe

Afrika[390] und Zentral-Asien,[391] wobei die einschlägigen Verträge allerdings von den Atommächten erst spät und zT noch gar nicht akzeptiert wurden. Die Einrichtung einer kernwaffenfreien Zone im Nahen Osten wurde Gegenstand konkreter, jedoch schwieriger Verhandlungen.[392] In Europa ist mit der *OSZE* ein neues Forum der Verhandlung von Sicherheitsfragen einschließlich Rüstungskontrolle und Abrüstung entstanden.[393] In diesem Rahmen wurde 1999 der KSE-Vertrag[394] an die veränderte geopolitische Lage angepasst. U a wurde das einst den militärischen Blöcken jeweils insgesamt zugestandene Rüstungsniveau national aufgeteilt.[395] Der Änderungsvertrag wurde freilich von den NATO-Staaten nicht ratifiziert. Russland suspendierte 2007 die Anwendung des KSE-Vertrags als Reaktion auf die US-amerik Pläne zur Errichtung eines Raketenabwehrschirms in Europa. Daraufhin setzten 2011 die meisten Vertragsparteien, 2015 auch die Ukraine, die Implementierung gegenüber Russland aus. 2015 zog sich Russland endgültig aus dem KSE-Vertrag zurück, ohne gleichzeitig ihre Ratifikation des Anpassungsvertrags zurückzuziehen. Im Verhältnis zwischen allen anderen Vertragsparteien ist der alte Vertrag in Geltung geblieben. Ein wesentliches bleibendes Element der europäischen Rüstungskontrolle war der sog Vertrag über den offenen Himmel, der Verifikation aus der Luft vorsieht.[396] Er wurde 2020 von den USA und 2021 von Russland gekündigt, ist aber formell zwischen den übrigen Vertragsparteien in Kraft geblieben. Diese negativen Entwicklungen der Rüstungskontrolle in Europa gingen einher mit einem Abbau der Rüstungskontrollverträge aus der Zeit des Kalten Kriegs: Kündigung des ABM-Vertrags durch die USA, Beendigung des INF-Vertrages 2019.[397] Trotz neuerer Initiativen für vertrauensbildende Maßnah-

---

390 African Nuclear-Weapon-Free Zone Treaty (Treaty of Pelindaba) v 11.4.1996 (UN Doc A/50/426), in Kraft 15.7.2009.

391 Vertrag von Semipalatinsk v 8.9.2006, in Kraft 21.3.2009.

392 UN GA/RES/67/28 v 11.12.2012; vgl auch UN Doc A/68/124 v 8.7.2013, Report of the Secretary-General, Establishment of a Nuclear-Weapon-Free Zone in the Region of the Middle East; *Müller*, Eine massenvernichtungswaffenfreie Zone im Nahen und Mittleren Osten, HSFK Report 5/2011. Eine Regionalkonferenz zum Thema wurde mehrfach verschoben. Wegen des Streits über die Errichtung einer solchen Zone scheiterte die Abschlusserklärung der NPT Review Conference 2015.

393 Hierzu *Lutz*, Die OSZE im Übergang der Sicherheitsarchitektur des zwanzigsten Jahrhunderts zum Sicherheitsmodell des einundzwanzigsten Jahrhunderts, OSZE-Jb 1 (1995) 63ff; *Gießmann*, OSZE und die Zukunft von Rüstungskontrolle und Abrüstung in Europa, Vierteljahresschrift für Sicherheit und Frieden 13 (1995) 239ff.

394 S o Fn 345.

395 Agreement on Adaptation of the Treaty on Conventional Armed Forces in Europe mit Protocol on National Ceilings (<www.osce.org/library/14108>); zu Stand und Entwicklung vgl *Hartmann/Schmitt*, Konventionelle Rüstungskontrolle in Europa, HSFK Report 6/2011.

396 Seit 1992 zunächst vorläufig angewandt, in Kraft 2002.

397 Zum ABM-Vertrag <https://www.armscontrol.org/act/2002-07/news/us-withdraw-abm-treaty-global-respnse-muted>; zum INF-Vertrag <https://www.armscontrol.org/act/2019-09/news/us-completes.inf-treaty-withdrawal>.

men[398] waren sowohl die Rüstungskontrolle im amerik-russ Verhältnis als auch das Regime der konventionellen Rüstungskontrolle in Europa schon vor der russ Invasion in der Ukraine durch Konflikte überlagert und durch erhebliche Unsicherheiten gekennzeichnet. Die Gestaltung einer Neuordnung ist gegenwärtig offen. Eine historische Analyse legt nahe, dass Rüstungskontrolle auch unter veränderten Umständen, insbes der neuen multipolaren Machtrivalität, eine konflikthemmende oder Sicherheitsinteressen fördernde Wirkung haben kann.[399]

II. Völkerrechtliche Eingrenzung von Gewalt – Das Recht bewaffneter Konflikte *(ius in bello)*

1. Grundlage und Entwicklung

56 Wenn und soweit das Völkerrecht die militärische Austragung von Konflikten nicht verhindern kann, sollen diese doch durch rechtliche Regeln in Grenzen gehalten werden. Historisch hängen *ius contra bellum* und *ius in bello* durchaus zusammen.[400] Für *Grotius* ist der gerechte Krieg nur der mit gerechten Mitteln geführte, wobei für ihn allerdings die Definition der gerechten Mittel für unser heutiges Verständnis zu weitgehende Konzessionen an die militärische Notwendigkeit enthält.[401] In der Folge ist *die Entwicklung des ius in bello der des ius contra bellum vorausgeeilt.* Nach vereinzelten vertraglichen Regelungen im 18. und frühen 19. Jh setzt in der zweiten Hälfte des 19. Jh eine *fortschreitende Kodifikation kriegsrechtlicher Regeln* ein.[402] Eine Entwicklungslinie, bei der es schwerpunktmäßig um zulässige Mittel der Schädigung des Gegners geht, führt von der St. Petersburger Erklärung über das Verbot bestimmter Geschosse v 1868[403] und die

---

398 *Flor,* Von Lissabon bis Hamburg – für einen Neustart der konventionellen Rüstungskontrolle in Europa, OSZE Jahrbuch 2016, 51 ff; *Richter,* Neubelebung der konventionellen Rüstungskontrolle in Europa, OSZE Jahrbuch 2016, 57 ff.

399 *Graef/Thies,* Lessons from the Past: Arms Control in Uncooperative Times, Global Security Policy Brief, December 2022.

400 Vgl *Kämmerer,* 1. Abschn Rn 79.

401 *E. Crawford,* Armed Conflict, International, MPEPIL I, 612 ff; *Bothe,* Die Entwicklung des Humanitären Völkerrechts, Handbuch des Deutschen Roten Kreuzes zum IV. Genfer Abkommen und zu den Zusatzprotokollen, 1984, 16.

402 Vgl *Crawford* (Fn 401); *Bothe* (Fn 401) 14 ff; *Best,* Law and War, 1994, 39 ff; *Schindler,* International Humanitarian Law, JHIL 5 (2003) 165 ff; *Meron,* War Crimes Law Comes of Age, 1999; *Kolb,* Ius in bello, 23 ff; *O'Connell,* in Fleck (Hrsg), Handbook, 28 ff; diese internationale Entwicklung wurde auch inspiriert durch eine wesentliche innerstaatliche Kodifikation, nämlich die (von dem deutschstämmigen Juristen *Francis Lieber* verfasste) *Instructions for the Government of Armies of the United States,* von Präsident Lincoln erlassen als General Orders No 100 (abgedr in Schindler/Toman, Armed Conflicts, 3); dazu *Vöneky,* Der Lieber's Code und die Wurzeln des modernen Kriegsvölkerrechts, ZaöRV 62 (2002) 424 ff; *Schmidt-Radefeld,* Die Wurzeln des modernen Kriegsvölkerrechts als transatlantisches Erbe, HV-I 22 (2009) 44 ff; *O'Connell,* aaO, 29 f.

403 Schindler/Toman, Armed Conflicts, 91 f.

Brüsseler Erklärung v 1874 über die Gesetze und Gebräuche des Krieges[404] (freilich nie ratifiziert) zu den Verträgen der beiden Haager Friedenskonferenzen (1899 und 1907), unter denen die sog *Haager Landkriegsordnung*[405] (Anlage zum IV. Haager Abkommen) hervorzuheben ist. Eine andere Entwicklungslinie, bei der es schwerpunktmäßig um den Schutz von Konfliktopfern geht (sog Genfer Recht), führt von der ersten Genfer Konvention v 1864[406] über den Schutz der Verwundeten im Felde zu ihrer Neufassung v 1906,[407] den beiden Genfer Konventionen v 1929,[408] den vier *Genfer Konventionen v 1949,*[409] ihren *beiden Zusatzprotokollen v 1977*[410] sowie dem *Dritten Zusatzprotokoll v 2005.*[411] Besondere Entwicklungen finden wir im Seekriegsrecht, beginnend mit der Pariser Erklärung v 1856,[412] beim Verbot bestimmter Waffen (wichtig insbes das Genfer Protokoll über chemische und bakteriologische Waffen v 1925, bestätigt und abgesichert durch das Einsatz- bzw Besitzverbot des BWÜ und CWÜ,[413] sowie die UN-Rahmenkonvention über das Verbot bestimmter konventioneller Waffen mit Zusatzprotokollen, u a zur Beschränkung des Einsatzes von Landminen),[414] für den Kulturgüterschutz (Haager Konvention v 1954,[415] mit dem 2. Zusatzprotokoll v 17.5.1999)[416] und den Luftkrieg (Haager Luftkriegsregeln v 1923,[417] die nur eine nie zum Vertrag gewordene

---

404 Schindler/Toman, Armed Conflicts, 21.

405 DokHVR 31.

406 DokHVR 13.

407 Schindler/Toman, Armed Conflicts, 383.

408 Schindler/Toman, Armed Conflicts, 404, 421.

409 DokHVR 169, 199, 223, 303.

410 DokHVR 503, 591. Zur Geschichte und Bedeutung dieser Verträge *Bothe*, in *Bothe/Partsch/Solf*, New Rules, 1ff.

411 DokHVR 1069.

412 DokHVR 3; *Ronzitti*, 1856 Paris Declaration Respecting Maritime Law, in ders (Hrsg), The Law of Naval Warfare, 1988, 61 (64); zur neueren Entwicklung *Heintschel von Heinegg*, Seekriegsrecht und Neutralität im Seekrieg, 1995; *ders*, Friedliche Nutzung, Seekriegs- und Neutralitätsrecht, Friedenssicherung, in Graf Vitzthum (Hrsg), Handbuch des Seerechts, 2006, 499 (542ff). Die Bedeutung der Pariser Erklärung geht allerdings über das Seekriegsrecht hinaus.

413 DokHVR 475 und 723. Dazu *Bothe*, Das völkerrechtliche Verbot des Einsatzes chemischer und bakteriologischer Waffen, 1973, 21ff, 110ff; zu den Übereinkommen Fn 348f.

414 Convention on Prohibitions or Restrictions on the Use of Certain Conventional Weapons Which May Be Deemed to Be Excessively Injurious or to Have Indiscriminate Effects v 10.10.1980; Protocol on Non-Detectable Fragments; Protocol on Prohibitions or Restrictions on the Use of Mines, Booby-Traps and Other Devices, mit Änderungen v 3.5.1996; Protocol on Prohibitions or Restrictions on the Use of Incendiary Weapons; Resolution on Small-Calibre Weapons Systems; IV. Protocol on Blinding Laser Weapons, 1995; V. Protocol on Explosive Remnants of War.

415 DokHVR 377.

416 DokHVR 409; dazu *Eick*, Verstärkter Schutz von Kulturgut in bewaffneten Konflikten, HV-I 12 (1999) 143; *Henckaerts*, New Rules for the Protection of Cultural Property in Armed Conflict, ebd 147; eingehend *Kreuter-Kirchhof*, 6. Abschn Rn 153ff.

417 DokHVR 95.

Expertenarbeit darstellen, aber weitgehend als Ausdruck des Gewohnheitsrechts angesehen werden).

57   In wesentlichen Bereichen des *Vertragsrechts* ist eine weitgehende *Universalität* erreicht. Dies gilt insbes für die dem Schutz der Konfliktopfer gewidmeten Genfer Konventionen v 1949.[418] Es gilt im Bereich der Waffenverbote auch für das Genfer Protokoll über chemische und bakteriologische Waffen v 1925.[419] Die Zusatzprotokolle I und II zu den Genfer Konventionen, 1977 abgeschlossen, sind von einer großen Zahl von Staaten ratifiziert, jedoch fehlen hier die USA und Israel[420] sowie ein Block von Staaten des Nahen und Mittleren Ostens (Türkei, Iran, Pakistan, Indien, Indonesien, Malaysia, Thailand). Hinzu kommt, dass die Anwendung des ZP I für eine fundamentale Frage, nämlich den Einsatz von nicht-konventionellen Waffen, str ist.[421] Lückenhaft ist die vertragsrechtliche Entwicklung besonders für den Bereich des See- und den des Luftkriegsrechts.[422] Aus allen diesen Gründen ist das völkerrechtliche *Gewohnheitsrecht* für die Regelung bewaffneter Konflikte immer noch praktisch wichtig.[423] Ihm ist darum in den letzten Jahren eine verstärkte Aufmerksamkeit gewidmet worden. Es wurde deutlich,[424] dass staatliche Praxis und die Rspr der internationalen Strafgerichte zu einer Fortentwicklung des Gewohnheitsrechts geführt haben.[425] Auch die Arbeit privater Expertengruppen spielte dazu eine erhebliche Rolle.[426]

---

418 Bis Okt 2022 sind die Genfer Konventionen von 196 (dh allen) Staaten ratifiziert worden, das ZP I von 174 und das ZP II von 169 Staaten; Nachw unter <http://www.icrc.org/web/eng>.

419 Bis Okt 2022 hatten 146 Staaten das Prot v 17.6.1925 über das Verbot der Verwendung von erstickenden, giftigen oder ähnlichen Gasen sowie von bakteriologischen Mitteln im Kriege ratifiziert, das CWÜ 1932 Staaten.

420 *Meron,* The Time Has Come for the United States to Ratify Geneva Protocol I, AJIL 88 (1994) 678 ff; *Prugh,* American Issues and Friendly Reservation Regarding Protocol I, Additional to the Geneva Conventions, RDIMDG 31 (1992) 223 ff; *Aldrich,* Prospects for the United States Ratification of Additional Protocol I to the 1949 Geneva Convention, AJIL 85 (1991) 1 ff; vgl auch den Leserbrief von *Rubin,* AJIL 85 (1991) 662 f.

421 *Solf,* in *Bothe/Partsch/Solf,* New Rules, 218 ff; *Meyrowitz,* Les armes nucléaires et le droit de la guerre, FS Kalshoven, 1991, 297 (311 ff); *Fischer,* Der Einsatz von Nuklearwaffen nach Art 51 des I. Zusatzprotokolls zu den Genfer Konventionen von 1949, 1985, 132 ff; *Empell,* Nuklearwaffeneinsätze und humanitäres Völkerrecht, 1993; dazu näher u Rn 75.

422 Zum Seekriegsrecht *Ronzitti,* Introduction, in ders (Fn 412) 1 ff. Einzelheiten u Rn 114 ff; zum Luftkriegsrecht u Rn 119 ff.

423 *Gasser/Melzer,* Humanitäres Völkerrecht, 57 f; *Kadelbach,* Zwingende Normen des humanitären Völkerrechts, HV-I 1992, 118 ff; *Paust,* The Importance of Customary International Law During Armed Conflict, ILSA JICL 12 (2005/6) 601 ff.

424 Henckaerts/Doswald-Beck (Hrsg), Customary International Humanitarian Law [IKRK-Studie], 2005; dazu Tavernier/Henckaerts (Hrsg), Droit international humanitaire coutumier, 2008.

425 *Hayashi,* Performance of International Courts and Tribunals, in Squatrito/Young/Follesdal/Ulfstein (Hrsg), The Performance of International Courts and Tribunals, 2018, 154 ff.

426 *Bothe,* Private Normunternehmer im Völkerrecht, FS Wolfrum, Bd 2, 2012, 1300 ff; Manual on Naval Warfare 1994 und Manual on the Law of Non-International Armed Conflict 2006, beide erarbeitet im Rahmen des San Remo International Institute of Humanitarian Law, sowie Manual of International Law Ap-

Die Entwicklung des völkerrechtlichen Kriegsrechts ist sowohl durch den Gedanken 58
der Menschlichkeit und der Vermeidung und Minderung menschlichen Leids geprägt
als auch durch das wohlverstandene Eigeninteresse der Staaten an einer Begrenzung
der Schäden durch bewaffnete Konflikte. Die Beschränkung der Mittel gegenseitiger
Schädigung kann und soll auch eine Rückkehr zum Frieden erleichtern. IdS hat das
Kriegsrecht auch eine *friedensfördernde Funktion.*

Eine wichtige Garantie der Einhaltung des völkerrechtlichen Kriegsrechts ist grund- 59
sätzlich die *Gegenseitigkeit.*[427] Darum muss es in gleicher Weise für und gegen einen Angreifer und das Opfer des Angriffs gelten. Es ist hinsichtlich des *ius contra bellum* indiffe-
rent (Grundsatz der Nichtdiskriminierung oder der *Gleichheit der Konfliktparteien*).[428]
Das bedeutet, dass im Falle einer Aggression der Aggressor in gleicher Weise durch das
ius in bello berechtigt und verpflichtet wird wie sein Opfer.

Auf der anderen Seite ist der Grundsatz der Gegenseitigkeit insoweit eingeschränkt, 60
als im Interesse des Schutzes der Opfer Verletzungen des völkerrechtlichen Kriegsrechts
durch eine Partei die andere nicht ohne weiteres berechtigt, in gleicher Weise zu verfahren. Vielmehr gilt eine Reihe kriegsrechtlicher *Repressalienverbote* (insbes das Verbot
von Repressalien gegen Kriegsgefangene, Verwundete und Kranke).[429] In den Repressa-
lienverboten zugunsten bestimmter Konfliktopfer und Sachwerte zeigt sich eine der wesentlichen Zielsetzungen des völkerrechtlichen Kriegsrechts, nämlich der Schutz der

---

plicable to Air and Missile Warfare 2009, erarbeitet von einer Arbeitsgruppe des Harvard Program on Humanitarian Policy and Conflict Research.

427 Das wirft besondere Probleme bei sog asymmetrischen Konflikten auf; vgl *Ipsen,* Humanitäres Völkerrecht und asymmetrische Konfliktparteien, FS Bothe, 2008, 445 ff; *Schmitt,* War, Technology and Armed Conflict, in Helm (Hrsg), The Law of War in the 21st Century, 2007, 137 ff, 150 f; *ders,* Asymmetrical
Warfare and International Humanitarian Law, in Heintschel von Heinegg/Epping (Hrsg), International
Humanitarian Law, 2007, 11 ff; *Kramer,* Rechtliche Regelung asymmetrischer Konflikte, Friedenswarte 81
(2006) 96 ff; *Münkler,* Der Wandel des Krieges, 2006, 69 f, 203; *Rogers,* Unequal Combat and the Law of
War, YIHL 7 (2004) 3 ff; vgl auch *Osiel,* The End of Reciprocity, 2009; *Watts,* Reciprocity and the Law of
War, Harvard ILJ 50 (2009) 365 ff; *L. Schmidt,* Das humanitäre Völkerrecht in modernen asymmetrischen
Konflikten, 2012, 106 ff; *Hobe,* Das humanitäre Völkerrecht in asymmetrischen Konflikten, in *Zimmermann u a,* Konfliktformen, 41 ff; *Paulus/Vashakmadze,* Asymmetrical War as the Notion of Armed Con-
flict – A Tentative Conceptualization, IRRC 91/873 (2009) 95 ff; *Gross,* Moral Dilemmas of Modern War,
2010; *John-Hopkins,* Regulating the Conduct of Urban Warfare: Lessons from Contemporary Asymmetric
Armed Conflicts, IRRC 82/878 (2010) 469 ff.

428 S o Rn 27. ZP I, Präambel, dazu *Partsch,* in *Bothe/Partsch/Solf,* New Rules, 31; vgl auch *Bothe,* Le droit
de la guerre et les Nations Unies, Etudes et travaux de l'Institut universitaire de hautes études internationales 5 (1967) 137 (163 ff). Für die Aufrechterhaltung dieses Prinzips auch angesichts gewichtiger Kritik
D'Alessandra/Heinsch, Rethinking the Relationship between jus in bello and jus ad bellum, in Sadat
(Fn 164) 453 ff; so auch *D'Aspremont/De Hemptienne,* DIH, 355 ff, die aber auch auf die Möglichkeiten einer
gegenseitigen Öffnung beider Rechtsbereiche hinweisen.

429 Art 46 I. GK, Art 47 II. GK, Art 13 Abs 3 III. GK, Art 33 Abs 3 IV. GK; Art 20, Art 51 Abs 6, Art 53 lit c,
Art 54 Abs 4, Art 54 Abs 4, Art 55 Abs 2, Art 56 Abs 4 ZP I. Vgl Europäische Kommission für Demokratie
und Recht (Hrsg), Gutachten zum möglichen Bedürfnis, die Genfer Konventionen fortzuentwickeln,
EuGRZ 31 (2004) 343 (345).

Bothe

menschlichen Person. Diese Zielsetzung teilt das Kriegsrecht mit den Regeln über den Schutz der *Menschenrechte*.[430] Beide Regelungsbereiche überschneiden sich teilweise und sind insoweit parallel anwendbar,[431] nämlich immer dann, wenn ein bewaffneter Konflikt vorliegt und sich die zu schützenden Personen unter der Hoheitsgewalt einer Konfliktpartei befinden (insbes Gefangene, Staatsangehörige einer Konfliktpartei auf dem Gebiet der Gegenpartei, Bevölkerung eines besetzten Gebiets, nicht-internationaler bewaffneter Konflikt). In diesen Situationen sind die Anforderungen beider Rechtsbereiche zu einem Ausgleich zu bringen.[432] Jedoch dient der weite Bereich des Rechts bewaffneter Konflikte, der wegen dieses menschenschützenden Grundanliegens *humanitäres*

---

430 *Dinstein,* Hostilities, 7f; ausf *Hofmann/Malkmus,* Internationaler Menschenrechtsschutz im bewaffneten Konflikt, in Hofmann/Malkmus, Genfer Konventionen, 243; zu Einzelheiten u Rn 122.

431 IGH, *Mauer*-Gutachten, § 106. Die Interamerikanische Menschenrechtskommission hat ihre reichhaltige einschlägige Rechtsprechung aufgearbeitet in der Sache *Aisalla,* Ecuador v Kolumbien, Report 112/10 v 21.10.2012, §§ 78 ff. Zum Verhältnis beider Rechtsbereiche *Heintze,* Theorien zum Verhältnis von Menschenrechten und humanitärem Völkerrecht, HV-I 24 (2011) 4 ff; *Rowe,* The Impact of Human Rights Law on Armed Forces, 2005; *Bothe,* Humanitäres Völkerrecht und Schutz der Menschenrechte, FS Tomuschat, 2005, 63 ff; *Doswald-Beck/Vité,* International Humanitarian Law and Human Rights Law, IRRC 293 (1993) 94 ff; *Frowein,* The Relationship between Human Rights Regimes and Regimes of Belligerent Occupation, IYHR 28 (1999) 1 ff; *Oberleithner,* Human Rights in Armed Conflict, 2014; *Meron,* The Humanization of Humanitarian Law, AJIL 94 (2000) 239 ff; *Orakhelashvili,* The Interaction between Human Rights and Humanitarian Law, EJIL 19 (2008) 161 ff; *Perrakis,* Le droit international humanitaire et ses relations avec les droits de l'homme, in Tavernier/Henckaerts (Hrsg), Droit international humanitaire coutumier, 2008, 115 ff; *Provost,* International Human Rights and Humanitarian Law, 2002; *Roberts,* Human Rights Obligations of External Military Forces, in The Rule of Law in Peace Operations, Recueils de la société internationale de droit militaire et de droit de la guerre 17 (2006) 429 ff; *Stahn* (Fn 53 [International Law]) 205 ff; vgl die Beiträge „Bombing for Peace", ASIL Proc 96 (2002) 95 ff; zur geschichtl Entwicklung *Schotten,* Das Verhältnis von humanitärem Völkerrecht und Menschenrechten aus historischer Sicht, HuVI 26 (2013) 112 ff; *van Dijk,* Human Rights in War: On the Entangled Foundations of the 1949 Geneva Conventions, AJIL 112 (2018) 553 ff.

432 Dazu Human Rights Committee, General Comment No 36 (2018), Right to Life, UN Doc CCPR(C/GC/36, § 64. Die in diesem Zusammenhang häufig vertretene These, dann sei das humanitäre Völkerrecht *lex specialis* (so der IGH im *GV-Nuklearwaffen*-Gutachten, § 25, und im *Mauer*-Gutachten, § 106) ist zumindest missverständlich und trifft das Problem nicht; krit dazu *Guellali,* Lex specialis, droit international humanitaire et droit de l'homme, RGDIP 111 (2007) 539 ff; *Milanovic,* The Lost Origins of Lex Specialis, in Ohlin (Hrsg), Theoretical Boundaries of Armed Conflict and Human Rights, 2016, 78 ff; *Bowring,* The Death of Lex Specialis? Regional Human Rights Mechanisms and the Protection of Civilians in Armed Conflicts, in Lattimer/Sands, Civilian Protection, 251; *Salomon,* Zum Verhältnis von Menschenrechten und humanitärem Völkerrecht, HVI 28 (2018) 153 ff, insbes 155 f, *Bothe* (Fn 426) 89; *Mottershaw,* Economic, Social and Cultural Rights in Armed Conflict, IJHR 12 (2008) 449 (456); *Geiß,* Toward the Substantive Convergence of International Human Rights Law and the Law of Armed Conflict: The Case of *Hassan v. the United Kingdom,* in Sadat (Fn 164) 252 ff; *E. Crawford,* Convergence of Norms Across the Spectrum of Armed Conflict: International Humanitarian and Human Rights Law, in Rose/Oswald (Fn 247) 7 ff; vgl auch die Entscheidung der Interamerikanischen Menschenrechtskommission in der Sache *Aisalla,* § 122. *Dinstein,* Hostilities, 31 ff betont zwar den *lex specialis*-Charakter des humanitären Völkerrechts, spricht aber dennoch zutreffend von „symbiotic coexistence".

Bothe

Völkerrecht genannt wird, nicht nur dem Schutz von Menschenrechten, sondern auch dem Ausgleich staatlicher Interessen. Hinzu tritt in einem modernen Verständnis der Schutz zukünftiger Generationen und damit der Schutz der Umwelt auch in bewaffneten Konflikten.

Kritiker wenden ein, das völkerrechtliche Kriegsrecht diene mehr der *Legitimierung* 61 *von Gewalt,* als dass es sie begrenze.[433] An dieser Kritik ist richtig, dass sowohl die gewohnheitsrechtsbildende Praxis der Militärmächte als auch die in den erwähnten Verträgen durchgesetzte Verhandlungsposition dieser Staaten stets darauf bedacht waren, als militärisch notwendig angesehene Kampfmittel und -methoden nicht rechtlich auszuschließen. Auch sind von Staaten, die an bewaffneten Konflikten beteiligt waren, immer wieder Auslegungen der einschlägigen Vorschriften vertreten worden, die bestimmte militärische Vorgehensweisen (vielleicht zu Unrecht) als rechtmäßig erscheinen ließen. Dies alles ermöglicht es Konfliktparteien, Rechtstreue als Argument zur Verbesserung der eigenen politischen Position zu benutzen. Dies mag im Einzelfall bedauerlich, ja moralisch und teilweise auch rechtlich inakzeptabel sein. Es ist aber nur die halbe Wahrheit. Wenn das Recht eine Grenze zwischen zulässigen und unzulässigen Kampfmitteln und -methoden zieht, dann hat es sowohl eine legitimierende als auch eine delegitimierende Funktion. Wenn sich ein Akteur auf die legitimierende Funktion beruft, kann dies von anderen Akteuren mit rechtlichen und politischen Argumenten stets in Frage gestellt werden – und wird es auch. Im heutigen internationalen Konsensbildungsprozess, der streitige Rechtsfragen durch Vertrag oder Entwicklung von Gewohnheitsrecht außer Streit stellt, sind militärische Interessen zwar sehr durchsetzungsfähig, aber nicht allein dominierend. Deshalb kommt der delegitimierenden Funktion des Kriegsvölkerrechts doch eine wichtige *gewaltbegrenzende Wirkung* zu.

2. Die Beziehungen zwischen den Konfliktparteien
a) Der Anwendungsbereich des völkerrechtlichen Kriegsrechts – der internationale bewaffnete Konflikt

Kriegsvölkerrechtliche Verträge, die seit dem Zweiten Weltkrieg abgeschlossen wurden, 62 angefangen von den Genfer Konventionen v 1949, gebrauchen zur Bestimmung ihres Anwendungsbereichs den Begriff des Kriegs nicht mehr, sondern den des *bewaffneten Konflikts.* Es entwickelte sich eine neue Theorie zur Bestimmung des Anwendungsbereichs der Regeln über internationale bewaffnete Konflikte,[434] die Feindseligkeiten

---

433 *Af Jochnik/Normand,* The Legitimation of Violence, Harvard ILJ 35 (1994) 49 ff; *dies,* The Legitimation of Violence, ebd 387 ff; ihnen folgend *Rosert,* HSFK Standpunkt Nr 7/2010; in gleiche Richtung argumentiert *Kinoté,* Might as Right? The Nature of Laws of War applicable to Targeting and Detention in International Armed Conflicts, JIHLS 13 (2022) 297 (350 f); krit auch *Fischer-Lescano,* Zwischen Humanität und Inhumanität, KJ 51 (2018) 367 ff.
434 Grundlegend *Grob,* The Relativity of War and Peace, 1949; *Kotzsch,* The Concept of War in Contemporary History and International Law, 1956; *Post,* Some Curiosities in the Sources of the Law of Armed Con-

einer bestimmten Intensität als Voraussetzung des „bewaffneten Konflikts" ansehen. Gewisse Regeln des Kriegsrechts passen nur auf Konflikte einer gewissen Intensität. Auf der anderen Seite muss es Regeln, zB über zulässigen Waffengebrauch und menschliche Behandlung von Gefangenen, auch für Kleinstkonflikte, sog *Zwischenfälle,* geben. Für solche Regeln ist die Schwelle dessen, was als bewaffneter Konflikt anzusehen ist, dementsprechend niedrig anzusetzen, sog *First shot*-Theorie.[435] Die Ersetzung des früheren, eher formalen Kriegsbegriffs durch den materiellen oder objektiven Begriff des bewaffneten Konflikts, der abstellt auf das objektive Vorliegen von Feindseligkeiten, erleichtert die rechtliche Erfassung von Konflikten, die nicht zwischen Staaten, sondern innerhalb derselben, oder zwischen Staaten und nicht-statlichen Akteuren stattfinden.[436]

63   Das *ius in bello* ist auch auf bewaffnete Konflikte anwendbar, an denen *UN-Streitkräfte* beteiligt sind,[437] sei es bei militärischen Zwangsmaßnahmen, sei es bei Peacekeeping-Operationen, wenn in diesem Rahmen Situationen entstehen, die als bewaffnete Konflikte betrachtet werden können. Soweit es sich um Streitkräfte handelt, die Organe der UN und nicht solche der etwa Kontingente stellenden Staaten sind, sind die UN die Adressaten der auf das Verhalten der Streitkräfte anwendbaren völkerrechtlichen Normen. Zwar sind sie nicht Vertragpartner einschlägiger völkerrechtlicher Verträge und können es auch nicht sein. Die UN sind jedoch an das anwendbare Gewohnheitsrecht gebunden. Sie stehen nicht über dem Völkerrecht. Wenn sie sich mit Streitkräften in einem bewaffneten Konflikt engagieren, dann sind diese durch die Regeln des Völkerrechts gebunden und geschützt, die das Gewohnheitsrecht eben für solche Situationen entwickelt hat (s o Rn 38).

b) Allgemeine Grundsätze und Landkriegsrecht
Die Grundregel

64 Ausgangspunkt der gesamten modernen kriegsrechtlichen Regelung ist der Gedanke, dass der bewaffnete Konflikt eine *Auseinandersetzung zwischen Staaten* und nicht zwischen Völkern ist.[438] Darauf beruht der *Grundsatz der Unterscheidung* zwischen Per-

---

flict Conceived in a General International Legal Perspective, NYIL 25 (1994) 83ff; *Ipsen,* Zum Begriff des „internationalen Konflikts", FS Menzel, 1975, 405ff; *Mancini,* Stato di guerra e conflitto armato nel diritto internazionale, 2009, 308f; ILA Committee on the Use of Force, Initial Report, in ILA, Report on the 73rd Conference 2008, 814 (817ff).

435 *Bothe* (Fn 428) 149ff; zur Schwelle der Intensität vgl ILA Committee (Fn 429) 841ff.

436 Dazu unten Rn 121ff.

437 Secretary General's Bulletin Observance by UN Forces of International Humanitarian Law (ST/SGB/1999/13 v 6.8.1999), abgedr in Int Peacekeeping 5 (1999) 161ff; *Bothe,* Peacekeeping and International Humanitarian Law, Int Peacekeeping 3 (1996) 91ff; *ders* (Fn 190 [Peace Operations]) 65ff; *Shraga,* UN Peacekeeping Operations, AJIL 94 (2000) 406ff; *Zwanenburg,* The Secretary-General's Bulletin on Observance by United Nations Forces of International Humanitarian Law, Int Peacekeeping 5 (1999) 133ff; *D'Aspremont/De Hemptienne,* DIH, 155ff; s auch Rn 38.

438 *O'Connell,* in Fleck, Handbook, 10 (28f).

sonen, die als befugte Organe einer Konfliktpartei kriegerische Schädigungshandlungen vornehmen dürfen (Kombattanten), und solchen, die es nicht dürfen, sowie zwischen Personen und Sachgütern, die angegriffen werden dürfen (Kombattanten und Personen, die unmittelbar an Kampfhandlungen teilnehmen; militärische Ziele), und solchen, die es nicht dürfen (Zivilpersonen, Zivilbevölkerung, zivile Objekte). Das einzige legitime Ziel der bewaffneten Auseinandersetzung ist, den jeweils anderen Staat in seiner militärischen Widerstandskraft zu schwächen. Gewaltausübung, die zur Erreichung dieses einzig legitimen Ziels nicht erforderlich und damit idS überflüssig ist, ist darum verboten. Von daher wirkt die oft zur Rechtfertigung militärischer Gewaltmaßnahmen angeführte *militärische Notwendigkeit* nicht als Legitimation militärischer Gewaltausübung, sondern als deren Schranke.[439] Legitime militärische Ziele dürfen nur mit erlaubten Mitteln angegriffen werden. Die spezifischen Regeln des Kriegsführungsrechts können nicht durch Berufung auf militärische Notwendigkeit ausgehebelt werden. Sie werden ergänzt durch das *allgemeine Humanitätsgebot*, wie es in der sog *Martens'schen Klausel*[440] formuliert ist. In nicht von spezifischen Regeln erfassten Fällen „verbleiben Zivilpersonen und Kombattanten unter dem Schutz und der Herrschaft der Grundsätze des Völkerrechts, wie sie sich aus feststehenden Gebräuchen, aus den Grundsätzen der Menschlichkeit und aus den Forderungen des öffentlichen Gewissens ergeben".[441] Gerade diesem Humanitätsgebot dient auch die Anwendung der völkerrechtlichen Menschenrechte in bewaffneten Konflikten.

Zulässige Mittel der Schädigung des Gegners: Verbot „überflüssiger" Leiden

Das *Verbot* der Verursachung *überflüssiger Leiden* ist in allgemeiner Form in der HLKO[442] und im ZP I[443] formuliert.[444] Darüber hinaus ist diese Regel in einer ganzen Reihe von spezifischen Normen über zulässige Arten und Mittel der Schädigung des
65

---

439 *O'Connell*, in Fleck, Handbook, 10 (42); *Beer*, Military Professionalism and Humanitarian Law, 2018, 31 ff.

440 So genannt nach *Friedrich v. Martens*, Delegierter Russlands auf den Haager Friedenskonferenzen, der diese Klausel für die Präambel der Haager Konvention über die Gesetze und Gebräuche des Landkriegs entwarf, vgl *Cassese*, The Martens Clause, EJIL 11 (2000) 187 ff; *von Bernstorff*, Martens Clause, MPEPIL VI, 1143 ff; *Schirks*, Die Martens'sche Klausel, 2001; *Empell*, Die Martens'sche Klausel, HV-I 22 (2009) 145 ff; *Salter*, Reinterpreting Competing Interpretations of the Scope and Potential of the Martens Clause, JCSL 17 (2012) 403 ff; *Giladi*, The Enactment of Irony: Reflections on the Origins of the Martens Clause, EJIL 25 (2014) 847 ff; *Kahn*, Protection and Empire: The Martens Clause, State Sovereignty and Individual Rights, Virginia JIL 56 (2016/17) 1 ff; *Dinstein*, Hostilities, 13 ff; *O'Connell*, in Fleck, Handbook 10 (41 f).

441 Art 1 Abs 1 ZP I; vgl auch Präambel Abs 4 ZP II.

442 Art 23 lit e ZP I.

443 Art 35 Abs 2 ZP I. Zu Problemen der Formulierung *Solf*, in Bothe/Partsch/Solf, New Rules, 225 f.

444 Die Bestimmung dessen, was im konkreten Fall als „überflüssige Leiden" anzusehen ist, bereitet erhebliche Schwierigkeiten. Zur Erarbeitung von Kriterien hat das IKRK mit einigen Partnern das sog SirUS-Projekt entwickelt. Dazu *Coupland*, The SirUS Project, in Durham/McCormack (Hrsg), The Changing Face of Conflict and the Efficacy of International Humanitarian Law, 1999, 99 ff.

Gegners konkretisiert. Sie hat ihren Niederschlag etwa in konkreten Waffenverboten gefunden.[445]

Schutz der Zivilbevölkerung

66 Eine weitere Konsequenz der dargestellten Grundregel ist das Prinzip der *Immunität der Zivilbevölkerung*.[446] Angriffe, dh Aktionen, die Verletzung oder Tod von Personen oder Schaden an Sachgütern zur Folge haben oder haben können,[447] dürfen *nur gegen militärische Ziele* gerichtet werden, nicht gegen die Zivilbevölkerung oder zivile Objekte.[448] Bei Angriffen gegen militärische Ziele darf die Zivilbevölkerung nicht unterschiedslos in Mitleidenschaft gezogen werden (Verbot unterschiedsloser, blinder Angriffe). Angriffe gegen militärische Ziele sind unzulässig, wenn der zivile Schaden außer Verhältnis zu dem zu erwartenden unmittelbaren militärischen Nutzen stehen würde (Verhältnismäßigkeitsprinzip). Diese Regeln über den Schutz der Zivilbevölkerung sind Bestandteil des völkerrechtlichen Gewohnheitsrechts und auch trotz vielfältiger Verletzungen vom Zweiten Weltkrieg bis zu Konflikten der jüngsten Zeit nicht obsolet geworden.[449] Sie sind im ZP I (Art 48 ff) kodifiziert und in Einzelheiten weiterentwickelt worden. Ihre Geltung ist also unbestritten, jedoch bereitet ihre Auslegung im konkreten Fall häufig ganz erhebliche Schwierigkeiten. Insofern ist zwischen Personen und Sachgütern zu unterscheiden. Angriffe gegen *Zivilpersonen* und gegen die *Zivilbevölkerung* als solche sind unzulässig (Art 51 Abs ZP I). Wer dazu gehört, wird negativ definiert, nämlich alle Personen, die nicht Angehörige der Streitkräfte oder gewisser gleichgestellter Verbände, etwa bestimmten Polizeieinheiten *(Kombattanten)*,[450] sind. Denn die Beschränkung der Schädigungsziele entspricht einer solchen der legitimen Schädigungs-

---

445 Näheres dazu u Rn 72 ff.
446 *Ronzitti,* Civilian Population in Armed Conflict, MPEPIL II, 197 (Rn 7 ff); *D'Aspremeont/De Hemptienne,* DIH, 177 ff.
447 Diese auf die Wirkung abstellende Definition bedeutet, dass ein „Angriff" nicht nur durch traditionelle militärische Schädigungsmittel, die Wärme oder kinetische Energie freisetzen, sondern auch durch moderne technologische Mittel wie den Einsatz von Computerviren erfolgen kann, vgl Tallinn Manual 2.0 (Fn 42) Rule 92 (415 ff); ferner *Busuttil* (Fn 42) 37 ff; *Schmitt,* Wired Warfare, IRRC 84 (2002) 365 ff.
448 Für sog cyber attacks vgl Tallinn Manual 2.0 (Fn 42) Rule 93; dazu *Dinstein,* The Principle of Distinction and Cyber War in International Armed Conflicts, JCSL 17 (2012) 261 ff.
449 *Oeter,* in Fleck (Hrsg), Handbook, 170 ff; *Solf,* in *Bothe/Partsch/Solf,* New Rules, 358; *Aaronson,* Protection of Civilians in the Modern Law of Armed Conflicts, Int Rel 1992, 219 ff; zum Grundsätzlichen *Maier,* Targeting the City, IRRC 87 (2005) 429 ff.
450 Art 43 Abs 2 ZP I; s schon o Rn 64 sowie u Rn 78, 81; *Sassòli,* Combatants, MPEPIL II, 350 (Rn 14); *Dinstein,* Hostilities, 41 ff; *Watkin,* Warriors without Rights?, 2005; zum besonderen Problem der Söldner *David,* Mercenaires et volontaires internationaux en droit des gens, 1978; *Maaß,* Der Söldner und seine kriegsvölkerrechtliche Rechtsstellung als Kombattant und Kriegsgefangener, 1990; *Cassese,* Mercenaries, ZaöRV 40 (1980) 1 ff; *Gómez del Prado,* Private Military and Security Companies and the UN Working Group on the Use of Mercenaries, JCSL 13 (2009) 429 ff; Chesterman/Lehnardt (Hrsg), From Mercenaries to Market, 2009.

Bothe

akteure. Die Schonung der Zivilbevölkerung kann nur erwartet werden, soweit von ihr keine Schädigungshandlungen ausgehen. Das Recht zu Schädigungshandlungen im Kriege ist auf Kombattanten beschränkt, auf der anderen Seite dürfen nur sie gezielt angegriffen werden. Sie müssen zu einer Konfliktpartei gehören,[451] die freilich nicht von der anderen Konfliktpartei anerkannt sein muss.[452] Private Gewalt ist Straftat,[453] keine im Krieg erlaubte Schädigungshandlung. Der Schutz der Zivilpersonen vor gezielten Angriffen geht verloren, sofern und solange ein Zivilist unmittelbar an Kampfhandlungen teilnimmt (Art 51 Abs 3 ZP I). Hört er jedoch auf, unmittelbar an den Kampfhandlungen teilzunehmen, so ist er wieder geschützte Zivilperson, die nicht zum Gegenstand gezielter Tötung gemacht werden darf.[454] Die Konsequenz dieser Regel ist allerdings, dass der geschützte Status einer Person einer ständigen Änderung unterworfen sein kann (*far-*

---

451 Art 43 ZP I.

452 Deswegen waren die Taliban-Kämpfer, die sich den ausländischen Interventionsstreitkräften im Kampf entgegenstellten, als Kombattanten zu behandeln. Denn das Taliban-Regime war jedenfalls faktisch die Regierung von Afghanistan. Daher gehen auch die USA von der Anwendbarkeit der Genfer Konventionen in dem Konflikt mit den Taliban aus; dazu *Aldrich,* The Taliban, Al Qaeda and the Determination of Illegal Combatants, AJIL 96 (2002) 891ff; *Naqvi,* Doubtful Prisoner of War Status, IRRC 84 (2002) 571ff; *Goldman/Tittemore,* Unprivileged Combatants and the Hostilities in Afghanistan, 2002; *Wolfrum/Philipp,* The Status of the Taliban, MPYUNL 6 (2002) 559ff; *Wolfrum,* The Attack of September 11, 2001, the Wars Against the Taliban and Iraq, MPYUNL 7 (2003) 1ff. Schwieriger ist die Beurteilung für die Zeit nach dem Sturz des Taliban-Regimes und der Bildung einer international anerkannten Regierung, mit deren Zustimmung die Interventionstruppen weiter agierten; vgl *Wieczorek,* Unrechtmäßige Kombattanten und Humanitäres Völkerrecht, 2005, 185ff. Übersicht *Trauttmansdorff,* Maßnahmen gegen den Al Kaida-Terrorismus, Menschenrechte und humanitäres Recht, in Schmalenbach/Benedek (Hrsg), Von Terrorismusbekämpfung bis Klimaschutz, 2008, 3ff, 16ff. Grundlegend *Parks,* Combatants, in Schmitt (Hrsg), The War in Afghanistan, Naval War College International Law Studies 85 (2009) 247 (261ff). Zur neueren amerikanischen Praxis *Danner,* Defining Unlawful Enemy Combatants, Texas ILJ 43 (2007/08) 1ff. Generell *Frowein* (Fn 53) 894f; *Stahn* (Fn 53 [International Law]) 196ff; *Roberts,* Counter-terrorism, Armed Force and the Laws of War, Survival 44 (2002) 7 (20ff).

453 Ob die in Afghanistan kämpfenden Angehörigen der Al Qaida Kombattanten oder einfach Straftäter waren, hängt davon ab, ob sie der Taliban-Regierung zugerechnet werden können. Ob das der Fall ist, wäre nach der Gefangennahme solcher Personen nach Art 5 III. GK von einem Richter zu entscheiden. Bis zu einer solchen Entscheidung hätten sie als Kriegsgefangene behandelt werden müssen, vgl die Lit in Fn 452.

454 Grundlegend *Melzer,* Targeted Killing in International Law, 2008; *Otto,* Targeted Killings and International Law, 2012; *Guiora,* Legitimate Target – A Criteria-Based Approach to Targeted Killing, 2013; *Goppel,* Killing Terrorists – A Moral and Legal Analysis, 2013; Übersicht bei *Rudolf/Schaller,* Targeted Killing, SWP-Studie 1/2012. Aus der Rspr der sog *Targeted Killing*-Fall des Israelischen Supreme Court; vgl dazu *Dinstein,* Distinction and Loss of Civilian Protection in International Armed Conflicts, IsYHR 38 (2008) 1 (9ff); *Eichensehr,* On Target?, Yale LJ 116 (2006/07) 1873ff; *Fenrick,* The Targeted Killing Judgment and the Scope of Direct Participation in Hostilities, JICJ 5 (2007) 322ff; *Keller/Forowicz,* A Tightrope Walk between Legality and Legitimacy, Leiden JIL 21 (2009) 185ff; *Lesh,* The Public Committee against Torture in Israel v The Government of Israel, Melbourne JIL 8 (2007) 373ff; *Schmitz-Elvenich* (Fn 51) 212ff; zur amerikanischen Praxis vgl *Fisher,* Targeted Killings, Norms and International Law, Columbia J'l Transnational Law 45 (2006/7) 711ff.

mer by day, fighter by night, sog Drehtüreffekt). Das führt zu schwierigen Abgrenzungs-problemen bei der Frage, was *unmittelbare Beteiligung an Kampfhandlungen* bedeu-tet.[455] Dennoch ist die Regel eindeutig Bestandteil des Vertragsrechts und auch Gewohn-heitsrecht.[456] Es geht auch nicht an, diese klare Regel dadurch zu umgehen, dass der Status eines *unlawful combatant* konstruiert wird, der zwar selbst nicht töten, aber je-derzeit getötet werden darf.[457]

67   Kombattanten dürfen für die Teilnahme an Kampfhandlungen, soweit sie sich im Rahmen des Rechts bewaffneter Konflikte hält, vom Gegner nicht bestraft werden (sog *combatant privilege*).[458] Personen, die, ohne Kombattanten zu sein, an Kampfhandlun-gen teilnehmen, können auch vom Gegner dafür bestraft werden, jedoch nur unter Be-achtung gewisser Verfahrensgarantien. Sie sind nicht rechtlos, sie genießen jedenfalls menschenrechtliche Mindestgarantien (Art 75 ZP I). Kombattanten müssen als solche *er-kennbar* sein.[459] Allerdings haben die Gegebenheiten moderner Kriegsführung dieses Unterscheidungsgebot fraglich werden lassen. Die neueste Rechtsentwicklung hat zwar die im Einzelnen an die Unterscheidung zu stellenden Anforderungen gemildert, das Ge-bot der Sichtbarkeit der Unterscheidung aber nicht aufgegeben (Problem der Guerilla, Art 44 ZP I).[460] Dieses Unterscheidungsgebot ist so wesentlich, dass Kombattanten, die es verletzen, des *combatant privilege* verlustig gehen. Problematisch wird das Unterschei-

---

455 Dazu eingehend die Studie des IKRK (Hrsg), Interpretive Guidance on the Notion of Direct Participa-tion in Hostilities under International Humanitarian Law, abgedr in IRRC 90 (2008) 991 ff; dt-engl Ausg Melzer/DRK (Hrsg), Unmittelbare Teilnahme an Feindseligkeiten, 2012; *Kleffner*, From 'Belligerents' to 'Fighters' and Civilians Directly Participating in Hostilities, NILR 54 (2007) 315 (323 ff); *Momtaz*, La partici-pation directe des personnes civiles aux hostilités, FS Bothe, 2008, 493 ff; *v. Devivere*, Unmittelbare Teil-nahme an Feindseligkeiten, KJ 41 (2008) 24 ff; *E. Crawford*, Identifying the Enemy: Civilian Participation in Armed Conflict, 2015; zu den besonderen Problemen des Cyber Warfare *Turns*, Cyber Warfare and the Notion of Direct Participaion in Hostilities, JSCL 17 (2012) 279 ff; *Longobardo*, (New) Cyber Exploitation and (Old) International Humanitarian Law, ZaöRV 77 (2017) 809 (826 ff).
456 *Henckaerts/Doswald-Beck*, IKRK-Studie, Rule 6, 19 ff.
457 Umfassend *Dörmann*, Combatants, Unlawful, MPEPIL II, 360 ff; *Ipsen*, in Fleck, Handbook 93 (97 f); *Wieczorek* (Fn 452) 107 (kein eigener Status), 143 (zeitliche Beschränkung zulässiger Angriffe auf Zivilper-sonen); *Finaud*, L'abus de la notion de "combatant illégal", RGDIP 110 (2006) 861 ff; *Hobe* (Fn 427) 58 f; diffe-renzierend *Kretzmer*, Targeted Killing of Suspected Terrorists, EJIL 16 (2005) 171 ff; unklar *Garraway*, „Combatants", FS Dinstein, 2007, 317 ff; *Pejic*, „Unlawful/Enemy Combatants", ebd 335 ff; *Solis*, Law of War Issues in Ground Hostilities in Afghanistan, in Schmitt (Fn 452) 219 (227 f) *Dinstein*, Hostilities, 48 ff.
458 Das ist ein wesentliches gewohnheitsrechtliches Element des Kriegsgefangenen-Status; s u Rn 80. Um Kämpfern dieses Vorrecht abzusprechen, wird versucht, den Kombattantenstatus bestimmter Gruppen, insbes von Söldnern (vgl Art 47 ZP I), zu verneinen. Personen, die in die Streitkräfte einer Konfliktpartei eingegliedert sind, gehören aber nicht dazu. Deshalb war im Ukraine-Konflikt ein Prozess gegen Mitglie-der des sog Asow-Regiments unzulässig.
459 Vgl *Pfanner*, Military Uniforms and the Law of War, IRRC 86 (2004) 93 ff.
460 Diese Bestimmung gehört zu den umstrittensten der ZP v 1977, vgl *Solf*, in *Bothe/Partsch/Solf*, New Rules, 277 ff; *Sassòli* (Fn 450) Rn 15. Zur Geschichte des Problems grundlegend *Nabulsi*, Traditions of War, 1999. Das Unterscheidungsgebot ist allerdings auch für die Angehörigen regulärer Streitkräfte von Bedeu-tung, vgl *Parks*, Special Forces' Wear of Non-Standard Uniforms, CJIL 4 (2003) 493 ff.

dungsgebot auch durch die Praxis, im Zusammenhang mit bewaffneten Konflikten Funktionen, die Kampfhandlungen nahe sind, an Privatunternehmen oder -personen zu übertragen.[461]

Schwierig ist auch die Bestimmung dessen, was als *militärisches Ziel* anzusehen ist.[462] Dies sind nicht nur die Militäreinrichtungen und Streitkräfte des Gegners, sondern es sind alle Objekte, die „aufgrund ihrer Beschaffenheit, ihres Standorts, ihrer Zweckbestimmung oder ihrer Verwendung wirksam zu militärischen Handlungen beitragen und deren gänzliche oder teilweise Zerstörung, deren Inbesitznahme oder Neutralisierung unter den in dem betreffenden Zeitpunkt gegebenen Umständen einen eindeutigen militärischen Vorteil darstellt" (Art 52 Abs 2 ZP I). Dazu zählen selbstverständlich Rüstungsbetriebe. Wegen ihrer Bedeutung für die militärischen Anstrengungen werden traditionell auch die Infrastruktur der Kommunikation (Straßen, Eisenbahnen, Brücken, Fernmeldeeinrichtungen), Einrichtungen der Energieerzeugung und Computer-Netzwerke,[463] die solche Einrichtungen steuern und häufig den militärischen Anstrengungen zugute kommen können, als militärische Ziele angesehen, auch wenn sie zugleich zivilen Zwecken dienen *(dual use objects)*. Dies hat erhebliche Konsequenzen für die Zivilbevölkerung, vor allem in Großstädten. Die traditionelle Charakterisierung von Infrastruktur als militärisches Ziel darf nicht zu einer schematischen Gleichsetzung führen. In Konflikten wie der Kosovo-Intervention der NATO, bei der die Logistik für den Nachschub am Boden gegenüber dem reinen Luftkrieg der NATO ersichtlich keine Rolle spielte, kann nicht jede Brücke oder Eisenbahnlinie als militärisches Ziel angesehen werden.[464] Aus dieser Definition ergibt sich, dass militärische Ziele und *zivile Objekte*, gegen die ein Angriff nicht gerichtet werden darf, sich häufig nahe beieinander und in einer Gemengelage be-

68

---

461 *McDonald*, The Legal Status of Military and Security Subcontractors, in Arnold/Hildbrand (Hrsg), IHL, 215 ff; *Cockayne*, Regulating Private Military and Security Companies, JCSL 13 (2009) 401 ff; *Cameron*, Regulating Private Military and Security Companies, FS Mahmoodi, 2014, 14 ff; *Calazanz*, Private Military and Security Companies, 2016; *Renz*, The Role of Private Military and Security Companies, SRIEL 27 (2017) 305 ff; *Epiney/Egbuna-Joss*, Zur völkerrechtlichen Verantwortlichkeit im Zusammenhang mit dem Verhalten privater Sicherheitsfirmen, SZIER 17 (2007) 215 ff; *Gómez del Prado* (Fn 450); *Stephens/Lewis*, The Targeting of Civilian Contractors in Armed Conflict, YIHL 9 (2006) 25 ff; *Dinstein*, Hostilities, 140 f. Dazu hat eine Gruppe von 17 Staaten auf Initiative der Schweiz und des IKRK ein Dokument erarbeitet, in dem aufgezeichnet ist, was diese Staaten als diesbezügliche Rechtslage ansehen (UN Doc A/63/467-S/2008/636, Montreux Document on Pertinent International Legal Obligations and Good Practices for States Related to Operations of Private Military and Security Companies During Armed Conflict). In den Debatten der Generalversammlung hat das Dokument keine ungeteilte Zustimmung gefunden.
462 Art 52 ZP I, vgl dazu *Oeter*, in Fleck, Handbook, 193 (198 ff); *Solf*, in Bothe/Partsch/Solf, New Rules, 361 ff.
463 Tallinn Manual 2.0 (Fn 42) Rules 99 ff (ebd 434 ff).
464 *Aldrich* (Fn 452) 149 ff; *Bothe*, Targeting, in Wall (Hrsg), Legal and Ethical Lessons of NATO's Kosovo Campaign, U. S. Naval War College International Law Studies 78 (2002) 173 ff; *Burger*, International Humanitarian Law and the Kosovo Crisis, IRRC 837 (2000) 129 ff; *Egorov*, The Kosovo Crisis and the Law or Armed Conflicts, IRRC 837 (2000) 183 ff; *Kröning*, Kosovo and International Humanitarian Law, HV-I 1 (2000) 44 ff; *Rowe*, Kosovo 1999: The Air Campaign, IRRC 837 (2000) 147 ff.

finden. Für diese Situation ist das *Verbot des unterschiedslosen Angriffs* wichtig (Art 51 Abs 4 und 5 ZP I).[465] Es bedeutet, dass Angriffe verboten sind, die nicht gegen bestimmte militärische Ziele gerichtet sind oder, mangels Zielgenauigkeit der Waffe, gar nicht gegen solche Ziele gerichtet werden können. Es bedeutet auch, dass in Situationen, in denen sich einzelne militärische Ziele, die voneinander klar getrennt sind, in bewohnten Gebieten befinden, diese Gebiete nicht einfach flächendeckend angegriffen werden dürfen *(Verbot des Flächenbombardements)*.[466] Vielmehr muss der Angriff immer gegen die einzelnen getrennten Ziele militärischer Art gerichtet werden. Aus dem Prinzip des Schutzes der Zivilbevölkerung folgt also das Gebot möglichster Zielgenauigkeit von Angriffen. Realistischerweise kann das Kriegsvölkerrecht aber nicht ausschließen, dass auch bei Angriffen, die gegen militärische Ziele gerichtet sind, die Zivilbevölkerung in Mitleidenschaft gezogen wird. Dann gilt das *Verhältnismäßigkeitsprinzip*,[467] das einen besonders schwierigen Kompromiss zwischen dem Gebot des Schutzes der Zivilbevölkerung und militärischen Notwendigkeiten darstellt. Es besagt (Art 51 Abs 5 lit b ZP I), dass ein Angriff verboten ist, „bei dem damit zu rechnen ist, dass er auch Verluste an Menschenleben unter der Zivilbevölkerung, die Verwundung von Zivilpersonen, die Beschädigung ziviler Objekte oder mehrere derartige Folgen zusammen verursacht, die in keinem Verhältnis zum erwarteten konkreten und unmittelbaren militärischen Vorteil stehen". So dürfen etwa militärische Einheiten in freiem Gelände auch mit Waffen von hoher Sprengkraft angegriffen werden, wenn sich einzelne Zivilisten in der Nähe derselben befinden und mit Sicherheit durch den Angriff auch getötet werden. Auf der anderen Seite wäre ein Angriff auf einzelne Soldaten unzulässig, wenn diese sich in einer großen Menge von Zivilpersonen befinden. Die Bsp machen deutlich, dass als notwendiges Gegenstück zu diesen Regeln gehört, dass die Zivilbevölkerung nicht von einer Konfliktpartei dazu missbraucht

---

465 *Solf,* in *Bothe/Partsch/Solf,* New Rules, 345 ff; *Oeter,* in Fleck, Handbook, 190 ff.

466 *Solf,* in *Bothe/Partsch/Solf,* New Rules, 350; *Oeter,* in Fleck, Handbook, 193 (200 ff). Hier liegt das rechtliche Problem sog Cluster-Bomben, die bei der Explosion weitere Sprengkörper freisetzen und so eine weite Streuwirkung erzielen; dazu Human Rights Watch, Off Target: The Conduct of War and Civilian Casualties in Iraq, 2003, <www.hrw.org/reports/2003/usa1203>.

467 *Solf,* in *Bothe/Partsch/Solf,* New Rules, 350 f; *Oeter,* in Fleck, Handbook, 196 f; *Holland,* Military Objective and Collateral Damage, YIHL 7 (2004) 35 (55); *Beard,* Law and War in the Virtual Era, AJIL 103 (2009) 409 (427); *Stein,* Collateral Damage, Proportionality and Individual Criminal Responsibility, in Heintschel von Heinegg/Epping (Fn 427) 157 ff; *Barber,* The Proportionality Equation: Balancing Military Objectives with Civilian Lives in the Armed Conflict in Afghanistan, JCSL 15 (2010), 467 ff; *Haque,* A Theory of *Jus in Bello* Proportionality, in Ohlin/May/Finkelstein (Hrsg), Weighing Lives in War, 2017, 188 ff; Gillner/Stümke (Hrsg), Kollateralopfer? Zivile Opfer und humanitäres Völkerrecht, 2015; *Gillard,* Proportionality in the Conduct of Hostilities, Chatham House Research Paper 2018; *Bothe/Gillard,* The Proportionality Principle in Comparative Public, European Union and International Law, in Billis/Knust/Rui (Hrsg), Proportionality in Crime Control and Criminal Justice, 2021, 277, insbes 288 ff; *Cohen,* Protection by Process: Implementing the Principle of Proportionality in Contemporary Armed Conflicts, in Lattimer/Sands, Civilian Protection, 73; zum gebotenen Einsatz moderner Informationstechnologie bei der Anwendung dieses Prinzips *Krebs,* Drone-Cinema, Data Practices, and the Narrative of IHL, ZaöRV 82 (2022) 309 ff.

Bothe

werden darf, militärische Ziele abzuschirmen (Art 51 Abs 7 ZP I).[468] Die Anwendung dieser Regeln über den Schutz der Zivilbevölkerung wird dadurch gesichert, dass beim Angriff praktisch mögliche Vorsichtsmaßnahmen zu ergreifen sind, um zivile Schäden zu verhindern oder jedenfalls zu minimieren (Art 57 ZP I), andererseits eine möglicherweise angegriffene Konfliktpartei Vorsichtsmaßnahmen ergreifen muss, um soweit irgend möglich etwa durch Trennung von zivilen Objekten und militärischen Zielen die Gefahr ziviler Schäden zu mindern (Art 58 ZP I). Hervorzuheben ist, dass der *militärische Vorteil, der zivilen Begleitschaden rechtfertigt, konkret und unmittelbar* sein muss. Dies schließt es zB aus, den Einsatz von Atomwaffen mit dem Argument zu rechtfertigen, dadurch werde der Krieg insgesamt verkürzt. Welche zivilen Begleitschäden im Einzelfall als noch verhältnismäßig oder als schon unverhältnismäßig anzusehen sind, entzieht sich einer genaueren allgemeinen Bestimmung. Hier kommt alles auf den Einzelfall an, über den es immer Streit geben kann. Allerdings gibt es durchaus typische Situationen, für die sich konkretere Regeln herausbilden können. Ein besonderes Problem ist der *Angriff auf die Infrastruktur von Großstädten*. Wie sich gerade im zweiten und dritten Golfkrieg, wohl auch im Kosovo-Konflikt und vor allem im Ukraine-Konflikt gezeigt hat,[469] hat auch der gezielte und genaue Angriff auf solche Infrastruktur, selbst soweit sie an sich ein militärisches Ziel darstellt, ganz erhebliche Folgen für die Zivilbevölkerung, deren Versorgung mit Nahrungsmitteln, aber auch mit notwendigen Dienstleistungen, wie solchen des Gesundheitswesens, von dieser Infrastruktur abhängt. Nach diesen Erfahrungen werden solche Begleitschäden in Zukunft verstärkt in das Urteil über die Verhältnismäßigkeit eingehen müssen. Auch Vorsichtsmaßnahmen einer möglicherweise angegriffenen Partei müssen diese besondere Gefahrenlage in Rechnung stellen. Der Einsatz von Explosivwaffen in dicht besiedelten Gebieten wird deshalb kritisch diskutiert.[470] Da solche Vorsichtsmaßnahmen „to the maximum extent possible" zu ergreifen sind, kann die Pflicht hierzu kaum soweit gehen, dass die Kon-

---

468 Dazu *Haas*, Voluntary Human Shields, in Arnold/Hildbrand (Hrsg), IHL, 191ff; *Lyall*, Voluntary Human Shields, Direct Participation in Hostilities and the International Humanitarian Law Obligations of States, Melbourne JIL 9 (2008) 313ff; *Sassòli*, Human Shields and International Humanitarian Law, FS Bothe, 2008, 567ff; *Schmitt*, Human Shields in International Humanitarian Law, IsYHR 38 (2008) 17ff.

469 Sehr krit zu der in offiziellen Kreisen weitgehend unwidersprochenen US-amerik These, die Luftangriffe im 2. Golfkrieg seien unter strikter Beachtung der Regeln zum Schutz der Zivilbevölkerung durchgeführt worden, *af Jochnik/Normand* (Fn 433) 387, insbes 399ff. Für die amerik-brit Intervention im Irak 2003 ist diese Frage gründlich und differenziert untersucht in Human Rights Watch (Fn 466). Zur Ukraine *Bothe*, Der Schutz kritischer Infrastruktur im bewaffneten Konflikt, GSZ 2022, 16ff. Im Kontext des letzteren Konflikts kann allerdings die zivile Infrastruktur, die flächendeckend in der gesamten Ukraine angegriffen wird, kaum als militärisches Ziel angesehen werden, da der intendierte Nutzen dieser Angriffe nicht militärisch, sondern politisch ist. Die Frage der Verhältnismäßigkeit ist dann nicht mehr relevant.

470 *Haumer/Schöberl*, Anwendung militärischer Gewalt in dicht besiedelten Gebieten, HV-I 28 (2015) 100ff; *John-Hopkins* (Fn 427); ICRC Challenges Report 15, 47ff.

fliktparteien auf die Stationierung von Streitkräften in Wohngebieten gänzlich verzichten müssten.[471]

Besonders geschützte Objekte

69 Der Schutz der Zivilbevölkerung und ziviler Objekte ist kein absoluter. Selbst wenn die Regeln eingehalten werden, kommt es zu Zerstörungen. Deshalb stellt sich die Frage, ob für bestimmte zivile Objekte ein verstärkter Schutz vorzusehen ist. Es gibt sogar Objekte, die zwar als militärische Ziele angesehen werden können, deren Zerstörungen aber so erhebliche Konsequenzen für die Zivilbevölkerung haben können, dass ihre Zerstörung ohne Rücksicht auf das Proportionalitätsurteil im Einzelfall verboten werden muss.

70 Zu den Objekten, die an sich als zivile Objekte geschützt wären, die aber eines besonderen zusätzlichen Schutzes bedürfen, gehören die *Kulturgüter*. Für sie gilt gemäß der Haager Konvention v 1954 und Art 53 ZP I ein Sonderschutz mit Verwendung eines speziellen Schutzzeichens.[472] *Dämme* und *Deiche* sowie *Kernkraftwerke* dürfen grundsätzlich selbst dann nicht angegriffen werden, wenn sie wegen ihrer militärischen Bedeutung an sich militärische Ziele darstellen, die Freisetzung der in ihnen enthaltenen Zerstörungskräfte aber zu erheblichen Verlusten unter der Zivilbevölkerung führen würde (Art 56 ZP I). Auch für sie gilt ein besonderes Schutzzeichen. Verboten ist nicht nur die Zerstörung oder Beschädigung eines Reaktors, sondern auch die von Infrastruktur, die für die Sicherheit eines Reaktors relevant ist, etwa der Stromversorgung für die Kühlung eines Reaktors.[473] Die Ausdehnung dieser Regel auf andere Arten von Anlagen (zB solche zur Gewinnung von Erdöl und Erdölprodukten) war bislang nicht möglich.[474] Seit Beginn der 1970er Jahre ist bis heute der *Schutz der Umwelt in bewaffneten Konflikten* str.[475] Art 36 und 55 ZP I sehen vor, dass die Umwelt vor „lang anhaltenden, aus-

---

471 Das scheint Amnesty International von der ukrainischen Regierung verlangt zu haben: <https://www.amnesty.org/en/latest/news/2022/08/ukraine-ukrainian-fighting-tactics-endanger-civilians/>.

472 *Toman,* La protection des biens culturels en cas de conflit armé, 1994; *Hönes,* Zur Ratifizierung des Zweiten Protokolls von 1999 zur Haager Konvention zum Schutz von Kulturgut 1954, DÖV 2008, 911 ff; *Wolfrum,* Protection of Cultural Property in Armed Conflict, IsYHR 32 (2003) 305 ff; vgl *Kreuter-Kirchhof,* 6. Abschn Rn 153 ff; *Odendahl,* Der Schutz von Kulturgütern bei militärischen Konflikten, in Zimmermann u a, Konfliktformen, 113 ff.

473 Umfassend zur Gefährdung von Atomkraftwerken im Ukraine-Konflikt IAEA, Nuclear Safety and Safeguards in Ukraine, 2nd Summary Report of the Director-General, 28 April – 5 September 2022, insbes 7 ff.

474 *Pilloud/Pictet,* in Sandoz/Swinarski/Zimmermann (Hrsg), Additional Protocols, Protocol I, Art 56 Rn 2149.

475 *Vöneky/Wolfrum,* Environment, Protection in Armed Conflict, MPEPIL III, 509 ff; *Bothe,* Military Activities and the Protection of the Environment, EPL 37 (2007) 23 ff; Austin/Bruch (Hrsg), The Environmental Consequences of War, 2000; *Goldblat,* Protection of Natural Environment against the Effects of Military Activities, HV-I 1992, 133 ff; *Linden/Rust,* Oil Spill Damage to Coastal Ecosystems in Lebanon as a Result of Military Action in July 2006, Ocean Yearbook 22 (2008) 375 ff; *Peterson,* The Natural Environment in Times of Armed Conflict, Leiden JIL 22 (2009) 325 ff; Plant (Hrsg), Environmental Protection and the Law of War,

gedehnten und schweren Schäden" zu schützen ist. Diese Schwelle für die Unzulässigkeit eine Umweltschädigung ist ein für den Schutz der Umwelt unzureichender Kompromiss, da diese drei Begriffe nach Maßgabe der Verhandlungsgeschichte so zu definieren sind, dass eine Schädigung nur in Extremfällen verboten ist.[476] Wesentlich ist vielmehr, dass Elemente der Umwelt als zivile Objekte anzusehen und damit nach den dargestellten Regeln geschützt sind. Jedoch kann ein Bestandteil der Umwelt auch militärisches Ziel werden, etwa wenn ein Naturschutzgebiet als Aufmarschgelände benutzt wird. Im Vietnam-Krieg wurden umfangreiche Entlaubungsaktionen durchgeführt, um den Gegner seiner Deckung zu berauben.[477] In einem solchen Fall ist der Umweltschaden ziviler Begleitschaden, dessen Zulässigkeit durch das Verhältnismäßigkeitsprinzip begrenzt ist, was schwierige Wertungsfragen aufwirft. Die Rechtsentwicklung ist weiter gegangen. Gewohnheitsrechtlich gilt, dass bei Entscheidungen über Angriffe auf die natürliche Umwelt angemessen Rücksicht zu nehmen ist *(due regard principle)*.[478] Das bedeutet, dass bei einer Abwägung die kurzfristigen militärischen Interessen nicht ohne weiteres den Vorrang vor den Interessen zukünftiger Generationen haben. Weitere Schranken militärischer Maßnahmen ergeben sich aus der Fortgeltung von multilateralen Umweltverträgen im bewaffneten Konflikt.[479] Insgesamt wird also der Schutz der Umwelt in bewaffneten Konflikten durch ein komplexes Konglomerat von Regeln bewirkt. Das IKRK hat hierzu eine umfassende Bestandsaufnahme vorgelegt.[480] Deshalb gibt es Bestrebungen, den Schutz der Umwelt in bewaffneten Konflikten durch neue Regelungen zu verbessern oder jedenfalls konkreter zu gestalten.[481] Die ILC hat hierzu „Prinzipien" formu-

---

1992; *Robinson,* International Law and the Destruction of the Nature in the Gulf War, EPL 21 (1991) 216 ff; *Spieker,* Völkergewohnheitsrechtlicher Schutz der natürlichen Umwelt im internationalen bewaffneten Konflikt, 1992; *dies,* The Conduct of Hostilities and the Protection of the Environment, FS Bothe, 2008, 741 ff; *Schmitt,* Green War, Yale JIL 22 (1997) 1 ff; *ders,* War and the Environment, AVR 37 (1999) 25 ff; UNEP (Hrsg), Protecting the Environment During Armed Conflict, 2009; *Verwey,* Protection of the Environment in Times of Armed Conflict, Leiden JIL 8 (1995) 7 ff; *Bothe/Bruch/Diamond/Jensen,* International Law Protecting the Environment During Armed Conflict, IRRC 92 (2010) 569 ff; *Das,* Environmental Protection, Security and Armed Conflict. A Sustainable Development Perspective, 2013; *Shelton/Cutting,* If You Break It, Do You Own It? Legal Consequences of Environmental Harm from Military Activities, JIHLS 6 (2015) 201 ff.

476 Analyse der Lücken des geltenden Rechts bei *Bothe/Bruch/Diamond/Jensen* (Fn 475); *Oeter,* in Fleck, Handbook, 216; umfassend Austin/Bruch (Fn 475).

477 Vgl *Weiler,* Vietnam, 2. Aufl 1973, 240 ff.

478 IKRK-Studie, Vol I, 147 (Rule 44); San Remo Manual (Fn 573) Art 44; HPCR Manual (Fn 586) Rule 89; *Dinstein,* Hostilities, 231.

479 *Vöneky,* Die Fortgeltung des Umweltvölkerrechts in bewaffneten Konflikten, 2001; *Bothe/Bruch/Diamond/Jensen* (Fn 475); *Sjöstedt,* Protecting the Environment in Relation to Armed Conflict: The Role of Multilateral Environmental Agreements, 2016.

480 ICRC, Guidelines on the Protection of the Natural Environment in Armed Conflict, 2020.

481 Vgl hierzu *Bothe,* in Fleck, Handbook, 342 ff; vgl ferner den Bericht des GS an die 47. GV, UN Doc A/47/328 (1992); A/RES/47/37 v 25.11.1992; UN Doc A/48/269, Kap II (1993), Bericht des GS; A/RES/48/30 v 9.12.1993; UN Doc A/49/323 (1994) und A/RES/49/50 v 9.12.1994. Hierzu auch ICRC, Meeting of Experts on the Protection of the Environment in Time of Armed Conflict, Report on the Work of the Meeting (September 1992);

liert,[482] die nicht nur die dargestellten Regeln formulieren, sondern sie entwickeln und aus ihnen weiterführende Schlüsse ziehen, etwa für besondere Pflichten der Besatzungsmacht oder das *ius post bellum*.[483] Sie beziehen sich nicht nur auf den Schutz während des Konflikts, sondern erfassen das Problem in einem weiteren Rahmen *(protection „in relation to" armed conflict)*. Ziel dieses Regelwerks ist die Verwirklichung eines Verfassungsprinzips der heutigen internationalen Ordnung: alle menschlichen Aktivitäten müssen die Generationengerechtigkeit berücksichtigen, d h die Erde ist für zukünftige Generationen als Lebensraum zu erhalten. Kriegführung ist davon keine Ausnahme.

Das Perfidieverbot

71 Ein anderer allgemeiner Gesichtspunkt der Beschränkung der Mittel und Methoden, die zur Schädigung des Gegners erlaubt sind, ist das Verbot der Perfidie (Art 23 lit a HLKO).[484] Es beruht auf alten Gedanken der Ritterlichkeit, die zwar den offenen Kampf mit dem Gegner, nicht aber heimtückischen Mord als erlaubt ansehen. Im Einzelfall sind verbotene Perfidie und erlaubte Kriegslist schwer voneinander abzugrenzen (Art 37 ZP I). Perfidie ist insbes jede Schädigungshandlung, die Vertrauen verletzt, das durch das Vortäuschen einer besonderen Schutzsituation (zB Gebrauch des Rot-Kreuz-Zeichens, Vortäuschen von Kampfunfähigkeit) geschaffen wird.[485] Mit dem Verbot meuchlerischer Kriegsführung hängt auch das *der Verwendung von Gift* als Kampfmittel zusammen (Art 23 lit a HLKO), was eine wichtige Grundlage für das Verbot chemischer Waffen[486] darstellt.

ICRC, Second Meeting of Experts on the Protection of the Environment in Time of Armed Conflict, Report on the Work of the Meeting (April 1993). Beide Berichte sind unveröffentlicht, jedoch sind ihre Schlussfolgerungen in den Berichten des GS enthalten. Vgl auch *Bouvier*, Recent Studies on the Protection of the Environment in Time of Armed Conflict, IRRC 32 (1992) 554ff mwN; zu den Umweltschäden durch Einsatz chemischer Waffen in Syrien *Qandeel/Sommer*, Syria Conflict and its Impact, JIHLS 13 (2022) 275ff.

482 Die erste Sonderberichterstatterin *Jacobsson* hat drei Berichte vorgelegt, vgl UN Docs A/CN.4/674, A/CN.4/685 und A/CN.4/700, die zweite Sonderberichterstatterin *Lehto* drei weitere Berichte, vgl UN Doc A/CN.4/720. Die Kommission hat auf ihrer 73. Sitzung die Prinzipien angenommen, UN Doc A/77/10, para 58. Aus der wachsenden Literatur *Smith*, A Framework Convention for the Protection of the Environment in Times of Armed Conflict, JIHLS 11 (2020) 148ff; *Warmald*, Protecting the Environment During and After Armed Conflict, JIHLS 12 (2021) 314ff; *Dienelt/Oeter*, die Prinzipien der UN-Völkerrechtskommission zum Schutz der Umwelt in Bezug auf bewaffnete Konflikte, in Hofmann/Malkmus, Genfer Konventionen, 142ff.

483 S u Rn 120.

484 Hierzu *Gimmerthal*, Kriegslist und Perfidieverbot im Zusatzprotokoll vom 10.6.1977 zu den vier Genfer Rotkreuz-Abkommen von 1949 (Zusatzprotokoll I), 1990; *Rusinova*, Perfidy, MPEPIL VIII, 245ff; *Fleck*, Kriegslisten und Perfidieverbot, in ders (Hrsg), Beiträge zur Weiterentwicklung des humanitären Völkerrechts für bewaffnete Konflikte, 1973, 105ff; *Madden*, Of Wolves and Sheep, JCSL 17 (2012) 439ff; *Oeter*, in Fleck, Handbook, 240ff.

485 Vgl *Solf*, in *Bothe/Partsch/Solf*, New Rules, 235f.

486 Dazu sogleich u Rn 74.

Bothe

Waffenverbote und Verbote von Kampfmethoden

Die dargestellten Grundregeln bedeuten eine Beschränkung von Kampfzielen und 72
Kampfmethoden, nicht jedoch bereits das Verbot bestimmter Waffen.[487] Bei allen sog
„zweifelhaften" Waffen ist stets zu fragen, ob im konkreten Fall die Wirkung eines Angriffs gegen die dargestellten Regeln verstößt. Jedoch haben sich auf der Grundlage dieser allgemeinen Regeln über verbotene Kampfziele und -methoden konkrete und spezifische Waffenverbote im Vertrags- und zT im Gewohnheitsrecht entwickelt.

Das Verbot der Zufügung unnötiger Leiden ist die Grundlage der Sankt Petersbur- 73
ger Erklärung über das Verbot von Explosivgeschossen[488] unter 400 g Gewicht und der
Haager Erklärung über das Verbot sog Dum-Dum-Geschosse.[489] Das Verbot der unterschiedslosen Kriegführung wurde insbes die Grundlage des Verbots chemischer Waffen.
Beide Gesichtspunkte werden zusammengefasst in der *UN-Konvention über konventionelle Waffen, die überflüssige Leiden verursachen oder unterschiedlos wirken.*[490] Diese
Rahmenkonvention wird ausgeführt durch Protokolle über nichterkennbare Splitter
(die deswegen überflüssige Leiden verursachen, weil wegen der Nichterkennbarkeit auf
dem Röntgenbild die Behandlung Verwundeter unnötig erschwert wird), über Minen
(wegen ihrer besonderen Gefahr für die Zivilbevölkerung) und eine Einschränkung des
Gebrauchs von Brandwaffen. Die Frage von kleinkalibrigen Hochgeschwindigkeits-Ge-
schossen, von denen sich mit guten Gründen gleichfalls sagen lässt, dass sie überflüssige
Leiden verursachen, wurde bislang nur in einer Resolution behandelt. *Landminen* stellen in zahlreichen bewaffneten Konflikten der jüngsten Zeit eine schreckliche Bedrohung der Zivilbevölkerung dar, weshalb das Minenprotokoll v 1980 als unbefriedigend
empfunden wurde.[491] Jedoch hat sich der Versuch, ein umfassendes Verbot von Landminen einzuführen, als sehr schwierig erwiesen.[492] Das Minenprotokoll v 1996 brachte
noch immer kein generelles Verbot von Anti-Personen-Minen, erzielte aber immerhin

---

487 Vgl grundlegend *Boothby*, Weapons and the Law of Armed Conflict, 2009; *Fleck*, Völkerrechtliche Gesichtspunkte für ein Verbot der Anwendung bestimmter Kriegswaffen, in ders (Hrsg), Beiträge zur Weiterentwicklung des humanitären Völkerrechts, 1973, 1 ff; *Hayashi* in Fleck Handbook, 94 ff; *Dinstein*, Hostilities, 77 ff; zu neueren Zweifelsfragen *Heintze*, Nichtletale Waffen und das humanitäre Völkerrecht,
Sicherheit und Frieden 18 (2000) 2 ff; *Wisotzki*, Die „vergessenen" Waffen, Friedenswarte 75 (2000), 221 ff;
IIHL (Hrsg), International Humanitarian Law and New Weapons Technologies, 2012.
488 St. Petersburger Erklärung v 11.12.1868 abgedr in Schindler/Toman, Armed Conflicts, 101; dazu *Longobardo*, in Fleck, Handbook, 132 ff.
489 Erklärung v 29.7.1899, betr das Verbot von Geschossen, die sich leicht im menschlichen Körper ausdehnen oder plattdrücken, abgedr in RGBl 1901, 478 ff.
490 Vertrag v 10.10.1980, DokHVR 607; hierzu *Aubert*, Das Internationale Komitee vom Roten Kreuz und
die Problematik der Waffen, die übermäßiges Leiden verursachen oder unterschiedslos treffen, IRRC 30
(1990) 271 ff; *Bring*, The 1981 Inhuman Weapons Convention, Disarmament 1991, 33 ff.
491 Vgl die Stellungnahme des IKRK zur 48. GV der UN, IRRC 76 (1994) 59 ff sowie zum Delegiertenrat des
Roten Kreuzes und Roten Halbmonds, ebd 64 ff. Zu weiteren Initiativen des IKRK vgl IRRC 77 (1995) 726 f.
492 Zu den Ergebnissen der Wiener Sitzung der Überprüfungskonferenz vgl IRRC 77 (1995) 731 ff sowie
Res 2 (G) der 26. Internationalen Rotkreuzkonferenz, IRRC 78 (1996) 62 (69).

gewisse Fortschritte.[493] Einen Durchbruch erzielte erst das *Übereinkommen von Ottawa* mit einem umfassenden Verbot des Einsatzes und des Besitzes von Anti-Personen-Minen, dem allerdings bislang wesentliche Staaten fernbleiben.[494] Unter dem Gesichtspunkt des Verbots unverhältnismäßiger Kollateralschäden ist auch ein vertragliches Verbot von sog Streubomben erreicht worden,[495] dem allerdings auch einige Militärmächte Widerstand leisten. Unter dem Gesichtspunkt des Verbots überflüssiger Leiden wird der Einsatz von Laser-Strahlen zum Zweck, die Erblindung gegnerischer Soldaten zu verursachen, durch ein ZP v 1995 verboten.[496] Umstritten ist die Forderung eines Verbots von *depleted uranium*.[497]

74   Der Einsatz *chemischer Waffen*[498] im Ersten Weltkrieg führte rasch zu ablehnenden Reaktionen gegenüber dieser Art von Waffen, die sowohl mit Gesichtspunkten des

---

493 Die Fortschritte bestehen vor allem in der Ausdehnung des Anwendungsbereichs des Protokolls auf den nicht-internationalen Konflikt (s dazu auch u Rn 121 ff) sowie im Verbot von Minen ohne Selbstzerstörungsmechanismen bzw automatische Deaktivierung, allerdings mit einer zu langen Übergangsfrist. Zur Kritik vgl Entschließung des Europäischen Parlaments v 23.5.1996, abgedr in EuGRZ 1996, 331 f; vgl ferner *Küchenmeister*, Ächtung von Landminen wird eine Illusion bleiben, Friedens-Warte 71 (1996) 27 ff.

494 Vertrag v 18.9./3.12.1997, DokHVR 919, 164 Vertragsparteien; es fehlen u a China, Indien, Iran, Israel, Pakistan, Russland, USA; *Lonobardo*, in Fleck, Handbook, 135 f mwN.

495 Vertrag v 30.5.2008, DokHVR 1107, 110 Vertragsparteien. Dies sind Munitionen, die vor dem Aufprall in zahlreiche kleinere *submunitions* oder *bomblets* zersplittern, die aber meist nicht alle explodieren. Die nicht explodierten Munitionsteile *(duds)* liegen dann im Zielgebiet zerstreut und sind für die Bevölkerung mindestens so gefährlich wie Landminen. Die durch die *duds* verursachten Schäden sind Kollateralschäden des Einsatzes der Streubomben, deren Verhältnismäßigkeit häufig zu verneinen ist. Wegen des Widerstands wichtiger Militärmächte gegen den Vertrag von Dublin/Oslo finden weiter Verhandlungen im Rahmen der UN-Waffenkonvention statt. Die USA verfolgen eine „Politik der Minimierung negativer humanitärer Folgewirkungen" dieser Munition, US Manual 6.13.3, die allerdings von Präsident Trump 2017 widerrufen wurde. Die Biden-Regierung hat (Stand August 2022) die vorherige Politik (noch?) nicht wiederhergestellt, aber den Einsatz von Streumunition durch Russland im Ukraine-Konflikt verurteilt (<https://www.justsecurity.org/81363/us-policy-on-cluster-munitions-and-russian-war-in-ukrainbe/>). Zum Problem der Cluster-Bomben vgl auch *Heintschel von Heinegg*, Irak-Krieg und ius in bello, AVR 41 (2003) 272 (279).

496 CCW/CONF.I/16 (Part I), Annex A, 13 ff.

497 Entschließung des Europäischen Parlaments v 13.2.2003, ABl EU 2004, Nr C 43/361. *Depleted Uranium* besteht im Wesentlichen aus Uran 238 und hat nur noch einen geringen Anteil des hoch radioaktiven Uran 235. Seine Verwendung in Waffen dient der Härtung von Projektilen, um insbes die Durchschlagskraft panzerbrechender Waffen zu erhöhen. Das Problem seiner Wirkung besteht darin, dass das Metall auf verschiedenen Belastungspfaden in den Körper gelangt, wo es Gesundheitsschäden weniger wegen der verbliebenen Radioaktivität als wegen der Giftwirkung als Schwermetall verursacht. Welche Folgen dies für die rechtliche Zulässigkeit hat, ist str, vgl McDonald/Kleffner/Toebes (Hrsg), Depleted Uranium Weapons and International Law, 2008; *Black-Branch*, The Legal Status of Cluster Munitions under International Humanitarian Law, HuVI 22 (2009) 186 ff; *Di Ruzza*, The Convention on Cluster Munitions, RDMDG 47 (2008) 405 ff; *Justen*, Der Vertrag von Oslo über das umfassende Verbot von Streumunition, Sicherheit und Frieden 27 (2009) 102 ff; *Gibbons*, Uses and Effects of Depleted Uranium Munitions, YIHL 7 (2004) 191 ff.

498 *Bothe* (Fn 413) 1 ff; *Marauhn*, Chemical Weapons and Warfare, MPEPIL II, 108 ff.

Schutzes der Zivilbevölkerung als auch mit denen der Verursachung überflüssiger Leiden und vor allem des Verbots heimtückischer Kriegführung begründet wurden. Dies führte zunächst zur Aufnahme chemischer Waffen in die Rüstungsbeschränkungen, die den Verlierern des Ersten Weltkriegs in den Pariser Vorortverträgen auferlegt wurden.[499] 1925 wurde dann auf der Genfer Waffenhandelskonferenz ein *Protokoll über das Verbot des Einsatzes chemischer und bakteriologischer Waffen* angenommen, dem im Laufe der Zeit eine große Zahl von Staaten beitrat.[500] Sein wesentlicher Inhalt gilt heute als Gewohnheitsrecht. Chemische Waffen sind solche, bei denen die Schädigung durch die toxische Wirkung der eingesetzten Stoffe auf lebende Organismen erfolgt. Dabei ist str geworden, ob von einer chemischen Waffe bereits dann gesprochen werden kann, wenn die Wirkung auf den Organismus nicht zum Tod oder zu erheblichen Verletzungen führt, sondern wenn nur eine Lähmung oder eine andere zeitweilige Beeinträchtigung die Folge ist. Deshalb ist die Verwendung von Tränengasen als Kampfmittel lange eine Streitfrage gewesen.[501] Richtiger Auffassung nach fällt Tränengas unter das Verbot, was auch durch das *C-Waffen-Übereinkommen v 1993*[502] bestätigt wird. Im Hinblick auf den umfangreichen Einsatz von Entlaubungsmitteln im Vietnam-Krieg[503] ist auch str, ob von einer verbotenen chemischen Waffe auch dann gesprochen werden kann, wenn die toxische Wirkung nur bei Pflanzen erhebliche Schäden hervorruft. Richtiger Auffassung nach ist dies der Fall.[504]

Die Bemühungen, auch ein vertragliches Verbot des Einsatzes von *Atomwaffen*[505] zu 75 erreichen, waren bislang nicht von Erfolg gekrönt. Aber die dargestellten Regeln über den Schutz der Zivilbevölkerung vor den Folgen von Kampfhandlungen gelten auch für den Einsatz von Nuklearwaffen. Dies ist hinsichtlich des *gewohnheitsrechtlichen* Verbots unbestritten, was auch der IGH in seinem *Gutachten über die Rechtmäßigkeit von Atomwaffen* v 8.7.1996 einmütig festgestellt hat.[506] Hinsichtlich der vertraglichen Regeln des ZP I stehen verschiedene Regierungen von NATO-Staaten auf dem Standpunkt, dass dieser Vertrag deswegen nicht auf den Einsatz von Atomwaffen Anwendung finden könne, weil bereits während der Verhandlungen von den USA, Großbritannien und Frankreich Erklärungen idS abgegeben worden seien.[507] Man kann jedoch Erklärungen einzelner (auch wichtiger) Staaten während der Vertragsverhandlungen nicht ohne weiteres die

---

499 Art 171 des Versailler Vertrags; vgl dazu *Marauhn,* Der deutsche Chemiewaffenverzicht, 1994, 59 ff; *Bothe* (Fn 413) 89 ff.

500 Bis zum August 2022 traten 146 Staaten dem Protokoll bei.

501 *Bothe* (Fn 413) 31 und 49 f; *Verwey,* Riot Control Agents and Herbicides in War, 1977, 69 ff, 205 ff.

502 Art I Abs 5 Chemiewaffen-Übereinkommen.

503 SIPRI, Ecological Consequences of the Second Indochine War, 1976, 24 ff, 46 ff.

504 *Verwey* (Fn 501) 155, 239, 281 ff; *Bothe* (Fn 413) 31.

505 *Fleck,* in ders, Handbook, 15 ff mwN.

506 Nr 2 D des Tenors, insbes § 85 der Gründe.

507 Die Wirkung der Erklärungen ist höchst str, vgl *Solf,* in Bothe/Partsch/Solf, New Rules, 218 ff; *Fischer* (Fn 421) 100 ff; *Meyrowitz* (Fn 421) 311 ff; *ders,* Kriegsrecht und Kernwaffen, EA 1981, 689 ff; *Empell* (Fn 421) 189 ff.

Wirkung beimessen, dass dadurch der klare Vertragswortlaut in seiner Tragweite eingeschränkt wird. Die meisten NATO-Staaten haben jedoch bei der Ratifizierung des ZP I
entsprechende Erklärungen abgegeben, denen man eine rechtliche Wirksamkeit als Vorbehalt nicht absprechen kann. Da diese Erklärungen unwidersprochen geblieben sind,
kann jedenfalls im Verhältnis zwischen den NATO-Staaten, die eine solche Erklärung abgegeben haben, und anderen Staaten *nicht* von einer *Geltung des ZP I für den Einsatz von
Atomwaffen* ausgegangen werden. Dies beeinträchtigt nicht die gewohnheitsrechtliche
Geltung der im ZP I kodifizierten Regeln, weswegen der IGH den vertragsrechtlichen
Streit als irrelevant betrachtet hat.

76 　　　Bei der Anwendung der dargestellten Regeln auf Atomwaffen ist str, ob angesichts
der verheerenden Wirkung dieser Waffen überhaupt Fälle denkbar sind, in denen der
Einsatz zulässig wäre. In dem Rechtsgutachten des IGH[508] haben drei Richter diese Frage
klar verneint, zwei Richter *(Schwebel, Guillaume)* haben sie bejaht, ohne die möglichen
Ausnahmen vom Verbot näher zu präzisieren, während die sieben Richter der Mehrheit
sie für eine eng begrenzte Ausnahmesituation offengelassen,[509] die Tragweite der als
möglich angesehenen Ausnahmen aber eng definiert haben. Angesichts der auch nach
dem Gutachten verbleibenden Unsicherheit bleibt es sinnvoll zu fragen, wie im Einzelnen
die rechtliche Bewertung bei Anwendung der oben dargestellten Regeln erfolgen könnte.
Dabei müsste *nach Einsatzarten und Waffenwirkung differenziert werden.* Der Einsatz von
Waffen mit hoher Sprengkraft gegen Bevölkerungszentren – strategische Atomwaffen –
ist als Angriff gegen die Zivilbevölkerung unzulässig, selbst wenn sich in solchen Bevölkerungszentren einzelne militärische Ziele befinden.[510] Fraglich könnte nur die Rechtfertigung als *Zweiteinsatz* sein. Die Rechtfertigung als Repressalie wäre nach Art 51 Abs 6 ZP I
verboten, wobei allerdings str ist, ob dieses Repressalienverbot bereits gewohnheitsrechtliche Geltung besitzt. Es lässt sich auch vertreten, dass nach dem Grundsatz des *Tu quoque*
die Regel jedenfalls gegenüber dem die Waffen zuerst einsetzenden Staat nicht mehr gilt.
Der IGH ist in seinem Gutachten auf die Frage des Zweiteinsatzes nicht eingegangen. Werden *taktische Nuklearwaffen* oder sog Gefechtsfeldwaffen gegen militärische Ziele eingesetzt, ist hinsichtlich der Zerstörungswirkungen über das eigentliche militärische Ziel
hinaus, dh auf den sog zivilen Begleitschaden, der Verhältnismäßigkeitsgrundsatz anzuwenden. Dabei fallen neben den unabsehbaren Folgen für Leben und Gesundheit der
Bevölkerung auch die schwerwiegenden Umweltkonsequenzen[511] des Einsatzes von

---

508 Vgl o Fn 78. Krit *Schmitt* (Fn 427) 156 f; ICRC Challenges Report 15, 59; aus der Lit *Anastassov,* Are Nuclear Weapons Illegal?, JCSL 15 (2010) 89 ff; umfassende neuere Analyse Nystuen/Casey-Maslen/Bersagel
(Hrsg), Nuclear Weapons under International Law, 2014; *Skiljan,* Are Nuclear Weapons Illegal?, Friedens-Warte 94 (2021) 418 ff.
509 Was sie nach Auffassung der Richterin *Higgins* nicht hätten tun dürfen, vgl ICJ Rep 1996, 226, 583 ff.
510 *Meyrowitz,* Le bombardement stratégique d'après le Protocole additionnel I aux Conventions de Genève, ZaöRV 41 (1981) 1 ff.
511 *Koppe,* The Use of Nuclear Weapons and the Protection of the Environment During International Armed Conflict, 2006.

Atomwaffen gegen den militärischen Nutzen ins Gewicht. Ob dennoch ausnahmsweise Fälle denkbar sind, in denen der Einsatz zulässig wäre, kann hier schon mangels Kenntnis möglicher militärischer Szenarien nicht abschließend gesagt werden. Insofern muss es aber zu denken geben, dass in dem erwähnten Gutachtenverfahren vor dem IGH Staaten, die den zulässigen Einsatz von Atomwaffen noch für möglich hielten, kein Szenario eines solchen Einsatzes darstellen konnten.[512] Besteht die wesentliche Wirkung einer Nuklearwaffe nicht in ihrer Sprengwirkung, sondern in der *Strahlenwirkung,* so fällt diese Waffe unter das Genfer Protokoll v 1925.[513] Dieses enthält nicht nur ein Verbot von chemischen Waffen ieS, sondern auch das Verbot von allen „ähnlichen Flüssigkeiten, Stoffen oder Verfahrensarten", eine Klausel, die man als eine Art Auffangtatbestand für alle Fälle nicht konventioneller Kriegführung verstehen muss, bei denen die Waffenwirkung eben nicht durch Hitze oder Druck erfolgt. Deshalb ist der Einsatz solcher Waffen völkerrechtswidrig. Ein weiterer Gesichtspunkt für das Verbot von Atomwaffen ist, dass die Begleitschäden sich auf das Gebiet neutraler Staaten erstrecken würden, wofür es nach geltendem Neutralitätsrecht keine Rechtfertigung gibt.[514] Schließlich erörtert der IGH das Selbsterhaltungsrecht des Staats *(fundamental right of every state to survival)* iVm dem Selbstverteidigungsrecht als mögliche Rechtfertigung des Einsatzes von Atomwaffen.[515] Wie dabei das Kriterium des *ius contra bellum* mit dem des *ius in bello* verknüpft werden könnte,[516] bleibt unklar. Der IGH trifft denn auch letztlich keine positive Aussage dahin, dass in einer bestimmten oder bestimmbaren Situation der Einsatz von Nuklearwaffen zulässig sein könnte, sondern kommt bei Betonung der generellen Unzulässigkeit zu einem *non liquet* hinsichtlich einer *sehr eng begrenzten Ausnahme.* Es ist somit in Zukunft kaum noch möglich, die Planung des Einsatzes von Nuklearwaffen mit dem Argument zu rechtfertigen, Szenarien eines rechtmäßigen Einsatzes seien denkbar.[517] Dennoch sehen die Nuklearstrategien von Atommächten, wenn auch in unterschiedlicher Weise, solche Einsätze vor, teilweise auch unter Berufung auf die vom IGH angeblich zugelassene Ausnahme. Allerdings sind wohl praktisch bedeutender als die Wirkung dieser Bedenken aus dem humanitären Völkerrecht Gesichtspunkte ethisch-normativer Art, das sog „nukleare Tabu".[518] – Die dargestellten Probleme des Einsatzes bestimmter Kampfmethoden und

---

512 Das betont nicht nur die Mehrheitsmeinung des Gerichts (§ 94), sondern auch die dissentierende Richterin *Higgins,* ICJ Rep 1996, 226, 583 ff.

513 Sehr str; s hierzu *Ney,* Der Einsatz von Atomwaffen im Lichte des Völkerrechts, 1985, 177 ff mwN; *Menzel,* Atomwaffen und völkerrechtliches Kriegsrecht, in Kewenig (Hrsg), Abschreckung und Entspannung, 1977, 148 (167 ff). Dieses Argument wurde in dem Rechtsgutachten des IGH v 8.7.1996 nicht akzeptiert, vgl ICJ Rep 1996, 226 (§ 55 f).

514 ICJ Rep 1996, 226 (§§ 88, 94); s auch u Rn 110.

515 ICJ Rep 1996, 226 (§ 96 f).

516 Dazu s o Einl Rn 1 f und Rn 56 ff.

517 Ein eher misslungener Versuch, solche Szenarien zu entwickeln: *Grimal,* Jus ad Bellum, Nuclear Weapons and the Inherent Right of Self-defence, in Branch-Black/Fleck (Fn 363) 337 (342 ff).

518 *Tannenwald,* The Nuclear Taboo – The United States and the Normative Basis of Nuclear Non-Use, International Organization 53 (1999) 433 ff. Die US Nuclear Posture Review 2018 sieht den Einsatz von Atom-

Waffen sind Teilaspekte einer allgemeineren Rechtsfrage, ob und welche rechtlichen Konsequenzen sich aus der Bedeutung moderner Technologie für die Kriegführung ergeben. Gerade die Diskussion um das Verbot von Atomwaffen zeigt, dass die technische Entwicklung nicht zu einer Aufhebung der gewohnheits- und vertragsrechtlichen Verbote geführt hat. Das geltende Recht der Kampfführung ist also auf neuere technische Entwicklungen anzuwenden.[519] Daraus folgen konkrete rechtliche Konsequenzen,[520] etwa der besondere militärische Nutzen technischer Infrastruktur bei der Bewertung des militärischen Vorteils ihrer Zerstörung. Eine str Frage ist, ob ein Staat, der Präzisionswaffen besitzt, diese auch einsetzen muss, um das Gebot der Minimierung von Kollateralschäden zu befolgen.[521] Ungleiche technische militärische Fähigkeiten der Konfliktparteien beeinträchtigen die Gegenseitigkeit als Anreiz für Rechtsbeachtung – ein wichtiges Element asymmetrischer Konflikte. Die Anwendung des geltenden Rechts bereitet besondere Probleme bei neuen Formen hochtechnisierter Kriegführung, insbes „Cyber Warfare" und autonomen Waffensystemen. Wie bei der Bewertung einer Schädigungshandlung gemäß dem ius contra bellum[522] ist auch für die Bewertung der Rechtmäßigkeit einer cyber attack nach *ius in bello* die Gleichwertigkeit von „Tragweite und Wirkung" ausschlaggebend. Das gilt für den zulässigen Schädigungsgegenstand (militärisches Ziel) als auch für die Bewertung des zulässigen zivilen Begleitschadens. Bei letzterer ist insbes die hohe Abhängigkeit gerade städtischer Lebensräume von Computerinfrastruktur in Rechnung zu stellen. Solche Schädigungshandlungen dürfen nur von Kombattanten vorgenommen werden, aber das ist häufig nicht der Fall.[523] Damit ist das allgemeinere und grundsätzliche Problem der schwierigen Feststellbarkeit des Urhebers eines Computer-Angriffs angesprochen. Die Lösung diese Frage kann wohl nur in der Entwicklung von staatlichen Kontrollpflichten liegen, die staatliche Verantwortung für Computer-Angriffe praktisch

waffen nur vor "in extreme circumstances to defend the vital interests of the United States, its allies and partners. Extreme circumstances could include significant non-nucler strategic attacks" (ebd 21). Das geht deutlich über den Bereich des vom IGH offen gelassenen non-liquet hinaus. Dennoch würde der Einsatz von Atomwaffen „adhere to the law of armed conflict" (ebd 23). Eine ernsthafte juristische Analyse fehlt hier. Die chin Nuklearstrategie orientiert sich im Wesentlichen an der Bedrohungswahrnehmung, enthält aber mit der Betonung einer „No first use"-Politik und der Betonung der nuklearen Abrüstung auch rechtliche Elelmente, vgl *Douglas/Doyle*, China's and India's Nuclear Strategies, ISIA 25 (2014) 73ff.

519 ICRC Challenges Report 15, 38.

520 *Schmitt* (Fn 427) 153ff; *Boothby* (Fn 487) 332ff; *Beard* (Fn 467).

521 *Schmitt* (Fn 427) 163f.

522 S o Rn 10 mit Fn 42; vgl auch *Turns*, Cyber War and the Concept of ‚Attack' in International Humanitarian Law, in Saxon (Hrsg), International Humanitarian Law and the Changing Technology of War, 2013, 209ff; *Geiß*, Wie Cyber Warfare neue Fragen zur Anwendung des humanitären Völkerrechts aufwirft, in Hofmann/Malkmus, Genfer Konventionen, 161 (167); *Schmitt*, International Humanitarian Law and the Conduct of Hostilities: Quo Vadis?, JIHLS 13 (2022) 189ff argumentiert für einen stärkeren Schutz der Zivilbevölkerung.

523 Eingehend zu dieser Frage *Dinmiss*, Participants in Conflict: Cyber Warriors, Patriotic Neighbours and the Law of War, in Saxon (Fn 522) 251ff.

Bothe

möglich machen.[524] Die dargestellten Regeln gelten auch für sog autonome Waffensysteme, die Angriffsentscheidungen selbständig nach Maßgabe ihrer Programmierung treffen (Autonomie in den kritischen Funktionen).[525] Die Programmierung muss darum jedenfalls die Einhaltung der Regeln sicherstellen. Ob das wirklich möglich ist, ist str.[526] Soweit es nicht möglich ist, muss der Einsatz solcher Waffensysteme unterbleiben (Art 51 Abs. 4 lit. c ZP I). Aber selbst wenn die technische Möglichkeit zu bejahen ist, stellt sich die Frage, ob das humanitäre Völkerrecht nicht doch voraussetzt, dass ein Mensch im Einzelfall die Entscheidung zu einem tödlichen Angriff verantwortet *(meaningful human judgment over the use of force)*.

Geschützte Personen

Eine weitere Folge der Beschränkung der Gewalt auf die militärische Schwächung des Gegners ist der *Schutz des Wehrlosen,* der dem Gegner nicht mehr schaden kann. Deshalb ist es verboten, einen sich ergebenden oder zur Gegenwehr nicht mehr fähigen Gegner zu töten. Die Regel ist auch die Grundlage der besonderen Regelungen für den Schutz bestimmter Gruppen von Personen (Verwundete und Kranke, Sanitäts- und Seelsorge-Personal, Kriegsgefangene sowie die Zivilbevölkerung im besetzten Gebiet).[527] In diesen Regeln zeigt sich die *menschenrechtliche Komponente des ius in bello* besonders deutlich. Allerdings wirft die Entwicklung eines Schutzes für ganz spezifische Gruppen

77

---

524 Talinn Manual 2.0 (Fn 42) Rules 6-7, 30 f und 83; eingehend *Schulze,* Cyber „War" – Testfall der Staatenverantwortlichkeit, 2015; *Krieger* (Fn 59) 5 ff.
525 ICRC Challenges Report 15, 44 ff; eingehend *Amoroso,* Autonomous Weapons Systems and International Law, 2020; Bhuta/Beck/Geiß/Liu/Kreß (Hrsg), Autonomous Weapons Systems: Law, Ethics, Policy, 2016; *Dinstein,* Hostilities, 98 f; *Wagner,* Autonomy in the Battlespace: Independently Operating Weapons Systems and the Law of Armed Conflict, in Saxon (Fn 522) 99 ff.
526 *Schöberl* (Fn 383) 70 f mwN; *Dörmann/Rodenhäuser,* Contemporary Challenges for International Humanitarian Law, FS Momtaz, 2017, 676 (693 f); *Bhuta/Beck/Geiß,* Present Futures: Concluding Reflections and Open Questions on Autonomous Weapons Systems, in Bhuta/Beck/Geiß/Liu/Kreß (Fn 525) 347 (369 f); *Crootof,* A Meaningful Floor for ‚Meaningful Human Control', TICLJ 30 (2016), 53 ff; *dies,* War, Responsibility and Killer Robots, NCJILCR 40 (2015) 910 ff; *Egeland,* Lethal Autonomous Weapons Systems, NJIL 85 (2016) 98 ff; mit einer interessanten Analyse von möglichen Zusatzmaßnahmen, die den Einsatz autonomer Waffensysteme rechtlich akzeptabel machen könnten: *Homayounejad,* Ensuring Fully Autonomous Weapons Systems Comply with the Rule of Distinction in Attack, in Casey-Maslen/Homayounejad/Stauffer/Weizmann (Hrsg), Drones and Other Unmanned Weapons Systems under International Law, 2018, 122 f; *Strauß,* Leichtfertig in den Kampfeinsatz?, VN 68 (2020) 64 ff; *Haider/Catarras,* Future Unmanned System Technologies: Legal and Ethical Implication of Increasing Automation, Joint Air Power Competence Center 2016, insbes 28 ff mit instruktiver Übersicht über die rechtliche Verantwortlichkeit verschiedener involvierter Akteure; vgl auch *Fischer-Lescano* (Fn 433) 373; zur Entwicklung *Hoffberger-Pippan/Vohs/Köhler,* Das Scheitern der VN-Expertengespräche zu autonomen Waffensystemen, SWP Aktuell 36/2022; zur entsprechenden Problematik der Rüstungskontrolle o Rn 55.
527 *Clapham,* War, 395 ff.

das Definitionsproblem der Zugehörigkeit zu dieser Gruppe auf. Es fragt sich in der Tat, ob die Gruppen so definiert sind, dass alle aus dem Grundprinzip des Schutzes des Wehrlosen sich ergebenden Schutzbedürfnisse befriedigt werden. Die insofern bestehenden Lücken zu schließen, ist der Sinn der Auffangvorschrift des Art 75 ZP I (Rn 83). Nicht mit dem geltenden Recht vereinbar sind auf der anderen Seite Bestrebungen, angeblich dem Terrorismus zuzuordnende Personen als *unlawful combatants* zu bezeichnen und damit aus dem Kreis der geschützten Personengruppen hinauszudefinieren.[528]

78   Jede Person, die *wehrlos* ist *oder sich ergibt*, darf nicht mehr angegriffen werden. Darum ist das „Verbot, Gefangene zu machen", dh der Befehl, wehrlose oder sich ergebende Angehörige des Gegners zu erschießen oder in schutzloser Lage zu lassen, rechtswidrig (Art 23 lit c und d HLKO; Art 40, 41 ZP I). Wehrlos sind auch Soldaten, die sich am Fallschirm aus einem abgeschossenen Flugzeug retten, jedoch nicht Fallschirmtruppen, bei denen der Absprung eben ein Mittel der Schädigung des Gegners ist (Art 42 ZP I).[529]

79   Verwundete und Kranke, jedenfalls wenn sie nicht mehr an Kampfhandlungen teilnehmen, dürfen gleichfalls nicht angegriffen werden. Jede Konfliktpartei muss sie medizinisch versorgen. Das erfordert auch, dass das Sanitätspersonal geschützt und geachtet werden muss, dh es darf ebenfalls nicht angegriffen werden; vielmehr muss ihm Gelegenheit gegeben werden, seine Funktionen für die Verwundeten und Kranken auszuüben.[530] Zur Kennzeichnung von Sanitätspersonal, -einheiten und -transportmitteln sind das rote Kreuz, der rote Halbmond[531] oder neuerdings der rote Kristall[532] auf weißem Grund zu verwenden.[533] Diese Schutzzeichen sind zu unterscheiden von dem Erkennungszeichen, das die nationalen Rot-Kreuz/Rot-Halbmond-Gesellschaften oder die Vertreter des Internationalen Roten Kreuzes führen.[534] Diese Regeln galten zunächst, seit der ersten Genfer Konvention v 1864, für verwundete und kranke Militärpersonen sowie für militärisches Sanitätspersonal. Durch das ZP I sind sie in vollem Umfang auf

---

[528] Vgl schon o Rn 66 mwN. Vgl auch *Rodley*, The Treatment of Prisoners under International Law, 3. Aufl 2009.

[529] Zur Vorgeschichte *Hailbronner*, Die Notsituation im Luftkriegsrecht, in Fleck (Hrsg), Beiträge zur Weiterentwicklung des humanitären Völkerrechts, 1973, 106 ff; vgl im Übrigen *Solf*, in *Bothe/Partsch/Solf*, New Rules, 259 ff.

[530] I. GK 1949, insbes Art 12, 19, 24; Art 10, 11, 12, 15, 16 ZP I.

[531] Nach der Genfer Konvention v 1864 galt allein das rote Kreuz als Schutzzeichen. Zunächst aufgrund von Vorbehalten zur Konvention v 1906, dann durch ausdrückliche Vertragsbestimmung v 1929 wurde das Recht anerkannt, anstelle des roten Kreuzes den roten Halbmond zu verwenden. Israel verwendet den roten Davidstern als Schutzzeichen, was aber zunächst rechtlich nicht anerkannt war. Nach dem ZP III kann nunmehr der rote Davidsstern in Kombination mit dem roten Kristall verwandt werden.

[532] ZP III v 2005, vgl *Magnuson*, The Emblem, IRRC 83 (2001) 1156 ff.

[533] I. GK 1949, Art 38 ff.

[534] I. GK 1949, Art 44.

Bothe

den zivilen Bereich ausgedehnt worden.[535] Dies wirft freilich besondere Probleme der Kontrolle und des Gebrauchs als Schutzzeichen auf.[536]

Kombattanten (Rn 66 f) sowie bestimmte Personen, die den Streitkräften angehören, **80** ohne einen Kampfauftrag zu besitzen (Richter, zivile Bediensteten), ferner Angehörige des Gefolges der Streitkräfte (Kriegsberichterstatter, Truppenbetreuung, Wartungspersonal),[537] die in die Hand des Gegners geraten, haben als *Kriegsgefangene* bestimmte Rechte und Pflichten.[538] Oberster Grundsatz ist, dass sie mit Menschlichkeit zu behandeln sind und *Anspruch auf Achtung ihrer Person und Ehre* besitzen. Dies bedeutet auch, dass sie nicht diskriminiert werden und ihre persönlichen Sachen und Gebrauchsgegenstände behalten dürfen, die sie bei der Gefangennahme mit sich führen. Sie sind in Lagern unterzubringen, die hinreichend vom Ort der Kampfhandlungen entfernt sind. Ihnen ist ausreichende Versorgung zu gewähren. Ebenso ist eine religiöse, geistige und körperliche Betätigung und die Kommunikation mit der Außenwelt zu ermöglichen, freilich unter gewissen Kontrollen. Nach Beendigung der Feindseligkeiten sind Kriegsgefangene freizulassen und heimzuschaffen, wenn sie dem nicht widersprechen.[539] Kriegsgefangene unterstehen der Disziplinar- und Strafgewalt des Gewahrsamsstaats, genießen jedoch bei der Durchsetzung dieser Gewalt bestimmte Verfahrensgarantien.[540] Für die Teilnahme an Kampfhandlungen dürfen sie nicht bestraft werden, wenn diese Beteiligung sich im Rahmen des *ius in bello* hält. Dieser besondere völkerrechtliche Schutz kommt *grundsätzlich nur Kombattanten* zu (sog *combatant privilege*).[541] Deshalb ist die Bestimmung dieses Status eine entscheidende Frage. Sie ist in Zweifelsfällen einem Gericht vorbehalten.[542] Wer sich an Kampfhandlungen beteiligt, ohne Kombattant zu sein, hat kein Recht auf den Kriegsgefangenen-Status, ist also auch nicht vor Bestrafung wegen dieser Teilnahme an den Kampfhandlungen geschützt (Rn 67, 78); jedoch finden auf solche Personen die menschenrechtlichen Garantien des Art 75 ZP I (Rn 77, 83) und die allgemeinen Regeln des Menschenrechtsschutzes Anwendung. Kombattanten, die die Regeln des *ius in bello* verletzen, können als Kriegsverbrecher bestraft werden (Rn 101).

---

535 Vgl dazu *Bothe*, in *Bothe/Partsch/Solf*, New Rules, 93 ff; *Kleffner*, Protection of the Wounded, Sick, and Shipwrecked, in Fleck, Handbook, 321 ff.

536 Vgl dazu die unterschiedlichen Beiträge in Bothe/Kurzidem/Macalister-Smith (Hrsg), National Implementation of International Humanitarian Law, 1990, 151 ff.

537 *Ipsen*, Combatants and Non-Combatants, in Fleck, Handbook, 93 (119 f); *E. Crawford*, The Treatment of Combatants under the Law of Armed Conflict, 2010.

538 III. GK 1949; vgl *Rosas*, The Legal Status of Prisoners of War, 1976; *Stuke*, Der Rechtsstatus des Kriegsgefangenen im bewaffneten Konflikt, 2017, 211 ff.

539 Zum schwierigen Problem der Repatriierung von Kriegsgefangenen vgl *Chesney*, Prisoners of War, MPEPIL VIII, 436 (Rn 47 ff).

540 III. GK 1949, Art 82–88.

541 Dazu bereits Rn 67; vgl auch *Sommer*, Das Recht der Kriegsgefangenen in modernen bewaffneten Konflikten, 2013; s auch Fn 458.

542 III. GK 1949, Art 5. Zu Statusfragen und Haftbedingungen vgl *Debuf*, Captured in War: Lawful Internment in Armed Conflict, 2013; *Goodman*, The Detention of Civilians in Armed Conflict, AJIL 103 (2009) 48 ff.

81   Die *Zivilbevölkerung* ist Hauptleidtragende moderner Konflikte.[543] Der Schutz der Zivilbevölkerung vor Kampfhandlungen[544] reicht nicht aus, um die Leiden der Zivilbevölkerung hinreichend einzuschränken. Zwei Problembereiche sind zusätzlich von Bedeutung: die menschenwürdige Behandlung von Zivilpersonen, die sich in der Gewalt des Gegners befinden, und die Durchführung von Hilfsaktionen zugunsten der Zivilbevölkerung. Hinsichtlich des Schutzes von Zivilpersonen ist zu unterscheiden zwischen Zivilpersonen in Feindesland und solchen in besetzten Gebieten. Befindet sich der Staatsangehörige einer Konfliktpartei auf dem Gebiet der anderen Partei, so ist er jedenfalls menschlich zu behandeln.[545] Grundsätzlich hat er Gelegenheit, das Land zu verlassen. Jedoch kann er unter bestimmten Bedingungen auch interniert werden,[546] wobei seine Rechte und Pflichten heute denen eines Kriegsgefangenen weitgehend angenähert sind. Die Notwendigkeit von *Hilfsaktionen zugunsten der Zivilbevölkerung* kann einmal in besetzten Gebieten, zum anderen dann bestehen, wenn ein Staat kriegsbedingt die eigene Bevölkerung nicht mehr versorgen kann, zB im Falle einer Belagerung oder Blockade. Es gilt der Grundsatz, dass solche Hilfsaktionen ermöglicht werden müssen. Sie bedürfen jedoch der Zustimmung des jeweils betroffenen Staats (Transitstaat, Empfangsstaat), die jedoch nur aus wichtigen Gründen, d h nicht willkürlich, verweigert werden darf. Die Tatsache, dass die Hilfsaktion für die Bevölkerung des Gegners bestimmt ist, reicht als Grund für die Verweigerung einer Transitgenehmigung nicht aus.[547]

---

543 Das Problem steht deshalb ständig auf der Tagesordnung des SR, der sich vom Generalsekretär berichten lässt (Res 1894 v 11.11.2009); vgl den neuesten Bericht UN Doc S/2022/381 v 10.5.2022 mit einer Übersicht über zivile Opfer in den zahlreichen Konflikten auf der Welt, ausführliche Debatte im Sicherheitsrat UN Doc S/PV/9042 v 25.5.2022. Eine umfassende Darstellung bieten die Beiträge in Willmot/Mamiya/Sheeran/Weller (Hrsg), The Protection of Civilians in International Law, 2015.
544 Vgl o Rn 66f.
545 IV. GK 1949, Art 27.
546 IV. GK 1949, Art 35, 42.
547 Art 23 IV. GK 1949, Art 70 ZP I; vgl *Bothe*, in *Bothe/Partsch/Solf*, New Rules, 483f; *ders*, Humanitarian Assistance Post-1977: Do the Additional Protocols Meet all the Challenges?, Collegium 48 (2018) 53ff; *Macalister-Smith*, Protection de la population civile et interdiction d'utiliser la famine comme méthode de guerre, IRRC 31 (1991) 464ff; *Ferraro*, Humanitarian Access and IHL: The ICRC Perspective, ebd 59ff; *Bellal*, Humanitarian Action from an Armed Group's Perspective, ebd 74ff; ausführlich zur Rechtslage *Akande/Gillard*, Oxford Guidance on the Law Relating to Humanitarian Relief Operations in Situations of Armed Conflict, 2016. Eingehend zu den Restriktionen des Zugangs zu Konfliktopfern die Berichte des GS (Fn 481), jeweils in Anhängen, sowie IRRC 93 (2011) No 884; zur Praxis des Sicherheitsrats bzgl Syrien vgl S/RES/2165 v 14.7.2014, S/RES/2393 v 19.12.2017, S/RES/2449 v 13.12.2018, S/RES/2504 v 10.1.2020, S/RES/2585 v 9.7.2021 und S/ReS/2642 v 12.7.2022, die Zahl der zugelassenen Übergänge wurde von ursprünglich drei auf einen verringert, was eine starke Verschlechterung der humanitären Situation bedeutete; zur Rechtsstellung von Hilfsorganisationen *Barat*, Status of NGOs in International Humanitarian Law, 2014, insbes 245ff; zu notwendigem Schutz und Neutralität der Hilfeleistung BVerfGE 149, 160 (Rn 134f).

Bothe

Wenn im Laufe eines Konflikts das Gebiet einer Partei in die Gewalt der anderen 82
Partei gerät, spricht man von *kriegerischer Besetzung.*[548] Die dadurch entstandene *de
facto*-Gewalt der Besatzungsmacht wird durch eine Reihe von völkerrechtlichen Regeln
begrenzt. Dieses Rechtsregime ist auf den Ausgleich von drei zu schützenden Interessen gerichtet: den Schutz der Bevölkerung des besetzten Gebiets, die fortbestehende
Souveränitätsinteressen des besetzten Staats (weswegen der Besatzungsmacht endgültig wirkende Veränderungen des status quo grundsätzlich versagt sind) sowie die Sicherheitsinteressen der Besatzungsmacht.[549] Eine rechtliche Gehorsamspflicht der Bevölkerung des besetzten Gebiets gegenüber der Besatzungsmacht besteht zwar nicht.
Es ist jedoch der Besatzungsmacht nicht verwehrt, faktisch Gehorsam durchzusetzen.[550] Sie unterliegt dabei denselben (menschen-) rechtlichen Schranken, die auch
einen Staat gegenüber seiner eigenen Bevölkerung binden *(law enforcement paradigm).*
Ausnahmsweise gilt bei solchen Aktionen das Recht des bewaffneten Konflikts, wenn
eine Situation vorliegt, in der auch der eigene Staat nach den Regeln des nicht-internationalen Konflikts vorgehen dürfte *(armed conflict paradigm).* Während des Konflikts
darf die Schutzwirkung der völkerrechtlichen Regelung der Besetzung für die Bevölkerung *nicht* dadurch zunichte gemacht werden, dass das Gebiet *annektiert* wird.[551]
Durch die Begründung der *de facto*-Gewalt wird die *Besatzungsmacht für die Wohlfahrt
der Einwohner des besetzten Gebiets verantwortlich.*[552] Sie hat für geordnete Lebensbedingungen zu sorgen. Dazu gehört die Sicherheit der Bevölkerung und der Schutz
vor Plünderungen,[553] ferner ihre Versorgung mit Nahrungsmitteln und medizinischen

---

548 *Benvenisti,* The International Law of Occupation, 2. Aufl 2012; *ders,* Occupation, Belligerent, MPEPIL
VII, 920 ff; *Kolb/Vité,* Le droit de l'occupation militaire, 2009; *Harris,* The Era of Multilateral Occupation,
BJIL 24 (2006) 1 ff; *Koskenniemi,* Occupation and Sovereignty, FS Bring, 2008, 163 ff; *Parameswaran,* Besat-
zungsrecht im Wandel, 2008; IRRC 94 (2012) No 885; *Longobardo,* The Use of Armed Force in Occupied Territory, 2018. Das Recht der kriegerischen Besetzung spielt heute vor allem bei der Beurteilung von Maßnahmen in den besetzten palästinensischen Gebieten eine Rolle; vgl *Gasser,* From Military Intervention
to Occupation of Territory, FS Fleck, 2004, 139 ff; *Kretzmer,* The Law of Belligerent Occupation in the Supreme Court of Israel, ICCR 94/885 (2012) 207 ff.
549 *Bothe,* The Administration of Occupied Territory, in Clapham/Gaeta/Sassòli (Hrsg), The 1949 Geneva
Conventions, 2015, 1455 (Rn 8 ff).
550 *Baxter,* The Duty of Obedience to the Belligerent Occupant, BYIL 27 (1950) 235 ff. *Longobardo* (Fn 548)
137 ff; zu dem bei Gewaltanwendung anwendbaren Recht ebd 253 ff; *Watkin,* Use of Force During Occupation: Law Enforcement and Conduct of Hostilities, IRRC 94/885 (2012) 267 ff. In diesem Zusammenhang hat
der israelische Supreme Court festgestellt, dass die Besatzungsmacht von Bewohnern des besetzten Gebiets keine Kooperation verlangen darf, die diese selbst möglicherweise in Gefahr bringt,
Adalah v Central Command IDF.
551 IGH, *Mauer-Gutachten,* § 87; zur Annexion der Krim durch Russland *Bothe* und *Azarova* (Fn 156).
552 Art 42–56 HLKO; Art 47–78 IV. GK 1949; Art 14 ZP I; *Sassòli,* Legislation and Maintenance of Public Order and Civil Life by Occupying Powers, EJIL 16 (2005) 661 ff; *Sandoz,* Les situations de conflit armé ou
d'occupation, in SFDI (Hrsg), L'État de droit en droit international, 2009, 361 (370 ff).
553 Zum Irak vgl S/RES/1483 v 22.5.2003, Ziff 5; *Wolfrum,* The Adequacy of International Humanitarian
Law Rules on Belligerent Occupation, FS Dinstein, 2007, 497 (500 ff).

Dienstleistungen[554] ebenso wie eine Verantwortung für die lebenswichtige Infrastruktur im besetzten Gebiet.[555] Je länger eine Besetzung dauert, desto wichtiger ist diese Verpflichtung. Daraus und aus der Wahrung des Souveränitätsinteresses des besetzten Staates folgt auch, dass die Besatzungsmacht grundsätzlich die Rechtsordnung des besetzten Gebiets intakt lassen muss.[556] Ausnahmen sind zulässig, die für die Sicherheit der Besatzungsmacht oder zur Sicherung der Lebensbedingungen der Bevölkerung erforderlich sind. Daneben können Ausnahmen vom besagten Grundsatz zulässig und geboten sein, wenn der rechtliche *status quo* menschenrechtswidrig ist. Ein solcher Zustand darf, ja muss beseitigt werden. Die Grundrechte der Einwohner des besetzten Gebiets sind zu achten. Sie ergeben sich einmal aus den speziellen Vorschriften des Besatzungsrechts, zum anderen aus den allgemeinen Menschenrechten, die kumulativ zu den Regeln des humanitären Völkerrechts anzuwenden sind.[557] Transfers und Deportationen der Bevölkerung sind verboten.[558] Sie darf nicht zur Übernahme von Loyalitätspflichten gegenüber der Besatzungsmacht gezwungen werden, schon gar nicht zur Annahme der Staatsangehörigkeit der Besatzungsmacht. Sogar die Propaganda für den freiwilligen Eintritt in die Streitkräfte der Besatzungsmacht ist verboten.[559] *Privateigentum* ist zu respektieren und *darf nicht konfisziert werden,* vorbehaltlich der Möglichkeit

---

554 Wegen der nachteiligen Folgen für die Lebensbedingungen der Palästinenser in den von Israel besetzten Gebieten ist deshalb der Bau einer Mauer durch Israel als Verletzung seiner Pflichten als Besatzungsmacht zu qualifizieren, vgl *Mauer*-Gutachten, besonders § 134; vgl schon den Bericht des Sonderberichterstatters der Menschenrechtskommission *Ziegler* zum Recht auf Nahrung, UN Doc E/CN.4/2004/10/Add.2, §§ 21 ff. Dies wird im Grundsatz auch anerkannt vom Supreme Court Israels, der Teile des Bauwerks für rechtswidrig erklärt hat, im Wesentlichen als Verstoß gegen den Grundsatz der Verhältnismäßigkeit. Vgl auch *Bothe* (Fn 549); *Dörmann/Vité*, in Fleck, Handbook, 213 (313 ff). Zum Irak vgl *Heintschel von Heinegg* (Fn 495); *Hover*, The Occupation of Iraq: A Military Perspective on Lessons Learned, IRRC 94/885 (2012) 339 ff; zur von Russland annektierten Krim *Bothe*, The Current Status of Crimea: Occupied Territory or What?, MLLWR 53 (2014) 99 ff.
555 Zur Pflicht, Hilfsaktionen zugunsten der Zivilbevölkerung zuzulassen, Art 59–62 IV. GK 1949; Art 69 ZP I. Zu den natürlichen Ressourcen des besetzten Gebiets *Koskenniemi* (Fn 548) 167; *Langenkamp/Zedalis*, An Analysis of Claims Regarding Transferable „Legal Title" to Iraqi Oil in the Immediate Aftermath of Gulf War II, ZaöRV 63 (2003) 605 ff.
556 Art 43 HLKO; auch Art 64 IV. GK 1949.
557 S o Rn 60; *Gasser*, Recht der kriegerischen Besetzung und Menschenrechte, FS Bothe, 2008, 417 ff; *Arai-Takahashi*, The Law of Occupation, 2009; *Roberts*, Transformative Military Occupation, FS Dinstein, 2007, 439 ff; *Lubell*, Human Rights Obligations in Military Occupation, IRRC 94/885 (2012) 317 ff; zur Anwendung des IPWSKR in besetzten Gebieten *Mottershaw* (Fn 432) 449 ff. Grundsätzlich setzt die Besatzungsmacht zur Durchsetzung von Sicherheit und Ordnung die Mittel und Methoden ein, die einem Staat zur Durchführung dieser Aufgabe auf eigenem Gebiet zur Verfügung stehen. Jedoch kann eine Situation entstehen, die einem nicht internationalen bewaffneten Konflikt gleichkommt. Dann ist dementsprechend humanitäres Völkerrecht anzuwenden; vgl *Oeter*, Das militärische Vorgehen gegenüber bewaffneten Widerstandskämpfern in besetzten Gebieten und internen Konflikten, FS Bothe, 2008, 503 ff; *Watkin* (Fn 550); s auch u Rn 122, 125.
558 Art 49 IV. GK 1949.
559 Art 45 HLKO.

Bothe

von Requisition für die Zwecke der Besatzungsarmee, für die dann Entschädigung zu leisten ist.[560] Bodenschätze sind nachhaltig zu bewirtschaften.[561] Der Transfer von Teilen der eigenen Zivilbevölkerung in das besetzte Gebiet ist der Besatzungsmacht gleichfalls verboten.[562] Wegen der Pflichten und Verantwortlichkeiten der Besatzungsmacht ist die Bestimmung des Zeitpunkts, zu dem eine Besetzung beginnt und zu dem sie endet, von erheblicher Bedeutung. Der Übergang von einer Phase der Kampfhandlungen zu einer Besetzung erfolgt, wenn eine vorrückende Streitmacht *de facto* eine gewisse Kontrolle über ein Gebiet erlangt hat (Art 43 HLKO).[563] Die Besetzung endet, wenn diese Kontrolle aufhört[564] oder die Besetzung durch einen entsprechenden Rechtsakt wirksam beendet wird.[565]

Die vorstehenden Erläuterungen stellten jeweils Regeln über den Schutz bestimmter Personengruppen dar. Im Rahmen eines bewaffneten Konflikts kommt es aber immer wieder vor, dass nicht zu diesen genauer definierten Gruppen gehörende Personen   83

---

560 Art 52 HLKO.

561 Zu Einzelheiten des Streitstands *Bothe* (Fn 535) Rn 85 neuere Analyse bei *Pabian*, Prolonged Occupation and Exploitation of Natural Resources, JIHLS 12 (2021) 71 ff.

562 Art 49 Abs 6 IV. GK 1949. Hier liegt das rechtliche Problem der israelischen Siedlungspolitik in den besetzten palästinensischen Gebieten, die mehrfach sowohl vom SR (Res 446 v 22.3.1979) als auch von der GV (Res ES-10/13 v 27.10.2003, zuletzt ausf A/RES/76/82 v 15.12.2021) und auch vom IGH (*Mauer*-Gutachten, § 120) als rechtswidrig angesehen wurde. Allerdings haben die USA mehrfach eine einhellige Verurteilung dieser Politik durch ihr Veto verhindert, diese Haltung jedoch jedenfalls zeitweilig geändert; vgl S/RES/2334 v 23.12.2016. Zur Verbringung von Teilen der ukrainischen Bevölkerung aus von Russland 2022 eroberten ukrainischen Gebieten vgl die Erklärungen einer Reihe westlicher Staaten und die russ Gegendarstellung im Sicherheitsrat, UN Doc S/PV/9126 v 6.9.2022.

563 Vgl *Sassòli*, The Concept and the Beginning of Occupation, in Clapham/Gaeta/Sassòli (Fn 549) 1389 ff mwN; *Koutroulis*, Le début et la fin de l'application du droit de l'occupation, 2010; *Ferraro*, Determining the Beginning and End of an Occupation under International Humanitarian Law, IRRC 94/885 (2012) 133 ff; zur amerikanisch-britischen Intervention im Irak 2003 vgl *Hover* (Fn 554); zum Kongo 1998–2003 vgl IGH-Urteil *Congo/Uganda*, §§ 167 ff; dazu krit *Koutroulis*, L'affaire des activités armées sur le territoire du Congo (Congo c. Ouganda), RBDI 39 (2006) 703 ff. Die Frage, wann eine kriegerische Besetzung beginnt, wird uU verunklart durch einen Streit über den Status eines militärisch eingenommenen Gebiets, vgl *Bothe* (Fn 156); *Azarova* (Fn 156) 48 ff.

564 *Grignon*, The Geneva Conventions and the End of Occupation, in Clapham/Gaeta/Sassòli (Fn 549) 1575 ff; *Ferraro* (Fn 563). Nach dem Rückzug Israels aus dem Gaza-Streifen 2005 ist die offizielle Auffassung Israels, dass die Besetzung beendet ist. Diese Auffassung wird in der internationalen Gemeinschaft nicht geteilt, da Israel faktisch immer noch das Gebiet kontrolliert; idS ausdrücklich der Sicherheitsrat in S/RES/1869 v 8.1.2009 und der Menschenrechtsrat in Res S-9/1 v 12.1.2009. Vgl *Darcy/Reynolds*, An Enduring Occupation, JCSL 15 (2010) 211 ff; *Rubin*, Disengagement from the Gaza Strip and Post-Occupation Duties, IsraelLR 42 (2009) 527 ff; *Dinstein*, The International Law of Belligerent Occupation, 2009, 276 ff.

565 Im Falle des Irak wurde das nach der amerikanisch-britischen Intervention entstandene Regime der Besetzung durch ein Abkommen zwischen der dann anerkannten irakischen Regierung und den Interventionsmächten mit Zustimmung des Sicherheitsrats (S/RES/1546 v 8.6.2004) mit Wirkung v 30.6.2004 in ein neues Rechtsregime umgewandelt. Dazu *Thürer/Mclaren*, "Ius post bellum" in Iraq, FS Delbrück, 753 (769 ff); *Buchan*, International Community and the Occupation of Iraq, JCSL 12 (2007) 37 ff; *Giansanti*, Transizione in Iraq, Comunità internazionale 63 (2008) 105 ff; *Wills* (Fn 203) 292 ff; *Wolfrum* (Fn 553) 505 ff.

in die Hand einer Konfliktpartei geraten, die diesen Personen aus irgendeinem Grunde feindlich gesonnen ist. Dies ist etwa bei Bevölkerungsgruppen der Fall, die zwar die Staatsangehörigkeit einer Konfliktpartei besitzen und sich auf deren Staatsgebiet aufhalten, aber in Wahrheit ihrem eigenen Staat gegenüber feindlich gesonnen sind. Sog Kollaborateure können hierher gehören, auf der anderen Seite auch Personen, die, ohne Kombattanten zu sein, sich an Kampfhandlungen beteiligen. Für alle diese Fälle, in denen *Personen* in Zusammenhang mit einem bewaffneten Konflikt *des Schutzes vor einer Konfliktpartei bedürfen,* ist mit Art 75 ZP I ein Auffangtatbestand geschaffen worden, der für diese Personen ein Minimum an menschlicher Behandlung garantiert. Diese Bestimmung entfaltet Schutzfunktionen, die die allgemeinen Regeln über den *Schutz der Menschenrechte* ergänzen oder auch an ihre Stelle treten, zB wo die Geltung von Menschenrechtsverträgen in zulässiger Weise suspendiert ist.[566] Ein wesentliches Problemfeld ist in heutigen bewaffneten Konflikten der Schutz von besonders verletzlichen Gruppen von Personen: Frauen, Kinder, Alte, Behinderte. Dem Schutz von Frauen und Kindern dienen zwei Sondervorschriften des ZP I, dem Schutz von Kindern außerdem das Zusatzprotokoll zur Kinderrechtskonvention.[567] Ein besonderes Übel ist die Rekrutierung von Kindersoldaten, desöfteren vom Sicherheitsrat verurteilt[568] und Gegenstand der ersten vom IStGH ausgesprochenen Verurteilung wegen Kriegsverbrechen.[569]

c) Seekrieg

84 Das Völkerrecht bewaffneter Konflikte enthält besondere Regeln für die Kriegsschauplätze See und Luft. Zwar gelten die oben dargestellten Regeln über die Beschränkung der Mittel zur Schädigung des Feindes, den Schutz wehrloser Personen und die zur Teilnahme an Kampfhandlungen Berechtigten grundsätzlich auch im Seekrieg,[570] jedoch mit einigen Besonderheiten. Diese beruhen einmal auf den besonderen Gegebenheiten und Traditionen des Austragens bewaffneter Konflikte auf See,[571] zum anderen auf der Tatsache, dass die *Schwächung der Wirtschaftskraft* des Gegners *legitimes Seekriegsziel*

---

566 Grundlage einer Suspendierung im Notstandsfall sind zB Art 4 IPBPR oder Art 15 EMRK.

567 Fakultativprotokoll v 25.5.2000 zum Übereinkommen über die Rechte des Kindes betr die Beteiligung von Kindern an bewaffneten Konflikten.

568 Zuletzt Res 2427 v 9.7.2018. Vgl *Washefort,* Child Soldiers and International Law, 2013; *Palomo Suarez,* Kindersoldaten und Völkerstrafrecht, 2009; *Pack,* Targeting Child Soldiers: Striking a Balance between Humanity and Military Necessity, JIHLS 7 (2016) 183ff.

569 Art 8 Abs 2 lit e (vii) IStGH-Statut, *Prosecutor v Lubanga;* dazu Schröder, 7. Abschn Rn 44, 52.

570 Eine wesentliche Ausnahme ist Art 49 Abs 3 ZP I, der für die neuen Vorschriften des ZP I über den allgemeinen Schutz der Zivilbevölkerung bestimmt, dass sie nur insoweit gelten, als die Wirkung von Angriff zu Lande beginnt. Im Übrigen vgl *Heintschel von Heinegg,* in Fleck, Handbook, 516 (532, 554).

571 Bsp für besondere Traditionen: anders als im Landkrieg ist im Seekrieg das Zeigen einer falschen Flagge grundsätzlich zulässige Kriegslist, nicht verbotene Perfidie, vgl *Heintschel von Heinegg,* in Fleck, Handbook, 516 (536); *ders* (Fn 412 [Handbuch Seerecht]) 589ff.

Bothe

ist.[572] Anders als das Landkriegsrecht hat das Seekriegsrecht seit Jahrzehnten keine wesentliche vertragsrechtliche Anpassung erfahren. Dadurch entsteht eine nicht geringe Rechtsunsicherheit. In jüngster Zeit haben allerdings private Bemühungen um eine (rechtlich unverbindliche) Formulierung des geltenden Seekriegsrechts deutliche Erfolge gehabt.[573]

Militärisches Ziel im Seekrieg ist vor allem das feindliche *Kriegsschiff*.[574] Dieses darf **85** auch ohne Warnung angegriffen und versenkt werden. Das feindliche *Handelsschiff* besitzt nicht den gleichen Schutz vor Kampfhandlungen wie die Zivilbevölkerung im Landkrieg.[575] Es darf aufgebracht und in einem prisengerichtlichen Verfahren eingezogen werden. Das gleiche gilt für seine Ladung, soweit der Eigentümer Staatsangehöriger der anderen Konfliktpartei ist. Feindliche Handelsschiffe können auch versenkt werden, wenn sie sich einer Aufforderung zum Anhalten oder einer Durchsuchung und Aufbringung widersetzen.[576] Handelsschiffe dürfen unter besonderen Voraussetzungen *in Kriegsschiffe umgewandelt* werden und haben dann denselben Status wie diese, dh sie können an Kampfhandlungen teilnehmen und sind andererseits militärische Ziele. Auch im Seekrieg gilt das Verbot unterschiedsloser Kriegführung. Die Besonderheiten des *U-Boot-Kriegs* rechtfertigen es nicht, Angriffe ohne Unterschied auf militärische Ziele und zivile Objekte oder Kriegs- und Handelsschiffe zu führen.[577]

Unter dem Gesichtspunkt des Verbots unterschiedsloser Kriegführung spielt im See- **86** krieg das *Minenlegen* eine besondere Rolle.[578] Dabei sind die Grundsätze der wirksamen Überwachung, der Gefahrenbeherrschung und der Warnung zu beachten. Insbes sind die für die Sicherheit der friedlichen Schifffahrt notwendigen Vorsichtsmaßnahmen zu treffen. So ist zB das Aussetzen von Treibminen verboten. Verankerte Minen müssen automatisch deaktiviert werden, wenn sie sich losreißen oder sonst die Kontrolle über sie verloren geht. Ein besonderes Mittel des Seekriegsrechts ist die *Blockade*.[579] Dies ist die Sperre gegnerischer Häfen oder Küsten, so dass jegliches Ein- und Auslaufen von Seefahrzeugen verhindert wird. Eine Blockade muss von der blockierenden Konfliktpartei ausdrücklich erklärt und bekannt gemacht werden. Sie ist nur verbindlich, wenn sie auch effektiv ist, dh ihre Einhaltung kontrolliert werden kann. Eine solche Blockade berechtigt auch zu Maßnahmen gegenüber zivilen Schiffen des Gegners und neutraler Staaten. Das Blockaderecht findet allerdings seine Grenze an den Versorgungsbedürf-

---

572 *Heintschel von Heinegg,* in Fleck, Handbook, 516 f.

573 Wichtig ist vor allem das sog *San Remo Manual,* die Zusammenstellung eines Regelwerks über das Seekriegsrecht durch eine Arbeitsgruppe des International Institute of Humanitarian Law, vgl Doswald-Beck (Hrsg), San Remo Manual on International Law Applicable to Armed Conflicts at Sea, 1995; das Manual ist ebenfalls veröffentlicht in IRRC 35 (1995) 595 ff sowie in DokHVR 829.

574 *Heintschel von Heinegg,* in Fleck, Handbook, 516 (539); *ders* (Fn 412 [Handbuch Seerecht]) 576 f.

575 *Heintschel von Heinegg,* in Fleck, Handbook, 516 (540 ff); *ders* (Fn 412 [Handbuch Seerecht]) 577 f.

576 *Heintschel von Heinegg,* in Fleck, Handbook, 516 (542 f); *ders* (Fn 412 [Handbuch Seerecht]) 577 f.

577 *Heintschel von Heinegg,* in Fleck, Handbook, 516 (572 ff).

578 *Heintschel von Heinegg,* in Fleck, Handbook, 516 (568 ff); *ders* (Fn 412 [Handbuch Seerecht]) 586 ff.

579 *Heintschel von Heinegg,* in Fleck, Handbook, 516 (516 ff); *ders* (Fn 412 [Handbuch Seerecht]) 567 ff.

nissen der betroffenen Zivilbevölkerung.[580] Nicht zulässig ist die Erklärung von sog *Ausschlusszonen* mit der Folge, dass in ihnen auf jegliches dort befindliche Schiff geschossen werden könnte.[581] Nicht zu beanstanden ist aber die Erklärung bestimmter Seegebiete zu *besonderen* oder *Sicherheitszonen,* in denen Kampfhandlungen stattfinden und infolgedessen die friedliche Schifffahrt besonders gefährdet ist und darum eingeschränkt werden kann.

87   Im Seekrieg spielen als geschützte wehrlose Personen die *Schiffbrüchigen*[582] eine besondere Rolle. Ihr Schutz ist dem der Verwundeten und Kranken im Landkrieg weitgehend angeglichen. Die Kriegsschiffe aller Konfliktparteien müssen alle möglichen Anstrengungen unternehmen, um Schiffbrüchige zu bergen. Besondere Regeln gelten für den Status von *Hospitalschiffen.*[583] Hinsichtlich des Kriegsgefangenenstatus gilt als Besonderheit, dass die *Besatzung aufgebrachter gegnerischer Handelsschiffe,*[584] soweit sie die gegnerische Staatsangehörigkeit besitzt, zu Kriegsgefangenen wird, obwohl es sich eigentlich um Zivilpersonen handelt. Dies gilt jedoch nicht für die Passagiere gegnerischer Handelsschiffe.

88   Berechtigt, an Seekriegshandlungen teilzunehmen, sind die Kriegsschiffe einer Konfliktpartei. Das Kriegsschiff muss als solches äußerlich gekennzeichnet sein, zB durch eine von der normalen Staatsflagge unterschiedene *Kriegsflagge.*[585]

d) Luftkrieg und Militarisierung des Weltraums

89 Der Einsatz von Luftfahrzeugen im Krieg hat die Kriegführung grundlegend verändert. Dennoch haben sich besondere vertragliche Regeln für das Luftkriegsrecht kaum ent-

---

580 *Heintschel von Heinegg,* in Fleck, Handbook, 516 (589); San Remo Manual (Fn 573) Art 102–104. Hier liegt u a das Problem der Zulässigkeit der israelischen Blockade des Gaza-Streifens. Die verschiedenen Untersuchungskommissionen, die dies zu beurteilen suchten, kamen zu unterschiedlichen Ergebnissen. Als rechtswidrig sieht die Blockade an die Kommission des Menschenrechtsrats, UN Doc A/HRC/15/21 v 27.9.2010, § 53, als rechtmäßig die israelische Kommission (sog Turkel Committee), <www.turkel-committee.com>, 82ff sowie die Untersuchungskommission des GS, <www.un.org/News/dh/infocus/middle_east/ Gaza_Flotilla_Panel_Report.pdf>, 32ff. Die anerkannte humanitäre Einschränkung des Blockaderechts schützt nur das Versorgungsbedürfnis der Bevölkerung des blockierten Gebiets. Der Ukraine-Konflikt 2022 hat gezeigt, dass eine Blockade auch Versorgungsinteressen dritter Staaten verletzen kann, die auf Lieferungen aus dem blockierten Gebiet angewiesen sind. Eine Ausnahme zugunsten solcher Bedürfnisse kennt das traditionelle Blockaderecht nicht. Sie ergibt sich aber wohl aus den Kooperationspflichten, die mit dem im IPWSKR garantierten Recht auf angemessene Ernährung und auf einen angemessenen Lebensstandard verbunden sind.
581 *Heintschel von Heinegg,* in Fleck, Handbook, 516 (576ff); *ders* (Fn 412 [Handbuch Seerecht]) 570f. Der von *Heintschel von Heinegg* verwendete Begriff der Ausschlusszone *(maritime exclusion zone)* entspricht dem hier verwendeten der Sicherheitszone. Das San Remo Manual (Fn 573) spricht von *special zone.*
582 Insbes Art 12, 22, 36, 37 II. GK 1949; Art 10, 22, 23 ZP I.
583 Art 22ff II. GK 1949.
584 *Heintschel von Heinegg,* in Fleck, Handbook, 516 (548f).
585 *Heintschel von Heinegg,* in Fleck, Handbook, 516 (530f).

wickelt.[586] Lösungen für die Probleme des Luftkriegs sind aus den dargestellten Regeln des Land- und Seekriegsrechts zu entwickeln. Bei Angriffen aus der Luft gelten die Regeln über zulässige Ziele zu Land und zur See. Das gilt insbes für die Verwendung von unbemannten Flugkörpern, sog Drohnen, für gezielte Tötungen.[587] Militärische Luftfahrzeuge, die als solche gekennzeichnet sein müssen, sind militärische Ziele. Sie sind befugt, Kampfhandlungen gegen Ziele auf dem Lande, zur See und in der Luft vorzunehmen. Besondere Regeln gelten für Sanitätslufttransporte.[588] Auch ergeben sich aus den Besonderheiten des Luftkriegs spezifische Sorgfaltspflichten, um Angriffe auf zivile Objekte oder unverhältnismäßigen zivilen Begleitschaden zu vermeiden, zB für die Sicherheit von zivilen Linienflugzeugen. Die häufig gegebene räumliche Entfernung zwischen dem Entscheider des Waffeneinsatzes und dem Ziel erfordert besondere Sorgfalt bei der Qualifizierung und Bestimmung eines Ziels und der Beurteilung der Verhältnismäßigkeit. Die Entwicklung der Nutzung des *Weltraums* war durch rechtliche Bemühungen begleitet, eine Militarisierung desselben zu verhindern, was in verschiedenen weltraumrechtlichen Verträgen seinen Ausdruck gefunden hat.[589] Dennoch spielt die Militarisierung des Weltraums eine wichtige praktische Rolle, was Probleme ihrer Vereinbarkeit mit dem Weltraumregime sowie zugleich solche der Anwendung von Grundregeln des Rechts bewaffneter Konflikte aufwirft.[590]

---

586 *Dinstein,* Air Warfare, MPEPIL I, 251 ff; die sog *Haager Luftkriegsregeln* (DokHVR 85) sind eine Expertenarbeit, die nie zu einem Vertragsabschluss geführt hat. Wenn sie dennoch weitgehend als Ausdruck des geltenden Gewohnheitsrechts angesehen werden, so beruht das nicht zuletzt darauf, dass sie eine Adaptation der geltenden allgemeinen Regeln des Land- und Kriegsrechts sowie des Neutralitätsrechts für die besondere Situation von Feindseligkeiten durch und gegen Luftfahrzeuge darstellen; vgl *Hanke,* Die Haager Luftkriegsregeln von 1923, IRRC 31 (1991) 139 ff; *Parks,* Air War and the Law of War, Air Force LR 1990, 1 ff; *Spieker,* Haager Regeln des Luftkriegs von 1923, HV-I 1990, 134 ff. In der Tradition der Haager Luftkriegsregeln und nach dem Vorbild des San Remo Manual (Fn 573) hat eine vom Harvard Program on Humanitarian Policy and Conflict Research einberufene Expertengruppe eine neue Formulierung der gegenwärtigen Regeln des Luftkriegs erarbeitet, vgl Manual on International Law Applicable to Air and Missile Warfare, 2009 (HPCR Manual). Vgl auch *Barth,* Zivilpersonen im modernen Luftkrieg, 2020.
587 Diese verbreitete Praxis bietet wenig spezifische Probleme, soweit sie im Rahmen eines bewaffneten Konflikts angewandt wird (was allerdings häufig nicht der Fall ist). Es gelten die allgemeinen Regeln über zulässige Ziele und das Verhältnismäßigkeitsprinzip (Rn 68, vgl Art 39 HPCR Manual). Eine andere Frage ist, ob häufiger Einsatz von Drohnen konstitutiv für das Bestehen eines bewaffneten Konflikts ist. Vgl zum Ganzen mit ausführlichen Nachweisen *Heinsch,* Unmanned Aerial Vehicles and the Scope of the ,Combat Zone', HVI 25 (2012) 184 ff; Bergen/Rothenberg (Hrsg), Drone Wars: Transforming Conflict, Law and Policy, 2014; Cartright/Fairhurs/Wall (Hrsg), Drones and the Future of Armed Conflict, 2014; *Weizmann,* Armed Drones and the Law of Armed Conflict, in Casey-Maslen u a (Fn 526) 89 ff; *Grimal/Sundaram,* Combat Drones: Hives, Swarms, and Autonomous Action, JCSL 23 (2018) 105 ff; eingehende Literaturanalyse bei *O'Connell,* Game of Drones, AJIL 109 (2015) 889 ff.
588 Art 36 I. GK 1949; Art 24–31 ZP I.
589 Präambel und Art IV Weltraumvertrag, vgl *Proelß,* 5. Abschn Rn 83.
590 *Mačák,* Silent War: Applicability of the *Jus in Bello* to Military Space Operations, ILS 94 (2018) 1 ff; *Stephens,* The International Legal Implications of Military Space Opertions: Examining the Interplay between International Humanitarian Law and the Outer Space Legal Regime, ebd 75 ff; *Heintschel von*

e) Wirtschaftskrieg

90 Unter Wirtschaftskrieg werden alle diejenigen Maßnahmen einer Konfliktpartei zusammengefasst, deren Ziel es ist, die *Wirtschaftskraft des Gegners zu schwächen* und insbes seine Versorgung mit lebenswichtigen Gütern zu unterbinden. Dies umfasst sowohl legislative und administrative Maßnahmen als auch militärische Aktionen.[591] Zu den Ersteren gehört vor allem die Unterbindung des Wirtschaftsverkehrs zwischen den eigenen Staatsangehörigen einer Konfliktpartei und dem Feind, wobei die Bestimmung der Feindeigenschaft und die Kontrolle von Transaktionen, die über neutrale Staaten abgewickelt werden, rechtlich nicht immer unproblematisch sind. Die Blockierung von Feindguthaben und die Konfiszierung von feindlichem Eigentum gehören auch zu solchen Maßnahmen. Sie sind grundsätzlich zulässig, soweit sich solche Vermögensgegenstände im Hoheitsbereich der anderen Konfliktpartei befinden. Zu den militärischen Maßnahmen gehören solche gegen die feindliche Handelsschifffahrt[592] und die Kontrolle des neutralen Seehandels.[593]

f) Durchsetzung des *ius in bello*

91 Der bewaffnete Konflikt ist für den Staat eine Situation extremer Belastung, in der es nahe liegt, kurzfristige Interessen an der Sicherung eines militärischen Vorteils höher zu bewerten als die Einhaltung von Rechtsnormen und deswegen diese Normen zu verletzen.[594] Die Geschichte der bewaffneten Konflikte über die Jh bis in die neueste Zeit ist denn auch voll von erschütternden Bsp von Rechtsverletzungen.[595] Es lässt sich aber auch zeigen, dass doch häufig Kampfhandlungen gemäß den anwendbaren völkerrechtlichen Regeln geführt werden, dass in der Tat Rechtsnormen auf die Art und Weise der Kriegführung einwirken, dass zB Befehlshaber die Ziele von Angriffen auch unter Berücksichtigung rechtlicher Gesichtspunkte auswählen.[596] Die Mechanismen, die zu einer solchen

---

Heinegg, Neutrality and Outer Space, ILS 93 (2017) 526 ff; *Häußler*, Die Militarisierung des Weltraums?, in Hofmann/Malkmus, Genfer Konventionen, 172; *Mawdsley*, Applying Core Principles of International Humanitarian Law to Military Operations in Space, JCSL 25 (2020) 263 ff; krit *Müller*, Raketen und Weltraumwaffen, IMI Analyse 2022/35, <https://www.imi-online.de/2022/07/19/raketen-und-weltraumwaffen/>.

591 *Lowe/Tzanakopoulos*, Economic Warfare, MPEPIL III, 330 ff.

592 Vgl o Rn 85.

593 Vgl u Rn 115 f.

594 Übersichten: *Bothe* (Fn 160) 156 ff; *Kussbach*, Mittel und Wege zur Durchsetzung des Humanitären Völkerrechts, in Wittich/Reinisch/Gattini (Hrsg), Kosovo – Staatsschulden – Notstand – EU-Reformvertrag – Humanitätsrecht, 2009, 195 ff; *Pfanner*, Various Mechanisms and Approaches for Implementing International Humanitarian Law and Protecting and Assisting War Victims, IRRC 91 (2009) 279 ff; *Vöneky*, Implementation and Enforcement of International Humanitarian Law, in Fleck, Handbook, 690 ff; *Clarke*, Securing Compliance with International Humanitarian Law, IHLS 1 (2010) 213 ff.

595 Vgl *Kämmerer*, 1. Abschn Rn 83.

596 *Carnahan*, „Linebacker II" and Protocol I, AULR 31 (1982) 861 ff; *ders*, Protecting Nuclear Facilities from Military Attack, AJIL 86 (1992) 524 (528 ff). Zu Kosovo vgl *Montgomery*, Legal Perspective from the EU-

Einhaltung des Rechts führen, sind vielfältig, subtil und komplex.[597] Systematisch sind folgende Aspekte zu unterscheiden: Internalisierung von Normen, Wirken von „Anwälten des öffentlichen Interesses", zwischenstaatliche Streitregelungsmechanismen, strafrechtliche Sanktionen, individuelle Schutzansprüche und Rechtsbehelfe.

Wesentlich ist die *Motivation der Entscheidungsträger*, Recht in einem konkreten 92 Fall zu beachten oder nicht. Diese Motivation kann rational oder irrational bestimmt sein. Bei einer rationalen Motivation geht es vor allem um Interessenbewertung. Es gibt Interessen, die für, und solche, die gegen Rechtsgehorsam im konkreten Fall sprechen. Wichtig ist in diesem Zusammenhang das *Interesse* einer Konfliktpartei *an Schadensminimierung*. Begrenzung und Beschränkung der Gewaltausübung kann durchaus die militärische Effektivität fördern.[598] Ein wichtiges Element der Schadensminimierung ist der Gedanke der *Gegenseitigkeit*. Recht wird eingehalten, weil und damit die andere Seite dies auch tut und damit der eigene Schaden so gering wie möglich gehalten wird. Dieser einfache Mechanismus wirkt. Davon ist die Frage zu unterscheiden, ob eine Verpflichtung wegen Verletzung einer entsprechenden Verpflichtung durch den Gegner (Grundsatz des *tu quoque*), also wegen fehlender Gegenseitigkeit, verletzt werden darf. Dies ist im humanitären Völkerrecht grundsätzlich unzulässig, wo Repressalien zu Lasten bestimmter Konfliktopfer, insbes zu Lasten von Gefangenen, verboten sind.[599] Der besagte Mechanismus wirkt jedoch nicht oder ist jedenfalls problematisch in sog asymmetrischen Konflikten, in denen die Art und Weise der gegenseitigen Schadenszufügung und auch die Verwundbarkeit der beiden Seiten eines Konflikts ganz unterschiedlich sind.[600] Sicherheit der gegenseitigen Verhaltenserwartungen ist ein Element der Schadensminimierung; darum sind Maßnahmen der Vertrauensbildung durch Kommunikation auch in einer Situation bewaffneter Konflikte wichtig. Bsp sind die Zulassung von Kontrollen bei der Verteilung von Hilfsgütern[601] oder von Beobachtern bei Prozessen gegen Gefange-

COM Targeting Cell, in Wall (Hrsg), Legal and Ethical Lessons of NATO's Kosovo-Campaign, U. S. Naval War College ILS 78 (2002) 189 ff.

597 *Blenk-Knocke*, Zu den soziologischen Bedingungen völkerrechtlicher Normenbefolgung, 1979; *Bothe*, Compliance, MPEPIL II, 530 ff mwN; *Padmanabhan*, Norm Internalization through Trials for Violations of International Law, UPennJIL 31 (2009) 427 ff; zur Entwicklung in USA *Gutierrez/DeCristofaro/Woods*, What Americans Think of International Humanitarian Law, IRRC 93 (2011) 1009 ff. Zu den neuesten Entwicklungen *Bothe*, Warum wird humanitäres Völkerrecht eingehalten oder verletzt? Perspektiven der Durchsetzung des humanitären Völkerrechts – neue Entwicklungen und kritische Bilanz, HVI 28 (2015) 55 ff. Die dort geschilderte Initiative der Schweiz und des IKRK zur Schaffung eines „compliance mechanism" wurde jedoch 2018 erfolglos beendet. Noch zu einem Zwischenstand *Peijic*, Strengthening Compliance with IHL: The ICRC-Swiss Initiative, IRRC 98 (2016) 315 ff; *Bartolini*, Strengthening Compliance with International Humanitarian Law, ItYIL 25 (2015) 201 ff; *La Vaccara*, Strengthening Compliance with IHL, AYHRHL 1 (2012) 300 ff.

598 *Beer* (Fn 439) 31 ff, 132 f.

599 Art 46 I. GK 1949; Art 47 II. GK 1949; Art 13 III. GK 1949; Art 33 IV. GK 1949; Art 20, Art 51 Abs 6, Art 54 Abs 4, Art 55 Abs 3 ZP I (Rn 60).

600 S o Rn 59.

601 Art 23 IV. GK 1949; Art 70 Abs 3 ZP I.

ne.[602] Ein wesentliches Element von Schadensminimierung sind auch die möglichen *politischen Kosten der Rechtsverletzung*. Staaten legen meistens Wert auf ein sauberes Erscheinungsbild nach außen. Deshalb sind Möglichkeiten der Offenlegung von Rechtsverletzungen ein wesentlicher Mechanismus zur Sicherung der Rechtsbeachtung. Rechtsdiskurse, die bewaffnete Konflikte begleiten, sind ein wesentliches Element der Sicherung der Beachtung des Rechts.[603]

93   Ein nicht geringer Teil der Motivation von Entscheidungsträgern besteht in *kulturellen Faktoren*. Die Idee der Humanität hat hier durchaus praktische Wirksamkeit. Militärische Traditionen einer Kriegführung nach professionellen Regeln („Ritterlichkeit") spielen auch eine Rolle, ebenso die rechtstreue Gesinnung der Entscheidungsträger *(Internalisierung von Normen)*.[604] Dies führt zu der weiteren Frage der Fähigkeit zur Rechtsbeachtung. Internalisierung von Normen setzt organisatorische und intellektuelle Ressourcen voraus. Soweit das Recht bestimmte Standards der Behandlung von Personen (zB Unterbringung und Versorgung von Kriegsgefangenen) vorschreibt, ist dies auch eine Frage wirtschaftlicher Ressourcen. In diesen subtilen Mechanismen spielt der Zwang gegenüber Staaten oder gegenüber individuellen Entscheidungsträgern eine eher untergeordnete Rolle. Von daher ist vor einer Überbewertung des Strafrechts als Mittel zur Sicherung der Beachtung des Rechts bewaffneter Konflikte zu warnen.[605] Das zentrale Element der Internalisierung von Normen ist, dass relevante Akteure im Zeitpunkt der Entscheidung sich der Norm überhaupt bewusst sind. Deshalb sehen die Genfer Konventionen und ihre Zusatzprotokolle eine Pflicht vor, deren Inhalt zu verbreiten.[606] Die Rolle der *Verbreitungsarbeit* für die Sicherung der Beachtung des *ius in bello* ist sehr groß.[607] Dazu gehört nicht nur das Strafrecht. Wichtig ist die Aufnahme der Genfer Konventionen und der ZP in das militärische Ausbildungsprogramm (Art 83 ZP I). Eine Reihe weiterer innerstaatlicher Regelungen in sonstigen Rechtsbereichen ist notwendig, um den Genfer Konventionen zur praktischen Entfaltung zu verhelfen. Hierzu gehören insbes Regelungen über das Sanitätswesen, so die Berechtigung zum Führen des *Rot-Kreuzzeichens* und zum Schutz desselben vor Missbrauch.[608] Ferner ist es wichtig, dass die Regeln des humanitären Völkerrechts in interne Dienstanweisungen und

---

602 Art 105 Abs 5 III. GK 1949.

603 Zu dem entsprechenden Phänomen bei der Beachtung des *ius contra bellum* s o Rn 29f.

604 *Beer* (Fn 439) 134ff.

605 *Bothe,* Prevention and Repression of Breaches of International Humanitarian Law, IIHLY 1986–87, 115 (124); *Vinuesa,* Comment, in Bothe/Kurzidem/Macalister-Smith (Fn 536) 81ff; vorsichtig *Kaul,* Abstrafung der Täter – ein Instrument der Prävention?, in Heintze/Ipsen (Hrsg), Heutige bewaffnete Konflikte als Herausforderungen an das humanitäre Völkerrecht, 2010, 153ff.

606 Art 47, 48, 127, 144 GK; Art 83 ZP I; Art 20 ZP II.

607 Hierzu die Beiträge in Bothe/Kurzidem/Macalister-Smith (Fn 536); *Meriboute,* Mesures nationales de mise en œuvre du droit international humanitaire dans les temps de paix, IIHLY 1986–87, 103ff.

608 *Herczegh/Forsythe/Hannikainen,* Introductory Reports, in Bothe/Kurzidem/Macalister-Smith (Fn 536) 151ff.

ähnliches *(military manuals)*[609] umgesetzt werden, die für das Verhalten von Soldaten oder Militärverwaltungen unmittelbar eine größere Wirkung haben als der Text des völkerrechtlichen Vertrags selbst. Die Gesamtheit der nationalen Ausführungsmaßnahmen stellt die notwendige rechtliche und praktische Infrastruktur für die Beachtung des humanitären Völkerrechts dar. Ihre Bedeutung wurde in den letzten Jahren besser erkannt. Deshalb hat das IKRK einen Beratungsdienst eingerichtet, der Staaten bei der Gestaltung dieser Infrastruktur unterstützen soll.[610] Um sie weiter zu verbessern, wird an einem internationalen System des Informationsaustauschs hierzu gearbeitet.[611] Mit der Veröffentlichung von Manuals üben Staaten auch einen gewissen Einfluss auf die Rechtsentwicklung aus.[612]

Wesentlich sind ferner Sicherungen dafür, dass rechtliche Gesichtspunkte in kon- 94 krete Entscheidungen einfließen. Dazu sind besondere *Rechtsberater in den Streitkräften* vorzusehen (Art 82 ZP I).[613] Das Verhalten der Streitkräfte bei konkreten Operationen pflegt von den Befehlshabern durch *Rules of Engagement* festgelegt zu werden, die auf der unteren Ebene einfache Formen wie Taschenkarten annehmen können. Für die Beachtung des humanitären Völkerrechts ist ausschlaggebend, dass rechtliche Gesichtspunkte in die Formulierung der *Rules* Eingang finden.[614] Für die Beachtung des Rechts im modernen Luftkrieg ist von Bedeutung, dass es gerade bei großen Militärmächten formalisierte Verfahren der Zielfindung gibt, in die auch Rechtsrat einfließt.[615]

Die hier gewählte Bezeichnung „Anwälte des öffentlichen Interesses" soll der Tatsa- 95 che Rechnung tragen, dass bei Verletzungen des *ius in bello* nicht nur rechtlich geschütz-

---

609 *Obradovic/Fleck/Greenwood,* Military Manuals and Other Administrative Rules Relating to Armed Conflicts, Introductory Reports, in Bothe/Kurzidem/Macalister-Smith (Fn 536) 179 ff. Eine Liste solcher Vorschriften mit Anspruch auf Vollständigkeit wird vom IKRK auf dem neuesten Stand gehalten: <www. icrc.org/customary-ihl/eng/docs/sr>. Deutschland: Bundesministerium der Verteidigung, ZDV A-2141/1 v 8.8.2017, Humanitäres Völkerrecht in bewaffneten Konflikten; Großbritannien: UK Ministry of Defence, The Manual of the Law of Armed Conflict, 2004; USA: United States Department of Defense Law of War Manual v 12.6.2015; vgl auch *Boothby/Heintschell von Heinegg,* The Law of War, 2018.
610 *Berman,* The ICRC' Advisory Service on International Humanitarian Law, IRRC 312 (1996) 338 ff.
611 *Bothe,* The Role of National Law in the Implementation of International Humanitarian Law, in Études et essais sur le droit international humanitaire et sur les principes de la Croix-Rouge, 1984, 301 (312); *Kornblum,* A Comparison of Self-evaluating State Reporting Systems, IRRC 304 (1995) 39 ff und 305 (1995) 137 ff; *Mohr,* Zum Berichtsverfahren im humanitären Völkerrecht, HV-I 1991, 81 ff; International Law Committee of the Danish Red Cross (Hrsg), Voluntary Review Procedure on National Implementation of International Humanitarian Law, 1998. Ein Berichtsverfahren sollte auch Bestandteil des neuen, jedoch zunächst gescheiterten „compliance mechanism" (Fn 597) sein.
612 Das zeigt insbes die IKRK-Studie (Fn 424), die sich zum Nachweis des Gewohnheitsrechts wesentlich auf solche Manuals stützt. Eine engl Veröffentlichung von Manuals ist dafür nützlich.
613 *Kuhn/Berger,* Legal Advisors in the Armed Forces, in Zidar/Gauci (Hrsg), The Role of Legal Advisors in International Law, 2016, 337; *O'Connell,* in Fleck, Handbook, 49 mwN; *Dickinson,* Military Lawyers on the Battlefield, AJIL 104 (2010) 1 ff.
614 Vgl Mandsager (Hrsg), Rules of Engagement Handbook, 2009.
615 S die Nachw bei Rn 89.

te Interessen eines Opferstaats betroffen sind, sondern dass auch ein Gemeinschaftsinteresse verletzt wird, dass es sich also um Verpflichtungen mit Wirkung *erga omnes*
handelt.[616] Deshalb sind Institutionen, die dieses Gemeinschaftsinteresse vertreten, in
die Durchsetzung des *ius in bello* involviert. Dies sind vor allem die UN, insbes der Sicherheitsrat, und das IKRK, ferner Regionalorganisationen sowie Organisationen der Zivilgesellschaft. Der Sicherheitsrat hat mehrfach festgestellt, dass *massive Verletzungen
des humanitären Völkerrechts* eine *Friedensbedrohung* iSd Art 39 UN-Charta sind, und
hat Maßnahmen ergriffen, zB die Errichtung der Strafgerichtshöfe für das ehemalige Jugoslawien und für Ruanda. Dies macht den Sicherheitsrat zu einem wesentlichen Akteur
der Durchsetzung des humanitären Völkerrechts.[617] Neben dem Sicherheitsrat bemüht
sich der Menschenrechtsrat[618] um die Einhaltung des humanitären Völkerrechts, u a
durch Untersuchungskommissionen, und dies mit deutlich anderen politischen Präferenzen als der Sicherheitsrat. Die Beschlüsse des Sicherheitsrats werden geprägt durch
die Notwendigkeit der Einigung zwischen den fünf ständigen Ratsmitgliedern, die des
Menschenrechtsrats durch die Mehrheit der Dritten Welt. Die dadurch begründete unterschiedliche politische Selektivität der beiden UN-Organe ist unter dem Gesichtspunkt
der *rule of law,* die eine am Gleichheitssatz orientierte Praxis der Rechtsdurchsetzung
verlangen würde, problematisch.[619] Neben den UN spielen auch Regionalorganisationen

---

616 Dazu *Kämmerer*, 1. Abschn Rn 34, 138.

617 Ausführliche Nachw bei *Nolte*, The Different Functions of the Security Council with respect to Huma-
nitarian Law, in Lowe/Roberts/Welsh/Zaum (Fn 251) 519 ff; *Happold*, UN Sanctions as Human Rights and
Humanitarian Law Devices, in van den Herik (Fn 301) 125 ff; *Ugarte*, Security Council Diplomacy on the
Protection of Civilians: A Convoluted History, in Willmot u a (Fn 543) 292 ff. Zu einzelnen Maßnahmen des
Sicherheitsrats s o Rn 48; ferner die Überweisung der in Darfur mutmaßlich begangenen Rechtsverlet-
zungen an den IStGH, S/RES/1593 v 31.3.2005.

618 S o *Schmahl*, 4. Abschn Rn 206.

619 Signifikant ist die unterschiedliche Behandlung des Libanon- und des Gaza-Konflikts (2006 bzw 2009)
sowie des *Mavi Marmara*-Zwischenfalls (2010, s o Fn 580) in beiden Organen. Der SR hat nicht zu den in beiden Fällen behaupteten Verletzungen des *ius in bello* Stellung genommen, sondern auf eine politische Lösung des Konflikts gedrungen (S/RES/1701 v 11.8.2006 bzw S/RES/1860 v 8.1.2009). Der Menschenrechtsrat hat
in Resolutionen, die praktisch eine Vorverurteilung Israels enthielten, für diese behaupteten Rechtsverletzungen Untersuchungskommissionen eingesetzt (Res S-2/1 v 11.8.2006 und S-9/1 v 12.1.2009, angenommen jeweils gegen die Stimmen bzw bei Enthaltungen der meisten westlichen Staaten). Die Berichte (A/HRC/3/2 v
3.11.2006 und A/HRC/12/48 v 15.9.2009), nach dem Vorsitzenden bekannt als *Goldstone*-Report, kamen zur
Feststellung erheblicher Rechtsverletzungen. Im Falle Gaza machte sich der Menschenrechtsrat (Res S-12/
1 v 16.10.2009, Abstimmung 25/6/11) die Ergebnisse und Forderungen des Berichts zu eigen. Der SR diskutierte, ohne eine Entscheidung zu versuchen (S/PV.6201 v 14.10.2009). Die Generalversammlung stellte sich hinter den Menschenrechtsrat (A/RES/64/10 v 5.11.2009, Abstimmung 144/18/44). Vgl auch *Binder*, Humanitarian
Crises and the International Politics of Selectivity, HRR 10 (2009) 327 ff; eingehend *Bothe*, Tatsachenfeststellung (Fact-finding) als Mittel der Durchsetzung von Menschenrechten und humanitärem Völkerrecht, FS
Klein, 2013, 1007 ff. Die neuere Praxis des Menschenrechtsrats bzgl Ermittlungen betrifft Syrien (HRC Resolution S-17/1 v 22.8.2011; 10. Bericht v 13.8.2015, UN Doc A/HRC/3048; Resolution 34/26 v 24.3.2017; Bericht v
9.8.2018, UN Doc A/HRC/39/65), Gaza und die übrigen besetzten Gebiete (Operation Protective Edge 2014, HRC
Resolution S-21/1; Bericht v 24.6.2015, UN Doc A/HRC/29/52; Resolution 34/28 v 24.4.2017 und S/28/1 v 18.5.2018),

für die Beachtung von Menschenrechten und humanitärem Völkerrecht eine Rolle.[620] Aus dem modernen Gesamtbild der Durchsetzung von humanitärem Völkerrecht und Menschenrechten ist die Arbeit von NGOs nicht wegzudenken.[621]

Gegen Bedenken der Selektivität gefeit und von großer praktischer Bedeutung ist 96 die Funktion des *IKRK* als *Hüter der Beachtung des humanitären Völkerrechts*.[622] Diese Funktion wird in den Genfer Konventionen und den ZP zwar allenfalls indirekt als Funktion zum Schutz der Opfer formuliert; sie ist aber jedenfalls *gewohnheitsrechtlich anerkannt*, auch als Initiativrecht des IKRK bezeichnet. Dies führt dazu, dass das IKRK beim Ausbruch bewaffneter Konflikte und aus gegebener weiterer Veranlassung regelmäßig Appelle an die Konfliktparteien richtet, die anwendbaren Regeln des humanitären Völkerrechts zu beachten. Für die Durchsetzung im Einzelnen setzt das IKRK eher auf die Mittel der diplomatischen Überredung. Jedoch kommt es auch vor, dass es bestimmte Verletzungen des humanitären Völkerrechts durch einzelne Staaten öffentlich benennt und auf diese Weise die politischen Kosten des Konflikts für diese Staaten erhöht. Wichtig ist vor allem die Kontrollfunktion des IKRK bzgl der Behandlung von Kriegsgefangenen. Gemäß Art 126 der III. GK 1949 ist das IKRK ermächtigt, sich an alle Orte zu begeben, wo sich Kriegsgefangene aufhalten. Vertreter des IKRK können sich insbes ohne Zeugen mit den Gefangenen unterhalten. Bei der Frage der Behandlung der Kriegsgefangenen besitzt das IKRK also automatisch die gleichen Funktionen wie eine Schutzmacht,[623] die allerdings durch sein Initiativrecht verstärkt werden. Die Tatsache, dass es sich um *erga omnes*-Verpflichtungen handelt, bedeutet im Übrigen auch, dass dritte Staaten neben dem Opferstaat Schritte zur Durchsetzung des *ius in bello* ergreifen dürfen. Nach Art 1 I der Genfer Konventionen (Verpflichtung, die „Einhaltung durchsetzen") sind sie sogar dazu verpflichtet.[624]

Myanmar (Resolution 34/22 v 24.3.2017; Bericht v 12.9.2018, UN Doc A/HRC/39/64) und Jemen (Bericht v 17.8.2018, UN Doc A/HRC/39/43; Resolution 39/16 v 28.9.2018). Bzgl des Ukraine-Konflikts war eine Sachentscheidung des Sicherheitsrats wegen des russ Vetorechts nicht möglich. Hingegen verurteilte der Menschenrechtsrat nicht nur den russ Angriff, sondern auch die Verletzungen des humanitären Völkerrechts und der Menschenrechte durch Russland, Res A/HRC/S-34/1 v 12.5.2022 und A/HRC/49/1 v 4.3.2022. Durch diese Resolutionen wurde eine Untersuchungskommission eingerichtet, die in der Folge ausführliche Feststellungen über Verletzungen des humanitären Völkerrechts und der Menschenrechte im Ukraine-Konflikt traf, vgl Update of the Chair of the Independent International Commission of Inquiry on Ukraine at the 51st Session of the Human Rights Council v 23.9.2022, <https://www.ohchr.org/en/independent-commissio-of-inquiry-ukraine-51st-session>. Zur Legitimität von Untersuchungskommissionen der UN-Organe für schwere Menschenrechtsverstöße *Harwood,* The Roles and Functions of Atrocity Related United Nations Commissions of Inquiry in the International Legal Order, 2020; krit dazu *Parisi,* Fact-Finding in Situations of Atrocity, JIHLS 12 (2021) 141 ff.

620 Vgl die Nachw o Rn 51.

621 S u Fn 657.

622 Zur Stellung des IKRK *Gasser,* Interntional Committee of the Red Cross, MPEPIL, Rn 24 ff.

623 Art 126 Abs 4 III. GK 1949.

624 ICRC, Convention (I), Commentary of 2016, Art 1 Rn 153 ff; *Frutig,* Die Pflicht von Drittstaaten zur Durchsetzung des humanitären Völkerrechts nach Art 1 der Genfer Konventionen von 1949, 2009.

97   Traditionelle Mittel der Rechtsdurchsetzung finden auch im humanitären Völkerrecht Anwendung. Ein Instrument der einseitigen Rechtsdurchsetzung ist die *Repressalie,*[625] die auch im Kriegsrecht lange Zeit erhebliche Bedeutung hatte. Sie knüpft an den
Gedanken der Gegenseitigkeit und der Schadensminimierung an. Durch die Repressalie
oder die Drohung mit ihr soll das Interesse der anderen Partei an Schadensminimierung
angesprochen werden, um sie zu veranlassen, eine Rechtsverletzung zu beenden. Gerade
im Kriegsrecht zeigt sich aber das Problem dieser *Form der einseitigen Rechtsdurchsetzung.* Da es regelmäßig an einer verbindlichen Feststellung der Verletzung einer Rechtsnorm fehlt, wird der Adressat der Repressalie diese als nicht gerechtfertigt, sondern als
erste Rechtsverletzung ansehen, die er seinerseits mit einer Repressalie beantworten
kann. Die Folge eines solchen Vorgehens ist die Eskalation von Repressalien. Deshalb geht
die Bedeutung der Kriegsrepressalie in der Praxis deutlich zurück.[626] Allerdings ist es bei
den Verhandlungen zum ZP I nicht gelungen, ihre gänzliche Abschaffung durchzusetzen.
Es gelten aber einige *spezifische Repressalienverbote zugunsten besonders geschützter
Personen* (Kriegsgefangene, Verwundete und Kranke, Zivilbevölkerung) und *Objekte* (zivile Objekte, Umwelt).[627]

98   Rechtsdurchsetzung ist auch im Rahmen klassischer Streitbeilegung durch Dritte
denkbar. Dies ist ein Element der im humanitären Völkerrecht vorgesehenen Hilfe einer
dritten Partei zur Sicherung der Rechtsanwendung: das Institut der *Schutzmacht.*[628] Diese hat eine nicht ganz präzise umschriebene Funktion. Ihre Aufgabe ist die „Mitwirkung
und Aufsicht" (Art 8 I. GK 1949) bei der Durchführung der Genfer Konventionen. Sie hat
also beobachtende Funktionen, ist Bestandteil eines Verfahrens der Rechtssicherung
durch Offenlegung, aber auch der Vertrauensbildung durch Kommunikation. Sie hat dabei gleichzeitig die Funktion eines Vermittlers zwischen den Konfliktparteien (Art 11 I.
GK 1949). Die Einrichtung der Schutzmacht ist ein *Element konsensualer Rechtsdurchsetzung,* da für die Bestimmung der Schutzmacht das Einverständnis beider Konfliktpartei-
en erforderlich ist. Nach dem Zweiten Weltkrieg ist es freilich nur in ganz seltenen Fällen
zur Bestimmung von Schutzmächten gekommen. Ihre Funktionen können auch von
einer unparteiischen Organisation als Substitut wahrgenommen werden, insbes vom
IKRK (Art 10 I. GK 1949). Von dieser Möglichkeit der Vereinbarung eines Schutzmachts-
ubstituten ist bislang jedoch nicht Gebrauch gemacht worden. Dies alles zeigt die Schwierigkeiten, denen im Rahmen von bewaffneten Konflikten auch konsensuale Verfahren

---

625 Vgl *Schröder*, 7. Abschn Rn 108 ff. Zur kriegsrechtlichen Repressalie *Kalshoven*, Belligerent Reprisals,
1971; *ders*, Belligerent Reprisals Revisited, NYIL 21 (1990) 43 ff; *Nahlik*, From Reprisals to Individual Penal
Responsibility, FS Kalshoven, 1991, 165 ff.
626 *Kalshoven* (Fn 625) 376 f; vgl aber *Sutter*, The Continuing Role for Belligerent Reprisals, JCSL 13 (2008)
93 ff.
627 Vgl bereits o Rn 60.
628 *Abi-Saab*, Les mécanismes de mise en œuvre du droit humanitaire, RGDIP 82 (1978) 103 (109 ff, 118 ff);
Vöneky, in Fleck, Handbook, 690 ff.

Bothe

mit Drittbeteiligung begegnen.[629] Was die Schutzmacht angeht, so hat das IKRK faktisch bedeutende Teile ihrer traditionellen Funktion übernommen, ohne formell Substitut zu sein.

Klassische internationale Streitbeilegung durch gerichtliche und schiedsgericht- 99 liche Verfahren spielt im humanitären Völkerrecht eine zunehmende Rolle. Der IGH hat mehrfach über Fragen des humanitären Völkerrechts entschieden, insbes im Fall *DRC v Uganda*,[630] ferner über die Beachtung der Völkermord-Konvention in einem bewaffneten Konflikt.[631] Gegenstand dieser Verfahren ist sowohl die Feststellung der Rechtsverletzung als auch die Gewährung von Schadenersatz.[632] Ein speziell zu Fragen des Rechts bewaffneter Konflikte eingesetztes Schiedsgericht ist die Eritrea/Ethiopia Claims Commission.[633] Wie auch bei der Durchsetzung des *ius contra bellum* sind die Möglichkeiten des IGH dadurch begrenzt, dass das Netz der Zuständigkeiten nach Maßgabe der Fakultativklausel des Art 36 Abs 2 IGH-Statut immer noch zu weitmaschig ist.[634] Die parallele Anwendung von Menschenrechten und humanitärem Völkerrecht eröffnet auch die Möglichkeit, die Staatenbeschwerdeverfahren der Menschenrechtsverträge zur Durchsetzung des humanitären Völkerrechts einzusetzen.[635]

Zur Zeit der Verabschiedung des ZP I 1977 war allerdings an die vertragliche Ver- 100 ankerung gerichtlicher Streitbeilegung nicht zu denken. Stattdessen greift das ZP I ein traditionelles Verfahren auf, das der Rechtsdurchsetzung durch Offenlegung dient, nämlich die Untersuchung, die in Gestalt der *Internationalen Ermittlungskommission* (International Humanitarian Fact Finding Commission, Art 90 ZP I) vervollkommnet wird.[636]

---

629 *Abi-Saab* (Fn 628) 128.
630 ICJ Rep 2005, 169.
631 Vgl die IGH-Urteile in den Fällen *Genocide Convention 1* und *2*.
632 Zu Schadenersatzansprüchen wegen Verletzungen des *ius in bello* allgemein *d'Argent* (Fn 159) 505ff; zum Kongo-Konflikt s IGH, *Congo/Uganda Reparations*.
633 Die Kommission wurde eingesetzt durch das Abkommen von Algier v 12.12.2004. Die Entscheidungen sind veröffentlicht auf der Website des Ständigen Schiedshofs in Den Haag, <http://www.pca-cpa.org/>. Vgl den Bericht des UN-Generalsekretärs S/2003/858, § 15.
634 *Bothe* (Fn 160) 150.
635 Von dieser Möglichkeit wurde mehrfach Gebrauch gemacht, vgl EGMR, *Georgia v Russia*, Urteil v 21.1.2021, Nr 38263; dazu *Dzehtsiarou*, International Decisions, AJIL 115 (2021) 281 (288ff). Weitere Fälle: Ukraine gegen Russland 2014 und 2022; Armenien gegen Aserbeidschan 2020; Armenien gegen Türkei 2020, Nachweise in ECHR Press Release 068 (2022) v 1.3.2022; zu den Verfahren der Ukraine gegen Russland *Eichensehr* (Fn 26) 634. Die Rechtspr zu diesen Fällen ist nicht frei von Kritik, s *Lieblich*, Not Far Enough: The European Court of Human Rights' Interim Measures on Ukraine, <https://www.justsecutiy.0rg/80.482/not-far-enough-the-european-court-of-human-rights-interim-measures-on-ukraine/>. Wegen des russ Austritts aus dem Europarat und der Kündigung der EMRK ist der Gerichtshof für behauptete russ Rechtsverletzungen nur bis 10.9.2022 zuständig.
636 *Partsch*, in *Bothe/Partsch/Solf*, New Rules, 610ff; *Bothe*, Fact-finding as a Means of Ensuring Respect for International Humanitarian Law, in *Heintschel von Heinegg/Epping* (Fn 427) 249ff; *Mikos-Skuza*, The International Humanitarian Fact-finding Commission, FS Bothe, 2008, 481ff; *Roach/Krill*, The International Fact-Finding Commission, IRRC 73 (1991) 167ff. Vgl auch *Roach*, The International Fact-Finding Com-

Sie soll in Fällen, in denen die Verletzung des humanitären Völkerrechts geltend gemacht wird, die Tatsachen ermitteln und feststellen, ohne aber einen Ausspruch über das Vorliegen einer Rechtsverletzung zu tun. Ihre Zuständigkeit ist nicht für alle Vertragsparteien des Protokolls gegeben, sondern nur für diejenigen, die diese durch eine besondere Erklärung anerkennen. Eine solche Erklärung haben 77 Staaten abgegeben, darunter 38 europäische Staaten,[637] wobei allerdings Russland im Oktober 2019 seine Erklärung zurückgezogen hat. Ferner kann ein Fall der Kommission auch ad hoc unterbreitet werden. Sie kann auch selbst ihre guten Dienste anbieten. Bislang ist dieses Verfahren nur einmal angewandt worden.

101   Ein wesentliches Element der Sicherung der Beachtung des humanitären Völkerrechts ist das *Strafrecht,* dem eine verbreitete Meinung eine abschreckende Wirkung beimisst, was die individuelle Motivation zur Rechtstreue beeinflussen soll. Ob dies tatsächlich der Fall ist, kann man bezweifeln. Jedenfalls sind alle Vertragsparteien der Genfer Konventionen verpflichtet, schwere Verstöße gegen dieselben unter Strafe zu stellen. Der Kreis dieser strafwürdigen Verstöße ist durch das ZP I noch erweitert worden.[638] Freilich hat es lange Zeit wenig Praxis der Strafverfolgung und eine große Zahl von Fällen ungeahndeter Kriegsverbrechen gegeben. Die Gründe hierfür sind vielschichtig. Häufig *fehlt* Staaten *der politische Wille,* für eine Bestrafung eigener Soldaten zu sorgen, während sie bei gefangenen Soldaten der Gegenseite, wenn diese an sich wegen Kriegsverbrechen belangt werden könnten, mit einer Strafverfolgung aus Rücksicht auf das Schicksal der Gefangenen, die sich in der Hand des Gegners befinden, häufig zögern.[639] Dennoch kann man nicht sagen, dass die strafrechtliche Ahndung von Verletzungen des Kriegsrechts praktisch bedeutungslos ist. Strafbarkeit gehört sicherlich auch zu der Dokumentation des Unrechtsgehalts solcher Verletzungen und ist damit ein wichtiges Element der Internalisierung von Normen. Mit der Aburteilung von Kriegsverbrechen wird dem gesellschaftlichen Bedürfnis Rechnung getragen, solche Taten nicht ungesühnt zu lassen, und damit auch ein Beitrag zur Wiederherstellung des Friedens geleistet. Dies ist die Funktion des vielfach angemahnten Kampfes gegen Straflosigkeit *(impunity).*[640] Neben die strafrechtliche Verfolgung von Verletzungen des humanitären Völkerrechts durch den Staat des Täters tritt die Bestrafung durch die Gerichte anderer

---

mission, IIHLY 1989–90, 69ff; *Condorelli,* La Commission internationale humanitaire d'établissement des faits, IRRC 83 (2001) 393ff.

637 Aktuelle Informationen unter <www.ihffc.org>.

638 *Partsch,* in *Bothe/Partsch/Solf,* New Rules, 577ff; *Bothe* (Fn 611) 115ff; dazu auch *Cameron,* Individual Responsibility under National and International Law for the Conduct of Armed Conflict, FS Bring, 2008, 39ff.

639 *Bothe* (Fn 611) 125. Die Praxis im Ukraine-Konflikt hat sich allerdings auf beiden Seiten jedenfalls zunächst anders entwickelt, s FAZ v 30.7.2022, 8.

640 *Meron,* Closing the Accountability Gap: Concrete Steps Towards Ending Impunity for Atrocity Crimes, AJIL 112 (2018) 433ff; vgl idS die Res des SR zum Darfur-Konflikt, S/RES/1593 v 31.3.2005; vgl *Bothe* (Fn 233) 14.

Staaten als der des Heimatstaats des Täters nach dem Grundsatz der *universal jurisdiction,* heute ein wesentlicher Aspekt der Durchsetzung des humanitären Völkerrechts und Ausdruck der Tatsache, dass es sich um *erga omnes*-Pflichten handelt.[641] Für schwere Verletzungen der Genfer Konventionen besteht sogar eine Pflicht zur Verfolgung nach Maßgabe der *universal jurisdiction* oder zur Auslieferung an einen verfolgungswilligen Staat.[642]

Mit der Einrichtung der *UN-Gerichtshöfe zur Aburteilung von Kriegsverbrechen* im ehemaligen Jugoslawien[643] und in Ruanda[644] hat eine neue Entwicklung der strafrechtlichen Ahndung von Verstößen gegen das humanitäre Völkerrecht durch internationale Organe begonnen. Durch die Rechtsprechung der beiden Gerichtshöfe wurde ein wichtiger Beitrag zur Klärung und damit auch zur Entwicklung des humanitären Völkerrechts geleistet. Schließlich hat ihr Wirken auch politisch den Boden für die Errichtung eines ständigen internationalen Strafgerichtshofs bereitet. Auf der Grundlage von Vorarbeiten der ILC wurde 1998 in Rom das Statut des Internationalen Strafgerichtshofs (IStGH) angenommen, das 2002 in Kraft trat.[645] Parallel dazu sind weitere ad hoc-Strafgerichtshöfe errichtet worden, allerdings nicht als rein internationale, sondern als gemischte

102

---

641 Die Grenzen dieser Möglichkeit sind im Einzelnen str; vgl dazu *Bantekas,* Criminal Jurisdiction of States under International Law, MPEPIL II, 861 (Rn 22 ff); *Werle,* Völkerstrafrecht, 3. Aufl 2012, Rn 189; Macedo (Hrsg), Universal Jurisdiction, 2004; zur str Debatte in der UN GA vgl den Bericht des GS UN Doc A/76/203 v 2.7.2021. Für die gewohnheitsrechtliche Geltung des Prinzips vgl die IKRK-Studie, Bd 1, 604 ff; zur Praxis in europäischen Staaten *Kaleck,* From Pinochet to Rumsfeld, Michigan JIL 30 (2009) 927 ff; zur Lage in Deutschland *Bothe,* La juridiction universelle en matière de crimes de guerre, FS Salmon, 2007, 833 ff; *Ryngaert,* Universal Jurisdiction over Violations of International Humanitarian Law in Germany, RDMDG 47 (2008) 377 ff; *Weill,* The Role of National Courts in Applying International Humanitarian Law, 2014; in Deutschland ist Grundlage für die Ausübung dieser Gerichtsbarkeit das Völkerstrafgesetzbuch.
642 Vgl Art 49, 50, 129 und 146 GK.
643 Statute of the International Tribunal, S/RES/827 v 25.5.1993; vgl auch Draft of the International Law Commission for an International Criminal Tribunal (with Commentary), ILM 33 (1994) 258 ff; *Fischer/Lüders* (Hrsg), Völkerrechtliche Verbrechen vor dem Jugoslawien Tribunal, nationalen Gerichten und dem internationalen Strafgerichtshof, 1999; *Heinsch,* Die Weiterentwicklung des humanitären Völkerrechts durch die Strafgerichtshöfe für das ehemalige Jugoslawien und Ruanda, 2007; *McCormack/Simpson* (Hrsg), The Law of War Crimes, 1997; *Nowlan,* Die Regelung des Statuts des Strafgerichtshofs nach Resolution 827 des Sicherheitsrates der Vereinten Nationen, HV-I 1993, 160 ff; *Roggemann,* Die internationalen Strafgerichtshöfe der Vereinten Nationen, 2. Aufl 1997; *O'Brien,* The International Tribunal for Violations of International Humanitarian Law in the Former Yugoslavia, AJIL 87 (1993) 639 ff; *Castillo,* La compétence du Tribunal pénal pour la Yougoslavie, RGDIP 98 (1994) 61 ff; *Oellers-Frahm,* Das Statut des Internationalen Strafgerichtshof zur Verfolgung von Kriegsverbrechen im ehemaligen Yugoslawien, ZaöRV 54 (1994) 416 ff; *Crawford* (Fn) 401. Zum Verhältnis von nationaler und internationaler Gerichtsbarkeit *Wolfrum,* Prosecution of International Crimes by International and National Criminal Courts, FS Arango-Ruiz, 2007, 2199 ff.
644 Statute for the Criminal Tribunal, S/RES/955 v 8.11.1994.
645 Vgl *Schröder,* 7. Abschn Rn 46 f, 49 ff mwN; *Ambos,* Der neue IStGH, NJW 1998, 3743 ff; *Arsanjani,* The Rome Statute of the International Criminal Court, AJIL 93 (1999) 22 ff; zum Verhältnis zur nationalen Gerichtsbarkeit *Bothe,* Complementarity, Friedens-Warte 83 (2008) 59 ff.

(„hybride") Gerichte, so für Sierra Leone und für Kambodscha.[646] Der IStGH hat seine Arbeit 2003 aufgenommen.[647] Aufgrund der 2008 beschlossenen Verschmelzung des Gerichtshof der Afrikanischen Union und des African Court of Human and Peoples' Rights ist ein regionales afrikanisches Gericht nicht nur für Menschenrechte entstanden, das auch ausgedehnte international-strafrechtliche Zuständigkeiten besitzt, die weit über das Recht bewaffneter Konflikte hinausgehen und dabei besondere afrikanische Anliegen verwirklichen.[648]

103   Infolge der Parallelität von humanitärem Völkerrecht und Menschenrechtsschutz werden immer mehr auch die Rechtsschutzinstanzen des internationalen Menschenrechtsschutzes zu Akteuren der Durchsetzung des humanitären Völkerrechts,[649] und zwar aufgrund der Möglichkeit individueller Rechtsbehelfe insbes vor dem EGMR[650] und im Rahmen der Amerikanischen Menschenrechtskonvention aufgrund von Entscheidungen der Kommission.[651] Daneben besteht die Forderung, dass den Opfern von Verletzungen des humanitären Völkerrechts auch innerstaatliche Rechtsbehelfe zur Verfügung stehen müssen. Die Durchsetzung von Ansprüchen geschädigter Personen vor innerstaatlichen Gerichten, insbes Ansprüche auf Schadenersatz, und zwar sowohl vor den Gerichten des Schädiger-Staats als auch vor den Gerichten anderer Staaten, ist im Vordringen.[652] Eine

---

646 *Dickinson*, The Promise of Hybrid Courts, AJIL 97 (2003) 295 ff; *Linton*, New Approaches to International Justice in Cambodia and East Timor, IRRC 84 (2002) 93 ff; *McDonald*, Sierra Leone's Shoestring Special Court, ebd 121 ff.

647 *Schröder*, 7. Abschn, Rn 55 f; *Stein*, Der Internationale Strafgerichtshof – Start über Stolpersteine, FS Fleck, 2004, 559 ff; Bewertung der bisherigen Arbeit: *Jo/Radtke/Simmons*, Assessing the International Criminal Court, in Squatrito u a (Fn 425) 193 ff; *de Vries*, Die Strafverfolgung internationaler Verbrechen durch den Internationalen Strafgerichtshof, 2022.

648 Statut v 2008, ergänzt durch das Protokoll von Malabo v 2014.

649 S o Rn 60; *Bothe* (Fn 160) mwN; *Zimmermann*, Responsibility for Violations of International Humanitarian Law, International Criminal Law and Human Rights Law, in Heintschel von Heinegg/Epping (Fn 427) 215 ff; *Oberleitner* (Fn 431) 349 ff.

650 Ausf Analyse der Rechtspr bei *Hofmann/Malkmus*, Internationaler Menschenrechtsschutz in bewaffneten Konflikten, in Hofmann/Malkmus, Genfer Konventionen, 243; zur einschlägigen Rechtsprechung des EGMR vgl *Bothe*, Humanitäres Völkerrecht und Schutz der Menschenrechte, FS Tomuschat, 2006, 63 (70 f); *Şimşek*, Die Kurden- und Tschetschenienfälle vor dem Europäischen Gerichtshof für Menschenrechte, HV-I 28 (2015) 171 ff; zu den Tschetschenien-Entscheidungen auch *Irmscher*, Menschenrechtsverletzungen und bewaffneter Konflikt, EuGRZ 33 (2006) 11 ff; *Sauer/Wagner* (Fn 119) 68 ff.; Rspr: *Loizidou*, *Banković*, *Kurden-Fälle*, *Tschetschenien-Fälle*; die neuere Rspr betr Freiheitsentziehung durch brit Truppen im Irak: *Al Skeini*, *Al Jedda* u, *Hassan*; dazu *Geiß* (Fn 432) 460 ff; zu Fragen der Zurechnung *Ilascu*; zur geltend gemachten Verletzung des humanitären Völkerrechts durch dt Streitkräfte in Afghanistan vgl EGMR in *Kundus*.

651 Vgl die Aufarbeitung der Rechtsprechung der Kommission in ihrem Bericht in der Sache *Aisalla*, Ecuador v Kolumbien, Rep No 112/10 v 21.10.2010, §§ 78 ff.

652 IdS unter Aufarbeitung der Praxis: ILA, 76th Conference 2014, Res 1/2014: Declaration "Procedural Principles for Reparation Mechanisms"; Grundlage: International Committee on Compensation for Victims of War, Washington Conference 2014, Report; The Hague Conference 2010: 74th Conference 2010, Resolution 2/2010: Declaration of International Law Principles on Reparation for Victims of Armed Con-

praktische Rolle spielt auch eine Art indirekter Durchsetzung des humanitären Völkerrechts, nämlich meist von Organisationen der Zivilgesellschaft betriebene Prozesse gegen private Akteure, bzgl derer geltend gemacht wird, sie unterstützten oder förderten Verletzungen der Menschenrechte und/oder des humanitären Völkerrechts.[653] Die dargestellte Vielzahl möglicher Verfahrenswege der Geltendmachung und (jedenfalls zu versuchenden) Durchsetzung des humanitären Völkerrechts hat dazu geführt, dass Organisationen der Zivilgesellschaft diese Verfahren in großer Zahl systematisch initiieren oder unterstützen (sog *lawfare*). So wurde die Zivilgesellschaft ein wesentlicher Akteur der Durchsetzung des humanitären Völkerrechts.[654]

---

flicts (Substantive Issues). Zu Schadensersatzfragen *Heintschel von Heinegg,* Entschädigung für Verletzungen des humanitären Völkerrechts, BerDGVR 40 (2001) 1ff; zu den Ansprüchen vor innerstaatlichen Gerichten *Heß,* Kriegsentschädigung aus kollisionsrechtlicher und rechtsvergleichender Sicht, ebd 107ff. Wegen möglicherweise völkerrechtswidriger Bombardierungen während der Kosovo-Aktion der NATO ist es in mehreren Staaten zu Schadenersatzklagen gekommen. In der BR Deutschland wurde eine solche vom BGH abgewiesen (Urt v 2.11.2006, Az III ZR 190/05), die Verfassungsbeschwerde wurde vom BVerfG nicht zur Entscheidung angenommen (Beschluss v 13.8.2013, 2 BvR 2660/06); vgl *Jaksic,* Direktklagen von Konfliktopfern gegen Staaten, HV-I 22 (2009) 154ff; zu den besonderen Problemen massenhaft erhobener Ansprüche vgl auch *Brillmayer/Giogetti/Charlton,* International Claims Commissions, 2017. Eine Res der Human Right Commission verlangt, dass den Opfern von Verletzungen des humanitären Völkerrechts ein effektiver innerstaatlicher Rechtsweg zur Durchsetzung diesbezüglicher Schadenersatzansprüche zur Verfügung stehen muss (Res 2005/35 v 19.4.2005). Dazu *Tomuschat,* Reparation in Favour of Individual Victims of Gross Violations of Human Rights and International Humanitarian Law, FS Caflisch, 2007, 569ff; *Fischer-Lescano,* Subjektivierung völkerrechtlicher Sekundärregeln, AVR 45 (2007) 299ff; *Hofmann,* Victims of Violations of International Humanitarian Law, FS Tomuschat, 2006, 341ff; *Perrakis,* De la réparations des victimes des violations du droit international humanitaire et l'affaire des «Réparations de guerre allemandes» en Grèce, FS Bothe, 2008, 523ff; *Schwager,* Ius bello durante et bello confecto, 2008; *Stammler,* Der Anspruch von Kriegsopfern auf Schadenersatz, 2009; *Bong,* Compensation for Victims of Wartime Atrocities, JICJ 3 (2005) 187ff; *Abdelrehim,* Das Recht des Individuums auf Wiedergutmachung nach humanitärem Völkerrecht, HVI 26 (2013) 178ff. Zu Individualrechten von Kriegsgefangenen *Stuke* (Fn 538) 416ff. Zur Rolle innerstaatlicher Gerichte bei der Durchsetzung des humanitären Völkerrechts in verschiedenen Staaten vgl auch die Beiträge in Jinks/Maogoto/Solomon (Hrsg), Applying International Humanitarian Law in Judicial and Quasi-Judicial Bodies, 2014, 317ff; eine umfassende Darstellung verschiedener Aspekte des Problems sind die Beiträge in ZaöRV 78 (2018) 519ff; vgl auch *Ferstman,* Right to Reparation for Victims of Armed Conflicts, in Lattimer/Sands, Civilian Protection, 207.

653 ZB Strafanzeigen gegen Waffenlieferanten für den Jemen wegen Beihilfe zu Kriegsverbrechen, <https://www.ecchr.eu/en/case/made-in-europe-bombed-in-yemen/>; Streit um Kennzeichnungspflicht für landwirtschaftliche Produkte aus den rechtswidrig errichteten jüdischen Siedlungen im besetzten palästinensischen Gebiet, EuGH, Urteil v 12.11.2019, C 363/18.

654 *Kittrie,* Lawfare: Law as a Weapon of War, 2016; *Fischer-Lescano* (Fn 433) 374. Als Organisationen der Zivilgesellschaft sind insbes zu nennen Human Rights Watch und Amnesty International, aber auch zahlreiche spezialisierte Organisationen wie die Syrische Beobachtungsstelle für Menschenrechte.

3. Konfliktparteien und dritte Staaten (Neutralitätsrecht)
a) Grundlagen

104 *Neutralität* ist der durch das Völkerrecht traditionell definierte Status des an einem bewaffneten Konflikt nicht beteiligten Staats.[655] Dieser Status hat bestimmte Rechte und Pflichten im Verhältnis zwischen den neutralen und den kriegführenden Staaten zur Folge. Auf der einen Seite steht das *Recht* des neutralen Staats, durch den Konflikt unbehelligt zu bleiben, also *nicht beeinträchtigt zu werden*. Auf der anderen steht die *Pflicht zur Nichtteilnahme* und *Unparteilichkeit*. Das Recht, nicht beeinträchtigt zu werden, bedeutet, dass die Beziehungen zwischen den neutralen und den kriegführenden Staaten solche des Friedensrechts sind, die nur in bestimmten Punkten durch das Neutralitätsrecht modifiziert werden.[656] Insbes hat der Neutrale gewisse Kontrollen im Bereich des Seehandels zu dulden.[657] Die Pflicht zur Nichtteilnahme und Unparteilichkeit ist ein Gegengewicht zum Recht, nicht beeinträchtigt zu werden.

105   Pflicht zur Nichtteilnahme bedeutet vor allem *Unterlassen von Unterstützungshandlungen* zugunsten einer Konfliktpartei *(duty of abstention)*. Pflicht zur Unparteilichkeit bedeutet keine Pflicht einer schematischen Gleichbehandlung. Sie ist ein *Diskriminierungsverbot,* dh sie verbietet eine differenzierende Behandlung der Kriegführenden, die angesichts der besonderen Problemlage des bewaffneten Konflikts nicht gerechtfertigt ist.[658] Da Neutralität nicht zur schematischen Gleichbehandlung verpflichtet, sind bestehende Unterschiede in den Handelsbeziehungen zwischen den neutralen und den jeweiligen Konfliktparteien bei Ausbruch des bewaffneten Konflikts nicht etwa einzuebnen. Vielmehr ist der Neutrale jedenfalls berechtigt, die bestehenden Handelsbeziehungen fortzuführen (Prinzip des *courant normal).*[659] Ob und inwieweit eine Veränderung des Wirtschaftsverkehrs zugunsten oder zuungunsten einer Konfliktpartei (zB durch Verhängung von Sanktionen) eine verbotene Unterstützung oder eine Verletzung der gebotenen Unparteilichkeit ist, hängt davon ab, auf welche Art von Aktivitäten sich das Gleichbehandlungsgebot jenseits unmittelbar militärisch bedeutsamer Handlungen genau bezieht. Denn die Neutralität dient vor allem dem Schutz vor einer Veränderung des militärischen Kräfteverhältnisses der Konfliktparteien durch störende Handlungen dritter Staaten. Das Verbot von Unterstützungshandlungen bedeutet auch, dass der neutrale Staat nicht dulden darf, wenn sich eine Konfliktpartei gegen seinen Willen seiner Ressourcen bedient. Deshalb gehört auch die *Verteidigung der Neutralität* zu den *Pflichten* der Nichtbeteiligung. Das Regime von Rechten und Pflichten der Neutralen insge-

---

655 *Bothe,* Neutrality, Concept and General Rules, MPEPIL VII, 617 ff; *Schindler,* Transformations in the Law of Neutrality since 1945, FS Kalshoven, 1991, 367 ff; *Bothe,* The Law of Neutrality, in Fleck, Handbook, 549 ff; *Upcher,* Neutrality in Contemporary International Law, 2015; *Seger,* The Law of Neutrality, in Clapham/Gaeta (Hrsg), Oxford Handbook, 248 ff.

656 *Bothe,* in Fleck, Handbook, 613.

657 Dazu u Rn 115 f.

658 Vgl Art 9 Haager Abkommen Nr V 1907.

659 *Castrén,* The Present Law of War and Neutrality, 1954, 454 ff.

Bothe

samt ist ein wichtiges *Instrument der Konfliktbegrenzung.* Durch die Unterscheidung zwischen neutralen und konfliktbeteiligten Staaten verhindert das Völkerrecht, dass immer mehr Staaten in einen Konflikt hineingezogen werden. Die Neutralen können den Konfliktparteien helfen, Beziehungen aufrechtzuerhalten oder herzustellen, die zu einer Linderung des Leidens der Konfliktopfer (etwa durch Hilfsaktionen oder Austausch von Nachrichten) führen und schließlich den Weg zum Frieden ebnen (zB durch Vermittlung von Waffenstillständen).[660]

Bereits unter dem Briand-Kellogg-Pakt, noch mehr jedoch nach Inkrafttreten der   106 UN-Charta ist jedoch bezweifelt worden, ob das aus dem überkommenen Neutralitätsrecht folgende Gebot der *Unparteilichkeit,* dh der Nichtdiskriminierung der Konfliktparteien, *mit der Ächtung des Angreifers noch vereinbar* ist. Es wurde vielfach für obsolet gehalten.[661] Demgegenüber ist daran festzuhalten, dass die Unparteilichkeit des Neutralen eine wichtige Funktion jedenfalls solange behält, als die Möglichkeit einer verbindlichen Entscheidung darüber, wer in einem bestimmten Konflikt der Angreifer ist und wer das Opfer, faktisch nicht gegeben ist.[662] Wenngleich die UN-Charta die Möglichkeit einer *verbindlichen Entscheidung des Sicherheitsrats* darüber vorsieht, ob ein bewaffneter Angriff vorliegt und welcher Staat der Angreifer ist, waren solche Entscheidungen angesichts der Polarisierung zwischen den beiden Supermächten für Jahrzehnte politisch nicht möglich, und sie sind nach einer Phase der Kooperation wieder unmöglich, jedenfalls sehr schwierig geworden. Die Entwicklung nach dem Ende des Kalten Kriegs hat die Entscheidungsfähigkeit des Sicherheitsrats zunächst erheblich verstärkt, doch ist die jüngere Vergangenheit stärker durch die Rückkehr der Praxis von Blockaden gekennzeichnet. Zudem vermeidet der Sicherheitsrat auch immer wieder klare Aussagen über die Frage, wer Angreifer ist und wer nicht.[663] Auch bei Fehlen einer Bestimmung des Angreifers durch den Sicherheitsrat besteht das „naturgegebene" Recht auf kollektive Selbstverteidigung, dh ein Recht aller Staaten, einem angegriffenen Staat zu helfen. Dies

---

660 *Castrén* (Fn 659) 443; *Bindschedler,* Die Neutralität im modernen Völkerrecht, ZaöRV 17 (1956/57) 1 (13f).

661 *Bindschedler* (Fn 660) 9, 13; *Castrén* (Fn 659) 433ff.

662 *Heintschel von Heinegg,* Wider die Mär vom Tode des Neutralitätsrechts, FS Fleck, 2004, 221 (232ff).

663 Res wie S/RES/660, abgedr in VN 38 (1990) 146, wo die Invasion des Irak in Kuwait als „Bruch" des Friedens erklärt wurde (freilich nicht als Angriffshandlung), sind nach wie vor die Ausnahme. Bei den Res zur Lage in zerfallenden Staaten wird auf eine „Situation" abgestellt, die eine „Bedrohung" des internationalen Friedens darstelle. Vgl zB S/RES/941 und S/RES/942 v 23.9.1994 (Bosnien-Herzegowina), abgedr in VN 42 (1994) 225; S/RES/859 v 24.8.1993 (Bosnien-Herzegowina), abgedr in VN 42 (1994) 26; vgl o Rn 44 zur Friedensbedrohung. Bei zahlreichen Militäraktionen Israels, vom SR als Verletzung der UN-Charta bezeichnet, wurde auch nicht ausdrücklich gesagt, dass eine Verletzung des Gewaltverbots vorliege. Es wird vielmehr auf eine Feststellung, dass eine Situation iSd Art 39 UN-Charta vorliege, ja sogar auf eine Paraphrasierung des Texts des Art 39 („Friedensbruch" o ä) verzichtet, vgl zB S/RES/262 (Angriff auf Flughafen in Beirut), abgedr in VN 17 (1969) 31; S/RES/265 (Angriffe auf jordanische Dörfer), abgedr in VN 17 (1969) 64; S/RES/487 (Angriff auf irakischen Atomreaktor in Bagdad), abgedr in VN 29 (1981) 136.

bedeutet jedoch keine Pflicht zu einer solchen Hilfeleistung.[664] Somit ist es nicht rechtswidrig, wenn ein Staat von der Unterstützung des Opfers einer Aggression absieht, dh unparteilich, neutral bleibt.[665] Entschließt sich ein Staat jedoch, von dem Recht auf kollektive Selbstverteidigung Gebrauch zu machen, so kann aus der Sicht der UN-Charta dies nicht durch das Neutralitätsrecht ausgeschlossen werden. Eine Pflicht zu Hilfeleistung besteht jedoch, wenn der Sicherheitsrat von der Möglichkeit Gebrauch macht, nach Kap VII der UN-Charta Staaten zur Hilfeleistung für das Opfer einer Aggression und zur Unterstützung ggf beschlossener Zwangsmaßmaßnahmen der UN zu verpflichten (Art 42, 43, 48 UN-Charta).[666] Dies bedeutet, dass die überkommene Neutralitätspflicht der Nichtbeteiligung und Unparteilichkeit durch die UN-Charta nicht etwa abgeschafft wurde.[667] Sie kann nur im Einzelfall durch eine verbindliche Entscheidung des Sicherheitsrats außer Kraft gesetzt werden kann. Dabei kann der Sicherheitsrat hinsichtlich der Unterstützungspflichten einzelner Staaten auch Unterschiede machen.[668] Das bedeutet, dass selbst dann, wenn er von seinen Befugnissen nach Kap VII UN-Charta Gebrauch macht, Neutralität möglich bleibt. Dies ist letztlich durch eine Auslegung der einschlägigen Res des Sicherheitsrats zu ermitteln.[669] Macht der Sicherheitsrat von dieser Möglichkeit nicht Gebrauch, bleibt dennoch das Recht auf kollektive Selbstverteidigung.

107   Nicht-militärische Zwangsmaßnahmen sehen häufig den Abbruch der Handelsbeziehungen und die Blockierung des Zahlungsverkehrs vor, die allen UN-Mitgliedstaaten zur Pflicht gemacht werden.[670] In einem solchen Fall muss vom erwähnten Grundsatz des *courant normal* abgewichen werden; es liegt eine klare Modifikation der Neutralitätsregeln vor. Anders zu beurteilen ist die sog autonome Verhängung von Gegenmaßnahmen („Sanktionen") gegen eine Konfliktpartei ohne eine solche rechtliche Grundlage in einer verbindlichen Entscheidung des Sicherheitsrats. Das ist der neutralitätsrechtliche Aspekt einer ohnehin str Praxis.[671] Neutralitätsrechtlich kommt es darauf an, wieweit das Gebot der Gleichbehandlung wegen der militärischen Bedeutung wirtschaftlicher Beschränkungen auszulegen ist. Die neuere Praxis der dauernd neutralen Staaten Schweiz und Österreich geht offenbar (nicht unumstritten) dahin, die militärische Bedeutung wirtschaftlicher Beschränkungen geringer zu veranschlagen und sich

---

664 Vgl *Randelzhofer/Nolte* (Fn 87) Rn 47 f. Eine Verpflichtung kann allerdings in Verträgen über militärischen Beistand enthalten sein.

665 *Schindler* (Fn 655) 373.

666 *Schindler*, in ders/Hailbronner, Grenzen, 3 ff.

667 Davon geht auch der IGH in seinem Gutachten zur Unrechtmäßigkeit des Einsatzes von Atomwaffen aus, vgl ICJ Rep 1996, 66 ff bzw 226 ff (§ 88f).

668 Art 48 Abs 1 UN-Charta.

669 Diese kann schwierige Fragen aufwerfen. Bei der amerik-brit Intervention im Irak 2003 beriefen sich die Staaten auf eine Ermächtigung durch den SR (s o Rn 24). Das hätte dann möglicherweise die Folge, dass keine neutralitätsrechtlichen Pflichten dritter Staaten bestanden.

670 S/RES/664 v 6.8.1990, abgedr in VN 38 (1990) 146.

671 Dazu s *Schröder*, 7. Abschn Rn 111 ff, 120 ff.

trotz der Bindung an die Regeln der Neutralität an Sanktionen gegen Russland zu beteiligen.[672]

Der völkerrechtlich definierte Status der Neutralität wird wirksam mit dem Aus- **108** bruch eines internationalen bewaffneten Konflikts zwischen anderen Staaten. Damit stellt sich die Frage, was als *bewaffneter Konflikt* iSd Neutralitätsrechts anzusehen ist, wo mit anderen Worten die *Anwendungsschwelle für das Neutralitätsrecht* liegt.[673] Das Neutralitätsrecht bedeutet nicht unerhebliche Veränderungen der Beziehungen zwischen den neutralen und den kriegführenden Staaten, zB bei der Frage der Zulässigkeit von Rüstungsexporten, des Aufenthalts von Kriegsschiffen der Konfliktparteien in neutralen Gewässern und der Kontrolle des neutralen Handels. Diese grundlegenden Veränderungen können nicht bereits bei jedem bewaffneten Zwischenfall eintreten, sondern setzen eine bewaffnete Auseinandersetzung einer gewissen Dauer und Intensität voraus. Damit ist die Anwendungsschwelle für das Neutralitätsrecht wohl höher als diejenige für kriegsrechtliche Regelungen über die Kampfführung und die Behandlung von Gefangenen, die auch bei Konflikten geringerer Intensität anwendbar sind. Eine überkommene und in der Lit,[674] aber auch in Äußerungen staatlicher Organe[675] immer noch vertretene These geht dahin, dass die Anwendung des Neutralitätsrechts einen „Krieg im Rechtssinne" voraussetze. Ob und inwieweit diese Aussage für den gegenwärtigen Stand des Gewohnheitsrechts zutrifft, hängt letztlich davon ab, was man eigentlich unter einem Krieg im Rechtssinne versteht. Nach der bereits oben[676] abgelehnten Meinung, dass ein subjektives Element zu dem Vorliegen einer bewaffneten Auseinandersetzung hinzukommen müsse, könnte ein Staat einfach durch die Erklärung, keinen Krieg führen zu wollen, alle Beschränkungen vermeiden, die das Neutralitätsrecht Konfliktparteien auferlegt. Für nicht am Konflikt beteiligte Staaten bietet diese Konstruktion eine gute Ausrede, sich nicht an das Verbot von Unterstützungsleistungen halten zu müssen. IdS ist sie auch immer wieder genutzt worden.[677] Dies ist inakzeptabel. Die Anwendungsschwelle des Neutralitätsrechts ist darum von seinem Sinn und Zweck her zu bestimmen. Dies bedeutet, dass Neutralitätsrecht immer dann anwendbar ist, wenn ein Konflikt vorliegt, der ein Ausmaß erreicht hat, das seine rechtliche Eingrenzung durch die Anwendung von Neutralitätsrecht sinnvoll und notwendig macht. Hierfür können keine ganz eindeutigen generellen Festlegungen getroffen werden. Allgemein kann nur

---

672 Aus dieser Sicht ist es kein Widerspruch, wenn die Schweiz aus Gründen der Neutralität die Genehmigung des Re-Exports von ihr gelieferter Waffen ablehnt, sich aber an EU-Sanktionen gegen Russland beteiligt, was wiederum Russland als Neutralitätsverletzung ansieht (str, vgl *Gafafer*, Für Russland ist die Schweiz nicht mehr neutral – der Bundesrat sucht in der Krise seine Rolle, NZZ v 8.4.2022).

673 Dazu *Bothe*, in Fleck, Handbook, 615 ff mwN; *ders* (Fn 62) 205 f; eingehend dazu auch *Oeter*, Neutralität und Waffenhandel, 1992, 77 ff.

674 *Castrén* (Fn 659) 423; *Bindschedler* (Fn 660) 9 f; *Greenwood*, Comments, in Dekker/Post (Fn 62) 212 f; vgl auch *Schindler* (Fn 655) 374 ff.

675 Vgl die eingehenden Nachw bei *Greenwood* (Fn 674) 212 f.

676 Vgl o Rn 62.

677 *Bindschedler* (Fn 660) 9, 13.

gesagt werden, dass es sich um einen Konflikt einer „gewissen" Dauer und Intensität handeln muss.

109   Staaten, die an einem Konflikt unterhalb der Anwendungsschwelle des Neutralitätsrechts nicht beteiligt sind, sind nicht neutral, dh unterliegen nicht den neutralitätsrechtlichen Pflichten.[678] In diesem Zusammenhang wird die Frage erörtert, ob es einen *besonderen Status der Nichtkriegführung* gebe, der zwischen Konfliktbeteiligung und Neutralität stehe.[679] Hier müssen zwei Fragen auseinander gehalten werden. Einmal geht es um die Stellung unbeteiligter Staaten in Konflikten, auf die das Neutralitätsrecht nicht anwendbar ist. Zum anderen geht es um die Frage, ob auch bei Konflikten, auf die an sich dieses Recht anwendbar ist, ein solcher Zwischenstatus der Nichtkriegführung möglich ist. So haben sich insbes die USA vor ihrem Eintritt in den Zweiten Weltkrieg als „nichtkriegführend", jedoch nicht als neutral angesehen, da sie Großbritannien in einer Weise unterstützten, die mit den neutralitätsrechtlichen Nichtbeteiligungspflichten nicht vereinbar war.[680] Wenngleich es eine ganze Reihe von Fällen unerklärter oder stillschweigender „Nichtkriegführung" gibt, kann von einer hinreichend einheitlichen und allgemeinen Praxis, die es möglich machen würde, die Nichtkriegführung als ein neues Institut des völkerrechtlichen Gewohnheitsrechts anzusehen, nicht gesprochen werden. „Non-belligerency" bezeichnet negativ die Lage eines nicht am Konflikt beteiligten Staats, der sich nicht an die Regeln der Neutralität binden will, sie ist aber kein positiv definierter völkerrechtlicher Status. Die Fälle der sog Nichtkriegführung waren entweder solche, in denen ein Konflikt, der das Neutralitätsrecht anwendbar machte, nicht vorlag (oder der jedenfalls in dieser Weise eingeschätzt werden konnte),[681] oder es handelte sich um Verletzungen der anwendbaren Regeln des Neutralitätsrechts.[682] In letzterem Fall kann

---

678 Deshalb formuliert das ZP I korrekt, wenn Rechte und Pflichten für nicht am Konflikt beteiligte Staaten auch in den Fällen geschaffen werden sollen, in denen das Neutralitätsrecht nicht anwendbar ist: „neutrale und andere nicht am Konflikt beteiligte Staaten", vgl Art 9 Abs 2, Art 19, Art 31, Art 37 Abs 1, Art 39 Abs 1, Art 64 Abs 1 ZP I.

679 *Bindschedler* (Fn 660) 9, 13 f.

680 *Bindschedler* (Fn 660) 9, 12 f.

681 *Heintschel von Heinegg*, „Benevolent" Third States in International Armed Conflicts, FS Dinstein, 2007, 543 ff.

682 *Bindschedler* (Fn 660) 9, 13 f. Ein solcher Fall war die Unterstützung des Irak durch einige arabische Staaten und die USA während des ersten Golfkriegs. Vgl *Momtaz*, Iran, Commentary, in DeGuttry/Ronzitti (Hrsg), The Iran-Iraq War and the Law of Naval Warfare, 1993, 19 (28 ff); *Mehr*, Neutrality in the Gulf War, ODIL 20 (1989) 105 f. Während des Irak-Konflikts 2003 hat die BR Deutschland zugunsten der USA Neutralitätsrecht, so es denn anwendbar war, insbes dadurch verletzt, dass sie gestattete, dass die USA ihre Kampfhandlungen gegen den Irak von deutschem Gebiet aus starteten, *Heintschel von Heinegg* (Fn 662) 224 ff. Wenn allerdings die in Rn 24 dargestellte amerikanische These doch zutraf, dass es sich um eine vom SR autorisierte Aktion handelte, war Neutralitätsrecht nicht anwendbar und die Haltung der BR Deutschland völkerrechtlich nicht zu beanstanden. Eine klare Aussage Deutschlands zu dieser Frage existiert, soweit ersichtlich, nicht. Italien hat sich dagegen offiziell als „nicht-kriegführend" angesehen, *Ronzitti*, Italy's Non-Belligerency During the Iraq War, in Ragazzi (Hrsg), International Responsibility Today, 2005, 197 ff. Im Falle des Konflikts zwischen Russland und der Ukraine ist fraglich, ob sich Russland

sich der Verletzerstaat nicht seinerseits auf die Schutznormen des Neutralitätsrechts berufen. Allerdings wird er nicht automatisch Konfliktpartei; das ist nur der Fall, wenn er in Kampfhandlungen in der Weise eingreift, die zu einem bewaffneten Konflikt mit der anderen Konfliktpartei führen.[683] Wenn sich der neutralitätswidrig handelnde Staat auch nicht mehr auf die Neutralitätsregel der Unverletzlichkeit des neutralen Gebiets berufen kann, so beraubt ihn sein Handeln nicht des Schutzes durch das völkerrechtliche Gewaltverbot. Der durch die neutralitätswidrige Handlung belastete Staat darf den neutralitätswidrig handelnden Staat nur angreifen, wenn Letzterer selbst einen bewaffneten Angriff begangen hat. Waffenlieferungen sind aber kein bewaffneter Angriff. Welche Rechtsfolgen sich abgesehen von der Unanwendbarkeit des Neutralitätsrechts für den Verletzerstaat aus der Verletzung der Pflicht zur Unparteilichkeit ergeben, hängt von der Beurteilung dieses Verhaltens durch die Rechtsordnung insgesamt ab. So bewirkt das Neutralitätsrecht nicht den Ausschluss des Rechts auf individuelle und kollektive Selbstverteidigung. Diese ist gemäß Art 51 UN-Charta zulässig. Wenn also schon das militärische Eingreifen auf Seiten eines angegriffenen Staates zulässig ist, so sind es, in einem Schluss *a maiore ad minus,* auch Waffenlieferungen zur Unterstützung eines angegriffenen Staats. So hat Russland seine Auffassung, dass die Hilfe der westlichen Staaten für die Ukraine rechtswidrig ist, nicht mit neutralitätsrechtlichen Argumenten begründet. Allerdings ist solche Unterstützung nicht schon kollektive Selbstverteidigung iSv Art 51 UN-Charta (die eine Mitteilungspflicht an den Sicherheitsrat ausgelöst hätte), sondern zulässige Beihilfe zu einem rechtmäßigen Verhalten des angegriffenen Staats, nämlich seines Rechts auf individuelle Selbstverteidigung.[684] Dass nach dem Angriff Russlands auf die Ukraine 2022 eine beachtliche Minderheit von Staaten von der Option eines nicht neutralen Verhaltens Gebrauch gemacht hat, stellt keineswegs eine allgemeine Praxis dar, die das geltende Gewohnheitsrecht der Neutralität geändert haben könnte.[685] Die Frage der Neutralität hat im Einzelnen durchaus eine Rolle gespielt, so in der Schweizer Diskussion, in der russ Ablehnung der Übernahme der Schutzmachtfunktion durch die Schweiz, und in Überlegungen im amerik Kongress.[686] Aber das von der UN-Charta garantierte Recht

---

gegenüber den die Ukraine unterstützenden Staaten auf Neutralitätsrecht berufen kann, da es die Qualifizierung des Konflikts als Krieg ablehnt. Die USA sehen die Unterstützung Großbritanniens im Zweiten Weltkrieg vor dem Kriegseintritt als Präzedenzfall für die Unterstützung der Ukraine im Konflikt mit Russland an, vgl *Eichensehr* (Fn 26), 646ff.

683 Dazu *Wentker,* At War: When Do States Supporting Ukraine Become Parties to the Conflict and What Would that Mean?, EJIL Talk v 14,3.2022; *Schmidt-Radefeld,* Militärische Unterstützung für die Ukraine – wann wird ein Staat Konfliktpartei und welche rechtliche Konsequenz wäre damit verbunden?, GSZ 2022, 12.

684 So die Auffassung der Bundesregierung, vgl BT Drs 20/1918, 39; idS wohl auch *Kreß* (Fn 26) 67, 73ff.

685 Zweifelnd offenbar *Talmon,* The Provision of Arms to the Victim of Aggression, Bonn Research Papers on Public International Law 20/2022.

686 *Gafafer* (Fn 672). Zur USA vgl die Ausarbeitung des Congressional Research Service, International Neutrality Law and U.S. Military Assistance to Ukraine, <https://www.everycrsreport.com/reports/LSB 10735.html>.

auf Hilfeleistung zur individuellen Selbstverteidigung überlagert soz das Neutralitätsrecht.

b) Unverletzlichkeit des neutralen Gebiets

110 Das grundlegende Recht des neutralen Staats, durch den bewaffneten Konflikt nicht beeinträchtigt zu werden, zeigt sich insbes am Grundsatz der Unverletzlichkeit des neutralen Staatsgebiets. Dies bedeutet vor allem, dass die *Konfliktparteien* sich mit ihren Truppen *vom Gebiet des neutralen Staats fernzuhalten* haben. Sie dürfen dieses in keiner Weise für ihre kriegerischen Aktionen nutzen, auch nicht zum Durchzug oder zu ähnlichen Zwecken.[687] Dabei ist wiederum zu betonen, dass diese Regel ohne Rücksicht darauf gilt, ob eine Konfliktpartei Angreifer oder Opfer eines Angriffs ist. Das dem Opfer zustehende Selbstverteidigungsrecht rechtfertigt nicht den Einsatz kriegerischer Mittel, die nach den Regeln des Kriegsvölkerrechts verboten sind. Es rechtfertigt auch nicht militärische Maßnahmen gegen Staaten, die nicht selbst einen Angriff verübt haben, selbst wenn eine Inanspruchnahme des Territoriums eines solchen Staats zu einer militärisch sinnvollen Ausübung des Selbstverteidigungsrechts nützlich oder gar erforderlich ist. Das *Selbstverteidigungsrecht* ist *kein umfassendes Selbsthilferecht gegenüber unbeteiligten Staaten.*[688] Die Regel der Unverletzlichkeit des neutralen Gebiets gilt nicht nur für das Landgebiet, sondern auch für die Hoheitsgewässer und für den darüber liegenden Luftraum.[689] Unverletzlichkeit des Gebiets des neutralen Staats bedeutet auch, dass dieser von etwaigen Nebenwirkungen der Kampfhandlungen verschont bleiben muss. Die Konfliktparteien besitzen kein Recht, durch Kampfhandlungen, die zwischen ihnen stattfinden, das Gebiet neutraler Staaten zu beschädigen.[690] Hier liegt eine wichtige neutralitätsrechtliche *Schranke für den Einsatz von Waffen,* die weiträumige Schäden, insbes Umweltschäden, verursachen.[691] Der neutralitätsrechtliche Schutz läuft parallel zum Schutz vor grenzüberschreitender Schadensverursachung und konkretisiert diesen Schutz. Letzterer Schutz besteht aber unabhängig vom Neutralitätsrecht und greift auch bei Konfliktsituationen, in denen Neutralitätsrecht nicht anwendbar ist.

---

687 Art 1f Haager Abkommen Nr V v 1907.
688 *Bindschedler* (Fn 660) 9, 13.
689 *Bothe,* in Fleck, Handbook, 559.
690 Zur Praxis *Jaccard,* Über Neutralitätsverletzungsschäden in der Schweiz während des Zweiten Weltkrieges, Zeitschrift des Bernschen Justizvereins 87 (1951) 225 ff.
691 *Bothe/Bruch/Diamond/Jensen* (Fn 475) 585 f; vgl auch das Gutachten des IGH zur Unrechtmäßigkeit des Einsatzes von Atomwaffen (Fn 78), §§ 89 und 93.

Bothe

c) Neutralitätspflichten der Nichtteilnehmer

Das Gegenstück zum Recht des Neutralen, nicht durch den Konflikt beeinträchtigt zu 111
werden, ist seine Pflicht zu verhindern, dass sein Territorium von einer Konfliktpartei
zum Ausgangspunkt militärischer Maßnahmen gemacht wird. Deshalb muss er jeden
Versuch einer Konfliktpartei, sein Territorium für kriegerische Maßnahmen in Anspruch
zu nehmen, etwa durch einen Einmarsch, Durchmarsch, Durchfahrt oder Überflug,[692]
mit allen zur Verfügung stehenden Mittel verhindern. Allerdings ist diese Verpflichtung
auf die dem Neutralen nach Lage der Dinge zumutbare Gegenwehr beschränkt. Sie verpflichtet ihn nicht zum „Selbstmord". Im Zusammenhang mit dieser *Verpflichtung zur
Verteidigung der Neutralität* wird diskutiert, ob und inwieweit Neutralität zu militärischen Anstrengungen verpflichtet. Das österreichische und schweizerische Konzept ist
das einer *bewaffneten Neutralität*.[693] Es wird von einer Verpflichtung ausgegangen, militärische Anstrengungen zu unternehmen, um Beeinträchtigungen der Neutralität mit
Waffengewalt zurückweisen zu können. Es gibt aber auch Bsp für eine Neutralitätspoli-
tik, die von einer *unbewaffneten Neutralität* ausgeht (Costa Rica). Dies ist sicherlich unschädlich, solange keine Konfliktpartei versucht, Territorium des unbewaffneten Neutralen auch wirklich in Anspruch zu nehmen. Unternimmt dieser jedoch im Falle der
Verletzung überhaupt keinen Versuch, dem zu begegnen, setzt er sich dem Risiko aus,
von der benachteiligten Konfliktpartei nicht mehr als neutral angesehen zu werden.

Die *duty of abstention* verbietet vor allem die Lieferung von Kriegsschiffen, Munition 112
und sonstigem Kriegsmaterial.[694] Auch die massive finanzielle Unterstützung kann als
neutralitätswidrige Hilfeleistung angesehen werden.[695] *Humanitäre Hilfeleistung* zugunsten der Konfliktopfer ist keine Verletzung der Neutralität, auch wenn sie nur zugunsten der Opfer einer Seite erfolgt.[696] Die Staatspraxis hat die frühere vertragliche Regel, dass ein neutraler Staat die *Aus- und Durchfuhr von Kriegsmaterial durch Private*
zugunsten einer Konfliktpartei nicht zu verbieten braucht, modifiziert.[697] Jene Trennung
zwischen Staat und privater Rüstungswirtschaft ist aus heutiger Sicht in der Tat künstlich
und entspricht keinesfalls den tatsächlichen politischen Gegebenheiten. Rüstungspro-
duktion und -handel sind in vielfältiger Weise staatlich geprägt, gefördert, kontrolliert.
Von daher wäre es unrealistisch, wollte man dem Staat nicht die Exporte seiner „offiziellen" Rüstungsindustrie zurechnen. Dem entspricht die moderne Staatspraxis. Soweit

---

692 Während der amerik-brit Intervention im Irak 2003 lag hier ein wesentliches neutralitätsrechtliches
Problem der Haltung von NATO-Staaten, die nicht am Konflikt beteiligt waren, aber den USA und Großbritannien Überflugrechte gewährten, vgl o Fn 682.
693 *Castrén* (Fn 659) 457.
694 Art 6 Haager Abkommen Nr XIII v 1907; *Heller/Trabucco*, The Legality of Weapons Transfers to
Ukraine under International Law, JIHLS 13 (2022) 251 (258 f, 274).
695 *Bothe*, in Fleck, Handbook, 561. Hier lag ein neutralitätsrechtliches Problem der Haltung der BR
Deutschland während der amerik-brit Intervention im Irak 2003.
696 Ebd; s auch *Bothe*, in Bothe/Partsch/Solf, New Rules 486; vgl auch BVerfG (Fn 547).
697 *Oeter* (Fn 673) 216 ff.

Staaten überhaupt davon ausgingen, dass eine Situation vorlag, in der sie Neutralitätsrecht anzuwenden hatten, haben sie Waffenexporte auch von Privatunternehmen nicht zugelassen und sich nicht auf die künstliche Trennung von Staat und Privatunternehmen berufen. Nach heutigem Stand des Gewohnheitsrechts muss man davon ausgehen, dass die *staatliche Zulassung der Lieferung von Kriegsmaterial* eine *neutralitätswidrige Unterstützung* darstellt. Aus der Tatsache, dass Rüstungsexporte eine konfliktfördernde Wirkung haben, hat Art 26 GG die Konsequenz gezogen, dass die BR Deutschland verfassungsrechtlich verpflichtet ist, den Export von Kriegswaffen rechtlich zu beschränken. Dies ist durch das Kriegswaffenkontrollgesetz geschehen. Weitere Beschränkungsmöglichkeiten ergeben sich aus dem vom EU-Recht determinierten Außenwirtschaftsrecht. Beide Regelungen geben der Bundesregierung die Möglichkeit, neutralitätsrechtlich verbotene Rüstungsexporte zu verhindern.[698]

d) Landkrieg

113 Truppen- und Versorgungstransporte dürfen auf neutralem Staatsgebiet nicht stattfinden. Der neutrale Staat kann aber den *Transit* von Verwundeten und Hilfsgütern erlauben.[699] Es ist auch eine Form der Unterstützung einer Konfliktpartei, wenn Mitglieder ihrer Streitkräfte zeitweilig auf neutralem Gebiet Zuflucht finden und dann wieder an den Kampfhandlungen teilnehmen. Deswegen sind *Truppen einer Konfliktpartei*, die, auf welchem Wege auch immer, auf neutrales Staatsgebiet gelangen, *zu internieren* und dadurch an der weiteren Teilnahme an Kampfhandlungen zu hindern.[700]

e) Seekrieg
Kriegsschiffe in neutralen Gewässern

114 Die Hoheitsgewässer eines neutralen Staats sind zu achten. *Kriegshandlungen in neutralen Hoheitsgewässern* sind ebenso wie auf neutralem Hoheitsgebiet *verboten*.[701] Die *friedliche Durchfahrt* durch neutrales Küstenmeer ist den Kriegsschiffen der Konfliktparteien *gestattet*.[702] Das Prinzip der friedlichen Durchfahrt ist einerseits eine Ausnahme von dem im Übrigen für den Landkrieg geltenden Grundsatz, dass ein Neutraler die Anwesenheit von Streitkräften der Konfliktparteien in seinem Hoheitsgebiet weder dulden darf noch muss. Auf der anderen Seite bedeutet es eine Bestätigung der Regel, dass

---

698 § 4 ASWG, § 6 Abs 3 KriegswaffenkontrollG; dazu *Bothe*, in Bonner Kommentar, Art 26 Rn 51f; vgl auch *Oeter* (Fn 673) 193ff, speziell 198. Vgl auch *Kunig/Uerpmann-Wittzack*, 2. Abschn Rn 13.

699 Art 14 Haager Abkommen Nr V v 1907.

700 Art 11f Haager Abkommen Nr V v 1907.

701 Art 2 Haager Abkommen Nr XIII v 1907. Zu den Hoheitsgewässern vgl *Proelß*, 5. Abschn Rn 36ff; *Graf Vitzthum*, Maritimes Aquitorium und Anschlusszone, in ders (Fn 412) 63ff.

702 Art 10 Haager Abkommen Nr XIII v 1907; hierzu und zum Folgenden *Heintschel von Heinegg* (Fn 412 [Handbuch Seerecht]) 549ff, 552ff.

die Beziehungen zwischen Neutralen und Konfliktparteien im Wesentlichen durch das Friedensrecht geprägt sind, das solche Durchfahrtsrechte auch vorsieht. Kriegsschiffe der Konfliktparteien dürfen sich in Häfen, auf Reeden oder im Küstenmeer von Neutralen aber grundsätzlich *nicht länger als 24 Stunden* aufhalten.[703]

Die Kontrolle des neutralen Seehandels

Kriegsschiffe einer Konfliktpartei haben auf Hoher See gegenüber *Handelsschiffen,* die die Flagge eines neutralen Staats führen, gewisse *Kontrollrechte,* die bis zur Einziehung von kriegswichtiger Ladung (Konterbande) und eines eine solche Ladung führenden Schiffs gehen.[704] Die Kontrolle der neutralen Handelsschifffahrt durch die Konfliktparteien ist von alters her eine bedeutsame Frage, die bis in die jüngste Zeit wichtig geblieben ist. Hinsichtlich der Ausdehnung dieser Kontrollrechte ist der Stand des völkerrechtlichen Gewohnheitsrechts in vielen Einzelheiten str. Die Londoner Seerechtserklärung v 1909, die diese Kontrollrechte kodifiziert, wurde niemals ratifiziert, gilt jedoch weitgehend als Ausdruck des Gewohnheitsrechts.[705] Die Kontrollmöglichkeiten der Konfliktparteien über die neutrale Schifffahrt bilden eine wesentliche Ausnahme von dem Grundsatz, dass der neutrale Staat durch das Vorliegen eines bewaffneten Konflikts nicht beeinträchtigt werden darf. Diese Kontrollrechte sind jedoch begrenzt, wobei sich im Zweiten Weltkrieg eine deutliche Tendenz zu ihrer Ausdehnung gezeigt hat.[706] 115

Sinn der Kontrollrechte ist es, die *Versorgung* der jeweils anderen Konfliktpartei mit *kriegswichtigen Gütern zu verhindern.* Zu diesem Zweck besitzen Kriegsschiffe einer Konfliktpartei das Recht, neutrale Handelsschiffe anzuhalten und zu kontrollieren, um festzustellen, ob sie solche Güter an Bord haben. Gegenüber solchen Handelsschiffen dürfen Kriegsschiffe einer Konfliktpartei nur diejenige Gewalt anwenden, die erforderlich ist, um die genannten Kontrollrechte durchzusetzen. Insbes dürfen neutrale Handelsschiffe, die der Kontrolle durch eine Konfliktpartei unterliegen und sich dieser Kontrolle widersetzen, nur beschädigt oder zerstört werden, soweit sie nicht auf andere Weise an der Weiterfahrt gehindert werden können. Der Kapitän des neutralen Schiffs ist vorher zu warnen. Für die Rettung von Schiffbrüchigen ist Sorge zu tragen.[707] Bei der Kontrolle stellt sich zunächst die Frage, welche Arten von *Gütern* als *kriegswichtig* anzusehen sind und deshalb der Befugnis zur Verhinderung weiterer Beförderung unterliegen (sog *Konterbande* oder Bannware). Hinsichtlich der Bestimmung der Kriegswichtigkeit besitzen die Konfliktparteien eine gewisse Einschätzungsprärogative. Was kriegswichtig ist, ist im Hinblick auf die besonderen Umstände des jeweiligen Konflikts zu entscheiden. Wenn 116

---

703 Art 13 Haager Abkommen Nr XIII v 1907.

704 *Heintschel von Heinegg* (Fn 412 [Seekriegsrecht]) 566 ff; *ders* (Fn 412 [Handbuch Seerecht]) 559 ff.

705 Krit insofern *Kalshoven,* 1909 London Declaration Concerning the Laws of Naval War, in Ronzitti (Fn 412) 269 ff, Text: ebd 223 ff.

706 *Heintschel von Heinegg* (Fn 412 [Seekriegsrecht]) 570 ff.

707 Londoner Protokoll über Unterseebootkrieg v 1936 (DokHVR 115).

die Konfliktparteien ihre Einschätzungen in Listen niederlegen und diese notifizieren, dient dies sicherlich der Rechtsklarheit. Auf der anderen Seite haben im Zweiten Weltkrieg die Listen eine Tendenz zur übermäßigen Ausweitung gezeigt, die nicht hinnehmbar ist.[708] Zur Vereinfachung der Kontrolle kann eine Konfliktpartei mit Zustimmung des Neutralen dessen Schiff bereits im Verladehafen ein Kontrolldokument (Navicert) ausstellen. Dieses in der Praxis vielfach verwandte *Navicertsystem* ermöglicht einem neutralen Schiff im Falle der Kontrolle durch das Kriegsschiff einer Konfliktpartei, durch ein bereits im Ausgangshafen von der Konfliktpartei ausgestelltes Dokument nachzuweisen, dass es keine Konterbande mit sich führt. Akzeptiert wird ein solches Navicert allerdings immer nur von der Seite, die es ausgestellt hat.[709] Hat eine Kontrolle ergeben, dass sich in der Tat kriegswichtige Güter mit gegnerischem Bestimmungsort an Bord des Schiffs befinden, so kann die Weiterbeförderung dieser kriegswichtigen Güter unter Beachtung gewisser Verfahrensvorschriften verhindert werden. Konterbande und das Bannware führende Schiff sind zunächst von dem kontrollierenden Kriegsschiff zu *beschlagnahmen*. Das beschlagnahmte Schiff (Prise) ist zu einem Hafen der Konfliktpartei oder eines mit ihr verbündeten Staats zu bringen. Dort ist die Zulässigkeit der Beschlagnahme von Schiff und Ladung in einem prisengerichtlichen Verfahren zu überprüfen. Durch *prisengerichtliches Urteil* können Schiff und Ladung *eingezogen* werden.[710]

Schutz der neutralen Handelsschifffahrt

117 *Die Freiheit der neutralen Schifffahrt* und ihr militärischer Schutz haben in den Konflikten der jüngeren Vergangenheit erhebliche Probleme aufgeworfen.[711] Denn diese Freiheit, eingeschränkt allein durch die dargestellten Kontrollrechte, ist, das haben etwa Erfahrungen im Konflikt zwischen Iran und Irak gezeigt, noch immer keineswegs unangefochten. Politisch lag in diesem Konflikt eine Behinderung der neutralen Schifffahrt, insbes der neutralen Tankerschifffahrt, nahe, weil die jeweils andere Konfliktpartei uU ganz erheblich von dieser Schifffahrt profitierte, ohne dass nach den dargestellten Regeln die Schiffe der Beschlagnahme und Einziehung unterlegen hätten. Treibstoffe sind wie jede andere Ware nur dann Konterbande, wenn sie für eine Konfliktpartei bestimmt sind, nicht jedoch, wenn sie von einer Konfliktpartei stammen, die mit dem Erlös des

---

708 *Steinicke*, Das Navicertsystem, 1966, 160 ff.
709 *Steinicke* (Fn 708) 154; *Bothe*, in Fleck, Handbook, 626.
710 Institut de Droit International (Hrsg), Oxford Manual of Naval War, 1913, Art 109 ff; *Sico*, „Toute prise doit être jugée", 1971. Zur neueren Praxis, die weiterhin das prisengerichtliche Verfahren für notwendig erachtet, *Heintschel von Heinegg* (Fn 412 [Seekriegsrecht]) 58 f; vgl auch *ders*, Visit, Search, Diversion, and Capture in Naval Warefare, Part I (The Traditional Law), CYIL 29 (1991) 283 ff und Part II (Developments since 1945), CYIL 30 (1992) 83 ff; *ders* (Fn 412 [Handbuch Seerecht]) 563 ff.
711 Vgl *Donner*, Die neutrale Handelsschiffahrt im begrenzt militärischen Konflikt, 1993; *Lagoni*, Gewaltverbot, Seekriegsrecht und Schiffahrtsfreiheit im Golfkrieg, FS Zeidler, 1987, 1833 ff; *Bothe*, in Fleck, Handbook, 627 f.

Bothe

Treibstoffs ihre Kriegsanstrengungen finanziert.[712] Dennoch ist in einer solchen Lage die Versuchung groß, die Schiffe zu behindern, die die Ölproduktion der jeweils anderen Seite transportieren. In diesen und ähnlichen Situationen stellt sich dann die Frage, wie die neutrale Schifffahrt notfalls auch mit militärischer Gewalt geschützt werden kann. Kriegsschiffe neutraler Staaten dürfen Handelsschiffe, die die eigene oder die Flagge eines anderen neutralen Staats führen, begleiten. Neutrale besitzen insbes das Recht, aus neutralen Handelsschiffen Konvois zu bilden und diese durch Kriegsschiffe zu begleiten. Schiffe eines *Konvois* dürfen nicht angehalten und durchsucht werden.[713] Greift eine Konfliktpartei einen Konvoi an, so wird dadurch ein Selbstverteidigungsrecht des neutralen Staats ausgelöst.

Kriegsschiffe neutraler Staaten dürfen auf internationalen Seestraßen und auf Hoher See *Minen räumen,* soweit dies erforderlich ist, um die neutrale Schifffahrt zu schützen und aufrecht zu erhalten.[714] Solche Minenräumaktionen stellen keine neutralitätswidrige Unterstützung des Gegners der Konfliktpartei dar, die die Minen gelegt hat. Das Minenräumen auf Hoher See und in Seegebieten, für die Transitrechte bestehen, ist eine Selbstschutzmaßnahme Neutraler, die etwa im Konflikt zwischen Iran und Irak eine erhebliche praktische Bedeutung erlangt hat. In Hoheitsgewässern einer Konfliktpartei, für die keine besonderen Transitrechte bestehen, ist Minenräumen dagegen unzulässig.[715]

f) Luftkrieg

Der Luftraum eines neutralen Staats ist unverletzlich. Dies folgt aus der allgemeinen Regel der Unverletzlichkeit des neutralen Staatsgebiets. Gerade für den Luftraum ist diese Regel besonders wichtig, da insofern Verletzungen im Zeitalter des modernen Luftkriegs und der Raketentechnik besonders nahe liegen und leicht möglich sind. Die Territorialhoheit des neutralen Staats reicht nach oben soweit wie die Atmosphäre.[716] Der Weltraum über dem Neutralen unterliegt nicht seiner Hoheit.[717] Das Überfliegen mit Satelliten oder Raketen, die sich im Weltraum bewegen, ist darum keine Neutralitätsver-

118

119

---

712 Im ersten Golfkrieg wurde darüber hinaus sogar die Auffassung vertreten, dass Tanker, die iranisches Öl transportierten, vom Irak angegriffen werden könnten, da dieser Transport eine neutralitätswidrige Unterstützung der iranischen Kriegsanstrengungen darstelle, vgl *Roach,* Missiles on Target, VJIL 31 (1991) 593 (605 ff); *Fenrick,* The Exclusion Zone Device in the Law of Naval Warfare, CYIL 24 (1986) 91 (120). Von der hM wird das zu Recht abgelehnt: *Donner* (Fn 711) 193 ff, *Heintschel von Heinegg* (Fn 412 [Seekriegsrecht]) 587; *ders* (Fn 412 [Handbuch Seerecht]) 570 f.

713 *Ronzitti* (Fn 422) 9; *Bothe,* in Dekker/Post (Fn 62) 210.

714 Eingehend dazu *Heintschel von Heinegg* (Fn 412 [Seekriegsrecht]) 403 ff. Das gilt jedenfalls für rechtswidrig verlegte Minen (vgl o Rn 85 ff).

715 So der IGH in *Korfu Kanal-*Fall, ICJ Rep 1949, 4, 35.

716 *Hobe,* Airspace, MPEPIL I, 263 (Rn 9 ff).

717 *Vereshchetin,* Outer Space, MPEPIL VII, 1103 (Rn 5). Zu den neutralitätsrechtlichen Aspekten der Militarisierung des Weltraums *Heintschel von Heinegg* (Fn 590).

letzung.[718] Aus der *Unverletzlichkeit des Luftraums* folgt, dass die Konfliktparteien mit militärischen Luftfahrzeugen oder Flugkörpern nicht in den Luftraum neutraler Staaten eindringen dürfen.[719] Dies kann Flugzeuge, die ein weit entferntes Ziel angreifen sollen, uU zu erheblichen Umwegen zwingen.[720] Auch Angriffe, bei denen eine Rakete neutralen Luftraum durchquert, sind unzulässig. Diese Gefährdungen des neutralen Luftraums führen zu der entscheidenden Frage, was der neutrale Staat tun muss, um solche *Verletzungen seines Luftraums zu verhindern.* Dabei ist unbestritten, dass er sich bemühen muss, solche Verletzungen zu verhindern. Das Maß der diesbezüglichen Anstrengungen ist jedoch schwierig zu bestimmen.[721] Man wird vom Neutralen ein wirtschaftlich vertretbares Maß an Luftabwehrkapazität verlangen können. Dazu gehört jedenfalls eine einfache Radarbeobachtung des Luftraums. Auf der anderen Seite kann nicht verlangt werden, dass jeder Staat zum Schutz seiner Neutralität über die neueste Raketenabwehrtechnik verfügt. Das Recht neutraler Luftfahrzeuge zum Überfliegen des Territoriums der Konfliktparteien richtet sich nach den allgemeinen Regeln des Völkerrechts über den Schutz des staatlichen Luftraums und den Bestimmungen des internationalen Luftverkehrsrechts.[722] Für den Luftraum über Gewässern, die der Jurisdiktion einer Konfliktpartei unterstehen, gelten die Regeln über die neutrale Schifffahrt in diesen Gewässern entsprechend.[723]

120   Mit dem Aufkommen des Luftverkehrs stellte sich zunächst eher theoretisch die Frage der *Kontrolle des neutralen Handels,* soweit er *durch Luftfahrzeuge erfolgte.* Die Analogie zur neutralen Schifffahrt liegt nahe. Bei der Ausarbeitung der Haager Luftkriegsregeln wurden denn auch die Regeln über die Kontrolle des neutralen Seehandels global übernommen. Jedoch gibt es relativ wenig Staatspraxis in dieser Frage. Es kann sich nur um eine analoge Anwendung handeln, so dass nicht jedes Detail der Regeln anwendbar ist. Den Besonderheiten des Luftverkehrs ist Rechnung zu tragen.[724] Bei der Behandlung des *Luftverkehrs über der Hohen See* ist auch zu berücksichtigen, dass von Flugzeugen eine erhebliche Bedrohung der Kriegsschiffe der Konfliktparteien ausgeht. Sie werden immer geneigt sein, auf eine angenommene Bedrohung zu reagieren, auch wenn die Identität eines Luftfahrzeugs noch nicht völlig feststeht.[725] Welche tragischen

---

718 Vgl o Rn 110.

719 *Hostettler/Danai,* Neutrality in Air Warfare, MPEPIL VII, 634 (Rn 8 ff); zur amerik-brit Intervention im Irak 2003 vgl bereits o Rn 24.

720 So im April 1986, als amerik und brit Flugzeuge von Großbritannien aus einen Bombenangriff auf Tripolis und Bengasi flogen und Frankreich ihnen den Überflug verweigerte, *Charpentier,* Pratique française du droit international, AFDI 32 (1986) 1026 f. Frankreich hat sich dabei allerdings, soweit ersichtlich, nicht formell auf das Neutralitätsrecht berufen.

721 Vgl bereits o Rn 111 f.

722 *Torelli,* La neutralité, ADIM 35 (1991) 25 (44 f); *Millet,* La neutralité aérienne, ADIM 35 (1991) 63 (69).

723 HPCR Manual (Fn 586) Art 1 (a), Art 172 (a) (ii).

724 Vgl Art 53 Haager Luftkriegsregeln v 1923.

725 Vgl die Erklärung des US Assistant Secretary of State for International Organization Affairs vor dem ICAO-Rat v 13.7.1988, abgedr in DeGuttry/Ronzitti (Fn 682) 230 ff.

Bothe

Irrtümer hierbei entstehen können, hat der Abschuss eines iranischen zivilen Airbus durch ein US-Kriegsschiff während des Konflikts zwischen Iran und Irak gezeigt.[726] Als Grundsatz bleibt festzuhalten, dass die Kriegführenden (und auch neutrale Kriegsschiffe wie im eben genannten Falle) sich bemühen müssen, Zugehörigkeit und Kategorie eines Luftfahrzeugs festzustellen, bevor es angegriffen wird. Dies setzt allerdings voraus, dass neutrale Luftfahrzeuge und auch zivile Luftfahrzeuge der Konfliktparteien das jeweils Mögliche tun, um eine Identifizierung zu ermöglichen.

4. Der nichtinternationale bewaffnete Konflikt

Das Völkerrecht regelt die Beziehungen zwischen Staaten, das völkerrechtliche Kriegs- 121 recht *(ius in bello)* gilt folglich primär für bewaffnete Konflikte zwischen Staaten (internationale bewaffnete Konflikte).[727] Insoweit ist die Anwendung der oben dargestellten Regeln davon abhängig, dass sich auf beiden Seiten eines Konflikts Staaten oder ihnen gleichzuachtende Völkerrechtssubjekte gegenüberstehen. Das ist aber bei bewaffneten *Auseinandersetzungen,* die sich *im Inneren eines Staats* abspielen, nicht der Fall. Dennoch kann man an solche internen bewaffneten Auseinandersetzungen, deren es eine große Zahl gab und gibt, nicht oder nicht ohne weiteres immer diejenigen rechtlichen Maßstäbe anlegen, die generell für die Durchsetzung der Rechtsordnung des Staats im Inneren gelten. Das Verhältnis zwischen einer Regierung und aufständischen Gruppen in einem Staat ist nicht ohne weiteres mit dem Verhältnis zwischen Polizei und Verbrecher vergleichbar, auch wenn das von vielen Staaten, die sich in einer solchen Situation befinden, gerne so dargestellt wird. Solche bewaffneten Auseinandersetzungen sind vielmehr häufig internationalen Konflikten durchaus vergleichbar. Es besteht eine gewisse Reziprozität der Interessen, insbes bei der Behandlung von Gefangenen. Wenn und soweit man allerdings aus diesem Grund auf nichtinternationale bewaffnete Konflikte, auf *Bürgerkriege* also, die gleichen Regeln anwenden will wie für internationale Konflikte, wird dies als eine ganz erhebliche Einschränkung der souveränen Freiheit der Staaten angesehen, ihre Rechtsordnung durchzusetzen, für Ordnung im eigenen Hause zu sorgen. Die *Anwendung kriegsrechtlicher Regeln* auf bewaffnete Auseinandersetzungen im Inneren von Staaten hat sich darum im Völkerrecht nur sehr langsam durchgesetzt.[728] Allerdings ist die Tatsache, dass es interne Konflikte gibt, die von ihrem Erscheinungsbild her die An-

---

726 Vgl dazu die Stellungnahme des iranischen Außenministers vor dem SR v 14.7.1988, S/PV 2818, abgedr in DeGuttry/Ronzitti (Fn 682) 49 ff. Die USA haben für den entstandenen Schaden Ersatz geleistet, ILM 35 (1996) 550.

727 S o Rn 62. Grundlegend *Kreß,* Der Bürgerkrieg und das Völkerrecht, JZ 2014, 365 ff.

728 *Abi-Saab,* Non-International Armed Conflicts, in UNESCO (Hrsg), International Dimensions of Humanitarian Law, 1988, 217 ff; *Bothe,* Conflits armés internes et droit international humanitaire, RGDIP 82 (1978) 82 ff; *Schäfer,* A History of Division(s): A Critical Assessment of the Law of Non-international Armed Conflict, in Baade/Mührel/Perov (Hrsg), International Humanitarian Law in Areas of Limited Statehood, 2018, 43 ff.

wendung des Kriegsrechts erfordern, in der Völkerrechtsordnung schon früh zur Geltung gekommen. Eine erste Grundlage war das Institut der *Anerkennung als kriegführende Partei*.[729] Wenn und soweit Aufständische als kriegführende Partei anerkannt werden, gelten für die Beziehungen zwischen ihnen und der bisherigen Regierung die Regeln des völkerrechtlichen Kriegsrechts. Für die Zwecke der Anwendung des vollen völkerrechtlichen Kriegsrechts, einschließlich des Neutralitätsrechts, wird die kriegführende Partei praktisch wie ein Staat behandelt. Dies ist eine „alles oder nichts"-Lösung, die große Nachteile hat. Es gibt in der Geschichte überhaupt nur sehr wenige Fälle, bei denen man sich weitgehend darüber einig ist, dass eine solche Anerkennung als kriegführende Partei stattgefunden hat.[730] In blutigen Konflikten wie zB dem spanischen Bürgerkrieg war das nicht der Fall. Wenn es nicht zu einer solchen Anerkennung kommt, kann das Kriegsrecht seine die Gewalt eindämmende Funktion nicht mehr entfalten, und es kommt zu einer Eskalation von Gewalt und Gegengewalt, die Kriegführung wird immer grausamer und regelloser. Deshalb hat es gerade im Hinblick auf den Schutz der Opfer dieser Konflikte schon seit Beginn des 20. Jh im Rahmen der Rot-Kreuz-Konferenzen Bemühungen gegeben, für den nicht-internationalen Konflikt zusätzliche Völkerrechtsregeln zu schaffen, die von der Anerkennung als kriegführende Partei unabhängig sind. Einen Durchbruch haben diese Bemühungen erst 1948/49 gehabt. Allerdings war dies nur ein Teilerfolg. Die Rot-Kreuz-Konferenz 1948 forderte eine integrale Anwendung des humanitären Völkerrechts auch auf nichtinternationale Konflikte. Davon blieb in der Diplomatischen Konferenz 1949, die die vier neuen Genfer Konventionen annahm, nur eine besondere Minikonvention für den nichtinternationalen Konflikt übrig, nämlich der *gemeinsame Art 3 dieser Konventionen*. Diese Vorschrift enthält einige Grundregeln zum Schutz der Opfer nichtinternationaler Konflikte, aber eben nur ein Minimum. Deshalb wurde sie von vornherein als unbefriedigend empfunden. Zudem bereitete sie in der praktischen Anwendung Schwierigkeiten, da sich Staaten, auf deren Gebiet bewaffnete Auseinandersetzungen stattfanden, häufig weigerten, zuzugeben, dass diese Auseinandersetzungen einen bewaffneten Konflikt darstellten, auf den der Art 3 anzuwenden war. Auf der anderen Seite konnte in Konflikten, bei denen ein entsprechendes gegenseitiges Interesse bestand, erreicht werden, dass die angewandten Regeln weit über das Minimum des Art 3 hinausgingen, so etwa im Biafra-Konflikt.[731]

122　　In den weiteren Bemühungen um die Reform gab es unterschiedliche Interessenrichtungen, die auch inhaltlich die jetzt bestehende Regelung geprägt haben.[732] Auf der

---

729 *Neff* (Fn 8) 258 ff; *Azarov/Blum*, Belligerency, MPEPIL I, 878 (Rn 11 ff).

730 Bsp sind: der griechische Aufstand gegen das Ottomanische Reich 1821–1829; der amerikanische Bürgerkrieg (1861–1865); der chilenische Aufstand 1891 (Anerkennung der Aufständischen durch Bolivien 1891).

731 *Bothe*, Article 3 and Protocol II, AULR 31 (1982) 899, insbes 902f.

732 *Bothe* (Fn 731) 86 ff; *Abi-Saab* (Fn 728) 225 ff; zu den bestehenden Regelungen *Baloro*, International Humanitarian Law and Situations of Internal Armed Conflicts in Africa, Afr J Int'l & Comp L 1992, 449 ff; Falk (Hrsg), The International Law of Civil War, 1971; *Meron*, Human Rights in Internal Strife, 1987; *Myren*,

Bothe

einen Seite waren die Staaten der Dritten Welt daran interessiert, den Status *kolonialer Befreiungskämpfe*[733] aufzuwerten. Diese wurden von Vertretern der traditionellen Völkerrechtslehre und Staatspraxis als nichtinternationale Konflikte angesehen. Auf der anderen Seite standen viele Staaten, nicht nur solche der Dritten Welt, einer völkerrechtlichen Regelung, die zu einer stärkeren rechtlichen Gleichstellung von etablierter Regierung und Aufständischen führte, sehr reserviert gegenüber. Als es auf der Genfer Konferenz, die zur Annahme der ZP 1977 führte, gelang, eine Bestimmung durchzusetzen, die koloniale Befreiungskämpfe als internationale Konflikte charakterisierte, gewannen letztlich die politischen Widerstände gegen eine weitreichende Regelung für andere nichtinternationale Konflikte, die ein hohes Niveau an Schutz für die Opfer gebracht hätte, die Oberhand. *Das ZP II über den Schutz der Opfer nichtinternationaler Konflikte* wurde in der letzten Phase der Konferenz deutlich reduziert. Sein Anwendungsbereich ist deutlich enger als derjenige des gemeinsamen Art 3 der Konventionen.[734] Das ZP bringt zwar gegenüber der älteren Vorschrift gewisse Fortschritte, jedoch bleiben problematische Lücken, die nur teilweise durch die spätere Ausdehnung des Anwendungsbereichs von Verträgen des humanitären Völkerrechts auf nichtinternationale Konflikte geschlossen wurden.[735] Für den Schutz der Opfer nichtinternationaler Konflikte sind auch die *Regeln des völkerrechtlichen Menschenrechtsschutzes* von Bedeutung.[736] Jedoch reichen sie unter zwei Gesichtspunkten nicht aus. Zum einen binden die Menschenrechtsverträge nur die Staaten, was bedeutet, dass nur die Organe des Staats, dh praktisch die von der etablierten Regierung abhängenden Behörden, vertraglich gebunden sind, nicht aber die Aufständischen, ein Befund, der allerdings gegenwärtig immer mehr hinterfragt wird.[737] Zum anderen kann ein Teil der Garantien der Menschenrechtsverträge im Notstandsfall suspendiert werden. Dies ist insbes der Fall für die Garantien bei Freiheitsentzug, im gerichtlichen Verfahren und zum Schutz von Kindern (Art 10, 14 und 24 des Pakts über bürgerliche und politische Rechte). Hier bestehen also Lücken, die nur durch das humanitäre Völkerrecht gefüllt werden können und müssen.

Applying International Laws of War to Non-International Armed Conflicts, NILR 37 (1990) 347 ff; *Rajower*, Das Recht des nicht internationalen Konflikts seit 1949, 1990.

733 Vgl bereits o Rn 14 und Rn 21.

734 *Abi-Saab* (Fn 728) 227 f.

735 Ausdrücklich auf den nichtinternationalen Konflikt ausgedehnt wurden die UN-Waffenkonvention durch eine Änderung v 2001 sowie das 2. Protokoll zur Haager Kulturgüter-Konvention v 1999. Auch das ZP III gilt für beide Konflikttypen. Das ist der Sache nach auch der Fall bei Verträgen, die bestimmtes Verhalten unter allen Umständen („never in any circumstance") verbieten: C-Waffen-Übereinkommen, Ottawa-Abkommen, Streumunition-Abkommen, auch das Fakultativprotokoll zur Kinderrechtekonvention zum Schutz von Kindern in bewaffneten Konflikten v 25.5.2000.

736 *Eide*, Internal Disturbances and Tensions, in UNESCO (Fn 728) 241 (243 ff); zu Tschetschenien *Sauer/Wagner* (Fn 119) 66 ff.

737 *Zegfeld*, Accountability of Armed Opposition Groups in International Law, 2002; *Clapham*, Human Rights Obligations of Non-State Actors, 2006, *ders*, Non-state Actors, in *ders* (Hrsg), Human Rights and Non-state Actors, 2013, 3 (20 f).

123   Eine nicht abschließend geklärte Frage ist die *Grundlage der Verbindlichkeit* sowohl des gemeinsamen Art 3 der Genfer Konventionen als auch des ZP II im Verhältnis zwischen den Konfliktparteien, von den zumindest eine nicht der Staat ist, der die GK bzw ZP II ratifiziert hat.[738] Die eine Erklärung geht dahin, dass völkervertragliche Regeln auch für alle Personen verbindlich seien, die sich auf dem Gebiet eines Staates befinden.[739] Dies ist keine überzeugende Erklärung. Theoretisch schlüssig sind andere Konstruktionen. Sie gehen von der Tatsache aus, dass sowohl der gemeinsame Art 3 der Genfer Konventionen als auch das ZP II für die aufständische Partei Verträge zu Lasten Dritter sind. Dann ist die Bindung der Aufständischen einmal dadurch zu erklären, dass man hier eine Ausnahme von der gewohnheitsrechtlichen Regel anerkennt, dass Verträge Dritte nicht binden können. Zum anderen ist es möglich, eine Bindung mit der *Zustimmung der Aufständischen* zu erklären. Damit entfällt zwar die automatische Bindung jeder aufständischen Partei, dieser Nachteil wiegt jedoch nicht schwer, da eine praktische Anwendung, die regelmäßig eher im Interesse der Aufständischen als in demjenigen der etablierten Regierung liegt, ohne eine Bejahung der Bindung durch die Aufständischen kaum denkbar ist, eine solche praktische Anwendung aber auch schon bereits eine implizierte Zustimmung, die eine Bindung erzeugt, darstellen kann, und zwar auch für die nicht-staatlichen Parteien. Darum sind politische Initiativen, die auf eine ausdrückliche Anerkennung bestimmter Bindungen durch nicht-staatliche Akteure hinwirken, für die praktische Anwendung des humanitären Völkerrechts in nichtinternationalen Konflikten wesentlich. Neben diesen vertraglichen Regelungen gilt auch im nichtinternationalen Konflikt völkerrechtliches Gewohnheitsrecht, das sich in den letzten Jahren erheblich, teilweise über das Vertragsrecht hinaus, entwickelt hat[740] und von einer rechtlichen Bindung der nicht-staatlichen Parteien ausgeht.[741] Eine Konsequenz der rechtlichen Bindung nicht-staatlicher Parteien sollte sein, dass diese auch für Rechtsverletzungen völkerrechtlich verantwortlich sind, die ihnen zugerechnet werden können. Freilich bestehen insofern viele klärungsbedürftige Fragen.[742]

---

738 Vgl dazu *Bothe*, War Crimes in Non-International Armed Conflicts, in Dinstein/Tabory (Fn 164) 293 ff; eine neuere Übersicht über die verschiedenen diskutierten Erklärungen ist *Haumer*, Non-state Armed Actors and International Humanitarian Law – A Demanding Relationship? HVI 28 (2015) 120 ff; zu praktischen Gesichtspunkten *Herr*, Vom Regelbruch zu politischer Verantwortung, HSFK Report 5/2010.

739 So wohl immer noch die vom IKRK vertretene These, vgl *Junod*, in Sandoz/Swinarski/Zim-mermann (Hrsg), Additional Protocols, 1369; differenzierter *Sandoz* (Fn 552) 377 ff.

740 *Henckaerts/Doswald-Beck*, IKRK-Studie, xxix.

741 S die Sonderhefte IRRC 93 (2011) Nr 882 und 883; ferner insbes *Fortin*, The Accountability of Armed Groups under Human Rights Law, 2017, 177 ff; *Kleffner*, The Applicability on International Humanitarian Law to Organized Armed Groups, IRRC 93 (2011) Nr 882, 443 ff; *Daboné*, Le droit international relatif aux groupes armés non-étatiques, 2012; *Heffes*, The Responsibility of Armed Opposition Groups for Violations of IHL: Challenging the State-centric System of International Law, JIHLS 4 (2013) 81 ff.

742 *Verhoeven*, International Responsibility of Armed Opposition Groups, in Gal-Or/Ryngaert/Noortmann (Hrsg), Responsibilities of the Non-State Actor in Armed Conflict and the Market Place, 2015, 285 ff; *Bellal*, Establishing the Direct Responsibility of Non-state Armed Groups for Violations of International

Das Verhalten der Parteien nichtinternationaler Konflikte ist also durch zwei unter- 124 schiedliche vertragliche Regelwerke bestimmt, nämlich einmal den gemeinsamen Art 3, zum anderen das ZP II. Eine entsprechende Aufteilung gilt für das Gewohnheitsrecht.[743] Dies führt zu einer mehrfachen Problematik von Anwendungsschwellen: gewaltsame Auseinandersetzungen unterhalb der Schwelle des bewaffneten Konflikts *(low level violence)*,[744] zwischen Konflikten nach Art 3 und solchen nach ZP II,[745] und schließlich zwischen nichtinternationalen und internationalen Konflikten. Für die Schwelle zwischen *low level violence* und bewaffneten Konflikten kommt es auf die Definition des Letzteren an.[746] Für sie sind zwei Elemente ausschlaggebend: Intensität der Kampfhandlungen und Organisation der nicht-staatlichen Konfliktpartei.[747] Der Anwendungsbereich des ZP II ist enger, er erfordert höhere Intensität und einen höheren Organisationsgrad. Er ist beschränkt auf solche Konflikte, die zwischen den Streitkräften eines Vertragsstaats und aufständischen Streitkräften oder anderen organisierten bewaffneten Gruppen stattfinden, die unter einer für sie verantwortlichen Führung eine solche Kontrolle über einen Teil des Hoheitsgebiets der Vertragspartei ausüben, dass sie anhaltende koordinierte Kampfhandlungen durchführen und das ZP anwenden können. Damit sind zum einen Kämpfe zwischen unterschiedlichen aufständischen Gruppen (wie etwa bei den internen Konflikten im Libanon und in Syrien), zum anderen aber auch die nicht untypische Situation, dass die Aufständischen keine erheblichen Territorien kontrollieren, aus dem Anwendungsbereich des ZP II ausgeschlossen. Nach dem heute geltenden Gewohnheitsrecht, wie es sich auch in Art 8 IStGH-Statut spiegelt, stellt allerdings auch ein Konflikt zwischen nichtstaatlichen Gruppen, der eine entsprechende Intensität erreicht, einen bewaffneten Konflikt der höheren Kategorie dar. Die Bestimmung des Status eines

---

Norms: Issues of Attribution, ebd 304 ff; *Daboné,* Le droit international relatif aux groupes armés non-étatiques, 2012, 128 ff, 184 f; *Provost,* Rebel Courts: The Administration of Justice by Armed Insurgents, 2021; dazu *Spadaro,* From Outlaws to Judges: Armed Groups and the Administration of Justice, JIHLS 13 (2022) 362 ff; generell zur Durchsetzung des humanitären Völkerrechts gegenüber nicht-staatlichen Akteuren *Dörmann/Rodenhäuser* (Fn 526) 696 ff.

743 Das wird u a dadurch deutlich, dass es eine entsprechende Unterscheidung in der Definition des Kriegsverbrechens nach Art 8 IStGH-Statut gibt (Abs 2 lit c und lit d auf der einen, lit e und lit f auf der anderen Seite). Die Unterscheidung stellt nicht nur auf die vertraglichen Regeln ab. Vgl *Fleck,* Towards a Code of Conduct for Internal Armed Conflicts, ASIL Proc 96 (2002) 25; aA *Sivakumaran,* The Law of Non-International Armed Conflict, 2012, 170 ff.

744 Eingehend *Partsch,* in *Bothe/Partsch/Solf,* New Rules, 713 ff. Das im einen oder anderen Fall anwendbare Recht differiert erheblich. Ist für *low level violence* innerstaatliches Gefahrenabwehrrecht unter Beachtung der Menschenrechte anwendbar, ist es im anderen Fall das völkerrechtliche Kriegsrecht mit einer viel weitergehenden Rechtmäßigkeit des Einsatzes tödlich wirkender Waffengewalt, vgl *Fleck,* Law Enforcement and the Conduct of Hostilities, FS Bothe, 2008, 391 ff; *Waechter,* Polizeirecht und Kriegsrecht, JZ 2007, 61 ff.

745 *Frostad* (Fn 3) 41 ff.

746 Die Negativbeispiele des Art 1 Abs 2 ZP II bieten dazu kaum Anhaltspunkte. Sie wurden allerdings in das UN-Waffenabkommen und das Prot zur Haager Kulturgüter-Konvention (Rn 56) übernommen.

747 ILA Committee on the Use of Force (Fn 434) 840 f.

Konflikts oder einer Konfliktpartei im konkreten Fall wirft regelmäßig schwierige Probleme auf, deren angemessene Lösung im Interesse der Konfliktopfer geboten ist.[748]

125   Art 3 enthält im Wesentlichen *rudimentäre Regeln zum Schutz von Wehrlosen*. Daneben anerkennt er das Initiativrecht von unparteiischen humanitären Organisationen, insbes des IKRK.[749] Das *ZP II* enthält darüber hinaus *ausführlichere menschenrechtliche Garantien*,[750] insbes solche für alle Personen, die sich nicht unmittelbar oder nicht mehr an Feindseligkeiten beteiligen, vor allem Kinder (Art 4), für Freiheitsbeschränkungen und Strafverfolgungen im Zusammenhang mit dem bewaffneten Konflikt (Art 5 und 6) sowie für den Schutz der Verwundeten und Kranken (Art 7–12). Wichtig ist auch ein allgemeines Diskriminierungsverbot bei der Behandlung der vom Konflikt betroffenen Personen (Art 2). Wichtig ist ferner das Verbot der Zwangsverlegung der Zivilbevölkerung (Art 17). In Bezug auf die *Regelung der Kampfhandlungen* enthält das Protokoll sehr *wenig*, nämlich einmal eine sehr allgemeine Bestimmung über den Schutz der Zivilbevölkerung, ferner ein Verbot des Aushungerns der Zivilbevölkerung als Mittel der Kriegführung, aus dem ein Verbot des Angriffs auf für die Zivilbevölkerung lebensnotwendige Objekte folgt (Art 14), ein Verbot von Angriffen auf Anlagen oder Einrichtungen, die gefährliche Kräfte enthalten (Staudämme, Deiche und Kernkraftwerke, vgl Art 15), sowie auf Kulturgut und Kultstätten. Auch das ZP II anerkennt das Recht der nationalen Hilfsgesellschaften, *humanitäre Dienste* anzubieten.[751] Das Initiativrecht des IKRK ist nicht ausdrücklich erwähnt, ergibt sich aber bereits aus dem gemeinsamen Art 3 der Konventionen.[752] Schließlich besteht auch eine Verpflichtung zur Durchführung und Zulassung von humanitären Hilfsaktionen zugunsten der leidenden Zivilbevölkerung.[753] Im Gegensatz zu der Lage bei internationalen Konflikten wird den Kämpfern des nichtinternationalen Konflikts kein Kombattantenstatus und damit im Falle der Gefangennahme auch *kein Kriegsgefangenenstatus* mit dem damit einher gehenden *combatant privilege* zugeordnet.[754] Das bedeutet u a, dass es nicht verboten ist, Kämpfer für ihre Beteiligung an den Kampfhandlungen zu bestrafen, selbst wenn sie sich gemäß den Re-

---

748 Vgl zB den Konflikt in der Ost-Türkei; dazu *Nejbir,* Applying Humanitarian Law: A Review of the Legal Status of the Turkey-Kurdistan Workers Party (PKK) Conflict, JIHLS 12 (2021) 37 ff.
749 Vgl dazu *Sandoz,* Le droit d'initiative du Comité international de la Croix-Rouge, GYIL 22 (1979) 352 f.
750 *Abi-Saab* (Fn 728) 234 ff; *Partsch,* in *Bothe/Partsch/Solf,* New Rules, 734 ff.
751 Art 18 ZP II; vgl dazu *Bothe,* in *Bothe/Partsch/Solf,* New Rules, 798 ff. Eine Variante dieser Regel behandelt *Vanhullebusch,* Do Non-State Armed Groups Have a Legal Right to Consent to Offers of International Humanitarian Relief?, JCSL 25 (2020) 317 ff; vgl auch o Rn 81.
752 *Bothe,* ebd 800.
753 *Bothe,* ebd 801 f; *ders* (Fn 547 [Humanitarian Assistance]) mwN. Die Zustimmung zu solchen Aktionen darf nicht willkürlich verweigert werden; ob in jedem Fall die Zustimmung der anerkannten Regierung erforderlich ist, ist str.
754 S o Rn 67; vgl auch *Eide* (Fn 736); *Kleffner* (Fn 455) 321 ff; *D'Aspremont/De Hemptienne,* DIH, 348 ff, dazu die eher rechtspolitischen Überlegungen von *Kreß/Mégret,* The Regulation of Non-international Armed Conflicts: Can a Privilege of Belligerency be Envisioned by the Law of Non-international Armed Conflicts?, IRRC 96 (2014) Nr 893, 29 ff.

geln des Kriegsrechts verhalten haben. Sie genießen jedoch Garantien einer menschlichen Behandlung sowohl nach humanitärem Völkerrecht als auch nach Maßgabe der anwendbaren menschenrechtlichen Bestimmungen.[755] Auf der anderen Seite ist es für den Schutz der Zivilbevölkerung wesentlich, dass Kämpfer von Zivilpersonen tatsächlich und rechtlich unterschieden werden. Insofern begegnet die negative Definition der Zivilbevölkerung, die im interntionalen Konflikt klar ist,[756] im nichtinternationalen Konflikt Schwierigkeiten.[757] Eine wesentliche Weiterentwicklung des Rechts des nichtinternationalen Konflikts besteht darin, dass das Prinzip der strafrechtlichen Ahndung schwerer Rechtsverletzungen auch durch internationale Gerichte ebenso für diesen Konflikt anerkannt wird, zuerst durch die Rspr des Jugoslawien-Tribunals,[758] dann im Statut des Ruanda-Tribunals und in dem des IStGH. Es ist ein wesentliches Element der Entwicklung der jüngsten Zeit, dass der Unterschied zwischen den Regeln, die für den nichtinternationalen Konflikt gelten, und denen, die den internationalen Konflikt regeln, kraft Gewohnheitsrechts, dh unter Überwindung der vertragsrechtlichen Unterschiede, geringer geworden ist.[759] Das Fehlen des Kombattantenstatus bleibt aber eine wesentliche Unterscheidung, die allenfalls *de facto* in innerstaatlichen Konflikten hoher Intensität überwunden wird.[760]

Das *Neutralitätsrecht* ist im nichtinternationalen Konflikt *unanwendbar*. Die we- **126** sentliche Bestimmung hinsichtlich des Verhaltens dritter Staaten besteht im Interventionsverbot. Auf der anderen Seite gibt es keine Kontrollrechte hinsichtlich der Schifffahrt unbeteiligter Staaten, wie sie den Kriegführenden im Falle eines internationalen bewaffneten Konflikts zustehen.

---

755 Art 3 GK; Art 5 ZP II; vgl *Goodman,* Detention of Civilians in Armed Conflict, AJIL 103 (2009) 48 ff; *Prescott,* The Convergence of Violence Around a Norm: Direct Participation in Hostilities and its Significance for Detention Standards in Non-international Armed Conflict, in Rose/Oswald (Fn 247) 65 ff; s auch *Petrov,* Detention in Non-international Conflict by States, in Baade u a (Fn 728) 118 ff; *Dörmann/Rodenhäuser* (Fn 526) 684 ff.

756 Vgl Rn 66.

757 *Bissonnette,* The Definition of Civilian in Non-international Armed Conflicts, JIHLS 7 (2016) 129 ff; ICRC Challenges Report 15, 27 ff.

758 Vgl das *Tadić*-Urteil des Jugoslawien-Tribunals, ILM 35 (1996) 35 (§ 94).

759 So jedenfalls die Schlussfolgerung in der IKRK-Studie, vgl *Henckaerts/Doswald-Beck,* IKRK-Studie. Das deutsche VStGB zieht daraus die Konsequenz, dass die Tatbestände des Kriegsverbrechens (§§ 8–12) idR für beide Konfliktarten Anwendung finden. Vgl zu diesem Problemkreis *Bartels,* Timelines, Borderlines and Conflicts. The Historical Evolution of the Legal Divide between International and Non-international Armed Conflicts, IRRC 91/873 (2009) 35 ff; zum Umweltschutz vgl *Pretorius,* Enhancing Environmental Protection in Non-International Armed Conflict, ZaöRV 78 (2018) 903 ff.

760 *Bothe,* Töten und getötet werden, FS Delbrück, 2005, 67 (83).

5. Die Internationalisierung nichtinternationaler Konflikte

127 Trotz einer Konvergenz gibt es noch immer zwei unterschiedliche rechtliche Regime für bewaffnete Konflikte, nämlich zum einen das für den internationalen, zum anderen das für den nichtinternationalen Konflikt.[761] Damit ist in einem konkreten Fall die Frage, ob ein Konflikt zur einen oder anderen Kategorie gehört, von ausschlaggebender Bedeutung für die Auswahl des anwendbaren Rechtsregimes. Das Problem vieler Konflikte der letzten Jahrzehnte besteht aber darin, dass entweder der *Status von Konfliktparteien umstritten* ist, etwa wenn bei einer Sezession die Regierung des sich abtrennenden Teils behauptet, bereits ein Staat zu sein, oder sich *nationale und internationale Konfliktkomponenten mischen,* wenn ein oder mehrere ausländische Staaten auf der Seite der Aufständischen oder auch auf der Seite der etablierten Regierung in den Konflikt (in zulässiger oder unzulässiger Weise) intervenieren. Dabei können auch unterschiedliche nicht-staatliche Parteien gegeneinander kämpfen und verschiedene ausländische Intervenienten unterschiedliche Konfliktparteien in einem Konfliktgebiet militärisch oder auf andere Weise unterstützen. Ein höchst komplexes Bsp für eine solche Situation ist der Syrien-Konflikt seit 2011, etwas weniger komplex der Jemen-Konflikt.[762] Eine vertragliche Regelung solcher Situationen war bislang nicht möglich.[763] Weitgehend anerkannt ist, dass Kampfhandlungen, an denen ausländische Truppen beteiligt sind, nach den Regeln des *inter*nationalen Konflikts zu beurteilen sind, wenn im Zusammenhang mit einem internen Konflikt die ausländischen Truppen die Regierungstruppen bekämpfen, obwohl der gleiche Konflikt rein interne Komponenten besitzt.[764] Der umgekehrte Fall, nämlich die ausländische Intervention gegen die aufständische Partei, wird heute überwiegend als nicht-internationaler Konflikt angesehen. So hat der US Supreme Court allein den gemeinsamen Art 3 der Genfer Konventionen als den verbindlichen Minimum-Standard angesehen, der bei der amerik Intervention in Afghanistan zu beach-

---

761 *Frostad* (Fn 3) 53 ff.

762 Zu Syrien gibt der Bericht des European Asylum Support Office (Syrian Actors: Country of Origin Information Report, 2019) eine gut dokumentierte Übersicht über die relevanten Akteure (syrische Regierung, ausländische Intervenienten, nicht-staatliche Akteure) mit einer Darstellung ihrer jeweiligen Konfliktbeteiligung und ihren Konfliktbeziehungen. Eine knappe Beschreibung der Akteure im Jemen-Konflikt mit rechtpolitischem Ausblick gibt *Transfeld,* Three Scenarios for the Yemen War, SWP Comment 6/22 sowie *Dijkstal,* Yemen and the Stockholm Agreement, ASIL Insight 23/5 v 31.5.2019.

763 Vgl *Hess,* Die Anwendbarkeit des humanitären Völkerrechts, insbes in gemischten Konflikten, 1985, 153 ff; *Schindler,* The Different Types of Armed Conflicts According to the Geneva Conventions and Protocols, RdC 163 (1979-II) 125 ff; *Gasser,* International Non-International Armed Conflicts, AULR 31 (1982) 911 ff.; *Mačák,* Internationalized Armed Conflicts in International Law, 2018; *Zamir,* Classification of Conflicts in International Humanitarian Law: The Legal Impact of Foreign Intervention in Civil Wars, 2017; *Dörmann/Rodenhäuser* (Fn 526) 678 ff; *Killibarda/Gaggiolo,* The Globalisation of Non-International Armed Conflicts, in Lattimer/Sands, Civilian Protection, 117. Zu einzelnen Konflikten auch *Frowein,* Völkerrechtliche Aspekte des Vietnam-Konflikts, ZaöRV 27 (1967) 15 ff; *Bothe,* Völkerrechtliche Aspekte des Angola-Konflikts, ZaöRV 37 (1977) 572 ff; *Sassòli,* Der Konflikt im ehemaligen Jugoslawien, in Voit (Hrsg), Humanitäres Völkerrecht im Jugoslawien-Konflikt, 1993, 5, insbes 9 ff und 17 ff.

764 *Hess* (Fn 763) 162, 165. Für Afghanistan vgl die Nachw bei *Aldrich* (Fn 452) 891 f; *Roberts* (Fn 452) 16.

ten war.[765] Dem entspricht es, dass die dt Bundesregierung die Kampfhandlungen in Afghanistan zwischen Bundeswehr und Taliban als nichtinternationalen Konflikt angesehen hat.[766] Dass die ausländische Intervention den gesamten Konflikt, dh auch das Verhältnis zwischen etablierter Regierung und Aufständischen, internationalisiert, kann nicht als geltendes Recht bezeichnet werden.[767] Die Rechtsbeziehungen zwischen den einzelnen Konfliktparteien sind für unterschiedliche Konflikte, die auf dem Gebiet eines Staats bestehen, jeweils konkret zu analysieren.[768]

In diesem Zusammenhang ist auch die Frage zu beantworten, ob in dem sog „Krieg **128** gegen den Terror" das *ius in bello* anwendbar ist.[769] Dieses Recht ist nur in bewaffneten Konflikten anwendbar. Ein bewaffneter Konflikt setzt konfliktfähige Parteien voraus (Staaten, bewaffnete Gruppen). Der „Terror" ist dies nicht, ebenso wenig Al Qaida. Das Schlagwort vom Krieg gegen den Terror soll rechtlich gesehen nur die rechtlich nicht akzeptable Konstruktion erlauben, „Terroristen", auch wenn sie keine Kombattanten sind, überall gezielt zu töten.[770] Hinter dieser vordergründigen Erwägung steht allerdings das Problem, das sich in den letzten Jahren immer wieder in neuen Varianten gestellt hat,

---

765 *Hamdan v Rumsfeld,* ILM 45 (2006) 1130; vgl dazu *Schöberl,* Konfliktpartei und Kriegsgebiet in bewaffneten Auseinandersetzungen, HVI 25 (2012) 128ff; *Arend,* Who's Afraid of the Geneva Conventions?, AUILR 22 (2006/7) 709ff; *Fitzpatrick,* Hamdan v Rumsfeld, Harvard HRJ 20 (2007) 339ff; *Shamir-Borer,* Revisiting Hamdan v. Rumsfeld's Analysis of the Laws of Armed Conflict, Emory ILR 21 (2007) 601ff; *Corn/Jensen,* Transnational Armed Conflict: A ‚Principled' Approach to the Regulation of Counter-Terror Combat Operations, IsLR 42 (2009) 1ff; *Kreß,* Some Reflections on the International Legal Framework Governing Transnational Armed Conflicts, JCSL 15 (2010) 245ff; *Carron,* Transnational Armed Conflicts: An Argument for a Single Classification of Non-international Armed Conflicts, JIHLS 7 (2016) 5ff; zum Fall der Intervention von UN-Streitkräften in einem nicht-internationalen Konflikt vgl *Sergeev,* Applying Additional Protocol II of the Geneva Conventions to the United Nations Forces, JIHLS 8 (2017) 234ff, s auch o Rn 38.
766 Erklärung des Bundesaußenministers vor dem Bundestag am 10.2.2010, <www.auswaertiges-amt.de/diplo/de/Infoservice/Presse/Reden/2010/100210-BM>. Überblick bei *Schaller,* Rechtssicherheit im Auslandseinsatz, SWP-Aktuell 67 (2009).
767 Nachw bei *Bothe* (Fn 763) 591; *Hess* (Fn 763) 285; krit dazu *Stewart,* Towards a Single Definition of Armed Conflict in International Humanitarian Law, IRRC 85 (2003) 313ff.
768 Eine besonders geartete Konstruktion hat der dt Generalbundesanwalt im Falle eines US-Drohnenangriffs auf Personen in Pakistan gefunden, nämlich verbundene Konflikte, was den Angriff in Pakistan zum Teil des Konflikts in Afghanistan machte, auf den das Recht des nicht-internationalen Konflikts anwendbar ist. Das erlaubte es, die Tötungshandlung als Tötung im Rahmen eines bewaffneten Konflikts zu werten, obwohl in Pakistan ein solcher Konflikt nicht vorlag; s Vfg v 20.6.2013, 3 BJs 7/12-4, betr Drohneneinsatz v 4.10.2010 in Mir Ali/Pakistan.
769 *O'Connell,* What is War? An Investigation in the Wake of 9/11, 2012.
770 S o Rn 66; *McDonald,* Declarations of War and Belligerent Parties, NILR 54 (2007) 279 (296ff); vgl dazu die Stellungnahme des IKRK v 21.7.2005 („The relevance of IHL in the context of terrorism"), <http://www.icrc.org/web/eng/siteeng0.nsf/htmlall/terrorism-ihl-210705?opendocument>; *Marouda,* Application of International Humanitarian Law in Contemporary Armed Conflict, in Perrakis/Marouda (Hrsg), Armed Conflicts and International Humanitarian Law, 2009, 202 (209ff); *Nanda,* Terrorism as an "Internal Conflict" under the 1977 Geneva Protocol, JIL 14 (2006) 27ff.

Bothe

wie denn die Tatsache einer Vervielfältigung der Gewaltakteure[771] in die Dichotomie „bewaffneter Konflikt/andere Formen organisierter Gewalt" einzuordnen ist.[772]

III. Konfliktfolgen und rechtliche Steuerung des Wegs vom bewaffneten Konflikt zur friedlichen Normalität *(ius post bellum)*

129 Der Bedarf an völkerrechtlicher Regelung in Bezug auf einen bewaffneten Konflikt erlischt nicht mit dem Ende der Kampfhandlungen, die grundsätzlich das Ende der zeitlichen Geltung des *ius in bello* bestimmt. Drei Problemlagen sind hier insbes zu unterscheiden: Fortsetzung von Problemlagen,[773] die während des Konflikts entstanden sind, Ausgleich des durch den Konflikt verursachten Unrechts und die Wiederherstellung normaler Lebensverhältnisse. Die rechtliche Regelung dieser Problemlagen wird heute unter der Überschrift *ius post bellum* erörtert.

130 Für das Recht der kriegerischen Besetzung[774] und den Schutz von Personen, die ihrer Freiheit beraubt sind, sehen die Genfer Konventionen und die Zusatzprotokolle eine Anwendung über das Ende der Kampfhandlungen vor, solange ein Schutzbedürfnis besteht. Die Vorschriften über die Suche nach Vermissten und den Schutz von sowie Zugang zu Kriegsgräbern kommen ihrem Sinn nach vor allem nach Beendigung der Kampfhandlungen zum Tragen. Da die durch bewaffnete Konflikte verursachten Notlagen, die eine Pflicht zur Durchführung und Ermöglichung von Hilfsaktionen begründen (insbes Art 70 ZP I), nicht mit dem Ende der Kampfhandlungen verschwinden, müssen diese Pflichten nach dem Ende der Kampfhandlungen bis zur Beendigung der Notlage weiter bestehen.

131 Beim Ausgleich des in Bezug auf einen Konflikt verursachten Unrechts geht es um die Verwirklichung von Schadenersatzansprüchen[775] in unterschiedlichen Problemlagen, um Feststellung etwaiger Menschenrechtsverletzungen und um strafrechtliche

---

771 *Chojnacki,* Wandel der Gewaltformen im internationalen System 1946–2006, Forschung DSF No 14, 2008.

772 *Geiß,* Armed Violence in Fragile States: Low-intensity Conflicts, Spillover Conflicts, and Sporadic Law Enforcement Operations by Third States, IRRC 91/873 (2009) 127 ff. Zum Status der Hisbollah im Israel-Libanon-Konflikt vgl schon o die Nachw in Fn 54; krit *Münkler,* Asymmetrie und Kriegsvölkerrecht, Friedens-Warte 81 (2006) 59 (62).

773 *Mahnad/Thynne,* Silenced Guns Do Not Mend Lives: What Does the Law Say About Human Suffering at the End of the Conflict, <https://blogs.icrc.org/law-and-policy/2022/07/21/silenced-guns-lives-law-end-of-conflict/>.

774 Zur Situation im Irak vgl *Thürer/McLaren,* „Ius Post Bellum" in Iraq, FS Delbrück, 753 ff.

775 S o Rn 27 und 99; vgl *Rosenfeld,* Die Humanitäre Besatzung, 2009, 218; *Krajewski,* Schadenersatz wegen Verletzungen des Gewaltverbots als ius post bellum am Beispiel der Eritrea-Ethiopia Claims Commission, ZaöRV 72 (2012) 147 ff. GV und SR haben gemeinsam (RES/60/180 und S/RES/1645, beide v 20.12.2005) eine Peacebuilding Commission geschaffen; dazu *Schweisfurth,* The United Nation's Peacebuilding Commission's First Year, FS Bothe, 2008, 297 ff; *Schaller,* Peacebuilding und „ius post bellum", 2006.

Bothe

Ahndung von Unrecht, insbes „transitional justice".[776] Ausgleichsansprüche entstehen, Menschenrechtsverletzungen und strafbare Handlungen werden schon während des Konflikts begangen, aber die Verwirklichung oder Durchsetzung geschieht meist erst nach dem Ende der Kampfhandlungen, ja ist erst dann sinnvoll möglich.

Das traditionelle Völkerrecht enthielt keine Regeln darüber, wie nach dem Ende **132** eines Kriegs auch in der Realität friedliche Verhältnisse wieder herzustellen seien. Teilweise wurde dies in Friedensverträgen geregelt. Gerade die Friedensverträge nach dem Ersten Weltkrieg haben aber gezeigt, dass nach dem Krieg vor dem Krieg sein kann. Von daher liegt der Gedanke nahe, dass die internationale Gemeinschaft im Interesse der Friedenssicherung auch eine Verantwortung für diesen Übergang vom bewaffneten Konflikt zur friedlichen Normalität haben sollte. In den letzten Jahrzehnten hat sich eine Praxis dahin entwickelt, dass sie diese Verantwortung in der Tat übernimmt, insbes nach nichtinternationalen Konflikten. Es haben sich Praktiken entwickelt, die eine gewisse Regelmäßigkeit aufweisen und eben unter dem Begriff *ius post bellum* diskutiert werden.[777] Ein wesentlicher Anstoß für diese Entwicklung findet sich in dem Grundsatzpapier des UNSG „An Agenda for Peace", in dem Grundsätze des *post conflict peace-building* entwickelt werden.[778] Dazu gehört ein Bündel sehr unterschiedlicher Maßnahmen: Wiederherstellung physischer Normalität (etwa durch Minenräumen, Wiederherstellung wesentlicher Infrastruktur, Beseitigung von Umweltschäden,[779] Wiederaufbau), Wiederherstellung institutioneller Normalität (etwa durch Wieder-Errichtung demokratischer Einrichtungen, kontrollierte Wahlen, Herstellung rechtsstaatlicher Verhältnisse,[780] wozu uU Verfahren der geordneten Bewältigung vergangenen Unrechts *[transitional justice]* gehören können) sowie ggf auch das Schadenersatzrecht.

---

776 UN Doc S/2004/616, Report of the Secretary-General ("The Rule of Law and Transitional Justice in Conflict and Post-conflict Societies").

777 *Easterday/Iverson/Stahn,* Exploring the Normative Foundations of Jus Post Bellum, in Stahn/Easterday/Iverson (Fn 4) 1ff; *Epping* (Fn 4); *Fleck* (Fn 4); Bowden/Charlesworth/Farrall (Hrsg), The Role of International Law in Rebuilding Societies after Conflict, 2009; *Österdahl/van Zadel,* What Will Jus Post Bellum Mean?, JCSL 14 (2009) 175ff; *Bass,* Jus Post Bellum, Philosophy & Public Affairs 32 (2004) 384ff.Die sog *transformative occupation* besitzt Bezüge zum *ius post bellum,* vgl *Schmalenbach,* Die Wiederherstellung von Staatlichkeit nach militärischen Konflikten, in *Zimmermann u a,* Konfliktformen, 341ff. Dabei muss jedoch der vorläufige Charakter jedes Regimes der kriegerischen Besetzung (s o Rn 82) beachtet werden.

778 S bereits o Rn 37; vgl auch *Brzoska,* Bedingungen erfolgreicher Friedenskonsolidierung, APZ 46/2009, 15ff; Epping/Heintze (Hrsg), Wiederherstellung staatlicher Strukturen in Nach-Konflikt-Situationen, 2007. Zum Wiederaufbau in Gaza nach der israelischen „Operation Protective Edge" 2014 finden sich wesentliche Informationen auf der Webseite des Office of the Special Coordinator for the Middle East Peace Process der UN, insbes zum Gaza Reconstruction Mechanism, unter <www.unsco.org>.

779 Toxic Remnants of War Project, Pollution Politics: Power, Accountability and Toxic Remnts of War, 2014.

780 *Niyungeko,* Accords de paix, resolutions du Conseil de sécurité et reconstruction des sociétés dans les situations post-conflictuelles, in SFDI (Fn 552) 403ff; *Vig,* The Conflictual Promises of the United Nations Rule of Law Agenda, Int Peacekeeping 13 (2009) 131ff; *Wolfrum,* International Administration in Post-Conflict Situations by the United Nations and Other International Actors, MPYUNL 9 (2005) 649ff.

133   Diese Regeln richten sich an die (ehemaligen) Konfliktparteien, an dritte Staaten oder an I.O.[781] Die Rechtsgrundlage findet sich häufig in einem Abkommen zwischen den Konfliktparteien, zwischen diesen und den intervenierenden Drittstaaten und/oder der Entscheidung einer I.O., insbes einer Entscheidung des Sicherheitsrats. Danach bestimmen sich Rechte und Pflichten der Beteiligten.[782] Ob Staaten oder I.O. verpflichtet sind, solche Maßnahmen zu treffen oder zu unterstützen, hängt eng mit dem Grundsatz der Responsibility to Protect zusammen,[783] zu dem auch eine *responsibility to rebuild* gehört.[784]

---

781 S o Rn 37. Zu den UN vgl *Daillier* (Fn 247) 300 ff; *Schaller/Schneckener,* Das Peacebuilding-System der Vereinten Nationen, 2009.

782 *Stahn* (Fn 4) 334; *Wolfrum* (Fn 780) 667; zur rechtlichen Bindung des Sicherheitsrats *Weiß,* Security Council Powers and the Exigencies of Justice after War, MPYUNL 12 (2008) 45 (94 ff); zu Problemen eines *ius post bellum* im Kosovo vgl auch *Schaller,* Die Sezession des Kosovo und der völkerrechtliche Status der internationalen Präsenz, AVR 46 (2008) 131 ff; *von Carlowitz,* Crossing the Boundary from the International to the Domestic Legal Realm, Global Governance 10 (2004) 307 ff; zu Liberia *Sannerholm,* Legal, Judicial and Administrative Reforms Beyond the Rule of Law Template, JCSL 12 (2007) 65 ff; zu Afghanistan *Heitmann-Kroning,* Der Peacebuilding-Prozess in Afghanistan im Lichte des ius post bellum, HVI 23 (2010) 86 ff; *Schmidt-Radefeldt,* Enduring Freedom, HVI 18 (2005) 245 ff.

783 S o Fn 119.

784 International Commission on Intervention and State Sovereignty (Fn 119) Ziff 5; *Hilpold,* Jus post bellum and the Responsibility to Rebuild, JIHLS 6 (2015) 284 ff; *Hümmrich-Welt,* Responsibility to Rebuild: Verantwortung zum Wiederaufbau in Post-Konflikt-Staaten, 2016; *Stahn,* R2P and Jus Post Bellum, in Stahn/Easterday/Iverson (Fn 4) 102 ff.

Sachverzeichnis

römische Zahlen = Abschnitte, arabische Zahlen = Randnummern[*]

---

[*] Völkerrechtliche Verträge und Rechtsprechung werden nicht im Sachverzeichnis, sondern ausschließlich in den Verzeichnissen aufgeführt, die den einzelnen Lehrbuchabschnitten vorangestellt sind.

https://doi.org/10.1515/9783110770964-009